Direito do Trabalho

Direito do Trabalho

2019 • 9.ª Edição

Pedro Romano Martinez
Professor Catedrático da Faculdade de Direito da Universidade de Lisboa

Centro de Investigação de Direito Privado
Instituto de Direito do Trabalho

ALMEDINA

DIREITO DO TRABALHO

1.ª Edição: Abril, 2002

AUTOR

Pedro Romano Martinez

EDITOR

EDIÇÕES ALMEDINA, S.A.
Rua Fernandes Tomás, n.ºs 76-80
3000-167 Coimbra
Tel.: 239 851 904 · Fax: 239 851 901
www.almedina.net · editora@almedina.net

DESIGN DE COLECÇÃO: FBA.
CAPA: Edições Almedina
PRÉ-IMPRESSÃO
EDIÇÕES ALMEDINA, SA
IMPRESSÃO E ACABAMENTO
PAPELMUNDE

Outubro, 2019
DEPÓSITO LEGAL
462480/19

ALMEDINA | GRUPOALMEDINA

BIBLIOTECA NACIONAL DE PORTUGAL – CATALOGAÇÃO NA PUBLICAÇÃO

MARTINEZ, Pedro Romano, 195?-

Direito do trabalho. – 9ª ed. – (Manuais universitários)
ISBN 978-972-40-8141-0

CDU 349

TRABALHOS DO AUTOR

Algumas monografias

a) Direito Civil e Comercial

1. *O Subcontrato*, Almedina, Coimbra, 1989 (211 págs.);
2. *Cumprimento Defeituoso em especial na Compra e Venda e na Empreitada*, Lisboa, 1992 (=) Almedina, Coimbra, 1994 (643 págs.);
   – *Cumprimento Defeituoso em especial na Compra e Venda e na Empreitada*, reimpressão, Almedina, Coimbra, 2001 (602 págs.);
3. *Contrato de Empreitada*, Almedina, Coimbra, 1994 (251 págs.);
4. *Garantias de Cumprimento* (em coautoria), 1.ª edição, Almedina, Coimbra, 1994 (121 págs.);
   – *Garantias de Cumprimento* (em coautoria), 2.ª edição, Almedina, Coimbra, 1997 (183 págs.);
   – *Garantias de Cumprimento* (em coautoria), 3.ª edição, Almedina, Coimbra, 2002 (250 págs.);
   – *Garantias de Cumprimento* (em coautoria), 4.ª edição, Almedina, Coimbra, 2003 (283 págs.);
   – *Garantias de Cumprimento* (em coautoria), 5.ª edição, Almedina, Coimbra, 2006 (306 págs.);
5. *Empreitada de Obras Públicas. Comentário ao Decreto-Lei n.º 405/93, de 10 de Dezembro* (em coautoria), Almedina, Coimbra, 1995 (373 págs.);
6. *Contratos em Especial*, 1.ª edição, Universidade Católica Editora, Lisboa, 1995 (164 págs.);
   – *Contratos em Especial*, 2.ª edição, Universidade Católica Editora, Lisboa, 1996 (359 págs.);
7. *Direito das Obrigações (Parte Especial). Contratos. Compra e Venda. Locação. Empreitada*, 1.ª edição, Almedina, Coimbra, 2000 (478 págs.);

– *Direito das Obrigações (Parte Especial). Contratos. Compra e Venda. Locação. Empreitada*, 2.ª edição, Almedina, Coimbra, 2001, 1.ª reimpressão, 2003, 2.ª reimpressão, 2005, 3.ª reimpressão, 2008 (523 págs.), 4.ª reimpressão, 2010 (523 págs.);

8. *Contratos Comerciais. Apontamentos*, Principia, Cascais, 2001, reimpressão, 2003 (127 págs.);
9. *Direito das Obrigações. Apontamentos*, 1.ª edição, AAFDL, Lisboa, 2003 (285 págs.);
   – *Direito das Obrigações. Apontamentos*, 2.ª edição, AAFDL, Lisboa, 2004 (327 págs.);
   – *Direito das Obrigações. Apontamentos*, 3.ª edição, AAFDL, Lisboa, 2011 (400 págs.);
   – *Direito das Obrigações. Apontamentos*, 4.ª edição, AAFDL, Lisboa, 2014 (407 págs.);
10. *Da Cessação do Contrato*, Almedina, Coimbra, 2005 (687 págs.);
   – *Da Cessação do Contrato*, 2.ª edição, Almedina, Coimbra, 2006 (689 págs.);
   – *Da Cessação do Contrato*, 3.ª edição, Almedina, Coimbra, 2015 (665 págs.);
11. *Direito dos Seguros. Relatório*, Separata da Revista da Faculdade de Direito da Universidade de Lisboa, Lisboa, 2006 (153 págs.);
12. *Direito dos Seguros. Apontamentos*, Principia, Cascais, 2006 (160 págs.);
13. *Lei do Contrato de Seguro Anotada* (em coautoria), Almedina, Coimbra, 2009 (532 págs.);
   – *Lei do Contrato de Seguro Anotada* (em coautoria), Almedina, 2.ª edição, Coimbra, 2011 (625 págs.);
   – *Lei do Contrato de Seguro Anotada* (em coautoria), Almedina, 3.ª edição, Coimbra, 2016 (668 págs.);

b) Direito do Trabalho

1. *Direito do Trabalho*, Volume I, 1.ª edição, Lisboa, 1994/95 (567 págs.);
   – *Direito do Trabalho*, Volume II, 1.ª edição, Lisboa, 1994/95 (272 págs.);
   – *Direito do Trabalho*, Volume I, *Parte Geral*, 2.ª edição, Lisboa, 1997 (342 págs.);
   – *Direito do Trabalho*, Volume I, *Parte Geral*, 3.ª edição, Lisboa, 1998 (359 págs.);
   – *Direito do Trabalho*, Volume II, *Contrato de Trabalho*, 2.ª edição, Lisboa, 1998 (413 págs.);
   – *Direito do Trabalho*, Volume II, *Contrato de Trabalho*, Tomo 1.º, 3.ª edição, Lisboa, 1999 (429 págs.);
   – *Direito do Trabalho*, Volume II, *Contrato de Trabalho*, Tomo 2.º, 3.ª edição, Lisboa, 1999 (383 págs.);
2. *Acidentes de Trabalho*, Lisboa, 1996 (111 págs.);
3. *Direito do Trabalho. Relatório*, Lisboa, 1998 (=) Separata da *Revista da Faculdade de Direito da Universidade de Lisboa*, Lisboa, 1999 (78 págs.);
4. *Direito do Trabalho*, Almedina, Coimbra, 2002, reimpressão, 2004 (1175 págs.);
   – *Direito do Trabalho*, 2.ª edição, Almedina, Coimbra, 2005 (1267 págs.);
   – *Direito do Trabalho*, 3.ª edição, Almedina, Coimbra, 2006 (1290 págs.);

– *Direito do Trabalho*, 4.ª edição, Almedina, Coimbra, 2007 (1330 págs.);
– *Direito do Trabalho*, 5.ª edição, Almedina, Coimbra, 2010 (1424 págs.);
– *Direito do Trabalho*, 6.ª edição, Almedina, Coimbra, 2013 (1239 págs.);
– *Direito do Trabalho*, 7.ª edição, Almedina, Coimbra, 2015 (1329 págs.);
– *Direito do Trabalho*, 8.ª edição, Almedina, Coimbra, 2017 (1355 págs.);

5. *Código do Trabalho Anotado* (em coautoria), 1.ª edição, Almedina, Coimbra, 2003 (932 págs.);
   – *Código do Trabalho Anotado* (em coautoria), 2.ª edição, Almedina, Coimbra, 2004, reimpressão, 2004 (938 págs.);
   – *Código do Trabalho Anotado* (em coautoria), 3.ª edição, Almedina, Coimbra, 2004 (1206 págs.);
   – *Código do Trabalho Anotado* (em coautoria), 4.ª edição, Almedina, Coimbra, 2005, reimpressão, 2006 (1226 págs.);
   – *Código do Trabalho Anotado* (em coautoria), 5.ª edição, Almedina, Coimbra, 2007 (1282 págs.);
   – *Código do Trabalho Anotado* (em coautoria), 6.ª edição, Almedina, Coimbra, 2008 (1336 págs.);
   – *Código do Trabalho Anotado* (em coautoria), 7.ª edição, Almedina, Coimbra, 2009 (1160 págs.);
   – *Código do Trabalho Anotado* (em coautoria), 8.ª edição, Almedina, Coimbra, 2009 (1336 págs.);
   – *Código do Trabalho Anotado* (em coautoria), 9.ª edição, Almedina, Coimbra, 2012 (1220 págs.);
   – *Código do Trabalho Anotado* (em coautoria), 10.ª edição, Almedina, Coimbra, 2016 (1250 págs.);
   – *Código do Trabalho Anotado* (em coautoria), 11.ª edição, Almedina, Coimbra, 2017 (1250 págs.);
6. *Apontamentos sobre o Regime da Cessação do Contrato de Trabalho à luz do Código do Trabalho*, AAFDL, Lisboa, 2004, reimpressão, 2005 (169 págs.).

c) Coordenações

1. *Manual Prático do Processamento Laboral*, Dashöfer, Lisboa, 1999;
2. *Estudos do Instituto de Direito do Trabalho*, Volume I, Almedina, Coimbra, 2001 (778 págs.);
   – *Estudos do Instituto de Direito do Trabalho*, Volume II, *Justa Causa de Despedimento*, Almedina, Coimbra, 2001 (283 págs.);
   – *Estudos do Instituto de Direito do Trabalho*, Volume III, Almedina, Coimbra, 2002 (536 págs.);
   – *Estudos do Instituto de Direito do Trabalho*, Volume IV, Almedina, Coimbra, 2003 (269 págs.);

– *Estudos do Instituto de Direito do Trabalho*, Volume V, Almedina, Coimbra, 2007 (145 págs.);
– *Estudos do Instituto de Direito do Trabalho*, Volume VI, Almedina, Coimbra, 2012 (244 págs.);

3. *Revista de Direito e de Estudos Sociais*, direção conjunta com o Senhor Prof. Doutor Bernardo da Gama Lobo Xavier, desde o Ano 2000;
4. *Estudos em Homenagem ao Prof. Doutor Raúl Ventura*, Volume II, *Direito Comercial, Direito do Trabalho, Vária*, coordenação com os Senhores Professores Doutores Oliveira Ascensão, Ruy de Albuquerque e Martim de Albuquerque, Faculdade de Direito da Universidade de Lisboa, 2003 (1030 págs.);
5. *Portuguese Labour Code. Dual Language, Portuguese / English. Código do Trabalho. Edição Bilingue, Português / Inglês*, edição do Instituto de Direito do Trabalho da Faculdade de Direito de Lisboa, Almedina, Coimbra, 2005 (661 págs.);
6. *Código do Trabalho – CD-ROM 2008*, organizado pelo IDT, Almedina, Coimbra, 2008 (com indicação de acórdãos por artigos do Código do Trabalho).

NOTA PRÉVIA À 9.ª EDIÇÃO

Mantendo a estrutura das edições precedentes, esta nova edição justificava-se especialmente tendo em conta as alterações introduzidas na legislação laboral, com destaque para o Código do Trabalho, mormente porque na sequência da revisão de 2012 (operada pela Lei n.º 23/2012), surgiram várias alterações legislativas entre 2018 e 2019. Na senda de alterações anteriores, como a que decorreu por via da Lei n.º 7/2009, nos anos seguintes foram modificados alguns institutos laborais no sentido de uma maior flexibilidade de soluções. Enquanto na revisão de 2009 se pode concluir que as alterações foram mais formais do que de conteúdo, deixando quase incólumes os vários institutos, na revisão de 2012 (parcialmente declarada inconstitucional em 2013 e continuada em diplomas posteriores), ainda que nem sempre de modo patente, há que reconhecer que foram introduzidas algumas alterações de conteúdo na legislação laboral. Nos anos subsequentes (2017/19), numa já frequente evolução cíclica, as alterações foram ditadas primordialmente para limitar a flexibilização laboral iniciada em 2012/13. Às revisões do Código do Trabalho acrescem as modificações na legislação laboral avulsa que abundam; contrariando a política que presidiu à codificação de 2003, a partir de 2009 acentuou-se a tendência descodificadora, aumentando significativamente o número de matérias laborais reguladas em diploma avulso. Tudo isto implica dificuldade de compreensão e de aplicação do direito do trabalho com a consequente insegurança jurídica. Refira-se que as alterações legislativas que ocorreram em Portugal, em sede laboral, encontram paralelo nas modificações que tiveram lugar em outros Estados da União Europeia, em especial países latinos, na última década.

Pese embora as várias alterações legislativas, nesta 9.ª edição, as mudanças não são significativas; até pelo facto de tais modificações, salvo raras exceções, não terem implicado mudanças substanciais no regime laboral.

Mantiveram-se, assim, as referências bibliográficas e jurisprudenciais anteriores, às quais se acrescentaram algumas mais recentes, publicadas nos últimos anos, tendo ainda sido atualizadas as edições de manuais. A jurisprudência, com várias indicações de arestos proferidos nos últimos anos, é, contudo, apresentada de modo insuficiente atenta a significativa e muito relevante jurisprudência laboral dos últimos anos.

Caminha, agosto de 2019

NOTA PRÉVIA À 2.ª EDIÇÃO

Esgotada a 1.ª edição e a respetiva reimpressão deste manual de *Direito do Trabalho*, não se justificava fazer uma segunda reimpressão tendo em conta as múltiplas alterações introduzidas pelo Código do Trabalho.

Na medida em que, neste ano letivo de 2005/2006, optei por não assegurar a regência da disciplina de Direito do Trabalho – dedicando-me, antes, à Introdução ao Direito – talvez nem se justificasse refazer estas lições, adaptando-as ao novo regime jurídico. Todavia, tendo em conta a minha participação aturada na feitura do Código do Trabalho e aproximando-se a data prevista para a sua revisão (2007), não poderia deixar de apontar algumas das diretrizes que presidiram à elaboração do Anteprojeto de Código do Trabalho e que justificaram parte das alterações posteriormente introduzidas. Por incumbência do Senhor Secretário de Estado do Trabalho, Dr. Luís Pais Antunes, organizei um grupo de trabalho, que integrei, composto pelos meus colegas Dr. António Nunes de Carvalho, Dr. Luís Miguel Monteiro, Dra. Joana Vasconcelos, Dr. Pedro Madeira de Brito, Dr. Guilherme Machado Dray, Dr. José Manuel Vilalonga e Dr. Luís Gonçalves da Silva, grupo esse que, na dependência direta do Secretário de Estado do Trabalho, elaborou num curto período de dois meses o Anteprojeto de Código do Trabalho, que foi divulgado no início do verão de 2002. Desde então e até à apresentação do diploma na Assembleia da República o referido grupo de trabalho colaborou arduamente na elaboração desta reforma do direito do trabalho.

A minha estreita colaboração nos trabalhos que estiveram na origem do Código do Trabalho justifica que, estando esgotada a 1.ª edição das lições feitas pouco antes desta revisão legislativa, proceda agora à sua alteração de acordo com o Código do Trabalho apesar de não reger a disciplina. Em vários aspetos, estas lições publicadas em 2002 já refletiam algumas das soluções que vieram a ser consagradas no Código do Trabalho, nomeadamente no que respeita à relação com o direito civil, à sistematização e à terminologia. Ainda assim, nesta revisão aproveitou-se o ensejo para fazer certas modificações no que respeita à sistematização para melhor se adequar ao Código do Trabalho.

Apesar de se impor a revisão deste manual de *Direito do Trabalho*, adaptando as lições às alterações resultantes do Código do Trabalho, nem sempre houve disponibilidade para proceder ao necessário desenvolvimento que a reforma impunha, em especial explicando muitas das implicações das novas soluções. Em alguns parágrafos, por manifesta falta de tempo, procede-se a uma simples atualização legislativa, sem explicações quanto à justificação das novas regras, principalmente quando estas coincidem com as soluções da legislação revogada. Estas lacunas podem ser preenchidas pela remissão que, em cada número, se faz para o *Código do Trabalho Anotado* por quase todos os membros do grupo de trabalho que elaborou o Anteprojeto de Código do Trabalho. Por outro lado, o Código do Trabalho implicou um enorme incremento dos estudos nesta área jurídica e a revisão do manual feita sob pressão de outros trabalhos académicos não permitiu que se fizessem as correspondentes citações. Por último, menos de dois anos volvidos sobre a entrada em vigor do Código do Trabalho ainda não é fácil encontrar jurisprudência dos tribunais superiores relativa à aplicação deste diploma, pelo que as lições enfermam da falta de apoio de jurisprudência recente, não obstante se reconhecer que o estudo das decisões judiciais é imprescindível para se conhecer o Direito em análise. Espera-se, numa próxima edição, colmatar estas lacunas.

Caminha, setembro de 2005

NOTA INTRODUTÓRIA (À 1.ª EDIÇÃO)

I. Depois de ter regido durante sete anos a disciplina de Direito do Trabalho na Faculdade de Direito de Lisboa e na Faculdade de Direito da Universidade Católica, de ter orientado no Mestrado da FDL a cadeira de Direito do Trabalho durante igual período e de ter coordenado três Cursos de Pós-Graduação no Instituto de Direito do Trabalho da Faculdade de Direito de Lisboa, impunha-se a publicação de lições de Direito do Trabalho.

As lições de *Direito do Trabalho* agora apresentadas já tinham sido parcialmente publicadas em três edições, tendo essencialmente em vista servir de texto de apoio para os meus alunos da licenciatura nos Cursos de Direito da Faculdade de Direito de Lisboa e da Universidade Católica em Lisboa. Neste ano em que me encontro em licença sabática pareceu-me conveniente proceder à publicação integral dessas lições, reunindo textos e procedendo a várias alterações, justificadas por diversos motivos.

Em primeiro lugar, na versão inicial (1994/95), as lições foram elaboradas sob pressão de tempo, tendo unicamente por base a desgravação das aulas teóricas. Isso levava a que, não raras vezes, a escrita refletisse uma linguagem coloquial, com várias imprecisões, faltando as imprescindíveis referências bibliográficas e jurisprudenciais, que foram acrescentadas. Mantém-se, todavia, a indicação bibliográfica de obras portuguesas no final de cada número ou alínea.

Por outro lado, o decorrer do tempo, permitindo uma melhor reflexão sobre os problemas – até porque o ano letivo de 1994/95 foi o primeiro em que, desde o tempo de aluno, contactei com questões de direito do trabalho –, levou a que se reconsiderassem algumas tomadas de posição, que implicaram correções pontuais. Aproveitou-se igualmente para desenvolver parte das questões que foram somente indicadas de forma sumária.

Na segunda versão dessas lições (1997) manteve-se o plano inicial, tendo-se acrescentado com autonomia alguns pontos que eram tão-só aflorados, como o trabalho em regime de comissão de serviço e a proteção da maternidade, ao mesmo tempo que se incluiu um estudo, com algum desenvolvimento, da matéria respeitante aos acidentes de trabalho. Entendeu-se que a responsabilidade civil emergente de acidentes de trabalho, não obstante o reduzido tratamento por parte da doutrina, encontrando-se omissa nos recentes manuais de direito de trabalho portugueses, carecia de um estudo sistemático.

Nessa segunda versão, apesar de se manter a estrutura inicialmente traçada, optou-se por dividir as lições em três volumes. O primeiro volume versaria a parte geral do direito do trabalho, o segundo o contrato de trabalho e no terceiro volume incluir-se-ia a matéria respeitante às relações coletivas de trabalho, às contraordenações laborais e ao processo do trabalho. Esta segunda versão ficou incompleta, pois não terminei o segundo volume – que foi parcialmente publicado em tópicos – e o terceiro volume não chegou a ser preparado.

Na terceira versão das lições (1998/99), além de se terem incluído alterações no primeiro volume, terminou-se o segundo volume, tendo, mais uma vez, ficado por fazer o terceiro volume.

II. Publica-se agora a versão integral dessas lições reunidas num único volume.

Pela leitura do plano, notam-se algumas diferenças com respeito à forma usual de exposição da matéria de direito do trabalho. Em primeiro lugar, depois das considerações gerais, constantes dos três primeiros capítulos, em vez de se iniciar o estudo pelas relações coletivas de trabalho, como tem sido frequente nas Faculdades de Direito em Portugal, achou-se por bem começar a exposição da matéria pelo contrato de trabalho, por três razões. Primeiro, porque para os alunos, depois de terem feito a cadeira de direito das obrigações, onde eventualmente já lhes foi ministrada alguma matéria de contratos em especial, o contrato de trabalho torna-se de fácil compreensão, pois é um desses contratos (arts. 1152.º e s. do CC); correspondendo, por conseguinte, a um tema com o qual os alunos se encontram familiarizados. Segundo, porque o ponto de partida do direito do trabalho é o contrato individual. E terceiro, na medida em que a maioria das questões jurídicas que se suscitam perante os tribunais portugueses surgem no domínio do contrato de trabalho.

Assim, só depois de ter sido ministrada a matéria respeitante ao contrato de trabalho (Capítulo IV) é que se inicia o estudo das relações coletivas de trabalho (Capítulo V).

Por outro lado, no Capítulo IV, após o estudo sobre o incumprimento das prestações das partes no contrato de trabalho, incluiu-se uma seção sobre acidentes de trabalho atendendo à importância teórica e prática desta matéria.

Por último, nos dois últimos capítulos, contrariamente ao que tem sido usual, inserem-se referências às contraordenações laborais e ao processo do trabalho. As contraordenações laborais, apesar da interligação com o direito penal, atendendo às suas particularidades devem ser estudadas em direito do trabalho. Ao processo do trabalho, não obstante ser direito adjetivo, como não é ministrado em nenhuma outra cadeira do curso de Direito e apresenta particularidades com respeito ao processo civil, deve ser feita alusão na cadeira de direito do trabalho.

III. O direito do trabalho desenvolveu-se a partir de um dos contratos em especial, regulados no direito das obrigações, mas em que a multiplicidade de exceções ao regime geral o vem a colocar como ramo autónomo. Essas exceções tiveram essencialmente por base razões sociais, políticas e económicas, que justificaram o seu aparecimento a partir da segunda metade do século XIX, com vista a regular questões, como as condições de trabalho subordinado, as associações de trabalhadores, as lutas sociais, os despedimentos, as férias, etc., etc. Tais normas surgem criando um ramo novo: o *Direito do Trabalho*. O direito do trabalho encontra-se, pois, vocacionado para a proteção dos trabalhadores, com base na ideia de que há um desequilíbrio de forças na relação laboral e o Estado intervém para proteger os mais desfavorecidos. Situação hoje frequente em várias áreas, como acontece, designadamente, em sede de direito do consumo.

Esta particularidade do direito do trabalho leva a que muitas vezes os problemas sejam apreciados com alguma emotividade, tanto na perspetiva de «coitado do trabalhador que é explorado pela entidade patronal», como na inversa, considerando que «o trabalhador é, por natureza, relapso e descuidado, causando prejuízos ao empregador». Estas considerações emotivas em nada facilitam a resolução jurídica dos litígios e o jurista tem de abstrair de tais tomadas de posição extrajurídicas.

IV. Quanto à legislação, encontra-se no Código Civil (art. 1152.º) uma noção do contrato de trabalho, mas quando se indaga do seu regime, o artigo seguinte (art. 1153.º) remete para legislação especial, e aqui começa o calvário do jurista.

Em primeiro lugar, há a ter em conta a Lei do Contrato de Trabalho (LCT), aprovada em 1969 e bastante alterada, além de uma série infindável de diplomas, muitos dos quais parcialmente revogados ou modificados. Por vezes, como a publicação de leis do trabalho se faz por «grosso», tomam a designação de «pacotes laborais».

Trata-se de uma legislação essencialmente instável que, não raras vezes, anda ao sabor de ventos políticos com o fito de resolução de problemas pontuais, o que acarreta uma consequente falta de homogeneidade e de visão de conjunto. Por outro lado, a legislação laboral é excessivamente rígida, mesmo comparando com os Estados da União Europeia – facto que é comprovado pela OCDE –, e ainda quando surgem manifestações de flexibilidade, como o *lay off*, a inadaptação e a polivalência, estabelecem-se demasiadas exigências formais, que, nalguns casos, inviabilizam o recurso a tais institutos. A rigidez da lei laboral é normalmente apontada como a principal causa da precariedade no emprego e do recurso a meios alternativos ao contrato de trabalho, por um lado, e como causa do elevado custo da mão-de-obra, que justifica o pagamento de salários baixos, por outro.

Tendo isto em conta, o Ministro do Trabalho nomeou uma comissão para rever a legislação laboral, cuja proposta de uma Lei Geral do Trabalho (Relações Individuais)[1] ficou muito aquém das expectativas. Em termos gerais, pode dizer-se que se trata de uma mera consolidação das leis em vigor respeitantes a uma parte do direito individual, com uma sistematização deficiente e uma descoordenação terminológica[2].

À dificuldade de ordem legislativa acresce a existência de uma abundante jurisprudência social, nem sempre homogénea, em que, por vezes, prevalecem considerações extra jurídicas. Mas esta jurisprudência corresponde à realização do direito do trabalho e o jurista tem de se ater a ela.

---

[1] O mencionado articulado pode consultar-se na *RDES*, 2001, n.os 1/2, pp. 71 ss.

[2] As críticas a este articulado foram apresentadas em sessão pública promovida pelo Instituto de Direito do Trabalho, na Faculdade de Direito da Universidade de Lisboa, no dia 15 de novembro de 2001.

PLANO

BIBLIOGRAFIA E OUTROS ELEMENTOS DE ESTUDO[3]

a) Portuguesa

AMADO, João LEAL – *Contrato de Trabalho. Noções Básicas*, 2.ª edição, Almedina, Coimbra, 2018;

BAPTISTA, Albino MENDES – *Introdução ao Direito Processual do Trabalho*, 2.ª edição, Quid Iuris?, Lisboa, 1999;

CORDEIRO, António MENEZES – *Manual de Direito do Trabalho*, Almedina, Coimbra, 1991;

– *Direito do Trabalho*, I, *Direito Europeu, Dogmática Geral. Direito Coletivo*, Almedina, Coimbra, 2019;

– *Direito do Trabalho*, II, *Direito Individual*, Almedina, Coimbra, 2019;

FERNANDES, António MONTEIRO – *Direito do Trabalho*, 18.ª edição, Almedina, Coimbra, 2017;

GOMES, Júlio Manuel VIEIRA – *Direito do Trabalho*, Volume I, *Relações Individuais de Trabalho*, Coimbra Editora, Coimbra, 2007;

LEITÃO, Luís MENEZES – *Direito do Trabalho*, 5.ª edição, Almedina, Coimbra, 2016;

LOPES-CARDOSO, Álvaro – *Manual de Processo do Trabalho*, 3.ª edição, Petrony, Lisboa, 2000;

MARTINS, Alcides – *Direito do Processo Laboral*, 3.ª edição, Almedina, Coimbra, 2018;

MESQUITA, José Manuel ANDRADE – *Direito do Trabalho*, 2.ª edição, AAFDL, Lisboa, 2004;

PINHEIRO, Paulo SOUSA – *Curso Breve de Direito Processual do Trabalho*, 2.ª edição, Coimbra Editora, Coimbra, 2014;

[3] Indicam-se tão-só obras editadas (não as policopiadas) que se encontram acessíveis nas livrarias ou nas bibliotecas da Faculdade de Direito da Universidade de Lisboa e do Instituto de Direito do Trabalho da Faculdade de Direito.

PINTO, Mário – *Direito do Trabalho,* Universidade Católica Editora, Lisboa, 1996;

PINTO, Mário, Pedro FURTADO MARTINS e António NUNES DE CARVALHO – *Glossário de Direito do Trabalho,* Universidade Católica Editora, Lisboa, 1996;

RAMALHO, Maria do Rosário PALMA – *Da Autonomia Dogmática do Direito do Trabalho,* Almedina, Coimbra, 2001;

– *Tratado de Direito do Trabalho,* Parte I, *Dogmática Geral,* 4.ª edição, Almedina, Coimbra, 2015;

– *Tratado de Direito do Trabalho,* Parte II, *Situações Laborais Individuais,* 6.ª edição, Almedina, Coimbra, 2016;

– *Tratado de Direito do Trabalho,* Parte III, *Situações Laborais Colectivas,* 2.ª edição, Almedina, Coimbra, 2015;

VASCONCELOS, Joana – *Direito Processual do Trabalho,* Universidade Católica Editora, Lisboa, 2017;

VEIGA, António da MOTTA – *Lições de Direito do Trabalho,* 8.ª edição, Universidade Lusíada, Lisboa, 2000;

VENTURA, Raúl – *Teoria da Relação Jurídica de Trabalho. Estudo de Direito Privado,* Porto, 1944;

– «Lições de Direito do Trabalho», *Estudos em Homenagem ao Prof. Doutor Raúl Ventura,* Volume II, *Direito Comercial, Direito do Trabalho e Vária,* Coimbra editora e Faculdade de Direito de Lisboa, Lisboa, 2003,

XAVIER, Bernardo LOBO – *Curso de Direito do Trabalho,* 2.ª edição, Verbo, Lisboa, 1993;

– *Curso de Direito do Trabalho,* 3.ª edição, Volume I, *Introdução. Quadros Organizacionais e Fontes,* Verbo, Lisboa, 2004;

– *Direito da Greve,* Verbo, Lisboa, 1984;

XAVIER, Bernardo LOBO; Pedro FURTADO MARTINS; A. NUNES DE CARVALHO; Joana VASCONCELOS e Tatiana GUERRA DE ALMEIDA – *Manual de Direito do Trabalho,* 3.ª edição, Rei dos Livros, Lisboa, 2018.

b) Brasileira

ANDRADE, Everaldo Gaspar Lopes – *Princípios de Direito do Trabalho. Fundamento Teórico-Filosófico,* Ltr, S. Paulo, 2008;

BARROS, Alice MONTEIRO DE – *Curso de Direito do Trabalho,* 11.ª edição, Ltr, S. Paulo, 2017;

CARRION, Valentin – *Comentários à Consolidação das Leis do Trabalho,* 42.ª edição, Saraiva, S. Paulo, 2018;

GOMES, Orlando e Elson GOTTSCHALK – *Curso de Direito do Trabalho,* 19.ª edição, Forense, Rio de Janeiro, 2012;

MANUS, Pedro Paulo TEIXEIRA – *Direito do Trabalho,* 16.ª edição, Atlas, S. Paulo, 2015;

MANUS, Pedro Paulo TEIXEIRA e Carla Teresa Martins ROMAR – *Consolidação das Leis do Trabalho com Interpretação Jurisprudencial,* Revista dos Tribunais, S. Paulo, 2013;

MARTINS, Sérgio PINTO – *Direito do Trabalho*, 35.ª edição, Atlas, S. Paulo, 2019;
– *Direito Processual do Trabalho*, 41.ª edição, Atlas, S. Paulo, 2019;
– *Comentários à CLT*, 22.ª edição, Atlas, S. Paulo, 2019;

NASCIMENTO, Amauri Mascaro – *Curso de Direito do Trabalho*, 29.ª edição, Saraiva, S. Paulo, 2014;

NETO, Francisco Jorge e Jouberto Pessoa CAVALCANTE – Direito do Trabalho, 9.ª edição, Atlas, S. Paulo, 2019;

RUSSOMANO, Mozart Victor – *Curso de Direito do Trabalho*, 9.ª edição, Juruá, Curitiba, 2003;

SÜSSEKIND, Arnaldo, Délio MARANHÃO, Segadas VIANNA e Lima TEIXEIRA – *Instituições de Direito do Trabalho*, Volumes I e 2, 22.ª edição, Ltr, S. Paulo, 2005.

c) Espanhola

DIEGUEZ, Gonzalo – *Lecciones de Derecho del Trabajo*, 5.ª edição, Marcial Pons, Madrid, 2012;

MARTÍN VALVERDE, Antonio e Joaquín GARCÍA MURCIA – *Tratado Práctico de Derecho del Trabajo*, Aranzadi, Pamplona, 2012;

MARTÍN VALVERDE, Antonio, Fermín RODRÍGUEZ-SAÑUDO GUTIÉRREZ e Joaquín GARCÍA MURCIA – *Derecho del Trabajo*, 27.ª edição, Madrid, 2018;

MARTÍNEZ GIRÓN, Jesus, Alberto ARUFE VARELA e Xosé Manuel CARRIL VÁSQUEZ – *Derecho del Trabajo*, 2.ª edição, Netbiblo, sl, 2006;

MONTOYA MELGAR, Alfredo – *Derecho del Trabajo*, 39.ª edição, Tecnos, Madrid, 2018;

MONTOYA MELGAR, Alfredo, Jesús M. GALIANA MORENO, Antonio V. SEMPERE NAVARRO e Bartolomé RÍOS SALMERÓN – *Comentarios al Estatuto de los Trabajadores*, Aranzadi, 9.ª edição, Pamplona, 2013;

OLEA, Manuel Alonso – *Introducción al Derecho del Trabajo*, 7.ª edição, Civitas, Madrid, 2013;

OLEA, Manuel Alonso e Maria Emilia CASAS BAAMONDE – *Derecho del Trabajo*, 26.ª edição, Civitas, Madrid, 2009;

PALOMEQUE LÓPEZ, Manuel Carlos e Manuel ÁVAREZ DE LA ROSA – *Derecho del Trabajo*, 26.ª edição, Centro de Estúdios Ramón Areces, Madrid, 2018.

d) Italiana

AMOROSO, Giovanni, Vincenzo di CERBO, Raffaele FOGLIA e Arturo MARESCA – *Diritto del Lavoro*, Giuffrè, Milão, volume I, 5.ª edição, 2017, volume II, 5.ª edição, 2017, volume III, 2011 e volume IV, 3.ª edição, 2016;

ASSANTI, Cecilia – *Corso di Diritto del Lavoro*, 2.ª edição, Cedam, Pádua, 1993;

FERRARO, Giuseppe – *I Rapporto di Lavoro*, Cedam, Pádua, 2014;

GALANTINO, Luísa – *Diritto del Lavoro dell' Unione Europea*, Giappichelli, Turim, 2014;

– *Diritto Sindacale*, 18.ª edição, Giappichelli, Turim, 2014;

GHEZZI, Giorgio e Umberto ROMAGNOLI – *Il Rapporto di Lavoro*, 3.ª edição, Zanichelli, Bolonha e Roma, 1995,

– *Il Diritto Sindacale*, 4.ª edição, Zanichelli, Bolonha e Roma, 1997;

– *Aggiornamento*, Zanichelli, Bolonha e Roma, 2000;

ICHINO, Pietro – *Diritto del Lavoro*, 5.ª edição, Giuffrè, Milão, 2017;

MAZZONI, Giuliano (org.) – *Manuale di Diritto del Lavoro*, Vols. I e II, 6.ª edição, Giuffrè, Milão, 1988 e 1990;

MAZZOTTA, Oronzo – *Diritto del Lavoro (Trattato di Diritto Privato)*, 6.ª edição, Giuffrè, Milão, 2016;

NICOLINI, Giovanni – *Manuale di Diritto del Lavoro*, 3.ª edição, Giuffrè, Milão, 2000;

– *Compendio di Diritto del Lavoro*, 2.ª edição, Cedam. Pádua, 2007;

PERA, Giuseppe – *Compendio di Diritto del Lavoro*, 6.ª edição, Giuffrè, Milão, 2003;

– *Diritto del Lavoro*, 6.ª edição, Cedam, Pádua, 2000;

ROCELLA, Massimo – *Manuale di Diritto del Lavoro*, 6.ª edição, Turim, 2015;

SANTORO-PASSARELI, Francesco – *Nozioni di Diritto del Lavoro*, 35.ª edição, Jovene, Nápoles, 1987;

SCONAMIGLIO, Renato – *Diritto del Lavoro*, 5.ª edição, Jovene, Nápoles, 2000;

SUPPIEJ, Giuseppe, Marcello DE CRISTOFARO e Carlo CESTER – *Diritto del Lavoro. Il Rapporto Individuale*, 4.ª edição, Cedam, Pádua, 2008;

ZANGARI, Guido – *Del Lavoro (Artt. 2099 – 2114) e (Artt. 2115 – 2134)*, 2 Vols., UTET, Turim, 1993.

e) Francesa

CAMERLYNCK, G. H. (org.) – *Droit du Travail*, Tomos 1 a 9, 1.ª e 2.ª edição, Dalloz, Paris, 1980 a 1989;

COUTURIER, Gérard – *Droit du Travail*, 1. *Les Relations Individuelles de Travail*, 3.ª edição, PUF, Paris, 1996;

– *Droit du Travail*, 2. *Les Relations Collectives de Travail*, PUF, Paris, 2001;

DUQUESNE, François – *Droit du Travail*, 14.ª edição, Gualino, Paris, 2019;

JAVILLIER, Jean-Claude – *Droit du Travail*, 7.ª edição, LGDJ, Paris, 1999;

LYON-CAEN, Gérard, Jean PÉLISSIER e Alain SUPIOT – *Droit du Travail*, 19.ª edição, Dalloz, Paris, 1998 – obra continuada por Jean PÉLISSIER, Alain SUPIOT e Antoine JEMMAUD – *Droit du Travail*, 27.ª edição, Dalloz, Paris, 2013;

RIVERO, Jean e Jean SAVATIER – *Droit du Travail*, 13.ª edição, Dalloz, Paris, 1993;

TEYSSIÉ, Bernard – *Droit du Travail*, Vol. 1. *Relations Individuelles de Travail*, Vol. 2. *Relations Collectives de Travail*, 2.ª edição, Litec, Paris, 1992 e 1993;

– *Les Notions Fondamantales du Droit du Travail*, Paris, 2009;

VERDIER, Jean-Maurice, Alain COEURET e Marie-Armelle SOURIAC – *Droit du Travail*, 16.ª edição, Dalloz, Paris, 2011.

f) Alemã

AAVV – *Das Arbeitsrecht im BGB. Kommentar*, 2.ª edição, de Gruyter, Berlim, 2002;

AAVV – *Münchener Handbuch zum Arbeitsrecht*, (org. Reihard Richardi e Otfried Wlotzke), 1. Vol., *Individualarbeitsrecht*, I, Beck, Munique, 1992, 2. Vol., *Kollektivarbeitsrecht*, Beck, Munique, 2009;

DÜTZ, Wilhelm e Gregor THÜSSING – *Arbeitsrecht*, 23.ª edição, Beck, Munique, 2018;

GAMILLSCHEG, Franz – *Arbeitsrecht*, I, *Arbeitsvertrags- und Arbeitsschutzrecht*, 8.ª edição, Beck, Munique, 2001;

– *Kollektives Arbeitsrecht. Ein Lehrbuch*, I, *Grundlagen / Koalitionsfreiheit / Tarifvertrag / ArbeitsKampf und Schlichtung*, Beck, Munique, 2008;

LÖWISCH, Manfred, Georg CASPERS e Steffen KLUMPP – *Arbeitsrecht*, 12.ª edição, Vahlen, Dusseldorfe, 2019;

MOLL, Wilhelm (Organizador) – *Münchener Anwaltshandbuch Arbeitsrecht*, 4.ª edição, Beck, Munique, 2017;

PREIS, Ulrich (Org.) – *Der Arbeitsvertrag*, 5.ª edição, OS, Colónia, 2015;

REINHOLD, Hermann – *Arbeitsrecht*, 4.ª edição, Beck, Munique, 2012;

ROLFS, Christian – *Arbeitsrecht*, 4.ª edição, Beck, Munique, 2014;

SCHAUB, Günter – *Arbeitsrechts-Handbuch*, 18.ª edição, Beck, Munique, 2019;

SÖLLNER, Alfred e Raimund WALTERMANN –*Arbeitsrecht*, 18.ª edição, Vahlen, Munique, 2016;

WIEDEMANN, Herbst, Hartmut OETKER e Rolf WANK – *Tarifvertragsgesetz*, 7.ª edição, Beck, Munique, 2007;

ZÖLLNER, Wolfgang, Karl-Georg LORITZ e Curt WOLFGANG – *Arbeitsrecht*, 7.ª edição, Beck, Munique, 2015.

g) Inglesa

BOWERS, John – *Employment Law*, 8.ª edição, Blackstone, Londres, 2009;

DEAKIN, Simon e Gillian S. MORRIS – *Labour Law*, 6.ª edição, Butterworths, Londres, 2012;

DEAKIN, Simon e Jeremias PRASSL – *The Contact of Employment* (cBook), Oxford, Londres, 2016;

KAHN-FREUND, Otto – *Labour and the Law*, 3.ª edição (por P. DAVIES e M. FREEDLAND), Stevens & Sons, Londres, 1993, trad. espanhola, *Trabajo y Derecho*, Madrid, 1987;

SELWYN, Norman – *Law of Employment*, 20.ª edição, Butterworths, Londres, 2018;

WEDDERBURN – *The Worker and the Law*, 3.ª edição, Penguin, Harmondsworth, 1986, trad. italiana, *Il Diritto del Lavoro*, Giuffrè, Milão, 1998.

h) Comentários de legislação portuguesa

i. Legislação revogada

ALEGRE, Carlos – *Regime Jurídico dos Acidentes de Trabalho e das Doenças Profissionais*, 2.ª edição, Almedina, Coimbra, 2000;

BRAGA, Armando – *Lei dos Despedimentos e da Contratação a Termo Anotada*, 4.ª edição, Porto Editora, Porto, 1993;

– *Lei das Férias, Feriados e Faltas*, 3.ª edição, ECLA Almeida & Leitão, Lda., Porto, 2000;

FERNANDES, Francisco LIBERAL – *Comentário às Leis da Duração do Trabalho e do Trabalho Suplementar*, Coimbra Editora, Coimbra, 1995;

MOREIRA, António José – *Trabalho Temporário. Regime Jurídico Anotado*, 2.ª edição, Coimbra, 2001;

PINTO, Mário, Pedro FURTADO MARTINS e António NUNES DE CARVALHO – *Comentário às Leis do Trabalho*, Vol. I, Lex, Lisboa, 1994;

RAMALHO, Maria do Rosário PALMA – *Lei da Greve Anotada*, Lex, Lisboa, 1994;

RIBEIRO, Vítor – *Acidentes de Trabalho e Doenças Profissionais. Colectânea de Legislação Actualizada e Anotada*, Petrony, Lisboa, 1994.

ii. Legislação atual

ALEGRE, Carlos – *Código de Processo do Trabalho Anotado*, 4.ª edição, Almedina, Coimbra, 2001;

ALMEIDA, L. P. MOITINHO DE – *Código de Processo do Trabalho Anotado*, 4.ª edição, Coimbra Editora, Coimbra, 1997;

BAPTISTA, Albino MENDES – *Código de Processo do Trabalho Anotado*, 2.ª edição, Quid Iuris?, Lisboa, 2002;

CABRAL, Fernando e Manuel ROXO – *Segurança e Saúde no Trabalho. Legislação Anotada*, 5.ª edição, Almedina, Coimbra, 2008;

FERNANDES, Francisco LIBERAL – *Tempo de Trabalho*, Coimbra Editora, Coimbra, 2012;

FERREIRA, Alberto LEITE – *Código de Processo do Trabalho Anotado*, 4.ª edição, Coimbra Editora, Coimbra, 1996;

LEITÃO, Luís MENEZES – *Código do Trabalho Anotado*, Almedina, 2.ª edição, Coimbra, 2005;

LOPES-CARDOSO, Álvaro – *Código de Processo do Trabalho Anotado*, Petrony, Lisboa, 2000;

MARTINEZ, Pedro ROMANO, Luís Miguel MONTEIRO, Joana VASCONCELOS, Pedro MADEIRA DE BRITO, Guilherme DRAY e Luís GONÇALVES DA SILVA – *Código do Trabalho Anotado*, 11.ª edição, Almedina, Coimbra, 2017;

NETO, Abílio – *Código do Trabalho e Legislação Complementar Anotados*, 4.ª edição, Ediforum, Lisboa, 2013;

– *Código de Processo do Trabalho Anotado*, 5.ª edição, Ediforum, Lisboa, 2011.

i) Jurisprudência e casos práticos

Acórdãos Doutrinários do Supremo Tribunal Administrativo;

Boletim do Ministério da Justiça;

Código do Trabalho – CD-ROM 2008, organizado pelo IDT, Almedina, Coimbra, 2008 (com indicação de acórdãos por artigos do Código do Trabalho);

Colectânea de Jurisprudência;

Acidentes de Trabalho – Jurisprudência 2000-2007, Luís Azevedo Mendes e Jorge Manuel Loureiro, Colectânea de Jurisprudência, Coimbra, 2008;

Direito do Trabalho. Casos Práticos, coligidos por Pedro Romano Martinez, Jorge Brito Pereira, Abel Ferreira, Guilherme Dray e Pedro Pais de Vasconcelos, AAFDL, Lisboa, 1998;

Jurisprudência do Trabalho Anotada. Relação Individual de Trabalho por Albino Mendes Baptista, 3.ª edição, Quid Iuris?, Lisboa, 1999.

ÍNDICE DE ABREVIATURAS

Ac. – Acórdão;
ACT – Autoridade para as Condições do Trabalho;
BMJ – *Boletim do Ministério da Justiça;*
BTE – *Boletim do Trabalho e Emprego;*
Cb. – Coimbra;
CC – Código Civil;
CJ – *Colectânea de Jurisprudência;*
CJ (STJ) – *Colectânea de Jurisprudência. Acórdãos do Supremo Tribunal de Justiça;*
CCom. – Código Comercial;
CPC – Código de Processo Civil;
CPT – Código de Processo do Trabalho;
CRP – Constituição da República Portuguesa;
CSC – Código das Sociedades Comerciais;
CT – Código do Trabalho (versão atual)
CT2003 – Código do Trabalho, aprovado pela Lei n.º 99/2003, de 27 de agosto;
CT2009 – Código do Trabalho, revisto pela Lei n.º 7/2009, de 12 de fevereiro (utilizada quando se compara com a numeração da versão de 2003);
DR – *Diário da República;*
DUDH – Declaração Universal de Direitos do Homem;
Év. – Évora;
IGT – Inspecção-Geral do Trabalho (atual ACT);
IRC – Instrumento de regulamentação Coletiva de Trabalho;
LAP – Lei das Associações Patronais (Decreto-Lei n.º 215-C/75, de 30 de abril);
LAT – Lei dos Acidentes de Trabalho (Lei n.º 98/2009, de 4 de setembro);
LCCT – Lei da Cessação do Contrato de Trabalho (Decreto-Lei n.º 64-A/89, de 27 de fevereiro);

LComT – Lei das Comissões de Trabalhadores (Lei n.º 46/79, de 12 de setembro);
LCT – Lei do Contrato Individual de Trabalho (Decreto-Lei n.º 49 408, de 24 de novembro de 1969);
LDT – Lei da Duração do Trabalho (Decreto-Lei n.º 409/71, de 27 de setembro);
LECT – Legislação Especial do Código do Trabalho (Lei n.º 35/2004, de 29 de julho);
LFFF – Lei das Férias, Feriados e Faltas (Decreto-Lei n.º 874/76, de 28 de dezembro);
LG – Lei da Greve (Lei n.º 65/77, de 26 de agosto);
LOFTJ – Lei de Organização e Funcionamento dos Tribunais Judiciais (Lei n.º 52/2008, de 28 de agosto);
LOSJ – Lei de Organização do Sistema Judiciário (Lei n.º 62/2013, de 26 de agosto);
LPMP – Lei de Proteção da Maternidade e da Paternidade (Lei n.º 4/84, de 5 de abril);
LRCT – Lei das Relações Coletivas de Trabalho (Decreto-Lei n.º 519-C1/79, de 29 de dezembro);
LS – Lei das Associações Sindicais, também designada por Lei Sindical (Decreto-Lei n.º 215-B/75, de 30 de abril);
LSA – Lei dos Salários em Atraso (Lei n.º 17/86, de 14 de junho);
LTS – Lei do Trabalho Suplementar (Decreto-Lei n.º 421/83, de 2 de dezembro);
LTT – Lei do Trabalho Temporário (Decreto-Lei n.º 260/2009, de 25 de setembro);
Lx. – Lisboa;
OIT – Organização Internacional do Trabalho;
Pront. – *Prontuário de Direito do Trabalho*;
Pt. – Porto;
QL – *Questões Laborais*;
Rel. – Tribunal da Relação;
RDES – *Revista de Direito e de Estudos Sociais*;
RFDUL – *Revista da Faculdade de Direito da Universidade de Lisboa*;
RLJ – *Revista de Legislação e de Jurisprudência*;
RMP – *Revista do Ministério Público*;
ROA – *Revista da Ordem dos Advogados*;
STA – Supremo Tribunal Administrativo;
STJ – Supremo Tribunal de Justiça;
TC – Tribunal Constitucional.

Capítulo I
Introdução

§ 1. NOÇÃO DE DIREITO DO TRABALHO

1. Terminologia

I. O direito do trabalho assenta na ideia de «trabalho» como prestação de facto positivo. Por conseguinte, será com base no termo «trabalho» que se pode apresentar a noção desta disciplina.

Trabalho é, para este efeito, entendido, essencialmente, no sentido de atividade, apesar de o termo poder ser usado noutros contextos, como por exemplo «ir para o trabalho». O vocábulo «trabalho» também pode ser compreendido no sentido de «emprego» ou então como uma «obra»[4]. Assim, em relação a um livro que tenha sido premiado ou a uma casa que está a ser construída pode designar-se por «trabalho». Nesses sentidos, o termo «trabalho» não interessa para a noção da disciplina de *Direito do Trabalho*.

O mesmo se diga com respeito a outros sinónimos da mesma palavra. Por exemplo, em Economia estudam-se os fatores de produção; os três clássicos fatores de produção são a terra (fatores naturais), o trabalho e o capital[5]. Quando se fala de trabalho, como fator de produção, é num sentido

[4] Cf. estas e outras aceções em MOTTA VEIGA, *Lições de Direito do Trabalho*, 8.ª ed., Lisboa, 2000, pp. 21 s.; BERNARDO XAVIER/FURTADO MARTINS/NUNES DE CARVALHO/JOANA VASCONCELOS/ /TATIANA GUERRA DE ALMEIDA, *Manual de Direito do Trabalho*, Rei dos Livros, 3.ª ed., Lisboa, 2018, pp. 35 e s.

[5] Cf. SOARES MARTINEZ, *Economia Política*, 11.ª ed., Coimbra, 2010, pp. 414 ss.

demasiadamente amplo, que transcende o objeto desta disciplina. À relação laboral também interessa o trabalho como fator de produção, mas ele não é só visto nesse sentido; em termos jurídicos, tal aceção não releva.

O trabalho pode ser entendido em muitos outros sentidos, como ofício, ocupação e, às vezes, até como preocupação. Na realidade, a semântica da palavra «trabalho» revela que o termo não se relacionava com o objeto da cadeira de *Direito do Trabalho*. Trabalho deriva do latim da palavra «*tripalis*», que significava aparelho com três paus, onde se prendiam os animais, entre os quais as bestas para serem ferradas. A evolução semântica da palavra, de aparelho de três paus, até ao atual significado de trabalho, talvez se tenha ficado a dever ao facto de segurar os animais no sobredito aparelho implicar um certo esforço, «dar algum trabalho»[6]. Em latim, a palavra correspondente a trabalho é «*Labor*»; daí, muitas vezes, falar-se em direito laboral ou juslaboralismo[7]. Estas expressões derivam diretamente da palavra latina que significa trabalho e, por isso, são usadas em sinonímia. De facto, é frequente a utilização, como expressões equivalentes, de direito do trabalho, direito laboral ou juslaboralismo.

II. Em Portugal, a expressão «Direito do Trabalho»[8] aparece por via de uma tradução das correspondentes locuções usadas nos direitos alemão, francês e espanhol. No direito alemão emprega-se o termo *Arbeitsrecht*, de cuja tradução literal resulta direito do trabalho[9]. Em França, esta cadeira aparece denominada por *Droit du Travail* e, em Espanha, por *Derecho del Trabajo*. As traduções literais das locuções empregues noutros ordenamentos jurídicos influenciaram a doutrina portuguesa quanto à terminologia. Como exceção, é de indicar o direito italiano, onde se encontra vulgarizado o uso da expressão *Diritto del Lavoro*.

Antes de se traduzirem estas expressões estrangeiras usavam-se outras, como direito obreiro, direito do operariado ou direito operário, frequente

[6] Como refere Soares Martinez, *Economia Política*, cit., p. 437, o trabalho caracteriza-se pela circunstância de a ação desenvolvida ser sempre mais ou menos dolorosa, penosa, traduzindo-se num custo, embora, por vezes, produza, em si mesmo, satisfação.

[7] Menezes Cordeiro, *Manual de Direito do Trabalho*, pp. 19 ss., usava o termo «juslaboralismo» como ciência do direito do trabalho.

[8] Justificando o uso da expressão «Direito do Trabalho», cf. Raúl Ventura, *Teoria da Relação Jurídica de Trabalho. Estudo de Direito Privado*, Porto, 1944, pp. 137 ss.

[9] Para uma explicação sistemática e sucinta do direito do trabalho alemão, veja-se Heinrich, «Einführung in das Arbeitsvertragsrecht», *Juristische Schulung*, 1998, 2, pp. 97 ss.

ainda no princípio do século XX[10]. A utilização desta terminologia que, entretanto, caiu em desuso, apesar de justificável numa perspetiva histórica, não estaria totalmente correta, pois só incluiria o estudo das regras jurídicas válidas para muitas das situações laborais, que respeitavam aos operários, mas não abarcava tudo o que se pretende incluir no âmbito do direito do trabalho. As expressões «Direito do Trabalho» e «Juslaboralismo» são bastante mais amplas; outras, como «Direito Operário» e «Direito Industrial», sendo mais restritas, foram votadas ao abandono. Ao lado destas, há a referir a terminologia «Direito Social», com uma raiz, essencialmente histórica, pretendendo contrapor o direito do trabalho, que seria «social», ao direito civil, de cariz «individualista»[11], que também caiu em desuso, até pela evolução entretanto verificada no direito civil.

2. Prestação de uma atividade

a) Pressupostos gerais

I. Recorrendo ao Código Civil, no art. 1152.º do CC encontra-se uma noção do contrato de trabalho: «Contrato de trabalho é aquele pelo qual uma pessoa se obriga, mediante retribuição, a prestar a sua atividade intelectual ou manual a outra pessoa, sob a autoridade e direção desta». Este artigo foi reproduzido no art. 1.º da LCT e a mesma redação subsiste, com uma ligeira alteração, no art. 10.º do CT2003 e no art. 11.º do CT2009.

Tendo em conta esta noção de contrato de trabalho, importa dela retirar o que pode interessar para o objeto da cadeira em estudo.

II. O aspeto principal que, desde logo, importa salientar é a ideia de «prestar uma atividade», no sentido a que aludem, tanto o art. 11.º do CT, como o art. 1152.º do CC.

---

[10] Cf., entre outros, RUY ENNES ULRICH, *Legislação Operária Portugueza*, Coimbra, 1906. Quanto à expressão «Direito Operário», relacionada com o movimento operário, *vd.* RIVERO/SAVATIER, *Droit du Travail*, 12.ª ed., Paris, 1960, p. 1. Veja-se igualmente TEIXEIRA MANUS, *Direito do Trabalho*, 16.ª ed., S. Paulo, 2015, pp. 25 s. e VICTOR RUSSOMANO, *Curso de Direito do Trabalho*, 6.ª ed., Curitiba, 1997, p. 21.

[11] Cf. MONTOYA MELGAR, *Derecho del Trabajo*, 39.ª ed., Madrid, 2018, pp. 31 s. Continuando a aludir ao direito do trabalho como direito social, *vd.* ARANGUREN *in* MAZZONI, *Manuale di Diritto del Lavoro*, Vol. I, 6.ª ed., Milão, 1988, pp. 23 ss. e MEUNIER-BOFFA, *Droit Social*, 2.ª ed., Paris, 1991.

Da distinção feita em direito das obrigações, entre prestações de facto e prestações de coisa[12], pode concluir-se no sentido de ser uma prestação de facto[13]. De entre as prestações de facto trata-se de uma prestação de facto positivo. Quanto a outras classificações da prestação de facto, designadamente se é fungível ou infungível, não sendo uma questão totalmente líquida, será matéria desenvolvida a propósito dos sujeitos da situação jurídica laboral (§ 5.).

Pressupondo tratar-se de um contrato em que a prestação devida é de facto positivo, cabe daí extrair conclusões em termos de noção de direito do trabalho.

III. Nas várias aceções de direito do trabalho a que já se aludiu interessa, essencialmente, o trabalho como uma atividade; como uma prestação de facto. Mas só releva a atividade que seja realizada de forma subordinada.

Para o contrato de trabalho, como se infere da parte final do art. 10.º do CT2003 (e do art. 1152.º do CC), importa que a atividade seja prestada sob autoridade e direção de outra pessoa[14]; apesar de no art. 11.º do CT2009 se ter alterado a redação, o sentido é o mesmo. A autoridade e a direção correspondem à designada subordinação jurídica. Este critério da subordinação, como se verá adiante (§ 13. e § 24.1), é fulcral para distinguir o contrato de trabalho de figuras contratuais afins. A subordinação do trabalhador relativamente à entidade patronal, para além de corresponder a um dos aspetos que permite distinguir o contrato de trabalho de outras figuras, é um elemento identificador deste negócio jurídico. Deste modo, só se encontram abrangidas pelo direito do trabalho as situações em que o trabalhador presta uma atividade subordinada, isto é, sob autoridade e direção do empregador[15].

[12] Cf. Galvão Telles, *Direito das Obrigações*, 7.ª ed., Coimbra, 1997, pp. 37 s.; Antunes Varela, *Das Obrigações em Geral*, Vol. I, 10.ª ed., Coimbra, 2000, pp. 82 ss. Veja-se igualmente Menezes Cordeiro, *Direito do Trabalho*, II, cit., pp. 97 s.

[13] Repudiando a qualificação da prestação laboral como prestação de *dare*, considerando tratar-se de uma prestação de facto, cf. Raúl Ventura, *Relação Jurídica de Trabalho*, cit., pp. 26 ss. e 30 ss.

[14] Corresponde, pois, ao chamado trabalho dependente, por vezes, referido pela sugestiva expressão trabalho assalariado (cf. Couturier, *Droit du Travail*, 1, 3.ª ed., Paris, 1996, pp. 15 s.), que é, porém, uma locução pouco precisa.

[15] Cf. José João Abrantes, «O Trabalho Subordinado como Objecto do Direito do Trabalho», *Direito do Trabalho. Ensaios*, Lisboa, 1995, pp. 19 s.; Mário Pinto, *Direito do Trabalho*, Lisboa, 1996, pp. 74 ss.; Richardi, *Münchener Kommentar zum Arbeitsrecht*, Vol. I, Munique, 1992, § 1, anot. 1, pp. 1 s. Sobre as noções de contrato de trabalho no Código Civil e no Código do

IV. Vista esta questão prévia, importa apreciar alguns aspetos que delimitam o contrato de trabalho, e, consequentemente, ajudam a determinar o objeto do direito do trabalho.

b) Atividade humana

Em primeiro lugar, há que aludir ao tipo de atividade. Só fazem parte do objeto do contrato de trabalho as atividades humanas[16], desde que lícitas. No art. 1152.º do CC ainda se alude a atividades intelectuais ou manuais – e no art. 11.º do CT simplesmente a «atividades» –, as quais terão de ser necessariamente, ainda que de modo indireto, desenvolvidas pelo homem. Não estão, portanto, abrangidas as atividades de animais ou de máquinas[17]. Toda a produção que seja obtida mediante o «trabalho» de um animal ou de uma máquina estará fora do âmbito do direito do trabalho; porém, se é um homem que trabalha com a máquina ou com o animal há uma atividade humana. Diferentemente, estando a máquina programada para trabalhar sozinha, excluindo o trabalho prévio de programação, a atividade por ela desenvolvida não faz parte do objeto do direito do trabalho. O mesmo se diga quanto a todas as atividades naturais, como a energia eólica ou solar, que são fatores de produção, mas não se incluem no objeto do direito do trabalho, porque não são atividades humanas.

c) Atividade produtiva

Em segundo lugar, as atividades a ter em conta, para efeitos de delimitação do conceito de direito do trabalho, têm de ser atividades produtivas[18]. Há, neste ponto, alguma relação entre o direito do trabalho e a economia,

---

Trabalho, *vd.* Rosário Palma Ramalho, «O contrato de trabalho no Código Civil: notas breves sobre os artigos 1152.º e 1153.º e sobre as relações entre o Direito Civil e o Direito do Trabalho», *Código Civil Livro do Cinquentenário*, Vol. II, coordenação António Menezes cordeiro, Almedina, Coimbra, 2019, pp. 391 ss.

[16] Cf. Aranguren *in* Mazzoni, *Manuale*, cit., pp. 3 s.

[17] Cf. Mário Pinto, *Direito do Trabalho*, cit., p. 67; Bernardo Xavier/Furtado Martins/Nunes de Carvalho/ Joana Vasconcelos/Tatiana Guerra de Almeida, *Manual*, cit., p. 36.

[18] Cf. Aranguren *in* Mazzoni, *Manuale*, cit., p. 4; Mário Pinto, *Direito do Trabalho*, cit., pp. 67 s.; Bernardo Xavier/Furtado Martins/Nunes de Carvalho/Joana Vasconcelos/ /Tatiana Guerra de Almeida, *Manual*, cit., pp. 36 s. Veja-se, igualmente, Raúl Ventura, *Relação Jurídica de Trabalho*, cit., pp. 11 ss., autor que conclui no sentido de o trabalho só ser economicamente útil, caso crie diretamente riqueza (p. 14). Com uma reflexão filosófica acerca da questão, *vd.* Alonso Olea/Casas Baamonde, *Derecho del Trabajo*, 26.ª ed., Madrid, 2009, pp. 75 ss.

pois para o objeto daquele atende-se ao trabalho como fator de produção. Deste modo, só se têm em conta atividades produtivas, em contraposição com atividades lúdicas. Na noção de direito do trabalho cabem as atividades produtivas, mas não as lúdicas. Assim, quando alguém exerce uma determinada atividade para seu prazer – se, por exemplo, ao fim da tarde, dedica-se à prática de uma modalidade desportiva – está-se perante uma atividade que não tem qualquer relação com o direito do trabalho; até porque, tendo em conta a origem histórica do termo «trabalho», parece que atividade apelidada de trabalho implicaria sempre algum esforço[19], e tudo o que é feito sem esforço não caberia na noção de direito do trabalho. Estas considerações carecem de alguma precisão.

A prática do desporto pode ser encarada como uma atividade lúdica, mas o desporto pode também estar relacionado com um contrato de trabalho. É evidente que, por exemplo, os futebolistas profissionais prestam a sua atividade no âmbito de um contrato de trabalho. Desde que o desporto seja encarado como atividade profissional, há contrato de trabalho (*vd. infra* § 42.). O problema pode, eventualmente, surgir com respeito aos desportistas amadores, que nem sempre serão verdadeiramente amadores[20], pois o direito do trabalho só regula as atividades consideradas produtivas, ou seja, aquelas que se qualificarem como atividade profissional. Nesse sentido, os desportistas amadores exercerão uma atividade não englobada no direito do trabalho.

Todavia, o facto de se afirmar que a atividade tem de ser produtiva, não pressupõe a existência de resultados. Não obstante a atividade, por natureza, ser produtiva, pode, por motivos de vária ordem, apresentar-se, na situação concreta, como improdutiva, não deixando, por isso, de se enquadrar na noção de direito do trabalho. Tem de ser potencialmente produtiva, mas não efetivamente produtiva.

O trabalho, como atividade produtiva, decorre igualmente da ideia de realização do homem e do seu dever de trabalhar[21].

---

[19] Como refere Raúl Ventura, *Relação Jurídica de Trabalho,* cit., p. 12, o trabalho pressupõe a consecução de fins mediante um sacrifício. Veja-se também autor e ob. cit., p. 33.

[20] A qualificação do desportista como profissional ou amador transcende o objeto do direito do trabalho; contudo, na medida em que esta distinção acarreta diferenças a nível da situação jurídica do prestador da atividade, o direito do trabalho pode ser chamado a intervir, para evitar que se solucionem questões idênticas de modo diverso.

[21] A este propósito transcreve-se a seguinte passagem da Epístola de S. Paulo aos Tessalonicenses (2 Tes 3, 7-12): «Irmãos: Vós sabeis como deveis imitar-nos, pois não vivemos entre vós na ociosidade, nem comemos de graça o pão de ninguém. Trabalhámos dia e noite, com esforço

d) Atividade exercida para outrem

Em terceiro lugar, importa esclarecer que, para efeitos do contrato de trabalho, só são tidas em conta aquelas atividades que não sejam exercidas por conta própria; por isso, por vezes, alude-se à alienabilidade como característica do direito do trabalho[22]. Deste modo, se alguém realiza uma atividade humana e produtiva, mas exerce-a por conta própria, por exemplo, o carpinteiro que faz as cadeiras para a sua residência, o pedreiro que constrói a sua casa ou o agricultor que cultiva as suas terras, não se está no âmbito do direito do trabalho[23]. Tais atividades englobam-se no fator de produção trabalho, mas transcendem o objeto do direito do trabalho. O direito do trabalho, como ponto de partida, pressupõe que se esteja perante um contrato de trabalho, em que a atividade é exercida por conta de outrem. O art. 11.º do CT fala em «prestar a sua atividade a outra ou outras pessoas». A referência a «outra pessoa» significa que a atividade é desenvolvida por conta de outrem. Não pode haver contrato de trabalho quando a atividade é prestada para o próprio.

e) Atividade exercida livremente

I. O quarto aspeto limitativo respeita à liberdade na prestação dessa atividade. Só existe contrato de trabalho na medida em que a atividade seja exercida de forma livre[24]. Como se referiu anteriormente, estamos no domínio de uma figura obrigacional, que, com o decurso do tempo e por motivos vários (*vd. infra* § 4.), em particular a defesa da parte mais fraca (o trabalhador), veio a apresentar particularidades. Como figura obrigacional que é,

---

e fadiga, para não sermos pesados a nenhum de vós. (...) Quando ainda estávamos convosco, já vos dávamos esta ordem: quem não quer trabalhar, também não deve comer. Ouvimos dizer que alguns de vós vivem na ociosidade, sem fazerem trabalho algum, mas ocupados em futilidades. A esses ordenamos e recomendamos, em nome do Senhor Jesus Cristo, que trabalhem tranquilamente, para ganharem o pão que comem».

[22] Cf. Motta Veiga, *Lições,* cit., p. 22. O recurso à ideia de alienabilidade é frequente entre os autores espanhóis, com vista a explicar a necessidade de a atividade ser realizada para outrem, cf. Montoya Melgar, *Derecho del Trabajo,* cit., pp. 39 s.; Alonso Olea/Casas Baamonde, *Derecho del Trabajo,* cit., pp. 77 s.

[23] Cf. Bernardo Xavier/Furtado Martins/Nunes de Carvalho/Joana Vasconcelos/ /Tatiana Guerra de Almeida, *Manual,* cit., pp. 37 s.

[24] Cf. Monteiro Fernandes, *Direito do Trabalho,* 18.ª ed., Coimbra, 2017, pp. 18 s.; Bernardo Xavier/Furtado Martins/Nunes de Carvalho/Joana Vasconcelos/Tatiana Guerra de Almeida, *Manual,* cit., pp. 38 e 39.

parte dos mesmos pressupostos de liberdade na formação do contrato (art. 405.º do CC); para além disso, importa ter em conta o disposto no art. 47.º da CRP, bem como, nomeadamente, o art. 8.º do Pacto Internacional sobre Direitos Civis e Políticos, que apontam no sentido de a ninguém ser imposta a obrigação de desenvolver uma atividade.

A liberdade de formação do contrato e a liberdade de realização da atividade têm de existir. Depois de se ter celebrado o contrato de trabalho pode ficar-se, por força desse negócio jurídico, subordinado à realização da atividade a que se vinculou, bem como à prossecução continuada da prestação pactuada, mas a ninguém pode ser imposta a celebração de um contrato de trabalho[25]. Daí que, verificando-se falta de liberdade na realização da atividade, deve tal situação ser excluída da noção de direito do trabalho.

II. A este propósito, historicamente, é de aludir à escravatura, em que a situação jurídica daí emergente não se enquadrava no direito do trabalho. No ordenamento jurídico português subsistem hipóteses em que o trabalho não é prestado de forma espontânea; ou seja, em que não há liberdade na formação da situação jurídica e relativamente às quais o direito do trabalho se tem mantido alheado, quanto à sua regulamentação.

Para além do serviço militar obrigatório e da requisição civil, há ainda a aludir a duas situações.

Por um lado, no trabalho penitenciário não há verdadeiramente um contrato de trabalho, no sentido usual, até porque esse trabalho pode não ser realizado de forma espontânea e está relacionado com o cumprimento de uma pena[26]. Quando os detidos prestam trabalho numa penitenciária, há vários aspetos relacionados com a realização dessa atividade, designadamente a remuneração auferida, que não são aferidos pelos parâmetros do direito do trabalho.

---

[25] À imagem do que ocorre em qualquer negócio jurídico de execução continuada, no contrato de trabalho há liberdade quanto à formação e desvinculação. Excetua-se tão-só a liberdade relativamente à livre desvinculação por parte do empregador (*vd. infra* § 54.3).

[26] Quanto ao regime jurídico do trabalho penitenciário, *vd.* o Código da Execução de Penas (Lei n.º 115/2009, de 12 de outubro), em particular arts. 41.º ss. Sobre o anterior regime (Decreto-Lei n.º 265/79, de 1 de Agosto com as alterações do Decreto-Lei n.º 49/80, de 22 de Março), consulte-se ALMEIDA COSTA, «Trabalho Prisional», *BMJ* 208, pp. 5 ss.
Nos termos do art. 2.º, n.º 1, alínea *c)*, do *Estatuto de los Trabalhadores* (Espanhol), o trabalho penitenciário é enquadrado entre as relações laborais especiais.

A segunda situação de trabalho «forçado» verifica-se no caso de prestação de trabalho a favor da comunidade[27]. Trata-se de uma pena prevista no art. 58.º do Código Penal e que corresponde a uma sanção que só pode ser aplicada se o réu for considerado culpado, condenado a uma determinada pena e aceitar prestar esse trabalho (art. 58.º, n.º 5, do Código Penal). Apesar de esta prestação de trabalho a favor da comunidade carecer da aceitação do réu, ela funciona como alternativa a uma pena de prisão ou a uma pena de multa. Quando alguém presta um trabalho em alternativa a ir para a prisão ou a pagar uma multa, não se pode dizer que exista verdadeiramente liberdade na constituição dessa situação jurídica. Assim sendo, estes casos não se incluem no âmbito do contrato do trabalho. Além disso, como diz o art. 58.º, n.º 2, do Código Penal, o trabalho é prestado a favor da comunidade de forma gratuita. Por este segundo elemento também estaria afastada esta hipótese da noção de contrato de trabalho, referida no art. 11.º do CT, onde se afirma que alguém se obriga «mediante retribuição». As situações em que não há liberdade na prestação da atividade excluem-se do direito do trabalho.

III. Todavia, a falta de liberdade pode advir de aspetos conjunturais comuns a qualquer pessoa, em particular a necessidade de subsistência, casos em que a alternativa «forçada» de trabalhar não impede a qualificação de tais situações no direito do trabalho[28].

f) Atividade exercida de forma subordinada

I. Um quinto aspeto de delimitação do objeto desta disciplina relaciona-se com a forma como o trabalho é exercido. Não basta tratar-se de uma atividade humana, produtiva e exercida livremente para outrem; a forma de realização dessa atividade não poderá ser autónoma. O trabalho, para efeitos da disciplina em estudo, não deverá ser exercido para outrem autonomamente, com independência, porque a noção de direito do trabalho assenta no pressuposto da dependência do trabalhador relativamente ao empregador, mediante a designada subordinação jurídica[29], integrando-se na organização

[27] Cf. Maria Amélia Vera Jardim, *Trabalho a Favor da Comunidade. A Punição em Mudança*, Coimbra, 1988, pp. 19 ss. A este propósito, veja-se o Decreto-Lei n.º 375/97, de 24 de dezembro.

[28] Cf. Monteiro Fernandes, *Direito do Trabalho*, cit., p. 18.

[29] Trata-se de uma opinião generalizada. Cf., entre outros, Menezes Cordeiro, *Direito do Trabalho*, I, cit., p. 30; Monteiro Fernandes, «Sobre o Objecto do Direito do Trabalho», *Temas Laborais*, Coimbra, 1984, pp. 35 ss. Posição esta que não é específica do ordenamento

deste último. Se o trabalhador exerce a atividade de forma independente, definindo autonomamente as condições de tempo, lugar e processo técnico, tal situação não poderá enquadrar-se no objeto do contrato de trabalho[30].

Para exemplificar, pode aludir-se à situação jurídica do empreiteiro encarregado da construção de uma obra. O proprietário do terreno incumbe-o de construir uma casa dando-lhe instruções; no entanto, o empreiteiro é um trabalhador autónomo, pois atua com independência no exercício da sua atividade. É evidente que ele terá de construir a casa nos moldes acordados e segundo as instruções recebidas, mas a forma como exerce o seu trabalho – se trabalha oito horas ou só três horas por dia, se o trabalho é noturno ou não, etc. – constitui um problema relativamente ao qual o dono da obra, em princípio, é alheio. Será o empreiteiro a decidir como vai exercer a sua atividade; ele tem de ter a obra pronta na data acordada, mas quanto à maneira de construir a casa não está sujeito à subordinação do dono da obra.

O mesmo vale em relação a um médico. O médico exerce uma atividade humana, que também é uma prestação de facto positivo, mas, normalmente, realiza-a de forma independente, não recebendo instruções, nem da classe profissional, nem do paciente que o contratou.

Os exemplos são múltiplos, normalmente associados ao exercício de profissões liberais[31]. Não quer dizer que estes profissionais não possam, na qualidade de prestadores de uma atividade, celebrar um contrato de trabalho, como até se determina do disposto no art. 116.º do CT (*vd. infra* § 13.), mas sendo tais atividades exercidas para outrem, sem subordinação, prestadas de forma independente, não se enquadram no estudo do direito do trabalho. Para ser abrangido pelo objeto do direito do trabalho torna-se necessário que a atividade seja desenvolvida de modo subordinado; importa que o empregador decida, nomeadamente, o que há-de o trabalhador fazer, como deve realizar a prestação e quais as horas em que desempenha o seu trabalho.

II. Independentemente de alguns destes aspetos estarem regulados por lei ou convenção coletiva de trabalho, existe sempre uma margem de

---

português, *vd.* Pera, *Compendio di Diritto del Lavoro*, 5.ª ed., Milão, 2000, pp. 107 ss. e, de modo mais desenvolvido, *Diritto del Lavoro*, 6.ª ed., Pádua, 2000, pp. 290 ss.

[30] Cf. Monteiro Fernandes, *Direito do Trabalho*, cit., p. 19; Bernardo Xavier/Furtado Martins/Nunes de Carvalho/Joana Vasconcelos/Tatiana Guerra de Almeida, *Manual*, cit., pp. 39 s.

[31] Para um estudo sistemático e desenvolvido, cf. Perulli, *Il Lavoro Autonomo. Contratto D'Opera e Professioni Intellettuali*, Milão, 1996.

decisão do empregador[32]. Além disso, há a ter em conta que só no domínio do direito do trabalho se pode falar no poder disciplinar. Nas atividades autónomas, independentes, não se aplicam sanções disciplinares. Por isso, o paciente não tem poder disciplinar sobre o médico; pode, eventualmente, demandá-lo judicialmente por qualquer incúria médica, nos termos gerais da responsabilidade civil, mas não lhe é facultado o direito de impor sanções disciplinares ao médico.

III. Como aspetos que caracterizam o direito do trabalho pode indicar-se que se deverá estar perante uma atividade humana, produtiva e exercida livremente para outrem de forma subordinada.

3. Aspetos complementares

I. Atendendo aos elementos referidos quanto à delimitação do objeto do direito do trabalho, verifica-se que há várias normas incluídas neste ramo do direito que não estão abrangidas na noção indicada. Na realidade, determinadas regras de direito do trabalho não se encontram diretamente relacionadas com as atividades humanas produtivas e exercidas livremente para outrem de forma subordinada[33].

Por exemplo, as normas legais que disciplinam a atividade sindical não estão diretamente concatenadas com uma atividade humana produtiva. São preceitos que regulam o funcionamento de uma associação (o sindicato), bem como a sua intervenção na vida laboral.

Na noção de direito do trabalho, para além das situações jurídicas emergentes do contrato de trabalho, há outras regras que estão relacionadas com o trabalho subordinado. Tendo em vista uma disciplina global da atividade laboral, o legislador estabeleceu determinadas normas e princípios jurídicos

---

[32] A subordinação jurídica, como melhor se verá adiante (§§ 6. e 27), não pressupõe uma permanente sujeição a ordens do empregador, mas antes uma potencial sujeição a ordens e instruções, a vulgarmente designada disponibilidade do trabalhador ou heterodisponibilidade (cf. MONTEIRO FERNANDES, «Sobre o Objecto do Direito do Trabalho», cit., p. 42), mediante a qual o trabalhador, por força do contrato de trabalho, disponibiliza-se a receber ordens da entidade patronal com vista à realização de dada atividade.

[33] Trata-se daquilo a que MENEZES CORDEIRO, *Direito do Trabalho*, I, cit., p. 45, denomina por fenómeno de absorção, até porque, segundo o mesmo professor (p. 21), em torno do contrato de trabalho, por via de um processo acumulativo, foram-se agrupando regras dispersas.

que não se aplicam diretamente ao contrato de trabalho, mas que condicionam a relação contratual emergente deste negócio jurídico.

II. No contrato de trabalho incluem-se normas reguladoras das atividades humanas exercidas livremente, para outrem e de forma subordinada, mas, associadas a estas, há um determinado número de regras, que não regulam diretamente o contrato de trabalho, disciplinando antes aspetos que se encontram, de certa forma, em conexão, designadamente, a relação coletiva de trabalho. São, pois, situações jurídicas incluídas na designada relação coletiva de trabalho, interligadas com o contrato de trabalho. Assim, se, por exemplo, for celebrado um contrato de trabalho entre um motorista e uma empresa de camionagem, desse contrato de trabalho constarão regras específicas, que vão disciplinar a atividade a ser desenvolvida, sendo a relação jurídica regida igualmente por normas legais, imperativas e dispositivas, aplicáveis a todo o vínculo laboral. Situação própria do regime geral dos contratos.

Contudo, no direito do trabalho há uma diferença, pois importa ainda ter em conta as convenções coletivas que foram ajustadas entre as associações sindicais representativas daquela atividade – dos motoristas de camionagem – e as associações de empregadores ou empregadores daquele ramo de atividade. Essas duas entidades – associações sindicais e de empregadores – podem ter celebrado uma convenção coletiva que estabelece princípios básicos, por vezes bastante pormenorizados, que os contratos de trabalho em vigor têm de respeitar. Neste conjunto de situações verifica-se que nem todas as normas aplicáveis estão diretamente relacionadas com a atividade produtiva exercida para outrem de forma subordinada. Por exemplo, o modo como a negociação de uma convenção coletiva se processa só indiretamente se relaciona com a prestação de trabalho. As convenções coletivas, bem como os outros instrumentos de regulamentação coletiva, existem para disciplinar o trabalho subordinado realizado por cada indivíduo em concreto, mas nem todas as suas regras se aplicam aos contratos de trabalho.

III. O disposto nas convenções coletivas vale inclusive em relação a quem não seja parte nas mesmas. Os trabalhadores não podem ser parte nas convenções coletivas; os instrumentos de regulamentação coletiva negociais são ajustados por associações sindicais e associações de empregadores (eventualmente também empregadores), e, ainda que o trabalhador não esteja sindicalizado, o instrumento pode aplicar-se à sua relação laboral, por exemplo, no caso de uma portaria de extensão assim o determinar. Trata-se de uma situação não enquadrável no domínio contratual, pois o contrato de trabalho pode ficar na dependência de uma convenção coletiva de trabalho, negociada por entidades que não são parte naquele negócio jurídico. Esta é uma das particularidades do direito do trabalho que leva alguns autores a iniciarem a exposição da matéria pelas relações coletivas, deixando o contrato de trabalho para um segundo momento. Não parece ser essa a solução mais correta no plano didático, na medida em que o contrato de trabalho antecede as relações coletivas de trabalho e a problemática destas últimas só tem sentido depois de se conhecerem as particularidades do contrato de trabalho.

IV. Sintetizando, dir-se-á que o direito do trabalho corresponde ao conjunto de princípios e normas jurídicas disciplinadoras do contrato de trabalho; ou seja, que respeitam a uma atividade produtiva exercida livremente para outrem e de forma subordinada, bem como todas as restantes normas e princípios que estejam relacionados com o trabalho subordinado, sempre que tais normas e princípios tenham sido elaborados com a finalidade de, direta ou indiretamente, regulamentar o trabalho subordinado[34].

BIBLIOGRAFIA:

MENEZES CORDEIRO, *Direito do Trabalho*, I, cit., pp. 31 a 51; MONTEIRO FERNANDES, *Direito do Trabalho*, 18.ª ed., Coimbra, 2017, pp. 15 a 28 e «Sobre o Objecto do Direito do Trabalho», *Temas Laborais*, Coimbra, 1984, pp. 34 a 47; JÚLIO GOMES, *Direito do Trabalho*, I, cit., pp. 11 e ss.; MÁRIO PINTO, *Direito do Trabalho*, cit., pp. 61 a 95; ROSÁRIO PALMA RAMALHO, *Tratado de Direito do Trabalho*, I, 4.ª ed., Coimbra, 2015, pp. 17 a 31; MOTTA VEIGA, *Lições*, cit., pp. 21 a 28 e 39 a 50; RAÚL VENTURA, *Teoria da Relação Jurídica de Trabalho*, cit., pp. 11 a 15, 26 a 35 e 137 a 147; BERNARDO XAVIER/FURTADO MARTINS/NUNES DE CARVALHO/JOANA VASCONCELOS/TATIANA GUERRA DE ALMEIDA, *Manual*, cit., pp. 35 e ss.

[34] Trata-se de uma perspetiva essencialmente jurídica do direito do trabalho; quanto a uma visão personalista do trabalho, relacionada com a Doutrina Social da Igreja, cf. MÁRIO PINTO, *Direito do Trabalho*, cit., pp. 84 ss.

§ 2. ÂMBITO DE APLICAÇÃO

I. O direito do trabalho regula quatro aspetos: as relações individuais de trabalho (o contrato de trabalho propriamente dito); as relações coletivas de trabalho; as intervenções do Estado na vida laboral (o chamado direito das condições de trabalho); o processo de trabalho[35].

II. A relação individual de trabalho corresponde ao núcleo central do direito do trabalho. Estão em causa regras e princípios respeitantes a um negócio jurídico entre o empregador e o trabalhador: o contrato de trabalho. Esta matéria, que integra o núcleo central do direito do trabalho, será desenvolvida no Capítulo IV (§§ 11. ss.).

III. As relações coletivas de trabalho, também designadas por «direito coletivo do trabalho», têm um âmbito diversificado.

Por um lado, há a ter em conta as regras que disciplinam a constituição e atividade dos sujeitos coletivos laborais, tanto associações de trabalhadores como associações de empregadores.

Em segundo lugar, incluem-se as normas que disciplinam a relação coletiva, isto é, as que dizem respeito aos instrumentos de regulamentação coletiva de trabalho, como seja as convenções coletivas de trabalho, elaborados pelas pessoas coletivas de âmbito laboral, com base nas atribuições conferidas por lei.

Em terceiro lugar, cabem as relações laborais estabelecidas no âmbito da empresa, dentro da organização empresarial; por exemplo, a relação que se estabelece entre a empresa e a comissão de trabalhadores.

Em quarto lugar, importa fazer referência aos conflitos laborais coletivos, em especial a greve.

Por último, em quinto lugar, serão consideradas as regras relativas à composição amigável de conflitos, tais como a conciliação, a mediação e a arbitragem.

A matéria respeitante às relações coletivas de trabalho será estudada no Capítulo V (§§ 59. e ss.).

---

[35] Cf. MENEZES CORDEIRO, *Direito do Trabalho*, I, cit., pp. 37 ss. Sem aludir ao processo do trabalho, *vd.* MONTEIRO FERNANDES, *Direito do Trabalho*, cit., pp. 33 s.; SÖLLNER, *Grundriß des Arbeitsrechts*, 12.ª ed., Munique, 1998, pp. 33 s.; BERNARDO XAVIER/FURTADO MARTINS/ /NUNES DE CARVALHO/JOANA VASCONCELOS/TATIANA GUERRA DE ALMEIDA, *Manual*, cit., p. 67.

IV. O direito das condições de trabalho ou da proteção do trabalho é o campo em que, predominantemente, se verifica a intervenção estadual. O Estado abandona a sua «neutralidade» e intervém nas relações contratuais em vários aspetos. Por exemplo, quanto à segurança e saúde no trabalho, ao período normal de trabalho e aos acidentes de trabalho. Estas regras têm como destinatários, tanto os empregadores como os trabalhadores. Neste campo não cabem as normas respeitantes à segurança social, que constituem um ramo autónomo.

O direito das condições de trabalho, representando um dos aspetos que integra o âmbito de aplicação do direito do trabalho, não justifica, porém, um tratamento dogmático autónomo, até porque as referidas condições de trabalho têm mais sentido ser estudadas, em particular, a propósito de especificidades do contrato de trabalho, com respeito ao regime geral dos contratos.

V. Por último, também fazem parte do direito do trabalho as normas processuais, nas quais se estabelecem particularidades com respeito ao direito processual civil. Estes preceitos são, porém, direito instrumental em relação ao direito do trabalho, constituindo direito adjetivo; mas nem todas as regras processuais constam do Código de Processo do Trabalho; assim, por exemplo a providência cautelar da suspensão do despedimento vem prevista no art. 386.º do CT, por outro lado, naquele diploma, nomeadamente na revisão de 2009, foram introduzidas normas de cariz substantivo (p. ex., art. 98.º-C, n.º 1, do CPT), chegando ao ponto de, sob a epígrafe «Entrada em vigor» (art. 9.º do Decreto-Lei n.º 295/2009), que respeita à entrada em vigor das alterações ao Código de Processo do Trabalho, se ter resolvido um lapso da precipitada revogação do art. 438.º do CT2003, que respeita à indemnização devida ao trabalhador.

Num sentido amplo, o direito do trabalho abrange as regras substantivas e adjetivas que incidem sobre matéria laboral. As normas processuais de trabalho, nas quais se estabelecem particularidades com respeito ao direito processual civil, constituem direito instrumental (adjetivo) em relação ao direito do trabalho (substantivo).

O processo do trabalho apresenta especificidades com respeito ao direito processual civil, em cujo tronco comum se insere[36], derivadas, em particular, da necessidade de concretização judicial célere de um conjunto de regras

[36] Cf. Teixeira de Sousa, «Aspectos Metodológicos e Didácticos do Direito Processual Civil», *RFDUL*, Vol. XXXV, 1994, p. 338.

que, tendencialmente, protegem o trabalhador. Dito de outro modo, o processo do trabalho realiza judicialmente o direito do trabalho[37], impulsionado pelos mesmos postulados deste ramo jurídico. A identidade de valores, que justifica a inclusão do direito processual do trabalho num âmbito amplo do direito do trabalho, não obsta à autonomização daquele ramo do direito em relação ao direito substantivo que realiza, à imagem do que ocorre com o processo civil e o processo penal.

Como os aspetos específicos do processo do trabalho foram estabelecidos só para este ramo do direito e não são lecionados noutras cadeiras, designadamente no direito processual civil, há também, por isso, razões para incluir essas particularidades num âmbito amplo desta disciplina, dedicando o Capítulo VII (§ 75.) ao seu estudo.

VI. Apesar de, também em sentido amplo, se poder incluir no âmbito do direito do trabalho as relações laborais da administração pública, em razão de algumas particularidades destas últimas, é frequente inseri-las na área do direito administrativo[38].

VII. O direito do trabalho, como ocorre em qualquer ramo do direito, mas talvez com maior acuidade, tem repercussões a vários níveis[39]. Para além da especial conexão entre o direito do trabalho e a economia nas suas várias

---

[37] Sobre o carácter instrumental do direito processual, cf. TEIXEIRA DE SOUSA, «Aspectos Metodológicos e Didácticos...», cit., pp. 366 ss.

[38] *Vd. infra* § 46. Sobre a distinção entre as relações laborais de direito privado e de direito público, *vd.* JOÃO CAUPERS, «Situação Jurídica Comparada dos Trabalhadores da Administração Pública e dos Trabalhadores Abrangidos pela Legislação do Contrato de Trabalho», *RDES* XXXI (1989), n.ºs 1/2, pp. 243 ss. O autor acaba por concluir que se verifica uma tendencial (e desejada) aproximação de regimes jurídicos da função pública e do contrato individual de trabalho (p. 254).
Quanto à relação de emprego público, regulada pelo direito administrativo, e a conexão com o direito do trabalho, *vd.* LIBERAL FERNANDES, *Autonomia Colectiva dos Trabalhadores da Administração Pública. Crise do Modelo Clássico de Emprego Público*, Coimbra, 1995 e MÁRIO PINTO, *Direito do Trabalho*, cit., pp. 83 s. e 100 ss. E, com um amplo desenvolvimento, consulte-se a dissertação de doutoramento de PEDRO MADEIRA DE BRITO, *Contrato de trabalho da Administração Pública e sistema de fontes*, Lisboa, 2019.

[39] Numa perspetiva similar, COUTURIER, *Droit du Travail*, cit., pp. 81 ss., afirma que o direito do trabalho é uma disciplina transversal.

vertentes, designadamente no que respeita à economia de mercado[40], cabe aludir às relações com outros ramos do direito.

No direito constitucional há um desenvolvimento juslaboral significativo, com especial relevo em sede de princípios de direito do trabalho, como seja o da igualdade, ou em aspetos mais concretos, nomeadamente as limitações ao despedimento.

Do direito penal retira-se a imposição de multas, coimas[41] e sanções penais na área laboral, por violação de regras de direito do trabalho[42]. Certas infrações laborais podem constituir crime; é o que acontece, por exemplo, estando em causa a violação de normas de segurança por parte do empregador, que causem danos ao trabalhador em acidente de trabalho.

O direito fiscal preocupa-se, nomeadamente com a tributação de complementos salariais e até com o pagamento de gorjetas aos trabalhadores.

O direito administrativo, para além de regras respeitantes à fiscalização do trabalho ou relacionadas com a segurança social, na parte que regula as relações laborais dos funcionários públicos, tem sido influenciado pelas regras do direito do trabalho.

O direito internacional público encontra na área laboral um campo privilegiado de atuação, com uma organização internacional – a OIT – especialmente vocacionada, desde há 100 anos, para resolver problemas laborais.

Para além destas indicações exemplificativas, há a ter em conta que o direito do trabalho se pauta igualmente por regras de direito civil, em particular de direito das obrigações, de direito comercial, de direito internacional privado e de direito processual civil.

VIII. Atento o vasto âmbito de aplicação do direito do trabalho e o facto de o trabalho subordinado representar uma forma comum de prestação de atividade, não é de estranhar a importância prática deste ramo do direito, constituindo um relevante mecanismo de intervenção política, social e

[40] Quanto à relação entre a ordem económica e o direito do trabalho veja-se Zöllner/Loritz, *Arbeitsrecht*, 5.ª ed., Munique, 1998, pp. 7 ss., 13 e 16 ss. De facto, no direito do trabalho, para além dos aspetos sociais, as questões económicas têm um papel primordial, relacionado com a importância que as empresas empregadoras e o trabalho nelas prestado têm na economia de cada país.

[41] Cf., entre outros, os arts. 546.º e ss. do CT relativos à responsabilidade penal e contraordenacional laboral (*vd. infra* § 74.).

[42] Sobre o direito penal laboral, *vd.* Aranguren *in* Mazzoni, *Manuale*, cit., pp. 18 s. e bibliografia aí citada.

económica[43]. Razão pela qual o direito do trabalho dificilmente se desprende de considerações extrajurídicas.

BIBLIOGRAFIA:

MENEZES CORDEIRO, *Direito do Trabalho*, I, cit., pp. 37 a 51; MONTEIRO FERNANDES, *Direito do Trabalho*, cit., pp. 33 e ss.; MÁRIO PINTO, *Direito do Trabalho*, cit., pp. 97 a 126; ROSÁRIO PALMA RAMALHO, *Tratado de Direito do Trabalho*, I, cit., pp. 33 e ss.; BERNARDO XAVIER/FURTADO MARTINS/NUNES DE CARVALHO//JOANA VASCONCELOS/TATIANA GUERRA DE ALMEIDA, *Manual*, cit., pp. 67 e ss.

§ 3. ENQUADRAMENTO DO DIREITO DO TRABALHO

1. O direito do trabalho como ramo do direito privado

I. A distinção entre direito privado e direito público é frequentemente feita em quase todas as disciplinas desde a Introdução ao Direito[44], porque a qualificação – como direito privado ou direito público – pressupõe conceções diferentes, designadamente a nível dos princípios. De facto, os princípios que informam o direito privado e o direito público não são exatamente os mesmos. Há algumas diferenças sucessivamente reiteradas no estudo das várias cadeiras que compõem o elenco do curso de Direito.

---

[43] É frequente que a política social e económica de um governo se veja espelhada na tomada de posição a nível laboral (cf. MOTTA VEIGA, *Lições*, cit., pp. 39 ss.; MONTOYA MELGAR, *Derecho del Trabajo*, cit., p. 34; COUTURIER, *Droit du Travail*, cit., pp. 36 ss.; SÖLLNER, *Arbeitsrechts*, cit., pp. 2 s.); além disso, como é sabido, as crises económicas têm repercussão imediata nas relações de trabalho e as decisões políticas neste sector podem ajudar a minimizar ou ultrapassar a crise económica. De facto, as regras de direito do trabalho podem influir, tanto na fixação do custo do fator de produção trabalho e, consequentemente, no preço dos bens e serviços, como na determinação da taxa de emprego (cf. SOARES MARTINEZ, *Economia Política*, 10.ª ed., Coimbra, 2005, pp. 441 ss.).
Acerca da relevância do direito do trabalho, na medida em que ele regula a ocupação da maioria da população ativa, cf. BERNARDO XAVIER/FURTADO MARTINS/NUNES DE CARVALHO/JOANA VASCONCELOS/TATIANA GUERRA DE ALMEIDA, *Manual*, cit., pp. 55 s.

[44] Quanto à distinção, *vd.* OLIVEIRA ASCENSÃO, *O Direito. Introdução e Teoria Geral*, 13.ª ed., Coimbra, 2005, pp. 333 ss.; BAPTISTA MACHADO, *Introdução ao Direito e ao Discurso Legitimador*, Coimbra, 1983, pp. 65 ss.

II. O direito do trabalho insere-se tradicionalmente no âmbito do direito privado, pois não se colocam dúvidas quanto à qualificação do contrato de trabalho como negócio jurídico obrigacional e, consequentemente, não se punha em causa a natureza privatística deste ramo do direito.

Partindo deste pressuposto, toda a regulamentação de direito do trabalho, como se baseia no contrato de trabalho, deveria igualmente enquadrar-se no direito privado[45]. Todavia, são vários os autores que levantam dúvidas, discutindo se o direito do trabalho será efetivamente um ramo do direito privado. Muitos desses autores chegam à conclusão de que constitui um ramo do direito público, ou então que é uma situação híbrida, um misto de direito privado e de direito público[46].

O direito do trabalho, no elenco nas disciplinas do curso de Direito, continua a ser considerado como um ramo do direito privado[47]. Mas isso não basta, porque tem sido defendido que o direito do trabalho é direito público, até para explicar a sua autonomia relativamente ao direito das obrigações.

III. Quanto às distinções entre direito privado e direito público, como já foram estudadas noutras disciplinas, não é altura de as retomar. Os vários prismas em que as distinções têm sido apresentadas pressupõem-se conhecidos; seja a teoria do interesse (contrapondo interesses públicos e privados), a teoria da natureza do sujeito (se é um sujeito de direito público ou de direito privado) ou a teoria da posição do sujeito na relação jurídica (se o sujeito está ou não munido de *ius imperii* ao relacionar-se com a contraparte).

A estas conceções clássicas pode acrescentar-se uma outra, distinguindo o direito privado do direito público com base na ideia de que, naquele, valem, essencialmente, princípios de igualdade e de liberdade[48]. No direito privado, as partes atuam numa perspetiva igualitária e numa base de liberdade, enquanto, no direito público, vigora, em especial, a autoridade e a competência.

---

[45] Cf. Mascaro Nascimento, *Curso de Direito do Trabalho,* 14.ª ed., S. Paulo, 1997, pp. 176 ss.

[46] Cf., designadamente, Menezes Cordeiro, *Direito do Trabalho,* I, cit., pp. 52 ss.; Montoya Melgar, *Derecho del Trabajo,* cit., pp. 44 s.; Mário Pinto, *Direito do Trabalho,* cit., p. 106; Rivero/Savatier, *Droit du Travail,* 13.ª ed., Paris, 1993, p. 41; Motta Veiga, *Lições,* cit., pp. 48 s.; Bernardo Xavier/Furtado Martins/Nunes de Carvalho/Joana Vasconcelos/ /Tatiana Guerra de Almeida, *Manual,* cit., pp. 63 s.

[47] Pelo menos na Faculdade de Direito da Universidade de Lisboa.

[48] Cf. Menezes Cordeiro, *Tratado de Direito Civil Português,* I, *Parte Geral,* 3.ª ed., Coimbra, 2005, pp. 31 ss. e *Manual,* cit., p. 62.

Além disso, o direito privado é um ramo do direito mais sedimentado que, com a sua evolução desde o direito romano, vem mantendo os mesmos pressupostos com algumas alterações pontuais; enquanto o direito público, sendo mais recente, admite com maior facilidade modificações bruscas, por não estar sedimentado. Daí que, por via de regra, o direito privado, se apresente codificado; de facto, vários ramos do direito privado encontram-se codificados, o mesmo não se verificando em relação ao direito público.

IV. Atendendo a este último aspeto, poder-se-ia entender que o direito do trabalho não estava suficientemente sedimentado, o que não constituía, ainda assim, fundamento para o aproximar das disciplinas de direito público. Mas com o Código do Trabalho este argumento perde grande parte do seu sentido.

A existência de uma codificação neste domínio não é frequente e, mesmo quando existe um Código do Trabalho, como em França[49], trata-se antes de compilações; é o que se verifica no Brasil onde há uma consolidação das leis do trabalho[50]. Nesses casos, está-se perante uma compilação oficial de leis. De modo diverso, em Itália, aparentemente, o direito do trabalho vem regulado no Código Civil, Livro V, arts. 2060 e seguintes; todavia, estes preceitos foram, em grande parte, alterados, complementados e substituídos por diversas leis, por um lado, e constituem tão-só os pressupostos básicos do contrato de trabalho e não de todo o direito do trabalho[51].

A codificação, assentando em pressupostos de elaboração científica, sistematização e carácter sintético, implica um nível de sedimentação que poder-se-ia entender não existir no direito do trabalho, não só em razão da sua evolução recente, como muito especialmente derivado das múltiplas alterações, inclusive conjunturais.

Mas em Portugal existe hoje um Código do Trabalho, que não abrange toda a legislação de direito do trabalho, mas tão-só a que respeita a regime

---

[49] Acerca do *Code du Travail*, como compilação de leis que foram promulgadas desde 1910, *vd.* RIVERO/SAVATIER, *Droit du Travail*, cit., pp. 64 s.; LYON CAEN/PÉLISSIER/SUPIOT, *Droit du Travail*, 18.ª ed., Paris, 1996, pp. 42 s., PÉLISSIER/SUPIOT/JEMMAUD, *Droit du Travail*, 23.ª ed., Paris, 2006, pp. 80 s.

[50] A CLT corresponde a uma compilação de leis laborais publicadas desde 1930, consolidadas na década seguinte, que se mantêm em vigor com diversas alterações. Cf. ORLANDO GOMES/ /ELSON GOTTSCHALK, *Curso de Direito do Trabalho*, 16.ª ed., Rio de Janeiro, 2000, pp. 37 ss. Quanto à diferença entre codificação e consolidação, cf. VICTOR RUSSOMANO, *Curso de Direito do Trabalho*, 6.ª ed., Curitiba, 1997, p. 28.

[51] Cf. ASSANTI, *Corso di Diritto del Lavoro*, 2.ª ed., Pádua, 1993, pp. 9 ss. e 279 ss.

comum. Além do Código do Trabalho há que atender à extensa legislação complementar e a uma multiplicidade de diplomas sobre regimes especiais[52].

O facto de o direito do trabalho se encontrar em permanente evolução, não é suficiente para concluir no sentido de não ser direito privado.

Em outros ramos do direito privado, a falta de codificação não altera o respetivo enquadramento. Assim, não obstante existir um diploma designado Código Comercial, de que poucos preceitos restam em vigor, em matéria comercial, há uma multiplicidade de outras leis, como o Código das Sociedades Comerciais, o Código dos Valores Mobiliários ou a Lei Uniforme relativa ao cheque, às letras e às livranças, com as quais é necessário lidar, e, normalmente, às compilações – que também são particulares – chama-se «Legislação Comercial». O direito comercial, relativamente ao qual não se põe em causa a sua classificação como um ramo do direito privado, é um direito não sedimentado, em que tem havido grandes modificações, não estando totalmente codificado.

O mesmo se diga em relação a outros ramos do direito não codificados, que não se põe em dúvida a sua integração no direito privado. Por exemplo, o direito industrial e o direito do arrendamento. Em particular, o arrendamento é uma das matérias que tem sofrido múltiplas alterações por motivos de ordem social; o arrendatário tem sido protegido pelo legislador, porque está em causa a defesa da habitação (arrendamento habitacional) ou do local onde é exercida a sua atividade profissional (arrendamentos para o comércio e indústria ou rural). A intervenção legislativa no domínio do direito do arrendamento tem contornos idênticos à que se verifica no direito do trabalho; em ambos os casos, o legislador intervém com vista a proteger uma das partes que se considera social (e contratualmente) desprotegida, mas isso não obsta a que se integrem as normas relativas ao arrendamento no âmbito do direito privado.

Pelo facto de no direito do trabalho não se encontrar totalmente codificado e se encontrar em permanente mutação, não pode, por isso, considerar-se que se está perante um ramo de direito público.

V. Importa verificar se as várias características apontadas pelas teorias com base nas quais se tem feito a distinção entre direito privado e direito

[52] Quanto à codificação do direito do trabalho, *vd.* as conferências de MÁRIO PINTO, SERRANO CARVAJAL e BUENO MAGANO, *Anais das I Jornadas Luso-Hispano-Brasileiras de Direito do Trabalho*, Lisboa, 1982, pp. 159 ss., os trabalhos da Comissão de Análise e Sistematização da Legislação Laboral e, por fim, o Código do Trabalho, em cuja elaboração colaborámos (*vd. infra* § 4.5.d.2).

público podem levar a considerar o direito do trabalho como um ramo do direito público.

Tendo em conta a teoria do interesse, conclui-se que no direito do trabalho não estão em causa interesses públicos[53]. Num contrato de trabalho ou numa convenção coletiva de trabalho, por via de regra, contrapõem-se interesses privados. Indiretamente, podem estar em causa interesses públicos, em especial referidos à proteção do trabalho. Mas a existência de interesses públicos relacionados com a proteção das pessoas não é exclusiva deste ramo do direito; isso verifica-se, por exemplo, nos deveres contratuais de proteção que decorrem das vendas de produtos eventualmente prejudiciais à saúde. As regras especiais de proteção do consumidor não fazem com que o contrato de compra e venda se inclua no direito público.

Quanto à natureza do sujeito, é sabido que os intervenientes a nível de relações laborais, tanto na relação individual, como nas relações coletivas, não são entidades públicas, mas sujeitos de direito privado[54] (*vd. infra* §§ 59. e ss.).

Do mesmo modo, atendendo à posição do sujeito, também se pode deduzir que nenhum dos intervenientes está munido de *ius imperii*. Mesmo no caso de instrumentos autónomos de regulamentação coletiva de trabalho não há, verdadeiramente, uma situação de *publica potestas*. De facto, verifica-se uma subordinação dos contratos de trabalho, por exemplo, às convenções coletivas, mas, nestas, nenhuma das partes se encontra no exercício de um poder público. Nos contratos regidos pelo direito administrativo, a administração pode atuar munida de *ius imperii*, o que não se verifica em direito do trabalho. A predominância de um sujeito em relação ao outro, possibilitando que uma das partes imponha à outra uma situação jurídica, não se encontra no domínio juslaboral; mesmo a subordinação jurídica, característica do contrato de trabalho, difere da *publica potestas*. A autoridade que empregador exerce sobre o trabalhador, em que não há uma situação paritária, é alheia à ideia de *ius imperii*. Pode existir um predomínio factual, como se verifica em muitos negócios jurídicos, e o legislador intervém para contrariar tal preponderância em relações laborais; essa eventual superioridade não se identifica com a diferença de estatuto jurídico, que caracteriza as relações de direito público.

Cabe acrescentar que, no direito do trabalho, vigora um princípio de liberdade na celebração dos contratos, tanto individuais, como coletivos, e existe igualdade entre as partes, pelo menos em termos abstratos. Uma das

[53] Cf. RAÚL VENTURA, *Relação Jurídica de Trabalho*, cit., p. 152.
[54] Cf. RAÚL VENTURA, *Relação Jurídica de Trabalho*, cit., p. 153.

razões do desenvolvimento do direito do trabalho como disciplina autónoma advém da existência de potenciais desequilíbrios de facto e não jurídicos. Verifica-se que, do ponto de vista factual, as entidades patronais, normalmente, estão melhor posicionadas do que os trabalhadores, dando origem a desequilíbrios, mas não há qualquer desigualdade jurídica.

VI. O contrato de trabalho, excluindo a relação laboral da função pública, é, sem dúvida, obrigacional. O direito do trabalho autonomizou-se do direito das obrigações, mas o seu núcleo essencial – o contrato de trabalho – inclui-se no âmbito dos contratos previstos neste ramo do direito, com algumas especificidades, sendo, por isso, o seu regime de direito privado.

Quanto às normas reguladoras do contrato de trabalho, dificilmente se poderiam considerar inseridas no direito público. Atento este conspecto, admite-se que o direito do trabalho tem aspetos de direito privado – o contrato de trabalho – e de direito público – por exemplo, a proteção do trabalho –, pondo em causa a clássica distinção entre direito público e direito privado[55].

Os aspetos de regulamentação que levariam a qualificar o direito do trabalho como direito público poderiam respeitar às relações coletivas de trabalho, às condições de trabalho e ao processo do trabalho.

Importa, deste modo, distinguir o direito do trabalho por áreas (*vd. supra* § 2.) e determinar, em cada uma delas, os elementos que podem levar a que se qualifique como um ramo do direito público ou do direito privado.

VII. Relativamente ao contrato de trabalho, como já foi referido, não parece ser questionável a qualificação do seu regime no âmbito do direito privado. De facto, no contrato de trabalho não há manifestações de *ius imperii* e as partes – empregador e trabalhador –, ao negociarem o contrato, atuam em pé de igualdade; há liberdade na celebração e igualdade na execução do contrato, sendo as exceções estabelecidas justificadas pela proteção da parte mais fraca. Apesar de tais exceções, o contrato de trabalho continua a ser um negócio jurídico obrigacional, não havendo dúvidas quanto a situá-lo na área do direito privado.

---

[55] Cf. Menezes Cordeiro, *Direito do Trabalho,* I, cit., pp. 52 ss.; Montoya Melgar, *Derecho del Trabajo,* cit., pp. 44 s.; Mário Pinto, *Direito do Trabalho,* cit., p. 106; Rivero/Savatier, *Droit du Travail,* cit., pp. 39 ss.; Söllner, *Arbeitsrechts,* cit., p. 32; Motta Veiga, *Lições,* cit., p. 48; Bernardo Xavier/Furtado Martins/Nunes de Carvalho/Joana Vasconcelos/ /Tatiana Guerra de Almeida, *Manual,* cit., p. 63.

VIII. Quanto às relações coletivas de trabalho têm-se levantado dúvidas, pois não se encontram no direito privado situações idênticas. Não é próprio do direito privado que um contrato entre dois sujeitos esteja na dependência de uma convenção concertada por outras pessoas. Admitir que uma convenção coletiva celebrada entre duas entidades – associações sindicais e de empregadores – vai produzir efeitos em relação aos contratos individuais ajustados entre sujeitos, que podem nem sequer estar filiados naquelas associações, é estranho ao direito privado[56]. Por isso, poder-se-ia pensar que se está no domínio de normas de direito público, pois, à imagem das leis, tais instrumentos de regulamentação coletiva têm uma hetero-eficácia.

Importa averiguar se o facto de estas entidades coletivas atuarem, impondo consequências a nível dos contratos individuais, deve ser equacionado como razão para qualificar esta área do direito do trabalho como sendo de direito público; ou se, pelo contrário, se trata tão-só de uma mera especificidade deste ramo do direito, que não obsta ao seu enquadramento no direito privado.

Quando as associações sindicais e de empregadores, que são pessoas coletivas de direito privado, atuam no domínio laboral, fazem-no ao abrigo da lei, que lhes permite celebrar instrumentos autónomos de regulamentação coletiva, os quais produzem efeitos nos contratos individuais de trabalho. Mas as associações sindicais e de empregadores não estão munidas de *ius imperii*; negoceiam os acordos com liberdade e numa situação de igualdade. A convenção coletiva corresponde a um contrato de direito privado, em que as partes atuam tal qual fariam quaisquer outros privados, não apresentando particularidades na sua relação. Deste modo, os instrumentos de regulamentação coletiva, quando negociados pelas associações sindicais e de empregadores (ou empregadores), enquadram-se no âmbito do direito privado; são negócios jurídicos em que as partes, sendo pessoas coletivas de direito privado, agem segundo os pressupostos de liberdade e de igualdade. Por conseguinte, a existência de instrumentos de regulamentação coletiva não altera os parâmetros normais do direito privado[57]. O facto inovador consiste na intromissão de uma convenção coletiva – ou outro instrumento de

[56] Nos termos do art. 496.º do CT, por força do princípio da filiação, a convenção coletiva só vincula os trabalhadores e empregadores filiados nas associações signatárias; todavia, através de uma portaria de extensão, as regras de uma convenção coletiva podem aplicar-se a quem não esteja filiado nessas associações.

[57] Cf. Menezes Cordeiro, *Direito do Trabalho*, I, cit., pp. 55 s.

regulamentação coletiva – num contrato (o contrato de trabalho) em que as partes são diferentes.

Cabe, então, perguntar se a eventualidade de um negócio jurídico produzir efeitos relativamente a terceiros é alheia ao direito civil. O contrato a favor de terceiro é uma figura de direito privado, em que os efeitos desse negócio jurídico se produzem relativamente a quem não é, nem nunca será, parte nesse contrato. O beneficiário da prestação, apesar de não ser contraente naquele negócio jurídico, vai receber os respetivos benefícios[58].

A convenção coletiva de trabalho não corresponde estruturalmente a um contrato a favor de terceiro, já que, neste, apenas se prevê a possibilidade de alguém ser beneficiário de vantagens e nunca adstrito a obrigações. No domínio das relações coletivas de trabalho há também uma submissão a obrigações, mas o que importa retirar desta alusão ao contrato a favor de terceiro é o facto de o direito civil não ser alheio à ideia de um negócio jurídico (p. ex., uma convenção coletiva de trabalho) produzir efeitos relativamente a terceiros. Além de que esta especificidade dos instrumentos autónomos de regulamentação do trabalho pode ser explicada por um fenómeno de representação coletiva (*vd. infra* § 64.).

Acresce que as entidades que intervêm na celebração de instrumentos de regulamentação coletiva fazem-no sem qualquer ingerência do Estado ou de qualquer outra entidade munida de *ius imperii*, as associações de empregadores e sindicais são entidades privadas e, ao negociarem, designadamente uma convenção coletiva, fazem-no sem interferência de entidades públicas.

Com respeito às relações coletivas, está-se, portanto, no âmbito do direito privado.

Esta conclusão não vale, todavia, em relação aos instrumentos normativos – não negociais – de regulamentação do trabalho (regulamentos de extensão e regulamentos de condições mínimas), que correspondem a uma ingerência estadual nas relações laborais, com contornos similares à intervenção legislativa.

IX. Quanto à segurança social, que funciona como um seguro para eventual doença, invalidez, reforma, ou seja, contingências da vida que podem

[58] Sobre o contrato a favor de terceiro, cf. Galvão Telles, *Direito das Obrigações*, cit., pp. 170 ss.; Antunes Varela, *Das Obrigações em Geral*, cit., pp. 408 ss., bem como a monografia de Leite de Campos, *Contrato a Favor de Terceiro*, Coimbra, 1980.

afetar a subsistência das pessoas[59], parece que as suas normas devem ser integradas no âmbito do direito público[60]. Na segurança social não há igualdade entre a instituição e os inscritos, nem liberdade, pois vigora um regime de obrigatoriedade de inscrição por parte dos trabalhadores, tanto subordinados, como independentes. Além disso, o funcionamento da segurança social pressupõe uma atividade administrativa.

A segurança social apresenta-se, assim, como um ramo autónomo do direito público, com repercussões em vários ramos do direito público e do direito privado. São óbvias as ligações entre a segurança social e o direito do trabalho; é o que ocorre, nomeadamente, nos problemas derivados de faltas justificadas por doença (*vd. infra* § 24.11.*f*)) e na cessação do contrato por caducidade em caso de reforma (*vd. infra* § 55.4). Mas a segurança social não é um ramo do direito do trabalho; a previdência tem aplicação noutros sectores não abrangidos pelo direito laboral, como por exemplo, no trabalho autónomo e na função pública[61].

X. As condições de trabalho são frequentemente incluídas no âmbito do direito público[62].

O legislador, verificando a existência de certas situações de desequilíbrio na relação laboral, na medida em que, por vezes, a entidade patronal se encontra numa situação factual de predomínio relativamente ao trabalhador, intervém, impondo, por via legislativa, regras que não permitem perpetuar nem acentuar esse desequilíbrio circunstancial. Esta intervenção tem-se verificado, sobretudo, desde a segunda metade do séc. XIX, para pôr cobro a injustiças que se revelam na relação laboral.

Tem-se entendido que, se o Estado intervém na vida contratual – inclusive mediante normas constitucionais –, limitando a liberdade contratual, impondo, por exemplo, um salário mínimo ou uma duração máxima da jornada de trabalho, está-se no domínio do direito público.

---

[59] Cf. Motta Veiga, *Lições*, cit., p. 13. Quanto à distinção e às relações entre o direito do trabalho e o direito da segurança social, *vd.* autor e obra citados, pp. 13 s.; Pélissier/Supiot/ /Jemmaud, *Droit du Travail*, 24.ª ed., Paris, 2008, pp. 19 s. Para uma análise do regime da segurança social, veja-se Apelles Conceição, *Segurança Social*, 11.ª ed., Coimbra, 2019.

[60] Cf. Pélissier/Supiot/Jemmaud, *Droit du Travail*, cit., p. 19. Diferentemente, Oliveira Ascensão, *O Direito*, cit., p. 350, considera o direito da previdência social como direito privado.

[61] Quanto à autonomia entre o direito do trabalho e o direito da segurança social, cf. Assanti, *Diritto del Lavoro*, cit., p. 41.

[62] Cf. Menezes Cordeiro, *Direito do Trabalho*, I, cit., p. 55; Monteiro Fernandes, *Direito do Trabalho*, cit., pp. 33 e ss.; Mário Pinto, *Direito do Trabalho*, cit., p. 104.

É evidente que as intervenções do Estado na vida contratual, no final do século XIX e início do século XX, tiveram especial relevância no domínio do direito do trabalho, porque o princípio liberal da não intervenção do Estado na economia levava a que o legislador não se imiscuísse em nenhuma relação jurídico-privada. Assentando neste postulado liberal, qualquer intromissão do Estado numa relação jurídica de direito privado, transformá-la-ia, na parte que respeita a essa intervenção, em direito público. Para além desta conclusão ser rebatível, hoje, as intervenções do Estado na vida contratual são múltiplas, não se circunscrevendo ao domínio laboral, e não podem ser entendidas como regras de direito público.

Por exemplo, a Lei das Cláusulas Contratuais Gerais (Decreto-Lei n.º 446/85, de 25 de outubro, com posteriores alterações) implica uma intervenção clara do legislador em domínios contratuais[63]. Não parece que tais normas reguladoras dos contratos celebrados mediante o recurso a cláusulas contratuais gerais, por força do disposto naquele diploma, passem a ser direito público, nem que o regime das cláusulas contratuais gerais, por pressupor essa intervenção do Estado na autonomia contratual, seja direito público[64].

O mesmo se diga quanto à responsabilidade do produtor. O Decreto-Lei n.º 383/89, de 6 de novembro, pressupõe uma intervenção do Estado em aspetos de responsabilidade civil[65]. Relativamente a produtos em circulação, sendo causados prejuízos ao consumidor, este pode exigir uma indemnização ao produtor, com base em responsabilidade objetiva. Esta intervenção do Estado em relações jurídico-privadas não altera a qualificação de tais situações. O facto de o Estado «assegurar» uma indemnização às pessoas que sofrem danos ocasionados por produtos adquiridos e que não possam, segundo as regras do Código Civil (arts. 483.º e ss.), exigir a reparação, não

---

[63] Sobre o regime das cláusulas contratuais gerais, para além do comentário de ALMEIDA COSTA/MENEZES CORDEIRO, *Cláusulas Contratuais Gerais. Anotação ao Decreto-Lei n.º 446/85, de 25 de Outubro*, Coimbra, 1986, veja-se MENEZES CORDEIRO, *Tratado de Direito Civil*, I, cit., pp. 593 ss. e ANTUNES VARELA, *Das Obrigações em Geral*, cit., pp. 256 ss.

[64] RAÚL VENTURA, *Teoria da Relação de Trabalho*, cit., p. 152, sustentando a natureza de direito privado, vem argumentar que, tendo a propriedade, tal como o direito do trabalho, uma função social, então os direitos reais deveriam ser enquadrados no direito público.

[65] Sobre a responsabilidade civil do produtor, para além da monografia de CALVÃO DA SILVA, *Responsabilidade Civil do Produtor*, Coimbra, 1990, *vd.* ROMANO MARTINEZ, *Cumprimento Defeituoso, em especial na Compra e Venda e na Empreitada*, reimpressão, Coimbra, 2001, pp. 66 ss. e bibliografia aí citada, bem como *Direito das Obrigações (Parte Especial), Contratos*, 2.ª ed., Coimbra, 2001, pp. 147 s.

transforma a responsabilidade civil em direito público. O contrário seria admitir que todas as normas imperativas, mesmo as que constem do Código Civil, seriam de direito público.

No sentido da publicização das condições de trabalho, para além da intervenção legislativa, tem-se invocado que o Estado criou institutos públicos, que visam fiscalizar a atividade laboral[66]. De facto, há institutos públicos – em particular, a Autoridade para as Condições do Trabalho – que verificam se as empresas estão a cumprir as regras laborais, designadamente se há menores a trabalhar na empresa ou se os períodos normais de trabalho estão a ser cumpridos.

Tendo em conta que o exercício da atividade laboral é fiscalizado por institutos públicos, através de funcionários públicos, há uma intervenção estadual na relação contratual, podendo concluir-se que se está perante uma situação de direito público. A conclusão não parece correta, porque, por esse caminho, haveria outros ramos de direito privado que deveriam ser integrados no direito público.

Os conservadores do registo predial, atendendo ao princípio da legalidade (art. 68.º do Código do Registo Predial), na sua função de publicitar a situação dos bens, fiscalizam a atividade dos particulares no que respeita, nomeadamente, à transmissão da titularidade dos direitos reais sobre imóveis. Por via desta fiscalização, o regime dos negócios jurídicos translativos da titularidade de direitos reais sobre imóveis não se integra no direito público.

Na atividade comercial também há institutos públicos vocacionados para fiscalizar, por exemplo se os produtos alimentares podem ser transacionados, verificando se têm a qualidade estabelecida por lei, sob pena de aplicação de multas, de apreensão da mercadoria, etc. Mas isto não transforma o regime que disciplina a atividade comercial em direito público. Caso contrário, sempre que houvesse fiscalização por parte do Estado estar-se-ia perante normas de direito público.

As regras respeitantes ao funcionamento desses institutos que fiscalizam a atividade laboral são se direito público e pode designar-se esse ramo por direito administrativo do trabalho, mas as normas que impõem condições de trabalho, como seja o direito a férias, integram-se no contrato de trabalho, constituindo deveres das partes, sendo de direito privado. Intimamente relacionado com o direito do trabalho, sem dele fazer diretamente parte, há o mencionado direito administrativo do trabalho, que é um ramo do

[66] Cf. Menezes Cordeiro, *Direito do Trabalho*, I, cit., p. 55.

direito público. O direito administrativo do trabalho – distinto do direito do trabalho da administração pública, também ramo do direito público – não deve ser considerado parte integrante do direito do trabalho, apesar de algumas das suas regras poderem ser estudadas nesta disciplina, em particular o papel fiscalizador da Autoridade para as Condições de Trabalho (anterior Inspecção-Geral do Trabalho).

Do mesmo modo, os preceitos da que se poderá designar administração do trabalho têm carácter público. São regras, por exemplo, relacionadas com a política de emprego ou a formação profissional.

Portanto, nem o facto de haver intervenção legislativa de carácter injuntivo, nem fiscalização das atividades, parecem ser razões para qualificar o direito do trabalho como direito público.

XI. O processo do trabalho é a forma de realização judicial do direito do trabalho; admitindo que o direito processual é um ramo do direito público[67], sendo ele instrumental, em nada altera a qualificação do direito substantivo. Dito de outro modo, o processo do trabalho é direito adjetivo que dá realização judicial ao direito do trabalho, mas sendo adjetivo, não altera a qualificação do direito que se pretende realizar.

XII. Por isso, o direito do trabalho não deve ser entendido como um composto de direito público e de direito privado, mas antes como um mero direito privado.

Qualificando o direito do trabalho como direito privado e não como um misto de direito privado e de direito público, decorrem consequências, designadamente a nível de interpretação, pois só se recorre aos princípios do direito privado e não aos de direito público. Por outro lado, como não raras vezes a regulamentação de diferentes aspetos de direito do trabalho apresenta lacunas, a integração faz-se mediante o recurso às soluções de direito privado; assim, mormente no que respeita à responsabilidade contratual, como a previsão laboral apresenta inúmeras falhas, há que recorrer ao regime do Código Civil[68].

---

[67] OLIVEIRA ASCENSÃO, *O Direito*, cit., p. 355, afirma que o direito processual regula uma forma de atividade do Estado, disciplinando a atividade dos juízes na solução dos casos concretos. *Vd.* igualmente BAPTISTA MACHADO, *Introdução ao Direito*, cit., pp. 68 s.

[68] Veja-se, por exemplo, RADÉ, *Droit du Travail et Responsabilité Civile*, Paris, 1997, que depois de explicar a autonomia do direito do trabalho atendendo à incapacidade de o direito civil resolver problemas específicos das relações laborais (pp. 1 ss.), explica que, em múltiplos

BIBLIOGRAFIA:

MENEZES CORDEIRO, *Direito do Trabalho*, I, cit., pp. 61 a 67; JÚLIO GOMES, *Direito do Trabalho*, I, cit., pp. 25 e ss.; MÁRIO PINTO, *Direito do Trabalho*, cit., pp. 104 a 107; ROSÁRIO PALMA RAMALHO, *Tratado de Direito do Trabalho*, I, cit., pp. 129 e ss.; MOTTA VEIGA, *Lições*, cit., pp. 48 e 49; RAÚL VENTURA, *Teoria da Relação Jurídica de Trabalho*, cit., pp. 149 a 157; BERNARDO XAVIER/FURTADO MARTINS/ /NUNES DE CARVALHO/JOANA VASCONCELOS/TATIANA GUERRA DE ALMEIDA, *Manual*, cit., pp. 63 s.

2. Relação entre o direito comum e o direito especial

I. Tendo presente o elenco de cadeiras que integram o plano do curso de Direito, denota-se, por vezes, alguma continuidade num ensino que vai do geral para o particular. Nesse sentido, pode considerar-se que o direito do trabalho se encontra no fim de uma sequência, iniciada com a disciplina de Introdução ao Estudo do Direito, a que se segue a Teoria Geral do Direito Civil e o Direito das Obrigações.

Em particular, o direito das obrigações representa o tronco comum, em relação ao qual, outras disciplinas se podem enquadrar num direito designado especial. É isso que ocorre, nomeadamente, com o direito comercial e o direito do trabalho.

O direito do trabalho, tal como aconteceu com o direito comercial, autonomizou-se do direito civil; era direito civil comum e, hoje, é direito privado especial[69].

---

aspetos, o direito civil continua a aplicar-se no âmbito laboral, em particular no que se refere à responsabilidade civil (pp. 63 ss.).

[69] Discorda-se de MONTOYA MELGAR, *Derecho del Trabajo*, cit., p. 45, quando afirma que a distinção entre direito comum e direito especial tem um mero interesse histórico, até porque, contrariando o que este autor afirma (p. 42), o facto de o direito do trabalho ter surgido como reação às normas de direito civil não implica a criação de um sistema totalmente novo e distinto, mas antes de um conjunto de regras especiais, em que alguns dos preceitos constituem exceção ao regime comum. Na realidade, contrariando o que afirma MONTOYA MELGAR, ob. cit., p. 46, o direito do trabalho não é uma disciplina dotada de pressupostos técnicos e instituições próprias, distintos dos do direito civil; a posição deste autor assenta numa, dificilmente sustentável, visão atomística do direito em geral e do direito do trabalho em particular, desinserindo este ramo do direito de um panorama global.

No sentido do texto, considerando o direito do trabalho como direito privado especial, que específica princípios, sobretudo do direito das obrigações, cf. OLIVEIRA ASCENSÃO, *O Direito*, cit., p. 350. Veja-se igualmente MENEZES CORDEIRO, *Direito do Trabalho*, I, cit., p. 57.

II. Sendo um ramo do direito privado, pressupõe a aplicação de princípios e de regras de direito civil, sempre que não se tenham estabelecido regimes com especificidades[70]. Não é, deste modo, concebível o estudo do direito do trabalho desacompanhado, em particular, do direito das obrigações; a visão interdisciplinar será, pois, essencial[71].

O enquadramento no direito das obrigações é imprescindível, até porque o direito do trabalho deve assentar num pressuposto de neutralidade, sem tomar partido no pontual conflito social; como qualquer disciplina jurídica, tem de apresentar soluções gerais. É certo que as conceções políticas, não raras vezes, influenciam as soluções jurídicas, mas o direito do trabalho não pode depender de um comprometimento ideológico, que lhe retira a função estabilizadora das relações sociais. A neutralidade que se preconiza não pressupõe um acatamento acrítico das soluções legais e jurisprudenciais, mas tão-só que a crítica não pode assentar em pressupostos ideológicos.

III. Não é despiciendo relembrar que o direito do trabalho surge como resultado de uma determinada evolução histórica e ainda hoje acompanha as mutações sociais. Mas isto não corresponde a nenhuma particularidade deste ramo jurídico; todo o direito surge de conflitos sociais que pretende apaziguar, resolvendo-os de forma justa. A evolução histórica pode revelar diferentes critérios para a resolução justa de idênticos conflitos, mas a admissibilidade de várias soluções para o mesmo diferendo em função de conceções políticas é a negação do direito.

A mudança de critérios relacionada com a mutabilidade social e, por vezes, condicionada por alterações políticas e ideológicas, por um lado, e a sucessão legislativa, frequentemente feita sob pressão de necessidades sociais e políticas, por outro, dificulta a imprescindível neutralidade do jurista em matéria laboral.

---

[70] É isso que ocorre, como se referiu no número anterior, no que respeita à responsabilidade contratual, que, apesar de ter tratamento específico no direito do trabalho, apresenta várias lacunas, que têm de ser preenchidas com o recurso ao regime do Código Civil. A propósito, consulte-se o estudo de RADÉ, *Droit du Travail et Responsabilité Civile*, cit., nomeadamente pp. 63 ss., quando explica que a responsabilidade civil garante a reparação de modo mais completo do que no direito do trabalho.

[71] É, por isso, interessante atender ao estudo de GAUTIER, «Les Interactions du Droit Civil et du Droit du Travail», *Les Sources du Droit du Travail*, org. por Bernard Teyssié, Paris, 1998, pp. 129 ss., mormente quando afirma que os grandes juslaboralistas são grandes juscivilistas.

3. Autonomia do direito do trabalho

I. A relação de especialidade preconizada no número anterior não põe em causa a autonomia do direito do trabalho que, como tem sido regra em outras disciplinas jurídicas, se funda numa origem histórica[72].

A evolução jurídica, em particular no século XX, conduziria ao estabelecimento de regras e princípios especiais válidos nas relações laborais. Tal especialidade não pressupõe um acentuado afastamento dos princípios gerais, mas antes uma adaptação que, nalguns casos, pode implicar uma solução oposta.

II. Como postulados do direito do trabalho há a evidenciar um princípio de tutela do trabalhador, de modo a garantir que a eventual desigualdade factual não conduza a uma dependência jurídica do prestador de trabalho, concretizado, designadamente, na proibição de despedimentos *ad nutum*, por um lado, e o valor atribuído à autonomia coletiva (em particular à convenção coletiva de trabalho) na fixação de regras laborais, por outro lado[73]. A estes dois aspetos, importa acrescentar que no direito do trabalho se deteta uma estreita conexão entre os parâmetros individual e coletivo da intervenção jurídica[74]. Mas mesmo estes princípios não pressupõem uma alteração dos parâmetros gerais do direito civil[75].

---

[72] Quanto à autonomia do direito do trabalho, *vd.* Menezes Cordeiro, «Da Situação Jurídica Laboral; Perspectivas Dogmáticas do Direito do Trabalho», Separata *ROA*, Lisboa, 1982; Raúl Ventura, *Relação Jurídica de Trabalho*, cit., pp. 158 s.; Motta Veiga, *Lições*, cit., pp. 45 ss.; Bernardo Xavier/Furtado Martins/Nunes de Carvalho/Joana Vasconcelos/ /Tatiana Guerra de Almeida, *Manual*, cit., pp. 57 s., bem como a dissertação de Rosário Palma Ramalho, *Da Autonomia Dogmática do Direito do Trabalho*, Coimbra, 2001, nomeadamente pp. 516 ss. e 701 ss.

[73] A autonomia não deve ser exaltada ao ponto de se afirmar que «(...) o Direito do trabalho reelabora certos dogmas contratuais, como o da autonomia da vontade (...), o da consensualidade (...), o da correspectividade de prestações» (Bernardo Xavier/Furtado Martins/ /Nunes de Carvalho/Joana Vasconcelos/Tatiana Guerra de Almeida, *Manual*, cit., p. 60 s.), porque, não obstante as exceções estabelecidas a nível de autonomia da vontade, de consensualidade negocial e do carácter sinalagmático das prestações, valem as regras gerais dos contratos, sempre que não se estabeleceram normas especiais.
Apesar de uma eventual integração empresarial, o contrato de trabalho tem de ser entendido nos parâmetros comuns à generalidade dos negócios jurídicos.

[74] Veja-se Ichino, *Il Contratto di Lavoro*, Milão, 2000, pp. 149 ss.

[75] Cf. Menezes Cordeiro, «Da Situação Jurídica Laboral», cit., pp. 44 ss., 55 ss. e 62 ss.

A autonomia do direito do trabalho advém da aludida especialidade, sendo pois imprescindível o seu estudo integrado nos parâmetros do direito civil, em especial do direito das obrigações[76].

Para além disso, há a ter em conta que a autonomia desta disciplina, mormente do ponto de vista didático, também se baseia na complexidade do seu objeto[77].

BIBLIOGRAFIA:

MENEZES CORDEIRO, «Da Situação Jurídica Laboral; Perspectivas Dogmáticas do Direito do Trabalho», Separata ROA, Lisboa, 1982 e *Direito do Trabalho*, I, cit., pp. 37 ss.; MARIA DO ROSÁRIO PALMA RAMALHO, *Da Autonomia Dogmática do Direito do Trabalho*, Coimbra, 2001 e *Tratado de Direito do Trabalho*, I, cit., pp. 526 e ss.; RAÚL VENTURA, *Relação Jurídica de Trabalho*, cit., pp. 158 e 159; MOTTA VEIGA, *Lições*, cit., pp. 50 e ss.; BERNARDO XAVIER/FURTADO MARTINS/NUNES DE CARVALHO/JOANA VASCONCELOS/TATIANA GUERRA DE ALMEIDA, *Manual*, cit., pp. 57 e ss.

§ 4. EVOLUÇÃO HISTÓRICA DO DIREITO DO TRABALHO

1. Questões prévias

É frequente iniciar-se o estudo da evolução histórica do direito do trabalho pela Revolução Industrial, a propósito da questão social, tentando explicar que este ramo do direito teve o seu início com o conflito social entre as entidades patronais e os trabalhadores; ou seja, que o direito do trabalho nasce dos problemas criados na segunda metade do século XIX, em que houve um conflito, pelo menos latente, entre classes sociais[78]. Porém, esta conceção

[76] Conclui-se, deste modo, com MENEZES CORDEIRO, «Da Situação Jurídica Laboral», cit., p. 64, que a autonomia do direito do trabalho é meramente sistemática.

[77] Distinguindo a autonomia do direito do trabalho em três partes: autonomia legislativa; autonomia didática e autonomia científica, cf. VICTOR RUSSOMANO, *Curso de Direito do Trabalho*, cit., pp. 27 ss. Veja-se também MASCARO NASCIMENTO, *Curso de Direito do Trabalho*, 14.ª ed., S. Paulo, 1997, pp. 168 ss., que acrescenta a autonomia jurisdicional.

[78] Cf. JOSÉ JOÃO ABRANTES, «Formação e Evolução Histórica do Direito do Trabalho», *Direito do Trabalho. Ensaios*, Lisboa, 1995, pp. 20 s.; BECKER, *Arbeitsvertrag und Arbeitsverhältnis in Deutschland vom Beginn der Industrialisierung bis zum Ende des Kaiserreichs*, Francoforte, 1995, pp. 27 ss.; MONTEIRO FERNANDES, *Direito do Trabalho*, cit., pp. 43 ss.; JÚLIO GOMES, *Direito do*

histórica, para além de uma eventual conotação política, assenta no pressuposto de o direito do trabalho se apresentar como fruto da luta de classes. É evidente que o moderno direito do trabalho, produto de uma multiplicidade de regimes especiais, que levou à sua autonomização do direito das obrigações[79], surge depois da Revolução Industrial, mas considerar-se que todo o direito é o produto de um conflito entre duas classes, que não conseguem coexistir em colaboração, corresponde a uma perspetiva inaceitável.

Trabalho, I, cit., p. 18; MONTOYA MELGAR, *Derecho del Trabajo*, cit., p. 64; PALOMEQUE LOPEZ, *Direito do Trabalho e Ideologia*, trad. portuguesa, Coimbra, 2001, pp. 19 ss.; PERA, *Compendio di Diritto del Lavoro*, 3.ª ed., Milão, 1996, p. 2; ASSANTI, *Diritto del Lavoro*, cit., pp. 1 ss.

Alguns autores franceses iniciam o estudo do direito do trabalho com a Revolução Francesa (1789), cf. COUTURIER, *Droit du Travail*, cit., pp. 28 ss.; PÉLISSIER/SUPIOT/JEMMAUD, *Droit du Travail*, cit., pp. 9 ss. Esta tomada de posição justifica-se na medida em que a Revolução Francesa pôs em prática o liberalismo que, com respeito ao direito do trabalho, se repercutiu no princípio da liberdade de trabalho e da igualdade das partes; o liberalismo, em matéria social, levou aos conhecidos abusos, que desencadearam a Questão Social. Note-se, todavia, que o liberalismo, com as repercussões no mundo laboral, surge, pelo menos na Inglaterra, em meados do século XVIII, algumas décadas antes da Revolução Francesa. Quanto à evolução histórica do direito do trabalho em Inglaterra, *vd.* BOWERS, *Employment Law*, 4.ª ed., Londres, 1997, pp. 1 ss.

Numa perspetiva muito particular, MÁRIO PINTO, *Direito do Trabalho*, cit., p. 44, admite que o direito do trabalho começa com o reconhecimento jurídico das relações coletivas, que só se verificou na 2.ª metade do século XIX. BERNARDO XAVIER/FURTADO MARTINS/NUNES DE CARVALHO/JOANA VASCONCELOS/TATIANA GUERRA DE ALMEIDA, *Manual*, cit., p. 46, também relaciona o nascimento do direito do trabalho com a 2.ª metade do século XIX, em especial com o século XX, atendendo à mudança radical do ordenamento jurídico nesta matéria, à aceitação jurídica das associações profissionais de trabalhadores e dos seus direitos no conflito e na negociação coletiva.

[79] A Revolução Industrial conduziu ao desenvolvimento de regras que implicaram, nomeadamente, a dignificação de vida dos trabalhadores, e que despertaram uma vocação humanitária e social do Direito, cf. MENEZES CORDEIRO, *Direito do Trabalho*, I, cit., pp. 39 ss.; MONTOYA MELGAR, *Derecho del Trabajo*, cit., p. 64 e ss.

Mas, contrariamente ao que afirma JOSÉ JOÃO ABRANTES, «Formação e Evolução Histórica...», cit., p. 21, a Revolução Industrial, a Questão Social e o movimento operário não levaram «a abandonar o anterior regime jurídico de utilização do trabalho assalariado e a substitui-lo por um outro»; o regime jurídico de utilização do trabalho continuou a ser o mesmo – o contrato de trabalho –, só que foram sendo impostos limites à autonomia privada. Solução similar, e errada do ponto de vista histórico, é a de PALOMEQUE LOPEZ, *Direito do Trabalho e Ideologia*, cit., p. 19, quando afirma que «[...] as relações feudais de produção (trabalho em regime de servidão) [foram substituídas] pelo sistema económico capitalista [...]», dando a entender que o feudalismo e a servidão (que nem sempre lhe era inerente) se prolongaram até ao século XIX.

O direito do trabalho também tem em vista a resolução de conflitos entre empregadores e trabalhadores, mas o conflito latente entre classes sociais não existirá necessariamente. Os conflitos laborais que surjam têm de ser vistos numa perspetiva jurídica e não como uma permanente luta social.

A relação de trabalho não se inicia com a Revolução Industrial; antes desta já havia contrato de trabalho.

A origem do direito do trabalho encontra-se no direito civil, pois, fazendo parte do direito privado comum, as suas raízes históricas estão no direito romano[80]; até porque a autonomização do direito do trabalho não implicou uma quebra com a tradição. De facto, a relação laboral sempre teve na sua base um contrato, o qual se insere nos negócios jurídicos obrigacionais de fonte romanística.

BIBLIOGRAFIA:

José João Abrantes, «Formação e Evolução Histórica do Direito do trabalho», *Direito do Trabalho. Ensaios*, Lisboa, 1995, pp. 20 e 21; Menezes Cordeiro, *Direito do Trabalho*, I, cit., pp. 85 a 88 e *Direito do Trabalho*, II, cit., pp. 39 a 43; Monteiro Fernandes, *Direito do Trabalho*, cit., pp. 43 e ss.; Mário Pinto, *Direito do Trabalho*, cit., pp. 44 a 48; Bernardo Xavier/Furtado Martins/Nunes de Carvalho/Joana Vasconcelos/Tatiana Guerra de Almeida, *Manual*, cit., pp. 41 e ss.

2. Direito romano

I. O contrato de trabalho não tem sentido numa sociedade esclavagista, em que a relação entre o senhor e o escravo está fora do domínio do direito do trabalho, até porque lhe falta a liberdade na prestação do serviço.

Assim, fazendo uma análise das normas do Digesto sobre vários aspetos do direito civil, por exemplo, as respeitantes ao contrato de compra e venda (em especial Livro 18) ou as relativas às coisas (designadamente, Livros 37, 38 e 41), comparando-as com as que regulam a relação laboral (regras esparsas no Livro 19 e um tratamento lateral no Digesto 38.1), verifica-se que estas últimas não têm o mesmo desenvolvimento, nem aperfeiçoamento técnico. Mas veja-se, por exemplo, o direito à perceção do salário pelo tempo pactuado sendo o trabalho interrompido por facto não imputável ao trabalhador, previsto em Digesto 19.2.38.

[80] Cf. Menezes Cordeiro, *Direito do Trabalho*, I, cit., p. 86.

Isto deve-se, não só ao facto de a sociedade romana assentar num importante sector servil (escravos e colonos), mas também devido ao preconceito, que se manteve mesmo depois da queda do Império Romano, de trabalhar para outrem ser pouco dignificante[81], exceto tratando-se de trabalho autónomo[82]. Esta conceção reflete-se na máxima ciceroniana *otium cum dignitate*, compatível com a atividade pública, mas que desprezava o trabalho assalariado[83].

A plebe rural (constituída também por colonos) explorava agricolamente as terras que detinha, sendo poucos os cidadãos livres que, no campo, trabalhavam para outrem, pois os grandes proprietários tinham, normalmente, escravos. A plebe urbana, em regra, principalmente quando se tratava de artífices, prestava serviços, de forma autónoma[84], tendo os senhores (nobres e burgueses) escravos ao seu serviço. Não se quer com isto dizer que não existissem múltiplas situações de trabalho subordinado[85]. Como exemplo de

---

[81] Quanto ao desprezo pelo trabalho e a exaltação do lazer como condição necessária de uma vida de homem, cf. PAUL VEYNE, «O Império Romano», *in História da Vida Privada*, sob a direção de Philippe Ariès e Georges Duby, 2.ª ed., Porto, 1989, p. 124. Porém, como o mesmo autor refere, este desprezo pressupunha uma distinção de classes, depreciando-se, assim, o grupo social inferior (p. 126), o que estava de acordo com a ideia de que a valorização implicava detenção de riqueza fundiária (p. 128). Acresce que o termo «trabalho» não tem equivalente exato ao atual em latim; daí afirmar-se que o político, aquele que gere os seus domínios, o médico ou o filósofo não trabalham, ocupam-se dos seus afazeres; da mesma forma, o escravo e o soldado não trabalham, obedecem (autor e ob. cit., p. 129).

[82] Apesar de as chamadas artes liberais, como a medicina, também, por vezes, serem exercidas por escravos, cf. VAZ GUEDES, *A Prestação do Trabalho e a sua Transformação Pacífica pelo Direito Civil*, Lisboa, 1914, p. 32.

[83] Cf. RODRÍGUEZ NEILA, «El Trabajo en las Ciudades Romanas de la Bética» *in El Trabajo a Través de la Historia, Actas del II.º Congreso de la Asociación de Historia Social*, Córdoba, Abril de 1995, org. por Santiago Castillo, Madrid, 1996, p. 11.

[84] Os trabalhadores autónomos organizavam-se, frequentemente, em corporações de artífices, tais como carpinteiros, sapateiros, etc., para além de outras que, hoje, mais facilmente se incluiriam na figura de industriais, como padeiros ou transportadores (sendo estes últimos, por vezes, também comerciantes).

[85] Como se lê em VAZ GUEDES, *A Prestação do Trabalho*, cit., p. 33, parafraseando Blanqui, «nessa época vêem-se muitos operários livres, trabalhando ao lado de operários escravos (...) nas manufacturas domésticas dos opulentos senadores romanos». Também VEYNE, «O Império Romano», cit., p. 135, acaba por afirmar que é de desconfiar do ideal de lazer e desprezo pelo trabalho pois, em Pompeia, encontraram-se vestígios de vários proprietários que mostravam orgulho nos seus ofícios de padeiro, fabricante de louças, etc. O mesmo autor acrescenta que se sabe muito pouco sobre a multidão laboriosa de Roma, pois só se conhece como eram vistos pela classe elevada (p. 137). Igualmente no sentido de proliferarem situações de trabalho

trabalho livre assalariado é de aludir à referência feita numa tábua da época de Adriano (117-138), relativa ao trabalho nas minas de Aljustrel; nesta tábua, quanto à mão-de-obra utilizada, alude-se ao emprego de *mercenarii* (trabalhadores livres assalariados) e *servi* (escravos)[86].

II. No direito romano, o contrato de trabalho enquadrava-se numa figura genérica, designada locação. A locação era um negócio jurídico que poderia ter por objeto o uso de coisas, mas também a prestação de atividades por pessoas. Os homens livres, tanto podiam locar uma coisa, como o resultado de uma atividade (obra) ou a sua força de trabalho. O contrato de locação respeitava, assim, a bens corpóreos e a atividades[87].

No direito romano, entre os vários contratos – ao lado da *emptio venditio*, da *societas*, etc. –, encontrava-se a *locatio conductio*. A *locatio conductio*, pelo menos no período intermédio, subdividia-se em três tipos[88]: a *locatio conductio rei*, que corresponde à atual locação; a *locatio conductio operis*, antecedente do contrato de empreitada, da chamada locação de obra; e a *locatio conductio operarum*, que corresponde ao contrato de prestação de serviços, no qual se incluía o trabalho subordinado e o independente[89]. Em qualquer uma destas três situações, uma das partes – o *conductor* – tinha de pagar à outra – o *locator* – uma contrapartida em dinheiro, designada *merces*. Por vezes, no

subordinado, cf. Rodríguez Neila, «El Trabajo en las Ciudades Romanas de la Bética», cit., pp. 11 s. Parece, por isso, errónea a ideia de que na Antiguidade só havia trabalho escravo, como apontam alguns autores (Ribeiro dos Santos, *Movimentos Laborais e Constituição Económica*, Lisboa, 2000, pp. 123 s.).

[86] Cf. Julio Mangas, «El Trabajo en las Minas de la Hispania Romana», *in El Trabajo a Través de la Historia, Actas del II.º Congreso de la Asociación de Historia Social*, Córdoba, Abril de 1995, org. por Santiago Castillo, Madrid, 1996, pp. 52 s.

[87] Como refere Menezes Cordeiro, *Direito do Trabalho*, I, cit., p. 96, a terminologia usada, fazendo crer que o trabalho era equiparado a uma coisa, não corresponde a um desinteresse dos romanos pelo trabalho livre. No mesmo sentido, *vd.* Mário Pinto, *Direito do Trabalho*, cit., pp. 29 s.

[88] Cf. Romano Martinez, «O Contrato de Empreitada no Direito Romano e no Antigo Direito Português. Contributo para o Estudo do Conceito de Obra na Empreitada», *Direito e Justiça*, VII (1993), pp. 19 ss. e bibliografia aí citada.

[89] De modo diverso, Raúl Ventura, *Relação Jurídica de Trabalho*, cit., p. 53, contrapõe a *locatio operis* à *locatio operarum*, fazendo corresponder à primeira o trabalho autónomo e, à segunda, o trabalho subordinado. Considerando o contrato de trabalho como um contrato de prestação de serviços, cf. Löwisch, *Arbeitsrecht*, 3.ª ed., Dusseldorfe, 1991, p. 3.

trabalho autónomo, a contrapartida monetária era designada por *honorarium* ou mesmo por *salarium*[90].

No direito romano encontram-se as regras precursoras do atual contrato de trabalho na *locatio conductio operarum*, prevista no Digesto[91]. Porém, nem sempre se determina um tratamento diferenciado entre o trabalho subordinado e o autónomo, assentando estas duas modalidades de trabalho nos mesmo parâmetros. Mas é na *locatio conductio operarum* que se encontra o ponto de partida do atual contrato de trabalho.

Nos atuais Código Civil Francês e Código Civil Espanhol ainda se procedeu à divisão tripartida a que se aludiu, tendo o contrato de trabalho, aquando da aprovação daqueles diplomas (1804 e 1889), sido enquadrado numa das modalidades de locação. O Código Civil de 1966, na sequência do Código Civil Alemão, faz uma distinção diferente, afastando-se da perspetiva tripartida do direito romano.

III. Na Antiguidade, há referências, no final do Império, a conflitos de trabalho e à existência de associações de trabalhadores, as chamadas *collegia sodalitia*[92], com finalidades de entreajuda, funcionando, mais ou menos, como seguradoras mutualistas[93], que se organizaram, em particular, nas cidades.

BIBLIOGRAFIA:

MENEZES CORDEIRO, *Direito do Trabalho*, I, cit., pp. 88 a 102 e *Direito do Trabalho*, II, cit., pp.39 a 43; VAZ GUEDES, *A Prestação do Trabalho e a sua Transformação Pacífica pelo Direito Civil*, Lisboa, 1914, pp. 23 a 42; ROMANO MARTINEZ, «O Contrato de Empreitada no Direito Romano e no Antigo Direito Português. Contributo para o Estudo do Conceito de Obra na Empreitada», *Direito e Justiça*, VII, 1993, pp. 17 a 33; MÁRIO PINTO, *Direito do Trabalho*, cit., pp. 28 a 31; RUY ENNES ULRICH, *Legislação Operária Portugueza*, Coimbra, 1906, pp. 6 a 8; BERNARDO XAVIER, *Curso de Direito do Trabalho*, cit., pp. 29 a 32.

[90] Cf. RODRÍGUEZ NEILA, «El Trabajo en las Ciudades Romanas de la Bética», cit., p. 13.

[91] Livro 19, que trata da *locatio* nas três vertentes referidas. Para além disso, no Digesto 38.1 encontram-se alusões ao trabalho dos libertos.

[92] Cf. BERNARDO XAVIER, *Curso de Direito do Trabalho*, I, 3.ª ed., Lisboa, 2004, p. 31. Veja-se também RUY ENNES ULRICH, *Legislação Operária Portugueza*, Coimbra, 1906, p. 7 e RODRÍGUEZ NEILA, «El Trabajo en las Ciudades Romanas de la Bética», cit., pp. 12 e 23 s.

[93] Cf. VAZ GUEDES, *A Prestação do Trabalho*, cit., p. 34, nota 1.

3. Direito intermédio; corporativismo

I. As alterações no período intermédio na relação de trabalho foram essencialmente duas, ambas por influência do cristianismo.

Em primeiro lugar, o espírito cristão, relacionado com a dignificação da pessoa, em que se incluía o servo[94], levou a atenuar o desprezo que existia pelo trabalho subordinado. Esta diferente postura conduziu a um desenvolvimento da relação de trabalho[95].

Por outro lado, a ideia do salário justo, de a retribuição corresponder ao trabalho efetuado, devendo haver justiça na remuneração, passa a ter cabimento[96].

II. A partir, essencialmente, do século IX, mas, no fundo, durante todo o período de direito intermédio e com raízes no direito romano, verificou-se um grande desenvolvimento do associativismo profissional, que veio a ser designado por corporativismo[97]. A partir do momento em que o desenvolvimento económico e a estabilidade política justificavam a existência de homens dedicados a um só ofício, passou a ser frequente os trabalhadores associarem-se em corporações profissionais da sua atividade.

Estas corporações, que se desenvolveram por toda a Europa, encontravam-se normalmente hierarquizadas, o que significava que os trabalhadores se reuniam, em função da sua atividade, numa associação com uma estrutura bem delineada[98]. Esta estrutura apresentava, vulgarmente, uma hierarquia em três graus: mestres, companheiros e aprendizes. Hierarquia essa que

---

[94] Cf. Bernardo Xavier, *Curso*, I, cit., pp. 32 s.

[95] A Igreja teria recorrido ao trabalho assalariado de muitos daqueles que, fugindo de iniquidades, nela se refugiavam, cf. Vaz Guedes, *A Prestação do Trabalho*, cit., pp. 45 s. Quanto a uma evolução histórica da relação de trabalho, desde o séc. XVI, começando pelo pensamento de F. Vitória, cf. Alonso Olea, *De la Servidumbre al Contrato de Trabajo*, Madrid, 1979.

[96] Cf. Menezes Cordeiro, *Direito do Trabalho*, I, cit., p. 101. É claro que a justiça remuneratória de que aqui se cuida não assenta na mesma justificação da parábola dos trabalhadores da vinha do Senhor, que recebiam todos um denário, independentemente de terem trabalhado todo o dia, meio-dia ou uma hora (Mt. 20.1-16); no direito do trabalho, parafraseando S. Tomás de Aquino, a *justiça* retributiva consiste em dar a cada um o que lhe é devido, sendo que o *justo* não é originalmente determinado pela lei, mas pela identidade profunda do ser humano. Quanto à introdução da ideia de preço justo na compra e venda, cf. Romano Martinez, *Cumprimento Defeituoso, em especial na Compra e Venda e na Empreitada*, cit., pp. 94 s.

[97] Cf. Soares Martinez, *Manual de Direito Corporativo*, 3.ª ed., Lisboa, 1971, pp. 29 ss.

[98] Cf. Soares Martinez, *Direito Corporativo*, cit., pp. 33 s.; Mário Pinto, *Direito do trabalho*, cit., p. 32; Motta Veiga, *Lições*, cit., pp. 53 s.; Bernardo Xavier, *Curso*, I, cit., p. 34.

correspondia a uma progressão na carreira, pois era necessário fazer exames para ascensão na categoria de aprendiz até mestre. Os mestres eram os que tinham feito os exames finais exigidos para aquela atividade e, portanto, tendo prestado provas, demonstravam que sabiam exercer aquele trabalho. Os companheiros, também designados por oficiais ou operários, seriam aqueles que, ou por terem reprovado no exame de acesso à categoria de mestre não chegariam, por isso, ao topo da carreira, ou aqueles outros que já tinham passado o período de aprendizagem e ainda não se tinham apresentado a exame para mestre. Por último, os aprendizes eram os que iniciavam a carreira numa determinada profissão, juntando-se a um mestre e aos companheiros de uma dada corporação para aprenderem e se prepararem para o exame.

Havia corporações em várias áreas de atividade, tendo cada uma a sua estrutura própria com estas características básicas.

O principal objetivo das corporações era o de defesa dos interesses e direitos da classe profissional que a constituía, relativamente a todas as pessoas e entidades que pudessem opor-se à sua progressão e dignificação. Apresentavam-se, pois, como um reduto onde aqueles profissionais defendiam os seus direitos contra terceiros. Para além disso, as corporações prosseguiam um objetivo de entreajuda relativamente aos seus membros e familiares, funcionando como uma espécie de mutualistas, acudindo os membros em caso de doença, invalidez ou falecimento, neste último caso prestando auxílio aos familiares do associado.

As corporações tinham normalmente regulamentos, regras precisas de orientação, que determinavam como deveriam os membros atuar nas relações entre eles; disciplinando, por exemplo, a progressão na carreira ou o tratamento que os mestres deviam dar aos aprendizes e vice-versa[99].

A relevância destas associações verifica-se em outros domínios jurídicos para além do direito do trabalho, designadamente em sede de direito comercial ou de direito penal, porque nas corporações encontrava-se a regulamentação de questões de concorrência desleal, de especulação, de falsificação de produtos, etc.

Ao direito do trabalho interessa, entre outros aspetos, a questão da limitação das horas de trabalho, relativamente à qual, não obstante valer frequentemente a regra de trabalhar de sol a sol (entre o nascer e o pôr do sol), não era nenhum exagero tendo em conta o que se passou no séc. XIX, quando

[99] Em França foi codificado um regulamento, conhecido por «Livro dos Ofícios», de onde constam tais regras, cf. SOARES MARTINEZ, *Direito Corporativo*, cit., p. 34.

foram usuais períodos de trabalho de doze, catorze e de dezasseis horas por dia. De facto, no período intermédio, as limitações à duração da jornada laboral, estabelecidas a nível das corporações, sempre evitavam períodos de trabalho desumanos.

Nas normas disciplinadoras das corporações – algumas derivadas dos usos e outras dos estatutos – também se encontram regras respeitantes ao descanso nos domingos e feriados, quanto à contratação de aprendizes, ao trabalho noturno e, especialmente, em relação ao despedimento dos prestadores de trabalho[100]. Estas regras, no fundo, visavam a defesa da relação de trabalho, limitando as prepotências que se poderiam efetuar, nomeadamente, através de despedimentos sem justa causa.

Em termos exemplificativos, cabe ainda aludir às regras precursoras do atual regime de acidentes de trabalho e de segurança social, na medida em que as corporações, por vezes, assumiam igualmente a função de mutualistas de seguros.

III. No direito intermédio a que se alude, não estava em causa uma ideia paternalista com respeito ao direito do trabalho; este ramo do direito – que não tinha autonomia dentro do direito privado – era entendido como regulador de uma relação de colaboração, num quadro comunitário. Não é que não pudessem surgir conflitos, e houve-os[101], mas não se pretendia estabelecer um conjunto de regras que visassem a defesa de uma classe contra outra[102]. O direito do trabalho era visto antes como relação de colaboração do que como relação de conflito.

IV. Na Europa, as corporações tiveram o seu apogeu por volta do século XIII, seguido de um longo declínio. O declínio acentuou-se a partir do século XVI, derivado essencialmente da abertura de mercados que os Descobrimentos facilitaram e da consequente alteração ocorrida na sociedade que, até então, do ponto de vista económico, se apresentava como fechada. As corporações estavam preparadas para o tipo de transações próprio de

[100] Como refere Mário Pinto, *Direito do Trabalho,* cit., p. 33, «Era particularmente rica, em comparação com o direito romano, a disciplina medieval do trabalho».

[101] Quanto a uma indicação de alguns desses conflitos, cf. Mário Pinto, *Direito do Trabalho,* cit., pp. 34 s.

[102] Contudo, segundo Bowers, *Employment Law,* 4.ª ed., Londres, 1997, p. 1, a primeira intervenção legislativa a nível laboral deu-se em Inglaterra em 1349, com vista à manutenção de salários, que seriam revistos periodicamente.

sociedades economicamente fechadas e, à medida que estas se abriam a um comércio mais vasto, a organização corporativa começou a decair, mostrando-se incapaz de se adaptar aos novos circunstancialismos. A partir do século XVI, as corporações deixaram de ser associações de entreajuda dos trabalhadores de uma determinada classe profissional, passando a apresentar-se como organizações que tentavam defender privilégios e monopólios[103]. Eram as defensoras de pequenos grupos e já não de uma determinada profissão.

Para esta evolução contribuiu, não só a abertura de mercados, mas também o interesse dos poderes políticos em aumentar a sua influência, no sentido de um Estado absoluto[104]. De facto, a partir do século XVI, as tentativas de centralização do poder estadual passavam pela destruição das corporações, pois a centralização estadual, própria do absolutismo, não é compatível com a existência de corporações, ou seja, de poderes intermédios entre o Estado e o cidadão.

Um poder autoritário e centralizado não pactua com a defesa do associativismo profissional em termos de liberdade e com poder negocial. Se as associações profissionais tiverem poder de negociação e capacidade para impor a sua vontade, contrariam as perspetivas de um poder centralizado. Quanto mais autoritário e centralizado é o poder, menos força poderão ter as associações profissionais. Tem sido normal esta luta pelo poder que contrapõe a centralização à pulverização de pequenos poderes, entre os quais o das associações profissionais.

As corporações entraram, pois, em declínio, até que, na Europa, no final do século XVIII, vêm a ser extintas[105], tal como ocorreu em Portugal, mas só no século XIX.

Mais do que a abolição das corporações, a ideia que se tentou difundir no final do século XVIII foi a de que qualquer agregação profissional contraria-

[103] Cf. Soares Martinez, *Direito Corporativo*, cit., p. 61.

[104] Cf. Soares Martinez, *Direito Corporativo*, cit., p. 62; Mário Pinto, *Direito do Trabalho*, cit., p. 33.

[105] Na Inglaterra terão começado a ser extintas a partir de 1753, extinção que se generalizou com o Combination Act de 1799 com as alterações introduzidas em 1800 (Bowers, *Employment Law*, cit., pp. 1 s.) e, em França, de forma incipiente, pelo édito de Turgot, de 1776, e, definitivamente, pela Lei de 17 de Março de 1791 (cf. Vaz Guedes, *A Prestação do Trabalho*, cit., p. 50; Soares Martinez, *Direito Corporativo*, cit., pp. 64 ss.).
A extinção das corporações não se confinou à Europa, o mesmo ocorreu em países da América; cf., quanto à proibição da organização corporativa no Brasil pela Constituição Imperial de 1824, Victor Russomano, *Curso de Direito do trabalho*, cit, p. 17.

ria a liberdade de trabalho e o desenvolvimento tecnológico. Foi com base nestes pressupostos liberais que, não só as corporações foram extintas, como proibida qualquer forma de associativismo profissional.

BIBLIOGRAFIA:

MENEZES CORDEIRO, *Direito do Trabalho*, II, cit., pp. 43 a 50; VAZ GUEDES, *A Prestação do Trabalho e a sua Transformação Pacífica pelo Direito Civil*, Lisboa, 1914, pp. 42 a 50; SOARES MARTINEZ, *Manual de Direito Corporativo*, 3.ª ed., Lisboa, 1971, pp. 29 a 39 e pp. 61 a 69; MÁRIO PINTO, *Direito do trabalho*, cit., pp. 32 a 36; RIBEIRO DOS SANTOS, *Movimentos Laborais e Constituição Económica*, Lisboa, 2000, pp. 126 a 137; MOTTA VEIGA, *Lições*, cit., pp. 52 a 55; BERNARDO XAVIER, *Curso*, I, cit., pp. 32 s.; BERNARDO XAVIER/FURTADO MARTINS/NUNES DE CARVALHO/ /JOANA VASCONCELOS/ TATIANA GUERRA DE ALMEIDA, *Manual*, cit., p. 44 e s.

4. Revolução industrial; a questão social

I. Como foi referido, parte dos autores retrocedem na explicação histórica do direito do trabalho à Revolução Industrial, relacionando a origem deste ramo do direito com a luta de classes então gerada. Foi, sem dúvida, a partir da Revolução Industrial que se estabeleceu uma nova perspetiva, dando origem ao moderno direito do trabalho[106], mas o contrato de trabalho não teve aqui a sua origem[107].

II. Para se entender a Revolução Industrial e a consequente Questão Social é preciso ter em conta que, após um período de declínio iniciado no século XVI, as corporações foram extintas nos séculos XVIII/XIX e, para concretizar a liberdade de trabalho, estava proibida qualquer forma de

[106] Cf. MENEZES CORDEIRO, *Direito do Trabalho*, I, cit., pp. 104 s., que alude a dois fenómenos novos: o agrupamento em organismos coletivos e as reformas sociais levadas a cabo pelos Estados.

[107] Diferentemente do que afirma JOSÉ JOÃO ABRANTES, «Formação e Evolução Histórica...», cit., p. 21, a ordem jurídica liberal não desenterrou a velha *locatio conductio operarum*, porque tratava-se de um contrato sempre usado para regulamentar a relação jurídica de trabalho por conta de outrem. O autor parece querer induzir o leitor (p. 22) no sentido de, antes das conceções jurídicas liberais, em que aparece o trabalhador como homem livre, só havia trabalho prestado por escravos e servos da gleba, situação que não corresponde à verdade. Diferente é a posição sustentada por BECKER, *Arbeitsvertrag und Arbeitsverhältnis*, cit., p. 29, no sentido de que, anteriormente à revolução liberal, a relação contratual não assentar no pressuposto de igualdade das partes no contrato, próprio do liberalismo.

associativismo profissional; deste modo, na relação laboral, os trabalhadores atuavam individualmente. Por outro lado, o aparecimento da máquina a vapor e a consequente industrialização levou a que grandes massas de trabalhadores, originários dos campos, se deslocassem para as cidades para aí «oferecerem»[108] a sua força de trabalho[109]. Esses trabalhadores estavam desorganizados, desunidos e sem possibilidade de se associarem, pois legalmente isso era-lhes vedado. Os trabalhadores, chegados às cidades, «ofereciam» a sua força de trabalho às empresas de uma indústria incipiente, mas não tinham qualquer poder de negociação dos contratos de trabalho, até porque, muitas das vezes, grassavam situações de desemprego[110].

Surgiram, assim, os problemas sociais conhecidos pela Questão Social. Cada vez mais se estabelecia uma dissociação entre o capital (empresários) e o trabalho (assalariados)[111]. O grande fosso constituído entre os detentores do capital e os dadores de trabalho, que se verificou na segunda metade do século XIX, deu origem a um conflito social[112], na base do qual se construiu a teoria marxista da luta de classes[113].

---

[108] Como refere Aranguren *in* Mazzoni, *Diritto del Lavoro*, I, cit., p. 5, afirmar-se que o trabalhador oferece ou vende o seu próprio trabalho só é compreensível numa linguagem metafórica.

[109] O trabalho em fábricas não surge no século XVIII, mas foi nesta altura que o desenvolvimento industrial levou a uma significativa concentração de trabalhadores em fábricas, com o consequente êxodo dos campos.

[110] Como refere Vaz Guedes, *A Prestação de Trabalho*, cit., p. 50, «(...) a Revolução (...) não pôde atribuir a êsse ente, na realidade um proletário, a liberdade económica sem a qual a política não vale muito», e continua (p. 75) «(...) pois não usam de liberdade (...) os que morrem de miséria». Esta desigualdade leva a que José João Abrantes, «Formação e Evolução Histórica...», cit., p. 22, aluda à ditadura contratual dos patrões e, por outro lado (p. 23), considerando que a liberdade individualista do liberalismo conduz à liberdade de explorar, dando cobertura jurídica à servidão económica dos trabalhadores. Veja-se também Mário Pinto, *Direito do Trabalho*, cit., pp. 39 ss.

[111] Cf. Becker, *Arbeitsvertrag und Arbeitsverhältnis*, cit., pp. 43 ss.; Motta Veiga, *Lições*, cit., pp. 56 s.; Bernardo Xavier, *Curso*, I, cit., p. 38.

[112] Cf. em Bernardo Xavier, *Curso*, I, cit., pp. 38 ss., as descrições e as transcrições bem esclarecedoras desta realidade. Sobre o movimento operário, *vd.* Lobo D'Ávila Lima, *O Movimento Operário em Portugal*, Lisboa, 1905 e Emygdio da Silva, *O Operariado Português na Questão Social*, Lisboa, 1905.

[113] Atento este conflito social desencadeado pela industrialização, Marx, *Manifesto do Partido Comunista*, trad. Álvaro Pina, Lisboa, 1975, p. 102 (onde se lê: «Para a Alemanha vão as principais atenções dos comunistas, porque a Alemanha se encontra em vésperas de uma revolução burguesa e porque leva a cabo esta reviravolta numas condições de maior progresso da civilização europeia em geral e com um proletariado muito mais desenvolvido do que o que havia

De facto, a referida dissociação criou tensões graves devido às condições infra-humanas em que trabalhavam e viviam os operários. Para isso contribuíram o fluxo de trabalhadores às cidades, a impossibilidade de se organizarem em termos profissionais e também o facto de o trabalho ser considerado um dos fatores de produção, juntamente com a terra e o capital, estando, portanto, sujeito às regras gerais de mercado, ou seja, à lei da oferta e da procura. Este último fator implicava que os salários subissem ou descessem em função da oferta e da procura de mão-de-obra. Estas regras de mercado levaram, com alguma frequência, a que os salários descessem, deixando os trabalhadores e suas famílias sem as condições mínimas de sobrevivência.

A tudo isto acresce que a máquina a vapor generalizou os acidentes de trabalho. Os trabalhadores que sofriam acidentes de trabalho não tinham qualquer forma de ser auxiliados, pois ao contrário do que sucedia no período anterior, o princípio de entreajuda de base associativa deixara de existir e a responsabilidade aquiliana era insuficiente para solucionar o problema, porque a prova dos respetivos pressupostos, em particular a culpa do empregador, era, não raras vezes, difícil (cf. *infra* § 52.). O trabalhador acidentado, impossibilitado de trabalhar, não sendo ressarcido, estava votado ao risco de não sobreviver.

Com certa frequência, grassaram as situações de desemprego derivadas de despedimentos que tinham por base ciclos económicos de prosperidade e de recessão. Nos períodos de recessão, o desemprego aumentava substancialmente, com a consequente aceitação de salários irrisórios e de condições de trabalho aviltantes.

Atentas estas razões, a degradação das condições de vida dos trabalhadores e suas famílias era uma realidade. Foi este panorama negro vivido na segunda metade do séc. XIX, prolongando-se, nalguns casos, pelo século XX, que veio a dar origem à chamada *Questão Social*.

III. A Questão Social desencadeou um debate ideológico em que se esgrimiram argumentos de várias correntes de pensamento, tendo sido apresentadas soluções para a resolução desses problemas sociais, essencialmente no plano político-ideológico, com óbvias repercussões jurídicas[114]. Entre essas

na Inglaterra no século XVII e na França no século XVIII, porque a revolução alemã, portanto, pode ser um simples prelúdio para a imediata revolução proletária»), assentou no pressuposto de que a revolução se iniciaria nos países industrializados, o que, de facto, não ocorreu.

[114] Não obstante a repercussão jurídica, a questão tinha de ser resolvida no plano político, pois, como refere José João Abrantes, «Formação e Evolução Histórica...», cit., p. 24, as regras de direito civil não se encontravam preparadas para resolver a Questão Social.

tomadas de posição destacam-se o socialismo (com diversas vertentes, tendo tido particular relevância o marxismo)[115], o corporativismo e a doutrina social da Igreja.

IV. A doutrina social da Igreja, desde há mais de cem anos, através de várias Encíclicas, tem mantido, quanto à Questão Social, uma perspetiva mais ou menos idêntica. A Igreja começou por tomar partido sobre este problema social na Encíclica *Rerum Novarum*, de 1891, do Papa Leão XIII. Nesta Encíclica vem condenada a situação degradante a que a relação laboral votava os trabalhadores, condenando os proprietários das fábricas (o capital) por terem permitido esse estado de coisas com a sua ganância de lucro, através da exploração dos trabalhadores[116]. Nesta sequência, na mesma Encíclica, condena-se o liberalismo económico, que, levado por uma busca incessante do lucro e numa perspetiva individualista, conduziu à ideia de a mão-de-obra ser um mero fator de produção (o trabalho), sujeito às contingências do mercado.

No direito romano, o contrato de trabalho era visto como um tipo de locação, sendo a mão-de-obra locada, mas isso correspondia a uma técnica jurídica distinta da consideração do trabalho como mero fator de produção. O liberalismo não encarava o trabalho nesta perspetiva técnico-jurídica, mas sim numa visão puramente económica em que, como fator de produção, não tem de ser atendida a perspetiva social e humana do prestador de trabalho.

Para contrapor ao individualismo liberal, a Encíclica propõe a reestruturação das associações profissionais, considerando que o seu restabelecimento seria uma das formas de pôr cobro à situação calamitosa a que se chegou do ponto de vista social.

Além disso, na Encíclica preconizam-se melhores condições de trabalho, que levem à sua dignificação da pessoa, superando a ideia de que o trabalho é um simples fator de produção, sujeito às regras de mercado e relembrando que o trabalho é efetuado por pessoas, devendo ser tidos em conta os aspetos humanos da relação laboral.

A ideia introduzida pelo cristianismo do justo salário é agora reiterada, devendo, nos termos da Encíclica, a remuneração corresponder a um

[115] Quanto às várias correntes socialistas, cf. BERNARDO XAVIER, *Curso*, I, cit., pp. 41 ss. e bibliografia aí citada.

[116] Ideia que já se encontrava presente na Carta de S. Tiago às doze tribos dispersas, onde, nas «Advertências aos Ricos», se lê: «O salário dos trabalhadores, que ceifaram os vossos campos, foi defraudado por vós, e clama» (Tgo. 5,4.).

pressuposto de justiça ligado a um mínimo necessário para a vida das pessoas, isto é, para garantir uma subsistência honrada. Associado com este aspeto, respeitando a propriedade privada dos empregadores, preconizava-se a participação económica dos trabalhadores na empresa, favorecendo-lhes o acesso à propriedade.

A Igreja também defendeu o estabelecimento de um período de trabalho adequado, não chegando a determinar qual seria esse número de horas, pois isso dependeria de múltiplos fatores.

A questão da proteção dos trabalhadores mais desfavorecidos – crianças, mulheres e doentes – também foi tida em conta, aconselhandose limitações e dispensas de trabalho, assim como proteção para os que adoeciam ou sofriam acidentes de trabalho.

Esta foi, em termos sintéticos, a perspetiva essencial estabelecida na Encíclica *Rerum Novarum*, em 1891, mas a doutrina social da Igreja tem sido sucessivamente reiterada em encíclicas posteriores, que reafirmaram e completaram estes pontos. São várias as encíclicas que se debruçam sobre questões do trabalho. Pelo menos, há a ter em conta: *Quadragesimo Anno* (1931), de Pio XI, *Mater et Magistra* (1961) e *Pacem in Terris* (1963), ambas de João XXIII. As últimas encíclicas, já de João Paulo II, a reter são a *Laborem Exercens* (1981), a *Sollicitudo Rei Socialis* (1988) e a *Centesimus Annus* (1991)[117]. Já no pontificado de Bento XVI pode ver-se nomeadamente a encíclica *Caritas in Veritate*, de 29 de junho de 2009 (essencialmente, ponto 8).

Pode, deste modo, resumir-se a posição da Igreja quanto à questão do trabalho em seis pontos.

Assenta no primado do homem (trabalhador) em relação às coisas, entre as quais o capital e, em geral, todo o processo de produção, e na dignidade do trabalho.

Segundo, o trabalhador deve ter, para além do direito a um salário justo que corresponda às suas necessidades de vida, a possibilidade de ser, nomeadamente, interessado nos lucros da empresa, estabelecendo-se uma forma de ele não permanecer como um estranho em relação à empresa para a qual trabalha. Esta ideia, baseada num espírito de solidariedade, tem-se concretizado nos últimos anos, por exemplo, através da atribuição ao trabalhador

[117] O título é elucidativo do facto de terem decorrido cem anos desde a Encíclica *Rerum Novarum*; repare-se que a Encíclica *Quadragesimo Anno* é divulgada no quadragésimo aniversário e a *Mater et Magistra* no septuagésimo aniversário da *Rerum Novarum*, demonstrando uma continuidade de pensamento, sendo, muitas vezes, as novas Encíclicas, recapitulações das anteriores.

de ações, normalmente sem direito de voto, mas com distribuição de dividendos. Contudo, o fundamental é que a empresa seja entendida como uma comunidade de homens.

Em terceiro lugar, considera-se que não deve ser admitido o trabalho realizado por crianças, mas só por pessoas que já tenham obtido um certo grau de amadurecimento. Na mesma sequência, preconiza-se a defesa dos mais fracos (doentes, inválidos e idosos) no exercício da atividade profissional, devendo ser apoiados por empresas ou institutos de segurança social, de molde a ser-lhes mantida uma forma de subsistência. Também em relação às mulheres se justifica uma maior proteção no exercício da atividade profissional, designadamente pela ponderação das consequências derivadas da maternidade.

Defende-se a reconstituição dos corpos profissionais, aludindo-se, em especial aos sindicatos, considerando que, no direito do trabalho, para não haver dissociação entre trabalhadores e empregadores, com a consequente desproteção dos primeiros, deverá promover-se o associativismo profissional.

Em quinto lugar, assenta-se no pressuposto de a liberdade de iniciativa dever ser mantida, contrariando a perspetiva de intervencionismo estadual, pois os problemas sociais, derivados da relação laboral, melhor se solucionam com recurso à iniciativa privada do que através da intervenção do Estado. Não é o Estado, por via da estadualização da economia, que se encontra apto para resolver estes problemas sociais. Verificou-se que nos países onde predominou a centralização económica, se agravaram os problemas sociais relacionados com a prestação de trabalho. Por isso, a iniciativa privada, dentro de certos parâmetros[118], tem maior aptidão para solucionar esses problemas.

Por último, e na sequência do ponto anterior, a doutrina social da Igreja considera que a manutenção da propriedade privada, subordinada à destinação universal dos bens, não sendo, pois, um valor absoluto, é imprescindível para o desenvolvimento, a todos os níveis, inclusive das relações de trabalho. Parte-se do pressuposto de que, estando os meios de produção nas mãos do Estado, não é possível o são desenvolvimento da relação laboral, mas, em contrapartida, o Estado deve intervir com vista a evitar a exploração dos trabalhadores.

[118] É evidente que a liberdade contratual, neste âmbito, deve ser coartada, mediante limitações, impostas pelo Estado, com vista à proteção dos trabalhadores; todavia, não devem os empregadores ser substituídos pelo Estado.

V. A Questão Social, consequência dos problemas desencadeados após a Revolução Industrial, levou ao aparecimento do chamado «moderno» direito do trabalho, no qual se verifica uma crescente intervenção do Estado. De facto, até então, as relações jurídicas laborais, nos seus vários aspetos, encontravam-se na dependência da vontade das partes; eram estas que acordavam quanto à constituição, ao conteúdo e à extinção do contrato de trabalho a seu bel-prazer. O Estado intervinha só, como acontece na maioria dos contratos, para solucionar determinados conflitos de interesses, estabelecendo como deviam ser dirimidos, numa base equitativa. A partir da Questão Social surge um elemento novo: a relação laboral deixa de estar somente dependente da vontade das partes, passando a existir um terceiro fator: a intervenção estadual.

Este intervencionismo denotou-se a partir do século XIX, altura em que surgiram algumas decisões legislativas pontuais neste domínio. Deste modo, o Estado liberal abandonou a designada neutralidade, que o caracterizava. Na Europa, a começar pela Alemanha, em que o papel do Chanceler Bismarck foi essencial para o estabelecimento, entre outros aspetos, de um sistema de segurança social[119], a defesa dos trabalhadores, no que toca a doenças, acidentes de trabalho, reformas, períodos de trabalho, etc., passou a ser, com alguma frequência, objeto de legislação. Verificou-se, pois, uma tendência para, por via legislativa, se resolverem problemas pontuais de opressão dos trabalhadores, os quais não tinham capacidade negocial frente aos empregadores.

Deste modo, procede-se à reabilitação do associativismo profissional, que no final do séc. XVIII – e nalguns casos no séc. XIX – havia sido proibido[120]. Considerou-se essencial para a defesa dos trabalhadores, de início, pelo menos a tolerância do associativismo profissional[121].

VI. Estas intervenções legislativas não foram significativas em termos estruturais. Olhando para as principais legislações oitocentistas, essencial-

---

[119] Cf. Söllner, *Arbeitsrechts*, cit., p. 11.

[120] Sobre a despenalização das relações coletivas de trabalho, considerando que o reconhecimento destas relações deu origem ao nascimento do Direito do trabalho, cf. Mário Pinto, *Direito do Trabalho*, cit., pp. 43 ss.

[121] O associativismo profissional, no sentido atual, terá surgido em Inglaterra, principalmente depois da Trade Union Act 1871 (cf. Bowers, *Employment Law*, cit., pp. 2 s.). Sobre o associativismo operário, com referências a vários países, *vd.* Ribeiro dos Santos, *Movimentos Laborais e Constituição Económica*, Lisboa, 2000, pp. 141 ss.

mente a francesa e a alemã, verifica-se que, a nível geral, no direito do trabalho não há alterações relevantes. Os respetivos Códigos Civis mantêm a perspetiva tradicional da relação laboral, surgindo, tão-só, diplomas a resolver problemas pontuais, como os respeitantes a períodos normais de trabalho, a proteção de menores e de mulheres e a segurança social, para além da liberalização do associativismo laboral[122].

Quanto ao Código Civil Francês a lacuna é facilmente compreensível, pois, datando ele de 1804, os seus autores não podiam estar ainda sensibilizados para a Questão Social, desencadeada várias décadas depois. De facto, este diploma, tomando por base o indivíduo e as situações com ele conexas, como a propriedade, assentava num pressuposto individualista, pouco consentâneo com os problemas sociais que surgiram.

O mesmo não se pode dizer com respeito ao Código Civil Alemão, que é de 1896, tendo entrado em vigor em 1900[123]. A sua feitura data de um período em que a Questão Social já estava latente e em que se encontrava regulamentação pontual a nível do direito do trabalho. Não obstante, o Código Civil Alemão (BGB) apresenta a relação laboral inserida no contrato de prestação de serviços, como qualquer outro negócio jurídico, tal qual se entendia antes dos problemas desencadeados pela Questão Social. O não ter tido em devida conta os problemas sociais, que então tinham surgido, foi uma das principais críticas que logo se teceu a este diploma[124].

Mas o facto de diplomas, como o BGB, não apresentarem uma regulamentação especial no domínio laboral é compreensível, pois um Código Civil não tem em vista criar novas soluções, mas antes sistematizar as regras sedimentadas. E no final do séc. XIX ainda não estavam sedimentadas as regras, continuando as questões laborais em discussão[125].

VII. De facto, foi no séc. XX, após a I Grande Guerra e, em especial, depois da II Grande Guerra, que a produção jurídica no domínio laboral teve um maior incremento. Produção legislativa essa que, a partir de então, deixou de ser só para a resolução de problema pontuais, apresentando-se, antes,

[122] Cf. José João Abrantes, «Formação e Evolução Histórica...», cit., p. 25.

[123] Sobre o processo juscientífico de elaboração da codificação alemã relacionado com o ponto em apreço, cf. Menezes Cordeiro, *Direito do Trabalho*, I, cit., pp. 114 s.

[124] Quanto às críticas ao BGB, sintetizando a posição de vários autores, cf. Becker, *Arbeitsvertrag und Arbeitsverhältnis*, cit., pp. 219 ss.

[125] Cf. Menezes Cordeiro, *Direito do Trabalho*, I, cit., pp. 117 s.

em termos abrangentes[126], para além de uma internacionalização institucionalizada dos problemas laborais através da OIT (1919).

Depois de uma época de grande produção legislativa de carácter imperativo, hoje, a tendência aponta para uma flexibilização das regras de direito do trabalho, admitindo-se, por exemplo, com maior facilidade, o despedimento ou aceitando-se uma certa maleabilidade na fixação do tempo de trabalho. Para esta flexibilização, em parte, terá contribuído o descrédito do marxismo, devido à falência económica das sociedades socialistas e a consequente renovação na aposta em economias de mercado[127], aliado ao crescente desemprego. Importa, contudo, esclarecer que as alterações verificadas na legislação laboral nos diversos países estão, normalmente, relacionadas com a conceção política do partido ou da coligação governamental[128].

BIBLIOGRAFIA:

JOSÉ JOÃO ABRANTES, «Formação e Evolução Histórica do Direito do Trabalho», *Direito do Trabalho. Ensaios,* Lisboa, 1995, pp. 20 a 27; MENEZES CORDEIRO, *Direito do Trabalho,* I, cit., pp. 103 a 118 e *Direito do Trabalho,* II, cit., pp. 51 a 56; VAZ GUEDES, *A Prestação do Trabalho e a sua Transformação Pacífica pelo Direito Civil,* Lisboa, 1914, pp. 50 a 95 e 141 a 153; MENEZES LEITÃO, *Direito do Trabalho,* 5.ª ed., Coimbra, 2016, pp. 23 ss.; SOARES MARTINEZ, *Manual de Direito Corporativo,* 3.ª ed., Lisboa, 1971, pp. 94 a 102 e pp. 122 a 140; ROSÁRIO PALMA RAMALHO, *Direito do Trabalho,* I, cit., pp. 35 ss.; MÁRIO PINTO, *Direito do Trabalho,* cit., pp. 36 a 48; MOTTA VEIGA, *Lições,* cit., pp. 56 a 60; SUSANA VIDEIRA, *Liberalismo e Questão Social em Portugal no Século XIX. Contributo para a História dos Direitos Sociais,* AAFDL, Lisboa, 2016; BERNARDO XAVIER, *Curso,* I, cit., pp. 36 a 59; BERNARDO XAVIER/FURTADO MARTINS/NUNES DE CARVALHO/JOANA VASCONCELOS/TATIANA GUERRA DE ALMEIDA, *Manual,* cit., pp. 44 e ss.

5. Evolução histórica do direito do trabalho em Portugal

A evolução histórica do direito do trabalho em Portugal acompanha de perto a sequência europeia, apresentando, no entanto, três particularidades. O panorama jurídico europeu é seguido, por vezes, algumas décadas mais tarde. Além disso, os problemas sociais foram sentidos de forma bastante atenuada.

[126] Cf. BERNARDO XAVIER, *Curso,* I, cit., pp. 47 ss.

[127] Cf. BERNARDO XAVIER, *Curso,* I, cit., pp. 58 ss.

[128] Veja-se, por exemplo, COUTURIER, *Droit du Travail,* cit., pp. 36 ss., onde se faz uma cronologia do impacto das mudanças políticas na legislação laboral.

Por último, diferentemente do que se verificou em outras partes da Europa, o grande motor das reformas no domínio do direito do trabalho foi o próprio Estado[129], na sequência do que ocorrera noutros países.

a) *Corporativismo anterior ao período liberal*

I. A estrutura corporativa teve, em Portugal, um papel preponderante, apesar de não ter atingido a relevância que se verificou além Pirenéus[130]. Desde o século XII que se encontram referências às corporações e à organização corporativa. Ainda hoje se depara com reminiscências dessa organização corporativa nos arruamentos de algumas cidades, nomeadamente em Lisboa, onde, da sua toponímia, constam a Rua dos Sapateiros, a Rua dos Correeiros, a Rua dos Fanqueiros, a Rua do Ouro, etc. Em cada uma destas ruas sedeavam-se os estabelecimentos do mesmo ofício.

As corporações existiam para a prossecução de variadas finalidades, entre as quais a defesa da atividade e a entreajuda dos seus membros.

II. Em Lisboa, pelo menos desde a crise de 1383/1385, conhece-se da existência de uma superestrutura corporativa, denominada Casa dos Vinte e Quatro[131]. Na Casa dos Vinte e Quatro reuniam-se os representantes das várias corporações, que na altura seriam doze, correspondendo a cada ofício dois representantes. Ao que parece, também noutras cidades havia superestruturas idênticas à Casa dos Vinte e Quatro, nomeadamente no Porto, em Coimbra e em Évora[132].

No século XVI sabe-se que a Casa dos Vinte e Quatro de Lisboa representava catorze ofícios: 1. barbeiros, armeiros, ferradores, ferreiros, etc., com dois representantes; 2. livreiros, boticários, caixeiros, luveiros, etc., com dois representantes; 3. sapateiros, curtidores, etc., com dois representantes; 4. correeiros, etc., com dois representantes; 5. tecelões, com um representante; 6. cereeiros, com dois representantes; 7. pedreiros, carpinteiros, torneiros, etc., com dois representantes; 8. tosadores e tintureiros, com dois representantes; 9. alfaiates, com dois representantes; 10. tanoeiros, com dois representantes; 11. cordoeiros, com dois representantes; 12. ourives de prata, com

---

[129] Cf. MENEZES CORDEIRO, *Direito do Trabalho*, I, cit., p. 119.

[130] Cf. MOTTA VEIGA, *Lições*, cit., p. 62.

[131] Sobre esta instituição, *vd.* LANGHANS, *A Casa dos Vinte e Quatro. Subsídios para a sua História*, Lisboa, 1948.

[132] Cf. SOARES MARTINEZ, *Direito Corporativo, cit.*, pp. 41 s.

um representante; 13. ourives de ouro, com um representante; 14. oleiros, com um representante[133].

Cada um destes ofícios tinha o seu santo padroeiro, situação que ainda hoje se mantém[134]. O santo padroeiro dos sapateiros é S. Crispim, o dos carpinteiros S. José, o dos ourives Sto. Eloi, etc.

III. As corporações tinham também funções puramente comerciais, relacionadas com a concorrência, o tabelamento dos preços, etc. Em matéria de direito do trabalho, dos regimentos corporativos constavam, usualmente, o período máximo de trabalho, as regras de trato entre os membros da corporação, bem como as que respeitavam às punições que os mestres podiam infligir aos aprendizes. Além disso, na medida em que as corporações, por vezes, funcionavam como uma espécie de segurança social para os seus membros, dos regimentos constam igualmente regras respeitantes à assistência. As corporações mais ricas chegaram mesmo a ter os seus próprios hospícios[135].

IV. Tal como no resto da Europa, também em Portugal as corporações entraram em declínio, essencialmente a partir dos Descobrimentos. Elas transformaram-se em instrumentos de defesa de interesses particulares contra os «perigos» da abertura dos mercados.

O declínio vem a acentuar-se, acabando as corporações por ser extintas pelo Decreto de 7 de maio de 1834. Para além da extinção das corporações, no Código Penal de 1852 (art. 277.º) veio igualmente a proibir-se as coligações com vista à paralisação do trabalho. E tudo isto com base na ideia difundida pelo liberalismo de que as associações de trabalhadores constituiriam um entrave à liberdade de trabalho e ao desenvolvimento económico.

BIBLIOGRAFIA:

Soares Martinez, *Manual de Direito Corporativo*, 3.ª ed., Lisboa, 1971, pp. 39 a 72; Motta Veiga, *Lições*, cit., pp. 61 a 63; Bernardo Xavier, *Curso*, cit., pp. 60 a 68.

---

[133] Cf. Soares Martinez, *Direito Corporativo*, cit., pp. 45 s.

[134] Quanto ao carácter semi-religioso das corporações, *vd.* Bernardo Xavier, *Curso*, cit., p. 44.

[135] Cf. Soares Martinez, *Direito Corporativo*, cit., pp. 52 ss.

b) Liberalismo

I. Extintas as associações profissionais e proibida qualquer organização de trabalhadores, estes passam a estar à mercê dos empregadores no que respeita à negociação dos respetivos contratos de trabalho. Desunidos, os trabalhadores, muitas das vezes, ficavam na dependência do arbítrio dos empregadores que, normalmente, têm um maior poder negocial. Associado com este aspeto, o liberalismo em matéria contratual vai permitir que as desigualdades de facto se venham a transformar em desigualdades jurídicas; por via da autonomia contratual, deparavam-se situações na *lex contractus* de iniquidade, que não eram negociáveis.

Como consequência desta situação, em Portugal, tal como no resto da Europa, os casos de pobreza, de desemprego, etc. começaram a verificar-se em abundância[136].

II. A perspetiva liberal com respeito ao contrato de trabalho melhor se aprecia analisando o Código Civil de 1867. No Código de Seabra, relativamente ao contrato de trabalho encontram-se três secções.

Nos arts. 1370.º e ss. a legislação civil oitocentista trata do Contrato de Prestação de Serviço Doméstico e nele denota-se a defesa de uma posição de igualdade e liberdade das partes (amo e serviçal), tal como na compra e venda ou em qualquer outro contrato obrigacional. A disciplina então estabelecida era, de algum modo, pormenorizada e manteve-se em vigor até ao diploma regulador do serviço doméstico, de 1980[137].

Seguidamente, nos arts. 1391.º e ss., o Código Civil de 1867 regula o Contrato de Serviço Assalariado e, no seguimento do disposto para o negócio jurídico anterior, preponderam a liberdade e a igualdade das partes (pessoa servida e assalariado ou serviçal). Foi este negócio jurídico que esteve na base do atual contrato de trabalho do regime comum, pretendendo regulamentar, em especial, as relações laborais na incipiente indústria. Tratando-se de relações laborais com um desenvolvimento recente, a regulamentação apresentava-se de modo bastante genérico.

---

[136] Sobre o movimento social e as dificuldades do operariado neste período, *vd.* BERNARDO XAVIER, *Curso*, cit., pp. 80 ss. Quanto à Questão Social portuguesa, cf. PINHARANDA GOMES, «A Recepção da Encíclica Rerum Novarum em Portugal (1891-1900)», Separata da Humanística e Teologia (1991), pp. 1 ss.

[137] Decreto-Lei n.º 508/80, de 21 de outubro, substituído pelo Decreto-Lei n.º 235/92, de 24 de outubro. Sobre esta questão, *vd. infra* § 35.

Diferentemente, no contrato de aprendizagem, arts. 1424.º e ss. do Código Civil de 1867, encontram-se alguns aspetos de intervenção; neste caso foi tida em conta a desigualdade das partes. Em particular, a intervenção legal diz respeito às horas de trabalho, limitando-as em função da idade do aprendiz[138]. Foi esta uma das primeiras decisões do legislador no sentido de proteger o trabalhador, limitando o acesso das crianças ao mercado de trabalho[139]. O contrato de aprendizagem era entendido como um negócio jurídico cujo objeto se reportava ao ensino de uma indústria ou ofício[140].

III. As intervenções legislativas no domínio do direito do trabalho, ocorreram, essencialmente, em momentos de alguma instabilidade social. Instabilidade social essa devida, em particular, a crises políticas. A principal situação de conflito social verificou-se depois da crise criada pelo Ultimato Inglês de 1890 e pela Revolta Republicana de 31 de janeiro de 1891, que desencadeou problemas políticos, os quais, por sua vez, estiveram na origem de questões sociais. A partir de então admitiu-se alguma intervenção dos trabalhadores na vida jurídica, concretamente através da permissão de associações profissionais, estabelecida no Decreto de 9 de maio de 1891[141].

Por essa altura, por Decretos de 19 de maio de 1891 (na sequência da Lei de 14 de agosto de 1889) foram criados os tribunais de árbitros avindores, com a finalidade de arbitrarem questões laborais e que estiveram na origem dos atuais tribunais do trabalho[142].

---

[138] Sobre estes contratos estabelecidos no Código Civil de 1867, cf. RAÚL VENTURA, *Relação Jurídica de Trabalho,* cit., pp. 97 ss.

[139] Como refere MONTEIRO FERNANDES, *Direito do Trabalho,* cit., p. 45, o Decreto de 3 de Abril de 1860, sobre estabelecimentos insalubres, incómodos e perigosos, não tinha em vista, diretamente, a proteção dos trabalhadores, pois assentava em cuidados de salubridade pública. Sobre indústrias insalubres, incómodas e perigosas, veja-se também o Decreto de 27 de Agosto de 1855 e o Decreto de 21 de outubro de 1863.

[140] Cf. MOTTA VEIGA, *Lições,* cit., p. 65.

[141] Note-se que antes desta data já existiam associações profissionais, só que eram ilegais. Não obstante serem ilegais, os estatutos de algumas dessas associações profissionais haviam sido aprovados pelo Ministério das Obras Públicas, o que demonstrava uma certa ambiguidade (cf. SOARES MARTINEZ, *Direito Corporativo,* cit., pp. 81 s.). Todavia, desde 1864, estava autorizada a constituição de associações de socorros mútuos (cf. MÁRIO PINTO, *Direito do Trabalho,* cit., p. 50; BERNARDO XAVIER, *Curso,* cit., p. 70). Quanto à evolução histórica das relações coletivas, *vd.* MÁRIO PINTO, *Direito do Trabalho,* cit., pp. 50 ss.

[142] Cf. MOTTA VEIGA, *Lições,* cit., pp. 66 s.

Também no ano de 1891, com o Decreto de 14 de abril, estabeleceram-se, entre outros aspetos, restrições relativamente ao trabalho de menores e de mulheres[143].

Com a implantação da República, a primeira grande alteração surge com o Decreto de 6 de dezembro de 1910, que vem permitir a greve. As greves eram, até então, ilícitas, não obstante ter havido inúmeras greves no período da Monarquia. Este Decreto não só veio a legalizar a greve como também o *lock out*.

Posteriormente, no Decreto de 8 de maio de 1911 vem regulamentado, de forma mais pormenorizada, o descanso semanal. A regra do descanso dominical já havia sido instituída no final da Monarquia para o comércio e a indústria, pelo Decreto de 3 de agosto de 1907.

Foi também com a República que, com a Lei n.º 83, de 24 de julho de 1913, surgiu a primeira regulamentação de responsabilidade civil objetiva, que dizia respeito a alguns tipos de acidentes de trabalho. Nos termos desta lei, as entidades patronais passavam a ser responsabilizadas pelos acidentes ocorridos com os seus operários, mesmo que não tivessem culpa. A responsabilidade por acidentes de trabalho foi estabelecida, essencialmente, devido à grande dificuldade, por parte dos trabalhadores, de fazerem a prova da existência de culpa do empregador (*vd. infra* § 52.). Partiu-se do pressuposto de que o risco dos acidentes de trabalho deveria ser suportado por quem tivesse máquinas ao seu serviço, delas retirando os respetivos benefícios – *ubi commoda ibi incommoda*. Mais tarde, a responsabilidade objetiva por acidentes de trabalho foi alargada, passando a abranger os empregadores que não possuíssem máquinas ao seu serviço (*vd. infra* §§ 52. e 53.).

Com o Decreto n.º 5 516, de 10 de maio de 1919, estabeleceu-se o período máximo de trabalho em oito horas por dia e quarenta e oito horas por semana.

Nesta sequência de diplomas, há ainda a referir o Decreto n.º 10 415, de 27 de dezembro de 1924, onde, juntamente com o reconhecimento das uniões e federações de sindicatos, se conferiu validade às convenções coletivas de trabalho.

É igualmente durante a 1.ª República que se verifica o fomento das relações internacionais a nível do direito do trabalho, pois desenvolveram-se as

143 Acerca deste diploma *vd.* Ruy Ulrich, *Legislação Operária Portugueza*, Coimbra, 1906, pp. 47 ss. Para uma resenha histórica relacionada com as intervenções legislativas a partir de 1891, cf. Fernanda Nunes Agria/Maria Luiza Cardoso Pinto, *Contrato Individual de Trabalho*, Coimbra, 1972, pp. 7 ss.

ligações internacionais de associações profissionais portuguesas com congéneres estrangeiras, internacionalizando-se os problemas de direito do trabalho, em particular através da participação de Portugal na OIT (Organização Internacional do Trabalho).

Para além dos aspetos que se têm vindo a referir, a 1.ª República não teve um papel significativo no domínio juslaboral e com respeito às relações com as associações profissionais verificou-se uma grande animosidade[144], pois o movimento sindical e a 1.ª República mantiveram uma relação de conflito, que dificultou a expansão dos sindicatos.

Bibliografia:

Menezes Cordeiro, *Direito do Trabalho*, I, cit., pp. 119 a 126 e *Direito do Trabalho*, II, cit., pp.57 a 59; Monteiro Fernandes, *Direito do Trabalho*, cit., pp. 43 e ss.; Soares Martinez, *Manual de Direito Corporativo*, 3.ª ed., Lisboa, 1971, pp. 81 a 85; Mário Pinto, *Direito do Trabalho*, cit., pp. 48 a 51; Margarida Seixas, *Pessoas e trabalho no Direito português (1750-1878): escravo, liberto e serviçal*, Lisboa, 2016; Motta Veiga, *Lições*, cit., pp. 63 a 69; Raúl Ventura, *Teoria da Relação Jurídica de Trabalho*, cit., pp. 97 a 103; Susana Videira, *Liberalismo e Questão Social em Portugal no Século XIX. Contributo para a História dos Direitos Sociais*, AAFDL, Lisboa, 2016; Bernardo Xavier, *Curso*, cit., pp. 69 a 88; Bernardo Xavier/Furtado Martins/Nunes de Carvalho/Joana Vasconcelos/Tatiana Guerra de Almeida, *Manual*, cit., pp. 47 e s.

c) *Corporativismo do Estado Novo*

I. O corporativismo do Estado Novo teve por fontes, por um lado, o corporativismo italiano iniciado em 1922, o corporativismo austríaco, cuja tentativa data de 1883 e, em parte, o sistema político espanhol da ditadura do general Primo de Rivera. Por outro lado, o corporativismo português baseou-se também, ainda que às vezes com algumas adaptações, na doutrina social da Igreja. Por último, teve igualmente influência o pensamento de autores portugueses como António Costa Lobo, Oliveira Martins e ainda a corrente política, desenvolvida a partir de 1916, designada Integralismo Lusitano, em que se destaca António Sardinha.

[144] Cf. Menezes Cordeiro, *Direito do Trabalho*, I, cit., p. 125, nota 271; Bernardo Xavier, *Curso*, I, cit., pp. 84 s.

O princípio do corporativismo encontrava-se consagrado no art. 5.º da Constituição de 1933, aparecendo, depois, desenvolvido no Estatuto do Trabalho Nacional, aprovado pelo Decreto-Lei n.º 23 048, de 23 de setembro de 1933. Este Estatuto foi, por sua vez, completado por outros diplomas, relativos a associações de trabalhadores, a associações patronais (designadamente, os chamados Grémios[145]), à previdência social, etc.[146].

O corporativismo apresentou-se como alternativa, por um lado, ao liberalismo económico, contrariando a perspetiva individualista que tinha caracterizado a Monarquia Liberal e a 1.ª República e, por outro lado, às correntes marxistas (socialistas e comunistas) então em voga.

Este corporativismo, que, tendencialmente, teria por base o associativismo profissional, não funcionou dentro de um parâmetro de pura liberdade associativa, porque o corporativismo, em Portugal, foi «criado» por lei. Ele não surge como fruto da liberdade de associação das pessoas. As associações profissionais, fossem elas de trabalhadores ou de empregadores, foram criadas, direta ou indiretamente, pelo Estado. Além disso, era o Estado que controlava o funcionamento das referidas associações. No fundo, o corporativismo português acabou por ser um corporativismo estadual.

II. No domínio laboral foram várias as regras introduzidas durante o período corporativo. Após a revisão constitucional de 1951, passou a constar da Constituição de 1933 o direito ao trabalho (art. 8.º). Tal como hoje, tratava-se de uma norma programática.

No Estatuto do Trabalho Nacional encontram-se várias normas relevantes, consideradas novidade, como as que respeitavam à forma de determinação do salário – nomeadamente, diferenciando a remuneração por trabalho diurno e noturno ou determinando o pagamento do dobro no caso de trabalho prestado em dia de descanso semanal –, limitações quanto à prestação de trabalho por menores e mulheres, o estabelecimento das férias e a instituição da previdência social.

Para além do Estatuto do Trabalho Nacional, importa ainda fazer referência a alguns diplomas que desenvolveram aspetos de direito do trabalho.

---

[145] Grémio é um termo que, neste contexto, corresponde a uma evolução das corporações de ofícios, cf. MONSALVO ANTÓN, «La Debilidad Política e Corporativa del Artesanado en las Ciudades Castellanas de la Meseta», *in El Trabajo a Través de la Historia, Actas del II.º Congreso de la Asociación de Historia Social*, Córdoba, Abril de 1995, org. por Santiago Castillo, Madrid, 1996, p. 102.

[146] Para maiores desenvolvimentos, cf. MOTTA VEIGA, *Lições*, cit., pp. 69 ss.

A Lei n.º 1942, de 27 de julho de 1936, veio precisar e desenvolver a matéria da responsabilidade objetiva derivada de acidentes de trabalho. Estabeleceu-se que essa responsabilidade objetiva passava a ser genérica e não só para certas situações, como se determinara em 1913, ao mesmo tempo que se obrigava as entidades patronais a transferirem essa responsabilidade objetiva para seguradoras, o que dava maior garantia de pagamento das indemnizações. Este regime veio a ser completado e desenvolvido pela Lei n.º 2127, de 3 de agosto de 1965[147].

A Lei n.º 1952, de 10 de março de 1937, foi o primeiro diploma que regulou de forma autónoma o contrato de trabalho e que constitui antecedente legislativo da Lei do Contrato de Trabalho. Trata-se da primeira regulamentação genérica do contrato de trabalho feita numa perspetiva atual, diversa da que presidiu à elaboração do regime dos contratos de trabalho no Código Civil de 1867, ou seja, em que o contrato de trabalho já não era visto como um dos negócios jurídicos obrigacionais. Este diploma foi substituído pelo Decreto-Lei n.º 47 032, de 27 de maio de 1966, que, por sua vez, veio a ser revogado pela Lei do Contrato de Trabalho (Decreto-Lei 49 408, de 24 de novembro de 1969), que sofreu várias alterações durante a sua longa vigência e foi recentemente revogado pelo Código do Trabalho.

Estes diplomas, do ponto de vista técnico-jurídico, encontram-se bem elaborados, o que tem justificado a sua longevidade[148].

III. Quanto às relações coletivas de trabalho, o período corporativo foi, de facto, deficitário. Por um lado, o Decreto n.º 13 138, de 15 de fevereiro de 1927, proibiu a greve e o *lock out*, proibições essas que, depois, passaram a plano constitucional no art. 39.º da Constituição de 1933 e foram reiteradas no art. 9.º do Estatuto do Trabalho Nacional. Por outro lado, os conflitos laborais, nos termos das leis então em vigor, tinham de ser pacificamente resolvidos, mediante conciliação, arbitragem ou pelo recurso aos tribunais do trabalho; razão pela qual, a partir de 1933, foram reorganizados, sendo dada grande relevância aos tribunais do trabalho[149].

---

[147] A Lei n.º 2127 esteve em vigor até ao final de 1999 tendo sido revogada pela Lei n.º 100/97, de 13 de setembro, que entrou em vigor a 1 de janeiro de 2000; o Código do Trabalho de 2003, no que respeita a esta matéria (arts. 281.º e ss.), não chegou a entrar em vigor por falta de regulamentação. Atualmente vigora a Lei n.º 98/2009, de 4 de setembro, que regulamenta o art. 284.º do CT.

[148] Cf. José João Abrantes, «Formação e Evolução Histórica...», cit., p. 30.

[149] O Estatuto do Trabalho Nacional (Decreto-Lei n.º 23048, de 23 de setembro de 1933) estabelece o regime jurisdicional laboral nos arts. 50.º a 52.º, determinando a existência de

Em suma, do ponto de vista das relações coletivas de trabalho, o período corporativo não apresentou soluções válidas para os dias de hoje, talvez à exceção da resolução pacífica de conflitos.

BIBLIOGRAFIA:

José João Abrantes, «Formação e Evolução Histórica do Direito do Trabalho», *Direito do Trabalho. Ensaios*, Lisboa, 1995, pp. 29 e 30; Menezes Cordeiro, *Direito do Trabalho*, I, cit., pp. 126 a 129 e *Direito do Trabalho*, II, cit., pp. 59 a 91; Soares Martinez, *Manual de Direito Corporativo*, 3.ª ed., Lisboa, 1971, pp. 102 a 122, pp. 207 e 209 e pp. 230 a 273; Rosário Palma Ramalho, *Tratado de Direito do Trabalho*, I, cit., pp. 88 e ss.; Mário Pinto, *Direito do Trabalho*, cit., pp. 52 a 55; Motta Veiga, *Lições*, cit., pp. 69 a 73; Bernardo Xavier, *Curso*, cit., pp. 89 a 100; Bernardo Xavier/Furtado Martins/Nunes de Carvalho/Joana Vasconcelos/Tatiana Guerra de Almeida, *Manual*, cit., pp. 48 e ss.

d) Situação atual

d.1) Considerações gerais

I. As alterações legislativas verificadas no domínio laboral após 1974 não são tão significativas quanto poderiam parecer, até pelo facto de ter havido uma alteração de regime político. De facto, verifica-se uma grande produção legislativa, mas, em termos genéricos, a regulamentação respeitante ao contrato de trabalho não se alterou substancialmente. As modificações a ter em conta dizem, essencialmente, respeito à admissão do direito à greve e a todo o estabelecimento de um regime de relações coletivas de trabalho[150]; tem-se entendido a negociação coletiva como via de dinamização da economia, pela flexibilização e adaptabilidade em sectores determinados.

Quanto ao contrato de trabalho, as alterações ocorridas nas últimas dezenas de anos são pouco relevantes, mas importa, todavia, referir aquelas que respeitam ao regime dos despedimentos, dos contratos a termo e do salário

---

tribunais de trabalho, com magistrados especiais, de cujas decisões haveria recurso de revista para um tribunal superior (art. 50.º). Esse tribunal superior era o Supremo Tribunal Administrativo, criado (ou recriado) pelo Decreto-Lei n.º 23185, de 30 de outubro de 1933 (art. 1.º), em cujo art. 2.º se determinava que da orgânica do STA constaria uma secção do Contencioso do Trabalho e Previdência Social.

[150] Cf. Monteiro Fernandes, «A Evolução das Relações de Trabalho desde 1974: Algumas Tendências Gerais», *Temas Laborais*, Coimbra, 1984, pp. 14 ss.; Mário Pinto, *Direito do trabalho*, cit., pp. 55 ss.

mínimo e, mais recentemente, a flexibilização das regras de trabalho. Mas ainda que se possa admitir uma evolução estável no regime laboral, há uma prolixidade legislativa, fonte de insegurança jurídica[151].

d.2) Da Lei do Contrato de Trabalho de 1969 ao Código do Trabalho de 2003

α. Explicação

I. Desde a LCT, principalmente nos anos 80 e 90 do século passado, foi promulgada legislação numerosa neste domínio, reunida muitas vezes nos chamados «pacotes laborais»; trata-se, no entanto, quase sempre, de legislação sobre questões pontuais[152]. Por outro lado, visto que, com alguma frequência, os diplomas são elaborados em momentos de crise e sob grande pressão social e política, do ponto de vista técnico-jurídico, nem sempre se encontram bem elaborados, donde as frequentes dúvidas que suscitam, sendo amiúde alterados e substituídos. Esta permanente mutação tem tido reflexos, *inclusive*, no nome do Ministério que tutela o trabalho: tradicionalmente conhecido por Ministério do Trabalho, foi também designado por Ministério do Emprego e da Solidariedade Social, Ministério para a Qualificação e o Emprego, Ministério do Trabalho e da Solidariedade, Ministério da Segurança Social e do Trabalho, Ministério das Atividades Económicas e do Trabalho, Ministério do Trabalho e da Solidariedade Social, Ministério da Economia e do Emprego, Ministério da Solidariedade, Emprego e Segurança Social e, atualmente, Ministério do Trabalho, Solidariedade e Segurança Social[153].

A frequente e abundante intervenção legislativa, muitas das vezes previamente discutida na concertação social, em nada facilita o conhecimento deste ramo do Direito[154]. Nota-se, com alguma frequência, que a legislação laboral é elaborada sem a necessária ponderação, que acarreta, designadamente, a sua repetida substituição; a título de exemplo, é de mencionar o regime do trabalho dos desportistas profissionais, que depois de largos anos

[151] Quanto à prolixidade legislativa, *vd.* MENEZES CORDEIRO, *Direito do Trabalho*, I, cit., pp. 61 ss.

[152] Cf. JOSÉ JOÃO ABRANTES, «As actuais Encruzilhadas do Direito do Trabalho», *Direito do Trabalho. Ensaios*, Lisboa, 1995, p. 32; MONTEIRO FERNANDES, *Direito do Trabalho*, cit., pp. 52 s.; BERNARDO XAVIER, *Curso*, I, cit., pp. 105 s.

[153] A propósito da frequente intervenção legislativa no âmbito do direito do trabalho, PALOMEQUE LOPEZ, *Direito do Trabalho e Ideologia*, cit., p. 45, fala sugestivamente numa «verdadeira loucura legislativa do nosso tempo».

[154] Sobre o papel da concertação social podem consultar-se os vários artigos de MENÉRES PIMENTEL, JORGE MIRANDA, JORGE LEITE, LUÍS SÁ, VITAL MOREIRA e CARVALHO DA SILVA, em *QL* n.º 14 (1999), pp. 123 ss.

sem regulamentação específica, foi alvo de duas intervenções legislativas, pelas quais o Decreto-Lei n.º 305/95, de 18 de novembro, depois de uma vigência inferior a três anos, foi substituído pela Lei n.º 28/98, de 26 de junho (entretanto revogada pela Lei n.º 54/2017, de 14 de julho). Neste contexto é ainda conveniente aludir a algumas das mais recentes intervenções legislativas, seguindo a ordem cronológica, sem aludir à anual alteração do salário mínimo. A Lei dos Acidentes de Trabalho (Lei n.º 100/97, de 13 de setembro, finalmente regulamentada em 1999 (Decreto-Lei n.º 143/99, de 30 de abril), que deveria ter entrado em vigor a 1 de outubro de 1999, mas só se aplicou a partir do dia 1 de janeiro de 2000 (Decreto-Lei n.º 382-A/99, de 22 de setembro)[155]; e este regime, regulado no Código do Trabalho 2003 (arts. 281.º e ss.), não entrou em vigor por falta da regulamentação; presentemente vigora a Lei n.º 98/2009, de 4 de setembro. O regime da duração do trabalho (Decreto-Lei n.º 409/71, de 27 de setembro) foi sucessivamente alterado pela Lei n.º 21/96, de 23 de julho (conhecida pela Lei das 40 horas), pela Lei n.º 73/98, de 10 de novembro, e pelas Leis n.º 58/99 e 61/99, de 30 de junho[156]; relacionado com esta questão, foi publicada a Lei n.º 103/99, de 26 de julho, sobre trabalho a tempo parcial. Foi instituído o regime da rotação emprego-formação pelo Decreto-Lei n.º 51/99, de 20 de fevereiro. O regime do processo de despedimento coletivo foi alterado pela Lei n.º 32/99, de 18 de maio. Com a Lei n.º 36/99, de 26 de maio, institucionalizou-se a participação dos representantes dos empregadores na elaboração da legislação do trabalho. A Lei n.º 40/99, de 9 de junho, criou os conselhos de empresa europeus, que asseguram a informação e consulta dos trabalhadores em empresas ou grupos de empresas transnacionais. Por via do Decreto-Lei n.º 219/99, de 15 de junho, reformulou-se o sistema de garantia salarial, depois alterado pelo Decreto-Lei n.º 139/2001, de 24 de abril e pela Lei n.º 96/2001, de 20 de agosto. A Lei n.º 58/99, de 30 de junho, alterou algumas regras do trabalho de menores, nomeadamente os arts. 121.º, 122.º e 124.º LCT[157]. Só no período de férias de verão de 1999, o legislador alterou o regime das contraordenações laborais (Lei n.º 114/99, de 3 de agosto, Lei

[155] Relacionado com os acidentes de trabalho, veja-se ainda o Decreto-Lei n.º 142/99, de 30 de abril e o Decreto-Lei n.º 159/99, de 11 de maio, respetivamente sobre o fundo de acidentes de trabalho e sobre o seguro de acidentes de trabalho para trabalhadores independentes.

[156] Acrescem, ainda, outras alterações de redação, como por exemplo a alteração de redação do art. 29.º LDT (trabalho noturno) pelo Decreto-Lei n.º 96/99, de 23 de março.

[157] Regime que já tinha sido alterado pelo Decreto-Lei n.º 396/91, de 16 de outubro e que, posteriormente, sofreu nova alteração com o Decreto-Lei n.º 170/2001, de 25 de maio.

n.º 116/99, de 4 de agosto e Lei n.º 118/99, de 4 de agosto), o regime do *lay-off* (Lei n.º 137/99, de 28 de agosto), o regime das férias, feriados e faltas, equiparando os cônjuges aos que vivem em união de facto (Lei n.º 135/99, de 28 de agosto), o regime de proteção da maternidade e da paternidade (Lei n.º 142/99, de 31 de agosto) – posteriormente alterado pelo Decreto-Lei n.º 70/2000, de 4 de maio[158] – e no dia 1 de setembro foi alterado o regime do trabalho temporário (Lei n.º 146/99, de 1 de setembro). Em novembro, é aprovado o novo Código de Processo do Trabalho (Decreto-Lei n.º 480/99, de 9 de novembro). Já em 2001, foi alterada a Lei 20/98 sobre trabalho de estrangeiros (Decreto-Lei n.º 4/2001, de 4 de janeiro), modificados alguns preceitos relativos ao contrato a termo (Lei n.º 18/2001, de 3 de julho), revisto o regime de cobranças de quotas sindicais (Lei n.º 81/2001, de 28 de julho), alterados certos aspetos relativos à garantia de pagamento dos salários (Lei n.º 96/2001, de 20 de agosto).

Esta indicação, meramente exemplificativa, elucida as dificuldades de aplicação deste ramo do Direito e a necessidade de revisão da legislação do trabalho, que ocorreu no início deste século.

II. A necessidade de rever as leis de trabalho vigentes em Portugal correspondia a um entendimento pacífico, não obstante, depois de ter sido apresentado o Anteprojeto de Código do Trabalho (julho de 2002), terem surgido algumas vozes que preconizavam a subsistência dos textos em vigor; o «velho do Restelo» aparece sempre a contestar qualquer empreendimento.

De facto, como se lê na exposição de motivos da Proposta de Lei de Código do Trabalho «A legislação laboral até agora vigente é constituída por um conjunto de diplomas dispersos e com origens temporalmente diversas, tendo subjacentes conceções políticas e sociais marcadamente diferentes que correspondem a distintos momentos históricos. De facto, mantêm-se em vigor diplomas elaborados sob Constituições e regimes políticos diversos, e sujeitos a várias alterações ao longo dos tempos – *v. g.*, Lei do Contrato de Trabalho (1969), Lei da Duração do Trabalho (1971), Lei Sindical (1975), Lei das Férias, Feriados e Faltas (1976), Lei da Greve (1977), Lei da Suspensão ou Redução da Prestação de Trabalho (1983), Lei dos Salários em Atraso (1986), Lei da Cessação do Contrato de Trabalho e da Celebração e Caducidade do Contrato a Termo (1989), Lei do Despedimento por Inadaptação (1991), Lei dos Acidentes de Trabalho (1997) e Lei do Trabalho a Tempo

[158] Cujo Regulamento foi aprovado pelo Decreto-Lei n.º 230/2000, de 23 de setembro.

Parcial (1999). A isto acresce que a regulamentação de vários institutos se encontra dispersa por distintos diplomas – assim, a discriminação em função do sexo (1979 e 1997) e o tempo de trabalho (1971, 1996 e 1998) –, ou em diplomas sucessivamente alterados – por exemplo, a proteção da maternidade e da paternidade (1984, 1995, 1997, 1998, 1999 e 2000)».

Da mencionada proliferação de fontes, associada à constante intervenção legislativa neste âmbito, resultam múltiplas contradições, com as consequentes dificuldades interpretativas e, sobretudo, uma acentuada inadequação do regime jurídico à vida quotidiana dos trabalhadores e dos empregadores. Em suma, a proliferação de fontes e a constante intervenção legislativa determinam uma significativa dificuldade na aplicação do direito do trabalho.

Impunha-se uma revisão geral da legislação de direito do trabalho.

III. O Anteprojeto de Código do Trabalho – divulgado em julho de 2002 –, atendendo a múltiplas e pertinentes sugestões bem como aos acordos conseguidos em sede de Concertação Social, onde houve um intenso debate até novembro de 2002, foi sujeito a diversas modificações tendo, a 15 de novembro de 2002, sido apresentado à Assembleia da República uma Proposta de Código do Trabalho (Proposta de Lei n.º 29/IX), acompanhada da correspondente Exposição de Motivos na qual, apontando as principais alterações relativamente à legislação vigente, se resumem as linhas diretrizes da reforma. A Proposta de Código do Trabalho foi alvo de ligeiras modificações no debate parlamentar e veio a ser aprovada a 10 de abril de 2003, tendo, posteriormente (15 de julho de 2003), sido introduzidos três ajustamentos resultantes de declarações de inconstitucionalidade; concretamente foi acrescentado o n.º 2 do art. 4.º do CT2003[159], incluiu-se o n.º 3 do art. 17.º do CT2003[160] e alterou-se ligeiramente a redação do art. 606.º do CT2003, que passou a estar dividido em dois números[161].

---

[159] Sobre a questão, veja-se Gonçalves da Silva, anotação V ao art. 4.º do CT2003 *in* Pedro Romano Martinez/Luís Miguel Monteiro/Pedro Madeira de Brito/Guilherme Dray/Luís Gonçalves da Silva, *Código do Trabalho Anotado*, 6.ª edição, Coimbra, 2007, pp. 83 e ss.

[160] Consulte-se Guilherme Dray, anotação V ao art. 17.º do CT2003 *in* Pedro Romano Martinez/Luís Miguel Monteiro/Pedro Madeira de Brito/Guilherme Dray/Luís Gonçalves da Silva, *Código do Trabalho Anotado*, cit., p. 123.

[161] Veja-se Romano Martinez, anotações III e IV ao art. 566.º do CT2003 *in* Pedro Romano Martinez/Luís Miguel Monteiro/Pedro Madeira de Brito/Guilherme Dray/Luís Gonçalves da Silva, *Código do Trabalho Anotado*, cit., pp. 1002 e s.

Depois de promulgada a lei de aprovação a 4 de agosto, o Código foi publicado na 1.ª Série do *Diário da República*, em anexo à Lei n.º 99/2003, a 27 de agosto de 2003. Como resulta do n.º 1 do artigo 3.º da mencionada Lei, «O Código do Trabalho entra em vigor no dia 1 de Dezembro de 2003».

O Código do Trabalho teve uma entrada em vigor faseada, pois como resulta dos n.ºs 2 e 3 do art. 3.º da Lei n.º 99/2003, determinados preceitos só entraram em vigor depois da aprovação da respetiva legislação regulamentar, aprovada pela Lei n.º 35/2004, de 29 de julho. Nesta legislação especial não foi incluída a matéria respeitante aos acidentes de trabalho (arts. 281.º e ss. do CT2003), cuja regulamentação não surgiu.

Menos de três anos volvidos sobre a entrada em vigor, o Código do Trabalho foi alterado, em aspetos pouco relevantes, pela Lei n.º 9/2006, de 20 de março.

β. Opção por um Código do Trabalho

I. Como se lê na exposição de motivos «A opção por um Código do Trabalho assentou na circunstância de, por um lado, o direito do trabalho, tendo em conta os estudos e a jurisprudência dos últimos quarenta anos, já ter alcançado uma estabilidade científica suficiente para se proceder a uma primeira codificação e, por outro, a mera consolidação de leis, ainda que sistematizadas, apontar para uma incipiente codificação. O Código do Trabalho, à imagem de outros diplomas aprovados nas últimas dezenas de anos com o título *Código* – como o Código do Imposto sobre o Valor Acrescentado ou o Código dos Valores Mobiliários –, não corresponde ao clássico conceito de codificação que presidiu à elaboração dos códigos oitocentistas ou, no século XX, à feitura do Código Civil e do Código Penal. Trata-se de uma sistematização integrada, justificada por valorações específicas do direito do trabalho – e, portanto, diferente da que se encontra no Código Civil ou no Código Penal –, com soluções que permitem uma propensão para a estabilidade.

«A codificação não obsta, evidentemente, a que as regras agora enunciadas sejam alteradas, melhoradas e adaptadas a novas circunstâncias, pois qualquer ramo do Direito está permanentemente em mutação e a sua evolução não pode ser posta em causa pela existência de um conjunto sistemático – tendencialmente sintético e científico – de normas, denominado *Código*. Um Código não pressupõe, por isso, nem a estagnação das relações sociais, nem dos preceitos que as regem. Razão pela qual, no artigo 20.º da Lei n.º 99/2003, se dispõe que «O Código do Trabalho deve ser revisto no prazo de quatro anos a contar da data da sua entrada em vigor».

«A codificação do direito do trabalho não teria sido possível sem se atender aos estudos de insignes juristas, tanto em trabalhos preparatórios de legislação laboral como noutros trabalhos científicos, e à jurisprudência social dos últimos quarenta anos»[162].

II. O referido prazo de quatro anos terminava em dezembro de 2007, tendo o governo apresentado um conjunto de diretrizes que presidiram à revisão do Código do Trabalho. Essas orientações, norteadas por algumas ideias pouco definidas e resumidas num termo novo (flexigurança), conduziram à uma revisão do Código do Trabalho, verificada em 2009.

γ. Diretrizes de orientação

I. Tendo ainda em conta a exposição de motivos de 2003, resulta que «Na elaboração do Código do Trabalho, sem descurar as soluções consagradas noutros espaços jurídicos, houve a preocupação de inovar sem cortar com a tradição jurídica nacional, razão pela qual muitas das suas normas são idênticas a regras de diplomas agora revogados e os institutos, ainda que eventualmente modificados, encontram correspondência nos existentes.

«Nas alterações a introduzir impunha-se, por um lado, o respeito pelos limites constitucionais, como a segurança no emprego, o papel das comissões de trabalhadores e das associações sindicais e o direito à greve, e, por outro, a adaptação do direito do trabalho nacional a diversas diretivas comunitárias em matéria social. Tendo em conta este último aspeto, aproveitou-se o ensejo para se proceder à concretização de múltiplas diretivas comunitárias, algumas das quais já se encontravam total ou parcialmente transpostas para a ordem jurídica portuguesa».

II. A orientação que presidiu à elaboração do Código do Trabalho pode ser sintetizada nas seguintes diretrizes:

a) Admissão de formas de trabalho, mais adequadas às necessidades dos trabalhadores e das empresas, promovendo a adaptabilidade e flexibilidade da relação laboral, nomeadamente quanto à organização do tempo, espaço e funções laborais, de modo a aumentar a competiti-

[162] Quanto à vantagem decorrente da entrada em vigor do Código do Trabalho, na medida em que facilita a aplicação do Direito do trabalho, com maior transparência, veja-se o Relatório da OCDE para Portugal, Études Économiques *de L'OCDE. Portugal*, Vol. 2004/13, Paris, 2004, pp. 80 a 83. Na p. 83, depois da explicação sucinta das alterações, conclui-se que a reforma é louvável, mas insuficiente para o desenvolvimento económico e o combate ao desemprego.

vidade da economia, das empresas e o consequente crescimento de emprego;

b) Estabelecimento de um regime laboral coerente de conhecimento acessível aos operadores jurídicos, sistematizando a legislação dispersa, elaborada em épocas distintas, atendendo, por isso, à integração de lacunas e resolução de algumas dúvidas suscitadas na aplicação das normas agora revogadas, nomeadamente, procedendo à eliminação de antinomias entre normas e ao esclarecimento de situações ambíguas, de que é exemplo o regime do tempo de trabalho;

c) Integração das soluções laborais no regime comum do direito civil, não só implicando alterações terminológicas (por exemplo, substituir o termo rescisão por resolução)[163], como acarretando modificações de regime mediante a incorporação de novas regras (por exemplo, o regime da mora no art. 364.º do CT2003) ou por remissão para regimes de Direito Civil e, em especial, de direito das obrigações (*v. g.*, arts. 93.º, 96.º, 363.º e 377.º e ss. do CT2003).

d) Incentivo à participação dos organismos representativos de trabalhadores e empregadores na vida laboral, em particular no que respeita à contratação coletiva.

III. Quanto a alterações, como se lê na exposição de motivos «(...) foi introduzida alguma flexibilidade em determinadas áreas. De facto, em várias matérias – nomeadamente, duração do trabalho, local de realização da prestação, funções exercidas – o Código preconiza uma adaptação da prestação do trabalhador às necessidades da empresa. Mas não o faz esquecendo ou ignorando a posição jurídica do trabalhador; pelo contrário, fá-lo conferindo-lhe direitos, designadamente fazendo depender o recurso a determinadas medidas de um procedimento adequado.

«Não há, assim, uma ausência de regras: está em causa tão-só permitir a adaptação do regime de trabalho à vida real do mundo laboral e, deste modo,

[163] Refira-se que as alterações terminológicas introduzidas pelo Código do Trabalho não resultam só de adaptação de termos resultantes da evolução científica operada no direito das obrigações, como igualmente da utilização de expressões frequentes no direito administrativo, como o termo «procedimento». Neste caso, para distinguir de *processo* («sequência de actos destinados à justa composição de um litígio, mediante intervenção de um órgão imparcial de autoridade, o tribunal», Castro Mendes, *Direito Processual Civil*, Volume I, Lisboa, 1978/79, p. 34), o Código do Trabalho recorreu ao termo *procedimento*; palavras que têm o mesmo étimo latino *procedere* e que se podem usar em contextos diferentes: *processo judicial* e *procedimento interno* (no seio da empresa).

conseguir uma maior efetividade do direito do trabalho, pois, quanto mais próximo este estiver da realidade, antecipando necessidades e regulando-as de forma justa e equilibrada, mais garantias são asseguradas ao trabalhador por este ramo do Direito.

«Acrescenta-se, ainda, que se procedeu a uma maior responsabilização das partes no que respeita ao cumprimento, tanto do contrato de trabalho como dos instrumentos de regulamentação colectiva de trabalho. Essa responsabilização passa pelo agravamento das sanções disciplinares, pelo aumento das coimas e pela remissão para regras de responsabilidade civil.

«Resta referir que é objectivo estruturante do Código inverter a situação de estagnação da contratação colectiva, dinamizando-a, não só pelas múltiplas alusões a matérias a regular nessa sede, como por via da limitação temporal de vigência desses instrumentos.

«Note-se ainda que presentemente o direito do trabalho tem-se internacionalizado, por via não só das convenções e recomendações da Organização Internacional do Trabalho, como das obrigações comunitárias, sem esquecer os efeitos incontornáveis da internacionalização da economia. No entanto, não se procedeu à mera "importação" de regimes jurídicos dos nossos parceiros comunitários; tratou-se, sim, de procurar soluções que permitam à nossa economia ser competitiva, sem, todavia, perder de vista a realidade sócio-económica nacional».

IV. Em particular, na contraposição com as leis revogadas, importa ainda salientar algumas alterações constantes do Código do Trabalho, resumindo-se as referências constantes da respetiva exposição de motivos:

a) Redução da necessidade de autorizações prévias por parte da Inspecção-Geral do Trabalho na tomada de decisões empresariais, sem prejuízo, naturalmente, do reforço da sua função fiscalizadora;
b) Consagração de regras sobre direitos de personalidade no âmbito laboral;
c) Reconhecimento expresso e generalizado do direito ao ressarcimento de danos não patrimoniais;
d) Introdução de normas relativas ao regime do teletrabalho;
e) Fixação de regras aplicáveis ao trabalho a prestar no âmbito de grupos de sociedades;
f) Criação de regras que diferenciam o regime jurídico em função da dimensão da empresa – microempresa, pequena, média ou grande empresa –, em diferentes matérias;

g) Reitera-se a previsão de deveres em matéria de segurança, higiene e saúde no trabalho para os sujeitos laborais;

h) Introdução de um dever geral de formação, tendo presente que se trata de um interesse comum das partes;

i) Estabelecimento de um critério geral para a admissibilidade da contratação a termo;

j) Admissibilidade, por contrato de trabalho ou por instrumento de regulamentação coletiva de trabalho, de regimes de adaptabilidade limitada do tempo de trabalho;

l) Aumento, até um máximo de três dias úteis, do período mínimo de férias (vinte e dois dias úteis) em caso de inexistência de faltas ou de o trabalhador ter dado um número diminuto de faltas justificadas;

m) Estabelecimento de um regime especial de exceção de não cumprimento do contrato a invocar pelo trabalhador no caso de falta de pagamento da retribuição;

n) Previsão, relativamente aos créditos laborais do trabalhador emergentes do contrato de trabalho, da sua violação ou cessação, de um regime de responsabilidade solidária das sociedades em relação de domínio ou de grupo, bem como dos sócios que exercem uma influência dominante na sociedade ou que sejam gerentes, administradores ou diretores;

o) Reformulação do conceito de atividade a prestar pelo trabalhador;

p) Definição de princípios gerais em matéria de segurança, saúde e higiene no trabalho e consagração de um princípio geral sobre prevenção de acidentes de trabalho com a subsequente indicação de deveres a cargo do empregador e do trabalhador;

q) Possibilidade de suspensão preventiva do trabalhador sem perda de retribuição, trinta dias antes da notificação da nota de culpa, desde que o empregador, por escrito, justifique que, tendo em conta indícios de factos imputáveis ao trabalhador, a sua presença na empresa é prejudicial;

r) Previsão da possibilidade de, sendo invocada a ilicitude do despedimento por motivos formais, o empregador poder dar início a um novo procedimento disciplinar, por uma só vez, interrompendo-se os prazos para intentar tal procedimento;

s) Estabelecimento de molduras para a fixação, pelo tribunal, da indemnização devida em caso de despedimento ilícito;

t) Possibilidade de, em casos excecionais tipificados na lei (microempresas e trabalhadores que ocupem cargos de administração ou de direção), o empregador, que não tenha criado culposamente as necessárias condições para exercer esse direito, poder manifestar fundadamente a sua oposição à reintegração do trabalhador, cabendo a decisão exclusivamente ao tribunal, salvo nos casos de despedimento fundado em motivos políticos, ideológicos, étnicos ou religiosos, bem como de trabalhadora grávida, puérpera ou lactante;

u) Atribuição de personalidade jurídica às comissões de trabalhadores;

v) Simplificação das regras em matéria de sujeitos coletivos, nomeadamente, de constituição das associações sindicais;

x) Revitalização da contratação coletiva, nomeadamente através do estabelecimento da obrigação de as convenções coletivas regularem o respetivo âmbito temporal, e da previsão de um regime supletivo aplicável em matéria de sobrevigência e de denúncia, sempre que tal se não encontre regulado por convenção.

V. Do exposto, resulta que as modificações introduzidas pelo Código do Trabalho (de 2003) não são substanciais. Além de, maioritariamente, os institutos subsistirem, por via de regra, com poucas alterações, mantêm-se, em grande parte, as tradicionais características do direito do trabalho. O mesmo ocorre na versão de 2009 do Código do Trabalho como se verá na alínea seguinte (*d.3)*).

δ. Enquadramento dogmático da sistematização adotada

I. O Código do Trabalho encontra-se dividido em dois Livros: parte geral do direito do trabalho; responsabilidade penal e contraordenacional.

O Livro I refere-se à Parte Geral e é constituído por três Títulos: Fontes, Contrato de Trabalho e Direito Coletivo. Do Livro II constam as normas relativas à responsabilidade penal e contraordenacional decorrentes da violação das leis do trabalho. Este II Livro divide-se em dois Capítulos, Responsabilidade penal (arts. 607.º e ss. do CT2003) e Responsabilidade contraordenacional (arts. 614.º e ss. do CT2003), cada um dos quais subdividido em parte geral e regime especial.

II. Importa atender, em particular, à sistematização do Livro I, do qual consta a parte geral do direito do trabalho, aguardando-se a divulgação da parte especial – que, possivelmente, numa próxima revisão legislativa irá integrar o Código do Trabalho – respeitante a alguns dos contratos de trabalho, tipificados pelo seu uso mais frequente.

No Título I faz-se referência às fontes e a certos aspetos de aplicação do direito do trabalho, mormente a questões relacionadas com a sua aplicação no espaço, com particular relevo para as regras de destacamento internacional de trabalhadores (arts. 7.º a 9.º do CT2003).

O Título II, relativo ao contrato de trabalho, toma por base os sujeitos (trabalhador e empregador). Como se lê na exposição de motivos «O Código do Trabalho situa-se, pois, numa perspetiva personalista: as pessoas, em particular os trabalhadores, constituem o fundamento de todas as ponderações. Com efeito, o Código revela, independentemente da expressa consagração dos direitos da personalidade, uma preocupação em manter um equilíbrio entre as necessidades dos trabalhadores e dos empregadores, tendo presente que sem aqueles não é possível a existência destes, e sem estes aqueles não existiriam». A antiquada conceção do direito do trabalho como produto do conflito social está ultrapassada (não obstante serem ainda frequentes as reminiscências saudosistas de um passado que se quer presente) e deve, assim, ter-se em conta a interação das necessidades de trabalhadores e empregadores, ponderando os interesses em confronto. De facto, o direito do trabalho não é o «direito dos trabalhadores», mas um conjunto de regras que ponderam os interesses de trabalhadores e de empregadores. Por isso, como se escreve na exposição de motivos: «é importante reiterar que o Código revela-se particularmente atento aos valores das pessoas (trabalhadores e empregadores) no contexto atual das relações de trabalho, que já não correspondem às preocupações específicas da Questão Social surgidas na segunda metade do século XIX. O novo direito do trabalho assenta numa relação laboral com outro dinamismo que pressupõe regras adaptadas à nova realidade».

III. No Livro I, atendendo ao conteúdo dos Títulos II e III, verifica-se que o tratamento do regime do contrato de trabalho precede o do regime do designado direito coletivo.

A opção (precedência sistemática do regime do contrato de trabalho), para além de uma justificação de ordem didática, tem dois fundamentos. O direito do trabalho desenvolve-se e autonomiza-se do direito das obrigações tendo por base o contrato de trabalho. A intervenção coletiva no direito do trabalho só se pode compreender, em toda a sua amplitude, depois de consagrado o regime específico do contrato de trabalho; até porque pode haver contrato de trabalho sem direito coletivo, mas o inverso não é verdadeiro na medida em que o direito coletivo pressupõe a existência de contratos de trabalho.

IV. A sistematização do Título referente ao contrato de trabalho assenta num postulado de lógica jurídica, que se pode sintetizar nos seguintes vetores.

Primeiro, torna-se necessário identificar a figura (contrato de trabalho), indicando os elementos para a sua qualificação.

O regime do contrato de trabalho inicia-se com a referência aos sujeitos (trabalhador e empregador), sem os quais não se poderia celebrar o negócio jurídico (arts. 14.º e ss. do CT2003). Nesta secção, além de questões gerais relacionadas com os sujeitos (em particular o trabalhador), como a capacidade, direitos de personalidade e igualdade, regulam-se aspetos com maior relevância no domínio laboral, como a proteção da maternidade e dos menores (arts. 33.º e ss. e arts. 53.º e ss. do CT2003). Na mesma secção, e também como regimes particulares, alude-se a trabalhadores com capacidade de trabalho reduzida (arts. 71.º e ss. do CT2003), a trabalhadores estudantes (arts. 79.º e ss. do CT2003) e a trabalhadores estrangeiros (arts. 86.º e ss. do CT2003). A terminar, numa última subsecção, indicam-se regras particulares aplicáveis aos empregadores, nomeadamente em razão da dimensão da empresa ou de relações de grupo (arts. 91.º e ss. do CT2003).

Identificados os sujeitos, estabelecem-se regras quanto à formação do contrato (arts. 93.º e ss. do CT2003) e à sua invalidade (arts. 114.º e ss. do CT2003), assim como relativas ao objeto e ao conteúdo do contrato de trabalho (arts. 111.º e ss. e 119.º e ss. do CT2003). Trata-se da perspetiva estática da situação jurídica laboral. Com base nesta sistematização justifica-se que o regime do contrato a termo, anteriormente regulado nos arts. 41.º e ss. da LCCT como um modo de cessação do contrato de trabalho, surja tratado separadamente: como os aspetos essenciais do contrato a termo se relacionam com a formação do vínculo, mais propriamente com a inclusão de uma cláusula acessória (termo) no contrato de trabalho, o Código do Trabalho de 2003 regula esta matéria nos arts. 129.º e ss.[164].

Depois da visão estática, seguem-se os aspetos relacionados com a execução do contrato de trabalho (a perspetiva dinâmica), atendendo, em primeiro lugar, à prestação de trabalho. Relativamente à prestação de trabalho, há dois aspetos a ter em conta: a localização da tarefa e o tempo de trabalho,

[164] Cabe, assim, assinalar que as regras relativas ao contrato a termo se incluem em diferentes secções, consoante as respetivas previsões: nos arts. 129.º e ss. do CT2003, a propósito da formação, incluem-se as regras relativas à cláusula acessória *termo*, no art. 214.º do CT2003 fixam-se os dias de férias do trabalhador contratado a termo e nos arts. 388.º e 389.º do CT2003 estabelece-se o regime de caducidade do contrato a termo certo e a termo incerto.

regulados nas Secção II (Local de trabalho) e Secção III (Duração e organização do tempo de trabalho) do Capítulo II, respeitante à «Prestação do trabalho» (arts. 149.º e ss. do CT2003).

A contrapartida da atividade implica o pagamento de uma retribuição, a que se dedica o Capítulo III (Retribuição e outras atribuições patrimoniais), arts. 249.º e ss. do CT2003. Quanto à retribuição, além de considerações gerais em particular relacionadas com a respetiva delimitação, faz-se referência ao modo de cumprimento e a certas garantias de pagamento.

Ainda na execução do contrato de trabalho deve, com especial acuidade, atender-se à segurança no trabalho e aos acidentes de trabalho, a que se dedicam, respetivamente, os dois capítulos seguintes; Capítulo IV, «Segurança, higiene e saúde no trabalho» (arts. 272.º e ss. do CT2003) e Capítulos V e VI, respetivamente, «Acidentes de trabalho» (arts. 281.º e ss. do CT2003) e «Doenças profissionais» (arts. 309.º e ss. do CT2003).

Depois de qualificado o contrato, identificadas as partes, o objeto e o conteúdo e feita referência às prestações principais, procede-se à regulamentação das vicissitudes típicas da relação laboral, no Capítulo VI «Vicissitudes contratuais» (arts. 313.º e ss. do CT2003). Entre as vicissitudes, cabe destacar as mudanças de local de trabalho ou de atividade (arts. 313.º e ss. do CT2003), a transmissão de estabelecimento (arts. 318.º e ss. do CT2003), a cedência ocasional (arts. 322.º e ss. do CT2003) e situações de redução da atividade ou de suspensão do contrato (arts. 330.º e ss. do CT2003). Esta sequência lógica justifica que certos aspetos possam encontrar regulamentação em lugares distintos; assim, a atividade, tanto pode estar relacionada com o objeto contratado (perspetiva estática) – art. 111.º do CT2003 –, como com a prestação de trabalho ou as vicissitudes contratuais (perspetiva dinâmica) – arts. 149.º e ss. e arts. 313.º e ss. do CT2003).

Após o tratamento legal da normal execução do contrato, atende-se ao respetivo incumprimento, onde, depois da consagração de um princípio geral (art. 363.º do CT2003), não só se regula a poder disciplinar (arts. 365.º e ss. do CT2003), consequência de incorreto cumprimento de deveres por parte do trabalhador, como as garantias dos créditos laborais (arts. 377.º e ss. do CT2003), pretendendo minimizar o efeito do incumprimento pontual dessas prestações por parte do empregador.

O Título II termina com o fim do contrato, ou seja, estabelecendo o regime geral da cessação do vínculo laboral (arts. 382.º e ss. do CT2003). Neste Capítulo IX «Cessação do contrato», ao aglutinarem-se as diferentes formas de cessação do contrato, foram feitas algumas adaptações. Em primeiro lugar, atualizou-se a terminologia à evolução dogmática já verificada no direito civil, fazendo-se referência a quatro modalidades de cessação do contrato de trabalho: caducidade, revogação, resolução e denúncia (art. 384.º do CT2003). Por outro lado, distingue-se a cessação da iniciativa do empregador (despedimento, arts. 396.º e ss. do CT2003) daquela em que a iniciativa cabe ao trabalhador (arts. 441.º e ss. do CT2003). Na extinção do vínculo por iniciativa do empregador, distinguem-se os modos de cessação do procedimento necessário para se concretizar a extinção do contrato, fazendo-se, por fim, referência à ilicitude do despedimento (art. 429.º do CT2003).

V. O Título III (Direito coletivo) inicia-se com o tratamento dos sujeitos coletivos (comissões de trabalhadores, conselhos europeus de empresa, associações sindicais e associações de empregadores), num Capítulo intitulado «Estruturas de representação coletiva dos trabalhadores» (arts. 451.º e ss. do CT2003), a que se segue ou outro relativo às associações de empregadores (arts. 506.º e ss. do CT2003). Os sujeitos coletivos têm um papel essencial na adaptação e concretização do Direito do trabalho. O subtítulo em causa termina com o Capítulo III, sobre a participação dos sujeitos coletivos na elaboração da legislação do trabalho (arts. 524.º e ss. do CT2003).

O Subtítulo II respeita ao regime dos instrumentos de regulamentação coletiva de trabalho (arts. 531.º e ss. do CT2003), onde, depois de regras gerais (arts. 531.º e ss. do CT2003) e de normas sobre concorrência (arts. 535.º e ss. do CT2003), tendo por base a contraposição entre instrumentos negociais e não negociais, se distingue a convenção coletiva (arts. 539.º e ss. do CT2003), o acordo de adesão (art. 563.º do CT2003), a arbitragem (arts. 564.º e ss. do CT2003), o regulamento de extensão (arts. 573.º e ss. do CT2003) e o regulamento de condições mínimas (arts. 577.º e ss. do CT2003).

Por último, surge o Subtítulo III de onde constam as regras relativas aos conflitos coletivos de trabalho, tendo em conta a sua resolução (arts. 582.º e ss. do CT2003), e dando um particular relevo à greve (arts. 591.º e ss. do CT2003).

VI. O regime legal estabelecido pelo Código do Trabalho de 2003 encontra-se nalguns aspetos completado pela legislação complementar (Lei n.º 35/2004, de 29 de julho). A Legislação Especial do Código do Trabalho desenvolve os aspetos em que o Código do Trabalho remeteu para legislação complementar, como por exemplo o destacamento de trabalhadores (art.

7.º, n.º 2, e art. 8.º do CT2003). Esta legislação encontra-se sistematizada no seguimento estabelecido pelo Código do Trabalho, introduzindo tão-só um Capítulo inicial, de Disposições gerais, e um último Capítulo (XL), com disposições finais e transitórias, em que se incluem regras próprias.

d.3) Código do Trabalho revisto em 2009

α. Apresentação

I. Por via da Lei n.º 7/2009, de 12 de fevereiro, procedeu-se à revisão do Código do Trabalho. Tratou-se de uma revisão substancialmente pouco profunda, mas que formalmente (e, diria, inexplicavelmente) surgiu como um novo Código do Trabalho[165]. Neste ponto, a técnica legislativa foi a pior, contrariando as próprias diretrizes legislativas do Estado português. Acresce que a revisão foi feita de modo precipitado, não acautelando situações jurídicas inquestionáveis, como a previsão de contraordenações em matérias não revogadas, nem ponderando consequências de alterações e algumas das quais nem sequer foram anunciadas[166].

A revisão do Código do Trabalho era não só previsível como desejável. O art. 20.º da Lei n.º 99/2003 (diploma que aprovou o Código do Trabalho, revogado em 2009) prescrevia que o Código do Trabalho devia ser revisto no prazo de quatro anos a contar da data da sua entrada em vigor. Por outro lado, o Código do Trabalho continha alguns aspetos que careciam de revisão e da sua aplicação prática, mormente nos tribunais, resultava a necessidade de introduzir certos ajustamentos.

Mas as alterações introduzidas em 2009, com exceção de certos pormenores a que se aludirá em seguida, não acarretaram mudança substancial na relação jurídica de trabalho nem nas situações jurídicas direta ou indiretamente relacionadas com o trabalho.

II. As alterações não foram profundas, tratou-se de uma pequena modificação superficial do regime laboral; mas, não correspondendo a uma modi-

---

[165] Nos últimos anos foram introduzidas alterações substancialmente profundas, por exemplo, nos códigos penal e de processo penal, sem alteração formal do diploma. Já a recente alteração ao Código de Processo Civil (2013) seguiu o mesmo erro técnico de alterar a numeração dos preceitos. *Vd.*, quanto à violação de regras de legística, a menção constante das notas 170 ss. e a crítica enunciada sob o título «Apreciação».

[166] Para maiores desenvolvimentos, veja-se ROMANO MARTINEZ, «O Código do Trabalho Revisto», *O Direito*, 141 (2009), II, pp. 245 ss.

ficação substancial do regime vigente, apresentou-se (formalmente) como um novo Código do Trabalho. De facto, apesar de ser totalmente desnecessário e de constituir fonte de grande incerteza e de insegurança jurídica, tendo em conta aspetos formais, a revisão apresentou-se como um novo Código do Trabalho, com todas as consequências que daí resultam. Mas como a Lei n.º 7/2009 atende à revisão do Código do Trabalho – até para evitar maior insegurança jurídica – pode concluir-se que se trata, antes, do Código do Trabalho de 2003, revisto em 2009[167].

β. Principais alterações

I. Sem carácter exaustivo, indicam-se as alterações que podem parecer mais marcantes, não obstante se poder concluir que, muitas delas, não representam modificações substanciais do regime ou que constituem meros esclarecimentos de soluções. Não se faz alusão a alterações pontuais nem a grande parte das modificações, impercetíveis e não anunciadas, que só se vão detetando na aplicação do novo regime.

II. No que respeita à articulação das fontes, do art. 3.º do CT resulta (aparentemente) uma diferente pronunciação, determinando que em certas áreas subsiste o princípio do tratamento mais favorável. Contudo, a alteração acaba por ser pouco relevante, porque subsiste o princípio de a convenção coletiva poder estabelecer de modo diverso da lei, em sentido menos favorável para o trabalhador, indicando-se áreas em que tal faculdade é limitada. Ora, tendo em conta a interpretação que se fazia do art. 4.º do CT2003, a conclusão é a mesma. Dir-se-á que se introduziu um esclarecimento. De modo diverso, já poderá ter maior significado a alteração introduzida no art. 476.º do CT2009, ao eliminar a possibilidade de a convenção coletiva estabelecer regras que não possam ser afastadas por contrato de trabalho em sentido mais favorável ao trabalhador, reduzindo a autonomia coletiva constante do art. 531.º do CT2003.

Por outro lado, altera-se a terminologia. Os Regulamentos de Extensão e os Regulamentos de Condições Mínimas passam a designar-se por Portarias de Extensão e Portarias de Condições de Trabalho.

[167] Sobre a questão, veja-se Bravo Serra, «Um Código do Trabalho novo ou revisto? A visão do juiz sobre o problema», *QL* 33 (2009), pp. 1 ss. Como decorre da revisão de 2012, pode concluir-se que em 2009 ocorreu uma revisão – formalmente profunda – do Código do Trabalho de 2003.

III. Comparando com a noção tradicional de contrato de trabalho (art. 1152.º do Código Civil e art. 10.º do CT2003) verifica-se que no art. 11.º do CT2009 foram introduzidas duas alterações. Em primeiro lugar, esclarece-se (desnecessariamente) que o trabalhador é uma pessoa singular; por outro lado, a subordinação jurídica deixa de ser referenciada apenas pela autoridade e direção (do empregador), passando a ser enquadrada pela organização (empresarial). Apesar de, como se explicará depois, se poder continuar a atender à subordinação jurídica associada à autoridade e direção do empregador, alude-se a um elemento novo (organização), que pode alterar os parâmetros tradicionais. De facto, associado com a dependência económica, a organização pode constituir uma diretriz de para-subordinação.

IV. A presunção, constante do art. 12.º do CT2009, melhora relativamente à solução anterior (art. 12.º do CT2003), mas continua a não ser uma verdadeira presunção. Contudo, poderá ficar facilitada a tarefa de qualificação do contrato de trabalho em caso de dúvida, pois permite-se que a verificação de alguns indícios contratuais (teoricamente dois) possa ser suficiente para se entender que a relação jurídica em causa é um contrato de trabalho. É evidente que esta facilitação pode determinar a qualificação de um contrato como de trabalho apesar de faltarem os pressupostos básicos, nomeadamente por força da alínea a); acresce, ainda, que na alínea e) se confunde presunção com presumido.

V. Uma das alterações de especial relevo nesta revisão respeita às anteriormente apelidadas de licenças de maternidade e de paternidade. Além da alteração terminológica, passando a designar-se por licença parental, há um aumento da proteção dos progenitores, extensível nalguns casos a avós. O regime constante dos arts. 33.º e ss. do CT2009 só entrou em vigor com a publicação da correspondente legislação complementar; razão pela qual durante alguns meses se continuou a aplicar o regime de proteção da maternidade e da paternidade, previsto nos arts. 33.º e ss. do CT2003.

VI. No que respeita às modalidades de contrato de trabalho foram introduzidas algumas novidades e alterou-se o paradigma sistemático.

Começando pelo segundo aspeto, com a revisão, passou a entender-se que as alterações ao paradigma do contrato de trabalho de regime comum, resultantes de cláusulas contratuais, implicariam que se estaria perante uma modalidade diversa de contrato de trabalho. Assim, sendo aposta ao contrato de trabalho uma cláusula que fixa um termo, considera-se que será uma modalidade diferente de contrato de trabalho; o mesmo ocorre no caso de se acordar um contrato com redução do tempo de trabalho ou em comissão de serviço. Deste modo, em vez de se entender, como na versão de 2003, que, ao abrigo da autonomia contratual e dentro de certos limites, as partes podem incluir cláusulas por via das quais o contrato de trabalho ajustado se afasta do paradigma comum, passou a entender-se que a mesma autonomia privada determina que se ajustou uma diferente modalidade de contrato de trabalho. Trata-se de uma mera questão de enquadramento, que não altera, por si, as soluções concretas, pelo que o regime é coincidente.

Tendo em conta este novo enquadramento, como modalidades de contrato de trabalho encontramos: o contrato a termo (arts. 139.º e ss. do CT); o tempo parcial (arts. 150.º e ss. do CT); o trabalho intermitente (art. 157.º do CT); a comissão de serviço (arts. 161.º e ss. do CT); o teletrabalho (arts. 165.º e ss. do CT) e o trabalho temporário (arts. 172.º e ss. do CT).

Como novidades, importa alertar para a regra introduzida no regime do contrato a termo, nos termos da qual, sendo certo o termo, a relação não pode perdurar por mais de três anos e, sendo incerto o termo, passa a ter um limite de seis anos (art. 148.º do CT); prazos reduzidos, respetivamente, para dois e quatro anos na 15.ª alteração ao CT (2019). Ainda quanto ao contrato a termo, cabe realçar a diferente perspetiva quanto à limitação na sucessão de contratos (art. 143.º do CT) e a inclusão de uma situação simplificada de contrato a termo de muito curta duração, não superior a uma semana (art. 142.º do CT), também redefinida na alteração legislativa de 2019.

No regime do tempo parcial (art. 150.º do CT) põe-se termo à delimitação percentual, permitindo uma diferente forma de entendimento do que possa ser tempo parcial.

Surge como novidade a figura do trabalho intermitente (art. 157.º do CT), permitindo-se que o tempo de trabalho seja modulado com dias de atividade e dias de inatividade. É evidente que a solução já decorreria do regime de trabalho a tempo parcial no seu normal entendimento; contudo, prescrevem-se nesta variante certas especificidades, nomeadamente no que respeita ao pagamento de períodos de inatividade.

Os regimes da comissão de serviço e do teletrabalho mantêm-se inalterados.

Por fim, surge, como novidade, o trabalho temporário (art. 172.º do CT). Este regime não foi incluído na versão de 2003, constando de legislação especial (Lei n.º 19/2007, de 22 de maio). Expurgado das regras de cariz institucional e administrativo, mantém-se substancialmente o regime anterior, que passa, agora, a integrar o Código do Trabalho; ressalve-se que a citada lei subsistiu em vigor, particularmente no que respeita a aspetos institucionais das empresas de trabalho temporário, assim como de regras sobre segurança social, acidentes de trabalho e contraordenações até à entrada em vigor do Decreto-Lei n.º 260/2009, de 25 de setembro. Cabe realçar que o trabalho temporário abrange dois contratos, um de trabalho e outro de prestação de serviços, passando os dois a estar regulados como modalidades de contrato de trabalho.

VII. Ao tempo de trabalho e à sua adaptabilidade, como resulta do Livro Branco e da proposta do Governo, foi dado um especial enfoque nesta revisão.

Considerando que o regime de adaptabilidade constante da versão anterior (arts. 164.º e ss. do CT2003) era insuficiente, sem o pôr em causa, «criaram-se» três novas realidades: a adaptabilidade grupal[168] (arts. 204.º e 205.º do CT2009); o banco de horas (art. 208.º do CT2009) e o horário concentrado (art. 209.º do CT2009). Em qualquer destas hipóteses tem-se em vista que o período de trabalho diário seja aumentado até quatro horas, compensando-se este acréscimo com redução de tempo de trabalho em outros dias ou com pagamento em dinheiro (sem consubstanciar trabalho suplementar).

Diria que, com exceção de se admitir que a adaptabilidade ajustada em convenção coletiva se aplica a trabalhadores não filiados tendo em conta certa percentagem de trabalhadores abrangidos, as várias hipóteses já poderiam resultar do regime anterior; trata-se, contudo, de um esclarecimento e uma indicação concreta de mecanismos jurídicos que pode facilitar o recurso a estes modos de adaptabilidade.

VIII. Em matéria de cessação, não obstante as expectativas criadas aquando da revisão, pouco ou nada muda. Com exceção de aspetos procedimentais, que só entraram em vigor com as alterações ao Código de Processo do Trabalho, o regime da cessação do contrato de trabalho mantém-se inalterado. Pese embora as alterações, em matéria de cessação do contrato o regime é o mesmo. Poderia duvidar-se desta asserção atendendo às modalidades de cessação, previstas no art. 340.º do CT2009, comparando com o disposto no art. 384.º do CT2003. O novo elenco é muito mais extenso, mas corres-

[168] Não seria necessário recorrer a um termo novo – desconhecido em muitos dicionários – quando a ideia poderia ser melhor transmitida com recurso ao termo «coletivo», sendo, então, «adaptabilidade coletiva».

ponde a uma diferente técnica com as mesmas soluções; dito de outro modo, no preceito anterior identificavam-se as modalidades de cessação do vínculo (caducidade, revogação, resolução e denúncia) e agora indicam-se modalidades e modos de extinção do contrato de trabalho (caducidade, revogação, despedimento por facto imputável ao trabalhador, despedimento coletivo, despedimento por extinção do posto de trabalho, despedimento por inadaptação, resolução pelo trabalhador, denúncia pelo trabalhador). A técnica da indicação exaustiva, agora adotada, tem o inconveniente da incompletude; e o legislador esqueceu-se da denúncia pelo empregador, que, embora excecional, subsiste no Código do Trabalho.

As alterações respeitam a questões procedimentais e à impugnação do despedimento.

Tal como fora anunciado na exposição de motivos e decorria do texto do Livro Branco, houve uma preocupação em reduzir os procedimentos em matéria de despedimento, tendo em conta que as exigências procedimentais são demasiado penosas para as empresas e as diligências feitas não são tidas em conta nos tribunais.

Assim sendo, no despedimento com base em justa causa por facto imputável ao trabalhador, o procedimento disciplinar (arts. 352.º e ss. do CT) poderia ficar circunscrito à nota de culpa e resposta, sendo facultativa a instrução (art. 356.º do CT)[169]. Se o empregador não quisesse fazer a instrução do processo, com base na nota de culpa e na respetiva resposta poderia proferir a decisão fundamentada de despedimento.

Também no despedimento coletivo é amenizado o procedimento (art. 359.º do CT), encurtando os prazos. A ideia é idêntica com respeito ao procedimento em caso de despedimento por extinção do posto de trabalho e por inadaptação.

Em caso de ilicitude do despedimento alteram-se os prazos e o mecanismo de impugnação.

O prazo para impugnação do despedimento individual passa a ser de 60 dias (art. 387.º do CT2009), mantendo-se o prazo de seis meses para impugnação do despedimento coletivo (art. 388.º do CT2009). Recorde-se que no art. 435.º do CT2003 os prazos de impugnação do despedimento são, respetivamente, de um ano e de seis meses.

Nesta sequência, como o trabalhador tem um prazo reduzido para impugnar o despedimento, caberá ao empregador intentar a competente ação

[169] O art. 356.º, n.º 1, do CT2009 foi declarado inconstitucional pelo Ac. TC n.º 338/2010, de 22 de setembro de 2010.

na sequência de uma simples reclamação apresentada no tribunal pelo trabalhador (arts. 98.º-B e ss. do CPT). Por isso, nos arts. 387.º e 388.º do CT se distingue entre a licitude e a ilicitude do despedimento; no primeiro caso, incumbirá ao empregador provar (*probatio diabolica*) que despediu licitamente o trabalhador; na segunda hipótese (despedimento coletivo) cabe ao trabalhador demonstrar que foi ilicitamente despedido.

Resta referir que, sendo as irregularidades procedimentais menos relevantes, as falhas neste âmbito não determinam a ilicitude do despedimento, mas uma irregularidade sujeita ao pagamento de uma indemnização correspondente a 50% do valor devido em caso de ilicitude (art. 389.º, n.º 2, do CT).

IX. Mantendo o elenco já conhecido de sujeitos coletivos, procedeu-se à unificação do regime das associações sindicais e das associações de empregadores (arts. 440.º e ss. do CT). Assentando no pressuposto de que são ambas associações de direito privado e no seguimento do que já tinha sido iniciado no Código do Trabalho em 2003, não obstante a diversidade histórica e estrutural, num regime único, prescrevem-se soluções idênticas para os dois tipos de associações.

X. Em sede de instrumentos de regulamentação coletiva, além da alteração terminológica – substituindo regulamento por portaria –, permite-se que possa haver escolha de convenção coletiva por parte de trabalhadores não filiados no sindicato outorgante (art. 497.º do CT), mediante um pagamento à associação signatária (art. 492.º, n.º 4, do CT). Acresce que se admite, em casos limitados, a celebração de convenções coletivas por comissões de trabalhadores (art. 491.º, n.º 3, do CT), discutindo-se, porém, se as comissões de trabalhadores, em tal caso, apesar de celebrarem a convenção coletiva, são parte nesse instrumento.

Cabe ainda referir que, no âmbito da caducidade e sobrevigência, se prescreve um regime complexo, em articulação com a arbitragem (arts. 500.º e ss. do CT), que se tem de conjugar com o art. 10.º da lei de aprovação. As soluções não se afastam substancialmente do modelo delineado em 2003, com as limitações resultantes das alterações de 2006.

A terminar, importa aludir à criação de uma terceira via de arbitragem. Além da arbitragem voluntária e obrigatória, passa a existir igualmente uma arbitragem necessária (art. 510.º do CT).

γ. Apreciação

I. São várias as alterações com as quais se concorda no que respeita à solução adotada. Sem carácter exaustivo, pode aludir-se aos vários mecanismos de adaptabilidade quanto ao tempo de trabalho, p. ex., trabalho intermitente, banco de horas ou ao regime da reintegração. Quanto à reintegração do trabalhador ilicitamente despedido, em vez de se prescrever que é reintegrado no posto de trabalho (art. 436.º do CT2003), determina-se que a reintegração será no estabelecimento (art. 389.º do CT2009).

Parece, contudo, censurável a alteração sistemática operada nesta reforma. A sistematização do Código do Trabalho de 2003 podia ser criticada, mormente por assentar numa estrutura lógica em torno do contrato que não facilitava a consulta, determinando que certas matérias, com alguma unidade, estivessem reguladas em capítulos distintos (p. ex., local de trabalho). Com um intuito de simplificação, alterou-se a sistematização. É, contudo, duvidoso que esta nova sistematização permita uma mais fácil consulta da legislação laboral; de facto, pode questionar-se se a nova regulamentação passa a ser mais inteligível e mais acessível para um leigo. Dir-se-á que não, as dificuldades de compreensão dos regimes subsistem, não sendo viável que um trabalhador ou um empregador (não jurista) entenda a maior parte das soluções. Por outro lado, subsistem matérias reguladas em capítulos distintos; assim ocorre quanto ao poder disciplinar (arts. 98.º e 328.º ss. do CT), e encontram-se capítulos parcialmente amputados do seu objeto; p. ex., no capítulo dedicado às vicissitudes (arts. 285.º do CT) não estão reguladas várias das alterações subsequentes à formação do contrato, como a alteração do local de trabalho.

Não havendo vantagem na alteração sistemática – preconizada no Livro Branco –, pode concluir-se que esta modificação acarreta, como única consequência, uma acentuada insegurança jurídica. Cabe reiterar que em profundas alterações legislativas noutros diplomas, como no Código de Processo Civil, no Código dos Valores Mobiliários ou no Código das Sociedades Comerciais, não se alterou a respetiva sistematização, por muitas críticas de que a mesma possa ser alvo.

Na nota explicativa da lei – Exposição de Motivos – alude-se a «ajustamentos de carácter sistemático», mas a alteração supera largamente os ajustamentos, porquanto:

– altera a numeração dos artigos[170];

[170] A renumeração dos artigos do Código do Trabalho viola abertamente a diretriz do Conselho de Ministros n.º 64/2006, de 18 de Maio (alterada e republicada pela Resolução do

- deixa de integrar na codificação matérias que constavam do Código do Trabalho de 2003, como a segurança e saúde no trabalho e os acidentes de trabalho;
- incorpora regras de outros diplomas, como algumas que constavam da regulamentação do Código do Trabalho (Lei n.º 35/2004) e o regime do trabalho temporário;
- procede à dispersão de matérias por vários diplomas avulsos (de modo similar ao que existia antes da codificação de 2003):
  - trabalho no domicílio;
  - fundo de garantia salarial;
  - segurança, saúde e higiene no trabalho;
  - acidentes de trabalho e doenças profissionais;
  - conselhos de empresa europeus;
  - disciplina da arbitragem;
  - contratação coletiva;
  - conflitos coletivos.

Daqui se conclui que não se procedeu a um mero ajustamento sistemático – como indicado na exposição de motivos –, mas a uma alteração estrutural significativa, sem vantagens, com a consequente insegurança jurídica. A codificação de 2003 tinha vantagens, assinaladas inclusive no Livro Branco, mas com a revisão procedeu-se à descodificação do direito do trabalho, com óbvios inconvenientes no plano da segurança jurídica.

II. Além da crítica sistemática é também censurável a aplicação faseada do novo regime.

Ficaram a aplicar-se, durante um período possivelmente longo, dois códigos do trabalho (mais o outro código, designado Contrato de Trabalho em Funções Públicas, Lei n.º 59/2008, de 11 de setembro).

Na realidade, atendendo ao extensíssimo art. 12.º do diploma de aprovação (Lei n.º 7/2009), é revogado o Código do Trabalho de 2003[171], mas

---

Conselho de Ministros n.º 198/2008, de 30 de dezembro), art. 7.º, n.º 6, do Anexo II, onde se dispõe que, «para evitar renumerações de um diploma alterado», a identificação dos artigos deve ser feita mantendo a «utilização do mesmo número do artigo anterior, associado a uma letra maiúscula do alfabeto português», assim como o art. 10.º, n.º 8, do mesmo diploma, que prescreve: «Não deve alterar-se a numeração dos artigos de um acto normativo em virtude de revogações não substitutivas ou de aditamentos».

[171] A técnica legislativa é, no mínimo, estranha: a Lei n.º 7/2009 tem por título «Aprova a revisão do Código do Trabalho» e, depois, o art. 12.º, n.º 1, alínea a), da mesma lei, revoga a lei que aprovou o Código do Trabalho, sem revogar o Código do Trabalho publicado em anexo.

há artigos deste diploma que ficam indefinidamente em vigor (art. 6.º do CT2003), outros que não tinham chegado a entrar em vigor e que passam a produzir efeitos a partir de fevereiro de 2009 (arts. 281.º a 312.º do CT2003)[172] e, por último, muitos preceitos em que a revogação só produz efeitos após o surgimento de nova legislação (arts. 34.º a 43.º, 50.º, 272.º a 280.º, 344.º, 414.º, 418.º, 430.º, 435.º, 436.º, 438, 471.º a 473.º, 569.º, 570.º e 630.º a 640.º). A dificuldade é ainda maior porque são em número muito elevado os artigos da legislação especial do Código do Trabalho de 2003 (Lei n.º 35/2004) que continuaram em vigor, aguardando a publicação de nova legislação que os substituísse (*vd.* o extenso n.º 6 do art. 12.º do diploma de aprovação).

Em suma, aplicar simultaneamente três diplomas base – Código do Trabalho de 2003, Legislação complementar de 2004 e Código do Trabalho de 2009[173] – a que acrescem outros diplomas especiais tornou-se uma tarefa de enorme dificuldade para os destinatários das normas, mormente para os trabalhadores e as empresas. Daqui também resulta uma acrescida insegurança jurídica.

III. Com a revisão de 2009 do Código do Trabalho pretendia-se reduzir o diploma. Não estava em causa uma desregulação laboral nem sequer um afrouxamento do carácter prolixo das normas de Direito do trabalho. Na ânsia de reduzir o número de artigos do Código sem eliminar regras optou-se por dois mecanismos, claramente incorretos: em primeiro lugar, reuniram-se num mesmo artigo disposições que antes estavam dispersas por dois ou três (p. ex., art. 24.º do CT – igualdade –, art. 44.º do CT – parentalidade – ou art. 260.º do CT – retribuição), passando a existir vários artigos muito extensos, que facilmente ocupam uma ou duas páginas de texto; o segundo método foi o de eliminar matérias, remetendo-as para legislação avulsa (*v. g.*, segurança e saúde no trabalho, acidentes de trabalho ou conselhos de empresa europeus).

[172] Este lapso, apesar de não corresponder a uma correção em que é admitida a retificação nos termos do art. 5.º, n.º 1, da Lei n.º 74/98, surge retificado na Declaração de Retificação n.º 21/2009, de 18 de Março. Trata-se de mais uma ilegalidade a que esta revisão do Código do Trabalho fica associada.

[173] A que acresce o já citado regime do Contrato de Trabalho em Funções Públicas, que entrou em vigor a 1 de janeiro de 2009, revogado pela Lei n.º 35/2014, de 20 de Junho, que aprovou a Lei Geral do Trabalho em Funções Públicas.

Como resultado desta metodologia, além de o Código do Trabalho de 2009 ter pouco menos artigos do que na versão precedente, não raras vezes os artigos são muito extensos, dificultando a leitura e compreensão (*v. g.*, o art. 57.º do CT contém dez números, seis alíneas e três subalíneas)[174].

Regressa-se, assim, ao sistema anterior à codificação de 2003, em que a legislação de Direito do trabalho se encontrava dispersa por muitos diplomas, com soluções nem sempre conciliáveis e dificuldade de aplicação. Também esta solução, que descodifica o direito do trabalho, aponta para a insegurança jurídica[175].

IV. Sem atender a outros aspetos que serão analisados nos lugares próprios, a revogação condicional do art. 6.º do CT2003 é, no mínimo, estranha. Dispõe-se no art. 10.º, n.º 2 do diploma de aprovação que o citado art. 6.º «é revogado na medida em que seja aplicável o Regulamento CE/593/2008, do Parlamento Europeu e do Conselho, de 17 de junho, sobre a lei aplicável às obrigações contratuais (Roma I)». Transcreve-se o preceito pelo seu carácter desconcertante: revoga um artigo na medida em que seja aplicável um Regulamento; custa a acreditar. Poder-se-ia pensar que o teor do Regulamento não era conhecido, e daí a revogação ser condicional[176]. Mesmo assim, seria inaceitável, mas, na verdade, o teor do Regulamento é conhecido há muito e entrou em vigor no final de 2009. Por outro lado, o âmbito de aplicação do Regulamento é inferior ao do (condicionalmente) revogado art. 6.º do CT2003[177].

Em suma, trata-se da revogação condicional de um preceito – que já seria surpreendente – associada com o facto de, operada a condição, a revogação só poder ser parcial.

[174] É patente que o Código do Trabalho, após a revisão de 2009, tem menos 123 artigos do que na versão de 2003, mas atendendo aos novos «mega» artigos – fruto da reunião de vários artigos –, pode concluir-se que, regulando menos matérias (p. ex., acidentes de trabalho), o número de regras é idêntico.

[175] Quanto a outros aspetos passíveis de censura, veja-se Romano Martinez, «O Código do Trabalho Revisto», *O Direito*, 141 (2009), II, pp. 245 e ss.

[176] A figura da revogação condicional, estabelecida no art. 12.º, n.º 2, da lei de aprovação, implicará uma revisão dos estudos – nomeadamente manuais de introdução ao direito – até agora feitos sobre revogação da lei.

[177] A este propósito cabe recordar que o art. 5.º do Contrato de Trabalho em Funções Públicas (Lei n.º 59/2008), era igual ao art. 6.º do CT2003, prescrevendo-se, nesta sede, um regime de lei aplicável ao contrato de trabalho, que deixa de existir no regime laboral comum. Esta solução foi abandonada pela nova Lei n.º 35/2014, de 20 de Junho.

V. Sabendo que se procedeu a uma revisão do Código do Trabalho de 2003 – assim se afirma na exposição de motivos e no título da Lei n.º 7/2009 – não se compreende que tenham sido introduzidas múltiplas alterações de modo sub-reptício. Alterações de matérias que não foram identificadas no Livro Branco nem na exposição de motivos e que só se detetam numa comparação aturada do texto dos artigos nas duas versões do Código do Trabalho.

Encontram-se alterações sub-reptícias tanto nas alterações de redação, aparentemente motivadas por uma mudança de estilo, como na supressão de palavras ou de números de artigos.

Todas estas modificações, não anunciadas, além de se poder discutir da sua razoabilidade, implicam um acréscimo de insegurança jurídica, por dois motivos. Primeiro, porque os destinatários e os aplicadores das normas não se apercebem facilmente das modificações introduzidas; e, em segundo lugar, porque qualquer modificação linguística, por mais simples que seja, permite relançar uma nova discussão em torno da interpretação do preceito, aumentando a litigiosidade.

À insegurança jurídica acresce que tais alterações violam abertamente o art. 10.º, n.º 1, do Anexo II da Resolução do Conselho de Ministros n.º 64/2006, de 18 de maio[178], onde se prescreve que «As alterações, revogações, aditamentos e suspensões devem ser expressos, discriminando as disposições alteradas, revogadas, aditadas ou suspensas e respeitando a hierarquia das normas». Apesar de não ser explícito, é também esse o sentido do art. 6.º, n.º 1, da Lei n.º 74/98, de 11 de novembro[179], do qual se depreende que as alterações têm de ser identificadas. Em suma, o legislador procedeu à alteração de preceitos do Código do Trabalho em violação de normas que o próprio legislador estabeleceu no que respeita à sua conduta; mas parece que as leis da República não têm como destinatário o legislador.

De facto, quase todos os preceitos do Código do Trabalho de 2003 surgem na revisão de 2009 modificados, com redação diferente; há alterações de escrita em praticamente todos os artigos. Como se salientou, estas alterações não identificadas violam regras que o legislador definiu para a sua conduta legislativa, pois são fator de grande insegurança jurídica.

---

[178] Dir-se-ia que tem em vista só os atos normativos do Governo (ponto 2 do Preâmbulo), mas não será assim, porquanto no art. 3.º do mencionado Anexo II se indica que as diretrizes valem para os «actos normativos do Governo» e para «as propostas de lei a apresentar à Assembleia da República». A referida Resolução foi alterada e republicada pela Resolução do Conselho de Ministros n.º 198/2008, de 30 de dezembro, mantendo-se a solução tal como indicada no texto.

[179] Republicada pela Lei n.º 42/2007, de 24 de Agosto.

Além das alterações de redação, muitas das quais assentes em questões de estilo literário, nomeadamente a mudança de ordem de frases intercaladas, passa a haver epígrafes muito longas[180]. As epígrafes longas, algumas com duas linhas de texto, foram justificadas para evitar repetições[181]; contudo, as repetições existentes na versão de 2003, por exemplo «Noção», não violavam o preceito citado, pois encontravam-se em divisões sistemáticas distintas. Por outro lado, é preferível que num capítulo sobre «Contrato de trabalho», o primeiro artigo tenha por epígrafe tão-só «Noção» – como ocorria no art. 10.º do CT2003 – do que «Noção de contrato de trabalho» (art. 11.º do CT2009), repetindo na epígrafe do artigo o título da divisão. Também esta alteração se encontra, portanto, em violação de regras de legística.

Nestas alterações de redação importa ainda atender à frequente substituição do plural pelo singular. A obrigação de as regras serem concisas[182] leva a que o singular seja preferível ao plural, mas no Direito do trabalho não se pode esquecer a vertente coletiva e, por vezes, a passagem para singular determina uma alteração de sentido da norma; veja-se, por exemplo o caso do art. 347.º, n.º 1, do CT: a insolvência pode ser causa da cessação dos vários contratos de trabalho, sendo relevante o plural.

Quanto a aspetos formais, cabe reiterar a crítica já enunciada ao abuso de artigos muito extensos, com vários números e alíneas, que em nada facilitam a compreensão das regras.

Nestas alterações formais foram introduzidas sub-repticiamente várias modificações substanciais não esperadas nem discutidas[183].

d.4) Revisão de 2012-2016

I. A reforma do Código do Trabalho que se discutiu durante os primeiros meses de 2012, além das razões comuns que subjazem às reformas laborais

[180] Em violação da diretriz do Conselho de Ministros n.º 64/2006, de 18 de Maio (alterada e republicada pela Resolução do Conselho de Ministros n.º 198/2008, de 30 de dezembro), art. 9.º, n.º 1, do Anexo II, onde se dispõe que a epígrafe deve ser sintética.

[181] Pretendia-se cumprir o disposto no n.º 2 do art. 9.º do Anexo II da Resolução do Conselho de Ministros n.º 64/2006, de 18 de Maio (alterada e republicada pela Resolução do Conselho de Ministros n.º 198/2008, de 30 de dezembro), onde se lê: «É vedada a utilização de epígrafes idênticas em diferentes artigos ou divisões sistemáticas do mesmo acto».

[182] Cf. Art. 14.º, n.º 1, do Anexo II da Resolução do Conselho de Ministros n.º 64/2006, de 18 de Maio (alterada e republicada pela Resolução do Conselho de Ministros n.º 198/2008, de 30 de dezembro).

[183] Veja-se ROMANO MARTINEZ, «O Código do Trabalho Revisto», *O Direito*, 141 (2009), II, pp. 245 e ss.

dos últimos anos – p. ex., simplificação de regimes jurídicos, adaptação a novos circunstancialismos ou reequilíbrio da relação entre as partes tutelando o trabalhador – há um fator novo: o designado *Memorandum* de Entendimento, do qual constam regras concretas em sede laboral.

O Memorando de Entendimento sobre as Condicionalidades de Política Económica, de 17 de maio de 2011, estabelecia soluções concretas no que respeita a alterações a introduzir no Código do Trabalho, nomeadamente no que respeita ao despedimento por inadaptação. Este *Memorandum,* sem se justificar, agora, atender ao seu valor jurídico, vinculava o Governo português, impondo-se, neste âmbito, introduzir alterações jurídicas no âmbito laboral.

Nesta sequência, na Concertação Social chegou-se a um entendimento quanto às alterações a introduzir no Código do Trabalho, no denominado Compromisso para o Crescimento, Competitividade e Emprego, de 18 de janeiro de 2012.

Tendo por base estas condicionantes, o Governo apresentou na Assembleia a Proposta de Lei n.º 46/XII, que veio a dar origem à Lei n.º 23/2012, de 25 de junho. Na exposição de motivos constante desta Proposta de Lei, além das condicionantes indicadas no número anterior, cabe salientar alguns aspetos. Do n.º 2, ressalta que a alteração é feita no Código do Trabalho de 2003. Este diploma, como aí se afirma, foi alterado em 2006 e em 2009; sendo a presente revisão feita no mesmo diploma. Por outro lado, quanto a objetivos desta revisão indicam-se três: melhorar a legislação laboral; promover a flexibilidade interna das empresas e promover a contratação coletiva. Estes desideratos são conseguidos em observância dos princípios constitucionais e das diretivas comunitárias.

II. Tanto na Proposta de Lei n.º 46/XII como na Lei n.º 23/2012, que substancialmente recebeu as soluções constantes da proposta, podem identificar-se quatro alterações de regime a que acresce um quinto conjunto de alterações várias, que se indicam de forma exemplificativa. As alterações em concreto são mencionadas nos respetivos locais, bastando, agora, fazer tão-só menção a tais modificações[184].

---

[184] Para uma explicação deste novo regime, veja-se ROMANO MARTINEZ, «O Código do Trabalho e a reforma de 2012. Apreciação geral», *RDES* 2012, n.os 1 e 2, pp. 9 e ss., assim como os diversos estudos constantes desse n.º da *RDES*. Consulte-se igualmente JORGE LEITE, «A reforma laboral em Portugal», *Revista General de Derecho del Trabajo y de la Seguridad Social*, 34 (2013), pp. 1 ss. Mais recentemente, com foco na intervenção do Tribunal Constitucional,

Em primeiro lugar quanto à organização do tempo de trabalho, por via da flexibilidade do tempo de trabalho, da diminuição da retribuição do trabalho suplementar e pela alteração das regras sobre férias, feriados e faltas.

Em situações de crise empresarial, que se avolumam no momento atual de crise económica, são introduzidas medidas relativas à suspensão ou redução da laboração.

No seguimento do que se dispunha no *Memorandum*, quanto ao regime da cessação do contrato de trabalho foram introduzidas duas modificações no que respeita ao despedimento por motivos objetivos, concretamente no despedimento por extinção do posto de trabalho e no despedimento por inadaptação. Além disso, foram introduzidas modificações relativamente às compensações devidas em caso de cessação do contrato de trabalho fundada em causas objetivas.

Quanto aos instrumentos de regulamentação coletiva de trabalho foi implementada uma medida de descentralização, permitindo que numa convenção se preveja que, determinadas matérias, nomeadamente a mobilidade geográfica e funcional, a organização do tempo de trabalho assim como a retribuição, sejam reguladas por outra convenção. Prescreve-se ainda, na sequência do que há muito era reclamado pela prática, que as associações sindicais confiram a estruturas de representação coletiva dos trabalhadores (máxime comissões de trabalhadores) de empresas de grande dimensão – com pelo menos 150 trabalhadores – poderes para a celebração de convenções coletivas.

Além destas alterações, cabe atender ao regime transitório imposto em sede de convenções coletivas, constante do art. 7.º da Lei n.º 23/2012. Como decorre deste preceito, no que respeita à relação entre fontes, concretamente na relação entre lei (Código do Trabalho) e instrumentos de regulamentação coletiva, prescreve-se nalguns casos transitoriamente a imperatividade de certas soluções legais normalmente supletivas. Deste modo, algumas das alterações constantes da revisão de 2012, inseridas em regimes supletivos, passam a ser imperativas. Determina-se a nulidade das disposições de instrumentos de regulamentação coletiva de trabalho celebrados antes da entrada em vigor desta revisão legislativa que estabeleçam diferentes critérios de cálculo da compensação por cessação do contrato de trabalho ou sobre descanso compensatório; são reduzidas ao período legal as majorações de períodos de férias; e ficam suspensas por dois anos os acréscimos de pagamento do trabalho suplementar relativamente aos valores legais atuais. Este

consulte-se Guilherme Dray, O Direito do trabalho na jurisprudência constitucional da crise», *RDES* 2015, n.º 1-3, pp. 155 ss.

regime transitório de 2012 foi parcialmente revogado pela Lei n.º 48-A/2014, concretamente quanto a trabalho suplementar e majoração de férias, tendo-se mantidas suspensas até 31 de dezembro de 2014 cláusulas de convenções, anteriores a 2012, sobre acréscimos de trabalho suplementar.

Sem caráter exaustivo, pode ainda aludir-se a algumas alterações constantes da revisão de 2012 do Código do Trabalho. Há uma certa desburocratização no que respeita à intervenção da Autoridade para as Condições de Trabalho quanto à fiscalização das condições trabalho. Deixa de ser obrigatório o envio do regulamento de empresa, do mapa do horário de trabalho e do acordo de isenção de horário e há algum aligeiramento de comunicações a fazer pelas empresas à ACT. Com estas alterações pretende-se simplificar a legislação laboral, reduzindo a burocracia e os procedimentos administrativos. São modificados os prazos de celebração e de duração do contrato a termo de muito curta duração, passando de uma semana para quinze dias (e depois para 35 dias com a revisão de 2019). Passa a admitir-se, por instrumento de regulamentação coletiva, que o contrato de trabalho em regime de comissão de serviço se aplique a trabalhadores que desempenhem funções de chefia. Na sequência da declaração de inconstitucionalidade do art. 356.º, n.º 1, do CT (versão de 2009), que tornava facultativa a instrução do procedimento de despedimento, alterou-se o correspondente preceito, ajustando a regra ao tradicional regime de imperatividade da instrução do processo em que o empregador visa despedir o trabalhador.

III. Não só porque algumas das soluções constantes da Lei n.º 23/2012 foram declaradas inconstitucionais[185] como igualmente porque nem todas as medidas constantes do *Memorandum* foram implementadas nesta lei, são várias as alterações legislativas subsequentes.

Sem atender à Lei n.º 47/2012, que ajustou normas do Código do Trabalho no que respeita ao trabalho de menores, há que referir três tipos de alterações a este diploma: regime de compensação (art. 366.º do CT, Lei

[185] Ac. TC n.º 602/2013, de 24 de outubro. Repare-se que a declaração de inconstitucionalidade, com efeito retroativo, surge 14 meses depois da entrada em vigor da lei, com naturais consequências negativas quanto à segurança jurídica. Relativamente a esta decisão, veja-se Raquel Carvalho, «As questões constitucionais no Acórdão do Tribunal Constitucional n.º 602/3013», *QL* 42 (vinte anos de Questões Laborais), 2013, pp. 563 ss. e «Os efeitos da declaração de inconstitucionalidade proferida no Acórdão do Tribunal Constitucional n.º 602/2013 e o despedimento por extinção do posto de trabalho», *QL* 43 (2013), pp. 179 ss., assim como José João Abrantes, «Despedimento por inadaptação – A Lei n.º 23/2012 e o Acórdão do TC n.º 602/2013», *Estudos de Direito do Trabalho,* Lisboa, 2018, pp. 269 ss.

n.º 69/2013, complementada pelo regime do Fundo de compensação, Lei n.º 70/2013); ajustamentos no despedimento em função da declaração de inconstitucionalidade de 2013 (Lei n.º 27/2014); alterações em sede de relações coletivas mormente de caducidade de convenções coletivas (Leis n.º 48-A/2014 e n.º 55/2014).

Acresce ainda o regime excecional para o contrato a termo (Lei n.º 3/2012 e Lei n.º 76/2013) e a solução – algo estranha – de combate aos falsos recibos verdes constante da Lei n.º 63/2013.

Por fim, neste período (2012/2016) não pode deixar de se fazer menção ao surgimento de um novo regime de trabalho em funções públicas, muito similar ao regime laboral privado (Lei n.º 35/2014).

Tendo por base o disposto no *Memorandum* de entendimento, foram introduzidas as alterações legislativas dele constantes com exceção da introdução de um regime de arbitragem laboral[186]. Por outro lado, na medida em que o Código de Processo Civil foi amplamente revisto, tendo inclusive o legislador considerado que foi publicado um novo Código, falta fazer a adaptação com respeito ao Código do Processo do Trabalho.

Posteriormente, em 2015, com a Lei n.º 28/2015, de 14 de abril, introduziu-se a identidade de género como fator de discriminação. Depois, a Lei n.º 120/2015, de 1 de setembro, reforçou os direitos de maternidade e paternidade.

A Lei n.º 8/2016, de 1 de abril, reintroduziu como feriados obrigatórios os que a reforma de 2012 havia removido (Corpo de Deus, 5 de outubro, 1 de novembro e 1 de dezembro). Por fim, a Lei n.º 28/2016, de 23 de agosto, alterando o regime do trabalho temporário, criou casos especiais de responsabilidade pelos créditos do trabalhador temporário e encargos sociais com implicações em sede contraordenacional.

Mais recentemente, a Lei n.º 73/2017, de 16 de agosto, veio reforçar o quadro legislativo para a prevenção da prática de assédio, e a Lei n.º 14/2018, de 19 de março, introduziu alterações no regime de transmissão de empresa ou estabelecimento. Em 2019, destacam-se a 14.ª alteração ao Código do Trabalho, referente a medidas de reforço da proteção da parentalidade (Lei n.º 90/2019, de 4 de setembro), assim como a 15.ª alteração ao Código do Trabalho (Lei n.º 93/2019 de 4 de setembro), com múltiplas alterações pontuais, em que relevam as regras sobre trabalhador com deficiência, período

[186] Pode consultar-se um estudo solicitado pelo Governo para preparação do correspondente projeto legislativo em ROMANO MARTINEZ, «Mediação e arbitragem em direito laboral (estudo legislativo), *RDES* 2015, n.º 4, pp. 7 ss.

experimental, contrato a termo, trabalho temporário, tempo de trabalho, escolha e denúncia de CCT.

IV. Após as revisões de 2009, de 2012 e subsequentes – pese embora os propósitos do legislador –, o direito do trabalho contínua a ser prolixo e hermético. De facto, não só se pode afirmar que existe uma superabundância de normas laborais, como também que estas nem sempre são facilmente inteligíveis, mesmo em relação a intérpretes juristas. Pode, até, afirmar-se que, comparando com a legislação anterior ao Código, o frequente recurso a expressões técnicas no Código do Trabalho – embora mais precisas – dificulta a sua compreensão por parte de leigos.

Além de prolixo e hermético, o direito do trabalho é ainda muito rígido, com um forte pendor formalista e acentuada intervenção estadual. Apesar de o Código do Trabalho de 2003 ter atenuado algumas destas características, nomeadamente reduzindo a intervenção da então Inspecção-Geral do Trabalho (atual Autoridade para as Condições do Trabalho) na tomada de decisões empresariais ou conferindo ampla autonomia à contratação coletiva, subsistem múltiplas regras das quais se infere a rigidez e o formalismo do direito do trabalho. Exemplificando os três aspetos mencionados: a rigidez encontra-se por exemplo no que respeita a limitações à liberdade contratual no regime da duração e organização do tempo de trabalho (arts. 197.º e ss. do CT); o formalismo denota-se na exigência de forma escrita nomeadamente para o ajuste de várias modalidades de contrato de trabalho, de formalidades (art. 141.º do CT), de justificação de atos (art. 120.º, n.º 3, do CT) ou de procedimentos (art. 196.º ou arts. 353.º e ss. do CT); a intervenção estadual, além de referências esparsas (art. 119.º, n.º 1, do CT)[187], tem especial relevância em sede de direito coletivo, tanto na constituição de sujeitos coletivos (p. ex., art. 447.º do CT), como no ajuste de convenções coletivas (art. 490.º do CT), na emissão de instrumentos de regulamentação coletiva de trabalho (arts. 508.º e ss. do CT) e na resolução de conflitos coletivos (arts. 522.º e ss. do CT), em especial no caso de greve (arts 538.º e 541.º, n.º 3, do CT).

V. Não obstante as intervenções legislativas relacionadas com o direito do trabalho, em especial o Código do Trabalho, subsistem áreas sem regu-

[187] A intervenção estadual, num âmbito diverso, tem particular relevância no que respeita ao regime penal e de contraordenações laborais (arts. 546.º e ss. do CT).

lamentação, em especial as situações de trabalho atípico[188] e regimes de trabalho especial, designadamente a relação laboral que se estabelece com professores[189] e outras profissões em que predomina a autonomia técnica, assim como regimes especiais regulados noutros diplomas, ainda que de modo incipiente[190]/[191]. No fundo, o legislador, num pressuposto igualitário, atende pouco a especificidades de regimes, preconizando a uniformidade. Até porque o regime laboral assenta ainda na situação paradigmática do contrato de trabalho baseado no pressuposto de uma relação duradoura a tempo integral, em que o trabalhador inicia, ainda jovem, a atividade numa empresa e, depois de uma vida de dedicação, em que foi obtendo formação profissional derivada da prática, sendo sucessivamente promovido, sem mudar de empresa e de local de trabalho, termina a vida laboral com a reforma. Este modelo tradicional em que o legislador, em grande parte, se estriba, alterou-se substancialmente, facto que deveria ser ponderado; contudo, as alterações legislativas no âmbito laboral têm sempre uma grande resistência, muitas vezes fundada em motivos extra jurídicos.

Mas não se julgue, numa perspetiva positivista, que seria possível legislar exaustivamente e de modo correto todos os aspetos do direito do trabalho. A mutação social e os novos problemas que se colocam[192] só se coadunam

[188] Nas situações de trabalho atípico recorre-se com frequência, indevidamente, aos chamados «recibos verdes», mas importa distinguir estas hipóteses daquelas em que, por faltar a subordinação jurídica, não se podem qualificar como relação laboral, integrando a multiplicidade de contratos de prestação de serviço (*vd. infra* § 13.).

[189] Quanto aos docentes universitários, a intervenção legislativa foi prometida pelo art. 40.º, n.º 2, do Decreto-Lei n.º 271/89, de 19 de Agosto (hoje revogado) e no art. 24.º, n.º 1, do Decreto-Lei n.º 16/94, de 22 de janeiro, afirmava-se: «O regime de contratação de pessoal docente (...) consta de diploma próprio», que não existe. No mesmo sentido, o art. 53.º da Lei n.º 62/2007, de 10 de setembro, estatui que o "regime do pessoal docente e de investigação das instituições privadas é aprovado por decreto-lei". Sobre a especificidade do regime laboral dos docentes, que justifica a necessidade de estabelecer regras que se afastem dos princípios gerais, *vd.* ROMANO MARTINEZ, «O Regime Laboral dos Docentes. Alguns Problemas», *Educação e Direito*, n.º 2, 1999, pp. 41 ss. De facto, a autonomia científica e pedagógica na organização do ensino pode colocar em causa garantias dos trabalhadores e, em geral, regras laborais, em particular relacionadas com o tempo de trabalho, a ocupação efetiva e a retribuição (cf. autor e ob. cit., pp. 47 ss.).

[190] Por exemplo, trabalho ferroviário (*vd.* § 41).

[191] No que respeita a regimes especiais (§§ 33 e ss.) encontra-se por vezes uma regulamentação exaustiva, não incluída no Código do Trabalho de 2003, como o regime do trabalho temporário (Lei n.º 19/2007, de 22 de Maio, que revogou o Decreto-Lei n.º 39/96, de 31 de Agosto).

[192] Exemplificativamente, pode aludir-se aos problemas suscitados pela liberdade de opinião nas designadas empresas de tendência (política, religiosa, etc.), que se relaciona também

com o estabelecimento de princípios gerais, que deverão ser tidos em conta na solução dos casos concretos.

VI. A flexibilidade, assente em bases neoliberais, tem, nos últimos anos, preconizado a liberalização do período normal de trabalho, da contratação temporária de trabalhadores, da mobilidade geográfica e funcional da mão-de-obra – a chamada polivalência profissional –, etc., porque tais limites sacrificam os desempregados e os jovens à procura do primeiro emprego, só beneficiando, de forma ilusória e temporária, os que têm emprego, pondo em risco a sobrevivência das empresas, pretendendo-se obstar a uma proteção rígida e pouco razoável dos trabalhadores. Em suma, a designada flexibilidade tem em vista contrariar uma orientação excessivamente garantística da legislação laboral[193], mas o problema tem de ser apreciado numa perspe-

---

com o despedimento baseado em causas externas à relação laboral. Sobre estas questões, em particular quanto à liberdade de opinião e empresas de tendência, *vd.* Georges Dole, *La Libert' D'Opinion et de Conscience en Droit Comparé du Travail*, I, Paris, 1997. Veja-se também Diogo Coelho/José Miguel Vitorino, «Dos direitos fundamentais da vida privada do trabalhador e da sua tendencial limitação nas organizações de tendência», *QL* 49 (2016), pp. 49 ss.; Dias Coimbra" «"Empresas" de Tendência e Trabalho Dependente», *RDES*, 1989, pp. 197 ss.; Júlio Gomes, *Direito do Trabalho*, cit., pp. 235 e ss.; Susana Sousa Machado, «Reflexões iniciais sobre liberdade religiosa e direito do trabalho», *QL* 39 (2012), pp. 79 ss.; Molina Navarrete, *Empresas de Comunicación y "Clausula de Conciencia" de los Periodistas*, Granada, 2000; Raquel Tavares dos Reis, *Liberdade de consciência e Contrato de Trabalho do Trabalhador de Tendência. Que Equilíbrio do ponto de vista das Relações Individuais de Trabalho*, Coimbra, 2004; Santoni, *Le Organizzazioni di Tendenza e i Rapporti di Lavoro*, Milão, 1983.

Quanto ao regime laboral especial de trabalhadores contratados por partidos políticos, veja-se o Decreto-Lei n.º 595/74, 7 de novembro (art. 6.º, n.º 2), revogado pela Lei Orgânica n.º 2/2003, de 22 de Agosto (art. 39.º, n.º 2).

[193] Cf. Nunes de Carvalho, «A Flexibilidade do Direito do trabalho Português», *Seminário "Flexibilidade e Relações de Trabalho"*, Lisboa, 1998, pp. 73 s. e «Ainda sobre a Crise do Direito do Trabalho», *in II Congresso Nacional de Direito do Trabalho. Memórias*, Coimbra, 1999, pp. 49 ss. Sobre as várias medidas de flexibilização introduzidas em Portugal, veja-se Nunes de Carvalho, «A Flexibilidade do Direito do Trabalho Português», cit., pp. 79 ss.

Em crítica a estas tomadas de posição, *vd.* Jorge Leite, «Direito do Trabalho na Crise», *Temas de Direito do Trabalho*, Coimbra, 1990, pp. 25 ss.

Sobre a flexibilidade no mercado de trabalho, *vd.* o Relatório Dahrendorf, *RDES* XXX (1988), n.º 1, pp. 113 ss. Veja-se também José João Abrantes, «As Actuais Encruzilhadas...», cit., pp. 33 ss.; Nunes de Carvalho, «A Flexibilidade do Direito do Trabalho Português», cit., pp. 67 ss.; Abel Sequeira Ferreira, *Grupos de Empresas e Direito do Trabalho*, Dissertação de Mestrado, Lisboa, 1997, pp. 19 ss.; Lupi/Ravaioli, *Il Lavoro Flessibile. Tutti gli Strumenti Legali per Superare a "Rigidità" nel Rapporto di Lavoro*, Milão, 1997; Furtado Martins, «O Acordo Económico e Social e a Evolução do Direito do trabalho Português», *Os Acordos de Concertação*

tiva mais ampla, relacionando as repercussões sociais e económicas derivadas dos diferentes modelos de contrato de trabalho[194]. Recentemente, na mesma senda mas com ideias pouco definidas, tem-se aludido a uma designada «flexigurança», nos termos da qual, como contrapartida da flexibilidade, no sentido de uma menor estabilidade no contrato de trabalho, haveria um reforço da tutela de garantia do desemprego; ou seja, admitindo uma redução de medidas de tutela do trabalhador no âmbito do contrato de trabalho, ser-lhe-ia assegurada uma tutela no desemprego, de molde a conseguir uma rápida inserção noutra estrutura, máxime com outro contrato de trabalho.

Todavia, parece óbvio que a garantia de estabilidade do vínculo laboral não deve pôr em causa o direito ao emprego[195], mas a menor estabilidade da relação contratual dificilmente não poderá ser custeada pela segurança social. Por outro, importa não confundir, apesar de a distinção nem sempre ser fácil, a alteração das regras de segurança no contrato de trabalho, estritamente técnico-jurídicas, das medidas políticas de combate ao desemprego e de criação de novos postos de trabalho, que extravasam o plano jurídico-laboral.

VII. Refira-se, ainda, a crise nas relações coletivas, que tem fundamentos variados, pode pôr em causa o relevante papel dos instrumentos de regulamentação coletiva; por outro lado, a reduzida taxa de sindicalização e a

Social em Portugal – Estudos, I, 1993, pp. 138 ss. e 147 ss.; Mascaro Nascimento, *Curso de Direito do Trabalho*, cit., pp. 106 ss., em especial pp. 113 ss.; Rosário Palma Ramalho, *Da Autonomia Dogmática*, cit., pp. 533 ss. e 630 ss.; Bernardo Xavier, «Direito do Trabalho na Crise», *Temas Laborais*, Coimbra, 1990, pp. 107 ss., 118 ss. e 124 ss.

Quanto à estabilidade e promoção do emprego, *vd.* conferências de Montoya Melgar, Mesquita Barros Jr. e Jorge Leite, *Anais das I Jornadas Luso-Hispano-Brasileiras de Direito do Trabalho*, Lisboa, 1982, pp. 27 ss. Sobre os problemas do emprego, *vd.* o Relatório do BIT (Secretariado Internacional do Trabalho), intitulado *O Emprego no Mundo 1995*, editado em Lisboa, no ano de 1996, no qual, depois de considerações gerais (1.ª Parte), se estuda os problemas do emprego nos países em vias de desenvolvimento (2.ª Parte), nas economias da Europa de Leste (3.ª Parte) e nos países industrializados (4.ª Parte), terminando com considerações sobre a possibilidade de redução do desemprego global (5.ª Parte).

[194] Para uma análise económica do contrato de trabalho, com especiais referências ao capital humano e à assimetria informativa, assim como ao mercado de trabalho, veja-se Fernando Araújo, «A Análise Económica do Contrato de Trabalho», *Estudos do Instituto de Direito do Trabalho*, I Vol., Coimbra, 2001, pp. 189 ss.

[195] *Vd.* Ichino, *Il Contratto di Lavoro*, cit., pp. 30 s., que, relativamente a França, fala na passagem do *droit du travail* para o *droit de lémploi*, tendência que é mais nítida na Grã-Bretanha, onde a política de trabalho não apoia a segurança no posto de trabalho, mas a garantia de *employability*.

dificuldade de introduzir um regime de representatividade sindical (à imagem do que ocorre em países como Espanha e França), cuja implementação já tem sido questionada por via da regra da liberdade sindical (art. 55.º da CRP) e o princípio de igualdade entre associações sindicais que lhe está subjacente, limitam de modo considerável a aplicação das convenções coletivas de trabalho. A isto acresce uma relativa inércia que dificulta a revisão substancial de muitos instrumentos de regulamentação coletiva de trabalho, que vigoram quase inalterados há várias décadas.

Bibliografia:

José João Abrantes, «As Actuais Encruzilhadas do Direito do Trabalho», *Direito do Trabalho. Ensaios*, Lisboa, 1995, pp. 32 a 35; Menezes Cordeiro, *Direito do Trabalho*, I, cit., pp. 130 a 139 e *Direito do Trabalho*, II, cit., pp. 92 a 94; Monteiro Fernandes, *Direito do Trabalho*, cit., pp. 55 ss. e «A Evolução das Relações de Trabalho desde 1974: Algumas Tendências Gerais», *Temas Laborais*, Coimbra, 1984, pp. 9 a 21; Menezes Leitão, *Direito do Trabalho*, cit., pp. 55 e ss.; Jorge Leite, «Direito do Trabalho na Crise», *Temas de Direito do Trabalho*, Coimbra, 1990, pp. 21 a 49; Romano Martinez, «Considerações Gerais sobre o Código do Trabalho», *RDES*, Ano XLIV (2003), n.os 1 e 2, pp. 5 a 28, e «O Código do Trabalho Revisto», *O Direito*, 141 (2009), II, pp. 245 e ss.; Furtado Martins, «O Acordo Económico e Social e a Evolução do Direito do Trabalho Português», *Os Acordos de Concertação Social em Portugal – Estudos*, I, 1993, pp. 138 a 141 e 147 a 153; Mário Pinto, *Direito do Trabalho*, cit., pp. 55 a 60; Rosário Palma Ramalho, *Tratado de Direito do Trabalho*, I, cit., pp. 99 e ss. e «O olhar do Tribunal Constitucional sobre a reforma laboral», *Para Jorge Leite. Escritos Jurídico-Laborais*, I, Coimbra, 2014, pp. 757 ss.; Bernardo Xavier, «O Direito do Trabalho na Crise», *Temas de Direito do Trabalho*, Coimbra, 1990, pp. 101 a 138; Bernardo Xavier/Furtado Martins/Nunes de Carvalho/Joana Vasconcelos/Tatiana Guerra de Almeida, *Manual*, cit., pp. 50 e ss.

6. Análise comparativa da recente revisão laboral em países da União Europeia

I. Apesar de se ter tornado usual afirmar que o direito do trabalho se encontra em crise, carecendo de uma revisão, que tem justificado as frequentes alterações legislativas em Portugal, mencionadas no número precedente, também noutros espaços jurídicos, com destaque para a crise petrolífera dos anos 70 do século passado, se iniciaram sucessivas reformas na legislação laboral.

Contudo, a recente crise do final da primeira década deste século, reacendendo o ímpeto reformista no plano laboral, acentuou o impacto de tais reformas. Sem carácter exaustivo, importa mostrar que, principalmente nos países latinos europeus, as alterações legislativas em sede laboral seguiram um paradigma comum de desregulação legal a dois níveis: por um lado reforçando o papel da autonomia coletiva; por outro flexibilizando várias soluções no âmbito da relação individual de trabalho[196].

II. O caso alemão

No sistema jurídico alemão, manteve-se a regulamentação do contrato de trabalho no Código Civil (BGB §§ 611 ss.), tendo o legislador, em diferentes diplomas, estabelecido vários regimes especiais de tutela do trabalhador – com relevo para a *Kündigungsschutzgezetz* (1969). Associado com este regime relativamente flexível e complementando-o há uma tradição de realçar o papel da contratação coletiva e da intervenção ativa dos trabalhadores nas empresas, definindo muitas das regras juslaborais.

O papel da contratação coletiva foi aquilatado com a Reforma de 2002 (Lei Hartz), onde se deu especial ênfase à remissão para a negociação empresarial. Com a Lei da negociação coletiva (*Tarifautonomiestärkungsgesetz*) de 11 de agosto de 2014, além de outros aspetos de particular relevo, na sequência desta tradição, parte substancial das regras jurídicas laborais decorrem do acordo no seio de cada empresa[197]. A flexibilização do direito do trabalho alemão resulta essencialmente deste peso da negociação coletiva, que pode alterar, em cada empresa, as soluções legais.

---

[196] Sobre as várias reformas laborais, *vd.* AAVV, *Crisi económica e riforme del lavoro in Francia, Germania, Italia e Spagna*, ADAPT, Labour Studies (e-Book), n. 34, 2014, assim como *Les reformes des marchés du travail en Europe (Allemagne, Autriche, Danemark, Espagne, Irlande, Italie, Pays-Bas, Portugal, Royaume-Uni, Suéde)* do Conseil d'Orientation pour l'Emploi, Tomos I e II, 2015.

[197] A referida Lei de 11 de agosto de 2014, além de alterações em sede de negociação coletiva, também estabeleceu o regime de retribuição mínima (8,5 € por hora), alterou regras processuais, estabeleceu medidas de combate a formas ilegais de trabalho e modificações no regime de trabalho temporário. Quanto à retribuição mínima, com especial impacto no regime laboral, até pela contrapartida em que assenta, veja-se o estudo de MARTÍNEZ GIRÓN, «La nueva ley alemana reguladora del salario mínimo general. Comentario, estudio contextualizador y traducción castellana», *Revista General de Derecho del Trabajo y de la Seguridad Social 41 (2015)*, pp. 1 ss., no qual, além de uma apreciação do diploma, incluiu a sua tradução.

III. Reformas em França

Ainda que se possa apontar a França como o primeiro caso de codificação do direito do trabalho, o *Code du Travail* não corresponde ao sentido técnico de «Código». Tendo surgido no início do século passado (1910-1927), foi amplamente reformulado em 1973 e depois tem estado sujeito às múltiplas reformas, mormente as decorrentes da crise económica deste século, a começar pelas reformas de 2007/2008. Na sequência destas últimas reformas, iniciando-se com a simplificação de 2004, passando pelas reformas da crise, chegou-se ao designado *Code du Travail* (refundado) de 2016. Trata-se de uma compilação de várias leis laborais, que não se encontram todas numa sequência numérica, estando dividido por livros, com uma numeração assente em letras, números e sub-números, pouco comum na orgânica legislativa. O regime laboral francês, com estas últimas reformas, entre outros aspetos, flexibilizou o tempo de trabalho que, em determinados casos, pode ser fixado à margem da contratação coletiva, reduziu o pagamento do trabalho suplementar e facilitou o despedimento por motivos económicos. Mas a reforma mais contestada consta da Lei n.º 2016-1088, de 8 de agosto de 2016, em cuja justificação se aponta para a flexibilização que se havia iniciado nas reformas anteriores; sendo interessante referir que na explicação desta reforma, o governo francês justificou que foi esse o sentido de recentes reformas em países vizinhos, com destaque para Espanha e Itália. Refira-se que, como nos outros casos, a reforma era especialmente justificada como modo de reduzir o desemprego (em especial de jovens) e permitir a adaptação das empresas às vicissitudes económicas.

A reforma de 2016, na sequência do que decorre da flexibilização mencionada e já iniciada no princípio deste século, implementou a contratação coletiva, dando-lhe maior relevo, em especial no que concerne à derrogação do regime legal.

IV. Reformas em Espanha

Em Espanha, tal como em Portugal, pode dizer-se que nos últimos quarenta anos vive-se em permanente estado de reforma da legislação laboral. Apesar de continuar em vigor um diploma designado *Estatuto de los Trabajadores*, importa indicar que o referido Estatuto de 1980 foi revogado e substituído pelo *Estatuto de los Trabajadores* de 1995, por sua vez, revogado e substituído pelo atual de 2015. Desde 1980, o *Estatuto de los Trabajadores* (em duas versões) foi revisto mais de sessenta vezes, até ser refundido no (novo) *Estatuto de los Trabajadores* de 2015. O referido Estatuto é, ainda, completado por legislação avulsa que também tem sido amplamente reformulada. As reformas têm sido presididas por desideratos comuns: combate ao desemprego, melhoria da qualidade de trabalho adaptação à nova realidade do mercado[198].

Têm especial relevo, até pela similitude com as alterações ocorridas em Portugal, as Reformas de 2010/2012 (Lei 35/2010, Real Decreto 7/2011, Real Decreto 3/2012 e Lei 3/2012), onde se prevê a flexibilização quanto ao tempo e ao modo de prestar trabalho e se admite explicitamente o despedimento pago, principalmente nas pequenas empresas, com redução dos valores indemnizatórios em caso de despedimento motivado. Quanto ao primeiro aspeto, explica-se que a designada flexibilidade interna, no seio de cada empresa, aumenta a competitividade, com ganhos de empregabilidade. Nesta senda, permite-se a não aplicação de soluções decorrentes de contratação coletiva no caso de a empresa enfrentar dificuldades económicas. A alteração de 2012 (Lei 3/2012), talvez a mais profunda no sistema, foi alvo de apreciação da sua constitucionalidade, tendo o Tribunal Constitucional entendido que não violava a Constituição[199].

Com estas alterações, que no entendimento do Tribunal Constitucional não violam a Constituição, chegou-se ao *Estatuto de los Trabajadores* (refundido) de 2015 (Real Decreto Legislativo 2/2015, de 23 de outubro).

V. Reformas em Itália

Em Itália, tal como na Alemanha, o contrato de trabalho continua regulado no Código Civil (Livro V, arts. 2082 ss., sem descurar regras gerais, até de contratação coletiva, nos arts. 2060 ss.). A este regime acresce o disposto no *Statuto dei Lavoratori*, de 1970, alterado múltiplas vezes, além de diversas

---

[198] Sobre as reformas em Espanha, veja-se CALVO GALLEGO/RODRÍGUEZ-PIÑERO, «Las reformas laborales como instrumento de política económica y su impacto sobre el dialogo social en España. A propósito del reciente informe de la OIT "España crecimiento com empleo"», *Revista Internacional y Comparada de Relaciones Laborales y Derecho del Empleo*, 2014, pp. 1 ss.; SAYÃO ROMITA, «A reforma trabalhista espanhola de 2010», *Revista Brasileira de Direito Comparado*, n.º 44/45 (2013), pp. 13 ss.

[199] Sentença 119/2014, de 16 de julho (*Boletín Oficial del Estado*, 15 de agosto de 2014). Este acórdão teve um voto contra, muito divulgado, do juiz Valdés Dal-Ré, professor de direito do trabalho. O referido magistrado, pese embora continuasse a ser juiz do Tribunal Constitucional, fez questão de publicitar que a posição maioritária deste tribunal estava errada (cf. VALDÉS DAL-RÉ/SANTIAGO REDONDO, «La jurisprudencia del Tribunal Constitucional sobre la reforma laboral»). Há quem siga a máxima que tem sempre razão e nunca se engana, mas as recentes estatísticas mostram uma redução muito significativa do desemprego em Espanha, verificando-se neste país o maior crescimento económico da zona euro.

leis avulsas. O regime laboral italiano tem, neste século, sido objeto de várias reformas, a começar em 2001 pela reforma Biagi, do professor Marco Biagi.

Desde 2011, com os governos Berlusconi, Monti e Letta, foram sendo introduzidas diversas alterações na legislação laboral tendo em vista especialmente a flexibilização do tempo e do modo de prestar trabalho. Por seu turno, a Lei de 28 de julho de 2012 permitiu uma significativa flexibilização do despedimento, justificada pela crise económica, mas a que poderiam recorrer empresas independentemente da situação económica em que se encontrassem, particularmente sendo pequenas empresas.

Com a Lei 10 de dezembro de 2014, conhecida pela *Jobs Act* (governo Renzi), introduziu-se o novo modelo de contrato de trabalho, flexibilizando o despedimento por motivos económicos e promovendo-se a redução do custo do trabalho. A referida *Jobs Act* promove o contrato de trabalho sem termo, permitindo a cessação assente numa indemnização pré-determinada, valor que foi reduzido para as pequenas empresas pelo Decreto-Lei 23/2015.

Associado com a flexibilização do regime laboral, introduziu-se a regra da admissibilidade de a contratação coletiva derrogar *in peius* o regime legal, ainda que prescrevendo solução menos favorável ao trabalhador, tendo por justificativo a designada «negociação de proximidade» (Lei 148/2011).

Capítulo II
Situação jurídica laboral

§ 5. SUJEITOS

1. Questões prévias

Evita-se a terminologia relação jurídica, para se utilizar outra com um alcance mais amplo. Não se quer com isto dizer que no direito do trabalho não haja várias relações jurídicas; estas existem: trabalhador *versus* empregador, associações sindicais *versus* organizações patronais. Todavia, a expressão «situação jurídica» abrange, não só estas relações jurídicas que se estabelecem no âmbito do direito do trabalho, bem como outras realidades dificilmente reconduzíveis ao conceito de relação jurídica.

Os sujeitos da situação jurídica laboral são aqueles a quem se podem imputar normas de direito do trabalho, ou seja, os titulares de situações que tais normas pretendem regular. De entre os sujeitos do direito do trabalho há que distinguir dois níveis: a relação individual de trabalho e a relação coletiva de trabalho.

Na relação individual de trabalho, a identificação dos sujeitos não levanta grandes problemas, pois, atendendo ao regime geral dos contratos, estudado em direito das obrigações, importa ter em conta duas partes: por um lado, o trabalhador e, por outro, o empregador[200].

[200] Assentando igualmente na explicação das questões laborais com base na contraposição entre a situação jurídica do trabalhador subordinado e do empregador, cf. ROSÁRIO PALMA

Os sujeitos no contrato de trabalho podem ser pessoas singulares; a dúvida reside em saber se às pessoas coletivas é facultada a possibilidade de serem partes no contrato de trabalho. O problema não se coloca com respeito ao empregador, que, evidentemente, pode ser uma pessoa coletiva, mas tão-só quanto ao trabalhador, que deverá ser uma pessoa singular. Para além disso, há ainda que discutir as questões relativas às situações em que a posição do empregador é assumida por um grupo empresarial.

Na relação coletiva de trabalho, os sujeitos são as associações sindicais e as associações de empregadores. Ambas têm capacidade jurídica, podendo, para além de outras atribuições, negociar convenções coletivas de trabalho. Em certos casos, os próprios empregadores podem, por si só, negociar uma convenção coletiva de trabalho; tal faculdade não é conferida aos trabalhadores, pois só as associações sindicais têm capacidade jurídica neste âmbito.

Entre os sujeitos das relações coletivas de trabalho há também a aludir às comissões de trabalhadores, que, em nome dos trabalhadores de uma determinada empresa, têm determinadas funções representativas junto do respetivo empregador, e, hoje, é indiscutível que as comissões de trabalhadores têm personalidade jurídica. Por fim, ainda neste âmbito, mencione-se igualmente os conselhos europeus de empresa.

2. Trabalhador

a) Determinação

I. O trabalhador é aquele que presta, de forma livre, uma atividade produtiva para outrem, estando subordinado a este último na realização dessa prestação. No contrato de trabalho, apresenta-se como devedor da atividade e credor da retribuição; dito de outro modo, o trabalhador é o sujeito passivo na parte que respeita à sobredita atividade, e sujeito ativo no que toca ao pagamento da retribuição[201].

Tendo por base o art. 11.º do CT, conclui-se que o trabalhador será aquele que presta uma atividade a outra pessoa (ou outras pessoas), sob a autori-

---

RAMALHO, *Da Autonomia Dogmática do Direito do Trabalho*, cit., pp. 119 ss. e SÁ E MELLO, «Situação Jurídica Laboral: Notas para a Definição de um Paradigma», *Trabalho e Relações Laborais*, Lisboa, 2001, pp. 9 ss.

[201] ORLANDO GOMES/ELSON GOTTSCHALK, *Curso de Direito do Trabalho*, cit., p. 69, afirmam que o trabalhador (que designam por empregado) é o destinatário das normas protetoras do direito do trabalho.

dade e direção desta[202]. Desta noção juslaboral de trabalhador excluem-se os trabalhadores autónomos (podendo haver equiparação – art. 13.º do CT) e, em razão do vínculo, os trabalhadores em funções públicas, normalmente designados por funcionários[203].

II. Em termos juslaboralistas, a expressão «trabalhador» tem um sentido próprio, distinguindo-se de diferentes aceções em que se emprega noutras ciências, como, por exemplo, na ciência política, na ciência económica, etc. Em direito do trabalho, o conceito de trabalhador é mais restrito, pois nele não se incluem todos aqueles que trabalhem, sem estar vinculados por um contrato de trabalho de direito privado[204]; hoje, atenta a aproximação de regimes entre a função pública e o direito privado (*vd. infra* § 46), pode entender-se trabalhador como aquele que desenvolve uma atividade mediante um vínculo que determine subordinação jurídica. Ainda que haja outras pessoas que trabalhem e justifiquem uma proteção, foi para o designado trabalhador subordinado que o direito do trabalho se desenvolveu e assentou no designado princípio da proteção do trabalhador[205].

b) Pessoa singular ou coletiva

I. Recentemente, tem-se discutido se a noção de trabalhador respeita tão-só a uma pessoa singular ou se, eventualmente, se poderá estar também perante uma pessoa coletiva.

Cabe iniciar este estudo pela análise de alguns argumentos apresentados no sentido da admissibilidade de uma pessoa coletiva poder ser o sujeito passivo do dever de prestar uma atividade na relação laboral[206].

---

[202] Do art. 11.º do CT resulta que trabalhador será aquele que, mediante retribuição, presta a sua atividade a outra pessoa sob direção desta. Os juristas portugueses não costumam suscitar problemas de terminologia, sendo trabalhador o vocábulo maioritariamente aceite, não obstante, por vezes, se falar em empregado, prestador da atividade, etc. Quanto à questão terminológica, cf. PAPALEONI *in* MAZZONI, *Manuale di Diritto del Lavoro*, Vol. I, cit., p. 356.

[203] É importante não confundir os designados funcionários públicos com os trabalhadores da administração pública sujeitos ao regime privado, a que se aplica um regime laboral idêntico ao do Código do Trabalho. *Vd. infra* § 46.

[204] Por exemplo, na Constituição alude-se a trabalhadores, numa aceção ampla, para além dos limites de Direito do trabalho, cf. MENEZES CORDEIRO, *Direito do Trabalho*, I, cit., p. 454.

[205] Sobre este princípio, nas suas várias manifestações, veja-se o estudo de GUILHERME DRAY, *o Princípio da proteção do trabalhador*, Coimbra, 2015.

[206] Cf. MENEZES CORDEIRO, *Manual de Direito do Trabalho*, cit., p. 108 e *Direito do Trabalho*, I, pp. 454 s.; SCHAUB, *Arbeitsrechts-Handbuch*, 17.ª ed., Munique, 2017, pp. 72 ss.

II. Um possível ponto de partida reside no facto de o contrato de trabalho ter inicialmente na sua base uma relação comunitário-pessoal, estabelecida entre o patrão e o trabalhador – que ainda subsiste em alguns contratos de trabalho, como o contrato de trabalho doméstico (usualmente designado «serviço doméstico») –, que deixou de se verificar, hoje em dia, na maioria das relações laborais[207]. Muitas das vezes, o trabalhador de uma dada empresa desconhece para quem trabalha, não sabendo quem é o «seu patrão». Tratando-se de uma sociedade, é até frequente não se conhecer os sócios, e, por vezes, dá-se o caso de a sociedade em questão ainda ser controlada por uma outra. Deixou, pois, de existir a tradicional relação pessoal patrão/ /empregado; amiúde, o trabalhador foi contratado por um empregado da empresa e este, eventualmente, terá sido contratado por outro trabalhador.

Na medida em que a ideia tradicional de subordinação, baseada na relação pessoal, deixou de existir, o contrato de trabalho deve ser encarado noutra perspetiva. A subordinação de que hoje se fala já não se reporta à subordinação pessoal, devendo ser entendida num sentido técnico-jurídico. No fundo, trata-se de substituir a subordinação numa perspetiva psicológica, que era a tradicional, por uma subordinação técnico-jurídica, a qual valerá, tanto para pessoas singulares, como coletivas.

Nestes termos, admitir-se-ia a possibilidade de pessoas coletivas serem sujeitos passivos do dever de prestar uma atividade no domínio do direito do trabalho. Nada obstaria a que o trabalhador fosse uma pessoa coletiva, porque esta também pode estar sujeita a uma subordinação técnico-jurídica. Ou seja, a uma pessoa coletiva pode igualmente impor-se a obrigação de prestar uma atividade, com subordinação, numa perspetiva técnico-jurídica. Nesta sequência, suplantar-se-ia o panorama tradicional de subordinação pessoal, que já não existe – à exceção de certos vínculos laborais especiais –, e evoluir-se-ia no sentido de admitir que a subordinação tem de ser vista noutro plano, nada obstando a que uma pessoa coletiva seja trabalhador.

III. Esta posição é justificável de um ponto de vista teórico, embora seja necessário ponderar algumas críticas que se lhe podem tecer.

A primeira crítica é de ordem histórico-cultural. Nesta aceção, o contrato de trabalho tem sido encarado, no que se refere ao trabalhador, como sendo uma pessoa singular; na realidade, tanto numa perspetiva histórica, como cultural, entende-se por trabalhador uma pessoa singular. Este argumento

[207] Sobre a relação comunitário-pessoal, veja-se ROSÁRIO PALMA RAMALHO, *Da Autonomia Dogmática*, cit., pp. 347 ss.

pode ser rebatido atendendo às razões invocadas no sentido da admissibilidade de o trabalhador ser uma pessoa coletiva, porque se demonstrou que o ponto de vista histórico-cultural foi ultrapassado. Deste modo, criticar a posição que admite que o trabalhador possa ser uma pessoa coletiva com base na perspetiva histórico-jurídica não tem sentido, pois parece incorreto preconizar a subsistência de uma relação pessoal, quando esta, na maioria dos casos, deixou de existir.

Igualmente em contestação à posição que vem sendo apresentada, pode acrescentar-se que o objeto do Direito do trabalho pressupõe a realização de uma atividade humana, não englobando prestações a cargo de pessoas coletivas[208]; mas esta crítica poder-se-á rebater sabendo-se que as atividades serão sempre desenvolvidas por pessoas físicas, em nome ou por conta da pessoa coletiva contratada.

Uma terceira crítica, e esta mais consistente, tem por base a análise de normas reguladoras do contrato de trabalho. Analisando algumas normas, sobretudo do Código do Trabalho, que incidem sobre a relação individual de trabalho, verifica-se que as mesmas foram feitas partindo do pressuposto de o trabalhador ser uma pessoa individual. Quando o legislador elaborou os textos legislativos, tanto no que respeita às revogadas Lei do Contrato de Trabalho ou Lei da Cessação do Contrato de Trabalho, como mais recentemente com o Código do Trabalho, teve em conta o trabalhador como um sujeito individual, e não como uma pessoa coletiva. De facto, há normas que não têm qualquer sentido quando aplicadas a pessoas coletivas; é o que sucede, por exemplo, nas regras relativas a férias, a faltas, ao poder disciplinar, etc. e, em especial, o regime de segurança no emprego. Estas normas foram elaboradas partindo do pressuposto de que quem ia realizar o trabalho era uma pessoa singular[209]. Em suma, a especificidade do direito laboral assenta, em grande parte, na humanização do trabalho, atendendo a que quem o realiza é um ser humano (pessoa singular) e não uma pessoa coletiva.

IV. Em contestação a esta crítica, argumentou-se que, em certas situações, quando as normas destinadas a regular o contrato de trabalho têm em

[208] Cf. Montoya Melgar, *Derecho del Trabajo*, cit., p. 38.

[209] Cf. Monteiro Fernandes, *Direito do Trabalho*, 17.ª ed., Coimbra, 2014, pp. 180 s. Mário Pinto/Furtado Martins/Nunes de Carvalho, *Comentário às Leis Laborais*, Vol. I, Lisboa 1994, anot. II.2 ao art. 3.º, p. 39, a essas normas acrescentam regras da relação coletiva de trabalho, como o exercício da greve, que pressupõe a intervenção de uma pessoa singular. Como refere Júlio Gomes, *Direito do Trabalho*, I, cit., p. 83, «Toda a tendência das normas jurídicas laborais é a de proteger a pessoa *de carne e osso* que trabalha».

vista exclusivamente o prestador de trabalho como uma pessoa singular e não uma pessoa coletiva, recorre-se à figura da desconsideração ou do levantamento da personalidade coletiva[210]. Nestes termos, tais normas aplicar-se-iam à pessoa singular que, estando «por detrás» da pessoa coletiva, efetivamente presta a atividade.

Entendendo a pessoa coletiva como uma máscara, no sentido de encobrir pessoas singulares, há que desconsiderar ou levantar essa máscara e descobrir, atrás da pessoa coletiva, quem são as pessoas singulares que a integram.

Assim sendo, relativamente às normas do contrato de trabalho dirigidas em exclusivo a pessoas singulares, deverá desconsiderar-se a personalidade coletiva e aplicar esses preceitos às pessoas individuais prestadoras da atividade a que a pessoa coletiva se encontra adstrita. A aplicação de tais normas às pessoas singulares que estão «por detrás» da pessoa coletiva seria feita casuisticamente, perante cada situação concreta.

Cabe, então, perguntar, de que serve admitir que o trabalhador possa ser uma pessoa coletiva, para depois desconsiderar a sua personalidade, procurando descortinar a pessoa singular que está «por detrás» da pessoa coletiva. No fundo, aceitar como trabalhador uma pessoa coletiva e, depois, levantar a sua personalidade, para aplicar as normas reguladoras da relação laboral à pessoa singular que está «encoberta» pela pessoa coletiva, constitui uma operação intelectual desnecessária, complicando uma situação que, à partida, seria simples.

V. A relação de trabalho, tal como se apresenta estruturada na lei, pressupõe que o trabalhador seja uma pessoa singular; não há, pois, a possibilidade de celebrar um contrato de trabalho com uma pessoa coletiva nas vestes de trabalhador. E admitir a existência de um trabalhador como pessoa coletiva, para depois despersonalizar esta última, procurando a pessoa singular que, efetivamente, presta a atividade é considerar que o contrato se celebrou com quem, verdadeiramente, para este efeito, não existiu[211].

---

[210] Cf. Menezes Cordeiro, *Manual de Direito do Trabalho*, cit., pp. 108 s. Sobre a desconsideração ou levantamento da personalidade coletiva, *vd.* Oliveira Ascensão, *Direito Comercial*, Vol. I, Lisboa, 1987, pp. 472 ss.; Menezes Cordeiro, «Do Levantamento da Personalidade Colectiva», *Direito e Justiça*, IV (1989/90), pp. 147 ss.; Pedro Cordeiro, *A Desconsideração da Personalidade Jurídica das Sociedades Comerciais*, 3.ª ed., Lisboa, 2008.

[211] Neste sentido, Mário Pinto/Furtado Martins/Nunes de Carvalho, *Comentário*, cit., anot. II.2 ao art. 3.º, p. 39, afirmam que «nem se vê qualquer vantagem em admitir que uma pessoa coletiva possa adquirir a qualidade de trabalhador subordinado, para depois se concluir pela impossibilidade de aplicação do regime laboral».

Por outro lado, assentar no pressuposto de o trabalhador poder ser uma pessoa coletiva cria uma complicação acrescida a nível da distinção entre o contrato de trabalho e as figuras afins, em particular entre o contrato de trabalho e o contrato de prestação de serviços. Sempre que uma dada atividade, idêntica à que um trabalhador pode realizar, seja prestada por uma pessoa coletiva é vulgar qualificar a figura como um contrato de prestação de serviço. Assim, se, por exemplo, alguém encarregar um empregado seu de limpar as janelas, estar-se-á no domínio do contrato de trabalho; contudo, se tiver contratado uma empresa para realizar o mesmo trabalho, esta também o fará através dos seus empregados, embora o contrato que foi celebrado com a empresa para a limpeza dos vidros não seja um contrato de trabalho, mas um contrato de prestação de serviços. O contrato de trabalho existirá entre a empresa que limpa as janelas e os seus trabalhadores, que, na realidade, executam a tarefa[212]. Admitir que o trabalhador possa ser uma pessoa coletiva, dificulta ainda mais a distinção, assaz complicada, entre o contrato de trabalho e o contrato de prestação de serviço[213].

Em conclusão, os argumentos apresentados parecem suficientes para se concluir no sentido da inadmissibilidade de o trabalhador ser uma pessoa coletiva, devendo ser sempre uma pessoa singular[214]. Não obstante esta

---

[212] Por motivos vários, designadamente de flexibilização e de especialização do trabalho, são frequentes as substituições de relações laborais por contratos de prestação de serviço; as empresas, em vez de contratarem trabalhadores para limparem, efetuarem a segurança das instalações ou realizar outras atividades, ajustam com empresas especializadas nesses domínios contratos de prestação de serviços para a prossecução dessas tarefas. Esta prática, só por si, não pressupõe qualquer fraude à lei.

[213] Monteiro Fernandes, *Direito do Trabalho*, cit., pp. 181 s., alude a situações em que a relação de trabalho se estabelece com um grupo de trabalhadores, encarado como uma unidade técnico-laboral; porém, tais situações, ou constituem, designadamente um contrato de empreitada com o chefe do grupo – ou com o grupo, se lhe for atribuída personalidade jurídica –, ou então estar-se-á perante vários contratos de trabalho com cada um dos prestadores de trabalho, sendo o grupo irrelevante. O trabalho realizado por grupo pode eventualmente relacionar-se com a existência de um subcontrato de trabalho (*vd. infra* § 29.4). Sobre a figura do contrato de trabalho de grupo, que encontra regulamentação especial em Espanha, cf. Alonso Olea/Casas Baamonde, *Derecho del Trabajo*, cit., pp. 167 ss., que aludem (p. 1171) a uma situação usual: o contrato (de trabalho) entre o empresário e uma orquestra.

[214] Trata-se de uma opinião relativamente generalizada. Cf. Monteiro Fernandes, *Direito do Trabalho*, cit., p. 181; Alonso Olea/Casas Baamonde, *Derecho del Trabajo*, cit., pp. 111 s.; Mário Pinto/Furtado Martins/Nunes de Carvalho, *Comentário*, cit., anot. II.2 ao art. 3.º, p. 39; Spielbücher/Grillberger, *Arbeitsrecht*, I, *Individualarbeitsrecht*, 4.ª ed., Viena, 1988, p. 52; Söllner, *Grundriß* des *Arbeitsrechts*, 12.ª ed., Munique, 1998, p. 23.

conclusão (quase unanimemente aceite na doutrina nacional) e o facto de a jurisprudência ter sempre entendido o trabalhador como uma pessoa singular, na revisão de 2009 o legislador decidiu esclarecer (desnecessariamente) que o contrato de trabalho é ajustado por uma pessoa singular (art. 11.º do CT).

Razão pela qual, salvo situações excecionais, o contrato de trabalho é celebrado com um só trabalhador e não com uma pluralidade de trabalhadores. Em casos especiais, por exemplo atividades artísticas e desportivas, o contrato de trabalho pode ser celebrado com a equipa (*vd. infra* § 43.).

c) *Tipos*

I. Não há uma classe única na qual se incluem todos os trabalhadores, mas diversos tipos. Anteriormente, no n.º 1 do art. 1.º da LCT determinava-se que o trabalhador se obrigava a prestar uma «atividade intelectual ou manual» e no art. 5.º, n.º 1, da LCT, dizia-se que «A atividade a que o trabalhador se obriga pode ter carácter intelectual ou manual». Apesar de no Código do Trabalho se ter deixado de fazer referência à contraposição entre atividade intelectual e manual, esta distinção subsiste com os mesmos reflexos.

A questão que se põe é a de saber se a distinção entre trabalho manual e intelectual tem relevância na qualificação, devendo contrapor-se o trabalhador manual ao intelectual[215].

Tanto na Lei do Contrato de Trabalho, como nos diplomas que a alteraram ou completaram, não se distinguia entre trabalhadores manuais e intelectuais[216]; as alusões a tal diferenciação, que ainda se mantinham nos artigos

---

No direito brasileiro a discussão perde sentido, pois o art. 3 da Consolidação das Leis de Trabalho dispõe, textualmente, que o empregado é uma pessoa física; afirmando VALENTIN CARRION, *Comentário à Consolidação das Leis do Trabalho*, 26.ª ed., S. Paulo, 2001, anot. 2 ao art. 3.º, p. 32, que os serviços prestados por uma pessoa jurídica não podem ser objeto de um contrato de trabalho.

[215] Sobre este aspeto, cf. MOTTA VEIGA, *Lições de Direito do Trabalho*, cit., pp. 29 ss.; BERNARDO XAVIER, *Curso*, cit., p. 317. Quanto a uma distinção entre trabalhador intelectual e manual, *vd.* ALONSO OLEA/CASAS BAAMONDE, *Derecho del Trabajo*, cit., pp. 112 s. MENEZES CORDEIRO, *Direito do Trabalho*, I, cit., p. 455 ss., considera que não releva uma distinção sociológica entre trabalhadores, que contraponha os altos cargos das empresas aos trabalhadores subordinados.

[216] Quanto a este aspeto, MONTEIRO FERNANDES, «Sobre o Objecto do Direito do Trabalho», *Temas Laborais*, Coimbra, 1984, pp. 39 ss. e *Direito do Trabalho*, cit., p. 179, critica a inexistência de critério diferenciado de qualificação em relação a quadros dirigentes e técnicos das empresas, para os quais também é a subordinação jurídica o aspeto relevante para a legislação laboral. Segundo o autor citado, «Sobre o Objecto...», cit., p. 40, a simplificação de estatuto profissional, levando à uniformização, tem por base «condicionamentos ideológicos conhecidos». Todavia, o mesmo autor, *Direito do Trabalho*, cit., p. 178, afirma que a indiferenciação

da Lei do Contrato de Trabalho citados, têm por base a primitiva lei reguladora do contrato do trabalho de 1937, em que se estabelecia a distinção entre empregados (trabalhadores intelectuais) e assalariados (trabalhadores manuais). A Lei n.º 1952, de 10 de março de 1937, impunha regimes diferentes, consoante se estivesse perante um assalariado ou um empregado, ou seja, em função de o trabalho ser manual ou intelectual. Consideravam-se trabalhadores intelectuais, para além daqueles que desenvolviam uma atividade predominantemente intelectual, os colaboradores de direção da empresa ou da entidade patronal, os gerentes, os empregados de balcão, os contabilistas, os dactilógrafos, etc. Os trabalhadores intelectuais, para além das referências indicadas, determinavam-se por oposição àqueles em que o aspeto físico era predominante na realização da atividade, designados assalariados ou trabalhadores manuais.

Esta distinção entre assalariado e empregado tinha repercussão ao nível do regime jurídico, entre outros aspetos, no respeitante à forma de determinação do salário (retribuição paga à semana ou ao mês) ou ao modo de distribuição das férias.

É evidente que a diferenciação entre trabalhadores manuais e intelectuais levantava dificuldades de qualificação relativamente a casos de fronteira, até porque a especialização do trabalho tem conduzido, por vezes, a uma difícil delimitação entre trabalho manual e intelectual, por um lado, e porque a distinção entre tipos de trabalhadores pode ser entendida como discriminatória, por outro[217]. Tendo em conta estas dificuldades, por um lado, e por uma razão política de igualitarismo entre os trabalhadores, por outro lado, tentou-se, a partir de 1966, não distinguir os prestadores de trabalho subordinado, deixando de se estabelecer diferenças de regime entre os vários

---

constitui um fenómeno generalizado, para a qual a «terciarização» aponta. Também em crítica à indistinção, que conduz a uma categoria abstrata de trabalhador, onde se inclui o diretor de um banco, um operário não especializado, um chefe de orquestra ou um investigador, cf. Menezes Cordeiro, *Direito do Trabalho*, I, cit., pp. 456 ss. Quanto à diferenciação de tipos de trabalhadores, cf. Papaleoni *in* Mazzoni, *Diritto del Lavoro*, Vol. I, cit., pp. 371 ss. e pp. 382 ss.; Richardi, *Münchener Kommentar zum Arbeitsrecht*, Vol. I, cit., § 23, anot. 36 ss., pp. 326 ss.; Söllner, *Arbeitsrechts*, cit., pp. 27 ss. Para maiores desenvolvimentos, com indicações de direito comparado (incluindo referências a Portugal), cf. Wank, *Arbeiter und Angestellte*, Berlim e Nova Iorque, 1992.

[217] Neste sentido, veja-se Teixeira Manus, *Direito do Trabalho*, cit., p. 294. Trata-se, porém, de uma perspetiva inaceitável, porque o princípio da igualdade não obsta à existência de critérios de diferenciação.

tipos de trabalhadores[218]. Nesta sequência, o Código do Trabalho de 2003 aboliu as referências (históricas) ao trabalho manual e intelectual, aludindo simplesmente a atividade; solução mantida na revisão de 2009.

II. Deste modo, a lei hoje prevê uma figura genérica de trabalhador, embora este entendimento possa levantar algumas dificuldades, por exemplo, quanto à subordinação exigível.

O grau de subordinação relativamente às atividades manuais pode não ser equiparável àquele que se verifica no domínio de atividades intelectuais, em que haverá a ponderar a autonomia técnica (cf. art. 116.º do CT)[219]. Supondo um médico contratado por um hospital privado; a subordinação que ele, como trabalhador, tem relativamente à entidade patronal, não é de forma alguma equiparável à de um empregado encarregado da limpeza desse mesmo hospital. O empregador (hospital) não pode impor ao médico uma conduta quanto ao modo de curar um determinado doente, enquanto a um empregado de limpeza pode indicar, por exemplo, a forma como quer as escadas limpas ou os produtos a utilizar na limpeza. Também em relação ao advogado de um banco podem-lhe ser dadas ordens no sentido de agir ou não agir, consoante, por exemplo, o banco esteja ou não interessado em reclamar um crédito, mas o advogado não recebe ordens quanto ao modo como deve elaborar uma petição inicial ou uma reclamação de créditos, pois está-se no âmbito da sua autonomia técnica[220], não obstante ser um trabalhador do banco. Em suma, o grau de subordinação exigível a um trabalhador manual ou intelectual pode ser muito diverso.

Por outro lado, e em contrapartida, quanto ao grau de responsabilidade requerida a um trabalhador manual ou intelectual não deve igualmente haver equiparação. Enquanto a subordinação deve ser mais elevada em relação ao trabalhador manual do que ao intelectual, em termos de responsabilidade a situação é oposta; a um trabalhador intelectual, em princípio, deve ser exigida uma maior responsabilização no trabalho que efetua do que a um trabalhador manual. Retomando os exemplos anteriores: se o médico falhou

[218] Cf. Mário Pinto/Furtado Martins/Nunes de Carvalho, *Comentário*, cit., anot. II.4 ao art. 1.º, p. 27.

[219] A autonomia técnica não é uma característica da atividade intelectual, mas está frequentemente associada a estas prestações.

[220] À autonomia técnica de muitos trabalhadores intelectuais, por exemplo, médicos e advogados, Menezes Cordeiro, *Direito do Trabalho*, I, cit., p. 457, acrescenta a autonomia deontológica. Acerca desta questão, Monteiro Fernandes, *Direito do Trabalho*, 18.ª ed., Coimbra, 2017, p. 132, fala em trabalhadores com subordinação jurídica e sem dependência técnica.

no seu diagnóstico ou medicamentou o paciente de forma errada, se o advogado não devia ter cobrado a dívida por aquela via ou deixou passar o prazo de prescrição, torna-se responsável perante a entidade patronal; de outro modo, a responsabilidade do trabalhador manual não existirá tão correntemente. Hipóteses idênticas colocam-se em relação, por exemplo, a contabilistas ou a gerentes e demais trabalhadores que ocupam cargos de direção numa empresa[221], em que a sua responsabilidade não pode ser comparada à que é exigível a um operário de uma linha de montagem. A questão da maior responsabilidade exigida a determinado tipo de trabalhadores assume particular acuidade em sede de apreciação da gravidade do comportamento para efeito de ponderar a justa causa de despedimento (art. 351.º, n.º 1, do CT). Na ponderação da gravidade do comportamento, não se pode estabelecer um critério unívoco, pois a mesma conduta pode revelar-se de extrema gravidade em relação a um trabalhador e ser pouco relevante quando praticada por outro trabalhador[222].

Há reais diferenças, a vários níveis, que podem ser tidas em consideração. A proteção conferida ao trabalhador pelo direito do trabalho, atentas até as razões históricas do desenvolvimento deste ramo do direito, não se justifica nos mesmos moldes com respeito a trabalhadores intelectuais, principalmente quando estes ocupam cargos de direção ou de especial confiança nas empresas.

III. Tendo isto em conta, surgem alguns regimes onde a ideia de trabalhador em sentido genérico, como um tipo uniforme, já não é aceite, esta-

---

[221] Distinguindo entre trabalhadores consoante tenham ou não funções de direção, cf. MENEZES CORDEIRO, *Direito do Trabalho*, I, cit., p. 458; ALONSO OLEA/CASAS BAAMONDE, *Derecho del Trabajo*, cit., pp. 117 ss. e, em especial, o estudo de JÚLIO GOMES, *Direito do Trabalho*, cit., pp. 256 e ss., sobre pessoal de direção.

[222] Como se estabelece no Ac. STJ de 24/1/1986, citado por PEDRO CRUZ, *A Justa Causa de Despedimento na Jurisprudência*, Coimbra, 1990, p. 57, «A gravidade de um mesmo comportamento pode variar consoante as funções, a responsabilidade e o grau hierárquico do trabalhador arguido». De igual modo, no Ac. Rel. Lx. de 2/5/1984, citado por PEDRO CRUZ, *A Justa Causa de Despedimento na Jurisprudência*, cit., p. 58, afirma-se: «Para qualificar uma infração disciplinar como grave, fundamento de despedimento com justa causa, deve atender-se ao grau de responsabilidade e nível cultural do trabalhador».
A ideia de que a gravidade do comportamento e, portanto, a ponderação da justa causa de despedimento deve atender a diferentes padrões, resulta do Ac. STJ de 18/4/2007, Proc. n.º 2842/06-4, em que o facto de o trabalhador, que ocupava um cargo de direção, ter emprestado o telemóvel da empresa a uma amiga durante as férias, foi considerado um comportamento grave determinante do despedimento.

belecendo-se regras diferentes quanto a certo tipo de trabalhadores. Há, pois, casos em que a noção de trabalhador, como tipo unitário, começa a flexibilizar-se, admitindo-se, em determinadas hipóteses, a existência de tipos diferenciados de trabalhadores[223].

Concretizando, cabe aludir aos arts. 161.º e ss. do CT, sobre o regime do trabalho em comissão de serviço[224], onde se estabelece um regime específico só para os trabalhadores que ocupam «cargos de administração ou equivalentes, de direção dependentes da administração e as funções de secretariado pessoal». O período experimental, previsto no art. 112.º, n.º 1, do CT, diverge em função do tipo de trabalhador, sendo superior a sua duração para trabalhadores que exerçam cargos de complexidade técnica, elevado grau de responsabilidade ou funções de confiança (180 dias) e para os que desempenhem cargos de direção e quadros superiores (240 dias). Quanto à duração do trabalho, admite-se o estabelecimento de regimes especiais para cargos dirigentes (arts. 214.º, n.º 2, e 218.º, n.º 1, alínea *a)*, do CT). Relativamente ao despedimento por inadaptação, os critérios para aferir a inadaptação do trabalhador podem ser mais exigentes tratando-se de cargo de complexidade técnica ou de direção, como decorre do art. 374.º, n.º 2, do CT. Refira-se, ainda, que a oposição à reintegração pode ser feita valer em relação a trabalhador que ocupe cargo de administração ou de direção independentemente da dimensão da empresa (art. 392.º, n.º 1, do CT).

Para além disso, no plano internacional, a contraposição em causa apresenta diferenças a nível legislativo e de terminologia. Em várias ordens jurídicas utilizam-se expressões diferentes quando se faz menção a trabalhador manual ou intelectual. Por exemplo, em França distingue-se, em termos jurídicos, o «ouvrier» e o «employé»[225], em Inglaterra fala-se em «worker» e em

---

[223] Pondo em causa essa perspetiva unitária, veja-se Nunes de Carvalho, «O Pluralismo do Direito do Trabalho», *III Congresso Nacional de Direito do Trabalho*, Coimbra, 2000, pp. 269 ss. Com base no sistema jurídico italiano, Ichino, *Il Contratto di Lavoro*, cit., pp. 320 ss., admite que há vários tipos legais de trabalho protegido, deduzindo-se que o trabalhador não é um tipo uniforme.

[224] Considerando o regime da comissão de serviço (Decreto-Lei n.º 404/91, de 16 de outubro) «um importante passo para contrariar aquela tendência uniformizadora que, em nome de um igualitarismo cego à realidade, acaba por empobrecer o direito do trabalho», cf. Furtado Martins, «O Acordo Económico e Social e a Evolução do Direito do Trabalho Português», *Os Acordos de Concertação Social em Portugal*, I, Estudos, Lisboa, 1993, pp. 135 s. Sobre o regime de comissão de serviço cf. *infra* § 32.

[225] Cf. Rivero/Savatier, *Droit du Travail*, cit., pp. 92 s.

«employee»[226] e na Alemanha contrapõe-se o «Arbeiter» ao «Angestellte»[227], distinguindo o que trabalha manualmente daquele que executa uma tarefa intelectual[228]. A este propósito cabe fazer referência especial ao Direito italiano onde, depois de, no art. 2095.I CC Italiano, entre os trabalhadores subordinados, se distinguir os dirigentes, os quadros, os empregados e os operários, na Lei 190, de 13 de maio de 1985 dá-se a definição de trabalhadores que ocupam funções de quadros nas empresas[229].

A dificuldade de delimitação não pode constituir entrave à distinção entre os tipos de trabalhadores, pois há verdadeiras diferenças, e importa estabelecê-las.

IV. Atendendo à visão unitária da lei laboral, cabe aos tribunais, consoante as situações concretas, averiguar das diferenças existentes e decidir em conformidade.

Num outro plano, a lei admite certas particularidades com respeito a diferentes categorias de trabalhadores. No Código do Trabalho estabeleceu-se o regime comum e, em outros diplomas, encontram-se regimes especiais para certos prestadores de trabalho, como seja os trabalhadores rurais, domésticos, portuários, da função pública. Esta distinção leva a contrapor o contrato de trabalho de regime comum aos contratos de trabalho sujeitos a regime especial[230]. Os contratos de trabalho com regime especial estão sujeitos às regras do Código do Trabalho sempre que estas não sejam incompatíveis com a especificidade desses contratos (art. 9.º do CT).

Cabe ainda diferenciar os trabalhadores com um contrato de trabalho (de regime comum ou especial) daqueles que estão obrigados a prestar uma atividade para outrem por via de um contrato equiparado ao contrato de trabalho, tal como prescreve o art. 10.º do CT e a respetiva regulamentação, constante da Lei n.º 101/2009 (Cf. *infra* § 14.).

Também se podem distinguir os trabalhadores consoante, no exercício da sua atividade, atuem ou não como representantes do empregador.

---

[226] Cf. BOWERS, *Employment Law*, cit., pp. 12 ss., que alude a vários tipos de relações laborais, em especial, pp. 18 ss.

[227] SÖLLNER, *Arbeitsrechts*, cit., pp. 27 ss.; ZÖLLNER/LORITZ, *Arbeitsrecht*, cit., pp. 59 ss.

[228] Veja-se ainda a distinção feita no Brasil entre empregados, operários e trabalhadores intelectuais, cf. ORLANDO GOMES/ELSON GOTTSCHALK, *Direito do Trabalho*, cit., pp. 78 ss. e 81 ss.

[229] Sobre esta questão, *vd.* NICOLINI, *Manuale di Diritto del Lavoro*, cit., pp. 325 ss.

[230] Cf. BERNARDO XAVIER/FURTADO MARTINS/NUNES DE CARVALHO/JOANA VASCONCELOS//TATIANA GUERRA DE ALMEIDA, *Manual*, cit., p. 390.

Nos termos do art. 115.º, n.º 3, do CT, «Quando a natureza da atividade para que o trabalhador é contratado envolver a prática de negócios jurídicos, o contrato de trabalho implica a concessão àquele dos necessários poderes». Isto constitui uma exceção às regras gerais, pois o trabalhador, cuja atividade implica a celebração de negócios jurídicos por conta do empregador, tem automaticamente poderes de representação, não carecendo de uma procuração; pelo facto de se encontrar adstrito a praticar negócios jurídicos, presume-se que lhe foi conferida a necessária representação[231]. Tal atribuição tem em vista a proteção das pessoas que negoceiam com esse trabalhador; na medida em que é automaticamente concedido um poder de representação ao trabalhador, a entidade patronal não pode invocar a ilegitimidade deste quanto à celebração de contratos em relação às pessoas que com ele negociaram.

Uma outra classificação possível pode estar relacionada com a qualificação do trabalhador. A diversidade de categoria profissional não representa um regime jurídico diferenciado, embora haja aspetos que devem ser tidos em conta. De facto, quando a atividade a praticar implica uma determinada aptidão, conferida, designadamente, pela categoria profissional, pode estar em causa a validade do contrato de trabalho. No art. 117.º do CT determina-se a necessidade de posse de título profissional para a celebração de certos contratos, pois é a carteira profissional ou outro título que habilita o trabalhador a exercer uma dada atividade. Para além da posse da carteira profissional, pode ser necessário que o trabalhador tenha uma determinada habilitação para exercer uma atividade profissional, que a lei designa por «título profissional» (art. 117.º, n.º 1, do CT). É o que acontece sempre que uma empresa pretende contratar um técnico com determinada especialização, seja em atividades que carecem de um diploma universitário (como a medicina ou a engenharia) ou de qualquer outra aptidão (como técnico de informática). Em função da qualificação têm de ser feitas distinções entre os trabalhadores; distinções essas com repercussão a vários níveis, desde o acesso ao trabalho, à fixação do salário ou à promoção na carreira.

Poder-se-ão ainda distinguir os trabalhadores atendendo a aspetos pessoais, que se relacionam com uma maior necessidade de proteção. Neste ponto, cabe aludir a regras específicas de proteção dos menores, das

---

231 Cf. Mário Pinto/Furtado Martins/Nunes de Carvalho, *Comentário*, cit., anot. II.6 ao art. 5.º, p. 14.

mulheres, de trabalhadores com capacidade de trabalho reduzida ou de trabalhadores-estudantes[232].

Tendo em conta as situações factuais, muitas outras distinções se poderiam tentar, como, por exemplo, em função da antiguidade, que pode ter repercussões em termos de retribuição – diuturnidades (art. 262.º, n.º 2, alínea *b)*, do CT) –, de reforma, etc.

Todas estas classificações têm interesse para contrariar o postulado da existência de uma categoria unitária de trabalhador. Não obstante as óbvias dificuldades de delimitação em situações de fronteira, as classificações têm utilidade para explicar as diferenças de regime, que necessariamente existem.

BIBLIOGRAFIA:

MENEZES CORDEIRO, *Direito do Trabalho,* I, cit., pp. 453 a 465; MONTEIRO FERNANDES, *Direito do Trabalho,* cit., pp. 128 e ss.; GUILHERME DRAY, *o Princípio da proteção do trabalhador,* Coimbra, 2015; MARIA IRENE GOMES, «Considerações sobre o Estatuto Normativo Laboral do *Dirigente* – O Código do Trabalho Português e a Experiência Espanhola», *RDES* 2005, n.os 2/4, pp. 301 e ss.; FURTADO MARTINS, «O Acordo Económico e Social e a Evolução do Direito do Trabalho Português», *Os Acordos de Concertação Social em Portugal,* I, Estudos, Lisboa, 1993, pp. 134 a 137; LUÍS MIGUEL MONTEIRO, «Algumas Notas sobre o Trabalhador Dirigente», *VIII Congresso Nacional de Direito do Trabalho,* Coimbra, 2005, pp. 235 e ss.; MÁRIO PINTO/FURTADO MARTINS/NUNES DE CARVALHO, *Comentário,* cit., anot. II.4 ao art. 1.º, anot. II.2 ao art. 3.º e anot. II.3 e 6 ao art. 5.º, pp. 27, 39, 43 e 44; ROSÁRIO PALMA RAMALHO, *Tratado de Direito do Trabalho,* I, cit., p. 128; MOTTA VEIGA, *Lições,* cit., pp. 29 a 38 e 323 e 324; BERNARDO XAVIER/FURTADO MARTINS/NUNES DE CARVALHO/JOANA VASCONCELOS/TATIANA GUERRA DE ALMEIDA, *Manual,* cit., pp. 435 e ss.

3. Empregador

a) Determinação

I. O empregador, entidade patronal ou patrão é aquele que, no contrato de trabalho, ocupa a posição de credor da atividade, a prestação de trabalho, sendo devedor da remuneração.

[232] Cf. BERNARDO XAVIER/FURTADO MARTINS/NUNES DE CARVALHO/JOANA VASCONCELOS/TATIANA GUERRA DE ALMEIDA, *Manual,* cit., pp. 436 e s.

No art. 1.º, n.º 2, alínea *a)*, da LAP – norma suprimida no Código do Trabalho de 2003 – esclarecia-se que se entendia por entidade patronal: «a pessoa, individual ou coletiva, de direito privado, titular de uma empresa que tenha, habitualmente, trabalhadores ao seu serviço». Era uma definição legal desajustada, mas que pode servir para explicar a figura, até porque suscitava diversas dúvidas. Das críticas a esta noção pode-se chegar ao conceito de empregador.

II. Nos termos da mencionada definição legal parece incontestável que o empregador possa ser uma pessoa individual ou coletiva, pois, no domínio da relação laboral, diferentemente do que ocorre quanto ao trabalhador, não há qualquer norma que só tenha sentido na eventualidade de o beneficiário da atividade ser pessoa singular, exceção feita, talvez, com respeito ao contrato de trabalho em que predomina a relação pessoal, como o de serviço doméstico[233].

Em princípio, o empregador será uma única pessoa (singular ou coletiva), mas pode o contrato de trabalho ser celebrado por várias pessoas na qualidade de empregador com um trabalhador[234] – distinto do pluriemprego, em que um trabalhador tem vários contratos de trabalho com distintos empregadores –, tendo em vista, principalmente no caso de pequenas empresas, a partilha das tarefas do trabalhador, que não poderiam ser aproveitadas por todos os empregadores a tempo integral. Assim, por exemplo, um técnico de informática pode prestar trabalho, de forma indiferenciada e simultaneamente, a várias empresas segundo diferentes modelos contratuais, entre os quais mediante um contrato de trabalho com os diferentes beneficiários da atividade, recebendo ordens de todos; um exemplo frequente de pluralidade de empregadores verifica-se em atividades liberais, nomeadamente quando vários médicos contratam uma secretária para trabalhar no consultório que partilham. Havendo pluralidade de empregadores além de se aplicarem as regras de direito das obrigações sobre pluralidade de devedores e de credores, em particular o disposto nos arts. 512.º e ss. do CC, há que

[233] Nos termos do disposto no art. 2.º, n.ºs 1 e 2, do Decreto-Lei n.º 235/92, de 24 de outubro, determinando-se que é para satisfazer necessidades de um agregado familiar (n.º 1) e que o regime deste diploma se aplica, com as necessárias adaptações, à prestação das mesmas atividades a pessoas coletivas de fins não lucrativos (n.º 2), é de entender que, salvo a extensão do n.º 2 do art. 2.º, o empregador terá de ser uma pessoa singular. Neste sentido, cf. CARLOS ALEGRE, *Contrato de Serviço Doméstico*, Lisboa, 1994, anot. 6 ao art. 2.º, p. 19.

[234] Sobre os agrupamentos de empregadores no Direito francês, veja-se previsão constante do *Code du Travail*, assim como JAVILLIER, *Droit du Travail*, cit., pp. 199 ss.

atender ao regime instituído no art. 101.º do CT, sobre pluralidade de empregadores.

Em segundo lugar, nos termos do preceito em causa, só serão empregadores pessoas de direito privado. No entanto, por vezes, as pessoas coletivas de direito público, para além de terem ao seu serviço funcionários públicos, em determinados casos, podem celebrar contratos de trabalho regulados pelo direito privado. Deste modo, as normas de direito do trabalho aplicam-se às entidades patronais de direito privado, bem como às de direito público, desde que estas ajustem contratos de trabalho nos termos comuns (*vd. infra* § 46).

Afirma-se igualmente que o empregador tem de ser titular de uma empresa[235]. Todavia, há empregadores que não são uma empresa, como a dona de casa que contrata uma empregada doméstica, ou o médico que dá emprego a uma funcionária para o seu consultório[236]. Na realidade, na legislação laboral, por via de regra, estão em causa situações em que a entidade patronal é entendida como uma empresa[237], mas nada obsta à existência de empregadores não compreendidos na noção de empresa (*vd. infra* alínea *c)*).

Da definição legal infere-se ainda que o empregador tem de ter, habitualmente, trabalhadores ao seu serviço. Põe-se, então, o problema de saber se não é empregador quem tiver, esporadicamente, trabalhadores ao seu serviço. A prestação de trabalho esporádico é frequente no domínio rural, em particular para a realização de tarefas sazonais. O termo «habitualmente» está desajustado, pois pode haver empregadores que só contratem trabalhadores por determinados períodos, sem que isso obste à sua qualificação como entidade patronal.

Por último, na definição constante do preceito em causa fala-se em «trabalhadores», no plural, mas não é necessário que se tenha mais de um trabalhador ao seu serviço para se ser considerado entidade patronal, pois o empregador pode ter um só trabalhador.

---

[235] Também no Brasil, na Consolidação das Leis do Trabalho, define-se o empregador como sendo a empresa, cf. ORLANDO GOMES/ELSON GOTTSCHALK, *Direito do Trabalho*, cit., p. 89.

[236] Diversamente, COUTINHO DE ABREU, *Da Empresarialidade. As Empresas no Direito*, Coimbra, 1996, p. 106, considera o escritório do profissional liberal como uma empresa laboral, apesar de não qualificar o escritório, o consultório ou o estúdio de um profissional liberal como uma empresa (COUTINHO DE ABREU, *Curso de Direito Comercial*, Vol. I, 11.ª ed., Coimbra, 2018, p. 226).

[237] A própria expressão «entidade patronal» aponta no sentido de se tratar de uma empresa.

b) *Terminologia*

I. Na legislação precedente utilizava-se a expressão «entidade patronal», terminologia muito vulgarizada, mas que nem sempre é usada pela mais recente doutrina. Entidade patronal deriva do termo «patrão», ao qual se acrescenta um vocábulo que significa individualidade; ou seja, em termos literais, equivale a «individualidade que é patrão», o que, do ponto de vista linguístico, não tem muito sentido, até porque se está a substituir uma palavra «patrão» por uma locução dela derivada. Assim, a expressão «entidade patronal», para além de ter a sua razão de ser ligada à relação de trabalho de tipo comunitário-pessoal, corresponde a uma junção de palavras que, linguisticamente, encerra um significado pouco consentâneo[238].

II. Também se usavam outras expressões, como entidade empregadora, dador de trabalho e empregador.

A locução «entidade empregadora», utilizada, por exemplo, na Lei n.º 65/77, de 26 de agosto (Lei da Greve) e no Decreto-Lei n.º 398/83, de 2 de novembro (Suspensão ou redução da prestação de trabalho – *lay-off*), à imagem de entidade patronal, implicava uma desnecessária junção de palavras com um significado pouco expressivo, razão pela qual não tem sido muito usada[239].

Dador de trabalho corresponde à tradução das expressões italiana (*datore di lavoro*)[240] e alemã (*Arbeitgeber*)[241]. Esta locução, utilizada por alguma doutrina[242], legislação[243] e também jurisprudência[244], apresenta-se como algo equívoca, pois, em português, «dador de trabalho» tanto pode ser entendido

---

[238] BERNARDO XAVIER/FURTADO MARTINS/NUNES DE CARVALHO/JOANA VASCONCELOS/ /TATIANA GUERRA DE ALMEIDA, *Manual de Direito do Trabalho*, Lisboa, 2011, p. 375, salienta que entidade patronal é uma designação paternalista, cada vez menos usada.

[239] Segundo MOTTA VEIGA, *Lições*, cit., p. 335, «a expressão entidade empregadora (...) não parece ser fórmula mais feliz».

[240] Cf. PAPALEONI *in* MAZZONI, *Diritto del Lavoro*, cit., pp. 343 ss.; PERA, *Compendio di Diritto del Lavoro*, cit., p. 1.

[241] Cf. RICHARDI, *Münchener Kommentar*, cit., § 29, anot. 1 ss., pp. 401 ss.; SÖLLNER, *Arbeitsrechts*, cit., pp. 24 ss.

[242] Cf. MONTEIRO FERNANDES, *Direito do Trabalho*, cit., p. 35 e *passim*.

[243] Por exemplo, no revogado art. 1.º, n.º 2, do Decreto-Lei n.º 440/91, de 14 de novembro, relativo ao trabalho no domicílio e art. 3.º, n.º 3, do Decreto-Lei n.º 252/94, de 20 de outubro, sobre a protecção jurídica dos programas de computador.

[244] Cf. Ac. STJ de 9/11/1994, *CJ (STJ)* 1994, T. III, p. 287.

como o que presta o trabalho (trabalhador)[245], como aquele que admite trabalhadores ao seu serviço.

Empregador é um termo que tem tido alguma aceitação por parte da doutrina portuguesa[246] e brasileira[247]. Advém, essencialmente, da tradução do francês (*employeur*) e do inglês (*employer*). A utilização deste termo não era muito frequente em Portugal, não constando, inclusive, da maioria dos dicionários, mas o seu uso tem-se generalizado. O Código do Trabalho, quebrando com a flutuação terminológica, optou pelo termo «empregador».

Não obstante a preferência legislativa pelo termo empregador, muitas vezes para evitar repetições, utilizar-se-á, em sinonímia, a expressão entidade patronal.

c) *Empresa*

Como se referiu anteriormente (alínea *a)* deste número), o empregador, independentemente de ser uma pessoa singular ou coletiva, é normalmente entendido como uma empresa. No Código do Trabalho associa-se por via de regra o empregador ao titular da empresa, assentando no pressuposto – que nem sempre se verifica – de os contratos de trabalho sujeitos ao regime comum pressuporem um empregador que é simultaneamente empresário.

Recorre-se à noção de empresa para resolver um problema concreto: o da configuração do empregador, que não era solucionado pela tradicional contraposição entre pessoas singulares e coletivas. Era necessário ultrapassar o paradigma do contrato de trabalho baseado na perspetiva comunitário-pessoal, entre duas pessoas singulares (patrão e trabalhador), e pôr em pé de igualdade as situações jurídicas advenientes de relações jurídicas laborais, independentemente de o empregador ser uma pessoa singular ou coletiva[248]. Nalguns casos, a legislação laboral, como pressuposto de aplicação de um regime específico, atende mesmo à estrutura empresarial; veja-se os casos da pluralidade de empregadores e da cedência ocasional, nos termos dos arts. 101.º, n.º 1, e 289.º, n.º 1, alínea *b)*, do CT.

---

[245] Como refere MOTTA VEIGA, *Lições*, cit., p. 335, «quem dá trabalho é o trabalhador».

[246] Cf. MENEZES CORDEIRO, *Direito do Trabalho*, I, cit., pp. 581 ss.; MONTEIRO FERNANDES, *Direito do Trabalho*, cit., p. 129; MÁRIO PINTO/FURTADO MARTINS/NUNES DE CARVALHO, *Comentário*, cit., *anot.* II.2 ao art. 1.º, p. 23. Preconizando, antes o uso da expressão «entidade patronal», cf. MOTTA VEIGA, *Lições*, cit., pp. 334 ss., apesar de considerar que «peca por certo arcaísmo» e «evoca ainda um "paternalismo", hoje fora de moda» (p. 335).

[247] Cf. ORLANDO GOMES/ELSON GOTTSCHALK, *Direito do Trabalho*, cit., pp. 89 ss.

[248] Quanto ao conceito de empresa, veja-se *infra* § 17.

Como tipos de empresas, no art. 100.º do CT, distingue-se a microempresa (menos de dez trabalhadores)[249], a pequena empresa (entre dez e menos de cinquenta trabalhadores), a média empresa (entre cinquenta e menos de duzentos e cinquenta trabalhadores) e a grande empresa (com duzentos e cinquenta ou mais trabalhadores). A distinção tem efeito em sede de montante de contraordenações e também em relação a certas exigências procedimentais.

Bibliografia:

Menezes Cordeiro, *Direito do Trabalho*, I, cit., pp. 581 a 590; Monteiro Fernandes, *Direito do Trabalho*, cit., p. 129; Júlio Gomes, *Direito do Trabalho*, cit., pp. 215 e ss.; Luís Miguel Monteiro, anotação ao art. 101.º, *in* Romano Martinez/Luís Miguel Monteiro/Joana Vasconcelos/Madeira de Brito/Guilherme Dray/Gonçalves da Silva, *Código do Trabalho Anotado*, 11.ª ed., Coimbra, 2017, pp. 294 e ss.; Mário Pinto/Furtado Martins/Nunes de Carvalho, *Comentário*, cit., anot. II.2 ao art. 1.º, pp. 23 e 24; Mário Pinto, *Direito do Trabalho*, cit., pp. 113 a 116; Rosário Palma Ramalho, *Tratado de Direito do Trabalho*, I, cit., pp. 348 e ss.; Motta Veiga, *Lições*, cit., pp. 334 a 339; Bernardo Xavier/Furtado Martins/Nunes de Carvalho/Joana Vasconcelos/Tatiana Guerra de Almeida, *Manual de Direito do Trabalho*, cit., pp. 85 e ss. e 413 e ss.

4. Sujeitos das relações coletivas de trabalho

Os sujeitos das relações coletivas de trabalho são as associações sindicais e as associações de empregadores, podendo, em certos casos, estas últimas ser substituídas pelos próprios empregadores. E com um campo de aplicação mais restrito importa atender às comissões de trabalhadores e aos conselhos de empresa europeus. Apesar de limitação de poderes destas últimas, na sequência adotada pelo Código do Trabalho de 2003 (art. 451.º) – que acompanhava a sistematização da Constituição[250] – inicia-se a referência aos sujeitos coletivos pelas comissões de trabalhadores.

[249] Veja-se Leal Amado, «Microempresa e Direito do Trabalho: O Dilema Dimensional», *Temas Laborais*, Coimbra, 2007, pp. 23 ss.

[250] De modo diverso, na versão de 2009, indica-se, em primeiro lugar, as associações sindicais, seguidas das comissões de trabalhadores (art. 404.º do CT2009), mas mantém-se a anterior ordem na regulamentação: arts. 415.º e ss. e arts. 440.º e ss. do CT2009.

a) *Comissões de trabalhadores*

As comissões de trabalhadores foram criadas depois da Revolução de 1974, como alternativa ou para complementar a atividade sindical[251], e encontram previsão no art. 54.º da CRP. Deste artigo retira-se que é direito dos prestadores de trabalho subordinado constituírem comissões de trabalhadores, com vista à defesa dos seus interesses e à intervenção democrática na vida da empresa[252].

As comissões de trabalhadores começaram por ser reguladas na Lei n.º 46/79, de 12 de setembro, a Lei das Comissões de Trabalhadores, encontrando-se hoje a sua disciplina nos arts. 415.º e ss. do CT, onde se estabelecem regras quanto à constituição e respetivas atribuições. As comissões de trabalhadores são constituídas pelos trabalhadores de uma empresa e as suas atribuições respeitam, essencialmente, à informação sobre a vida da empresa e à fiscalização da sua atividade (art. 423.º do CT)[253].

Não obstante a consagração constitucional e a extensa regulamentação constante do Código do Trabalho, na prática, as comissões de trabalhadores têm um papel francamente reduzido; são muito poucas as empresas no País onde se constituíram comissões de trabalhadores[254] e, mesmo assim, existin-

---

[251] Sobre esta questão, cf. BERNARDO XAVIER, «As Recentes Intervenções dos Trabalhadores nas Empresas», Separata *ROA*, Lisboa, 1975, pp. 35 ss.

[252] Acerca das comissões de trabalhadores, *vd.* GÉRARD DESSEIGNE, *L'Évolution du Comité d›Entreprise*, Paris, 1995 e MAURICE COHEN/LAURENT MILET, *Le Droit des Comités d'Entreprise & des Comités de Groupe*, 14.ª ed., Paris, 2018. A criação de comissões de trabalhadores no seio das empresas não corresponde a uma originalidade do sistema português, nem da conceção política que vingou após a Revolução de 1974, pois no regime nacional-socialista constituíram-se conselhos de trabalhadores, que se ocupavam de questões laborais dentro da empresa, e esta prática continuou a ser seguida na Alemanha depois da guerra.

[253] Para além disso, ainda se fala, apesar de a sua relevância prática ser insignificante, se não nula, no direito de intervir na reorganização das unidades produtivas e no direito de participação na elaboração de legislação de trabalho e dos planos económico-sociais que contemplem o respetivo sector ou região.

[254] ANTÓNIO JOSÉ MOREIRA, *Compêndio de Leis de Trabalho*, 11.ª ed., Coimbra, 2002, p. 195, em nota à revogada Lei das Comissões de Trabalhadores, afirma que estão a cair em desuso, havendo cerca de 400 em todo o país. MENEZES CORDEIRO, *Direito do Trabalho*, I, cit., p. 595, afirma que, em 1976, sendo a situação político-social diversa da de 1974/75, as comissões de trabalhadores foram consagradas na Constituição com um relevo formal, que não corresponde aos poderes efetivamente reconhecidos. MONTEIRO FERNANDES, *Direito do Trabalho*, 11.ª ed., Coimbra, 1999, p. 691, afirmava que os esquemas dualistas – sindicatos e comissões de trabalhadores – em razão da dificuldade de articulação, estão em vias de desaparecimento, porém, na nova edição (*Direito do Trabalho*, cit., p. 713), considera que o direito comunitário,

do, não têm as funções que inicialmente se pretendia quando, em 1976, o legislador lhes atribuiu foros constitucionais.

Depois de alguma incerteza no âmbito da legislação precedente, no Código do Trabalho ficou esclarecido que as comissões de trabalhadores têm personalidade jurídica (art. 416.º, n.º 1, do CT), sendo-lhes atribuída capacidade para o exercício de direitos e obrigações necessários ou convenientes para a prossecução dos seus fins (art. 416.º, n.º 2, do CT).

b) Conselhos de empresa europeus

Depois de a Diretiva 94/95/CEE, de 22/4/1994, ter instituído os conselhos de empresa europeus, por via da transposição para a ordem jurídica portuguesa desta diretriz pela Lei n.º 40/99, de 9 de junho, foram constituídos em Portugal os designados conselhos de empresa europeus[255]. Poder-se-ia admitir que estaria aberta a via para a reestruturação das comissões de trabalhadores, todavia, como resulta do Código do Trabalho, subsistem as duas entidades, com finalidades, por vezes, concorrentes.

Os conselhos de empresa europeus vêm regulados na Lei n.º 96/2009, de 3 de setembro, que transpõe para a ordem jurídica interna a Diretiva n.º 2009/38/CE), atendendo ao pormenor de regulamentação da diretriz mencionada, inicialmente transposta pela Lei n.º 40/99, no art. 474.º do CT2003 remetia-se para legislação complementar (arts. 365.º a 395.º da LECT), mas hoje todo o regime se encontra na citada lei de 2009.

c) Associações sindicais

I. Nas relações coletivas de trabalho, em termos históricos, os sindicatos têm precedência sobre as organizações de empregadores. O termo sindicato deriva da palavra grega «*syndikos*», que significava defensor, mas que terá sido introduzido no nosso léxico por adaptação do termo francês «syndicat».

As associações sindicais encontram a sua previsão nos arts. 55.º e 56.º da CRP e, depois de reguladas no Decreto-Lei n.º 215-B/75, de 30 de abril, a chamada Lei Sindical – diploma que, sendo de 1975, anterior à Constituição, assentava em pressupostos que, entretanto, perderam validade, a respetiva regulamentação surge nos arts. 440.º e ss. do CT.

---

pela Diretiva 94/45/CEE, de 22/4/1994, veio dar relevo à representação unitária de trabalhadores da empresa.

[255] *Vd.* Jorge Leite/Liberal Fernandes/Leal Amado/João Reis, *Conselhos de Empresa Europeus*, Lisboa, 1996.

Como resulta do n.º 3 do art. 440.º do CT, a expressão «associação sindical» engloba o sindicato (associação de base), a união (com suporte regional), a federação (de base profissional) e a confederação geral (de âmbito nacional), sendo, por conseguinte, mais abrangente do que o termo sindicato[256], não obstante, às vezes, por simplificação, se usarem em sinonímia.

II. Sindicato, nos termos do art. 442.º, alínea *a)*, do CT, é a «associação permanente de trabalhadores para a defesa e promoção dos seus interesses socioprofissionais».

Analisando a noção legal de sindicato dela retiram-se quatro conclusões.

Primeiro, o sindicato é uma associação de pessoas à qual se aplicam as regras gerais do Código Civil (arts. 157.º e ss., em particular arts. 167.º e ss.), como dispõe o art. 442.º do CT, com as exceções previstas nomeadamente nos arts. 447.º, 449.º e 450.º do CT, bem como com a ressalva da inconstitucionalidade determinada quanto à aplicação dos arts. 162.º, 2.ª parte e 175.º, n.ºs 2, 3 e 4, do CC às associações sindicais[257].

Segundo, os sindicatos têm de ser associações de carácter permanente; não se admitem, pois, associações ocasionais a integrar a noção de sindicato. Se os trabalhadores se associarem num determinado momento, com vista a uma acidental defesa dos seus interesses profissionais, não constituem um sindicato.

Terceiro, os associados têm de ser necessariamente trabalhadores. Para este efeito, tendo em conta a noção constante do art. 11.º do CT, trabalhador é aquele que presta a sua atividade a outra pessoa sob direção desta. Por isso, só podem estar filiados em sindicatos trabalhadores subordinados.

Quarto, o sindicato prossegue uma finalidade específica: a promoção e defesa dos interesses socioprofissionais dos associados, entre os quais se destaca a negociação de convenções coletivas de trabalho e a condução de lutas coletivas, em particular a greve. Para além disso, há ainda a referir a intervenção dos sindicatos nas decisões políticas, tanto por via da concertação social, como pela participação (consultiva) na elaboração de legislação de trabalho.

---

[256] Como refere MONTEIRO FERNANDES, *Direito do Trabalho*, cit., p. 694, «O sindicato é uma espécie dentro do género associação sindical».

[257] Cf. Acórdãos do Tribunal Constitucional n.ºs 64/88, 159/88 e 449/91, respetivamente de 18 de Abril de 1988, de 1 de Agosto de 1988 e de 16 de janeiro de 1992. Veja-se também VASCO LOBO XAVIER/BERNARDO LOBO XAVIER, «Inaplicabilidade do Código Civil às Associações Sindicais», *RDES* XXX (1988), n.º 3, pp. 305 ss.

III. Os sindicatos são pessoas coletivas de tipo associativo e de direito privado, nos termos dos arts. 157.º e ss. e, em especial, arts. 167.º e ss. do CC[258].

Poder-se-ia considerar o sindicato como uma pessoa coletiva de direito público, tendo em conta, por um lado, a intervenção estadual, em especial na sua constituição e, por outro, o facto de participarem na elaboração de convenções coletivas de trabalho, de onde constam normas jurídicas[259]. Como o art. 447.º, n.º 1, do CT prescreve que «A associação sindical (...) adquire personalidade jurídica pelo registo [dos seus estatutos] por parte do serviço competente no ministério responsável pela área laboral», é por via estadual que os sindicatos adquirem personalidade jurídica. Mas desta situação não se pode concluir que o sindicato seja uma pessoa coletiva de direito público.

As associações previstas nos arts. 167.º e ss. do CC, para terem personalidade jurídica, também deverão preencher os requisitos constantes desses preceitos, designadamente, têm de ser constituídas perante notário (art. 168.º do CC). O facto de se constituir uma associação perante notário não a transforma numa pessoa coletiva de direito público. Do mesmo modo, o art. 447.º, n.º 1, do CT não confere às associações sindicais caráter público.

Apesar de aos sindicatos ter sido atribuído o poder de celebrar convenções coletivas, não é razão para qualificar as associações sindicais como entidades públicas, pois não lhes foi conferido qualquer poder legislativo, mas tão-só a possibilidade de, por via convencional, impor regras em determinadas relações laborais[260].

Acresce um outro argumento no sentido de os sindicatos deverem ser qualificados como associações de direito privado. Atento o princípio de liberdade sindical, os trabalhadores têm liberdade de iniciativa quanto à constituição de associações sindicais (art. 55.º, n.º 2, alínea *a)*, da CRP e arts. 440.º, n.º 1, e 444.º do CT), tendo os sindicatos liberdade de se associarem em uniões, federações e confederações (art. 55.º, n.º 5, da CRP), não havendo obrigatoriedade por parte dos indivíduos (trabalhadores) de se filiarem em sindicatos, como se infere do art. 55.º, n.º 2, alínea *b)*, da CRP e do art. 444.º do CT. A liberdade não existe só no que respeita à constituição, mas também em relação à organização e regulamentação interna das associações sindicais (art. 55.º, n.º 2, alínea *c)*, da CRP e arts. 445.º e ss. do CT) e ainda quanto

[258] Cf. Menezes Cordeiro, *Direito do Trabalho*, I, cit., pp. 591 ss.; Mário Pinto, *Direito do Trabalho*, cit., p. 197.

[259] Sobre este segundo aspeto, cf. Menezes Cordeiro, *Direito do Trabalho*, I, cit., p. 592 s.; Monteiro Fernandes, *Direito do Trabalho*, cit., pp. 692 s.

[260] Cf. Menezes Cordeiro, *Direito do Trabalho*, I, cit., p. 593.

ao exercício das suas funções, em particular, as associações sindicais têm a liberdade de negociar, nos termos que entenderem, dentro dos pressupostos legais, as convenções coletivas de trabalho (art. 56.º da CRP).

A liberdade – de constituição, de adesão e de exercício da sua atividade – conforma-se com os princípios de direito privado e não com os de direito público, pelo que os sindicatos devem ser considerados como associações de direito privado. Importa ainda referir que, no art. 267.º, n.º 4, da CRP, se contrapõem as associações sindicais às associações públicas para efeito de delimitação do âmbito de competências.

IV. Segundo os arts. 460.º e ss. do CT, cabe aos delegados sindicais, comissões sindicais e comissões intersindicais o exercício da atividade sindical na empresa, nos termos previstos no art. 55.º, n.º 2, alínea *d)*, da CRP[261].

As comissões sindicais e as comissões intersindicais encontram-se definidas no art. 442.º, respetivamente, alíneas *g)* e *h)*, do CT, e nelas lê-se: *g)* «Comissão sindical de empresa, a organização dos delegados sindicais do mesmo sindicato na empresa ou estabelecimento»; *h)* «Comissão intersindical de empresa, a organização, a nível de uma empresa, dos delegados das comissões sindicais dos sindicatos representados numa confederação, que abranja no mínimo cinco delegados sindicais, ou de todas as comissões sindicais nela existentes»[262].

As funções dos delegados sindicais, das comissões sindicais e das comissões intersindicais são, essencialmente, duas: prestar informações aos trabalhadores e ao respetivo sindicato de que fazem parte; fiscalizar a atividade empresarial, no que respeita ao cumprimento das regras de trabalho. São, pois, finalidades muito específicas.

Em relação a estas entidades põe-se o problema da sua personalidade jurídica. Perante a omissão da lei, tendo em conta que lhes são conferidas certas atribuições que não correspondem à atividade individual dos seus membros e considerando que há uma atividade coletiva, talvez se pudesse admitir a existência de personalidade jurídica. Mas a atribuição de perso-

[261] Sobre os conflitos sociais que se seguiram à Revolução de 1974 e a intervenção dos trabalhadores nas empresas, com alusão às «conquistas», «lutas», «vitórias», etc. dos trabalhadores, cf. Bernardo Xavier, «As Recentes Intervenções dos Trabalhadores nas Empresas», Separata ROA, Lisboa, 1975, pp. 14 ss. Quanto ao poder sindical nas empresas, *vd.* autor e ob. cit., pp. 19 ss.

[262] Cabe à comissão intersindical convocar o plenário de trabalhadores se, na empresa, os trabalhadores estão filiados em distintos sindicatos, Ac. Rel. Lx. de 19/3/1997, CJ XXII, T. II, p. 164.

nalidade às comissões sindicais e comissões intersindicais é, sem dúvida, controversa, até porque, quando, por não haver comissão, o delegado sindical atua individualmente, não se lhe atribui tal personalidade autónoma. Parece mais curial considerar que os delegados sindicais, as comissões sindicais e as comissões intersindicais são meros representantes dos sindicatos dentro das empresas[263].

d) Associações de empregadores

I. A matéria referente às associações de empregadores foi inicialmente regulada no Decreto-Lei n.º 215-C/75, de 30 de abril (Lei das Associações Patronais)[264], e surge, hoje, nos arts. 506.º e ss. do CT. No art. 440.º, n.º 2, do CT dispõe-se: «Os empregadores têm o direito de constituir associações de empregadores a todos os níveis para a defesa e promoção dos seus interesses empresariais». Há, pois, a possibilidade de vários empregadores se associarem para a defesa e promoção de interesses empresariais.

Empregador é aquele que contrate um ou mais trabalhadores, mediante a celebração de contrato de trabalho (*vd. supra* § 5.3) e a associação de empregadores corresponde, tendencialmente, a um agrupamento de empresários que são empregadores. Das associações de empregadores só podem fazer parte entidades privadas (art. 442.º, n.º 2, alínea *a)*, do CT); o empregador, que se agrupa numa associação de empregadores, tem de ser uma entidade de direito privado e entidades de direito público, que sejam empregadores, não se podem filiar nestas associações.

II. Do disposto no n.º 4 do art. 440.º do CT retira-se que as associações de empregadores se podem agrupar em uniões (de base regional), federações (do mesmo ramo de atividade) e confederações (de âmbito nacional).

Na medida em que o Código do Trabalho, tal como a legislação precedente, assenta no pressuposto de o empregador ser uma empresa, levanta-se a dúvida quanto a saber se só as empresas poderiam constituir associações de empregadores, delas ficando excluído todo o empregador que não fosse empresa. Esta dúvida tem particular pertinência na medida em que na alínea a) do n.º 2 do art. 442.º do CT se indica que na associação de empregado-

---

[263] Neste sentido, Monteiro Fernandes, *Direito do Trabalho*, cit., p. 699.

[264] Como referia Monteiro Fernandes, *Direito do Trabalho*, 13.ª ed., Coimbra, 2006, p. 678, «O ordenamento jurídico português mostra-se consideravelmente lacónico na cobertura do associativismo patronal», não lhe fazendo referência na Constituição e sendo a Lei das Associações Patronais muito menos circunstanciada que a Lei Sindical.

res se associam «pessoas (...) titulares de uma empresa». Tal conclusão não parece admissível, porque nada parece obstar a que um empregador, que não constitua uma empresa, se possa filiar numa determinada associação de empregadores para defesa os seus interesses. Por exemplo, um agricultor com trabalhadores ao seu serviço pode não constituir necessariamente uma empresa, mas é-lhe facultada a sua inscrição numa associação de empregadores, de que a Confederação de Agricultores de Portugal (CAP) representa a associação a nível nacional.

Em suma, não parece que esteja vedada a empregadores, não enquadráveis no conceito de empresa, a sua filiação em associações de empregadores. É evidente que, na maioria dos casos, são empresas que se agrupam nas associações de empregadores, mas isso não obsta a que delas também façam parte outros empregadores, que não são empresas. Acresce que nas associações de empregadores, nos termos do disposto no art. 444.º, n.º 4, do CT, podem associar-se empresários que não empreguem trabalhadores. Deste modo, nas associações de empregadores filiam-se empregadores – sejam ou não empresas – e empresários sem trabalhadores.

III. Quanto à qualificação jurídica, as associações de empregadores devem entender-se como pessoas coletivas de direito privado, de base associativa, nos termos dos arts. 167.º e ss. do CC, pelas mesmas razões invocadas a propósito dos sindicatos.

Tal como acontece em relação às associações sindicais, nos arts. 447.º e ss. do CT também se estabelecem exceções às regras gerais do Código Civil relativas à constituição de associações.

IV. No que respeita à celebração de convenções coletivas de trabalho e demais instrumentos negociais de regulamentação coletiva do trabalho, como corolário da personalidade jurídica das associações de empregadores, bem como das uniões, federações e confederações (art. 447.º, n.º 1, do CT), têm capacidade para celebrar convenções coletivas de trabalho (art. 443.º, n.º 1, alínea *a*), do CT); mas, em determinadas circunstâncias, têm igualmente capacidade negocial os próprios empregadores (art. 491.º, n.º 1, do CT).

Por conseguinte, do lado dos empregadores, a capacidade negocial foi conferida, tanto às associações de empregadores, como aos próprios empregadores; mas, por parte dos trabalhadores, a capacidade negocial só é reconhecida às associações sindicais.

Bibliografia:

Menezes Cordeiro, *Direito do Trabalho*, I, cit., pp. 591 a 596; Monteiro Fernandes, *Direito do Trabalho*, cit., pp. 675 e ss.; Andrade Mesquita, *Direito do Trabalho*, cit., pp. 107 e ss.; Mário Pinto, *Direito do Trabalho*, cit., pp. 179 a 262; Gonçalves da Silva, anotação aos arts. 440.º e ss. *in* Romano Martinez/Luís Miguel Monteiro/Joana Vasconcelos/Madeira de Brito/Guilherme Dray/Gonçalves da Silva, *Código do Trabalho Anotado*, cit., pp. 974 e ss.; Rosário Palma Ramalho, *Tratado de Direito do Trabalho*, I, cit., pp. 371 e ss.; Motta Veiga, *Lições*, cit., pp. 147 a 216; Bernardo Xavier/Furtado Martins/Nunes de Carvalho/Joana Vasconcelos/Tatiana Guerra de Almeida, *Manual*, cit., pp. 109 e ss.

§ 6. TRABALHO SUBORDINADO

I. Para se estar perante uma situação jurídica laboral é necessário que a atividade seja desenvolvida de forma subordinada, pelo que, se o trabalhador desempenhar uma atividade independente, não há contrato de trabalho. Como se dispunha no art. 10.º do CT2003, a atividade tem de ser prestada sob a autoridade e direção do empregador; apesar de a expressão não se manter no atual 11.º do CT2009 a solução é a mesma, aludindo-se agora a atividade prestada no âmbito da organização e sob a autoridade do empregador.

II. A existência de uma subordinação jurídica é imprescindível e vale, não só no domínio do contrato de trabalho, mas também das relações coletivas de trabalho; só há contrato de trabalho se a atividade for desenvolvida de forma subordinada e, da mesma forma, as relações coletivas de trabalho, designadamente as convenções coletivas de trabalho, só se estabelecem relativamente ao trabalho subordinado. O critério da subordinação, como elemento integrador do contrato de trabalho, é válido, tanto na ordem jurídica portuguesa, como em sistemas jurídicos estrangeiros.

III. A subordinação pode ser entendida em dois sentidos.

Em primeiro lugar, na subordinação económica, melhor designada por dependência económica, entende-se que o trabalhador necessita da remuneração para sustentar a sua família, pois esse é o seu único ou primordial meio de subsistência[265]. Este critério socioeconómico encara a relação laboral numa perspetiva subjetivista e esteve na base do aparecimento do direito do trabalho; de facto, as regras de direito do trabalho tiveram a sua origem relacionada com motivos de proteção da parte economicamente mais fraca (o trabalhador).

No art. 10.º, parte final, do CT diz-se, concretamente, que «(...) o prestador de trabalho deva considerar-se na dependência económica do beneficiário da atividade»[266]. Trata-se de um entendimento que não deve ser tido em conta para efeitos de Direito do trabalho, porque para o trabalho subordinado interessa apenas a dependência jurídica. A dependência económica existirá, eventualmente, com respeito a um trabalhador independente, que pode encontrar-se na dependência económica daquele para quem trabalha; mas não se está perante uma típica situação jurídica laboral[267]. Deste modo, no designado trabalho para-subordinado[268], por apresentar, do ponto de vista económico e social, afinidades com a relação laboral, pode justificar-se a aplicação de normas de direito do trabalho, como a Lei dos Acidentes de Trabalho (art. 3.º, n.º 2, da LAT) ou de regimes similares aos estabelecidos para o contrato de trabalho, por exemplo contratos equiparados (art. 10.º do CT).

No segundo sentido, a subordinação será entendida como dependência jurídica, significando que o trabalhador executa uma atividade sob a autoridade e a direção do empregador. Isto implica que o trabalhador receba instruções e ordens, bem como esteja sujeito ao poder disciplinar do empregador. Neste sentido, estar-se-á perante a subordinação em sentido técnico-jurídico, em que prevalece uma perspetiva objetivista.

IV. A subordinação técnico-jurídica pode ser entendida num sentido amplo, abrangendo três realidades: a alienabilidade; o dever de obediência; e a sujeição ao poder disciplinar do empregador. Estas duas últimas (dever de obediência e sujeição ao poder disciplinar) correspondem à subordinação em sentido restrito, que se pode traduzir pela sujeição laboral.

V. A alienabilidade significa que o trabalhador exerce uma atividade para outrem, alienando a sua força de trabalho; o trabalhador põe à disposição

---

[265] Cf. MONTEIRO FERNANDES, *Direito do Trabalho*, 18.ª ed., Coimbra, 2017, p. 132.

[266] Importa esclarecer que o art. 10.º do CT alude a contratos equiparados ao contrato de trabalho, como seja o trabalho no domicílio (cf. *infra* § 14.).

[267] Cf. MOTTA VEIGA, *Lições*, cit., p. 26.

[268] Cf. NICOLINI, *Manuale di Diritto del Lavoro*, cit., pp. 64 ss.

de outra pessoa a sua atividade, sem assumir os riscos[269]. Assim, os resultados dessa atividade entram, desde logo, na esfera jurídica do empregador. Por exemplo, se um trabalhador de uma marcenaria está adstrito a fazer cadeiras, como ele alienou a sua atividade, quer dizer que as cadeiras que tiver realizado são, em qualquer fase da sua execução, propriedade do dono da marcenaria (empregador)[270]. No fundo, a ideia de alienar o trabalho corresponde ao que, no direito romano, se entendia por locação de atividade; alguém punha à disposição de outrem a sua força de trabalho, mediante uma remuneração.

VI. O dever de obediência encontra várias referências na lei, em particular no Código do Trabalho. Assim, no art. 128.º, n.º 1, alínea *e)*, do CT diz-se que «O trabalhador deve cumprir as ordens e instruções do empregador respeitantes a execução ou disciplina do trabalho, bem como a segurança e saúde no trabalho (...)»; no art. 97.º do CT, sob a epígrafe «Poder de direção» refere-se que «Compete ao empregador (...) estabelecer os termos em que deve ser prestado o trabalho»; e no art. 128.º, n.º 2, do CT estabelece-se que «O dever de obediência (...) respeita tanto às ordens e instruções dadas diretamente pelo empregador como às emanadas dos superiores hierárquicos do trabalhador, dentro dos poderes que por aquele lhes forem atribuídos».

O dever de obediência está relacionado, por um lado, com a generalidade e a falta de concretização da atividade laboral[271], bem como, por outro, com a mútua colaboração, que é própria da relação laboral[272]. No art. 126.º do CT encontra-se estabelecido o princípio da boa fé. O dever de obediência, na estrutura da relação laboral, tal como foi concebido na lei, faz parte do prin-

---

[269] Cf. Alonso Olea/Casas Baamonde, *Derecho del Trabajo,* cit., pp. 77 s.; Montoya Melgar, *Derecho del Trabajo*, cit., pp. 39 s.

[270] Daí que, nos termos do art. 14.º, n.º 3, do Código do Direito de Autor e dos Direitos Conexos, se presuma que o direito de autor de obra realizada pelo trabalhador pertença ao empregador (*vd. infra* § 24.9).

[271] Cf. Luís Miguel Monteiro, «Da Vontade Contratual na Configuração da Prestação de Trabalho», *RDES*, 1990, 1/4, pp. 283 ss., em especial pp. 287 s.; Bernardo Xavier/Furtado Martins/Nunes de Carvalho/Joana Vasconcelos/Tatiana Guerra de Almeida, *Manual,* cit., pp. 317 e s.
À concretização da atividade laboral chama Menezes Cordeiro, *Direito do Trabalho,* I, cit., pp. 597 e 599, hetero-determinação. A este propósito, Monteiro Fernandes, *Direito do Trabalho,* cit., p. 131, alude a um estado de dependência potencial (estar à disposição do empregador).

[272] Cf. Mário Pinto/Furtado Martins/Nunes de Carvalho, *Comentário,* cit., *anot.* II.4 ao art. 20.º, p. 91.

cípio da boa fé. Deste princípio resulta igualmente o dever de o trabalhador obedecer ao empregador.

A obediência significa uma obrigatoriedade de acatar as ordens emitidas pelo empregador, mas não pressupõe uma emissão permanente de comandos; para haver subordinação jurídica basta que o trabalhador esteja na disponibilidade de receber ordens[273].

O dever de obediência é a contrapartida do poder de direção conferido ao empregador. O poder de direção e o correspondente dever de obediência têm limites, tal como se infere da 2.ª parte da alínea *e)* do n.º 1 do art. 128.º do CT e do art. 331.º, n.º 1, alínea *b)*, do CT. Não há um direito ilimitado de o empregador dar ordens, tendo o trabalhador direito à desobediência legítima[274]. Quanto aos limites, uns são de ordem genérica, resultando da lei (art. 331.º, n.º 1, alínea *b)*, do CT) e das convenções coletivas de trabalho onde se determina como deve o poder de direção ser exercido, e outros são específicos, constando de cada contrato de trabalho, tendo em conta as particularidades da relação laboral em concreto. Mesmo que os limites não tenham sido estipulados no contrato de trabalho ou não resultem diretamente das regras gerais, podem ser determinados em função das particularidades daquela relação de trabalho e da própria atividade que é realizada, pois o dever de obediência pode ser maior ou menor atendendo a circunstâncias várias (Cf. *supra* § 5.2).

Do que se lê no art. 128.º, n.º 2, do CT, infere-se que o poder de direção pode ser exercido não só pelo empregador, mas também por outros trabalhadores. Na realidade, com alguma frequência, as empresas encontram-se estruturadas hierarquicamente, e aqueles que ocupam os postos cimeiros, que também são trabalhadores, dão ordens aos inferiores hierárquicos; por isso, estes últimos estão sujeitos ao dever de obediência em relação a outros trabalhadores.

---

[273] Cf. Monteiro Fernandes, «Sobre o Objecto do Direito do Trabalho», *Temas Laborais*, Coimbra, 1984, pp. 41 ss.

[274] Sobre esta questão, cf. *infra* § 27.1 (Poder de direção), assim como Dias Coimbra, «Desobediência do Trabalhador no Quadro da Irrazoabilidade do Incumprimento do Empregador, Quanto a Determinada Inovação Tecnológica», *Temas de Direito do Trabalho*, Coimbra, 1990, pp. 405 ss.; Monteiro Fernandes, *Direito do Trabalho*, cit., pp. 133 s.; Dias Lobo, *Responsabilidade Objectiva do Empregador por Inatividade Temporária devido a Perigo de Lesão à Vida e Saúde do Trabalhador*, Coimbra, 1985; Mário Pinto/Furtado Martins/Nunes de Carvalho, *Comentário*, cit., anot. II.4 ao art. 20.º, p. 91. Veja-se também o Ac. Rel. Cb. de 18/10/1990, CJ XV (1990), T. V, p. 89.

VII. Em terceiro lugar, a subordinação é representada pela sujeição ao poder disciplinar do empregador. O poder disciplinar está previsto nos arts. 328.º e ss. do CT e, destes preceitos, depreende-se que este poder é inerente à relação laboral, fazendo parte do contrato de trabalho. O trabalhador tem de sujeitar-se às sanções que o empregador entenda aplicar, sempre que viole deveres impostos pela relação laboral.

No Código do Trabalho (arts. 328.º e ss. e arts. 351.º e ss.), o poder disciplinar é visto na sua faceta punitiva, apresentando-se como a faculdade de o empregador aplicar sanções disciplinares ao trabalhador inadimplente. Daí que o poder disciplinar se inclua no Capítulo referente ao incumprimento do contrato de trabalho: é um poder conferido ao empregador perante o incumprimento por parte do trabalhador de obrigações emergentes do contrato de trabalho.

O poder disciplinar é uma consequência do poder de direção. Como a entidade patronal pode emitir determinadas ordens e há o dever de obediência em relação às mesmas, se estas não forem respeitadas pelo trabalhador, a entidade patronal tem a possibilidade de o punir. Mas o poder disciplinar existe não só em caso de desrespeito de ordens, como também na hipótese de incumprimento de regras contratuais e legais, relativas à relação laboral, que vigoram na empresa.

À imagem do que ocorre com o poder de direção, o poder de punir também tem limites, sendo abusivas as sanções aplicadas em contrariedade aos parâmetros legais (Cf., entre outros, arts. 328.º, n.º 3, 330.º, n.º 1, e 331.º do CT).

VIII. Os três elementos indicados (alienabilidade, dever de obediência e sujeição ao poder disciplinar) permitem distinguir o trabalho subordinado do trabalho independente.

De facto, numa situação de trabalho autónomo, o prestador de serviço não aliena a sua atividade; ele trabalha por sua conta, e poderá, se assim estiver acordado, alienar o resultado do seu trabalho. Por exemplo, um marceneiro, se é trabalhador autónomo, faz a cadeira por sua conta e, depois, aliena-a; se é trabalhador subordinado, alienou a sua atividade, faz a cadeira por conta do empregador, a qual, desde que começou a ser feita até estar pronta, foi sempre propriedade do empregador[275]. Nesta sequência, o art.

[275] É evidente que, no domínio do contrato de empreitada, se a obra, por exemplo a cadeira, foi construída com materiais fornecidos pelo dono da obra, estes «continuam a ser propriedade dele, assim como é propriedade sua a coisa logo que seja concluída» (art. 1212.º, n.º 1, do CC).

3.º, n.º 3, do Decreto-Lei n.º 252/94, de 20 de outubro, sobre a proteção de programas de computador, estabelece que se o programa de computador foi criado por um trabalhador no exercício das suas funções, pertencem ao empregador os direitos relativos ao programa realizado; em sentido diverso veja-se, porém, o disposto no art. 14.º, n.os 1 e 2, com a ressalva do n.º 3, do Código do Direito de Autor e dos Direitos Conexos.

O trabalhador autónomo não está sujeito a um dever de obediência, não recebe ordens do beneficiário da atividade, o qual se limita, no momento da celebração do contrato, a dar indicações quanto ao resultado a obter. Por último, o trabalhador autónomo não está sujeito ao poder disciplinar, podendo, em caso de incumprimento dos deveres contratuais, ser-lhe exigida uma indemnização com base em responsabilidade civil.

BIBLIOGRAFIA:

MENEZES CORDEIRO, *Direito do Trabalho*, I, cit., pp. 597 a 599; MONTEIRO FERNANDES, *Direito do Trabalho*, cit., pp. 13.º e ss.; JÚLIO GOMES, *Direito do Trabalho*, cit., pp. 101 ss.; MÁRIO PINTO/FURTADO MARTINS/NUNES DE CARVALHO, *Comentário*, cit., anot. II.4 ao art. 20.º, pp. 91 e 92; MOTTA VEIGA, *Lições*, cit., pp. 23 a 28; BERNARDO XAVIER/FURTADO MARTINS/NUNES DE CARVALHO/JOANA VASCONCELOS/TATIANA GUERRA DE ALMEIDA, *Manual*, cit., pp. 316 e ss.

§ 7. RETRIBUIÇÃO

I. Os termos *retribuição, remuneração, salário, ordenado, vencimento*, etc. são sinónimos; utiliza-se, de preferência, a palavra retribuição, de acordo com a terminologia legal (arts. 258.º e ss. do CT)[276].

A retribuição é a prestação que deve ser efetuada pelo empregador ao trabalhador, como contrapartida da atividade por este desenvolvida.

Cf. ROMANO MARTINEZ, *Direito das Obrigações (Parte Especial). Contratos*, 2.ª ed., Coimbra, 2001, p. 443. Todavia, apesar desta semelhança, o empreiteiro, diferentemente do trabalhador, mesmo quando os materiais são fornecidos pelo dono da obra, suporta o risco da atividade (cf. art. 1227.º do CC, *vd.* ROMANO MARTINEZ, *Obrigações*, cit., p. 451), pelo que não aliena o trabalho, mas o resultado.

[276] Todavia, a lei usava, por vezes, outra terminologia, como seja salário (p. ex., as revogadas Lei de Bases do Salário Mínimo [Decreto-Lei n.º 69-A/87, de 9 de fevereiro] e Lei dos Salários em Atraso [Lei n.º 17/86, de 14 de Junho]) e remuneração (art. 86.º da LCT).

A existência de retribuição é um pressuposto do contrato de trabalho, como se deduz do disposto no art. 11.º do CT, ao caracterizar o contrato de trabalho como «aquele pelo qual uma pessoa se obriga, mediante retribuição». Além disso, no art. 127.º, n.º 1, alínea *b)*, do CT considera-se que um dos deveres do empregador é o de pagar pontualmente a retribuição. Nesta sequência, nos arts. 258.º e ss. do CT inicia-se um capítulo sob a epígrafe «Retribuição e outras prestações patrimoniais».

II. Assim sendo, o contrato de trabalho classificar-se-á como um negócio jurídico oneroso e sinalagmático.

O contrato de trabalho é sinalagmático, porque a remuneração funciona como contrapartida da atividade desenvolvida pelo trabalhador, mas a natureza sinalagmática deste contrato apresenta particularidades.

Primeiro, na relação entre a prestação da atividade e o pagamento do salário verifica-se que, por um lado, o risco corre por conta do empregador[277] e, por outro, estabeleceu-se um regime especial quanto à mora no pagamento da retribuição[278].

Segundo, dos arts. 126.º e ss. do CT infere-se da existência de um princípio de boa fé – que esteve consagrado como mútua colaboração (art. 18.º da LCT), baseado no clássico dever de assistência. Por isso, na alínea *b)* do n.º 1 do art. 127.º do CT, a retribuição não é vista verdadeiramente como um preço, determinado pelas regras de mercado. Na remuneração, para além das regras de mercado, há a ponderar as exigências do bem comum, bem como a justiça e a sua adequação ao trabalho realizado[279].

Aos critérios de justiça que têm de ser ponderados na remuneração, acresce que o art. 59.º, n.º 1, alínea *a)*, da CRP estabelece vários pressupostos em que a retribuição se baseia: deve ter em conta a quantidade, natureza e qualidade do trabalho; deve ser observado o princípio de que para trabalho igual salário igual; deve garantir uma existência condigna ao trabalhador. Seguidamente, o mesmo art. 59.º, n.º 2, alínea *a)*, da CRP, considera como

---

[277] O trabalhador, em termos factuais, também participa no risco, designadamente se parte do salário for pago em função de lucros da empresa, bem como na eventualidade de ocorrer a falência do empregador.

[278] Sobre esta questão, cf. *infra* § 25.7 (Tutela da retribuição).

[279] Bernardo Xavier/Furtado Martins/Nunes de Carvalho/Joana Vasconcelos/Tatiana Guerra de Almeida, *Manual*, cit., p. 572, aludem a que, na contraposição entre o critério social – salário como rendimento de subsistência – e o critério económico – custo de produção do fator trabalho –, o direito do trabalho dá prevalência ao primeiro.

incumbência do Estado estabelecer e atualizar o salário mínimo nacional, para o que se deve ter em conta: as necessidades dos trabalhadores; o aumento do custo de vida; o nível de desenvolvimento das forças produtivas; as exigências da estabilidade económica e financeira; e a acumulação para o desenvolvimento.

Estas regras constitucionais são completadas, por exemplo, pelo art. 23.º, n.º 3, da Declaração Universal dos Direitos do Homem, pelo art. 7.º do Pacto sobre Direitos Económicos Sociais e Culturais e pela Convenção da OIT n.º 131.

Há, pois, vários fatores que interferem na determinação da retribuição, fatores esses condicionados, as mais das vezes, pela política socioeconómica.

Não obstante estas considerações, parece indiscutível que, na fixação do salário, também pesa a lei de mercado; além disso, é preciso ter em conta que a retribuição do trabalhador não cobre todo o custo do fator de produção trabalho; neste há a ponderar outros custos, como sejam a segurança social, os seguros de trabalho, a higiene e segurança no trabalho, obras realizadas para conforto dos trabalhadores, etc.[280].

Por isso, a retribuição surge como contrapartida do trabalho, numa perspetiva sinalagmática, mas há certos fatores externos que a condicionam, em especial a política socioeconómica do Estado, na qual tem de se ter em conta que o salário corresponde, não raras vezes, à única fonte de rendimento para muitas famílias. Mas a política socioeconómica de um governo pode também prosseguir outros objetivos, como, por exemplo, o combate à inflação, através de uma contenção salarial.

III. Para finalizar, resta referir que a retribuição tem três elementos identificadores[281]. Primeiro, corresponde, dentro de certos limites, a uma contrapartida da atividade prestada. Segundo, terá de ser uma prestação patrimonial, em dinheiro ou em bens avaliáveis em dinheiro, mas a remuneração em bens avaliáveis em dinheiro só pode corresponder a uma parcela do salário. Terceiro, tem de se apresentar como uma prestação periódica, a efetuar com regularidade, não sendo retribuição um pagamento esporádico.

---

[280] Cf. Bernardo Xavier/Furtado Martins/Nunes de Carvalho/Joana Vasconcelos//Tatiana Guerra de Almeida, *Manual*, cit., p. 572.

[281] Cf. Mário Pinto/Furtado Martins/Nunes de Carvalho, *Comentário*, cit., anot. II.3 ao art. 82.º, pp. 247 ss.

BIBLIOGRAFIA:

MENEZES CORDEIRO, *Direito do Trabalho*, I, cit., pp. 603 a 605; MONTEIRO FERNANDES, *Direito do Trabalho*, cit., pp. 129 s.; MÁRIO PINTO/FURTADO MARTINS/NUNES DE CARVALHO, *Comentário*, cit., anot. II.1 e 2 ao art. 19.º e anot. II.1 ss. ao art. 82.º, pp. 87, 88 e 246 a 252; BERNARDO XAVIER/FURTADO MARTINS/NUNES DE CARVALHO/JOANA VASCONCELOS/TATIANA GUERRA DE ALMEIDA, *Manual*, cit., pp. 323 e 570 ss.

Capítulo III
Fontes do direito do trabalho

§ 8. FONTES INTERNAS

1. Aspetos gerais

Interessa verificar quais os modos de revelação do direito, em particular, as fontes das normas de direito do trabalho. De entre os modos de revelação do direito do trabalho há a ter em conta fontes internas e fontes externas; distinguindo-se em função da origem, as normas de direito do trabalho que se aplicam em Portugal, tanto podem ter uma origem nacional (p. ex., leis e decretos-leis), como internacional (em especial, convenções internacionais).

Quanto às fontes internas, importa distinguir entre a Constituição, que tem, neste domínio, um papel relevante, por um lado, e as leis da Assembleia da República e os decretos-leis do Governo, por outro. Para além disso, há a aludir ao facto de o costume e de os usos poderem ter alguma relevância no que respeita à revelação de regras de direito interno. Importa igualmente fazer menção aos assentos, porque no direito do trabalho há uma particularidade neste domínio, não abrangida pela declaração de inconstitucionalidade deste instituto. É ainda de aludir às formas indiretas de revelação do direito – jurisprudência e doutrina –, mas que não apresentam qualquer particularidade em sede do direito do trabalho. Por último, cabe fazer referência aos instrumentos de regulamentação coletiva de trabalho, em particular as convenções coletivas de trabalho, que constituem uma fonte específica, que não encontra paralelo no elenco de fontes dos restantes ramos de direito[282].

---

[282] A multiplicidade de fontes não é uma particularidade do sistema jurídico português, pois é comum ao direito do trabalho de outros ordenamentos; cf. Serrano Argüeso, *La Teoría de las Fuentes en el Derecho Individual del Trabajo. Revisión Crítica*, Madrid, 2000, pp. 169 ss.

2. Constituição

I. Da Constituição de 1976, na sequência de outras experiências constitucionais estrangeiras, em particular a Constituição Mexicana de 1917 – que se pode considerar a primeira constituição social – e a Constituição alemã de 1919, conhecida pela Constituição de Weimar, constam várias normas que diretamente regulam a matéria de direito do trabalho[283]; quanto a algumas destas normas, aplicáveis no domínio laboral, pode questionar-se em que medida se justifica a sua consagração a nível constitucional, ou seja, se o legislador, relativamente a muitos desses preceitos, não deveria ter deixado a regulamentação de tais matérias para a lei ordinária[284]/[285]. São, todavia, considerações de *iure condendo*, pois da Constituição consta um conjunto signifi-

---

[283] Relativamente às questões laborais na Constituição de 1933, *vd.* FERNANDA NUNES AGRIA/ /MARIA LUIZA PINTO, *Contrato Individual de Trabalho*, Coimbra, 1972, pp. 32 ss. Para análise dos preceitos da Constituição de 1976 respeitantes ao direito do trabalho, veja-se JORGE MIRANDA/RUI MEDEIROS, *Constituição Portuguesa Anotada*, Tomo I, *Introdução Geral. Preâmbulo. Artigos 1.º a 79.º*, 2.ª ed., Coimbra, 2010, pp. 1045 ss.

[284] A constitucionalização do direito do trabalho tem-se generalizado também a nível internacional, cf., designadamente MONTOYA MELGAR, *Derecho del Trabajo*, cit., pp. 87 ss., com referências a várias constituições; ASSANTI, *Corso di Diritto del Lavoro*, cit., pp. 13 ss.; COUTURIER, *Droit du Travail*, 1, cit., pp. 47 s.; SÜSSEKIND, «Os Princípios do Direito do Trabalho e a Constituição de 1988», *Fundamentos do Direito do Trabalho*, S. Paulo, 2000, pp. 210 ss.
A inclusão de regras laborais na Lei Fundamental não é um fenómeno português, (cf. MOTTA VEIGA, *Lições de Direito do Trabalho*, cit., p. 60, que alude a uma constitucionalização do direito do trabalho; veja-se igualmente MASCARO NASCIMENTO, *Curso de Direito do Trabalho*, cit., p. 35, com referência a várias Constituições das quais consta matéria laboral e o desenvolvido estudo sobre a função da Constituição no Direito Laboral de ZÖLLNER/LORITZ, *Arbeitsrecht*, cit., pp. 89 ss.), mas o desenvolvimento dado a algumas questões, tais como as comissões de trabalhadores, talvez já constitua uma especificidade do nosso ordenamento.
GOMES CANOTILHO, *Direito Constitucional e Teoria da Constituição*, 7.ª ed., Coimbra, 2003, p. 347, afirma que «a Constituição erigiu o "trabalho", o "emprego", os "direitos dos trabalhadores" e a "intervenção democrática dos trabalhadores" em elemento constitutivo da própria ordem constitucional global e em instrumento privilegiado de realização do princípio da democracia económica e social». Como refere JORGE MIRANDA, *Manual de Direito Constitucional*, T. IV, Direitos Fundamentais, 5.ª ed., Coimbra, 2012, p. 124, o constitucionalismo consiste na garantia progressiva dos direitos daqueles que carecem de proteção, seja homem, cidadão ou trabalhador.

[285] Uma crítica idêntica, mas mais incisiva, pode ver-se em BERNARDO XAVIER, «A Matriz Constitucional do Direito do Trabalho», *III Congresso Nacional de Direito do Trabalho. Memórias*, Coimbra, 2001, pp. 103 s.

cativo de normas de direito laboral, que, por vezes, se designa por «Constituição Laboral»[286].

A alusão à «Constituição Laboral» ou «Constituição do Trabalho» pode ter interesse para explicar que, no domínio constitucional, há um conjunto de normas sobre aspetos laborais, mas é preciso ter em conta que, ao falar-se em constituição laboral, não se deve particularizar a Constituição[287]. A Constituição representa um todo e não se podem considerar os artigos da mesma só naquele «bloco», que respeita ao domínio laboral. A referência à «Constituição Laboral» como conjunto de normas constitucionais que disciplinam matéria de direito do trabalho tem interesse, mas as normas laborais devem ser entendidas no conjunto mais vasto da Constituição, na sua globalidade. Deste modo, as regras sobre proteção do emprego têm de se conciliar, designadamente, com a propriedade privada e a liberdade de iniciativa privada, em particular no seio da empresa[288].

II. Da Constituição constam direitos fundamentais dos trabalhadores, que visam assegurar condições de vida dignas, sendo, em grande parte, direitos sociais, apesar de também constarem direitos de participação e liberdades[289]. Pode assentar-se, pois, no pressuposto de a Constituição assegurar

[286] Cf. Menezes Cordeiro, *Direito do Trabalho*, I, cit., p. 138**. Veja-se igualmente José João Abrantes, «Os Direitos dos Trabalhadores na Constituição», *Direito do Trabalho. Ensaio*, Lisboa, 1995, pp. 41 ss. Gomes Canotilho, *Direito Constitucional*, cit., p. 346, denomina-a «constituição do trabalho».

[287] Gomes Canotilho, *Direito Constitucional*, cit., pp. 345 ss., aponta para a necessidade de concretização constitucional do princípio da democracia económica e social, em que se inclui a perspetiva laboral. O citado autor (ob. cit., p. 346, nota 22) esclarece que a «constituição do trabalho» não constitui uma realidade autónoma dentro de uma constituição, devendo interpretar-se no conceito global da constituição.

[288] Sobre a distinção de várias constituições parcelares, *vd.* Menezes Cordeiro, *Direito do Trabalho*, I, cit., pp. 243 s.

[289] Cf. José João Abrantes, *Contrat de Travail et Droits Fondamentaux*, Frankfurt, 2000, pp. 127 ss.; João Caupers, *Os Direitos Fundamentais dos Trabalhadores e a Constituição*, Coimbra, 1985, p. 108. Como refere o mesmo autor, ob. cit., pp. 118 ss., os direitos fundamentais dos trabalhadores existem independentemente da sua consagração constitucional, podendo ainda discutir-se se todos os direitos dos trabalhadores consagrados na Constituição são fundamentais. Quanto aos direitos fundamentais não constantes da Constituição, o autor (ob. cit., p. 136), a título exemplificativo, cita o direito à indemnização em caso de acidente de trabalho e o direito à não redução da retribuição. Sobre esta questão, aludindo a direitos fundamentais atípicos, cf. Jorge Bacelar Gouveia, *Os Direitos Fundamentais Atípicos*, Lisboa, 1995, em particular, pp. 67 ss. e 313 ss.

direitos subjetivos aos trabalhadores, muitas das vezes, independentemente da existência de uma típica relação laboral.

Das normas da Constituição importa fazer uma distinção entre aquelas que regulam matérias laborais, daquelas outras que, não obstante fazerem referência a trabalho ou trabalhadores, não têm diretamente aplicação no domínio laboral, isto é, no âmbito do designado trabalho subordinado.

Por vezes, a Constituição usa os termos «trabalhadores» ou «trabalho» sem estarem em causa, diretamente, questões laborais, mas sim aspetos económicos. Por exemplo, no art. 83.º, n.º 1, da CRP (versão de 1976) falava-se nas «conquistas irreversíveis das classes trabalhadoras», referência sem implicações no âmbito do direito do trabalho[290]. No art. 80.º, alínea *f)*, da CRP (versão de 1992) aludia-se à «Intervenção democrática dos trabalhadores»[291] e no art. 82.º, n.º 4, alínea *c)*, da CRP (versão atual) faz-se referência a «meios de produção objeto de exploração coletiva por trabalhadores». Nestes casos, também os trabalhadores são mencionados tendo em conta aspetos económicos e não no domínio laboral. Da mesma forma, no art. 93.º, n.º 1, alínea *b)*, da CRP (versão atual), em que se fala de «promover a melhoria da situação económica, social e cultural dos trabalhadores rurais», o termo «trabalhadores» é usado numa perspetiva socioeconómica.

Os exemplos referidos estão relacionados com a política económica, e, não obstante a Constituição, em alguns artigos, fazer alusão a trabalhadores, tais normas não regulam aspetos de direito do trabalho.

Noutro plano, algumas referências constitucionais ao trabalho são feitas em sentido amplo, como atividade, ainda que exercida de modo autónomo. Assim, quando se prescreve a liberdade de escolha da profissão ou género de trabalho (art. 47.º, n.º 1, da CRP) ou o direito ao trabalho (art. 58.º, n.º 1, da CRP) abrange-se tanto o trabalho subordinado como o trabalho independente, e este último não se inclui no direito do trabalho.

---

[290] Refira-se, a propósito, o comentário de Soares Martinez ao art. 83.º, n.º 1, da CRP (versão de 1976), *Comentários à Constituição Portuguesa de 1976*, Lisboa, 1978, p. 137: «A "irreversibilidade" contraria abertamente as conquistas das ciências físicas, os ensinamentos da história e as modernas correntes sociológicas. Não parece, pois, curial que os textos legislativos e, por maioria de razão, os de nível constitucional, afirmem o carácter definitivo ou irreversível, seja do que for».

[291] Corresponde, na revisão de 1997, à «Participação das organizações representativas dos trabalhadores (...) na definição das principais medidas económicas e sociais» (art. 80.º, alínea *g)*, da CRP).

III. De entre as normas constitucionais interessam, em particular, as regras que disciplinam questões laborais e que se aplicam diretamente no domínio do direito do trabalho. Quanto a estes preceitos constitucionais, tendo em conta o que é indicado pelos estudiosos de direito constitucional, pode fazer-se uma distinção entre normas programáticas e preceptivas ou, dito de outro modo, entre normas que carecem de uma conformação posterior e normas que valem independentemente de qualquer concretização[292].

Numa outra perspetiva, atendendo à sistematização do texto constitucional, há que distinguir as normas laborais que se integram nos direitos, liberdades e garantias (Título II), daquelas outras que estão incluídas entre os direitos e deveres económicos, sociais e culturais (Título III), vulgarmente designados por direitos sociais dos trabalhadores[293]. No primeiro grupo incluem-se os arts. 47.º e 53.º a 57.º da CRP[294] e, no segundo grupo, em especial, os arts. 58.º e 59.º da CRP.

IV. Como normas programáticas da *Constituição Laboral* cabe referir, em primeiro lugar, o art. 58.º (Direito ao trabalho), em cujo n.º 1 se lê: «Todos têm direito ao trabalho». Trata-se de uma norma programática[295], porque

---

[292] Cf. Vieira de Andrade, *Os Direitos Fundamentais na Constituição Portuguesa de 1976*, 2.ª ed., Coimbra, 2001, pp. 377 ss. Veja-se também Manuel Afonso Vaz, «O Enquadramento Jurídico-Constitucional dos "Direitos Económicos, Sociais e Culturais"», *Juris et de Jure. Nos Vinte Anos da Faculdade de Direito da Universidade Católica Portuguesa – Porto*, Porto, 1998, pp. 436 ss., que se refere a esta distinção também no contexto dos direitos sociais.
Gomes Canotilho, *Direito Constitucional*, cit., pp. 474 ss., alude a quatro modelos de positivação de direitos sociais, onde inclui as normas programáticas, as normas de organização, as garantias institucionais e os direitos subjetivos públicos, concluindo que são autênticos direitos subjetivos. O mesmo autor (ob. cit., pp. 1176 s.) acaba por concluir no sentido da "morte" das normas constitucionais programáticas, admitindo tão-só a existência de normas-programa, que têm eficácia vinculativa. Consulte-se Paulo Otero, *Direito Constitucional Português*, I, *Identidade Constitucional*, Coimbra, 2010, pp. 197 e ss., fazendo menção a normas não exequíveis por si mesmas.

[293] Sobre esta distinção, cf. Jorge Miranda, *Direito Constitucional*, T. IV, cit., pp. 100 ss.

[294] Como referem Gomes Canotilho/Vital Moreira, *Fundamentos da Constituição*, Coimbra, 1991, pp. 111 s., há uma trilogia dos direitos, liberdades e garantias, entre os que foram conferidos às pessoas, ao cidadão e ao trabalhador e os arts. 53.º a 57.º da CRP integram-se na categoria de direitos do trabalhador; sendo curioso, como referem os mesmos autores (ob. e loc. cit.), que quase todos são direitos coletivos ou direitos de organização de trabalhadores e não direitos individuais.

[295] Vieira de Andrade, *Os Direitos Fundamentais*, cit., p. 190, é de opinião que as «normas que preveem direitos, liberdades e garantias são normas preceptivas», porque conferem um verdadeiro poder de exigir de outrem, pelo menos do Estado, um comportamento. O proble-

apesar de na Constituição se afirmar que todos têm direito ao trabalho, não significa que todos tenham um contrato de trabalho, na medida em que, para além de haver desempregados (involuntários e voluntários), há quem opte por trabalhar por conta própria[296]. Em qualquer caso, não há o direito de exigir de outrem uma ocupação remunerada.

Esta norma programática está ainda relacionada com outras regras constantes do mesmo preceito. Há alguma correlação, por exemplo, com o n.º 2, alínea *a)*, onde se fala de «pleno emprego»[297], com o n.º 2, alínea *b)*, que alude à «igualdade de oportunidades na escolha de profissão» e com o n.º 2, alínea *c)*, quando trata da «formação cultural, técnica e profissional dos trabalhadores»[298].

Depara-se, assim, no art. 58.º da CRP com várias normas programáticas que têm aplicação no domínio laboral[299].

---

ma está em saber qual seria o comportamento concreto que o desempregado poderia exigir ao Estado. Tendo isso em conta, VIEIRA DE ANDRADE, *Os Direitos Fundamentais*, cit., p. 373, quanto aos direitos fundamentais sociais, considera que contêm diretrizes para o legislador, não conferindo aos seus titulares verdadeiros poderes de exigir, mas conclui que não são, apesar disso, normas programáticas, no sentido de declamatórias, pois têm força jurídica e vinculam efetivamente o Estado. Sobre o carácter subjetivo dos direitos sociais, *vd.* VIEIRA DE ANDRADE, *Os Direitos Fundamentais*, cit., pp. 373 ss. e GOMES CANOTILHO, *Direito Constitucional*, cit., p. 476.

[296] É claro que o termo «trabalhador», neste preceito Constitucional, é usado num sentido amplo, abrangendo, ao lado da relação laboral, as situações de trabalho autónomo.

[297] JOÃO CAUPERS, *Os Direitos Fundamentais*, cit., p. 127, afirma que um cidadão não se pode dirigir ao tribunal, pedindo a condenação do Estado a executar uma política de pleno emprego. O Governo tem posto em prática uma política de combate ao desemprego, mediante incentivos à contratação de jovens à procura do primeiro emprego e de desempregados de longa duração; veja-se MÁRIO PINTO, «Garantia de Emprego e Crise Económica. Contributo Ensaístico para um novo Conceito», *Direito e Justiça* III (1987/88), pp. 141 ss.

[298] JOÃO CAUPERS, *Os Direitos Fundamentais*, cit., pp. 110 s., considera que o direito ao trabalho apresenta duas perspetivas, consoante o cidadão tem ou procura emprego; no primeiro caso, o direito ao trabalho consubstancia-se através da regra de segurança no emprego, designadamente pela proibição de despedimentos sem justa causa; no segundo caso, o direito ao trabalho passa pela concretização de políticas de emprego e pelo pagamento de subsídios de desemprego. MÁRIO PINTO, *Direito do Trabalho*, Lisboa, 1996, pp. 134 s., entende que o direito ao trabalho compreende quatro momentos distintos: direito a um rendimento mínimo; direito a um posto de trabalho (autónomo ou subordinado, privado ou público); estabilidade no emprego; estabilidade no concreto posto de trabalho.

[299] Na segunda parte do n.º 2 do art. 58.º da CRP (revogado na reforma de 1997) constava uma norma não programática, mas que, para além de consagrar o dever de trabalhar inseparável do direito ao trabalho, se relacionava com o regime da segurança social, ao determinar que não havia obrigação de trabalhar por parte daqueles que sofressem de diminuição em razão da

Em segundo lugar, na sequência de normas programáticas cabe fazer alusão ao art. 59.º da CRP (Direitos dos trabalhadores). Neste preceito encontram-se duas normas de aplicação mediata[300].

Primeiro, na alínea *a)*, o direito «à retribuição do trabalho, segundo a quantidade, natureza e qualidade, observando-se o princípio de que para trabalho igual salário igual, de forma a garantir uma existência condigna». O dever de pagar a retribuição não é programático, nem sequer a obrigação de o salário ser fixado em função da quantidade, natureza e qualidade carece de qualquer conformação, mas a obrigação de garantir uma existência condigna é programática. A entidade patronal tem de pagar o salário mínimo estabelecido por lei, mas não lhe cabe determinar qual é o mínimo que garante a existência condigna – até porque se trata de um conceito indeterminado, de difícil concretização –; tal dever não impende diretamente sobre o empregador[301].

Quanto ao princípio da igualdade da remuneração há aspetos de aplicação direta (cf. §§ 16.2.a) e 25.1), que implicam o seu carácter preceptivo[302]/[303].

Segundo, na alínea *b)*, quando se estabelece o direito «à organização do trabalho em condições socialmente dignificantes, de forma a facultar a rea-

---

idade, de doença ou de invalidez. Neste último caso, o problema podia estar em conexão com o regime dos acidentes de trabalho. Nunes de Carvalho, «Ainda sobre a Crise do Direito do Trabalho», *II Congresso Nacional de Direito do Trabalho*, Coimbra, 1999, p. 51, afirma que o desaparecimento do dever de trabalhar «(...) estará (...) na crise do modelo laboral herdado dos "trinta anos gloriosos" e que a Constituição pretendeu garantir».

[300] Considerando igualmente o art. 58.º da CRP, bem como algumas disposições do art. 59.º da CRP, como normas programáticas, cf. José João Abrantes, «Os Direitos dos Trabalhadores na Constituição», cit., p. 53.

[301] A este propósito pode transcrever-se o comentário 2. ao art. 53.º CRP (versão de 1976) de Soares Martinez, *Comentários à Constituição Portuguesa de 1976*, cit., p. 82: «É evidente a relatividade do conceito de "existência condigna" a que o artigo 53.º se refere. A base material indispensável à dignidade da existência está sujeita a constantes flutuações. E a garantia daquela dignidade não depende apenas do nível de vida material».

[302] Cabe relembrar a parábola do trabalhador da vinha (Mateus 20, 1-16), que, apesar de ter trabalhado menos horas, recebia, tal como os outros que haviam trabalhado o dia todo, um denário; a mensagem que Cristo, com esta parábola, pretende transmitir não assenta nos mesmos parâmetros em que se funda a igualdade na relação laboral.

[303] Sobre este tema há vários estudos, *vd.* nomeadamente Júlio Gomes, «Algumas Reflexões sobre o Ónus da Prova em Matéria de Paridade de Tratamento Retributivo ("a Trabalho Igual Salário Igual")», *I Congresso Nacional de Direito do trabalho. Memórias*, Coimbra, 1998, pp. 311 ss. e Abílio Neto, «Conteúdo e Alcance do Princípio Constitucional "para Trabalho Igual Salário Igual"», *I Congresso Nacional de Direito do Trabalho. Memórias*, Coimbra, 1998, pp. 369 ss.

lização pessoal», estabeleceu-se uma norma que não vincula diretamente os empregadores[304].

O incumprimento destas normas programáticas acarreta a responsabilidade política do Estado. Não se pode exigir aos empregadores emprego, nem retribuição que corresponda à existência condigna, etc., até porque os direitos dos trabalhadores consagrados na Constituição, nem sempre pressupõem a existência de um correspondente dever por parte dos empregadores; ou seja, principalmente no caso de normas programáticas não há uma relação sinalagmática decorrente de direitos constitucionais dos trabalhadores[305]. O incumprimento de tais normas conduz a uma responsabilidade do Estado, em princípio, só no campo político[306], mas eventualmente no plano da responsabilidade civil (Responsabilidade Civil Extracontratual do Estado e demais Entidades Públicas, Lei n.º 67/2007, de 31 de dezembro).

Refira-se ainda que estes direitos fundamentais, enunciados na Constituição em normas programáticas, «(...) são direitos em que o tempo e o modo de realização depende da evolução da própria sociedade»[307].

V. Com respeito às normas preceptivas no domínio laboral é de referir que a inclusão de alguma delas na Constituição está, de certa forma, relacio-

---

[304] Sobre esta questão, João Caupers, *Os Direitos Fundamentais*, cit., p. 144, afirma: «Não parece haver dúvidas que o trabalhador não teria êxito se interpusesse nos tribunais de trabalho uma acção com o pedido de condenação da entidade patronal a organizar o trabalho em tais condições e ainda que explicitasse quais eram, em sua opinião, estas».

[305] Cf. Gomes Canotilho, *Direito Constitucional*, cit., pp. 532 s., que esclarece acerca da inexistência de correspetividade estrita entre direitos fundamentais e deveres fundamentais. Como explica o autor (ob. e loc. cit.), a vinculação das entidades privadas (art. 18.º, n.º 1, da CRP) apenas determina a eficácia dos direitos constitucionais na ordem jurídica privada e vigora, neste domínio, um princípio de assinalagmaticidade ou de assimetria entre direitos deveres.

[306] Eventualmente poder-se-ia pensar na via da inconstitucionalidade por omissão (art. 283.º da CRP), por não terem sido tomadas as medidas legislativas necessárias para tornar exigíveis estas normas constitucionais. Para além disso, atendendo ao princípio do não retrocesso social, Gomes Canotilho, *Direito Constitucional*, cit., pp. 338 ss., considera inconstitucional uma norma que viole a proteção da confiança e da segurança dos trabalhadores. Cf. também Vieira de Andrade, *Os Direitos Fundamentais na Constituição*, cit., pp. 373 s. e Jorge Miranda «Regime Específico dos Direitos Económicos, Sociais e Culturais», *Estudos em Homenagem ao Professor João Lumbrales*, Coimbra, 2000, pp. 357 ss. Porém, Vieira de Andrade (ob. cit., pp. 186 s.), entende que certas regras constitucionais correspondem a fins políticos de realização gradual ou a direitos «sob reserva do possível».

[307] Manuel Afonso Vaz, «O Enquadramento Jurídico-Constitucional dos "Direitos Económicos, Sociais e Culturais"», cit., p. 441.

nada com o período revolucionário. O legislador, em 1976, pretendeu atribuir um estatuto constitucional a vários aspetos que, em princípio, deveriam ter sido deixados para leis ordinárias, como, por exemplo, a questão relativa às comissões de trabalhadores, às associações sindicais, etc., podendo, por isso, questionar-se se constituem direitos fundamentais em sentido material. De facto, a matéria constante dos arts. 54.º, 55.º e 56.º da CRP, em toda a sua extensão, não tem dignidade constitucional, mas encontrando-se na Constituição, há que lhe fazer referência a esse nível.

As normas preceptivas que se referem a matéria laboral respeitam tanto às relações individuais de trabalho como às relações coletivas[308].

Quanto às relações individuais de trabalho, importa, em primeiro lugar, mencionar o art. 53.º da CRP, que trata do direito à segurança no emprego e da proibição de despedimento sem justa causa, nem por motivos políticos ou ideológicos[309]. Seguidamente, a proteção das condições de trabalho vem estabelecida no art. 59.º da CRP. No n.º 1, alínea *c)*, deste preceito estabelece-se o direito à «prestação de trabalho em condições de higiene, segurança e saúde» e no mesmo número, na alínea *d)*, consagra-se o direito ao repouso, descanso semanal e férias, reiterado no n.º 2, alínea *d)*. Para além disso, no n.º 1, alínea *d)* e no n.º 2, alínea *b)*, o direito ao limite máximo de uma jornada de trabalho. No n.º 1, alínea *e)*, encontra-se referência ao direito à assistência material em situações de desemprego e na alínea *f)* do mesmo n.º 1 impõe-se a justa reparação em caso de acidente de trabalho. Por último, no n.º 2, alínea *a)*, faz-se alusão ao direito a um salário mínimo atualizado[310].

[308] Monteiro Fernandes, *Direito do Trabalho*, cit., p. 66, indica «que o grande peso regulamentar da CRP se faz sobretudo na área do chamado Direito Colectivo», justificando que, como a área do direito individual de trabalho, no período corporativo, havia evoluído no sentido dos sistemas europeus, não era necessário que na Constituição se consagrassem transformações cruciais; diversamente, o sistema de relações coletivas do período corporativo não se coadunava com os novos postulados, sendo relevante a transformação operada (ou ratificada) por via constitucional.

[309] A tutela do emprego é um dos pontos basilares em que assenta o ordenamento português, à imagem do que ocorre noutras ordens jurídicas da Europa Ocidental, mas nem sempre com a mesma relevância.

Sobre a inconstitucionalidade de normas que violem o direito à segurança no emprego, *vd.* Ac. TC n.º 162/95, de 28/3/1995, *BMJ* 446 (Suplemento), p. 615.

[310] Muitas destas regras só são exequíveis por mediação de leis ordinárias; por exemplo, o limite máximo da jornada de trabalho, não sendo concretizado, não é invocável perante o empregador, o mesmo se diga com respeito ao salário mínimo se não for estabelecido por diploma legal. Por isso, João Caupers, *Os Direitos Fundamentais*, cit., p. 146, considera que os

Para além do art. 59.º da CRP, quanto à proteção das condições de trabalho, há ainda a ter em conta o art. 68.º, n.º 3, da CRP, que confere um especial amparo às mulheres trabalhadoras durante a gravidez e após o parto.

Do art. 47.º, n.º 1, da CRP consta igualmente uma norma preceptiva, ao estabelecer-se o direito à escolha da profissão ou género de trabalho. Há, como determina o preceito constitucional, liberdade de escolha da profissão ou do género de trabalho, pelo que ninguém pode ser coagido a seguir uma profissão, nem impedido de desenvolver uma determinada atividade. Esta norma não tem qualquer particularidade no domínio do direito do trabalho; trata-se de um princípio geral de liberdade dos cidadãos, mas que no n.º 1 do art. 47.º da CRP respeita também ao direito do trabalho[311].

Em segundo lugar, quanto às relações coletivas de trabalho há a ter em conta vários artigos da Constituição[312]. Primeiro, o art. 54.º da CRP que trata do direito à constituição de comissões de trabalhadores, indicando como se constituem, que poderes têm, etc., com uma regulamentação talvez demasiadamente pormenorizada.

Depois, no art. 55.º da CRP consagra-se a liberdade sindical que, no fundo, é um corolário dos direitos, liberdades e garantias pessoais (arts. 24.º e ss. da CRP), mais propriamente da liberdade de associação (art. 46.º da CRP)[313]. Neste caso, a liberdade está relacionada com a sindicalização, tanto no que respeita à constituição de sindicatos, como à inscrição. Esta regra já constava

---

direitos sociais dos trabalhadores constantes da Constituição só são direitos subjetivos após mediação do legislador. Neste sentido, Vieira de Andrade, *Os Direitos Fundamentais*, cit., p. 182, distingue dois regimes diferentes para os direitos fundamentais: aquele cujo conteúdo é essencialmente determinado por opções constitucionais e aquele outro enformado por opções do legislador ordinário. Como refere este autor (ob. cit., p. 184), neste último caso, só a intervenção do legislador pode definir e concretizar os preceitos constitucionais, desenvolvendo «a intenção normativa em termos de produzir direitos certos e determinados». Jorge Miranda, *Direito Constitucional*, T. IV, 2.ª ed., Coimbra, 1998, p. 106, parece assentar em pressuposto diverso, ao considerar que os direitos sociais são direitos subjetivos, mas o mesmo autor (ob. cit., pp. 106 s.) relaciona a possibilidade de os direitos sociais serem invocáveis judicialmente com a existência de legislação concretizadora, que não se pode cindir das normas constitucionais.

[311] Sobre a liberdade de trabalho, *vd.* Jorge Miranda, «Liberdade de Trabalho e Profissão», *RDES* XXX (1988), n.º 2, pp. 145 ss. e João Pacheco de Amorim, «A Liberdade de Profissão», *Estudos em Comemoração dos Cinco Anos (1995-2000) da Faculdade de Direito da Universidade do Porto*, Coimbra, 2001, pp. 595 ss.

[312] Sobre os direitos coletivos, cf. José João Abrantes, «Os Direitos dos Trabalhadores na Constituição», cit., pp. 49 ss.

[313] Cf. Jorge Miranda, *Direito Constitucional*, T. IV, cit., pp. 417 ss.

do art. 16.º da LS (hoje art. 444.º do CT), mas veio a ser precisada e alargada na Constituição. Além da liberdade sindical, o art. 55.º da CRP trata de questões conexas como a não discriminação de trabalhadores. Dos arts. 54.º e 56.º da CRP ainda cabe destacar o direito conferido às comissões de trabalhadores e aos sindicatos de participarem na elaboração da legislação do trabalho (arts. 54.º, n.º 5, alínea *d)*, e 56.º, n.º 2, alínea *a)*, da CRP), assim como as recentes alterações constitucionais no que toca à participação das comissões de trabalhadores e sindicatos nos processos de reestruturação da empresa (arts. 54.º, n.º 5, alínea *c)*, e 56.º, n.º 2, alínea *e)*, da CRP).

No art. 56.º, n.os 3 e 4, da CRP, respeitante ao direito à negociação coletiva, foi atribuído nível constitucional aos instrumentos autónomos de regulamentação coletiva de trabalho[314].

Por último, o art. 57.º da CRP estabelece o direito à greve (no n.º 1) e proíbe o *lock-out* (no n.º 4). A consagração constitucional do direito à greve justifica-se, pois na Constituição de 1933 estabelecera-se a proibição da greve. Como na Constituição anterior se proibia a greve, na atual Lei Fundamental justifica-se o art. 57.º, n.º 1, da CRP em sentido contrário, admitindo a greve.

O *lock-out* pode ser a reação dos empregadores relativamente à greve e não é permitido. Na 1.ª República, ao mesmo tempo que se admitiu a greve em 1910, também se permitiu o *lock-out*. Tratava-se de uma perspetiva igualitária, já que os trabalhadores podiam recorrer à greve, os empregadores usariam o *lock-out*. Depois, com o Estado Novo, qualquer das situações foi proibida e hoje permite-se tão-só a greve, mas não o *lock-out*.

Na revisão constitucional de 1997, acrescentou-se um n.º 3 ao art. 57.º da CRP, de modo a evitar uma interpretação ampla e desrazoável do n.º 2 do mesmo preceito, permitindo que a lei defina as condições de prestação dos serviços mínimos e das atuações necessárias à segurança e manutenção do equipamento e instalações.

Resta fazer referência ao art. 63.º da CRP, que trata da matéria respeitante à segurança social, a qual, indiretamente, mantém um nexo com o direito do trabalho. Também relacionado de modo indireto com questões laborais, há a aludir ao art. 92.º da CRP, que prevê a constituição do Conselho Económico e Social.

---

[314] Como refere João Caupers, *Os Direitos Fundamentais*, cit., pp. 105 s., o direito de contratação coletiva integra várias faculdades de natureza e direção diversas, como seja propor, negociar e outorgar convenções coletivas, ter com quem negociar, prevenir-se a frustração das negociações e haver matéria negocial.

VI. As normas constitucionais preceptivas a que se aludiu já foram regulamentadas por leis da Assembleia da República e decretos-leis do Governo. As normas preceptivas da Constituição encontram-se assim quase todas concretizadas em legislação ordinária[315], em particular no Código do Trabalho. Para além disso, nos termos do art. 18.º, n.º 1, da CRP, «Os preceitos constitucionais respeitantes aos direitos, liberdades e garantias são diretamente aplicáveis e vinculam as entidades públicas e privadas»[316]; razão pela qual, nas relações laborais, mesmo na falta de legislação ordinária, as normas constitucionais que respeitem a direitos, liberdades e garantias dos trabalhadores, sendo preceptivas, são aplicáveis às entidades patronais[317]. Acresce que as leis de revisão constitucional terão de respeitar os direitos dos trabalhadores, das comissões de trabalhadores e das associações sindicais (art. 288.º, alínea *e)*, da CRP), constituindo limites materiais da revisão[318].

---

[315] Pois, como refere VIEIRA DE ANDRADE, *Os Direitos Fundamentais*, cit., p. 187, é ao legislador ordinário que se dirigem as diretrizes constitucionais a propósito de alguns direitos. Porém, como afirma o mesmo autor (ob. cit., p. 189), há uma vinculação do legislador ordinário na concretização jurídico-interpretativa da Constituição.

[316] Regime, eventualmente, extensível a outros direitos fundamentais dos trabalhadores, ainda que consagrados fora do Título II (art. 17.º da CRP).

[317] Sobre esta questão, cf. JOSÉ JOÃO ABRANTES, *Contrat de Travail et Droits Fondamentaux*, cit., pp. 59 ss.; VIEIRA DE ANDRADE, *Os Direitos Fundamentais*, cit., pp. 197 ss.; MENEZES CORDEIRO, *Direito do Trabalho*, I, cit., pp. 255 e 531 ss.; VASCO PEREIRA DA SILVA, «A Vinculação das Entidades Privadas pelos Direitos, Liberdades e Garantias», *RDES*, XIX (1987), n.º 2, pp. 259 ss. A este propósito, JOSÉ JOÃO ABRANTES «Os Direitos dos Trabalhadores na Constituição», cit., em especial, pp. 44 s. e «O Contrato de Trabalho e a Vinculação das Entidades Privadas aos Direitos Fundamentais», *Direito do Trabalho. Ensaios*, Lisboa, 1995, pp. 56 ss., leva longe demais este princípio. De facto, quando parece considerar «atitude discriminatória e intolerante, contrária aos princípios objetivos da ordem constitucional e aos direitos da autodeterminação no plano político» que a entidade patronal proíba um trabalhador de usar um emblema de determinado movimento político dentro da empresa, está a fazer uma interpretação das normas constitucionais, num sentido que elas não comportam, além de que tal interpretação colide com a liberdade de iniciativa privada do empresário; do mesmo autor, mantendo a posição indicada, ver «Contrato de Trabalho e Direitos Fundamentais», *II Congresso Nacional de Direito do Trabalho. Memórias*, Coimbra, 1999, pp 113 s. Acerca desta questão, veja-se ainda GOMES CANOTILHO, *Direito Constitucional*, cit., pp. 448 ss., de onde constam algumas hipóteses (pp. 465 ss.) e DOLE, *La Liberté d'Opinion et de Conscience en Droit Comparé du Travail*, Paris, 1997, em particular, pp. 52 ss.

[318] Cf. JORGE MIRANDA, *Direito Constitucional*, T. IV, 5.ª ed., Coimbra, 2012, pp. 474 ss., em particular, p. 476.

VII. Por último, como já foi indicado, importa contrapor as normas laborais que se integram nos direitos, liberdades e garantias (Título II), daquelas outras que estão incluídas no Título III entre os direitos e deveres económicos, sociais e culturais, designados por direitos sociais dos trabalhadores[319]. Entre as primeiras incluem-se os arts. 47.º e 53.º a 57.º da CRP e, no segundo grupo, em especial, os arts. 58.º e 59.º da CRP; preceitos a que se fez alusão nas alíneas precedentes, e que, não obstante a diferente localização sistemática, prescrevem todos eles direitos fundamentais aplicáveis no domínio laboral. Entre estes direitos fundamentais, independentemente da sua localização sistemática, não se estabelece qualquer hierarquia[320].

VIII. Os direitos constitucionais estabelecidos na Constituição (e a Constituição de 1976 foi pródiga no estabelecimento de direitos constitucionais neste domínio) têm um interesse particular no direito do trabalho, porque a referência constitucional leva a que, neste ramo do direito, se tenha de fazer a «ponte» entre a Constituição e as normas de direito privado; é uma forma de relacionar o direito privado com as normas constitucionais e de levar a que a aplicação das normas de direito do trabalho seja vista no plano constitucional, o que corresponde, no fundo, ao recurso frequente a uma interpretação conforme à Constituição[321]. A interpretação de normas de direito privado num sentido conforme à Constituição não é específica do direito do trabalho, pois advém da primazia da Lei Fundamental; mas, no caso concreto, decorre da proliferação de regras constitucionais em sede laboral, que têm de ser aplicadas e da necessidade de desenvolvimento deste ramo do direito num sentido conforme à Constituição; ou, como já se afirmou, a Constituição, neste domínio, «(...) tem uma importância decisiva na refundação do direito do trabalho e na sua sistematização»[322].

Bibliografia:

José João Abrantes, «O Código do Trabalho e a Constituição», *Estudos sobre o Código do Trabalho*, Coimbra, 2004, pp. 55 ss.; João Caupers, *Os Direitos Fun-*

---

[319] Sobre esta distinção, cf. Jorge Miranda, *Direito Constitucional*, T. IV, cit., pp. 100 ss.

[320] *Vd. infra* n.º 4.

[321] Acerca desta interpretação, cf. Gomes Canotilho, *Direito Constitucional*, cit., pp. 1310 ss.; Menezes Cordeiro, *Direito do Trabalho*, I, cit., pp. 255 ss. e, com maior desenvolvimento, Rui Medeiros, *A Decisão de Inconstitucionalidade. Os Autores, o Conteúdo e os Efeitos da Decisão de Inconstitucionalidade da Lei*, Lisboa, 1999, pp. 289 ss.

[322] Bernardo Xavier, «A Matriz Constitucional do Direito do Trabalho», *III Congresso Nacional de Direito do Trabalho. Memórias*, Coimbra, 2001, pp. 99 s.

damentais dos Trabalhadores e a Constituição, Coimbra, 1985; MENEZES CORDEIRO, *Direito do Trabalho*, I, cit., pp. 241 a 271; MONTEIRO FERNANDES, *Direito do Trabalho*, cit., pp. 64 ss.; MENEZES LEITÃO, *Direito do Trabalho*, cit., pp. 61 ss.; JORGE MIRANDA, «A Constituição laboral ou do trabalho», *Estudos do Instituto de Direito do Trabalho*, Vol. I, Coimbra, 2001, pp. 17 ss.; JORGE MIRANDA/RUI MEDEIROS, *Constituição Portuguesa Anotada*, Tomo I, *Introdução Geral. Preâmbulo. Artigos 1.º a 79.º*, 2.ª ed., Coimbra, 2010, pp. 1045 ss.; PAULO OTERO, *Direito Constitucional Português*, I, *Identidade Constitucional*, Coimbra, 2010, pp. 188 ss.; MÁRIO PINTO, *Direito do trabalho*, cit., pp. 132 a 137; ROSÁRIO PALMA RAMALHO, *Tratado de Direito do Trabalho*, I, cit., pp. 175 ss.; MOTTA VEIGA, *Lições*, cit., pp. 78 a 80; BERNARDO XAVIER, *Curso*, cit., pp. 237 e 238 e «A Constituição Portuguesa como fonte do Direito do Trabalho e os Direitos Fundamentais dos Trabalhadores», *Estudos de Direito do Trabalho em Homenagem ao Prof. Manuel Alonso Olea*, Coimbra, 2004, pp. 163 ss.; BERNARDO XAVIER/FURTADO MARTINS/NUNES DE CARVALHO/JOANA VASCONCELOS/TATIANA GUERRA DE ALMEIDA, *Manual*, cit. pp. 239 e ss.

3. Leis ordinárias

I. Em relação às leis ordinárias, há a ter em conta, em especial, as leis da Assembleia da República e os decretos-leis do Governo[323]. Quanto às leis da Assembleia da República, importa referir que, nos termos do art. 165.º, n.º 1, alínea *b)*, da CRP, é da exclusiva competência da Assembleia da República legislar sobre direitos, liberdades e garantias, salvo autorização concedida ao Governo.

Parte das normas da chamada «Constituição Laboral» inserem-se na regulamentação constitucional sobre direitos, liberdades e garantias (Parte I, Título II, Capítulo III, que tem por epígrafe «Direitos, liberdades e garantias dos trabalhadores»). Por conseguinte, os arts. 47.º e 53.º a 57.º da CRP regulam questões laborais e são normas que, segundo o art. 165.º, n.º 1, alínea *b)*, da CRP, fazem parte da competência relativa da Assembleia da República.

Diferentemente, os arts. 58.º e 59.º da CRP, inseridos no Título III, Capítulo I, da Parte I, que tem por epígrafe «Direitos e deveres económicos», não

[323] O art. 12.º, n.º 1, da LCT aludia-se a «normas legais de regulamentação do trabalho» que, em especial, abrangia leis ordinárias, (cf. MONTEIRO FERNANDES, *Direito do Trabalho*, 11.ª ed., Coimbra, 1999, pp. 85 ss.), mas esta referência foi suprimida no art. 1.º do CT. Nas leis ordinárias, para além das leis da Assembleia da República e dos decretos-leis do Governo, incluem-se os decretos regulamentares e, com âmbito de aplicação nas Regiões Autónomas, os decretos legislativos regionais e os decretos regulamentares regionais.

estão no domínio da reserva relativa da Assembleia da República e, por conseguinte, estas matérias podem ser legisladas pelo Governo, sem autorização do Parlamento. Na medida em que as questões constantes dos arts. 47.º e 53.º a 57.º da CRP constituem reserva relativa de competência da Assembleia da República, o Parlamento pode autorizar o Governo a legislar sobre esses assuntos, mediante uma autorização legislativa[324].

Tendo em conta as disposições da Constituição, tanto o Código do Trabalho de 2003 como a Legislação Especial foram aprovados por Lei da Assembleia da República (Lei n.º 99/2003, de 27 de agosto e Lei n.º 35/2004, de 29 de julho); de igual modo, a revisão do Código do Trabalho de 2009 foi aprovada por lei (Lei n.º 7/2009, de 12 de fevereiro), assim como a revisão de 2012 (Lei n.º 23/2012, de 25 de junho).

As restantes matérias, constantes dos arts. 58.º e 59.º da CRP, são reguladas diretamente pelo Governo, por decreto-lei.

II. Quanto à feitura das leis ordinárias, importa ter em conta algumas particularidades no direito do trabalho, que advêm da própria Constituição, concretamente, do art. 54.º, n.º 5, alínea *d)*, da CRP, onde se lê: «Constituem direitos das comissões de trabalhadores (...) participar na elaboração da legislação do trabalho (...)»; e do art. 56.º, n.º 2, alínea *a)*, da CRP, que diz: «Constituem direitos das associações sindicais (...) participar na elaboração da legislação do trabalho».

Não é normal que na elaboração legislativa haja interferência de entidades privadas, por isso, a participação das comissões de trabalhadores, por um lado, e das associações sindicais, por outro, na elaboração das leis do trabalho é uma particularidade deste ramo do direito.

Nesta sequência, nos arts. 469.º e ss. do CT regula-se a participação das organizações representativas de trabalhadores (comissões de trabalhadores e associações sindicais) e de empregadores na elaboração da legislação do trabalho[325]. Depois de ser dada a noção de legislação do trabalho (art.

[324] Sobre esta questão, cf. MANUEL AFONSO VAZ, *Lei e Reserva da Lei*, Porto, 1992, em especial, pp. 291 ss., 294 ss. e 298 ss.

[325] Na precedente Lei n.º 16/79, de 26 de Maio, no seguimento da imposição constitucional, só se conferia o direito de participação às organizações representativas dos trabalhadores; contudo, o legislador, não só porque essa era a prática, como também por motivos de igualdade, impôs idêntica participação na elaboração da legislação do trabalho às associações representativas dos empregadores pela Lei n.º 36/99, de 26 de Maio. Quanto a esta solução legislativa, considerando-a inconstitucional por subverter a lógica da Constituição, que não equipara as partes na relação laboral, *vd.* BACELAR GOUVEIA, «Os Direitos de Participação dos

469.º do CT), fixam-se os parâmetros em que as mencionadas organizações participam na feitura das leis do trabalho (arts. 470.º e ss. do CT); assim, a legislação laboral carece de uma prévia apreciação pública, pressupondo a consulta das referidas organizações representativas dos trabalhadores (arts. 472.º e 473.º do CT). A apreciação pública, nos termos do art. 472.º do CT, impõe a publicação dos projetos de legislação laboral, a fim de as organizações representativas de trabalhadores e de empregadores, posteriormente, emitirem parecer, que é meramente consultivo (arts. 474.º e 475.º do CT)[326]. Em alguns diplomas encontram-se referências a essa função consultiva.

Não se pode, contudo, depreciar este papel consultivo, pois ele tem sido o fundamento da participação da Comissão Permanente da Concertação Social do Conselho Económico e Social[327], e, não sendo o processo legislativo precedido de consulta, há motivo para a declaração de inconstitucionalidade do diploma[328].

III. São frequentes os pedidos de apreciação da constitucionalidade de normas de direito do trabalho, tendo várias vezes e por diferentes motivos o Tribunal Constitucional declarado inconstitucionais preceitos deste ramo do direito[329].

Representantes dos Trabalhadores na Elaboração da Legislação Laboral», *Estudos do Instituto de Direito do Trabalho*, Vol. I, Coimbra, 2001, pp. 109 ss, em especial pp. 118 ss.

326 Eventualmente, do disposto nos arts. 54.º, n.º 5, alínea *d)* e 56.º, n.º 2, alínea *a)*, da CRP poder-se-ia entender que a participação das organizações de trabalhadores não ficaria circunscrita a funções consultivas, mas foi essa a solução da Lei n.º 16/79. Como refere Lucas Pires em anotação ao art. 56.º, alínea *d)*, *Estudos sobre a Constituição*, 1.º Vol., Lisboa, 1977, p. 378, o direito de participação deve ser considerado como um *lobby* institucionalizado. Acerca da participação das organizações representativas de trabalhadores na elaboração de legislação do trabalho, cf., designadamente, os Acórdãos do TC n.º 662/94, de 14/12/1994, *BMJ* 446 (Suplemento), p. 80, n.º 215/95, de 20/4/1995, *BMJ* 446 (Suplemento), p. 672 e n.º 178/97, de 4/3/1997, *BMJ* 465, p. 103.

327 Sobre este aspeto, cf. Menezes Cordeiro, *Manual de Direito do Trabalho*, cit., p. 162, assim como Gonçalves da Silva, «Sujeitos Colectivos», *Estudos do Instituto de Direito do Trabalho*, Vol. III, pp. 312 ss.

328 Cf. Gomes Canotilho, *Direito Constitucional*, cit., p. 960. Em sentido contrário veja-se Mário Pinto, *Direito do Trabalho*, cit., pp. 143 s. Declarando a inconstitucionalidade de um artigo de um diploma, o único preceito que respeitava a matéria laboral, por, quanto a esta questão, não ter havido consulta das organizações de trabalhadores, cf. Ac. TC n.º 178/97, *DR* I Série de 16/5/1997.

329 Atendendo à distinção entre fiscalização de normas jurídicas e controlo de decisões jurisdicionais (*Vd.* Rui Medeiros, *A Decisão de Inconstitucionalidade*, cit., pp. 336 ss.) cabe esclarecer

Além de situações controversas que «inundam» o Tribunal Constitucional em relação às quais, as mais das vezes, os conselheiros opinam pela constitucionalidade das normas[330] e das decisões judiciais, importa, como exemplo, indicar sectores onde se encontram decisões de inconstitucionalidade.

No designado «direito individual do trabalho» pode aludir-se às decisões de inconstitucionalidade que respeitam a cláusulas contratuais, concretamente à aposição de termos (Ac. TC n.º 368/2000, de 11/7/2000 e Ac. TC n.º 172/2001, de 12/4/2001), à execução do contrato, quanto ao trabalho suplementar (Ac. TC n.º 635/99, DR de 21/3/2000) e à cessação do contrato (Ac. TC n.º 232/2001, de 23/5/2001, e Ac. TC n.º 338/2010, de 22/9/2010).

Em relação ao direito coletivo, cabe destacar as várias decisões de inconstitucionalidade da Lei Sindical (p. ex., Ac. do TC n.º 441/91, de 16/1/1992 e Ac. TC n.º 449/91, de 16/2/1992), as declarações de inconstitucionalidade de normas da Lei das Relações Coletivas de Trabalho (Ac. TC n.º 517/98, de 15/7/1998 e Ac. TC n.º 634/98, de 4/11/1998)[331] e a declaração de inconstitucionalidade de algumas alterações introduzidas em 1992 na Lei da Greve (Ac. TC n.º 868/96, de 4/7/1996)[332].

A este elenco cabe acrescentar a apreciação de constitucionalidade do Código do Trabalho, em que foram declarados inconstitucionais três preceitos pelo Ac. TC n.º 306/2003, de 25/6/2003[333], bem como a declaração de inconstitucionalidade de uma das regras resultantes da revisão de 2009 (Ac. TC. n.º 338/2010, de 22/9/2010) e de algumas normas da revisão de 2012 (Ac. TC n.º 602/2013, de 24/10/2013).

---

que, no âmbito laboral, são frequentes as declarações de inconstitucionalidade no primeiro caso e raras no segundo.

[330] Veja-se por exemplo o controverso tema da constitucionalidade da indemnização estabelecida no art. 13.º, n.º 3, da LCCT (Ac. TC n.º 583/2000, de 20/12/2000); solução suprimida no Código do Trabalho.

[331] Em crítica a estas declarações de inconstitucionalidade, *vd.* Bernardo Xavier, «A Matriz Constitucional do Direito do trabalho», cit., pp. 104 s.

[332] Quanto à compatibilização entre os princípios constitucionais da segurança no emprego e da liberdade de iniciativa privada, *vd.* Romano Martinez, «A Constituição de 1976 e o Direito do trabalho», *Nos 25 Anos da Constituição da República Portuguesa de 1976. Evolução Constitucional e Perspectivas de Futuro*, Lisboa, 2002, pp. 173 ss. Com perspetiva diversa, consulte-se José João Abrantes, «A Constituição e as reformas laborais em curso», *Congresso Europeu de Direito do Trabalho*, org. José João Abrantes, Coimbra, 2014, pp. 13 ss.

[333] *Vd. supra* § 4.5.d.2).α.III.

Bibliografia:

Menezes Cordeiro, *Direito do Trabalho*, I, cit., pp. 272 a 296; Monteiro Fernandes, *Direito do Trabalho*, cit., pp. 88 ss.; Mário Pinto, *Direito do Trabalho*, cit., pp. 141 a 144; Rosário Palma Ramalho, *Tratado de Direito do Trabalho*, I, cit., pp. 223 ss.; Bernardo Xavier/Furtado Martins/Nunes de Carvalho/ /Joana Vasconcelos/Tatiana Guerra de Almeida, *Manual*, cit., pp. 242 e ss.

4. Costume

I. O costume é fonte imediata de direito que advém de uma prática reiterada (uso) com convicção de obrigatoriedade[334].

No domínio do direito do trabalho, historicamente, depara-se com várias situações de costume *contra legem* e de costume *praeter legem*; trata-se de situações históricas, que, todavia, demonstram o papel do costume no que respeita à revelação de normas de direito do trabalho.

II. Como exemplo de costume *contra legem* é de referir o facto de ter havido, antes de 1891, associações de trabalhadores constituídas, apesar de ilegais (estiveram proibidas desde 1834 e só foram permitidas em 1891), e que, inclusive, algumas delas tinham os seus estatutos aprovados pelo Ministério das Obras Públicas; contra a própria lei, havia um costume de constituir associações de trabalhadores. O mesmo se diga em relação à greve[335]; esteve proibida até 1910 e voltou a estar proibida de 1927 a 1974. Não obstante se encontrar proibida, nestes períodos, verificaram-se inúmeras situações de greve, algumas das quais com sucesso a nível das reivindicações dos trabalhadores; mais uma vez, a situação é de costume *contra legem*. Mais recentemente, refira-se a prática de celebrar acordos de empresa por parte de comissões de trabalhadores, situação que veio parcialmente a ser consentida em alterações ao Código do Trabalho (art. 491.º, n.º 3, do CT)[336].

Para exemplificar uma hipótese de costume *praeter legem* pode mencionar-se o caso dos instrumentos de regulamentação coletiva a que se recorria antes de o Governo, pelo Decreto-Lei n.º 10 415, de 27 de dezembro de 1924,

---

334 Cf. Oliveira Ascensão, *O Direito. Introdução e Teoria Geral*, 13.ª ed., Coimbra, 2006, pp. 264 ss.

335 Cf. Menezes Cordeiro, *Direito do Trabalho*, I, cit., pp. 300 s.

336 Quanto a este exemplo, antes da alteração legal, *vd*. Andrade Mesquita, *Direito do Trabalho*, cit., pp. 130 s.

ter regulado a matéria respeitante às convenções coletivas de trabalho[337]. Perante a omissão da lei, o costume *praeter legem* dava vida a estes instrumentos de regulamentação coletiva.

III. Hoje, atenta a enorme produção legislativa, não só no direito do trabalho, mas em quase todos os ramos, é difícil encontrar situações de costume; sempre que, através de uma prática reiterada, começa a criar-se uma norma com convicção de obrigatoriedade, imediatamente o legislador intervém. Num sistema jurídico como o português e, em particular, no direito do trabalho, onde, para além de uma produção legislativa frequente, há a referir que, não raras vezes, as convenções coletivas consagram regras consuetudinárias, resta ao costume verificar que as normas não são aplicadas, ou seja, se uma determinada norma ou diploma, por via consuetudinária, deixou de ser aplicado, se ninguém respeitar aquela norma, pode conceder-se ao costume o papel de, pelo menos, «revogar» as disposições que caíram em desuso[338]. Como exemplo desta situação talvez se possa indicar a, já revogada, exigência do *quorum* mínimo para a Constituição de uma associação sindical, estabelecida no art. 8.º, n.º 2, da LS.

BIBLIOGRAFIA:

MENEZES CORDEIRO, *Direito do Trabalho*, I, cit., pp. 297 a 301; ROSÁRIO PALMA RAMALHO, *Tratado de Direito do Trabalho*, I, cit., pp. 250 e ss.; BERNARDO XAVIER/FURTADO MARTINS/NUNES DE CARVALHO/JOANA VASCONCELOS/TATIANA GUERRA DE ALMEIDA, *Manual*, cit., p. 249.

5. Usos

I. Os usos correspondem a uma prática social reiterada, mas sem a convicção de obrigatoriedade[339].

---

[337] Cf. RUY ULRICH, *Legislação Operária Portugueza*, Lisboa, 1906, pp. 439 ss., que alude ao «Contracto collectivo de trabalho», admitindo-o com base em regras gerais (pp. 465 s.).

[338] Cf. MENEZES CORDEIRO, *Manual de Direito do Trabalho*, cit., pp. 164 s. O desuso, como refere OLIVEIRA ASCENSÃO, *O Direito*, cit., pp. 270 s., só leva à extinção da norma se se formar um costume *contra legem*.

[339] Cf. OLIVEIRA ASCENSÃO, *O Direito*, cit., pp. 278 ss. O papel dos usos, mais relevante em direito do trabalho do que em outros ramos do direito, é frequentemente referido pelos autores, cf. MONTOYA MELGAR, *Derecho del Trabajo*, cit., pp. 104 ss.; RIVERO/SAVATIER, *Droit du Travail*, cit., p. 67; SPAGNOLO VIGORITA, *Gli Usi Aziendale*, 1965.

O art. 3.º do CC dá valor aos usos quando a lei o determine e o art. 1.º do CT faz uma remissão para os usos, ao dizer que «O contrato de trabalho está sujeito (...) aos usos que não contrariem o princípio da boa fé»[340]/[341]. No que respeita aos usos das empresas, torna-se, por vezes, particularmente difícil distingui-los das liberalidades concedidas aos trabalhadores[342]; a diferença poderá eventualmente encontrar-se no *animus* que preside a tal concessão. Além da dificuldade de qualificação decorrente do *animus*, o uso, mesmo havendo indicação explícita na lei (p. ex., art. 260.º, n.º 1, alínea *a)*, do CT), acaba por ter uma função integradora ou complementar do sentido de regras jurídicas, não sendo comum que se possam invocar regras autónomas criadas pelo uso[343].

MONTEIRO FERNANDES, *Direito do trabalho*, cit., p. 112, duvida que os usos constituam verdadeira fonte de Direito, pois, para este autor (ob. cit., pp. 107 e ss.), os usos só têm importância como mero elemento integrador, tendo em conta o carácter informal da relação jurídica de trabalho. Em sentido idêntico, cf. MÁRIO PINTO, *Direito do Trabalho*, cit., pp. 155 s. Esta é, contudo, uma visão demasiado restrita da figura, em particular tendo em conta o disposto no actual art. 1.º do CT e no precedente art. 12.º, n.º 2, da LCT. Não se duvida que os usos, muitas das vezes, tenham uma função interpretativa de regras; mas nada obsta a que, por via dos usos, se criem normas novas, designadamente para integrar lacunas da lei ou do contrato de trabalho. Neste sentido, cf. MOTTA VEIGA, *Lições*, cit., p. 103.

340 Atenda-se à identidade de referência nos dois preceitos: tanto no art. 3.º, n.º 1, do CC, como no art. 1.º do CT, admitem-se os usos que não sejam «contrários aos princípios da boa fé». Quanto a esta referência à boa fé, cf. MENEZES CORDEIRO, *Direito do Trabalho*, I, cit., p. 305.

341 No Direito Italiano, nos termos do art. 2078 CC Italiano, para além de se atender aos usos, determina-se que, sendo mais favoráveis aos trabalhadores, podem prevalecer sobre a lei. Sobre esta questão, *vd.* NICOLINI, *Manuale di Diritto del Lavoro*, cit., pp. 15 ss. Quanto às particularidades dos usos da empresa, cf. autor e ob. cit. pp. 18 ss. Sobre os usos da profissão e da empresa no direito francês, cf. COUTURIER, *Droit du Travail*, 1, cit. pp. 64 ss.

342 No caso dirimido pelo Ac. Rel. Pt. de 3/12/1990, CJ XV (1990), T. V, p. 243, decidiu-se que a mera tolerância da entidade patronal, que consentia na antecipação da saída para as 2h na véspera de feriados, não obstante ser prática seguida há 19 anos na empresa, essa prática não podia ser invocada e, por isso, tal direito não poderia ser adquirido, mesmo que resultasse de uso da empresa. No mesmo sentido, Ac. Rel Cb. de 22/4/1992, CJ XVIII (1993), T. II, p. 78. A solução é criticável, pois o art. 203.º, n.º 4, do CT (correspondente ao art. 8.º, n.º 1, da LDT) não impede que a redução do período normal de trabalho seja acordado pelas partes ou que advenha de uso da empresa, justifica-se, todavia, partindo do pressuposto, em que assentam a dois arestos, de haver uma mera liberalidade e não um uso. Refira-se ainda que não são considerados usos as práticas da empresa contrárias à lei, mesmo que mais favoráveis ao trabalhador, como seja a atribuição de uma pensão complementar de reforma (Ac. STJ de 16/6/1993, CJ (STJ) I, T. III, p. 261).

343 Com posição discordante sobre o papel dos usos como fonte de direito do trabalho, veja-se JÚLIO GOMES, «Dos usos da empresa em Direito do Trabalho», *RDES* 2008, n.º 1/4, pp. 101 ss.

Tal como o costume, os usos vão perdendo atualidade e relevância, pois é frequente que, perante a existência de um uso, o legislador intervenha; e, no direito do trabalho, quando um determinado uso começa a generalizar-se, há a ter em conta que, para além da intervenção legislativa frequente, as convenções coletivas de trabalho regulamentam igualmente usos[344], passando estes a estar incluídos nas fontes de direito do trabalho, concretamente passando a valer como instrumentos de regulamentação coletiva de trabalho. Subsistem tão-só alguns usos locais, mormente certos usos empresariais, se, tais práticas, assim puderem ser qualificadas.

II. No direito do trabalho há ainda várias remissões para os usos, na medida em que aspetos concretos não tenham sido incluídos em convenções coletivas de trabalho. Por exemplo, no art. 258.º, n.º 1, do CT considera-se que a retribuição pode ser determinada pelos usos; nos termos do art. 260.º, n.º 1, alínea *a)*, do CT, os usos podem levar a que determinadas importâncias se considerem integrantes da remuneração; nesta sequência, no art. 260.º, n.º 3, alínea *a)*, do CT, aceita-se que, por via dos usos, as gratificações sejam integradas na retribuição; no art. 276.º, n.º 2, do CT estabelece-se que a parcela não pecuniária do salário não pode ser superior ao valor corrente na região; no art. 278.º, n.º 1, do CT admite-se que os usos estabeleçam uma regra diversa quanto ao vencimento da retribuição. Da mesma forma, na Portaria de Regulamentação do Trabalho para a agricultura, de 8 de junho de 1979[345], Base XV, diz-se que, em caso de deslocação de trabalhadores para fora da área de trabalho, a alimentação e a dormida dos mesmos são determinadas pelos «usos e costumes regionais»; na Base XVII, n.º 2, considera-se que os descansos do trabalho podem ser determinados pelos «usos e costumes locais atendíveis»; na Base XXXIV, n.os 1 e 3, para os casos em que o trabalho não pode ser realizado por razões climatéricas, a retribuição será devida conforme os «usos e costumes locais atendíveis»; na Base XXXVI, n.º 2, determina-se que o vencimento da retribuição pode resultar dos usos. Nesta PRT para a agricultura, com uma deficiente técnica jurídica, fala-se em usos e costumes em sinonímia, não obstante corresponderem a conceitos diferentes; os usos e

[344] Cf. Mário Pinto/Furtado Martins/Nunes de Carvalho, *Comentário às Leis do Trabalho*, cit., anot. II.6 ao art. 12.º, p. 63. Veja-se igualmente Nicolini, *Manuale di Diritto del Lavoro*, cit., pp. 17 s.

[345] As portarias de regulamentação do trabalho passaram a ser designadas no Código do Trabalho de 2003 por «Regulamentos de Condições de Trabalho» e, com a revisão de 2009, foram denominadas por «Portarias de Condições de Trabalho» (arts. 517.º e ss. do CT).

costumes a que se faz referência na PRT para agricultura são os usos locais, mas se houver uma convicção de obrigatoriedade integrarão o costume.

III. Os usos têm ainda relevância no domínio de práticas laborais criadas no seio das empresas, assim como em certas artes e ofícios. Os usos da profissão e das empresas podem ser afastados por contrato de trabalho ou por regulamento interno de empresa. Na LCT (art. 12.º, n.º 2, *in fine*) determinava-se que o acordo que afastasse os usos teria de ser escrito, contudo essa exigência deixou de constar do regime estabelecido no Código do Trabalho, razão pela qual o requisito de forma escrita já não é requerido, ainda que, para efeito de prova, corresponda ao meio usual.

IV. Não parece de aceitar a tese de o regulamento interno de empresa constituir fonte de direito do trabalho[346]. É claro que do regulamento podem resultar normas aplicáveis ao universo de trabalhadores da empresa e, tais regras, podem ter um carácter de abstração. Mas, de facto, o regulamento interno tem o seu fundamento no contrato de trabalho, em particular no poder de direção do empregador e na correspondente subordinação do trabalhador, e o contrato não é fonte de direito; mesmo na parte organizativa e disciplinar do trabalho, o regulamento de empresa funda-se num poder do empregador que emerge do contrato. Independentemente destas considerações, seria estranho que uma fonte de direito do trabalho proviesse de uma parte, que impõe à outra unilateralmente regras abstratas.

BIBLIOGRAFIA:

TIAGO COCHOFEL DE AZEVEDO, *Da relevância dos usos laborais*, Lisboa, 2012, pp. 105 ss.; ANTÓNIO DIAS COIMBRA, «Uso laboral», *Para Jorge Leite. Escritos Jurí-*

---

[346] Em sentido diverso, preconizando que o regulamento interno é fonte de direito veja-se MENEZES CORDEIRO, *Direito do Trabalho*, I, cit., pp. 354 ss.; MÁRIO PINTO/FURTADO MARTINS/ /NUNES DE CARVALHO, *Comentário*, cit., anot. 3 ao art. 39.º, pp. 191 s.; MOTTA VEIGA, *Lições*, cit., pp. 99 ss; ROSÁRIO PALMA RAMALHO, *Tratado de Direito do Trabalho*, I, cit., pp. 279 e ss. No sentido preconizado, veja-se o Ac. Trib. Const. de 20/11/1996, *DR* 2.ª Série de 7/2/1997, onde se afirma que o regulamento interno não é fonte de Direito, não estando, por isso, sujeito a controlo de constitucionalidade, mas sim de ilicitude.
Resta referir que, diferentemente do que parece deduzir-se da afirmação de MOTTA VEIGA, *Lições*, cit., p. 101, os regulamentos internos não são obrigatoriamente publicados, como sucede com as leis e as convenções coletivas; a lei exige tão-só que se dê publicidade ao seu conteúdo, designadamente mediante afixação na sede da empresa e nos locais de trabalho (art. 99.º, n.º 3, do CT).

dico-Laborais, I, Coimbra, 2014, pp. 251 ss.; MENEZES CORDEIRO, *Direito do Trabalho*, I, cit., pp. 301 a 305; MONTEIRO FERNANDES, *Direito do Trabalho*, cit., pp. 107 ss.; JÚLIO GOMES, «Dos usos da empresa em Direito do Trabalho», *RDES* 2008, n.º 1/4, pp. 101 ss.; MÁRIO PINTO, *Direito do Trabalho*, cit., pp. 154 a 156; MENEZES LEITÃO, *Direito do Trabalho*, cit., pp. 85 s.; MÁRIO PINTO/FURTADO MARTINS/ /NUNES DE CARVALHO, *Comentário*, cit., anot. 6 ao art. 12.º, pp. 62 e 63; ROSÁRIO PALMA RAMALHO, *Tratado de Direito do Trabalho*, I, cit., pp. 251 ss.; MOTTA VEIGA, *Lições*, cit., pp. 101 a 104.

6. Jurisprudência uniformizada

I. Nos termos do revogado art. 763.º, n.º 1, do anterior CPC, podia-se recorrer para o Tribunal Pleno (para o pleno do STJ) quando houvesse contradição entre, em princípio, dois acórdãos do Supremo Tribunal de Justiça. E como dispunha o revogado art. 768.º, n.º 3, do anterior CPC, perante um conflito de jurisprudência, o Tribunal Pleno deveria resolvê-lo lavrando um assento.

Nos termos do revogado art. 2.º do CC, os assentos tinham força obrigatória geral, sendo publicados no *Diário da República*, ao lado das leis e dos decretos-leis.

Todavia, tendo em conta a polémica suscitada em torno do valor dos assentos, em particular quanto à sua força obrigatória geral, o legislador revogou o instituto dos assentos[347] depois de o Tribunal Constitucional se ter pronunciado, ainda que parcialmente, pela sua inconstitucionalidade[348].

[347] Cf. Preâmbulo do Decreto-Lei n.º 329-A/95, de 12 de dezembro e arts. 3.º e 17.º deste diploma, que determinam a imediata revogação dos arts. 763.º a 770.º do anterior CPC.

[348] Cf. Acórdão n.º 810/93, de 7 de dezembro (*RLJ* 127 (1994/95), pp. 35 ss.). Este acórdão foi inconclusivo. O Tribunal Constitucional considerou o art. 2.º do CC parcialmente inconstitucional, na parte em que determina ter o assento força obrigatória geral, por contrariar o disposto no art. 115.º, n.º 5, da CRP (atualmente art. 112.º, n.º 6, da CRP). Mas, no demais, o Tribunal Constitucional decidiu pela constitucionalidade dos assentos. Como se refere no Preâmbulo do Decreto-Lei n.º 329-A/95, a jurisprudência constitucional quebrou a força vinculativa genérica dos assentos.
Sobre a inconstitucionalidade dos assentos, *vd.* por todos CASTANHEIRA NEVES, Comentário ao Acórdão do Tribunal Constitucional n.º 810/93, de 7 de dezembro de 1993, *RLJ* 127 (1994/95), pp. 63 a 72 e 79 a 96 ou *O Problema da Constitucionalidade dos Assentos (Comentário ao Acórdão n.º 810/93 do Tribunal Constitucional)*, Coimbra, 1994. Em crítica à eliminação do instituto dos assentos, considerando-o genuinamente nacional, cf. MENEZES CORDEIRO, Anotação, *ROA* 56 (1996) I, pp. 307 ss. Veja-se também, TEIXEIRA DE SOUSA, «Sobre a Constitucionalidade da Conversão do Valor dos Assentos», *ROA* 1996, II, pp. 707 ss.

Eliminados os assentos, na nova versão do Código de Processo Civil (arts. 732.º-A e 732.º-B, do anterior CPC, cuja solução foi mantida pelos artigos 686.º e 687.º do novo CPC, aprovado pela Lei n.º 41/2013, de 26 de junho) passou a admitir-se um julgamento ampliado de revista, com intervenção do plenário das secções cíveis, para assegurar a uniformização de jurisprudência, sempre que haja conflito entre decisões judiciais (art. 686.º, n.º 1, do CPC)[349]. O acórdão proferido pelas secções reunidas do Supremo Tribunal de Justiça é publicado na 1.ª Série-A do *Diário da República* (art. 687.º, n.º 5, do CPC), à imagem do que ocorria com os assentos, mas não é vinculativo para os tribunais, que podem, em outro litígio, decidir de modo diverso à jurisprudência uniformizada; contudo, em tal caso, haverá sempre recurso para o Supremo Tribunal de Justiça (art. 629.º, n.º 2, alínea *c)*, do CPC)[350].

II. No direito do trabalho, relativamente aos assentos, para além das regras do Código de Processo Civil, que valem no processo do trabalho (art. 1.º, n.º 2, alínea *a)*, do CPT), importa atender às disposições próprias do Código de Processo do Trabalho. Por via da remissão constante do art. 79.º do CPT para o art. 678.º do CPC (atual art. 629.º), em processo do trabalho também há recurso para o Supremo Tribunal de Justiça (Tribunal Pleno) nos casos em que exista contradição entre dois acórdãos, em princípio do Supremo Tribunal de Justiça, e atendendo à alteração introduzida no Código de Processo Civil, na sequência da declaração de inconstitucionalidade dos assentos, no processo do trabalho haverá igualmente a possibilidade de recorrer para se obter acórdão de jurisprudência uniformizada[351].

III. Para além disso, o art. 186.º do CPT determina que o acórdão do Supremo Tribunal de Justiça sobre questões de anulação ou interpretação

[349] Sobre esta questão, cf. TEIXEIRA DE SOUSA, *Estudos sobre o Novo Processo Civil*, 2.ª ed., Lisboa, 1997, pp. 556 ss.

[350] A solução é similar no domínio do Processo Penal, nos termos em que dispõem os arts. 437º e ss. do Código de Processo Penal. Cf., porém, o Assento n.º 1/98, *DR*, I Série de 29 de Julho de 1998.

[351] CARLOS ALEGRE, *Código de Processo do Trabalho Actualizado e Anotado*, Coimbra, 1996, anot. 3 ao art. 74.º, p. 233, na anterior versão do Código de Processo do Trabalho, sem justificar, parecia igualmente advogar que o recurso para o tribunal pleno fosse tendo em vista obter uniformidade de jurisprudência.

de cláusulas de convenções coletivas de trabalho tem o valor ampliado de revista em processo civil[352].

Portanto, no domínio do direito do trabalho, ao lado da jurisprudência uniformizada – tal qual como ocorre no processo civil – acresce uma especificidade: o acórdão previsto no art. 186.º do CPT, por remissão para o art. 183.º do CPT.

Trata-se de um acórdão do Supremo Tribunal de Justiça que se pronuncia sobre questões de anulação ou de interpretação de cláusulas de convenções coletivas de trabalho, ao qual foi conferido o valor de jurisprudência uniformizada; não sendo necessário o recurso para o Tribunal Pleno, porque é o próprio acórdão do Supremo Tribunal de Justiça que tem esse valor[353]. Daí que tenha de ser publicado no *Diário da República*, 1.ª Série e no *Boletim do Trabalho e Emprego* (art. 186.º do CPT)[354].

IV. Sobre este acórdão específico do direito do trabalho, o Tribunal Constitucional não se pronunciou, pois a sua apreciação respeitava, tão-só, aos assentos anteriormente previstos no Código de Processo Civil. O Tribunal Constitucional não tomou posição sobre os acórdãos que interpretam ou declaram a anulabilidade de cláusulas de convenções coletivas de trabalho, porque a questão não foi suscitada.

No art. 186.º do CPT estabeleceu-se uma situação especial de acórdão uniformizador no domínio do direito do trabalho em virtude das particularidades que existem no que respeita às convenções coletivas de trabalho. Uma vez que este instrumento de regulamentação do trabalho corresponde a um acordo celebrado entre duas entidades, que produz efeitos relativamente a outros contratos e a outras pessoas que não foram parte nesse acordo, quando as cláusulas dessas convenções são interpretadas ou anu-

[352] *Vd.*, designadamente o Assento 2/96, de 18/10/1995, *DR*, I Série-A, de 22/3/1996, sobre a interpretação da cláusula 54.ª do acordo de empresa respeitante aos trabalhadores da Rodoviária Nacional, E.P., tirado na Secção Social do Supremo Tribunal de Justiça. Todavia, possivelmente por uma questão de uniformização terminológica, o Supremo Tribunal de Justiça passou a designar estes assentos por acórdãos, cf. Acórdão STJ n.º 11/97, de 23/4/1997, *DR* I Série de 5/6/1997, *BMJ* 446, p. 359 e Acórdão STJ n.º 8/2005, *DR* I Série de 10/11/2005. Esta diferente terminologia não parece acarretar distinção a nível de efeitos.

[353] Quanto à diferença entre o assento do Processo Civil e esta figura especial do Direito do trabalho, cf. Leite Ferreira, *Código de Processo do Trabalho Anotado*, 4.ª ed., Coimbra, 1996, anot. II ao art. 180.º, p. 743. Veja-se também Carlos Alegre, *Código de Processo do Trabalho*, cit., anot. art. 180.º, p. 477, que alude a uma nova categoria de assento.

[354] Veja-se, por exemplo, o Ac. STJ n.º 9/2006, de 8/11/2006, *DR* 1.ª Série de 21/12/2006.

ladas, as consequências que daí advenham também produzem efeitos nos contratos de trabalho.

Deste modo, quando num acórdão do Supremo Tribunal de Justiça se considera uma determinada cláusula nula ou que deve ser interpretada num certo sentido, esta tomada de posição relativamente à convenção coletiva vale para todos os contratos de trabalho por ela regulados, justificando a uniformização do acórdão[355].

Na medida em que o Tribunal Constitucional considerou o art. 2.º do CC inconstitucional, na parte em que este se referia à força obrigatória geral dos assentos, cabe indagar se o acórdão uniformizador previsto no art. 186.º do CPT estará ferido da mesma inconstitucionalidade. Relativamente aos assentos anteriormente previstos no processo civil, a inconstitucionalidade advinha de se estar perante uma violação do art. 112.º, n.º 6, da CRP, que não admite atos de natureza diferente da lei, neste caso emanados do tribunal, a interpretar, integrar, modificar ou revogar preceitos legislativos.

Quanto ao acórdão previsto do art. 186.º do CPT, não está em causa a interpretação ou a anulação de leis, mas antes de cláusulas de convenções coletivas de trabalho, que não têm o valor de lei, nem são considerados atos legislativos nos termos do n.º 1 do art. 112.º da CRP. Assim, os argumentos invocados no sentido da inconstitucionalidade dos assentos não valem relativamente ao acórdão previsto no art. 186.º do CPT.

Bibliografia:

Menezes Cordeiro, *Direito do Trabalho*, I, cit., pp. 306 a 313; Mário Pinto, *Direito do Trabalho*, cit., pp. 156 e 157; Motta Veiga, *Lições*, cit., pp. 82 a 83; Bernardo Xavier/Furtado Martins/Nunes de Carvalho/Joana Vasconcelos/Tatiana Guerra de Almeida, *Manual*, cit., pp. 248 e s.

7. Jurisprudência e doutrina

Neste ponto não há qualquer particularidade relativamente ao direito do trabalho.

---

355 Carlos Alegre, *Código de Processo do Trabalho Anotado*, 2.ª ed., Coimbra, 1987, anot. ao art. 180.º, p. 220, diferentemente do que ocorre na 3.ª ed. da mesma obra supra citada, anot. ao art. 180.º, pp. 476 s., questiona porque razão só se atribui força obrigatória geral ao acórdão do Supremo, na medida em que as decisões tomadas na 1.ª instância, assim como os acórdãos das Relações também vinculariam aqueles a quem se destinam as convenções coletivas.

A jurisprudência, excluindo a especificidade dos assentos, no domínio do direito do trabalho, tem o mesmo valor que nos demais ramos do direito. O conjunto de decisões que exprimem a orientação seguida pelos tribunais do trabalho[356] é particularmente relevante, em especial quando se trata de jurisprudência constante[357], que, mesmo não sendo vinculativa, deve ser tomada em consideração para o conhecimento do direito do trabalho.

A doutrina pode igualmente ter um papel indireto de revelação de normas, sem qualquer especificidade com respeito aos outros ramos do direito, não sendo verdadeiramente fonte de direito do trabalho, tal como ocorre com a jurisprudência.

8. Fontes coletivas

a) Aspetos comuns

O direito do trabalho apresenta, neste ponto, uma especificidade, pois, ao lado das fontes heterónomas, comuns a todos os ramos do direito, surgem as fontes autónomas, produto da autorregulamentação de interesses[358].

As fontes coletivas são os instrumentos de regulamentação coletiva de trabalho, fontes típicas do direito do trabalho, que podem regulamentar aspetos vários, como salário, carreiras profissionais, férias, ou em geral, condições de trabalho, e destinam-se a vigorar para uma determinada categoria profissional, ou sector empresarial. As fontes coletivas, para além de previsão constitucional (art. 56.º, n.os 3 e 4, da CRP) e de serem incluídas entre as

---

[356] Quanto a esta noção de jurisprudência, cf. Baptista Machado, *Introdução ao Direito e ao Discurso Legitimador*, Coimbra, 1983, p. 162.

[357] Cf. Oliveira Ascensão, *O Direito*, cit., pp. 323 s.

[358] Quanto à dicotomia entre fontes heterónomas e fontes autónomas, cf. Monteiro Fernandes, *Direito do Trabalho*, cit., p. 63.

A regulamentação coletiva, que se desenvolveu no direito do trabalho, tem sido preconizada também noutros domínios em que se justificaria um tratamento idêntico; veja-se no âmbito do direito do consumo, Maciel Júnior, *Convenção Coletiva de Consumo (Estudo dos Interesses Difusos, Coletivos e de Casos Práticos; Aspectos Comparativos entre a Experiência do Direito do trabalho e do Direito do Consumidor na Formação da Legislação Material e Processual)*, Belo Horizonte, 1996, e Correia de Araújo, «Regulações Coletivas de Consumo e de Trabalho: As Semelhanças em Busca do Equilíbrio Social», *Revista da ESMAPE*, 3 (1998), pp. 213 ss.

fontes de direito do trabalho (art. 1.º do CT), vêm, depois, reguladas nos arts. 476.º e ss. do CT[359].

De entre os instrumentos de regulamentação coletiva de trabalho, tal como prescreve o n.º 1 do art. 2.º do CT, importa distinguir os negociais, produto da autorregulamentação de interesses (convenção coletiva de trabalho, acordo de adesão e decisão arbitral), dos normativos ou não negociais, impostos por via estadual (portaria de extensão e portaria de condições de trabalho). De todos estes instrumentos, a convenção coletiva é aquele que apresenta maior relevância teórica e prática.

b) Convenção coletiva

I. A convenção coletiva é um fenómeno de autorregulamentação de interesses, sendo negociada pelos representantes de trabalhadores e empregadores; os intervenientes na celebração das convenções coletivas são os interessados na concertação dos seus interesses[360].

II. Poder-se-ia pensar que as convenções coletivas de trabalho não apresentam qualquer particularidade relativamente ao direito civil, porque os seus outorgantes – sindicatos e associações de empregadores – seriam representantes daqueles – trabalhadores e empregadores –, para os quais elas, primordialmente, se destinam. De facto, as associações sindicais representam os trabalhadores e as associações de empregadores os respetivos associados, destinando-se as convenções coletivas unicamente a vigorar em relação aos filiados. Tendo em conta o art. 496.º do CT, verifica-se que, no n.º 1, está consagrado o princípio da filiação, nos termos do qual as convenções coletivas

---

[359] Relativamente à contratação coletiva na função pública, *vd.* o anterior regime do Contrato de Trabalho em Funções Públicas (Lei n.º 59/2008, de 11 de setembro), arts. 346.º e ss., e o atual normativo constante da Lei n.º 35/2014 (arts. 347.º e ss.).

[360] Como refere Barros Moura, *A Convenção Colectiva entre as Fontes de Direito do trabalho*, Coimbra, 1984, p. 84, atendendo à participação dos interessados, a convenção coletiva «revela-se uma técnica maleável de adaptação do regime jurídico estadual do trabalho às características peculiares do sector de atividade económica, da profissão ou da região a que diga respeito». A convenção coletiva está generalizada a nível internacional, com terminologia idêntica nos países latinos. Em Espanha denomina-se «convénio colectivo» (Montoya Melgar, *Derecho del Trabajo*, cit., pp. 151 ss.), na Itália «contratto collettivo» (Assanti, *Diritto del Lavoro*, cit., pp. 171 ss.) e em França «convention collective» (Rivero/Savatier, *Droit du Travail*, cit., pp. 304 ss.). Diferentemente, na Alemanha, relacionando a convenção coletiva com a discussão sobre a matéria salarial, designa-se por «Tarifvertrag» (Söllner, *Grundriss des Arbeitsrechts*, cit., pp. 119 ss.; Wiedemann/Oetker/Wank, *Tarifvertragsgesetz*, 7.ª ed., Munique, 2007).

obrigam os empregadores que as subscreveram ou inscritos nas associações signatárias, assim como os trabalhadores sindicalizados numa das associações sindicais celebrantes, desde que trabalhem para um empregador abrangido pela mesma convenção[361].

Com base no princípio da filiação, seria admissível chegar à conclusão de que as convenções coletivas não têm qualquer particularidade, sendo meros acordos negociados pelos representantes dos trabalhadores e empregadores[362]. Porém, o princípio da filiação tem exceções, especialmente, na eventualidade de ser emitida uma portaria de extensão por via da qual se manda aplicar uma convenção a trabalhadores ou empregadores não filiados nas associações outorgantes.

Verificando-se uma hipótese de extensão, a convenção coletiva pode vir a aplicar-se a quem não seja filiado nas associações signatárias.

III. As convenções coletivas surgem entre as fontes de direito do trabalho, no art. 1.º do CT[363].

Além das convenções coletivas de trabalho internas, pode também admitir-se, com reservas, a existência de convenções coletivas de trabalho a nível internacional e a nível europeu[364]. As reservas advêm do facto de a diversi-

---

[361] O princípio da filiação, nos precisos termos estabelecidos na lei portuguesa, não tem a mesma consagração a nível internacional (cf. em Espanha, Montoya Melgar, *Derecho del Trabajo*, cit., pp. 164 e ss. e, em França, Javillier, *Droit du Travail*, cit., pp. 794 ss.).

[362] Quanto à natureza jurídica das convenções coletivas, em que se opõem as teses contratualistas às normativas, *vd. infra* § 64.7.

[363] O mesmo ocorria no caso do art. 12.º, n.º 1, da LCT, embora este preceito, aquando da sua entrada em vigor, tivesse um âmbito de aplicação mais vasto do que o atual, pois, por princípio, a convenção coletiva abrangia os trabalhadores não sindicalizados e os empregadores não inscritos – cf. art. 33.º do Estatuto do Trabalho Nacional. Menezes Cordeiro, *Direito do Trabalho*, I, cit. p. 347, afirma que a referência constante do art. 12.º, n.º 1, do LCT é uma qualificação legal não vinculativa; todavia, o mesmo autor (ob. cit., p. 172) apresenta duas razões para admitir que as convenções coletivas são fontes juslaborais: primeiro, considerando que apresentam as características da generalidade e da abstração – que, sendo regra, poderá, eventualmente, não se verificar –; segundo, que não são aplicáveis as regras da representação – solução discutível, atendendo ao princípio da filiação. Sobre estas questões, cf. Barros Moura, *A Convenção Colectiva*, cit., pp. 118 ss., que (pp. 121 ss.) relaciona o reconhecimento da convenção coletiva como fonte de direito com a importância económico-social dos sindicatos e com uma aptidão para defender os interesses dos trabalhadores.

[364] Quanto às convenções coletivas a nível comunitário, veja-se o disposto no art. 155.º do Tratado sobre o Funcionamento da UE. Cf. Motta Veiga, *Direito do Trabalho Internacional e Europeu*, Lisboa, 1994, pp. 102 ss.; em relação à aplicabilidade a nível internacional, cf. Moura Ramos, *Da Lei Aplicável ao Contrato de Trabalho Internacional*, Coimbra, 1990, pp. 33 ss.; João

dade de sistemas jurídicos, mesmo a nível europeu, impedir ou, pelo menos, dificultar a celebração de tais convenções[365]. No futuro, talvez seja possível, pelo menos na União Europeia, celebrar essas convenções, mas, para já, a diversidade de regimes jurídicos entre os vinte e cinco Estados membros não o facilita.

IV. Nos termos do art. 2.º, n.º 3, do CT, a convenção coletiva subdivide-se em três tipos: contratos coletivos, acordos coletivos e acordos de empresa.

Os contratos coletivos são convenções celebradas entre associações sindicais e associações de empregadores. No acordo coletivo, a convenção é ajustada entre associações sindicais e vários empregadores, não associados, titulares de distintas empresas. Os acordos de empresa são convenções celebradas entre associações sindicais e um único empregador. Existem algumas diferenças entre elas, nomeadamente a nível de aplicação (*vd. infra* § 64.).

V. Na convenção coletiva distingue-se usualmente o conteúdo obrigacional – que não apresenta particularidades com respeito aos negócios jurídicos de direito civil – e o conteúdo regulamentar ou normativo (cf. art. 492.º, n.º 2, do CT).

As soluções estabelecidas numa convenção coletiva, na parte regulamentar, aplicam-se aos contratos de trabalho que vinculam empregadores e trabalhadores por ela abrangidos, não podendo, nestes, em princípio, dispor-se de forma diversa da que consta na convenção (art. 476.º do CT)[366]. A existência de uma convenção coletiva, por exemplo num determinado sector, levará a que os contratos de trabalho nesse mesmo sector tenham de a respeitar, não descurando, contudo, o princípio da filiação.

Reis, anot. ao art. 155.º, *Tratado de Lisboa Anotado e Comentado*, org. Manuel Porto e João Anastácio, Lisboa, 2012, pp. 676 ss.

[365] Cf. Barros Moura, *A Convenção Colectiva*, cit., p. 86.

[366] A aplicação direta da convenção coletiva não pressupõe a incorporação das suas normas em cada contrato de trabalho, mas simplesmente o respeito pelo que nela se encontra disposto; não é necessário ficcionar a recepção de normas de convenções coletivas pelos contratos de trabalho para que as partes nestes negócios jurídicos as tenham de respeitar.

Quanto à justificação e modos de sujeição dos contratos individuais de trabalho à convenção coletiva, seja por via da recepção automática, da sujeição à autonomia coletiva ou por via de um condicionamento externo, cf. Barros Moura, *A Convenção Colectiva*, cit., pp. 192 ss. Não obstante esta vinculação, afirmou-se no Ac. Tribunal Constitucional n.º 98/95, de 22/2/1995, *BMJ* 446 (Sup.), p. 435, que as cláusulas da convenção coletiva não são normas para efeitos de integrarem objeto idóneo dos recursos de constitucionalidade, porque estes instrumentos não são atos dotados de eficácia externa.

No entanto, nos termos do citado art. 476.º do CT, há casos em que o contrato de trabalho pode dispor de forma diversa da convenção coletiva, admitindo-se a validade da cláusula se a solução estabelecida for mais favorável ao trabalhador do que a prevista na convenção coletiva. O contrato de trabalho só pode estabelecer de forma diversa se daí advier uma situação mais favorável, mas é necessário que das disposições do instrumento não resulte o contrário; isto é, que não haja oposição por parte da regulamentação convencional. Entende-se que, por via de regra, na convenção coletiva se estabelece um mínimo: aquilo que não pode ser afastado pela vontade das partes; e no contrato de trabalho pode-se ir além do disposto na convenção coletiva, não sendo lícito ficar aquém[367].

VI. No que respeita ao concurso, é necessário distinguir a relação entre diferentes instrumentos de regulamentação coletiva e entre várias convenções coletivas aplicáveis a alguns trabalhadores.

No concurso entre diferentes instrumentos de regulamentação coletiva de trabalho, tendo em conta o disposto no art. 3.º do CT, dá-se preferência aos instrumentos negociais (*v. g.*, convenção coletiva) em detrimento dos não negociais (p. ex., portaria de condições de trabalho).

Relativamente ao concurso entre várias convenções coletivas aplicáveis a alguns trabalhadores estabelecem-se no art. 482.º do CT várias soluções. No n.º 1, alínea *a)* determina-se que prevalece a convenção coletiva em função de um critério de especialidade, sendo esta especialidade aferida em relação a empregadores: preferem os acordos de empresa e os acordos coletivos aos contratos coletivos; dito de outro modo, prefere a convenção coletiva firmada entre uma associação sindical e um só empregador à convenção coletiva celebrada entre uma associação sindical e uma associação de empregadores, na medida em que, por princípio, no acordo de empresa, celebrado entre uma associação sindical e um só empregador, foram tidas em conta as particularidades daquela empresa, enquanto o contrato coletivo destina-se a vigorar numa multiplicidade de empresas. Nesta sequência, esclarece-se na

[367] O contrato de trabalho não pode, por via de regra, dispor em sentido diverso daquele que consta de convenção coletiva, mas não parece que esta asserção se justifique com base no princípio do tratamento mais favorável, pelas mesmas razões que levam ao afastamento deste postulado nas relações hierárquicas entre fontes do Direito (*vd. infra* § 10.). Sobre esta questão, cf. Ac. Rel. Pt. de 24/2/1997, CJ XXII (1997), T. I, p. 279; Ac. Rel. Év. de 18/2/1997, CJ XXII (1997), T. I, p. 316; Ac. Rel. Cb. de 2/3/2018, CJ 2018 II, p. 58. Explicando a dependência do contrato de trabalho em relação à convenção coletiva com base no princípio do tratamento mais favorável, cf. SÖLLNER, *Arbeitsrechts*, cit., p. 47.

alínea *b)* do n.º 1 do mesmo preceito que o acordo coletivo, por ter um campo de aplicação mais específico, afasta a aplicação do contrato coletivo.

A segunda preferência, constante do n.º 2 do art. 482.º do CT, determina que prevalece a convenção coletiva escolhida pelos trabalhadores. Havendo conflito entre convenções coletivas firmadas por vários sindicatos, não solúvel pela regra da especificidade, cabe aos trabalhadores abrangidos determinar por qual optam, devendo comunicar a escolha ao empregador.

Não sendo viável nenhum destes meios, aplica-se o instrumento mais recente (art. 482.º, n.º 3, alínea *a)*, do CT) e, por último, prefere a convenção que regular a principal atividade da empresa (art. 482.º, n.º 3, alínea *b)*, do CT).

VII. Tendo em conta o disposto no art. 2.º, n.º 2, do CT, verifica-se que a regulamentação coletiva de trabalho, para além de convenção coletiva, pode ser feita por acordo de adesão, decisão arbitral e via administrativa.

c) Acordo de adesão

O acordo de adesão, previsto no art. 504.º do CT, corresponde a um ajuste celebrado por uma entidade que não foi parte na convenção coletiva, mas que pretende que esta se lhe aplique. Esse interessado celebrará o acordo com as entidades que seriam contraparte, caso ele tivesse negociado a convenção coletiva. Por exemplo, se um determinado empregador, que não é parte numa dada convenção coletiva, pretende que os efeitos desta lhe sejam aplicáveis, pode aderir à convenção, através de um acordo de adesão a celebrar com a associação sindical que, juntamente com a associação de empregadores na qual o empregador não está filiado, negociou a sobredita convenção. O acordo de adesão constitui uma forma de alongamento do âmbito inicial de aplicação de uma convenção coletiva de trabalho, cujas regras passarão, a partir de então, a vincular igualmente trabalhadores ou empregados não abrangidos pela convenção (cf. *infra* § 65.).

d) Decisão arbitral

A decisão arbitral difere da convenção coletiva na medida em que o acordo não foi conseguido pela via da negociação, mas produz os mesmos efeitos (art. 505.º, n.º 3, do CT). A decisão arbitral, prevista nos arts. 505.º e ss. do CT, em princípio, tem em vista tão-só dirimir conflitos concretos, que possam advir da celebração ou da revisão duma convenção coletiva, sendo voluntária, a arbitragem pressupõe um acordo entre a associação sindical e a associação de empregadores ou o empregador (cf. *infra* § 66).

e) Portarias de extensão e de condições de trabalho

I. Por via de uma intervenção estadual, a regulamentação coletiva pode ser feita nos termos previstos nos arts. 514.º e 517.º do CT. São instrumentos que dependem da autoridade do Estado, mas relacionam-se, assemelham-se e até se subordinam (cf. art. 3.º do CT)[368] às convenções coletivas[369].

A portaria de extensão é uma forma de estender a convenção coletiva a quem não seja filiado nas associações signatárias da mesma: trabalhadores e empregadores não associados.

Nos termos do art. 496.º do CT, vigora o princípio da filiação, que sofre exceções no caso das portarias de extensão, previstas nos arts. 514.º e ss. do CT. A portaria de extensão tem uma proveniência governamental, e determina a ampliação do âmbito de destinatários duma dada convenção coletiva, aplicando-se a empregadores do mesmo sector de atividade e a trabalhadores da mesma profissão ou de profissão análoga, que não estejam filiados nas associações signatárias. Com a portaria de extensão procede-se ao aproveitamento de conteúdos normativos já existentes; concretamente, negociados para ajuste da convenção coletiva.

No preceito em causa (art. 514.º do CT), determina-se que a extensão da convenção coletiva tem de ser feita atendendo às circunstâncias sociais e económicas e à sua identidade relativamente aos trabalhadores e empresas a abranger, podendo por via da extensão aplicar-se a empresas e trabalhadores de área diversa, havendo identidade económica e social.

II. O Governo pode ainda, nos termos dos arts. 517.º e ss. do CT, através de portarias de condições de trabalho, em vez de mandar aplicar convenções já celebradas, criar um conjunto de normas específicas para regular situações concretas. Recorre-se a estes regulamentos (designados «portarias»)

---

[368] Salientando «o carácter marcadamente subsidiário» das portarias de extensão e de regulamentação do trabalho, cf. MÁRIO PINTO, *Direito do Trabalho*, cit., p. 151; MOTTA VEIGA, *Lições*, cit., p. 98.

[369] Cf. MENEZES CORDEIRO, *Direito do Trabalho*, I, cit., p. 348. MONTEIRO FERNANDES, *Direito do Trabalho*, cit., p. 100, qualifica-as como fontes estaduais. Atendendo à sua origem estadual, MÁRIO PINTO, *Direito do Trabalho*, cit., pp. 150 s., afirma que estes instrumentos coletivos não têm o mesmo sentido das convenções coletivas, em particular porque não são produto da negociação coletiva.

quando estiverem preenchidas as seguintes condições: não ser possível o recurso a uma portaria de extensão, por não estarem verificados os pressupostos destas; não existirem associações de empregadores ou sindicais naquele sector. Por último, é necessário que estejam em causa circunstâncias económicas e sociais que justifiquem a emissão da referida portaria. Estes regulamentos (portarias de extensão e de condições de trabalho) são, portanto, similares às convenções coletivas, mas não assentam num acordo, são impostas pelo Governo.

Diferentemente do que ocorre com as portarias de extensão, não é frequente o recurso a portarias de condições de trabalho. Como exemplo, pode indicar-se o trabalho rural, em que existe uma portaria de regulamentação do trabalho para a agricultura, de 8 de junho de 1979[370], considerando-se, no preâmbulo desta portaria, que não existiam associações patronais e sindicais com capacidade negocial, não estando, portanto, criadas as condições para a celebração de uma convenção coletiva.

Bibliografia:

Paula Ponces Camanho, «Convenções Coletivas de Trabalho. Acordo de Empresa. Conflito de Convenções», *RDES* 2002, pp. 187 ss.; Menezes Cordeiro, *Direito do Trabalho*, I, cit., pp. 345 a 354; Monteiro Fernandes, *Direito do Trabalho*, cit., pp. 98 e ss.; Júlio Gomes, *Direito do Trabalho*, I, cit., pp. 43 ss.; Menezes Leitão, *Direito do Trabalho*, cit., pp. 78 ss.; Andrade Mesquita, *Direito do Trabalho*, cit., pp. 141 ss.; Luís Miguel Monteiro, «O acórdão n.º 602/2013 do Tribunal Constitucional e as fontes de regulação do contrato de trabalho», *Estudos dedicados ao Professor Doutor Bernardo da Gama Lobo Xavier*, II, Lisboa, 2015, pp. 411 ss.; Barros Moura, *A Convenção Colectiva entre as Fontes de Direito do Trabalho. Contributo para a Teoria da Convenção Coletiva de Trabalho no Direito Português*, Coimbra, 1984; Mário Pinto, *Direito do Trabalho*, cit., pp. 145 a 154; Rosário Palma Ramalho, *Tratado de Direito do Trabalho*, I, cit., pp. 259 ss.; Gonçalves da Silva, *Notas sobre a Eficácia Normativa das Convenções Coletivas*, Coimbra, 2002, pp. 49 ss.; Motta Veiga, *Lições*, cit., pp. 84 a 98; Bernardo Xavier, «As Fontes Específicas de Direito do Trabalho e a Superação do Princípio da Filiação», *RDES* 2005, n.os 2/4, pp. 117 ss.; Bernardo Xavier/Furtado Martins/Nunes de Carvalho/Joana Vasconcelos/Tatiana Guerra de Almeida, *Manual*, cit., pp. 254 e ss.

[370] As portarias de regulamentação do trabalho foram substituídas, em 2003 (arts. 577.º e ss. do CT2003), pelos regulamentos de condições mínimas e, atualmente designam-se portarias de condições de trabalho (arts. 517.º e ss. do CT2009).

§ 9. FONTES EXTERNAS

1. Questões prévias

O direito do trabalho, por motivos vários de ordem internacional e comunitária, internacionalizou-se e globalizou-se[371], denotando-se, nalguns aspetos, mais do que noutros ramos do direito, uma preocupação uniformizadora de soluções. Daí a relevância das fontes externas.

Em relação às fontes externas, importa distinguir os modos de revelação do direito do trabalho de origem internacional e comunitário, com peso e influência diversos no sistema jurídico português. De entre as fontes internacionais, abstraindo de questões gerais, comuns aos vários ramos de direito, como seja a aplicabilidade de princípios de direito internacional público[372], cabe contrapor as convenções comuns às celebradas no âmbito da Organização Internacional de Trabalho (OIT), com particularidades para o direito do trabalho.

2. Convenções internacionais

I. O desenvolvimento das relações entre os Estados e o consequente incremento do direito internacional deu azo a um problema jurídico com plena atualidade: a aplicabilidade direta ou indireta das normas de direito internacional na ordem jurídica interna portuguesa[373].

Em resposta a este problema surgem duas teorias: o dualismo e o monismo.

Segundo a tese dualista, o direito internacional e o direito interno são duas ordens jurídicas independentes, distintas, com igual poder, mas em planos separados, com diversidade de fontes e de destinatários, não havendo qualquer ponto de contacto entre elas.

Na perspetiva monista, que se subdivide em monismo com primado da ordem jurídica internacional e monismo de direito interno, defende-se, no primeiro, que prevalecem as normas de direito internacional sobre as normas de direito interno, e, no segundo, o contrário. Para o monismo com

[371] Cf. Schaub, *Arbeitsrechts-Handbuch*, cit., pp. 35 ss.

[372] Sobre esta questão, cf. Gonçalves Pereira/Fausto de Quadros, *Manual de Direito Internacional Público*, 3.ª ed., Coimbra, 1993, pp. 257 ss.

[373] Cf. Gonçalves Pereira/Fausto de Quadros, *Direito Internacional*, cit., pp. 81 ss., Romano Martinez, «Relações entre o Direito Internacional e o Direito Interno», *Direito e Justiça*, IV (1989/90), pp. 163 ss.

primado da ordem jurídica interna, o direito internacional não passa de um direito estadual externo.

No monismo de direito internacional ainda se distingue o moderado, em que o direito internacional prevalece, mas, não havendo condições para a sua aplicabilidade no direito interno, não decorreria obrigatoriedade relativamente aos particulares, existindo tão-só responsabilidade do Estado; e o monismo radical, nos termos do qual as normas de direito internacional valem em detrimento da ordem jurídica interna e os Estados estão sempre obrigados a respeitá-las, assim como os particulares.

A ideia mais generalizada, e que parece aceite na Constituição, no art. 8.º, n.º 2, é a de um monismo moderado de direito internacional[374].

Na perspetiva do monismo moderado, o direito internacional convencional não se aplica diretamente aos cidadãos; as convenções internacionais[375] só valem na ordem jurídica do Estado após percorrido um processo interno.

Relacionada com esta, surge a questão da aplicabilidade do direito internacional na ordem interna; importa determinar como se aplicam as normas do direito internacional convencional em Portugal.

Perante este problema apresentam-se três soluções. A transformação do direito internacional em direito interno, através da chamada «nacionalização», por via da qual as normas internacionais são incorporadas no direito interno mediante leis do Parlamento ou decretos-leis do Governo. A cláusula geral de recepção semiplena, em que existem determinadas normas de direito internacional transformadas em direito interno e outras que se aplicam diretamente, sem necessidade da sua transformação. E a cláusula geral de recepção plena, em que o direito internacional se converte automaticamente, atendendo ao mecanismo constitucional vigente, sem qualquer incorporação no direito interno; deste modo, o direito internacional vale no espaço interno sem perder o seu carácter internacional.

Em Portugal, quanto ao direito internacional convencional, nos termos do art. 8.º, n.º 2, da CRP, apesar de não ser opinião unânime, parece prevalecer a ideia da recepção plena, porque o direito internacional convencional passa a valer automaticamente em Portugal, sem necessidade de

---

[374] Cf. Gonçalves Pereira/Fausto de Quadros, *Direito Internacional*, cit., pp. 92 s. Veja-se, porém, em sentido algo diverso, Silva Cunha, *Direito Internacional Público*, 2.ª ed., Lisboa, 2004, pp. 99 ss.

[375] Com respeito às fontes de direito do trabalho, interessa tão-só aludir às convenções internacionais, pois os princípios e regras do direito internacional geral dificilmente apresentarão especificidade no domínio do direito do trabalho, valendo nos termos gerais.

qualquer transformação[376]. As convenções internacionais necessitam, todavia, de ser publicadas no *Diário da República*, após aprovação ou ratificação, e valem no espaço interno desde que estejam em vigor na ordem jurídica internacional.

II. Quanto à hierarquia das fontes, a posição mais generalizada no que respeita às convenções internacionais – exceção feita à Declaração Universal dos Direitos do Homem, onde se encontram três artigos que respeitam ao direito do trabalho, e que, nos termos do art. 16.º, n.º 2, da CRP, tem aplicação na ordem interna com um valor diverso do das restantes convenções – vai no sentido de elas ocuparem uma posição infraconstitucional, no sentido de valerem no ordenamento jurídico português sem contrariar o disposto na Constituição. Esta conclusão funda-se, essencialmente, em duas razões: por um lado, os arts. 1.º, 3.º, e 7.º, n.º 1, da CRP estabelecem princípios constitucionais não derrogáveis, e, por outro, tendo em conta o processo de fiscalização da constitucionalidade das convenções internacionais, constante dos arts. 204.º, 277.º, n.º 2, 278.º, n.º 1 e 280.º, n.º 3, da CRP, conclui-se que as normas destes instrumentos não podem dispor contrariando a Constituição.

Quanto ao direito ordinário (em particular, leis da Assembleia da República e decretos-leis do Governo) parece poder admitir-se que as convenções internacionais ocupam uma posição supralegal, colocando-se entre a Constituição e as leis ordinárias[377]. Esta solução pode inferir-se do disposto no art. 8.º, n.º 2, da CRP, ao conferir valor ao direito internacional convencional, sem necessidade de qualquer adaptação; para além disso, há uma razão prática que se prende com a responsabilidade internacional do Estado. Sendo admissível que uma lei ordinária pudesse contrariar um tratado internacional, surgiriam, com facilidade, situações de incompatibilidade entre leis internas e tratados, com a consequente responsabilidade do Estado pela violação das convenções internacionais. Quando se pretende pôr em prática na ordem interna uma solução diferente da que decorre do tratado, cabe ao Estado proceder à denúncia da convenção internacional.

---

[376] Cf. Gonçalves Pereira/Fausto de Quadros, *Direito Internacional*, cit., pp. 110 ss.; Romano Martinez, «Relações entre o Direito Internacional ...», cit., pp. 167 ss. Em sentido diverso, veja-se Silva Cunha, *Direito Internacional*, cit., pp. 111 ss.

[377] Cf. Romano Martinez, «Relações entre o Direito Internacional...», cit., pp. 171 s. Veja-se também, Monteiro Fernandes, *Direito do Trabalho*, cit., p. 113.

III. Tendo em conta estas regras do direito internacional público, importa fazer referência às convenções internacionais que regulam matéria de direito do trabalho[378].

A Declaração Universal de Direitos do Homem (DUDH), aprovada pela Assembleia Geral das Nações Unidas a 10 de dezembro de 1948, tem um papel fundamental no ordenamento jurídico português, tendo em conta o disposto no art. 16.º, n.º 2, da CRP. Da DUDH consta uma relação de direitos dos trabalhadores, devendo o direito do trabalho ser entendido em função desses preceitos. As referências encontram-se nos arts. 23.º, 24.º e 25.º da DUDH, que regulam aspetos concretos de direito do trabalho: direito ao trabalho (art. 23.º, n.º 1); liberdade de escolha do trabalho (art. 23.º, n.º 1); proteção do emprego (art. 23.º, n.º 1); a igualdade salarial (art. 23.º, n.º 2); remuneração justa (art. 23.º, n.º 3); direito ao repouso (art. 24.º); direito a um período normal de trabalho razoável (art. 24.º); direito a férias periódicas e pagas (art. 24.º); direito a constituir e a filiar-se em sindicatos (art. 23.º, n.º 4) e direito à segurança social (arts. 23.º, n.º 3 e 25.º, n.º 1). Estas regras valem pelo peso de uma convenção internacional, que eventualmente consagra o direito internacional geral, mas também pela sua recepção constitucional, nos termos do art. 16.º, n.º 2, da CRP.

O Pacto Internacional sobre Direitos Económicos, Sociais e Culturais[379] apresenta também um elenco de direitos: direito ao trabalho (art. 6.º, n.º 1); liberdade de escolha do trabalho (art. 6.º, n.º 1); proteção do emprego (art. 6.º, n.ºs 1 e 2); direito a uma remuneração adequada (art. 7.º, alínea *a)*); não discriminação salarial (art. 7.º, alíneas *a)* e *i)*); segurança e higiene no trabalho (arts. 7.º, alínea b) e 12.º, n.º 2, alínea b)); direito ao repouso (art. 7.º, alínea *d)*); liberdade sindical (art. 8.º, n.º 1, alíneas *a)*, *b)*, e *c)*); direito à greve (art. 8.º, n.º 1, alínea *d)*); direito à segurança social (arts. 9.º e 10.º).

Na Convenção Europeia dos Direitos do Homem[380], aprovada no âmbito do Conselho da Europa, cabe indicar, no art. 4.º, n.º 2, a proibição de trabalhos forçados, com a exceção prevista no n.º 3 do mesmo preceito, e no art. 11.º, n.º 1, a liberdade sindical.

---

[378] A este propósito, ARANGUREN *in* MAZZONI, *Manuale di Diritto del Lavoro*, Vol. I, cit., pp. 20 s., alude ao *Direito Internacional do Trabalho*.

[379] Concluído em Nova Iorque em 1976 e aprovado para ratificação pela Lei n.º 45/78, de 11 de Julho.

[380] Concluída em Roma em 1950 e aprovada para ratificação pela Lei n.º 65/78, de 13 de outubro.

Na Carta Social Europeia (Revista)[381], também aprovada no âmbito do Conselho da Europa, a Parte II, de onde constam os arts. 1.º a 31.º, contém igualmente um elenco de direitos dos trabalhadores[382]: direito ao trabalho (art. 1.º); direito a condições de trabalho justas (art. 2.º); direito à segurança e higiene no trabalho (art. 3.º); direito a uma remuneração justa (art. 4.º); direito sindical (art. 5.º); direito à negociação coletiva (art. 6.º); direito à proteção das crianças e dos adolescentes (art. 7.º); direito das trabalhadoras à proteção da maternidade (art. 8.º); direito à orientação profissional (art. 9.º); direito à formação profissional (art. 10.º); direito à segurança social (art. 12.º); direito dos trabalhadores imigrantes e das suas famílias à proteção e à assistência (art. 19.º); direito à igualdade de oportunidades e de tratamento em matéria de emprego e de profissão, sem discriminação baseada no sexo (art. 20.º); direito à informação e consulta (art. 21.º); direito a tomar parte na determinação e na melhoria das condições de trabalho e do meio de trabalho (art. 22.º); direito à proteção em caso de despedimento (art. 24.º); direito dos trabalhadores à proteção dos seus créditos em caso de insolvência do seu empregador (art. 25.º); direito à dignidade no trabalho (art. 26.º); direito dos trabalhadores com responsabilidades familiares à igualdade de oportunidades e de tratamento (art. 27.º); direito dos representantes dos trabalhadores à proteção na empresa e facilidades a conceder-lhes (art. 28.º); direito à informação e consulta nos processos de despedimento coletivo (art. 29.º).

3. Convenções e recomendações da OIT

I. A Organização Internacional do Trabalho foi criada em 1919, sendo, assim, uma organização internacional centenária. A sua regulamentação consta da Parte XIII do Tratado de Versalhes, celebrado para pôr termo à Primeira Grande Guerra e que deu origem à Sociedade das Nações[383]. Com a extinção

---

[381] Na primeira versão, a Carta Social Europeia foi concluída em 1961 e ratificada pelo Decreto n.º 38/91, de 6 de Agosto (aprovada para ratificação pela resolução da Assembleia da República n.º 21/91); posteriormente, a Carta foi reformulada, passando o novo texto concluído em 1996 a designar-se «Carta Social Europeia Revista», e foi ratificada pelo Decreto n.º 54-A/2001, de 17 de outubro (aprovada para ratificação pela Resolução da Assembleia da República n.º 64-A/2001).

[382] Nem todos os preceitos desta Parte respeitam a questões laborais, pois a Carta também se atém a problemas sociais dissociados da relação laboral, como o direito à habitação (art. 31.º).

[383] Quanto aos antecedentes e à formação da OIT, cf. MONTOYA MELGAR, *Derecho del Trabajo*, cit., pp. 195 ss.; GONÇALVES PEREIRA/FAUSTO DE QUADROS, *Direito Internacional*, cit., p. 554;

da Sociedade das Nações, a OIT foi integrada na Organização das Nações Unidas, como agência especializada.

A OIT é uma organização internacional com uma estrutura original, pois apresenta uma composição tripartida sob dois aspetos: no que respeita ao número de órgãos e em relação à representatividade dos próprios órgãos.

Os órgãos, nos termos do art. 2.º Constituição da OIT, são a Conferência Geral, o Conselho de Administração e o Secretariado Internacional do Trabalho.

Na Conferência Geral há uma representação tripartida, pois nela têm assento os representantes dos Estados, das associações sindicais e das associações patronais. Cada Estado tem quatro representantes, dois nomeados pelo Governo, um pelas associações sindicais e um pelas associações patronais (art. 3.º, n.º 1, da Constituição da OIT). Esta representação tripartida, nos Estados democráticos, corresponde a diferentes tendências, porque os representantes sindicais e patronais não dependem de nomeação governamental e não têm de respeitar a orientação do seu próprio Governo nas votações (art. 4.º, n.º 1, da Constituição da OIT)[384]. A Conferência Geral, em princípio, reúne uma vez por ano (art. 3.º, n.º 1, da Constituição da OIT), sendo presidida por um presidente e três vice-presidentes por ela eleitos, em representação dos Governos, dos patrões e dos sindicatos (art. 17.º, n.º 1, da Constituição da OIT).

O Conselho de Administração, previsto no art. 7.º da Constituição da OIT, é, parcialmente, eleito pela Conferência Geral, por um período de três anos (art. 7.º, n.º 5, da Constituição da OIT). Do Conselho de Administração fazem parte 56 membros, 46 são eleitos e 10 são de nomeação efetiva. Os membros eleitos também se integram na composição tripartida, pois 18 representam os Estados, 14 representam associações sindicais e outros 14 representam as associações patronais (art. 7.º, n.º 1, da Constituição da OIT)[385]. Os membros efetivos são nomeados pelos dez Estados de maior importância industrial (art. 7.º, n.º 2, da Constituição da OIT), sendo, no momento

ARANGUREN *in* MAZZONI, *Diritto del Lavoro*, I, cit., pp. 62 ss.; MOTTA VEIGA, *Direito do Trabalho Internacional*, cit., pp. 34 ss.

[384] Como refere ARANGUREN *in* MAZZONI, *Diritto del Lavoro*, I, cit., p. 64, «Todos os delegados votam individualmente, não por Estado ou por grupo, de modo a que os delegados patronais e operários de um país são livres de votar de acordo com os delegados patronais e operários de outros países, mesmo contra o voto dos delegados do respectivo governo».

[385] Foi aprovada uma alteração, que entrará em vigor depois de ratificada por dois terços dos Estados membros, no sentido de o Conselho passar a ser composto por 112 representantes, 56 em nome dos governos, 28 pelos sindicatos e 28 pelos empregadores.

presente, a Alemanha, o Brasil, a China, os Estados Unidos da América, a França, a Índia, a Itália, o Japão, o Reino Unido e a Rússia. O Conselho de Administração tem, entre outras incumbências, por função estudar os problemas relativos ao direito do trabalho e elaborar as propostas de convenções, que vão ser apresentadas à assembleia.

O Secretariado Internacional do Trabalho (arts. 8.º e ss. da Constituição da OIT)[386] tem poderes de execução e é chefiado por um Diretor Geral, designado pelo Conselho de Administração.

II. A OIT tem um papel essencial no domínio do direito do trabalho, em especial através da Conferência Geral que, na sua reunião anual, toma decisões com vista à resolução de problemas latentes na área laboral. A Conferência Geral tem competência para aprovar recomendações e convenções (art. 19.º da Constituição da OIT). As deliberações da Conferência Geral para a aprovação de convenções e recomendações são tomadas por maioria de dois terços (arts. 19.º, n.º 2, e 21.º, n.º 1, da Constituição da OIT).

As convenções que emanam da Conferência Geral têm algumas particularidades relativamente às convenções internacionais comuns. Tais convenções seguem o regime geral, na medida em que têm de ser aprovadas e ratificadas pelos Estados, que passarão a ser partes nas mesmas (art. 19.º, n.º 5, da Constituição da OIT), mas, contrariamente ao que é usual, elas não são negociadas pelos Estados[387]. Assim, pode impor-se a um Estado uma convenção com a qual ele não concorda, visto que as convenções são aprovadas por uma maioria qualificada de dois terços, e o Estado em questão pode ter votado contra. Todavia, a simples aprovação da convenção na Conferência Geral não importa a automática vinculação do Estado; para que tal aconteça, a convenção deverá ser ratificada, mas caso o Estado a não ratifique, nos termos do art. 19.º, n.º 5, alínea *e)*, da Constituição da OIT, deverá, periodicamente, enviar um relatório ao Diretor-Geral sobre o estado da sua

[386] Em português não há unidade de entendimento quanto à tradução do *Bureau Internacional du Travail* (BIT), que surge como «Serviço Internacional do Trabalho» (Gonçalves Pereira/ /Fausto de Quadros, *Direito Internacional*, cit., p. 558), «Gabinete Internacional do Trabalho» (Menezes Cordeiro, *Direito do Trabalho*, I, cit., p. 265) e «Repartição Internacional de Trabalho» (texto da Constituição da OIT, constante do *Compêndio de Leis do Trabalho*, organizado por António José Moreira). Tendo em conta a expressão usada nas demais organizações internacionais, optou-se pelo emprego da locução «Secretariado Internacional do Trabalho».

[387] Sobre os trâmites necessários para a elaboração e adoção de convenções, cf. Alonso Olea/ /Casas Baamonde, *Derecho del Trabajo*, cit., pp. 869 ss.; Motta Veiga, *Direito do Trabalho Internacional*, cit., pp. 43 ss.

legislação, explicando que medidas foram tomadas. As convenções aprovadas no âmbito da OIT, reguladas no art. 19.º, n.º 5, da Constituição da OIT, depois de ratificadas, correspondem a verdadeiros tratados internacionais[388]. Deste modo, para valerem na ordem jurídica portuguesa, têm de ser ratificadas nos termos do art. 8.º, n.º 2, da CRP e publicadas no jornal oficial; perdendo a sua validade a partir do momento em que forem denunciadas.

As recomendações, previstas no art. 19.º, n.º 6, da Constituição da OIT, não constituem legislação internacional; trata-se, como o nome indica, de uma mera recomendação. Das recomendações constam medidas a pôr em prática pelos Estados membros, que não são vinculativas[389].

Mas, tal como vem estabelecido no art. 19.º, n.º 6, alíneas *c)* e *d)*, da Constituição da OIT, os Estados ficam obrigados a prestar informações periódicas ao Secretariado, relativamente às medidas tomadas no que se refere às questões objeto das recomendações, especificando em que medida se deu ou é proposto dar-se seguimento às medidas recomendadas.

Desde 1926, no âmbito da OIT, foram incentivadas as formas de controlo da aplicação tanto das recomendações como, em especial, das convenções[390]. Existe uma comissão técnica que visa fiscalizar a aplicação das convenções e recomendações, fazendo petições aos Estados que não tenham respeitado as recomendações ou que não ratificaram as convenções. A referida comissão elabora também relatórios da situação dos Estados sempre que estes não levam em consideração as petições por ela formuladas. Estes relatórios têm um certo peso político, pelo que poderão vir a influenciar os Estados no sentido de acatar as recomendações ou de ratificar as convenções. A comissão pode ainda estabelecer contactos diretos entre o Estado incumpridor e a OIT, de modo a resolver a situação.

Foi também criada uma comissão tripartida que tem como função analisar a legislação dos vários Estados membros, procurando verificar em que medida as recomendações e as convenções foram postas em prática. Esta comissão elabora tão-só pareceres e relatórios no âmbito da OIT, não tendo competência externa. Mas como os seus relatórios são analisados na Con-

[388] No mesmo sentido, cf. MOTTA VEIGA, *Direito do Trabalho Internacional*, cit., p. 49.

[389] Como refere MONTEIRO FERNANDES, *Direito do Trabalho*, cit., p. 71, «A importância das recomendações não deve, porém, ser subestimada», porque podem estar na origem de uma futura convenção e podem desempenhar uma função complementar relativamente a uma convenção aprovada.

[390] Sobre esta questão, cf. ALONSO OLEA/CASAS BAAMONDE, *Derecho del Trabajo*, cit., pp. 873 ss.; MOTTA VEIGA, *Direito do Trabalho Internacional*, cit., pp. 52 ss.

ferência Geral (art. 23.º, n.º 1, da Constituição da OIT) e os Estados acabam por ter conhecimento do estado em que se encontra a legislação de cada um deles, a comissão tem uma função persuasora.

Por outro lado, tanto as organizações sindicais e patronais, como qualquer membro pode, respetivamente, reclamar ou apresentar queixa junto do secretariado, pelo facto de um Estado desrespeitar regras de uma convenção por ele ratificada (arts. 24.º e 26.º, n.º 1, da Constituição da OIT), podendo, em última análise, qualquer membro manifestar ao Diretor Geral que pretende submeter a questão ao Tribunal Internacional de Justiça (arts. 29.º, n.º 2, 31.º e 32.º da Constituição da OIT).

III. A OIT, nos seus 90 anos de existência, já aprovou mais de 180 recomendações e cerca de 200 convenções. Portugal é parte, aproximadamente, em 70 convenções[391]. Note-se que, muitas das convenções, em especial as mais antigas, perderam grande parte da sua relevância, pois os problemas que procuravam resolver deixaram de existir como tal, tendo surgido outras convenções com uma perspetiva mais apropriada à nova forma que os problemas tomaram; ocorre até que, por vezes, as convenções mais antigas foram substituídas por outras, como é o caso da convenção n.º 52 (1936), sobre férias remuneradas, que foi revista pela convenção n.º 132 (1970), também relativa às férias remuneradas, ratificada por Portugal em 1980 (Decreto n.º 52/80, de 29 de julho).

As convenções são numeradas, tendo a primeira sido aprovada na 1.ª sessão, que teve lugar em 1919. A convenção n.º 1 da OIT respeita à duração do trabalho na indústria e foi a primeira convenção ratificada por Portugal (Decreto n.º 15361, de 14 de abril de 1928).

É frequente indicar-se algumas convenções da OIT como sendo as mais importantes, e, entre estas, pode destacar-se a convenção n.º 87 (1948), que trata da liberdade sindical, ratificada por Portugal (Decreto n.º 45/77, de 7 de julho), a convenção n.º 95 (1949), relativa à proteção do salário, ratificada por Portugal (Decreto n.º 88/81, de 14 de julho), a convenção n.º 98

[391] Os textos das convenções aprovadas pela OIT e ratificadas por Portugal podem consultar-se em *Convenções da OIT Ratificadas por Portugal*, Lisboa, 1994. Cf. também as listas das convenções (e recomendações) aprovadas pela OIT, com indicação daquelas que foram ratificadas por Portugal, nas coletâneas da legislação do trabalho organizadas por Jorge Leite/Coutinho de Almeida (*Legislação do Trabalho*) e António José Moreira (*Compêndio de Leis do Trabalho*) e, mais recentemente, António José Moreira/Teresa Coelho Moreira, *Código do Trabalho*, Coimbra, 2004, pp. 48 e ss.

(1949) sobre a negociação coletiva[392], ratificada por Portugal, (Decreto-Lei n.º 45758, de 12 de junho de 1964), convenção n.º 100 (1951), quanto à igualdade salarial, ratificada por Portugal (Decreto-Lei n.º 47302, de 4 de novembro de 1966); convenção n.º 103, sobre a proteção da maternidade, ratificada por Portugal (Decreto n.º 63/84, de 10 de outubro, revista pela convenção n.º 183, 2012, ratificada pelo Decreto n.º 137/2012, de 8 de agosto); a convenção n.º 156 (1981), relativa à igualdade de oportunidades no acesso ao trabalho, ratificada por Portugal (Decreto n.º 66/84, de 11 de outubro); e a Convenção n.º 158 (1982) sobre a cessação da relação de trabalho por iniciativa do empregador, ratificada por Portugal (Decreto n.º 68/94, de 27 de agosto). Refira-se, por último, ratificada por Portugal, a convenção n.º 181 (1997), que respeita às agências privadas de colocação (Decreto n.º 13/2001, de 13 de fevereiro).

IV. A OIT, por intermédio das recomendações e convenções, tem tido um papel relevante na evolução do direito do trabalho em vários países da comunidade internacional, entre os quais Portugal. Esta evolução, não obstante fundar-se em razões de ordem humanitária e de solidariedade a nível internacional, também se prende com aspetos de ordem económica, designadamente para minimizar os efeitos da concorrência entre economias com condições de trabalho desumanas e espaços económicos onde são salvaguardados direitos essenciais dos trabalhadores[393].

Quanto a este último ponto, o papel da OIT não tem sido positivo, pois não conseguiu evitar que alguns Estados desenvolvessem a sua economia à custa de deficientes condições de trabalho, que tem contribuído para o comummente designado *dumping* social[394], mediante o qual se transferem empresas para países do chamado terceiro mundo, em que os salários e o «preço» das condições de trabalho são mais atrativos para os empresários. Estas situações colocam sérios entraves à concorrência internacional, levando a questionar a justificação da manutenção de algumas regras laborais, principalmente nos sistemas jurídicos mais protecionistas[395].

---

[392] Esta convenção foi completada pela Convenção n.º 154, de 1980, também sobre negociação coletiva.

[393] Sobre esta questão, cf. MENEZES CORDEIRO, *Direito do Trabalho*, I, cit., p. 263.

[394] Cf. BERNARDO XAVIER, «A Realização do Direito do Trabalho Europeu em Portugal», *RDES* XXXVI (1994), n.os 1/3, pp. 227 s. Quanto à relação entre a proteção social e a mundialização das trocas internacionais, veja-se também COUTURIER, *Droit du Travail*, 1, cit., p. 72.

[395] ARANGUREN *in* MAZZONI, *Diritto del Lavoro*, I, cit., p. 48, apresenta uma visão alheada da realidade, bem mais favorável, afirmando que «Todos os países têm, portanto, um interesse

De facto, seria mais relevante que a OIT se preocupasse, por exemplo, com a fiscalização da aplicação das convenções sobre salário mínimo (n.º 131, de 1970) ou sobre idade mínima de admissão ao trabalho (n.º 138, de 1973), do que acerca de especificidades do despedimento.

BIBLIOGRAFIA:

MENEZES CORDEIRO, *Direito do Trabalho*, I, cit., pp. 262 a 271; MONTEIRO FERNANDES, *Direito do Trabalho*, cit., pp. 67 e ss.; MENEZES LEITÃO, *Direito do Trabalho*, cit., pp. 65 e ss.; ROMANO MARTINEZ, «Relações entre o Direito Internacional e o Direito Interno», *Direito e Justiça*, IV (1989/90), pp. 165 a 175; ROSÁRIO PALMA RAMALHO, *Tratado de Direito do Trabalho*, I, cit., pp. 195 e ss.; MOTTA VEIGA, *Direito do Trabalho Internacional e Europeu*, Lisboa, 1994, pp. 34 a 64; BERNARDO XAVIER/FURTADO MARTINS/NUNES DE CARVALHO/JOANA VASCONCELOS/TATIANA GUERRA DE ALMEIDA, *Manual*, cit., pp. 235 e ss.

4. Direito europeu

a) Preliminares

É necessário contrapor o direito europeu do trabalho (objeto deste número) ao direito do trabalho europeu. No primeiro sentido, pode entender-se como o conjunto de regras laborais de origem comunitária aplicáveis a todos os trabalhadores que desempenham a sua atividade em Estados da União Europeia. A segunda expressão tem um sentido mais restrito, pois pressupõe uma situação de transnacionalidade, nomeadamente quando um trabalhador de um Estado desenvolve a sua atividade em outro Estado membro da União Europeia[396].

No direito europeu importa distinguir os tratados que instituíram a Comunidade Europeia (atual União), que vigoram na ordem interna nos termos do art. 8.º, n.º 2, da CRP, dos instrumentos jurídicos provenientes da União Europeia, que produzem efeitos no ordenamento nacional, nos termos do art. 8.º, n.os 3 e 4, da CRP[397].

---

comum em adotar as mesmas medidas económicas e sociais em aplicação dos princípios fundamentais da OIT».

[396] *Vd.* MARIA LUÍSA DUARTE, «Direito Comunitário do Trabalho. Tópicos de Identificação», *Estudos do Instituto de Direito do Trabalho*, Vol. I, Coimbra, 2001, p.155, nota 3.

[397] Cf. MOTA DE CAMPOS, *Manual de Direito Europeu*, 7.ª ed., Lisboa, 2014, pp. 406 ss.

b) Tratados

O tratado que instituiu a atual União Europeia (anterior Comunidade Europeia), conhecido pelo Tratado de Roma e hoje Tratado sobre o Funcionamento da União Europeia[398], no domínio do direito do trabalho, tem cinco aspetos a considerar[399]/[400].

Primeiro, Título IV, sobre a livre circulação de pessoas e capitais, o Capítulo I trata da livre circulação dos trabalhadores (arts. 45.º a 48.º). A livre circulação de trabalhadores está na base da tentativa de uniformização do direito do trabalho a nível europeu[401].

Em segundo lugar, no Título VII, Capítulo 3, arts. 114.º a 118.º, inserem-se preceitos que respeitam à harmonização de legislações no plano social.

Como terceiro aspeto é de referir o Título IX, onde nos arts. 145.º a 150.º se dispõe sobre o emprego.

Em quarto lugar, no Título X, relativo à política social, encontram-se disposições sociais (arts. 151.º a 156.º), sobre as condições de trabalho, pretendendo-se uma harmonização da legislação laboral a nível comunitário, especialmente no que respeita ao acesso ao emprego, à formação profissional, à segurança social, à proteção contra acidentes, à higiene no trabalho, etc.[402].

---

[398] Quanto à génese da Comunidade Europeia (hoje, União Europeia) e aos três tratados que estiveram na sua origem, bem como às respetivas alterações, *vd.* Mota de Campos, *Manual de Direito Europeu*, cit., pp. 48 ss.

[399] Para maiores desenvolvimentos, *vd.* Blanpain, *European Labour Law*, 14.ª ed., London//Boston, 2014. Veja-se igualmente Arrigo, *Diritto del lavoro d'll'Unione Europea. Parte generale*, Varazze, 2018; Teyssié, *Droit Européen du Travail*, 6.ª ed., Paris, 2019; Zöllner/Loritz, *Arbeitsrecht*, cit., pp. 125 ss.

[400] Nas indicações de artigos do Tratado sobre o Funcionamento da União Europeia, atende-se à versão do Tratado de Lisboa.

Para uma explicação mais detalhada do regime europeu, veja-se as anotações constantes do *Tratado de Lisboa Anotado e Comentado*, org. Manuel Porto e Gonçalo Anastácio, Coimbra, 2012, concretamente, Maria Luísa Duarte, arts. 45.º a 47.º, Tiago Mariz, art. 48.º, Menezes Cordeiro, arts. 114.º e 115.º, Silva Peneda, arts. 145.º a 150.º, Leal Amado, art. 151.º e 156.º, João Reis, art. 152.º, 154.º, 155.º, Jorge Leite, art. 153.º e Joana Nunes Vicente, art. 157.º a 161.º

[401] Sobre a liberdade de circulação de trabalhadores, nas suas diferentes modalidades (deslocação, acesso ao emprego, participação sindical, etc.), cf. Mota de Campos, *Manual de Direito Europeu*, cit., pp. 561 ss.; Blanpain, *European Labour Law*, cit., Parte I, Capítulo I; Liberal Fernandes, *O Direito de Livre Circulação dos Trabalhadores Comunitários. O Mercado Europeu de Trabalho*, Lisboa, 1998, pp. 45 ss. No confronto com o Mercosul, veja-se Maria Clara Pereira, *A livre circulação de trabalhadores no âmbito da comunidade europeia e do Mercosul*, Recife, 2014.

[402] A nível comunitário, a intervenção mais significativa respeita à liberdade de circulação de trabalhadores na União Europeia, prevista no art. 48.º, n.º 1, do Tratado de Roma; cf., desig-

Podendo o Conselho adotar diretivas neste âmbito (art. 153.º, n.º 2)[403] e devendo criar um Comité da Proteção Social, para promover a cooperação em matéria de proteção social (art. 144.º do Tratado).

Por último, como quinto aspeto, do Título XI, consta a regulamentação relativa ao Fundo Social Europeu (arts. 162.º a 164.º); o Fundo Social Europeu tem em vista promover a facilidade de emprego bem como a mobilidade geográfica e profissional dos trabalhadores.

As normas constantes destas três partes valem na ordem interna portuguesa nos termos do art. 8.º, n.º 2, da CRP, pois o Tratado constitui uma convenção internacional ratificada pelo Estado Português e publicada no jornal oficial.

Para concluir, importa ter em conta que na harmonização de legislação a nível social vale um princípio de não competência exclusiva da União, prevalece, antes, um sistema de competência partilhada, com competência reservada aos Estados[404].

c) *Instrumentos jurídicos provenientes da União Europeia*

I. A União Europeia põe em prática os seus objetivos mediante dois instrumentos: os regulamentos e as diretivas (art. 249.º do Tratado). Os regulamentos e as diretivas tanto podem ser adotados pelo Conselho – isolada ou conjuntamente com o Parlamento Europeu – como pela Comissão (art. 288.º do Tratado)[405].

---

nadamente o Regulamento CEE n.º 1612/68 do Conselho, de 15 de outubro de 1968. Sobre esta questão, veja-se, entre outros, Maria Luísa Duarte, *A Liberdade de Circulação de Pessoas e a Ordem Pública no Direito Comunitário*, Coimbra, 1992; atendendo em particular à liberdade de circulação de trabalhadores comunitários, *vd.* Mota de Campos, *Manual de Direito Europeu*, cit., pp. 561 ss.; Alonso Olea/Casas Baamonde, *Derecho del Trabajo*, cit., pp. 889 ss.; Bernardo Xavier, «A Realização do Direito do Trabalho Europeu em Portugal», cit., pp. 231 ss.

[403] Na sequência do disposto no anterior art. 118.º-A do Tratado de Roma (atual art. 137.º, que sofreu alterações com o Tratado de Nice, 2001), tendo em vista a harmonização na proteção da segurança e saúde dos trabalhadores, o Conselho adotou a Diretiva 93/104/CE, de 23 de novembro de 1993. Sobre esta questão, cf. Liberal Fernandes, «Harmonização Social na Comunidade Europeia no Âmbito da Duração do Trabalho», *Pront.* n.º 46 (1994/95), pp. 41 ss.

[404] Sobre a harmonização das regulamentações nacionais, com exemplificações, cf. Mota de Campos, *Manual de Direito Europeu*, cit., pp. 328 ss.; quanto à repartição de competências neste âmbito, *vd.* Maria Luísa Duarte, «Direito Comunitário do Trabalho ...», cit., pp. 156 ss.

[405] Acerca da noção e relevância dos regulamentos e diretivas, *vd.* Mota de Campos, *Manual de Direito Europeu*, cit., pp. 313 ss. e 325 ss.

Os regulamentos valem na ordem jurídica, diretamente, sem necessidade de qualquer intervenção do poder legislativo (art. 288.º, II, do Tratado e art. 8.º, n.º 3, da CRP).

As diretivas vinculam o Estado membro quanto ao resultado a alcançar, deixando, no entanto, às instâncias nacionais liberdade relativamente à escolha da forma e dos meios[406]. A diretiva não vale no ordenamento jurídico interno, não sendo aplicável diretamente aos cidadãos (art. 288.º, III, do Tratado)[407]. Perante uma diretiva, o Estado Português terá de a pôr em prática, mediante regulamentação legislativa, por lei ou decreto-lei – eventualmente, também por via de negociação coletiva (art. 153.º, n.º 3, do Tratado); não o fazendo, o Estado pode ser responsabilizado por essa omissão. Mas importa distinguir a aplicabilidade direta da aplicabilidade imediata: a diretiva não tem aplicação direta aos cidadãos, mas é de aplicabilidade imediata, pois vincula o Estado desde a sua entrada em vigor. A dificuldade decorrente da inaplicabilidade direta da diretiva pode ser atenuada por via de uma preconizada interpretação do direito nacional em conformidade com o direito europeu[408].

No domínio comunitário, há ainda a ter em conta, para além dos dois instrumentos legislativos já mencionados, as recomendações, que não são vinculativas e as decisões, que são obrigatórias (art. 288.º, IV e V, do Tratado), assim como a jurisprudência do Tribunal de Justiça em matéria social[409].

II. Os atos comunitários em matéria social são relativamente numerosos[410], mas incidem, em especial, sobre aspetos de pormenor, razão pela

[406] Sobre a liberdade de escolha da forma e dos meios, com exemplificações, cf. Mota de Campos, *Manual de Direito Europeu*, cit., pp. 328 ss.

[407] Quanto à problemática da eventual aplicabilidade direta das diretivas e à possibilidade de serem invocadas pelos cidadãos, cf. Mota de Campos, *Manual de Direito Europeu*, cit., pp. 331 s. e 379 ss.; Sofia Oliveira Pais, «Incumprimento das Directivas Comunitárias. Do Efeito Directo à Responsabilidade do Estado», *Dois Temas de Direito Comunitário*, Porto, 2000, pp. 13 ss.

[408] Cf. Maria Luísa Duarte, «Direito Comunitário do Trabalho...», cit., pp. 164 ss.

[409] A abundante e relevante jurisprudência comunitária permite falar num direito comunitário de inspiração pretoriana.

[410] Uma relação desses atos pode consultar-se na *Legislação do Trabalho*, organizada por Jorge Leite/Coutinho de Abreu, assim como o elenco de diretivas em matéria de política social, constante do *Compêndio de Leis do Trabalho*, organizado por António José Moreira. Quanto à harmonização de legislação do trabalho no que respeita à organização da duração do trabalho, *vd.* Liberal Fernandes, «Harmonização Legislativa Comunitária no Domínio da Organização do Tempo de Trabalho», *Pront.*, n.º 45 (1993/94), pp. 29 ss.

qual, por esta via, não se tem obtido a harmonização da legislação no seio da União[411]. Pode dizer-se que a harmonização se tem feito em três domínios interligados: condições de trabalho; segurança dos trabalhadores; proteção do trabalho no que respeita ao modo da sua realização. Deste modo, tendo em conta o Tratado e os instrumentos, será de concluir que, nos diferentes Estados da União Europeia, há equiparação legislativa no que respeita à liberdade de circulação de trabalhadores e ao princípio da igualdade, há uma tendencial harmonização em relação à higiene e segurança no trabalho, à proteção de acidentes de trabalho e às condições de trabalho[412], e desarmonia quanto ao direito sindical – mormente a representatividade e princípios de igualdade e liberdade sindical –, à negociação coletiva, ao regime do contrato de trabalho – em particular quanto à respetiva cessação –, à greve e ao foro competente.

É previsível, todavia, que a produção de regulamentos e diretivas venha a ser incrementada, precisamente com o objetivo de harmonizar a legislação no campo do direito do trabalho. Mas as dificuldades de uniformização, por diferenças legais e de mentalidade, levam inclusive a aplicar diferentemente idênticas regras comunitárias; exemplo disso é o tratamento igualitário. Pode, assim, concluir-se que a União Europeia é uma associação de Estados soberanos, que por quererem continuar a ser soberanos, não prescindem de certas particularidades (cf. art. 153.º, n.º 2, do Tratado), que justificam a dificuldade de harmonização da legislação de trabalho.

No Tratado estabelece-se uma relação entre estes instrumentos e o direito internacional, nomeadamente as convenções da OIT. A União pode ser parte em convenções internacionais incluindo as convenções celebradas no

---

[411] A intervenção comunitária tem-se verificado primordialmente na área da proteção do trabalhador, tanto no que respeita à melhoria das condições de segurança e saúde no trabalho, como à proteção de jovens e de trabalhadoras grávidas e lactantes, aspetos estes também relacionados com a segurança social.
Ilustrando a reduzida influência comunitária no âmbito do direito do trabalho, LIBERAL FERNANDES, «Harmonização Legislativa Comunitária...», cit., p. 29, afirma: «(...) uma simples comparação entre os resultados alcançados a nível económico e o progresso (parco) obtido a nível da harmonização do direito comunitário do trabalho e da segurança social ilustra bem a discrepância existente entre os dois domínios (...)».

[412] Nomeadamente no que respeita ao tempo de trabalho, cf. MARIA DE FÁTIMA RIBEIRO, «O Tempo de Trabalho no Direito Comunitário. A Directiva 93/104/CE, de 23 de Novembro», *Dois Temas de Direito Comunitário*, Porto, 2000, pp. 109 ss.

âmbito da OIT e em caso de conflito prevalece o direito internacional convencional, por exemplo a convenção da OIT[413].

A evolução do papel da União Europeia vai no sentido de aumentar o seu peso em matéria social, até porque a Carta Comunitária dos Direitos Sociais Fundamentais dos Trabalhadores[414] (e Protocolo relativo à Política Social), não obstante ser uma declaração política, pretende influenciar as regras de direito do trabalho nos vários Estados membros[415].

d) Livre circulação de trabalhadores

A liberdade de circulação de trabalhadores no espaço da União Europeia, prevista nos arts. 45.º e ss. do Tratado, compreende o direito de responder a ofertas de emprego, de se deslocar livremente no território dos Estados membros para responder a essas ofertas, de residir num Estado membro para exercer a sua atividade laboral e de permanecer no território do Estado membro depois de ter desenvolvido a atividade laboral (art. 45.º, n.º 3, do Tratado)[416].

A primeira dificuldade surge no que respeita à noção de trabalhador comunitário. O Regulamento n.º 1612/68 do Conselho, de 15 de outubro, tal como o Tratado depois da revisão de Maastricht, considera que trabalhador comunitário será um nacional de qualquer Estado membro, sem introduzir uma qualificação jurídica de ordem laboral. Porém, o Tribunal de Justiça da União Europeia acrescentou àquela noção a prestação de trabalho a favor de outra pessoa sob direção desta, recebendo uma remuneração. Mas o trabalhador pode não ser efetivo, se está à procura de emprego (durante um período razoável) ou se se encontra desempregado à procura de outro emprego, também durante um período razoável[417].

---

[413] *Vd.* Maria Luísa Duarte, «Direito Comunitário do Trabalho...», cit., p. 162.

[414] Adotada pelos chefes de Estado ou de Governo dos (doze) Estados da Comunidade Europeia (à exceção da Grã-Bretanha) – no chamado Conselho Europeu –, a 9 de dezembro de 1989.

[415] Liberal Fernandes, «Harmonização Legislativa Comunitária...», cit., p. 30, afirma que, sendo a eficácia vinculativa nula, o relevo jurídico da Carta é muito limitado. Cf. também Bernardo Xavier/Furtado Martins/Nunes de Carvalho/Joana Vasconcelos/Tatiana Guerra de Almeida, *Manual*, cit., p. 237.

[416] Sobre a questão, *vd.* Liberal Fernandes, *O Direito de Livre Circulação dos Trabalhadores Comunitários*, cit., pp. 45 ss.

[417] Veja-se o Regulamento n.º 1251/70 da Comissão, de 29 de Julho. Contudo, como esclarece Liberal Fernandes, *O Direito de Livre Circulação dos Trabalhadores Comunitários*, cit., p. 58, não têm surgido conflitos de harmonização entre as diversas fontes.

A liberdade de circulação tem exceções, pois não é aplicável a empregos na administração pública e sempre que sejam invocadas razões de ordem pública, segurança pública e saúde pública[418].

Quanto à liberdade de circulação de trabalhadores valem os princípios da igualdade e da não discriminação entre os trabalhadores nacionais dos diferentes Estados membros. A igualdade pressupõe que os trabalhadores de diversas nacionalidades estão sujeitos ao mesmo regime de acesso ao emprego, de relações laborais – nomeadamente quanto a remuneração[419] –, de proteção do desemprego, de acidentes de trabalho e de participação sindical. Por seu turno, a não discriminação implica que não haja um tratamento diferenciado em razão do sexo, raça, etc., como prescreve o art. 157.º do Tratado e a Diretiva n.º 76/207/CEE, de 9 de fevereiro, permitindo-se o estabelecimento de medidas positivas para promover a igualdade (art. 157.º, n.º 4, do Tratado)[420].

Resta referir que a livre mobilidade de trabalhadores suscita questões circulares, relacionadas com a permanência do trabalhador comunitário num Estado membro sem contrato de trabalho e da permanência dos familiares do trabalhador no Estado onde este presta a sua atividade. Neste ponto tem sido delineada uma tendência abrangente, que se reflete, em particular, na Diretiva n.º 68/300/CEE, de 15 de outubro[421].

Bibliografia:

José João Abrantes, «Do Tratado de Roma ao Tratado de Amesterdão. A Caminho de um Direito do trabalho Europeu?», *QL*, n.º 16 (2000), pp. 162 a 175; Mota de Campos, *Manual de Direito Europeu*, 7.ª ed., Coimbra, 2014, pp. 295 e ss.; Dias Coimbra, «A Convenção Coletiva no Âmbito Europeu. Eficácia Jurídica», *QL* I (1994), n.º 3, pp. 144 a 153; Menezes Cordeiro, *Direito do Trabalho*, I, cit., pp. 203 a 237; Maria Luísa Duarte, «Direito de Residência dos Trabalhadores Comunitários e Medidas de Excepção. Reflexão sobre o Significado do Estatuto de Trabalhador-Cidadão na União Europeia», *RFDUL*,

[418] Veja-se a Diretiva do Conselho n.º 64/221/CE, de 25 de fevereiro e Liberal Fernandes, *O Direito de Livre Circulação dos Trabalhadores Comunitários*, cit., pp. 103 ss.

[419] Cf. art. 141.º, n.º 1, 2.ª parte, do Tratado, mas veja-se, contudo, os problemas decorrentes do destacamento de trabalhadores a que se alude no § 10.4.b), em particular no que respeita à aplicação de convenções coletivas locais.

[420] Sobre a questão, veja-se *infra* § 16.2).

[421] *Vd.* Liberal Fernandes, *O Direito de Livre Circulação dos Trabalhadores Comunitários*, cit., pp. 88 ss.

XXXIX (1198), n.º 2, pp. 497 a 509 e «Direito Comunitário do Trabalho. Tópicos de Identificação», *Estudos do Instituto de Direito do Trabalho*, Vol. I, Coimbra, 2001, pp. 153 a 188; LIBERAL FERNANDES, «Harmonização Legislativa Comunitária no Domínio da Organização do Tempo de Trabalho», *Pront.*, n.º 45 (1993/94), pp. 29 a 35, «Harmonização Social na Comunidade Europeia no Âmbito da Duração do Trabalho», *Pront.*, n.º 46 (1994/95), pp. 41 a 49 e *O Direito de Livre Circulação dos Trabalhadores Comunitários. O Mercado Europeu de Trabalho*, Lisboa, 1998; MONTEIRO FERNANDES, *Direito do Trabalho*, cit., pp. 74 e ss.; SOFIA OLIVEIRA PAIS, «Incumprimento das Directivas Comunitárias. Do Efeito Directo à Responsabilidade do Estado, *Dois Temas de Direito Comunitário*, Porto, 2000, pp. 13 a 103; FRANCISCO LUCAS PIRES, «A Política Social Comunitária como exemplo do Princípio da Subsidiariedade», *RDES*, 1991, n.ºs 3/4, pp. 239 a 259; PAULA QUINTAS, «A Directiva n.º 80/987 (quanto à Aproximação das Legislações dos Estados-membros respeitantes à Protecção dos Trabalhadores Assalariados em caso de Insolvência do Empregador). O Antes e o Depois de *Francovich*», *QL*, n.º 16 (2000), pp. 176 a 189; ROSÁRIO PALMA RAMALHO, *Tratado de Direito do Trabalho*, I, cit., pp. 200 e ss.; MARIA DE FÁTIMA RIBEIRO, «O Tempo de Trabalho no Direito Comunitário. A Directiva 93/104/CE, de 23 de Novembro», *Dois Temas de Direito Comunitário*, Porto, 2000, pp. 109 a 180; SABINA PEREIRA DOS SANTOS, *Direito do Trabalho e Política Social na União Europeia*, Cascais, 2000; MOTTA VEIGA, *Direito do Trabalho Internacional e Europeu*, Lisboa, 1994, pp. 65 a 85; BERNARDO XAVIER, «A Realização do Direito do Trabalho Europeu em Portugal», *RDES* XXXVI (1994), n.os 1/3, pp. 225 a 251; BERNARDO XAVIER/FURTADO MARTINS/ /NUNES DE CARVALHO/JOANA VASCONCELOS/TATIANA GUERRA DE ALMEIDA, *Manual*, cit., pp. 237 e ss.

§ 10. INTERPRETAÇÃO, INTEGRAÇÃO E APLICAÇÃO DAS NORMAS DE DIREITO DO TRABALHO

1. Questões prévias

Contrapor a interpretação à integração e à aplicação das normas pressupõe uma distinção entre estas figuras, que não passa de um formalismo, pois, na realidade, não há fases separadas. A diferenciação referida é incapaz de retratar a riqueza das situações concretas e corresponde a uma inversão metodológica[422]. O método da subsunção pressupõe a dissociação de fases, por vezes, até de forma mais pormenorizada, mas o jurista, na prática, trabalha com um todo, na medida em que a realização do direito corresponde a um processo unitário[423].

A distinção entre interpretação, integração e aplicação faz-se, todavia, por razões didáticas, sem descurar que o direito é um todo. Além disso, existe direito do trabalho, não só na solução jurídica de casos concretos, como também quando se discutem questões hipotéticas e ainda, sempre que, independentemente de casos concretos, se procura o sentido de normas jurídicas[424].

Aos motivos de ordem geral, já referidos, acresce a frequente alusão, em direito do trabalho, ao *favor laboratoris*, que justifica um estudo diferenciado da interpretação, integração e aplicação de normas laborais. A esta especificidade há ainda que incluir as particularidades da interpretação de convenções coletivas de trabalho por comissões paritárias (art. 492.º, n.º 3, do CT) e por assentos do Supremo Tribunal de Justiça (art. 186.º do CPT).

2. Interpretação

a) Aspetos gerais

I. A interpretação das normas de direito do trabalho está sujeita às regras gerais do art. 9.º do CC, encontrando-se igualmente na dependência do estabelecido nos arts. 236.º e ss. do CC.

Relativamente à interpretação das leis não há dúvida que se aplica o art. 9.º do CC, mas com respeito às convenções coletivas de trabalho, pelo menos na parte obrigacional, será antes de ter em conta o disposto nos arts. 236.º e ss. do CC[425]; mesmo na parte regulativa, as convenções coletivas de

[422] Cf. Menezes Cordeiro, «Os Dilemas da Ciência do Direito no Final do Século XX», introdução à edição portuguesa do *Pensamento Sistemático e Conceito de Sistema na Ciência do Direito*, de C.-W. Canaris, pp. CII s.

[423] Cf. Menezes Cordeiro, «Os Dilemas ...», cit., p. CIV.

[424] Cf. Oliveira Ascensão, *O Direito. Introdução e Teoria Geral*, 13.ª edição, Coimbra, 2005, p. 234. Também Teixeira de Sousa, *Introdução ao Direito*, Coimbra, 2012, p. 321, esclarece que a interpretação já é aplicação.

[425] Cf. Menezes Cordeiro, *Direito do Trabalho*, I, cit., pp. 714 s.; Bernardo Xavier/Furtado Martins/Nunes de Carvalho/Joana Vasconcelos/Tatiana Guerra de Almeida, *Manual*, p. 308.

trabalho continuam a assentar nos parâmetros de uma figura negocial, distinta da lei[426].

As normas constitucionais, as leis da Assembleia da República, os decretos-leis do Governo, as convenções internacionais e as normas de direito europeu interpretam-se nos termos do art. 9.º do CC.

Quanto às convenções coletivas de trabalho, na parte obrigacional dever-se-ão aplicar os arts. 236.º e ss. do CC[427]. Partindo do pressuposto de que as convenções coletivas de trabalho, na parte regulativa, como produzem efeitos em relação a terceiros, se aproximam da lei, quanto à sua interpretação deve recorrer-se ao art. 9.º do CC[428]. Mas é preciso ter em conta que a convenção coletiva de trabalho se distingue da lei, não tendo as mesmas características; por outro lado, as normas de uma convenção coletiva provêm de negociações entre sujeitos privados (associações sindicais e associações de empregadores), não emanando unilateralmente do poder central ou

[426] Há quem preconize que as convenções coletivas têm o valor de lei material, cf. Fernanda Nunes Agria/Maria Luiza Pinto, *Contrato Individual de Trabalho*, Coimbra, 1972, p. 35, em particular a propósito da citação do Ac. STA de 28/1/1964, p. 35, nota 2. Sobre esta questão, que se prende com a problemática das teorias publicistas e contratualistas, cf. § 64.7.

[427] Por vezes, sem se distinguir a parte obrigacional da regulativa das convenções coletivas, propende-se para a aplicação do art. 9.º do CC. No Ac. STJ de 9/11/1994, *CJ (STJ)* II (1994), T. III, p. 284, considerou-se aplicável às convenções coletivas as regras de interpretação da lei, porque, na parte regulativa, está-se perante «autênticas normas jurídicas» (p. 286); cf. também Ac. STJ de 22/1/1992, *BMJ* 413, p. 377; Ac. STJ de 10/11/1993, *CJ (STJ)* I (1993), T. III, p. 291, em especial, pp. 292 s. e Acórdão STJ n.º 8/2005, *DR* I Série de 10/11/2005 Neste sentido aponta a doutrina maioritária, justificando com a necessidade de objetivar a interpretação das convenções coletivas, cf. Menezes Cordeiro, *Direito do Trabalho*, I, cit., p. 716; Barros Moura, *A Convenção Colectiva*, cit., p. 157.

Quanto à aplicação dos arts. 236.º e ss. do CC à interpretação dos contratos de trabalho, cf. Ac. de 2/12/1993, *CJ* XVIII (1993), T. V, p. 189.

Bernardo Xavier/Furtado Martins/Nunes de Carvalho/Joana Vasconcelos/Tatiana Guerra de Almeida, *Manual*, p. 308 segue esta solução de compromisso: admite a aplicação dos arts. 9.º e 236.º e ss. do CC com base no «carácter objectivo e normativo das cláusulas das CTT». No Ac. STJ de 9/11/1994, *BMJ* 441, p. 110, preconizou-se a aplicação dos arts. 236.º e ss. do CC à interpretação de normas obrigacionais da CCT e do art. 9.º do CC às normas de cariz regulativo.

Admitindo a aplicação das regras da interpretação de negócios jurídicos aos instrumentos coletivos, sem distinguir a parte obrigacional da parte regulativa, cf. Raúl Ventura, *Teoria da Relação Jurídica de Trabalho*, cit., p. 207.

[428] Cf. Ac. STJ (Plenário) de 11/4/2000, *DR* I Série-A, de 24/5/2000.

regional[429]. Por isso, das negociações havidas podem, nalguns casos, retirar-se elementos importantes para a interpretação das regras constantes da convenção coletiva de trabalho[430].

II. Não existem, contudo, diferenças fundamentais entre o disposto no art. 9.º do CC e nos arts. 236.º a 238.º do CC[431]. Em qualquer dos casos a interpretação é objetiva[432]; prevalece o sentido objetivado no texto, tanto da lei, como do negócio jurídico. Além disso, o pensamento do autor da regra não pode ser atendido se não tiver um mínimo de correspondência verbal no texto; deste modo, se da letra da lei ou do escrito no documento não se puder depreender um determinado sentido, nunca se poderá obter uma interpretação com esse teor (arts. 9.º, n.º 2, e 238.º, n.º 1, do CC).

Ainda que hoje aceite de modo pacífico, a interpretação da lei no sentido objetivo decorreu de uma longa evolução, pois, na primeira metade do séc. XX, era usual recorrer-se à interpretação da lei no sentido subjetivo, perscrutando a vontade do legislador[433]. Para a teoria subjetivista, «a lei deveria ser interpretada de harmonia com a *vontade ou intenção do legislador*, isto é, da pessoa ou pessoas que elaboraram o texto legal e lhe imprimiram força vinculativa, melhor dizendo, do órgão legiferante, unipessoal ou pluripessoal»[434]. Dito de outro modo, a interpretação subjetivista visa apre-

---

[429] No Ac. Tribunal Constitucional n.º 98/95, de 22/2/1995, *BMJ* 446 (Sup.), p. 435, determina-se que as cláusulas de convenções coletivas não são normas para efeitos de integrarem o objeto idóneo dos recursos de constitucionalidade.

[430] Cf. Menezes Cordeiro, *Direito do Trabalho*, I, cit., p. 715.

[431] No mesmo sentido quanto ao Direito alemão, cf. Söllner, *Arbeitsrechts*, cit., p. 136.

[432] Quanto à orientação objetivista na interpretação da lei, cf. Oliveira Ascensão, *O Direito*, cit., pp. 399 ss.; Baptista Machado, *Introdução ao Direito e ao Discurso Legitimador*, Coimbra, 1983, pp. 179 ss. Relativamente à interpretação de negócios jurídicos, a teoria da impressão do destinatário (art. 236.º, n.º 1, do CC) também aponta num sentido objetivista, cf. Menezes Cordeiro, *Tratado de Direito Civil Português*, I, *Parte Geral*, tomo I, 3.ª ed., Coimbra, 2005, pp. 763 s.; Mota Pinto, *Teoria Geral do Direito Civil*, 4.ª ed. (reformulada por António Pinto Monteiro e Paulo Mota Pinto), Coimbra, 2005, pp. 444 ss. Contudo, Menezes Cordeiro, *Direito do Trabalho*, I, cit., p. 713, afirma que «a interpretação da lei segue uma linha mais marcadamente objetivista (...) [e] a interpretação do negócio jurídico (...) é (...) de configuração mais subjetivista, temperado embora pela tutela da confiança».

[433] Como refere Galvão Telles, *Introdução ao Estudo do Direito*, volume I, 11.ª ed., reimpressão, Coimbra, 2010, p. 265, a interpretação subjetiva da lei foi tradicionalmente adotada até meados do séc. XX, sendo, desde então, objeto de fortes críticas.

[434] Galvão Telles, *Introdução ao Estudo do Direito*, cit. p. 265.

ender e reconstruir o pensamento e a vontade do legislador, ou seja a *mens legislatoris*[435].

Na sequência das críticas certeiras ao subjetivismo, o n. .º 2 do art. 9.º do CC indicia que o legislador português pretendeu superar o subjetivismo na interpretação, não atendendo ao pensamento legislativo sem correspondência verbal na lei; prevalece, pois, o sentido constante da letra da lei, «ainda que imperfeitamente expresso». E é este sentido objetivo da interpretação da lei que inviabiliza a interpretação, nomeadamente preconizada pela Escola do Direito Livre, que atribui ao julgador poderes de se desviar do sentido da lei para, na sua apreciação, atender a interesses em jogo ou decidir segundo a sua consciência[436].

Ainda que a interpretação seja objetivista, está igualmente superado o objetivismo extremo e o sentido objetivo histórico, podendo entender-se que o art. 9.º do CC segue um sentido moderado da interpretação objetiva[437].

Por se tratar de uma interpretação objetiva e no sentido de conferir maior segurança ao sentido da lei, há que atender a fatores hermenêuticos, normalmente designados elementos da interpretação: na interpretação jurídica recorre-se, primeiro, ao elemento literal e, seguidamente, em complemento, a elementos lógicos da interpretação: elemento histórico, teleológico e sistemático[438].

Às convenções coletivas de trabalho não se aplica o disposto no art. 236.º, n.º 2, do CC, que admite uma interpretação segundo a vontade real das partes, apesar de não corresponder à vontade declarada. Tal regra não vale quanto às convenções coletivas de trabalho, por força do disposto no art. 238.º, n.º 1, do CC, nos termos do qual, sendo o negócio formal – como é o caso (art. 477.º do CT) –, a vontade das partes tem de estar minimamente

---

435 Cf. Santos Justo, *Introdução ao Estudo do Direito*, 9.ª ed., Coimbra, 2018, p. 330. Sobre as várias modalidades de subjetivismo (historicista, atualista, moderado, extremo), veja-se autor o ob. cit., p. 331, e quanto às críticas ao subjetivismo, p. 332.

436 Em crítica a esta via interpretativa, *vd.* Galvão Telles, *Introdução ao Estudo do Direito*, cit., pp. 269 ss.

437 Cf. Galvão Telles, *Introdução ao Estudo do Direito*, cit., p. 266; Santos Justo, *Introdução ao Estudo do Direito*, cit., pp. 335 s.; Teixeira de Sousa, *Introdução ao Direito*, cit., p. 347.

438 Há alguma flutuação com respeito aos elementos lógicos da interpretação, mas há um ponto assente: a base da interpretação é a letra da lei e o sentido a que se chegar tem de ter correspondência com o texto da lei (art. 9.º, n.º 2, do CC), *vd.* Galvão Telles, *Introdução ao Estudo do Direito*, cit., pp. 245 ss.; Santos Justo, *Introdução ao Estudo do Direito*, cit., pp. 336 ss.; Teixeira de Sousa, *Introdução ao Direito*, cit., pp. 348 ss.

expressa no texto; não se pode, pois, interpretar uma convenção coletiva em sentido diverso daquele que consta no texto do respetivo documento.

Por conseguinte, apesar de as cláusulas da parte regulativa da convenção coletiva não serem normas legais deve-se-lhes aplicar o disposto no art. 9.º do CC, mas a diferença entre a interpretação de leis e de convenções coletivas de trabalho (na parte obrigacional) acaba por não ser relevante. Há, no entanto, uma particularidade, que respeita à interpretação dos casos duvidosos, estabelecida no art. 237.º do CC; preceito que, na parte final, para as situações duvidosas de interpretação de negócios jurídicos onerosos, aponta para uma solução de equilíbrio[439], o que não ocorre com respeito ao art. 9.º do CC.

A interpretação de regras dúbias no sentido que conduza a um maior equilíbrio poderia valer no domínio das convenções coletivas de trabalho[440] e ter também cabimento no que respeita à interpretação dos contratos de trabalho. Mas há a ter em conta uma particularidade do direito do trabalho: o princípio do tratamento mais favorável ao trabalhador. Para alguns autores, este princípio é de relevância extrema, não sendo as situações duvidosas – tanto as que advenham da interpretação do contrato, como de convenção coletiva e ainda da lei – interpretadas no sentido que conduza a um maior equilíbrio, devendo, antes, procurar-se a solução mais favorável ao trabalhador[441].

---

[439] Aplicando este preceito a um contrato de trabalho, *vd.* Ac. Rel. Lx. de 2/12/1993, *CJ* XVIII, T. V, p. 189.

[440] Numa convenção coletiva de trabalho, os casos duvidosos, em que não se determina o sentido pretendido pelas partes, não serão muito frequentes, mas em última análise, não havendo outros elementos, e tendo em conta a especificidade do campo de aplicação do instrumento coletivo – p. ex., uma cláusula de paz social –, não choca o recurso à solução mais equilibrada (art. 237.º, parte final, do CC).

[441] Cf. António de Araújo, «Princípio "Pro Operario" e Interpretação de Normas Juslaborais», *Revista Jurídica*, AAFDL, n.º 15 (1991), pp. 46 s.; Acácio Lourenço, «O Princípio do Tratamento mais Favorável», *Estudos sobre Temas de Direito do Trabalho*, Lisboa, 1979, p. 104; Rosário Palma Ramalho, *Da Autonomia Dogmática do Direito do Trabalho*, cit., pp. 926 ss.; M. Victor Russomano, «Aspectos da Hermenêutica do Direito do Trabalho», *Temas de Direito do Trabalho*, Coimbra, 1990, pp. 592 e 598, respetivamente quanto a leis e convenções coletivas; Monteiro Fernandes, *Direito do Trabalho*, cit., p. 115 s. Este último autor (*Direito do Trabalho*, cit., p. 116) considerava, porém, que o *favor laboratoris* correspondia a um *prius* relativamente ao esforço interpretativo. Motta Veiga, *Lições*, cit., pp. 129 ss., admite o *favor laboratoris* com função interpretativa, para determinar se a norma preceptiva tem ou não carácter mínimo; fora deste caso, o autor (ob. cit. p. 153) não confere ao princípio valor hermenêutico. Posição idêntica parece ser sustentada por Bernardo Xavier, «Sucessão no Tempo de Instrumentos

b) Princípio do tratamento mais favorável

I. Poder-se-ia começar por questionar se existe um *princípio* do tratamento mais favorável ao trabalhador.

Estar-se-ia a pensar em princípios gerais de direito, também designados princípios fundamentais de direito. BAPTISTA MACHADO alude a princípios jurídicos «transcendentes às decisões positivadoras do legislador (...) que representam postulações eliciadas da própria *ideia de Direito*»[442]. Explicita o autor que estes princípios «vinculam o próprio legislador constituinte, como a gramática vincula o uso da linguagem», pois pretende-se que as normas «sejam justas e válidas por fundadas em princípios regulativos superiores». «Consequentemente, são princípios que não podem ser derrogados sem perversão da própria ordem jurídica (...) por outro lado, são princípios *universais* de direito, por imporem as suas exigências a todo e qualquer ordenamento jurídico»[443]. Como princípios fundamentais de direito, o autor citado indica: o princípio democrático e princípios expressos na Declaração Universal dos Direitos do Homem. Acrescenta ainda princípios gerais do ordenamento português que se podem induzir de uma pluralidade de normas dispersas pelos textos legais. Na mesma senda, SANTOS JUSTO, indica princípios constantes da Constituição, como a dignidade da pessoa humana, a igualdade perante a lei e o princípio *nullum crimen sine lege*[444]. E segundo este autor, apesar de o Código Civil, diferentemente de outros congéneres, não lhes ter feito referência, não deixou de os consagrar, podendo exemplificativamente indicar-se: a não retroatividade da lei, a liberdade contratual, a responsabilidade civil por culpa e a proibição de enriquecimento sem causa[445].

Por seu turno OLIVEIRA ASCENSÃO, refere que os princípios gerais, como o da boa fé, emancipam-se das fontes que os indicam, sendo, assim, decisivo o papel da jurisprudência[446]. Mas esclarece este autor que os princípios não

---

de Regulamentação Colectiva e Princípio do Tratamento mais Favorável», *RDES* XXXIX (1987), n.º 4, pp. 468 s. RAÚL VENTURA, *Teoria da Relação Jurídica de Trabalho*, cit., pp. 207 s., admite que a máxima *in dubio pro laboratore* pode ser tida em conta «numa medida muito restritiva» no campo da interpretação, mas afirma que «Acima dêle (princípio *in dubio*) deve colocar-se o escopo do conseguimento do justo equilíbrio dos interêsses das partes».

[442] BAPTISTA MACHADO, *Introdução ao Direito*, cit., pp. 163 s.

[443] BAPTISTA MACHADO, *Introdução ao Direito*, cit., p. 164.

[444] SANTOS JUSTO, *Introdução ao Estudo do Direito*, cit., pp. 225 ss. e pp. 227 s.

[445] SANTOS JUSTO, *Introdução ao Estudo do Direito*, cit., pp. 228 s.

[446] OLIVEIRA ASCENSÃO, *O Direito*, cit., p. 418.

podem corresponder «à expressão de necessidades sociais»[447] e os «princípios não são normas, são orientações de carácter mais flexível»[448].

Posto isto, não se pode entender que o designado princípio do tratamento mais favorável se enquadre entre os princípios gerais de direito, no sentido de integrar uma grande orientação da ordem positiva, assente no travejamento básico e estruturante da ordem jurídica. Contudo, na medida em que o *favor laboratoris* se filie no princípio da igualdade, nesse âmbito, poderá ser atendido como princípio fundamental.

II. A base legal do princípio do tratamento mais favorável ao trabalhador, também designado por *favor laboratoris*, encontrava-se nos arts. 13.º, n.º 1, e 14.º, n.º 2, da LCT e no art. 14.º, n.º 2, alínea *b)*, da LRCT, onde, a propósito do conflito de normas, se considerava que, em determinadas circunstâncias, valia a solução mais favorável para o trabalhador[449]; hoje, com algumas diferenças, importa atender ao art. 3.º do CT, assim como ao art. 476.º do CT. Daqui se poderia retirar a prova da existência do *favor laboratoris*, como princípio geral do direito do trabalho.

Mas os artigos acima referidos – tanto da legislação revogada como do Código do Trabalho – pretendem só resolver os conflitos de normas, pelo que, apenas nessas situações, aplica-se a norma onde se estabeleça um regime mais favorável para o trabalhador; não se pode generalizar esta solução a todos os casos de interpretação de regras de direito do trabalho. Dito de outro modo, os arts. 3.º e 476.º do CT – tal como anteriormente os arts. 4.º e 531.º do CT2003 e os arts. 13.º, n.º 1, e 14.º, n.º 2, da LCT, assim como o art. 14.º, n.º 2, alínea *b)*, da LRCT – não consagram um princípio geral de interpretação[450].

---

447 Oliveira Ascensão, *O Direito*, cit., p. 419.

448 Oliveira Ascensão, *O Direito*, cit., p. 420.

449 Poder-se-ia igualmente aludir ao revogado art. 22.º, n.º 8, da LCT, onde, a propósito do *ius variandi*, se fazia referência ao tratamento mais favorável. Mas este preceito nada tinha que ver com a interpretação ou aplicação das normas de Direito do Trabalho, pois referia-se tão-só à situação laboral do trabalhador: se, por via do *ius variandi*, desempenhar atividade correspondente a uma categoria superior, terá direito ao tratamento devido aos trabalhadores dessa categoria. A solução não é hoje diversa, atendendo ao art. 120.º do CT.

450 Consciente desta situação, António de Araújo, «Princípio "Pro Operario" ...», cit., p. 32, faz uma distinção terminológica: a expressão «tratamento mais favorável» utiliza-se nos conflitos hierárquicos de normas e, para a interpretação de normas laborais – situação não prevista no art. 13.º da LCT (nem no art. 4.º do CT) – recorre-se ao princípio *pro operario*. O mesmo autor (ob. cit., p. 45) acaba por concluir que o princípio *pro operario* não encontra

III. Para explicar o princípio do tratamento mais favorável, importa relembrar que o direito do trabalho se autonomizou do direito civil com vista a proteger o trabalhador. Enquanto o direito civil coloca as partes no negócio jurídico em pé de igualdade, o direito do trabalho surge para favorecer a parte mais fraca, e o *favor laboratoris*, num sistema jurídico incipiente, serve para combater a desproteção do trabalhador, concedendo-lhe um estatuto privilegiado[451].

O princípio do tratamento mais favorável tem, contudo, de ser entendido num contexto atual; por isso Menezes Cordeiro, a este propósito, contrapõe o *favor laboris* (favor do trabalho) ao *favor laboratoris*[452]. Hoje, o direito do trabalho, autonomizado do direito civil, continua a privilegiar a proteção do trabalhador subordinado, mas com normas próprias. As normas de direito do trabalho foram elaboradas tendo em vista a proteção do trabalhador[453], e como elas constituem, em si, um sistema coerente, retomar a ideia tradicional do *favor laboratoris* é um contrassenso[454].

Antes de o direito do trabalho se ter autonomizado, não tendo ainda normas próprias, precisava de recorrer aos preceitos de direito civil, que assentam no pressuposto de as partes se encontrarem num plano igualitário, e fazia sentido que fosse concedido ao trabalhador um estatuto privilegiado; mas hoje essa justificação não persiste. É absurdo que, existindo normas

---

consagração legal no ordenamento português. A mesma distinção é salientada por Leal Amado, *Contrato de Trabalho*, cit., p. 33. Sobre o princípio *pro operario* na interpretação, veja-se também Alonso Olea/Casas Baamonde, *Derecho del Trabajo*, cit., pp. 1180 s. Quanto à interpretação de normas laborais, considerando prevalente um sentido sociológico, *vd.* M. Victor Russomano, «Aspectos da Hermenêutica...», cit., pp. 587 ss., em especial, pp. 591 ss.

[451] Cf. Galvão Telles, «Contratos Civis», *BMJ* 83, p. 169, que alude a um privilégio, justificado para contrariar o desequilíbrio de facto. Veja-se igualmente Raúl Ventura, *Teoria da Relação Jurídica de Trabalho*, cit., p. 195.

[452] Cf. Menezes Cordeiro, *Direito do Trabalho*, I., cit., pp. 336 e ss. e 342 ss. e «O Princípio do Tratamento mais Favorável no Direito do Trabalho Actual», *Direito e Justiça* III (1987/88), pp. 112 e 134 s.

Com posição diversa, Leal Amado, «O papel da jurisprudência no preenchimento de conceitos indeterminados *in dúbio pro operário?*», *Estudos do Instituto de Direito do Trabalho*, Vol. VI, Coimbra, 2012, pp. 219 ss.

[453] Por isso, fala-se igualmente no *favor laboratoris* como princípio de política legislativa, cuja relevância parece indiscutível. Quanto ao *favor laboratoris* como princípio de política legislativa, cf. António de Araújo, «Princípio "Pro Operario"...», cit., p. 30; Menezes Cordeiro, *Direito do Trabalho*, I, cit., pp. 337 s. e «Princípio do Tratamento mais Favorável...», cit., p. 113.

[454] Motta Veiga, *Lições*, cit., p. 133, afirma que o *favor laboratoris* corresponde a um estádio da evolução social e económica que deveria, hoje em dia, considerar-se superada.

especificamente destinadas a proteger o trabalhador, se vá interpretá-las num sentido mais favorável ao próprio trabalhador. Isso só tinha sentido quando o direito do trabalho era um ordenamento incipiente e se interpretavam as normas de direito civil no sentido mais favorável ao trabalhador.

No art. 13.º do projeto da LCT de 1966 preconizava-se o tratamento mais favorável na interpretação e aplicação das normas de direito do trabalho. No entanto, esta solução não veio a ser acolhida pelo Decreto-Lei n.º 47.032 (anterior LCT), na medida em que, nessa altura, o direito do trabalho já era composto por um conjunto de normas coerentes, pelo que deixara de carecer deste princípio, que tinha sentido quando só se aplicavam as regras de direito civil às relações laborais[455].

IV. Por vezes, a interpretação da regra jurídica no sentido mais favorável ao trabalhador surge justificada na interpretação segundo a Constituição. Não se questiona que as normas de direito privado, em que se insere do direito do trabalho, tenham necessariamente um sentido conforme à Constituição. Trata-se de uma forma de relacionar o direito privado com as normas constitucionais e de levar a que a aplicação das normas de direito do trabalho seja vista no plano constitucional, o que corresponde, no fundo, ao recurso frequente a uma interpretação conforme à Constituição[456]. A interpretação de normas de direito privado num sentido conforme à Constituição não é específica do direito do trabalho, pois advém da primazia da Lei Fundamental; mas, no caso concreto, decorre da proliferação de regras constitucionais em sede laboral, que têm de ser aplicadas e da necessidade de desenvolvimento deste ramo do direito num sentido conforme à Constituição; ou, como já se afirmou, a Constituição, neste domínio, «(...) tem uma importância decisiva na refundação do direito do trabalho e na sua sistematização»[457].

[455] António de Araújo, «Princípio "Pro Operario" ...», cit., pp. 39 s., considera que a redação dada ao art. 13.º LCT demonstra claramente a intenção do legislador de restringir a efetividade do *favor laboratoris* aos conflitos hierárquicos.

[456] Acerca desta interpretação, cf. Gomes Canotilho, *Direito Constitucional,* cit., pp. 1310 ss.; Menezes Cordeiro, *Direito do Trabalho,* I, cit., pp. 255 ss. e, com maior desenvolvimento, Rui Medeiros, *A Decisão de Inconstitucionalidade. Os Autores, o Conteúdo e os Efeitos da Decisão de Inconstitucionalidade da Lei,* Lisboa, 1999, pp. 289 ss.

[457] Bernardo Xavier, «A Matriz Constitucional do Direito do Trabalho», *III Congresso Nacional de Direito do Trabalho. Memórias,* Coimbra, 2001, pp. 99 s.

De igual modo, as normas laborais estão sujeitas a uma interpretação em conformidade com o direito europeu[458]. E são abundantes as intervenções do direito europeu em sede laboral, mormente por diretivas transpostas para o direito nacional.

Em qualquer caso, nem por via da interpretação conforme à Constituição nem através da interpretação segundo o direito europeu se poderá alterar o sentido da norma laboral, não expresso na mesma, em sentido mais favorável ao trabalhador. Tal via corresponde a um subjetivismo interpretativo há muito abandonado na ciência do direito.

V. O *favor laboratoris* deve ser hoje entendido numa perspetiva histórica, sem uma aplicação prática; o direito do trabalho não foi estabelecido para defender os trabalhadores contra os empregadores, ele existe em defesa de um interesse geral, onde se inclui toda a comunidade[459]. A comunidade, de que fazem parte trabalhadores e empregadores, beneficia da mútua colaboração e da paz social. A ideia de que no direito do trabalho se pretende favorecer o trabalhador contra o empregador dificulta inclusive a criação de novos empregos, pelo receio que os empregadores têm das consequências que daí poderão advir.

Do ponto de vista jurídico, o princípio do *favor laboratoris* leva ao empirismo[460] e ao subjetivismo na aplicação da lei, já que, admitindo-se o postulado do favorecimento de uma das partes em litígio, colide-se com um dos princípios fundamentais do direito, que é o da certeza das decisões, relacionado com a segurança jurídica[461]/[462].

---

[458] Cf. Maria Luísa Duarte, «Direito Comunitário do Trabalho Direito. Tópicos de Identificação», *Estudos do Instituto de Direito do Trabalho,* Vol. I, Coimbra, 2001, pp. 164 ss.

[459] Como refere Menezes Cordeiro, «Princípio do Tratamento mais Favorável...», cit., p. 113, «O Direito do trabalho não deve ser entendido como o Direito dos pobres ou dos desprotegidos». Também no sentido de o direito do trabalho tender para o estabelecimento do equilíbrio entre as partes e o interesse geral, cf. Bernardo Xavier, «Sucessão no Tempo...», cit., p. 471 e Bernardo Xavier/Furtado Martins/Nunes de Carvalho/Joana Vasconcelos/ /Tatiana Guerra de Almeida, *Manual,* pp. 300 e ss.

[460] Cf. Menezes Cordeiro, *Direito do Trabalho,* I, cit., p. 338. Bernardo Xavier, «Sucessão no Tempo...», cit., p. 470, considera que o apelo a tal princípio envolve uma técnica jurídica rudimentar.

[461] As soluções subjetivistas, contrárias à segurança jurídica, baseadas no *favor laboratoris* encontram-se mais no domínio dos acidentes de trabalho, mas não exclusivamente. Todavia, a jurisprudência, com a sua saudável prudência, não tem por uso, pelo menos nas últimas decisões, recorrer de modo expresso ao princípio do tratamento mais favorável. Mas, em termos exemplificativos, pode indicar-se o Ac. STJ de 5/5/1993, CJ (STJ) I (1993), T. II, p. 274 (não

Por estas razões, o *favor laboratoris* deve ser entendido tal como no direito das obrigações se alude ao *favor debitoris*, do qual não se retiram consequências práticas. O legislador de direito do trabalho consagrou um regime favorável ao trabalhador; é neste sentido que se deve entender o *favor laboratoris*.

VI. Assim, as normas de direito do trabalho – nas quais se inclui a parte regulativa dos instrumentos coletivos[463] –, quanto à interpretação, regem-se pelas regras gerais do art. 9.º do CC e não há que recorrer, nem sequer em situações de dúvida, a uma interpretação mais favorável ao trabalhador, pois nada na lei permite tal conclusão[464].

---

obstante ter sido atribuída incapacidade total à trabalhadora para o desempenho da atividade para a qual fora contratada, o tribunal considerou que a empresa deveria empregá-la noutra atividade, pois só haveria caducidade se a trabalhadora não pudesse desenvolver nenhuma atividade). Numa perspetiva diferente, implicando uma inversão metodológica, no Ac. Rel. Lx. de 17/1/1190, *Jurisprudência do Trabalho Anotada*, de MENDES BAPTISTA, 3.ª ed., Lisboa, 1999, p. 31, perante a dúvida de qualificação, optou-se por considerar que se estava perante um contrato de trabalho «à luz do princípio do "favor laboratoris"» (p. 36).

[462] MOTTA VEIGA, *Lições*, cit., p. 133, considera que a máxima *favor laboratoris* representa um desvio ao princípio da igualdade (art. 13.º, n.º 2, da CRP), privilegiando ou beneficiando alguém (o trabalhador) em razão da sua condição social. MONTEIRO FERNANDES, *Direito do Trabalho*, 11.ª ed., Coimbra, 1999, p. 114, contestava, afirmando que o princípio do *favor laboratoris* só «aparentemente (é) contrário ao "dogma" da igualdade perante a lei», mas não justificava. Quanto à inadmissibilidade do *favor* sempre que implique um tratamento discriminatório, cf. ARANGUREN *in* MAZZONI, *Diritto del Lavoro*, I, cit., p. 215.

[463] MENEZES CORDEIRO, *Direito do Trabalho*, I., cit., pp. 332 ss., pretende dar um espaço à interpretação criativa do direito, por a distinguir da livre criação do direito; mas a fronteira é ténue ou quase inexistente.

Independentemente de se tratar de instrumentos negociais ou normativos (*vd. infra* § 63.) a interpretação segue as mesmas regras e a competência para interpretar as cláusulas de tais instrumentos é, em qualquer caso, atribuída aos tribunais de trabalho. Neste sentido quanto à Portaria de Extensão, *vd.* GONÇALVES DA SILVA, *Contributo para o Estudo da Portaria de Extensão*, Dissertação de Mestrado, Lisboa, 1999, p. 148. Sobre as cláusulas que remetem para uma convenção, veja-se BRUNO MESTRE, «Cláusulas de remissão a CCT», *QL* 30 (2007), pp. 139 ss.

[464] Há autores que, não aceitando como princípio uma interpretação de normas laborais mais favorável ao trabalhador, a aceitam em situações de dúvida (ANTÓNIO DE ARAÚJO, «Princípio "Pro Operario"...», cit., pp. 46 ss.; M. VICTOR RUSSOMANO, «Aspectos da Hermenêutica...», cit., p. 592); tal pressuposto, mesmo para hipóteses limite, não deixa de constituir uma solução sem base legal e que conduz ao subjetivismo e à incerteza das decisões. Mas como esclarece LEAL AMADO, *Contrato de Trabalho*, cit., p. 33, é necessário distinguir o tratamento mais favorável da interpretação em sentido mais favorável.

Até porque, como referido, as normas laborais já prescrevem soluções favoráveis ao trabalhador e, acentue-se, as referidas normas não têm exclusivamente por escopo a tutela do trabalhador, justificando-se primordialmente para assegurarem o equilíbrio na relação laboral. E esse equilíbrio, ainda que evidencie a tutela do trabalhador, também se obtém pela tutela da empresa e da prossecução da atividade empresarial. No fundo, na promoção da justiça social e do equilíbrio na relação laboral tem de se atender ao trabalhador e à empresa.

A segurança jurídica é posta em causa sempre que, contrariando a solução legal, num ativismo jurídico, por vezes alicerçado na interpretação criativa do direito, se pretenda encontrar uma solução jurídica mais favorável ao trabalhador. A solução do caso concreto atendendo a uma solução de justiça particular segundo a consciência do julgador, contrariando o sentido da norma, é especialmente preocupante por violar a segurança jurídica atento o facto de existir uma regra de «dupla conforme», que potencia uma diferente jurisprudência em cada Tribunal da Relação[465].

---

[465] É indiciador desta jurisprudência ditada pela consciência do julgador, sem base legal, o acórdão da Relação do Porto de 10/7/2013 (Petersen Silva), Proc. n.º 313/12.9TTOAZ.P1, disponível em www.dgsi.pt. Importa transcrever algumas passagens (esclarecedoras) do aresto, que entendeu não haver motivo de despedimento num caso em que o trabalhador estava a executar a sua atividade (recolha de lixo) com 2,3 g/l de álcool no sangue: «Como não existe na empresa nenhuma norma que proíba o consumo de álcool em serviço (...)» aconselham a empresa a «que emita uma norma interna fixando o limite de álcool em 0,50 gramas por litro (...) para evitar que os trabalhadores se despeçam todos em caso de tolerância zero». Questiona seguidamente se existirá tal norma: «É do bom senso que resulta a norma que proíbe o consumo de álcool, ou o estar alcoolizado? O bom senso não é fonte de direito, antes fosse. E no caso do consumo de álcool e da execução da prestação laboral, digamos que o bom senso tem mil e mais facetas: – depende do tipo de prestação laboral e do tipo (quantidade e consequências da quantidade) de consumo. Vamos dizer que, e sem qualquer carácter pejorativo, não resulta do bom senso que um "almeida", um "homem do lixo", não possa beber uma cerveja ao almoço, e ir trabalhar a seguir. Ou não possa, consoante as suas funções concretas, beber bastante mais ao almoço» E continua: «Vamos convir que o trabalho não é agradável (...)». «Note-se que, com álcool, o trabalhador pode esquecer as agruras da vida e empenhar-se muito mais a lançar frigoríficos sobre camiões, e por isso, na alegria da imensa diversidade da vida, o público servido até pode achar que aquele trabalhador alegre é muito produtivo e um excelente e rápido removedor de electrodomésticos». Sobre a questão, veja-se Romano Martinez, «Interpretação e aplicação de normas laborais (Revisitação do *favor laboratoris*: ativismo jurídico *versus* segurança jurídica)», *Estudos dedicados ao Professor Doutor Bernardo da Gama Lobo Xavier*, III, Lisboa, 2015, pp. 227 ss.

VII. Relacionado com a interpretação, importa ainda contestar o *favor laboratoris* como modo de apreciação da prova, no sentido de, havendo dúvidas na produção da prova, se presumir que ela foi feita a favor do trabalhador[466].

Na repartição do ónus da prova há a ter em conta a existência de presunções legais, estabelecidas pelo legislador, com vista a atingir certas finalidades, como é o caso do art. 331.º, n.º 2, do CT, em que se presume abusivo o despedimento ou a aplicação de sanções disciplinares em determinadas circunstâncias[467]. Mas ao intérprete, perante a omissão do legislador, não cabe estabelecer presunções legais.

Sempre que o legislador não estabeleça nenhuma presunção, terá de recorrer-se à regra geral da repartição do ónus da prova, prevista no art. 342.º do CC, sob pena da incerteza das soluções. Assim, nos termos da regra geral, se aquele a quem incumbe o ónus da prova, não conseguir fazê-la, os factos têm-se por não verificados. Deste modo, a repartição do ónus da prova não apresenta qualquer particularidade no direito do trabalho. Se, por exemplo, o trabalhador considera que foi ilicitamente despedido terá, primeiro, de fazer a prova da existência do contrato de trabalho e, depois, demonstrar que foi despedido; ao empregador cabe a prova dos factos que conduzem à justa causa de despedimento. Por isso, sendo o trabalhador candidato ou membro de corpos sociais de uma associação sindical, não há verdadeiramente uma presunção de falta de justa causa no despedimento (art. 410.º, n.º 3,

[466] Sobre presunções legais no domínio laboral, cf., entre outros, Ac. Rel. Pt. de 21/10/1996, *CJ* XVI (1996), T. IV, p. 268, que afasta o princípio *in dubio pro operario* em matéria probatória nos processos laborais (pp. 271 s.), afirmando: «Quanto ao princípio "in dubio pro operario", a sua invocação a propósito do ónus da prova é, no mínimo, despropositada, uma vez que o direito laboral não tem nenhuma especialidade relativamente às regras do ónus da prova, tendo nele plena aplicação as regras gerais já referidas.» (p. 272). Segundo ORLANDO GOMES//ELSON GOTTSCHALK, *Curso de Direito do Trabalho*, cit., p. 31, a jurisprudência brasileira, inclusive em matéria de facto, tem recorrido ao princípio *in dubio pro misero*, até porque a regra da interpretação favorável ao trabalhador encontra apoio na doutrina brasileira, cf. RUSSOMANO, *Curso de Direito do Trabalho*, cit., pp. 245 ss.

[467] Veja-se também a presunção constante do art. 25.º, n.º 5, do CT, no que respeita à proibição de discriminação. Sobre esta questão, cf., com base na anterior legislação, ROMANO MARTINEZ, «A Igualdade de Tratamento no Direito Laboral. A Aplicação da Diretiva 76/207/CEE em Portugal», *Direito e Justiça* XI (1997), T. 2, p. 94, e, atendendo ao regime do Código do Trabalho, veja-se GUILHERME DRAY, anotação ao art. 25.º *in* ROMANO MARTINEZ/LUÍS MIGUEL MONTEIRO/JOANA VASCONCELOS/MADEIRA DE BRITO/GUILHERME DRAY/GONÇALVES DA SILVA, *Código do Trabalho Anotado*, cit., p. 180.

do CT)[468]. Apreciar a prova a favor do trabalhador corresponde a um subjetivismo inaceitável e sem qualquer fundamento legal.

c) Especificidades na interpretação

I. Quanto à interpretação dos preceitos de convenções coletivas prevê-se uma solução excecional no art. 492.º, n.º 3, do CT. Nos termos do n.º 3 deste artigo, na convenção coletiva deve prever-se a constituição de uma comissão mista paritária com competência para interpretar as suas disposições. Esta comissão será composta por igual número de membros das associações sindicais e de empregadores (ou empregadores) que negociaram a convenção, sendo, por isso, paritária e mista. A referida comissão terá de ser prevista na convenção, pois não se constitui automaticamente.

Sempre que a comissão mista paritária, por unanimidade[469], interpretar em determinado sentido uma norma da convenção coletiva, essa interpretação integra-se no instrumento (art. 493.º, n.º 4, do CT), sem o valor da interpretação autêntica do art. 13.º do CC[470].

II. A segunda especificidade a ter em conta respeita à interpretação judicial de cláusulas de convenções coletivas, para a qual se estabeleceu um processo especial (arts. 183.º e ss. do CPT).

Como foi referido anteriormente (§ 8.), o acórdão do Supremo Tribunal de Justiça que interpretar uma cláusula de convenção coletiva tem o valor ampliado de revista (art. 186.º do CPT), vinculando essa interpretação os outorgantes e os destinatários do instrumento. Esta interpretação judicial, à imagem da interpretação feita pela comissão mista paritária, mas diferentemente da interpretação autêntica (art. 13.º do CC), não tem eficácia retroativa, pois a lei não lhe atribui esse efeito.

III. Como terceira e última especificidade interpretativa, há a assinalar o facto de os preceitos legais de onde consta o seu carácter supletivo em relação a convenções coletivas não poderem ser afastados por cláusula de

[468] *Vd. infra* § 58.2.b).

[469] Não obstante a lei aludir à unanimidade, nada impede que, na própria convenção coletiva de trabalho, se estipule que a comissão tome as deliberações por maioria simples ou qualificada.

[470] Poder-se-ia pensar que a posição de MENEZES CORDEIRO, *Manual de Direito do Trabalho*, cit., p. 311, é diversa, ao afirmar que a interpretação feita por comissão paritária é autêntica; todavia, o mesmo autor (ob. e loc. cit.) considera que, nos termos do art. 12.º do CC, não lhe deve ser atribuída eficácia retroativa.

contrato de trabalho (art. 3.º, n.º 5, do CT). Assim, quando, por exemplo, no art. 328.º, n.º 2, do CT se determina que, para além das sanções previstas na lei, podem ser fixadas outras em instrumento de regulamentação coletiva, não pode do contrato de trabalho constar uma sanção diferente das que se encontram nas alíneas do citado art. 328.º, n.º 2, do CT ou de convenção coletiva aplicável[471].

Este princípio, constante anteriormente do art. 13.º, n.º 2, da LCT, defendeu-se que valia não só no domínio do diploma onde foi consagrado, pois correspondia a uma particularidade interpretativa de todo o direito do trabalho, justificada pela complexidade de fontes e pelo papel atribuído aos instrumentos de regulamentação coletiva[472]. A solução veio a ser consagrada no Código do Trabalho, onde o art. 3.º, n.º 5, estabelece como princípio geral esta regra de interpretação, que se aplica a todas as disposições deste diploma, mas igualmente em outros diplomas reguladores de matéria laboral, como os regimes especiais, por força do art. 9.º do CT.

Bibliografia:

Leal Amado, *Contrato de Trabalho*, cit., pp. 33 ss.; António de Araújo, «Princípio "Pro Operario" e Interpretação de Normas Juslaborais», *Revista Jurídica*, AAFDL, n.º 15 (1991), pp. 29 a 48; A. Dias Coimbra, «A "lacuna" no conteúdo

---

[471] Trata-se daquilo a que Menezes Cordeiro, *Direito do Trabalho*, I, cit., pp. 719 ss., designa por normas convénio-dispositivas, que não podem ser afastadas pelas partes no contrato de trabalho, mas que estão na disponibilidade das partes coletivas. Sobre a questão, veja-se Milena Rouxinol, «A imperatividade (que tipo de imperatividade?) das normas legais laborais face ao contrato individual de trabalho – considerações em torno do n.º 5 do art. 3.º do CT», *QL* 42 (vinte anos de Questões Laborais), 2013, pp. 159 ss.

[472] Admitindo que era, já então, um princípio válido para todo o direito do trabalho, davam-se alguns exemplos que justificavam a aplicação abrangente da citada norma da LCT. Assim sendo, quando no art. 59.º, n.º 1, da LCCT se admite a alteração de algumas regras sobre cessação do contrato de trabalho por instrumento de regulamentação coletiva de natureza convencional, está vedada tal modificação por contrato individual de trabalho. De modo diverso, no art. 55.º, n.º 3, da LCCT, o legislador admitiu que a duração do período experimental fosse reduzida por convenção coletiva de trabalho ou contrato individual de trabalho. À mesma conclusão se devia chegar atendendo ao disposto no art. 5.º, n.º 9, da LDT, quando se previa o aumento, até duas horas, do período normal de trabalho por convenção coletiva, excluindo-se, por via interpretativa, que tal solução fosse acordada em contrato de trabalho. Refira-se ainda, como exemplo deste princípio, o disposto no revogado art. 1.º, n.º 1, do Decreto-Lei n.º 404/91, de 16 de outubro, onde se admitia que, em convenção coletiva, fossem previstas outras funções a ser exercidas em regime de comissão de serviço; não se tolerando, evidentemente, que tal constasse de contrato de trabalho.

regulativo da convenção colectiva: negociação colectiva e intervenção judicial», *QL*, n.º 32 (2008), pp. 221 ss.; MENEZES CORDEIRO, *Direito do Trabalho*, I, cit., pp. 314 a 326 e 336 a 344 e «O Princípio do Tratamento mais Favorável no Direito do Trabalho Actual», *Direito e Justiça* III (1987/88), pp. 111 a 139; MONTEIRO FERNANDES, *Direito do Trabalho*, cit., pp. 113 e ss.; JÚLIO GOMES, «Da interpretação e integração de convenções colectivas de trabalho», *O Direito material e processual do trabalho nos novos tempos. Estudos em homenagem ao Professor Estêvão Mallet*, S. Paulo, 2009, pp. 380 ss.; MENEZES LEITÃO, *Direito do Trabalho*, cit., pp. 93 ss.; ACÁCIO LOURENÇO, «O Princípio do Tratamento mais Favorável», *Estudos sobre Temas de Direito do Trabalho*, Lisboa, 1979, pp. 91 a 110; ROMANO MARTINEZ, «Interpretação e aplicação de normas laborais (Revisitação do *favor laboratoris*: ativismo jurídico *versus* segurança jurídica)», *Estudos dedicados ao Professor Doutor Bernardo da Gama Lobo Xavier*, III, Lisboa, 2015, pp. 227 ss. ANDRADE MESQUITA, *Direito do Trabalho*, cit., pp. 223 ss.; ROSÁRIO PALMA RAMALHO, *Tratado de Direito do Trabalho*, I, cit., pp. 285 ss.; MOTTA VEIGA, *Lições*, cit., pp. 127 a 134; RAÚL VENTURA, *Teoria da Relação Jurídica de Trabalho*, cit., pp. 195 a 199, 207 e 208; BERNARDO XAVIER/FURTADO MARTINS/NUNES DE CARVALHO/JOANA VASCONCELOS/TATIANA GUERRA DE ALMEIDA, *Manual*, cit., pp. 306 e ss.

3. Integração

I. À integração das lacunas de direito do trabalho aplicam-se os arts. 10.º e 239.º do CC.

As lacunas das leis de trabalho (leis da Assembleia da República, decretos-leis do Governo, etc.) são integradas nos termos do disposto no art. 10.º do CC, nos mesmos moldes em que se procede em outros ramos de direito[473].

A integração de lacunas de convenções coletivas de trabalho pode suscitar alguma perplexidade[474]. Tendo em conta o que foi referido a propósito da interpretação das normas de convenções coletivas de trabalho, parece que, em sede de integração da parte regulativa, deverá valer o disposto no art. 10.º do CC, aplicando-se o art. 239.º do CC à integração de lacunas da parte obrigacional da convenção coletiva[475].

---

[473] Acerca da integração de lacunas, cf., por todos, OLIVEIRA ASCENSÃO, *O Direito*, cit., pp. 433 ss.

[474] Quanto à proibição do recurso à analogia nas convenções coletivas de trabalho no direito italiano, cf. ARANGUREN *in* MAZZONI, *Diritto del Lavoro*, I, cit., pp. 218 s.

[475] Sem proceder a tal distinção, cf. RAÚL VENTURA, *Teoria da Relação Jurídica de Trabalho*, cit., p. 212. No sentido do texto, MENEZES CORDEIRO, *Direito do Trabalho*, I, cit., pp. 713 s., considera

A integração de lacunas na parte regulativa do instrumento coletivo apresenta uma particularidade, na medida em que não parece que se possa recorrer à analogia entre diferentes instrumentos; a lacuna de uma convenção coletiva não poderá ser integrada com base na solução análoga constante de outra convenção, pois cada instrumento, em razão da sua autonomia, não se compadece com uma visão unitária que justifique tratamentos idênticos.

II. Importa referir que, não obstante a distinção legal (arts. 10.º e 239.º do CC), na grande maioria das situações, as diferenças práticas não serão relevantes, porque tanto o art. 10.º do CC como o art. 239.º do CC apontam para a mesma solução: em qualquer deles a integração deverá ser feita num parâmetro objetivista[476]. Poder-se-ia pensar o contrário tendo em conta que o art. 239.º do CC remete para a vontade hipotética das partes e, como tal, estaria em causa uma perspetiva subjetivista. Porém, na leitura do artigo em causa denota-se que a vontade hipotética das partes está na dependência de uma boa fé objetiva, e como esta prevalece sobre a vontade hipotética, prepondera a conceção objetivista[477]. Acresce ainda que a boa fé objetiva, a que se recorre na integração dos negócios jurídicos, vai determinar a vontade hipotética de uma pessoa coletiva, ou seja, de uma associação sindical ou de uma associação patronal. A vontade hipotética de uma pessoa coletiva dificilmente não redunda numa perspetiva objetivista.

Por isso, não haverá diferenças substanciais entre a integração de lacunas feita nos termos de qualquer um dos dois artigos: ambos apontarão para uma solução objetivista.

---

aplicável o art. 239.º do CC à integração de lacunas no conteúdo obrigacional da convenção coletiva, pois, na parte regulativa, valem as regras gerais da integração da lei (art. 10.º do CC). Bernardo Xavier/Furtado Martins/Nunes de Carvalho/Joana Vasconcelos/Tatiana Guerra de Almeida, *Manual*, cit., pp. 308 e ss., na sequência do que defendera quanto à interpretação, também preconiza uma solução de compromisso em relação à integração de lacunas em convenções coletivas.

[476] Quanto ao objetivismo na integração das lacunas da lei, cf. Oliveira Ascensão, *O Direito*, cit., pp. 466 s.; Baptista Machado, *Introdução ao Direito*, cit., pp. 102 ss.

[477] Cf. Menezes Cordeiro, *Tratado de Direito Civil*, I, cit., pp. 776 s. Sobre esta questão, mas sem uma afirmação concreta no sentido do texto, veja-se Carvalho Fernandes, *Teoria Geral do Direito Civil*, Vol. II, 5.ª ed., Lisboa, 2010, pp. 449 s.; Hörster, *A Parte Geral do Código Civil Português. Teoria Geral do Direito Civil*, Coimbra, 1992, pp. 513 s.; Mota Pinto, *Teoria Geral do Direito Civil*, cit., p. 456. Diferentemente, Oliveira Ascensão, *Teoria Geral do Direito Civil*, Vol. II, 2.ª ed., Coimbra, 2003, p. 197, não obstante aludir a um critério de razoabilidade, na nota 286 afirma que a «posição objectiva (...) parece ter sido afastada pela nossa lei».

III. Quanto a especificidades cabe salientar as regras já enunciadas a propósito da interpretação, que valem igualmente em sede de integração. Concretamente, a integração de lacunas de uma convenção coletiva por parte da comissão paritária (art. 492.º, n.º 3, do CT) e a integração de lacunas de convenções coletivas por via de um acórdão do Supremo Tribunal de Justiça (art. 186.º do CPT). Estas particularidades no âmbito da interpretação seguem o regime enunciado anteriormente, relativo à interpretação (*supra* n.º 2).

IV. Ainda relativamente à integração das normas de direito do trabalho, há a referir que neste ramo do direito existem algumas omissões, as quais são imprescindíveis, pois há aspetos não regulados no direito do trabalho, uma vez que não se justificaria a sua previsão neste ramo do direito. Essas situações que, aparentemente, poderiam ser consideradas lacunas, no fundo representam a normal falta de plenitude de um ramo do direito que vai sendo preenchido pelo direito civil, em especial pelas regras da teoria geral e do direito das obrigações. Por exemplo, o problema da capacidade das partes não é naturalmente regulado no direito do trabalho – à exceção das especialidades próprias –, e tem de se recorrer ao direito civil. O direito do trabalho continua, não obstante a sua autonomia, dependente de regras gerais[478]; por conseguinte, tais lacunas, por serem aparentes, são preenchidas por normas de direito civil, não se recorrendo às regras de integração.

Bibliografia:

Menezes Cordeiro, *Direito do Trabalho*, I, cit., pp. 713 a 716; Raúl Ventura, Teoria *da Relação Jurídica de Trabalho*, cit., pp. 208 a 212; Bernardo Xavier/Furtado Martins/Nunes de Carvalho/Joana Vasconcelos/Tatiana Guerra de Almeida, *Manual*, cit., pp. 308 e ss.

4. Aplicação

A este propósito importa tratar da aplicação das normas laborais no tempo, no espaço e do concurso hierárquico de normas de direito do trabalho.

No estudo destas três questões, em especial no concurso hierárquico, cabe aludir, de novo, ao princípio do tratamento mais favorável ao trabalhador.

[478] Neste sentido, Raúl Ventura, *Teoria da Relação Jurídica de Trabalho*, cit., pp. 211 s., depois de longa explicação acerca da especialidade do direito do trabalho, é de opinião que, também em sede de integração, aplicam-se as regras de direito comum.

a) Aplicação no tempo

a.1) Enunciado

A questão de conflito decorrente da sequente vigência de regimes jurídicos é usualmente analisada a propósito da sucessão de leis no tempo, sabendo-se que, como princípio geral, a lei nova revoga a antiga e rege as relações jurídicas após a sua entrada em vigor[479]. A lei nova, ao pretender diretamente substituir a lei antiga ou porque regula a mesma matéria, revoga esta última (*lex posterior derrogar legi priori*, art. 7.º do CC).

O princípio geral da aplicação imediata determina que a lei nova, no momento em que entra em vigor, substitui, *ipso facto*, a lei antiga (art. 12.º, n.º 1, do CC)[480]/[481]. Apesar de a aplicação da lei nova ser imediata, por via de regra, só regula para o futuro, não valendo para situações passadas; a lei nova não regula factos passados e a lei antiga não rege as situações jurídicas para o futuro. É o princípio da não retroatividade da lei.

Este princípio basilar do ordenamento jurídico pode ser afastado sempre que a lei pretenda ser retroativa. Não há nenhum imperativo constitucional no que respeita à irretroatividade da lei – exceção para a lei criminal e a fiscal (arts. 29.º e 103.º, n.º 3, da CRP) a que acresce o limite do caso julgado (art. 282.º, n.º 3, da CRP) –, mas, por via da regra, a lei não é retroativa[482].

[479] Sobre a aplicação no tempo de normas jurídicas, *vd.* Oliveira Ascensão, *O Direito*, cit., pp. 545 ss.; Baptista Machado, *Introdução ao Direito e ao Discurso Legitimador*, Coimbra, 1983, pp. 231 ss.; Teixeira de Sousa, *Introdução ao Direito*, Coimbra, 2012, pp. 279 ss. Veja-se igualmente, Romano Martinez, «Alterações de regime jurídico e tutela de direitos adquiridos», *Estudos de Homenagem ao Prof. Jorge Miranda*, Vol, III, Coimbra, 2012, pp. 353 ss.

[480] Ainda que previsto no Código Civil, o princípio geral de aplicação da lei «vale para todo o Direito Português no seu conjunto», Marcelo Rebelo de Sousa/Sofia Galvão, *Introdução ao Estudo do Direito*, 5.ª edição, Lisboa, 2000, p. 93.

[481] Daí que o princípio da aplicação imediata das normas laborais não apresente qualquer especificidade. Sobre esta pretensa particularidade, cf. Bernardo Xavier/Furtado Martins/Nunes de Carvalho/Joana Vasconcelos/ Tatiana Guerra de Almeida, *Manual*, cit., pp. 977 e ss. O primeiro autor, especialmente no seu estudo «Sucessão no Tempo de Instrumentos de Regulamentação Colectiva e Princípio do tratamento mais favorável», *RDES*, 1987, n.º 4, pp. 473 e ss., parece sugerir que o princípio da imediata sujeição do contrato de trabalho às novas normas é uma especificidade do direito do trabalho, fundado no seu carácter estatutário. Não parece que exista uma verdadeira diferença, porque ao conteúdo de qualquer contrato aplica-se imediatamente a lei nova e os factos constitutivos, modificativos e extintivos regem-se pela lei vigente à data em que se verificaram.

[482] Acerca do princípio da não retroatividade da lei, cf. Oliveira Ascensão, *O Direito*, cit., pp. 550 ss. e 552 ss.; Baptista Machado, *Introdução ao Direito*, cit., pp. 223 ss.; Teixeira de Sousa, *Introdução ao Direito*, cit., pp. 289 ss.

A dificuldade está em saber até quando se aplica a lei antiga e a partir de que momento a lei nova rege as situações jurídicas em curso. Formalmente, a resposta é simples, sendo relevante a data de início de vigência da lei nova. Mas como a vida é dinâmica e não para em cada dia, importa precisar a mencionada delimitação de vigência de dois regimes jurídicos[483]. Se o facto ou a situação jurídica se prolonga no tempo, tendo início durante a vigência da lei antiga, mas continua na vigência da lei nova, tem particular relevo a questão do conflito.

a.2) Direito transitório

Tendo em vista a resolução de conflitos de aplicação de sucessivos regimes jurídicos, não raras vezes prescreve-se um regime transitório. Assim, no Decreto-Lei n.º 47 344, de 25 de novembro de 1966, que aprovou o Código Civil, nos arts. 13.º a 23.º fixaram-se várias soluções de direito transitório, para regular, casamentos, testamentos, etc. anteriores à entrada em vigor do Código Civil; refira-se ainda, a título de exemplo, o regime de direito transitório constante da Lei n.º 7/2009, de 12 de fevereiro, que aprovou a revisão do Código do Trabalho (arts. 7.º, 8.º, 10.º e especialmente o extenso art. 12.º).

O direito transitório pode ser formal, em que o legislador se limita a indicar a partir de que momento se aplica a lei nova (p. ex., art. 12.º da citada Lei n.º 7/2009) ou material. No caso de direito transitório formal, indica-se qual o regime que se aplica a determinada situação, estabelecendo se a situação jurídica em causa deve ser regida pelo regime antigo ou pelo novo regime. O direito transitório formal, na falta de outras previsões legais, encontra a sua regulamentação geral no art. 12.º do CC, embora haja que atender igualmente ao disposto nos arts. 13.º e 297.º do mesmo diploma.

O direito transitório material é excecional, surge normalmente em diplomas de aprovação de códigos ou de regimes jurídicos particularmente sensíveis (p. ex., arrendamento) e, mesmo quando existe, é muitas das vezes insuficiente. Tal como no que respeita às lacunas, o legislador não pode prever todos os problemas de transitoriedade.

---

483 Como refere Baptista Machado, *Introdução ao Direito*, cit., p. 220, «(...) a entrada em vigor de uma lei nova ou até de um sistema jurídico inteiramente novo não provoca um corte radical na continuidade da vida social».

a.3) Sucessão no tempo de regimes jurídicos

α. Aplicação imediata do novo regime

A aplicação imediata do novo regime justifica-se em razão da adaptação pretendida e tem como consequência que passa a reger os factos jurídicos que ocorram posteriormente à data de início de vigência, regulando igualmente os efeitos futuros, no fundo que se produzam depois do início de vigência do novo regime. O novo regime também se aplica a factos jurídicos continuados que se tenham iniciado antes da sua vigência mas que se protelem no tempo.

O princípio da aplicação imediata da lei nova decorre do disposto no art. 12.º, n.º 1, 1.ª parte e n.º 2, 2.ª parte, do CC. A lei só dispõe para o futuro [*rectius*, para o presente e o futuro], mas abrange as situações constituídas no passado que subsistam.

β. Sobrevigência do anterior regime jurídico

A sobrevigência do regime anterior, reportando-se à lei, encontra referência *a contrario* no art. 12.º, n.º 2, 1.ª parte, do CC. De facto, como a lei nova, em caso de dúvida, só regula factos novos que respeitem a condições de validade substancial ou formal, daqui decorre que, *a contrario*, a lei antiga subsiste vigente para regular factos ou efeitos jurídicos relacionados com as mencionadas condições de validade substancial ou formal de situações jurídicas em execução. Os efeitos jurídicos integram o conteúdo da situação jurídica.

Poder-se-ia entender que quando o novo regime incide sobre questões de conteúdo da relação jurídica, que não se podem abstrair do facto constitutivo, haveria sobrevigência do regime anterior. Mas não é esse o sentido do art. 12.º, n.º 2, do CC. Por via de regra, os aspetos de conteúdo de uma relação jurídica estão intrinsecamente ligados ao facto constitutivo – mormente o contrato fonte – e, caso se acompanhasse aquele entendimento, raramente se aplicaria a lei nova ao conteúdo de relações jurídicas constituídas no passado.

Do preceito em análise decorre que a sobrevigência é muito limitada: condições de validade substancial ou formal, e só admitida em casos de dúvida. A regra é a aplicação do novo regime, sob pena de se criarem diferentes estatutos, fonte de incerteza e de iniquidade.

Esta perspetiva muito limitada da sobrevigência tem apoio na letra do preceito e na lógica do sistema jurídico. Imagine-se a hipótese – já ocorrida na prática – de a lei nova ser menos exigente do que a precedente no que respeita aos requisitos de validade do negócio jurídico. Admitindo que se trata de questões de validade formal poderia concluir-se que, depois da entrada em vigor da lei nova, se poderia invocar a invalidade do negócio. A solução é inadequada. Exemplificando com casos reais. Era exigida escritura pública para certos arrendamentos (art. 1029.º do CC); o contrato de seguro era formal, devendo ser reduzido a escrito numa apólice (art. 426.º do CCom.). Estas disposições foram revogadas, sendo o atual regime menos exigente. Ora, em relação a um contrato de arrendamento ou a um contrato de seguro celebrado sem a forma legal exigida e que esteja hoje em vigor não é admissível invocar a respetiva nulidade, pois a sobrevigência do regime anterior é muito limitada, não devendo pôr em causa a subsistência e adaptação das situações jurídicas em execução[484].

γ. Retroatividade

1) Noção

I. A retroatividade implica que o novo regime jurídico afeta a validade dos factos ocorridos anteriormente, colidindo com os efeitos jurídicos produzidos antes da alteração jurídica. O princípio da não retroatividade, não interferindo nos factos e efeitos totalmente passados, permite, em contrapartida, a aplicação do novo regime a situações constituídas no passado que perdurem à data da entrada em vigor deste novo regime.

O princípio da não retroatividade assenta numa razão de segurança jurídica – estabilidade das relações jurídicas – e de previsibilidade, sem pôr em causa a necessária adaptação decorrente de alterações supervenientes.

Vale o princípio da não retroatividade, mas nada obsta a que se tenha fixado efeito retroativo (art. 12.º, n.º 1, 2.ª parte, do CC) e, por exemplo, no caso de lei interpretativa prescreve-se a retroatividade (art. 13.º, n.º 1, do CC). Tal como a lei pode ser retroativa, também outras alterações, nomeadamente estabelecidas por acordo das partes, podem ter efeitos retroativos. Ao abrigo da autonomia privada (art. 405.º do CC), nada obsta a que os interessados, salvaguardando interesses de terceiros, regulem situações jurídicas com efeito retroativo.

Por exemplo, a lei nova que se aplicar a um facto ocorrido (atropelamento) ou a um efeito já produzido (compensação de créditos) é retroativa. Por vezes, alude-se à retroeficácia quando a lei impõe efeitos desde uma data anterior, p. ex., aumento salarial em março com efeitos desde 1 de janeiro; trata-se igualmente de uma retroatividade, só que pretendida pelo legislador.

[484] Ainda que de modo perfunctório parece ser esta a solução preconizada por Oliveira Ascensão, *O Direito*, cit., p. 568, nota 913.

II. A não retroatividade constitui o respeito pelos factos passados sem pôr em causa que, no presente, não devem permanecer estatutos diferenciados, sob pena de desigualdade.

Não é, pois, defensável, ao abrigo da não retroatividade, manter a aplicação da lei antiga – designada ultra-actividade ou sobrevigência – a todas as situações que tiveram a sua origem no passado, durante a vigência de anterior regime jurídico. Além de bizarra, esta solução era inadequada.

Seria bizarro que, em situações jurídicas duradouras – *v. g.*, direito de propriedade –, fossem aplicáveis simultaneamente vários regimes que se sucederam no tempo; solução impraticável e que obviaria à introdução de reformas.

Por outro lado, seria inadequada a sobrevigência de regimes anteriores, porquanto constituiria fonte de desigualdades não permitindo a conformação das situações jurídicas antigas às novas realidades jurídico-económicas.

III. O princípio da não retroatividade é por vezes encarado na perspetiva de defesa dos direitos adquiridos[485]. Entender a não retroatividade pelo prisma dos direitos adquiridos, não obstante as críticas a esta teoria[486], tem

---

[485] Cf. OLIVEIRA ASCENSÃO, *O Direito*, cit., pp. 556 s.; BAPTISTA MACHADO, *Introdução ao Direito*, cit., p. 223. A doutrina dos direitos adquiridos, nos termos da qual «seria retroactiva a lei que violasse direitos já constituídos (...), foi sendo posta de lado (...) por causa da sua grande imprecisão» (BAPTISTA MACHADO, *Introdução ao Direito*, cit., p. 232), o que não tem obstado à importância de saber se a situação jurídica já estava constituída à data da entrada em vigor da lei nova e que explica o facto de os tribunais recorrerem ao conceito de direito adquirido (BAPTISTA MACHADO, *Introdução ao Direito*, cit., p. 236). Cf. em OLIVEIRA ASCENSÃO, *O Direito*, cit., p. 557, a consagração da tutela do direito adquirido no direito brasileiro. A alusão a direitos adquiridos como limite à retroatividade é frequente na jurisprudência, p. ex., nos tribunais de trabalho, veja-se o Ac. Rel. Cb. de 6/6/1991, *CJ* XVI (1991), T. III, p. 124.

[486] A alusão a direitos adquiridos no texto subsequente não é feita como critério de explicação do princípio da não retroatividade, mas para resolver questões concretas atento o facto de a «teoria dos direitos adquiridos» ser um modo usual, inclusive na lei, de indicar limitações à aplicação de novos regimes jurídicos.

Tem justificação aludir a *direitos adquiridos*, sem descurar a crítica à sua imprecisão, porquanto o legislador faz menção, utilizando a expressão amiúde no Decreto-Lei n.º 12/2006, de 20 de janeiro, sobre fundos de pensões, e na Lei de Bases do Sistema da Segurança Social (Lei n.º 4/2007, de 16 de janeiro). De igual modo, no Memorando de Entendimento sobre as Condicionalidades da Política Económica, conhecido pelo Memorando com a Troika, no ponto 4, relativo ao Mercado de trabalho, alude-se com frequência a «direitos adquiridos» (p. ex., 4.1,i e 4.4,ii), não obstante as expressões inglesas, que constam da versão original, a qual prevalece sobre o texto em português, serem distintas: no primeiro caso usa-se «acrued-to-date rights of employees» e no segundo «acrued-to-date entitlements».

relevância heurística e, nalguns casos, nomeadamente em sede de direito do trabalho, mais propriamente da relação jurídica laboral, pode levar a concluir que certas particularidades não correspondem a verdadeiras exceções. Acresce que, não raras vezes, o conflito derivado da sucessão temporal de regimes jurídicos é discutido, nomeadamente na jurisprudência, com referência a direitos adquiridos.

A não retroatividade implica que a lei só dispõe para o futuro; portanto, os factos ocorridos e os efeitos jurídicos – que integram o conteúdo da situação jurídica –, desde que verificados no domínio da lei anterior, não são postos em causa. Poderia, por isso, dizer-se que os direitos adquiridos com factos e efeitos jurídicos produzidos no domínio da lei antiga, não seriam afetados pela lei nova.

2) Tipos de retroatividade

É comum atender-se a três níveis (ou graus) de retroatividade[487].

A retroatividade prevista no art. 12.º, n.º 1, 2.ª parte, do CC, ressalvando os efeitos já produzidos na situação jurídica ao abrigo do anterior regime jurídico, manda aplicar o novo regime a aspetos que seriam regulados pela lei antiga. Por exemplo, manda aplicar um novo regime de juros aos juros vincendos num contrato de mútuo celebrado com base noutro regime. Haverá retroatividade caso se admita que, na situação em concreto, o regime de juros (vencidos e vincendos) não abstrai do contrato de mútuo que o fixou. Esta retroatividade de primeiro grau dir-se-á que é normal ou ordinária.

Será agravada a retroatividade que não respeite o limite do n.º 1, parte final do art. 12.º do CC (ressalva dos efeitos já produzidos), sem contudo colidir com efeitos produzidos e objeto de decisão com trânsito em julgado. Por exemplo, a retroatividade consagrada no art. 13.º, n.º 1, do CC é, neste sentido, agravada, ou, como tem sido usual, o aumento do salário mínimo que entra em vigor em março aplica-se retroativamente desde janeiro desse ano.

Por último, na retroatividade de grau máximo ou extrema não seria respeitado o efeito já produzido e decidido definitivamente (excetuado o caso julgado, em que tal retroatividade seria inconstitucional) ou relativamente ao qual já tivessem decorrido os prazos de caducidade ou de prescrição.

[487] Cf. Oliveira Ascensão, *O Direito*, cit., pp. 566 s.; Baptista Machado, *Introdução ao Direito*, cit., pp. 226 s.; Santos Justo, *Introdução ao Estudo do Direito*, cit., p. 381; Marcelo Rebelo de Sousa/Sofia Galvão, *Introdução ao Estudo do Direito*, cit., pp. 97 ss.; Teixeira de Sousa, *Introdução ao Direito*, cit., pp. 291 ss.

3) Limites à retroatividade

Apesar de o princípio da não retroatividade admitir exceções, podendo prescrever-se que o novo regime regula factos e efeitos passados, há limites constitucionais.

Em primeiro lugar, nos termos do art. 18.º, n.º 3, da CRP, quanto a leis restritivas de direitos, liberdades e garantias determina-se que não podem ter efeito retroativo.

Como segundo caso, a lei penal incriminatória não pode ser retroativa – nem em estado de sítio (art. 19.º, n.º 6, da CRP) –, tento em conta a regra *nullum crimen sine lege*, também designada *nulla poene sine lege* (art. 29.º, n.os 1 e 3, da CRP e art. 1.º, n.º 1, do CP); em contrapartida, no âmbito penal prescreve-se, como princípio a retroatividade *in mitius*: a lei penal posterior de conteúdo mais favorável aplica-se ao arguido (art. 29.º, n.º 4, *in fine*, da CRP e art. 6.º do CP). Assentando na mesma lógica, a lei reguladora da competência dos tribunais criminais não pode ser retroativa (art. 32.º, n.º 9, da CRP).

Por fim, em sede fiscal, fixou-se a irretroatividade da lei que cria impostos (art. 103.º, n.º 3, da CRP).

Acresce ainda um outro limite constitucional à retroatividade. O novo regime não afetará as situações jurídicas extintas na vigência do regime anterior por via da tutela do caso julgado (art. 282.º, n.º 3, 1.ª parte, da CRP).

4) Facto passado

Nada se prescrevendo quanto ao efeito retroativo do novo regime, a regra será a de que este não afeta os factos e feitos jurídicos totalmente passados na vigência do anterior regime; *tempus regit actum*. Como se referiu, os efeitos jurídicos integram o conteúdo da situação jurídica.

Tal como decorre do art. 12.º do CC, importa distinguir os factos e os efeitos jurídicos, por um lado, e a ocorrência ou verificação de tais factos ou efeitos passada ou continuada, por outro.

Deste modo, em relação a um facto (p. ex., celebração de um contrato ou atropelamento) ocorrido anteriormente, sendo totalmente passado, ficará sujeito ao regime anterior. Contudo, se o facto não for totalmente passado, pois trata-se de um facto continuado (*v. g.*, construção de uma casa), estará submetido ao novo regime.

A solução é idêntica com respeito aos efeitos jurídicos, referenciados no n.º 2 do art. 12.º do CC como *conteúdo de certas relações jurídicas*. Na medida em que o efeito jurídico seja de execução instantânea (p. ex., obrigação de indemnizar decorrente de um facto ilícito ou pagamento do preço numa compra e venda) e se tenha produzido, o novo regime não o afetará. Porém, tratando-se de efeitos jurídicos continuados ou de produção sucessiva (*v. g.*, pagamento da renda num arrendamento, da comissão numa agência ou do salário numa relação laboral), o novo regime regula aqueles factos que não se possam entender como totalmente passados. Não se consideram totalmente passados, nomeadamente os efeitos jurídicos emergentes de um direito subjetivo antes da respetiva constituição e, nalguns casos, antes da sua exigibilidade ou do seu vencimento, desde que esse direito dependa de situações passadas; por isso, para a compensação a ser atribuída a um trabalhador que vier a ser despedido num despedimento coletivo, no cálculo da compensação, há que atender aos anos que tem de serviço que podem ser anteriores à entrada em vigor da lei onde prevê o modo de cálculo de tal compensação.

Em suma, os factos e efeitos jurídicos que, à data do início de vigência de um novo regime, não se possam considerar como totalmente passados ficam sujeitos à nova disciplina jurídica.

5) Direitos adquiridos e expectativas

Como se mencionou, não raras vezes, como limite à retroatividade, alude-se à tutela de direitos adquiridos. Pese embora a imprecisão conceptual da teoria dos direitos adquiridos, assente na tutela da confiança, importa observar o seu sentido[488]. Ainda que não relacionado diretamente com esta questão, na lei atende-se a *direitos adquiridos* no sentido de posições jurídicas ativas constituídas em determinada esfera jurídica; por exemplo, no art. 291.º, n.º 1, do CC, quanto aos efeitos da invalidade, dispõe-se que «(...) não prejudica os *direitos adquiridos* sobre os mesmos bens (...)», no art. 435.º, n.º 1, do CC determina-se que «A resolução (...) não prejudica os *direitos adquiridos* por terceiro», no art. 1181.º, n.º 1, do CC estipula-se que «O mandatário é obrigado a transferir para o mandante os *direitos adquiridos* em execução do mandato» e no art. 1313.º do CC prescreve-se «Sem prejuízo dos *direitos adquiridos* por usucapião (...)».

Poder-se-ia associar *direito adquirido* a direito subjetivo constituído em determinada esfera jurídica. Mas o direito adquirido não se confunde com o direito subjetivo; p. ex. direito de propriedade[489]. O sujeito, titular de um

---

[488] Sobre a teoria dos direitos adquiridos, em crítica, veja-se FERNANDO JOSÉ BRONZE, *Lições de Introdução ao Direito*, 2.ª ed., Coimbra, 2006, pp. 841 e s.; SANTOS JUSTO, *Introdução ao Estudo do Direito*, cit., p. 382; GALVÃO TELLES, *Introdução ao Estudo do Direito*, Volume I, 11.ª edição, Coimbra, 1999, pp. 279 ss.

[489] Este exemplo é apresentado por OLIVEIRA ASCENSÃO, *O Direito*, cit., p. 556, indicando que a propriedade é um dos casos de direito subjetivo não indiferente à nova lei.

direito subjetivo, pode não ter um direito adquirido ao conteúdo pleno desse direito. De facto, o proprietário, sendo titular do direito subjetivo de propriedade, não tem um direito adquirido ao conteúdo desse direito, pois sujeita-se à mutabilidade do regime jurídico de propriedade privada. O conteúdo do direito subjetivo pode ser alterado pela lei nova.

Apesar de não haver identidade entre direito adquirido e direito subjetivo, para haver direito adquirido pressupõe-se que o sujeito seja titular de um direito subjetivo. Daqui decorre que só é *adquirido* o direito subjetivo depois de constituído numa esfera jurídica; assim, antes do decurso do correspondente prazo e de ter sido invocada a usucapião, o possuidor não adquiriu o direito de propriedade; de igual modo, o senhorio não adquiriu o direito de crédito ao pagamento de rendas dos meses vindouros, nem o trabalhador aos salários dos próximos meses.

Antes de o direito subjetivo se encontrar constituído numa esfera jurídica pode haver uma expectativa de que, no futuro, se venha a constituir, passando a direito adquirido. Sendo a situação jurídica de formação sucessiva, pode haver uma expectativa de que o efeito jurídico se venha a produzir[490].

---

[490] Trata-se de meras expectativas e não de expectativas jurídicas. A expectativa é uma situação ativa que não cabe na noção de direito subjetivo (cf. MENEZES CORDEIRO, *Tratado de Direito Civil Português*, I, 3.ª edição, Coimbra, 2005, p. 347; DIAS MARQUES, *Teoria Geral do Direito Civil*, Volume I, Coimbra, 1958, pp. 272 s.), todavia, sendo uma expectativa jurídica – p. ex., situações sob condição suspensiva (arts. 272.º e ss. do CC) –, estar-se-á perante verdadeiros direitos, tutelados pela ordem jurídica (cf. MENEZES CORDEIRO, *Tratado*, cit., p. 347, HÖRSTER, *A Parte Geral do Código Civil Português*, Coimbra, 1992, p. 224; DIAS MARQUES, *Teoria Geral*, cit., p. 273). Diferentemente, a mera expectativa ou expectativa de facto corresponde a uma simples esperança que, por não representar uma situação jurídica, não desfruta de tutela (cf. OLIVEIRA ASCENSÃO, *Teoria Geral do Direito Civil*, Volume III, Coimbra, 2002, p. 84). Não obstante, SANTOS JUSTO, *Introdução ao Estudo do Direito*, cit., p. 383, alude à dificuldade de distinguir um direito subjetivo de uma expectativa; neste sentido também MARCELO REBELO DE SOUSA/SOFIA GALVÃO, *Introdução ao Estudo do Direito*, cit., p. 94, aludem à dificuldade de «traçar com exactidão a fronteira entre direitos adquiridos e expectativas jurídicas». Como meras expectativas, para além dos exemplos referidos pela doutrina (expectativa sucessória) pode indicar-se a situação da parte num contrato que espera manter inalterados os direitos e obrigações decorrentes do negócio jurídico, não obstante o decurso do tempo: é uma simples expectativa a situação do inquilino quanto à inadmissibilidade de livre atualização da renda no futuro. O legislador veio dar tutela a essa expectativa do inquilino, sendo, no presente, um direito, mas com isso criou uma situação de desigualdade entre os inquilinos com contrato anterior ou posterior a 1985/2006. Esta problemática do arrendamento é facilmente transposta para outros ramos do direito, mormente para o direito do trabalho. Quanto à reforma, atendendo à situação particular do regime do ACTV do sector bancário, CATARINA PIRES/ /JOÃO DA COSTA ANDRADE, «O regime jurídico relativo à atribuição e cálculo da reforma de

A expectativa assenta numa previsão de futura aquisição do direito ou de manutenção da situação jurídica. Nos exemplos anteriores, o possuidor tem a expectativa de, decorrido o prazo para a usucapião, invocá-la e adquirir o correspondente direito real; o senhorio tem a expectativa de, subsistindo o contrato de arrendamento, se vencerem as rendas até termo do vínculo; o trabalhador tem a expectativa de vir a receber as retribuições correspondentes aos meses em que continuar a trabalhar.

As expectativas não são tuteladas pelo princípio da não retroatividade, pelo que o novo regime não tem de as garantir, podendo dispor de modo diverso do que anteriormente se previa[491].

Em qualquer caso, a segurança jurídica e a proteção da confiança que lhe é inerente impõem a tutela de situações jurídicas – qualificadas como direitos adquiridos ou expectativas –, mas o âmbito de tal tutela tem de diferir em função da confiança que a situação jurídica permite deduzir[492].

δ. Retroconexão

A retroconexão encontra-se implicitamente referenciada no art. 12.º, n.º 1, 1.ª parte, do CC. Atendendo à aplicação imediata da lei nova, pode decorrer do novo regime que este se aplica a factos que têm pressupostos anteriores à sua vigência. Por exemplo, caso se conceda um prémio aos melhores alunos

---

certos trabalhadores do sector bancário: tentativa de superação de um (falso) problema de aplicação da lei no tempo», *O Direito*, 2004, I, pp. 160 s., são de opinião que o trabalhador, antes de verificados os pressupostos – atingir o limite de idade ou ficar inválido –, tem uma expectativa jurídica à pensão de reforma, não se tratando de uma mera expectativa.

[491] Como refere LARENZ, *Metodologia da Ciência do Direito*, 3.ª ed., Lisboa, 1997, pp. 603 s., não obstante o princípio da confiança ser um princípio de direito, estando, por isso, vedada a retroatividade das leis, «Nem toda a confiança merece protecção, mas só aquela que parece estar justificada pelas circunstâncias» e acrescenta que o princípio da confiança pode estar em colisão com outros princípios jurídicos, não prevalecendo; esclarece ainda que a confiança não é afetada sempre que a lei «não actua sobre previsões já verificadas por inteiro, mas sim sobre aquelas previsões cuja realização já começou».

[492] Sobre a proteção da confiança e a segurança jurídica, veja-se JORGE MIRANDA, *Manual de Direito Constitucional*, tomo IV, *Direitos Fundamentais*, 4.ª ed., Coimbra, 2008, pp. 272 ss. O autor (ob. e loc. cit., p. 275) alude à estabilidade legislativa para proteção da confiança, indicando ampla jurisprudência constitucional neste sentido e conclui (p. 278) afirmando que a proteção da confiança se revela na não retroatividade de leis restritivas de direitos, liberdades e garantias. Quanto aos limites da tutela da confiança, JORGE MIRANDA, em parecer sobre a constitucionalidade da redução salarial, *RDES* 2011, n.º 1/2, pp. 7 ss., em especial, pp. 15 ss., admite que não fere a Constituição e a tutela da confiança a redução salarial operada pela Lei do Orçamento de Estado para 2011, afetando o sector empresarial do Estado.

formados nos últimos cinco anos ou se permita a transmissão do arrendamento àqueles que vivam com o arrendatário em economia comum há mais de três anos, o novo regime tem em conta factos passados para a sua aplicação[493].

A retroconexão não determina alteração de regime em relação a factos passados, mas o novo regime jurídico assenta em pressupostos ou situações do passado.

As hipóteses de retroconexão encontram-se usualmente associadas a regimes que pressupõem exercício continuado de direitos ou manutenção de situações jurídicas. Por exemplo, reduz-se ou aumenta-se o prazo para o exercício de certo direito.

Apesar de a retroconexão se distinguir da retroatividade, constituindo aquela a regra quando não se dispõe de modo diverso, pode haver limites, como ocorre em sede criminal. De facto, por norma, nada obsta a que se aumente um prazo, por exemplo de usucapião, mas violaria a regra constitucional (art. 29.º, n.º 4, da CRP) caso se alargasse o prazo de prescrição de um crime, aplicando esse aumento a quem o tivesse praticado anteriormente à data do início de vigência do novo regime.

a.4) Solução comum da lei civil

α. Enunciado

Na falta de previsão concreta e, mesmo quando se estabelece regime próprio de direito transitório em caso de lacuna, há que recorrer ao regime comum do art. 12.º do CC. Neste preceito fixam-se as diretrizes para solucionar os conflitos decorrentes da aplicação das leis no tempo, mas as referidas diretrizes valem para outras hipóteses de sucessão temporal de regimes jurídicos, como em caso de modificação do contrato vigente ou, simplesmente, do estatuto jurídico aplicável a uma dada situação jurídica.

O sentido do citado preceito já foi explanado e pode ser sintetizado do seguinte modo: passando a vigorar um novo regime, as situações jurídicas em curso passam a ser regidas pelas novas regras, excluindo-se, contudo, em prol do princípio da não retroatividade, os factos e os efeitos jurídicos totalmente passados.

---

[493] Trata-se dos designados «factos-pressupostos» (Santos Justo, *Introdução ao Estudo do Direito*, cit., p. 384), que não constituem, modificam ou extinguem situações jurídicas, sendo utilizados como referência do regime jurídico aplicável. Sobre a retroconexão, veja-se Teixeira de Sousa, *Introdução ao Direito*, cit., pp. 294 ss.

β. Distinção entre condições de validade, efeitos e conteúdo

Atendendo ao disposto no art. 12.º, n.º 2, do CC, cabe distinguir no novo regime o que respeita a factos jurídicos – que podem ser factos instantâneos (p. ex., celebração de um contrato ou atropelamento) ou factos duradouros (*v. g.*, aquisição da propriedade por usucapião ou doença do segurado) – do que concerne a efeitos jurídicos. Os efeitos jurídicos integram o conteúdo da situação jurídica e importa verificar se ficam submetidos ao anterior ou ao novo regime[494].

Os efeitos jurídicos a que se reporta o novo regime também podem ser instantâneos (transmissão da propriedade do bem vendido, art. 879.º, alínea *a)*, do CC ou extinção do contrato como consequência da resolução) ou duradouros (dever de o locador assegurar o gozo da coisa arrendada, art. 1031.º, alínea *b)*, do CC ou consequências da relação de vizinhança, nomeadamente quanto a construções, arts. 1360.º e ss. do CC).

Cabe ainda proceder à distinção entre o conteúdo das relações jurídicas relacionado com o facto que lhe deu origem e o conteúdo no que pode abstrair do facto originário, como preceitua a 2.ª parte do n.º 2 do art. 12.º do CC. Por exemplo, a resolução de um contrato de arrendamento rege-se pela lei nova, pois o fundamento da cessação do vínculo abstrai do facto constitutivo da relação jurídica, a celebração do contrato de arrendamento, mas a invalidade do arrendamento decorrente da falta de poderes do locador rege-se pela lei vigente à data do ajuste.

Deste modo, retomando algumas das questões inicialmente apresentadas, o trabalhador que se encontra no ativo tem uma expectativa de, caso venha a ser alvo de um despedimento coletivo, receber a compensação prevista na lei ou na convenção coletiva, e, na eventualidade de se reformar, de receber a pensão prevista. Nestes casos, tanto a compensação como a pensão de reforma são efeitos futuros e eventuais; e, no que à pensão de reforma respeita, o respetivo conteúdo abstrai do facto constitutivo (acordo que determina a sua existência). Razão pela qual, nestas duas situações aplica-se o novo regime.

---

[494] Com uma explicação terminológica diferente, mas chegando ao mesmo resultado, Santos Justo, *Introdução ao Estudo do Direito*, cit., pp. 391 ss., distingue os factos dos estatutos (pessoal, real, contratual, sucessório, etc.); o estatuto corresponde ao conteúdo do direito que, sendo alterado, será regido pelo novo regime.

γ. Alteração de prazos

I. O art. 297.º do CC estabelece regra especial para a eventualidade de sucessão de regimes jurídicos com distintos prazos. O regime legal aplica-se a prazos em curso e distingue as situações em que o prazo foi reduzido daquelas em que houve aumento de prazo. Em qualquer caso, o novo regime aplica-se imediatamente aos prazos que estejam em curso.

No primeiro caso – encurtamento do prazo –, o novo prazo só se conta a partir do início de vigência do novo regime, exceto se, atendendo ao anterior prazo, faltar período inferior para o respetivo termo (art. 297.º, n.º 1, do CC). Na eventualidade de se estabelecer que a pensão de reforma se obtinha ao cabo de 35 anos de trabalho, sendo o prazo encurtado para 30 anos, há que distinguir: 1) Em relação a A. tinham decorrido dois anos, após a entrada em vigor do novo regime inicia-se o prazo de 30 anos; 2) Em relação a B. tinham decorrido 10 anos, completa-se o prazo do anterior regime.

Na segunda hipótese – alargamento do prazo –, o novo prazo aplica-se à situação em curso, computado o período de tempo já decorrido (art. 297.º, n.º 2, do CC). Assim, no exemplo anterior, em que para a pensão de reforma o período de duração do vínculo de 30 anos foi aumentado para 35 anos, se já tinham decorrido dois anos passam a faltar 33 anos e se já tinham decorrido 10 anos é necessário preencher mais 25 anos.

Este regime de sucessão temporal de prazos vale igualmente para o caso de prazos fixados pelos tribunais ou por qualquer outra autoridade (art. 297.º, n.º 3, do CC).

II. Poder-se-ia questionar se este regime vale igualmente em relação a prazos fixados por acordo ou resultantes de regime estatutário. Na medida em que, ao abrigo da autonomia privada, as partes fixaram prazos convencionais, distintos dos legais – p. ex., o art. 1225.º, n.º 1, do CC alude ao prazo de garantia convencionado, por contraposição ao prazo legal de 5 anos –, a alteração legislativa, em princípio, não os afeta. Mas se as partes remetem para o regime legal ou se houve alteração de prazos convencionais ou estatutários aplica-se o regime do art. 297.º do CC.

III. O regime especial constante do art. 297.º do CC não se aplica sempre que, para situações concretas, se estabeleceu regime diverso.

No n.º 5 do art. 7.º da Lei n.º 7/2009, tal como no correspondente n.º 1 do art. 9.º da Lei n.º 99/2003, afastando-se da regra geral de aplicação das leis no tempo relativamente a alteração de prazos (art. 297.º do CC), estabeleceram-se regimes especiais para o caso de alteração de prazos de prescrição ou de caducidade (alínea *b*)), procedimentais (alínea *c*)) e relativos ao contrato a termo (alínea *d*)).

As três primeiras exceções constantes deste número correspondem a prazos curtos (10, 30, 60 dias), não excedendo, em princípio, um ano e, por via de regra, o Código do Trabalho revisto não altera os prazos constantes da versão anterior. Nas poucas situações em que os prazos tenham sido alargados, a aplicação do n.º 2 do art. 297.º do CC poderia ser de aplicação difícil. Do mesmo modo, sendo reduzidos os prazos (p. ex., diminuição de prazos procedimentais) dever-se-ia aplicar o n.º 1 do art. 297.º do CC, cuja solução traria várias dificuldades de aplicação, mormente atendendo ao disposto na parte final deste último preceito.

O regime excecional constante do artigo em análise só se aplica nos casos especialmente previstos. Nas demais hipóteses, mesmo em sede laboral, vale o regime geral do art. 297.º do CC[495].

A exceção ao regime comum constante deste preceito – art. 7.º da Lei n.º 7/2009 – advém de uma razão de maior facilidade de aplicação, que não põe em causa a justiça dos casos concretos, até porque as eventuais hipóteses de desigualdade advêm do facto de as situações se terem constituído em momentos distintos.

As três exceções têm que ver com situações jurídicas de particular relevância para a segurança no trabalho, que justifica uma maior facilidade de conhecimento das regras de contagem dos prazos.

a.5) Solução prescrita em sede laboral

α. Sucessão de leis no tempo

I. No direito do trabalho cabe distinguir as situações de alteração da lei no tempo daqueloutras que respeitam a modificações de instrumentos de regulamentação coletiva de trabalho, mormente de convenções coletivas.

II. Com respeito à sucessão de leis laborais cabe atender ao disposto no art. 7.º da Lei n.º 7/2009[496], que aprovou as alterações ao Código do Trabalho.

---

[495] Para maiores desenvolvimentos, *vd.* ROMANO MARTINEZ, anotação ao art. 7.º da Lei n.º 7/2009, *in* ROMANO MARTINEZ/LUÍS MIGUEL MONTEIRO/JOANA VASCONCELOS/MADEIRA DE BRITO/GUILHERME DRAY/GONÇALVES DA SILVA, *Código do Trabalho Anotado*, cit., pp. 77 ss.

[496] Reuniu-se neste preceito o que constava dos arts. 8.º, 9.º e 14.º da Lei 99/2003 (que aprovou o CT2003). Veja-se a anotação ao referido preceito em ROMANO MARTINEZ/LUÍS MIGUEL

Para a questão em análise tem especial relevo a regra constante do n.º 1, que se transcreve:

«Sem prejuízo do disposto no presente artigo e nos seguintes, ficam sujeitos ao regime do Código do Trabalho aprovado pela presente lei os contratos de trabalho e os instrumentos de regulamentação colectiva de trabalho celebrados ou adoptados antes da entrada em vigor da referida lei, *salvo quanto a condições de validade e a efeitos de factos ou situações totalmente passados* anteriormente àquele momento»[497].

Como resulta do princípio geral de aplicação das leis no tempo, «A lei só dispõe para o futuro», mas em relação às situações jurídicas duradouras, constituídas antes da entrada em vigor do Código do Trabalho, a lei nova aplica-se-lhes; deste modo, um contrato de trabalho ou um instrumento de regulamentação coletiva de trabalho celebrado antes da entrada em vigor do Código do Trabalho, subsistindo a sua execução, passa a ser disciplinado pelo disposto neste diploma após a data de início de vigência. Dito de outro modo, no que respeita ao conteúdo das relações jurídicas laborais, o Código do Trabalho «abrange as próprias relações já constituídas, que subsistam à data da sua entrada em vigor» (artigo 12.º, n.º 2, *in fine*, do CC).

Esta regra de aplicação do Código do Trabalho às situações jurídicas em execução, mas constituídas antes da sua entrada em vigor, sofre duas exceções: as condições de validade são aferidas no momento da sua constituição (p. ex., quanto às exigências de forma deve atender-se às que vigoravam ao tempo em que a situação jurídica se constituiu); os factos já produzidos ou situações totalmente passadas antes da entrada em vigor do Código do Trabalho são regidos pela lei anterior, pois este diploma não se lhes aplica (assim, o Código do Trabalho não regula as retribuições ou as férias vencidas antes da sua entrada em vigor). A expressão «*totalmente passados*» tem de ser entendida na sua amplitude: o Código do Trabalho não se aplica a situações constituídas e extintas no âmbito da lei anterior, pelo que, se subsistem sequelas, nomeadamente relacionadas com o incumprimento, neste ponto, pode aplicar-se a lei nova (*v. g.*, se a falta de cumprimento da retribuição se verificou no domínio da lei antiga, mas persiste durante a vigência do Código do Trabalho, aplicam-se, p. ex., as garantias de cumprimento neste previstas; do mesmo modo, se o contrato de trabalho cessa depois da entrada em vigor

---

Monteiro/Joana Vasconcelos/Madeira de Brito/Guilherme Dray/Gonçalves da Silva, *Código do Trabalho Anotado*, cit., pp. 77 ss.

[497] Quanto à aplicação do regime em análise veja-se o Ac. Rel. Év. de 21/3/2006 (Chambel Mourisco), www.dgsi.pt.

do Código do Trabalho por motivo ocorrido antes dessa data aplica-se o disposto neste diploma). Deste regime não resulta a aplicação retroativa da lei nova (Código do Trabalho) a situações antigas. Aos factos totalmente passados antes de fevereiro de 2009, que não se repercutam em aspetos posteriores do contrato de trabalho, não se aplica o Código do Trabalho. Aos factos ocorridos antes, mas que se repercutem em questões jurídicas ocorridas ou apreciadas depois da entrada em vigor do diploma, aplica-se o Código do Trabalho. Neste caso, estar-se-á perante a designada «retroconexão», distinta da retroatividade, em que se verifica a ultra-atividade de factos passados, em razão da conexão com situações futuras. Dito de outro modo, a ultra-atividade permite que um facto passado, por se encontrar relacionado com factos ocorridos posteriormente – não sendo, portanto, *totalmente passado* – seja regido pela lei nova (Código do Trabalho)[498].

Na sequência das regras comuns e do entendimento geral, sabendo-se que qualquer alteração legislativa pode ser fonte de iniquidades e de desigualdades, pretende-se que o Código do Trabalho (novo regime) se aplique a todas as relações laborais, independentemente da data da respetiva constituição, evitando as assimetrias entre os diferentes sujeitos laborais. Ainda que as expectativas de uns possam ser postas em causa é preferível que não se estabeleçam desigualdades em função da data da constituição do vínculo laboral.

III. Assim, quanto à sucessão de leis laborais no tempo, importa aludir à distinção constante do art. 12.º, n.º 2, do CC: por um lado, os factos constitutivos (modificativos e extintivos), por outro, os efeitos jurídicos que integram o conteúdo das situações jurídicas.

A não retroatividade determina que a lei nova não se aplica aos factos constitutivos de situações criadas no pretérito[499], mas, como decorre do art.

[498] Esta questão suscitou alguma controvérsia jurisprudencial tendo em conta a aplicação do artigo 12.º do CT2003. No sentido de que a presunção se não aplicava a relações jurídicas constituídas antes do início de vigência do Código do Trabalho, podem ver-se os Ac. STJ de 22/4/2009, em www.dgsi.pt, [proc. n.º 08S3045]; Ac. STJ de 5/2/2009, em www.dgsi.pt, [proc. n.º 08S2584]; Ac. STJ, de 2/5/2007, em www.dgsi.pt, [proc. n.º 06S4368], e de 17/10/2007, em www.dgsi.pt, [proc. n.º 07S2187]. No sentido de que essa presunção seria aplicável, tendo em atenção o disposto no artigo 8.º do diploma preambular, pode ver-se o Ac. RL 7/5/2008, em www.dgsi.pt, [proc. n.º 1875/2008-4]. No caso, parece que a presunção se aplica aos contratos anteriores, com base na designada retroconexão.

[499] Esta regra vale também para os atos modificativos e extintivos de situações jurídicas. Assim, se dada situação jurídica se extinguiu por ato das partes, a posterior alteração legislativa

12.º, n.º 2, do CC, aplica-se ao conteúdo das relações jurídicas estabelecidas no domínio da lei antiga. Assim, se o contrato de trabalho foi celebrado na vigência da lei antiga, quer dizer que, com respeito à sua constituição, designadamente em relação à forma do negócio jurídico, vigora a lei antiga. Mas quanto aos efeitos, aos direitos e obrigações das partes, a partir do momento em que entra em vigor a lei nova, o contrato de trabalho passa a estar sujeito a esta última.

A não retroatividade implica tão-só que não sejam postos em causa os factos constitutivos, porque o conteúdo do negócio jurídico adaptar-se-á às novas exigências jurídicas. De outro modo, tendo um contrato sido celebrado nas vésperas da revogação de uma lei, o seu conteúdo seria diferente do de um outro ajustado alguns meses depois; passando a subsistir dois contratos com conteúdo diverso, o que não teria sentido, sendo fonte de desigualdade.

Em sede laboral tem particular sentido aludir à aplicação da lei nova ao conteúdo relativamente a contratos cuja execução se protela no tempo, não assim nos negócios jurídicos de execução instantânea. Quando a execução do contrato se protela no tempo – como é regra na relação jurídica laboral –, o seu conteúdo tem de se adaptar às exigências da nova legislação. Assim, se a lei nova estabelece outro regime compensatório para a cessação do contrato de trabalho (p. ex., art. 388.º, n.º 2, do CT2003, equivalente ao art. 344.º, n.º 2, do CT2009), o novo valor aplica-se aos contratos celebrados antes da entrada em vigor da lei que cessem depois dessa data.

Deste modo, do disposto no art. 7.º da Lei n.º 7/2009 não se deduz qualquer especificidade de regime, pois dispõe-se exatamente no mesmo sentido do art. 12.º, n.º 2, do CC; de facto, o citado n.º 1 do art. 7.º (tal como o antecedente art. 8.º, n.º 1) corresponde ao art. 9.º do Decreto-Lei n.º 49 408, de 24 de novembro de 1969 (diploma que aprovou o regime jurídico do contrato individual de trabalho, LCT), e, de modo conjugado com o art. 12.º, n.º 2, do CC, procede à transposição o regime comum de aplicação das leis no tempo.

IV. Refira-se ainda que, não obstante no n.º 1 do art. 7.º da Lei n.º 7/2009 se aludir à aplicação no tempo dos instrumentos de regulamentação coletiva

não vai produzir efeitos na já extinta situação; exemplificando, se um contrato de trabalho foi revogado por acordo escrito (art. 394.º do CT2003, equivalente ao art. 349.º, n.º 2, do CT2009), a maior exigência de forma imposta pelo art. 395.º do CT2003 – reconhecimento notarial presencial das assinaturas – não se aplica ao acordo revogatório celebrado antes da entrada em vigor da lei.

de trabalho, a solução constante do preceito sofre exceções neste âmbito, constantes do art. 10.º do mesmo diploma[500].

Relativamente a um contrato de trabalho celebrado no domínio da lei antiga, o ato de constituição e os efeitos produzidos não são postos em causa por alterações legislativas. Se, entretanto, entra em vigor a lei nova que, por exemplo, modifica o regime de férias, as férias que o trabalhador gozou no domínio da lei antiga, ou que se venceram na vigência desta, não são postas em causa pela lei nova, mas as férias a que o trabalhador vai ter direito nos anos seguintes, são reguladas pela lei nova[501].

Por isso, no que respeita às situações que derivam da relação laboral, independentemente da data da celebração, importa averiguar em que momento se constituiu o direito, porque, quanto ao mesmo contrato de trabalho pode estar em causa, simultaneamente, a aplicação da lei nova e da lei antiga, dependendo das situações concretas.

V. Quanto à aplicação no tempo, importa ainda ter em atenção o disposto no art. 7.º, n.º 5, da Lei n.º 7/2009, que constitui exceção ao disposto no n.º 1 do mesmo preceito, afastando-se da regra geral de aplicação das leis no tempo relativamente a alteração de prazos (art. 297.º do CC), a que já se fez referência *supra*.

β. Direitos adquiridos

I. Na sequência das regras comuns e do entendimento geral, sabendo-se que qualquer alteração legislativa pode ser fonte de iniquidades e de desigualdades, pretende-se que o Código do Trabalho se aplique a todas as relações

---

[500] Em especial quanto ao regime de aplicação no tempo de instrumentos de regulamentação coletiva de trabalho, *vd.* Gonçalves da Silva, «Do Âmbito Temporal da Convenção Colectiva», *Estudos de Direito do Trabalho (Código do Trabalho)*, volume I, Coimbra, 2004, pp. 197 ss.

[501] Quanto a outros exemplos, cf. Ac. Rel. Cb. de 6/6/1991, *CJ* XVI (1991), T. III, p. 124 (a cessação do contrato de trabalho celebrado na vigência do Decreto-Lei n.º 372-A/75 rege-se pela nova lei – LCCT, de 1989); Ac. Rel. Lx. de 19/2/1992, CJ XVII (1992), T. I, p. 208 (tendo o contrato a termo sido celebrado no domínio do Decreto-Lei n.º 874/76, cessando já na vigência da LCCT, o trabalhador tem direito à compensação que este diploma prevê no art. 46.º, n.º 3 LCCT); Ac. Rel. Év. de 26/5/1992, CJ XVII (1992), T. III, p. 361 (num contrato de trabalho sem termo celebrado com trabalhador que já atingiu os 70 anos, com a entrada em vigor da LCCT transforma-se em contrato a termo); Ac. STJ de 9/11/1994, CJ (STJ) II (1994), T. III, p. 282 (tendo o trabalhador prestado trabalho suplementar [extraordinário] na vigência dos arts. 16.º e ss. da LDT, até à entrada em vigor do Decreto-Lei n.º 421/83, as horas a mais serão remuneradas nos termos prescritos nos preceitos revogados).

laborais, independentemente da data da respetiva constituição, evitando as assimetrias entre os diferentes sujeitos laborais. Ainda que as expectativas de uns possam ser postas em causa é preferível que não se estabeleçam desigualdades em função da data da constituição do vínculo laboral.

II. Não obstante a mera concretização de princípios gerais com ligeiras exceções, poder-se-ia admitir a existência de uma particularidade no direito do trabalho, que o distinguiria dos outros ramos do direito, por vigorar um princípio de manutenção dos direitos adquiridos. Postulado esse que se filiaria, ou melhor, adviria, do princípio do tratamento mais favorável ao trabalhador.

No fundo, isso implicaria que, no direito do trabalho, contrariamente ao que se verifica nos outros ramos do direito, haveria uma especificidade, porque os direitos adquiridos pelo trabalhador seriam salvaguardados, como consequência do princípio do tratamento mais favorável. Esta seria mais uma das particularidades que autonomizaria o direito do trabalho dos outros ramos do direito.

Não parece correta esta forma de encarar o problema. A salvaguarda de direitos adquiridos não constitui nenhuma especificidade do direito do trabalho, pois verifica-se em todos os ramos do direito, sendo consequência do princípio da não retroatividade da lei que pode, eventualmente, ser contrariado pelo legislador.

Não há nenhuma particularidade no direito do trabalho, na medida em que vale um princípio comum a toda a ordem jurídica. A não retroatividade da lei acarreta a salvaguarda dos direitos adquiridos na vigência da lei antiga.

Com base nesse postulado de manutenção dos direitos adquiridos poder-se-ia admitir que, no direito do trabalho, se salvaguardam as situações constituídas ao abrigo de contratos de trabalho que tenham sido celebrados na vigência da lei antiga, na medida em que esta seja mais favorável ao trabalhador em determinados aspetos[502].

---

[502] Quanto ao princípio geral de o «estatuto contratual» se subordinar ao «estatuto legal» da nova lei, cf. BAPTISTA MACHADO, *Introdução ao Direito*, cit., pp. 240 s. Sobre a distinção entre o «estatuto contratual» e o «estatuto legal» na relação laboral, *vd.* BERNARDO XAVIER/FURTADO MARTINS/NUNES DE CARVALHO/JOANA VASCONCELOS/TATIANA GUERRA DE ALMEIDA, *Manual*, cit., pp. 978 e s. Não admitindo a aplicação da regra mais favorável constante de convenção coletiva anterior à entrada em vigor da Lei da Cessação do Contrato de Trabalho, cf. Ac. Rel. Lx. de 8/4/1992, CJ XVII (1992), T. II, p. 203.

Assim, os direitos adquiridos pelos trabalhadores à sombra da lei antiga, sendo mais favoráveis ao prestador de trabalho, manter-se-iam depois da entrada em vigor da lei nova. Esta seria uma especificidade do direito do trabalho.

Se ao trabalhador foram concedidas determinadas regalias na vigência da lei antiga, a essas vantagens somar-se-iam aquelas que se constituíram ao abrigo da lei nova. Parte-se do pressuposto de que não pode ser retirado aquilo que foi atribuído, devendo ser somado ao que, entretanto, aparece de novo[503].

III. Esta conceção baseia-se numa ideia, talvez algo ingénua, de que há um progresso social contínuo e, por conseguinte, depois de atribuídas certas regalias, não podem ser retiradas, devendo só ser aumentadas. Parte-se do pressuposto de, relativamente ao trabalhador, se impor um progresso sem qualquer retrocesso, que, do ponto de vista da relação laboral, implica uma concessão contínua de melhorias na situação jurídica do prestador de trabalho[504].

Deste modo, não se permitiria que, mediante uma alteração legislativa, onde se viesse a prever um retrocesso nessa melhoria constante das condições de trabalho, se pusessem em causa as vantagens de que os trabalhadores já gozavam. Assim, quando num momento de retrocesso no desenvolvimento económico, se pretendesse retirar regalias aos trabalhadores, tal não poderia ser admitido, porque isso iria contra esta perspetiva de que a lei nova só pode trazer mais vantagens, e nunca retirar aquelas que já foram concedidas.

---

[503] Poderia, eventualmente, ser esse o sentido da expressão «direitos adquiridos» usada no já citado Memorando de Entendimento com a Troika (*vd.* nota 486). No referido ponto 4, nomeadamente a propósito da redução do subsídio de desemprego ou da compensação em caso de despedimento (4.1,i e 4.4,ii), alude-se a «direitos adquiridos» apesar de as expressões inglesas serem distintas: no primeiro caso usa-se «acrued-to-date rights of employees» e no segundo «acrued-to-date entitlements». Dir-se-á que a expressão «direitos adquiridos» é usada no Memorando num sentido não técnico-jurídico, pretendendo assinalar que há que atender a certas especificidades em caso, por exemplo de redução de compensações.

[504] Em crítica a esta tomada de posição, cf. BERNARDO XAVIER/FURTADO MARTINS/NUNES DE CARVALHO/JOANA VASCONCELOS/TATIANA GUERRA DE ALMEIDA, *Manual*, cit., pp. 980 e ss. Todavia, os mesmos autores (ob. cit., pp. 983 s.) admitem que a entrada em vigor da lei nova tem de salvaguardar o princípio do tratamento mais favorável ao trabalhador, não obstante estabelecer várias restrições a esta salvaguarda.

Sem menção ao direito do trabalho, a ideia de sobrevigência da lei antiga, seja direta ou indiretamente, é contestada por FERNANDO JOSÉ BRONZE, *Lições de Introdução ao Direito*, cit., pp. 836 ss.

Na prática, não é assim nem poderia ser sob pena de se condenar a possibilidade de adaptação legislativa a novas vicissitudes. Em momentos de depressão ou por alterações de conjuntura económico-política têm-se verificado modificações legislativas que retiram regalias; por vezes, certas concessões acabam por ser afastadas, com o consentimento dos trabalhadores, para evitar, por exemplo, um despedimento coletivo. A ideia de uma evolução sem retrocesso, de que as regalias nunca podem ser retiradas, é utópica.

Para além disso, há a ter em conta que, manter em vigor normas revogadas, é inadequado. De facto, considerar que se encontram em vigor normas de um determinado diploma revogado relativamente ao conteúdo de certos contratos de trabalho celebrados na vigência daquela lei, traz graves complicações a nível jurídico.

Por outro lado, admitir que as normas de um determinado diploma, depois de revogado, se manteriam em vigor relativamente ao conteúdo dos contratos de trabalho ajustados durante a sua vigência é inaceitável. Na medida em que certas regras de um diploma revogado continuariam em vigor, juntamente com os preceitos da nova lei, poder-se-iam encontrar situações em que a lei A, revogada pela lei B, e esta depois revogada pela lei C, relativamente a alguns preceitos, estariam todas em vigor, desde que se encontrassem contratos de trabalho celebrados na vigência das três leis. Mas isto seria um absurdo.

Tomando por base o exemplo de uma convenção coletiva de trabalho na qual se estabelece que o empregador tem de pagar um subsídio para uniformes, sendo esta convenção coletiva substituída por uma outra onde se determina que o empregador tem de fornecer os uniformes aos trabalhadores[505]. Nesta hipótese, parece evidente que um trabalhador não possa exigir o subsídio mais o uniforme, porque não tem sentido admitir-se a existência da regalia anterior (subsídio para uniformes). De facto, estando a regalia anterior substituída por outra, não se justifica mantê-la. Deste modo, o trabalhador perde o direito ao subsídio para uniforme, porque tem direito ao uniforme. A norma nova afasta a aplicação da anterior, não se podendo cumular as respetivas consequências, porque a nova regalia compensa e faz desaparecer a precedente.

IV. Acresce ainda um outro aspeto. As regras de um determinado diploma, seja uma convenção coletiva de trabalho, um decreto-lei do Governo

[505] Cf. este exemplo em Bernardo Xavier, *Curso de Direito do Trabalho*, 2.ª ed., Lisboa, 1993, pp. 262 e 275.

ou uma lei da Assembleia da República, não podem ser vistas isoladamente. É inaceitável «retirar» uma norma de um determinado diploma revogado, mantendo-a em vigor, para somar as suas soluções com as estabelecidas nas regras de um outro diploma; as normas de cada diploma não podem ser vistas separadamente, pois elas fazem parte de um todo incindível.

As disposições constantes de um diploma encontram-se interligadas, pelo menos, dentro de certos grupos e, portanto, não tem sentido que se «retire» uma norma de um diploma revogado, dotando-a de sobrevigência, para a juntar com as de outros diplomas; a norma daquele diploma tinha sentido na estrutura onde estava inserida. Uma disposição não pode ser aplicada no domínio de outra legislação, na medida em que, estando desintegrada da sua fonte e da sua estrutura, perderá a sua razão de ser.

Supondo um artigo onde se estabelece que os trabalhadores têm direito a vinte dias de férias e, noutra norma do mesmo diploma, determina-se que os dias de férias são dias úteis, não se contando, por conseguinte, sábados, domingos e feriados. Sendo este diploma revogado, a nova lei dispõe que os trabalhadores têm direito a trinta dias de férias, os quais, nos termos de outro artigo do mesmo diploma são contados como prazos corridos, incluindo sábados, domingos e feriados. Nesta hipótese, não pode um trabalhador alegar que, nos termos da lei nova, tem direito a trinta dias de férias mas, sendo mais conveniente a forma de contagem dos prazos da lei antiga, os trinta dias seriam úteis. Tal lucubração não tem sentido, porque a lei antiga, quando falava em vinte dias, tinha em conta que eram dias úteis, correspondendo, aproximadamente aos trinta dias corridos da nova lei.

Cada norma está inserida dentro de um determinado contexto, pelo que é irreal admitir-se a soma de regalias de um diploma com regalias de outro. As normas de um diploma não estão preparadas para se desintegrarem do mesmo, aplicando-se noutra situação jurídica. Só se justifica a aplicação das normas no seu contexto, e dentro dos pressupostos em que foram estabelecidos num dado diploma.

V. Estas considerações não põem em causa que os direitos adquiridos em determinado contrato, celebrado ao abrigo de uma lei antiga, sejam salvaguardados.

Quando, por via de um contrato de trabalho ajustado na vigência de uma lei antiga, se constituíram direitos para uma das partes ao abrigo da referida lei, os mesmos serão respeitados. Mas isto é, pura e simplesmente, a consagração do princípio geral da não retroatividade da lei (art. 12.º do CC), sem qualquer particularidade.

Em princípio, se os direitos estão constituídos, sabe-se que não vão ser postos em causa, desde que a lei nova não disponha em contrário. Pode, é certo, uma lei nova inviabilizar, inclusive, direitos adquiridos à sombra da lei antiga, desde que pretenda ter efeito retroativo; mas, por via de regra, a lei não é retroativa.

VI. Importa distinguir os direitos adquiridos dos que, por ainda não se terem constituído ou vencido, representam meras expectativas.

Imaginando um contrato de trabalho celebrado ao abrigo de determinada lei, na base da qual se constituíram direitos subjetivos, por exemplo, créditos de férias ou de salários. Esses direitos subjetivos, constituídos na esfera jurídica do trabalhador durante a vigência da lei antiga, são direitos adquiridos e, como tal, não vão ser postos em causa pela lei nova.

Levanta-se, contudo, o problema relativamente aos direitos a constituir; os direitos que o trabalhador, tendo em conta o contrato de trabalho e na base da lei antiga, se previa que se constituiriam no futuro, por exemplo, o direito a X dias de férias daqui a dois anos ou a Y salário no próximo mês, não são direitos adquiridos. Supondo que a lei nova dispõe de forma diversa, o trabalhador não tem direito ao gozo de férias como estava estabelecido na lei antiga, pois esse direito, não estando ainda constituído na altura da alteração legislativa, regular-se-á pela lei nova.

Em princípio, os direitos a constituir, que o trabalhador previa adquirir, não estão abrangidos pelo princípio da não retroatividade, aplicando-se a tais situações a lei nova.

Relativamente aos direitos a constituir pode suscitar-se o problema do tratamento mais favorável ao trabalhador, admitindo-se a salvaguarda destas expectativas. Isto pressuporia a não aplicação da regra geral do art. 12.º do CC – reiterada no art. 7.º da Lei n.º 7/2009 –, de onde se conclui que as meras expectativas, não sendo direitos adquiridos, não estão garantidas pelo princípio da irretroatividade.

VII. Interessa averiguar se o direito do trabalho, neste domínio, apresenta alguma particularidade, pois as expectativas também seriam tuteladas.

Poder-se-ia chegar a essa conclusão através do seguinte argumento. Sendo um contrato de trabalho celebrado ao abrigo de determinada lei (ou convenção coletiva de trabalho), a partir desse momento os diplomas em vigor incorporar-se-iam no negócio jurídico. Isto implica que do contrato de trabalho constarão, não só as próprias cláusulas, como também serão nele incorporadas as leis e as convenções coletivas de trabalho em vigor à data da sua celebração.

Deste modo, sendo a lei revogada ou a convenção coletiva de trabalho substituída, como as normas estavam incluídas no contrato de trabalho, mantêm-se em vigor, continuando a reger a relação jurídica laboral.

Supondo que a lei A entrou em vigor em 2000 e foi revogada pela lei B, em 2010, sendo o contrato de trabalho celebrado em 2008, quer dizer que se lhe aplicam as próprias cláusulas mais as normas da lei B, bem como as da lei A que sejam mais favoráveis.

As soluções de maior favor que existissem na lei A continuariam a vigorar, não por força da própria lei, porque estava revogada, mas na medida em que se encontravam incorporadas no contrato de trabalho. E, enquanto o contrato de trabalho se mantivesse em vigor, as normas da lei A mais favoráveis também se aplicavam, porque tinham sido incorporadas no negócio jurídico.

Deste modo, as leis antigas incorporadas nos contratos continuariam a vigorar mesmo depois de revogadas, e as regalias criadas ao abrigo da lei antiga seriam intocáveis. Esta tomada de posição assenta no pressuposto de que as normas da lei revogada passem a valer como *lex negotii*, implicando que as leis (sejam leis da Assembleia da República, decretos-leis do Governo, etc.) e as convenções coletivas de trabalho se transformem em «lei contratual» e, por essa via, mantêm-se em vigor.

VIII. A conceção segundo a qual as normas revogadas se mantêm em vigor, porque se encontram incorporadas no contrato de trabalho, não parece aceitável por várias razões[506].

Primeiro, porque as leis não se transformam em cláusulas negociais. Quando se celebra um contrato de arrendamento, não se incorporam nesse contrato as normas do Código Civil. É evidente, que as normas do Código Civil têm de se aplicar ao negócio jurídico celebrado, mas não fazem parte deste. Sendo as normas do Código Civil, entretanto, revogadas, elas não continuariam em vigor por força de um contrato de arrendamento ainda em

[506] Quanto à inadmissibilidade da tese da incorporação de normas, cf. Bernardo Xavier/Furtado Martins/Nunes de Carvalho/Joana Vasconcelos/Tatiana Guerra de Almeida, *Manual*, cit., pp. 982 e s. Veja-se, todavia, a exceção constante do revogado art. 6.º, n.º 2, da LRCT, disposição transitória, que pretendia salvaguardar situações constituídas a nível de regulamentação coletiva «em termos de contrato individual de trabalho».

execução[507]. Por isso, não se pode dizer que as normas legais se incorporam nos contratos, sendo inaceitável transformá-las em *lex negotii*.

Por outro lado, admitir que as normas legais se incorporam nos contratos seria um modo de criar estatutos privilegiados para alguns trabalhadores. Um trabalhador que tivesse um contrato de trabalho celebrado à luz de uma determinada lei tinha um estatuto privilegiado relativamente a outros trabalhadores cujos contratos datassem de momento posterior; admitindo-se a possibilidade de dois ou mais trabalhadores, que realizassem idêntica atividade na mesma empresa, estarem sujeitos a normas diferentes. Supondo que um trabalhador celebrou o contrato de trabalho em dezembro de 2002, enquanto outro ajustou o contrato em fevereiro de 2003, se em janeiro tiver havido uma alteração legislativa, quer dizer que, por uma diferença de um ou dois meses, os dois trabalhadores que executam a mesma atividade, têm estatutos diferentes na empresa. Esta situação conduz a uma injustiça, admitindo tratamento diferente de situações iguais; o princípio da igualdade de tratamento inviabiliza a tese da incorporação.

Em terceiro lugar, há a considerar que, por princípio, não se podem cumular as regalias de uma lei com as de outra, porque, por via da regra, cada diploma constitui um todo, com a sua coerência, interligações, etc. Assim sendo, as vantagens estabelecidas num diploma justificam-se numa determinada conjuntura, com uma certa interligação. Considerar que algumas dessas regalias deixam de subsistir, mas outras mantêm-se, cumulando-se com as vantagens estabelecidas no novo diploma, seria criar um sistema disfuncional, em que falta uma compatibilidade entre normas.

A individualização de regalias, para as ir somando, é incoerente, chegando mesmo a criar situações aberrantes, como no referido exemplo dos uniformes, não sendo, pois, admissível.

IX. O princípio da salvaguarda dos direitos adquiridos, com efeitos produzidos, existe no direito do trabalho, tal como em qualquer outro ramo do

[507] O Regime do Arrendamento Urbano (Decreto-Lei n.º 321-B/90, de 15 de outubro) revogou vários preceitos do Código Civil e as regras do RAU, independentemente de serem mais ou menos favoráveis a qualquer uma das partes no contrato de arrendamento urbano, aplicam-se aos contratos de arrendamento celebrados antes de 1990, no que respeita à sua execução, não podendo nenhuma das partes invocar as disposições revogadas do Código Civil, argumentando que se incorporaram no contrato. A questão volta a colocar-se com a Lei n.º 6/2006, de 27 de fevereiro (alterada pela Lei n.º 31/2012 e pela Lei n.º 79/2014), que revogou o Regime do Arrendamento Urbano, e se aplica aos contratos em execução.

direito. Se um direito se constituiu na esfera jurídica de uma determinada pessoa ao abrigo da lei antiga, a situação jurídica pretérita não vai ser contestada com a entrada em vigor da lei nova.

Trata-se do princípio geral da não retroatividade, sem especificidades no domínio do direito do trabalho.

Nos termos do art. 12.º do CC, a lei nova tem aplicação imediata, pelo que, com a sua entrada em vigor não se podem manter estatutos constituídos ao abrigo da lei antiga. Havendo direitos adquiridos, a lei nova não vai pô-los em causa; mas em relação às meras expectativas, que o trabalhador pressupôs atendendo ao contrato celebrado com base na lei então vigente, não há tutela.

Assim, tendo surgido uma alteração legislativa com vista a regulamentar de forma diversa certa situação laboral, o contrato de trabalho celebrado na vigência da lei antiga manter-se-á válido. Porém, as soluções nele previstas só subsistem na medida em que forem toleradas pela lei nova, mesmo que se considerem mais favoráveis ao trabalhador. É evidente que as leis, muitas das vezes, permitem uma margem de discricionariedade e se o regime estabelecido no contrato de trabalho estiver no âmbito desse arbítrio, subsistirá em vigor.

Torna-se necessário ainda ter em conta que, eventualmente, as regras estabelecidas no contrato de trabalho podem estar indissociavelmente ligadas ao regime da lei antiga. Se da lei nova advém um regime diverso, a solução consagrada no contrato pode não ter aplicação, porque leva a uma distorção do equilíbrio contratual, e deverá adaptar-se à nova solução legal. Trata-se de situações em que o «estatuto contratual» não se coaduna com o novo «estatuto legal».

Supondo que no contrato de trabalho se estabeleceu um regime sobre determinado aspeto, com base num pressuposto existente na altura, que era condição *sine qua non* da solução contratual. Se a lei nova põe em causa o pressuposto com base no qual o contrato se celebrou, a regra estabelecida no negócio jurídico também não se pode manter. O contrato de trabalho tem, então, de se adaptar à lei nova, tendo em conta que o seu regime estava indissociavelmente relacionado com a lei antiga[508].

[508] Era o que ocorreria com a proibição legal de pensões complementares de reforma (art. 6.º, n.º 1, alínea *e)*, da LRCT – proibição a que o Código do Trabalho pôs termo), que inviabilizaria a manutenção de situações válidas anteriormente constituídas, não fora a ressalva estatuída no n.º 2 do art. 6.º da LCCT. Cf. Ac. STJ de 22/2/1995, *BMJ* 444, p. 322; veja-se igualmente

Com alguma frequência, a lei nova, ao criar um novo regime, substitui integralmente o anterior. Assim sendo, os pressupostos em que o contrato se baseou também foram substituídos, logo, as regras contratuais que se basearam nesses pressupostos têm de se adaptar às novas situações e não se podem manter inalteradas.

Voltando ao exemplo dos uniformes[509]. A lei antiga era omissa em matéria de uniformes e o contrato de trabalho, tendo isso em conta, estabelecia que o empregador tinha de pagar um subsídio para uniformes. Surgindo, entretanto, uma lei nova onde se dispõe que os empregadores têm que fornecer os uniformes aos trabalhadores, a regra de origem contratual, que impunha ao empregador a obrigação de pagar um subsídio para uniformes, não pode subsistir, porque foi estabelecida atendendo à omissão da lei nessa matéria.

Seria ilógico que as duas obrigações fossem cumuláveis, tendo o empregador de fornecer o uniforme, tal como a lei impõe, e, além disso, por via contratual, pagasse um subsídio para uniforme.

Mas pode ocorrer uma outra situação. Perante a omissão da lei, estabelece-se no contrato de trabalho um determinado regime de faltas, em que, por exemplo, se dispõe no sentido de as faltas injustificadas não prejudicarem a antiguidade do trabalhador e acrescenta-se que as faltas injustificadas em dois dias consecutivos, correspondem a uma infração disciplinar grave. Como a nova lei estabelece que as faltas injustificadas prejudicam a antiguidade do trabalhador e que só se considera infração disciplinar grave as faltas injustificadas em três dias consecutivos, o trabalhador não poderá, ao abrigo da lei nova, recorrer às soluções mais vantajosas dos dois regimes. O facto de naquele contrato de trabalho se ter admitido que as faltas injustificadas não se repercutiam na antiguidade teve também como contrapartida uma situação mais gravosa, considerando dois dias de faltas injustificadas como uma infração disciplinar grave.

X. As soluções legais e contratuais têm de ser vistas em conjunto e o contrato de trabalho não pode prevalecer sobre a lei. Assim sendo, não seria possível conjugar os dois regimes ou estatutos (o legal e o contratual), pois,

---

Nunes de Carvalho, «Pensão Complementar de Reforma e Regulamento de Empresa», *RDES* 1993, 1/4, pp. 353 ss.

[509] Veja-se igualmente o Ac. STJ de 10/11/1993, *CJ (STJ)* I (1993), T. III, p. 291, no qual se decidiu que os trabalhadores não podiam exigir o subsídio de refeição a partir do momento em que a empresa, em «refeitório próprio, limpo e acessível», garantiu o fornecimento de refeições aos seus trabalhadores (p. 293).

desse modo, criar-se-ia uma situação diversa da prevista na lei, não tendo a mesma enquadramento possível.

Em conclusão, pode dizer-se que as regras contratuais mais favoráveis só subsistem na medida em que o disposto nesse contrato seja tolerável pela lei nova, isto é, se estiver no âmbito de liberdade admitido pela lei nova. Fora desse âmbito de tolerância não se podem aplicar regras contratuais, que, ao abrigo de uma lei antiga, disponham de forma diferente, ainda que mais favorável ao trabalhador.

Por isso, no que respeita à sucessão das leis no tempo, o direito do trabalho não apresenta nenhuma particularidade, seguindo os mesmos parâmetros dos outros ramos do direito.

γ. Sucessão no tempo dos instrumentos de regulamentação coletiva de trabalho

I. O art. 503.º, n.º 3, do CT dispõe: «Os direitos decorrentes de convenção coletiva só podem ser reduzidos por nova convenção de cujo texto conste, em termos expressos, o seu carácter globalmente mais favorável». Nestes termos, a nova convenção coletiva de trabalho só pode «reduzir» as regalias dos trabalhadores se demonstrar que é globalmente mais favorável ao prestador de trabalho[510]. Admite-se, pois, que possam ser retiradas vantagens desde que, em contrapartida, a nova convenção coletiva seja, de forma global, mais favorável para o trabalhador[511].

---

[510] Sobre a sucessão de convenções coletivas pode consultar-se: Menezes Cordeiro, «Da Aplicação da Lei no Tempo e das Disposições Transitórias», Sep. de Legislação, INA, 1993, pp. 7 a 29, «Dos Conflitos Temporais de Instrumentos de Regulamentação Colectiva de Trabalho», *Estudos em Memória do Professor Doutor João de Castro Mendes*, Lisboa, sd, pp. 459 a 473 e *Manual de Direito do Trabalho*, cit., pp. 197 a 200; Monteiro Fernandes, *Direito do Trabalho*, cit., pp. 809 ss.; Menezes Leitão, *Direito do Trabalho*, cit., pp. 606 e ss.; Andrade Mesquita, *Direito do Trabalho*, cit., pp. 235 ss.; Rosário Palma Ramalho, *Tratado de Direito do Trabalho*, I, cit., pp. 310 ss.; Motta Veiga, *Lições de Direito do Trabalho*, 8.ª ed., Lisboa, 2000, pp. 136 a 139; Bernardo Xavier, «Sucessão no Tempo de Instrumentos de Regulamentação Colectiva e Princípio do Tratamento mais Favorável», *RDES*, 1987, n.º 4, pp. 465 a 512; Bernardo Xavier/Furtado Martins/Nunes de Carvalho/Joana Vasconcelos/Tatiana Guerra de Almeida, *Manual*, cit. pp. 984 e ss.

[511] Sobre a questão, veja-se Menezes Cordeiro, «Dos Conflitos Temporais de Instrumentos de Regulamentação Colectiva de Trabalho», cit., pp. 460 ss. Cf. Monteiro Fernandes, *Direito do Trabalho*, cit., p. 810, que refere uma conceção tradicional de «irreversibilidade de vantagens». Bernardo Xavier, «Sucessão no Tempo...», cit., p. 492, explica que o preceito aparece na sequência de uma norma de 1970 (art. 5.º do Decreto-Lei n.º 492/70), esclarecendo-se que «vivia-se então, no domínio do direito do trabalho, num período de euforia mundial, em que só se previam crescentes benefícios para os trabalhadores».

No art. 503.º, n.º 4, do CT, ao estabelecer que «(...) a nova convenção prejudica os direitos decorrentes de convenção precedente, salvo se forem expressamente ressalvados pelas partes na nova convenção», admite-se a não subsistência do regime anterior[512].

Do art. 503.º do CT resulta que o novo instrumento pode retirar regalias, mas, ao fazê-lo, terá de compensar o trabalhador, que, em termos globais, deverá ficar em melhor situação. Mas deste preceito consta, todavia, uma regra de conteúdo irrealista, cuja aplicação se pode apresentar problemática. Não tem sentido determinar que uma convenção coletiva só pode retirar regalias se admitir a constituição de uma situação, globalmente, mais favorável para o trabalhador[513].

Na realidade, depara-se com múltiplos casos em que tal não sucede; há convenções coletivas de trabalho que não estabelecem, globalmente, nenhuma melhoria, pois, perante uma conjuntura depressiva, não há outra solução senão aceitar uma redução das regalias, para evitar, designadamente um despedimento coletivo. Para além de suspensão de regalias constantes de convenções coletivas nas empresas em situação económica difícil, frequentemente os sindicatos aceitam alterações em convenções coletivas de trabalho, incluindo soluções menos favoráveis, para evitar a falência da empresa e um inerente despedimento dos trabalhadores. Em tal caso, pode considerar-se, contudo, que, não obstante a redução de vantagens, a nova convenção é, globalmente, mais favorável, porque evita o despedimento coletivo; mas o argumento é falacioso.

O n.º 3 do art. 503.º do CT não é, pois, ajustável à realidade e, em termos constitucionais, não há nenhuma regra que imponha uma irreversibilidade

---

512 É necessário atender ao facto de o art. 503.º do CT2009 (tal como o art. 560.º do CT2003), contrariamente à correspondente norma da LRCT (art. 15.º), não aludir a direitos adquiridos. Relativamente ao revogado art. 15.º da LRCT, admitindo que também não representava um regime excecional, cf. Motta Veiga, *Lições*, cit., pp. 138 s.; Bernardo Xavier, «Sucessão no Tempo...», cit., p. 484. Não se entendia bem a solução preconizada por Monteiro Fernandes, *Direito do Trabalho*, 15.ª ed., Coimbra, 2010, p. 865, ao afirmar que, tendo em conta o disposto no art. 503.º, n.º 4, do CT, «Ficarão intactos os direitos e obrigações gerados pelas estipulações individuais». Mesmo que se refira ao contrato de trabalho, os direitos e obrigações das partes (conteúdo do negócio jurídico) têm de se sujeitar à nova regulamentação coletiva, podendo não ficar intactos; pense-se na hipótese de perda de direito ao subsídio de refeição – previsto no contrato – quando a nova convenção coletiva impõe que o empregador garanta o almoço em refeitório próprio.

513 Menezes Cordeiro, *Manual de Direito do Trabalho*, cit., p. 199, alude à eventual formação de «uma particular regra de Direito laboral transitório que salvaguarde sempre os direitos adquiridos dos trabalhadores», não a aceitando, todavia, em moldes rígidos.

de direitos dos trabalhadores[514]. Não tendo a irreversibilidade de direitos consagração a nível constitucional e legal, em determinadas circunstâncias, por via de negociações entre associações sindicais e de empregadores (ou empregadores), podem ser retiradas aos trabalhadores certas regalias, concedidas em anterior instrumento de regulamentação coletiva, desde que não implique violação da lei[515]. O princípio da irreversibilidade de direitos poderia pôr em causa, em termos económicos, o relançamento empresarial.

II. Assim sendo, o disposto no art. 503.º, n.º 3, do CT poderá valer tão-só como regra interpretativa das convenções coletivas de trabalho, visando, na medida do possível, o estabelecimento de uma situação mais favorável ao trabalhador[516].

Nestes termos, da expressão «mais favorável» constante do n.º 3 do art. 503.º do CT não se pode concluir que, no direito do trabalho, a nível das relações coletivas, haverá sempre um acréscimo da posição jurídica do trabalhador, no sentido de que as regalias concedidas jamais serão retiradas. Tal entendimento do art. 503.º do CT implica conferir ao irrealismo estatuto jurídico.

III. Quanto à aplicação no tempo de instrumentos de regulamentação coletiva de trabalho, resta referir que, depois de se estabelecer o princípio geral de que não têm eficácia retroativa (art. 478.º, n.º 1, alínea *c)*, do CT), admite-se que as cláusulas de natureza pecuniária, mormente as que fixam a retribuição, possam ter efeitos retroativos (art. 478.º, n.º 1, alínea *c)*, *in fine*, do CT).

[514] Em crítica ao preceito, veja-se Gonçalves da Silva, anotação ao art. 503.º, *in* Romano Martinez/Luís Miguel Monteiro/Pedro Madeira de Brito/Guilherme Dray/Luís Gonçalves da Silva, *Código do Trabalho Anotado*, cit., pp. 1075 s. Diferentemente, Monteiro Fernandes, *Direito do Trabalho*, cit., p. 810, considera que o pressuposto da irreversibilidade se inspira em «uma concepção "realista" da contratação colectiva». No sentido do texto, explicando que o princípio do «sempre mais» e do contínuo progresso social entrou em crise, cf. Bernardo Xavier, «Sucessão no Tempo...», cit., pp. 495 ss.

[515] Por exemplo, a nova convenção coletiva não pode baixar a categoria do trabalhador, sob pena de violar o disposto no art. 129.º, alínea *e)*, do CT.

[516] Bernardo Xavier, «Sucessão no Tempo...», cit., p. 499, sustenta uma interpretação *contra legem*, ou melhor dizendo corretiva, embora com contornos limitados, esclarecendo que tem sido essa a prática.

BIBLIOGRAFIA:

MENEZES CORDEIRO, «Da Aplicação da Lei no Tempo e das Disposições Transitórias», Sep. de Legislação, INA, 1993, pp. 7 a 29, «Dos Conflitos Temporais de Instrumentos de Regulamentação Colectiva de Trabalho», *Estudos em Memória do Professor Doutor João de Castro Mendes*, Lisboa, sd, pp. 459 a 473 e *Manual*, cit., pp. 197 a 200; MONTEIRO FERNANDES, *Direito do Trabalho*, cit., pp. 777 e ss.; MENEZES LEITÃO, *Direito do Trabalho*, cit., pp. 606 e s.; ANDRADE MESQUITA, *Direito do Trabalho*, cit., pp. 235 ss.; ROSÁRIO PALMA RAMALHO, *Tratado de Direito do Trabalho*, I, cit., pp. 308 ss.; MOTTA VEIGA, *Lições*, cit., pp. 136 a 139; BERNARDO XAVIER, «Sucessão no Tempo de Instrumentos de Regulamentação Colectiva e Princípio do Tratamento mais Favorável», *RDES*, 1987, n.º 4, pp. 465 a 512; BERNARDO XAVIER/FURTADO MARTINS/NUNES DE CARVALHO/JOANA VASCONCELOS/TATIANA GUERRA DE ALMEIDA, *Manual*, cit., pp. 977 e ss.

b) Aplicação no espaço

I. No direito do trabalho, à imagem de outros ramos do direito, também surgem conflitos de aplicação das leis no espaço. Sempre que, relativamente a um determinado contrato de trabalho, esteja em causa a aplicação de dois ou mais ordenamentos jurídicos, poder-se-á estar perante um problema de conflito de leis laborais no espaço, devendo atender-se às regras de direito internacional privado. As hipóteses em que uma relação laboral se encontra plurilocalizada, em contacto com várias ordens jurídicas, são múltiplas[517].

II. Em direito do trabalho, as situações de conflito entre ordenamentos jurídicos poderão surgir, essencialmente, em cinco casos.

Primeiro, quando uma empresa portuguesa (por exemplo, um empreiteiro) contrata um cidadão português, mediante um contrato de trabalho celebrado em Portugal, para executar um trabalho no estrangeiro. Tem sido frequente que empreiteiros nacionais, aos quais foram adjudicadas obras

[517] Quanto à crescente internacionalização das relações laborais, *vd.* MOURA RAMOS, *Da Lei Aplicável ao Contrato de Trabalho Internacional*, Coimbra, 1990, pp. 1 ss. e «O Contrato Individual de Trabalho em Direito Internacional Privado», *Juris et de Jure Nos Vinte Anos da Faculdade de Direito da Universidade Católica Portuguesa, Porto*, Porto, 1998, pp. 41 ss. Essa internacionalização permite *inclusive* que uma convenção coletiva se aplique a relações plurilocalizadas, cf. RODIERE, *La Convention Collective de Travail en Droit International*, Paris, 1987. Relativamente ao direito internacional privado do trabalho, de entre autores estrangeiros, pode ver-se ALONSO OLEA/CASAS BAAMONDE, *Derecho del Trabajo*, cit., pp. 922 ss.

no Iraque, na Líbia[518], na Arábia Saudita[519], etc., ou, mais recentemente, em Angola e Moçambique, contratem trabalhadores portugueses, em Portugal, para a execução das obras a realizar no estrangeiro.

Segundo, na hipótese de uma empresa estrangeira contratar, no estrangeiro, um português, para trabalhar em Portugal. Por exemplo, técnicos portugueses que fizeram estágios de especialização no estrangeiro são, muitas das vezes, contactados pelas empresas onde estagiaram para ficarem a trabalhar, nas respetivas sucursais, em Portugal.

Terceiro, quando uma empresa estrangeira celebra um contrato de trabalho com um português, em Portugal. Frequentemente, sociedades estrangeiras, com sucursais instaladas em Portugal, celebram contratos de trabalho com portugueses, e, por vezes, esses contratos seguem os modelos legais dos ordenamentos jurídicos do país da sede de tais sociedades.

Quarto, tratando-se de trabalhadores estrangeiros, imigrados para Portugal, essencialmente provenientes das antigas colónias, que são contratados por empresas portuguesas, em particular no sector da construção civil, bem como outros estrangeiros contratados com funções técnicas especializadas[520].

Quinto, relações laborais com missões diplomáticas e consulares estrangeiras em Portugal[521] ou portuguesas no estrangeiro[522]. Com respeito às missões diplomáticas e consulares, não obstante as regras de direito internacio-

---

[518] Ac. Rel. Lx. de 28/10/1988, CJ XIII (1988), T. IV, p. 166.

[519] Ac. STJ de 7/6/1983, BMJ 328, p. 447; Ac. Rel. Lx. de 18/11/1987, BMJ 371, p. 534.

[520] Ac. Rel. Pt. de 25/11/1991, CJ XVI (1991), T. V, p. 232.

[521] Ac. Rel. Lx. de 9/12/1998, CJ XXIII, T. V, p. 168; Ac. Rel. Lx. de 7/3/2001, CJ XXVI, T. II, p. 142.

[522] Os tribunais portugueses têm-se visto, frequentemente, confrontados com situações jurídicas laborais de trabalhadores portugueses e estrangeiros contratados por missões diplomáticas portuguesas no estrangeiro, às quais mandam aplicar a lei local, cf. Ac. Rel. Lx. de 19/6/1991, CJ XVI (1991), T. III, p. 220; Ac. Rel. Lx. de 3/6/1992, CJ XVII (1992), T. III, p. 271; Ac. Rel. Év. de 16/2/1993, CJ XVIII (1993), T. I, p. 293; Ac. Rel. Lx. de 10/3/1993, CJ XVIII (1993), T. II, p. 155; Ac. STJ de 19/3/1992, BMJ 415, p. 412; Ac. STJ de 12/1/1994, CJ (STJ) II (1994), T. I, p. 274; Ac. STJ de 26/10/1994, QL, III (1996), n.º 8, p. 158.
Todavia, no Ac. Rel. Lx. de 10/1/1996, CJ XXI (1996), T. I, p. 160, não obstante o contrato ter sido celebrado em Belgrado, onde o trabalhador residia, para desempenhar funções na Embaixada Portuguesa e de o tribunal ter considerado que a lei aplicável era a jugoslava, recorreu à lei portuguesa em matéria de despedimento, cujas regras considerou serem de aplicação necessária e imediata, atenta a proteção do emprego estabelecida no art. 53.º da CRP. Em sentido idêntico, estando todavia em causa a lei americana do Estado de Nova Iorque, cf. Ac. Rel. Lx. de 10/3/1993, CJ XVIII (1993), T. II, p. 155.

nal, designadamente as constantes da Convenção de Viena sobre Relações Diplomáticas (art. 37.º) e da Convenção de Viena sobre Relações Consulares (arts. 40.º e ss.), podem suscitar-se conflitos de aplicação de normas laborais de diferentes ordenamentos jurídicos[523].

Existem outras situações[524], mas estas são aquelas em que, com maior frequência, surgem conflitos de jurisdições a nível de contratos de trabalho, por estes se encontrarem plurilocalizados. Nestes cinco exemplos estão, pelo menos, em causa ordens jurídicas de dois Estados, que pretendem ou, melhor, estão em condições de se aplicar à mesma situação jurídica laboral.

III. Perante situações em que há um tendencial conflito de aplicação de diferentes ordens jurídicas em relação ao mesmo contrato de trabalho, para resolver a questão, importa, em primeiro lugar, verificar se há convenções internacionais que apresentem uma solução. Por via de regra, não interessam as convenções internacionais que estabelecem princípios básicos, mesmo no campo do direito do trabalho, como a Declaração Universal de Direitos do Homem ou o Pacto Internacional sobre Direitos Económicos, Sociais e Culturais. Justifica-se tão-só indagar acerca da existência de convenções específicas de onde constem soluções concretas para casos de conflito entre ordens jurídicas em matéria laboral.

Neste âmbito destacam-se, em especial, as seguintes convenções internacionais.

A convenção n.º 19 da OIT, de 1925, aprovada para ratificação pelo Decreto n.º 16 588, de 12 de março de 1929, que regula a igualdade de tratamento entre trabalhadores estrangeiros e nacionais, essencialmente na reparação de acidentes de trabalho. Aplica-se, sobretudo, às situações referidas no quarto exemplo; ou seja, no caso de um trabalhador estrangeiro, contratado por uma empresa nacional, ter um acidente de trabalho, para efeitos indemnizatórios, é equiparado ao trabalhador nacional.

A convenção n.º 143 da OIT, de 1975, aprovada para ratificação, pela Lei n.º 52/78, de 25 de junho, que pretende resolver o problema das migrações em condições abusivas, procurando estabelecer uma promoção da igualdade

[523] Relativamente ao pessoal que presta serviços externos na rede diplomática e consular que o Estado Português, através do Ministério dos Negócios Estrangeiros, dispõe em diversos países, que são cerca de 1800 trabalhadores das mais diversas nacionalidades, há que atender ao respetivo estatuto, aprovado pelo Decreto-Lei n.º 47/2013, de 5 de abril.

[524] Por exemplo, contratos de trabalho de cooperantes portugueses nos países africanos de língua oficial portuguesa, cf. Ac. STJ de 19/10/1994, CJ (STJ) II (1994), T. III, p. 275.

de oportunidades e de tratamento entre os trabalhadores nacionais e imigrantes. Enquanto na primeira convenção referida estavam só em causa os acidentes de trabalho, nesta, a igualdade é mais vasta.

A convenção n.º 157 da OIT, de 1982, ainda não ratificada por Portugal, visa promover a igualdade, a nível da segurança social, entre os trabalhadores imigrantes e os nacionais.

Por último, a Convenção Europeia Relativa ao Estatuto Jurídico do Trabalhador Migrante, elaborada no âmbito do Conselho da Europa, a 24 de novembro de 1977, aprovada para ratificação pela Lei n.º 162/78, de 27 de dezembro, tem também em vista a igualdade entre os trabalhadores nacionais e estrangeiros.

IV. Num outro plano, dever-se-á atender à Convenção de Roma de 1980, mais propriamente, Convenção sobre a Lei Aplicável às Obrigações Contratuais, assinada em Roma a 19 de junho de 1980[525], que rege os contratos celebrados até dezembro de 2009[526]. Nos termos do art. 6.º, n.º 1, desta convenção, o contrato de trabalho rege-se, em princípio, pela lei escolhida pelas partes, pois aplicam-se-lhe as regras estabelecidas para os demais negócios jurídicos, regras essas que constam do art. 3.º da convenção. Nos termos deste último preceito, vigora o princípio da autonomia privada na escolha da lei aplicável[527].

Mas, tal como dispõe o art. 6.º, n.º 1, da Convenção de Roma, não é válida a escolha de uma lei aplicável se a opção feita pelas partes vier a afastar normas imperativas do ordenamento jurídico determinado pelas regras de conflitos, que têm em vista tutelar o trabalhador. Neste caso, encontram-se, designadamente, as disposições que, quanto à ordem jurídica portuguesa, regulam

[525] À qual Portugal aderiu, tendo sido aprovada para ratificação a convenção de adesão pela Resolução da Assembleia da República n.º 3/94 e ratificada pelo Decreto do Presidente da República n.º 1/94, publicados no *DR* I Série-A de 3/2/1994, tendo entrada em vigor na ordem jurídica portuguesa a 1 de setembro de 1994 (aviso n.º 240/94, de 19 de setembro).

[526] Para os contratos celebrados a partir de 17 de dezembro de 2009 rege o Regulamento CE n.º 593/2008, do Parlamento Europeu e do Conselho, de 17 de junho de 2008, sobre a lei aplicável às obrigações contratuais, designado «Roma I». Como resulta do artigo 28.º, o Regulamento Roma I aplica-se unicamente aos contratos celebrados depois de 17 de dezembro de 2009, visando, então, substituir a Convenção de Roma sobre a Lei Aplicável às Obrigações Contratuais, de 1980.

[527] No art. 3.º, n.º 1, da Convenção de Roma lê-se: «O contrato rege-se pela lei escolhida pelas partes».

a cessação do contrato de trabalho[528]/[529], e as que prescrevem a responsabilidade do empregador em caso de acidente de trabalho[530]. Mas nem todas as normas de direito do trabalho são imperativas e, ainda que injuntivas, pode o regime laboral português ser preterido mediante opção das partes por um outro ordenamento, exceto com respeito a princípios fundamentais, onde

[528] A jurisprudência portuguesa tem obstado à aplicação das normas de ordenamentos jurídicos estrangeiros em matéria de despedimento, alegando que as regras sobre cessação do contrato de trabalho, em particular no que respeita ao despedimento, são de aplicação necessária e imediata, atendendo à proteção constitucional que lhe foi conferida (art. 53.º da CRP). Cf., apesar de nem sempre, de todos os arestos, constar a mesma justificação, Ac. Rel. Lx. de 18/11/1987, BMJ 371, p. 534; Ac. Rel. Pt. de 25/11/1991, CJ XVI (1991), T. V, p. 232; Ac. Rel. Lx. de 10/1/1996, CJ XXI (1996), T. I, p. 160; Ac. Rel. Lx. de 5/7/2000, CJ XXV, T. IV, p. 159. A solução é explicada por MARQUES DOS SANTOS, *As Normas de Aplicação Imediata no Direito Internacional Privado*, Vol. II, Coimbra, 1991, p. 833, nota 2681 e p. 851, nota 2718, atendendo ao recurso, no foro, a normas de aplicação imediata.
Sobre esta questão, explanando o sentido do art. 6.º, n.º 1, da Convenção de Roma e com entendimento idêntico ao da jurisprudência, cf. MOURA RAMOS, *Da Lei Aplicável*, cit., pp. 807 ss. e 798 s., respetivamente. Quanto à explicação do sentido e razão de ser do art. 6.º, n.º 1, da Convenção de Roma, relacionando a solução com a proteção do contraente débil, cf. MARIA MARGHERITA SALVATORI, «La Protezione del Contraente Debole (Consumatori e Lavoratori) nella Convenzione di Roma», *in La Convenzione di Roma sul Diritto Applicabile ai Contratti Internazionali*, organizado por SACERDOTI/FRIGO, 2.ª ed., Milão, 1994, pp. 121 ss., em especial, pp. 140 ss.; também em explicação do preceito, vejam-se os comentários de GIULIANO e LAGARDE na mesma obra coletiva, pp. 294 ss. Igualmente no sentido de justificar a limitação, tendo em vista evitar a opressão da parte mais fraca, JOÃO REIS, «Lei Aplicável ao Contrato de Trabalho segundo a Convenção de Roma», *QL* II (1995), n.º 4, p. 45.

[529] JOÃO REIS, «Contrato de Trabalho Plurilocalizado e Ordem Pública Internacional», *QL* III (1996), n.º 8, pp. 166 ss., critica a solução constante do Ac. STJ de 26/10/1994, *BMJ* 440, p. 253 e QL III (1996), n.º 8, p. 159, que considerou aplicável a lei americana ao despedimento de um trabalhador do Consulado Português de Rhode Island, atendendo a que a proibição de despedimento sem justa causa corresponde a uma regra de ordem pública internacional do Estado Português (pp. 175 ss., em especial pp. 178 ss.).
Sobre as normas de aplicação imediata, cf. MARQUES DOS SANTOS, *As Normas de Aplicação Imediata no Direito Internacional Privado*, Vols. I e II, Coimbra, 1991, pp. 607 ss. e 834 ss., que alude, em particular às normas espacialmente autolimitadas (pp. 897 ss.) e, com recurso a exemplos de jurisprudência estrangeira, indica regras de aplicação imediata no direito do trabalho, por exemplo, férias pagas (p. 7, nota 14).

[530] Quanto à escolha da lei em caso de relação laboral plurilocalizada, ocorrendo um acidente de trabalho sem qualquer conexão com a lei e os tribunais portugueses, cf. MARQUES DOS SANTOS, *As Normas de Aplicação Imediata*, Vol. II, cit., pp. 857 ss.

existirão normas de aplicação imediata[531], a que também alude o art. 7.º da Convenção de Roma.

Para o caso de as partes não escolherem a lei aplicável, rege o art. 6.º, n.º 2, da Convenção de Roma. Nos termos deste preceito, vale a lei do local de execução do trabalho (alínea *a)*); aplicar-se-á a lei do Estado onde a atividade tiver sido primordialmente desenvolvida. Mas, na eventualidade de o trabalho ser executado em vários Estados, estabelece o mesmo preceito que prevalece a lei do país onde esteja situado o estabelecimento do empregador para o qual o trabalhador foi contratado (alínea *b)*). As duas regras precedentes não se aplicam sempre que exista uma lei que apresente mais afinidades com aquele contrato de trabalho; em função das circunstâncias pode detetar-se a existência de uma conexão mais estreita com a lei de um outro país, que será nesse caso aplicável (art. 6.º, n.º 2, *in fine*, da Convenção de Roma)[532]. A conexão mais estreita poderá advir, nomeadamente, do facto de o trabalhador, transferido para uma sucursal noutro país, continuar a receber ordens e o pagamento do salário na sede.

Tendo em conta a parte final da alínea *a)* do n.º 2 do art. 6.º da Convenção de Roma, cabe fazer uma referência ao designado destacamento de trabalhadores[533]. Nesta alínea alude-se ao destacamento temporário do trabalhador para outro país; terminologia usada em direito administrativo, mas não em direito do trabalho, onde o chamado destacamento do trabalhador pode

[531] Diferentemente, no Ac. Rel. Lx. de 24/11/1980, CJ V, T. V, p. 56, considerou-se que toda a legislação laboral, pela sua injuntividade, integra-se na ordem pública. Diversa foi a solução preconizada no Ac. Rel. Lx. de 26/10/1988, CJ XIII, T. IV, p. 166, onde prevaleceu a autonomia privada. Sobre esta questão *vd.* MARQUES DOS SANTOS, *As Normas de Aplicação Imediata*, Vol. II, cit., pp. 913 ss.

[532] Trata-se, como refere SALVATORI, «La Protezione...», cit., p. 145, de um critério com carácter elástico, que tem um papel central na determinação, em concreto, da lei aplicável e que depende da interpretação a fazer quanto à conexão mais estreita. Segundo a mesma autora (ob. cit., pp. 145 s.), é uma cláusula excecional com função corretiva, que não pretende necessariamente assegurar a aplicação da lei mais favorável ao trabalhador. JOÃO REIS, «Lei Aplicável...», cit., p. 46, refere igualmente que a convenção não recebeu o princípio do tratamento mais favorável.

[533] Sobre a figura, consulte-se PALMA BORGES, *O Destacamento em Direito do Trabalho: Regime, Conceito, Modalidades e Figuras Afins*, Relatório de Mestrado, Lisboa, 2000, com várias referências ao destacamento, em particular relacionadas com aspetos de segurança social (pp. 37 ss.); JÚLIO GOMES, *Direito do Trabalho*, I, cit., pp. 61 e ss.; e DÁRIO MOURA VICENTE, «Destacamento Internacional de Trabalhadores», *Estudos em Homenagem ao Professor Doutor Raúl Ventura*, Vol. II, Lisboa, 2003, pp. 789 e ss. Veja-se ainda BONATERI, *Trasferimento del Lavoratore Subordinato Privato*, Milão, 1992, pp. 147 ss.

corresponder, pelo menos, à execução do contrato de trabalho, à mudança do local de trabalho e à cedência ocasional. Encontra-se, porém, implícito no texto da mencionada alínea que se teve em conta situações em que o trabalhador, independentemente do fundamento – execução do contrato de trabalho, cedência ocasional de trabalhadores, etc. –, desenvolve a sua atividade, temporariamente, noutro Estado diferente daquele onde trabalha. Como nesses casos, por via do disposto no art. 6.º, n.º 2, alínea *a), in fine*, da Convenção de Roma, se aplicaria a lei do Estado onde o trabalhador normalmente labora, estava criada uma via para se recorrer ao *dumping social*; situação que ocorreu, em particular, com empresas de construção civil de países do sul da Europa que concorriam para a adjudicação de obras em Estados da Europa do norte com preços competitivos atendendo ao facto de recorrerem a mão-de-obra mais barata, pois tratava-se de trabalhadores destacados, a que se aplicava, nomeadamente quanto ao salário, a lei do país de origem. Para obviar a esta situação surge a Diretiva do Parlamento Europeu e do Conselho n.º 96/71/CE, de 16 de dezembro, transposta para a ordem jurídica portuguesa, primeiro, pela Lei n.º 9/2000, de 15 de junho e, depois, pelos arts. 6.º, 7.º e 8.º do CT, onde se estabelece que aos trabalhadores, independentemente da nacionalidade, destacados para prestar trabalho em território de um país da União – no caso, Portugal –, por uma empresa estabelecida noutro Estado, se aplicam as condições de trabalho vigentes no local para onde o trabalhador é destacado, nomeadamente quanto ao período de trabalho, férias, retribuição mínima, assim como segurança, higiene e saúde no trabalho (art. 7.º do CT)[534].

O Regulamento Roma I (Regulamento CE n.º 593/2008, do Parlamento Europeu e do Conselho, de 17 de junho de 2008, sobre a lei aplicável às obrigações contratuais), para os contratos celebrados a partir de 17 de dezembro de 2009 prescreve um regime similar ao da Convenção de Roma, como decorre do art. 8.º do Regulamento Roma I, muito idêntico ao art. 6.º da Convenção de Roma[535]. Razão pela qual se percebe mal que, em sede de

---

[534] Para maiores desenvolvimentos, veja-se DÁRIO MOURA VICENTE, «Destacamento Internacional de Trabalhadores», cit., pp. 789 e ss.

[535] Sobre o regulamento Roma I, veja-se LIMA PINHEIRO, «O Novo Regulamento Comunitário sobre a Lei Aplicável às Obrigações Contratuais (Roma I). Uma Introdução», *ROA* Ano 68 (2008), II/III, pp. 575 e ss. Quanto ao contrato de trabalho, veja-se ANABELA GONÇALVES, «O contrato de trabalho internacional no Regulamento n.º 593/2008 (Roma I)», *Para Jorge Leite. Escritos Jurídico-Laborais*, I, Coimbra, 2014, pp. 367 ss.

aplicação do direito do trabalho, tenha sido revogado – na original fórmula de revogação condicional – o art. 6.º do CT2003[536].

O Regulamento Roma I, embora unifique o direito de conflitos em matéria contratual dos Estados-Membros a ele vinculados, não exclui a aplicação de outras fontes nacionais.

V. O Código Civil estabelece igualmente regras quanto a esta matéria, mas difere do esquema instituído na Convenção de Roma e no Regulamento Roma I.

No Código Civil, importa cotejar o art. 41.º do CC, para o caso de as partes terem escolhido a lei aplicável, com o critério supletivo do art. 42.º do CC, na hipótese de omissão dos outorgantes. O art. 41.º do CC permite que as partes escolham a lei aplicável, regra que coincide, de certa forma, com a da Convenção de Roma (art. 6.º, n.º 1) e do Regulamento Roma I (art. 8.º). Do art. 41.º, n.º 1, do CC consta o princípio da liberdade contratual, admitindo-se que as partes, ao celebrarem um contrato, escolham a lei aplicável. No entanto, o art. 41.º, n.º 2, do CC vem acrescentar que essa escolha tem de corresponder a um interesse sério dos declarantes ou que exista uma conexão entre a lei escolhida e aquele contrato de trabalho.

O princípio é idêntico ao da Convenção de Roma: prevalece a autonomia privada, embora as restrições sejam diferentes[537]. Para além disto, do Código Civil não consta nenhuma norma relativa ao contrato de trabalho, como o art. 6.º da Convenção de Roma[538]. A este propósito, refira-se que, nem o Código Civil, nem a Convenção de Roma, nem o Regulamento Roma I, aludem à possibilidade de escolha de convenção coletiva aplicável; parece que nada obsta à escolha das regras de um determinado instrumento, mas não valendo

---

[536] No artigo 12.º, n.º 2, da Lei n.º 7/2009 dispões que o art. 6.º do CT2003 «é revogado na medida em que seja aplicável o Regulamento CE/593/2008, do Parlamento Europeu e do Conselho, de 17 de junho, sobre a lei aplicável às obrigações contratuais (Roma I)».

[537] MOURA RAMOS, *Da Lei Aplicável*, cit., p. 798, aludindo a jurisprudência portuguesa que nem admitia a autonomia privada na escolha da lei aplicável ao contrato de trabalho, refere-se ao *lexforismo*. Saliente-se que este autor (ob. cit., pp. 793 ss.) preconiza a validade da autonomia privada na escolha da lei aplicável ao contrato de trabalho, estabelecendo, todavia, limites quanto à perversão de tal escolha.

[538] MOURA RAMOS, *Da Lei Aplicável*, cit., pp. 70 s., salienta o facto de o legislador português ter submetido o contrato de trabalho ao regime comum dos contratos, não estabelecendo norma especial para este negócio jurídico, como é regra em legislações recentes, até porque a proteção da parte mais fraca – em que se inclui o trabalhador – tem sido tendência comum (cf. autor e ob. cit., pp. 721 ss. e 767 ss.).

nos termos do Código do Trabalho, a opção das partes só pode valer como disposição contratual, não tendo, portanto, o valor de fonte coletiva[539].

Nos termos do art. 42.º, n.º 1, do CC, se nada for clausulado, como critério supletivo, recorre-se à residência habitual comum das partes. Na omissão das partes quanto à escolha da lei aplicável, teria de se saber qual a residência habitual do empregador e do trabalhador; não havendo residência habitual comum, prevaleceria a lei do local da celebração do contrato de trabalho (art. 42.º, n.º 2, do CC).

VI. Seguindo o esquema da Convenção de Roma e da Diretiva 96/71/CE, de 16 de dezembro, importa atender ao disposto no art. 6.º do CT2003 (ainda em vigor), bem como nos arts. 6.º e 7.º do CT. A este regime cabe acrescentar a regra constante do art. 8.º do CT.

No Código do Trabalho (art. 6.º do CT2003 [ainda em vigor]), tal como na Convenção de Roma e no Regulamento Roma I, assenta-se no princípio da liberdade de as partes escolherem a lei aplicável ao contrato de trabalho. Na falta de escolha pelas partes, nos n.os 2 a 6 indicam-se os critérios que permitem determinar qual a lei aplicável, em termos idênticos aos constantes do n.º 2 do art. 6.º da Convenção de Roma e do Regulamento Roma I (art. 8.º). Refira-se, ainda, que, tal como prescreve o n.º 1 do citado artigo da Convenção de Roma, no n.º 7 do preceito em análise não se permite que a escolha de lei efetuada pelas partes tenha como consequência privar o trabalhador da proteção fixada de modo imperativo no Código do Trabalho se a lei portuguesa for aquela que apresenta maior conexão com a situação jurídica laboral em causa; assim sendo, caso a lei portuguesa apresente maior conexão com o contrato de trabalho nos termos prescritos nos n.os 2 e seguintes, não podem as partes escolher uma lei estrangeira que prive o trabalhador da proteção imperativamente fixada no Código do Trabalho.

Apesar de o artigo ter tido por fonte a Convenção de Roma, a sua aplicação não se encontra circunscrita ao âmbito comunitário, mesmo na aceção ampla resultante do art. 2.º da Convenção. Cabe esclarecer que, não obstante a diferente redação (mais simples), no preceito em análise estabelece-se o mesmo regime resultante dos arts. 3.º, 6.º e 7.º da Convenção de Roma, tendo, por isso, predominantemente uma função informativa[540].

---

[539] Sobre esta questão, veja-se PEDRO MAIA, «Conflitos Internacionais de Convenções Colectivas», *Boletim da Faculdade de Direito de Coimbra* LXVIII (1992), pp. 181 ss.

[540] Veja-se, contudo, MENEZES LEITÃO, *Código do Trabalho Anotado*, 2.ª edição, Coimbra, 2004, anotação 3 ao art. 6.º, p. 26, e DÁRIO MOURA VICENTE, «O Direito Internacional Privado no

Do disposto no art. 6.º do CT2003 não poderá resultar qualquer violação da regra do primado do direito internacional, pois, não obstante o art. 20.º da Convenção de Roma, este tratado internacional prevalece sobre as normas de conflitos dos sistemas internos de cada Estado.

VII. No art. 6.º do CT2009 começa por se definir destacamento de trabalhadores, pressupondo que «o trabalhador, contratado por um empregador estabelecido noutro Estado e enquanto durar o contrato de trabalho, preste a sua atividade em território português num estabelecimento do empregador ou em execução de contrato celebrado entre o empregador e o beneficiário da atividade, ainda que em regime de trabalho temporário», determinando que «as normas deste Código são aplicáveis, com as limitações decorrentes do artigo seguinte, ao destacamento de trabalhadores para prestar trabalho em território português (...)».

Na sequência da diretriz comunitária, no art. 6.º do CT2009 delimita-se o âmbito do destacamento, relacionando com várias formas de executar um contrato de trabalho noutro Estado. Importa, porém, fazer dois esclarecimentos. Não obstante se proceder à transposição da mencionada Diretiva, o destacamento no artigo em análise não está circunscrito a relações laborais celebradas e executadas em países comunitários, pois o regime aplicar-se-á, mesmo, no caso de o outro Estado não se encontrar integrado na União Europeia. Tal como na diretriz comunitária, neste preceito só se atende a uma perspetiva unilateral do destacamento: trata-se de trabalhadores que vêm (destacados) prestar a sua atividade em território português. A situação inversa, em que o trabalhador (português) é destacado para prestar a sua atividade noutro Estado, não se encontra prevista na Diretiva, constituindo uma novidade inserida no Código do Trabalho (art. 8.º).

O destacamento pressupõe a execução de um contrato de trabalho, mas a prestação de trabalho em território português não depende da existência de uma relação laboral com o beneficiário da atividade, verificando-se em qualquer das seguintes duas situações: 1) a atividade prestada num estabelecimento do empregador situado em território português; 2) a atividade prestada no estabelecimento de um terceiro, situado em território português, em execução de contrato celebrado com o empregador (*v. g.*, empregador estrangeiro que se obriga, com os seus trabalhadores, a executar uma

---

Código do Trabalho», *Estudos do Instituto de Direito do Trabalho*, Volume IV, Coimbra, 2004, pp. 17 e ss., autor que, a p. 21, considera não haver contradição entre as regras do Código do Trabalho e as da Convenção de Roma.

atividade em benefício de terceiro em Portugal). Esta última hipótese ocorre na execução de uma multiplicidade de contratos, podendo inclusive tratar-se de um contrato de trabalho temporário (p. ex., empresa de trabalho temporário contrata trabalhadores noutro Estado para prestarem a sua atividade junto de uma empresa beneficiária situada em Portugal).

Pretende-se que o trabalhador destacado não seja prejudicado nem que a respetiva utilização constitua um meio de distorcer a sã concorrência entre empresas, pelo que, em princípio, o destacamento não prejudica a aplicação das regras do Código do Trabalho. É necessário, todavia, atender a dois aspetos: em primeiro lugar, vigora o princípio de liberdade de escolha da lei aplicável, que pode não ser a portuguesa; por outro, independentemente da esclha das partes, a conexão mais estreita não corresponde necessariamente à lei do local de execução da atividade (Portugal), justificando a aplicação de outra ordem jurídica. Estes dois aspetos, associados com as explicações indicadas no início do parágrafo, justificam não só o regime constante do artigo seguinte, como a possibilidade de se estabelecerem outras exceções em legislação especial.

Além da sã concorrência entre empresas (particularmente no mercado comunitário), pretende-se que o destacamento não constitua o meio de diferenciar os trabalhadores e, principalmente, de sonegar aos destacados direitos que são imperativamente atribuídos aos trabalhadores a cuja relação laboral se aplica a lei portuguesa.

Assim sendo, nas alíneas do art. 7.º do CT indicam-se certos direitos dos trabalhadores que, tendo em conta a sua relevância, têm de ser respeitados mesmo em relação a trabalhadores que prestam a sua atividade em Portugal sem se lhes aplicar a legislação nacional. Correspondem a situações que a doutrina designa por normas de aplicação (necessária e) imediata[541].

Do elenco das situações (similares às constantes da Diretiva citada) depreende-se que a opção assenta em dois motivos: de ordem económica; de índole pessoal, ainda que, nalguns casos, exista conexão entre eles. Assim, por exemplo, a duração máxima do tempo de trabalho, a existência de férias retribuídas, o pagamento de uma retribuição mínima e de trabalho suplementar, não obstante constituírem importantes direitos dos trabalhadores, visam especialmente equilibrar a concorrência em espaços económicos distintos. Já a segurança no emprego (novidade relativamente à Diretiva), assim como a proteção da maternidade e do trabalho de menores, ainda que

[541] Cf. Marques dos Santos, *As Normas de Aplicação Imediata no Direito Internacional Privado. Esboço de uma Teoria Geral*, Volume II, cit., pp. 697 ss. e pp. 815 ss.

também possam ter subjacente um motivo económico relacionado com a concorrência no espaço europeu, têm particularmente em vista a proteção do trabalhador.

A Diretiva n.º 96/71/CE e, na sua sequência, a Lei n.º 9/2000 atendem só à perspetiva dos Estados da União Europeia «importadores» de mão-de-obra. De facto, tendo-se procedido a uma regulamentação unilateral do destacamento, só se prevê a situação de trabalhadores destacados para prestar a sua atividade em Portugal.

Importava, por isso, prever igualmente a situação, com particular relevância para os trabalhadores portugueses, em que o destacamento se verifica para outros Estados. Esta hipótese corresponde a uma situação assaz frequente de trabalhadores portugueses, contratados por empregador estabelecido em Portugal, que são destacados para prestar a sua atividade noutro Estado, principalmente em execução de contrato celebrado entre o empregador (português) e o beneficiário da atividade (estrangeiro).

Assim, prevê-se no art. 8.º do CT a situação inversa à regulada no art. 6.º do mesmo diploma; garantindo-se ao trabalhador (normalmente português) destacado para prestar a sua atividade noutro Estado, caso não se aplique o Direito nacional, o recurso a regras de proteção mínimas, indicadas no art. 7.º do CT; no fundo, é-lhe garantida a proteção decorrente de normas de aplicação necessária e imediata.

Ao trabalhador (por via de regra português) que for destacado para prestar trabalho noutro Estado devem-lhe ser prestadas as informações constantes do art. 108.º do CT.

A Diretiva 2014/67/UE do Parlamento Europeu e do Conselho, de 15 de maio de 2014 , respeitante à execução da Diretiva 96/71/CE relativa ao destacamento de trabalhadores no âmbito de uma prestação de serviços, foi transposta para a ordem jurídica nacional pela Lei n.º 29/2017, de 30 de maio, que veio prever mecanismos de cooperação administrativa entre Portugal e outros Estados Membros e de controlo e fiscalização do cumprimento das disposições aplicáveis aos trabalhadores destacados.

VIII. Em sede de acidentes de trabalho, vigora um princípio de igualdade entre trabalhadores portugueses e estrangeiros (art. 5.º da LAT e art. 283.º do CT), admitindo-se, porém, que os trabalhadores estrangeiros possam não beneficiar do regime português de acidentes de trabalho se for possível aplicar a legislação do Estado de origem neste domínio (art. 5.º, n.º 3, da LAT).

Diferentemente do que se estabeleceu em 1965 na Lei dos Acidentes de Trabalho (base IV), a LAT de 1997 e, nesta sequência, a LAT de 2009 não retira o direito à indemnização aos trabalhadores estrangeiros que beneficiem de um regime protetor do Estado de origem, pois estabeleceu-se que o trabalhador estrangeiro pode optar por qualquer dos regimes (art. 6.º da LAT)[542].

IX. Não obstante estes princípios, a tendência para a maximização na aplicação da *lex fori* (lei do local onde é dirimido o conflito), leva a que os tribunais de trabalho, por vezes, apliquem a lei do foro e não aquela que se determinaria pelas regras de conflitos[543]. Quando uma determinada questão laboral é suscitada perante um tribunal de trabalho português, a regra de conflitos pode determinar, como lei aplicável, a de outro Estado, mas o juiz português que, em princípio, não terá conhecimentos suficientes para aplicar qualquer lei laboral estrangeira[544], atendendo a critérios corretivos[545], pode considerar aplicável a lei portuguesa[546]; até porque os tribunais do trabalho portugueses, nos termos do art. 10.º do CPT – de modo imperativo (cf. art. 11.º do CPT) –, para além das regras gerais de competência internacional[547], podem conhecer de litígios em que esteja em causa um trabalhador domiciliado em Portugal ou cujo contrato de trabalho tenha sido, ainda que parcialmente, executado em território nacional[548].

---

[542] Sobre a questão, veja-se Lima Pinheiro, *Direito Internacional Privado. Parte Especial (Direito de Conflitos)*, 3.ª ed., Coimbra, 2009, pp. 311 s.

[543] Quanto à tendência para a maximização da lei do foro, cf. Marques dos Santos, *As Normas de Aplicação Imediata*, cit., Volume I, pp. 41 ss.

[544] No Ac. Rel. Lx. de 10/1/1996, CJ XXI (1996), T. I, p. 160, os juízes, relativamente à ordem jurídica jugoslava, eventualmente aplicável ao caso *sub iudice*, afirmaram que não a conheciam na íntegra (p. 161), o que é perfeitamente razoável.

[545] Cf. a situação referida por Salvatori, «La Protezione...», cit., p. 145. Sobre as cláusulas de exceção, cf. Marques dos Santos, *As Normas de Aplicação Imediata*, cit., Vol. I, p. 475.

[546] Cf. Ac. STJ de 7/6/1983, *BMJ* 328, p. 447; Ac. Rel. Lx. 10/1/1996, CJ XXI (1996), T. I, p. 160. Sobre esta questão, *vd.* também Menezes Cordeiro, *Direito do Trabalho*, I, cit., p. 378.

[547] As regras gerais de competência internacional constam dos arts. 62.º e 63.º do CPC; contudo, já na nova versão do art. 65.º-A do anterior CPC deixara de constar a antiga alínea c), em que se atribuía competência exclusiva aos tribunais portugueses para ações referentes a relações de trabalho. Sobre esta questão, veja-se o disposto no art. 3.º da Convenção de Bruxelas e o comentário de Teixeira de Sousa/Moura Vicente, *Comentário à Convenção de Bruxelas*, Lisboa, 1994, p. 81.

[548] Ac. Rel. Lx. de 11/10/1995, CJ XX (1995), T. IV, p. 161. Sobre esta questão, *vd.* Moura Ramos, *Da Lei Aplicável*, cit., pp. 777 ss.

No direito do trabalho, o problema da maximização da *lex fori* tem uma importância acrescida, visto que, por um lado, o postulado da proteção do trabalhador dificulta a aplicação de normas estrangeiras[549] e, por outro, as diversidades de regulamentação, a nível laboral, são mais acentuadas entre os Estados, mesmo de uma família jurídica comum. Além disso, é igualmente de referir o melindre na condenação de Estados estrangeiros na qualidade de empregadores, podendo-se invocar a respetiva imunidade de jurisdição[550].

Na ordem jurídica laboral, a maximização da *lex fori*, nalgumas hipóteses, é realçada pelo princípio da *lex loci executionis*, também chamado *lex loci laboris*[551]. Nos termos deste princípio, deve prevalecer a lei do local onde o trabalho é executado. De certo modo, esta solução encontra-se consagrada no art. 6.º, n.º 2, da Convenção de Roma e no art. 8.º do Regulamento Roma I, assim como no art. 6.º, n.º 3, alínea *a)*, do CT2003 [ainda em vigor].

Mesmo quando as partes, com base na liberdade contratual, estabeleceram como lei aplicável a de um Estado ou quando as regras de conflitos apontam num determinado sentido, a regra do lugar da execução do trabalho pode prevalecer.

O princípio da *lex loci executionis* tem sentido porque, para além de atender primordialmente ao conteúdo do contrato, assenta num pressuposto de igualdade[552]; deste modo, se um estrangeiro trabalhar num determinado país, estará sujeito às leis que vigoram nesse Estado.

Mas pode ocorrer que a *lex loci laboris* seja diversa da *lex fori*, tendo em conta a alargada competência internacional dos tribunais do trabalho por-

---

549 Para além de as normas laborais serem, por vezes, de aplicação necessária às relações executadas no país do foro, pode-se estar perante a chamada aplicação possível de tais normas a relações executadas no estrangeiro, cf. Marques dos Santos, *As Normas de Aplicação Imediata*, Vol. II, cit., p. 732, nota 2398.

550 No Ac. Rel. Lx. de 9/11/1988, CJ XIII, T. V, p. 53, em que uma trabalhadora do Instituto Espanhol demandava o Instituto e o Estado Espanhol, o Tribunal da Relação invocou a imunidade de jurisdição dos Estados. Sobre esta questão, cf. Marques dos Santos, *As Normas de Aplicação Imediata*, Vol. II, cit., p. 809, nota 2612. Veja-se igualmente o Ac. Rel. Lx. de 12/7/1989, CJ XIV, T. IV, p. 178, com o comentário de Moitinho de Almeida (*Código de Processo do Trabalho Anotado*, 5.ª ed., Coimbra, 2001, p. 27) ao art. 11.º do CPT e o Ac. Rel. Lx. de 7/3/2001, CJ XXVI, T. II, p. 142, sobre a imunidade diplomática no caso de uma trabalhadora do serviço doméstico que prestava a sua atividade na residência do embaixador de Israel. Veja-se o Ac. Rel. Lx. de 16/1/2019 (Maria José Costa Pinto), *CJ* 2019 I, p. 360, em que não foi admitida a imunidade de jurisdição relativamente a um trabalhador em que a Embaixada na qual trabalhava não pagou o valor fixado em sentença condenatória.

551 Neste sentido, Salvatori, «La Protezione...», cit., p. 144.

552 Cf. João Reis, «Lei Aplicável...», cit., p. 47.

tugueses (art. 10.º do CPT) e a regra da conexão mais estreita do art. 6.º, parte final Convenção de Roma e art. 6.º, n.º 4, do CT2003. Isto levaria a que o juiz nacional tivesse de aplicar a lei de um outro Estado, o que, particularmente em matéria laboral, nem sempre será fácil que ocorra[553].

Os tribunais de trabalho de cada Estado têm tendência para aplicar o direito nacional, e o princípio da *lex loci executionis* ou a regra da conexão mais estreita serve, muitas das vezes, para reiterar a aplicação da *lex fori*.

Bibliografia:

Dias Coimbra, «O Novo Direito Europeu nos Contratos Internacionais: Imperatividade e Ordem Pública, no Âmbito do Contrato de Trabalho", *RDES*, 1997, n.os 1/3, pp. 23 a 49; Menezes Cordeiro, *Direito do Trabalho*, I, cit., pp. 375 a 389; Maria João Fernandes, «Dois é bom, três é demais? Princípio da

[553] No Ac. STJ de 7/6/1983, *BMJ* 328, p. 447, o tribunal português, perante o qual se dirimia um conflito relativo a uma empresa de construção civil nacional que levou um trabalhador português para executar uma obra na Arábia Saudita, aplicou a lei portuguesa. Com base no princípio da *lex loci executionis*, o tribunal português deveria aplicar a lei na Arábia Saudita, mas afastou a aplicação da *lex loci laboris* e recorreu à *lex fori* (lei portuguesa), atento o disposto no art. 42.º CC. Refira-se, todavia, apesar de esta tomada de posição não ter tido relevância prática, que o tribunal reconheceu a validade da remissão contratual para a lei e usos locais da Arábia Saudita em relação a horário de trabalho, descansos, atividade política e religiosa, etc. (p. 449).
No Ac. STJ de 12/1/1994, CJ (STJ) II (1994), T. I, p. 274, o tribunal aplicou a lei francesa, mas não obstante as alusões ao Direito francês, entendeu a causa real séria do *Code du Travail* nos parâmetros da justa causa do art. 9.º LCCT. Não se questiona a justeza desta similitude, mas pode concluir-se que os tribunais de trabalho portugueses aplicam direito estrangeiro se houver identidade de soluções com o Direito nacional, daí que no Ac. Rel. Lx. de 10/1/1996, CJ XXI (1996), T. I, p. 160, reconhecendo-se que a lei jugoslava era a aplicável, dirimiu-se a questão com base no direito português.
O Ac. STJ de 11/6/1996, CJ (STJ) IV (1996), T. II, p. 266, poderia ser invocado como exceção à ideia enunciada, pois aplica a lei alemã; todavia, este douto acórdão, longo, bem formulado e com pertinentes comparações entre os Direitos português e alemão, limita-se a confirmar a validade do acordo extrajudicial que as partes celebraram na sequência de uma queixa apresentada pela trabalhadora no Tribunal de Trabalho de Dusseldorfe.
No Ac. STJ de 19/10/1994, *BMJ* 440, p. 237 e CJ (STJ) II (1994), T. III, p. 275, assim como no Ac. Rel. Év. de 12/1/1999, CJ, XXIV, T. I, p. 294, atendendo ao acordo das partes, aplicou-se a Lei Geral do Trabalho de Angola, relativamente à qual, pela similitude de sistemas jurídicos, designadamente no que respeita às regras da prescrição – questão em litígio – não levanta grandes dificuldades de aplicação. Neste caso valeria até a «ideia segundo a qual deve presumir-se que a lei estrangeira é semelhante à *lex fori*», Marques dos Santos, *As Normas de Aplicação Imediata*, Vol. I, cit. p. 133, nota 437, citando Simon-Depitre.

conexão mais estreita, princípio da protecção do trabalhador e cláusula de desvio», *Estudos dedicados ao Professor Doutor Bernardo da Gama Lobo Xavier*, II, Lisboa, 2015, pp. 557 ss.; Anabela Gonçalves, «O contrato de trabalho internacional no Regulamento n.º 593/2008 (Roma I)», *Para Jorge Leite. Escritos Jurídico-Laborais*, I, Coimbra, 2014, pp. 367 ss.; Menezes Leitão, *Direito do Trabalho*, cit., pp. 96 ss.; Romano Martinez, anotação aos arts. 4.º e ss. *in* Romano Martinez/ /Luís Miguel Monteiro/Joana Vasconcelos/Madeira de Brito/Guilherme Dray/Gonçalves da Silva, *Código do Trabalho Anotado*, cit., pp. 111 ss.; Rosário Palma Ramalho, *Tratado de Direito do Trabalho*, I, cit., pp. 315 ss.; Moura Ramos, *A Lei Aplicável ao Contrato de Trabalho Internacional*, Coimbra, 1991, «O Contrato Individual de Trabalho em Direito Internacional Privado», *Juris et de Jure Nos Vinte Anos da Faculdade de Direito da Universidade Católica Portuguesa, Porto*, Porto, 1998, pp. 41 a 81 e «A lei aplicável ao contrato individual de trabalho na jurisprudência do Tribunal de Justiça da União Europeia», *Estudos dedicados ao Professor Doutor Bernardo da Gama Lobo Xavier*, II, Lisboa, 2015, pp. 441 ss.; João Reis, «Lei Aplicável ao Contrato de Trabalho segundo a Convenção de Roma», *QL* II (1995), n.º 4, pp. 35 a 49 e «Contrato de Trabalho Plurilocalizado e Ordem Pública Internacional», *QL* III (1996), n.º 8, pp. 166 a 187; Marques dos Santos, *As Normas de Aplicação Imediata no Direito Internacional Privado. Esboço de uma Teoria Geral*, Vols. I e II, Coimbra, 1991 e «Alguns Princípios de Direito Internacional Privado e de Direito Internacional Público do Trabalho», *Estudos do Instituto de Direito do Trabalho*, Vol. III, Coimbra, 2002, pp. 15 a 50; Motta Veiga, *Direito do Trabalho Internacional e Europeu*, Lisboa, 1994, pp. 177 a 181; Dário Moura Vicente, «Destacamento Internacional de Trabalhadores», *Estudos em Homenagem ao Professor Doutor Raúl Ventura*, Volume II, Faculdade de Direito de Lisboa, 2003, pp. 789 e ss. e «O Direito Internacional Privado no Código do Trabalho», *Estudos do Instituto de Direito do Trabalho*, Volume IV, Almedina, Coimbra, 2004, pp. 15 ss.; Bernardo Xavier/Furtado Martins/Nunes de Carvalho/Joana Vasconcelos/Tatiana Guerra de Almeida, *Manual*, cit., pp. 987 e ss.

c) *Hierarquia das fontes*

c.1) *Aspetos gerais*

I. Em direito do trabalho, aos conflitos hierárquicos de fontes tem sido dada uma importância acrescida, comparando com o que sucede nos outros ramos do direito. Esta relevância deve-se, essencialmente, a dois fatores.

Por um lado, a multiplicidade de fontes, na medida em que, para além das fontes comuns aos outros ramos do direito, no direito do trabalho acrescem os instrumentos de regulamentação coletiva de trabalho.

E, por outro, as várias fontes de direito do trabalho têm proveniência diversa; podem ter a sua origem no Estado, no domínio internacional, ou advir da vontade das partes (associações sindicais e associações de empregadores).

Para além destes dois aspetos, ainda há a ter em conta o princípio do tratamento mais favorável ao trabalhador, estabelecido na lei a propósito dos conflitos hierárquicos, nos arts. 3.º e 476.º do CT.

II. Os conflitos hierárquicos resolvem-se mediante uma ordenação formal, tendo em conta a respetiva prevalência das fontes, que se relaciona com as entidades das quais emanam as normas[554].

O direito do trabalho, no que respeita à ordenação hierárquica das fontes, não apresenta qualquer particularidade, devendo recorrer-se às regras gerais de Introdução ao Direito. Todavia, além do elenco próprio de fontes, atendendo ao princípio do *favor laboratoris*, os conflitos de normas em direito do trabalho poderão ter alguma especificidade.

As normas de direito do trabalho estabelecidas a propósito do conflito hierárquico são os citados arts. 3.º e 476.º do CT.

Nestas regras, aludindo ao conflito hierárquico de normas, poder-se-ia entender que se estabeleceu o princípio de ser dada prevalência aos preceitos de modo a favorecer os trabalhadores.

III. O conflito de normas em direito do trabalho é solucionado com recurso à hierarquia estabelecida em moldes idênticos ao dos outros ramos do direito. E, assim, o primeiro lugar é ocupado pelas normas constitucionais, depois as regras de direito internacional geral e convencional[555], em terceiro lugar as normas emanadas de órgãos estaduais, na sua ordem normal (leis da Assembleia da República e decretos-leis do Governo, decretos, portarias, etc.)[556], em quarto lugar os instrumentos de regulamentação coletiva de trabalho e, por último, os usos laborais (da profissão e da empresa)[557].

[554] Cf. Oliveira Ascensão, *O Direito*, cit., pp. 579 ss.; Baptista Machado, *Introdução ao Direito*, cit., pp. 166 ss.

[555] Acerca da posição hierárquica das normas internacionais, cf. *supra* § 9.2.

[556] Dá-se prevalência aos diplomas provenientes de órgãos estaduais (Assembleia da República e Governo) em detrimento dos de órgãos locais, não se estabelecendo hierarquia entre leis e decretos-leis.

Perante este elenco de fontes, poder-se-ia concluir no sentido de estar solucionado o problema do conflito hierárquico de normas em direito do trabalho. No entanto, é preciso ter em conta o princípio do tratamento mais favorável ao trabalhador.

IV. No art. 3.º do CT, sob a epígrafe «Relações entre fontes de regulação», dispõe-se: «As normas legais reguladores de contrato de trabalho podem ser afastadas por instrumento de regulamentação coletiva de trabalho, salvo quando delas resultar o contrário» (n.º 1) e «(...) só podem ser afastadas por contrato individual que estabeleça condições mais favoráveis para o trabalhador, se delas não resultar o contrário» (n.º 4). Aludindo-se ao tratamento mais favorável para o trabalhador.

No citado art. 3.º do CT2009, na sequência do disposto no art. 4.º do CT2003, altera-se substancialmente a regra de conflito vigente na legislação precedente. No art. 13.º, n.º 1, da LCT estipulava-se que a fonte superior prevalecia, a não ser que a fonte inferior estabelecesse um tratamento mais favorável para o trabalhador e, neste caso, teria de ser sem oposição daquela[558]; daqui se inferia que as fontes inferiores podiam, eventualmente, estabelecer contra as fontes superiores, sempre que estas fixassem garantias mínimas de proteção do trabalhador e da fonte inferior resultasse um tratamento mais

[557] Quanto aos usos e ao seu papel residual, veja-se *supra* § 8.5. Reitera-se a posição no sentido de os regulamentos de empresa, tal como o contrato de trabalho, não constituírem fonte de direito do trabalho (*vd. supra* § 8.5.IV).

[558] No Ac. Rel. Lx. de 4/7/1990, CJ XV (1990), T. IV, p. 186, não se admitiu que o prazo de prescrição do procedimento disciplinar do art. 31.º, n.º 1, da LCT (correspondente ao art. 372.º, n.º 1, do CT), por ser imperativo, fosse afastado por convenção coletiva; também no Ac. Rel. Lx. de 8/4/1992, CJ XVII (1992), T. II, p. 203, determinou-se que o prazo de período experimental de 60 dias não permite a aplicação do prazo de período experimental constante de convenção coletiva anterior à entrada em vigor do diploma – com prazo de 15 dias, idêntico ao da lei em vigor à data da celebração desse instrumento –, não obstante ser mais favorável ao trabalhador, porque o novo diploma afastou a aplicação inclusive de situações mais favoráveis, consignadas em instrumento de regulamentação coletiva (art. 2.º, n.º 2, da LCCT); cf. também Ac. Rel. Lx. de 30/10/1996, CJ XXI (1996), T. IV, p. 188. De igual modo, no Ac. Rel. Lx. de 8/3/1995, CJ XX (1995), T. II, p. 161, considerou-se que, sendo o n.º 11 da Portaria 76/77, de 16 de dezembro, uma norma imperativa, não podia ser afastada por cláusula mais favorável de convenção coletiva de trabalho. No Ac. Rel. Cb. de 6/2/1997, CJ XXII (1997), T. I, p. 70, determinou-se a nulidade do acordo de empresa que dispunha em sentido contrário ao art. 4.º LCCT; neste sentido, cf. igualmente Ac. STJ de 22/10/1997, *BMJ* 470, p. 483.

favorável ao trabalhador[559]. Seguidamente, no art. 6.º, n.º 1, alíneas *b)* e *c)*, da LRCT dispunha-se no mesmo sentido do citado art. 13.º, n.º 1, da LCT, estabelecendo que os instrumentos de regulamentação coletiva de trabalho não podiam contrariar normas legais imperativas (alínea *b)*). Reiterava-se o princípio de que a convenção coletiva de trabalho não podia dispor contra normas legais, ou seja, tinha sempre de se sujeitar às fontes superiores. Na alínea *c)* do n.º 1 do art. 6.º da LRCT determinava-se que os instrumentos de regulamentação coletiva não podiam «incluir qualquer disposição que importe para os trabalhadores tratamento menos favorável do que o estabelecido por lei». Isto queria dizer que as regras de uma convenção coletiva de trabalho nunca podiam estatuir de modo menos favorável do que o constante da lei injuntiva, visto que se trata de uma fonte inferior[560].

Este regime surge modificado no Código do Trabalho de 2003 (art. 4.º), solução mantida na revisão de 2009 (art. 3.º, n.º 1), na medida em que a fonte inferior – instrumento de regulamentação coletiva de trabalho – pode dispor em sentido diverso das normas do Código e afastar a aplicação destas, salvo quando se trate de disposições imperativas. Como resulta do n.º 1 do art. 3.º do CT, diferentemente do disposto na legislação revogada, a fonte inferior que disponha em sentido diverso do previsto na lei aplica-se ainda que não estabeleça um tratamento mais favorável para o trabalhador. Em suma, a regra de concurso entre fonte superior e inferior não se encontra condicionada pelo tratamento mais favorável, podendo a convenção coletiva afastar as normas do Código determinando um tratamento menos favorável para o trabalhador, com o limite constante do n.º 3 do citado preceito[561].

No n.º 1 do art. 3.º do CT, o princípio do tratamento mais favorável ao trabalhador nem sequer é invocado na resolução de um conflito hierárquico de normas, não tendo aplicação na situação usual de conflito entre a lei e o instrumento de regulamentação coletiva de trabalho. Esta regra de conflito tem, contudo, uma exceção no que respeita a um tipo de instrumento de regulamentação coletiva de trabalho: a portaria de condições mínimas, que não afasta a aplicação das normas do Código (art. 3.º, n.º 2, do CT).

---

[559] Cf. Ac. Rel. Cb. de 24/1/1991, CJ XVI (1991), T. I, p. 113; Ac. Rel. Cb. de 23/3/1995, CJ XX (1995), T. II, p. 53. A referência à imperatividade das normas da Lei das Férias Feriados e Faltas, constante do Ac. Rel. Lx. de 13/3/1996, CJ XXI (1996), T. II, p. 165, dever-se-á possivelmente ao facto de o disposto na convenção coletiva ser mais gravoso para o trabalhador.

[560] Cf. Ac. Rel. Lx. de 13/3/1996, CJ XXI (1996), T. II, p. 165.

[561] Sobre este regime e as dúvidas que suscita, veja-se Gonçalves da Silva, anotação ao art. 3.º *in* Romano Martinez/Luís Miguel Monteiro/Pedro Madeira de Brito/Guilherme Dray/Luís Gonçalves da Silva, *Código do Trabalho Anotado*, cit., pp. 104 ss.

A outra exceção respeita ao n.º 3 do art. 3.º do CT. Pese embora o IRCT possa dispor diversamente do regime legal (n.º 1), não pode estatuir em sentido menos favorável ao trabalhador nas matérias reguladoras do contrato de trabalho previstas no elenco das alíneas do citado n.º 3 deste preceito.

No n.º 4 do art. 3.º do CT alude-se de novo ao tratamento mais favorável ao trabalhador. Na relação entre as normas legais e as cláusulas contratuais admite-se que estas afastem a aplicação daquelas. Mas a formulação legal neste número é diversa da relação hierárquica antes referida; até porque o problema não é de conflito hierárquico de normas. Se a norma legal for supletiva, do contrato de trabalho pode resultar um tratamento mais ou menos favorável para o trabalhador. Sendo a norma legal imperativa de mínimos, a solução da lei só pode ser afastada por cláusula contratual que prescreva um tratamento mais favorável ao trabalhador.

Por último, no art. 476.º do CT reitera-se solução idêntica, determinando que as disposições de instrumento de regulamentação coletiva de trabalho podem ser afastadas por cláusula de contrato de trabalho quando estas estabelecerem condições mais favoráveis para o trabalhador. Na versão anterior deste preceito (art. 531.º do CT2003) acrescentava-se «se daquelas disposições não resultar o contrário». Com a supressão desta frase decorre que não há normas imperativas de convenção coletiva, pois todas podem ser afastadas por contrato de trabalho em sentido mais favorável. Dito de outro modo, na relação com o contrato de trabalho as regras constantes de um IRCT são entendidas como sendo sempre de imperatividade mínima, o que é criticável, mas decorre da nova redação do citado art. 476.º do CT.

Mas estas duas regras, em que se alude ao tratamento mais favorável para o trabalhador, não trazem nada de novo relativamente aos pressupostos em que assenta o conflito de normas. Em primeiro lugar, não está em causa um conflito de fontes, mas uma divergência entre cláusulas contratuais e normas legais ou disposições de instrumento de regulamentação coletiva de trabalho; ora, as regras contratuais não são fonte de direito. Em segundo lugar, admite-se que as normas legais, sendo supletivas, possam ser afastadas por cláusula contratual, ainda que em sentido menos favorável ao trabalhador; e sendo a norma legal absolutamente imperativa, não pode ser afastado por cláusula contratual, mesmo que prescreva solução mais favorável ao trabalhador, pois de tais normas legais «resulta o contrário». A própria lei laboral já prevê, ainda que implicitamente, a possibilidade de não se aplicar. Dito de outro modo, a possibilidade de aplicação de cláusulas contratuais em detrimento de norma legal assenta no carácter supletivo desta, que aceita o seu afastamento. Em suma, a referência ao princípio do tratamento mais favorável no art. 3.º, n.º 4, do CT não constitui um regime de exceção, pois do contrato de trabalho não poderão constar regras em violação de preceitos imperativos, mesmo para consagrar regimes mais favoráveis. A situação é algo distinta atento o disposto no art. 476.º do CT : pois, como indicado, o legislador – na nova redação da norma – assenta no pressuposto de as regras de IRCT serem necessariamente imperativas de mínimos, podendo ser afastadas por cláusula contratual em sentido mais favorável ao trabalhador[562].

V. No contrato de trabalho tem de se estipular um regime adequado à lei, e só poderá estabelecer-se uma solução mais favorável, desde que esta o permita. Não decorre daqui nenhuma exceção à regra geral do conflito hierárquico de normas.

O princípio do tratamento mais favorável ao trabalhador, que tem sido considerado um dos bastiões da autonomia do direito do trabalho, em sede de conflito hierárquico de normas, não impõe nenhum regime especial. O teor dos preceitos mencionados não se afasta dos princípios gerais de direito nesta matéria.

c.2) Princípio do tratamento mais favorável

I. Para explicar o princípio do tratamento mais favorável ao trabalhador, no caso de conflito de normas, tradicionalmente, têm-se debatido várias teorias[563].

II. Para a teoria do cúmulo, a solução mais favorável para o trabalhador será aquela que for aferida, regra a regra. Deste modo, perante cada regra, em concreto, há que verificar qual a solução mais favorável para o trabalhador.

---

[562] Cf. Ac. Rel. Lx. de 8/4/1992, CJ XVII (1992), T. II, p. 203; Ac. Rel. Lx. de 8/3/1995, CJ XX (1995), T. II, p. 161; Ac. Rel. Lx. de 30/10/1996, CJ XXI (1996), T. IV, p. 188.
No Ac. STJ de 11/12/1996, CJ (STJ) III, T. III, p. 265, admitiu-se a derrogação contratual de um sistema de pagamento de ajudas de custo previsto em convenção coletiva, por outro mais vantajoso para os trabalhadores, porque se estava perante uma norma imperativa de limites mínimos.

[563] Sobre as várias teorias, cf. MENEZES CORDEIRO, *Direito do Trabalho*, I, cit., pp. 399 ss. e «Princípio do Tratamento mais Favorável...», cit., pp. 124 ss.; ACÁCIO LOURENÇO, «O Princípio do Tratamento...», cit., pp. 105 ss.; ARANGUREN *in* MAZZONI, *Diritto del Lavoro*, I, cit., pp. 215 s.; MONTOYA MELGAR, *Derecho del Trabajo*, cit., pp. 222 ss.; MASCARO NASCIMENTO, *Curso de Direito do Trabalho*, cit., pp. 236 ss.; RAÚL VENTURA, *Teoria da Relação Jurídica de Trabalho*, cit., pp. 198 s. e «O Cúmulo e a Conglobação na Disciplina das Relações de Trabalho», *O Direito* 94 (1962), pp. 201 ss.; BERNARDO XAVIER, «Sucessão no Tempo..», cit., pp. 485 ss.

As regras são, pois, analisadas isoladamente; em cada diploma, e tendo em conta cada uma das suas disposições, chega-se à conclusão qual a que constitui a melhor solução, somando-se, depois, os resultados mais vantajosos de diferentes diplomas.

Esta teoria pode ser criticada atendendo ao facto de as regras não poderem ser vistas em separado, na medida em que, dentro de cada diploma, elas constituem um conjunto homogéneo. Esta teoria é incoerente, porque põe em causa a unidade do diploma, na medida em que as regras, no seu conjunto, têm um determinado sentido, que se perde caso as mesmas sejam vistas isoladamente. Não parece admissível destacar uma norma de um diploma, para a aplicar conjuntamente com a de outro.

III. A teoria da conglobação, para fazer face às críticas apresentadas à teoria do cúmulo, considera que o tratamento mais favorável deverá ser determinado tendo em conta o diploma, na sua globalidade.

Esta teoria critica-se pela grande dificuldade que existe em efetuar uma comparação entre conjuntos de normas. Cada diploma, no seu conjunto, parte de pressupostos diversos e, por isso, comparar regras, mesmo no seu conjunto, que assentam em parâmetros diferentes, pode levar, eventualmente, a soluções aberrantes. De facto, se um determinado conjunto de regras assenta num dado pressuposto, e, em outro diploma, as soluções baseiam-se em fundamento diverso, pode chegar-se a uma conclusão errada quanto ao tratamento mais favorável, sempre que se proceda à comparação de conjuntos de normas de distintos diplomas. Além disso, não é pacífico que num diploma se possam destacar grupos de normas com alguma relação entre si; isto porque, cada grupo de normas pode, por sua vez, estar na dependência de outras disposições.

Se, por exemplo, num diploma se estabelece que as férias são de vinte dias e que o trabalhador pode dar, em cada ano, sem perda de vencimento, dez faltas injustificadas, na realidade são conferidos trinta dias de férias. Se num outro diploma se vem dizer que as férias são de trinta dias e que ao trabalhador não é concedido o direito de dar faltas injustificadas, não se podem comparar em globo as regras quanto a faltas, por um lado, e as relativas às férias, por outro.

Importa concluir que, mesmo os grupos de normas, podem não ter uma verdadeira autonomia, sendo difícil chegar-se a uma solução viável através da teoria da conglobação.

IV. A teoria da conexão interna, como uma subespécie da teoria da conglobação, considera necessário procurar grupos de normas incindíveis, de modo a compará-los. São esses grupos de normas de cada diploma, por se encontrarem numa conexão interna, que vão ser comparados, de modo a chegar à solução mais favorável para o trabalhador.

Mantêm-se aqui, de certa forma, todas as críticas feitas à teoria da conglobação. Para além disso, em relação à teoria da conexão interna acresce a dificuldade de saber quando é que as normas fazem parte de um grupo em conexão interna, pois não será pacífica a determinação da existência de um grupo incindível de normas.

V. Qualquer uma das três teorias indicadas revela-se, por um lado, inadequada ao assentar em parâmetros subjetivos[564], e, por outro, torna-se difícil encontrar utilidade nas soluções preconizadas. Acresce que as soluções indicadas são muito conceptualistas, com dificuldade de concretização prática.

Tendo em conta as considerações feitas nesta alínea deve concluir-se que, em direito do trabalho, o conflito hierárquico de normas deve ser resolvido de acordo com as regras gerais. Não parece que existam razões para estabelecer soluções diversas das que vigoram nos outros ramos do direito. O problema que se coloca em sede de relação entre IRCT e contrato de trabalho, não corresponde a um conflito hierárquico de normas. Subsiste, porém, uma hipótese de conflito hierárquico de normas em que pode ser relevante aferir se a solução é mais favorável ao trabalhador: trata-se do limite indicado no n.º 3 do art. 3.º do CT. No âmbito das matérias referenciadas nas alíneas do preceito, o IRCT só pode dispor diferentemente da lei em sentido mais favorável ao trabalhador.

VI. Assim, o conflito hierárquico de normas no direito do trabalho deve ser resolvido nos seguintes termos.

Como princípio básico vale a regra de a norma superior prevalecer sobre a inferior, mas importa distinguir duas situações.

Primeiro, é sabido que a norma proveniente de fonte superior prevalece sobre a de fonte inferior, mas é preciso saber se a disposição de fonte superior estabelece uma norma imperativa (ou injuntiva[565]). No caso de constar da fonte superior uma norma imperativa, a regra proveniente de fonte inferior tem, necessariamente, de a respeitar; não pode esta última estabelecer

[564] Cf., todavia, em sentido diferente MENEZES CORDEIRO, *Direito do Trabalho*, I, cit., p. 401.
[565] Quanto à questão terminológica, cf. OLIVEIRA ASCENSÃO, *O Direito*, cit., pp. 522 ss.

contra o disposto numa norma injuntiva de fonte superior, mesmo que seja em sentido mais favorável ao trabalhador. Assim, no caso de uma lei da Assembleia da República impor um determinado regime de modo imperativo, está vedado a uma convenção coletiva de trabalho estabelecer regra mais favorável para o trabalhador do que a constante da lei[566]. Por isso, não podem incluir-se numa convenção coletiva limites à contratação a termo diferentes dos constantes nos arts. 139.º e ss. do CT, mesmo que tais limitações se considerem mais favoráveis ao trabalhador, ou uma redução das situações de justa causa de despedimento, previstas no art. 351.º do CT, apesar de tal diminuição ser favorável ao trabalhador[567], ou um aumento do número de dias de faltas justificadas, estabelecido no art. 251.º do CT[568], assim como estabelecer períodos de funcionamento das empresas de que possa resultar vantagens para os trabalhadores (art. 478.º, n.º 1, alínea *b)*, do CT)[569].

Em segundo lugar, quando emana de fonte superior uma regra dispositiva, designadamente supletiva, nada impede que uma norma inferior estabeleça um regime mais favorável ao trabalhador. De facto, se a norma superior dispõe num determinado sentido, não sendo imperativa, admitiu-se tão-só uma solução supletiva, que não se impôs (p. ex., os prazos de procedimento disciplinar não são totalmente imperativos, art. 339.º, n.º 2, do CT)[570]. Neste

---

[566] ALONSO OLEA/CASAS BAAMONDE, *Derecho del Trabajo*, cit., p. 1150, acrescentam que a convenção coletiva não pode igualmente dispor em matéria de reserva absoluta de lei, subtraída ao poder normativo destes instrumentos. Atenta esta consideração, é de ponderar, designadamente, a inadmissibilidade de qualquer tratamento mais favorável ao trabalhador em matéria de greve, constante de convenção coletiva.

[567] Cf. Ac. Rel. Lx. de 4/7/1990, CJ XV (1990), T. IV, p. 186, no que respeita a prazos de procedimento.

[568] MOTTA VEIGA, *Lições*, cit., pp. 129 s., é de opinião que as faltas por altura do casamento (art. 23.º, n.º 2, alínea *a)*, da LFFF – correspondente ao art. 249.º, n.º 2, alínea *a)*, do CT) não estão sujeitas à limitação constante do art. 24.º, n.º 3, da LFFF (correspondente ao art. 250.º do CT), onde se considera nula qualquer alteração às regras legais constante de contrato individual ou instrumento de regulamentação coletiva. Esta interpretação não conduz, contudo, a uma unidade do sistema de faltas.

[569] Quanto à anterior proibição de a convenção coletiva regular benefícios complementares garantidos pelo sistema de Segurança Social (art. 6.º, n.º 1, alínea *e)*, da LRCT) – que foi banida pelo Código do Trabalho –, cf. Ac. STJ de 24/6/1992, *BMJ* 418, p. 653; Ac. STJ de 16/6/1993, CJ (STJ) I, T. III, p. 261; Ac. STJ de 22/2/1995, CJ (STJ), I, T. I, p. 275.

[570] Considerando que a convenção coletiva pode estabelecer em sentido diverso de norma dispositiva da lei, cf. ARANGUREN *in* MAZZONI, *Diritto del Lavoro*, I, cit., p. 214. Do mesmo modo, SÖLLNER, *Arbeitsrechts*, cit., pp. 46 s., aceitando que a lei ocupa uma posição hierárquica superior à convenção coletiva, distingue normas imperativas e dispositivas.

caso, a norma inferior pode estatuir em sentido diverso, dentro de uma margem de liberdade conferida pelo regime instituído por fonte superior, estabelecendo uma regra mais favorável ao trabalhador[571]/[572]. Mas, em contrapartida, atendendo ao disposto no art. 3.º, n.º 1, do CT, nada obsta a que, sendo a norma dispositiva, uma convenção coletiva estabeleça um regime mais gravoso para os trabalhadores do que o prescrito na lei, por exemplo quanto a certos aspetos do tempo de trabalho, à admissibilidade da contratação em regime de comissão de serviço ou a limites de sanções disciplinares.

VII. Em relação a esta última hipótese (norma legal dispositiva), importa ainda distinguir três situações.

A norma de fonte superior, sendo permissiva, pode estabelecer um limite máximo imperativo. Por exemplo, quando se estatui que o trabalho suplementar tem como limite cento e cinquenta horas por ano (art. 228.º, n.º 1, alínea *b)*, do CT), a norma de fonte superior estabelece o máximo, mas poderia impor-se um número inferior a cento e cinquenta horas numa regra proveniente de fonte inferior[573]. Do mesmo modo, quando se fixa um

---

[571] A norma dispositiva, tanto permissiva como supletiva, não tem de conferir uma total liberdade de atuação, pode, antes, permitir uma atuação dentro de certos limites; ou seja, em determinados casos, a norma pode ser só parcialmente dispositiva. Como referia MONTEIRO FERNANDES, *Direito do Trabalho*, 11.ª ed., Coimbra, 1999, pp. 112, a norma pode ser «imperativa-limitativa» de condições mínimas; com um elemento imperativo e outro permissivo; veja-se, porém, do mesmo autor, *Direito do Trabalho*, 18.ª ed., Coimbra, 2017, pp. 112 ss. *Vd.* também ACÁCIO LOURENÇO, «O Princípio do Tratamento...», cit., pp. 98 e 101 s.; BARROS MOURA, *A Convenção Colectiva*, cit., pp. 148 ss.; GONÇALVES DA SILVA, *Da eficácia da convenção coletiva*, Lisboa, 2012, pp. 742 ss. e 799 ss.
A propósito destas normas imperativas de condições mínimas, BARROS MOURA, *A Convenção Colectiva*, cit., pp. 169 ss. e MÁRIO PINTO, *Direito do Trabalho*, cit., pp. 168 ss., aludem à chamada «ordem pública social». Os autores franceses costumam tratar o problema do *favor laboratoris* na relação hierárquica de normas recorrendo à ideia de «ordem pública social», cf. COUTURIER, *Droit du Travail*, 1, cit., pp. 54 s.; PÉLISSIER/SUPIOT/JEMMAUD, *Droit du Travail*, cit, pp. 133 ss.

[572] Contestando esta forma de solucionar o problema, por a considerar de tipo estatutário, cf. MENEZES CORDEIRO, *Direito do Trabalho*, I, cit., pp. 403 ss. e «O princípio do Tratamento mais Favorável...», cit., pp. 128 ss. O autor (*Manual*, cit., pp. 219 ss. e «O Princípio do Tratamento mais Favorável...», cit., pp. 135 ss.) propõe que o conflito hierárquico de fontes em Direito do Trabalho se resolva pela aplicação da norma mais favorável ao trabalhador – determinada através da teoria da conexão interna –, exceto na hipótese de a norma superior ter uma pretensão de aplicação efetiva.

[573] Excecionalmente, no art. 328.º, n.º 4, do CT admite-se que os limites máximos constantes do art. 328.º, n.º 3, do CT (quanto aos montantes das multas e dias de suspensão) podem ser elevados até ao dobro por instrumento de regulamentação coletiva do trabalho. Tais agrava-

período normal de trabalho máximo de oito horas por dia e quarenta horas por semana (art. 203.º, n.º 1, do CT), a norma inferior pode determinar um número de horas inferior ao máximo legal. Nestes casos, a permissividade da norma tem um limite máximo.

Diferentemente, como segunda hipótese, a norma permissiva superior pode estabelecer o limite mínimo. Por exemplo, estatuiu-se uma retribuição mínima de X euros (art. 273.º do CT) ou o período anual de férias com a duração mínima de vinte e dois dias (art. 238.º, n.º 1, do CT). A norma inferior (p. ex., uma convenção coletiva) pode estabelecer uma retribuição acima do limite mínimo, mas não lhe é facultada a possibilidade de determinar um salário abaixo daquele limite; o mesmo se diga com respeito ao período de duração das férias.

Terceiro, a norma superior estabelece uma margem de discricionariedade entre, nomeadamente uma vantagem máxima e mínima, dentro da qual a norma inferior pode dispor. Por exemplo, se a norma superior determina que o período de trabalho diário deverá ser interrompido por um intervalo de duração não inferior a uma hora, nem superior a duas (art. 213.º, n.º 1, do CT), a convenção coletiva de trabalho pode estabelecer um descanso entre esses dois limites[574].

Estas são as únicas possibilidades que existem relativamente ao conflito hierárquico. Todos os casos deverão ser resolvidos dentro destes parâmetros[575].

---

mentos, que têm como limite máximo o dobro estabelecido na lei, serão naturalmente menos favoráveis ao trabalhador.

574 Sobre esta questão, atenda-se, contudo, ao disposto no n.º 3 do art. 213.º do CT.

575 Contrariamente ao que afirmam Monteiro Fernandes, *Direito do Trabalho*, 11.ª ed., Coimbra, 1999, pp. 118 s., Acácio Lourenço, «Princípio de Tratamento...», cit., p. 99 e Barros Moura, *A Convenção Colectiva*, cit., p. 158, não parece que se deva presumir no sentido de, na dúvida, a norma superior estabelecer condições mínimas, permitindo que a fonte inferior disponha em sentido mais favorável. Atualmente, Monteiro Fernandes, *Direito do Trabalho*, 18.ª ed., Coimbra, 2017, p. 117) considera, porém, que «o "tratamento mais favorável ao trabalhador" deixa de constituir referencial interpretativo (...), [pois no] CT, o ponto de partida da operação interpretativa-qualificativa incidente sobre a norma legal (...) já não é a presunção de que essa norma admite variação em sentido mais favorável ao trabalhador, mas a de que admite *variação em qualquer dos sentidos*», sem prejuízo de admitir que essa directriz geral é fortemente restringida pelo art. 3.º, n.º 3, do CT, que repõe a prevalência do tratamento mais favorável relativamente a um largo elenco de matérias.

Todavia, em direito privado, por via de regra, quando nada se disponha em sentido contrário, estabelecem-se regimes supletivos que, como tal, podem ser afastadas pelas partes no contrato ou por fontes inferiores. Este princípio de direito privado, não obstante em direito do

Em suma, o conflito hierárquico de normas no direito do trabalho deve ser resolvido nos termos gerais.

VIII. Do disposto nos arts. 3.º e 476.º do CT pode concluir-se que, em direito do trabalho, não há qualquer particularidade no que respeita ao conflito hierárquico de normas, pois vale o regime regra, com a exceção constante do n.º 3 do art. 3.º do CT.

Com efeito, das expressões «salvo quando delas resultar o contrário» (art. 3.º, n.º 1, do CT), «se delas não resultar o contrário» (art. 3.º, n.º 4, do CT) é de concluir que vigora a regra geral de aplicação de normas, em detrimento do *favor laboratoris*[576]. A aplicação preferencial do instrumento de regulamentação coletiva ou de cláusula contratual em detrimento da lei só vale na medida em que a norma legal o admita.

Tendo em conta que o direito do trabalho, antes de se autonomizar, fazia parte do direito civil, o princípio do tratamento mais favorável justificava-se por uma razão de ordem histórica; pretendia-se aplicar as normas de direito civil de forma diversa, o mesmo se passando quanto aos conflitos hierárquicos. Mas, em 1969, por altura da elaboração da Lei do Contrato de Trabalho, assentou-se no pressuposto de não ser necessário estabelecer o princípio do tratamento mais favorável. Nestes termos, o art. 13.º da LCT determinava que o conflito hierárquico se resolvia nos termos gerais, podendo a norma inferior impor um tratamento mais favorável para o trabalhador, se não estiver em oposição com a superior. O Código do Trabalho (primeiro no art. 4.º e agora no art. 3.º), nesta senda histórica de limitação do princípio do tratamento mais favorável, estabeleceu que o conflito hierárquico se resolve nos termos gerais, podendo a norma de fonte inferior, na medida em que a

---

trabalho existir um menor número de normas de carácter dispositivo, pode, nalguns casos, levar a concluir que o legislador estabeleceu uma regra supletiva, até porque, como referem Bernardo Xavier/Furtado Martins/Nunes de Carvalho/Joana Vasconcelos/Tatiana Guerra de Almeida, *Manual*, cit., p. 966 e s., a adaptabilidade da legislação laboral, retirando-lhe a carga injuntiva, tem vantagens. Quanto ao princípio da supletividade do direito privado e as suas derrogações em direito do trabalho, cf. Alonso Olea/Casas Baamonde, *Derecho del Trabajo*, cit., pp. 1175 s. Javillier, *Droit du Travail*, cit., pp. 156 ss., contrariando a tradicional rigidez do direito do trabalho, alude a uma tendência para a desregulamentação laboral, admitindo a supressão de proteções. A questão surge desenvolvidamente explicada em Gonçalves da Silva, *Da eficácia da convenção coletiva*, cit., pp. 758 ss. e 809 ss.

[576] Neste sentido, Mário Pinto, *Direito do Trabalho*, cit., pp. 164 s. Para uma crítica geral ao *favor laboratoris*, *vd.* supra § 10.2.*b*).

norma de fonte superior o permita, estabelecer num sentido mais ou menos favorável ao trabalhador.

IX. Como indicado, o regime regra encontra uma exceção no art. 3.º, n.º 3, do CT. A convenção coletiva só pode dispor em sentido contrário ao de norma legal reguladora do contrato de trabalho em sentido mais favorável ao trabalhador nas matérias indicadas nas alíneas desse número. Assim, p. ex. as regras do Código do Trabalho sobre direito de personalidade, igualdade, ou deveres de informação do empregador não podem ser afastadas por convenção coletiva, exceto se estabelecerem solução mais favorável ao trabalhador[577].

Este regime suscita o problema *supra* mencionado da determinação do sentido mais favorável, que pode resultar de uma globalidade de soluções do instrumento de regulamentação coletiva.

X. O facto de se considerar que, por via de regra, não há qualquer particularidade em sede de conflito hierárquico de normas não retira ao direito do trabalho a sua autonomia. O direito do trabalho continua a ser um ramo do direito autónomo, não obstante a inexistência de um princípio de tratamento mais favorável.

A solução contrária, admitindo que em caso de conflito hierárquico prevaleceria a norma mais favorável ao trabalhador, ainda que proveniente de fonte inferior, levaria ao puro subjetivismo, à incerteza das decisões e a soluções injustas. Aceitar, por exemplo, que uma convenção coletiva de trabalho, por ser mais favorável ao trabalhador, pode dispor contra regras imperativas de uma lei é inadmissível, pondo em causa a estabilidade e segurança do sistema jurídico.

Deve, pois, prevalecer a norma de fonte hierarquicamente superior e não aquela que conduza à melhor solução, dentro dos parâmetros já indicados.

Assim, o princípio do tratamento mais favorável ao trabalhador, relativamente ao conflito hierárquico de normas, à imagem do que se referiu a propósito da interpretação, será entendido como um mero resquício histórico, não se retirando dele qualquer solução concreta.

XI. Porém, como na grande maioria das situações, a norma de fonte superior estabelece uma regra genérica, com limites máximo ou mínimo, a norma

[577] *Vd.* LEAL AMADO, *Contrato de Trabalho*, cit., pp. 33 ss.; GONÇALVES DA SILVA, *Da eficácia da convenção coletiva*, cit., pp. 758 ss.

da fonte inferior, tendo um campo de aplicação mais restrito, mais delimitado, prevalecerá; esta prevalência não tem por base o princípio do tratamento mais favorável, trata-se de uma razão de especialidade, entendida no âmbito genérico de supletividade da norma superior. A norma de fonte superior, por ser mais genérica, deixa um campo de atuação específico à norma de fonte inferior e, nessa medida, esta aplica-se[578]. Mas mesmo neste aspeto não tem relevância o princípio do tratamento mais favorável, pois a norma de fonte hierarquicamente inferior (instrumento de regulamentação coletiva), no seu campo de aplicação específico, mais concreto, pode estatuir de forma mais ou menos vantajosa do que, em termos genéricos, era pretendido pela norma de fonte superior (art. 3.º, n.º 1, do CT). Dito de outra forma, naquela margem de liberdade que a norma superior deixa à inferior, esta pode dispor no sentido mais ou menos vantajoso para o trabalhador, tendo em conta o parâmetro genérico determinado na norma de fonte superior.

c.3) Conflito entre instrumentos de regulamentação coletiva de trabalho

I. Não se trata de um verdadeiro problema de conflito hierárquico de normas, mas de oposição entre regras que se encontram no mesmo plano[579].

Só há verdadeiramente conflito quando as duas convenções coletivas se mantêm em vigor, pois havendo substituição, a que se aludiu anteriormente (n.º 4.a.2)), está-se perante uma hipótese de sucessão no tempo de instrumentos de regulamentação coletiva de trabalho.

No art. 14.º, n.º 2, alínea *b)*, da LRCT determinava-se que, no caso de conflito entre convenções coletivas, prevaleceria aquela que, no seu conjunto, fosse mais favorável para o trabalhador. Mas a escolha cabia ao sindicato representativo do maior número de trabalhadores. Esta solução foi abandonada pelo Código do Trabalho de 2003 e mantida na revisão de 2009, pois no correspondente preceito (art. 482.º, n.º 2, do CT), deixou de se fazer alusão quer ao tratamento mais favorável quer à escolha pelo sindicato mais representativo; segundo o citado preceito, em caso de conflito não resolvido pelos critérios de especialidade enunciados no n.º 1 do art. 482.º do CT, compete aos trabalhadores da empresa em relação aos quais se verifique

---

[578] Cf. MENEZES CORDEIRO, *Direito do Trabalho*, I, cit., p. 410; MONTEIRO FERNANDES, *Direito do Trabalho*, cit., p. 114; BERNARDO XAVIER/FURTADO MARTINS/NUNES DE CARVALHO/JOANA VASCONCELOS/TATIANA GUERRA DE ALMEIDA, *Manual*, cit., pp. 963 e s.

[579] Sobre esta questão, consulte-se AAVV, *Pluralidad y Sucesión de Convenios y Control de su Cumplimiento*, Madrid, 1992; AAVV, *Rapporti tra Contratti Collettivi di Diverso Livello*, Milão, 1982.

a concorrência, escolher, por maioria, o instrumento aplicável (art. 482.º, n.º 2, do CT).

Enquanto uma lei nova revoga a anterior, a nova convenção coletiva de trabalho, se não for celebrada exatamente pelas mesmas partes, não afasta a aplicação da precedente[580]; podem, assim, manter-se em vigor várias convenções coletivas de trabalho, havendo interesse em resolver o conflito que possa surgir. Na medida em que as convenções coletivas em confronto tenham campos de aplicação diferentes, mas convirjam em alguns aspetos, pode existir um conflito de aplicação.

Este é um problema específico do direito do trabalho.

Mas de modo diverso do que se dispunha no art. 14.º, n.º 2, alínea *b)*, da LRCT, no citado n.º 2 do art. 482.º do CT2009 (na sequência do que se dispunha no art. 536.º do CT2003) não se invoca o princípio do tratamento mais favorável ao trabalhador. Esta solução de recurso, que só se aplica depois de inviabilizados outros mecanismos (n.º 1 do art. 482.º do CT), já não faz qualquer alusão ao princípio do tratamento mais favorável.

Sempre que duas ou mais convenções se encontrem em oposição, há que distinguir.

Primeiro, nos termos do art. 481.º do CT, importa averiguar se se está perante uma sucessão entre uma convenção coletiva, chamada horizontal e uma convenção coletiva, denominada vertical. Nos termos do art. 481.º do CT, o conflito entre as convenções coletivas profissionais (horizontais) e as convenções coletivas de um sector de atividade (verticais) é dirimido a favor destas últimas; prevalecem as convenções verticais porque são mais específicas, pois as convenções coletivas profissionais, chamadas horizontais, ao abrangerem uma ou mais profissões, apresentam-se com um âmbito de aplicação mais genérico.

Em segundo lugar, o art. 482.º, n.º 1, alíneas *a)* e *b)*, do CT dispõe que, sendo o conflito entre acordos de empresa e acordos coletivos, por um lado, e contratos coletivos, por outro, prevalecem os primeiros, porque o acordo de empresa é um instrumento coletivo mais específico, na medida em que foi negociado por uma associação sindical com uma só empresa, atendendo às especificidades desta. O mesmo argumento vale no confronto entre os acordos coletivos e os contratos coletivos.

[580] Não há conflito se numa empresa vigorar mais de uma convenção coletiva, celebradas por sindicatos diferentes, pois cada uma aplica-se aos trabalhadores filiados na associação sindical outorgante, cf. Ac. STJ de 27/5/1992, *BMJ* 417, p. 545; Ac. STJ de 13/4/1994, CJ (STJ) II, T. I, p. 295; Ac. STJ de 2/10/1996, *BMJ* 460, p. 499.

Dos arts. 481.º e 482.º, n.º 1, do CT retira-se que o conflito entre instrumentos de regulamentação coletiva se resolve mediante um princípio de especialidade[581]. Este regime, contudo, pode ser afastado por instrumento de regulamentação coletiva, nos termos previstos no n.º 5 do art. 482.º do CT.

III. Mas não se estando perante um conflito entre convenções coletivas específicas e genéricas, em que prevalecem as primeiras, recorre-se ao disposto no art. 482.º, n.º 2, do CT, e, nesse caso, vale a regra da escolha por parte dos destinatários (trabalhadores) sem se atender ao princípio do tratamento mais favorável. Na ausência de escolha, vale o instrumento de publicação mais recente (art. 482.º, n.º 3, alínea *a*), do CT).

IV. Sendo a concorrência entre instrumentos não negociais, estabelece-se uma solução de preferências no art. 483.º do CT, determinando a seguinte ordem: decisão arbitral, portaria de extensão e portaria de condições de trabalho.

Neste contexto e na relação com IRCT negociais, recorde-se que os IRCT não negociais têm natureza supletiva, daí o seu afastamento pelos negociais (art. 484.º do CT).

Bibliografia:

Leal Amado, «Tratamento mais Favorável e art. 4.º/1, do Código do Trabalho: o fim de um princípio», *Temas Laborais*, Coimbra, 2005, pp. 11 e ss., e *Contrato de Trabalho*, cit., pp. 33 ss.; Menezes Cordeiro, *Direito do Trabalho*, I, cit., pp. 390 a 415 e «O Princípio do Tratamento mais Favorável no Direito do Trabalho Actual», *Direito e Justiça*, III (1987/88), pp. 111 a 139; Monteiro Fernandes, *Direito do Trabalho*, cit., pp. 113 e ss.; Acácio Lourenço, «O Princípio do Tratamento mais Favorável», *Estudos sobre Temas de Direito do Trabalho*, Lisboa, 1979, pp. 91 a 110; Romano Martinez, «Interpretação e aplicação de normas laborais (Revisitação do *favor laboratoris*: ativismo jurídico *versus* segurança jurídica)», *Estudos dedicados ao Professor Doutor Bernardo da Gama Lobo Xavier*, III, Lisboa, 2015, pp. 227 ss.; Barros Moura, *A Convenção Colectiva entre as Fontes de Direito do Trabalho*, Coimbra, 1984, pp. 147 a 183; Mário Pinto, *Direito do Trabalho*, cit., pp. 160 a 170; Mário Pinto/Furtado Martins/Nunes de Carvalho, *Comentário*, cit., anot. II.1 e 2 o art. 13.º, pp. 64 a 67; João Reis, «Princípio do tratamento mais favorável

[581] Neste sentido, cf. Motta Veiga, *Lições*, cit., pp. 130 s.

e da norma mínima», *Para Jorge Leite. Escritos Jurídico-Laborais*, I, Coimbra, 2014, pp. 855 ss.; Gonçalves da Silva, anotação ao art. 3.º *in* Romano Martinez/ /Luís Miguel Monteiro/Joana Vasconcelos/Madeira de Brito/Guilherme Dray/Gonçalves da Silva, *Código do Trabalho Anotado*, cit., pp. 104 e ss.; Rosário Palma Ramalho, *Manual de Direito do Trabalho*, I, cit., pp. 310 e ss.; Raúl Ventura, *Teoria da Relação Jurídica de Trabalho*, cit., pp. 195 a 206; Motta Veiga, *Lições*, cit., pp. 129 a 134; Bernardo Xavier/Furtado Martins/Nunes de Carvalho/Joana Vasconcelos/Tatiana Guerra de Almeida, *Manual*, cit., pp. 957 e ss.

Capítulo IV
Contrato de Trabalho

Secção I
Aspetos Gerais

§ 11. NOÇÃO; ELEMENTOS

1. Negócio jurídico

I. O contrato de trabalho é um negócio jurídico obrigacional, ou seja, estruturalmente, apresenta-se como um contrato de direito civil, em particular, de direito das obrigações, correspondendo a um dos contratos em especial (arts. 874.º e ss. do CC). No Código Civil, o contrato de trabalho inclui-se, pois, entre os regimes especiais previstos no Título II, do Livro respeitante ao direito das obrigações.

Nesta perspetiva obrigacional, importa aludir ao contrato de trabalho, não sendo pelo facto de reportar o estudo deste negócio jurídico ao direito das obrigações que o direito do trabalho perderá a sua autonomia, como se esclareceu *supra* § 3., n.º 3.

Sendo o contrato de trabalho um negócio jurídico obrigacional aplicam--se-lhe, nomeadamente, as regras gerais do negócio jurídico (arts. 217.º e ss. do CC), dos contratos (arts. 405.º e ss. do CC), do cumprimento das obrigações (arts. 762.º e ss. do CC) e do não cumprimento das obrigações (arts. 790.º e ss. do CC).

II. A noção de contrato de trabalho encontra-se no art. 11.º do CT2009 (tal como no art. 10.º do CT2003), que transcreve, com ligeiras alterações, o disposto no art. 1152.º do CC: «Contrato de trabalho é aquele pelo qual uma pessoa se obriga, mediante retribuição, a prestar a sua atividade intelectual ou manual a outra pessoa, sob a autoridade e direção desta». No art. 10.º do CT2003, atendendo ao facto de se admitir a pluralidade de empregadores, alterou-se a parte final do preceito aludindo-se a «a outra ou outras pessoas» e na revisão de 2009 a «autoridade e direção» foi substituída por «organização e autoridade», passando o art. 11.º do CT a ter, na parte final, a seguinte redação: «a outra ou outras pessoas, no âmbito de organização e sob autoridade destas». Por outro lado, no referido preceito do Código do Trabalho, desde a versão inicial de 2003, deixa de se fazer referência à «atividade intelectual ou manual», substituindo, simplesmente por «atividade», pelos motivos indicados *supra* § 5.2.c), veja-se também *infra* § 16.1.

Como definição legal, não vincula o intérprete, aplicador do direito, mas deve ser tida em conta para dela se retirarem os elementos identificadores do contrato de trabalho[582]. Antes disso, cabe esclarecer que, por vezes, tanto a legislação, como a doutrina e a jurisprudência empregam a expressão «contrato individual de trabalho», por oposição a contrato coletivo de trabalho, mas esta contraposição, além de não ser terminologicamente correta[583], é desnecessária, pelo que, tal como se fixou corretamente no Código do Trabalho, se utilizará tão-só a locução «contrato de trabalho».

Por vezes, distingue-se o contrato de trabalho da relação laboral[584], correspondendo esta à execução de prestações laborais, ainda que não exista um contrato de trabalho formal ou que essa execução já não corresponda ao prescrito inicialmente no negócio jurídico. Todavia, utilizar-se-á, em regra,

---

[582] Cf. Menezes Cordeiro, *Direito do Trabalho*, cit., p. 35.
A definição legal do contrato de trabalho constitui uma especificidade do nosso ordenamento, não se encontrando, por via de regra, tal noção em diplomas de outros países (cf. Motta Veiga, *Lições de Direito do Trabalho*, cit., p. 307). Mas a existência de uma noção legal não é exclusiva deste negócio jurídico; veja-se, por exemplo, as definições de compra e venda (art. 874.º do CC), de locação (art. 1022.º do CC) ou de empreitada (art. 1207.º do CC).

[583] O contrato coletivo de trabalho é um tipo de convenção coletiva de trabalho, que, por sua vez, é uma das modalidades de instrumento de regulamentação coletiva de trabalho (*vd. supra* § 8.8).

[584] Cf. Schaub, *Arbeitsrechts-Handbuch*, cit., pp.205 ss. Persiani/Proia, *Contratto e Rapporto di Lavoro*, 6.ª ed., Pádua, 2009, p. 77, afirmam que a relação de trabalho tem origem no contrato e tem uma estrutura complexa. Idêntica contraposição é feita por Rosário Palma Ramalho, *Da Autonomia Dogmática do Direito do Trabalho*, cit., pp. 117, 126, 239 e 465.

a expressão «contrato de trabalho» como vínculo dinâmico que, por ser de execução continuada, se modifica pela sua própria execução.

O primeiro elemento constante da noção transcrita respeita ao facto de se estar perante um negócio jurídico, assente numa relação bilateral; sendo um produto da autonomia privada e resultando do encontro entre uma proposta e uma aceitação. Como negócio jurídico bilateral, pressupõe duas declarações de vontade contrapostas, que estão na origem do contrato de trabalho.

Apesar de a definição legal não circunscrever a relação laboral a um tipo específico, muitas das vezes, mormente no Código do Trabalho, o legislador relaciona o contrato de trabalho com a atividade realizada na fábrica, no escritório; em suma, na empresa. Parte do pressuposto de que o contrato de trabalho é um negócio jurídico bilateral ajustado para produzir efeitos no seio empresarial.

2. Prestação de uma atividade

I. O segundo elemento que se retira da definição constante do art. 11.º do CT implica a obrigação de prestar uma atividade por parte do trabalhador; ou seja, o objeto principal do negócio jurídico, o que melhor identifica o contrato de trabalho, é a prestação de uma atividade humana, intelectual ou manual[585]. O pagamento da retribuição, sendo uma contrapartida indispensável, não corresponde ao elemento mais representativo do contrato de trabalho.

II. No domínio da relação laboral pressupõe-se a existência de uma prestação de facto. De entre as prestações de facto, a atividade laboral corresponde a uma obrigação de meios, que impõe uma atividade a prosseguir, independentemente da obtenção do seu fim; deste modo, a não obtenção do fim é, em princípio, irrelevante, pois não afeta, nem a validade, nem a perfeita execução do contrato de trabalho. Assim, se o trabalhador desenvolver a atividade diligentemente, mas, por causa que não lhe seja impu-

[585] Sobre a distinção, no plano económico, entre trabalhador intelectual e manual, assim como entre trabalhador de direção, de invenção e de execução e trabalhador independente e subordinado, individual e coletivo, veja-se SOARES MARTINEZ, *Economia Política*, 10.ª ed., Coimbra, 2005, pp. 438 e ss.

tável, o fim pretendido pelo empregador não se verificar, a remuneração continua a ser devida[586].

O empregador terá de providenciar no sentido de a atividade desenvolvida atingir o fim pretendido; se este não for obtido é um risco que, globalmente, recai sobre a entidade empregadora, na medida em que tem de pagar a retribuição devida pela atividade do trabalhador, não obstante o objetivo não se ter atingido.

Pelo contrário, a prestação de resultado é característica do contrato de prestação de serviço (art. 1154.º do CC). A atividade laboral não terá de ser, nem efetiva, nem proveitosa para o empregador, basta que o trabalhador esteja à disposição da entidade patronal para a realizar[587].

III. Sendo o objeto do contrato de trabalho uma prestação de facto, é errónea a ideia de que o trabalhador «vende a sua força de trabalho». O trabalho não se vende, presta-se[588].

3. Retribuição

Como terceiro elemento da noção constante do art. 11.º do CT, cabe aludir ao carácter oneroso do contrato; a atividade tem de ser prestada mediante retribuição. A retribuição, sendo contrapartida da atividade desenvolvida, é imprescindível, pois não há contrato de trabalho sem retribuição; ou seja, o contrato de trabalho não poderá ser gratuito[589].

---

[586] Pressupõe-se que o trabalhador tenha agido com a diligência que, no caso concreto, lhe era exigida, atendendo ao disposto no art. 128.º, n.º 1, alínea *c)*, do CT e art. 487.º do CC.

[587] Cf. MONTEIRO FERNANDES, *Direito do Trabalho*, cit., pp. 124 s.; MOTTA VEIGA, *Lições*, cit., pp. 308 s.

[588] PAPALEONI *in* MAZZONI, *Diritto del Lavoro*, I, 6.ª ed., Milão, 1988, pp. 318 ss., explica que o contrato de trabalho não se pode reconduzir ao esquema da compra e venda. Num sentido diverso, sem carácter jurídico, MARX, *Das Kapital*, Leipzig, 1929, Livro I, 2.ª Secção, intitula o Capítulo IV *Kauf und Verkauf der Arbeitskraft* (compra e venda da força de trabalho), onde relaciona o trabalho com as coisas (pp. 127 ss.), chegando a afirmar (p. ex., p. 129), que a força de trabalho é colocada no mercado como uma mercadoria.

[589] Todavia, o voluntariado, não consubstanciando uma relação laboral, pode justificar a aplicação de normas protetoras, como as que advêm do regime de acidentes de trabalho. Sobre esta questão, *vd.* PEDRO LEITÃO PAIS DE VASCONCELOS, *Aplicação Transtípica da Lei de Acidentes de Trabalho aos Contratos de Prestação de Serviços sem Dependência Económica*, Lisboa, 1998, designadamente, pp. 33 ss. O regime do voluntariado consta da Lei n.º 71/98, de 3 de novembro (Bases do enquadramento jurídico do voluntariado), da qual consta um elenco de direitos do

4. Atividade subordinada

I. Em quarto lugar, a atividade deve ser exercida de forma subordinada. O art. 11.º do CT prescreve: «(...) no âmbito de organização e sob autoridade destas» [empregador(es)]; é a designada subordinação jurídica do trabalhador ao empregador.

A subordinação jurídica, para além da alienabilidade e do poder disciplinar (*vd. supra* § 6.), na sua vertente mais característica, tem duas facetas: o dever de obediência, que recai sobre o trabalhador e o poder de direção, conferido ao empregador.

II. O poder de direção resulta de dois fatores: a falta de concretização, própria da atividade laboral, e a mútua colaboração, que caracteriza a relação de trabalho.

A falta de concretização da prestação do trabalhador corresponde a uma peculiaridade do contrato de trabalho, pois, por via de regra, nele não se específica, ao pormenor, de forma exaustiva, a atividade a desenvolver, em cada momento, pelo trabalhador[590]; admite-se que o trabalhador possa desempenhar várias atividades dentro do parâmetro determinado, em particular pelo objeto do contrato. Como é normal que haja um acordo genérico quanto à atividade a desenvolver, torna-se necessário que o empregador possa, em cada momento, concretizar a atividade a realizar efetivamente. Esta faculdade de especificar a atividade, derivada da natural indeterminação laboral, é, por vezes, designada por heterodeterminação do serviço[591].

O poder de direção tem em vista individualizar a prestação do trabalhador, concretizando a atividade a desenvolver[592]. Daí afirmar-se que a prestação é realizada sob as ordens e a direção do empregador[593].

---

voluntário no art. 7.º, com destaque para a indemnização por acidentes de trabalho e doenças profissionais (n.º 1, alínea *f)*).

[590] Cf. Bernardo Xavier/Furtado Martins/Nunes de Carvalho/Joana Vasconcelos//Tatiana Guerra de Almeida, *Manual*, cit., pp. 317 e s. Indicando a subordinação como elemento essencial da qualificação do contrato de trabalho, veja-se Estêvão Mallet, «A subordinação como elemento do contrato de trabalho», *RDES* 2011, n.º 3/4, pp. 7 ss.

[591] Cf. Menezes Cordeiro, *Direito do Trabalho*, I, cit., p. 597.

[592] Apesar de não ser rigoroso, pode dizer-se que, no contrato de trabalho, o empregador dá ordens ao trabalhador, enquanto, no contrato de prestação de serviço, o beneficiário fornece instruções ao prestador da atividade.

[593] Cf. Mário Pinto/Furtado Martins/Nunes de Carvalho, *Comentário às Leis do Trabalho*, Vol. I, Lisboa, 1994, anot. II.3 ao art. 1.º, p. 25.

Por seu turno, o trabalhador tem o dever de obediência relativamente às ordens emanadas do empregador (art. 128.º, n.º 1, alínea *e)*, do CT).

Estes aspetos, associados com a alienabilidade da atividade e a sujeição ao poder disciplinar, consubstanciam a subordinação jurídica.

III. O poder de direção e o correspondente dever de obediência têm limites; por isso, a definição e a determinação do trabalho a executar pelo trabalhador não podem ser feitos em termos que excedam os parâmetros dentro dos quais o contrato foi ajustado. Por exemplo, tendo um trabalhador sido contratado para um serviço de secretaria, não se lhe pode adjudicar um trabalho de limpeza; as ordens do empregador têm de se inserir nos limites em que se circunscreve a atividade acordada, isto é, atendendo à categoria do trabalhador.

IV. Em segundo lugar, a boa fé na realização da atividade, prevista nos art. 126.º do CT, sob a epígrafe «Deveres gerais das partes», a propósito dos direitos e deveres das partes no contrato de trabalho, pressupõe que o trabalhador e o empregador cooperem na prossecução de vantagens mútuas. Para que no cumprimento das respetivas obrigações e no exercício dos correspondentes direitos as partes procedam de boa fé, torna-se necessário que, entre outros aspetos, a um seja conferido o poder de dirigir o trabalho, devendo o outro acatar essas ordens.

V. A subordinação jurídica apresenta-se como imprescindível; é uma necessidade técnica[594], em especial nas modernas produções empresariais, onde se exige da parte do trabalhador uma permanente adaptação ao trabalho a executar, porque cada vez mais é difícil estabelecer, no contrato, uma atividade concreta a desenvolver.

BIBLIOGRAFIA:

LEAL AMADO, *Contrato de Trabalho*, cit., pp. 51 ss.; MENEZES CORDEIRO, *Direito do Trabalho*, cit., pp. 517 e 518; MONTEIRO FERNANDES, *Direito do Trabalho*, cit., pp. 121 e ss.; JÚLIO GOMES, *Direito do Trabalho*, I, cit., pp. 81 e ss., 91 e ss. e 101 e ss.; MÁRIO PINTO/FURTADO MARTINS/NUNES DE CARVALHO, *Comentário às Leis do Trabalho*, Vol. I, Lisboa, 1994, anot. II.2 e 3 ao art. 1.º, pp. 23 a 26; ROSÁRIO PALMA RAMALHO, *Tratado de Direito do Trabalho*, II, 6.ª edição, Coimbra, 2016, pp. 19 e

594 Cf. BERNARDO XAVIER, *Curso de Direito do Trabalho*, cit., p. 290.

ss.; MOTTA VEIGA, *Lições de Direito do Trabalho*, cit., pp. 307 a 310; BERNARDO XAVIER/FURTADO MARTINS/NUNES DE CARVALHO/JOANA VASCONCELOS/TATIANA GUERRA DE ALMEIDA, *Manual*, cit., pp. 313 e ss.

§ 12. CARACTERÍSTICAS

1. Negócio jurídico de direito privado

I. O contrato de trabalho é uma figura negocial de direito privado[595], estando, por conseguinte, subordinado ao princípio da autonomia privada, nas suas vertentes da liberdade de celebração[596] e da liberdade de estipulação de negócios jurídicos (art. 405.º do CC).

Não obstante o princípio da autonomia privada, há a ter em conta, principalmente no que respeita à liberdade de estipulação do conteúdo, determinadas normas que não podem ser afastadas pela vontade das partes, as quais limitam a liberdade contratual, impondo, pelo menos, um conteúdo mínimo imperativo. No contrato de trabalho, mais do que em outros negócios jurídicos de direito privado, verifica-se a existência de um número elevado de normas injuntivas; no entanto, os limites à liberdade contratual não implicam a sua exclusão[597]. Este número elevado de normas imperativas foi

---

[595] A qualificação do contrato de trabalho como um negócio jurídico de direito privado parece indiscutível, cf., nomeadamente, MENEZES CORDEIRO, *Direito do Trabalho*, II, cit. p. 109; RUI PEREIRA, «A Garantia das Obrigações emergentes do Contrato de Trabalho», *O Direito* 1974/1987, p. 227; SÖLLNER, *Grundriß des Arbeitsrechts*, cit., p. 247; BERNARDO XAVIER/FURTADO MARTINS/NUNES DE CARVALHO/JOANA VASCONCELOS/TATIANA GUERRA DE ALMEIDA, *Manual*, cit., p. 324.

[596] Veja-se, todavia, a PRT Rural de Beja, Évora e Portalegre, de 10 de setembro de 1975 (já revogada), que impunha a contratação de trabalhadores rurais em determinadas circunstâncias. Esta e outras limitações à liberdade de celebração relacionam-se com um período político conturbado.
Contudo, por vezes, estabelecem-se benefícios para as empresas que contratem determinado tipo de trabalhadores (p. ex., desempregados de longa duração ou pessoas com deficiências físicas). Quanto à obrigação de contratar trabalhadores deficientes nos Direitos Alemão e Italiano, cf. DÜTZ, *Arbeitsrecht*, 12.ª ed., Munique, 2007, p. 55 e PAPALEONI *in* MAZZONI, *Diritto del Lavoro*, I, cit., pp. 462 e 469 ss.

[597] Diferentemente, ROSÁRIO PALMA RAMALHO, *Da Autonomia Dogmática do Direito do Trabalho*, cit., pp. 41 s., assenta numa «essência predominantemente imperativa do sistema normativo laboral». Como esclarece SERRANO ARGÜESO, *La Teoría de las Fuentes en el Derecho Individual del Trabajo. Revisión Crítica*, Madrid, 2000, pp. 156 ss., a flexibilidade laboral tem conduzido ao

estabelecido, muitas das vezes, em defesa do trabalhador, tendo em conta as desigualdades factuais existentes entre o empregador e o prestador de trabalho, com vista a salvaguardar uma efetiva igualdade jurídica.

II. Tal como os demais negócios jurídicos, o contrato de trabalho está subordinado ao princípio da consensualidade (art. 219.º do CC), pelo que não precisa de revestir forma especial. A regra constante do art. 219.º do CC vem reiterada no art. 110.º do CT. No entanto, há exceções, que constam de normas esparsas, nomeadamente em sede de regimes especiais[598].

A consensualidade, para além de facilitar a celeridade negocial, tem essencialmente em vista a proteção do trabalhador, não se pondo em causa a validade dos contratos não formalizados[599]. Daí que a inobservância de forma, quando ela é exigida, não determine, por via de regra, a invalidade do contrato de trabalho.

2. Negócio jurídico bilateral, nominado e típico

I. A relação jurídica laboral pressupõe a existência de um negócio jurídico bilateral, porque resulta do encontro entre duas vontades contrapostas. Como em qualquer contrato, a relação que se estabelece entre empregador e trabalhador diferencia duas partes com interesses contrapostos, mas que se conjugam.

II. Para além disso, a figura em apreço corresponde a um negócio jurídico nominado, na medida em que a lei lhe conferiu um *nomen iuris*, designando-o «contrato de trabalho» (arts. 11.º do CT e 1152.º do CC).

III. O contrato de trabalho qualifica-se como um negócio jurídico típico, atendendo ao facto de existir uma regulamentação própria e autónoma na lei; como legislação especial é de indicar o Código do Trabalho, além de diplomas avulso relativos a contratos de trabalho com regime especial.

---

afastamento de muitos limites à autonomia privada. Veja-se, contudo, AVIO, *I Diritti Inviolabili nel Rapporto di Lavoro*, Milão, 2001; PERA, *Le Rinunce e le Transazioni del Lavoratore*, Milão, 1990.

[598] No art. 103.º do CT2003 (preceito eliminado na revisão de 2009) indicavam-se as diferentes situações em que era exigida forma especial.

[599] Para haver contrato de trabalho basta que, por consenso, alguém desenvolva uma atividade subordinada para outrem, mediante retribuição.

Do regime particular estabelecido para o contrato de trabalho, mais do que em outros negócios jurídicos, constam várias normas injuntivas, não se podendo, contudo, concluir que todo o regime seja imperativo.

3. Negócio jurídico causal

O contrato de trabalho é um negócio jurídico causal, porque as obrigações das partes estão na dependência de uma causa; não valem por si, como ocorre nos contratos abstratos. No nosso ordenamento jurídico, como princípio geral, os negócios jurídicos são causais[600]; só há negócios jurídicos abstratos em situações excecionais, por exemplo, negócios cartulares.

O contrato de trabalho integra-se nas situações negociais comuns, sendo necessário indagar da fonte (causa) das prestações cujo cumprimento se exige às partes. Deste modo, os deveres de desenvolver uma atividade ou de remunerar o trabalhador, bem como outras prestações emergentes da relação laboral, só são eficazes se demonstrada a respetiva causa.

4. Negócio jurídico obrigacional

I. O contrato de trabalho é um dos contratos em especial que consta da segunda parte do Título II do Código Civil, sob a epígrafe «Dos Contratos em Especial».

Para além disso, corresponde a um contrato obrigacional, porque se limita tão-só a criar obrigações para ambas as partes[601]; não é, pois, nem um negócio jurídico real *quoad effectum*, na medida em que a sua celebração não implica a constituição ou a transferência de direitos reais (art. 408.º do CC), nem um negócio jurídico real *quoad constitutionem*, porque, para a perfeição negocial, não carece de qualquer tradição (por exemplo, art. 669.º, n.º 1, do CC).

II. De entre as situações obrigacionais, constitui uma relação obrigacional complexa, porque dela emergem deveres principais (em especial, prestar uma atividade e pagar a retribuição), deveres secundários (nomeadamente os constantes dos arts. 127.º, n.º 1, alínea *d)*, e 128.º, n.º 1, alínea *g)*, do CT) e deveres acessórios de conduta (por exemplo, tratar com urbanidade e probidade o empregador, os superiores hierárquicos e companheiros de trabalho

---

[600] Cf. Menezes Cordeiro, *Tratado de Direito Civil Português*, I, cit., pp. 470 ss.

[601] Cf. Spielbücher/Grillberger, *Arbeitsrecht*, I, *Individualarbeitsrecht*, cit., pp. 49 s.

e não divulgar segredos de produção, art. 128.º, n.º 1, alíneas *a)* e *f)*, do CT ou proporcionar boas condições de trabalho, art. 127.º, n.º 1, alínea *c)*, do CT).

5. Negócio jurídico sinalagmático

I. O contrato de trabalho é sinalagmático, na medida em que dele emergem, para ambas as partes, direitos e obrigações de forma recíproca e interdependente; a prestação da atividade tem, como contrapartida, o pagamento do salário.

A natureza sinalagmática do contrato de trabalho encontra-se, tanto na sua constituição (sinalagma genético), como na sua execução (sinalagma funcional).

II. Sendo um contrato sinalagmático, aplicam-se-lhe as regras gerais do direito das obrigações, tais como a exceção do não cumprimento do contrato (arts. 428.º e ss. do CC), o incumprimento (arts. 798.º e ss. do CC), etc.

Há, todavia, exceções, no domínio do direito do trabalho, no que respeita à aplicação das regras gerais. De facto, o carácter sinalagmático do contrato de trabalho reveste algumas particularidades decorrentes, em especial, da proteção conferida ao trabalhador e da assunção do risco por parte do empregador[602].

6. Negócio jurídico oneroso e comutativo

I. O contrato de trabalho é oneroso, porque implica um dispêndio económico para ambas as partes. Em termos gerais, o trabalhador suporta o sacrifício relativo ao desempenho da sua atividade e o empregador quanto à retribuição a pagar. O esforço económico incide sobre ambas as partes, com vantagens correlativas, que podem não ser equivalentes.

II. Relacionado com a onerosidade do contrato de trabalho importa aludir à existência de prestações acessórias ou complementares. Por vezes, são

[602] Indique-se, a título de exemplo, o facto de as férias e as faltas justificadas serem remuneradas, cf. Motta Veiga, *Lições*, cit., p. 311.
Rui Pereira, «A Garantia das Obrigações ...», cit., pp. 239 ss., justifica estas especificidades atendendo à eficácia dos direitos fundamentais na relação laboral, ficando, muitas das vezes, a cargo do empregador assegurar o cumprimento de tais direitos por via da designada teoria da eficácia externa das normas constitucionais.

celebrados outros negócios jurídicos que ficam na dependência do contrato de trabalho. Com frequência, parte do que seria a onerosidade do contrato de trabalho encontra-se na dependência de outros negócios jurídicos, que se estabelecem entre empregador e trabalhador. Por exemplo, o empregador arrenda uma casa ao trabalhador por uma renda inferior à que seria determinada pelas regras de mercado. Estes negócios jurídicos, celebrados na dependência (ou em consequência) do contrato de trabalho, podem ter autonomia, cabendo-lhes, designadamente, proporcionar ao trabalhador uma forma indireta de retribuição. Em tais casos, nem sempre se estabelece um contrato misto; nada obsta a que no contrato de trabalho se incluam elementos típicos de outros negócios (por exemplo, fornecimento de casa ao trabalhador), formando um contrato misto (art. 405.º do CC), mas se as várias situações negociais, em que se inclui a relação laboral, se encontrarem em interdependência estar-se-á perante uma união ou coligação de contratos. Nesta hipótese, pode haver repercussões de um contrato no outro, não perdendo cada um deles a sua autonomia. No exemplo referido, os contratos de trabalho e de arrendamento encontrar-se-iam numa relação de interdependência, mantendo a respetiva autonomia.

III. O contrato, para além de oneroso, é também comutativo, por oposição a aleatório. No contrato de trabalho, como em qualquer negócio jurídico, há uma repartição do risco, mas para que o contrato fosse aleatório, seria necessário que a sua execução – ainda que parcialmente – estivesse na dependência de um facto futuro e incerto (*alea*).

A repartição do risco, mesmo que primordialmente recaia sobre uma das partes (no caso, o empregador), não atribui carácter aleatório ao contrato de trabalho, relativamente ao qual o cumprimento das suas prestações não está na dependência de nenhum facto futuro e incerto.

7. Negócio jurídico de execução continuada

O contrato de trabalho gera obrigações que se protelam no tempo[603]. Diferentemente, por exemplo da compra e venda, as obrigações e direitos das

[603] Atendendo à execução continuada, como se indicou *supra* § 11.1, por vezes, contrapõe-se o contrato de trabalho à relação laboral, sendo aquele fonte desta; ou, dito de outro modo, o contrato de trabalho fundamenta a relação laboral (SÖLLNER, *Arbeitsrechts*, cit., pp. 254 s.; ZÖLLNER/LORITZ, *Arbeitsrecht*, cit., p. 145). E é a relação laboral que justifica as prestações continuadas do empregador e trabalhador. A referida distinção está na base da contraposição

partes, num contrato de trabalho, não se extinguem com a respetiva realização; há uma continuidade quanto à prestação da atividade e ao pagamento da retribuição, da qual decorrem diversas consequências a nível geral, com particularidades de regime, nomeadamente no que diz respeito à resolução do contrato. A possibilidade de este contrato perdurar no tempo constitui inclusive uma aposta do legislador na defesa da estabilidade do emprego. O facto de o contrato de trabalho, tendencialmente, subsistir por largo período de tempo, não significa que se qualifique como perpétuo[604]; para além de se admitir a celebração de contratos a termo, a multiplicidade de causas de cessação não permite que se conclua no sentido de se estar perante um vínculo vitalício.

8. Negócio jurídico *intuitu personae*

I. O contrato de trabalho assenta numa relação fiduciária, em que a confiança recíproca tem um papel de relevo. A boa fé, estabelecida no art. 126.º do CT, pressupõe o carácter fiduciário da relação contratual; dificilmente se concebe a realização das prestações de boa fé se as partes não confiarem pessoalmente uma na outra. O empregador pretende certas qualidades de trabalho, de honestidade, etc., e o trabalhador espera, entre outros aspetos, um tratamento condigno e o pagamento atempado do salário.

Poder-se-ia pensar que a confiança entre as partes só existia quando o contrato de trabalho assentava numa relação comunitário-pessoal, pelo que, na situação atual, perante a massificação do trabalho, a ideia de fidúcia deixaria de existir. Parece que tal alteração não ocorreu; ainda que a contratação em massa tenha quebrado o laço fiduciário entre o trabalhador e o empregador, não é aceitável que um trabalhador, certo dia, para a realização da atividade a que se obrigou, se faça substituir por outrem. Se a relação laboral não se baseasse na fidúcia, a substituição seria admissível, pois a atividade a desenvolver pelo trabalhador era fungível, e para o credor (empregador) seria irrelevante a identidade daquele que efetuasse a prestação (art. 767.º do

---

entre teorias contratualistas e incorporacionistas (*vd.* SÖLLNER, *Arbeitsrechts*, cit., pp. 254 ss.), que, em termos sintéticos, fundamentam a relação laboral no contrato de trabalho ou na incorporação do trabalhador na empresa. A opção pela tese contratualista é justificada ao longo da exposição (em especial, *infra* n.º 9.II) e sempre que se utilizam expressões como «relação laboral» ou «relação de trabalho» é no sentido de vínculo que decorre de um contrato de trabalho; trata-se, no fundo, de um contrato de execução continuada.

[604] Neste sentido, MENEZES CORDEIRO, *Direito do Trabalho*, II, cit., p. 108 e 146 ss.

CC). Todavia, a atividade a que o trabalhador se obriga corresponde a uma prestação infungível, podendo o empregador invocar que a substituição o prejudica (art. 767.º, n.º 2, parte final, do CC). Deste modo, a infungibilidade da prestação não permite a substituição, ainda que temporária, do trabalhador[605]. Da mesma forma, o empregador só dentro de certos condicionalismos pode ceder o trabalhador a outro empregador (*vd. infra* § 49.3.).

II. A infungibilidade não é, contudo, característica de todas as prestações laborais; assim, a obrigação de pagar mensalmente o salário pode ter sido assumida por terceiro. O carácter fungível ou infungível das prestações laborais tem de ser apreciado nos termos gerais dos arts. 767.º e ss. do CC, sendo de concluir que a realização da atividade constitui uma prestação infungível[606].

Se não houver uma relação fiduciária, tratando-se de uma prestação de facto, esta seria fungível (cf. art. 828.º do CC), podendo o devedor fazer-se substituir na sua realização. Mas na relação laboral há prestações infungíveis, designadamente a obrigação de executar a atividade. O carácter fiduciário da relação de trabalho não obsta, contudo, à transmissão *inter vivos* ou *mortis causa* de direitos emergentes do contrato, como seja a obrigação de pagamento de retribuições vencidas[607], e até permite a transmissão da empresa associada à cessão automática da posição contratual (art. 285.º do CT).

III. Verifica-se um atenuar do laço fiduciário, mas ainda subsiste o *intuitu personae*[608].

O *intuitus personae* varia em função de cada relação laboral em concreto. Há relações em que o laço fiduciário é reduzido, mas noutras ele apresenta-se de modo elevado. Por exemplo, a natureza fiduciária do contrato de trabalho que liga o empregador ao gerente da empresa ou à secretária particular será mais intensa do que no caso de um trabalhador indiferenciado de uma linha de montagem.

---

605 Por isso, tendo sido acordado que a prestadora da atividade (bailarina), em caso de impossibilidade, se poderia fazer substituir por outrem, há um indício da relação estabelecida não ser laboral (Ac. Rel. Lx. de 8/11/1998, inédito).

606 Cf. PAPALEONI *in* MAZZONI, *Diritto del Lavoro*, I, cit., pp. 228 s.

607 Cf. Ac. STJ de 26/11/1997, *BMJ* 471, p. 248, onde se admitiu a transmissão sucessória de um crédito salarial da trabalhadora falecida.

608 Em sentido diverso, MENEZES CORDEIRO, *Direito do Trabalho*, II, cit., p. 150. Com uma perspetiva terminológica distinta, JÚLIO GOMES, *Direito do Trabalho*, I, cit., pp. 86 e ss.

9. Outros aspetos

I. Em relação às características, ainda importa salientar que o contrato de trabalho começou por ser um negócio jurídico obrigacional, sem qualquer particularidade. Porém, a evolução verificada a partir da segunda metade do século XIX esteve na origem de uma nova conceção do contrato de trabalho, por via da qual ele passou a ser entendido como um negócio jurídico em que se pretendia dar um determinado estatuto de privilégio a uma das partes, conferindo-lhe especial tutela. Nestes termos, o contrato de trabalho começou a ser visto como uma forma de evitar que o empregador «explorasse» o trabalhador, que corresponde a uma visão estatutária deste negócio jurídico[609]; dito de outro modo, o contrato de trabalho, nesta perspetiva estatutária ou subjetivista, tinha em vista garantir um estatuto de proteção ao trabalhador dependente.

Todavia, hoje em dia, esta perspetiva estatutária do contrato de trabalho parece estar ultrapassada[610]. Tendo por base, nomeadamente os arts. 127.º e ss. do CT, depara-se com um elenco de direitos e deveres das partes, que parece comprovar que a conceção estatutária foi abandonada. O Código do Trabalho regula este negócio jurídico atendendo às posições das partes, indicando os respetivos direitos e deveres, numa perspetiva de igualdade jurídica; não se adotou, pois, uma conceção unilateral do contrato de trabalho.

Apesar de no Código do Trabalho se ter ultrapassado a perspetiva estatutária, ainda se encontram diplomas, relativamente recentes, em que se regressa a tal conceção, sendo o contrato de trabalho visto tão-só na ótica do trabalhador. É o que acontece no Decreto-Lei n.º 235/92, de 24 de outubro, sobre o serviço doméstico; o referido diploma está especialmente vocacionado para a «defesa» do trabalhador contra o empregador, predominando as referências a direitos dos trabalhadores, omitindo-se a posição da contraparte, a que praticamente só se faz alusão no art. 30.º, a propósito da justa causa de despedimento.

O contrato de trabalho, como qualquer negócio jurídico, deve determinar direitos e deveres para ambas as partes e não apenas os direitos de uma delas, o trabalhador. É erróneo encarar o contrato de trabalho como girando em torno do trabalhador e essa postura não significa que se esteja a beneficiar o prestador de trabalho, nem tal acontece no diploma citado. Assim

[609] Preconizando esta visão estatutária, ao definir o direito do trabalho sobre a teoria do *status laboratoris*, cf. MÁRIO PINTO, *Direito do Trabalho*, Lisboa, 1996, pp. 93 ss.

[610] *Vd*. FURTADO MARTINS, «A Crise do Contrato de Trabalho», *RDES*, 1997, n.º 4, p. 338.

sendo, o contrato de trabalho deve ser visto em função das duas partes, indicando os respetivos direitos e obrigações.

II. Cabe, por último, indicar que a contratualidade da relação de trabalho é, por vezes, negada ou, de algum modo desvalorizada, tendo por base uma ideia de incorporação[611]. A superação da perspetiva contratual justificar-se-ia na medida em que o contrato não explicaria, nomeadamente, o poder disciplinar, os deveres do trabalhador para com os companheiros de trabalho, a carreira profissional ou a extinção dos postos de trabalho. Só a intervenção da empresa, na qual o trabalhador se incorpora, poderia explicar as mencionadas questões da relação laboral.

Sem descurar o relevante papel da empresa nas relações de trabalho (cf. *supra* § 5., n.º 3.*c*)), o contrato, atendendo à sua complexidade, com deveres principais, secundários e acessórios de conduta, justifica a pluralidade de situações jurídicas que caracterizam a relação laboral.

BIBLIOGRAFIA:

LEAL AMADO, *Contrato de Trabalho*, cit., pp. 53 ss.; MENEZES CORDEIRO, *Direito do Trabalho*, II, cit., pp. 95 a 152; MONTEIRO FERNANDES, *Direito do Trabalho*, cit., pp. 157 e ss.; JÚLIO GOMES, *Direito do Trabalho*, I, cit., pp. 85 e ss.; MENEZES LEITÃO, *Direito do Trabalho*, cit., pp. 107 e ss.; ANDRADE MESQUITA, *Direito do Trabalho*, cit., pp. 335 e ss.; MÁRIO PINTO/FURTADO MARTINS/NUNES DE CARVALHO, *Comentário*, cit., anot. II.5 ao art. 1.º, pp. 27 e 28; MOTTA VEIGA, *Lições*, cit., pp. 351 a 353; BERNARDO XAVIER/FURTADO MARTINS/NUNES DE CARVALHO/JOANA VASCONCELOS/TATIANA GUERRA DE ALMEIDA, *Manual*, cit., pp. 323 e ss.

[611] Sobre esta questão, cf. RUI PEREIRA, «A Garantia das Obrigações ...», cit., pp. 230 ss.; BERNARDO XAVIER/FURTADO MARTINS/NUNES DE CARVALHO/JOANA VASCONCELOS/TATIANA GUERRA DE ALMEIDA, *Manual*, cit., pp. 327 e s.; SÖLLNER, *Arbeitsrechts*, cit., pp. 254 ss.

Secção II
Distinção de Figuras Afins

§ 13. FIGURAS NÃO EQUIPARADAS AO CONTRATO DE TRABALHO

1. Importância da distinção

I. A relação de trabalho subordinado, moldada com base nos problemas suscitados pela Revolução Industrial, e desenvolvida no pressuposto, principalmente depois do segundo pós-guerra, de estabilidade social e progresso económico, tem sido entendida como um contrato que garante ao trabalhador, além de outros aspetos, um posto de trabalho e um salário durante toda a sua vida laboral. Tendo em conta estes parâmetros, tornou-se necessário desenvolver um critério delimitativo do contrato de trabalho em relação a figuras negociais afins[612]; o elemento distintivo, que resulta da noção de contrato de trabalho (art. 1152.º do CC e art. 11.º do CT), tem-se reconduzido à

[612] Quanto à contraposição entre trabalho subordinado e autónomo, *vd.* ROMANO MARTINEZ, «Trabalho Subordinado e Trabalho Autónomo», *Estudos do Instituto de Direito do Trabalho*, Vol. I, Coimbra, 2001, pp. 271 ss. Consulte-se também FERRARO, «Dal Lavoro Subordinato al Lavoro Autonomo», *Impresa e Nuovi Modi di Organizzazione del Lavoro. Atti delle Giornata di Studio di Diritto del Lavoro, Salermo, 22 – 23 Maggio 1998*, Milão, 1999, pp. 3 ss.; ICHINO, *Il Lavoro Subordinato: Definizione e Enquadramento*, Milão, 1992; MARTÍN VALVERDE, «Trabajo Asalariado y Trabajo Autonomo en el Derecho Comunitario Europeu», *Trabajo Subordinado y Trabajo Autónomo. En la Delimitación de Fronteras del Derecho del Trabajo*, org. por Cruz Villalón, Madrid, 1999, pp. 73 ss.; PEDRAZZOLI, «Dal Lavoro Autonomo al Lavoro Subordinato», *Impresa e Nuovi Modi di Organizzazione del Lavoro. Atti delle Giornata di Studio di Diritto del Lavoro, Salermo, 22 – 23 Maggio 1998*, Milão, 1999, pp. 95 ss.

subordinação jurídica. Porém, a subordinação jurídica como critério básico para a qualificação do contrato de trabalho resulta da conceção preconizada quanto ao trabalho dependente, em particular durante a estabilidade social e económica dos anos cinquenta e sessenta do século passado. Depois da crise petrolífera dos anos setenta e das mutações económicas e sociais ocorridas nas duas últimas décadas do século XX, o modelo laboral *supra* indicado tem sido afastado em muitas relações de trabalho: a estabilidade contratual, a inamovibilidade do trabalhador, a salvaguarda da categoria, entre outras garantias dos trabalhadores, nem sempre se compaginam com determinadas atividades, nem com a necessidade de contínua adaptação das empresas à crescente concorrência nos vários sectores e à evolução tecnológica. Além disso, o modelo tradicional de relação laboral implica uma proteção a trabalhadores que dela não carecem, pois, em virtude da sua preparação e importância na empresa, têm um poder negocial idêntico ao dos respetivos empregadores, não se justificando os limites à autonomia privada impostos pelo direito do trabalho[613].

Nesta sequência, verifica-se uma mutação na relação de trabalho para a qual também se apontam como causas a terciarização da economia, a desmaterialização do trabalho, a fácil deslocação de trabalhadores, em particular na União Europeia, e o surgimento de uma nova estrutura empresarial, cada vez com menos trabalhadores[614].

Neste contexto, justificar-se-ia repensar o critério distintivo entre o contrato de trabalho, como trabalho subordinado, e as figuras afins, onde se inclui o designado trabalho autónomo; todavia, a superação deste critério passaria por uma nova perspetiva do contrato de trabalho. *De iure condendo*, no atual quadro legal, apesar de criticável, dever-se-á continuar a recorrer ao critério de distinção tradicional.

II. No domínio contratual, por via do princípio da liberdade negocial (art. 405.º do CC), é conferida às partes autonomia para conformarem as suas

[613] Todavia, há quem entenda que o direito do trabalho deve constituir a base comum de toda a regulamentação do trabalho, de diferentes atividades, desde que haja dependência económica, *vd.* José João Abrantes, «O Direito do Trabalho face aos novos Modelos de Prestação do Trabalho», *IV Congresso Nacional de Direito do Trabalho*, Coimbra, 2002, pp. 83 ss., em especial p. 89.

[614] Sobre a crise do direito do trabalho, *vd. supra* § 4.5.d) e Nunes de Carvalho, «Ainda sobre a Crise do Direito do Trabalho», *II Congresso Nacional de Direito do Trabalho. Memórias*, Coimbra, 1999, pp. 49 ss.

relações contratuais; deste modo, o regime aplicável à atividade que uma pessoa presta a outra depende do acordo das partes. Contudo, tendo em conta o potencial desequilíbrio negocial entre aquele que se oferece para prestar uma atividade e o que pretende beneficiar dessa atividade, estabeleceram-se várias limitações à autonomia privada no contrato de trabalho. Relacionado com estas limitações, torna-se imperioso controlar a qualificação negocial, de molde a evitar que as partes se furtem à aplicação das regras imperativas em matéria laboral. Daí a necessidade de apreciar a licitude da opção das partes pelo trabalho autónomo.

III. De modo sintético, podem indicar-se duas razões que justificam o recurso ao trabalho autónomo.

Em primeiro lugar, as partes podem ter enquadrado a relação jurídica num regime de trabalho autónomo por um motivo fraudulento: para obstar à aplicação das normas imperativas de direito do trabalho, como meio de prejudicar, em princípio, o prestador de trabalho. De facto, a fuga para o trabalho autónomo, tendo em vista a flexibilização do vínculo jurídico, pode implicar que não se apliquem as regras jurídico-laborais que melhor protegem o trabalhador. Em tal caso, haverá uma errada (ou abusiva) qualificação do contrato, que não vincula o intérprete, cabendo ao tribunal corrigir o lapso[615].

Por outro lado, a qualificação jurídica querida pelas partes pode ter um motivo lícito, sendo o enquadramento pretendido justificado por razões técnicas, por exemplo relacionadas com o modo de prestar a atividade[616], ou por motivos conjunturais, nomeadamente derivados da necessidade de adaptabilidade das empresas a novos métodos e à crescente competitividade. Se, atentas as circunstâncias, a atividade pode ser desempenhada de modo independente, a escolha feita pelas partes de uma relação jurídica de trabalho autónomo é lícita.

[615] Contudo, como refere Furtado Martins, «A Crise do Contrato de Trabalho», *RDES*, 1997, n.º 4, pp. 344 s., tal solução não é fácil, porque, mesmo que o trabalhador conheça os seus direitos, terá de recorrer a tribunal, provar a existência do contrato de trabalho e aguardar por uma decisão, que se espera morosa.

[616] Por vezes afirma-se que as novas técnicas, nomeadamente relacionadas com a utilização de computadores, justificam do trabalhador mais inteligência do que força braçal, superando a escravização do trabalhador à empresa. Sobre situações lícitas de trabalho autónomo, *vd.* Furtado Martins, «A Crise do Contrato de Trabalho», cit., pp. 355 ss.

2. Contrato de prestação de serviço

a) Dificuldade de delimitação

I. O trabalho subordinado corresponde à prestação de uma atividade mediante contrato de trabalho, contrapondo-se ao trabalho autónomo, em que a atividade é exercida sem dependência jurídica e que pode enquadrar-se em diversas figuras negociais, nomeadamente os contratos de prestação de serviço, de mandato, de agência ou de empreitada.

II. O contrato de trabalho poderia ter sido qualificado como um subtipo de contrato de prestação de serviços. Em sentido amplo, a prestação de serviços abrange o próprio contrato de trabalho, mas o legislador português, na sistematização do Código Civil, contrapõe o contrato de trabalho ao contrato de prestação de serviços, como se verifica na relação entre os arts. 1152.º e 1154.º do CC.

Regulamenta-se, por um lado, o contrato de trabalho e, por outro, o contrato de prestação de serviço que, como refere o art. 1155.º do CC, se divide em três subtipos: o mandato, o depósito e a empreitada.

Em termos teóricos, podemos aceitar que há um contrato de prestação de serviços em sentido amplo, o qual engloba a prestação de serviços subordinada – onde se inclui o contrato de trabalho – e a prestação de serviços autónoma, que corresponde ao contrato de prestação de serviço propriamente dito[617]. Este, por sua vez, subdivide-se em quatro categorias: a prestação de serviços atípica[618], o mandato, o depósito e a empreitada.

[617] A este propósito, interessa aludir à sistematização do Código Civil Italiano, que, no Livro V (Do Trabalho), distingue o trabalho autónomo (Título III) do trabalho subordinado (Título IV), remetendo-se, neste último caso, em geral, para o trabalho na empresa (Título II). Quanto ao trabalho autónomo, o Código Civil Italiano contrapõe o contrato de obra manual (arts. 2222 ss. CCIt.) ao contrato de obra intelectual (arts. 2229 ss. CCIt.). Sobre estas duas modalidades de trabalho autónomo, veja-se o estudo de PERULLI, *Il Lavoro Autonomo in Trattato di Diritto Civile e Commerciale*, Cicu/Messineo, Vol. XXVII, T. 1, Milão, 1996. O contrato de obra manual consubstancia aquilo que poderemos designar por empreitada de Direito civil, em que o empreiteiro não integra a noção de empresa (sobre esta questão, *vd.* autor e ob. cit., pp. 85 ss.). O contrato de obra intelectual relaciona-se com prestações a efetuar por profissionais intelectuais (*vd.* autor e ob. cit., pp. 351 ss. e 417 ss.), que, no direito português, correspondem, em regra, a contratos de prestação de serviço.
Cabe ainda referir que SÖLLNER, *Arbeitsrechts*, cit., p. 247, depois de enquadrar o contrato de trabalho no Direito civil, afirma categoricamente que é um tipo de prestação de serviços.

[618] Há uma multiplicidade de prestações de serviços atípicas, algumas das quais socialmente tipificadas (cf. PAIS DE VASCONCELOS, *Contratos Atípicos*, 2.ª ed., Coimbra, 2009, pp. 211 ss.), como

III. O contrato de prestação de serviço encontra-se definido no art. 1154.º do CC. Comparando esta definição com a noção de contrato de trabalho, constante dos arts. 1152.º do CC e 11.º do CT, verifica-se que há, realmente, várias afinidades. Mas da dita comparação, detetam-se, essencialmente, três diferenças.

Primeiro, no contrato prestação de serviço uma das partes proporciona à outra «certo resultado», enquanto, no contrato de trabalho, «presta a sua atividade».

Esta distinção relaciona-se com a diferença entre prestações de resultado e prestações de meios. No contrato de trabalho, a obrigação é de meios e no contrato de prestação de serviço tem-se em vista, por via de regra, a obtenção de um certo resultado[619].

Contudo, no contrato de trabalho, muitas das vezes, está igualmente em causa a obtenção de um resultado[620]. Assim, sendo o contrato de trabalho a termo incerto para «(...) a execução, direção e fiscalização de trabalhos de construção civil (...)»[621], denota-se um papel relevante do resultado a atingir. Mas, em qualquer outro contrato de trabalho, atendendo às regras da boa fé na realização da atividade, não se pode concluir que o resultado não seja tido

seja as várias situações de prestação de serviços por parte de profissionais liberais, médicos, advogados, arquitetos, etc. e outras que surgiram recentemente. Quanto a estas últimas, a título de exemplo, é de indicar o contrato de reposição em hipermercados, normalmente ajustado pelas empresas que se dedicam ao fabrico e/ou comercialização de produtos (alimentares, de higiene, etc.); muitas vezes, o prestador de atividade dedica-se a repor nas prateleiras dos hipermercados os produtos de uma ou mais empresas do ramo, sendo frequente a existência dos mencionados repositores como decorrência do contrato de comercialização ajustado entre a empresa e a grande superfície (sobre esta figura, cf. SOARES RIBEIRO, «O Contrato de Reposição» *in I Congresso Nacional de Direito do Trabalho. Memórias*, Coimbra, 1998, pp. 265 ss.). No Ac. Rel. Pt. de 7/9/1999, CJ XXIV, T. IV, p. 255, qualificou-se como contrato de trabalho a relação estabelecida com uma repositora, por se considerar que estavam preenchidos os indícios deste contrato; todavia, como consta do aresto citado, a execução da tarefa era controlada pelo hipermercado e não pela empresa contratante, o que leva a concluir pela existência de uma situação atípica de trabalho com similitudes com o trabalho temporário e a cedência ocasional. No mesmo sentido, veja-se o Ac. STJ de 18/11/1999, CJ (STJ) 1999, T. III, p. 275.

[619] Cf. Ac. Rel. Lx. de 29/1/1992, CJ XVII, T. I, p. 200.

[620] MÁRIO PINTO/FURTADO MARTINS/NUNES DE CARVALHO, *Comentário* às Leis do Trabalho, Vol. I, Lisboa, 1994, anot. n.º 6 ao art. 1.º, p. 28, afirmam, mesmo, que uma atividade produz sempre um resultado. JOSÉ IGNACIO GARCÍA NINET, *El Contrato para la Realización de Obra o Servicio Determinado*, Valencia, 1995, a propósito do art. 15 do *Estatuto de los Trabajadores*, que alude ao contrato de trabalho para realização de obra ou serviço determinado, explica o regime jurídico dessa modalidade de contrato a termo (pp. 37 ss.).

[621] Cf. art. 140.º, n.º 3, do CT. Sobre o contrato a termo, *vd. infra* § 30.2.

em conta. Em contrapartida, no contrato de prestação de serviço, frequentemente, tem-se em vista uma prestação de meios; na realidade, o médico ou o advogado, por via de regra, não se obrigam à obtenção de um resultado.

Em segundo lugar, o contrato de trabalho é, necessariamente, oneroso. A retribuição corresponde a um elemento essencial deste negócio jurídico, sem a qual não há contrato (art. 1152.º do CC)[622]; diferentemente, o contrato de prestação de serviço pode ser celebrado com ou sem retribuição (art. 1154.º do CC). Portanto, o contrato de prestação de serviço pode ser gratuito ou oneroso.

Terceiro, a atividade que é objeto do contrato de trabalho tem de ser prestada «sob autoridade e direção» do empregador; deste modo, a atividade será exercida com base na subordinação jurídica do trabalhador relativamente ao empregador[623]. No contrato de prestação de serviço não há subordinação jurídica, o prestador de serviços exerce a sua atividade com autonomia.

Esta última é a distinção mais frequentemente usada para contrapor o contrato de trabalho ao contrato de prestação de serviço[624]. Atendendo às dificuldades de concretização da designada subordinação jurídica tem-se tentado recorrer a outros critérios, como a alienabilidade da tarefa, ou admitir a existência de situações híbridas, entre as quais importa destacar a para-subordinação[625]. Por outro lado, há quem sustente que a distinção não se deve fazer entre trabalho subordinado e trabalho autónomo, pois a cola-

---

622 Por isso, no art. 1.º, n.º 3, alínea d), do *Estatuto de los Trabajadores*, determina-se que o regime laboral não se aplica ao trabalho realizado a título de amizade, benevolência ou boa vizinhança. Sobre a questão, *vd.* Alonso Olea, «Reflexiones Actuales sobre el Trabajo Realizado a Título de Amistad, Benevolencia o Buena Vecinidad», *in Trabajo Subordinado y Trabajo Autónomo. En la Delimitación de Fronteras del Derecho del Trabajo*, org. por Cruz Villalón, Madrid, 1999, pp. 15 ss.

623 Como se refere no Ac. Rel. Cb. de 23/2/1995, CJ XX, T. I, p. 78, é pressuposto do contrato de trabalho que o empregador possa, de algum modo, orientar a atividade do trabalhador, dando-lhe instruções genéricas para o exercício das suas funções.

624 A distinção entre autonomia e subordinação é clássica para se proceder à classificação de um contrato como sendo de trabalho, *i*nclusive noutros espaços jurídicos. Cf., nomeadamente, Angiello, *Autonomia e Subordinazione nella Prestazione Lavorativa*, Pádua, 1974, em especial, pp. 7 ss.; Pélissier/Supiot/Jemmaud, *Droit du Travail*, cit., p. 389; Papaleoni *in* Mazzoni, *Manuale di Diritto del Lavoro*, Vol. I, cit., pp. 227 ss.

625 Em situações de fronteira, a doutrina italiana, por vezes, recorre à designada para-subordinação, principalmente quando o prestador da atividade, atendendo à sua categoria social, não carece da proteção conferida pela lei laboral, cf. Anna Maria Grieco, *Lavoro Parasubordinato e Diritto del Lavoro*, Nápoles, 1983, pp. 13 ss. Veja-se ainda Ferraro, *I Contratti di Lavoro*, Pádua, 1991, pp. 225 ss. Porém, como refere Nascimento, *Curso de Direito do Trabalho*, cit., pp. 319 s.,

boração com autonomia e carácter continuado deve também ser protegida como uma relação de trabalho para-subordinado[626].

b) Concretização da dificuldade de delimitação

b.1) Atividades que podem ser exercidas com autonomia

Na prática, a distinção entre as duas situações nem sempre é fácil[627]. Por exemplo, um contrato com um taxista, mediante o qual este, todos os dias, às nove horas, leva ao emprego e às cinco horas da tarde traga a casa a contraparte, em princípio, deverá ser qualificado como contrato de prestação de serviço. Mas se, diferentemente, uma pessoa que tem automóvel próprio contratar um motorista duas horas por dia (das 9h às 10h e das 17h às 18h), tendo este de fazer o mesmo trabalho que o taxista, o contrato seria, em princípio, considerado como sendo de trabalho.

A distinção entre ambos os contratos não pode assentar na propriedade do automóvel, porque o direito de propriedade sobre o veículo não deverá ser o critério de distinção jurídica[628].

Poderá, então, recorrer-se ao critério da subordinação jurídica, mas em ambos os casos há um trajeto e um horário a respeitar, determinados pelo beneficiário da atividade. Porém, o cliente não tem poder disciplinar sobre o taxista, mas já o terá sobre o seu motorista. Além disso, o dever de obediência apresenta-se com contornos diversos nas duas situações.

---

na medida em que a para-subordinação não pressupõe um regime diferenciado, mantém-se a dicotomia entre trabalhador autónomo e subordinado.

[626] *Vd.* Ichino, *Il Contratto di Lavoro*, cit., pp. 28 s.

[627] Idêntica dificuldade surge em outros ordenamentos, mesmo com conceções jurídicas diversas, como na Inglaterra; veja-se os problemas de delimitação entre o *employee* e o *independent contractor* em Bowers, *Employment Law*, cit., pp. 12 ss.

[628] Idênticas dificuldades suscitou a qualificação do contrato celebrado entre a Santa Casa da Misericórdia e os escrutinadores do totobola. Com a informatização do escrutínio do totobola, prescindiu-se das pessoas que verificavam as matrizes. A questão residia em saber se se estava perante um despedimento derivado de um contrato de trabalho ou uma denúncia de um contrato de prestação de serviço, com regras diferentes. Os escrutinadores iam, uma vez por semana, verificar as matrizes dos boletins de totoloto e de totobola; e punha-se a questão de saber se eles não seriam meros prestadores de um serviço, ou seja, tarefeiros. Os tribunais consideraram que se tratava de um contrato de trabalho, mas a questão é polémica e foram apresentados pareceres em sentido oposto, considerando que se tratava de meros contratos de prestação de serviço (Sobre a questão, cf. Procuradoria-Geral da República (Parecer, n.º 58/84, de 25 de Julho de 1984), «Totobola. Contrato de Trabalho», *BMJ*, 342 (1985), pp. 138 ss., em especial pp. 142 ss. e 147 ss.).

Com contornos similares cabe aludir ao contrato relativamente divulgado, em que ao motorista da empresa é concedido um empréstimo pelo «antigo» empregador para aquisição de um veículo próprio com o qual passa a exercer a atividade que já desempenhava na empresa. Na medida em que o trabalhador passa a desenvolver a atividade com utensílios por ele fornecidos (veículo) pretende-se que a atividade se enquadre nos parâmetros do trabalho autónomo, pois o motorista, de trabalhador por conta de outrem, pelo menos aparentemente, transformou-se em empresário em nome individual no ramo do transporte[629].

Por último, a moderna empresa recorre, cada vez mais, a prestadores de serviços externos[630]; não se pode considerar que quem presta serviços a uma empresa esteja necessariamente a violar a lei e, como se sabe, proliferam os intermediários em vários sectores de serviços, situação que corresponde às necessidades de mercado. Além de um crescimento significativo de empresários em nome individual que prestam múltiplos serviços às empresas, que anteriormente eram desempenhados por trabalhadores, os novos modelos contratuais no direito comercial mostram que esta tendência é relevante, por exemplo, contratos de agência e de franquia (*franchising*), demonstram que tarefas desempenhadas por trabalhadores dependentes são, cada vez mais, desenvolvidas por trabalhadores independentes. Associado com este recurso a diversos contratos, a que se poderia acrescentar uma variante do contrato de transporte, mediante o qual o anterior motorista (trabalhador dependente) assume as funções de transportador (trabalhador independente)[631], é de salientar que o frequente recurso a serviços externos, muitas vezes conhecido pela terminologia inglesa *outsourcing*, permite reduzir o número de trabalhadores dependentes.

---

[629] Sobre esta situação com contornos algo diferentes dos indicados no texto, *vd.* FURTADO MARTINS, «A Crise do Contrato de Trabalho», cit., p. 356 e MONTOYA MELGAR, «Sobre el Trabajo Dependiente como Categoría Delimitadora del Derecho del Trabajo», *in Trabajo Subordinado y Trabajo Autónomo. En la Delimitación de Fronteras del Derecho del Trabajo*, org. por Cruz Villalón, Madrid, 1999, pp. 67 ss.

[630] Serviços de atendimento telefónico, serviços de atendimento ao público, transportes, limpeza das instalações, segurança das instalações, publicidade, recrutamento de pessoal, informática. Sobre a externalização ou *outsourcing*, consulte-se MENEZES CORDEIRO, *Direito do Trabalho*, II, cit., pp. 205 ss.

[631] Sobre a figura do transportador e os problemas de qualificação que suscita, veja-se GARCÍA PIQUERAS, *En Las Fronteras del Derecho del Trabajo*, Granada, 1999, pp. 53 ss.

b.2) Profissões liberais e situações afins

I. Frequentemente, estando em causa uma atividade enquadrável no objeto das designadas profissões liberais (médicos, advogados, arquitetos, etc.), tendo em conta a autonomia que a caracteriza, pode ser difícil entender que a relação jurídica se qualifique como um contrato de trabalho.

Dúvidas também têm surgido a propósito da qualificação de contratos celebrados entre instituições de ensino e os respetivos professores[632], atendendo à autonomia técnica destes na lecionação e às especificidades da organização do ensino, que pressupõem, anualmente, alterações de horário, de carga horária e até, eventualmente, de remuneração (*vd.* § 44)[633].

Há uma multiplicidade de outras profissões que podem ser exercidas com autonomia ou mediante contrato de trabalho. Sem ser exaustivo, para além do transportador, pode indicar-se o guia turístico, o modelo publicitário ou o jornalista[634].

II. A autonomia técnica não constitui, por si, óbice à qualificação da situação jurídica no âmbito laboral, como se depreende do disposto no art. 116.º do CT. A autonomia técnica não é conferida ao trabalhador pelo empregador, pois ela resulta da natureza da atividade e da qualificação profissional do trabalhador; em tal caso, o trabalho continua a ser organizado, orientado,

---

632 Cf. Ac. STJ de 26/6/1996, CJ (STJ) 1996, T. II, p. 285; Ac. Rel. Lx. de 31/1/1990, CJ XV, T. I, p. 198; Ac. Rel. Lx. de 3/2/1993, CJ XVII, T. I, p. 184; Ac. Rel. Lx. de 15/1/1997, CJ XXII, T. I, p. 177.
Quanto ao regime jurídico do pessoal não docente do ensino não superior, *vd.* Decreto-Lei n.º 184/2004, de 29 de julho.

633 *Vd.* ROMANO MARTINEZ, «O Regime Laboral dos Docentes. Alguns Problemas», *Educação e Direito*, n.º 2, 1999, pp. 41 ss. De facto, a autonomia científica e pedagógica na organização do ensino pode colocar em causa garantias dos trabalhadores e, em geral, regras laborais, em particular relacionadas com o tempo de trabalho, a ocupação efetiva e a retribuição (cf. autor e ob. cit., pp. 47 ss.). Atendendo a estas particularidades e a uma necessidade de autorização por se tratar de docente do ensino público que também prestava serviço no ensino privado, no Ac. Rel. Pt. de 10/12/1998, CJ XXIII, T. V, p. 252, entendeu-se que o contrato estava sujeito a um regime especial que determinava a sua caducidade todos os anos, e no Ac. STJ de 6/4/2000, CJ (STJ) 2000, T. II, p. 249, concluiu-se que o contrato com o docente universitário não era de trabalho; no mesmo sentido, Ac. Rel. Lx. de 22/3/2018, CJ 2018 II, p. 311.

634 Acerca destas situações jurídicas, que podem ser exercidas com autonomia, *vd.* LÓPEZ GANDÍA, *Contrato de Trabajo y Figuras Afines*, Valência, 1999, pp. 47 ss. 57 ss. 60 ss. e 65 ss. No Ac. STJ de 10/4/2019 (Chambel Mourisco) considerou-se que a atividade de docente do ensino superior universitário privado tanto poderia ser exercida por contrato de trabalho como por contrato de prestação de serviços.

controlado e utilizado pelo empregador, subsistindo um contrato de trabalho com uma responsabilidade acrescida para o trabalhador[635].

Todavia, em sede de profissões liberais surgem, com frequência, dúvidas de qualificação. Os profissionais liberais, por exemplo médicos[636] ou advogados[637], podem estar vinculados mediante contratos de trabalho ou de prestação de serviço, por vezes integrados num subtipo designado por contratos de avença[638]. No entanto, mesmo quando celebram um contrato de prestação de serviço, em princípio, a sua obrigação costuma ser de meios e não de resultado. Por outro lado, não obstante poderem celebrar um contrato de trabalho, em que predomina a autonomia técnica, os profissionais liberais, por via de regra, não ficam sujeitos a um horário de trabalho e, muitas das vezes, não exercem a profissão junto do empregador. Por exemplo, se um médico celebra um contrato com uma empresa para dar assistência aos trabalhadores desta e uns doentes são atendidos no próprio consultório, outros na empresa, mas sem horário rígido, poder-se-á estar perante um contrato de trabalho ou um contrato de prestação de serviço[639].

É perante cada hipótese concreta que os tribunais têm de qualificar as situações, podendo haver algum casuísmo na respetiva resolução. Casuísmo,

---

[635] Veja-se Rodriguez-Piñero y Bravo Ferrer, «Contrato de Trabajo y Autonomia del Trabajador», *in Trabajo Subordinado y Trabajo Autónomo. En la Delimitación de Fronteras del Derecho del Trabajo*, org. por Cruz Villalón, Madrid, 1999, pp. 36 s.

[636] Cf. Ac. Rel. Lx. de 7/2/1996, CJ XXI, T. I, p. 165.

[637] Com qualificações diferentes, atendendo à factualidade distinta relativamente à prestação de atividade por parte de advogados, veja-se Ac. STJ de 13/11/1991, *BMJ* 405, p. 345; Ac. Rel. Lx. de 9/12/1992, CJ XVII, T. V, p. 199. Sobre a questão, *vd.* Isabel Ribeiro Parreira, *Contrato de Trabalho de Advogado. Uma Tarefa de Qualificação*, Relatório de Mestrado, Lisboa, 2000. Refira-se a propósito que, tal como o precedente, o atual Estatuto da Ordem dos Advogados (art. 81.º, n.º 3) expressamente admite a celebração de contratos de trabalho por parte de advogados, na qualidade de trabalhadores, desde que não afete a plena isenção e independência e não desrespeite o estatuto (aprovado pela Lei n.º 145/2015, de 9 de setembro).

[638] Acerca do contrato de avença (modalidade de contrato de prestação de serviços), veja-se o Ac. STA de 5/5/1998, *Justiça Administrativa*, 11 (1998), pp. 50 ss., e a anotação de Liberal Fernandes, pp. 56 ss.

[639] O alargamento do âmbito de aplicação do direito do trabalho aos profissionais liberais, tradicionalmente qualificados como trabalhadores independentes, leva a que Victor Russomano, *Curso de Direito do Trabalho*, cit., p. 61, aluda à chamada «proletarização das profissões liberais». De facto, na primeira metade do séc. XX dificilmente se entenderia que um advogado pudesse ser trabalhador, porque o advogado, efetivamente, nunca trabalha sob a direção e fiscalização do cliente. Veja-se igualmente Nunes de Carvalho, *Das Carreiras Profissionais no Direito do Trabalho*, Lisboa, 1990, p. 16, referindo-se a uma «atração» de certos fenómenos pelo direito do trabalho.

não no sentido de arbítrio, mas tendo em conta a especificidade de cada caso concreto, que será um fator relevante.

Tal como em relação aos docentes e profissionais liberais, em que a autonomia técnica dificulta a qualificação, no domínio de atividades artísticas, nas quais a criatividade tem um papel relevante, podem-se suscitar dúvidas quanto à integração no âmbito laboral. Assim, questionar-se-á da existência de um contrato de trabalho com um ator de teatro, uma bailarina[640], ou um toureiro[641]. Veja-se, contudo, o regime do contrato de trabalho dos profissionais de espetáculos (§ 43)[642].

Para estas situações, justificar-se-ia o estabelecimento de regimes laborais diferenciados, em que, nomeadamente, não deveria prevalecer o princípio da estabilidade no emprego[643], pois o contrato de trabalho no modelo paradigmático não se ajusta bem a modalidades em que predomina a autonomia técnica ou a criatividade artística[644].

b.3) Trabalhadores no domicílio e na nova economia digital

I. Colocam-se igualmente problemas de qualificação com respeito aos trabalhadores que prestam serviços no seu próprio domicílio, eventualmente domicílio profissional, com particular relevo para aqueles que prestam a sua atividade com recurso a meios informáticos, generalizados na economia digital.

[640] No Ac. Rel. Lx. de 8/11/1998, inédito, não se qualifica o contrato ajustado entre a Companhia Nacional de Bailado e as bailarinas como contrato de trabalho, apesar de se verificarem vários elementos que apontariam nesse sentido, porque a criatividade não se adequa à típica relação laboral. A este propósito foi invocado o art. 9.º, alínea *c)*, do Regime Geral de Segurança Social dos Trabalhadores Independentes (Decreto-Lei n.º 328/93, de 25 de setembro, já revogado), onde se presumia que os artistas de bailado são trabalhadores independentes. Todavia, da orgânica da Companhia Nacional de Bailado (Decreto-Lei n.º 245/97, de 18 de setembro, alterado pelo Decreto-Lei n.º 269/99, de 15 de Julho, em particular art. 30.º), conclui-se que os contratos celebrados com as bailarinas são de trabalho.

[641] No Ac. STA de 22/12/1942, citado por Raúl Ventura, *Teoria da Relação Jurídica de Trabalho*, cit., p. 96, nota 1, qualificou-se como contrato de trabalho, pese embora se ter reconhecido que, na arena, a tarefa não era rigorosamente determinada pela empresa.

[642] Não raras vezes, os tribunais qualificam como prestação de serviço as relações contratuais com artistas, cf. Ac. STJ de 20/11/2013, *RLJ* 143 (2014), pp. 252 ss., com anotação de Leal Amado e Milena Rouxinol, pp. 267 ss.

[643] Um regime laboral diferenciado sem estabilidade no emprego foi estabelecido para os desportistas profissionais (Lei n.º 54/2017, de 14 de julho). Quanto aos docentes universitários foi prometida legislação especial, que se aguarda.

[644] Neste sentido, *vd.* Romano Martinez, «O Regime Laboral dos Docentes ...», cit., p. 50.

O tradicional trabalhador no domicílio é usualmente contratado nas indústrias de calçado e tecelagem. Os industriais de calçado, de tecelagem, etc., recorrem, com frequência, a pessoas que trabalham em casa, às quais, semanal ou quinzenalmente, entregam trabalhos (tarefas). Os prestadores de tais atividades trabalham na sua própria casa, recebem uma quantia correspondente às tarefas realizadas, não estão sujeitos a horário de trabalho e a subordinação jurídica, por estas razões, está bastante atenuada.

Do art. 10.º do CT, assim como do disposto na Lei n.º 101/2009, de 8 de setembro, resulta que o trabalho no domicílio é equiparado ao contrato de trabalho. Por conseguinte, situações que, pelo menos tendo em conta as características do contrato de trabalho referidas, não se incluiriam no mesmo, são apresentadas em termos relativamente similares aos do contrato de trabalho, de modo a aplicar a essas situações as regras deste, com base no disposto no art. 10.º do CT. No fundo, não são contratos de trabalho, mas contratos de prestação de serviço (costumam até ser prestações à peça, aproximando-se de prestações de resultado), equiparados ao contrato de trabalho, identificando-se, de algum modo, os trabalhadores no domicílio aos demais trabalhadores com contratos de trabalho[645].

Ainda que a previsão legal não estivesse pensada para o trabalho na economia digital, em que para a realização das tarefas se recorre a novas tecnologias de informação, é admissível a sua aplicação. Os trabalhadores que prestam a sua atividade mediante meios próprios da nova economia digital podem ter um típico contrato de trabalho, mas será mais comum que, não exercendo a atividade na empresa, se encontrem no âmbito de um contrato de prestação de serviços, sendo sustentável a sua equiparação ao trabalho no domicílio[646].

II. No art. 1.º da Lei n.º 101/2009, de 8 de setembro, quanto ao âmbito de aplicação, reitera-se o disposto no art. 10.º do CT, explicando, sem o referir

---

[645] Sobre o trabalho no domicílio, nomeadamente quanto à noção de dependência económica, *vd. infra* § 14.2.

[646] Admitindo que tais trabalhadores ficam desprotegidos e deve ser reponderada a lógica de enquadramento do vínculo laboral, veja-se JOANA VASCONCELOS, «O caso das relações estabelecidas no contexto da economia *on demand* entre prestadores independentes (?) de serviços e empresas tecnológicas intermediárias (?) no mercado, intervenção no VII Colóquio sobre Direito do Trabalho, que decorreu no Supremo Tribunal de Justiça no dia 21-10-2015, *on line*. Havendo contrato de trabalho, há ainda a ponderar a questão da permanente disponibilidade do trabalhador, cf. TERESA COELHO MOREIRA, «O direito à desconexão dos trabalhadores», *QL* 49 (2016), pp. 7 ss.

expressamente, que se regulamenta a matéria constante deste último preceito[647]. Este regime aplica-se à «(...) prestação de atividade, sem subordinação jurídica, (...)» (art. 1.º, n.º 1, da Lei n.º 101/2009). Pode, por isso, dizer-se que o trabalho no domicílio é uma relação laboral (para) autónoma – sem subordinação jurídica –, em que não se deve descurar a proteção do prestador de trabalho.

No art. 1.º, n.º 1, *in fine*, da Lei n.º 101/2009, tal como no art. 10.º do CT, reitera-se, como critério para a equiparação dos contratos, a dependência económica.

A empresa não pode recorrer à contratação de novos trabalhadores no domicílio se, em relação aos seus trabalhadores usados na realização da mesma tarefa, decorre um processo de redução do período normal de trabalho ou de suspensão dos contratos de trabalho e de despedimento coletivo ou de extinção do posto de trabalho, impedimento que se mantém nos três meses subsequentes a qualquer destes processos (art. 2.º, n.º 1, da Lei n.º 101/2009).

III. A propósito do trabalho no domicílio cabe aludir ao teletrabalho[648]. No teletrabalho, o prestador da atividade não trabalha na empresa beneficiária, mas, nomeadamente, no seu domicílio. O trabalhador, conectado por meios eletrónicos à empresa, presta a atividade, por exemplo, em sua casa[649]. Importa distinguir o teletrabalho em regime de trabalho subordinado (arts. 165.º e ss. do CT)[650], do teletrabalho que é realizado sem subordinação jurídica, como prestação de serviços, de modo análogo ao trabalho no domicílio.

O teletrabalho apresenta vantagens, tanto para as empresas como para os trabalhadores. No primeiro caso, é de salientar a redução de custos devida à menor exigência de espaço na empresa para instalar os empregados. Quanto aos trabalhadores, o trabalho no domicílio permite que não se desloquem para a empresa, facilitando a execução de outras tarefas em casa.

---

[647] A situação é idêntica em Itália, em que no art. 2128 CCIt. se alude à prestação de trabalho no domicílio, que foi regulamentada pela Lei n.º 877, de 18 de dezembro de 1973, e que apresentava algumas similitudes com o revogado Decreto-Lei n.º 440/91. Cf. Nicolini, *Manuale di Diritto del Lavoro*, 3.ª ed., Milão, 2000, pp. 59 ss. e 836 ss.

[648] Sobre a figura, veja-se, designadamente, Guilherme Dray, «Teletrabalho, Sociedade da Informação e Direito», *Estudos do Instituto de Direito do Trabalho*, Vol. III, Coimbra, 2002, pp. 261 e ss.; Regina Redinha, «O Teletrabalho», *II Congresso Nacional de Direito do Trabalho. Memórias*, Coimbra, 1999, pp. 85 ss.

[649] Refira-se, contudo, que, em sentido lato, teletrabalho abrange qualquer atividade prestada à distância; mas, em sentido estrito, relaciona-se com situações em que o trabalhador se encontra conectado por meios eletrónicos à empresa beneficiária da atividade.

[650] *Vd. infra* § 31.

O teletrabalhador, por via de regra, desenvolve um trabalho intelectual, mas de modo diverso do que dispunha o art. 1.º, n.º 5, do Decreto-Lei n.º 440/91, o trabalho no domicílio (tanto nos arts. 14.º e ss. da LECT como na atual Lei n.º 101/2009, de 8 de setembro) abrange igualmente o trabalho intelectual.

Relativamente ao teletrabalho, como em qualquer situação de trabalho no domicílio, a subordinação jurídica, mesmo que exista, encontrar-se-á, necessariamente, atenuada[651]. Por isso, o teletrabalho, em determinadas situações, pode qualificar-se como um verdadeiro contrato de trabalho[652], a que se aplicam os arts. 165.º e ss. do CT, apesar de, frequentemente, ser difícil a prova da existência de subordinação jurídica. Faltando a subordinação jurídica, se existir dependência económica, estar-se-á perante um contrato equiparado (art. 10.º do CT), a que se aplicará normalmente o regime do trabalho no domicílio (Lei n.º 101/2009).

IV. Todavia, não obstante o disposto no art. 10.º do CT e na Lei n.º 101/2009, nada impede que, em determinadas circunstâncias, um trabalhador no domicílio tenha celebrado um verdadeiro contrato de trabalho com a empresa para a qual desempenha a atividade. Se as partes, ainda que a atividade seja realizada no domicílio, pretenderem ajustar uma relação laboral, não será o local onde o trabalho é exercido (domicílio do trabalhador) que obsta à qualificação do contrato como sendo de trabalho. Mas se a vontade das partes não for óbvia, a prova da existência de um contrato de trabalho pode ser árdua, atendendo ao facto de a subordinação jurídica se encontrar, por natureza, bastante atenuada.

Situação idêntica verifica-se, como se indicou, na hipótese de teletrabalho, em que o prestador de atividade, à distância, recorrendo normalmente a meios eletrónicos, trabalha para outrem.

b.4) Trabalho prestado por pessoas coletivas

I. Importa ainda fazer referência a um aspeto já mencionado (*vd. supra* § 5.2.b)): o facto de, por vezes, a mesma atividade poder ser exercida tanto por pessoas singulares como por pessoas coletivas. Partindo do pressuposto

---

[651] Cf. Gaeta, *Lavoro a Distanza e Subordinazione*, Nápoles, 1993, pp. 109 ss.

[652] Assim, o tradutor que, em sua casa, está permanentemente disponível para fazer as traduções de que uma editora o encarrega, havendo continuidade na realização dessas tarefas, pode ser qualificado como trabalhador com subordinação jurídica.

de que, na relação laboral, o trabalhador terá de ser uma pessoa singular (solução reiterada na alteração de redação do art. 11.º do CT), sempre que uma determinada atividade seja exercida por uma pessoa coletiva não se poderá estar perante um contrato de trabalho. Assim, se alguém contrata outrem para, por exemplo, limpar o escritório entre as seis e as dez horas, estão preenchidos os pressupostos para a existência de um contrato de trabalho (tem de se realizar uma determinada atividade, que se protela no tempo, exercida junto do empregador, com um horário de trabalho fixo). Mas cabe distinguir se quem se obriga a fazer a limpeza é uma pessoa singular ou uma pessoa coletiva. Sendo uma pessoa singular, o contrato poderá ser de trabalho; se for uma pessoa coletiva, uma empresa contratada para fazer a limpeza do escritório nas mesmas circunstâncias, estar-se-á perante um contrato de prestação de serviço[653]. A situação apresenta-se idêntica sob vários aspetos, pois os pressupostos são similares, todavia, partindo da ideia de que o contrato de trabalho só existirá na medida em que se verifique uma relação com um trabalhador, entendido como pessoa singular, estas situações enquadram-se no contrato de prestação de serviço. O contrato de trabalho existirá, depois, entre a empresa que foi encarregue da limpeza e os seus trabalhadores, que vão materialmente executar a tarefa.

O recurso a pessoas coletivas para o exercício de tarefas que seriam, por via de regra, exercidas pelo trabalhador é, em princípio, lícito; por isso, nada impede que uma empresa substitua os trabalhadores encarregados de tarefas de limpeza por uma empresa de limpeza ou o porteiro e os guardas por uma empresa de segurança. Mas a exteriorização das atividades, conhecida por *outsourcing*, sendo generalizada, pode, em última análise, esvaziar a empresa de trabalhadores, sendo todas as tarefas incumbidas a diferentes empresas[654]. Deste modo, por exemplo, uma empresa que se dedica à comercialização de certos produtos poderia encarregar diferentes empresas da limpeza e segurança do estabelecimento, de atividades de secretariado e de contabilidade, assim como encarregar outras empresas de desempenhar

[653] Nos últimos anos, além das tradicionais empresas de limpeza e de segurança, proliferaram empresas de prestação de serviços de objeto variado, que muitas vezes constituem a resposta a uma necessidade de especialização. Estas múltiplas prestações de serviços relacionam-se com o designado *outsourcing*. Sobre a questão, veja-se Nunes de Carvalho, «Ainda sobre a Crise do Direito do Trabalho», cit., pp. 62 ss.

[654] Sobre este negócio jurídico, consulte-se Sebastião Nóbrega Pizarro, *O contrato de* outsourcing, Coimbra, 2010.

materialmente a atividade de venda; tais situações não são, necessariamente, ilícitas, tudo dependendo dos contornos em que se materializam[655].

Dir-se-á, até, que a externalização das atividades que não corresponda ao núcleo essencial da empresa pode indiciar a um ato de boa gestão empresarial.

II. Noutro plano, com especial destaque no Brasil atendendo ao regime estabelecido, questiona-se se os trabalhadores se podem organizar numa cooperativa e prestar serviços que seriam, por via de regra, desempenhados por assalariados[656]. Exemplificando, o serviço de limpeza de uma cidade, em vez de ser concessionado a uma empresa que contrata trabalhadores, é concessionado à cooperativa de trabalhadores, constituída para o efeito. Quanto à cooperativa e às dificuldades de compatibilização com o regime laboral, veja-se *infra* § 13.6.II, assim como a alusão ao contrato de trabalho celebrado com uma pluralidade de trabalhadores, *supra* § 5.2.b).

c) *Qualificação feita pelo legislador*

Por vezes, o legislador facilita a tarefa de delimitação. No caso de revisores oficiais de contas, nos termos do disposto na Lei n.º 140/2015, de 7 de setembro (Estatuto da Ordem dos Revisores Oficiais de Contas), o contrato é necessariamente de prestação de serviço, não sendo viável a celebração de contratos de trabalho[657]; de facto, por um lado, do art. 53.º, n.º 1, deste diploma consta: «O revisor oficial de contas exerce as suas funções (...)

---

[655] Sobre esta questão, *vd.* REGINA REDINHA, *A Relação Laboral Fragmentada*, Coimbra, 1995, pp. 46 ss., onde alude a situações em que os atuais prestadores de serviços eram antigos trabalhadores da empresa. Veja-se ainda ICHINO, «La Disciplina della Segmentazione del Processo Produttivo e dei suoi effetti sul Rapporto di Lavoro», MANGANIELLO, «Nuove Forme di Decentramento Produttivo tra Flessibilità Organizzativa e Garantismo Individuale», e PONARI, «I Processi di Esternalizzazione delle Activitá Produttive fra Diritto Commerciale e Diritto del Lavoro», *in Diritto del Lavoro e Nuove Forme di Decentramento Produttivo. Atti delle Giornate di Studio di Diritto del Lavoro, Trento, 4 – 5 Giugnio 1999*, Milão, 2000, respetivamente, pp. 3 ss., pp. 340 ss. e pp. 227 ss.

[656] Veja-se, por exemplo, FREITAS GUIMARÃES, *Manual de Direito Individual do Trabalho*, S. Paulo, 2013, pp. 117 ss. e TEIXEIRA MANUS, *Direito do Trabalho*, 16.ª ed., S. Paulo, 2015, pp. 60 s.

[657] A situação era idêntica no domínio dos diplomas precedentes (Decreto-Lei n.º 422-A/93, de 30 de dezembro, art. 44.º, n.º 1, cuja revisão estava prevista na Lei n.º 125/99, de 20 de Agosto, e Decreto-Lei n.º 487/99, de 16 de novembro (art. 53.º). Antes de ter sido publicada esta legislação, nos Ac. STJ de 25/7/1986, TJ 22 (1986), p. 24 e Ac. STJ de 3/10/1986, TJ 22 (1986), p. 24, admitiu-se que o técnico de contas tivesse um contrato de trabalho.

mediante contrato de prestação de serviços, reduzido a escrito (...)», reiterando-se no art. 58.º que se exclui outro modelo contratual para além da prestação de serviços, e por outro lado, nos arts. 58.º e 59.º determina-se que o revisor recebe honorários e não uma retribuição.

Deste modo, por exemplo, o fiscal único a que alude o Decreto-Lei n.º 257/96, de 31 de dezembro, será um revisor oficial de contas, contratado como prestador de serviços. A tomada de posição do legislador dever-se-á, presumivelmente, à independência requerida a estes profissionais, que não se compagina com a subordinação jurídica; contudo, idêntica independência é requerida a outros prestadores de atividade, mormente aos advogados, sem que as respetivas ordens ou câmaras estabeleçam tais limitações[658].

d) Métodos de distinção

I. Não obstante, no plano teórico, haver uma diferença clara, na prática, a distinção entre os contratos de trabalho e de prestação de serviço nem sempre é óbvia. Mas a qualificação é particularmente relevante, em especial para o trabalhador, atendendo à diferença de regime.

II. Perante as dificuldades, o critério base para a distinção será, como já se referiu, o da subordinação jurídica[659] nas suas várias facetas, nas quais se inclui a subordinação com autonomia técnica. De facto, outros critérios de distinção, como o recurso à alienabilidade do trabalho ou à para-subordinação não permitem resolver os problemas de fronteira.

De igual modo, a «organização» (art. 11.º do CT), só por si, não permite destrinçar o contrato de trabalho do contrato de prestação de serviços, pois o prestador de serviços pode estar inserido numa organização empresarial.

Para haver subordinação jurídica basta a possibilidade de dar ordens, mesmo que seja só quanto a aspetos da atividade laboral; ou seja, que o

[658] A Ordem dos Advogados, neste aspeto, mostrou-se bastante mais permissiva do que a Ordem dos Revisores Oficiais de Contas. Nos termos do art. 81.º, n.º 3, do Estatuto da Ordem dos Advogados (Lei n.º 145/2015, de 9 de setembro), admite-se que o advogado possa celebrar um contrato de trabalho, desde que a relação laboral não afete a sua plena isenção e independência técnica, nem viole o estatuto. Considerando que, para o exercício da advocacia, o advogado não pode ter um contrato de trabalho, *vd.* ISABEL RIBEIRO PARREIRA, *Contrato de Trabalho de Advogado*, cit., pp. 56 ss., 185 ss. e 210.

[659] Cf. Ac. STJ de 11/1/1995, *BMJ* 443, p. 178; Ac. Rel. Lx. de 27/5/1992, *CJ* XVII, T. III, p. 263. Para uma definição legal de subordinação, ainda que criticável, veja-se o art. 11.º Decreto-Lei n.º 184/89, de 2 de junho, com as alterações constantes da Lei n.º 25/98, de 26 de maio.

trabalhador se encontre sob a autoridade do empregador no que respeita à execução da atividade ajustada.

Para completar, ou melhor, preencher o critério da subordinação jurídica, há outros aspetos a ter em conta, que não sendo determinantes, devem ser atendidos. Recorrer-se-á, nesse caso, aos métodos tipológico e indiciário; no primeiro caso, cabe indagar dos elementos do tipo negocial do contrato de trabalho ou dos negócios jurídicos em que a prestação é desenvolvida com autonomia, e, no segundo, importa averiguar da existência de indícios de subordinação jurídica[660]/[661].

Em qualquer caso, os elementos relevantes para a distinção retiram-se da vontade das partes e, independentemente do negócio jurídico, a interpretação da vontade das partes é fundamental para a respetiva qualificação[662].

d.1) Método tipológico

A delimitação com respeito aos contratos de prestação de serviço pode ser feita com recurso ao método tipológico[663]. Atendendo aos *essencialia negotii* do contrato de trabalho, cabe averiguar se a relação jurídica estabelecida pelas partes se enquadra no tipo contratual; ou seja, se o negócio em causa se enquadra no tipo legal. Trata-se, sem dúvida, de um processo credí-

---

[660] O recurso ao método indiciário, indicando os índices de subordinação, é também frequente entre a jurisprudência e doutrina estrangeiras, cf. Gaudu, *Droit du Travail*, 4.ª ed., Paris, 2011, pp. 41 ss.; Papaleoni *in* Mazzoni, *Diritto del Lavoro*, I, cit., pp. 253 ss.

No Regime Geral da Segurança Social dos Trabalhadores Independentes (Decreto-Lei n.º 328/93, de 25 de setembro), art. 5.º, n.º 2, recorria-se igualmente ao método indiciário, presumindo-se que a atividade era exercida sem subordinação nos casos previstos nas alíneas desse número. Este regime foi revogado, com a entrada em vigor do Código Contributivo (Lei n.º 110/2009, de 16 de setembro), em 1 de janeiro de 2011, implicando uma alteração significativa quanto à ponderação deste indício externo, por força da revogação do Decreto-lei n.º 328/93, de 25 de setembro, e pela inexistência de qualquer presunção no Código Contributivo, que remeteu, e bem, para o domínio do direito do trabalho a definição dos contornos da laboralidade.

[661] De modo diverso, Isabel Ribeiro Parreira, *Contrato de Trabalho de Advogado*, cit., p. 69 e pp. 120 ss., considera que os indícios são elementos do tipo contratual (contrato de trabalho ou contrato de prestação de serviço) e não meios de identificação da existência ou inexistência de subordinação jurídica.

[662] Cf. Raúl Ventura, *Relação Jurídica de Trabalho*, cit., p. 93. Apesar de indicar a interpretação como primeiro indício, mas desvalorizando a intenção dos contraentes, *vd.* Papaleoni *in* Mazzoni, *Diritto del Lavoro*, I, cit., p. 254.

[663] Sobre esta questão, cf. Pais de Vasconcelos, *Contratos Atípicos*, cit., em especial pp. 87 ss.

vel que se baseia na vontade das partes e na realidade jurídica por estas criada; ainda que, do ponto de vista pragmático, corresponda a uma via com menor eficácia prática e que viabiliza uma solução tópica de realização do Direito.

Mas este método, na medida em que se tenha em conta um critério de tipificação social para a qualificação do contrato de trabalho, apresenta dois óbices. Por um lado, perante o «imperialismo» do direito do trabalho[664], há vários negócios jurídicos, tradicionalmente qualificados como contrato de prestação de serviço, que, hoje, surgem como contratos de trabalho[665]. Por outro lado, sociologicamente, poder-se-iam qualificar como contrato de trabalho relações jurídicas em que se justifique proteger o prestador da atividade ou em que haja similitude do ponto de vista económico-social com relações jurídicas laborais. Dito de outro modo, o método tipológico, associado à tipificação social, facilmente acarreta um excessivo alargamento do campo de aplicação do direito do trabalho, quase inviabilizando a existência de contratos de prestação de serviço.

Deste modo, o método tipológico deve circunscrever-se à delimitação dos *essentialia* (e eventualmente *naturalia*) *negotii* do contrato de trabalho. O elemento essencial do contrato de trabalho, que o diferencia do contrato de prestação de serviço, é a subordinação jurídica, a qual, apresentando contornos variados, se identifica, em especial, atendendo à vontade das partes, ao modo de direção da atividade e à integração na estrutura empresarial.

d.2) Método indiciário

I. Para a qualificação do contrato, no método indiciário há a distinguir os indícios negociais internos dos indícios negociais externos.

Os indícios, tanto negociais internos como externos, apreciados isoladamente, não são determinantes para a qualificação negocial, pelo que é necessário conjugá-los entre si atendendo à situação concreta em análise.

---

[664] MÁRIO PINTO, *Direito do Trabalho*, Lisboa, 1996, p. 78, alude a «certas bolsas de tendência expancionista» e GAUDU, *Le Contrat de Travail*, Paris, 1996, p. 16, fala num progressivo alargamento do critério da subordinação jurídica. Por seu turno, MONTOYA MELGAR, «Sobre el Trabajo Dependiente...», cit., p. 64, alude a uma «vis attractiva» do direito do trabalho, que permite enquadrar com trabalhadores dependentes aqueles que por motivos sociológicos e económicos permaneciam fora deste ramo do Direito; mas o mesmo autor (ob. cit., p. 65) faz referência à recente atenuação da vocação expansiva do direito do trabalho, dando como exemplos (pp. 66 ss.) os contratos de agência e de transporte.

[665] A este propósito, cabe relembrar a já referida «proletarização» das profissões liberais.

Por outro lado, os tradicionais indícios desatualizaram-se com a evolução tecnológica, com diferentes modos de organização do trabalho[666].

II. Como indícios negociais, em primeiro lugar, sem que a ordem tenha qualquer peso na qualificação negocial, importa determinar o local onde é exercida a atividade; por via da regra, se a atividade for desenvolvida na empresa, junto do empregador ou em local por este indicado, estar-se-á perante um contrato de trabalho. Há, todavia, contratos em que a determinação do local depende da atividade a desenvolver, não deixando, por isso, de se estar perante um contrato de prestação de serviços.

Segundo, a existência de um horário de trabalho fixo aponta para a qualificação do contrato como sendo de trabalho[667]. Porém, a fixação de um horário para a realização da atividade pode estar na dependência do período de funcionamento da empresa ou das horas de laboração das máquinas, não consubstanciando, em tais casos, um indício de contrato de trabalho.

Em terceiro lugar, a utilização de bens ou de utensílios fornecidos pelo destinatário da atividade, leva a crer que o contrato é de trabalho. Mas, muito frequentemente, o prestador de serviços também utiliza equipamentos do beneficiário da atividade.

Como quarto indício pode referir-se o tipo de remuneração. Se o pagamento é feito à tarefa, em princípio, estar-se-á perante um contrato de prestação de serviço, mas se for determinado por tempo de trabalho, será de pressupor que se trata de um contrato de trabalho. Este critério complementar poderá ajudar, mas não é decisivo, porque na prestação de serviço o preço pode ser fixado tendo em conta o tempo de trabalho. Por via de regra, no contrato de prestação de serviço, a retribuição é determinada em função do resultado, enquanto, no contrato de trabalho, o salário estabelece-se atendendo ao tempo despendido na atividade. Mas podem-se celebrar contratos de prestação de serviço em que a retribuição seja aferida em função do tempo utilizado na execução da tarefa. Além disso, a retribuição do contrato

---

[666] Cf. Júlio Gomes, *Direito do Trabalho*, I, cit., p. 131. Com amplo recurso aos indícios, veja-se Ac. STJ de 20/11/2013, *RLJ* 143 (2014), pp. 252 ss., com anotação de Leal Amado e Milena Rouxinol, pp. 267 ss., bem como Ac. Rel. Pt. (Nelson Fernandes), www.dgsi.pt.

[667] No Ac. Rel. Lx. de 19/2/1997, CJ XXII, T. I, p. 183, qualificou-se o contrato como de trabalho, pois, entre outros aspetos, o realizador de programas, desempenhava a sua atividade para a rádio mediante um horário que a empresa estipulara. A sujeição a um horário de trabalho foi também determinante no Ac. Rel. Lx. de 7/2/1996, CJ XXI, T. I, p. 165. Com base neste indício, não se qualificou como de trabalho o contrato com um advogado que prestava o seu serviço, sem sujeição a horário de trabalho (Ac. Rel. Lx. de 9/12/1992, CJ XVII, T. V, p. 199).

de trabalho não está só na dependência do tempo utilizado no exercício da atividade, pois têm de ser ponderados outros fatores, em particular os prémios de produtividade.

Relacionado com este índice, é de pressupor que, sendo pagos os subsídios de férias e de Natal, o contrato será de trabalho e não de prestação de serviço.

Quinto, se o prestador de atividade recorre a colaboradores leva a crer que o contrato será de prestação de serviço. Partindo do pressuposto de que o contrato de trabalho é um negócio jurídico *intuitu personae*, não parece possível, por via de regra, da parte do prestador do trabalho, recorrer a colaboradores; quem for contratado mediante um contrato de trabalho tem de exercer a atividade por si e não por intermédio de outras pessoas. No contrato de prestação de serviço, não sendo, em princípio, celebrado *intuitu personae*, pode ajustar-se um subcontrato, nos termos do qual o prestador de serviços encarrega terceiros, não relacionados com o beneficiário da atividade, de executarem parte ou a totalidade da tarefa; além disso, o prestador de serviço pode contratar assalariados, o que acontece frequentemente, mediante contratos de trabalho[668].

Em sexto lugar, importa aludir à repartição do risco, que constitui um elemento complementar para qualificar a prestação como sendo de resultado ou de meios. No contrato de prestação de serviço, por via de regra, o risco é assumido pelo credor de cada uma das prestações; o beneficiário não obtém a vantagem da atividade e o prestador não aufere a retribuição; aquele que presta um serviço corre o risco de a atividade por si desenvolvida, inviabilizando-se o resultado, não ser retribuída. No contrato de trabalho, como o risco corre por conta do empregador, se o trabalhador, por qualquer razão que não lhe seja imputável, não puder desenvolver a sua atividade, tem direito à remuneração[669].

Como sétimo indício negocial, é de ponderar o modo de execução do contrato, principalmente quando o beneficiário da atividade cumpra obrigações que são específicas do contrato de trabalho. Deste modo, se o prestador de serviço tem direito a férias ou se o beneficiário da atividade, por escrito, prestou as informações impostas pelo art. 106.º do CT, haverá indícios de se estar perante um contrato de trabalho.

---

[668] Como refere MOTTA VEIGA, *Lições*, cit., p. 316, quando se recorre a auxiliares trata-se de trabalhador-empresário, que não se encontra ligado aos seus clientes por contrato de trabalho.

[669] JÚLIO GOMES, *Direito do Trabalho*, I, cit., p. 126, considera que este critério da distribuição do risco é próximo do que distingue a prestação de meios e de resultado, mas mais certeiro.

Por último, em oitavo lugar, deve entender-se que há contrato de trabalho se o prestador da atividade está inserido numa organização produtiva[670]. A integração do prestador de atividade na estrutura empresarial constitui um elemento predominante de qualificação, indiciando a existência de um contrato de trabalho. Foi este o motivo da alteração legislativa que implicou uma mudança de redação do art. 11.º do CT. Contudo, trata-se de um indício, não determinante, por si, da qualificação.

III. Para além de indícios negociais, pode ter relevância a verificação de índices externos ao contrato.

Em primeiro lugar, o facto de o prestador de serviço desenvolver a mesma ou idêntica atividade para diferentes beneficiários indicia uma independência, não enquadrável na subordinação da relação laboral. Mas a exclusividade não é uma característica do contrato de trabalho, nada obstando à existência do designado pluriemprego, em que o mesmo trabalhador é parte em diferentes relações laborais.

O tipo de imposto pago pelo prestador da atividade pode ser elucidativo. A inscrição na Repartição de Finanças como trabalhador dependente ou independente e a declaração de rendimentos indicia o tipo de relação jurídica em que o prestador de atividade se insere[671].

A inscrição do prestador de atividade na segurança social como trabalhador independente ou dependente também constitui índice para a qualificação da relação jurídica como prestação de serviço ou contrato de trabalho, respetivamente. E se o beneficiário da atividade inclui o nome do prestador do trabalho nas folhas de segurança social é de presumir a existência de um contrato de trabalho.

Por último, o facto de o prestador da atividade se encontrar sindicalizado pode indiciar que o contrato é de trabalho e não de prestação de serviço.

e) *Ónus da prova; presunção de laboralidade*

I. Por via de regra, nos termos dos arts. 342.º e ss. do CC, cabe ao trabalhador fazer a prova dos elementos constitutivos do contrato de trabalho (art. 342.º,

[670] Cf. Ac. STJ de 26/9/1990, BMJ 399, p. 405; Ac. Rel. Év. de 23/10/1990, CJ XV, T. IV, p. 304; Ac. Rel. Lx. de 3/2/1993, CJ XVIII, T. I, p. 184.

Também recorrendo ao critério da integração empresarial, cf. Bowers, *Employment Law*, cit., p. 14.

[671] Todavia, o facto de o pagamento se efetuar mediante os chamados «recibos verdes», não significa que o contrato deixe de ser de trabalho, podendo estar-se perante uma ilicitude, cf. Ac. Rel. Lx. de 19/2/1997, CJ XXII, T. I, p. 183.

n.º 1, do CC). Para invocar a qualidade de trabalhador, incumbe-lhe provar que desenvolve uma atividade remunerada para outrem, sob autoridade e direção do beneficiário, demonstrando, designadamente, que se integrou na estrutura empresarial[672].

A prova dos elementos constitutivos do contrato de trabalho é, muitas das vezes, difícil e, para obviar a tal dificuldade, poder-se-ia recorrer à presunção de existência de contrato de trabalho[673]. De forma limitada e mitigada era esse o sentido de uma proposta legislativa, que se encontrava em discussão no final do século passado, ao admitir que a Inspeção do Trabalho poderia presumir estar-se perante uma situação de contrato de trabalho sempre que alguém exercesse a sua atividade em instalações de uma empresa ou organização de outra pessoa; neste caso, a presunção dispensaria a prova da existência do contrato de trabalho, cabendo ao empregador o ónus da prova negativa: da inexistência do contrato de trabalho. A presunção seria ilidível e não valeria se o trabalhador exercesse a sua atividade numa empresa por conta de outra entidade. Até à entrada em vigor do Código do Trabalho a presunção da existência de contrato de trabalho não vigorava na ordem jurídica portuguesa[674].

II. No Código do Trabalho (versão de 2003) surgiu o art. 12.º, com a epígrafe «Presunção», do qual se poderia entender que se estabeleceu uma

[672] Cf. Ac. STJ de 21/6/1995, *CJ (STJ)* 1995, T. II, p. 299; Ac. STJ de 25/10/1995, *BMJ* 450, p. 349, e Albino Mendes Baptista, «Qualificação Contratual e Presunção de Laboralidade», *Estudos sobre o Código do Trabalho*, Coimbra, 2004, pp. 66 e s.
Todavia, também pode ser celebrado um contrato de trabalho simulado, que, na realidade, corresponde a um contrato de prestação de serviço para efeitos de obtenção de benefícios da segurança social (cf. Ac. STJ de 20/6/1996, CJ (STJ) 1996, T. II, p. 278). Razão pela qual, em França, se estabeleceu uma presunção de inexistência de contrato de trabalho (art. L 120-3 Code du Travail), entretanto revogada, cf. Pélissier/Supiot/Jemmaud, *Droit du Travail*, 23.ª ed., Paris, 2006, p. 328.
Quanto ao ónus da prova que impende sobre o trabalhador de demonstrar que tem uma relação de trabalho, veja-se o Ac. STJ de 20/11/2013, *RLJ* 143 (2014), pp. 252 ss., com anotação de Leal Amado e Milena Rouxinol, pp. 267 ss.

[673] No Direito espanhol, por força do art. 8.1 do *Estatuto de los Trabajadores*, presume-se a existência de contrato de trabalho se o serviço é prestado no âmbito da organização e direção da pessoa servida, mediante retribuição. Sobre esta questão, veja-se Rodriguez-Piñero Royo, *La Presunción de Existencia del Contrato de Trabajo*, Madrid, 1995, pp. 123 ss. Quanto ao ónus da prova, consulte-se ainda Vallebona, *L'onere delle Prova nel Diritto del Lavoro*, Pádua, 1988.

[674] Sobre esta questão, *vd.* Furtado Martins, «A Crise do Contrato de Trabalho», cit., pp. 345 ss.

presunção de existência de contrato de trabalho. Este preceito teve uma nova redação em resultado das alterações introduzidas pela Lei n.º 9/2006. Por fim, na revisão de 2009, com a epígrafe «Presunção de contrato de trabalho», o art. 12.º apresenta-se com diferente redação.

Na versão original do art. 12.º do CT2003, o preceito estabelecia uma presunção de contrato de trabalho assente no preenchimento cumulativo de cinco requisitos. Não bastava a verificação de um ou de alguns destes indícios para se presumir a existência de um contrato de trabalho; era necessário o preenchimento cumulativo de todos os requisitos. Contudo, apesar de nesse caso não valer a presunção constante deste artigo, podia o trabalhador provar que existia um contrato de trabalho faltando qualquer dos indícios indicados nas alíneas do preceito. Importava, por isso, distinguir a presunção de contrato de trabalho da prova da existência de elementos identificadores do contrato de trabalho. Só havia presunção de contrato de trabalho se estivessem preenchidos cumulativamente os cinco requisitos; mas faltando qualquer requisito nada obstava a que o trabalhador, ainda assim, provasse que estavam preenchidos os elementos constitutivos do contrato de trabalho.

Os cinco requisitos constantes das alíneas deste artigo identificavam-se com os indícios a que a jurisprudência e a doutrina normalmente recorrem para qualificar o contrato de trabalho, que se designa por método indiciário.

Tratar-se-ia de uma presunção legal (*sui generis*), nos termos do artigo 350.º do CC, que, como resulta do n.º 2 do mesmo preceito, podia ser ilidida mediante prova em contrário. Assim, ainda que se encontrassem preenchidos os cinco requisitos indicados no artigo, podia o empregador, apesar de ser difícil, ilidir a presunção, provando que a situação jurídica, afinal, não se devia qualificar como contrato de trabalho.

O art. 12.º do CT foi alterado pela Lei n.º 9/2006, mas a mudança não acarretou diferenças substanciais[675]. Em vez da designação de requisitos cumulativos em cinco alíneas, passou a indicar-se no corpo do preceito os seguintes requisitos (igualmente cumulativos) para haver presunção de contrato de trabalho. Primeiro, o trabalhador tem de se encontrar numa relação de dependência (económica, presume-se); segundo, tem de estar inserido na estrutura organizativa do beneficiário da atividade; terceiro, tem de rea-

[675] A propósito da nova versão do preceito, Leal Amado, «O Contrato de Trabalho entre a Presunção Legal de Laboralidade e o Presumível Desacerto Legislativo», *Temas Laborais*, Coimbra, 2007, p. 17, escreve: «Lê-se, mas quase não se acredita!» e continua (p. 19) pois só se presume que há contrato de trabalho quando for certo que existe contrato de trabalho.

lizar a prestação sob as ordens, direção e fiscalização do beneficiário da atividade[676]; e, em quarto lugar, tem de auferir uma retribuição.

Tal como na versão anterior, apesar da epígrafe (Presunção) e de no preceito se estipular «Presume-se que (...)», não se estabeleceu uma presunção. Como prescreve o art. 349.º do CC: «Presunções são ilações que a lei ou o julgador tira de um facto conhecido para afirmar um facto desconhecido». Ora, no art. 12.º do CT2003 não se procedeu a uma ilação. Considerava-se que havia contrato de trabalho se estivessem preenchidos os pressupostos deste negócio jurídico; no fundo, reiteravam-se os elementos constantes da noção de contrato de trabalho (art. 10.º do CT2003), acrescentando dois elementos novos: a inserção na estrutura organizativa e a dependência económica. Deste modo, a designada «presunção» tinha como finalidade concretizar indícios da subordinação jurídica; serão indícios da existência de subordinação jurídica se o devedor da atividade realizar a prestação sob as ordens, direção e fiscalização de outrem e estiver inserido na estrutura organizativa do beneficiário da atividade.

Na nova redação do preceito a solução é diversa. A presunção, constante do art. 12.º do CT2009, melhora relativamente à solução anterior (art. 12.º do CT2003, versão original e versão de 2006), mas continua a não ser uma verdadeira presunção pois conclui-se que existe um determinado tipo de negócio jurídico. Trata-se do que, por vezes, se designa de presunção jurídica ou presunção iuris[677]. Contudo, poderá ficar facilitada a tarefa de qualificação do contrato de trabalho em caso de dúvida, permitindo-se que a verificação de alguns indícios contratuais (teoricamente dois) possa ser suficiente para se entender que a relação jurídica em causa é um contrato de trabalho[678]. É evidente que esta facilitação pode determinar a qualificação de um contrato como de trabalho apesar de faltarem os pressupostos básicos, nomeadamente por força da alínea *a)*; acresce, ainda, que na alínea *e)* se confunde presunção com presumido.

---

[676] A referência a «ordens» e «direção» não deve ser entendida como realidades distintas sob pena de se criarem dificuldades acrescidas de qualificação.

[677] Cf. Menezes Cordeiro, *Direito do Trabalho*, II, cit., pp. 161 ss.

[678] A jurisprudência tem normalmente entendido que o novo regime (2009) só se aplica a contratos celebrados ou renegociados depois da alteração ao Código do Trabalho, cf. Ac. STJ de 4/2/2015 (Pinto Hespanhol), Acs. STJ de 9/9/2015 e de 15/9/2016 (Ana Luísa Geraldes), disponíveis em www.dgsi.pt. Sobre a aplicação no tempo dos sucessivos regimes, veja-se Menezes Cordeiro, *Direito do Trabalho*, II, cit., pp. 164 ss.

III. Partindo de um pressuposto errado de que toda a prestação de trabalho deve ser realizada por contrato de trabalho e que, por conseguinte, sendo acordado um contrato de prestação de serviços haverá ilicitude, foi publicada a Lei n.º 63/2013, intitulada: «Instituição de mecanismos de combate à utilização indevida do contrato de prestação de serviços em relações de trabalho subordinado»[679]. A referida lei assenta no pressuposto de, em regra, a relação de trabalho ser subordinada, mas, como indicado, não é necessariamente ilícita a prestação de trabalho independente, por acordo das partes, mesmo em situações em que, a mesma atividade é, por outros, realizada em subordinação. Tudo depende da conformação ajustada que, em determinados níveis, é lícita.

Neste regime, atribui-se poder à ACT para instaurar procedimento caso entenda que se trata de trabalho aparentemente autónomo, com indícios de trabalho subordinado. Instaurado o procedimento, se a empresa não convolar o contrato de prestação de serviço em contrato de trabalho, o inspetor do trabalho participa ao Ministério Público que, com base na agora criada «Ação de reconhecimento da existência de contrato de trabalho», intenta a ação[680].

Sem questionar que há comportamentos ilícitos, muitas vezes apelidados de «falsos recibos verdes», o regime legal assenta num pressuposto de, por princípio, o comportamento ser ilícito, a que acresce a presunção de laboralidade, em manifesta contrariedade ao princípio da liberdade contratual.

Bibliografia:

Leal Amado, «O Contrato de Trabalho entre a Presunção Legal de Laboralidade e o Presumível Desacerto Legislativo», *Temas Laborais*, Coimbra, 2007, pp. 9 e ss., «Presunção de laboralidade: nótula sobre o art. 12.º do novo Código do Trabalho e o seu âmbito temporal de aplicação», *Pront.* 82 (2009), pp. 159 ss. e *Contrato de Trabalho*, cit., pp. 62 ss.; Mendes Baptista, «Qualificação Contratual e Presunção de Laboralidade», *Estudos sobre o Código do Trabalho*, Coimbra, 2004, pp. 59 e ss.; Menezes Cordeiro, *Direito do Trabalho*, II, cit., pp. 153 a 167; Monteiro Fernandes, *Direito do Trabalho*, cit., pp. 134 e ss.; Júlio Gomes, *Direito do Trabalho*, cit., pp. 126 e ss. e 140 e ss.; Menezes Leitão, *Direito*

[679] Veja-se as repercussões deste regime no âmbito processual, criando uma ação especial, concretamente *infra* § 75.10.g).

[680] Admitindo-se, até, que o trabalhador não tem legitimidade para desistir do pedido formulado pelo Ministério Público (Ac. Rel Pt. de 17/12/2014, www.dgsi.pt).

do Trabalho, cit., pp. 117 e ss. e 128 e ss.; Fernando Ribeiro Lopes, «Trabalho Subordinado ou Trabalho Autónomo: Um Problema de Qualificação», *RDES*, 1987, n.º 1, pp. 57 a 80; Acácio Lourenço, «Contrato de Trabalho e Figuras Afins», *Estudos sobre Temas de Direito do Trabalho*, Lisboa, 1979, pp. 13 a 16; Romano Martinez, anotação ao art. 12.º, *in* Romano Martinez /Luís Miguel Monteiro/Joana Vasconcelos/ Madeira de Brito/Guilherme Dray/Gonçalves da Silva, *Código do Trabalho Anotado*, cit., pp. 130 e ss.; Andrade Mesquita, *Direito do Trabalho*, cit., pp. 343 e ss.; Abílio Neto, *Novo Código do Trabalho e Legislação Complementar Anotados*, 3.ª ed., Lisboa, 2012, anot. ao art. 12.º, pp. 121 ss.; Isabel Ribeiro Parreira, «Qualificação do Contrato de Trabalho e Presunção de Legal. Notas para a Interpretação e Aplicação do artigo 12.º do Código do Trabalho», *VII Congresso Nacional de Direito do Trabalho*, Coimbra, 2004, pp. 125 e ss.; Mário Pinto, *Direito do Trabalho*, cit., pp. 74 a 80; Mário Pinto/ /Furtado Martins/Nunes de Carvalho, *Comentário*, cit., anot. II.6 ao art. 1.º, p. 28 e anot. II.1 ss. ao art. 2.º, pp. 35 a 38; Rosário Palma Ramalho, *Tratado de Direito do Trabalho*, II, cit., pp. 42 e ss.; Sousa Ribeiro, «As fronteiras juslaborais e a (falsa) presunção de laboralidade do artigo 12.º do Código do Trabalho», *Direito dos Contratos. Estudos*, Coimbra, 2007, pp. 360 ss.; Paulo Duarte Teixeira, «Autonomia Médica na Subordinação do Trabalho», *Subjudice* n.º 27 (2004), pp. 41 e ss.; Motta Veiga, *Lições*, cit., pp. 313 e 319; Joana Nunes Vicente, *A fuga à relação de trabalho (típica) em torno da simulação e da fraude à lei*, Coimbra, 2008, pp. 57 e ss.; Bernardo Xavier/Furtado Martins/Nunes de Carvalho/Joana Vasconcelos/ Tatiana Guerra de Almeida, *Manual*, cit., pp. 352 e ss.

3. Contrato de mandato

I. O mandato é o primeiro dos subtipos de contrato de prestação de serviço (art. 1155.º do CC).

Das definições legais (arts. 1157.º do CC e 231.º do CCom.) chega-se à conclusão de que o mandato é o contrato mediante o qual alguém (o mandatário) se obriga a praticar um ou mais atos jurídicos (objeto do contrato), por conta de outrem (mandante).

II. Tanto o contrato de trabalho como o contrato de mandato podem implicar a prática de atos jurídicos por conta de outrem, com ou sem representação. Nos termos do art. 115.º, n.º 3, do CT, sempre que o empregador encarregar o trabalhador da prática de atos jurídicos, presume-se que lhe conferiu poderes de representação; ou seja, no contrato de trabalho a representação é implícita[681], ao contrário do que acontece no contrato de mandato, em que só há representação se for conferida.

A representação implícita[682] – específica do contrato de trabalho (art. 115.º, n.º 3, do CT) – assenta num pressuposto diferente do Código Civil. Neste diploma, por influência da pandectística alemã, diferentemente do que se estabelecera no Código Civil de 1867 e no Código Comercial ainda em vigor[683], procedeu-se a uma distinção entre o mandato e a representação[684], não sendo esta pressuposto daquele negócio, mas algo que se lhe pode acrescentar (cf. arts. 1178.º e 1180.º do CC). O Código do Trabalho, sem descurar a autonomia da representação relativamente ao contrato de trabalho, por um motivo de simplificação e tendo em conta a tutela de terceiros que contactam com a empresa através dos respetivos trabalhadores, determina-se que a representação está implícita em certos contratos de trabalho; mas, nos termos gerais, nada impede que o empregador conceda poderes de representação a quem não tenha contrato de trabalho ou que não atribua poderes de representação a um trabalhador.

III. Para além de pontos de contacto, há diferenças entre os contratos de trabalho e de mandato. A distinção coloca-se no mesmo plano do confronto estabelecido com o contrato de prestação de serviço, de que o contrato de mandato é uma das modalidades.

O contrato de mandato, em princípio, pressupõe a obtenção de um resultado, pode ser oneroso ou gratuito[685], e não implica a existência de

---

[681] Segundo Menezes Cordeiro, *Manual de Direito do Trabalho*, cit., p. 527, nota 6, a atribuição de poderes no contrato de trabalho advém de se tratar de uma hipótese frequente para efeitos de simplificação e de tutela de terceiros.

[682] Quanto aos poderes de representação inerentes a um negócio jurídico, veja-se Carvalho Fernandes, *Teoria Geral do Direito Civil*, II, cit., p. 261.

[683] No Código Comercial, o mandato identifica-se com a representação (art. 231.º do CCom.), denominando-se comissão o mandato sem representação (art. 266.º do CCom.).

[684] Veja-se a autonomização do instituto da representação (arts. 258.º e ss. do CC) e a diferenciação entre o mandato com representação (arts. 1178.º e s. do CC) e sem representação (arts. 1180.º e ss. do CC). Sobre esta questão consulte-se, além de Oliveira Ascensão, *Teoria Geral do Direito Civil*, Vol. II, *Acções e Factos Jurídicos*, 2.ª ed., Coimbra, 2003, pp. 247 ss., em especial, pp. 260 s. e Pessoa Jorge, *O Mandato sem Representação*, Lisboa, 1961, reimpressão, Coimbra, 2001, pp. 20 ss., a tese de Pedro de Albuquerque, *A representação voluntária em direito civil*, Coimbra, 2004.

[685] Há uma presunção legal de que o contrato de mandato civil é gratuito, exceto se tiver por objeto atos que o mandatário pratique por profissão (art. 1158.º, n.º 1, do CC); presumindo-se, em contrapartida, a onerosidade do mandato comercial (art. 232.º do CCom.).

subordinação jurídica, pois o mandatário atua por conta do mandante, com autonomia. Para além destes aspetos, pode acrescentar-se que o contrato de mandato tem um objeto mais delimitado do que o contrato de trabalho; de facto, no âmbito deste pode estar abrangido o objeto daquele, mas não vice-versa. O contrato de trabalho abrange a execução de qualquer atividade e no mandato só se admite a prática de atos jurídicos.

Como diferença fundamental de regime pode ser invocada a possibilidade de revogação livre do mandato (art. 1170.º, n.º 1, do CC), em confronto com as limitações estabelecidas quanto à cessação do contrato de trabalho, por parte do empregador. Mas no que respeita à diferença entre a justa causa de revogação do mandato (art. 1170.º, n.º 2, do CC) e a justa causa de cessação do contrato de trabalho (arts. 351.º e 394.º, n.º 2, do CT) a diferença não é significativa[686].

Todavia, não obstante estas diferenças, em determinadas situações, pode haver dúvidas na respetiva qualificação.

IV. Independentemente da qualificação dos, por vezes, designados «contratos de administração», que podem corresponder a uma modalidade de mandato[687], de prestação de serviço ou não integrar uma figura contratual[688], cabe aludir à relação que se estabelece com os administradores societários.

Quanto aos administradores de sociedades surge o problema de saber se, sendo nomeados para a administração de uma sociedade, se estabeleceu com esta um contrato de trabalho. A questão coloca-se, essencialmente, quando se pretende afastar o administrador e importa apurar se deverá proceder-se a um despedimento ou se pode, em qualquer momento, pôr-se termo ao vínculo, segundo as regras gerais dos contratos[689].

Esta dúvida parece estar resolvida no art. 398.º, n.os 1 e 2, do CSC, nos termos do qual os administradores de sociedades anónimas não podem exercer nessa sociedade ou em sociedades que com esta estejam em relação de

---

[686] Veja-se *infra* a noção de justa causa (§ 58.2.b.1)).

[687] Em relação aos administradores, são frequentes as remissões para o regime do mandato, veja-se, por exemplo, arts. 986.º, n.º 3, e 987.º, n.º 1, do CC.

[688] Sobre esta questão, veja-se, por todos, Menezes Cordeiro, *Da Responsabilidade Civil dos Administradores das Sociedades Comerciais*, Lisboa, 1996, pp. 335 ss., em especial, pp. 394 ss.

[689] Como já foi referido, o conceito de justa causa não é diverso (cf., designadamente, o disposto no art. 257.º, n.º 6, do CSC), mas os administradores e gerentes societários podem ser destituídos a qualquer momento sem justa causa (arts. 403.º, n.º 1, e 257.º, n.º 1, do CSC), tendo, nesse caso, direito a uma indemnização (art. 257.º, n.º 7, do CSC).

domínio ou de grupo, quaisquer funções e obrigações próprias de contrato de trabalho. Após a nomeação, não pode subsistir um contrato de trabalho, ou seja, as relações laborais existentes entre o administrador e a sociedade cessam[690] ou suspendem-se[691] (art. 398.º, n.º 2, do CSC) no momento em que é nomeado para essas funções[692], consoante tenham ou não sido celebrados há menos de um ano antes da designação.

Da insusceptibilidade de manutenção de relações laborais conclui-se que o vínculo estabelecido com o administrador societário não é um contrato de trabalho[693]. De facto, não seria curial que o titular de um órgão social com funções administrativas fosse trabalhador da empresa.

V. Problema idêntico surge em relação aos gerentes societários, sejam sócios ou pessoas estranhas à sociedade, designadas nos termos do art. 252.º do CSC. Não obstante a falta de disposição legal sobre a matéria, não parece

---

690 O art. 398.º, n.º 2, do CSC, na parte em que considera que o contrato de trabalho se extingue se tiver durado menos de um ano, é inconstitucional, por não terem intervindo os organismos representativos dos trabalhadores na elaboração do preceito, cf. Ac. Trib. Const. n.º 1018/96, de 9/10/1996, *DR* II Série de 13 de dezembro de 1996; Ac. STJ de 22/10/1997, CJ (STJ) 1997, T. III, p. 270. Sobre esta questão, consulte-se igualmente ABÍLIO NETO, *Contrato de Trabalho. Notas Práticas*, 16.ª ed., Lisboa, 2000, anot. 3.1 ao art. 1.º LCT, p. 75. RAÚL VENTURA, «Nota sobre a Interpretação do Artigo 398.º do Código das Sociedades Comerciais», *O Direito* 125 (1993), III-IV, p. 264, justifica a solução com vista a evitar a celebração de contratos de trabalho presumivelmente fraudulentos. Mais recente, veja-se ENGRÁCIA ANTUNES, *A proibição de cúmulo administrador/trabalhador. Da sua* constitucionalidade, Coimbra, 2018; ALEXANDRA MARQUES SEQUEIRA, «Da designação de trabalhador para membro de órgão estatutário da sociedade empregadora. Efeitos no contrato de trabalho», *QL* n.º 46 (2015), pp. 151 ss.

691 A suspensão segue o regime do Decreto-Lei n.º 398/83 (Ac. Rel. Lx. de 12/11/1997, CJ XXII, T. V, p. 162). Sendo o trabalhador nomeado administrador da entidade patronal, o contrato de trabalho suspende-se enquanto durarem aquelas funções (Ac. STJ de 26/2/1997, CJ (STJ) 1997, T. I, p. 286).

692 De facto, como refere RAÚL VENTURA, *Teoria da Relação Jurídica de Trabalho*, cit. pp. 296 ss., sendo o administrador representante orgânico da sociedade, não pode funcionar simultaneamente como trabalhador (p. 299). Sobre esta questão, veja-se também SERRA CALLEJO/SÁNCHEZ DOMÍNGUEZ, *La Prestación de Servicios de Socios y Administradores en las Sociedades de Capital*, Madrid, Barcelona, 1995, pp. 60 ss.

693 MENEZES CORDEIRO, *Da Responsabilidade Civil dos Administradores*, cit., pp. 384 ss., em especial pp. 392 s., considera que seria inadequado e incompatível «laboralizar» a situação jurídica dos administradores, atendendo principalmente à tutela conferida ao trabalhador que visa tornar perpétua a relação jurídica laboral. Por isso, no Ac. Rel. Cb. de 19/3/1998, CJ XXIII, T. II, p. 73, concluiu-se que não era de trabalho o contrato que vinculava o presidente do conselho de administração, eleito pela assembleia geral.

que a relação jurídica se enquadre no domínio laboral. Tal como os administradores, os gerentes societários não estão submetidos a um poder de direção da sociedade, podem tão-só receber instruções genéricas da Assembleia Geral, que executam com autonomia. Mas diferentemente dos administradores, os gerentes societários podem cumular as funções para que foram designados com as de trabalhador subordinado[694].

Em relação aos gerentes o problema tem sido resolvido da seguinte forma, normalmente apontada pela jurisprudência, embora a solução seja formalista. Se o gerente de uma sociedade é um sócio da mesma, e foi designado gerente da sociedade ao abrigo do contrato de sociedade ou eleito posteriormente por deliberação dos sócios, a situação jurídica poderá conformar um mandato, pelo que a hipótese se afasta da relação laboral[695]. Mas se, pelo contrário, o gerente for um estranho à sociedade, tendo sido contratado como gerente pelo facto de ser um bom gestor, a situação aproxima-se de uma relação laboral; ou seja, o contrato deve ser qualificado como um contrato de trabalho, porque ele não tem o tal laço societário[696]. Todavia, o gerente, ainda que estranho à sociedade, sendo designado ao abrigo do art. 257.º do CSC, atendendo às funções que desempenha, por via de regra, será difícil detetar a existência de uma subordinação jurídica.

VI. Diferentemente, os gerentes comerciais, os auxiliares e os caixeiros, apesar de nos termos dos arts. 248.º e ss. do CCom. se qualificarem como mandatários – porque os mencionados preceitos estão inseridos no Capítulo II, «Dos gerentes, auxiliares e caixeiros», que faz parte do Título V do Código Comercial sobre a epígrafe «Do mandato» –, estão, normalmente, relacionados com a empresa por via de um contrato de trabalho.

Da mesma forma, os comissários (ou comissionistas), qualificados nos arts. 266.º e ss. do CCom. como mandatários (sem representação)[697]. Não

[694] Cf. Ac. STJ de 25/2/1993, CJ (STJ) 1993, T. I, p. 257; Ac. STJ de 29/9/1999, CJ (STJ) 1999, T. III, p. 248; Ac. Rel. Pt. de 21/1/2019, CJ 2019 I, p. 269 .

[695] Cf. Ac. STJ de 16/12/1983, *BMJ* 332, p. 418; Ac. STJ de 8/1/1992, BMJ 413, p. 360; Ac. STJ de 25/2/1993, CJ (STJ) 1993, T. I, p. 257; Ac. STJ de 17/2/1994, CJ (STJ) 1994, T. I, p. 293; Ac. Rel. Lx. de 13/7/1988, CJ XIII, T. IV, p. 150; Ac. Rel. Pt. de 26/9/1992, CJ XVII, T. IV, p. 288; Ac. Rel. Cb. de 2/12/1993, CJ XVIII, T. V, p. 86. Sobre esta questão, veja-se também Brito Correia, *Os Administradores de Sociedades Anónimas*, Coimbra, 1993, pp. 386 ss.

[696] Quanto à admissibilidade de um gerente de uma sociedade por quotas, desde que exista subordinação, ser trabalhador, cf. Ac. STJ de 19/3/1992, *BMJ* 415, p. 421.

[697] Estes preceitos integram-se igualmente no Título V (Do Mandato).

obstante a qualificação legal quanto a estes prestadores de atividade no sentido de serem mandatários, nada impede que tenham celebrado um contrato de trabalho, pois a qualificação legal não afasta a possibilidade da existência de um vínculo laboral.

O disposto nos citados preceitos do Código Comercial não inviabiliza que, em determinadas circunstâncias, se possam considerar os gerentes, comissários, etc., como trabalhadores[698]. Importa determinar se, na realidade, eles exercem uma atividade subordinada, isto é, se estão preenchidos os pressupostos de um contrato de trabalho.

Os gerentes comerciais, por via de regra, têm um contrato de trabalho[699], pois, para além de receberem instruções de um superior hierárquico, integram-se numa estrutura empresarial.

Quanto a outras situações (caixeiros, comissários, etc.), a respetiva qualificação está, novamente, na dependência do critério da subordinação jurídica, ou seja, importa determinar os termos em que o contrato foi celebrado e é executado. Assim, se um comissário ajusta contratos com uma empresa, mantendo a sua autonomia, e recebendo comissões em função dos negócios celebrados, é de pressupor que a relação jurídica estabelecida não se enquadre no domínio laboral.

Bibliografia:

Menezes Cordeiro, *Direito do Trabalho*, II, cit., pp. 171 a 174 e *Da Responsabilidade Civil dos Administradores das Sociedades Comerciais*, Lisboa, 1996, pp. 384 a 396; Brito Correia, *Os Administradores de Sociedades Anónimas*, Coimbra, 1993, pp. 375 a 411; Monteiro Fernandes, *Direito do Trabalho*, cit., p. 138; Júlio Gomes, *Direito do Trabalho*, cit., pp. 181 e ss.; Manuel Januário Gomes, «Contrato de Mandato», *Direito das Obrigações*, 3.º Vol., sob a coordenação de Menezes Cordeiro, 2.ª ed., Lisboa, 1991, pp. 310 a 312; Acácio Lourenço, «Contrato de Trabalho e Figuras Afins», *Estudos sobre Temas de Direito do Trabalho*, Lisboa, 1979, pp. 16 a 19; Mário Pinto/Furtado Martins/Nunes de Carvalho, *Comentário*,

[698] O gerente não sócio pode ser trabalhador subordinado, cf. Ac. STJ de 25/2/1993, CJ (STJ) 1993, T. I, p. 257; Ac. STJ de 17/2/1994, CJ (STJ) 1994, T. I, p. 293. Manuel Januário Gomes, «Contrato de Mandato», *in Direito das Obrigações*, 3.º Vol., Coord. Menezes Cordeiro, 2.ª ed., Lisboa, 1991, p. 311, afirma que, apesar da qualificação legal como mandatários (arts. 248.º e ss. do CCom.), na realidade, os auxiliares e os caixeiros são trabalhadores subordinados.

[699] Neste sentido, Monteiro Fernandes, *Direito do Trabalho*, 17.ª ed., Coimbra, 2014, p. 156, aludindo ao gerente que dirige um ou mais estabelecimentos, «cuja posição encaixa sem dificuldade no esquema do contrato de trabalho». Veja-se ainda o Ac. STJ de 17/2/1994, CJ (STJ) 1994, T. I, p. 293.

cit., anot. II.6 ao art. 1.º, p. 29; ROSÁRIO PALMA RAMALHO, *Tratado de Direito do Trabalho*, II, cit., pp. 71 e ss.; ILÍDIO RODRIGUES, *A Administração das Sociedades por Quotas e Anónimas*, Lisboa, 1990, pp. 261 a 315; RAÚL VENTURA, «Nota sobre a Interpretação do Artigo 398.º do Código das Sociedades Comerciais (Exercício de outras Actividades por Administrador de Sociedade Anónima)», *O Direito*, 125 (1993), III-IV, pp. 261 a 266; BERNARDO XAVIER/FURTADO MARTINS/NUNES DE CARVALHO/JOANA VASCONCELOS/TATIANA GUERRA DE ALMEIDA, *Manual*, cit., pp. 349 e ss.

4. Contrato de depósito

I. Do contrato de trabalho podem derivar obrigações características de um contrato de depósito. É o que se verifica no caso de a um determinado empregado ser confiada a guarda de equipamentos; sempre que o empregador faculta ao trabalhador utensílios, este deve guardá-los, pois o trabalhador deve «Velar pela conservação e boa utilização de bens relacionados com o trabalho que lhe forem confiados pelo empregador» (art. 128.º, n.º 1, alínea *g*), do CT). Surge, assim, no âmbito do contrato de trabalho, uma obrigação característica do contrato de depósito, que não chegaria a consubstanciar um contrato misto. Todavia, sempre que da relação laboral emergem obrigações próprias do contrato de depósito, na medida em que não encontrem regulamentação específica, aplicar-se-ão as regras deste negócio jurídico. Deste modo, para determinar o conteúdo do contrato de trabalho pode ter de se recorrer às regras do depósito.

II. Quanto à distinção entre os contratos de trabalho e de depósito, atendendo às respetivas noções (arts. 1152.º e 1185.º do CC), verifica-se que o objeto é distinto: prestar uma atividade e guardar uma coisa. Mas, mesmo assim, podem surgir dúvidas de qualificação.

Se alguém incumbe outrem de guardar um armazém, esta situação pode conformar três negócios jurídicos distintos. Quando o proprietário do armazém encarrega uma empresa de segurança de o guardar, instalando um alarme, colocando guardas, etc., o contrato qualifica-se como de prestação de serviço atípico.

Mas se o proprietário do armazém entregou a chave do mesmo a uma pessoa singular com a finalidade de guardar o local, o contrato poderá ser de depósito ou de trabalho. Importa, então, averiguar se existe subordinação jurídica do prestador da atividade.

Se a pessoa encarregada de guardar o armazém realizar a atividade com autonomia, apesar de executar a tarefa no local indicado pelo beneficiário da atividade, estar-se-á perante um contrato de depósito. Mas se houver um horário a respeitar (guardar o armazém entre as 9h e as 18h) e, especialmente, se existir numa relação de subordinação com respeito àquele que lhe entregar as chaves, o contrato poderá ser de trabalho.

Mais uma vez, para além da vontade das partes, os critérios da subordinação e da autonomia, coadjuvados com aspetos complementares, como o da existência de um horário de trabalho, perante o caso concreto, têm de ser tidos em conta para se proceder à qualificação negocial.

BIBLIOGRAFIA:
MENEZES CORDEIRO, *Direito do Trabalho*, II, cit., pp. 174 a 176.

5. Contrato de empreitada

I. O contrato de empreitada vem regulado nos arts. 1207.º e ss. do CC[700], e, nos termos do art. 1207.º, «é o contrato pelo qual uma das partes se obriga em relação à outra a realizar certa obra, mediante um preço».

Comparando esta noção com a estabelecida para o contrato de trabalho, verifica-se que o empreiteiro fica adstrito ao cumprimento duma atividade, desenvolvendo, portanto, um trabalho autónomo, não ficando subordinado ao dono da obra na realização dessa tarefa; sobre o empreiteiro não impende o dever de obediência, característico do contrato de trabalho, não obstante admitir-se que o dono da obra proceda à fiscalização da mesma durante a sua execução (art. 1209.º do CC)[701]. A fiscalização não se identifica com a subordinação jurídica: o dono da obra pode apreciar como o empreiteiro está a realizar a obra, o que não lhe confere um poder de direção.

Por outro lado, o empreiteiro fica adstrito a «realizar certa obra», a obter um determinado resultado (obrigação de resultado). No contrato de trabalho, o trabalhador obriga-se a desenvolver, prudente e diligentemente, uma atividade (obrigação de meios)[702]. Porém, a obrigação de meios, relacionada

---

[700] Veja-se, contudo, o regime da empreitada de obras públicas, constante do Código dos Contratos Públicos, arts. 343.º e ss.

[701] Quanto ao direito do dono da obra de proceder à fiscalização da obra, nos termos do art. 1209.º do CC, veja-se ROMANO MARTINEZ, *Direito das Obrigações (Parte Especial). Contratos*, 2.ª ed., Coimbra, 2001, pp. 369 ss.

[702] Cf. ROMANO MARTINEZ, *Direito das Obrigações*, cit., pp. 330 ss.

com os deveres acessórios, próprios da relação laboral, leva à prossecução dum resultado, mas este não é o fim típico da prestação, sendo tão-só uma consequência a que se chega, relacionando a obrigação de meios com os deveres acessórios.

A vinculação jurídica do trabalhador em relação ao empregador acaba por ser o critério preponderante para distinguir o contrato de trabalho da empreitada; no contrato de trabalho há subordinação jurídica, o que não ocorre na empreitada. Para além deste aspeto, há critérios complementares a ter em conta na distinção dos dois contratos[703], pois nem sempre é fácil concluir pela existência de subordinação jurídica; pois corresponde a um conceito de direito, que se deduz de factos.

II. Não obstante as diferenças assinaladas entre os dois contratos, subsistem dúvidas de qualificação, particularmente na contraposição entre o contrato de trabalho e a subempreitada. Esta dificuldade é acrescida pelo facto de a atividade objeto do contrato de empreitada (ou de subempreitada) e de trabalho ser, eventualmente, coincidente. Na noção de obra do art. 1207.º do CC inclui-se uma multiplicidade de atividades que podem ser objeto de uma relação laboral[704]. A mencionada dificuldade de delimitação pode advir ainda do facto de, muitas das vezes, as partes, para obstarem à aplicação das regras laborais, qualificarem o contrato como de empreitada, evitando, assim, a aplicação de regras quanto ao salário mínimo, à segurança social, etc., com vantagens, essencialmente, para o beneficiário de atividade. A similitude de objeto propicia uma eventual fraude à lei. Se, por exemplo, alguém quer podar das macieiras do seu pomar, pode ajustar um contrato de trabalho com o podador, mas também, como se trata de uma tarefa determinada (a poda das macieiras naquele ano), justificar-se-á celebrar um contrato de empreitada com o podador. O mesmo se diga no caso de se pretender proceder à limpeza de um pinhal, reparar um telhado ou fazer um conserto numa casa; isto é, sempre que esteja em causa uma tarefa determinada. Se for ajustado um contrato de empreitada, da parte do beneficiário da atividade, em princípio, a situação será mais vantajosa: o risco corre por conta daquele que presta a atividade, não há responsabilidade objetiva emergente de acidentes de trabalho, o beneficiário da atividade não tem de fazer descontos para a segurança social, etc.

[703] Quanto a uma indicação de critérios distintivos, cf. Ac. STJ de 24/5/1995, BMJ 447, p. 308.
[704] Quanto à noção de obra do art. 1207.º do CC, cf. ROMANO MARTINEZ, *Direito das Obrigações*, cit., pp. 317 s. e 386 ss.

Mas nem sempre as qualificações feitas pelas partes são válidas, podendo o intérprete concluir de modo diverso quanto à qualificação do contrato.

III. Tendo por base o método indiciário, anteriormente referido a propósito do contrato de prestação de serviço, há índices que podem auxiliar o intérprete na tarefa de qualificação. Cabe tão-só aludir a indícios que apresentem alguma especificidade a nível de contrato de empreitada, pois, sendo esta uma modalidade de prestação de serviço, as considerações então tecidas valem nesta sede.

De entre os critérios complementares de qualificação, podem indicar-se alguns com particular relevância a nível do contrato de empreitada.

O tipo de remuneração ajustado; se o pagamento é feito à tarefa, em princípio, trata-se de um contrato de empreitada, mas se for determinado por tempo de trabalho, será de pressupor que o contrato é de trabalho. Este critério complementar poderá ajudar, mas não é decisivo, porque na empreitada, apesar de não ser habitual, o preço pode ser fixado tendo em conta a duração do trabalho, em função do tempo utilizado na execução da obra.

A utilização de materiais fornecidos pelo beneficiário da atividade permite qualificar a relação como laboral. De acordo com o art. 1211.º do CC, se nada for estabelecido em contrário, os materiais são fornecidos pelo empreiteiro (prestador da atividade); se, pelo contrário, os materiais e utensílios foram providos pelo beneficiário da atividade, pode, em determinadas circunstâncias, presumir-se que se trata de um contrato de trabalho.

Sempre que o prestador de atividade recorra a colaboradores, em princípio, o contrato será de empreitada. Partindo do pressuposto de que o contrato de trabalho é um negócio jurídico *intuitu personae*, está inviabilizado, da parte do prestador do trabalho, o recurso a colaboradores; quem for contratado mediante um contrato de trabalho tem de exercer a atividade por si e não por intermédio de outras pessoas. O contrato de empreitada, não sendo, por via de regra, *intuitu personae*, permite o ajuste de um contrato de subempreitada, nos termos do qual o empreiteiro encarrega terceiro, não relacionado com o dono da obra, de executar parte ou a totalidade da obra; além disso, o empreiteiro pode contratar assalariados, o que acontece frequentemente, mediante contratos de trabalho.

Importa, por último, aludir à distribuição do risco, associada à prestação de resultado, própria do contrato de empreitada. No contrato de empreitada, o risco da execução da obra corre por conta do empreiteiro (art. 1227.º do CC); assim, se o empreiteiro, por causa não imputável a nenhuma das partes, não puder terminar a obra, a atividade já despendida constitui um risco que ele suporta, pois não tem direito à remuneração correspondente ao trabalho desenvolvido. Diferentemente, no contrato de trabalho, se o trabalhador, por qualquer razão que não lhe seja imputável, não puder desenvolver a sua atividade, como o risco corre por conta do empregador, tem direito à remuneração, desde que tenha agido diligentemente. Se do contrato se depreende que o risco da execução da atividade é suportado por aquele que a desempenha, presumir-se-á que o contrato seja de empreitada.

IV. Para a distinção que se pretende efetuar, o método tipológico pode igualmente apresentar um contributo. Tendo por base a vontade das partes, importa verificar que elementos foram tidos em conta na relação em apreço. Assim, se no contrato em causa, a atividade era vista como um meio para atingir um fim (a obra)[705], se cabia ao prestador de atividade, dentro de determinados pressupostos, fixar o modo de atuação e se este não se inseria na estrutura empresarial do beneficiário da atividade, é de presumir que se estabeleceu um contrato de empreitada.

Será, pois, perante o caso concreto que se verifica a existência dos elementos, ainda que predominantemente, de um ou de outro contrato.

Bibliografia:

Pedro de Albuquerque / Miguel Assis Raimundo, *Direito das Obrigações. Contratos em Especial*, Vol. II, *Contrato de empreitada*, 2.ª ed., Coimbra, 2013, pp. 207 e ss.; Menezes Cordeiro, *Direito do Trabalho*, II, cit., pp. 176 a 178; Monteiro Fernandes, *Direito do Trabalho*, 18.ª ed., Coimbra, 2017, p. 139; Romano Martinez, *Direito das Obrigações (Parte Especial). Contratos*, 2.ª ed., Coimbra, 2001, pp. 330 a 332; Mário Pinto/Furtado Martins/Nunes de Carvalho, *Comentário*, cit., anot. II.6 ao art. 1.º, pp. 28 e 29; Rosário Palma Ramalho, *Tratado de Direito do Trabalho*, II, cit., pp. 73 e s.; Bernardo Xavier/Furtado Martins/ /Nunes de Carvalho/Joana Vasconcelos/Tatiana Guerra de Almeida, *Manual*, cit., pp. 351 e s.

[705] Como referem Bernardo Xavier/Furtado Martins/Nunes de Carvalho/Joana Vasconcelos/Tatiana Guerra de Almeida, *Manual*, cit., p. 351, prevalece o produto acabado e não o trabalho nele incorporado.

6. Contrato de sociedade

I. Em princípio, entre os contratos de sociedade e de trabalho não se suscitariam quaisquer problemas de distinção. Tendo em conta a definição de sociedade, constante do art. 980.º do CC, e a de contrato de trabalho, já conhecida, parece não ser possível qualquer confusão. Mas, no entanto, o contrato de sociedade, em determinadas conformações que reveste, pode apresentar similitudes com o contrato de trabalho.

Da parte final do art. 980.º do CC consta que a sociedade tem por fim a repartição dos lucros resultantes da atividade. Esta característica do contrato de sociedade – a repartição do lucro – não se verifica no contrato de trabalho. Além disso, da noção legal de sociedade parece inferir-se que não existe qualquer subordinação entre os sócios, nem entre eles e a sociedade. Há, no entanto, a ter em conta que o «Contrato de sociedade é aquele em que duas ou mais pessoas se obrigam a contribuir com bens ou serviços (...)» (art. 980.º do CC). Coexistem, pois, dois tipos de sócios: os de capital, que participam com bens; e os de indústria, que contribuem com serviços para a sociedade. Quanto aos primeiros, não há qualquer possibilidade de confusão com o contrato de trabalho[706], mas em relação aos segundos podem subsistir dúvidas de qualificação. Os sócios de indústria entram para a sociedade com o seu trabalho, prestando a sua atividade; não aportam bens para a sociedade, mas sim o seu trabalho. É neste ponto que se encontra a similitude entre as duas situações[707]. No contrato de sociedade, o sócio de indústria presta o seu trabalho, tendo direito à repartição dos lucros, mas frequentemente recebe ainda uma retribuição mensal, que será ponderada na repartição anual dos lucros[708].

---

[706] Pode haver cumulação, sócio de capital, que simultaneamente trabalha na sociedade, cf. Ac. Rel. Lx. de 14/11/1990, CJ XV, T. V, p. 167.

[707] Cf. PAPALEONI *in* MAZZONI, *Diritto del Lavoro*, I, cit., pp. 261 ss.; SERRA CALLEJO/SÁNCHEZ DOMÍNGUEZ, *La Prestación de Servicios de Socios*, cit., pp. 47 ss. e 92 ss.
Veja-se também as dificuldades de qualificação no caso de contrato de parceria que, neste ponto, pode apresentar similitudes com o de sociedade, cf. CORDEIRO PACHECO, «Contrato de Trabalho e Contratos Afins», *Fundamentos do Direito do Trabalho*, S. Paulo, 2000, pp. 326 ss., em especial 335 ss.

[708] No direito espanhol existe um regime especial, denominado «sociedades laborais» (Lei n.º 4/1997, de 24 de março), em que a maioria do capital é detida por trabalhadores que prestam serviço retribuído na sociedade. Sobre este regime, *vd.* JOSÉ MARIA NEILA NEILA, *Sociedades Laborales*, Madrid, 1998, em comentário aos vários preceitos da referida lei.

II. Situação idêntica pode ocorrer nas cooperativas[709] e a jurisprudência tem sido chamada, por diversas vezes, a resolver problemas de qualificação, a fim de determinar se o sócio da cooperativa, que presta a sua atividade nessa empresa, tem um contrato de trabalho[710].

De modo similar, na conta em participação, hoje designada por associação em participação[711], pode não ser fácil determinar se a situação consubstancia um contrato de trabalho. De facto, quando alguém se associa à atividade económica exercida por outra pessoa, sem participar nas perdas, só auferindo os lucros (art. 21.º do Decreto-Lei n.º 231/81), ainda que tenha efetuado uma contribuição de natureza patrimonial para se associar (art. 24.º do Decreto-Lei n.º 231/81), pode ficar a exercer uma atividade subordinada, principalmente se a referida «contribuição de natureza patrimonial» integrar um serviço[712].

[709] Reguladas pelo Código Cooperativo (Lei n.º 119/2015, de 31 de agosto).

[710] Cf. Ac. STJ de 17/2/1994, CJ (STJ) 1994, T. I, p. 293; Ac. Rel. Cb. de 13/12/1990, CJ XV, T. V, p. 98; Ac. Rel. Lx. de 12/6/1991, CJ XVI, T. III, p. 218; Ac. Rel. Cb. de 30/3/1995, CJ XX, T. II, p. 55; Ac. Rel. Cb. de 10/10/1996, CJ XXI, T. IV, p. 84.

Veja-se Gracia Peligero/Laguardia Gracia, *La Dual Posición del Socio-trabajador en las Cooperativas de Trabajo Asociado*, Madrid, 1996; Jorge Leite, «Relação de Trabalho Cooperativo», *QL*, n.º 2 (1994), pp. 89 ss.; Messias da Silva, *Cooperativas de trabalho: Tercerização sem intermediação. As cooperativas de mão-de-obra e a tercirização sem fraude*, S. Paulo, 2005, pp. 83 ss.; Santiago Redondo, *Socio de Cooperativa y Relación Laboral*, Madrid, 1998. Como refere este último autor (ob. cit., p. 292), normalmente, veta-se *ab initio* a proteção laboral ao sócio trabalhador, quando se confere a mesma tutela a prestadores de atividade que dela não carecem. Negando a existência de contrato de trabalho entre a cooperativa e o associado dispõe o art. 442.º, § único Consolidação das Leis do Trabalho (cf. Nascimento, *Direito do Trabalho*, cit., pp. 376 ss.; veja-se, porém, a crítica de Victor Russomano, *Direito do Trabalho*, cit., pp. 62 s.).

[711] Cf. arts. 21.º e ss. do Decreto-Lei n.º 231/81, de 28 de Julho, relativo aos contratos de consórcio e de associação em participação. O regime da conta em participação, anteriormente regulada nos arts. 224.º e ss. do CCom., foi revogado pelo citado diploma.

[712] A este propósito, veja-se a situação relatada por Mário Frota, «Contrato de Conta em Participação na Exploração de Estabelecimento Hoteleiro "versus" Contrato de Trabalho», *TJ* 12 (1985), pp. 9 ss. No caso em apreço, o titular de um estabelecimento hoteleiro (1.º contraente) acordara que o 2.º contraente poria a sua indústria na exploração do empreendimento, competindo-lhe a atividade de gestão, de serviço de recepção de hóspedes e tarefas de limpeza e arrumação de instalações (quartos e roupas) o que poderia fazer por si ou com auxílio de familiares ou de pessoal que decidisse contratar; além disso, o 2.º contraente podia alojar-se com a sua família em dependências da residencial. Como contrapartida, o 2.º contraente tinha direito a 15% do resultado bruto da exploração. O autor citado (p. 11) qualifica o contrato como de trabalho, solução criticável atendendo à autonomia no exercício da atividade, porque o 2.º contraente assume funções de empresário. Sobre este problema, veja-se Abílio Neto, *Contrato de Trabalho*, cit., anot. 5.1 ss. ao art. 1.º LCT, pp. 81 s.

III. A qualificação do contrato, como sendo de trabalho ou de sociedade, é determinante, porque a exclusão dos sócios (arts. 1003.º e 1004.º do CC, para as sociedades civis, e arts. 186.º e 241.º do CSC, para as sociedades comerciais)[713] é diversa do regime do despedimento, estabelecido na relação laboral. Por via dum contrato de sociedade pode ser posto em causa o princípio de segurança no emprego, porque, em vez de se celebrar um contrato de trabalho, ajusta-se um contrato de sociedade com um sócio de indústria e, pretendendo-se pôr fim à relação, recorre-se ao regime de exclusão do sócio.

IV. Em certos contratos de trabalho, ao trabalhador, para além do direito a uma remuneração mensal, no fim do ano, com o objetivo de o incentivar, pode-lhe ser conferido o direito a participar nos lucros da empresa.

O sócio de indústria, com determinada função e horário fixo, recebendo uma quantia por mês, encontrar-se-á numa situação não muito diferente daquela em que um trabalhador, que não é sócio dessa sociedade, exerce idêntica função com o mesmo horário e ordenado, tendo direito à repartição de lucros.

No caso de sócios gerentes, que também podem ser sócios de indústria, como foi referido, a jurisprudência[714] e a doutrina[715] têm solucionado a questão com um pendor formalista, mas que deve ser tido em conta. Consideram que o gerente, sendo sócio de indústria e tendo sido designado para o cargo social nos termos societários, deve ter o seu estatuto integrado no domínio do contrato de sociedade, concluindo-se que não foi celebrado um contrato de trabalho. Se, pelo contrário, não sendo o gerente sócio, se foi designado atendendo ao seu valor e qualidade, importa verificar se haveria subordinação jurídica, caso em que se estará perante uma relação laboral.

O ponto de partida reside, mais uma vez, no critério de subordinação jurídica.

---

[713] Quanto à exclusão dos sócios, veja-se MENEZES LEITÃO, *Pressupostos da Exclusão de Sócios nas Sociedades Comerciais*, Lisboa, 1989 e «Contrato de Sociedade Civil» *in Direito das Obrigações*, 3.º Vol., Coord. MENEZES CORDEIRO, 2.ª ed., Lisboa, 1991, pp. 167 ss.

[714] Ac. STJ de 16/12/1983, BMJ 332, p. 418; Ac. STJ de 8/1/1992, BMJ 413, p. 360; Ac. STJ de 25/2/1993, CJ (STJ) 1993, T. I, p. 257; Ac. STJ de 17/2/1994, CJ (STJ) 1994, T. I, p. 293; Ac. Rel. Lx. de 13/7/1988, CJ XIII, T. IV, p. 150; Ac. Rel. Pt. de 26/9/1992, CJ XVII, T. IV, p. 288; Ac. Rel. Cb. de 2/12/1993, CJ XVIII, T. V, p. 86.

[715] Cf. MENEZES CORDEIRO, *Direito do Trabalho*, II, cit., p. 182. Quanto à relação que se estabelece com os dirigentes societários, *vd.* DI CERBO, *I Rapporti Speciali di Lavoro*, Pádua, 2000, pp. 99 ss.; PAVESE, *Subordinazione, Autonomia e Forme Atipiche*, Pádua, 2001, pp. 31 ss.

Para os sócios de indústria que não sejam gerentes, mas exerçam funções na sociedade, importa igualmente averiguar se a atividade é exercida de forma subordinada, equiparável à dos demais trabalhadores daquela empresa. Será, pois, perante o caso concreto que se pode qualificar a situação, atendendo à distinção entre autonomia e subordinação jurídica.

BIBLIOGRAFIA:

MENEZES CORDEIRO, *Direito do Trabalho*, II, cit., pp. 179 a 183 e *Da Responsabilidade Civil dos Administradores das Sociedades Comerciais*, Lisboa, 1996, pp. 384 a 396; BRITO CORREIA, *Os Administradores das Sociedades Anónimas*, Coimbra, 1993, pp. 375 a 411; MÁRIO FROTA, «Contrato de Conta em Participação na Exploração de Estabelecimento Hoteleiro "Versus" Contrato de Trabalho», TJ 12 (1985), pp. 9 a 11; JÚLIO GOMES, *Direito do Trabalho*, cit., pp. 159 e ss. e 173 e ss.; ABÍLIO NETO, *Novo Código do Trabalho*, cit., anot. ao art. 11.º; MÁRIO PINTO/FURTADO MARTINS/ /NUNES DE CARVALHO, *Comentário*, cit., anot. II.6 ao art. 1.º, pp. 29 e 30; ROSÁRIO PALMA RAMALHO, *Tratado de Direito do Trabalho*, II, cit., pp. 77 e ss.; BERNARDO XAVIER/FURTADO MARTINS/NUNES DE CARVALHO/JOANA VASCONCELOS/TATIANA GUERRA DE ALMEIDA, *Manual*, cit., pp. 348 e s.

7. Contrato de agência

I. Nos termos do art. 1.º, n.º 1, do Decreto-Lei n.º 178/86, de 3 de junho, com a redação do Decreto-Lei n.º 118/93, de 13 de abril, «Agência é o contrato pelo qual uma das parte (agente) se obriga a promover por conta da outra (principal) a celebração de contratos, de modo autónomo e estável e mediante retribuição, podendo ser-lhe atribuída certa zona ou determinado círculo de clientes».

O agente, não obstante atuar por conta de outrem, é um colaborador autónomo, não agindo na dependência jurídica do principal. A subordinação jurídica, própria do contrato de trabalho, não existe no contrato de agência.

Para além disso, o agente assume o risco da sua atividade, suportando as despesas e recebendo a contraprestação em função dos negócios agenciados. Em contrapartida, o trabalhador, no contrato de trabalho, em princípio, recebe a retribuição por inteiro, tenha ou não conseguido executar a atividade de que foi incumbido; ou seja, o trabalhador não suporta o risco da não realização da atividade em termos satisfatórios.

II. Mas, por vezes, o agente pode confundir-se com o trabalhador subordinado. Por exemplo, os empregados viajantes (art. 257.º do CCom.), apesar de terem uma relação laboral[716], também podem ter por função agenciar negócios, sendo trabalhadores-agentes, porque a atividade, tanto pode ser exercida por um trabalhador subordinado, como por um trabalhador autónomo[717]. Em tais casos, como a subordinação jurídica acaba por ser um critério fluido, na medida em que, no contrato de agência, o principal pode dar instruções, nomeadamente quanto aos contratos a agenciar, em que termos devem ser preparados, em que zona do país pode o agente atuar e que clientes deve contactar[718].

Por outro lado, há também a ter em conta que, não raras vezes, os trabalhadores têm, pelo menos, parte do ordenado pago em comissões de vendas ou de angariação de clientes, ou em prémios de produtividade. A lei laboral exige tão-só que o trabalhador receba uma parte da retribuição fixa, a remuneração base, podendo, relativamente a complementos salariais, como o prémio de produtividade, o risco ser assumido pelo trabalhador. Em contrapartida, não é raro que o agente receba uma quantia mensal fixa, ajustada periodicamente em função dos contratos que tem vindo a agenciar. A diferença entre estas duas situações não é relevante e as dúvidas quanto à distinção entre os dois contratos colocam-se igualmente em relação a outras situações similares ao contrato de agência, como o contrato de mediação (p. ex., Lei n.º 7/2019, de 16 de janeiro, no que respeita à intermediação de seguros e Lei n.º 15/2013, de 8 de fevereiro, quanto à mediação imobiliária)[719].

As dificuldades de distinção avolumam-se devido ao facto de, frequentemente, ter o trabalhador manifestado interesse (por motivos vários, inclusive de ordem fiscal) em que a relação jurídica laboral vigente cesse para, em

---

[716] Dos termos dos arts. 257.º e 259.º, e especialmente art. 265.º do CCom., parece poder concluir-se que os, muitas vezes, designados caixeiros-viajantes podem ter uma relação laboral. Neste sentido, mas com base no primeiro dos preceitos citados, cf. Lacerda Barata, *Sobre o Contrato de Agência*, Coimbra, 1991, p. 109.

[717] Como situações normalmente abrangidas por vínculo laboral, Pinto Monteiro, *Contrato de Agência*, 8.ª ed., Coimbra, 2017, anot. 2.c) ao art. 1.º, pp. 61 e s., para além dos caixeiros-viajantes, alude aos agentes de seguros e agentes de vendas, apesar de, por vezes, poderem desempenhar a atividade com relativa autonomia. Sobre os problemas de qualificação dos contratos destes prestadores de atividade, *vd.* García Piqueras, *En Las Fronteras del Derecho del Trabajo*, Granada, 1999, pp. 65 ss.

[718] Como refere Pinto Monteiro, *Contrato de Agência*, cit., anot. 2.c) ao art. 1.º, p. 62, o facto de o agente se conformar às orientações recebidas, se adequar à política económica da empresa e prestar regularmente contas da atividade, não prejudica, no essencial, a sua autonomia.

[719] Quanto ao contrato de mediação, ainda que sem atender a esta questão distintiva, mas aludindo à remuneração em diversos contextos, veja-se Higina Castelo, *O contrato de mediação*, Coimbra, 2014, pp. 270 ss., 404 ss. e 430 ss.

seu lugar, se ajustar um contrato de agência, mantendo-se as funções que até então exercia.

A relação laboral para as atividades de promoção de vendas traz, por via de regra, alguns inconvenientes: o princípio da estabilidade no emprego inviabiliza, tanto a modificação de atividades – para além dos apertados limites legais (*ius variandi*) –, como a cessação do vínculo; por outro lado, o trabalhador, mesmo quando recebe parte do salário em comissões de vendas, não costuma ter o mesmo espírito empreendedor de quem age por conta própria. De facto, o contrato de agência apresenta-se como uma relação jurídica mais flexível e dinâmica do que aquela que advém do contrato de trabalho[720].

III. Quanto à distinção entre o contrato de agência e o contrato de trabalho, não existem soluções definitivas, e só se pode chegar a uma conclusão perante o caso concreto, recorrendo, mais uma vez, à subordinação jurídica. Mas a existência de subordinação jurídica não pode ser aferida em atenção somente aos índices aludidos (*vd. supra* n.º 1)[721], pois a vontade das partes, mormente a intenção do prestador de atividade de passar a ser empresário, tem de ser relevante para efeitos de qualificação negocial.

BIBLIOGRAFIA:

CARLOS LACERDA BARATA, *Sobre o Contrato de Agência*, Coimbra, 1991, pp. 108 e 109 e *Anotações ao Novo Regime do Contrato de Agência*, Lisboa, 1994, anot. 10.c) ao art. 1.º; MENEZES CORDEIRO, *Direito do Trabalho*, II, cit., pp. 191 a 197; JÚLIO GOMES, *Direito do Trabalho*, cit., pp. 145 e ss.; ROMANO MARTINEZ, *Contratos Comerciais*, Cascais, 2001, pp. 13 e 14; PINTO MONTEIRO, *Contrato de Agência*, 8.ª ed., Coimbra, 2017, anot. 2.c) ao art. 1.º, pp. 61 s.; ABÍLIO NETO, *Contrato de Trabalho*, cit., anot. 4.1 ss. ao art. 1.º; ROSÁRIO PALMA RAMALHO, *Tratado de Direito do Trabalho*, II, cit., pp. 75 e ss.; BERNARDO XAVIER/FURTADO MARTINS/NUNES DE CARVALHO//JOANA VASCONCELOS/TATIANA GUERRA DE ALMEIDA, *Manual*, cit., pp. 350 e s.

[720] *Vd.* ROMANO MARTINEZ, *Contratos Comerciais*, Cascais, 2001, pp. 13 s.

[721] No confronto entre o contrato de trabalho e o de agência serão indícios deste negócio, entre outros, a escolha de meios para agenciar negócios, a possibilidade de agenciar negócios para vários clientes (principais), isto é, a não exclusividade, e a distinção empresarial entre o principal e o agente, no sentido de este, independentemente de se socorrer de auxiliares, constituir uma empresa autónoma da daquele.

8. Contrato de franquia (*franchising*)

I. Mediante o contrato de franquia uma das partes, designada franquiador, concede à outra, chamada franquiado, a possibilidade de utilizar uma marca, um nome, um processo de fabrico, etc., do primeiro[722]. O franquiador passa a utilizar um nome, uma marca, um processo de fabrico etc. do franquiador numa determinada zona e mediante uma contrapartida.

O recurso ao contrato de franquia é muito frequente; conhecidas marcas internacionais, assim como nacionais, não raras vezes, abrem lojas ou simplesmente colocam produtos no mercado mediante contratos de franquia.

Da noção apresentada de contrato de franquia poder-se-ia pensar que não há qualquer ponto de ligação entre este negócio jurídico e o contrato de trabalho. De facto, em princípio, não se vislumbra qualquer confusão possível entre estes dois contratos, porque não existe uma relação laboral entre o franquiador e o franquiado; não há nenhuma subordinação do franquiado em relação ao franquiador. Por outro lado, quem tem de pagar remuneração não será o concedente, é o franquiado que paga ao franquiador e este limita-se a permitir que aquele utilize uma marca, um processo de fabrico, uma técnica comercial, etc.[723]. Por último, o franquiado não se obriga a exercer uma atividade, por via de regra é-lhe simplesmente concedida uma permissão.

Em termos gerais, parece que não haveria qualquer ponto de contacto, mas há dois problemas a ter em conta[724].

II. O contrato de franquia tem sido, muitas vezes, usado como forma de evitar a contratação de trabalhadores. Ocorre que o franquiador, para evitar celebrar contratos de trabalho, ajusta um contrato de franquia. Assim, uma determinada empresa, detentora de uma marca conhecida, se pretende abrir novas sucursais, teria de contratar trabalhadores para as mesmas; em vez disso, pode seguir um caminho diferente, abrindo as mesmas sucursais através de contratos de franquia.

III. Pode ocorrer que o contrato de franquia seja ajustado com um trabalhador da empresa, que chefiava a sucursal, mediante o qual este prestador

[722] Quanto à noção de franquia e respetiva terminologia, *vd.* ROMANO MARTINEZ, *Contratos Comerciais*, cit., pp. 21 ss.

[723] Cf. MENEZES CORDEIRO, «Do Contrato de Franquia ("Franchising")», *ROA* 1988, I, p. 71.

[724] Veja-se SILVANA SCIARA, «Franchising e Contratto di Lavoro Subordinato. Note sur una (ancora) Impossibile Assimilazione», *Rivista di Diritto Civile*, Ano XL (1994), n.º 3, pp. 491 ss.

de atividade deixa de ser trabalhador, assumindo a qualidade de franquiado da antiga entidade patronal.

Em tal caso, cabe averiguar se a alteração de estatuto negocial acarretou uma autonomia na execução da tarefa, de molde a permitir afastar a subordinação jurídica[725]. No limite, podemos encontrar empresas que mantêm sucursais chefiadas por trabalhadores (p. ex., gerentes), tendo estabelecimentos que desenvolvem a mesma atividade, em regime de franquia.

IV. Por outro lado, relativamente ao estabelecimento franquiado, quem contrata os trabalhadores será o franquiado, e se o negócio não for lucrativo ou, simplesmente, não der o lucro esperado, a empresa franquiadora não suporta as despesas derivadas do despedimento de trabalhadores, porque é o franquiado que abre falência e o franquiador não responde pelas dívidas da contraparte. A insolvência do franquiado não é da responsabilidade do franquiador. Consegue-se, assim, expandir um determinado comércio ou indústria, sem os riscos inerentes à contratação de trabalhadores.

Perante estas situações, principalmente quando o espaço (loja, fábrica, etc.) onde o franquiado tem o estabelecimento é propriedade do franquiador, pode-se considerar que, sendo o franquiado a abrir falência, a responsabilidade pelos trabalhadores deve ser suportada pelo franquiador. Tal solução não tem um suporte legal direto, pois não há norma que permita considerar o franquiador, que não estabeleceu nenhum contrato de trabalho, responsável pelos trabalhadores contratados pelo franquiado. Mas atendendo ao disposto no art. 285.º do CT (em particular, o n.º 3), pode entender-se que a cessação da atividade por parte do franquiado e a consequente reversão do espaço para o franquiador envolve uma transmissão da exploração do estabelecimento, especialmente quando o franquiador, diretamente ou por intermédio de outro franquiado, continua a desenvolver a mesma atividade naquele estabelecimento[726]. Trata-se de uma solução equitativa. Como

---

[725] Como refere Isabel Alexandre, «O Contrato de Franquia (Franchising)», *O Direito*, ano 123, II-III, p. 376, o franquiado pode estar submetido a um controlo, que não se confunde com a subordinação jurídica.

[726] Apesar de não se tratar de contratos de franquia, para aplicação da Diretiva 77/187/CEE, de 14 de fevereiro, relativa à transferência de empresas e proteção dos trabalhadores, o Tribunal de Justiça já decidiu que, tanto na hipótese de o senhorio ter continuado a exploração do estabelecimento do inquilino, como no caso de ter sido atribuída a concessão de exploração de um restaurante a um novo concessionário, havia transmissão de estabelecimento para efeitos de proteção dos trabalhadores. A idêntica conclusão chegou o mesmo tribunal no caso em que houve uma substituição de concessionários de vendas de uma marca de automóveis.

o contrato de franquia, muitas das vezes, é usado para evitar a contratação de trabalhadores e os riscos inerentes à mesma, pode admitir-se que, nalguns casos em que o franquiado se torne insolvente, a responsabilidade pelos trabalhadores possa ser do franquiador, que não os contratou.

Tal conclusão não parece viável sempre que o franquiador não seja titular de qualquer direito de gozo sobre o imóvel onde está instalado o estabelecimento, designadamente quando este é propriedade do franquiado ou foi por ele arrendado a terceiro.

V. Podem, por isso, surgir pontos de contacto entre os contratos de franquia e de trabalho. São dois contratos estruturalmente distintos, mas, como por via de um contrato de franquia, o franquiador pode ser considerado mero empregador do franquiado ou responsável pelos trabalhadores deste, estabelecendo-se uma relação laboral entre aquele e os trabalhadores do franquiado, o contrato de franquia dará, então, azo a um contrato de trabalho, em que o empregador possa ser o franquiador.

Bibliografia:

Isabel Alexandre, «O Contrato de Franquia (Franchising)», *O Direito*, 123 (1991), II-III, pp. 319 ss. (p. 376); Menezes Cordeiro, *Direito do Trabalho*, II, cit., pp. 200 a 204 e «Do Contrato de Franquia (Franchising): Autonomia Privada *versus* Tipicidade Negocial», *ROA*, 1988, I, pp. 63 ss. (p. 71); Romano Martinez, *Contratos Comerciais*, Cascais, 2001, pp. 21 ss.; Ana Paula Ribeiro, *O Contrato de Franquia (Franchising). No Direito Interno e Internacional*, Lisboa, s.d., p. 67.

9. Trabalho em economia comum

I. A atividade desenvolvida por familiares ou religiosos, desde que o trabalho seja prestado num âmbito de entreajuda, isto é, dentro de uma determinada comunidade, não deve integrar uma relação laboral. Se a prestação de

---

Cf. Júlio Gomes, «O Conflito entre a Jurisprudência Nacional e a Jurisprudência do TJ das CCEE em Matéria de Transmissão do Estabelecimento no Direito do Trabalho: o art. 37.º da LCT e a Diretiva 77/178/CEE», *RDES* 1996, pp. 77 ss., em especial, pp. 104 ss. e 147 ss. Todavia, a jurisprudência portuguesa não se tem mostrado favorável a admitir a existência de transmissão de estabelecimento, não havendo contrato de alienação entre o anterior titular e o atual, como no caso de mudança de concessionário, cf. Ac. Rel. Év. de 12/3/1991, CJ XVI, T. II, p. 356.

trabalho é realizada no âmbito de uma entreajuda, numa economia comum, a relação jurídica não deve ser qualificada como contrato de trabalho.

Por isso, no art. 1895.º, n.º 2, do CC, qualifica-se como obrigação natural o dever que os pais têm de remunerar os filhos pela atividade por estes prestada. Se os filhos, em economia comum, desenvolveram uma atividade para os pais, estes constituem-se numa obrigação natural de os compensar (art. 1895.º, n.º 2, do CC). O facto de o pagamento da compensação se enquadrar numa obrigação natural, leva a crer que se está fora do domínio laboral[727]. Nada obsta a que, entre pessoas da mesma família ou entre religiosos, se possam celebrar verdadeiros contratos de trabalho. Podem ajustar-se contratos de trabalho nos termos comuns entre familiares[728] ou entre religiosos; todavia, normalmente, quando se vive em economia comum, a relação estabelecida não se integra no domínio laboral[729]. O trabalho prestado em economia

[727] José Acácio Lourenço, «Contrato de Trabalho e Figuras Afins», *Estudos sobre Temas de Direito do Trabalho*, Lisboa, 1979, p. 19, indica que o cônjuge que trabalha na exploração familiar não tem contrato de trabalho, porque a atividade se insere no dever de cooperação que deriva do contrato de casamento (art. 1647.º do CC). Verdier, *Droit du Travail*, 10.ª ed., Paris, 1996, p. 216, afirma que a jurisprudência francesa presume que, entre esposos, há uma colaboração familiar e não um contrato de trabalho.

[728] Quanto a um contrato de trabalho celebrado entre o pai e o filho em aquele atuava como representante da sociedade empregadora, cf. Ac. Rel. Lx. de 4/3/1998, CJ XXIII, T. II, p. 165. Mas, por vezes, a qualificação do contrato entre familiares como laboral tem intuitos fraudulentos, para efeitos de compensações da segurança social ou de indemnizações a reclamar a companhias de seguros por acidente de trabalho.

Sobre o contrato de trabalho e as relações conjugais, veja-se Rita Lobo Xavier, *Limites à Autonomia Privada na Disciplina das Relações Patrimoniais entre os Cônjuges*, Coimbra, 2000, pp. 625 ss., autora que, além das questões derivadas da Segurança Social, destaca o problema da subordinação num vínculo matrimonial e da cessação do contrato de trabalho em caso de dissolução do matrimónio.

Afastando também a qualificação de contrato de trabalho nas relações que se estabelecem entre familiares, *vd.* Spielbücher/Grillberger, *Arbeitsrecht*, cit., pp. 61 s.

No ordenamento jurídico espanhol, estabeleceu-se que não há relação laboral no caso de trabalhos familiares, prestados por pessoas que convivam com o empregador (art. 1, n.º 3, alínea e), do *Estatuto de los Trabajadores*). Como referem Montoya Melgar/Galiana Moreno/Sempere Navarro/Ríos Salmerón, *Comentario al Estatuto de los Trabajadores*, 4.ª ed., Pamplona, 2001, anot. art. 1, p. 30, trata-se de uma presunção *iuris tantum*.

[729] No Ac. STJ de 14/11/1986, TJ 24 (1986), p. 23, e *BMJ* 361, p. 410, considerou-se que não caracterizava um contrato de trabalho a atividade docente remunerada de uma religiosa em estabelecimento de ensino pertencente à congregação em que está incorporada. Mais recentemente, no Ac. Rel. Lx. de 24/6/1998, CJ XXIII, T. III, p. 176, entendeu-se que não configurava um contrato de trabalho a relação estabelecida entre o Pastor e a Igreja da Assembleia de Deus, por lhe faltar a subordinação jurídica. Relativamente a esta última situação, é de salientar a

comum corresponde a um acréscimo para essa comunidade, beneficiando todos, pelo que não se enquadra numa situação de contrato de trabalho.

Nestes casos, estar-se-á perante a prestação de uma atividade, podendo haver subordinação, porque, muitas vezes, o trabalho é realizado com indicações e ordens precisas relativamente à tarefa a desenvolver e, inclusive, remuneração, mas não há contrato de trabalho. Mesmo quando exista subordinação, esta diverge da subordinação jurídica característica da relação laboral. A subordinação que, eventualmente, exista dos filhos em relação aos pais ou dentro de uma comunidade religiosa não corresponde à subordinação jurídica própria da relação laboral, porque não emerge de um contrato, não pressupõe a alienidade da atividade – de cujo resultado aproveita a comunidade – e o poder disciplinar assenta em parâmetros distintos. Por outro lado, a retribuição poderá não existir nessas prestações de trabalho e, mesmo quando é pago um salário, o seu montante não terá de ser determinado nos termos prescritos para o contrato de trabalho, podendo ser simbólico[730]. Daí que estas situações de trabalho prestado em economia comum não devam ser integradas no contrato de trabalho.

O direito estadual, no caso o direito do trabalho, permite que, no seio da família e de comunidades religiosas, se desenvolvam regras próprias, inclusive de trabalho, em que o Estado intervém só para pôr cobro a abusos (p. ex., exploração do trabalho infantil pelos pais), subsistindo um espaço livre de direito.

II. Com alguma proximidade às situações de trabalho em economia comum, cabe aludir à prestação de trabalho em empresas de tendência (partidos políticos, sindicatos, jornais, etc.)[731] – a que, por vezes, se equipara o

solução jurisprudencial francesa, referida por Rivero/Savatier, *Droit du Travail*, cit., p. 79, no sentido de não se considerar a existência de um contrato de trabalho com os padres da Igreja Católica, nem com os Pastores das Igrejas Protestantes, pese embora a subordinação a que Padres e Pastores estão sujeitos.

[730] Menezes Cordeiro, *Manual de Direito do Trabalho*, cit., p. 532, considerava que os votos de pobreza dos membros de uma comunidade religiosa obstavam à existência da retribuição nos termos prescritos para o contrato de trabalho; considerações válidas para as congregações religiosas católicas, mas não para todas as comunidades religiosas atualmente cfr. *Direito do Trabalho*, II, pp. 218 e ss. Contudo, Selwyn, *Law of Employment*, cit., p. 32, entende que os ministros da religião não se podem considerar trabalhadores com contrato de trabalho.

[731] Sobre as empresas de tendência (*Tendenzbetrieb*), veja-se, designadamente, Blat Gimeno, *Relaciones Laborales en Empresas Ideológicas*, Madrid, 1986; Dias Coimbra, «"Empresas" de Tendência e Direito do Trabalho», *RDES* 1989, 1-2, pp. 197 ss.; Dole, *La Liberté D'Opinion et*

trabalho em congregações religiosas[732] – onde há que atender a uma particular relação de confiança. Em tais casos, estabelece-se um contrato de trabalho que, relativamente a alguns aspetos, apresenta especificidades, mormente quanto ao dever de lealdade.

BIBLIOGRAFIA:

MENEZES CORDEIRO, *Direito do Trabalho*, II, cit., pp. 217 a 221; JÚLIO GOMES, *Direito do Trabalho*, cit., pp. 187 e ss.; ACÁCIO LOURENÇO, «Contrato de Trabalho e Figuras Afins», *Estudos sobre Temas de Direito do Trabalho*, Lisboa, 1979, pp. 19 a 21; MÁRIO PINTO/FURTADO MARTINS/NUNES DE CARVALHO, *Comentário*, cit., anot. II.7 ao art. 1.º, p. 31; ROSÁRIO PALMA RAMALHO, *Tratado de Direito do Trabalho*, II, cit., pp. 91 e s.

§ 14. FIGURAS EQUIPARADAS AO CONTRATO DE TRABALHO

1. Aspetos gerais

I. No Código do Trabalho há uma referência aos negócios jurídicos equiparados ao contrato de trabalho, no art. 10.º do CT, com a epígrafe «Situações equiparadas». São negócios jurídicos que, estando relacionados com o contrato de trabalho, não são verdadeiros contratos de trabalho, por lhes faltar a subordinação jurídica, mas equiparados, tendo em conta uma razão

de Conscience en Droit Comparé du Travail, Paris, 1997, pp. 127 ss.; DÜTZ, *Arbeitsrecht*, cit., pp. 321 ss.; MOLINA NAVARRETE, *Empresas de Comunicación y "Clausula de Conciencia" de los Periodistas*, Granada, 2000; MÁRIO PINTO, *Direito do Trabalho*, cit., pp. 120 ss.; MATTAROLO, *Il Rapporto di Lavoro Subordinato nelle Organazzazioni di Tendenza. Profili Generali*, Pádua, 1983; SANTONI, *Le Organizzazioni di Tendenza e i Rapporti di Lavoro*, Milão, 1983.

[732] Numa comunidade religiosa pode haver trabalho em economia comum em sentido estrito (p. ex., o trabalho desenvolvido por frades num convento), trabalho em que, mesmo com economias separadas, há uma comunidade de fins e a compensação, se existe, tem em vista a sobrevivência e a prossecução da atividade (*v. g.*, a atividade desenvolvida pelos padres da Igreja Católica) e verdadeiros contratos de trabalho (p. ex., com um motorista, um empregado de limpeza ou um funcionário administrativo ao serviço de uma Igreja). Sobre as profissões religiosas, consulte-se DOLE, *Les Professions Ecclésiastiques. Fiction Juridique et Realité Sociologique*, Paris, 1987, com referências várias ao estatuto (pp. 38 ss.), ao salário (pp. 105 ss.), à vida comunitária (pp. 131 ss.), à relação laboral (pp. 193 ss.) e às especificidades do estado de religioso (pp. 259 ss.). Quanto à eventual relação laboral no âmbito de congregações religiosas, *vd.* REINHARD RICHARDI, *Arbeitsrecht in Kirche*, 6.ª ed., Munique, 2012.

económico-social. Parte-se do pressuposto de que certas situações jurídicas, apesar de não se enquadrarem na noção do contrato de trabalho do art. 11.º do CT, deveriam, do ponto de vista económico-social, ser equiparados a este último.

II. Como resulta do art. 10.º do CT, são equiparados ao contrato de trabalho alguns negócios jurídicos com base em dois aspetos.

Em primeiro lugar, considerou-se que, do ponto de vista económico-social, haveria similitude entre o contrato de trabalho, previsto no art. 11.º do CT, e o contrato em que a atividade seja realizada sem subordinação jurídica, nomeadamente quando desempenhada no domicílio ou em estabelecimento do trabalhador. Existem casos em que o trabalhador, no seu próprio domicílio ou estabelecimento, efetua uma determinada atividade, que não corresponde a uma verdadeira situação de contrato de trabalho, por não haver subordinação jurídica, e o legislador entendeu que deveria ser tida em conta uma equiparação de regimes.

Em segundo lugar, como critério para determinar a similitude entre estes contratos e o contrato de trabalho, alude-se à existência de dependência económica (art. 10.º, parte final, do CT). Considerou-se que a semelhança teria por base a dependência económica do prestador da atividade relativamente ao beneficiário da mesma. Havendo dependência económica, estar-se-á perante uma situação equiparada ao contrato de trabalho.

Todavia, a noção de dependência económica corresponde a um critério fluido. A dependência económica pode ser entendida, essencialmente, em dois sentidos, mas, em qualquer dos casos, não integra um critério rígido na determinação da existência de contratos equiparados.

Num primeiro sentido, a dependência económica pressupõe que o prestador de trabalho aufere do beneficiário da atividade uma remuneração, necessária ao seu sustento e da sua família. Nesta perspetiva, a dependência económica existirá numa multiplicidade de situações, muitas das quais não podem ser equiparadas ao contrato de trabalho, e não deve funcionar como critério jurídico de equiparação[733]. Este é um critério socioeconómico, criti-

[733] Victor Russomano, *Direito do Trabalho*, cit., p. 53, para afastar este sentido de dependência económica como elemento do contrato de trabalho, alude a um sugestivo exemplo: numa pequena empresa (armazém de secos e molhados), perante dificuldades económicas do empregador, o trabalhador emprestou-lhe dinheiro, mediante livrança; vencida a dívida, o empregador tardou vários meses a efetuar o pagamento, altura em que dependia economicamente do trabalhador – que, se executasse a dívida, levava a empresa à ruína. Durante esse

cável, na medida em que a condição económico-pessoal de uma das partes não pode servir como modo de caracterizar uma relação contratual.

Num segundo sentido, que corresponde a um critério económico-jurídico, considera-se a dependência económica relacionada com o facto de o prestador de trabalho receber encomendas do beneficiário da atividade, e de essas encomendas só terem interesse para aquele beneficiário, havendo uma exclusividade. O produto acabado, realizado pelo prestador da atividade, só interessa a um determinado beneficiário; a situação identifica-se com a de um monopólio. O prestador da atividade, por via de regra, não consegue ou não pode colocar o produto acabado para livre transação no mercado, devendo entregá-lo àquele beneficiário; normalmente, não será fácil encontrar concorrentes, deste beneficiário, interessados naquele mesmo resultado, até porque, por vezes, o produto realizado pelo trabalhador vai ser incorporado noutros bens produzidos na empresa beneficiária. Esta exclusividade leva a uma espécie de relação de monopólio, que conduz a um certo domínio do beneficiário da atividade relativamente ao prestador da mesma. É nesta ideia de domínio que se pode entender a dependência económica, constante do art. 10.º do CT. Este tipo de domínio pressupõe que o prestador da atividade se integre na produção empresarial do beneficiário[734], devendo-lhe entregar o produto realizado. Por se integrar na produção empresarial do beneficiário da atividade pode considerar-se este prestador de trabalho com uma situação análoga à do trabalhador. Dito de outro modo, a integração do trabalhador na produção empresarial[735] e no domínio económico de uma determinada empresa, implica a perda da sua autonomia. Apesar de lhe faltar a autonomia, este prestador de atividade não tem contrato de trabalho, porque não existe subordinação jurídica[736].

interregno, o trabalhador continuava numa situação de subordinação jurídica em relação ao seu devedor (empregador).

[734] A integração na produção empresarial diverge da integração na estrutura da empresa. O trabalhador faz parte da empresa e, por isso, integra-se na respetiva estrutura empresarial; o trabalhador no domicílio, não sendo um elemento da empresa, realiza uma atividade que se integra no processo produtivo empresarial.

[735] Como refere Monteiro Fernandes, *Direito do Trabalho*, 11.ª ed., Coimbra, 1999, p. 148, o trabalhador domiciliário insere-se no processo produtivo globalmente dominado por outra pessoa. Cf. também Mário Pinto/Furtado Martins/Nunes de Carvalho, *Comentário*, cit., anot., II.1 ao art. 2.º, p. 36.

[736] Mário Pinto, *Direito do Trabalho*, cit., p. 80, considera que o art. 2.º da LCT respeita ao contrato de trabalho autónomo, não sendo, pois, trabalho subordinado. Todavia, a autonomia terá níveis diferenciados, podendo, por isso, dizer-se que, nos contratos equiparados, por

Nesta segunda perspetiva, que parece a mais correta, justifica-se aludir à equiparação destas situações com o contrato de trabalho. O prestador de trabalho integra-se no processo produtivo da empresa beneficiária e há um controlo da atividade exercida sobre o trabalhador, porque a empresa verifica como a tarefa é executada, como está o produto a ser realizado, determina a data em que pretende que o mesmo lhe seja entregue, etc.

Resta referir que a localização da prestação de atividade (trabalho realizado no domicílio ou em estabelecimento do trabalhador), bem como a intervenção do trabalhador no processo produtivo do beneficiário da atividade (compra as matérias-primas e fornece por certo preço ao vendedor delas o produto acabado), constantes do art. 2.º da LCT, não foram incluídas, primeiro, no art. 13.º do CT2003 e, depois, no art. 10.º do CT2009 (surgindo no art. 14.º da LECT e, agora, no art. 1.º, n.º 1, da Lei n.º 101/2009), pelo que, verificando-se no caso concreto, podem tão-só constituir indícios da dependência económica.

IV. Mas a perda de autonomia advém dos vários elementos indicados e que consubstanciam a integração no processo produtivo empresarial; não basta invocar que todo o resultado é visto em função do beneficiário da atividade, porque, desse modo, suscitar-se-iam dúvidas quanto a alguns contratos de empreitada. O empreiteiro também poderia encontrar-se numa dependência económica em relação ao dono da obra e o contrato não seria equiparado ao contrato de trabalho. No contrato de empreitada, independentemente de o resultado não poder ser aproveitado por outro beneficiário que não o dono da obra, não há integração na produção empresarial, pelo que o prestador de atividade não perde a sua autonomia. Aquele que presta a sua atividade para outrem sem autonomia, ainda que atendendo a um resultado, não pode ser qualificado como empreiteiro.

V. Havendo correspondência, os negócios jurídicos equiparados ao contrato de trabalho ficam sujeitos à aplicação de determinadas regras laborais; na versão anterior (art. 13.º do CT2003) remetia-se para os princípios definidos no Código do Trabalho, e exemplificavam-se regimes (direitos de personalidade, igualdade e não discriminação e segurança, higiene e saúde no trabalho) cujos princípios deviam nortear os contratos equiparados. Esta exemplificação não constava da legislação anterior (art. 2.º da LCT),

faltar a subordinação jurídica, há autonomia; autonomia esta que, para existir dependência económica, pode ser rudimentar.

surgindo com o art. 13.º do CT2003. De modo diverso, com a revisão de 2009 deixou de se exemplificar, determinando-se a aplicação de alguns institutos (direitos de personalidade, igualdade e não discriminação e segurança e saúde no trabalho) aos contratos equiparados. Por outro lado, o art. 10.º do CT2009 (tal como o precedente art. 13.º do CT2003) é mais abrangente do que a Lei do Contrato de Trabalho, pois aplica-se a todos os contratos em que a atividade seja prestada, sem subordinação jurídica, na dependência económica do respetivo beneficiário; dito de outro modo, o contrato equiparado não se circunscreve ao trabalho no domicílio.

Aos contratos equiparados, além das regras dos institutos mencionados no Código do Trabalho, aplicam-se as regras gerais dos contratos e o regime da prestação de serviços. O contrato equiparado não é um contrato de trabalho, mas normalmente um contrato de prestação de serviços atípico.

VI. De entre os contratos equiparados tem particular relevo o trabalho no domicílio, cujo regime se encontra na Lei n.º 101/2009, onde se estabelecem nomeadamente regras quanto à segurança e saúde no trabalho, ao registo dos trabalhadores no domicílio e à suspensão e cessação dos contratos.

2. Trabalho no domicílio

I. As situações jurídicas equiparadas, a que alude o art. 10.º do CT2009 (tal como o precedente art. 13.º do CT2003), relacionam-se, em particular, com o trabalho no domicílio[737], especialmente regulado, primeiro nos arts. 14.º e ss. da LECT e agora na Lei n.º 101/2009. Ao trabalho no domicílio já se fez alusão a propósito do contrato de prestação de serviço (*supra* § 13.2.b.3)), porquanto esta realidade tanto pode integrar uma relação de trabalho autónomo (prestação de serviços) como de trabalho parassubordinado. É neste segundo sentido que agora se analisa a figura.

Em primeiro lugar, com se depreende do disposto no art. 1.º, n.º 1, da Lei n.º 101/2009, considerou-se que, do ponto de vista económico-social, poderia haver similitude entre o contrato de trabalho e o contrato em que a atividade seja realizada no domicílio ou em instalação do trabalhador[738]. Existem

---

[737] Sobre o trabalho no domicílio, veja-se a Convenção n.º 177 da OIT, de 20 de Junho de 1996.

[738] Diversamente, no Brasil, nos termos do art. 6.º Consolidação das Leis do Trabalho, «Não se distingue entre o trabalho realizado no estabelecimento do empregador e o executado no domicílio do empregado». Sobre esta questão, mostrando que, apesar do disposto na lei, há alguns aspetos distintivos, cf. VALENTIN CARRION, *Comentários à Consolidação das Leis do Tra-*

casos em que o trabalhador, no seu próprio domicílio ou estabelecimento, efetua uma determinada atividade, que não corresponde a uma verdadeira situação de contrato de trabalho, por não haver subordinação jurídica, e o legislador entendeu que deveria ser tida em conta uma equiparação de regimes[739].

Em segundo lugar, também atendendo à mesma similitude no plano económico-social, no art. 1.º, n.º 1, da Lei n.º 101/2009 admite-se que deverá haver uma equiparação entre o contrato de trabalho e aqueles contratos mediante os quais o trabalhador compra matérias-primas e fornece o produto acabado ao vendedor dessas mesmas matérias-primas. Quando alguém se obriga a comprar a matéria-prima, transformando-a e vendendo o produto acabado àquele que lhe forneceu a dita matéria-prima, há uma similitude com o contrato de trabalho. De facto, o trabalhador executa o produto acabado por sua conta, mas existe uma relação de dependência, na medida em que, em princípio, ele não teria a possibilidade de vender o produto acabado a quem entendesse.

II. Perante o disposto no revogado art. 2.º da LCT, até 1991, debatiam-se duas posições. Como o art. 2.º da LCT, a propósito dos contratos equiparados, remetia para legislação especial, que não existia, entre 1969 e 1991, na omissão do legislador, dever-se-iam aplicar, a esses contratos equiparados, as regras de Direito Civil. Pelo contrário, noutra perspetiva, entendia-se que se deveria fazer uma equiparação, admitindo ser essa a intenção do legislador, no sentido de aos contratos equiparados aplicar também as regras do contrato de trabalho, naquilo em que fosse possível[740].

---

balho, cit., anot. 3 ao art. 6.º, p. 41. Idêntico problema surge em outros ordenamentos jurídicos onde não há regulamentação específica sobre o trabalho no domicílio – p. ex., em Espanha (cf. Alonso Olea/Casas Baamonde, *Derecho del Trabajo*, cit., pp. 249 ss.) – ou com regulamentação incipiente – p. ex., *Code du Travail* (cf. Rivero/Savatier, *Droit du Travail*, cit., pp. 82 s.). Importa esclarecer que, em Espanha, o art. 13 *Estatuto de los Trabajadores* alude ao trabalho no domicílio, mas entendendo-o, tão-só, como uma modalidade de contrato de trabalho, mais propriamente de trabalho a distância (como referem Montoya Melgar/ Galiana Moreno/Sempere Navarro/Ríos Salmerón, *Comentario*, cit., anot. 1 ao art. 13, p. 97, não se trata sequer de uma relação laboral especial, mas de uma mera modalidade contratual ordinária; a particularidade reside no facto de o trabalho ser realizado no domicílio do trabalhador).

[739] A título de exemplo é de mencionar a situação analisada no Parecer da Procuradoria-Geral da República (Parecer n.º 6/81, de 28 de maio), *BMJ* 312 (1982), pp. 104 ss., das costureiras que, na sua residência, trabalhavam para as Oficinas Gerais de Fardamento e Equipamento.

[740] Cf. Menezes Cordeiro, *Direito do Trabalho*, I, cit., p. 460; Monteiro Fernandes, «A Situação Jurídica do Trabalhador no Domicílio», *Temas Laborais*, Coimbra, 1984, pp. 51 ss.

Este debate doutrinário estava, em parte, ultrapassado, porque com o Decreto-Lei n.º 440/91, de 14 de novembro, a matéria relativa ao trabalho no domicílio, prevista no art. 2.º da LCT, encontrava-se, em parte, regulamentada neste diploma. Porventura, poder-se-ia considerar que ficou por disciplinar a hipótese em que o trabalhador presta serviço no seu estabelecimento; só se alude ao trabalhador que presta serviço no seu domicílio. Mas, excluindo as hipóteses em que a existência do estabelecimento transforme o trabalhador em empresário, talvez se pudessem equiparar as situações. No art. 2.º da LCT dizia-se: «(...) prestação de trabalho realizado no domicílio ou em estabelecimento do trabalhador (...)» e no Decreto-Lei n.º 440/91 só se regulava a prestação de trabalho no domicílio do trabalhador; porém, numa interpretação lata do art. 1.º deste diploma incluir-se-ia, não só o domicílio, como também o estabelecimento do trabalhador (que não seja empresário). Deste modo, se, em vez do trabalho ser realizado no domicílio, fosse no estabelecimento do trabalhador, a situação parecia estar abrangida no Decreto-Lei n.º 440/91. Mas este diploma só regulava o trabalho manual e não o intelectual.

As dúvidas ficaram ultrapassadas com o Código do Trabalho (art. 13.º do CT2003) e respetiva legislação complementar (arts. 14.º e ss.), solução mantida no art. 10.º do CT2009 e na regulamentação constante da Lei n.º 101/2009.

De modo diverso da legislação anterior (LCT), deixa de se justificar um tratamento diferenciado em caso de trabalho manual e trabalho intelectual, que seguem o mesmo regime jurídico.

III. O trabalho no domicílio é uma relação laboral (para) autónoma – sem subordinação jurídica –, em que não se deve descurar a proteção do prestador de trabalho.

Por outro lado, é um contrato equiparado ao contrato de trabalho, em que prevalece o critério da dependência económica (art. 10.º do CT e Lei n.º 101/2009), nos termos anteriormente apresentados.

A empresa beneficiária não pode recorrer a novos trabalhadores no domicílio se, em relação aos seus trabalhadores (subordinados) que desempenhem a mesma atividade daqueles, decorre um procedimento de redução

---

e «Sobre o Objecto do Direito do Trabalho», *Temas Laborais*, cit., pp. 38 s.; MÁRIO PINTO/ /FURTADO MARTINS/NUNES DE CARVALHO, *Comentário*, cit., anot. II.4 ao art. 2.º, pp. 36 s.; BERNARDO XAVIER, *Regime Jurídico do Contrato de Trabalho Anotado*, 2.ª ed., Coimbra, 1972, anot. art. 2.º, pp. 38 s.

temporária do período normal de trabalho ou de suspensão dos contratos de trabalho e de despedimento coletivo, impedimento que se mantém nos três meses subsequentes a qualquer destes processos (art. 2.º da Lei n.º 101/2009).

IV. Depois do âmbito e dos deveres do beneficiário da atividade, o diploma sobre o trabalho no domicílio trata de aspetos relativos aos direitos e deveres das partes (art. 4.º da Lei n.º 101/2009) à segurança e saúde no trabalho (art. 5.º da Lei n.º 101/2009), à formação profissional (art. 6.º da Lei n.º 101/2009), à remuneração e subsídio (arts. 7.º e 8.º da Lei n.º 101/2009), à suspensão e redução da atividade (art. 9.º da Lei n.º 101/2009), à cessação de contrato e indemnização (arts. 10.º e 11.º da Lei n.º 101/2009), ao registo dos trabalhadores e fiscalização do trabalho (arts. 12.º e 13.º da Lei n.º 101/2009), e à segurança social (art. 15.º da Lei n.º 101/2009)[741]/[742]. No fundo, alude a vários aspetos relativos à situação do trabalhador que celebra um contrato de trabalho no domicílio, equiparado ao contrato de trabalho.

De entre esses aspetos, importa destacar os regimes que respeitam à remuneração e à cessação do contrato.

A remuneração será fixada por acordo das partes, atendendo ao tempo de execução do bem ou do serviço e ao valor retributivo praticado na empresa, sendo garantida a retribuição mínima mensal (art. 7.º, n.º 1, da Lei n.º 101/2009).

O contrato de trabalho no domicílio pode ser denunciado livremente por qualquer das partes com aviso prévio de sete a sessenta dias (art. 10.º, n.os 1 e 2, da Lei n.º 101/2009) e pode ser resolvido por incumprimento, nos termos gerais (art. 10.º, n.º 3, da Lei n.º 101/2009).

V. Não obstante esta regulamentação – que remonta sem grandes alterações a 1991 – e das contraordenações nela previstas[743] por inobservância das suas regras, não é frequente o cumprimento do disposto neste diploma e não é fácil proceder-se a um verdadeiro controlo das atividades prestadas no domicílio. Na prática, a maioria dos contratos em que a atividade é desenvol-

---

[741] Com as alterações introduzidas pelo Decreto-Lei n.º 392/98, de 4 de dezembro, a segurança social dos trabalhadores no domicílio, opcionalmente, foi alargada à eventualidade de doença.

[742] Quanto ao regime legal do trabalho no domicílio, veja-se MONTEIRO FERNANDES, *Direito do Trabalho*, 18.ª ed., Coimbra, 2017, pp. 155 e ss.

[743] Por remissão para o regime geral das contraordenações laborais (art. 14.º da Lei n.º 101/2009), *vd. infra* § 74.

vida no domicílio do trabalhador ou comprada a matéria-prima para a transformar e revender ao fornecedor da mesma, fogem a qualquer fiscalização e esta tentativa do legislador acaba por não ter a aplicação que se pretendia. De facto, é difícil, principalmente quando pequenas empresas recorrem a trabalhadores no domicílio, fazer o controlo destas situações, as quais, na realidade, continuam a estar à margem de qualquer inspeção.

VI. A propósito do trabalho no domicílio cabe aludir ao teletrabalho. No teletrabalho, o prestador da atividade não trabalha na empresa beneficiária, mas, nomeadamente, no seu domicílio. O trabalhador, conectado por meios eletrónicos à empresa, presta a atividade, por exemplo, em sua casa[744]/[745].

O teletrabalhador, por via de regra, desenvolve um trabalho intelectual, pelo que estava excluída a aplicação do anterior regime do trabalho no domicílio (art. 1.º, n.º 5, do Decreto-Lei n.º 440/91); limitação que foi ultrapassada na citada legislação especial do Código do Trabalho (arts. 14.º e ss. e reiterada na Lei n.º 101/2009), onde não se distingue o trabalho no domicílio manual do intelectual, pelo que abrange o teletrabalho.

Importa, contudo, distinguir o teletrabalho que constitui uma situação de trabalho no domicílio, porque a atividade é desempenhada sem subordinação jurídica, do teletrabalho desenvolvido com subordinação jurídica, previsto nos arts. 165.º e ss. do CT.

Mas em qualquer hipótese de teletrabalho, a subordinação jurídica, mesmo que exista, encontrar-se-á, necessariamente, atenuada[746]. Por isso, o teletrabalho, em determinadas situações, pode qualificar-se como um verdadeiro contrato de trabalho[747], aplicando-se os arts. 165.º e ss. do CT, apesar de, frequentemente, ser difícil a prova da existência de subordinação jurídica. Faltando a subordinação jurídica, se existir dependência económica, estar-

[744] Refira-se, contudo, que, em sentido lato, teletrabalho abrange qualquer atividade prestada a distância; mas, em sentido estrito, relaciona-se com situações em que o trabalhador se encontra conectado por meios eletrónicos à empresa beneficiária da atividade.

[745] Relativamente aos incentivos ao emprego domiciliário de trabalhadores portadores de deficiência, cf. Lei n.º 31/98, de 13 de julho.

[746] Cf. Gaeta, *Lavoro a Distanza e Subordinazione*, Nápoles, 1993, pp. 109 ss.; Pavese, *Subordinazione, Autonomia e Forme Atipiche di Lavoro*, Pádua, 2001, pp. 44 ss.

[747] Assim, o tradutor que, em sua casa, está permanentemente disponível para fazer as traduções de que uma editora o encarrega, havendo continuidade na realização dessas tarefas, pode ser qualificado como trabalhador com subordinação jurídica.

-se-á perante um contrato equiparado, a que se aplica o regime do trabalho no domicílio.

BIBLIOGRAFIA:

MENEZES CORDEIRO, *Manual de Direito do Trabalho*, cit., pp. 112 a 115; GUILHERME DRAY, «Teletrabalho. Sociedade de Informação e Direito», *Estudos do Instituto de Direito do Trabalho*, Vol. III, Coimbra, 2002, pp. 261 a 286; MONTEIRO FERNANDES, *Direito do Trabalho*, cit., pp. 155 e ss.; JÚLIO GOMES, «Algumas Considerações sobre o Trabalho no Domicílio», *RDES*, 2003, n.os 3 e 4, pp. 51 e ss. e *Direito do Trabalho*, cit., pp. 191 e ss. e 196 e ss.; ANA LAMBEIRO, «Trabalho autónomo economicamente dependente: da necessidade de um regime jurídico próprio», *Para Jorge Leite. Escritos Jurídico-Laborais*, I, Coimbra, 2014, pp.433; ANDRADE MESQUITA, *Direito do Trabalho*, cit., pp. 407 e ss.; MÁRIO PINTO, *Direito do Trabalho*, cit., pp. 78 a 80; MÁRIO PINTO/FURTADO MARTINS/NUNES DE CARVALHO, *Comentário*, cit., anot. II.1 ss. ao art. 2.º, pp. 35 a 38; ROSÁRIO PALMA RAMALHO, *Tratado de Direito do Trabalho*, II, cit., pp. 93 e ss.; MARIA REGINA REDINHA, «O Teletrabalho», *II Congresso Nacional de Direito do Trabalho*, Coimbra, 1999, pp. 81 a 102 e «O Teletrabalho», *QL*, n.º 17 (2001), pp. 87 a 107; BERNARDO XAVIER/FURTADO MARTINS/NUNES DE CARVALHO/JOANA VASCONCELOS/TATIANA GUERRA DE ALMEIDA, *Manual*, cit., pp. 352 e ss.

Secção II
Sujeitos

§ 15. DIREITOS DE PERSONALIDADE

1. Enquadramento

I. Os direitos de personalidade são direitos subjetivos que projetam a personalidade humana. Correspondem a direitos pessoais, tais como o direito à vida, à integridade física ou ao nome. Justifica-se, pois, a especial dignidade conferida pelo ordenamento jurídico a estes direitos, tanto na Constituição, como no Código Civil e no Código do Trabalho[748].

Mas o legislador, seja na Constituição ou em outros diplomas como o Código Civil, não atribui direitos de personalidade; limita-se a consagrar alguns direitos inerentes à pessoa, que existem independentemente das formulações legais.

II. Logo no art. 1.º da CRP há um apelo direto à proteção da dignidade da pessoa humana. Posteriormente, o art. 13.º da CRP, a propósito da igualdade e não discriminação, tem igualmente por base direitos de personalidade. A estas regras gerais cabe acrescentar um elenco de direitos de personalidade a propósito dos direitos, liberdades e garantias: o direito à vida (art. 24.º da CRP), à integridade moral e física (art. 25.º da CRP), à identidade

[748] Além da consagração a nível interno, os direitos de personalidade surgem em várias convenções internacionais, nomeadamente no âmbito do Conselho de Europa.

pessoal, à capacidade civil, à cidadania, ao bom nome e reputação, à imagem, à palavra e à reserva da intimidade da vida privada e familiar (art. 26.º da CRP), à liberdade e segurança (art. 27.º da CRP), à inviolabilidade do domicílio e da correspondência (art. 34.º da CRP), ao conhecimento, retificação e atualização de dados constantes de ficheiros ou registos informáticos (art. 35.º da CRP), à constituição de família, à liberdade de consciência, de religião e de culto (art. 41.º da CRP).

III. Por seu turno, no Código Civil importa atender ao disposto nos arts. 70.º e ss. O art. 70.º do CC enuncia um princípio geral em sede de direitos de personalidade, dispondo: «A lei protege os indivíduos contra qualquer ofensa ilícita ou ameaça de ofensa à sua personalidade física ou moral». Do mencionado princípio geral resulta que a violação dos direitos de personalidade acarreta responsabilidade civil, podendo a pessoa ameaçada ou ofendida requerer as providências adequadas às circunstâncias do caso, de forma a evitar a consumação da ameaça ou a atenuar os efeitos da ofensa já cometida.

Na sequência da cláusula geral de tutela dos direitos de personalidade (art. 70.º do CC), o Código Civil estabelece, nos arts. 72.º a 80.º, um elenco concretizador de alguns direitos de personalidade. Há, assim, uma tutela geral da personalidade (art. 70.º do CC) e a concretização exemplificativa de direitos de personalidade (arts. 72.º e ss. do CC). Do elenco constante do Código Civil constam o direito ao nome (art. 72.º do CC), à confidencialidade das cartas-missivas (art. 75.º do CC), à imagem (art. 79.º do CC) e à reserva da intimidade da vida privada (art. 80.º do CC). Além destes, há um conjunto de direitos de personalidade, não tipificados no Código Civil, que merece igualmente proteção, como o direito à vida ou à integridade física e moral – enunciados na Constituição – e outros direitos de personalidade atípicos[749].

2. Consagração laboral dos direitos de personalidade

I. Quanto à regulamentação dos direitos de personalidade, o Código do Trabalho, em vez de introduzir limites, reiterou soluções que decorrem de

[749] Sobre a questão, veja-se, nomeadamente, Leite de Campos, *Os Direitos de Personalidade*, Coimbra, 1991; Gomes Canotilho, *Direito Constitucional e Teoria da Constituição*, 7.ª ed., Coimbra, 2012, p. 396; Rabindranath Capelo de Sousa, *O Direito Geral de Personalidade*, Coimbra, 1995; Pais de Vasconcelos, *Teoria Geral do Direito Civil*, Vol. I, 8.ª ed., Coimbra, 2017, pp. 35 ss.

regras gerais previstas na Constituição e no Código Civil e esclareceu dúvidas relativamente a vários aspetos, nomeadamente limitando a possibilidade de o empregador fiscalizar a prestação da atividade com câmaras de vídeo, de exigir exames médicos ou de controlar as comunicações efetuadas pelo trabalhador, em particular o correio eletrónico.

Mas a inclusão de algumas regras especiais sobre direitos de personalidade no Código do Trabalho não pressupõe a inaplicabilidade de regimes gerais; no âmbito laboral valem as regras gerais de tutela da personalidade constantes da Constituição e do Código Civil. De facto, o regime dos direitos de personalidade concretizado no Código do Trabalho não é autónomo e independente da tutela constitucional e civil dos direitos de personalidade, limitando-se a indicar, de modo exemplificativo, alguns direitos que têm especial relevância no âmbito laboral, sem descurar o regime geral.

II. O Código do Trabalho inclui uma subsecção relativa à tutela dos direitos de personalidade, globalmente inovadora no ordenamento laboral nacional, de onde consta um conjunto sistematizado de preceitos que garantem a defesa dos direitos de personalidade dos sujeitos laborais. Apesar de se ter em vista, em particular, proteger a situação pessoal do trabalhador – nomeadamente perante novas realidades que marcam a sociedade laboral, como o desenvolvimento da informática, a utilização de tecnologias de informação, de comunicação e de técnicas de captação e armazenamento de imagens e de dados pessoais – a proteção não é conferida de modo unilateral, pois a tutela dos direitos de personalidade no âmbito laboral, como se prescreve nos arts. 14.º, 15.º e 16.º do CT, é sinalagmática. No Código do Trabalho consagra-se claramente a tutela dos direitos de personalidade dos sujeitos laborais – trabalhador e empregador – não se circunscrevendo à proteção do trabalhador. Contudo, apesar de a tutela do empregador não ser descurada, as situações elencadas no Código do Trabalho têm especial aplicação com respeito ao trabalhador; por exemplo, a proteção de dados pessoais (art. 17.º do CT), a limitação à realização de testes e exames médicos (art. 19.º do CT) ou a proibição de meios de vigilância a distância (art. 20.º do CT) têm que ver com a tutela do trabalhador.

Estas limitações repercutem-se ainda no âmbito de meios probatórios, nomeadamente na utilização de exames médicos ou de filmagens na demonstração de irregularidades perpetradas pelo trabalhador[750].

[750] Criticando a solução do Ac. Rel. Pt. 10/7/2013 (Petersen Silva), disponível em www.dgsi.pt, quanto à inadmissibilidade de se provar a alcoolemia com base em análise clínica efetuada

III. De entre as situações jurídicas consagradas no Código do Trabalho de tutela, simultaneamente, da personalidade do trabalhador e do empregador, cabe atender à liberdade de expressão e de divulgação do pensamento e opinião (art. 14.º do CT), o direito à reserva da intimidade da vida privada (art. 16.º do CT) e o direito à integridade física e moral (art. 15.º do CT).

Quanto à tutela específica do trabalhador, pode aludir-se à proteção de dados pessoais (art. 17.º do CT), ao direito de reserva e confidencialidade relativamente ao conteúdo das mensagens de natureza pessoal e acesso a informação de carácter não profissional que o trabalhador envie, receba ou consulte, nomeadamente através do correio eletrónico (art. 22.º do CT). Relacionado com estes direitos de personalidade, importa atender a regras que visam tutelar a situação jurídica do trabalhador, cuja violação se pode repercutir na esfera de personalidade; assim, encontra-se regulamentada a exigência, realização e apresentação de testes e exames médicos (art. 19.º

---

após o acidente, Rosário Palma Ramalho, «Factos da vida privada do trabalhador, prova ilícita e despedimento», *QL* 42 (vinte anos de Questões Laborais), 2013, pp. 581 ss. Igualmente criticável é a solução encontrada no Ac. STJ de 5/7/2007 (Mário Pereira), disponível em www.dgsi.pt, onde se entendeu que insultar um superior hierárquico por email, rececionado na caixa geral da empresa e não no endereço particular da destinatária (secretária) na mesma empresa, não podia constituir prova porque a referida mensagem começava com a frase «oi fofinha» e, portanto, quem a recebeu deveria ter-se abstido de a ler por ser mensagem pessoal. De modo diverso, já se compreende a solução encontrada no Ac. Rel. Lx de 7/3/2012 (José Eduardo Sapateiro), quando entendeu que não se poderia recorrer, como prova, às mensagens trocadas pela trabalhadora com três amigas e o namorado via *Messenger*, onde eram tecidas considerações pouco abonatórias para o empregador; com anotação favorável de Teresa Coelho Moreira, *Pront.* 91/92 (2012), pp. 135 ss. Também considerando que os insultos no Facebook, atendendo ao momento em que foram divulgados e por não terem causado dano no empregador não constituem justa causa de despedimento, cf. Ac. STJ de 27/11/2018, (Júlio Gomes) CJ STJ 2018 III, p. 219. Quanto a outra jurisprudência relacionada com meios eletrónicos e comentada por Teresa Coelho Moreira, *Estudos de Direito do Trabalho*, II, Coimbra, 2016, pp. 141 ss. e ainda «Até que o Facebook nos separe: análise dos Acórdãos da Relação do Porto de 8 de Setembro de 2014 e do Tribunal da relação de Lisboa de 24 de Setembro de 2014», *Pront.* 2016-I, pp. 239 ss. Cabe, todavia, salientar o Ac. Rel Lx de 30/6/2011 (Isabel Tapadinhas), bem fundamentado, onde se admitiu como prova a troca de emails pessoais de onde decorria que, durante o tempo de serviço, o trabalhador fazia concorrência desleal com a empresa empregadora.

Esta questão pode ser analisada em Furtado Martins, «As limitações aos modos de exercício dos poderes de fiscalização e controle do empregador decorrentes das regras que tutelam a privacidade dos trabalhadores e a articulação da responsabilidade disciplinar com a responsabilidade criminal», *RDES* 2016, pp. 67 ss.

do CT) e o emprego de meios de vigilância a distância, com a finalidade de controlar o desempenho profissional do trabalhador (arts. 20.º e 21.º do CT).

IV. O regime dos direitos de personalidade positivado no Código do Trabalho não é autónomo e independente da tutela constitucional e civil dos direitos de personalidade *supra* referenciada, por quatro razões basilares.

Em primeiro lugar, porque estando em causa a tutela geral da personalidade, o diálogo entre os vários ramos do Direito não apenas se justifica, como se impõe, numa interdependência inafastável[751].

Em segundo lugar, tendo em conta que os preceitos integrantes desta Subsecção consagram um conjunto meramente indicativo de direitos de personalidade, à semelhança do que sucede nos arts. 71.º e ss. do CC; o Código do Trabalho limita-se a enunciar os direitos de personalidade que aparentam maior projeção na relação de trabalho. Nessa medida, sempre que tal se justifique, os preceitos em apreço devem ser conjugados (e complementados) com os direitos de personalidade positivados na Constituição (arts. 26.º e ss.), com o regime da tutela geral da personalidade e os direitos especiais de personalidade previstos no Código Civil (arts. 70.º e 71.º e ss.).

Em terceiro lugar, na medida em que o regime constante do Código do Trabalho pode (e deve) relacionar-se com o regime da limitação voluntária dos direitos de personalidade, consagrado no art. 81.º do CC.

Em quarto e último lugar, por força da aplicação do disposto no art. 18.º, n.º 2, da CRP, segundo o qual a compressão dos direitos de personalidade deve limitar-se ao necessário para salvaguardar outros direitos ou interesses constitucionalmente protegidos, segundo critérios de proporcionalidade e de adequação.

Por isso, o regime dos direitos de personalidade previsto no Código do Trabalho não tem por escopo único a tutela do trabalhador, mas garantir um justo equilíbrio entre a manutenção na esfera jurídica do trabalhador dos direitos que lhe assistem como pessoa e o princípio da liberdade de gestão empresarial[752]. É nesse sentido que se compreendem, nomeadamente, as seguintes particularidades de regime:

[751] A propósito da crescente socialização do direito civil e da apropriação, por este ramo de direito, do princípio da tutela do contraente mais débil, que anteriormente constituía o exclusivo de alguns ramos de direito em especial, como o direito do trabalho, veja-se Maria do Rosário Palma Ramalho, *Da Autonomia Dogmática do Direito do Trabalho,* cit., pp. 499 ss.

[752] Cf. Guilherme Dray, anotação (VI) ao art. 14.º, *in* Pedro Romano Martinez, Luís Miguel Monteiro, Joana Vasconcelos, Pedro Madeira de Brito, Guilherme Dray e

a) A liberdade de expressão (art. 14.º do CT) não é absoluta e ilimitada, pois é reconhecida com respeito dos direitos de outrem e desde que não seja suscetível de afetar o normal funcionamento da empresa[753];

b) O direito à integridade física e moral, previsto no art. 15.º do CT, não abrange apenas o trabalhador, mas também o empregador, incluindo as pessoas que o representam[754];

c) A reserva da intimidade da vida privada, a que se reporta o art. 16.º do CT, não é monovinculante, mas bilateral, no sentido em que não está em causa apenas a tutela dos direitos de personalidade do trabalhador, mas também (e com idêntico grau de proteção) a defesa dos direitos de personalidade do empregador[755];

d) Nos termos do art. 17.º, n.º 1, do CT, o empregador não pode, em princípio, exigir ao candidato a emprego ou ao trabalhador que preste informações relativas à sua vida privada; tal pedido, todavia, será lícito quando tais informações sejam estritamente necessárias e relevantes para avaliar a aptidão do trabalhador no que respeita à execução do contrato de trabalho e seja fornecida por escrito a respetiva fundamentação; no mesmo sentido, determina-se, no art. 17.º, n.º 2, que o empregador não pode exigir ao trabalhador ou a candidato a emprego que preste informações relativas à sua saúde ou estado de gravidez; tal exigência, todavia, será aceitável quando particulares exigências inerentes à natureza da atividade profissional o justifiquem, seja fornecida por escrito a fundamentação e tais informações sejam prestadas a médico, que só pode comunicar ao empregador se

Luís Gonçalves da Silva, *Código do Trabalho Anotado,* cit., pp. 144.

[753] A propósito de comportamentos do trabalhador que não podem ser tolerados, ainda que praticados no âmbito de uma alegada liberdade de expressão e de opinião, veja-se Guilherme Dray, anotação (XI) ao art. 14.º, *in* Pedro Romano Martinez, Luís Miguel Monteiro, Joana Vasconcelos, Pedro Madeira de Brito, Guilherme Dray e Luís Gonçalves da Silva, *Código do Trabalho Anotado,* cit., pp. 148 s.

[754] Veja-se Guilherme Dray, anotação ao art. 15.º, *in* Pedro Romano Martinez, Luís Miguel Monteiro, Joana Vasconcelos, Pedro Madeira de Brito, Guilherme Dray e Luís Gonçalves da Silva, *Código do Trabalho Anotado*, cit., pp. 149 e ss.

[755] A propósito da reciprocidade do direito à reserva da intimidade da vida privada, *vd.* Guilherme Dray, anotação ao art. 16.º, *in* Romano Martinez/Luís Miguel Monteiro/Joana Vasconcelos/Pedro Madeira de Brito/Guilherme Dray/Luís Gonçalves da Silva, *Código do Trabalho Anotado,* cit., pp. 151 ss. Sobre a questão consulte-se ainda Joana Vasconcelos, «Testes e exames médicos ao trabalhador», *Pront.* 2016-I, pp. 93 ss.

o trabalhador está ou não apto para desempenhar a atividade, salvo autorização escrita deste[756];

e) Nos termos do art. 19.º do CT, o empregador não pode, em regra, para efeitos de admissão ou permanência no emprego, exigir ao candidato a emprego ou ao trabalhador a realização ou apresentação de testes ou exames médicos, de qualquer natureza, para efeitos de comprovação das condições físicas ou psíquicas daqueles; tal exigência será admitida, todavia, quando os testes visados tenham por finalidade a proteção e segurança do trabalhador ou de terceiros, ou quando particulares exigências inerentes à atividade o justifiquem, devendo em qualquer caso ser fornecida por escrito ao candidato a emprego ou ao trabalhador a respetiva fundamentação e ser solicitada a intermediação de um médico do trabalho[757];

f) Nos termos do art. 20.º do Código do Trabalho, o empregador não pode, em regra, utilizar meios de vigilância a distância no local de trabalho mediante o emprego de equipamentos tecnológicos com a finalidade de controlar o desempenho profissional do trabalhador; a utilização de tal equipamento, contudo, será lícita sempre que tenha por finalidade a proteção e segurança de pessoas e bens ou quando particulares exigências inerentes à natureza da atividade o justifiquem[758]. Neste particular, é ainda relevante o disposto no art. 28.º, n.º 4, da Lei n.º 58/2019, de 8 de agosto, nos termos do qual «As imagens gravadas e outros dados pessoais registados através da utilização de sistemas de vídeo ou outros meios tecnológicos de vigilância à distância, nos termos previstos no artigo 20.º do Código do Trabalho, só podem ser utilizados no âmbito do processo penal». Nestes casos, o n.º 5 do mesmo artigo estatui que «as imagens gravadas e outros dados pessoais podem também ser utilizados para efeitos de apuramento de

[756] Veja-se Guilherme Dray, anotação ao art. 17.º, *in* Romano Martinez/Luís Miguel Monteiro/Joana Vasconcelos/Pedro Madeira de Brito/Guilherme Dray/Luís Gonçalves da Silva, *Código do Trabalho Anotado*, cit., pp. 154 ss.

[757] *Vd.* Guilherme Dray, anotação ao art. 19.º, *in* Romano Martinez/Luís Miguel Monteiro/Joana Vasconcelos/Pedro Madeira de Brito/Guilherme Dray/Luís Gonçalves da Silva, *Código do Trabalho Anotado*, cit., pp. 160 ss.

[758] *Vd.* Guilherme Dray, anotação ao art. 20.º, *in* Romano Martinez/Luís Miguel Monteiro/Joana Vasconcelos/Pedro Madeira de Brito/Guilherme Dray/Luís Gonçalves da Silva, *Código do Trabalho Anotado*, cit., pp. 162 ss. Consulte-se igualmente Domingos José de Morais, «Meios de vigilância à distância (casos práticos na jurisprudência), *Pront.* 2018 II, pp. 255 ss.

responsabilidade disciplinar, na medida em que o sejam no âmbito do processo penal»;

g) Nos termos do art. 22.º do CT, o trabalhador goza do direito de reserva e confidencialidade relativamente ao conteúdo das mensagens de natureza pessoal e acesso a informação de carácter não profissional que envie, receba ou consulte, nomeadamente através do correio eletrónico; tal circunstancialismo, todavia, não obsta a que o empregador possa estabelecer regras de utilização dos meios de comunicação na empresa. Independentemente da existência de tais regras internas, este direito não faculta ao trabalhador a possibilidade de cometer infrações disciplinares sob a capa da confidencialidade das mensagens por si remetidas, sob pena de abuso do direito[759].

V. Em suma, não está em causa a proteção incondicional do trabalhador, pois visa-se unicamente garantir um justo equilíbrio entre a tutela da esfera jurídica do trabalhador e o princípio da liberdade de gestão empresarial[760]. Só assim se compreende o regime de enunciação de direitos seguido de exceções.

Como referido, a liberdade de expressão e de opinião no local de trabalho (art. 14.º do CT) não é absoluta e ilimitada, pois, na parte final do preceito, determina-se que a tutela se encontra condicionada pelo normal funcionamento da empresa.

De igual modo, depois de se estabelecer que o empregador não pode exigir ao candidato a emprego ou ao trabalhador que preste informações relativas à sua vida privada (art. 17.º, n.º 1, alínea *a*), do CT), admite-se a licitude de tal pedido quando as informações sejam estritamente necessárias e relevantes para avaliar a aptidão do trabalhador no que respeita à execução do contrato de trabalho e seja fornecida por escrito a respetiva fundamentação (art. 17.º, n.º 1, alínea *a*), 2.ª parte, do CT); no mesmo sentido, determina-se no art. 17.º, n.º 1, alínea *b*), do CT que o empregador não pode exigir ao trabalhador ou a candidato a emprego que preste informações relativas à

[759] Consulte-se Guilherme Dray, anotação ao art. 22.º, *in* Romano Martinez/Luís Miguel Monteiro/Joana Vasconcelos/Pedro Madeira de Brito/Guilherme Dray/Luís Gonçalves da Silva, *Código do Trabalho Anotado,* cit., pp. 166 ss. Com solução diversa, veja-se o Ac. STJ de 5/7/2007 citado na nota 750.

[760] Cf. Guilherme Dray, anotação ao art. 14.º, *in* Romano Martinez/Luís Miguel Monteiro/Joana Vasconcelos/Pedro Madeira de Brito/Guilherme Dray/Luís Gonçalves da Silva, *Código do Trabalho Anotado,* cit., p. 144.

sua saúde ou estado de gravidez, mas tal exigência já será aceitável quando particulares exigências inerentes à natureza da atividade profissional o justifiquem, seja fornecida por escrito a respetiva fundamentação e tais informações sejam prestadas a médico, que só pode comunicar ao empregador se o trabalhador está ou não apto para desempenhar a atividade, salvo autorização escrita deste.

Nos termos do art. 19.º, n.º 1, 1.ª parte, do CT, o empregador não pode, para efeitos de admissão ou permanência no emprego, exigir ao candidato a emprego ou ao trabalhador a realização ou apresentação de testes ou exames médicos, de qualquer natureza, para efeitos de comprovação das condições físicas ou psíquicas daqueles; contudo, da 2.ª parte do n.º 1 do art. 19.º do CT resulta que essa exigência poderá ser admitida quando os testes tenham por finalidade a proteção e segurança do trabalhador ou de terceiros, ou quando particulares exigência inerentes à atividade o justifiquem, devendo em qualquer caso ser fornecida por escrito ao candidato a emprego ou ao trabalhador a respetiva fundamentação.

De igual modo, como dispõe o art. 20.º, n.º 1, do CT, «o empregador não pode utilizar meios de vigilância a distância no local de trabalho, mediante o emprego de equipamento tecnológico, com a finalidade de controlar o desempenho profissional do trabalhador»; porém, a utilização desse equipamento é lícita sempre que tenha por finalidade a proteção e segurança de pessoas e bens ou quando particulares exigências inerentes à natureza da atividade o justifiquem (art. 20.º, n.º 2, do CT).

Por último, dispõe o art. 22.º, n.º 1, do CT que o trabalhador goza do direito de reserva e confidencialidade relativamente ao conteúdo das mensagens de natureza pessoal e acesso a informação de carácter não profissional que envie, receba ou consulte, nomeadamente através do correio eletrónico; mas isso não obsta a que o empregador possa estabelecer regras de utilização dos meios de comunicação na empresa.

Em matéria de proteção de dados, é relevante o disposto no Regulamento (UE) n.º 2016/679 do Parlamento e do Conselho, de 27 de abril de 2016, e na Lei n.º 58/2019, de 8 de agosto, que a assegura a execução do mesmo na ordem jurídica nacional[761].

Concluindo, o regime dos direitos de personalidade consagrado no Código do Trabalho não tem por escopo a defesa e a tutela incondicional dos direitos de personalidade do trabalhador, a todo o custo e em qualquer cir-

[761] Sobre a proteção de dados no âmbito laboral, *vd.* MENEZES CORDEIRO, *Direito do Trabalho*, I., cit., pp. 565 ss.

cunstância. Há que atender à relação laboral no seu todo e ao conflito com o direito de livre iniciativa privada do empregador, associado com o direito de gestão da empresa.

BIBLIOGRAFIA:

JOSÉ JOÃO ABRANTES, «O Novo Código do Trabalho e os Direitos de Personalidade», *Estudos sobre o Código do Trabalho*, Coimbra, 2004, pp. 145 ss., «Os Direitos de Personalidade do Trabalhador e a Regulamentação do Código do Trabalho», *Pront.* 71 (2005), pp. 63 ss. e «Princípio da proporcionalidade e tutela da personalidade do trabalhador», *Estudos dedicados ao Professor Doutor Bernardo da Gama Lobo Xavier*, II, Lisboa, 2015, pp. 319 ss.; LEAL AMADO, *Contrato de Trabalho*, cit., pp. 227 ss.; ALICE PEREIRA DE CAMPOS, «Infracções disciplinares em redes sociais *on line*», *Estudos dedicados ao Professor Doutor Bernardo da Gama Lobo Xavier*, I, Lisboa, 2015, pp. 111 ss.; MENEZES CORDEIRO, *Direito do Trabalho*, I., cit., pp. 534 a 579; PAULO MORGADO DE CARVALHO, «Ónus da prova em caso de discriminação», *Estudos dedicados ao Professor Doutor Bernardo da Gama Lobo Xavier*, III, Lisboa, 2015, pp. 109 ss.; GUILHERME DRAY, *Direitos de personalidade. Anotações ao Código Civil e ao Código do Trabalho*, Coimbra, 2006, e anotação aos arts. 14.º e ss., *in* ROMANO MARTINEZ/LUÍS MIGUEL MONTEIRO/JOANA VASCONCELOS/MADEIRA DE BRITO/GUILHERME DRAY/GONÇALVES DA SILVA, *Código do Trabalho Anotado*, cit., pp. 138 ss.; JÚLIO GOMES, *Direito do Trabalho*, cit., pp. 265 ss.; AMADEU GUERRA, *A Privacidade no Local de Trabalho. As Novas Tecnologias e o Controlo dos Trabalhadores através de Sistemas Automatizados. Uma Abordagem ao Código do Trabalho*, Coimbra, 2004; LUÍS MENEZES LEITÃO, «A Protecção dos dados Pessoais no Código do Trabalho», *A Reforma do Código do Trabalho*, Coimbra, 2004, pp. 123 ss., e *Direito do Trabalho*, cit., pp. 147 ss.; FURTADO MARTINS, «As limitações aos modos de exercício dos poderes de fiscalização e controle do empregador decorrentes das regras que tutelam a privacidade dos trabalhadores e a articulação da responsabilidade disciplinar com a responsabilidade criminal», *RDES* 2016, pp. 67 ss.; BRUNO MESTRE, «O RGPD, o TEDH e as relações laborais: um equilíbrio complexo», *Pront.* 2018 II, pp. 157 ss.; DOMINGOS JOSÉ DE MORAIS, «Meios de vigilância à distância (casos práticos na jurisprudência), *Pront.* 2018 II, pp. 255 ss.; TERESA COELHO MOREIRA, *Da Esfera Privada do Trabalhador e o Controlo do Empregador*, Coimbra, 2004, *A privacidade dos trabalhadores e as novas tecnologias de informação e comunicação: contributo para um estudo dos limites do poder de controlo electrónico do empregador*, Coimbra, 2010 e *Estudos de Direito do Trabalho*, II, Coimbra, 2016 (vários estudos); A. GARCIA PEREIRA, «O assédio moral», *Jornadas Regionais de Direito do trabalho*, Ponta Delgada, 2016, pp. 113 ss.; ROSÁRIO PALMA RAMALHO, *Tratado de Direito do Trabalho*, II, cit., pp. 294 ss.; MARIA REGINA REDINHA, «Os

Direitos de Personalidade no Código do Trabalho: Actualidade e Oportunidade da sua Inclusão», *A Reforma do Código do Trabalho*, Coimbra, 2004, pp. 161 ss. e «Da protecção da personalidade no Código do Trabalho», *Para Jorge Leite. Escritos Jurídico-Laborais*, I, Coimbra, 2014, pp. 819 ss.

§ 16. TRABALHADOR

1. Determinação; tipos (remissão)

Quanto ao trabalhador, para além do que foi anteriormente referido (*vd. supra*, § 5., n.º 2), importa também fazer classificações. Pode haver trabalhadores de vários tipos e em função dessas diferenças o prestador de trabalho, na relação laboral, terá estatutos distintos. Por exemplo, cabe distinguir o trabalhador subordinado do autónomo equiparado, a que alude o art. 10.º do CT, o trabalhador do sector privado do que presta a sua atividade no sector público, mesmo tratando-se de contratos de direito privado, assim como o trabalhador especializado, em particular o que ocupa cargos de chefia, direção, do trabalhador indiferenciado.

Mas para além do que já foi mencionado, quanto ao estatuto do trabalhador, interessa explicar duas situações: a categoria e a antiguidade do trabalhador.

2. Igualdade e não discriminação

a) Direito a igual tratamento

I. O direito a igual tratamento entre os trabalhadores, no sentido de não deverem ser feitas discriminações, tem uma consagração genérica no art. 13.º da CRP e encontra especificação no art. 59.º, n.º 1, da CRP, reiterado no art. 23.º, n.º 2, da DUDH, bem como na Convenção da OIT n.º 111, de 1958 e concretizado nos arts. 23.º e ss. do CT, sem descurar algumas referências específicas, como o art. 540.º, n.º 1, do CT, onde se estabelece o princípio da não discriminação entre trabalhadores grevistas e não grevistas. Importa reiterar o carácter preceptivo da citada disposição constitucional, que, por não carecer de mediação normativa, é diretamente invocável perante o empregador[762].

[762] Cf. *supra* § 8.2. Neste sentido, Rosário Palma Ramalho, «Igualdade de Tratamento entre Trabalhadores e Trabalhadoras em Matéria Remuneratória: A Aplicação da Directiva 75/117/

A eventual discriminação entre trabalhadores nacionais e estrangeiros, em especial relacionada com a formação do contrato de trabalho (*vd. infra* n.º 8), não respeita à execução da atividade, em que não há qualquer diferença[763].

O princípio de igual tratamento, para além de duas concretizações constitucionais, a nível salarial e sexual, corresponde a uma proibição genérica de prática discriminatória[764]; não sendo, pois, lícito ao empregador conferir estatutos jurídicos diferenciados ou simplesmente um tratamento laboral desigual aos vários trabalhadores sem um motivo justificativo, que pode relacionar-se com a atividade empresarial. Razão pela qual, no Código do Trabalho, começa por se prescrever um princípio geral de igualdade e não discriminação, tanto no acesso ao emprego como no trabalho (art. 23.º do CT), circunscrevendo, depois, certos aspetos da igualdade e não discriminação em função do sexo, nos arts. 30.º e ss. do CT.

Pretende-se garantir a igualdade de tratamento, não discriminando os trabalhadores no acesso ao emprego e na relação de trabalho. A igualdade e a não discriminação relacionam-se não só na execução do contrato de trabalho («no trabalho»), como na seleção de candidatos à celebração de um contrato de trabalho («no acesso ao emprego»).

A proibição de discriminação implica, como conteúdo natural, a proibição de tratamento diverso entre dois casos idênticos, pressupondo sempre e necessariamente um *juízo de comparação*[765].

/CE em Portugal», *ROA* 57 (1997), I, p. 164. Veja-se também Guilherme Dray, *A influência dos Estados Unidos da América na afirmação do princípio da igualdade no emprego nos países da lusofonia*, Coimbra, 2016.

[763] O princípio da igualdade de tratamento na relação laboral tem sido alvo de inúmeros estudos. Para além das obras indicadas na bibliografia desta alínea, cf. Bueno Magano, «La Igualdad y la no Discriminación en la Relación de Trabajo», *Jornadas Hispano-Luso-Brasileñas de Derecho del Trabajo*, Madrid, 1985, pp. 591 ss. Desta obra coletiva constam várias comunicações sobre o tema da igualdade e não discriminação na relação laboral a pp. 643 ss. Sobre o tema, veja-se também Bowers, *Employment Law*, cit., pp. 113 ss.; Ichino, *Il Contratto di Lavoro*, cit., pp. 527 ss.; Selwyn, *Law of Employment*, 20.ª ed., Londres, 2018, pp. 87 ss.; Tremolada, *Autonomia Privata e Parità di Tratamento fra Lavoratori*, Pádua, 2000.

[764] Cf. Menezes Cordeiro, *Direito do Trabalho*, I, cit., p. 259. Como refere Bernardo Xavier/Furtado Martins/Nunes de Carvalho/Joana Vasconcelos/Tatiana Guerra de Almeida, *Manual*, cit., p. 489, há um princípio que contraria a discriminação ilícita; porém, parafraseando Montoya Melgar, *Derecho del Trabajo*, cit., p. 310, «O princípio da igualdade não é absoluto, não impõe um tratamento absolutamente uniforme a todos os trabalhadores, como se estes e as respetivas prestações fossem idênticos». Acerca da igualdade em caso de cessação do contrato de trabalho, cf. Ac. TC de 12/5/1998, *BMJ* 477, p. 28.

[765] Neste sentido, afirma Ana Maria Guerra Martins, «O Tratado de Lisboa reforça o princípio da igualdade e não discriminação?», *Estudos em Homenagem ao Prof. Doutor Martim*

II. A discriminação pressupõe um tratamento diferenciado entre candidatos a emprego ou trabalhadores, com base na ascendência, idade, sexo, etc., que não tenha uma justificação plausível (art. 25.º, n.º 1, do CT)[766]. Além da idade (n.º 3 do art. 25.º do CT), podem ser justificadas diferenciações decorrentes da atividade, nomeadamente formação necessária ou destreza para o desempenho da tarefa[767]. A diferenciação justificada de trabalhadores encontra diversas previsões legais, por exemplo em sede de remuneração (a antiguidade, art. 262.º, n.º 2, alínea *b)*, do CT) ou como critério de despedimento (art. 368.º, n.º 2, do CT).

A discriminação tanto pode ser direta (opção expressa e injustificada por trabalhadores de um ou outro sexo), como indireta sempre que o critério, aparentemente neutro, prejudique de modo desproporcionado os indivíduos de um dos sexos (art. 25.º, n.º 1, do CT).

Além da justificação relacionada com a natureza da atividade ou do contexto (art. 25.º, n.º 2, do CT), também não existirá discriminação nas medidas de ação positivas temporariamente definidas na lei, em que se beneficia certo tipo de trabalhadores (art. 27.º do CT).

O incumprimento do dever de não discriminar candidatos a emprego ou trabalhadores faz incorrer o empregador em responsabilidade civil, con-

---

de Albuquerque, Volume I, Lisboa, Faculdade de Direito da Universidade de Lisboa, 2010, p. 66: *"Para se saber se uma determinada norma se aplica de modo diferenciado sem justificação, isto é, se discrimina as pessoas, devido a certas características que elas possuem, necessário se torna averiguar como é que a norma se aplica em relação às outras pessoas, isto é, àquelas que não se incluem na «categoria suspeita»."*.

766 Veja-se Guilherme Dray, comentário aos arts. 23.º e ss. *in* Romano Martinez/Luís Miguel Monteiro/Pedro Madeira de Brito/Guilherme Dray/Luís Gonçalves da Silva, *Código do Trabalho Anotado*, cit., pp. 169 e ss. Quanto à discriminação em razão de doença, consulte-se Leal Amado, «VIH/SIDA e proibição de discriminação de trabalhadores», *RLJ* 139, pp. 170 e ss., e Joana Nunes Vicente / Milena Silva Rouxinol, «Entre o direito à saúde e o direito a estar doente. Comentário ao Acórdão da Relação de Lisboa de 29 de Maio de 2007», *QL* 31 (2008), pp. 89 e ss., e «VIH/SIDA e contrato de trabalho», *Nos vinte anos do Código das Sociedades Comerciais. Homenagem aos Professores Doutores Ferrer Correia, Orlando de Carvalho e Vasco Lobo Xavier*, Vol. II, Coimbra, 2007, pp. 789 e ss. Veja-se também a discriminação em função da idade em Rita Canas da Silva, «Discriminação laboral em função da idade», *Congresso Europeu de Direito do Trabalho*, org. José João Abrantes, Coimbra, 2014, pp. 237 ss. A discriminação em função da idade pode ser analisada, no plano comparativo, em Martínez Girón, *La discriminación por edad en el derecho de los Estados Unidos. Un estúdio crítico-comparativo desde la perspectiva del derecho español*, Corunha, 2014.

767 No Ac. Rel. Lx de 14/9/2016 (Maria João Romba) entendeu-se que não constituía discriminação impedir que o casal (marido e mulher), ambos pilotos de aviação civil, fosse escalado para o mesmo avião, com funções de piloto e co-piloto, por motivos de ordem operacional e de segurança da aeronave.

ferindo-se ao lesado direito a ser indemnizado pelos danos patrimoniais e não patrimoniais sofridos (art. 28.º do CT).

III. De entre as situações de discriminação, o legislador destaca o assédio (art. 29.º, n.º 1, do CT). Entendendo-se por assédio um comportamento indesejado que afeta a dignidade do trabalhador (ou candidato a emprego), criando um ambiente intimidativo, hostil, degradante, humilhante ou desestabilizador (art. 29.º, n.º 2, do CT)[768]. Por vezes, atendendo à influência anglo-saxónica, o assédio surge apelidado de *mobbing*[769].

Apesar de o assédio não ser necessariamente um comportamento indesejado de carácter sexual, é neste âmbito que assume particular relevo prático (art. 29.º, n.º 3, do CT), daí a distinção entre assédio moral e assédio sexual[770]. Por via de regra, associa-se o assédio a um comportamento do empregador relativamente ao empregador, mas nada obsta a que decorra de hostilidade perpetrada por colega de trabalho; porém, neste caso, será pressuposto que o empregador, conhecendo a situação, tenha tido um comportamento omissivo[771]. Os deveres impostos ao empregador tendo em vista a tutela do trabalhador justifica aludir-se a uma *compliance* no âmbito laboral.

---

[768] Na decisão do Tribunal de Cassação italiano de 6/3/2006 (Proc. n.º 4774), o *mobbing* surge explicado por uma conduta continuada do empregador, com vários episódios lesivos e vexatórios, com finalidade persecutória de molde a marginalizar o trabalhador.

[769] O fenómeno do *mobbing* e a sua análise jurídica surgem com desenvolvimento em Júlio Gomes, *Direito do Trabalho*, I, cit., pp. 425 e ss., «Algumas Observações sobre o *Mobbing* nas Relações de Trabalho Subordinado», *Estudos Jurídicos em Homenagem ao Professor António da Motta Veiga*, Coimbra, 2007, pp. 165 e ss. e «Algumas reflexões sobre a evolução recente do conceito jurídico de assédio moral (laboral)», *Pront.* 90 (2011), pp. 71 e ss. Veja-se igualmente Menezes Cordeiro, *Direito do Trabalho*, I., cit., pp. 547 ss., com ampla indicação jurisprudencial e acrescentando referências aos fenómenos de *bullying*.

[770] Sobre o assédio, além de Guilherme Dray, comentário ao art. 29.º *in* Romano Martinez/ /Luís Miguel Monteiro/Pedro Madeira de Brito/Guilherme Dray/Luís Gonçalves da Silva, *Código do Trabalho Anotado*, cit., pp. 188., veja-se Sónia Kietzmann Lopes, «O assédio moral no trabalho», *Pront.* 82 (2009), pp. 271 e ss.; Isabel Ribeiro Parreira, «O Assédio Moral no Trabalho», *V Congresso Nacional de Direito do Trabalho, Memórias*, Coimbra, 2003, pp. 209 ss. e «Assédio Sexual no Trabalho», *IV Congresso Nacional de Direito do Trabalho, Memórias*, Coimbra, 2002, pp. 159 ss.; Regina Redinha, «Assédio Moral ou Mobbing no Trabalho», *in Estudos em Homenagem ao Prof. Doutor Raúl Ventura*, Volume II, Coimbra, pp. 833 ss.

[771] Cfr. Ac. Rel. Év. de 28/2/2019, CJ 2019 I, p. 303. No Ac. Rel. Cb. de 12/4/2018, CJ 2018 II, p. 61, considerou-se justificada suspensão preventiva do trabalhador ao qual foi imputada a prática de assédio sexual contra colega de trabalho, sua subordinada.

Concretizando, mediante a fixação de certos parâmetros, a proibição de discriminação de trabalhadores prevista em vários preceitos do Código do Trabalho, importa atender ao disposto na Lei n.º 46/2006, de 28 de agosto, em especial a regra do art. 5.º, sobre discriminação no âmbito laboral.

Merece ainda destaque o regime consagrado na Lei n.º 4/2019, de 10 de janeiro, que estabelece um sistema de quotas de emprego para pessoas com deficiência, com um grau de incapacidade igual ou superior a 60%. De acordo com o estatuído neste diploma, as médias empresas com um número igual ou superior a 75 trabalhadores devem admitir trabalhadores com deficiência em número não inferior a 1% do pessoal ao seu serviço, e as grandes empresas devem admitir trabalhadores com deficiência em número não inferior a 2 % do pessoal ao seu serviço (art. 5.º, n.os 1 e 2, da Lei n.º 4/2019). Nesta senda de tutela de trabalhadores com deficiência ou doença crónica, cabe mencionar as alterações introduzidas aos arts. 85.º a 87.º do CT pela Lei n.º 93/2019 (15.ª alteração).

IV. Apesar de o princípio da igualdade se encontrar consagrado em termos amplos (arts. 23.º e ss. do CT), valendo de modo genérico, na prática as questões colocam-se primordialmente a propósito da discriminação retributiva e em função do sexo.

b) Igualdade retributiva

Na sequência do disposto no art. 59.º, n.º 1, alínea *a)*, da CRP, a igualdade retributiva, em determinadas situações concretas, tem suscitado algumas dúvidas[772]. Nada obsta a que se estabeleçam diferenças salariais em função da categoria e, dentro da mesma categoria, podem distinguir-se trabalhadores a quem são conferidos determinados subsídios, prémios ou outros comple-

[772] Cf. Ac. STJ de 26/5/1988, TJ 42 (1988), p. 40 e *BMJ*, 377, p. 402; Ac. STJ de 1/3/1990, TJ 6 (1990), p. 337; Ac. STJ de 22/9/1993, CJ (STJ) CJ 1993, T. III, p. 269; Ac, STJ de 23/11/1994, CJ (STJ) 1994, T. III, p. 292; Ac. Rel. Cb. de 24/4/1991, CJ XVI, T. II, p. 133; Ac. Rel. Év. de 21/1/1992, CJ XVII, T. I, p. 295; Ac. Rel. Lx. de 25/3/1992, CJ XVII, T. II, p. 199; Ac. Rel. Pt. 13/7/1992, CJ XVII, T. IV, p. 280; Ac. Rel. Lx. de 2/12/1993, CJ XVIII, T. V, p. 191; Ac. Rel. Lx. de 25/9/1996, CJ XXI, T. IV, p. 179.
O princípio da igualdade salarial não se aplica ao complemento de reforma (Ac. STJ de 20/1/1993, CJ (STJ) 1993, T. I, p. 238). Em crítica a esta solução, *vd.* ROSÁRIO PALMA RAMALHO, «Igualdade de Tratamento ...», cit., pp. 168 ss., em especial nota 9.
Relativamente à relação de emprego público, *vd.* BACELAR GOUVEIA, «A Inconstitucionalidade da Discriminação Remuneratória nas Carreiras Médicas Prestadas em Tempo Completo», *O Direito*, 1998, I-II, pp. 133 ss.

mentos salariais. Assim, não viola o princípio da igualdade a empresa que remunere diferentemente trabalhadores da mesma categoria, atendendo à antiguidade ou produtividade e mesmo à habilitação e experiência[773]. Os trabalhadores da mesma categoria deverão receber idêntica retribuição base, mas poderão auferir diferentes complementos salariais, entre os quais se destacam os subsídios de antiguidade e de produtividade[774]. Quanto aos prémios de assiduidade, o Acórdão do Pleno do STJ n.º 16/96[775] considerou que o não pagamento do prémio de assiduidade a trabalhador que tivesse dado faltas justificadas constituía uma violação do princípio da igualdade; solução que é discutível, principalmente tendo em conta o disposto no n.º 3 do art. 31.º do CT.

Problemática tem sido a diferenciação entre trabalhadores atendendo à sua filiação sindical. Se numa empresa vigoram vários instrumentos de regulamentação coletiva, tendo por base o princípio da filiação (art. 496.º do CT), pode haver diferenças de regime, em especial no âmbito salarial[776]. Pode ser, contudo, complexa a conciliação de dois princípios na eventualidade de haver trabalhadores com a mesma categoria e antiguidade desempenhando a mesma atividade, diferenciando-se pelo facto de uns estarem filiados num sindicato e outros não. Numa perspetiva formal da igualdade seria dificilmente sustentável que só pelo facto de um trabalhador se encontrar sindicalizado pudesse auferir retribuição superior à prestada a outro trabalhador. Mas esta via formal tem dois óbices: primeiro, reduz o papel da contratação

---

[773] Cf. Ac. STJ de 22/9/1993, CJ (STJ) 1993, T. III, p. 269; Ac. Rel. Cb. de 24/4/1991, CJ XVI, T. II, p. 133; Ac. Rel. Év. de 21/1/1992, CJ XVII, T. I, p. 295; Ac. Rel. Lx. de 25/3/1992, CJ XVII, T. II, p. 199; Ac. Rel. Lx. de 25/9/1996, CJ XXI, T. IV, p. 179. Neste sentido, veja-se igualmente Nunes de Carvalho, «Trabalho Igual. Salário Igual», *RDES* XXXIV (1992), n.º 4, pp. 359 s.

[774] Cf. Ac. Rel. Lx. de 25/3/1992, CJ XVII, T. II, p. 199 e a anotação de Nunes de Carvalho, «Trabalho Igual. Salário Igual», cit., pp. 357 ss. Como refere Monteiro Fernandes, *Direito do Trabalho*, cit., p. 309, a igualdade remuneratória também tem de estar relacionada com a equivalência de rendimento.

[775] Diário da República I-A, de 4 de dezembro de 1996. Veja-se igualmente Ac. Rel. Pt. de 16/1/1992, CJ XVII, T. V, p. 265; Ac. Rel. Lx. de 26/5/1996, CJ XXI, T. III, p. 172.

[776] Não viola o princípio da igualdade a aplicação a um trabalhador filiado num sindicato a convenção coletiva outorgada por esse sindicato, quando, a mesma empresa, ajustar outra convenção coletiva com outro sindicato em que se estabeleça remuneração diversa, porque a solução contrária violaria o princípio da liberdade sindical (Ac. STJ de 14/12/1994, *BMJ* 442, p. 60), podendo haver salários diversos na mesma categoria por se aplicarem diferentes IRC (Ac. Rel. Év. de 14/11/2000, CJ XXV, T. V, p. 292). Como se esclarece no Ac. STJ de 25/1/2001, CJ (STJ) 2001, T. I, p. 282, pode ser pago salário distinto a trabalhador não sindicalizado com a mesma categoria e funções, desde que não se prove igualdade de trabalho.

coletiva, colocando em pé de igualdade os trabalhadores sindicalizados e não sindicalizados; segundo, faz uma aplicação do princípio da igualdade sem o conjugar com outros princípios laborais, mormente de intervenção coletiva.

Nos termos gerais das regras sobre repartição do ónus da prova, cabe ao trabalhador fazer a prova dos factos constitutivos da discriminação[777]; como resulta do n.º 5 do art. 25.º do CT, aquele que alega a discriminação tem de a fundamentar, cabendo ao empregador provar que a diferenciação não assenta numa das discriminações indicadas ou que tem uma justificação objetiva.

c) Igualdade e não discriminação em função do sexo

I. A defesa da não discriminação tem sido mais acentuada, tanto em termos legais como doutrinários, no que respeita às situações relacionadas com o sexo[778], que justifica o tratamento legislativo estabelecido nos arts. 30.º a 32.º do CT.

Para além da consagração constitucional (arts. 13.º e 59.º, n.º 1, alínea *a)*, da CRP), a nível internacional é de referir o art. 4.º, n.º 3, da Carta Social Europeia, o art. 7.º, alíneas *a)* e *i)*, do Pacto Internacional sobre Direitos Económicos, Sociais e Culturais e as Convenções da OIT n.º 100 de 1951 (sobre a igualdade de remuneração entre homens e mulheres) e n.º 156 de 1981 (sobre a igualdade de tratamento entre trabalhadores de ambos os sexos). Estas duas convenções da OIT foram ratificadas por Portugal em 1966 e 1984, respetivamente. Na União Europeia importa aludir ao disposto no art. 157.º do Tratado de Funcionamento da UE e na Diretiva n.º 75/117/CE, de 10 de fevereiro[779].

No plano interno, quanto à igualdade entre os dois sexos no que respeita aos trabalhadores, na sequência do que foi disposto nos revogados Decreto-Lei n.º 392/79, de 20 de setembro (igualdade e não discriminação em função do sexo) e Lei n.º 105/97, de 13 de setembro (igualdade de tratamento no trabalho e no emprego), nos arts. 30.º e ss. do CT consagram-se as regras

---

[777] Cf. Ac. STJ de 22/9/1993, CJ (STJ) 1993, T. III, p. 269; Ac. STJ de 23/11/1994, CJ (STJ) 1994, T. III, p. 292. Em crítica a esta posição jurisprudencial, Júlio Gomes, «Algumas Reflexões sobre o Ónus da Prova em Matéria de Paridade de Tratamento Retributivo ("A Trabalho Igual Salário Igual")», *I Congresso de Direito do Trabalho*, Coimbra, 1998, pp. 313 ss.

[778] Relacionando a não discriminação com base no sexo e o princípio da igualdade salarial, cf. Rosário Palma Ramalho, «Igualdade de Tratamento ...», cit., pp. 159 ss. Veja-se ainda Bowers, *Employment Law*, cit., pp. 87 ss.

[779] *Vd.* Blanpain, *European Labour Law*, cit., pp. 291 ss.; Joana Nunes Vicente, anot. art. 157.º, *Tratado de Lisboa Anotado e Comentado*, org. Manuel Porto e Gonçalo Anastácio, Coimbra, 2012, pp. 681 ss.

gerais da proibição de discriminação de trabalhadores no acesso ao emprego ou na execução da relação laboral[780]. Acresce ainda a intervenção da CITE (Comissão para a Igualdade no Trabalho e no Emprego), criada em 1979, que tem em vista promover e verificar a igualdade de género no plano laboral[781]. De entre os vários aspetos do princípio geral da não discriminação, acentua-se a igualdade de retribuição entre trabalhadores de ambos os sexos (art. 31.º, n.º 1, do CT), admitindo-se, todavia, diferenciações retributivas assentes em critérios objetivos, como a produtividade (art. 31.º, n.º 3, do CT). Ainda quanto à não discriminação salarial importa atender ao disposto no art. 31.º, n.º 2, do CT, quanto ao trabalho igual e de valor igual.

Mais recentemente, foi publicada a Lei n.º 60/2018, de 21 de agosto, que aprova medidas de promoção da igualdade remuneratória entre mulheres e homens por trabalho igual ou de igual valor, estabelecendo um procedimento específico aplicável aos casos em que seja alegada a existência de discriminação.

Nos termos do art. 4.º, n.º 1, deste diploma, caso seja alegada a existência de discriminação remuneratória nos termos do n.º 5 do artigo 25.º do CT, cabe à entidade empregadora demonstrar que possui uma política remuneratória transparente e assente na avaliação das componentes das funções, com base em critérios objetivos, nomeadamente no que respeita à retribuição de quem alega estar a ser discriminado face à retribuição do trabalhador ou trabalhadores em relação a quem se considere discriminado.

II. A contratação em direito privado – concretamente no que respeita à celebração de contratos de trabalho e ao tratamento igualitário entre candidatos a emprego – está sujeita à Constituição e, neste caso particular, ao art. 13.º da CRP (art. 18.º da CRP). Mas o art. 13.º, n.º 2, da CRP, no domínio do direito privado, tem de ser interpretado de forma criteriosa[782]. As limitações

[780] *Vd.* considerações *supra*, a propósito dos concursos públicos na formação do contrato de trabalho.

[781] Cf. Decreto-Lei n.º 76/2012 e veja-se os estudos de Virgínia Ferreira e Rosa Monteiro, *Trabalho, Igualdade e Diálogo Social. Estratégias e desafios de um percurso*, Lisboa, 2013, a que acresce a análise jurídica da CITE, a cargo de Jorge Leite e Milena Rouxinol, pp. 61 ss. Consulte-se ainda Bernardo Xavier/Nunes de Carvalho, «Organização do tempo de trabalho (competências da CITE), *RDES* 2014, pp. 33 ss.

[782] Muitas das vezes, as limitações à liberdade de contratação só valem no âmbito do emprego público, veja-se por exemplo o Decreto-Lei n.º 29/2001, de 3 de fevereiro, que estabeleceu um sistema de quotas de emprego para pessoas com deficiência nos serviços e organismos da administração central, regional autónoma e local. A Lei n.º 4/2019, que estabelece quotas

que constam deste preceito, quando estão em causa concursos públicos na formação de contratos de trabalho, não podem ser aplicadas linearmente, porque há diferenciações que, sem dúvida, podem ser admitidas. Por exemplo, serão lícitas distinções com base na língua ou na instrução; pode abrir-se um concurso público especificando que só se admitem candidatos com um curso de Direito de uma determinada Universidade, ou que dominem perfeitamente o português. De igual modo, nada obsta a que o concurso para admissão de trabalhadores seja restringido aos habitantes de uma determinada localidade.

Mesmo outras discriminações mais difíceis de aceitar, em determinadas situações, podem ser admissíveis, tais como as baseadas no sexo, na religião ou em convicções políticas. Não será legítimo, por exemplo, uma companhia de bailado abrir um concurso para contratar uma bailarina? Não se justificará que uma congregação religiosa pretenda contratar um trabalhador, por exemplo, para ajudar na Igreja, que professe a mesma religião? Da mesma forma, não poderá um partido político, que pretende preencher um lugar de confiança política, limitar o concurso aos seus filiados? Em qualquer caso, só serão ilícitas as discriminações abusivas, perversas, que não encontrem um motivo justificável[783], como decorre dos arts. 25.º, n.º 2, e 31.º, n.º 3, do CT.

III. As limitações estabelecidas nos concursos de acesso a emprego, que, em termos gerais, não implicam qualquer ilegalidade, têm de se relacionar com o princípio da igualdade de tratamento. Importa verificar em que medida tais limitações podem colidir com o princípio da não discriminação, previsto nos preceitos constitucionais e nos arts. 24.º e ss. e 30.º e ss. do CT.

Não obstante a celebração de contratos de trabalho se encontrar sujeita ao disposto no art. 13.º da CRP, bem como ao princípio da igualdade de tratamento entre trabalhadores de ambos os sexos (arts. 58.º, n.º 2, alínea *b)* e 59.º, n.º 1, da CRP e arts. 30.º e ss. do CT)[784], certas discriminações baseadas

---

de emprego para pessoas com deficiência em entidades empregadoras do sector privado e organismos do sector público não abrangidos pelo âmbito de aplicação do Decreto-Lei n.º 29/2001, só é aplicável a médias empresas com um número igual ou superior a 75 trabalhadores e a grandes empresas.

[783] Sobre o conceito de discriminação, *vd.* Guilherme Dray, «Autonomia Privada e Igualdade na Formação e Execução de Contratos Individuais de Trabalho», cit., pp. 58 ss. consulte-se também José João Abrantes, Igualdade e não discriminação no trabalho em razão da religião», *Estudos de Direito do Trabalho*, Lisboa, 2018, pp. 325 ss.

[784] Para além dos preceitos constitucionais e legais, há também a ter em conta regras de Direito Internacional (Convenções das Nações Unidas e da OIT) e de Direito Europeu. Para a consulta

no sexo podem ser, em determinado contexto, admissíveis. Tal como se estabelece com respeito à igualdade de retribuição no art. 31.º, n.º 3, do CT, são aceitáveis as diferenciações «assentes em critérios objetivos».

Assim, não constitui discriminação o facto de se condicionar o recrutamento a um ou outro sexo nas atividades da moda, da arte ou do espetáculo. De facto, nada impede que uma empresa pretenda contratar uma modelo com menos de vinte e cinco anos, uma bailarina ou um jogador de futebol.

Tendo em conta o disposto no art. 25.º, n.º 2, do CT, «Não constitui discriminação o comportamento baseado em fator de discriminação que constitua um requisito justificável e determinante para o exercício da atividade profissional, em virtude da natureza da atividade em causa ou do contexto da sua execução, devendo o objetivo ser legítimo e o requisito proporcional». Nesta sequência, a Convenção n.º 89 da OIT, de 1948, ratificada por Portugal em 1963, mas já denunciada, vedava-se às mulheres determinados trabalhos noturnos e no art. 2.º da Convenção n.º 45 da OIT, de 1935[785], proibia-se aos indivíduos do sexo feminino trabalhos subterrâneos em minas. Deste modo, não haveria ilicitude sempre que um empregador, no cumprimento destas normas, ao abrir concurso, limitasse o seu âmbito a trabalhadores do sexo masculino.

Conjugado com este regime diferenciador, justificado e, portanto, não discriminatório, tem de se admitir que há um espaço de autonomia privada assente em valores sociais que não tem conotação discriminatória. Deste modo, não será legítimo, por exemplo, que um médico pretenda contratar para o seu consultório uma enfermeira em vez de um enfermeiro ou uma dona de casa uma mulher-a-dias em vez de um homem a dias? Imagine-se que um casal com duas filhas, uma de dezasseis anos e outra de meses pretende contratar certa noite uma *baby-sitter*; não parece que constitua uma ilicitude se recusar a contratação de um homem, pois, independentemente de qualquer juízo prévio de suspeição, não quer que, à noite, esteja um homem

de tais diplomas, *vd. Igualdade de Oportunidades: Trabalho, Emprego e Formação Profissional (Normas Comunitárias, Direito Convencional e outros Compromissos Internacionais)*, Colecção «Legislação», organizada pelo Ministério do Trabalho e da Solidariedade, Lisboa, 1998.

[785] Aprovada para ratificação pelo Decreto-Lei n.º 27891, de 26 de Julho de 1937. Veja-se ainda as regras comunitárias relativas a esta matéria (n.º 6 do artigo 2.º da Diretiva n.º 76/207/ /CEE, na redação da Diretiva n.º 2002/73/CE; n.º 1 do artigo 4.º da Diretiva n.º 2000/78/CE e artigo 4.º da Diretiva n.º 2000/43/CE; art. 17.º da Diretiva n.º 2006/54/CE). Consulte-se ainda Guilherme Dray, Anotação ao art. 25.º, Romano Martinez/Luís Miguel Monteiro/ /Joana Vasconcelos/Madeira de Brito/ Guilherme Dray/Gonçalves da Silva, *Código do Trabalho Anotado*, cit., pp. 177 ss.

em casa com a filha de dezasseis anos. O princípio da igualdade não pode ser visto em sentido retilíneo, sem atender à realidade subjacente e a valores sociais justificados, mormente com peso histórico e com impacto na esfera privada, que o direito não tem de mudar.

Há certas profissões que, em função do sexo, constituem estereótipos socialmente implantados, não podendo a mentalidade enraizada numa sociedade ser modificada por uma norma de um diploma legal. Assim, nomeadamente as profissões de parteira, secretária, manicura, costureira, engomadeira, lavadeira, educadora de infância são quase sempre desempenhadas por trabalhadores do sexo feminino; enquanto atividades relacionadas com a construção civil, designadamente, servente de pedreiro, carpinteiro e pintor, bem como as profissões de estivador, moço de forcados, jogador de futebol ou mineiro, socialmente, estão associadas a trabalhadores do sexo masculino[786].

Não se quer com isto, de modo nenhum, dizer que, por princípio, a um homem ou a uma mulher possam ser impostos limites ao acesso a profissões normalmente desempenhadas por trabalhadores de outro sexo. Mas há casos em que, ponderadas as circunstâncias, não parece legítimo ser prescrito ao empregador a contratação de um trabalhador de outro sexo.

Nomeadamente, a um empresário que pretenda contratar um moço de forcados ou um jogador de futebol não se lhe pode impor a contratação, em igualdade de circunstâncias, de uma trabalhadora.

Pense-se igualmente na hipótese do armador de um pequeno arrastão de pesca à distância que pretende contratar mais um pescador para o navio; não tendo o navio infraestruturas para camaratas e casas de banho diferenciadas, não é aceitável impor-se-lhe a contratação de um trabalhador do sexo feminino.

Desde que a distinção não seja discriminatória, é lícito que o empregador opte; a autonomia privada, neste ponto, tem como limite a discriminação, isto é, a perversidade na escolha. Sendo lícita a diferenciação baseada na natureza das coisas ou na diversidade das circunstâncias; importa, todavia, justificar (objetivamente) a distinção (art. 25.º, n.º 2, do CT).

---

[786] A Portaria n.º 1212/2000, de 26 de dezembro, sobre incentivos à igualdade de oportunidades entre homens e mulheres, indicava profissões significativamente marcadas por discriminação do género (indicadas em tabela anexa) e estabelecia apoios financeiros para reforçar a igualdade. Este diploma foi revogado pelo Decreto-Lei n.º 13/2015, de 26 de janeiro, que define os objetivos e os princípios da política de emprego e regula a conceção, a execução, o acompanhamento, a avaliação e o financiamento dos respetivos programas e medidas.

Nos concursos para formação de contratos de trabalho estão proibidas as discriminações baseadas no sexo, desde que sejam abusivas, arbitrárias ou perversas; ou, dito de outro modo, sempre que não tenham qualquer justificação objetiva e plausível.

IV. Sendo injustificada a diferenciação, no anúncio de oferta de emprego ou qualquer publicidade não se pode restringir a contratação a trabalhadores de um sexo ou sequer dar preferência baseada no sexo (art. 30.º, n.º 1, do CT). Qualquer discriminação com base no sexo em anúncios públicos de oferta de emprego consubstancia uma contraordenação muito grave (art. 30.º, n.º 4, do CT). Porém, destes preceitos não se deduz que o concurso público, devidamente publicitado, onde se estabelece tal discriminação, seja inválido. Mesmo admitindo que o concurso público pudesse ser invalidado com base em discriminação sexual, tendo o empregador contratado outro trabalhador, não seria de pôr em causa este contrato de trabalho, principalmente depois de o mesmo já se encontrar em execução; em tal hipótese, sempre seria de ter em conta o princípio da ponderação da consequência das decisões.

Cabe esclarecer que esta discussão só tem sentido com respeito a discriminações abusivas. Se, por exemplo, for aberto concurso para uma passagem de modas, nada impede que se limite o acesso a interessados de um ou de outro sexo.

A propósito dos concursos, importa referir que, na maioria das situações, o potencial empregador não se vincula a uma futura contratação. Por via de regra, do anúncio consta: «Precisa-se ...». Se, como é frequente, constar que se precisa, nomeadamente, de um carpinteiro ou de uma secretária, a rejeição de candidatos de outro sexo não corresponde à violação de qualquer acordo, pois havia somente um convite a contratar, formulado pelo potencial empregador. Quando muito, como já se indicou, poderá haver culpa *in contrahendo*, mas será dificilmente sustentável a nulidade de um contrato de trabalho que se venha a celebrar, depois de se terem rejeitado candidatos do sexo não indicado no anúncio.

A questão dos anúncios discriminatórios foi alvo de um parecer da Comissão para a Igualdade no Trabalho e no Emprego (Parecer n.º 10/91), pois verificou-se que cerca de 60% dos anúncios de oferta de emprego se apresentavam como constituindo uma violação do princípio da igualdade de tratamento. Não obstante o mencionado parecer e os esforços da Comissão junto dos jornais e agências noticiosas, esta situação discriminatória, apesar de em percentagem inferior à referida, subsiste.

V. Ainda que a discriminação seja abusiva, arbitrária ou perversa, não está previsto no sistema jurídico português que o empregador seja obrigado a contratar o trabalhador discriminado; em tal caso, a este caberá tão-só, estando preenchidos os respetivos pressupostos, uma indemnização com base na culpa *in contrahendo* (art. 28.º do CT).

VI. Especialmente penosa para o empregador é a exigência de ter um registo, durante cinco anos, de todos os recrutamentos feitos pela empresa, discriminando (art. 32.º do CT): os convites que foram endereçados para preenchimento de lugares; os anúncios publicados de oferta de emprego; o número de candidatos apresentados; o número de candidatos presentes nas entrevistas de pré-seleção; o número de candidatos aguardando ingresso; e o resultado dos testes ou provas de admissão ou seleção. Trata-se de uma norma irrealista que, muito provavelmente, não será cumprida pela maioria das empresas.

VII. A igualdade de tratamento nunca pode ser total; principalmente no direito privado deve ser deixada uma margem para a autonomia contratual. O problema reside na compatibilidade entre os princípios constitucionais, internacionais e comunitários, que apontam para a igualdade, por um lado, e a autonomia privada, por outro. A referida compatibilidade parece poder encontrar-se no seguinte ponto de equilíbrio: as diferenciações determinadas pela liberdade contratual, desde que assentes em critérios objetivos, não colidem com o princípio da igualdade de tratamento. O princípio da igualdade obsta a que a escolha seja determinada por critérios arbitrários e perversos.

VIII. Ainda quanto à igualdade de tratamento, cabe aludir às medidas positivas, baseadas num princípio de proporcionalidade, a favor da mulher no acesso e na promoção no emprego, que podem ser válidas nos termos limitados previstos no art. 27.º do CT[787]. A discriminação positiva, designadamente por via do estabelecimento de quotas a favor de trabalhadores do sexo feminino, assenta num pressuposto inaceitável: a incapacidade de as mulheres para concorrerem em pé de igualdade com os homens no acesso aos postos de trabalho. Dito de outro modo, implica passar um atestado de incompetência às mulheres, o que é atentatório da sua dignidade. Sendo, por

[787] Quanto ao regime de quotas a favor das mulheres no direito alemão, cf. DÜTZ, *Arbeitsrecht*, cit., pp. 56 s.

conseguinte, de aplaudir o acórdão do Tribunal Europeu de 17 de outubro de 1995 (Acórdão Kalanke)[788], nos termos do qual «O artigo 2.º, parágrafos 1 e 4 da Diretiva 76/207/CEE do Conselho, de 9 de fevereiro de 1976, relativa à concretização do princípio da igualdade de tratamento entre homens e mulheres no que se refere ao acesso ao emprego, à formação e promoção profissionais e às condições de trabalho, opõe-se a uma regulamentação nacional que, em particular, determine automaticamente que, em igualdade de qualificações entre candidatos de sexos diferentes em vista de uma promoção, seja dada prioridade às candidatas femininas (...)».

Posteriormente, no Acórdão Marschall[789], em que estavam em causa medidas positivas, estabelecidas num estado alemão, que beneficiavam as mulheres no acesso a postos de trabalho, o tribunal, numa solução de compromisso, mantém a interpretação restritiva do art. 2.º, n.º 4, da Diretiva, determinando que as medidas positivas que favorecem candidatos femininos não podem determinar uma prioridade absoluta, mas conclui que se a prioridade concedida aos trabalhadores do sexo feminino não é absoluta e incondicional, mas um elemento de preferência, está contida nos limites da disposição.

De facto, no n.º 4 do art. 2.º da Diretiva 76/207/CEE dispõe-se: «A presente diretiva não constitui obstáculo às medidas que tenham em vista promover a igualdade de oportunidades entre homens e mulheres, em particular às que corrijam as desigualdades de facto que afetam as oportunidades das mulheres nos domínios referidos no n.º 1 do artigo 1.º». Desta disposição pode concluir-se que nada obsta à execução de medidas que visem promover a igualdade, designadamente facilitando a orientação e a formação profissional das mulheres, criando até cursos específicos só para trabalhadores do sexo feminino, nos termos previstos no art. 27.º do CT[790]. Mas deste preceito não se pode concluir pela viabilidade do estabelecimento de medidas concretas que, de modo automático, como ocorre com o regime das quotas, visem dar prioridade às mulheres em detrimento dos homens, quando concorram em igualdade de circunstâncias. Para além de tal solução não se con-

[788] Caso C-450/93, *Recueil de Jurisprudence de la Cour*, pp. 3073 ss.

[789] Ac. do Tribunal de Justiça de 11/11/1997, Proc. C-409/95. Veja-se Silveira da Cunha/ /Pedro Cabral, «O Princípio da Igualdade em Direito Comunitário e o seu Âmbito e Limites Face à Recente Jurisprudência do Tribunal de Justiça», *Revista Jurídica AAFDL*, n.º 23 (1999), pp. 307 ss., e quanto ao acórdão em análise, pp. 309 ss.

[790] Cf. igualmente a Recomendação n.º 84/635/CEE do Conselho, de 13 de dezembro de 1984, relativa à promoção de ações positivas a favor das mulheres.

formar com a norma comunitária, como se salientou no acórdão Kalanke, também seria de questionar da sua constitucionalidade, à face do disposto nos arts. 13.º, n.º 2, e 58.º, n.º 2, alínea *b)*, da CRP.

IX. Sobre o problema da igualdade cabe, por último, fazer referência ao ónus da prova. Ao regime da igualdade e não discriminação em função do sexo (arts. 30.º e ss. do CT) aplicam-se as regras gerais da igualdade e não discriminação (arts. 23.º e ss. do CT), nomeadamente a norma respeitante à repartição do ónus da prova (art. 25.º, n.º 5, do CT). Assim sendo, para tais situações vale a repartição do ónus da prova, constante do art. 342.º do CC, nos termos da qual será o trabalhador que se considera discriminado a quem cabe fazer a prova dos factos constitutivos do direito alegado: é o trabalhador lesado que tem de alegar a discriminação em função do sexo, fundamentá-la e indicar o trabalhador ou trabalhadores em relação aos quais se considera discriminado (art. 25.º, n.º 5, 1.ª parte, do CT). Feita esta prova da diferenciação existente na empresa, cabe ao empregador demonstrar que as diferenças em função do sexo invocadas não assentam num fator discriminatório, pois têm uma justificação plausível (art. 25.º, n.º 2, 2.ª parte, do CT). Nos termos gerais, caberá ainda ao lesado a prova dos prejuízos que invoca.

BIBLIOGRAFIA:

MARTIM DE ALBUQUERQUE, *Da Igualdade. Introdução à Jurisprudência*, Coimbra, 1993; LEAL AMADO, *Contrato de Trabalho*, cit., pp. 187 ss.; MENEZES CORDEIRO, *Direito do Trabalho*, I, cit., pp. 547 ss. e II, cit., pp. 259 ss.; ANTÓNIO NUNES DE CARVALHO, «Trabalho Igual. Salário Igual», *RDES* XXXIV (1992), n.º 4, pp. 357 a 361; CATARINA CARVALHO, «Considerações sobre o Estatuto Jurídico-Laboral da Mulher», *IV Congresso Nacional de Direito do* Trabalho, Coimbra, 2002, pp. 129 a 158; GUILHERME DRAY, *O Princípio da Igualdade no Direito do Trabalho. Sua Aplicabilidade no Domínio Específico da Formação de Contratos Individuais de Trabalho*, Coimbra, 1999, «Autonomia Privada e Igualdade na Formação e Execução de Contratos Individuais de Trabalho», *Estudos do Instituto de Direito do Trabalho*, Vol. I, Coimbra, 2001, pp. 21 a 105 e anotação aos arts. 23.º e ss. *in* ROMANO MARTINEZ/LUÍS MIGUEL MONTEIRO/JOANA VASCONCELOS/MADEIRA DE BRITO/GUILHERME DRAY/GONÇALVES DA SILVA, *Código do Trabalho Anotado*, cit., pp. 169 e ss.; MONTEIRO FERNANDES, *Direito do Trabalho*, cit., pp. 307 e ss. e «Observações sobre o "Princípio de Igualdade de Tratamento" no Direito do Trabalho», *Estudos em Homenagem do Prof. Ferrer Correia*, III, Coimbra, 1991, pp. 1009 a 1036; MARIA DA GLÓRIA GARCIA, «Princípio da Igualdade. Fórmula Vazia ou Fórmula "Carregada" de Sentido?», *BMJ* 358, pp. 5 a 51; Júlio Gomes, «Algumas Reflexões sobre o Ónus da Prova em Matéria de Paridade de Tratamento Retributivo ("A Trabalho Igual Salário Igual")», *I Congresso de Direito do Trabalho*, Coimbra, 1998, pp. 313 a 324, «Algumas Observações sobre o *Mobbing* nas Relações de Trabalho Subordinado», *Estudos Jurídicos em Homenagem ao Professor António da Motta Veiga*, Coimbra, 2007, pp. 165 e ss.; «Algumas reflexões sobre a evolução recente do conceito jurídico de assédio moral (laboral)», *Pront.* 90 (2011), pp. 71 e ss. e *Direito do Trabalho*, I, cit., pp. 385 e ss., 425 e ss. e 785 e ss.; Menezes Leitão, *Direito do Trabalho*, cit., pp. 173 e ss.; Sónia Kietzmann Lopes, «O assédio moral no trabalho», *Pront.* 82 (2009), pp. 271 e ss.; Teresa Coelho Moreira, «Discriminação pela Conduta e Orientação Sexuais do Trabalhador», *VIII Congresso Nacional de Direito do Trabalho*, Coimbra, 2005, pp. 167 e ss.; Abílio Neto, «Conteúdo e Alcance do Princípio Constitucional "Para Trabalho Igual Salário Igual"», *I Congresso de Direito do Trabalho*, Coimbra, 1998, pp. 369 a 386; Mago Rocha Pacheco, *O assédio moral no trabalho. O elo mais fraco*, Coimbra, 2007; Rita Garcia Pereira, *Mobbing ou assédio moral no trabalho. Contributo para a sua conceptualização*, Coimbra, 2009; Rosário Palma Ramalho, «Igualdade de Tratamento entre Trabalhadores e Trabalhadoras em Matéria Remuneratória: A Aplicação da Directiva 75/117/CE em Portugal», *ROA* 57 (1997), I, pp. 159 a 181, «O Direito da Igualdade no Código do Trabalho: Contributo para uma Reflexão», *A Reforma do Código do Trabalho*, Coimbra, 2004, pp. 173 e ss. e *Tratado de Direito do Trabalho*, II, cit., pp. 172 e ss.; Maria Regina Redinha, «Igualdade de Tratamento no Trabalho e no Emprego», *Estudos em Comemoração dos Cinco Anos (1995-2000) da Faculdade de Direito da Universidade do Porto*, Coimbra, 2001, pp. 931 a 937; Maria Manuela Maia da Silva, «A Discriminação Sexual no Mercado de Trabalho», *QL*, n.º 15 (2000), pp. 84 a 112; Bernardo Xavier/Furtado Martins/Nunes de Carvalho/Joana Vasconcelos/Tatiana Guerra de Almeida, *Manual*, cit., pp. 489 e s.; Bernardo Xavier/Nunes de Carvalho, «Princípio da Igualdade. A Trabalho Igual, Salário Igual», *RDES* 1997, n.º 4, pp. 401 a 405.

3. Proteção da maternidade e da paternidade

I. A proteção da maternidade e da paternidade constava da Lei n.º 4/84, de 5 de abril, alterada pela Lei n.º 17/95, de 9 de junho – onde se alargou a proteção da paternidade –, assim como pela Lei n.º 18/98, de 28 de abril, pela Lei n.º 142/99, de 31 de agosto (que procedeu a uma renumeração do diploma) e pelo Decreto-Lei n.º 70/2000, de 4 de maio. A Lei de Proteção da Maternidade e da Paternidade (LPMP) foi regulamentada pelo Decreto-Lei n.º 230/2000, de 20 de setembro. Na sequência do disposto nos arts. 33.º e ss. do CT2003, atualmente a proteção da maternidade e da paternidade, sob a designação de «parentalidade» (termo introduzido na revisão de 2009), vem regulada nos arts. 33.º a 65.º do CT, bem como no Decreto-Lei n.º 91/2009, de 9 de abril, sobre a Proteção Social na Parentalidade. Refira-se por fim, a 14.ª alteração ao Código do Trabalho (Lei n.º 90/2019, de 4 de setembro) com medidas de reforço da proteção da parentalidade, nomeadamente por alterações aos arts. 35.º, 40.º, 42.º a 44.º, 46, 53.º e 65.º e pela inclusão de novos preceitos: arts. 33.º-A, 35.º-A, 37.º-A e 46.º-A.

II. Como se refere no n.º 1 do art. 33.º do CT, «A maternidade e a paternidade constituem valores sociais eminentes», justificando-se a proteção conferida, sendo atribuídos certos direitos aos trabalhadores por conta de outrem (arts. 35.º e ss. do CT). Do art. 35.º do CT consta o elenco de licenças concedidas para proteção da mãe ou pai trabalhador.

A licença concedida à mulher trabalhadora (eventualmente também auferida pelo pai) é de cento e vinte ou de cento e cinquenta dias consecutivos depois do parto (podendo a mãe gozar de trinta dias antes do parto, art. 41.º do CT), que pode ser acrescida de trinta dias (art. 40.º do CT)[791]. Devendo a mãe gozar, como mínimo obrigatório, uma licença de seis semanas a seguir ao parto (art. 41.º, n.º 2, do CT). A licença parental pode ser gozada pela mãe ou pelo pai, de modo partilhado ou em substituição, nomeadamente no caso de morte ou de incapacidade física ou psíquica da mãe, assim como na hipótese de decisão conjunta dos pais (arts. 40.º e 41.º do CT); o gozo da licença pode ser usufruído em simultâneo pelos progenitores entre os 120 e os 150 dias (art. 40.º, n.º 3, do CT).

O pai, para além de ter direito à licença de parentalidade já mencionada, tem obrigatoriamente de gozar uma licença de quinze dias úteis por ocasião do nascimento de um filho (art. 43.º do CT).

Além da licença, em termos exemplificativos, cabe aludir a outros direitos. Às trabalhadoras podem ser concedidas dispensas de trabalho para

[791] O prazo pode ser aumentado em caso de gémeos, de risco clínico ou de internamento hospitalar e, apesar de reduzida, a licença subsiste em caso de aborto (art. 40.º, n.ºs 3 e ss., do CT). Quanto à diferença entre licenças obrigatória e facultativa, que se retira do art. 41.º, n.º 3, do CT, veja-se Jorge Leite, «A Tutela da Saúde e da Segurança das Mães Trabalhadoras (Crónica a Propósito da Lei 17/95)», *QL* II (1995), n.º 5, pp. 123 s. Refira-se, contudo, que, anteriormente, do preceito citado decorria que o direito tinha de ser exercido em alternativa, ainda que partilhado, e não cumulativamente pelos dois progenitores.

consultas, amamentação e aleitação (arts. 46.º e 47.º do CT); sendo conferida uma especial proteção da segurança e saúde das trabalhadoras grávidas, puérperas e lactantes (art. 62.º do CT)[792], designadamente dispensando-as de prestar trabalho noturno (art. 60.º do CT), proibindo ou condicionando determinado tipo de trabalho (arts. 84.º da LECT) e, em especial, limitando o despedimento (art. 63.º do CT).

A mãe ou o pai trabalhador podem faltar para dar assistência a menores doentes e a filhos deficientes (art. 49.º do CT), requerer uma licença de três meses para assistência a filhos com idade até seis anos (art. 51.º do CT), assim como a pedir a redução do tempo de trabalho ou a flexibilidade horária (arts. 54.º, 55.º e 56.º do CT)[793].

As licenças, faltas e dispensas, em princípio, não determinam perda de quaisquer direitos, exceto quanto à retribuição (art. 65.º, n.º 1, do CT), podendo, em determinadas hipóteses, haver direito ao pagamento de um subsídio. Mas as dispensas para consultas e amamentação não determinam sequer perda da retribuição (art. 65.º, n.º 2, do CT).

Em suma, o regime de proteção da maternidade e da paternidade, para além do estabelecimento de licenças e faltas, não previstas na lei geral, assenta em regras próprias quanto à organização do trabalho (horário, trabalho noturno, etc.) e ao despedimento.

Bibliografia:

Catarina Carvalho, «A Protecção da Maternidade e da Paternidade no Código do Trabalho», *RDES*, 2004, n.os 1, 2 e 3, pp. 41 e ss. e «Efeitos das Licenças, Faltas e Dispensas, em Matéria de Protecção da Maternidade e da Paternidade no Acréscimo do Período de Férias», *QL*, n.º 28 (2006), pp. 141 e ss.; Júlio Gomes, *Direito do Trabalho*, I, cit., pp. 443 e ss.; Luísa Gonçalves, «A Licença por Maternidade e a Suspensão do Contrato de Trabalho», *Miscelâneas – IDET*, n.º 4, Coimbra, 2006, pp. 131 e ss.; Menezes Leitão, *Direito do Trabalho*, cit., pp. 191 e ss.; Jorge Leite, «A Tutela da Saúde e da Segurança das Mães Trabalhadoras (Crónica a Propósito da Lei 17/95)», *QL* II (1995), n.º 5, pp. 117 a 128; Rosário Palma Ramalho, *Tratado de Direito do Trabalho*, II, cit., pp. 373 e ss.

[792] Situação que Jorge Leite, «A Tutela da Saúde e da Segurança ...», cit., pp. 119 ss., designa por medidas preventivas.

[793] Em qualquer dos casos, como se trata de um direito, diferentemente do regime geral que pressupõe acordo das partes, a licença, a redução do tempo de trabalho ou a flexibilidade horária têm de ser concedidas sempre que forem requeridas.

4. Menoridade

I. O Código do Trabalho (arts. 66.º e ss.), na senda de uma posição relativamente antiga no domínio do direito do trabalho, principalmente a partir da segunda metade do séc. XIX, quando se começou a verificar uma desmesurada exploração das crianças, tem em vista a proteção dos menores[794]. Em Portugal, as tentativas de defesa dos menores que prestam trabalho constavam do Código Civil de 1867, com o contrato de aprendizagem e, posteriormente, do Decreto de 14 de abril de 1891, em que aparece um primeiro intento genérico de proteção dos trabalhadores menores.

A regulamentação desta matéria constava dos arts. 121.º a 125.º da LCT, com a redação que lhes foi dada pelo Decreto-Lei n.º 396/91, de 16 de outubro e pela Lei n.º 58/99, de 30 de junho. O regime do trabalho de menores constava dos arts. 53.º e ss. do CT2003 e encontra-se hoje nos arts. 66.º e ss. do CT2009. A matéria foi recentemente revista pela Lei n.º 47/2012, de 29 de agosto (quarta alteração ao Código do Trabalho) tendo especialmente em vista adaptar o regime laboral às alterações decorrentes da Lei de Bases do Sistema Educativo.

O condicionamento ao trabalho de menores vale em relação aos contratos de trabalho celebrados com menores, mas não no que respeita à prestação de atividade no seio familiar. Apesar de, tradicionalmente, estas limitações se aplicarem só no âmbito laboral, não estando protegidos os menores no caso de a prestação da atividade corresponder à execução, nomeadamente, de um contrato de prestação de serviço, a situação alterou-se e a proteção típica do âmbito laboral, neste contexto, estendeu-se a certas atividades prestadas por via de outras relações jurídicas. Assim, a proteção do menor surge em certas relações jurídicas qualificadas como prestação de serviços, (p. ex., em que o menor é manequim, cantor, ator), por via do disposto nos arts. 2.º a 11.º da Lei n.º 105/2009, de 14 de setembro, sobre a participação de menores em espetáculos e outras atividades.

II. No art. 68.º, n.º 2, do CT estabelece-se que a idade mínima de admissão para prestar trabalho é de dezasseis anos, depois de no n.º 1 do mesmo preceito se relacionar a idade mínima para se poder celebrar um contrato de

[794] Pélissier/Supiot/Jemmaud, *Droit du Travail*, 24.ª ed., Paris, 2008, p. 212, afirmam que a história do direito do trabalho começa pela proibição do trabalho das crianças.

trabalho com o facto de ter sido atingida a idade com que deverá ser concluída a escolaridade obrigatória[795].

Este regime, que se manteve inalterado na revisão de 2009, encontrava-se em estreita relação com a então vigente Lei de Bases do Sistema Educativo (Lei n.º 46/86, de 14 de outubro, com a revisão operada pela Lei n.º 115/97, de 15 de setembro). Nestes termos, a idade mínima para ser admitido a prestar trabalho é de dezasseis anos[796], porque a escolaridade obrigatória de nove anos só estaria concluída, tendencialmente, aos dezasseis anos. O menor que eventualmente tivesse concluído a escolaridade obrigatória antes dos dezasseis anos podia prestar trabalhos leves que não prejudicassem a sua segurança e saúde, assiduidade escolar e o desenvolvimento físico, psíquico e moral (art. 68.º, n.º 3, do CT)[797].

O menor ainda com dezasseis anos que não tivesse completado a escolaridade obrigatória ou a qualificação profissional necessária, podia, ainda assim, trabalhar, desde que estivessem preenchidas as condições estabelecidas no n.º 1 do art. 69.º do CT. Mas este relacionamento deixa de valer com a alteração introduzida pela Lei n.º 85/2009, de 27 de agosto, na Lei de Bases do Sistema Educativo na medida em que a escolaridade obrigatória foi elevada até aos dezoito anos. Tendo em conta esta alteração, o regime instituído no Código do Trabalho foi alterado (Lei n.º 47/2012). Mantendo o mesmo espírito, como a escolaridade termina aos 18 anos, admite-se que, não tendo concluído a escolaridade obrigatória com 16 anos – o que será normal – o menor possa, ainda assim trabalhar desde que «esteja matriculado e a frequentar o nível secundário de educação».

As regras constantes do Código do Trabalho nesta sede são imperativas, não permitindo qualquer redução, ainda que por meio de instrumento de

---

[795] Passou de seis para nove anos (Lei n.º 46/86, de 14 de outubro, alterada pela Lei n.º 115/97, de 19 de setembro, e pela Lei n.º 49/2005, de 30 de Agosto – Lei de Bases do Sistema Educativo). Nos termos do art. 8.º da Lei n.º 46/86, o ensino básico, que é obrigatório (art. 6.º), compreende três ciclos, respetivamente de quatro, dois e três anos, num total de nove anos.

[796] Apesar de, eventualmente, se poder terminar a escolaridade obrigatória de nove anos com a idade de quinze anos, porque podem ingressar no 1.º ano do ensino básico crianças que completem seis anos de idade nesse ano civil (art. 6.º, n.ºs 2 e 3, da Lei n.º 46/86). Acresce que a obrigatoriedade de frequência do ensino básico termina aos quinze anos (art. 6.º, n.º 4, Lei n.º 46/86). Este regime já não se adequa à escolaridade obrigatória até aos 18 anos da Lei n.º 85/2009.

Quanto à idade mínima, cf. Convenção OIT n.º 138 (1973), ratificada *DR* de 19 de Março de 1998.

[797] Quanto aos trabalhos leves, veja-se o disposto nos arts. 115.º e ss. da LECT.

regulamentação coletiva, da idade mínima para ajustar contratos de trabalho; neste caso, a imperatividade não viabiliza igualmente uma limitação no acesso dos menores ao mercado de trabalho, por via de um aumento de idade mínima, a estabelecer em convenção coletiva de trabalho, que pode constituir uma limitação à liberdade de trabalho[798].

III. Relacionando os arts. 122.º e ss. do CC com os arts. 66.º e ss. do CT chega-se a três conclusões.

IV. Primeiro, são proibidos os contratos de trabalho celebrados com menores de dezasseis anos e, em casos especiais (trabalhos leves), com menores de quinze anos. Sendo celebrado um contrato de trabalho com um menor, fora do âmbito do art. 66.º do CT, há uma nulidade do contrato por violação de normas imperativas (arts. 280.º, n.º 1, e 294.º do CC).

V. Em segundo lugar, quanto à celebração de contratos de trabalho, o art. 70.º do CT não segue o regime estabelecido no Código Civil, nos arts. 122.º e ss. do CC.

Nos termos gerais, a menoridade corresponde a uma incapacidade de exercício, que pode ser suprida pelo poder paternal ou pela tutela (art. 124.º do CC). O que significa que o menor, como incapaz, está impedido de celebrar o ato, podendo o negócio jurídico ser ajustado pelo seu representante legal, em nome do menor. Se o negócio não for celebrado pelo representante legal, mas pelo próprio menor, é anulável nos termos do art. 125.º do CC.

No Código do Trabalho estabeleceu-se um regime diverso, em que se distinguem duas situações.

O menor, cuja idade esteja compreendida entre os dezasseis e os dezoito anos, que tenha concluído a escolaridade obrigatória ou esteja matriculado e a frequentar o nível secundário de educação, nos termos do art. 68.º do CT, pode celebrar, por si, o contrato de trabalho. A lei permite, contrariando o disposto nas regras do Código Civil, que o menor ajuste o contrato, sendo ele, materialmente, quem o celebra e não o seu representante legal. Apenas se admite que os representantes legais possam fazer uma oposição por escrito (art. 70.º, n.º 1, parte final e n.ºs 3 e 4, do CT).

[798] Neste sentido, Jorge Leite, «Alguns Aspectos do Regime Jurídico do Trabalho de Menores», *Pront.*, n.º 40 (1992), p. 12.

Porém, pese embora a omissão no Código do Trabalho, é preciso relacionar esta matéria com o disposto no art. 133.º do CC, relativamente à emancipação. Se o menor for emancipado, a oposição por parte dos representantes legais não terá qualquer sentido, até porque deixa de haver representantes legais. Portanto, a oposição escrita, a que alude o art. 70.º, n.º 1, parte final, do CT, só se justifica relativamente a menores não emancipados. Esta solução poderia ser questionada na medida em que os regimes de menoridade do Código Civil e do Código do Trabalho prosseguem desideratos diversos; mas, ainda assim, não podem as soluções laborais assentar numa via sem substrato civil. Daí que não se possa mantar a possibilidade de oposição por parte de quem já não é representante legal, tanto quanto à celebração do contrato de trabalho como à perceção da retribuição.

Ficou por esclarecer se o menor, com idade compreendida entre os dezasseis e os dezoito anos, ao celebrar o contrato de trabalho, pode vincular-se a cláusulas acessórias, tais como a imposição de um termo resolutivo (arts. 139.º e ss. do CT)[799], a um pacto de não concorrência (art. 136.º do CT) ou a um pacto de permanência (art. 137.º do CT). A regra especial constante do art. 70.º do CT deve valer tão-só no domínio do contrato de trabalho de regime comum, e sendo estabelecidas exceções há que recorrer às regras dos arts. 122.º e ss. do CC, que pretendem tutelar a falta de discernimento dos menores, sendo necessário para o ajuste de tais cláusulas o suprimento da incapacidade, por via da representação legal.

O menor que tenha idade compreendida entre os quinze e os dezasseis anos (para trabalhos leves e com a escolaridade obrigatória concluída) também pode celebrar o contrato de trabalho, mas carece de uma autorização escrita dos representantes legais (art. 70.º, n.º 2, do CT). Enquanto, no domínio do Código Civil, será o representante legal a celebrar o contrato em nome do incapaz, concretamente do menor, em direito do trabalho é o menor que ajusta o contrato, com uma autorização escrita dos representantes legais.

A possibilidade de o menor celebrar o contrato estaria, eventualmente, abrangida na exceção à incapacidade, prevista no art. 127.º, n.º 1, alínea *c)*, do CC. Neste artigo encontram-se algumas exceções, nas quais se permite que os menores celebrem determinados atos, designadamente, na citada alínea *c)*, admite-se a validade de negócios jurídicos relativos à profissão. Daqui re-

[799] Cf. Ac. Rel. Pt. de 20/3/1995, CJ XX, T. II, p. 246.

sulta que basta a prévia autorização, havendo, portanto, alguma similitude entre o disposto no 127.º, n.º 1, alínea *c)*, do CC e o art. 70.º, n.º 2, do CT. É evidente que neste último preceito se exige que a autorização seja dada por escrito, enquanto no Código Civil se fala numa simples autorização; há uma exigência de forma no Código do Trabalho, que não encontra correspondência no Código Civil.

Mas, relativamente à primeira situação, prevista no art. 70.º, n.º 1, do CT, em que o menor celebra o contrato sem autorização dos representantes legais, podendo estes tão-só opor-se, não se encontra situação excecional análoga no Código Civil, em que esteja abrangida.

As regras estabelecidas no Código do Trabalho aplicam-se às situações laborais sujeitas ao regime comum, assim como a contratos de trabalho especiais, como seja o serviço doméstico[800] ou o contrato de trabalho a bordo de embarcações de pesca[801], em tudo o que, nestes, não constitua derrogação do disposto nos arts. 66.º e ss. do CT.

A lei laboral não esclarece qual a validade do contrato de trabalho celebrado diretamente pelo representante legal do menor, que podia, por si, ajustar contrato de trabalho nos termos do art. 70.º, n.º 1, do CT. Nada impede que um contrato de trabalho, como qualquer negócio jurídico, seja celebrado por um representante voluntário, mas atendendo ao disposto no art. 70.º do CT é de concluir que o papel do representante legal, em matéria laboral, fica circunscrito à autorização ou à oposição, respetivamente para menores com quinze a dezasseis anos e com dezasseis a dezoito anos.

A falta de autorização, quando exigida, importa a anulabilidade do negócio jurídico nos termos gerais[802]. Se a autorização for revogada ou for feita uma oposição superveniente (art. 70.º, n.º 4, do CT), o representante legal impede a prossecução, para o futuro, do vínculo laboral com o menor.

Mas o regime laboral nem sempre se enquadra nos parâmetros especiais dos arts. 69.º e ss. do CT. Tratando-se de um contrato de formação (antes denominado contrato de aprendizagem), sendo o aprendiz menor, segue o regime geral do Código Civil[803] e o contrato de trabalho desportivo cele-

---

[800] No art. 4.º, n.º 1, do Decreto-Lei n.º 235/92, estabelece-se que só podem ser admitidos a prestar serviço doméstico os menores que já tenham completado dezasseis anos de idade (cf. *infra* § 35).

[801] Cf. arts. 35.º s. da Lei n.º 15/97, de 31 de Maio (cf. *infra* § 39).

[802] Neste sentido, Jorge Leite, «Alguns Aspectos...», cit., p. 15.

[803] Nos termos do art. 9.º, n.º 2, do Decreto-Lei n.º 102/84, de 29 de Março (anterior regime da aprendizagem), determinava-se expressamente que, sendo o aprendiz menor, o contrato tinha de ser assinado pelo seu representante legal; a solução decorria ainda do anterior regime de

brado por menor deve ser igualmente subscrito pelo seu representante legal (arts. 5.º, n.º 2, da Lei n.º 54/2017, de 14 de julho). Não se percebe a razão de ser destas divergências relativamente ao regime estabelecido na anterior Lei do Contrato de Trabalho e, agora, no Código do Trabalho.

VI. Como terceira conclusão, resta referir que, quanto à capacidade para receber a retribuição, o art. 70.º, n.º 3, do CT estabelece que o menor, mesmo com idade inferior a dezasseis anos, tem capacidade para a perceber, salvo quando houver oposição escrita dos representantes legais[804].

Comparando o art. 70.º, n.º 3, do CT com o art. 127.º, n.º 1, alínea *a)*, do CC, verifica-se que, nos termos do Código Civil, a possibilidade de cobrar a remuneração só é conferida aos menores com mais de dezasseis anos; na lei laboral, esse direito foi alargado aos menores que tenham, inclusive quinze anos, na hipótese de terem, licitamente, celebrado um contrato de trabalho[805].

VII. Ao menor que tenha ajustado licitamente um contrato de trabalho são-lhe conferidos determinados direitos relacionados com a necessidade de são desenvolvimento físico e psíquico, que passam pela proteção da saúde e educação (art. 72.º do CT) e por alterações ao regime comum do tempo de trabalho (arts. 75.º a 80.º do CT). O menor não pode prestar trabalho suplementar e noturno (arts. 75.º e 76.º do CT), está dispensado da adaptabilidade de horário (art. 74.º do CT), tem um descanso diário de catorze horas (art. 78.º do CT), etc.

BIBLIOGRAFIA:

CRISTINA M. DIAS, «O trabalho infantil à luz da de proteção de crianças e jovens em perigo», *Para Jorge Leite. Escritos Jurídico-Laborais*, I, Coimbra, 2014, pp. 309 ss.; GUILHERME DRAY, anotação aos arts. 66.º e ss. *in* ROMANO MARTINEZ / /LUÍS MIGUEL MONTEIRO/JOANA VASCONCELOS/MADEIRA DE BRITO/GUILHERME DRAY/GONÇALVES DA SILVA, *Código do Trabalho Anotado*, cit., pp. 242 e ss.; JÚLIO

aprendizagem (art. 16.º, n.º 1, do Decreto-Lei n.º 205/96, de 25 de outubro). Com o Decreto-Lei n.º 396/2007 e a Portaria n.º 1497/2008 deixou de se aludir à questão (*vd. infra* § 33).

[804] JORGE LEITE, «Alguns Aspectos...», cit., p. 13v, é de opinião que tal oposição só se justifica em caso de razões especiais de tutela do menor, como seja a sua deficiência psíquica ou mental ou risco de actos prejudiciais, por exemplo, consumo de estupefacientes.

[805] JORGE LEITE, «Alguns Aspectos...», cit., p. 13, considera que o (revogado) art. 123.º, n.º 6, da LCT derroga o art. 130.º, n.º 1, do CC.

Gomes, *Direito do Trabalho*, I, cit., pp. 455 e ss.; Menezes Leitão, *Direito do Trabalho*, cit., pp. 202 e ss.; Margarida Porto, *A participação de menor em espectáculo ou outra atividade de natureza cultural, artística ou publicitária. Análise das especificidades do regime legal*, Coimbra, 2010; Rosário Palma Ramalho, *Tratado de Direito do Trabalho*, II, 5.ª ed., Coimbra, 2014, pp. 407 e s.

5. Trabalhador com capacidade de trabalho reduzida

Tendo o trabalhador capacidade de trabalho reduzida, nomeadamente em decorrência de acidente, o empregador deve facilitar o acesso ao emprego e, estando já empregado, deve proporcionar-lhe adequadas condições de trabalho (art. 84.º, n.º 1, do CT). Contudo, como salvo situações especiais em que o empregador pode ser responsável pela redução da capacidade de trabalho, nomeadamente em caso de acidente de trabalho, por via de regra estas obrigações impostas à entidade patronal encontram-se na dependência de apoio estadual (art. 84.º, n.º 2, do CT), carecendo de regulamentação complementar.

6. Trabalhador portador de deficiência ou com doença crónica

O facto de o trabalhador ser portador de uma deficiência ou de doença crónica não constitui fundamento para ser discriminado. Por isso, no art. 85.º, n.º 2, do CT confere-se ao trabalhador com deficiência ou doença crónica direitos idênticos aos dos demais trabalhadores, tanto no acesso ao emprego, como na formação profissional e nas condições de trabalho. Contudo, deve atender-se a essa deficiência ou doença, que pode justificar por exemplo redução do tempo de trabalho. Tal como em relação a trabalhadores com capacidade de trabalho reduzida, também neste caso importa ter em conta que a empresa visa legitimamente o lucro, pelo que os maiores encargos com trabalhadores com deficiência ou doença devem ser estimulados ou apoiados pelo Estado (art. 85.º, n.º 2, do CT).

Relativamente a trabalhadores com deficiência ou doença crónica podem justificar-se medidas de ação positiva, das quais resultem vantagens para estes trabalhadores no confronto com os demais (art. 86.º do CT) e farão normalmente sentido algumas adaptações do regime de tempo de trabalho, por exemplo a dispensa de trabalho suplementar (arts. 87.º e ss. do CT).

7. Trabalhador estudante

I. O regime do trabalhador-estudante, anteriormente regulado na Lei n.º 116/97, de 4 de novembro[806], consta hoje dos arts. 89.º a 96.º do CT, estabelecendo, em relação aos trabalhadores que se encontrem a estudar, um regime de maior proteção.

A noção de trabalhador-estudante vem enunciada no art. 89.º, n.º 1, do CT, sendo pressuposto que seja trabalhador subordinado e que frequente qualquer nível de educação escolar, incluindo cursos de pós-graduação em instituições de ensino. Na versão de 2003, apesar de o regime ter em vista o trabalhador subordinado, por força do disposto no art. 17.º da Lei n.º 99/2003, também se aplicava, com as necessárias adaptações, ao trabalhador por conta própria, a certos estudantes que frequentem cursos de formação profissional e àquele estudante que se encontre numa situação de desemprego involuntário, mas esta extensão não consta da lei de revisão do CT.

Para o direito do trabalho interessa tão-só ter em conta o regime do trabalhador estudante nas relações laborais, excluindo, portanto, por um lado, as situações de trabalhadores por conta própria, desempregados e frequentadores de cursos de formação profissional, bem como, por outro lado, as relações que se estabelecem entre o estudante e o estabelecimento de ensino.

Como requisitos para a manutenção do estatuto de trabalhador-estudante, o art. 89.º, n.º 2, do CT exige que o trabalhador tenha aproveitamento escolar, devendo fazer prova da condição de estudante, apresentando o respetivo horário escolar (art. 94.º, n.º 1, do CT), e comprovando o aproveitamento no final de cada ano letivo (art. 96.º, n.º 1, do CT)[807].

II. Ao trabalhador estudante por conta de outrem, na relação laboral, são concedidos alguns direitos.

Em primeiro lugar, a flexibilização de horário, ainda que preste serviço em regime de turnos (art. 90.º do CT), de molde a permitir a frequência das aulas, podendo ter dispensa até seis horas por semana (art. 90.º, n.º 3, do CT)[808]. A flexibilização horária pode ser rateada ou negada sempre que o número de trabalhadores estudantes que apresentem essa pretensão se

[806] Revogou a Lei n.º 26/81, de 21 de agosto.

[807] Para o sentido de aproveitamento escolar, veja-se os n.os 3 e 4 do art. 94.º do CT.

[808] No Ac. Rel. Lx. de 22/5/1990, CJ XV, T. III, p. 186, admitiu-se que o trabalhador estudante podia rescindir o contrato por a empresa, a dada altura, sem motivo justificativo, lhe impor o cumprimento do horário de trabalho normal. Apesar de este regime constituir um entrave à liberdade de organização empresarial do empregador, não pode o trabalhador unilateralmente

mostrar comprometedor do normal funcionamento da empresa (art. 90.º, n.º 5, do CT)[809]. À flexibilidade do horário, acresce que o limite das oito horas diárias e quarenta horas semanais não pode ser ultrapassado, nem sequer mediante o recurso ao trabalho suplementar, exceto em caso de força maior (art. 90.º, n.º 6, do CT)[810].

Segundo, o trabalhador pode faltar justificadamente até quatro dias para realização de cada prova (art. 91.º, n.º 1, alínea *d*), do CT) e ainda na estrita medida de necessidades impostas por deslocações para prestar provas (art. 91.º, n.º 3, do CT). Em tais casos, recorre-se ao regime das faltas justificadas.

Em terceiro lugar, confere-se a possibilidade de o trabalhador marcar férias de acordo com as necessidades escolares e de gozar as férias interpoladamente, salvo se daí resultar comprovada incompatibilidade com o plano de férias do empregador, nomeadamente no caso de encerramento da empresa para férias (art. 92.º, n.º 1, do CT).

Por último, o trabalhador estudante tem direito a requerer o gozo de uma licença sem vencimento, até dez dias úteis (art. 92.º, n.º 2, do CT).

Bibliografia:

Mendes Baptista, «Considerações sobre o Estatuto do Trabalhador-Estudante», *ROA*, 59 (1999), III, pp. 1061 a 1080; Guilherme Dray, anotação aos arts. 89.º e ss. *in* Romano Martinez/Luís Miguel Monteiro/Joana Vasconcelos/Madeira de Brito/Guilherme Dray/Gonçalves da Silva, *Código do Trabalho Anotado*, cit., pp. 274 e ss.; Júlio Gomes, *Direito do Trabalho*, I, cit., pp. 464 e ss.; Menezes Leitão, *Direito do Trabalho*, cit., p. 208 e ss.; Rosário Palma Ramalho, *Tratado de Direito do Trabalho*, II, 5.ª ed., Coimbra, 2014, pp. 415 e ss.

passar a exercer um horário diferente, pois tal atitude integra faltas injustificadas (Ac. Rel. Cb. de 20/1/1994, CJ XIX, T. I, p. 66).

[809] No Ac. Rel. Lx. de 22/5/1990, CJ XV, T. III, p. 186, admitiu-se que o trabalhador estudante podia rescindir o contrato por a empresa, a dada altura, sem motivo justificativo, lhe impor o cumprimento do horário de trabalho normal. Apesar de este regime constituir um entrave à liberdade de organização empresarial do empregador, não pode o trabalhador unilateralmente passar a exercer um horário diferente, pois tal atitude integra faltas injustificadas (Ac. Rel. Cb. de 20/1/1994, CJ XIX, T. I, p. 66).

[810] No Ac. Rel. Lx. de 22/5/1990, CJ XV, T. III, p. 186, admitiu-se que o trabalhador estudante podia rescindir o contrato por a empresa, a dada altura, sem motivo justificativo, lhe impor o cumprimento do horário de trabalho normal. Apesar de este regime constituir um entrave à liberdade de organização empresarial do empregador, não pode o trabalhador unilateralmente passar a exercer um horário diferente, pois tal atitude integra faltas injustificadas (Ac. Rel. Cb. de 20/1/1994, CJ XIX, T. I, p. 66).

8. Trabalhador estrangeiro

I. No que respeita ao trabalhador estrangeiro que presta a sua atividade em Portugal importa distinguir três situações.

Poder-se-á estar perante uma hipótese de destacamento de trabalhador, ao abrigo do art. 7.º do CT, em que o trabalhador estrangeiro, contratado por empregador estabelecido noutro Estado, presta a sua atividade em território português num estabelecimento do empregador ou em execução de contrato celebrado entre este e o beneficiário da atividade. Neste caso, ter-se-á de atender ao regime do destacamento de trabalhadores, regulado nos arts. 6.º e 7.º do CT (*vd. supra* § 10.4.b)).

Em segundo lugar, o cidadão estrangeiro que se encontra a trabalhar não está autorizado a exercer a sua atividade em Portugal, em especial por lhe não ter sido dada a autorização de permanência em território português. A este trabalhador não se aplica o regime laboral estabelecido no Código do Trabalho, exceto no que respeita a regras básicas de tutela, nomeadamente acidentes de trabalho (art. 5.º da LAT) ou pagamento da retribuição.

Por último, nos arts. 4.º e 5.º do CT estabelecem-se certas regras quanto aos trabalhadores estrangeiros autorizados a exercer a sua atividade em Portugal, que não foram objeto de destacamento. É a este trabalhador estrangeiro que importa agora atender.

II. Relativamente ao trabalhador estrangeiro vale um princípio de igualdade de tratamento com respeito ao trabalhador nacional (art. 4.º do CT), que decorre do art. 15.º, n.º 1, da CRP onde se dispõe: «Os estrangeiros e os apátridas que se encontrem ou residam em Portugal gozam dos direitos e estão sujeitos aos deveres do cidadão português». No mesmo sentido, há igualmente a ter em conta as Convenções n.º 19 e n.º 143 da OIT, bem como a Convenção Europeia relativa ao Estatuto do Trabalhador Migrante, ratificadas por Portugal. Estas convenções apontam para a igualdade de tratamento entre os nacionais e os estrangeiros.

Deste modo, se um estrangeiro celebrar licitamente um contrato de trabalho em Portugal está em pé de igualdade relativamente a um português. Os trabalhadores estrangeiros, em Portugal, salvo situações excecionais, têm (ou deverão ter) um tratamento igual com respeito aos nacionais. O direito do trabalho português aplica-se aos estrangeiros que trabalham em Portugal, salvo se, por via das normas de conflito de direito internacional privado, prevalecer um direito estrangeiro mais favorável (cf. *supra* § 10.4.*b*)).

Apesar destes princípios básicos constantes da Constituição e de Convenções Internacionais, há a ter em conta que, relativamente ao trabalho a realizar por estrangeiros e apátridas, nos termos do revogado Decreto-Lei n.º 97/77, de 17 de março, tinham sido estabelecidas restrições quanto ao número de trabalhadores estrangeiros a contratar por empresas que exercessem a sua atividade em Portugal (10%) e várias limitações burocráticas que dificultavam a contratação de trabalhadores estrangeiros, tais como, a celebração dos contratos de trabalho por escrito[811] e o respetivo registo no Ministério do Trabalho, a apresentação de documentação comprovativa de que estavam cumpridas disposições legais relativas à entrada, permanência e residência em Portugal, etc. A situação alterou-se com o Decreto-Lei n.º 20/98, de 12 de maio, sendo eliminada a restrição numérica à contratação de trabalhadores estrangeiros[812], mas subsistindo as limitações burocráticas[813].

Atualmente, a solução é idêntica nos termos do art. 5.º do CT2009 (que aglutinou o disposto nos arts. 88.º e 89.º do CT2003, bem como nos arts. 158.º e 159.º da LECT). O contrato tem de revestir a forma escrita em duplicado (art. 5.º, n.º 3, do CT), devendo proceder-se à comunicação à ACT mediante formulário eletrónico (art. 5.º, n.º 5, do CT). Estas limitações não se aplicam aos trabalhadores estrangeiros nacionais de países membros do espaço económico europeu e de Estados que consagrem a igualdade de tratamento com os cidadãos nacionais, em matéria de livre exercício de atividades profissionais (art. 5.º, n.º 6, do CT).

O regime estabelecido para os trabalhadores estrangeiros, nacionais de outro Estado aplica-se ao trabalho de apátridas em território português (arts. 4.º e 5.º do CT).

---

[811] Quanto à transgressão por utilização ilegal de trabalhadores estrangeiros (sem que o contrato tivesse sido celebrado por forma escrita), nos termos do revogado Decreto-Lei n.º 97/77, cf. Ac. Rel. Cb. de 7/5/1992, CJ XVII, T. III, p. 157.

[812] Tendo em conta a alteração legislativa, assim como as regras constitucionais e internacionais em vigor, não é admissível que, por instrumento de regulamentação coletiva, se estabeleça qualquer entrave, designadamente quanto ao número, à contratação de trabalhadores estraneiros.

[813] Noutros espaços jurídicos estabelecem-se igualmente limitações à contratação de estrangeiros: quanto a França veja-se Couturier, *Droit du Travail*, cit., pp. 134 ss.; na Alemanha consulte-se Zöllner/Loritz, *Arbeitsrecht*, cit., p. 145.
Pélissier/Supiot/Jemmaud, *Droit du Travail*, cit., p. 212, explicam que todos os países controlam o acesso de estrangeiros ao seu mercado de trabalho, no quadro de uma política de imigração, que evolui em função das necessidades de mão-de-obra.

9. Categoria

a) Diferentes aceções

I. Categoria é um termo usado em direito de trabalho com significados diversos; corresponde a um conceito polissémico[814]. Apesar de o Código do Trabalho ter restringido a utilização do termo categoria, evitando o emprego deste termo em preceitos onde era usado na legislação precedente, importa atender à multiplicidade de sentidos em que a «categoria» surge referenciada.

Por variadas razões, o termo categoria é empregue em sentidos distintos. Na base da noção de categoria está o facto de a atividade laboral corresponder a uma prestação genérica, necessitando, por isso, de ser concretizada pelo empregador. Mas, concedendo-se ao empregador o poder de concretização da prestação, há, no entanto, que limitar o poder de alterar a atividade para a qual o trabalhador foi contratado. A limitação do poder de direção do empregador tem em vista evitar que a concretização da atividade se faça para além de parâmetros de razoabilidade. A categoria constitui uma forma de determinar certos limites aos quais o empregador se tem de sujeitar ao concretizar a atividade do trabalhador. No seu poder de concretizar a atividade, o empregador não pode adjudicar uma tarefa que esteja fora da categoria na qual o trabalhador se insere.

II. O termo categoria é de origem grega e significa atributo. Mas quanto ao direito de trabalho a palavra é usada com variados significados, que nem sempre estão relacionados com a noção de atributo.

Na Lei do Contrato de Trabalho encontravam-se algumas referências diretas e indiretas à categoria. Como referências diretas há a indicar os arts. 21.º, n.º 1, alínea *d)*, 22.º, n.º 1, e 23.º da LCT e indiretas os arts. 5.º e 43.º da LCT. No Código do Trabalho são parcas as alusões à categoria, apesar de, de modo indireto, se poder atender à categoria relacionada com o objeto

[814] Cf. Nunes de Carvalho, *Das Carreiras Profissionais*, cit., p. 67; Menezes Cordeiro, *Direito do Trabalho*, II, cit., pp. 462 ss.; Mário Pinto/Furtado Martins/Nunes de Carvalho, *Comentário*, cit., anot. 10 ao art. 21.º, p. 104.
A categoria laboral tem igualmente relevância noutros espaços jurídicos, em particular na Itália, onde se suscitam problemas idênticos, cf. Papaleoni *in* Mazzoni, *Diritto del Lavoro*, I, cit., pp. 365 ss.; Cian/Trabucchi, *Commentario Breve al Codice Civile*, 13.ª ed., Pádua, 2018, anot. art. 2103; Nicolini, *Diritto del Lavoro*, cit., pp. 343 ss. Veja-se ainda Teyssiè, *Droit du Travail*, 1 *Relations Individuelles de Travail*, cit., pp. 350 ss., em especial, pp. 355 s.

do contrato[815]. Cabe averiguar qual o entendimento que se pode retirar das referências legais, tanto diretas como indiretas, à categoria. Não há numa noção comum de categoria, mas, atendendo às várias posições doutrinárias, é de aludir a seis aceções diferentes[816].

III. Primeiro, categoria num sentido pré-contratual, entendida como qualificação ou habilitação profissional do trabalhador. O trabalhador terá uma determinada categoria se tem a habilitação necessária para exercer uma certa tarefa, não querendo isto dizer que a está a exercer nem que tenha um contrato de trabalho, mas tão-só que tem conhecimentos técnicos, etc. para desenvolver uma dada atividade. Esta noção de categoria depreende-se do art. 117.º do CT, relativo à atribuição de carteira profissional ou outro título. Neste caso, a categoria está relacionada com um aspeto subjetivo, com a pessoa do trabalhador, inserindo-o num determinado grupo profissional. Pode, então, dizer-se que o trabalhador é enfermeiro, canalizador, etc., porque tem as habilitações necessárias para exercer essa profissão, aludindo-se à categoria subjetiva[817].

Esta noção de categoria em sentido subjetivo reporta-se a situações pré-contratuais, que estão, eventualmente, relacionadas com a formação do contrato, mas não com o seu conteúdo.

IV. Numa segunda aceção, entende-se categoria como a atividade para a qual o trabalhador foi contratado; corresponde, assim, ao objeto da prestação do trabalhador nesse contrato de trabalho já celebrado, também designada por categoria-função ou categoria contratual[818]. Este é o sentido objetivo do termo categoria, que se relaciona com a tarefa a desenvolver

[815] Ainda assim, no Código do Trabalho, essencialmente no sentido de objeto e de carreira profissional, o termo categoria surge nos seguintes artigos: 26.º, n.º 1; 62.º, n.º 3, alínea *b)*; 106.º, n.º 3, alínea *c)*; 118.º, n.º 2; 119.º; 127.º, alínea *j)*; 129.º, alínea *e)*; 162.º, n.º 5; 164.º, n.º 1, alínea *a)*; 276.º, n.º 3; 299.º, n.º 1, alínea *d)*; 300.º, n.º 4; 360.º, n.º 2, alínea *d)*; 363.º, n.º 3, alínea *a)*; 368.º, n.º 4; 369.º, n.º 1, alínea *b)*; 389.º, n.º 1, alínea *b)*; 393.º, n.º 2, alínea *b)*; 489.º, n.º 4; e 492.º, alínea *f)*.

[816] Relacionando a categoria com a carreira profissional, *vd.* NUNES DE CARVALHO, *Das Carreiras Profissionais*, cit., pp. 54 ss. RAÚL VENTURA, *Relação Jurídica de Trabalho*, cit., pp. 216 ss., também relaciona categoria e profissão, mas numa perspetiva diversa.

[817] Cf. NUNES DE CARVALHO, *Das Carreiras Profissionais*, cit., pp. 78 e 82 ss.

[818] A referência à categoria-função é frequente na jurisprudência, cf. Ac. STJ de 13/4/1994, CJ (STJ) 1994, T. I, p. 300; Ac. STJ de 8/2/1995, CJ (STJ) 1995, T. I, p. 267; Ac. STJ de 10/5/995, BMJ 447, p. 289; Ac. STJ de 6/3/1996, CJ (STJ) 1996, T. I, p. 266.

pelo trabalhador; aquilo que, nos termos do contrato, está acordado como a atividade a desempenhar. A categoria neste sentido objetivo[819] tem que ver com o objeto do contrato nos termos ajustados (arts. 115.º, n.º 1, e 118.º, n.º 1, do CT). Neste sentido, frequentemente, a categoria fica na dependência de uma ideia de trabalhador tipo, pressupondo a existência de um trabalhador padrão, paradigmático para aquela atividade, e fala-se, então, em categoria tipo; a categoria contratual, muitas vezes, baseia-se num padrão, em que se inserem os diferentes trabalhadores daquele tipo[820]. Assim, se o trabalhador foi, por exemplo, contratado como marceneiro, ele irá exercer as atividades correspondentes àquele tipo profissional.

Pode ocorrer que o trabalhador, tendo ajustado o contrato para exercício de uma determinada tarefa, no decurso da execução do contrato, mude de atividade, levando a que se prescindisse da noção de categoria objetiva. Mas a mudança de atividade e da correspondente categoria objetiva necessita do acordo de vontades; significa que o contrato foi modificado, ainda que com declarações de vontade tácitas[821]. Como esta modificação não carece de declarações de vontade formais, se o trabalhador passar a exercer outra atividade, estar-se-á perante o mesmo contrato com um novo objeto, ainda que parcialmente alterado[822]/[823].

V. Em terceiro lugar, entende-se categoria como a atividade que, na realidade, o trabalhador desenvolve na empresa; aquilo que ele, de facto, faz, as funções que exerce, independentemente do que consta do contrato de tra-

---

[819] Cf. Bernardo Xavier/Furtado Martins/Nunes de Carvalho/Joana Vasconcelos/ /Tatiana Guerra de Almeida, *Manual*, cit., p. 440. A este propósito, Nunes de Carvalho, *Das Carreiras Profissionais*, cit., pp. 84 ss., alude à categoria profissional como o conjunto complexo de tarefas minimamente homogéneo que o trabalhador se obriga a executar, pois, normalmente, a uma profissão correspondem várias atividades.

[820] As funções normais de um trabalhador tipo relacionam-se com um nome, carpinteiro, mecânico, arquivista, etc. (cf. Luís Miguel Monteiro, «Da Vontade Contratual na Configuração da Prestação de Trabalho», *RDES* XXXII (1990), 1/4, pp. 290 e 294), mas, em sentido objetivo, a categoria tem que ver com a atividade a desenvolver na empresa e não com a habilitação do trabalhador.

[821] *Vd.* Luís Miguel Monteiro, «Da Vontade Contratual ...», cit., p. 314. Quanto à mudança de categoria, veja-se ainda Nunes de Carvalho, *Das Carreiras Profissionais*, cit., pp. 144 ss.

[822] Trata-se de modificações contratuais e não de novações objetivas das obrigações assumidas, pelo que o vínculo contratual permanece, evoluindo (cf. Luís Miguel Monteiro, «Da Vontade Contratual ...», cit., p. 309).

[823] Quanto ao ónus da prova, Ac. STJ de 26/6/1995, CJ (STJ) 1995, T. II, p. 308.

balho[824]. Não obstante o contrato (na versão inicial) estabelecer que o trabalhador deverá executar uma determinada atividade (categoria contratual), ele pode exercer funções diversas, não raras vezes decorrentes da dinâmica do próprio contrato[825]. Também ocorre que as funções exercidas possam ser diversificadas, não correspondendo a nenhuma categoria tipo. Por vezes, o trabalhador exerce numa empresa tarefas várias, que não se enquadram em nenhum tipo de trabalho. Nestes casos, interessa ter em conta quais são, na realidade, as tarefas que o trabalhador desempenha[826], sendo, então, a categoria entendida em sentido real.

A determinação da categoria real está, dentro de certos limites, na dependência dos poderes de direção do empregador. A possibilidade de o trabalhador exercer uma dada atividade na empresa vai depender daquilo que o empregador lhe ordene. Tendo um trabalhador sido contratado para uma categoria tipo muito ampla, que abrange variadas atividades, o empregador pode, na execução do contrato, com base no poder de direção, concretizar a atividade que o trabalhador vai exercer, limitando a categoria tipo e estabelecendo a categoria real[827]. Por exemplo, se o trabalhador foi contratado para a categoria tipo de eletricista, pode, na execução do contrato, o empregador concretizar a atividade, incumbindo-o só das tarefas de eletricista das instalações de baixa tensão.

É igualmente viável que, em vez disso, o empregador tenha incumbido o trabalhador de tarefas diferentes, que não estavam abrangidas no contexto negocial, mas o trabalhador não se opôs ao seu exercício, até porque podem advir da dinâmica da execução contratual. Em tal caso, a categoria real, a atividade efetivamente desenvolvida, não corresponde à categoria tipo

---

[824] Sobre a categoria profissional, tendo em conta a atividade exercida, cf. Ac. STJ de 23/6/1988, TJ 43/44 (1988), p. 47; Ac. Rel. Pt. de 17/9/1990, CJ XV, T. IV, p. 263; Ac. Rel. Cb. de 21/3/1991, CJ XVI, T. II, p. 127; Ac. Rel. Cb. de 22/4/1993, CJ XVIII, T. II, p. 80; Ac. Rel. Lx. de 29/9/1994, CJ XIX, T. IV, p. 158.

[825] Como refere Bowers, *Employment Law*, cit., p. 39, «o contrato de trabalho é um dos acordos mais dinâmicos, mudando frequentemente durante a sua execução». Esta visão dinâmica da categoria, como carreira profissional, aparece referenciada por Nunes de Carvalho, *Das Carreiras Profissionais*, cit., p. 65.

[826] Quanto à divergência entre a categoria contratual e real e à determinação desta última, *vd.* Ac. STJ de 28/4/1993, CJ (STJ) 1993, T. II, p. 268; Ac. STJ de 1/6/1994, CJ (STJ) 1994, T. II, p. 274; Ac. STJ de 10/5/1995, *BMJ* 447, p. 289.

[827] No Ac. Rel. Cb. de 23/2/1995, CJ XX, T. I, p. 80, considerou-se ilegítima a ordem para desempenhar uma atividade só infimamente compreendida no objeto do contrato de trabalho (a trabalhadora, operadora de máquina, ficou tão-só, a título definitivo, encarregada de proceder à respetiva limpeza).

constante do contrato na versão inicial. Neste caso, poder-se-á considerar que houve uma alteração contratual por mútuo consenso, a qual implicou uma modificação da categoria tipo. Mas se o trabalhador exerce na empresa um conjunto de funções de tal forma diversificadas, que não se podem enquadrar em nenhuma categoria tipo, interessa verificar qual é a categoria real, pois só através das funções efetivamente desempenhadas se pode qualificar a atividade.

VI. Numa quarta aceção, será de entender à categoria como a enumeração de tarefas que, nos instrumentos de regulamentação coletiva de trabalho ou, eventualmente, em regulamentos internos de empresa, determinam a relação entre a função desempenhada e direitos mínimos do trabalhador, em que se incluem, nomeadamente, a retribuição devida, o tempo de trabalho e as promoções. É frequente que, nas convenções coletivas de trabalho, se estabeleça uma descrição das tarefas e, em função de cada uma delas, se determine qual o salário correspondente. Trata-se de uma situação comum, tendo essencialmente em vista a defesa da remuneração, atendendo à atividade desenvolvida pelo trabalhador[828]. Nalguns casos, pode encontrar-se a seguinte situação esquemática: à categoria A, correspondem as tarefas X, com o ordenado Y.

Para esse efeito, nas convenções coletivas de trabalho, agrupam-se os trabalhadores por letras, grupos, classes, números, aos quais se faz corresponder um determinado nível salarial.

Esta classificação costuma ser feita tendo em conta as tarefas usuais naquela empresa ou naquele sector de atividade, consoante se trate de acordo de empresa, ou de acordo ou contrato coletivo de trabalho.

Neste sentido, as convenções coletivas de trabalho fazem frequentemente alusão à categoria, para a relacionar, entre outros aspetos, com o nível ou escalão retributivo, designando-se por categoria normativa ou estatutária[829].

VII. Em quinto lugar, pode entender-se a categoria como a posição hierárquica que o trabalhador ocupa na empresa; isto é, o seu enquadramento no designado «organigrama da empresa».

[828] Nesta perspetiva garantística, cf. Ac. STJ de 6/3/1996, CJ (STJ) 1996, T. I, p. 266.

[829] Cf. Ac. STJ de 13/4/1994, CJ (STJ) 1994, T. I, p. 300; Ac. STJ de 10/5/1995, BMJ 447, p. 289; Ac. STJ 6/3/1996, CJ (STJ) 1996, T. I, p. 266. Veja-se também NUNES DE CARVALHO, *Das Carreiras Profissionais*, cit., pp. 79 s.; BERNARDO XAVIER/FURTADO MARTINS/NUNES DE CARVALHO/JOANA VASCONCELOS/TATIANA GUERRA DE ALMEIDA, *Manual*, cit., pp. 443 e ss.

Relativamente às empresas com uma estrutura hierarquizada, os trabalhadores estão escalonados, ocupando posições diferentes em função da categoria[830]. O posto que o trabalhador ocupa na empresa está relacionado com aspetos vários: a atividade desenvolvida, o salário percebido etc., e vai ter repercussão a nível das promoções. Neste caso, a categoria é vista no plano da empresa, tendo em conta a respetiva estrutura hierárquica; e, neste sentido, serve para determinar o escalão em que o trabalhador se insere na empresa, para efeitos de atividade, remuneração, promoções, etc.

VIII. Numa sexta e última aceção, a categoria será entendida como a denominação que, numa dada empresa, é conferida à posição que o trabalhador nela ocupa.

Esta perspetiva tem reduzido interesse, porque, por via da regra, a categoria empresarial corresponde à categoria tipo ou à posição hierárquica, não sendo frequente que, numa empresa, tenham sido atribuídas denominações diferentes das usuais.

Pode, no entanto, ter interesse aludir-se à categoria denominação quando, numa empresa, as tarefas muito especializadas podem não se integrar nas categorias tipo, sendo relevante a referência a subcategorias[831]. Todavia, a denominação é um aspeto meramente formal, interessa antes o escalão que o trabalhador ocupa na empresa.

b) Qualificação negocial

I. Para a fixação do conteúdo do contrato de trabalho são, em especial, relevantes as diferentes aceções do termo categoria referidos em segundo, terceiro, quarto e quinto lugar; ou seja, os sentidos objetivo, real, normativo e como escalão ou posição hierárquica na empresa. É, no entanto, preciso notar que, não obstante as diferentes aceções de categoria, elas correspondem a uma visão analítica; não há categorias diversas, são somente distintas formas de encarar um mesmo conceito, fazendo todas parte duma noção de categoria unitária. Na grande maioria das situações, as aceções referidas em segundo, terceiro, quarto e quinto lugar coincidem.

---

[830] Entendeu-se que baixa de categoria o trabalhador que, continuando a exercer as mesmas funções, passou a ficar na dependência (chefe de departamento) de quem era inferior hierárquico do anterior (diretor), Ac. STJ de 22/9/1993, CJ (STJ) 1993, T. III, p. 265.

[831] A propósito das especificidades de categoria existentes na EDP, consulte-se o Ac. STJ de 26/4/1995, CJ (STJ) 1995, T. II, p. 269.

Os diferentes sentidos de categoria, para além de outros aspetos, têm interesse para a concretização do conteúdo do contrato de trabalho, auxiliando a sua qualificação.

II. A categoria do trabalhador pode estar mal definida na relação laboral, porque a categoria não corresponde à atividade desenvolvida pelo trabalhador ou porque ele exerce uma multiplicidade de atividades e, como tal, a sua função na empresa não se integra em nenhuma categoria específica. Do mesmo modo, havendo uma reestruturação empresarial importa, em termos de remuneração, de relação hierárquica, etc., na medida do possível, assegurar a categoria do trabalhador[832].

Relativamente ao erro de qualificação por parte do empregador, tem de se verificar se a atividade desenvolvida corresponde à categoria indicada; se assim não for, cabe proceder a uma reclassificação do trabalhador, em função da atividade que desenvolve[833].

Na hipótese de o empregado desempenhar uma multiplicidade de tarefas que não se enquadram em nenhuma das categorias tipo, importa determinar qual a atividade predominante, recorrendo-se ao núcleo essencial das atividades desenvolvidas pelo trabalhador[834]. É em função das atividades predominantes que se integra o trabalhador na categoria adequada. Todavia, perante uma diversidade de atividades, pode não ser fácil detetar a existência de uma função típica, que corresponda ao núcleo essencial.

III. Nos termos do art. 118.º, n.º 2, do CT, o trabalhador está obrigado a desempenhar atividades acessórias não compreendidas na respetiva cate-

---

[832] Quanto à proteção da categoria em caso de reestruturação da empresa, veja-se *infra* alínea *d*) e cf. Ac. STJ de 15/11/1995, *BMJ* 451, p. 230.

[833] No Ac. Rel. Pt. de 16/2/1998, CJ XXIII, T. I, p. 252, considerou-se que a trabalhadora devia ser qualificada na categoria superior, relativamente às duas funções que desempenhava, independentemente do tempo que dedicou a cada uma das atividades.

[834] Neste sentido, consulte-se Ac. STJ de 3/7/1987, TJ 34 (1987), p. 27; Ac. STJ de 26/4/1995, CJ (STJ) 1995, T. II, p. 269; Ac. STJ de 6/3/1996, CJ (STJ) 1996, T. I, p. 266; Ac. Rel. Lx. de 4/11/1992, CJ XVII, T. V, p. 185; Ac. Rel. Év. de 24/5/1994, CJ XIX, T. III, p. 300; Ac. Rel. Pt. de 16/2/1998, CJ XXIII, T. I, p. 252. Há, porém, quem preconize a opção pela categoria que assegure ao trabalhador o tratamento mais favorável (cf. Luís Miguel Monteiro, «Da Vontade Contratual ...», cit., p. 299), levando à qualificação do trabalhador na categoria superior, o que nem sempre se justificará. No sentido do texto, cf. Bernardo Xavier/Furtado Martins/ /Nunes de Carvalho/Joana Vasconcelos/Tatiana Guerra de Almeida, *Manual*, cit., pp. 499 s.

goria, desde que sejam afins ou funcionalmente ligadas àquelas que correspondem à sua categoria.

As funções afins ou funcionalmente ligadas à atividade contratada integram o objeto do contrato de trabalho em sentido amplo, estando o trabalhador obrigado a exercê-las desde que detenha a qualificação profissional adequada e a sua realização não implique desvalorização profissional.

Na medida em que as funções afins ou funcionalmente ligadas à atividade contratada integram o objeto do contrato de trabalho em sentido amplo, a sua execução não corresponde ao *ius variandi*, previsto no art. 120.º do CT.

c) Garantia dos trabalhadores

A categoria profissional surge, frequentemente, na legislação laboral como uma garantia dos trabalhadores (art. 129.º, alínea *e*), do CT)[835], de molde a, no decurso da execução do trabalho, ser preservada a relação existente entre o objeto do contrato, a atividade desenvolvida, a hierarquia do trabalhador na empresa e o salário recebido. No fundo, pretende-se com a categoria, e a inerente garantia atribuída ao trabalhador, que subsista uma correspondência entre o objeto, a atividade, a hierarquia e o salário. Se o trabalhador foi contratado para desempenhar uma determinada atividade (categoria objetiva), deve exercer as respetivas funções (categoria real), sendo enquadrado no correspondente escalão da empresa e recebendo o salário adequado à atividade e à hierarquia[836].

A categoria profissional existe não só para tutela do trabalhador no que respeita à atividade a desenvolver e ao nível salarial – que são os aspetos mais relevantes –, mas também para a salvaguarda da posição do trabalhador na hierarquia da empresa. Pode inclusive ocorrer que, a diferentes categorias, corresponda o mesmo salário e, mesmo assim, o trabalhador continua a ter direito à defesa da sua categoria. Por exemplo, se numa determinada empresa certas promoções não correspondem necessariamente a aumentos salariais, o trabalhador tem, ainda assim, direito à categoria em função do escalão hierárquico.

[835] Garantia que respeita, em particular, à determinação das tarefas a desempenhar (Ac. STJ de 8/11/1995, CJ (STJ), T. III, p. 295; Ac. Rel. Pt. de 6/1/1992, CJ XVII, T. I, p. 254). Sobre o direito à categoria, *vd.* Luís Miguel Monteiro, «Da Vontade Contratual ...», cit., pp. 304 ss.

[836] A categoria como garantia é, por vezes, explicada mediante recurso ao princípio da irreversibilidade (Menezes Cordeiro, *Direito do Trabalho*, I, cit., p. 466) ou da preservação (Bernardo Xavier/Furtado Martins/Nunes de Carvalho/Joana Vasconcelos/Tatiana Guerra de Almeida, *Manual*, cit., pp. 494 e s.).

d) Alterações; promoções

I. Salvo acordo das partes, da noção de categoria, podia concluir-se que está vedado ao empregador proceder a qualquer alteração no objeto do contrato, ainda que fosse imperiosa a adaptação das empresas às novas tecnologias. Deste modo, se o empregador contratou trabalhadores para uma determinada atividade, não seria admissível qualquer alteração do objeto, porque isso iria pôr em causa a categoria do trabalhador. Mas o direito à categoria não pode constituir uma forma de impedir a adaptação das empresas a novas tecnologias. Não parece aceitável que uma empresa, tendo em conta a tecnologia existente numa dada altura, se celebrou contratos de trabalho que pressupunham o exercício de determinadas atividades, as quais se tornaram obsoletas em função da evolução tecnológica, não possa adaptar as atividades a novas situações, procedendo a uma reestruturação da empresa a nível, inclusive, da categoria dos trabalhadores. A adaptação pode advir igualmente de alterações jurídicas, como seja a fusão de sociedades empregadoras.

O direito à categoria não pode impedir o empregador de adaptar as categorias laborais a novas realidades, atendendo à natureza dinâmica da relação laboral[837].

Em caso de reestruturação empresarial, cabe ao empregador proceder às necessárias adaptações da categoria de trabalhadores (art. 118.º, n.º 1, *in fine,* do CT), atribuindo funções adequadas às aptidões e qualificação profissional do prestador de trabalho. Além disso, há que atender à chamada polivalência funcional (art. 118.º, n.ºs 2 e ss. do CT), que faculta ao empregador o poder de exigir o cumprimento de tarefas afins ou funcionalmente ligadas à atividade contratada. Por outro lado, o direito à categoria não põe em causa o *ius variandi* do empregador, previsto no art. 120.º do CT (*vd. infra* § 47., n.º 3).

Mas, ao reestruturar a empresa, o empregador não pode fazer retroceder o trabalhador em dois aspetos: quanto à retribuição e quanto à posição hierárquica (art. 129.º, alíneas *d)* e *e)*, do CT). Isto é, não pode reduzir o salário do trabalhador, nem colocá-lo, comparativamente, numa posição hierárquica inferior[838].

---

[837] No que respeita às consequências da reestruturação da empresa na categoria dos trabalhadores, *vd.* Ac. Rel. Lx. de 19/6/1991, CJ XVI, T. III, p. 221; Ac. Rel. Pt. de 11/5/1992, CJ XVII, T. III, p. 329; Ac. Rel. Lx. de 8/11/1995, CJ XX, T. V, p. 179.

[838] Cf. Ac. STJ de 15/11/1995, *BMJ* 451, p. 230.

II. Há a ter em conta, no entanto, três situações excecionais em que é possível fazer retroceder o trabalhador em termos de categoria, não só no aspeto da atividade a desempenhar, como também no plano retributivo e da posição hierárquica.

III. No art. 119.º do CT, admite-se a despromoção do trabalhador por via contratual. Ou seja, aceita-se que, por acordo entre o empregador e o trabalhador, se proceda a uma despromoção deste último.

Tal contrato só é válido se, para além do acordo do trabalhador, estiverem preenchidas duas condições[839]. Tem de corresponder a uma necessidade premente da empresa ou a uma estrita necessidade do trabalhador, que funcionam em alternativa. É imprescindível que o acordo de despromoção tenha sido autorizado pela anterior Inspecção-Geral do Trabalho (IGT) atual Autoridade para as Condições do Trabalho (ACT).

Quanto ao primeiro requisito, importa verificar se se trata de um acordo ajustado, atendendo ao facto de uma das partes ter interesse relevante nisso e a outra concordar; só é possível recorrer a esta via se existir um interesse sério, um motivo relevante que justifique a despromoção.

A primeira situação (necessidade premente da empresa) pode ocorrer, por exemplo, devido a uma reestruturação da empresa, que impõe a alteração de categorias. Se o trabalhador estiver de acordo em baixar de categoria nada obsta, desde que se justifique a sobredita reestruturação empresarial e a consequente despromoção.

Relativamente à segunda hipótese (estrita necessidade do trabalhador), podem verificar-se algumas situações em que, por motivos vários, o trabalhador pode ter interesse em mudar de categoria; derivado, nomeadamente, de fatores relacionados com aspetos fisiológicos. Assim, se um motorista que ficou com dificuldade de visão e, em vez de ser aposentado, pretende continuar com um vínculo laboral na empresa, mas não podendo exercer a atividade de motorista, é sua intenção passar a desempenhar outra tarefa com categoria diferente, que pode ser inferior[840]. A estrita necessidade do traba-

[839] Estes pressupostos são imperativos, não podendo a despromoção ser admitida, pese embora a sua previsão em instrumento de regulamentação coletiva (Ac. STJ de 2/10/1996, BMJ 460, p. 508).

[840] Como se refere no Ac. STJ de 25/1/1995, CJ (STJ) 1995, T. I, p. 254, das situações em que se «admite a baixa de categoria (...) são precisamente aquelas em que a manutenção do contrato, com a qualificação profissional existente, se torna impossível», nomeadamente devido a doença do trabalhador.

lhador também pode estar relacionada com interesses familiares ou profissionais. Se o trabalhador quer reduzir o seu período normal de trabalho para tirar um curso superior, e, naquela empresa, a única hipótese de trabalho a tempo parcial implica o exercício de uma atividade correspondente a uma categoria inferior, estando o trabalhador disposto a aceitar essa alteração de categoria, a sua vontade deve ser respeitada.

Em qualquer caso, será sempre necessário que seja um motivo ponderado, quer do lado da empresa, quer do trabalhador e que haja um acordo entre as partes.

Para além disso, a lei exige um controlo por parte de um instituto público (ACT), que visa dois aspetos. Por um lado, apreciar da liberdade na manifestação; no que respeita à declaração de vontade emitida pelo trabalhador, importa verificar se este, ao celebrar o acordo de despromoção, estava realmente livre, não se encontrando sujeito a nenhuma pressão.

Por outro lado, o organismo público tem de verificar se o trabalhador, quando celebrou o dito acordo, se encontrava esclarecido acerca das consequências jurídicas do mesmo. Em suma, o organismo público terá de apreciar se a declaração de vontade do trabalhador foi livre e esclarecida. Só nesse caso dará o seu assentimento ao contrato, que visa a despromoção do trabalhador.

IV. No caso de o trabalhador ter desempenhado determinadas funções, que correspondem a um escalão hierárquico e a salário superiores, sem ser de forma definitiva, mas tão-só temporariamente, pode retroceder à categoria anterior, não lhe sendo conferido um direito de inamovibilidade. No art. 120.º do CT admite-se que o trabalhador ocupe temporariamente funções de uma categoria superior, por exemplo para substituição de outro trabalhador cujo contrato se encontra suspenso. Em tal caso, o empregador pode promover temporariamente o trabalhador para ocupar aquele lugar, mas quando o substituído regressa, o que foi promovido reocupa sua anterior posição, em termos hierárquicos e retributivos; verdadeiramente, como se tratava de uma promoção provisória, o trabalhador não adquiriu direito à posição hierárquica que desempenhou de modo transitório.

V. A terceira exceção encontra-se no art. 164.º, n.º 1, alínea *a)*, do CT, que prevê o regresso do trabalhador que exerceu determinada tarefa em comissão de serviço à atividade desempenhada antes da comissão de serviço. No regime da comissão de serviço (arts. 161.º e ss. do CT), permite-se que, em determinadas circunstâncias, um trabalhador exerça uma atividade em comissão de serviço, sem carácter temporário – aspeto que a distingue da primeira situação –, tendo em conta as necessidades da empresa. No citado art. 164.º do CT, prevê-se que, se o trabalhador foi contratado para uma determinada atividade em comissão de serviço, terminada esta, regressará à categoria que anteriormente tinha na empresa.

O regime do trabalho em comissão de serviço foi instituído atendendo ao facto de que, em relação a determinados trabalhadores, é pressuposta a existência de uma especial relação de confiança (*vd. infra* § 32). Nesses casos, justifica-se que, quando a confiança termine, cesse a comissão de serviço e o trabalhador regressa à categoria anterior.

VI. No polo oposto, cabe aludir à promoção dos trabalhadores, na medida em que, por via de regra, implica alterações na categoria. Quando o trabalhador é promovido na empresa, na maioria das vezes, ocorre também uma alteração da sua categoria e, consequentemente, da sua posição hierárquica, do seu salário, da atividade a desenvolver, etc.

A promoção e a inerente alteração de categoria relaciona-se com a carreira profissional, não regulamentada por lei, mas prevista, frequentemente, em convenções coletivas de trabalho ou, mesmo, em regulamentos internos de empresa.

As promoções distinguem-se em dois tipos: as automáticas e as acordadas.

As promoções automáticas funcionam independentemente da vontade das partes, e podem estar, por exemplo, relacionadas com a antiguidade, com a aquisição de habilitações (literárias ou outras) por parte do trabalhador, etc.[841]. Nestes casos, por força da aplicação de uma cláusula, que pode constar, designadamente, de convenção coletiva de trabalho, de contrato de trabalho ou de regulamento interno de empresa, o trabalhador é promovido[842]. Estar-se-á, então, perante as promoções normais na empresa. Nas promoções automáticas a consequência (promoção) decorre automaticamente do preenchimento de pressupostos que podem estar previstos em convenção coletiva, contrato de trabalho ou regulamento de empresa, mas, mesmo quando previstas em contrato de trabalho, distinguem-se das

[841] O automatismo na promoção pode estar condicionado pela prestação de provas – muitas vezes em concursos – e à aprovação nas mesmas. Mas como decorre do Ac. Rel. Lx. de 14/1/1998, CJ XXIII, T. I, p. 156, o regulamento interno não pode limitar promoções automáticas.

[842] Cf. Ac. Rel. Lx. de 14/1/1998, CJ XXIII, T. I, p. 156, em que o regulamento estabelecia limites à promoção, contrariando regras do estatuto da empresa, aprovadas por decreto-lei.

promoções acordadas porque são automáticas e não negociadas para cada promoção em concreto.

As promoções acordadas derivam de acordo entre o empregador e o trabalhador; a promoção depende da escolha do empregador[843], mas o trabalhador não pode ser promovido sem o seu assentimento[844]. No fundo, a promoção acordada resulta de um ajuste em concreto tendo em vista essa promoção. O acordo implica uma alteração ao contrato de trabalho inicial; trata-se, portanto, de um ajuste modificativo do contrato de trabalho, do qual advém, nomeadamente, uma nova atividade a desempenhar ou uma nova posição hierárquica na empresa.

Está-se no domínio da autonomia privada e, dentro dos limites estabelecidos na lei, o contrato de trabalho pode ser alterado por via negocial. Mas se a modificação implicasse, eventualmente, uma despromoção na categoria salarial (que dificilmente ocorreria) só seria possível na medida em que o art. 119.º do CT o permitisse; ou seja, se o trabalhador fosse promovido em termos hierárquicos, mas com uma redução salarial, teria de ser nos termos deste último preceito, pois a mera redução retributiva, diferentemente do que ocorria na LCT, não pode resultar só do acordo de vontades.

Normalmente, a promoção está relacionada com um melhoramento a todos os níveis, hierárquico, salarial, etc., da posição do trabalhador na empresa. Mas pode haver promoções sectoriais, em que se altera somente a retribuição, mantendo o trabalhador a mesma categoria (contratual).

Bibliografia:

Pedro Ortins de Bettencourt, «Trabalho de estrangeiros», XI-XII Congressos Nacionais de Direito do Trabalho. Memórias, Coimbra, 2009, pp. 25 e ss.; Madeira de Brito, anotação aos arts. 115.º e 118.º *in* Romano Martinez/Luís Miguel Monteiro/Joana Vasconcelos/Madeira de Brito/Guilherme Dray/Gonçalves da Silva, *Código do Trabalho Anotado*, cit., pp. 324 e ss. e pp. 330 e ss.; António Nunes de Carvalho, *Das Carreiras Profissionais no Direito do Trabalho*, Lisboa, 1990 e «Reflexões sobre a Categoria Profissional (a propósi-

[843] A promoção, em tal caso, não é um direito do trabalhador, mas uma mera expectativa (Ac. STJ de 14/12/1994, BMJ 442, p. 69; Menezes Cordeiro, *Direito do Trabalho*, II, cit., p. 469), estando, muitas vezes, na competência discricionária do empregador (Ac. Rel. Lx. de 9/2/1994, CJ XIX, T. I, p. 179). A discricionariedade não pressupõe livre arbítrio patronal (Menezes Cordeiro, *Direito do Trabalho*, II, cit., p. 469).

[844] Considerando que o trabalhador tem o direito de rejeitar a promoção que lhe for oferecida, Valentin Carrion, *Comentário à Consolidação das Leis do Trabalho*, cit., anot. art. 468 (Alteração), p. 320.

to do Código do Trabalho)», *Estudos de Direito do Trabalho em Homenagem ao Prof. Manuel Alonso Olea*, Coimbra, 2004, pp. 123 e ss.; MENEZES CORDEIRO, *Direito do Trabalho*, II, cit., pp. 462 a 474; MONTEIRO FERNANDES, *Direito do Trabalho*, cit., pp. 249 e ss. e «A Categoria Profissional e o Objecto do Contrato de Trabalho», *QL* 12 (1998), pp. 121 a 161; MENEZES LEITÃO, *Direito do Trabalho*, cit., pp. 181 e ss.; ANDRADE MESQUITA, *Direito do Trabalho*, cit., pp. 75 e ss. e pp. 531 e ss.; LUÍS MIGUEL MONTEIRO, «Da Vontade Contratual na Configuração da Prestação de Trabalho», *RDES* XXXII (1990), n.ºs 1/4, pp. 293 a 316; MÁRIO PINTO/FURTADO MARTINS/NUNES DE CARVALHO, *Comentário*, cit., anot. II.7 a 11 ao art. 21.º, anot. II.1 e 2 ao art. 22.º e anot. II.1 ss. ao art. 23.º, pp. 102 a 105, 109 a 111 e 116 a 118; ROSÁRIO PALMA RAMALHO, *Tratado de Direito do Trabalho*, II, 6.ª ed., Coimbra, 2016, pp. 325 e ss.; RAÚL VENTURA, *Relação Jurídica de Trabalho*, cit., pp. 216 a 233; BERNARDO XAVIER/FURTADO MARTINS/NUNES DE CARVALHO/JOANA VASCONCELOS/ TATIANA GUERRA DE ALMEIDA, *Manual*, cit., pp. 438 e ss. e pp. 494 e ss.

10. Antiguidade

I. A antiguidade do trabalhador encontra-se relacionada com vários aspetos.

Em primeiro lugar, pode estar na dependência da duração do contrato de trabalho; nesse caso, a antiguidade afere-se em função dos anos de serviço do trabalhador na empresa, como prescreve o n.º 6 do art. 112.º do CT, desde o início do período experimental.

Pode distinguir-se a antiguidade na empresa, que corresponde aos anos de serviço junto do empregador[845]; da antiguidade na atividade, indicando o número de anos que o trabalhador exerce certa atividade numa dada empresa; da antiguidade na categoria, representando o número de anos que o trabalhador tem aquela categoria. Se o trabalhador mudou de categoria, de posto de trabalho ou de atividade, a respetiva antiguidade não corresponderá à antiguidade na empresa.

A antiguidade pode ter consequências a vários níveis, cabendo destacar três aspetos[846].

Primeiro, no que respeita à promoção do trabalhador, tanto no caso de promoções automáticas, ou mesmo, na hipótese de promoções acordadas,

---

[845] Cf. Ac. STJ de 13/4/1994, CJ (STJ) 1994, T. I, p. 300.

[846] Refira-se ainda que a antiguidade tem relevância quanto à aquisição de experiência profissional, à integração no espírito empresarial e à estabilidade laboral, cf. BERNARDO XAVIER/ /FURTADO MARTINS/NUNES DE CARVALHO/JOANA VASCONCELOS/TATIANA GUERRA DE ALMEIDA, *Manual*, cit., p. 437.

em que o empregador as propõe em função de um determinado número de anos de serviço.

Segundo, a nível retributivo, mesmo que a antiguidade não implique uma alteração na atividade, pode acarretar diferenças a nível salarial, nas chamadas diuturnidades, que consistem em parcelas que se acrescentam à remuneração, em função dos anos de serviço (art. 262.º, n.º 2, alínea *a)*, do CT).

Terceiro, em matéria de despedimento. Em caso de despedimento, os anos de serviço são relevantes para determinar o montante da compensação ou da indemnização a que o trabalhador tem direito (cf. arts. 366.º, n.º 1, e 391.º, n.º 1, do CT).

II. Para efeitos de antiguidade atende-se à duração do contrato de trabalho e não à sua execução. A antiguidade de um trabalhador numa empresa, numa atividade ou numa categoria não é determinada em função dos dias de trabalho efetivo, pois para o cálculo da antiguidade contam os dias de repouso (feriados, dias de repouso semanal, férias), os de faltas justificadas e os períodos de suspensão do contrato (arts. 255.º, n.º 1, art. 295.º, n.º 2, e art. 536.º, n.º 3, do CT), mas não se ponderam os dias de faltas injustificadas (art. 256.º, n.º 1, do CT).

Assim sendo, a antiguidade não é igual ao número de dias de laboração efetiva, relaciona-se, antes, com a duração da relação contratual[847]. Em princípio, sempre que o trabalhador exerce a sua atividade sem quaisquer violações, o prazo é corrido.

Porém, em determinadas situações, é necessário determinar os dias de trabalho efetivo. Por exemplo, em caso de formação profissional importa aferir concretamente os dias em que decorreu essa mesma formação; do mesmo modo, para a contagem do prazo do período experimental há que atender, apenas, aos dias de execução do contrato, descontando-se a suspensão e as faltas justificadas (cf. art. 113.º, n.º 2, do CT)[848].

BIBLIOGRAFIA:

MENEZES CORDEIRO, *Direito do Trabalho*, II, cit., pp. 475 a 481; MONTEIRO FERNANDES, *Direito do Trabalho*, 17.ª ed., Coimbra, 2014, pp. 208 e ss.; MENEZES LEITÃO, *Direito do Trabalho*, cit., pp. 188 e ss.; ROSÁRIO PALMA RAMALHO, *Tratado de Direito do Trabalho*, II, cit., pp. 335 e ss.; BERNARDO XAVIER/FURTADO

[847] O prazo inicia-se com a admissão na empresa e não a partir da data em que começa propriamente a trabalhar (MONTEIRO FERNANDES, *Direito do Trabalho*, 17.ª ed., Coimbra, 2014, p. 210).

[848] Cf. Ac. Rel. Lx. de 18/1/1995, CJ XX, T. I, p. 174.

Martins, «Cessão da Posição Contratual. Relevância dos Grupos Económicos. Regras de Contagem da Antiguidade», *RDES* 1994, n.º 4, pp. 369 a 427; Bernardo Xavier/Furtado Martins/Nunes de Carvalho/Joana Vasconcelos/Tatiana Guerra de Almeida, *Manual*, cit., pp. 437 s.

§ 17. EMPREGADOR

1. Determinação; empresa (remissão)

Os sujeitos no contrato de trabalho são o empregador e o trabalhador, matéria a que já foi feita referência no Capítulo II, § 5., n.os 2 e 3.

Quanto ao estatuto do empregador importaria, primeiro, verificar se, por exemplo, corresponde a uma entidade patronal do sector público ou do sector privado. Mesmo no domínio do contrato de trabalho de direito privado, o facto de o empregador ser um ente público ou privado altera-lhe o seu estatuto, apesar de qualquer deles poder ser parte em relações laborais de direito privado (*vd. supra* § 5., n.º 3, alínea *a*)).

Como já foi referido (§ 5., n.º 3, alínea *c*)), a relação laboral paradigmática é aquela em que o empregador se identifica com uma empresa.

Importa igualmente aludir à contraposição entre o empregador real e em sentido formal; já que, no direito do trabalho, se pode prescindir, muitas vezes, da noção formal de empregador. Por exemplo, nas situações de grupos empresariais, cabe determinar se o empregador é aquele que celebrou o contrato de trabalho ou se o estabelecimento de relações laborais com outra empresa, do mesmo grupo empresarial no qual a sociedade empregadora está inserida, altera a qualificação.

Interessa ainda, tendo em conta o disposto no art. 101.º do CT, atender às situações de pluralidade de empregadores.

Por último, cabe aludir à fragmentação da posição jurídica do empregador, nomeadamente no caso de os poderes serem exercidos por duas entidades ao abrigo do regime do trabalho temporário.

2. Empresa

I. Como se indicou *supra* (§ 5, n.º 3, alínea *c*)), o Código do Trabalho atende à relação laboral pressupondo que o empregador é uma empresa. Mas o sentido de «empresa» não é unívoco. Cada disciplina usa o conceito de empresa para resolver os seus próprios problemas, denota-se falta de unidade no referido conceito.

Empresa pode entender-se como organização de pessoas e bens para a prossecução de um determinado objetivo[849]. Esta noção de empresa tanto vale no domínio do direito do trabalho como em outros ramos do direito[850].

No objetivo comum que as várias pessoas, organizadas numa empresa, prosseguem, engloba-se a produção de bens ou a prestação de serviços, podendo até ser cumulativas. Em termos gerais, estas são as finalidades comuns a qualquer empresa. Para além destes aspetos, será difícil encontrar outros pontos de contacto entre as diversas disciplinas, quanto ao conceito de empresa.

No direito do trabalho, a ideia de empresa, por um lado, funda-se na organização empresarial, característica da grande maioria dos empregadores e, por outro, de certo modo, relaciona-se com o facto de a situação jurídica laboral ter deixado de ter por base uma relação pessoal, passando os contratos de trabalho, muitas das vezes, a ser celebrados entre entidades que mal se conhecem. Com alguma frequência, o trabalhador desconhece a entidade para quem trabalha; limita-se a saber o nome da empresa e a conhecer os seus superiores hierárquicos, que também são trabalhadores. Na relação laboral assente no contacto pessoal entre patrão e trabalhador pode prescindir-se do conceito de empresa, situação que ainda subsiste

---

[849] Menezes Cordeiro, *Direito do Trabalho*, I, cit., p. 584, define empresa como «unidades produtoras de bens, através de uma particular junção entre bens produtivos, trabalho humano e organização». Não parece de aceitar a noção de Motta Veiga, *Lições*, cit., p. 334, quando define empresa «como a entidade que, para a realização dos seus fins, tem trabalhadores ao seu serviço», porque a dona de casa que tenha duas empregadas domésticas também seria uma empresa.

Para uma noção mais abrangente de empresa, *vd.*, por todos, Orlando de Carvalho, *Critério e Estrutura do Estabelecimento Comercial*, I, *O Problema da Empresa como Objecto de Negócios*, Coimbra, 1967 e Rocha Gouveia, *Da Empresa. Estudo de Direito Privado*, Lisboa, 1961. Quanto à noção de empresa em Direito do Trabalho, veja-se Coutinho de Abreu, *Da Empresarialidade*, cit., pp. 299 ss.; Orlando de Carvalho, «A Empresa e o Direito do Trabalho», *Temas de Direito do Trabalho*, Coimbra, 1990, pp. 9 ss.; Monteiro Fernandes, *Direito do Trabalho*, cit., pp. 378 ss.; Söllner, *Arbeitsrechts*, cit., pp. 26 ss.

[850] Numa perspetiva diferente, considerando tal noção baseada numa conceção metajurídica e preconizando uma abordagem não conceptualista, a partir de dados jurídicos, cf. Coutinho de Abreu, *Curso de Direito Comercial*, cit., pp. 205 ss.

nalguns casos, como, por exemplo, no serviço doméstico e em certas hipóteses de trabalho rural[851].

Atualmente, com alguma frequência, o trabalhador é contratado por uma sociedade, desconhecendo o nome dos respetivos sócios, incluindo os maioritários, nunca tendo tido qualquer contacto com eles, nem sequer no momento da assinatura do contrato[852].

II. Para fazer face a esta situação, recorre-se ao conceito de empresa, que vem substituir a ideia de patrão. Por isso, o Código do Trabalho assenta no pressuposto de o empregador ser uma empresa[853], supondo a existência de uma determinada organização empresarial[854]. Mas nem todo o empregador tem de ser uma empresa[855], apesar de a lei laboral estar vocacionada para associar o empregador à empresa[856].

Como subsistem situações em que o empregador não constitui uma empresa, há que distinguir: a relação laboral comum, constante do Código do Trabalho, em que o empregador é encarado como uma empresa; e contratos de trabalho com regulamentação avulsa, que não se fundam na ideia de empresa, como o trabalho doméstico e, em muitas situações, o trabalho rural, subsistindo a relação comunitário-pessoal[857].

---

[851] Podem igualmente estabelecer-se relações laborais sem um laço pessoal em que o empregador não é uma empresa; tal ocorre, nomeadamente, no caso de uma associação não lucrativa, como uma corporação de bombeiros voluntários, contratar trabalhadores. Todavia, como refere COUTINHO DE ABREU, *Da Empresarialidade*, cit., pp. 299 s., a empresa laboral não exige intuito lucrativo. Nesta aceção ampla, a associação não lucrativa estaria incluída no conceito de empresa.

[852] Trata-se do, por vezes, designado «empregador sem face», cf. MONTEIRO FERNANDES, «Sobre o Objecto...», cit., p. 37.

[853] É até frequente a alusão ao termo «empresa», *vd.*, por exemplo, arts. 313, n.º 1, 314.º, n.º 1, e 351.º, n.º 2, alíneas *b)*, *c)*, *e)*, *g)* e *i)*.

[854] Cf. MONTEIRO FERNANDES, *Direito do Trabalho*, cit., p. 380; MÁRIO PINTO/FURTADO MARTINS/NUNES DE CARVALHO, *Comentário*, cit., anot. II.2 ao art. 1.º, p. 24.

[855] Cf. MENEZES CORDEIRO, *Direito do Trabalho*, I, cit., p. 582; MONTEIRO FERNANDES, *Direito do Trabalho*, cit., p. 380.

[856] MONTEIRO FERNANDES, *Direito do Trabalho*, cit., pp. 381 s., distingue as relações laborais consoante haja ou não empresa, considerando que, havendo empresa, despersonaliza-se a relação, diminui a intensidade do poder diretivo, o poder disciplinar torna-se mais complexo e institucionalizado; na relação laboral de carácter acentuadamente pessoal, o poder de direção exerce-se em termos amplos, intensos e permanentes e a ação disciplinar perde razão de ser.

[857] Cf. MÁRIO PINTO, *Direito do Trabalho*, cit., pp. 113 ss., mas que, a propósito, alude a uma excessiva e superficial «empresarialização» do direito do trabalho (p. 116).

III. A noção de empresa é importante para o direito do trabalho na medida em que acompanha a tendência organizacional dos empregadores e a despersonalização da relação de trabalho, considerando que a entidade patronal se insere no conjunto de pessoas que prosseguem um determinado objetivo. O facto de o empregador ser uma pessoa singular não obsta à sua qualificação como empresa (cf. art. 230.º, proémio, do CCom.), desde que, com os trabalhadores e outros colaboradores, se forme a organização de pessoas e bens para prossecução de fins comuns. Apesar de se associar o empregador à empresa, não há uma identidade, até porque, para efeitos de direito do trabalho, os trabalhadores integram a noção de empresa[858].

Das regras de direito do trabalho, não obstante serem usuais as definições, não consta o conceito de empresa. Por isso, o direito do trabalho, neste aspeto, poderá eventualmente, ser subsidiário do direito comercial, interessando a noção comercial de empresa, bem como as indicações constantes do elenco do art. 230.º do CCom.[859].

[858] Quanto à ideia de os trabalhadores se incluírem na organização que constitui a empresa, cf. MONTEIRO FERNANDES, *Direito do Trabalho*, cit., p. 380; ROCHA GOUVEIA, *Da Empresa*, cit., pp. 69 ss. Considerar os trabalhadores como fazendo parte da empresa, assenta numa conceção institucional, preconizada pela Doutrina Social da Igreja e com concretizações a nível de direito do trabalho, como seja o art. 126.º do CT e o regime das comissões de trabalhadores. *Vd.* MOTTA VEIGA, *Lições*, cit., pp. 379 s.; BERNARDO XAVIER/FURTADO MARTINS/ /NUNES DE CARVALHO/JOANA VASCONCELOS/TATIANA GUERRA DE ALMEIDA, *Manual*, cit., pp. 413 e ss. Da noção de empresa laboral de COUTINHO DE ABREU, *Da Empresarialidade*, cit., p. 299, não se conclui se os trabalhadores a integram; porém, dos esclarecimentos a pp. 302 s. e das referências a pp. 221 s., parece poder concluir-se que os trabalhadores se incluem na empresa. Assim, mesmo para quem não preconize uma visão institucional, os trabalhadores fazem parte da empresa.

[859] Para além do elenco do art. 230.º do CCom, completado por diversa legislação, há a ter em conta a existência de alguns diplomas sobre empresas, como seja o Código da Insolvência. A este propósito cabe referir que o legislador, em matéria laboral, deveria, atendendo aos critérios de direito comercial, acompanhar a terminologia já enraizada, evitando a utilização de expressões sem um significado preciso, como seja «empresas associadas», «agrupamento de empresas» ou «empresas jurídica ou financeiramente associadas ou economicamente interdependentes» (veja-se os revogados arts. 26.º, n.º 2, alínea *c)* e 27.º, n.º 1, alínea *b)*, do Decreto-Lei n.º 358/89, na parte relativa à cedência ocasional de trabalhadores); razão pela qual no Código do Trabalho se recorreu às expressões usadas na legislação comercial (p. ex., art. 101.º do CT).

3. Grupo de empresas

I. Importa discutir a qualificação do empregador no caso de se estar perante uma coligação de sociedades (arts. 481.º e ss. do CSC), designadamente em relação de grupo (art. 488.º do CSC), ou de outras formas de cooperação entre empresas direta ou indiretamente beneficiárias de mão-de-obra, como seja o consórcio[860]. Torna-se, todavia, difícil delimitar o campo de atuação do grupo de empresas, pois nem todas as formas de cooperação interempresarial podem integrar aquele conceito[861].

A problemática do grupo de empresas, a nível de direito do trabalho, insere-se num fenómeno recente de reestruturação empresarial, com novas formas de cooperação entre empresas, que tem em vista, por vezes, a flexibilização da relação laboral, de modo a superar a rigidez protecionista do sistema vigente[862]. O agrupamento de empresas visa, essencialmente, fins económicos, em particular relacionados com a especialização produtiva, mas podem concomitantemente conduzir a uma redução da proteção laboral.

Os problemas são de vária ordem e podem sintetizar-se mediante a apresentação de alguns exemplos.

---

[860] Sobre esta questão, cf. COUTINHO DE ABREU, *Da Empresarialidade*, cit., pp. 256 ss.; ENGRÁCIA ANTUNES, *Os Grupos de Sociedades*, 2.ª ed., Coimbra, 2002, pp. 218 ss. e «Os grupos de sociedades no direito do trabalho», *QL* 39 (2012), pp. 49 – 78; ANTONIO BAYLOS/LUIS COLLADO (org.), *Grupos de Empresas y Derecho del Trabajo*, Madrid, 1994; NELSON RAPOSO BERNARDO, «O Exercício dos Direitos dos Trabalhadores nos Grupos de Sociedades», Relatório de Mestrado, Lisboa, 1995; CATARINA CARVALHO, *Da Mobilidade dos Trabalhadores no Âmbito dos Grupos de Empresas Nacionais*, Porto, 2001; DIAS COIMBRA, «Grupo Societário em Relação de Domínio Total e Cedência Ocasional de Trabalhadores: Atribuição de Prestação Salarial Complementar», *RDES* XXXII (1990), n.ºs 1/4, pp. 115 ss. e «Os Grupos Societários no Âmbito das Relações de Trabalho: a Negociação do Acordo de Empresa», *RDES*, 1992, n.º 4, pp. 379 ss.; MARIA IRENE GOMES, «Grupos de Sociedades e Algumas Questões Laborais», *QL* 12 (1998), pp. 162 ss.; MONTEIRO FERNANDES, *Direito do Trabalho*, 17.ª ed., Coimbra, 2014, pp. 234 ss.; ABEL SEQUEIRA FERREIRA, *Grupos de Empresas e Direito do Trabalho*, dissertação de Mestrado, Lisboa, 1997; BERNARDO XAVIER/FURTADO MARTINS, «Cessão da Posição Contratual Laboral. Relevância dos Grupos Económicos. Regras de Contagem da Antiguidade», *RDES* XXXVI (1994), n.º 4, pp. 369 ss. No plano internacional, consulte-se BONATERI, *Trasferimento del Lavoratore Subordinato Privato*, Milão, 1992, pp. 41 ss.; SCHAUB, *Arbeitsrechts*, cit., pp. 96 ss.

[861] Não parece, por exemplo, que a relação estabelecida num contrato de franquia, só por si, indicie a existência de um grupo entre a empresa franquiada e a franquiadora. Sobre este problema, com uma conceção eventualmente demasiado ampla, *vd.* CATARINA CARVALHO, *Da Mobilidade dos Trabalhadores*, cit., pp. 294 ss. e ABEL SEQUEIRA FERREIRA, *Grupos de Empresas*, cit., pp. 135 ss. Sobre a cooperação interempresarial, consulte-se LIMA PINHEIRO, *Contrato de Empreendimento Comum (*Joint Venture*) em Direito Internacional Privado*, Lisboa, 1998, pp. 43 ss.

[862] Cf. ABEL SEQUEIRA FERREIRA, *Grupos de Empresas*, cit., pp. 19 ss.

Imaginando um determinado trabalhador contratado pela sociedade A., que faz parte de um grupo composto por três sociedades (sociedades A., B. e C.)[863]. No caso de o trabalhador ter celebrado um contrato de trabalho com a sociedade A., é indiscutível que, em termos formais, o empregador será essa mesma sociedade, porque a relação laboral se constituiu entre a sociedade A. e aquele trabalhador. Todavia, pode ocorrer que o trabalhador, contratado pela sociedade A., a dada altura, tenha sido informalmente transferido para a sociedade B.[864] ou que, na prática, trabalhe, simultaneamente, para todas as empresas do grupo, porque, por exemplo, é motorista de vários administradores[865]. Nestas situações importa saber se aquele trabalhador continua apenas e tão-só com uma relação laboral com a sociedade A., ou se a sobredita relação se estende às outras empresas do grupo, visto que ele também presta atividade nessas outras sociedades.

Supondo que o trabalhador contratado pela sociedade A., algum tempo depois, foi transferido informalmente para a sociedade B.[866], e, anos mais

---

[863] Estão em causa grupos económicos, independentemente da forma jurídica que revestem, diferente da situação prevista nos arts. 481.º e ss. do CSC de coligação societária. Quanto aos vários tipos de relações intersocietárias, *vd.*, por todos, ENGRÁCIA ANTUNES, *Os Grupos de Sociedades*, cit., pp. 269 ss.

[864] Alude-se a uma transferência informal, pois, caso se demonstre a existência de uma cessão da posição contratual, nos termos dos arts. 424.º e ss. do CC, o trabalhador mantém, na empresa cessionária, a posição jurídica que tinha junto do empregador cedente. Cf. Ac. Rel. Lx. de 15/1/1992 e Ac. STJ de 11/11/1992, RDES XXXVI (1994), n.º 4, respetivamente, p. 376 e p. 380 e Ac. Rel. Pt. de 3/7/1995, CJ XX (1995), T. IV, p. 242. Veja-se igualmente BERNARDO XAVIER/FURTADO MARTINS, «Cessão da Posição Contratual...», cit., pp. 389 ss.; DIAS COIMBRA, «Grupo Societário...», cit., pp. 130 ss.

[865] No Ac. STJ de 2/12/1992, *BMJ* 422, p. 203, discutia-se um caso em que a trabalhadora, como dactilografa, trabalhava, em simultâneo, para três empresas do grupo.

[866] São situações habituais, principalmente quando não há uma verdadeira delimitação geográfica entre as várias empresas; pense-se na hipótese, assaz frequente, de várias sociedades do mesmo grupo estarem instaladas num edifício, em andares diferentes, em que os trabalhadores, pelo facto de subirem ou descerem as escadas, passam a trabalhar noutra empresa. Sobre esta questão, cf. Ac. STJ de 2/12/1992, *BMJ* 422, p. 203.

A este propósito cabe esclarecer que a transferência informal a que se aludiu no texto não está abrangida na mobilidade geográfica (art. 194.º do CT), porque, mesmo temporariamente, a lei não conferiu ao empregador o direito de transferir o trabalhador para outra empresa do grupo (cf. DIAS COIMBRA, «Grupo Societário...», cit., p. 125); só mediante a cedência ocasional de trabalhadores (art. 288.º do CT2009), que não integra o conceito de mobilidade geográfica, é possível transferir um trabalhador de uma empresa para outra, com o seu consentimento. Em sentido diverso, ENGRÁCIA ANTUNES, *Os Grupos de Sociedades*, cit., p. 221, afirma que a

tarde, a sociedade A. É declarada insolvente[867]. Importa averiguar se este trabalhador fica sujeito a uma situação de salários em atraso e de desemprego, ou se, pelo contrário, como ele, desde há vários anos, trabalhava na sociedade B., mantém o seu posto de trabalho junto deste empregador. O trabalhador em causa, na realidade, tem um contrato de trabalho com a sociedade A., mas, na prática, presta atividade junto da sociedade B. A cessação do contrato de trabalho deste trabalhador, em caso de insolvência da sociedade A., pode ser considerada uma solução inadequada. Nesta sequência, é de atender igualmente ao recurso ao despedimento coletivo nas sociedades A. ou B. para saber se, em qualquer das hipóteses, o trabalhador em causa pode ser incluído no rol dos trabalhadores a despedir.

Imagine-se que o trabalhador foi contratado pela sociedade A., e, decorrido algum tempo, passou a trabalhar para a sociedade B. Ao fim de uns anos, quando o trabalhador está em vias de ser despedido (p. ex., num despedimento coletivo), põe-se o problema da contagem da antiguidade; importa saber se o tempo de trabalho na sociedade A. acresce àquele que foi realizado na sociedade B. Se se entender que são dois empregos diferentes, apesar de as sociedades fazerem parte do mesmo grupo, para efeitos de indemnização, só se conta o tempo de trabalho prestado em cada uma das empresas; ou seja, só se conta o último emprego.

Pense-se ainda numa quarta situação. Num determinado grupo empresarial, os trabalhadores são todos contratados por uma das empresas (a sociedade A. a quem cabe a gestão de pessoal no grupo, designada «sociedade de gestão de pessoal»[868]), que depois os coloca, em função das necessidades, nas outras empresas do grupo[869]. Neste caso, a responsabilidade emergente dos contratos de trabalho – inclusive o pagamento do salário – impende sobre a sociedade A. e não sobre as empresas beneficiárias da atividade dos trabalhadores.

---

deslocação temporária no seio do grupo é enquadrável no *ius variandi*. Veja-se igualmente Menezes Cordeiro, *Direito do Trabalho*, II, cit., p. 746.

[867] A insolvência só indiretamente conduz à cessação dos contratos de trabalho, mas é frequente essa consequência, cf. Romano Martinez, «Repercussões da Falência nas Relações Laborais», *RFDUL*, Vol. XXXVI (1995), pp. 419 ss. O problema da falência a que se alude, as mais das vezes, pode estar relacionado com a eliminação de filiais de reduzido proveito económico, cf. Engrácia Antunes, *Os Grupos de Sociedades*, cit., pp. 219 s.

[868] Quanto ao contrato de gestão de empresas, veja-se, entre outros, Pinto Monteiro, «Contrato de Gestão de Empresa», CJ (STJ) 1995, I, pp. 16 ss.

[869] Cf. este exemplo em Nelson Bernardo, «O Exercício dos Direitos dos Trabalhadores...», cit., p. 21.

Num outro plano, poderá igualmente questionar-se se os trabalhadores de várias empresas de um mesmo grupo deverão estar em situação igualitária, designadamente a nível salarial ou de regalias sociais ou se, pelo contrário, nada obsta a que, em relação a trabalhadores com a mesma categoria, antiguidade e período normal de trabalho, por trabalharem em distintas empresas do mesmo grupo, pode haver diferenciação salarial, de regalias sociais, etc. O problema assume maior acuidade quando, por exemplo, um trabalhador for transferido da sociedade A. para a B., tendo, depois disso, os seus antigos colegas de trabalho sido aumentados, o mesmo não se verificando em relação aos trabalhadores da sociedade B.[870].

II. Para fazer face a estas situações, eventualmente injustas, coloca-se o problema de saber se, por vezes, se justificará indagar acerca do empregador real[871]. Não há dúvidas quanto à determinação do empregador em termos jurídico-formais, que, no caso concreto, seria a sociedade A., mas, para além disso, pode haver interesse em perguntar pela identidade do empregador real.

A procura do empregador real está relacionada com uma ideia de justiça, na tentativa de levar a defesa do trabalhador até onde for juridicamente possível. De facto, em algumas situações limite, a mera determinação da entidade patronal jurídico-formal pode acarretar injustiças.

Juridicamente, para se chegar à entidade patronal real, sem atender só ao empregador efetivo, pode recorrer-se à figura da desconsideração da personalidade jurídica. Em princípio, quando se fala no levantamento da personalidade jurídica, pretende-se responsabilizar as pessoas singulares que estão «encobertas» pela pessoa coletiva. Neste caso, não é essa a finalidade, pois cabe verificar quem são as outras pessoas coletivas que agem em conjunto com aquele empregador formal. Interessa, deste modo, «passar por cima» do empregador efetivo (formal), desconsiderando-o, ou melhor, não atendendo exclusivamente a essa situação, e procurar o grupo empresarial em que aquele empregador se insere[872]. Deixaria, assim, de só se ter em conta o

[870] Sobre este problema, cf. Dias Coimbra, «Grupo Societário...», cit., pp. 139 ss.

[871] Cf. Bernardo Xavier/Furtado Martins/Nunes de Carvalho/Joana Vasconcelos//Tatiana Guerra de Almeida, *Manual*, cit., pp. 419 e ss.; Bernardo Xavier/Furtado Martins, «Cessão da Posição Contratual...», cit., pp. 407 ss.

[872] Cf. Cavalcante Koury, *A Desconsideração da Personalidade Jurídica (Disregard Doctrine) e os Grupos de Empresas*, 4.ª ed., São Paulo, 2018; Abel Sequeira Ferreira, *Grupos de Empresas*, cit., pp. 168 ss.; Bernardo Xavier/Furtado Martins/Nunes de Carvalho/Joana Vasconcelos/Tatiana Guerra de Almeida, *Manual*, cit., p. 419 e s. Como refere Nelson

contrato de trabalho celebrado com a sociedade A., sendo relevante o facto de trabalhar para várias empresas do grupo empresarial de que a sociedade A. faz parte.

Assim sendo, o empregador real seria o grupo empresarial[873]; acontece, porém, que a este, por não ter personalidade jurídica[874], não lhe é conferida legitimidade para celebrar contratos de trabalho. Ainda que as várias empresas do grupo sejam controladas por uma *holding*, esta não pode ser considerada o empregador real dos vários trabalhadores contratados pelas diferentes empresas do grupo, por contrariar o seu objeto[875].

Para efeitos de responsabilidade civil emergente, entre outros aspetos, da cessação do contrato de trabalho, em princípio, nada obstava a que o grupo empresarial, tendo personalidade jurídica, fosse demandado[876]; todavia, como, por não ter personalidade jurídica ou, em determinados casos, por não poder ser empregador jurídico-formal, pelo menos com a amplitude pretendida, dificilmente as consequências do contrato de trabalho, em especial na hipótese de reintegração do trabalhador após um despedimento ilícito, lhe poderiam ser exigidas.

Assim sendo, parece mais razoável que, nas situações apontadas, se entendam as várias empresas com as quais o trabalhador se encontra relacionado, nomeadamente por lá prestar atividade, como empregadores em diferentes relações laborais[877]. Para tal, bastaria que se demonstrasse o preenchimento dos pressupostos do contrato de trabalho entre o prestador da atividade e as várias empresas beneficiárias dessa atividade[878]. De facto, nada impede que

---

Bernardo, «O Exercício dos Direitos dos Trabalhadores...», cit., p. 47, o recurso à desconsideração deve relacionar-se com os princípios da aparência e da confiança legítima, ancorados no princípio da boa fé.

[873] Cf. Monteiro Fernandes, *Direito do Trabalho*, cit., p. 235; Rivero/Savatier, *Droit du Travail*, cit., p. 100.

[874] Cf. Nelson Bernardo, «O Exercício dos Direitos dos Trabalhadores», cit., pp. 23 e 26; Couturier, *Droit du Travail*, 1, 3.ª ed., Paris, 1996, p. 117; Abel Sequeira Ferreira, *Grupos de Empresas*, cit., p. 260.

[875] Sobre as sociedades *holding*, *vd.* Menezes Cordeiro, «Sociedades Gestoras de Participações Sociais», *O Direito*, 2001, III, pp. 558 ss.

[876] No direito brasileiro a questão ficou resolvida, pois no art. 2 da Consolidação das Leis do Trabalho impõe-se uma responsabilidade solidária das várias empresas do grupo.

[877] Contrariando esta posição, por considerar que conduz à insegurança jurídica, cf. Senra Biedna, «Grupos de Empresas y Derecho del Trabajo. Análisis Introductorio de la Técnica Jurídica de Atribuición de la Condición de Sujeto Patronal», *in Grupos de Empresas y Derecho del Trabajo*, org. por Baylos/Collado, cit., pp. 174 ss.

[878] *Vd.* Abel Sequeira Ferreira, *Grupos de Empresas*, cit., pp. 175 s.

existam vários vínculos laborais, sendo o trabalhador parte em distintos contratos com as diferentes empresas do grupo[879]. Em determinadas circunstâncias, relativamente a algumas dessas empresas, poder-se-ia entender que se estabelecera somente um vínculo laboral a tempo parcial ou então que o trabalhador tem um único vínculo laboral com diferentes empresas, ou seja que se está perante um contrato de trabalho com pluralidade de empregadores[880].

A figura do empregador real é polémica e não se pode aceitar com facilidade, até porque se afasta dos parâmetros tradicionais em que assenta o contrato de trabalho. Por outro lado, se as várias empresas do grupo podem ser entendidas como empregador real, há que aceitar este pressuposto com todas as suas consequências, em que se incluem as que são negativas para o trabalhador; se o empregador real pode ser qualquer uma das empresas do grupo, o trabalhador estaria sujeito, designadamente, aos deveres de obediência, de lealdade e de não concorrência em relação a todas elas, o que, em princípio, não é aceitável.

Deste modo, só se justifica recorrer ao empregador real em situações limite; sempre que a conceção tradicional do contrato de trabalho, unicamente com o empregador jurídico-formal, conduzir a uma situação manifestamente injusta[881]/[882]. Mas admitindo, nessas situações limite, que diferentes

[879] No Ac. STJ de 2/12/1992, BMJ 422, p. 203, admitiu-se a existência de uma tríplice entidade patronal, sendo as várias rés cotitulares dos poderes e deveres patronais. Diferentemente, no Ac. STJ de 22/5/1996 CJ (STJ) 1996, T. II, p. 262, no consórcio entre empresas, apesar da existência de um chefe do consórcio, em relação ao qual os trabalhadores estariam sujeitos à autoridade e direção, ainda que indireta, só se responsabilizou a empresa que celebrara os contratos de trabalho e não o consórcio, nem o respetivo chefe. É essa também a conclusão a que se chega no Ac. STJ de 6/4/2000, CJ (STJ), 2000, T. II, p. 245, considerando que o empregador será a sociedade que celebra o contrato.

[880] *Vd. supra* alínea a) deste número. Consulte-se também Catarina Carvalho, *Da Mobilidade dos Trabalhadores*, cit., pp. 339 s. e Abel Sequeira Ferreira, *Grupos de Empresas*, cit., p. 290.

[881] Bernardo Xavier/Furtado Martins/Nunes de Carvalho/Joana Vasconcelos//Tatiana Guerra de Almeida, *Manual*, cit., pp. 420 e s., partindo do mesmo pressuposto limitativo, preconiza o recurso à desconsideração só no caso de as sociedades prosseguirem o mesmo objetivo económico, com meios comuns ou quando exista entre elas relações estreitas que possam levar a concluir que o poder patronal é exercido por sociedade diversa da que ocupa formalmente a posição de empregador. Veja-se também Abel Sequeira Ferreira, *Grupos de Empresas*, cit., pp. 169 e 174. Com uma posição diversa, admitindo a «reintegração» na sociedade dominante, *vd.* Catarina Carvalho, *Da Mobilidade dos Trabalhadores*, cit., p. 35.

[882] Atendendo a esta perspetiva limitativa, não seria, em princípio, por exemplo, de aceitar que as razões conducentes a um despedimento coletivo numa empresa tivessem de ser apreciadas

empresas do grupo são empregadores do mesmo trabalhador, daí também decorrerão para o prestador de trabalho as inerentes consequências prejudiciais, como seja o alargamento do dever de lealdade.

III. Os problemas suscitados em torno do grupo de empresas não se colocam só a propósito da cessação do contrato de trabalho ou da fixação do salário. Há também que atender à mobilidade dos trabalhadores no interior do grupo de empresas[883] e às particularidades que esta realidade suscita a nível de relações coletivas, mormente com respeito à contratação coletiva e os seus efeitos nas várias empresas do grupo e às especificidades da greve.

IV. Se o trabalhador passa a desenvolver a sua atividade noutra empresa, poderá admitir-se que celebrou um novo contrato com este empregador, ficando, porventura, suspenso o contrato com a empresa para a qual anteriormente trabalhava[884]. Diferentemente, dependendo das circunstâncias, pode entender-se que, ao abrigo de uma cessão da posição contratual, o novo empregador ocupou o lugar do anterior na relação laboral, caso em que cessa o vínculo contratual entre o trabalhador e a antiga entidade patronal. Porém, encontrando aplicação o regime da cedência ocasional de trabalhadores (arts. 288.º e ss. do CT), o contrato de trabalho com a empresa cedente mantémse (*vd. infra* § 49.3).

Não parece, contudo, admissível que a mobilidade dos trabalhadores no seio do grupo encontre justificação na transferência geográfica temporária (art. 194.º do CT); este poder conferido ao empregador não pode ser entendido no sentido de ser possível, ainda que temporariamente, transferir o trabalhador de uma empresa para outra, pois a transferência geográfica só permite a alteração de local de trabalho do trabalhador dentro da mesma empresa[885].

Refira-se, por último, que a mobilidade pode resultar da própria estrutura contratual; encontram-se nesta situação as empresas que contratam trabalhadores para prestar serviço a outras empresas (p. ex., empresas de segurança ou de limpeza) e as empresas de trabalho temporário (Decreto-Lei n.º 260/2009, de 25 de setembro). Em qualquer destes casos, os trabalha-

no quadro do grupo empresarial. Admitindo a solução oposta, ABEL SEQUEIRA FERREIRA, *Grupos de Empresas*, cit., pp. 177 ss.

[883] Sobre esta questão veja-se ABEL SEQUEIRA FERREIRA, *Grupos de Empresas*, cit., pp. 183 ss.

[884] Cf. COUTURIER, *Droit du Travail*, cit., p. 115.

[885] Veja-se ainda CATARINA CARVALHO, *Da Mobilidade dos Trabalhadores*, cit., pp. 144 ss.

dores contratados por uma empresa podem prestar trabalho a outra empresa do grupo sem que, com esta, se estabeleça uma relação laboral.

V. Nas relações coletivas há vários níveis a apreciar.

Primeiro, os trabalhadores das diferentes empresas do grupo podem, por via de um acordo coletivo, ficar numa situação paritária se todas as empresas desse grupo pretenderem celebrar o referido acordo, porque não está institucionalizada qualquer forma de representação do grupo de empresas[886].

Em segundo lugar, as comissões de trabalhadores, nomeadamente no âmbito de grupos internacionais, podem ter uma intervenção comum nas diversas empresas do grupo[887].

Por último, a greve é declarada individualmente em cada empresa e, em princípio, não pode depender de problemas existentes em outras empresas do grupo, mas, excecionalmente, em particular determinado tipo de greves de solidariedade, pode haver repercussões interempresariais.

4. Pluralidade de empregadores

Em determinados casos de grupo de empresa ou havendo estruturas organizativas comuns, admite-se que o contrato de trabalho seja ajustado entre um trabalhador e dois ou mais empregadores (art. 101.º do CT). Nesse caso, o trabalhador tem um vínculo laboral com diferentes empregadores, ficando adstrito a realizar a atividade junto de cada um destes e sujeito ao poder de direção de todos.

Além dos pressupostos relacionados com a relação existente entre os vários empregadores, o contrato de trabalho está sujeito a determinados requisitos indicados nas alíneas do n.º 2 do art. 101.º do CT.

Apesar de haver pluralidade de empregadores, é necessário identificar-se no contrato «o empregador que representa os demais no cumprimento dos deveres e no exercício dos direitos emergentes do contrato de trabalho» (art. 101.º, n.º 2, alínea *c)*, do CT).

---

[886] Cf. Abel Sequeira Ferreira, *Grupos de Empresas*, cit., pp. 223 ss., em especial pp. 238 ss. e 245 ss. e Dias Coimbra, «Os Grupos Societários no Âmbito das Relações de Trabalho: a Negociação do Acordo de Empresa», cit., pp. 379 ss.; Herrera Duque, *Los Grupos de Empresas en el Ordenamiento Jurídico Español*, Valência, 2000, pp. 79 ss.

[887] Veja-se Catarina Carvalho, *Da Mobilidade dos Trabalhadores*, cit., pp. 45 ss.

A pluralidade de empregadores, permitindo a utilização conjunta de um trabalhador por vários empregadores, determina a responsabilidade solidária destes.

5. Fragmentação da posição jurídica de empregador

Cabe ainda mencionar o facto de, por vezes, se estar perante situações em que entidades, com funções de empregador, se apresentam com estatuto diferente, numa mesma relação laboral. Pode ocorrer que, relativamente a um mesmo trabalhador, coexistam duas entidades que exercem funções típicas de empregador, com estatuto diverso. Isto sucede, por exemplo, no caso do trabalho temporário (*vd. infra* § 34.); a empresa de trabalho temporário (ETT) contrata um determinado trabalhador, que deverá prestar a sua atividade a um utilizador de mão-de-obra. Existem duas entidades, o utilizador e a ETT, que se apresentam nas vestes de empregador, pois ambos exercem poderes próprios deste. O utilizador tem, em regra, o poder de direção; e à ETT foi, normalmente, conferido o poder disciplinar.

As mencionadas situações de diferença de estatutos são exemplificativas e servem para explicar que poderá haver eventuais diferenças jurídicas entre várias entidades com funções de empregador. Matéria que será explanada em lugar próprio.

BIBLIOGRAFIA:

ENGRÁCIA ANTUNES, *Os Grupos de Sociedades*, 2.ª ed., Coimbra, 2002, pp. 218 ss., «Os grupos de sociedades no direito do trabalho», *QL* 39 (2012), pp. 49 a 78 e «A disciplina juslaboral da empresa plurissocietária», *Estudos dedicados ao Professor Doutor Bernardo da Gama Lobo Xavier*, II, Lisboa, 2015, pp. 291 ss.; CATARINA CARVALHO, *Da Mobilidade dos Trabalhadores no Âmbito dos Grupos de Empresas Nacionais*, Porto, 2001, «Contrato de Trabalho e Pluralidade de Empregadores», *QL* n.º 26 (2005), pp. 209 ss. e *Da dimensão da empresa no direito do trabalho*, Coimbra, 2011, pp. 231 ss.; MENEZES CORDEIRO, *Direito do Trabalho*, I, cit., pp. 581 ss.; MONTEIRO FERNANDES, *Direito do Trabalho*, 18.ª ed., Coimbra, 2017, pp. 377 e ss.; JÚLIO GOMES, *Direito do Trabalho*, cit., pp. 215 e ss.; ANDRADE MESQUITA, *Direito do Trabalho*, cit., pp. 91 ss.; LUÍS MIGUEL MONTEIRO, anotação ao art. 101.º, *in* ROMANO MARTINEZ/LUÍS MIGUEL MONTEIRO/JOANA VASCONCELOS/MADEIRA DE BRITO/GUILHERME DRAY/GONÇALVES DA SILVA, *Código do Trabalho Anotado*, cit., pp. 294 ss.; MÁRIO PINTO/FURTADO MARTINS/NUNES DE CARVALHO, *Comentário*, cit., anot. II.2 ao art. 1.º, pp. 23 e 24; MÁRIO PINTO, *Direito do Trabalho*, cit., pp. 113 a 116; ROSÁRIO PALMA RAMALHO, *Tratado de Direito do Trabalho*, I, cit., pp. 348 ss., e *Grupos Empresariais e Societários. Incidências Laborais*, Coimbra, 2008, em especial pp. 471 ss.; JOANA VASCONCELOS, «Contrato de Trabalho com Pluralidade de Empregadores», *RDES*, 2005, n.os 2/4, pp. 283 ss.; MOTTA VEIGA, *Lições*, cit., pp. 334 a 339; BERNARDO XAVIER/FURTADO MARTINS/NUNES DE CARVALHO/JOANA VASCONCELOS/TATIANA GUERRA DE ALMEIDA, *Manual*, cit., pp. 413 e ss.

Secção IV
Formação

§ 18. QUESTÕES PRÉVIAS

A formação do contrato de trabalho está dependente de três princípios básicos.

Para além das regras gerais de formação dos negócios jurídicos, que se aplicam no domínio do contrato de trabalho, há a ter em conta, primeiro, um princípio de liberdade, correspondente à autonomia privada, estabelecida no art. 405.º do CC (princípio enformador de todos os contratos, salvo raras exceções, e, por conseguinte, também aplicável ao contrato de trabalho).

Relativamente ao contrato de trabalho, o art. 47.º, n.º 1, da CRP consagra, só quanto aos trabalhadores, o princípio de autonomia privada, na vertente da liberdade de escolha da profissão. No art. 47.º, n.º 1, da CRP, com a liberdade de escolha da profissão ou género de trabalho[888], reitera-se o princípio da liberdade contratual[889]. O preceito constitucional trata tão-só da liberdade quanto ao trabalhador, mas relativamente ao empregador vigora o art. 405.º do CC e, deste modo, em princípio, nenhum empregador é obrigado a celebrar contratos de trabalho que não queira. Podem ser indicadas algumas

---

[888] Sobre a questão, consulte-se JORGE MIRANDA, «Liberdade de Trabalho e Profissão», *RDES* XXX (1988), n.º 2, pp. 145 ss.

[889] Há exceções de ordem legal (p. ex., menoridade e posse de carteira profissional) e de ordem convencional (p. ex., pacto de não concorrência, art. 136.º do CT).

exceções, em que empregadores foram obrigados a aceitar trabalhadores, mas são resquícios históricos[890]; por via de regra, vigora a autonomia privada.

Como segundo princípio, cabe aludir ao direito ao trabalho, constante do art. 58.º, n.º 1, da CRP. O direito ao trabalho não foi conferido como um direito subjetivo, atribuindo àqueles que pretendam trabalhar a possibilidade de agir contra os potenciais empregadores, exigindo-lhes trabalho. Não é pelo facto de se estabelecer que todos têm direito ao trabalho (art. 58.º da CRP) que se põe em causa o princípio da liberdade contratual do 405.º do CC. Trata-se de um direito concedido aos trabalhadores contra o Estado, mas não invocável em relação aos empregadores, como se depreende do art. 58.º, n.º 3, alínea *a)*, da CRP, ao dizer que «incumbe ao Estado garantir o pleno emprego». É o Estado que tem que garantir o pleno emprego e não as entidades patronais; a garantia de pleno emprego corresponde a uma das incumbências do Estado, com as inerentes consequências políticas.

Em terceiro lugar, o princípio da igualdade, estabelecido no art. 13.º (em especial, no n.º 2) da CRP, que vigora também relativamente ao contrato de trabalho, tendo, porém, neste domínio, uma concretização no art. 59.º da CRP. Trata-se de uma repercussão concreta do princípio da igualdade, ao estabelecer-se, designadamente, a não discriminação de trabalhadores. Há um pressuposto constitucional de que, nas relações laborais, não deve haver diferenciação com repercussões ao nível do contrato de trabalho, pretendendo-se evitar situações de desigualdade.

§ 19. PRESSUPOSTOS DO CONTRATO DE TRABALHO

O contrato de trabalho depende dos requisitos básicos dos demais negócios jurídicos. Os pressupostos do contrato de trabalho coincidem com os dos negócios jurídicos (arts. 217.º e ss. do CC), mas importa fazer referência a certas particularidades que, no domínio do contrato de trabalho, apresentam alguma relevância.

[890] *Vd. supra* § 12., n.º 1.I, nota 596.

1. Capacidade e limitações à celebração do contrato

a) Aspetos gerais

I. Interessa, tão-só, tratar da capacidade de exercício, na medida em que, no direito do trabalho, não se estabelece qualquer particularidade a nível da capacidade de gozo.

Poder-se-ia questionar se a proibição constante do art. 68.º do CT não corresponde a uma falta de capacidade de exercício (ou de agir) dos menores, nos termos estabelecidos no Código Civil, mas a uma incapacidade de gozo, em razão da qual o negócio não pode ser realizado[891]. A capacidade jurídica, a que alude o art. 67.º do CC, distingue-se em capacidade de gozo (medida das posições jurídicas de que se pode ser titular) e capacidade de exercício (medida das posições jurídicas que se podem exercer pessoal e livremente)[892]. Importa, pois, averiguar se o menor, com idade inferior a dezasseis anos, não tem suscetibilidade de ser titular de posições jurídicas emergentes de uma relação laboral.

Se assim fosse, estar-se-ia perante uma situação em que determinadas pessoas, por não terem capacidade de gozo, não poderiam celebrar contratos de trabalho, pois, caso se tratasse de falta de capacidade de exercício, nos termos do art. 124.º do CC, ela seria suprida pela representação legal (poder paternal ou tutela), podendo, deste modo, os menores celebrar contratos de trabalho, contra o disposto no art. 68.º do CT.

Não parecia razoável que, em direito do trabalho, se tivesse estabelecido, relativamente a determinadas pessoas (menores), uma falta de capacidade de gozo. A capacidade de gozo das pessoas singulares não tem limites, é genérica (art. 67.º do CC)[893], e não seria curial que, tanto a Lei do Contrato de Trabalho como atualmente o Código do Trabalho estabelecessem uma incapacidade de gozo dos menores. Em sentido diverso, poder-se-ia equiparar a limitação estabelecida em sede laboral àquela que o legislador prescreveu quanto ao casamento; como resulta do art. 1601.º, alínea *a)*, do CC, constitui um impedimento dirimente, obstando ao casamento, a idade inferior a dezasseis anos; mas as situações não são equiparáveis.

---

[891] Neste sentido, considerando que «o contrato celebrado com um menor nestas circunstâncias é nulo por incapacidade de gozo», *vd.* Brito Correia, *Direito do Trabalho,* Vol. I, Lisboa, 1980/81, p. 125.

[892] *Vd.* Menezes Cordeiro, *Tratado de Direito Civil Português,* IV, *Parte Geral. Pessoas,* 5.ª ed., Coimbra, 2019, pp. 360 ss.

[893] Cf. Carvalho Fernandes, *Teoria Geral do Direito Civil,* Vol. I, 5.ª ed., Lisboa, 2010, p. 233.

Como se esclareceu (*vd. supra* § 16.4), o problema não parece enquadrar-se na falta de capacidade de gozo, até porque, nessa senda, chegar-se-ia a conclusões bizarras sempre que a lei estabelecesse limitações, por exemplo, quanto ao trabalho de estrangeiros, ou de trabalhadores sem carteira profissional; dir-se-ia que tais pessoas não tinham capacidade de gozo, solução que não é aceitável. Em relação ao menor de dezasseis anos não há uma insusceptibilidade de ser titular de situações jurídicas laborais; mas a lei não permite que menores, com idade inferior a dezasseis anos, celebrem contratos de trabalho, pois considera que a prestação de determinadas atividades pode prejudicar o seu desenvolvimento físico, moral, etc. Do mesmo modo, a proibição quanto à celebração de certos contratos, por exemplo de compra e venda de heroína, não está relacionada com a falta de capacidade de gozo das partes, correspondendo, simplesmente, a uma proibição quanto a determinadas situações que o legislador achou que não seriam justificáveis.

Como segundo argumento, não se poderia entender a limitação legal como uma verdadeira falta de capacidade de gozo, porque o limite não se relaciona tão-só com a idade de dezasseis anos: por um lado, admite-se excecionalmente a constituição de relações laborais válidas com menores de quinze anos; por outro, o ter completado a idade de dezasseis anos não permite, ainda assim, a celebração de contratos de trabalho caso o menor não tenha concluído a escolaridade obrigatória – solução normal relativamente a menores – ou esteja matriculado e a frequentar o ensino secundário.

Acresce, ainda, um terceiro argumento. Não se pode entender que se estabeleceu um regime de falta de capacidade de gozo, porquanto o trabalhador menor de idade que tenha ajustado o contrato de trabalho será tutelado como se tivesse celebrado um contrato válido (art. 122.º, n.º 1, do CT). Deste modo, se um trabalhador com catorze anos ajustou um contrato de trabalho que foi sendo executado, quando perfaz dezasseis anos o contrato convalida-se desde o início (art. 125.º, n.º 1, do CT), não sendo aceitável entender que, quando celebrou o contrato, o trabalhador não tinha capacidade de gozo.

Estar-se-á perante uma violação de normas legais sempre que o contrato de trabalho seja celebrado com um menor, fora do âmbito do art. 68.º do CT, sendo, por isso, o negócio jurídico nulo. A nulidade advém, não da falta de capacidade de gozo, mas – nos termos dos arts. 280.º, n.º 1, e 294.º do CC – da violação de disposições legais.

II. Quanto à capacidade de exercício, o art. 13.º do CT, inserido numa Subsecção sobre «Capacidade», determina que «A capacidade para celebrar contrato de trabalho regula-se nos termos gerais (...)».

O art. 13.º do CT, ao dispor que, relativamente à capacidade para a celebração dos contratos de trabalho, se aplicam as regras gerais, remete para o que foi estudado em Teoria Geral do direito civil, concretamente para o disposto nos arts. 122.º e ss. do CC[894]. Mas quanto ao contrato de trabalho, as regras constantes dos arts. 122.º e ss. do CC sofrem algumas exceções, que se encontram no Código do Trabalho, em sentido idêntico ao que constava da precedente Lei do Contrato de Trabalho.

III. Da versão original da Lei do Contrato de Trabalho constavam duas exceções às regras de direito civil. A primeira dessas exceções, revogada antes do Código do Trabalho, tratava da limitação à capacidade de exercício, quanto à celebração de contratos de trabalho, por parte das mulheres casadas[895]. No art. 117.º da LCT estabelecia-se uma limitação, pois tinha de ser pedida autorização ao marido; disposição, revogada, pelo menos desde o Decreto-Lei n.º 496/77, de 25 de novembro (que alterou o Código Civil), com o art. 1677.º-D do CC, que determinou a igualdade entre cônjuges, no que respeita ao exercício de profissões.

No domínio da Lei do Contrato de Trabalho subsistia uma outra exceção às regras gerais dos arts. 122.º e ss. do CC, quanto à celebração de contratos de trabalho por parte de menores, em que se estabelecem limites ao ajuste do negócio, com contornos distintos da incapacidade de exercício. Como se indicou *supra* (§ 16.4), o regime estabelecido na Lei do Contrato de Trabalho transitou para o Código do Trabalho, tanto na versão de 2003 (arts. 53.º e ss.) como na versão de 2009 (arts. 66.º e ss., em especial, arts. 68.º e ss.).

b) Limitações; menoridade (remissão)

I. No direito do trabalho, os limites à celebração de negócios jurídicos por parte dos menores não se prende com a falta de discernimento para a celebração dos contratos de trabalho, pois relaciona-se com a proteção dos menores que exercem atividades laborais[896] e com o consequente combate

[894] No Ac. Rel. Cb. de 15/6/1994, CJ XIX, T. III, p. 65, determinou-se que eram ineficazes em relação à sociedade ré os contratos de trabalho celebrados por um sócio não gerente, sem poderes de representação para ajustar tais negócios.

[895] *Vd.* FERNANDA NUNES AGRIA/MARIA LUISA PINTO, *Contrato Individual de Trabalho*, Coimbra, 1972, p. 48.

[896] Cf. RODRIGUES DA SILVA, «A Eliminação do Trabalho Infantil», *TJ* 30 (1987), p. 8; SOARES RIBEIRO, «As Sanções no Trabalho de Menores», *QL* III (1996), n.º 7, pp. 18 ss.

ao trabalho infantil[897]; de facto, como resulta do n.º 1 do art. 66.º do CT, visa-se «proporcionar ao menor condições de trabalho adequadas à respetiva idade que protejam a sua segurança, saúde, desenvolvimento físico, psíquico e moral, educação e formação, prevenindo, de modo especial, qualquer risco resultante da falta de experiência, da inconsciência dos riscos existentes ou potenciais ou do grau de desenvolvimento do menor».

De forma diversa, o Código Civil, nas regras constantes dos arts. 122.º e ss., tem essencialmente em conta a proteção daqueles que apresentem uma dificuldade de discernimento e, por isso, trata dos menores e dos interditos como pessoas que não têm capacidade de entender e querer, não devendo celebrar livremente contratos. Deste modo, o Código Civil admite que, não tendo as pessoas tal capacidade, deve a mesma ser suprida pelo poder paternal ou pela tutela.

Relativamente ao contrato de trabalho, a lei não encara o problema da capacidade de exercício dos menores nesta perspetiva, mas sim para tutelar os menores de forma a, por um lado, não serem explorados e, principalmente, para defesa do desenvolvimento físico, psíquico e moral, educação e formação dos mesmos (art. 66.º, n.º 1, do CT). No Código do Trabalho prevalece uma tutela do desenvolvimento físico, psíquico e moral bem como a educação dos menores sobre a perspetiva da falta de discernimento para celebrar contratos[898].

Noutros ordenamentos jurídicos, a proteção dos menores no acesso ao mercado de trabalho também se relaciona com a respetiva capacidade, em termos idênticos aos estabelecidos em Portugal. Cf. Bowers, *Employment Law*, cit., pp. 37 s., arts. 402 ss. Consolidação das Leis de Trabalho (Valentin Carrion, *Comentários*, cit., anot. arts. 402 ss., pp. 254 ss.), arts. 6 e 7.b) *Estatuto de los Trabajadores* (Dieguez, *Lecciones de Derecho del Trabajo*, 4.ª ed., Madrid, 1995, pp. 216 ss.), Jugendarbeitsschutzgesetz (Dütz, *Arbeitsrecht*, cit., p. 58).

[897] Sobre esta questão, veja-se a Resolução do Conselho de Ministros n.º 75/96, de 2 de Julho, que cria o Conselho Nacional de Eliminação da Exploração do Trabalho Infantil.

Quanto às coimas e sanções acessórias aplicáveis às empresas que deem trabalho a menores, veja-se o disposto nos arts. 66.º, n.º 5, 68.º. n.º 6, e 69.º, n.º 6, do CT, assim como o comentário aos arts. 4.º e 5.º do Decreto-Lei n.º 396/91 de Leal Amado, «Trabalho Infantil e Efectividade do Direito do Trabalho», *Pront.* n.º 43 (1993), pp. 9 ss., e Soares Ribeiro, «As Sanções no Trabalho de Menores», cit., pp. 18 ss.

[898] As razões do recurso ao trabalho infantil prendem-se com motivos de ordem cultural, social e económica. Os empregadores recorrem ao trabalho de menores por ser mais barato; todavia, do art. 4.º, n.º 1, alínea *a*), do Decreto-Lei n.º 69-A/87, de 9 de fevereiro (com a redação do Decreto-Lei n.º 411/87, de 31 de dezembro), admitia-se que os trabalhadores com menos de dezoito anos pudessem ter uma redução salarial de 25%, mas essa norma foi revogada pela Lei n.º 45/98, de 6 de Agosto. No sentido de a contratação de menores (em idade laboral) não

Daí que, no domínio do contrato de trabalho, atendendo ao disposto nos arts. 68.º e ss. do CT, a emancipação não implica modificações. Por isso, no art. 66.º, n.º 4, do CT determina-se que a emancipação não prejudica a aplicação das normas relativas à proteção da saúde, educação e formação do trabalhador menor[899]; enquanto para o direito civil (art. 133.º do CC), se o menor for emancipado é considerado, para efeitos de celebração do negócio jurídico, como se fosse maior, com plena capacidade de exercício.

c) Outras limitações

I. Quanto a restrições à celebração de contratos de trabalho, além dos menores, importa fazer referência à situação dos insolventes e dos estrangeiros. Também não está em causa um problema de falta de capacidade de exercício, mas há algumas limitações legais a que importa aludir.

II. Em relação aos insolventes, nos arts. 81.º e ss. e 102.º e ss. do Código de Insolvência[900] não se estabelece qualquer limitação quanto à celebração de contratos de trabalho, nas vestes de trabalhador (veja-se, em especial, o desnecessário art. 113.º do Código de Insolvência). A ideia do insolvente como um incapaz relativamente ao exercício de certas atividades, está posta de parte. Já no revogado art. 1189.º, n.º 2, do CPC, dizia-se que o falido podia adquirir, por meio do seu trabalho, meios de subsistência e os arts. 102.º e ss. do Código de Insolvência (tal como os arts. 147.º e ss. do anterior Código Falência), apesar de não se referirem expressamente à relação laboral, não estabelecem nenhuma limitação quanto à celebração, por parte do insolvente, de um contrato de trabalho como trabalhador; do art. 113.º do Código

---

ser vantajosa do ponto de vista jurídico para as empresas, é de referir a garantia de proteção na saúde e educação (art. 72.º do CT), os direitos especiais dos menores (art. 67.º do CT) e as regras quanto à dispensa de horário de trabalho com adaptabilidade (art. 74.º do CT), às condições específicas do trabalho de menores (art. 73.º do CT) e trabalho noturno (art. 76.º do CT); a isto acresce a obrigação de a empresa comunicar à ACT a admissão de menores (art. 69.º, n.º 4, do CT).

[899] Deste modo, o menor de dezasseis anos, emancipado pelo casamento, que não tenha concluído a escolaridade obrigatória, só pode aceder ao mercado de trabalho nas condições previstas no art. 69.º do CT.

[900] O Código de Insolvência, aprovado pelo Decreto-Lei n.º 53/2004, de 18 de Março, revogou o Código dos Processos Especiais de Recuperação da Empresa e de Falência (Lei n.º 132/93, de 23 de Abril, com as alterações introduzidas pelo Decreto-Lei n.º 315/98, de 20 de outubro), em cujos arts. 147.º ss. se regulava esta matéria. Por seu turno, o Código de Falência havia revogado os arts. 1135.º a 1325.º do CPC.

de Insolvência consta tão-só que a declaração de insolvência do trabalhador não suspende o contrato de trabalho. Tendo em conta a inexistência de limitações e verificando-se, pelo contrário, que se estabelece a possibilidade de subsistência das relações vigentes (p. ex., art. 113.º do Código de Insolvência), é de concluir que, relativamente aos contratos de trabalho, o insolvente, na qualidade de trabalhador, pode celebrá-los livremente. Não obstante a liberdade de celebrar contratos de trabalho, há uma limitação quanto ao pagamento da retribuição, pois nos termos do disposto no art. 738.º, n.º 1, do CPC (art. 824.º, n.º 1, alínea *a)*, do anterior CPC), verifica-se que um terço do salário do insolvente pode ser penhorado.

Problema diverso é o do insolvente que celebra um contrato de trabalho na qualidade de empregador. A insolvência do empregador não acarreta nenhuma consequência quanto aos contratos de trabalho que estiverem em vigor no momento em que é decretada (art. 347.º do CT e art. 111.º do Código Insolvência)[901].

Em determinadas circunstâncias, perante a insolvência do empregador, pode o estabelecimento vir a ser encerrado (art. 347.º, n.º 1, do CT) e, com o encerramento do estabelecimento, caducam os contratos de trabalho, mas esta consequência não advém de uma limitação quanto à capacidade do empregador[902].

Todavia, o empregador insolvente não pode celebrar novos contratos de trabalho. Não por se estar perante uma incapacidade relativamente à sua pessoa, mas porque, em caso de insolvência, relativamente ao exercício da profissão, há limitações legais e, nessa medida, ao empregador está vedado contratar novos trabalhadores. Quem pode celebrar novos contratos de trabalho será o administrador da insolvência, que vai administrar a massa falida.

III. Quanto a contratos de trabalho a celebrar com estrangeiros e apátridas estabeleceram-se limitações, essencialmente no plano das formalidades para o ajuste do contrato, mas não há qualquer incapacidade negocial, até porque, por imperativo constitucional, vale um princípio de equiparação entre estrangeiros e nacionais (*vd. supra* § 16.8).

Vigora o princípio geral de igualdade entre nacionais e estrangeiros (art. 4.º do CT), e, não obstante as limitações burocráticas (art. 5.º do CT), não se pode concluir no sentido de se estar perante uma falta de capacidade.

[901] *Vd. infra* § 55. n.º 3, alínea *c)*.

[902] Em caso de insolvência, os contratos de trabalho também podem cessar em consequência de um despedimento coletivo, movido nos termos dos arts. 359.º e ss. do CT (art. 347.º do CT).

Há tão-só limitações legais, de ordem formal, no que respeita à contratação de trabalhadores estrangeiros e apátridas.

Contudo, tratando-se de trabalhadores estrangeiros não autorizados a exercer uma atividade profissional subordinada em território português, a relação laboral que se tenha estabelecido não é válida. Mais uma vez, a invalidade não advém da falta de capacidade de tais cidadãos estrangeiros, mas da violação de disposição legal, que determina a nulidade do contrato (art. 294.º do CC).

Bibliografia:

Leal Amado, «Trabalho Infantil e Efectividade do Direito do Trabalho», *Prontuário da Legislação do Trabalho*, n.º 43, CEJ, 1993, pp. 9 a 11; Menezes Cordeiro, *Direito do Trabalho*, II, cit., pp. 223 ss.; João Correia, «Capacidade Judiciária dos Menores», *Prontuário da Legislação do Trabalho*, n.º 41, CEJ, 1992, pp. 17 e 18; Jorge Leite, «Alguns Aspectos do Regime Jurídico do Trabalho de Menores», *Prontuário da Legislação do Trabalho*, n.º 40, CEJ, 1992, pp. 11 a 16; Andrade Mesquita, *Direito do Trabalho*, cit., pp. 417 e ss.; Bentes de Oliveira, «Trabalho de Menores em Espectáculos e Publicidade», *QL*, n.º 16 (2000), pp. 190 a 213; Mário Pinto/Furtado Martins/Nunes de Carvalho, *Comentário*, cit., anot. aos arts. 3.º, 121.º, 122.º e 123.º, pp. 38, 39 e 293 a 300; Rosário Palma Ramalho, *Tratado de Direito do Trabalho*, II, cit., pp. 112 e ss.; Soares Ribeiro, «As Sanções no Trabalho de Menores», *QL* n.º 7 (1996), pp. 18 a 30; Motta Veiga, *Lições*, cit., pp. 354 a 361; Bernardo Xavier/Furtado Martins/Nunes de Carvalho/Joana Vasconcelos/Tatiana Guerra de Almeida, *Manual*, cit., pp. 650 e ss.

2. Idoneidade do objeto

a) Aspetos comuns

Em relação ao objeto do contrato de trabalho não há qualquer particularidade, mas importa prestar alguns esclarecimentos. A atividade laboral corresponde, por via de regra, a uma prestação genérica que, de certa forma, está indeterminada, sendo necessário concretizá-la, mediante as ordens provenientes da entidade patronal. Por outro lado, a habilitação do trabalhador pode condicionar a validade do contrato de trabalho.

Os restantes requisitos dos arts. 280.º e 281.º do CC (possibilidade, física e legal, e ilicitude) não apresentam qualquer particularidade no domínio do contrato de trabalho, nem carecem de esclarecimentos.

Como resulta do art. 115.º do CT, o objeto do contrato será definido pelas partes (n.º 1), ainda que por remissão para categoria constante de instrumento de regulamentação coletiva de trabalho (n.º 2).

b) Determinabilidade

Quanto ao objeto do negócio jurídico exige-se, nos arts. 280.º e 400.º do CC, a sua determinação. O contrato de trabalho, como qualquer negócio jurídico, será nulo se o objeto for indeterminado. Importa, por isso, verificar em que medida a indeterminação da prestação laboral será admissível, tendo em conta o disposto nos referidos artigos do Código Civil, em confronto com o art. 115.º do CT.

A prestação laboral não pode ser indeterminável; a indeterminabilidade da prestação de trabalho implica a nulidade do negócio jurídico. Mas são admissíveis prestações laborais indeterminadas, desde que a sua determinação se possa fazer no decurso da execução do contrato de trabalho.

A prestação genérica de trabalho é, em princípio, determinável. A indeterminação, característica da prestação laboral, não sendo, em regra, absoluta, pode ser concretizada por via das ordens emanadas do empregador[903]. Existe um critério objetivo para a determinação da prestação e, portanto, não há nulidade do contrato.

Torna-se, porém, necessário atender ao facto de a determinabilidade da prestação laboral assentar em alguns parâmetros, pois as ordens do empregador só podem concretizar a prestação laboral dentro de um certo contexto, em particular no âmbito da categoria do trabalhador. Assim sendo, em princípio, poder-se-á pôr em causa a validade de um contrato de trabalho, nos termos dos arts. 280.º e 400.º do CC, caso alguém se obrigue a «fazer qualquer coisa»[904]. Não havendo um critério objetivo que possibilite a determinação do que será essa «qualquer coisa», estar-se-ia perante uma total indeterminabilidade da prestação e, então, o contrato seria nulo.

É, portanto, necessário que as partes, ao abrigo do art. 115.º do CT, definam, ainda que indiretamente, o objeto do contrato de trabalho, de

---

[903] Como esclarece DÜTZ, *Arbeitsrecht*, cit., p. 61, a relação laboral concretiza-se, atendendo ao disposto na lei, nas convenções coletivas e regulamentos de empresa, por via do poder de direção, e com base na interpretação do contrato.

[904] Ou, como refere MONTEIRO FERNANDES, *Direito do Trabalho*, cit., p. 222, em que «um trabalhador se compromete a fazer seja o que for».

molde a haver critérios que, conjugados com o poder de direção, permitam determinar a atividade que o trabalhador se encontra vinculado a desempenhar.

c) Habilitação

I. Partindo de uma noção ampla de objeto, em que para além do *quid* do negócio jurídico, se abrange também o seu conteúdo, e tendo ainda por base o disposto no art. 280.º do CC, há outros aspetos a considerar na dependência da idoneidade do objeto, relacionados, em especial, com os requisitos negociais dependentes, simultaneamente, do trabalhador e do objeto do contrato. Importa determinar em que medida tais requisitos podem pôr em causa a relação jurídica laboral, acarretando a nulidade do contrato de trabalho, atendendo à situação jurídica do trabalhador no negócio jurídico em causa, isto é, qual a relevância de elementos conexos à pessoa do trabalhador[905].

De facto, há certas profissões que só podem ser desenvolvidas por quem tenha as respetivas habilitações. A falta de tais habilitações, quando a lei as exige, prende-se com o conteúdo do negócio jurídico na relação existente entre o prestador da atividade e aquele contrato em concreto.

Não é um pressuposto negocial genérico, pelo que não pode ser apreciado em abstrato, mas em relação a cada caso concreto. Não sendo, deste modo, um pressuposto de validade para toda e qualquer situação, pois só se justifica naquele caso concreto, só vale em relação àquele trabalhador. Há que averiguar se o trabalhador em apreço tem a habilitação necessária para celebrar o contrato de trabalho em causa.

O problema não está em saber se ele pode, materialmente, exercer a atividade, mas se a lei permite que aquela pessoa, em concreto, exerça aquele trabalho. Não está em causa um problema de impossibilidade material, mas sim de impossibilidade jurídica. Se um trabalhador não tem a habilitação exigida para a prestação de uma determinada atividade, há uma impossibilidade jurídica e não material.

Em caso de impossibilidade jurídica vale o disposto no art. 280.º, n.º 1, do CC, e o contrato de trabalho é nulo.

---

[905] Corresponde àquilo a que Menezes Cordeiro, *Direito do Trabalho*, II, cit., p. 255, chama «requisitos na esfera do trabalhador».

II. Entre as várias habilitações que podem ser exigidas para a prática de uma determinada profissão, a nível da relação laboral tem particular importância a exigência de título profissional[906].

O contrato de trabalho celebrado com um trabalhador sem título habilitante para a profissão, sendo exigido, é nulo (art. 117.º, n.º 1, CT)[907]. O art. 117.º do CT baseia-se num condicionalismo idêntico ao do art. 280.º do CC, ou seja, estabelece-se a nulidade pelo facto de, naquele caso, haver uma impossibilidade jurídica. Sendo o pressuposto o mesmo, deve-se relacionar o art. 117.º, n.º 1, do CT com o art. 280.º, n.º 1, do CC. O fundamento da nulidade não diverge nos dois preceitos.

O condicionamento do exercício de uma determinada profissão à posse da «carteira profissional» constava do Decreto-Lei n.º 358/84, de 13 de novembro, substituído pelo Decreto-Lei n.º 92/2011, de 27 de julho (Sistema de Regulação de Acesso a Profissões), hoje regulado pelo Decreto-Lei n.º 37/2015, de 10 de março (Regime de Acesso e Exercício de Profissões e de Atividades Profissionais).

III. Este regime de condicionamento não se aplica às profissões cujo exercício dependa de inscrição numa ordem[908], relativamente às quais existe legislação própria. São as respetivas ordens (Ordem dos Médicos, dos

---

[906] A anteriormente designada carteira profissional era exigida para o desempenho de determinadas atividades, e distinguia-se da «carteira de trabalho» que, no Brasil, «é obrigatória para o exercício de qualquer emprego» (art. 13.º, proémio, da Consolidação das Leis de Trabalho), constituindo uma condicionante genérica do acesso ao mercado de trabalho, cf. SIDRIM NASSAR, «Identificação Profissional. Carteira de Trabalho e Previdência Social. Registros Profissionais», *Curso de Direito do Trabalho. Homenagem ao Professor Sayão Romita*, Rio de Janeiro, 2000, pp. 141 ss.

Situação idêntica ocorria em Itália com o «libretto del lavoro», previsto na Lei n.º 112, de 10 de janeiro de 1935 (CIAN/TRABUCCHI, *Commentario Breve al Codice Civile*, cit., anot. I.1 ao art. 2124, afirmam «(...) o *libretto del lavoro* (...) é obrigatório para todos os trabalhadores, salvo algumas excepções»).

[907] A matéria encontra-se regulada no Decreto-Lei n.º 37/2015, de 10 de março (Regime de Acesso e Exercício de Profissões e de Atividades Profissionais), de onde não consta norma idêntica, porém a solução é a mesma atento o disposto no art. 5.º, n.º 2, e especialmente, no art. 6.º, n.º 2, ao determinar que a certificação dá acesso à profissão.

No sentido do preceito do Código do Trabalho dispunha o art. 6.º, n.º 1, do Decreto-Lei n.º 358/84, de 13 de novembro, e os artigos 3.º, n.º 2, e 10.º, n.º 4, do Decreto-Lei n.º 92/2011. Sobre a nulidade do contrato de trabalho celebrado com um enfermeiro por falta de carteira profissional, veja-se o Ac. Rel. Lx. de 3/2/1999, CJ XXIV, T. I, p. 162.

[908] Cf. Ac. STJ de 26/4/1995, *CJ (STJ)* 1995, T. I, p. 288 e *BMJ* 446, p. 112.

Advogados, dos Engenheiros[909]) ou câmaras (Solicitadores[910]), dentro dos parâmetros do respetivo estatuto, que determinam os requisitos para os interessados nelas se inscreverem e só pode exercer a atividade própria dessa profissão quem estiver inscrito na correspondente ordem ou câmara[911]. O regime jurídico destas instituições sofreu ajustamentos atento o disposto na Lei n.º 2/2013, de 10 de janeiro, que estabelece o regime jurídico de criação, organização e funcionamento das organizações públicas profissionais.

Bibliografia:

Madeira de Brito, anotação ao art. 115.º *in* Romano Martinez/Luís Miguel Monteiro/Joana Vasconcelos/Madeira de Brito/Guilherme Dray/ /Gonçalves da Silva, *Código do Trabalho Anotado*, cit., pp. 324 e ss.; Menezes Cordeiro, *Direito do Trabalho*, II, cit., pp. 249 ss.; Monteiro Fernandes, *Direito do Trabalho*, cit., pp. 221 e ss.; Menezes Leitão, *Direito do Trabalho*, cit., pp. 229 e ss.; Mário Pinto/Furtado Martins/Nunes de Carvalho, *Comentário*, cit., anot. II.1 ss. ao art. 4.º; Rosário Palma Ramalho, *Tratado de Direito do Trabalho*, II, cit., pp. 111 e ss.; Motta Veiga, *Lições*, cit., pp. 357 a 364; Bernardo Xavier/Furtado Martins/Nunes de Carvalho/Joana Vasconcelos/Tatiana Guerra de Almeida, *Manual*, cit., p. 656.

[909] Além das tradicionais ordens profissionais: Ordem dos Médicos, Ordem dos Advogados, Ordem dos Engenheiros e Ordem dos Arquitetos, foram criadas novas ordens profissionais: a Ordem dos Enfermeiros (Decreto-Lei n.º 104/98, de 21 de Abril, alterado pela Lei n.º 111/2009, de 16 de setembro, e pela Lei n.º 156/2015, de 16 de setembro), a Ordem dos Economistas (Decreto-Lei n.º 174/98, de 27 de Junho, alterado pela Lei n.º 101/2015, de 20 de agosto) e a Ordem dos Biólogos (Decreto-Lei n.º 183/98, de 4 de Julho, alterado pela Lei n.º 159/2015, de 18 de setembro). A tendência levou inclusive a que a Câmara dos Técnicos Oficiais de Contas (aprovado pelo Decreto-Lei n.º 452/99, de 5 de novembro) fosse transformada em Ordem dos Técnicos Oficiais de Contas (Decreto-Lei n.º 310/2009), por sua vez transformada em Ordem dos Contabilistas Certificados (Lei n.º 139/2015, de 7 de setembro).

[910] A Câmara dos Solicitadores foi transformada em Ordem dos Solicitadores e dos Agentes de Execução pela Lei n.º 154/2015, de 14 de setembro.

[911] Cf. Ac. STJ de 26/4/1995, *CJ (STJ)* 1995, T. I, p. 288 e BMJ 446, p. 112; Ac. Rel. Pt. de 6/10/1997, *CJ* XXII, T. IV, p. 256.
Quanto à delimitação do âmbito de atuação destas associações públicas em confronto com o dos sindicatos, cf. art. 267.º, n.º 4, da CRP.

§ 20. SITUAÇÕES JURÍDICAS PRELIMINARES

1. Questões prévias

O contrato de trabalho não apresenta particularidades quanto às regras gerais de formação negocial, designadamente em relação ao encontro de declarações de vontade, em que depende de uma proposta e de uma aceitação, nos termos dos arts. 217.º e ss. do CC. Para além disso, o contrato de trabalho está igualmente sujeito às regras gerais no que respeita, mormente à *culpa in contrahendo* (art. 227.º do CC)[912].

O mesmo se diga relativamente aos contratos preparatórios. Há, contudo, alguns aspetos particulares, em especial quanto ao contrato-promessa (art. 103.º do CT), com um regime de algum modo diverso daquele que foi estabelecido nos arts. 410.º e ss. do CC. Por outro lado, em relação aos concursos poderá haver, não verdadeiramente regras diferentes, mas algumas particularidades que cabe acentuar. Os concursos públicos para a celebra ção de um contrato de trabalho não são diferentes dos demais, mas importa salientar algumas especificidades.

Neste âmbito de situações jurídicas preliminares ao contrato de trabalho pode aludir-se a relações contratuais tendo em vista a formação profissional, nomeadamente os designados estágios ou aprendizagem, a que se faz menção no § 33.

2. Concurso público

I. A celebração do contrato de trabalho não precisa de ser precedida de um concurso público. No domínio do direito privado, não há nenhum imperativo legal nesse sentido, estando a abertura do concurso dependente da vontade de algum dos interessados. Diferentemente, no direito público, por via de regra, é obrigatório abrir concurso para a contratação de funcionários.

Mas no direito privado, para a celebração de contratos de trabalho, pode haver interesse no ajuste prévio de um concurso público. É frequente que o empregador abra um concurso para, dentro de uma multiplicidade de concorrentes, poder escolher o trabalhador que lhe parecer mais adequado[913];

[912] Cf. Ac. STJ de 22/5/1996, *BMJ* 457, p. 308.
Para um paralelo entre o recurso à boa fé no Código do Trabalho e no Código Civil, consulte-se Menezes Cordeiro, *Direito do Trabalho*, II, cit., pp. 281 ss.

[913] O concurso pode ser aberto, tanto para a celebração do contrato, como para a promoção na empresa, implicando, neste caso, a modificação do contrato. Quanto a esta hipótese de

de facto, com a abertura de um concurso beneficia-se da concorrência, porque, aparecendo vários interessados, mais facilmente se poderá, por via da comparação, determinar, de entre os candidatos, o que se encontra em melhores condições.

Nada obsta a que seja o trabalhador a abrir um concurso para escolher o empregador, mas, na prática, não será muito frequente.

As razões que conduzem à abertura de um concurso podem não estar só relacionadas com a seleção do trabalhador, mas também para legitimar a escolha, por exemplo no caso de sociedades anónimas que têm de prestar contas aos acionistas. Muitas das vezes, em empresas de natureza societária, principalmente quanto a cargos de direção, são abertos concursos para, depois, perante a assembleia geral, se justificar a contratação efetuada.

II. O concurso público pode ser vinculativo ou meramente indicativo, consoante o seu autor fique ou não vinculado a acatar o resultado do mesmo. Se ficou na disponibilidade do autor a possibilidade de aceitar o resultado do concurso, ele será meramente indicativo.

Sempre que nada conste do concurso público, deve entender-se que é vinculativo. Não será normal que alguém proceda à abertura de um concurso para ver simplesmente quem está interessado em concorrer, embora isso seja possível. É de pressupor que se trata de um concurso vinculativo, se dele não se depreender claramente o contrário[914].

Nos concursos públicos, para além das regras gerais e daquelas que constem desse negócio jurídico, há a ter em conta a aplicação do art. 463.º do CC.

Se o autor do concurso não vier a aceitar o resultado do mesmo, terá de se averiguar se, perante as regras gerais dos negócios jurídicos, as normas desse mesmo concurso e o disposto no art. 463.º do CC, se verifica um incumprimento.

Sendo o concurso público um negócio jurídico presumidamente vinculativo, se o seu autor não o cumpriu, estar-se-á perante uma situação de incumprimento negocial, nos termos dos arts. 798.º e ss. do CC, normas

concurso para o preenchimento de cargos entre trabalhadores da empresa (recrutamento interno), cf. Ac. STJ de 11/1/1995, *BMJ* 443, p. 193. Sobre a questão, veja-se MENEZES CORDEIRO, *Direito do Trabalho*, II, cit., pp. 296 ss.; GUILHERME DRAY, «Autonomia Privada e Igualdade na Formação e Execução de Contratos Individuais de Trabalho», *Estudos do Instituto de Direito do Trabalho*, Vol. I, Coimbra, 2001, pp. 54 ss.

[914] Cf. MENEZES CORDEIRO, *Direito do Trabalho*, II, cit., p. 299. No Ac. STJ de 11/1/1995, BMJ 443, p. 193, considerou-se que o concurso não impunha a obrigação de promover os trabalhadores nele aprovados.

válidas não são só para o incumprimento dos contratos, como também de outras obrigações negociais. Mas, por analogia com o disposto a propósito do contrato-promessa (art. 103.º, n.º 3, do CT), não parece aceitável que se possa recorrer à execução específica em caso de incumprimento de concurso público[915]; até porque, atendendo ao regime do período experimental, a execução específica seria uma solução com um resultado prático ineficiente.

III. O concurso público pode ser limitado a um determinado número de interessados e, em princípio, desta limitação não advém qualquer ilegalidade. É perfeitamente legítimo que o concurso esteja limitado dentro de determinados parâmetros. Por exemplo, uma empresa de Bragança pode abrir um concurso para contratar trabalhadores que residam no distrito; será um concurso público limitado do ponto de vista regional.

As limitações estabelecidas nos concursos, que, em termos gerais, não implicam qualquer ilegalidade, têm de se relacionar com o princípio da igualdade. Importa verificar em que medida tais limitações podem colidir com o princípio da igualdade, previsto no art. 13.º, n.º 2, da CRP (*vd. supra* § 16.2).

3. Contrato-promessa

I. O empregador e o trabalhador podem preceder a celebração do contrato de trabalho de um contrato-promessa, ou seja, antes do contrato de trabalho é lícito ajustar um contrato-promessa de um contrato de trabalho[916].

As razões para a celebração de um contrato-promessa de trabalho podem ser várias, tais como o facto de o trabalhador ainda estar empregado noutra empresa, cujo contrato só finda decorrido um certo período, ou a aguardar a obtenção da carteira profissional, ou porque o empregador não se encontra em condições de fornecer, desde já, o lugar de trabalho ao trabalhador, na medida em que o estabelecimento está em obras, etc.

O contrato-promessa de trabalho, funcionando como garantia de celebração de um futuro negócio jurídico, é frequentemente ajustado no domínio das relações a estabelecer com futebolistas profissionais[917].

[915] Neste sentido, Menezes Cordeiro, *Direito do Trabalho*, II, cit., p. 333.

[916] Sobre o contrato-promessa de trabalho, analisando-o à luz da boa fé pré-contratual, veja-se o Ac. STJ de 22/5/1996, *BMJ* 457, p. 308.

[917] A regulamentação especial do contrato-promessa de trabalho constitui uma inovação da nossa ordem jurídica, pois, por via de regra, esta figura negocial não é contemplada nas

II. Há que distinguir o contrato-promessa de trabalho (art. 103.º do CT), em que as partes se obrigam à futura celebração de um vínculo laboral, do contrato de trabalho a que foi aposta uma condição ou termo suspensivo (art. 135.º do CT). Neste caso, já foi ajustado o contrato de trabalho que, porém, só produzirá efeitos mais tarde, dependendo da verificação do facto futuro.

As razões que levam à celebração de um contrato-promessa de trabalho, também podem justificar a aposição de uma condição ou termo suspensivo. Assim, se o trabalhador está à espera de obter um título habilitante para o exercício de uma profissão (a anteriormente designada carteira profissional), pode-se celebrar o contrato de trabalho sob condição suspensiva e se o estabelecimento vai ser inaugurado no próximo mês, do contrato de trabalho pode constar um termo suspensivo.

III. Ao contrato-promessa de trabalho aplicam-se as regras gerais dos arts. 410.º e ss. do CC, o art. 442.º do CC e o art. 103.º do CT.

Tendo em conta o art. 410.º do CC, relativamente ao contrato-promessa de trabalho vale o princípio da equiparação, nos termos do qual este negócio jurídico segue as regras do contrato definitivo – o contrato de trabalho –; mas o princípio da equiparação tem duas exceções. A primeira respeita à forma, sendo a regra diferente daquela que vigora no direito das obrigações. Nos termos do art. 103.º, n.º 1, do CT, o contrato-promessa deverá ser sempre reduzido a escrito; mesmo que o contrato definitivo de trabalho não careça de forma escrita, que é a regra nos termos do art. 110.º do CT, o contrato-promessa de trabalho tem de ser celebrado por escrito[918].

A exigência de forma escrita quanto ao contrato-promessa tem uma razão de ser. Quando o legislador admite a constituição de situações laborais que se afastam do contrato de trabalho de regime comum, obriga que estas sejam manifestadas por escrito. É o que acontece, por exemplo, no caso do contrato de trabalho a termo[919].

No entanto, não basta a forma escrita. O art. 103.º, n.º 1, do CT exige ainda que do contrato, em termos inequívocos, conste a vontade de as partes –

---

legislações laborais dos diferentes países, remetendo-se normalmente para as regras gerais do Código Civil (neste sentido, recorrendo ao § 936 ABGB, SPIELBÜCHER/GRILLBERGER, *Arbeitsrecht*, cit., pp. 130 s.).

[918] Quanto à exigência de forma escrita e a consequente nulidade do contrato-promessa de trabalho que não revista tal forma, cf. Ac. Rel. Lx. de 1/4/1992, CJ XVII, T. II, p. 201; Ac. Rel. Lx. de 9/3/1994, CJ XIX, T. II, p. 163; Ac. Rel. Cb. de 5/7/1996, CJ XXI, T. IV, p. 76.

[919] Como refere MENEZES CORDEIRO, *Direito do Trabalho*, II, cit., p. 333, corresponde à necessidade de forma sempre que há um enfraquecimento do vínculo de trabalho.

ou da parte, se o contrato-promessa for unilateral – se obrigarem ao futuro contrato (contrato definitivo)[920], sendo igualmente necessário que esteja claramente determinada qual a espécie de trabalho a prestar e a retribuição. Impõem-se, pois, várias exigências quanto ao contrato-promessa de trabalho, que não existem relativamente ao contrato definitivo; por exemplo, do contrato definitivo não é necessário que conste o montante da retribuição, uma vez que esta pode ser determinada por fatores vários.

A outra exceção constante do art. 410.º do CC relaciona-se com a natureza das obrigações. Há certas obrigações que, não obstante vigorar o princípio da equiparação, são próprias do contrato definitivo e que, pela sua natureza, não se justifica aplicarem-se ao contrato-promessa. Por exemplo, a obrigação de pagar a retribuição é própria do contrato definitivo de trabalho, não sendo devida na vigência do contrato-promessa.

IV. Relativamente ao art. 411.º do CC, não há qualquer particularidade. O contrato-promessa de trabalho pode ser unilateral (art. 411.º do CC) ou bilateral.

Em princípio, podem ser transmitidos os direitos e as obrigações resultantes do contrato-promessa de trabalho que não sejam exclusivamente pessoais, tanto por via sucessória como por ato *inter vivos*, nos termos do art. 412.º do CC. Porém, como o contrato de trabalho é um negócio jurídico *intuitu personae*, os direitos e as obrigações, por via de regra, têm natureza pessoal e, nessa medida, são intransmissíveis por via sucessória. A transmissão por ato *inter vivos* pode efetivar-se mediante uma cessão da posição contratual, com o acordo das partes. No contrato-promessa de trabalho, não obstante o *intuitu personae*, pode haver uma transmissão da posição contratual de uma das partes. A natureza pessoal não constitui necessariamente impedimento a uma transmissão, mas a mesma só se pode efetivar com o acordo de todos os interessados e na medida em que a lei a admita. Ou seja, uma das partes no contrato-promessa pode transmitir a sua posição nos limites em que se pode ceder a posição contratual num contrato de trabalho.

O art. 413.º do CC não tem, evidentemente, aplicação ao contrato-promessa de trabalho, na medida em que este não pode ser celebrado com eficácia real; até porque não há qualquer registo possível.

---

[920] Por isso, não é contrato-promessa de trabalho se a contratação futura está na dependência do exclusivo critério da empresa (Ac. STJ de 11/3/1992, *BMJ* 415, p. 401; Ac. Rel. Lx. de 17/4/1991, *CJ* XVI, T. II, p. 227).

V. O art. 103.º, n.º 2, do CT, que respeita ao incumprimento do contrato-promessa de celebração de um contrato de trabalho, manda recorrer às regras gerais de responsabilidade civil (arts. 798.º e ss. do CC). Não obstante esta remissão do art. 103.º, n.º 2, do CT, não está afastada a possibilidade de as partes estipularem um sinal no contrato-promessa de trabalho; neste caso, vale o disposto no art. 442.º do CC, sendo o regime instituído neste preceito o aplicável em caso de incumprimento. Há certos aspetos estabelecidos no art. 442.º do CC, relacionados com o contrato-promessa de compra e venda de imóveis para habitação, que não têm aplicação neste domínio. Mas o regime regra do sinal – de perda do sinal ou pagamento em dobro – vale em sede de contrato-promessa de trabalho.

Nos termos do art. 442.º, n.º 4, do CC, quando se aplica o regime do sinal, estará, em princípio, excluída qualquer outra indemnização; ou seja, o sinal afasta as regras da responsabilidade civil dos arts. 798.º e ss. do CC, no que respeita à indemnização (arts. 562.º e ss. do CC).

No contrato-promessa de trabalho não parece que esteja afastada a possibilidade de as partes estabelecerem um sinal, e o facto de o art. 103.º, n.º 2, do CT remeter para as regras gerais da responsabilidade civil (arts. 562.º do ss. relacionados com os arts. 798.º e ss. do CC), não obsta à conclusão a que se chegou. Deste modo, o art. 103.º, n.º 2, do CT, estabelecendo que a indemnização será determinada atendendo ao disposto nos arts. 562.º e ss. do CC, não impede a constituição de um sinal, nos termos do qual a indemnização será determinada segundo um regime próprio. Pois o art. 103.º, n.º 2, do CT determina tão-só que se aplicam as regras gerais de direito civil; isto é, os arts. 798.º e ss. do CC, relacionados com os arts. 562.º e ss. do CC, se não houver sinal, porque, nesse caso, vale o disposto no art. 442.º do CC. O art. 442.º, n.º 4, do CC, em princípio, exclui outra indemnização mas, em determinadas circunstâncias, apesar de haver sinal, poderá recorrer-se às regras gerais dos arts. 562.º e ss. do CC. Pese embora nada obstar a que o valor a ressarcir seja fixado por via do sinal, atenta a realidade específica do contrato-promessa de trabalho, será mais frequente acordar-se uma cláusula penal.

VI. Encontra-se vedada a possibilidade de se pedir a execução específica, prevista no art. 830.º do CC, tal como decorre do art. 103.º, n.º 3, do CT[921]. Perante o incumprimento do contrato-promessa de trabalho, a lei não permite que uma das partes – a parte não faltosa – recorra à execução específica,

---

[921] Cf. Ac. Rel. Lx. de 17/4/1991, *CJ* XVI, T. II, p. 227.

isto é, que consiga, por via judicial, a celebração do contrato definitivo. O art. 103.º, n.º 3, do CT baseia-se na ideia de que não é viável a execução específica de prestações de facto, no fundo, nos termos da máxima: *Nemo ad factum praecise cogit potest*; pois, estando em causa prestações de facto, não seria possível obrigar o devedor a cumpri-las.

Porém, tem de se ter em conta que se trata de uma prestação de facto jurídico e não de uma prestação de facto material. Relativamente às prestações de facto jurídico não há impedimento quanto à execução específica. Se se admitisse a execução específica de um contrato-promessa de trabalho, por via judicial, considerava-se celebrado o contrato definitivo de trabalho e, depois, caso a parte faltosa o não cumprisse, haveria incumprimento.

Pode, contudo, argumentar-se que, aceitando-se a execução específica de um contrato-promessa de trabalho, colidir-se-ia com o disposto no art. 47.º da CRP, na medida em que se punha em causa o princípio da liberdade dc trabalho. Em certa medida isto é verdade relativamente ao trabalhador, porque a execução específica levaria a que o «obrigassem» a celebrar o contrato definitivo. Porém, a execução específica nunca o obrigaria a executar o trabalho; o contrato definitivo de trabalho considerar-se-ia celebrado e se o trabalhador o não executasse, haveria incumprimento. Mas estas são considerações *de iure condendo*, *de iure condito*, o legislador, no art. 103.º, n.º 3, do CT, não admitiu a possibilidade de execução específica.

Acresce que a execução específica do contrato de trabalho, sendo admitida, teria uma utilidade muito reduzida, pois, após a celebração do contrato, no período experimental que então se iniciaria, qualquer das partes poderia pôr termo ao contrato, sem invocar justa causa.

Bibliografia:

Menezes Cordeiro, *Direito do Trabalho*, II, cit., pp. 5331 ss.; Monteiro Fernandes, *Direito do Trabalho*, cit., pp. 216 e ss.; Júlio Gomes, *Direito do Trabalho*, I, cit., pp. 469 e s.; Romano Martinez, anotação ao art. 103.º *in* Romano Martinez/Luís Miguel Monteiro/Joana Vasconcelos/Madeira de Brito/Guilherme Dray/Gonçalves da Silva, *Código do Trabalho Anotado*, cit., pp. 302 e s.; Andrade Mesquita, *Direito do Trabalho*, cit., pp. 435 e ss.; Mário Pinto/Furtado Martins/Nunes de Carvalho, *Comentário*, cit., anot. II.1 ss. ao art. 8.º, pp. 53 a 55; Rosário Palma Ramalho, *Tratado de Direito do Trabalho*, II, cit., pp. 145 e ss.; Motta Veiga, *Lições*, cit., p. 379; Bernardo Xavier/Furtado Martins/ /Nunes de Carvalho/Joana Vasconcelos/Tatiana Guerra de Almeida, *Manual*, cit., pp. 658 e s.

§ 21. ENCONTRO DE VONTADES

1. Negociação

I. Para a conclusão de um contrato de trabalho, como relativamente a qualquer outro negócio jurídico bilateral, torna-se imprescindível a confluência de uma proposta e de uma aceitação, as quais seguem as regras gerais da perfeição da declaração negocial dos arts. 224.º e ss. do CC[922].

Na formação do contrato de trabalho, tal como prescrevem o art. 227.º do CC e o art. 102.º do CT, o empregador e o trabalhador devem proceder de boa fé, sob pena de incorrerem em responsabilidade derivada de *culpa in contrahendo*.

O encontro de vontades pode resultar de um contacto direto entre empregador e trabalhador, ou mediante intermediário (p. ex., agências privadas de colocação, também designadas agências privadas de emprego[923])[924]. Nada obstando a que, nos termos gerais, o contrato de trabalho seja celebrado por representante de uma ou de ambas as partes.

II. Importa concretizar os três requisitos da proposta negocial de contrato de trabalho.

Primeiro, tem de ser completa, no sentido de identificar os elementos essenciais do negócio jurídico. No domínio do contrato de trabalho, os elementos essenciais são a identificação do proponente e, caso a proposta seja receptícia, do potencial aceitante e a fixação da atividade a desenvolver. A retribuição não tem de ser mencionada na proposta; apesar de o contrato de trabalho ser oneroso, se o montante da retribuição não constar do encontro de vontades, a lei prevê que essa lacuna contratual seja preenchida, em última análise, pelo juiz (art. 272.º do CT). Assim, quanto à retribuição, apesar de ser um elemento essencial do contrato, não é necessário que conste

[922] Quanto às fases que podem preceder a celebração do contrato de trabalho, *vd*. MENEZES CORDEIRO, *Direito do Trabalho*, II, cit., pp. 284 s.

[923] As agências privadas de colocação vinham reguladas no Decreto-Lei n.º 124/89, de 14 de Abril, revogado pelo Decreto-Lei n.º 260/2009, de 25 de setembro (regime do trabalho temporário), surgindo com agências privadas de emprego.

[924] Sobre esta questão, cf. PÉLISSIER/SUPIOT/JEMMAUD, *Droit du Travail*, cit., pp. 357 ss., aludindo ao recrutamento por intermediário ou através de agência. Veja-se igualmente SPIELBÜCHER/GRILLBERGER, *Arbeitsrecht*, cit., pp. 133 s.

da proposta[925]. No contrato-promessa de trabalho, pelo contrário, é exigida a indicação da retribuição (art. 103.º, n.º 1, alínea *c)*, do CT), o mesmo se passa no caso de serem ajustadas determinados cláusulas especiais, como o contrato a termo (art. 143.º, n.º 1, alínea *b)*, do CT) ou no regime do trabalho temporário (art. 181.º, n.º 1, alínea *e)*, do CT)[926]/[927].

Em segundo lugar, a proposta deve revelar uma intenção inequívoca de contratar, ou seja, tem de ser firme, não podendo apresentar-se como dubitativa. A intenção inequívoca de contratar da proposta possibilitará que, mediante uma simples aceitação, se conclua o contrato.

Terceiro, a proposta terá de revestir a forma requerida para o contrato de trabalho em causa.

III. Se o destinatário da proposta, em vez de a aceitar, lhe introduzir modificações, essa declaração negocial implica rejeição da proposta e vale como uma contraproposta.

Por via de regra, no contrato de trabalho, a proposta é feita pelo empregador e o trabalhador aceita-a[928]. No entanto, este pode rejeitá-la ou introduzir-lhe alterações; neste último caso, o trabalhador terá feito uma contraproposta, sendo o proponente na celebração do contrato de trabalho, cabendo ao empregador o papel de aceitante.

A aceitação, nos termos gerais, pode ser expressa ou tácita (art. 218.º do CC). No domínio laboral, em particular no que respeita às modificações contratuais, é frequente a aceitação tácita, determinada por uma atuação conforme à proposta[929]. Além da aceitação poder ser tácita, nos termos do

---

[925] Como se infere do art. 106.º, n.º 3, do CT, sobre o empregador impende o dever de informar o trabalhador do valor e periodicidade da retribuição (alínea *h)*); mas este dever de informação pode ser posterior à celebração do contrato (art. 107.º, n.º 4, do CT), não tendo de integrar a proposta, mesmo que ela seja elaborada pelo potencial empregador.

[926] Apesar de a retribuição dever ser indicada no contrato de trabalho a termo (art. 141.º, n.º 1, alínea *b)*, do CT), para aplicação do art. 272.º do CT, é admissível a prova testemunhal, pois não vale o disposto no art. 394.º, n.º 1, do CC (Ac. STJ de 12/3/1997, CJ (STJ), 1997, T. I, p. 296).

[927] Refira-se, ainda, para além da retribuição, as menções obrigatórias prescritas em determinados regimes especiais, como o contrato a termo (art. 141.º, n.º 1, do CT) ou o trabalho temporário (art. 181.º, n.º 1, do CT).

[928] Neste sentido, Bowers, *Employment Law*, cit., p. 38; Monteiro Fernandes, *Direito do Trabalho*, cit., p. 226; Motta Veiga, *Lições*, cit., p. 377.

[929] Daí discordar-se do sentido do Ac. STJ de 1/2/1995, CJ (STJ) 1995, T. I, p. 262, em que, partindo do pressuposto da falta do mútuo consenso, considerou-se que o contrato a termo não se convertia em contrato sem termo, apesar de o empregador ter deliberado integrar o trabalhador nos seus quadros sem termo e a relação laboral ter prosseguido por mais dois anos.

art. 104.º, n.º 1, do CT (*vd. infra* n.º seguinte), há também que aludir ao papel do silêncio como meio declarativo (art. 218.º do CC).

BIBLIOGRAFIA:

MENEZES CORDEIRO, *Direito do Trabalho*, II, cit., pp. 281 ss.; MONTEIRO FERNANDES, *Direito do Trabalho*, cit., pp. 226 e s.; ROMANO MARTINEZ, anotação ao art. 102.º *in* ROMANO MARTINEZ/LUÍS MIGUEL MONTEIRO/JOANA VASCONCELOS/MADEIRA DE BRITO/GUILHERME DRAY/GONÇALVES DA SILVA, *Código do Trabalho Anotado*, cit., pp. 301 e s.; MOTTA VEIGA, *Lições*, cit., pp. 377 a 379.

2. Contrato de adesão

a) Cláusulas contratuais gerais

I. O contrato de trabalho pode celebrar-se mediante a adesão do trabalhador a cláusulas contratuais gerais, pré-elaboradas pelo empregador (art. 105.º do CT), ou pela adesão do trabalhador ao chamado regulamento interno da empresa, situação prevista no art. 104.º do CT, a que se aludirá na alínea seguinte.

No primeiro caso, importa averiguar se o modelo contratual utilizado pelo empregador se enquadra no âmbito do Decreto-Lei n.º 446/85, de 25 de outubro (alterado e republicado pelo Decreto-Lei n.º 220/95, de 31 de agosto, e novamente alterado pelo Decreto-Lei n.º 249/99, de 7 de julho)[930]. Terá de se ver se as cláusulas contratuais são pré-elaboradas, se se destinam a valer relativamente a todos ou a grande parte dos contratos de trabalho celebrados naquela empresa e se, quanto às cláusulas propostas ao trabalhador, não há qualquer possibilidade de negociação, isto é, se elas se apresentam como rígidas, não podendo o trabalhador propor uma alteração das mesmas, devendo aceitá-las ou rejeitá-las em bloco.

Se assim for, aplica-se o disposto no regime das Cláusulas Contratuais Gerais (Decreto-Lei n.º 446/85). Na aplicação das regras deste diploma ao contrato de trabalho, a única particularidade respeita à legitimidade ativa para intentar a ação inibitória, prevista no respetivo art. 24.º. Na ação inibitória, a legitimidade ativa pertence aos sindicatos (art. 25.º, n.º 1, alínea *b)*, do Decreto-Lei n.º 446/85).

[930] No Ac. Rel. Lx. de 28/6/1995, CJ XX, T. III, p. 192, estava em causa uma minuta elaborada de antemão pelos serviços do empregador, sem qualquer intervenção da trabalhadora, devendo aplicar-se o Decreto-Lei n.º 446/85.

II. Na vigência da lei anterior discutia-se se o regime das Cláusulas Contratuais Gerais teria aplicação no âmbito laboral, em particular no que respeita à formação do contrato de trabalho, razão pela qual o Código do Trabalho, tanto na versão de 2003 (art. 96.º) como na de 2009 (art. 105.º) pretende dissipar essa dúvida, considerando aplicável o referido regime.

Contudo, do citado art. 105.º do CT consta uma expressão algo enigmática, ao dispor que o regime se aplica aos «aspetos essenciais do contrato de trabalho». Daqui decorreria que o regime das Cláusulas Contratuais Gerais deixaria de se aplicar aos *aspetos não essenciais* do contrato de trabalho, ainda que resultassem de cláusulas pré-estabelecidas. Esta formulação, além de introduzir uma discussão complexa – a delimitação entre elementos essenciais e não essenciais do contrato de trabalho –, conduz a soluções menos coerentes: será válida uma cláusula relativa a aspetos não essenciais do contrato constante de um formulário que não foi fornecido ao trabalhador? E será válida uma cláusula absolutamente proibida constante de um formulário sobre aspetos não essenciais do contrato? Parece que a resposta às duas questões, não obstante a letra do preceito, deverá ser negativa. Por outro lado, os «aspetos essenciais» poderiam entender-se como «aspetos relevantes do contrato de trabalho» (art. 106.º, n.º 1, do CT), mas o sentido das expressões é diverso.

Dir-se-á, então, que o sentido útil da expressão em análise se relaciona somente com uma ponderação interpretativa das cláusulas previamente definidas. Sempre que tais cláusulas, não digam respeito a aspetos essenciais do contrato de trabalho, devem também ser ponderadas com base numa justificação de ordem empresarial; nesse caso, a apreciação própria decorrente do regime das cláusulas contratuais gerais será ponderada com a motivação empresarial. Deste modo, uma cláusula que, desinserida do contexto da organização empresarial, poderia ser proibida, será lícita porque não respeita a aspetos essenciais do contrato e justifica-se nesse contexto[931].

III. Se não foi negociado o conteúdo do contrato de trabalho entre o empregador e o trabalhador, nomeadamente porque, como vulgarmente ocorre, o trabalhador se limita a assinar um formulário comum, previamente elaborado pelo empregador para a contratação de todos os trabalhadores, a validade das cláusulas constantes desse contrato será aferida em função do disposto no regime das Cláusulas Contratuais Gerais.

[931] Em crítica a esta posição, veja-se Júlio Gomes, *Direito do Trabalho*, I, cit., pp. 472 e s.

A aplicação do regime das Cláusulas Contratuais Gerais não é afastada ainda que o contrato tenha sido parcialmente negociado com um determinado trabalhador. Mesmo que a empresa recorra a cláusulas previamente fixadas, será frequente que alguns aspetos do contrato sejam individualmente negociados (*v. g.*, valor da retribuição, forma de fixação de prémios, atribuição de viatura), mas essa negociação individual, porque parcial, não obsta à aplicação do referido regime, não só no que respeita às cláusulas previamente estabelecidas (não negociadas) como igualmente na relação (interpretativa) entre estas e as acordadas individualmente.

IV. Resta referir que, como resulta da parte final do art. 105.º do CT, o regime das Cláusulas Contratuais Gerais vale igualmente em relação a regras aplicáveis por remissão para instrumentos de regulamentação coletiva de trabalho. A questão era controversa, e o Código do Trabalho tomou posição, considerando que o instrumento de regulamentação coletiva para o qual se remete no contrato de trabalho, neste âmbito, vale como se fosse um formulário com cláusulas pré-estabelecidas. Esta tomada de posição determina a derrogação (parcial) do disposto na alínea *e)* do art. 3.º da Lei das Cláusulas Contratuais Gerais, que prescreve a não aplicação do respetivo regime aos instrumentos de regulamentação coletiva de trabalho. A limitação constante da citada alínea continuará a valer em relação às cláusulas obrigacionais (com menor relevo prático), mas não quanto à parte normativa dos instrumentos[932].

Serão, assim, inválidas as cláusulas de instrumento de regulamentação coletiva de trabalho que desrespeitem o regime constante da Lei das Cláusulas Contratuais Gerais. Por exemplo, a norma de IRC que exclua ou limite a responsabilidade por não cumprimento definitivo, mora ou cumprimento defeituoso dos deveres contratuais do trabalhador em caso de atuação deste com dolo ou culpa grave será proibida e, portanto, nula nos termos do art. 18.º, alínea *c)*, da Lei das Cláusulas Contratuais Gerais. Daqui resulta igualmente que uma cláusula do contrato de trabalho, por ter sido especialmente acordada, pode prevalecer sobre as regras de IRC. Resta referir que a aplicação de regras do regime das Cláusulas Contratuais Gerais tem de ser adaptada às circunstâncias próprias do âmbito laboral, pois assentam em pressupostos nem sempre consonantes.

---

[932] Com posição diversa, veja-se Júlio Gomes, *Direito do Trabalho*, I, cit., pp. 474 e s.

b) Adesão a regulamento de empresa

I. Relativamente ao contrato de trabalho de adesão, previsto no art. 104.º do CT, há algumas especificidades a salientar. Estar-se-á perante, não típicas situações de cláusulas contratuais gerais, mas de regulamentos internos de empresa, previstos no art. 99.º do CT.

Do art. 99.º do CT resulta que do regulamento interno podem constar dois tipos de regras: as que correspondem à concretização da atividade laboral, no exercício do poder de direção do empregador[933], por um lado; as disposições que interferem no conteúdo do contrato de trabalho, por outro. Estas últimas respeitam à formação do contrato de trabalho e têm relevância para efeitos do art. 104.º do CT.

Assim, no regulamento interno podem incluir-se regras funcionais, que respeitam à organização do trabalho e ao modo funcional da sua realização, que não integram o conteúdo do contrato de trabalho, mas têm de ser respeitadas. Se, por exemplo, do regulamento de um restaurante constar que o acesso da sala para a cozinha se faz pela porta 1 e da cozinha para a sala pela porta 2, para evitar que os empregados esbarrem uns nos outros, esta regra tem de ser cumprida pelos trabalhadores mas não integra o conteúdo do contrato de trabalho. De modo diverso, do regulamento interno da empresa, com relevância para o conteúdo do contrato de trabalho, podem constar regras que determinam o período normal de trabalho e o horário de trabalho, a categoria e a promoção dos trabalhadores ou que respeitam à retribuição e ao pagamento de complementos salariais, como os prémios de produtividade[934].

II. O empregador pode manifestar a sua vontade negocial mediante a emissão de um regulamento interno de empresa e o trabalhador manifesta a sua vontade aderindo ao referido regulamento (art. 104.º, n.º 1, do CT)[935].

---

[933] Quanto a esta questão, *vd. infra* § 27, n.º 1. As normas que respeitam à concretização da atividade laboral – que MONTEIRO FERNANDES, *Direito do Trabalho*, cit., p. 228, nota 24, denomina por «parte técnico-disciplinar do regulamento interno» –, por não se integrarem (diretamente) no conteúdo do contrato de trabalho, não se relacionam com a sua formação; a título de exemplo, podem indicar-se regras sobre organização de turnos, marcação de férias, fardamentos, ou manutenção de máquinas.

[934] É complexa a delimitação de matérias que respeitam ao programa contratual e à organização da atividade laboral. Por exemplo, MÁRIO PINTO/FURTADO MARTINS/NUNES DE CARVALHO, *Comentário*, cit., anot. II.2, ao art. 7.º, p. 48, incluem as regras sobre horário de trabalho na matéria de índole exclusivamente organizacional, o que é discutível. Veja-se também BERNARDO XAVIER, *Regime Jurídico do Contrato de Trabalho*, cit., anot. art. 7.º, p. 47.

[935] Este regime só se justifica com respeito às regras do regulamento interno que conformam o contrato de trabalho, pois em relação às regras meramente funcionais – referidas no anterior

Quanto à formação do contrato de trabalho com base no regulamento interno de empresa cabe ainda distinguir se este estava em vigor no momento em que o contrato de trabalho foi celebrado, passando a integrá-lo, ou se, pelo contrário, o regulamento foi aprovado depois de concluído o contrato de trabalho.

No primeiro caso, segundo o art. 104.º, n.º 2, do CT, presume-se que o trabalhador aderiu ao regulamento interno de empresa. Há uma presunção legal no sentido de a omissão do trabalhador ser entendida como adesão ao regulamento interno.

A presunção estabelecida no art. 104.º, n.º 2, do CT é ilidível, nos termos dos arts. 349.º e ss. do CC, em especial do art. 350.º, n.º 2, do CC. Cabe ainda salientar que, neste caso, o silêncio vale como declaração negocial. A presunção legal constitui uma forma de atribuir, por lei, ao silêncio o valor de uma declaração negocial, nos termos do art. 218.º do CC.

Na medida em que as regras do regulamento interno de empresa integrem o contrato de trabalho celebrado, mediante adesão, é necessário distinguir a adesão convencional da legal.

A adesão convencional ocorre quando o trabalhador, ao celebrar o contrato de trabalho, sendo-lhe dado a conhecer o regulamento interno daquela empresa, através de uma manifestação de vontade, declara aceitá-lo. O trabalhador adere ao regulamento interno de empresa em vigor, mediante uma declaração de vontade.

Nos termos estabelecidos para a adesão legal, prevista no art. 104.º, n.º 2, do CT, o trabalhador celebra o contrato de trabalho e, perante a sua omissão relativamente ao regulamento interno de empresa, pressupõe-se que aderiu; há uma presunção legal de adesão ao regulamento interno de empresa. Mas essa presunção só produz efeitos vinte e um dias decorridos do início da execução do contrato, e não no momento da sua celebração. O prazo de vinte e um dias começa a correr desde o início da execução do contrato, ou seja, a partir do momento em que o trabalhador começa a trabalhar. Partiu-se do princípio que só a partir dessa altura o trabalhador estaria em condições de conhecer o regulamento interno de empresa. Decorridos vinte e um dias desde o início do trabalho sem que o trabalhador se tenha manifestado contra o regulamento interno de empresa, presume-se a sua adesão.

---

número romano –, por corresponderem ao normal exercício do poder de direção, não pode haver adesão ou oposição por parte do trabalhador.

III. Na maioria das situações, os trabalhadores não se pronunciam contra o regulamento interno de empresa, mas se o trabalhador se manifestar, por escrito, no prazo de vinte e um dias, contra o regulamento interno de empresa, nos termos do art. 104.º, n.º 2, do CT, as suas regras não podem integrar o contrato de trabalho, porque a ninguém pode ser imposta uma cláusula contratual sem o seu consentimento. Como do regulamento interno de empresa podem constar regras que iriam ser impostas ao trabalhador, integrando o contrato de trabalho, se este se opõe ao regulamento, não poderá o mesmo valer relativamente ao trabalhador em questão. Em tal caso cabe analisar três soluções.

Primeiro, havendo oposição, o empregador pode aceitar que, àquele trabalhador, não se aplique o regulamento interno de empresa; não será plausível que o empregador anua, relativamente a um determinado trabalhador, em não aplicar o regulamento interno de empresa, valendo para os demais.

Segundo, perante a recusa do trabalhador, podem as partes renegociar o contrato. Ao renegociar o contrato de trabalho nele se incluirão novas regras de forma a que aquele trabalhador, apesar de não se lhe aplicar o regulamento interno de empresa, fique em situação equiparada à dos demais, verificando-se uma adaptação do seu contrato à situação concreta. Pode suceder que, quanto a um dado trabalhador com um papel fundamental na empresa, o empregador não queira prescindir dele, admitindo a renegociação do contrato. Nesse novo contrato de trabalho poder-se-ão incluir algumas regras do regulamento interno, aceites pelo trabalhador, chegando a uma solução de consenso.

Numa terceira hipótese, o empregador, perante a recusa do trabalhador em aceitar o regulamento interno de empresa, denuncia o contrato. Como o trabalhador terá de opor-se ao regulamento interno nos vinte e um dias imediatos ao início do trabalho, quer dizer que, em princípio, se encontra no período experimental. No período experimental, nos termos do art. 114.º do CT, o empregador pode pôr termo ao contrato sem aviso prévio, sem invocar justa causa e sem indemnização. Isto não se verifica no caso de se tratar de um contrato de trabalho a termo certo, por prazo inferior a seis meses, em que o período experimental é de quinze dias (art. 112.º, n.º 2, alínea *b*), do CT), mas não sendo viável resolver o contrato, pode o empregador, no fim do termo, opor-se à sua renovação (art. 344.º do CT).

IV. Se o regulamento interno de empresa entrar em vigor depois da celebração do contrato de trabalho, corresponde a uma proposta de modificação deste. Estando em vigor um determinado contrato de trabalho, se, a dada altura, o empregador aprovar um regulamento interno de empresa, por este meio, pode estar a ser apresentada uma proposta de modificação do contrato de trabalho, que carece de aceitação. No art. 104.º, n.º 2, do CT, admite-se que a aceitação possa produzir efeito por via do silêncio, pois presume-se a aceitação. Se o trabalhador, no prazo de vinte e um dias a contar da aprovação do regulamento interno de empresa, não se pronunciar, por escrito, contra o referido regulamento, presume-se que aceita essa proposta de modificação do contrato de trabalho, apresentada pelo empregador.

Se o trabalhador, no prazo de vinte e um dias, se pronunciar por escrito contra o regulamento interno de empresa, este não o vincula. Como, por princípio, a ninguém podem ser impostas regras no domínio contratual sem o seu consentimento, se o trabalhador recusar o novo regulamento interno de empresa, o contrato de trabalho mantém-se inalterado, não valendo o referido regulamento com respeito àquele trabalhador.

Quanto a esse trabalhador, não só se mantém o contrato de trabalho sem as regras constantes do novo regulamento interno de empresa, como não há fundamento para a resolução do contrato[936].

V. Com respeito ao regulamento interno de empresa, e em relação à formação do contrato de trabalho, importa ainda discutir se se lhe aplica o diploma relativo às cláusulas contratuais gerais (Decreto-Lei n.º 446/85). A questão era controversa antes do Código do Trabalho (2003), mas como se indicou na alínea precedente, primeiro o art. 96.º do CT2003 e agora o art. 105.º do CT2009 resolve a dúvida, determinando a aplicação do regime das cláusulas contratuais gerais. Ainda assim, importa atender à controvérsia.

Nos termos do art. 39.º, n.º 3, da LCT, os regulamentos internos de empresa tinham de ser submetidos à aprovação de um organismo competente da organização de trabalho (Inspecção-Geral do Trabalho)[937]. Este organismo aprovava os regulamentos, verificando se neles não se violava nenhuma norma legal. Ora, a aprovação então exigida quanto aos regulamentos internos de empresa apresenta alguma similitude com a que ocorre em contratos elaborados por entidades bancárias e por seguradoras, que também têm de ser

[936] Importa reiterar que esta conclusão só respeita às regras do regulamento interno de empresa que interferem com o conteúdo do contrato de trabalho e não em relação às disposições que correspondem a uma concretização da atividade laboral, no exercício do poder de direção.

[937] Refira-se que o Código do Trabalho baniu a aprovação de regulamentos internos de empresa pela IGT (atual ACT).

escrutinados por organismos competentes[938]. Como havia entidades públicas com competência para, previamente, verificar da validade dos regulamentos internos de empresa e para limitar a autonomia privada, nos termos da alínea *c)* do n.º 1 do art. 3.º do Decreto-Lei n.º 446/85 (norma, entretanto, revogada pelo Decreto-Lei n.º 220/95, de 31 de agosto), o diploma sobre cláusulas contratuais gerais não se aplicava. Tal conclusão valia para o regulamento interno de empresa, porque o organismo competente da administração do trabalho (então, IGT) podia indeferir o pedido de aprovação do regulamento interno de empresa ou exigir que nele se procedesse a aperfeiçoamentos, o que implicava que esse organismo do trabalho tinha competência para limitar a autonomia privada do empregador.

Todavia, revogada a alínea *c)* do n.º 1 do art. 3.º Decreto-Lei n.º 446/85, nos termos do Decreto-Lei n.º 220/95, de 31 de agosto, o regime das cláusulas contratuais gerais valia em relação aos regulamentos internos aprovados pela IGT.

Mas há um outro aspeto do qual se conclui que o regime das cláusulas contratuais gerais não tem um adequado campo de aplicação em matéria de regulamentos internos de empresa. O DecretoLei n.º 446/85 pressupõe a adesão às cláusulas contratuais gerais no momento em que o contrato é celebrado. Relativamente ao regulamento interno de empresa trata-se de uma adesão que é preterida, pelo menos, em vinte e um dias, ou seja, de uma adesão que só se vai verificar vinte e um dias decorridos do início da atividade, a qual só começa depois da celebração do contrato[939].

Porém, mesmo que se admitisse que o diploma das cláusulas contratuais gerais não tinha aplicação no campo dos regulamentos internos de empresa, o regime nele estabelecido, indiretamente, valeria neste domínio. As normas do diploma sobre as cláusulas contratuais gerais podem sempre servir como forma de apreciação da validade de regras de um regulamento interno de empresa.

As dúvidas que existissem terão ficado sanadas atendendo ao disposto no art. 105.º do CT. O regime das cláusulas contratuais gerais aplica-se aos aspetos essenciais do contrato de trabalho que não resultem de prévia

[938] Respetivamente, Banco de Portugal e Autoridade de Supervisão de Seguros e Fundos de Pensões.

[939] Quanto à inaplicabilidade do regime das cláusulas contratuais gerais às situações previstas no art. 7.º da LCT (correspondente ao art. 104.º do CT), cf. Mário Pinto/Furtado Martins//Nunes de Carvalho, *Comentário*, cit., anot., II.5 ao art. 7.º, p. 51.

negociação específica, nomeadamente quanto a regras que decorrem de regulamento interno de empresa (art. 104.º, n.º 1, do CT).

BIBLIOGRAFIA:

MENEZES CORDEIRO, *Direito do Trabalho*, II, cit., pp. 310 ss.; MONTEIRO FERNANDES, *Direito do Trabalho*, cit., pp. 227 e ss.; JÚLIO GOMES, *Direito do Trabalho*, I, cit., pp. 471 e ss. e 632 e ss.; ANDRADE MESQUITA, *Direito do Trabalho*, cit., pp. 472 e ss.; DANIELA MIRANTE, «Os contratos de adesão e o regime das cláusulas contratuais gerais: o caso especial do contrato de trabalho de adesão», *QL* n.º 46 (2015), pp. 47 ss.; A. MOTA PINTO, «Notas sobre o Contrato de Trabalho de Adesão», *QL* X (2003), n.º 21, pp. 34 e ss.; MÁRIO PINTO/FURTADO MARTINS//NUNES DE CARVALHO, *Comentário*, cit., anot. II.1 ss. ao art. 7.º, pp. 48 a 52; ROSÁRIO PALMA RAMALHO, *Tratado de Direito do Trabalho*, II, cit., pp. 151 e ss.

3. Relações laborais de facto

a) Contrato declarado nulo ou anulado

I. Sempre que uma situação jurídica laboral não tem por base um contrato de trabalho e, apesar disso, há direitos e obrigações recíprocos para os intervenientes, como os que emergem de um vínculo de trabalho, estar-se-á perante uma relação laboral de facto[940].

II. Nos termos do art. 122.º, n.º 1, do CT, «O contrato de trabalho declarado nulo ou anulado produz efeitos como se fosse válido em relação ao tempo em que seja executado». O legislador, não obstante reconhecer as consequências da invalidade negocial, ficciona a validade do contrato de trabalho no período em que ele foi executado.

Esta ficção de validade permite concluir que o contrato de trabalho inválido, durante o tempo em que foi executado, consubstancia uma relação contratual de facto. Na realidade, não há contrato de trabalho – porque é

[940] Sobre as relações contratuais de facto, *vd.* MENEZES CORDEIRO, *Tratado de Direito Civil Português*, II, *Direito das Obrigações*, T. II, Coimbra, 2010, pp. 631 ss. e *Manual*, cit., pp. 589 ss. No domínio laboral, por vezes, contrapõe-se o contrato de trabalho à relação de emprego, que não depende ou que se autonomiza do contrato. Mas esta conceção parece esquecer que o contrato de trabalho é um negócio jurídico de execução continuada, que se altera por mero consenso das partes (*vd. supra* § 12.7).

inválido –, mas, relativamente à sua execução, produzem-se os efeitos como se o negócio jurídico fosse válido.

b) Trabalhador contratado a termo incerto depois da conclusão da atividade

O art. 147.º, n.º 2, alínea *c*), do CT prevê a conversão do contrato de trabalho a termo incerto num contrato de trabalho sem termo, desde que trabalhador continue ao serviço do empregador «(...) após a data da caducidade (...) ou (...) decorridos quinze dias após a verificação do termo».

A conversão só se verifica após a data da caducidade do contrato ou o decurso dos quinze dias da conclusão da atividade, serviço, obra ou projeto para que haja sido contratado ou o regresso do trabalhador substituído; por isso, durante este período, apesar de ter cessado a causa da contratação a termo, subsiste uma relação laboral *sui generis*. Nos quinze dias que decorrem desde a conclusão da atividade ou o regresso do trabalhador substituído, a relação laboral não pode ser qualificada como contrato de trabalho a termo incerto, porque cessou a respetiva causa, e, por outro lado, ainda não se procedeu à conversão num contrato sem termo.

Assim sendo, nesses quinze dias, em que se produzem os efeitos típicos de um contrato de trabalho, estar-se-á perante uma relação laboral de facto.

c) Trabalhador temporário após a cessação do contrato de utilização

No regime do trabalho temporário (arts. 175.º e ss. e arts. 180.º e ss. do CT e Decreto-Lei n.º 260/2009, de 25 de setembro) estabeleceu-se uma conversão similar àquela que consta do art. 147.º, n.º 2, alínea *c)* do CT2009 (anterior art. 145.º do CT2003 e art. 51.º da LCCT). «No caso de o trabalhador temporário continuar ao serviço do utilizador decorridos 10 dias após a cessação do contrato de utilização (...), considera-se que o trabalho passa a ser prestado ao utilizador com base em contrato de trabalho sem termo.» (art. 178.º, n.º 4, do CT).

Depois da cessação do contrato de utilização, durante dez dias, admite-se que o trabalhador continue a prestar a atividade, recebendo a respetiva remuneração, sem que exista qualquer contrato de trabalho entre este e o utilizador. Durante este período há igualmente uma relação laboral de facto.

d) Suspensão de despedimento que vem a ser considerado lícito

Se o trabalhador requereu a suspensão do despedimento nos termos do art. 386.º do CT e, posteriormente, na ação de impugnação, o despedimento veio a ser considerado lícito, no espaço que mediou entre a providência cautelar e a sentença da ação de impugnação, tendo o trabalhador desenvolvido a sua atividade e recebido a respetiva retribuição estar-se-á perante uma relação contratual de facto. Na realidade, a decisão final na ação de impugnação confirmou a validade do despedimento que ocorreu antes da providência, pelo que o contrato cessou com o despedimento, mas foi executado entre a data da providência e a da decisão final como relação contratual de facto.

Bibliografia:

Menezes Cordeiro, *Direito do Trabalho*, II, cit., pp. 351 ss.; Andrade Mesquita, *Direito do Trabalho*, cit., pp. 481 e ss.

4. Obrigação de informar

a) Dever de informar na formação do contrato de trabalho

I. Na fase da formação negocial, tal como ocorre nos preliminares do contrato de trabalho, as partes devem proceder segundo os ditames da boa fé, nos termos do art. 227.º, n.º 1, do CC. A *culpa in contrahendo* na formação do contrato de trabalho encontra concretizações, em especial, ao nível dos deveres de informação e de lealdade que as partes têm uma em relação à outra[941].

Mas, neste aspeto, não se estabeleceu um regime particular no domínio do contrato de trabalho, aplicando-se, assim, as regras gerais de direito civil.

As especificidades detetadas advêm de situações concretas constantes dos arts. 106.º e ss. do CT.

II. Como resulta do art. 106.º do CT, o dever de informação impõe-se tanto ao empregador como ao trabalhador. O dever de informar o trabalhador sobre as condições aplicáveis ao contrato de trabalho advém da Diretiva n.º 91/533/CE, do Conselho, de 14 de outubro de 1991, que foi transposta pelo Decreto-Lei n.º 5/94, de 11 de janeiro.

Contudo, tanto na Diretiva como no Decreto-Lei n.º 5/94, atende-se a uma visão unilateral do dever de informar: a obrigação de informação a cargo do empregador. De modo diverso, o art. 106.º do CT2009 (tal como no precedente art. 97.º do CT2003) impõe o dever de o empregador informar o trabalhador (n.º 1) e o correspetivo dever de o trabalhador informar o empre-

[941] Sobre esta questão, para além dos manuais de direito das obrigações, veja-se Menezes Cordeiro, *Direito do Trabalho*, II, cit., pp. 285 s. e Romano Martinez, «Obrigação de Informar», *Fundamentos do Direito do Trabalho*, S: Paulo, 2000, pp. 34 ss.

gador (n.º 2). O contrato de trabalho é sinalagmático e, tanto na formação como na execução, há deveres recíprocos, nomeadamente no que respeita a informações a prestar pelas partes. A consagração de deveres recíprocos impostos a cada uma das partes de informar a contraparte da sua situação jurídica e das alterações relevantes para o cumprimento do contrato de trabalho constitui um dos aspetos de alteração introduzida pelo Código do Trabalho.

III. O dever de informação a cargo de ambas as partes assenta no princípio da boa fé, pelo que decorreria das regras gerais (algumas reiteradas no Código do Trabalho, p. ex., art. 102.º), mas a repetição, adaptada a uma situação concreta, tem a vantagem de esclarecer o seu âmbito. Principalmente como a Diretiva e o Decreto-Lei n.º 5/94 citados só atenderem a um aspeto do dever de informação, importava esclarecer que o trabalhador não está isento de deveres de informação.

As situações que devem ser informadas dependem da concretização dos conceitos indeterminados constantes dos dois números: «aspetos relevantes do contrato de trabalho» (n.º 1) e «aspetos relevantes para a prestação da atividade laboral» (n.º 2). A exemplificação seria necessariamente redutora, pelo que parece correta a técnica legislativa que, nestes casos, recorre a conceitos indeterminados.

b) Deveres de informação a cargo do trabalhador

O trabalhador deve informar o empregador quanto aos seus conhecimentos, habilitação profissional, experiência, etc. relativamente à atividade que vai desempenhar[942]. E tendo ocultado factos relevantes ou prestado informações erradas quanto a esses aspetos, além da eventual invalidade negocial resultante do vício na formação da vontade do empregador, o trabalhador poderá ser responsabilizado pelos prejuízos causados[943].

Mas é problemática a identificação dos deveres de informação a cargo do trabalhador, nomeadamente quando estes respeitam ao seu estado de saúde e a aspetos da sua vida pessoal. Sendo, por isso, de duvidosa legalidade a exigência de respostas a certas perguntas colocadas pelo empregador para a celebração do contrato de trabalho, por exemplo, questões que respeitem a

[942] Cf. Menezes Cordeiro, *Tratado de Direito Civil Português*, I, *Parte Geral*, Tomo I, cit., p. 506.
[943] *Vd.* Busemann, *Die Haftung des Arbeitnehmers gegenüber dem Arbeitgeber und Dritten. Haftung im Vorvertragsstadium, während des Arbeitsverhältnisses und im Nachvertragsstadium*, Berlim, 1999, pp. 19 ss. e pp. 27 ss.

convicções religiosas, políticas ou etnia[944]/[945]. O dever de informação a cargo do trabalhador encontrase limitado pela tutela da personalidade, constante dos arts. 71.º e ss. do CC e arts. 15.º e ss. do CT.

São, porém, lícitas perguntas relativas a aspetos, direta ou indiretamente, implicados com a relação laboral, que não colidam com a tutela da personalidade do trabalhador[946] e sejam justificadas com base na natureza da atividade. Deste modo, nada obsta a que se interrogue o candidato a um posto de trabalho quanto à sua formação profissional[947], experiência, idade, estado civil, filiação sindical, etc. E, atendendo às circunstâncias, pode inclusive exigir-se um certificado criminal ou um comprovativo do cumprimento do serviço militar[948]. Apesar do princípio da igualdade em direito laboral[949], o trabalhador tem de informar o potencial empregador quanto ao seu sexo[950], e, em determinadas circunstâncias, à mulher que se candidata, *v. g.*, a um lugar de bailarina ou de modelo, impõe-se-lhe o dever de informação quanto à

---

[944] Cf. DÜTZ, *Arbeitsrecht*, cit., pp. 44 ss.; SÖLLNER, *Grundriß des Arbeitsrechts*, cit., pp. 191 e 252; ZÖLLNER/LORITZ, *Arbeitsrecht*, cit., pp. 149 ss. Pelo que, em França, se proíbe questionar os candidatos a emprego quanto a convicções políticas ou religiosas e etnia, cf. COUTURIER, *Droit du Travail*, 1, *Les Relations Individuelles de Travail*, cit., pp. 151 ss.; PÉLISSIER/SUPIOT/JEMMAUD, *Droit du Travail*, cit., p. 360.
Sobre a questão, consulte-se PAULA MEIRA LOURENÇO, *Os Deveres de Informação no Contrato de Trabalho*, Relatório de Mestrado, Lisboa, 2000, em especial, pp. 20 ss.

[945] Importa distinguir os deveres de informação (*Auskunftspflichen*), em resposta a perguntas, dos deveres de esclarecimento (*Aufklärungspflichen*), que devem ser de comunicação espontânea de aspetos relevantes.

[946] DÜTZ, *Arbeitsrecht*, cit., p. 53, referindo-se à «fronteira da tutela da personalidade», exemplifica com uma questão ilegítima, a colocada ao trabalhador sobre o seu planeamento familiar.

[947] Por isso, não se verifica abuso do direito quando o empregador invoca a nulidade do contrato de trabalho derivada do facto de o trabalhador não possuir as habilitações académicas necessárias para a celebração do negócio (Ac. Rel. Cb. de 10/7/1997, CJ XXII, T. IV, p. 63, confirmado pelo Ac. STJ de 29/4/1998, CJ (STJ) 1998, T. II, p. 270). O facto de a trabalhadora, mais de uma vez, ao preencher a ficha de funcionária da empresa ter referido que possuía o 11.º ano, que não era verdade, permite que a empresa invoque a nulidade do contrato.

[948] Exigências que se podem justificar por parte de empresas de segurança.

[949] Sobre esta questão, *vd.* ROMANO MARTINEZ, «Igualdade de Tratamento no Direito Laboral. A Aplicação da Directiva 76/207/CEE em Portugal», *Direito e Justiça*, 1997, 2, pp. 83 ss.

[950] A este propósito HÖRSTER, *A Parte Geral do Código Civil Português. Teoria Geral do Direito Civil*, Coimbra, 1992, p. 573, nota 72, alude a uma decisão judicial alemã, em que estava em causa um transsexual, à procura de emprego, que se apresentou como sendo mulher, apesar de, biologicamente, continuar a ser homem, em que se recorreu ao regime do erro sobre as qualidades da pessoa.

sua gravidez (art. 17.º, n.º 1, alínea *b*), 2.ª parte, do CT)[951]. A este propósito, alguma doutrina alude ao «direito à mentira» por parte do trabalhador[952]; mas importa distinguir a reação a questões impertinentes, abusivamente colocadas pelo empregador, a que o trabalhador não está obrigado a responder, da falsidade das informações, que viola o citado princípio da boa fé contratual.

Quanto ao estado de saúde do trabalhador colocam-se idênticos melindres. A regra é a da não prestação de informações (art. 17.º, n.º 1, do CT). E da boa fé *in contrahendo*, não decorrem diretamente deveres que ponham em causa direitos fundamentais do trabalhador enquanto pessoa humana, pelo que a resposta não pode ser dada em abstrato. O dever de informação relacionado com aspetos da vida privada do trabalhador pode ser exigido em função do tipo de trabalho (p. ex., doenças contagiosas para um enfermeiro, prática de crimes para um segurança), como resulta da 1.ª parte da alínea *a)*, do n.º 1 do art. 17.º do CT. No que respeita à verificação de doenças é necessário atender aos exames médicos a fazer na empresa – muitas vezes como requisito prévio da contratação –, em que a obrigação de segredo deontológico se impõe ao médico; do sigilo profissional resulta que o médico do trabalho só informa a empresa da «aptidão» ou «inaptidão» do candidato, sem indicar o motivo (art. 17.º, n.º 2, do CT).

Pode concluir-se que o trabalhador tem o dever de informar o empregador relativamente a aspetos da sua vida, incluindo sobre o seu estado de saúde, sempre que essas questões possam repercutir-se no modo de efetuar a prestação. Assim, o candidato a um emprego de motorista deve prestar informações quanto à sua capacidade de visão ou ao facto de ser alcoólico. Por isso, nada obsta a que o empregador imponha a realização de exames médicos, a efetuar por clínicos da empresa, para verificar se o trabalhador se encontra em condições físicas de desempenhar a atividade para que se pretende contratar[953].

---

[951] Hörster, *A Parte Geral*, cit., p. 573, nota 72, fazendo referência a esta situação, admite que, conforme o caso concreto, sendo o exercício da atividade objetivamente impossível durante o estado de gravidez, poder-se-á estar perante um caso de erro sobre a base negocial, de erro sobre a qualidade da pessoa ou até de dolo omissivo.

[952] Cf. José João Abrantes, *Direitos fundamentais da pessoa humana no trabalho – em especial, a reserva da intimidade da vida privada (algumas questões)*, lição proferida nas provas públicas de agregação, 2012. Leal Amado, *Contrato de Trabalho*, cit., pp. 145 ss. Desenvolvendo o cotejo entre o dever de informar a cargo do trabalhador e a tutela da vida privada, veja-se Rosário Palma Ramalho, *Tratado*, cit., II, pp. 159 e s.

[953] Situação muito frequente, em particular no domínio de contratos a celebrar com desportistas profissionais.

Problema diverso, apesar de concomitante, respeita ao dever de sigilo profissional por parte do médico, ainda que clínico da empresa, em relação às doenças do candidato a emprego – principalmente quando se trata de uma enfermidade com óbvias repercussões sociais. O médico deve tão-só informar a empresa das condições físicas e psíquicas do potencial trabalhador, abstendo-se de especificar qual a doença que inviabiliza a contratação. Dito de outro modo, o clínico deve simplesmente comunicar se o candidato é apto ou inapto; e, no segundo caso, não terá de especificar a razão que, no seu entender, justifica a inaptidão do candidato ao cargo a que concorre (art. 17.º, n.º 2, do CT).

c) Deveres de informação a cargo do empregador

Da mesma forma, com base nas regras gerais e no n.º 1 do art. 106.º do CT, o empregador não deve criar expectativas ao trabalhador de que vai manter aquele posto de trabalho se, na realidade, tão-só pretende contratá-lo por um prazo curto, despedindo-o no fim do período experimental; tal atuação contraria o dever de lealdade.

Além disso, o empregador deverá prestar ao trabalhador todas as informações necessárias para a prossecução da atividade, tanto as que respeitam ao conteúdo do contrato, como as que se relacionam com a sua execução, designadamente em termos de segurança (art. 106.º, n.º 1, do CT).

Impõem-se, assim, deveres de informação sobre vários aspetos, por exemplo o dever de informar sobre os riscos para a segurança e saúde do trabalhador e medidas em caso de perigo (*v. g.*, regras de evacuação em caso de incêndio) ou sobre os equipamentos de trabalho utilizados, nomeadamente quanto às condições e riscos decorrentes da utilização.

d) Obrigação de informar o trabalhador sobre as condições aplicáveis ao contrato de trabalho

I. Para além das regras gerais, na celebração de contratos de trabalho há que atender às disposições especiais relativas ao dever de informação, constantes dos arts. 106.º e ss. do CT. Trata-se de um dever de informação unilateral, que impende tão-só sobre o empregador.

O dever de informação constante deste diploma foi instituído, de modo idêntico, nos Estados membros da União Europeia, por imposição da Diretiva do Conselho n.º 91/533/CEE, de 14 de outubro[954], que inicialmente foi

[954] Sobre esta questão, a nível europeu, cf. BLANPAIN, *European Labour Law*, cit., pp. 275 ss.

transposta para a ordem jurídica portuguesa pelo Decreto-Lei n.º 5/94, de 11 de janeiro.

A Diretiva tem, como principal finalidade, melhorar a proteção dos trabalhadores, dando-lhes conhecimento dos seus direitos e oferecendo uma maior transparência no mercado de trabalho[955]. Este imperativo já decorria do Tratado que instituiu a Comunidade Europeia (no revogado art. 118.º)[956].

II. Quanto ao âmbito de aplicação, no revogado art. 2.º do Decreto-Lei n.º 5/94, na sequência do disposto no art. 1.º, n.º 2, da Diretiva, determinava-se que a obrigação de informar não se impunha aos empregadores em quatro situações.

Primeiro, no caso de contratos de trabalho de curta duração (que não exceda um mês); solução cujo motivo não se perscruta, até porque no art. 4.º, n.º 5, do Decreto-Lei n.º 5/94, impunha-se o dever de informação ainda que o contrato, por ter tido uma duração inferior a dois meses a contar da data da entrada ao serviço, tivesse, entretanto, cessado.

Segundo, caso se estivesse perante um contrato de trabalho a tempo parcial reduzido (não superior a 8 horas por semana). Tal como referido no parágrafo anterior, não se justificava uma menor proteção aos trabalhadores a tempo parcial; o facto de o trabalhador ter um período normal de trabalho reduzido até determinaria um acrescido dever de informação, nomeadamente em virtude da deficitária regulamentação destas situações.

Terceiro, admitia-se a inaplicabilidade da obrigação de informar nos contratos de natureza especial, se essa natureza dispensasse a informação. Não seria fácil concluir, de entre os contratos de trabalho de natureza especial, em que casos seria dispensada a informação, nem se entenderia muito bem que, *v. g.*, num contrato de serviço doméstico, de trabalho rural, de trabalho portuário, de trabalho a bordo ou com desportistas profissionais, se dispensasse o dever de informação[957].

---

[955] Veja-se o preâmbulo da Diretiva. Quanto a esta Diretiva, há a ter em conta o Acórdão do Tribunal de Justiça das Comunidades Europeias, de 4 de dezembro de 1997, relativo à interpretação do art. 2.º, n.º 2, alínea *c)*.

[956] Com contornos similares aos constantes dos arts. 106.º e ss. do CT, o dever de informação encontra consagração em outros ordenamentos jurídicos, por exemplo o *Employment Rights Law*, 1996, sec. 1-12. *Vd.* BOWERS, *Employment Law*, cit., pp. 41 ss.
De igual modo dispõe o art. 8.5 *Estatuto de los Trabajadores. Vd.* MONTOYA MELGAR/GALIANA MORENO/SEMPERE NAVARRO/RÍOS SALMERÓN, *Comentarios al Estatuto de los Trabajadores*, 4.ª ed., Pamplona, 2001, anot. 5 ao art. 8, pp. 58 ss.

[957] Quanto aos contratos de trabalho de regime especial, *vd. infra* §§ 33 e ss.

Por último, não se impunha o dever de informação nos contratos de trabalho sujeitos a termo resolutivo, se o motivo justificativo da aposição do termo dispensasse a aplicação deste regime. O que suscitava várias dúvidas. Como primeira dúvida, caberia verificar se esta dispensa também valeria em caso de condição resolutiva, até porque o legislador, nos arts. 41.º e ss. da LCCT, sob a epígrafe «Contratos a termo», incluía, ao lado de típicas hipóteses de termo resolutivo, situações de condição resolutiva[958]. De facto, não se justifica um tratamento diferenciado para contratos de trabalho celebrados com um termo resolutivo ou sob condição resolutiva. Seguidamente, importaria esclarecer em que circunstâncias a aposição de um termo ou de uma condição resolutivos, atendendo ao respetivo motivo, justificariam a não aplicação do dever de informar.

Estas dúvidas, que já tinham sido manifestadas[959], justificaram a alteração da regra. A informação a cargo do empregador impõe-se em todos os contratos de trabalho, independentemente da respetiva duração, até porque essa é a solução que decorre dos deveres gerais de informação do art. 227.º do CC.

III. O empregador deverá, por escrito (art. 107.º do CT), prestar ao trabalhador, pelo menos, as informações constantes das várias alíneas do n.º 3 do art. 106.º do CT.

Das alíneas do n.º 3 do art. 106.º do CT retira-se que as informações respeitam, em especial, à execução do contrato (p. ex., local de trabalho, período normal, categoria, férias), mas também a aspetos formais (identificação das partes, data da celebração do contrato). Na revisão de 2012, acrescentou-se a alínea *m)*, impondo o dever de identificar o fundo de compensação, cujo regime jurídico consta da Lei n.º 70/2013, de 30 de agosto.

O disposto nestas alíneas é meramente indicativo, pois no n.º 2 impõe-se o dever de informar sobre outros direitos e obrigações que decorram do contrato de trabalho, sem se especificar o respetivo âmbito.

Há ainda uma informação complementar a prestar ao trabalhador com contrato de trabalho regulado pela lei portuguesa, que tenha de executar a atividade no estrangeiro por período superior a um mês (art. 108.º do CT). Em tal caso, cabe informar o trabalhador do período de trabalho a prestar

---

[958] Neste sentido, veja-se Paula Ponces Camanho, «Algumas Reflexões sobre o Regime Jurídico do Contrato de Trabalho a Termo», *Juris et de Jure*, Porto, 1998, pp. 971 ss., em particular, nota 7, pp. 972 s.

[959] *Vd.* a 1.ª edição deste Manual, pp. 402 e ss.

no estrangeiro, da moeda em que será paga a retribuição e das condições do eventual repatriamento.

O cumprimento da obrigação de informar é normalmente efetuado mediante a redução do contrato a escrito e a inclusão das informações no texto do acordo (art. 107.º, n.º 1, do CT); mas como, por via de regra, o contrato de trabalho não tem de ser reduzido a escrito, o cumprimento do dever de informar pode não ser efetuado no momento da celebração do contrato, devendo o empregador prestar a informação mediante documento escrito a entregar ao trabalhador nos sessenta dias subsequentes ao início de execução do contrato (art. 107.º, n.º 4, do CT)[960].

Como se referiu, o dever de informação é geralmente cumprido mediante a inclusão das informações constantes das alíneas do n.º 3 do art. 106.º do CT no próprio contrato de trabalho, reduzido a escrito, ou em contrato-promessa (art. 107.º, n.º 3, do CT), sendo lícito que no caso das alíneas *f)*, *g)*, *h)* e *i)* do art. 106.º, n.º 1, do CT a informação seja substituída por uma remissão para as disposições legais, de instrumento de regulamentação coletiva ou de regulamento interno de empresa (art. 106.º, n.º 4, do CT).

e) Obrigação de informar na pendência do contrato

I. A boa fé no cumprimento das obrigações impõe às partes (trabalhador e empregador) o dever de prestarem informações necessárias para a sã realização da prestação laboral. Por isso, se o trabalhador, por exemplo, muda de residência deve comunicar o facto ao empregador; do mesmo modo, cabe à entidade patronal informar os trabalhadores de qualquer alteração na política empresarial com repercussão nas relações laborais (*v. g.*, a instalação de um relógio de ponto).

Em particular quanto ao trabalhador, de novo, se reitera o melindre relativamente a certas informações sobre a sua vida e estado de saúde na pendência da relação laboral.

Mas sempre que a doença do trabalhador (*v. g.*, alcoolismo) dificulta ou prejudica a execução do contrato de trabalho deve ser prestada a respetiva informação; a tal impõe o dever de lealdade.

É, contudo, complexa a possibilidade de controlo do estado de saúde do trabalhador por parte do empregador (art. 19.º do CT). Em determinadas circunstâncias, atendendo, em particular, à periculosidade da tarefa incum-

[960] Quanto ao valor do documento do qual constam as informações, em particular no que respeita à prova da existência do contrato e do seu conteúdo, *vd.* Paula Meira Lourenço, *Os Deveres de Informação no Contrato de Trabalho*, cit, pp. 55 ss.

bida ao trabalhador, justificar-se-á que o empregador exija a realização de exames médicos periódicos a efetuar por clínicos da empresa (art. 19.º, n.º 1, 2.ª parte, do CT). Mas não é pacífico que o empregador possa, por exemplo, controlar a invocada doença do trabalhador para efeitos de falta justificada[961]; veja-se, contudo, o disposto nos n.os 3 e ss. do art. 254.º do CT. Aceita-se que, não valendo o atestado médico como uma prova plena de que a doença invocada constitua impedimento de trabalho, o empregador possa considerar que não está feita a prova dos factos invocados (doença) para a justificação da falta (art. 254.º, n.º 2, do CT), exigindo o controlo da doença por médico da empresa, nos termos prescritos nos n.os 3 e ss. do art. 254.º do CT.

II. A obrigação de informar não respeita só aos elementos que inicialmente qualificam o contrato de trabalho, mas igualmente em relação a alterações supervenientes (art. 109.º do CT). As modificações contratuais, designadamente de categoria ou retribuição, se não resultam da lei, de instrumento de regulamentação coletiva ou de regulamento interno de empresa, devem ser comunicadas ao trabalhador nos trinta dias subsequentes à data em que produzem efeito. Esta regra, na sua plenitude, representa uma visão utópica da realidade.

Para além das informações determinadas nos arts. 106.º e ss. do CT, durante a execução do contrato, sobre o empregador impende a que se poderá designar por «informação salarial» (art. 276.º, n.º 3, do CT), nos termos da qual deve ser dado a conhecer ao trabalhador, não só o montante da sua retribuição base, como também os complementos retributivos – indicando-se o modo da respetiva fixação – e os descontos salariais, em especial a retenção

961 Não será necessariamente falta justificada aquela em que o trabalhador apresenta atestado médico, cabendo ao empregador controlar a doença por médico da sua confiança (Ac. STJ de 20/6/1986, TJ 19 (1986), p. 16 e *RDES* 1987, n.º 2, p. 213; Ac. STJ de 12/12/1989, TJ 3 (1990), p. 232). Mas o atestado não tem de especificar a doença do trabalhador, basta que esclareça quanto à sua impossibilidade de trabalhar (Ac. Rel. Cb. de 13/2/1992, CJ XVII, T. I, p. 131). Ao empregador cabe sempre averiguar se o motivo invocado corresponde a uma justificação e pode exigir prova dos factos alegados pelo trabalhador (Ac. Rel. Cb. de 8/10/1992, CJ XVII, T. IV, p. 121), exceto se a situação era do conhecimento do empregador (Ac. Rel. Lx. de 29/3/1995, CJ XX, T. II, p. 175), por isso não é necessário proceder à comunicação se a doença era conhecida do empregador (Ac. Rel. Lx. de 12/12/1996, CJ XXI, T. V, p. 181).
No que respeita ao controlo do motivo da falta quando é invocada doença, COUTURIER, *Droit du Travail*, cit., pp. 372 s., alude à «contra-visita» do médico do empregador. Veja-se também BERNARDO XAVIER, «Atestado Médico e Controlo Patronal das Faltas por Doença», *RDES* 1987, n.º 2, pp. 233 ss., que defende a licitude de o empregador promover a contraprova, podendo o atestado médico não ser prova bastante da impossibilidade do trabalhador.

na fonte para imposto sobre o rendimento de pessoas singulares e a dedução para a Segurança Social. Juntamente com esta informação salarial, no designado «recibo da retribuição» deve mencionar-se a categoria profissional do trabalhador.

f) Incumprimento

A violação do dever de informar faz incorrer o faltoso em responsabilidade civil. O empregador ou o trabalhador que não tenha prestado a informação que se impunha, tanto na celebração como na execução do contrato, responde pelos danos causados à contraparte. Esta responsabilidade, dependendo das circunstâncias, pode gerar a invalidade do negócio – p. ex., falsas informações sobre a qualificação profissional do trabalhador –, a cessação do vínculo laboral – *v. g.*, despedimento ou resolução com justa causa – ou simplesmente a obrigação de suportar os prejuízos, em princípio patrimoniais, mediante indemnização.

O não cumprimento do dever de informar nos termos prescritos nos arts. 106.º e ss. do CT constitui contraordenação grave (art. 106.º, n.º 5, do CT).

A sanção de incumprimento da obrigação de informar reduz-se à coima, pois não foi transposto para a ordem jurídica portuguesa o disposto no art. 8.º da Diretiva[962]. No art. 8.º, n.º 1, da Diretiva prevê-se que se introduza na ordem jurídica um meio que permita ao trabalhador exercer judicialmente os seus direitos perante a inobservância do cumprimento do dever de informar por parte do empregador. Nesta sequência, no art. 8.º, n.º 2, da Diretiva, admite-se que, para tal, o Estado-membro preveja uma interpelação prévia do empregador sem a qual não se poderia, na maioria das situações, recorrer à via judicial. Estes mecanismos não foram transpostos para a ordem jurídica portuguesa – nem pelo Decreto-Lei n.º 5/94 nem pelo Código do Trabalho –, razão pela qual o recurso ao tribunal está dependente do simples incumprimento dos deveres de informação.

Bibliografia:

Sara Costa Apostolides, *Do dever pré-contratual de informações e da sua aplicabilidade na formação do contrato de trabalho*, Coimbra, 2008; Júlio Gomes, *Direito do Trabalho*, I, cit., pp. 480 e ss.; Jorge Leite, «Dever de Informação», *QL*, 1994, n.º 3, pp. 189 a 192; Paula Meira Lourenço, *Os Deveres de Informação no Contrato*

[962] Quanto ao disposto neste preceito da Diretiva, cf. Blanpain, *European Labour Law*, cit., p. 277.

de Trabalho, Relatório de Mestrado, Lisboa, 2000; ROMANO MARTINEZ, «Obrigação de Informar», *in Fundamentos do Direito do Trabalho. Estudos em Homenagem ao Ministro Milton de Moura França*, S. Paulo, 2000, pp. 34 a 43; ANDRADE MESQUITA, *Direito do Trabalho*, cit., pp. 474 e ss.; ROSÁRIO PALMA RAMALHO, *Tratado de Direito do Trabalho*, II, cit., pp. 161 e ss.

5. Período experimental

a) Noção

I. Na sequência de uma longa tradição legislativa, o período experimental foi estabelecido no art. 44.º da LCT e, posteriormente, a matéria encontrava-se regulada nos arts. 43.º e 55.º da LCCT[963]. Com maior desenvolvimento, este regime foi regulamentado no Código do Trabalho (arts. 111.º a 114.º).

Destes preceitos (arts. 111.º e ss. do CT) – que se limitam a concretizar e desenvolver o regime que já provinha do diploma de 1969, esclarecendo algumas dúvidas – conclui-se que, em qualquer contrato de trabalho, há um acordo implícito do qual resulta a existência do período experimental, que também pode ser alvo de acordo explícito das partes[964].

Dos arts. 111.º e ss. do CT decorre que o período experimental encontra-se implicitamente acordado em qualquer contrato, mesmo que este não tenha sido ajustado por tempo indeterminado. Assim, ainda que o vínculo laboral não confira estabilidade ao trabalhador, como num contrato a termo, considera-se que foi implicitamente admitida a existência de um período experimental. De facto, quanto ao contrato a termo, também se prevê um período experimental (art. 112.º, n.º 2, do CT); a exceção encontra-se no contrato em comissão de serviço, onde a existência do período experimental depende de estipulação expressa no respetivo acordo (art. 112.º, n.º 3, do CT)[965].

---

[963] Quanto ao direito anterior, que influenciou o atual regime constante do Código do Trabalho, pode consultar-se três estudos: PUPO CORREIA, *Da Experiência no Contrato de Trabalho*, Coimbra, 1967; JÚLIO GOMES, «Do Uso e Abuso do Período Experimental», *RDES*, 2000, n.º 1/2, pp. 37 e ss. e n.º 3/4, pp. 245 e ss.; RAÚL VENTURA, «O Período de Experiência nos Contratos de Trabalho», *O Direito*, 1961, n.º 4, pp. 247 e ss.

[964] Diferentemente, no sistema jurídico italiano, como resulta do art. 2096 do Código Civil Italiano, o período experimental não está implícito no acordo das partes, tendo de ser ajustado, cf. SUPPIEJ/DE CRISTOFARO/CESTER, *Diritto del Lavoro. Il Rapporto Individuale*, 3.ª ed., Pádua, 2005, pp. 185 e ss.

[965] Como resulta da anotação de LUÍS MIGUEL MONTEIRO (anot. V. ao art. 112.º), *in* ROMANO MARTINEZ/LUÍS MIGUEL MONTEIRO/PEDRO MADEIRA DE BRITO/GUILHERME DRAY/LUÍS

II. Por vezes, o período experimental é visto como uma forma de cessação do contrato, porque ele encerra uma das hipóteses de extinção do vínculo laboral – concretamente a denúncia –, razão pela qual no regime de 1989 (LCCT) surgia entre as formas de cessação do contrato de trabalho. Porém, o período de experiência, apesar de permitir a denúncia do vínculo, tem a sua razão de ser relacionada com os primórdios de uma relação duradoura e, por isso, com o início de execução do contrato de trabalho[966]. Justifica-se, pois, a opção do Código do Trabalho de regular esta matéria a propósito dos aspetos preliminares do contrato de trabalho, a seguir à formação, concretamente nos arts. 111.º e ss. do CT2009 (arts. 104.º e ss. do CT2003).

III. Poder-se-ia supor que, antes do início da relação duradoura, se estabelecia um acordo experimental, em que as partes mantinham um vínculo jurídico atenuado[967]; entender-se-ia, assim, que existia, primeiro, uma relação laboral temporária e, depois de findar este vínculo, iniciava-se a verdadeira relação de trabalho. Mas, de facto, não há dois contratos[968]; pelo contrário, o contrato de trabalho é o mesmo: inicia-se numa determinada data, a partir da qual começa a correr a fase do período experimental; terminada esta, o contrato continua com um vínculo duradouro (definitivo). Por isso, a

---

Gonçalves da Silva, *Código do Trabalho Anotado*, cit., p. 319, justifica-se esta exclusão ao regime comum, porque a cessação do contrato em regime de comissão de serviço encontra-se facilitada para o empregador. No fundo a exceção advém do facto de o período experimental ser muitas vezes entendido como uma vantagem conferida ao empregador, apesar de o legislador estabelecer o regime de modo bilateral.

[966] *Vd.* Schaub, *Arbeitsrechts-Handbuch*, cit., pp. 417 e ss.

[967] Mais atenuado só quanto ao carácter duradouro da relação, porque os efeitos laborais típicos não sofrem alterações, como seja a prestação da atividade, férias, remuneração. Cf. Ac. Rel. Lx. de 12/6/1996, *CJ* XXI, T. III, p. 167.

[968] Noutros espaços jurídicos, designadamente em Itália (art. 2096 do Código Civil Italiano), fala-se na existência de um contrato autónomo de prova, seguido do contrato de trabalho, até porque o período de experiência depende de acordo escrito (cf. Brignone/Rendina, *Il Patto di Prova*, Pádua, 1993, pp. 17 e 56 e ss.). Mas, como esclarecem Cian/Trabucchi, *Commentario Breve al Codice Civile*, cit., anot. I.1 art. 2096, segundo a opinião prevalecente, o *patto di prova* não é um contrato autónomo, mas uma cláusula aposta ao contrato de trabalho.
Em França e Espanha, entende-se que o período de prova se situa no começo de execução do contrato de trabalho (cf. Couturier, *Droit du Travail*, 1, 3.ª ed., Paris, 1996, p. 154; Dieguez, *Lecciones de Derecho del Trabajo*, cit., pp. 233 e ss.). Como se deduz do disposto no art. 14 do *Estatuto de los Trabajadores*, o período de prova é voluntário, depende de acordo (cf. Montoya Melgar/Galiana Moreno/Sempere Navarro/Ríos Salmerón, *Comentários al Estatuto de los Trabajadores*, cit., anot. 1 ao art. 14, p. 102).

antiguidade do trabalhador conta-se desde o início do período experimental (art. 112.º, n.º 6, do CT).

Deste modo, o período experimental corresponde a uma fase inicial da execução do contrato de trabalho, durante a qual não vale o princípio de estabilidade.

b) Fundamento

I. A admissibilidade do período experimental no contrato de trabalho justifica-se, porque, sendo a relação laboral duradoura, as partes, antes de a iniciarem de forma definitiva, devem apreciar mutuamente as respetivas qualidades: importa que o empregador avalie se o trabalhador possui as qualidades necessárias para execução do trabalho e, da mesma forma, é relevante para o trabalhador verificar se confia no empregador, mormente no que respeita às condições de trabalho, a um tratamento condigno e ao pagamento atempado da retribuição. O próprio *intuitus personae* leva ao estabelecimento de um período de experiência.

Apesar de o período experimental se revelar de extrema importância para que as partes se conheçam mutuamente, é necessário atender ao facto de também interessar a mútua perceção quanto ao modo de execução do contrato. O empregador quererá saber se pode confiar no trabalhador e se este tem capacidade para executar as tarefas correspondentes ao vínculo ajustado, como igualmente se ele se adapta às condições de execução do trabalho solicitado. Por seu turno, o trabalhador terá interesse em saber se o empregador o trata corretamente e lhe paga a retribuição no vencimento, mas especialmente se está interessado em se adaptar às condições de trabalho que lhe são propostas. Principalmente nos contratos de trabalho onde se superou o paradigma da relação comunitário-pessoal, o trabalhador não se preocupa em conhecer a pessoa do empregador – normalmente uma sociedade anónima – nem sequer o diretor ou o administrador; para o trabalhador será relevante avaliar as qualidades dos seus superiores hierárquicos diretos e, em especial, aperceber-se das condições em que o trabalho é executado. Tendo em conta este desiderato, admite-se que o período experimental possa ser reduzido ou excluído na medida em que as partes já se conheciam em outras relações jurídicas, inclusive não laborais (art. 112.º, n.º 4, do CT); mas esta exceção tem de ser entendida no respetivo contexto, como se indica *infra* na alínea c) IV deste número.

Na medida em que o período experimental não tem só em vista o conhecimento recíproco das partes, no n.º 2 do art. 111.º do CT, esclarece-se que

«(...) as partes devem agir de modo que possam apreciar o interesse na manutenção do contrato de trabalho». E, para a vontade de manter o contrato, influem variados aspetos, nomeadamente relacionados com um juízo de prognose quanto ao modo como decorrerá a relação laboral.

II. Tendo em conta a estrutura da relação laboral, poder-se-ia pensar que o período experimental foi conferido em exclusivo benefício do empregador[969]. Na verdade, tendo sido proscrita a liberdade de denúncia do contrato por parte do empregador, este tem particular interesse no período experimental; em contrapartida, o trabalhador, que pode denunciar livremente o contrato (art. 400.º do CT), não retiraria grande vantagem deste regime. Apesar de, em termos gerais, esta asserção ser verdadeira, importa ter em conta que o trabalhador tem particular interesse no período experimental nos casos em que a liberdade de denúncia se encontra limitada, como ocorre no caso de ter sido ajustado um pacto de permanência ou em vínculos especiais sem liberdade de denúncia, como o contrato de trabalho desportivo. Acresce que, independentemente do tipo de vínculo laboral, o trabalhador tem ainda a vantagem de poder denunciar o contrato sem aviso prévio.

c) Regime

I. Durante o período experimental, qualquer das partes pode denunciar o contrato de trabalho sem aviso prévio[970], nem invocação de justa causa e não é devido pagamento a título de indemnização (art. 114.º, n.º 1, do CT).

A liberdade de desvinculação está relacionada com a razão de ser do período experimental, daí que poderá não ser lícita a denúncia motivada por causas estranhas ao contrato de trabalho[971]. Assim, estar-se-á perante uma hipótese de abuso do direito, se, por exemplo, o empregador denunciar o

[969] Alguns autores atendem ao período experimental primordialmente nesta perspetiva, veja-se por exemplo Júlio Gomes, «Do Uso e Abuso do Período Experimental», cit., pp. 37 e ss.

[970] A declaração mediante a qual se extingue o contrato durante o período experimental, ainda que provenha do empregador, não carece de qualquer forma (Ac. Rel. Lx. de 18/2/1998, *CJ* XXIII, T. I, p. 172).

[971] Como refere Couturier, *Droit du Travail*, cit., p. 157, a discricionariedade não admite uma atuação abusiva. Neste sentido, considerando que pode haver um controlo judicial do motivo da denúncia, veja-se também Brignone/Rendina, *Il Patto di Prova*, cit., pp. 31 e ss.; Cian/Trabucchi, *Commentario*, cit., anot. V.1 ao art. 2096; Nicolini, *Manuale di Diritto del Lavoro*, cit., pp. 195 e ss.
No domínio da Lei n.º 1952 (art. 12.º, § único), o despedimento durante o período experimental presumia-se «feito por inaptidão para o serviço», o que levava Raúl Ventura, *Teoria da Relação*

contrato durante o período experimental pelo facto de a trabalhadora ter, entretanto, engravidado. O abuso do direito (art. 334.º do CC), em tais casos, enfrenta, porém, a dificuldade de prova do motivo ilícito, pois não é necessário invocar a causa de cessação do contrato.

Para além da especificidade mencionada, quanto à desvinculação da relação laboral durante o período experimental valem os direitos e obrigações próprios do contrato de trabalho[972]. Por isso, cessando o contrato, impõe-se ao empregador o dever de pagar as prestações vencidas, por exemplo, retribuição ou férias[973].

Como exceção à liberdade de denúncia sem aviso prévio, prescreve-se no n.º 2 do art. 114.º do CT que, após o decurso de sessenta dias de período experimental, o empregador tem de dar um aviso prévio de sete dias para denunciar o contrato; o prazo é alargado para quinze dias se o contrato tiver durado por mais de cento e vinte dias (n.º 3). Esta limitação só vale em relação ao empregador, pelo que ao trabalhador, independentemente da duração do vínculo, não se exige o aviso prévio para denunciar o contrato durante o período experimental[974].

II. Os prazos do período experimental dos contratos de trabalho submetidos ao regime comum – que não são celebrados a termo, mas sim por período indeterminado – vão de noventa dias, para a generalidade dos trabalhadores (art. 112.º, n.º 1, alínea *a)*, do CT)[975], até duzentos e quarenta dias

Jurídica de Trabalho, cit., p. 343, a falar numa presunção legal de justa causa. Atualmente, durante o período experimental, a denúncia presume-se justificada, mas pode ser abusiva.

972 Como referem SPIELBÜCHER/GRILLBERGER, *Arbeitsrecht*, I, *Individualarbeitsrecht*, cit., p. 94, o período experimental só se distingue da relação laboral no que respeita à função de prova.

973 Quanto ao direito de o trabalhador receber os proporcionais das férias e subsídio, cf. Ac. Rel. Lx. de 12/6/1996, *CJ* XXI, T. III, p. 167. Relativamente às consequências da cessação do contrato de trabalho, independentemente da causa, veja-se ROMANO MARTINEZ, *Da Cessação do Contrato*, 3.ª ed., Coimbra, 2017 p. 360.

974 Entendendo que o aviso prévio de sete dias deve ser feito pelo menos sete dias antes do termo do período experimental, veja-se LUÍS MIGUEL MONTEIRO (anot. III. ao art. 114.º), *in* ROMANO MARTINEZ/LUÍS MIGUEL MONTEIRO/PEDRO MADEIRA DE BRITO/GUILHERME DRAY/LUÍS GONÇALVES DA SILVA, *Código do Trabalho Anotado*, cit., p. 323. Com posição diversa quanto ao incumprimento dos sete dias, JÚLIO GOMES, *Direito do Trabalho*, I, cit., pp. 493 e s. A questão do incumprimento ficou resolvida no n.º 4 do art. 114.º do CT, prescrevendo-se tão-só o pagamento da retribuição correspondente.

975 Na legislação anterior, o prazo regra do período experimental era de sessenta dias ou de noventa dias, consoante o trabalhador tivesse sido contratado por uma grande ou pequena empresa (art. 55.º, n.º 2, da LCCT).

para pessoal de direção e quadros superiores (art. 112.º, n.º 1, alínea *c)*, do CT)[976]. Por via da alteração introduzida no art. 112.º, n.º 1, alínea b), do CT pela Lei n.º 93/2019 (15.ª alteração), às três situações anteriormente mencionadas de período experimental de 180 dias, acrescentou-se a de trabalhadores à procura do primeiro emprego e desempregados de longa duração. Esta hipótese, que não se integra no pressuposto da alínea em questão, resultou do acordo em concertação social atendendo ao facto de se terem reduzido as hipóteses de contratação a termo, concretamente em relação a trabalhadores à procura do primeiro emprego e desempregados de longa duração. A alteração indicada assenta, pois, numa razão de política legislativa.

Para a contagem do prazo do período experimental só se deve atender à execução efetiva da prestação de trabalho e não à duração do contrato (art. 113.º do CT). O período experimental tem início com a execução da prestação de trabalho – que pode ser posterior à data da celebração do contrato – e só ponderam os dias de execução do contrato, não se atendendo ao período de suspensão e às faltas, ainda que justificadas (art. 113.º, n.º 2, do CT)[977]. Em contrapartida, conta para o período experimental uma ação de formação ministrada pelo empregador ou frequentada por determinação deste, desde que não exceda metade do período experimental (art. 113.º, n.º 1, do CT).

Para cômputo do tempo de período experimental, por não existir regra específica em sede laboral, ter-se-ia de recorrer ao disposto no art. 279.º do CC, em particular à alínea *b)* deste preceito, pelo que não se contaria o dia de início do prazo[978]. Contudo, a regra do Código Civil, ainda que aplicável em sede laboral, está pensada para a contagem de prazos relacionados com o exercício de direitos e não para prazos de execução de relações jurídicas,

---

[976] É o empregador que tem de provar a complexidade técnica, para justificar a aplicação do prazo alargado do período experimental (Ac. Rel. Lx. de 15/6/1994, *CJ* XIX, T. III, p. 177), podendo o cozinheiro ser contratado para um restaurante com um período experimental de cento e oitenta dias (Ac. Rel. Év. de 14/5/1996, *CJ* XXI, T. III, p. 297 e Ac. Rel. Lx de 30/1/2019, *CJ* 2019 I, p. 195).

[977] A questão era controversa no âmbito da LCCT, mas já então se preconizava a solução que hoje consta explicitamente da lei (cf. Romano Martinez, *Direito do Trabalho*, Coimbra, 2002, p. 409). No mesmo sentido, Ac. Rel. Lx. de 18/1/1995, *CJ* XX, T. I, p. 174; Ac. Rel. Cb. de 20/1/2000, *CJ* XXV, T. I, p. 66.

[978] Em edições anteriores seguiu-se este entendimento relativamente a uma questão que era controversa no domínio da LCT. A dúvida suscitou divergência jurisprudencial. Aplicando o art. 279.º do CC, cf. Ac. Rel. Lx. de 1/4/1998, *CJ* XXIII, T. II, p. 178. Em sentido diverso, com dois argumentos dificilmente sufragáveis – porque essa interpretação implicaria mais um dia de período experimental e porque nos arts. 43.º e 55.º da LCCT falava-se em período e não em prazo –, veja-se o Ac. STJ de 7/10/1999, *CJ (STJ)* 1999, T. III, p. 261.

coadunando-se mal com a contagem do tempo de período experimental ou igualmente de execução de um contrato a termo; nestes casos, refletindo, parece mais adequado iniciar a contagem no primeiro dia, que corresponde ao da execução do vínculo.

III. Como resulta do disposto no art. 112.º, n.º 2, do CT, tendo sido aposto um termo ao contrato de trabalho, o período experimental poderá ser de quinze ou de trinta dias, consoante o negócio jurídico tenha uma duração previsível inferior ou superior a seis meses.

Além da diferença de prazo, que é mais reduzido, o regime do período experimental no contrato a termo segue as regras comuns, já enunciadas, em especial no número anterior.

IV. Tendo em conta a justificação do período experimental, o mesmo não é afetado pela existência de vínculos anteriores, razão pela qual a sucessão de contratos entre os mesmos contraentes não é motivo para inviabilizar a existência de um período experimental no segundo vínculo. Mas há exceções.

Por via de regra, se um trabalhador celebra um contrato de trabalho com uma empresa depois de ter mantido durante algum tempo um vínculo de prestação de serviços com a mesma entidade não ficou excluído o período experimental naquele contrato[979]. Contudo, nos termos da parte final do n.º 4 do art. 112.º do CT, o período experimental pode ser reduzido ou excluído no caso de o contrato de trabalho ter sido precedido por um contrato de prestação de serviços para o mesmo objeto[980]; idêntica exceção vale no caso de sucessão com anterior contrato a termo para a mesma atividade ou de contrato de trabalho temporário relativo ao mesmo posto de trabalho. Trata-se de uma norma excecional – justificada num contexto de combate ao trabalho precário – que não importa aplicação analógica (art. 11.º do CC); é necessária a coincidência de atividade, posto de trabalho ou objeto. Este

[979] No Ac. Rel. Lx. de 8/11/2000, *CJ* XXV, T. V, p.156, decidiu-se que o período experimental só se conta a partir do início da atividade laboral na empresa, independentemente do exercício anterior de outras funções na empresa sem subordinação.

[980] De igual modo, com base na previsão específica constante do n.º 2 do art. 11.º da Lei n.º 28/98 (entretanto revogada pela Lei n.º 54/2017), a existência de um contrato de formação seguida de um contrato de trabalho com a entidade formadora desportiva excluía o período experimental.
Contabilizando para efeito do período experimental o contrato de prestação de serviço anterior, veja-se Ac. Rel. Pt. de 8/11/2018 (Nélson Fernandes), CJ 2018 V, p. 190.

regime pressupõe a existência de continuidade, porquanto em caso de interregno deixa de se justificar a sua aplicação.

Também no caso de sucessão de contratos de trabalho entre as mesmas partes com objeto distinto impõe-se a existência de sucessivos períodos de experiência[981].

E ainda que a sucessão de contratos de trabalho entre os mesmos contraentes tenha idêntico objeto – não se encontrando a referida sucessão proscrita por uma previsão legal específica (p. ex., art. 143.º do CT) ou genérica, como o abuso do direito (art. 334.º do CC) –, haverá um novo período experimental em cada um dos vínculos[982].

V. Ao abrigo da liberdade contratual pode o período experimental ser alterado, nomeadamente reduzindo-se o prazo, ou inclusive excluído.

Relativamente à alteração, nos termos do art. 112.º, n.º 5, do CT, a duração do período experimental pode ser reduzida, mas não é lícito aumentá-la; trata-se de um daqueles casos em que a norma é imperativa, no sentido de estabelecer um prazo máximo[983]/[984].

---

[981] Como se lê no Ac. Rel. Lx. de 26/8/2001, *CJ* XXVI, T. IV, p. 161, nada obsta a que um trabalhador contratado sem termo para outra tarefa, depois de ter estado contratado a termo, tenha um período experimental na nova situação jurídica.

[982] Como resulta do Ac. STJ de 1/10/1997, só com o sumário divulgado na página deste tribunal, em caso de sucessão de contrato de trabalho entre um futebolista profissional e o mesmo clube, o segundo contrato é autónomo e «*não faz sentido alargar aos contratados a termo medidas de protecção concebidas para realidades diferentes, estruturadas na base da permanência ou continuidade da relação laboral, à partida não limitada no tempo*».

[983] Cf. Ac. Rel. Lx. de 25/9/1991, *CJ* XVI, T. IV, p. 214; Ac. Rel. Lx. de 3/6/1992, *CJ* XVII, T. III, p. 272; Ac. Rel. Cb. de 13/10/1994, *CJ* XIX, T. IV, p. 70; Ac. Rel. Lx. de 24/1/1996, *CJ* XXI, T. I, p. 163; Ac. Rel. Lx. de 20/3/1996, *CJ* XXI, T. II, p. 170. Em sentido diverso, veja-se o Ac. Rel. Lx. de 30/10/1996, *CJ* XXI, T. IV, p. 188.

[984] Na redação do art. 55.º, n.º 3, da LCCT, anterior a 1991, admitia-se o aumento convencional do prazo até seis meses; sobre esta solução, cf. Ac. Rel. Lx. de 10/2/1993, *CJ* XVIII, T. I, p. 189. No regime anterior (LCCT), a proibição de aumento do prazo de período experimental era expressa quanto aos contratos de trabalho sujeitos ao regime comum (art. 55.º, n.º 3, da LCCT), mas em relação aos contratos a termo, como o art. 43.º da LCCT falava em «salvo acordo em contrário», numa interpretação literal, poder-se-ia admitir a redução e o aumento do prazo (neste sentido, ALBINO MENDES BAPTISTA, *Jurisprudência Anotada*, 3.ª ed., Lisboa, 1999, pp. 356 e ss.; ANTÓNIO MOREIRA, *Trabalho Temporário. Regime Jurídico Anotado*, 2.ª ed., Coimbra, 2001, anot. art. 14.º, pp. 45 e s.). Contudo, atendendo a uma interpretação com base no elemento sistemático, já se defendera que o art. 43.º, n.º 1, da LCCT devia ser entendido nos parâmetros da limitação constante do art. 55.º, n.º 3, da LCCT, solução que vingou no Código do Trabalho. Quanto ao direito anterior, no sentido de dever articular-se o disposto

No domínio da legislação anterior, sendo inquestionável a possibilidade de redução do período experimental por acordo (art. 55.º, n.º 3, da LCCT), discutia-se qual a forma exigida[985] e o tipo negocial: convenção coletiva de trabalho ou contrato de trabalho. As dúvidas foram solucionadas, primeiro no n.º 1 do art. 110.º do CT2003 e, depois, no citado art. 112.º, n.º 5, do CT2009. O acordo tem de revestir a forma escrita e a redução do período experimental tanto pode decorrer de contrato de trabalho como de instrumento de regulamentação coletiva (art. 112.º, n.º 5, do CT).

A exclusão do período experimental é igualmente lícita, mas, ainda no esclarecimento de dúvidas suscitadas na vigência do diploma precedente (LCCT), tal como no anterior n.º 1 do art. 110.º do CT2003, o art. 112.º, n.º 5, do CT2009 clarifica, indicando que a redução pode constar de instrumento de regulamentação coletiva de trabalho ou acordo escrito das partes, mas a exclusão terá obrigatoriamente de ser incluída em contrato de trabalho (art. 111.º, n.º 3, do CT)[986].

A imperatividade da solução constante dos arts. 111.º, n.º 3, e 112.º, n.º 5, do CT resulta não só do disposto nestes preceitos como igualmente do regime geral relativo ao período experimental[987].

O art. 111.º, n.º 3, do CT, relacionado como o art. 112.º, n.º 5 do CT, constitui uma exceção ao regime geral, pois, por via de regra, confere-se maior possibilidade de intervenção aos instrumentos de regulamentação coletiva de trabalho do que ao contrato de trabalho (cf. art. 3.º, n.º 5, do CT). Mas neste caso a solução é a inversa: o instrumento de regulamentação cole-

---

no art. 43.º, n.º 1, da LCCT com a regra constante do art. 55.º, n.º 3, da LCCT, cf. Ac. Rel. Lx. de 25/9/1991, *CJ* XVI, T. IV, p. 214; Ac. Rel. Pt. de 15/11/1999, *CJ* XXIV, T. V, p. 242; Ac. Rel. Lx. de 21/6/2000, *CJ* XXV, T. III, p. 169.

[985] Admitia-se que o período experimental fosse excluído, desde que por acordo escrito, cf. Ac. STJ de 25/9/1996, *BMJ* 459, p. 355; Ac. STJ de 12/2/1997, *BMJ* 464, p. 301; Ac. Rel. Lx. de 12/10/1994, *CJ* XIX, T. IV, p. 165; Ac. Rel. Lx. de 8/5/1996, *CJ* XXI, T. III, p. 157.

986 Como se lê na anotação de LUÍS MIGUEL MONTEIRO (anot. VII. ao art. 112.º), *in* ROMANO MARTINEZ/LUÍS MIGUEL MONTEIRO/PEDRO MADEIRA DE BRITO/GUILHERME DRAY/LUÍS GONÇALVES DA SILVA, *Código do Trabalho Anotado*, cit., p. 321, «*Do n.º 5 resulta, com clareza, que a duração do período experimental não pode ser aumentada, mas apenas reduzida, seja por instrumento de regulamentação colectiva de trabalho, seja em contrato de trabalho*». Pelo que a supressão do período experimental não pode ser determinada por instrumento de regulamentação coletiva de trabalho.

[987] Cf. LUÍS MIGUEL MONTEIRO (anot. VII. ao art. 112.º), *in* ROMANO MARTINEZ/LUÍS MIGUEL MONTEIRO/PEDRO MADEIRA DE BRITO/GUILHERME DRAY/LUÍS GONÇALVES DA SILVA, *Código do Trabalho Anotado*, cit., p. 321.

tiva pode o menos (alteração do prazo) e o contrato de trabalho pode o mais (alterar o prazo e excluir o período experimental)[988].

BIBLIOGRAFIA:

LEAL AMADO, *Contrato de Trabalho*, cit., pp. 157ss.; TATIANA GUERRA DE ALMEIDA, «Período Experimental. Breves notas para o estudo comparativo dos regimes jurídicos português e espanhol», *Estudos de Direito do Trabalho em Homenagem ao Prof. Manuel Alonso Olea*, Coimbra, 2004, pp. 589 e ss. e *Do Período Experimental no Contrato de Trabalho*, Coimbra, 2007; MENEZES CORDEIRO, *Direito do Trabalho*, II, cit., pp. 341 ss.; PUPO CORREIA, *Da Experiência no Contrato de Trabalho*, Coimbra, 1967; MONTEIRO FERNANDES, *Direito do Trabalho*, 17.ª ed., Coimbra, 2014, pp. 299 a 305; PEDRO PETRUCCI DE FREITAS, «Algumas notas sobre a delimitação do conceito "cargo de elevado grau de responsabilidade" no âmbito do regime do período experimental», *QL* n.º 46 (2015), pp. 135 ss.; JÚLIO GOMES, «Do Uso e Abuso do Período Experimental», *RDES*, 2000, n.º 1/2, pp. 37 a 74 e n.ºs 3/4, pp. 245 a 276 e *Direito do Trabalho*, I, cit., pp. 486 e ss.; MARIA IRENE GOMES, «*Calcorreando* o período experimental ou período de prova», *Para Jorge Leite. Escritos Jurídico-Laborais*, I, Coimbra, 2014, pp. 349 ss.; ROMANO MARTINEZ, anotação aos arts. 102.º e ss. e 106.º e ss., *in* ROMANO MARTINEZ/LUÍS MIGUEL MONTEIRO/JOANA VASCONCELOS/MADEIRA DE BRITO/GUILHERME DRAY/ /GONÇALVES DA SILVA, *Código do Trabalho Anotado*, cit.,. pp. 301 e ss. e pp. 308 e ss. e «Nulidade de cláusulas de convenções colectivas de trabalho: o período experimental no contrato de trabalho desportivo», *RDES* 2007, n.º 1/2, pp. 79 e ss.; FURTADO MARTINS, *Cessação do Contrato de Trabalho*, 4.ª ed., Cascais, 2017, pp. 623 e ss.; ANDRADE MESQUITA, *Direito do Trabalho*, cit., pp. 489 e ss.; LUÍS MIGUEL MONTEIRO, anotação aos arts. 111.º e ss. *in* ROMANO MARTINEZ/LUÍS MIGUEL MONTEIRO/JOANA VASCONCELOS/MADEIRA DE BRITO/GUILHERME DRAY/GONÇALVES DA SILVA, *Código do Trabalho Anotado*, cit., pp. 315 e ss.; CLÁUDIA VAZ PÓVOA, «A boa fé na formação do contrato de trabalho e o regime do período experimental», *Estudos de Direito do Trabalho*, org. Monteiro Fernandes, Coimbra, 2011, pp. 7-88; ROSÁRIO PALMA RAMALHO, *Tratado de Direito do Trabalho*, II, cit., pp. 200 e ss.; JOÃO SOARES RIBEIRO, «Aviso Prévio na Denúncia do Contrato no Período Experimental», *Estudos Jurídicos em Homenagem ao Professor António da Motta Veiga*, Coimbra, 2007, pp. 139 e ss.; MOTTA VEIGA, *Lições*, cit.,

[988] Para maiores desenvolvimentos, veja-se ROMANO MARTINEZ, «Nulidade de Cláusulas de Convenções Colectivas de Trabalho. O Período Experimental no Contrato de Trabalho Desportivo», *Estudos Jurídicos e Económicos em Homenagem ao Prof. Doutor António de Sousa Franco*, Volume III, Lisboa, 2006, pp. 746 e ss.

pp. 383 a 387; Raúl Ventura, «O Período de Experiência nos Contratos de Trabalho», *O Direito*, 1961, n.º 4, pp. 247 ss.; Bernardo Xavier/Furtado Martins/ /Nunes de Carvalho/Joana Vasconcelos/Tatiana Guerra de Almeida, *Manual*, cit., pp. 661 e ss.

§ 22. FORMA DO CONTRATO

1. Forma e formalidades

O princípio geral da consensualidade, previsto no art. 219.º do CC, tem também consagração no campo do contrato de trabalho, concretamente no art. 110.º do CT, onde se estabelece que este negócio jurídico não depende da observância de forma especial[989].

A forma do negócio jurídico é a maneira como ele se revela, como se exteriorizam as respetivas declarações de vontade, enquanto as formalidades, que podem ser exteriores ao próprio negócio jurídico, servem para o complementar[990]. Assim, se um contrato de trabalho carece de forma escrita, o documento escrito será a forma, a formalidade corresponderá ao depósito do contrato na Autoridade para as Condições de Trabalho, nomeadamente no caso de contratos de trabalho celebrados com estrangeiros (art. 5.º, n.º 5, alínea *a)*, do CT).

No domínio laboral, normalmente associada à exigência de forma, são, muitas vezes, estabelecidas formalidades, que têm em vista concretizar o conteúdo do contrato de trabalho. Além destas, surgem ainda formalidades exteriores ao contrato de trabalho. Deste modo, quando o legislador exige que, no contrato, se indique a atividade contratada, o local e o período normal de trabalho, o motivo da celebração do contrato (art. 141.º, n.º 1, do CT) ou a retribuição (art. 181.º, n.º 1, alínea *e)*, do CT), não se está a impor uma forma mais solene ao contrato, pois estas menções obrigatórias correspondem a formalidades inerentes ao contrato de trabalho. Como formalidades externas ao vínculo pode indicar-se a inscrição do trabalhador na Segurança

[989] Solução idêntica foi estabelecida noutros ordenamentos jurídicos, podendo dizer-se que a consensualidade é a regra no contrato de trabalho (p. ex., art. 443 Consolidação das Leis do Trabalho ou art. 8 *Estatuto de los Trabajadores*).

[990] Sobre esta questão, cf. Menezes Cordeiro, *Tratado de Direito Civil Português*, I, 3.ª ed., Coimbra, 2005, pp. 565 ss.

Social, a celebração do seguro de acidentes de trabalho e a atualização do registo de pessoal (art. 127.º, n.º 1, alínea *j)*, do CT).

2. Princípio da consensualidade; exceções

I. Em relação ao contrato de trabalho, vale não só o princípio da liberdade de forma, como também o da não exigência de formalidades[991]. Todavia, há exceções, como se ressalva na parte final do art. 102.º do CT. As referidas exceções surgem esparsas no Código do Trabalho, nomeadamente a propósito das designadas «Modalidades de contrato de trabalho» (arts. 139.º e ss. do CT)[992].

O princípio da consensualidade, para além da vantagem da celeridade, constitui uma tutela de quem, sem subscrever qualquer documento, inicia a sua atividade laboral para outrem.

Quanto à prova da existência do contrato de trabalho, independentemente da redução a escrito do negócio jurídico, as partes podem recorrer a qualquer meio probatório (arts. 362.º e ss. do CC), com destaque para a prova testemunhal (arts. 392.º e ss. do CC).

O dever de informação, estabelecido no art. 106.º do CT, se for cumprido concomitante à celebração do contrato de trabalho[993], como as informações têm de ser prestadas por escrito (art. 107.º, n.º 1, do CT), basta que o contrato de trabalho seja celebrado por escrito e dele constem as informações indicadas no art. 106.º do CT, tal como dispõe o art. 107.º, n.º 3, do mesmo diploma. Mas por força do dever de informação, o contrato de trabalho não tem necessariamente de ser celebrado por escrito; e, não o sendo, têm as informações de ser prestadas por escrito, em documento autónomo.

II. Normalmente, a lei exige forma escrita sempre que se estabelecem regimes especiais de contrato de trabalho. Se as partes pretendem constituir uma situação jurídica laboral especial, o legislador costuma impor que o contrato seja celebrado por forma escrita. É o que acontece, por exemplo, no contrato de trabalho a termo. Por via de regra, o contrato de trabalho

---

[991] Cf. Mário Pinto/Furtado Martins/Nunes de Carvalho, *Comentário*, cit., anot. II.1 ao art. 6.º, p. 45.

[992] Com uma lista de exigências de forma no contrato de trabalho e de atos formais, veja-se Menezes Cordeiro, *Direito do Trabalho*, II, cit., pp. 120 ss.

[993] Nada impede que este dever seja cumprido antes ou posteriormente à conclusão do contrato de trabalho.

deve ser celebrado por tempo indeterminado, e se as partes quiserem ajustar um contrato de trabalho a termo, torna-se necessário que o mesmo seja celebrado por forma escrita (art. 141.º, n.º 1, do CT). O mesmo se passa no trabalho a tempo parcial (art. 153.º, n.º 1, do CT), no contrato de trabalho temporário e no contrato de utilização de trabalho temporário (arts. 181.º, n.º 1, e 177.º, n.º 1, do CT, respetivamente).

Também no caso de contrato de aprendizagem ou de formação (art. 10.º, n.º 4, da Portaria n.º 1497/2008, de 19 de dezembro), no contrato de trabalho com estrangeiros (art. 5.º, n.º 1, do CT), no contrato de trabalho a bordo (art. 6.º, n.º 1, da Lei n.º 15/97, de 31 de maio), no contrato de trabalho com desportistas profissionais (art. 6.º, n.º 2, da Lei n.º 54/2017, de 14 de julho), etc.

III. Por vezes, a lei exige forma escrita não para o contrato, mas para certas cláusulas contratuais. Não é comum que, sendo o contrato consensual, certas cláusulas do mesmo devam revestir forma escrita. Isto ocorre, por exemplo, quanto ao termo e condição suspensivos, como dispõe o art. 135.º do CT; se as partes celebrarem um contrato de trabalho segundo o regime geral, ele será consensual, mas se, nesse contrato consensual, pretenderem apor um termo ou uma condição suspensivos, as cláusulas acessórias têm de revestir forma escrita. Do mesmo modo, nos termos do art. 136.º, n.º 2, alínea *a)*, do CT, quando se pretende estabelecer um pacto de não concorrência, a cláusula tem de revestir a forma escrita. É ainda necessário o acordo escrito para alterar a duração ou excluir o período experimental estabelecido na lei (art. 112.º, n.º 5, do CT)[994]. Nestes casos, o contrato continua a ser consensual, mas algumas cláusulas serão formais; e, não tendo sido respeitada a forma, o contrato vale expurgado dessas cláusulas, verificando-se uma redução negocial (art. 292.º do CC).

IV. Para além da forma, há a ter em conta as formalidades, por exemplo o registo do contrato de trabalho na federação (trabalhadores desportivos, art. 7.º da Lei n.º 54/2017)[995] e o registo do contrato de aprendizagem (art. 10.º, n.º 5, da Portaria n.º 1497/2008) ou a comunicação à Autoridade para as Condições de Trabalho (trabalhadores estrangeiros, art. 5.º, n.º 5, do CT). Para além destas, cabe ainda aludir às menções obrigatórias constantes, designadamente do art. 5.º, n.º 1, do CT (trabalho de estrangeiros), do art. 141.º

---

[994] Cf. Ac. STJ de 25/9/1996, *BMJ* 459, p. 355; Ac. STJ de 12/2/1997, *BMJ* 464, p. 301.

[995] Cf. Ac. STJ de 6/10/1994, *BMJ* 440, p. 214, proferido no domínio de legislação anterior.

do CT (contrato a termo) ou do art. 181.º, n.º 1, do CT (trabalho temporário). A exigência de formalidades deriva de causas variadas.

3. Preterição de forma e de formalidades; consequências

I. A regra de direito civil aponta no sentido de a preterição da forma implicar nulidade do contrato (art. 220.º do CC). Porém, quanto ao contrato de trabalho, a falta de forma pode não acarretar a nulidade do contrato. Importa recordar que a exigência de forma no contrato de trabalho foi estabelecida para relações de trabalho especiais, relacionando-se com a prova de que as partes pretenderam ajustar, não uma relação de trabalho sujeita ao regime comum, mas sim um vínculo especial. Por exemplo, no contrato de trabalho a termo é exigida a forma escrita para se provar que as partes não quiseram celebrar um contrato de duração indeterminada. A exigência de forma é, pois, essencialmente *ad probationem*[996]. Por isso, a preterição da forma exigida por lei, por via de regra, não determina a nulidade do contrato de trabalho, mas o estabelecimento de uma relação laboral comum. Se as partes deveriam ter celebrado por escrito o contrato, porque pretendiam ajustar um contrato de trabalho sujeito a um regime especial, não tendo respeitado a forma escrita, não será o contrato de trabalho nulo, considerando-se ter sido celebrado um contrato nos termos do regime geral. Assim, se as partes queriam ajustar um contrato de trabalho a termo, mas não o fizeram por escrito, considera-se o contrato celebrado sem termo (art. 147.º, n.º 1, alínea *c*), do CT)[997].

Na falta de disposição específica, a solução pode ser controversa, sendo a forma exigida para o tipo contratual, como no contrato de trabalho a bordo ou de desportistas profissionais. Nestes casos, a nulidade colidiria com o fundamento da exigência de forma, que é, como se referiu, essencialmente *ad probationem*.

II. A inobservância de forma, quando exigida para determinadas cláusulas contratuais, acarreta a nulidade das mesmas, entendendo-se que o contrato de trabalho foi validamente celebrado segundo o regime comum, sem as referidas cláusulas (p. ex., termo ou condição suspensivo).

---

[996] Sobre a questão, cf. Ac. STJ de 26/10/1994, CJ (STJ) 1994, T. III, p. 279.

[997] Daí que no Ac. STJ de 26/10/1994, CJ (STJ) 1994, T. III, p. 279, se conclua no sentido de a exigência de forma no contrato a termo ser uma formalidade *ad substantiam*, porque não pode ser suprida por outra prova.

III. A preterição das formalidades não pressupõe a nulidade do contrato, na medida em que, por via de regra, a falta pode ser suprida.

Nalguns casos, se as formalidades não foram cumpridas, o contrato mantém-se em vigor, pois não há qualquer invalidade, mas sobre o faltoso podem impender coimas. Assim, no caso de falta de comunicação do contrato de trabalho com estrangeiros a empresa incorre numa contraordenação grave (art. 5.º, n.º 7, do CT).

A falta de registo do contrato de trabalho na respetiva federação (art. 7.º da Lei n.º 54/2017, de 14 de julho) inviabiliza a participação do desportista em competições promovidas pela federação[998].

Se do contrato não constarem as menções obrigatórias, ou bem que há previsão específica quanto às respetivas consequências (p. ex., conversão do negócio na falta da indicação do motivo justificativo [art. 147.º, n.º 1, alínea *c*), do CT e art. 181.º, n.º 2, do CT] ou considera-se que, não sendo indicada a data de início do trabalho, vale a data da sua celebração [art. 141.º, n.º 2, do CT]), ou então a falta (p. ex., se não constar a indicação do local e período normal de trabalho) pode ser preenchida por via da interpretação negocial ou por qualquer meio de prova[999]. Há ainda a ter em conta que a falta de certas menções pode implicar a aplicação de uma sanção (p. ex., art. 181.º, n.º 5, do CT)

BIBLIOGRAFIA:

MENEZES CORDEIRO, *Direito do Trabalho*, II, cit., pp. 113 ss.; MONTEIRO FERNANDES, *Direito do Trabalho*, 18.ª ed., Coimbra, 2017, pp. 158 e ss.; JÚLIO GOMES, *Direito do Trabalho*, I, cit., pp. 83 e ss.; MENEZES LEITÃO, *Direito do Trabalho*, cit., pp. 246 e ss.; MÁRIO PINTO/FURTADO MARTINS/NUNES DE CARVALHO, *Comentário*, cit., anot. II.1 ss. ao art. 6.º, pp. 45 e 46; ROSÁRIO PALMA RAMALHO, *Tratado de Direito do Trabalho*, II, cit., pp. 196 e ss.; MOTTA VEIGA, *Lições*, cit., pp. 377 a 379.

[998] No domínio do Decreto-Lei n.º 413/87, de 3 de dezembro (art. 11.º), a falta de registo implicava que o contrato de trabalho não podia ser invocado em juízo. Sobre esta questão, cf. Ac. STJ de 6/10/1994, *BMJ* 440, p. 214 e Ac. STJ de 11/10/1995, *BMJ* 450, p. 265, onde se declara a inconstitucionalidade de tal norma, por não terem sido ouvidos os representantes dos trabalhadores.

[999] Cf. Ac. STJ de 26/10/1994, *CJ (STJ)* 1994, T. III, p. 279.

Secção V
Invalidade

§ 23. PARTICULARIDADES

1. Causas de invalidade

O contrato de trabalho, como qualquer outro negócio jurídico, pode ser inválido (nulo ou anulável), caso em que encontram aplicação as regras gerais dos arts. 240.º e ss. e 285.º e ss. do CC.

Entre as causas de invalidade do contrato de trabalho, estudadas em direito civil[1000], encontram-se situações particulares, próprias deste negócio jurídico, as quais, contudo, assentam em idênticos pressupostos. De facto, por exemplo, a nulidade por falta de título profissional (art. 117.º, n.º 1, do CT)[1001] tem por base o disposto no art. 280.º do CC. Pode, por isso, dizer-se que as especificidades do contrato de trabalho se reconduzem às regras gerais de direito civil. Na falta de regime especial, aplicam-se diretamente as regras constantes do Código Civil. Assim, havendo erro quanto à pessoa do trabalhador, o contrato de trabalho é anulável nos termos do art. 251.º do

[1000] Por exemplo, negócio jurídico contrário à lei (Ac. STJ de 19/2/1992, *BMJ* 414, p. 372), simulado (Ac. STJ de 20/6/1996, CJ (STJ) 1996, T. II, p. 278), ou celebrado com coação moral (Ac. Rel. Pt. de 17/9/1990, CJ XV, T. IV, p. 263). Em geral, os vícios na formação da vontade das partes no contrato de trabalho conduzem à invalidade do mesmo.

[1001] No Ac. Rel. Cb. de 10/7/1997, CJ XXII, T. IV, p. 63, a nulidade advinha da falta de habilitações literárias.

CC[1002]. Perante a invalidade do contrato de trabalho recorre-se ao regime comum dos arts. 285.º a 293.º do CC, sobre a nulidade e a anulabilidade dos negócios jurídicos, mas é necessário atender às regras constantes dos arts. 121.º a 125.º do CT.

2. Ficção de validade

I. Nos termos do art. 289.º do CC, vale o princípio da retroatividade, ou seja, sendo o contrato inválido destroem-se os efeitos até então produzidos, devendo ser restituído tudo o que tiver sido prestado. Contudo, no contrato de trabalho, sendo um negócio jurídico de execução continuada, com uma prestação de facto material, seria difícil proceder-se à devolução da atividade realizada pelo trabalhador. Porém, nos termos do art. 289.º do CC, não sendo possível devolver qualquer das prestações, será entregue o correspondente pecuniário. Num contrato de trabalho nulo ou anulado o empregador teria de restituir o equivalente ao trabalho desenvolvido pelo trabalhador e o trabalhador devolveria os salários recebidos. Como as partes poderiam recorrer à compensação, nenhuma delas procederia à restituição da prestação recebida. Mas esta solução parte do pressuposto que, na atividade laboral, o salário corresponde ao valor da atividade desenvolvida. Poderá ocorrer, eventualmente, que o trabalho prestado não seja equivalente ao salário; isso implicaria que se teria de avaliar o valor da atividade e verificar se era igual ao salário pago. Para além disso, a relação laboral não se circunscreve à prestação de uma atividade em troca de um salário e seria assaz complicado proceder à restituição ou à determinação do valor de todas as prestações.

Por isso, em relação ao contrato de trabalho, não se aplica o regime previsto no Código Civil (arts. 285.º e ss.), tendo-se estabelecido regras específicas nos arts. 121.º a 125.º do CT.

II. No domínio do contrato de trabalho inválido tem-se admitido a figura da relação contratual de facto, de molde a proteger as situações jurídicas constituídas ao seu abrigo. Seria inconveniente que se destruíssem, retroa-

[1002] Alonso Olea/Casas Baamonde, *Derecho del Trabajo*, cit., p. 316, reiterando o *intuitus personae* do contrato de trabalho, esclarecem que pode ser inválido (anulável) em caso de *error in personam*; o erro sobre a pessoa (art. 251.º do CC) constitui causa de anulabilidade se o engano respeitar à identidade do outro contraente, mas é discutível que o erro sobre as qualidades da contraparte seja motivo de anulabilidade, em particular atendendo à instituição do período experimental.

tivamente, todos os efeitos emergentes de uma relação laboral, que se executou durante determinado período.

Quanto à invalidade do contrato de trabalho importa cotejar os arts. 121.º a 125.º do CT com os arts. 285.º a 293.º do CC.

III. O art. 122.º do CT estabelece uma regra diferente da constante no art. 289.º do CC. Relativamente ao contrato de trabalho, o art. 122.º, n.º 1, do CT, rejeitando o princípio de retroatividade, dispõe que o contrato de trabalho declarado nulo ou anulado produz efeitos como se fosse válido, ficcionando-se a respetiva validade[1003]. A invalidade não tem eficácia retroativa, impedindo tão-só a produção de efeitos para o futuro[1004]. Durante a execução de um contrato de trabalho inválido constitui-se uma relação laboral de facto[1005].

A solução consagrada no art. 122.º, n.º 1, do CT justifica-se, pois, como o contrato de trabalho é de execução continuada, com prestações de facto positivo, conjugadas com deveres secundários e acessórios, tornar-se-ia difícil a restituição do que tivesse sido prestado, e importaria proteger o trabalhador.

Porém, a distinção entre o art. 289.º do CC e o art. 122.º, n.º 1, do CT não é relevante se o contrato não tiver sido executado. Caso o contrato tenha sido executado, aplica-se o art. 122.º, n.º 1, do CT, não tendo a invalidade eficácia

---

[1003] Esta ficção legal de validade não constitui a explicação doutrinária do fenómeno, sendo, antes, uma técnica legislativa. Sobre a ficção legal, *vd.* LARENZ, *Metodologia da Ciência do Direito*, 4.ª ed., Lisboa, 2005, pp. 366 ss.; BAPTISTA MACHADO, *Introdução ao Direito e ao Discurso Legitimador*, Coimbra, 1983, pp. 108 ss.

A solução estabelecida no direito português não encontra correspondência em outros ordenamentos jurídicos, pelo menos com a mesma amplitude. Nalguns casos, perante a omissão da lei laboral, remete-se para o regime de direito civil e noutros, como o art. 9.2 *Estatuto de los Trabajadores*, concede-se ao trabalhador o direito de receber o salário.

[1004] Quanto a um elenco de teorias que, pretensamente, justificam esta particularidade, *vd.* BRITO CORREIA, *Efeitos Jurídicos dos Contratos de Trabalho Inválidos Executados*, Lisboa, 1970, pp. 18 ss. O autor (ob. cit., pp. 27 ss.), rejeitando uma perspetiva contratualista, inicia a explicação das especificidades laborais através da chamada teoria da incorporação, que, atendendo à sua vaguidade, admite várias explicações, incluindo a da relação laboral de facto (*faktisches Arbeitsverhältnis*), e conclui (pp. 43 ss.) por uma via mista, descritiva, em que os efeitos decorrem da existência de um contrato inválido e da sua execução.

[1005] No direito alemão, com remissão para as regras do Código Civil (§§ 142 e 812 ss. BGB), também se alude a uma *faktisches Arbeitsverhältnis* (*vd.* DÜTZ, *Arbeitsrecht*, cit., pp. 64 ss.). No mesmo sentido, para o direito austríaco, SPIELBÜCHER/GRILLBERGER, *Arbeitsrecht*, cit., pp. 139 ss. Com posição diversa, veja-se JÚLIO GOMES/CATARINA CARVALHO, «Sobre o Regime da Invalidade do Contrato de Trabalho», *II Congresso Nacional de Direito do Trabalho*, Coimbra, 1999, p. 166.

retroativa. Se, pelo contrário, celebrado um contrato de trabalho inválido, a atividade não foi executada nem a retribuição paga, rege o art. 289.º do CC. A regra especial do art. 122.º, n.º 1, do CT só se aplica na medida em que o contrato de trabalho tenha sido executado e relativamente ao período de execução.

A invalidade do contrato de trabalho que tenha sido executado é invocável nos termos comuns. Sendo o negócio jurídico nulo, a invalidade pode ser invocada a todo o tempo por qualquer das partes ou declarada oficiosamente pelo tribunal (art. 286.º do CC); assim, sendo celebrado um contrato de trabalho sem que o trabalhador tenha título profissional habilitante para o exercício da profissão (art. 117.º do CT), a nulidade pode ser invocada pelo empregador ou pelo trabalhador (sem necessidade de recurso a tribunal), implicando a imediata extinção, com efeitos para o futuro, do contrato de trabalho. No caso de o vício conduzir à anulabilidade do negócio jurídico (p. ex., erro ou coação moral), a invalidade poderá ser invocada pela parte em cujo interesse a lei estabeleceu essa causa de anulabilidade (parte lesada), no ano subsequente à cessação do vício (art. 287.º, n.º 1, do CC), sem necessidade de prévio recurso a tribunal, ou seja *ope voluntatis* e não *ope iudicis*[1006].

O regime estabelecido no art. 122.º, n.º 1, do CT para os contratos de trabalho inválidos poder-se-á aplicar a situações laborais ineficazes, como aquelas em que houve falta de legitimidade para emitir a declaração negocial[1007], sempre que a execução verificada justifique a proteção que o art. 122.º, n.º 1, do CT pretende conferir ao trabalhador[1008].

[1006] É discutível se a anulabilidade é ou não de exercício judicial; parece que não será necessário recorrer ao tribunal, pois tal não é exigido para a nulidade (art. 286.º do CC), admitem-se acordos acerca da invalidade (art. 291.º, n.º 1, do CC) e, quanto ao contrato de trabalho, no art. 123.º, n.º 1, do CT, relaciona-se a cessação do vínculo com a invocação da invalidade. No sentido de a invalidade poder ser invocada extrajudicialmente por qualquer das partes, cf. Mário Pinto/Furtado Martins/Nunes de Carvalho, *Comentário*, cit., anot. II.6 ao art. 15.º, p. 73.

[1007] Como se refere no Ac. Rel. Cb. de 15/6/1994, CJ XIX, T. III, p. 65, ao contrato de trabalho ineficaz (celebrado por sócio não gerente sem poderes de representação) aplica-se o regime da invalidade estabelecido no art. 15.º da LCT (atual art. 122.º do CT), considerando que as razões que levam o legislador a consagrar a solução deste preceito em caso de nulidade e de anulabilidade, valem para a hipótese de ineficácia. Em sentido diverso, cf. Júlio Gomes/ /Catarina Carvalho, «Sobre o Regime da Invalidade do Contrato de Trabalho», cit., p. 166.

[1008] Em sentido diferente, rejeitando a aplicação do art. 15.º da LCT (atual art. 122.º do CT) aos contratos ineficazes, atendendo, essencialmente, à letra da lei, cf. Brito Correia, *Efeitos Jurídicos dos Contratos de Trabalho Inválidos Executados*, cit., p. 47.

IV. O art. 122.º, n.º 2, do CT, na senda da regra precedente, estabelece que, em relação aos atos modificativos inválidos do contrato, a invalidade também não têm eficácia retroativa.

Interessa atender a três situações: contrato de trabalho inválido com ato modificativo válido, contrato de trabalho inválido com ato modificativo igualmente inválido e contrato de trabalho válido com ato modificativo inválido.

No domínio da legislação anterior (art. 15.º, n.º 2, da LCT) suscitavam-se algumas dúvidas no que respeita aos atos modificativos inválidos e à relação destes com o contrato de trabalho. Em especial, não era pacífica a relação entre o n.º 1 e o n.º 2 do art. 15.º da LCT[1009].

Sendo celebrado um contrato de trabalho inválido, não tendo as partes detetado essa invalidade, se o alterarem, tal modificação produz efeitos até à declaração de nulidade ou de anulabilidade. Assim, se num contrato de trabalho nulo, durante o período da execução, o trabalhador for promovido, esta promoção mantém-se com todas as suas consequências até o contrato ser declarado inválido.

A solução será idêntica no caso de o ato modificativo se encontrar, ele próprio, ferido de nulidade. Sendo inválido o contrato e, durante a sua execução, é praticado um ato modificativo igualmente inválido, a alteração produz efeitos até à declaração de invalidade do vínculo ou do ato. Sendo o contrato inválido e o ato modificativo, em si, também inválido (por exemplo uma despromoção), por força do disposto no n.º 2, *in fine*, do art. 122.º do CT, este último não produz efeitos; ou seja, a invalidade do contrato e do ato modificativo segue a mesma regra de ficção de validade.

Se o contrato for válido e a modificação inválida (nula ou anulável), ao ato modificativo aplica-se o art. 122.º, n.º 2, do CT, que remete para o n.º 1 do mesmo preceito. Tratando-se de uma situação constitutiva de direitos inválida vale a regra geral da ficção de validade[1010]. Se o trabalhador, com um contrato válido, for promovido para uma categoria para a qual não possui carteira profissional, o ato modificativo é inválido, e, nos termos do n.º 2 do art. 122.º do CT (por remissão para o n.º 1 do mesmo preceito), há que salvaguardar os direitos constituídos ao seu abrigo; ficcionando-se a validade da promoção enquanto tiver sido executada.

[1009] Veja-se a 3.ª edição deste Manual, pp. 423 e s.

[1010] Diferentemente, Mário Pinto/Furtado Martins/Nunes de Carvalho, *Comentário*, cit., anot. II.5 ao art. 15.º, p. 73, preconizavam, no caso do art. 15.º da LCT, a aplicação das regras gerais do Código Civil.

Diferentemente, na hipótese de se estar perante um contrato válido e uma modificação inválida, que ponha em causa garantias do trabalhador, como seja uma alteração do local de trabalho que cause um prejuízo sério ao trabalhador (art. 194.º, n.º 5, do CT), o ato modificativo do contrato não produz efeito ainda que tenha sido executado (art. 122.º, n.º 2, *in fine*, do CT). Neste último caso, a declaração de invalidade tem eficácia retroativa[1011].

V. Na sequência do disposto no art. 122.º do CT2009 e tal como se prescrevia no art. 116.º do CT2003, no preceito seguinte dispõe-se sobre as consequências da invalidade e a relação com a cessação do contrato de trabalho. Se o contrato inválido cessar por causa diferente da invalidade segue o regime regra da cessação do vínculo (art. 123.º, n.º 1, do CT).

Se, não obstante a invalidade do contrato, uma das partes tiver posto termo ao negócio jurídico com base noutra causa que não a invalidade, por exemplo despedimento, encontram aplicação as regras da cessação do contrato de trabalho (arts. 338.º e ss. do CT). Assim, se num determinado contrato de trabalho nulo, o empregador não invocar a invalidade e despedir ilicitamente o trabalhador, há o dever de pagar uma indemnização, nos termos previstos no art. 489.º, n.º 1, alínea *a)*, do CT (relacionado com os arts. 389.º e 390.º deste diploma). Por outras palavras, aplicam-se as regras do despedimento, como se o contrato fosse válido, sendo devida a indemnização nos termos gerais[1012].

VI. O art. 123.º, n.º 2, do CT, por motivos de equidade, estabelece uma restrição à indemnização derivada de contrato a termo inválido. Sendo o contrato de trabalho inválido com cláusula a termo, e se, em vez de se invocar a invalidade do vínculo, se tiver procedido a uma cessação ilícita, a indemnização devida seria aquela que se determinaria pelas regras gerais do despedimento ilícito, mas do citado n.º 2 do art. 123.º do CT resulta que, se o empregador ou o trabalhador tiver procedido a uma cessação ilícita de um contrato de trabalho a termo inválido, a indemnização devida tem por limite

---

[1011] Neste ponto, ao inserir a exceção na parte final do n.º 2 do art. 122.º do CT2009 (na sequência do n.º 2 do art. 115.º do CT2003), o legislador seguiu a posição que se defendia *praeter legem* ao abrigo do precedente art. 15.º, n.º 2, da LCT.

[1012] No Ac. Rel. Cb. de 10/7/1997, CJ XXII, T. IV, p. 63, não se aceitou a reintegração, por imperativo lógico, pois o contrato era nulo, e como a trabalhadora não pedira a indemnização por antiguidade, só lhe era devido o pagamento dos salários intercalares. Veja-se ainda o Ac. STJ de 29/4/1998, CJ (STJ) 1998, T. II, p. 270.

o disposto no art. 393.º do CT (despedimento ilícito em contrato a termo) e no art. 400.º do CT (denúncia sem aviso prévio).

VII. No caso de uma das partes estar de má fé – que segundo o n.º 4 do art. 123.º do CT consiste na celebração ou na manutenção do contrato de trabalho com o conhecimento da causa da invalidade – e, depois, para pôr termo ao negócio jurídico, invocar a sua invalidade, terá de pagar uma indemnização à contraparte que se encontra de boa fé (art. 123.º, n.º 3, do CT). Do n.º 3 do art. 123.º do CT resulta um afloramento do princípio das inalegabilidades formais[1013]; se alguém dá azo à celebração de um contrato inválido e, posteriormente, quando lhe convém, invoca essa invalidade, estando o outro de boa fé, há a obrigação de indemnizar por parte de quem beneficia de tal atitude.

Deste modo, se o empregador contrata um trabalhador sem carteira profissional sabendo do facto, desconhecendo o prestador da atividade, que para o seu exercício era necessária a posse da respetiva carteira, o contrato é nulo, mas se o empregador invocar a nulidade deverá indemnizar o trabalhador como se tivesse procedido a um despedimento ilícito.

3. Convalidação

I. O regime laboral apresenta uma particularidade no que respeita à convalidação de contratos de trabalho inválidos. No revogado art. 17.º da LCT falava-se em «revalidação do contrato», mas o termo «revalidação» estava indevidamente empregado, porque não estava em causa dar, de novo, validade àquilo que não a tinha; trata-se, antes, de uma convalidação, tal como prescreve o art. 125.º do CT2009, na sequência da solução do art. 118.º do CT2003.

A convalidação de negócios jurídicos anuláveis depende do decurso do tempo – se decorrer o prazo de um ano, previsto no art. 287.º, n.º 1, do CC – e da confirmação a efetuar pela pessoa que podia arguir a anulabilidade, como

---

[1013] Por isso, seria irrelevante que a invalidade fosse declarada extrajudicialmente ou por sentença judicial, mas o preceito em análise, atendendo só à sua letra, não se compagina com tal entendimento, na medida em que restringe a estatuição ao facto de haver imediata cessação da prestação de trabalho seguida à invocação da invalidade; isto é, se o vínculo cessa antes e independentemente de uma sentença judicial. Neste sentido, Bernardo Xavier, *Regime Jurídico do Contrato de Trabalho Anotado*, 2.ª ed., Coimbra, 1972, anot. art. 15.º, p. 62.

se estabelece no art. 288.º, n.º 1, do CC. Relativamente aos negócios nulos, há uma hipótese de convalidação no caso de compra e venda de coisa alheia (art. 895.º do CC).

No art. 125.º do CT, o legislador estabeleceu a convalidação do contrato de trabalho inválido, sem distinguir entre negócios jurídicos anuláveis e nulos; propositadamente, utiliza a expressão «invalidade», para abranger as duas situações.

Nos termos do art. 125.º, n.º 1, do CT, a convalidação verificar-se-á se cessar a causa da invalidade durante a execução do contrato; ou seja, o contrato passará a ser válido se, na pendência da sua execução, cessar a causa de invalidade. Por exemplo, se um determinado negócio é inválido por o trabalhador ter idade inferior a dezasseis anos, quando atinge a maioridade (laboral), o contrato convalidar-se-á; de igual modo, se a invalidade (nulidade) advém da falta de carteira profissional, tendo esta sido obtida na pendência do contrato há uma convalidação.

II. Tal como prescreve o art. 125.º, n.º 1, do CT, a convalidação opera de modo automático, não carecendo de qualquer manifestação de vontade, nem do decurso do tempo. Assim, sendo o contrato nulo por o trabalhador não possuir carteira profissional, quando a obtiver, o contrato de trabalho automaticamente convalida-se. Mas relacionando o disposto no art. 125.º, n.º 1, do CT com as regras de direito civil, conclui-se que a convalidação pode não ser automática.

Se um menor de doze anos celebrou um contrato de trabalho e, entretanto, atinge a maioridade laboral, nos termos do art. 125.º, n.º 1, do CT, o contrato convalida-se automaticamente. No entanto, confrontando este preceito com o disposto no Código Civil, a convalidação só se verificaria um ano depois de o menor atingir a maioridade (art. 125.º, n.º 1, alínea *b)*, do CC)[1014]. No caso de coação moral, cessando a coação, o coagido no contrato de trabalho tem um ano para invocar a anulabilidade (art. 287.º, n.º 1, do CC). Não parece defensável que, cessando a coação moral, o contrato de trabalho se convalide *ipso facto*.

Assim, deve interpretar-se o art. 125.º, n.º 1, do CT no sentido de, sempre que se justifique o recurso ao regime do direito civil, a convalidação de um

[1014] Acontece, porém, que a razão de ser da invalidade do contrato de trabalho celebrado com menores assenta em pressupostos diversos daqueles em que se baseia o Código Civil, pelo que não se justificaria aplicar o art. 125.º, n.º 1, do CC, valendo o disposto no art. 125.º, n.º 1, do CT.

contrato de trabalho anulável só se verifica depois de decorrido um ano sobre a cessação da causa de invalidade[1015].

III. O art. 125.º, n.º 1, do CT tem especial interesse no domínio dos negócios jurídicos nulos, porque, no direito civil não há regra geral quanto à convalidação de negócios jurídicos nulos. Mas também na convalidação de negócios jurídicos nulos nem sempre justifica o princípio de eficácia automática. Se, por exemplo, o contrato de trabalho tiver sido celebrado com base em coação física (art. 246.º do CC), cessada esta causa de invalidade, o contrato não se poderá considerar automaticamente convalidado. Noutros casos, nomeadamente, se a nulidade decorre da falta de carteira profissional (art. 117.º, n.º 1, do CT), a cessação da causa de invalidade permite a imediata convalidação de contrato.

IV. A convalidação prevista no art. 125.º, n.º 1, do CT só se justifica na medida em que o contrato de trabalho tenha sido executado e se a cessação da causa de invalidade ocorrer durante a execução do contrato[1016].

V. Na sequência do disposto no art. 122.º, n.º 1, do CT, a convalidação de um contrato de trabalho inválido tem eficácia retroativa (art. 125.º, n.º 1 *in fine*, do CT). Solução que, todavia, não corresponde a uma especificidade do contrato de trabalho, visto que a convalidação dos negócios jurídicos anuláveis (art. 288.º, n.º 3, do CC) e nulos (art. 895.º do CC)[1017] também tem eficácia retroativa, levando à produção de efeitos, não desde o momento da convalidação, mas a partir da data da celebração do contrato.

[1015] Todavia, como refere Menezes Cordeiro, *Manual de Direito do Trabalho*, cit., pp. 650 s., tendencialmente, o art. 17.º LCT não encontrava aplicação quanto a contratos anuláveis, mas tão-só nulos.

[1016] Cf. Ac. STJ de 14/11/2018 (Leones Dantas), www.dgsi.pt.

[1017] No direito civil, não há, como se referiu, nenhuma regra geral de convalidação de negócios jurídicos nulos, mas do art. 895.º CC não parece que se possa concluir no sentido de a sanação só produzir efeitos para o futuro, pois isso implicaria que o mesmo contrato foi nulo durante certo tempo e, depois, passou a ser válido. Diferente será a hipótese de «convalidar» um negócio nulo por falta de forma, celebrando-o, depois, com a forma exigida, caso em que não pode haver qualquer validação retroativa. Sobre esta questão, atendendo essencialmente aos direitos de terceiros, *vd.* Oliveira Ascensão, *Teoria Geral do Direito Civil*, Vol. II, 2.ª ed., Coimbra, 2003, pp. 414 s.

A convalidação não terá, porém, eficácia retroativa, só produzindo efeitos para o futuro, se a causa de invalidade respeitar a um objeto ou fim contrário à lei, à ordem pública ou ofensivo dos bons costumes (art. 125.º, n.º 2, do CT).

4. Contrato com objeto ou fim contrário à lei ou à ordem pública

I. Se, eventualmente, o contrato de trabalho prosseguia um objetivo ou um fim contrário à lei, à ordem pública ou ofensivo dos bons costumes, a consequência será a nulidade, nos termos gerais dos arts. 280.º, n.º 1, e 281.º do CC. Cotejando o regime de direito civil e de direito do trabalho, os fundamentos eram os mesmos e a terminologia coincidente; porém, na revisão de 2009 – sinal dos tempos – optou-se por eliminar a alusão à ofensa aos bons costumes. Mas, mesmo que o legislador laboral não queira, a ofensa aos bons costumes pode gerar nulidade do contrato de trabalho, nos termos gerais.

Se o contrato de trabalho for inválido (nulo ou anulável) por qualquer outra razão rege o art. 122.º, n.º 1, do CT. Contudo, se a nulidade advém do facto de se prosseguir um objetivo ou fim contrário à lei, à ordem pública *ou ofensivo dos bons costumes*, o art. 124.º do CT estabelece que as vantagens auferidas pela parte que estivesse de má fé (que conhecia a ilicitude, o fim contrário à lei, à ordem pública ou ofensivo dos bons costumes) revertem a favor do Instituto de Gestão Financeira da Segurança Social. Se ambas as partes tinham conhecimento da ilicitude, as respetivas vantagens reverterão para o referido Instituto.

II. O art. 124.º do CT refere-se à parte que conhecia a ilicitude, pressupondo a eventualidade de a outra parte a desconhecer. Ao admitir a invalidade do negócio jurídico em que só uma parte conhece a ilicitude do fim, não se está a alterar a regra do art. 281.º do CC, no sentido de que o contrato só é inválido se o fim ilícito for comum a ambas as partes[1018]. Se a ilicitude do fim só é conhecida por uma das partes, o negócio jurídico manter-se-á. Porém, como se trata de um contrato de execução continuada, pode ocorrer que, na sua execução, a outra parte venha a ter conhecimento do fim ilícito. A partir desse momento, o contrato será nulo, pois ambas as partes prosseguem um fim ilícito. A parte que esteve de boa fé durante um determi-

[1018] Em sentido diverso, MÁRIO PINTO/FURTADO MARTINS/NUNES DE CARVALHO, *Comentário*, cit., anot. II.2 ao art. 16.º, p. 78, admitem a existência de nulidade ainda que o fim ilícito seja só prosseguido por uma das partes.

nado período de tempo tem direito a fazer sua a vantagem auferida. Se, por exemplo, alguém trabalhava numa garagem e não sabia que estava a adaptar automóveis roubados[1019], a sua retribuição não reverte a favor do Instituto de Gestão Financeira da Segurança Social, até ao momento em que teve conhecimento de qual a finalidade da atividade desenvolvida.

5. Redução e conversão do contrato

I. No que respeita à invalidade do contrato de trabalho importa confrontar o disposto nos arts. 292.º do CC e 121.º, n.º 1, do CT. O art. 292.º do CC trata da redução dos negócios jurídicos e o art. 121.º, n.º 1, do CT estabelece que a nulidade ou a anulação parcial do contrato de trabalho não determina a invalidade de todo o negócio. Comparando os dois artigos (arts. 292.º do CC e 121.º, n.º 1, do CT), verifica-se a existência de uma diferença de redação, que não implica o estabelecimento de um regime diverso. Em ambas as situações, o pressuposto para a redução do negócio jurídico baseia-se na vontade hipotética das partes; o negócio jurídico será reduzido na medida em que, por um lado, a invalidade não o afete na sua totalidade e, em segundo lugar, que a vontade hipotética das partes permita a manutenção parcial do contrato.

II. No art. 121.º, n.º 2, do CT reitera-se o princípio geral de que as cláusulas de um contrato que contrariem normas imperativas se consideram substituídas por estas últimas[1020]. Esta solução não corresponde a nenhuma especificidade do contrato de trabalho, pois as cláusulas de um contrato que estejam em desarmonia com preceitos injuntivos não podem prevalecer, devendo ser substituídas pelas regras legais imperativas. Este princípio, da chamada conversão legal[1021], não é próprio do contrato de trabalho; encontram-se situações idênticas, por exemplo no contrato de locação (art. 1025.º do CC), no arrendamento (art. 1095.º, n.º 2, do CC), no mútuo (art. 1146.º,

[1019] Quanto a este e outros exemplos sugestivos, *vd.* Mário Pinto/Furtado Martins/Nunes de Carvalho, *Comentário*, cit., anot. II.1 ao art. 16.º, p. 77.

[1020] No mesmo sentido, *vd.* art. 9.1 *Estatuto de los Trabajadores* (cf. Montoya Melgar, *Derecho del Trabajo*, cit., p. 267.; Montoya Melgar/Galiana Moreno/Sempere Navarro/Ríos Salmerón, *Comentarios*, cit., anot. 1 ao art. 9, p. 59).

[1021] Cf. Menezes Cordeiro, *Direito do Trabalho*, II, cit., p. 408.

n.º 3, do CC) e no regime das Cláusulas Contratuais Gerais (art. 13.º do Decreto-Lei n.º 446/85)[1022].

BIBLIOGRAFIA:

LEAL AMADO, *Contrato de Trabalho*, cit., pp. 153 ss.; MADEIRA DE BRITO, anotação ao arts. 121.º e ss., *in* ROMANO MARTINEZ/LUÍS MIGUEL MONTEIRO/JOANA VASCONCELOS/MADEIRA DE BRITO/GUILHERME DRAY/GONÇALVES DA SILVA, *Código do Trabalho Anotado*, cit., pp. 345 e ss.; MENEZES CORDEIRO, *Direito do Trabalho*, II, cit., pp. 404 ss.; BRITO CORREIA, *Efeitos Jurídicos dos Contratos de Trabalho Inválidos Executados*, Lisboa, 1970; MONTEIRO FERNANDES, *Direito do Trabalho*, cit., pp. 163 e ss.; JÚLIO GOMES, *Direito do Trabalho*, I, cit., pp. 515 e ss.; JÚLIO GOMES/CATARINA CARVALHO, «Sobre o Regime da Invalidade do Contrato de Trabalho», *II Congresso Nacional de Direito do Trabalho*, Coimbra, 1999, pp. 149 a 175; ANDRADE MESQUITA, *Direito do Trabalho*, cit., pp. 509 e ss.; MÁRIO PINTO/FURTADO MARTINS/NUNES DE CARVALHO, *Comentário*, cit., anot. II.1 ss. ao art. 14.º, anot. II.1 ss. ao art. 15.º, anot. II.1 ss. ao art. 16.º e anot. II.1 ss. ao art. 17.º, pp. 67 a 81; ROSÁRIO PALMA RAMALHO, *Tratado de Direito do Trabalho*, II, cit., pp. 212 e ss.; MOTTA VEIGA, *Lições*, cit., pp. 379 a 381; RAÚL VENTURA, «Nulidade Total e Nulidade Parcial do Contrato de Trabalho», *O Direito*, 94 (1962), pp. 245 a 273; BERNARDO XAVIER/FURTADO MARTINS/NUNES DE CARVALHO/JOANA VASCONCELOS/TATIANA GUERRA DE ALMEIDA, *Manual*, cit., pp. 665 e e ss.

[1022] Quanto à conversão legal, *vd.* CARVALHO FERNANDES, *A Conversão dos Negócios Jurídicos Civis*, Lisboa, 1993, pp. 646 ss.

Secção VI
Conteúdo

Subsecção I
Conteúdo característico do tipo contratual

§ 24. PRESTAÇÃO DE UMA ATIVIDADE

1. Generalidades

I. A I. A prestação de uma atividade corresponde ao dever principal do trabalhador na relação laboral; porém, na realização da atividade, também há a ponderar direitos do trabalhador.

O trabalhador tem como obrigação principal a realização de uma tarefa, mas, para a prestar, a lei confere-lhe direitos, por exemplo, o direito ao repouso ou o direito à igualdade de tratamento no exercício da atividade.

O contrato de trabalho pressupõe a existência de uma relação obrigacional complexa, pelo que, ao lado do dever principal, surgem deveres secundários e deveres acessórios.

O exercício da atividade é o dever principal do trabalhador e os deveres secundários relacionam-se com a prestação dessa atividade, cujo elenco se encontra no art. 128.º, n.º 1, do CT[1023]. Para além destes, numa relação laboral,

[1023] A enumeração legal de deveres secundários do trabalhador não surge em todas as ordens jurídicas, e, faltando, cabe à doutrina e jurisprudência a sua concretização.

encontram-se ainda deveres acessórios de conduta, que advêm do princípio geral da boa fé.

A prestação da atividade por parte do trabalhador insere-se no princípio da boa fé, previsto no art. 126.º do CT[1024]. Daqui se infere que a atividade deve ser desenvolvida de modo a que o trabalhador colabore com o empregador; isto é, atue de boa fé. O princípio da boa fé vem sucessivamente reiterado no Código do Trabalho, tanto nas relações individuais como nas relações coletivas: na formação e execução do contrato de trabalho (arts. 102.º e 126.º do CT), na negociação coletiva (art. 489.º do CT) e na resolução de conflitos coletivos (art. 522.º do CT). Interessa, agora, atender à boa fé na execução do contrato.

Do princípio da boa fé na execução do contrato de trabalho (art. 126.º do CT) advêm várias obrigações tanto para o trabalhador como para o empregador, sendo alguns desses deveres secundários e outros acessórios, fundando-se, em qualquer caso, na boa fé no cumprimento das obrigações (art. 762.º, n.º 2, do CC)[1025]. Como da boa fé resultam deveres para ambas as partes, importa examinar separadamente a posição jurídica do trabalhador e do empregador; porém, para a análise da prestação da atividade tem particular relevo atender aos deveres impostos ao trabalhador.

II. Do elenco exemplificativo de deveres do trabalhador, constantes das várias alíneas do n.º 1 do art. 128.º do CT, verifica-se que, todos eles, estão direta ou indiretamente relacionados com a prestação de uma atividade e

---

[1024] Quanto à incompatibilidade do revogado art. 18.º da LCT com a ordem jurídica constitucional instituída em 1976 (solução que não se acompanhava), *vd.* Jorge Leite, «Observatório Legislativo», *QL* III (1996), n.º 8, pp. 197 ss. A mútua colaboração entre as partes no contrato de trabalho espelha o princípio da boa fé e encontra também consagração em outros ordenamentos jurídicos, cf. Bowers, *Employment Law*, cit., pp. 52 s. Bernardo Xavier, *Curso de Direito do Trabalho*, cit., p. 295, acentua a importância deste dever atendendo à relação organizacional e duradoura.

[1025] No sentido de que o princípio da boa fé tem um papel relevante no domínio da relação laboral, *vd.* Escudero/Frigola/Corbella, *El Principio de Buena Fe en el Contrato de Trabajo*, Barcelona, 1996, atendendo mormente ao facto de o art. 20.2 *Estatuto de los Trabajadores* configurar a boa fé como um critério geral de desenvolvimento da relação laboral. Veja-se igualmente Montoya Melgar, *La Buena Fe en el Derecho del Trabajo*, Madrid, 2001; Nicolini, *Manuale di Diritto del Lavoro*, cit., pp. 495 s. e Spielbücher/Grillberger, *Arbeitsrecht*, cit., pp. 189 ss. Numa perspetiva redutora, pode consultar-se João Correia, «Da boa fé na execução do contrato de trabalho», *IX e X Congressos Nacionais de Direito do Trabalho. Memórias*, Coimbra, 2007, pp. 293 e ss.

com a boa fé. É nesta dicotomia que importa dissecar os vários deveres do trabalhador, previstos no art. 128.º, n.º 1, do CT.

Mas deste elenco cabe, desde já, excluir a alínea *e)*, relativa ao dever de obediência. Apesar de o dever de obediência estar relacionado com a prestação da atividade e com a boa fé na sua execução, não se lhe irá fazer referência neste momento, porque corresponde, na outra face, a um poder do empregador, concretamente ao poder de direção; daí que o seu estudo seja remetido para momento ulterior (*vd. infra* § 27.1)[1026].

Quanto às restantes alíneas do art. 128.º, n.º 1, do CT, verifica-se que as situações nelas consignadas implicam derivações de deveres genéricos de colaboração, que o legislador concretizou, especificando as obrigações do trabalhador.

2. Objeto

I. Como resulta do art. 115.º do CT, o trabalhador obriga-se a desempenhar a atividade para que foi contratado, podendo essa atividade ser definida por remissão para uma categoria estabelecida, nomeadamente em instrumento de regulamentação coletiva. Mas o trabalhador está vinculado a desenvolver funções diversas daquelas para que foi contratado, mormente que não integrem a respetiva categoria, desde que sejam afins ou funcionalmente ligadas à atividade contratada e o trabalhador detenha a qualificação profissional adequada e não impliquem desvalorização profissional (art. 118.º, n.º 2, do CT).

As funções afins ou funcionalmente ligadas à atividade contratada têm de ser apreciadas perante o caso concreto, mas a afinidade ou ligação pode advir do facto de se encontrarem compreendidas no mesmo grupo ou carreira profissional (art. 118.º, n.º 3, do CT)[1027]. A afinidade e a ligação funcional

---

[1026] Do correspondente artigo da LCT (art. 20.º, n.º 1) constava uma alínea *g)*, que comporta uma disposição tautológica, dispondo que o trabalhador tinha de «cumprir todas as demais obrigações decorrentes do contrato de trabalho e das normas que o regem». O que dispunha a alínea *g)* do n.º 1 do art. 20.º da LCT era uma pura evidência, razão pela qual o preceito não foi incluído no Código do Trabalho.

[1027] Relativamente ao regime anterior, constante do art. 22.º da LCT, cf. CATARINA CARVALHO, «O Exercício do *Ius Variandi* ...», cit., pp. 1037. De modo diverso, MONTEIRO FERNANDES, *Direito do Trabalho*, cit., p. 269, considera que as figuras são distintas, porque a polivalência contém-se no objeto do contrato e o *ius variandi* extravasa o objeto do contrato. Mas esta justificação só encontrava base na epígrafe do preceito, onde se contrapunha as atividades compreendidas no objeto do contrato (polivalência) com as atividades não compreendidas naquele objeto (*ius variandi*); o texto do preceito não refletia esta contraposição, que constava do Acordo de

correspondem a conceitos indeterminados, mas, verificando-se uma complementaridade de tarefas, pode concluir-se pela existência deste requisito[1028]. Deste modo, o trabalhador cuja categoria determina o exercício de funções de secretariado, pode ser incumbido de, acessoriamente, dar apoio ao telefonista. O ajustamento da afinidade ou ligação funcional em função de sector de atividade ou empresa pode ser efetuado por convenção coletiva[1029].

II. Se estiverem preenchidos os requisitos constantes do n.º 2 do art. 118.º do CT – afinidade ou ligação e funcional, qualificação adequada do trabalhador e não implicar desvalorização profissional – apesar de o trabalhador ter sido contratado para desempenhar certa atividade, com carácter definitivo, o empregador pode incumbi-lo de desenvolver outras funções. No fundo, no poder de direção cabe ao empregador impor o cumprimento da atividade contratada ou de funções afins.

Além da afinidade ou ligação funcional das funções incumbidas com a atividade contratada, é necessário que o trabalhador detenha qualificação profissional para desenvolver a nova tarefa, constituindo um meio para fomentar a formação profissional (arts. 118.º, n.º 4, e 130.º e ss. do CT)[1030]. Por outro lado, impõe-se que a função afim não determine uma desvalorização profissional, tanto no plano hierárquico como funcional, podendo acrescentar-se que não pode ser vexatória.

Para além destes pressupostos, e atendendo à autonomia privada, requer-se ainda a inexistência de estipulação em contrário, porque o preceito não é imperativo. De facto, nada obsta a que do contrato conste uma delimitação imperativa da atividade a desenvolver pelo trabalhador, com exclusão de funções afins ou funcionalmente ligadas.

Concertação Social de Curto Prazo de 1996 (*RDES*, 1996, 1/4, p. 415), onde se determinava que a polivalência integrava o objeto do contrato.

[1028] Amadeu Dias, *Redução do Tempo de Trabalho*, cit., p. 145, alude a atividades próximas, acessórias complementares e correlacionadas, por integradas num mesmo processo produtivo. Veja-se também Monteiro Fernandes, *Direito do Trabalho*, cit., pp. 266 s.

[1029] *Vd.* Luís Miguel Monteiro, «Polivalência Funcional na Regulamentação Colectiva», *Estudos do Instituto de Direito do Trabalho*, Vol. III, Coimbra, 2002, pp. 49 e ss.

[1030] Relacionando a qualificação profissional com a formação profissional, *vd.* Amadeu Dias, *Redução do Tempo de Trabalho, Adaptabilidade do Horário e Polivalência Funcional (Lei n.º 21/96, de 23 de Julho). Comentários e Notas Críticas*, Coimbra, 1997, pp. 142 ss.; Jorge Leite, «Flexibilidade Funcional», *QL* IV (1997), n.os 9/10, pp. 31 s. Bernardo Xavier, *Curso de Direito do Trabalho*, cit. (aditamento), p. 552, aludia ao carácter programático do n.º 4 do art. 22.º da LCT.

Por último, da boa fé resulta que a ordem para o desempenho de funções afins ou funcionalmente ligadas tem de ter uma justificação empresarial, pois, para se admitir uma adaptação unilateral do contrato tem de estar presente uma justificação plausível[1031].

III. Pelo facto de o trabalhador passar a exercer uma função diversa da atividade contratada não decorrerá qualquer desvalorização profissional (art. 118.º, n.º 2, parte final, do CT), nem diminuição da retribuição (art. 120.º, n.º 4, do CT). E, na eventualidade de a função afim ou funcionalmente ligada corresponder a uma retribuição mais elevada do que a da atividade contratada, o trabalhador terá direito a um acréscimo retributivo, enquanto desempenhar tais funções (art. 120.º, n.º 4, do CT), acréscimo esse determinado de modo proporcional[1032]. No preceito citado não se impõe que o aumento seja fixado na proporção da função, quando esta é desenvolvida de modo acessório, mas a norma deverá ser interpretada no sentido de o aumento ser devido na proporção da acessoriedade, sob pena de se violar o princípio de trabalho igual salário igual.

IV. Diferentemente do que dispunha o revogado art. 22.º, n.º 5, da LCT, nos termos do qual, decorridos seis meses de exercício da atividade acessória, o trabalhador, se desse o seu acordo, teria direito a uma reclassificação, o regime instituído pelo Código do Trabalho em 2003 aboliu essa solução, que suscitava inúmeras dúvidas e dificuldades.

Na realidade, a questão não será de reclassificação automática, mas, eventualmente, com o consentimento do trabalhador, ainda que implícito, poder-se-á ajustar a atividade contratada, definindo um novo programa contratual. Pode, assim, entender-se que o exercício de funções afins não obsta à manutenção da atividade nuclear, ajustando-se uma nova categoria a englobar a atividade acessória[1033].

[1031] Quanto à controvérsia em torno dos pressupostos com base na legislação anterior, *vd.* CATARINA CARVALHO, «O Exercício do *Ius Variandi* ...», cit., pp. 1038 ss.; AMADEU DIAS, *Redução do Tempo de Trabalho*, cit., pp. 149 ss.

[1032] Se o trabalhador, diariamente, seis horas por dia, desempenhar a atividade compreendida na sua função e dedicar duas horas por dia à atividade acessória, o aumento retributivo deve ser feito tão-só com respeito a 25%; assim, se a diferente categoria implicasse um aumento de 200 €, o trabalhador teria direito a receber mais 50 €.

[1033] Neste sentido, sem aplicar o art. 22.º da LCT (antecedente dos arts. 115.º e 118.º do CT), no Ac. Rel. Év. de 15/9/1998, *CJ* XXIII, T. IV, p. 290, como a trabalhadora, por mais de dezasseis

BIBLIOGRAFIA:

JOSÉ JOÃO ABRANTES, «Flexibilidade e Polivalência», *I Congresso Nacional de Direito do Trabalho, Memórias,* Coimbra, 1998, pp. 133 a 144; LEAL AMADO, *Contrato de Trabalho,* cit., pp. 197 ss.; CATARINA CARVALHO, «O Exercício do *Ius Variandi* no Âmbito das Relações Individuais de Trabalho e a Polivalência Funcional», *in Juris et de Jure,* Porto, 1998, pp. 1031 a 1063; AMADEU DIAS, *Redução do Tempo de Trabalho, Adaptabilidade do Horário e Polivalência Funcional (Lei n.º 21/96, de 23 de Julho). Comentários e Notas Críticas,* Coimbra, 1997, pp. 139 a 161 e «Polivalência Funcional», *QL* IV (1997), n.ºs 9/10, pp. 38 a 60; MONTEIRO FERNANDES, *Direito do Trabalho,* cit. pp. 265 e ss.; JÚLIO GOMES, *Direito do Trabalho,* I, cit., pp. 499 e ss.; MENEZES LEITÃO, *Direito do Trabalho,* cit., pp. 181 e ss.; JORGE LEITE, «Flexibilidade Funcional», *QL* IV (1997), n.os 9/10, pp. 5 a 37; LUÍS MIGUEL MONTEIRO, «Polivalência Funcional. Requisitos de Concretização», *Estudos do Instituto de Direito do Trabalho,* Vol. I, Coimbra, 2001, pp. 295 a 314 e «Polivalência Funcional na Regulamentação Colectiva do Trabalho, 1996 a 2000», *Estudos do Instituto de Direito do Trabalho,* Vol. III, Coimbra, 2002, pp. 49 a 64; ISABEL RIBEIRO PARREIRA, «Da Polivalência ao Objecto do Contrato de Trabalho», *VI Congresso Nacional de Direito do Trabalho. Memórias,* Coimbra, 2004, pp. 125 e ss.; ROSÁRIO PALMA RAMALHO, *Tratado de Direito do Trabalho,* II, cit., pp. 267 e ss.; MARIA MANUELA MAIA DA SILVA, «Mobilidade Funcional», *QL* IV (1997), n.os 9/10, pp. 61 a 80; MOTTA VEIGA, *Lições,* cit., p. 326; ANTÓNIO VILAR, «Flexibilidade e Polivalência Funcional», *I Congresso Nacional de Direito do Trabalho,* Coimbra, 1998, pp. 145 a 168; BERNARDO XAVIER, «A Mobilidade Funcional e a Nova Redacção do art. 22.º LCT», *RDES* XXXIX (1997), n.os 1-3, pp. 51 a 130 e «Polivalência e Mobilidade», *I Congresso Nacional de Direito do Trabalho. Memórias,* Coimbra, 1998, pp. 103 a 131; BERNARDO XAVIER/FURTADO MARTINS/NUNES DE CARVALHO/JOANA VASCONCELOS/TATIANA GUERRA DE ALMEIDA, *Manual,* cit., pp. 479 e s.

3. Dever de urbanidade

I. Na alínea *a)* do art. 128.º, n.º 1, do CT determina-se que o trabalhador deve: «respeitar e tratar com urbanidade e probidade o empregador, os superiores hierárquicos, os companheiros de trabalho e as demais pessoas que estejam

---

anos, desempenhou, complementarmente às suas funções de chefe de escritório, tarefas de contabilidade, procedeu-se a um alargamento das suas funções.

ou entrem em relações com a empresa». O dever de urbanidade corresponde a uma norma de conduta, a uma regra de atuação social[1034].

Esta regra de conduta tem um direcionamento tríplice: relações do trabalhador com o empregador e superiores hierárquicos[1035]; relações do trabalhador com os companheiros de trabalho[1036]; relações do trabalhador com qualquer pessoa que entre em contacto com a empresa, em especial os clientes[1037].

O dever de urbanidade que recai sobre os trabalhadores relaciona-se também com a boa fé que deve existir numa relação de trabalho[1038].

[1034] Sobre as normas de trato social, exemplificando com esta situação, cf. Paulo Otero, *Lições de Introdução ao Estudo do Direito*, I Vol., 1.º T., Lisboa, 1998, pp. 252 s.

[1035] Viola o dever de urbanidade, o trabalhador que acusa o superior hierárquico de «fiscal», «polícia» e de atitudes pidescas, ou simplesmente o insulta (Ac. Rel. Cb. de 24/4/1991, CJ XVI, T. II, p. 133; Ac. Rel. Cb. de 18/10/1990, CJ XV, T. V, p. 89; Ac. Rel. Cb. de 2/4/1992, CJ XVII, T. II, p. 95; Ac. Rel. Cb. de 26/1/1995, CJ 1995, T. I, p. 71) e o trabalhador que, ao sair de uma reunião com a Direção, bate com a porta e afasta-se a falar em tom alto de forma a ser ouvido na sala de reunião (Ac. Rel. Cb. de 19/1/1995, CJ XX, T. I, p. 69), assim como o trabalhador que preenche uma etiqueta com dizeres injuriosos para os superiores hierárquicos (Ac. STJ de 10/12/1997, *BMJ* 472, p. 321).

Já não constituirá violação do dever de urbanidade um desabafo proferido sem intuito ofensivo na sequência de uma interpelação incorreta do diretor (Ac. Rel. Lx. de 13/10/1993, CJ XVIII, T. IV, p. 186).

[1036] Cf. Ac. Rel. Lx. de 2/3/1994, CJ XIX, T. II, p. 148.

Para um elenco de situações de comportamento imoral do trabalhador, relacionadas com o assédio sexual no seio da empresa, *vd.* Escudero/Frigola/Corbella, *El Principio de Buena Fe*, cit., pp. 154 ss.

[1037] Viola o dever de urbanidade, o trabalhador que introduziu um programa pornográfico no computador da empresa, que se encontrava numa sala a que o público tinha acesso (Ac. Rel. Lx. de 13/10/1993, CJ XVIII, T. IV, p. 189). Em crítica a esta decisão, apelidando-a de «puritanismo jurisprudencial», *vd.* Leal Amado, «Pornografia, Informática e Despedimento», *QL* I (1994), n.º 2, pp. 109 ss.

[1038] Mário Pinto/Furtado Martins/Nunes de Carvalho, *Comentário*, cit., anot. II.2 ao art. 20.º, p. 90, fundamentam a solução legal com base na ideia de integração do trabalhador na estrutura empresarial.

Invocando exatamente a violação do dever de urbanidade e lealdade no desenvolvimento do princípio geral de boa fé, foi considerado lícito o despedimento da trabalhadora que, no local de trabalho, se envolveu com o marido da empregadora (Ac. STJ de 7/3/2012 (Fernandes da Silva), www.dgsi.pt). Em crítica a este aresto, veja-se Leal Amado, «A empregada, a patroa, o seu marido e o despedimento», *RLJ* 2017, pp. 408 ss. Do mesmo autor veja-se ainda a análise de casos discutidos em tribunais norte-americanos sobre esta temática, *in Trabalhar e amar*, Coimbra, 2019. Com uma perspetiva diversa, veja-se o Ac. Rel. Lx de 14/9/2016 (Maria João Romba) onde se considerou que não constituía discriminação impedir que o casal (marido e mulher), ambos pilotos de aviação civil, fosse escalado para o mesmo avião, com funções de piloto e co-piloto, por motivos de ordem operacional e de segurança da aeronave.

II. O grau de exigência relativamente ao dever de urbanidade depende das circunstâncias, visto que existem situações em que se impõe um comportamento mais cuidadoso por parte do trabalhador. Por exemplo, o comportamento exigível a um empregado num hotel de luxo será diferente daquele que é devido por um empregado de uma pensão, designadamente no que respeita ao tratamento dos clientes.

Para averiguar da eventual violação do dever de urbanidade deverá ter-se em conta o circunstancialismo em que se desenvolve a relação laboral, atendendo, nomeadamente, ao meio em que o trabalhador se insere[1039].

Para a delimitação, o legislador limita-se a referir um dever de urbanidade e de probidade a cargo do trabalhador, que deverá ser concretizado perante as situações concretas[1040].

III. O dever de urbanidade não se circunscreve ao âmbito de execução do contrato de trabalho; como dever social que é, este dever de tratamento cordato, em determinadas circunstâncias, pode ser exigível ainda que fora do local e do tempo de trabalho. Daí que, viola o dever de urbanidade o trabalhador que, num domingo – dia de descanso semanal –, insulta o patrão que encontra ocasionalmente na rua; do mesmo modo, atua em desconformidade com este dever, o trabalhador que, fora da empresa, agride um

---

[1039] No Ac. STJ de 19/2/1998, CJ (STJ) 1998, T. I, p. 265, considerou-se que a utilização de expressões grosseiras, por serem normalmente utilizadas no local de trabalho pelos trabalhadores, incluindo o gerente, não constituía justa causa de rescisão do contrato pelo trabalhador; no mesmo sentido, Ac. STJ de 16/2/2000, *BMJ* 494, p. 192. Mas viola o dever de urbanidade, constituindo justa causa de despedimento – coadjuvada com outros motivos –, o facto de o ajudante técnico de farmácia cheirar mal, andar com a bata suja e limpar as unhas com a tesoura de balcão (Ac. STJ de 3/3/1998, CJ (STJ) 1998, T. I, p. 275).

[1040] Comprando com o revogado art. 20.º, n.º 1, alínea *a)*, da LCT regista-se a substituição, na alínea *a)*, do termo «lealdade» por «probidade». A substituição em causa justifica-se: o dever de lealdade, mais do que uma concretização do dever de respeito, tem autonomia própria e está consagrado na alínea *e)*. Por outro lado, procurou-se evitar que o dever de lealdade pudesse no mesmo artigo figurar em duas alíneas distintas com sentidos dissemelhantes, tanto mais que as concretizações do dever de lealdade previstas na alínea *d)* do artigo 20.º da LCT são apenas afloramentos do dever (geral) de lealdade, como indicia a expressão «nomeadamente». Do dever de respeito resulta, isso sim, a necessidade de o trabalhador tratar com urbanidade e probidade todos aqueles que com ele se relacionam na execução do contrato de trabalho. Porém, a substituição do termo «lealdade» por «probidade» não introduz diferenças substanciais no sentido do preceito.

colega de trabalho que não aderiu à greve ou que, na véspera, o repreendera no exercício de funções[1041].

Não é, todavia, pacífico que a prática de um crime, caso a vítima não tenha qualquer relação com a empresa, consubstancie necessariamente a violação do dever de urbanidade[1042].

Apesar de o dever de urbanidade não se circunscrever ao âmbito específico da execução do contrato de trabalho, há que atender a um espaço de autonomia do trabalhador, na medida em que a relação laboral não pode interferir na vida privada deste[1043]. A linha divisória a partir da qual a esfera privada do trabalhador deve ser respeitada é de difícil delimitação, pois está em causa o âmbito de tutela da personalidade (arts. 14.º e ss. do CT)[1044]. Em termos exemplificativos, poder-se-á dizer que o empregador não se deve imiscuir nas convicções políticas ou religiosas do trabalhador, mas pode obstar a que este faça propaganda política ou religiosa no seio da empresa, na medida em que essa propaganda possa pôr em causa o normal funcionamento da empresa.

Bibliografia:

João Leal Amado, «Pornografia, Informática e Despedimento», *QL* I (1994), n.º 2, pp. 109 a 116, *Trabalhar e amar*, Coimbra, 2019; Menezes Cordeiro, *Direito do Trabalho*, II, cit., pp. 735 s.; José António Mesquita, «Despedimento. Justa Causa. Infracção Disciplinar. Comportamentos da Vida Privada do Traba-

[1041] Cf. Ac. Rel. Pt. de 22/1/1990, CJ XV, T. I, p. 274; Ac. Rel. Cb. de 28/1/1993, CJ XVIII, T. I, p. 85. Todavia, no Ac. Rel. Lx. de 2/3/1994, CJ XIX, T. II, p. 148, considerou-se irrelevante uma agressão física fora do tempo de trabalho; da mesma forma, o pedido de empréstimo a clientes por parte de um funcionário bancário com dificuldades financeiras não afeta a relação laboral (Ac. Rel. Cb. de 1/6/1995, CJ XX, T. III, p. 85).

[1042] É efetuado com justa causa, o despedimento de um trabalhador condenado a três anos de prisão por fazer parte de uma rede de tráfico de heroína (Ac. STJ 31/10/1986, TJ 23 (1986), p. 24) e de um comissário de bordo por «ter dado escândalo no hotel onde devia repousar» (Ac. STJ 7/12/1994, CJ (STJ) 1994, T. III, p. 303; Ac. Rel. Lx. de 17/6/1993, CJ XVIII, T. III, p. 187). Sobre a primeira situação, veja-se igualmente o parecer do Procurador-Geral da República Adjunto, José António Mesquita, «Despedimento. Justa Causa. Infracção Disciplinar. Comportamentos da Vida Privada do Trabalhador», *TJ* 19 (1986), pp. 8 ss., pronunciando-se no sentido que prevaleceu no acórdão.

1043 Veja-se, designadamente, Menezes Cordeiro, «O Respeito pela Esfera Privada do Trabalhador» *in I Congresso Nacional de Direito do Trabalho, Memórias*, Coimbra, 1998, pp. 19 ss.; Rivero/Savatier, *Droit du Travail*, cit., pp. 537 ss.

[1044] *Vd. supra* § 15.

lhador», *TJ* 19 (1986), pp. 8 a 10; Mário Pinto/Furtado Martins/Nunes de Carvalho, *Comentário, cit.*, anot. II.2 ao art. 20.º, p. 90.

4. Dever de assiduidade e pontualidade

Na alínea *b)* do art. 128.º, n.º 1, do CT diz-se que o trabalhador deve: «Comparecer ao serviço com assiduidade e pontualidade».

A assiduidade está relacionada com a diligência. De facto, a comparência com assiduidade depende da diligência colocada pelo trabalhador na realização da sua atividade[1045].

Não sendo o trabalhador assíduo, se não é pontual ou se falta frequentemente ao trabalho, poder-se-ia enquadrar a situação no incumprimento definitivo parcial do contrato (*vd. infra* § 50.4), até porque se o trabalhador não compareceu injustificadamente em alguns dias do mês no local de trabalho, a sua retribuição mensal será reduzida na proporção dessas faltas. A falta ou o atraso injustificado não constituem, tão-só, um incumprimento definitivo parcial, e, para além disso, pode conduzir a uma perda de confiança. Se o trabalhador não é assíduo ao trabalho, o empregador perderá a confiança que nele depositava.

A relação laboral não pode ser encarada separadamente, dia a dia; ou seja, o contrato de trabalho não corresponde a uma prestação de trabalho independente em cada período de laboração. A execução continuada pressupõe uma identidade nos vários dias em que o trabalhador presta a sua atividade.

Se o trabalhador deixou de ser assíduo, a relação laboral, no seu todo, não está a ser cumprida como devia. Por isso, a falta de assiduidade pode conduzir ao despedimento[1046], não porque seja um incumprimento definitivo parcial, que, em princípio, só implicaria uma redução do salário em função das faltas, mas porque toda a relação laboral não está a ser devidamente cumprida, havendo um cumprimento defeituoso (*vd. infra* § 50.4.*c)*). O mesmo se diga quanto ao trabalhador que usualmente não comparece à hora devida para a realização do trabalho.

[1045] Como refere Monteiro Fernandes, *Direito do Trabalho*, cit., p. 275, a assiduidade inclui-se na própria prestação de trabalho, mas pode ser valorizada em si mesma. O mesmo autor (ob. e loc. cit.) refere que a assiduidade não é devida se a falta tiver uma justificação atendível; tal conclusão retira-se da conexão estabelecida entre a assiduidade e a diligência.

[1046] Cf. Ac. STJ de 10/12/1997, *BMJ* 472, p. 321.

Em suma, a falta de assiduidade e de pontualidade deriva da negligência no exercício da atividade, o que consubstancia um cumprimento defeituoso[1047].

5. Deveres de zelo e diligência

I. A situação é similar na hipótese de falta de zelo e diligência, prevista na alínea *c)* do n.º 1 do art. 128.º do CT. Se o trabalhador cumpre o seu dever principal – a realização da atividade – sem atender a determinados parâmetros de diligência, há também um cumprimento defeituoso[1048].

O trabalhador que desenvolve a sua atividade sem zelo ou com falta de diligência, com consequente perda de rendimento, é negligente[1049], sendo o cumprimento defeituoso. A falta de zelo e a negligência têm de ser aferidas por parâmetros objetivos, segundo o padrão do bom pai de família, em face das circunstâncias de cada caso[1050], variando em função da atividade a desenvolver[1051].

[1047] Em relação ao cumprimento defeituoso da prestação laboral, *vd.* DÜTZ, *Arbeitsrecht*, cit., pp. 107 ss.; ZÖLLNER/LORITZ, *Arbeitsrecht*, cit., pp. 229 s.

[1048] Viola o dever de zelo, o trabalhador, vendedor, que apresentava os produtos sem vivacidade e entusiasmo, desconhecendo o produto que vendia (Ac. Rel. Cb. de 24/4/1991, CJ XVI, T. II, p. 133). Há falta de zelo no caso de desinteresse repetido pelo cumprimento das obrigações laborais (Ac. Rel. Lx. de 29/3/1993, CJ XVIII, T. II, p. 170) ou se o trabalhador revela apatia e desinteresse no trabalho (Ac. Rel. Lx. de 27/10/1993, CJ XVIII, T. IV, p. 196). Demonstra falta de zelo e negligência grosseira o trabalhador (mecânico de automóveis) que substituiu os pneus de um veículo de tal modo que, 200 metros andados, soltou-se a roda traseira esquerda (Ac. Rel. Lx. de 30/11/1994, CJ XIX, T. V, p. 190).

[1049] Quanto à associação entre a diligência do trabalhador e o rendimento normal, cf. DIEGUEZ, *Derecho del Trabajo*, cit., pp. 224 ss.; como o autor refere, torna-se necessário distinguir o rendimento normal, pressuposto, de um rendimento mínimo acordado. Sobre a diligência exigível ao trabalhador, atendendo ao disposto no art. 20.2 *Estatuto de los Trabajadores*, *vd.* MONTOYA MELGAR, *Derecho del Trabajo*, cit., pp. 321 s. De modo diverso, em Itália (art. 2104 CCIt.), alude-se a uma especial diligência do trabalhador, relacionando a diligência normal do bom trabalhador e o tipo de atividade exercida (cf. PAPALEONI *in* MAZZONI, *Diritto del Lavoro*, cit., pp. 594 s.). Relativamente à imperícia e negligência, *vd.* PAPALEONI *in* MAZZONI, *Diritto del Lavoro*, cit., pp. 597 ss. e NICOLINI, *Diritto del Lavoro*, cit., pp. 496 ss. Como refere este último autor (ob. cit., pp. 493 ss.), a diligência constitui o índice de medida do correto cumprimento da prestação laboral.

[1050] A negligência o trabalhador, constituindo uma infração, se não for grave, não integra a justa causa de despedimento (Ac. Rel. Év. de 25/6/1996, CJ XXI, T. III, p. 300).

[1051] Cf. MENEZES CORDEIRO, *Direito do Trabalho*, II, cit., p. 428. Como referem MÁRIO PINTO/ /FURTADO MARTINS/NUNES DE CARVALHO, *Comentário*, cit., anot. II.3 ao art. 20.º, p. 91, há

Tanto a falta de zelo como a negligência podem respeitar à execução da prestação principal, que foi deficientemente executada (*vd. infra*, § 50.4,*c*)), como ao cumprimento de deveres secundários e acessórios. Quanto a estas últimas situações, pense-se na hipótese de o trabalhador ter sido descuidado na guarda e conservação de bens que lhe foram confiados pelo empregador para a execução da atividade.

II. Relacionado com o zelo e a diligência, cabe aludir ao disposto na alínea *h)* do art. 128.º, n.º 1, do CT, onde se lê que o trabalhador deve: «Promover ou executar os atos tendentes à melhoria da produtividade da empresa».

Essa obrigação do trabalhador implica um empenhamento na realização da sua atividade, de molde a cumpri-la de forma produtiva; obrigação que está igualmente relacionada com o zelo e a diligência. De facto, se o trabalhador for zeloso no exercício da sua atividade, muito naturalmente a sua prestação será produtiva para o empregador. Sempre que a falta de produtividade advenha de um comportamento negligente do trabalhador estar-se-á, de novo, perante uma hipótese de cumprimento defeituoso.

BIBLIOGRAFIA:

MENEZES CORDEIRO, *Direito do Trabalho*, II, cit., pp. 428 ss.; MONTEIRO FERNANDES, *Direito do Trabalho*, cit., pp. 275 e ss.; JÚLIO GOMES, *Direito do Trabalho*, I, cit., pp. 543 e ss.; MÁRIO PINTO/FURTADO MARTINS/NUNES DE CARVALHO, *Comentário*, cit., anot. II. 3 ao art. 20.º, pp. 90 e 91; ROSÁRIO PALMA RAMALHO, *Tratado de Direito do Trabalho*, II, cit., pp. 277 e ss.

6. Dever de lealdade

a) Considerações comuns

I. Na alínea *f)* do art. 128.º, n.º 1, do CT dispõe-se que o trabalhador deve: «Guardar lealdade ao empregador, nomeadamente não negociando por conta própria ou alheia em concorrência com ela, nem divulgando informações referentes à sua organização, métodos de produção ou negócios»[1052].

que atender ao quadro fundamental do programa contratual e à posição de um trabalhador normal naquela específica relação.

[1052] Nota-se alguma similitude entre a citada norma e o art. 2105 CCIt. Quanto a este preceito, veja-se o comentário de CIAN/TRABUCCHI, *Commentario Breve al Codice Civile*, cit., pp. 2033 ss.

O dever de lealdade corresponde a uma obrigação acessória de conduta, que advém da boa fé; ínsita no princípio geral constante do art. 126.º do CT e do art. 762.º, n.º 2, do CC[1053]. A nível laboral, o princípio do cumprimento das prestações contratuais de boa fé encontra concretização, nomeadamente, no dever de lealdade.

Anteriormente, falava-se no dever de fidelidade; a razão de ser da mudança terminológica ter-se-á ficado a dever ao facto de se considerar o termo fidelidade mais adequado para as relações laborais comunitário-pessoais. Nas atuais situações jurídicas laborais massificadas será mais correto aludir-se a um dever de lealdade[1054].

De qualquer modo, o dever de lealdade, mesmo entendido numa relação anónima, massificada, terá de ser apreciado perante a situação concreta[1055].

II. No dever de lealdade, concretizado no art. 128.º, n.º 1, alínea *f)*, do CT, incluem-se duas situações exemplificativas: não entrar em concorrência com o empregador; não divulgar informações. Estas duas obrigações são, normalmente, designadas por dever de não concorrência e dever de sigilo. Trata-se de uma enumeração exemplificativa, pelo que existem outras obrigações que os trabalhadores têm de respeitar[1056]; obrigações de conteúdo negativo e positivo, isto é, que pressupõem uma omissão ou uma ação.

[1053] Cf. Ac. STJ de 16/10/1996, CJ (STJ) 1996, T. III, p. 243, onde se afirma que o dever de lealdade corresponde a uma manifestação do princípio da boa fé. Veja-se também Monteiro Fernandes, *Direito do Trabalho*, cit., p. 280.

[1054] Repare-se que, em Itália (art. 2105 CCIt.), fala-se no «obbligo di fedeltà» (cf. Papaleoni *in* Mazzoni, *Diritto del Lavoro*, cit., pp. 620 ss.; Nicolini, *Diritto del Lavoro*, cit., pp. 503 ss.), o mesmo ocorrendo em Inglaterra quanto à «duty of fidelity» (cf. Bowers, *Employment Law*, cit., pp. 73 ss.); em Espanha, a referência ao dever de lealdade foi substituída pelas exigências de boa fé (art. 20.2 *Estatuto de los Trabajadores*), mas a doutrina continua a aludir ao dever de lealdade, explicando-o com relação à boa fé (cf. Dieguez, *Derecho del Trabajo*, cit., pp. 264 ss. Montoya Melgar, *Derecho del Trabajo*, cit., pp. 323 ss.). O mesmo ocorre em Itália, em que a «fedeltà» se explica com base na boa fé (cf. Papaleoni *in* Mazzoni, *Diritto del Lavoro*, cit., p. 621). Na Alemanha costuma tão-só aludir-se ao dever de boa fé (cf. Zöllner/Loritz, *Arbeitsrecht*, cit., pp. 177 s.).
Quanto aos deveres de lealdade e de assistência relacionados com o vínculo laboral de natureza comunitário-pessoal, *vd.* Menezes Cordeiro, «Concorrência Laboral e Justa causa de Despedimento», *ROA*, 46 (1986), pp. 498 s.

[1055] Como resulta da lição de Suppiej/De Cristofaro/Cester, *Diritto del Lavoro, cit.*, pp. 106 ss., há diferentes graus de fidelidade, sendo, por exemplo, mais elevada numa organização de tendência (pp. 107 ss.).

[1056] No sentido de a enumeração ser exemplificativa, cf. Ac. STJ de 11/10/1995, CJ (STJ) 1995, T. III, p. 277. Assim, no Ac. STJ de 11/2/2015 (Mário Belo Morgado), www.dgsi.pt, considerou-

Em relação a obrigações de conteúdo negativo é de indicar o dever de o trabalhador não se apropriar de bens do empregador[1057]. Além das hipóteses de furto, que tem, justamente, um tratamento severo por parte da jurisprudência, há outros comportamentos negativos que implicam a violação do dever de lealdade relacionados com situações que encontram alguma similitude com o furto[1058].

Quanto a obrigações de conteúdo positivo pode mencionar-se o dever que, eventualmente, existirá, por parte do trabalhador, de informar o empregador acerca das suas condições físicas para realizar determinada atividade, durante um certo período de tempo (art. 106.º do CT). Este dever prende-se com o problema de saber em que medida o trabalhador tem de informar o empregador sobre o seu estado de saúde (*vd. supra* § 21.4). Por um lado, as informações sobre o estado de saúde do trabalhador poderão, de alguma forma, influenciar a prossecução da sua atividade (p. ex., motorista que tem problemas de visão), por outro lado, há a ter em conta uma determinada

-se que, tendo a trabalhadora faltado à verdade (tanto por ação como por omissão) relativamente a outra atividade por ela desempenhada – que se entendeu não ser concorrente – violou o dever de lealdade.

[1057] A falta de honestidade, independentemente do valor do objeto subtraído, constitui justa causa de despedimento, por violação do dever de lealdade, cf. Ac. STJ de 17/7/1987, TJ 34 (1987), p. 27; Ac. STJ de 19/11/1987, TJ 36 (1987), p. 28; Ac. STJ de 19/1/1994, CJ (STJ) 1994, T. I, p. 278; Ac. STJ de 17/1/1996, CJ (STJ) 1996, T. I, p. 247; Ac. Rel. Lx. de 5/4/1995, CJ 1995, T. II, p. 178; Ac. Rel. Pt. de 20/4/1998, CJ XXIII, T. II, p. 267. O critério do julgador, nestas hipóteses de violação do dever de lealdade não é muito exigente, pelo que pequenos furtos, de valor insignificante, que não são causa de prejuízos relevantes para a empresa, constituem justa causa de despedimento. Cf. Ac. STA de 17/10/1972, citado por PEDRO CRUZ, *A Justa Causa de Despedimento na Jurisprudência*, Coimbra, 1990, p. 149, em que o trabalhador desviou uma garrafa de vinho do porto; Ac. Rel. Coimbra de 2/6/1987, *BMJ* 368, p. 620, quanto a um furto de um objeto no valor de 200$00; Ac. Rel. Pt. de 20/4/1998, *CJ*, XXIII, T. II, p. 267, relativamente a um trabalhador que furtara um par de sapatos.

[1058] Há igualmente violação do dever de lealdade se o trabalhador, vendedor da empresa, vendeu produtos por valor inferior ao da compra e não facultou ao empregador os elementos dos negócios realizados (Ac. STJ de 20/3/1996, CJ (STJ) 1996, T. I, p. 278). Também viola o dever de lealdade, o trabalhador que se serve abusivamente de telefone da empresa para fazer chamadas para uma linha erótica (Ac. Rel. Lx. de 12/10/1994, CJ XIX, T. IV, p. 167) ou que se serve abusivamente de veículo da empresa (Ac. Rel. Pt. de 20/4/1998, CJ XXIII, T. II, p. 265), assim como os trabalhadores (médicos) que haviam acordado que, aquele que chegasse mais cedo ao local de trabalho picava também o ponto do que se atrasara e o que saísse mais tarde picava o ponto do que saíra antes (Ac. Rel. Lx. de 8/2/1995, CJ XX, T. I, p. 183). JÚLIO GOMES, *Direito do Trabalho*, I, cit., pp. 549 e s., acrescenta a aceitação de subornos ou de dádivas que excedam as gorjetas socialmente admitidas.

esfera da vida pessoal do trabalhador, relativamente à qual não há a obrigação de prestar informações.

Podem ainda indicar-se outros exemplos de deveres de conteúdo positivo, em particular para evitar ou minimizar prejuízos na esfera do empregador. Por exemplo, em caso de incêndio ou de outra situação de perigo, o trabalhador tem o dever de tentar reduzir os prejuízos que possam ser causados ao empregador[1059].

b) Dever de não concorrência

I. Do art. 128.º, n.º 1, alínea *f)*, do CT, como exemplificação do dever de lealdade, indica-se a obrigação de não concorrência. O legislador proíbe ao trabalhador qualquer atuação que possa entrar em concorrência com a atividade desenvolvida pelo empregador[1060].

Esta proibição de concorrência justifica-se por motivos óbvios[1061].

A contratação de trabalhadores não é, nem pode ser, entendida como um risco de concorrência. Os interesses económicos de uma empresa não devem ser prejudicados pelo facto de terem sido contratados trabalhadores. Se alguém contrata trabalhadores, não pode estar sujeito ao risco de estes entrarem em concorrência com a sua atividade.

Os trabalhadores encontram-se numa posição privilegiada para entrarem em concorrência com o empregador, pois, em princípio, conhecem a clientela, muitas vezes melhor que o próprio empregador, visto que têm contacto direto com os clientes. Além disso, o trabalhador adquire, junto do empregador, os conhecimentos técnicos necessários ao desenvolvimento daquela

[1059] Cf. Monteiro Fernandes, *Direito do Trabalho*, cit., p. 281, citando Boldt.

[1060] Quanto à concorrência desleal, veja-se o art. 317.º do Código da Propriedade Industrial, que considera desleal o ato de concorrência contrário às normas e usos honestos de qualquer ramo de atividade. Sobre esta matéria, cf. Oliveira Ascensão, *Concorrência Desleal*, Lisboa, 1994, pp. 32 ss., 94 ss., 109 ss. e *passim*, bem como a tese de doutoramento de Magdalena Nogueira Guastavino, *La Prohibición de Competencia Desleal en el Contrato de Trabajo. Una Singular Manifestación del Deber de Buena Fe Contractual*, Pamplona, 1997, em particular, no que respeita à proibição de concorrência estabelecida no art. 21.1 *Estatuto de los Trabajadores*, pp. 123 ss.

[1061] Como refere Menezes Cordeiro, «Concorrência Laboral ...», cit., p. 502, o preceito tem uma origem mercantil.

Mesmo sem disposição concreta nesse sentido, idêntica proibição é imposta em outras ordens jurídicas, cf., por exemplo, em Inglaterra, Bowers, *Employment Law*, cit., pp. 74 s., em França, Couturier, *Droit du Travail*, cit., p. 357, em Itália, Pera, *Diritto del Lavoro*, cit., pp. 460 ss., na Áustria, Spielbücher/Grillberger, *Arbeitsrecht*, cit., pp. 196 s. e, em Espanha, Escudero/ /Frigola/Corbella, *El Principio de Buena Fe en el Contrato de Trabajo*, cit., pp. 85 ss.

atividade, e, se entrar em concorrência com o empregador, por via de regra, não suporta os gastos empresariais[1062].

Tendo em conta o facto de o trabalhador se encontrar numa posição privilegiada para concorrer com o empregador, pretendendo-se salvaguardar a confiança necessária à prossecução da relação laboral, o legislador proibiu qualquer atuação concorrencial.

II. Em princípio, a proibição de concorrência só se mantém enquanto a atividade laboral perdurar; cessando a relação de trabalho não subsiste o dever de não concorrência, sendo frequente que o trabalhador, tendo feito cessar o contrato de trabalho, se instale por conta própria com base nos conhecimentos, mormente de clientela, obtidos durante a execução da relação laboral[1063].

No entanto, no contrato de trabalho, pode ter sido estabelecida uma cláusula de não concorrência que perdure para além da cessação do vínculo contratual (art. 136.º do CT). O pacto de não concorrência com eficácia pós contratual tem de constar de cláusula escrita (art. 136.º, n.º 2, alínea *a)*, do CT)[1064].

Na eventualidade de ter sido acordado um pacto de não concorrência, o trabalhador, mesmo depois de extinta a relação laboral, não poderá, durante um determinado período de tempo (no máximo dois anos e, excecionalmente, até três anos), desempenhar uma atividade concorrente da desenvolvida pelo antigo empregador (*vd. infra* § 28.2)[1065].

III. O dever legal de não concorrência não impede o trabalhador, fora do local e do horário de trabalho, de exercer outras atividades[1066], sendo lícito o

---

[1062] Cf. Menezes Cordeiro, «Concorrência Desleal ...», cit., pp. 504 s.

[1063] Após a cessação do contrato de trabalho, não tendo sido ajustado um pacto de não concorrência (§ 28.2), se o trabalhador passar a desempenhar uma atividade em concorrência com a do anterior empregador poderá haver concorrência desleal nos termos do art. 317.º, alínea *c)*, e art. 318.º do Código da Propriedade Industrial (Ac. TC n.º 256/2004, Proc. 674/02).

[1064] Como refere Dieguez, *Derecho del Trabajo*, cit., p. 270, a obrigação pós-contratual de não concorrência não deriva do contrato de trabalho, mas de um pacto autónomo que pode estar relacionado com aquele negócio jurídico.

[1065] Bowers, *Employment Law*, cit., p. 81, alude a uma cláusula frequentemente ajustada, nos termos da qual o trabalhador, cessada a relação laboral, não pode trabalhar no mesmo ramo durante dois anos, no raio de cinco milhas.

[1066] Cf. Ac. Rel. Lx. de 7/10/1992, CJ XVII, T. IV, p. 218. Veja-se igualmente o disposto no art. 227.º, n.º 1, *in fine*, do CT.

pluriemprego[1067]. O desempenho de outras tarefas, nomeadamente em pluriemprego, só está proibido na medida em que implique concorrência com a atividade do empregador.

Todavia, se do contrato de trabalho constar uma cláusula de exclusividade, o trabalhador não poderá prestar qualquer serviço perante outro empregador. Frequentemente, o acordo quanto à exclusividade do trabalhador pressupõe um acréscimo salarial e pode justificar-se por motivos vários, designadamente relacionados com uma melhor integração do trabalhador no espírito empresarial[1068]. A cláusula de exclusividade pode corresponder a uma restrição ao direito de personalidade. Nesse caso, vale o disposto no art. 81.º do CC, sendo lícito ao trabalhador desvincular-se, desde que indemnize a outra parte[1069].

Não tendo sido estipulada uma cláusula de exclusividade, como a autonomia privada não foi coartada, o trabalhador pode prestar serviços a mais do que um empregador, sem que isso represente uma violação do dever de não concorrência.

IV. Em princípio, pelo facto de o trabalhador, fora do local e do horário de trabalho, exercer uma atividade para outra entidade, não viola o dever de não concorrência. A violação deste dever só existirá no caso de o trabalhador, ao exercer uma segunda atividade, entrar em concorrência com o empregador, em particular se desviar clientela do primeiro empregador para o segundo. Ainda que se trate do mesmo ramo de atividade, só haverá violação do dever

---

[1067] A licitude do pluriemprego assenta em postulados, evidentemente, diversos da regra «Ninguém pode servir a dois senhores, porque, ou há-de odiar um e amar o outro, ou se dedicará a um e desprezará o outro. Não podeis servir a Deus e às riquezas» (Mt. 6.24).
Quanto ao pluriemprego, veja-se NUNES DE CARVALHO, «Duplicidade do Vínculo Laboral», *RDES* 1999, n.ºs 2/3, pp. 285 ss.; MENEZES CORDEIRO, *Direito do Trabalho*, II, cit., pp. 246 ss.; FURTADO MARTINS, «O Pluriemprego no Direito do Trabalho», *II Congresso Nacional de Direito do Trabalho*, Coimbra, 1999, pp. 193 ss. O pluriemprego suscita diversas questões, nomeadamente se o trabalhador, no somatório do tempo de trabalho nas diferentes relações, pode trabalhar 12, 15 ou 20 h por dia, em especial quando os diversos empregadores fazem parte do mesmo grupo empresarial.

[1068] Essencialmente, por influência anglo-saxónica, algumas empresas pretendem a exclusividade dos trabalhadores, com o objetivo de os tornar mais empenhados na vida empresarial. Esta exclusividade é, por vezes, facultativamente alargada a atividades desportivas, em que se organizam torneios na empresa ou entre empresas do mesmo grupo.

[1069] Mas a desvinculação do trabalhador, ainda que lícita, pode constituir justa causa de despedimento, nos termos do art. 351.º, n.º 1, do CT.

de não concorrência, se existir, ainda que em potência, mormente um desvio de clientela[1070]. Assim, se o técnico que repara televisões para a empresa X, fora do local e do horário de trabalho, também conserta televisões para a empresa Y, não haverá uma violação do dever de não concorrência se o pluriemprego não implicar, de modo algum, o desvio de clientes da empresa X para a empresa Y, porque, por exemplo, as duas empresas dedicam-se à reparação de televisores de marcas diferentes[1071]/[1072].

Fundamental para admitir a violação do dever de não concorrência é a existência de um desvio de clientela, ainda que potencial, visto ser este o facto que pode causar prejuízos ao empregador.

Como se tem vindo a reiterar, o desvio de clientela não tem de ser efetivo, basta que seja potencial[1073]. Entende-se que viola o dever de não con-

---

[1070] Como esclarece JÚLIO GOMES, *Direito do Trabalho*, I, cit., pp. 536 e s., pode não ser desvio de clientela, mas de fornecedores.

[1071] O técnico de publicidade de um jornal que mantém uma empresa de publicidade viola o dever de não concorrência (Ac. STJ de 5/3/1992, *BMJ* 415, p. 395). Violou o dever de não concorrência o vendedor de automóveis que constituiu uma sociedade de compra e venda de automóveis usados, onde vendia retomas da empresa onde trabalhava (Ac. STJ de 18/12/1991, *BMJ* 412, p. 333), ou o trabalhador que constitui uma sociedade que pretende prosseguir a mesma atividade da entidade patronal (Ac. Rel. Cb. de 26/5/1992, CJ XVII, T. III, p. 160), ou que entre para sócio de uma sociedade concorrente da do seu empregador (Ac. Rel. Lx. de 9/3/1994, CJ XIX, T. II, p. 153). Há violação do dever de não concorrência quando o trabalhador, mecânico numa oficina de reparações de automóveis do empregador, faz «biscates», reparando veículos da mesma marca numa garagem anexa à sua residência (Ac. STJ de 16/10/1996, CJ (STJ) 1996, T. III, p. 243; Ac. Rel. Pt. de 8/7/1996, CJ XXI, T. IV, p. 261). Viola o dever de lealdade o médico que desvia clientela do empregador para outro hospital onde trabalha (Ac. Rel. Pt. de 6/10/1997, CJ XXII, T. IV, p. 256).

[1072] O facto de o trabalhador, técnico de eletrónica, ocasionalmente, ter reparado aparelhos elétricos em sua casa, por sugestão do chefe de serviços técnicos do empregador, não pressupõe um desvio de clientela que integre uma violação do dever de não concorrência, passível de justificar o despedimento (Ac. STJ de 8/3/1985, *BMJ* 345, p. 300). Em comentário a este aresto, *vd.* MENEZES CORDEIRO, «Concorrência Laboral ...», cit., pp. 495 ss.

[1073] Neste sentido, Ac. STJ de 5/3/1992, *BMJ* 415, p. 395; Ac. STJ de 16/10/1996, CJ (STJ) 1996, T. III, p. 243. Como se afirma no Ac. Rel. Cb. de 26/5/1992, CJ XVII, T. III, p. 160, basta que o comportamento do trabalhador seja preparatório da atividade concorrencial. Por isso, considerou-se que violava o dever de lealdade a trabalhadora que também trabalhava num escritório de contabilidade concorrente, apesar de não se provar que o desvio de clientes tinha sido motivado por essa atuação (Ac. Rel. Cb. de 23/11/1995, CJ XX, T. V, p. 89).
A este propósito, para salientar o aspeto potencial do prejuízo, MONTEIRO FERNANDES, *Direito do Trabalho*, cit., p. 285, fala na «possibilidade factual de desvio de clientela».
Com uma perspetiva algo diversa, DIEGUEZ, *Derecho del Trabajo*, cit., p. 272, citando jurisprudência espanhola, admite uma presunção *iuris tantum* de prejuízo se o trabalhador exerce

corrência, o trabalhador que, pela sua atuação, tenha potenciado um desvio de clientela. Deste modo, se o trabalhador iniciou uma atividade, por conta própria ou alheia, mediante a qual pode desviar clientes do empregador, mesmo que esse prejuízo não tenha ocorrido, há violação do dever de não concorrência. Não será, pois, necessário que exista um prejuízo efetivo para o empregador, nem este tem de fazer prova de um desvio de clientela; basta a perda de confiança. Por isso, havendo autorização do empregador, ainda que implícita, a atuação concorrencial do trabalhador é lícita[1074].

c) Dever de sigilo

I. A segunda hipótese constante da alínea *f)* do n.º 1 do art. 128.º do CT refere-se ao dever de sigilo. Esta obrigação assenta igualmente no princípio de boa fé do art. 126.º do CT (e do art. 762.º, n.º 2, do CC), do qual decorreria um dever de não divulgar informações referentes à empresa[1075].

II. O trabalhador só está sujeito ao dever de sigilo na pendência da relação laboral; depois de cessar o vínculo contratual, na falta de uma cláusula de sigilo pós-contratual, os limites à liberdade de divulgação de informações não estão na dependência da situação de trabalho subordinado. Independentemente da subsistência de um contrato de trabalho, as pessoas que intervenham em qualquer operação de tratamento de dados, estão obrigados a um dever de confidencialidade que acresce aos deveres de sigilo profissional previstos na lei (art. 10.º, n.º 2, da Lei n.º 58/2019, de 8 de agosto). Do mesmo modo, nomeadamente os empregados bancários estão sujeitos ao dever de segredo, depois do termo das suas funções (art. 78.º, n.º 3, do Regime

uma atividade similar à da empresa para que trabalha, mas seguidamente (pp. 272-3) reitera o princípio de que o prejuízo pode ser potencial.

[1074] MÁRIO PINTO/FURTADO MARTINS/NUNES DE CARVALHO, *Comentário*, cit., anot. II.5 ao art. 20.º, p. 95, esclarecem que a atitude passiva do empregador, tolerando o ato de concorrência, poderá ter efeito para apreciar da justa causa de despedimento com base na violação do dever de não concorrência.

[1075] Quanto ao dever de sigilo, veja-se também o *Code du Travail* (COUTURIER, *Droit du Travail*, cit., pp. 357 s.) e o art. 2105 CCIt. (PAPALEONI *in* MAZZONI, *Diritto del Lavoro*, I, cit., p. 625). Mas o dever existe mesmo que não se encontre expressamente consagrado, *vd.* ESCUDERO/ /FRIGOLA/CORBELLA, *El Principio de Buena Fe en el Contrato de Trabajo*, cit., pp. 95 ss.
JÚLIO GOMES, «Um direito de alerta cívico do trabalhador subordinado?», *RDES* 2014, pp. 127 ss., discute a questão da denúncia à autoridade, por parte do trabalhador, relativamente a comportamentos ilícitos do empregador, a propósito de um acórdão do Tribunal Europeu dos Direitos do Homem.

Geral das Instituições de Crédito e Sociedades Financeiras [Decreto-Lei n.º 298/92, de 31 de dezembro]).

Na falta de cláusula contratual ou de disposição legal[1076] que imponha uma obrigação pós-contratual de sigilo, finda a relação laboral não subsiste um dever de lealdade para com o empregador.

III. O dever de sigilo prende-se, como se indica na 2.ª parte da alínea *f)* do n.º 1 do art. 128.º do CT, com aspetos referentes à organização empresarial, aos métodos de produção e aos negócios do empregador.

Numa dada perspetiva, o dever de sigilo encontra-se relacionado com a não concorrência, visto que a respetiva violação pode conduzir a um mesmo resultado. Ao pretender-se que o trabalhador não divulgue os negócios, os métodos de produção e o estilo de organização empresarial do empregador, tenta-se impedir que outras empresas entrem em concorrência com a entidade patronal.

Nestes termos, o dever de sigilo constitui uma forma de evitar a concorrência; não a concorrência da atividade do trabalhador com a do empregador, mas obstando a que outros interessados na mesma atividade façam concorrência à empresa empregadora.

IV. Contudo, o dever de sigilo subsiste mesmo que a divulgação dos factos não implique ou não facilite a concorrência[1077]. A obrigação de não prestar informações relacionadas com a empresa não se circunscreve a hipóteses onde se colocam problemas de concorrência.

Há dever de sigilo sempre que a divulgação de factos relacionados com a empresa, que não são do domínio público, possa implicar um prejuízo para o empregador[1078]. Assim, se um trabalhador divulgar que o empregador está

[1076] Para além das previsões legais indicadas no texto a título de exemplo, importa esclarecer que ao trabalhador, depois de cessar a relação laboral, aplica-se a regra geral do art. 484.º do CC, que o responsabiliza pela difusão culposa de factos capazes de prejudicar o crédito ou o bom nome do empregador. Quanto aos deveres pós-contratuais, veja-se LAURA MOTA, *O dever de lealdade do trabalhador após a cessação do contrato de trabalho*, Coimbra, 2015, pp. 179 ss.

[1077] Para além do art. 317.º do Código da Propriedade Industrial, veja-se o art. 196.º do Código Penal.

[1078] Cf. MÁRIO PINTO/FURTADO MARTINS/NUNES DE CARVALHO, *Comentário*, cit., anot. II.5 ao art. 20.º, p. 96. Cabe esclarecer que o dever de não divulgar informações termina quando o interesse público o exigir; assim, não viola o dever de sigilo o trabalhador que informa a população que a empresa onde trabalha, por via de uma descarga de substâncias químicas, poluiu um rio.

com dificuldades económicas, tal informação, ainda que verdadeira, pode acarretar prejuízos para a entidade patronal, que não estão diretamente ligados com a concorrência, designadamente, no caso de os fornecedores se recusarem a vender produtos a crédito[1079]. A obrigação de segredo estará violada, independentemente da veracidade dos factos relatados, porque a lealdade relaciona-se com a confiança depositada no trabalhador.

Bibliografia:

Diogo Coelho/José Miguel Vitorino, «Dos direitos fundamentais da vida privada do trabalhador e da sua tendencial limitação nas organizações de tendência», *QL* 49 (2016), pp. 49 ss.; Dias Coimbra, «Empresas de Tendência e Trabalho Dependente», *RDES* XXXI (1989), n.ºs 1/2, pp. 214 a 218; Menezes Cordeiro, «Anotação. Concorrência Laboral e Justa Causa de Despedimento», *ROA*, 46 (1986), pp. 495 a 508; Monteiro Fernandes, *Direito do Trabalho,* cit., pp. 278 e ss.; Júlio Gomes, *Direito do Trabalho,* I, cit., pp. 531 e ss.; Mário Pinto/ /Furtado Martins/Nunes de Carvalho, *Comentário,* cit., anot. II.5 ao art. 20.º, pp. 92 a 96; Rosário Palma Ramalho, *Tratado de Direito do Trabalho,* II, cit., pp. 285 e ss.; Motta Veiga, *Lições,* cit., p. 328.

7. Dever de custódia

Da alínea *g)* do art. 128.º, n.º 1, do CT, onde se afirma que o trabalhador deve: «Velar pela conservação e boa utilização dos bens relacionados com o seu trabalho, que lhe forem confiados pelo empregador», resulta um dever de custódia e de utilização prudente dos bens que o empregador tenha confiado ao trabalhador, para este executar a atividade.

Trata-se, pois, de deveres de cuidado e de proteção[1080], assentes na boa fé, que derivam do facto de, para o cumprimento da prestação laboral, ser

[1079] No Ac. STJ de 11/10/1995, CJ (STJ) 1995, T. III, p. 277, considerou-se que violou o dever de lealdade a trabalhadora que, remexendo na secretária de um diretor, dela retirou uma lista com nomes de trabalhadores a despedir – que era ainda um documento de trabalho –, tendo divulgado essa lista. Cf. igualmente Ac. Rel. Cb. de 4/11/1994, CJ XIX, T. V, p. 72. Também viola o dever de sigilo, a trabalhadora que, num programa televisivo, afirmou que a instituição recebia dinheiro para idosos que não estavam no lar e que o Provedor da Santa Casa (empregador) utilizava meios da instituição para construir a própria casa (Ac. Rel. Év. de 4/7/1995, CJ XX, T. IV, p. 293).

[1080] Como refere Carneiro da Frada, *Contrato e Deveres de Protecção,* Coimbra, 1994, pp. 155 s., o dever de proteção relativamente aos bens alheios que são confiados a uma das partes, não pressupõe que se descortine uma declaração negocial específica a consagrá-lo.

necessário que uma parte (o empregador) confie à outra (o trabalhador) certos bens[1081].

Os deveres de cuidado e de proteção não se circunscrevem aos bens que o empregador tenha entregado ao trabalhador; atendendo à terminologia usada pelo legislador (confiar), estão abrangidos por estes deveres todos os instrumentos da produção empresarial com que o trabalhador tenha, direta ou indiretamente, de lidar na prossecução da sua atividade[1082]. Deste modo, se o trabalhador se apercebe que uma caldeira está a funcionar mal deve, de imediato, avisar o responsável do sector[1083].

BIBLIOGRAFIA:

MENEZES CORDEIRO, *Direito do Trabalho*, II, cit., pp. 430 ss.; MONTEIRO FERNANDES, *Direito do Trabalho*, cit., p. 286 e s.; CARNEIRO DA FRADA, *Contrato e Deveres de Protecção*, Coimbra, 1994, pp. 155 a 161; MÁRIO PINTO/FURTADO MARTINS/NUNES DE CARVALHO, *Comentário*, cit., anot. II. 6 ao art. 20.º, pp. 96 e 97.

8. Direito de ocupação efetiva

I. A ocupação efetiva traduz-se num direito do trabalhador a trabalhar, isto é, que lhe seja dada a oportunidade de executar, realmente, a atividade para a qual foi contratado[1084].

A existência de um dever de ocupação efetiva do trabalhador, depois de uma longa polémica, e de encontrar uma aceitação generalizada no ordenamento jurídico português[1085], foi consagrada no Código do Trabalho em

[1081] A danificação de instrumentos de trabalho só constitui justa causa de despedimento se for intencional e se causar prejuízo ao empregador, pelo que tendo-se o trabalhador prontificado a pagar os prejuízos e não havendo quebra de produção é ilícito o despedimento (Ac. Rel. Cb. de 7/7/1994, CJ XIX, T. IV, p. 68).

[1082] Cf. MÁRIO PINTO/FURTADO MARTINS/NUNES DE CARVALHO, *Comentário*, cit., anot. II.6 ao art. 20.º, p. 96. Veja-se igualmente DIEGUEZ, *Derecho del Trabajo*, cit., pp. 250 s.

[1083] Quanto aos deveres de informação de perturbações de funcionamento da empresa, a cargo do trabalhador, cf. SPIELBÜCHER/GRILLBERGER, *Arbeitsrecht*, cit., p. 176.

[1084] Como refere MENEZES CORDEIRO, *Direito do Trabalho*, II, cit., pp. 486 ss., o direito de ocupação efetiva surge por uma acrescida sensibilidade para os direitos humanos e em virtude da crise que gera desemprego, não permitindo que o trabalhador insatisfeito, por não lhe distribuírem serviço, procure outro emprego.

[1085] Quanto à evolução histórica da polémica em torno da admissibilidade do direito de ocupação efetiva, cf. NUNES DE CARVALHO, «Sobre o Dever de Ocupação Efectiva do Trabalhador», *RDES*, Ano XXXIII (1991), n.os 3/4, pp. 263 ss.

2003, constando hoje da alínea *b)* do art. 129.º, n.º 1, do CT2009. A ocupação efetiva justifica-se com base em alguns postulados.

A existência de um princípio de igualdade entre os trabalhadores da mesma empresa; como os trabalhadores têm de estar num plano de igualdade, não se admite que uns estejam ocupados e outros não. Os trabalhadores devem estar todos numa situação de igualdade quer quanto à ocupação, quer quanto à execução do trabalho.

Segundo, sendo o trabalho uma forma de realização pessoal do trabalhador, a sua inatividade tem consequências negativas a vários níveis, nomeadamente, quanto à perda ou não aquisição de perícia, experiência, etc. Deste modo, justifica-se que o empregador patrocine a realização profissional do trabalhador, visto que, mantendo-se este inativo, daí advirão prejuízos vários, patrimoniais e não patrimoniais[1086]. Haveria assim uma responsabilidade do empregador, que deveria indemnizar o trabalhador inativo.

II. A consagração expressa do dever de ocupação efetiva surge, como se referiu, com o Código do Trabalho em 2003, encontrando-se no art. 129.º, n.º 1, alínea *b)*, do CT, e a fundamentação do dever de ocupação efetiva, quando faltava uma disposição expressa que o admitisse, assentava em acesa controvérsia.

De facto, na ordem jurídica portuguesa, à exceção de situações pontuais, como em relação aos desportistas profissionais (art. 12.º, alínea *a)*, da Lei n.º 28/98, entretanto revogada pela Lei n.º 54/2017), diferentemente do que ocorria, por exemplo, em Espanha (*Estatuto de los Trabajadores*, art. 4, n.º 2, alínea *a)*[1087]), faltava uma referência legal ao direito de ocupação efetiva dos trabalhadores; daí que a jurisprudência e a doutrina portuguesas tivessem procurado diversos fundamentos com vista a justificar a existência de tal dever por parte dos empregadores.

Em sentido oposto, contrariando a existência de um dever de «dar trabalho», *vd.* RAÚL VENTURA, *Extinção das Relações Jurídicas de Trabalho*, cit., pp. 231 ss.

1086 Cf. Ac. STJ de 13/1/1993, CJ (STJ) 1993, T. I, p. 220; Ac. Rel. Lx. de 15/1/1997, CJ XXII, T. I, p. 176.

1087 No art. 4 do *Estatuto de los Trabajadores*, sob a epígrafe «Derechos y deberes laborales básicos», depois de se indicarem os direitos básicos dos trabalhadores (n.º 1), no n.º 2 determina-se que «En la relación de trabajo, los trabajadores tienen derecho: a) A la ocupación efectiva». Sobre esta questão, cf. MONTOYA MELGAR, *Derecho del Trabajo*, cit., p. 404.

A fundamentação deste «direito a trabalhar», em termos sintéticos, podia firmar-se em quatro ordens de razões[1088]: de base constitucional (arts. 53.º, 58.º, n.º 1 e 59.º, n.º 1, alínea *b*), da CRP); com apoio na Lei do Contrato de Trabalho (arts. 18.º, 19.º, n.º 1, alíneas *c*) e *d*), 20.º, n.º 1, alínea *b*), 21.º, n.º 1, alínea *a*), 22.º, n.º 1, 42.º e 43.º da LCT)[1089]; assente em regras de direito das obrigações (arts. 863.º e ss. do CC); e fundado em princípios gerais de Direito, em particular no princípio da boa fé no cumprimento dos contratos (art. 762.º, n.º 2, do CC).

III. Nos últimos anos que antecederam a aprovação do Código do Trabalho (2003), a jurisprudência admitiu amplamente a existência do dever de ocupação efetiva[1090], baseando-se, por via de regra, nas normas constitucionais mencionadas, em particular no direito ao trabalho (art. 58.º, n.º 1, da CRP) e no direito à organização do trabalho em condições socialmente dignificantes, de forma a facultar a realização pessoal (art. 59.º, n.º 1, alínea *b*), da CRP)[1091].

A mesma fundamentação encontrava-se em alguma doutrina[1092], muitas das vezes como mero elemento coadjuvante ou modo de alicerçar um dever sem consagração expressa na lei.

[1088] Em sentido idêntico, cf. Nunes de Carvalho, «Sobre o Dever de Ocupação Efectiva ...», cit., p. 297.

[1089] Num contexto muito particular, refira-se ainda a fundamentação do dever de ocupação de trabalhadores sinistrados com incapacidade temporária parcial, nos termos do art. 155.º da LAT (Lei n.º 98/2009, de 4 de setembro).

[1090] Cf. indicações jurisprudenciais em Furtado Martins, *Despedimento Ilícito, Reintegração na Empresa e Dever de Ocupação Efectiva. Contributo para o Estudo dos Efeitos da Declaração da Invalidade do Despedimento*, Separata Direito e Justiça, Lisboa, 1992, p. 179, nota 434. Veja-se ainda Ac. STJ de 13/1/1993, CJ (STJ) 1993, T. I, p. 220; Ac. STJ de 9/2/1993, CJ (STJ) 1993, T. I, p. 249; Ac. STJ de 22/9/1993, CJ (STJ) 1993, T. III, p. 269; Ac. STJ de 26/6/1996, CJ (STJ) 1996, T. II, p. 285; Ac. Rel. Pt. de 22/11/1993, CJ XVIII, T. V, p. 270; Ac. Rel. Pt. de 17/10/1994, CJ XIX, T. IV, p. 253; Ac. Rel. Év. de 8/11/1994, CJ XIX, T. V, p. 300; Ac. Rel. Lx. de 11/1/1995, CJ XX, T. I, p. 169; Ac. Rel. Lx. de 27/9/1995, CJ XX, T. IV, p. 154; Ac. Rel. Lx. de 15/1/1997, CJ XXII, T. I, p. 176; Ac. Rel. Lx. de 29/9/1999, CJ XXIV, T. IV, p. 166.

[1091] Cf. jurisprudência citada por Nunes de Carvalho, «Sobre o Dever de Ocupação Efectiva ...», cit., pp. 282 s., notas 63 a 70. Além disso, veja-se designadamente Ac. STJ de 9/2/1993, CJ (STJ) I, T. I, p. 249 e Ac. STJ de 22/9/1993, CJ (STJ) I, T. III, p. 269.

[1092] *Vd.* nomeadamente José João Abrantes, *Direito do Trabalho. Ensaios*, Lisboa, 1995, p. 48; Gomes Canotilho/Vital Moreira, *Constituição da República Portuguesa Anotada*, 3.ª ed., Coimbra, 1993, p. 289 s.; mais recentemente, Gomes Canotilho/Vital Moreira, *Constituição da República Portuguesa Anotada*, I, 4.ª ed., Coimbra, 2007, p. 764; Monteiro Fernandes, *Direito do Trabalho*, cit., pp. 347 e ss.

Mas basear o direito de ocupação efetiva no direito ao trabalho não parece ser a posição mais correta, pois o artigo em apreço confere um direito ao trabalho, ou seja, o direito a ter um emprego, uma ocupação, mas não o direito a exercer, realmente, uma atividade[1093].

Além disso, o artigo em causa, sendo uma norma programática, apresenta-se como um preceito, essencialmente dirigido ao Estado e não aos particulares. Tem-se entendido, porém, que o art. 58.º, n.º 1, da CRP, em sentido amplo, abrange o direito ao trabalho e o direito a ter uma ocupação efetiva nesse mesmo emprego. Mas é discutível a bondade deste sentido amplo.

O mesmo se diga relativamente ao estatuído no art. 59.º, n.º 1, alínea *b)*, da CRP, principalmente quando conjugado com o disposto no art. 61.º, n.º 1, da CRP, onde se estabelece o princípio da liberdade de iniciativa económica privada.

Pode, pois, concluir-se no sentido de existirem sérias dúvidas quanto à fundamentação do dever de ocupação efetiva nos citados artigos da Constituição. De facto, destes preceitos não se pode inferir que exista um direito de ocupação efetiva. Tal solução não se retira, nem da letra, nem da *occasio legis* dos artigos em causa, porque, quando foram elaborados, o direito de ocupação efetiva não estava presente no espírito do legislador e não se pretenderam resolver os problemas que ele visa impedir.

IV. O dever de ocupação efetiva poderia encontrar justificação em disposições da revogada Lei do Contrato de Trabalho.

Alguma jurisprudência e doutrina procuraram justificar o dever de ocupação efetiva em diversos preceitos da Lei do Contrato de Trabalho, em especial nos arts. 18.º, 19.º, n.º 1, alíneas *c)* e *d)*, 20.º, n.º 1, alínea *b)*, 21.º, n.º 1, alínea *a)*, 22.º, n.º 1, 42.º e 43.º da LCT[1094]. Contudo, de nenhuma das disposições citadas se podia concluir que o legislador instituiu um dever de ocupação efetiva na Lei do Contrato de Trabalho[1095]; nem a letra, nem a *occasio legis* dos preceitos citados apontavam nesse sentido.

[1093] Cf. Nunes de Carvalho, «Sobre o Dever de Ocupação Efectiva ...», cit., p. 302; Furtado Martins, *Despedimento Ilícito*, cit., pp. 184 s.

[1094] Quanto à jurisprudência, para além dos arestos citados por Nunes de Carvalho, «Sobre o Dever de Ocupação Efectiva ...», cit., p. 284, notas 72 a 77, veja-se, por exemplo, Ac. STJ de 22/9/1993, CJ (STJ) I, T. III, p. 269.

Relativamente à doutrina, cf., entre outros, Monteiro Fernandes, *Direito do Trabalho*, 11.ª ed., Coimbra, 1999, p. 278.

[1095] Cf. Nunes de Carvalho, «Sobre o Dever de Ocupação Efectiva ...», cit., pp. 308 ss.; Furtado Martins, *Despedimento Ilícito*, cit., p. 187.

V. Poder-se-ia encontrar a justificação para o direito de ocupação efetiva no regime obrigacional da remissão de dívidas (arts. 863.º e ss. do CC)[1096]. Sendo o empregador credor da prestação de trabalho, não pode remitir a prestação do trabalhador, porque a remissão de dívidas, nos termos do art. 863.º do CC, pressupõe o consentimento da contraparte. A remissão de dívidas é um contrato que exige o acordo das partes. Assim, como o empregador não pode remitir a dívida se o trabalhador não estiver de acordo, querendo este realizar a atividade, está justificado o direito de ocupação efetiva.

Mas o empregador, se prescindir da atividade do trabalhador, não está a remitir uma dívida, pois a situação não se enquadra numa hipótese de remissão de dívidas, que conduz à extinção da obrigação. Se o empregador prescinde da atividade do trabalhador, a relação obrigacional mantém-se inalterada, não havendo uma verdadeira remissão de dívidas. Verifica-se, sim, que o credor da atividade renuncia a um determinado benefício, e prescindir de um benefício não significa uma remissão, mas antes um não aproveitamento de uma determinada vantagem. Os titulares dos direitos reais ou de direitos de crédito podem prescindir das vantagens que lhes são atribuídas por esses direitos.

A remissão de uma dívida só existe, na medida em que o devedor esteja de acordo; mas prescindir das vantagens de um direito de crédito não pressupõe uma remissão e, por conseguinte, não se exige o consentimento do devedor. Se alguém contratar um mecânico para reparar o seu veículo, desde que lhe pague o preço devido, pode, por qualquer motivo, não querer que a reparação se efetue, e o mecânico não pode exigir a realização da tarefa. O credor desta atividade (a reparação do automóvel) tem a possibilidade de prescindir dela, e não há uma remissão da dívida; a obrigação mantém-se, não se extingue desde que não haja uma causa de cessação. A desistência do credor encontra-se expressamente prevista a propósito da empreitada (art. 1229.º do CC), permitindo-se que o dono da obra, quando entenda, sem qualquer justificação, desista da obra, prescindindo da atividade a que o empreiteiro se obrigou[1097].

Não se verificando nenhuma causa de cessação, mantém-se a obrigação por tempo indeterminado, cabendo ao devedor (no exemplo, o mecânico), por aplicação analógica do art. 808.º do CC, proceder à extinção do vínculo

---

[1096] Era esta a posição sustentada por MENEZES CORDEIRO, *Manual de Direito do Trabalho*, cit., pp. 657 s.

[1097] Se o dono da obra perde interesse na obtenção do resultado a que o empreiteiro se obrigou cabe-lhe o recurso à desistência, cf. ROMANO MARTINEZ, *Direito das Obrigações (Parte Especial). Contratos*, 2.ª ed., Coimbra, 2001 pp. 454 ss.

obrigacional; perante a mora do credor, pode o devedor estabelecer um prazo para aquele aceitar a prestação, e, não a aceitando no prazo determinado, o devedor desvincula-se do negócio jurídico. Não há, pois, uma remissão de dívidas.

Por outro lado, a remissão de dívidas, em grande parte, perde sentido em relação a prestações de facto; o seu campo privilegiado de aplicação é o das prestações de coisa, em particular as prestações pecuniárias. Daí que não se possa falar, em sentido técnico, da remissão da prestação de facto que é a atividade laboral.

Quanto ao dever de ocupação efetiva, importa ainda relembrar que, em princípio, o devedor não tem o direito de cumprir a obrigação. O credor tem o direito de exigir o cumprimento mas, por via da regra, principalmente quando estão em causa prestações de facto, o devedor não tem o direito a executar o cumprimento. Salvo cláusula em contrário, o direito de cumprir a prestação só existe na medida em que isso ponha em causa o princípio da boa fé. Utilizando este argumento quanto ao contrato de trabalho conclui-se que o trabalhador não tem o direito a realizar a atividade a que se comprometeu, e se o empregador prescindir dessa vantagem não está a remitir a dívida, porque o contrato mantém-se inalterado.

VI. Para justificar a ocupação efetiva, como de início se referiu, há um princípio de igualdade entre os trabalhadores de uma mesma empresa e a inatividade do trabalhador pode causar-lhe graves prejuízos[1098].

No entanto, estes argumentos têm de ser ponderados, tendo em conta que o art. 61.º, n.º 1, da CRP estabelece um direito à iniciativa económica privada por parte dos empregadores. A iniciativa privada prende-se com a atividade económica do empregador e, deste modo, com a ocupação dos trabalhadores nessa atividade. Há situações em que existe justificação para que o trabalhador não esteja efetivamente ocupado. Quando uma empresa sofre uma crise sazonal, por exemplo, não consegue colocar os seus *stocks* no mercado ou perante novos condicionamentos necessita de uma reestruturação, que se pode prolongar por alguns meses[1099], pode manter os trabalhadores inativos[1100].

[1098] Quanto à chamada «tutela da profissionalidade», como modo de justificar o direito de ocupação efetiva, *vd.* MONTEIRO FERNANDES, *Direito do Trabalho*, cit., pp. 350 s.

[1099] Apesar de em si válido, considerou-se excessivo e, por isso, implicando violação do dever de ocupação efetiva, a desocupação de um trabalhador por reestruturação da empresa por um período de três anos (Ac. Rel. Lx. de 15/1/1997, CJ XXII, T. I, p. 176).

[1100] Como refere BERNARDO XAVIER/FURTADO MARTINS/NUNES DE CARVALHO/JOANA VASCONCELOS/TATIANA GUERRA DE ALMEIDA, *Manual*, cit., pp. 493 s., levando um mirífico dever

O direito de ocupação efetiva não se pode fazer valer perante situações em que o empregador tem motivos válidos para suspender a atividade dos trabalhadores, tais como a falta de matérias-primas no mercado, a necessidade de reparar máquinas, que ficam paralisadas ou a limpeza e desinfestação do local de trabalho para garantir a higiene e saúde dos trabalhadores. Em tais casos, o empregador tem de continuar a pagar a retribuição aos trabalhadores, mesmo que estes não estejam a exercer qualquer atividade[1101]. Situação idêntica ocorre na hipótese de suspensão durante o procedimento disciplinar (art. 329.º, n.º 5, do CT)[1102].

VII. Deste modo, quando se prescreve que o empregador não pode «Obstar, injustificadamente, à prestação efetiva de trabalho» (art. 129.º, n.º 1, alínea *b)*, do CT), conclui-se que o direito de ocupação efetiva não parece apresentar qualquer particularidade. É um direito que advém de um princípio geral de boa fé, sem nenhuma especialidade.

Se um empregador tem trabalhadores ao seu serviço, não será normal que prescinda do seu trabalho se não tiver razões justificativas para o fazer. Por isso, estará em causa um problema de boa fé; não se permite que o empregador atue de má fé, prejudicando um determinado trabalhador. Tal atuação corresponderia a uma violação ao art. 126.º do CT, onde se estabelece que as partes devem proceder de boa fé, não apenas no cumprimento das obrigações, mas também no exercício do direito correspondente.

O empregador tem de agir de boa fé ao exigir o seu crédito ou ao prescindir das vantagens a ele inerentes.

O direito de ocupação efetiva existirá tão-só, na medida em que o empregador atue de má fé, frequentemente, numa atitude discriminatória, que pode estar relacionada com o assédio (art. 29.º do CT). Se o empregador, violando o disposto no art. 126.º do CT, sem uma justificação plausível, não incumbir o trabalhador de desempenhar uma tarefa, este pode exigir que lhe seja atribuída uma atividade concreta[1103]. O direito de ocupação efetiva,

---

de ocupação efetiva às últimas consequências, o empregador, sem o consentimento dos trabalhadores, não os podia dispensar de serviço algumas horas ou dias à espera de oportunidade de lançar um produto.

[1101] Cf., todavia, o regime do *lay off* (*vd. infra* § 48.4).

[1102] Não viola o dever de ocupação efetiva, a empresa que não distribui tarefas ao trabalhador suspenso em virtude de processo disciplinar (Ac. Rel. Cb. de 26/1/1994, CJ XIX, T. I, p. 71).

[1103] Neste sentido, NUNES DE CARVALHO, «Sobre o Dever de Ocupação Efectiva ...», cit., pp. 318 ss.; FURTADO MARTINS, *Despedimento Ilícito*, cit., pp. 188 ss. RIVERO/SAVATIER, *Droit du Travail*,

consagrado na alínea *b)* do art. 129.º, n.º 1, do CT corresponde a uma concretização da boa fé (art. 126.º do CT e art. 762.º, n.º 2, do CC).

Assim, se o empregador não atribuir trabalho a um determinado trabalhador por qualquer represália, com intuito discriminatório, estará a agir contra a boa fé e, nesse caso, será possível ao trabalhador fazer valer o direito de ocupação efetiva.

Pode ocorrer que o dever de ocupação efetiva advenha do próprio contrato. Em determinadas situações, por exemplo no domínio de contratos com desportistas profissionais ou artistas contratados para peças de teatro ou de cinema, do contrato de trabalho consta uma cláusula onde se estabelece que será atribuída, de facto, uma tarefa ao trabalhador. O direito de ocupação efetiva tem, então, uma base contratual.

VIII. Em caso de violação do dever de ocupação efetiva, o trabalhador pode exigir que lhe seja atribuída uma determinada tarefa recorrendo à figura da sanção pecuniária compulsória (829.º-A do CC)[1104]. Perante uma atuação contrária à boa fé por parte do empregador, o trabalhador pode exigir que aquele seja condenado no pagamento de uma sanção pecuniária compulsória, por cada dia em que não lhe seja efetivamente atribuída uma tarefa.

A violação do dever de ocupação efetiva pressupõe um incumprimento por parte do empregador, que confere ao trabalhador o direito a ser indemnizado pelos prejuízos decorrentes da inatividade, em particular danos não patrimoniais, e a resolver o contrato com justa causa[1105].

---

cit., pp. 534 s., apesar da omissão do *Code du Travail*, acompanha a jurisprudência francesa, também justificando a obrigação de fornecer trabalho na boa fé.

[1104] A sanção pecuniária compulsória, introduzida no nosso ordenamento jurídico em 1983 (Decreto-Lei n.º 263/83, de 16 de Junho), mediante a inserção de um preceito novo no Código Civil (art. 829.º-A), tem em vista evitar que se prolongue a situação de incumprimento de uma prestação de facto infungível. O instituto da sanção pecuniária compulsória não possui um escopo de repressão, pois não visa reparar o dano causado pelo incumprimento da obrigação, mas antes «intimidar» o devedor a cumprir, ainda que tardiamente (cf. PINTO MONTEIRO, *Cláusulas Limitativas e de Exclusão de Responsabilidade Civil*, Coimbra, 1985, pp. 198 ss. e *Cláusula Penal e Indemnização*, Coimbra, 1990, pp. 116 e 126; CALVÃO DA SILVA, *Cumprimento e Sanção Pecuniária Compulsória*, 4.ª ed., Coimbra, 2002 , pp. 393 e ss.)

[1105] Cf. Ac. Rel. Év. de 8/11/1994, CJ XIX, T. V, p. 300; Ac. Rel. Lx. de 11/1/1995, CJ XX, T. I, p. 169; Ac. Rel. Lx. de 27/9/1995, CJ XX, T. IV, p. 154; Ac. Rel. Lx. de 15/1/1997, CJ XXII, T. I, p. 176; Ac. Rel. Lx. de 29/9/1999, CJ XXIV, T. IV, p. 166.
Cabe salientar que, por vezes, se confunde a violação do dever de ocupação efetiva com a atribuição ao trabalhador de más condições de trabalho, em desconformidade com o disposto no art. 127.º, n.º 1, alínea *c)*, do CT2009. Por exemplo, no Ac. Rel. Lx. de 27/9/1995, CJ XX,

Nos termos da noção desta figura e atento o disposto no n.º 2 do art. 829.º-A do CC, conclui-se que a sanção pecuniária compulsória, apesar de revestir, como o próprio nome indica, natureza pecuniária, não se confunde com a indemnização por incumprimento, que também pode ser em dinheiro. Deste modo, nada impede que se cumulem os pedidos de indemnização dos danos causados pelo incumprimento e de sanção pecuniária compulsória. Como esta última não tem cariz ressarcitório, mas antes preventivo, não pode, por seu intermédio, indemnizar-se o credor; dito de outro modo, a sanção pecuniária compulsória não tem em vista ressarcir danos[1106], pelo que não constitui o modo de proceder à reparação de situações pretéritas. No caso concreto, a sanção pecuniária compulsória justifica-se só para pressionar o empregador a cumprir a obrigação de dar trabalho. Por isso, à sanção pecuniária compulsória acresce o direito de o trabalhador lesado ser indemnizado nos termos gerais.

Bibliografia:

Nunes de Carvalho, «Sobre o Dever de Ocupação Efectiva», *RDES*, 1991, n.os 3 e 4, pp. 261 a 327, e «A "ocupação efectiva de trabalhadores" no Código do Trabalho», *Pront.* 83 (2009), pp. 121 e ss.; Menezes Cordeiro, *Direito do Trabalho*, II, cit., pp. 482 a 491; Monteiro Fernandes, *Direito do Trabalho*, cit., pp. 347 e ss.; Júlio Gomes, *Direito do Trabalho*, I, cit., pp. 551 e ss.; Romano Martinez/ /Madeira de Brito/Guilherme Dray, anotação aos arts. 126.º e ss. *in* Romano Martinez/Luís Miguel Monteiro/Joana Vasconcelos/Madeira de Brito/ /Guilherme Dray/Gonçalves da Silva, *Código do Trabalho Anotado*, cit., pp. 352 e ss.; Furtado Martins, «A Relevância dos Elementos Pessoais na Situação Jurídica do Trabalho Subordinado. Considerações em Torno de uma Manifestação Típica: O Dever de Ocupação Efectiva», *Rev. MP*, 1991, n.º 47, pp. 35 a 53 e *Despedimento Ilícito, Reintegração na Empresa e Dever de Ocupação Efectiva*, Lisboa, 1992, pp. 173 a 192; Rosário Palma Ramalho, *Tratado de Direito do Trabalho*, II, cit., pp. 270 e ss.; Pereira Seixas, «Ocupação Efectiva e Trabalhador Desportivo», *RDES* 2004, n.os 1/3, pp. 157 e ss.; Bernardo Xavier/Furtado Martins/ /Nunes de Carvalho/Joana Vasconcelos/Tatiana Guerra de Almeida, *Manual*, cit., pp. 492 e ss.

T. IV, p. 154, alude-se à violação do dever de ocupação efetiva relacionando com o facto de o trabalhador ter sido transferido para uma sala nas traseiras do escritório, trabalhar numa mesa virada para a parede, sem janela de iluminação direta, num local insalubre.

[1106] Cf. Calvão da Silva, *Cumprimento e Sanção Pecuniária Compulsória*, cit., p. 410.

9. Titularidade sobre o resultado da atividade

a) Questão prévia

A atividade desempenhada pelo trabalhador não é exercida por conta própria; por isso, por vezes, alude-se à alienabilidade como característica do direito do trabalho[1107]. De facto, no art. 11.º do CT fala-se em «prestar a sua atividade a outra ou outras pessoas». A referência a «outra pessoa» significa que a atividade é desenvolvida por conta de outrem, em sentido idêntico ao que consta do art. 1157.º do CC, a propósito da atividade desenvolvida pelo mandatário, que se destina a beneficiar o mandante.

A alienabilidade pressupõe que o trabalhador exerce uma atividade para outrem, alienando a sua força de trabalho; o trabalhador põe à disposição de outra pessoa a sua atividade, sem assumir os riscos[1108]. Assim, os resultados dessa atividade entram, desde logo, na esfera jurídica do empregador. Por exemplo, se um trabalhador de uma marcenaria está adstrito a fazer cadeiras, como ele alienou a sua atividade, quer dizer que as cadeiras que tiver realizado são, em qualquer fase da sua execução, propriedade do dono da marcenaria (empregador). No fundo, a ideia de alienar o trabalho corresponde ao que, no direito romano, se entendia por locação de atividade; alguém punha à disposição de outrem a sua força de trabalho, mediante uma remuneração.

Mas esta perspetiva da alienidade da prestação de trabalho, válida no que respeita à generalidade das atividades desenvolvidas por trabalhadores, carece de uma adaptação no caso de se estar perante o cumprimento de um contrato de trabalho que pressupõe o desempenho de uma atividade criativa[1109].

Apesar da importância que as atividades criativas desenvolvidas por um trabalhador no decurso da relação laboral, em particular quando se trata de invenções científicas e tecnológicas, têm para as empresas, não é habitual encontrar-se referências a esta questão no direito do trabalho, principal-

---

[1107] Cf. Motta Veiga, *Lições*, cit., p. 22. O recurso à ideia de alienabilidade é frequente entre os autores espanhóis, com vista a explicar a necessidade de a atividade ser realizada para outrem, cf. Montoya Melgar, *Derecho del Trabajo*, cit., pp. 39 s.; Alonso Olea/Casas Baamonde, *Derecho del Trabajo*, cit., pp. 77 s.

[1108] Cf. Alonso Olea/Casas Baamonde, *Derecho del Trabajo*, cit., p. 78; Montoya Melgar, *Derecho del Trabajo*, cit., pp. 39 s.

[1109] Sobre a questão, veja-se Romano Martinez, «Tutela da Actividade Criativa do Trabalhador», *RDES*, 2000, n.os 3/4, pp. 225 ss.

mente na literatura nacional[1110]. Pretendeu-se, por isso, mais do que estudar exaustivamente o tema, mencionar alguns tópicos de reflexão.

Neste número, depois de uma indicação de aspetos gerais relacionados com a prestação da atividade laboral, faz-se alusão ao direito de autor, à autoria de programas de computador e ao direito à patente.

b) Direito de autor

b.1) Obra feita por conta de outrem

I. Nos termos do art. 14.º do Código do Direito de Autor e dos Direitos Conexos (que passará a ser indicado pelas iniciais CDA), a titularidade do direito de autor de obra realizada em cumprimento de contrato de trabalho, se o acordo das partes assim o dispuser, poderá ser originariamente do empregador[1111]. No n.º 2 do mesmo preceito, na falta de convenção, presume-se que a titularidade do direito de autor pertence ao trabalhador (criador intelectual). De modo diverso, presume-se que a titularidade do direito pertence ao empregador sempre que o nome do trabalhador (criador) não for mencionado na obra ou não figurar no local destinado para o efeito (art. 14.º, n.º 3, do CDA)[1112].

[1110] Os manuais de direito do trabalho, em Portugal, não aludem a este tema, e, além de referências genéricas a propósito do Direito de Autor, não se conhecem estudos específicos sobre esta questão no plano laboral. Numa escassa indicação de estudos elaborados no estrangeiro cabe fazer alusão, primeiro, a manuais de direito do trabalho e, depois, a estudos monográficos, deixando a referência a estes para as notas subsequentes. Quanto a manuais estrangeiros, encontram-se algumas referências ao problema em JAVILLIER, *Droit du Travail*, cit., pp. 435 s.; MONTOYA MELGAR, *Derecho del Trabajo*, cit., pp. 363 ss.; NICOLINI, *Manuale di Diritto del Lavoro*, cit., pp. 521 ss.; ALONSO OLEA/CASAS BAAMONDE, *Derecho del Trabajo*, cit., pp. 452 ss.; PALOMEQUE LÓPEZ/ALVAREZ DE LA ROSA, *Derecho del Trabajo*, cit., pp. 639 s.; SÖLLNER, *Grundriß des Arbeitsrechts*, cit., pp. 259 ss.; SPIELBÜCHER / GRILLBERGER, *Arbeitsrecht*, I, *Individualarbeitsrecht*, cit., pp. 162 e 163; ZÖLLNER / LORITZ, *Arbeitsrecht*, cit., pp. 181 a 185.

[1111] Nesta alínea faz-se tão-só referência à titularidade do direito de autor, mas nesta sede surgem outras questões de direito do trabalho, como o trabalho de menores nos espetáculos (sobre a questão, *vd.* LA ROSA, *Il Rapporto di Lavoro nello Spettacolo*, 5.ª ed., Milão, 1998, pp. 66 ss.) ou problemas de organização do tempo de trabalho. Porém, estas questões relacionam-se com particularidades no modo de execução da tarefa e não especialmente com a natureza criativa da atividade a desenvolver pelo trabalhador. Do mesmo modo, as relações entre as partes, nomeadamente as regras de boa fé que se impõem entre inventor e beneficiário da invenção, estão sujeitas ao regime comum, cf. ESCUDERO/FRIGOLA/CORBELLA, *El Principio de Buena Fe en el Contrato de Trabajo*, cit., pp. 101 ss.

[1112] Como refere OLIVEIRA ASCENSÃO, *Direito Civil. Direito de Autor e Direitos Conexos*, Coimbra, 1992, p. 143, «Esta última presunção, porque mais concreta, prevalece sobre a anterior, que só se aplicará em última análise».

Contudo, se o trabalhador, em execução de um contrato de trabalho, realizar uma obra fotográfica presume-se que o direito exclusivo de a reproduzir, difundir e pôr à venda pertence ao empregador (art. 165.º, n.º 2, do CDA).

Diferentemente, o trabalhador que realize um trabalho jornalístico em cumprimento de um contrato de trabalho, desde que a autoria esteja identificada, adquire o direito de autor sobre o referido trabalho (art. 174.º, n.º 1, do CDA)[1113]. Com respeito a jornalistas, o regime comum citado tem de se conjugar com as especificidades constantes do Estatuto do Jornalista (Lei n.º 1/99, alterada e republicada pela Lei n.º 64/2007), mormente quanto ao direito de autor (art. 7.º-A) e ao regime de jornalistas assalariados (art. 7.º-B), além de regras quanto ao modo de prestar a atividade e de cessação do vínculo (arts. 11.º e 12.º).

II. Quanto aos direitos conexos, em particular de artistas intérpretes ou executantes que, de qualquer maneira, executem obras literárias ou artísticas (art. 176.º do CDA), as questões laborais relacionadas com a tutela da criatividade colocam-se, normalmente, noutro âmbito. Importa determinar em que medida o empregador pode fixar o conteúdo dessa prestação, difundir ao público e reproduzir a prestação realizada pelo trabalhador; como resulta do disposto no art. 178.º do CDA, o empregador será titular desses direitos se isso resultar do acordo estabelecido com o trabalhador[1114].

III. Presumivelmente, na sequência do disposto no Código do Direito de Autor e dos Direitos Conexos, o art. 29.º do Código da Publicidade (Decreto-Lei n.º 330/90, de 23 de outubro[1115]), depois de determinar que à

Cabe esclarecer que, não obstante se fazer referência somente à hipótese de a obra ser realizada por trabalhador – que é o objeto do presente estudo –, como já se afirmou, a solução não é substancialmente diversa se a obra for realizada por um prestador de serviços, como resulta do disposto no n.º 1 do art. 14.º do CDA, onde se equiparam as duas situações.

[1113] Quanto a estas questões, veja-se igualmente ANTEQUERA PARILII, «Las Obras Creadas por Encargo y Bajo Relación de Trabajo», *Num Novo Mundo do Direito de Autor?*, T. I, Lisboa, 1994, pp. 107 ss. e BERCOVITZ RODRÍGUEZ-CANO, «La Explotación y la Protección de las Ideas a traves de los Contratos», *in Association Littéraire et Artistique Internationale. La Protection des Idées. Journées d'*Étude, 1992, pp. 226 ss.

[1114] Sobre esta questão, veja-se LA ROSA, *Il Rapporto di Lavoro nello Spettacolo*, cit., em especial, pp. 105 ss.

[1115] Com várias alterações depois da republicação pelo Decreto-Lei n.º 275/98, de 9 de setembro.

criação publicitária se aplicam as disposições sobre direitos de autor (n.º 1), estabelece que os direitos de carácter patrimonial, salvo convenção em contrário, são cedidos em exclusivo ao seu criador intelectual (n.º 2). A norma, com esta redação, é incompreensível[1116], devendo entender-se a expressão «criador intelectual» como um lapso, pois só tem sentido se, em vez dela, se ler «comitente». Assim sendo, a empresa publicitária, na qualidade de empregador, salvo convenção em contrário, faz seu o direito de carácter patrimonial sobre a obra publicitária realizada por um seu trabalhador; isto é, a entidade patronal que encarrega um trabalhador de efetuar uma obra de publicidade pode, depois, utilizá-la para os fins para que foi criada, sem necessidade de consentimento do seu criador intelectual (art. 29.º, n.º 3, do Código da Publicidade).

IV. Em qualquer dos casos, mesmo que a titularidade originária do direito de autor pertença ao empregador (que não é o criador intelectual), a este não é atribuído o direito pessoal de autor[1117]. Por isso, a entidade patronal, ainda que titular do direito de autor sobre a obra realizada pelo trabalhador, não pode introduzir modificações, pois esta faculdade cabe ao seu criador; contudo, por convenção ajustada com o criador – no caso, o trabalhador –, pode admitir-se que outrem introduza alterações na obra (art. 15.º, n.º 2, do CDA).

V. O n.º 4 do art. 14.º do CDA determina que o trabalhador, para além do salário devido nos termos do contrato de trabalho, tem direito a uma remuneração especial quando a criação intelectual exceder claramente o desempenho, ainda que zeloso, da tarefa confiada (alínea *a)*) ou no caso de se fazerem utilizações ou retirarem vantagens não incluídas nem previstas na fixação da remuneração ajustada (alínea *b)*).

VI. O trabalhador, criador intelectual, a quem pertença o direito de autor não pode fazer utilizações que ponham em causa o fim previsto pelo empregador (art. 15.º, n.º 3, do CDA); trata-se de uma delimitação negativa dos poderes do criador intelectual[1118], consentânea com os deveres do trabalhador emergentes do contrato de trabalho (cf. art. 128.º, n.º 1, alíneas *b)*, *c)*, *f)*, *g)* e

[1116] Neste sentido, veja-se OLIVEIRA ASCENSÃO, *Direito de Autor*, cit., p. 533.
[1117] Cf. OLIVEIRA ASCENSÃO, *Direito de Autor*, cit., p. 195.
[1118] Cf. OLIVEIRA ASCENSÃO, *Direito de Autor*, cit., p. 146.

h), do CT). Nesta sequência, estabeleceu-se que o autor de obra jornalística não pode publicar em separado o trabalho antes de decorridos três meses sobre a data em que tiver sido posta a circular a publicação em que foi inserido (art. 174.º, n.º 2, do CDA e art. 7.º-B, n.os 4 e 5, do Estatuto do Jornalista).

b.2) Obra coletiva

I. A obra coletiva pode ter sido realizada no âmbito de uma relação laboral; os vários autores (trabalhadores), sob a iniciativa e organização de uma empresa (empregador)[1119], contribuíram para a realização de uma obra que vem a ser divulgada ou publicada em nome da entidade patronal (art. 16.º, n.º 1, alínea *b)*, do CDA).

Sendo a obra realizada com o contributo de vários trabalhadores (autores), que a executam por iniciativa e sob a organização do empregador, o direito de autor sobre a obra é atribuído a este último (art. 19.º, n.º 1, do CDA), desde que não se possa discriminar a contribuição pessoal de cada um dos colaboradores (n.º 2 do mesmo preceito). Por isso, depois de se presumir que os jornais e outras publicações são obras coletivas (art. 19.º, n.º 3, do CDA), não estando identificado o autor do trabalho, designadamente por assinatura, determina-se que o direito de autor é atribuído à empresa a que pertencer o jornal ou publicação (art. 174.º, n.os 1 e 4, do CDA).

Em tais casos, o empregador será o titular originário do direito de autor relativamente à obra realizada pelos seus trabalhadores, mas não lhe são atribuídos direitos pessoais de autor, que só tutelam o criador intelectual[1120].

II. Pode, assim, concluir-se que, tanto nas obras individuais como coletivas, a titularidade sobre a faceta patrimonial do direito de autor depende do acordo estabelecido entre o empregador e o trabalhador. Contudo, na falta de acordo, presume-se que a titularidade cabe à entidade patronal no caso de as circunstâncias em que a atividade é desempenhada permitirem concluir que o trabalhador transfere o seu direito patrimonial para a contraparte e sempre que não se puder individualizar o criador intelectual.

[1119] Como refere Oliveira Ascensão, *Direito de Autor*, cit., p. 126, «a obra colectiva é essencialmente a obra que resulta de uma empresa». Sobre esta matéria, veja-se igualmente Antonio Delgado, «La Obra Colectiva: Un Hallazgo o un Pretexto?», *Num Novo Mundo do Direito de Autor?*, T. I, Lisboa, 1994, pp. 121 ss. e La Rosa, *Il Rapporto di Lavoro nello Spettacolo*, cit., pp. 9 ss.

[1120] Cf. Oliveira Ascensão, *Direito de Autor*, cit., pp. 126 e 127.

c) *Autoria dos programas de computador*

Tal como dispõe o art. 3.º, n.º 1, do Regime de Proteção Jurídica dos Programas de Computador (Decreto-Lei n.º 252/94, de 20 de outubro[1121]), ao programa de computador aplicam-se as regras sobre autoria e titularidade vigentes para o direito de autor[1122].

Por isso, se o programa de computador for criado por um empregado no exercício das suas funções, os direitos que respeitam a tal programa pertencem ao empregador (art. 3.º, n.º 3, do mesmo diploma). Neste preceito ainda se acrescenta, em alternativa (ou), que a solução será a mesma caso o programa tenha sido realizado segundo instruções emanadas do beneficiário da atividade; todavia, tal só poderá ocorrer se essas instruções se integrarem no poder de direção do empregador e corresponderem à atividade para que o trabalhador foi contratado ou, quando muito, se puderem ser incluídas no *ius variandi* do empregador[1123].

Sendo o programa de computador realizado no âmbito de uma empresa presume-se obra coletiva (art. 3.º, n.º 2, do citado diploma). Relativamente a programas de computador, a presunção de se tratar de uma obra coletiva não depende de ter havido uma pluralidade de criadores. Deste modo, se um único trabalhador da empresa criar um programa de computador, há uma presunção legal quanto à qualificação da obra como coletiva. Presunção ilidível nos termos gerais (art. 350.º do CC).

O fundamento da atribuição da titularidade do direito (na sua faceta patrimonial) ao empregador é idêntico ao indicado a propósito do direito de autor (*vd. supra* alínea *b)*).

Contrariamente ao disposto no art. 15.º, n.º 2, do CDA, a empresa pode introduzir modificações no programa de computador sem o acordo expresso do seu criador (art. 3.º, n.º 5, do Regime de Proteção dos Programas de Computador), na medida em que as necessidades de adaptação de tais programas à multiplicidade de utilizações possíveis se sobrepuseram, por imperativo prático, ao direito do criador. A solução justifica-se porque a proteção devida a quem realiza um programa de computador não se pode equiparar àquela que se estabeleceu para os autores, não obstante a frequente remissão deste diploma para o Código do Direito de Autor.

[1121] Com as alterações introduzidas pelo Decreto-Lei n.º 334/97, de 27 de novembro.

[1122] Sobre estas questões, *vd.* LOPES ROCHA, «Contratos de Licença de Utilização e Contratos de Encomenda de "Software"», *Num Novo Mundo do Direito de Autor?*, T. II, Lisboa, 1994, pp. 695 ss.

[1123] Sobre estas noções, cf. *infra* § 27.1 e § 47.3.

Cabe, por último, referir que o legislador, no n.º 4 do mesmo preceito, prevê igualmente a possibilidade de ser atribuída uma remuneração especial ao criador intelectual (trabalhador), nos termos previstos no art. 14.º, n.º 4, do CDA.

d) Direito à patente

Como resulta do art. 59.º, n.º 1, do Novo Código da Propriedade Industrial (Decreto-Lei n.º 110/2018, de 10 de dezembro[1124]), o direito à patente de invenção feita durante a execução do contrato de trabalho em que a atividade inventiva esteja prevista e seja especialmente remunerada pertence à empresa[1125]. Do n.º 2 do mesmo preceito resulta que a atividade inventiva está sujeita a uma especial remuneração, que pode ter sido previamente fixada no contrato.

Tendo em conta o disposto no n.º 3 do art. 58.º do Novo Código da Propriedade Industrial, a empresa em cujo objeto se inclua a atividade inventiva, não só adquire a propriedade do invento descoberto pelo trabalhador, como tem o direito à correspondente patente e o direito de exploração exclusiva da invenção. Em contrapartida, o trabalhador inventor terá direito a uma remuneração equitativa, em que se deduz o que tiver recebido para realizar a invenção[1126].

Quanto à titularidade do direito, à imagem do se que concluiu a propósito do direito de autor, há que distinguir o direito pessoal do inventor da faculdade de exploração (a faceta económica do direito); só esta poderá caber ao empregador que não seja inventor[1127]. Por isso, ainda que a patente não seja

[1124] Que revogou o Decreto-Lei n.º 36/2003, de 5 de março.

[1125] Quanto à titularidade das invenções obtidas no seio universitário, que segundo a autora devem estar sujeitas a um regime próprio, *vd.* Blanco Jiménez, *Protección Jurídica de las Invenciones Universitarias Laborales*, Pamplona, 1999, pp. 191 ss. Note-se que a autora tem uma conceção subjetiva, limitando as hipóteses de titularidade da empresa (ob. cit., pp. 111 ss.), afirmando que a atividade inventiva só pode ser atribuída ao homem e não a pessoas coletivas (ob. cit., p. 112).

[1126] Sobre os litígios que surgem nesta área, numa perspetiva anglo-saxónica, com ampla indicação jurisprudencial, *vd.* Gómez Abelleira, *Litigios entre Empresario Y Trabajador sobre Patentes, Secretos Industriales y Derechos de Autor en los Estados Unidos*, Corunha, 1999. Quanto ao regime jurídico das invenções relacionadas com a propriedade industrial, veja-se Blanco Jiménez, *Protección Jurídica de las Invenciones Universitarias Laborales*, cit., pp. 63 ss.

[1127] Sobre esta questão, veja-se a distinção estabelecida por Lois Bastida, *La Protección del Inventor Asalariado*, Madrid, 2000, pp. 40 ss., onde, a propósito do direito moral do inventor, contrapõe o inventor ao titular da patente e distingue os direitos do inventor dos direitos de

pedida em nome do inventor, tem este direito a ser mencionado como tal no título da patente (art. 60.º, n.º 1, do Novo Código da Propriedade Industrial). O fundamento da atribuição da titularidade do direito ao empregador tem, tal como se indicou a propósito do direito de autor, uma base contratual: é pressuposto que do objeto do contrato de trabalho resulte a realização dessa atividade inventiva que se destina à entidade patronal, estando prevista uma especial remuneração a pagar ao trabalhador por essa atividade.

BIBLIOGRAFIA:

JOSÉ JOÃO ABRANTES, «Contratos da propriedade intelectual e contrato de trabalho», *Estudos de Direito do Trabalho*, Lisboa, 2018, pp. 197 ss.; JÚLIO GOMES, *Direito do Trabalho*, I, cit., pp. 568 e ss.; SÉRGIO COIMBRA HENRIQUES, *QL* 48 (2016), pp. 109 ss.; ROMANO MARTINEZ, «A tutela da criação e inovação do trabalhador», *RDES*, 2000, n.os 3/4, pp. 225 a 243; ALBERTO DE SÁ E MELLO, «Trabalho criativo subordinado. A criação de obras intelectuais em execução do contrato de trabalho», *Estudos dedicados ao Professor Doutor Bernardo da Gama Lobo Xavier*, I, Lisboa, 2015, pp. 79 ss.; MILENA SILVA ROUXINOL, *A vinculação autoral do trabalhador jornalista*, Coimbra, 2014.

10. Local de trabalho; determinação

O local onde a prestação de trabalho deve ser executada depende de estipulação expressa ou tácita das partes e, na falta desta, da interpretação do negócio jurídico, atendendo, em particular, às circunstâncias em que o trabalho se desenvolve. Como dispõe o art. 193.º, n.º 1, do CT, «O trabalhador deve, em princípio, exercer a atividade no local contratualmente definido»; remete-se, pois, para o acordo das partes. No n.º 2 do art. 193.º do CT acrescenta-se que, além do local contratualmente definido, «O trabalhador encontra-se adstrito às deslocações inerentes às suas funções ou indispensáveis à sua formação profissional».

Na falta de acordo, no domínio laboral não foi estabelecido um regime supletivo para fixar o local de trabalho e os arts. 772.º e ss. do CC não encontram aplicação neste campo[1128]. Nos termos do art. 772.º do CC, na falta de

carácter patrimonial derivados da invenção. Consulte-se ainda MARIA NOVELLA BETTINI, *Attività Inventiva e Rapporto di Lavoro*, Milão, 1993.

[1128] Diferentemente, do preceito do Código Civil Italiano (art. 1182) deduz-se qual o lugar do cumprimento da prestação pela remissão feita para os usos e a natureza da prestação (cf. PAPALEONI *in* MAZZONI, *Diritto del Lavoro*, cit., p. 631).

disposição contratual, a prestação seria cumprida no domicílio do devedor, ou seja, do trabalhador; solução que, por via de regra, não teria sentido no domínio do contrato de trabalho. A regra supletiva constante do art. 772.º do CC foi estabelecida, essencialmente, tendo em vista as prestações de coisa e não as prestações de facto e nem sempre se ajusta para o cumprimento destas últimas. Porém, se se recorresse à noção de domicílio profissional do trabalhador (art. 83.º do CC), concluir-se-ia que o local de trabalho seria determinado atendendo ao lugar onde a atividade é desenvolvida; mas esta tese assenta num círculo vicioso, não dando solução ao problema.

Quanto ao lugar de cumprimento da prestação de trabalho, se não houver estipulação expressa ou tácita, há a ter em conta a natureza das coisas[1129]; atendendo ao tipo de funções a desempenhar, o local de trabalho é determinado implicitamente, nos termos da interpretação negocial. Com base no contrato e no tipo de prestação a desenvolver pelo trabalhador importa averiguar, num parâmetro de boa fé, qual o local de trabalho.

Em princípio, a natureza das coisas aponta para o local de trabalho ser na empresa, junto do empregador, mas há atividades ambulatórias, como a do mecânico contratado para reparar máquinas em casa dos clientes do empregador ou a do motorista incumbido de conduzir camiões TIR, em que o local de trabalho pode ser uma zona geográfica, nomeadamente um distrito ou o país[1130]. Determinado o local de trabalho deve o mesmo manter-se durante a execução do vínculo laboral, mas pode haver vicissitudes que impliquem a sua alteração, a que se alude *infra* no § 47.6.

BIBLIOGRAFIA:

LEAL AMADO, «Inamovibilidade: uma garantia supletiva?», *QL* (1994), n.º 3, pp. 175 a 177, «Modificação substancial das condições de trabalho: o caso da mobilidade geográfica», *QL* 32 (2008), pp. 169 e ss. e *Contrato de Trabalho*, cit., pp.

[1129] Cf. BERNARDO XAVIER/FURTADO MARTINS/NUNES DE CARVALHO/JOANA VASCONCELOS/ /TATIANA GUERRA DE ALMEIDA, *Manual*, p. 518.

[1130] É o que ocorre no caso de trabalhadores da construção civil, contratados para trabalhar em qualquer obra que a empresa venha a realizar no país, cf. Ac. Rel. Lx. de 17/4/1991, CJ XVI, T. II, p. 230; Ac. Rel. Cb. de 6/6/1991, CJ XVI, T. III, p. 120; Ac. Rel. Lx. 8/4/1992, CJ XVII, T. II, p. 206. Se a atividade é para ser prestada numa zona geográfica, cabe determinar o âmbito espacial em que ela normalmente é prestada (cf. MONTEIRO FERNANDES, *Direito do Trabalho*, cit., p. 503). Veja-se também ALEMÁN PÁEZ, *La Movilidad Geográfica. Problemática Social y Régimen Jurídico*, Madrid, 2001.
Aludindo a várias situações de atividade plurilocalizada decididas pelos tribunais austríacos, cf. SPIELBÜCHER/GRILLBERGER, *Arbeitsrecht*, cit., pp. 167 s.

203 ss.; MENDES BAPTISTA, «Transferência do Trabalhador para outro Local de Trabalho, Aviso Prévio e Esclarecimento sobre as Condições da Mudança», *QL*, n.º 14 (1999), pp. 196 a 212; MADEIRA DE BRITO, *Do Local de Trabalho*, Lisboa, 1996 e «Local de Trabalho», *Estudos do Instituto de Direito do Trabalho*, Vol. I, Coimbra, 2001, pp. 355 a 385 e anotação ao art. 193.º *in* ROMANO MARTINEZ/LUÍS MIGUEL MONTEIRO/JOANA VASCONCELOS/MADEIRA DE BRITO/GUILHERME DRAY/GONÇALVES DA SILVA, *Código do Trabalho Anotado*, cit., pp. 500 e ss.; DIAS COIMBRA, «A Mobilidade do Trabalhador no Âmbito da Cedência Imprópria: O Problema da Inexistência de Relação Contratual Laboral entre o Trabalhador e o Utilizador», *ROA* 53 (1993) III, pp. 815 a 839; MENEZES CORDEIRO, *Direito do Trabalho*, II, cit., pp. 492 a 498; LIBERAL FERNANDES, «Mudança de Local de Trabalho e Alteração do Horário de Trabalho», *QL* (1994), n.º 3, pp. 173 e 174; MONTEIRO FERNANDES, *Direito do Trabalho*, cit., pp. 501 e ss.; JÚLIO GOMES, *Direito do Trabalho*, I, cit., pp. 636 e ss.; JÚLIO GOMES/AGOSTINHO GUEDES, «Algumas Considerações sobre a Transferência do Trabalhador, nomeadamente no que concerne à Repartição do Ónus da Prova», *RDES* XXXIII (1991), n.os 1/2, pp. 77 a 127; ANDRADE MESQUITA, *Direito do Trabalho*, cit., pp. 569 e ss.; ROSÁRIO PALMA RAMALHO, *Tratado de Direito do Trabalho*, II, cit., pp. 339 e ss.; JOANA NUNES VICENTE, «Cláusulas de definição do local de trabalho», *QL* 42 (vinte anos de Questões Laborais), 2013, pp. 217 ss.; BERNARDO XAVIER/FURTADO MARTINS/NUNES DE CARVALHO/JOANA VASCONCELOS/TATIANA GUERRA DE ALMEIDA, *Manual*, cit., pp. 517 e ss.

11. Tempo de trabalho

a) Aspetos gerais

I. O «tempo de trabalho» corresponde ao período em que o trabalhador desempenha a sua atividade ou está adstrito a realizá-la, assim como certas interrupções de trabalho (art. 197.º, n.º 1, do CT). A determinação do tempo de trabalho tem de se relacionar com as noções de período normal de trabalho, período de funcionamento da empresa, horário de trabalho, adaptabilidade do período normal de trabalho e consequentemente do horário de trabalho e trabalho suplementar; por outro lado, o tempo de trabalho relaciona-se igualmente com o tempo de repouso.

A duração do trabalho tem sido um dos temas mais debatidos no moderno direito laboral. De facto, após a extinção das corporações, com a industrialização, proliferaram as situações clamorosas, em que a duração do dia de trabalho era frequentemente superior a doze horas e uma das principais reivindicações dos trabalhadores tem sido a redução do número de horas de trabalho diário e semanal[1131].

A evolução legislativa tem acompanhado essas reivindicações, satisfazendo-as parcialmente[1132].

II. Relativamente à duração e organização do tempo de trabalho importa ter em conta o disposto nos arts. 197.º e ss. do CT e no art. 16.º da Lei 105/2009, de 14 de setembro.

A duração do tempo de trabalho deve ser encarada sob diferentes prismas. Além da noção de tempo de trabalho (art. 197.º do CT), há que atender ao período normal de trabalho, ao período de funcionamento e ao horário de trabalho, que serão analisadas nas alíneas seguintes. Estas diferentes perspetivas interligam-se na determinação do tempo de trabalho.

b) *Período normal de trabalho*

b.1) *Noção*

I. O «período normal de trabalho» corresponde ao número de horas que o trabalhador deve prestar por dia e por semana (art. 198.º do CT). Para determinar o período normal de trabalho por semana tem de se ter em conta as pausas legais e contratuais, o dia de descanso semanal obrigatório e o eventual dia (ou meio-dia) de descanso semanal complementar. O período normal de trabalho, relacionando-se com a noção de tempo de trabalho, equivale a um número de horas de trabalho efetivo, ou, pelo menos, em que há disponibilidade do trabalhador para a realização da atividade, incluindo certas interrupções.

1131 Para uma nota histórico-comparatística acerca do tempo de trabalho, *vd.* MENEZES CORDEIRO, *Direito do Trabalho*, II, cit., pp. 501 ss. e *Isenção de Horário. Subsídios para a Dogmática Actual do Direito da Duração de Trabalho*, Coimbra, 2000, pp. 13 ss. Como refere MONTEIRO FERNANDES, *Direito do Trabalho*, cit., p. 395, a determinação quantitativa da dimensão temporal do trabalho confere liberdade ao trabalhador, afastando-o de uma situação de escravatura ou servidão. Numa perspetiva do tempo de trabalho como um dos aspetos da proteção laboral, cf. SÖLLNER, *Arbeitsrechts*, cit., pp. 224 ss.; ZÖLLNER/LORITZ, *Arbeitsrecht*, cit., pp. 351 ss.

1132 MOTTA VEIGA, *Lições*, cit., p. 389, indica quatro motivos que levaram à redução do período de trabalho: a humanização das condições laborais; o valor sociológico consagrado à vida familiar, cultural, política, etc. do trabalhador; uma razão económica tendo em conta que o excessivo cansaço reflete-se na quebra progressiva de rendimento do trabalhador; a política de combate ao desemprego conduz à redução do período de trabalho de cada trabalhador para aumentar o número de ofertas de emprego.

Bastará, pois, a disponibilidade do trabalhador para a execução da tarefa, ainda que, por motivo decorrente do risco empresarial, não haja trabalho para desempenhar em dado momento[1133].

II. O período normal de trabalho, a que a Constituição chama «jornada de trabalho» (art. 59.º, n.º 1, alínea *d)*), está hoje fixado, como máximo, para a generalidade dos trabalhadores, em oito horas por dia[1134] e quarenta horas por semana (art. 203.º, n.º 1, do CT)[1135]/[1136]. Para além de regimes especiais,

[1133] Daí que, em certos períodos de inexistência de trabalho, mas em que o trabalhador aguarda uma chamada para realizar certa tarefa, estando, portanto, disponível para trabalhar, dependendo das circunstâncias em que essa disponibilidade subsiste, possam ser considerados tempos de trabalho; como decorre da jurisprudência, por via de regra, será necessário que a disponibilidade seja no próprio local de trabalho e não estando o trabalhador em casa. Veja-se Ac. Rel Pt. de 22/10/2012 (António José Ramos), em que estava em causa a disponibilidade na pausa para almoço. Sobre a qualificação do tempo de trabalho em diferentes atividades, atendendo à disponibilidade do trabalhador, veja-se da 2.ª instância: Ac. Rel Cb de 8/11/2007 (Fernandes da Silva); Ac. Rel Pt de 21/10/2013 (Maria José Costa Pinto); Ac. Rel Lx de 17/12/2014 (Isabel Tapadinhas); Ac. Rel Év de 7/7/2016 (João Nunes); Ac. Rel Év de 7/9/2016 (Chambel Mourisco); e do STJ: Ac. STJ de 8/3/2004 (Fernandes Cadilha); Ac. STJ de 19/11/2008 (Sousa Grandão).

[1134] O princípio das oito horas de trabalho diário constitui uma reivindicação laboral que data, pelo menos, do início século passado, concretizado no adágio inglês: «eight hours to work, eight hours to play, eight hours to sleep».

[1135] No preceito citado determina-se que o período normal de trabalho semanal é de quarenta e quatro horas, contudo, nos termos do disposto na Lei n.º 21/96, de 23 de julho, o referido período foi reduzido para quarenta horas. Na Administração Pública, o período de trabalho, que era de trinta e cinco horas (Decreto-Lei n.º 159/96, de 4 de setembro, substituído pelo Decreto-Lei n.º 259/98, de 18 de agosto), passou a ter a duração de quarenta horas nos termos do disposto na Lei n.º 68/2013, de 29 de agosto, cuja constitucionalidade foi apreciada pelo Ac. TC n.º 794/2013, de 21 de novembro. Todavia, a Lei n.º 18/2016, de 20 de junho, repôs o período normal de trabalho semanal de trinta e cinco horas para os trabalhadores em funções públicas. Quanto à evolução no sentido da redução do período de trabalho de 48 horas para 44 horas e, finalmente, para 40 horas, *vd.* Monteiro Fernandes, *Direito do Trabalho*, cit., pp. 395 ss. e Fátima Ribeiro, «O Tempo de Trabalho e a Lei n.º 21/96», *Juris et de Jure*, Porto, 1998, pp. 989 ss. Nos últimos anos generalizou-se a regra das 40 horas de trabalho por semana, mas, por exemplo, em França estabeleceu-se a semana das 39 horas, que a partir do ano 2000 foi reduzida para 35 horas.

[1136] Quanto à determinação do que seja o período normal de trabalho, nomeadamente se se atende ao trabalho efetivo ou à disponibilidade do trabalhador, cf. *infra* i.2) e *vd.* Amadeu Dias, *Redução do Tempo de Trabalho. Adaptabilidade do Horário e Polivalência Funcional (Lei n.º 21/96, de 23 de Julho). Comentário e Notas Críticas*, Coimbra, 1997, pp. 21 ss. e Fátima Ribeiro, «O Tempo de Trabalho ...», cit., pp. 996 ss. Com base no regime do Código do Trabalho, consulte-se Liberal Fenandes, *O Tempo de Trabalho. Comentário aos artigos 197.º a 236.º do*

por acordo entre as partes ou instrumento de regulamentação coletiva, o período normal de trabalho pode ter sido estabelecido com valores inferiores aos indicados.

O período normal de trabalho, depois de fixado por acordo das partes, não pode ser unilateralmente alterado por vontade do empregador ou do trabalhador[1137]. Todavia, apesar de acordado, sem diminuir a retribuição, parece que nada obsta à alteração unilateral do período de trabalho determinada pelo empregador, se esta implicar uma redução pouco significativa, e corresponder a uma necessidade da empresa[1138].

Código do Trabalho (revisto pela lei n.º 23/2012, de 25 de Junho), Coimbra, 2012, pp. 17 ss. Veja-se COUTURIER, *Droit du Travail*, cit., pp. 430 s.; GÁRATE CASTRO, «Algunos Rasgos Típicos de la Ordenación del Tiempo de Trabajo en España», *Boletim da Faculdade de Direito*, Coimbra, 1999, pp. 199; MONTOYA MELGAR, *Derecho del Trabajo*, cit., p. 344 s.

A este propósito, ALONSO OLEA/CASAS BAAMONDE, *Derecho del Trabajo*, cit., pp. 413 s., aludem a «tempos de presença», que não são de ocupação efetiva, como nos serviços de salvamento e de auxílio, em que há uma presença física sem trabalho contínuo.

Não conta para o período normal de trabalho, o tempo que o trabalhador (guarda de passagem de nível), sem estar ao serviço, tem de atuar se tal lhe for assinalado; os tempos inativos são livres e de ócio não se considerando como período de trabalho (Ac. STJ de 19/1/1994, CJ (STJ) 1994, T. I, p. 280). Veja-se também Ac. STJ de 16/11/1994, BMJ 441, p. 121; Ac. STJ de 8/2/1995, CJ (STJ) 1995, T. I, p. 267; Ac. STJ de 18/10/1995, BMJ 450, p. 273; Ac. Rel. Cb. de 18/11/1993, CJ 1993, T. V, p. 81. Porém, no Ac. STJ de 11/12/1991, *BMJ* 412, p. 319, considerou-se inconstitucional a regra que permitia que o guarda de passagem de nível, apesar de trabalhar intermitentemente, estivesse 24 horas por dia no local de trabalho. Veja-se ainda o Ac. STJ de 29/4/1998, *BMJ* 476, p. 231.

Também não é ponderado para o período normal de trabalho a pausa estipulada para descanso de trinta minutos, porque o trabalhador se podia ausentar da empresa, gozando esse período a seu bel-prazer (Ac. STJ de 18/3/1997, CJ (STJ) 1997, T. I, p. 298 e *BMJ* 465, p. 400). A solução foi diversa no Ac. Rel. Lx. de 8/7/1992, CJ XVII, T. IV, p. 212, porque do Acordo de Empresa constava que a pausa especial para os trabalhadores em laboração contínua se considerava integrada no período normal.

[1137] Como referem MÁRIO PINTO/FURTADO MARTINS/NUNES DE CARVALHO, *Comentário*, cit., anot. II.1 ao art. 45.º, p. 205, o período normal de trabalho insere-se no sinalagma contratual.

[1138] Parece que nada impedirá, por necessidade de reestruturação empresarial, que o empregador reduza o período normal de trabalho de 8 para 7 horas por dia; mas já não será admissível, afora mormente a hipótese de suspensão parcial (Decreto-Lei n.º 398/83, de 2 de novembro, art. 5.º), a redução do período normal de trabalho de 8 horas diárias para 2 horas por dia, solução que poderia colidir designadamente com o direito de ocupação efetiva.

Quanto à admissibilidade da redução unilateral do período normal de trabalho sem diminuição da retribuição, cf. MONTEIRO FERNANDES, *Direito do Trabalho*, cit., p. 401.

III. Descurando as hipóteses de adaptabilidade a que se aludirá na alínea seguinte, poderá haver um acréscimo do período normal de trabalho em duas situações.

Primeiro, na hipótese, que tem carácter excecional, da tolerância de quinze minutos prevista no n.º 3 do art. 203.º do CT. Pode ocorrer que, por vezes, o trabalhador tenha de prestar mais alguns minutos de trabalho por dia, que acrescem ao período normal; por exemplo, em certo dia trabalhou oito horas e quinze minutos e numa dada semana quarenta e uma horas. Este acréscimo de tempo de trabalho será retribuído nos termos comuns.

A segunda hipótese, que respeita só ao acréscimo diário, aplica-se aos trabalhadores que prestem a sua atividade nos dias de descanso semanal dos restantes trabalhadores da empresa, a que alude o n.º 2 do art. 203.º do CT. Assim, os trabalhadores que forem contratados para trabalhar ao sábado e domingo – dias de descanso dos demais – podem ter um período normal de trabalho diário de doze horas.

b.2) Adaptabilidade

I. Além das situações analisadas no ponto anterior, o período normal de trabalho pode ser adaptado, implicando aumentos e reduções do valor de referência. Estar-se-á, então, perante a designada adaptabilidade, prevista nos arts. 204.º e ss. do CT, que já se encontrava na versão de 2003 do Código do Trabalho. Considerando que o regime de adaptabilidade constante da versão anterior (arts. 164.º e ss. do CT2003) era insuficiente, sem o pôr em causa, na revisão de 2009 «criaram-se» três novas realidades: a adaptabilidade grupal (art. 206.º do CT); o banco de horas (art. 208.º do CT) e o horário concentrado (art. 209.º do CT). Alguns destes regimes sofreram alterações na revisão de 2012, com especial incidência para o banco de horas (arts. 208.º-A e 208.º-B do CT). Em qualquer destas hipóteses tem-se em vista que o período de trabalho diário seja aumentado até quatro horas diárias, compensando-se este acréscimo com redução de tempo de trabalho em outros dias ou com pagamento em dinheiro (sem consubstanciar trabalho suplementar).

II. A adaptabilidade pode ter por fonte um instrumento de regulamentação coletiva (art. 204.º do CT) ou um acordo entre empregador e trabalhadores (art. 205.º do CT), com regimes diversos. Em determinadas situações, a adaptabilidade pode decorrer de decisão do empregador sem o acordo de todos os trabalhadores (art. 206.º do CT).

Estando a adaptabilidade prevista em instrumento de regulamentação coletiva de trabalho, o período normal de trabalho diário poderá ser aumentado em quatro horas, podendo atingir doze horas diárias e o semanal até sessenta horas (art. 204.º, n.º 1, do CT), desde que, num período de referência, que não pode ultrapassar doze meses (art. 207.º, n.º 1, do CT), o período normal de trabalho, em média, não exceda as oito horas diárias e as quarenta horas semanais (ou o período normal de trabalho em causa se for inferior). Deste modo, por exemplo, num dado mês de acréscimo de trabalho, o trabalhador pode prestar trabalho num período de doze horas diárias e sessenta semanais – num total de 240 h – e, no mês seguinte, o período de trabalho seria reduzido para quatro horas diárias e vinte semanais – num total de 80 h – de maneira a que, no fim dos dois meses (período de referência), a média ficaria em oito horas por dia e quarenta por semana.

III. O regime especial de adaptabilidade previsto no art. 205.º do CT assenta num acordo entre empregador e trabalhadores. O acordo pode não ser com todos os trabalhadores da empresa, mas deverá ser estabelecido com um número significativo de trabalhadores para a adaptabilidade ter relevo na vida empresarial. Na adaptabilidade individual, constante do art. 205.º do CT, admite-se que o período normal de trabalho seja aumentado em duas horas, podendo atingir dez horas diárias e cinquenta horas por semana em períodos de maior atividade, devendo esse acréscimo ser compensado nos momentos de menor atividade, de molde a, em média, o período de trabalho de referência não exceder as oito horas diárias e as quarenta horas semanais[1139]. Neste caso, basta o acordo entre o empregador e o trabalhador – que pode constar de cláusula do contrato de trabalho ou ser ajustado posteriormente – acordo este em que a aceitação do trabalhador se pode presumir (art. 205.º, n.º 4, do CT). Neste caso, além de o acréscimo ser inferior ao que pode resultar de instrumento de regulamentação coletiva, o período de referência, em princípio, não pode exceder quatro meses (art. 207.º, n.º 1, parte

[1139] Cf., todavia, o regime transitório de adaptabilidade, estabelecido na Lei n.º 21/96, de 23 de julho, com vista à redução do período normal de trabalho para quarenta horas. Quanto à adaptação do horário, atendendo a esta flexibilização, *vd. infra* h.2) IV. A adaptabilidade horária estabelecida na referida lei (art. 3.º) permite que, sem convenção coletiva, se aumente o período de trabalho, temporariamente, para dez horas diárias e cinquenta horas semanais; sendo esta solução válida apenas para as empresas que reduziram o período de trabalho para quarenta horas depois de 1996, há uma flagrante injustiça para as empresas que procederam a essa redução anteriormente.

final, do CT) e a redução do período normal diário não poderá ser inferior a duas horas, apesar de ser lícito acordar a redução da semana de trabalho em dias ou meios-dias (art. 205.º, n.º 3, do CT).

IV. Na revisão de 2009 foi instituída a designada «adaptabilidade grupal[1140]», com uma dupla justificação. Por um lado, permite-se que a adaptabilidade prevista em convenção coletiva possa aplicar-se a trabalhadores não filiados no sindicato outorgante (art. 206.º, n.º 1, do CT); por outro, a adaptabilidade individual pode aplicar-se a trabalhadores que a tivessem rejeitado desde que a maioria a tenha aceite (art. 206.º, n.º 2, do CT). Sempre que a adaptabilidade só possa funcionar se aplicada à totalidade dos trabalhadores da empresa, unidade ou secção, os mecanismos anteriores poderiam inviabilizá-la, daí a inclusão da adaptabilidade grupal.

V. Também com a revisão de 2009 surgiram os regimes de banco de horas (art. 208.º do CT) e de horário concentrado (art. 209.º do CT).

O banco de horas, na revisão de 2009, tinha de ser instituído por instrumento de regulamentação coletiva, permitindo que o período normal de trabalho fosse aumentado até quatro horas por dia e sessenta horas semanais, podendo a compensação ser por redução de tempo de trabalho – como em caso de adaptabilidade – ou pagamento em dinheiro. Na revisão de 2012, instituiu-se o banco de horas individual (art. 208.º-A do CT) e o banco de horas grupal (art. 208.º-B do CT) e estabeleceu-se um regime especial de compensação do trabalho prestado em acréscimo na alínea *a)* do n.º 4 do art. 208.º do CT[1141]. No regime particularmente intrincado do banco de horas grupal foram pormenorizados procedimentos na revisão de 2019, tendo a norma ficado extensíssima, com 14 números. Com a revisão da Lei n.º 93/2019, além de se ter revogado o regime de banco de horas individual (art. 208.º-A do CT), sem afetar durante um ano os acordos em aplicação, prescreveu-se uma solução assaz complexa de referendo do banco de horas grupal, fazendo depender a sua implementação de uma maioria qualificada de 65% dos trabalhadores abrangidos.

De igual modo, por via do horário concentrado pode o período normal de trabalho ser aumentado até quatro horas diárias e tanto pode resultar

[1140] Não seria necessário recorrer a um termo novo – desconhecido em muitos dicionários – quando a ideia poderia ser melhor transmitida com recurso ao termo «coletivo», sendo, então, «adaptabilidade coletiva».

[1141] Sobre este novo regime, veja-se Nunes de Carvalho, «Tempo de trabalho», *RDES* 2012, n.º 1/2, pp. 21 e ss.

de acordo entre empregador e trabalhador como de instrumento de regulamentação coletiva. O horário concentrado, quando previsto em IRCT, pode estabelecer que o trabalhar presta o trabalho em três dias consecutivos seguido de dois dias de descanso.

c) *Período de funcionamento*

I. O «período de funcionamento» equivale ao intervalo de tempo durante o qual pode ser exercida a atividade no estabelecimento (art. 201.º, n.º 1, do CT e art. 16.º da Lei 105/2009), aferido em termos de dia; ou seja, em cada período diário de 24 horas, entre que horas o estabelecimento se encontra aberto para desempenhar a sua atividade. O período de funcionamento, nos estabelecimentos de venda ao público, denomina-se «período de abertura» (art. 201.º, n.º 2, do CT) e, nos estabelecimentos industriais, chama-se «período de laboração» (art. 201.º, n.º 3, do CT)[1142].

O período de funcionamento da empresa consta de legislação especial (art. 201.º, n.º 4, do CT), estando o período de laboração fixado entre as 7 e as 20 horas para a generalidade das empresas (art. 16.º da Lei 105/2009), podendo este período ser diverso com autorização ministerial tendo em conta motivos económicos ou tecnológicos (art. 16.º, n.ºs 2 e ss., da Lei 105/2009). Nos estabelecimentos de venda ao público, o período de abertura depende de diferentes previsões legais relacionadas com a atividade comercial em causa[1143].

II. Respeitando as regras legais e administrativas aplicáveis, o período de funcionamento da empresa é determinado pelo empregador. Assim sendo, por via legal e administrativa fixam-se os parâmetros dentro dos quais o empresário determina o período de funcionamento. Trata-se, pois, de matéria relacionada com regras de concorrência, defesa do consumidor, gestão empresarial e não especificamente de direito de trabalho[1144].

[1142] Cf. Amadeu Dias, «Abertura e Encerramento dos Estabelecimentos Comerciais», *QL* III (1996), n.º 7, pp. 45 ss.

[1143] Quanto ao período de funcionamento de estabelecimentos de venda ao público, veja-se, nomeadamente o Decreto-Lei n.º 48/96, de 15 de maio (alterado pelos Decretos-Leis n.º 126/96, de 10 de agosto, n.º 111/2010, de 15 de outubro, e n.º 48/2011, de 1 de abril e, mais recentemente, pelo Decreto-Lei n.º 10/2015, de 16 de janeiro).

[1144] Que o período de funcionamento não constitui um conceito jurídico-laboral é frequentemente referido, veja-se por exemplo Júlio Gomes, *Direito do Trabalho*, cit., p. 666, e Maria do Rosário Palma Ramalho, *Tratado de Direito do Trabalho*, II, cit., p. 386.

Mas, indiretamente, o período de funcionamento tem implicações no direito do trabalho, em especial no que respeita às situações de laboração contínua, em que o trabalho precisa de ser organizado por turnos (arts. 220.º e ss. do CT), às hipóteses de trabalho noturno (arts. 223.º e ss. do CT), à organização dos horários de trabalho no respeito pelo período de funcionamento (art. 212.º, n.º 1, *in fine*, do CT) e a outros casos não proibidos por lei, e portanto licitamente ajustados, como o trabalho desempenhado em todos os dias da semana.

Do disposto nos supra citados preceitos, em especial do n.º 1 do art. 201.º do CT, poder-seia entender que não pode ser exercida nenhuma atividade no estabelecimento fora do respetivo período de funcionamento. Mas não é isso que dimana do mencionado regime. Resulta deste regime que a atividade predominante do estabelecimento tem de ser desempenhada durante o período de funcionamento, mas nada obsta a que atividades acessórias, conexas com a atividade predominante, nomeadamente relacionadas com atos de preparação ou de terminação da atividade principal, sejam executa das fora do período de funcionamento (*v. g.*, fechar contas, fazer o balanço da atividade diária, organizar campanhas para o dia seguinte).

Assim se compreende, por exemplo, que tendo os bancos um período de abertura relativamente reduzido (entre as 8h30m e as 15h), a atividade bancária conexa com o atendimento ao público possa ser desempenhada depois do encerramento do estabelecimento ao público, permanecendo muitas vezes o trabalhador bancário a realizar a sua atividade depois do encerramento do estabelecimento em cumprimento do respetivo período normal de trabalho e do horário de trabalho[1145]. Por outro lado, atividades que não correspondem à atividade característica do estabelecimento podem ser desempenhadas depois do seu encerramento; é o caso das atividades de limpeza e de segurança. E igualmente atividades relacionadas com a atividade característica do estabelecimento, por terem de ser prestadas antes da abertura ou após o encerramento do estabelecimento, não se encontram condicionadas pelo período de abertura; é o caso da realização de inventários, da reorganização do trabalho ou da preparação de campanhas publicitárias.

Em suma, o período de funcionamento, seja período de abertura ou período de laboração, é uma referência para efeito da determinação do tempo

[1145] Como se prescreve na Cláusula 31.ª, n.º 3, do ACT do Sector Bancário (publicado no *Boletim do Trabalho e Emprego*, n.º 29, de 8 de agosto, «entre a hora de encerramento ao público e a do final do horário normal de trabalho devem mediar, pelo menos, 30 minutos», resultando claramente que os trabalhadores continuam, pelo menos durante 30 minutos, a desempenhar a sua atividade depois de o estabelecimento ter encerrado ao público.

de trabalho na empresa, não impondo que as atividades sejam exclusivamente desempenhadas nesse intervalo de tempo, nem condicionando o horário de trabalho.

III. As limitações legais relativas à abertura do estabelecimento só relevam quanto ao período de abertura desse estabelecimento, não condicionando o desempenho de atividades para além do período de funcionamento; de facto, como se referiu, em relação a certas tarefas, a atividade no estabelecimento não está condicionada pelo período de abertura ou de laboração, podendo ter um período de atividade mais alargado. Isto é, ainda que o estabelecimento esteja por exemplo encerrado ao público – fora do período de abertura, portanto – pode haver atividade laboral. Não obstante o disposto no n.º 1 do art. 201.º do CT, o funcionamento de um estabelecimento de venda ao público pode exceder o respetivo período de abertura, pois há várias tarefas que têm de ser desempenhadas antes da abertura e depois do encerramento ao público. De igual modo, apesar de no n.º 1 do art. 212.º do CT se prescrever que «Compete ao empregador determinar o horário de trabalho do trabalhador, dentro dos limites da lei, designadamente do regime do período de funcionamento aplicável», nada obsta a que, justificando-se, o horário de trabalho de alguns trabalhadores não coincida com o período de abertura.

A regra quanto ao período de abertura (art. 201.º do CT), não comportando um conceito de direito do trabalho, tem em vista basicamente a regulação de atividades comerciais. Por isso, impede que o estabelecimento se encontre aberto ao público em período diverso do estabelecido, mas não obsta a que haja atividade realizada nesse estabelecimento com a porta fechada ao público. Razão pela qual o período de abertura fixa o intervalo de tempo diário em que a atividade predominante do estabelecimento pode ser desempenhada, permitindo que, antes da abertura ou depois do encerramento ao público, se desenvolvam atividades conexas no estabelecimento, tanto atividades preparatórias ou complementares da venda ao público (*v.g.*, fechar contas, fazer balanço da atividade diária, organizar campanhas para o dia seguinte), como atividades comuns a qualquer estabelecimento, nomeadamente limpeza e segurança.

Pelas razões aduzidas no parágrafo precedente, justifica-se que em relação a certos trabalhadores – os que desempenham atividades preparatórias ou complementares da atividade predominante – o respetivo horário de trabalho não coincida exatamente com o período de abertura ou de laboração e, ainda assim, se conclua que não foi violado o disposto no n.º 1 do art. 212.º do

CT. Dito de outro modo, o respeito do período de funcionamento na organização dos horários de trabalho (art. 212.º, n.º 1, do CT) não é violado pelo facto de alguns trabalhadores terem um horário de trabalho não coincidente com o período de abertura ou de laboração, na medida em que desempenham tarefas que têm de ser desenvolvidas fora desses períodos.

d) Horário de trabalho

d.1) Noção

I. O «horário de trabalho» equivale à determinação das horas de início e de termo do período normal de trabalho diário, bem como dos intervalos de descanso (art. 200.º, n.º 1, do CT), mas relaciona-se também com o período normal de trabalho e com o período de funcionamento do estabelecimento.

O horário de trabalho corresponde à determinação da hora de início e de termo do trabalho em cada dia, tendo em conta os intervalos de descanso diários, como vem previsto no art. 200.º, n.º 1, do CT. E o horário de trabalho não pode implicar um número de horas de laboração superior ao que resulta do período normal de trabalho (art. 203.º, n.º 1, do CT) e, tendencialmente, deve estar compreendido no período de funcionamento da empresa (art. 212.º, n.º 1, do CT), enquadrando-se, assim, nestes dois parâmetros. De facto, tendo em conta a hora de início e de termo do trabalho não pode resultar um tempo de trabalho diário superior ao período normal de trabalho; por outro lado, por via de regra, não se pode iniciar o período de trabalho em altura do dia em que está vedado o exercício da atividade no estabelecimento.

Contudo, como se esclareceu na alínea precedente, certas atividades são desempenhadas quando o estabelecimento se encontra encerrado (p. ex., limpeza e segurança) e há também tarefas complementares da atividade predominante do estabelecimento que podem ser exercidas antes da abertura ou depois do encerramento (*v. g.*, preparar a loja ara a abertura ao público, fechar contas, fazer balanço da atividade diária, organizar campanhas para o dia seguinte), podendo nestes casos o horário de trabalho refletir esta realidade, ou seja, ajustar-se ao desempenho de atividades fora do período de funcionamento.

Na fixação do horário de trabalho, além da compatibilização com o período normal de trabalho e o período de funcionamento (com as especificidades enunciadas), terá de haver ajustamentos decorrentes de um eventual regime de adaptabilidade, a que se aludirá na alínea seguinte.

A determinação do horário de trabalho tanto respeita ao regime comum, como a situações especiais, em que se inclui o trabalho noturno, por turnos ou em que a atividade também deve ser prestada em domingos e feriados. Nestes casos, muitas vezes, inclusive por imperativo legal, é fixado um acréscimo retributivo (p. ex., art. 266.º do CT quanto ao trabalho noturno). No caso de haver trabalho noturno, trabalho por turnos, trabalho em dias normalmente de descanso obrigatório ou de não trabalho (domingo e dias feriados), a concretização do horário de trabalho terá de atender a estas especificidades. Nas empresas de laboração diária, que não encerram nenhum dia da semana, da organização do horário de trabalho pode resultar que o domingo é um dia de trabalho normal em certas semanas; o mesmo pode ocorrer quanto aos dias feriados. Porém, ainda que a empresa possa laborar em dia feriado e que o horário de trabalho seja organizado de molde a distribuir trabalho nesse dia, o trabalhador «tem direito a descanso compensatório com duração de metade do número de horas prestadas ou a acréscimo de 50% da retribuição correspondente, cabendo a escolha ao empregador» (art. 269.º, n.º 2, do CT); solução que decorre da revisão de 2012, pois era o dobro que se prescrevia anteriormente.

Por último, para a fixação do horário é ainda necessário atender aos intervalos de descanso de cada jornada de trabalho (p. ex., pausa para almoço), a que alude o art. 213.º do CT, e ao descanso diário, entre dois dias de trabalho, em que haverá um descanso mínimo de onze horas (art. 214.º do CT), bem como aos critérios do n.º 2 do art.º 212 do CT relacionados com a proteção da saúde e segurança do trabalhador.

II. No respeito destes condicionamentos, a fixação do horário de trabalho, em princípio, depende de uma decisão do empregador (art. 212.º, n.º 1, do CT), cabendo no respetivo poder de direção[1146].

O horário de trabalho vigente na empresa deverá constar de um mapa afixado nos termos do art. 216.º, n.º 1, do CT. Antes da revisão de 2012, o mapa de horário de trabalho tinha de ser dado a conhecer à Autoridade para as Condições do Trabalho, mas com a revogação do n.º 3 do art. 216.º do CT esse envio deixou de ser imposto às empresas.

d.2) Flexibilidade de horário

Independentemente de vigorar um regime de adaptabilidade, tem-se verificado uma tendência no sentido de ultrapassar a rigidez na fixação dos horários de trabalho, havendo empresas que optaram por horários flexíveis, sob

[1146] *Vd.* Monteiro Fernandes, *Direito do Trabalho*, cit., p. 399; Maria do Rosário Palma Ramalho, *Tratado de Direito do Trabalho*, II, cit., p. 404.

vários aspetos[1147]. Por um lado, flexibilidade quanto ao início e termo da atividade, permitindo que o trabalhador possa começar e terminar a atividade a horas diferentes em cada dia; e, por outro, maleabilidade quanto ao número de horas a prestar por dia, admitindo a compensação de horas num dia a favor de outro, de molde a obter uma determinada média semanal ou mensal. Esta última hipótese pressupõe a aplicação do regime de adaptabilidade, mas, no primeiro caso, a flexibilidade horária, não bulindo com o período normal de trabalho, porque, por exemplo o trabalhador continua obrigado a trabalhar oito horas por dia, não implica a existência do regime de adaptabilidade.

A flexibilidade horária, não pondo em causa o período normal de trabalho, é lícita e permite uma melhor gestão empresarial, facilitando a deslocação do trabalhador, que evita os congestionamentos de tráfego, etc.

A flexibilidade do horário pode encontrar-se associada com algum dos regimes de adaptabilidade já analisados (*supra* b.2)), nomeadamente se foi ajustado um horário concentrado (art. 209.º do CT) ou se resulta um regime de banco de horas (arts. 208.º e 208.º-B do CT), o horário de trabalho do trabalhador tem de se ajustar a estas vicissitudes.

Algumas das múltiplas hipóteses de flexibilidade de horário encontram-se associadas com a isenção de horário.

d.3) Isenção de horário

I. É lícito acordar-se, com respeito aos trabalhadores indicados no art. 218.º, n.º 1, do CT, um regime de isenção de horário, previsto nos arts. 218.º e 219.º do CT[1148]. A isenção horária pode ajustar-se em relação a situações especiais, por exemplo para trabalhadores que ocupam cargos de administração, de

---

[1147] Acerca do horário diferenciado, *vd.* Ac. Rel. Lx. de 12/2/1992, CJ XVII, T. I, p. 206; quanto ao horário flexível, cf. Ac. Rel. Lx. de 25/5/1990, CJ XV, T. III, p. 186. Relativamente à adaptação do horário de trabalho, atendendo à redução do tempo de trabalho para 40 horas, estabelecido nos arts. 2.º e 3.º Lei n.º 21/96, *vd.* AMADEU DIAS, *Redução do Tempo*, cit., pp. 49 ss., em especial pp. 61 ss.; FÁTIMA RIBEIRO, «O Tempo de Trabalho ...», cit., pp. 1011 ss.

Em França, os horários flexíveis ou «à la carte» têm previsão legal no *Code du Travail*, cf. JAVILLIER, *Droit du Travail*, cit., pp. 478 s. Quanto à flexibilidade horária como modo de superar a rigidez do contrato de trabalho, *vd.* LUPI/RAVAIOLI, *Il Lavoro Flessibile. Tutti gli Strumenti Legali per Superare la "Rigidità" nel Rapporto di Lavoro*, Milão, 1997, pp. 225 ss.; AMATO/BRONZINI/ /MANNA/MATTONE/MIANI CANEVARI, *Il Diritto del Lavoro dela "Flessibilità" dell'"Occupazione"*, Milão, 2000, pp. 399 ss.

[1148] Sobre a isenção de horário de trabalho, veja-se MENEZES CORDEIRO, *Isenção de Horário*, cit., pp. 83 ss.

No Ac. STJ de 27/5/1992, BMJ 417, p. 554, admitiu-se a existência de uma isenção de horário *de facto*, determinada pela habitualidade, levando a crer que o julgador aceitou, neste caso,

direção, de confiança, de fiscalização ou de apoio aos titulares desses cargos (art. 218.º, n.º 1, alínea *a)*, do CT)[1149] e implica a não subordinação ao horário de trabalho da empresa, mediante o pagamento de uma retribuição especial (art. 256.º do CT)[1150].

Como resulta do disposto no art. 219.º, n.º 1, do CT, em função do acordo, a isenção pode corresponder a três modalidades. A situação paradigmática – que é a regra supletiva (art. 219.º, n.º 2, do CT) – implica que o trabalhador isento de horário não está sujeito ao limite máximo do período normal de trabalho (art. 219.º, n.º 1, alínea *a)*, do CT). Inclui-se no âmbito da previsão resultante desta isenção de horário as horas prestadas para além do horário normal de outros trabalhadores da empresa; por isso, não é trabalho suplementar aquele que um trabalhador em regime de isenção realiza em dia de trabalho, fora do horário normal praticado na empresa[1151]; mas já integra o conceito de trabalho suplementar a atividade desenvolvida em dia de descanso semanal ou em dia feriado.

Na segunda hipótese, a isenção de horário determina que o trabalhador pode prestar mais algumas horas de trabalho do que aquelas que resultariam do período normal de trabalho, mas esse acréscimo está definido; por exemplo, não pode exceder mais do que uma hora por dia (art. 219.º, n.º 1, alínea *b)*, do CT).

Por último, prevê-se que a isenção de horário seja feita em respeito do período normal de trabalho acordado (art. 219.º, n.º 1, alínea *c)*, do CT), em que o trabalhador não tendo um horário fixo, não presta em cada dia mais do que o período normal acordado. Esta hipótese aproxima-se das situações de flexibilidade.

---

a validade de um acordo tácito. No mesmo sentido, veja-se o Ac. Rel. Cb. de 17/6/1993, *BMJ* 429, p. 694.

[1149] Para além dos pressupostos relacionados com o tipo de atividade e categoria na empresa, a isenção de horário carecia de uma autorização administrativa (art. 13.º da LDT), mas a jurisprudência já admitia a figura da isenção de horário de facto, sem autorização da Inspecção-Geral do Trabalho (*vd.* nota anterior e consulte-se MENEZES CORDEIRO, *Isenção de Horário*, cit., pp. 93 ss.).
O Código do Trabalho em 2003 eliminou a necessidade de autorização da IGT (atual ACT), bastando o envio do acordo do acordo para a autoridade com competência inspetiva, mas esta exigência de comunicação foi eliminada com a revisão de 2012.

[1150] Quanto a esta retribuição especial, que pode ser uma percentagem, veja-se o Ac. STJ de 30/5/1995, *BMJ* 447, p. 324.

[1151] Cf. Ac. STJ de 30/5/1995, *BMJ* 447, p. 324. E veja-se a uniformização de jurisprudência constante do Ac. STJ de 23/5/2012 (Gonçalves Rocha), disponível em www.dgsi.pt.

II. A não sujeição ao limite máximo do período normal de trabalho, na hipótese supletiva de isenção prevista na alínea *a)* do n.º 1 do art. 219.º do CT, tem de ser interpretada criteriosamente, não se admitindo que, por via deste regime, o trabalhador fique obrigado a trabalhar ininterruptamente, nem sequer que constitua regra desempenhar a atividade doze ou catorze horas por dia[1152]. De facto, o que caracteriza a isenção de horário não é a falta de sujeição aos limites máximos normais, mas essencialmente a ausência de horas predeterminadas para o início, pausa de descanso e termo do trabalho[1153].

Deste modo, ainda que vigore a regra da isenção sem sujeição a limites máximos, além de o trabalhador ter direito às férias, aos descansos semanais e feriados, tem de ser respeitado o descanso interjornadas, que por via de regra não poderá ser inferior a onze horas (art. 214.º do CT).

III. O subsídio de isenção de horário de trabalho (art. 265.º do CT), por se encontrar dependente deste regime, será retirado quando terminar a situação de isenção; constituindo, pois, uma vantagem reversível[1154]. Cessando a isenção de horário, o trabalhador perde o direito ao suplemento retributivo, mas importa saber se, como a isenção é estabelecida por acordo, pode cessar por vontade do empregador, sempre que deixa de se justificar tal regime. Ajusta-se, normalmente, a isenção atendendo a situações temporárias ou durante um período estipulado, mas se assim não for, na dúvida, deve dar-se prevalência ao acordo das partes, que só pode ser alterado por mútuo consenso[1155].

[1152] Quanto à constitucionalidade e aos limites a estabelecer à inobservância do limite máximo do período de trabalho do pessoal diretivo, cf. NICOLINI, *Diritto del Lavoro*, cit., pp. 265 ss.

[1153] *Vd.* MENEZES CORDEIRO, *Isenção de Horário*, cit., p. 89.

[1154] Cf. Ac. STJ de 22/9/1993, CJ (STJ) 1993, T. III, p. 269 (274); Ac. Rel. Cb. de 7/3/1996, CJ XXI, T. II, p. 63.

[1155] Cf. Ac. Rel. Lx. de 25/10/2000, CJ XXV, T. IV, p. 171. Parecia ser diversa a solução preconizada por MONTEIRO FERNANDES, *Direito do Trabalho*, 11.ª ed., 1999, p. 357; o autor reviu, no entanto, a sua posição, admitindo agora que "o CT (...) confia a gestão do assunto a ambas as partes, faz assentar a isenção em acordo escrito e inviabiliza, com isso, a hipótese de cessação por vontade unilateral do empregador" (*Direito do Trabalho*, 18.ª edição, Coimbra, 2017, p. 424). Em sentido similar ao do texto, MÁRIO PINTO/FURTADO MARTINS/NUNES DE CARVALHO, *Comentário*, cit., anot. II.6 ao art. 50.º, p. 215, acentuando que o regime é necessariamente estabelecido a termo, caducando no fim do período se o empregador não renovar a isenção, com o assentimento do trabalhador; mas durante o período acordado para vigorar o regime de isenção não pode cessar por decisão unilateral de uma das partes.

e) *Trabalho a tempo parcial*

I. Relativamente ao período normal de trabalho, a autonomia privada não está coarctada quanto a fixar, por dia e por semana, períodos de trabalho inferiores ao máximo legal. Nada obsta a que se estabeleça no contrato de trabalho um período normal de trabalho de quatro horas por dia ou de vinte horas por semana; é inclusive lícito o acordo mediante o qual o trabalhador se obrigue a prestar a sua atividade uma ou duas horas por dia ou que fique vinculado a trabalhar três dias por semana[1156]. Podendo, por isso, ocorrer que um trabalhador seja contratado para prestar trabalho durante o descanso semanal obrigatório e complementar de outro[1157]. O trabalho a tempo parcial, nas várias modalidades indicadas ou noutras que as partes ajustem, tanto pode ser desenvolvido com base em contrato por tempo indeterminado como mediante contrato a termo, contudo, nesta última hipótese, podem ser condicionados os incentivos estaduais a conceder às empresas[1158].

O trabalho a tempo parcial, por vezes, designado *part-time*, constitui um regime laboral comum, sem uma natureza jurídica diversa do contrato em que o trabalhador se obriga a prestar a atividade a tempo inteiro[1159], mas o

[1156] Quanto ao trabalho a tempo parcial na Administração Pública, o art. 68.º da Lei n.º 35/2014 determina a aplicação do regime previsto no Código do Trabalho, mas anteriormente previa-se, para os funcionários com mais de cinquenta e cinco anos, a semana de quatro dias de trabalho, veja-se os Decretos-Leis n.º 324/99 e n.º 325/99, de 18 de Agosto.

[1157] Sobre o designado contrato de substituição, cf. ALONSO OLEA/CASAS BAAMONDE, *Derecho del Trabajo*, cit., pp. 367 s.

[1158] Cf. arts. 8.º e 9.º da Lei n.º 103/99, de 26 de julho e veja-se PURCALLA BONILLA/RIVAS VALLEJO, *La Contratación Indefinida a Tiempo Parcial. Relación Laboral, Incentivos y Protección Social*, Barcelona, 2000.

[1159] Sobre esta questão, cf. PAULA PONCES CAMANHO, «Contrato de Trabalho a Tempo Parcial», *Estudos do Instituto de Direito do Trabalho*, Vol. IV, pp. 205 ss.; LIBERAL FERNANDES, *Comentário às Leis da Duração do Trabalho e do Trabalho Suplementar*, Coimbra, 1995, anot. art. 43.º, pp. 116 ss.; JÚLIO GOMES, «Trabalho a Tempo Parcial», *III Congresso Nacional de Direito do Trabalho*, Coimbra, 2001, pp. 57 ss. A nível comunitário, consulte-se BLANPAIN/ENGELS, *European Labour Law*, cit., pp. 183 ss. Como refere COUTURIER, *Droit du Travail*, cit., p. 449, a crise de emprego despertou a atenção para o trabalho a tempo parcial, favorecendo-o, como forma de diminuir o desemprego. Por isso, o trabalho a tempo parcial pode ser entendido como meio de flexibilizar a relação laboral, cf. LUPI/RAVAIOLI, *Il Lavoro Flessibile. Tutti gli Strumenti Legali per Superare la "Rigidità" nel Rapporto di Lavoro*, Milão, 1997, pp. 125 ss.
Quanto ao trabalho a tempo parcial, que se generalizou nos últimos anos, veja-se ainda BROLLO, *Il Lavoro Subordinato a Tempo Parziale*, Nápoles, 1991; FAVENNEC-HERY, *Le Travail à Temps Partiel*, Paris, 1997; FERRARO, *I Contratti di Lavoro*, Pádua, 1991, pp. 121 ss.; GARCÍA ORTEGA, «El Contrato Fijo-Discontinuo», *La Contratación Temporal*, org. García Ninet, Valencia, 1999, pp. 329 ss.; MELE, *Il Part-Time*, Milão, 1990; ALFONSO MELLADO, *La Nueva Regulación*

legislador decidiu integrá-lo sistematicamente no capítulo respeitante às modalidades de contrato de trabalho (arts. 139.º e ss. do CT), ao lado do contrato a termo e do trabalho temporário.

II. Apesar de consubstanciar uma relação laboral sujeita ao regime comum, em que o trabalhador tem um período normal de trabalho inferior ao que é habitualmente praticado na empresa, importa atender às particularidades que decorrem dos arts. 150.º e ss. do CT.

Considera-se trabalho a tempo parcial o que corresponda a um período normal de trabalho semanal inferior ao praticado a tempo completo numa situação comparável (art. 150.º, n.º 1, do CT). Assim, não havendo instrumento de regulamentação coletiva a dispor de modo diverso, se o tempo completo naquela empresa corresponde a 40 horas semanais, estará a tempo parcial o trabalhador que esteja obrigado a prestar por exemplo 35 horas (ou menos) por semana[1160]; coloca-se, então, a dúvida se estará a tempo parcial o trabalhador que, naquela empresa, se obriga a prestar 39 horas por semana.

Por acordo, tanto o trabalhador a tempo inteiro pode passar a regime parcial como o inverso, e esta mudança pode ser a título definitivo ou temporário (art. 155.º, n.º 1, do CT), devendo o empregador tomar em consideração os pedidos de mudança dos trabalhadores (art. 156.º do CT) e situações de preferência da admissão ao trabalho a tempo parcial (art. 152.º do CT)[1161]. Admite-se que o trabalhador se possa «arrepender» de ter celebrado esse acordo, revogando-o no prazo de sete dias (art. 155.º, n.º 2, do CT).

Quanto à retribuição estabeleceu-se um princípio de proporcionalidade (art. 154.º, n.º 3, alínea *a*), do CT)[1162]. Tendo sido ajustado um contrato de trabalho a tempo parcial, a remuneração, sendo certa (art. 261.º do CT),

---

del Contrato de Trabajo a Tiempo Parcial: Aspectos Laborales, Valencia, 1999; Moltó García, *El Contrato de Trabajo a Tiempo Parcial*, Madrid, 2000; Nicolini, *Diritto del Lavoro*, cit., pp. 301 ss.; Selwyn, *Law of Employment*, cit., pp. 45 ss.; Tatarelli, *Part-Time e Tempo Determinato nel Lavoro Private e Pubblico*, Pádua, 1999; César Villatore, «Trabalho a Tempo Parcial no Direito Comparado», *Direito e Justiça*, XIV (2000), 3, pp. 253 ss.; Yanini Baeza, «El Contrato de Trabajo a Tiempo Parcial», *La Contratación Temporal*, org. García Ninet, Valência, 1999, pp. 295 ss.

[1160] No art. 181.º do CT2003, tal como na lei precedente, relacionava-se o tempo parcial com uma percentagem do tempo completo, que era de a 75%, sendo a atual solução preferível.

[1161] Excecionalmente, aceita-se que a passagem para o regime de laboração a tempo parcial seja imposta ao empregador; é o que ocorre com os menores, como prescreve o art. 67.º, n.º 4, alínea *b*), do CT.

[1162] Admitindo que a retribuição seja proporcional ao tempo parcial, cf. Ac. STJ de 9/7/1997, *BMJ* 469, p. 320; Ac. STJ de 26/11/1997, CJ (STJ) 1997, T. III, p. 290, *BMJ* 471, p. 254.

é aferida em função do tempo de trabalho que deverá ser prestado e a retribuição mínima garantida também será ajustada nos mesmos termos[1163]. Desta proporção excetua-se o subsídio de refeição se o trabalhador a tempo parcial trabalhar cinco ou mais horas diárias, caso em que tem direito a recebê-la por inteiro (art. 154.º, n.º 3, alínea *b)*, do CT).

f) Trabalho por turnos

I. Como dispõe o art. 220.º do CT, o trabalho por turnos implica que o trabalho na empresa se encontra organizado em equipa e os trabalhadores ocupam sucessivamente os mesmos postos de trabalho, nomeadamente num ritmo rotativo[1164]. Assim, por exemplo, estando os turnos organizados num sistema tripartido – turno da manhã, turno da tarde e turno da noite –, dependendo do modo de organização, os trabalhadores tanto podem mudar de turno, como prestar a sua atividade em distintos dias da semana, por exemplo com alternância[1165].

Permite-se que o empregador tenha um período de funcionamento na empresa superior ao período normal de trabalho, *maxime* quando a empresa se encontra em laboração contínua[1166], mas isso não permite que sejam ultrapassadas as regras que regulam a organização do tempo de trabalho; daí a necessidade de organizar turnos de trabalho. Em suma, a organização do trabalho por turnos é a forma de responder ao facto de o período de funcionamento ultrapassar os limites máximos dos períodos normais de trabalho (art. 221.º, n.º 1, do CT).

[1163] Quanto à retribuição mínima, a matéria constava do art. 208.º da LECT, preceito revogado sem correspondência.

[1164] Esta norma é inspirada no artigo 2.º, n.º 4, da Diretiva 2003/88/CE, do Parlamento Europeu e do Conselho, de 4 de novembro, relativa a determinados aspetos da organização do tempo de trabalho. Fixa este preceito, para efeitos do disposto na Diretiva, que é «trabalho por turnos: qualquer modo de organização do trabalho em equipa em que os trabalhadores ocupem sucessivamente os mesmos postos de trabalho, a um determinado ritmo, e que pode ser de tipo contínuo ou descontínuo, o que implica que os trabalhadores executem o trabalho a horas diferentes no decurso de um dado período de dias ou semanas».

[1165] No trabalho por turnos, se o turno calhar a um domingo não há pagamento de trabalho suplementar, cf. Ac. Rel. Cb. de 12/7/1990, CJ XV, T. IV, p. 104, porque não se trata de trabalho suplementar, mas de atividade exercida dentro do horário de trabalho (Ac. Rel. Lx. de 9/6/1993, CJ XVIII, T. III, p. 183).

[1166] O período de laboração legalmente fixado encontra-se entre as 7 e as 20 horas, podendo o empregador requerer à Autoridade para as Condições do Trabalho a amplificação (parcial ou total) desse período.

Apesar de em regra os turnos serem rotativos, na noção constante do art. 220.º do CT incluem-se tanto os turnos rotativos como os fixos, como resulta do facto de se referir que os trabalhadores podem «(...) executar o trabalho a horas diferentes num dado período de dias ou semanas». Contudo, há normas que têm especial razão de ser apenas no trabalho por turnos rotativos (*v. g.*, art. 221.º, n.º 5, do CT)[1167].

II. O trabalho por turnos, mormente rotativos, determina uma perturbação no ritmo biológico do trabalhador que tem como causa a constante mutação da localização temporal da prestação. É conhecido que o ser humano está sujeito a ciclos biológicos diários (ciclos circadianos), que naturalmente têm repercussões no funcionamento do seu organismo e na sua capacidade de trabalho. A alternância entre os períodos de trabalho e respetivos intervalos de descanso tem consequências ao nível da saúde do trabalho e consequentemente no próprio rendimento do trabalhador[1168].

É esta situação de penosidade que justifica as especiais cautelas que o legislador revela no regime do trabalho por turnos rotativos (arts. 221.º e ss. do CT).

A lei não confere ao trabalhador que realiza trabalho por turnos qualquer subsídio, mas o designado subsídio de turno é corrente encontrar previsão em instrumentos convencionais[1169].

g) Trabalho noturno

I. O trabalho noturno será aquele que é desempenhado durante a noite, mas da noção constante do n.º 1 do art. 223.º do CT importa fazer algumas concretizações[1170].

Em primeiro lugar, o período de trabalho deverá ter uma duração mínima de sete horas e máxima de onze horas, compreendendo o intervalo entre as 0 e as 5 horas. Assim, não poderá qualificar-se como período noturno, por exemplo, das 20h às 8h, porque excede o período de onze horas, nem será

1167 Também neste sentido, LIBERAL FERNANDES, *O Tempo de Trabalho*, cit., p. 195.

1168 Cf. LIBERAL FERNANDES, *O Tempo de Trabalho*, cit., pp. 195 e ss.

1169 Cf. MENEZES CORDEIRO, *Isenção de Horário*, cit., p. 77.

1170 Sobre o trabalho noturno e por turnos, veja-se ainda CARCELÉN GARCÍA, *El Sistema de Trabajo a Turnos y su Problemática*, Madrid, 2000, respetivamente, pp. 237 ss. e pp. 127 ss.; MENEZES CORDEIRO, *Direito do Trabalho*, II, cit., pp. 548 ss. e 561 ss. e *Isenção de Horário*, cit., pp. 72 s. e pp. 75 ss.; LIBERAL FERNANDES, *O Tempo de Trabalho*, cit., pp. 206 ss. ss. e 190 ss.

possível considerar que o período noturno se circunscreve ao intervalo das zero às cinco, porque é inferior às sete horas mínimas.

Por outro lado, exige-se que o período seja fixado compreendendo o intervalo entre as zero e as cinco horas. Deste modo, pode ser estabelecido em instrumento de regulamentação coletiva um período de trabalho noturno entre as 22h e as 7h (art. 223.º, n.º 2, do CT).

Trabalhador noturno será aquele que presta três horas ou mais de trabalho em período noturno (art. 224.º, n.º 1, do CT).

II. Tendo em conta que, por natureza, o trabalho noturno é mais penoso estabelecem-se alguns limites (arts. 224.º e ss. do CT), inviabilizando que determinados trabalhadores o prestem (p. ex., menores, art. 76.º do CT) e impondo um acréscimo retributivo de 25% (art. 266.º do CT).

h) Trabalho suplementar

I. O trabalho suplementar vem definido no art. 226.º, n.º 1, do CT. A matéria esteve regulada no Decreto-Lei n.º 421/83, de 2 de dezembro (LTS), diploma que alterara as regras da Lei da Duração de Trabalho, a qual, por sua vez, tinha completado os correspondentes preceitos da Lei do Contrato de Trabalho (arts. 46.º e s.). Neste diploma denominava-se trabalho extraordinário, expressão que se manteve na Lei da Duração do Trabalho; no Decreto-Lei n.º 421/83, de 2 de dezembro, falava-se em trabalho suplementar, tal como no Código do Trabalho.

Segundo o art. 226.º, n.º 1, do CT2009 (tal como no precedente art. 197.º do CT2003), o trabalho suplementar será aquele que for «prestado fora do horário de trabalho»[1171]. A atual definição é mais precisa do que as precedentes, porque, na Lei do Contrato de Trabalho (art. 46.º) falava-se em trabalho extraordinário, como sendo aquele que era prestado «para além do período normal»[1172]. Seria, por exemplo, aquele trabalho que fosse realizado

[1171] Cf. Ac. STJ de 2/7/1997, *BMJ* 469, p. 377. Não sendo trabalho suplementar o desempenhado a um domingo no cumprimento do respetivo horário (Ac. Rel. Lx. de 9/6/1993, CJ XVIII, T. III, p. 183).

[1172] Sem atender a esta alteração, considerando incorreta a terminologia legal do diploma em vigor, cf. Ac. STJ de 2/7/1997, BMJ 469, p. 377 (386-7).
Em outros espaços jurídicos continuam a usar-se as expressões «trabalho extraordinário» e «horas extraordinárias», cf. Alonso Olea/Casas Baamonde, *Derecho del Trabajo*, cit., p. 410; Pera, *Diritto del Lavoro*, cit., pp. 469 ss.; Russomano, *Direito do Trabalho*, cit., pp. 262 ss. Diferentemente, em França, utiliza-se a terminologia «horas suplementares», cf. Rivero/Savatier, *Droit du Travail*, cit., pp. 551 ss.

para além das oito horas diárias. Idêntica era a solução do revogado art. 16.º da LDT. Tendo em conta o estabelecido nos artigos revogados, poder-se-ia considerar o trabalho como extraordinário se fosse efetuado depois de cumprido o período normal de trabalho diário; assim, se o trabalhador trabalhasse uma hora para além das oito horas diárias estar-se-ia perante uma situação de trabalho extraordinário. Hoje – desde as alterações introduzidas pela LTS –, relaciona-se o trabalho suplementar com o horário de trabalho, e não com o período normal de trabalho. Deste modo, se o trabalhador, com um período normal de oito horas diárias, tem um horário que só lhe permite, num determinado dia, desenvolver a sua atividade durante seis horas[1173], se trabalhar a sétima hora estará a realizar trabalho suplementar[1174]. Em suma, estar-se-á perante trabalho suplementar se a atividade for realizada em dia de trabalho fora do horário, mesmo que compreendido no período normal, ou se for prestada em dia de descanso.

Como resulta do disposto na alínea *c)* do n.º 3 do art. 226.º do CT, não integra a noção de trabalho suplementar a tolerância de quinze minutos para terminar a atividade iniciada, que tenha carácter excecional (art. 203.º, n.º 3, do CT), o trabalho prestado em regime de adaptabilidade (arts. 204.º e ss. do CT), o trabalho prestado em dia de trabalho normal por trabalhador isento de horário (arts. 218.º e s. do CT), o trabalho prestado para compensar suspensões de atividade e as ações de formação profissional realizadas fora do horário de trabalho que não excedam duas horas.

II. O empregador só pode recorrer ao trabalho suplementar se estiverem preenchidas as condições estabelecidas no art. 227.º do CT e dentro dos limites previstos no art. 228.º do CT. Por via de regra, o trabalhador é obrigado a prestar o trabalho suplementar (art. 227.º, n.º 3, do CT) sempre que o empregador careça dessa atividade adicional, nos termos estabelecidos no art. 227.º, n.os 2 e 3, do CT (p. ex., por acréscimo eventual de trabalho). O trabalhador não é obrigado prestar o trabalho suplementar quando se integrar numa das categorias de trabalhadores protegida, por exemplo, trabalhadora

[1173] Imagine-se que o trabalhador está integrado num sistema de turnos de seis horas diárias, não obstante o seu período normal de trabalho ser de oito horas por dia.

[1174] Há trabalho suplementar, tanto na hipótese, mais frequente, de ser exigido ao trabalhador que continue a prestar a sua atividade depois da hora de saída, como também no caso de ser ordenado que compareça no dia seguinte antes da hora de início da atividade ou que trabalhe durante a pausa de almoço. Mas não integra a noção de trabalho suplementar a inexistência de intervalos de descanso nas oito horas de laboração diária, pois isso consubstancia uma violação da lei (Ac. Rel. Lx. de 31/1/1996, CJ XXI, T. I, p. 164).

grávida (art. 59.º do CT) ou se solicitar a dispensa invocando um motivo atendível (art. 227.º n.º 3, do CT). O «motivo atendível» corresponde a um conceito indeterminado que carece de concretização[1175].

O trabalho suplementar implica um acréscimo retributivo determinado nos termos do art. 268.º do CT[1176]. No domínio da legislação precedente, esse pagamento só era devido caso tivesse havido ordem expressa e prévia do empregador quanto à realização da atividade (art. 7.º, n.º 4, da LTS[1177]). Faltando tal ordem, o trabalhador não tinha o direito ao pagamento das horas suplementares[1178], mas poderia haver justificação para tal pagamento caso se recorresse ao instituto do enriquecimento sem causa, atendendo à mútua colaboração e ao dever de o trabalhador promover a melhoria da produtividade da empresa; entendia-se que esta solução deveria ser excecional, designadamente em situações anómalas, em que a urgência não se compadece com a ordem prévia[1179]. Tendo isto em conta, no n.º 2 do art. 268.º do CT estabeleceu-se que o pagamento do trabalho suplementar depende de dois requisitos: a realização do trabalho suplementar foi prévia e expressamente determinada pelo empregador; o beneficiário da atividade não deu tal ordem, mas o trabalho suplementar foi realizado de modo a não ser previsível a oposição do empregador[1180].

[1175] Sobre esta questão, cf. LIBERAL FERNANDES, *O Tempo de Trabalho*, cit., anot. art. 227.º, p. 242 ss.

[1176] Como se determina no art. 268.º, n.º 1, do CT, o acréscimo remuneratório é de 25% na primeira hora e de 37,5% na segunda hora ou fracção subsequente, em dia útil, e 50% por cada hora ou fração, em dia de descanso semanal, obrigatório ou complementar, ou em feriado; esta percentagem acresce à retribuição horária que é normalmente devida. Quanto à retribuição por trabalho suplementar em dia de descanso semanal ou em dia feriado, *vd. infra* § 24.11.g).

[1177] Quanto ao ónus da prova da ordem do empregador, que impende sobre o trabalhador, veja-se Ac. STJ de 23/11/1994, CJ (STJ) 1994 T. III, p. 297; Ac. STJ de 14/12/1994, *BMJ* 442, p. 105; Ac. STJ de 8/3/2000, CJ (STJ) 2000, T. I, p. 277; Ac. STJ de 3/5/2000, CJ (STJ) 2000, T. II, p. 257; Ac. Rel. Lx. de 22/1/1992, CJ XVII, T. I, p. 194.

[1178] Cf. Ac. Rel. Cb. de 4/11/1992, CJ XVII, T. V, p. 183.

[1179] Cf. Ac. STJ de 11/11/1997, CJ (STJ) 1997, T. III, p. 277. Veja-se MONTEIRO FERNANDES, *Direito do Trabalho*, cit., p. 426; MENEZES LEITÃO, *O Enriquecimento sem Causa no Direito Civil*, Lisboa, 1996, p. 651; MOTTA VEIGA, *Lições*, cit., pp. 400 s. Cf. também LIBERAL FERNANDES, *O Tempo de Trabalho*, cit., anot. art. 268.º, pp. 264 s., com uma perspetiva mais alargada do que a referida no texto. Em sentido diverso, considerando que, além de faltar a prova do enriquecimento da empresa, havia outro meio jurídico, o regime do trabalho suplementar, cf. Ac. STJ de 16/5/2000, CJ (STJ) 2000, T. II, p. 264.

[1180] Veja-se JOANA VASCONCELOS, anotação ao art. 268.º, *in* ROMANO MARTINEZ/LUÍS MIGUEL MONTEIRO/PEDRO MADEIRA DE BRITO/GUILHERME DRAY/LUÍS GONÇALVES DA SILVA, *Código do Trabalho Anotado*, cit., pp. 666 e s.

Se a atividade realizada pelo trabalhador não se enquadra na noção de trabalho suplementar não decorrem as consequências deste instituto, mormente o pagamento do acréscimo retributivo (art. 268.º do CT), com uma exceção: sendo prestado trabalho em dia feriado que corresponda a dia normal de trabalho, porque a empresa não encerra, não é trabalho suplementar mas o trabalhador tem direito ao acréscimo retributivo ou ao descanso compensatório (art. 269.º, n.º 2, do CT)[1181].

III. A posição do legislador relativamente ao trabalho suplementar tem sido restritiva, tendo em vista reduzir as situações em que o empregador possa recorrer a este tipo de trabalho, daí as limitações estabelecidas, designadamente no art. 228.º do CT[1182]. Pretende-se que as empresas não evitem a contratação de novos trabalhadores através do recurso sistemático ao trabalho suplementar. Apesar de a norma que limita o trabalho suplementar ter por destinatários o empregador e o trabalhador, e da parte deste haver interesse na realização habitual de um trabalho melhor retribuído, para além das restrições constantes do art. 268.º, n.º 2, do CT, não parece que o desempenho de mais de duas horas por dia ou de cento e cinquenta a cento e setenta cinco horas por ano implique uma limitação na respetiva retribuição; o trabalhador deverá ser remunerado ainda que o trabalho suplementar ordenado exceda os limites legais[1183].

[1181] Como esclarece Joana Vasconcelos em anotação II ao art. 269.º (*Código do Trabalho Anotado* de Romano Martinez/Luís Miguel Monteiro/Pedro Madeira de Brito/Guilherme Dray/Luís Gonçalves da Silva, cit., p. 668), «Ao atribuir ao trabalhador na situação nela contemplada apenas um dos dois direitos que então lhe adviriam da prestação de trabalho suplementar em dia feriado (...) a solução prevista no n.º 2 do presente preceito representou, quando da sua consagração na versão originária do CT, uma inovação traduzida numa atenuação do regime comum do trabalho suplementar, em sentido duplamente favorável ao empregador»; a solução atual, reiterando que este trabalho não se qualifica como trabalho suplementar, confere uma alternativa no que respeita à tutela do trabalhador.
A este propósito cabe indicar que tanto os valores retributivos do trabalho suplementar (art. 268.º, n.º 1, do CT) como a compensação por prestar trabalho em dia feriado (art. 269.º, n.º 2, do CT) foram alterados na revisão de 2012.

[1182] A tendência limitativa é idêntica em outras ordens jurídicas, por exemplo, na Áustria o limite é de cinco horas por semana, sem exceder duas horas por dia, num máximo de sessenta horas por ano (§ 7 *Arbeitszeitgesetz*), cf. Spielbücher/Grillberger, *Arbeitsrecht*, cit., pp. 174 s.

[1183] Cf. Ac. Rel. Cb. de 8/2/1996, CJ XXI, T. I, p. 68.

O limite das cento e cinquenta a cento e setenta e cinco horas por ano (art. 228.º, n.º 1, alíneas *a)* e *b)*, do CT)[1184] e de duas horas por dia (art. 228.º, n.º 1, alíneas *d)*, do CT) não será tido em conta sempre que o trabalho suplementar seja prestado em situações de força maior, como seja para prevenir ou reparar prejuízos graves na empresa (art. 227.º, n.º 2, do CT), caso em que o limite será fixado pelo valor das quarenta e oito horas semanais (art. 211.º, n.º 1, do CT).

Para mais fácil controlo, em especial do número máximo de horas, a empresa que recorre ao trabalho suplementar tem de proceder ao registo das horas assim desempenhadas (art. 231.º do CT)[1185].

i) Trabalho intermitente

Apesar de introduzida na revisão de 2009 a propósito das modalidades de contrato de trabalho, o trabalho intermitente (arts. 157.º e ss. do CT) introduz especificidades no que respeita ao tempo de trabalho.

Sempre que a atividade na empresa tenha desconformidades temporais ou variação de intensidade, pode acordar-se que a prestação de trabalho seja intercalada por períodos de inatividade. No fundo, em vez do paradigma do trabalho de cinco dias por semana e oito horas por dia com o intervalo de descanso, pode ajustar-se que os períodos de atividade são interrompidos por períodos de inatividade. Os períodos de inatividade podem ser prolongados, de dias, semanas, etc., muito comum em atividades sazonais, ou curtos de horas, caso em que a prestação de trabalho é interpolada em cada dia.

O regime de trabalho intermitente previsto nos arts. 157.º e ss. do CT está essencialmente pensado para a primeira hipótese (*vd.* p. ex., arts. 159.º, n.º 2, e 160.º do CT).

Além de exigências de forma (art. 158.º do CT), prescrevem-se soluções quanto ao regime do tempo de trabalho (art. 159.º do CT) e a direitos do trabalhador (art. 160.º do CT).

BIBLIOGRAFIA:

JOSÉ JOÃO ABRANTES, «A Redução do Período Normal de Trabalho, a Lei n.º 21/96 em Questão», *QL*, n.º 9/10 (1997), pp. 81 a 89; M.ª LUÍSA ALVES, «As

[1184] Relativamente ao trabalho a tempo parcial, o limite foi estabelecido em oitenta horas por ano ou o correspondente à proporção entre o tempo integral e o tempo parcial (art. 228.º, n.º 1, alínea *c)*, do CT), podendo, por acordo, chegar às cento e trinta horas (art. 228.º, n.º 3, do CT).

[1185] No caso de trabalho temporário, o registo incumbe à empresa utilizadora (Ac. Rel. Lx. de 1/7/1998, CJ XXIII, T. III, p. 159).

fronteiras do tempo de trabalho», *Estudos de Direito do Trabalho*, org. Monteiro Fernandes, Coimbra, 2011, pp. 165 – 257; Leal Amado, *Contrato de Trabalho*, cit., pp. 110 e ss. e 219 e ss; João Leal Amado/Joana Nunes Vicente, «Contrato de trabalho intermitente», *IX-X Congressos Nacionais de Direito do Trabalho. Memórias*, Coimbra, 2007, pp. 117 e ss.; Helena Tapp Barroso, «Notas sobre o efeito das férias e ausências na contagem do período normal de trabalho em regime de adaptabilidade», *RDES* 2009, n.º 1/2, pp. 39 e ss.; Paula Ponces Camanho, «Contrato de Trabalho a Tempo Parcial», *Estudos do Instituto de Direito do Trabalho*, Vol. IV, pp. 205 e ss.; Nunes de Carvalho, «Duração e Organização do Tempo de Trabalho no Código do Trabalho», *VI Congresso Nacional de Direito do Trabalho. Memórias*, Coimbra, 2004, pp. 95 e ss., «Contrato de trabalho a tempo parcial (tópicos de reflexão), *IX-X Congressos Nacionais de Direito do Trabalho. Memórias*, Coimbra, 2007, pp. 207 e ss. e «Considerações sobre o trabalho intermitente», *Estudos dedicados ao Professor Doutor Bernardo da Gama Lobo Xavier*, I, Lisboa, 2015, pp. 327 ss.; Catarina Carvalho, «A Regulamentação Nacional do Tempo de Trabalho e o Direito Comunitário: Omissões e Incompatibilidades», *QL* n.º 27 (2006), pp. 33 e ss. e «A organização e a remuneração dos tempos de trabalho: em especial o banco de horas», *Estudos dedicados ao Professor Doutor Bernardo da Gama Lobo Xavier*, I, Lisboa, 2015, pp. 447 ss.; Dias Coimbra, «Negociação Colectiva Europeia: o Trabalho a Tempo Parcial», *QL*, n.º 13 (1999), pp. 60 a 89; Menezes Cordeiro, *Direito do Trabalho*, II, cit., pp. 499 a 567 e *Isenção de Horário. Subsídios para a Dogmática Actual do Direito da Duração de Trabalho*, Coimbra, 2000; Joaquim Damas, «A Redução da Duração do Trabalho e a Adaptação dos Horários na Lei n.º 21/96», *QL*, n.º 9/10 (1997), pp. 90 a 114; Amadeu Dias, *Redução do Tempo de Trabalho, Adaptabilidade do Horário e Polivalência Funcional (Lei n.º 21/96, de 23 de Julho). Comentário e Notas Críticas*, Coimbra, 1997; Liberal Fernandes, *Comentário às Leis da Duração do Trabalho e do Trabalho Suplementar*, Coimbra, 1995, «Alteração Unilateral do Horário de Trabalho», QL (1994), n.º 3, pp. 159 a 166, «Mudança do Local de Trabalho e Alteração do Horário de Trabalho», *QL* I (1994), n.º 3, pp. 173 e 174, «A Organização do Tempo de Trabalho à Luz da Lei n.º 21/96», *QL*, n.º 9/10 (1997), pp. 115 a 177, «Retribuição pelo Trabalho Prestado em Regime de Turnos em dia de Descanso Semanal ou em dia Feriado», *QL*, n.º 13 (1999), pp. 90 a 101, «O Regime de Adaptabilidade do Tempo de Trabalho», *A Reforma do Código do Trabalho*, Coimbra, 2004, pp. 329 e ss., «Sobre o Conceito de Tempo de Trabalho no Código do Trabalho», *QL* n.º 27 (2006), pp. 135 e ss., *O Tempo de Trabalho. Comentário aos artigos 197.º a 236.º do Código do Trabalho (revisto pela lei n.º 23/2012, de 25 de Junho)*, Coimbra, 2012 e «Um breve olhar sobre a Directiva n.º 203/88/CEE, relativa à organização do tempo de trabalho», *Pront.* 93 (2012), pp. 101 ss.; Monteiro Fernandes,

Direito do Trabalho, cit., pp. 395 e ss.; JÚLIO GOMES, «Trabalho a Tempo Parcial», *III Congresso Nacional de Direito do Trabalho*, Coimbra, 2001, pp. 57 a 92 e *Direito do Trabalho*, I, cit., pp. 650 e ss.; MENEZES LEITÃO, *Direito do Trabalho*, cit., pp. 283 e ss. e 489 e ss.; JORGE LEITE, «Limites da duração do trabalho. Adaptabilidade e banco de horas», *Jornadas Regionais de Direito do trabalho*, Ponta Delgada, 2016, pp. 63 ss.; ZENHA MARTINS, «Tempo de trabalho e tempo de repouso: qualificação e delimitação de conceitos», *Direito do Trabalho. Estudos*, Coimbra, 2018, pp. 81 ss.; SÁ E MELLO, «Novos Modelos de Organização do Tempo de Trabalho», *Estudos do Instituto de Direito do Trabalho*, Vol. I, Coimbra, 2001, pp. 317 a 354; LUÍS MIGUEL MONTEIRO, «Algumas Questões sobre a Organização do Tempo de Trabalho», *RDES*, 2000, n.os 3/4, pp. 277 a 297 e anotações aos arts. 197.º e ss. *in* ROMANO MARTINEZ/LUÍS MIGUEL MONTEIRO/JOANA VASCONCELOS/MADEIRA DE BRITO/ /GUILHERME DRAY/GONÇALVES DA SILVA, *Código do Trabalho Anotado*, cit., pp. 519 e ss.; ANTÓNIO MOREIRA, «Flexibilidade Temporal», *Estudos de Direito do Trabalho em Homenagem ao Prof. Manuel Alonso Olea*, Coimbra, 2004, pp. 105 e ss.; MÁRIO PINTO/FURTADO MARTINS/NUNES DE CARVALHO, *Comentário*, cit., anot. arts. 45.º, 49.º e 50.º, pp. 204 a 207 e 209 a 215; GLÓRIA REBELO, «Do banco de horas individual», *Para Jorge Leite. Escritos Jurídico-Laborais*, I, Coimbra, 2014, pp. 799 ss.; FÁTIMA RIBEIRO, «O Tempo de Trabalho e a Lei n.º 21/96», *Juris et de Jure*, Porto, 1998, pp. 987 a 1029 e «Breves Notas Críticas sobre a Evolução de alguns aspectos do Regime da Duração e Organização do Tempo de Trabalho», *QL* n.º 28 (2006), pp. 219 e ss.; FERREIRA DA SILVA, «A Organização e Duração do Tempo de Trabalho», *A Reforma do Código do Trabalho*, Coimbra, 2004, pp. 315 e ss.; GONÇALVES DA SILVA, «A Lei n.º 21/96: Redução da Duração do Trabalho e Organização do Horário de Trabalho», *Colectânea de Estudos em Homenagem a Francisco Lucas Pires*, pp. 185 a 199; ROSÁRIO PALMA RAMALHO, *Tratado de Direito do Trabalho*, II, cit., pp. 361 e ss.; MOTTA VEIGA, *Lições*, cit., pp. 431 a 449; JOANA NUNES VICENTE, «Breves notas sobre a fixação e modificação do horário de trabalho», *Para Jorge Leite. Escritos Jurídico-Laborais*, I, Coimbra, 2014, pp. 1051 ss.; BERNARDO XAVIER/FURTADO MARTINS/NUNES DE CARVALHO/JOANA VASCONCELOS/TATIANA GUERRA DE ALMEIDA, *Manual*, cit., pp. 537 e ss.

12. Direito ao repouso

a) Considerações comuns

O exercício da atividade laboral deve ser intercalado com o descanso do trabalhador. O trabalhador tem direito ao repouso durante a jornada de trabalho e também ao descanso semanal e anual, para que a atividade seja mais produtiva.

Para além dos descansos diários, semanais, férias e feriados, há que fazer referência às faltas. Verdadeiramente, as faltas não se enquadram no direito ao repouso concedido pela lei, mas, indiretamente, podem relacionar-se com o direito ao repouso, mormente as faltas justificadas por doença.

O direito ao repouso também tem sido justificado por motivos atinentes à proteção da família, ao direito à cultura, ao direito a uma melhor preparação a vários níveis do trabalhador, em que se inclui a sua formação profissional.

Daí a tendência da legislação laboral, desde a 2.ª metade do século passado, no sentido de um aumento significativo do direito ao repouso, não só ao impor o alargamento do descanso semanal, mas também a generalização das férias.

O direito ao repouso tem a sua consagração constitucional no art. 59.º, n.º 1, alínca *d)*, onde se lê: «Todos os trabalhadores (...) têm direito ao repouso e aos lazeres, a um limite máximo da jornada de trabalho, ao descanso semanal e a férias periódicas pagas»; trata-se de uma norma que se dirige aos empregadores, encontrando-se anteriormente regulamentada, em particular, na Lei das Férias Feriados e Faltas, e, hoje, nos arts. 213.º, 214.º e 232.º a 257.º do CT. E com base neste direito ao repouso, particularmente no que respeita a modalidades de trabalho que permitem uma ligação informática do trabalhador à empresa, discute-se a necessidade de prescrever meios de desconexão, de molde a que o trabalhador não se encontre permanentemente em contacto virtual com o empregador.

Na sequência da citada disposição da Lei Fundamental, no art. 59.º, n.º 2, alínea *d)*, da CRP dispõe-se que «Incumbe ao Estado assegurar (...) o desenvolvimento sistemático de uma rede de centros de repouso e de férias (...)»; trata-se de uma norma programática, que tem por destinatário o Estado e não os empregadores.

Tendo em conta o disposto no art. 59.º, n.º 1, alínea *d)*, da CRP, importa distinguir os descansos diários, o descanso semanal e as férias.

b) Descansos diários; pausas

I. Os descansos diários estão relacionados com o limite máximo da jornada de trabalho (art. 203.º, n.º 1, do CT) e com a interrupção do período de trabalho diário (arts. 197.º, n.º 2, 213.º e 214.º do CT).

A jornada de trabalho, em princípio, não deve exceder oito horas, podendo ter uma duração inferior (art. 203.º, n.º 1, do CT).

Durante as oito horas de laboração diária terá de haver descansos, não devendo as mesmas ser seguidas (art. 213.º do CT)[1186]; impondo-se, pois, interrupções, intervalos de uma a duas horas, de modo a que não sejam prestadas mais de cinco horas de trabalho consecutivo. Normalmente, além do chamado intervalo para almoço, poder-se-ão estipular outras interrupções durante a jornada de trabalho[1187]. Tais pausas, por via de regra, não contam para o cômputo do período normal de trabalho[1188], mas não se consideram pausas, para este efeito, as pequenas paragens na laboração para funções fisiológicas, fazer um telefonema para saber do estado de saúde de um filho, etc. Como se determina no art. 197.º, n.º 2, do CT[1189], são consideradas tempo de trabalho as interrupções ocasionais inerentes à satisfação de necessidades pessoais inadiáveis do trabalhador ou resultantes do consentimento do empregador, bem como as ditadas por motivos técnicos ou de segurança, higiene e saúde no trabalho e sempre que o trabalhador, não obstante a pausa, permaneça nas instalações à disposição do empregador[1190]. Pode, deste modo, concluir-se que as pausas previamente fixadas, tendo o trabalhador

---

[1186] Cf. Ac. Rel. Lx. de 31/1/1996, CJ XXI, T. I, p. 164.

[1187] Cf. MONTEIRO FERNANDES, «Sobre o Regime Jurídico do Descanso Intercalar», *Temas Laborais*, Coimbra, 1984, pp. 19 ss.

[1188] Cf. Ac. STJ de 3/3/1998, CJ (STJ) 1998, T. I, p. 270 e *BMJ* 475, p. 429.

[1189] Quanto à diretiva comunitária, transposta por este preceito, cf. BLANPAIN, *European Labour Law*, cit., pp. 344 ss.

[1190] No domínio da legislação anterior, para solucionar a questão de saber se as várias interrupções durante a jornada de trabalho deveriam contar para a determinação do período normal de trabalho diário ou se, por não integrarem a noção de trabalho efetivo, teriam de ser descontadas, surgiu o art. 1.º da Lei n.º 21/96, de 23 de Julho, ao aludir a períodos de trabalho efetivo para redução dos períodos normais de trabalho para quarenta horas. Sobre esta questão, *vd.* AMADEU DIAS, *Redução do Tempo*, cit., pp. 13 ss., em especial, pp. 21 ss. e FÁTIMA RIBEIRO, «O Tempo de Trabalho ...», cit., pp. 997 ss.
No sentido de as pausas não contarem para a determinação do tempo de trabalho, *vd.*, por exemplo, § 2.1 *Arbeitszeitgesetz* (cf. DÜTZ, *Arbeitsrecht*, cit., pp. 79 s.; SÖLLNER, *Arbeitsrechts*, cit., p. 226) e art. 34.5 *Estatuto de los Trabajadores* (cf. MONTOYA MELGAR/GALIANO MORENO/ /SEMPERE NAVARRO/RÍOS SALMERÓN, *Comentarios*, cit., anot. art. 34, p. 224).
Assentando no princípio de que o tempo de trabalho se determina pela disponibilidade do trabalhador em relação ao empregador, cf. art. 4 Consolidação das Leis do Trabalho (*vd.* NASCIMENTO, *Direito do Trabalho*, cit., p. 628). Também relacionando a efetividade de trabalho com a disponibilidade do trabalhador, cf. NICOLINI, *Diritto del Lavoro*, cit., p. 214; como refere o autor citado (p. 215), nos termos da lei italiana, as pausas de duração inferior a dez minutos, por não conferirem uma plena disponibilidade ao trabalhador, integram o tempo de trabalho efetivo.

autonomia para as preencher no seu interesse, não integram o período normal de trabalho diário.

II. Além das pausas diárias – intervalo de descanso, art. 213.º do CT – impõe-se um intervalo entre o fim da jornada de trabalho e o início da seguinte, designado «descanso diário» (art. 214.º do CT), que se justifica, em especial, para os trabalhadores que exercem tarefas por turnos ou com flexibilidade de horário[1191]. O intervalo mínimo entre jornadas de trabalho foi fixado em onze horas no art. 214.º, n.º 1, do CT. Assim, entre o termo de um dia de trabalho e o início do seguinte deverão decorrer, em regra, onze horas; por exemplo, o trabalhador que termine a sua atividade à 1h de certo dia só pode retomar o trabalho às doze horas do mesmo dia. Relativamente ao trabalho por turnos, normalmente organizado em três turnos de oito horas, não pode um trabalhador executar a sua atividade no turno seguinte nem no imediatamente a seguir, mas no mesmo em que prestou trabalho, excepto se houver uma pausa superior.

c) *Descanso semanal*

I. O descanso hebdomadário constitui uma prática enraizada na civilização cristã; já constava de alguns regimentos das corporações e tem sido aceite, pelo menos, desde o Decreto de 30 de agosto de 1907.

No plano internacional também encontra consagração no art. 24.º da DUDH, no art. 7.º, alínea *d)*, do Pacto Internacional sobre Direitos Económicos, Sociais e Culturais, no art. 2.º, n.º 5, da Carta Social Europeia e nas Convenções da OIT n.º 14 de 1921 e n.º 106 de 1957 (ambas ratificadas por Portugal em 1928 e 1960, respetivamente).

Os art. 59.º, n.º 1, alínea *d)*, da CRP, art. 51.º LCT, art. 37.º LDT e art. 232.º do CT fazem igualmente alusão ao descanso semanal.

II. Em princípio, tal como estabelece o art. 232.º, n.º 2, do CT, o descanso semanal obrigatório deve coincidir com o domingo[1192], podendo, em certas

---

[1191] Os autores de língua alemã e respetivas legislações costumam distinguir «Ruhepausen», durante o período diário de trabalho, de «Ruhezeit», entre jornadas de trabalho, cf. §§ 4 e 5 *Arbeitszeitgesetz* (alemã) e §§ 11 e 12 *Arbeitszeitgesetz* (austríaca), *vd.* SÖLLNER, *Arbeitsrechts*, cit., p. 228 e SPIELBÜCHER/GRILLBERGER, *Arbeitsrecht*, cit., pp. 177 s.

[1192] No mesmo sentido, art. 2109 CCIt. Sobre esta questão, cf., respetivamente, PERA, *Diritto del Lavoro*, cit., pp. 473 ss., CIAN/TRABUCCHI, *Commentario Breve al Codice Civile*, cit., anot. art. 2109, pp. 2043 ss. e RIVERO/SAVATIER, *Droit du Travail*, cit., pp. 560 ss. Pode, por isso,

circunstâncias, não se verificar tal coincidência, nomeadamente no caso de laboração contínua[1193].

Para além do descanso hebdomadário obrigatório, a lei admite também a concessão de um descanso semanal complementar, que não é obrigatório, podendo ser concedido ao trabalhador, por via do contrato de trabalho ou de uma convenção coletiva. O descanso semanal complementar está regulado no art. 232.º, n.º 3, do CT e corresponde, muitas vezes, ao sábado, podendo ser só meio-dia. Nos termos do art. 233.º do CT, ao impor-se um adicional de onze horas ao dia de descanso semanal, na prática, torna-se obrigatório o descanso hebdomadário complementar, ainda que parcial.

d) Feriados

Os feriados não têm em vista, propriamente, conceder ao trabalhador um repouso, mas talvez tenham tido, em parte, essa função quando eram em número superior e não estava consagrado o direito a férias[1194]. Indiretamente, porém, como no dia feriado o trabalhador não tem de prestar atividade, pode dedicar-se ao lazer; nesta medida há uma relação entre os feriados e o repouso concedido ao trabalhador[1195].

A lei estabeleceu feriados obrigatórios, taxativamente indicados (art. 234.º do CT); não se encontrando a respetiva estipulação na autonomia das partes, nem sequer por via de IRCT (art. 236.º, n.º 2, do CT)[1196]. Além da indicação dos feriados obrigatórios admitem-se dois feriados facultativos: a terça-feira de Carnaval e o feriado municipal, dependendo o primeiro de determinação governamental e o segundo de decisão municipal (art. 235.º do CT). Na revisão de 2012 foram eliminados quatro dias feriados do elenco

dizer-se que, em geral, os legisladores dos sistemas continentais atendem à tradição cristã do descanso dominical.

[1193] Nessas situações, o trabalho ao domingo não constitui trabalho suplementar e não determina um acréscimo retributivo (Ac. Rel. Lx. de 23/9/1998, CJ XXIII, T. IV, p. 173).

[1194] Cf. Bernardo Xavier, *Curso de Direito do Trabalho*, cit., p. 424 e Bernardo Xavier/Furtado Martins/Nunes de Carvalho/Joana Vasconcelos/Tatiana Guerra de Almeida, *Manual*, cit., pp. 673 ss.

[1195] Cf. Menezes Cordeiro, *Direito do Trabalho*, II, cit., p. 571.

[1196] Não podendo, por isso, ser acrescentados feriados por instrumento de regulamentação coletiva (Ac. Rel. Lx. de 3/6/1998, CJ XXIII, T. III, p. 169). Do Ac. STJ de 17/11/2016 (Gonçalves Rocha), www.dgsi.pt, poder-se-ia deduzir que o feriado teria sido criado por via de um uso laboral, mas, atento o contexto, dir-se-ia que o Supremo considerou que o uso laboral respeita à obrigatoriedade de pagar a retribuição no Carnaval no caso de os trabalhadores terem gozado o feriado.

do n.º 1 do art. 234.º do CT, mas com a Lei n.º 8/2016, de 1 de abril, foram reintroduzidos como feriados obrigatórios (Corpo de Deus, 5 de outubro, 1 de novembro e 1 de dezembro).

e) Férias

I. O direito a férias tem consagração constitucional no art. 59.º, n.º 1, alínea *d)*, da CRP, assim como em diplomas internacionais (art. 24.º da DUDH, art. 7.º, alínea *d)*, do Pacto Internacional sobre Direitos Económicos, Sociais e Culturais, art. 2.º, n.º 3, da Carta Social Europeia e Convenção OIT n.º 132 de 1970 [ratificada por Portugal em 1980])[1197]. No plano interno, o direito a férias encontra-se pormenorizadamente regulamentado nos arts. 237.º e ss. do CT.

No art. 237.º, n.º 4, do CT estabelece-se: «O direito a férias deve ser exercido de modo a proporcionar ao trabalhador a recuperação física e psíquica, condições de disponibilidade pessoal, integração na vida familiar e participação social e cultural».

Não está posto em causa, nem no plano nacional nem no plano internacional, que o trabalhador deve ter direito a férias, a gozar em cada ano civil. As diferenças a nível internacional respeitam ao número de dias de férias[1198].

II. Como estipula o art. 238.º, n.º 1, do CT, o período de férias tem a duração mínima de vinte e dois dias úteis[1199]/[1200] por cada ano de trabalho e

[1197] Como refere Menezes Cordeiro, *Direito do Trabalho*, II, cit., p. 577, o direito a férias, para além de aspetos laborais, constitui «o motor de inúmeras indústrias e comércios ligados ao lazer, ao turismo, aos transportes e a atividades conexas», e pode acrescentar-se que esteve na base da criação de novos institutos jurídicos, como o direito real de habitação periódica.

[1198] Comparando com ordens jurídicas estrangeiras, em termos exemplificativos, verifica-se que os trabalhadores portugueses têm mais dias de férias do que os japoneses e os americanos, menos do que os alemães (no mínimo 24 dias úteis, § 3 *Bundesurlaubsgesetz*) e franceses (no máximo 30 dias úteis, *Code du Travail*) e eventualmente o mesmo do que os espanhóis (mínimo de 30 dias «naturales», art. 38.1 *Estatuto de los Trabajadores*). Apesar de normalmente aceite, principalmente em instrumento de regulamentação coletiva, o sistema jurídico inglês não confere um direito a férias, cf. Bowers, *Employment Law*, cit., p. 57.

[1199] É este o período de férias desde o Decreto-Lei n.º 397/91, de 16 de outubro. Quanto à concretização de dias úteis em caso de trabalho por turnos, cf. Ac. Rel. Cb. de 1/6/1995, CJ XX, T. III, p. 83.

[1200] Na legislação anterior, tendo em conta a formulação legal do art. 4.º da LFFF «é de», e de este diploma ter em vista o combate ao absentismo, entendia-se que a estipulação do preceito apontava para uma imperatividade mínima, podendo ser alargado o período de férias, porque assim indicava o preâmbulo do diploma e porque não havia, na parte respeitante às férias,

reporta-se ao ano anterior (arts. 237.º, n.º 2, do CT)[1201]. Assim, relativamente ao ano de 2014, o trabalhador tem direito a vinte e dois dias de férias a gozar em 2015, que se vencem a 1 de janeiro deste ano[1202].

O direito a férias não depende de efetividade no trabalho (art. 237.º, n.º 2, do CT); mesmo que o trabalhador tenha faltado justificadamente ou não tenha prestado atividade por a empresa não ter laborado, o direito a férias mantém-se por inteiro[1203]. Com o Código do Trabalho (2003) passou a admitir-se que o período de férias fosse aumentado, até três dias por ano, caso o trabalhador não tivesse dado faltas (justificadas ou injustificadas), sendo o acréscimo reduzido para dois ou um dia na eventualidade de o trabalhador ter dado faltas justificadas (art. 213.º, n.º 3, do CT2003), mas este regime, que implicava várias dificuldades de aplicação, foi revogado na revisão de 2012, deixando de existir o mencionado acréscimo[1204].

Relativamente aos trabalhadores que iniciarem ou cessarem a atividade no ano a que se reportam as férias, estabelecem-se, no art. 239.º do CT, regras quanto à determinação do número de dias de férias. Há, contudo, especificidades em relação aos trabalhadores cujos contratos tenham uma duração inferior a seis meses (art. 239.º, n.º 4 e ss., do CT).

---

regra idêntica à que se estabeleceu quanto aos feriados (art. 21.º da LFFF). A dúvida ficou esclarecida no CT2003, correspondente ao art. 238.º, n.º 1, do CT, no sentido preconizado.

[1201] Excepto no que respeita a trabalhadores que iniciam ou cessam a atividade laboral na empresa em cada ano (art. 239.º do CT).

[1202] Se um trabalhador denunciar o contrato com aviso prévio sem ter gozado as férias do ano anterior, o empregador pagará menos um mês de ordenado se exigir que as férias se vençam antes de se efetivar a rescisão.

[1203] Cf. Ac. STJ de 27/9/1995, CJ (STJ) 1995, T. III, p. 273; Ac. Rel. Lx. de 3/11/1994, CJ XIX, T. V, p. 183. Contudo, no Ac. Rel. Cb. de 18/11/1993, CJ XVIII, T. V, p. 76, admitiu-se, ao abrigo de legislação anterior, que a não prestação de trabalho durante um determinado período (vários meses) não implicava o vencimento de férias.

Diferentemente, em outros espaços jurídicos, as férias relacionam-se com a efetividade do trabalho (cf. Couturier, *Droit du Travail*, cit., p. 460; Nascimento, *Direito do Trabalho*, cit., p. 657; respetivamente quanto aos direitos francês e brasileiro). No direito brasileiro (art. 130 Consolidação das Leis do Trabalho) estabeleceu-se um regime específico de compensação de férias com faltas injustificadas, diminuindo aquelas em função destas, perdendo o direito a férias o trabalhador que faltar mais de trinta e duas vezes (cf. Valentin Carrion, *Comentários*, cit., anot. art. 130, p. 141; Russomano, *Direito do Trabalho*, cit., pp. 282 e 285).

[1204] Quanto a esta e outras alterações (de pormenor) introduzidas na reforma de 2012 no regime de férias, feriados e faltas, veja-se Susana Sousa Machado, «Observações sobre as alterações ao regime jurídico das férias, feriados e faltas», *QL* 43 (2013), pp. 329 ss.

Em princípio, as férias deverão ser gozadas no ano civil imediato, mas excecionalmente admite-se que o trabalhador goze cumulativamente férias de dois anos (art. 240.º do CT).

O direito a férias é irrenunciável (art. 237.º, n.º 3, do CT); não sendo válido o acordo entre o empregador e o trabalhador com vista a uma renúncia do direito a férias, nem sequer se poderão substituir as férias por prestações pecuniárias. Tais acordos seriam nulos (art. 294.º do CC). A renúncia está limitada a dois dias, como decorre do disposto no n.º 5 do art. 238.º do CT.

Caso o empregador, com culpa, obste ao gozo das férias do trabalhador pagará o triplo da retribuição correspondente ao período em falta e o prestador da atividade gozará as férias de que não usufruiu no primeiro trimestre do ano civil seguinte (art. 246.º do CT). O «obstar» deverá ser entendido no sentido de «impedir»; ou seja, se o empregador se opuser ao gozo das férias, dando uma ordem (ilícita) no sentido de o trabalhador não usufruir de férias. A situação é diversa na hipótese de haver um acordo no sentido de o trabalhador prescindir do seu direito a férias, mediante uma contrapartida monetária, caso em que o ajuste é nulo, mas não será devido o triplo da retribuição[1205].

III. A marcação de férias, por via de regra, será feita de comum acordo entre o empregador e o trabalhador, mas se, eventualmente, não existir consenso, as férias serão determinadas pelo empregador, dentro dos parâmetros estabelecidos no art. 241.º do CT[1206]. Sem acordo, o empregador pode marcar as férias do trabalhador entre o dia 1 de maio e o dia 31 de outubro (art. 241.º, n.º 3, do CT), para serem gozadas de forma ininterrupta (art. 241.º, n.º 8, do CT), atendendo, todavia, a alguns interesses dos trabalhadores, nomeadamente ao gozo simultâneo de férias por parte dos cônjuges que trabalhem na mesma empresa se daí não decorrer prejuízo sério para o empregador (art. 241.º, n.º 7, do CT)[1207]; admite-se, porém, que o empregador opte pelo

[1205] Cf. Ac. STJ de 13/5//1998, *BMJ* 477, p. 251; Ac. STJ de 1/3/1999, CJ (STJ) 1999, T. I, p. 299; Ac. Rel. Év. de 5/1/1993, CJ XVIII, T. I, p. 289. Parecia ser diversa a solução preconizada por Monteiro Fernandes, *Direito do Trabalho*, 11.ª ed., 1999, p. 400, considerando que, em tal caso, o acordo do trabalhador «resulta de pressões determinadas pelo interesse do primeiro (empregador)».

[1206] Cf. Ac. Rel. Pt. de 16/11/1992, CJ XVII, T. V, p. 263. Pelo que, o trabalhador não pode, por sua iniciativa, entrar de férias (Ac. Rel. Cb. de 3/2/1994, CJ XIX, T. I, p. 73).

[1207] Como resulta do disposto na parte final do n.º 7 do art. 241.º do CT, assim como da Lei n.º 6/2001, de 11 de maio (art. 4.º, n.º 1, alínea *b*)) e da Lei n.º 7/2001, de 11 de maio (art. 3.º, alínea *c*)), o direito ao gozo simultâneo das férias vale também em relação às pessoas que

encerramento da empresa para férias, mesmo em curtos períodos, caso em que as férias são gozadas nesses períodos (art. 242.º, n.º 2, do CT).

Nos arts. 243.º e 244.º do CT prevêem-se situações em que as férias podem ser alteradas, por motivos vários; feita a marcação para determinada data poder-se-ão fazer modificações ou, inclusive, interromper as férias. Admite-se que as férias sejam suspensas se o trabalhador adoecer no gozo delas (art. 244.º do CT).

IV. Durante o período em que o trabalhador está a gozar férias, em princípio, não poderá desenvolver outra atividade remunerada, não sendo, por conseguinte, lícito trabalhar para outrem (art. 247.º, n.º 1, do CT). Todavia, na hipótese de pluriemprego, as férias podem não ser marcadas nas mesmas datas pelos diferentes empregadores e o trabalhador, estando em férias numa empresa, pode continuar a trabalhar na outra empresa com retribuição (art. 247.º, n.º 1 *in fine*, do CT). Em gozo de férias, o trabalhador poderá exercer atividades não remuneradas, porque se pressupõe que não o vão fatigar, permitindo a sua recuperação física e psíquica.

Pretende-se, no fundo, que as férias sejam irrenunciáveis, devendo ser efetivamente gozadas[1208]; trata-se de um direito relativamente indisponível.

f) Faltas

I. A prestação de trabalho, para além de poder ser interrompida durante os mencionados descansos diários, semanais, feriados e férias, também se efetua em caso de faltas, embora estas não visem, diretamente, o repouso do trabalhador. Contudo, no caso de faltas justificadas pode, eventualmente, a sua razão de ser estar relacionada com a recuperação física ou psíquica do trabalhador.

No art. 248.º, n.º 1, do CT define-se falta como «ausência do trabalhador do local em que devia desempenhar a atividade durante o período normal de trabalho» e no art. 249.º, n.º 1, do CT distingue-se entre faltas justificadas

---

vivam em economia comum ou união de facto há mais de dois anos, independentemente do sexo. Como a lei não delimita a vida em economia comum ou em união de facto, em particular não impondo a exclusividade, teoricamente um muçulmano casado no seu país de origem com cinco mulheres, trabalhando todos em Portugal, poderiam invocar o direito ao gozo simultâneo de férias.

1208 Como refere JAVILLIER, *Droit du Travail*, cit., p. 497, as férias correspondem a uma obrigação, tanto do empregador, como do trabalhador; no mesmo sentido, NASCIMENTO, *Direito do Trabalho*, cit., p. 651, afirma que as férias não são apenas um direito, mas um dever do trabalhador.

e injustificadas. No n.º 2 deste último preceito indica-se, de forma taxativa, quais as faltas justificadas[1209]; as demais serão faltas injustificadas (n.º 3)[1210].

No domínio da legislação anterior, além do elenco constante do art. 23.º, n.º 2, da LFFF, tinha de se ter em conta diplomas que estabeleciam faltas justificadas, designadamente os regimes do trabalhador estudante (art. 5.º da Lei n.º 116/97, de 4 de novembro) e de proteção da maternidade e da paternidade (arts. 10.º, 12.º, 13.º, 13.º-A e 23.º da Lei 4/84, de 5 de abril)[1211], ou de sindicalistas para o desempenho de funções sindicais (arts. 22.º e 32.º da LS[1212] ou de trabalhador grevista[1213], bem como em decorrência de regimes específicos, relacionados com situações extralaborais, por exemplo no caso de o trabalhador ser candidato em eleições legislativas ou autárquicas[1214], praticante de desporto de alta competição ou voluntário[1215]/[1216]. No art. 249.º, n.º 2, do CT2009, na sequência do disposto no art. 225.º do CT2003, pretendeu reunir-se todas as hipóteses de faltas justificadas – ainda que com remissão para outras normas, p. ex., alíneas *b), c), e)* e *g)* – de molde a facilitar o seu conhecimento, mas subsiste alguma incerteza em razão da referência

---

[1209] No Ac. STJ de 8/6/1995, *BMJ* 448, p. 233, considerou-se justificada a falta em que o trabalhador, invocando situação de baixa, continuava fora de casa a exercer funções na autarquia.

[1210] São injustificadas as faltas dadas devido à prisão preventiva do trabalhador, acusado de tráfico de droga (Ac. STJ 25/2/1993, CJ (STJ) 1993, T. I, p. 260; Ac. STJ de 14/5/1997, BMJ 467, p. 405; Ac. Rel. Lx. de 6/5/1992, CJ XVII, T. III, p. 255; Ac. Rel. Pt. de 17/5/1993, CJ XVIII, T. III, p. 268; Ac. Rel. Lx. de 17/5/1995, CJ XX, T. III, p. 183). RAÚL VENTURA, *Extinção das Relações Jurídicas de Trabalho*, Lisboa, 1950, pp. 313 s., afirma perentoriamente que a prisão, que impossibilita o trabalhador de prestar a sua atividade laboral, não se pode incluir nas «obrigações legais incompatíveis com a continuação do serviço», pelo que pode conformar justa causa de despedimento.

Em sentido contrário, MENEZES CORDEIRO, *Direito do Trabalho*, II, cit., p. 793 e ALBINO MENDES BAPTISTA, «Faltas por Motivo de Prisão», *QL* V (1998), n.º 11, pp. 47 ss.

[1211] Cf. Ac. Rel. Lx. de 17/6/1993, CJ XVIII, T. III, p. 191

[1212] São justificadas as faltas de dirigentes sindicais no exercício de funções (Ac. STJ de 6/1/1993, CJ (STJ), 1993, T. I, p. 217; Ac. Rel. Év. de 6/6/1995, CJ XX, T. III, p. 319).

[1213] Cf. Ac. Rel. Pt. de 20/3/1995, CJ XX, T. II, p. 245.

[1214] Cf. Ac. Rel. Cb. de 11/5/1995, CJ XX, T. III, p. 79.

[1215] Quanto às faltas dos voluntários, veja-se o art. 7.º da Lei 71/98, de 3 de novembro e os arts. 13.º ss. do Decreto-Lei n.º 389/99, de 30 de setembro.

[1216] No Decreto Legislativo Regional n.º 17/98/A, de 9 de novembro, determinou-se que eram justificadas as faltas ao serviço da Administração Local por motivos inerentes ao sismo de 9 de Julho de 1998 e no Decreto-Lei n.º 9/2000, de 10 de fevereiro, admitiu-se a possibilidade de dar faltas justificadas não remuneradas por parte dos trabalhadores que participam na viagem evocativa de Pedro Álvares Cabral, mediante requerimento da Comissão Nacional para as Comemorações dos Descobrimentos Portugueses.

constante da alínea *j)*, ao determinar que as faltas justificadas podem ser qualificadas por lei.

O elenco de faltas justificadas corresponde a uma tipicidade aberta, pois, para além da indicação constante da alínea *j)*, que remete para a lei (indefinida), são consideradas justificadas as faltas autorizadas ou aprovadas pelo empregador (art. 249.º, n.º 2, alínea *i)*, do CT). Daqui decorre que, por acordo, podem ser acrescentadas faltas justificadas ao elenco da lei e, em última análise, qualquer falta pode ser considerada justificada pelo empregador[1217]. Não se admite, porém, que o elenco de faltas justificadas, à exceção das que se relacionem com as dadas por sindicalistas, possa ser alterado por instrumento de regulamentação coletiva de trabalho (art. 250.º do CT).

II. A falta, para ser justificada, não obstante ter de se enquadrar na enumeração do 249.º, n.º 2, do CT, carece também de uma comunicação ao empregador (art. 253.º do CT)[1218], na qual se menciona a razão da mesma, para se poder enquadrar nalguma das causas previstas na lei[1219]. Sendo indicado um dos motivos legais de justificação, cabe indagar se o empregador pode averiguar e questionar a validade da razão invocada[1220]. No que respeita à

[1217] Monteiro Fernandes, *Direito do Trabalho*, cit., p. 462, esclarece que o legislador pretendia, com o disposto no art. 23.º LFFF, combater o absentismo; propósito que é frustrado pelo mecanismo jurídico criado, onde se admite uma certa margem de flexibilidade.

[1218] Cf. Ac. Rel. Cb. de 30/4/1992, CJ XVII, T. II, p. 102; Ac. Rel. Cb. de 7/7/1994, CJ XIX, T. IV, p. 63.

[1219] Cf. Ac. Rel. Lx. de 24/6/1998, CJ XXIII, T. III, p. 172.

[1220] Não é necessariamente falta justificada aquela em que o trabalhador apresenta atestado médico, cabendo ao empregador controlar a doença por médico da sua confiança (Ac. STJ de 20/6/1986, TJ 19 (1986), p. 16; Ac. STJ de 12/12/1989, TJ 3 (1990), p. 232). Mas o atestado não tem de especificar a doença do trabalhador, basta que esclareça quanto à sua impossibilidade de trabalhar (Ac. Rel. Cb. de 13/2/1992, CJ XVII, T. I, p. 131). Ao empregador cabe sempre averiguar se o motivo invocado corresponde a uma justificação e pode exigir prova dos factos alegados pelo trabalhador (Ac. Rel. Cb. de 8/10/1992, CJ XVII, T. IV, p. 121), exceto se a situação era do conhecimento do empregador (Ac. Rel. Lx. de 29/3/1995, CJ XX, T. II, p. 175), por isso não é necessário proceder à comunicação se a doença era conhecida do empregador (Ac. Rel. Lx. de 12/12/1996, CJ XXI, T. V, p. 181). No Ac. Rel. Pt. de 7/5/2001, CJ XXVI, T. III, p. 248, entendeu-se que, estando o trabalhador de baixa, não tornava as faltas injustificadas o facto de ter frequentado as aulas e feito exames na faculdade, porque o que podia ou não fazer só diz respeito à Segurança Social.

No que respeita ao controlo do motivo da falta quando é invocada doença, Couturier, *Droit du Travail*, cit., pp. 372 s., alude à «contra-visita» do médico do empregador e nos termos do art. 20.4 do *Estatuto de los Trabajadores*, o empregador pode verificar o motivo invocado (Briones González, *La Extinción del Contrato de Trabajo por Causas Objetivas*, Madrid, 1995,

prova do motivo justificativo da falta e à sua impugnação, veja-se o disposto no art. 254.º do CT e a regulamentação constante dos arts. 17.º e ss. da Lei n.º 105/2009.

A comunicação, sendo exequível, deverá ser feita com uma antecedência mínima de cinco dias[1221], ou, então, quanto a faltas imprevistas, a obrigação de comunicar será cumprida posteriormente, dentro de um prazo curto (logo que possível)[1222].

A comunicação da falta é uma declaração recipienda, que não carece de forma[1223]; basta que o trabalhador, por qualquer meio, informe o empregador da falta e apresente a respetiva prova, quando solicitada.

III. As faltas, sendo justificadas, não determinam, em princípio, uma perda de direitos por parte do trabalhador, seja antiguidade, retribuição, etc. (art. 255.º, n.º 1, do CT); não tendo, por conseguinte, qualquer repercussão na relação laboral. Todavia, em caso de falta justificada, o empregador não tem de pagar a retribuição, se a mesma for satisfeita por um seguro ou pela segurança social (art. 255.º, n.º 2, alíneas *a)* e *b)*, do CT)[1224]. Além disso, também não são retribuídas as faltas justificadas de trabalhadores eleitos para estruturas de representação coletiva (art. 409.º, n.º 1, do CT)[1225]. Contudo, é-lhes devida remuneração quanto ao crédito de horas e de dias estabelecido para as comissões de trabalhadores (art. 422.º do CT) e associações sindicais

---

pp. 350 ss.). Veja-se também Bernardo Xavier, «Atestado Médico e Controlo Patronal das Faltas por Doença», *RDES* 1987, n.º 2, pp. 233 ss., que defende a licitude de o empregador promover a contraprova, podendo o atestado médico não ser prova bastante da impossibilidade do trabalhador.

1221 Sendo previsível, a comunicação da falta tem de ser antecipada; assim, não tendo o trabalhador provado que as análises eram urgentes, não pode justificar a falta posteriormente (Ac. STJ de 10/12/1997, CJ (STJ) 1997, T. III, p. 298).

1222 Sobre a concretização do conceito indeterminado «logo que possível», cf. Ac. STJ de 18/6/1997, CJ (STJ) 1997, T. II, p. 293. É ao trabalhador que incumbe provar a imprevisibilidade da falta (Ac. Rel. Lx. de 15/5/1996, CJ XXI, T. III, p. 159).

1223 Quanto à possibilidade de a comunicação ser feita via telefone, cf. Ac. Rel. Lx. de 13/3/1996, CJ XXI, T. II, p. 165.

1224 A Segurança Social só paga a remuneração depois de decorridos seis meses de descontos e não satisfaz tal pagamento nos três primeiros dias de faltas. Quanto ao designado prazo de garantia de seis meses, cf. Ac. Rel. Év. de 2/7/1996, CJ XXI, T. IV, p. 303.

1225 Para os membros da direção de associações sindicais, as faltas, desde que no desempenho de funções, consideram-se justificadas, com perda de retribuição, mantendo-se todos os demais direitos dos trabalhadores, entre os quais a promoção (Ac. STJ de 8/11/1995, *BMJ* 451, p. 207).

(arts. 467.º e 468.º do CT)[1226]. Há ainda limitações no plano retributivo no caso de faltas dadas para assistência a membros do agregado familiar ou legais que excedam 30 dias por ano (art. 255.º, n.º 2, alíneas *c)* e *d)*, do CT). As faltas autorizadas ou aprovadas pelo empregador não são retribuídas (art. 255.º, n.º 2, alínea *d)*, do CT).

As faltas justificadas, se se prolongarem por mais de trinta dias, levam à aplicação do regime da suspensão do contrato de trabalho, previsto nos arts. 296.º e ss. do CT (*vd. infra* § 48.2).

A falta justificada corresponde a um risco do empregador, na medida em que tem de compensar o trabalhador como se ele tivesse trabalhado; o empregador não aufere a vantagem a que tem direito, mas tem de pagar a contrapartida. Mais uma vez, a especial repartição do risco na relação laboral determina particularidades a nível do sinalagma contratual.

IV. As faltas injustificadas, que se determinam por exclusão de partes (249.º, n.º 3, do CT), correspondem a um incumprimento do contrato de trabalho[1227], pressupondo, entre outros aspetos, perda da retribuição e de antiguidade (art. 256.º, n.º 1, do CT)[1228]. O incumprimento decorrente de uma falta injustificada é passível de ação disciplinar e constitui uma infração disciplinar grave caso o trabalhador tenha faltado injustificadamente um ou meio período normal de trabalho diário imediatamente anterior ou posterior aos dias ou meios-dias de descanso ou feriados (art. 256.º, n.º 2, do CT)[1229]. Acrescentou-se na revisão de 2012 que a perda de retribuição «abrange os dias ou meios-dias de descanso ou feriados imediatamente anteriores ou posteriores ao dia de falta»; pretende-se com esta medida obstar ao prolongamento dos fins-de-semana e às «pontes».

[1226] Sobre esta questão, *vd.* AMADEU DIAS, *Descontos das Faltas ao Trabalho*, Lisboa, sd., pp. 19 s.

[1227] A falta, não sendo justificada, integra um comportamento ilícito, presumindo-se a culpa do trabalhador (art. 799.º, n.º 1, do CC); porém, independentemente de culpa do trabalhador, não sendo a falta justificada, subsistem as consequências legais do art. 256.º, n.º 1, do CT, porque está igualmente em causa uma forma de distribuição do risco.

[1228] Quanto à perda da retribuição em caso de faltas, cf. AMADEU DIAS, *Descontos das Faltas ao Trabalho*, cit., em especial pp. 30 ss.

[1229] Sobre a questão, *vd.* HELENA TAPP BARROSO, «Justa Causa por Violação do Dever de Assiduidade; Faltas não Justificadas ao Trabalho e Falsas Declarações Relativas às Justificações das Faltas. Uma Abordagem do Caso das Falsas Declarações para Justificação de Faltas em Especial», *Estudos do Instituto de Direito do Trabalho*, Vol. II, *Justa Causa de Despedimento*, Coimbra, 2001, pp. 179 ss.

Os atrasos injustificados, desde que superiores a trinta minutos ou a uma hora, havendo recusa do empregador em aceitar a prestação, determinam a existência de uma falta não justificada, respetivamente de metade ou todo o período normal de trabalho diário (art. 256.º, n.º 3, alíneas *a)* e *b)*, do CT)[1230]. Sendo o atraso inferior aos períodos referidos, ou superior desde que o empregador não recuse a prestação laboral, os correspondentes tempos são adicionados até perfazerem o período diário de trabalho (art. 248.º, n.º 2, do CT)[1231]. A dúvida reside em saber o que se deve entender por «atraso injustificado»; uma greve dos transportes pode determinar a existência de um atraso justificado, mas o mesmo não se pode dizer no caso de o retardamento se ficar a dever aos habituais congestionamentos de trânsito.

Se o trabalhador sair antes da hora de termo constante do horário de trabalho, não é falta; haverá sim uma infração disciplinar passível de procedimento[1232].

g) Retribuição em período de repouso

I. Interessa relacionar as situações de direito ao repouso com a retribuição devida ao trabalhador nesse período.

II. Os descansos diário e semanal não são remunerados. De facto, ao contratar-se um trabalhador sabe-se que não vai desenvolver a atividade durante determinadas horas da sua jornada de trabalho, bem como no dia de descanso semanal obrigatório. Por isso, o ordenado será estabelecido tendo em conta o número de horas que trabalha por dia e o número de dias que trabalha por mês, não estando previsto no salário a retribuição das horas de repouso diário nem do dia de descanso semanal obrigatório. O mesmo se diga quanto ao descanso semanal complementar, se este resultar do contrato ou de convenção coletiva.

Deste modo, para determinar a retribuição diária, por exemplo para efeito de desconto de faltas injustificadas, não se procede a uma divisão da retribuição mensal pelos dias do mês, pois atende-se às horas de trabalho efetivo por mês. Nos termos do art. 271.º, n.º 1, do CT, a retribuição horária é calculada tendo por base o período normal de trabalho semanal (p. ex. quarenta horas) e não os dias da semana ou do mês.

[1230] Cf. Ac. STJ de 10/12/1997, CJ (STJ) 1997, T. III, p. 298.
Se o empregador não exerce o seu direito potestativo de recusar a prestação, não pode considerar que houve falta (Ac. STJ de 25/9/1996, CJ (STJ) 1996, T. III, p. 232).

[1231] Cf. Ac. STJ de 25/9/1996, CJ (STJ) 1996, T. III, p. 232.

[1232] Parece ser esse o sentido do Ac. STJ de 1/6/1994, CJ (STJ) 1994, T. II, p. 274.

Todavia, caso o trabalhador preste a atividade num dia de descanso semanal obrigatório ou complementar, a lei impõe que seja remunerado com um acréscimo de 50%; ou seja, receberá por aquelas horas de laboração a retribuição diária acrescida de metade do que auferiria em qualquer outro dia de trabalho (art. 268.º, n.º 1, alínea *b)*, do CT). Além do acréscimo de 50% na retribuição, tendo trabalhado em dia de descanso semanal obrigatório, o trabalhador tem direito a gozar um outro dia de descanso nos três dias úteis seguintes (art. 229.º, n.º 4, do CT). Nos termos em que o preceito está redigido, poder-se-ia entender que a atribuição ao trabalhador de um dia de descanso compensatório é devida ainda que não tenha prestado trabalho durante todo o dia de descanso semanal obrigatório; assim, mesmo que o trabalhador tenha prestado trabalho suplementar durante duas horas num domingo, teria direito a um dia de descanso compensatório. Mas a solução não é pacífica, porque se opõe a uma regra de proporcionalidade.

III. Os feriados são retribuídos, pois, na determinação do salário mensal, não se têm em conta os dias feriados. Os dias feriados, apesar de não haver laboração, não são descontados para efeitos de determinar o montante da retribuição (art. 269.º do CT).

Caso o trabalhador exerça atividade em dia feriado, terá direito a um acréscimo de 50% da retribuição, tal como em relação ao trabalho desempenhado no dia de descanso obrigatório ou facultativo (art. 269.º, n.º 2, do CT), com a diferença resultante do facto de o dia feriado já ser remunerado. Em alternativa ao acréscimo retributivo, o empregador pode optar por descanso compensatório com duração de metade do número de horas prestado (art. 269.º, n.º 2, do CT).

IV. As férias também são remuneradas (art. 264.º, n.º 1, do CT) e, além da retribuição, o trabalhador tem direito a um subsídio, que corresponde a um acréscimo salarial, em princípio, de montante igual ao do ordenado (art. 264.º, n.º 2, do CT). A retribuição correspondente ao período de férias, de montante idêntico ao que o trabalhador auferiria se estivesse ao serviço, deve ser paga nos termos idênticos aos dos restantes meses de trabalho, mas o subsídio de férias deve ser prestado antes do início do período de férias (art. 264.º, n.º 3, do CT)[1233].

[1233] Se as férias forem gozadas antes de junho ou julho (altura em que se paga o subsídio) o subsídio será pago antecipadamente. Sobre a retribuição de férias e o respetivo subsídio, *vd. infra* § 25, n.º 8, alínea b).

Apesar de a lei determinar que o trabalhador em férias não pode auferir menos do que aquilo que receberia se estivesse em serviço efetivo, há certos complementos da retribuição que não são devidos, como os subsídios de refeição, de transporte e de representação[1234]. Estes complementos salariais não serão devidos na remuneração respeitante ao mês de férias, pois não se justifica a sua perceção, atendendo ao facto de serem pagos para fazer face a despesas que só têm sentido aquando da efetiva prestação da atividade.

Dúvidas há quanto a saber se, na retribuição de férias e no respetivo subsídio, são de incluir certos acréscimos de retribuição, como comissões de vendas[1235], prémios de produtividade[1236], etc., na medida em que estes complementos estão diretamente relacionados com a prestação da atividade. Na dúvida, sendo retribuição para efeitos dos arts. 258.º e ss. do CT, estes e outros subsídios, como o de trabalho noturno, de turno ou de isolamento, devem integrar a retribuição correspondente ao mês de férias, mas não o respetivo subsídio.

Quanto a alguns complementos salariais não se justifica a sua duplicação, pelo que não integram o subsídio de férias, por isso, na parte final do n.º 2 do art. 264.º do CT se dispõe que o subsídio de férias só integra a retribuição base e as demais prestações retributivas que sejam contrapartida do modo específico da execução do trabalho. Assim, o subsídio de renda de casa não deverá integrar o subsídio de férias, pois durante o período de férias não se pagam duas rendas de casa[1237]. Nesta sequência, certos benefícios, como a permissão de uso de veículo, não pode integrar o subsídio de férias.

[1234] Cf. Ac. STJ de 27/9/1995, CJ (STJ) 1995, T. III, p. 273; Ac. Rel. Lx. de 29/6/1994, CJ XIX, T. III, p. 181; Ac. Rel. Lx. de 3/11/1994, CJ XIX, T. V, p. 183; Ac. Rel. Cb. de 13/11/1996, CJ XXI, T. V, p. 68.

[1235] Na retribuição de férias e no respetivo subsídio deve atender-se ao todo retributivo: parte certa e comissões de vendas (Ac. STJ de 11/12/1996, CJ (STJ) 1996, T. III, p. 262).

[1236] No Ac. STJ de 27/9/1995, CJ (STJ) 1995, T. III, p. 273, considerou-se que, em relação ao prémio de produtividade, para cálculo da retribuição de férias e respetivo subsídio, deveria ser tida em conta a média mensal.

[1237] Se se tratar de um subsídio de alojamento, pode não se justificar, sequer, o seu pagamento na retribuição de férias, desde que o mesmo seja efetuado para fazer face a despesas de alojamento relacionadas com a prestação da atividade (p. ex., para pagar o hotel onde o trabalhador se instala perto da obra que está a acompanhar). O subsídio de refeição não integra os subsídios de férias e de Natal (Ac. Rel. Lx. de 29/6/1994, CJ XIX, T. III, p. 181; Ac. Rel. Lx. de 3/11/1994, CJ XIX, T. V, p. 183).

V. Por último, as faltas justificadas, à exceção das situações previstas no n.º 2 do art. 255.º do CT[1238], não implicam a perda de retribuição. No caso de faltas que impliquem perda de retribuição, por acordo, podem ser substituídas por dias de férias, desde que se assegure o gozo efetivo de vinte dias úteis de férias (art. 238.º, n.º 5 *ex vi* art. 257.º, n.º 1, do CT) ou por trabalho suplementar não remunerado (art. 257.º, n.º 1, alínea *b)*, do CT).

Bibliografia:

Joana Almeida, «Assiduidade e Acréscimo do Período de Faltas», *RDES*, 2005, n.os 2/4, pp. 311 e ss.; Leal Amado, *Contrato de Trabalho*, cit., pp. 241 ss.; Leal Amado/João Reis, «Nótula sobre as Faltas Justificadas por Motivo de Falecimento de Parentes ou Afins», *QL* n.º 27 (2006), pp. 129 e ss.; Rui Assis, «O Regime Jurídico do Direito a Férias», *Direito e Justiça* XIV (2000), 3, pp. 291 a 316; Helena Tapp Barroso, «Notas sobre o efeito das férias e ausências na contagem do período normal de trabalho em regime de adaptabilidade», *RDES* 2009, n.º 1/2, pp. 39 e ss.; Armando Braga, *Lei das Férias, Feriados e Faltas Anotada. Doutrina e Jurisprudência*, 3.ª ed., Porto, 2000; Menezes Cordeiro, *Direito do Trabalho*, II, cit., pp. 568 a 590; Amadeu Dias, *Descontos das Faltas ao Trabalho*, Lisboa, sd.; Monteiro Fernandes, *Direito do Trabalho*, cit., pp. 437 e ss.; Abel da Costa Ferreira, *Lei das Férias, Feriados e Faltas*, Lisboa, 1997; Júlio Gomes, *Direito do Trabalho*, I, cit., pp. 707 e ss. e 722 e ss.; Menezes Leitão, *Direito do Trabalho*, cit., pp. 308 e ss.; Acácio Lourenço, «O Direito a Férias», *Estudos sobre Temas de Direito do Trabalho*, Lisboa, 1979, pp. 59 a 89; José Andrade Mesquita, «O Direito a Férias», *Estudos do Instituto de Direito do Trabalho*, Vol. III, Coimbra, 2002, pp. 67 a 155; Luís Miguel Monteiro, anotação aos arts. 232.º e ss. *in* Romano Martinez/Luís Miguel Monteiro/Joana Vasconcelos/Madeira de Brito/Guilherme Dray/Gonçalves da Silva, *Código do Trabalho Anotado*, cit., pp. 607 e ss. e «Ausência ao Serviço de Membros de Estruturas Representativas de Trabalhadores», *Pront.* n.º 72 (2005), pp. 67 e ss.; Teresa Coelho Moreira, «O direito à desconexão dos trabalhadores», *QL* 49 (2016), pp. 7 ss.; Isabel Ribeiro Parreira, «O Absentismo antes e depois do Código do Trabalho: O Reforço de Armas na Luta do Empregador contra as Ausências ao Trabalho», *Estudos de Direito do Trabalho em Homenagem ao Professor Manuel Alonso Olea*, Coimbra, 2004, pp. 267 e ss.; Mário Pinto/Furtado Martins/Nunes de Carvalho, *Comentário*, cit., anot. art. 51.º, pp. 218 a 221; Rosário Palma Ramalho,

[1238] O dirigente sindical que, por trinta dias consecutivos, se encontra impedido de trabalhar para prestar funções no sindicato, dá faltas justificadas não remuneradas (Ac. STJ de 22/10/1996, CJ (STJ) 1996, T. III, p. 245).

Tratado de Direito do Trabalho, II, cit., pp. 435 e ss.; JOÃO SOARES RIBEIRO, «Faltas no Código: Que Imperatividade?», *Pront.* n.º 72 (2005), pp. 131 e ss.; MILENA ROUXINOL, «O direito a férias no Código do Trabalho de 2009», *QL* 33 (2009), pp. 61 e ss.; MOTTA VEIGA, *Lições*, cit., pp. 408 a 424; BERNARDO XAVIER, «Atestado Médico e Controlo Patronal das Faltas por Doença», *RDES* 1987, n.º 2, pp. 213 a 244; BERNARDO XAVIER/FURTADO MARTINS/NUNES DE CARVALHO/JOANA VASCONCELOS/TATIANA GUERRA DE ALMEIDA, *Manual*, cit., pp. 671 e ss.

§ 25. RETRIBUIÇÃO

1. Identificação

Nos termos da noção legal constante do art. 11.º do CT, o contrato de trabalho corresponde a um negócio jurídico em que a atividade terá de ser prestada mediante o pagamento de uma contraprestação, com natureza patrimonial. O contrato de trabalho é, pois, um negócio jurídico oneroso, caracterizado pela existência de uma contraprestação patrimonial da parte do empregador[1239].

A prestação que o empregador tem de efetuar ao trabalhador apresenta uma terminologia vária. No Código do Trabalho designa-se por retribuição (arts. 258.º e ss. do CT), mas encontramse outras expressões, como remuneração, salário, ordenado, vencimento, etc., que se podem usar como sinónimos[1240].

Quanto à retribuição, para além do disposto nos arts. 258.º e ss. do CT, importa ter em conta regras constitucionais, como seja as que estabelecem o salário mínimo e o princípio da igualdade retributiva, bem como o regime constante das convenções da OIT, que também dispõem sobre a igualdade salarial e o mínimo retributivo.

[1239] Considerando a temática salarial uma das mais relevantes do direito do trabalho, cf. LEAL AMADO, *A Protecção do Salário*, suplemento BFDUC, Vol. XXXIX, Coimbra, 1995, pp. 1 ss.

[1240] Sobre a retribuição, além de obras gerais e das referenciadas na bibliografia deste número, cf. LUIGI ANGIELLO, *La Retribuzione*, 2.ª ed., Milão, 2003; GRONDI, *La Retribuzione. Fonti. Struttura. Funzione*, Nápoles, 1996; SCHAUB, *Arbeitsrechts-Handbuch*, cit., pp. 713 ss.
Quanto à terminologia, *vd.* MENEZES CORDEIRO, *Direito do Trabalho*, II, cit., p. 690 e MÁRIO PINTO/FURTADO MARTINS/NUNES DE CARVALHO, *Comentário*, cit., anot. II.2 ao art. 82.º, p. 246. Ainda em relação à terminologia, cabe aludir à expressão «féria», como sinónimo de retribuição, que deu origem à chamada folha de férias, onde se registam salários (*vd.* MOTTA VEIGA, *Lições*, cit., p. 430) e ao seguro de acidentes de trabalho na modalidade de folha de férias, cujo prémio é fixado em função do número de trabalhadores e dos salários pagos.

2. Sentido amplo e restrito

I. Para o estudo da retribuição devida ao trabalhador não interessa a noção económica de salário, porque nesta engloba-se tanto a retribuição do trabalhador subordinado, como o vencimento do trabalhador independente e ainda a parcela do lucro que corresponde ao salário do empresário[1241]. Por outro lado, do ponto de vista económico, ou no âmbito de outros ramos do Direito – como o direito fiscal e a segurança social –, determinadas vantagens auferidas pelo trabalhador podem ser consideradas remuneração, apesar de não integrarem o conceito de retribuição de direito do trabalho[1242].

No direito do trabalho recorre-se a uma noção mais restrita de retribuição, a qual se pode inferir do disposto no art. 258.º, n.os 1 e 2, do CT[1243]. Os elementos constitutivos da definição legal de retribuição são três: em primeiro lugar, a retribuição corresponde à contrapartida da atividade do trabalhador (n.º 1, parte final); segundo, a retribuição pressupõe o pagamento de prestações de forma regular e periódica (n.º 2); por último, o terceiro elemento identificador respeita ao facto de a prestação ter de ser feita em dinheiro ou em espécie (n.º 2, parte final), ou seja tem de ser uma prestação com valor patrimonial.

II. No sentido estrito, a retribuição compreende a denominada «retribuição base» – correspondente à parcela retributiva contratualmente devida que condiz com o exercício da atividade desempenhada pelo trabalhador de acordo com o período normal de trabalho que tenha sido definido (art.

1241 Cf. Soares Martinez, *Economia Política*, 11.ª ed., Coimbra, 2010, pp. 737 s.

1242 O direito fiscal (art. 2.º, n.º 1, do Código do IRS) considera retribuição todas as «remunerações pagas ou postas à disposição do seu titular» pelo empregador; nesta noção ampla incluem-se, por exemplo, os abonos para falhas que excedam 5% da remuneração mensal fixa (art. 2.º, n.º 2, alínea *c)*, do Código do IRS), as ajudas de custo e despesas de deslocação (art. 2.º, n.º 2, alínea *d)*, do Código do IRS) e as gorjetas (art. 2.º, n.º 2, alínea *g)*, do Código do IRS). Com uma explicação da razão de ser destas regras, *vd.* Soares Martinez, *Direito Fiscal*, 10.ª ed., Coimbra, 2000, pp. 558 s. Em relação às gorjetas, o autor citado (p. 559) esclarece que, na generalidade dos casos, não são tributadas, apesar da incidência legalmente estabelecida e conclui pela injustiça de tal tributação, pois corresponde a um imposto que incide sobre doações de bens móveis, as quais, em regra, não são tributadas. Sobre esta problemática, veja-se Manuel Faustino «Enquadramento fiscal da retribuição», *RDES* 2016, pp. 209 ss.

1243 Num sentido amplo, englobando na noção de remuneração todas as obrigações que recaem sobre o empregador, designadamente os chamados deveres de assistência, cf. Menezes Cordeiro, *Direito do Trabalho*, II, cit., p. 699. Este autor (ob. e loc. cit.) distingue a remuneração (sentido amplo) da retribuição (sentido restrito).

262.º, n.º 2, alínea *a)*, do CT) –, as «diuturnidades» (art. 262.º, n.º 2, alínea *b)*, do CT), assim como as demais prestações pecuniárias pagas regularmente como contrapartida da atividade. Estas prestações, habitualmente denominados «complementos salariais» assumem igualmente carácter de obrigatoriedade.

Assim, além da retribuição base, são normalmente ajustadas outras parcelas retributivas que cabem igualmente no conceito de retribuição, entre as quais se podem incluir as diuturnidades e a compensação a título de isenção de horário de trabalho ou de trabalho noturno.

III. A configuração da «retribuição em sentido restrito», que abrange não apenas a retribuição base e diuturnidades, mas as demais parcelas retributivas que assumem carácter regular e periódico, insere-se no âmbito da habitualmente denominada «determinação qualitativa da retribuição», a qual tem em vista a adoção de um critério que nos permita distinguir aquilo que se deva considerar como «retribuição» para efeitos laborais.

O art. 249.º, n.º 4, do CT2003 (secundado pelo art. 258.º, n.º 4, do CT2009), numa versão inovadora relativa ao regime anterior, determina que da qualificação de certa prestação como retribuição resulta (apenas) a aplicação dos regimes de garantia previstos no Código. Ou seja, a lei determina quais são as consequências emergentes da qualificação de certa prestação como retribuição, circunstância que permite concluir, *a contrario sensu*, que a qualificação como retribuição não releva para quaisquer outros efeitos[1244]. Por outras palavras, apesar de se qualificar certa prestação como retribuição não significa, por exemplo, que o tratamento a dar às aludidas parcelas retributivas deva ser idêntico no que diz respeito à questão da «determinação quantitativa da retribuição». Uma coisa é averiguar e estabelecer o que se entende por retribuição, outra, diversa, será indagar com que intensidade, em que medida e em que circunstâncias tal retribuição é devida aos trabalhadores.

IV. Assim, se em sede de «determinação qualitativa da retribuição» podemos chegar à conclusão, por exemplo, que todas as parcelas retributivas que façam parte do conceito de retribuição estão, indistintamente, sujeitas ao princípio geral da «irredutibilidade da retribuição» (art. 129.º, n.º 1, alínea

---

[1244] Cf. Joana Vasconcelos, anotação ao artigo 258.º, *in* Romano Martinez/Luís Miguel Monteiro/Joana Vasconcelos/Madeira de Brito/Guilherme Dray/Luís Gonçalves da Silva, *Código do Trabalho Anotado*, cit., pp. 645 e ss.

d), do CT), ou da «garantia dos créditos laborais» (arts. 279.º, 280.º, 333.º e ss. e 337.º do CT), já em sede da «determinação quantitativa da retribuição» podemos chegar à conclusão que só algumas dessas parcelas retributivas são devidas, por exemplo, a título de «férias», «subsídio de férias» ou de «Natal», ou a título de indemnização ou compensação por despedimento levado a efeito pelo empregador.

3. Características de retribuição em sentido estrito

a) Enunciação

Como se indicou, a retribuição é contrapartida da atividade, assenta no carácter regular e periódico da sua realização e tem natureza patrimonial. Estes três elementos correspondem à noção legal de retribuição.

b) Contrapartida da atividade

I. Quando se atende à retribuição como contrapartida (primeiro elemento) é preciso fazer dois esclarecimentos.

Em primeiro lugar, não quer dizer que, para determinar o valor da retribuição, tenha de se avaliar o valor do trabalho. A retribuição será a contrapartida do trabalho, mas não no sentido de coincidir com o valor exato do trabalho que se remunera. Não há, pois, que proceder a uma avaliação do valor do trabalho e, em função dela, determinar o valor da retribuição. Segundo, fixada a retribuição tendo em conta uma determinada atividade a prestar, mesmo que esta deixe de ser vantajosa ou não possa ser prestada, o salário continua a ser devido e não é alterado.

A retribuição representa a contrapartida negocial, mas com particularidades próprias[1245].

Da contrapartida da atividade efetuada, como elemento da retribuição, retira-se que esta assenta numa relação sinalagmática. O contrato de trabalho é bilateral e, por conseguinte, a retribuição encontra-se na dependência sinalagmática relativamente à atividade. Assim, como princípio geral sujeito a várias exceções, dir-se-á que sem trabalho não há salário[1246]. Por isso, não é

[1245] Sobre a designada desregulação salarial, aludindo à flexibilidade defensiva e ofensiva, cf. Monereo Pérez, *El Salario y su Estructura después de la Reforma Laboral de 1997*, Valência, 1998, em especial, pp. 102 ss.

[1246] Cf. Bernardo Xavier/Furtado Martins/Nunes de Carvalho/Joana Vasconcelos//Tatiana Guerra de Almeida, *Manual*, cit., p. 587; Monteiro Fernandes, *Direito do Tra-*

devida a retribuição ao trabalhador que falta injustificadamente (art. 256.º, n.º 1, do CT), que adere a uma greve (art. 541.º, n.º 1, do CT) ou que esteja impossibilitado de realizar a atividade por mais de um mês (art. 295.º, n.º 1, do CT).

II. Na base de cálculo das prestações retributivas ter-se-á em conta a retribuição base e diuturnidades (art. 262.º do CT). Por isso, a retribuição, ainda que numa estrutura sinalagmática, é entendida em sentido particular no domínio da cessação do contrato de trabalho (arts. 366.º, n.º 1, e 396.º, n.º 1, do CT), onde se alude à retribuição base e diuturnidades – não abrangendo todas as contrapartidas –, porque está em causa o cálculo de uma compensação ou indemnização. De modo diverso, na Lei dos Acidentes de Trabalho (art. 71.º, n.º 1, da LAT), ainda que se tenha em vista o cálculo de uma indemnização, assenta-se na ideia de regularidade da retribuição anual ilíquida, sem atender especificamente à contrapartida do trabalho[1247].

Em determinadas circunstâncias, embora a atividade não seja executada, a retribuição pode ser devida; tal ocorre, por exemplo, no caso de faltas justificadas (art. 255.º, n.º 1, do CT) e na hipótese de suspensão preventiva do trabalhador na pendência do procedimento disciplinar (art. 329.º, n.º 5, *in fine*, do CT)[1248].

c) Periodicidade

O segundo elemento da retribuição leva a pressupor que deverá ser prestada de forma regular e periódica.

---

balho, cit., pp. 297 ss. Este último autor (ob. cit., p. 300), esclarece que o princípio não pressupõe que a inatividade do trabalhador implique sempre a perda de retribuição, como no caso previsto no art. 309.º, n.º 1, alínea *b)* do CT (encerramento temporário do estabelecimento ou diminuição de atividade por facto imputável ao empregador ou por motivo do interesse deste). Relativamente à relação sinalagmática da qual decorre a máxima «ohne Arbeit kein Lohn», *vd.* Söllner, *Arbeitsrechts*, cit., pp. 274 s.; Spielbücher/Grillberger, *Arbeitsrecht*, cit., pp. 223 ss. Veja-se ainda, numa perspetiva restrita quanto ao carácter sinalagmático do salário, Leal Amado, *A Protecção do Salário*, cit., pp. 15 ss.

[1247] Nos termos do disposto na revogada base XXIII da Lei n.º 2127, onde se aludia à retribuição-base, também se partia do pressuposto de que, na retribuição, se incluíam todas as prestações que revestem carácter de regularidade. Veja-se também o Ac. STJ de 9/2/1994, CJ (STJ) 1994, T. I, p. 287.

[1248] Sendo devida ao trabalhador suspenso a remuneração de base e os complementos regulares e obrigatórios (Ac. Rel. Cb. de 19/12/1991, CJ XVI, T. V, p. 110).

A periodicidade prende-se, essencialmente, com dois aspetos. Por um lado, com o facto de se tratar de um contrato de execução continuada, significando que a atividade se protela no tempo. Na medida em que a atividade se protela no tempo, a sua contraprestação também tem de ser efetuada com periodicidade[1249].

Por outro lado, a ideia da periodicidade relaciona-se igualmente com a natureza sinalagmática do contrato de trabalho. O pagamento periódico da retribuição advém do facto de a atividade ser efetuada de forma contínua; sendo uma relação sinalagmática, a contraprestação tem de se protelar no tempo, sendo devida com periodicidade.

Para além destes dois aspetos, a periodicidade no pagamento impõe-se ainda por outros motivos, designadamente os usos. Consuetudinariamente, é pressuposto nas relações laborais que a retribuição seja paga de forma periódica. Importa ainda ter em conta que, por via de regra, a retribuição constitui a fonte de rendimento do trabalhador, justificando-se que seja regularmente prestada; seria, em princípio, problemático que o pagamento só se efetuasse ao fim de um longo lapso de tempo. Há, pois, razões ponderosas para a periodicidade da retribuição.

A regularidade da prestação prende-se ainda com o princípio da inalterabilidade do vencimento. Vigora a ideia de que a retribuição deve ser constante, devendo o trabalhador ter direito a uma prestação certa, por motivos, essencialmente, de previsibilidade de rendimentos. Todavia, não obstante a regularidade da prestação ser um dos aspetos que a caracteriza, como refere o art. 258.º, n.º 2, do CT, torna-se imperioso ter em conta que, nem sempre, a prestação auferida é de igual montante, ou seja, nem toda a remuneração tem de ser certa. Por vezes, na relação laboral, o trabalhador pode ser credor de prestações incertas; as chamadas prestações flutuantes. Por exemplo, no caso de serem pagas comissões de vendas, desde que integrem a retribuição, haverá alguma flutuação, pois as prestações ficam na dependência da atividade que o trabalhador tenha realizado num determinado mês; o que implica uma irregularidade. Todavia, atendendo ao disposto no art. 273.º do CT, relativo à retribuição mínima mensal garantida, é imprescindível que uma parte da retribuição seja certa, a chamada «retribuição base». A qualquer trabalhador é devida, como base remuneratória, o salário mínimo; na parte que exceda a retribuição mínima garantida, o valor da retribuição pode

---

[1249] Cf. Mário Pinto/Furtado Martins/Nunes de Carvalho, *Comentário*, cit., anot. II.3 ao art. 82.º, p. 247.

ser totalmente variável. Não há, contudo, uma equivalência entre a retribuição base e o salário mínimo, pois aquela pode ser superior a este.

d) Carácter patrimonial

Por último, ainda quanto às características da retribuição, cabe aludir ao seu carácter patrimonial. A natureza patrimonial do salário relaciona-se com a forma de cumprimento, prevista no art. 276.º, n.º 1, do CT, onde se lê: «A retribuição é satisfeita em dinheiro ou, estando acordado, em prestações não pecuniárias, (...)». Quanto às prestações de outra natureza entende-se que têm de ser avaliáveis pecuniariamente, querendo isto dizer que toda a retribuição tem de ter carácter patrimonial[1250]. Diferentemente do disposto no art. 398.º, n.º 2, do CC, a retribuição pode não corresponder a uma prestação pecuniária, mas tem de ter cariz patrimonial. Por isso, na noção de retribuição não se podem incluir os prémios meramente simbólicos, sem qualquer valor patrimonial, bem como a atribuição ao trabalhador de um maior número de assessores ou de mais ou melhor equipamento para laborar[1251]. A atribuição de melhores meios pode, de facto, facilitar a realização do trabalho, mas como não se repercute, em aspetos patrimoniais, na esfera jurídica do trabalhador, não se enquadra na ideia de retribuição[1252]. Nesta sequência, cabe reiterar que não integra o conceito de retribuição em espécie a prestação de bens ou serviços necessários para a realização da tarefa, como é o caso do automóvel facultado ao vendedor externo da empresa para uso nas deslocações profissionais.

A retribuição em dinheiro tanto pode ser efetuada em euros, como em moeda estrangeira – dependendo do acordo – e como o pagamento pode ser realizado em moeda escritural, cada vez é menos frequente que os salários sejam pagos em papel-moeda. Em suma, até com base em previsão legal, por

[1250] Como exemplo de prestação em espécie, pode aludir-se à ração de pescado para alimentação que um pescador recebe diariamente (Ac. STJ de 17/5/1995, CJ (STJ) 1995, T. II, p. 284).

[1251] Cf. BERNARDO XAVIER/FURTADO MARTINS/NUNES DE CARVALHO/JOANA VASCONCELOS/ /TATIANA GUERRA DE ALMEIDA, *Manual*, cit., p. 587.

[1252] Por isso, o automóvel fornecido pelo empregador só é de incluir na retribuição se acarretar um benefício económico para o trabalhador, por evitar a aquisição de veículo próprio e as consequentes despesas que este importa (Ac. STJ de 15/6/1994, CJ (STJ) 1994, T. II, p. 281). Já é retribuição se o automóvel foi distribuído ao trabalhador para ser usado também em serviço pessoal gratuitamente (Ac. STJ de 23/11/1994, CJ (STJ) 1994, T. III, p. 297; Ac. STJ de 5/3/1997, CJ (STJ) 1997, T. I, p. 290; Ac. Rel. Lx. de 4/11/1992, CJ XVII, T. V, p. 184). A atribuição de casa como contrapartida do trabalho inclui-se na retribuição (Ac. Rel. Lx. de 13/5/1998, CJ XXIII, T. III, p. 161).

via de regra, a retribuição é efetuada por transferência bancária, podendo parecer estranho e indiciando comportamentos fraudulentos o pagamento de salário em notas.

4. Particularidades no que respeita à contrapartida como característica da retribuição

a) Liberalidades

a.1) Gratificações

Tendo em conta a contrapartida enquadrada na perspetiva sinalagmática da relação laboral, qualquer liberalidade prestada pelo empregador ao trabalhador não será entendida como retribuição. Se o empregador, para além do salário, efetuar uma liberalidade ao trabalhador – uma doação, ainda que em dinheiro ou um pagamento extra no Natal, para além do subsídio –, não seria enquadrada entre as prestações retributivas, situação generalizada com as designadas gratificações (art. 260.º, n.º 1, alínea *b)*, do CT). O problema estará em saber quando se deve qualificar a atribuição como uma liberalidade, até porque, não raras vezes, pode tratar-se de uma retribuição indireta, com aparência de gratificação[1253]. A distinção, atento o disposto no art. 260.º do CT, passa pela contraposição entre o *animus donandi* e a obrigatoriedade de efetuar a prestação, associado à sua regularidade[1254]; a obrigatoriedade e a regularidade podem ser determinadas pelos usos da empresa. Por isso, na alínea *c)* do n.º 1 do art. 260.º do CT se esclarece que os prémios de produtividade ou de assiduidade não se consideram retribuição, salvo se estiverem antecipadamente garantidos; é a garantia antecipada que pode afastar estes prémios da gratificação.

[1253] Um subsídio de combustível só constitui retribuição caso se prove que a atribuição é feita aos trabalhadores com carácter obrigatório (Ac. Rel. Cb. de 5/3/1992, CJ XVII, T. II, p. 89). Do mesmo modo, constitui uma mera liberalidade a promessa de pagamento de um complemento de reforma (Ac. Rel. Lx. de 15/5/1991, CJ XVI, T. III, p. 206) ou o bónus instituído como prémio de produção no caso de ter havido lucros (Ac. Rel. Év. de 14/7/1992, CJ XVII, T. IV, p. 321).

[1254] No Ac. STJ de 8/5/1996, CJ (STJ) 1996, T. II, p. 251, numa perspetiva ligeiramente diferente, contrapõem-se as gratificações ordinárias, regulares, às extraordinárias, revestindo estas últimas o carácter de liberalidade, por lhes faltar a obrigatoriedade. Como explicam PÉLISSIER/ /SUPIOT/JEMMAUD, *Droit du Travail*, cit., p. 947, a gratificação que perde o seu carácter original, paternalista e discricionário, integra a retribuição.

Como resulta do n.º 3 do art. 260.º do CT, as gratificações devidas por força do contrato ou que usualmente se integram na contraprestação não deixarão de ser qualificadas como retribuição. No fundo, são prestações que, apesar do (aparente) *animus donandi*, por serem devidas ao trabalhador, constituem um crédito deste e consideram-se, portanto, retribuição; diferentemente da doação, que assenta no espírito de liberalidade (art. 940.º, n.º 1, do CC), estas prestações são devidas por força da execução do contrato. A obrigatoriedade do pagamento pode relacionar-se com a regularidade em que a gratificação tem sido efetuada (art. 260.º, n.º 3, alínea *a)*, do CT).

II. Sendo uma gratificação irregular feita pelo empregador, mas não garantida, ainda que de valor pecuniário, não integra o conceito de retribuição por não corresponder a uma contrapartida da atividade (art. 260.º, n.º 1, alínea *b)*, do CT)[1255].

a.2) Prémios de bons resultados obtidos pela empresa

Tal como as gratificações, também os prémios de bons resultados obtidos pela empresa não se consideram retribuição (art. 260.º, n.º 1, alínea *b)*, do CT), pois falta-lhes a característica da contrapartida. Os referidos prémios podem, porém, integrar a noção de retribuição nos mesmos termos analisados com respeito às gratificações.

Por via de regra, estes prémios são prestações que, justificadas pelo bom resultado da empresa, não visam retribuir a atividade do trabalhador, tendo, antes, por desígnio que este partilhe das vantagens económicas auferidas pela empresa.

a.3) Prestações relacionadas com o desempenho ou mérito profissionais

Apesar de as prestações relacionadas com o desempenho ou mérito profissionais do trabalhador não se considerarem retribuição (art. 260.º, n.º 1, alínea *c)*, do CT), poderá a solução ser diversa no caso de estes pagamentos se encontrarem antecipadamente garantidos. Por via de regra, tanto as comissões ou percentagens de vendas[1256], como os incentivos ou prémios de

[1255] Não obstante a regularidade não poder ser o único critério, por vezes, entende-se que, sendo a gratificação ordinária, paga com carácter de regularidade e continuidade, integra a retribuição; as gratificações extraordinárias são meras liberalidades (Ac. STJ de 8/5/1996, *CJ (STJ)* 1996, T. II, p. 251 e *BMJ* 457, p. 205).

[1256] *Vd.* Monteiro Fernandes, «A Comissão como Elemento da Retribuição», *Temas Laborais*, Coimbra, 1984, pp. 78 ss. e Ac. Rel. Lx. de 8/10/1997, CJ XXII, T. IV, p. 168. Quanto aos

produtividade[1257]/[1258] não se consideram retribuição, mas a solução será diversa se estivem antecipadamente garantidos.

A garantia antecipada de pagamento de tais prestações deverá resultar do acordo entre as partes. Tal acordo não tem de constar necessariamente da versão inicial do contrato de trabalho, nem sequer de um acordo escrito entre empregador e trabalhador; neste âmbito valem as regras gerais, pelo que basta um acordo informal entre as partes ajustado a qualquer momento. Eventualmente, a garantia antecipada de pagamento de tais prestações pode resultar dos usos, relacionados com a regularidade do pagamento de tais prestações (art. 260.º, n.º 3, alínea *b)*, do CT).

Estarem antecipadamente garantidas significa que estas prestações são devidas desde que se verifiquem os respetivos pressupostos, não dependendo de uma apreciação discricionária do empregador.

a.4) Participação nos lucros

α. Regime societário

Também não se considera retribuição a participação nos lucros da empresa (art. 260.º, n.º 1, alínea *d)*, do CT). Desde que ao trabalhador seja assegurada uma retribuição base, adequada ao seu trabalho, os diversos mecanismos societários de fazerem o trabalhador participar nos lucros da empresa não integram a retribuição.

Não obstante a similitude com as gratificações, a participação nos lucros não se considera retribuição pese embora a sua regularidade e garantia antecipada de pagamento. Do art. 260.º, n.º 1, alínea *d)*, do CT consta, porém, uma regra supletiva, que pode ser afastada por acordo das partes em sentido

deveres de pagar as comissões em período de férias, veja-se o Ac. STJ de 11/12/1996, CJ (STJ) 1996, T. III, p. 262.

[1257] No Ac. Rel. Pt. de 26/3/1990, CJ XV, T. II, p. 259, não se qualificou o prémio de produtividade como retribuição, na medida em que a sua concessão dependia da dedicação do trabalhador e das possibilidades financeiras da empresa. Diferentemente, no Ac. Rel. Cb. de 2/11/1990, CJ XV, T. V, p. 92, integrou-se o prémio de produtividade na retribuição. Quanto ao prémio de produtividade, veja-se o Ac. Rel. Lx. de 24/5/2000, CJ XXV, T. III, p. 163.

[1258] Relacionado com os prémios de produtividade, cabe aludir aos prémios de assiduidade; muitas vezes, a empresa, atendendo à atividade do trabalhador, não tem possibilidade de lhe atribuir um prémio de produtividade e a forma encontrada para premiar o trabalhador diligente é feita através da assiduidade. Sobre os prémios de assiduidade cf. Ac. Rel. Lx. de 12/1/1994, CJ 1994, T. I, p. 161; e com respeito ao prémio de incentivo à produção, veja-se o Ac. Rel. Lx. de 14/2/1996, CJ 1996, T. I, p. 170. Veja-se igualmente o Acórdão do Pleno do STJ n.º 16/96, de 4/12, *supra* citado (§ 16., n.º 2).

diverso. Assim, a participação nos lucros da empresa[1259] e a chamada gratificação de balanço, que apresenta similitudes com a repartição de lucros, não consubstanciam, em princípio, prestações retributivas.

β. Planos de aquisição de ações

I. A propósito da realidade societária, com variadas formas de compensação aos trabalhadores, importa atender aos planos de aquisição de ações, frequentemente designados por *stock options*[1260].

A dispersão acionista e o designado «capitalismo popular», dos anos 50-60 do século passado, deram origem à democracia acionista, com as «ações do trabalho», tendo em vista transformar os trabalhadores em capitalistas. Superando a luta de classes e a tradicional troca de trabalho por retribuição, divulgou-se a participação acionista dos trabalhadores.

II. Apesar de poderem estar associados ao capitalismo popular, os planos de aquisição de ações divulgaram-se como meio de remunerar administradores e trabalhadores com cargos de direção. É uma forma cara com eventuais distorções financeiras de remunerar a gestão, estando, por vezes, ligada a conhecidos escândalos financeiros.

Além dos planos de aquisição de ações, pode tratar-se de planos de aquisição de obrigações, convertíveis em ações.

A aquisição de ações por trabalhadores tem em vista permitir àqueles que laboram na sociedade adquirir ações da sociedade, aquisição essa justificada com base em factores vários, tais como: a existência de uma relação de trabalho; a verificação de resultados na empresa; o bom desempenho do

---

[1259] Eventualmente, o facto de, com regularidade (todos os anos), haver distribuição de lucros aos trabalhadores pode consubstanciar uma retribuição. Sobre a questão, veja-se o Ac. Rel. Cb. de 11/2/1993, CJ XVIII, T. I, p. 89.

A distribuição de lucros ao trabalhador não pressupõe a existência de uma sociedade, pois os trabalhadores, em tal caso, não suportam as perdas e só auferem os lucros.

[1260] Sobre as *stock options*, além do disposto no (revogado) art. 134.º, n.º 2, alínea *f)*, do Código dos Valores Mobiliários e do art. 2.º do Regulamento da CMVM n.º 4/2013 e respetivo anexo, sobre Governo das Sociedades, veja-se ACERBI, «Osservazioni sulle *stock options* e sull'azionariato dei dipendenti», *Rivista delle Società*, 43 (1998), 5, pp. 1195 e ss.; ALZAGA RUIZ, *Las Stock Options. Un Estudio desde el Punto de Vista del Derecho del Trabajo y de la Seguridad Social*, Madrid, 2003, pp. 43 e ss.; WINTER, «Management- und Aufsichtsratsvergütung unter besonderer Berücksichtigung von Stock Options – Lösung eines Problems oder zu lösendes Problem?», *Handbuch Corporate Governance. Leitung und* Überwachung *börsennotierter Unternehmen in der Rechts- und Wirtschaftspraxis*, Colónia, 2003, pp. 335 e ss.

trabalhador para esses resultados. Com frequência, os referidos planos representam um prémio por a atividade do trabalhador ter contribuído para o bom resultado da empresa.

III. Ainda que no plano fiscal, os planos de aquisição de ações sejam tributados como rendimentos do trabalho, no direito do trabalho não se consideram normalmente como retribuição.

IV. Tendo sido estipulada a opção, nesse acordo fixam-se os termos de remuneração por um resultado futuro. Em determinada data (*vesting date*) é, então, conferido ao trabalhador o direito potestativo de optar pela aquisição de ações a determinado valor.

O plano de aquisição de ações pode ser esporádico (p. ex., no caso de privatização ou de reestruturação de uma empresa) ou continuado, com periodicidade diversa. Por outro lado, as ações podem ter um valor garantido, ser alienadas com um desconto percentual ou, até, tratar-se de uma transmissão gratuita. Refira-se ainda que as ações podem ser transmitidas ao trabalhador pela sociedade empregadora (que aliena ações próprias) ou por terceiros; por exemplo acionistas da sociedade empregadora (*v. g.*, sócios controladores), que suportam o custo da aquisição «beneficiada» por parte dos trabalhadores.

Não raras vezes, sobre as ações adquiridas pelos trabalhadores mediante estes planos impendem limitações temporárias, de um ou mais anos, à sua livre negociação.

Os planos de aquisição de ações, sem descurar a eventual poupança popular que lhes está subjacente, têm duas finalidades. Por um lado, servem como incentivo aos trabalhadores para os resultados da empresa, funcionando como estímulo e prémio à produtividade. Por outro, podem ter em vista reter os trabalhadores na empresa, evitando a fuga para empresas concorrentes.

b) Pagamento de encargos

Os pagamentos que o empregador efetua ao trabalhador não se consideram retribuição sempre que correspondam a encargos assumidos ou a assumir por este. Assim, quando o empregador entrega uma determinada importância ao trabalhador como meio de lhe pagar um encargo que este já assumiu ou que vai assumir, essa quantia, ainda que seja paga com regularidade, não se qualifica como retribuição.

De facto, são prestações não retributivas, isto é, pagamentos que o empregador faz ao trabalhador, que não se integram na retribuição, porque estão para além do sinalagma contratual. Estão nesse caso as compensações pelo risco a cargo do trabalhador, como o abono para falhas[1261], o pagamento de despesas da empresa suportadas pelo prestador de trabalho (p. ex., deslocações), vulgarmente designadas por ajudas de custo (art. 260.º, n.º 1, alínea *a)*, do CT)[1262] e as despesas de representação. A estas situações acrescem aquelas em que a vantagem obtida pelo trabalhador, não sendo contrapartida negocial, se enquadra num ato de mera tolerância[1263].

A solução consta do art. 260.º, n.º 1, alínea *a)*, do CT, onde se exemplifica como encargos as ajudas de custo, os abonos de viagem as despesas de transporte, os abonos de instalação, o abono para falhas e o subsídio de refeição[1264]. Salvo situações em que o valor em causa se encontra exagerado, sendo, por isso, superior ao encargo assumido pelo trabalhador, não se devem entender estas importâncias como retribuição.

Como se prevê no citado art. 260.º, n.º 1, alínea *a)*, do CT, a falta de correspondência de valores e a habitualidade no seu pagamento pode determinar que a quantia integre a retribuição[1265].

*c) **Pagamentos efetuados por terceiros***

Sempre que o trabalhador receber prestações de terceiros não se estará perante uma retribuição; é o caso típico das gorjetas[1266]/[1267] que, muitas vezes,

---

[1261] Quanto ao abono para falhas, *vd.* Ac. STJ de 6/5/1998, CJ (STJ) 1998, T. II, p. 275. Sobre o abono para falhas concedido ao pessoal das tesourarias da Fazenda Pública, veja-se o Decreto-Lei n.º 532/99, de 11 de dezembro.

[1262] Considerando que as ajudas de custo integravam a retribuição, porque tinha sido incorreta a sua qualificação, cf. Ac. Rel. Lx. de 4/11/1992, CJ XVII, T. V, p. 184; Ac. Rel. Lx. de 24/3/1993, CJ XVIII, T. II, p. 163.

[1263] Daí que, muitas vezes, a possibilidade de o trabalhador usar veículo da empresa não constitua retribuição (Ac. STJ de 15/6/1994, CJ (STJ) 1994, T. II, p. 281).

[1264] No sentido de o subsídio de refeição integrar o conceito de retribuição, cf. Ac. STJ de 20/11/1996, CJ (STJ) 1996, T. III, p. 255; Ac. Rel. Lx. de 4/11/1992, CJ XVII, T. V, p. 184; Ac. Rel. Cb. de 7/4/1994, CJ XIX, T. II, p. 59; Ac. Rel. Cb. de 15/5/1996, CJ XXI, T. III, p. 160.

[1265] Por isso, no Ac. Rel. Lx. de 21/4/2018 (Maria José Costa Pinto), CJ 2018 II, p. 164, se concluiu que o subsídio de refeição pago com a retribuição de férias durante mais de 40 anos constituía retribuição, sendo um uso laboral; no mesmo sentido Ac. STJ de 27/11/2018 (Ribeiro Cardoso), CJ STJ 2018 III, p. 222.

[1266] Considerando que as gratificações prestadas por terceiros aos «croupiers» de casinos não integram o conceito de retribuição, cf. Ac. STJ de 23/1/1996, CJ (STJ) 1996, T. I, p. 249; Ac. Rel. Lx. de 8/3/1995, CJ XX, T. II, p. 165. Mas incluem-se no conceito de retribuição as

correspondem a um acréscimo salarial significativo, mas não se enquadram na noção de retribuição, porque estão para além do sinalagma contratual. A situação é similar no caso de planos de aquisição de ações, em que as ações são transferidas aos trabalhadores por terceiros (p. ex., sócio controlador da empresa empregadora ou sociedade coligada com a empresa empregadora).

Como foi referido, no direito fiscal usam-se outros critérios com vista à cobrança de impostos[1268], mas para o direito do trabalho torna-se necessário que a prestação se enquadre no contexto da relação sinalagmática para ser entendida como retribuição. Mesmo as prestações efetuadas ao trabalhador não integram a retribuição se não forem contrapartida do trabalho realizado; por isso, como se indicou anteriormente, as ajudas de custo e outros complementos que têm em vista suportar despesas que constituem encargos do empregador para a prossecução da tarefa não integram a retribuição (art. 260.º, n.º 1, alínea *a)*, do CT)[1269]. Todavia, como flui do preceito citado, essas importâncias, atendendo à sua regularidade e excedendo as despesas normais, podem constituir um complemento de retribuição.

A questão das prestações efetuadas por terceiro – que em princípio não integram a retribuição – pode ser problemática tendo em conta determinados regimes contratuais. Por exemplo, o empregador, na qualidade de tomador do seguro, pode ajustar um seguro de grupo (de saúde ou de vida) dos seus trabalhadores – segurados que se limitam a aderir ao mencionado seguro. Em caso de doença ou morte do trabalhador, a prestação é efetuada

---

«luvas» que um clube de futebol se obriga a pagar a um seu jogador (Ac. Rel. Lx. de 26/1/1994, CJ XIX, T. I, p. 176).

É esta também a solução preconizada para o Direito espanhol por Montoya Melgar/Galiana Moreno/Sempere Navarro/Ríos Salmerón, *Comentário*, cit., anot. art. 26.º, p. 156. De modo diverso, para o direito brasileiro, Valentin Carrion, *Comentários*, cit., anot. art. 76, p. 126 e anot. art. 457, pp. 297 s., entende que a gorjeta, quando habitual, deve ser anotada na carteira de trabalho, por estimativa, porque integra a remuneração. Com uma posição intermédia, admitindo que a gorjeta deve ser tida em conta na indemnização por despedimento, cf. Pélissier/Supiot/Jemmaud, *Droit du Travail*, cit., pp. 952.

[1267] Gorjetas não se confundem com subornos recebidos pelo trabalhador, cuja percepção pode constituir causa de despedimento.

[1268] Cf. o art. 2.º do Código do IRS *supra* referido.

[1269] Neste sentido, no Ac. Rel. Pt. de 6/2/1992, CJ XVII, T. I, p. 261, conclui-se que, no caso em apreço, a gratificação especial integrava a retribuição, porque, na realidade, constituía contrapartida do trabalho, representando um acréscimo no orçamento do trabalhador. Sobre a questão, veja-se Mário Pinto/Furtado Martins/Nunes de Carvalho, *Comentário*, cit., anot. II.1 ao art. 87.º, p. 260.

por terceiro (segurador), mas o seguro de saúde ou de vida atribuído pelo empregador aos seus trabalhadores pode consubstanciar uma retribuição.

d) Retribuição não relacionada com a contrapartida da atividade

Nas alíneas precedentes foram feitas referências a determinadas prestações pecuniárias feitas pelo empregador (ou terceiro) ao trabalhador que não se consideravam retribuição, por não se enquadrarem na estrutura sinalagmática: como contrapartida da atividade.

Em sentido diverso, cabe atender a prestações pecuniárias devidas pelo empregador ao trabalhador que, apesar de não corresponderem à contrapartida da atividade, se consideram como integrantes da retribuição.

Em primeiro lugar, é retribuição a importância devida ao trabalhador relacionada com períodos de não trabalho, como o pagamento do período de férias. Não é contrapartida da atividade, que não foi realizada, mas será devida como retribuição.

Além disso, atendendo ao facto de o empregador suportar o risco de variados aspetos da relação laboral, são devidas determinadas prestações, a título de retribuição, apesar de o trabalhador estar impossibilitado de realizar a atividade. Assim acontece, *v. g.* no âmbito das faltas justificadas (art. 256.º, n.º 1, do CT)[1270] e na suspensão preventiva do trabalhador (art. 329.º, n.º 5, do CT).

5. Presunção

Na dúvida quanto aos elementos integrantes da noção de retribuição, presume-se que constituem salário as prestações que o empregador efetua ao trabalhador (art. 258.º, n.º 3, do CT). Esta presunção ilidível permite qualificar como retribuição os pagamentos que o empregador faz ao trabalhador, mesmo que não se demonstre a respetiva relação sinalagmática e a periodicidade do pagamento; ou seja, nas situações que suscitem dúvida, cabe ao empregador provar que a prestação efetuada não integra o conceito de retribuição[1271]. Como se dispõe no art. 272.º, n.º 2, do CT – de modo evidente –,

---

[1270] *Vd. supra*, § 24, n.º 12, alínea *f)*, III.

[1271] Cf. Mário Pinto/Furtado Martins/Nunes de Carvalho, *Comentário*, cit., anot. II.9 ao art. 82.º, p. 252. No Ac. Rel. Lx. de 27/9/1995, CJ XX, T. IV, p. 156, considerou-se que o subsídio de aniversário integrava o conceito de retribuição, porque, sendo pago regularmente, cabia ao

compete ao julgador resolver a dúvida de qualificação relativamente às prestações efetuadas pelo empregador ao trabalhador.

6. Prestações retributivas e não retributivas

A distinção entre prestações retributivas e não retributivas a que se aludiu nos números anteriores tem particular relevo no plano das consequências relacionadas com a tutela do trabalhador.

Como resulta do n.º 4 do art. 258.º do CT, a qualificação de certa prestação como retribuição determina a aplicação dos regimes de garantias dos créditos laborais. Se a prestação tiver natureza de retribuição é-lhe atribuída a garantia e a tutela especiais, a que o Código do Trabalho faz referência. Assim, no art. 258.º, n.º 4, do CT2009 (na sequência do disposto no mesmo número do art. 249.º do CT2003), de modo inovador relativamente ao regime anterior, determina-se que da qualificação de certa prestação como retribuição resulta (apenas) a aplicação dos regimes de garantias dos créditos retributivos previstos no Código do Trabalho (art. 129.º, n.º 1, alínea *d)*, e arts. 279.º, 280.º, 333.º e ss. e 337.º do CT). Deste modo, a lei determina quais são as consequências emergentes da qualificação de certa prestação como retribuição, circunstância que permite reiterar, *a contrario sensu*, que a qualificação como retribuição não releva para outros efeitos[1272].

Concretamente, só com respeito às prestações qualificadas como retribuição é que: 1) vale a regra da retribuição mínima garantida (art. 59.º, n.º 2, da CRP, art. 273.º do CT); 2) vigora o princípio da irredutibilidade salarial (art. 129.º, n.º 1, alínea *d)*, do CT); 3) prescreveram-se limites à renúncia, cessão, compensação e penhora (arts. 279.º e 280.º do CT); 4) instituíram-se regras particulares de garantia de pagamento (arts. 333.º e ss. do CT); 5) estabeleceu-se um regime especial de prescrição (art. 337.º do CT).

Às prestações não retributivas aplicam-se as regras gerais de direito civil, sendo o trabalhador um credor comum.

empregador provar que não era retribuição, afastando a presunção. No mesmo sentido quanto à casa de morada de família, Ac. Rel. Lx. de 13/5/1998, CJ XXIII, T. III, p. 161.

[1272] Joana Vasconcelos, anotação III ao art. 258.º, Romano Martinez/Luís Miguel Monteiro/Joana Vasconcelos/Madeira de Brito/Guilherme Dray/Gonçalves da Silva, *Código do Trabalho Anotado*, cit., pp. 645 e s.

7. Modalidades de prestações retributivas

I. No plano económico, de entre as modalidades de retribuição interessa, em especial, contrapor o salário nominal ao salário real[1273]. Se a retribuição for paga em dinheiro, o número de unidades monetárias corresponde ao salário nominal. Porém, como o valor da moeda é variável, em princípio vai-se depreciando, o salário real está sujeito a essas oscilações. Assim, o salário real determina-se pelo salário nominal e o nível geral de preços. A estabilidade salarial reporta-se só à retribuição nominal; a remuneração real por se depreciar, acompanhando a inflação da moeda, não está sujeita ao princípio da irredutibilidade[1274].

II. No que respeita ao estabelecimento de diferentes modalidades retributivas vale, salvo algumas exceções, um princípio de autonomia privada, sendo lícito às partes escolher o modo de remunerar o trabalho[1275]. Com base na liberdade contratual tem-se ajustado uma multiplicidade de modalidades retributivas, não sendo possível o seu estudo exaustivo. Importa, todavia, aludir às hipóteses mais frequentes.

III. A retribuição pode ser pecuniária ou em espécie (arts. 259.º e 276.º do CT).

O pagamento das prestações retributivas em espécie tem-se generalizado nos últimos tempos, principalmente em relação a trabalhadores que ocupam cargos elevados nas empresas. É o que acontece com o fornecimento do automóvel, o pagamento de certas despesas, como casa, água e luz ou a permissão de uso de casa de férias propriedade do empregador ou de cartão de crédito da empresa[1276]. Mas, como já se indicou (*supra* n.º 4), nem sempre

---

[1273] Cf. Soares Martinez, *Economia Política*, cit., p. 745.

[1274] Sobre a questão, veja-se AAVV, *Inflationsbewältigung im Zivil- und Arbeitsrecht*, Viena, 1976.

[1275] Sobre a liberdade contratual na escolha do modo de remunerar o trabalho, cf. Pélissier/ /Supiot/Jemmaud, *Droit du Travail*, cit., pp. 991 ss.; Spielbücher/Grillberger, *Arbeitsrecht*, cit., pp. 247 ss. Quanto a limitações a acordos sobre remuneração, *vd.* Zöllner/Loritz, *Arbeitsrecht*, cit., pp. 192 ss.

[1276] Quanto a estes complementos retributivos, *vd.* Ac. Rel. Lx. de 13/3/1996, CJ XXI, T. II, p. 163; Ac. Rel. Lx. de 13/3/1996, CJ XXI, T. II, p. 167. Sobre a questão, consulte-se Angiello, *La Retribuzione*, cit., pp. 120 ss., onde alude aos designados «fringe benefits». Referindo-se aos «fringe benefits» e à desigualdade retributiva, *vd.* Bowers, *Employment Law*, cit., pp. 129 s. Com uma indicação exemplificativa de várias prestações em espécie, Palomeque López/ /Álvarez de la Rosa, *Derecho del Trabajo*, cit., pp. 702 ss.; Spielbücher/Grillberger, *Arbeitsrecht*, cit., pp. 227 s.

estas prestações em espécie correspondem a uma retribuição. Por exemplo, o fornecimento de automóvel pode não ter natureza salarial se for entregue ao trabalhador como meio de executar a atividade. O mesmo se diga quanto à permissão de uso de cartão de crédito da empresa, que pode justificar-se para suportar despesas de representação, ou de telemóvel, para contactos de trabalho. A qualificação de tais prestações como retribuição em espécie dependerá das circunstâncias; só perante a situação concreta se poderá concluir no sentido de se tratar de um pagamento salarial em espécie[1277].

Nos termos do n.º 1 do art. 276.º do CT, verifica-se que, apesar de a retribuição ser normalmente pecuniária, também pode ser satisfeita em espécie, desde que haja acordo do trabalhador. No art. 259.º do CT estabelecem-se limites a esta forma de retribuição. Tais limites estão relacionados, por um lado com o facto de a retribuição em espécie se destinar a satisfazer as necessidades pessoais do trabalhador ou da sua família[1278], e, por outro lado, o ordenado em espécie não pode exceder a parte paga em dinheiro. Importa ainda referir que no n.º 1 parte final do art. 259.º do CT se estatui que à parte da retribuição paga em espécie não pode ser atribuído um valor superior ao corrente na região (veja-se igualmente o disposto no art. 274.º, n.º 2, do CT). Quer isto dizer que a retribuição em espécie tem sempre um valor patrimonial, que deverá ser determinado por regras de mercado naquela região. Assim, se o empregador fornece casa ao trabalhador, o valor atribuído à renda daquela casa terá de ser o corrente na região. Para além disso, o estabelecimento de uma retribuição em espécie não pode implicar a violação do disposto no art. 129.º, n.º 1, alínea *h)*, do CT, por vezes designado por *truck*

[1277] Não qualificando a utilização de viatura da empresa como retribuição, cf. Ac. STJ de 3/10/1986, TJ 23 (1986), p. 22; Ac. STJ de 15/6/1994, CJ (STJ) 1994, T. II, p. 281. Diferentemente, integra o conceito de retribuição a permissão de utilização de automóvel do empregador em proveito próprio do trabalhador (Ac. STJ de 23/11/1994, CJ (STJ) 1994, T. III, p. 297; Ac. Rel. Lx. de 29/3/1993, CJ XVIII, T. II, p. 170; Ac. Rel. Lx. de 5/5/1993, CJ XVIII, T. III, p. 168) e o fornecimento de casa de morada (Ac. Rel. Lx. de 13/5/1998, CJ XXIII, T. III, p. 161). Sobre a questão, veja-se Fraústo da Silva, «Reflexões em torno do valor do uso pessoal de viatura da empresa que integre na retribuição do trabalhador», *Para Jorge Leite. Escritos Jurídico-Laborais*, I, Coimbra, 2014, pp. 947 ss.

[1278] A ração de pescado diário de 1 Kg de marisco e 1 Kg de peixe, a que se alude no Ac. STJ de 17/5/1995, CJ (STJ) 1995, T. II, p. 284, poderá eventualmente exceder as necessidades pessoais do trabalhador ou sua família, mas esta questão não foi colocada no aresto, até porque se admitia que o pagamento podia ser feito em dinheiro.
Quanto às razões que justificam o frequente recurso à remuneração em espécie, *vd.* Saldanha Sanches, «Antigas e Novas Remunerações em Espécie: O seu Regime Fiscal», *Estudos do Instituto de Direito do Trabalho*, Vol. I, Coimbra, 2001, pp. 387 ss.

system[1279]. Neste preceito proíbe-se o empregador de impor aos trabalhadores a aquisição de bens ou a utilização de serviços fornecidos pela entidade patronal ou por terceiro por ela indicado. Por exemplo, uma empresa de fornecimento de produtos alimentares não pode impor uma retribuição em espécie, mediante a entrega desses mesmos produtos alimentares. Tal atitude, para além de poder acarretar uma situação de concorrência desleal, levaria a que, indiretamente, o trabalhador se visse «obrigado a comprar» os produtos fornecidos pelo empregador. Deste modo, a entidade patronal, em parte, compensava o pagamento da retribuição com a venda dos seus produtos. Há, contudo, situações lícitas em que o empregador fornece bens alimentares da sua produção aos trabalhadores, designadamente quando lhes proporciona alimentação; por exemplo, no caso de o empregador ter uma cantina em que as refeições são confeccionadas com alguns bens produzidos ou comercializados na empresa. Será uma forma de pagamento em espécie, mas em que não há violação do art. 129.º, n.º 1, alínea *h)*, do CT.

IV. Admite-se também que a retribuição seja certa, variável ou mista (art. 261.º, n.º 1, do CT).

A retribuição certa calcula-se apenas em função do tempo de trabalho (art. 261.º, n.º 2, do CT), ou seja, corresponde à multiplicação do número de horas de trabalho por um valor previamente fixado. Neste caso, a retribuição certa corresponde à retribuição base. Contudo, também pode haver complementos retributivos certos, como as diuturnidades, o subsídio de turno, ou o subsídio de risco. A retribuição certa corresponde, então, a prestações constantes, com valor inalterado, que se vencem regularmente, por via de regra todos os meses.

Se, pelo contrário, a retribuição for determinada em função de outros factores, que não o número de horas de trabalho, mormente a produtividade, qualifica-se como variável[1280]. O carácter incerto da retribuição rela-

[1279] No ordenamento austríaco, associado a esta proibição (*truckverbot*) estabelece-se a proibição de concessão de crédito ao trabalhador por parte do empregador, cf. SPIELBÜCHER/ /GRILLBERGER, *Arbeitsrecht*, cit., pp. 266 s.

[1280] Quanto a esta contraposição, *vd.* Ac. STJ de 13/3/1996, CJ (STJ) 1996, T. I, p. 272. Como refere MENEZES CORDEIRO, *Direito do Trabalho*, II, cit., p. 702, as expressões «certa» e «variável» não correspondem à noção de constante e inconstante, sendo entendidas na aceção de independente ou dependente da produtividade da empresa. De modo diverso, em Itália (art. 2099 CCIt.) distingue-se a retribuição a tempo da retribuição à tarefa (Cf. NICOLINI, *Diritto del Lavoro*, cit., pp. 412 ss.).

ciona-se, em princípio, com o facto de o valor não ser fixo, variando em função de determinados factores, mas, eventualmente, também pode depender da diferente periodicidade de pagamento.

Quando a retribuição for constituída por uma parte certa e outra variável denomina-se mista (art. 261.º, n.º 1, do CT)[1281]. A retribuição mista não constitui um *tertium genus*, pois rege-se, simultaneamente, pelas regras aplicáveis à prestação certa e à prestação variável, na respetiva proporção.

Relacionando o disposto no art. 261.º com o art. 273.º ambos do CT, sobre a retribuição mínima mensal garantida, conclui-se que não se admite o estabelecimento de uma retribuição variável pura, na medida em que, teoricamente, o trabalhador, em determinado período, poderia ficar privado de todo ou de quase todo o salário. Assim, é imperativo que a retribuição seja certa ou mista e, neste último caso, a parte certa (retribuição base) não poderá ser inferior ao valor do salário mínimo[1282].

Sendo necessário fixar o valor da parte variável da retribuição (nomeadamente para determinar o valor a pagar durante o período de férias [art. 264.º, n.º 1, do CT] ou em caso de despedimento ilícito [art. 390.º, n.º 1, do CT]), tomar-se-á em conta a média dos valores auferidos ou a receber no último ano ou durante a execução do contrato (art. 261.º, n.º 3, do CT), com os limites constantes do art. 274.º, n.º 2, do CT.

V. A distinção mais relevante contrapõe a retribuição base aos complementos salariais.

A retribuição base corresponde ao montante fixo auferido pelo trabalhador, com exclusão das outras prestações pagas pelo empregador como contrapartida do trabalho, ainda que regulares e periódicas[1283]. A retribuição base relaciona-se com a categoria que o trabalhador tem na empresa; não necessariamente a categoria para que foi contratado, mas a que, de facto, exerce na empresa, tendo em conta, entre outros aspetos, as promoções. Na alínea *a)* do n.º 2 do art. 262.º do CT definese retribuição base como «a prestação correspondente à atividade do trabalhador no período normal de trabalho».

[1281] Se o trabalhador recebe uma determinada quantia fixa, acrescida do valor de 25 litros de gasolina super por semana e 50% do seguro automóvel, a retribuição é mista (Ac. STJ de 13/3/1996, CJ (STJ) 1996, T. I, p. 272).

[1282] Neste sentido, Mário Pinto/Furtado Martins/Nunes de Carvalho, *Comentário*, cit., anot. II.1 ao art. 83.º, pp. 253 s.

[1283] Neste sentido, cf. Ac. STJ de 9/2/1994, CJ (STJ) 1994, T. I, p. 287.

Os complementos salariais representam acrescentos à retribuição base e são devidos ao trabalhador, isto é, constituem-se verificadas as respetivas circunstâncias e, após o vencimento, é devido o seu pagamento. De entre os complementos salariais importa distinguir aqueles que são certos dos incertos.

Os complementos salariais certos correspondem a prestações fixas que se vencem periodicamente, sendo, por via de regra, pagas ao mesmo tempo que a retribuição base. Como complementos salariais certos podem indicar-se os subsídios anuais, com destaque para o subsídio de férias (art. 264.º, n.º 2, do CT) e o subsídio de Natal (art. 263.º do CT)[1284], podendo ainda aludir-se ao subsídio da Páscoa. Para além destes, é de referir subsídios com outra periodicidade, normalmente mensal, entre os quais cabe indicar as diuturnidades (art. 262.º, n.º 2, alínea *b)*, do CT) e as compensações por contingências, como o subsídio de turno, o pagamento do trabalho noturno (art. 266.º do CT), o subsídio de isolamento, o subsídio de risco ou o complemento por isenção de horário (art. 265.º do CT)[1285], bem como outras compensações relacionadas com a prestação da atividade com natureza retributiva. Nada impede que se cumulem vários subsídios[1286], mas o empregador não tem de manter uma duplicidade de vantagens ao trabalhador, como seja o pagamento de subsídio de refeição e fornecimento de refeição na cantina da empresa.

Nos complementos salariais incertos a sua determinação pode depender de dois factores: de não serem fixos, podendo alterar-se o seu montante em cada pagamento; de não serem pagos com a mesma periodicidade da retribuição base.

De entre estes complementos retributivos incertos podem mencionar-se as comissões ou percentagens de vendas, bem como outros incentivos de produtividade, como os chamados prémios de produtividade e as gratificações periódicas abrangidas no art. 260.º, n.º 1, alíneas *b)* e *c)*, do CT, desde que tenham natureza de retribuição (*vd. supra* n.º 4).

[1284] Quanto ao subsídio de Natal, *vd.* JORGE LEITE, «Observatório Legislativo», *QL* III (1996), n.º 8, pp. 214 ss.

[1285] Refira-se ainda, a título de exemplo, a remuneração especial paga aos motoristas afetos ao serviço internacional (Ac. Rel. Pt. de 9/7/1990, CJ XV, T. IV, p. 261).

[1286] Cf. Ac. Rel. Lx. de 12/2/1992, CJ XVII, T. I, p. 206. No Ac. Rel. Lx. de 29/6/1994, CJ XIX, T. III, p. 181, decidiu-se que, como era dada opção entre o fornecimento de refeição e o respetivo subsídio, tendo o trabalhador optado pela última situação, não podia exigir o pagamento referente aos dias em que não tivesse trabalhado, pois também não teria comparecido no refeitório para almoçar.

Para além destes complementos salariais incertos há a ter em conta a existência de outros pagamentos, que podem não se considerar retribuição, correspondendo, contudo, à contrapartida do trabalho efetuado. Trata-se do pagamento de trabalho suplementar executado em dia de laboração normal ou de trabalho realizado em dia de descanso semanal ou em dia feriado (art. 268.º do CT). Todavia, no caso de trabalho suplementar pode o pagamento efetuado integrar a retribuição, em especial quando é habitual[1287]; contudo, atento o disposto nos arts. 227.º e 228.º do CT, dificilmente se poderá considerar habitual o trabalho suplementar.

VI. Os complementos salariais, tanto certos como incertos, conduzem a desigualdades retributivas, mas não se pode dizer que impliquem uma violação do princípio constitucional de «para trabalho igual salário igual» (art. 59.º, n.º 1, alínea *a)*, da CRP) – reiterado no art. 270.º, 2.ª parte, do CT –, na medida em que esses complementos visam remunerar a diferença entre trabalhadores, porque há diversidades de produtividade ou de antiguidade, etc.[1288].

8. Determinação

a) Aspetos comuns

I. A determinação da retribuição é relevante, na medida em que a sua fixação não depende somente das regras de mercado; na realidade, a retribuição não deve corresponder tão-só à contrapartida da atividade desenvolvida pelo trabalhador. Na determinação da retribuição ditam também aspetos sociais. Neste sentido, refira-se o art. 59.º, n.º 1, alínea *a)*, da CRP, ao estabelecer que o salário deve garantir uma existência condigna, bem como o art. 23.º, n.º 3, da DUDH, onde se lê que «a remuneração (deve ser) equitativa e satisfatória, (permitindo) uma existência conforme com a dignidade humana» e ainda o art. 4.º da Carta Social Europeia, que fala no direito a uma remuneração justa.

[1287] No caso dirimido pelo Ac. STJ de 12/2/1992, *BMJ* 414, p. 365, admitiu-se que o acréscimo salarial de duas horas de trabalho extraordinário por dia, previsto em contrato coletivo de trabalho, integrava a retribuição.

[1288] Sobre esta questão *vd. supra* § 16.2. Veja-se ainda Ac. Rel. Cb. de 24/4/1991, CJ XVI, T. II, p. 133; Ac. Rel. Lx. de 25/5/1994, CJ XIX, T. III, p. 171.

O salário justo filia-se no pensamento cristão e encontra defensores, pelo menos, desde S. Tomás de Aquino. O pensamento liberal pôs em causa este princípio de justiça salarial, mas desde a segunda metade deste século tem prevalecido uma perspetiva social e humana de retribuição, que conduz ao salário justo[1289]. De facto, não se pode descurar que a remuneração constitui o meio de sustento de grande parte da população. A humanização da relação laboral passa pela consagração do justo salário.

II. Independentemente das razões de justiça social, a retribuição não pode ser determinada por simples regras de mercado, por vários motivos. Em primeiro lugar, porque a mobilidade dos trabalhadores não se pode comparar à das mercadorias; segundo, na medida em que, para além do montante do salário, há a ter em conta outros factores de preferência, como a relação de confiança, preparação técnica, etc.; terceiro, porque a oferta de trabalho resulta de processos lentos, em larga medida dependentes de factores alheios à economia, como a natalidade e os movimentos populacionais[1290].

Para além da questão social, a determinação da retribuição vai ter implicações a nível de política económica. Os salários altos podem, eventualmente, conduzir a um consumo elevado e à inflação, desde que os agentes económicos não optem pela poupança.

Cada vez menos, a retribuição é fixada tão-só por acordo entre as partes (empregador e trabalhador)[1291]; muitas vezes, depende, em especial, de tabelas constantes de convenções coletivas de trabalho e o disposto em instrumentos de regulamentação coletiva de trabalho, por sua vez, está, normalmente, na dependência do montante do salário mínimo fixado pelo Governo e de decisões tomadas na concertação social, na qual também têm intervenção os poderes políticos.

Atento a estes aspetos, o empresário fixa, em concreto, a retribuição dos seus trabalhadores. No que excede os parâmetros legais e de instrumentos

---

1289 Sobre a «justa retribuição» e alguns problemas que em torno deste conceito se têm tecido na segunda metade deste século, *vd.* ANGIELLO, *La Retribuzione*, cit., pp. 13 ss. Veja-se, porém, uma outra perspetiva na nota 96.

1290 Cf. SOARES MARTINEZ, *Economia Política*, cit., p. 739.

1291 BERNARDO XAVIER, *Curso de Direito do Trabalho*, cit., p. 374, considera que os casos de ajuste direto do salário são perfeitamente marginais. Veja-se também MONEREO PÉREZ, *El Salario*, cit., pp. 144 ss.; NICOLINI, *Diritto del Lavoro*, cit., p. 406. Diferentemente, PALOMEQUE LÓPEZ/ /ALVAREZ DE LA ROSA, *Derecho del Trabajo*, cit., p. 698, não consideram que o contrato de trabalho, a este nível, tenha um papel secundário.

de regulamentação coletiva, a retribuição é determinada por acordo, na formação do contrato ou na sua alteração; contudo, se o empresário fixar uma determinada retribuição superior aos mínimos legais ou de instrumento de regulamentação coletiva, pressupõe-se uma aceitação tácita do trabalhador.

b) Fixação e cálculo dos valores retributivos

b.1) Princípios

A retribuição é um direito do trabalhador, não como um mero credor, mas como titular de um direito constitucionalmente consagrado (art. 59.º, n.º 1, alínea a), da CRP).

Em decorrência da regra constitucional, como princípio geral, o art. 270.º do CT estabelece que o valor da retribuição será determinado tendo em conta a quantidade, natureza e qualidade do trabalho, observando-se o princípio da igualdade retributiva[1292].

A retribuição, como dispõe o art. 261.º, n.º 2, do CT, pode ser calculada em função do tempo de trabalho, ou seja, será determinada atendendo ao número de horas de trabalho; nos termos dos arts. 261.º, n.º 2, e 271.º do CT, a base remuneratória assenta no princípio do salário por hora[1293].

É frequente que, em cada empresa, haja diferentes valores retributivos, estabelecendo-se, em função da categoria, o chamado leque salarial entre os ordenados menos elevados e os mais elevados. Mesmo dentro de cada categoria, podem ser estabelecidas diferenças remuneratórias, tendo em atenção as diuturnidades e o pagamento de determinados complementos, como seja o subsídio de isenção de horário de trabalho (art. 265.º do CT) ou o subsídio de trabalho noturno (art. 266.º do CT)[1294].

Ao ajustar a retribuição, o empresário deverá ter em conta o chamado salário custo, que será superior à remuneração auferida pelo trabalhador[1295]. No salário custo engloba-se, para além da retribuição devida ao trabalhador,

---

1292 Sobre a questão, veja-se Rui Medeiros, *O direito dundamental à retribuição, em especial, o princípio a trabalho igual salário igual*, Lisboa, 2016

1293 Salvo acordo em contrário, a retribuição mensal é determinada recorrendo à seguinte fórmula: Retribuição mensal x 12 meses: (52 semanas x período normal de trabalho). Exemplificando: 1000 € x 12 : (52 x 40); neste caso, sendo a retribuição mensal de 1000 €, a retribuição hora é de 5,77 €, a retribuição diária de 46,16 € e a retribuição semanal de 230,8 €.

1294 O subsídio de trabalho noturno não é devido se, do acordo, consta que o trabalho é para ser desenvolvido à noite (Ac. Rel. Cb. de 17/5/2001, CJ XXVI, T. III, p. 63).

1295 Sem aludir a este aspeto, Monteiro Fernandes, *Direito do Trabalho*, cit., p. 299, refere que, para o empregador, o salário «é o preço de um factor produtivo». Quanto ao salário custo, cf. Soares Martinez, *Economia Política*, cit., pp. 744 s.

as contribuições a pagar por conta desse salário, designadamente à segurança social, o seguro de acidentes de trabalho, bem como outras imposições legais, por exemplo, quanto a higiene, segurança ou conforto no local de trabalho, etc.[1296]. Estas despesas somam-se à efetiva retribuição do trabalhador, constituindo o salário custo que o empregador tem de ponderar.

b.2) Modo de cálculo

No que respeita ao cálculo da retribuição o art. 262.º, n.º 1, do CT2009, na sequência do disposto no art. 250.º do CT2003, prescreve que «Quando disposição legal, convencional ou contratual não disponha em contrário, a base de cálculo de prestação complementar e acessória é constituída apenas pela retribuição base e diuturnidades».

O preceito em causa perfilha uma solução antes de 2003 inexistente para o cálculo do valor das prestações complementares. À luz desta regra e na ausência de disposição legal ou convencional (tanto instrumento de regulamentação coletiva como contrato de trabalho) que disponha em sentido contrário, apenas devem ser tidas em consideração, para efeitos de base de cálculo das prestações complementares e acessórias, a retribuição base e as diuturnidades. Por isso, as demais prestações retributivas pagas a determinado trabalhador – concretamente, os *supra* referenciados complementos salariais «certos» e «incertos» – não são tidas em consideração para o cálculo de outras prestações, sempre que a lei, quanto a estas, se limita a fazer alusão à «retribuição» ou a uma sua percentagem.

Assim, por exemplo, quando o art. 256.º, n.º 2, do CT determina que «O trabalhador isento de horário de trabalho tem direito a uma retribuição específica, estabelecida por instrumento de regulamentação coletiva de trabalho ou, na falta deste, não inferior (...) a uma hora de trabalho suplementar por dia [ou] duas horas de trabalho suplementar por semana (...)», deve entender-se que a «retribuição» a que se refere o preceito abrange apenas, nos termos da norma interpretativa do art. 262.º do CT, a retribuição base e as diuturnidades, ficando excluídos quaisquer outros complementos salariais porventura auferidos pelo trabalhador em causa [*v. g.*, não ponderam para o cálculo do valor da retribuição, a retribuição especial a título de trabalho noturno (art. 266.º do CT) e de trabalho suplementar (art. 268.º do CT), as ajudas de custo, os abonos de viagem, as despesas de transporte, os abonos

[1296] Neste sentido amplo, Menezes Cordeiro, *Direito do Trabalho*, II, cit., p. 699, inclui na remuneração todas as prestações a cargo do empregador a favor do trabalhador, como os deveres acessórios e a própria formação profissional.

de instalação e outros equivalentes, quando estes sejam considerados retribuição (art. 260.º, n.º 1, alínea *a)*, do CT), as gratificações e as prestações decorrentes de factos relacionados com o desempenho ou mérito profissionais, bem como a assiduidade do trabalhador, quando as mesmas sejam qualificadas como prestações retributivas (art. 261.º, n.º 1, alínea *c)*, do CT)].

b.3) Regras especiais de cálculo

I. Com regimes particulares de cálculo do valor da prestação é de atender à retribuição de férias, ao subsídio de férias, ao subsídio de Natal e ao pagamento do trabalho a tempo parcial. A estas três situações, acresce ainda uma referência ao regime especial da retribuição da criatividade, nomeadamente no âmbito da aplicação do regime dos direitos de autor ou da propriedade industrial.

II. No que respeita à retribuição do período de férias, o art. 264.º, n.º 1, do CT apresenta uma solução particular, determinando que esta «(...) corresponde à que o trabalhador receberia se estivesse em serviço efetivo». Neste caso, o legislador toma posição expressa, razão pela qual o cálculo das prestações (retribuição do período de férias) se deve inferir diretamente do disposto no art. 264.º do CT, e não da norma interpretativa constante do art. 262.º, n.º 1, do CT.

Como resulta do citado preceito, o trabalhador, durante o período de férias, receberá um valor igual ao da retribuição devida em período de trabalho. Não se incluem, pois, as prestações não retributivas, como gratificações, abono para falhas ou subsídio de transporte. As prestações retributivas incertas (p. ex., prémio de produtividade que seja considerado retribuição) devem ser determinadas pela média.

III. No que diz respeito ao subsídio de férias, o n.º 2 do art. 264.º do CT dispõe que «Além da retribuição mencionada no número anterior, o trabalhador tem direito a um subsídio de férias, compreendendo a retribuição base e outras prestações retributivas que sejam contrapartida do modo específico da execução do trabalho (...)». O montante do subsídio de férias, comparando com a legislação precedente (art. 6.º da LFFF), deixa de equivaler ao da retribuição do período de férias, passando a compreender apenas a retribuição base e «(...) as demais prestações retributivas que sejam *contrapartida do modo específico da execução do trabalho*». O legislador determina, agora, que apenas devem ser incluídos no subsídio de férias os complementos «(...) que se referem à própria prestação do trabalho, i.e., às específicas contingências que a rodeiam ou, dizendo de outro modo, ao seu condicionalismo externo (penosidade, isolamento, toxicidade, trabalho noturno, turnos rotativos) em detrimento daqueles que pressuponham a efetiva prestação de atividade, quer respeitem ao próprio trabalhador e ao seu desempenho (como prémios, gratificações, comissões) ou que consistam na assunção pelo empregador de despesas em que incorreria o trabalhador por causa da prestação de trabalho, quando devam considerar-se retribuição (subsídios de refeição, de transporte)»[1297].

IV. O subsídio de Natal corresponde a um mês de retribuição (art. 263.º do CT). Atendendo à citada regra interpretativa do art. 262.º, n.º 1, do CT, só abrange a retribuição base e as diuturnidades, excluindo-se da respetiva base de cálculo os complementos retributivos que o trabalhador aufere. De facto, conjugando o disposto nos arts. 262.º, n.º 1, c 263.º do CT, conclui-sc que atualmente não devem ser incluídas no subsídio de Natal, as prestações complementares, ainda que de carácter retributivo, salvo disposição convencional em sentido contrário.

V. No caso de trabalho a tempo parcial, a retribuição, salvo acordo em contrário, será determinada na proporção do período de trabalho acordado (art. 154.º, n.º 3, alínea *a)*, do CT), exceto no que respeita ao subsídio de refeição que poderá não ser proporcional (art. 154.º, n.º 3, alínea *b)*, do CT).

VI. Na eventualidade de o trabalhador ter aportado à empresa uma vantagem, salvo tendo sido ajustados, por exemplo prémios de produtividade, nada mais lhe é devido para além da retribuição acordada. Esta regra, em princípio, não sofre alteração mesmo na hipótese de o trabalhador, na realização da sua atividade, ter produzido um invento ou criado uma obra de arte[1298].

[1297] Joana Vasconcelos, anotação III ao art. 264.º, Romano Martinez/Luís Miguel Monteiro/ Joana Vasconcelos/ Madeira de Brito/Guilherme Dray/Gonçalves da Silva, *Código do Trabalho Anotado*, cit., p. 660.

[1298] Sobre esta questão, além da referência *supra* § 24.9, *vd.* Palomeque López/Alvarez de la Rosa, *Derecho del Trabajo*, cit., pp. 639 ss.; Romano Martinez, «Tutela da Actividade Criativa do Trabalhador», *RDES*, 2000, n.os 3/4, pp. 225 ss.; Zöllner/Loritz, *Arbeitsrecht*, cit., pp. 181 ss.

Do art. 14.º, n.º 4, do Código do Direito de Autor e dos Direitos Conexos (CDA) e do art. 3.º, n.º 4, do Regime de Proteção dos Programas de Computador resulta que o criador, para além da retribuição devida nos termos do contrato de trabalho, tem direito a uma remuneração especial quando a criação intelectual exceder claramente o desempenho, ainda que zeloso, da tarefa confiada (alínea *a)*) ou no caso de se fazerem utilizações ou retirarem vantagens não incluídas nem previstas na fixação da remuneração ajustada (alínea *b)*). Do mesmo modo, nos n.os 2 e 3, alínea *a)*, do art. 58.º do Novo Código da Propriedade Industrial impõe-se um dever de pagar ao trabalhador que cria um invento uma retribuição equitativa[1299]. E no art. 7.º-B, n.º 1, do Estatuto do Jornalista prescreve-se que os jornalistas têm direito a uma remuneração autónoma pela utilização das suas obras. Em qualquer dos casos, estar-se-á perante uma obrigação de pagar ao trabalhador uma retribuição especial relacionada com o resultado do seu trabalho[1300].

A especial remuneração é de difícil explicação no domínio do contrato de trabalho, mas importa distinguir duas situações.

Se a vantagem obtida pelo empregador resulta de um aproveitamento da obra do trabalhador que exorbita os termos contratuais ou as previsões legais, dir-se-á que aquele enriquece sem causa justificativa à custa deste, devendo restituir aquilo com que injustamente se locupletou (art. 473.º, n.º 1, do CC)[1301]. É assim que, de modo plenamente justificado, o art. 170.º do

---

[1299] Com um relato da evolução histórica e da razão de tal atribuição patrimonial ao trabalhador inventor, relacionada com um ideal de justiça do caso concreto, *vd.* LOIS BASTIDA, *La Protección del Inventor Asalariado*, cit., pp. 43 ss. e pp. 187 ss.

[1300] Como explica ICHINO, *Il Contratto di Lavoro*, I, Milão, 2000, p. 603, a especial retribuição paga ao trabalhador inventor não constitui uma discriminação salarial em relação aos demais trabalhadores, pois está em causa um princípio de proporcionalidade. Sobre a especial remuneração, veja-se também SERRANO GÓMEZ, *Los Derechos de Remuneración de la Propiedad Intelectual*, Madrid, 2000, que trata de vários aspetos deste problema.

[1301] Não obstante a referência ao princípio geral do enriquecimento sem causa, não se quer com isso concluir que o montante a restituir deva ser fixado nos termos prescritos neste instituto, nomeadamente no art. 479.º do CC. De facto, como esclarece JÚLIO GOMES, *O Conceito de Enriquecimento, o Enriquecimento Forçado e os Vários Paradigmas do Enriquecimento sem Causa*, Porto, 1998, p. 280, o princípio geral de enriquecimento sem causa é tão geral que pode ser inútil, mas no seguimento do autor citado (p. 281, nota 478, a propósito do disposto no art. 33.º do Regime Jurídico do contrato de agência), em certos casos, o contrato válido pode não ser causa suficiente do enriquecimento. Quanto à dificuldade de aplicação do instituto em apreço nas relações laborais inválidas, com conclusões que podem ser tidas em conta na questão em apreço, JÚLIO GOMES/CATARINA CARVALHO, «Sobre o Regime da Invalidade do Contrato de Trabalho», *II Congresso de Direito do Trabalho*, Coimbra, 1999,

CDA determina uma compensação suplementar a pagar ao tradutor sempre que o editor, o empresário ou qualquer outra entidade utilizar a tradução para além dos limites convencionados ou estabelecidos no Código do Direito de Autor. Neste caso, o dever de pagar a remuneração especial advém de as vantagens obtidas pelo empregador não se encontrarem contratual ou legalmente asseguradas podendo, por isso, admitir-se que haveria um enriquecimento sem causa da entidade patronal.

De modo diverso, a compensação devida no caso de se apurar uma especial vantagem para o empregador que utiliza o resultado da criação intelectual do trabalhador nos termos contratualmente previstos, pode suscitar maiores dúvidas.

Pelo especial zelo do trabalhador, não sendo compensado por subsídios, como o de produtividade, previstos no contrato de trabalho, não é devida qualquer retribuição no plano laboral se o resultado for vantajoso para a entidade patronal. Por outro lado, como o empregador tem de remunerar o trabalhador mesmo que a criação intelectual não se realize, é aquele que, dentro dos parâmetros admissíveis, determina a utilização e as vantagens a retirar da criação intelectual que se vier a concretizar. Dito de outro modo, como a atividade laboral não pressupõe qualquer resultado, correndo o risco por conta do empregador, em princípio, ao trabalhador não é devida qualquer compensação extra quando o resultado for mais proveitoso do que o inicialmente esperado.

Por outro lado, há uma dificuldade a apreciar em dois planos. A remuneração especial é devida atenta a maior vantagem obtida pelo empregador e nem sempre será fácil verificar se a vantagem supera a expectativa contratual. E quando se conclua pela existência de uma maior vantagem é igualmente difícil apurar o respetivo valor[1302].

Importa, todavia, distinguir dois tipos de resultados criativos resultantes da atividade laboral: aqueles em que o objeto do contrato pressupõe a realização dessa atividade criativa (p. ex., trabalhador contratado para desenvolver programas de computador ou para fazer reportagens fotográficas); daqueles em que a atividade criativa, não sendo o objeto do contrato, resultou

pp. 168 ss. Para terminar, refira-se que MENEZES LEITÃO, *O Enriquecimento sem Causa no Direito Civil*, Lisboa, 1996, pp. 727 s., admitindo a aplicação do instituto em análise no âmbito do direito de autor, considera que os ganhos de exploração não são obtidos à custa de outrem para efeitos do art. 479.º do CC.

[1302] Indicando métodos de apuramento da compensação a pagar ao trabalhador, *vd.* LOIS BASTIDA, *La Protección del Inventor Asalariado*, cit., pp. 205 ss.

do exercício da prestação laboral (p. ex., trabalhador contratado para colocar determinado tipo de antenas descobre que as referidas antenas têm melhor captação desde que montadas de outro modo)[1303].

Em relação à primeira hipótese, a compensação já está fixada contratualmente[1304]; diferentemente, sendo o resultado ocasional, o benefício obtido pelo empregador deve ser compensado[1305].

Na segunda hipótese, poder-se-á estar perante a previsão do art. 14.º, n.º 4, alínea *b)*, do CDA, que, como foi indicado, pressupõe um pagamento suplementar relacionado com a utilização não prevista contratualmente. Por outro lado, esta segunda hipótese também se pode enquadrar na previsão do art. 58.º, n.os 1 a 3, do Novo Código da Propriedade Industrial, concluindo-se que a compensação é devida porque o resultado extravasa os termos acordados. Em qualquer caso, a vantagem do empregador não se enquadra nos termos ajustados no contrato de trabalho.

Mas na primeira hipótese, em que o resultado criativo se integra no objeto do contrato de trabalho, tendo sido fixada uma retribuição relacionada com a atividade criativa, a compensação devida ao trabalhador não se pode compensar nos mesmos termos. Em tal caso, em rigor, nem se poderá dizer que o empregador enriqueceu sem causa à custa do trabalhador, porque a vantagem daquele tem como causa o contrato de trabalho.

A explicação para esta situação excecional pode encontrar-se numa particular aplicação da regra da alteração das circunstâncias, prevista no art. 437.º

1303 Sobre esta distinção, normalmente relacionada com as invenções no âmbito da propriedade industrial, veja-se Söllner, *Arbeitsrechts*, cit., p. 259 e Zöllner/Loritz, *Arbeitsrecht*, cit., pp. 182 s., na sequência da lei alemã de 1957 sobre o direito das invenções feitas por trabalhadores, que só se aplica às descobertas técnicas, distinguem as invenções de serviço (feitas ao abrigo de um contrato de trabalho) das invenções livres (feitas durante a execução do contrato de trabalho sem corresponderem ao seu objeto). Quanto ao tipo de invenções, pode também consultar-se, entre outros, Nicolini, *Diritto del Lavoro*, cit., p. 523, que acrescenta um terceiro tipo, correspondente às criações livres e ocasionais feitas pelo trabalhador com base nos conhecimentos obtidos na execução da sua atividade laboral, mas fora da relação contratual. A mencionada distinção tripartida encontra-se estabelecida pelo legislador espanhol, cf. Blanco Jiménez, *Protección Jurídica de las Invenciones Universitarias Laborales*, cit., pp. 97 ss. e Palomeque López/Álvarez de la Rosa, *Derecho del Trabajo*, cit., p. 639.

1304 Cf. Nicolini, *Diritto del Lavoro*, cit., p. 523.

1305 Como esclarece Söllner, *Arbeitsrechts*, cit., p. 260, o dever de compensação justifica-se quando o empregador obtém uma vantagem não esperada, ou, como indicam Spielbücher/ /Grillberger, *Arbeitsrecht*, I, *Individualarbeitsrecht*, cit., p. 162, se a vantagem obtida é substancialmente mais elevada do que a esperada.

do CC[1306]. Admitindo que a vantagem especial obtida pelo empregador, por exceder a expectativa contratual, se integra na noção de alteração anormal das circunstâncias e não está coberta pelo risco próprio do contrato de trabalho, afeta gravemente os princípios da boa fé que o trabalhador não seja compensado, pelo que se justifica, segundo juízos de equidade, remunerar a criação do prestador de trabalho.

Sintetizando, dir-se-á que, independentemente do fundamento jurídico invocado num caso e no outro (enriquecimento sem causa e alteração das circunstâncias), pretende-se evitar um desequilíbrio ou uma desproporção de vantagens; em suma, está sempre em causa a apreciação, à luz da Justiça, de uma relação jurídica entre um trabalhador que desenvolve a atividade criativa e o respetivo empregador[1307]. Perante o caso concreto, importa averiguar se é justo conferir ao trabalhador o direito a perceber uma especial remuneração.

c) Alteração do valor

Depois de fixada a retribuição, pode, no decurso da execução do contrato de trabalho, haver alterações. No art. 129.º, n.º 1, alínea *d)*, do CT, como garantia do trabalhador, estabeleceu-se o princípio da irredutibilidade[1308] – que proíbe diminuir a retribuição –, mas para além de ajustamentos relacionados com a perda de complementos salariais, são frequentemente acordados aumentos da retribuição[1309].

Para a fixação do aumento seguem-se os parâmetros referidos a propósito da determinação da retribuição.

[1306] Apesar de, neste caso, a noção de Justiça imanente ao enriquecimento se causa pudesse servir para justificar a solução, parece que o instituto não tem aplicação em tal hipótese, não podendo, por isso, constituir o motivo da solução legal. Na sequência de Menezes Leitão, *O Enriquecimento sem Causa no Direito Civil*, cit., p. 545, sendo esta situação uma das hipóteses de realização da prestação com escalonamento do fim, a aplicação da *condictio ob rem* apresentar-se-ia como problemática, porque a obtenção do fim consegue-se por outros regimes, no caso a alteração das circunstâncias.

[1307] Cf. Oliveira Ascensão, «Elogio do Doutorando, Sua Eminência o Cardeal Dom Alexandre do Nascimento», *RFDUL*, Vol. XLI (2000), n.º 1, pp. 376, 377 e 378, com referências a similar situação no direito de autor e ao instituto da alteração das circunstâncias, concluindo pelo encapotado retorno à Justiça.

[1308] *Vd. infra* n.º 12, alínea *a)*.

[1309] Quanto aos aumentos previamente acordados, cf. Ac. Rel. Lx. de 25/5/1994, CJ XIX, T. III, p. 171.

d) *Fixação judicial*

Admitindo a eventualidade de a retribuição devida a certo trabalhador não constar, nem do contrato de trabalho, nem de instrumento de regulamentação coletiva, o art. 272.º, n.º 1, do CT estabelece que o preenchimento dessa lacuna será feito pelo julgador[1310]/[1311]. Segundo as regras gerais, não havendo consenso, a lacuna num contrato será preenchida pelo julgador; contudo, deste preceito concluir-se-á que, por princípio, o contrato de trabalho não será nulo por indeterminabilidade da retribuição, sendo esta sempre determinável, ainda que mediante recurso ao julgador.

No precedente art. 90.º, n.º 1, da LCT, o legislador não estabeleceu um critério para fixar a remuneração. Daí que, para o preenchimento da lacuna da lei, o julgador poderia recorrer a vários elementos: por exemplo, a retribuição de outros trabalhadores da mesma empresa, em especial dos que exerçam idênticas funções; o nível salarial daquela categoria profissional e naquela localidade ou de categorias similares, etc. No art. 272.º, n.º 1, do CT faz-se alusão a três critérios que deverão ser tidos em conta pelo julgador para fixar a retribuição: prática na empresa; usos do sector; usos locais.

BIBLIOGRAFIA:

MENEZES CORDEIRO, *Direito do Trabalho*, II, cit., pp. 689 a 727; MONTEIRO FERNANDES, *Direito do Trabalho*, cit., pp. 297 a 439 e «A noção de retribuição no regime do contrato de trabalho: uma revisão da matéria», *Estudos dedicados ao Professor Doutor Bernardo da Gama Lobo Xavier*, I, Lisboa, 2015, pp. 295 ss.; MÁRIO PINTO/FURTADO MARTINS/NUNES DE CARVALHO, *Comentário*, cit., anot. ao arts. 82.º, 83.º a 91.º, pp. 245 a 268; JÚLIO GOMES, «Algumas Observações Críticas sobre a Jurisprudência Recente em Matéria de Retribuição e Afins», *IV Congresso Nacional de Direito do* Trabalho, Coimbra, 2002, pp. 51 a 76 e *Direito do Trabalho*, I, cit., pp. 759 e ss.; MENEZES LEITÃO, *Direito do Trabalho*, cit., pp. 333 e ss. e, «A Tributação dos Rendimentos de Trabalho Dependente em IRS», *Estudos do Instituto de Direito do Trabalho*, Vol. IV, Coimbra, 2003, pp. 225 e ss.; MARIA MANUELA MAIA, «O Conceito de Retribuição e Garantia Retributiva», *II Congresso Nacional*

[1310] Mesmo no contrato de trabalho a termo, em que se exige a indicação da retribuição ajustada (art. 141.º, n.º 1, alínea *b)*, do CT), a sua falta não gera a nulidade do contrato, sendo, em qualquer caso, uma mera formalidade *ad probationem* (Ac. Rel. Cb. de 28/3/1996, CJ XXI, T. II, p. 65).

[1311] Norma similar consta do art. 2099.2 CCIt. CIAN/TRABUCCHI, *Commentario Breve al Codice Civile*, cit., anot. V ao art. 2099, pp. 2024 s., recorrem aos instrumentos coletivos para determinar a retribuição.

de Direito do Trabalho, Coimbra, 1999, pp. 259 a 277; ROSÁRIO PALMA RAMALHO, *Tratado de Direito do Trabalho*, II, cit., pp. 493 e ss.; JOANA VASCONCELOS, anotação aos arts. 258.º e ss., *in* ROMANO MARTINEZ/LUÍS MIGUEL MONTEIRO/JOANA VASCONCELOS/MADEIRA DE BRITO/GUILHERME DRAY/GONÇALVES DA SILVA, *Código do Trabalho Anotado*, cit., pp. 645 e ss.; MOTTA VEIGA, *A Regulamentação do Salário*, Porto, 1944 e *Lições*, cit., pp. 428 a 436; BERNARDO XAVIER, «Introdução ao Estudo da Retribuição no Direito do Trabalho Português», *RDES*, 1986, pp. 65 a 102; BERNARDO XAVIER/FURTADO MARTINS/NUNES DE CARVALHO/JOANA VASCONCELOS/TATIANA GUERRA DE ALMEIDA, *Manual*, cit., pp. 570 e ss.

9. Retribuição mínima garantida

I. Tendo por base o princípio do justo salário, admite-se que a retribuição deve assegurar a subsistência mínima do trabalhador, pois se auferir um ordenado inferior, será posta em causa a sua sobrevivência condigna[1312].

A retribuição mínima encontra-se prevista a nível internacional em convenções da OIT, a primeira das quais, a Convenção n.º 26 (1928), ratificada em 1959[1313], e principalmente na Convenção n.º 131 (1970), ratificada em 1981[1314]/[1315].

A Constituição, no art. 59.º, n.º 2, alínea *a)*, dispõe que incumbe ao Estado «O estabelecimento e a atualização do salário mínimo nacional, tendo em conta, entre outros factores as necessidades dos trabalhadores, o aumento do custo de vida, o nível de desenvolvimento das forças produtivas, as exigências da estabilidade económica e financeira e a acumulação para o desenvolvimento»[1316].

[1312] Assentando em idênticos pressupostos, mas sem relação com o contrato de trabalho, é de aludir ao rendimento mínimo garantido (Lei n.º 19-A/96, de 29 de junho). Sobre o rendimento mínimo, *vd.* JORGE LEITE, «Observatório Legislativo», *QL* III (1996), n.º 8, pp. 219 ss. e ANA LUZIA FERREIRA REIS, «Rendimento mínimo e regimes de bem-estar social», *RDES* 2014, pp. 347 ss.

[1313] Decreto-Lei n.º 42521, de 23 de setembro de 1959.

[1314] Decreto-Lei n.º 77/81, de 19 de junho.

[1315] A preocupação do salário mínimo é mais acentuada em alguns ordenamentos, por exemplo no Brasil a Consolidação das Leis do Trabalho dedica ao salário mínimo os arts. 76.º a 128.º (apesar de alguns preceitos se encontrarem revogados). Veja-se VALENTIN CARRION, *Comentários*, cit., anot. arts. 76 ss., pp. 125 ss.

[1316] Com a revisão constitucional de 1982, deixou de se aludir à fixação de um salário máximo (art. 54.º, alínea *a)*, da CRP, versão de 1976).

A primeira fixação de salário mínimo data de maio de 1974 (Decreto--Lei n.º 217/74, de 27 de maio), onde se estabeleceu um salário mínimo de 3.300$00 por mês.

Ao longo destes quarenta e cinco anos têm sido várias as alterações ao salário mínimo. Depois do Decreto-Lei n.º 69-A/87, de 9 de fevereiro, alterado várias vezes, a última das quais pelo Decreto-Lei n.º 14-B/91, de 9 de janeiro, passou a vigorar o disposto nos arts. 273.º a 275.º do CT.

II. É garantida uma retribuição mínima mensal (art. 273.º, n.º 1, do CT), que corresponde à retribuição base, na qual não se incluem subsídios, gratificações, prémios, etc. (art. 274.º, n.º 1, do CT), ao mesmo tempo que se estabelecem limitações à parte da retribuição paga em espécie (art. 274.º, n.os 2 e 3, do CT).

Dos 3.300$00, determinados em 1974, tem havido uma longa evolução até aos 600,00 €[1317], estabelecidos no Decreto-Lei n.º 117/2018, de 27 de dezembro, com efeitos a partir de 1 de janeiro de 2019 (arts. 2.º e 4.º, respetivamente)[1318]/[1319].

De facto, por imposição legal, os salários mínimos devem ser revistos anualmente, o que se tem verificado, com exceção dos anos de 2012 e 2013; nestes anos, atenta a situação económica do país, houve um *congelamento* desse aumento[1320]. Ainda que os 3.300$00 correspondam, aproximadamente a

[1317] Anteriormente, para o serviço doméstico, o valor do salário mínimo era inferior, mas agora está equiparado. Por vezes, nas Regiões Autónomas estabelece-se um salário mínimo mais elevado (*vd.* Decreto Legislativo Regional n.º 9/2000/M, de 5 de Abril e Jorge Miranda, «Salário Mínimo Nacional e Complementos Regionais», *O Direito*, 131 (1999), III-IV, pp. 595 ss. e a declaração de inconstitucionalidade constante do Ac. Trib. Const. n.º 586/2001, de 20/12/2001, DR I Série, 25/1/2002). Consulte-se também o Decreto Legislativo Regional n.º 4/2002/M, de 26 de Março, onde se estabelece como valores mínimos 354,96 € (71 163$00) e 348,08 € (69 784$00), respetivamente para o regime geral e para o serviço doméstico.

[1318] Para uma evolução dos salários mínimos nacionais desde 1974, *vd.* Bernardo Xavier, *Curso de Direito do Trabalho*, cit., p. 381. Quanto às limitações inicialmente estabelecidas à aplicação do salário mínimo, *vd.* Monteiro Fernandes, *Direito do Trabalho*, cit., pp. 301, nota 5.

[1319] Com referência à retroatividade do salário mínimo, cf. Ac. Rel. Cb. de 27/5/1993, CJ XVIII, T. III, p. 92. Como se determina no Ac. Rel. Lx. de 25/5/1994, CJ XIX, T. III, p. 169, o empregador que remunera os seus trabalhadores acima do salário mínimo, não tem de atualizar a retribuição sempre que se impõe um novo salário mínimo.

[1320] Até ao Decreto-Lei n.º 144/2014, o salário mínimo vigente tinha o valor de 485,00 €, nos termos do disposto no Decreto-Lei n.º 143/2010, de 31 de dezembro, com efeitos a partir de 1 de janeiro de 2011, valor que subsistiu para os anos de 2012 e 2013. Foi aumentado para 505,00 € em 2014/2015 e 530 € em 2016.

16,50 €, atenta a depreciação do escudo e do euro e a evolução dos preços de bens essenciais nestes 45 anos não se pode concluir no sentido de ter havido aumento da retribuição mínima.

Importa, por último, referir que a fixação do salário mínimo tem estado, muito em especial, ligada a aspetos políticos e económicos e não propriamente na dependência de necessidades familiares dos trabalhadores[1321].

Bibliografia:

Menezes Cordeiro, *Direito do Trabalho*, II, cit., pp. 689 ss.; Monteiro Fernandes, *Direito do Trabalho*, cit., pp. 300 e ss.; Bernardo Xavier, *Curso*, cit., pp. 378 a 381.

10. Cumprimento

a) Vencimento

O vencimento da retribuição relaciona-se com a periodicidade da mesma. O art. 278.º, n.º 1, do CT estabelece que, salvo convenção ou usos em contrário, os períodos serão a semana, a quinzena ou o mês. Na grande maioria das situações, a retribuição é paga mensalmente[1322].

Apesar de não corresponder a um imperativo legal, por via de regra, a retribuição vence-se depois de decorrido o período a que respeita; ou seja, por princípio, só depois de o trabalhador prestar a atividade é que o empregador tem de o remunerar. Esta regra consuetudinária não se opõe a que a retribuição seja normalmente qualificada como «antecipada»; qualifica-se a retribuição como antecipada, não no sentido de anterior ao trabalho prestado, mas como devendo ser paga antes (e independentemente) do resultado final se produzir.

[1321] Como referia Monteiro Fernandes, *Direito do Trabalho*, 11.ª ed., 1999, p. 423, «os desígnios do legislador privilegiam a comportabilidade (sobretudo na óptica macroeconómica) em relação à suficiência, invertendo assim, de algum modo, o quadro de referências constitucional»; sobre a questão, o mesmo autor, *Direito do Trabalho*, 18.ª ed., 2017, p. 301. Veja-se também Menezes Cordeiro, *Direito do Trabalho*, II, cit., p. 718. Sobre esta questão, consulte-se ainda Montoya Melgar/ Galiana Moreno/Sempere Navarro/Ríos Salmerón, *Comentário*, cit., anot. art. 27, pp. 162 ss.

[1322] Como refere Monteiro Fernandes, *Direito do Trabalho*, cit., p. 324, na regulamentação coletiva há uma tendência para a «mensualização» do salário.

b) Forma de pagamento

I. Vencida a obrigação, o empregador tem de efetuar o pagamento para não entrar em mora – pois não se trata de exigibilidade que, então, carecia de interpelação do credor para haver mora –, mas pode exigir do trabalhador quitação que comprove o cumprimento (art. 787.º, n.º 1, do CC). Enquanto o trabalhador se recusar a dar quitação, o empregador não tem de prestar a retribuição (art. 787.º, n.º 2, do CC). Em contrapartida, nos termos do art. 276.º, n.º 3, do CT, no ato de pagamento da retribuição, o empregador deve entregar ao trabalhador um documento em que se identifique o credor, a remuneração de base, complementos salariais, descontos, etc.[1323]; pretendendo-se que seja prestada ao trabalhador uma cabal informação quanto ao seu crédito.

II. Sendo a retribuição satisfeita em dinheiro, corresponde a uma obrigação pecuniária; trata-se de uma obrigação de quantidade (arts. 550.º e 551.º do CC). Na eventualidade de a retribuição ter sido fixada em moeda estrangeira, aplicar-se-á o disposto no art. 558.º do CC.

Quanto à forma de pagamento das obrigações pecuniárias, no Código do Trabalho estabeleceu-se um regime diverso daquele que vigora no Código Civil, porque, nos termos do art. 276.º, n.º 2, do CT «A parte pecuniária da retribuição pode ser paga por meio de cheque, vale postal ou depósito à ordem do trabalhador, (...)», mesmo contra a vontade deste. Sempre que o empregador recorra a qualquer destes meios de pagamento, este só se considera feito a partir do momento em que haja disponibilidade monetária. Na versão primitiva da Lei do Contrato de Trabalho, no art. 91.º da LCT – anterior à alteração introduzida pelo Decreto-Lei n.º 89/85, de 18 de março – só se admitiam estas formas de cumprimento da retribuição, desde que houvesse assentimento por parte do trabalhador; todavia, o art. 91.º, n.º 4, da LCT foi alterado, vindo a estabelecer-se que tais formas de pagamento podem ser impostas ao credor/trabalhador, situação que subsiste no art. 276.º, n.º 2, do CT.

c) Lugar do pagamento

Quanto o lugar do cumprimento da prestação retributiva, o art. 277.º, n.º 1, do CT estabelece uma regra que funciona como exceção ao art. 774.º

[1323] Como refere Motta Veiga, *Lições*, cit., p. 438, não obstante a terminologia legal, este documento não é um recibo, mas poderá funcionar como quitação se o trabalhador assinar o duplicado. Sobre esta questão, *vd.* Leal Amado, *A Protecção do Salário*, cit., pp. 83 ss.

do CC. Nos termos deste último preceito, as prestações pecuniárias deverão ser cumpridas no local do domicílio do credor, que seria o trabalhador[1324], mas o art. 277.º, n.º 1, do CT dispõe no sentido de o cumprimento se dever efetuar no local onde é prestada a atividade (local de trabalho). Trata-se de uma norma supletiva que pode ser afastada por vontade das partes[1325]. Na falta de convenção em contrário, se o trabalhador presta a sua atividade em locais diversos, por exemplo, se é caixeiro-viajante, a estatuição do art. 277.º, n.º 1, do CT não se enquadra nessa previsão, pelo que deveria ter aplicação o art. 774.º do CC, onde se estabelece que o local de pagamento das prestações pecuniárias será no domicílio do credor, ou seja, do trabalhador. Todavia, tendo em conta a prática corrente e recorrendo ao espírito do art. 277.º, n.º 1, do CT, parece que o pagamento deverá ser efetuado na empresa.

Diferentemente, estando em causa o pagamento de prestações não retributivas, designadamente de uma indemnização derivada da cessação do contrato, na falta de regra específica no direito do trabalho, aplica-se a norma de direito civil (art. 774.º do CC), que aponta para o pagamento ser feito no domicílio do credor[1326].

11. Prescrição

I. Quanto à prescrição do crédito salarial, o art. 337.º do CT afasta-se do regime instituído no Código Civil (arts. 300.º e ss.), estabelecendo um prazo de prescrição de um ano[1327] e determinando que o prazo de prescrição

---

[1324] Todavia, se se recorresse à noção de domicílio profissional (art. 83.º do CC), entender-se-ia que a prestação deveria ser cumprida no local onde o trabalhador desenvolve a sua atividade, isto é, na empresa. Deste modo, haveria coincidência entre o disposto no art. 774.º do CC e no art. 277.º, n.º 1, do CT.

[1325] O Código do Trabalho eliminou a proibição constante do art. 92.º, n.º 3, da LCT, nos termos da qual a retribuição não podia ser satisfeita em estabelecimentos de venda de bebidas alcoólicas ou em casas de jogo, salvo em relação aos trabalhadores desses estabelecimentos. Era uma limitação tradicional, assente numa perspetiva paternalista.

[1326] Cf. Ac. Rel. Lx. de 2/2/2000, CJ XXV, T. I, p. 168. Diferentemente, no Ac. Rel. Cb. de 6/2/1997, CJ XXII, T. I, p. 73, aplicando o art. 772.º do CC, considerou-se que a indemnização, a prestar em dinheiro, devia ser paga no domicílio do empregador (devedor).

[1327] O prazo é de prescrição e não de caducidade, apesar de os prazos para a propositura de ações estarem, em regra, sujeitos a caducidade (Ac. STJ de 4/11/1992, BMJ 421, p. 267). Mas não interrompe a prescrição a propositura de ação em que a petição inicial foi indeferida liminarmente (Ac. STJ de 21/6/1995, CJ (STJ) 1995, T. II, p. 301), nem o pedido de nomeação prévia de patrono oficioso (Ac. Rel. Cb. de 25/6/1998, CJ XXIII, T. III, p. 72). Já interrompe

começa a correr «a partir do dia seguinte àquele em que cessou o contrato de trabalho», independentemente da causa de cessação (caducidade[1328], revogação, denúncia ou resolução). A extinção do vínculo deve entender-se em sentido factual, abrangendo a hipótese de despedimento ilícito[1329].

O regime de prescrição laboral consiste essencialmente na fixação de um prazo de um ano e de uma regra específica para a sua contagem. Independentemente da causa da cessação, o prazo de prescrição de um ano inicia-se «a partir do dia seguinte àquele em que cessou o contrato de trabalho» e não na data do vencimento dos créditos (regime geral das prestações obrigacionais)[1330] ou do seu conhecimento pelo trabalhador[1331], no que equivale a uma verdadeira «suspensão» da prescrição[1332] na pendência do vínculo laboral (arts. 38.º, n.º 1, da LCT, 381.º, n.º 1, do CT2003 e 337, n.º 1, do CT2009). No demais encontra aplicação a disciplina comum, em especial as regras da inderrogabilidade, necessidade de invocação, irrepetibilidade da prestação, suspensão e interrupção e contagem do prazo (arts. 300.º, 303.º, 304.º, 318.º e ss., 323.º e ss., 279.º e 296.º do CC, respetivamente)[1333]. Justifica uma especial referência, neste contexto, a recente proposta de Bernardo Xavier, de aplicabilidade aos créditos do empregador de todos os prazos

---

a prescrição a notificação da entidade patronal da providência cautelar de suspensão do despedimento (Ac. Rel. Cb. de 14/3/1990, CJ XV, T. II, p. 94).

[1328] Considerando que em caso de extinção da empresa é a partir dessa data que conta o prazo, cf. Ac. STJ de 13/5/1998, CJ (STJ) 1998, T. II, p. 276.

[1329] Cf. Monteiro Fernandes, *Direito do Trabalho*, cit., pp. 341; Mário Pinto/Furtado Martins/Nunes de Carvalho, *Comentário*, cit., anot., II.5 ao art. 38.º, p. 187.

[1330] Mário Pinto/Pedro Furtado Martins/António Nunes de Carvalho, *Comentário às Leis do Trabalho*, Volume I cit., p. 185; Rosário Palma Ramalho, *Tratado de Direito do Trabalho*, II, cit., pp. 545 e 969.

[1331] Rosário Palma Ramalho, *Tratado de Direito do Trabalho*, II, cit., p. 545.

[1332] Em tudo idêntica à prevista no art. 318.º, alínea *e)*, do CC, se bem que «apresentada com outras vestes jurídicas». No mesmo sentido, Leal Amado, *A Protecção do Salário* cit., p. 185; «A Prescrição dos Créditos Laborais» *in Temas Laborais*, 2, Coimbra Editora, Coimbra, 2007, p. 63; Mário Pinto/Pedro Furtado Martins/António Nunes de Carvalho, *Comentário às Leis do Trabalho*, Volume I cit., p. 185.
Esta interpretação, unânime da nossa doutrina, foi recentemente questionada por Bernardo Xavier, para quem «esta ideia de suspensão da prescrição ou, melhor, de não curso da prescrição durante a relação de trabalho não decorre da letra da lei», que se limita a dizer que «prescrevem todos os créditos (obviamente os créditos que existam e subsistam) decorrido um ano e dia a seguir à cessação do contrato» («A Prescrição dos Créditos Laborais» *RDES*, 2008, n.os 1/4, p. 245).

[1333] Mário Pinto/Pedro Furtado Martins/António Nunes de Carvalho, *Comentário às Leis do Trabalho*, Volume I cit., p. 185.

prescricionais previstos no Código Civil e aos próprios créditos laborais do trabalhador do «prazo geral de 20 anos» e do «de 5 anos (este quanto a retribuições como prestações periódicas renováveis)»[1334]. Concedendo que seria, *de iure condendo*, a solução adequada no plano da segurança jurídica, não parece que resulte do regime legal.

A *ratio* deste especial regime, na perspetiva tradicional, explica-se em duas vertentes.

Começando pelo não decurso da prescrição na pendência da relação laboral. Esta solução justifica-se pelo facto de o trabalhador se sentir «constrangido» e, nessa medida, ter uma «real dificuldade»[1335] em intentar uma ação judicial contra o empregador enquanto o contrato de trabalho se mantiver em vigor. De facto, na pendência da relação laboral, o trabalhador pode encontrar-se constrangido a intentar uma ação judicial contra o empregador[1336]. Trata-se, no fundo, de uma suspensão da prescrição, tal como vem previsto no art. 318.º, alínea *e)*, do CC, apresentada com outras vestes jurídicas[1337]. Terá sido justamente a ponderação da desigualdade de forças em presença nesta relação e da consequente inibição e receio do trabalhador face ao empregador seu «patrão», potenciados pela própria subordinação jurídica[1338], que terá levado o legislador a considerar «não ser exigível ao trabalhador-credor que promova a efetivação do seu direito na vigência do contrato»[1339].

Por seu turno, a fixação de um prazo prescricional relativamente curto – desde logo mais curto do que os que resultariam da lei civil[1340], *maxime* do art. 310.º, alínea *g)*, do CC – claramente surge como contraponto da

---

1334 v. Bernardo Xavier, «A Prescrição dos Créditos Laborais», cit., p. 253.

1335 Rosário Palma Ramalho, *Tratado de Direito do Trabalho*, II, cit., p. 545.

1336 Cf. Ac. STJ de 4/5/1994, *QL* I, p. 61. Tendo em conta esta justificação, havendo trespasse de estabelecimento, em relação ao trespassante, por analogia, deve aplicar-se o prazo do art. 337.º, n.º 1, do CT, a partir da data do trespasse, pois não se justificaria que os trabalhadores, agora do trespassário, exigissem prestações em dívida ao trespassante decorrido mais de um ano sobre a data em que ocorreu a transmissão (Ac. Rel. Pt. de 30/11/1992, CJ XVII, T. V, p. 267).

1337 Cf. Mário Pinto/Furtado Martins/Nunes de Carvalho, *Comentário*, cit., anot., II.2 ao art. 38.º, p. 185.

1338 Leal Amado, *A Protecção do Salário* cit., pp. 187-188; «A Prescrição dos Créditos Laborais». cit., p. 62.

1339 Leal Amado, *A Protecção do Salário* cit., p. 189; «A Prescrição dos Créditos Laborais», cit., p. 63.

1340 Rosário Palma Ramalho, *Tratado de Direito do Trabalho*, II, cit., p. 545.

«maior facilidade de reclamação dos créditos em que esta regra se traduz (na medida em que defere para mais tarde a possibilidade de reclamação dos créditos)»[1341] e prossegue um claro objetivo de induzir uma atuação tão célere quanto possível por parte do trabalhador, uma vez finda a situação que o inibia de reclamar os créditos laborais que detém sobre o empregador. Objetivo que se mostra duplamente justificado, tanto na perspetiva do empregador, como na da própria certeza e segurança jurídicas[1342], tendo presente que o especial regime de prescrição dos créditos laborais, tal como tem sido entendido, ao concentrar, a propósito da prescrição, num mesmo momento, créditos «de diferente antiguidade»[1343], «permite que em determinados casos sejam reclamados créditos vencidos há dez, quinze ou mais anos»[1344]. Verdadeiramente, o regime prescricional dos créditos laborais «acaba por se traduzir na possibilidade de efetivação» destes «independentemente da sua antiguidade»[1345].

II. Apesar de o regime de prescrição ser idêntico, determinados direitos do trabalhador, desde que vencidos há mais de cinco anos, têm de ser provados por documento idóneo (art. 337.º, n.º 2, do CT); assim, o trabalhador que realizou trabalho suplementar nos cinco anos anteriores à respetiva reclamação tem de apresentar uma prova idónea do crédito.

III. O regime especial de prescrição aplica-se às prestações retributivas emergentes do contrato de trabalho ou da sua cessação, não se justificando aplicar este regime excecional a todos os créditos do trabalhador.

Por via de regra, as prestações não retributivas estão afastadas deste regime protetor, tanto por via do disposto no art. 258.º, n.º 4, como atendendo à letra do art. 337.º, ambos do CT e ao carácter excecional deste regime, comparando com o regime regra do Código Civil. Também não ficam abrangidos

---

[1341] Rosário Palma Ramalho, *Tratado de Direito do Trabalho*, II, cit., p. 545.

[1342] O ponto é expressamente versado por Leal Amado, «A Prescrição dos Créditos Laborais», cit., p. 65.

[1343] Monteiro Fernandes, *Direito do Trabalho*, cit., p. 342.

[1344] Leal Amado; «A Prescrição dos Créditos Laborais», cit., p. 64. Refira-se, em todo o caso, que o autor considera que o regime legal, que faz decair os créditos laborais "num prazo curtíssimo", pode ainda justificar-se quanto aos mais antigos, referidos no texto *supra*, priva injustificadamente de tutela os créditos mais recentes, os quais «prescrevem num prazo muito mais curto que o das chamadas prescrições de curto prazo», previstas no art. 310.º do CC.

[1345] Monteiro Fernandes, *Direito do Trabalho*, cit., p. 342.

por este regime de tutela os juros de créditos laborais, sujeitos ao disposto no art. 310.º, alínea d), do CC[1346].

De facto, do regime especial constante do art. 337.º do CT decorre que, na pendência do contrato de trabalho, a prescrição do crédito emergente deste vínculo fica suspensa nos termos do art. 318.º do CC. De facto, como ai se prescreve, na pendência de determinadas relações jurídicas não corre a prescrição; assim, entre cônjuges (alínea *a)*), entre o prestador de serviço doméstico e o respetivo patrão (alínea *e)*) ou entre devedor e credor quando aquele seja usufrutuário do crédito (alínea *f)*) não começa nem corre a prescrição enquanto a relação subsiste. Trata-se de um regime de tutela do credor que permite que «as contas» se façam no termo da relação jurídica e por isso está unicamente em causa a dívida de capital especificamente referida. Não faria sentido que, concedendo-se uma situação de benefício ao credor, se lhe permitisse ainda «ganhar» com o valor de prestações acessórias, mormente a dívida de juros, particularmente quando esta decorre de mora no cumprimento da obrigação principal.

Em suma, a prescrição só se inicia no termo da relação jurídica relativamente à dívida de capital (p. ex., retribuição não paga), mas esta regra de especial tutela do credor não se aplica à obrigação acessória de juros, que é autónoma daquela. De outro modo estar-se-ia a permitir que o credor beneficiasse de um *venire contra factum proprium*: não reclama o pagamento da dívida durante um período longo porque a prescrição não corre e vem depois exigir o pagamento de juros durante esse longo período. Tal hipótese, admitindo que o credor poderia reclamar juros de mora relativos a dezenas de anos quando beneficiou de uma suspensão da prescrição, conformaria, por via de regra, abuso do direito (art. 334.º do CC) e, mesmo que assim não fosse, não poderia ser essa a solução pretendida pelo legislador de conferir simultaneamente suspensão da prescrição da prestação de capital e de manter a obrigação de juros durante todo o período da suspensão; a vantagem conferida ao credor (suspensão da prescrição) redundaria em prejuízo

[1346] Neste sentido, veja-se o Ac. Rel. Cb. de 2/3/2011, www.dgsi.pt, com comentário crítico de Milena Rouxinol, «O regime de prescrição dos juros laborais», *Pront.* 93 (2012), pp. 197 ss., que sustenta a aplicação do art. 337.º do CT. De igual modo, no Ac. Rel. Cb de 15/6/2018, www.dgsi.pt, estando em causa o incumprimento de regras sobre higiene e saúde no trabalho, aplicou-se a prescrição do Código Civil (art. 309.º). Pela mesma lógica do carater excecional deste regime precricional, parece difícil de sustentar, como surge no Ac. Rel Pt. de 21/10/2013 (Ferreira da Costa), a aplicação do art. 337.º do CT às prestações pecuniárias do acordo de pré-reforma.

desmesurado para o devedor (pagamento do capital acrescido de juros de mora referentes a um longo período de suspensão da prescrição).

Há ainda uma outra razão que inviabiliza a reclamação de juros moratórios durante todo o período em que a prescrição não correu: os juros de mora resultam do incumprimento culposo de uma prestação pecuniária (arts. 804.º e 806.º do CC) e apesar da culpa do devedor se presumir (art. 799.º, n.º 1, do CC) não se lhe pode imputar tal responsabilidade se o credor, durante um longo período, não reclamou o pagamento ao abrigo de uma suspensão da prescrição. A suspensão da prescrição, estabelecida em prol do credor, não pode constituir fundamento de imputação ao devedor de responsabilidade correspondente a juros de mora, porque estar-se-ia a admitir que houve um comportamento culposo do devedor, o que é manifestamente improcedente num caso em que o credor não reclamou a dívida durante um longo período salvaguardado na mencionada suspensão de prescrição.

Bibliografia:

Leal Amado, *A Protecção do Salário*, suplemento BFDUC, Vol. XXXIX, Coimbra, 1995, pp. 57 a 89 e pp. 181 a 197 e «A Prescrição dos Créditos Laborais (Nótula sobre o art. 31.º do Código do Trabalho)», *Pront.* 71 (2005), pp. 67 ss.; Menezes Cordeiro, *Direito do Trabalho*, II, cit., pp. 724 ss.; Monteiro Fernandes, *Direito do Trabalho*, cit., pp. 333 e ss.; Júlio Gomes, *Direito do Trabalho*, I, cit., pp. 904 ss.; Mário Pinto/Furtado Martins/Nunes de Carvalho, *Comentário*, cit., anot. aos arts. 38.º e 91.º a 93.º, pp. 184 a 188 e pp. 266 a 271; Rosário Palma Ramalho, *Tratado de Direito do Trabalho*, II, cit., pp. 534 e ss.; Pinto Dos Santos, *A Prescrição de Créditos Emergentes do Contrato de Trabalho*, Coimbra, 1982; Joana Vasconcelos, anotações aos arts. 276.º e ss. e 336.º *in* Romano Martinez/Luís Miguel Monteiro/Joana Vasconcelos/Madeira de Brito/Guilherme Dray/Luís Gonçalves da Silva, *Código do Trabalho Anotado*, cit., pp. 674 ss. e pp. 785 s.; Motta Veiga, *Lições*, cit., pp. 436 a 439, 443 e 444; Bernardo Xavier/Furtado Martins/Nunes de Carvalho/Joana Vasconcelos/ /Tatiana Guerra de Almeida, *Manual*, cit., pp. 613 e ss. e pp. 629 ss.

12. Tutela da retribuição

a) Princípio da irredutibilidade salarial

I. Tendo em conta que a retribuição, não raras vezes, está relacionada com o sustento do trabalhador e da sua família, o legislador instituiu certas garantias que visam a tutela de um efetivo pagamento da remuneração[1347].

Em primeiro lugar, no art. 129.º, n.º 1, alínea *d)*, do CT, estabeleceu-se um princípio de irredutibilidade da retribuição, no sentido de não poder ser diminuído o vencimento do trabalhador, nem com o seu acordo, salvo raras exceções previstas na lei[1348].

Importa esclarecer que o princípio da irredutibilidade da retribuição só respeita ao chamado salário nominal e não ao salário real. Este último diminuirá necessariamente por força da inflação monetária[1349].

II. A irredutibilidade salarial também não impede a diminuição ou a extinção de certas prestações retributivas complementares, como, por exemplo, a compensação por trabalho noturno, que deixará de ser devida se o trabalhador passar a exercer a tarefa de dia[1350] ou o subsídio de alojamento, que não mais será pago se o empregador passar a fornecer a casa ou colocar o trabalhador em novo local, onde já não se justifique aquele subsídio[1351].

[1347] Quanto à proteção do salário, veja-se a Convenção n.º 95 OIT (1949), ratificada em 1981.

[1348] O princípio da irredutibilidade salarial encontra consagração noutros ordenamentos, assim em Itália (art. 2103 CCIt.), *vd.* ANGIELLO, *La Retribuzione*, cit., pp. 81 ss. Com uma ponderação crítica sobre as reduções resultantes da crise, veja-se FERNANDO GONÇALVES, «Irredutibilidade salarial. Princípio – ou – em princípio?», *Pront.* 2012, pp. 87 ss.

[1349] Nada impede, porém, como se refere no Ac. Rel. Lx. de 25/5/1994, CJ XIX, T. III, p. 171, que se estipule uma cláusula de atualização salarial de harmonia com a inflação. Por isso, se o empregador se obrigou a pagar o valor de 25 litros de gasolina tinha de atualizar a prestação em função do aumento do combustível (Ac. STJ de 13/3/1996, CJ (STJ) 1996, T. I, p. 272).

[1350] No Ac. STJ de 10/5/1995, *BMJ* 447, p. 279, decidiu-se que o subsídio de turno da noite devia continuar a ser pago, porque, por acordo, se estabeleceu que os trabalhadores não perderiam os acréscimos retributivos, caso houvesse transferência de horário, que não lhes fosse imputável.

[1351] Veja-se Ac. STJ de 8/7/1988, TJ 46 (1988), p. 47. Quanto à possibilidade de retirar o subsídio de isenção de horário de trabalho ou de turno, Ac. STJ de 22/9/1993, CJ (STJ) 1993, T. III, p. 269 e Ac. Rel. Lx. de 3/3/1999, CJ XXIV, T. II, p. 155; Ac. STJ de 26/4/1999, CJ (STJ) 1999, T. II, p. 270. No Ac. STJ de 2/12/1993, CJ (STJ) 1993, T. III, p. 293, admitiu-se que fosse retirado o subsídio de refeição, na medida em que a empresa passou a fornecer refeição em «refeitório próprio, limpo e acessível»; em sentido oposto, *vd.* Ac. Rel. Pt. de 3/12/1998, CJ XXIII, T. V, p. 249, porque o subsídio de refeição resultava de convenção coletiva. Também se entendeu que o subsídio de refeição não podia ser retirado durante as férias, porque o regulamento

Assim, os complementos salariais que são devidos enquanto contrapartida do modo específico da prestação de trabalho – como um subsídio de «penosidade», de «isolamento», de «toxicidade», de «trabalho noturno», de «turnos», de «risco» ou de «isenção de horário de trabalho» – podem ser reduzidos, ou até suprimidos, na exata medida em que se verifiquem modificações ou a supressão dos mencionados condicionalismos externos do serviço prestado. O princípio da irredutibilidade da retribuição não obsta a que sejam afetadas as parcelas correspondentes ao maior esforço ou penosidade do trabalho sempre que ocorram, factualmente, modificações ao nível do modo específico de execução da prestação laboral[1352]. Tais subsídios apenas são devidos enquanto persistir a situação de base que lhes serve de fundamento[1353].

III. Por outro lado, a irredutibilidade salarial também não obsta a que, perante a redução da atividade, haja uma inerente diminuição salarial. Assim, se o trabalhador trabalhava oito horas por dia e, por mútuo acordo, passou a exercer uma atividade em *part-time* (trabalho a tempo parcial), de quatro horas por dia, a retribuição poderá ser reduzida na proporção[1354]. A mesma ideia de redução retributiva em razão de inatividade, em caso de trabalho temporário, decorre do art. 184.º, n.º 2, do CT. De igual modo, o trabalhador que depois de exercer outras funções, ao abrigo do *ius variandi* (art. 120.º do CT) ou em comissão de serviço (art. 161.º do CT), regressa à primitiva atividade pode ver a sua retribuição reduzida.

---

interno impunha o seu pagamento em férias e a mudança de regulamento implicava uma redução retributiva (Ac. Rel. Lx. de 27/1/1999, CJ XXIV, T. I, p. 161).

[1352] A este propósito, veja-se o Acórdão do STJ proferido no âmbito do Proc. n.º 253/98, da 1.ª Secção, do 4.º Juízo do Tribunal do Trabalho de Lisboa, onde se faz alusão a dois outros acórdãos, também do STJ, respetivamente de 31/10/2001 (Proc. n.º 589/01), de 20/2/2002, (Proc. n.º 1967/01) e de 8/5/2002 (Proc. n.º 3446/01). Veja-se, ainda, o Acórdão do STJ de 8/7/1998, *TJ* 46 (1988), p. 47; Acórdão do STJ, de 22/9/1993, *CJ (STJ)*, 1993, T. III, p. 269; Acórdão da Relação de Lisboa, de 3/3/1999. *CJ* XXIV, T. I, p. 155; Acórdão do STJ, de 26/4/1999, *CJ (STJ)* 1999, T. II, p. 270.

[1353] Cf. Monteiro Fernandes, *Direito do Trabalho,* cit., p. 328; Mário Pinto/Furtado Martins/Nunes de Carvalho, *Comentário às Leis do Trabalho,* cit., anotação (4) ao art. 21.º da LCT, p. 100.

[1354] Quanto à remuneração mínima em caso de trabalho a tempo parcial, no Ac. Rel. Év. de 30/1/1990, CJ XV, T. I, p. 318, considerou-se ilícito o acordo de redução parcial da prestação e da retribuição por falta de matéria prima, porque se deveria ter recorrido ao regime da suspensão.

IV. A irredutibilidade da retribuição não se opõe igualmente a que se façam ajustamentos salariais compensatórios, isto é, que deixem de ser pagos complementos retributivos, aumentando, na respetiva proporção, a retribuição base[1355] ou reformular o regime de complementos retributivos.

Tais alterações podem advir de uma reestruturação empresarial, que determina uma reformulação dos critérios de pagamento das retribuições[1356].

V. A retribuição nominal poderá, ainda, ser reduzida por força da lei, por exemplo, no caso de empresa em situação económica difícil (art. 5.º, n.º 1, alíneas *a)* e *b)*, do Decreto-Lei n.º 353-H/77, de 29 de agosto).

VI. No art. 129.º, n.º 1, alínea *d)*, do CT também se admite que a redução salarial advenha de instrumento de regulamentação coletiva de trabalho; contudo, apesar destes instrumentos, à exceção da portaria de condições mínimas, poderem prescrever um regime menos favorável para o trabalhador (art. 3.º, n.º 1, do CT), atendendo à imperatividade do art. 273.º do CT, não pode dimanar um valor inferior ao mínimo garantido.

VII. Diferentemente do regime anterior, em que a redução salarial podia ser determinada por acordo com prévia autorização de organismo governamental, no sistema atual, atendendo ao disposto no art. 129.º, n.º 1, alínea *d)*, do CT2009 (correspondendo à mesma alínea e n.º do art. 122.º do CT2003), as reduções da retribuição, que não resultem de instrumento de regulamentação coletiva, carecem de previsão legal. Admite-se, contudo que, por acordo autorizado pela ACT, o trabalhador seja colocado em categoria inferior (art. 119.º do CT), com a consequente diminuição retributiva.

b) Renúncia, cessão, compensação e penhora da retribuição

I. Relacionada com a irredutibilidade encontra-se a impossibilidade de renúncia, de cessão, de compensação e de penhora da retribuição. Estas limitações, exceção feita à penhora, só têm sentido na pendência da relação laboral; cessando a subordinação jurídica, o trabalhador deixa de estar numa situação de dependência, que justifica a tutela por via destas limitações.

1355 Cf. Mário Pinto/Furtado Martins/Nunes de Carvalho, *Comentário*, cit., anot., II.4 ao art. 21.º, p. 99; Bernardo Xavier/Furtado Martins/Nunes de Carvalho/Joana Vasconcelos/Tatiana Guerra de Almeida, *Manual*, cit., p. 619. Quanto à admissibilidade de alterar a parte variável da retribuição, *vd.* Ac. STJ de 2/12/1998, CJ (STJ) 1998, T. III, p. 280.

1356 Sobre a questão, veja-se *infra* § 47.7.

II. A possibilidade de renúncia ao direito de perceber o salário ou a parte dele pelo trabalhador não parece admissível e apesar de não haver norma expressa que o impeça tem-se admitido que o trabalhador não pode renunciar previamente à sua retribuição, nem a parte dela; ou seja, não será lícita a remissão da dívida do empregador feita por acordo com o trabalhador. Depois de receber, o trabalhador poderá dispor da quantia auferida a título de salário como muito bem entender[1357]. Além disso, nada impede que no acordo de cessação haja uma remissão, nos termos da qual o trabalhador renuncia, com aquiescência do empregador, a todos os créditos, inclusive salariais[1358].

III. No artigo 280.º do CT, estabeleceu-se a insusceptibilidade de cessão de créditos remuneratórios. Trata-se de uma forma de limitar o poder concedido ao credor no art. 577.º do CC, nos termos do qual seria lícito ceder o crédito salarial a terceiros sem consentimento do devedor. Mas o trabalhador, na qualidade de credor, só pode ceder o crédito à retribuição na parte em que o mesmo seja penhorável; por conseguinte, poderá ceder o crédito correspondente a um terço do salário[1359].

IV. No art. 279.º, n.º 1, do CT, determinou-se que o empregador não pode compensar a retribuição em dívida com créditos que tenha sobre o trabalhador[1360]. Trata-se de uma exceção ao princípio geral do art. 847.º do CC, mas que só opera unilateralmente e na pendência do contrato de trabalho. A entidade patronal não pode invocar a compensação, mas essa faculdade não é retirada ao trabalhador. Depois de cessar o vínculo laboral deixa de

[1357] Por isso, no Ac. Rel. Lx. de 2/12/1993, CJ XVIII, T. V, p. 189, admitiu-se que o trabalhador (jogador de futebol), depois de rescindir o contrato, podia aceitar a substituição do pagamento dos salários em atraso pela libertação gratuita do «passe».

[1358] Cf. Ac. STJ de 6/7/1994, *BMJ* 439, p. 376, em que estaria em causa um acordo revogatório no qual se afirmava que, para além da indemnização ajustada, o empregador nada mais devia ao trabalhador; veja-se também nesse sentido Ac. STJ de 16/4/1997, *BMJ* 466, p. 343 e Ac. STJ de 18/3/1998, CJ (STJ) 1998, T. I, p. 284; Ac. STJ de 12/5/1999, CJ (STJ) 1999, T. II, p. 281. Diferentemente, Leal Amado, *A Protecção do Salário*, cit., pp. 198 ss., em especial pp. 216 ss., conclui pela total inadmissibilidade de renúncia ao salário, ainda que o vínculo laboral haja terminado.

[1359] Não obstante a validade parcial da cessão, estando em causa a reintegração do trabalhador, o direito só é exequível por este e não pelo cessionário (Ac. Rel. Pt. de 10/1/1994, CJ XIX, T. I, p. 262). Sobre a cessão, veja-se Leal Amado, *A Protecção do Salário*, cit., pp. 49 ss.

[1360] Relativamente ao regime da compensação, *vd.* Ac. Rel. Pt. de 26/4/1993, CJ XVIII, T. II, p. 256.

se justificar a limitação constante do art. 279.º, n.º 1, do CT, podendo livremente invocar-se a compensação, nos termos do art. 847.º do CC[1361]. A dúvida que eventualmente poderia ser suscitada ao abrigo do precedente art. 95.º, n.º 1, da LCT, ficou sanada ao esclarecer-se que a limitação ao direito de ser invocada a compensação vigora «Na pendência do contrato de trabalho».

Na pendência do contrato de trabalho, o empregador pode, todavia, invocar a compensação, sem exceder um sexto da retribuição (art. 279.º, n.º 3, do CT), nos casos previstos nas alíneas do n.º 2 do art. 279.º do CT[1362]. É o que ocorre, por exemplo, no caso de o trabalhador ter sido condenado a pagar uma indemnização ao empregador[1363], de a empresa ter concedido um empréstimo ao prestador de trabalho[1364] ou de este ter solicitado bens ou serviços, como alimentação, combustível ou utilização de telefone[1365]. Poderia parecer estranho que o legislador, na alínea *f)*, admita a compensação da retribuição com adiantamentos por conta desta, porque, nesse caso, não opera a compensação; de facto, houve um pagamento (total ou parcial) adiantado em relação à data do vencimento, mas pretende-se, sem o rigor técnico da compensação, admitir que o empregador não satisfaça o pagamento da retribuição na data em que se venceria[1366].

[1361] Neste sentido, Ac. Rel. Pt. de 21/10/1991, CJ XVI, T. IV, p. 288; Ac. Rel. Cb. de 3/7/1991, CJ XVI, T. IV, p. 141; Ac. Rel. Lx. de 12/10/1994, CJ XIX, T. IV, p. 163; Ac. Rel. Lx. de 2/12/1998, CJ XXIII, T. V, p. 162. Com posição diversa, veja-se Ac. Rel. Cb. de 4/4/1991, CJ XVI, T. II, p. 131; Ac. Rel. Cb. 22/2/2001, CJ XXVI, T. I, p. 71; LEAL AMADO, *A Protecção do Salário*, cit., p. 174, nota 15.

[1362] Cf. Ac. STJ de 26/6/1996, CJ (STJ) 1996, T. II, p. 282.

[1363] A competência é dos tribunais comuns para conhecer de um pedido de indemnização formulado contra o trabalhador que, ao serviço da empresa, causou danos no veículo que conduzia (Ac. Rel. Cb. de 28/6/2001, CJ XXVI, T. III, p. 71).

[1364] No caso de empréstimo concedido pelo empregador mas não relacionado com a situação jurídica laboral, máxime no caso de empregador banco, não vale a limitação de um sexto, constante do n.º 3 do art. 279.º do CT. De igual modo, não se inclui neste âmbito, com a consequente limitação no valor da compensação, a antecipação de pagamento de retribuições; se por acordo o empregador entregar ao trabalhador um valor correspondente às retribuições do próximo semestre, pode deixar de lhe pagar a retribuição mensal, na totalidade, durante esse período.

[1365] Em crítica a esta solução legal, cf. LEAL AMADO, *A Protecção do Salário*, cit., p. 174.

[1366] Sobre esta questão, cf. LEAL AMADO, *A Protecção do Salário*, cit., pp. 176 ss. MÁRIO PINTO/ /FURTADO MARTINS/NUNES DE CARVALHO, *Comentário*, cit., anot., II.3 ao art. 95.º, p. 274, esclarecem que, em tal caso, está em causa um empréstimo por conta da retribuição e não um verdadeiro adiantamento.

V. Por último, como dispõe o 738.º, n.º 1, do CPC (art. 824.º, n.º 1, alínea *a)*, do anterior CPC), não podem ser penhorados «dois terços dos (...) vencimentos ou salários auferidos pelo executado»[1367]. Atendendo às condições económicas do executado e à natureza da dívida exequenda, o juiz, segundo o seu prudente arbítrio, fixará a parte penhorável do rendimento trabalhador entre um terço e um sexto do salário (art. 738.º, n.º 3, do CPC). Com base no princípio constitucional que garante um vencimento mínimo (art. 59.º, n.º 2, alínea *a)*, da CRP) é sustentável que a penhorabilidade da retribuição só se possa efetivar para além do montante fixado para o salário mínimo[1368]; apesar de o não referir expressamente, parece ser esse o sentido do n.º 5 do art. 738.º do CPC[1369].

c) Garantia de pagamento

I. Se o empregador não pagar a retribuição na data do vencimento entra em mora (art. 323.º, n.º 2, do CT) e deverá compensar o trabalhador mediante uma indemnização moratória, a determinar nos termos gerais dos arts. 562.º e ss. do CC, exceto no que respeita à retribuição pecuniária, cuja indemnização será fixada atendendo aos juros legais (art. 806.º do CC).

II. Para garantia do pagamento de retribuições dos últimos seis meses, no art. 333.º do CT, de modo idêntico ao que ocorre no art. 737.º, n.º 1, alínea *d)*, do CC, estabeleceu-se um privilégio creditório mobiliário geral[1370]. O mesmo

---

1367 Cf. ROMANO MARTINEZ, «Repercussões da Falência nas Relações Laborais», *RFDUL* XXXVI (1995), pp. 417 ss. Veja-se ainda LEAL AMADO, *A Protecção do Salário*, cit., pp. 41 ss.

1368 Em sentido diverso, veja-se o Ac. Rel. Pt. de 13/11/1995, CJ XX, T. V, p. 267, onde se afirma que o salário mínimo não é um bem absoluta ou totalmente impenhorável. No aresto citado, do sumário retirar-se-ia a conclusão oposta à da solução estabelecida. A solução preconizada no texto encontra apoio expresso no Direito espanhol (art. 27.2 *Estatuto de los Trabajadores*), cf. MONTOYA MELGAR/GALIANA MORENO/SEMPERE NAVARRO/RÍOS SALMERÓN, *Comentário*, cit., anot. art. 27, pp. 167 s.

1369 Veja-se a declaração de inconstitucionalidade, Ac. TC n.º 177/2002, de 23/4/2002, *DR* de 2/7/2002.

1370 Sobre os privilégios creditórios conferidos ao trabalhador, *vd.* ROMANO MARTINEZ, «Repercussões ...», cit., pp. 421 ss.; NUNES DE CARVALHO, «Reflexos Laborais do Código dos Processos Especiais de Recuperação da Empresa e de Falência», *RDES* (1995), n.os 1/2/3, pp. 68 ss. Cabe reiterar que o privilégio só abrange os créditos dos últimos seis meses anteriores ao pedido (art. 737.º, n.º 2, do CC), não se lhe aplicando o regime de prescrição do art. 337.º, n.º 1, do CT2009 (cf. Ac. STJ de 21/10/1995, CJ (STJ) 1998, T. III, p. 259; Ac. Rel. Lx. de 5/11/1997, CJ XXII, T. V, p. 156).

privilégio vale também em relação aos créditos provenientes da violação ou da cessação do contrato de trabalho.

Sendo um privilégio mobiliário geral incide sobre todos os bens móveis que constituem o património do empregador à data da penhora ou ato equivalente (art. 735.º, n.º 2, do CC), mas como decorria da remissão constante da LCT estaria graduado em último lugar na ordem dos privilégios mobiliários (art. 747.º, n.º 1, do CC). Todavia, o privilégio mobiliário geral concedido ao trabalhador no Código do Trabalho ficou «graduado antes do crédito referido no n.º 1 do artigo 747.º do Código Civil» (art. 333.º, n.º 2, alínea *a)*, do CT), mas continua a não prevalecer contra direitos reais (de gozo, de garantia ou de aquisição) de terceiros que recaiam sobre coisas abrangidas pelo privilégio (art. 749.º do CC)[1371]. Tudo isto leva a que esta garantia concedida aos trabalhadores seja pouco eficaz.

III. Tendo isso em conta e também pelo facto de, na primeira metade dos anos oitenta do século passado, se terem generalizado os salários em atraso, o legislador decidiu intervir e publicar a Lei n.º 17/86, de 14 de junho, a chamada Lei dos Salários em Atraso (LSA), alterada em 1989, 1991, 1999 e 2001[1372].

Esta lei teve uma *occasio legis* muito específica: a proliferação de salários em atraso e nela denotava-se uma técnica rudimentar.

No art. 12.º da LSA, como garantia patrimonial de créditos emergentes do contrato de trabalho, a favor dos trabalhadores, constituíram-se privilégios creditórios[1373]. O privilégio mobiliário geral a que alude o art. 12.º, n.º 1, alínea *a)*, da LSA, já existia nos termos do Código Civil, mas no n.º 3, alínea

---

[1371] Cf. Joana Vasconcelos, anot. IV ao art. 333.º *in* Romano Martinez/Luís Miguel Monteiro/Pedro Madeira de Brito/Guilherme Dray/Luís Gonçalves da Silva, *Código do Trabalho Anotado*, cit., p. 770.

[1372] Mostrando bem a instabilidade legislativa neste âmbito. O recurso a regimes excecionais com vista à proteção do salário não é privativo do sistema português, veja-se por exemplo a *Insolvenz-EntgeltsicherungGesetz* austríaca de 1977 (Spielbücher/Grillberger, *Arbeitsrecht*, cit., pp. 274 ss.).

[1373] Nos Acórdãos Rel. Lx. de 5/11/1997, de 2/12/1998 e de 17/1/2001, CJ XXII, T. V, p. 156, CJ XXIII, T. V, p. 166 e CJ XXVI, T. I, p. 158, assim como nos Ac. STJ de 21/10/1998 e de 3/10/2000, CJ (STJ) 1998, T. III, p. 259 e CJ (STJ) 2000, T. III, p. 263, determinou-se que o privilégio creditório estabelecido na Lei dos Salários em Atraso valia só para os créditos emergentes da execução do contrato de trabalho e não para os que advêm da sua cessação, no caso concreto estabelecidos no acordo revogatório. Veja-se também Menezes Cordeiro, «Salários em Atraso e Privilégios Creditórios», *ROA*, 58 (1998), pp. 645 ss.; Mário Pinto//Furtado Martins/Nunes de Carvalho, *Comentário*, cit., anot., II.2 ao art. 25.º, pp. 126 s.

a), do mesmo preceito, altera-se a ordem de preferência estabelecida no direito civil[1374].

Para além do privilégio creditório mobiliário geral, no art. 12.º, n.º 1, alínea *b)*, da LSA, admitiu-se a constituição de um privilégio creditório imobiliário geral. O problema estava em que, atendendo ao disposto na versão original do art. 735.º, n.º 3, do CC, «Os privilégios imobiliários são sempre especiais». Tratava-se, pois, de uma figura nova, sem previsão na lei civil.

Relativamente ao privilégio imobiliário geral, no art. 12.º, n.º 3, alínea *b)*, da LSA determinava-se que a garantia prevalecia sobre os privilégios estabelecidos no art. 748.º do CC, ou seja sobre os privilégios creditórios imobiliários especiais do Estado e das autarquias locais e das contribuições devidas à segurança social – estas últimas também garantidas por privilégio imobiliário geral[1375].

Em sentido diverso, Ac. STJ de 10/2/2000, *BMJ* 494, p. 242. Embora manifestando dúvidas, cabe transcrever uma passagem do que escrevemos em «Repercussões da Falência ...», cit., p. 423: «É discutível que os privilégios creditórios estabelecidos na Lei dos Salários em Atraso sejam válidos em relação a outros créditos emergentes do contrato de trabalho, que não a retribuição, designadamente a indemnização devida em caso de cessação do contrato de trabalho. No art. 12.º, n.º 1, do LSA o legislador faz alusão aos créditos emergentes do contrato de trabalho, o que, interpretado em consonância com o disposto no art. 737.º, n.º 1, *d)*, do CC, levaria a admitir que tais privilégios creditórios garantem o pagamento de quaisquer obrigações emergentes para o trabalhador do contrato de trabalho, entre as quais as indemnizações devidas pela cessação do contrato. Porém, no art. 1.º da LSA, sob a epígrafe «objecto», estabelece-se que a presente lei rege as questões relativas ao não cumprimento pontual da retribuição, limitando o âmbito de aplicação do diploma às situações de não pagamento do salário. Ponderados estes dois aspetos, propende-se, com alguma dúvida, para admitir a aplicação alargada dos privilégios creditórios estabelecidos no art. 12.º da LSA, com base em duas razões. Primeiro, relativamente ao privilégio mobiliário geral não teria sentido que o legislador pretendesse conceder maiores garantias ao trabalhador, alterando a ordem de preferência do Código Civil, e, ao mesmo tempo, restringisse o seu campo de aplicação; o espírito do legislador, na Lei dos Salários em Atraso, foi o de alargar a garantia atribuída ao trabalhador e não de a restringir. Segundo, no art. 12.º da LSA, diferentemente de outros preceitos do mesmo diploma, faz-se referência a créditos emergentes do contrato de trabalho e não só a salários, levando a crer que, no respeitante aos privilégios creditórios, se pretendeu alargar o âmbito de aplicação da lei a todos os créditos, nomeadamente os derivados da cessação do contrato de trabalho». Mas a dúvida ficou sanada com o disposto no art. 4.º da Lei n.º 96/2001, de 20 de agosto, onde se alude aos créditos resultantes da violação do contrato de trabalho.

[1374] Cf. Ac. Rel. Lx. de 21/8/1994, CJ XIX, T. IV, p. 157. Relativamente à contradição constante do art. 12.º, n.º 3, alínea a) LSA, cf. Nunes de Carvalho, «Reflexos Laborais ...», cit., pp. 71 s.

[1375] Quanto à aplicação no tempo deste regime, atento o disposto no art. 12.º, n.º 2, da LSA, *vd.* Ac. STJ (Pleno) n.º 11/96, de 15/10/1996, *DR* 20/11/1996, assim como o Ac. STJ de 23/3/1994,

À incongruência de se estabelecer que uma figura geral prevalecia sobre uma especial, acrescia que tal solução acarretava uma consequência prejudicial. Como os privilégios imobiliários especiais prevaleciam sobre os direitos de terceiros, ainda que anteriores (art. 751.º do CC)[1376], por exemplo, uma hipoteca, se o privilégio imobiliário geral prevalecia sobre o especial, também prevalecia sobre os direitos de terceiros anteriores. Esta tomada de posição era nefasta sob dois prismas. Primeiro, implicava uma limitação de direitos de terceiro, em particular direitos reais, assimilável a uma expropriação, em desatenção aos quadros jurídicos nacionais[1377]. Segundo, a garantia concedida aos trabalhadores acabava por ser contraproducente, pois como os terceiros não eram protegidos, em especial os potenciais financiadores do empregador, não estavam dispostos a correr riscos e, em casos limite, não permitiam a viabilização financeira da empresa, com o consequente despedimento coletivo, ou, mesmo, a falência[1378].

IV. O regime estabelecido no Código do Trabalho (tanto no art. 377.º do CT2003 como, depois, no art. 333.º do CT2009) teve em conta, primeiro,

BMJ 435, p. 594. Estabelecendo a ordenação de créditos, dando prevalência aos salários em atraso, *vd.* os dois acórdãos da mesma data da Rel. Év. de 9/7/1996, CJ XXI, T. IV, p. 306 e p. 308. As dúvidas que eventualmente subsistissem quanto à prevalência de garantias ficaram sanadas com a alteração introduzida pela Lei n.º 96/2001, de 20 de Agosto.

[1376] Leal Amado, *A Protecção do Salário*, cit., p. 156, considera que aos privilégios imobiliários gerais, por não serem direitos reais, se deve aplicar o regime menos favorável do art. 749.º do CC. No mesmo sentido, Nunes de Carvalho, «Reflexos Laborais ...», cit., p. 73. Solução que, sem apoio na letra da Lei dos Salários em Atraso, é mais consentânea com o espírito do Código Civil. A posição enunciada no texto – que se critica *de iure condendo* – foi seguida no Ac. Rel. Lx. de 12/5/1994, CJ XIX, T. III, p. 92.

[1377] De facto, o privilégio creditório imobiliário geral, sendo um mero direito obrigacional que concede uma prioridade para efeito de execução judicial, não deveria prevalecer em relação a direitos reais, em especial quando constituídos anteriormente.

[1378] *Vd.* Menezes Cordeiro, *Direito do Trabalho*, II, cit., p. 822.
Os inconvenientes assinalados foram sobremaneira atenuados atento o disposto no art. 152.º do Código dos Processos Especiais de Recuperação da Empresa e de Falência, que passou a determinar a extinção dos privilégios creditórios do Estado, das autarquias locais e das instituições de segurança social, em caso de declaração de falência; subsistem os privilégios creditórios dos trabalhadores, mas a extinção indicada facilita a efetivação dos créditos de outros credores, em especial com garantias reais. Quanto à referida extinção de privilégios creditórios, *vd.* Carvalho Fernandes/João Labareda, *Código dos Processos Especiais de Recuperação da Empresa e de Falência Anotado*, 3.ª ed., Lisboa, 1999, anot. art. 152.º, pp. 402 ss. A solução subsiste no vigente Código da Insolvência (art. 97.º), cf. Menezes Leitão, *Código da Insolvência e da Recuperação de Empresas Anotado*, 6.ª ed., Coimbra, 2012, pp. 128 s.

a alteração introduzida no Código Civil, nos termos da qual os privilégios mobiliários podem ser gerais ou especiais, «os privilégios imobiliários *estabelecidos neste Código* são sempre especiais» (artigo 735.º, n.º 3, do CC)[1379]; admitindo-se que, noutros diplomas, se estabeleçam privilégios imobiliários gerais.

Por outro lado, no art. 333.º, n.º 1, do CT esclarece-se a dúvida quanto ao âmbito de aplicação da garantia, determinando que não se circunscreve aos créditos salariais, abrangendo outras prestações, como indemnizações resultantes da cessação do contrato de trabalho.

Por último, na alínea *b)* do n.º 1 do art. 333.º do CT, em vez do anterior privilégio imobiliário geral, passou a consagrar-se um «Privilégio imobiliário especial sobre o bem imóvel do empregador no qual o trabalhador presta a sua atividade». Pretendendo-se, assim, ao banir o privilégio imobiliário geral, resolver uma dúvida de concurso, que suscitara pertinentes dúvidas de constitucionalidade[1380]. Sumariamente, pode concluir-se que nos citados

---

[1379] Em itálico acrescenta-se a alteração introduzida no preceito pelo Decreto-Lei n.º 38/2003, de 8 de março. A referida alteração visa resolver a difícil compatibilização surgida com a criação de privilégios creditórios imobiliários gerais por diversos diplomas avulso.

[1380] O Tribunal Constitucional, corretamente, retrocedeu na interpretação que a jurisprudência vinha fazendo do artigo 751.º do CC, que transformava um privilégio geral – que não é direito real – numa garantia mais eficaz do que as garantias reais. Teve-se em conta que a segurança jurídica e a inerente tutela da confiança não são compatíveis com a já mencionada interpretação do preceito do Código Civil [Sobre a resenha jurisprudencial do Tribunal Constitucional, além dos *infra* citados, sobre relações entre créditos de impostos ou da segurança social, veja-se: Acórdãos n.º 688/98, de 15 de dezembro de 1998, *DR*, II Série, de 5 de março de 1999; n.º 160/2000, de 2 de março de 2000, *DR*, II Série, de 10 de outubro de 2000; n.º 354/2000, de 5 de julho de 2000, *DR*, II Série, de 7 de novembro de 2000; n.º 109/2002, *DR*, II Série, de 24 de abril de 2002; n.º 128/2002 (inédito); n.º 132/2002 (inédito); n.º 153/2002, de 17 de abril de 2002 (inédito); e n.º 193/2002 (inédito)].

No Acórdão do Tribunal Constitucional n.º 362/2002, de 17 de setembro de 2002 (*DR*, I Série, de 16 de outubro de 2002. Estava em causa a apreciação da constitucionalidade, atualmente, do artigo 111.º do CIRS, que, relativamente «aos últimos três anos [confere à] Fazenda Pública (...) privilégio mobiliário geral e privilégio imobiliário [geral] sobre os bens existentes no património do sujeito passivo à data da penhora ou outro ato equivalente»), foi declarada a inconstitucionalidade, com força obrigatória geral, da norma que conferia privilégio creditório imobiliário geral aos créditos da Fazenda Nacional originados pelo não pagamento do IRS, na interpretação segundo a qual a garantia em causa prevaleceria sobre a hipoteca, ainda que este direito tivesse sido constituído anteriormente ao surgimento do crédito fiscal. Do mesmo modo, o Acórdão do Tribunal Constitucional n.º 363/2002, de 17 de setembro de 2002 (*DR*, I Série, de 16 de outubro de 2002). Estava em causa a apreciação da constitucionalidade dos preceitos que conferem um privilégio imobiliário geral à segurança social, concretamente o

acórdãos se propugna a inconstitucionalidade da prevalência do privilégio creditório relativamente a direitos reais ainda que anteriormente constituídos (artigo 751.º do CC)[1381].

V. Com maior efetividade, estabeleceram-se, de modo inovador, dois mecanismos de garantia de pagamento de montantes pecuniários resultantes de créditos emergentes do contrato de trabalho e da sua violação ou cessação. De facto, o Código do Trabalho introduziu dois mecanismos novos, que correspondem a garantias mais eficazes de realização de créditos laborais, ou, antes, a um reforço da garantia de cumprimento de créditos laborais com maior probabilidade de célere efetivação do direito do trabalhador a perceber prestações pecuniárias. No art. 334.º do CT2009 (tal como no art. 378.º do CT2003) prevê-se a responsabilidade solidária de sociedades coligadas com o empregador inadimplente pelo cumprimento de prestações pecuniárias emergentes do contrato de trabalho e da sua violação ou cessação. E, no art. 335.º do CT2009 (na sequência do art. 379.º do CT2003), estabelece-se igualmente uma responsabilidade solidária de sócios e dirigentes societários pela mesma situação de incumprimento, desde que a causa desse incumprimento lhes seja imputável.

VI. Por último, como modo de assegurar o pagamento dos salários dos últimos seis meses, instituiu-se o Fundo de Garantia Salarial (art. 336.º do CT), a quem cabe o pagamento de tais retribuições em caso de situação económica difícil ou insolvência da empresa empregadora. Esta garantia vale com respeito aos últimos salários e a outros créditos emergentes do contrato de trabalho ou da sua cessação, nos termos estabelecidos nos arts. 317 e ss. da LECT.

---

artigo 11.º do Decreto-Lei n.º 103/80, de 9 de maio, e o artigo 2.º do Decreto-Lei n.º 512/76, de 3 de julho (apesar de já se encontrar revogado), declarou a inconstitucionalidade, com força obrigatória geral, das normas que conferem privilégio imobiliário geral aos créditos pelas contribuições à segurança social, na interpretação segundo a qual tal privilégio creditório prevaleceria sobre a hipoteca, ainda que esta tivesse sido registada anteriormente à constituição do crédito da segurança social.

[1381] Relativamente a este privilégio imobiliário fixou-se a seguinte jurisprudência uniformizada: «Os imóveis construídos por empresas de construção civil, destinados a comercialização, estão excluídos da garantia do privilégio imobiliário especial no art. 377.º, n.º 1, alínea *b)*, do CT 2003» (Ac. n.º 8/2006, DR de 15/4/2016). A solução é mais do que compreensível e a dúvida que se suscitou em torno desta questão tinha por base uma tentativa de interpretação criativa da norma, num *favor laboratoris*.

Bibliografia:

José João Abrantes, «Salários em Atraso e Excepção de não Cumprimento do Contrato», *Estudos de Direito do Trabalho*, Lisboa, 1992, pp. 13 a 40 e *Direito do Trabalho. Ensaios*, Lisboa, 1995, pp. 75 a 92; Leal Amado, *A Protecção do Salário*, suplemento BFDUC, Vol. XXXIX, Coimbra, 1995, pp. 39 a 56 e pp. 137 a 260, «Salários em Atraso», *Prontuário da Legislação do Trabalho*, n.º 39 (1991/92), CEJ, pp. 12 e 13, «O Incumprimento da Obrigação Retributiva e o art. 364.º, n.º 2 do Código do Trabalho», *VIII Congresso Nacional de Direito do Trabalho*, Coimbra, 2005, pp. 115 e ss., «Crédito Salarial, Compensação e Cessação (Nótula sobre os artigos 270.º e 271.º do Código do Trabalho), *Pront.*, n.º 72 (2005), pp. 55 e ss. e *Contrato de Trabalho*, cit., pp. 255 ss.; Luís Correia Araújo, «A responsabilidade solidária das sociedades coligadas e dos sócios-controladores pelo pagamento dos créditos laborais: limitações e excessos do regime actual», *QL* n.º 47 (2015), pp. 273 ss.; Nunes de Carvalho, «Reflexos Laborais do Código dos Processos Especiais de Recuperação da Empresa e de Falência», *RDES* (1995), n.os 1/2/3, pp. 55 a 88 e n.º 4, pp. 319 a 350; Catarina Carvalho, «Algumas Notas sobre os Artigos 378.º e 379.º do Código do Trabalho» *Pront.* n.º 72 (2005), pp. 85 e ss.; Menezes Cordeiro, *Direito do Trabalho*, II, cit., pp. 714 ss. e «Salários em Atraso e Privilégios Creditórios», *ROA*, 58 (1998), pp. 645 a 672; Maria Adelaide Domingos, «A tutela dos créditos laborais através do Fundo de Garantia Salarial», *XI-XII Congressos Nacionais de Direito do Trabalho. Memórias*, Coimbra, 2009, pp. 247 e ss.; Monteiro Fernandes, *Direito do Trabalho*, cit., pp. 301 e ss.; Júlio Gomes, *Direito do Trabalho*, I, cit., pp. 899 e ss.; Menezes Leitão, *Direito do Trabalho*, cit., pp. 349 e ss.; Romano Martinez, «Repercussões da Falência nas Relações Laborais», *RFDUL* XXXVI (1995), pp. 417 a 424 e «Garantia dos Créditos Laborais. A Responsabilidade Solidária instituída pelo Código do Trabalho, nos artigos 334.º e 335.º», *RDES*, 2005, n.os 2/4, pp. 195 a 281; Rita Garcia Pereira, «A Garantia dos Créditos Laborais no Código do Trabalho: Breve Nótula sobre o art. 378.º (Responsabilidade Solidária das Sociedades em Relação de Domínio ou de Grupo)», *QL*, Ano XI (2004), n.º 24, pp. 177 a 214; Rui Carlos Pereira, «A Garantia das Obrigações Emergentes do Contrato de Trabalho», O Direito 106-119 (1974/87), pp. 225 a 270; Mário Pinto/Furtado Martins/Nunes de Carvalho, *Comentário*, cit., anot. aos arts. 22.º, 27.º, 104.º e 106.º, pp. 99 a 102, pp. 125 a 127 e pp. 273 a 276; Luís Lucas Pires, «Os Privilégios Creditórios dos Créditos Laborais», *QL*, Ano IX (2002), n.º 20, pp. 164 a 202, e «A amplitude e a (in)constitucionalidade dos privilégios creditórios dos trabalhadores», *QL* 31 (2008), pp. 59 e ss.; Rosário Palma Ramalho, *Tratado de Direito do Trabalho*, II, cit., pp. 539 e ss.; Joana Vasconcelos, anotação aos arts 270 e s. e arts. 277.º e ss. *in* ROMANO MARTINEZ/LUÍS MIGUEL MONTEIRO/ /JOANA VASCONCELOS/MADEIRA DE BRITO/GUILHERME DRAY/GONÇALVES DA SILVA, *Código do Trabalho Anotado*, cit., pp. 669 e ss. e pp. 675 e ss.; MOTTA VEIGA, *Lições*, cit., pp. 439 a 443; BERNARDO XAVIER/FURTADO MARTINS/NUNES DE CARVALHO/JOANA VASCONCELOS/TATIANA GUERRA DE ALMEIDA, *Manual*, cit., pp. 615 e ss.

§ 26. DEVERES ACESSÓRIOS DO EMPREGADOR

I. Para além do dever de pagar a retribuição, sobre o empregador impendem diversos deveres. No contrato de trabalho, tais obrigações acessórias foram integradas num designado dever de assistência[1382], que hoje se pode qualificar, com maior amplitude, como *compliance* laboral.

Na assistência ao trabalhador há a distinguir as regras de direito público, que respeitam a vários aspetos como, subsídio de desemprego, abono de família, reforma, etc., e regras que têm como destinatário o empregador. Destas últimas importa fazer referência aos deveres da entidade patronal, mencionados do art. 120.º do CT.

II. Os deveres acessórios do empregador constituem uma concretização do princípio da boa fé (art. 126.º do CT) e a enumeração constante do art. 127.º do CT é exemplificativa, sendo completada pela especificação do art. 129.º do CT (Garantias do trabalhador) e dos arts. 130.º e ss. do CT. A título de exemplo, podem ainda indicar-se obrigações que decorrem para o empregador por motivos de proteção da maternidade (*vd. infra* § 16.3) ou em caso de trabalhadores estudantes (*vd. infra* § 16.7), assim como obrigações de assistência previstas em instrumento de regulamentação coletiva de trabalho.

Do disposto no art. 127.º do CT, em especial das alíneas *a)*, *c)* e *d)*, deduz-se que o empregador não deve conceber o trabalhador como um mero elemento do processo produtivo, assimilável a qualquer bem de equipamento, mas como uma pessoa que se integra na estrutura empresarial; dito de outro

[1382] Quanto à terminologia, cf. MENEZES CORDEIRO, *Direito do Trabalho*, I, cit., p. 729; MONTEIRO FERNANDES, *Direito do Trabalho*, cit., pp. 343 ss.; MOTTA VEIGA, *Lições*, cit., p. 348. Relativamente aos designados deveres de assistência (*Fürsogerpflicht*) a cargo do empregador, cf. SÖLLNER, *Arbeitsrechts*, cit., pp. 271 ss.; SPIELBÜCHER/GRILLBERGER, *Arbeitsrecht*, cit., pp. 329 ss.

modo, o trabalhador deve ser visto como um colaborador do empregador, tendo em conta que a relação laboral não pode desumanizar o prestador de trabalho[1383]. Este dever de respeito da dignidade do trabalhador, como pessoa, já resultaria dos princípios gerais, mas encontra-se concretizado nas mencionadas alíneas do n.º 1 do art. 127.º do CT. E dispondo a alínea a) que o empregador deve respeitar e tratar o trabalhador com urbanidade e probidade não era necessário acrescentar (Lei n.º 93/2019) que não pode afetar nem praticar atos discriminatórios, como o assédio. Prescreve-se ainda na norma que o empregador tem por dever proporcionar boas condições de trabalho, tanto do ponto de vista físico como moral e contribuir para a elevação do nível de produtividade do trabalhador, designadamente promovendo a formação profissional deste (arts. 130.º e ss. do CT)[1384].

III. Não obstante estes deveres corresponderem a direitos do trabalhador pode ser problemático o seu exercício. A violação dos designados deveres de assistência, por exemplo a obrigação de proporcionar boas condições de trabalho, constitui motivo de resolução do contrato com justa causa, nos termos do art. 394.º, n.º 2, do CT[1385], mas será dificilmente exequível um pedido do trabalhador, em ação de condenação do empregador, a proporcionar-lhe boas condições de trabalho ou a contribuir para a elevação do seu nível de produtividade, principalmente atendendo à indeterminabilidade dos mencionados deveres. Todavia, se alguma destas obrigações do empregador tiver sido concretizada contratualmente (p. ex., do contrato de trabalho consta que o empregador se obriga a dar uma determinada formação profissional ao trabalhador), reduzir-se-ão os obstáculos de ordem prática à exequibilidade do pedido de cumprimento de tal dever. Em qualquer caso, como o direito à ocupação efetiva pressupõe que ao trabalhador seja distribuída uma tarefa a executar nos termos contratual e legalmente estabelecidos (art. 129.º, n.º 1, alínea *c)*, do CT), perante a violação de um dever de assistência cabe ao trabalhador exigir a condenação do empregador, recorrendo, nomeadamente,

---

[1383] Por isso, o trabalhador tem o direito de rescindir o contrato se o empregador violar os deveres de urbanidade e de correção para com ele (Ac. Rel. Lx. de 20/5/1992, CJ XVII, T. III, p. 262).

[1384] Sobre os deveres de proteção a cargo do empregador que decorrem do contrato de trabalho, veja-se CABANILLAS SÁNCHEZ, *Los Deberes de Protección del Deudor en el Derecho Civil, en el Mercantil y en el Laboral*, Madrid, 2000, em especial, pp. 329 ss.

[1385] Cf. Ac. STJ de 31/3/1993, CJ (STJ) 1993, T. II, p. 260, em que se admitiu o direito do trabalhador a rescindir o contrato, porque o empregador o humilhava e lesava a sua honra e brio profissional.

à sanção pecuniária compulsória (*vd. supra* § 24.8). Mas já não parece lícito que, perante o incumprimento do empregador, o trabalhador requeira, em execução, que, por exemplo, as condições de trabalho sejam melhoradas por outrem à custa do empregador (art. 828.º do CC).

IV. A regra que impõe ao empregador proporcionar boas condições de trabalho tem sido, de algum modo, concretizada em legislação sobre segurança e saúde no trabalho.

A segurança e a saúde no trabalho devem ser asseguradas pelo empregador[1386]. O direito à prestação de trabalho em condições de higiene e segurança encontra-se previsto na Constituição (art. 59.º, n.º 1, alínea *c)*, da CRP) e tem regulamentação nos arts. 127.º, n.º 2 e 281.º do CT, para além de concretização na Lei n.º 102/2009, de 10 de setembro[1387].

Relacionado com a segurança e saúde no trabalho resta referir que o empregador deverá indemnizar os trabalhadores dos prejuízos resultantes de acidentes de trabalho e doenças profissionais (art. 127.º, n.º 1, alínea *g)*, do CT). Essa matéria encontra-se no Regime Jurídico dos Acidentes de Trabalho e Doenças Profissionais (Lei n.º 98/2009, de 4 de setembro, LAT)[1388].

O mesmo ocorre no que respeita à formação profissional, um dever genérico que tem sido concretizado pelo legislador, por exemplo nos arts. 130.º e ss. do CT.

BIBLIOGRAFIA:

MENEZES CORDEIRO, *Direito do Trabalho*, II, cit., pp. 728 ss.; MONTEIRO FERNANDES, *Direito do Trabalho*, cit., pp. 342 e ss.; JÚLIO GOMES, *Direito do Trabalho*, I, cit., pp. 561 e ss.; MENEZES LEITÃO, *Direito do Trabalho*, cit., pp. 351 e ss.; MILENA SILVA ROUXINOL, *A obrigação de segurança e saúde do trabalhador*, Coimbra, 2008; MOTTA VEIGA, *Lições*, cit., p. 348; BERNARDO XAVIER/FURTADO MARTINS/NUNES DE CARVALHO/JOANA VASCONCELOS/TATIANA GUERRA DE ALMEIDA, *Manual*, cit., pp. 479 e s.

[1386] Falava-se anteriormente em «segurança, higiene e saúde no trabalho», nomeadamente arts. 272.º e ss. do CT2003, mas no novo regime omite-se a higiene.

[1387] Sobre este regime, veja-se FERNANDO CABRAL/MANUEL ROXO, *Segurança e saúde no trabalho. Legislação anotada*, 5.ª edição, Coimbra, 2008.

[1388] *Vd. infra* §§ 52 e 53.

§ 27. PODERES DO EMPREGADOR

1. Poder de direção

O empregador tem, normalmente, a gestão empresarial e, no domínio do contrato de trabalho, de algum modo relacionado com essa gestão, é-lhe conferido o poder de direção[1389]. Conexo com o poder de direção, há que aludir ao *ius variandi* e ao poder disciplinar. Porém, como o *ius variandi* se relaciona com alterações ao contrato, será analisado a propósito das vicissitudes (§ 47.5).

a) Caracterização

I. O poder de direção conferido ao empregador funda-se no contrato de trabalho[1390] e tem a sua previsão no art. 128.º, n.º 1, alínea *e)*, do CT, onde se estabelece o dever de o trabalhador obedecer ao empregador[1391], assim como no art. 97.º do CT, que alude ao poder de direção. A subordinação jurídica, que carateriza o contrato de trabalho (cf. *supra* § 6.), em grande parte, assenta no poder de direção do empregador e no respetivo dever de subordinação do trabalhador.

O poder de direção, na sua faceta mais representativa, encontra-se previsto no art. 97.º do CT, ao dizer-se que «Compete ao empregador (...) estabelecer os termos em que o trabalho deve ser prestado». O empregador tem o poder de conformar a prestação do trabalhador em função dos interesses que pretende ver prosseguidos. Esta possibilidade de conformar a prestação do trabalhador relaciona-se com o carácter genérico da atividade laboral, que tem de ser concretizada e adaptada pelo empregador, tendo em conta a finalidade que visa prosseguir.

[1389] Como refere NICOLINI, *Diritto del Lavoro,* cit., p. 367, é no poder de direção e no correspondente dever de obediência que se encontra o núcleo central da subordinação jurídica.

[1390] Admitindo também o fundamento contratual do poder de direção, apesar de mitigado, cf. COUTINHO DE ALMEIDA, «Poder Empresarial: Fundamento, Conteúdo e Limites», *Temas de Direito do Trabalho*, Coimbra, 1990, pp. 318 s., que à justificação negocial acrescenta a titularidade dos bens empresariais; o proprietário dos meios de produção pode dar ordens a quem, por contrato, se submeteu à sua autoridade. De forma mais desenvolvida, MENEZES CORDEIRO, *Direito do Trabalho,* II, cit., pp. 452 ss., alude a seis teorias que justificam o poder de direção, acabando por aderir à orientação contratualista (p. 662). Recorrendo também à fundamentação contratual, cf. SPIELBÜCHER / GRILLBERGER, *Arbeitsrecht,* cit., pp. 185 ss.

[1391] A violação do dever de obediência a uma ordem legítima permite, em muitos casos, recorrer ao despedimento com justa causa, cf., por exemplo Ac. Rel. Lx. de 24/3/1993, CJ XVIII, T. II, p. 161; Ac. Rel. Lx. de 22/3/1995, CJ XX, T. II, p. 171.

Como o poder de direção tem limites derivados do seu próprio conteúdo e dos direitos dos trabalhadores, o trabalhador não deve obediência ao empregador sempre que as ordens ou instruções se mostrem contrárias aos seus direitos e garantias, designadamente se contrariarem qualquer das previsões constantes do art. 129.º, n.º 1, do CT. Além disso, há que atender, *v. g.*, à reserva de intimidade da vida privada do trabalhador (art. 26.º, n.º 1, da CRP) ou ao seu direito de personalidade (arts. 70.º e ss. do CC). Deste modo, a ordem do empregador tem de ser justificada atenta a inviolabilidade do direito à integridade moral e física das pessoas (art. 26.º, n.º 1, da CRP) e ao reconhecimento do direito à identidade pessoal, ao desenvolvimento da personalidade, ao bom nome e reputação e à imagem que é conferido a todas as pessoas (art. 26.º, n.º 1, da CRP), complementado pela tutela da personalidade estabelecida no Código Civil (arts. 70.º e ss. do CC) e, em especial nos arts. 14.º e ss. do CT[1392].

Os mencionados direitos constitucionais, incluídos na Parte I (Direitos e deveres fundamentais), Título II (Direitos, liberdades e garantias), Capítulo I (Direitos, liberdades e garantias pessoais), são obviamente invocáveis por um trabalhador, pois a relação laboral não priva as partes de direitos fundamentais reconhecidos a todas as pessoas; todavia, os direitos de personalidade do trabalhador têm de ser conjugados com direitos fundamentais do empregador, em particular com o direito à iniciativa económica privada (art. 61.º, n.º 1, da CRP) e com a garantia do direito à propriedade privada (art. 62.º, n.º 1, da CRP). Sendo os direitos em confronto iguais e da mesma espécie – são, em qualquer dos casos, direitos fundamentais reconhecidos na Parte I da Constituição –, há uma colisão de direitos, devendo os respetivos titulares (trabalhador e empregador) ceder na medida do necessário para que todos produzam igualmente o seu efeito, sem maior detrimento para qualquer das partes (art. 335.º, n.º 1, do CC)[1393].

[1392] *Vd. supra* § 15.

[1393] Sobre a colisão de direitos fundamentais dos trabalhadores e dos empregadores, veja-se ROMANO MARTINEZ, «A Constituição de 1976 e o Direito do Trabalho», *Nos 25 Anos da Constituição da República Portuguesa de 1976. Evolução Constitucional e Perspectivas Futuras*, Lisboa, 2002, pp. 173 ss. e «Poder de Direcção: Âmbito. Poder Disciplinar: Desrespeito de Ordens. Comentário ao Acórdão do STJ de 20 de outubro de 1999, *RDES* 2000, n.ºs 3/4, pp. 399 ss., assim como JÚLIO GOMES, «Deve o Trabalhador Subordinado Obediência a Ordens Ilegais?», *Trabalho e Relações Laborais*, Lisboa, 2001, pp. 179 ss.

Quanto ao respeito da intimidade do trabalhador, consulte-se MENEZES CORDEIRO, «A Liberdade de Expressão do Trabalhador», *II Congresso Nacional de Direito do Trabalho*, Coimbra, 1999, pp. 23 ss. e «Direito do Trabalho e Cidadania», *III Congresso Nacional de Direito do Trabalho*,

II. No conteúdo do poder de direção incluem-se as faculdades de, atendendo à categoria do trabalhador, lhe indicar a atividade a desenvolver, o modo como deve ser efetuada, o local onde será realizada, etc. (art. 118.º do CT), bem como alterações à atividade, modo, local, etc., desde que as mesmas não pressuponham uma mudança de categoria, caso em que poderá estar em causa o *ius variandi* (arts. 120.º do CT)[1394].

Para além destas faculdades, também se inclui no conteúdo do poder de direção, nomeadamente, a fiscalização da atividade[1395], as instruções quanto à sua realização[1396] ou a determinação do momento em que a tarefa deve ser desenvolvida.

III. O poder de direção do empregador tem limites; o trabalhador não deve obediência sempre que as ordens ou instruções se mostrem contrárias aos seus direitos e garantias, designadamente se contrariarem qualquer das previsões constantes do art. 129.º, n.º 1, do CT; parafraseando o disposto no art. 97.º do CT, os «limites decorrem do contrato e das normas que o regem»[1397]. Como limites ao poder de direção, há que atender às prescrições

---

Coimbra, 2001, pp. 29 ss.; Vicente Pachés, *El Derecho del Trabajador al Respeto de su Intimidad*, Madrid, 1998. A tutela do trabalhador pode ainda relacionar-se com o controlo da atividade feita na empresa, nomeadamente por meios informáticos, que, nalguns casos, podem contender com a tutela da personalidade, cf. AAVV, *Banche Cati e Diritti della Persona. Atti del Convegno di Sciacca Agrigento, 9 – 10 Novembre, 1984*, Milão, 1986.

1394 Atendendo a estas faculdades, Monteiro Fernandes, *Direito do Trabalho*, cit., pp. 358 s., distingue o poder determinativo da função (p. ex., indicar a atividade a desenvolver) do poder conformativo da prestação (p. ex., determinar o modo de efetuar a tarefa). Veja-se também Bernardo Xavier/Furtado Martins/Nunes de Carvalho/Joana Vasconcelos/Tatiana Guerra de Almeida, *Manual*, cit., pp. 455 e ss.

1395 Por exemplo, exigir que o trabalhador passe a «picar o ponto» (Ac. Rel. Lx. de 1/10/1997, CJ XXII, T. IV, p. 164). Relativamente ao controlo, designadamente eletrónico da atividade, cf. Nicolini, *Diritto del Lavoro*, cit., pp. 368 ss.

1396 Onde se incluem aspetos vários, como o uso de farda, a proibição de fumar (Ac. Rel. Pt. de 25/3/1996, CJ XXI, T. II, p. 259) ou a proibição de estacionar o automóvel nas instalações do empregador (Ac. Rel. Lx. de 9/4/1997, CJ XXII, T. II, p. 168). Quanto à recusa de uso de fato apropriado, imposto pelo empregador, *vd.* o comentário ao Ac. Rel. Pt. de 28/1/1991, de Bernardo Xavier, *in* «Recusa da Prestação do Trabalho por não uso de Fato Apropriado. Despedimento Disciplinar», *RDES* (1991), n.os 3/4, em especial, pp. 352 ss.

1397 Mário Pinto/Furtado Martins/Nunes de Carvalho, *Comentário*, cit., anot. II.4 ao art. 20.º, p. 92, esclarecem que os limites ao poder de direção resultam do programa contratual e das fontes (lei, convenção coletiva, etc.) que o conformam. Relacionando também a limitação ao poder de direção com o disposto na convenção coletiva de trabalho, *vd.* Zöllner/Loritz, *Arbeitsrecht*, cit., p. 164.

contratuais e, em particular, às garantias conferidas no art. 129.º, n.º 1, do CT, que se conjugam com outras estatuições legais, como os arts. 118.º e 120.º do CT quanto à atividade, o art. 194.º do CT em relação ao local de trabalho ou o regime da greve[1398].

O trabalhador pode legitimamente desrespeitar a ordem recebida, desde que esta colida com as garantias que a lei lhe atribuiu[1399], assim como na eventualidade de o cumprimento envolver perigo para a sua saúde ou vida[1400] e ainda quando implicar a prática de um ato ilícito.

b) Poder regulamentar; representação

I. Na concretização do poder de direção, se entender adequado, o empregador pode socorrer-se de dois instrumentos jurídicos: o poder regulamentar e a representação.

II. Do regulamento interno de empresa, para além de regras contratuais (art. 104.º do CT), podem constar normas de organização e disciplina no trabalho (art. 99.º do CT)[1401]; isto é, diretrizes genéricas e, tendencialmente,

---

[1398] É legítima a recusa de ordem de transferência de local de trabalho verificada no dia imediato ao de uma greve a que a trabalhadora em causa aderira, porque o seu superior hierárquico não queria naquela fábrica trabalhadores que fizessem greve (Ac. STJ de 8/3/1995, *BMJ* 445, p. 221).

[1399] Menezes Cordeiro, *Direito do Trabalho*, II, cit., p. 457, alude, de forma mitigada, a um limite ao poder de direção, atendendo ao princípio de igual tratamento, concluindo que, para além de determinadas atuações contrárias à consciência jurídico-laboral, o «tratamento nivelador prejudica a gestão da empresa e dificulta a iniciativa empresarial».

[1400] Cf. Dias Lobo, *Responsabilidade Objectiva do Empregador por Inactividade Temporária devido a Perigo de Lesão à Vida e Saúde do Trabalhador*, Coimbra, 1985, em especial, pp. 36 ss., onde alude a um designado *ius resistentiae* do trabalhador se a execução da tarefa acarretar perigo. Numa perspetiva mais alargada, que põe em causa o princípio da iniciativa privada, Dias Coimbra, «Desobediência do Trabalhador no Quadro da Irrazoabilidade do Incumprimento do Empregador, quanto a Determinada Inovação Tecnológica», *Temas de Direito do Trabalho*, Coimbra, 1990, pp. 412 ss., admite a desobediência lícita se o empregador, sem justificação, não proceder a uma inovação tecnológica. Esta tese impõe às empresas uma obrigação de inovação tecnológica que, não estando associada à utilização negligente de bens obsoletos, parece inaceitável.

[1401] Como é óbvio, as normas do regulamento interno sobre organização e disciplina no trabalho não podem contrariar a regulamentação legal e convencional (Ac. Rel. Lx. de 14/1/1998, CJ XXIII, T. I, p. 156).

Para uma perspetiva sintética de Direito comparado do regulamento de empresa, veja-se Pinto Martins, *Direito do Trabalho*, 14.ª ed., S. Paulo, 2001, pp. 183 s., autor que, a pp. 187 s., faz a distinção entre as cláusulas contratuais e organizacionais do regulamento de empresa.

duradouras quanto à atividade a prestar, nos seus aspetos organizacionais e disciplinares. É neste segundo aspeto que o regulamento interno de empresa se relaciona com o poder de direção, constituindo um meio da sua efetivação.

O regulamento interno de empresa deixou de ter de ser submetido à aprovação da IGT (art. 39.º, n.º 3, da LCT), bastando, na versão do Código do Trabalho (2003), que o empregador o enviasse a este organismo (agora ACT), para conhecimento (art. 153.º, n.º 4, do CT2003). Mas após a revisão de 2012, deixou de se exigir a comunicação à entidade inspetiva. Ao regulamento interno de empresa deve, contudo, ser dada publicidade no interior da empresa, de modo a possibilitar o seu conhecimento por parte dos vários trabalhadores (art. 99.º, n.º 3, do CT).

Na mesma senda dos regulamentos de empresa, no exercício do poder de direção, do empregador podem emanar as chamadas ordens ou comunicações de serviço, que correspondem a circulares com instruções concretas em determinado âmbito, em princípio, para fazer face a problemas pontuais (p. ex., mapas de férias, delegações de competência, ordens de transferência ou promoções)[1402]. Dadas as formalidades requeridas na aprovação do regulamento interno ao abrigo da legislação anterior[1403], os empregadores, com frequência, recorriam a ordens de serviços como modo de efetivar o poder de direção[1404], evitando o formalismo legal. Porém, hoje, tendo deixado de ser exigida, sequer, a comunicação do regulamento à ACT este motivo deixa de valer.

III. Como segundo meio de concretizar o poder de direção, o empregador tem a faculdade de socorrer-se da representação, delegando o seu poder de direção em representantes, que, muitas vezes, são trabalhadores da mesma empresa (pessoal dirigente). Estando a empresa hierarquicamente estruturada, certos trabalhadores, superiores hierárquicos, podem ter poder de direção genérico ou limitado em relação aos inferiores hierárquicos.

1402 Sobre as ordens de serviço, *vd.* MONTEIRO FERNANDES, *Direito do Trabalho*, cit., pp. 361 s. e MÁRIO PINTO/FURTADO MARTINS/NUNES DE CARVALHO, *Comentário*, cit., anot. II.7 ao art. 39.º, p. 193.

1403 Para além da intervenção das comissões de trabalhadores – que subsiste (art. 99.º, n.º 2, do CT2009) –, o regulamento interno estava sujeito a um controlo administrativo por parte da Inspecção-Geral do Trabalho (atual ACT).

1404 Sobre esta figura, *vd.* PÉLISSIER/SUPIOT/JEMMAUD, *Droit du Travail*, cit., pp. 784 s.

BIBLIOGRAFIA:

COUTINHO DE ALMEIDA, «Poder Empresarial: Fundamento, Conteúdo e Limites», *Temas de Direito do Trabalho*, Coimbra, 1990, pp. 311 a 329; RUI ASSIS, *O Poder de Direcção do Empregador*, Coimbra, 2005; MESQUITA BARROS, «Poder Empresarial: Fundamento, Conteúdo e Limites», *Temas de Direito do Trabalho*, Coimbra, 1990, pp. 305 a 309; DIAS COIMBRA, «Desobediência do Trabalhador no Quadro da Irrazoabilidade do Incumprimento do Empregador, quanto a Determinada Inovação Tecnológica», *Temas de Direito do Trabalho*, Coimbra, 1990, pp. 405 a 422; MENEZES CORDEIRO, *Direito do Trabalho*, II, cit., pp. 741 ss.; MONTEIRO FERNANDES, *Direito do Trabalho*, cit., pp. 357 e ss.; MENEZES LEITÃO, *Direito do Trabalho*, cit., pp. 357 e ss.; TERESA COELHO MOREIRA, «O Poder Directivo do Empregador e o Direito à Imagem do Trabalhador», *Estudos Jurídicos em Homenagem ao Professor António da Motta Veiga*, Coimbra, 2007, pp. 291 e ss.; MÁRIO PINTO/FURTADO MARTINS/NUNES DE CARVALHO, *Comentário*, cit., anot. aos arts. 20.º e 39.º, pp. 91 e 92 e pp. 189 a 196; ROSÁRIO PALMA RAMALHO, *Tratado de Direito do Trabalho*, II, cit., pp. 549 e ss.; MOTTA VEIGA, *Lições*, cit., pp. 339 a 341; BERNARDO XAVIER, «Recusa da Prestação do Trabalho por não uso de Fato Apropriado. Despedimento Disciplinar», *RDES* (1991), n.os 3/4, pp. 347 a 367; BERNARDO XAVIER/FURTADO MARTINS/NUNES DE CARVALHO/JOANA VASCONCELOS/TATIANA GUERRA DE ALMEIDA, *Manual*, cit., pp. 453 e ss. e pp. 475 e ss.

2. Poder disciplinar

a) Caraterísticas

I. O poder disciplinar corresponde a uma faculdade atribuída a uma das partes, o empregador, de impor sanções à outra, o trabalhador, *maxime* o despedimento[1405]. Não se pode considerar que o poder disciplinar, caraterístico do contrato de trabalho, constitua um regime sem precedentes no domínio contratual.

A lei permite que, nos contratos, as partes autorregulamentem os seus interesses, como também, dentro de certos limites, os autotutelem. No domínio

[1405] Como refere COUTINHO DE ALMEIDA, «Poder Empresarial. Fundamento, Conteúdo e Limites», *Temas de Direito do Trabalho*, Coimbra, 1990, p. 328, é o poder disciplinar que confere verdadeira eficácia aos poderes diretivo e regulamentar. Será de acrescentar que também confere eficácia ao *ius variandi*. Em crítica a esta posição, cf. ROSÁRIO PALMA RAMALHO, *Do Fundamento do Poder Disciplinar Laboral*, Coimbra, 1993, pp. 223 ss.

contratual encontram-se várias situações de autotutela, como, por exemplo, a exceção de não cumprimento do contrato (arts. 428.º e ss. do CC), o regime de exclusão de associados (arts. 167.º, n.º 2 e 1003.º do CC), a destituição de titulares de órgãos associativos (art. 172.º, n.º 2, do CC), a resolução do contrato com base em incumprimento definitivo do mesmo, nos termos do art. 801.º, n.º 2, do CC e o exercício da cláusula penal (arts. 810.º e ss. do CC), a qual pode ter um conteúdo variado[1406]/[1407].

A autotutela efetuada pelas partes no domínio contratual está sujeita a uma fiscalização, a exercer pelos tribunais.

O mesmo se passa quanto ao poder disciplinar. Trata-se de uma forma de autotutela que o empregador pode exercer contra o trabalhador, sujeita a fiscalização judicial.

Todavia, o poder disciplinar corresponde a uma autotutela com um desenvolvimento que não encontra paralelo em outros contratos.

II. Como não há uma tipificação da infração disciplinar, nem sequer uma noção legal desta figura, importa delimitar a faculdade de o empregador impor sanções ao trabalhador, ainda que sem contornos totalmente precisos.

O poder disciplinar destina-se a fazer face a situações de responsabilidade disciplinar, ou seja, a atuações do trabalhador em violação do contrato de trabalho, mais propriamente da relação laboral; razão pela qual, no Código do Trabalho, depois de enunciado no art. 98.º do CT, regula-se esta matéria em sede de incumprimento do contrato de trabalho (arts. 323.º e 328.º e ss. do CT). Excecionalmente, a atuação ilícita do trabalhador fora do domínio contratual, se tiver implicações diretas na relação laboral, pode

---

[1406] Com uma perspetiva diversa, MENEZES CORDEIRO, *Direito do Trabalho*, II, cit., p. 748, assinalando o fito punitivo da sanção disciplinar, considera que o poder disciplinar ultrapassa os quadros do Direito Civil, pensados com outros escopos. Neste sentido, considerando também que o poder disciplinar não tem paralelo no domínio contratual privado, *vd.* ROSÁRIO PALMA RAMALHO, *Do Fundamento do Poder Disciplinar*, cit., p. 424. Cabe, todavia, realçar que a ação disciplinar, diferentemente do Direito Penal, não assenta no princípio da tipificação das infrações (*nullum crimen sine lege*), cf. SOUSA MACEDO, *Poder Disciplinar Patronal*, Coimbra, 1990, pp. 19 ss. e 31 ss. Relativamente às sanções de índole disciplinar e a cláusula penal, *vd.* PINTO MONTEIRO, *Cláusula Penal e Indemnização*, Coimbra, 1990, pp. 139 ss.

[1407] Com finalidade e âmbito muito similar ao poder disciplinar laboral, veja-se as multas que se aplicam na execução de um contrato de empreitada, mormente de obras públicas e a responsabilidade civil punitiva. Sobre esta figura, *vd.* PAULA MEIRA LOURENÇO, *Indemnização por Danos Punitivos*, dissertação de Mestrado, Lisboa, 2002.

justificar o exercício do poder disciplinar[1408]; ainda assim, está-se no âmbito do incumprimento de deveres emergentes do contrato de trabalho.

O poder disciplinar, não obstante as suas especificidades e particular relevância no âmbito laboral, advém da violação de obrigações contratuais por parte do trabalhador. O empregador, ao abrigo do poder disciplinar, sanciona o trabalhador que desrespeita deveres contratuais (tanto principais, como secundários ou acessórios), razão pela qual esta matéria se relaciona com o incumprimento do contrato de trabalho.

III. A ação disciplinar pode ser exercida contra qualquer trabalhador, independentemente da posição hierárquica que ocupa na empresa, na pendência do contrato de trabalho, ainda que suspenso. Cessando o vínculo laboral, extingue-se o poder disciplinar (art. 98.º, n.º 1, *in fine*, do CT)[1409], cabendo ao empregador o recurso ao regime da responsabilidade civil para exigir uma indemnização.

Apesar de a ação disciplinar poder ser exercida contra qualquer trabalhador, independentemente do tipo de vínculo, este regime só tem significado prático no seio empresarial; nas relações comunitário-pessoais (p. ex., serviço doméstico) o exercício do poder disciplinar, nos termos regulados nos arts. 98.º e 328.º e ss. do CT, perde sentido[1410].

[1408] No Ac. STJ de 24/4/1996, *BMJ* 456, p. 276, considerou-se que integra uma infração disciplinar a atuação fora do exercício de funções (bancário que dá ao seu banco, que também era empregador, ordem de compra de ações na bolsa, não tendo saldo suficiente na respetiva conta), porque os factos ocorrem «dentro da orgânica do empregador», refletindo-se nas relações juslaborais. No mesmo sentido, é igualmente de indicar os casos do guarda-noturno da Palácio Ducal de Vila Viçosa, condenado por crime de recetação de objetos furtados a entidade diferente do empregador (Ac. Rel. Év. de 12/6/1991, CJ XVI, T. III, p. 315) e de um comandante e de um comissário de bordo de uma empresa de transporte aéreo que adotaram comportamentos escandalosos no hotel onde deviam repousar (Acórdãos STJ de 11/5/1994 e de 7/12/1994, *BMJ* 437, p. 335 e CJ (STJ) 1994, T. III, p. 303). Como refere Menezes Cordeiro, *Direito do Trabalho*, II, cit., p. 754 s., caso a caso haverá que determinar se a violação de normas civis, penais ou outras poderá também ser uma violação laboral.

[1409] Sobre esta questão, cf. Ac. Rel. Pt. de 1/6/1998, CJ XXIII, T. III, p. 251.

[1410] Sousa Macedo, *Poder Disciplinar Patronal*, cit., p. 14, a este propósito, contrapõe a pequena empresa à grande empresa, dando como exemplo específico aplicável só às pequenas empresas «o caso real de uma pequena "boutique" em que trabalhava a sua proprietária e uma única empregada, a qual se envolveu em amantismo com o marido daquela».

A responsabilidade disciplinar assenta no regime da responsabilidade contratual, mas nela encontram-se igualmente aspetos punitivos, que não caraterizam a responsabilidade civil, mas sim a penal[1411].

b) Exercício; procedimento disciplinar

I. O poder disciplinar não é um poder funcional, como o poder paternal; apresenta-se, antes, como um poder discricionário, no sentido de só ser exercido se o empregador julgar oportuno[1412]. Assim sendo, não cabe aos poderes públicos substituírem-se ao empregador, para impor ou impedir o exercício do poder disciplinar[1413].

Apesar da mencionada discricionariedade, o empregador não pode demitir-se do seu poder, pretendendo que a sanção seja aplicada por uma entidade externa, designadamente um tribunal.

Poder-se-ia argumentar no sentido de a discricionariedade no exercício do poder disciplinar contrariar o princípio da igualdade[1414], pois idênticas infrações poderiam conduzir a resultados diferentes, consoante o empregador pretendesse ou não agir. Contudo, o exercício do poder disciplinar

---

[1411] Acentuando, primordialmente, o aspeto punitivo da sanção disciplinar, apesar de considerar que o paralelismo com o modelo penal é bastante imperfeito, *vd.* MENEZES CORDEIRO, *Direito do Trabalho*, II, cit., p. 752.

[1412] O dever de aplicar sanções disciplinares, a que aludia o art. 40.º, n.º 2, da LCT, já tinha perdido validade, pois relacionava-se com um padrão de moral sexual, de que os empregadores não podem ser guardiões. Em sentido diverso, qualificando o poder disciplinar como um poder-dever, MOTTA VEIGA, *Lições*, cit., p. 341.

[1413] Não parece, pois, aceitável a amnistia de infrações disciplinares constante da Lei n.º 23/91, de 4 de julho, em empresas públicas ou de capitais públicos. Sobre esta questão há várias decisões jurisprudenciais, veja-se, nomeadamente, Ac. STJ de 4/11/1992, *BMJ* 421, p. 279; Ac. STJ de 20/1/1993, CJ (STJ) 1993, T. I, p. 231; Ac. STJ de 14/4/1993, BMJ 426, p. 349; Ac. STJ de 12/5/1993, CJ (STJ) 1993, T. II, p. 280; Ac. STJ de 22/9/1993, CJ (STJ) 1993, T. III, p. 262; Ac. STJ de 20/10/1993, CJ (STJ), 1993, T. III, p. 283; Ac. STJ de 12/1/1994, CJ (STJ) 1994, T. I, p. 270; Ac. STJ de 17/2/1994, CJ (STJ) 1994, T. I, p. 290; Ac. STJ de 27/4/1994, QL I (1994), n.º 1, p. 60; Ac. STJ de 21/9/1994, *BMJ* 439, p. 381; Ac. STJ de 23/11/1994, CJ (STJ) 1994, T. III, p. 293; Ac. STJ de 11/6/1996, CJ (STJ) 1996, T. II, p. 270.
De modo diferente, a amnistia de infrações disciplinares, prevista no art. 7.º da Lei n.º 29/99, de 12 de maio, não abrange os ilícitos laborais.

[1414] Cf. MENEZES CORDEIRO, «Da "Amnistia" Laboral perante a Constituição da República», *ROA* 52 (1992), III, pp. 869 ss., a propósito da amnistia estabelecida na Lei n.º 23/91, de 4 de julho, e GUILHERME DRAY, «Autonomia Privada e Igualdade na Formação e Execução de Contratos Individuais de Trabalho», *Estudos do Instituto de Direito do Trabalho*, Vol. I, Coimbra, 2001, pp. 93 ss.

relaciona-se com a atividade empresarial, relativamente à qual a liberdade de iniciativa não pode ser coartada. Deste modo, será o empregador quem decide se é conveniente ou não instaurar um procedimento disciplinar; tal atuação não lhe pode ser imposta. Mas, em princípio, também não poderá instaurar um procedimento disciplinar a um trabalhador se, anteriormente, deixou impunes idênticas infrações praticadas por outros trabalhadores, e tal mudança de atitude se fundar num intuito persecutório[1415].

A discricionariedade tem por limite a igualdade, mas, ainda assim, desde que justificado – sem intuito persecutório, portanto –, o empregador pode punir diferentemente, passar a sancionar ilicitudes que até então perdoava numa perspetiva laxativa que é abandonada, etc. A discricionariedade e a igualdade têm de ser enquadradas no exercício do poder de gestão e da liberdade que lhe é inerente[1416].

Do exercício do poder disciplinar, sendo um direito do empregador, não decorre responsabilidade, caso se verifique, durante as diligências probatórias, que não foi praticada qualquer infração[1417]. Todavia, a faculdade de o empregador desencadear um processo disciplinar está evidentemente submetida aos parâmetros do abuso do direito (art. 334.º do CC), não sendo legítimo o recurso despropositado a esta figura.

II. O poder disciplinar, para ser exercido, pressupõe um determinado procedimento (art. 329.º do CT), conduzido diretamente pelo empregador ou pelos superiores hierárquicos do trabalhador (art. 329.º, n.º 4, do CT)[1418].

[1415] O empregador pode aplicar diferentes sanções por idêntica infração se a culpabilidade for diversa e também se for distinto o grau hierárquico na empresa (Ac. STJ de 21/5/1997, CJ (STJ) 1997, T. II, p. 288; Ac. Rel. Pt. de 6/5/1996, CJ XXI, T. III, p. 246; Ac. Rel. Cb. de 26/11/1998, CJ XXIII, T. V, p. 166; Ac. Rel. Pt. de 10/4/2000, CJ XXV, T. II, p. 258). Mas se houve agressão mútua, há incoerência disciplinar se a empresa só pune um dos trabalhadores (Ac. Rel. Cb. de 15/4/1999, CJ XXIV, T. II, p. 65). Quanto ao princípio de coerência disciplinar, veja-se Ac. Rel. Év. de 15/11/2018, CJ 2018 V, p. 263.
Numa perspetiva mais restrita quanto ao princípio da igualdade, MÁRIO PINTO / FURTADO MARTINS / NUNES DE CARVALHO, *Comentário*, cit., anot. II.6 ao art. 26.º, pp. 132 s. Veja-se ainda TREMOLADA, *Autonomia Privata e Parità di Tratamento fra Lavoratori*, Pádua, 2000.

[1416] Cf. MÁRIO PINTO/FURTADO MARTINS/NUNES DE CARVALHO, *Comentário*, cit., anot. II.6 ao art. 26.º, p. 132. Veja-se, contudo, a análise de alguma jurisprudência estrangeira feita por JÚLIO GOMES, *Direito do Trabalho*, I, cit., pp. 889 e ss.

[1417] cf. Ac. Rel. Pt. de 9/3/1998, CJ XXIII, T. II, p. 253.

[1418] O procedimento laboral tem uma função idêntica ao procedimento administrativo: legitimação da atuação e garantia do interessado.

Nada impede inclusive que o procedimento seja conduzido por pessoa estranha à empresa – instrutor nomeado (art. 356.º, n.º 1, do CT) –, por exemplo um advogado mandatado pela empresa, desde que as decisões, *maxime* a sanção disciplinar, sejam tomadas pelo empregador ou por superior hierárquico do trabalhador[1419].

O procedimento disciplinar tem de ter início nos sessenta dias subsequentes àquele em que o empregador teve conhecimento da infração (art. 329.º, n.º 2, do CT) e da identidade do infrator. Mas sendo o facto ilícito continuado, este prazo de caducidade só se inicia quando termina a infração[1420]. Independentemente do conhecimento, a infração disciplinar prescreve decorrido um ano a contar do momento da prática do facto ilícito, salvo se este constituir igualmente crime, caso em que se aplicam os prazos prescricionais da lei penal (art. 329.º, n.º 1, do CT)[1421]. Há que atender, pois, a dois prazos de prescrição distintos: um de sessenta dias[1422] e outro de um ano[1423]. Instaurado o procedimento disciplinar, não há um prazo para ser proferida a decisão – exceção feita aos prazos a que se alude em seguida –, pelo que, não fora

---

[1419] No Ac. STJ de 21/3/2012 (Fernandes da Silva), disponível em www.dgsi.pt, considerou-se que não era inválido o procedimento disciplinar, apesar de a decisão não ter sido proferida pelo empregador, porque ao advogado (instrutor) haviam sido conferidos poderes especiais para dar sequência àquele procedimento disciplinar.

[1420] Cf. Ac. STJ de 25/9/1996, CJ (STJ) 1996, T. III, p. 228, em que o trabalhador, durante vários meses, se recusou a desempenhar a sua atividade. Mas a infração disciplinar não é continuada se os factos são diversos, porque falta a homogeneidade (Ac. STJ de 14/5/1997, CJ XXII, T. II, p. 280).

[1421] O prazo de um ano desde a prática da infração é independente do conhecimento (Ac. Rel. Pt. de 9/12/1997, CJ XXII, T. V, p. 249) e de processo penal que decorra contra o trabalhador (Ac. Rel. Lx. de 22/1/1997, CJ XXII, T. I, p. 178; Ac. Rel. Lx. de 26/4/2001, CJ XXVI, T. II, p. 154). Como se especifica no Ac. Rel. Lx. de 18/12/1997, CJ XXII, T. V, p. 172, a condenação crime do trabalhador, por furto na empresa, não altera os prazos do processo disciplinar, pelo que os sessenta dias contam-se do mesmo modo e não a partir da condenação. Instaurado o processo disciplinar interrompe-se o prazo de prescrição da infração disciplinar, pelo que entre a data em que é entregue ao trabalhador a nota de culpa e a do proferimento da sanção pode decorrer mais de um ano (Ac. STJ de 25/2/1993, CJ (STJ) 1993, T. I, p. 260).
Com uma interpretação muito particular quanto ao prazo de prescrição de um ano, BERNARDO XAVIER, «Prescrição da Infracção Disciplinar», *RDES* XXXII (1990), pp. 235 ss., atendendo a situações em que a infração é detetada depois do decurso de tal prazo, quando se toma em conta a data da prática do facto ilícito.

[1422] O prazo de sessenta dias interrompe-se com a comunicação da nota de culpa (art. 353.º, n.º 3, do CT) e com a instauração de um processo prévio de inquérito (art. 352.º do CT).

[1423] Quanto aos dois prazos, *vd.* Ac. STJ de 28/1/1998, CJ (STJ) 1998, T. I, p. 258.

os princípios de celeridade e de boa fé, daqui resultaria a possibilidade de eternizar a ação disciplinar[1424].

Desse procedimento, depois de uma fase de instrução, constará a acusação seguida da defesa[1425].

Na fase de instrução, que, salvo na hipótese de haver um processo prévio de inquérito (art. 352.º do CT), não pode exceder sessenta dias (art. 372.º, n.º 1, do CT), o empregador averigua os factos indiciadores da ilicitude.

Com base nos factos investigados, o empregador acusa o trabalhador da prática de uma infração disciplinar; a acusação é feita mediante uma nota de culpa – escrita, na hipótese de se prever a aplicação de uma sanção de despedimento (art. 353.º, n.º 1, do CT)[1426] – onde se descrevem circunstanciadamente os factos imputados ao trabalhador[1427]. A nota de culpa é uma declaração recipienda, a que se aplica o disposto no art. 224.º do CC[1428].

Recebida a acusação, o trabalhador tem de ser ouvido para apresentar a sua defesa (art. 329.º, n.º 6, do CT), que, na falta de outra regra, deverá ser feita no prazo de dez dias úteis, podendo, nesse período, consultar o processo (art. 355.º, n.º 1, do CT).

[1424] Sobre esta questão, *vd.* Monteiro Fernandes, *Direito do Trabalho*, cit., pp. 374 ss. Quanto aos prazos de caducidade e de prescrição do procedimento disciplinar, consulte-se Sousa Macedo, *Poder Disciplinar Patronal*, cit., pp. 111 ss., autor que considera que os prazos para a ação disciplinar devem ser sempre de prescrição (p. 116).

[1425] Quanto às fases deste processo, cf. Sousa Macedo, *Poder Disciplinar Patronal*, cit., pp. 127 ss.

[1426] A nota de culpa deve ser escrita, sendo dada defesa ao trabalhador, que pode apresentar a defesa por escrito (Ac. STJ de 15/6/1994, *BMJ* 438, p. 308 e CJ (STJ) 1994, T. III, p. 281). No acórdão referido estava em causa um processo disciplinar conducente ao despedimento, em que as formalidades são mais exigentes. Apesar de a exigência de forma escrita não ser imposta, em geral, no processo disciplinar, a prova da sua existência e dos factos constantes da acusação, assim como o respeito do princípio do contraditório, normalmente, não se compaginam com a pura oralidade. Quanto a outras formalidades específicas do processo de despedimento, cf. o art. 353.º, n.º 2, do CT, que respeita às comunicações à comissão de trabalhadores e ao sindicato. Refira-se ainda que, neste processo, o empregador deve manifestar a intenção de proceder ao despedimento (art. 353.º, n.º 1, do CT).

[1427] Não obstante a falta de descrição circunstanciada dos factos, não há invalidade do processo se se demonstrar que o trabalhador compreendeu o teor da acusação (Ac. STJ de 25/9/1996, CJ (STJ) 1996, T. III, p. 228). Admite-se ainda que o empregador envie uma adenda à nota de culpa em que se precise, pormenorize, explicite e desenvolvam os factos e circunstâncias constantes da nota de culpa (Ac. STJ de 2/11/1995, CJ (STJ) 1995, T. III, p. 292). Veja-se também Sousa Macedo, *Poder Disciplinar Patronal*, cit., p. 130.

[1428] Assim, se o trabalhador muda de residência e não informa o empregador, tendo a nota de culpa sido enviada para a antiga morada e não sendo devolvida, considera-se que foi recebida (Ac. STJ de 1/4/1998, CJ (STJ) 1998, T. II, p. 259).

Seguidamente, o empregador procede às diligências probatórias, recorrendo aos meios de prova gerais para a averiguação dos factos alegados, tanto na acusação como na defesa[1429]. O legislador não estabeleceu qualquer prazo para estas diligências, que, contudo, só se poderão prolongar durante um período justificável, atendendo a um parâmetro de boa fé e ao princípio da celeridade processual. A celeridade destas diligências decorre também da prescrição do procedimento disciplinar, estabelecida no n.º 3 do art. 329.º do CT.

Terminadas as diligências probatórias, na falta de outro prazo, o empregador dispõe de trinta dias para proferir uma decisão absolutória ou condenatória (art. 357.º, n.º 1, do CT)[1430]. Em qualquer caso, o empregador tem de ponderar as circunstâncias de facto, a gravidade da infração e a culpa do trabalhador, valendo uma regra de proporcionalidade (art. 330.º, n.º 1, do CT).

A decisão condenatória deverá impor uma sanção ao trabalhador, cujo elenco se encontra no art. 328.º do CT; a enumeração constante deste preceito, que vai desde a repreensão ao despedimento[1431], não é taxativa, podendo ser determinadas outras sanções em convenção coletiva de trabalho, sem prejuízo dos direitos e garantias dos trabalhadores, em especial do disposto no art. 129.º do CT[1432]. As sanções susceptíveis de graduação – sanção

---

[1429] Quanto à validade da prova recolhida em filme obtido na sala de jogo para fiscalização, onde se apurou que o trabalhador não registava todos os valores recebidos, veja-se Ac. Rel. Pt. de 20/9/1999, CJ XXIV, T. IV, p. 258.

[1430] No Ac. Rel. Lx. de 18/1/1998, CJ XXIII, T. I, p. 175, decidiu-se que o prazo de trinta dias para o empregador proferir a decisão não é de caducidade e o excesso de tal prazo só releva para aferir da justa causa. Solução dificilmente ajustável a um princípio de celeridade e certeza processual.

[1431] No art. 328.º do CT indicam-se, como sanções a repreensão, a repreensão registada, a sanção pecuniária, a perda de dias de férias, a suspensão do contrato com perda de retribuição e o despedimento.

Em crítica à sanção pecuniária e à perda de dias de férias, proibidas noutros ordenamentos, *vd.* Júlio Gomes, *Direito do Trabalho,* I, cit., p. 894.

A repreensão a que se alude neste preceito é distinta de uma advertência, reparo ou aviso feito pelo empregador ao trabalhador; pode dizer-se que a repreensão é uma advertência institucionalizada com especial gravidade. A sanção de suspensão do trabalhador não implica suspensão do contrato de trabalho (Ac. STJ de 14/4/1993, CJ (STJ) 1993, T. II, p. 265), mas quanto à dúvida se determina perda de antiguidade, *vd.* Mário Pinto/Furtado Martins/ /Nunes de Carvalho, *Comentário,* cit., anot. II.2 ao art. 27.º, p. 138.

[1432] Da convenção coletiva não pode constar sanção que contrarie o disposto nos arts. 328.º, n.º 3, alínea *c)* e n.º 4, do CT. Cf. Ac. STJ de 1/2/1995, *BMJ* 444, p. 452, que considerou nula a sanção prevista em convenção coletiva que determinava cento e oitenta dias de interrupção

pecuniária, perda de dias de férias e suspensão do trabalho – estão sujeitas aos limites do n.º 3 do art. 328.º do CT, podendo ser agravadas nos termos do n.º 4 do mesmo artigo[1433].

A sanção tem de ser proporcionada à gravidade da infração e à culpabilidade do trabalhador (art. 330.º, n.º 1, do CT)[1434], podendo ser uma sanção abusiva, caso se encontrem preenchidos os pressupostos estabelecidos nas alíneas do n.º 1 do art. 331.º do CT, cujas consequências constam do art. 331.º, n.º 6, do CT[1435]. Na revisão de 2019 (Lei n.º 93/2019) acrescentou-se uma hipótese ao elenco de sanções abusivas: «Ter alegado ser vítima de assédio (...)» (alínea *d)*), que literalmente pode inviabilizar o exercício do poder disciplinar; basta que um trabalhador, na iminência de lhe ser aplicada uma sanção disciplinar, alegue ser vítima de assédio. A norma carece obviamente de uma interpretação restritiva.

Apesar de só a propósito do despedimento se prescrever a fundamentação da decisão (art. 357.º, n.º 5, do CT), tendo em conta que as sanções não podem ser imotivadas, impõe-se sempre o esclarecimento das razões que justificaram a sua aplicação.

A execução da sanção disciplinar terá de ter lugar nos três meses subsequentes à decisão (art. 330.º, n.º 2, do CT).

---

do contrato de trabalho; sobre a questão, *vd.* Mário Pinto/Furtado Martins/Nunes de Carvalho, *Comentário*, cit., anot. II.7 ao art. 27.º, pp. 140 s. Atendendo a estas limitações legais, as convenções coletivas só costumam estabelecer escalões quantitativos de tipos de penas previstas na lei (cf. Monteiro Fernandes, *Direito do Trabalho*, cit., p. 370).

[1433] Sem exceder estes limites, num mesmo processo disciplinar podem aplicar-se várias sanções atendendo a diferentes condutas censuráveis do trabalhador (Ac. Rel. Cb. de 26/1/1998, CJ XXIII, T. V, p. 66). Quanto à proibição de cúmulo de sanções com base na mesma infração, *vd.* Pélissier/Supiot/Jemmaud, *Droit du Travail*, cit., p. 812.

[1434] No Ac. STJ de 15/5/1995, CJ (STJ) 1996, T. II, p. 258, anulou-se a sanção de seis dias se suspensão com perda de retribuição, por a atuação ter sido considerada de pouca gravidade. No Ac. Rel. Lx. de 24/3/1993, CJ XVIII, T. II, p. 161, considerou-se ajustada a suspensão de cinco dias com perda de retribuição, pois, apesar de a atitude do trabalhador não ter causado prejuízo à empresa, pôs em causa a disciplina no trabalho. Quanto à ilicitude e à culpa na infração, *vd.* Menezes Cordeiro, *Direito do Trabalho*, II, cit., pp. 753 s.

[1435] Sobre sanções abusivas, cf. Ac. STJ de 13/11/1996, CJ (STJ) 1996, T. III, p. 251; Ac. Rel. Lx. de 6/3/1996, CJ 1996, T. II, p. 156. Os pressupostos que determinam o carácter abusivo da sanção são provados pelo trabalhador (Ac. STJ de 24/4/1996, *BMJ* 456, p. 276). Veja-se também Menezes Cordeiro, *Direito do Trabalho*, II, cit., pp. 757 s.; Sousa Macedo, *Poder Disciplinar Patronal*, cit., pp. 49 ss.
Quanto à constitucionalidade da indemnização dez vezes superior ao montante da sanção pecuniária ou retribuição perdida pelo trabalhador (art. 331.º, n.º 5, do CT), cf. Ac. TC n.º 605/95, de 8/11/1995, *BMJ* 451 (Sup.), p. 573.

Tendo em conta que este procedimento pode ser moroso, com a acusação, o empregador pode suspender o trabalhador enquanto decorre a ação disciplinar, sempre que a sua presença se mostrar inconveniente, continuando a pagar-lhe a retribuição (arts. 329.º, n.º 5, e 354.º, n.º 1, do CT). A suspensão pode ser determinada antes de ser feita a acusação formal (nota de culpa), mas, neste caso, não pode prolongar-se por um período superior a trinta dias sem ser deduzida formalmente a acusação (art. 354.º, n.º 2, do CT).

III. O trabalhador que considera ilícita ou abusiva a sanção aplicada pode impugná-la judicialmente[1436]. O controlo judicial, que depende da iniciativa do trabalhador, viabiliza a aplicação de sanções por quem é «juiz em causa própria».

Neste processo judicial, o trabalhador tem de provar a existência da relação laboral e que lhe foi aplicada uma sanção. Impõe-se ao empregador, com base nos elementos constantes do processo, demonstrar que o trabalhador praticou uma infração com gravidade e culpa correspondentes à sanção aplicada.

Não cabe, porém, ao tribunal substituir-se ao empregador, corrigindo a sanção aplicada; o tribunal pode tão-só confirmar ou invalidar a sanção, mas não modificá-la[1437]. Doutra forma, permitia-se que o juiz se substituísse ao poder discricionário do empregador, impondo sanções que este não pretendia aplicar ou com uma medida diferente[1438].

c) Fundamento

Para explicar o fundamento do poder disciplinar têm-se debatido duas teorias: a contratualista e a institucionalista[1439].

[1436] Sobre o controlo judicial da sanção disciplinar, *vd.* Sousa Macedo, *Poder Disciplinar Patronal*, cit., pp. 162 ss. Em sentido diverso, Motta Veiga, *Lições*, cit., p. 345, sustenta que o prazo para impugnar uma sanção disciplinar é de três meses a contar da decisão, nos termos do art. 31.º, n.º 3, da LCT; solução que não tem base legal. Considerando inaplicável este prazo, bem como o do art. 38.º, n.º 1, da LCT (atual art. 337.º, n.º 1, do CT), no Ac. STJ de 13/5/1998 CJ (STJ) 1998, T. II, p. 278, optou-se por aplicar o prazo de um ano a contar da aplicação da sanção, sem invocar qualquer disposição que sustente a decisão e com um voto de vencido.

[1437] Cf. Ac. STJ de 24/4/1996, *BMJ* 456, p. 276. Em sentido oposto, *vd.* Pinto Monteiro, *Cláusula Penal*, cit., pp. 160 s. e nota 353, à luz do princípio consagrado no art. 812.º do CC, admite a modificação judicial da sanção fixada pelo empregador.

[1438] Na sequência da solução preconizada por Mário Pinto/Furtado Martins/Nunes de Carvalho, *Comentário*, cit., anot. II.10 ao art. 27.º, p. 146, admite-se a redução judicial, nos termos do disposto nos arts. 28.º e 29.º da LCT (correspondentes aos arts. 328.º, n.os 3 e 4, do CT).

[1439] Cf. Monteiro Fernandes, *Direito do Trabalho*, cit., pp. 366 ss.; Isabel Lage, «O Poder Disciplinar da Entidade Empregadora. Fundamentação Jurídica», *Revista Jurídica AAFDL*,

Mas, diferentemente do que possa parecer, as duas teorias não se encontram verdadeiramente em contraposição; elas apresentam-se como duas perspetivas diferentes em relação ao mesmo problema.

O poder disciplinar funda-se no contrato de trabalho, nos termos do qual as partes podem autotutelar os seus interesses, como acontece em muitos outros contratos. Só que a relação laboral, por motivos vários relacionados com a execução continuada, com a relação de confiança, com a organização empresarial, etc.[1440], leva a que a autotutela contratual esteja particularmente desenvolvida; este último é o fundamento institucional. As perspetivas contratuais e institucionais complementam-se. Nesta sequência, o poder disciplinar encontra o seu fundamento numa particular estrutura contratual[1441], em particular relacionada com a inserção empresarial.

No nosso sistema jurídico, a polémica terá menos relevância, na medida em que o art. 98.º do CT conferiu expressamente o poder disciplinar ao empregador[1442]. O poder disciplinar, como estabeleceu o n.º 2 do mesmo preceito, pode ser exercido por trabalhadores, desde que superiores hierárquicos daqueles que praticaram a infração disciplinar. Esta regra relaciona-se, por um lado, com o facto de o poder disciplinar ser consequência do poder de direção e, por outro, na medida em que, de certo modo, o poder disciplinar tem uma especial justificação numa organização empresarial.

---

15 (1991), pp. 74 ss.; SOUSA MACEDO, *Poder Disciplinar Patronal*, cit., pp. 7 ss.; e, em especial, ROSÁRIO PALMA RAMALHO, *Do Fundamento do Poder Disciplinar*, cit., pp. 299 ss. A discussão coloca-se em idênticos termos noutros espaços jurídicos, *vd.* PÉLISSIER/SUPIOT/JEMMAUD, *Droit du Travail*, cit., pp. 795 s. E, por vezes, põe-se em causa a existência do poder disciplinar, veja-se a análise de JÚLIO GOMES, *Direito do Trabalho*, I, cit., pp. 879 e ss., com referência a autores que o consideram um atavismo.

[1440] O aspeto institucional pode conduzir a uma fundamentação extrajurídica, que se prende com a estrutura económica do sistema, como preconiza ISABEL LAGE, «O Poder Disciplinar da Entidade Empregadora...», cit., p. 82.

[1441] ROSÁRIO PALMA RAMALHO, *Do Fundamento do Poder Disciplinar*, cit., pp. 428 ss., fundamenta o poder disciplinar na designada zona laboral, que extravasa o campo sinalagmático do contrato de trabalho, nos termos da qual se integra a subordinação jurídica; o poder disciplinar assegura de modo direto, rápido e eficaz a integração subordinada do trabalhador na complexidade laboral, como contrapartida de vantagens que decorrem do contrato de trabalho (p. ex., pagamento de faltas justificadas, de férias e de subsídios).

[1442] Como referem MÁRIO PINTO/FURTADO MARTINS/NUNES DE CARVALHO, *Comentário*, cit., anot. II.1 ao art. 26.º, p. 127, o disposto no art. 26.º da LCT (atual art. 98.º do CT) assegurou legitimidade formal ao poder disciplinar. Quanto às dificuldades de justificação no sistema alemão, atendendo à falta de previsão legal, *vd.* SÖLLNER, *Arbeitsrechts*, cit., p. 257 e nota 51.

Resta acrescentar que a finalidade prosseguida pela ação disciplinar – assegurar a disciplina interna na empresa – não se coadunaria com uma heterotutela, a efetivar por via judicial, atendendo, em especial, à necessidade de resposta rápida e adequada às necessidades da empresa[1443].

Bibliografia:

Coutinho de Almeida, «Poder Empresarial. Fundamento, Conteúdo e Limites», *Temas de Direito do Trabalho*, Coimbra, 1990, pp. 311 a 331; Menezes Cordeiro, *Direito do Trabalho*, II, cit., pp. 747 ss.; Maria Adelaide Domingos, «Poder e Procedimento Disciplinar no Código do Trabalho», *A Reforma do Código do Trabalho*, Coimbra, 2004, pp. 475 ss.; Monteiro Fernandes, *Direito do Trabalho*, cit., pp. 364 e ss.; Júlio Gomes, *Direito do Trabalho*, I, cit., pp. 879 e ss.; Isabel Lage, «O Poder Disciplinar da Entidade Empregadora. Fundamentação Jurídica», *Revista Jurídica AAFDL*, 15 (1991), pp. 71 a 83; Menezes Leitão, *Direito do Trabalho*, cit., pp. 360 ss.; Pedro Sousa Macedo, *Poder Disciplinar Patronal*, Coimbra, 1990; Romano Martinez, anotação aos arts. 328.º e ss. *in* Romano Martinez/Luís Miguel Monteiro/Joana Vasconcelos/Madeira de Brito//Guilherme Dray/Luís Gonçalves da Silva, *Código do Trabalho Anotado*, cit., pp. 759 ss.; Garcia Pereira, *O Poder Disciplinar da Entidade Patronal. Seu Fundamento*, Lisboa, 1983; Mário Pinto/Furtado Martins/Nunes de Carvalho, *Comentário*, cit., anot. arts. 26.º a 34.º, pp. 127 a 167; Nuno Abranches Pinto, *Instituto disciplinar laboral*, Coimbra, 2009; Rosário Palma Ramalho, *Do Fundamento do Poder Disciplinar Laboral*, Coimbra, 1993 e *Tratado de Direito do Trabalho*, II, cit., pp. 575 ss.; Motta Veiga, *Lições*, cit., pp. 341 a 347; Bernardo Xavier, «Prescrição da Infracção Disciplinar», *RDES* XXXII (1990), pp. 225 a 267; Bernardo Xavier/Furtado Martins/Nunes de Carvalho/Joana Vasconcelos/Tatiana Guerra de Almeida, *Manual*, cit., pp. 464 e ss.

[1443] Cf. Mário Pinto/Furtado Martins/Nunes de Carvalho, *Comentário*, cit., anot. II.4, pp. 130 s.

Subsecção II
Conteúdos especiais

§ 28. LIBERDADE DE ESTIPULAÇÃO

1. Princípio geral; restrições

O contrato de trabalho, como negócio jurídico obrigacional, baseia-se na autonomia privada, a qual, para além da liberdade de celebração, engloba igualmente a liberdade de estipulação.

Como em qualquer negócio jurídico, as partes têm liberdade de conformar as regras contratuais aos interesses que pretendem prosseguir. Todavia, no domínio laboral, a liberdade de estipulação contratual encontra-se limitada; a especial proteção do trabalhador, que o direito do trabalho pretende conferir, leva a que, frequentemente, se condicione a liberdade das partes na conformação das regras contratuais, até porque, não raras vezes, a situação factual de desigualdade entre as partes potenciaria o estabelecimento de regras desfavoráveis para o trabalhador.

Não obstante esta especificidade, como em qualquer outro negócio jurídico, no contrato de trabalho importa distinguir as regras imperativas das supletivas. A liberdade de estipulação no contrato de trabalho encontra-se limitada, porquanto o número de normas injuntivas é superior àquele que se estabeleceu com respeito a outros negócios jurídicos. Subsistem, contudo, inúmeras normas supletivas; frequentemente, das regras conformadoras do conteúdo do contrato de trabalho constam expressões «por acordo» (arts. 205.º, n.º 1, e 241.º do CT) «as partes podem» (arts. 120.º, n.º 2, e 194.º, n.º 2, do CT), ou formulações com idêntico significado como «pelo menos» (art. 232.º, n.º 1, do CT) e «pode ser instituído» (art. 232.º, n.º 3, do CT).

Atendendo ao carácter supletivo, podem ser ajustados contratos de trabalho com particularidades de regime. Se as partes, ao celebrarem o contrato de trabalho, não estipularem qualquer regra especial, aplica-se o regime laboral comum, a que se fez referência nos parágrafos anterior (§§ 24. e 25.); todavia, a autonomia privada permite introduzir alterações ao regime regra. É o que ocorre, designadamente, no caso de se acordar quanto à isenção de horário de trabalho (art. 218.º do CT), de se estabelecer um acordo de pré-reforma (art. 319.º do CT), de se apor um termo resolutivo ao contrato (arts. 139.º e ss. do CT), ou de se admitir o trabalho prestado em regime de comissão de serviço (art. 161.º do CT). Para além destas situações, cabe agora fazer referências aos pactos de não concorrência, de permanência e de exclusividade.

2. Pacto de não concorrência

I. Na sequência do princípio da liberdade de trabalho (art. 47.º da CRP)[1444], o art. 136.º, n.º 1, do CT determina que não se podem colocar entraves ao exercício do direito ao trabalho após a cessação do contrato e, no art. 138.º do CT, proíbem-se os acordos entre empregadores tendo em vista limitar a contratação de trabalhadores que tenham prestado serviço a qualquer deles.

Como restrição à liberdade de trabalho, admite-se, contudo, o estabelecimento de um pacto de não concorrência (art. 136.º, n.º 2, do CT)[1445].

[1444] Sobre o sentido da liberdade de trabalho numa perspetiva constitucional, *vd.* Jorge Miranda, «Liberdade de Trabalho e Profissão», *RDES* 1988, n.º 2, pp. 153 ss. e João Pacheco de Amorim, «Liberdade de Profissão e Direito do Trabalho: Contributo para a Distinção dentre duas Figuras Afins», *Estudos Jurídicos em Homenagem ao Professor António da Motta Veiga*, Coimbra, 2007, pp. 113 e ss. A questão foi especialmente tratada na sua dissertação de doutoramento por Zenha Martins, *Dos pactos de limitação à liberdade de trabalho*, Coimbra, 2016, pp. 27 ss.

[1445] O pacto de não concorrência, apesar de limitar a liberdade de trabalho, não se pode considerar inconstitucional, porque restringe justificadamente uma liberdade e, além disso, a limitação não é absoluta, pois, atendendo ao disposto no art. 81.º, n.º 2, do CC, o trabalhador pode, a todo o tempo, desvincular-se desde que compense os inerentes prejuízos. Quanto à eventual inconstitucionalidade das cláusulas de não concorrência, com referência a autores estrangeiros, cf. Júlio Gomes, «As Cláusulas de Não Concorrência no Direito do Trabalho (Algumas Questões)», *Juris et de Jure*, Porto, 1998, pp. 934 ss. e Amiel-Donat, *Les Clauses de non-concurrence en Droit du Travail*, Paris, 1988. No sentido da licitude das cláusulas de não concorrência com base em princípios de direito civil, *vd.* Raúl Ventura, «Extinção das

Em determinadas atividades, principalmente quando existe uma acentuada concorrência empresarial e necessidade de grande preparação técnica dos trabalhadores, é facultado às empresas, legitimamente, o poder de condicionar a liberdade de trabalho de alguns dos seus trabalhadores.

O pacto de não concorrência pode revestir diferentes conteúdos. Poderá implicar uma inibição de exercício de certa atividade, conter uma cláusula de não solicitação de serviços ou de bens de determinadas pessoas, estabelecer uma proibição de contactar clientela, etc.

Associado com o pacto de não concorrência, pode encontrar-se uma obrigação pós-contratual de sigilo[1446], mediante a qual o trabalhador, depois de cessar o vínculo laboral, continua adstrito a um dever de sigilo, não podendo divulgar, nomeadamente, factos de que teve conhecimento em razão das funções desempenhadas[1447]. Independentemente de qualquer cláusula, ao trabalhador, depois de cessar o vínculo laboral, é vedada a concorrência desleal, mormente ao «afirmar ou difundir um facto capaz de prejudicar o crédito ou o bom nome» do empregador (art. 484.º do CC).

II. Para obviar ao exercício de uma atividade concorrencial do trabalhador depois de cessar a relação laboral, principalmente porque é difícil delimitar a licitude da ilicitude na utilização de conhecimentos obtidos junto do empregador, como meio preventivo, pode recorrer-se a uma cláusula de não

Relações Jurídicas de Trabalho», *ROA* 1950, p. 362. Consulte-se ainda ESTÊVÃO MALLET, «Cláusula de não Concorrência em Contrato Individual de Trabalho», *RDES* 2006, n.os 3/4, pp. 233 e ss. e ZENHA MARTINS, «Os Pactos de não Concorrência no Código do Trabalho», *RDES* 2006, n.os 3/4, pp. 291 e ss.

1446 As pessoas que intervenham em qualquer operação de tratamento de dados, estão obrigados a um dever de confidencialidade que acresce aos deveres de sigilo profissional previstos na lei (art. 10.º, n.º 2, da Lei n.º 58/2019, de 8 de agosto). Situação idêntica ocorre em relação a funcionários bancários, que continuam sujeitos ao dever de sigilo depois do termo das suas funções (art. 78.º, n.º 3, do Regime Geral das Instituições de Crédito e Sociedades Financeiras). *Vd. supra* § 24.6.b) e c), em especial notas 1063 e 1076.

1447 Sobre esta questão, *vd. supra* § 24.6.*c*)).

Como refere RAÚL VENTURA, «Extinção das Relações Jurídicas ...», cit., p. 358, sobre o trabalhador não impende «um dever legal de não utilizar a técnica adquirida ao serviço de qualquer empresa», mas «os segredos comerciais e industriais de que teve conhecimento por virtude do trabalho (...) não devem ser divulgados, depois de finda a relação de trabalho». Porém, como salienta o mesmo autor (ob. cit., p. 359) é difícil, em muitos casos, distinguir a preparação profissional do trabalhador do segredo industrial. BERNARDO XAVIER, *Curso de Direito do Trabalho,* cit., p. 543, relaciona este dever de sigilo pós-contratual com a obrigação de proceder segundo normas de boa fé.

concorrência. E, mesmo sendo ilícita, como não é fácil determinar os prejuízos que tal atuação culposa comporta para a entidade patronal, associado ao pacto de não concorrência pode ajustar-se uma cláusula penal[1448].

O pacto de não concorrência, para além de reduzido a escrito (art. 136.º, n.º 2, alínea *a)*, do CT), só pode ser ajustado se a atividade a exercer pelo trabalhador após a cessação do contrato, eventualmente para uma empresa concorrente, puder causar prejuízo ao empregador (art. 136.º, n.º 2, alínea *b)*, do CT)[1449]. O prejuízo a que alude o preceito tem de se relacionar com a não concorrência; estão, por isso, em causa eventuais danos económicos relacionados com o desvio de clientela, a utilização de *know-how*, etc.[1450]. Importa determinar a existência de um eventual prejuízo, determinado objetivamente, e relacionado com aspetos de concorrência.

Como condição de validade da cláusula, impõe-se igualmente que se atribua ao trabalhador, durante o período de limitação da liberdade de trabalho, uma compensação (art. 136.º, n.º 2, alínea *c)*, do CT), que corresponde a um valor de ressarcimento pela limitação à liberdade de contratar, mas que não tem de ser igual à retribuição devida na pendência do contrato de trabalho.

A exigência de forma escrita a que se fez referência, do art. 136.º, n.º 2, alínea *a)*, do CT, não pressupõe que a cláusula deva constar do contrato de trabalho – como se poderia entender ao abrigo da LCT; nada impede que o acordo seja incluído numa alteração ao negócio jurídico, não sendo imprescindível que a cláusula conste da versão inicial do contrato[1451]. No art. 36.º, n.º 2, da LCT limitava-se a autonomia privada quanto a incluir a cláusula de não concorrência em negócio jurídico distinto do contrato de trabalho; por isso, atendendo à letra do preceito revogado, não seria válida a cláusula inserta em acordo revogatório do contrato de trabalho[1452], solução que, por ser

[1448] Cf. Ac. STJ de 2/5/2018 (Ferreira Pinto) CJ STJ 2018 II, p. 253, quanto à admissibilidade de uma cláusula penal num pacto de não concorrência, no valor de 100.000 €, que, ao abrigo do art. 812.º do CC, foi determinada a sua redução equitativa.

[1449] É necessário distinguir o pacto de não concorrência, que se destina a produzir efeitos depois da cessação do contrato de trabalho, do dever de não concorrência (art. 128.º, n.º 1, alínea *f)*, do CT) durante a execução do contrato de trabalho (*vd. supra* § 24.6.*b)*).

[1450] Sobre a noção deste prejuízo, *vd.* Monteiro Fernandes, *Direito do Trabalho*, cit., pp. 290.

[1451] Neste sentido, Monteiro Fernandes, *Direito do Trabalho*, cit., p. 290 s.; Júlio Gomes, «As Cláusulas de Não Concorrência...», cit., p. 943; Mário Pinto/Furtado Martins/Nunes de Carvalho, *Comentário*, cit., anot. II.4 ao art. 36.º, p. 172.

[1452] É diferente a solução preconizada por Júlio Gomes, «As Cláusulas de Não Concorrência...», cit., p. 943, que admite a inclusão da cláusula de não concorrência «(...) inclusive, no momento da sua cessação [do contrato de trabalho], por exemplo, por acordo». Parece ser

desadequada, foi afastada no Código do Trabalho. A cláusula pode constar de qualquer ajuste entre as partes, inclusive do acordo revogatório do contrato de trabalho, pois a proteção do trabalhador está assegurada pela sua liberdade contratual.

Por via de regra, o pacto de não concorrência terá como duração máxima dois anos, contados após a cessação do contrato de trabalho (art. 136.º, n.º 2, do CT), pelo que, sendo estabelecido um período superior, o acordo converte-se no prazo máximo legal; porém, relativamente a determinado tipo de trabalhadores, a não concorrência pode ser prolongada até três anos (art. 136.º, n.º 5, do CT)[1453].

Da lei não resulta diretamente, mas atendendo ao motivo que justifica a inclusão da cláusula de não concorrência pode concluir-se que a limitação é geográfica, tal como se determina em relação ao contrato de agência (art. 9.º, n.º 2, do Decreto-Lei n.º 178/86), porque a restrição de atividade do trabalhador em todas as áreas pode não ter interesse, sempre que a empresa empregadora tenha uma área limitada de implantação[1454].

III. O pacto de não concorrência tem em vista limitar ao trabalhador o acesso a novo emprego depois da cessação do contrato de trabalho, independentemente da causa de cessação deste vínculo[1455]. E, por isso, é indiscutível que o dever de não concorrência se impõe ao trabalhador que denuncia o contrato de trabalho. Questiona-se, porém, da eficácia do pacto em caso de despedimento ilícito, em que o trabalhador não opta pela reintegração, de despedimento por motivos objetivos (p. ex., despedimento coletivo) e na hipótese de o trabalhador resolver o contrato com justa causa[1456].

---

também essa a solução preconizada por Furtado Martins, *Cessação do Contrato de Trabalho*, 4.ª ed., Cascais, 2017, pp. 13 e s.

[1453] Júlio Gomes, «As Cláusulas de Não Concorrência ...», cit., p. 942 s., critica a (in)coerência legislativa de ter estabelecido um prazo superior para o trabalhador subordinado (três anos) do que em relação ao agente, para o qual a cláusula de não concorrência tem uma duração máxima de dois anos (art. 9.º, n.º 2, do Decreto-Lei n.º 178/86). Em Espanha, nos termos do art. 21 *Estatuto de los Trabajadores*, o pacto de não concorrência tem um limite máximo de dois anos para os técnicos e de seis meses para os demais trabalhadores, cf. Martín Valverde/ /Rodríguez-Sañudo Gutiérrez/García Murcia, *Derecho del Trabajo*, 27.ª ed., Madrid, 2018, p. 547.

[1454] *Vd.* Júlio Gomes, «As Cláusulas de Não Concorrência...», cit., p. 951.

[1455] Cf. Mário Pinto/Furtado Martins/Nunes de Carvalho, *Comentário*, cit., anot. II.3 ao art. 36.º, p. 171.

[1456] *Vd.* Júlio Gomes, «As Cláusulas de Não Concorrência...», cit., pp. 959 ss. Veja-se igualmente, manifestando dúvidas, Furtado Martins, *Cessação do Contrato de Trabalho*, cit., p. 691.

Por via de regra, a causa de cessação do contrato de trabalho é irrelevante, pois o pacto de não concorrência tem autonomia em relação ao contrato de trabalho, mas em casos limite, o incumprimento do contrato de trabalho pode ter repercussões no pacto de não concorrência, atendendo à coligação existente entre os dois negócios jurídicos.

IV. Do pacto de não concorrência não decorre a invalidade de um contrato de trabalho que venha a ser celebrado em sua violação; nos termos gerais, o incumprimento do pacto de não concorrência constitui um facto gerador de responsabilidade civil contratual em relação ao trabalhador faltoso (arts. 798.º e ss. do CC)[1457]/[1458] e, eventualmente, de responsabilidade civil delitual com respeito à empresa que tiver contratado esse trabalhador, caso se admita a eficácia externa das obrigações e estejam preenchidos os pressupostos da responsabilidade do terceiro cúmplice.

Quanto à responsabilidade do trabalhador que desrespeita o pacto de não concorrência, sendo, por via de regra, uma hipótese de incumprimento contratual, pode integrar uma atuação lícita sempre que encontre aplicação o disposto no art. 81.º do CC. Deste modo, constituindo o pacto de não concorrência uma limitação lícita de um direito de personalidade do trabalhador, se este se desvincular na base desse pressuposto, o ato é lícito, mas determina o dever de indemnizar o empregador, por exemplo das despesas efetuadas na preparação técnica do trabalhador. Trata-se de uma situação comum de responsabilidade objetiva por intervenções lícitas.

3. Pacto de permanência

I. Na mesma sequência de limitação à liberdade de trabalho, admite-se a celebração de um pacto de permanência (art. 137.º, n.º 1, do CT), que condiciona a liberdade de o trabalhador denunciar o contrato de trabalho, nos termos do art. 400.º do CT[1459]. Este acordo não obsta, contudo, a que o

[1457] Sobre a responsabilidade decorrente de atos ilícitos praticados pelo trabalhador depois da cessação do contrato de trabalho, *vd.* BUSEMANN, *Die Haftung des Arbeitnehmers gegenüber dem Arbeitgeber und Dritten. Haftung im Vorvertragsstadium, während des Arbeitsverhältnisses und im Nachvertragsstadium*, Berlim, 1999, pp. 133 ss.

[1458] Atendendo à dificuldade em determinar o valor do prejuízo causado ao empregador, é «aconselhável o recurso à figura da cláusula penal» (JÚLIO GOMES, «As Cláusulas de Não Concorrência...», cit., pp. 955 s.).

[1459] Quanto à liberdade de o trabalhador denunciar o contrato, *vd. infra* § 57.

trabalhador resolva o contrato com justa causa (art. 394.º, n.º 1, do CT) ou que seja despedido com justa causa (art. 351.º do CT)[1460], caso em que não tem de compensar o empregador (art. 137.º, n.º 2, do CT).

O pacto de permanência, nos termos do qual o trabalhador deverá manter o vínculo laboral com uma dada empresa, só pode ser acordado desde que o empregador tenha tido ou preveja vir a ter «despesas avultadas» com a formação profissional do trabalhador. Trata-se de despesas extraordinárias investidas na formação do trabalhador, por oposição às despesas correntes de formação, que constituem um encargo do empregador (arts. 127.º, n.º 1, alínea *d)*, e 130.º e ss. do CT)[1461]. Quando o empregador suporte (ou esteja acordado que venha a suportar) os gastos de cursos dispendiosos, necessários à formação profissional do trabalhador, é lícito estabelecer no contrato de trabalho uma cláusula impondo um pacto de permanência, que não poderá, todavia, ter uma duração superior a três anos (art. 137.º, n.º 1, do CT)[1462].

A cláusula que impõe ao trabalhador a subsistência do vínculo laboral pode ser aposta no contrato de trabalho, incluída em qualquer alteração deste ou constar de um pacto autónomo, coligado com o contrato de trabalho. Diferentemente do que ocorre com o pacto de não concorrência, em que se exige forma escrita (art. 136.º, n.º 2, alínea *a)*, do CT), na falta de regra idêntica, a cláusula de permanência não carece de redução a escrito.

II. A obrigação de permanência, incluída em cláusula do contrato de trabalho ou em documento autónomo, encontra-se sempre na dependência do vínculo laboral, pelo que não pode subsistir quando este cessar, indepen-

---

[1460] Mário Pinto/Furtado Martins/Nunes de Carvalho, *Comentário*, cit., anot. II.7 ao art. 36.º, p. 173, admitem que o trabalhador deve indemnizar o empregador por violação do pacto se se demonstrar que deu origem à situação de justa causa com o intuito de levar o empregador a despedi-lo, para conseguir, dessa forma, a desvinculação antecipada do vínculo laboral.

[1461] A alteração terminológica introduzida na revisão de 2009 suscita dúvidas; no art. 147.º do CT2003 aludia-se a despesas extraordinárias, por oposição a correntes, mas hoje fala-se em avultadas. Deste modo, poderia entender-se que sendo elevadas as despesas de formação corrente seria lícito acordar-se um pacto de permanência.

[1462] Em relação à validade da cláusula de obrigatoriedade de prestação de serviço durante determinado prazo como compensação das despesas feitas na formação profissional do trabalhador, cf. Ac. Rel. Lx. de 21/6/1995, CJ XX, T. III, p. 191, onde se admitiu que o trabalhador tinha de indemnizar os TLP pelas importâncias despendidas com a sua formação. Saliente-se que no acórdão em referência não estava em causa um contrato de trabalho, mas um contrato de formação profissional e no aresto conclui-se que sendo válida tal cláusula naquele contrato, nada impediria que neste contrato de prestação de serviço se impusesse a mesma solução.

dentemente da causa de cessação; no fundo, sendo celebrado um pacto de permanência, fica vedado ao trabalhador o recurso à denúncia do contrato de trabalho, ainda que com pré-aviso (arts. 400.º e ss. do CT), mas não estão excluídas outras formas de cessação, nomeadamente a resolução.

Mesmo que tenha sido ajustado um pacto de permanência, durante a sua vigência, a liberdade do trabalhador não se encontra totalmente coartada, pois pode desobrigar-se, restituindo ao empregador a importância por este despendida na formação (art. 137.º, n.º 2, do CT). Na realidade, como o pacto de permanência corresponde a uma limitação voluntária dos direitos de personalidade, ainda que legal, a sua revogação é livre, desde que se indemnizem os «prejuízos causados às legítimas expectativas» do empregador (art. 81.º, n.º 2, do CC)[1463]; no caso concreto, o legislador circunscreveu os prejuízos relacionados com as legítimas expectativas do empregador às importâncias despendidas na formação do trabalhador. A violação do pacto de permanência deverá, por isso, ser vista nos mesmos parâmetros do pacto de não concorrência, acarretando responsabilidade para o infrator e, eventualmente, para um terceiro cúmplice.

4. Pacto de exclusividade

I. Na pendência do contrato de trabalho, nada obsta a que o trabalhador, sem pôr em causa os seus deveres em relação ao empregador, desenvolva uma atividade idêntica ou diversa para outro empregador ou por conta própria. Esta liberdade está, porém, entre outros aspetos, condicionada pelo dever de não concorrência (art. 128.º, n.º 1, alínea *f*), do CT). Mas não se encontrando violado tal dever, é, em princípio, lícito o pluriemprego, que corresponde a uma vertente da liberdade de trabalho[1464].

Mesmo que não ponha em causa o dever de não concorrência, a liberdade de trabalho pode encontrar-se condicionada por um pacto de exclusividade, por via do qual o trabalhador fica impedido de desenvolver qualquer outra atividade, por conta alheia ou por conta própria, em benefício de outrem.

[1463] Com uma solução particular quanto à conjugação do regime civil com o laboral, veja-se Joana Vasconcelos, «Pacto de permanência, liberdade de trabalho e desvinculação do trabalhador», *RDES*, 2013, n.º 1/3, pp. 23 ss., em especial pp. 38 ss.

[1464] O pluriemprego, em particular se o trabalhador desenvolve a atividade para duas empresas do mesmo grupo, pode ainda constituir um meio de defraudar as regras do tempo de trabalho, sendo, então, ilícito. Sobre o pluriemprego, veja-se Júlio Gomes, *Direito do Trabalho*, cit., pp. 261 e ss.

Frequentemente, a exclusividade está associada a um acréscimo retributivo (p. ex., subsídio de exclusividade), mas também, neste aspeto, vigora o princípio da autonomia privada.

II. O pacto de exclusividade, à imagem dos pactos de não concorrência e de permanência, constitui uma limitação voluntária dos direitos de personalidade do trabalhador, pelo que, sendo legal, é sempre revogável, devendo o empregador ser indemnizado (art. 81.º, n.º 2, do CC)[1465].

Caso o trabalhador viole o pacto de exclusividade, para além do dever de indemnizar nos termos gerais da responsabilidade contratual, há que verificar se se encontram preenchidos os pressupostos necessários para o despedimento (art. 351.º, n.º 1, do CT). Na eventualidade de o trabalhador se desvincular, nos termos do art. 81.º do CC, a responsabilidade é objetiva[1466] e questiona-se se poderão estar preenchidos os requisitos do n.º 1 do art. 351.º do CT, para ser despedido com justa causa; de todo o modo, a quebra no sinalagma pode determinar a extinção do vínculo.

Bibliografia:

João Pacheco de Amorim, «Liberdade de Profissão e Direito do Trabalho: Contributo para a Distinção dentre duas Figuras Afins», *Estudos Jurídicos em Homenagem ao Professor António da Motta Veiga*, Coimbra, 2007, pp. 113 e ss.; Monteiro Fernandes, *Direito do Trabalho*, cit., pp. 288 e ss.; Júlio Gomes, «As Cláusulas de Não Concorrência no Direito do Trabalho (Algumas Questões)», *Juris et de Jure*, Porto, 1998, pp. 933 a 968, *Direito do Trabalho*, I, cit., pp. 608 e ss. e 624 e ss. e «Algumas novas questões sobre as cláusulas ou pactos de não concorrência em direito do trabalho», *Congresso Europeu de Direito do Trabalho*, org. José João Abrantes, Coimbra, 2014, pp. 433 ss.; Maria Irene Gomes, «Questões a propósito dos requisitos exigidos para a lícita constituição da cláusula de não concorrência no âmbito do contrato de trabalho», *QL* 42 (vinte anos de Questões Laborais), 2013, pp. 241 e ss.; Menezes Leitão, *Direito do Trabalho*, cit., pp. 369 e ss.; Zenha Martins, «Os Pactos de não Concorrência no Código do Trabalho», *RDES* 2006, n.os 3/4, pp. 291 e ss. e *Dos pactos de limitação à liberdade de trabalho*, Coimbra, 2016; Jorge Miranda, «Liberdade de Trabalho e Profis-

[1465] Cf. Menezes Cordeiro, *Direito do Trabalho*, II, cit., p. 247.

[1466] Como foi anteriormente referido, a responsabilidade assentará num facto lícito danoso, sempre que o trabalhador revogar o pacto ao abrigo do art. 81.º, n.º 2, do CC, mas se incumprir o pacto sem o ter revogado a responsabilidade contratual assenta na culpa, que se presume (arts. 798.º e ss. do CC).

são», *RDES* XXX (1988), n.º 2, pp. 145 a 162; MÁRIO PINTO/FURTADO MARTINS/ /NUNES DE CARVALHO, *Comentário*, cit., anot. II.1 ss. ao art. 36.º, pp. 169 a 174; ROSÁRIO PALMA RAMALHO, *Tratado de Direito do Trabalho*, II, cit., pp. 243 e ss.; RITA CANAS DA SILVA, «O pacto de não concorrência», *RDES* 2004, n.º 4, pp. 283 ss.; NUNO SOUSA E SILVA, «Trabalho e segredos de negócio. Pode um (ex-) trabalhador ser proibido de trabalhar», *QL* n.º 47 (2015), pp. 217 ss.; SOFIA SILVA E SOUSA, *Obrigação de não concorrência com efeito "post pactum finitum"*, Lisboa, 2012, pp. 41 ss., e «Pactos de não concorrência laborais: a questão (controversa) da possibilidade de renúncia por parte do empregador», *Estudos comemorativos dos 20 anos da Abreu Advogados*, Coimbra, 2015, pp. 787 ss.; JOANA VASCONCELOS, «Pacto de permanência, liberdade de trabalho e desvinculação do trabalhador», *Estudos em Homenagem a Miguel Galvão Teles*, Vol. II, Coimbra, 2012, pp. 821 ss., ou *RDES*, 2013, n.º 1/3, pp. 23 ss., «Sobre a aplicação do artigo 81.º do Código Civil às cláusulas de limitação da liberdade de trabalho», *Estudos dedicados ao Professor Doutor Bernardo da Gama Lobo Xavier*, II, Lisboa, 2015, pp. 201 ss. e anotação aos arts. 136.º e ss., *in* ROMANO MARTINEZ/LUÍS MIGUEL MONTEIRO/JOANA VASCONCELOS/MADEIRA DE BRITO/GUILHERME DRAY/GONÇALVES DA SILVA, *Código do Trabalho Anotado*, cit., pp. 374 ss.; MOTTA VEIGA, *Lições*, cit., pp. 526 e 527; RAÚL VENTURA, «Extinção das Relações Jurídicas de Trabalho», *ROA* 1950, pp. 358 a 364; BERNARDO XAVIER/FURTADO MARTINS/NUNES DE CARVALHO/JOANA VASCONCELOS/TATIANA GUERRA DE ALMEIDA, *Manual*, cit., pp. 644 e ss.

§ 29. CONTRATO MISTO, UNIÃO DE CONTRATOS E SUBCONTRATO

1. Aspetos comuns

O contrato de trabalho, como qualquer outro acordo, está sujeito ao regime regra dos negócios jurídicos bilaterais.

Assim, e tendo por base a autonomia privada, é possível a celebração de contratos mistos, em que uma das prestações seja caraterística da relação laboral, bem como se podem coligar contratos de trabalho com outros negócios jurídicos.

A mesma liberdade contratual possibilita o estabelecimento de diferentes relações laborais com dependência, como o subcontrato de trabalho, bem como situações de pluralidade de prestadores de trabalho, designadamente no chamado trabalho repartido. Nas hipóteses de pluralidade de prestadores de trabalho, como o contrato de equipa (também designado por contrato de esquadra[1467]) ou o trabalho repartido[1468], a dificuldade residirá, naturalmente, na qualificação do negócio; muitas das vezes não se estará perante um contrato de trabalho por falta de subordinação jurídica.

2. Contrato misto

I. Nada obsta a que haja uma fusão entre um contrato de trabalho e outro negócio jurídico, perdendo ambos a respetiva autonomia e formando um só contrato.

Pode-se celebrar um contrato de trabalho em que a prestação (ou uma das prestações) do trabalhador seja típica de outro negócio jurídico, por exemplo, contrato de trabalho com a obrigação de praticar vários atos jurídicos por conta do empregador (mandato) ou com a obrigação de guardar objetos do empregador (depósito). Em tais casos, não se pode dizer que se esteja perante um contrato misto, porque as partes, ao abrigo da autonomia privada, não reuniram, num mesmo negócio jurídico, regras de dois ou mais contratos, total ou parcialmente tipificadas na lei. Naquelas hipóteses, do próprio contrato de trabalho constavam prestações que também podem ser devidas em outros negócios jurídicos. Mas nada obsta à inclusão num contrato de trabalho típico de certas prestações características de outros negócios jurídicos, na medida em que a relação laboral comporta um objeto relativamente amplo. Dito de outro modo, o objeto típico do contrato de trabalho abrange prestações que caracterizam outros negócios jurídicos, como é o caso das obrigações de realizar atos jurídicos por conta de outrem e de guardar objetos alheios.

Como exemplo de contrato misto pode indicar-se o contrato com porteiro de prédio de habitação; neste negócio jurídico reúnem-se regras do contrato de trabalho com normas do contrato de arrendamento (*vd. infra* § 36.).

II. Eventualmente, também poderá haver situações de contrato misto relacionadas com formas indiretas de retribuição ao trabalhador. Assim,

---

[1467] Raúl Ventura, no programa de Direito do Trabalho (1948/49), a propósito da pluralidade de sujeitos da relação de trabalho, alude ao contrato de esquadra, distinguindo a esquadra externa da interna; cf. igualmente *Teoria da Relação Jurídica de Trabalho*, Porto, 1944, pp. 301 ss. Sobre o trabalho em grupo, veja-se Menezes Cordeiro, *Direito do Trabalho*, II, cit., pp. 644 ss.

[1468] Acerca do trabalho repartido ou *job sharing*, *vd.* Menezes Cordeiro, *Direito do Trabalho*, II, cit., pp. 647 ss.; Maria Regina Redinha, *A Relação Laboral Fragmentada*, Coimbra, 1995, pp. 65 ss.

quando, sem qualquer contrapartida, o empregador permite que o trabalhador utilize casa ou automóvel daquele ou que ponha os filhos numa creche suportada economicamente pela entidade patronal há uma forma indireta de pagamento, mediante um negócio jurídico acoplado ao contrato de trabalho[1469]. No primeiro caso, poder-se-ia estar perante um contrato misto de trabalho e de arrendamento, no segundo seria um contrato misto de trabalho e de aluguer e, no terceiro, um contrato misto de trabalho e de prestação de serviço. A qualificação destes exemplos como contrato misto é, todavia, discutível. Nos dois primeiros casos poder-se-á tratar de uma união de contratos entre um contrato de trabalho e um comodato e, no terceiro, a união seria entre um contrato de trabalho e uma prestação de serviço gratuita.

Importa averiguar se os dois negócios jurídicos perderam autonomia, fundindo-se num só, sendo, então, um contrato misto ou se, pelo contrário, mantêm autonomia, apesar da dependência recíproca e será uma coligação de contratos.

III. Sendo um contrato misto, o seu regime determinar-se-á mediante o recurso às teorias da combinação, da absorção ou da aplicação analógica, consoante os casos. Frequentemente, como por exemplo no caso da prestação de um dos negócios jurídicos constituir uma forma, ainda que indireta, de fixação do salário, o regime do contrato de trabalho predominará e, pela teoria da absorção, a prestação do outro negócio jurídico fica sujeita ao regime laboral.

3. União de contratos

I. As situações mais comuns aproximam-se da coligação de contratos. Quanto à união de contratos, interessa-nos tão-só a coligação com dependência, porque é a única da qual derivam consequências jurídicas a nível da relação intercontratual. Tal não se verifica nem na união alternativa nem na união externa[1470].

II. A união de contratos pode derivar da forma indireta de remunerar o trabalhador, como é o caso do empregador que fornece casa, carro ou

[1469] Relativamente a formas indiretas de pagamento do salário, que eventualmente podem consubstanciar um contrato misto, *vd. supra* § 25.3.

[1470] Quanto aos três tipos de união de contratos, *vd.* Vaz Serra, *União de Contratos. Contratos Mistos*, Lisboa, 1960, pp. 23 ss.

alimentação por preço inferior ao que se determinaria pelas regras de mercado, hipóteses em que o contrato de trabalho pode estar coligado com uma locação ou uma compra e venda, podendo até tratar-se de uma coligação com um negócio misto, como a hospedagem ou a doação mista. Esta última situação é inclusive frequente e verifica-se no caso de o empregador acordar com o trabalhador que, ao fim de um determinado número de anos, lhe vende, por um preço residual, o automóvel que lhe for distribuído[1471]. Também como união de contratos é de qualificar a bonificação nos empréstimos bancários, concedida pelos bancos aos respetivos funcionários.

Os exemplos mencionados podem qualificar-se, em princípio, como situações de coligação funcional e necessária.

Para além destas hipóteses também existe uma coligação entre os contratos preliminares e o contrato de trabalho. Por exemplo, entre o contrato-promessa de trabalho e o contrato definitivo verifica-se não só uma sequência temporal como também uma interligação: o contrato definitivo está condicionado pelo que foi estabelecido no contrato-promessa. Trata-se da chamada coligação genética.

Resta ainda referir que uma situação típica de união de contratos se verifica no caso de trabalho temporário. O contrato de trabalho estabelecido entre a empresa de trabalho temporário e o trabalhador, por um lado, e o contrato de prestação de serviço, designado de utilização, que aquela celebra com o utilizador de mão-de-obra, por outro, encontram-se coligados. Neste caso, a união, em princípio, é funcional, necessária e unilateral (ou parcialmente bilateral). Por via de regra, as vicissitudes do contrato de utilização repercutem-se no contrato de trabalho, mas nem todas as vicissitudes do contrato de trabalho se repercutem no contrato de utilização, em particular a cessação ou suspensão daquele não envolve a cessação do contrato de utilização (art. 188.º, n.º 1, do CT); todavia, a vontade das partes pode impor que a coligação seja bilateral.

III. A principal consequência da união de contratos respeita à interligação de efeitos, que pode ser unilateral ou bilateral, entre os dois contratos. Concretamente, em termos exemplificativos, a causa de cessação do contrato de trabalho pode relacionar-se com o incumprimento do contrato coligado (p. ex., a indevida utilização do veículo alugado ao trabalhador pode consti-

[1471] Veja-se o caso decidido no Ac. STJ de 16/5/2000, *CJ (STJ)* 2000, T. II, p. 264, em que havia uma coligação entre o prémio de produtividade acordado no contrato de trabalho e uma promessa de venda de um prédio ao trabalhador por conta desse prémio.

tuir justa causa de despedimento) e, por via de regra, a cessação do contrato de trabalho não permite a subsistência do outro vínculo (*v. g.*, cessando a relação laboral com o banco, o trabalhador bancário deixa de beneficiar da bonificação no empréstimo).

4. Subcontrato

I. Não é admissível celebrar um subcontrato sempre que o contrato base tiver sido ajustado *intuitu personae*, como ocorre no domínio laboral. Porém, se assim não fosse, caso se celebrasse um contrato de trabalho *sine intuitus personae*, não haveria qualquer obstáculo quanto à subcontratação. Partiu-se do pressuposto de que o contrato de trabalho se caracteriza como um negócio jurídico celebrado *intuitu personae*, mas o carácter fiduciário pode ser reduzido e nada obsta a que as partes expressamente permitam a subcontratação.

Sempre que numa relação laboral se permitiu a subcontratação está aberto o caminho para a celebração de um subcontrato de trabalho; nesse caso é o trabalhador que contrata quem o vai auxiliar na execução da atividade a que se comprometeu. Por exemplo, num contrato de trabalho com o capataz de uma exploração agrícola pode ter sido acordado que, em períodos de maior azáfama, este, à sua custa, contrate ajudantes. Poderá inclusive ocorrer que no contrato de trabalho se preveja que, em caso de impedimento do trabalhador, este se faça substituir por outrem[1472]. No trabalho no domicílio, figura equiparada ao contrato de trabalho, por via de regra, está vedada a contratação de ajudantes (art. 1.º, n.º 3, alínea *a)*, da Lei n.º 101/2009), pelo que fica inviabilizada a subcontratação[1473]. Mas em relação ao trabalho intelectual no domicílio, na falta de tal limitação, não há um entrave legal à celebração de um subcontrato.

II. O subcontrato de trabalho segue o regime geral de qualquer subcontrato. Haverá, pois, uma identidade de tipo negocial e de objeto. O subcontrato

[1472] No Ac. Rel. Lx. de 8/11/1998, inédito, em que se discutia a qualificação do contrato celebrado entre a Companhia Nacional de Bailado e determinadas bailarinas, o facto de se permitir que estas se fizessem substituir por outras bailarinas por elas indicadas poderá ter contribuído para que não se qualificasse como contrato de trabalho. Todavia, este será tão-só um indício da inexistência de subordinação, que não impede, por si, a qualificação do contrato como sendo de trabalho.

[1473] Apesar de se admitir a contratação de membros do agregado familiar como ajudantes, como a relação que se estabelece com estes, em princípio, não é laboral nem equiparada (*vd. supra* § 13.8), também não se pode aludir a um subcontrato.

de trabalho é também um contrato de trabalho que pressupõe a realização da mesma ou de parte da atividade objeto do contrato base. Para além disso, o subcontrato de trabalho fica na subordinação do contrato base, acompanhando as suas vicissitudes e extinguindo-se com a extinção deste.

BIBLIOGRAFIA:

MENEZES CORDEIRO, *Manual de Direito do Trabalho*, cit., pp. 601, 602 e 610 a 615; ROMANO MARTINEZ, *O Subcontrato*, Coimbra, 1989, pp. 44, 48 a 53, 97 a 108 e 193 a 197; ROSÁRIO PALMA RAMALHO, *Tratado de Direito do Trabalho*, II, cit., pp. 248 e ss.; VAZ SERRA, *União de Contratos. Contratos Mistos*, Lisboa, 1960.

§ 30. CLÁUSULAS ACESSÓRIAS

1. Elementos acidentais; termo e condição

I. Do contrato de trabalho podem, nos termos gerais, constar cláusulas acessórias típicas; por via de regra, nada impede que as partes acordem quanto ao estabelecimento de uma condição ou termo (arts. 270.º e ss. do CC).

No regime laboral, a liberdade contratual não foi restringida no que respeita à aposição no contrato de trabalho de uma condição ou termo suspensivos (art. 135.º do CT). As partes podem livremente acordar, por exemplo, que o contrato de trabalho, celebrado em determinada data, só inicia a sua vigência dentro de trinta dias (termo certo), quando terminarem as obras no estabelecimento onde o trabalhador vai desenvolver a sua atividade (termo incerto) ou se a empresa tiver um acréscimo de encomendas (condição). Exige-se tão-só, diferentemente da regra de liberdade de forma, que a cláusula acessória conste de documento escrito assinado pelas partes (art. 135.º do CT).

Diversamente, quanto à aposição de um termo resolutivo, a liberdade contratual encontra-se limitada, pois, caso contrário, seria posta em causa a segurança no emprego (art. 53.º da CRP). Apesar de a lei não o afirmar perentoriamente, as mesmas razões valem quanto a uma limitação ao recurso à condição resolutiva[1474]. Tanto o termo resolutivo, como a condição resolu-

[1474] No sentido da nulidade da condição resolutiva, *vd.* Ac. Rel. Lx. de 8/11/1995, *CJ* XX, T. V, p. 177. Com uma conceção mais ampla, não restringindo o recurso à condição resolutiva, veja-se MOTTA VEIGA, *Lições*, cit., pp. 371 s.

tiva, quando apostos num contrato de trabalho, permitiriam que o empregador fizesse cessar o contrato sem ser nos casos expressamente previstas na lei, pondo em causa a segurança no emprego.

O contrato de trabalho a termo, que no domínio da LCT era designado por contrato a prazo, corresponde a um negócio jurídico ao qual foi aposta uma cláusula acessória típica, ou seja, um termo ou uma condição resolutivos (arts. 270.º e 278.º do CC)[1475], daí que ainda se encontre, muitas vezes, denominado por contrato a prazo.

II. A limitação da liberdade contratual, quanto à condição ou ao termo resolutivo, prende-se com a evolução histórica desta figura.

O contrato de trabalho a termo[1476] era inicialmente encarado sem qualquer particularidade, e recorria-se a esta cláusula acessória sempre que motivos sérios justificassem o estabelecimento de um termo. Por isso, o art. 10.º da LCT (versão de 1969) praticamente não estabelecia limites à contratação a prazo[1477]. Todavia, com as limitações impostas à cessação do contrato de trabalho por parte do empregador, assentes no princípio da proteção do emprego (art. 53.º da CRP), generalizou-se o recurso à contratação a prazo. O estabelecimento de tal cláusula acessória encontrava justificação unicamente no interesse em não constituir um vínculo laboral definitivo, relativamente ao qual se encontrava condicionada a cessação.

Perante esta realidade, impunha-se uma intervenção legislativa, mas havia a ponderar dois fatores: primeiro, uma limitação drástica dos contratos a termo levaria a uma contenção das empresas na admissão de novos trabalhadores e conduziria ao aumento do desemprego; segundo, uma total liberalização dos contratos a termo implicaria uma desproteção do trabalhador quanto à estabilidade do emprego e facilitaria a fraude relativamente à aplicação das regras restritivas da cessação do contrato de trabalho.

Com o Decreto-Lei n.º 781/76, de 28 de outubro, estabeleceu-se um regime relativamente limitativo, apesar de, neste diploma, o princípio da pro-

---

1475 Diferentemente, Bernardo Xavier/Furtado Martins/Nunes de Carvalho/Joana Vasconcelos/Tatiana Guerra de Almeida, *Manual*, cit., p. 754, entendem que, no contrato de trabalho o termo extintivo não é uma simples cláusula acessória típica, pelo que «a ideia de considerar o termo meramente como cláusula acessória não se adequa à realidade».

1476 Quando se alude ao contrato de trabalho a termo tem-se normalmente em conta aquele em que se incluiu uma condição ou um termo resolutivos.

1477 Cf. Fernanda Nunes Agria/Maria Luiza Pinto, *Contrato Individual de Trabalho*, cit., pp. 55 ss.

teção do trabalhador não ter sido levado ao extremo a que se chegou noutros países, porque foi tida em conta a consequência de um eventual aumento do desemprego[1478].

Posteriormente, surgiu o designado Regime Jurídico da Cessação do Contrato Individual de Trabalho e da Celebração e Caducidade do Contrato de Trabalho a Termo (Decreto-Lei n.º 64-A/89, de 27 de fevereiro), conjugado com o disposto na Lei n.º 38/96, de 31 de agosto. O legislador, de algum modo, associava o contrato a termo com as causas de cessação do contrato de trabalho, porque a cláusula acessória põe em causa a estabilidade do emprego.

III. A matéria encontra-se hoje regulada nos arts. 139.º e ss. do CT. Há, todavia, uma diferença sistemática, que não de conteúdo, entre a versão de 2003 e de 2009 do Código do Trabalho. No CT2003 a matéria surgia numa secção intitulada «Cláusulas acessórias» (arts. 127.º e ss.); mas no CT2009 aparece numa secção respeitante a «Modalidades de contratos de trabalho».

No art. 140.º do CT, sob a epígrafe «Admissibilidade de contrato de trabalho a termo resolutivo», determinou-se, de modo imperativo, um regime com particularidades a vários níveis. A imperatividade, contudo, não impede a derrogação de vários aspetos do regime por instrumento de regulamentação coletiva; salvo situações especiais, este regime não pode ser modificado por contrato de trabalho (art. 3.º, n.º 5, do CT).

É necessário reiterar que este regime pormenorizado e com soluções dificilmente perceptíveis no âmbito da justificação do termo aposto ao contrato – por exemplo, a possibilidade de contratar a termo trabalhadores à procura do primeiro emprego (art. 140.º, n.º 4, alínea *b*), do CT) – assenta no facto de na nossa ordem jurídica valer um regime muito restritivo quanto à cessação do contrato. Tendo em conta a drástica limitação da possibilidade de o empregador poder fazer cessar o contrato de trabalho, indiretamente admite-se que se recorra à contratação precária para além do que seria admissível no sentido puro do termo, como cláusula acessória.

[1478] Sobre esta questão, quanto ao Direito nacional, *vd.* ORTINS DE BETTENCOURT, *Contrato de Trabalho a Termo*, Amadora, 1996, pp. 75 ss., em especial, pp. 83 ss.; MENEZES CORDEIRO, *Direito do Trabalho*, II, cit., pp. 619 ss.; BERNARDO XAVIER, *Curso*, cit., pp. 465 s. e, em relação a ordenamentos estrangeiros, consulte-se MENEZES CORDEIRO, *Direito do Trabalho*, II, cit. pp. 610 ss.
O contrato a termo é também entendido como um modo de flexibilizar a relação de trabalho, tornando-a menos rígida quanto à sua cessação, cf. LUPI/RAVAIOLI, *Il Lavoro Flessibile. Tutti gli Strumenti Legali per Superare la "Rigidità" nel Rapporto di Lavoro*, Milão, 1997, pp. 1 ss.

Quanto ao regime específico importa, em primeiro lugar, atender aos casos em que é admitida a celebração de um contrato de trabalho a termo.

IV. A admissibilidade do contrato a termo assenta numa cláusula geral (art. 140.º, n.º 1, do CT): «satisfação de necessidades temporárias da empresa» e, de modo acessório, em dois outros fundamentos (art. 140.º, n.º 4, do CT). Daí aludir-se a três fundamentos para a celebração de um contrato a termo[1479].

A razão de ser do contrato a termo encontra-se primeiramente relacionada com a transitoriedade do trabalho a efetuar (por exemplo, substituição temporária de trabalhadores, acréscimo temporário ou excecional de atividade, atividade sazonal ou tarefa ocasional, constante das diversas alíneas do n.º 2 do art. 140.º do CT)[1480]/[1481].

[1479] Quanto a este agrupamento tripartido das razões que permitem a contratação termo, *vd.* Paula Ponces Camanho, «Algumas Reflexões sobre o Regime Jurídico do Contrato de Trabalho a Termo», *Juris et de Jure*, Porto, 1998, pp. 970 s. De modo diverso, Bernardo Xavier/Furtado Martins/Nunes de Carvalho/Joana Vasconcelos/Tatiana Guerra de Almeida, *Manual*, cit., pp. 756 e ss., contrapõem as causas «de carácter objetivo» às de carácter subjetivo.
Apesar da alteração legislativa de 2019 (Lei n.º 93/2019), mantém-se a lógica tripartida: o fundamento principal consta do n.º 1 do art. 140.º CT, encontrando-se duas outras hipóteses, menos relevantes, no n.º 4 do mesmo preceito.

[1480] Se o trabalhador substituído não regressar (p. ex., morreu após doença prolongada) podem admitir-se duas soluções: conversão do contrato a termo ou possibilidade de o empregador fazer cessar o contrato a termo. Sobre esta questão, *vd.* Paula Ponces Camanho, «Algumas Reflexões ...», cit., p. 972, nota 7. Quanto à condição resolutiva, veja-se também Monteiro Fernandes, *Direito do Trabalho*, cit., pp. 162 s. Quanto à contratação a termo, veja-se ainda a obra coletiva, organizada por García Ninet/Vicente Palacio, *La Contratación Temporal*, Valência, 1999, assim como Amato/Bronzini/Manna/Mattone/Miani Canevari, *Il Diritto del Lavoro della "Flessibilità" e dell'"Occupazione"*, Milão, 2000, pp. 321 ss.; Moltó García, *Los Contratos de Trabajo Temporales*, Madrid, 2000, Poulain, *Les Contrats de Travail à Durée Determinée*, 2.ª ed., Paris, 1994.

[1481] É, por isso, nula a aposição do termo quando se visa satisfazer necessidades permanentes da empresa (Ac. STJ de 19/5/1993, CJ (STJ) 1993, T. II, p. 283; Ac. Rel. Cb. de 11/11/1992, CJ XVII, T. V, p. 103; Ac. Rel. Lx. de 13/4/1994, CJ XIX, T. II, p. 166). Veja-se ainda José João Abrantes, «Breve Apontamento sobre o Regime Jurídico do Contrato de Trabalho a Prazo», *Direito do Trabalho. Ensaios*, Lisboa, 1995, p. 97. Atenda-se, porém, que este princípio, constante dos revogados art. 10.º, n.º 3, da LCT e art. 3.º, n.º 2, do Decreto-Lei n.º 781/76, deixou de ser absoluto no novo regime. Sobre a questão, pode consultar-se igualmente Ballester Pastor, «El Contrato de Trabajo Eventual por Circunstancias de la Producción», *La Contratación Temporal*, org. García Ninet, Valência, 1999, pp. 103 ss.

Em segundo lugar, aceita-se o recurso à contratação a termo como meio de redução do risco empresarial estando em causa uma inovação ou uma atividade que não se insere no objeto corrente da empresa empregadora. Deste modo, admite-se que o trabalhador seja contratado a termo em caso de lançamento de nova atividade[1482] ou de início de laboração da empresa ou estabelecimento (art. 140.º, n.º 4, alínea *a)*, do CT).

O terceiro fundamento aparece relacionado com a política de emprego, e as hipóteses de contratação foram substancialmente reduzidas na alteração legislativa de 2019. Anteriormente, de molde a evitar ou reduzir a número de desempregados (p. ex., contratação de trabalhadores à procura de primeiro emprego[1483] ou de desempregados de longa duração), admitia-se a contratação a termo nos termos previstos na alínea *b)* do n.º 4 do art. 140.º do CT[1484]. Mas após a revisão de 2019 esta hipótese de contratação a termo ficou restrita a trabalhador em situação de desemprego de muito longa duração (alínea b) do n.º 4 do art. 140.º do CT).

A estas três hipóteses, previstas no art. 140.º do CT, cabe acrescentar situações excecionais em que a contratação a termo é imposta pelo legislador. Assim, no âmbito das relações laborais com desportistas profissionais, o contrato é obrigatoriamente celebrado a termo (*vd. infra* § 42); de igual modo, o trabalhador reformado ou que tenha completado setenta anos poderá manter a relação laboral desde que o contrato seja a termo certo de seis meses (art. 348.º do CT).

Acresce, ainda, às fundamentações comuns da contratação a termo, a liberdade de celebração de contratos a termo de muito curta duração, não

[1482] Neste caso, tal como no início de atividade, a transitoriedade relaciona-se com a novidade e com o facto de só se poder recorrer à contratação a termo, com esse fundamento, num curto período de tempo, não podendo exceder dois anos (art. 148.º, n.º 1, alínea *b)*, do CT). Sobre este motivo, *vd.* Jorge Leite, «Contrato a Termo por Lançamento de Nova Actividade», *QL* II (1995), n.º 5, pp. 76 ss. Daí entender-se mal a solução seguida no Ac. STJ de 28/5/2008 (Pinto Hespanhol), www.dgsi.pt. Em crítica a esta decisão, Leal Amado, «Renovação do contrato a termo por início de laboração do estabelecimento: uma miragem?», *QL* 31 (2008), pp. 115 e ss.

[1483] Quanto à noção de trabalhadores à procura do primeiro emprego, cf. Ac. Rel. Cb. de 16/5/1996, CJ XXI, T. III, p. 63, Ac. Rel. Év. de 24/11/1998, CJ XXIII, T. V, p. 292 e Ac. STJ de 26/4/1999, *BMJ* 486, p. 217, onde se entendeu que primeiro emprego é uma relação laboral estável.

[1484] Sobre esta questão, cf. Mário Pinto, «Trabalho Temporário e Política de Emprego», *II Jornadas Hispano-Luso-Brasileñas de Derecho del Trabajo*, Madrid, 1985, pp. 31 ss. Nestas jornadas, sobre o tema, encontram-se contributos de conhecidos juslaboralistas como Manuel Alonso Garcia, «La Contratación Temporal y la Politica de Empleo», pp. 13 ss., tendo sido apresentadas diversas comunicações, transcritas a pp. 77 ss.

superior a 35 dias, em que não se requer nem forma para o contrato nem justificação para a inclusão do termo (art. 142.º, n.º 1, do CT).

V. Na concretização da cláusula geral do n.º 1 do art. 140.º do CT, indicam-se no n.º 2 diferentes situações. A enumeração constante das alíneas do n.º 2 do art. 140.º do CT é exemplificativa, pois serve para concretizar a cláusula geral.

Sendo a indicação legal exemplificativa, nada impede que se proceda a uma interpretação extensiva de cada previsão constante das mencionadas alíneas e pode entender-se que determinadas hipóteses, não diretamente referidas, enquadram-se na previsão geral do art. 140.º, n.º 1, do CT. No âmbito de cada um dos motivos podem incluir-se múltiplas situações; em particular, no que respeita à alínea *a)* do n.º 2 do art. 140.º do CT, as hipóteses de impedimento do trabalhador substituído podem ser de vária ordem[1485].

Para além das situações indicadas, direta ou indiretamente, no art. 140.º do CT, como se referiu no ponto anterior, há outras previsões legais específicas onde também se encontram hipóteses de contratação a termo. A título de exemplo, cite-se a contratação de trabalhadores reformados ou com mais de setenta anos (art. 348.º do CT), o contrato de trabalho desportivo (art. 9.º da Lei n.º 54/2017, de 14 de julho), o serviço doméstico (art. 5.º do Decreto-Lei n.º 235/92, de 24 de outubro) ou o contrato a termo de muito curta duração, não superior a 35 dias, em atividades sazonais (art. 142.º do CT).

VI. Ainda quanto à admissibilidade de ajustar um contrato a termo, importa acrescentar a limitação constante do art. 143.º do CT, que visa impedir a sucessão de contratos a termo[1486]. Deste modo, salvas as exceções constantes do n.º 2 do art. 143.º do CT, cessando por motivo imputável ao empregador um contrato a termo, não se pode contratar um trabalhador a termo para ocupar o mesmo posto de trabalho, antes de decorrido o período equivalente a um terço da duração do contrato extinto (art. 143.º, n.º 1, do CT).

A proibição de ajustar contratos a termo sucessivos assenta na preocupação de evitar situações fraudulentas, para as quais os tribunais sempre esti-

[1485] No que respeita a uma indicação de várias situações que se podem incluir no âmbito do impedimento de prestar serviço, *vd.* PAULA PONCES CAMANHO, «Algumas Reflexões...», cit., pp. 971 ss. Veja-se ainda ORTINS DE BETTENCOURT, *Contrato de Trabalho a Termo*, cit., pp. 131 ss. Como refere GONÇALVES DO CABO, «O Novo Regime do Contrato de Trabalho a Prazo», *Revista Jurídica AAFDL*, 15 (1991), p. 104, nalgumas alíneas, o legislador recorre a um tipo aberto.

[1486] Sobre a questão, *vd.* ORTINS DE BETTENCOURT, *Contrato de Trabalho a Termo*, cit., pp. 243 ss.

veram atentos. Deste preceito, excetuando a substituição de trabalhadores, tarefas sazonais ou trabalhadores à procura de primeiro emprego, resulta que não se podem celebrar sucessivos contratos a termo – que é distinto da renovação do contrato – pelo mesmo empregador (ou grupo), para o mesmo posto de trabalho, exercício das mesmas funções ou para satisfação das mesmas necessidades do empregador. A solução é compreensível para obstar a situações fraudulentas, e seria injusta se não tivessem sido estabelecidas as exceções constantes do n.º 2 do art. 143.º do CT, admitindo a sucessão de contratos que se relaciona com situações excecionais ou para combate ao desemprego.

VII. O contrato a termo não só é formal (art. 141.º, n.º 1, do CT), como está também na dependência de várias formalidades, cuja indicação consta das alíneas do n.º 1 do mesmo artigo[1487]. Excecionalmente, o contrato a termo de muito curta duração (art. 142.º do CT) não está sujeito à forma escrita. O contrato a termo deve ser celebrado por escrito, com as indicações constantes do n.º 1 do art. 141.º do CT, que se devem conjugar com as obrigações de informação dos arts. 106.º e ss. do CT (*vd. supra* § 21.4)[1488] e, em especial, com a justificação do termo (art. 140.º, n.º 5, do CT).

De entre estas indicações constantes do n.º 1 do art. 141.º do CT, apresenta particular relevo a referência ao termo estipulado[1489] e a indicação do motivo justificativo (alínea *e)*), pois a respetiva falta implica a invalidade do termo, considerando-se que foi celebrado um contrato de trabalho sem termo (art. 147.º, n.º 1, alínea *c)*, do CT). Atendendo à expressão usada «Considera-se», poder-se-ia entender que se estaria perante uma presunção legal a qual, contrariamente às regras gerais (art. 350.º, n.º 2, do CC), não seria ilidível[1490],

[1487] A falta de forma e das formalidades essenciais não pode ser suprida por prova testemunhal (Ac. Rel. Lx. de 18/2/1993, CJ XVIII, T. I, p. 194).

[1488] Cabe relembrar que as informações constantes dos arts. 106.º e ss. do CT, se não forem incluídas no contrato reduzido a escrito, podem ser prestadas nos sessenta dias subsequentes ao início de execução do contrato (art.107.º, n.º 4, primeira parte, do CT).

[1489] Importa indicar se o contrato é celebrado a termo certo ou incerto e, no primeiro caso, qual o prazo (*vd.* contudo art. 148.º, n.º 2, do CT). O erro de qualificação não invalida necessariamente o termo, devendo recorrer-se às regras gerais de interpretação de negócios jurídicos (arts. 236.º e ss. do CC) e de conversão (art. 293.º do CC); assim, se, por exemplo, se dispõe que o contrato é ajustado a termo incerto para fazer face a determinado acréscimo temporário de atividade da empresa, poder-se-á converter num contrato a termo certo por seis meses. Neste sentido, Gonçalves do Cabo, «O Novo Regime ...», cit., p. 96.

[1490] É esta a posição sustentada por Gonçalves do Cabo, «O Novo Regime », cit., pp. 107 s. Refira-se, a propósito, que o termo «considera-se», no contexto, mais facilmente permitiria concluir que se trataria de uma ficção jurídica em vez de uma presunção *iuris et de iure*.

mas, na realidade, está tão-só em causa a nulidade de uma cláusula acessória (o termo), que não invalida o contrato de trabalho, pelo que este subsiste sem a cláusula, ou seja, sem termo.

Como se determina no art. 141.º, n.º 3, do CT[1491], a indicação do motivo justificativo deverá ser feita mencionando de forma expressa os factos que o integram; não basta remeter para a previsão legal, pois torna-se necessário fazer referência à situação concreta, devendo estabelecer-se, na redação da cláusula, uma relação entre o motivo invocado e o termo estipulado.

Incumbe ao empregador fazer a prova dos factos que justificam a aposição do termo no contrato de trabalho (art. 140.º, n.º 5, do CT)[1492]. Esta referência seria, em princípio, desnecessária, porque a solução já decorreria do regime geral de distribuição do ónus da prova: se o empregador se faz valer de um motivo para poder apor uma determinada cláusula tem de o provar. Contudo, tendo em conta que não seria líquida esta interpretação, em especial quando o trabalhador invoca em tribunal a invalidade do termo, compreende-se a preocupação do legislador ao determinar que a prova do motivo recai sobre o empregador.

A falta de indicação da atividade contratada, retribuição, local e período normal de trabalho (alíneas *b)* e *c)* do n.º 1 do art. 141.º do CT) não acarreta qualquer sanção. Veja-se, todavia, o disposto no art. 106.º, n.º 3, do CT, sobre as informações a prestar ao trabalhador. A este propósito, refira-se que a anterior exigência de indicação do horário de trabalho (art. 42.º, n.º 1, alínea *c)*, da LCCT) não se justificava, sendo antes relevante a referência ao período normal de trabalho, razão pela qual no Código do Trabalho, em 2003, se procedeu a essa alteração.

Diferentemente, a falta de indicação da data de início do trabalho (alínea *d)*), assim como da data da celebração do contrato e, eventualmente, do seu termo (alínea *f)*), individualmente, não implicam qualquer consequência, mas se faltarem ambas as referências invalida-se a aposição do termo (art.

[1491] Esta regra já constava do art. 3.º da Lei n.º 38/96, de 31 de agosto (norma interpretativa, cf. PAULA PONCES CAMANHO, «Algumas Reflexões ...», cit., p. 978), que consagrou a boa interpretação que era seguida pelos tribunais (Cf. Ac. Rel. Lx. de 28/10/1992, CJ XVII, T. IV, p. 225; Ac. Rel. Év. de 8/11/1994, CJ XIX, T. V, p. 298; Ac. Rel. Pt. de 3/7/1995, CJ XX, T. IV, p. 242; Ac. Rel. Lx. de 13/7/1995, CJ XX, T. IV, p. 152; Ac. Rel. Pt. de 11/3/1996, CJ XXI, T. II, p. 255; Ac. Rel. Lx. de 4/7/2001, CJ XXVI, T. IV, p. 156. Contudo, no Ac. Rel. Cb. de 27/5/1993, CJ XVIII, T. III, p. 89, entendeu-se que não era necessário identificar o trabalhador substituído, pois o contrato era a termo certo).

[1492] Idêntica solução foi incluída no art. 41.º, n.º 4, da LCCT por via da alteração introduzida pela Lei n.º 18/2001, de 3 de julho.

147.º, n.º 1, alínea *c)*, do CT), por se temer uma situação fraudulenta, em que haveria dificuldade de controlo da duração do contrato.

O termo também é nulo se o contrato não estiver assinado com a indicação do nome ou denominação das partes (art. 147.º, n.º 1, alínea *c)*, do CT); estão em causa razões de segurança na identificação e vinculação das partes.

VIII. Além de aspetos de regime já assinalados, importa acrescentar particularidades quanto ao período experimental (art. 112.º, n.º 2, do CT)[1493], preferência na admissão (art. 145.º do CT)[1494] e regime de cessação do contrato a termo (arts. 344.º, 345.º e 393.º do CT).

Quanto à cessação do contrato a termo, para além da remissão para o regime geral (art. 393.º, n.º 1, do CT), cabe salientar que, em caso de despedimento ilícito, o empregador só tem de pagar os designados salários intercalares – entre as datas do despedimento e da sentença – até ao termo fixado para o contrato, exceto se este for ulterior à data da sentença, caso em que o trabalhador tem direito à reintegração (art. 393.º, n.º 2, do CT)[1495]. Na resolução com justa causa, o trabalhador tem direito a uma indemnização calculada de modo diferente ao disposto na regra geral (art. 396.º, n.º 4, do CT). Por último, o aviso prévio de denúncia é reduzido para trinta ou quinze dias (art. 400.º, n.º 3, do CT).

2. Contrato a termo

a) Contrato a termo certo

O contrato de trabalho pode ser celebrado a termo certo (arts. 140.º, n.º 1, do CT) ou incerto (art. 140.º, n.º 3, do CT).

O contrato de trabalho a termo certo, em princípio, será celebrado por um prazo de seis meses (art. 148.º, n.º 2, do CT)[1496] e, depois do decurso do

---

[1493] *Vd. supra* § 21.5.

[1494] Tendo em conta a pouca eficiência da preferência, não só se impôs uma obrigação de indemnizar o trabalhador preterido pelo valor de três meses de retribuição base, como se determinou que a prova negativa de não ter sido preterido um trabalhador contratado a termo cabe ao empregador (art. 145.º, n.os 2 e 3, do CT).

[1495] Não havendo reintegração, o trabalhador tinha ainda direito à compensação prevista no art. 46.º, n.º 3, da LCCT (Ac. Rel. Pt. de 8/5/1995, CJ XX, T. III, p. 270).

[1496] Nos casos previstos na lei por remissão (art. 148.º, n.º 2, do CT), o contrato pode ter uma duração inferior a seis meses, *vd.* p. ex., Ac. Rel. Lx. de 27/1/1993, CJ XVIII, T. I, p. 179. Nos casos especiais do art. 142.º do CT (contrato a termo de muito curta duração), o contrato

prazo, contrariamente ao que determinam as regras gerais de direito civil, não havendo comunicação em contrário, o contrato não caduca; a caducidade opera por manifestação de vontade receptícia (art. 224.º, n.º 1, do CC)[1497]. Apesar de não ser usual, nada impede, porém, que do próprio contrato conste uma cláusula no sentido de que este não se renovará no fim prazo, caso em que a caducidade opera de modo automático[1498]. O contrato perdura pelo período acordado, podendo ou não renovar-se. Quanto ao período de vigência, na falta de regras específicas, recorrendo ao regime comum, em particular ao disposto no art. 279.º, alínea *b)*, do CC, na contagem do prazo, não se incluiria o dia em que o contrato se começa a executar, mas essa solução levaria a que um dia de trabalho efetivo não fosse contabilizado e, por exemplo num contrato de um ano, com início a 1 de maio, não contando este dia, terminaria no mesmo dia do ano seguinte, quando, na prática, termina no dia 30 de abril[1499].

Relativamente à caducidade importa distinguir as situações consoante a declaração é emitida pelo empregador ou pelo trabalhador.

Se o empregador pretende pôr termo ao contrato, deverá enviar uma declaração de vontade demonstrando intenção de não o renovar, declaração essa que tem de ser feita por escrito e com a antecedência mínima de quinze dias em relação ao prazo estabelecido no contrato (art. 344.º, n.º 1,

---

pode ser celebrado com uma duração inferior a uma semana. Ainda que antes do decurso do prazo o motivo cesse (*v. g.*, regresso do trabalhador substituído), o contrato mantém-se até ao seu termo (Ac. Rel. Lx. de 2/12/1993, CJ XVIII, T. IV, p. 193; Ac. Rel. Lx. de 12/1/1994, CJ XIX, T. I, p. 157).

1497 Sendo uma declaração recipienda só produz efeitos quando for recebida, independentemente da demora dos correios (Ac. Rel. Lx. de 11/3/1992, CJ XVII, T. II, p. 186) e, por outro lado, a revogação da denúncia segue os termos do art. 230.º CC (Ac. STJ de 6/1/1993, CJ (STJ) 1993, T. I, p. 214).

Mas se o trabalhador se recusar a receber a comunicação ou não a receber por culpa sua, considera-se que a declaração produz efeitos (art. 224.º, n.º 2, do CC), cf. FURTADO MARTINS, *Cessação do Contrato de Trabalho*, cit., p. 45.

1498 Cf. Acórdãos Rel. Lx. de 5/7/1995 e de 5/5/1999, CJ XX, T. IV, p. 149 e CJ XXIV, T. III, p. 158, assim como ORTINS DE BETTENCOURT, *Contrato de Trabalho a Termo*, cit., p. 200, FURTADO MARTINS, *Cessação do Contrato de Trabalho*, cit., pp. 43 e ss. e MOTTA VEIGA, *Lições*, cit., p. 368. Em sentido oposto, considerando a renovação imperativa nos termos do art. 2.º LCCT, MENEZES CORDEIRO, *Direito do Trabalho*, II, cit., p. 640.

1499 Como referido *supra* a propósito do período experimental (§ 21.5.a)II.), o art. 279.º do CC está pensado para a contagem de prazos relacionados com o exercício de direitos e não para prazos de execução de relações jurídicas, como ocorre no termo de vigência de um contrato.

do CT)[1500]; independentemente de a relação laboral se encontrar suspensa, a denúncia tem de ser efetuada com a antecedência referida em relação ao termo do contrato (art. 295.º, n.º 3, do CT)[1501]. A invocação da caducidade é discricionária, podendo a declaração ser emitida mesmo que o motivo para a contratação a termo subsista[1502].

Sendo a caducidade do contrato invocada pelo empregador, contrariamente às regras gerais, implica o pagamento de uma compensação ao trabalhador, fixada nos mesmos termos do despedimento coletivo (art. 366.º *ex vi* art. 344.º, n.º 2, do CT)[1503].

No caso de a caducidade resultar de declaração de vontade do trabalhador, a denúncia também tem de revestir a forma escrita, mas a antecedência é reduzida para oito dias (art. 344.º, n.º 1, do CT). Sendo a caducidade desencadeada pelo trabalhador, este não tem direito a perceber a compensação indicada no n.º 2 do art. 344.º do CT[1504].

[1500] O facto de o empregador ter comunicado oralmente que enviara a declaração escrita, se esta não chegou atempadamente, não opera a caducidade do contrato (Ac. Rel. Lx. de 6/5/1992, CJ XVII, T. III, p. 257).

[1501] A suspensão do contrato de trabalho a termo não impede que seja invocada a caducidade, porque, nos termos do art. 2.º, n.º 3 do Decreto-Lei n.º 398/83, não se interrompe o decurso do prazo para efeitos de caducidade (Ac. STJ de 9/2/1993, CJ (STJ) 1993, T. I, p. 247; Ac. Rel. Pt. de 18/6/1990, CJ XV, T. III, p. 259).

[1502] Por isso, ainda que o trabalhador substituído não tenha regressado, o empregador pode fazer cessar o contrato a termo com o trabalhador substituto (cf. Ortins de Bettencourt, *Contrato de Trabalho a Termo*, cit., pp. 196 ss., a propósito do contrato a termo incerto).

1503 Solução que decorre da revisão de 2012, pois, anteriormente, fixava-se a compensação entre três ou dois dias de retribuição base e diuturnidades por cada mês completo de duração do vínculo. Veja-se Paula Ponces Camanho, «Contrato a termo», *RDES* 2012, n.º 1/2, pp. 111 e ss.

É discutível que a compensação seja devida no caso de trabalhador reformado (cf., negando tal direito, Ac. Rel. Lx. de 11/2/1998, CJ XXIII, T. I, p. 167 e Ac. Rel. Lx. de 24/10/2001, CJ XXVI, T. IV, p. 171; em sentido contrário, determinando que há que pagar a compensação, Ac. Rel. Lx. de 28/4/1999, CJ XXIV, T. II, p. 167) ou de trabalhador que esteve de baixa na pendência do contrato a termo (p. ex., se trabalhou um mês num contrato que durou doze meses, é aceitável que se entenda ser devida a compensação só relativamente ao período de execução do contrato).

[1504] Era esta a solução que já se preconizava no domínio da legislação anterior, que veio a ser concretizada no art. 388.º do CT2003 (atual art. 344.º do CT2009). Em sentido diverso, Paula Ponces Camanho, «Algumas Reflexões...», cit., p. 982, preconizava que o trabalhador não estava obrigado a qualquer pré-aviso, pois como no art. 5.º, n.º 1, alínea *c)*, da LCCT se estabeleceu que o aviso prévio era de sessenta dias e de quinze dias, respetivamente para o empregador e para o trabalhador, na omissão do art. 46.º da LCCT, deve entender-se que só o

Na falta de declaração de vontade, o contrato renova-se por igual período (art. 149.º, n.º 2, do CT)[1505], considerando-se que o acordo inicial e o renovado correspondem a um único contrato (art. 149.º, n.º 4, do CT)[1506]. Mas a renovação só é válida na medida em que, no momento da sua verificação, o motivo inicial da contratação a termo ainda subsista (art. 149.º, n.º 3, do CT)[1507]. A declaração de vontade em sentido contrário à renovação tanto pode ser a denúncia (art. 344.º do CT) como uma cláusula aposta ao acordo nos termos da qual se determina que o contrato a termo não está sujeito a renovação (art. 149.º, n.º 1, do CT).

Não se pode renovar o contrato de trabalho a termo por mais de três vezes[1508] e, como limite não poderá exceder dois anos (art. 148.º, n.º 1, do CT), sob pena de conversão do contrato a termo em contrato por tempo indeterminado (art. 147.º do CT)[1509]. Nos casos previstos na alínea *a)* do n.º 4 do art.

---

empregador está obrigado a dar pré-aviso. Não obstante estas considerações, é de realçar que o princípio da boa fé não está ausente da relação laboral e impõe-se igualmente ao trabalhador. Quanto à compensação, a mesma autora (ob. cit., pp. 984-6) opina que não é devida ao trabalhador que deu azo à caducidade, atendendo a um argumento histórico, à interpretação literal e sistemática do art. 46.º, n.º 3, da LCCT e à *ratio legis* do preceito. No mesmo sentido, Furtado Martins, *Cessação do Contrato de Trabalho*, cit., p. 54.

[1505] Se a prorrogação do contrato for por período diferente do estipulado no momento da celebração está sujeito aos requisitos formais do contrato a termo (art. 149.º, n.º 3, do CT). Em tal caso, não haverá uma renovação tácita, mas antes expressa com alteração das condições anteriormente acordadas (Ac. Rel. Cb. de 13/5/1992, CJ XVII, T. III, p. 157); sobre esta questão, veja-se Monteiro Fernandes, *Direito do Trabalho*, cit., pp. 181 s.

[1506] Cf. Ac. Rel. Lx. de 3/5/1995, CJ XX, T. III, p. 178; Ac. Rel. Lx. de 15/5/1996, CJ XXI, T. III, p. 160.

[1507] Cf. Ac. Rel. Lx. de 28/2/1996, CJ XXI, T. I, p. 178.

[1508] A celebração imediata de dois contratos a termo numa sequência cronológica, corresponde a uma renovação, com a mesma justificação (Ac. STJ de 5/3/1997, CJ (STJ) 1997, T. I, p. 291), mas se o objeto for diferente não há renovação, pois o termo tem motivo diverso. Cf. Ac. Rel. Lx. de 30/1/1991, CJ XVI, T. I, p. 213 e Ortins de Bettencourt, *Contrato de Trabalho a Termo*, cit., pp. 199 e 201. Veja-se, porém, José João Abrantes, «Breve Apontamento ...», cit., pp. 100 s. Do mesmo modo, se o trabalhador rescindiu o contrato e foi, mais tarde, contratado a termo pela mesma empresa, não há continuidade no contrato (Ac. Rel. Lx. de 18/1/1996, CJ XXI, T. I, p. 55).

[1509] Cf. Ac. Rel. Lx. de 26/1/1994, CJ XIX, T. I, p. 172.
Não se converte, se o contrato a termo for celebrado com a administração pública, em que a duração superior a três anos não pode acarretar a existência de um contrato sem termo, que é nulo, por não ser admitido na função pública (Ac. STJ de 6/3/1996, CJ (STJ) 1996, T. I, p. 264). Em sentido diferente, admitindo a conversão, cf. Ac. Rel. Lx. de 5/11/1997, CJ XXII, T. IV, p. 159.

140.º do CT – lançamento de nova atividade de duração incerta ou início de laboração da empresa –, a duração do contrato não pode exceder dois anos a contar do início do motivo justificativo (art. 148.º, n.º 4, do CT)[1510].

b) Contrato a termo incerto

O contrato de trabalho a termo incerto, como consta do art. 140.º, n.º 3, do CT, só pode ser celebrado em caso de substituição temporária de trabalhador (alíneas *a)*, *b)* e *c)*), de atividades sazonais (alínea *e)*), acréscimo excecional de atividade (alínea *f)*), tarefas ocasionais (alínea *g)*),) e de realização de obras, projetos ou atividades definidas e temporárias (alínea *h)*), todas do n.º 2 do mesmo preceito. O contrato dura pelo período necessário à sua justificação com o limite máximo de quatro anos (art. 148.º, n.º 5, do CT) e caduca com a ocorrência do facto (por exemplo, regresso do trabalhador substituído, conclusão da obra[1511]), como dispõe o art. 345.º do CT. O empregador deverá comunicar ao trabalhador que tal facto vai ocorrer com uma antecedência mínima de sete a sessenta dias (art. 345.º, n.º 1, do CT), sob pena de incorrer no dever de indemnizar este último (art. 345.º, n.º 3, do CT).

O contrato de trabalho a termo incerto não se renova; pelo que, caduca quando verificado o termo, recebendo o trabalhador a correspondente indemnização (art. 345.º, n.º 4, do CT), ou converte-se em contrato sem termo se o trabalhador continuar ao serviço decorrido o prazo de aviso prévio ou, na falta deste, passados quinze dias sobre a data em que deveria cessar (art. 147.º, n.º 2, alínea *c)*, do CT)[1512].

Poder-se-á aludir à hipótese inversa, de conversão em contrato a termo, cf. Gonçalo Delicado, «A conversão do contrato por tempo indeterminado em contrato a termo», *Estudos comemorativos dos 20 anos da Abreu Advogados*, Coimbra, 2015, pp. 295 ss.

[1510] O prazo de dois anos parece que se deve contar desde a data do lançamento da nova atividade ou do início de laboração da empresa ou do estabelecimento e não a partir da contratação do trabalhador. Sobre a questão, consulte-se Paula Ponces Camanho, «Contrato a termo: trabalhador à procura de primeiro emprego e renovação do contrato», *Estudos em Homenagem a Miguel Galvão Teles*, Vol. II, Coimbra, 2012, pp. 381 ss.

[1511] O contrato de trabalho cessa com a paragem definitiva de execução da obra por parte do empreiteiro – empregador –, apesar de a obra não estar concluída (Ac. Rel. Pt. de 16/2/1998, CJ XXIII, T. I, p. 250). Veja-se também o Ac. Rel. Cb. de 24/10/1991, CJ XVI, T. IV, p. 155. De modo idêntico, se *v. g.* o trabalhador substituído falecer ou se reformar, o contrato caduca (Ac. Rel. Pt. de 5/7/1999, CJ XXIV, T. IV, p. 250), exceto se o trabalhador substituto se mantiver ao serviço durante quinze dias após aquela ocorrência. Neste sentido, Ortins de Bettencourt, *Contrato de Trabalho a Termo*, cit., pp. 216 ss. Em qualquer dos casos, no contrato a termo fora aposta uma condição resolutiva, que se tinha por verificada (art. 275.º, n.º 1, do CC).

[1512] Cf. Ac. Rel. Cb. de 16/5/1996, CJ XXI, p. 163.

Relativamente ao contrato de trabalho a termo incerto, não constava qualquer limite mínimo ou máximo de duração[1513], razão pela qual nada impedia que a relação jurídica perdurasse por vários anos. Assim, se um trabalhador ficasse temporariamente impedido de prestar serviço e o impedimento perdurasse por cinco ou mais anos, podia subsistir uma relação a termo; do mesmo modo, se a execução de uma mesma obra se prolongasse por vários anos, nada obstava à contratação de trabalhadores a prazo incerto durante esse período[1514]. Esta possibilidade ficou coartada com a limitação instituída na revisão de 2009, nos termos da qual o contrato a termo incerto não podia perdurar por mais de seis anos, reduzidos para quatro anos em 2019 (art. 148.º, n.º 5, do CT).

Bibliografia:

José João Abrantes, *Do Contrato de Trabalho a Prazo*, Coimbra, 1982, «Breve Apontamento sobre o Regime Jurídico do Contrato de Trabalho a Prazo», *Direito do Trabalho. Ensaios*, Lisboa, 1995, pp. 93 a 101, «Contrato de Trabalho a Termo», *Estudos do Instituto de Direito do Trabalho*, Vol. III, Coimbra, 2002, pp. 157 a 177; «Contrato de trabalho a termo», *IX-X Congressos Nacionais de Direito do Trabalho. Memórias*, Coimbra, 2007, pp. 57 e ss.; Carlos Alegre/Teresa Alegre, *Lei dos Despedimentos e Contratos a Termo*, Coimbra, 1989, pp. 79 a 88; Leal Amado, *Contrato de Trabalho*, cit., pp. 73 ss.; Mendes Baptista, «Contrato de trabalho a Termo. Regras Especiais em Matéria de Cessação», *Pront.*, n.º 59 (2001), pp. 99 a 114; Ortins de Bettencourt, *Contrato de Trabalho a Termo*, Amadora, 1996; Armando Braga, *Lei dos Despedimentos e da Contratação a Termo Anotada*, 4.ª ed., Porto, 1993, pp. 139 a 155; Gonçalves do Cabo, «O Novo Regime do Contrato de Trabalho a Prazo», *Revista Jurídica AAFDL*, 15 (1991), pp. 85 a 123; Paula Ponces Camanho, «Algumas Reflexões sobre o regime Jurídico do Contrato de Trabalho a Termo», *Juris et de Jure*, Porto, 1998, pp. 969 a 986 e «O Contrato de

[1513] Não parece aceitável a aplicação analógica do disposto no art. 139.º, n.º 1, do CT2003, porque, por um lado, não havia lacuna, por outro, o contrato a termo incerto não estava sujeito a renovação e, por último, as tarefas de duração indeterminada, principalmente no domínio da construção civil, podem ter uma duração superior a três anos.

[1514] Não assim se estiverem em causa várias obras que se complementam; por exemplo, para efeito da celebração de um contrato a termo incerto, a autoestrada Lisboa/Algarve não corresponde a uma obra, mas a uma multiplicidade de obras (vários lanços, sucessivamente adjudicados), que se complementam. Deste modo, não parece lícito que um trabalhador seja contratado a termo incerto para a realização da autoestrada Lisboa/Algarve, mas tão-só para a execução de um ou mais lanços, já adjudicados; dito de outro modo, o contrato de trabalho a termo incerto tem em vista obras determinadas e não situações potenciais.

Trabalho a Termo», *A Reforma do Código do Trabalho*, Coimbra, 2004, pp. 293 e ss.; MENEZES CORDEIRO, *Direito do Trabalho*, II, cit., pp. 609 a 643; A. DAMASCENO CORREIA, «Anotações ao regime jurídico do contrato a termo», *QL* 33 (2009), pp. 61 ss.; GONÇALO DELICADO, «A conversão do contrato por tempo indeterminado em contrato a termo», *Estudos comemorativos dos 20 anos da Abreu Advogados*, Coimbra, 2015, pp. 295 ss.; MONTEIRO FERNANDES, *Direito do Trabalho*, cit., pp. 162 e s. e 168 e ss.; JÚLIO GOMES, *Direito do Trabalho*, I, cit., pp. 580 e ss.; MARIA IRENE GOMES, «Considerações sobre o Regime Jurídico do Contrato de Trabalho a Termo Certo no Código do Trabalho, *QL* n.º 24 (2004), pp. 137 e ss.; MENEZES LEITÃO, *Direito do Trabalho*, cit., pp. 477 e ss.; JORGE LEITE, «Contrato a Termo por Lançamento de Nova Actividade», *QL* II (1995), n.º 5, pp. 76 a 87 e «Contrato de Trabalho a Prazo: Direito Português e Direito Comunitário», *QL* n.º 27 (2006), pp. 1 e ss.; SUSANA SOUSA MACHADO, *Contrato de Trabalho a termo. Transposição da Directiva 1999/70/CE para o ordenamento jurídico português: (in)compatibilidades*, Coimbra, 2009; FURTADO MARTINS, *Cessação do Contrato de Trabalho*, cit., pp. 39 e ss.; PAULA DA MESQUITA, «Algumas Notas sobre o art. 52.º do RJCCT Aprovado pelo DL n.º 64-A/89, de 27-02», *Pront.*, n.º 45 (1993/94), pp. 40 a 44; ANTÓNIO JOSÉ MOREIRA, «Caducidade do Contrato de Trabalho a Termo», *IV Congresso Nacional de Direito do* Trabalho, Coimbra, 2002, pp. 381 a 395; ROSÁRIO PALMA RAMALHO, *Tratado de Direito do Trabalho*, II, cit., pp. 239 ss.; MOTTA VEIGA, *Lições*, cit., pp. 364 a 372; JOANA NUNES VICENTE, *A fuga à relação de trabalho (típica) em torno da simulação e da fraude à lei*, Coimbra, 2008, pp. 147 ss., e «O fenómeno da sucessão de contratos (a termo), *QL* 33 (2009), pp. 7 ss.; BERNARDO XAVIER, «Contrato de Trabalho a Prazo», *RDES* XXX (1988), n.º 4, pp. 424 a 436; BERNARDO XAVIER/FURTADO MARTINS/NUNES DE CARVALHO/ /JOANA VASCONCELOS/TATIANA GUERRA DE ALMEIDA, *Manual*, cit., pp. 753 e ss.

§ 31. TELETRABALHO

1. Noção

I. Como dispõe o art. 165.º do CT, o teletrabalho pressupõe que a prestação laboral seja realizada com subordinação jurídica, habitualmente fora da empresa do empregador, e através do recurso a tecnologias de informação e de comunicação.

Sendo a prestação de trabalho realizada com subordinação jurídica quer dizer que não está em causa a realização de uma atividade que não seja qualificada como contrato de trabalho. O teletrabalhador, neste contexto, tem um contrato de trabalho; pelo que o regime instituído nos arts. 166.º e ss. do CT não se aplica a outros prestadores de atividade, que recorram a tecnologias de informação e de comunicação na realização da sua tarefa, mas não estejam vinculados pelo regime laboral. Assim, um prestador de serviços, ou mesmo um trabalhador com contrato equiparado (art. 10.º do CT), independentemente do modo como realiza a sua atividade, não se qualifica como teletrabalhador para efeitos do disposto nos arts. 165.º e ss. do CT (*vd. supra* § 13.2.b.3).III e § 14).

II. O teletrabalho apresenta vantagens, tanto para as empresas como para os trabalhadores. No primeiro caso, é de salientar a redução de custos devida à menor exigência de espaço na empresa para instalar os empregados. Quanto aos trabalhadores, permite que não se desloquem para a empresa, facilitando a execução de outras tarefas, nomeadamente atendendo a uma maior flexibilidade de horário e, em especial, no caso de desempenharem a atividade no seu domicílio.

2. Regime

I. Além de o contrato de trabalho com o teletrabalhador dever revestir a forma escrita (art. 166.º, n.º 4, do CT), há certas formalidades que têm de constar do texto escrito, indicadas nas várias alíneas do n.º 1 do mesmo artigo do CT. A falta de redução do contrato a escrito e a não indicação do cargo ou funções a desempenhar com menção expressa do regime de teletrabalho implica que o contrato de trabalho não se considera sujeito ao regime de teletrabalho (art. 166.º, n.º 2, do CT).

O trabalhador pode ter sido inicialmente contratado no regime de teletrabalho ou, tendo já contrato com a empresa, passar a regime de teletrabalho (art. 166.º, n.º 1, do CT).

No regime de teletrabalho, o trabalhador está sujeito às regras gerais quanto ao período normal de trabalho (art. 169.º, n.º 1, do CT), mas pode estar isento de horário (art. 169.º, n.º 1, do CT).

II. No que respeita ao teletrabalho há duas questões com particular relevo.

Em primeiro lugar a conjugação entre o poder de direção do empregador, nomeadamente através do controlo sobre a atividade do trabalhador, e a privacidade do prestador de trabalho que desempenha a atividade fora da empresa do empregador, muitas vezes no seu domicílio. No art. 170.º do CT, tenta conciliar-se o respeito pela privacidade do teletrabalhador com o controlo da atividade por parte do empregador. Associada com esta questão, cabe atender à segurança e saúde no trabalho (art. 169.º, n.º 1, do CT).

O segundo problema respeita ao isolamento do trabalhador relativamente à empresa, tanto no contacto com os restantes colegas de trabalho como na falta de inserção na estrutura organizativa, com frequente preterição na progressão da carreira. Por isso, se admite, em determinados casos, a reversão da situação, regressando o trabalhador ao regime comum (art. 166.º, n.º 6, do CT) e a possibilidade de manter contactos com as estruturas de representação coletiva (art. 171.º do CT).

Bibliografia:

Leal Amado, *Contrato de Trabalho*, cit., pp. 123 ss.; Ortins de Bettencourt, «Os Regimes do Teletrabalho», *Estudos Jurídicos em Homenagem ao Professor António da Motta Veiga*, Coimbra, 2007, pp. 247 e ss.; Menezes Cordeiro, *Direito do Trabalho*, II, cit., pp. 665 a 668; Guilherme Dray, «Teletrabalho. Sociedade de Informação e Direito», *Estudos do Instituto de Direito do Trabalho*, Vol. III, Coimbra, 2002, pp. 261 a 286 e anotações aos arts. 165.º e ss. *in* Romano Martinez/Luís Miguel Monteiro/Joana Vasconcelos/Madeira de Brito/Guilherme Dray/Luís Gonçalves da Silva, *Código do Trabalho Anotado*, cit., pp. 450 e ss.; Júlio Gomes, *Direito do Trabalho*, I, cit., pp. 736 e ss.; Menezes Leitão, *Direito do Trabalho*, cit., pp. 498 e ss.; Teresa Coelho Moreira, «Algumas notas sobre as novas tecnologias de informação e comunicação e o contrato de teletrabalho subordinado», *Scientia iuridica*, 335 (2014), pp. 323 ss.; Glória Rebelo, «Teletrabalho: Reflexões sobre uma nova forma de prestar Trabalho Subordinado», *Pront.* 67 (2004), pp. 53 e ss.; Rosário Palma Ramalho, *Tratado de Direito do Trabalho*, II, 5.ª ed., Coimbra, 2014, pp. 336 e ss.; Maria Regina Redinha, «O Teletrabalho», *II Congresso Nacional de Direito do Trabalho*, Coimbra, 1999, pp. 81 a 102 e «O Teletrabalho», *QL*, n.º 17 (2001), pp. 87 a 107; Patrícia Pinto Rodrigues, «O teletrabalho: enquadramento jus-laboral», *Estudos de Direito do Trabalho*, org. Monteiro Fernandes, Coimbra, 2011, pp. 89 a 164.

§ 32. COMISSÃO DE SERVIÇO

1. Noção

I. O trabalho em comissão de serviço, inicialmente regulado no Decreto-Lei n.º 404/91, de 16 de outubro, consta hoje dos arts. 161.º a 164.º do CT. A comissão de serviço corresponde a um regime especial para o desempenho de atividades que pressupõem a existência de uma especial relação de confiança entre o empregador e o trabalhador[1515].

Nas atividades em que a qualidade e a responsabilidade exigidas ao trabalhador são elevadas, justifica-se que a confiança seja um fator determinante na prossecução do contrato de trabalho[1516]. Degradando-se a relação pessoal é insustentável a manutenção da atividade, da categoria e até da própria relação laboral. No fundo, a confiança que o exercício de certos cargos exige traduz-se na salvaguarda da elevada e constante lealdade, dedicação e competência.

Foram, essencialmente, estas as razões que levaram, inicialmente, à introdução do regime especial de trabalho em comissão de serviço pelo Decreto-Lei n.º 404/91, que suscitou dúvidas de constitucionalidade, na medida em que poderia pôr em causa o princípio da segurança no emprego (art. 53.º da CRP)[1517]. Estas razões subsistem, pelo que o regime, com alterações, se mantém no Código do Trabalho (arts. 244.º e ss. do CT2003 e arts. 161.º e ss. do CT2009).

II. Quanto ao objeto, no art. 161.º do CT (após a revisão de 2012) determina-se que este regime se circunscreve a trabalhadores que venham a ocupar cargos de administração ou equivalente, de direção ou chefia dependente da administração ou de diretor-geral ou equivalente, bem como as funções de secretariado pessoal relativas aos titulares desses cargos de administra-

---

[1515] Como refere Bernardo Xavier, *Curso*, cit., p. 345, para introduzir este regime, o direito do trabalho importou um conceito do direito da função pública.

[1516] Sobre a questão, *vd.* Rua de Almeida, «Cargo de Confiança: Efeitos no Contrato de Trabalho», *Curso de Direito do Trabalho. Homenagem ao Professor Sayão Romita*, Rio de Janeiro, 2000, pp. 361 ss.

[1517] No sentido da constitucionalidade do regime da comissão de serviço, *vd.* Menezes Cordeiro, «Da Constitucionalidade das Comissões de Serviços Laborais», *RDES* XXXIII (1991), n.ºs 1/2, pp. 129 ss. Considerando que o regime da comissão de serviço reintroduz no ordenamento jurídico português a figura dos despedimentos *ad nutum*, *vd.* Furtado Martins, *Cessação do Contrato de Trabalho*, cit., pp. 649 e s.

ção e de direção. A este elenco legal podem acrescentar-se outros cargos em instrumento de regulamentação coletiva de trabalho[1518]. Em qualquer caso, como se dispõe na parte final do preceito, é necessária a existência de uma «especial relação de confiança» e o desempenho de «funções de chefia».

Relativamente aos cargos de administração, não estão em causa os administradores societários, que não têm contrato de trabalho, mas os administradores com relação laboral (*vd. supra* § 13.6).

Quanto às funções de secretariado, é necessário que a natureza da atividade se funde numa especial relação de confiança, só abrangendo, por isso, as funções de secretariado pessoal da administração e direção da empresa.

É, deste modo, pressuposta a existência de uma organização empresarial; não é que a especial relação de confiança se circunscreva ao âmbito da empresa, mas só nesta se admite a existência de trabalhadores que ocupam cardos de administração e de direção, assim como de pessoal de secretariado afeto a esses administradores ou diretores.

Pode concluir-se, pois, que este regime assenta na existência de uma organização empresarial, para o exercício de atividades de administração, de direção ou de secretariado relacionado com estas funções. Por isso, encontrarem-se afastadas deste regime as atividades que, fundando-se numa especial relação de confiança, estão desinseridas das funções de administração e direção no âmbito empresarial. Assim, não parece que o advogado possa contratar a sua secretária pessoal em regime de comissão de serviço.

2. Regime

I. O contrato tem de ser celebrado por escrito (art. 162.º, n.º 3, do CT), com as indicações constantes das alíneas do n.º 3 do mesmo artigo. Se o acordo não revestir a forma escrita ou não tiver sido mencionado no texto escrito que o trabalhador é contratado em regime de comissão de serviço para desempenhar determinada função, considerar-se-á que a relação laboral fica sujeita ao regime comum (art. 162.º, n.º 4, do CT).

II. A particularidade do regime de comissão de serviço respeita à cessação das funções e, eventualmente, do vínculo laboral estabelecido entre o trabalhador e a empresa. Neste regime, a cessação de funções corresponde a

[1518] Em crítica ao enunciado restritivo do preceito, *vd.* Monteiro Fernandes, *Direito do Trabalho*, cit., p. 192 s. Mas não estando a tarefa incluída na previsão legal, a comissão de serviço é nula (Ac. Rel. Lx. de 3/10/2001, CJ XXVI, T. IV, p. 162).

uma denúncia, que tem em vista impedir a prossecução do vínculo jurídico e, como é regra, será de exercício discricionário com eficácia *ex nunc*. Quanto à denúncia no regime de comissão de serviço importa distinguir duas situações.

Se for contratado em regime de comissão de serviço um trabalhador que tinha um vínculo laboral com a empresa, a cessação da comissão de serviço, que deve ser precedida de um aviso prévio de trinta ou sessenta dias, consoante o tempo de duração da atividade tiver durado dois ou mais anos, é de exercício livre por qualquer das partes (art. 163.º do CT). Mas, cessada a comissão de serviço, o trabalhador tem direito a regressar às antigas funções na empresa (art. 164.º, n.º 1, alínea *a)*, do CT), podendo, caso não queira regressar à antiga função, resolver o contrato (art. 164.º, n.º 1, alínea *b)*, do CT). Neste caso, o trabalhador não tem direito à indemnização determinada nos termos do art. 164.º, n.º 1, alínea *b)*, do CT (fixada por remissão para o art. 366.º do CT), pois esta pressupõe a cessação da relação laboral como consequência da extinção da comissão. A indemnização só é devida se o contrato de trabalho cessar e não se o trabalhador continuar ao serviço nas suas antigas funções. De facto, como resulta da alínea *c)* do n.º 1 do art. 164.º do CT atende-se à extinção do vínculo contratual em consequência do termo da comissão de serviço como pressuposto do direito ao pagamento da compensação. Mas se o trabalhador resolver o contrato nos termos da alínea *b)* do n.º 1 do art. 164.º do CT já terá direito a compensação idêntica à estabelecida em sede de despedimento coletivo apesar de a cessação ter sido requerida pelo trabalhador; a solução é questionável, pois contraria o pressuposto comum de a resolução invocada pelo trabalhador com causas objetivas não implicar pagamento de compensação (arts. 394.º, n.º 3, e 396.º, n.º 1, do CT) e afasta-se da solução prescrita na alínea seguinte, onde se estatui que a compensação só é devida caso a comissão de serviço cesse por iniciativa do empregador.

Sendo contratado em regime de comissão de serviço um trabalhador sem vínculo laboral com a empresa, cabe ainda distinguir duas situações.

Do contrato de trabalho em regime de comissão de serviço pode constar uma cláusula onde se prevê a recolocação do trabalhador em outra atividade, caso termine a comissão de serviço. Nessa hipótese, cessada a comissão de serviço, o trabalhador não recebe a indemnização estabelecida no art. 164.º, n.º 1, alínea *c)*, do CT, porque o vínculo laboral subsiste, mas tem direito a ser colocado na categoria prevista na cláusula do contrato.

Sendo o contrato omisso, cessada a comissão de serviço por iniciativa do empregador, cessa igualmente a relação laboral do trabalhador com o empregador, recebendo aquele a compensação prevista no art. 164.º, n.º 1, alínea *c)*, do CT. Neste caso, parece que, do próprio contrato, para informação a prestar ao trabalhador, deve constar a previsão de cessação do contrato de trabalho como decorrência da extinção da comissão de serviço; isto é, o trabalhador deve ser informado que, cessando a comissão de serviço, cessa automaticamente o contrato de trabalho.

III. Neste âmbito, apesar de poder estar em causa a cessação do contrato, não vale a regra da imperatividade constante do art. 339.º do CT, pelo que algumas das soluções podem ser alteradas por acordo das partes, principalmente quando em sentido mais favorável ao trabalhador (p. ex., conferir indemnização em caso de termo da comissão de serviço ainda que o vínculo não cesse).

BIBLIOGRAFIA:

LEAL AMADO, *Contrato de Trabalho*, cit., pp. 119 ss.; MENEZES CORDEIRO, *Direito do Trabalho*, II, cit., pp.653 a 664 e «Da Constitucionalidade das Comissões de Serviços Laborais», *RDES* XXXIII (1991), n.os 1/2, pp. 129 a 148; MONTEIRO FERNANDES, *Direito do Trabalho*, cit., pp. 191 e ss.; JÚLIO GOMES, *Direito do Trabalho*, I, cit., pp. 752 e ss.; MARIA IRENE GOMES, «A Comissão de Serviço», *A Reforma do Código do Trabalho*, Coimbra, 2004, pp. 365 e ss. e «Principais Aspectos do Regime Jurídico do Trabalho Exercido em Comissão de Serviço», *Estudos de Direito do Trabalho em Homenagem ao Professor Manuel Alonso Olea*, Coimbra, 2004, pp. 241 e ss.; MENEZES LEITÃO, *Direito do Trabalho*, cit., pp. 495 e ss.; JORGE LEITE, «Comissão de Serviço», *QL*, n.º 16 (2000), pp. 152 a 161; FURTADO MARTINS, «Aplicação do regime geral da cessação do contrato de trabalho ao contrato em comissão de serviço», *Estudos dedicados ao Professor Doutor Bernardo da Gama Lobo Xavier*, III, Lisboa, 2015, pp. 171 ss.; LUÍS MIGUEL MONTEIRO, anotação aos arts. 161.º e ss. *in* ROMANO MARTINEZ/LUÍS MIGUEL MONTEIRO/JOANA VASCONCELOS/MADEIRA DE BRITO/GUILHERME DRAY/LUÍS GONÇALVES DA SILVA, *Código do Trabalho Anotado*, cit., pp. 435 ss. e «Regime Jurídico do Trabalho em Comissão de Serviço», *Estudos de Direito do Trabalho em Homenagem ao Prof. Manuel Alonso Olea*, Coimbra, 2004, pp. 507 ss.; ROSÁRIO PALMA RAMALHO, *Tratado de Direito do Trabalho*, II, 5.ª ed., Coimbra, 2014, pp. 346 ss.; FILIPE FRAÚSTO DA SILVA, «Irreversibilidade do estatuto dirigente e comissão de serviço», *QL* 42 (vinte anos de Questões Laborais), 2013, pp. 597 ss.; BERNARDO XAVIER/FURTADO MARTINS/NUNES DE CARVALHO/JOANA VASCONCELOS/TATIANA GUERRA DE ALMEIDA, *Manual*, cit., pp. 505 e ss.

Subsecção III
Situações especiais de contratos de trabalho

§ 33. CONTRATO DE APRENDIZAGEM

I. O Regime Jurídico da Aprendizagem constava do Decreto-Lei n.º 102/84, de 29 de março , revogado pelo Decreto-Lei n.º 205/96, de 25 de outubro, que veio a ser substituído pelo Decreto-Lei n.º 396/2007, de 31 de dezembro (Sistema Nacional de Qualificações), a partir da respetiva regulamentação pela Portaria n.º 1497/2008, de 19 de dezembro. Este regime pretende estabelecer uma articulação entre a educação e a formação profissional, com vista ao acesso ao mercado de trabalho e permitindo o prosseguimento de estudos[1519]. Por isso, a aprendizagem visa a formação de jovens, que tenham concluído o 3.º ciclo de ensino básico, até ao limite etário dos 25 anos (art. 3.º, n.º 1, da Portaria n.º 1497/2008).

Para além de aspetos relativos à formação profissional (art. 9.º, n.º 1, alíneas *a)* a *f)*, do Decreto-Lei n.º 396/2007), interessa aludir ao curso de aprendizagem (alínea *b)*). Este regime surge regulamentado na Portaria n.º 1497/2008 (art. 9.º, n.º 3, do Decreto-Lei n.º 396/2007). Sem descurar o conceito de aprendizagem (art. 2.º da Portaria n.º 1497/2008) e o regime dos cursos (arts. 4.º e ss. da Portaria n.º 1497/2008), importa atender especialmente ao contrato de aprendizagem (art. 10.º da Portaria n.º 1497/2008).

[1519] Para além da vantagem da formação, há certas profissões que impõem um estágio, como *v.g.* o jornalismo (art. 5.º Lei n.º 1/99, de 13 de janeiro, regulamentado pela Portaria n.º 318/99, de 12 de maio, alterada e republicada pela Lei n.º 64/2007, de 6 de novembro).

II. O contrato de aprendizagem, celebrado entre o formando e a entidade formadora[1520] (art. 10.º, n.º 1, da Portaria n.º 1497/2008), não gera uma relação de trabalho subordinado (art. 10.º, n.º 3, da Portaria n.º 1497/2008). Trata-se de um contrato de prestação de serviço, que segue, em vários aspetos, o regime laboral; nomeadamente no que respeita a alguns dos deveres das partes (arts. 11.º e 12.º da Portaria n.º 1497/2008)[1521], a férias (art. 11.º, n.º 1, alínea *d*), da Portaria n.º 1497/2008), bem como ao regime de acidentes de trabalho (art. 2.º da LAT), estabeleceu-se um regime com alguma similitude ao que advém do contrato de trabalho. Acresce que o princípio de segurança no emprego também foi consagrado, ao determinar-se que a entidade formadora só pode rescindir o contrato ocorrendo alguma das causas justificativas indicadas nas alíneas do n.º 8 do art. 10.º da Portaria n.º 1497/2008). Diferentemente, ao formando é conferido o direito à livre denúncia do contrato (art. 10.º, n.º 7, da Portaria n.º 1497/2008).

Quanto à cessação do vínculo, refira-se que o mesmo caduca com a conclusão da ação de formação para que foi celebrado (art. 10.º, n.º 3, da Portaria n.º 1497/2008).

Para além da similitude de regime, há a salientar o facto de, tradicionalmente, o contrato de aprendizagem se encontrar associado à relação laboral[1522], o que justifica fazer-se-lhe referência entre os contratos de trabalho com regime especial.

[1520] A entidade formadora deverá ser uma pessoa singular ou coletiva, certificada, que coordena a aprendizagem e assegura a formação (art. 3.º do Decreto-Lei n.º 396/2007).

[1521] O formando está sujeito a deveres de urbanidade, assiduidade, diligência e lealdade (art. 21.º da Portaria n.º 1497/2008), como qualquer trabalhador.

[1522] Sobre esta questão, para além das referências ao Código Civil de 1867 (*supra* § 4.5.b)), veja-se MENEZES CORDEIRO, *Direito do Trabalho*, II, cit., pp. 335 ss. e Ac. STJ de 11/4/1980, *BMJ* 296, p. 144.

E atendendo à referida associação entre aprendizagem e relação laboral, o contrato de formação pode ser usado como alternativa ao contrato de trabalho (BALLESTER PASTOR, *El Contrato de Formación y otras Formas de Contratación Laboral en Alternancia*, Valencia, 2000, pp. 9 ss.) ou como modo de flexibilizar a relação laboral (LUPI/RAVAIOLI, *Il Lavoro Flessibile. Tutti gli Strumenti Legali per Superare la "Rigidità" nel Rapporto di Lavoro*, Milão, 1997, pp. 74 ss.) e, por outro lado, em qualquer profissão impõe-se uma aprendizagem contínua, nomeadamente para efeito de promoção (BALLESTER PASTOR, ob. cit., pp. 15 ss.). Além disso, por via de regra, o contrato de aprendizagem é indicado como um contrato de trabalho especial, cf. DI CERBO, *I Rapporti Speciali di Lavoro*, Pádua, 2000, pp. 23 ss.; FERRARO, *I Contratti di Lavoro*, Pádua, 1991, pp. 15 ss e 199 ss.; SUPPIEJ/DE CRISTOFARO/CESTER, *Diritto del Lavoro, cit.*, pp. 282 ss.

III. Com uma finalidade similar, pode aludir-se ao regime jurídico dos estágios profissionais (Decreto-Lei n.º 66/2011, de 1 de junho) que tem em vista regular alguns estágios profissionais tendentes à aquisição de uma habilitação profissional; em suma, a regulação prática para o acesso ao trabalho em que a formação técnico-profissional é realizada sob a orientação de uma entidade formadora.

IV. Num sentido de amplo de aprendizagem pode aludir-se a vínculos laborais de formação profissional que por vezes antecedem a formalização do contrato de trabalho. Principalmente em áreas técnicas de grande complexidade (p. ex., piloto de aviação) é usual o empregador celebrar um prévio contrato de formação profissional e tendo o trabalhador tido aprovação é depois contratado, com um contrato de trabalho.

Por via de regra, nestes casos, tendo o empregador investido na formação do trabalhador tem especial interesse em contratá-lo se tiver aprovação, razão pela qual, não raras vezes, se estabelece uma cláusula penal tendo em vista a prestação de trabalho durante um período mínimo[1523].

BIBLIOGRAFIA:

LEAL AMADO/MARGARIDA PORTO, «Primeiras notas sobre o regime jurídico dos estágios profissionais», *RLJ* 141 (2012), pp. 348 ss.; MENEZES CORDEIRO, *Direito do Trabalho*, II, cit., pp. 335 ss.; ANA LAMBELHO, «O contrato de aprendizagem e o(s) contrato(s) de estágio», *QL* 42 (vinte anos de Questões Laborais), 2013, pp. 321 ss.; MENEZES LEITÃO, *Direito do Trabalho*, cit., pp. 539 ss.; ROSÁRIO PALMA RAMALHO, *Tratado de Direito do Trabalho*, II, 6.ª ed., Coimbra, 2016, pp. 83 s.

§ 34. TRABALHO TEMPORÁRIO

1. Identificação

a) Enquadramento

I. O trabalho temporário é uma forma negocial que teve grande incremento nos últimos anos, essencialmente para fazer face a necessidades temporá-

[1523] Cf. Ac. Rel. Lx. de 27/10/2010 (Isabel Tapadinhas); Ac. STJ de 4/5/2011 (Gonçalves Rocha), disponíveis em www.dgsi.pt.

rias de mão-de-obra especializada. Depois de surgir nos Estados Unidos, em Portugal, pelo menos desde a década de sessenta do século passado, também se recorria ao trabalho temporário, sendo figura atípica; o trabalho temporário foi tipificado, primeiro, pelo Decreto-Lei n.º 358/89, de 17 de outubro, alterado pela Lei n.º 39/96, de 31 de agosto, pela Lei n.º 146/99, de 1 de setembro, pela Lei n.º 19/2007, de 22 de maio, e, atualmente, nos arts. 172.º a 192.º do CT, completado pela regulamentação constante do Decreto-Lei n.º 260/2009, de 25 de setembro (LTT), alterado, por sua vez, pela Lei n.º 5/2014, de 12 de fevereiro e pela Lei n.º 28/2016, de 23 de agosto[1524].

Esta figura pressupõe a existência de dois negócios jurídicos, em princípio, sem qualquer prioridade temporal entre eles: um primeiro negócio jurídico celebrado entre a empresa de trabalho temporário e o trabalhador por ela contratado para executar atividades junto de terceiros; um segundo negócio jurídico ajustado entre a empresa de trabalho temporário e a empresa utilizadora de mão-de-obra, designado «contrato de utilização de trabalho temporário» (art. 172.º, alínea *c)*, do CT). O primeiro negócio jurídico subdivide-se em dois contratos: o «contrato de trabalho temporário» (art. 172.º, alínea *a)*, do CT), sujeito a um regime especial, determinado, em grande parte, por uma remissão para o contrato a termo; e o «contrato de trabalho por tempo indeterminado para cedência temporária», (art. 172.º, alínea *b)*, do CT), a que se aplica igualmente a um regime especial. O «contrato de utilização de trabalho temporário» é um contrato de prestação de serviço (art. 172.º, alínea *c)*, do CT), a que, afora as particularidades estabelecidas nos arts. 175.º e ss. do CT, se encontra submetido ao regime obrigacional comum, designadamente no que respeita à liberdade de cessação e de estipulação da retribuição.

[1524] Quanto aos condicionamentos sociais e económicos que justificam esta relação jurídica, *vd.* Paula Camanho/Miguel da Cunha/Sofia Pais/Paulo Vilarinho, «Trabalho Temporário», *RDES*, XXXIV (1992), n.os 1/3, pp. 171 ss. e Maria Regina Redinha, *A Relação Laboral Fragmentada. Estudo sobre o Trabalho Temporário*, Coimbra, 1995, pp. 86 ss. e 94 ss. Sobre as alterações de 1999, *vd.* Maria Regina Redinha, «Trabalho Temporário: Apontamento sobre a Reforma do seu Regime Jurídico», *Estudos do Instituto de Direito do Trabalho*, Vol. I, Coimbra, 2001, pp. 445 ss.
Em relação ao direito comparado, veja-se Paula Camanho/Miguel da Cunha/Sofia Pais/ /Paulo Vilarinho, «Trabalho Temporário», cit., pp. 198 ss., assim como a obra coletiva organizada por Galantino, *Il Lavoro Temporaneo e i Nuovi Strumenti di Promozione dell'Occupazione*, Milão, 1997; Amato/Bronzini/ Manna/Mattone/Miani Canevari, *Il Diritto del Lavoro della "Flessibilità" e dell'"Occupazione"*, Milão, 2000, pp. 1 ss.; Nicolini, *Lavoro Temporaneo*, Pádua, 1998.

II. No que respeita à inexistência de prioridade na celebração dos contratos de trabalho e de prestação de serviço importa fazer uma precisão. O legislador propende para conferir prioridade na celebração do contrato de prestação de serviço em relação ao contrato de trabalho temporário (cf., em especial, as menções obrigatórias constantes do art. 181.º, n.º 1, do CT); assenta-se no pressuposto de o contrato de trabalho temporário ser celebrado em função do anteriormente ajustado contrato de utilização. Contudo, esta lógica não é seguida em relação ao contrato de trabalho por tempo indeterminado para cedência temporária, que frequentemente antecede o contrato de utilização de trabalho temporário. E mesmo com respeito ao contrato de trabalho temporário, do disposto no art. 177.º, n.º 1, do CT, decorre que este pode preceder o contrato de utilização.

b) Figuras afins

Não se enquadra no trabalho temporário a realização da atividade numa empresa cliente do empregador. No caso de empresas que têm trabalhadores contratados para prestar serviços a terceiros, mesmo que a atividade seja desenvolvida junto desses clientes, não se estará perante uma situação de trabalho temporário. Por exemplo, as empresas de segurança[1525], cujos guardas são contratados para proteger empresas diferentes daquela para a qual trabalham, ou empresas de limpeza, cujos trabalhadores fazem limpeza nos estabelecimentos de clientes do empregador, não estão sujeitas ao regime do trabalho temporário. O mesmo se diga de empresas que têm pessoal especializado para fazer reparações em máquinas que se encontram em outras empresas, podendo inclusive lá permanecer por um lapso de tempo elevado[1526]. Nestes casos, estar-se-á perante contratos de trabalho sujeitos ao regime comum, em que o local de trabalho, por acordo das partes, não é num estabelecimento da empresa empregadora.

Também não se inclui no trabalho temporário a cedência ocasional de trabalhadores, regulada nos arts. 288.º e ss. do CT. Há cedência ocasional de trabalhadores quando um empregador cede trabalhadores do seu próprio quadro de pessoal, para serem utilizados por outra empresa, sob a autoridade e direção desta (art. 288.º do CT). Neste caso, a empresa que cede os trabalhadores não é uma empresa de trabalho temporário; trata-se de trabalhadores contratados em condições normais, por um empregador comum,

[1525] Quanto às empresas de segurança privada, *vd.* Lei n.º 34/2013, de 16 de maio.

[1526] *Vd.* Dias Coimbra, «Empresas Exteriores e Condições de Higiene e Segurança», *QL* III (1996), n.º 8, pp. 121 ss.

que são temporariamente cedidos a outro empregador. A dificuldade de distinção reside no facto de a empresa de trabalho temporário, nos termos do art. 172.º, alínea *b)*, do CT, poder igualmente ceder trabalhadores do seu quadro de pessoal; contudo, a ETT é uma empresa com um objeto específico (art. 3.º da LTT), pelo que a cedência de trabalhadores por parte de outro tipo de empresa encontra-se na dependência do preenchimento de vários requisitos, entre os quais o da existência de um grupo empresarial entre as empresas cedente e cessionária.

c) Empresa de trabalho temporário

O trabalho temporário, tal como vem previsto nos arts. 2.º e 3.º da LTT, pressupõe a existência de uma empresa que tem por objeto a atividade de contratar trabalhadores para os ceder a um utilizador de mão-de-obra.

A empresa de trabalho temporário (ETT), apesar de ter em vista uma intermediação no acesso ao emprego, assume a posição de empregador; de facto, como se afirma no art. 2.º, alínea *d)*, da LTT, a empresa de trabalho temporário admite e retribui trabalhadores para os ceder a utilizadores. Por essa razão, a ETT distingue-se da agência privada de colocação (arts. 14.º e ss. da LTT), que funciona como intermediária entre a oferta e a procura de emprego, não celebrando qualquer contrato de trabalho com os candidatos a emprego[1527]. A empresa de trabalho temporário tem por objeto principal a atividade de cedência temporária de trabalhadores a empresas utilizadoras, podendo, acessoriamente, desenvolver as atividades de seleção, de orientação e formação profissional, consultadoria e gestão de recursos humanos (art. 3.º da LTT)[1528].

O exercício da atividade por parte das empresas de trabalho temporário está sujeita a licença, que depende de se verificarem preenchidos os requisitos estabelecidos no art. 5.º, n.º 1, da LTT. No processo para a constituição

[1527] Sobre as agências privadas de colocação e a aplicação da Convenção n.º 96 da OIT às empresas de trabalho temporário, *vd.* Paula Camanho/Miguel da Cunha/Sofia Pais/Paulo Vilarinho, «Trabalho Temporário», cit., pp. 194 ss. Veja-se ainda Maria Regina Redinha, *Relação Laboral Fragmentada*, cit., pp. 147 ss.

[1528] Importa distinguir o objeto social, p. ex. de uma sociedade por quotas, do objeto da ETT. No objeto de uma sociedade comercial podem incluir-se várias atividades, entre as quais a atividade de empresa de trabalho temporário; além disso, a ETT pode ser uma pessoa singular com uma multiplicidade de atividades. Mas o objeto da ETT está circunscrito ao disposto no art. 3.º da LTT. Sobre esta questão, *vd.* Paula Camanho/Miguel da Cunha/Sofia Pais/ /Paulo Vilarinho, «Trabalho Temporário», cit., pp. 229 s. Numa perspetiva restrita, *vd.* Maria Regina Redinha, *Relação Laboral Fragmentada*, cit., pp. 212 s.

e exercício de atividade por parte da ETT estabeleceram-se alguns limites burocráticos, constantes dos arts. 6.º e ss. da LTT, donde resulta, nomeadamente, o dever de prestar caução para garantir o pagamento das retribuições dos trabalhadores[1529]/[1530]. Só poderá exercer a atividade própria de uma ETT a empresa a quem for conferida licença (art. 8.º, n.º 1, da LTT)[1531], sendo a publicidade da autorização e da inibição do exercício da atividade assegurada pelo Instituto de Emprego e Formação Profissional, que disponibiliza um registo de acesso público (art. 8.º, n.º 2, da LTT).

2. Regime

a) Contratos

Como se indicou, o regime de trabalho temporário assenta na existência de dois contratos que se conjugam: o contrato de trabalho temporário e o contrato de utilização. Resulta do art. 172.º do CT, que a ETT ajusta dois contratos: um contrato de utilização de trabalho temporário com um utilizador e um contrato de trabalho temporário (a termo ou por tempo indeterminado) com um trabalhador. Este contrato de trabalho pode ser: um contrato de trabalho temporário (a termo) ou um contrato de trabalho por tempo indeterminado para cedência temporária.

b) Contrato de utilização

I. O contrato de utilização de trabalho temporário é um contrato de prestação de serviço que tem de ser celebrado a termo resolutivo, certo ou incerto.

[1529] A caução pode, todavia, constituir uma garantia insuficiente se a ETT tiver contratado um elevado número de trabalhadores, mesmo depois das alterações introduzidas em 1999 (cf. ANTÓNIO JOSÉ MOREIRA, *Trabalho Temporário. Regime Jurídico Anotado*, 2.ª ed., Coimbra, 2001, anot. art. 6.º, p. 30). Refira-se ainda que a garantia está condicionada pelo regime de execução constante do art. 191.º do CT.

[1530] A caução prevista no art. 7.º da LTT pode ser prestada por garantia bancária ou contrato de seguro (art. 7.º, n.º 7, da LTT), excluindo eventualmente outros meios de prestar caução (p. ex., penhor, hipoteca).

[1531] Como referem PAULA CAMANHO/MIGUEL DA CUNHA/SOFIA PAIS/PAULO VILARINHO, «Trabalho Temporário», cit., p. 183, «(...) o legislador quis criar um regime que obviasse, o mais possível, à entrada no mercado de empresas sem o mínimo de estruturas e geradoras de abusos, que levassem à descaracterização do trabalho temporário, transformando-o numa mera forma de exploração dos trabalhadores». Sobre o licenciamento, *vd.* autores e ob. cit., pp. 231 ss. e MARIA REGINA REDINHA, *Relação Laboral Fragmentada*, cit., pp. 213 ss.

O utilizador de mão-de-obra pode unicamente celebrar contratos de utilização de trabalho temporário nos casos previstos no art. 175.º do CT, designadamente para substituição de trabalhador, por acréscimo excecional de atividade, por necessidades intermitentes de mão-de-obra ou para trabalhos sazonais. Excluindo a luta contra o desemprego, bem como o lançamento de nova atividade e o início de laboração da empresa, as causas de recurso ao trabalho temporário apresentam alguma identidade em relação às que se estabeleceram a propósito do contrato a termo (art. 140.º do CT), para cujos pressupostos remete (art. 175.º, n.º 1, corpo, do CT); no fundo, as condições de licitude do contrato de utilização prendem-se com o carácter temporário da atividade[1532].

II. O contrato de utilização está sujeito à forma escrita (art. 177.º do CT), dele devendo constar, além da sua justificação (art. 176.º do CT), as menções indicadas no art. 177.º, n.º 1, do CT. A falta de forma do contrato, assim como a falta do motivo têm como consequência a nulidade (art. 220.º do CC e art. 177.º, n.º 4, do CT), considerandose que o trabalho é prestado pelo trabalhador ao utilizador em regime de contrato de trabalho sem termo (art. 176.º, n.º 3, do CT)[1533]/[1534]; a solução é diversa na eventualidade de o utilizador ter contratado com uma ETT não licenciada, pois, nesse caso, o vínculo definitivo estabelece-se entre a empresa de trabalho temporário e o trabalhador (art. 173.º, n.os 1 e 3, do CT)[1535]. Diversamente, faltando a celebração do

[1532] Quanto à referida similitude, cf. Maria Regina Redinha, *Relação Laboral Fragmentada*, cit., pp. 400 s., nota 333. Veja-se, todavia, a diferença assinalada por Furtado Martins, «Questões sobre Trabalho Temporário», *RDES* XXXX (1999), n.º 1, pp. 65 ss., em relação à contratação de trabalhadores para a execução de trabalhos de construção civil, cuja previsão específica consta do art. 140.º, n.º 2, alínea *h)*, do CT, não abrangida na remissão do art. 175.º, n.º 1, do CT.

[1533] Cf. Ac. STJ de 22/5/1996, CJ (STJ) 1996, T. II, p. 262. E no Ac. Rel. Cb. de 4/5/2000, *CJ* XXV, T. III, p. 60, decidiu-se que, sendo os dois contratos orais, o trabalhador tinha dois vínculos laborais sem termo, prevalecendo o contrato com a empresa utilizadora.

[1534] As similitudes entre os arts. 175.º e 181.º, n.º 1, do CT, por um lado, e os arts. 140.º e ss. do CT, por outro, justificam uma idêntica interpretação, pelo que a indicação do motivo justificativo de recurso ao trabalho temporário por parte da empresa utilizadora só é atendível se se mencionarem concretamente os factos e circunstâncias que integram esse motivo. Em relação à aplicação, cf. António José Moreira, *Trabalho Temporário*, cit., anot. e ao art. 9.º, p. 36. Embora se aluda a uma similitude de fundamentos entre o contrato de utilização e o contrato a termo, há uma diferença fundamental, pois o primeiro é um contrato de prestação de serviços e, o segundo, um contrato de trabalho. Cf. também o art. 181.º, n.º 1, alínea *b)*, do CT.

[1535] A solução era diversa no art. 16.º, n.º 3, do precedente regime (Decreto-Lei n.º 358/89), determinando que o vínculo se estabelecia com o utilizador. Cf. Ac. STJ de 22/5/1996, CJ

contrato de trabalho que justifica a cedência do trabalhador, a falta determina que o vínculo se estabelece entre o trabalhador e a empresa utilizadora (art. 173.º, n.º 5, do CT). A relação laboral também se estabelece entre o trabalhador e o utilizador sempre que o trabalhador temporário continuar ao seu serviço decorridos dez dias após a cessação do contrato de utilização (art. 178.º, n.º 4, do CT)[1536].

Mas a preterição de algumas das formalidades do art. 177.º, n.º 1, do CT, como a falta de indicação do local de trabalho (alínea *d)*) ou da retribuição devida pelo utilizador (alínea *e)*), não podem ter como consequência a nulidade do contrato, pelo que podem ser supridas posteriormente nos termos gerais.

III. O contrato de utilização do trabalho temporário está dependente dos prazos constantes do art. 178.º, do CT; a duração do contrato de utilização relaciona-se com a subsistência da causa justificativa, que é necessariamente temporária, e não pode exceder o limite de dois anos ou, nalguns casos o limite de seis a doze meses (n.º 2), sendo, em princípio, admitida a renovação enquanto subsista a causa da contratação até ao limite de dois anos (n.º 3)[1537]. Pode assim dizer-se que o contrato é normalmente ajustado a termo certo – de seis ou de doze meses –, com a eventualidade de renovação enquanto se mantiver a causa justificativa, até ao limite de dois anos; sendo o contrato de utilização celebrado a termo incerto subsiste enquanto durar a causa justificativa[1538], com os limites temporais referidos. Para evitar que o utilizador contorne o prazo máximo de utilização, proíbe-se a sucessão de trabalhadores temporários no mesmo posto de trabalho (art. 179.º do CT)[1539].

(STJ) 1996, T. II, p. 262, que confirmou o Ac. Rel. Cb. de 19/1/1995, CJ XX, T. II, p. 48. Como se determinou no Ac. Rel. Cb. de 14/12/2000, CJ XXV, T. V, p. 67, a posterior concessão de alvará (hoje, licença) à ETT não sana a nulidade dos contratos celebrados por esta.

[1536] Sobre esta questão, cf. Ac. Rel. Pt. de 1/6/1992, CJ XVII, T. III, p. 333.

[1537] Sobre a questão, *vd.* MARIA REGINA REDINHA, *Relação Laboral Fragmentada*, cit., pp. 142 s. e FURTADO MARTINS, «Questões sobre Trabalho Temporário», cit., pp. 56 ss.

[1538] Cf. Ac. Rel. Év. de 25/5/1999, CJ XXIV, T. I, p. 252.
Do preceito, ao prever que o contrato subsiste enquanto durar a causa justificativa, poderia entender-se que a sua duração poderia ser muito longa, porém, tendo em conta o art. 182.º do CT, sendo o contrato de trabalho a termo incerto não pode ultrapassar os limites de dois anos, um ano ou seis meses.

[1539] Quanto à sucessão de trabalhadores temporários, *vd.* FURTADO MARTINS, «Questões sobre Trabalho Temporário», cit., pp. 68 ss. e acerca da sucessão de trabalhadores na mesma atividade de modo intermitente (portagens), veja-se o Ac. Rel. Pt. de 20/3/1998, CJ XXIII, T. II, p. 257.

c) Contrato de trabalho

I. A relação laboral que vincula a ETT ao trabalhador cedido pode ser de dois tipos (art. 172.º, alíneas *a)* e *b)*, do CT e art. 4.º, n.º 1, alíneas *a)* e *b)*, da LTT): o trabalhador foi contratado temporariamente, com um contrato de trabalho a termo, designado «contrato de trabalho temporário» (art. 172.º, alínea *a)*, do CT); o trabalhador foi contratado definitivamente, por contrato de trabalho sujeito ao regime geral, designado «contrato de trabalho por tempo indeterminado para cedência temporária» (art. 172.º, alínea *b)*, do CT).

II. O contrato de trabalho temporário pode ser celebrado a termo certo ou incerto. A aposição de um termo certo ou incerto encontra-se na dependência do motivo invocado para a celebração do contrato de utilização, apontando para a prioridade deste em relação àquele. O termo certo e incerto rege-se pelo correspondente regime do contrato a termo (*vd. supra* § 30.2), mas há uma diferença assinalável: enquanto a admissibilidade do contrato a termo assenta numa cláusula geral (art. 140.º, n.º 1, do CT), com uma enumeração de situações exemplificativas (n.º 2 do citado preceito), para o contrato de trabalho temporário há uma indicação de situações por remissão para algumas alíneas do n.º 2 do art. 140.º do CT a que acrescem as previsões das alíneas *a)* a *d)* do n.º 1 do art. 175.º do CT (*ex vi* art. 180.º, n.º 1, do CT).

O contrato de trabalho temporário está sujeito ao regime estabelecido nos arts. 180.º e ss. do CT, com remissões para regras do contrato de trabalho a termo (art. 182.º, n.º 6, do CT)[1540], nomeadamente quanto à respetiva caducidade (art. 182.º, n.º 7, do CT)[1541]. Por outro lado, atendendo à dependência em relação ao contrato de utilização, a duração do contrato de trabalho determina-se pelo prazo em que aquele contrato se estabelece (art. 182.º, n.º 1, do CT); mesmo no caso de se tratar de contrato de trabalho a termo incerto, dura pelo tempo necessário à satisfação das necessidades temporárias do utilizador, com os limites de dois anos, um ano ou seis meses (art. 182.º, n.º 5, do CT), não podendo, por via de regra, ser renovado mais de seis vezes (art. 182.º, n.ºs 2 e 3, do CT).

O contrato de trabalho temporário tem um conteúdo especial: o trabalhador obriga-se a prestar a sua atividade, temporariamente, a um utilizador,

[1540] Cf. Ac. STJ de 22/5/1996, CJ (STJ) 1996, T. II, p. 262.

[1541] Cf. Ac. Rel. Lx. de 17/11/1993, CJ XVIII, T. V, p. 180.
Se o contrato de trabalho temporário caducava, nos termos do art. 46.º da LCCT, o trabalhador tinha direito à compensação fixada neste preceito (cf. Paula Camanho/Miguel da Cunha//Sofia Pais/Paulo Vilarinho, «Trabalho Temporário», cit., p. 251).

diferente do empregador, mantendo o vínculo laboral com este. Este negócio jurídico deve ser celebrado por forma escrita (art. 181, n.º 1, do CT), acrescido das menções obrigatórias constantes do art. 181.º do CT.

Não sendo observada a forma escrita ou na falta ou insuficiência da indicação do motivo que justifica a celebração do contrato de trabalho temporário[1542], remete-se para a conversão do vínculo ajustado em contrato sem termo, pois «considera-se que o trabalho é prestado pelo trabalhador à empresa de trabalho temporário em regime de contrato de trabalho sem termo» (art. 181.º, n.º 2, do CT e art. 147.º, n.º 1, alínea *c)*, do CT)[1543]. Diferentemente do disposto no art. 176.º, n.º 3, do CT, onde se comina que o contrato, por tempo indeterminado, se considera celebrado entre o trabalhador e o utilizador, neste caso prescreve-se que o contrato de trabalho sem termo se estabelece com a empresa de trabalho temporário. A solução é idêntica no caso de contrato de trabalho celebrado com ETT não licenciada (art. 173.º, n.º 3, do CT). Nestes dois casos fica em aberto o sentido da estatuição legal, devendo entender-se que o vínculo se consolida entre a ETT e o trabalhador, pois não seria curial responsabilizar o utilizador por factos de que não é imputável[1544]; mas a solução pode suscitar algumas dúvidas. Sendo o contrato de trabalho a termo, entende-se que, como sanção para a ETT, se transforme em contrato sem termo, todavia esta justificação perde sentido quando se prescreve a mesma solução no caso de falta de documento escrito ou de motivo no contrato de trabalho por tempo indeterminado (art. 183.º, n.º 3, do CT). Neste último caso, ajusta-se um contrato de trabalho por tempo indeterminado em desrespeito da forma escrita ou de formalidades e o vínculo transforma-se em contrato de trabalho sem termo; dir-se-á que não tem sanção. A segunda dúvida que o regime suscita reside no objeto do contrato: a conversão do contrato de trabalho sem termo com a ETT é para cedência temporária do trabalhador ou para prestação de trabalho à própria ETT? Nesta segunda hipótese pode haver dificuldade de execução do contrato, por falta de ativi-

[1542] Desde a alteração introduzida pela Lei n.º 146/99 no diploma precedente (Decreto-Lei n.º 358/89), à imagem do que ocorre no contrato a termo, passou a impor-se a menção concreta a factos e circunstâncias que integram o motivo justificativo da contratação (art. 177.º, n.º 2, do CT).

[1543] Quanto à inobservância das demais formalidades, cf. ANTÓNIO JOSÉ MOREIRA, *Trabalho Temporário*, cit., anot. 3 ao art. 19.º, pp. 55 s.

[1544] Em sentido diverso, por redução teleológica do preceito, MENEZES CORDEIRO, *Direito do Trabalho*, II, cit., p. 678. Considerando que o vínculo se consolida com a empresa utilizadora, com uma solução de compromisso, *vd.* MARIA REGINA REDINHA, *Relação Laboral Fragmentada*, cit., p. 233.

dade específica desta empresa. Em qualquer caso, o trabalhador pode optar por não ficar vinculado à empresa e ser indemnizado nos termos previstos no art. 396.º do CT (art. 173.º, n.º 6, e art. 181.º, n.ºs 2 e 3, do CT).

Sendo o contrato de trabalho celebrado por tempo indeterminado, nos termos dos arts. 170.º e ss. do CT, está sujeito a determinadas formalidades (art. 181.º do CT) e subsiste quando o trabalhador não se encontra em situação de cedência temporária, podendo, então, ser reduzida a retribuição, porque há uma suspensão, ainda que parcial, do contrato de trabalho (art. 184.º, n.º 2, do CT).

III. No trabalho temporário, a relação laboral – com ou sem termo – estabelece-se entre a ETT e o trabalhador, mas o poder de direção é, por natureza, atribuído ao utilizador (art. 185.º, n.º 2, do CT), cabendo o poder disciplinar à ETT (art. 185.º, n.º 4, do CT)[1545]; a ETT é, assim, o empregador formal, sendo atribuídos ao utilizador poderes específicos do empregador, tais como a determinação do lugar e tempo de trabalho. Os trabalhadores temporários, como mantêm o laço contratual com a ETT, não se inserem no efetivo do pessoal do utilizador (art. 189.º, n.º 1, do CT), sendo incluídos no mapa do quadro de pessoal da ETT (art. 189.º, n.º 2, do CT)[1546].

A retribuição base, assim como subsídios e demais prestações retributivas são determinados em função da categoria exercida na empresa utilizadora e nos moldes aplicáveis aos trabalhadores desta (art. 185.º, n.º 5, do CT), assegurando-se o princípio da igualdade retributiva[1547]. Por via de regra, a retribuição deverá ser paga ao trabalhador pela ETT (arts. 2.º, alínea *d)*, da LTT, art. 172.º, alínea *a)*, e art. 191.º do CT), mas pode ser satisfeita direta-

---

[1545] Esta repartição rígida dos poderes do empregador é criticável, principalmente porque a ETT não terá interesse, nem necessidade, em aplicar ao trabalhador sanções diferentes do despedimento, ficando o poder de direção privado de um meio dissuasor da sua violação.

[1546] Sobre os direitos e obrigações decorrentes desta relação tripartida, veja-se também Gala Durán, *Derechos y Obligaciones entre los Trabajadores Cedidos por las Empresas de Trabajo Temporal y las Empresas Usuarias*, Madrid, 1998.

[1547] No Ac. Rel. Lx. de 3/11/1994, CJ XIX, T. V, p. 177, considerou-se que ao trabalhador temporário se aplicava a convenção coletiva válida na empresa utilizadora, apesar de aquele não se encontrar filiado no sindicato outorgante; neste aresto, invocando-se que o trabalho temporário constituía um regime especial, considerou-se inaplicável o princípio da filiação (art. 496.º do CT). Pode questionar-se que seja esse o sentido do disposto no art. 185.º, n.º 5, do CT, donde resulta tão-só que a retribuição devida pode ser a fixada em convenção coletiva de trabalho. Sobre a questão, *vd.* Furtado Martins, «Aplicação ao Trabalhador de Convenção Colectiva de Trabalho em Vigor na Empresa Utilizadora», *RDES* 1995, n.ºs 1/3, pp. 255 ss. e «Questões sobre Trabalho Temporário», cit., pp. 72 ss.

mente pela empresa utilizadora, se o contrato de utilização dispuser nesse sentido. Do contrato de utilização pode constar uma quantia a pagar à ETT, que engloba o salário do trabalhador e a remuneração daquela, ou tão-só a remuneração da ETT, sendo o salário pago diretamente pelo utilizador ao trabalhador. Nesta última hipótese estar-se-á perante uma assunção cumulativa de dívida (art. 595.º do CC), em que o utilizador assume uma dívida da ETT, sem necessidade de consentimento prévio do trabalhador; o trabalhador ratifica o acordo, recebendo a retribuição da empresa utilizadora e não fica prejudicado pois, faltando este pagamento, como se mantém credor da ETT pode-lhe exigir a retribuição em falta.

As demais obrigações do empregador, *v. g.* deveres decorrentes de regras de segurança social ou de acidentes de trabalho[1548] (art. 13.º da LTT), impendem sobre a ETT. Sem prejuízo da responsabilidade solidária do utilizador e respetivos gerentes, administradores ou diretores, assim como das sociedades que com aquele se encontrem em relação de participações recíprocas, de domínio ou de grupo, pelo incumprimento, por parte da empresa de trabalho temporário, dos encargos e obrigações legais relativas aos trabalhadores, bem como pelo pagamento das respetivas coimas, introduzida pela Lei n.º 28/2016, de 23 de agosto. Porém, é diretamente sobre a empresa utilizadora que recai a obrigação de cumprimento de regras de segurança e saúde no trabalho (art. 186.º do CT), cabendo *inclusive* a esta empresa a responsabilidade pelos acidentes de trabalho caso não tenha exigido da ETT a junção de cópia da apólice do seguro aquando da celebração do contrato de utilização (art. 177.º, n.º 3, do CT) e sempre que o acidente tenha sido provocado por culpa do utilizador.

Também no que respeita à representação coletiva, há uma repartição entre a empresa e de trabalho temporário e a empresa utilizadora. A delimitação, por vezes difícil, surge no art. 189.º do CT de modo algo formal: se estiverem em causa matérias respeitantes à ETT tem-se em conta a representação coletiva nesta empresa; estando em causa matérias respeitantes ao utilizador atende-se à representação coletiva nesta empresa.

3. Natureza jurídica

O trabalho temporário pressupõe uma fragmentação da posição jurídica de empregador, na medida em que os poderes característicos do empregador

[1548] Quanto aos acidentes de trabalho de trabalhadores temporários, *vd. infra* § 53.2.c.1).VI.

são repartidos por duas empresas[1549]. Por seu turno, o trabalhador, que tem vínculo laboral com uma empresa (ETT) e se integra na organização empresarial de outra (utilizador), fica adstrito a deveres, mormente de lealdade, para com ambas as empresas e a deveres em relação a cada uma delas (p. ex., os deveres de assiduidade, zelo e diligência têm particular importância para a empresa utilizadora)[1550]. O incumprimento de deveres por parte do trabalhador, para além do poder disciplinar a exercer pela ETT, pode desencadear responsabilidade desta em relação à empresa utilizadora. Essa responsabilidade tanto pode assentar numa atitude culposa (*v. g.*, culpa *in eligendo*) ou no risco (arts. 500.º e 800.º do CC)[1551].

A relação triangular em que se baseia o trabalho temporário pressupõe uma união de contratos funcional e necessária, sendo, em princípio, unilateral, ou parcialmente bilateral (*vd. supra* § 29.3)[1552].

BIBLIOGRAFIA:

ALBINO MENDES BAPTISTA, «Primeiras notas sobre o novo regime do trabalho temporário, *Temas de Direito do Trabalho e de Direito Processual do Trabalho*, Lisboa, 2008, pp. 55 ss.; PAULA CAMANHO/MIGUEL DA CUNHA/SOFIA PAIS/PAULO VILARINHO, «Trabalho Temporário», *RDES*, XXXIV (1992), n.os 1/3, pp. 171 a 257; DIAS COIMBRA, «A Mobilidade do Trabalhador no Âmbito da Cedência Imprópria e o Problema da Inexistência de Relação Contratual Laboral entre o Trabalhador e o Utilizador», *ROA* 53 (1993), III, pp. 815 a 839; MENEZES CORDEIRO, *Direito do*

[1549] Cf. MARIA REGINA REDINHA, *Relação Laboral Fragmentada*, cit., pp. 182 ss.

[1550] Sobre a questão, veja-se MARIA REGINA REDINHA, *Relação Laboral Fragmentada*, cit., p. 234.

[1551] Considerando inaplicável o art. 500.º do CC, porque à ETT falta a qualidade de comitente, na medida em que o poder de direção cabe ao utilizador, cf. LUÍS MORAIS, «O Trabalho Temporário», *Dois Estudos*, Lisboa, 1991, pp. 79 ss. De modo similar, MARIA REGINA REDINHA, *Relação Laboral Fragmentada*, cit., p. 228, só admite a responsabilidade da ETT em caso de culpa, em particular *in eligendo*, considerando que esta empresa não pode ser responsabilizada sem culpa; segundo a mesma autora (ob. cit., p. 229), o comitente, para efeitos da aplicação do art. 500.º do CC, será o utilizador, pois é este que tem o poder de direção.

[1552] PAULA CAMANHO/MIGUEL DA CUNHA/SOFIA PAIS/PAULO VILARINHO, «Trabalho Temporário», cit., pp. 239 s., defendem uma autonomia entre os dois contratos que permitiria, *inclusive*, a cessação de um e a subsistência do outro. No art. 34.º da LTT admite-se que a cessação do contrato de trabalho não envolva a cessação do contrato de utilização, designadamente quando é necessário proceder à substituição do trabalhador, mas o inverso só é admissível no caso de contrato de trabalho por tempo indeterminado.
Quanto à natureza jurídica, MARIA REGINA REDINHA, *Relação Laboral Fragmentada*, cit., pp. 169 ss., ao aludir à interposição negocial e ao nexo entre negócios, aponta para a união de contratos funcional, interna, necessária e unilateral (pp. 174 s.).

Trabalho, II, cit., pp. 669 a 687; Monteiro Fernandes, *Direito do Trabalho*, cit., pp. 184 e ss.; Júlio Gomes, «Algumas Observações sobre o Contrato de Trabalho por Tempo Indeterminado para Cedência Temporária», *QL*, n.º 17 (2001), pp 41 a 86 e «Empresa de Trabalho Temporário e Contrato a Termo», *Subjudice*, n.º 27 (2004), pp. 119 e ss.; Menezes Leitão, *Direito do Trabalho*, cit., pp. 502 ss.; Furtado Martins, «Aplicação ao Trabalhador de Convenção Colectiva de Trabalho em Vigor na Empresa Utilizadora», *RDES* XXXVII (1995), n.os 1/3, pp. 255 a 263 e «Questões sobre Trabalho Temporário», *RDES* XXXX (1999), n.º 1, pp. 51 a 85; Luís Morais, «O Trabalho Temporário», *Dois Estudos*, Lisboa, 1991, pp. 59 a 81; António José Moreira, *Trabalho Temporário. Regime Jurídico Anotado*, 2.ª ed., Coimbra, 2001; Rosário Palma Ramalho, *Tratado de Direito do Trabalho*, II, 5.ª ed., Coimbra, 2014, pp. 317 ss.; Maria Regina Redinha, *A Relação Laboral Fragmentada. Estudo sobre o Trabalho Temporário*, Coimbra, 1995, «Trabalho Temporário», *QL* I (1994), n.º 3, pp. 184 a 188 e «Trabalho Temporário: Apontamento sobre a Reforma do seu Regime Jurídico», *Estudos do Instituto de Direito do Trabalho*, Vol. I, Coimbra, 2001, pp. 443 a 470; Luís Gonçalves da Silva, «Considerações Gerais sobre a Reforma da Lei do Trabalho Temporário», *VIII Congresso Nacional de Direito do Trabalho*, Coimbra, 2005, pp. 253 ss. Bernardo Xavier/Furtado Martins/Nunes de Carvalho/Joana Vasconcelos/Tatiana Guerra de Almeida, *Manual*, cit., pp. 425 ss.

§ 35. CONTRATO DE TRABALHO DOMÉSTICO

I. No art. 5.º do decreto preambular da LCT fazia-se referência ao contrato de serviço doméstico, admitindo-se a inaplicabilidade das normas deste diploma. O Código do Trabalho, sem uma alusão específica a este contrato, admite, no art. 9.º, que aos contratos de trabalho com regime especial – entre os quais se inclui o contrato de trabalho doméstico, normalmente designado por serviço doméstico – «aplicam-se as regras gerais deste Código que não sejam incompatíveis com as especificidades desses contratos».

De facto, tendo em conta o carácter particular do contrato de trabalho doméstico, assente numa relação pessoal, justifica-se o estabelecimento de regras específicas, sem descurar a aplicação do regime geral. O contrato de trabalho doméstico, como não assenta numa estrutura empresarial, baseando-se, antes, numa relação pessoal[1553], não se enquadra no âmbito típico do Código do Trabalho, cuja regulamentação se encontra moldada para a relação laboral de tipo empresarial.

A primeira regulamentação do contrato de serviço doméstico, depois das regras constantes do Código Civil de 1867 (arts. 1370.º a 1390.º)[1554], surge com o Decreto-Lei n.º 508/80, de 21 de outubro. Atualmente, o regime aplicável ao trabalho doméstico consta do Decreto-Lei n.º 235/92, de 24 de outubro.

A especialidade de regime justifica-se porque a relação contratual se baseia num acentuado carácter pessoal[1555], com o consequente clima de confiança, por um lado, e em virtude de particularidades das atividades e da própria relação, por outro.

II. O contrato de trabalho doméstico é um contrato de trabalho que tem como principal elemento caracterizador o tipo de atividade, que o distingue de outros negócios jurídicos, designadamente do contrato de trabalho do regime comum. A atividade específica do serviço doméstico determina-se em função das necessidades próprias de um agregado familiar, ou equiparado (art. 2.º, n.º 1, corpo, do Decreto-Lei n.º 235/92); este conceito indeterminado, com base no qual se qualifica o contrato, é coadjuvado com uma indicação exemplificativa das atividades que se destinam à satisfação das necessidades do agregado familiar.

Na definição legal indicam-se, sem carácter taxativo, as atividades que integram o objeto deste contrato (art. 2.º, n.º 1, do Decreto-Lei n.º 235/92), por exemplo, confeção de refeições e lavagem de roupa[1556]; a dúvida de qua-

---

[1553] Como refere Raúl Ventura, *Teoria da Relação Jurídica de Trabalho*, Porto, 1944, pp. 46 s., o trabalho doméstico, não obstante a relação pessoal, não se confunde com o trabalho familiar, prestado por parentes e afins, em suma, por pessoas da família.

[1554] Regime que terá vigorado mesmo após a revogação operada pelo Código Civil de 1966. Sobre esta questão veja-se, porém, Raúl Ventura, *Teoria da Relação Jurídica de Trabalho*, cit., pp. 42 ss., que defendia a aplicação ao contrato de serviço doméstico da regulamentação geral do contrato de trabalho, que, ao tempo, era a lei de 1937 (Lei n.º 1952).

[1555] Daí que, por princípio, salvo a exceção constante do art. 2.º, n.º 2, do Decreto-Lei n.º 235/92, tanto o trabalhador como o empregador têm de ser pessoas singulares. Sobre a questão, *vd.* Carlos Alegre, *Contrato de Serviço Doméstico*, Lisboa, 1994, pp. 18 s. Em razão do carácter pessoal, o serviço doméstico também constitui um regime especial de trabalho noutras ordens jurídicas, cf. Di Cerbo, *I Rapporti Speciali di Lavoro*, cit., pp. 63 ss.

[1556] Para a qualificação do contrato como sendo de serviço doméstico basta que estas sejam as tarefas normais e predominantemente executadas, pelo que se, esporadicamente, for

lificação reside na execução de tarefas externas relacionadas com as anteriores (alínea *j)*). Tais tarefas externas, frequentemente, consubstanciam uma prestação de serviços e torna-se difícil a distinção relativamente ao trabalho no domicílio.

No art. 2.º, n.º 3, do Decreto-Lei n.º 235/92 faz-se uma delimitação negativa. Não se considera trabalho doméstico a execução das tarefas indicadas de modo acidental ou com frequência intermitente[1557], bem como o desempenho de qualquer destas tarefas em regime *au pair*[1558], em regime de autonomia[1559] ou em regime de voluntariado social[1560].

No que respeita à forma do contrato (art. 3.º do Decreto-Lei n.º 235/92) e à idade mínima, dezasseis anos (art. 4.º, n.º 1, do Decreto-Lei n.º 235/92) não se estabeleceram particularidades. Todavia, importa referir que, apesar de se tratar de um regime laboral especial, o legislador manteve o princípio de liberdade de forma e, quanto à menoridade, não atendeu a algumas especificidades do Código do Trabalho, nomeadamente no que respeita ao trabalho a realizar por menores de dezasseis anos e à capacidade do trabalhador menor para celebrar o contrato; na falta de norma específica quanto à capacidade rege o regime regra (arts. 66.º e ss. do CT) e, subsidiariamente, o disposto no Código Civil[1561].

III. Como modalidades, o art. 7.º do Decreto-Lei n.º 235/92, distingue o trabalho doméstico com ou sem alojamento e com ou sem alimentação. O alojamento e a alimentação são enquadrados na retribuição em espécie.

---

desenvolvida uma atividade enquadrável no regime comum não é afastada a qualificação como serviço doméstico (Ac. Rel. Lx. de 13/5/1992; CJ XVII, T. III, p. 260). *Vd.* também Carlos Alegre, *Contrato de Serviço Doméstico*, cit., p. 20.

[1557] Veja-se as considerações tecidas na nota anterior.

[1558] Teria sido preferível que o legislador, em vez da expressão estrangeira, tivesse esclarecido que o regime não se aplica normalmente a jovens estrangeiros que, a troco de habitação e comida, para aprenderem português e permanecerem no País por um curto espaço de tempo, prestam serviços na casa onde são recebidos, em particular, cuidando de crianças.

[1559] A exclusão seria desnecessária, pois, havendo autonomia, não se estaria perante um contrato de trabalho.

[1560] Não seria necessário proceder-se a tal exclusão, na medida em que, sendo a retribuição pressuposto do contrato de trabalho, ao voluntariado social não se poderia aplicar um regime laboral.

[1561] Carlos Alegre, *Contrato de Serviço Doméstico*, cit., pp. 22 s., considera que determinadas regras protetoras dos menores, nomeadamente a que impõe a escolaridade obrigatória (art. 123.º da LCT, correspondente ao art. 68.º do CT) valem no domínio do serviço doméstico.

A retribuição, com uma parte necessariamente em dinheiro, pode incluir outra parte em géneros (alimentação e alojamento)[1562].

Sendo acordado que o empregador fornece alojamento e alimentação, estas prestações são devidas mesmo em dia de descanso semanal ou feriado (art. 9.º, n.º 3, do Decreto-Lei n.º 235/92), assim como em férias (art. 17.º, n.º 2, do Decreto-Lei n.º 235/92), podendo, nesses períodos, ser substituídas pelo correspondente pecuniário. Diferentemente do que ocorre no regime comum (cf. art. 271.º do CT), a retribuição do trabalhador doméstico inclui os dias feriados e descansos semanais, pois, nos termos do art. 11.º do Decreto-Lei n.º 235/92, a retribuição é determinada por trinta (mês), quinze (quinzena) ou sete dias (semana).

IV. Relativamente ao regime deste contrato cabe fazer algumas referências comparativas com as regras comuns.

O período experimental, que pode ser de noventa a duzentos e quarenta dias (art. 112.º, n.º 1, do CT), é de noventa dias para os trabalhadores domésticos (art. 8.º do Decreto-Lei n.º 235/92).

O descanso semanal (art. 15.º do Decreto-Lei n.º 235/92), as férias (arts. 16.º e ss. do Decreto-Lei n.º 235/92) e os feriados (art. 24.º do Decreto-Lei n.º 235/92) seguem o regime comum[1563]. O mesmo se diga em relação ao regime das faltas (art. 23.º do Decreto-Lei n.º 235/92).

Quanto à duração do trabalho, estabelece o art. 13.º do Decreto-Lei n.º 235/92, que o período normal máximo é de quarenta e quatro horas por semana, mas esta norma, por contrariar o disposto no art. 203.º, n.º 1, do CT, não pode subsistir, valendo o regime comum.

No art. 13.º, n.º 2, do Decreto-Lei n.º 235/92 determina-se que para o período normal de trabalho conta-se o trabalho efetivo, sempre que o trabalhador estiver alojado; não estando alojado, a solução será diversa. Contudo,

---

[1562] Razão pela qual, o valor em dinheiro da retribuição mínima garantida, no trabalho doméstico, pode ser inferior ao que se pague no regime comum, pois no montante da retribuição mínima mensal inclui-se o valor de prestações em espécie, como a alimentação e o alojamento (art. 274.º, n.º 2, do CT). No sistema anterior havia uma redução efetiva do salário mínimo dos trabalhadores do serviço doméstico (cf. art. 3.º, n.º 2, do Decreto-Lei n.º 69-A/87, de 9 de fevereiro).

O valor das prestações em espécie é calculado segundo os preços correntes na região, com os limites percentuais constantes das várias alíneas do n.º 3 do art. 274.º do CT.

[1563] Não se trata de uma remissão para o regime comum, que não deixaria de se aplicar por força do art. 9.º do CT, mas do estabelecimento de soluções similares. Veja-se, porém, o disposto nos arts. 23.º, n.º 2 e 24.º, n.º 1, do Decreto-Lei n.º 235/92.

em qualquer caso, parece que também deverá ser tida em conta a disponibilidade para a realização do trabalho.

O trabalhador tem direito ao descanso nos períodos para refeição e ao repouso noturno (art. 14.º do Decreto-Lei n.º 235/92).

V. A aposição de um termo ao contrato segue o regime regra (art. 5.º do Decreto-Lei n.º 235/92), com menos restrições. Em primeiro lugar, como fundamento, basta que «se verifique a natureza transitória ou temporária do trabalho a prestar» (art. 5.º, n.º 1, do Decreto-Lei n.º 235/92). Por outro lado, nos termos do n.º 2 do mesmo preceito, admite-se a celebração de um contrato a termo, sem causa específica, desde que não ultrapasse um ano, incluindo as renovações[1564].

VI. O regime da suspensão por impedimento do trabalhador (art. 25.º do Decreto-Lei n.º 235/92) segue as regras gerais, sendo necessário que se prolongue por mais de um mês. Importa, todavia, salientar uma diferença. No regime do trabalho doméstico, terminado o impedimento, o trabalhador tem dez dias para retomar o serviço, sob pena de se considerar que houve abandono do trabalho, com a consequente cessação do contrato (art. 25.º, n.º 3, do Decreto-Lei n.º 235/92), enquanto no regime comum se o trabalhador não se apresentar para retomar o serviço depois de terminar o impedimento incorre em faltas injustificadas (art. 297.º do CT). Não obstante a redação do preceito citado, no serviço doméstico não parece estar excluída, antes do decurso do prazo de dez dias, a aplicação do regime de faltas injustificadas.

O preceito em apreço não prevê a suspensão do contrato por motivos relacionados com o empregador.

VII. A segurança no trabalho e a responsabilidade emergente de acidentes de trabalho (art. 26.º do Decreto-Lei n.º 235/92) também não sofre

[1564] Carlos Alegre, *Contrato de Serviço Doméstico*, cit., pp. 24 s., faz uma leitura diferente do preceito, considerando que o contrato a termo certo não pode ter uma duração superior a um ano (incluindo as duas renovações). Porém, o termo «ainda» (art. 5.º, n.º 2, do Decreto-Lei n.º 235/92) não permite tal conclusão: o contrato a termo certo ou incerto perdura enquanto se verifique a natureza transitória ou temporária do trabalho a prestar (art. 5.º, n.º 1, do Decreto-Lei n.º 235/92), não podendo o contrato a termo certo ser renovado mais de duas vezes (art. 6.º do Decreto-Lei n.º 235/92); para além disso, pode *ainda* ser celebrado um contrato a termo certo quando as partes assim o convencionarem (sem motivo justificativo), desde que não perdure por mais de um ano.

alterações com respeito ao regime comum. O art. 26.º, n.º 1, do Decreto-Lei n.º 235/92 baseia-se nas regras gerais.

Quanto aos acidentes de trabalho, a lei limita-se a dispor que o empregador deverá fazer seguro (art. 26.º, n.º 3, do Decreto-Lei n.º 235/92), mas, nos termos do art. 2.º da LAT, os trabalhadores domésticos estão abrangidos pelo regime de acidentes de trabalho, sendo o seguro obrigatório (*vd. infra* § 53.2.*c)*).

VIII. No que respeita à cessação do contrato de trabalho surgem diferenças assinaláveis em relação ao regime comum.

Comparando o art. 27.º Decreto-Lei n.º 235/92 com os arts. 340.º e 351.º e ss. do CT, verifica-se que no regime do trabalho doméstico haveria menos causas de cessação, não se fazendo referência às causas objetivas. Mas, a propósito da caducidade, nas alíneas *c)* e *d)* do n.º 1 do art. 28.º do Decreto-Lei n.º 235/92 estabelecem-se causas objetivas de cessação do contrato de trabalho doméstico[1565].

No confronto entre o regime comum de despedimento com o estabelecido neste diploma há diferenças significativas[1566].

O despedimento não carece de um prévio procedimento disciplinar (art. 29.º, n.º 2, do Decreto-Lei n.º 235/92)[1567] – que é imprescindível no regime comum (arts. 353.º e ss. e art. 381.º, alínea *c)*, do CT) –, mas, sendo com justa causa, tem de ser feito por escrito, com indicação dos factos e circunstâncias que o fundamentam (art. 29.º, n.º 3, do Decreto-Lei n.º 235/92).

Os fundamentos de justa causa são mais numerosos no serviço doméstico (quinze situações, art. 30.º do Decreto-Lei n.º 235/92) do que no regime

---

[1565] A subsequente insuficiência económica do empregador ou a alteração da vida familiar deste estão, obviamente, mal integradas como causas de caducidade do contrato; verdadeiramente, constituem motivos de despedimento não imputáveis às partes, razão pela qual, o empregador, na segunda hipótese, tem de indemnizar o trabalhador (art. 28.º, n.º 3, do Decreto-Lei n.º 235/92). Neste diploma, o legislador preocupa-se em não designar as situações como despedimento, receando ser acusado de pôr em causa o princípio de segurança no emprego.

[1566] O legislador, temendo que a «liberalização» do despedimento do trabalhador do serviço doméstico pudesse suscitar críticas, inclusive de inconstitucionalidade, designou esta forma de cessação do contrato por rescisão (*vd.* arts. 29.º e 30.º do Decreto-Lei n.º 235/92), figura normalmente usada para a desvinculação invocada pelo trabalhador, mas no art. 31.º do Decreto-Lei n.º 235/92 «descaiu-se» e chamou-lhe corretamente despedimento.
Para uma explicação dos motivos que justificam esta limitação à segurança no emprego, veja-se Fraústo da Silva, «Serviço Doméstico. Intimidade e Despedimento», *RDES*, 2001, n.ºs 3/4, pp. 227 ss.

[1567] Cf. Ac. Rel. Lx. de 13/5/1992, CJ XVII, T. III, p. 260.

comum (doze situações, art. 351.º, n.º 3, do CT); naquele, além das causas comuns aos dois regimes, incluem-se situações específicas do serviço doméstico (cf. *v. g.* a alínea *p)*). Todavia, a regra geral da justa causa (art. 351.º, n.º 1, do CT) minimiza esta diferença.

Apesar de o art. 30.º do Decreto-Lei n.º 235/92 não aludir a um fundamento genérico de justa causa, como sucede no art. 351.º, n.º 1, do CT, aquele preceito tem de ser conjugado com a causa genérica, constante do art. 29.º, n.º 1, do Decreto-Lei n.º 235/92.

Na hipótese de despedimento ilícito, não foi consagrado o direito do trabalhador à reintegração, que pressupõe acordo (art. 31.º, n.º 1, do Decreto-Lei n.º 235/92), diferentemente do que se estabeleceu no art. 389.º, n.º 1, alínea *b)*, do CT, nem sequer ao trabalhador foi conferido o direito de requerer a providência cautelar de suspensão do despedimento (art. 386.º do CT)[1568].

Admite-se que a indemnização possa ser agravada até ao dobro, se houver dolo do empregador (art. 31.º, n.º 2, do Decreto-Lei n.º 235/92), situação não prevista no regime comum.

A presunção de abandono do trabalho, que surge ao fim de dez dias (art. 34.º, n.º 2, do Decreto-Lei n.º 235/92), era distinta do regime precedente – onde se estabelecia quinze dias (art. 40.º, n.º 2, da LCCT) – mas agora corresponde à situação comum (art. 403.º do CT).

Por último, a «rescisão» do contrato pode ser requerida pelo trabalhador em termos idênticos ao regime comum. No art. 32.º do Decreto-Lei n.º 235/92 está prevista a resolução com justa causa, tanto subjetiva (*v. g.*, não pagamento da retribuição), como objetiva (p. ex., mudança de residência do empregador), e, no preceito seguinte, admite-se a denúncia com aviso prévio, com prazos diferentes do regime comum.

BIBLIOGRAFIA:

CARLOS ALEGRE, *Contrato de Serviço Doméstico*, Lisboa, 1994; MENEZES CORDEIRO, *Direito do Trabalho*, II, cit., p. 34; MONTEIRO FERNANDES, *Direito do Trabalho*, 17.ª ed., Coimbra, 2014, p. 145; MANUEL LEAL FREIRE, *Os Contratos de Serviço Doméstico e Trabalho Rural*, Porto, 1996; MENEZES LEITÃO, *Direito do Trabalho*, cit., pp. 510 e ss.; ROSÁRIO PALMA RAMALHO, *Tratado de Direito do Trabalho*, II, cit., pp. 372 e ss.; FILIPE FRAÚSTO DA SILVA, «Sobre a Exigência Legal de Forma Escrita para o Despedimento no Contrato de Serviço Doméstico», *QL*, n.º 16

[1568] Cf. Ac. Rel. Lx. de 21/4/1993, CJ XVIII, T. III, p. 166.

(2000), pp. 232 a 237, «Em Torno do Contrato de serviço Doméstico», *Pront.*, n.º 60 (2001), pp. 83 a 130 e «Serviço Doméstico. Intimidade e Despedimento», *RDES*, 2001, n.os 3/4, pp. a 227 a 311; RAÚL VENTURA, *Teoria da Relação Jurídica de Trabalho*, Porto, 1944, pp. 38 a 48; BERNARDO XAVIER/FURTADO MARTINS/ /NUNES DE CARVALHO/JOANA VASCONCELOS/ TATIANA GUERRA DE ALMEIDA, *Manual*, cit., p. 403 e s.

§ 36. CONTRATO DE TRABALHO DE PORTEIRO

O contrato celebrado com o porteiro não será necessariamente um contrato de trabalho. Pode corresponder a um negócio jurídico qualificável como contrato de prestação de serviço e, com frequência, apresenta-se como um contrato misto, porque é cedida uma casa em troca de determinadas prestações de serviço. Porém, tem sido considerado que, relativamente aos contratos de porteiro, se poderiam aplicar as regras do contrato de trabalho, tendo em conta uma portaria de regulamentação de trabalho de 1975[1569]. Esta portaria de regulamentação do trabalho (hoje, portaria de condições de trabalho) estabelece um regime laboral para os porteiros, determinando, designadamente, a proibição de despedimento sem justa causa (Base XIII). Independentemente do disposto nesta PRT, em particular na Base I, e não obstante se considerar que, com o porteiro, se estabelece uma relação laboral, a situação jurídica do porteiro pode não se integrar, verdadeiramente, no domínio laboral. Há particularidades a ter em conta, mormente o fornecimento de habitação; e, sendo um contrato misto, a relação jurídica estabelecida com o porteiro pode não corresponder a um contrato de trabalho. Para que o negócio jurídico ajustado com o porteiro de um prédio urbano venha a consubstanciar um contrato de trabalho – ainda que associado com prestações típicas de outro contrato – é necessário que se verifiquem os respetivos pressupostos, em particular a subordinação jurídica[1570].

[1569] PRT de 2/5/1975, alterada pela PRT 20/6/1975, que se podem consultar em ABÍLIO NETO, *Contrato de Trabalho. Notas Práticas*, 16.ª ed., Lisboa, 2000, pp. 467 ss.

[1570] Cf. AC. STJ de 28/6/1994, CJ (STJ) 1994, T. II, p. 284. No Ac. Rel. Lx. de 14/11/1990, CJ XV, T. V, p. 166, considerou-se que o contrato celebrado com a porteira de um prédio era de prestação de serviço, porque a trabalhadora obrigara-se tão-só a limpar as escadas em contrapartida do uso de uma casa com uma renda módica.

Sendo um contrato de trabalho rege o disposto no regime comum com as especificidades constantes da mencionada PRT, da qual constam regras próprias, em especial a inexistência de período experimental (Base IV) e disposições respeitantes às prestações a efetuar ao porteiro[1571], nomeadamente a sua remuneração (Bases VIII, X e XI).

BIBLIOGRAFIA:

BERNARDO XAVIER/FURTADO MARTINS/NUNES DE CARVALHO/JOANA VASCONCELOS/TATIANA GUERRA DE ALMEIDA, *Manual*, cit., p. 399.

§ 37. CONTRATO DE TRABALHO RURAL

I. O contrato de trabalho rural vinha referenciado no art. 5.º do decreto preambular da LCT, considerando-se que o regime instituído neste diploma deveria ser adaptado. O Código do Trabalho, sem uma alusão específica a este contrato, admite, no art. 9.º, que aos contratos de trabalho com regime especial – em os quais se inclui o contrato de trabalho rural – «aplicam-se as regras gerais deste Código que não sejam incompatíveis com as especificidades desses contratos». Deste modo, o contrato de trabalho rural está sujeito ao regime instituído pelo Código do Trabalho, mas há certas particularidades que justificam uma adaptação, devendo recorrer-se a normas próprias.

Relativamente ao contrato de trabalho rural vigora a Portaria de Regulamentação do Trabalho para a agricultura, de 8 de junho de 1979[1572]/[1573], mas

---

A especialidade do regime laboral do contrato com porteiro também é assinalada no sistema jurídico italiano, cf. DI CERBO, *I Rapporti Speciali di Lavoro*, cit., pp. 143 ss.

1571 Quanto à obrigação de o condomínio pagar a água e luz ao porteiro, cf. Ac. Rel. Lx. de 16/5/1990, CJ XV, T. III, p. 183.

1572 Como é sabido, as Portarias de Regulamentação do Trabalho passaram a ser designadas no Código do Trabalho de 2003 por Regulamentos de Condições Mínimas (arts. 577.º e ss. do CT2003), passando, com a revisão de 2009 a denominar-se Portarias de Condições de Trabalho (arts. 517.º e ss. do CT2009), mas, no caso concreto, como se trata de uma PRT de 1979, que não foi alterada depois da entrada em vigor do Código do Trabalho, mantém-se a denominação anterior.

1573 Sobre a aplicação do regime comum ao contrato de trabalho, *vd.* MENEZES CORDEIRO, *Manual de Direito do Trabalho*, II, cit., p. 537, nota 50; MONTEIRO FERNANDES, *Direito do Trabalho*, cit., pp. 146, nota 1; JORGE LEITE, «Observatório Legislativo», *QL* III (1996), n.º 8, pp. 209 ss.

há várias convenções coletivas aplicáveis ao sector que retiram relevância à PRT[1574].

II. O trabalho rural define-se em função da atividade (agrícola, pecuária ou florestal), independentemente de o empregador ser uma pessoa singular ou coletiva (Base II)[1575].

Não obstante algumas especificidades de regime, há frequentes remissões para as regras gerais (p. ex., Bases VI, n.º 1, X, alínea c), XI, XXIV, n.º 1[1576], XXVI[1577] e XXXVIII, n.º 2[1578]) e são, por vezes, consagradas soluções idênticas às estabelecidas no regime comum (*v. g.*, Bases III, IX, X, XII, XIV, XVII, n.º 1, XXII e XXIII). Como particularidades de regime do trabalho rural, que se relacionam com o tipo de atividade, cabe salientar a frequente remissão para usos e costumes locais (p. ex., Bases XV, XVII, n.º 2, XXXIV, n.os 1 e 3 e XXXVI, n.º 2) e o modo de remuneração do trabalho (Bases XXVII ss.)[1579]. Resta referir que, além do contrato a termo celebrado nos termos da lei geral (Base VI, n.º 1), os trabalhadores rurais podem ser contratados a prazo (termo certo) ou para a execução de trabalho sazonal ou eventual (termo incerto) [Base V, n.º 3], desde que o contrato não perdure por mais de nove meses ou duzentos e cinquenta dias descontínuos por ano, sob pena de se converter em contrato com carácter permanente (Base V, n.º 4).

[1574] *Vd.* elenco das convenções coletivas em Manuel Leal Freire, *Os Contratos de Serviço Doméstico e Trabalho Rural*, Porto, 1996, p. 79. Sobre a aplicação de uma convenção coletiva para a agricultura, veja-se o Ac. Rel Pt. de 11/5/1998, CJ XXIII, T. III, p. 245.

[1575] A referência a empresa que se dedique à atividade agrícola, pecuária e florestal (Base II) não inviabiliza que o empregador seja uma pessoa singular, basta a existência de uma organização produtiva (Ac. Rel. Pt. de 5/3/1990, CJ XV, T. II, p. 251). Como o contrato de trabalho rural se estabelece com uma empresa, não assenta necessariamente numa relação pessoal.

[1576] A Base XXIV, n.º 1 dispõe que o direito a férias dos trabalhadores rurais contratados com carácter permanente se regula pela lei geral. A contradição deve ser resolvida dando prevalência à remissão feita na PRT.

[1577] A contradição referida na nota anterior quanto às férias, vale também para as faltas, a que alude a Base XXVI.

[1578] Atendendo à remissão da Base XXXVIII, n.º 2, a cessação do contrato de trabalho rural rege-se pelos arts. 338.º e ss. do CT (Ac. Rel. Pt. de 12/7/1993, CJ XVIII, T. IV, p. 268). O regime comum de cessação do contrato de trabalho aplica-se ao trabalho rural (Ac. Rel. Év. de 25/10/1994, CJ XIX, T. IV, p. 291).

[1579] A título de exemplo, pode indicar-se que o trabalho suplementar continua a ser designado por trabalho extraordinário (Base XVIII), sendo a retribuição inferior à fixada no art. 268.º do CT.

BIBLIOGRAFIA:

MANUEL LEAL FREIRE, *Os Contratos de Serviço Doméstico e Trabalho Rural*, Porto, 1996; MENEZES CORDEIRO, *Direito do Trabalho*, II, cit., p. 34; MONTEIRO FERNANDES, *Direito do Trabalho*, cit., p. 146; JORGE LEITE, «Observatório Legislativo», *QL* III (1996), n.º 8, pp. 209 a 211; ROSÁRIO PALMA RAMALHO, *Tratado de Direito do Trabalho*, II, cit., pp. 375 e ss.; BERNARDO XAVIER/FURTADO MARTINS/NUNES DE CARVALHO/JOANA VASCONCELOS/TATIANA GUERRA DE ALMEIDA, *Manual*, cit., p. 397.

§ 38. CONTRATO DE TRABALHO PORTUÁRIO

O contrato de trabalho portuário encontrava previsão no art. 6.º do decreto preambular da LCT, onde se apontava para a adoção de um regime jurídico similar ao estabelecido na Lei do Contrato de Trabalho, com o ajustamento necessário. Tal como em relação a outros contratos de trabalho com regime especial, no que respeita ao trabalho portuário, o Código do Trabalho, sem uma alusão específica a este contrato, prescreve no art. 9.º: «aplicam-se as regras gerais deste Código que não sejam incompatíveis com as especificidades desses contratos».

A adaptação do regime geral justifica-se tendo em conta as características próprias deste contrato, pois, em particular a estiva, pressupõe um regime de trabalho com especificidades, mormente quanto ao tempo de trabalho[1580].

O regime jurídico do contrato de trabalho portuário encontra-se regulado em vários diplomas. Os principais são o Decreto-Lei n.º 280/93, de 13 de agosto[1581], alterado pela Lei n.º 3/2013, de 14 de janeiro, e o Decreto-Lei n.º 298/93, de 28 de agosto, alterado pelo Decreto-Lei n.º 65/95, de 7 de abril. Para além destes, ainda há outros diplomas sobre natureza, âmbito, atribuições e competências do Instituto da Mobilidade e dos Transportes (Decreto-Lei n.º 236/2012, de 31 de outubro), criado na sequência do Instituto Portuário e dos Transportes Marítimos e do Instituto do Trabalho

---

[1580] Sobre o contrato de trabalho portuário, veja-se, designadamente, Ac. STJ de 25/11/1992, BMJ 421, p. 296; Ac. STJ de 6/6/1993, CJ (STJ) 1993, T. II, p. 292; Ac. Rel. Lx. de 26/11/1997, CJ XXII, T. V, p. 164, bem como o Ac. STJ n.º 2/2001, de 10/5/2001, DR I Série de 15/6/2001, sobre a interpretação de cláusulas de um acordo coletivo de trabalho do sector portuário.

[1581] Considerando que o diploma não padece de inconstitucionalidade, cf. Ac. STJ de 23/2/2000, *BMJ* 444, p. 244.

Portuário, que partilha competências com a Autoridade da Mobilidade e dos Transportes (Lei n.º 67/2013), onde também se estabelecem regras relativas aos contratos de trabalho portuário, bem como diplomas sobre o regime de pensão de velhice de trabalhadores portuários, etc.[1582].

Destes diplomas resulta que o trabalho portuário se enquadra num regime análogo ao do trabalho temporário, em que também há uma relação tripartida; os trabalhadores são contratados por empresas de trabalho portuário para trabalhar em tarefas portuárias de movimentação de cargas em benefício de diferentes empresas que dirigem esse trabalho.

A recente alteração legislativa ao regime jurídico do contrato de trabalho portuário (Lei n.º 3/2013) traduziu-se numa diminuição da amplitude do conceito de «trabalho portuário», que deixou de incluir a movimentação de cargas em cais e terminais através da utilização de *trailers* ou veículos pesados de transporte de mercadorias, a movimentação e arrumação de mercadorias em armazéns, parques e outras infraestruturas logísticas, ainda que integradas em zonas portuárias, e o controlo de entradas e saídas de mercadorias em portarias.

Por outro lado, na sequência do regime comum (*supra* § 19.2.c)), A carteira profissional de trabalhador portuário, antes emitida pelo Instituto do Trabalho Portuário, foi extinta pela nova lei.

Bibliografia:

Menezes Cordeiro, *Direito do Trabalho,* II, cit., p. 35; Monteiro Fernandes, *Direito do Trabalho,* cit., p. 146; Acácio Pita Negrão, «Observações em torno das principais alterações introduzidas ao trabalho portuário pela Lei n.º 3/2013, de 14 de Janeiro», *Estudos dedicados ao Professor Doutor Bernardo da Gama Lobo Xavier*, I, Lisboa, 2015, pp. 33 ss.; Rosário Palma Ramalho, *Tratado de Direito do Trabalho*, II, cit., pp. 387 e s.; Silvestre Sousa, *Estatuto Profissional dos Trabalhadores Portuários. Evolução e Especificidades do Respectivo Regime*, Coimbra, 1997; Bernardo Xavier/Furtado Martins/Nunes de Carvalho/Joana Vasconcelos/Tatiana Guerra de Almeida, *Manual*, cit., p. 398.

[1582] O Estatuto do Pessoal das Administrações Portuárias consta do Decreto-Lei n.º 421/99, de 21 de outubro e Portaria n.º 1098/99, de 21 de dezembro. Quanto ao regime da proteção social, veja-se o Decreto-Lei n.º 483/99, de 9 de novembro.

§ 39. CONTRATO DE TRABALHO A BORDO

O contrato de trabalho a bordo ficou sujeito a legislação especial, e no art. 8.º do decreto preambular da LCT, determinou-se que deveriam ser tidas em conta as particularidades deste contrato de trabalho, justificando-se uma adaptação das normas da Lei do Contrato de Trabalho[1583]. De igual modo, o Código do Trabalho, sem uma alusão específica a este contrato, admite que se aplicam as regras gerais, desde que não sejam incompatíveis com as especificidades deste contrato (art. 9.º do CT).

O contrato de trabalho a bordo, também designado por contrato de matrícula[1584], está regulado, essencialmente, em dois diplomas. A Lei n.º 146/2015, de 9 de setembro (Regula a atividade de marítimos a bordo de navios que arvoram bandeira portuguesa) e a Lei n.º 15/97, de 31 de maio (Contrato de Trabalho a Bordo das Embarcações de Pesca)[1585]/[1586]. Além destes diplomas

---

[1583] A autonomização deste contrato, segundo Menezes Cordeiro, «Direito Marítimo. Cessão de Exploração de um Navio. Contrato de Trabalho a Bordo. Particular Responsabilidade Civil Marítima Emergente da Matrícula», *CJ* 1988, T. III, p. 37, justifica-se pelas exigências de disciplina e de particularidade de laboração nos navios, por regras de solidariedade entre os tripulantes e para com estes e em razão de um regime de descentralização, em que o armador (empregador) fica em terra, sendo o contacto com os marítimos feito pelo comandante ou capitão. Veja-se também AAVV, *Il Rapporto de Lavoro Nautico. Atti del Convegno di S. Margherita Ligure, 1 – 3 Giugno 1984*, Milão, 1985; Di Cerbo, *I Rapporti Speciali di Lavoro*, cit., pp. 127 ss.; Menghini, *I Contratti di Lavoro nel Diritto della Navigazione*, Milão, 1996.

Quanto ao carácter internacional deste regime jurídico, *vd.* Eusébio Filipe, *Código Internacional do Trabalho Marítimo*, Lisboa, 1988, pp. 9 ss., com indicações de várias convenções da OIT sobre direito do trabalho Marítimo (pp. 17 ss.).

[1584] *Vd.* Menezes Cordeiro, «Direito Marítimo...», cit., pp. 37 ss., com considerações históricas e de direito comparado sobre o contrato de matrícula.

[1585] A Lei n.º 146/2015 revogou o Decreto-Lei n.º 74/73, de 1 de março (Contrato de Trabalho do Pessoal da Marinha de Comércio).

Veja-se também o Decreto-Lei n.º 116/97, de 12 de Maio, e a Portaria n.º 356/98, de 24 de Junho, sobre segurança e saúde no trabalho a bordo dos navios de pesca e o Decreto-Lei n.º 384/99, de 23 de setembro, que aprova o regime jurídico relativo à tripulação do navio e que, no art. 12.º, n.º 2, quanto ao contrato de trabalho, remete para legislação especial. Quanto ao regime jurídico aplicável à atividade profissional dos marítimos, veja-se o Decreto-Lei n.º 280/2001, de 23 de outubro (alterado pelo Decreto-Lei n.º 206/2005, de 28 de novembro, e pelo Decreto-Lei n.º 181/2014, de 24 de dezembro).

[1586] No Ac. STJ de 9/2/1994, CJ (STJ) 1994, T. I, p. 288, considerou-se competente o tribunal de trabalho para julgar questões emergentes do pagamento do salário ao capitão do navio, em caso de assistência prestada no mar. Sobre o contrato de trabalho a bordo, consulte-se igualmente Ac. Rel. Cb. de 10/4/1997, CJ XXII, T. II, p. 70; Ac. Rel. Pt. de 10/11/1997, CJ XXII, T. V, p. 245.

importa ainda ter em conta, quanto à organização do tempo de trabalho dos marítimos, a Lei n.º 146/2015, de 9 de setembro, que regula a atividade de marítimos a bordo de navios que arvoram bandeira portuguesa, bem como as responsabilidades do Estado português enquanto Estado de bandeira ou do porto[1587].

Relativamente ao contrato de trabalho a bordo de embarcações de pesca verificam-se algumas divergências em relação ao regime geral. A título de exemplo, pode referir-se que o contrato a termo tem um número de situações mais limitado (art. 5.º, n.os 2 e 3, da Lei n.º 15/97), tendo ficado esclarecida a dúvida suscitada no regime comum quanto à duração do contrato a termo certo, que, no contrato em apreço, não pode exceder três anos, haja ou não renovação (art. 5.º, n.º 5, da Lei n.º 15/97). O contrato de trabalho é formal (art. 6.º da Lei n.º 15/97) e, além das relações entre armador e marítimo (arts. 7.º e ss. da Lei n.º 15/97), atendendo ao tipo de contrato, estabelecem-se regras especiais quanto à duração e organização do tempo de trabalho (arts. 17.º e ss. da Lei n.º 15/97). Refira-se ainda as particularidades da retribuição (art. 27.º da Lei n.º 15/97) e o facto de o período experimental diferir consoante seja a atividade logo desenvolvida no mar ou não (art. 31.º da Lei n.º 15/97).

Bibliografia:

Menezes Cordeiro, «Do contrato de trabalho a bordo e da responsabilidade dele emergente», *RDES* XXIX, n.º 2, e «Direito Marítimo. Cessão de Exploração de um Navio. Contrato de Trabalho a Bordo. Particular Responsabilidade Civil Marítima Emergente da Matrícula», *CJ* 1988, T. III, pp. 33 a 47 e *Manual*, cit., p. 538; Monteiro Fernandes, *Direito do Trabalho*, cit., p. 146; Eusébio Filipe, *Código Internacional do Trabalho Marítimo*, Lisboa, 1988; Menezes Leitão, *Direito do Trabalho*, cit., pp. 527 ss.; Ana Neves, «Notas sobre a disciplina pelo Direito da União Europeia do trabalho marítimo», *QL* 42 (vinte anos de Questões Laborais), 2013, pp. 291 ss.; Rosário Palma Ramalho, *Tratado de Direito do Trabalho*, II, cit., pp. 385 ss.; Madalena Marques dos Santos, «Os direitos marítimos da antiguidade e as manifestações de sua influência na formação de alguns costumes, leis e institutos do direito português», *Estudos em homenagem ao Prof. Doutor Raúl Ventura*, Vol. I, Lisboa, 2003, pp. 565 ss.; Bernardo Xavier/Furtado

[1587] Este diploma transpõe as Diretivas 1999/63/CE, do Conselho, de 21 de junho de 1999, 2009/13/CE, do Conselho, de 16 de fevereiro de 2009, 2012/35/UE, do Parlamento Europeu e do Conselho, de 21 de novembro de 2012, e 2013/54/UE, do Parlamento Europeu e do Conselho, de 20 de novembro de 2013.

Martins/Nunes de Carvalho/Joana Vasconcelos/Tatiana Guerra de Almeida, *Manual*, cit., pp. 398 e s.

§ 40. CONTRATO DE TRABALHO RODOVIÁRIO

Tal como em relação a outros contratos de trabalho com regime especial, cabe atender ao disposto no art. 9.º do CT, que manda aplicar as regras gerais do Código não incompatíveis com as especificidades deste contrato.

O contrato de trabalho rodoviário rege-se, em especial, pelos seguintes diplomas nacionais: Decreto-Lei n.º 324/73, de 30 de junho (aprova o acordo europeu relativo a trabalho de tripulações em transportes internacionais rodoviários), Lei n.º 27/2010, de 30 de agosto (condução, pausas e utilização do tacógrafo, que transpôs para a ordem jurídica portuguesa a Diretiva n.º 2006/22/CE, do Parlamento Europeu e do Conselho, de 15 de março, alterada pelas Diretivas n.º 2009/4/CE, da Comissão, de 23 de janeiro, e n.º 2009/5/CE, da Comissão, de 30 de janeiro), e Decreto-Lei n.º 237/2007, de 19 de junho (organização do tempo de trabalho), bem como por diversos atos comunitários: Regulamento n.º 3821/85, do Conselho, de 20 de dezembro de 1985, Regulamento n.º 2135/98 e Regulamento n.º 561/2006, do Parlamento Europeu e do Conselho, de 15 de março (transposta para a ordem jurídica nacional pelo Decreto-Lei n.º 117/2012, de 5 de junho, que regula a organização do tempo de trabalho de condutores independentes em atividades de transporte rodoviário), assim como a Diretiva n.º 2002/15/CE, do Parlamento Europeu e do Conselho, de 11 de março. Estes vários diplomas apresentam particularidades mormente no que respeita à organização do tempo de trabalho. A este regime legal acresce um relevante regime convencional, pois as convenções coletivas neste âmbito têm um papel de grande relevo, atendendo à grande especificidade da atividade[1588].

Além disso, ter-se-á de atender a certos aspetos relacionados com a posse de título que permita a condução de veículos e a tutela de terceiros, em especial de pessoas que podem sofrer danos por condução desadequada, tanto transportadas no veículo como por se encontrarem em local por onde este circule.

[1588] Por exemplo, CCTV celebrado entre a ANTRAM e a FESTRU, publicado nos *BTE* n.os 9, de 8 de março de 1980, e 16, de 29 de abril de 1982

No que respeita à organização do tempo de trabalho, o legislador preocupa-se em especial com os limites ao tempo de trabalho (art. 6.º do Decreto-Lei n.º 237/2007)[1589], as pausas e o repouso (interjornadas e semanal) do trabalhador que conduz veículos por conta de outrem (arts. 7.º e 8.º do Decreto-Lei n.º 237/2007). Daí que, além de estabelecer regras rígidas quanto a pausas e repouso, se proíba que a retribuição esteja condicionada por resultados por exemplo em função de quilómetros percorridos. De igual, modo a imposição do tacógrafo em certo tipo de veículos tem em vista o controle do respeito deste regime de duração do trabalho (art. 2.º do Decreto-Lei n.º 272/89).

Como especificidades deste tipo de trabalho, prescreve-se que o tempo de disponibilidade não é tempo de trabalho (art. 5.º do Decreto-Lei n.º 237/2007).

§ 41. CONTRATO DE TRABALHO FERROVIÁRIO

No art. 11.º do decreto preambular da LCT estabeleceu-se que o regime do contrato de trabalho se aplicava às empresas concessionárias de empresas públicas, mas com adaptações a instituir por decreto-regulamentar.

Na sequência desta previsão normativa surge o Decreto n.º 381/72, de 9 de outubro, adaptando ao regime da LCT o serviço público dos transportes ferroviários. Deste diploma, que não sofreu alterações até à data, constam algumas normas que se devam considerar derrogadas por assentarem em pressupostos, entretanto alterados[1590].

O art. 7.º do Decreto n.º 381/72 regula a mobilidade geográfica dos trabalhadores, atendendo a certas especificidades, apesar de, nalguns aspetos ser necessária a sua compatibilização com um regime laboral assente noutros vetores. O mesmo se diga em relação em relação à mobilidade funcional e mudança de categoria, admitida em termos muito amplos (art. 8.º do Decreto n.º 381/72).

[1589] Para verificação do cumprimento destes limites, além da publicidade do horário de trabalho impõe-se o registo do tempo de trabalho em livrete individual, de cada trabalhador (arts. 2.º e 3.º da Portaria n.º 983/2007, de 27 de agosto).

[1590] Por exemplo, os arts. 3.º e 4.º aceitam a contratação a termo em moldes diversos do regime atual e o art. 5.º restringe a contratação de pessoas do sexo feminino, devendo considerar-se inconstitucional.

O artigo 10.º do diploma contém um elenco de sanções disciplinares diferente do previsto no art. 328.º do CT, em que são aditadas a sanção de transferência disciplinar e de retrocesso de categoria. Pode questionar-se a admissibilidade destas sanções, atendendo ao regime estabelecido no Código do Trabalho e, em especial, à tutela constitucional de certos direitos.

Os artigos 13.º a 22.º do Decreto n.º 381/72 contêm regras especiais quanto ao tempo de trabalho e que se continuam aplicar, porque diferem do regime geral e encontram justificação no tipo de trabalho em causa. Nomeadamente, a remissão para convenção coletiva de trabalho, o regime de trabalho suplementar (designado extraordinário), de trabalho noturno ou de isenção de horário. Quanto ao tempo de trabalho no caso de transporte ferroviário internacional veja-se ainda o disposto no Decreto-Lei n.º 24/2010, de 30 de agosto.

Em suma, o trabalho ferroviário justifica um regime adaptado no que respeita à organização do tempo de trabalho; no demais, tendo em conta o disposto no art. 9.º do CT, dir-se-á que, por via de regra, não há incompatibilidade com o regime geral, que se aplica. De facto, a especificidade deste regime laboral respeita basicamente a questões de tempo de trabalho – em que a atividade ferroviária apresenta particularidades de relevo – e não há incompatibilidade com a generalidade das restantes soluções prescritas no Código do Trabalho.

§ 42. CONTRATO DE TRABALHO DE DESPORTISTAS PROFISSIONAIS

I. Em princípio, quanto aos desportistas profissionais, o regime laboral instituído, primeiro, na Lei do Contrato de Trabalho e, hoje, no Código do Trabalho não se ajusta plenamente. Após um longo vazio legislativo[1591], foi

[1591] Para uma jurisprudência dos tribunais superiores anterior à atual lei. Cf. Ac. TC n.º 178/97, de 4/3/1997, *DR* de 16/5/1997; Ac. STJ de 20/5/1988, TJ 42 (1988), p. 37; Ac. STJ de 20/1/1993, BMJ 423, p. 328 e CJ (STJ) 1993, T. I, p. 234; Ac. STJ de 28/4/1993, CJ (STJ) 1993, T. II, p. 270; Ac. STJ de 22/6/1994, QL I, n.º 2, p. 125; Ac. STJ de 6/10/1994, QL I, n.º 3, p. 179; Ac. STJ de 11/10/1995, BMJ 450, p. 265; Ac. STJ de 7/5/1997, CJ (STJ) 1997, T. II, p. 275; Ac. Rel. Év. de 17/3/1992, CJ XVII, T. II, p. 317; Ac. Rel. Lx. de 18/3/1992, CJ XVII, T. II, p. 193; Ac. Rel. Pt. de 27/9/1993, CJ XVIII, T. IV, p. 274; Ac. Rel. Lx. de 2/12/1993, CJ XVIII, T. V, p. 189; Ac. Rel. Lx. de 26/1/1994, CJ XIX, T. I, p. 176; Ac. Rel. Pt. de 14/1/1994, CJ XIX, T. V, p. 266; Ac. Rel.

publicado o Decreto-Lei n.º 305/95, de 18 de novembro, substituído Lei n.º 28/98, de 26 de junho, posteriormente revogada pela Lei n.º 54/2017, de 14 de julho, de onde consta o designado Regime Jurídico do Contrato de Trabalho do Praticante Desportivo[1592]/[1593]. Tal como em relação aos demais contratos de trabalho com regime especial, ao trabalho desportivo aplicam-se as regras gerais do Código do Trabalho que não sejam incompatíveis com a sua especificidade (art. 9.º do CT).

II. Depois de se definir contrato de trabalho desportivo, como aquele em que o praticante desportivo (trabalhador) se obriga, mediante retribuição, a prestar uma atividade desportiva a uma pessoa que promova ou participe em atividades desportivas (empregador), sob a autoridade e direção desta (art. 2.º, alínea *a)*, da Lei n.º 54/2017), determina-se que, subsidiariamente, se aplicam as regras gerais (art. 3.º da Lei n.º 54/2017). Esta remissão para as regras gerais pode dizer-se que se cruza com a já mencionada extensão fixada no Código do Trabalho (art. 9.º).

Quanto à capacidade, dispõe-se que o contrato só pode ser celebrado com trabalhadores que tenham dezasseis anos, nos termos gerais (art. 5.º da Lei n.º 54/2017)[1594]. Todavia, o contrato de formação desportiva pode ser celebrado por menores, com idade compreendida entre 14 e 18 anos (art. 28.º da Lei n.º 54/2017).

Para além da forma escrita e das menções constantes do art. 6.º, n.º 3, da Lei n.º 54/2017, o contrato deverá ser registado na federação respetiva, sob

---

Pt. de 6/11/1995, CJ XX, T. V, p. 262; Ac. Rel. Pt. de 13/5/1996, CJ XXI, T. III, p. 249; Ac. Rel. Pt. de 17/6/1996, CJ XXI, T. III, p. 258.

[1592] A bibliografia sobre a matéria é abundante. Para além das obras indicadas no final do número, veja-se DI CERBO, *I Rapporti Speciali di Lavoro*, cit., pp. 117 ss.; ROQUETA BUJ, *El Contrato de los Deportistas Profesionales*, Valencia, 1996; RAUBALL/VOLLMERHAUS, «The "Bosman" Case», The International Legal Forum, 1 (1996), pp. 44 ss.; CORRÊA DA VEIGA, *Manual de Direito do Trabalho Desportivo*, 2.ª ed., S. Paulo, 2017. Com interesse também, consulte-se MARTÍNEZ GIRÓN, *El profesionalismo desportivo en la jurisprudência de la Corte Suprema de los Estados Unidos. Un estúdio desde la perspectiva del derecho español*, Corunha, 2014.

[1593] Na prática, este regime especial aplica-se tão-só aos jogadores de futebol e de basquetebol e discute-se, por exemplo, se deve aplicar-se aos treinadores desportivos (*vd.* MENDES BAPTISTA, «É o Regime Laboral Comum Aplicável aos Contratos entre Clubes e treinadores profissionais?», *Revista do Ministério Público*, n.º 80 (1999), pp. 129 ss.) e a outros intervenientes na atividade desportiva.

[1594] Diversamente do que se dispõe no art. 70.º, n.ºs 2 e 4, do CT, o contrato de trabalho do praticante desportivo tem de ser igualmente subscrito pelo seu representante legal (art. 5.º, n.º 2, da Lei n.º 54/2017).

pena de o praticante não poder participar nas competições promovidas pela federação (art. 7.º da Lei n.º 54/2017)[1595].

III. Como especificidade no domínio da sua duração, o contrato de trabalho desportivo é celebrado necessariamente a termo certo, com um prazo mínimo de uma época e máximo de cinco épocas (art. 9.º, n.º 1, da Lei n.º 54/2017)[1596].

O contrato caduca no fim do período acordado (art. 23.º, n.º 1, alínea *a) e n.º 2*, da Lei n.º 54/2017), não tendo sido estabelecido a regra da renovação automática.

Está-se perante uma hipótese de contratação obrigatória a termo, por se entender que a transitoriedade se encontra associada à atividade e às condições físicas do praticante. Esta contratação a termo sujeita-se ao regime regra do Código Civil, pelo que não há renovação automática.

IV. Na execução do contrato, importa ter em conta que o período experimental, com uma duração máxima de quinze dias (art. 10.º, n.º 2, da Lei n.º 54/2017), apresenta especificidades, pois exclusão sua existência depende de estipulação expressa das partes (art. 10.º, n.º 1, da Lei n.º 54/2017). Por outro lado, a retribuição pode diminuir com a descida de escalão desportivo (art. 15.º, n.º 2, da Lei n.º 54/2017), o período normal de trabalho inclui o tempo despendido nas provas desportivas, sessões de treino, estágios, etc., não estando, por isso, sujeito aos limites da lei geral (art. 16.º da Lei n.º 54/2017), o descanso semanal e os feriados têm de se conciliar com a realização das provas desportivas (art. 17.º da Lei n.º 54/2017).

Quanto à execução do contrato cabe ainda salientar o facto de se estabelecer de modo inequívoco o direito de ocupação efetiva, circunscrito aos treinos e outras atividades preparatórias ou instrumentais da competição desportiva (art. 11.º, alínea *b)*, da Lei n.º 54/2017)[1597].

[1595] Consequência que já se impunha no Decreto-Lei n.º 413/87, de 31 de dezembro. Sobre esta questão, cf. Ac. STJ de 20/1/1993, CJ (STJ) 1993, T. I, p. 234; Ac. STJ de 11/10/1995, *BMJ* 450, p. 265. O preceito em causa foi declarado inconstitucional, com força obrigatória geral, pelo Ac. TC n.º 178/97, de 4/3/1997, *DR* I, de 16/5/1997 e *BMJ* 465, p. 103.

[1596] Segundo Leal Amado, «Rescisão do Contrato de Jogador de Futebol», *QL* II (1995), n.º 4, pp. 52 s., sendo o contrato a termo, em caso de cessação por causa diversa da caducidade deve aplicar-se o art. 440.º do CT2003.

[1597] *Vd.* Leal Amado, «O DL 305/95, a Relação Laboral Desportiva e a Relação Laboral Comum», *QL* II (1995), n.º 6, p. 189, que se refere, contudo, ao diploma precedente, e Mendes Baptista,

Ainda em relação à execução do contrato, das obrigações do praticante desportivo (art. 13.º da Lei n.º 54/2017), em particular das alíneas *c)* e *d)*, resulta que o desportista deve, em parte, pautar a sua vida privada com a prossecução dos objetivos do contrato, mormente preservando as suas condições físicas[1598].

V. Na pendência do contrato, o trabalhador pode ser cedido, nos termos prescritos nos arts. 20.º e 21.º da Lei n.º 54/2017[1599]. Ao contrário do que sucedia no regime anterior, nestes preceitos alude-se à cedência temporária do praticante, que fica sujeito ao poder de direção do cessionário.

VI. Depois de o legislador, na sequência do art. 47.º da CRP, ter estabelecido que não se pode condicionar a liberdade de, findo o contrato, o praticante desportivo ajustar outro vínculo com diferente entidade patronal (art. 19.º, n.º 1, da Lei n.º 54/2017), veio admitir-se que seja estabelecida, por convenção coletiva[1600], a obrigatoriedade de pagamento de uma quantia – apelidada de «justa compensação», mas vulgarmente designada por «passe» – a título de promoção ou valorização do praticante desportivo (art. 19.º, n.º 2, da Lei n.º 54/2017). A compensação deve ser satisfeita à anterior entidade empregadora pelo novo empregador ou pelo próprio desportista. Esta regra somente se aplica em relação às transferências de praticantes que ocorram entre clubes portugueses, com sede em território nacional (art. 19.º, n.º 3, da Lei n.º 54/2017)[1601].

«Razões de Ordem Técnica e Dever de Ocupação Efectiva do Praticante Desportivo», *Pront.* n.º 61/2001, pp. 135 ss.

[1598] LEAL AMADO, «O DL 305/95...», cit., p. 189, aludindo ao regime anterior, afirma que se esbate a linha divisória entre a vida profissional e a extraprofissional.

[1599] Sobre esta questão, *vd.* RODRÍGUEZ RAMOS, *Cesión de Deportistas Profesionales y Otras Manifestaciones* Lícitas de *Prestamismo Laboral*, Granada, 1997.

[1600] No domínio do diploma que precedeu a Lei n.º 28/98 (art. 22.º, n.º 2, do Decreto-Lei n.º 305/95), esta faculdade podia constar de convenção coletiva ou regulamento federativo, tendo-se procedido a uma restrição na lei de 1998.

[1601] A solução discriminatória teve por base o designado «Caso Bosman», sobre a questão, *vd.* LEAL AMADO, «O Caso *Bosman* e a "Indemnização de Promoção ou Valorização" (art. 22.º, n.º 2, do DL 305/95, de 18/11)», *QL* III (1996), n.º 7, pp. 7 ss. e «O Novo Regime do Contrato de Trabalho Desportivo e as "Indemnizações" de Transferência», *QL* Ano V (1998), n.º 12, pp. 237 ss., assim como NUNES DE CARVALHO, «(Caso Bosman) Liberdade de Circulação de Trabalhadores. Regras de Concorrência Aplicáveis às Empresas. Jogadores Profissionais de Futebol. Regulamentações Desportivas Relativas à Transferência de Jogadores que Obrigam o Novo Clube a Pagar uma Indemnização ao Antigo. Limitação ao Número de Jogadores

A questão, atenta a sua especificidade e excecionalidade, afastando-se dos parâmetros comuns, justifica uma maior explanação.

O n.º 1 do art. 19.º da Lei n.º 54/2017, de 14 de julho, consagra o princípio da liberdade de trabalho do praticante desportivo após o termo do vínculo contratual e o n.º 2 do mesmo artigo prescreve: «Pode ser estabelecida por convenção coletiva a obrigação de pagamento à anterior entidade empregadora de uma justa compensação a título de promoção ou valorização de um jovem praticante desportivo, por parte da entidade empregadora que com esse praticante desportivo venha a celebrar um contrato de trabalho desportivo, após a cessação do anterior».

Este preceito prevê a possibilidade de, por convenção coletiva de trabalho, se estabelecer a obrigação de pagamento de uma compensação pela «promoção ou valorização de um jovem praticante desportivo», ou seja, não regula esta matéria diretamente, limitando-se a legitimar a sua consagração através de um instrumento de regulamentação coletiva de trabalho de natureza contratual.

No entanto, a lei estabelece limites à possibilidade de atuação da autonomia de vontade das partes outorgantes da uma convenção coletiva de trabalho relativa a matéria. Assim, nos termos do n.º 3 do mesmo preceito, «A convenção coletiva referida no número anterior é aplicável apenas em relação às transferências de praticantes que ocorram entre clubes portugueses com sede em território nacional». Por outro lado, no n.º 4 deste artigo estabelece-se que «O valor da compensação referida no n.º 2 não poderá, em caso algum, afetar de forma desproporcionada, na prática, a liberdade de contratar do praticante».

Este preceito corresponde, quase integralmente, ao art. 22.º do Decreto-Lei n.º 305/95, de 18 de novembro, apresentando duas diferenças. Por um lado, a possibilidade de instituir a compensação pela formação só pode ser feita por convenção coletiva e já não, como previa o n.º 2 do referido art. 22.º, por regulamento federativo; por outro lado, restringiu-se o âmbito de aplicação da convenção que a instituísse às transferências entre clubes portugueses[1602].

Nacionais de outros Estados-Membros que Podem Ser Utilizados em Competição», *RDES* XXXVIII (1996), n.os 1/4, pp. 232 ss. O Acórdão do Tribunal de Justiça das Comunidades, de 15 de dezembro de 1995 (Caso Bosman) está transcrito na *RDES* n.º XXXVIII, n.os 1/4, pp. 203 ss.

[1602] Em outros ordenamentos jurídicos da União Europeia encontramos preceitos similares. Assim, em Itália, o artigo 6.º da Lei n.º 91/1981 estabelece um *premio di addestramento e forma-*

Esta compensação «traduz-se basicamente nisto: extinto o contrato de trabalho desportivo, o praticante goza, em princípio, da liberdade de celebrar um novo contrato com outra entidade empregadora desportiva; esta, porém, ficará vinculada a pagar à anterior entidade empregadora uma "justa compensação", a título de promoção ou valorização daquele[1603].

A consagração legal desta figura nos vários ordenamentos jurídicos é justificada por motivos de ordem desportiva «relacionadas com investimentos realizados pelo clube com vista à formação, aperfeiçoamento ou promoção dos jogadores»[1604]. Na verdade, os clubes montam estruturas (materiais e humanas) dispendiosas para o aperfeiçoamento técnico, físico e tático dos seus jogadores[1605] e quando os formam e valorizam, pretendem beneficiar do «investimento» efetuado e, caso tal não aconteça, ser ressarcidos desses custos por alguém que vai obter esse *benefício*.

Atendendo ao disposto no n.º 1 do art. 47.º da CRP, e uma vez que poderá pôr em causa a liberdade de trabalho, terá de questionar-se da constitucionalidade de cláusulas que preveem o dever de pagamento de uma compensação pela promoção ou valorização ao clube onde um praticante desportivo recebeu formação.

Tal como resulta daquela norma da Lei Fundamental, nem todas as limitações à liberdade de trabalho são inconstitucionais[1606]. Em primeiro lugar, as restrições podem resultar da lei tendo em conta o interesse coletivo; por outro lado, do preceito resulta que ninguém pode ser coagido a seguir uma profissão, nem impedido de desenvolver uma determinada atividade, o que não inviabiliza, por exemplo, as limitações ao acesso a uma atividade.

A primeira restrição legal admitida no art. 47.º da CRP à liberdade de trabalho respeita a situações em que está em causa um «interesse coletivo». Este não tem necessariamente a ver com «outros direitos ou interesse constitucionalmente protegidos», tal como estabelece o art. 18.º, n.º 2, da CRP. De facto, à invocação do «interesse coletivo», feita no referido art. 47.º da CRP, «só se pode atribuir na nossa lei fundamental um sentido útil: é o de

---

zione tecnica a pagar ao clube formador. Em Espanha, prevê-se, no RD n.º 1006/1985, de 26 de junho (artigo 14.º), a *compensación por preparación o formación*.

1603 Leal Amado, *Contrato de trabalho desportivo*, cit., p. 105.

1604 Maria Raquel Rei, «Contrato de transferência ...», cit., p. 24.

1605 Maria Raquel Rei, ob. cit. loc. cit. considera que «esse aperfeiçoamento é indissociável do próprio jogador pois que se refere ao seu melhor desempenho físico».

1606 Neste sentido, Jorge Miranda, "Liberdade de trabalho e profissão", *RDES*, 1988, n.º 2, p. 160.

ter o constituinte pretendido com ela abrir uma exceção ao último inciso do artigo 18.º, n.º 2, da CRP, autorizando o legislador a proteger «valores comunitários relativos», sem uma necessária consagração constitucional. Isto é, a proteger «aqueles valores que derivam das ideias e fins adotados pelo legislador em matéria social ou económica e que, portanto, haja sido o próprio legislador a elevar ao nível de interesses comunitários relevantes»[1607].

Assim, podemos considerar que o «interesse coletivo» previsto no art. 47.º da CRP não será obrigatoriamente um interesse constitucionalmente protegido, mas a sua definição/identificação poderá decorrer de opções do legislador ordinário atendendo a finalidades em matéria social ou económica[1608].

A instituição de regras relativas às transferências de jogadores visa a prossecução de, pelo menos, dois interesses coletivos dignos de relevo: a «necessidade de assegurar a manutenção do equilíbrio entre os clubes em competição (essenciais para salvaguardar a igualdade de oportunidades e a incerteza quanto ao resultado, que constituem a alma de qualquer competição desportiva)»; e «as exigências relacionadas com o encorajamento de recrutamento e formação de jogadores jovens»[1609].

[1607] João Pacheco de Amorim, «A liberdade de profissão», *in Estudos em Comemoração dos cinco anos (1995-2000) da Faculdade de Direito da Universidade do Porto*, Coimbra, 2001, p. 742.

[1608] Esta posição não parece afastar-se muito da adotada por Jorge Miranda (*Manual de Direito Constitucional*, Tomo IV, Direitos Fundamentais, 2.ª edição, Coimbra, 1993, p. 441), quando afirma que as «restrições têm de ser legais (...). Todavia (...) é mister, sob pena de desvio de poder legislativo, estar a decisão legislativa num fundamento razoável (...) tem de ser um interesse compatível com valores constitucionais e ele só pode projetar-se sobre a liberdade de profissão na medida do necessário». Ou seja, este Autor não considera necessário tratar-se de um «interesse constitucionalmente protegido», bastando-se com a «conformidade do interesse com valores constitucionais». De todo o modo, a CRP, no art. 79.º, inserido no capítulo referente aos «Direitos e deveres culturais» estabelece que «incumbe ao Estado, em colaboração com as escolas e coletividades desportivas, promover, estimular, orientar e apoiar a prática e a difusão da cultura física e do desporto», ou seja, a importância do fenómeno desportivo, correspondente a um interesse da coletividade, tem consagração constitucional expressa.

[1609] Nunes de Carvalho, «Caso Bosman – Liberdade de circulação de trabalhadores...», cit., p. 238. Este é também o entendimento partilhado pela UEFA e pelos Governos francês e belga, manifestado em processo submetido à apreciação do TJCE (Jean-Philliphe Dubey, *La libre circulation des sportifs en Europe*, Berna e Bruxelas, 2000, pp. 545 e 546). Este objetivo de «encorajar e remunerar o esforça de formação de clubes» levou a que a Comissão Europeia, a FIFA e a UEFA acordassem em 5 de março de 2001, a necessidade de se instituir um sistema de indemnização pela formação (Cf. Michel Pautot, *Sportifs, transferts et liberté de circulation*, Litec, Paris, 2001, p. 92).

As cláusulas que preveem o dever de pagamento de uma compensação pela promoção ou valorização ao clube onde um praticante desportivo recebeu formação são, em princípio, conformes à Constituição, e não violam, em si, o princípio da liberdade de trabalho.

No que respeita à conformidade do n.º 2 do art. 19.º da Lei n.º 54/2017 com o direito europeu, nomeadamente com o art. 45.º do Tratado sobre o Funcionamento da União Europeia, pode considerar-se que aquele preceito não viola qualquer disposição de direito comunitário, na medida em que o seu âmbito de aplicação se restringe «às transferência de praticantes que ocorram entre clubes portugueses com sede em território nacional» (n.º 3 do art. 19.º da Lei n.º 54/2017) e o âmbito de aplicação do referido artigo 45.º se restringe à consagração da livre circulação de trabalhadores entre os vários Estados-membros, não sendo o regime instituído neste preceito aplicável às relações entre clubes nacionais[1610].

Esta ideia retira-se do próprio Acórdão Bosman, quando o TJCE considerou que «resulta de jurisprudência assente que as disposições do Tratado UE relativas à livre circulação de pessoas, especialmente o artigo 48.º do Tratado que instituiu a Comunidade Europeia, não podem ser aplicadas a situações puramente internas de um Estado-Membro, ou seja, na falta de elementos de conexão com qualquer das situações previstas pelo direito comunitário», ou seja, «o Tribunal deixa incólumes os regulamentos de transferência que vigoram, no espaço de cada Estado-membro, para as transferências entre clubes desse espaço nacional, ainda que neles se estabeleça o pagamento de uma indemnização em termos rigorosamente idênticos aos que for a considerados incompatíveis com o art. 48.º do Tratado»[1611].

VII. No mesmo sentido da limitação da liberdade de trabalho, é de aludir ao disposto no art. 25.º da Lei n.º 54/2017, que apenas admite a denúncia do contrato pelo praticante, sem justa causa, mediante o pagamento de uma indemnização à entidade empregadora, quando tal seja estipulado pelas partes. Este regime exclui o direito de livre denúncia do contrato de trabalho por parte do trabalhador, mas pelas razões indicadas no ponto anterior poder-se-á entender que estão ultrapassadas as questões que respeitam à

[1610] Neste sentido, Michel Pautot, *Sportifs, transferts* ... cit., p. 29.

[1611] Nunes de Carvalho, «Caso Bosman – Liberdade de circulação de trabalhadores ...» cit., p. 241. Quanto ao citado art. 48.º do Tratado, veja-se Tiago Mariz, *Tratado de Lisboa Anotado e Comentado*, org. Manuel Porto e Gonçalo Anastácio, Coimbra, 2012, pp. 311 ss.

constitucionalidade da limitação ao direito de livre denúncia[1612]. De facto, a tutela de interesses associados à competição desportiva justifica uma limitação (temporal) ao direito de livre desvinculação do trabalhador[1613].

VIII. O novo diploma acolhe, assim, a «cláusula de rescisão». Trata-se de uma cláusula frequentemente aposta em contratos de trabalho desportivos por via da qual se faculta a denúncia *ad nutum* ao trabalhador (*vd. infra* § 57.4). Tal como explicitado no ponto anterior, do art. 25.º da Lei n.º 54/2017 não consta a denúncia livre por parte do trabalhador, sendo por isso ilícita, e, com frequência, prescrevem-se cláusulas determinando que, caso o trabalhador se desvincule antes do termo acordado, a livre denúncia passa a ser lícita mas este fica obrigado a pagar uma certa quantia ao clube empregador. Admitindo a validade de tal cláusula importa determinar a sua natureza. Pode considerar-se que corresponde a uma cláusula penal, nos termos do art. 810.º do CC[1614], mas nem sempre se integram no âmbito e finalidade deste instituto[1615].

A propósito da referida cláusula de rescisão há ainda que apurar da adequação de valores estabelecidos. Tendo em conta que o art. 24.º da Lei n.º 54/2017 estabelece limites– que suscitam dúvidas[1616] – relativamente a situações de cessação ilícita do contrato, admitindo que a denúncia *ad libitum* é ilícita, poder-se-ia concluir que tal cláusula estaria sujeita aos mesmos limites. Ainda que assim não se entenda, e relacionando com o regime geral do Código Civil, nomeadamente atendendo ao disposto no art. 812.º do CC, é de questionar da validade de uma cláusula de rescisão que exceda manifestamente o valor do dano. Pois, se a livre denúncia quando invocada pelo trabalhador é ilícita, com a cláusula de rescisão passa a ser lícita, mas

[1612] Sobre o regime anterior e a idêntica perplexidade que este suscitava, *vd.* LEAL AMADO, «Rescisão do Contrato...», cit., p. 53, que critica igualmente as soluções constantes do contrato coletivo de trabalho para futebolistas profissionais (pp. 54 s.).

[1613] *Vd.* LEAL AMADO, *Vinculação* versus *Liberdade. O Processo de Constituição e de Extinção da Relação Laboral do Praticante Desportivo*, Coimbra, 2002, p. 258.

[1614] Neste sentido LEAL AMADO, *Vinculação* versus *Liberdade*, cit., pp. 314 e ss., considerando que tem em vista incentivar o desportista a cumprir o contrato.

[1615] Cf. PINTO MONTEIRO, «Sobre as "Cláusulas de Rescisão" dos Jogadores de Futebol», *RLJ* 135 (2005), pp. 21 e ss.

[1616] Cf. PINTO MONTEIRO, «Sobre as "Cláusulas de Rescisão" dos Jogadores de Futebol», cit., pp. 11 e ss. No sentido preconizado no texto, veja-se ROMANO MARTINEZ, «As cláusulas de rescisão nos contratos de trabalho desportivos», *Liber Amicorum Fausto de Quadros*, II, Coimbra, 2016, pp. 605 ss.

a compensação acordada deve ser aferida tendo por referência a indemnização pelo dano na responsabilidade contratual.

Nos termos do disposto no art. 25.º, n.º 2, da Lei n.º 54/2017, o montante convencionado pelas partes pode ser reduzido pelo tribunal de acordo com a equidade, caso seja manifestamente excessivo, tendo em conta, nomeadamente, o período de execução contratual já referido.

IX. Refira-se, por último, que, por convenção coletiva, pode estabelecer-se o recurso à arbitragem para resolução de conflitos de natureza laboral emergentes da celebração do contrato desportivo (art. 4.º da Lei n.º 54/2017)[1617].

Bibliografia:

José João Abrantes, «Poderes disciplinares dos clubes durante a "cedência" do praticante desportivo», *Estudos de Direito do Trabalho*, Lisboa, 2018, pp. 301 ss.; João Leal Amado, *Contrato de Trabalho Desportivo Anotado*, Coimbra, 2018, «Rescisão do Contrato de Jogador de Futebol», *QL* II (1995), n.º 4, pp. 50 a 56, «A Lei 85/95 e o Contrato de Trabalho Desportivo», *QL* II (1995), n.º 5, pp. 114 a 116, «O DL 305/95, a Relação Laboral Desportiva e a Relação Laboral Comum», *QL* II (1995), n.º 6, pp. 187 a 192, «O Caso *Bosman* e a "Indemnização de Promoção ou Valorização" (art. 22.º. n.º 2, do DL 305/95, de 18/11)», *QL* III (1996), n.º 7, pp. 3 a 17; «Contrato de Trabalho Desportivo e Pacto de Opção», *Ab Vno ad Omnes. 75 Anos da Coimbra Editora*, Coimbra, 1998, pp. 1169 a 1180; «O Novo Regime do Contrato de Trabalho Desportivo e as "Indemnizações" de Transferência», *QL* Ano V (1998), n.º 12, pp. 226 a 240, «Arbitrabilidade dos Litígios Emergentes do Contrato de Trabalho Desportivo», *QL* Ano VI (1999), n.º 13, pp. 109 a 112, «O Andebol, o Hóquei, o Profissionalismo e o Trabalho Desportivo», *QL*, n.º 15 (2000), pp. 43 a 56, «Desportistas Profissionais e Associativismo Sindical», *Trabalho e Relações Laborais*, Lisboa, 2001, pp. 109 a 119, *Vinculação* versus *Liberdade. O Processo de Constituição e de Extinção da Relação Laboral do Praticante Desportivo*, Coimbra, 2002 e *Contrato de Trabalho*, cit., pp. 93 ss.; Albino Mendes Baptista, dois artigos sobre direito do desporto *in Temas de Direito do Trabalho e de Direito Processual do Trabalho*, Lisboa, 2008, pp. 291 ss. e pp. 225 ss., e «Para uma leitura serena e atenta do "caso Webster"», *RDES*, 2009, n.º 1/2, pp. 7 ss.; Nunes de Carvalho, «(Caso Bosman) Liberdade de Circulação de Trabalhadores. Regras de Concorrência Aplicáveis às Empresas. Jogadores Profissionais de Futebol.

[1617] Sobre a questão, *vd.* Leal Amado, «Arbitrabilidade dos Litígios Emergentes do Contrato de Trabalho Desportivo», *QL* Ano VI (1999), n.º 13, pp. 109 ss.

Regulamentações Desportivas Relativas à Transferência de Jogadores que Obrigam o Novo Clube a Pagar uma Indemnização ao Antigo. Limitação ao Número de Jogadores Nacionais de outros Estados-Membros que Podem Ser Utilizados em Competição», *RDES* XXXVIII (1996), n.os 1/4, pp. 232 a 256; MENEZES LEITÃO, *Direito do Trabalho*, cit., pp. 514 ss., e «Cláusulas de rescisão e cláusulas penais no contrato de trabalho desportivo», *Estudos comemorativos dos 20 anos da Abreu Advogados*, Coimbra, 2015, pp. 511 ss.; ROMANO MARTINEZ, «Nulidade de cláusulas de convenções colectivas de trabalho: o período experimental no contrato de trabalho desportivo», *RDES* 2007, n.º 1/2, pp. 79 ss. e «As cláusulas de rescisão nos contratos de trabalho desportivos», *RDES* 2014, pp. 81 ss e *Liber Amicorum Fausto de Quadros*, II, Coimbra, 2016, pp. 605 ss.; JOÃO ZENHA MARTINS, «A Inscrição do Montante da Retribuição no Contrato de Trabalho Desportivo e a sua fixação Judicial», *Subjudice*, n.º 27 (2004), pp. 99 ss. e «Os futebolistas profissionais e as cláusulas de rescisão», *Estudos dedicados ao Professor Doutor Bernardo da Gama Lobo Xavier*, II, Lisboa, 2015, pp. 239 ss.; JOSÉ ANTÓNIO MESQUITA, «Contrato de Trabalho a Prazo. Treinador de Futebol», *TJ* 5 (1985), pp. 13 e 14; MANUEL HENRIQUE MESQUITA/JORGE LEITE/LEAL AMADO, «Liberdade de Trabalho e Transferência de Futebolistas Profissionais», *QL* III (1996), n.º 7, pp. 72 a 94; ANTÓNIO PINTO MONTEIRO, «Sobre as "Cláusulas de Rescisão" dos Jogadores de Futebol», *RLJ* 135 (2005), pp. 5 a 26; ROSÁRIO PALMA RAMALHO, *Tratado de Direito do Trabalho*, II, cit., pp. 388 ss.; MARIA RAQUEL REI, «Contrato de transferência internacional de jogadores profissionais de futebol», *Estudos de Direito Desportivo*, Coimbra, 2002.

§ 43. CONTRATO DE TRABALHO DE PROFISSIONAIS DE ESPETÁCULOS

I. O contrato com os profissionais de espetáculos tem sido visto como apresentando algumas particularidades em relação ao regime jurídico comum[1618]. A regulamentação desta matéria encontra-se em dois diplomas que datam de 1960: os Decretos-Leis n.os 43 181 e 43 190, de 23 de setembro de 1960. Estes diplomas, revistos várias vezes, foram substancialmente alterados pelo Decreto-Lei n.º 38/87, de 26 de janeiro. Este último diploma alterou significativamente o regime então vigente relativo aos contratos com profissionais de espetáculos, revogando algumas das normas dos anteriores diplomas, por

[1618] Relativamente à relação laboral com profissionais de espetáculos pode consultar-se o extenso estudo de LA ROSA, *Il Rapporto di Lavoro Nello Spettacolo*, 5.ª ed., Milão, 1998.

considerar que não existiam razões válidas para a manutenção do regime diferenciado, devendo aplicar-se as disposições gerais. A partir de 1987, com as alterações então introduzidas, poucas são as especificidades que subsistem, pelo que a disciplina destes contratos reconduz-se, praticamente, ao regime do Código do Trabalho, sendo as particularidades diminutas.

Todavia, as particularidades da prestação de trabalho por profissionais de espetáculos justificaram o estabelecimento de algumas regras especiais, nomeadamente no que respeita ao tempo de trabalho e à cessação do vínculo, pelo que surgiu um novo regime, aprovado pela Lei n.º 4/2008, de 7 de fevereiro, alterada pela Lei n.º 105/2009, de 14 de setembro, e pela Lei n.º 28/2011, de 16 de junho, que a republicou.

II. É considerado um contrato especial de trabalho se o trabalhador desenvolve uma atividade artística, técnico-artística ou de mediação destinada a espetáculos ou a eventos públicos (art. 1.º da Lei n.º 4/2008). As atividades artísticas, técnico-artísticas e de mediação encontram-se exemplificadas no artigo 1.º-A do diploma e vão desde ator, artista de circo a toureiro (por reporte à definição de «espetáculo ou evento cultural público», contida na alínea *a)* do mesmo preceito).

A este contrato de trabalho especial aplica-se o regime laboral comum, nomeadamente constante do Código do Trabalho, com algumas especificidades[1619]. Há, desde logo, uma maior permissão quanto ao ajuste do contrato a termo, pois é admitido em qualquer das atividades referidas no art. 1.º, n.º 2, da Lei, com o limite temporal de seis anos (art. 7.º da Lei n.º 4/2008), sem necessidade de justificar especificamente o motivo. Em segundo lugar, denotando maior flexibilidade do que no regime geral, a realização de trabalho pode ser efetuada de modo intermitente (art. 8.º da Lei n.º 4/2008). Há igualmente especificidades quanto ao tempo e local de trabalho (arts. 12.º e 17.º da Lei n.º 4/2008). A grande inovação deste regime e com acrescidas dificuldades de implementação respeita à possibilidade de o contrato de trabalho ser celebrado com uma pluralidade de trabalhadores, podendo ser outorgado diretamente com os vários prestadores de trabalho ou com o chefe de grupo (art. 9.º da Lei n.º 4/2008).

[1619] Na eventualidade de se tratar de um artista menor, há que atender às especificidades estabelecidas nesta sede, cf. Margarida Porto, *A participação de menor em espectáculo ou outra actividade de natureza cultural, artística ou publicitária. Análise das especificidades do regime legal*, Coimbra, 2010.

BIBLIOGRAFIA:

MENEZES CORDEIRO, *Direito do Trabalho*, II, cit., p. 35; JÚLIO GOMES, «Da fábrica à fábrica de sonhos. Primeiras reflexões sobre o regime dos contratos de trabalho dos profissionais de espectáculos», *Novos Estudos de Direito do Trabalho*, Coimbra, 2010, pp. 197 ss.; MENEZES LEITÃO, *Direito do Trabalho*, cit., pp. 522 ss.; MARGARIDA PORTO, «Regime jurídico do contrato de trabalho dos profissionais de espectáculos. Algumas reflexões, *Para Jorge Leite. Escritos Jurídico-Laborais*, I, Coimbra, 2014, pp. 733 ss.; ROSÁRIO PALMA RAMALHO, *Tratado de Direito do Trabalho*, II, cit., pp. 377 e ss.; BERNARDO XAVIER, «Contratos de Trabalho dos Profissionais de Espectáculos (Direito Aplicável)», *RDES* XVIII (1986), n.º 1, pp. 109 a 139; BERNARDO XAVIER/FURTADO MARTINS/NUNES DE CARVALHO/JOANA VASCONCELOS/TATIANA GUERRA DE ALMEIDA, *Manual*, cit., pp. 400 e ss.

§ 44. CONTRATO DE TRABALHO DE DOCENTES

Na relação que se estabelece entre os docentes e as instituições de ensino nem sempre é fácil determinar se foi ajustado um contrato de trabalho ou um contrato de prestação de serviço atípico. A dificuldade não é específica desta relação jurídica, pois são frequentes as dúvidas de qualificação jurídica em situações de fronteira, em que interessa determinar se a atividade é desenvolvida de forma subordinada (contrato de trabalho) ou prestada com autonomia (contrato de prestação de serviço)[1620].

Depois de ultrapassada esta dificuldade de qualificação, relativamente às situações jurídicas em que haja um vínculo laboral com o docente, importa ter em conta algumas particularidades.

Dentro de determinados parâmetros, as escolas têm autonomia científica e pedagógica. E, no art. 76.º, n.º 2, da CRP, consagra-se a autonomia estatutária, científica, pedagógica, administrativa e financeira das universidades. Por exemplo, para a determinação do poder de alterar a relação laboral em razão da distribuição de serviço docente importa, em especial, aludir à autonomia científica e pedagógica da escola.

Nesta sequência, nos arts. 11.º, 66.º e ss., 119.º e ss., 143.º da Lei n.º 62/2007, de 10 de setembro, que aprovou o Regime jurídico das instituições de ensino superior (que estabelece uma solução idêntica aos revogados arts. 3.º e

[1620] *Vd. supra* § 13.2.

17.º e ss. do Decreto-Lei n.º 16/94, de 22 de janeiro e art. 9.º do Decreto-Lei n.º 271/89, de 19 de agosto), reitera-se o princípio da autonomia científica e pedagógica, determinando-se que essa autonomia se concretiza, designadamente, mediante a independência no recrutamento de docentes e a liberdade de orientação científica e pedagógica.

Tendo isto em conta, em especial no ensino universitário, a autonomia científica e pedagógica pressupõe que a escola possa livremente contratar o pessoal docente (arts. 119.º e ss. da Lei n.º 62/2007) e alterar a distribuição do serviço docente, com o consequente aumento ou redução da carga horária do professor e inerentes alterações do horário de trabalho e até do período normal de trabalho diário e semanal. Estas modificações podem implicar correções salariais, sempre que a retribuição, como é regra, seja calculada em função do tempo de trabalho (arts. 262.º, n.º 2, alínea *a*), e 261.º, n.º 2, do CT).

Estas alterações determinadas pelo estabelecimento de ensino, ainda que fundadas em motivos de ordem científica ou pedagógica, não podem implicar uma violação de regras laborais. Justificava-se um regime especial – como prescrito para outros contratos de trabalho analisados anteriormente – mas na falta dele, pois o legislador remete para lei especial (p. ex., art. 122.º da Lei n.º 62/2007), há que atender às regras gerais, com as adaptações possíveis. A dúvida reside, muitas vezes, em saber se é aplicável o regime público, nomeadamente no ensino superior onde se admitem relações laborais durante vários anos sem vinculação definitiva.

Por outro lado, o dever de ocupação efetiva (art. 129.º, alínea *b*), do CT) tem de ser ajustado à autonomia científica e pedagógica do estabelecimento de ensino. Na falta de legislação própria, esta é uma das áreas onde se justifica aplicar as regras comuns de direito do trabalho com as necessárias adaptações. O ensino, em qualquer dos seus graus, não se compagina com a aplicação estrita da regra da ocupação efetiva, que justifica plenamente a sua adaptação, mormente por motivos de ordem científica e pedagógica.

No fundo, a autonomia científica e pedagógica da escola obsta que nas relações laborais com os docentes se apliquem linearmente as regras gerais enunciadas no Código do Trabalho. Dito de outro modo, o regime laboral comum, instituído no Código do Trabalho, nem sempre se adapta a todas as especificidades da função docente, justificando-se, à imagem do que ocorre com outros profissionais (p. ex., desportistas), o estabelecimento de um regime laboral próprio.

Bibliografia:

Romano Martinez, «O Regime Laboral dos Docentes: Alguns Problemas», *Educação e Direito*, n.º 2, 2.º, 1999, pp. 41 a 50.

§ 45. CONTRATO DE TRABALHO COM CONCESSIONÁRIOS DE SERVIÇOS PÚBLICOS

Em relação aos concessionários de serviços públicos, o art. 11.º do decreto preambular da LCT previa-se que este diploma se lhes pudesse aplicar com determinadas adaptações, ou seja, considerava-se que a Lei do Contrato de Trabalho, relativamente a contratos de trabalho celebrados por concessionários de serviços públicos, pudesse sofrer ajustamentos exigidos pelas características dos referidos serviços, que justificassem o afastamento de certas regras do mencionado diploma. O Código do Trabalho, sem uma alusão específica a este tipo de contrato, admite que aos contratos de trabalho com regime especial – entre os quais se inclui o contrato de trabalho com concessionários de serviços públicos – se aplicam as regras que não sejam incompatíveis com as respetivas especificidades (art. 9.º do CT).

Quanto aos serviços públicos, por via da regra, existe legislação especial, que regulamenta aspetos relativos ao contrato de trabalho, designadamente quanto a transportes coletivos urbanos, transportes aéreos e ferroviários ou telecomunicações. Na falta de legislação especial aplicam-se as normas do regime geral.

Bibliografia:

Monteiro Fernandes, *Direito do Trabalho*, 11.ª ed., Coimbra, 1999, p. 156.

§ 46. RELAÇÕES LABORAIS COM PESSOAS COLETIVAS DE DIREITO PÚBLICO

O Estado, atendendo à administração, central, regional e local, é o maior empregador português, mas as relações laborais podem ser substancialmente distintas[1621].

[1621] Madeira de Brito, *Contrato de trabalho da Administração Pública e sistema de fontes*, Lisboa, 2019, p. 19.

Ainda que o Estado e outras pessoas coletivas de direito público possam, na qualidade de empregador, celebrar contratos de trabalho submetidos ao regime de direito privado – desde que a lei o permita[1622], caso contrário, tais relações jurídicas estarão feridas de nulidade[1623] –, há que atender a várias especificidades destes vínculos.

No que respeita às pessoas coletivas públicas importa distinguir três níveis.

[1622] Admitindo a celebração de contratos de trabalho de natureza privada sendo o empregador um órgão da administração estadual, *vd.* Ac. Rel. Év. de 24/10/1995, CJ XX, T. IV, p. 296; Ac. Rel. Lx. de 22/10/1997, CJ XXII, T. IV, p. 171. Veja-se, porém, o Ac. Rel. Cb. de 8/2/1996, CJ XXI, T. II, p. 61.

[1623] Sobre esta questão, cf. os revogados art. 17.º do Decreto-Lei n.º 41/84, de 3 de fevereiro (com a redação do Decreto-Lei n.º 299/85, de 29 de julho), arts. 10.º e 11.º do Decreto-Lei n.º 184/89, de 2 de junho e o art. 178.º, n.º 2, alínea *h)*, do Código do Procedimento Administrativo. Atualmente, veja-se o art. 52.º da Lei n.º 35/2014, de 20 de junho, que aprovou a Lei Geral do Trabalho em Funções Públicas.

O Ac. STJ de 6/3/1996, *QL* III (1996), n.º 8, p. 190 e *CJ (STJ)* 1996, T. I, p. 264, nega a hipótese de conversão do contrato a termo em contrato sem termo com a administração pública, porque, nos termos do disposto no Decreto-Lei n.º 427/89, de 7 de dezembro, na função pública, a relação jurídica de emprego de natureza contratual reveste a modalidade de contrato administrativo de provimento e de contrato de trabalho a termo certo. Em sentido diverso, admitindo a conversão, *vd.* Ac. Rel. Év. de 27/11/1990, CJ XV, T. V, p. 284; Ac. Rel. Év. de 21/10/1997, CJ XXII, T. IV, p. 299; Ac. Rel. Lx. de 5/11/1997, CJ XXII, T. V, p. 159; Ac. Rel. Pt. de 20/12/1999, CJ XXIV, T. V, p. 252. No Ac. Rel. Lx. de 17/4/1996, CJ XXI, T. II, p. 171, considerou-se que o contrato de trabalho (civil) fora das hipóteses previstas de contratação pela Administração Pública, não era nulo, embora traduzisse uma situação irregular. Veja-se ainda Ac. STJ de 23/9/1998, BMJ 479, p. 351 e Ac. Rel. Lx. de 21/10/1997, CJ XXII, T. IV, p. 299. A questão ficou resolvida com a declaração de inconstitucionalidade, com força obrigatória geral, do art. 14.º, n.º 3, do Decreto-Lei n.º 427/89, na interpretação segundo a qual os contratos de trabalho a termo celebrados pelo Estado se convertem em contratos de trabalho sem termo, uma vez ultrapassado o limite máximo de duração total fixado na lei geral sobre contratos de trabalho a termo (Ac. TC n.º 368/2000, *DR*, I Série de 30/11/2000).

Atualmente, o art. 63.º, n.º 2, da Lei Geral do Trabalho em Funções Públicas (na senda do que determinava o art. 92.º, n.º 2, do Regime Jurídico do Contrato de Trabalho em Funções Públicas) dispõe expressamente que «O contrato a termo resolutivo não se converte, em caso algum, em contrato por tempo indeterminado, caducando no termo do prazo máximo de duração previsto, incluindo renovações, ou, tratando-se de contrato a termo incerto, quando cesse a situação que justificou a sua celebração». A celebração ou renovação ilegais de contratos a termo implicam a sua nulidade e geram responsabilidade civil, disciplinar e financeira dos dirigentes máximos dos órgãos ou serviços que os tenham celebrado ou renovado (art. 63.º, n.º 1, da Lei Geral do Trabalho em Funções Públicas e, no mesmo sentido, já o art. 92.º, n.º 3, do Regime Jurídico do Contrato de Trabalho em Funções Públicas).

As pessoas coletivas públicas podem desenvolver atividades que correspondam a interesses meramente privados[1624], as relações laborais que se constituírem inserem-se no âmbito do direito privado[1625]. Assim, se uma autarquia, proprietária de um terreno agrícola contrata um trabalhador rural para cultivar a propriedade, aplica-se o regime laboral comum.

Em segundo lugar, as pessoas coletivas públicas, no exercício da sua atividade específica, podem recorrer à contratação de trabalhadores nos termos de direito privado. Nesse caso estará em causa o regime do contrato de trabalho em funções públicas, constante da Lei n.º 35/2014, de 20 de junho (que revogou o Regime do Contrato de Trabalho em Funções Públicas, aprovado pela Lei n.º 59/2008, de 11 de setembro[1626]); trata-se de um contrato de trabalho, a que podem recorrer pessoas coletivas de direito público na qualidade de empregador (designada «entidade empregadora pública»), sujeito a um regime muito similar ao do Código do Trabalho, tendo o legislador feito uma remissão genérica para o Código do Trabalho (art. 4.º, n.º 1, da Lei Geral do Trabalho em Funções Públicas).

Em terceiro lugar há a atender à tradicional função pública, na qual os trabalhadores subordinados à Administração Pública ficam submetidos a um regime de direito administrativo, de natureza estatutária, distinto, portanto, do regime laboral[1627]. Neste caso, os trabalhadores são normalmente designados por funcionários públicos.

Deste modo, o Estado e as outras pessoas coletivas públicas, munidos do seu *ius imperii*, além das relações jurídicas laborais no âmbito administrativo, por nomeação ou mediante contrato administrativo de provimento, já cons-

---

1624 *Vd*. Ac. Rel. Pt. de 11/3/1996, CJ XXI, T. II, p. 250, em que fora transferida para uma Junta de Freguesia a administração de um jardim de infância.

1625 Veja-se, porém, o Ac. STJ (Plenário) n.º 3/2000, de 16/5/2000, *DR*, I Série, de 27/6/2000, em que aos trabalhadores da Caixa Geral de Depósitos não se aplicaria o regime jurídico privado, sempre que estes não tivessem optado por tal regime, e Ac. STJ (Plenário) n.º 1/2001, de 13/3/2001, *DR*, I Série de 15/5/2001, relativo aos contratos verbais celebrados pelo Arsenal do Alfeite com os médicos ao seu serviço.

1626 No regime constante da citada Lei n.º 59/2008, muitas das normas que regulavam o Contrato de Trabalho em Funções Públicas haviam sido decalcadas da versão de 2003 do Código do Trabalho.

1627 *Vd*. Madeira de Brito, *Contrato de trabalho da Administração Pública*, cit., p. 30. Quanto à evolução histórica do trabalho na administração pública, explicando a vial dual vigente (emprego público e privado), veja-se autor e obra citados, pp. 56 ss.

tituídas – a relação jurídica laboral de direito público[1628] –, podem manter relações de emprego por contrato de trabalho – sujeito ao regime idêntico ao do direito privado.

Neste caso, a relação laboral de direito público ou, mais concretamente, a relação de trabalho estabelecida com pessoas coletivas de direito público (p. ex., Estado ou autarquias) na qualidade de entidade empregadora está submetida a um regime especial, mas similar ao do Código do Trabalho. O regime laboral público constava basicamente do regime do contrato de trabalho em funções públicas, aprovado pela já revogada da Lei n.º 59/2008[1629], e consta atualmente, com uma remissão genérica para o Código do Trabalho, da citada Lei n.º 35/2014, mantendo, talvez sem uma verdadeira justificação, algumas particularidades com respeito ao regime privado[1630]. Nota-se, contudo, uma tendência crescente para recorrer ao regime de direito privado, transformando a relação jurídica do pessoal vinculado à função pública num regime laboral privado[1631].

[1628] Sobre a questão, *vd.* VEIGA E MOURA, *Função Pública. Regime Jurídico, Direitos e Deveres dos Funcionários e Agentes*, 1.º Vol., Coimbra, 1999, pp. 45 ss.; JOSÉ RIBEIRO/SOLEDADE RIBEIRO, *A Relação Jurídica de Emprego na Administração Pública*, Coimbra, 1994, anot. arts. 4.º ss., pp. 18 ss.

[1629] Anteriormente, veja-se o Decreto-Lei n.º 427/89, de 7 de dezembro, alterado pelo Decreto-Lei n.º 407/91, de 17 de outubro, pela Lei n.º 19/92, de 13 de agosto, pelo Decreto-Lei n.º 175/95, de 21 de julho, pelo Decreto-Lei n.º 102/96, de 31 de julho, pelo Decreto-Lei n.º 218/98, de 17 de julho, pela Lei n.º 23/2004, de 22 de junho, pela Lei n.º 60-A/2005, de 30 de dezembro e pela Lei n.º 53/2006, de 7 de dezembro

[1630] Veja-se, no passado, por exemplo, o regime do período normal de trabalho e do trabalho extraordinário – mantendo a antiga terminologia –, estabelecido pelo Decreto-Lei n.º 259/98, de 18 de agosto, assim como o regime de férias, faltas e licenças dos funcionários e agentes da administração central, regional e local (Decreto-Lei n.º 100/99, de 31 de março, alterado pela Lei n.º 117/99, de 11 de agosto, pelo Decreto-Lei n.º 157/2001, de 11 de maio e pelo Decreto-Lei n.º 181/2007, de 9 de maio).

Com um regime particular, consulte-se, por exemplo, o Regulamento do Trabalho EUA//Base Aérea dos Açores, Dec. n.º 58/97, de 15 de outubro e o Estatuto do Pessoal dos Serviços Externos do Ministério dos Negócios Estrangeiros, aprovado pelo Decreto-Lei n.º 47/2013, de 5 de abril.

Quanto a uma tendência uniformizadora dos regimes privado e público, *vd.* JOÃO CAUPERS, «Situação Jurídica Comparada dos Trabalhadores da Administração Pública e dos Trabalhadores Abrangidos pela Legislação do Contrato de Trabalho», *RDES*, Ano XXXI (1989), n.os 1/2, p. 244 e LIBERAL FERNANDES, *Autonomia Colectiva dos Trabalhadores da Administração*, cit., p. 109.

[1631] A referida aproximação entre o trabalho subordinado na administração pública e o regime laboral comum, *vd.* MADEIRA DE BRITO, *Contrato de trabalho da Administração Pública*, cit., pp. 190 ss. São exemplos dessa aproximação as recentes alterações à Lei Geral do Trabalho

Não obstante a diferenciação formal de regimes (nomeadamente o Contrato de Trabalho em Funções Públicas *vs.* Código do Trabalho, ou Lei dos Acidentes de Trabalho *vs.* Regime Jurídico dos Acidentes em Serviço e das Doenças Profissionais no Âmbito da Administração Pública) pode concluir-se que tem havido uma aproximação de soluções, pois o problema laboral é comum[1632]. A distinção existente conduz a várias dificuldades de compatibilização de regimes, veja-se por exemplo os serviços mínimos em caso de greve em empresa com trabalhadores do sector público e privado (*v. g.*, hospital). A indeterminação do regime jurídico aplicável à relação laboral dos trabalhadores que prestam atividade em entidades públicas empresariais suscita legitimamente a dúvida quanto à aplicabilidade da arbitragem obrigatória prevista no Código do Trabalho (art. 538.º) e no Decreto-Lei n.º 259/2009, de 25 de setembro. De facto, a imponderação legislativa levou a que no mesmo ano de 2009 entrassem em vigor dois diplomas com distintas previsões de arbitragem obrigatória para definição de serviços mínimos em caso de greve: concretamente, o art. 400.º do Regime do Contrato de Trabalho em Funções Públicas (Lei n.º 59/2008, de 11 de setembro), que entrou em vigor a 1 de janeiro de 2009 – solução mantida pelo art. 398.º da Lei n.º 35/2014 –, e o art. 538.º do CT, que entrou em vigor a 17 de fevereiro de 2009, não obstante a respetiva regulamentação só ter surgido em setembro desse ano (Decreto-Lei n.º 259/2009, de 25 de setembro). Acresce que o

---

em Funções Públicas, contantes das Leis n.º 79/2019 e n.º 82/2019, de 2 de setembro, sobre segurança e saúde no trabalho e formação profissional, respetivamente.

Quanto a especialidades de regime no Direito italiano, consulte-se o extenso comentário organizado por Franco Carinci/Massimo D'Antona, *Il Lavoro alle Dipendenze delle Amministrazioni Pubbliche, Commentario*, 2.ª ed., Vols. I, II e III, reimpressão, Milão, 2000.

Sobre particularidades da contratação coletiva no âmbito público, veja-se o não menos extenso comentário organizado por Franco Carinci / Massimo D'Antona, *Il Lavoro alle Dipendenze delle Amministrazioni Pubbliche. I Contratti Collettivi di Comparto. Commentario*, Vols. I e II, Milão, 1997.

1632 A igualdade de base entre trabalhadores do sector privado e do sector público justificou algumas das decisões de inconstucionalidade, como Acs. TC n.º 353/12 e n.º 474/13. Veja-se José João Abrantes, «A jurisprudência constitucional recente em matéria laboral (Algumas notas), *Para Jorge Leite. Escritos Jurídico-Laborais*, I, Coimbra, 2014, pp. 1 ss.

Atenta a referida tendencial igualdade de regimes jurídicos, no Ac. STA de 18/2/2016, *DR* de 7/4/2016, foi uniformizada jurisprudência no sentido de não conformar ilegalidade do ato o facto de no despedimento se ter seguido as normas de direito privado e não as de direito público. Identificando uma diferença de regime, concretamente no abono para falhas, só aplicável aos funcionários ou agentes e não aos trabalhadores com contrato de trabalho, veja-se Ac. Rel. Pt. de 10/9/2018 (Jerónimo Freitas), *CJ* 2018 IV, p. 247.

citado art. 538.º do CT foi alterado pela Lei n.º 105/2009, de 14 de setembro, com eficácia retroativa a 17 de fevereiro de 2009. As dúvidas interpretativas deste complexo regime são óbvias. E parece dificilmente sustentável que a lei geral (CT) pretendesse derrogar o regime especial (RCTFP), não só porque foi publicada um mês após a entrada em vigor desta sem fazer menção explícita a tal revogação, como também porque o preceito do CT2009 foi alterado em setembro de 2009, com eficácia retroativa a fevereiro desse ano, sem se resolver esta incompatibilidade. A dúvida está hoje (parcialmente) sanada, porquanto o novo regime público reiterou a solução de arbitragem prevista anteriormente.

Pese embora, uma diferenciação originária entre emprego público e privado, as diretrizes básicas apontam para a uniformização: estamos perante vínculos identificáveis como contrato; independentemente dos termos usados, estamos perante situações laborais; tem havido recíproca influência de soluções; o sistema de fontes é o tradicional do direito privado, mormente no que respeita ao direito coletivo, recebido na função pública[1633].

Em suma, pese embora a aproximação de soluções jurídicas, a necessária e desejável uniformidade de regimes laborais nem sempre existe.

Bibliografia:

Paulo Almeida, «A Lei Geral do Trabalho em Funções Públicas. Comentários às principais alterações», *Estudos dedicados ao Professor Doutor Bernardo da Gama Lobo Xavier*, III, Lisboa, 2015, pp. 79 ss.; Leal Amado, *Contrato de Trabalho*, cit., pp. 27 ss.; Vera Lúcia Santos Antunes, *O contrato de trabalho na Administração Pública. Evolução, reflexos e tendências para o emprego público*, Coimbra, 2010; Rui Assis, «A compensação pela caducidade do contrato de trabalho em funções públicas a termo resolutivo certo», *Para Jorge Leite. Escritos Jurídico-Laborais*, I, Coimbra, 2014, pp. 43 ss.; Pedro Madeira de Brito, *Contrato de trabalho da Administração Pública e sistema de fontes*, Lisboa, 2019, «O reconhecimento legal do direito à contratação coletiva dos trabalhadores da Administração Pública: da negação à consolidação», *QL* n.º 45 (2014), pp. 327 ss. e «À descoberta do empregador público», *RDES* 2015, n.º 1-3, pp. 67 ss.; M. Bettencourt da Câmara, «Contencioso laboral da administração pública», *Para Jorge Leite. Escritos Jurídico-Laborais*, I, Coimbra, 2014, pp. 89 ss.; Nunes de Carvalho, «Relações de Emprego Público Irregulares», *RDES*, XXXVII (1995), n.º 4, pp. 481 a 489; Raquel Carvalho, «O contrato de trabalho a termo resolutivo no exercício de funções públicas e

[1633] *Vd.* Madeira de Brito, *Contrato de trabalho da Administração Pública*, cit., pp. 509 ss.

a Diretiva 1999/70/CE», *Para Jorge Leite. Escritos Jurídico-Laborais*, I, Coimbra, 2014, pp. 195 ss.; «O regime disciplinar na Lei Geral do Trabalho em Funções Públicas», *QL* n.º 45 (2014, pp. 305 ss. e «Os deveres funcionais dos trabalhadores em funções públicas», *Estudos dedicados ao Professor Doutor Bernardo da Gama Lobo Xavier*, III, Lisboa, 2015, pp. 283 ss.; JOÃO CAUPERS, «Situação Jurídica Comparada dos Trabalhadores da Administração Pública e dos Trabalhadores Abrangidos pela Legislação do Contrato de Trabalho», *RDES*, Ano XXXI (1989), n.os 1/2, pp. 243 a 254; PAULO DAVID COMOANE, *A aplicação da Lei do Trabalho nas relações de emprego público*, Coimbra, 2007; LUÍS FÁBRICA, «Natureza das funções e modalidades de constituição do vínculo de emprego público. Brevíssima crónica de alguns equívocos legislativos», *Estudos dedicados ao Professor Doutor Bernardo da Gama Lobo Xavier*, II, Lisboa, 2015, pp. 375 ss.; LIBERAL FERNANDES, *Autonomia Colectiva dos Trabalhadores da Administração: Crise do Modelo Clássico de Emprego Público*, Coimbra, 1995; MENEZES LEITÃO, *Direito do Trabalho*, cit., pp. 461 e ss.; RUI MEDEIROS/JORGE PEREIRA DA SILVA, «Segurança no emprego de trabalhadores em funções públicas. A tutela reforçada dos trabalhadores com nomeação definitiva segundo o Acórdão do Tribunal Constitucional n.º 474/2013», *Estudos dedicados ao Professor Doutor Bernardo da Gama Lobo Xavier*, III, Lisboa, 2015, pp. 413 ss.; PAULO VEIGA E MOURA, *Função Pública. Regime Jurídico, Direitos e Deveres dos Funcionários e Agentes*, 1.º Vol., Coimbra, 1999; *Comentários à Lei Geral do Trabalho em Funções Públicas*, 1.º Vol., Coimbra, 2014; MARIA JOÃO MACHADO, «A contratação a termo da Administração Pública», *XI-XII Congresso Nacional de Direito do Trabalho. Memórias*, Coimbra, 2009, pp. 203 ss.; JOÃO ZENHA MARTINS, «A transformação dos vínculos de emprego público e as vicissitudes modificativas associadas à mobilidade laboral no contexto das entidades reguladoras», *RDES* 2016, pp. 107 ss.; SALGADO MATOS, «A invalidade de contratos de trabalho em funções públicas consequente da invalidade de actos administrativos no novo paradigma da constituição de relações jurídicas de emprego público», *Estudos dedicados ao Professor Doutor Bernardo da Gama Lobo Xavier*, I, Lisboa, 2015, pp. 189 ss.; ANA FERNANDA NEVES, «Contratos de Trabalho a Termo Certo e Contratos de Prestação de Serviços na Administração Pública – Situações Irregulares – "Reintegração"», *QL* II (1995), n.º 6, pp. 166 a 181, *Relação Jurídica de Emprego Público*, Coimbra, 1999 e «A Diretiva 2001/23/CE como limite ao despedimento de trabalhadores com contrato de trabalho em funções públicas», *QL* n.º 45 (2014), pp. 247 ss.; MIGUEL LUCAS PIRES, «O Contrato Individual de Trabalho na Administração Pública», *QL* n.º 28 (2006), pp. 191 ss., *Lei Geral do Trabalho em Funções Públicas. Anotada e Comentada*, 3.ª ed., Coimbra, 2018 e «Contrato de trabalho na administração pública», *Jornadas Regionais de Direito do trabalho*, Ponta

Delgada, 2016, pp. 83 ss.; Rosário Palma Ramalho, «O Contrato de Trabalho na Reforma da Administração Pública: Reflexões Gerais sobre o Regime Jurídico instituído pela L. 23/2004, de 22 de Junho», *QL* n.º 24 (2004), pp. 121 ss., e *Tratado de Direito do Trabalho*, II, cit., pp. 79 s.; Rosário Palma Ramalho/Madeira de Brito, *Contrato de Trabalho na Administração Pública. Anotação ao Regime Jurídico Aprovado pela Lei n.º 23/2004, de 22 de Junho*, 2.ª edição, Coimbra, 2005; José Ribeiro/Soledade Ribeiro, *A Relação Jurídica de Emprego na Administração Pública*, Coimbra, 1994; Albuquerque Sousa, «A reforma do emprego público em Portugal», *Para Jorge Leite. Escritos Jurídico-Laborais*, I, Coimbra, 2014, pp. 999 ss.; Bernardo Xavier/Furtado Martins/Nunes de Carvalho/Joana Vasconcelos/Tatiana Guerra de Almeida, *Manual*, cit., pp. 395 s.

Secção VII
Vicissitudes

§ 47. MODIFICAÇÕES CONTRATUAIS

1. Princípio geral; acordo das partes

Ao abrigo do princípio geral da liberdade contratual (art. 405.º do CC), empregador e trabalhador não só podem fixar livremente o conteúdo do contrato de trabalho – desde que respeitem as regras injuntivas constantes do Código do Trabalho (p. ex., arts. 203.º ou 205.º do CT quanto à organização do tempo de trabalho, e de outros diplomas, p. ex., LAT) – como podem modificar o acordo por mútuo consentimento (art. 406.º, n.º 1, do CC).

Durante a execução do contrato de trabalho é frequente que haja várias alterações ao acordo, em que, as mais das vezes, o mútuo consentimento se estabelece de modo tácito. Se o empregador decide aumentar a retribuição ou passar a pagar mais um prémio, não fica a aguardar pelo consentimento do trabalhador, pois este tacitamente aceita o benefício. Mesmo em outros aspetos de maior melindre, como a alteração da atividade contratada, não é raro que o empregador, julgando que está no âmbito do seu poder de direção, dê uma ordem no sentido de alterar as tarefas do trabalhador e este não se opõe, aceitando tacitamente a modificação.

Como o contrato de trabalho é um negócio de execução continuada, que usualmente se protela por vários anos, será raro que não haja variados acordos de modificação; daí que, por via de regra, ao fim de alguns anos, o contrato que se executa é bem diferente daquele que foi inicialmente ajustado.

Neste ponto, além das limitações à autonomia privada – *v.g.*, a retribuição não pode ser diminuída por acordo das partes (art. 129.º, n.º 1, alínea *d)*, do CT) –, o direito do trabalho não apresenta especificidades com respeito ao regime geral de direito civil. Contudo, no âmbito laboral importa distinguir as modificações contratuais determinadas por mútuo consentimento – ainda que possam fundar-se em declarações tácitas, nos termos gerais – das alterações ao contrato que resultam de decisão unilateral do empregador.

2. Modulação do tempo de trabalho

I. Tal como já foi referido a propósito da organização do tempo de trabalho (*supra* § 24.11) há múltiplos aspetos que respeitam à organização do tempo de trabalho que podem ser ajustados entre empregador e trabalhador, tanto na celebração do contrato como, mais tarde, durante a sua execução.

Depois de o contrato de trabalho ter sido celebrado, podem ser ajustadas diversas alterações que se repercutem no tempo de trabalho. Assim, pode acordar-se um regime especial de adaptabilidade (arts. 204.º e ss. do CT), de isenção de horário (art. 218.º do CT), de trabalho a tempo parcial (arts. 150.º e ss. do CT) ou de trabalho intermitente (arts. 157.º e ss. do CT). E, depois de se ter ajustado um destes regimes, pode a vontade das partes modificá-lo ou pôr-lhe termo. Em suma, dentro dos parâmetros conferidos pela lei, as partes têm ampla autonomia para alterar o regime de modulação do tempo de trabalho que ajustaram.

II. Mas além das modificações determinadas por consenso, há certos aspetos da organização do tempo de trabalho que podem resultar de decisão do empregador. Sem atender à alteração de horário a que se aludirá no número seguinte, pode referir-se que a concretização de vários aspetos do tempo de trabalho assenta em decisão do empregador; isto é, no seu poder de direção.

Sem ser exaustivo, pode aludir-se a três situações. Vigorando na empresa um regime de adaptabilidade (arts. 204.º e ss. do CT), cabe ao empregador decidir se o aplica e, em caso afirmativo, em que meses, com que período de referência, etc. Se na empresa está organizado um regime de trabalho por turnos (art. 220.º do CT), é o empregador que decide a sequência da mudança de turnos. Por último, a realização de trabalho suplementar, que é obrigatória para o trabalhador (art. 227.º, n.º 3, do CT) resulta de decisão empresarial.

3. Alteração do horário de trabalho

I. Fixado o horário de trabalho, a sua modificação não caberá totalmente no poder de direção do empregador.

No domínio da legislação anterior, havia quem considerasse que a alteração do horário de trabalho não podia ser posta em causa por via do contrato de trabalho, pelo que, tendo sido estabelecido contratualmente um horário de trabalho, o empregador não ficava impedido de o alterar, mais tarde, por via de uma manifestação unilateral de vontade[1634].

Os argumentos apresentados para chegar a essa conclusão eram, essencialmente, dois. Por um lado, o revogado art. 24.º, n.º 1, alínea *f)*, da LComT, só incumbia as comissões de trabalhadores de dar parecer, sempre que o empregador pretendesse mudar os horários de trabalho da empresa; parecer que não é vinculativo. Por outro lado, se o empregador ficasse na dependência do assentimento dos vários trabalhadores relativamente à fixação de novos horários de trabalho, isso iria pôr em causa a adaptação das empresas a condicionamentos, podendo prejudicar uma boa gestão empresarial.

Estes argumentos não poderiam pôr em causa o princípio do *pacta sunt servanda*, do art. 406.º do CC. Se as partes estabeleceram no contrato de trabalho um determinado horário de trabalho, trata-se de uma cláusula que as vincula e que não pode ser posta em causa unilateralmente[1635]. O facto de as comissões de trabalhadores só poderem dar parecer em relação à modificação do horário de trabalho e da rigidez desta regra decorrerem prejuízos para a boa gestão empresarial, não são argumentos que justifiquem a alteração unilateral de uma cláusula contratual; a cláusula de onde consta o horário de trabalho, como qualquer outra cláusula contratual, só pode ser alterada por mútuo consenso das partes[1636]. A questão ficou esclarecida no n.º 4 do art. 173.º do CT2003 (reproduzido no art. 217.º, n.º 4, do CT2009)

[1634] *Vd.* Bernardo Xavier, *Curso de Direito do Trabalho*, cit., pp. 364 s.; Mário Pinto/Furtado Martins/Nunes de Carvalho, *Comentário às Leis do Trabalho*, cit., anot. II.2 ao art. 49.º, p. 210.

[1635] Cf. Ac. STJ de 29/9/1993, CJ (STJ) 1993, T. III, p. 276.

[1636] Neste sentido, Liberal Fernandes, «Alteração Unilateral do Horário de Trabalho», *QL*, I (1994), n.º 3, pp. 161 ss. Em sentido diverso, veja-se, porém, o Ac. Rel. Lx. de 25/11/1992, CJ XVII, T. V, p. 192, onde se admite que a alteração do horário de trabalho que não causa prejuízo sério ao trabalhador é lícita, desde que não haja estipulação em contrário. Esta solução assentava numa implícita aplicação analógica do art. 24.º da LCT, que não se acompanhava, porque não havia lacuna a preencher. Sobre esta questão, *vd.* Liberal Fernandes, «Mudança do Local de Trabalho e Alteração do Horário de Trabalho», *QL* I (1994), n.º 3, p. 174. Sem o mesmo fundamento, Russomano, *Direito do Trabalho*, cit., pp. 120 s., sustenta que não se poderá mudar um trabalhador do serviço diurno para o serviço noturno e vice-versa, mas são

quando se determina que não podem ser alterados os horários de trabalho individualmente acordados. Assim, tendo havido acordo individual quanto a certo horário, é necessário o acordo das partes para o alterar.

II. Como, na maioria das situações, do contrato de trabalho não consta o respetivo horário, ou seja, não houve acordo individual quanto à fixação do horário de trabalho, pelo que este se aplica por via de regras gerais, por exemplo um regulamento interno da empresa ou, simplesmente, uma ordem de serviço interna. Neste caso, que corresponde à situação mais frequente, o horário de trabalho pode ser unilateralmente alterado pelo empregador, cumpridas as formalidades do art. 217.º, n.ºs 2 e 3, do CT e dentro de parâmetros de razoabilidade[1637]. A alteração do horário de trabalho tem de ter uma justificação empresarial, não podendo assentar num capricho e, muito menos, corresponder a uma ato discriminatório.

Deduzindo-se o horário de trabalho de convenção coletiva de trabalho, poderá, eventualmente, na medida em que esta permita uma certa margem de atuação por parte do empregador, ser o mesmo alterado. É, todavia, discutível que, da convenção coletiva, possa constar o horário de trabalho[1638].

Sempre que o horário de trabalho tenha sido fixado em regulamento interno de empresa, poder-se-ia admitir a aplicação do art. 104.º, n.º 2, do CT, e, em tal caso, se o horário fixado no regulamento interno fosse alterado unilateralmente pelo empregador, caberia ao trabalhador opor-se; caso o não fizesse presumir-se-ia que aderira. Porém, no que respeita ao conteúdo do regulamento interno importa distinguir as normas respeitantes ao contrato de trabalho – a que se aplica o art. 104.º do CT – das regras relativas à organização empresarial. A estas últimas não pode haver oposição do trabalhador (*vd. supra* § 27.1.*b*)). Por outro lado, o art. 217.º, n.º 4, do CT só condiciona a alteração de horário de trabalho individualmente acordado; ora, o horário constante de regulamento interno não foi ajustado para um determinado trabalhador.

---

toleradas as modificações irrelevantes do horário, que não impliquem reflexos desastrosos na vida do trabalhador.

[1637] Pode considerar-se abusiva a alteração do horário de trabalho, das 8 horas para as 6 horas da manhã, por não haver transporte e a empresa não o fornecer. Quanto à possibilidade de alteração unilateral do horário de trabalho, cf. Ac. Rel. Lx. de 7/3/2018, CJ 2018 II, p. 331.

[1638] Cf. Bernardo Xavier/Furtado Martins/Nunes de Carvalho/Joana Vasconcelos/ /Tatiana Guerra de Almeida, *Manual*, cit., pp. 548 e s.

Deste modo, só quando o horário de trabalho constar do próprio contrato, individualizando-se para aquele trabalhador, é que o acordo carece do mútuo consenso para ser modificado (art. 217.º, n.º 4, do CT)[1639]; mas o acordo do trabalhador pode ser tácito, se cumpriu o novo horário sem ter reclamado[1640].

Ainda assim, perante uma alteração fundamental das circunstâncias, o empregador poderá alterar o horário de trabalho fixado individualmente com base no disposto no art. 437.º do CC, desde que se encontrem previstos os respetivos pressupostos[1641]. Em suma, o poder de direção do empregador quanto à fixação e modificação do horário de trabalho, para além dos condicionamentos legais, pode ficar unicamente limitado por contrato de trabalho, que fixe um regime especial, diferenciado, para aquele trabalhador; afora estas hipóteses cabe ao empregador fixar e alterar o horário de trabalho.

A alteração do horário, como resulta dos n.os 2 e 3 do art. 217.º do CT, tanto pode ser definitiva como temporária[1642]. A alteração temporária, não superior a uma semana, encontra-se facilitada do ponto de vista procedimental (n.º 3 do citado preceito).

III. Para proceder a uma alteração do horário de trabalho, o empregador deverá, previamente, informar e consultar os trabalhadores afetados e a

[1639] Para se encontrar limitado o poder de o empregador alterar o horário de trabalho não basta que no contrato de trabalho haja uma referência à hora de entrada e de saída, nomeadamente indicando o horário geral que se pratica na empresa; é preciso que haja um acordo individualizado, indicando um horário próprio daquele trabalhador, que pode ser diferenciado ou coincidir com o de outros trabalhadores.

Sobre esta questão, embora com soluções nem sempre coincidentes, mas prevalecendo a necessidade de acordo, cf. Ac. STJ de 29/9/1993, BMJ 429, p. 616 e CJ (STJ) 1993, T. III, p. 276; Ac. Rel. Lx. de 25/5/1990, CJ XV, T. III, p. 186; Ac. Rel. Cb. de 22/4/1993, CJ XVIII, T. II, p. 80; Ac. Rel. Cb. de 7/7/1993, CJ XVIII, T. IV, p. 92; Ac. Rel. Pt. de 12/7/1993, CJ XVIII, T. IV, p. 266; Ac. Rel. Lx. de 9/10/1996, CJ XXI, T. IV, p. 185.

No sentido de a alteração, dentro de certos limites, não carecer de acordo, *vd.* Ac. STJ de 21/1/1998, BMJ 473, p. 294; Ac. Rel. Lx. de 20/3/1991, CJ XVI, T. II, p. 221; Ac. Rel. Lx. de 9/3/1994, CJ XIX, T. II, p. 162; Ac. Rel. Lx. de 29/3/1995, CJ XX, T. II, p. 174; Ac. Rel. Lx. de 5/6/1996, CJ XXI, T. III, p. 164; Ac. Rel. Lx. de 23/9/1998, CJ XXIII, T. IV, p. 173.

[1640] Cf. Ac. STJ de 21/1/1998, *BMJ* 473, p. 294.

[1641] Deste modo, se o Governo proíbe a abertura de determinado tipo de estabelecimento em certos dias da semana, ou impõe o encerramento a partir de certa hora, a adaptação da empresa ao novo período de funcionamento justifica uma alteração do horário de trabalho.

[1642] Cf. NUNES DE CARVALHO, «Jus Variandi. Horário de Trabalho», *RDES* 1992, n.os 1/3, pp. 142 ss.

comissão de trabalhadores ou, na sua falta, os representantes sindicais (art. 217.º, n.º 2, do CT)[1643]. Por outro lado, a referida alteração deverá ser afixada na empresa com sete ou três dias de antecedência em função da dimensão desta (art. 217.º, n.º 2, do CT). Cabe ainda ao empregador comunicar à Autoridade para as Condições de Trabalho a alteração (art. 216.º, n.º 3, do CT). Sempre que a alteração implique um acréscimo de despesas para o trabalhador serão as mesmas compensadas pelo empregador (art. 217.º, n.º 5, do CT)[1644].

4. Mudança de categoria

Relativamente às alterações de categoria importa distinguir as que derivam de uma promoção (*vd. supra* § 16.9.*d)*), que são reguladas por acordo das partes ou instrumento de regulamentação coletiva de trabalho, daquelas que implicam um retrocesso.

Como resulta do disposto no art. 119.º do CT – que constitui um dos casos especiais em esta garantia do trabalhador pode ser afastada (art. 129.º, n.º 1, alínea *e)*, do CT) –, o trabalhador só pode ser colocado em categoria inferior àquela para que foi contratado ou a que foi promovido com o seu acordo. Além de a despromoção pressupor mútuo consentimento, exige-se ainda uma justificação: necessidade premente da empresa ou estrita necessidade do trabalhador. Por fim, há uma formalidade que é a autorização da Autoridade para as Condições de Trabalho relativamente à mencionada despromoção; como se referiu anteriormente (§ 4.5.*d.2)*), o Código do Trabalho reduziu a intervenção da ACT (anterior IGT) na tomada de decisões empresariais, mas neste caso a subsistência da autorização prévia justificase em razão do melindre associado à despromoção.

[1643] Na referência constante do art. 217.º, n.º 2, do CT, o pedido de parecer não se circunscreve às comissões de trabalhadores, abrangendo, por exemplo a comissão sindical. Quanto a uma interpretação restritiva do preceito da Lei da Duração do Trabalho (art. 12.º), cf. Amadeu Dias, *Redução do Tempo*, cit., pp. 106 ss.

[1644] Independentemente da ilicitude da alteração unilateral do horário de trabalho, constituem faltas injustificadas as devidas à não comparência do trabalhador durante trinta dias, por discordar da alteração, mas a ilícita alteração do horário permite que o trabalhador rescinda o contrato com justa causa (Ac. Rel. Pt. de 25/5/1998, CJ XXIII, T. III, p. 249).

5. *Ius variandi*

I. O poder de direção, em sentido técnico, tem em vista a conformação da prestação laboral; num sentido amplo, abrange igualmente determinadas alterações ao programa contratual, normalmente designadas por *ius variandi*. Mediante o *ius variandi* admite-se que, em certas circunstâncias, o empregador introduza modificações quanto a vários aspetos da atividade do trabalhador, mormente, em relação ao modo de efetuar a prestação.

Como as empresas se têm de adaptar a novos condicionamentos, principalmente relacionadas com circunstâncias imprevistas e temporárias, os empregadores não podem ficar limitados quanto à possibilidade de reestruturação organizacional da atividade laboral, designadamente alterando o local, a atividade a desenvolver, o modo de realização da prestação de trabalho, etc.[1645].

No fundo, como a atividade laboral prossegue o fim do empregador, admite-se que possa ser exigido ao trabalhador uma prestação diversa. O poder de alterar e a obrigação de exercer uma atividade diversa inserem-se no princípio da mútua colaboração.

O *ius variandi* pressupõe um desvio ao princípio *pacta sunt servanda* (art. 406.º do CC), justificado por motivos empresariais[1646], que não constitui uma especificidade do domínio laboral; veja-se, por exemplo, em sede de empreitada, o disposto nos arts. 1216.º e 1229.º do CC.

[1645] *Vd.* BERNARDO XAVIER/FURTADO MARTINS/NUNES DE CARVALHO/JOANA VASCONCELOS/ /TATIANA GUERRA DE ALMEIDA, *Manual*, cit., pp. 501 s.

[1646] LUÍS MIGUEL MONTEIRO, «Da Vontade Contratual na Configuração da Prestação de Trabalho», *RDES* XXXII (1990), n.os 1/4, p. 317, indica que este direito de variação contratual encontra manifestações, para além do art. 22.º da LCT (atual art. 119.º do CT), no regime do trabalho suplementar e na mudança de local de trabalho. Quanto a justificações contratuais do *ius variandi* seguidas por alguma doutrina, *vd.* autor e ob. cit., pp. 317 ss. O autor citado (pp. 322 s.), depois de concluir que o *ius variandi* pressupõe uma modificação do objeto do contrato, e de rejeitar a justificação com base no instituto da alteração das circunstâncias (art. 437.º do CC), admite que se trata de uma exceção ao princípio exposto no art. 406.º, n.º 1, do CC. De forma diversa, MÁRIO PINTO/FURTADO MARTINS/NUNES DE CARVALHO, *Comentário às Leis do Trabalho*, cit., anot. II.7 ao art. 22.º, p. 115, consideram que o instituto em causa não representa um desvio à contratualidade, mas uma manifestação da colaboração que preside a qualquer contrato. Partindo igualmente do pressuposto de que o *ius variandi* implica uma exceção ao princípio do cumprimento pontual do contrato, no direito brasileiro, atendendo ao disposto no art. 468 da Consolidação das Leis do Trabalho, o recurso a esta figura está praticamente vedado, *vd.* VALENTIN CARRION, *Comentários*, cit., anot. art. 468, p. 319.

II. As alterações impostas pelo empregador podem estar abrangidas pelo típico poder de direção, por exemplo, alterar a atividade impondo a realização de funções afins (art. 118.º, n.º 2, do CT) e, nesse caso, não se incluem no *ius variandi*. Para haver *ius variandi* torna-se necessário que a alteração determinada pelo empregador esteja em contradição com o programa contratual, isto é com as regras que direta ou indiretamente regem aquela relação laboral[1647]; concretamente, que se imponha a realização de uma atividade diversa, não compreendida nas funções afins ou funcionalmente ligadas.

Assim, se um trabalhador foi contratado, simultaneamente, para motorista e mecânico de uma empresa, apesar de só ter exercido as funções de motorista, caso lhe sejam incumbidas tarefas de mecânico, não se está perante o *ius variandi*. Todavia, se o mesmo indivíduo contratado para motorista, foi incumbido de servir no restaurante da empresa, estar-se-á perante o *ius variandi*.

De igual modo, não corresponde ao exercício do *ius variandi* a alteração de funções para atividade afim ou funcionalmente ligada, para a qual o trabalhador tenha qualificação, nos termos estabelecidos no art. 118.º, n.º 2, do CT (*vd. supra* § 24.2).

III. O *ius variandi* encontra-se previsto no art. 120.º do CT, sob a designação «Mobilidade funcional», determinando que cabe no poder de direção encarregar temporariamente o trabalhador de desempenhar funções não compreendidas na atividade contratada.

Este poder do empregador, para ser exercido, está sujeito à verificação de diversos pressupostos[1648].

Em primeiro lugar, trata-se de poder excecional do empregador, que não seja exercido de forma discricionária[1649], tendo de encontrar justificação

[1647] Como referem Pélissier/Supiot/Jeammaud, *Droit du Travail*, cit., p. 751, há que distinguir a modificação do contrato da modificação do trabalho. A este propósito, cabe indicar que, no direito espanhol (arts. 20.1 e 41 *Estatuto de los Trabajadores*) o poder de direção abrange a modificação não substancial das condições de trabalho acordadas, *vd.* Palomeque López/ /Alvarez de la Rosa, *Derecho del Trabajo*, cit., pp. 722 ss.

[1648] Quanto aos pressupostos desta figura, *vd.* Ac. STJ de 19/10/1994, *BMJ* 440, p. 242; Ac. Rel. Cb. de 19/3/1992, CJ XVII, T. II, p. 92; Ac. Rel. Cb. de 6/1/1993, CJ XVIII, T. I, p. 75; Ac. Rel. Lx. de 1/4/1998, CJ XXIII, T. II, p. 175 e os estudos de Nunes de Carvalho, «Categoria Profissional "Jus Variandi". Requisitos», *RDES* XXXIV (1992), n.ºs 1/2/3, pp. 129 ss. e de Catarina Carvalho, «O Exercício do *Ius Variandi* no Âmbito das Relações Individuais de Trabalho e a Polivalência Funcional», *in Juris et de Jure*, Porto, 1998, pp. 1038 ss.

[1649] Sobre esta questão, *vd.* Catarina Carvalho, «O Exercício do *Ius Variandi* ...», cit., pp. 1033 ss.

no interesse da empresa. Torna-se necessário que o interesse da empresa o exija. É imprescindível que, objetivamente, se determine a existência de um interesse da empresa que justifique a alteração[1650], que tem de ser indicado na ordem (art. 120.º, n.º 3, do CT).

Em segundo lugar, é de referir que a lei só admite o *ius variandi* quando implique uma alteração temporária, para satisfação de necessidades esporádicas da empresa e não duradouras. O que deva entender-se por temporário não é líquido; a alteração temporária opõe-se à definitiva, mas subsiste uma zona de indeterminação[1651]. A transitoriedade da alteração prende-se com o carácter de exceção; assim, se a empresa recorre habitualmente a alterações de duração prolongada, excede as limitações do *ius variandi*. Todavia, como se exige que da ordem conste o tempo previsível da alteração (art. 120.º, n.º 3, do CT), a indefinição estará mitigada.

Por último, o *ius variandi* não pode acarretar uma modificação substancial na posição do trabalhador[1652], em especial será ilícito se implicar uma diminuição da retribuição; porém, se à nova tarefa corresponder uma remuneração mais elevada será esta a devida (art. 120.º, n.º 4, do CT)[1653].

A modificação substancial da posição do trabalhador corresponde a um conceito indeterminado, cuja concretização suscita algumas dúvidas.

[1650] O empregador tem de provar que se verifica uma situação justificativa da alteração (Ac. Rel. Pt. de 24/5/1993, *CJ* XVIII, T. III, p. 269). Sobre o interesse objetivo da empresa, *vd.* Catarina Carvalho, «O Exercício do *Ius Variandi* ...», cit., p. 1041. Mas como explicam Mário Pinto/Furtado Martins/Nunes de Carvalho, *Comentário às Leis do Trabalho*, cit., anot. II.3 ao art. 22.º, p. 112, o ato de gestão não está sujeito a juízo valorativo, pelo que só tem de se verificar da existência das necessidades de gestão. Sobre o sentido de «interesse da empresa», *vd.* Júlio Gomes, *Direito do Trabalho*, I, cit., pp. 802 e ss.

[1651] É válida a alteração temporária que durou quatro anos e três meses (Ac. STJ de 16/6/1993, CJ (STJ) 1993, T. II, p. 297). A mudança de categoria durante dois anos e meio excede o *ius variandi* e implica uma nova qualificação do trabalhador, entendendo-se como promoção (Ac. STJ de 2/7/1997, CJ (STJ) 1997, T. II, p. 297). Os trabalhadores tinham direito à requalificação, porque a mudança de categoria durava há mais de seis anos e era para satisfação de necessidades normais e permanentes da empresa (Ac. STJ de 25/3/1992, *BMJ* 415, p. 428; Ac. STJ de 10/5/1995, *BMJ* 447, p. 289). Excede a afetação temporária, devendo considerar-se uma modificação definitiva, aquela que dura por dois anos (Ac. Rel. Lx. de 9/6/1993, CJ XVIII, T. III, p. 185). O exercício do *ius variandi* de funções de categoria superior por mais de seis meses confere direito à nova categoria (Ac. STJ de 23/5/2001, CJ (STJ) 2001, T. II, p. 281).

[1652] Todavia, é admissível a alteração substancial temporária, sem perda de retribuição, com o acordo do trabalhador (Ac. STJ de 8/10/1997, CJ (STJ) 1997, T. III, p. 295, em que o chefe de snack-bar exercia as funções de jardineiro, enquanto o seu local de trabalho estava encerrado e o jardineiro de baixa).

[1653] Quanto a um aumento remuneratório, *vd.* Ac. Rel. Lx. de 6/10/1993, CJ XVIII, T. IV, p. 183.

O trabalhador não pode ser obrigado a desempenhar uma tarefa diversa, que implique um sacrifício excessivo, relativamente à atividade para a qual foi contratado. Assim, não lhe podem ser incumbidas tarefas mais penosas em termos físicos ou psíquicos; por exemplo, o empregado de escritório de uma empresa de pesca não pode ser encarregado de ir, alguns meses, para a faina no mar[1654]. Da mesma forma, não se pode incumbir um trabalhador de funções que, tendo em conta a sua posição na empresa, na sociedade, etc., sejam consideradas vexatórias.

Há ainda a ponderar que não será lícita a ordem para desempenhar novas funções para as quais o trabalhador não tenha preparação técnica[1655].

Mas não parece legítimo concluir-se que o exercício de uma função de categoria inferior seja, necessariamente, uma modificação substancial. O trabalhador não pode baixar de categoria, mas, por via do *ius variandi*, tem de desempenhar as funções de uma categoria inferior, sempre que os pressupostos desta figura se encontrem preenchidos. Só que, em tal caso, o trabalhador tem direito à retribuição própria da sua categoria, pois, do *ius variandi*, não pode, em caso algum resultar uma redução da remuneração de base[1656].

[1654] Veja-se o Ac. STJ de 29/9/1999, CJ (STJ) 1999, T. III, p. 256, em que havia uma alteração da actividade industrial para tarefas agrícolas bem mais penosas. Numa perspetiva algo restrita, no Ac. Rel. Cb. de 19/3/1992, CJ XVII, T. II, p. 92, considerou-se ilegítima a ordem dada às trabalhadoras da secção de seca de bacalhau de irem retirar de uma câmara frigorífica atum para conserva, por ser uma atividade mais penosa. De modo idêntico, no Ac. Rel. Cb. de 6/1/1993, CJ XVIII, T. I, p. 75, entendeu-se que a nova atividade deveria ter afinidade com a função do trabalhador, pelo que ao ajudante de desenho não podia ser cometida a tarefa de estudo de cores para tecelagem a fazer em laboratório. Ainda nesta perspetiva restrita é de referir o Ac. Rel. Lx. de 27/9/1995, CJ XX, T. IV, p. 153, nos termos do qual havia modificação substancial da posição do trabalhador por ter sido dada, ao motorista de pesados, a ordem de conservar as instalações da fábrica, num período em que a laboração da empresa tinha praticamente parado. Esta posição é também sustentada por CATARINA CARVALHO, «O Exercício do *Ius Variandi* ...», cit., p. 1050.
Diferentemente, no Ac. Rel. Lx. de 20/3/1991, CJ XVI, T. II, p. 221, considerou-se ilegítima a recusa do empregado de bar de ir, temporariamente, servir às mesas de restaurante, com a consequente alteração do horário de trabalho, e no Ac. Rel. Pt. de 7/3/1994, CJ XIX, T. II, p. 238, admitiu-se como válida a ordem dada ao condutor de veículos ligeiros de conduzir um pesado, na medida em que tinha carta de condução que o habilitava a conduzir este tipo de viaturas. Nesta sequência, considerou-se lícita a ordem dada a uma cozinheira, num período de redução do trabalho, de se dedicar à tarefa de limpeza do refeitório, cozinha, louças e demais utensílios (Ac. STJ de 28/1/1998, CJ (STJ) 1998, T. I, p. 257).

[1655] Sobre esta questão, cf. Ac. Rel. Lx. de 6/10/1993, CJ XVIII, T. IV, p. 182.

[1656] Eventualmente, da alteração pode resultar a suspensão de pagamento de complementos salariais, por exemplo um subsídio de turno, ou não haver lugar ao pagamento de comissões, pois a nova atividade não as pressupõe.

Os requisitos do *ius variandi*, a que se alude no art. 120.º, n.º 1, do CT, têm de ser provados pelo empregador, nos termos do art. 342.º do CC[1657].

IV. Não estando verificados os respetivos pressupostos, o trabalhador pode legitimamente recusar a ordem de alteração de objeto do contrato (art. 128.º, n.º 1, alínea *e)*, 2.ª parte, do CT) e, em determinadas circunstâncias, podem estar preenchidos os requisitos para a resolução com justa causa (art. 394.º, n.º 2, do CT) ou para um pedido de indemnização, mormente por danos não patrimoniais[1658].

Como resulta do n.º 2 do art. 120.º do CT, por acordo entre empregador e trabalhador pode haver alterações dos pressupostos da mobilidade funcional. Tanto pode do acordo resultar que ao empregador não é lícito recorrer ao *ius variandi* como será possível ajustar-se o recurso a este mecanismo de forma mais simples, sem atender, por exemplo à posição do trabalhador na empresa.

V. A alteração fundada em *ius variandi* pode ser total, passando o trabalhador a exercer a tempo inteiro uma nova atividade, ou parcial. Neste último caso, o trabalhador, em parte, continua a desenvolver a atividade correspondente à sua categoria. O carácter parcial da modificação, tanto pode ser de algumas horas por dia, de alguns dias por semana, ou mesmo de determinadas semanas por ano.

Salvo disposição em contrário, o trabalhador não adquire a categoria correspondente às funções que exerça temporariamente (art. 120.º, n.º 5, do CT).

VI. No art. 120.º, n.º 1, do CT atende-se tão-só «às funções não compreendidas na atividade contratada», admite-se que haja outras mudanças não relacionadas com a atividade. Deste modo, pode haver alterações que respeitem, por exemplo ao local (*ius variandi* geográfico[1659]) ou ao tempo (*ius*

[1657] Cf. Ac. STJ de 19/10/1994, *BMJ* 440, p. 242 (249); Ac. Rel. Lx. de 1/4/1998, CJ XXIII, T. II, p. 175. Veja-se também Catarina Carvalho, «O Exercício do *Ius Variandi* ...», cit., p. 1037.

[1658] Quanto aos danos não patrimoniais por não se verificar o *ius variandi*, cf. Ac. Rel. Lx. de 1/4/1998, CJ XXIII, T. II, p. 175.

[1659] Em sentido diverso, Catarina Carvalho, «O Exercício do *Ius Variandi* ...», cit., pp. 1045 s., considerando esta figura obsoleta. Todavia, tendo em conta o art. 194.º do CT tem de se admitir a licitude da transferência temporária do local de trabalho que não cause uma alteração substancial da posição do trabalhador. Sobre esta questão, veja-se a anotação jurisprudencial de Mendes Baptista, *Jurisprudência do Trabalho Anotada*, 3.ª ed., Lisboa, 1999, pp. 129 ss. e «O Fundamento do *ius variandi* Geográfico», *Lusíada*, n.º 1 (1998), pp. 157 ss.

variandi temporal[1660]) também podem integrar a noção de *ius variandi*. Contudo, estas situações têm regimes próprios a que já se fez ou se fará alusão (nomeadamente n.os 2 e 6 deste parágrafo).

Bibliografia:

Pedro Madeira de Brito, anotações aos arts. 119.º e 120.º *in* Romano Martinez/Luís Miguel Monteiro/Joana Vasconcelos/Madeira de Brito/Guilherme Dray/Gonçalves da Silva, *Código do Trabalho Anotado*, cit., pp. 335 ss.; Nunes de Carvalho, «Categoria Profissional "Jus Variandi". Requisitos», *RDES* XXXIV (1992), n.os 1/2/3, pp. 129 a 132, e «Ius Variandi. Horário de Trabalho», *RDES* XXXIV (1992), n.os 1/2/3, pp. 142 a 145; Catarina Carvalho, «O Exercício do *Ius Variandi* no Âmbito das Relações Individuais de Trabalho e a Polivalência Funcional», *in Juris et de Jure*, Porto, 1998, pp. 1031 a 1063; Menezes Cordeiro, *Direito do Trabalho*, II, cit., pp. 742 ss.; Monteiro Fernandes, *Direito do Trabalho*, 18.ª ed., Coimbra, 2017, pp. 265 e ss.; Júlio Gomes, *Direito do Trabalho*, I, cit., pp. 794 e ss.; Luís Miguel Monteiro, «Da Vontade Contratual na Configuração da Prestação de Trabalho», *RDES* XXXII (1990), n.os 1/4, pp. 316 a 325; António Moreira, «Flexibilidade Temporal», *Estudos de Direito do Trabalho em Homenagem ao Professor Manuel Alonso Olea*, Coimbra, 2004, pp. 105 ss.; Mário Pinto/Furtado Martins/Nunes de Carvalho, *Comentário às Leis do Trabalho*, cit., anot. ao art. 22.º, pp. 109 a 115; Rosário Palma Ramalho, *Tratado de Direito do Trabalho*, II, 6.ª ed., Coimbra, 2016, pp. 328 e ss.; Motta Veiga, *Lições*, cit., pp. 325 a 327; Bernardo Xavier/Furtado Martins/Nunes de Carvalho/Joana Vasconcelos/Tatiana Guerra de Almeida, *Manual*, cit., pp. 501 e ss.

6. Mudança do local de trabalho

I. Por acordo, pode haver mudança, ajustando-se um novo local de trabalho, caso em que não há deslocação[1661]. Não constituem, contudo, alteração do

[1660] É legítima a ordem que implica uma alteração temporária do horário de trabalho (Ac. Rel. Lx. de 18/6/1997, CJ XXII, T. III, p. 172). Veja-se também o Ac. Rel. Lx. de 20/3/1991, CJ XVI, T. II, p. 221, e consulte-se a anotação de Nunes de Carvalho, «Ius Variandi. Horário de Trabalho», *RDES* XXXIV (1992), n.os 1/2/3, pp. 142 ss. e o comentário de jurisprudência de Mendes Baptista, *Jurisprudência do Trabalho Anotada*, cit., pp. 143 ss.

[1661] Cf. Ac. STJ de 5/2/1997, CJ 1997, T. I, p. 271, em que houve acordo no sentido de o trabalhador ir desempenhar a sua atividade no estrangeiro. O acordo que permite a deslocação pode prever, expressa ou tacitamente, a alteração de outros aspetos do conteúdo contratual; com posição diversa, cf. Liberal Fernandes, «Mudança de Local de Trabalho e Alteração do Horário de Trabalho», QL I (1994), n.º 3, p. 173.

local de trabalho as deslocações que o trabalhador efetua ao serviço da empresa; assim, o trabalhador que, contrariamente à regra, em determinado dia tem de sair da empresa para se reunir com um cliente não muda o seu local de trabalho, pois este continua inalterado: na empresa.

No que respeita à mudança de local de trabalho, o regime laboral não estabelece qualquer limitação à autonomia privada, pelo que, durante a execução do contrato, as partes podem, livremente, alterar o local de trabalho. Interessa, contudo, apreciar as situações em que a modificação do local de trabalho é unilateralmente imposta pelo empregador.

II. Determinado o local de trabalho, cabe verificar em que medida o empregador, ao abrigo do poder de direção, pode estabelecer um novo local de trabalho, atendendo aos limites constantes dos arts. 129.º, n.º 1, alínea *f)*, e 194.º do CT.

Para admitir a mudança unilateral do local de trabalho tem de se ponderar que o trabalhador, sabendo que a sua atividade está localizada, muitas vezes, condiciona a sua vida pessoal em função desse lugar, designadamente adquirindo ou arrendando casa na zona, pesando os gastos de tempo e dinheiro em transportes, inscrevendo os filhos numa escola perto, estabelecendo amizades na vizinhança ou inscrevendo-se no clube recreativo local[1662]. Por isso, a manutenção do lugar de trabalho corresponde a um interesse fundamental do trabalhador[1663] e o art. 129.º, n.º 1, alínea *f)*, do CT, como garantia do trabalhador, alude ao princípio da inamovibilidade.

[1662] Esta visão assenta numa perspetiva, em grande parte, ultrapassada, em que o trabalhador, atendendo, inclusive, às dificuldades de deslocação, raramente mudava de empresa, sendo, toda a vida (laboral) empregado do mesmo patrão. Na sociedade atual, a proteção do local de trabalho perde, consideravelmente, justificação, em particular, nos casos em que o trabalhador, sucessivamente, tem trabalhado para empresas diferentes. Bernardo Xavier/Furtado Martins/Nunes de Carvalho/Joana Vasconcelos/Tatiana Guerra de Almeida, *Manual*, cit., p. 519, apesar de aludir ao facto de o trabalhador organizar o seu plano de vida em função do local onde trabalha, esclarece que, quando procura emprego, é frequente «deslocar-se de longes terras». Russomano, *Direito do Trabalho*, cit., p. 123, explica o princípio da inamovibilidade – que designa por intransferibilidade – com base no facto de o trabalhador criar um *habitat*, do ponto de vista psicológico e social. Veja-se ainda o direito ao local de trabalho em Söllner, *Arbeitsrechts*, cit., p. 256.

[1663] Como refere Monteiro Fernandes, *Direito do Trabalho*, cit., p. 501, o local de trabalho é «um elemento relevante para a situação socioprofissional do trabalhador». Cf. também Bernardo Xavier/Furtado Martins/Nunes de Carvalho/Joana Vasconcelos/Tatiana Guerra de Almeida, *Manual*, cit., pp. 518 e s.

Tendo em conta estes dados e o disposto no art. 129.º, n.º 1, alínea *f)*, do CT, importa atender ao regime constante dos arts. 194.º e ss. do CT, averiguando em que medida pode o trabalhador ser transferido de local de trabalho.

III. Mas importa distinguir duas situações de mudança sujeitas a regimes distintos.

Dentro da empresa ou estabelecimento, o poder de direção do empregador, quanto a modificação no efetivo local de trabalho, não está limitado, salvo na hipótese de o novo local não proporcionar boas condições de trabalho, caso em que poder-se-á violar o disposto no art. 127.º, n.º 1, alínea *c)*, do CT. Relativamente ao lugar físico onde o trabalhador desempenha a sua atividade, cabe ao empregador decidir quanto à sua alteração dentro da área geográfica da empresa ou estabelecimento, determinando que o trabalhador deixa de prestar a atividade no rés-do-chão e passa para o 5.º andar, ou que em vez de trabalhar no pavilhão A passa para o pavilhão B no recinto da fábrica, ou mesmo que não presta mais a sua atividade na loja X, passando a trabalhar na loja Y do mesmo empregador, situadas em dado centro comercial[1664]. Nestes casos, o poder de direção não está limitado, não sendo sequer necessário discutir a existência de prejuízo sério, a que alude o art. 194.º do CT; dito de outro modo, nestes casos não se está perante uma alteração do local de trabalho nos termos previstos neste regime, cabendo no normal exercício do poder de direção.

As mudanças unilaterais do local de trabalho, no âmbito geográfico da unidade produtiva, têm necessariamente de ser admitidas, pois correspondem à normal gestão empresarial[1665].

Esta regra não é posta em causa pelo art. 411.º do CT, que estabelece o princípio (absoluto) de inamovibilidade dos trabalhadores eleitos para

---

[1664] Cf. Bernardo Xavier/Furtado Martins/Nunes de Carvalho/Joana Vasconcelos//Tatiana Guerra de Almeida, *Manual*, cit., pp. 522 e s. No mesmo sentido, Papaleoni *in* Mazzoni, *Diritto del Lavoro*, cit., p. 570, que alude às mudanças de local na unidade produtiva. Quanto à individualização da «unidade produtiva», *vd.* autor e ob. cit. pp. 580 s. Veja-se igualmente Brollo, *La Mobilità Interna del Lavoratore. Mutamento di Mansione e Trasferimento*, Milão, 1997, pp. 3 ss. e Ianni, *Il Cambiamento delle Mansione e la Mobilità Interna*, Pádua, 2001.

[1665] Contudo, no Ac. Rel. Pt. de 9/2/1998, CJ XXIII, T. I, p. 248, decidiu-se que a mudança temporária do restaurante para o café da mesma empresa era lícita, porque a trabalhadora não invocou que a transferência lhe causava prejuízo sério; mas parece que nem poderia fazê-lo. Há, todavia, que distinguir a mera mudança de local de trabalho da situação em que a alteração do local é acompanhada de mudança de atividade, que seria o caso discutido neste aresto.

estruturas de representação coletiva. O legislador pretende que os dirigentes e delegados sindicais, por via de uma transferência, não fiquem privados do contacto com os colegas de trabalho, mas a mudança dentro do espaço geográfico da empresa ou estabelecimento não põe em causa a prossecução das funções sindicais durante as pausas e no final do trabalho. E, como se indicou, tais mudanças do local físico de prestação do trabalho não integram o âmbito da proteção legal deste regime, incluindo-se no normal exercício do poder de direção.

Pode, pois, contrapor-se a «mudança interna» do local de trabalho – no seio da unidade produtiva – à «mudança externa», em que o trabalhador passa a desenvolver a atividade num estabelecimento topograficamente distinto e distante[1666]; só esta última estaria condicionada. No fundo, como referido, a «mudança interna» decorre do normal exercício do poder de direção, enquanto a «mudança externa», normalmente designada «transferência do local de trabalho», ainda que assente no poder de direção, está condicionada pelo regime legal (art. 194.º do CT); o regime legal agora em análise só se aplica a esta última situação. Há certas atividades cuja normal execução pressupõe frequentes ajustamentos de localização, como motoristas ou seguranças, caso em que as mudanças de local de prestação da atividade no âmbito de uma área delimitada correspondem à referida «mudança interna», assente no poder de direção[1667].

IV. Do contrato de trabalho, expressa ou tacitamente, pode depreender-se que ao empregador cabe indicar sucessivamente novos locais de trabalho (art. 194.º, n.º 2, do CT). Situação frequente no domínio da construção civil[1668] e também no caso de trabalhadores (por exemplo, mecânicos) contratados para fazerem reparações ao domicílio dos clientes do empregador. Nestes casos, da relação de trabalho já resulta a natureza itinerante do tra-

[1666] Esta distinção, com contornos algo diversos, surge em Papaleoni *in* Mazzoni, *Diritto del Lavoro*, cit., p. 578.

[1667] Cf. Ac. Rel. Lx. de 23/5/2018 (Manuela Bento Fialho), CJ 2018 III, p. 164, que alude, a propósito de um vigilante, à rotatividade no posto de trabalho.

[1668] Tendo o trabalhador sido contratado por uma empresa de construção civil para trabalhar onde esta tivesse obras, não há transferência de local de trabalho se, terminada uma obra, o trabalhador for deslocado para outra (cf. Ac. Rel. Lx. de 17/4/1991, CJ XVI, T. II, p. 230; Ac. Rel. Cb. de 6/6/1991, CJ XVI, T. III, p. 120; Ac. Rel. Lx. 8/4/1992, CJ XVII, T. II, p. 206). Por contrato de trabalho ou instrumento de regulamentação coletiva pode estipular-se que o empregador goza de liberdade de transferência do local de trabalho (Ac. STJ de 11/5/1994, *BMJ* 437, p. 342).

balho, pelo que o local de trabalho comporta uma grande amplitude do ponto de vista espacial. O mesmo se passa quando a progressão na carreira, numa determinada empresa, pressupõe que se preste serviço em diversos estabelecimentos que esta tem espalhados pelo país[1669]/[1670]. A cláusula contratual que admite a modificação unilateral do local de trabalho só permitirá alterações justificadas num parâmetro de boa fé, razão pela qual, o empregador não pode transferir o trabalhador sem um motivo de gestão empresarial[1671]. Mas, nestes casos, assentando a mudança de local no exercício do poder de direção não condicionado pelo art. 194.º do CT (*vd.* anterior III.), não se torna necessário apurar o prejuízo sério.

Ainda que prevista no contrato, não se admite, porém, que a mudança de local de trabalho seja consequência de uma sanção disciplinar aplicada ao trabalhador, pois o elenco de sanções só pode ser acrescentado por instrumento de regulamentação coletiva (art. 328.º do CT).

O princípio da inamovibilidade (art. 129.º, n.º 1, alínea *f*), do CT) não insere uma regra injuntiva, pois prevê exceções constantes do Código do Trabalho, de instrumento de regulamentação coletiva de trabalho e de acordo das partes. Além da exceção decorrente do art. 194.º n.º 1, do CT, pode convencionar-se a liberdade de alteração do local de trabalho, como decorre do n.º 2 do art. 194.º, do CT[1672], preceitos onde se reitera o princípio da liberdade contratual[1673].

[1669] A alteração do local de trabalho acordada poderá, ainda, estar relacionada com o regime do trabalho temporário (*vd. infra* § 34.) ou da cedência ocasional de trabalhadores (*vd. infra* § 49.3).

[1670] Russomano, *Direito do Trabalho*, cit., pp. 125 s., considera que tais cláusulas, sendo válidas, não podem ter uma eficácia perene, *ad perpetuam rei memoriae*, exemplificando com a injustiça de uma transferência verificada muitos anos depois de o trabalhador se encontrar a trabalhar em determinado local, e justifica que a cláusula *rebus sic stantibus* levaria a concluir que, nas circunstâncias atuais, o trabalhador que, entretanto, constituiu família não aceitaria a cláusula de mobilidade. Esta interpretação, engenhosa, põe em causa a segurança nos contratos de execução continuada.

[1671] Sendo, portanto, ilícita a transferência que tem em vista «pressionar» o trabalhador a rescindir o contrato, a aceitar uma revogação por acordo ou a «punir» o trabalhador que cometeu uma infração disciplinar.

[1672] Cf. Ac. STJ de 11/5/1994, *BMJ* 437, p. 342.
Quanto à liberdade de estabelecimento de cláusulas de mobilidade no direito inglês, cf. Bowers, *Employment Law*, cit., p. 67.

[1673] No domínio da legislação anterior a «estipulação em contrário» (art. 24.º, n.º 1, da LCT) poderia ser interpretada em sentido restrito, de modo a só admitir o acordo que impedisse qualquer transferência do local de trabalho (cf. Leal Amado, «Inamovibilidade: uma garantia supletiva?», *QL* I (1994), n.º 3, pp. 176 s.; Júlio Gomes/Agostinho Guedes, «Algumas Con-

Mas a liberdade contratual tem limites relacionados com o princípio da boa fé; daí que a cláusula de mobilidade tem de ter sempre uma justificação empresarial, fundada no interesse da empresa, e não pode ser dada a ordem com finalidades diversas, nomeadamente com intuito persecutório. Não sopesando estes motivos, na revisão de 2009 determinou-se que o acordo que permita alterar o local de trabalho caduca ao fim de dois anos se não tiver sido aplicado (art. 194.º, n.º 2, do CT), podendo incentivar o empregador a recorrer antecipadamente a este meio.

V. Sem previsão contratual, o empregador, quando o interesse da empresa o exija, pode determinar uma mudança do local de trabalho do trabalhador para outro estabelecimento, desde que essa alteração não lhe cause prejuízo sério (art. 194.º, n.º 5, do CT).

Importa distinguir duas situações: a mobilidade geográfica, em que a mudança de local de trabalho é definitiva, e a transferência temporária de local de trabalho (art. 194.º, n.º 1, do CT). Noutro plano, ainda se distingue a transferência individual, que afeta um só trabalhador (art. 194.º, n.º 1, do CT), da transferência do estabelecimento, que, por via de regra, atingirá vários trabalhadores (art. 194.º, n.º 1, alínea *a)*, do CT. Em qualquer caso, recorre-se ao prejuízo sério como critério para aferir a legitimidade da ordem ou para conferir ao trabalhador direito a resolver o contrato (art. 194.º, n.º 1, alínea *b)*, e n.º 4, do CT).

O prejuízo sério tem de ser apreciado perante o caso concreto e dependerá, designadamente, de uma deslocação muito mais morosa, de uma acrescida dificuldade de transporte ou de a modificação ser temporária ou definitiva, bem como de a alteração ser individual ou do estabelecimento. Para além de outros aspetos, o prejuízo sério deverá ser avaliado de acordo com um parâmetro de boa fé no cumprimento do contrato. O dever de colaboração impõe que o trabalhador sacrifique conveniências pouco relevantes

---

siderações sobre a Transferência do Trabalhador, nomeadamente no que concerne à Repartição do Ónus da Prova», *RDES* XXXIII (1991), n.os 1/2, pp. 103 ss.); interpretação que não correspondia ao espírito da lei, nem à tendência para minimizar o papel do local de trabalho. Neste sentido, MONTEIRO FERNANDES, *Direito do Trabalho*, cit., pp. 515 s. Mesmo que se aceitasse a referida interpretação restritiva, não seria afetada a deslocalização que não integrasse a noção técnico-jurídica de alteração de local de trabalho, por exemplo não inviabilizaria a prossecução de atividades a empresas, como as de construção civil, em que, por natureza, há frequentes mudanças de local de trabalho. De facto, nestes casos, como o local de trabalho é itinerante, a mudança para outra obra não é uma alteração do local de trabalho.

ao interesse da empresa[1674]; em contrapartida, tem de se verificar, do ponto de vista empresarial, uma razão económica, técnica, organizacional, etc. ponderosa, que justifique a mudança de local[1675].

VI. O empregador tem de dar a ordem de transferência por escrito devidamente fundamentada (art. 196.º do CT). Cabe-lhe, em particular justificar, identificando o interesse da empresa que determina a transferência e a inexistência de prejuízo sério para o trabalhador, ainda que, esta última, fundada de modo perfunctório, com dados objetivos de que o empregador disponha. Incumbe ao trabalhador fazer a contraprova de que, afinal, existe um prejuízo sério, assim como provar os factos que integram este conceito[1676].

[1674] O prejuízo sério não corresponde a um incómodo sério ou transtorno, como aquele que advém de despender mais horas na deslocação, pois o trabalhador residia ao lado da empresa e, agora, com a transferência – mantendo-se a empresa dentro da grande Lisboa – demora mais duas horas – uma hora em cada percurso – tem de fazer mais 100 Km em deslocações (Ac. STJ de 23/11/1994, *BMJ* 441, p. 178; Ac. STJ de 3/11/1994, *QL* II, n.º 4, p. 58; Ac. Rel. Év. de 9/5/1995, CJ XX, T. III, p. 315; Ac. STJ de 24/3/1999, *BMJ* 485, p. 239). Não sendo, assim, prejuízo sério os meros transtornos que decorrem do trajeto mais longo (Ac. Rel. Lx. de 18/3/1998, CJ XXIII, T. II, p. 170). É lícita a alteração do local de trabalho para uma distância de 20 Km, se a empresa fornece viatura e combustível ao trabalhador (Ac. Rel. Év. de 28/3/1995, CJ XX, T. II, p. 287) ou em que o empregador assegura o transporte para o novo local, considerando como de trabalho o tempo despendido nas deslocações (Ac. Rel. Év. de 5/1/1993, CJ XVIII, T. I, p. 287; Ac. Rel. Év. de 22/6/1993, CJ XVIII, T. III, p. 308; Ac. Rel. Lx. de 29/3/1995, CJ XX, T. II, p. 174). E se a entidade patronal passou a pagar ao trabalhador transferido um suplemento em razão de maiores despesas de transporte, não pode suspender tal pagamento (Ac. Rel. Lx. de 29/3/1993, CJ XVIII, T. II, p. 168).
Há prejuízo sério relativamente a um trabalhador que exercia a sua atividade em um camião que circulava entre Lisboa e a Mealhada, residindo em Lisboa, se a empresa o coloca a trabalhar na Mealhada (Ac. Rel. Cb. de 5/11/1997, CJ XXII, T. V, p. 59), bem como em relação a um trabalhador que prestava a sua atividade em Lisboa e foi transferido para o Seixal, o que o obrigava a percorrer 50 Km (Ac. Rel. Lx. de 24/6/1998, CJ XXIII, T. III, p. 173).

[1675] A designada mobilidade geográfica no direito espanhol (art. 40.1 *Estatuto de los Trabajadores*), sem cláusula contratual que preveja, se implicar mudança de residência, depende de razões económicas, técnicas, organizativas ou de produção que o justifiquem, cf. MONTOYA MELGAR/GALIANA MORENO/SEMPERE NAVARRO/RÍOS SALMERÓN, *Comentarios*, cit., anot. art. 40, pp. 282 ss.; ALONSO OLEA/CASAS BAAMONDE, *Derecho del Trabajo*, cit., pp. 355 ss. Com alguma similitude, no art. 469 Consolidação das Leis do Trabalho, só se considera transferência aquela que acarretar mudança de domicílio do trabalhador (cf. VALENTIN CARRION, *Comentários*, cit., anot. art. 469, pp. 325 ss.).

[1676] Cf. Ac. STJ de 17/12/1997, *ADSTA*, 436 (1998), p. 548. Em sentido não coincidente com o do texto, considerando simplesmente que o empregador tem de provar a inexistência de prejuízo sério, JÚLIO GOMES/AGOSTINHO GUEDES, «Algumas Considerações sobre a Transferência do

Deste modo, do art. 196.º do CT e da boa fé decorre que o empregador, tendo em conta os elementos de que dispõe (p. ex., morada, agregado familiar), podendo até consultar o trabalhador antes de proceder à mudança de local de trabalho, terá de demonstrar que não há eventuais prejuízos para este; em suma, ao empregador incumbe fazer a prova dos factos constitutivos do direito de alterar o local de trabalho (art. 342.º, n.º 1, do CC). Por seu turno, ao trabalhador incumbe fazer a prova de factos que possam contrariar a alegação do empregador, demonstrando que tem prejuízo sério; isto é, o trabalhador tem de fazer a prova dos factos impeditivos (art. 342.º, n.º 2, do CC).

A transferência individual, mesmo que não cause prejuízo sério, não pode ser ordenada a trabalhadores eleitos para estruturas de representação coletiva (art. 411.º do CT)[1677], porque, neste caso, o trabalhador passará a desempenhar a sua atividade em outro estabelecimento, podendo ver frustrada a sua atividade sindical junto dos antigos colegas de trabalho. Relativamente a estes trabalhadores a transferência só pode ser feita com o seu acordo.

VII. No n.º 1 alínea *a)* do art. 194.º do CT está prevista a hipótese de transferência de estabelecimento, que normalmente afetará vários trabalhadores, motivada pela mudança total ou parcial das instalações[1678]. A transferência do estabelecimento pode ser temporária ou definitiva (como a transferência individual).

A empresa pode transferir as suas instalações para outro local por motivos vários, como seja, incentivos fiscais, pôr em prática regras de segurança ou antipoluição ou melhorar a localização em termos de vias de comunicação[1679].

Trabalhador...», cit., p. 118; BERNARDO XAVIER/FURTADO MARTINS/NUNES DE CARVALHO//JOANA VASCONCELOS/TATIANA GUERRA DE ALMEIDA, *Manual*, cit., pp. 528 e s. Esta solução parece pouco razoável, pois o empregador não pode conhecer da situação pessoal de todos os trabalhadores para apreciar e provar a inexistência, em concreto, de prejuízo sério; a entidade patronal deverá provar que se justifica a mudança, que a alteração não é discricionária, persecutória ou discriminatória e que objetivamente tal alteração não se podem considerar como prejudicial; em contrapartida, o trabalhador, se se considerar lesado, tem de provar a lesão (prejuízo sério), cf. MONTEIRO FERNANDES, *Direito do Trabalho*, cit., pp. 513 e ss..

1677 Quanto à mudança de local de trabalho dos delegados sindicais, cf. Ac. Rel. Lx. de 29/6/1994, CJ XIX, T. III, p. 181.

1678 Esta transferência está sujeita a parecer prévio da comissão de trabalhadores (art. 425.º, alínea *b)*, do CT).

1679 Na transferência coletiva dificilmente poderá estar em causa qualquer intuito persecutório ou discriminatório contra um trabalhador; situação que ocorrerá eventualmente na transferência individual.

Tais mudanças de localização da empresa não poderiam ser impedidas pelos trabalhadores, mesmo no caso de estes invocarem prejuízo sério, permitindo-se que a empresa transfira as suas instalações sem acordo dos trabalhadores[1680], pois está em causa a liberdade de iniciativa económica do empregador, no que respeita ao local onde decide exercer a atividade[1681]. Todavia, em caso de prejuízo sério causado ao trabalhador, confere-se-lhe a possibilidade de resolver o contrato com direito a indemnização (art. 194.º, n.º 5, do CT). Apesar de se tratar de uma resolução fundada em causas objetivas, que, por via de regra, não atribui direito à indemnização (art. 396.º, n.º 1, do CT), excecionalmente, prescreve-se o direito à indemnização (art. 194.º, n.º 5, do CT)[1682]. A resolução do contrato cumular-se-á, assim, com um pedido de indemnização, prevista no art. 366.º do CT, ainda que a atuação do empregador não seja culposa.

O trabalhador só pode resolver o contrato no caso de existir um prejuízo sério, cuja determinação se faz nos parâmetros anteriormente indicados: o empregador, na ordem de transferência, ao justificá-la, indicará com os dados objetivos de que disponha que não há prejuízo sério, cabendo ao trabalhador alegar as circunstâncias de facto que integram o prejuízo sério invocado[1683].

Não se provando a existência do prejuízo sério, o trabalhador não pode resolver o contrato invocando justa causa, nos termos do art. 394.º, n.º 3, alínea *b)*, do CT, pois, faltando o prejuízo sério, não se pode entender que a alteração seja substancial; isto é, o art. 394.º, n.º 3, alínea *b)*, e o art. 194.º, n.º 5, ambos do CT têm de ser interpretados em consonância: como fundamento da resolução do contrato, o "prejuízo sério" implica a existência de uma alteração substancial e duradoura das condições de trabalho. Não seria admissível que, sem existir prejuízo sério, isto é, sem uma alteração substancial, o trabalhador pudesse resolver o contrato; não lhe estando, porém, vedado o recurso à denúncia do contrato com aviso prévio (art. 400.º do CT).

VIII. Independentemente da existência de prejuízo sério, de transferência temporária ou definitiva e de transferência individual ou de estabe-

---

[1680] Cf. Ac. STJ de 28/3/1995, CJ (STJ) 1995, T. I, p. 286; Ac. Rel. Cb. de 17/6/1992, CJ XVII, T. III, p. 163. Como refere Monteiro Fernandes, *Direito do Trabalho*, cit., pp. 506, nesta hipótese, nos interesses em confronto, deu-se prevalência à mudança geográfica do estabelecimento.

[1681] Cf. Júlio Gomes/Agostinho Guedes, «Algumas Considerações sobre a Transferência do Trabalhador...», cit., p. 100.

[1682] Cf. Ac. Rel. Lx. de 19/1/1994, CJ XIX, T. I, p. 165.

[1683] Cf. Ac. STJ de 26/5/1993, CJ (STJ) 1993, T. II, p. 290; Ac. Rel. Év. de 22/6/1993, CJ XVIII, T. III, p. 308.

lecimento, o empregador deve custear as despesas impostas pela transferência, decorrentes do acréscimo de custos de deslocação e resultantes de mudança de residência (art. 194.º, n.º 4, do CT)[1684]. Basta que as despesas derivem da transferência da empresa; por exemplo, as despesas de mudança de casa ou mesmo o maior custo dos transportes[1685].

Bibliografia:

Leal Amado, «Inamovibilidade: uma garantia supletiva?», *QL* (1994), n.º 3, pp. 175 a 177, «Local de Trabalho, estabilidade e mobilidade: o paradigma do trabalhador on the road», *Temas Laborais*, Coimbra, 2005, pp. 65 e ss., e «Modificação substancial das condições de trabalho: o caso da mobilidade geográfica», *QL* 32 (2008), pp. 169 e ss.; Mendes Baptista, «Transferência do Trabalhador para outro Local de Trabalho, Aviso Prévio e Esclarecimento sobre as Condições da Mudança», *QL*, n.º 14 (1999), pp. 196 a 212, «A Mobilidade Geográfica dos Trabalhadores à Luz do Novo Código do Trabalho», *Estudos sobre o Código do Trabalho*, Coimbra, 2004, pp. 77 e ss., «A mobilidade geográfica dos trabalhadores. Alguns pontos críticos», *IX-X Congressos Nacionais de Direito do Trabalho. Memórias*, Coimbra, 2007, pp. 139 e ss.; e «Local de trabalho, cláusulas de mobilidade geográfica e cláusulas de sedentarização», *Temas de Direito do Trabalho e de Direito Processual do Trabalho*, Lisboa, 2008, pp. 13 e ss.; Madeira de Brito, *Do Local de Trabalho*, Lisboa, 1996, «Local de Trabalho», *Estudos do Instituto de Direito do Trabalho*, Vol. I, Coimbra, 2001, pp. 355 a 385 e anotações aos arts. 194.º e ss., *in* Romano Martinez/Luís Miguel Monteiro/Joana Vasconcelos/Madeira de Brito/Guilherme Dray/Gonçalves da Silva, *Código do Trabalho Anotado*, cit., pp. 504 e ss.; Catarina Carvalho, «A Mobilidade Geográfica dos Trabalhadores no Código do Trabalho», *VII Congresso Nacional de Direito do Trabalho*, Coimbra, 2004, pp. 43 ss.; Dias Coimbra, «A Mobilidade do Trabalhador no Âmbito da Cedência Imprópria: O Problema da Inexistência de Relação Contratual Laboral entre o Trabalhador e o Utilizador», *ROA* 53 (1993) III, pp. 815

[1684] Cf. Ac. Rel. Lx. de 23/1/1991, CJ XVI, T. I, p. 206; Ac. Rel. Lx. de 8/3/1995, CJ XX, T. II, p. 162; Ac. Rel. Lx. de 11/7/1996, CJ XXI, T. IV, p. 177.

[1685] No caso dirimido no Ac. Rel. Lx. de 11/2/1998, CJ XXIII, T. I, p. 166, considerou-se lícita a obrigação assumida pelo empregador de transportar os trabalhadores em veículo próprio para o novo local de trabalho, por isso, quando deixou de o fazer, deveria compensar o trabalhador pelo maior tempo despendido em transportes públicos.
Sobre esta questão, com uma posição muito restritiva, *vd.* Abílio Neto, *Contrato de Trabalho*, cit., anot. n.º 5 ao art. 24.º, p. 195. Em sentido mais consentâneo com o do texto, cf. Júlio Gomes/Agostinho Guedes, «Algumas Considerações sobre a Transferência do Trabalhador...», cit., pp. 123 ss.

a 839; Menezes Cordeiro, *Direito do Trabalho*, II, cit., pp. 492 ss.; Liberal Fernandes, «Mudança de Local de Trabalho e Alteração do Horário de Trabalho», *QL* (1994), n.º 3, pp. 173 e 174; Monteiro Fernandes, *Direito do Trabalho*, cit., pp. 501 e ss.; Júlio Gomes, *Direito do Trabalho*, I, cit., pp. 641 e ss.; Júlio Gomes/ /Agostinho Guedes, «Algumas Considerações sobre a Transferência do Trabalhador, nomeadamente no que concerne à Repartição do Ónus da Prova», *RDES* XXXIII (1991), n.os 1/2, pp. 77 a 127; Menezes Leitão, *Direito do Trabalho*, cit., pp. 277 ss.; Rosário Palma Ramalho, *Tratado de Direito do Trabalho*, II, cit., pp. 346 e ss.; Joana Nunes Vicente, «Cláusulas de definição do local de trabalho», *QL* 42 (vinte anos de Questões Laborais), 2013, pp. 217 ss.; Bernardo Xavier/Furtado Martins/Nunes de Carvalho/Joana Vasconcelos/Tatiana Guerra de Almeida, *Manual*, cit., pp. 521 e ss.

7. Alteração da retribuição

I. Tal como se indicou a propósito do princípio da irredutibilidade salarial (*supra* § 25.12.a)), salvo exceções determinadas não pode haver diminuição do montante da retribuição devida ao trabalhador.

Em primeiro lugar pode haver alterações do valor retributivo por acordo. Quanto ao aumento da retribuição devida ao trabalhador não se prescrevem entraves legais, valendo plenamente a autonomia privada. Mas para a redução do montante há que atender a concretizações do princípio da irredutibilidade salarial. Diferentemente do regime anterior (LCT), em que a redução do valor retributivo podia ser determinada por acordo com prévia autorização de organismo governamental, no sistema atual, atendendo ao disposto no art. 129.º, n.º 1, alínea *d)*, do CT, as reduções da retribuição, que não resultem de instrumento de regulamentação coletiva, carecem de previsão legal. Admite-se, contudo que, por acordo autorizado pela ACT, o trabalhador seja colocado em categoria inferior (art. 119.º do CT), com a consequente diminuição retributiva.

II. Além disso, entre as mencionadas exceções à irredutibilidade salarial fez-se alusão à diminuição ou extinção de certas prestações retributivas complementares, como, por exemplo, a compensação por trabalho noturno, que deixará de ser devida se o trabalhador passar a exercer a tarefa de dia ou o subsídio de alojamento, que não mais será pago se o empregador passar a fornecer a casa ou colocar o trabalhador em novo local, onde já não se justifique aquele subsídio. Pois o princípio da irredutibilidade da retribuição não obsta a que sejam afetadas as parcelas correspondentes ao maior esforço ou penosidade do trabalho sempre que ocorram, factualmente, modificações ao nível do modo específico de execução da prestação laboral. Tais subsídios apenas são devidos enquanto persistir a situação de base que lhes serve de fundamento.

Ora, na medida em que as alterações da situação factual se encontram na dependência do poder de direção do empregador, as consequentes alterações na retribuição decorrem (indiretamente) de decisão unilateral de uma das partes. Assim, se o empregador decidir que não há mais trabalho noturno na empresa deixa de pagar o correspondente complemento retributivo.

III. De igual modo, a alteração de valores retributivos pode decorrer de decisões empresariais relacionadas com a prestação da atividade. Por isso, tanto pode haver um aumento salarial em decorrência de o trabalhador exercer certas atividades nos termos do *ius variandi* ou em comissão de serviço, como redução retributiva no caso de o trabalhador, depois de exercer outras funções, ao abrigo do *ius variandi* (art. 120.º do CT) ou em comissão de serviço (art. 161.º do CT), regressar à primitiva atividade[1686].

IV. Mais controversa é a questão dos ajustamentos salariais compensatórios, isto é, saber se o empregador pode deixar de pagar complementos retributivos, aumentando, na respetiva proporção, a retribuição base ou extinguir complementos da retribuição, substituindo-os por outros e alterar critérios para atribuir esses complementos.

Por um lado importa atender à liberdade de reestruturação empresarial, permitindo-se ao empregador alterar parâmetros que já não se ajustam à realidade; e estas alterações têm particular relevo no caso de aquisição de empresas ou de fusão de empresas em que há a necessidade de ajustar estruturas empresariais distintas, por exemplo com diferentes complementos salariais[1687]. Mas, em contrapartida, tem de se atender ao acordo das partes e ao princípio *pacta sunt servanda*, que impõe ao empregador o respeito estrito do contrato de trabalho firmado com o trabalhador[1688].

[1686] Cf. Nunes de Carvalho, «Mobilidade funcional e estatuto retributivo», *RDES*, 2013, n.º 1/3, pp. 49 ss.

[1687] Cf. Mário Pinto/Furtado Martins/Nunes de Carvalho, *Comentário*, cit., anot., II.4 ao art. 21.º, p. 99; Bernardo Xavier/Furtado Martins/Nunes de Carvalho/Joana Vasconcelos/Tatiana Guerra de Almeida, *Manual*, cit., p. 618 e s.. Quanto à admissibilidade de alterar a parte variável da retribuição, *vd.* Ac. STJ de 2/12/1998, *CJ (STJ)* 1998, T. III, p. 280.

[1688] Justificando a inadmissibilidade dos ajustamentos salariais com base no *pacta sunt servanda*, *vd.* Júlio Gomes, *Direito do Trabalho*, I, cit., pp. 776 e ss.

Com limites, propende-se para a admissibilidade dos ajustamentos. Tais alterações podem advir de uma reestruturação empresarial, que determina uma reformulação dos critérios de pagamento das retribuições. De facto, são admitidas variações e ajustamentos nas prestações salariais compensatórias quando esteja em causa a implementação de reestruturações ou reformas na organização da empresa, quando haja a intenção de reformular ou readaptar internamente o esquema de pagamento da retribuição por imperativos de gestão, ou quando tais modificações decorram de processos de fusão, cisão ou aquisição societárias[1689]. Nestes casos, como noutros em que o ajustamento salarial seja engendrado dentro de uma lógica de gestão empresarial global e articulada, a modificação da forma de pagamento da retribuição, na medida em que não envolva a diminuição da «retribuição global» do trabalhador, é lícita. A licitude de tal modificação funda-se no facto de não acarretar a diminuição da retribuição real efetivamente auferida pelo trabalhador, e, além disso, por ser promovida dentro dos limites da boa fé, segundo critérios de razoabilidade, de normalidade social e dentro de uma lógica empresarial séria e objetiva. Pode, pois, afirmar-se que «(...) a garantia da irredutibilidade da retribuição se deve entender em termos globais, não proibindo modificações na arquitetura de cada um dos componentes da retribuição (...)»[1690].

Das referidas alterações não pode, assim, decorrer uma redução da retribuição base – ainda que compensada com complementos retributivos – nem uma diminuição do valor global da retribuição. Por outro lado, as modificações têm de ter uma justificação empresarial, séria e objetiva, e estabelecidas segundo critérios de razoabilidade nos parâmetros de boa fé. Nestes termos, a necessidade de reorganização empresarial funciona como alteração das circunstâncias que faculta a modificação do contrato de trabalho no que respeita aos complementos retributivos.

[1689] Nada obsta a que, por exemplo, havendo uma retribuição de X e três complementos salariais de 50, 25 e 10, o empregador passe a pagar a retribuição de X acrescida de um complemento de 85.

[1690] Cf. Mário Pinto/Furtado Martins/Nunes de Carvalho, *Comentário às Leis do Trabalho*, cit., anotação (4) ao artigo 21.º da LCT, p. 99.

§ 48. REDUÇÃO DA ATIVIDADE E SUSPENSÃO DO CONTRATO

1. Regras gerais

I. A redução da atividade laboral ou a suspensão do contrato de trabalho, previstas nos arts. 294.º e ss. do CT, além de poderem assentar no acordo das partes, em determinadas situações, em particular relacionadas com a impossibilidade de realizar ou de receber a prestação, podem ser impostas a uma das partes. Em todo o caso, estar-se-á perante alterações ao programa contratual, pois cabe distinguir estas situações da cessação do vínculo, apesar de poder haver alguma coincidência de fundamentos.

II. A redução da atividade relaciona-se com a diminuição do período normal de trabalho, distinguindo-se de outras modificações que respeitem às tarefas ou ao horário de trabalho (*vd. supra* § 47.3 e § 47.5).

A redução do período normal de trabalho por facto respeitante ao trabalhador tem por base a impossibilidade parcial de realização da atividade a tempo inteiro ou um acordo, tanto em caso de pré-reforma como de outras situações determinadas pela vontade e interesse do prestador de trabalho, desde que haja acordo (art. 294.º do CT).

2. Suspensão do contrato

a) Identificação

I. Não obstante os efeitos típicos da relação laboral não se verificarem durante certo lapso de tempo, pode admitir-se, em especial por uma razão de estabilidade no emprego, que o contrato subsista. Em caso de suspensão, o vínculo laboral subsiste, mas os seus efeitos principais, em particular a prestação da atividade e o pagamento da retribuição, estão sustidos; quanto à retribuição, a suspensão pode ser só parcial.

Durante a suspensão, os direitos, deveres e garantias contratuais, que não pressuponham a efetiva realização do trabalho, subsistem (art. 295.º, n.º 1, do CT); nomeadamente, mantêm-se os mútuos deveres de urbanidade e, em particular quanto ao trabalhador, o dever de lealdade, em relação ao empregador, a obrigação de «guardar o lugar»[1691]. Como o contrato de trabalho,

[1691] Como refere Menezes Cordeiro, *Direito do Trabalho*, II, cit., p. 797, mantêm-se em vigor os deveres acessórios da relação laboral.

apesar de suspenso, subsiste, o período de inatividade conta para determinação da antiguidade (art. 295.º, n.º 2, do CT) e não se interrompe o prazo para efeito de caducidade (art. 295.º, n.º 3, do CT)[1692]. Mas, diferentemente, por exemplo o regime das férias sofre modificações em caso de suspensão do contrato (cf. art. 245.º do CT).

II. Há dois tipos de suspensão do contrato de trabalho, a que resulta do acordo das partes, a que se pode chamar contratual e a motivada por impossibilidade, em princípio, não imputável às partes. Não obstante as especificidades de regime, também há suspensão do contrato se ao trabalhador foi aplicada uma pena de suspensão do trabalho com perda de retribuição e de antiguidade (art. 328.º, n.º 1, alínea *e)*, do CT)[1693] ou uma suspensão preventiva, nos termos do art. 354.º do CT[1694], assim como no caso de ter aderido a uma greve (art. 536.º do CT), ou de ter requerido a suspensão do contrato por falta de pagamento da retribuição (arts. 294.º, n.º 5, 323.º, n.º 3, e 325.º do CT).

b) Acordo das partes

O contrato de trabalho pode suspender-se se as partes assim acordarem. É o que acontece, por exemplo, no caso de licença sem retribuição, previsto no art. 317.º do CT[1695], em que o trabalhador mantém o direito ao lugar (art.

Quanto ao «direito ao lugar», *vd.* MONTEIRO FERNANDES, *Direito do Trabalho*, 17.ª ed., Coimbra, 2014, pp. 453 s.

[1692] Assim, p. ex., um contrato a termo, pode caducar durante o período de suspensão.

[1693] Cf. Ac. STJ de 14/4/1993, CJ (STJ) 1993, T. II, p. 265, que considerou não se tratar de uma suspensão contratual, porque está em causa uma sanção e a suspensão não podia exceder doze dias por infração, num total de trinta dias por ano (art. 28.º, n.º 2, da LCT), prazo inferior ao do art. 3.º, n.º 1, do Decreto-Lei n.º 398/83. De facto, à pena de suspensão não se deve aplicar este diploma, o que não obsta a que a situação consubstancie uma suspensão do contrato. Contudo, hoje, o art. 328.º, n.º 3, alínea *c)*, do CT dispõe que a suspensão não pode exceder trinta dias por infração num total de noventa em cada ano, pelo que a objeção já não se aplica.

[1694] Neste caso, diferentemente do regime regra da suspensão, a retribuição continua a ser devida.

[1695] Se a licença não depende de acordo das partes (*v. g.*, licença parental [art. 40.º do CT] e licença requerida por trabalhador estudante [art. 92.º do CT] ou trabalhador menor [art. 67.º, n.º 3, do CT]), a suspensão não é contratual, apesar de algumas similitudes em termos laborais. Estas licenças, apesar de não se fundarem no acordo das partes, também conduzem à suspensão do contrato. A este propósito cabe referir que a licença sem retribuição pode ser imposta ao empregador (cf. art. 317.º, n.º 2, do CT); *vd.* JOÃO LOBO, «Licença sem Retribuição: as Alterações Introduzidas pelo DL 397/91, de 16/10», *QL* I (1994), n.º 2, pp. 76 ss.

295.º, *ex vi* art. 317.º, n.º 4, do CT), podendo para o seu posto ser contratado a termo outro trabalhador (art. 140.º, n.º 2, alínea *c)*, do CT), na hipótese de um trabalhador ser promovido a administrador da empresa (art. 398.º, n.º 2, do CSC) e no caso da pré-reforma (arts. 318.º e ss. do CT). De algum modo relacionado com estas hipóteses, é de referir a suspensão parcial que se pode verificar, na eventualidade de uma cedência ocasional, relativamente ao trabalhador cedido e à empresa cedente (*vd. infra* § 49.3).

c) Impossibilidade de realização da prestação

Verifica-se igualmente uma hipótese de suspensão no caso de haver impossibilidade superveniente e temporária de realização das prestações contratuais, não imputável às partes. Essa suspensão do contrato de trabalho vem prevista nos arts. 294.º e ss. do CT.

Quanto à suspensão do contrato por causa não imputável às partes, importa distinguir aquela cujos factores estão relacionados com o trabalhador (arts. 296.º e 297.º do CT), daquela outra em que os factores dizem respeito ao empregador (arts. 298.º e ss. do CT).

3. Suspensão do contrato por facto respeitante ao trabalhador

I. A suspensão do contrato de trabalho por impedimento respeitante ao trabalhador pressupõe, primeiro, que a impossibilidade seja temporária, pois se tiver carácter definitivo haverá caducidade do contrato (art. 296.º, n.º 4, do CT)[1696]; segundo, que o impedimento seja prolongado, superior a um mês (art. 296.º, n.º 1 do CT), na medida em que, sendo inferior, cai no âmbito de faltas justificadas[1697]; terceiro, que a causa do impedimento não seja imputável ao trabalhador. A inimputabilidade exigida por lei dever-se-á entender como respeitando à relação laboral, pois se a causa do impedimento (*v. g.*, acidente) for alheia ao contrato de trabalho, o trabalhador não fica privado de recorrer a este regime[1698]. A questão relaciona-se, contudo, com os com-

[1696] Quanto à caducidade rege o disposto no art. 343.º do CT (*vd. infra* § 55.).

[1697] Não é necessário que o impedimento se prolongue por um mês; basta a previsão de impedimento prolongado (art. 296.º, n.º 3, do CT).

[1698] Assim, se o trabalhador, no dia de descanso semanal, com culpa, praticar uma manobra perigosa, em contravenção ao Código da Estrada, da qual resultou um acidente, que o impossibilitou de trabalhar durante três meses, pode, apesar de tudo, beneficiar do regime de suspensão. MENEZES CORDEIRO, *Direito do Trabalho*, II, cit., p. 792, a este exemplo acrescenta o de um trabalhador que fica incapacitado temporariamente em virtude de

portamentos extralaborais que, em determinadas situações, podem repercutir-se na relação de trabalho (*vd. infra* § 58.2.b).b.1).δ).

A lei dá como exemplo a doença ou o acidente[1699] e acrescentava (art. 3.º da revogada Lei da suspensão do contrato de trabalho) o cumprimento do serviço militar obrigatório ou serviço cívico substitutivo[1700], situações que, sem o relevo que tiveram no passado, surgem agora como «facto decorrente da aplicação da lei do serviço militar» (art. 296.º, n.º 1, do CT).

II. Terminado o impedimento, o trabalhador deve apresentar-se para retomar o serviço, sob pena de incorrer em faltas injustificadas (art. 297.º do CT). Por isso, não obstante a suspensão, sendo possível, o trabalhador deve comunicar ao empregador o motivo da suspensão, o tempo previsível da sua duração, eventuais prorrogações e, com alguma antecedência, informar quando retoma o serviço. Estes deveres advêm da boa fé na execução do contrato – que apesar de suspenso se mantém em vigor – e, eventualmente, da aplicação analógica adaptada do disposto no art. 253.º do CT[1701].

---

um suicídio frustrado; em qualquer dos casos, o contrato suspender-se-ia. Veja-se ainda o exemplo referido por Monteiro Fernandes, *Direito do Trabalho*, 18.ª ed., Coimbra, 2017, p. 478, do trabalhador que contrai uma doença nas vias respiratórias em consequência do abuso de tabaco.

[1699] São meros exemplos, há outras situações que podem implicar a suspensão, cf. Ac. Rel. Pt. de 3/6/1996, CJ XXI, T. III, p. 256, relativo à suspensão do contrato de uma trabalhadora que passou a frequentar uma ação de formação profissional, subsidiada a 100% pelo Instituto do Emprego e Formação Profissional e o Ac. STJ de 22/10/1996, CJ (STJ) 1996, T. III, p. 245, com um voto de vencido, em que se admitiu a suspensão no exercício prolongado de funções sindicais. Sobre a questão, veja-se Del Punta, *La Sospensione del Rapporto di Lavoro. Malattia, Infortunio, Maternità, Servizio Militare*, Milão, 1992.

[1700] Só há suspensão se o cumprimento do serviço militar impedir a realização da atividade (Ac. Rel. Lx. de 30/4/1992, CJ XVII, T. II, p. 100); o exemplo perde sentido com o fim do serviço militar obrigatório. Além do serviço militar, o exercício de funções públicas também pode conduzir à suspensão do contrato de trabalho; era o que ocorria no caso de exercício de funções governamentais (Decreto-Lei n.º 467/79, de 7 de dezembro, revogado pelo Decreto-Lei n.º 32/2018, de 8 de maio).

[1701] Neste sentido, João Reis, «Suspensão do Contrato. Dever de Comunicação do Impedimento», *QL* I (1994), n.º 2, pp. 83 ss. Contra este entendimento, *vd.* Ac. Rel. Cb. de 11/5/1995, CJ XX, T. III, p. 82; Ac. Rel. Cb. de 16/11/1995, CJ XX, T. V, p. 83.

4. Redução da atividade e suspensão do contrato por motivo respeitante ao empregador (*lay off*)

I. A suspensão do contrato de trabalho também pode ficar a dever-se a motivo respeitante ao empregador, devendo contrapor-se as situações de crise empresarial (arts. 298.º e ss. do CT) às hipóteses em que há encerramento ou diminuição de atividade (arts. 309.º e ss. do CT). Quanto às situações de encerramento, importa, ainda, distinguir se o facto é imputável ao empregador ou é do seu interesse (art. 311.º do CT), das situações estranhas à vontade do beneficiário da atividade (art. 309.º do CT).

No primeiro caso (encerramento no interesse do empregador), verificar-se-á tão-só uma suspensão quanto à realização da atividade – podendo haver violação do dever de ocupação efetiva[1702] –, subsistindo a obrigação de manter o lugar do trabalhador e de lhe pagar a retribuição integral (art. 312.º do CT)[1703]. Assim, se o empregador decide encerrar a empresa durante dois meses para fazer obras, de modo a tornar o estabelecimento mais atraente para os clientes, pode ter de recorrer à suspensão do contrato, nos termos do art. 311.º, n.º 2, do CT, ficando o trabalhador, temporariamente desvinculado do dever de efetuar a atividade, sem perda da contrapartida[1704].

A segunda hipótese (encerramento por causa estranha à vontade do empregador) enquadra-se na figura do risco. Por via de regra, o risco de qualquer impedimento na prossecução da relação laboral é suportado pelo empregador. Assim, se por causa de um incêndio na fábrica, por falta de matérias-primas, por ausência de encomendas de produtos, por necessidade de reestruturação da empresa, etc., fosse necessário paralisar a atividade, o empregador continuaria adstrito a pagar o salário por inteiro, subsistindo todos os direitos e deveres da relação laboral.

II. Todavia, quando se alude à redução da atividade ou à suspensão do contrato tem-se normalmente em conta os casos em que a paragem de labo-

---

[1702] Quanto à distinção entre o encerramento constante do art. 78.º da LCT (hoje art. 309.º do CT) e o *lock-out*, *vd.* MONTEIRO FERNANDES, *Direito do Trabalho*, cit., pp. 482 s. e MÁRIO PINTO/FURTADO MARTINS/NUNES DE CARVALHO, *Comentário*, cit., anot. II.3 ao art. 78.º, p. 237.

[1703] Relativamente às soluções constantes deste preceito, cf. BERNARDO XAVIER, *Regime Jurídico*, cit., anot. art. 78.º, pp. 159 s.

[1704] Veja-se a indicação de várias hipóteses que podem conduzir à aplicação do mencionado preceito em MÁRIO PINTO/FURTADO MARTINS/NUNES DE CARVALHO, *Comentário*, cit., anot. II.1 ao art. 78.º, pp. 236 s. Os autores citados (ob. cit., anot. II.4, p. 237) concluem que a solução constante do preceito decorre das regras gerais dos contratos sinalagmáticos.

ração resulta da designada «crise empresarial». Foi neste âmbito a alteração de 2012, essencialmente em aspetos procedimentais, em concreto alterando os arts. 298.º a 301.º, 303.º, 305.º e 307.º do CT[1705].

Nos termos dos arts. 298.º e ss. do CT, para as hipóteses de crise empresarial, em que a suspensão é muitas vezes designado *lay off*, prevê-se que, em certos casos, por motivos de mercado, estruturais ou tecnológicos[1706], catástrofes ou outras ocorrências que tenham afetado gravemente a atividade normal da empresa, o empregador reduza os períodos normais de trabalho ou suspenda a execução dos contratos de trabalho (art. 298.º, n.º 1, do CT). A medida pode igualmente ser aplicada em relação às empresas em situação económica difícil (art. 298.º, n.º 3, do CT).

A redução do período normal de trabalho e a suspensão do contrato de trabalho determinada nestes termos será pelo período previamente definido, não podendo ser superior a seis meses e, eventualmente, a um ano, com prorrogação por mais seis meses (art. 301.º do CT). Há uma situação similar de suspensão parcial no regime de trabalho temporário em relação aos trabalhadores contratados sem termo durante o período de inatividade (art. 184.º, n.os 1 e 2, do CT).

Se o empregador preencher as condições para se aplicar o regime de redução da atividade ou de suspensão contratual, a verificar no processo que segue os termos dos arts. 299.º e 300.º do CT[1707], reduzir-se-á o período normal de trabalho ou suspender-se-á o contrato, ficando, contudo, com a obrigação de continuar a pagar a compensação retributiva fixada no art. 305.º do CT[1708].

Além da especificidade a nível retributivo, importa acrescentar que o *lay off* não prejudica o direito a férias do trabalhador cujo contrato se encontra suspenso, assim como o direito ao pagamento do subsídio de férias e de Natal (arts. 306.º do CT)[1709]. Por outro lado, neste caso, o dever de lealdade

[1705] Veja-se Nunes de Carvalho, «Suspensão ou redução de laboração em situação de crise empresarial», *RDES* 2012, n.º 1/2, pp. 119 e ss.

[1706] As razões económicas e tecnológicas podem derivar de uma má gestão empresarial, a qual não constitui óbice à aplicação do regime em apreço, cf. Bernardo Xavier/Furtado Martins/Nunes de Carvalho/Joana Vasconcelos/Tatiana Guerra de Almeida, *Manual*, cit., p. 709.

[1707] *Vd*. Ac. Rel. Lx. de 18/10/1995, CJ XX, T. IV, p. 162.

[1708] Cf. Ac. Rel. Év. de 9/7/1996, CJ XXI, T. IV, p. 307, em que se considerou a empresa desvinculada do pagamento, pois o trabalhador, durante a suspensão arranjou outro emprego onde auferia um vencimento equivalente.

[1709] Cf. Ac. Rel. Év. de 16/1/1990, CJ XV, T. I, p. 315.

poderá sofrer uma restrição quando se confere ao trabalhador o direito de exercer uma atividade remunerada fora da empresa (art. 305.º, n.º 1, alínea *c)*, do CT).

BIBLIOGRAFIA:

MENEZES CORDEIRO, *Direito do Trabalho*, II, cit., pp. 788 ss.; MONTEIRO FERNANDES, *Direito do Trabalho*, cit., pp. 471 e ss. e «A Suspensão do Contrato de Trabalho por factos ligados à Empresa», *Boletim da Faculdade de Direito*, 17 (1970), pp. 10 a 161; JÚLIO GOMES, *Direito do Trabalho*, I, cit., pp. 852 ss.; MENEZES LEITÃO, *Direito do Trabalho*, cit., pp. 383 ss.; JORGE LEITE, «Observatório Legislativo», *QL* III (1996), n.º 8, pp. 205 a 207; DIAS LOBO, *Responsabilidade Objectiva do Empregador por Inactividade Temporária devida a Perigo de Lesão à Vida e Saúde do Trabalhador*, Coimbra, 1985; JOÃO LOBO, «Licença sem Retribuição: as Alterações Introduzidas pelo DL 397/91, de 16/10», *QL* I (1994), n.º 2, pp. 76 a 79»; MÁRIO PINTO/FURTADO MARTINS/NUNES DE CARVALHO, *Comentário*, cit., anot. arts. 78.º e 79.º, pp. 235 a 242; JOÃO REIS, «Suspensão do Contrato Dever de Comunicação do Impedimento», *QL* I (1994), n.º 2, pp. 80 a 88; ROSÁRIO PALMA RAMALHO, *Tratado de Direito do Trabalho*, II, cit., pp. 668 e ss.; JOANA VASCONCELOS, anotação aos arts. 294.º e ss. *in* ROMANO MARTINEZ/LUÍS MIGUEL MONTEIRO/JOANA VASCONCELOS/MADEIRA DE BRITO/GUILHERME DRAY/GONÇALVES DA SILVA, *Código do Trabalho Anotado*, cit., pp. 707 ss.; MOTTA VEIGA, *Lições*, cit., pp. 447 a 462; BERNARDO XAVIER/FURTADO MARTINS/NUNES DE CARVALHO/JOANA VASCONCELOS/TATIANA GUERRA DE ALMEIDA, *Manual*, cit., pp. 702 e ss.

5. Licença

Por acordo, pode ser concedida ao trabalhador uma licença sem retribuição (art. 317.º, n.º 1, do CT); ou seja, como regra, a licença é concedida pelo empregador a pedido do trabalhador, correspondendo a um ajuste.

Contudo, prevêem-se situações em que a licença pode ser concedida ao trabalhador sem o acordo do empregador. Neste ponto, importa distinguir as licenças obrigatórias – como a licença de maternidade e de paternidade, designada de «parentalidade» (arts. 41.º e 42.º do CT) – das licenças a que o trabalhador tem direito – normalmente relacionadas com a formação, seja no caso de menor (art. 67.º, n.º 3, do CT) ou de trabalhador-estudante (art. 92.º do CT). Neste último sentido, como licença tendo em vista a formação, n.º 2 do art. 317.º do CT, confere-se ao trabalhador direito à licença, podendo, porém, o empregador opor-se em determinadas situações indicadas no n.º 3 do mesmo preceito, nomeadamente se o trabalhador já tem formação adequada ou se se trata de microempresa ou de pequena empresa.

Sendo concedida a licença ao trabalhador, aplica-se o regime da suspensão do contrato (art. 295.º do CT).

6. Pré-reforma

I. A redução do período normal de trabalho ou a suspensão do contrato de trabalho pode decorrer de um acordo de pré-reforma (arts. 318.º e ss. do CT). A pré-reforma releva, simultaneamente, no plano laboral e da segurança social.

Código do Trabalho, no capítulo referente às vicissitudes contratuais (Capítulo V), depois da transmissão de empresa ou estabelecimento (arts. 285.º a 287.º) e da cedência ocasional de trabalhadores (arts. 288.º a 293.º), regula a pré-reforma a propósito da redução da atividade e suspensão de contrato de trabalho (arts. 294.º a 322.º). Recorde-se que esta secção se divide em cinco subsecções: disposições gerais sobre a redução e suspensão (arts. 294.º e 295.º); suspensão de contrato de trabalho por facto respeitante ao trabalhador (arts. 296.º e 297.º); redução temporária do período normal de trabalho ou suspensão do contrato de trabalho por facto respeitante ao empregador (arts. 298.º a 316.º); licença sem retribuição (art. 317.º); pré-reforma (arts. 318.º a 322.º).

Da inserção sistemática, decorre que a pré-reforma constitui, por um lado, uma vicissitude contratual e, por outro, se enquadra na temática da redução da atividade e suspensão do contrato de trabalho, constituindo uma especificidade deste regime, o que significa que, na ausência de regra especial, se deve aplicar o quadro geral da suspensão; tal posição é, aliás, confirmada pelo art. 294.º, n.º 2, alínea *b)*, do CT, que coloca a pré-reforma, a título exemplificativo, nas situações de redução do período normal de trabalho ou de suspensão do contrato de trabalho.

Ao abrigo da liberdade contratual (art. 405.º do CC), na execução do contrato de trabalho são frequentemente acordadas alterações, em que, as mais das vezes, o mútuo consentimento se estabelece de modo tácito. Se o empregador decide aumentar a retribuição ou passar a pagar mais um prémio, não fica a aguardar pelo consentimento do trabalhador, pois este tacitamente aceita o benefício. Mesmo em outros aspetos de maior melindre, como a alteração da atividade contratada, não é raro que o empregador, julgando que está no âmbito do seu poder de direção, dê uma ordem no sentido de alterar as tarefas do trabalhador sem a oposição deste, aceitando tacitamente a modificação, mas a pré-reforma, tal como as congéneres situações de redução e suspensão (analisadas nos números anteriores), ainda que assente no mútuo consenso, apresenta determinados requisitos formais.

II. A redução do período normal de trabalho ou a suspensão do contrato de trabalho pode decorrer de um acordo de pré-reforma (arts. 294.º, n.º 2, alínea *b)*, e 318.º do CT).

Nos termos deste último preceito, a pré-reforma decorre de três pressuposto constitutivos: ocorrência de redução ou suspensão da prestação de trabalho; existência de um acordo entre as partes; ter o trabalhador com 55 ou mais anos.

Tendo o trabalhador, pelo menos, cinquenta e cinco anos de idade, pode ajustar um acordo com o empregador nos termos do qual, até à cessação do vínculo, em princípio por reforma, o trabalhador prestará menos horas de trabalho ou deixa de realizar a atividade.

O acordo de pré-reforma, além de sujeito à forma escrita, tem de conter as indicações mencionadas no art. 319.º do CT.

Na situação de pré-reforma, o trabalhador tem direito às prestações que forem acordadas, com o limite de redução da retribuição constante do art. 320.º do CT; isto é, não pode receber menos de 25% da retribuição que auferia, nem quantia superior à retribuição percebida à data do acordo.

A pré-reforma, como resulta do acordo das partes, pode ser acordada com carácter transitório, podendo ser reversível, caso em que o trabalhador retoma a atividade contratada (art. 322.º do CT). Como dispõe o n.º 2 do art. 322.º do CT, a extinção da pré-reforma no caso de cessação do contrato de trabalho pode implicar o pagamento de uma compensação diversa da que resulta do regime da cessação do contrato, em especial do art. 366.º do CT, que suscita alguma perplexidade[1710].

[1710] São vários os arestos onde se reitera que a pré-reforma e os valores acordados assentam na liberdade contratual, cf. Ac. STJ de 24/10/2007 (Vasques Dinis), Ac. STJ de 17/6/2009 (Paula Sá Fernandes), Ac. STJ de 13/4/2011 (Gonçalves da Rocha), Ac. STJ de 11/5/2011 (Fernandes da Silva), disponíveis em www.dgsi.pt. Aplicando o art. 322.º como regime especial em relação ao disposto no art. 366.º do CT, *vd.* Ac. STJ de 12/10/2017 (Ana Luísa Geraldes), www.dgsi.pt; Ac. STJ de 11/1/2018 (Chambel Mourisco), CJ STJ 2018 I, p. 219.

BIBLIOGRAFIA:

JOANA VASCONCELOS, anotação aos arts. 317.º e ss. *in* ROMANO MARTINEZ/ /LUÍS MIGUEL MONTEIRO/JOANA VASCONCELOS/MADEIRA DE BRITO/GUILHERME DRAY/GONÇALVES DA SILVA, *Código do Trabalho Anotado*, cit., p. 744 e s.

§ 49. TRANSMISSÃO

1. Cessão da posição contratual

A transmissão da posição contratual pode dar-se tanto pelo lado do empregador como do trabalhador; não é, todavia, normal que se verifique esta segunda hipótese, mas pode ocorrer, por exemplo que, com acordo do empregador, um trabalhador à beira da idade de reforma transmita a sua posição contratual para um filho, que continuará a atividade do pai[1711].

A cessão da posição contratual do empregador e do trabalhador está sujeita às regras gerais dos arts. 424.º e ss. do CC.

Mediante a cessão da posição contratual, prevista nos arts. 424.º e ss. do CC, o empregador (cedente), com o consentimento do trabalhador (cedido), transmite a terceiro (cessionário) a sua posição no contrato de trabalho; o cessionário, a partir do momento em que a cessão produz efeitos, passa a ser o empregador daquele trabalhador[1712], deixando o cedente de assumir essa qualidade.

[1711] Podem, todavia, surgir dificuldades práticas de concretização; pense-se nas férias vencidas pelo trabalhador cedente a serem gozadas pelo cessionário, ou na antiguidade do cedente a transmitir ao cessionário. RAÚL VENTURA, «Extinção das Relações Jurídicas de Trabalho», *ROA*, 1950, pp. 224 s., entende que, em tal caso, não há uma sucessão, pois ajusta-se um novo contrato. Rejeitando a hipótese de cessão, *vd.* ISABEL RIBEIRO PARREIRA, *Contrato de Trabalho com Advogado*, Relatório de Mestrado, Lisboa, 2000, pp. 73 s. Todavia, admitindo que possa haver cessão, esta só produz efeitos para o futuro.

[1712] Quanto à admissibilidade da figura, *vd.*, relativamente à doutrina, MOTA PINTO, *Cessão da Posição Contratual*, Coimbra, 1982, p. 157, nota 1 e pp. 449 ss. e BERNARDO XAVIER/FURTADO MARTINS, «Cessão de Posição Contratual Laboral. Relevância dos Grupos Económicos. Regras de Contagem da Antiguidade», *RDES* XXXVI (1994), n.º 4, pp. 389 ss. e, em relação à jurisprudência, Ac. STJ de 11/11/1995, CJ (STJ) 1995, T. III, p. 298; Ac. Rel. Lx. de 15/1/1992, CJ XVII, T. I, p. 190; Ac. Rel. Cb. de 23/11/1995, *CJ* XX, T. V, p. 86. Manifestando dúvidas quanto à aplicação deste regime civil às situações laborais, cf. JÚLIO GOMES, «O Conflito entre a Jurisprudência Nacional e a Jurisprudência do TJ das CCEE em Matéria de Transmissão do Estabelecimento no Direito do Trabalho: O art. 37.º da LCT e a Directiva 77/187/CEE», *RDES* XXXVIII (1996), n.ºs 1/4, pp. 179 ss.

A cessão do contrato de origem convencional pressupõe três declarações de vontade: a proposta e a aceitação do cedente e do cessionário e o assentimento do trabalhador, que pode ser anterior ou posterior à cessão. Pode, contudo, questionar-se a licitude de uma autorização genérica de cessão, aposta no contrato de trabalho, em que o trabalhador só seria notificado das transferências que se viessem a verificar, pois, nem sempre, o trabalhador terá tido consciência da declaração subscrita ou liberdade para a rejeitar[1713].

Havendo cessão da posição contratual, o conteúdo do contrato de trabalho mantém-se inalterado (art. 427.º do CC), pois a modificação é meramente subjetiva; deste modo, o trabalhador perante o novo empregador (cessionário) continua com a mesma categoria, antiguidade, vencimento, etc., que tinha na relação com a anterior entidade patronal (cedente).

2. Transmissão da empresa ou estabelecimento

a) Enquadramento

I. De entre as vicissitudes na relação laboral pode ocorrer uma cedência da posição contratual do empregador *ope legis*, no caso de transmissão da empresa ou estabelecimento, nos termos do art. 285.º do CT. A transferência da posição contratual *ope legis*, também designada sub-rogação *ex lege*[1714] afasta-se do regime geral dos arts. 424.º e ss. do CC, mas encontra consagração noutros negócios jurídicos, como seja a locação (art. 1057.º do CC).

Ainda que o regime jurídico nacional tenha antecedentes na LCT (art. 37.º), o disposto sobre a transmissão (arts. 285.º a 287.º e 498.º do CT) é fortemente influenciado pela Diretiva n.º 2001/23/CE, do Conselho, de 12 de março de 2001[1715].

As particularidades deste regime advêm de dois factores. Primeiro, a cessão é consequência de outro negócio jurídico: a transmissão da empresa ou estabelecimento; segundo, prescinde-se do consentimento do cedido, isto é

[1713] Catarina Carvalho, *Da Mobilidade dos Trabalhadores no Âmbito dos Grupos de Empresas Nacionais*, Porto, 2001 pp. 218 ss., considera ilícitas tais cláusulas, também por entender que, então, o trabalhador se transforma numa mera «peça» do funcionamento da empresa.

[1714] *Vd.* Mota Pinto, *Cessão da Posição Contratual*, Almedina, reimpressão, Coimbra, 1982, p. 90.

[1715] Substituiu a Diretiva n.º 77/187/CEE, do Conselho, de 14 de fevereiro de 1977, alterada pela Diretiva n.º 98/50/CE, do Conselho, de 29 de junho de 1998.

do trabalhador[1716]. Neste aspeto, não há diferença com respeito à cessão da posição contratual de origem convencional, em que a parte cedida também não intervém no negócio jurídico que serve de base à cessão. Diversamente do regime da cessão legal, a Lei n.º 14/2018, de 19 de março, veio permitir expressamente que o trabalhador se oponha à transmissão, quando aquela possa causar-lhe prejuízo sério, nomeadamente por manifesta falta de solvabilidade ou situação financeira difícil do adquirente ou, ainda, se a política de organização do trabalho deste não lhe merecer confiança (art. 286.º-A do CT). O trabalhador pode também optar pela resolução do contrato, podendo invocar justa causa, com o mesmo fundamento (art. 394.º, n.º 3, alínea *d)*, do CT). Neste caso, o trabalhador tem direito a compensação calculada nos termos do art. 366.º do CT (art. 396.º, n.º 5, do CT). O fundamento para estas soluções jurídicas (oposição à transmissão e resolução do contrato) assenta na prova do prejuízo sério que pode ser causado ao trabalhador. Trata-se de um juízo de prognose que o legislador exemplifica com duas hipóteses: 1) manifesta falta de solvabilidade ou situação financeira difícil do adquirente; 2) falta de confiança na política de organização do trabalho do adquirente. A primeira situação mencionada compreende-se até por assentar em dados objetivos, cuja prova, a cargo do trabalhador, pode indiciar uma relação laboral instável. Mas a segunda hipótese, especialmente pela subjetividade inerente, é um factor de perturbação nas relações económicas.

Já se admitia que o trabalhador pudesse resolver o contrato se eventualmente provasse algum factor nesse sentido, por exemplo, a falta de solvabilidade do transmissário e, em geral, a perda da relação de confiança. Em tal caso, a resolução fundar-se-ia no art. 394.º, n.º 3, alínea *b)*, do CT, sendo necessária uma justa causa, que não poderia ser a própria transmissão, porque o art. 285.º do CT também asseguraria o interesse do cessionário em receber um estabelecimento em condições de funcionar, com trabalhadores[1717]. Contudo, em situações limite – *maxime* fraudulentas –, a transferência, além de poder acarretar uma alteração substancial das condições de trabalho, que

[1716] Cf. Ac. STJ de 9/11/1994, CJ (STJ) 1994, T. III, p. 287. Em crítica a esta solução, por considerar que não é irrelevante para o trabalhador ter um novo patrão, *vd.* Júlio Gomes, «O Conflito entre a Jurisprudência Nacional...», cit., pp. 166 ss., admitindo o direito de oposição do trabalhador.

[1717] Como referem Mário Pinto/Furtado Martins/Nunes de Carvalho, *Comentário*, cit., anot. II.1 ao art. 37.º, p. 176, o art. 37.º da LCT (hoje, art. 285.º do CT2009) também assegura o interesse da empresa. Veja-se igualmente Júlio Gomes, «O Conflito entre a Jurisprudência Nacional...», cit., p. 81.

justifica a resolução (art. 394.º, n.º 3, alínea *b)*, do CT), constituirá um facto ilícito de que se poderá responsabilizar o cedente[1718]. O novo regime dá azo a duas situações estranhas: o exercício da oposição pode ser em vão, se o transmitente deixar de ser empregador; a transmissão, ao poder ser entendida como uma justa causa de resolução, que onera o adquirente, inviabilizará o recurso a este instituto como modo de recuperação económica de empresas[1719].

O art. 285.º do CT consagra o princípio da transmissão para o adquirente da empresa ou estabelecimento de todos os contratos de trabalho "existentes" nessa data, bem como de quaisquer "direitos e obrigações" emergentes de tais contratos.

II. O regime da transmissão da empresa ou estabelecimento não se aplica em relação aos trabalhadores que continuarem ao serviço do cedente em outro estabelecimento deste, se a mudança de local de trabalho não for impedida pelo art. 194.º do CT (art. 285.º, n.º 4, do CT)[1720].

Por outro lado, o regime da transmissão do estabelecimento também não se aplica no caso de haver alteração na titularidade da posição acionista. Assim, se a pessoa coletiva detentora da empresa a vende a outro sujeito aplica-se o regime da transmissão; mas se as quotas ou as ações representativas do capital da sociedade detentora da empresa forem transmitidas não está em causa o regime instituído nos arts. 285.º e ss. do CT.

Basta uma transmissão de facto da empresa ou estabelecimento, sem base num título específico nem continuidade contratual, mas tem sempre de haver transmissão de elementos integrantes da empresa ou estabelecimento e não mera alienação de bens, que não integram uma unidade empresarial.

[1718] Quanto a referências aos múltiplos prejuízos que a transferência pode causar ao trabalhador, cf. JÚLIO GOMES, «O Conflito entre a Jurisprudência Nacional...», cit., pp. 166 ss. Sobre a transmissão de estabelecimentos nos grupos de empresas, veja-se CATARINA CARVALHO, *Da Mobilidade dos Trabalhadores no Âmbito dos Grupos de Empresas Nacionais*, cit., pp. 163 ss.

[1719] Sobre a complexidade de soluções instituídas nesta revisão de 2018, sem se atender às consequências práticas das mesmas, veja-se ROMANO MARTINEZ/MADEIRA DE BRITO, «O novo regime da transmissão da unidade económica introduzido pela Lei n.º 14/2018, de 19 de março», *RDES* 2018, pp. 7 ss.

[1720] O preceito em causa alude a um acordo entre o cedente e o cessionário no sentido de os trabalhadores continuarem ao serviço daquele, mas a solução legal não está dependente de tal acordo, que pode nem existir. Quanto às dúvidas suscitadas por este acordo, *vd.* JÚLIO GOMES, «O Conflito entre a Jurisprudência Nacional...», cit., pp. 155 s. Considerando válida esta exceção, *vd.* MÁRIO PINTO/FURTADO MARTINS/NUNES DE CARVALHO, *Comentário*, cit., anot. II.7 ao art. 37.º, pp. 181 s.

Ou seja, para haver transmissão de empresa ou estabelecimento é imperioso que se transfira uma organização específica, com autonomia, não bastando a cessão singular de elementos de certa unidade empresarial sem identidade própria.

b) Influência do direito europeu

I. O artigo 285.º do CT transpõe para o ordenamento português a Diretiva n.º 2001/23/CE, do Conselho, de 12 de março de 2001, relativa à aproximação das legislações dos Estados Membros respeitantes à manutenção dos direitos dos trabalhadores em caso de transferência de empresas ou de estabelecimentos ou de partes de empresas ou de estabelecimentos, que substituiu a Diretiva n.º 77/187/CEE, do Conselho, de 14 de fevereiro de 1977, alterada pela Diretiva n.º 98/50/CE, do Conselho de 29 de junho de 1998[1721].

O preceito consagra, por imposição comunitária, o princípio da transmissão para o adquirente da empresa ou estabelecimento de todos os contratos de trabalho "existentes" nessa data, bem como de quaisquer "direitos e obrigações" emergentes de tais contratos (art. 3.º, n.º 1). Paralelamente, e valendo-se de uma permissão da mesma Diretiva (artigo 3.º, n.º 1, *in fine*) estabelecia uma responsabilidade solidária do transmitente, duplamente limitada às obrigações vencidas até à data da transmissão e ao prazo de um ano subsequente à sua ocorrência.

Este regime, estabelecido em 2003, implicou uma novidade relativamente ao direito antecedente, pois o artigo 37.º da LCT, garantia tão-só, em caso de mudança de titularidade da empresa ou estabelecimento, a transmissão dos contratos de trabalho e do respetivo conteúdo, mas mantinha as obrigações decorrentes desses contratos e anteriores à transmissão na esfera jurídica do transmitente. Por tais obrigações, desde que vencidas nos seis meses anteriores à transmissão e reclamadas pelos trabalhadores, responderia solidariamente o adquirente no ano subsequente à sua realização e sempre com direito de regresso.

A Lei n.º 14/2018, de 19 de março, veio alargar o prazo da responsabilidade solidária do transmitente, que se mantém agora nos dois anos subsequentes à transmissão (art. 285.º, n.º 6, do CT).

[1721] Nos vários números desta alínea, acompanha-se a anotação de JOANA VASCONCELOS, anotação ao art. 285.º in *Código do Trabalho Anotado* de ROMANO MARTINEZ/LUÍS MIGUEL MONTEIRO/JOANA VASCONCELOS/MADEIRA DE BRITO/GUILHERME DRAY/GONÇALVES DA SILVA, cit., pp. 684 e ss.

II. As obrigações que, nos termos do n.º 1 do art. 285.º do CT, se transmitem para o adquirente da empresa ou estabelecimento são unicamente as emergentes dos contratos de trabalho «existentes» à data da transmissão, como decorre do artigo 3.º, n.º 1, da Diretiva.

Ficam, assim, excluídos desta transmissão, permanecendo na esfera jurídica do transmitente, os créditos (*v. g.*, por subsídios de férias ou de Natal ou por trabalho suplementar, vencidos e não pagos) emergentes de contratos de trabalho que tenham cessado em momento anterior à data da transmissão, exceção feita para os contratos cuja extinção venha a ser depois judicialmente declarada ilícita. Quando assim suceda, na medida em que tais vínculos laborais se considerem «existentes» à data da transferência, transmitem-se para o adquirente da empresa ou estabelecimento as obrigações deles emergentes (*v.g.*, indemnizar o trabalhador, caso este opte por não ser reintegrado).

III. Quanto à responsabilidade solidária do transmitente da empresa ou estabelecimento, a sua consagração no direito interno dos Estados membros não é imposta, mas apenas permitida pela Diretiva (art. 3.º, n.º 1, parte final). Apesar de não constituir um elemento integrante da manutenção de direitos dos trabalhadores abrangidos, a responsabilidade solidária implica um significativo reforço da garantia patrimonial destes e representa, no regime vigente, o único meio que acautela, de forma reflexa e muito insuficiente, a situação do adquirente, sujeito à regra da transmissão *ipso iure* de todos os créditos emergentes dos contratos de trabalho transmitidos.

A responsabilidade solidária opera *ex lege,* mas encontra-se circunscrita às obrigações vencidas até à data da transmissão tendo passado de um ano para dois anos subsequentes à sua realização (art. 285.º, n.º 6, do CT). Como opera *ex lege,* esta solidariedade não depende de reclamação pelo trabalhador dos seus créditos, e é imperativa, não podendo ser afastada pelo transmitente (*v.g.*, unilateralmente ou por acordo com os trabalhadores ou com o adquirente).

Sempre que, por força deste mecanismo, o transmitente pague dívidas emergentes dos vínculos laborais transmitidos, terá direito de regresso contra o respetivo adquirente, principal obrigado nos termos legais, salvo convenção em contrário (acordo este eficaz nas relações internas e inoponível aos trabalhadores).

IV. Sendo o objetivo do regime europeu da transmissão da empresa ou estabelecimento a tutela dos trabalhadores abrangidos, acarreta consequências que afetam legítimos interesses do transmitente e do adquirente. Particularmente, atendendo à regra do ingresso *ipso iure* na esfera jurídica do adquirente dos créditos emergentes dos contratos de trabalho transmitidos, releva o conhecimento da quantidade e extensão das obrigações a que vai ficar adstrito o novo titular da empresa ou estabelecimento, como principal responsável pelo cumprimento de tais obrigações; conhecimento esse nem sempre fácil.

No quadro normativo vigente, e na ausência de qualquer outra solução porventura convencionada entre antigo e novo empregador (em qualquer caso inoponível aos trabalhadores), o adquirente surge como o principal – e, volvido dois anos, único – obrigado por todos os créditos laborais exigíveis por cada um dos trabalhadores abrangidos na transmissão, irrelevando, para este efeito, o seu conhecimento, atual ou potencial, dos mesmos e do respetivo montante.

c) Previsão legal

I. O regime legal da transmissão consta de um capítulo respeitante às vicissitudes contratuais, concretamente dos artigos 285.º a 287.º do CT, podendo dizer-se que os aspetos essenciais do regime constam do art. 285.º do CT.

Os n.os 1, 2, 5 e 6 do art. 285.º do CT correspondem, com meras alterações de redação introduzidas aquando da revisão de 2009 do Código do Trabalho e as alterações introduzidas pela Lei n.º 14/2018, de 19 de março, aos n.os 1, 2, 3 e 4 do artigo 318.º do CT2003, o qual sucedera, com relevantes inovações, ao artigo 37.º da LCT.

II. No n.º 1 do art. 285.º do CT admite-se a aplicação do regime em caso de transmissão, por qualquer título, da empresa, do estabelecimento (ou parte do estabelecimento) ou da unidade económica destes, pelo que esta cessão legal da posição contratual aplicar-se-á em variadas hipóteses, seja na comum venda da empresa, em caso de venda judicial do estabelecimento[1722]

[1722] Cf. Ac. STJ de 9/11/1994, CJ (STJ) 1994, T. III, p. 287, onde se conclui que houve transferência do estabelecimento por ter sido adquirido em hasta pública o direito ao trespasse e arrendamento, e Ac. Rel. Cb. de 19/3/1998, CJ XXIII, T. II, p. 76, em que houve transmissão na venda de um dos navios da empresa, em relação aos trabalhadores que lá laboravam. Também neste sentido *vd.* Ac. Rel. Cb. de 7/4/2005 (disponível em www.dgsi.pt): «*A transmissão de estabelecimento a que alude o artigo 37.º da LCT deve ser entendida em sentido amplo, de modo a abranger todas as hipóteses em que a titularidade do estabelecimento comercial ou industrial se transfere de um sujeito para outro. A elaboração doutrinal e jurisprudencial à volta deste conceito aponta, no*

e de fusão ou cisão de sociedades (arts. 97.º e ss. do CSC)[1723]. O regime de transmissão é ainda válido para justificar outras situações em que, sem transmissão, alguém assume a gerência de estabelecimento de outrem, por exemplo, quando o estabelecimento do franquiado reverte para o franquiador ou qualquer exploração de atividade da empresa feita por terceiro é retomada pela beneficiária dessa atividade (art. 285.º, n.º 2, do CT)[1724]. Mas, em qualquer caso, é imprescindível que se conserve a identidade do estabelecimento, mormente no que respeita à sua atividade[1725].

Mesmo na perspetiva do direito europeu, seguida no art. 285.º do CT, para se poder falar em transmissão da empresa ou estabelecimento é impe-

decurso do tempo, no sentido de nele se englobarem as mais diversas hipóteses, como sejam o trespasse, a transmissão decorrente da venda judicial, a mudança de titularidade por força da fusão ou cisão de sociedades, e mesmo a aquisição por transmissão inválida, etc. O critério determinante para a identificação da transferência ou transmissão do estabelecimento reside na conservação da sua identidade e na prossecução da sua actividade, importando saber se o cessionário tomou a exploração de uma empresa ou estabelecimento que estava e continua em actividade ... e não tanto a existência ou não de uma ligação de direito entre os sucessivos cessionários».

[1723] Assim como outra transferência societária (Ac. Rel. Lx. de 11/11/1992, CJ XVII, T. V, p. 189). Sobre a questão, veja-se Júlio Gomes, «O Conflito entre a Jurisprudência Nacional...», cit., pp. 91 ss. e Mário Pinto/Furtado Martins/Nunes de Carvalho, *Comentário*, cit., anot. II.3 ao art. 37.º, p. 178.

[1724] No Ac. Rel. Lx. de 3/6/1992, CJ XVII, T. II, p. 275, considerou-se que a transmissão, ainda que inválida por falta de forma, como tinha sido executada, levava à aplicação do art. 37.º LCT (hoje, art. 285.º do CT). Cf. também o Ac. Rel. Cb. de 22/4/1993, CJ XVIII, T. II, p. 80, onde se admite como válida a transmissão de facto, ainda que parcial. Mas o preceito não se aplica se a transmissão não se chegou a verificar, porque o potencial cedente, mais tarde, retomou as funções (Ac. Rel. Lx. de 8/2/1995, CJ XX, T. I, p. 79).
Sobre as situações que eventualmente podem ser incluídas na referência ampla do n.º 4 do art. 37.º da LCT (hoje, art. 285.º n.ºs 1 e 2, do CT), com indicação da jurisprudência comunitária, *vd.* Júlio Gomes, «O Conflito entre a Jurisprudência Nacional...», cit., pp. 95 ss. Admitindo uma interpretação ampla do preceito, em consonância com a diretriz europeia, cf. Furtado Martins, «Algumas Observações sobre o Regime da Transmissão do Estabelecimento no Direito do Trabalho Português», *RDES* XXXVI (1994), n.º 4, pp. 360 s., que alerta, contudo, para o risco de, por via da solidariedade, se responsabilizar o atual titular do estabelecimento pelos erros de gestão do anterior.

[1725] Cf. Ac. STJ de 24/5/1995, CJ (STJ) 1995, T. II, p. 294. Por isso, se o estabelecimento esteve encerrado e, depois de penhorado, foi vendido judicialmente sem bens móveis não se verifica o pressuposto de aplicação do art. 37.º da LCT (hoje, art. 285.º do CT2009) (Ac. Rel. Lx. de 19/1/1994, CJ XIX, T. I, p. 168).
Sobre a noção de estabelecimento para este efeito, *vd.* Vasco Lobo Xavier/Rita Lobo Xavier, «Substituição de Empresa Fornecedora de Refeições – art. 37.º LCT», *RDES* XXXVII (1995), n.º 4, pp. 394 ss.

rioso que exista um estabelecimento individualizado ou, pelo menos, uma unidade económica autónoma, que continua apto a desenvolver a sua atividade produtiva, conservando, portanto, a identidade e mantendo-se em condições de continuidade produtiva[1726].

IV. As soluções constantes dos n.os 1 e 2 do art. 285.º do CT aplicam-se à "transmissão, por qualquer título, da titularidade" da empresa ou estabelecimento. A fórmula ampla, constante deste regime, funda-se no direito anterior ao Código do Trabalho (artigo 37.º, n.º 1, da LCT) tendo em vista abranger todos os casos em que ocorre a transmissão da empresa ou estabelecimento. De entre os mais frequentemente apontados pela doutrina e jurisprudência, refiram-se o trespasse, a fusão e a cisão e a venda judicial[1727], a que acrescem várias outras situações.

A noção de «unidade económica», constante do n.º 5, reproduz o artigo 1.º, n.º 1, alínea *b*) da Diretiva n.º 2001/23. Muito embora a versão portuguesa da Diretiva utilize a expressão «entidade económica», a expressão «unidade económica», mostra-se mais conforme com a realidade jurídica. Com efeito, é à unidade económica que se refere a jurisprudência a propósito do trespasse e da cessão de exploração, sendo esta a expressão utilizada pelo Código das Sociedades Comerciais, no artigo 124.º, n.º 1, alínea *b)*, relativo à cisão parcial[1728].

O Tribunal de Justiça Europeu (TJCE) tem entendido a unidade económica como conjunto organizado, não apenas de meios materiais, mas também – e nalguns casos, em razão da natureza da atividade desempenhada, principalmente – de trabalhadores[1729].

[1726] Esta ideia encontra-se bem salientada por FABRÍCIA DE ALMEIDA HENRIQUES, «Transmissão do Estabelecimento e Flexibilização das Relações de Trabalho», *ROA* 2001, II, pp. 969 e ss., em especial p. 974.

[1727] Cf. JOANA VASCONCELOS, anotação ao art. 285.º in *Código do Trabalho Anotado* de ROMANO MARTINEZ/LUÍS MIGUEL MONTEIRO/JOANA VASCONCELOS/MADEIRA DE BRITO/GUILHERME DRAY/GONÇALVES DA SILVA, cit., p. 687.

[1728] *Vd.* JOANA VASCONCELOS, *A Cisão de Sociedades*, Universidade Católica Editora, Lisboa, 2001, pp. 141 ss. e anotação ao art. 285.º in *Código do Trabalho Anotado* de ROMANO MARTINEZ/ /LUÍS MIGUEL MONTEIRO/PEDRO MADEIRA DE BRITO/GUILHERME DRAY/LUÍS GONÇALVES DA SILVA, cit., p. 688.

[1729] Sobre a noção comunitária de unidade económica, *vd.* JÚLIO GOMES, «A jurisprudência recente do Tribunal de Justiça das Comunidades Europeias em matéria de transmissão de empresa, estabelecimento ou parte de estabelecimento – inflexão ou continuidade?», *Estudos do Instituto de Direito do Trabalho*, Vol. I, Coimbra, 2001, pp. 481 ss.; JOANA SIMÃO, «A

V. No caso de transmissão da empresa ou estabelecimento, para além da cessão da posição contratual relativamente aos contratos de trabalho (art. 285.º, n.º 1, do CT), o adquirente da empresa ou estabelecimento responde pelas obrigações vencidas anteriormente à transmissão, de que sejam credores os trabalhadores dessa empresa ou estabelecimento. De modo diverso do regime comum, em que a cessão não tem efeitos retroativos, estabelece-se uma transmissão com eficácia retroativa: o adquirente da empresa ou estabelecimento, no plano laboral, assume todas as obrigações relacionadas com a empresa ou estabelecimento, independentemente da data do respetivo vencimento. Deste modo, relacionando com a regra especial da prescrição (art. 337.º do CT), o adquirente da empresa ou estabelecimento pode ser obrigado a saldar uma dívida respeitante a trabalho suplementar realizado três ou quatro anos antes da aquisição ou ao subsídio de férias não pago no ano 2000.

Para salvaguardar a posição do adquirente, estabeleceu-se que o transmitente responde solidariamente pelo cumprimento das obrigações vencidas antes da data da transmissão durante os dois anos subsequentes à alienação (art. 285.º, n.º 6, do CT).

No regime anterior, de igual modo por uma medida de segurança, o adquirente poderia mandar afixar um aviso nos locais de trabalho no qual se dava conhecimento aos trabalhadores que deviam reclamar os seus créditos no prazo de três meses (art. 319.º, n.º 3, do CT2003). Atendendo ao disposto neste preceito, os trabalhadores que, conhecendo o aviso, não tivessem reclamado os seus créditos, não poderiam exigir, depois, as quantias em falta ao adquirente do estabelecimento, porque, como se referia no citado preceito, nesse caso, os créditos não reclamados não se transmitiam. Sem nenhuma explicação nem informação, esta norma, na revisão de 2009, foi suprimida. No art. 319.º, n.º 3, do CT2003 – na sequência do que dispunha o art. 37.º da LCT – previa-se que, cumprido o dever de informação, o adquirente mandasse afixar um aviso para que os trabalhadores reclamassem os seus créditos. Esta norma tinha uma função importante de permitir ao adquirente da empresa conhecer o montante de créditos salariais em dívida e melhor ponderar o negócio de transmissão. Poder-se-ia admitir que não estaria de acordo com a diretriz comunitária[1730], o que é duvidoso, pois não é posto em causa o dever de informação aos trabalhadores e o adquirente só não assume

transmissão do estabelecimento na jurisprudência do trabalho comunitária e nacional», *QL*, n.º 20, 2002, pp. 204 ss.

[1730] Diretiva n.º 2001/23/CE.

dívidas de trabalhadores que tenham agido com incúria. Mas, independentemente das dúvidas de conciliação com o direito da União Europeia, tratava-se de uma solução que facilitava a aquisição de empresas – muito útil principalmente em momento de crise – e que desaparece sem ter havido nenhuma indicação nesse sentido. O disposto no citado n.º 3 do art. 319.º do CT2003 «caiu» impercetivelmente na revisão de 2009, porquanto os n.os 1 e 2 do mesmo preceito foram incorporados num extenso n.º 4 do art. 285.º do CT2009 e o n.º 3 desapareceu[1731]. Esta supressão de uma regra de grande utilidade prática nunca foi discutida nem sequer referenciada.

VI. Transmitido o estabelecimento, o cessionário adquire a posição jurídica do empregador cedente, obrigando-se a cumprir os contratos de trabalho nos moldes até então vigentes. Isto implica não só o respeito do clausulado de tais negócios jurídicos, incluindo as alterações que se verificaram durante a sua execução, como de regras provenientes de usos, de regulamento de empresa ou de instrumentos de regulamentação coletiva (quanto a estes últimos, cf. art. 498.º do CT)[1732]; no fundo, dir-se-á que a transmissão não opera alterações no conteúdo do contrato de trabalho dos trabalhadores cedidos[1733].

VII. Antes da transmissão, o transmitente e o adquirente devem informar os representantes dos trabalhadores ou os próprios trabalhadores sobre a data e motivos da transmissão, suas consequências jurídicas, económicas e sociais para os trabalhadores e medidas projetadas em relação a estes, bem como sobre o conteúdo do contrato entre transmitente e adquirente (art. 286.º n.os 1 e 2, do CT).

VIII. Além da transmissão para o adquirente da empresa ou estabelecimento da responsabilidade pelo pagamento de coima aplicada ao transmi-

[1731] O desaparecimento de um número de um artigo corresponde a uma violação direta do disposto no art. 10.º, n.º 7, do Anexo II da Resolução do Conselho de Ministros n.º 64/2006, de 18 de maio (alterada e republicada pela Resolução do Conselho de Ministros n.º 198/2008, de 30 de dezembro), onde se determina que a revogação de um dos números de um artigo deve ser evidenciada.

[1732] Relativamente à aplicação do art. 9.º da LRCT (hoje, art. 498.º do CT), *vd.* LIBERAL FERNANDES, «Transferência de Trabalhadores e Denúncia da Convenção Colectiva – O Problema da Aplicação do art. 9.º do Dec.-Lei n.º 519-C1/79, de 29-12», *QL* Ano III (1996), n.º 7, pp. 100 ss.

[1733] Quanto a exceções a esta regra, cf. MÁRIO PINTO/FURTADO MARTINS/NUNES DE CARVALHO, *Comentário*, cit., anot. II.6 ao art. 37.º, p. 180.

tente pela prática de contraordenação laboral[1734], constitui contraordenação muito grave a não aplicação do regime de transmissão havendo alienação ou reversão de estabelecimento ou unidade económica (n.º 6 do art. 285.º do CT).

d) Cessão ou reversão da exploração

I. A previsão constante do n.º 2 do art. 285.º do CT carece de uma explicação mais pormenorizada, analisando o sentido da expressão «cessão ou reversão da exploração»[1735].

Quanto à exploração da empresa ou estabelecimento, o n.º 2 do art. 285.º do CT determina a aplicabilidade do regime descrito à transmissão da exploração de empresa ou estabelecimento de que o transmitente mantenha a titularidade[1736].

O Código do Trabalho, comparando com o precedente art. 37.º da LCT, inovou significativamente nesta matéria, ao incluir na previsão do n.º 3 do seu artigo 318.º do CT2003, subsistindo no n.º 3 do artigo 285.º do CT2009, na sua versão originária, as hipóteses de «cessão ou reversão da exploração» da empresa ou estabelecimento, prescrevendo ainda que, em tais situações, a responsabilidade solidária recai sobre «quem imediatamente antes» tenha exercido a exploração.

1734 A solução prescrita na parte final dos n.os 1 e 4 do presente preceito (como nos artigos 318.º, n.º 1, *in fine* e 319.º, n.º 2, do texto de 2003), não só não corresponde a qualquer imposição da Diretiva n.º 2001/23, como não se insere sequer no seu objetivo de proteger os trabalhadores em caso de transferência da empresa ou estabelecimento. Esta solução, que não constava do Anteprojeto que deu origem ao Código do Trabalho, teve origem no Compromisso Tripartido relativo à Proposta de Lei de Código do Trabalho, apresentada à Comissão Permanente de Concertação Social. E o interesse através dela acautelado não é senão o do Estado, mediante o alargamento do esquema de garantia patrimonial concebido, em primeira linha, para os trabalhadores. Cf. JOANA VASCONCELOS, anotação ao art. 285.º in *Código do Trabalho Anotado* de ROMANO MARTINEZ/LUÍS MIGUEL MONTEIRO/JOANA VASCONCELOS/MADEIRA DE BRITO//GUILHERME DRAY/GONÇALVES DA SILVA, cit., p. 689.

1735 Na jurisprudência disponível que aplica o presente regime, justificam especial referência os Acs. Rel. Pt. de 7/5/2012 (Proc. n.º 423/10) e Rel. Lx. 9/5/2012 (Proc. n.º 362/09), acessíveis em www.dgsi.pt, ambos proferidos em matéria de reversão, o primeiro afirmando que o facto de o empregador explorar estabelecimento concessionado por um prazo de sete anos não justifica, só por si, a admissão a termo do trabalhador (pelo que, não ocorrendo qualquer outro motivo justificativo da opção por tal contrato, este considera-se celebrado por tempo indeterminado).

1736 *Vd.* JOANA VASCONCELOS, anotação ao art. 285.º in *Código do Trabalho Anotado* de ROMANO MARTINEZ/LUÍS MIGUEL MONTEIRO/JOANA VASCONCELOS/MADEIRA DE BRITO/GUILHERME DRAY/GONÇALVES DA SILVA, cit., pp. 687 s.

Esta solução, que radica na noção ampla de transmissão acolhida na diretriz europeia (art. 1.º, n.º 1, alínea *b*)), representou a consagração da interpretação que da Diretiva n.º 77/187 fazia o TJCE e que vinha sendo já propugnada por um vasto sector da doutrina, contrariando a orientação dominante dos tribunais portugueses a propósito do artigo 37.º da LCT[1737]. A questão colocava-se essencialmente quanto à qualificação como transmissão (e consequente sujeição ao disposto na Diretiva e no artigo 37.º da LCT) das situações de reversão da exploração para o cedente e de cessões de exploração a sucessivos cessionários: enquanto o TJCE, acentuando como critério determinante da transmissão a manutenção da identidade económica do estabelecimento e a prossecução da sua atividade, concluía pela aplicabilidade da Diretiva a tais situações, os tribunais nacionais exigiam, para haver transmissão, uma continuidade contratual, *i.e.*, um negócio translativo entre transmitente e adquirente que, por se não verificar em tais hipóteses, as excluía do âmbito de aplicação do artigo 37.º da LCT. Esta tomada de posição altera-se significativamente após a entrada em vigor do novo regime de transmissão de estabelecimento, constante do Código do Trabalho.

II. Além das referidas hipóteses de reversão nos contratos de franquia e de exploração, há algumas situações de transmissão do estabelecimento que, com base na ideia de reversão de exploração, têm integrado (ou devem integrar) esta figura.

Tem-se aplicado igualmente o n.º 3 do preceito citado na hipótese (frequente) de empresas concessionárias de serviços públicos que «herdam» os funcionários públicos que trabalhavam no serviço que lhes é concedido, caso em que se aplica um regime híbrido (público e privado); situação que ocorreu em variadas situações de privatização de serviços públicos, como limpeza urbana ou fornecimento de água aos consumidores.

Refira-se também que o regime de transmissão do estabelecimento, por instrumento de regulamentação coletiva, se tem aplicado a empresas que prestam serviços externos (p. ex., empresas de limpeza) tendo em conta a previsão em IRCT, no caso de perda de negócio com um cliente, transmite-se o estabelecimento para a nova empresa a que seja atribuída essa tarefa[1738].

[1737] Veja-se decisões indicadas em notas anteriores e seguintes, nomeadamente, o célebre caso da mudança de concessionário de bares nos comboios da CP, referido na anotação de Vasco Lobo Xavier/Rita Lobo Xavier, «Substituição de Empresa...», cit., pp. 384 ss.

[1738] No Contrato Colectivo de Trabalho entre a Associação das Empresas de Prestação de Serviços de Limpeza e Actividades Similares e o Sindicato dos Trabalhadores de Serviços de

Deste modo, em relação aos trabalhadores de uma empresa de limpeza que trabalham junto de um cliente do seu empregador, cessando o contrato de prestação de serviços, pode haver uma transmissão dos contratos para outra empresa a quem seja adjudicado aquele serviço de limpeza[1739]. Nestes casos não há uma transferência direta do estabelecimento, mas o regime da transmissão aplica-se por previsão em instrumento de regulamentação coletiva de trabalho[1740].

Portaria, Vigilância, Limpeza, Domésticas e Actividades Diversas (*Boletim do Trabalho e Emprego* 1.ª Série, de 29 de março de 2004, Volume 71, n.º 12, pp. 469 e ss.) dispõe-se na Cláusula 17.ª: «1. A perda de um local de trabalho por parte da entidade patronal não integra o conceito de caducidade nem justa causa de despedimento.
2. Em caso de perda de um local de trabalho, a entidade patronal que tiver obtido a nova empreitada obriga-se a ficar com todos os trabalhadores que ali normalmente prestam serviço.
3. No caso previsto no número anterior, o trabalhador mantém ao serviço da nova empresa todos os seus direitos, regalias e antiguidade, transmitindo-se para a nova empresa as obrigações que impendiam sobre a anterior diretamente decorrentes da prestação de trabalho tal como se não tivesse havido qualquer mudança de entidade patronal, salvo créditos que nos termos deste CCT e das leis em geral já deveriam ter sido pagos». (*BTE* cit., p. 480).

1739 Cf. Ac. STJ de 5/5/1993, *BMJ* 427, p. 425; Ac. Rel. Lx. de 21/3/1990, CJ XV, T. II, p. 190; Ac. Rel. Lx. de 6/6/1990, CJ XV, T. III, p. 188; Ac. Rel. Lx. de 30/9/1992, CJ XVII, T. IV, p. 215; Ac. Rel. Lx. de 10/3/1993, CJ XVIII, T. II, p. 152; Ac. Rel. Lx. de 3/6/1998, CJ XXIII, T. III, p. 165; Ac. Rel. Év. de 19/1/2017 (Baptista Coelho), www.dgsi.pt. Manifestando dúvidas quanto a tais cláusulas constantes de IRC, principalmente quando de aplica por via de Portaria de Extensão, Furtado Martins, «Algumas Observações...», cit., pp. 362 ss.; Mário Pinto/Furtado Martins/Nunes de Carvalho, *Comentário*, cit., anot. II.5 ao art. 37.º, pp. 179 s.; Vasco Lobo Xavier/Rita Lobo Xavier, «Substituição de Empresa...», cit., pp. 403 ss. Não colando dúvidas de constitucionalidade em tais situações, considerando que a previsão em Portaria de Extensão não obsta à conformação de uma transmissão de estabelecimento, como decidiu o Tribunal Constitucional. Quanto a estas cláusulas, com indicação de algumas Convenções Coletivas que preveem a referida transferência, *vd.* Maria Regina Redinha, «A Mobilidade Interempresarial na Contratação Colectiva», *QL* III (1996), n.º 8, pp. 152 ss.

1740 Cf. Ac. Rel. Év. de 17/4/1990, CJ XV, T. II, p. 311, que não aplicou o art. 37.º da LCT (hoje, art. 318.º do CT) a uma sucessão de empresas em instalações da Junta Autónoma do Porto de Setúbal. Veja-se também Ac. STJ de 10/2/1999, CJ (STJ) 1999, T. I, p. 282; Ac. Rel. Év. de 12/3/1991, CJ XVI, T. I, p. 356; Ac. Rel. Cb. de 24/3/1999, CJ XXIV, T. II, p. 62. Consulte-se ainda Vasco Lobo Xavier/Rita Lobo Xavier, «Substituição de Empresa...», cit., pp. 389 s. e p. 398. Contra esta opinião, *vd.* Júlio Gomes, «O Conflito entre a Jurisprudência Nacional...», cit., pp. 158 ss. Repare-se que esta posição de Júlio Gomes em crítica à jurisprudência portuguesa, respeitava a decisões judiciais tomadas com base no precedente art. 37.º da LCT, pois a jurisprudência portuguesa mudou significativamente após a entrada em vigor do Código do Trabalho (2003). Neste sentido veja-se o Ac. Rel. Pt. 14/2/2011, Relator António José Ramos (*disponível em www.dgsi.pt*): *«este conceito briga com a concepção que a doutrina e a jurisprudência nacionais desenvolveram ao longo de anos, frente ao disposto no art. 37.º da LCT, em que se exigia, para*

III. É a esta questão da transmissão indireta do estabelecimento que cabe atender.

No n.º 1 do art. 285.º do CT tem-se em vista a transmissão direta, em que o titular da empresa a aliena a outra entidade. Mas, do n.º 2 decorre que o regime se aplica ainda que não haja uma verdadeira transmissão, pois o estabelecimento ou unidade económica reverte para a empresa que o concedeu. Neste caso, não se transmite o estabelecimento ou unidade económica, mas há uma similitude que justifica a aplicação do regime estabelecido no art. 285.º do CT.

Ora, conjugando os dois preceitos – n.os 1 e 2 – e tendo em conta a jurisprudência comunitária, resulta que o regime da transmissão se aplica em caso de alienação direta do estabelecimento ou unidade económica e a situações equiparadas em que a transmissão é indireta[1741].

Sempre que uma empresa, nomeadamente por via do designado *outsourcing*, transfere para terceiros a realização de certas tarefas, quando cessa o contrato de prestação de serviços com a prestadora desses serviços podemos ter duas hipóteses: 1) a prestação dos serviços reverte para a entidade adjudicante, caso em que se aplica diretamente o disposto no n.º 2 do art. 285.º do CT; 2) a prestação dos serviços é concessionada a uma nova prestadora de tais serviços.

Escalpelizando esta segunda situação temos uma dupla transmissão: 1) termina o contrato de prestação de serviços com a primeira prestadora desses serviços, e a atividade reverte para a empresa adjudicante; 2) de imediato, a empresa beneficiária do serviço, adjudica a uma segunda prestadora o mesmo serviço. Estamos perante uma transmissão indireta, pois o serviço, sem ter

a verificação da transmissão, que tivesse sido celebrado um contrato translativo do estabelecimento entre transmitente e transmissário e que não ocorresse qualquer hiato na actividade do mesmo estabelecimento. No entanto, desde a Directiva 2001/23/CE, do Conselho, de 1998-06-29, que precederam a vigente Directiva 2001/23/CE, do Conselho, de 2001-03-12, tal exigência não se coloca, ou é secundarizada, porque o relevante é a manutenção da posição de mercado que a unidade económica representa, naquela dupla vertente da continuação da actividade económica e da manutenção do emprego, o que veio a ficar completamente clarificado para todos, entre nós, com a aprovação do CT 2003».

[1741] Veja-se p. ex. o Ac. STJ de 27/9/2000 (disponível em www.dgsi.pt), no qual se prescreve: «*Para determinar se existe uma situação de transmissão de empresa (...) não é necessário que existam relações contratuais directas entre o «cedente» e o «cessionário»*". Importa, "*tão-somente a conservação da identidade do estabelecimento e prossecução da respectiva actividade, ou seja, que a exploração da empresa seja prosseguida sem interrupção pelo novo adquirente*». No mesmo sentido, Ac. Rel. Pt. de 5/3/2018 (Paula Leal de Carvalho), CJ 2018 II, p. 239. Veja-se, contudo, tratando-se de uma situação atípica não enquadrável numa unidade económica, o Ac. STJ de 21/3/2018 (Ribeiro Cardoso), CJ STJ 2018 I, p. 236.

havido nenhuma relação contratual entre a primeira prestadora e a segunda prestadora, deixa de ser desempenhado pela primeira entidade para passar a ser executado pela segunda prestadora sem qualquer hiato temporal.

À transmissão indireta, mesmo sem a previsão em convenção coletiva como nos casos indicados (empresas de limpeza e segurança), aplica-se o regime comum da transmissão de empresa ou estabelecimento atenta a conjugação dos n.os 1 e 2 do art. 285.º do CT.

BIBLIOGRAFIA:

M. COSTA ABRANTES, «A Transmissão do Estabelecimento Comercial e a Responsabilidade pelas Dívidas Laborais», *QL* V (1998), n.º 11, pp. 1 a 35; LEAL AMADO, *Contrato de Trabalho*, cit., pp. 167 ss.; MENEZES CORDEIRO, *Direito do Trabalho*, II, cit., pp. 767 ss.; JÚLIO GOMES, *Direito do Trabalho*, I, cit., pp. 808 e ss., «O Conflito entre a Jurisprudência Nacional e a Jurisprudência do TJ das CCEE em Matéria de Transmissão do Estabelecimento no Direito do Trabalho: O art. 37.º da LCT e a Directiva 77/187/CEE», *RDES* XXXVIII (1996), n.os 1/4, pp. 77 a 194, «Novas, novíssimas e não tão novas questões sobre transmissão da unidade económica m Direito do Trabalho», *Novos Estudos de Direito do Trabalho*, Coimbra, 2010, pp. 121 ss. e «Individual e coletivo na transmissão da unidade económica, na jurisprudência recente do Tribunal de Justiça», *Estudos dedicados ao Professor Doutor Bernardo da Gama Lobo Xavier*, II, Lisboa, 2015, pp. 347 ss.; JÚLIO GOMES/ /ANTÓNIO CARNEIRO DA FRADA DE SOUSA, «Algumas questões – e poucas respostas – sobre transmissão transfronteiriça de unidade económica», *Pront.* 2018 II, pp. 131 ss.; LIBERAL FERNANDES, «Transferência de Trabalhadores e Denúncia da Convenção Colectiva. O Problema da Aplicação do art. 9.º do Dec.-Lei n.º 519-C1/79, de 29-12», *QL* Ano III (1996), n.º 7, pp. 100 a 114 e «Harmonização Social no Direito Comunitário: a Directiva 77/187/CEE, relativa à Transferência dos Trabalhadores de Empresa. Suas Implicações no Direito Português», *Ab Uno ad Omnes. 75 Anos da Coimbra Editora*, Coimbra, 1998, pp. 1323 a 1354; FABRÍCIA DE ALMEIDA HENRIQUES, «Transmissão do Estabelecimento e Flexibilização das Relações de Trabalho», *ROA* 2001, II, pp. 969 a 1038; MENEZES LEITÃO, *Direito do Trabalho*, cit., pp. 375 ss.; ROMANO MARTINEZ/MADEIRA DE BRITO, «O novo regime da transmissão da unidade económica introduzido pela Lei n.º 14/2018, de 19 de março», *RDES* 2018, pp. 7 ss.; FURTADO MARTINS, «Algumas Observações sobre o Regime da Transmissão do Estabelecimento no Direito do Trabalho Português», *RDES* XXXVI (1994), n.º 4, pp. 357 a 366, e «Duas questões a propósito dos efeitos da transferência do estabelecimento nas relações de trabalho: Artigo 321.º do Código do Trabalho e oposição do trabalhador à transmissão do contrato de trabalho», *IX-X Congressos Nacionais de Direito do Trabalho. Memórias*, Coimbra,

2007, pp. 305 ss.; Mário Pinto/Furtado Martins/Nunes de Carvalho, *Comentário,* cit., anot. II.1. ss. ao art. 37.º, pp. 175 a 183; Mota Pinto, *Cessão da Posição Contratual,* Coimbra, 1982, pp. 88 a 94; Rosário Palma Ramalho, *Tratado de Direito do Trabalho,* II, cit., pp. 641 ss.; Maria Regina Redinha, «A Mobilidade Interempresarial na Contratação Colectiva», *QL* III (1996), n.º 8, pp. 152 a 158; Luís Gonçalves da Silva, «Nótula sobre os efeitos Colectivos da Transmissão da Empresa», *Estudos do Instituto de Direito do Trabalho,* Vol. I, 2.ª ed., Coimbra, 2008, pp. 257 ss.; Joana Vasconcelos, anotação aos arts. 285.º e ss. *in* Romano Martinez/Luís Miguel Monteiro/Joana Vasconcelos/Madeira de Brito/ /Guilherme Dray/Gonçalves da Silva, *Código do Trabalho Anotado,* cit., pp. 684 e ss., «A Transmissão da Empresa ou Estabelecimento no Código do Trabalho», *Pront.* 71 (2005), pp. 73 ss. e «Sobre a resolução do contrato de trabalho fundada na transmissão para o adquirente da empresa ou do estabelecimento da posição contratual do empregador», *RDES* 2018, pp. 125 ss.; Bernardo Xavier/ /Furtado Martins, «Cessão de Posição Contratual Laboral. Relevância dos Grupos Económicos. Regras de Contagem da Antiguidade», *RDES* XXXVI (1994), n.º 4, pp. 384 a 427; Vasco Lobo Xavier/Rita Lobo Xavier, «Substituição de Empresa Fornecedora de Refeições – art. 37.º LCT», *RDES* XXXVII (1995), n.º 4, pp. 384 a 407.

3. Cedência ocasional de trabalhadores

a) Cedência ocasional e definitiva

I. Na cedência ocasional, um trabalhador de determinada empresa passa a desenvolver a sua atividade noutra empresa, sob a direção deste empregador, mantendo a relação contratual com a primeira empresa, que continua a ser a entidade empregadora. Esta estrutura triangular, em que um trabalhador de uma empresa trabalha para outra entidade sob as ordens desta última, só pode subsistir ocasionalmente, isto é, de modo temporário. Finda a cedência ocasional, o trabalhador volta a prestar a sua atividade junto do empregador; ou seja, regressa à sua empresa. A cedência ocasional constitui, normalmente, um meio de uma empresa fazer face a excedentes temporários de mão-de-obra e de outra beneficiar de trabalho, em regra especializado, sem arcar com os encargos da contratação de trabalhadores[1742].

[1742] Quanto aos motivos que podem justificar a cedência, *vd.* Catarina Carvalho, *Da Mobilidade dos Trabalhadores no Âmbito dos Grupos de Empresas Nacionais,* cit., pp. 272 ss.

Diferentemente, a cedência definitiva com idêntica estrutura triangular pressuporia que o trabalhador de uma empresa, mantendo o laço contratual com esta, passasse, definitivamente, a trabalhar em outra empresa. Neste caso, como a cedência era definitiva, o trabalhador não mais voltaria a trabalhar para o seu empregador, pelo que tal figura jurídica não é admissível.

O legislador admite o recurso à cedência ocasional de trabalhadores nos quadros limitados dos arts. 288.º e ss. do CT, em que se encontra vedada a cedência definitiva de trabalhadores[1743].

Diferente da designada cedência definitiva de trabalhadores, que apresenta uma estrutura triangular, importa aludir à cessão da posição contratual, prevista nos arts. 424.º ss. do CC (*vd. supra* n.º 1). A limitação constante do art. 289.º do CT não abrange a cessão da posição contratual, pelo que, com o assentimento do trabalhador, é lícito o acordo mediante o qual se transfere a posição de empregador. Tal como seria possível celebrar um acordo revogatório (art. 350.º do CT) seguido de um novo contrato de trabalho com outro empregador, não pode estar vedada a cessão da posição contratual da entidade patronal; solução que implicará, em princípio, uma maior vantagem para o trabalhador.

Sendo inadmissível que o trabalhador de uma empresa, mantendo o vínculo jurídico-laboral com esta, fique definitivamente a trabalhar sob as ordens de outra entidade, nada obsta, contudo, a que o empregador ceda a sua posição contratual, passando o trabalhador a ter um vínculo laboral com outra entidade. Dito de outro modo, o legislador somente veda a subsistência de uma situação atípica em que o trabalhador, a título definitivo, presta a sua atividade a outra empresa, sob a direção desta, mantendo o contrato de trabalho com a empresa cedente.

b) Regime Jurídico

I. A cedência ocasional de trabalhadores está sujeita aos limites constantes dos arts. 289.º e ss. do CT[1744].

[1743] Neste sentido, MARIA REGINA REDINHA, *A Relação Laboral Fragmentada. Estudo sobre o Trabalho Temporário*, Coimbra, 1995, pp. 155 e 156; ANTÓNIO JOSÉ MOREIRA, *Trabalho Temporário. Regime Jurídico Anotado*, 2.ª ed., Coimbra, 2001, anot. art. 26.º, p. 76. Acontece, porém, que, como salienta MARIA REGINA REDINHA, «Da Cedência Ocasional...», cit., pp. 21 s., o legislador, contrariamente ao que se passa em sede de trabalho temporário, não estabeleceu qualquer limite temporal à cedência ocasional.

[1744] Antes de 1989, já as empresas recorriam à cedência de trabalhadores (cf., p. ex., Ac. Rel. Cb. de 7/7/1992, CJ XVII, T. IV, p. 115), e o legislador pretendeu estabelecer os contornos

Depois da noção de cedência (art. 288.º do CT) e de se prever que seja regulada em instrumento de regulamentação coletiva de trabalho (art. 289.º, n.º 2, do CT), estabelece-se o regime comum, dependente do preenchimento de certas condições (art. 289.º, n.º 1, do CT).

Excluindo a previsão em convenção coletiva de trabalho, como acontece *verbi gratia* no domínio da construção civil[1745], onde podem ser consagradas outras hipóteses de cedência ocasional de trabalhadores, no art. 289.º do CT permite-se o recurso a este mecanismo jurídico desde que preenchidas quatro condições.

II. Como primeira condição, impõe-se que o trabalhador cedido esteja contratado pelo cedente sem cláusula de termo resolutivo (alínea *a)*). Com base no disposto no art. 140.º do CT só se podem celebrar contratos de trabalho a termo desde que preenchidos determinados pressupostos; motivos estes que se relacionam com a empresa contratante e que não são extensíveis à empresa cessionária. Assim sendo, exceção feita para a hipótese de trabalhadores à procura do primeiro emprego ou de desempregados de longa duração (art. 140.º, n.º 3, alínea *b)*, do CT), cessa o motivo da contratação a termo sempre que o trabalhador for cedido a outra empresa. Pode por isso concluir-se que sempre estaria vedada a cedência de trabalhadores contratados a termo, e, sendo cedidos, estes passariam a ter um vínculo laboral definitivo com a empresa cedente, pois cessa o motivo que justifica a contratação a termo, pelo menos sempre que se verifique uma renovação do contrato de trabalho durante a cedência[1746]. Além disso, independentemente destas circunstâncias, em caso algum será lícita a contratação de trabalhadores a termo, mesmo quando à procura do primeiro emprego ou desempregados de longa duração, com vista à sua cedência ocasional, pois, caso contrário, estar-se-ia a desvirtuar o fundamento da contratação a termo.

III. Em segundo lugar, recorrendo aos conceitos de direito comercial (arts. 481.º e ss. do CSC), na alínea *b)* impõe-se que a cedência ocorra no quadro de colaboração entre sociedades coligadas. Além da coligação socie-

---

do recurso a esta figura. Sobre este regime, pode consultar-se Rodríguez Ramos, *Cesión de Deportistas Profesionales y Otras Manifestaciones* Lícitas de *Prestamismo Laboral*, Granada, 1997.

[1745] Quanto às convenções coletivas para a construção e obras públicas, consulte-se o *BTE*, 1.ª Série, n.º 12, de 29/3/1997.

[1746] Veja-se, porém, o regime de incumprimento, a que se alude *infra*, previsto no art. 292.º do CT.

tária – tanto numa relação societária de participações recíprocas, de domínio ou de grupo –, admite-se que a cedência também possa verificar-se entre empregadores, independentemente da natureza societária, que mantenham estruturas organizativas comuns.

Estar-se-á perante situações em que o empregador, mesmo não sendo uma pessoa colectiva, se define como empresa, tendo uma estrutura empresarial (*vd. supra* § 5.3.c)).

IV. Como terceira condição exige-se o acordo do trabalhador (alínea *c)*). A exigência parece óbvia, pois, independentemente da relação existente entre as empresas, é necessário o acordo do trabalhador[1747]. Não teria sentido, atento o princípio *pacta sunt servanda* (art. 406.º do CC), que o trabalhador, contratado para trabalhar em determinada empresa, pudesse ser cedido, ainda que ocasionalmente, a outra entidade, sem o seu assentimento. A isto acresce que o art. 290.º, n.º 1, alínea *e)*, do CT exige o consentimento do trabalhador no documento que consubstancia a cedência. A este propósito cabe esclarecer que o acordo do trabalhador pode ser dado antes da cedência, designadamente no próprio contrato de trabalho, caso em que se terá de juntar cópia do contrato para dar cumprimento ao disposto no art. 290.º, n.º 1, do CT.

V. Por último, como decorre da alínea *d)*, a cedência não pode exceder um ano, renovável por igual período, até ao limite máximo de cinco anos.

Como a cedência é ocasional, terá uma duração certa ou incerta, mas necessariamente temporária, não superior a cinco anos (art. 289.º, n.º 1, alínea *d)*, do CT).

Além da cessação do acordo de cedência, o regresso do trabalhador à empresa cedente também se verifica na hipótese de extinção ou de cessação da atividade da empresa cessionária (art. 290.º, n.º 2, do CT) ocorrida antes do decurso do prazo de vigência do contrato de cedência.

[1747] No domínio da legislação anterior a questão não era pacífica, pois, à luz do art. 26.º, n.º 2, alínea *b)*, da LTT, que não necessitaria de ser conjugado com o art. 27.º da LTT, poder-se-ia admitir a cedência sem o acordo do trabalhador. Neste sentido, prescindindo do acordo do trabalhador, cf. Monteiro Fernandes, *Direito do Trabalho*, 11.ª ed., 1999, p. 162; Abel Sequeira Ferreira, *Grupos de Empresas*, cit., p. 212; Célia Afonso Reis, *Cedência de Trabalhadores*, Coimbra, 2000, pp. 84 ss. Posição oposta, coincidente com a sustentada no texto, é a de Catarina Carvalho, *Da Mobilidade dos Trabalhadores no Âmbito dos Grupos de Empresas Nacionais*, cit., pp. 297 ss. e de Maria Regina Redinha, *A Relação Laboral Fragmentada*, cit., p. 158 e «Da Cedência Ocasional...», cit., pp. 20 s.

Finda a cedência, o trabalhador cedido volta a prestar a atividade na empresa cedente, mantendo os direitos que detinha à data do início da cedência, contando-se na antiguidade o período de cedência (art. 290.º, n.º 2, *in fine*, do CT).

VI. O trabalhador cedido continua a pertencer ao quadro da empresa cedente (arts. 288.º e 293.º, n.º 1, do CT)[1748], mas, por delegação implícita desta, fica sujeito em vários aspetos ao poder de direção da empresa cessionária (art. 291.º, n.º 1, do CT), mormente quanto ao regime de trabalho aplicável nesta empresa. Para todos os efeitos, designadamente quanto à aplicação do regime dos acidentes de trabalho[1749], continua a ser trabalhador da empresa cedente, sujeito ao poder disciplinar desta. Esta bipartição – poder de direção, em grande parte, exercido pela empresa cessionária; poder disciplinar exercido pela empresa cedente – apresenta algumas dificuldades de concretização prática, derivadas, em particular, do facto de o poder disciplinar decorrer, muitas vezes, da violação do dever de obediência[1750].

O trabalhador cedido, continuando a ser credor da retribuição relativamente à empresa cedente, passa a ser remunerado pela tabela salarial aplicável na empresa cessionária (art. 291, n.º 5.º, alínea *a*), do CT)[1751], sem que daí possa decorrer qualquer redução retributiva. O princípio da irredutibilidade salarial (art. 129.º, n.º 1, alínea *d*), do CT) impede que o trabalhador cedido passe a receber menos durante o período em que estiver a trabalhar na empresa cessionária, mas se a retribuição desta for superior à praticada na empresa cedente, o acréscimo remuneratório só é devido enquanto durar

[1748] Por isso, no Ac. Rel. Cb. de 27/2/1997, CJ XXII, T. I, p. 75, considerou-se que o trabalhador cedido deveria desempenhar na empresa cessionária funções correspondentes à categoria que tinha na empresa cedente.

[1749] Cf. Ac. Rel. Lx. de 4/10/1995, CJ XX, T. IV, p. 158; Ac. Rel. Cb. de 1/2/1996, CJ XXI, T. I, p. 65; Ac. Rel. Év. de 22/5/1997, CJ XXII, T. II, p. 292. *Vd. infra* § 53.2.c.1).VI.

[1750] Sobre esta dificuldade, criticando a solução legal, *vd.* António José Moreira, *Trabalho Temporário*, cit., anot. 2 ao art. 20.º, pp. 63 s.

[1751] Cf. Ac. STJ de 18/11/1997, CJ (STJ) 1997, T. III, p. 280, em que trabalhadores cedidos pela TAP à LAR eram remunerados pela primeira em função da atividade exercida na segunda empresa (cessionária). De modo diverso, Maria Regina Redinha, *A Relação Laboral Fragmentada*, cit., p. 153, afirma que «o salário é, geralmente, devido pela empresa cessionária». O ordenado é determinado pelos parâmetros salariais da empresa cessionária e pode ser prestado por esta, mas é a empresa cedente a *devedora* da retribuição. Por isso, de forma terminologicamente mais correta, Abel Sequeira Ferreira, *Grupos de Empresas*, cit., p. 213, nota 76, afirma que, em regra, o pagamento do salário é *realizado* pela empresa cessionária. Sobre o pagamento do salário, veja-se *supra*, a propósito do trabalho temporário, § 34.

a cedência. Apesar de o devedor da retribuição, na pendência da cedência ocasional, ser a empresa cedente, nada obsta a que o salário, nesse período, seja, por acordo entre cedente e cessionária, pago por esta última (art. 767.º do CC).

Tratando-se de uma cedência ocasional no âmbito internacional, muitas vezes designada por destacamento, relativamente às condições de trabalho pode ser necessário ter em conta o disposto na legislação do Estado da empresa cessionária, aplicando-se o disposto nos arts. 6.º e ss. do CT.

VII. O recurso ilícito à cedência ocasional confere ao trabalhador o direito de optar, até ao termo da cedência, pela integração no efetivo do pessoal da empresa cessionária (art. 292.º, n.º 1, do CT)[1752]. A esta sanção acrescem coimas, aplicáveis às duas empresas (art. 291.º, n.º 7, do CT).

c) *Natureza jurídica*

Numa das primeiras decisões judiciais em que se discutia uma cedência ocasional, o Supremo Tribunal Administrativo[1753] admitiu o recurso a esta figura com base no *ius variandi*. A solução não parece defensável, pois o *ius variandi* só permite alterações ao programa contratual no seio da empresa (*vd. supra* § 47.5)[1754]; excedendo os parâmetros desta figura uma modificação que pressupõe realizar a atividade para outra empresa. Acresce que o exercício do *ius variandi* não carece de assentimento do trabalhador, sendo este pressuposto da cedência ocasional.

A cedência ocasional distingue-se do trabalho temporário, essencialmente porque a empresa cedente, diferentemente da empresa de trabalho temporário, não tem exclusivamente, nem sequer por atividade principal,

---

[1752] Cf. Ac. Rel. Lx. de 20/10/1993, CJ XVIII, T. IV, p. 192, em que, não tendo o trabalhador procedido às formalidades constantes do art. 30.º, n.º 2, da LTT – correspondente ao art. 292.º, n.º 2, do CT – (comunicação às empresa cedente e cessionária por carta registada com aviso de recepção até ao termo da cedência), considerou-se que não tinha direito à integração no quadro de pessoal da empresa cessionária, apesar de esta o ter contratado a termo certo.

[1753] Ac. STA de 11/6/1975, *ADSTA*, 1975, pp. 1316 ss., reproduzido por António José Moreira, *Trabalho Temporário*, cit., pp. 152 ss. Sobre a questão, veja-se ainda as referências jurisprudenciais e bibliográficas indicadas por Maria Regina Redinha, *A Relação Laboral Fragmentada*, cit., p. 155, nota 368 e a crítica que a mesma autora tece por se ter recorrido ao *ius variandi* em «Da Cedência Ocasional ...», cit., pp. 17 s., assim como Célia Afonso Reis, *Cedência de Trabalhadores*, cit., pp. 107 ss.

[1754] Em sentido diverso, Menezes Cordeiro, *Direito do Trabalho*, II, cit., p. 746, admite que o *ius variandi* possa ser exercido «fora do círculo da empresa».

a cedência de trabalhadores para outras empresas. A cedência de trabalhadores é acidental e não corresponde a uma finalidade lucrativa[1755].

A cedência ocasional de trabalhadores corresponde a uma cessão da posição contratual parcial[1756], temporária e com carácter limitado.

Diferentemente da situação prevista nos arts. 424.º e ss. do CC, a figura em análise não pressupõe a total desvinculação do cedente, que só cede ao cessionário parte dos seus poderes – em particular o poder de direção, que é delegado – e deveres – por exemplo, a obrigação de proporcionar ao trabalhador boas condições de trabalho. Dependendo do acordo entre cedente e cessionário, podem ser transferidas outras obrigações, como o dever de pagar a retribuição ao trabalhador.

Em segundo lugar, a cedência, por imperativo legal, é necessariamente temporária, não podendo estabelecer-se esta situação triangular de modo definitivo.

Por último, mesmo temporária, a cedência não será livremente ajustada, só podendo acordar-se nas condições estabelecidas no art. 289.º do CT.

Bibliografia:

Guilherme Dray, anotação aos arts. 288.º e ss., *in* Romano Martinez/ /Luís Miguel Monteiro/Joana Vasconcelos/Madeira de Brito/Guilherme Dray/Gonçalves da Silva, *Código do Trabalho Anotado,* cit., pp. 696 e ss.; Pedro Miguel Ferraz, «A cedência ocasional de trabalhadores no novo Código do Trabalho», *Pront.* 88/89 (2011), pp. 169 ss.; Abel Sequeira Ferreira, *Grupos de Empresas e Direito do Trabalho,* dissertação de Mestrado, Lisboa, 1997; Júlio Gomes, *Direito do Trabalho,* I, cit., pp. 836 ss.; Menezes Leitão, *Direito do Trabalho,* cit., pp. 333 ss.; Zenha Martins, *Cedência Ocasional de Trabalhadores e Grupos de Empresas,* Coimbra, 2002 e «Definição e Condições Gerais da Cedência

[1755] *Vd.* Paula Camanho/Miguel Cunha/Sofia Pais/Paulo Vilarinho, «Trabalho Temporário», *RDES* XXXIV (1992), n.os 1/3, p. 192; Maria Regina Redinha, *A Relação Laboral Fragmentada,* cit., p. 153.

[1756] Apesar de Mota Pinto, *Cessão da Posição Contratual,* cit., pp. 282 ss., defender a visão unitária da cessão da posição contratual, considerando que não constitui o somatório da cessão de créditos e da assunção de dívidas, parece admitir que da cessão do contrato pode não resultar uma total transferência da posição contratual, ao citar Bülow (nota 1, p. 284) e indicar que ao cedente é lícito conservar a sua posição de parte na relação contratual cedida. O mesmo autor (ob. cit., pp. 452 e 453) admite também que «a relação contratual passe a ter um novo sujeito, mantendo-se igualmente, nos termos correspondentes, na esfera jurídica do anterior titular», caso em que «o contraente anterior permanece parte contratual ao lado do novo titular da posição contratual».

Ocasional de Trabalhadores no Código do Trabalho», *QL* n.º 24 (2005), pp. 77 ss.; António José Moreira, *Trabalho Temporário. Regime Jurídico Anotado*, 2.ª ed., Coimbra, 2001, anot. arts. 26.º ss., pp. 75 a 88; Rosário Palma Ramalho, *Tratado de Direito do Trabalho*, II, cit., pp. 656 ss.; Maria Regina Redinha, *A Relação Laboral Fragmentada. Estudo sobre o Trabalho Temporário*, Coimbra, 1995, pp. 152 a 161 e «Da Cedência Ocasional de Trabalhadores», *QL*, I (1994), n.º 1, pp. 16 a 23; Célia Afonso Reis, *Cedência de Trabalhadores*, Coimbra, 2000; Joana Nunes Vicente, «Contrato de prestação de serviço *versus* cedência ilegal de trabalhadores: diálogo com a doutrina da transmissão da empresa», *QL* 32 (2008), pp. 183 ss.

Secção VIII
Não Cumprimento

§ 50. INCUMPRIMENTO DAS PRESTAÇÕES CONTRATUAIS

1. Noções comuns

I. Como em qualquer contrato, uma das partes pode não realizar a prestação a que se encontra adstrita nos termos devidos, havendo, então, incumprimento numa das suas modalidades.

O incumprimento definitivo, a mora e o cumprimento defeituoso das prestações laborais seguem o regime regra dos arts. 798.º e ss. do CC[1757], solução reiterada no art. 363.º do CT2003 (que foi então introduzida em sede laboral e mantida na revisão de 2009, art. 323.º, n.º 1, do CT2009).

Não obstante valer o regime regra, há toda a conveniência em fazer a transposição do mesmo para o domínio do contrato de trabalho, até porque, por vezes, há certas especificidades e surgem dúvidas de qualificação.

[1757] Trata-se, no fundo, de uma questão de responsabilidade contratual, que segue o regime comum. Sobre a responsabilidade civil no direito do trabalho, veja-se a monografia de Dallegrave Neto, *Responsabilidade civil no Direito do Trabalho*, 6.ª ed., S. Paulo, 2017.
Vd. Ac. STJ de 7/5/1997, CJ (STJ) 1997, T. II, p. 275; Ac. Rel. Pt. de 6/11/1995, CJ XX, T. V, p. 262, quanto ao estabelecimento de uma cláusula penal, em que se fixava a quantia em caso de incumprimento de um contrato de trabalho.

O contrato de trabalho, tendo em conta a sua estrutura complexa, com facilidade se apresenta como exemplo paradigmático em que a tripartição das formas de incumprimento se concretiza[1758].

Encontram-se, assim, situações de incumprimento definitivo, de mora na execução e de cumprimento defeituoso da prestação.

Importa relembrar que, em qualquer destes casos, vale o princípio geral da presunção de culpa, vigente no domínio da responsabilidade contratual (art. 799.º do CC). Qualquer incumprimento de deveres emergentes do contrato de trabalho, por parte do trabalhador ou do empregador, presume-se culposo[1759].

II. O art. 323.º, n.º 1, do CT, como princípio geral do incumprimento do contrato de trabalho, dispõe: «A parte que faltar culposamente ao cumprimento dos seus deveres é responsável pelo prejuízo causado à contraparte».

Este artigo é o primeiro preceito do Capítulo VI, relativo ao incumprimento do contrato de trabalho, estabelecendo a diretriz base nesta sede.

Apesar de o regime do incumprimento do contrato de trabalho, agora estabelecido, não ser novo, até à entrada em vigor do Código do Trabalho (2003) não havia regulamentação específica sobre a matéria. Contudo, como se afirmou, não se instituiu uma solução inovadora, porquanto as soluções consagradas, nomeadamente no citado art. 323.º, n.º 1, do CT, resultam do regime geral do direito civil (arts. 798.º e ss. do CC), que já se aplicariam nesta sede. Na falta de regulamentação concreta no âmbito laboral, encontram aplicação as regras gerais de direito civil, entre as quais as que respeitam ao não cumprimento das obrigações; razão pela qual, antes da solução

---

[1758] Sobre os três tipos de não cumprimento, *vd.* ROMANO MARTINEZ, *Cumprimento Defeituoso, em especial na Compra e Venda e na Empreitada*, reimpressão, Coimbra, 2001, pp. 117 ss. e bibliografia aí citada.

[1759] Discorda-se da solução do Ac. STJ de 8/5/1996, CJ (STJ) 1996, T. II, p. 253, que entendeu aplicável à relação laboral entre a empresa de táxis e o respetivo taxista as regras gerais da responsabilidade aquiliana (arts. 483.º ss. do CC); pelos danos causados a terceiros no acidente a responsabilidade é delitual, mas os danos produzidos no táxi (bem relacionado com a execução da atividade) decorrem da violação de deveres obrigacionais, sendo a responsabilidade contratual. Quanto à distinção entre os danos contratuais e extracontratuais, *vd.* ROMANO MARTINEZ, *Cumprimento Defeituoso*, cit., pp. 254 ss. No sentido de a culpa se presumir no âmbito de um procedimento disciplinar, *vd.* Ac. Rel. Cb. de 16/3/2016 (Paula do Poço), www.dgsi.pt. Não obstante entender que a responsabilidade do trabalhador por incumprimento de deveres emergentes do contrato de trabalho é contratual, JÚLIO GOMES (*Direito do Trabalho*, I, cit., p. 887) considera «inteiramente despropositado pretender aplicar aqui o princípio de que a culpa se presume», particularmente em sede de responsabilidade disciplinar.

consagrada no art. 323.º, n.º 1, do CT, já se deveria aplicar idêntica solução por força do disposto no art. 798.º do CC.

A nova regulamentação – arts. 363.º e 364 do CT2003 (art. 323.º e art. 324.º do CT2009) – corresponde, portanto, a um mero esclarecimento no sentido de que valem as regras gerais de direito das obrigações. Reitera-se, assim, um princípio geral, esclarecendo dúvidas que se poderiam suscitar.

Por outro lado, do art. 323.º, n.º 1, do CT sobressai a natureza sinalagmática do contrato de trabalho.

Cabe ainda acrescentar que da recepção explícita do texto do art. 798.º do CC – parcialmente transcrito no art. 323.º, n.º 1, do CT – resulta a aplicação do regime comum de incumprimento dos contratos em geral, constante dos arts. 798.º e ss. do CC, designadamente a regra da presunção de culpa (art. 799.º, n.º 1, do CC).

2. Incumprimento definitivo e mora imputáveis ao empregador

a) Indemnização

I. Sempre que o empregador não cumpra atempadamente as suas prestações, podendo estas realizar-se mais tarde, haverá mora. A situação mais comum verificar-se-á com respeito ao pagamento da retribuição[1760]. Não sendo esta paga na data do vencimento, o empregador constitui-se em mora; em tal caso, a mora pressupõe o pagamento de juros compensatórios (arts. 806.º e 559.º do CC)[1761].

Além do regime geral, em que o empregador, por faltar culposamente ao cumprimento dos seus deveres, será responsável pelo prejuízo causado

[1760] A mora no pagamento da retribuição transforma-se frequentemente em incumprimento definitivo, cf. Ac. STJ de 13/4/1994, CJ (STJ) 1994, T. I, p. 295; Ac. STJ de 14/2/1996, CJ (STJ) 1996, T. I, p. 253; Ac. STJ de 10/7/1996, CJ (STJ) 1996, T. II, p. 293; Ac. Rel. Lx. de 11/12/1991, CJ XVI, T. V, p. 174; Ac. Rel. Cb. de 6/7/1995, CJ XX, T. IV, p. 62; Ac. Rel. Cb. de 16/5/1996, CJ XXI, T. III, p. 67.

Mas há situações em que a mora no pagamento do salário não se transforma em incumprimento definitivo, pelo que ao trabalhador não cabe o direito de rescindir o contrato, cf. Ac. Rel. Lx. de 7/6/1995, CJ XX, T. III, p. 189.

[1761] Os juros deveriam ser calculados, nos termos gerais, à taxa supletiva legal, mas no revogado art. 4.º, n.º 2, da LSA (Lei dos Salários em Atraso) determinava-se a aplicação da taxa das operações ativas bancárias, solução que implicava alguma incerteza. Veja-se, porém, o Ac. Rel. Lx. de 11/12/1991, CJ XVI, T. V, p. 175, em que, não obstante se aludir ao preceito (art. 4.º, n.º 2, da LSA), aplicaram-se os juros de mora então vigentes (15%).

ao trabalhador (art. 323.º, n.ºs 1 e 2, do CT), importa atender em especial à falta culposa de cumprimento das prestações pecuniárias, concretamente da prestação retributiva. Se o empregador não realiza a prestação – pagamento da retribuição – no seu vencimento, há uma situação de incumprimento e presume-se que a omissão do comportamento devido é culposa. Apesar de a falta de pagamento da retribuição corresponder à situação mais usual de mora, esta não se circunscreve a tal hipótese, pois abrange todas as prestações pecuniárias, nomeadamente o pagamento de indemnizações.

Como resulta do art. 323.º, n.º 2, do CT, a mora no pagamento da retribuição determina o vencimento de juros de mora. Também o disposto neste preceito não constitui uma novidade, mas a solução – que mesmo antes da entrada em vigor do Código do Trabalho (2003) resultaria do regime constante do art. 806.º do CC – era por vezes olvidada em sede laboral.

Do n.º 1 decorre que, estando o empregador em mora quanto ao pagamento de prestações pecuniárias, por via de regra, sobre o valor da retribuição, a partir da data do vencimento da prestação, passam a vencer-se juros de mora. Os juros de mora, não havendo acordo em contrário, são fixados à taxa supletiva legal, ascendendo, presentemente, à taxa de 4% ao ano (Portaria n.º 291/2003, de 8 de abril)[1762]. O ajuste de juros de mora convencionais está

[1762] Contudo, como o contrato de trabalho não tem uma natureza exclusivamente civil (art. 2.º do CCom.) poderia o pagamento da retribuição ou de outras prestações pecuniárias corresponder ao cumprimento de uma obrigação comercial, caso em que se aplicaria o regime de juros prescrito no art. 102.º do CCom. Assim, uma sociedade comercial, na qualidade de empregadora, sendo devedora de uma obrigação comercial (ato comercial), entrando em mora podeeria suportar os juros comerciais. Contudo, aos juros comerciais aplicam-se as regras de direito civil (art. 102.º, § 2.º do CCom.), excepto no que respeita a certos créditos. No § 3.º do art. 102.º do CCom. dispõe-se que «Os juros moratórios legais e os estabelecidos sem determinação de taxa ou quantitativo, relativamente aos créditos de que sejam titulares empresas comerciais, singulares ou coletivas, são os fixados em portaria conjunta dos Ministros das Finanças e da Justiça»; ora, o trabalhador não é uma empresa comercial. Sendo um crédito comercial, os juros de mora legais correspondem à taxa de juro aplicável pelo Banco Central Europeu acrescida de 7%; (art. 102.º do CCom. e respectiva regulamentação, bem como do Decreto-Lei n.º 62/2013, de 10 de maio). Nos termos da Portaria n.º 277/2013, de 26 de agosto: acrescem 7% ou 8 % à taxa de juro aplicada pelo Banco Central Europeu para operação principal de refinanciamento (art. 2.º, n.º 1 ou n.º 2, respectivamente para o acréscimo de 7% ou de 8%), taxa que altera semestralmente, sendo publicada em Aviso da Direcção-Geral do Tesouro e Finanças (art. 3.º). E, como já se indicou, o trabalhador não se pode qualificar como uma empresa comercial singular, pelo que não parece aplicável este dispositivo no âmbito laboral. Ainda assim, no Ac. Rel. Pt. de 22/1/2002, Proc. n.º 0121115, www.dgsi.pt, apesar de se remeter, sem justificação, para os juros comerciais, aplicou-se a taxa de 7%, então vigente para as obrigações civis.

condicionado aos limites decorrentes do art. 1146.º do CC *ex vi* art. 559.º-A do CC.

Sem descurar os juros de mora, que correspondem a uma indemnização previamente fixada pela lei, o empregador inadimplente deverá indemnizar o trabalhador pelos prejuízos causados pelo incumprimento de deveres contratuais (art. 323.º, n.º 1, do CT). Como exemplo de indemnização por danos resultantes do incumprimento, cabe indicar o disposto no art. 389.º, n.º 1, do CT.

A indemnização será determinada pelas regras gerais de direito civil, em particular atendendo ao regime constante dos arts. 562.º e ss. do CC.

II. A indemnização devida ao trabalhador em caso de incumprimento definitivo de deveres do empregador sofre uma limitação relativamente às regras gerais. A determinação do montante indemnizatório pode não seguir exatamente os parâmetros dos arts. 562.º e ss. do CC sempre que encontra aplicação o disposto no art. 391.º do CT. Neste preceito, por um motivo de certeza, fixa-se a indemnização a atribuir ao trabalhador atendendo a um cálculo assente na retribuição de base, sem ter, portanto, em vista a reconstituição da situação que existiria (art. 562.º do CC), na qual se poderiam incluir outros valores[1763].

b) Exceção de não cumprimento

I. A mora do empregador no pagamento da retribuição facultaria ao trabalhador o recurso à *exceptio non adimpleti contractus*, podendo este suspender a execução da prestação de trabalho (art. 428.º do CC). O facto de o trabalhador ter de cumprir em primeiro lugar, antes de receber a retribuição, não constitui obstáculo a que se invoque a exceção de não cumprimento para o período seguinte àquele em que não foi remunerado; esta solução não resulta diretamente do art. 429.º do CC, mas decorre do regime geral da exceção, quando aplicado a contratos de execução continuada[1764].

[1763] Quanto à contraposição entre o disposto no art. 13.º, n.º 3, da LCCT e a regra do art. 6.º da LSA (diplomas revogados pelo Código do Trabalho), cf. Ac. Rel. Lx. de 4/10/1995, CJ XX, T. IV, p. 156; Ac. Rel. Cb. de 16/5/1996, CJ XXI, T. III, p. 65.

[1764] Sobre a exceção de não cumprimento no âmbito de relações sinalagmáticas, veja-se Ana Taveira da Fonseca, *Da recusa de cumprimento da obrigação para tutela do direito de crédito, em especial na excepção de não cumprimento, no direito de retenção e na compensação*, Coimbra, 2015, pp. 101 ss.

Assim, se o trabalhador, depois de desenvolver a sua atividade durante um mês, não auferiu a respetiva retribuição, os princípios gerais levariam a admitir que ele poderia licitamente recusar-se a trabalhar no mês seguinte. O carácter sinalagmático das prestações laborais não opera só em cada mês ou semana, consoante o tipo de remuneração; dito de outro modo, a relação laboral não pode ser entendida de forma repartida, considerando, por exemplo, que em cada mês se inicia uma relação sinalagmática, cujo termo se verifica com o pagamento da correspondente retribuição. Esta é uma visão parcelar que não parece correta. A relação laboral corresponde a um todo e não a um mero somatório de dias, semanas ou meses de trabalho.

Resta referir que, em qualquer outro contrato de prestação de serviços, estando ou não em causa a prossecução de um resultado, mesmo quando a retribuição seja paga mensalmente depois de realizada a atividade, sendo o contrato de execução continuada, o prestador de serviços pode, ainda assim, recorrer à exceção de não cumprimento. Pense-se, por exemplo, numa empresa de segurança que se obriga a vigiar um supermercado; não tendo o beneficiário da prestação pago o valor acordado no final de certo mês, pode a empresa de segurança recusar-se a prestar o serviço no mês seguinte[1765].

II. Em caso de mora, no n.º 3 do art. 323.º do CT (assim como no art. 294.º, n.º 3, do CT) prescreve-se um regime especial de exceção de não cumprimento. Havendo mora do empregador – e atendendo ao carácter sinalagmático do contrato –, o trabalhador pode suspender a execução da atividade, recorrendo ao instituto da exceção de não cumprimento, previsto nos arts. 428.º e ss. do CC.

[1765] Porém, o art. 3.º, n.º 1, da LSA – revogada pelo Código do Trabalho, mais concretamente pela respetiva legislação complementar – estabelecia que o trabalhador só podia suspender a sua atividade se tivessem decorrido trinta dias sobre a data do vencimento, desde que notificasse o empregador e a Inspecção-Geral do Trabalho, por carta registada com aviso de recepção, expedida com antecedência mínima de dez dias, quanto ao início da suspensão – quanto à antecedência de dez dias, *vd.* Ac. STJ de 10/7/1996, *CJ (STJ)* 1996, T. II, p. 293; relativamente ao atraso superior a trinta dias, *vd.* Ac. STJ de 26/2/1997, *CJ (STJ)* 1997, T. I, p. 288 –, pelo que o legislador não teve em conta a figura da exceção do não cumprimento (art. 428.º do CC), até porque, depois, no art. 4.º da LSA, esclarecia que a relação laboral subsiste; é evidente que, em caso de exceção do não cumprimento, o negócio jurídico mantém-se em vigor. A razão de ser destas limitações prende-se com a salvaguarda do interesse empresarial, impedindo que o empregador fique privado da força de trabalho no momento seguinte ao do não pagamento da retribuição.

A suspensão do contrato seguia o regime geral e perdurava até à verificação de qualquer dos factos constantes do art. 5.º da LSA (*vd.* Ac. Rel. Cb. de 20/6/1996, *CJ* XXI, T. III, p. 71).

Mas a suspensão da atividade, tendo em conta a dinâmica empresarial, não poderia operar imediatamente, motivo pelo qual o trabalhador deve aguardar quinze dias para suspender o contrato de trabalho (art. 325.º, n.º 1, do CT). Trata-se de um prazo razoável para permitir à empresa com retribuições em atraso regularizar a situação – purgando a mora – antes de os trabalhadores suspenderem a atividade, paralisando a empresa.

É necessário reiterar que a mora, nos termos gerais, pressupõe um comportamento culposo para que o empregador se constitua na obrigação de pagar juros de mora (art. 323.º, n.º 2, do CT), mas, de modo diverso, não é necessário um comportamento culposo do empregador para que o trabalhador possa recorrer à exceção de não cumprimento. Esta solução – constante do art. 323.º, n.º 3, do CT – resulta da aplicação das regras gerais de direito das obrigações, pois o exercício da exceção de não cumprimento não pressupõe culpa do devedor faltoso (art. 428.º do CC).

Não obstante o direito poder ser exercido pelo trabalhador sem ter havido um comportamento culposo do empregador, não parece lícito que a exceção seja invocada perante qualquer incumprimento, principalmente quando a falta de pagamento respeita a uma parte reduzida da retribuição.

III. O regime da exceção de não cumprimento no âmbito laboral – designada por «suspensão do contrato de trabalho» – consta dos arts. 325.º, 326.º e 327.º do CT. O trabalhador pode suspender a atividade, cumprindo as formalidades impostas no art. 325.º do CT. Do art. 295.º, n.º 1, do CT resulta que o contrato suspenso subsiste, mantendo-se direitos e deveres das partes que não pressuponham a efetiva prestação de trabalho. Na medida em que, durante a suspensão o trabalhador não desempenha a atividade nem recebe a correspondente retribuição, no art. 325.º do CT e no art. 25.º da Lei n.º 105/2009, de 25 de setembro, atribui-se ao credor (trabalhador) direito à prestação de desemprego. Refira-se ainda que, durante a suspensão, o trabalhador pode desempenhar outra atividade retribuída (art. 326.º do CT).

A suspensão do contrato será necessariamente transitória e cessa pelo retorno à atividade (art. 327.º do CT) ou com a cessação do vínculo contratual.

Recapitulando, o trabalhador que não recebeu a retribuição na data do vencimento pode suspender a execução da sua atividade, recorrendo à exceção de não cumprimento do contrato. A referida suspensão não pode operar imediatamente após a falta de pagamento, pelos motivos já indicados, devendo o trabalhador aguardar quinze dias. Trata-se de um prazo razoável, atentos os interesses em confronto, para que a empresa regularize a sua situação financeira, pagando a retribuição ao trabalhador. Refira-se, ainda, que a remissão para legislação especial se justifica, em particular, pela necessidade de garantir, ao trabalhador que invoca a exceção, o pagamento de subsídio idêntico ao de desemprego; o direito à prestação de desemprego consta do art. 25.º da Lei n.º 105/2009.

Neste ponto, cabe reiterar o facto de a mora depender de culpa para o empregador se constituir no dever de pagar juros de mora (n.º 1), mas não se requer um comportamento culposo para o trabalhador suspender a prestação de trabalho ou resolver o contrato (n.º 2). De facto, nem a resolução do contrato depende sempre de culpa do empregador (art. 394.º, n.º 3, do CT) nem a exceção de não cumprimento pressupõe falta de cumprimento culposo da parte que, por não efetuar a sua prestação, permite que a contraparte recorra à *exceptio* (art. 428.º do CC).

IV. No n.º 3 do art. 323.º do CT cabe distinguir a exceção de não cumprimento da resolução do contrato.

O trabalhador que não recebeu a retribuição na data do vencimento pode suspender a execução da sua atividade, recorrendo à exceção de não cumprimento do contrato. A referida suspensão não pode operar imediatamente após a falta de pagamento, pelos motivos indicados no ponto anterior, devendo o trabalhador aguardar quinze dias.

Mas para invocar a resolução do contrato, que não depende de culpa do empregador (art. 394.º, n.º 3, do CT), o prazo é de sessenta dias nos termos do n.º 5 do art. 394.º do CT (*vd. infra* alínea *f)*).

c) Garantias

I. Relativamente à falta de pagamento de prestações pecuniárias – tanto a retribuição como outras prestações (p. ex., indemnizações) –, haverá mora com a consequente obrigação de pagar juros moratórios nos termos já indicados, mas como garantia importa atender ao regime constante dos arts. 333.º e ss. do CT.

Na sequência do regime anterior, subsistem, como garantias do trabalhador, os privilégios creditórios (art. 333.º do CT) – tendo ficado sanada, em 2003, a dúvida quanto ao seu âmbito – e o Fundo de Garantia Salarial (art. 336.º do CT)[1766]. Como novidade introduzida em 2003, cabe atender a duas

[1766] A regulamentação do Fundo de Garantia Salarial, em termos coincidentes com os que anteriormente vigoravam, consta do Decreto-Lei n.º 59/2015, de 21 de abril.

soluções: a responsabilidade solidária das sociedades em relação de domínio ou de grupo (art. 334.º do CT) e a responsabilidade dos sócios (art. 335.º do CT)[1767].

II. Quanto aos meios de autotutela de créditos, estando admitida a exceção de não cumprimento (arts. 294.º, n.º 3, e 323.º, n.º 3, do CT), estabelece-se solução oposta com respeito ao direito de retenção. O trabalhador a quem tenham sido fornecidos instrumentos de trabalho e quaisquer outros objetos que sejam pertença do empregador não goza, nos termos do art. 754.º do CC, do direito de retenção dessas coisas por conta de crédito contra a entidade patronal.

Do disposto no art. 342.º do CT deduz-se que a falta do empregador (discutível ou mesmo por ele reconhecida) de pagamento de quaisquer quantias ao trabalhador – mesmo tratando-se da retribuição –, em princípio, não confere a este direito de retenção sobre os instrumentos de trabalho ou outros objetos que sejam pertença daquele. A inexistência do direito de retenção resulta de três razões. Em primeiro lugar, esta garantia real, conferindo uma situação de privilégio a certos credores, constitui uma limitação que deve ser entendida de modo restritivo. Por outro lado, tendo em conta a previsão geral do art. 754.º do CC, para haver direito de retenção será necessário que o crédito do trabalhador resulte de despesas feitas por causa desses objetos do empregador ou de danos por eles causados. Por via de regra, os montantes que o empregador tem a pagar ao trabalhador aquando da cessação do contrato não se relacionam com essas duas hipóteses. Acresce, por último, que entre as situações especiais de direito de retenção (art. 755.º do CC) não se inclui o trabalhador no elenco de credores privilegiados. Acresce que o art. 342.º do CT determina a devolução de instrumentos de trabalho, obrigação não condicionada ao pagamento da retribuição ou de outras prestações a cargo do empregador.

Os outros mecanismos de autotutela do crédito do trabalhador – como a compensação – seguem o regime geral.

[1767] Sobre esta questão, veja-se ROMANO MARTINEZ, «Garantias dos Créditos Laborais. A Responsabilidade Solidária instituída pelo Código do Trabalho, nos artigos 378.º e 379.º», *RDES*, 2005, n.os 2/4, pp. 195 ss.

d) Benefícios conferidos ao trabalhador

Como pode ser problemática a situação económica do trabalhador a quem não é paga a retribuição, além de outros mecanismos jurídicos, são-lhe conferidos certos benefícios.

Em primeiro lugar, suspendem-se os processos de execução fiscal (art. 26.º da Lei n.º 105/2009). Suspende-se igualmente a venda de determinados bens penhorados ao trabalhador (art. 27.º da Lei n.º 105/2009). Por último, suspende-se a ação de despejo que lhe tenha sido movida (art. 28.º da Lei n.º 105/2009). Em qualquer caso, não se «transfere» o risco do incumprimento da retribuição para terceiros – credores do trabalhador –, mas estes veem limitados os meios judiciais para efetivarem os seus direitos.

Para aplicação deste regime basta que exista mora no pagamento de retribuições por período superior a quinze dias, não sendo necessária a declaração de insolvência do trabalhador, a que alude o art. 113.º do Código da Insolvência e da Recuperação de Empresas[1768].

Tal como referido anteriormente, este regime só se aplicará caso o empregador esteja em mora quanto ao pagamento da retribuição – não de outras prestações patrimoniais sem carácter retributivo[1769] –, e desde que o valor em causa seja relevante. De facto, com base nas regras da boa fé, será desproporcionado o exercício de um destes direitos se estiver em causa a falta de pagamento de uma parte irrisória da retribuição, por exemplo o subsídio de turno correspondente a 5% da retribuição base. Tal desproporção contraria a boa fé e o fim social e económico do direito, podendo integrar a figura do abuso do direito (art. 334.º do CC).

e) Consequências para o empregador

I. O empregador que não paga a retribuição aos seus trabalhadores sujeita-se à inibição da prática dos atos indicados no art. 313.º do CT, por remissão do art. 324.º, n.º 1, do mesmo diploma, por exemplo, distribuir lucros ou

[1768] O art. 113.º do Código da Insolvência e da Recuperação de Empresas apenas indica que a insolvência do trabalhador não afeta a relação laboral, mantendo-se o contrato de trabalho em execução (n.º 1). Contudo, no n.º 2 do mesmo preceito, ao prescrever-se que «O ressarcimento dos prejuízos de uma eventual violação dos deveres contratuais – presume-se que seja o contrato de trabalho – apenas pode ser reclamado ao próprio insolvente» (trabalhador), limita-se a possibilidade de o empregador responsabilizar terceiros. Explicando a solução legal com base «na protecção muito especial de que goza o lugar de trabalho», veja-se Oliveira Ascensão, «Insolvência: Efeitos sobre os Negócios em Curso», *Themis*, 2005 (edição especial), p. 113.

[1769] Esta distinção resulta em especial do disposto no art. 258.º, n.º 4, do CT.

dividendos, podendo incorrer em pena de prisão (art. 324.º, n.º 3, do CT). Havendo mora no pagamento da retribuição, independentemente do prazo por que esta tenha durado, o empregador não pode realizar certas despesas (p. ex., distribuir lucros ou dividendos, pagar suprimentos, amortizar quotas ou remunerar membros dos corpos sociais) nem contrair dívidas (*v. g.*, comprar ações ou quotas próprias dos membros dos corpos sociais), porque podem agravar a situação patrimonial da empresa[1770].

Por outro lado, atendendo à mora no pagamento de retribuições, podem ser invalidados os atos praticados pelo empregador que se encontram no elenco do art. 313.º, segundo o disposto no art. 324.º, n.ºs 1 e 2, ambos do CT. Assim sendo, são anuláveis os atos de disposição de bens do património da empresa, a título gratuito ou oneroso, realizados em situação de falta de pagamento pontual das retribuições ou nos seis meses anteriores; porém, quanto aos atos onerosos exige-se que deles resulte diminuição da garantia patrimonial dos créditos dos trabalhadores. Do art. 324.º, n.º 2, do CT depreende-se que o legislador não atendeu à figura da impugnação pauliana (arts. 610.º e ss. do CC)[1771]. Contrariamente ao disposto no art. 612.º do CC, na hipótese de retribuições em atraso, a anulabilidade pode ser pedida mesmo que o adquirente a título oneroso esteja de boa fé, o que parece um exagero. A anulabilidade estabelecida no preceito em análise implica a destruição do negócio, com a consequente reversão do bem; ora, no caso de impugnação pauliana, o bem alienado pode ser executado no património do

[1770] Ao lado de soluções perfeitamente compreensíveis – como as proibições de distribuir lucros ou dividendos e de pagar suprimentos – surgem outras cuja justificação é contestável, principalmente porque podem acarretar dificuldades de funcionamento da empresa: assim, por exemplo as proibições de efetuar pagamentos a credores não titulares de garantia ou privilégio oponível aos créditos dos trabalhadores (alínea *d)*) ou a trabalhadores que não correspondam ao rateio proporcional do montante disponível (alínea *e)*), assim como a proibição de celebrar contratos de mútuo na qualidade de mutuante (alínea *h)*) podem prejudicar o relançamento de uma empresa em situação económica difícil. Nos termos destas alíneas, se um banco, momentaneamente, estiver em situação económica difícil que o impede de pagar a retribuição a 10% dos trabalhadores, não poderia permitir que os clientes levantassem dinheiro das respetivas contas bancárias, teria de deixar de pagar a todos os trabalhadores, ainda que proporcionalmente, e não poderia continuar a exercer a sua atividade, realizando contratos de mútuo. Na interpretação destas normas há, assim, que atender ao respetivo escopo.

[1771] Nunes de Carvalho, «Reflexos Laborais do Código dos Processos Especiais de Recuperação da Empresa e de Falência», *RDES*, Ano XXXVI (1995), n.ºs 1/3, p. 75, alude a um alargamento dos pressupostos da ação pauliana, mas, perante as diferenças, parece tratar-se antes de outro instituto, com finalidades idênticas.

terceiro adquirente (art. 615.º do CC), que é mais vantajoso para todos os intervenientes.

Esta garantia concedida aos trabalhadores pode ser contraproducente. Compreender-se-ia que os atos de disposição a título gratuito fossem anuláveis (art. 314.º, n.º 1, do CT), ou melhor impugnáveis nos termos do direito civil; o mesmo não se pode dizer com respeito aos atos de disposição a título oneroso realizados com terceiro de boa fé (art. 314.º, n.º 2, do CT). Tal solução leva a que ninguém esteja disposto a adquirir bens a uma empresa com retribuições em atraso, tendo em vista viabilizá-la economicamente, pois corre o risco de ver o negócio jurídico anulado[1772].

Em suma, o excesso de proteção do trabalhador facilita a insolvência do empregador, com o consequente despedimento daquele.

II. Estes mecanismos – descurando as críticas apontadas – constituem meios dissuasores de uma eventual dissipação de bens e, principalmente, de uma gestão empresarial prejudicial para a cobrança dos créditos dos trabalhadores. Não obstante a efetividade que alguns destes mecanismos possuem, que podem contribuir, ainda que indiretamente, para proporcionar a rápida percepção da retribuição por parte dos trabalhadores, não constituem uma verdadeira garantia, apesar de se poderem enquadrar entre os meios conservatórios da garantia patrimonial (arts. 605.º e ss. do CC).

f) Resolução do contrato

I. Como já se indicou antes a propósito da exceção de não cumprimento, no n.º 3 do art. 323.º do CT importa distinguir a exceção de não cumprimento da resolução do contrato.

Em alternativa à exceção de não cumprimento – independentemente de ter requerido a suspensão do contrato –, o trabalhador pode resolver o contrato com base na falta de cumprimento de prestações contratuais, mormente em caso de não pagamento da retribuição.

Contudo, a mora, desde que não se transforme em incumprimento definitivo, por impossibilidade de realização da prestação, por perda de interesse do credor (no caso o trabalhador) ou após o decurso do prazo admonitório (art. 808.º do CC)[1773], não dá azo à resolução do con-

[1772] Sobre a questão, veja-se MENEZES CORDEIRO, *Direito do Trabalho*, II, cit., p. 824.

[1773] A estas causas, como é indicado pela doutrina, acresce a declaração do devedor de que não efetuará o cumprimento. Cf. Ac. Rel. Lx. de 27/10/1999, *CJ* XXIV, T. IV, p. 179, em que a empresa informou os trabalhadores que não pagaria os salários porque não havia dinheiro.

trato[1774]. Todavia, no art. 394.º, n.º 2, alínea *a)*, do CT estabelece-se que o não cumprimento da retribuição constitui justa causa de resolução do contrato por parte do trabalhador, mesmo que a falta de cumprimento não seja culposa (art. 394.º, n.º 3, alínea *c)*, do CT).

Como não se exige o estabelecimento de um prazo admonitório, poder-se-ia entender, numa leitura pouco atenta do preceito, que, se o empregador se atrasar um dia que seja no pagamento da retribuição, por exemplo devido a um atraso na transferência bancária para a conta do trabalhador, imputável ao banco do empregador ou mesmo ao banco do trabalhador, este poderia resolver o contrato e pedir uma indemnização. Essa solução seria aberrante e não corresponde ao espírito da lei, pois o art. 394.º, n.º 4, do CT remete para a justa causa como critério aferidor do poder de resolução do contrato de trabalho. Por outro lado, tendo em conta o disposto no art. 394.º, n.º 5, do CT[1775], independentemente de culpa do empregador, a resolução só pode ser requerida depois de uma situação de mora que se prolongue por sessenta dias; o preceito tem igualmente em vista a tutela da empresa, que não se verá, de imediato, privada dos trabalhadores.

No caso de a mora quanto ao pagamento da retribuição se transformar em incumprimento definitivo por decurso do prazo admonitório ou se houver incumprimento definitivo relativamente a outra prestação do empregador, por exemplo, falta de respeito em relação ao trabalhador (art. 127.º, n.º 1, alínea *a)*, e art. 394.º, n.º 2, alínea *f)*, ambos do CT) ou falta de condições de segurança e saúde (art. 394.º, n.º 2, alínea *d)*, do CT)[1776], o trabalhador pode, em alternativa, pedir a resolução do contrato com indemnização ou tão-só uma indemnização sendo, porém, esta determinada em moldes diferentes daquela[1777].

[1774] O regime especial da revogada Lei dos Salários em Atraso (LSA) não permitia que, requerida a suspensão, com base na mesma falta de pagamento do salário, o trabalhador rescindisse o contrato (Ac. Rel. Cb. de 18/4/1996, *CJ* XXI, T. II, p. 67), porque, neste caso, a mora não se transformava em incumprimento definitivo.

[1775] A jurisprudência, normalmente, considerava o art. 3.º da LSA como norma especial em relação ao art. 35.º da LCCT, cf. Ac. STJ de 14/2/1996, *CJ (STJ)* 1996, T. I, p. 253; Ac. Rel. Lx. de 4/10/1995, *CJ* XX, T. IV, p. 156; Ac. Rel. Lx. de 8/11/1995, *CJ* XX, T. V, p. 185; Ac. Rel. Év. de 12/12/1995, *CJ* XX, T. V, p. 310.

[1776] Por via de regra, a violação destes outros deveres do empregador pressupõe um cumprimento defeituoso (*vd. infra*).

[1777] Quanto à indemnização por danos não patrimoniais, cf. Ac. Rel. Lx. de 11/1/1995, *CJ* XX, T. I, p. 169.

A transformação da mora em incumprimento definitivo suscita uma dificuldade na relação laboral, pois, nos termos do art. 395.º, n.º 1, do CT, o trabalhador só pode resolver o contrato nos trinta dias subsequentes ao conhecimento do incumprimento de deveres por parte do empregador[1778]. Por isso, a mora só se transforma em incumprimento definitivo para efeitos de permitir a resolução do contrato depois de decorrido esse prazo.

O incumprimento definitivo de prestações devidas pelo empregador só permite a resolução do contrato se essas faltas forem consideradas graves. São considerados comportamentos graves para efeito de resolução do contrato de trabalho, exemplificativamente aqueles que vêm indicados no art. 394.º, n.º 2, do CT, os mesmos, porém, ainda têm de ser apreciados pelo crivo da justa causa (art. 394.º, n.º 4, do CT).

II. É necessário, porém, conjugar o disposto no art. 323.º, n.º 3, com o regime constante do art. 394.º, n.ºs 1 e 2, ambos do CT, de onde poderia retirar-se a existência de uma incompatibilidade, que não se verifica[1779].

No art. 394.º, n.º 5, do CT exige-se que a mora seja prolongada: sessenta dias; enquanto no art. 394.º, n.º 1 do CT fala-se em cessar imediatamente o contrato. Todavia, neste preceito, a resolução imediata depende da prova da ocorrência de factos determinantes de justa causa: será pressuposto que a falta de pagamento, por si, consubstancie justa causa de resolução[1780].

Com base no disposto no art. 394.º, n.º 5, do CT, entende-se que existe justa causa de resolução se tiverem decorrido sessenta dias de mora; sendo o prazo inferior, o trabalhador terá de provar que a mora constitui justa causa de resolução atendendo à gravidade da situação. No mencionado preceito estabeleceu-se uma presunção *iuris et de iure* de que o trabalhador tem justa causa de resolução do contrato sempre que a retribuição (na sua totalidade) não tiver sido paga depois de decorrer um período de sessenta dias após o

---

[1778] Cf. Ac. Rel. Cb. de 16/5/1996, *CJ* XXI, T. III, p. 67.
Sobre a questão dos prazos, veja-se Leal Amado, «falta de pagamento da retribuição, suspensão e resolução do contrato pelo trabalhador: a questão do *timing*», *Jornadas Regionais de Direito do trabalho*, Ponta Delgada, 2016, pp. 51 ss. (pp. 56 ss.) ou *RLJ* n.º 145 (2016), pp. 162 ss., em anotação Ac. Rel. Cb de 13/12/2012 (Azevedo Mendes).

[1779] Sobre a questão, veja-se Romano Martinez, anotação VIII. ao art. 323.º, *in* Romano Martinez/Luís Miguel Monteiro/Pedro Madeira de Brito/Guilherme Dray/Luís Gonçalves da Silva, *Código do Trabalho Anotado*, cit, p. 754.

[1780] Como decorre do Ac. Rel. Lx de 5/7/2018, www.dgsi.pt, basta a falta de pagamento, não sendo necessário demonstrar que o trabalhador teve dificuldades financeiras emergentes do incumprimento.

respetivo vencimento[1781]/[1782]. Esta presunção, além de não se aplicar no caso de mora quanto a prestações não retributivas – por força da letra da lei –, não pode valer no caso de incumprimento parcial da retribuição – atendendo ao espírito da lei. Com base nos princípios gerais, nomeadamente da boa fé e da proporcionalidade, não parece admissível que o trabalhador possa resolver o contrato pelo facto de o empregador se encontrar em mora, por mais de sessenta dias, quanto ao pagamento de um subsídio que corresponde a 5% da retribuição base, tendo esta e os demais complementos sido pontualmente cumpridos.

Cabe ainda esclarecer a relação entre o prazo de sessenta dias do art. 394.º, n.º 5, do CT e o prazo de trinta dias do art. 395.º, n.º 1, do CT. O primeiro é um prazo que permite concluir pela existência de justa causa; o segundo é o período dentro do qual se deve resolver o contrato, que se inicia a partir do momento em que exista justa causa.

O prazo de trinta dias do n.º 1 do art. 395.º do CT é de caducidade, fixando o período em que se pode exercer o direito de resolução. Existindo justa causa – eventualmente antes do decurso do prazo de sessenta dias do art. 394.º, n.º 5, do CT –, o trabalhador tem trinta dias para resolver o contrato.

III. Importa concretizar a mencionada necessidade de conjugação do art. 323.º, n.º 3 com o disposto nos arts. 394.º, n.os 1 e 2, alínea *a)*, e 351.º, n.º 2, todos do CT.

No n.º 3 do art. 323.º do CT lê-se que «A falta de pagamento pontual da retribuição confere ao trabalhador a faculdade (...) de fazer cessar o contrato, nos termos previstos neste Código», e no n.º 1 do art. 394.º do CT, dispõe-se que « (...) pode o trabalhador fazer cessar imediatamente o contrato». Os dois preceitos não são incompatíveis, pelo contrário, justificam-se numa leitura conjugada, a que se aludiu, importando, contudo, precisar esta interpretação.

1781 Defendeu-se (*Direito do Trabalho*, 2.ª ed., Coimbra, 2005, p. 754) que se trataria de uma presunção *iuris tantum*, mas, refletindo melhor, parece que não está em causa a possibilidade de o empregador fazer a prova negativa, de inexistência de justa causa no caso de falta de pagamento da retribuição na sua totalidade, pelo que se estará perante uma presunção inilidível (absoluta) de justa causa.

1782 Como indica Oliveira Ascensão, *O Direito. Introdução e Teoria Geral*, 13.ª ed., Coimbra, 2005, p. 520, «A presunção absoluta é muito semelhante à ficção, apenas variando o modo técnico da sua apresentação». Mas apesar de haver identificação de antecedentes, não se procede nesta norma (art. 394.º, n.º 5, do CT) à suposição de que realidades diferentes são idênticas. Por isso, dever-se-á entender como uma presunção *iuris et de iure* e não como uma ficção.

A cessação imediata do contrato advém do facto de ocorrer justa causa (n.º 1 do art. 394.º do CT), nomeadamente em caso de falta culposa de pagamento da retribuição (alínea *a)* do n.º 2 do art. 394.º do CT); mas a justa causa deve ser apreciada nos termos prescritos no n.º 2 do art. 351.º do CT (*ex vi* art. 394.º, n.º 4, do CT). Ora, a lesão de interesses do trabalhador, no quadro geral da empresa, e a perturbação no relacionamento entre as partes de modo a tornar praticamente impossível a subsistência da relação de trabalho, normalmente não ocorre no momento seguinte ao da falta de pagamento da retribuição. Concluindo, dir-se-á que a justa causa presume-se se decorreram sessenta dias após a falta de pagamento da retribuição; antes do decurso deste período, o trabalhador terá de demonstrar que a falta de pagamento constitui justa causa de resolução do contrato, isto é, tem de provar os pressupostos da justa causa indicados. Mesmo no domínio da legislação anterior, entendia-se que a «rescisão» não podia justificar-se só com a falta de pagamento se não estivesse, por outros motivos, demonstrada a justa causa[1783]. Os sessenta dias têm uma função de prazo admonitório (legal), que permite transformar a mora no pagamento da retribuição em incumprimento definitivo, viabilizando o pedido de resolução do contrato.

Importa ainda contrapor os prazos de sessenta dias (n.º 2) e de trinta dias (art. 395.º, n.º 1, do CT). O primeiro, como se referiu, é um prazo mínimo para se presumir a existência de justa causa; o segundo é um prazo de caducidade para se exercer um direito. Atendendo ao prazo do art. 395.º, n.º 1, do CT, o trabalhador pode, após o conhecimento da situação e nos trinta dias imediatos fazer valer os seus direitos; ou seja, provando a justa causa pode resolver o contrato no dia seguinte ao da violação contratual por parte do empregador. O prazo de sessenta dias do n.º 5 do art. 394.º do CT tem em conta uma situação continuada de incumprimento, e pressupõe o exercício do direito de resolução depois do seu decurso; decorridos os sessenta dias presume-se que há justa causa e o trabalhador pode, então, resolver o contrato bastando a prova do incumprimento continuado. Importa reiterar, como se afirmou *supra*, que a falta de pagamento da retribuição, ainda que culposa, por via de regra não determina a imediata impossibilidade de subsistência da relação de trabalho, razão pela qual o trabalhador não pode, desde logo, resolver o contrato nos termos do art. 394.º do CT; terá de aguardar pelo decurso do prazo de sessenta dias ou pela verificação de outro facto que, associado à falta de pagamento, consubstancie a justa causa de resolução[1784].

[1783] Cf. ROMANO MARTINEZ, *Direito do Trabalho*, 1.ª ed., Coimbra, 2002, pp. 704 s. e 886 s.

[1784] Cf. ROMANO MARTINEZ, *Da Cessação do Contrato*, 3.ª ed., Coimbra, 2015, pp. 483 s.

IV. Para a resolução do contrato em caso de mora prolongada cabe atender ao disposto no art. 394.º, n.º 5, do CT.

A resolução não pressupõe a prévia suspensão do contrato, requerida pelo trabalhador em consequência da falta de pagamento da retribuição (arts. 294.º, n.º 4, e 323.º, n.º 1, do CT).

O trabalhador que resolva o contrato em caso de não cumprimento da prestação retributiva tem direito: à indemnização prevista o art. 396.º do CT; à proteção social de desemprego e a facilidades no âmbito de formação profissional.

V. A resolução do contrato por parte do trabalhador pode ser requerida em caso de outras situações de incumprimento de deveres obrigacionais do empregador, pois não está circunscrita à falta de pagamento de prestações pecuniárias.

Como exemplificação, dispõe o n.º 2 do art. 394.º do CT várias hipóteses de incumprimento de deveres do empregador, alguns constantes do art. 127.º do CT (deveres do empregador) e do art. 129.º do CT (garantias do trabalhador)[1785].

3. Cumprimento defeituoso imputável ao empregador

O cumprimento defeituoso ocorrerá sempre que o empregador não cumprir corretamente alguns dos seus deveres[1786]. Mesmo a retribuição, na parcela em que esta não seja pecuniária, pode ser defeituosamente cumprida. Por exemplo, se o empregador fornecer casa de habitação ao trabalhador sem condições mínimas de habitabilidade, ou se lhe fornecer géneros alimentícios deteriorados. Para além disso, há outros deveres do empregador susceptíveis de serem defeituosamente cumpridos, designadamente o respeito de regras de higiene e segurança no trabalho.

O cumprimento defeituoso dos deveres do empregador concede ao trabalhador o direito a exigir uma indemnização e inclusive a resolução do contrato,

[1785] Razão pela qual, na revisão de 2019 (Lei n.º 93/2019), ao pretender-se acentuar o assédio como violação grave, foi feita referência tanto no art. 127.º, n.º 1, alínea *a)*, como no art. 394.º, n.º 2, alínea *b)*, do CT:

[1786] Cf. Ac. STJ de 31/3/1993, CJ (STJ) 1993, T. II, p. 260, em que o empregador humilhava e lesava a honra e brio profissional do trabalhador. Em termos exemplificativos pode também referir-se a atribuição de tarefas qualitativamente inferiores à categoria do trabalhador (Ac. Rel. Pt. de 24/5/1993, CJ XVIII, T. III, p. 269) e a violação do dever de ocupação efetiva (Ac. Rel. Év. de 8/11/1994, CJ XIX, T. V, p. 300).

se estiverem preenchidos os pressupostos de justa causa. Na enumeração constante do n.º 2 do art. 394.º do CT, de que fazem parte seis situações que constituem justa causa, quatro delas integram hipóteses de cumprimento defeituoso (alíneas *b)*, *c)*, *d)* e *e)*). Nomeadamente, na violação das garantias legais e convencionais do trabalhador (art. 394.º, n.º 2, alínea *b)*, do CT) enquadram-se múltiplas hipóteses de deficiente cumprimento de deveres contratuais por parte do empregador, como a atribuição de tarefas não incluídas na categoria, a alteração do local de trabalho fora do âmbito dos arts. 194.º e ss. do CT, o recurso ao *ius variandi* em violação do art. 120.º do CT ou a exigência ilegal de trabalho suplementar.

De entre as situações de cumprimento defeituoso de deveres do empregador, importa fazer especial alusão, pela relevância prática que implica, o mau cumprimento das regras de segurança, causa de acidentes de trabalho e, consequentemente, fonte de responsabilidade civil. Esta hipótese de responsabilidade civil, afora a particularidade de poder existir independentemente de culpa do empregador, segue o regime regra do direito civil.

4. Incumprimento imputável ao trabalhador

a) Regras gerais

Atendendo à sua natureza sinalagmática, o incumprimento de prestações emergentes do contrato de trabalho pode ser imputável a qualquer das partes, mas neste número far-se-á tão-só referência ao incumprimento de prestações contratuais imputáveis ao trabalhador[1787].

O incumprimento de deveres obrigacionais por parte do trabalhador segue o regime geral, em termos idênticos aos anteriormente referidos em relação ao empregador.

b) Mora e incumprimento definitivo imputáveis ao trabalhador

b.1) Mora do devedor

I. Se o trabalhador faltar culposamente ao cumprimento dos seus deveres poderá haver mora ou incumprimento definitivo. Assim, uma falta injusti-

[1787] Não é usual encontrar-se o tratamento sistemático do incumprimento do contrato de trabalho imputável ao trabalhador, pois este tema vem normalmente referido a propósito da justa causa de despedimento; veja-se, contudo, BUSEMANN, *Die Haftung des Arbeitnehmers gegenüber dem Arbeitgeber und Dritten. Haftung im Vorvertragsstadium, während des Arbeitsverhältnisses und im Nachvertragsstadium*, Berlim, 1999, pp. 35 ss.

ficada implica a violação do dever de comparecer ao serviço com assiduidade e poderá integrar uma situação de mora ou de incumprimento definitivo parcial.

Tendo o trabalhador chegado atrasado, poderia compensar o atraso trabalhando mais tempo depois do horário; haveria teoricamente uma situação de mora, tendo-se procedido à respetiva purgação (art. 804.º do CC). O mesmo se passaria na hipótese de falta injustificada, que poderia ser compensada, inclusive com dias de férias (art. 257.º, n.º 1, do CT).

Não parece correto entender-se que, faltando o trabalhador, não possa realizar a atividade devida mais tarde, porque se estaria perante uma situação de impossibilidade de cumprimento[1788].

Por via de regra, não há qualquer perda de interesse para o empregador e o trabalhador poderá proceder à purgação da mora em horas fora do horário de trabalho; esta compensação não será considerada trabalho suplementar se verificados os pressupostos do art. 226.º, n.º 2, alínea *b)*, do CT[1789]. E, recorde-se que, a purgação da mora decorrente de uma falta pode ser feita mediante a perda de dias de férias (art. 257.º, n.º 1, alínea *a)*, do CT).

Por outro lado, admitir-se que há impossibilidade de realizar a prestação em outro dia ou outro horário corresponde a uma visão parcelar da relação laboral; esta não deve ser entendida como o somatório das várias horas e dias de trabalho, pois estes integram-se num conjunto, como elementos indissociáveis. Além disso, não parece que a tendencial imperatividade do regime das férias e faltas impeça esta solução[1790].

Importa reiterar que a situação de mora depende de um pressuposto relacionado com a vontade de ambas as partes: só há purgação da mora se

---

1788 Neste sentido, Bernardo Xavier, *Curso de Direito do Trabalho*, 2.ª ed., Lisboa, 1993, p. 438, nota 1, considera que a falta gera impossibilidade definitiva, afirmando que «o trabalho perdido hoje não poderá ser prestado amanhã». De modo similar, José João Abrantes, «Salários em Atraso e Excepção de não Cumprimento do Contrato», *Direito do Trabalho. Ensaios*, Lisboa, 1995, p. 84, nota 10, opõe-se à realização tardia da prestação, esclarecendo que «o trabalho não efetuado pontualmente é, pois, legalmente impossível». Veja-se, porém, as considerações em torno da mora do trabalhador de Schaub, *Arbeitsrechts-Handbuch*, 9.ª ed., Munique, pp. 391 ss.

1789 O mesmo se diga quanto ao trabalho extraordinário na agricultura, em que a Base XVIII, n.º 4 PRT para a agricultura, de 8 de junho de 1979, exclui tal qualificação, se se tratar da mencionada compensação.

1790 A posição contrária sustentada no Ac. STJ de 25/9/1996, CJ (STJ) 1996, T. III, p. 232, assentava numa situação muito concreta de um «arranjo» imposto pela entidade patronal para compensar faltas futuras, em que, corretamente, se decidiu pela inadmissibilidade de tal imposição.

o credor (empregador) tiver interesse em aceitar a prestação posteriormente e se o devedor (trabalhador) estiver disposto a realizá-la; dito de outro modo, a mora na prestação principal do trabalhador e a respetiva purgação assenta numa situação de consenso. Esta necessidade de consenso, não exigida no direito das obrigações, advém da particularidade do vínculo laboral. Igualmente de modo diverso ao previsto no regime comum, admite-se que a mora do trabalhador seja purgada por decisão do credor (empregador) – sem necessidade de acordo do devedor (trabalhador) – mediante acréscimo ao período normal de trabalho até 4 horas diárias, desde que previsto em IRCT (art. 257.º, n.º 1, alínea *b)*, do CT).

II. Se, pelo contrário, perante a falta injustificada do trabalhador for feito o respetivo desconto na retribuição mensal, a situação integrar-se-á num incumprimento definitivo parcial. Para se determinar se a situação concreta corresponde a um caso de mora ou de incumprimento definitivo, ainda que parcial, importa determinar se, do ponto de vista objetivo, a prestação incumprida pode ou não ser realizada mais tarde.

No caso de o trabalhador faltar ou se atrasar injustificadamente, caberia determinar se a prestação pode ser realizada mais tarde e se o empregador tem interesse, objetivamente determinado, em que a atividade seja efetuada posteriormente, por um lado, e se o trabalhador está interessado em realizá-la em momento ulterior. Na eventualidade de uma situação de incumprimento que, objetivamente, poderia enquadrar-se numa hipótese de mora, mas que será qualificada como incumprimento definitivo, porque o trabalhador se recusa a realizar a prestação mais tarde, dever-se-á ponderar esta gravidade da conduta do trabalhador na apreciação da sua culpa.

III. Havendo mora por parte do trabalhador este deverá cumprir a prestação mais tarde e, além disso, terá de reparar os danos causados ao empregador. A determinação desses prejuízos far-se-á nos termos gerais dos arts. 562.º e ss. do CC. O empregador, com base na *exceptio*, poderá recusar a parte da retribuição correspondente à atividade em mora.

b.2) Mora do credor

O trabalhador, na qualidade de credor de uma prestação, em particular da retribuição, pode entrar em mora. Haverá mora do credor, nos termos dos arts. 813.º e ss. do CC, se o trabalhador, sem motivo justificado, não aceitar a retribuição que lhe for oferecida. Nesse caso, o trabalhador entra em mora, não se considerando que o empregador esteja em incumprimento pelo facto de a retribuição não ter sido paga na data do vencimento, podendo este recorrer à consignação em depósito (arts. 841.º e ss. do CC). Havendo mora do trabalhador, na qualidade de credor, deverá indemnizar o empregador das maiores despesas que este tenha com o oferecimento infrutífero da prestação (art. 816.º do CC), por exemplo, despesas bancárias.

O regime da mora do credor aplicável ao trabalhador não se circunscreve à recusa de aceitação do salário, valendo em caso de qualquer crédito devido pelo empregador (ainda que oferecido por terceiro, sendo a prestação fungível) que o credor da atividade (trabalhador) recuse injustificadamente.

b.3) Incumprimento definitivo

I. Estar-se-á perante uma situação de incumprimento definitivo se o trabalhador não puder realizar a prestação mais tarde, porque isso é objetivamente impossível ou porque o empregador não tem interesse, também determinado objetivamente, em que a atividade seja realizada em momento posterior (art. 808.º do CC). Acresce ainda que se o empregador estabelecer um prazo admonitório para o trabalhador realizar a prestação, não a tendo este feito, pode aquele considerar definitivamente incumprida a prestação (art. 808.º do CC). Por último, como particularidade com especial relevância a nível laboral[1791], importa acrescentar que o incumprimento definitivo pode advir do facto de o trabalhador se recusar a realizar a prestação em falta após o incumprimento.

Deste modo, se o trabalhador faltou injustificadamente e a atividade não pode ser realizada mais tarde, porque, por exemplo depois do horário de trabalho a empresa está encerrada, o trabalho encontra-se organizado por turnos, o contrato de trabalho cessou ou a atividade podia ser realizada mais tarde, mas o trabalhador não a efetua depois do decurso do prazo admonitório, há incumprimento definitivo.

O incumprimento definitivo, sendo parcial, permite que o empregador reduza a retribuição na proporção respetiva (art. 802.º, n.º 1, do CC)[1792] e, sendo grave o incumprimento definitivo parcial, o empregador pode

[1791] Esta problemática não é específica do direito do trabalho, porque a doutrina obrigacionista, por vezes, acrescenta como motivo de incumprimento definitivo da prestação a recusa antecipada do devedor em cumprir, cf. ROMANO MARTINEZ, *Cumprimento Defeituoso*, cit., pp. 122 s. e doutrina citada na nota 1 da p. 122.

[1792] Nesta redução é de atender ao disposto no art. 271.º do CT, de onde consta a fórmula para calcular o valor da retribuição horária.

resolver o contrato de trabalho (art. 802.º, n.ºs 1 e 2, do CC), que corresponde a uma justa causa de despedimento (art. 351.º do CT).

Em qualquer caso, o empregador pode exigir uma indemnização. Em princípio, na primeira situação, a indemnização só cobre o interesse contratual positivo, enquanto, na segunda, abrangeria o dano negativo ou de confiança; todavia, é preciso ter em conta que o contrato de trabalho pressupõe a existência de uma relação duradoura, cujos efeitos passados não são postos em causa (art. 434.º, n.º 2, do CC), pelo que esta repartição do tipo de indemnizações pode não se ajustar completamente[1793]. De facto, em particular nestes contratos, a resolução não faz desaparecer a relação contratual, constituindo, antes, uma relação de liquidação[1794].

Sendo o incumprimento definitivo total, ao empregador cabe optar entre a resolução do contrato (art. 801.º, n.º 2, do CC), ou seja proceder ao despedimento nos termos do art. 351.º do CT, ou manter a relação laboral, exigindo uma indemnização correspondente ao dano positivo (art. 801.º, n.º 2, do CC). É evidente que a opção só existe na medida em que haja justa causa de despedimento (art. 351.º, n.º 1, do CT).

II. Em termos indemnizatórios, o incumprimento definitivo do contrato de trabalho não apresenta diferenças fundamentais em relação ao regime comum, determinando-se os prejuízos nos termos dos arts. 562.º e ss. do CC. Por isso, é lícito estabelecer-se uma cláusula penal determinando o montante da indemnização devida pelo trabalhador na hipótese de falta de cumprimento de uma prestação do contrato de trabalho[1795]. Há, porém, casos em que o valor da indemnização por incumprimento é fixado pela lei, como por exemplo no art. 137.º, n.º 2, *in fine*, do CT e nos arts. 399.º e 401.º do CT.

[1793] Sobre a bipartição do direito à indemnização pelo interesse contratual positivo ou negativo, *vd.* Almeida Costa, *Direito das Obrigações*, 12.ª ed., Coimbra, 2009, pp. 1044 ss. e Baptista Machado, «A Resolução por Incumprimento e a Indemnização», *in João Baptista Machado. Obra Dispersa*, Vol. I, Braga, 1991, pp. 195 ss., assim como Romano Martinez, *Da Cessação do Contrato*, 3.ª ed., Coimbra, 2017, pp. 196 e ss. Para maiores desenvolvimentos, consulte-se Paulo Mota Pinto, *Interesse Contratual Negativo e Interesse Contratual Positivo*, Volumes I e II, Coimbra, 2008.

[1794] Cf. Baptista Machado, «A Resolução por Incumprimento e a Indemnização», cit., pp. 210 s., que tece esta consideração sem a acantonar às relações duradouras. Quanto a estas, veja-se Romano Martinez, *Da Cessação do Contrato*, cit., pp. 225 ss.

[1795] Cf. Ac. STJ de 7/5/1997, CJ (STJ) 1997, T. II, p. 275; Ac. Rel. Pt. de 6/11/1995, CJ XX, T. V, p. 262.

Todavia, por motivos vários, muitas vezes relacionados com a reduzida solvabilidade dos trabalhadores, não é frequente que os empregadores os demandem, exigindo o pagamento de uma indemnização por incumprimento do contrato de trabalho.

III. Se o trabalhador não cumpre alguma das obrigações a que se encontra adstrito no contrato de trabalho, responde pelo prejuízo causado ao empregador, nos termos gerais (art. 323.º, n.º 1, do CT).

Como regime particular importa atender ao poder disciplinar (arts. 328.º e ss. do CT), que confere ao empregador a possibilidade de aplicar sanções disciplinares ao trabalhador. O recurso ao poder disciplinar relaciona-se com o incumprimento de deveres por parte do trabalhador; tendo o trabalhador faltado ao cumprimento de obrigações resultantes do vínculo laboral, pode o empregador, com base no poder disciplinar, aplicar uma das sanções constantes do elenco do art. 328.º do CT.

De entre essas sanções cabe indicar a resolução do contrato por facto imputável ao trabalhador, prevista no art. 328.º, n.º 1, alínea *f)*, do CT, cujo regime terá de ser analisado com base no art. 351.º do CT.

c) Cumprimento defeituoso da atividade

I. Sempre que o trabalhador realiza a atividade em desconformidade com o que era devido, estar-se-á perante um cumprimento defeituoso. Haverá, nesse caso, um desvio entre a atividade devida e a que foi realizada.

Além da imperfeição referida, para haver cumprimento defeituoso torna-se ainda necessário que o empregador não tenha mostrado a sua concordância com aquela atuação, que o defeito seja relevante e que daí derivem danos típicos[1796].

Estar-se-á perante uma desconformidade se o trabalhador realiza a atividade em lugar diferente ou de modo distinto do acordado, bem como quando, ao desempenhar a atividade, viola deveres acessórios, como, por exemplo, deveres de cuidado. É o caso do trabalhador que realiza a atividade em desrespeito de regras de segurança, causando prejuízos ao empregador. A violação de deveres acessórios é uma das causas de cumprimento defeituoso;

[1796] Quanto à noção de cumprimento defeituoso em geral, *vd.* ROMANO MARTINEZ, *Cumprimento Defeituoso*, cit., pp. 129 ss. e pp. 225 ss. e relativamente ao cumprimento defeituoso do trabalhador, consulte-se BUSEMANN, *Die Haftung des Arbeitnehmers*, cit., pp. 40 ss. e SCHAUB, *Arbeitsrechts*, 17.ª ed., Munique, pp. 537 ss.

designadamente, se o trabalhador não informou o empregador dos riscos que a sua atividade comportava ou que uma máquina estava a trabalhar mal.

Para além de desconformidade, é necessário que o empregador não tenha mostrado a sua concordância com a atividade defeituosa. Relacionando com este aspeto importa igualmente que a falta de conformidade não seja imputável ao próprio empregador, em razão, nomeadamente, de ordens contraditórias ou desconexas.

Em terceiro lugar, só será de admitir um cumprimento defeituoso se o defeito for grave. Vale o princípio *de minimis non curat praetor*. Não se justificaria que o empregador demandasse o trabalhador por um defeito insignificante em relação à atividade por este desenvolvida; esta é uma conclusão que deriva do bom senso e que tem particular relevância no domínio laboral atento o facto de a continuidade no exercício da atividade e a repetição de tarefas justificar uma atenuação do cuidado que pode tornar irrelevantes pequenas falhas. A importância do defeito deverá ser apreciada com base no princípio da boa fé, perante cada situação concreta e à luz do interesse do empregador[1797].

Por último, os danos têm de ser típicos, a atuação do trabalhador deverá acarretar consequências que não estariam tuteladas pela mora nem pelo incumprimento definitivo.

Assim, se o empregado do relojoeiro danifica um relógio de um cliente deste que foi entregue para reparação, foram causados danos à entidade patronal que não derivam nem de mora nem de incumprimento definitivo da prestação de trabalho. O mesmo se diga se o chefe da linha de montagem deixou que saíssem da fábrica, para serem comercializados, modelos com deficiência de fabrico, que vieram a prejudicar o bom nome da empresa. A lista de situações seria infindável.

II. O fundamento legal do cumprimento defeituoso da atividade laboral encontra-se no art. 128.º, alíneas *b)* e *c)*, do CT, onde se impõe ao trabalhador o dever de «comparecer ao serviço com assiduidade e pontualidade» e «realizar a trabalho com zelo e diligência».

[1797] A gravidade do incumprimento não é específica do cumprimento defeituoso, sendo, como refere BAPTISTA MACHADO, «Pressupostos da Resolução por Incumprimento», *in João Baptista Machado. Obra Dispersa*, Vol. I, Braga, 1991, pp. 134 ss., um dos pressupostos do incumprimento. O requisito da gravidade é, contudo, mais acentuado em sede de comportamentos do trabalhador.

A assiduidade e o zelo relacionam-se ambos com a diligência na execução da atividade.

Se o trabalhador executa a atividade com falta de diligência há um cumprimento imperfeito do seu dever principal.

A falta de assiduidade implica que o trabalhador não comparece diariamente ao serviço ou chega atrasado com habitualidade. Não se está perante a situação de uma única falta injustificada; só se pode falar em falta de assiduidade se houver alguma continuidade, o que não implica que tenham de ser faltas ou atrasos seguidos; basta que num determinado período (normalmente num ano civil), o trabalhador, por diversas vezes, tenha faltado ou chegado atrasado.

Se se estiver perante uma falta injustificada poder-se-á qualificá-la como mora ou incumprimento definitivo parcial, nos termos referidos na alínea anterior. Porém, a falta de assiduidade, pela sua repetição, leva à perda de confiança e, nesse caso, vista a relação laboral no seu todo, há que encarar a atuação do trabalhador como um cumprimento defeituoso. Mais uma vez, importa reiterar que a não realização da atividade em certo dia não implica, por via de regra, uma impossibilidade de cumprimento, entendimento que corresponderia a uma visão parcelar da relação laboral, como um somatório de dias de trabalho, quando, na realidade, ela deve ser vista numa perspetiva de conjunto.

Na realização da atividade com falta de zelo há igualmente uma situação de perda de confiança, conformando esta atuação um cumprimento defeituoso por parte do trabalhador.

A falta de diligência é uma fórmula ampla onde se incluem diversas falhas na realização da atividade laboral, em especial relacionadas com o modo de prestar o trabalho.

A propósito, resta relembrar que o cumprimento defeituoso, como qualquer outra forma de não cumprimento, funda-se na presunção de culpa do art. 799.º do CC[1798]. Porém, o defeito terá de ser provado por quem o invoca, nos termos gerais do art. 342.º, n.º 1, do CC; ou seja, cabe ao empregador provar que o trabalhador desempenhou defeituosamente a atividade.

1798 Em sentido diverso, justificando que a presunção sobrecarrega demasiadamente o trabalhador com a prova negativa, porque ele se encontra numa situação de subordinação jurídica, *vd.* Pinto de Albuquerque, «O Cumprimento Defeituoso da Relação de Trabalho», *Revista Jurídica da AAFDL*, 15 (1991), pp. 138 s. Trata-se de um argumento sem base jurídica, que assenta em pressupostos sociais. Veja-se *supra* § 50.1.I e nota 1759.

III. Perante o cumprimento defeituoso por parte do trabalhador cabe, em primeiro lugar, ao empregador o direito de licitamente recusar a prestação desconforme[1799]. Por exemplo, se o trabalhador, motorista da empresa, se apresenta ao trabalho embriagado ou se o trabalhador em greve de zelo pretende efetuar, de forma menos zelosa ou excessivamente zelosa, a sua atividade, cabe ao empregador recusar tal prestação[1800]. Relativamente a atrasos injustificados do trabalhador, determina-se no art. 256.º, n.º 3, do CT que o empregador pode recusar-se a aceitar a prestação laboral, daí decorrendo uma falta injustificada.

Se o empregador recusar licitamente a prestação defeituosa que o trabalhador se oferecia para realizar estar-se-á perante uma situação de mora ou de incumprimento definitivo imputável ao trabalhador, consubstanciando esta última hipótese uma falta injustificada.

Depois de realizada a prestação defeituosa, o empregador poderá exigir, sendo isso possível, que o trabalhador, a expensas suas, corrija o defeito ou realize nova prestação. Se o trabalhador, fora do horário de trabalho, que não corresponde necessariamente a trabalho suplementar (art. 226.º, n.º 3, alínea *b)*, do CT), vier a corrigir o defeito ou a realizar outra prestação, a falta ficou sanada.

Em caso de cumprimento defeituoso, ao empregador é-lhe também facultado o recurso à exceção de não cumprimento, que corresponderia a uma redução da retribuição; todavia, não havendo recusa da prestação, como as situações geradoras de cumprimento defeituoso não permitem a aplicação do regime das faltas, que determina perda da retribuição, só seria admissível a exceção nos limites do art. 279.º do CT[1801].

A exceção de não cumprimento por parte do empregador está condicionada pelo princípio da irredutibilidade salarial. O legislador rodeou de especiais cautelas a efetividade da remuneração, limitando, designadamente, a possibilidade de se proceder à cessão, compensação e penhora do salário (cf. arts. 279.º e 280.º do CT). Deste modo, o deficiente cumprimento

[1799] Quanto às consequências do cumprimento defeituoso, *vd.* Romano Martinez, *Cumprimento Defeituoso*, cit., pp. 269 ss.

[1800] Quanto ao trabalhador que se apresente embriagado, refira-se ainda que, se o empregador não recusar a prestação, será responsável por acidente de trabalho entretanto ocorrido, sempre que não se verifique o preenchimento do pressuposto da causa de exclusão da responsabilidade, prevista no art. 14.º da LAT, em particular a existência de culpa exclusiva do lesado. Sobre a questão, *vd. infra*, § 53.8.b).

[1801] Neste sentido, veja-se também Pinto de Albuquerque, «O Cumprimento Defeituoso...», cit., p. 136.

da prestação laboral não permite que o empregador proceda a um desconto na remuneração, excepto nos termos do disposto no art. 279.º, n.º 2, alínea *b)*, do CT. Se o trabalhador, pela sua atuação, causar um prejuízo ao empregador, só depois da indemnização se encontrar liquidada por decisão judicial é que o seu valor pode ser descontado no salário, com os limites constantes do art. 279.º, n.º 3, do CT[1802].

IV. O cumprimento defeituoso da atividade laboral por parte do trabalhador é fonte de responsabilidade civil contratual, podendo dar azo a um dever de indemnizar[1803], bem como à resolução do contrato, quando se integre numa justa causa de despedimento, situação que ocorre, nomeadamente, nas hipóteses previstas nas alíneas *d)*, *e)*, *h)* e *m)* do n.º 2 do art. 351.º do CT; nestes casos estar-se-á perante um cumprimento defeituoso por parte do trabalhador. Ou seja, dos doze exemplos de situações de justa causa de despedimento, quatro derivam de cumprimento defeituoso da prestação laboral.

Assim, por exemplo a falta de diligência no exercício do cargo (art. 351.º, n.º 2, alínea *d)*, do CT) e a redução anormal de produtividade (art. 396.º, n.º 2, alínea *m)*, do CT) consubstanciam claramente hipóteses de cumprimento defeituoso, que podem justificar o despedimento[1804].

[1802] Cabe esclarecer que a nível de prémios, mormente de produtividade, a atuação menos diligente do trabalhador, ainda que não culposa, tem repercussão direta no salário, por via da redução ou exclusão do pagamento de tais prémios.

[1803] Quanto ao dever de indemnizar, Pinto de Albuquerque, «O Cumprimento Defeituoso...», cit., pp. 139 ss., alude ao designado trabalhador perigoso, que pode causar danos muito elevados, nunca suportáveis pela retribuição auferida.

[1804] Viola o dever de zelo, o trabalhador, vendedor, que apresentava os produtos sem vivacidade e entusiasmo, desconhecendo o produto que vendia (Ac. Rel. Cb. de 24/4/1991, CJ XVI, T. II, p. 133). Há falta de zelo no caso de desinteresse repetido pelo cumprimento das obrigações laborais (Ac. Rel. Lx. de 29/3/1993, CJ XVIII, T. II, p. 170) ou se o trabalhador revela apatia e desinteresse no trabalho (Ac. Rel. Lx. de 27/10/1993, CJ XVIII, T. IV, p. 196). Demonstra falta de zelo e negligência grosseira o trabalhador (mecânico de automóveis) que substituiu os pneus de um veículo de tal modo que, 200 metros andados, soltou-se a roda traseira esquerda (Ac. Rel. Lx. de 30/11/1994, CJ XIX, T. V, p. 190). Para além destes exemplos, veja-se ainda o elenco de situações reais de cumprimento defeituoso, tiradas igualmente da jurisprudência dos tribunais superiores, citadas por Pinto de Albuquerque, «O Cumprimento Defeituoso...», cit., pp. 125 s.

BIBLIOGRAFIA:

JOSÉ JOÃO ABRANTES, «Salários em Atraso e Excepção de não Cumprimento do Contrato», *Direito do Trabalho. Ensaios*, Lisboa, 1995, pp. 75 a 92; PINTO DE ALBUQUERQUE, «O Cumprimento Defeituoso da Relação de Trabalho», *Revista Jurídica*, 15 (1991), pp. 125 a 151; MENEZES CORDEIRO, *Tratado de Direito Civil*, II, *Direito das Obrigações*, T. IV, Coimbra, 2010, pp. 103 ss.; ALMEIDA COSTA, *Direito das Obrigações*, 12.ª ed., Coimbra, 2009, pp. 1033 ss.; JÚLIO GOMES, *Direito do Trabalho*, I, cit., pp. 869 ss.; MENEZES LEITÃO, *Direito do Trabalho*, cit., pp. 415 ss.; CATARINA LOURENÇO, «A exceção de não cumprimento no âmbito do contrato de trabalho. Possível aplicação da figura a alguns institutos», *QL* n.º 46 (2015), pp. 87 ss.; ROMANO MARTINEZ, *Cumprimento Defeituoso, em especial na Compra e Venda e na Empreitada*, reimpressão, Coimbra, 2001, pp. 117 a 181, pp. 225 a 229 e pp. 269 a 324, «Incumprimento Contratual e Justa Causa de Despedimento», *Estudos do Instituto de Direito do Trabalho*, Vol. II, Coimbra, 2001, pp. 93 a 118, «Garantias dos Créditos Laborais. A Responsabilidade Solidária instituída pelo Código do Trabalho, nos artigos 378.º e 379.º», *RDES*, 2005, n.os 2/4, pp. 195 a 281, e anotação aos arts. 323.º, e ss. *in* ROMANO MARTINEZ/LUÍS MIGUEL MONTEIRO/ /JOANA VASCONCELOS/MADEIRA DE BRITO/GUILHERME DRAY/GONÇALVES DA SILVA, *Código do Trabalho Anotado*, cit., pp. 750 ss.; GALVÃO TELLES, *Direito das Obrigações*, 7.ª ed., Coimbra, 1997, pp. 299 a 345; ANTUNES VARELA, *Das Obrigações em Geral*, Vol. II, 7.ª ed., Coimbra, 1999, pp. 60 a 135.

§ 51. PRESCRIÇÃO

I. A prescrição de créditos laborais associa-se normalmente com a retribuição – razão pela qual a matéria já foi referida no § 25.11 –, mas o regime especial de prescrição estabelecido em sede laboral não se circunscreve ao crédito retributivo.

A prescrição foi estabelecida no art. 337.º do CT com carácter bilateral, valendo para ambas as partes[1805]; tanto o trabalhador como o empregador estão sujeitos a um prazo de prescrição de um ano para fazerem valer os respetivos direitos emergentes do contrato de trabalho. Esta ideia, já defen-

[1805] Cf. Ac. STJ de 11/7/1980, *BMJ* 299, p. 204; Ac. Rel. Lx. de 2/12/1993, CJ XVIII, T. V, p. 191. Veja-se igualmente MENEZES CORDEIRO, *Direito do Trabalho*, I, cit., p. 735**; MONTEIRO FERNANDES, *Direito do Trabalho*, cit., pp. 336.

sável no âmbito da legislação anterior (art. 38.º da LCT), tem maior justificação atendendo ao elemento sistemático: a prescrição surgiu no Código do Trabalho (art. 381.º do CT2003) autonomizada da retribuição, em secção própria; e a solução de 2003 manteve-se na revisão de 2009. A aplicação do regime prescricional constante do art. 337.º do CT aos direitos do trabalhador e do empregador, decorre do texto da lei, mas não encontra a mesma justificação quando está em causa um crédito do empregador, sobre o qual não incide a mesma pressão psicológica; todavia, seria inadequado estabelecer prazos distintos, que obstariam à aplicação do regime da compensação.

Como já se mencionou (§ 25.11.III), em sede laboral foi consagrado um regime excecional de prescrição, diferente do regime comum, estabelecido no Código Civil, que só vale no estrito âmbito de aplicação previsto na norma. Por isso, nem todos os créditos do trabalhador ou do empregador estão sujeitos a este regime excecional de prescrição.

II. Quanto à prescrição dos créditos resultantes do contrato de trabalho, em que se inclui a retribuição e outros direitos emergentes do vínculo laboral[1806], o art. 337.º do CT afasta-se do regime instituído no Código Civil (arts. 300.º e ss.) sob dois aspetos, subdividindo-se o segundo em duas vertentes.

Em primeiro lugar, no art. 337.º, n.º 1, do CT estabeleceu-se um prazo de prescrição de um ano[1807]. Tal prazo não é conhecido no Código Civil, onde os prazos são de 20 anos, prazo geral (art. 309.º do CC) e de 5 anos (art. 310.º do CC). Mesmo as prescrições presuntivas, em que não o art. 337.º do

[1806] A prescrição de créditos laborais apresenta similitudes no sistema jurídico italiano, cf. MARESCA, *La Prescrizione dei Crediti di Lavoro*, Milão, 1983 e no ordenamento espanhol, apesar de certas particularidades, *vd.* GIL Y GIL, *La Prescripción y la Caducidad en el Contrato de Trabajo*, Granada, 2000. Com um sistema mais complexo e controverso, veja-se a prescrição estabelecida na ordem jurídica brasileira, cf. ESTÊVÃO MALLET, «Novas e Velhas Questões em Torno da Prescrição Trabalhista», *Os Novos Paradigmas do Direito do Trabalho (Homenagem a Valentin Carrion)*, S. Paulo, 2001, pp. 353 ss.

[1807] O prazo é de prescrição e não de caducidade, apesar de os prazos para a proposição de ações estarem, em regra, sujeitos a caducidade (Ac. STJ de 4/11/1992, *BMJ* 421, p. 267). Mas não interrompe a prescrição a propositura de ação em que a petição inicial foi indeferida liminarmente (Ac. STJ de 21/6/1995, CJ (STJ) 1995, T. II, p. 301), nem o pedido de nomeação prévia de patrono oficioso (Ac. Rel. Cb. de 25/6/1998, CJ XXIII, T. III, p. 72). Já interrompe a prescrição a notificação da entidade patronal da providência cautelar de suspensão do despedimento (Ac. Rel. Cb. de 14/3/1990, CJ XV, T. II, p. 94). Sobre a relação entre este preceito e o art. 388.º, n.º 2, do CT, que prescreve um prazo de caducidade para propor a ação de impugnação de despedimento, *vd. infra* § 58.2.f.3).

CT não se enquadra, são de 2 anos (art. 317.º do CC) e de 6 meses (art. 316.º do CC)[1808]/[1809].

Em segundo lugar, determinou-se que o prazo de prescrição começa a correr «a partir do dia seguinte àquele em que cessou o contrato de trabalho», independentemente da causa de cessação (caducidade[1810], revogação ou resolução). A extinção do vínculo deve entender-se em sentido factual, abrangendo a hipótese de despedimento ilícito[1811].

Esta regra – justificada pelo facto de, na pendência da relação laboral, o trabalhador poder encontrar-se constrangido a intentar uma ação judicial contra o empregador[1812] – implica duas alterações em relação ao regime do direito civil. Primeiro, nos termos do art. 306.º do CC, por via de regra, a prescrição tem início com o vencimento da obrigação, enquanto nos créditos resultantes da retribuição ou de outra prestação devida pela execução do contrato de trabalho, o início da prescrição relaciona-se com o termo do contrato. Por outro lado, e nesta sequência, a prescrição não corre durante a vigência do contrato de trabalho[1813]. Trata-se, no fundo, de uma suspensão da

---

[1808] Embora o prazo de prescrição do art. 337.º, n.º 1, do CT não seja conhecido no Código Civil, aplicam-se-lhe as regras do cômputo do termo (art. 279.º do CC), assim como o regime da prescrição (arts. 311.º e ss. do CC), nomeadamente quanto à suspensão e interrupção, cf. Ac. STJ de 4/11/1992, *BMJ* 421, p. 262; Ac. STJ de 4/11/1992, *BMJ* 421, p. 267; Ac. STJ de 30/9/1998, CJ (STJ) 1998, T. III, p. 249.
O art. 38.º da LCT (depois art. 381.º do CT2003 e atual art. 337.º do CT2009) é uma norma excecional; fora do seu campo de aplicação rege o disposto no Código Civil (Ac. STJ de 2/7/1997, *BMJ* 469, p. 309). Depois de condenada a entidade patronal, por decisão judicial, o prazo de prescrição é de 20 anos (Ac. STJ de 26/2/1997, CJ (STJ) 1997, T. I, p. 282). Sobre esta questão, *vd.* Mário Pinto/Furtado Martins/Nunes de Carvalho, *Comentário*, cit., anot., II.1 ao art. 38.º, p. 185.

[1809] A solução é diferente no ordenamento italiano, no qual o Código Civil inclui a prescrição laboral de um ano (art. 2955) e de três anos (art. 2956).

[1810] Considerando que em caso de extinção da empresa é a partir dessa data que conta o prazo, cf. Ac. STJ de 13/5/1998, CJ (STJ) 1998, T. II, p. 276.

[1811] Cf. Monteiro Fernandes, *Direito do Trabalho*, cit., p. 341; Mário Pinto/Furtado Martins/Nunes de Carvalho, *Comentário*, cit., anot., II.5 ao art. 38.º, p. 187.

[1812] Cf. Ac. STJ de 4/5/1994, QL I, p. 61. Tendo em conta esta justificação, havendo trespasse de estabelecimento, em relação ao trespassante, por analogia, deve aplicar-se o prazo do art. 337.º, n.º 1, do CT, a partir da data do trespasse, pois não se justificaria que os trabalhadores, agora do trespassário, exigissem prestações em dívida ao trespassante decorrido mais de um ano sobre a data em que ocorreu a transmissão (Ac. Rel. Pt. de 30/11/1992, CJ XVII, T. V, p. 267).

[1813] Por isso, a suspensão do contrato não dá início ao prazo de prescrição (Ac. Rel. Cb. de 2/12/1992, CJ XVII, T. V, p. 108).

prescrição, tal como vem previsto no art. 318.º, alínea *e)*, do CC, apresentada com outras vestes jurídicas[1814].

Apesar de o regime de prescrição ser idêntico, independentemente do tipo de crédito, determinados direitos do trabalhador, desde que vencidos há mais de cinco anos, têm de ser provados por documento idóneo (art. 337.º, n.º 2, do CT); assim, o trabalhador que não gozou férias ou realizou trabalho suplementar nos cinco anos anteriores à respetiva reclamação tem de apresentar uma prova idónea do crédito.

Como referido, a matéria da prescrição, por se reportar normalmente à retribuição, encontra-se desenvolvida *supra* § 25.11, para onde se remete.

BIBLIOGRAFIA:

LEAL AMADO, *A Protecção do Salário*, suplemento BFDUC, Vol. XXXIX, Coimbra, 1995, pp. 57 a 89 e pp. 181 a 197 e «A Prescrição dos Créditos Laborais (Nótula sobre o art. 337.º do Código do Trabalho)», *Pront.* 71 (2005), pp. 67 ss.; MENEZES CORDEIRO, *Direito do Trabalho*, II, cit., pp. 834 ss.; MONTEIRO FERNANDES, *Direito do Trabalho*, cit., pp. 335 e ss.; ROMANO MARTINEZ, anotação ao art. 337.º, *in* ROMANO MARTINEZ/LUÍS MIGUEL MONTEIRO/JOANA VASCONCELOS/ /MADEIRA DE BRITO/GUILHERME DRAY/GONÇALVES DA SILVA, *Código do Trabalho Anotado*, cit., pp. 786 s.; MÁRIO PINTO/FURTADO MARTINS/NUNES DE CARVALHO, *Comentário*, cit., anot. aos arts. 38.º e 91.º a 93.º, pp. 184 a 188 e pp. 266 a 271; PINTO DOS SANTOS, *A Prescrição de Créditos Emergentes do Contrato de Trabalho*, Coimbra, 1982; MOTTA VEIGA, *Lições*, cit., pp. 436 a 439, 443 e 444; BERNARDO XAVIER/FURTADO MARTINS/NUNES DE CARVALHO/JOANA VASCONCELOS/TATIANA GUERRA DE ALMEIDA, *Manual*, cit., pp. 629 e ss.

[1814] Cf. MÁRIO PINTO/FURTADO MARTINS/NUNES DE CARVALHO, *Comentário*, cit., anot., II.2 ao art. 38.º, p. 185.

Secção IX
Acidentes de Trabalho

§ 52. ASPETOS GERAIS

1. Ideia geral e evolução

I. A matéria dos acidentes de trabalho, na prática, ocupa talvez 50% das questões juslaborais suscitadas. De facto, quase metade dos processos dirimidos pelos tribunais de trabalho respeita a acidentes de trabalho; situação que deriva, em particular, da proliferação de tais infortúnios[1815]. Não obstante a projeção prática desta matéria, a mesma não encontra tratamento nos manuais de direito do trabalho, achando-se somente em estudos destinados a práticos do direito, particularmente, em comentários aos diplomas legais que regulam os acidentes de trabalho[1816].

[1815] Em 1997, os 214 626 acidentes de trabalho registados implicaram a morte de 228 trabalhadores. Veja-se o quadro estatístico apresentado por Ribeiro Lopes, «Regime Legal da Prevenção dos Acidentes de Trabalho», *Estudos do Instituto de Direito do Trabalho*, Vol. I, Coimbra, 2001, p. 590, com indicação de número de acidentes e de mortes nos anos de 1990 a 1997 e respetivos custos.

[1816] Por exemplo, Carlos Alegre, *Regime Jurídico dos Acidentes de Trabalho e das Doenças Profissionais*, 2.ª ed., Coimbra, 2000; J. A. Cruz Carvalho, *Acidentes de Trabalho e Doenças Profissionais. Legislação Anotada*, 2.ª ed., Lisboa, 1983; F. Tomás Resende, *Acidentes de Trabalho e Doenças Profissionais. Legislação Anotada*, 2.ª ed., Coimbra, 1988; Vitor Ribeiro, *Acidentes de Trabalho e Doenças Profissionais. Colectânea de Legislação Actualizada e Anotada*, Lisboa, 1994.
A este propósito cabe relembrar que dois candidatos se apresentaram a concurso para professor da Faculdade de Direito de Lisboa com monografias subordinadas ao tema dos acidentes

A disciplina jurídica dos acidentes de trabalho apresenta alguma especificidade com respeito às regras gerais da responsabilidade civil aquiliana, constantes dos arts. 483.º e ss. do CC. Trata-se, tão-só, de especificidades, porque a responsabilidade emergente de acidentes de trabalho assenta nos pressupostos básicos da responsabilidade civil extracontratual[1817]. Porém, atentas as particularidades, justifica-se o estudo desta matéria no direito do trabalho. Com efeito, sendo o direito do trabalho direito privado especial[1818], cabe aludir às especificidades de regime, em particular, com respeito ao direito comum que é, em grande parte, o direito das obrigações.

---

de trabalho, um na secção de ciências económicas e outro na de ciências jurídicas: FERNANDO EMYGDIO DA SILVA, Acidentes *de Trabalho*, Lisboa, 1913 e J. M. VILHENA BARBOSA DE MAGALHÃES, *Seguro contra Acidentes de Trabalho. Da Responsabilidade Civil pelos Acidentes de Trabalho e da sua Efectivação pelo Seguro*, Lisboa, 1913. Para além disso, a dissertação de licenciatura de outro professor da Faculdade de Direito de Lisboa, RUY ENNES ULRICH, *Legislação Operária Portugueza*, Coimbra, 1906, dedica um capítulo, pp. 223 a 285, aos acidentes de trabalho.
Nos últimos anos, na sequência de cursos de mestrado da Faculdade de Direito de Lisboa, em que foi estudada a matéria dos acidentes de trabalho, publicaram-se alguns estudos nesta área, com particular destaque para os relatórios de mestrado de MENEZES LEITÃO, «Acidentes de Trabalho e Responsabilidade Civil (A Natureza Jurídica da Reparação de Danos Emergentes de Acidentes de Trabalho e a Distinção entre as Responsabilidades Obrigacional e Delitual)», ROA 1988, pp. 773 ss.; MARIA do ROSÁRIO PALMA RAMALHO, «Sobre os Acidentes de Trabalho em Situação de Greve», ROA 1993, III, pp. 521 ss.; GONÇALVES DA SILVA, *A Greve e os Acidentes de Trabalho*, AAFDL, Lisboa, 1998, FLORBELA DE ALMEIDA PIRES, *Seguro de Acidentes de Trabalho*, Lisboa, 1999 e a tese de mestrado de ANA ESTELA LEANDRO, *Acidentes de Trabalho*, Lisboa, 1998. Neste âmbito importa atender a uma recente monografia de JÚLIO GOMES, *O Acidente de Trabalho. O acidente* in itinere *e a sua descaracterização*, Coimbra, 2013.

[1817] Em sentido contrário, considerando que não se verificam os pressupostos da responsabilidade civil, porque não há nexo de imputação, *vd.* MENEZES LEITÃO, «Acidentes de Trabalho e Responsabilidade Civil», cit., p. 822, afirmando que o regime dos acidentes de trabalho está mais próximo do sistema de segurança social do que da responsabilidade civil (p. 825) e conclui que, apesar de no pensamento do legislador se pretender instituir um sistema de responsabilidade civil baseado no risco, o regime de acidentes de trabalho é estranho ao instituto da responsabilidade civil, pois constitui um dever de assistência social (pp. 827 ss.). Segundo o mesmo autor (ob. cit., pp. 831 ss.) a responsabilidade civil da entidade patronal existiria tão-só no caso de culpa (base XVII Lei n.º 2127). Cf. Também GOMES DA SILVA, *O Dever de Prestar e o Dever de Indemnizar*, Lisboa, 1944, pp. 126 ss.
Mas se o regime dos acidentes de trabalho não se enquadrasse nos pressupostos da responsabilidade civil. entender-se-ia mal, nomeadamente, a exclusão de responsabilidade constante dos arts. 7.º e 8.º da LAT. Acresce que o seguro de acidentes de trabalho foi integrado no âmbito dos seguros de responsabilidade civil (art. 138.º, n.º 3, da Lei do Contrato de Seguro).

[1818] *Vd.* ROMANO MARTINEZ, *Direito do Trabalho. Relatório*, Lisboa, 1998, pp. 52 ss.

II. Do ponto de vista legislativo, a responsabilidade civil objetiva emergente de acidentes de trabalho terá surgido na Alemanha, com a lei de 6 de julho de 1884[1819]. Em Portugal, a primeira regulamentação aparece com a Lei n.º 83, de 24 de julho de 1913 (regulada pelos Decretos n.º 182, de 18 de outubro de 1913 e n.º 183, de 24 de outubro de 1913), em que se estabelecia uma responsabilidade sem culpa, em particular, quando os acidentes eram causados por máquinas, mas não abrangia as doenças profissionais[1820]. Este diploma foi secundado pelo Decreto n.º 5637, de 19 de maio de 1919, que generalizou a responsabilidade pelo risco a várias profissões e instituiu a obrigatoriedade do seguro[1821]. Posteriormente, com a Lei n.º 1942, de 27 de julho de 1936 (regulamentada pelo Decreto n.º 27649, de 12 de abril de 1937) a figura dos acidentes de trabalho passou a ter um tratamento legislativo mais pormenorizado. A Lei n.º 2127, de 3 de agosto de 1965, regulamentada pelo Decreto n.º 360/71, de 21 de agosto, limitou-se a introduzir aperfeiçoamentos com respeito à anterior e vigorou até 1999[1822].

A Lei n.º 100/97, de 13 de setembro, regulamentada pelo Decreto-Lei n.º 143/99, de 30 de abril[1823], que não alterou substancialmente o regime até então vigente[1824], entrou em vigor no dia 1 de janeiro de 2000 (Decreto-Lei

---

1819 Já com a Lei Suíça de 25 de Junho de 1881 se passou a aplicar aos acidentes de trabalho o sistema da responsabilidade contratual, em que a responsabilidade do empregador só era afastada quando se provasse que o dano fora causado por culpa exclusiva da vítima, por causa de força maior ou por ato de terceiro estranho à empresa. Veja-se outras referências históricas em Emygdio da Silva, Acidentes *de Trabalho*, cit., pp. 58 ss. e Gonçalves da Silva, *A Greve e os Acidentes de Trabalho*, cit., pp. 47 ss., em especial notas 81 ss.

1820 A Lei de 1913 teve por base um projeto discutido no Parlamento em 1909.

1821 A obrigatoriedade do seguro era indireta. Já na Lei de 1913 (concretamente no Decreto n.º 182, art. 8.º) determinava-se que quando o empregador não tivesse transferido a responsabilidade para uma seguradora, deveria depositar na Caixa Geral de Depósitos uma reserva correspondente às pensões de que se tivesse tornado responsável. O mesmo ocorria no domínio da Lei n.º 1942 (art. 11.º), em que o seguro podia ser substituído por caução. Cf. Cunha Gonçalves, *Responsabilidade Civil pelos Acidentes de Trabalho e Doenças Profissionais*, Coimbra, 1939, p. 217.

1822 Sobre este regime, *vd.* Romano Martinez, *Acidentes de Trabalho*, Lisboa, 1996.

1823 Quanto à regulamentação da Lei de 1997, consultem-se ainda os Decretos-Leis n.º 142/99, de 30 de abril, n.º 159/99, de 11 de maio e n.º 248/99, de 2 de julho.

1824 Ana Estela Leandro, «Estudo Comparativo de Dois Regimes de Acidentes de Trabalho: A Lei 2127, de 21 de Agosto de 1965 e a Lei 100/97, de 13 de Setembro», *Prontuário de Direito do Trabalho,* Actualização n.º 58, pp. 33 s., depois de afirmar que a «Lei 100/97 (...) institui um novo regime», esclarece que «as semelhanças entre os dois diplomas são notórias, tanto a nível de sistematização, como de linguagem, não obstante a atualização terminológica do novo diploma».

n.º 382-A/99, de 22 de setembro). O Código do Trabalho, na versão de 2003, regulava esta matéria nos arts. 281.º e ss., sem alterações substanciais relativamente à Lei de 1997, exceto no que respeita à noção de acidente de trabalho, à sistematização e à terminologia, mas o regime instituído pelo Código do Trabalho não entrou em vigor, pois faltou a respetiva regulamentação[1825].

Atualmente, desde 1 de janeiro de 2010, vigora a Lei n.º 98/2009, de 4 de setembro (Lei dos Acidentes de Trabalho, LAT), que, com pequenas adaptações e resolução de dúvidas, manteve quase inalterado o regime até então vigente. Quanto à noção de acidente de trabalho, reiterando a solução da Lei n.º 100/97, regride em relação ao art. 284.º do CT2003, por outro lado estabelece novos critérios de cálculo de prestações em dinheiro, assim como encargos, etc. De salientar, ainda, que altera o regime de responsabilidade subsidiária do segurador.

No âmbito da administração pública, quanto aos acidentes em serviço e doenças profissionais, vigorava o regime instituído pelo Decreto-Lei n.º 38523, de 23 de novembro de 1951, que depois de o legislador ter informado que se encontrava em vias de ser revisto (cf. Lei n.º 105/99, de 26 de julho), foi substituído pelo atual Regime Jurídico dos Acidentes de Trabalho e Doenças Profissionais no âmbito da administração pública, aprovado pelo Decreto-Lei n.º 503/99, de 20 de novembro[1826].

Para além disso, é necessário ter igualmente em conta o Decreto-Lei n.º 352/2007, de 23 de outubro, que aprovou a Tabela Nacional de Incapacidades[1827].

Sem pretender alterar a estrutura base do regime comum dos acidentes de trabalho, no que respeita à situação especial dos praticantes desportivos profissionais, passou a existir um regime específico constante, primeiro, da Lei n.º 8/2003, de 12 de maio e, agora, na Lei n.º 27/2011, de 16 de junho[1828].

[1825] Sobre o regime constante do Código do Trabalho (2003), veja-se ROMANO MARTINEZ, anotações aos arts. 281.º e ss., *in* ROMANO MARTINEZ/LUÍS MIGUEL MONTEIRO/PEDRO MADEIRA DE BRITO/GUILHERME DRAY/LUÍS GONÇALVES DA SILVA, *Código do Trabalho Anotado*, 6.ª edição, Coimbra, 2008, pp. 549 ss.

[1826] Este regime é idêntico ao estabelecido no direito privado, nomeadamente quanto aos pressupostos do acidente de trabalho, *vd.* Parecer da Procuradoria-Geral da República n.º 112/83, de 7/7/1983, *BMJ* 333, p. 106. Quanto à segurança, higiene e saúde no trabalho na Administração Pública, veja-se a Lei n.º 35/2014, Lei Geral do Trabalho em Funções Públicas.

[1827] Sobre a anterior tabela pode consultar-se RODRIGUES ANTUNES, *Tabela Nacional de Incapacidades (Notas às Instruções Gerais)*, Coimbra, 1995.

[1828] Da análise perfunctória da lei revogada, com sete preceitos, logo se percebe que não estava em causa alterar o regime comum dos acidentes de trabalho, mas prever unicamente soluções

O novo regime não altera substancialmente as soluções até então vigentes. O direito subsidiário é, agora, o constante da Lei de Acidentes de Trabalho de 2009 (Lei n.º 98/2009), para onde remete o art. 10.º da Lei n.º 27/2011. Com maior detalhe e precisão, nos arts. 2.º a 4.º distingue-se as situações de morte (art. 2.º), das de incapacidade permanente absoluta (art. 3.º), das de incapacidade permanente parcial (art. 4.º). Mas mantém-se o mesmo modo de apuramento do valor: 14 vezes o montante correspondente a 15 vezes a remuneração mínima mensal, podendo este último fator ser 8; limitar a ponderação aos 35 anos de idade. De igual modo, no art. 5.º remete-se para a tabela de incapacidades específicas, em anexo ao diploma. Relativamente ao controlo por parte do segurador, mantendo a ideia do acompanhamento previsto em acordo e protocolo entre segurador e empregador (art. 7.º), autonomiza-se a questão dos boletins de exame e de alta (art. 8.º). Cabe ainda aludir à previsão (mais próxima de uma explicação) do art. 9.º, esclarecendo que a prova da celebração do seguro de acidentes de trabalho é necessária para o registo do contrato de trabalho desportivo, e que, existindo tal seguro, é dispensada a celebração de um seguro de acidentes pessoais ou de grupo.

particulares que atendessem às especificidades da atividade desportiva profissional. Do art. 6.º da Lei n.º 8/2003 resulta que o regime subsidiário é o da Lei (geral) dos Acidentes de Trabalho, remetendo concretamente para a Lei n.º 100/97. A alteração mais relevante quanto ao regime regra encontra-se no art. 2.º da Lei n.º 8/2003. E, mesmo neste caso, não se pode dizer que corresponda a uma alteração estrutural, pois tem exclusivamente em vista adaptar o valor das pensões devidas em caso de acidente à especificidade da atividade desportiva. Daí que, do preceito citado resulte tão-só que o praticante desportivo profissional, em caso de acidente de trabalho, e para efeito da pensão anual prevista na Lei (geral) dos Acidentes de Trabalho, aufira um valor superior ao que seria devido a outro trabalhador. Concretamente, será de 14 vezes o montante correspondente a 15 vezes o salário mínimo nacional em caso de morte ou de incapacidade permanente absoluta para todo e qualquer trabalho. Sendo a incapacidade permanente absoluta para a atividade desportiva habitual ou uma incapacidade permanente parcial, o valor é calculado do mesmo modo, mas limitado aos 35 anos de idade do sinistrado, podendo no cálculo, em certos casos, ponderar-se, antes o montante de 8 salários mínimos. Para além disso, como se infere do n.º 3 do mesmo preceito, há a ponderar o grau de desvalorização previsto na tabela da atividade de praticante desportivo profissional (em anexo ao diploma). Sem atender às referências ao seguro de grupo (art. 4.º da Lei n.º 8/2003) e da remição de pensões de desportista estrangeiro (art. 5.º), pode afirmar-se que, além da regra quanto ao apuramento do valor da pensão, o legislador ateve-se em prever mecanismos de controlo por parte do segurador (art. 2.º, n.º 4, e art. 3.º da Lei n.º 8/2003).

III. Nos termos da legislação referida, vigora, com respeito aos acidentes de trabalho, um regime de responsabilidade civil objetiva[1829], pelo risco. Só que, contrariamente ao estabelecido no Código Civil em termos de responsabilidade civil objetiva (arts. 499.º e ss. do CC), em que, por via de regra, se determinam limites máximos do montante indemnizatório (p. ex., art. 508.º do CC, relativo a acidentes de automóveis), em sede de acidentes de trabalho os limites são determinados pela tipificação de danos – na Tabela Nacional de Incapacidades – e pelo estabelecimento de regras para o apuramento da indemnização.

IV. À proteção derivada de acidente de trabalho ou doença profissional, após a revisão de 1997, foi conferida dignidade constitucional. De facto, no art. 59.º, n.º 1, da CRP acrescentou-se a alínea *f)*, nos termos da qual todos os trabalhadores têm direito a assistência e justa reparação, quando vítimas de acidente de trabalho ou de doença profissional.

V. Para além dos diplomas referidos, importa ter em conta regras jurídicas provenientes de fontes externas, em especial, convenções da OIT. Quanto às fontes externas em geral há a referir a Declaração Universal de Direitos do Homem (art. 25.º), o Pacto Internacional sobre Direitos Económicos, Sociais e Culturais (art. 7.º) e a Carta Social Europeia (art. 3.º). Relativamente às Convenções da OIT é de indicar a Convenção n.º 12, de 1921, que respeita a acidentes de trabalho na agricultura, aprovada para ratificação pelo Decreto n.º 42 874, de 15 de março de 1960, a Convenção n.º 17, de 1925, relativa aos acidentes de trabalho em geral, aprovada para ratificação pelo Decreto n.º 16 586, de 9 de março de 1929 e a Convenção n.º 155, de 1981, relativa à segurança e saúde dos trabalhadores, aprovada para ratificação pelo Decreto n.º 1/85, de 16 de janeiro. Sobre este ponto é igualmente de aludir à Convenção da OIT n.º 121, de 1964, modificada em 1980, sobre prestações por acidentes de trabalho e doenças profissionais, mas que não foi ratificada por

---

[1829] Na Lei dos Acidentes de Trabalho não se encontra qualquer referência expressa à figura da responsabilidade objetiva. Porém, do disposto no art. 14.º da LAT, ao estabelecer que há o dever de indemnizar salvo nos casos aí previstos, conclui-se que foi estabelecida uma responsabilidade sem culpa. Nesta lei, o legislador não seguiu a formulação do Código Civil, porque o diploma de 1997 limitou-se a fazer pequenos aperfeiçoamentos em relação à lei anterior (1965), sem pretender reestruturar dogmaticamente o instituto, mas atentas as situações em que não há o dever de reparar por parte do empregador (art. 14.º da LAT), depreende-se que se admitiu a existência de uma responsabilidade sem culpa.

Portugal. Ainda com respeito às fontes externas cabe mencionar o direito comunitário, com várias diretivas sobre segurança e saúde no trabalho.

2. Acidente de trabalho e doença profissional

I. No ordenamento jurídico português, os acidentes de trabalho não se encontram integrados no sistema de proteção da segurança social; solução que parece inteiramente correta[1830].

Há uma diferença entre a proteção concedida ao trabalhador em caso de acidente de trabalho e a Segurança Social.

II. Na sequência do disposto no art. 63.º, n.os 3 e 4, da CRP, houve uma tentativa de integração da figura dos acidentes de trabalho no regime público da segurança social, através do disposto no art. 72.º da Lei n.º 28/84, de 14 de agosto (Lei de Bases da Segurança Social), ao estabelecer-se que os acidentes de trabalho iriam ser integrados no regime geral da segurança social, mas tal não ocorreu[1831]. Com a mencionada lei pretendia-se transferir o regime vigente, de seguro privado, segundo regras de direito privado, para o regime público da segurança social[1832]. Contudo, como é sabido, a segu-

[1830] Registe-se que, em muitos Estados, o regime dos acidentes de trabalho foi integrado no sistema de segurança social, nomeadamente em França, na Itália e no Brasil. Quanto a um estudo comparativo da realidade de países europeus, *vd.* Tavares da Silva, «O Enquadramento Jurídico dos Acidentes de Trabalho», *RDES* XXXIV (1992), n.º 4, pp. 429 ss. Por exemplo, em relação ao sistema italiano de seguro social, a cargo de um instituto público, o designado INAIL, *vd.* Ferrari/Ferrari, *Infortuni sul Lavoro e Malattie Professionali*, 3.ª ed., Pádua, 1998, pp. 41 ss e 128 ss. Consulte-se ainda, quanto o Direito espanhol, Martínez Lucas, *La Responsabilidad Civil del Empresario derivada de Accidente de Trabajo y Enfermedad Profesional*, Valencia, 1996. Relativamente ao sistema brasileiro, em que os acidentes de trabalho passaram da jurisdição comum para os tribunais do trabalho, veja-se Francisco Rossal de Araújo / Fernando Rubin, *Acidentes de Trabalho*, S. Paulo, 2013.

[1831] Gomes Canotilho, *Constituição Dirigente e Vinculação do Legislador. Contributo para a Compreensão das Normas Constitucionais Programáticas*, Coimbra, 1982, p. 331, alude a uma inconstitucionalidade por omissão. Neste sentido, veja-se também Florbela Pires, *Seguro de Acidentes de Trabalho*, cit., pp. 36 s.

[1832] Quanto à integração do regime dos acidentes de trabalho no sistema de Segurança Social, Ilídio das Neves, *Direito da Segurança Social*, Coimbra, 1996, pp. 731 ss., considera que tem havido um equívoco no sentido a dar ao termo «integração», pois não estaria em causa uma transferência administrativa, financeira e patrimonial, mas uma inclusão jurídica. Veja-se também Menezes Leitão, «A Reparação de Danos Emergentes de Acidentes de Trabalho», *Estudos do Instituto de Direito do Trabalho*, Vol. I, Coimbra, 2001, pp. 551 ss.

rança social sofre de dois problemas graves: excessiva burocratização, que não existe nos mesmos moldes num esquema de seguro privado; e a sua falência económica. A estes motivos acresce que o sector segurador passaria por graves dificuldades caso se procedesse à mencionada transferência, derivado do peso significativo do ramo «acidentes de trabalho». Razões pelas quais, hoje, a tendência aponta no sentido de se aliviar a segurança social de algumas das suas tarefas, transferindo-as para entidades privadas, em princípio seguradoras[1833]. Exemplo disto é a divulgação dos seguros de saúde, de planos de reforma e de fundos de pensões (estes regulados no Decreto-Lei n.º 12/2006, de 20 de janeiro), muitas vezes estabelecidos na empresa, de modo unilateral pelo empregador, como modo de compensar os trabalhadores[1834].

Tendo isto em conta, o legislador acabou por não concretizar a substituição prometida, mantendo-se, quanto aos acidentes de trabalho, o regime indemnizatório de direito privado, previsto na Lei dos Acidentes de Trabalho.

Mas esta conclusão vale somente para os acidentes de trabalho e não quanto às doenças profissionais. Progressivamente, a partir de 1962 (Decreto-Lei n.º 44307, de 27 de abril de 1962), a responsabilidade pelas doenças profissionais foi sendo transferida das entidades patronais para a, então designada, previdência social. Nos termos do Decreto-Lei n.º 227/81, de 18 de julho (art. 1.º), as doenças profissionais foram integradas num sistema de proteção público (segurança social), concretamente a Caixa Nacional de Seguros de Doenças Profissionais (substituída pelo Centro Nacional de Proteção contra os Riscos Profissionais).

III. Estando o regime das doenças profissionais fora do domínio do direito privado, não cabe neste estudo aludir às questões que lhe são inerentes. Todavia, não obstante a integração num sistema de direito público, nalguma medida o seu regime acompanha o que se encontra estabelecido em sede

---

Essa integração verifica-se em muitos sistemas jurídicos, veja-se quanto ao regime italiano ALIBRANDI, *Infortuni sul Lavoro e Matattie Professionali*, 10.ª ed., Milão, 1994, com uma justificação da opção a pp. 3 ss. e a evolução histórica a pp. 91 ss.

[1833] No plano dos princípios, está em causa a contraposição entre um sistema de reparação de carácter privado, em que a responsabilidade recai sobre o empregador, e um sistema público, em que o encargo da reparação dos prejuízos impende sobre toda a comunidade. Em crítica à mencionada tendência para aliviar a Segurança Social, *vd.* FLORBELA DE ALMEIDA PIRES, *Seguro de Acidentes de Trabalho*, cit., p. 25, nota 37.

[1834] Sobre a questão, *vd. infra* § 63.2.

de acidentes de trabalho[1835], até porque a Lei dos Acidentes de Trabalho pretende regular ambas as situações, estabelecendo alguma unidade. É evidente que apesar de o regime jurídico se apelidar dos acidentes de trabalho e doenças profissionais, o legislador só dedica às doenças profissionais os arts. 93.º a 153.º da LAT, aplicando-se-lhes também as disposições gerais (arts. 1.º e 2.º da LAT) e algumas disposições complementares (arts. 155.º e ss. da LAT).

Assim sendo, vai proceder-se unicamente ao estudo dos acidentes de trabalho, pois só estes se encontram no âmbito do direito privado, sabendo-se que, contudo, algumas das regras válidas neste regime continuam a encontrar aplicação em sede de doenças profissionais.

IV. O acidente de trabalho pressupõe que seja súbito o seu aparecimento, assenta numa ideia de imprevisibilidade quanto à sua verificação e deriva de fatores exteriores[1836]. O acidente de trabalho é, normalmente, causa de uma lesão corporal, física ou psíquica; mas, em determinados casos, pode estar na origem de uma doença[1837].

V. Por seu turno, as doenças profissionais, que se encontram reguladas nos arts. 93.º e ss. da LAT, resultam do exercício de uma atividade profissional[1838].

[1835] Veja-se, por exemplo, o que se determinava na Portaria n.º 642/83, de 1 de junho (Regulamento da extinta Caixa Nacional de Seguros de Doenças Profissionais, substituída pelo Centro Nacional de Proteção contra os Riscos Profissionais) na vigência da anterior Lei dos Acidentes de Trabalho.

[1836] Cf. CUNHA GONÇALVES, *Responsabilidade Civil*, cit., p. 29; CARLOS ALEGRE, *Acidentes de Trabalho*, cit., pp. 36 ss.

[1837] Por isso, a crise distímica sofrida por uma trabalhadora como consequência de uma ordem proferida em termos exaltados pelo representante do empregador constitui um acidente de trabalho (Ac. Rel. Lx. de 9/12/1992, CJ XVII, T. V, p. 197); também foi considerado desastre de trabalho o acidente vascular cerebral sofrido por um trabalhador em razão de uma discussão havida com um colega de profissão de outra embarcação, cf. Ac. Rel. Lx de 12/4/93, CJ XVIII (1993), T. III, p. 171. Veja-se ainda o Ac. Rel. Lx. de 30/4/1986, CJ XI, T. II, p. 171, onde se qualificou como acidente de trabalho a lesão devida à inalação de cianeto de cobre, porque ocorreu de forma súbita ao fazer-se a estiva de sacos, não se tratando de exposição lenta e progressiva ao agente tóxico. Também no Ac. STJ de 30/5/2012 (Gonçalves Rocha), disponível em www.dgsi.pt, considerou que integrava o conceito de acidente de trabalho o desequilíbrio psíquico de uma hospedeira de bordo na sequência de um voo complicado com um passageiro embriagado.

[1838] No art. 94.º, n.º 2 da LAT, depois de se esclarecer que as doenças profissionais são as que constam de uma lista de doenças profissionais (n.º 1 do preceito), consideram-se doenças do

Daí que, por via de regra, a doença profissional é de produção lenta e progressiva surgindo de modo impercetível[1839]. Como afirma EMYGDIO DA SILVA[1840], «a doença profissional infiltra-se com insídia, mas não é facilmente reconhecível desde logo (...)».

Nos termos da Lei dos Acidentes de Trabalho, para efeitos indemnizatórios, só se consideram doenças profissionais as que constam de uma lista periodicamente atualizada (art. 94.º, n.º 2, da LAT e art. 283.º, n.os 2 e 3, do CT)[1841].

Posto isto, importa estabelecer a seguinte distinção[1842]: as doenças profissionais em sentido amplo abrangem as doenças profissionais em sentido restrito (art. 283.º, n.º 2, do CT e art. 94.º, n.º 1, da LAT) – as que constam da lista de doenças profissionais – e as doenças de trabalho (art. 283.º, n.º 3, do CT e art. 94.º, n.º 2, da LAT). As doenças de trabalho são igualmente doenças profissionais, por resultarem do exercício de uma atividade profissional, mas apesar de não constarem da referida lista, são ainda assim ressarcíveis.

Como exemplo de doenças profissionais pode referir-se a surdez da telefonista devida ao prolongado uso do telefone, as dificuldades de visão do técnico de computadores por estar muitas horas em frente ao computador ou os problemas pulmonares dos mineiros.

A responsabilidade derivada de doenças profissionais tem vindo, progressivamente, a ser transferida de instituições privadas para instituições públicas; ou seja, foi deixando de estar na órbita de imputabilidade dos empregadores e respetivas seguradoras, passando para o sector público. A par-

---

trabalho «A lesão corporal, a perturbação funcional ou a doença não incluída na lista (...) desde que se prove serem consequência necessária e direta da atividade exercida e não representem normal desgaste do organismo». *Vd.* igualmente o art. 283.º, n.º 2 do CT2009. Por isso, não se considerou acidente de trabalho uma tendinite crónica (Ac. Rel. Cb. de 20/1/2000, CJ XXV, T. I, p. 66).

[1839] No Decreto n.º 5637 (art. 31.º) aludia-se a desastre de trabalho, que englobava os acidentes de trabalho e as doenças profissionais. Sobre este regime *vd.* LUÍS GUERREIRO, *Desastres de Trabalho*, Lisboa, 1935, em particular, pp. 11 ss.

Quanto a um estudo sobre doenças profissionais que «A partir de 1955 [ocupam] boa parte da atividade da Secção do Contencioso do Trabalho e Previdência Social do Supremo Tribunal Administrativo», *vd.* RAÚL VENTURA, *Doenças Profissionais*, Lisboa, 1963.

[1840] *Acidentes de Trabalho*, cit., p. 53.

[1841] Cf. Decreto Regulamentar n.º 3/2019, de 12 de fevereiro, que regulamenta a composição, competência e funcionamento da Comissão Nacional de Revisão da Lista das Doenças Profissionais.

[1842] *Vd.* CARLOS ALEGRE, *Acidentes de Trabalho*, cit., p. 38.

tir de 1981, com o Decreto-Lei n.º 227/81, de 18 de julho (art. 1.º), as doenças profissionais ficaram, na sua totalidade, integradas no sistema público da extinta Caixa Nacional de Seguros de Doenças Profissionais (atual Centro Nacional de Proteção contra os Riscos Profissionais).

Não obstante a figura das doenças profissionais andar associada com a dos acidentes de trabalho, a sua forma de ressarcimento enquadra-se em parâmetros diferentes, de direito público.

3. Prevenção do acidente; regras de segurança no trabalho

I. A Lei dos Acidentes de Trabalho, bem como os diplomas que a regulamentam, preocupam-se em disciplinar dois aspetos: a prevenção do acidente de trabalho e a reparação dos danos emergentes de acidentes de trabalho.

A prevenção do acidente de trabalho constitui um dever humanitário e apresenta vantagens económicas para a empresa e respetiva seguradora – com base na máxima «mais vale prevenir do que remediar» –, bem como para a comunidade em geral[1843].

Para a prevenção do acidente de trabalho podem intervir várias entidades com funções diversificadas.

II. Em primeiro lugar, a profilaxia do acidente de trabalho é uma incumbência do Estado. Sobre o Governo impende o dever de decretar medidas de segurança que, postas em prática, evitem a ocorrência de acidentes. No que respeita ao estabelecimento de regras de segurança no trabalho é de referir o regime constante dos arts. 281.º e ss. do CT e o disposto na Lei n.º 102/2009, de 10 de novembro.

III. Em segundo lugar, ao Estado incumbe fiscalizar o cumprimento de tais regras. Importa salientar que as regras de segurança não têm só como destinatários os empregadores, pois elas destinam-se também a ser cum-

[1843] Como se refere no anúncio: «A vida não é um jogo. Arriscar custa muito caro. A todos. Acidentes de Trabalho. Vale a pena prevenir». Acerca da prevenção, veja-se o trabalho coletivo, coordenado por Casas Baamonde/ Palomeque López/Valdés Dal-Ré, *Seguridad y Salud en el Trabajo. El Nuevo Derecho de Prevención de Riesgos Profesionales*, Madrid, 1997 e Ribeiro Lopes, «Regime Legal da Prevenção dos Acidentes de Trabalho», cit., pp. 581 ss.
Quanto a um incentivo às boas práticas em matéria de segurança, higiene e saúde no trabalho, determinando uma redução da taxa contributiva às pequenas e médias empresas que demonstrem práticas de elevado mérito neste domínio, *vd*. Decreto-Lei n.º 429/99, de 21 de outubro.

pridas pelos trabalhadores (art. 17.º da Lei n.º 102/2009)[1844]. O Estado tem organismos competentes, em particular a Autoridade para as Condições de Trabalho, para fiscalizar o cumprimento das regras de direito do trabalho, entre as quais se incluem as que respeitem à prevenção do acidente.

Relacionado com a fiscalização, cabe aludir à punição de infrações às regras de prevenção. Além das contraordenações laborais desenvolvidas e concretizadas na Lei n.º 107/2009, de 14 de setembro, com respeito a vários diplomas sobre proteção da segurança e saúde dos trabalhadores, no art. 152.º, n.º 3, do Código Penal (alteração da Lei n.º 65/98, de 2 de setembro) foi estabelecido um crime de perigo comum por infração a regras de segurança no trabalho.

À fiscalização estadual, acresce que o cumprimento das regras de segurança e saúde no trabalho pode igualmente ser verificado por parte das comissões de trabalhadores e dos delegados sindicais, nos termos gerais, por representantes dos trabalhadores (art. 23.º da Lei n.º 102/2009), bem como dos serviços de segurança saúde no trabalho organizados pelo empregador (arts. 73.º e ss. da Lei n.º 102/2009).

IV. Por último, a lei ainda admite que os empregadores possam estabelecer outras regras de segurança para além daquelas que constam de diplomas legais. Dentro da sua empresa, tendo em conta o dever e proteger o trabalhador[1845], cabe ao empregador fixar regras mais pormenorizadas e concretas em função da atividade desenvolvida. Essas normas internas não podem dispor contra o que vem determinado em diplomas legais, mas servem para desenvolver e concretizar as regras de segurança legais, atentas as especificidades da atividade desenvolvida na empresa. As normas internas de prevenção do acidente podem constar de regulamento de empresa, de ordens de serviço ou de simples avisos afixados na empresa e são vinculativas para os trabalhadores.

V. Na prevenção do acidente de trabalho deve igualmente ter-se em conta a minimização dos seus efeitos. Pretende-se, não só evitar a verificação do

---

[1844] A profilaxia do acidente de trabalho passa igualmente por uma cultura de prevenção dos riscos profissionais como preparação para a vida ativa, de que são destinatários, em grande parte, os trabalhadores.

[1845] Acerca dos deveres de proteção a cargo do empregador, veja-se CABANILLAS SÁNCHEZ, *Los Deberes de Protección del Deudor en el Derecho Civil, en el Mercantil y en el Laboral*, Madrid, 2000, em especial, pp. 329 ss.

acidente, como minimizar os respetivos efeitos. Daí a obrigação imposta aos empregadores de manterem serviços de segurança e saúde no trabalho; serviços internos, interempresas ou externos, que se relacionam com a dimensão da empresa, nos termos prescritos nos arts. 73.º e ss. da Lei n.º 102/2009.

§ 53. RESPONSABILIDADE CIVIL OBJETIVA E SUBJETIVA

1. Generalidades

a) Responsabilidade aquiliana comum

I. A figura dos acidentes de trabalho tem algo que ver com a ideia de Estado-Providência inserida no seio empresarial. Tal como o Estado deve assegurar que não sejam causados prejuízos aos cidadãos, também o empregador terá de providenciar quanto à inexistência de danos aos seus trabalhadores no desenvolvimento da atividade de que estão incumbidos.

Por outro lado, impera hoje a ideia de que o acidente, a fatalidade como infortúnio marcado pelo destino, não é de aceitar. Pretende-se, de certo modo, afastar o postulado de o acidente ser um azar do lesado e, por isso, procura encontrar-se sempre um «responsável». Esta perspetiva vale não só com respeito aos acidentes de trabalho, como igualmente noutras áreas; é o caso dos acidentes de automóveis, da responsabilidade do produtor, regulados na lei, e mesmo noutros ainda omissos, como os acidentes em parques aquáticos.

II. Inicialmente, a figura dos acidentes de trabalho não apresentava qualquer autonomia, pois estava integrada no regime comum da responsabilidade civil extracontratual; era o que ocorria no domínio do Código Civil de 1867 (art. 2398.º)[1846] e nos Decretos de 6 e de 14 de abril de 1891, de 6 de julho de 1895 e de 28 de outubro de 1909, os dois últimos sobre higiene e segurança dos operários na construção civil e estabelecimentos industriais[1847].

[1846] No art. 2398.º do CC 1867 lia-se: «Os patrões são responsáveis pelos acidentes que, por culpa sua ou de agentes seus, ocorrerem à pessoa de alguém, quer esses danos procedam de factos, quer da omissão de factos, se os primeiros forem contrários aos regulamentos gerais ou aos particulares de semelhantes obras, indústrias, trabalho ou empregos e os segundos exigidos pelos ditos regulamentos».

[1847] Sobre esta questão, cf. Cunha Gonçalves, *Responsabilidade Civil*, cit., p. 87; Barbosa de Magalhães, *Seguro*, cit., p. 33.

Caberia ao trabalhador lesado a prova dos factos constitutivos da responsabilidade aquiliana, sendo, em muitos casos, particularmente difícil demonstrar a existência de culpa por parte do empregador. Na realidade, o trabalhador, sendo por via de regra a parte fraca na relação jurídica, teria dificuldade em carrear elementos para provar a culpa do empregador, em especial em relação à prova testemunhal a efetuar por colegas de trabalho.

Mas talvez mais importante do que a dificuldade da prova da culpa, é de aludir a uma questão sociológica relacionada com o facto de, com o individualismo liberal, os deveres de cooperação, em particular de assistência do empregador relativamente ao trabalhador, terem caído no olvido[1848]; sem o dever de assistência, sobre o patrão deixava de impender a obrigação de socorrer o trabalhador em caso de acidente e de o manter quando incapacitado.

Na segunda metade do século XIX, a introdução da máquina no processo de laboração levou a um aumento significativo dos acidentes de trabalho e a um consequente agravamento do risco na realização da atividade. A isto acrescia ainda o facto de ser mais difícil a prova da culpa do empregador no caso de o acidente ter sido causado por uma máquina; por um lado, na medida em que o mau funcionamento do maquinismo não era facilmente provado, em particular por quem carecia de conhecimentos técnicos e, por outro, porque seria difícil imputar a culpa do mau funcionamento da máquina ao empregador que a tinha adquirido de um terceiro. Em conclusão, proliferavam os acidentes de trabalho e os lesados não conseguiam obter qualquer indemnização.

b) *Responsabilidade com culpa presumida*

I. Pensou-se em alterar esta situação através da inversão do ónus da prova da culpa, por duas vias: conduzir os acidentes de trabalho ao regime da responsabilidade contratual; admitir uma exceção no regime da responsabilidade aquiliana, estabelecendo uma presunção de culpa.

II. Considerando os acidentes de trabalho enquadrados no regime da responsabilidade contratual, mesmo no domínio do Código Civil de 1867 (art.

[1848] Cf. Jorge Americano, *Do Acto Illícito nos Accidentes de Trabalho*, S. Paulo, 1925, p. 26. Por isso, Menezes Cordeiro, «Liberdade, Igualdade e Fraternidade: Velhas Máximas e Novas Perspectivas do Direito do Trabalho», *IV Congresso Nacional do Direito do Trabalho*, Coimbra, 2002, p. 38, afirma que o «campo dos acidentes de trabalho é (...) um domínio fecundo para concretizar os vectores da solidariedade e da fraternidade».

705.º), tal como nos termos do art. 799.º do CC, presumir-se-ia a culpa do devedor, que, neste caso, seria o empregador[1849]. Relacionando o contrato de trabalho com o de locação, admitir-se-ia que o empregador, qual locatário, seria devedor de uma determinada obrigação (similar à de guarda e de restituição da coisa locada incólume), que, por não ter sido cumprida, deu azo ao acidente de trabalho. E relativamente à falta de cumprimento dessa obrigação presumia-se a culpa do empregador.

Mas esta concepção assenta num vício: de que o acidente de trabalho resulta do incumprimento de uma obrigação emergente do contrato de trabalho. Não se rejeita que o acidente de trabalho possa ter sido causado por uma falta de cumprimento de deveres contratuais por parte do empregador, *maxime* o desrespeito de normas de segurança; mas nem sempre isso acontece, porque o acidente de trabalho pode ter tido na sua base outros factores, alheios ao incumprimento de deveres contratuais. E, por outro lado, mesmo que se pudesse relacionar o acidente de trabalho com o não cumprimento de deveres contratuais, o dano corporal causado ao trabalhador, em princípio, estaria fora do domínio de proteção do contrato. A responsabilidade contratual visa tão-só ressarcir os danos típicos que se incluem no domínio de proteção do negócio jurídico em causa. Por isso, sendo causados danos corporais à contraparte, não estando a proteção da pessoa do contraente incluída no objeto do contrato, tais danos estarão fora do domínio típico de proteção desse contrato. É o que ocorre, designadamente, quando a coisa mandada construir ou comprada causa danos corporais ao dono da obra ou ao comprador[1850].

[1849] Esta ideia que não vingou em Portugal, mas teve seguidores em França, de certo modo na Suíça e, em especial, na Bélgica (LABBÉ, SAUZET, SAINCTELETTE, LYON CAEN, ESMEIN), tendo vindo a ser adoptada por várias decisões da jurisprudência belga. Cf. PAUL DEFFÈS, *De la Responsabilité des Patrons dans les Accidents dont leurs Ouvriers sont Victimes*, Paris, 1889, p. 15; BARBOSA DE MAGALHÃES, *Seguro*, cit., pp. 61 a 65; EMYGDIO DA SILVA, *Acidentes de Trabalho*, cit., pp. 20 a 26. Ainda hoje, há quem defenda que a responsabilidade emergente de acidentes de trabalho é contratual, porque os deveres de proteção e de segurança se incorporam no contrato de trabalho, cf. FERNÁNDEZ FERNÁNDEZ/ ELLACURÍA BERRIO/ITURRATE ANDÉCHAGA, *La Responsabilidad Civil/Patrimonial en los Accidentes de Trabajo*, Valencia, 2000, p. 25, mas como refere MENEZES LEITÃO, «A Reparação de Danos Emergentes de Acidentes de Trabalho», *Estudos do Instituto de Direito do Trabalho*, Vol. I, Coimbra, 2001, p. 543, esta construção é artificiosa e não tutela suficientemente o trabalhador.

[1850] Cf. ROMANO MARTINEZ, *Cumprimento Defeituoso em especial na Compra e Venda e na Empreitada*, reimpressão, Coimbra, 2001, pp. 231 ss. e pp. 236 ss. e bibliografia nas notas 2 e 3 da p. 243.

Não estando os danos abrangidos no domínio de proteção contratual, só poderão ser ressarcidos pela via da responsabilidade extracontratual. Esta é a conclusão a que se pode chegar em sede de acidentes de trabalho. Não está incluído no objeto do contrato de trabalho a defesa da integridade física do trabalhador; por isso, tendo o trabalhador sofrido danos corporais deverão os mesmos ser ressarcidos por via da responsabilidade aquiliana. Assim sendo, admitir a presunção de culpa do empregador com base na aplicação do regime da responsabilidade contratual não parece, do ponto de vista conceptual, o melhor caminho.

III. A solução seria, pois, considerando a responsabilidade emergente de acidentes de trabalho como extracontratual, admitir, nesta sede, exceções à regra geral de a prova da culpa incumbir ao lesado (art. 487.º, n.º 2, do CC). Ou seja, estabelecer uma responsabilidade delitual do empregador com culpa presumida, em particular na modalidade de culpa *in vigilando*. As hipóteses de responsabilidade extracontratual com culpa presumida não são estranhas ao Código Civil, como é o caso das presunções constantes dos arts. 491.º, 492.º e 493.º do CC; a culpa *in vigilando* do empregador seria idêntica à que consta do art. 491.º do CC, mas sempre se poderia levantar o problema de equiparar o trabalhador a incapazes.

Este seria um caminho ao qual não haveria objeções conceptuais a opor e resolveria alguns dos problemas que poderiam surgir derivados da dificuldade da prova da culpa do empregador por parte do trabalhador lesado. Acontece, porém, que, mesmo com recurso à culpa presumida do empregador, ficavam em alguns casos os danos emergentes de acidentes de trabalho por ressarcir, na medida em que a presunção era ilidível. De facto, o empregador poderia demonstrar que não tinha tido culpa quanto à causa do acidente, afastando a responsabilidade civil, com base, essencialmente, em duas ordens de razões. Demonstrando que o acidente se ficou a dever a incúria do trabalhador e a culpa do lesado, nos termos do art. 570.º do CC, afasta a responsabilidade subjetiva. Provando que o acidente de trabalho foi causado por factores externos à sua atuação, designadamente por ser imputável a terceiro, seja este colega de trabalho ou pessoa estranha à empresa, ou derivado de caso fortuito ou de força maior, em particular relacionada com factores naturais.

c) Responsabilidade objetiva

I. Para de algum modo pôr cobro a estas situações, em especial quando implicavam uma clamorosa injustiça para os trabalhadores lesados que, por via da responsabilidade civil delitual, não podiam ser ressarcidos, veio a admitir-se uma terceira via: a da responsabilidade civil objetiva[1851].

A responsabilidade civil objetiva, sem culpa, tem o seu aparecimento relacionado com o ressarcimento dos danos causados por acidentes de trabalho[1852]. A responsabilidade objetiva surge como exceção à responsabilidade civil extracontratual tendo em vista resolver o problema pontual dos acidentes de trabalho. Mais tarde, esta exceção foi alargada a outras figuras, como os acidentes de viação e, mais recentemente, a responsabilidade do produtor.

Mas, de facto, foi para os acidentes de trabalho que se pensou na criação de uma figura de responsabilidade civil extracontratual sem culpa[1853]. Principalmente a partir da introdução da máquina no processo produtivo, na medida em que esta aumentou o perigo de sinistros e, na realidade, levou a um incremento de acidentes de trabalho[1854]. Foi a periculosidade da máquina e o inerente risco que conduziu ao estabelecimento de uma responsabilidade objetiva. De certo modo, esta ideia ainda hoje se encontra patente na lei, quando no art. 16.º, n.º 2, da LAT não se permite a exclusão da reparação derivada de acidente de trabalho se este se tiver ficado a dever a utilização de

[1851] Como refere Emygdio da Silva, *Acidentes de Trabalho*, cit., p. 20, a propósito da responsabilidade subjetiva aplicável aos acidentes de trabalho, «Em que sociedade rudimentarmente organizada se preconiza, com efeito, a existência duma lei inaplicável na sua direcção fundamental?»

[1852] Quanto às razões que teriam presidido ao estabelecimento de uma responsabilidade sem culpa no domínio de acidentes de trabalho, algumas das quais de credibilidade discutível, *vd.* Cunha Gonçalves, *Responsabilidade Civil*, cit., pp. 9 e 10. Em crítica a esta solução, considerando que a designada responsabilidade sem culpa não corresponde a uma verdadeira situação típica de responsabilidade civil, Gomes da Silva, *O Dever de Prestar e o Dever de Indemnizar*, cit., pp. 126 ss.; veja-se também Menezes Leitão, «Acidentes de Trabalho ...», cit., p. 822.

[1853] Apesar de se encontrarem legisladas anteriormente situações pontuais de responsabilidade civil objetiva, como a dos caixeiros (art. 265.º do CCom), regras respeitantes ao direito marítimo (arts. 529.º a 532.º do CCom) e também a responsabilização de incapazes (art. 2377.º do CC 1867). Gomes da Silva, *O Dever de Prestar*, cit., p. 146, depois de analisar várias situações de responsabilidade sem culpa, considera que a obrigação de indemnizar danos causados por acidentes de trabalho não se funda no instituto da responsabilidade civil, pois a reparação constitui uma situação de justiça social, sendo simples complemento do salário; a reparação é uma forma de «o patrão (...) contribuir para a vida digna do trabalhador e da família». Veja-se igualmente Menezes Leitão, «Acidentes de Trabalho ...», cit., pp. 822 ss. e «A Reparação de Danos Emergentes de Acidentes de Trabalho», cit., p. 549.

[1854] Para além do facto de o individualismo liberal, despegado de razões humanitárias, ter levado a esquecer o tradicional dever de assistência dos patrões com respeito aos seus assalariados em caso de acidente destes.

máquinas e de outros equipamentos de especial perigosidade. A responsabilidade objetiva surge, assim, associada à periculosidade.

II. O fundamento da responsabilidade civil objetiva pode estar associado à teoria do risco, em particular, no que respeita aos acidentes de trabalho, ao risco profissional. Nestes termos, se a atividade profissional desenvolvida tinha, em potência, um risco, bastava demonstrar que o acidente de trabalho ocorrido se encontrava na órbita desse risco para que fosse devida a respetiva indemnização. Seria, todavia, necessário demonstrar que o acidente era causa normal do risco próprio daquela atividade. O empregador seria responsável pelos danos causados aos trabalhadores pelo risco próprio da atividade por estes desenvolvida, porque poderia retirar as vantagens dessa mesma atividade; ou seja *ubi commoda ibi incommoda*: atribui-se o risco a quem tem os benefícios.

A responsabilidade objetiva, para além da periculosidade, anda associada à existência de benefícios; daí que, por exemplo, no art. 16.º, n.º 1, da LAT se estabeleça que não é possível excluir do âmbito da lei as situações em que haja exploração lucrativa[1855].

Depois de uma primeira justificação assente tão-só no risco profissional, nas alterações legislativas de 1913 a 1997 (e 2003), denota-se que a responsabilidade objetiva por acidentes de trabalho também encontra justificação no risco de integração empresarial, em que a inclusão do trabalhador na estrutura da empresa do empregador, sujeitando-o à autoridade deste, constitui base de um alargamento desta responsabilidade civil[1856].

No risco empresarial estariam igualmente abrangidas causas indiretas do dano; ou, dito de outro modo, assentar-se-ia numa noção ampla de acidente de trabalho. Exemplo desta concepção encontra-se nos acidentes de percurso, também designados por acidentes de trajeto ou *in itinere*. Nos termos do art. 9.º, n.º 1, alínea *a)*, da LAT, consideram-se acidentes de trabalho aqueles que ocorram quando o trabalhador se desloca no trajeto de ida e de

[1855] Parece sugestiva, apesar de corresponder a uma equivalência eivada de falta de humanidade, a referência de Jorge Americano, *Do Acto Illicito*, cit., p. 43, ao afirmar que tal como o motor da fábrica que, se avariar, tem de ser reparado à custa do empresário, também os acidentes causados aos trabalhadores são riscos de produção, que devem ser suportados por aquele.

[1856] Quanto à designada teoria do risco da autoridade, *vd*. Gonçalves da Silva, *A Greve*, cit., pp. 55 ss.

regresso para o local de trabalho. Em tais casos não se pode considerar que a responsabilidade assente no risco de exercício da atividade.

O alargamento do conceito de acidente de trabalho, verificado em particular pela lei de 1997, permite que se aluda a uma tendência de socialização do risco (*v. g.*, quando se admite a responsabilização do empregador por acidentes ocorridos na atividade de procura de outro emprego durante o crédito de horas para tal concedido [art. 9.º, n.º 1, alínea g), da LAT]).

Cabe, pois, concluir que a responsabilidade objetiva emergente de acidentes de trabalho, não obstante assentar no risco profissional, em certos casos tem sido alargada com base na ideia de risco empresarial, também designado risco de autoridade. Trata-se do risco de ter trabalhadores, que não deriva só da atividade desenvolvida. Por último, apesar de os acidentes de trabalho serem ressarcidos no âmbito do direito privado, o seu alargamento também se fica a dever a uma específica socialização do risco.

Mesmo quando a responsabilidade objetiva assenta num pressuposto de risco empresarial ou de socialização do risco, não está afastado o regime regra da responsabilidade aquiliana; sendo uma responsabilidade civil pelo risco é necessário configurar esse risco para responsabilizar o empregador.

III. A responsabilidade civil objetiva por acidentes de trabalho, não obstante constituir um *ius singulare*, continua a assentar nos pressupostos básicos da responsabilidade civil aquiliana (*ius commune*), cujas regras, quando não sejam especialmente afastadas, encontram aplicação. Trata-se de um tipo de responsabilidade civil em que a culpa não faz parte dos seus requisitos, mantendo-se, com as necessárias adaptações, o esquema geral da responsabilidade aquiliana[1857]. É esta a conclusão que se retira do disposto no Código Civil, em particular no art. 499.º.

Pode questionar-se se, em termos de acidentes de trabalho, o regime regra é o mesmo ou se, pelo contrário, com base num princípio de risco empresarial e até de socialização do risco, os danos podem ser ressarcidos segundo padrões diversos dos da responsabilidade civil. Admitir-se-ia, então, que a reparação seria devida independentemente do risco da atividade ou da empresa e dos demais pressupostos da responsabilidade civil.

[1857] Discorda-se, portanto, de JORGE AMERICANO, *Do Acto Illicito*, cit., p. 32, ao considerar que em matéria de acidentes de trabalho é imprópria a ideia de responsabilidade civil, substituída pela de reparação ou ressarcimento; solução igualmente defendida por MENEZES LEITÃO, «Acidentes de Trabalho ...», cit., pp. 822 ss.

Com o estabelecimento da responsabilidade civil objetiva não se pretende afastar a aplicação das regras da responsabilidade civil subjetiva, sempre que haja culpa do responsável[1858]. O legislador, na Lei dos Acidentes de Trabalho, apesar de só fazer alusão à responsabilidade civil subjetiva no art. 18.º da LAT, não afasta a sua aplicação em termos gerais se houver culpa do empregador[1859].

IV. A responsabilidade civil objetiva do empregador foi estabelecida na lei de forma limitada, de certo modo à imagem do que ocorre em sede de responsabilidade civil objetiva no Código Civil, onde, em certos casos, se estabeleceram limites máximos no montante indemnizatório, por exemplo, com respeito aos acidentes de viação no art. 508.º do CC. Só que a responsabilidade civil objetiva por acidentes de trabalho assenta numa concepção diferente: a responsabilidade não é ilimitada, mas o limite é fixado com base em dois aspctos. Primeiro, na noção legal de acidente de trabalho, que é delimitada pelo legislador. Segundo, a reparação só abrange as despesas respeitantes ao restabelecimento do estado de saúde, à recuperação da capacidade de trabalho e de ganho e, em caso de incapacidade ou de morte, indemnizações correspondentes à redução da capacidade, subsídios de readaptação, pensões aos familiares e despesas de funeral. Na Lei dos Acidentes de Trabalho, em vez de se estabelecer um montante máximo da indemnização, delimitou-se o conceito de acidente de trabalho e fixaram-se os danos ressarcíveis. Não estão, assim, cobertos outros danos patrimoniais para além dos indicados no art. 23.º da LAT, por exemplo, se o relógio do trabalhador se estragou

[1858] Cf. Ac. Rel. Cb. de 26/2/1992, CJ XVII, T. I, p. 119; Ac. Rel. Cb. de 9/4/1992, CJ XVII, T. II, p. 84. A ideia de que a responsabilidade civil mantém plena aplicação em Direito do Trabalho, até como meio de solucionar lacunas aparece desenvolvida em RADÉ, *Droit du Travail et Responsabilité Civile*, Paris, 1997, pp. 63 ss.

[1859] Não se pode, por isso, concordar com BARBOSA DE MAGALHÃES, *Seguro*, cit., p. 106, quando afirma que a responsabilidade delitual amanhã desaparecerá para dar lugar à teoria objetiva do ressarcimento. O mesmo autor (*ob. e loc. cit.*) considera que os pressupostos da *lex aquilia* não se adequam a uma sociedade em que os aeroplanos passem a ser o meio normal de locomoção e a civilização tenha atingido um mais requintado grau. Ora, não parece que estas sejam razões para substituir a responsabilidade subjetiva, mas tão-só para a completar com a teoria objetiva. Sobre a questão, veja-se MARIA JOSÉ COSTA PINTO, «O Art. 18.º da Lei n.º 100/97, de 13 de Setembro: Uma Questão de Culpa», *Pront.* n.º 71 (2005), pp. 105 ss.
Em sentido diverso do defendido no texto, MENEZES LEITÃO, «A Reparação de Danos Emergentes de Acidentes de Trabalho», cit., p. 576, com base no disposto no art. 18.º, n.º 2, da LAT, entende que o lesado só pode demandar a entidade patronal segundo as regras da responsabilidade civil em relação aos danos morais.

por causa do acidente[1860]. Não são igualmente indemnizáveis os danos não patrimoniais, pois tais prejuízos não fazem parte do elenco constante do art. 23.º da LAT. Neste ponto também o regime desta lei difere do que foi instituído no Código Civil, onde a responsabilidade objetiva cobre os danos não patrimoniais.

d) Agravamento da responsabilidade

I. Havendo culpa do empregador ou do seu representante[1861] na ocorrência do acidente de trabalho, determinada nos termos gerais[1862], pode questionar-se da aplicação das regras comuns da responsabilidade civil subjetiva. Deste regime resultaria que, havendo culpa do empregador, este responderia nos termos gerais dos arts. 483.º e ss. do CC; sendo a culpa do representante da entidade patronal – situação mais comum – o representante seria responsabilizado nos termos comuns (arts. 483.º e ss. do CC) e sobre o empregador impenderia uma responsabilidade objetiva, na qualidade de comitente, como dispõe o art. 500.º do CC. Nesta última hipótese, o empregador e o seu representante responderiam solidariamente pelos danos causados ao trabalhador (art. 497.º do CC).

As dúvidas quanto à aplicação do regime geral da responsabilidade civil advêm do disposto no art. 18.º da LAT.

Do art. 18.º da LAT, que alude à atuação culposa do empregador, poder-se-ia concluir (na versão anterior da LAT, incluída na LAT1997) que, em caso de culpa do empregador, haveria tão-só, por um lado, um agravamento

[1860] Cf. Ac. Rel Cb. de 20/4/1995, CJ XX, T. III, p. 74. No mesmo sentido, afirmando que outros danos, como a destruição do vestuário do trabalhador, não estão abrangidos na noção de acidentes de trabalho, VITOR RIBEIRO, *Acidentes de Trabalho. Reflexões e Notas Práticas*, Lisboa, 1984, p. 169.

[1861] A empresa seguradora não é, para este efeito, representante do empregador (Ac. STJ de 2/10/1996, CJ (STJ) 1996, T. III, p. 234).

[1862] No domínio da anterior lei havia uma presunção de culpa no caso de o acidente ter sido devido a inobservância de preceitos legais e regulamentares, assim como de diretrizes de entidades competentes que se refiram à higiene e segurança no trabalho (art. 54.º do Decreto n.º 360/71), cf. Ac. STJ de 18/3/1992, *BMJ* 415, p. 406; Ac. STJ de 26/5/1994, CJ (STJ), II (1994), T. II, p. 269; Ac. STJ de 10/7/1996, CJ (STJ) 1996, T. II, p. 288; Ac. STJ de 4/12/1996, CJ (STJ) 1996, T. III, p. 260; Ac. STJ de 23/4/1997, CJ (STJ) 1997, T. II, p. 268; Ac. Rel. Cb. de 10/3/1994, CJ XIX, T. II, p. 55; Ac. Rel. Cb. de 23/10/1997, CJ XXII, T. IV, p. 73. Todavia, no Ac. STJ de 17/12/1997, CJ (STJ) 1997, T. III, p. 302, considerou-se que não se aplicava a presunção de culpa no caso de ter sido contratado um menor, apesar de tal contratação ser ilegal em razão da menoridade, por essa ilegalidade não pressupor a violação de regulamentos de segurança.

da indemnização e, por outro, a ressarcibilidade dos danos não patrimoniais[1863]. Esta interpretação tinha particular relevo relacionando o preceito em causa com a noção de acidente de trabalho (art. 8.º da LAT), que subsiste no regime vigente. Perante esta interpretação caberia perguntar se o legislador, na hipótese de culpa do empregador, pretenderia excluir a indemnização por outros danos patrimoniais não previstos na lei. Como se estabelecia só um agravamento da obrigação de reparar, não era aumentado o elenco dos danos, que continuavam a ser os fixados no art. 23.º da LAT e ficariam, assim, excluídos os restantes danos patrimoniais, como o caso do relógio ou determinados lucros cessantes. E estes últimos podem ser de importância considerável; pense-se nos lucros cessantes relativos a outra atividade que o trabalhador desenvolvia numa empresa distinta daquela em que sofreu o acidente de trabalho. No caso de o trabalhador ter dois empregos, sofrendo um acidente de trabalho, a responsabilidade estabelecida na Lei dos Acidentes de Trabalho (antes de 2010) só abrangia os danos respeitantes à perda da capacidade de trabalho e de ganho na empresa onde o acidente ocorreu e não os lucros cessantes relacionados com a perda de ganho na outra empresa[1864]. Mas da formulação atual do art. 18.º da LAT pode concluir-se que, em caso de culpa do empregador, são indemnizáveis todos esses danos; tal como se previa no art. 295.º do CT2003, havendo responsabilidade civil subjetiva, a indemnização cobre todos os danos, patrimoniais e não patrimoniais[1865].

[1863] O legislador de 1997 (LAT1997) continuava a desconhecer a evolução terminológica ocorrida com o atual Código Civil, pois, tal como no Código Civil de 1867, continua a designar estes prejuízos por danos morais. Só na atual LAT (art. 18.º) se passou a designar este prejuízo por dano não patrimonial.

[1864] Todavia, no caso de trabalhador contratado a tempo parcial, por interpretação extensiva do n.º 3 da Base XXIII da Lei n.º 2127, foi decidido que «a pensão deve ser calculada com base numa retribuição que corresponda não a esse tempo parcial, mas àquilo que no sector em causa se considera o horário normal a tempo inteiro» (Ac. Rel. Lx. de 22/1/1992, CJ XVII, T. I, p. 96). No mesmo sentido, cf. Ac. Rel. Pt. de 16/1/1995, CJ XX, T. I, p. 252. Veja-se também VITOR RIBEIRO, *Reflexões*, cit., pp. 179 e 180.
Esta interpretação ampla daquele preceito foi, de algum modo, recebida no art. 44.º do Decreto-Lei n.º 143/99, mas pode, ainda assim, não ficar totalmente coberta a perda de ganho em outras empresas.

[1865] No n.º 1 da Base XVII Lei n.º 2127 só se estabelecia um agravamento em caso de dolo do empregador, estando de fora as situações de negligência, em cujo caso a indemnização seria somente agravada pelo prudente arbítrio do julgador (n.º 2). A exigência de dolo do empregador como razão para agravar a responsabilidade, não bastando a mera culpa, constava do art. 22.º do Decreto n.º 5637 e do art. 27.º da Lei n.º 1942, só que, nos termos deste último diploma, em caso de inobservância de disposições legais sobre higiene e segurança nos locais

II. A segunda dúvida que o art. 18.º da LAT (nas versões da LAT anteriores à atual) suscitava relacionava-se com o facto de saber se o agravamento nele estabelecido prescinde da determinação do montante do dano e da existência de nexo causal. No preceito em análise dizia-se simplesmente que «as prestações fixar-se-ão», pelo que se poderia concluir no sentido de ser devida a indemnização mesmo que o dano fosse de valor inferior. Assim, se o dano sofrido pelo trabalhador, atentas as regras de fixação da indemnização, for ressarcido por um determinado montante, em caso de culpa do empregador, acrescia a esse valor o agravamento determinado nos termos do art. 18.º da LAT[1866]. Pareceria que o legislador teria querido, havendo culpa do empregador, puni-lo, pagando mais do que seria devido em razão do dano causado; ou seja, em tal caso, a indemnização não teria somente um fim ressarcitório do dano, estando nela incluída uma punição. A questão do nexo causal estaria associada com este aspeto: sendo o agravamento devido como punição, não haveria que apurar o nexo causal, pois, nesse ponto, ele não existiria. Não era esse o sentido que se preconizava quanto ao preceito e, hoje, o art. 18.º da LAT segue esse entendimento. De facto, com este agravamento pretende-se, sim, ressarcir todo o dano, sem limite, diferentemente do que ocorre quando não há culpa do empregador, em que a indemnização é fixada com base em critérios percentuais (art. 48.º da LAT). Por isso se afirma, «a indemnização abrange a totalidade dos prejuízos, patrimoniais e não patrimoniais, sofridos pelo trabalhador».

Assim sendo, não havendo culpa do empregador, a indemnização só cobre uma percentagem do dano sofrido pelo trabalhador; em caso de culpa do empregador, o prejuízo (indemnizável) é ressarcido na íntegra.

III. Ainda quanto à questão de saber se em caso de culpa do empregador não seriam ressarcidos outros danos, para além dos previstos na Lei dos Acidentes de Trabalho, à exceção do agravamento constante do art. 18.º da LAT,

---

de trabalho e profilaxia dos acidentes, era suficiente a negligência. Com respeito à exigência de dolo, Luís Guerreiro, *Desastres de Trabalho*, cit., p. 19, critica-a, dizendo que, em relação ao Decreto n.º 5637, «não conhecemos um único caso em que se tenha responsabilizado o patrão de acordo com a doutrina daquele artigo».
No art. 18.º da LAT deixou de se distinguir o dolo da negligência, pelo que a responsabilidade agravada do empregador existirá em qualquer hipótese de culpa.

1866 De certo modo, há, nesta hipótese, uma situação oposta àquela que foi estabelecida no art. 494.º do CC, onde se admite a possibilidade de redução equitativa da indemnização em caso de mera culpa do lesante.

parece que não se pretendeu resolver os problemas derivados da responsabilidade civil subjetiva do empregador. Na realidade, a Lei dos Acidentes de Trabalho, na sequência das que a precederam, pretendeu instituir uma responsabilidade objetiva, sem, todavia, excluir as regras gerais da responsabilidade aquiliana, para onde remete a parte final do n.º 1 do art. 18.º da LAT. Dito de outro modo, a responsabilidade civil objetiva visava completar as deficiências surgidas da aplicação da responsabilidade extracontratual subjetiva, sem, contudo, a substituir.

Deste modo, estando preenchidos os pressupostos da responsabilidade civil subjetiva, não está vedado ao trabalhador a possibilidade de ser ressarcido nos termos gerais, designadamente no que respeita a danos não cobertos pela Lei dos Acidentes de Trabalho (p. ex., lucros cessantes). Caso o trabalhador recorra ao regime geral da responsabilidade civil subjetiva, a reparação não poderá ser efetuada nos termos fixados na Lei dos Acidentes de Trabalho, não estando, nomeadamente coberta pelo seguro obrigatório. Nesse caso, valem as regras gerais, nomeadamente os arts. 562.º e ss. do CC quanto ao apuramento da indemnização.

e) *Responsabilidade civil emergente de acidentes de trabalho e autonomia privada*

O recurso à responsabilidade civil comum para os danos não cobertos nesta lei enquadra-se na autonomia privada, desde que se encontrem preenchidos os pressupostos daquela responsabilidade. Mas os danos constantes do elenco do regime da responsabilidade por acidentes de trabalho serão obrigatoriamente ressarcidos nos termos desse regime; a autonomia privada só confere liberdade de atuação nos termos comuns da responsabilidade civil com respeito aos danos não abrangidos na Lei dos Acidentes de Trabalho.

Nos termos do art. 12.º, n.º 1, da LAT, é nula a convenção contrária aos direitos ou garantias do trabalhador estabelecidos para o caso de acidente de trabalho e doença profissional[1867]. São igualmente nulos os atos e contratos que visem a renúncia aos direitos conferidos ao trabalhador acidentado (art. 12.º, n.º 2, da LAT).

No anteprojeto de Código do Trabalho constava uma norma (art. 327.º) que, com a epígrafe «Liberdade de estipulação», previa o agravamento da

[1867] Por isso, não se admitiu a aplicação da cláusula de convenção coletiva que limitava a noção de retribuição constante da Base XXIII, n.º 2 Lei n.º 2127 (Ac. STJ de 25/6/1997, *BMJ* 468, p. 288).

responsabilidade por via contratual. Nesse preceito dispunha-se: «1. Em instrumento de regulamentação colectiva de trabalho negocial ou contrato de trabalho pode ser ajustado um regime de responsabilidade por acidentes de trabalho mais favorável ao trabalhador, nomeadamente admitindo uma indemnização por valor superior ao previsto na Secção seguinte. 2. Na execução do acordo de agravamento da responsabilidade previsto no número anterior aplicam-se, com as necessárias adaptações, as regras deste Capítulo, excepto no que respeita à obrigatoriedade de seguro, que pode ficar circunscrito aos montantes que resultam da Secção seguinte». A norma não foi incluída na versão final do Código do Trabalho nem na versão da LAT de 2009, mas a solução nela proposta não se encontra proibida e continua a valer por via do princípio da liberdade contratual. Do disposto no art. 12.º da LAT parece poder deduzir-se que nada obsta quanto a ser acordado um agravamento de tal responsabilidade; será, pois, válido um regime convencional que exceda os limites legais, designadamente admitindo uma indemnização fixada por parâmetros mais elevados do que a retribuição ou abrangendo outros danos, como os lucros cessantes.

Naquilo que o acordo das partes exceda o regime estabelecido em termos de acidentes de trabalho não se lhe aplica o disposto na lei em apreço, devendo o trabalhador recorrer às regras gerais da responsabilidade civil[1868]/[1869].

Deste modo, o regime estatuído para os acidentes de trabalho, que é imperativo, só pretende fixar as reparações expressamente nele previstas; no demais, querendo o trabalhador ver ressarcidos outros danos, encontra aplicação o regime comum da responsabilidade aquiliana.

[1868] Neste sentido, cf. CARLOS ALEGRE, *Acidentes de Trabalho*, cit., p. 15.
Os acordos que respeitem ao agravamento da responsabilidade, apesar de mais comuns em sede de responsabilidade contratual, podem igualmente dizer respeito a situações de responsabilidade extracontratual. Sobre esta questão, *vd.* ALMEIDA COSTA, *Direito das Obrigações*, 12.ª ed., Coimbra, 2009, n.º 65.5, pp. 787 s.

[1869] Quanto à imperatividade do regime dos acidentes de trabalho, *vd.* Ac. Rel. Lx. de 9/2/1994, *BMJ* 434, p. 672. Todavia, no domínio da legislação anterior, verificou-se um alargamento da responsabilidade no caso dos acidentes *in itinere*, por via de apólice uniforme do Instituto de Seguros de Portugal, que admitia uma aplicação generalizada (art. 1.º Portaria n.º 633/71, com a alteração da Norma 96/83, *DR*, III Série, de 19 de dezembro de 1983 e Norma 22/95, *DR*, III Série, de 20 de novembro de 1995). Sobre esta questão, cf. Ac. STJ de 25/9/1996, CJ (STJ) 1996, T. III, p. 225; Ac. STJ de 12/2/1997, CJ (STJ) 1997, T. I, p. 277. Em sentido oposto ao desta jurisprudência, *vd.* Ac. Rel. Cb. de 28/11/1996, CJ XXI, T. V, p. 72. A admissibilidade do alargamento também foi aceite no caso de constar de acordo de empresa (Ac. STJ de 10/2/1984, *BMJ* 334, p. 321; Ac. Rel. Cb. de 19/6/1997, CJ XXII, T. III, p. 70).

2. Facto gerador da responsabilidade; acidente de trabalho

a) Aspetos gerais

I. Um dos pressupostos básicos para a existência de responsabilidade civil é o facto, que, no plano da responsabilidade delitual, terá de ser um facto humano. Com respeito à responsabilidade objetiva, o facto humano como requisito perde sentido. Se, por exemplo, o automóvel estacionado no cimo de uma ladeira, por falha mecânica no sistema de travagem, embala desgovernado e causa danos a terceiros não há um facto humano a que se impute o prejuízo e não deixa de existir responsabilidade civil.

O facto humano, pressuposto da responsabilidade civil delitual, poderá, na responsabilidade sem culpa, ser substituído por uma situação jurídica objetiva que esteve na origem do dano. Na realidade, como o facto gerador da responsabilidade não se baseia numa atuação culposa e ilícita, basta que se identifique uma situação geradora de danos.

II. Na responsabilidade civil emergente de acidentes de trabalho, o facto gerador nem sempre corresponderá a uma conduta humana; sendo a responsabilidade objetiva, o que desencadeia o dano é o acidente de trabalho.

Pode, assim, concluir-se que o facto gerador da responsabilidade objetiva do empregador é o acidente de trabalho[1870].

III. Importa, por conseguinte, apresentar uma noção de acidente de trabalho; para tal, deve partir-se do conceito constante do art. 8.º, n.º 1, da LAT[1871]. O legislador relaciona este infortúnio com o local e o tempo de trabalho, por um lado, e com a produção direta ou indireta de lesões corporais, perturbações funcionais ou doenças de que resulte a morte ou a redução na capacidade de trabalho ou de ganho, por outro. É esta delimitação negativa constante da parte final do preceito que justificava os entraves à aplicação do regime geral da responsabilidade civil, como se indicou no número anterior, alínea *d*).

[1870] Vitor Ribeiro, *Reflexões*, cit., p. 191, afirma que o acidente de trabalho não é o facto que está na origem da responsabilidade, pois corresponde a um conjunto de factos. Na realidade, o facto gerador de qualquer situação de responsabilidade, quase sempre, é um facto complexo, dissecável em vários factos individualizáveis (p. ex., o tiro disparado pelo assassino é um facto complexo), o que não obsta a ser visto unitariamente.

[1871] Este preceito retoma a noção da lei de 1997, restringindo o conceito de acidente de trabalho relativamente ao que dispunha o art. 284.º, n.º 1, do CT2003, na medida em que relaciona o facto gerador com determinado tido de danos.

O acidente de trabalho corresponde a uma determinada situação jurídica, legalmente delimitada e geradora de responsabilidade do empregador; a responsabilidade civil objetiva da entidade patronal – bem como a situação especial de responsabilidade baseada na culpa, prevista no art. 18.º da LAT – tem como único facto gerador o acidente de trabalho, e só é acidente de trabalho aquele infortúnio que corresponda à definição legal.

Por outro lado, como decorre do art. 20.º da LAT, são unicamente ressarcíveis em sede de responsabilidade por acidentes de trabalho os danos constantes da Tabela Nacional de Incapacidades (Decreto-Lei n.º 352/2007, de 23 de outubro).

b) Danos típicos

Tendo em conta estes dados e o conceito do art. 8.º da LAT, parece poder concluir-se que o legislador caracteriza o acidente de trabalho em função dos danos. Assim, numa primeira delimitação do conceito de acidente de trabalho, que não parece correta, este infortúnio corresponde ao sinistro que causar algum dos danos taxativamente indicados na Tabela Nacional de Incapacidades, nos termos previstos nos arts. 23.º e ss. da LAT.

Mas qualificar o acidente em função do dano causado implica uma inversão conceptual: o facto gerador não pode ser definido atendendo à consequência. Nestes termos, a parte final do n.º 1 do art. 8.º da LAT, ao pretender definir o acidente de trabalho em função dos danos causados, tem de ser corrigida por via interpretativa. Com esta referência, o legislador pretendeu esclarecer que na responsabilidade emergente de acidentes de trabalho os danos são típicos; não é que o prejuízo conforme a noção do facto gerador da responsabilidade, mas como o dano corresponde a um dos requisitos da responsabilidade, sendo eles típicos, fica delimitado o âmbito do instituto.

c) Determinação do lesado

c1) *Trabalhador dependente*

I. Na delimitação do conceito de acidente de trabalho é relevante a determinação do lesado.

Nos termos do art. 3.º, n.º 1, da LAT, o lesado será um trabalhador por conta de outrem, tal como vem estabelecido no art. 11.º do CT. E tanto pode ser um trabalhador português que desenvolva a sua atividade em Portugal, como um trabalhador estrangeiro que preste serviço em Portugal (art. 5.º da LAT) e ainda um trabalhador português (ou estrangeiro) residente em Portugal, ao serviço de uma empresa portuguesa, que trabalhe no estrangeiro (art. 6.º da LAT[1872]).

II. Para efeitos de acidente de trabalho não é sequer necessário que o lesado seja parte num contrato de trabalho válido. Mesmo na hipótese de o contrato ser inválido, tal como dispõe o art. 122.º do CT, basta que o trabalhador tenha desenvolvido a sua atividade para que os efeitos emergentes da relação laboral se produzam como se ela fosse válida[1873]; entre esses efeitos incluem-se os relativos à responsabilidade do empregador por acidentes de trabalho[1874]. De igual modo, apesar de ter havido suspensão do contrato de trabalho com base em fundamento relacionado com o empregador, como no caso de suspensão preventiva nos termos do art. 354.º do CT[1875], se ocorre um sinistro relacionado com o contrato de trabalho é de qualificar como acidente de trabalho[1876].

Em princípio, uma empresa não responde pelo acidente de trabalho ocorrido com o trabalhador contratado por outra empresa ainda que se encontre a desenvolver uma atividade de que a primeira beneficia. Por isso, é a empresa de trabalho temporário que tem de transferir a responsabilidade emergente de acidentes de trabalho dos trabalhadores cedidos a uma empresa utilizadora mediante a celebração de seguro (art. 177.º, n.º 3, do CT e art. 79.º, n.º 2, da LAT). Excepcionalmente, a empresa beneficiária pode ser responsabilizada pelo acidente que ocorra no desempenho de uma ativi-

[1872] Neste caso, cabe ao trabalhador optar pelo regime de acidentes de trabalho português ou estrangeiro se estiver coberto por este último. Sobre esta questão, *vd.* LIMA PINHEIRO, *Direito Internacional Privado. Parte Especial (Direito de Conflitos)*, 3.ª ed., Coimbra, 2009, pp. 311 ss.

[1873] Cf. Ac. STJ de 3/10/2000, CJ (STJ) 2000, T. III, p. 263, no que respeita a um contrato de trabalho com um menor de 14 anos. Mesmo inválido, é necessário que exista contrato; por isso, se alguém se dirige a uma empresa com vista a ser contratado, por exemplo em resposta a um anúncio, tendo a proposta sido rejeitada, o sinistro ocorrido não é acidente de trabalho.

[1874] Cf. Ac. Rel. Pt. de 29/4/1985, CJ X, T. II, p. 272, em relação a um contrato de trabalho celebrado com um menor de catorze anos.

[1875] Cf. Ac. STJ de 1/3/1985, *BMJ* 345, p. 282.

[1876] Com respeito à aplicação do regime da responsabilidade emergente de acidentes de trabalho aos trabalhadores grevistas, cujo contrato se encontra suspenso (art. 7.º LG), *vd.* ROSÁRIO PALMA RAMALHO, «Sobre os Acidentes de Trabalho em Situação de Greve», *ROA*, 53 (1993), III, pp. 521 ss.; ANA ESTELA LEANDRO, «Os Acidentes de Trabalho e a Greve», Relatório de Mestrado, Lisboa, 1996; GONÇALVES DA SILVA, *A Greve*, cit., pp. 88 ss.

dade em seu benefício, mormente se teve culpa no desrespeito de regras de segurança[1877].

III. No art. 3.º, n.º 2, da LAT alarga-se o conceito de acidente de trabalho aos infortúnios que ocorram com quem não seja trabalhador por conta de outrem, de modo a abranger aqueles que tenham contratos equiparados (como o caso do trabalho no domicílio), os praticantes, aprendizes e demais formandos, bem como outros trabalhadores, sem contrato de trabalho, mas que prestem uma atividade na dependência económica da pessoa servida[1878].

O problema reside em saber quando se deve considerar que existe dependência económica nos termos do art. 3.º, n.º 2, da LAT. Por um lado, a dependência económica pressupõe a integração do prestador da atividade no processo empresarial de outrem e, por outro, o facto de a atividade desenvolvida não poder ser aproveitada por terceiro. Já não parece de aceitar que se enquadre na noção de dependência económica o facto de o prestador da atividade carecer da importância auferida para o seu sustento ou o da sua família (*vd. supra* § 14.1)[1879].

1877 Sobre a questão, veja-se FERNÁNDEZ FERNÁNDEZ/ ELLACURÍA BERRIO/ITURRATE ANDÉCHAGA, *La Responsabilidad Civil/Patrimonial en los Accidentes de Trabajo*, Valência, 2000, pp. 57 ss., onde aludem à responsabilidade da empresa principal em relação aos acidentes de trabalho de trabalhadores das subcontratadas.

1878 O correspondente preceito da lei anterior (Base II Lei n.º 2127) foi regulamentado pelo art. 3.º do Decreto n.º 360/71, que aludia aos trabalhadores «abrangidos pelo disposto no n.º 2 da Base II». Do art. 3.º do Decreto n.º 360/71 concluía-se que também poderiam ser vítimas de um acidente de trabalho para efeitos da Lei n.º 2127 os trabalhadores autónomos (alínea *a*)), assim como aqueles que, sem sujeição à autoridade e direção da pessoa servida, prestassem um serviço, mesmo que este fosse remunerado só em função do resultado (alínea *b*)) [Cf. Ac. STJ de 14/2/1996, CJ (STJ) 1996, T. I, p. 256]. Numa interpretação literal deste preceito, ficariam abrangidos na responsabilidade emergente de acidentes e trabalho o empreiteiro, o mandatário, o agente, etc.; não sendo, para este efeito, relevante distinguir o contrato de trabalho das figuras afins. Tal interpretação do art. 3.º do Decreto n.º 360/71 seria ilegal, pois, tratando-se de um decreto regulamentar da Lei n.º 2127, não poderia estabelecer de modo mais amplo, contrariando o disposto na lei regulamentada. Assim sendo, tanto os trabalhadores autónomos, como aqueles que prestassem um serviço sem sujeição à autoridade e direção da pessoa servida só poderiam considerar-se que sofreram um acidente de trabalho, para efeitos da Lei n.º 2127, se se encontrassem na dependência económica do beneficiário da atividade.

1879 O facto de grande parte do rendimento ser auferido de determinada entidade justifica, por vezes, a aplicação do regime (Ac. STJ de 14/2/1996, CJ (STJ) 1996, T. I, p. 256 e Ac. STJ de 4/4/2001, CJ (STJ) 2001, T. II, p. 251). Este aspeto constitui tão-só um elemento coadjuvante, mas não é determinante.

A integração no processo produtivo da empresa beneficiária, que será talvez o factor relevante para a existência de dependência económica, pode ser coadjuvada com a continuidade no exercício da atividade, pois, por via de regra, não haverá integração num processo produtivo empresarial se a atividade é desenvolvida de forma esporádica[1880]. Não sendo o empregador uma empresa, dificilmente quem prestar serviços com autonomia poderá considerar-se na dependência económica da pessoa servida, até porque o legislador pretendeu, de algum modo, excluir do âmbito da Lei dos Acidentes de Trabalho os acidentes ocorridos na execução de trabalhos de curta duração fora do seio empresarial (art. 16.º, n.º 1, da LAT).

Por outro lado, a dependência económica pressupõe que a atividade desenvolvida por quem presta o serviço só aproveite ao seu beneficiário, de molde a não poder conferir quaisquer vantagens a terceiros. Será o que ocorre no caso de o trabalhador autónomo realizar certa atividade, cujo resultado, sendo rejeitado pelo beneficiário, não poderá ser aproveitado por outrem.

Na dúvida em relação a dada atividade, presume-se que o trabalhador se encontra na dependência económica da pessoa em proveito da qual o serviço é prestado (art. 3.º, n.º 2, da LAT).

IV. Esta noção ampla de acidente de trabalho, admitindo como lesado não só o trabalhador subordinado, como também determinados trabalhadores autónomos, leva a que o regime da responsabilidade objetiva do empregador se aplique igualmente a relações jurídicas afins do contrato de trabalho. Por exemplo, no contrato de agência não há subordinação jurídica, mas se o agente estiver integrado no processo produtivo da empresa para a qual agencia negócios, especialmente em regime de exclusividade, os acidentes ocorridos serão qualificados como de trabalho para efeito de aplicação da Lei dos Acidentes de Trabalho.

V. Uma outra situação que pode suscitar problemas de delimitação é o dos subempreiteiros que, apesar da autonomia jurídica, podem estar na dependência económica do empreiteiro. Não raras vezes, o subempreiteiro

---

[1880] O legislador excluiu do âmbito de aplicação da Lei dos Acidentes de Trabalho os serviços eventuais ou ocasionais de curta duração que não tenham por objeto a exploração lucrativa (art. 16.º, n.º 1, da LAT), porque o pressuposto – apesar de não exclusivo – em que assenta a responsabilidade emergente de acidentes de trabalho é a de relações laborais que, por natureza, se protelam no tempo.

é uma pessoa singular que executa tarefas determinadas, as quais poderiam ser realizadas por um trabalhador do empreiteiro[1881].

VI. Por via da mencionada noção ampla, poder-se-ia responsabilizar o empregador a quem o trabalhador foi ocasionalmente cedido[1882], bem como a empresa utilizadora em caso de trabalho temporário. Porém, nos termos gerais e tendo em conta o disposto no art. 177.º, n.º 3, do CT, a responsabilidade por acidentes de trabalho ocorridos na empresa utilizadora é suportada pela empresa de trabalho temporário, porque esta mantém a qualidade de empregador; mas o preceito citado não é extensível à cedência ocasional (art. 293.º do CT). Este facto não impede a responsabilização da empresa cedente, pois, não obstante a cedência ocasional, ela mantém a qualidade de empregador; diferentemente, a empresa cessionária (tal como a empresa utilizadora) não assume o estatuto de entidade patronal.

Todavia, pode questionar-se se a empresa cedente e a ETT, para além da responsabilidade objetiva, também serão responsabilizadas por atuação culposa da empresa cessionária ou da utilizadora, nos termos do art. 18.º, n.º 1, da LAT, até porque a responsabilidade subjetiva não se transfere para a seguradora (art. 79.º, n.º 3, *in fine*, da LAT). Rigorosamente, não sendo estas representantes daquelas não se lhes aplicaria o agravamento da responsabilidade previsto na Lei dos Acidentes de Trabalho, solução que pode ser iníqua; até porque no art. 186.º do CT, impõem-se à empresa utilizadora e à cessionária deveres relacionados com o risco para a segurança e saúde do trabalhador utilizado. A questão solucionar-se-ia pela responsabilização direta da empresa a que se imputa o facto culposo (cessionária ou utilizadora) que, contudo, só responde nos termos gerais.

VII. Refira-se ainda que, quando a lei o preveja, o regime dos acidentes de trabalho pode aplicar-se a prestadores de atividade que não se encontrem numa situação de dependência económica em relação à pessoa servida. Tal ocorre no regime do voluntariado (Lei n.º 71/98, de 3 de novembro,

---

[1881] Quanto à aplicação do regime dos acidentes de trabalho aos subempreiteiros, manifestando-se de forma negativa, mas com base na lei de 1937, cf. CUNHA GONÇALVES, *Responsabilidade Civil*, cit., pp. 27 a 29.

[1882] Em sentido contrário, admitindo a responsabilidade da entidade patronal cedente, cf. Sentença do Trib. Santarém de 5/11/1989, CJ XV, T. IV, p. 307; Ac. Rel. Lx. de 4/10/1995, CJ XX, T. IV, p. 158; Ac. Rel. Év. de 22/5/1997, CJ XXII, T. III, p. 292. Diversa foi a solução do Ac. Rel. Lx. de 13/1/1993, CJ XVIII (1993), T. I, p. 170, que responsabilizou o cessionário.

regulamentada pelo Decreto-Lei n.º 389/99, de 30 de setembro), em cujo art. 7.º, n.º 1, alínea *f)*, se atribui ao voluntário o direito à reparação por acidentes de trabalho[1883].

VIII. Em caso de morte do sinistrado, os lesados, para efeitos da Lei dos Acidentes de Trabalho, são os familiares indicados no art. 57.º da LAT: cônjuge[1884], filhos, ascendentes[1885] e outros parentes sucessíveis, nos termos estabelecidos no preceito em causa. A enumeração e os termos – designadamente o facto de os filhos só receberem pensão até atingirem 18, 22 ou 25 anos de idade (art. 60.º da LAT) – são taxativos. Pretende-se que os familiares só tenham direito a receber a pensão enquanto carecem do ganho auferido pela vítima.

c.2) Trabalhador independente

Com a Lei dos Acidentes de Trabalho, estabeleceu-se uma hipótese atípica de acidente de trabalho, em que a potencial vítima, sendo trabalhador independente, deve assegurar a própria reparação por via de um seguro.

Se o trabalhador exerce uma atividade por conta própria é obrigado a efetuar um seguro de acidentes de trabalho (art. 1.º do Decreto-Lei n.º 159/99, de 11 de maio), que se rege, com as devidas adaptações, pela Lei dos Acidentes de Trabalho (art. 2.º do Decreto-Lei n.º 159/99)[1886].

d) Local e tempo de trabalho

O segundo elemento delimitador do conceito de acidente de trabalho consta do art. 8.º, n.º 1, da LAT, ao esclarecer que o infortúnio terá de ocorrer no local e tempo de trabalho. Mas as noções de local e de tempo de trabalho, para esta lei, não coincidem com o disposto no Código do Trabalho.

d.1) Local de trabalho

I. Local de trabalho é entendido num sentido amplo, pois compreende, para além do sítio onde o trabalhador desenvolve efetivamente a sua atividade,

---

[1883] *Vd.* Pedro Leitão Pais de Vasconcelos, *Aplicação Transtípica da Lei dos Acidentes de Trabalho aos Contratos de Prestação de Serviços sem Dependência Económica*, Relatório de Mestrado, Lisboa, 1998, pp. 33 ss.

[1884] Na lei precedente não se incluía a pessoa em união de facto (Ac. STJ de 23/3/1995, CJ (STJ) 1995, T. I, p. 284 e *BMJ* 445, p. 230), mas com a lei de 1997 alargou-se à pessoa em união de facto e ao ex-cônjuge com direito a alimentos.

[1885] Cf. Ac. Rel. Év. de 13/1/1998, CJ XXIII, T. I, p. 283.

[1886] Cf. Ac. Rel. Cb. de 10/2/2005, www.dgsi.pt.

«todo o lugar em que o trabalhador se encontra ou deva dirigir-se em virtude do seu trabalho e em que esteja direta ou indiretamente sujeito ao controlo do empregador» (art. 8.º, n.º 2, alínea *a)*, da LAT). Esta área geográfica de implantação ou de exploração da empresa abrange não só espaços dessa mesma empresa, nomeadamente o átrio ou a cantina[1887], como também locais onde são prestados serviços aos trabalhadores, ainda que fora da empresa, como sejam serviços médicos numa clínica privada contratada pelo empregador[1888]. Será, assim, local de trabalho qualquer sítio onde o trabalhador tenha de ir relacionado com a realização da sua atividade, desde que sujeito, direta ou indiretamente, ao controlo do empregador.

O controlo direto verificar-se-á, em particular, na típica relação laboral em que, durante o horário de trabalho, o trabalhador está sujeito ao poder direção do empregador. O controlo indireto poderá existir em relações extra laborais (p. ex., trabalho no domicílio) e com respeito a trabalhadores com alguma independência na execução da atividade laboral, nomeadamente aqueles que desempenham as tarefas fora do espaço geográfico de implantação da empresa (*v. g.*, vendedores externos).

II. Mas nem todo o sinistro verificado no local de trabalho é acidente de trabalho; pois, além de se relacionar com o tempo de trabalho, torna-se necessária a existência de uma causa adequada entre o acidente e o trabalho. Sendo o infortúnio causado por uma brincadeira de mau gosto de um colega, sem qualquer relação com a atividade, não é acidente de trabalho[1889].

Tendo em conta que o acidente de trabalho, ainda que ocorrido no local de trabalho, teria de se relacionar com o tempo de trabalho e a atividade

[1887] Na indicação elucidativa de Cunha Gonçalves, *Responsabilidade Civil*, cit., p. 34, seriam locais de trabalho na empresa, designadamente «refeitório, vestiário, balneário, lavatório, retrete-mictório».

[1888] É acidente de trabalho aquele que ocorra nos tratamentos a que o trabalhador seja submetido, desde que relacionados com a atividade laboral, tais como inspeções médicas periódicas ou tratamentos em consequência de lesão de trabalho.

[1889] Cf. Ac. Rel. Pt. de 1/10/1984, CJ IX, T. IV, p. 265; Ac. Rel. Pt. de 22/3/1993, CJ XVIII, T. II, p. 245. Diferentemente, no Ac. Rel. Pt. de 19/10/1987, *BMJ* 370, p. 611, considerou-se que era acidente de trabalho aquele em que, durante o tempo e no local de trabalho, o trabalhador é atingido num olho por um chumbo de espingarda de pressão de ar disparado por um filho do patrão. Neste caso não havia qualquer nexo causal entre o infortúnio e a relação laboral, sendo de criticar a solução preconizada pela Relação.
A idêntica conclusão chega Rosário Palma Ramalho, «Sobre os Acidentes de Trabalho...», cit., pp. 557 ss. e pp. 564 s., para desqualificar como acidente de trabalho aquele que ocorra no local de trabalho, estando o trabalhador em greve.

laboral, estendeu-se o conceito de acidente de trabalho de modo a abarcar os infortúnios verificados na empresa quando o trabalhador se encontre no exercício do direito de reunião ou de atividade de representante dos trabalhadores (art. 9.º, n.º 1, alínea *c)*, da LAT) ou em frequência de curso de formação profissional (art. 9.º, n.º 1, alínea *d)*, da LAT). Em qualquer dos casos mantém-se a conexão espacial exigida na lei, pois o evento ocorrerá num espaço geográfico controlado pelo empregador.

III. Sendo a atividade desenvolvida pelo trabalhador, por natureza, de execução fora da empresa (p. ex., quando tem por tarefa fazer reparações no domicílio de clientes ou distribuições de mercadorias) serão locais de trabalho os sítios onde as tarefas têm de ser desempenhadas[1890].

Também estão abrangidos no conceito de acidente de trabalho aqueles que se verifiquem fora do local de trabalho se ocorrerem na execução de serviços ordenados pelo empregador ou por este consentidos (art. 9.º, n.º 1, alínea *h)*, da LAT). É o que acontece quando o trabalhador foi incumbido de uma missão fora da empresa[1891]. Se na execução dessa tarefa sofrer um acidente, apesar de não ter ocorrido no local de trabalho, o infortúnio pode qualificar-se como acidente de trabalho, mas torna-se necessário verificar se ele se enquadra num ato da vida profissional ou da vida privada do trabalhador[1892]. De facto, se o acidente ocorre quando o trabalhador efetua um desvio para visitar um amigo ou para ir almoçar a um restaurante da sua predileção, estar-se-á perante um ato da vida privada, que não consubstancia um acidente de trabalho. Mais complexas são as situações da vida privada que ocorrem durante a execução da missão fora da empresa; pense-se na hipótese de o trabalhador ter ingerido um alimento deteriorado no restaurante onde tinha de ir almoçar em serviço da empresa ou de ter escorregado na banheira no hotel onde ficou hospedado na missão de que fora incumbido[1893]. Pode considerar-se que estes atos, sendo da vida privada e corrente do trabalhador, não se deveriam, por princípio, enquadrar na noção de acidente de trabalho, que se relaciona com os atos de execução da profissão, mas atendendo ao risco empresarial e, principalmente à socialização do

---

[1890] Cf. Ac. STJ de 25/1/1995, CJ (STJ) 1995, T. II, pp. 260; Ac. Rel. Év. de 24/5/1994, CJ XIX, T. III, p. 301.

[1891] Cf. Ac. Rel. Év. de 13/4/1993, CJ XVIII, T. II, p. 298.

[1892] Sobre a distinção, cf. CARLOS ALEGRE, *Acidentes de Trabalho*, cit., pp. 45 ss.

[1893] Quanto a estes e outros exemplos retirados da jurisprudência francesa, cf. CARLOS ALEGRE, *Acidentes de Trabalho*, cit., pp. 46 s.

risco nos acidentes de trabalho, algumas destas situações podem consubstanciar hipóteses de responsabilidade do empregador. Compreende-se que tal suceda quando as condições de realização da prestação debitória possam incrementar os riscos inerentes à normal vida em sociedade (p. ex., no caso de o correspondente de um jornal se deslocar em serviço a uma cidade especialmente perigosa). Esta perspetiva alargada é, todavia, condicionada pela interpretação restritiva do art. 9.º, n.º 2, alínea *b)*, da LAT, considerando que o acidente *in itinere* só terá lugar depois de o trabalhador transpor a porta de acesso da sua residência para a área comum do edifício ou para a via pública, devendo entender-se que, até então, estar-se-á perante atos da vida privada, não enquadráveis no regime dos acidentes de trabalho.

IV. Fora do local de trabalho, ainda podem ser qualificados como acidentes de trabalho os que sejam consequência direta da atividade desenvolvida, ou seja, cuja causa teve a sua origem na atividade desenvolvida no local de trabalho (*v. g.*, encarregado da fábrica que, à porta de casa, é espancado por um trabalhador de que participou em razão de atuação negligente deste)[1894]. Nestas hipóteses subsiste a conexão com o local de trabalho, ainda que indireta, pois o infortúnio relaciona-se com factos aí verificados e que se prendem com o desenvolvimento da relação laboral.

V. Em alargamento do conceito de acidente de trabalho, considerou-se que também integra este desastre a ocorrência verificada fora do local de trabalho na frequência de curso de formação profissional se existe autorização do empregador (art. 9.º, n.º 1, alínea *d)*, da LAT), assim como na hipótese de o trabalhador se encontrar em atividade de procura de emprego durante o crédito de horas para tal concedido (art. 9.º, n.º 1, alínea *g)*, da LAT)[1895].

[1894] Pareceria, todavia, um exagero, qualificar como acidente de trabalho a situação em que o trabalhador, depois de terminar a atividade, foi assaltado por dois desconhecidos num parque de estacionamento público onde tinha a viatura própria, como o fez o Ac. STJ de 8/2/1995, CJ (STJ) 1995, T. II, p. 271, *BMJ* 444, p. 308. Já seria de aceitar tal solução se o trabalhador fosse, por exemplo, guarda ou tivesse de transportar valores da empresa no fim do dia de trabalho. Todavia, no caso decidido pelo STJ, a solução justifica-se porque os assaltantes exigiram a entrega das chaves das traseiras e do cofre do restaurante de que o sinistrado superintendia a exploração.

[1895] Em crítica a esta solução legal, por não se encontrar qualquer justificação para tal responsabilização do empregador, *vd.* Ana Estela Leandro, «Estudo Comparativo...», cit., pp. 36 ss. Pode, contudo, entender-se que o risco assumido pelo empregador neste caso é a contrapartida do direito de proceder a um despedimento com causas objetivas, relacionadas com a empresa.

Deste modo, sendo, por exemplo, o trabalhador alvo de um processo de despedimento coletivo, o crédito de horas a que alude o art. 364.º do CT pode ser utilizado na procura de novo emprego e o infortúnio então ocorrido será acidente de trabalho. Verifica-se sempre uma conexão com o normal desenvolvimento da relação laboral, estando em causa infortúnios relacionados com o cumprimento de deveres ou o exercício de direitos decorrentes do contrato de trabalho.

d.2) Tempo de trabalho

O tempo de trabalho a que alude o art. 8.º, n.º 1, da LAT abrange o período normal de trabalho (art. 198.º do CT)[1896], bem como os espaços de tempo que o precedem e que se lhe seguem, estando com ele relacionados tanto em atos de preparação como de ultimação[1897], e ainda as interrupções normais – os chamados intervalos de descanso (art. 213.º do CT), por exemplo, a pausa para almoço – ou forçosas de trabalho, como as que decorrem de uma avaria das máquinas (art. 8.º, n.º 2, alínea *b)*, *in fine*, da LAT).

Não se enquadram nas interrupções, as suspensões do contrato de trabalho, como a que advém de uma situação de greve (art. 536.º do CT)[1898].

[1896] Se o trabalhador não tem horário de trabalho (*v. g.*, vendedor externo) é acidente de trabalho o desastre de viação sofrido às 3h30m da madrugada, quando regressava a casa depois de contactar um cliente (Ac. STJ de 25/1/1995, CJ (STJ) 1995, T. I, p. 260).

[1897] Por exemplo, se o trabalhador vai buscar os materiais antes do início do período normal de trabalho ou se os arruma depois de terminar o trabalho, ou vai mudar de fato para regressar a casa, etc. Cunha Gonçalves, *Responsabilidade Civil*, cit., p. 37, apresenta alguns exemplos reais elucidativos: trabalhador que descarregava carvão num porto, depois do trabalho foi lavar-se à borda de água, caiu e morreu afogado; mestre de embarcação que, depois de terminada a faina, ao saltar para terra, caiu à água e afogou-se.

[1898] Cf. Ac. Rel. Lx. de 27/5/1987, CJ XII, T. III, p. 156; Rosário Palma Ramalho, «Sobre os Acidentes de Trabalho...», cit., pp. 541 s.; Gonçalves da Silva, *Greve*, cit., pp. 90 ss. Contudo, os trabalhadores grevistas a cumprir serviços mínimos (art. 8.º LG) estão abrangidos pelo regime de acidentes de trabalho (cf. Rosário Palma Ramalho, «Sobre os Acidentes de Trabalho...», cit., p. 544; Gonçalves da Silva, *Greve*, cit., pp. 102 ss.).
Não obstante se poder considerar que em greve – exclusão feita para as hipóteses de serviços mínimos – não se aplica o regime dos acidentes de trabalho, admite-se que excepcionalmente, se o trabalhador grevista for vítima do acidente por ter de permanecer na zona de laboração nem sempre se justificará a exclusão do regime. Assim, se for decretada uma greve de quinze minutos numa mina admitir-se-á que os grevistas não se ausentem da zona de laboração, podendo sofrer as consequências de uma explosão em idênticas condições dos trabalhadores não aderentes à greve; quanto a este exemplo, defendendo a posição mencionada, *vd.* Xarepe Silveiro, *Extensões do Conceito de Acidente de Trabalho. Estudo Comparativo da Evolução Legislativa*, Relatório de Mestrado, Lisboa, 1998, pp. 52 s.

Mas se durante a suspensão do contrato, o trabalhador se tem de dirigir à empresa, o sinistro então ocorrido pode ser qualificado como acidente de trabalho[1899].

Os acidentes enquadrados nesta noção ampla de tempo de trabalho, caso se verifiquem fora do local de trabalho não consubstanciam um acidente para efeitos de aplicação desta lei. Assim, se numa interrupção do trabalho, o trabalhador se ausentar da empresa para ir comprar cigarros, o desastre então ocorrido não se qualifica como acidente de trabalho, porque ele se encontra fora do controlo, direto ou indireto, do empregador.

e) Acidentes de percurso

I. Relacionado com o tempo de trabalho, em particular com os períodos que antecedem e que se seguem à efetiva laboração, há que aludir aos acidentes de percurso, também designados de trajeto ou *in itinere*. Sobre este ponto há uma jurisprudência abundante, até porque a figura dos acidentes *in itinere*, não obstante encontrar hoje regulamentação expressa, teve uma origem jurisprudencial[1900]. Estão em causa os acidentes que ocorrem, em especial, quando o trabalhador se desloca para o local de trabalho ou regressa a casa.

II. Nos termos do art. 9.º, n.º 1, alínea *a)* e n.º 2, da LAT, retira-se que o acidente *in itinere* tem de corresponder a um percurso normal, devendo enquadrar-se num dos vários tipos de trajeto previstos na lei. Primeiro, o percurso de ida e volta entre a residência do trabalhador e o local de trabalho[1901]; segundo, o trajeto de ida e volta entre a residência do trabalhador e o

[1899] Cf. Ac. STJ de 1/3/1985, *BMJ* 345, p. 282, em que o trabalhador suspenso preventivamente em processo disciplinar teve de se deslocar à empresa para prestar declarações no âmbito do processo disciplinar.

[1900] Cf. Carlos Alegre, *Acidentes de Trabalho*, cit., p. 48. A propósito de acidentes *in itinere*, Abílio Neto, *Contrato de Trabalho. Notas Práticas*, 12.ª ed., Lisboa, 1993, em comentário à Base V da Lei n.º 2127 (pp. 850 ss.) cita perto de 50 arestos de tribunais superiores. Consulte-se, a nível comparado, o estudo de Granell Ruiz, *Los Accidentes "In Itinere" en el Derecho Comparado*, Barcelona, 1958.
Veja-se, contudo, a severa crítica à jurisprudência que «criou» esta extensão do conceito de acidente de trabalho em Marcello Caetano, Anotação ao Acórdão do Supremo Tribunal Administrativo de 4 de Maio de 1943, *O Direito*, Ano 75, n.º 10, pp. 310 ss., em especial, p. 314. A matéria encontra-se hoje profundamente analisada em estudo de Júlio Gomes, *O Acidente de Trabalho. O acidente* in itinere *e a sua descaracterização*, Coimbra, 2013.

[1901] Discutível é a qualificação do acidente de percurso dentro do espaço geográfico da empresa. Do art. 9.º, n.º 2, da LAT depreende-se que o acidente de trajeto se verifica até à entrada nas

local de pagamento da retribuição; terceiro, o percurso de ida e volta entre o local de trabalho e o local de pagamento da retribuição; quarto, o trajeto de ida e volta entre a residência do trabalhador e o local onde lhe deva ser prestada assistência médica ou realizados quaisquer outros exames; quinto, o percurso de ida e volta entre o local de trabalho e o local onde deva ser prestada ao trabalhador assistência médica ou realizados quaisquer outros exames; sexto, o trajeto entre o local de trabalho e o local de refeição, de reunião, etc.; sétimo, o percurso entre o local de trabalho habitual e o lugar onde o trabalhador tiver de prestar uma atividade por determinação do empregador ou por ele consentida e ainda de procura de emprego.

A residência do trabalhador, como se refere o art. 9.º, n.º 2, alínea *b)*, da LAT, tanto pode ser a habitual, como uma ocasional (p. ex., de fim de semana), mas o trajeto a partir da residência só se conta depois da «porta de acesso para as áreas comuns do edifício ou para a via pública»[1902]; a responsabilidade por acidentes de percurso não abrange situações em que o trabalhador se encontra num espaço por ele controlado, em particular na sua vida privada.

Poder-se-á questionar se os trajetos indicados nas alíneas do n.º 1 do art. 9.º da LAT são taxativos ou simplesmente indicativos. Numa interpretação extensiva do art. 9.º, n.º 2 da LAT incluir-se-iam nos acidentes *in itinere* outros percursos, designadamente o realizado pelo trabalhador para tomar café em qualquer pausa que lhe seja concedida[1903] ou, tendo duas ocupações, quando se desloca de uma empresa para outra. Esta interpretação extensiva

---

instalações. Mas nem sempre será correto qualificar diversamente o sinistro que ocorre fora do recinto da empresa daquele que se verifica no seu interior; assim, nalguns casos, poderá não haver diferença entre o acidente na via pública ou no arruamento da empresa quando o trabalhador se dirige para o trabalho ou regressa a casa. O percurso de ida e volta entre a residência e o local de trabalho abrangeria o trajeto em arruamento da empresa, sob pena de, considerando tratar-se de acidente no local de trabalho, qualificar diversamente situações idênticas de sinistros dentro e fora da empresa. No caso discutido no Ac. STJ de 27/9/1995, CJ (STJ) 1995, T. III, pp. 269, não se qualificou o sinistro como acidente de trabalho em razão da pausa de 40 minutos, pois o trabalhador tivera o desastre com a sua motorizada, dentro da empresa, quando se dirigia a casa no fim do dia de trabalho, mas, antes disso, estivera 40 minutos em confraternização com colegas.

[1902] Como se referia no Parecer da Procuradoria-Geral da República n.º 38/76, de 16/6/1976, *BMJ* 262, p. 81, as partes comuns dos edifícios não apresentam qualquer intimidade com o habitante do apartamento, pelo que o desastre aí verificado deve ser acidente de trabalho; *a contrario sensu*, se o infortúnio ocorre na intimidade não é acidente de trabalho.

[1903] Cf. Ac. Rel. Cb. de 7/10/1993, CJ XVIII, T. IV, p. 101, que, todavia, não qualificou como acidente de trabalho o que ocorreu no regresso do almoço, pois não se verificava o especial

tem de ser apreciada com a devida prudência, pois está-se perante uma exceção introduzida num regime, já de si, excepcional; de facto, a responsabilidade objetiva corresponde a um regime excecional (art. 483.º, n.º 2, do CC) e os acidentes de percurso, também por via de exceção, alargam o campo de aplicação desta responsabilidade.

III. Para que se esteja perante um acidente de trajeto torna-se necessário que se encontrem preenchidos dois requisitos (art. 9, n.os 2 e 3, da LAT)[1904]. É imperioso que o acidente se verifique no trajeto normalmente utilizado – o designado percurso normal – e durante o período de tempo ininterrupto habitualmente gasto pelo trabalhador[1905].

O trajeto normal será aquele que, objetivamente, for considerado ideal, mesmo que não seja o mais curto, nem o realizado a diário. Considera-se normal o percurso em que haja desvios determinados pela satisfação de necessidades atendíveis do trabalhador, bem como por motivo de força maior ou caso fortuito (art. 9.º, n.º 3, da LAT). Os desvios determinados por motivo de força maior (*v. g.*, enxurrada que levou a um corte de estrada) ou caso fortuito (p. ex., avaria mecânica que implicou uma ida à oficina) não carecem de maiores explicações. Mas os desvios ditados pela satisfação de necessidades atendíveis do trabalhador têm de ser concretizados; se o trabalhador se afas-

---

perigo no percurso. Importa esclarecer que no domínio da legislação anterior não se incluía nos acidentes de percurso o trajeto entre o local de trabalho e o de refeição.

[1904] No domínio da legislação precedente, o acidente de percurso dependia ainda de três pressupostos, a preencher em alternativa. Primeiro, que o meio de transporte utilizado tivesse sido fornecido pelo empregador; segundo, que o acidente fosse consequência do particular perigo do percurso normal; terceiro, que o acidente se tivesse ficado a dever a outras circunstâncias que tivessem agravado o risco do mesmo percurso. Sobre a discussão em torno destes pressupostos, *vd.* ROMANO MARTINEZ, *Acidentes de Trabalho*, cit., pp. 58 ss. Pode, assim, dizer-se que o «perigo específico» da legislação anterior foi substituído por uma especial conexão com o tempo de trabalho.

A polémica, nos últimos anos de vigência da lei anterior perdera relevância em razão da apólice uniforme de seguro de acidentes de trabalho prever, facultativamente, um alargamento do acidente de percurso (cf. a apólice uniforme do Instituto de Seguros de Portugal, Portaria n.º 633/71, com a alteração da Norma 96/83, *DR*, III Série, de 19 de dezembro de 1983 e Norma 22/95, *DR*, III Série, de 20 de novembro de 1995).

[1905] Esclareça-se que sendo o acidente devido, por exemplo a causa de força maior, apesar de ser acidente de percurso, não dá direito à reparação, cf. Ac. Rel. Cb. de 14/4/1994, CJ XIX, T. II, p. 61, razão pela qual no Ac. Rel. Pt. de 11/4/2018, CJ 2018 II, p. 249, não se qualificou como acidente de trabalho a morte do trabalhador ocorrida no trajeto para a empresa em razão de um enfarte de miocárdio.

ta diariamente do caminho ideal para ir levar os filhos à escola compreende-se que se enquadre no percurso normal para efeito de tutela legal, diversamente, quando se desvia do trajeto ideal para almoçar num restaurante da sua predileção, não se pode considerar que a situação esteja abrangida no conceito de percurso normal[1906].

Não obstante a letra da lei («trajetos normalmente utilizados (...) pelo trabalhador»), poder-se-á questionar do fundamento para responsabilizar o empregador por um acidente ocorrido num trajeto desrazoável que o trabalhador habitualmente percorre.

Exige-se igualmente o carácter consecutivo do percurso, de modo a que se o desastre ocorre depois de uma interrupção do trajeto, o acidente não será ressarcido nos termos da Lei dos Acidentes de Trabalho[1907]. Contudo, tal como os desvios, aceitam-se interrupções do trajeto para satisfação de necessidades atendíveis do trabalhador (p. ex., tomar o pequeno almoço quando se dirige para o trabalho), bem como por motivos de força maior ou caso fortuito.

f) Execução de serviços espontaneamente prestados

Ainda com respeito ao segundo elemento delimitador do acidente de trabalho, cabe igualmente referir que, mesmo quando ocorre fora do tempo de trabalho, é considerado acidente de trabalho se se verificar na execução de serviços espontaneamente prestados e de que possa resultar proveito económico para a entidade patronal, por exemplo combater o incêndio que deflagre na fábrica ou simplesmente a frequente execução de qualquer trabalho suplementar (art. 9.º, n.º 1, alínea *b)*, da LAT).

[1906] Não foi considerado acidente de trabalho aquele em que o trabalhador interrompe o percurso normal para entrar numa taberna, não se provando que o tivesse feito para satisfação de necessidade imperiosa, e foi atropelado ao atravessar a via pública (Ac. Rel. Év. de 15/10/1987, CJ XII, T. IV, p. 342). No mesmo sentido, entendendo que o desvio e a interrupção do percurso afasta a qualificação do acidente de trabalho, cf. Ac. Rel. Cb. de 2/5/1997, CJ XXII, T. III, p. 61. E ainda, desqualificou-se como acidente de trabalho o acidente de percurso em que o trabalhador, no regresso a casa, desviou-se para ir levantar o cartão de cidadão (Ac. Rel Pt. de 18/2/2019 (Ataíde de Araújo), CJ 2019 I, p. 275). Mas considerou-se acidente de trabalho no caso da interrupção no trajeto resultar do facto de almoçar com o pai que estava internado num estabelecimento no trajeto (Ac. STJ de 25/9/2014, www.dgsi.pt)

[1907] No Ac. STJ de 27/9/95, CJ (STJ) III (1995), T. III, pp. 269, considerou-se que o sinistro não era um acidente de trabalho em razão de uma pausa de 40 minutos que o trabalhador fez depois de terminar o trabalho para confraternizar com os colegas.

Mesmo que a atividade não tenha sido realizada por ordem do empregador, desde que o pudesse beneficiar economicamente, o infortúnio ocorrido é qualificado como acidente de trabalho[1908]. Com esta regra o legislador teve em vista proteger o trabalhador diligente que realiza espontaneamente tarefas ou mesmo que cumpre ordens que não pode provar terem-lhe sido dadas; estabelece, porém, como limite que a atividade pudesse ter sido proveitosa, do ponto de vista económico, para o empregador.

Para efeito de aplicação da Lei dos Acidentes de Trabalho, diferentemente do que ocorre no regime do trabalho suplementar, não é necessário que o trabalhador receba uma ordem para executar a tarefa. Por outro lado, não se exige que da atividade desenvolvida tenha efetivamente resultado proveito económico para o empregador, que será em princípio de difícil prova, basta a potencialidade do proveito económico.

g) Serviços eventuais e de curta duração

I. O terceiro elemento delimitador do conceito de acidente de trabalho aponta, tendencialmente, para a realização de serviços de forma prolongada e no seio empresarial.

II. Não são considerados acidentes de trabalho aqueles que ocorrerem na prestação de serviços eventuais ou ocasionais, de curta duração, desde que a atividade não tenha por objeto a exploração lucrativa (art. 16.º, n.º 1, da LAT).

Em primeiro lugar, importa que se trate de uma atividade esporádica, que não seja nem periódica, nem contínua. Integra, nomeadamente, a noção de atividade fortuita o trabalho desenvolvido para impedir que a força das águas, em caso de precipitação torrencial, destrua os diques de proteção das casas de uma aldeia; mas já será uma prestação periódica, não obstante poder ser de curta duração, a poda das macieiras de um pomar, pois trata-se de uma atividade a realizar todos os anos[1909].

[1908] Cf. Ac. Rel. Év. de 16/11/1993, CJ XVIII, T. V, p. 296.

[1909] No Ac. Rel. Cb. de 14/3/1990, CJ XV, T. II, p. 91, considerou-se como serviço eventual ou ocasional aquele que tenha duração inferior a uma semana. Em sentido idêntico, cf. Ac. Rel. Lx. de 13/1/1993, CJ XVIII, T. I, p. 169; Ac. Rel. Lx. de 10/3/1993, CJ XVIII, T. II, p. 157; Ac. Rel. Lx. de 12/5/1993, CJ XVIII, T. III, p. 173.
É acidente de trabalho aquele que um trabalhador rural sofre, sabendo-se que só despendia algumas horas por mês no desempenho da atividade, situação que se prolongou por dezassete anos (Ac. Rel. Lx. de 20/11/1996, CJ XXI, T. V, p. 172).

O segundo elemento delimitador desta situação respeita à exploração lucrativa, a qual se encontra definida, pela negativa, no art. 4.º da LAT. É pressuposto que a produção se destine exclusivamente ao consumo ou utilização do agregado familiar do empregador, sendo este, por imperativo legal (art. 16.º, n.º 1, da LAT), uma pessoa singular.

Mesmo que se esteja perante uma atividade esporádica, sendo a exploração lucrativa, o acidente será qualificado como sendo de trabalho. Assim, estando a naufragar um barco que faz, de modo lucrativo, a travessia de um rio, quem for contratado para evitar o naufrágio realiza uma atividade esporádica, mas se sobrevier um infortúnio estar-se-á perante um acidente de trabalho.

III. Ainda que preenchidos estes pressupostos, o acidente será de trabalho se resultar da utilização de máquinas e de outros equipamentos de especial periculosidade (art. 16.º, n.º 2, da LAT).

3. Dano

A produção de um dano é essencial em qualquer hipótese de responsabilidade civil; só há responsabilidade civil se houver dano. Na responsabilidade por acidentes de trabalho a situação não se apresenta de modo diverso, mas a lei delimitou o conceito de dano; nem todo o prejuízo sofrido pelo trabalhador dá origem à responsabilidade civil por acidentes de trabalho.

Só se enquadram no dano típico da responsabilidade por acidentes de trabalho os casos de morte ou de impedimento ou redução da capacidade de trabalho e de ganho do trabalhador[1910]. E ainda quanto às situações de incapacidade de trabalhar, que pode ser total ou parcial, só é de incluir os casos em que os danos, causadores da incapacidade, se encontram tipificados na Tabela Nacional de Incapacidades (art. 20.º da LAT). Não são, assim,

[1910] Com uma conceção diversa, Rosário Palma Ramalho, «Sobre os Acidentes de Trabalho...», cit., pp. 550 a 552, considera que, em termos de acidente de trabalho, é necessária a produção de «dois resultados danosos consequenciais e sucessivos: um dano físico e um dano laborativo ou económico». Não parece que esta tomada de posição leve a consequências diversas das que decorrem do disposto no texto, mas do ponto de vista conceptual não se crê que se esteja perante dois danos, trata-se, sim, de um dano típico, complexo e delimitado. Pela mesma razão não é de aceitar a ideia da natureza complexa do nexo causal sequencial (autora e *ob. cit.*, pp. 552 e 553). No sentido preconizado no texto, *vd.* Menezes Leitão, «A Reparação de Danos Emergentes de Acidentes de Trabalho», cit., p. 562.

de admitir quaisquer reduções na capacidade de trabalho, mas só aquelas que derivem de danos previstos na lei (Decreto-Lei n.º 352/2007, de 23 de outubro, de onde consta a Tabela Nacional de Incapacidades).

Na mencionada tabela, o legislador procedeu a uma tipificação taxativa – por oposição às situações de tipicidade aberta –, indicando os tipos de danos com as correspondentes incapacidades totais ou parciais.

Deste modo, não havendo culpa, as pequenas lesões que ocorram no decurso do desempenho da atividade laboral não são consideradas dano para efeitos de responsabilidade por acidentes de trabalho. Estas pequenas lesões, por não afetarem a capacidade de trabalho, seguem o regime comum da responsabilidade aquiliana (arts. 483.º e ss. do CC) e não o regime especial da responsabilidade objetiva por acidentes de trabalho.

4. Nexo de causalidade entre o facto e o dano

I. A responsabilidade civil depende da existência de um nexo causal entre o facto gerador e o dano. Não há o dever de indemnizar caso falte a causalidade adequada entre o facto e o dano. Neste ponto, a responsabilidade por acidentes de trabalho não apresenta particularidades com respeito ao regime comum constante do art. 563.º do CC. A imputabilidade do empregador depende de o acidente de trabalho ser causa adequada do dano sofrido pelo trabalhador[1911]. Há, todavia, a ter em conta que se está no domínio de uma responsabilidade objetiva, em que, como é regra, o nexo causal se encontra simplificado.

II. Mas o regime geral da causalidade adequada do art. 563.º do CC encontra algumas particularidades na responsabilidade emergente de acidentes de trabalho. Do art. 10.º, n.º 1, da LAT consta uma presunção de causalidade, pois se a lesão corporal, perturbação ou doença for reconhecida a seguir a um acidente presume-se consequência deste[1912]. É o que ocorre se o trabalhador cai de um andaime e o empregador providencia que lhe sejam prestados os primeiros socorros e o transporte para o hospital. Esta presunção de nexo causal consta do art. 10.º da LAT. Deste modo, tendo sido a «lesão constatada no local e no tempo de trabalho» presume-se consequência

---

[1911] Cf. Ac. Rel. Cb. de 23/6/1994, CJ XIX, T. III, p. 68.

[1912] Não se trata de uma presunção da existência do acidente, mas antes uma presunção de que existe nexo causal entre o acidente e a lesão ocorrida.

do acidente de trabalho; ou seja, presume-se a existência da causalidade adequada, cabendo ao empregador provar a falta de nexo causal[1913].

Importa, porém, esclarecer que a observação ou o reconhecimento da lesão só poderá constituir presunção de nexo causal no caso de ter sido feito pelo empregador ou por um seu representante – que poderá ser, por exemplo, o médico da empresa –; em princípio, sendo a lesão constatada por qualquer outra pessoa, mesmo a seguir a um acidente ocorrido no local e no tempo de trabalho, não funcionará a presunção de causalidade. Não será curial, até atendendo a regras de boa fé, que o trabalhador, tendo sofrido um acidente, não se apresente de imediato junto da entidade competente da empresa, para que esta verifique a situação e tome as providências necessárias, mormente ministrando os primeiros socorros. Contudo, principalmente quando a atividade é desenvolvida fora da empresa, a verificação da lesão poderá ser feita por pessoa inclusive estranha à empresa.

III. Nas demais situações não incluídas no art. 10.º, n.º 1, da LAT, a determinação da existência de nexo causal é feita nos termos gerais, cabendo a respetiva prova ao sinistrado ou aos seus familiares (art. 10.º, n.º 2, da LAT)[1914].

IV. O nexo causal na responsabilidade derivada de acidentes de trabalho apresenta ainda dois tipos de especificidades.

V. A primeira respeita às circunstâncias anteriores ao acidente que, apesar de já afetarem o trabalhador, podem não ter qualquer repercussão a nível da obrigação de indemnizar. De facto, nos termos do art. 11.º, n.º 1, da LAT, a predisposição patológica do sinistrado anterior ao acidente não exclui o direito à reparação integral. Assim, se o trabalhador padecia de uma doença ou de uma lesão e sofre um acidente, os danos dele derivados, independentemente de terem sido agravados por força dessa doença ou lesão anteriores, deverão ser indemnizados pelo empregador. Sendo, por exemplo, o trabalhador hemofílico, um pequeno ferimento, quase insignificante, pode

---

[1913] Cf. Ac. STJ de 18/1/1995, CJ (STJ) 1995, T. I, p. 249 e *BMJ* 443, p. 199; Ac. STJ de 8/11/1995, CJ (STJ) 1995, T. III, p. 293.
Mas em caso de simples queda, seguida de coma e da morte do trabalhador, como os seus familiares, possíveis beneficiários da pensão, se opuseram à autópsia do falecido, esta oposição inverte o ónus da prova (Ac. STJ de 20/11/1996, CJ (STJ) 1996, T. III, p. 257).

[1914] Cf. Ac. Rel. Lx. de 17/10/1990, CJ XV, T. IV, p. 196; Ac. Rel. Cb. de 16/5/1991, CJ XVI, T. III, p. 113.

causar-lhe uma incapacidade temporária de trabalho por força de hemorragia prolongada e o direito à reparação não estaria excluído.

Esta solução apresenta-se como contrária ao regime regra do nexo de causalidade, mas do próprio art. 11.º da LAT constam exceções.

A reparação integral estará excluída no caso de o sinistrado ter ocultado a sua situação anterior (art. 11.º, n.º 1, parte final, da LAT). Como a vítima ocultou uma predisposição patológica anterior, poderá ter sido encarregado de realizar atividades para as quais não estaria física ou psiquicamente habilitada e, nessa medida, o agravamento do dano é-lhe imputável.

Apesar de a nova lei ter deixado de fazer referência à causa única como ocorria na lei de 1965 (Base VIII, n.º 1, da Lei n.º 2127)[1915], a obrigação de indemnizar encontrar-se-á igualmente excluída se a doença ou lesão anterior for a causa única do dano; hipótese em que tudo se ficou a dever à situação patológica anterior e não ao acidente, pois, em tal caso, falta totalmente o nexo causal. Assim, tendo-se verificado uma explosão na empresa que não causou sequer um arranhão ao trabalhador, mas este teve um colapso cardíaco em razão de doença de coração de que padecia, não há responsabilidade do empregador por acidente de trabalho[1916].

A responsabilidade por acidente de trabalho também não tem cabimento, pelo menos na sua totalidade, no caso de o sinistrado se encontrar a receber uma pensão ou tiver percebido capital respeitante à lesão ou doença de que padecia (art. 11.º, n.º 2, da LAT). Nesse caso, a responsabilidade do empregador poderá ser só pela diferença. Se, por exemplo, depois do acidente a incapacidade do trabalhador foi fixada em 50%, mas ele recebia pensão correspondente a uma incapacidade de 20%, ao empregador caberá suportar a diferença (30%)[1917].

A última exceção verifica-se na hipótese de o sinistrado padecer de uma incapacidade permanente anterior ao acidente, mesmo que esta não lhe conferisse qualquer direito a indemnização (art. 11.º, n.º 3, da LAT). Neste

---

[1915] Cf. Ac. STJ de 20/11/1996, CJ (STJ) 1996, T. III, p. 257.

[1916] *Vd.* Ac. STJ de 18/1/1995, *BMJ* 443, p. 199, em que o aumento súbito da pressão intracraniana, que causou a morte do trabalhador, teve uma origem endógena, pelo que estava afastada a presunção de nexo causal.

[1917] Nestes casos, nem sempre a matemática oferece a solução correta do problema: se o trabalhador perdera um olho em acidente anterior, a perda do segundo olho corresponderá a uma incapacidade superior a 50%, porque, em princípio, pode-se trabalhar com um só olho sem grande redução da capacidade de trabalho, o mesmo não ocorrendo em caso de perda total de visão. Cf. Cunha Gonçalves, *Responsabilidade Civil*, cit., pp. 61 e 147.

caso, como já se encontrava diagnosticada uma incapacidade permanente anterior ao acidente, a responsabilidade do empregador fica circunscrita à diferença, em termos idênticos aos referidos a propósito da terceira exceção.

VI. A outra especificidade que respeita ao nexo causal tem a ver com o agravamento posterior do dano. Com alguma frequência, os danos derivados de acidentes de trabalho podem agravar-se com o decorrer do tempo e mesmo lesões que se consideram curadas, entretanto, reaparecem.

Para os casos em que a lesão reaparece ou se agrava, o art. 24.º da LAT, sob a epígrafe «Recidiva ou agravamento», prevê o direito à indemnização, podendo surgir, de novo, a obrigação de pagar em espécie. Para além disso, tal como vem estabelecido no art. 70.º da LAT, o agravamento do dano pode implicar uma revisão da pensão[1918]. Em ambas as situações é necessário demonstrar a existência de um nexo causal entre o acidente e o reaparecimento ou o agravamento do dano; ou seja, importa comprovar se há a probabilidade de a lesão causada pelo acidente em questão poder reaparecer ou agravar-se.

5. Indemnização

a) Aspetos gerais

A indemnização estabelecida em sede de acidentes de trabalho apresenta duas vertentes: a primeira que respeita à recuperação física e psíquica do sinistrado e a segunda que corresponde ao pagamento de uma quantia pecuniária em função da morte ou da incapacidade de trabalho.

A recuperação do sinistrado prende-se com o princípio geral de responsabilidade civil da restauração natural (art. 562.º do CC), em que por via da obrigação de indemnizar se pretende restabelecer a situação anterior.

A indemnização pecuniária em caso de morte ou em função da incapacidade de trabalho determina-se, nos termos gerais do direito das obrigações, por sucedâneo pecuniário (art. 566.º do CC), mas há algumas particularidades a ter em conta.

Nos termos gerais, o art. 23.º da LAT prescreve que a indemnização pode ser em espécie ou em dinheiro para cobrir os danos nela previstos. Porém, havendo culpa do empregador (art. 18.º da LAT) acrescentam-se os danos

[1918] Cf. Ac. STJ de 31/3/1993, CJ (STJ) 1993, T. II, p. 257; Ac. Rel. Lx. de 25/9/1991, CJ XVI, T. IV, p. 213; Ac. Rel. Lx. de 18/3/1992, CJ XVII, T. II, p. 191; Ac. Rel. Lx. de 29/3/1993, CJ XVIII, T. II, p. 166.

não patrimoniais, que passam a ser indemnizáveis, assim como os demais danos patrimoniais não previstos na LAT.

Denota-se uma clara preocupação do legislador de, a todo o custo, indemnizar o trabalhador, pondo cobro aos danos por ele sofridos; em especial, repondo a sua capacidade de trabalho, seja mediante tratamentos, ou pela via da compensação pecuniária.

No art. 23.º da LAT, inserido numa secção sob a epígrafe «Reparação», incluem-se só algumas prestações em espécie e em dinheiro; no fundo, aquelas que correspondem ao tipo delimitado de dano, estabelecido pelo legislador. A indemnização não foi estatuída para outros danos, designadamente os não patrimoniais – à exceção da previsão constante do art. 18.º da LAT – e os lucros cessantes de outras atividades. As situações não prenunciadas no art. 23.º da LAT só serão ressarcíveis nos termos gerais da responsabilidade civil extracontratual.

Eventualmente, poder-se-ia pensar que os danos não patrimoniais, mesmo na hipótese de falta de culpa do empregador, estariam, de forma implícita, incluídos nas indemnizações atribuídas ao trabalhador em caso de incapacidade ou aos seus familiares na hipótese de morte do sinistrado. Tal ideia não parece correta, pois as indemnizações atribuídas pretendem simplesmente repor a capacidade de ganho, atendendo, por conseguinte, ao lucro cessante e não ao dano moral.

Nas duas alíneas do art. 23.º da LAT distingue-se a reparação em espécie (alínea *a)*) e em dinheiro (alínea *b)*). Mas esta distinção é, de certo modo, incorreta, podendo não corresponder, verdadeiramente, à realidade.

b) Reparação em espécie

Com respeito às reparações em espécie alude-se, na alínea *a)* do art. 23.º da LAT, às prestações de natureza médica, cirúrgica, farmacêutica e hospitalar e outras necessárias à recuperação do sinistrado[1919], elenco que se encontra completado nas várias alíneas do art. 25.º do mesmo diploma, a que acresce nomeadamente a prestação de primeiros socorros (art. 26.º, da LAT), bem como a obrigação de transporte do sinistrado e, eventualmente, de um acompanhante (arts. 26.º, n.º 2, e 39.º da LAT) ou a assistência permanente

[1919] Incluem-se despesas necessárias para adaptação da casa do sinistrado a uma cadeira de rodas (Ac. Rel. Cb. de 6/3/1997, CJ XXII, T. II, p. 62), solução hoje constante do art. 23.º, alínea *b)*, da LAT, que alude a um subsídio para readaptação da habitação do sinistrado (cf. também o art. 68.º da LAT).

(art. 53.º da LAT). Estas prestações, apesar de em regra serem satisfeitas em espécie, por restauração natural, nada obsta a que possam ser realizadas por sucedâneo pecuniário. Com base em acordo, pode o trabalhador optar por receber a quantia que ia, previsivelmente, ser despendida e tratar-se num hospital da sua escolha, por exemplo, no estrangeiro ou fazer-se transportar por sua conta. Não há imperatividade no que respeita a estas prestações serem efetuadas em espécie; a vontade das partes pode substituí-las por prestações pecuniárias, pois não está em causa uma renúncia ao crédito (art. 78.º da LAT).

c) Reparação em dinheiro

Na alínea *b)* do art. 23.º da LAT estão em causa as prestações por sucedâneo pecuniário, as quais se destinam a reparar danos que provêm da morte ou da incapacidade, parcial ou total, do trabalhador. No caso de morte, pretende-se que os familiares recebam uma compensação correspondente à perda do rendimento do falecido, bem como às despesas de funeral; nas situações de incapacidade, a indemnização visa repor a perda da capacidade de trabalho e de ganho do trabalhador acidentado e pagar as despesas necessárias à readaptação da sua habitação.

Na grande maioria das situações, estas prestações terão de ser realizadas por sucedâneo pecuniário, pois não é possível proceder à restauração natural. Mas sendo viável, nada obsta a que estas prestações sejam feitas em espécie; por exemplo, o empregador pode providenciar o enterro do trabalhador, não sendo devidas aos familiares deste as despesas de funeral[1920].

d) Determinação do montante

I. O montante da indemnização está, em primeiro lugar, dependente do dano sofrido pelo trabalhador; será, assim, diferente o valor da reparação consoante se esteja perante um caso de morte (arts. 56.º e ss. da LAT) ou de incapacidade e, neste último caso, ainda importa distinguir se esta é permanente ou temporária e total ou parcial (art. 48.º da LAT)[1921]. Por outro lado,

[1920] O funeral deverá ser conforme a condição social da vítima e o costume da terra, cf. Cunha Gonçalves, *Responsabilidade Civil*, cit., p. 124. Por uma razão de certeza, no art. 66.º, n.º 2, da LAT estabeleceu-se o valor da despesa de funeral em função da retribuição mensal. Sobre a reparação em dinheiro, veja-se Maria José Costa Pinto, «O conceito de retribuição no regime jurídico dos acidentes de trabalho», *Pront.* 2018 II, pp. 103 ss.

[1921] A este propósito refira-se que, quando se alude a montantes e cálculos de indemnização, se está a ter em conta tão-só a reparação por sucedâneo pecuniário, pois com respeito às indemnizações em espécie tais raciocínios perdem sentido.

há que apurar, também para efeitos indemnizatórios, o grau de incapacidade, que é determinado por coeficientes, normalmente expressos de modo percentual, constantes da Tabela Nacional de Incapacidades, que diferem, entre outros aspetos, da atividade que o trabalhador tinha condições de desenvolver, devendo ponderar-se se o sinistrado pode desempenhar ofício diferente daquele que realizava. A mesma lesão pode constituir diferente grau de incapacidade consoante a idade, a robustez, a profissão e a aptidão de cada trabalhador.

II. Para além do dano, o montante da indemnização é aferido pela retribuição do trabalhador (art. 48.º, n.º 3, da LAT)[1922]. A noção de retribuição, a que alude este preceito, não corresponde à que consta, nomeadamente do art. 258.º do CT[1923]. Considera-se retribuição o salário normalmente auferido pelo trabalhador, onde se incluem todas as prestações por ele recebidas com carácter regular, que não se destinem a compensar custos aleatórios (art. 71.º, n.º 2, da LAT); isto é, tanto as prestações pecuniárias de base, como as acessórias – designadamente as que correspondem ao trabalho suplementar habitual, subsídio de refeição ou de transporte ou gratificações usuais, mesmo que não pagas mensalmente[1924] – e pagamentos em espécie (habitação, automóvel, alimentação, etc.)[1925]. Mas têm de corresponder a uma vantagem económica do trabalhador. Deste modo, não integram a noção de retribuição

---

[1922] Nos termos do art. 71.º, n.º 11, da LAT, a retribuição auferida não será tida em conta se for inferior ao salário mínimo (cf. Ac. Rel. Év. de 7/4/1992, CJ XVII, T. II, p. 320; Ac. Rel. Lx. de 12/1/1994, CJ XIX, T. I, p. 163; Ac. Rel. Cb. de 10/3/1994, CJ XIX, T. II, p. 58) ou ao montante fixado em convenção coletiva (cf. Ac. Rel. Cb. de 7/5/1992, CJ XVII, T. III, p. 153).
Tendo em conta este limite, MENEZES LEITÃO, «A Reparação de Danos Emergentes de Acidentes de Trabalho», cit., pp. 568 s., alude ao carácter tarifário e limitado da reparação.

[1923] Cf. Ac. STJ de 8/3/1995, *BMJ* 445, p. 371; Ac. STJ 25/6/1997, *BMJ* 468, p. 288; Ac. Rel. Pt. de 14/1/1991, CJ XVI, T. I, p. 275.

[1924] Cf. Ac. STJ de 13/1/1993, CJ (STJ) I (1993), T. I, p. 225; Ac. STJ de 25/6/1997, *BMJ* 468, p. 288; Ac. Rel. Pt. de 14/1/1991, CJ XVI, T. I, p. 275; Ac. Rel. Cb. de 17/6/1992, CJ XVII, T. III, p. 165; Ac. Rel. Pt. de 13/7/1992, CJ XVII, T. IV, p. 283; Ac. Rel. Lx. de 13/1/1993, CJ XVIII, T. I, p. 167; Ac. Rel. Lx. de 12/1/1994, CJ XIX, T. I, p. 161. Apesar de não suscitar polémica jurisprudêncial, veja-se a jurisprudência uniformizada do Ac. STJ (Plenário) n.º 10/2001, de 21/11/2001, *DR* 27/12/2001.
No caso de a retribuição não ser fixa, a indemnização deve ser calculada em função da remuneração média no período de um ano anterior ao acidente (Ac. Rel. Lx. de 24/9/1997, CJ XXII, T. IV, p. 162).

[1925] Em relação aos pagamentos em espécie importa determinar se integram a noção de retribuição para a Lei do Contrato de Trabalho, ou se constituem meios para executar a prestação;

para este efeito, as ajudas de custo[1926], as despesas de representação ou o abono para falhas.

Como se determina do disposto no art. 48.º da LAT, a indemnização, por via de regra, não é fixada pela totalidade da retribuição, mas por uma percentagem desta; por exemplo, em caso de incapacidade permanente absoluta, a pensão anual e vitalícia corresponderá a 80% da retribuição (art. 48.º, n.º 3, alínea *a)*, da LAT)[1927].

Tendo em conta estes dois elementos – dano e retribuição –, a indemnização é fixada nos termos do art. 48.º da LAT[1928].

III. Na hipótese de culpa do empregador[1929], os montantes que forem determinados nos termos das regras referidas são agravados, deixando a indemnização de ser fixada em função de uma percentagem da retribuição, mas pela sua totalidade ou pela efetiva redução de capacidade, acrescendo ainda os danos não patrimoniais (art. 18.º da LAT).

IV. A indemnização em dinheiro é normalmente paga em pensões anuais ou quinzenais (arts 71.º, 72.º e 56.º, n.º 1, da LAT), podendo as pensões anuais ser remidas (arts. 75.º e ss. da LAT)[1930], sendo, então, a indemnização paga

---

assim, se o automóvel é atribuído ao trabalhador só para se deslocar ao serviço da empresa, não é retribuição, nem para efeito da Lei de Acidentes de Trabalho.

1926 Cf. Ac. STJ de 8/3/1995, *BMJ* 445, p. 371. Em sentido aparentemente diverso, incluindo as ajudas de custo na retribuição, Ac. STJ de 25/6/1997, *BMJ* 468, p. 288; todavia, apesar da terminologia usada, estavam em causa quantias pagas a título de subsídio de refeição e não verdadeiras ajudas de custo.

1927 Com respeito ao limite é de atender ao disposto no revogado art. 50.º do Decreto n.º 360/71 que, no dizer de Vitor Ribeiro, *Colectânea*, cit., p. 95, «é, seguramente, o mais controverso, pitoresco, ridículo e fastidioso de todos os preceitos do regime reparatório dos acidentes de trabalho. (...) Ditado, naturalmente, por razões de ordem financeira (...)». Quanto à remição, veja-se o Ac. STJ 4/2005, *DR* de 2/5/2005 ou Ac. Rel. Cb. de 20/2/2019 (Silva Loureiro) CJ 2019 I, p. 83.

1928 Há exceções a estas regras, p. ex., a indemnização por salário de equiparação e não real para praticantes, aprendizes e estagiários (art. 71.º, n.º 7 LAT), *vd.* Ac. STJ de 26/5/1994, CJ (STJ) 1994, T. II, p. 267; Ac. STJ de 9/12/1992, *BMJ* 422, p. 210.

1929 A culpa do empregador pode advir, nomeadamente da violação de regras de segurança no trabalho, cf. Ac. STJ de 26/5/1994, CJ (STJ) 1994, T. II, p. 269.

1930 Cf. Ac. Rel. Lx. de 9/3/1994, CJ XIX, T. II, p. 160.

Quanto às regras para proceder à remição de pensões, *vd.* Vitor Ribeiro, *Colectânea*, cit., pp. 108 ss., em particular, pp. 115 ss. Sobre a questão, consulte-se igualmente o Ac. TC n.º 34/2006, *DR* de 8/2/2006.

em capital. Estas noções correspondem à distinção feita no art. 567.º do CC entre indemnização paga no todo ou sob a forma de renda, que pode ser vitalícia ou temporária.

e) Revisão do montante

Em qualquer dos casos, a indemnização, depois de arbitrada, pode ser revista, pois, não obstante ser fixada judicialmente, considera-se sempre sujeita à condição *rebus sic stantibus*[1931]. Tal ocorre com mais frequência na indemnização em forma de renda (pensão), mas o art. 70.º da LAT prevê a revisão das prestações devidas ao sinistrado, sem distinguir se o pagamento é feito em forma de pensão ou capital.

A modificação pode advir de agravamento, recidiva, recaída ou melhoria da lesão ou doença, podendo, em função da alteração verificada, a indemnização ser aumentada, reduzida ou excluída[1932]. Para tal é necessária a interposição de um novo processo judicial, nos termos dos arts. 147.º e ss. do CPT, nos prazos determinados no n.º 3 do art. 70.º da LAT.

Há também a possibilidade de ser pedida uma atualização da pensão, que não tem que ver com o agravamento da lesão, mas sim com a inflação. Se o montante da renda, atenta a inflação, deixar de corresponder à compensação devida, pode proceder-se à sua atualização, nos termos constantes dos arts. 6.º e ss. do Decreto-Lei n.º 142/99, de 30 de abril, diploma que criou o Fundo de Acidentes de Trabalho.

f) Vencimento

A indemnização será devida ao trabalhador no momento em que se dá o respetivo vencimento, nos termos gerais do direito das obrigações. Mas caso se aplicasse o art. 805.º, n.º 3, do CC, o vencimento dar-se-ia aquando da citação do empregador; porém, em sede de responsabilidade emergente de acidentes de trabalho, o legislador estabeleceu regimes diversos. Quanto à pensão por morte, o art. 56.º, n.º 2, da LAT determina que o vencimento se dá no dia seguinte ao do falecimento; como nesse dia, por via de regra, o empregador não teve ainda conhecimento da ocorrência e, em princípio,

---

[1931] *Vd.* Cunha Gonçalves, *Responsabilidade Civil*, cit., p. 173, que dá como exemplo de situação idêntica a sentença que fixa alimentos ao menor.

[1932] *Vd.* Ac. STJ de 31/3/1993, CJ (STJ) 1993, T. II, p. 257, relativo a uma modificação do grau de desvalorização do sinistrado.

não estariam já feitos os cálculos do montante a pagar, serão devidos juros de mora nos termos gerais (art. 806.º do CC)[1933].

Relativamente às prestações por incapacidade temporária, o vencimento verifica-se no dia seguinte ao do acidente e sendo a incapacidade permanente, o vencimento ocorre no dia imediato ao da alta (art. 126.º da LAT). Para as restantes hipóteses rege o princípio geral do art. 805.º, n.º 3, do CC.

g) Lugar do cumprimento

Para determinar o lugar de cumprimento da obrigação de indemnizar há que averiguar se ele é ou não determinado por sua natureza.

O lugar do cumprimento de certas obrigações está determinado pela sua natureza, como acontece nas prestações de carácter hospitalar ou cirúrgico; o local de cumprimento será onde devem ser feitos os tratamentos (art. 27.º da LAT).

O mesmo não se passa em outras obrigações, em particular nas pecuniárias. No art. 73.º, n.º 1, da LAT, ao determinar-se que o lugar do cumprimento será na residência do sinistrado ou dos seus familiares, não se alterou a regra geral (art. 774.º do CC) que aponta para o cumprimento no domicílio do credor.

Se as partes pretenderem alterar o lugar do cumprimento, tal acordo tem de ser realizado por escrito (art. 74.º, n.º 2, da LAT).

Na eventualidade de o sinistrado ou o beneficiário da prestação se ausentar para o estrangeiro, o pagamento passa a ser efetuado em local acordado, sem prejuízo das regras internacionais, nomeadamente acordo de reciprocidade (art. 73.º, n.º 2, da LAT). Esta regra, com particular interesse no caso de indemnizações pagas em renda, encontra a sua justificação na maior onerosidade em proceder a pagamentos internacionais, agravamento que, em princípio, não se verificará se a alteração de domicílio for para um país comunitário.

6. Garantia de cumprimento da indemnização

a) Inalienabilidade, impenhorabilidade e irrenunciabilidade da prestação

No art. 78.º da LAT estipula-se que as prestações devidas ao sinistrado ou seus beneficiários são inalienáveis, impenhoráveis e irrenunciáveis, mas há que distinguir as prestações em espécie e em dinheiro.

[1933] Os juros são devidos mesmo que não peticionados, podendo haver em relação a eles condenação *ultra petitum*, cf. Ac. Rel. Lx. de 18/2/1993, CJ XVIII, T. I, p. 89.

As prestações em espécie estabelecidas neste regime são naturalmente inalienáveis, pois o trabalhador não pode, por exemplo, transferir o crédito a tratamentos ou mesmo a transportes, porque se trata de obrigações infungíveis, estabelecidas em função da pessoa do credor. Pelas mesmas razões, tais prestações não são penhoráveis. Quanto à irrenunciabilidade, o legislador, à imagem do que ocorre no art. 809.º do CC, não considera válida a renúncia antecipada ao direito, designadamente por via de uma remissão; mas nada impede que o sinistrado recuse os tratamentos ou quaisquer outras prestações em espécie que lhe sejam devidas, só que, em tal caso, ele sofrerá as consequências de um agravamento ou da falta de cura da lesão.

Quanto às prestações pecuniárias, por sua natureza, nada impediria que fossem alienadas, penhoradas ou renunciadas. Contudo, no art. 78.º da LAT não se consideram válidos os negócios jurídicos que impliquem a alienação (p. ex., cessão de créditos, arts. 577.º e ss. do CC) ou a renúncia (*v. g.*, remissão, arts. 863.º e ss. do CC)[1934] a tais direitos, bem como a respetiva penhora. Mas estas limitações só têm sentido enquanto as prestações são devidas ao trabalhador; depois de lhe terem sido pagas, entram no seu património e seguem o regime comum. Em relação à irrenunciabilidade ainda há que fazer um esclarecimento; não será, designadamente, válido o negócio de remissão de dívida, mas nada obsta a que o trabalhador se recuse a receber a prestação – com a consequente mora do credor (arts. 813.º e ss. do CC) – ou que a deixe prescrever.

b) Privilégio creditório

Como garantia de cumprimento, no art. 78.º da LAT alude-se à figura do privilégio creditório consagrado na lei geral, concretamente no art. 737.º do CC. No art. 78.º LAT diz-se que «gozam das garantias consignadas no Código do Trabalho», pelo que os acidentados gozam do privilégio creditório conferido no art. 333.º do CT, sem descurar as garantias decorrentes da responsabilidade solidária, prevista nos arts. 334.º e 335.º do CT.

7. Seguro

I. A forma de melhor garantir o pagamento das indemnizações devidas em caso de acidente de trabalho foi estabelecida através da obrigatoriedade do

[1934] Não se confunda esta figura – remissão (arts. 863.º e ss. do CC) – com a remição de pensões (art. 75.º da LAT).

seguro (art. 79.º da LAT)[1935]. Mesmo com privilégio creditório, estando o empregador falido, o pagamento das indemnizações inviabilizar-se-ia; acresce que, sendo as prestações pagas mediante pensão, o trabalhador lesado ficaria na contingência das mudanças de solvabilidade da entidade patronal[1936]. Por outro lado, um sinistro numa empresa pode causar danos numa pluralidade de trabalhadores, com consequências económicas graves para o empregador, que o poderão impossibilitar de pagar todas as indemnizações. Tais problemas não ocorrem, por princípio, com respeito a empresas de seguros. Pretende-se, portanto, garantir a reparação do lesado sem pôr em causa o substrato económico da empresa.

II. No art. 79.º, n.º 1, da LAT foi imposta a obrigação de transferência da responsabilidade civil por acidentes de trabalho do empregador para um segurador autorizado a realizar este seguro (Lei n.º 147/2015, de 9 de setembro)[1937]. Cabe à Autoridade de Supervisão de Seguros e Fundos de Pensões (anterior, Instituto de Seguros de Portugal) aprovar as designadas apólices uniformes de seguro obrigatório; contudo, para o seguro de acidentes de trabalho (art. 81.º, n.º 1, da LAT) prescreve-se que a apólice uniforme será aprovada por portaria conjunta dos ministros das finanças e do trabalho, sob proposta do Instituto de Seguros de Portugal[1938].

[1935] Sobre o seguro de acidentes de trabalho, *vd.* Barbosa de Magalhães, *Seguro*, cit., em especial, pp. 127 ss.; Emygdio da Silva, *Acidentes de Trabalho*, cit., pp. 35 ss. e, mais recentemente, Florbela Pires, *Seguro de Acidentes de Trabalho*, cit., em especial, pp. 61 ss. e Arnaldo Costa Oliveira, «Nota sobre a evolução recente do seguro obrigatório de acidentes de trabalho para trabalhadores por conta de outrem – ou das vantagens das "relações de família", *RDES*, 2013, n.º 1/3, pp. 121 ss. Pode ainda consultar-se obras gerais, José Vasques, *Contrato de Seguro. Notas para uma Teoria Geral*, Coimbra, 1999, em especial, pp. 58 ss.

[1936] Como refere Barbosa de Magalhães, *Seguro*, cit., p. 108, por vezes ocorre, particularmente com respeito às «pequenas empresas (que) as portas do estabelecimento não se abrem n'um dia nem nos seguintes e passado tempo sabe-se que o dono partiu para o Brazil, para África, ou para parte incerta».

[1937] Quanto à discussão se este seguro é contrato a favor de terceiro, *vd.* Ac. STJ de 6/3/1996, CJ (STJ) 1996, T. I, p. 268. Criticando tal qualificação, *vd.* Florbela Pires, *Seguro de Acidentes de Trabalho*, cit., pp. 66 ss., em especial, p. 70, e Ac. STJ (Plenário) n.º 10/2001, de 21/11/2001, *DR* I Série de 27/12/2001.

[1938] *Vd.* Portaria n.º 256/2011, de 5 de julho, que aprova o modelo de apólice uniforme. Na LAT mantém-se a designação anterior da entidade supervisora, Instituto de Seguros de Portugal, agora designada Autoridade de Supervisão de Seguros e Fundos de Pensões; por outro lado, também se mantém a designação tradicional de «apólice uniforme», pese embora hoje ser

A obrigação de ajustar um seguro de acidentes de trabalho não abrange «a administração central, local e as demais entidades», desde que os respetivos funcionários estejam incluídos no regime de acidentes em serviço (art. 80.º da LAT)[1939].

Se o empregador não tiver celebrado o contrato de seguro, violando a obrigatoriedade indicada, sujeita-se a uma contraordenação laboral, prevista no art. 171.º, n.º 1, da LAT, e responde diretamente pelas indemnizações devidas em caso de acidente de trabalho.

III. O contrato de seguro é celebrado entre um segurador e o empregador (tomador do seguro)[1940] com vista à cobertura dos prejuízos emergentes de acidentes de trabalho. O seguro de acidentes de trabalho, ainda que se pudesse discutir a qualificação, segue o regime dos seguros de responsabilidade civil (art. 138.º, n.º 3, da Lei do Contrato de Seguro), tratando-se de um seguro de responsabilidade civil obrigatório (arts. 146.º e ss. da Lei do Contrato de Seguro).

Com a celebração do contrato de seguro, transferem-se para o segurador as obrigações que impendem sobre o empregador com respeito a acidentes de trabalho. Por isso, é frequente que as questões emergentes de acidentes de trabalho sejam resolvidas diretamente entre o lesado e a empresa de seguros do empregador.

Não obstante a obrigatoriedade do seguro, o contrato de seguro de acidentes de trabalho rege-se pelo princípio geral da liberdade contratual, podendo ser ajustado com diferentes conteúdos desde que se respeitem os parâmetros legais e os termos gerais da *apólice uniforme*. Tendo em conta a autonomia das partes, o seguro pode ser com prémio fixo ou variável (por vezes designado por «folha de férias»)[1941], com ou sem prévia identificação dos

designada por «parte uniforme», *vd.* a apólice de seguro obrigatório de acidentes de trabalho publicada em anexo à Portaria n.º 256/2011, de 5 de Julho.

[1939] No domínio da legislação precedente, pelo menos teoricamente, qualquer empresa de reconhecida capacidade económica podia ser isenta da obrigatoriedade do seguro (Base XLIII, n.º 1 da Lei n.º 2127 e art. 69.º do Decreto n.º 360/71).

[1940] No seguro estabelecido para trabalhadores independentes, o tomador do seguro é o próprio trabalhador e, na eventualidade de se estar perante trabalhadores dependentes sem contrato de trabalho (art. 2.º, n.º 2, da LAT), o tomador do seguro será a entidade beneficiária da atividade.

[1941] Relativamente ao seguro na modalidade de folha de férias, que se tem divulgado bastante, cf. Ac. STJ de 29/9/1993, CJ (STJ) 1993, T. III, p. 275; Ac. STJ de 6/3/1996, CJ (STJ) 1996, T. I, p. 268; Ac. Rel. Cb. de 5/2/1998, CJ XXIII, T. I, p. 64; quanto ao seguro na modalidade sem

trabalhadores, com valores mínimos ou acréscimos, etc. A mesma autonomia contratual tem permitido a divulgação do seguro de acidentes de trabalho – por vezes incorporado num «pacote» de seguros mais amplo – através do seguro de grupo, em que o empregador (tomador do seguro) integra os vários trabalhadores no grupo, passando a segurados.

IV. Mediante o contrato de seguro, o empregador só transfere para o segurador a responsabilidade objetiva por acidentes de trabalho e não a responsabilidade subjetiva fundada no art. 18.º da LAT (art. 79.º, n.º 3, da LAT)[1942]. Por isso, se o acidente tiver sido provocado pela entidade empregadora ou seu representante, ou resultar de falta de observância das regras de segurança e saúde no trabalho, a responsabilidade daí decorrente será suportada pelo empregador.

Na versão anterior da LAT (art. 37.º, n.º 2, da LAT1997) estipulavase que, em caso de atuação culposa do empregador (ou seu representante) o segurador é «apenas subsidiariamente responsável pelas prestações». A referida responsabilidade subsidiária foi criticada e interpretada restritivamente[1943], nos termos que agora constam do n.º 3 do art. 79.º da LAT. Em caso de comportamento culposo do empregador, o segurador satisfaz o pagamento ao

---

nomes, só com indicação do número de trabalhadores a laborarem, *vd.* Ac. STJ de 2/7/1997, CJ (STJ) 1997, T. II, p. 303. Estas duas modalidades de seguro de acidentes de trabalho, apesar de flexibilizarem a contratação com a seguradora, têm sido fonte de algumas fraudes (cf. art. 37.º, n.º 4, da LAT). Contudo, segundo a jurisprudência uniformizada do Ac. STJ (Plenário) n.º 10/2001, de 21/11/2001, cit., o contrato de seguro de acidente de trabalho na modalidade de prémio variável, em caso de omissão do nome do trabalhador sinistrado na folha de férias, não é nulo nos termos do art. 429.º do CCom., determinando só a não cobertura, pelo contrato de seguro, do trabalhador sinistrado.

Em relação às modalidades de seguro, nos termos da apólice uniforme, que distingue o seguro de prémio fixo do seguro de prémio variável, *vd.* Florbela Pires, *Seguro de Acidentes de Trabalho*, cit., pp. 71 s. Veja-se ainda Júlio Gomes, anotação, *RMP*, 116 (2008), pp. 115 ss.

[1942] Quanto às exclusões de transferência de responsabilidade apostas no contrato de seguro (p. ex., não abranger acidentes causados por distúrbios laborais, tais como assaltos, greves e tumultos, atos de terrorismo e sabotagem [cf. apólice uniforme]), *vd.* Ac. Rel. Pt. de 15/12/1986, CJ XI, T. V, p. 277, que admitiu, ainda assim, a responsabilidade da seguradora no caso de um assalto a uma bomba de gasolina, e o Ac. Rel. Lx. de 6/5/1987, CJ XII, T. III, p. 141, que aceitou a validade da exclusão num caso de assalto a uma embarcação de pesca por militantes da Frente Polisário. Não são válidas as cláusulas do contrato de seguro que excluam a responsabilidade da seguradora por acidente de trabalho devido a assalto (Ac. Rel. Pt. de 19/5/1997, CJ XXII, T. III, p. 249).

[1943] Cf. Romano Martinez, «A responsabilidade subsidiária do segurador em caso de atuação culposa do empregador», *Prontuário de Direito do Trabalho*, n.os 74/75 (2006), pp. 81 ss.

lesado até ao limite dos danos cobertos pela responsabilidade objetiva em acidentes de trabalho e, em regresso, exige esse valor ao responsável.

V. Como a responsabilidade por acidentes de trabalho pode não ter sido transferida para uma companhia de seguros – por falta de seguro[1944] – ou tendo sido transferida se não abranger todas as prestações – como na hipótese de agravamento derivado de culpa do empregador ou por insuficiência da retribuição declarada (art. 79.º, n.os 3 e 4, da LAT)[1945] –, sobre este impende a obrigação de reparar os danos. Admitindo a possibilidade da insuficiência económica da entidade patronal – bem como a insuficiência económica da própria seguradora – foi criado o Fundo de Acidentes de Trabalho (Decreto-Lei n.º 142/99, de 30 de abril), que garante o pagamento das prestações devidas em caso de acidente de trabalho.

VI. Como medida de garantia, também se prescreve a obrigação de caucionamento de pensões por parte do empregador (art. 84.º da LAT).

8. Causas de exclusão e de redução da responsabilidade

a) Cláusulas contratuais

Com respeito à exclusão e redução da responsabilidade emergente de acidentes de trabalho importa distinguir várias situações. Podem as partes, por via negocial, pretender excluir ou reduzir a responsabilidade. Por outro lado, a exclusão ou redução pode advir de causas imputáveis à vítima, de caso de força maior ou de ato de terceiro.

As cláusulas contratuais mediante as quais se pretenda excluir ou reduzir a responsabilidade derivada de acidentes de trabalho são nulas (art. 12.º da LAT). O regime estabelecido na lei é imperativo e, nessa medida, não pode, por vontade das partes, ser alterado. Esta imperatividade, porém, parece não obstar a que se estabeleça um agravamento da responsabilidade; só que,

---

[1944] Sempre que não haja seguro, ainda que por causa não imputável ao empregador, como no caso de o mediador não ter entregue a proposta na seguradora, a responsabilidade é assumida pela entidade patronal (Ac. STJ de 10/4/1996, CJ (STJ) 1996, T. I, p. 285).

[1945] Se o salário for superior ao declarado, a diferença é suportada pelo empregador (Ac. STJ de 29/3/1993, CJ (STJ) 1993, T. IV, p. 275; Ac. STJ de 6/3/1996, CJ (STJ) 1996, T. I, p. 268). Em relação às omissões e declarações inexatas por parte do tomador do seguro, *vd.* FLORBELA PIRES, *Seguro de Acidentes de Trabalho*, cit., pp. 76 ss.

essa situação mais gravosa, não prevista na lei, não poderá seguir o regime especial estabelecido para os acidentes de trabalho, devendo-se recorrer às regras gerais da responsabilidade civil (*vd. supra* § 52.1.e)). O regime estabelecido para a responsabilidade por acidentes de trabalho é, pois, imperativo e taxativo, não admitindo convenções das partes que o visem alterar.

b) Culpa do trabalhador

A exclusão ou a redução da responsabilidade por acidentes de trabalho pode advir de motivos imputáveis à vítima. Corresponde a uma autorresponsabilização do trabalhador pela sua conduta[1946].

No art. 14.º da LAT, sob a epígrafe «Descaracterização do acidente», apesar da terminologia utilizada, o legislador não introduziu limites negativos à qualificação de acidente de trabalho, determinando antes em que casos não há o dever de indemnizar[1947]. A epígrafe é, por conseguinte, enganadora com respeito ao sentido do preceito. Nestas situações que implicam o afastamento ou a redução da responsabilidade do empregador inclui-se o comportamento culposo do trabalhador. Por isso, no Código do Trabalho de 2003 (arts. 288.º e ss.), numa secção sobre «Exclusão e redução da responsabilidade», aludia-se a factos que limitam a responsabilidade do empregador, sejam factos que dizem respeito ao empregador ou causas de força maior. De facto, a designada «descaracterização», numa linguagem pouco jurídica, determina a redução ou exclusão da responsabilidade.

Como a responsabilidade objetiva do empregador assenta no risco profissional ou mesmo no risco empresarial, não se justificaria que ela subsistisse no caso de o acidente se ter ficado a dever a uma falta do trabalhador. A própria socialização do risco, quando limitada, como é o caso do presente regime, não compactua com determinadas atuações culposas da vítima.

Não é qualquer atuação menos cuidada por parte do trabalhador que acarreta a exclusão ou a redução da responsabilidade; torna-se necessário que a falta tenha alguma gravidade.

[1946] Sobre a autorresponsabilização do lesado, *vd.* Brandão Proença, *A Conduta do Lesado como Pressuposto e Critério de Imputação do Dano Extracontratual*, Porto, 1996, p. 104.

[1947] Porém, no caso dirimido pelo Ac. STJ de 15/2/1995, CJ (STJ) 1995, T. I, p. 273 e *BMJ* 444, p. 314, a embriaguez do trabalhador levou à não qualificação do sinistro como acidente de trabalho, porque o encarregado, verificado o estado do trabalhador, o proibiu de trabalhar tendo-o mandado para casa, no que não foi obedecido. Como era lícito ao empregador recusar a prestação, o trabalhador não se encontrava legitimamente a trabalhar quando sofreu o acidente.

O princípio de que a culpa do trabalhador afasta a responsabilidade do empregador não é criticável no espírito do ordenamento; antes pelo contrário, tem pleno cabimento. A solução oposta, no sentido de o empregador ter de suportar todas as consequências de acidentes de trabalho, mesmo quando estes fossem imputáveis ao trabalhador, estaria em contradição com os princípios gerais da responsabilidade civil. A este propósito, é preciso não esquecer que, com respeito aos acidentes de trabalho, o legislador instituiu um regime de responsabilidade civil e não um sistema de segurança social.

Há várias situações em que a culpa do trabalhador afasta o direito à reparação, que importa analisar[1948].

b.1) Dolo

Em primeiro lugar, quando o acidente tiver sido dolosamente provocado pelo sinistrado não dá direito a reparação (art. 14.º, n.º 1, alínea *a)*, da LAT).

Na hipótese de dolo da vítima, poder-se-ia dizer que, verdadeiramente, não se estaria perante um acidente e, por conseguinte, também não poderia haver responsabilidade civil. De facto, se, por exemplo, o trabalhador propositadamente amputar uma mão, em princípio, não haveria acidente. Mas esta conclusão já não será válida em caso de dolo eventual, em que o trabalhador previu a possibilidade da ocorrência, mas quis correr o risco. Em caso de dolo eventual do trabalhador, o infortúnio que lhe sobrevier poderá ser qualificado como acidente de trabalho, só que estará excluída a obrigação de indemnizar.

b.2) Violação das condições de segurança sem causa justificativa

Como segunda situação prevê-se a hipótese de o acidente provir de ato ou omissão do sinistrado que, sem causa justificativa, viole condições de segurança estabelecidas pelo empregador ou previstas na lei (art. 14.º, n.º 1, alínea *a)*, da LAT)[1949].

Neste caso, o legislador exige somente que a violação careça de «causa justificativa», pelo que está fora de questão o requisito da negligência grosseira da vítima; a exigência dessa culpa grave encontra-se na alínea seguinte

[1948] Como a culpa do trabalhador é causa de exclusão ou de limitação do seu direito, sendo, por isso, facto extintivo, tem de ser provada pelo empregador (Ac. STJ de 11/1/1995, *BMJ* 443, p. 178).

[1949] Cabe à entidade patronal a prova de que estabelecera condições de segurança, de que o trabalhador as violou e de que a lesão se ficou a dever a esse incumprimento, cf. Ac. STJ de 13/1/1993, CJ (STJ) 1993, T. I, p. 228.

do mesmo preceito. A diferença de formulação constante das alíneas *a)* e *b)* do n.º 1 do art. 14.º da LAT tem de acarretar uma interpretação distinta. Por outro lado, há motivos para que o legislador tenha estabelecido regras diversas. Na alínea *a)* só se exige a falta de causa justificativa, porque atende-se à violação das condições de segurança específicas daquela empresa; por isso, basta que o trabalhador conscientemente viole essas regras.

As condições de segurança, quando estabelecidas pela entidade patronal, podem constar de regulamento interno de empresa, de ordem de serviço ou de aviso afixado em local apropriado na empresa. As condições de segurança podem igualmente encontrar previsão na lei e, neste caso, incluem-se não só as regras de segurança no trabalho, como as que respeitam à segurança em outros sectores, nomeadamente na circulação rodoviária[1950].

Se o trabalhador, conhecendo as condições de segurança vigentes na empresa, as viola conscientemente e, por força disso, sofre um acidente de trabalho, não é de exigir a negligência grosseira do sinistrado nessa violação para excluir a responsabilidade do empregador.

Contudo, a responsabilidade não será excluída se o trabalhador, atendendo ao seu grau de instrução ou de acesso à informação, dificilmente teria conhecimento das condições de segurança ou se não tinha capacidade de as entender (art. 14.º, n.º 2, da LAT).

b.3) Negligência grosseira

Em terceiro lugar, a negligência grosseira do lesado constitui causa de exclusão ou de redução da responsabilidade do empregador (art. 14.º, n.º 1,

[1950] Em regra, as violações às regras do Código da Estrada por parte do trabalhador desresponsabilizam o empregador. A condução do veículo com um grau de alcoolemia no valor de 0,64 g/l, no caso de o trabalhador (motorista) ter invadido a faixa de condução contrária, é uma falta indesculpável (Ac. Rel. Pt. de 18/12/1989, CJ XIV, T. V, p. 249); a ultrapassagem indo embater em veículo que circulava na sua mão, em sentido contrário, é falta grave e leva à descaracterização (Ac. STJ de 17/5/1995, CJ (STJ) 1995, T. II, p. 290); como a lesão crâneo-encefálica se deveu à falta de capacete do motociclista está afastada a responsabilidade do empregador (Ac. STJ de 12/2/1997, CJ (STJ) 1997, T. I, p. 227). Do mesmo modo, no caso em que o condutor do comboio inicia a marcha com sinal vermelho, fazendo-o colidir com outra composição que estava parada na mesma linha, o empregador não foi responsabilizado pelos danos sofridos por esse trabalhador (Ac. Rel. Cb. de 28/11/1996, CJ XXI, T. V, p. 70). Veja-se ainda o Ac. Rel. Cb. de 12/10/2018 (Felizardo Paiva), CJ 2018 IV, p. 363, onde se descaracterizou o acidente por o trabalhador conduzir com uma taxa de álcool no sangue de 2,28 g/l. Em sentido diverso e pouco coerente, veja-se Ac. Rel. Gui. de 30/5/2018 (Eduardo Azevedo), CJ 2018 III, p. 337, em que se considerou acidente de trabalho *in itinere* apesar de o trabalhador ter sofrido o acidente por ter praticado uma infração muito grave prevista no Código da Estrada.

alínea *b)*, da LAT)[1951]. Neste caso, exige-se que a entidade patronal prove a existência de «negligência grosseira» do trabalhador[1952], pelo que não basta qualquer atuação negligente[1953]; além disso, exige-se que a negligência grosseira seja exclusiva do sinistrado, pelo que havendo concurso de culpas – com o empregador[1954] ou colegas de trabalho – não é afastada a responsabilidade[1955].

Deste modo, o direito à reparação mantém-se em caso de atuação ou omissão culposa do trabalhador de reduzida gravidade, nomeadamente se advém da habitualidade na realização de determinada tarefa, na medida em que a rotina, o cansaço e o *stress* podem levar a um certo relaxamento no respeito de regras de prudência[1956]. De acordo com o art. 14.º, n.º 3, da LAT estariam excluídos desta situação, por não consubstanciarem negligência grosseira, os casos em que o acidente se ficou a dever a um comportamento temerário resultante da habitualidade ao perigo do trabalho, da confiança na experiência profissional ou dos usos e costumes da profissão; admitindo-se que o trabalhador, por ter demasiada confiança na sua experiência, ou atentos os usos e costumes da profissão, possa legitimamente negligenciar

[1951] Cf. Ac. STJ de 17/5/1995, CJ (STJ) 1995, T. II, p. 290.

[1952] Cf. Ac. STJ de 24/5/1995, CJ (STJ) 1995, T. II, p. 292.

[1953] Não afasta a responsabilidade do empregador a existência de álcool no sangue da vítima, desde que não provado o nexo causal entre a ocorrência e a verificação do acidente (Ac. STJ de 26/5/1994, CJ (STJ) 1994, T. I, p. 271), veja-se ainda Ac. Rel. Cb. de 5/5/1987, *BMJ* 365, p. 699; Ac. Rel. Pt. de 26/3/1990, CJ XV, T. II, p. 261; Ac. Rel. Cb. de 1/7/1993, CJ XVIII, T. IV, p. 85; Ac. Rel. Pt. de 10/1/1994, *BMJ* 433, p. 610. Nesta perspetiva tutelar, veja-se o Ac. Rel. Év. de 28/4/2018 (Paula do Paço), CJ 2018 II, p. 335, em que se qualificou como acidente de trabalho o ocorrido no percurso de regresso a casa, depois de o trabalhador ter confraternizado com uns amigos num café durante 20 m, tendo sido atropelado com uma taxa de alcoolemia de 2,42 g/l; bem como o Ac. Rel. Pt. de 20/1/2018 (Rita Romeira), www.dgsi.pt, em que se considerou que o empregador não provou o nexo causal apesar de o trabalhador sinistrado ter uma taxa de álcool no sangue de 89 g/l
Contudo, a alcoolemia no sangue desresponsabiliza o empregador em caso de acidente de viação, por desrespeito das regras do Código da Estrada, cf. notas na alínea anterior.

[1954] Cf. Ac. Rel. Lx. de 29/9/1994, *BMJ* 439, p. 634.

[1955] Preconizando solução diversa, Brandão Proença, *A Conduta do Lesado como Pressuposto e Critério de Imputação do Dano Extracontratual*, Porto, 1996, pp. 48 e 254 s., admite em tal caso a aplicação do art. 570.º, n.º 1, do CC. Porém, atendendo à letra da lei, dificilmente se pode acompanhar este entendimento.

[1956] Cf. Vitor Ribeiro, *Colectânea*, cit., pp. 120 e 121. Como refere Brandão Proença, *A Conduta do Lesado*, cit., p. 255, a culpa do trabalhador é entendida com um padrão de referência, isto é, em abstrato, como se prescreve no art. 487.º, n.º 2, do CC.

quanto ao cumprimento de certas regras de prudência[1957]. Já não estaria afastado o direito à reparação quando o trabalhador tenha sido excessivamente temerário na sua atuação, agindo com clamorosa falta de cuidado[1958].

De modo diverso, a falta do trabalhador imputável ao empregador ou em que este tenha tido sido conivente, designadamente por conhecer a situação e não se opor a ela, não afasta a responsabilidade por acidente de trabalho[1959].

b.4) Privação do uso da razão

A quarta situação é a que se verifica no caso de o acidente derivar do facto de o sinistrado se encontrar privado do uso da razão (art. 14.º, n.º 1, alínea *c)*, da LAT). A falta do uso da razão é entendida nos termos gerais de direito civil, reconduzindo-se às causas de interdição (art. 138.º do CC), de inabilitação (art. 152.º do CC) e, em particular, às hipóteses de incapacidade acidental (art. 257.º do CC). Se, por exemplo, estando a realizar a sua atividade, o trabalhador se encontra embriagado ou em estado hipnótico ou sofre um ataque epilético, que foi causa do acidente de trabalho, em princípio, estaria excluída a responsabilidade do empregador.

Porém, o direito à reparação subsiste, não obstante a falta do uso da razão por parte do sinistrado, em três situações.

Primeiro, no caso da privação do uso da razão derivar da própria prestação do trabalho. Imagine-se uma intoxicação causada por manuseio de gás no exercício da atividade que provoca reações tresloucadas por parte do trabalhador.

A segunda hipótese verifica-se no caso da privação do uso da razão ser independente da vontade da vítima, por exemplo em caso de doença. Mas,

---

[1957] Cf. Ac. Rel. Cb. de 1/4/1993, CJ XVIII, T. II, p. 73; Ac. Rel. Lx. de 2/6/1993, CJ XVIII, T. III, p. 179.

[1958] Cf. Ac. STJ de 22/11/1985, *BMJ* 351, p. 268; Ac. Rel. Pt. de 7/12/2018, CJ 2018 V, p. 199. Veja-se igualmente várias referências jurisprudenciais em Brandão Proença, *A Conduta do Lesado*, cit., pp. 256 s., criticando algumas decisões que tutelam o trabalhador descuidado. Paradigmática desta tendência parece ser a solução do Ac. STJ de 19/6/1987, *BMJ* 368, p. 442, em que não se excluiu a responsabilidade do empregador, apesar do trabalhador, para encurtar caminho numa obra, atravessar um vão com uma gamela de argamassa à cabeça, em que caiu, tendo o representante do empregador recomendado que não seguisse aquele trajeto. De igual modo, de forma menos compreensível, considerou-se acidente de trabalho *in itinere* apesar de o trabalhador ter sofrido o acidente por ter praticado uma infração muito grave prevista no Código da Estrada (Ac. Rel. Gui. de 30/5/2018 (Eduardo Azevedo), CJ 2018 III, p. 337.

[1959] Cf. Ac. Rel. Pt. de 15/1/1990, CJ XV, T. I, p. 270; Ac. Rel. Lx. de 24/11/1993, CJ XVIII, T. V, p. 183, confirmado pelo Ac. STJ de 27/11/1995, CJ (STJ) 1995, T. IV, p. 271.

neste caso, há que fazer uma distinção. Se a possibilidade de ocorrer essa falta do uso da razão era do conhecimento do trabalhador, importa determinar se ele tomou as precauções necessárias, nomeadamente avisando o empregador e os colegas de trabalho dessa eventualidade. Assim, se a falta do uso da razão se ficou a dever a um ataque epilético, é independente da vontade do trabalhador, mas conhecendo ele a sua doença, não tendo tomado as precauções adequadas, a responsabilidade do empregador deverá ficar excluída.

Em terceiro lugar, se a entidade patronal, sabendo que o trabalhador estava privado do uso da razão, mesmo assim o encarrega de realizar determinada atividade, mantém-se o direito à reparação. Não há qualquer impedimento quanto a celebrar contratos de trabalho com interditos ou inabilitados, mas é necessário que o empregador lhes atribua tarefas compatíveis com a sua deficiência, física ou psíquica, de modo a evitar a ocorrência de acidentes. A solução é a mesma no caso de se tratar de incapacidade acidental; o empregador que incumbir um trabalhador embriagado de tarefas incompatíveis com o seu estado será responsável pelos acidentes de trabalho que advenham da falta do uso da razão por parte do trabalhador.

b.5) Facto ou omissão do lesado

Por último, como quinta hipótese em que a atuação do sinistrado afasta o direito à reparação é de incluir os casos em que a lesão se agravou ou não teve a cura prevista, por facto ou omissão do lesado. Se o trabalhador sinistrado não observou as prescrições clínicas ou cirúrgicas necessárias ao seu tratamento, nos termos do art. 30.º, n.º 2, da LAT está excluída a obrigação de reparar os danos ou seu agravamento que seja consequência dessa atuação do lesado, bastando a simples negligência do trabalhador, nos termos gerais do art. 570.º do CC[1960]. Estando o trabalhador, vítima de acidente de trabalho, em desacordo com as prescrições médicas pode reclamar para os peritos do tribunal (art. 30.º, n.º 1, da LAT), respeitando os trâmites estabelecidos nos arts. 28.º e ss. da LAT.

c) Força maior

Se o acidente provier de caso de força maior também não dá direito à reparação (art. 15.º, n.º 1, da LAT). Diferentemente, o caso fortuito, por exemplo, rebentamento de uma máquina por motivo inexplicável, não constitui causa de exclusão da responsabilidade.

[1960] Cf. Ac. Rel. Cb. de 2/2/1995, CJ XX, T. I, p. 76.

«Só se considera motivo de força maior o que, sendo devido a forças inevitáveis da natureza, independentes de intervenção humana, não constitua risco criado pelas condições de trabalho nem se produza ao executar serviço expressamente ordenado pelo empregador em condições de perigo evidente» (art. 15.º, n.º 2, da LAT).

O legislador optou por dar uma noção legal de força maior, relacionando-a com as forças da natureza, procedendo depois a uma restrição, pois descaracteriza a figura quando constitua risco criado pelas condições de trabalho ou se verifique ao executar serviço expressamente ordenado pelo empregador em situação de perigo. Dito de outro modo, certos casos que seriam de força maior, não o são para efeitos de acidentes de trabalho. Por exemplo, se o barco de pesca naufraga devido a ventos ciclónicos, a situação de força maior não afasta a responsabilidade civil, pois seria um risco criado pelas condições de trabalho; o mesmo se diga do pastor que, estando a apascentar o gado numa planície, é atingido por um raio durante uma trovoada[1961]. Por outro lado, situações normalmente incluídas entre as causas de força maior, como os atos de guerra, estariam afastadas, atenta a noção legal que apela para as forças da natureza, independentes, portanto, de intervenções humanas. Talvez no caso de o trabalhador ser atingido durante um bombardeamento, e não estando a trabalhar numa fábrica de material de guerra, se possa questionar da qualificação do acidente como sendo de trabalho[1962].

Ainda que o caso fortuito se deva distinguir da força maior, poderá haver, neste âmbito, equiparação. Deste modo, se o acidente tiver resultado de uma situação patológica do trabalhador, nomeadamente de uma predisposição alheia à prestação de trabalho, em determinadas circunstâncias justificar-se-á que não integre a noção de acidente de trabalho[1963].

[1961] Cf. Ac. STJ de 30/3/1989, *BMJ* 385, p. 491; Ac. Rel. Év. de 7/1/1988, CJ XIII, T. I, p. 286. No Ac. Rel. Pt. de 2/7/1979, CJ IV, p. 1515, excluiu-se a responsabilidade por acidente de trabalho porque a queda do muro que vitimou o trabalhador ficou a dever-se a ventos ciclónicos. Mas no Ac. Rel. Cb. de 19/12/2018 (Felizardo Paiva), CJ 2018 V, p. 49, não se considerou como devido a força maior o acidente que vitimou o trabalhador no incêndio de Pedrógão a 17 de junho de 2017.

[1962] Cf. Cunha Gonçalves, *Responsabilidade Civil*, cit., pp. 198 e 199. Esta hipótese inclui-se numa situação frequente de exclusão em apólices de seguros.

[1963] Cf. Ac. Rel. Gui. de 5/4/2018 (Vera Sottomayor), CJ 2018 II, p. 303, em que o sinistrado teve no local e tempo de trabalho um AVC e deu uma queda, não se qualificou como acidente de trabalho por não se ter verificado nenhuma relação com a prestação da atividade.

d) *Obrigações não excluídas*

Mesmo quando a responsabilidade do empregador estiver excluída, ele será sempre obrigado a prestar os primeiros socorros ao sinistrado[1964] e a transportá-lo para onde possa ser socorrido (art. 26.º, n.º 1, da LAT). Esta, pode dizer-se, é uma situação de responsabilidade civil objetiva que excede os parâmetros normais, porque existe mesmo em caso de dolo do trabalhador. Mas neste caso imperam razões humanitárias e os valores em causa não serão exorbitantes.

A omissão de qualquer destes deveres faz incorrer o empregador em responsabilidade civil (art. 486.º do CC) e penal (art. 200.º do Código Penal).

e) *Responsabilidade de terceiros; direito de regresso*

I. Para concluir quanto às causas de exclusão e de limitação da responsabilidade emergente de acidentes de trabalho, há que aludir às situações imputáveis a terceiros, sejam eles outros trabalhadores da empresa ou pessoas a ela estranhas[1965]. Como exemplo típico destes casos pode indicar-se os acidentes simultaneamente de trabalho e de viação.

Nos termos gerais da responsabilidade civil, ainda que objetiva, sendo o facto gerador imputável a terceiro é afastado o dever de indemnizar (arts. 505.º e 570.º do CC). Mas interessa distinguir duas hipóteses.

[1964] Daí a obrigação de, na empresa, existirem serviços de segurança e saúde no trabalho (Lei n.º 102/2009, de 10 de setembro).

[1965] Há uma diferença entre os terceiros estranhos à empresa e os colegas de trabalho, pois quanto a estes a responsabilidade deve ser igualmente aferida dentro dos pressupostos da reparação por acidentes de trabalho. Deste modo, só se deverá entender que existe responsabilidade dos colegas de trabalho que tenham, sem causa justificativa, violado condições de segurança estabelecidas pela entidade patronal ou que, com dolo ou negligência grosseira, tenham atuado de modo a causar danos a um trabalhador da empresa; as atuações negligentes devidas à habitualidade de realização da atividade não conformam responsabilidade civil. Quanto aos colegas de trabalho ainda importa distinguir os superiores hierárquicos dos demais, pois havendo culpa dos primeiros e sendo estes representantes do empregador, há um agravamento da responsabilidade por acidentes de trabalho nos termos do art. 18.º, n.º 1, da LAT, não ficando excluída a responsabilidade do empregador como comitente (art. 500.º do CC). Por isso, no Ac. Rel. Pt. de 10/9/2018, www.dgsi.pt, responsabilizou-se o empregador no caso de um homicídio de um trabalhador, cometido por outro trabalhador da empresa, porque o empregador não logrou demonstrar que o homicida se encontrava subtraído à autoridade patronal, e no Ac. Rel. Cb de 18/1/2019 (Ramalho Pinto) CJ 2019 I, p. 74, considerou-se acidente de trabalho o tiro que um trabalhador levou, num assalto, quando abriu a porta do carro para se deslocar para a empresa.

II. Se o dano sofrido pelo trabalhador foi causado por terceiro, o lesado pode diretamente demandar o responsável, nos termos gerais da responsabilidade civil extracontratual (arts. 483.º e ss. do CC), como preceitua o art. 17.º, n.º 1, da LAT. E no caso de o terceiro responsável pelo acidente pagar a indemnização correspondente aos danos causados, essa prestação será descontada na reparação que incumbe ao empregador, o qual só suportará, então, a diferença (art. 17.º, n.º 3, da LAT)[1966]. Tendo o sinistrado recebido a indemnização da entidade patronal ainda lhe caberia demandar o terceiro pela diferença, na medida em que o ressarcimento determinado em termos de responsabilidade por acidentes de trabalho, como é regra, não compense todo o dano sofrido[1967]. Se a indemnização recebida do terceiro abranger todos os danos infligidos ao trabalhador, ficará excluída a responsabilidade do empregador (art. 17.º, n.º 2, da LAT)[1968].

Pretende-se que o sinistrado não venha a receber duas indemnizações as quais, na totalidade, ultrapassem o valor do dano sofrido[1969]. Se, eventualmente, isso ocorrer, o lesado terá de reembolsar o empregador naquilo que exceda a quantia correspondente ao dano (art. 17.º, n.º 2, da LAT).

III. Na hipótese de o trabalhador lesado não demandar o terceiro responsável pela ocorrência. Frequentemente, até por inércia, o sinistrado que já se encontra ressarcido pelo empregador não reage contra o terceiro causador do acidente; cabe, então, à entidade patronal – em regra à seguradora para

[1966] A desresponsabilização, ainda que parcial do empregador, só se verifica se este fizer prova de que os danos laborais foram indemnizados pelo terceiro responsável (Ac. STJ de 20/10/1993, CJ (STJ) 1993, T. III, p. 279).

[1967] Como se refere no Ac. Rel. Cb. de 19/6/1997, CJ XXII, T. III, p. 72, em caso de acidente de viação e de trabalho, as indemnizações complementam-se.

[1968] Cf. Ac. Rel. Cb. de 20/4/1995, CJ XX, T. III, p. 74. Porém, a desoneração relativamente a pensões devidas em caso de acidente de trabalho só é possível no processo próprio previsto no anterior art. 153.º do CPT (Ac. Rel. Pt. de 3/11/1997, CJ XXII, T. V, p. 241). Quanto à competência dos tribunais de trabalho para conhecer da responsabilidade de terceiros na produção do acidente de trabalho, com decisões contraditórias, cf. Ac. Rel. Pt. de 4/12/2000, CJ XXV, T. V, p. 158 e Ac. Rel. Cb. de 24/5/2001, CJ XXVI, T. III, p. 63.

[1969] Esclareça-se que nada obsta a serem cumuladas indemnizações com causa diversa (cf. Decreto-Lei n.º 41/89, de 2 de fevereiro e Decreto-Lei n.º 141/91, de 24 de abril). Por exemplo, se o trabalhador tiver celebrado um seguro próprio de acidentes, a indemnização que receber da sua seguradora pode cumular-se com a devida pelo empregador; da mesma forma, se o trabalhador incapacitado for aposentado em razão da incapacidade, pode cumular a pensão de reforma com a da incapacidade. Cf. Ac. Rel. Cb. de 19/6/1991, CJ XVI, T. III, p. 108; Ac. Rel. Év. de 16/11/1993, CJ XVIII, T. V, p. 306.

a qual foi transferida a responsabilidade emergente de acidentes de trabalho[1970] – demandar o terceiro, exigindo-lhe o que deveria ter pago ao trabalhador (art. 17.º, n.º 4, da LAT)[1971]. Corresponde a uma sub-rogação legal, nos termos do art. 592.º do CC[1972], pois o empregador ou a respetiva seguradora não é responsável solidário com o terceiro lesante pelos danos causados ao sinistrado; de facto, não se está perante uma hipótese de responsabilidade solidária, mas de dualidade de responsabilidades com fundamentos distintos. Dito de outro modo, não nasce um direito novo, como no direito de regresso, estando-se perante uma sucessão no lado ativo, que caracteriza a sub-rogação, nomeadamente legal.

9. Ocupação e cessação do vínculo laboral de trabalhadores vítimas de acidentes de trabalho

I. O acidente de trabalho, por si, não constitui causa de cessação do contrato de trabalho, como, talvez desnecessariamente, se prescrevia na Base XXXVI, n.º 1, da Lei n.º 2127, e se a empregador despedir sem justa causa o trabalhador sinistrado, este tem direito, se não optar pela reintegração, a uma indemnização igual ao dobro do estabelecido no art. 391.º, n.º 1, do CT (art. 157.º, n.º 4, da LAT)[1973]. Mas o acidente de trabalho pode constituir causa indireta de cessação do contrato, se porventura se encontrarem preenchidos outros pressupostos.

O acidente de trabalho pode corresponder a uma justa causa de despedimento quando se enquadrar na previsão do art. 351.º do CT. Por exemplo, na

---

[1970] Cf. Ac. Rel. Lx. de 28/6/1991, CJ XVI, T. III, p. 178.

[1971] A entidade patronal, ou a sua seguradora, pode exigir, em regresso, a indemnização ao terceiro responsável, mas não o pode chamar à autoria na ação, em processo de trabalho, movida pelo trabalhador com base em acidente de trabalho. Cf. Ac. STJ de 9/11/1994, CJ (STJ) 1994, T. III, p. 290. Veja-se, porém, art. 17.º, n.º 5, da LAT.

[1972] Na LAT1997 era qualificada como direito de regresso, mas, agora, e bem, é identificado como sub-rogação. Quanto a esta sub-rogação, *vd.* Ac. do Plenário do STJ n.º 5/97, de 14/1/1997, *DR*, I Série, de 27/3/1997. Qualificando esta situação como sub-rogação legal, *vd.* VAZ SERRA, «Sub-rogação do Segurador», *RLJ* 94 (1961/62), pp. 171 ss. e Anotação ao Ac. STJ de 26/3/1965, *RLJ* 98, pp. 312 ss. e ANTUNES VARELA, *Das Obrigações em Geral*, Vol. I, 10.ª ed., Coimbra, 2000, p. 701. Para uma distinção entre direito de regresso e sub-rogação, *vd.* JANUÁRIO DA COSTA GOMES, *Assunção Fidejussória de Dívida*, Coimbra, 2000, pp. 873 ss.

[1973] Cf. Ac. STJ de 5/3/1997, CJ (STJ) 1997, T. I, p. 291. Mas não viola a Base XXXVI (atual art. 30.º LAT) se a empresa invoca a caducidade do contrato a termo de um trabalhador acidentado (Ac. Rel. Pt. de 29/9/1997, CJ XXII, T. IV, p. 252).

hipótese de o trabalhador ter dolosamente dado causa ao acidente de trabalho, provocando prejuízos na empresa.

O acidente de trabalho também pode constituir justa causa de resolução do contrato de trabalho por parte do trabalhador, nos termos do art. 394.º do CT, na eventualidade de ser devido a culpa do empregador.

Para além destas situações, que se reconduzem às regras gerais da cessação do contrato de trabalho, o que apresenta particularidades neste campo é o facto de o acidente poder causar um dano ao trabalhador que implique a caducidade do contrato, nos termos do art. 343.º do CT. Se o trabalhador morrer ou por qualquer outra razão não puder cumprir a atividade para que foi contratado, o contrato caduca (art. 343.º, n.º 1, alínea *b)*, do CT)[1974].

II. A incapacidade temporária pode implicar a suspensão do contrato de trabalho, pois uma das causas de suspensão corresponde à impossibilidade temporária de realizar o trabalho (art. 296.º, n.º 1, do CT).

Por outro lado, a incapacidade permite que sejam dadas faltas justificadas, sem perda da retribuição, nos termos do art. 255.º, n.º 2, alínea *b)*, do CT.

III. No art. 155.º, n.º 1, da LAT, está prevista uma situação especial, ao admitir-se que em caso de incapacidade temporária parcial[1975], o empregador pode ser obrigado a manter o trabalhador ao serviço, incumbindo-o de uma tarefa compatível com o seu estado[1976]. Está consagrada nestes preceitos uma situação específica de dever de ocupação efetiva do empregador (*vd. supra* § 24.7); mas esta ocupação efetiva confere ao empregador, justificando-se, a possibilidade de alterar o objeto do contrato, desde que não afete a retribuição do trabalhador.

[1974] Pese embora alguma divergência doutrinária e jurisprudêncial, pode entender-se que, para haver caducidade, a incapacidade do sinistrado tem de ser, não só para o trabalho habitual, mas para qualquer tipo de trabalho, daí que a conjuntivite crónica não implique caducidade do contrato (Ac. STJ de 5/5/1993, *BMJ* 427, p. 433). A jurisprudência, a propósito da caducidade, exige normalmente que a incapacidade seja total, não só para o trabalho objeto do contrato, como para outras atividades de que a empresa careça (*vd. infra* § 56.3.b)).

[1975] Em princípio, a incapacidade temporária não subsiste por mais de dezoito meses, pois, decorrido esse período, eventualmente prorrogado por mais trinta meses, a incapacidade temporária converte-se em permanente (art. 22.º da LAT).

[1976] Por isso, no Ac. STJ de 25/1/1995, CJ (STJ) 1995, T. I, p. 254, considerou-se que o contrato caducara porque, não podendo o trabalhador, em razão da doença, continuar a exercer a tarefa que desempenhava, recusou-se a aceitar a sua reclassificação noutra categoria existente na empresa (cf. art. 156.º, n.º 1, da LAT).

Daqui se poderia concluir que, em tais situações, o empregador estaria sempre adstrito a providenciar uma ocupação adequada ao trabalhador sinistrado; mas há que distinguir. Importa averiguar se na empresa existem tarefas compatíveis com o estado do trabalhador; havendo-as e estando as mesmas disponíveis o empregador está adstrito a ocupar o lesado nessas atividades. Mas se não as houver, o empregador não está obrigado a criá-las especialmente para o trabalhador incapacitado. Imagine-se uma empresa de camionagem que só tem motoristas de camiões e uma secretária, se um dos motoristas sofrer um acidente que o incapacite temporariamente de conduzir, a entidade patronal não pode ser obrigada a arranjar uma atividade especial adequada ao seu estado. Não parece razoável que se imponha ao empregador a obrigação de criar uma atividade só para ocupar o trabalhador, nem tal dever parece que decorra do espírito da lei.

A avaliação dos pressupostos para a ocupação do trabalhador cabe ao Instituto do Emprego e Formação Profissional (art. 159.º da LAT) e este serviço público pode ter dificuldade em dar resposta ponderada e justificada às solicitações.

É diferente da ocupação obrigatória o mecanismo previsto pelo legislador quando, indiretamente, pressiona os empregadores a contratarem trabalhadores com incapacidade definitiva parcial, designadamente, mediante a concessão de benefícios às empresas que procedam nesse sentido[1977].

IV. Na mesma perspetiva de dever de ocupação efetiva, no art. 155.º, n.º 1, da LAT impõe-se à empresa onde ocorreu o acidente de trabalho que ocupe o trabalhador com incapacidade permanente numa atividade compatível com o respetivo estado. Associado a este dever, incumbe ao empregador dar formação profissional ao sinistrado para adaptação ao novo posto de trabalho (art. 155.º, n.º 2, da LAT).

10. Prazos de exercício dos direitos

I. No art. 179.º da LAT conjugam-se dois tipos de prazos de exercício de direitos: prazos de caducidade e de prescrição. Deste modo, a solução estabelecida neste preceito é claramente mais gravosa do que aquela que resulta do disposto no direito civil.

[1977] Acerca de vários diplomas sobre a matéria, cf. VITOR RIBEIRO, *Colectânea*, cit., p. 56.

Na responsabilidade civil extracontratual comum, tanto subjetiva como objetiva (*vd.* art. 499.º do CC), o art. 498.º do CC determina que o prazo de prescrição é de três anos a contar da data em que o lesado tenha conhecimento do direito que lhe assiste, podendo o direito ser exercido judicial ou extrajudicialmente. Depois de determinado o direito à indemnização, a partir do vencimento dessa prestação começa a correr um prazo, também de prescrição, que pode ser de vinte anos, regra geral (art. 309.º do CC) ou de cinco anos se a prestação for periódica, por exemplo em renda (art. 310.º, alínea *a*), do CC).

II. Relativamente aos acidentes de trabalho, o legislador estabeleceu um regime diverso. Primeiro, porque, para o exercício judicial dos direitos dos trabalhadores sinistrados, determinou um prazo de caducidade de um ano a contar da alta clínica ou da morte do lesado (art. 179.º, n.º 1, da LAT). Ou seja, a ação tem de ser proposta no ano imediato à morte ou à alta clínica do trabalhador[1978]. Em caso de agravamento não foi estabelecido o prazo para a atualização da pensão[1979].

Esta questão apresenta alguma especificidade relevante em sede de acidentes de desportistas profissionais. Comparando os dois diplomas já mencionados – Lei n.º 8/2003 e Lei n.º 27/2011 – (§ 52.1) verifica-se que passou a existir um acrescido controlo por parte de seguradores do boletim de alta. A regulamentação respeitante aos boletins de exame e de alta clínica consta do art. 8.º da Lei n.º 27/2011. No regime anterior (Lei n.º 8/2003), estando prevista com menor detalhe a questão do acompanhamento clínico e reabilitação do sinistrado (art. 3.º da Lei n.º 8/2003), encontrava-se uma omissão relativamente aos boletins de exame e de alta clínica, tendo de se recorrer ao regime subsidiário. Com base na anterior Lei dos Acidentes de Trabalho (Lei n.º 100/97), mais concretamente na sua regulamentação (art. 32.º do Decreto-Lei n.º 143/99), impunha-se ao médico assistente a emissão de um boletim de exame do sinistrado e, terminado o tratamento, quer por o sinistrado se encontrar curado ou em condições de trabalhar, quer por qualquer outro motivo, o médico devia emitir o boletim de alta clínica. A cura

---

[1978] Este prazo curto de um ano, só que de prescrição, já constava do art. 32.º da Lei n.º 1942, de 1936, e correspondia aos regimes então vigentes em França e em Itália, cf. Cunha Gonçalves, *Responsabilidade Civil*, cit., p. 189. Com a Lei n.º 2127, de 1965, instituiu-se o atual regime de caducidade de um ano. Acerca deste prazo de um ano, cf. Ac. STJ de 30/11/1994, CJ (STJ) 1994, T. III, p. 301.

[1979] Cf. Ac. Rel. Lx. de 29/3/1993, CJ XVIII, T. II, p. 166.

clínica, como dispõe a alínea *f*) do art. 2.º do Decreto-Lei n.º 143/99, resulta do facto de terem desaparecido as lesões ou de as mesmas não poderem ser removidas com terapêutica adequada. Nesse boletim de alta, o médico regista a causa de cessação do tratamento e o grau de incapacidade permanente ou temporária do sinistrado, caso exista. Os boletins, tanto de exame como de alta, teriam de ser entregues ao sinistrado, mas só se impunha o envio à seguradora de uma cópia do boletim de exame, não tendo esta informação sobre o boletim de alta. A situação não se altera formalmente com o disposto no art. 8.º da Lei n.º 27/2011. Remetendo para o art. 35.º da atual Lei dos Acidentes de Trabalho (Lei n.º 98/2009), impõe-se ao empregador, através do respetivo departamento médico, a emissão dos boletins de exame e de alta clínica, entregando ao sinistrado uma cópia. A seguradora só recebe cópia do boletim de exame. O art. 35.º da Lei n.º 98/2009 dispõe de modo idêntico ao que se impunha no precedente art. 32.º do Decreto-Lei n.º 143/99, pelo que a novidade está só no controlo. De facto, agora prevê-se que o sinistrado declare que tomou conhecimento do conteúdo dos boletins e uma cópia desta declaração deve ser remetida ao segurador (art. 8.º, n.os 2 e 3, da Lei n.º 27/2011). E, não tendo o sinistrado assinado o boletim de alta, fica inibido de participar em competições desportivas (art. 8.º, n.º 4, da Lei n.º 27/2011).

Esta alteração legislativa tem um significado de especial relevo no que respeita ao prazo de exercício de direito, que se conta da alta clínica, que tem, agora, de estar documentada para o desportista participar em competições desportivas, evitando situações abusivas que proliferaram[1980].

III. Com a decisão judicial que condene no pagamento da reparação, e a partir do vencimento desta prestação, inicia-se um prazo de prescrição de cinco anos (art. 179.º, n.º 2, da LAT)[1981]. O prazo de prescrição de cinco anos corresponde ao regime de prescrição dos créditos de vencimento periódico (art. 310.º, alínea *a*), do CC), mas não encontra aplicação em outras prestações, em particular nas indemnizações em capital. Não se vislumbram as razões que presidiram a esta tomada de posição por parte do legislador, consagrando um regime mais gravoso para a vítima do que aquele que decorre do direito civil.

[1980] Veja-se Joana Carneiro, «Acidentes de trabalho dos jogadores de futebol – Algumas considerações», *QL* 42 (vinte anos de Questões Laborais), 2013, pp. 437 ss. e, aplicando bem o regime jurídico, a sentença do Tribunal do Trabalho do Porto de 23/1/2014, Proc. n.º 794/11.

[1981] Era de três anos o prazo de prescrição estabelecido no art. 33.º da Lei n.º 1942, de 1936, e de um ano na lei precedente (Base XXXVIII, n.º 3).

A existência de prazos de caducidade e de prescrição em sede de responsabilidade por acidentes de trabalho não é, em si, criticável e não corresponde a uma contradição com o disposto no art. 12.º da LAT. De facto, a nulidade das estipulações que impliquem o afastamento das regras da responsabilidade por acidentes de trabalho não é contrariada por se admitir que os direitos emergentes dessa responsabilidade se extingam pelo decurso dos prazos de caducidade ou de prescrição. No art. 78.º da LAT proíbe-se a renúncia antecipada de direitos, o que não é contraditório com o facto de, por um motivo de segurança jurídica, se estabelecerem prazos de exercício de direitos, até porque nada obsta a que o trabalhador recuse a reparação que lhe é devida. A única crítica justificável é a que respeita ao estabelecimento de prazos tão curtos, inferiores aos prescritos no direito civil.

11. Processo

Verificada a existência de um acidente de trabalho há que proceder a diversas comunicações.

Primeiro, o acidente tem de ser dado a conhecer ao empregador; o sinistrado ou os beneficiários legais de pensões devem participar a ocorrência, desde que o empregador não tenha dela tido conhecimento por qualquer meio (art. 86.º da LAT).

Segundo, o empregador, depois de ter tido conhecimento do acidente, participá-lo-á à sua seguradora (art. 87.º, n.º 1, da LAT), dentro do prazo fixado no contrato de seguro[1982].

A companhia de seguros, por sua vez, deverá fazer uma comunicação ao tribunal de trabalho competente, sempre que do acidente decorra a morte ou incapacidade para o trabalhador (art. 90.º da LAT).

Têm a faculdade de participar o acidente ao tribunal competente o próprio sinistrado, seus familiares, o diretor do hospital onde o lesado esteve internado, etc. (art. 92.º da LAT) comunicação por parte do diretor do hospital é obrigatória em caso de morte da vítima (art. 91.º da LAT).

Pode, por isso, haver mais do que uma participação do mesmo acidente ao tribunal competente[1983].

[1982] Se o empregador não tiver transferido a responsabilidade emergente de acidentes de trabalho para uma companhia de seguros, deverá comunicar o sinistro ao tribunal do trabalho competente (art. 88.º da LAT).

[1983] Cf. Vitor Ribeiro, *Colectânea*, cit. pp. 79 e 80.

O infortúnio causado ao trabalhador dá origem a um processo especial: processo emergente de acidente de trabalho (art. 21.º, 3.ª, do CPT), regulado nos arts. 99.º e ss. do CPT[1984].

O processo corre oficiosamente (art. 26.º, n.º 3, do CPT)[1985], considerando-se a ação proposta quando é recebida a participação do acidente (arts. 22.º, 27.º e 99.º, n.º 1, do CPT)[1986].

Bibliografia:

Carlos Alegre, *Regime Jurídico dos Acidentes de Trabalho e das Doenças Profissionais*, 2.ª ed., Coimbra, 2000; António Alvaleide, «Repercussões do Regime Jurídico de Acidentes de Trabalho no Contrato de Seguro», *Prontuário de Direito do Trabalho*, CEJ n.º 64 (2003), pp. 133 ss.; José Augusto Cruz Carvalho, *Acidentes de Trabalho e Doenças Profissionais. Legislação Anotada*, 2.ª ed., Lisboa, 1983; Paulo Morgado de Carvalho, «Um Olhar sobre o actual regime Jurídico dos acidentes de Trabalho e das Doenças Profissionais. Benefícios e Desvantagens», *QL* 21 (2003), pp. 74 a 98 e «Os Acidentes de Trabalho e as Doenças Profissionais no Código do Trabalho», *A Reforma do Código do Trabalho*, Coimbra, 2004, pp. 413 a 435; Júlio Gomes, «Breves Reflexões sobre a Noção de Acidente de Trabalho no Novo (mas não muito) Regime dos Acidentes de Trabalho», *I Congresso Nacional de Direito dos Seguros. Memórias*, Coimbra, 2000, pp. 205 a 218 e *Acidentes de Trabalho* in itinere, Coimbra, 2013; Ana Estela Leandro, «Estudo Comparativo de Dois Regimes de Acidentes de Trabalho: A Lei 2127, de 21 de agosto de 1965 e a Lei 100/97, de 13 de Setembro», *Prontuário de Direito do Trabalho*, CEJ n.º 58, pp. 33 a 58; Luís Menezes Leitão, «Acidentes de Trabalho e Responsabilidade Civil (A Natureza Jurídica da Reparação de Danos Emergentes de Acidentes de Trabalho e a Distinção entre as Responsabilidades Obrigacional e Delitual)», *ROA* 1988, pp. 773 a 843, «A Reparação de Danos Emergentes de Acidentes de Trabalho», *Estudos do Instituto de Direito do Trabalho*, Vol. I, Coimbra, 2001, pp. 537 a 579, e *Direito do Trabalho*, cit., pp. 395 ss.; Ribeiro Lopes, «Regime Legal da Prevenção dos Acidentes de Trabalho», *Estudos do Instituto de Direito do Trabalho*, Vol. I, Coimbra, 2001, pp. 581 a 590; José Andrade Mesquita, «Acidentes de Trabalho», *Estudos em Homenagem ao Prof. Doutor Manuel Henrique Mesquita*, Vol. II, Coimbra, 2009, pp. 169 ss.; Christina Oliveira, «A sinistralidade

[1984] *Vd.* Carlos Alegre, *Processo Especial de Acidentes de Trabalho*, Coimbra, 1986.

[1985] Cf. Ac. STJ de 30/11/1994, CJ (STJ) 1994, T. III, p. 301; Ac. Rel. Lx. de 22/1/1992, CJ XVII, T. I, p. 196.

[1986] Cf. Ac. STJ de 30/11/1994, CJ (STJ) 1994, T. III, p. 301; Ac. Rel. Cb. de 7/5/1992, CJ XVII, T. III, p. 153.

laboral. Análise do desempenho dos tribunais de trabalho na sociedade portuguesa», *Scientia iuridica* 322 (2010), pp. 279 e ss.; Arnaldo Costa Oliveira, «Nota sobre a evolução recente do seguro obrigatório de acidentes de trabalho para trabalhadores por conta de outrem – ou das vantagens das "relações de família", *RDES*, 2013, n.º 1/3, pp. 121 ss.; Maria José Costa Pinto, «O conceito de retribuição no regime jurídico dos acidentes de trabalho», *Pront.* 2018 II, pp. 103 ss.; Florbela de Almeida Pires, *Seguro de Acidentes de Trabalho*, Lisboa, 1999 e «Os Acidentes de Trabalho e o Direito Internacional Privado», *Prontuário de Direito do Trabalho*, CEJ, n.º 64, pp. 133 a 139; Rosário Palma Ramalho, «Sobre os Acidentes de Trabalho em Situação de Greve», *ROA* 1993, III, pp. 521 a 574 e *Tratado de Direito do Trabalho*, II, cit., pp. 709 e ss.; João Rato, «O Novo Regime Jurídico dos Acidentes de Trabalho», *Trabalho e Relações Laborais*, Lisboa, 2001, pp. 121 a 131; Feliciano Tomas Resende, *Acidentes de Trabalho e Doenças Profissionais. Legislação Anotada*, 2.ª ed., Coimbra, 1988; Vitor Ribeiro, *Acidentes de Trabalho. Reflexões e Notas Práticas*, 1984 e Acidentes *de Trabalho e Doenças Profissionais. Colectânea de Legislação Actualizada e Anotada*, Lisboa, 1994; António Tavares da Silva, «O Enquadramento Jurídico dos Acidentes de Trabalho», *RDES* Ano XXXIV (1992), n.º 4, pp. 417 a 446; João Nuno Calvão da Silva, «Segurança e saúde no trabalho. A responsabilidade civil do empregador por actos próprios em caso de acidente de trabalho», *Estudos em Homenagem ao Prof. Doutor Manuel Henrique Mesquita*, Vol. II, Coimbra, 2009, pp. 907 ss.; Gonçalves da Silva, *A Greve e os Acidentes de Trabalho*, Lisboa, 1998.

Secção X
Cessação

§ 54. ASPETOS GERAIS

1. Regime comum

I. O contrato de trabalho, como qualquer negócio jurídico, extingue-se nos termos comuns, aplicando-se as regras gerais de direito civil, em particular de direito das obrigações anteriormente analisadas[1987]. Atendendo à atual terminologia usada em direito do trabalho, a cessação do vínculo laboral, além da caducidade, pode decorrer da revogação, da resolução ou da denúncia[1988].

Importa recordar que, antes do Código do Trabalho, a legislação laboral recorria a outros termos, aludindo nomeadamente à rescisão e ao despedimento[1989]. De facto, quanto ao regime geral da cessação do vínculo laboral

---

[1987] Relativamente à aplicação do regime de direito civil ao contrato de trabalho, veja-se SÖLLNER/WALTERMANN, *Grundriß des Arbeitsrechts*, 13.ª ed., Munique, 2003, p. 263.

[1988] Quanto à cessação do contrato de trabalho, além do estudo de RAÚL VENTURA, «Extinção das Relações Jurídicas de Trabalho», *ROA*, 1950, pp. 215 e ss., veja-se ROMANO MARTINEZ, «Cessação do Contrato de Trabalho; Aspectos Gerais», *Estudos do Instituto de Direito do Trabalho*, Volume III, Coimbra, 2002, pp. 179 ss. e *Direito do Trabalho*, 1.ª ed., Coimbra, 2002, pp. 797 ss., assim como bibliografia citada nestes estudos.
Sobre a segurança no emprego, paradigma em que se tem de fundar a discussão em torno da cessação do contrato de trabalho, ainda que decorrente da caducidade, consulte-se os mesmos estudos.

[1989] Em crítica à anterior terminologia, consulte-se ROMANO MARTINEZ, *Direito do Trabalho*, 1.ª ed., pp. 797 ss.

(arts. 338.º e ss. do CT), foram feitas algumas adaptações relativamente à precedente Lei da Cessação do Contrato de Trabalho. Além de se ter procedido ao enquadramento dogmático das formas de cessação, atualizou-se a terminologia à evolução dogmática já verificada no direito civil, fazendo-se referência a quatro modalidades de cessação do contrato de trabalho: caducidade, revogação, resolução e denúncia (art. 384.º do CT2003)[1990]; contudo, na revisão de 2009, com pouco apuro técnico, retomou-se o elenco de situações extintivas (art. 340.º do CT2009). De facto, a indicação de modalidades de cessação, previstas no art. 340.º do CT2009, comparando com o disposto no art. 384.º do CT2003, corresponde a uma diferente técnica com as mesmas soluções; dito de outro modo, no preceito anterior identificavam-se as modalidades de cessação do vínculo (caducidade, revogação, resolução e denúncia) e agora indicam-se modalidades e modos de extinção do contrato de trabalho (caducidade, revogação, despedimento por facto imputável ao trabalhador, despedimento coletivo, despedimento por extinção do posto de trabalho, despedimento por inadaptação, resolução pelo trabalhador, denúncia pelo trabalhador). A técnica da indicação exaustiva, agora adotada, tem o inconveniente da incompletude; e o legislador esqueceu-se da denúncia pelo empregador, que, embora excecional, subsiste no Código do Trabalho.

Atualmente, a extinção do vínculo de emprego público é regulada pelos arts. 288.º e ss. da Lei Geral do Trabalho em Funções Públicas, aprovada pela já citada Lei n.º 35/2014[1991].

II. No art. 340.º do CT, indicando-se as modalidades de cessação do contrato de trabalho, incluem-se oito alíneas.

[1990] No que respeita ao regime de cessação do vínculo laboral, veja-se Romano Martinez, anotações aos arts. 338.º e ss., *in* Romano Martinez/Luís Miguel Monteiro/Joana Vasconcelos/Madeira de Brito/Guilherme Dray/Gonçalves da Silva, *Código do Trabalho Anotado*, cit., pp. 787 ss. Quanto a uma crítica nostálgica à nova terminologia, *vd.* Leal Amado, «Algumas Notas sobre o Regime do Despedimento *Contra Legem* no Código do Trabalho», *VII Congresso Nacional de Direito do Trabalho*, Coimbra, 2004, pp. 276 ss.

[1991] Quanto à cessação da relação de emprego público no anterior regime, *vd.* Ana Neves, *Relação Jurídica de Emprego Público*, Coimbra, 1999, pp. 62 s., indicando diferenças relativamente à cessação do contrato de trabalho, considerando a relação de emprego público mais estável do que o vínculo laboral privado. Atendendo ao regime atual, veja-se Miguel Lucas Pires, *Lei Geral do Trabalho em Funções Públicas. Anotada e Comentada*, 3.ª ed., Coimbra, 2018, em anotação aos arts. 288.º e ss.
Sobre a caducidade do vínculo laboral na administração pública, Diana, *Prescrizioni, Decadenze e Nullità nel Diritto Amministrativo*, Pádua, 2002, pp. 19 s.

A alínea *a)*, faz referência à caducidade, depois desenvolvida na Secção II (arts. 343.º e ss. do CT).

Na alínea *b)* alude-se somente à revogação, deixando de se fazer referência a «por acordo das partes» – como na LCT –, porque a revogação, por natureza, pressupõe acordo das partes, constando a matéria dos arts. 349.º e ss. do CT (Secção III).

A resolução, dividida pelas alíneas *c)* a *g)*, abrange várias modalidades. O despedimento por facto imputável ao trabalhador, que se refere a alínea *c)*, regulado nos arts. 351.º e ss. do CT. O despedimento coletivo, alínea *d)*, constante dos arts. 359.º e ss. do CT. Segue-se, na alínea *e)* despedimento por extinção de posto de trabalho (art. 367.º e ss. do CT). Por fim, o despedimento por inadaptação, na alínea *f)*, vem regulado nos arts. 373.º e ss. do CT. A resolução pelo trabalhador (alínea *g)*) surge nos arts. 394.º e ss. do CT. A terminar, quanto à denúncia, só se alude à que é invocada pelo trabalhador (alínea *h)*) – omitindo-se a denúncia pelo empregador, como se não existisse – que vem regulada nos arts. 400.º e ss. do CT.

2. Relevo da cessação do contrato no domínio laboral

I. A cessação do contrato de trabalho tem particular relevo no domínio laboral, essencialmente, por duas razões.

Em primeiro lugar, o direito do trabalho é particularmente sensível no que tange à proteção do trabalhador, e um dos aspetos em que a tutela do prestador da atividade se apresenta de considerável relevância é o da segurança no emprego, com previsão constitucional (art. 53.º da CRP)[1992]. Principalmente quando as estatísticas apresentam taxas elevadas de desemprego, por motivos de vária ordem, em particular de índole social, torna-se premente a defesa da manutenção do emprego. Mas a segurança no emprego tem de ser ponderada atendendo à prossecução da finalidade da empresa, designadamente à sua competitividade[1993].

[1992] Como refere MONTEIRO FERNANDES, *Direito do Trabalho*, cit., p. 522, para o trabalhador, o vínculo laboral «é o suporte de um estatuto económico, social e profissional» ou na expressão elucidativa de BERNARDO XAVIER/FURTADO MARTINS/NUNES DE CARVALHO/JOANA VASCONCELOS/TATIANA GUERRA DE ALMEIDA, *Manual*, cit., p. 725, «(...) a preservação de estabilidade de emprego é a garantia do sustento do trabalhador e de sua família, bem como uma garantia de segurança de existência».

[1993] Cf. BERNARDO XAVIER/FURTADO MARTINS/NUNES DE CARVALHO/JOANA VASCONCELOS/ /TATIANA GUERRA DE ALMEIDA, *Manual*, cit., pp. 725 s. e ROMANO MARTINEZ, «A Consti-

Em segundo lugar, com alguma frequência, as questões jurídicas relacionadas com a aplicação de normas laborais de diferentes institutos, como o dever de lealdade, o valor da retribuição ou o gozo das férias, surgem a propósito da cessação do contrato; como causa de cessação (p. ex., a violação do dever de lealdade) ou como problema lateral à cessação (*v. g.*, direito a férias em caso de cessação)[1994].

II. As razões indicadas justificam, por um lado, as restrições legais à cessação do contrato de trabalho da iniciativa do empregador e, por outro, a natureza imperativa do regime (art. 339.º do CT), que constitui um entrave à autonomia contratual, em particular no domínio do contrato de trabalho, mas também em sede de contratação coletiva[1995].

No âmbito laboral, a cessação do vínculo assume uma relevância extrema e, por isso, mais do que em qualquer outro contrato, além da extensão que lhe é dada pela lei (arts. 338.º a 403.º do CT), encontra-se um número muito elevado de decisões jurisprudenciais, em especial no que respeita ao despedimento[1996] e a doutrina tem dado um tratamento desenvolvido à matéria da extinção do contrato de trabalho[1997]. No fundo, o contrato de trabalho,

---

tuição de 1976 e o Direito do Trabalho», *Nos 25 anos da Constituição da República Portuguesa de 1976. Evolução Constitucional e Perspectivas Futuras*, Lisboa, 2001, pp. 184 ss.

[1994] Sobre a questão, veja-se Palomeque López/Álvarez de la Rosa, *Derecho del Trabajo*, cit., pp. 749 e s.; Furtado Martins, *Cessação do Contrato de Trabalho*, cit., p. 9.

[1995] Sobre este regime imperativo, pode consultar-se Romano Martinez, anotação ao art. 339.º, *in* Romano Martinez/Luís Miguel Monteiro/Joana Vasconcelos/Madeira de Brito/ Guilherme Dray/ Gonçalves da Silva, *Código do Trabalho Anotado*, cit., pp. 790 e s.

[1996] *Vd. infra* as citações em nota de acórdãos da Relação e do Supremo, em particular no § 58.

[1997] Sobre o tema, a indicação bibliográfica é extensa. Quanto a obras nacionais, apesar de respeitarem ao regime revogado, sem ser exaustivo, veja-se José João Abrantes, «Segurança no Emprego e Justa Causa de Despedimento (Breves Considerações)», *TJ*, n.º 6 (1990), pp. 9 a 29, «Despedimento Colectivo», *Direito do Trabalho. Ensaios*, Lisboa, 1995, pp. 197 a 202; Leal Amado, «Pornografia, Informática e Despedimento», cit., pp. 109 a 116 e «Despedimento Ilícito e Salários Intercalares: a Dedução do *Alliunde Perceptum*. Uma Boa Solução?», *QL* I (1994), n.º 1, pp. 43 a 52, «Salários Intercalares e Subsídio de Desemprego», *QL*, n.º 11 (1998), pp. 114 a 116; Carlos Antunes/Amadeu Guerra, *Despedimentos e Outras Formas de Cessação do Contrato de Trabalho*, Coimbra, 1984 pp. 59 a 227; Helena Tapp Barroso, «Justa Causa por Violação do Dever de Assiduidade; Faltas não Justificadas ao Trabalho e Falsas Declarações Relativas às Justificações das Faltas. Uma Abordagem do Caso das Falsas Declarações para Justificação de Faltas em Especial», *Estudos do Instituto de Direito do Trabalho*, Volume II, *Justa Causa de Despedimento*, Coimbra, 2001, pp. 179 a 193; Sofia Leite Borges, «A Justa Causa de Despedimento por Lesão de Interesses Patrimoniais Sérios da Empresa e pela Prática de Actos Lesivos da Economia Nacional», *Estudos do Instituto de Direito do Trabalho*, Volume II, *Justa*

Causa de Despedimento, Coimbra, 2001, pp. 165 a 178; Armando Braga, *Lei dos Despedimentos e da Contratação a Termo Anotada*, 4.ª edição, Porto, 1993; Madeira De Brito, «Justa Causa de Despedimento com Fundamento na Violação dos Deveres de Assiduidade, Zelo e Diligência», *Estudos do Instituto de Direito do Trabalho*, Volume II, *Justa Causa de Despedimento*, Coimbra, 2001, pp. 119 a 134; Gomes Canotilho/Jorge Leite, «A Inconstitucionalidade da Lei dos Despedimentos», *Estudos em Homenagem ao Prof. Doutor Ferrer Correia*, III, Coimbra, 1991, pp. 501 e ss.; Menezes Cordeiro, *Direito do Trabalho*, II, cit., pp. 934 ss., «Da Cessação do Contrato de Trabalho por Inadaptação do Trabalhador perante a Constituição da República», *RDES* XXXIII (1991), n.º 3/4, pp. 369 a 421 e «Justas Causas de Despedimento», *Estudos do Instituto de Direito do Trabalho*, Volume II, *Justa Causa de Despedimento*, Coimbra, 2001, pp. 7 a 14; Guilherme Dray, «Justa Causa e Esfera Privada», *Estudos do Instituto de Direito do Trabalho*, Volume II, *Justa Causa de Despedimento*, Coimbra, 2001, pp. 35 a 91; Monteiro Fernandes, *Direito do Trabalho*, cit., pp. 521 ss.; Sequeira Ferreira, «A Justa Causa de Despedimento no Contexto dos Grupos de Empresas», *Estudos do Instituto de Direito do Trabalho*, Volume II, *Justa Causa de Despedimento*, Coimbra, 2001, pp. 195 a 255; Jorge Leite, «Inconstitucionalidade das Normas sobre Despedimentos Colectivos ou a História de um Processo Legislativo Atribulado», *QL*, n.º 17 (2001), pp. 108 a 120; Paula Meira Lourenço, «A Relevância dos Comportamentos da Vida Particular do Trabalhador para Efeitos de Preenchimento do Conceito de Justa Causa de Despedimento», *Revista Jurídica AAFDL*, n.º 24 (2001), pp. 495 a 531; Baptista Machado, «Constitucionalidade da Justa Causa Objectiva», *Obra Dispersa*, Volume II, Braga, 1993, pp. 547 a 552; Romano Martinez, «A Justa Causa de Despedimento», *I Congresso Nacional de Direito do Trabalho. Memórias*, Coimbra, 1998, pp. 171 a 180 e «Incumprimento Contratual e Justa Causa de Despedimento», *Estudos do Instituto de Direito do Trabalho*, Volume II, *Justa Causa de Despedimento*, Coimbra, 2001, pp. 93 a 118; Furtado Martins, *Despedimento Ilícito, Reintegração na Empresa e Dever de Ocupação Efectiva*, Lisboa, 1992, pp. 15 a 24 e 37 a 57, *Cessação do Contrato de Trabalho*, cit., pp. 147 ss., «Despedimento Ilícito e Reintegração do Trabalhador», *RDES* XXXI (1989), n.º 3/4, pp. 483 a 520 e «Despedimento Ilícito. Revogação do Despedimento e Reatamento do Contrato de Trabalho», *RDES* XXXVI (1994), n.º 1/3, pp. 203 a 208; Barbosa de Melo, «Reflexão sobre o Projecto de Diploma Relativo à Cessação do Contrato Individual de Trabalho», *RDES* XXXI (1989), n.º 3/4, pp. 521 a 528; Andrade Mesquita, «Tipificações Legais da Justa Causa. A "Lesão de Interesses Patrimoniais Sérios da Empresa" e a "Prática Intencional, no Âmbito da Empresa, de Actos Lesivos da Economia Nacional», *Estudos do Instituto de Direito do Trabalho*, Volume II, *Justa Causa de Despedimento*, Coimbra, 2001, pp. 135 a 163; José António Mesquita, «Despedimento. Justa Causa. Infracção Disciplinar. Comportamentos da Vida Privada do Trabalhador», *TJ* 19 (1986), pp. 8 a 10; Luís Morais, *Dois Estudos: Justa Causa e Motivo Atendível de Despedimento. O Trabalho Temporário*, Lisboa, 1991, pp. 11 a 58; Isabel Ribeiro Parreira, «A Quebra de Confiança como Critério de Concretização da Justa Causa de Despedimento», *I Congresso Nacional de Direito do Trabalho. Memórias*, Coimbra, 1998, pp. 271 a 280; Mário Pinto/ Furtado Martins, «Despedimentos Colectivos: Liberdade de Empresa e Acção Administrativa», *RDES* XXXV (1993), n.º 1/4, pp. 3 a 70; Soares Ribeiro, «Cessação do Contrato de Trabalho por Inadaptação do Trabalhador», *IV Congresso Nacional de Direito do Trabalho*, Coimbra, 2002, pp. 397 a 409; Rui Salinas, «Algumas Questões sobre as Nulidades do Processo de Despedimento», *RDES* XXXIV (1992), n.ºs 1/3, pp. 19 a 66; Maria

Manuela Maia da Silva, «O Tempo no Processo Disciplinar», *I Congresso Nacional de Direito do Trabalho. Memórias*, Coimbra, 1998, pp. 199 a 222; Joana Vasconcelos, «Despedimento Ilícito, Salários Intercalares e Deduções», *RDES* XXXII (1990), pp. 157 a 223, «O Conceito de Justa Causa de Despedimento. Evolução Legislativa e Situação Actual», *Estudos do Instituto de Direito do Trabalho*, Volume II, *Justa Causa de Despedimento*, Coimbra, 2001, pp. 15 a 34 e «Concretização do Conceito de Justa Causa», *Estudos do Instituto de Direito do Trabalho*, Volume III, Coimbra, 2002, pp. 207 a 223; Motta Veiga, *Lições de Direito do Trabalho*, 8.ª edição, Lisboa, 2000, pp. 488 a 512; Bernardo Xavier, «A Extinção do Contrato de Trabalho», *RDES* XXXI (1989), pp. 427 a 478 e *O Despedimento Colectivo no Dimensionamento da Empresa*, Lisboa, 2000; Bernardo Xavier/Furtado Martins/Nunes de Carvalho, «Cessação Factual da Relação de Trabalho e Aplicação do Regime Jurídico do Despedimento», *RDES* XL (1999), n.º 1, pp. 41 a 49; Bernardo Xavier/Furtado Martins/Nunes de Carvalho/Joana Vasconcelos/ /Tatiana Guerra de Almeida, *Manual*, cit., 723 e ss..
A importância da matéria justificou que tivesse, mais do que uma vez, sido escolhida como tema de Mestrado em Direito do Trabalho na Faculdade de Direito de Lisboa, permitindo a elaboração de vários relatórios abrangendo quase todos os aspetos relevantes da cessação do vínculo laboral, também com perspetivas de Direito comparado; veja-se nomeadamente, Cláudia Pereira de Almeida, *Rescisão do Contrato de Trabalho*, Lisboa, 2001; Nuno Bastos, *Cessação da Situação Jurídica Laboral por Justa Causa Imputável ao Trabalhador: Génese do Regime Aprovado pelo Decreto-Lei n.º 64-A/89, de 27 de Fevereiro*, Lisboa, 1994; Telma Carvalho, *A Caducidade do Contrato de Trabalho a Termo no Direito Português*, Lisboa, 2001; Renato Farinha, *Cessação do Contrato de Trabalho do Futebolista*, Lisboa, 2001; Adilson Funez, *A Rescisão com Justa Causa ou o "Despedimento Indirecto" do Trabalhador no Direito Comparado Brasileiro / Português*, Lisboa, 2001; Francisca Martins, *Caducidade do Contrato de Trabalho em caso de Acidente de Trabalho. Direito Português / Direito Francês*, Lisboa, 2001; André Mendes, *Regime Geral da Cessação do Contrato de Trabalho*, Lisboa, 2001; Ana Lúcia de Oliveira, *Grupos de Empresas e a Cessação do Contrato de Trabalho por parte do Empregador*, Lisboa, 2000; Raquel Rei, *Esfera Privada e Cessação de Situação Jurídica Laboral*, Lisboa, 1994; Cecília Rosa, *Os Direitos do Empregador em Caso de Cessação do Contrato de Trabalho*, Lisboa, 2001.
No domínio do Código do Trabalho de 2003, pode consultar-se Romano Martinez, anotações aos arts. 382.º e ss., *in* Romano Martinez/Luís Miguel Monteiro/Joana Vasconcelos/Madeira de Brito/Guilherme Dray/Gonçalves da Silva, *Código do Trabalho Anotado*, 6.ª ed., Coimbra, 2008, pp. 703 ss., assim como Leal Amado, «Despedimento Ilícito e Oposição Patronal à Reintegração», *Subjudice*, 27 (2004), pp. 7 ss.; Mendes Baptista, nos vários artigos publicados nos *Estudos sobre o Código do Trabalho*, Coimbra, 2004, pp. 13 e ss., 113 e ss., 143 e ss. e 153 e ss.; Catarina de Oliveira Carvalho, «Cessação do Contrato de Trabalho Promovida pelo Empregador com Justa Causa Objectiva no Contexto dos Grupos Empresariais», *Estudos de Direito do Trabalho em Homenagem ao Professor Manuel Alonso Olea*, Coimbra, 2004, pp. 205 ss.; Morgado de Carvalho, «Percurso pela Cessação do Contrato de Trabalho», *Subjudice*, 27 (2004), pp. 11 ss.; Menezes Leitão, *Código do Trabalho Anotado*, 2.ª edição, Coimbra, 2004, anotações aos arts. 338.º e ss., pp. 283 ss.; Ferreira Pinto, «Código do Trabalho. Cessação do Contrato de Trabalho por iniciativa do Empregador», *A Reforma do Código do Trabalho*, Coimbra, 2004, pp. 513 ss.

atendendo à especial proteção conferida ao trabalhador, assenta numa particular distribuição do risco – diferente da que existe noutros vínculos – em que o empregador, entre outros aspetos, assume o risco da subsistência do contrato quando não tem nisso interesse[1998].

3. Regime geral da cessação do contrato de trabalho

a) Segurança no emprego

No art. 53.º da CRP, sob a epígrafe «Segurança no emprego», prescreve-se que são proibidos os despedimentos sem justa causa. Com base nesta disposição, desde logo encontra-se banida a denúncia discricionária, *ad nutum*, do contrato de trabalho por parte do empregador; o contrato de trabalho, não obstante ser de execução continuada, só pode cessar por vontade da entidade patronal se existir um motivo atendível[1999].

Apesar de a previsão constitucional de segurança no emprego constituir uma particularidade do regime português, a consagração do princípio generalizou-se nos países da União Europeia, sendo um postulado da OIT[2000]. Mesmo noutros espaços jurídicos, com contornos algo distintos, é frequente a consagração do princípio de segurança no emprego[2001].

Por fim, já após as revisões de 2009 e 2012, veja-se *o Código do Trabalho Anotado*, 11.ª ed., Coimbra, 2017, nas anotações aos arts. 338.º e ss., pp. 787 ss. e bibliografia aí citada, assim como LEAL AMADO, *Contrato de Trabalho*, cit., pp. 305 ss.

[1998] Quanto a esta perspetiva da distribuição do risco, veja-se ICHINO, *Il Contratto di Lavoro*, I, cit., pp. 17 ss.

[1999] Sobre o caráter garantístico do regime português de cessação do contrato de trabalho, veja-se ROSÁRIO PALMA RAMALHO, *Da Autonomia Dogmática do Direito do Trabalho*, cit., pp. 666 ss.

[2000] Cf. ROJOT, «Security of Employment and Employability», *in Comparative Labour Law and Industrial Relations in Industrialized Market Economies*, org. Roger BLANPAIN, 7.ª edição, Haia, Londres e Boston, 2001, pp. 427 ss.

No Reino Unido, a problemática da «termination of employment» tem tido um desenvolvimento relevante no moderno direito do trabalho, *vd.* BOWERS, *Employment Law*, cit., pp. 206 ss. e DEAKIN/MORRIS, *Labour Law*, cit., pp. 351 ss.; apesar de subsistir o princípio da «common law» *da liberdade de despedimento, nota-se uma atenuação na sua aplicação* (cf. DEAKIN/ /MORRIS, *Labour Law*, cit., p. 351), que justifica o desenvolvimento dado ao despedimento ilícito (wrongful dismissal), cf. BOWERS, *Employment Law*, cit., pp. 217 ss. No sistema jurídico inglês distingue-se a *wrongful dismissal* da *unfair dismissal*, cf. SELWYN, *Law of Employment*, cit., pp. 317 ss. e 326 ss., cuja distinção, como o autor indica, suscita diversas dúvidas de aplicação.

[2001] No direito norte-americano, a teoria do «employment at-will» tem sido limitada, não só mediante cláusulas estruturais como também por via de princípios como a boa fé, *vd.* CANO GÁLAN, *El Despido Libre y sus Limites en el Derecho Norteamericano*, Madrid, 2000, pp. 71 ss.

A concretização do motivo atendível, ou, na expressão da lei, «justa causa», tem sido alvo de amplo debate, com tomadas de posição contraditórias por parte do Tribunal Constitucional[2002]. A justa causa a que se alude no art. 53.º da CRP não depende de um comportamento culposo do trabalhador, como se determina no art. 351.º do CT, relacionando-se, antes, com o conceito de direito civil de justa causa como motivo atendível, que legitima a não prossecução de uma relação jurídica duradoura[2003].

Assim sendo, por via de regra, o contrato de trabalho pode cessar por causas objetivas relacionadas com as partes ou com o objeto do negócio jurídico, por motivos subjetivos dependentes do comportamento do trabalhador ou do empregador e por vontade discricionária do trabalhador.

b) Evolução legislativa

O regime da cessação do contrato de trabalho consta dos arts. 338.º e ss. do CT e corresponde a uma solução de compromisso entre o sistema tradicional da cessação do contrato de trabalho, assente nos princípios de direito civil com ligeiras correções (arts. 98.º e ss. da LCT) e a regra de proteção da estabilidade do emprego, constante do Decreto-Lei n.º 372-A/75, de 16 de junho e, principalmente, dos Decretos-Leis n.º 84/76, de 28 de janeiro, e n.º 841-C/76, de 7 de dezembro[2004].

Anteriormente, no art. 98.º, n.º 2, da LCT admitia-se que o contrato de trabalho cessasse imediatamente por vontade de qualquer das partes (denúncia), sem se invocar justa causa, desde que se indemnizasse a contraparte nos termos fixados nos arts. 109.º e 110.º da LCT; além disso, a denúncia

---

Em relação ao direito brasileiro, a propósito do art. 477 da CLT, *vd.* anotação de CARRION, *Comentários à Consolidação das Leis do Trabalho*, cit., pp. 340 s.; e esclarece TEIXEIRA MANUS, *Direito do Trabalho*, cit., pp. 167 ss., que, como no sistema brasileiro vale a dispensa sem motivo, a estabilidade, além de aspetos pontuais, baseia-se no Fundo de Garantia do tempo de Serviço.

[2002] Quanto a esta polémica e às posições do Tribunal Constitucional tendo em conta o regime anterior (art. 9.º da LCCT), *vd.* ROMANO MARTINEZ, *Direito do Trabalho*, cit., p. 806; FURTADO MARTINS, *Cessação do Contrato de Trabalho*, cit., pp. 158 e ss. Veja-se igualmente o Ac. TC n.º 581/95, de 31/10/1995, *BMJ* 451 (Suplemento), p. 497.

[2003] Cf. ROMANO MARTINEZ, *Direito do Trabalho*, cit., p. 806; FURTADO MARTINS, *Cessação do Contrato de Trabalho*, cit., pp. 163.

[2004] A limitação à livre denúncia do contrato de trabalho por parte do empregador foi introduzida em Itália a partir de 1966, na Alemanha a partir de 1969 e em França depois de 1973. Em relação ao regime da cessação do contrato de trabalho introduzido pelos citados diplomas de 1975 e 1976, *vd.* MOURA AZEVEDO, *Cessação do Contrato de Trabalho. Regime Jurídico Anotado e Comentado*, Coimbra, 1976, com atualização de 1977, pp. 15 ss.

unilateral, respeitando a antecedência estabelecida nas alíneas do n.º 1 do art. 107.º da LCT, podia ser licitamente declarada por qualquer das partes, cabendo tão-só ao empregador a obrigação de compensar o trabalhador nos termos prescritos no art. 107.º, n.º 4, da LCT. Consagrava-se, pois, o regime da discricionariedade da denúncia com obrigação de compensar a contraparte, exceto quando a denúncia era invocada pelo trabalhador com aviso prévio, caso em que não era devida compensação.

Diferentemente, com a legislação de 1975 e de 1976, deixou de ser admissível a denúncia discricionária por parte do empregador, sendo unicamente válidos, por um lado, os despedimentos justificados com base num comportamento inadequado do trabalhador e, por outro, com causas objetivas, o despedimento coletivo.

Com o regime instituído em 1989/91 – Lei da Cessação do Contrato de Trabalho e Decreto-Lei n.º 400/91, de 16 de outubro –, assentando-se no princípio de não serem admitidos os despedimentos sem justa causa, flexibilizou-se a cessação do contrato por parte do empregador[2005].

Atualmente, com o Código do Trabalho, na sequência do regime precedente, subsiste uma solução de compromisso. Estão proibidos os despedimentos sem justa causa (art. 338.º do CT), mas, por um lado, a justa causa pode ser subjetiva, por facto imputável ao trabalhador (art. 351.º do CT), ou objetiva (p. ex., despedimento coletivo, art. 359.º do CT) e, por outro, admite-se a inclusão de termo resolutivo em situações que extravasam o sentido tradicional desta cláusula acessória.

c) *Uniformidade e imperatividade do regime da cessação*

I. As soluções constantes dos arts. 338.º e ss. do CT aplicam-se aos contratos de trabalho de regime comum, em que predomina uma relação laboral no seio empresarial, assim como aos contratos de trabalho com regime especial, sempre que das respetivas regras não constem preceitos particulares que derroguem as regras gerais ou não exista incompatibilidade do regime geral com as especificidades de tais contratos (art. 9.º do CT)[2006].

[2005] Nos sistemas em que se estabelecem limitações ao despedimento, estas condicionantes têm de ser conjugadas com a admissibilidade de emprego precário, pois, como refere MONTEIRO FERNANDES, *Direito do Trabalho*, cit., p. 523, no limite, se o despedimento for inteiramente livre, nenhum empresário verá vantagens em contratar trabalhadores a termo.

[2006] A regra da imperatividade surge, por vezes, mais flexibilizada noutras ordens jurídicas; como refere PREIS, «Kündigungvereinbarungen», *Der Arbeitsvertrag. Handbuch der Vertrags-*

Além do regime comum de cessação do contrato, subsistem regras especiais estabelecidas em determinados tipos negociais, como os arts. 10.º, n.º 8, da Portaria n.º 1497/2008 (contrato de aprendizagem), arts. 27.º e ss. do Decreto-Lei n.º 235/92 (contrato de serviço doméstico) e os arts. 23.º e ss. da Lei n.º 54/2017 (contrato de praticante desportivo)[2007].

O regime comum de cessação do contrato propende para uma uniformidade[2008], pois, por via de regra, não se estabelecem diferenças em função do tipo de trabalhador ou do género de empresa, equiparando-se situações distintas. Quanto ao trabalhador, não obstante a substancial diferença introduzida pelo Código do Trabalho, a nível indemnizatório, o legislador não diferencia de modo relevante as situações culposas das isentas de culpa[2009], e identifica sob vários aspetos as diversas causas de cessação do contrato. De facto, quanto aos valores a pagar em caso de cessação do contrato, a indemnização por despedimento ilícito (art. 389.º, n.º 1, alínea *a*), do CT) pode ser inferior à compensação devida em caso de despedimento coletivo (art. 366.º do CT), porque, neste, se atende à duração do contrato, o que pode não ocorrer na hipótese de despedimento ilícito; esta discrepância, é, porém, minimizada tendo em conta a previsão do art. 391.º do CT, onde se confere ao trabalhador ilicitamente despedido o direito de optar por uma indemnização que substitui a reintegração. Também das alterações introduzidas em 2012, nomeadamente nos arts. 344.º e 366.º do CT decorre a

---

praxis und –gestaltung, Colónia, 2002, pp. 925 s., apesar de limitados, encontram-se acordos quanto à denúncia (*Kündigung*) no contrato de trabalho, que podem ser válidos.

[2007] Cf. uma referência a regimes especiais §§ 33 e ss. e Furtado Martins, *Cessação do Contrato de Trabalho*, cit., pp. 16 s.

[2008] Cf. Furtado Martins, *Cessação do Contrato de Trabalho*, cit., pp. 17 ss. A tentativa uniformizadora não é específica deste regime, pois o Código do Trabalho, na sequência da precedente Lei do Contrato de Trabalho, segue idêntico trilho, *vd.* § 5.2.c).

[2009] Na Lei da Cessação do Contrato de Trabalho, a indemnização constante do art. 13.º, n.º 3, da LCCT valia para o despedimento ilícito – em que havia uma atitude culposa do empregador –, para os despedimentos coletivo (art. 23.º, n.º 1, da LCCT), por extinção do posto de trabalho (art. 31.º da LCCT) e por inadaptação (art. 7.º do Decreto-Lei n.º 400/91) – onde não havia culpa do empregador – e ainda para a rescisão com justa causa, havendo culpa do empregador (art. 36.º da LCCT); além disso, a caducidade do contrato podia implicar que o trabalhador recebesse uma indemnização idêntica à que obteria em caso de despedimento ilícito (art. 6.º, n.º 2, da LCCT). Quanto a este último ponto, havia uma pequena diferença entre o disposto no art. 6.º, n.º 2, da LCCT e no art. 13.º, n.º 3, da LCCT; neste último caso, a indemnização não podia ser inferior a três meses, mas se o trabalhador tivesse mais de três anos de serviço receberia a mesma indemnização em qualquer das referidas hipóteses de cessação do contrato.

ideia de uniformizar a compensação em caso de cessação do contrato com causas objetivas.

Além da diferença no plano da indemnização, importa aludir a algumas distinções relativas ao tipo de trabalhador ou de empresa, que contrariam a propensa uniformidade. Deste modo, por exemplo, a não reintegração vale relativamente ao trabalhador que ocupe cargo de administração ou de direção (art. 392.º, n.º 1, do CT); por outro lado, estabeleceu-se um regime especial para as microempresas no que respeita ao procedimento de despedimento (art. 358.º do CT) e à não reintegração (art. 392.º do CT).

II. A natureza injuntiva do regime da cessação do contrato de trabalho consta do art. 339.º do CT; situação que não é exclusiva do âmbito laboral, pois, no arrendamento urbano, o disposto sobre cessação do contrato também tem natureza imperativa (art. 1080.º do CC).

A mencionada imperatividade admite, contudo, exceções. Não se permite que, por instrumento de regulamentação coletiva ou por contrato de trabalho, se estatua qualquer alteração ao regime da cessação do contrato, ainda que mais favorável ao trabalhador, mas há que atender a disposições legais que permitem a sua derrogação e à previsão constante dos n.os 2 e 3 do art. 339.º do CT[2010].

De entre as normas que consubstanciam «disposição legal» (em contrário) importa atender aos diplomas sobre contratos de trabalho com regime especial, nomeadamente aos já citados art. 10.º, n.º 8, da Portaria n.º 1497/2008 (contrato de aprendizagem), arts. 27.º e ss. do Decreto-Lei n.º 235/92 (contrato de serviço doméstico) e arts. 23.º e ss. da Lei n.º 54/2017 (contrato de praticante desportivo).

Das exceções constantes dos n.os 2 e 3 do art. 339.º do CT resulta que a derrogação do regime pode unicamente constar de instrumento de regulamentação coletiva do trabalho[2011].

Tendo por base o disposto no n.º 2 conclui-se que podem ser regulados por instrumento de regulamentação coletiva de trabalho os critérios de de-

[2010] Sobre a questão no âmbito do precedente art. 2.º da LCCT, *vd.* Furtado Martins, *Cessação do Contrato de Trabalho*, cit., pp. 21 ss. Analisando a possibilidade de ser ajustada uma cláusula penal, veja-se Júlio Gomes, *Direito do Trabalho*, I, cit., pp. 909 ss.

[2011] Quanto à especificidade interpretativa a nível laboral, constante do art. 3.º, n.º 5, do CT, em que a supletividade da lei respeita tão-só a regras de instrumento de regulamentação coletiva, não sendo, portanto, modificável por contrato de trabalho, solução que já se tinha defendido com base no art. 13.º, n.º 2, da LCT, *vd.* Romano Martinez, *Direito do Trabalho*, 1.ª ed., pp. 223 s.

finição de indemnizações, assim como os prazos de procedimento e de aviso prévio constantes do Capítulo da cessação do contrato[2012]. Daqui se infere que a convenção coletiva não poderá, por exemplo, restringir ou alargar a noção de justa causa de despedimento ou modificar os fundamentos do despedimento coletivo. Mas já será admissível que, em instrumento de regulamentação coletiva, sejam regulados os valores das indemnizações devidas em caso de cessação do contrato de trabalho (art. 349.º, n.º 4, do CT)[2013]/[2014]. Cabe ainda referir que no art. 349.º, n.º 3, do CT se admite que as partes, ao revogarem o contrato de trabalho, acordem quanto a outros efeitos não previstos na lei.

III. A imperatividade do regime tem que ver com o facto de, no âmbito laboral, ser problemática a garantia de uma vontade do trabalhador livre e esclarecida na celebração de acordos com o empregador. Coloca-se, portanto, a dúvida quanto à vontade livre e esclarecida das partes para efeitos de formação de diferentes acordos que alterem o regime especial de cessação do contrato.

De facto, o contrato de trabalho assenta numa estrutura de direção-subordinação e o trabalhador exerce a sua atividade em regime de subordinação jurídica (e, eventualmente, económica), designada «heterodeterminação», enquanto ao empregador são conferidos os poderes de direção e disciplinar.

[2012] De modo diverso do que resultava do art. 59.º da LCCT, deixou de ser possível regular em instrumento de regulamentação coletiva os critérios de preferência na manutenção de emprego nos casos de despedimento coletivo. Quanto a esta alteração, *vd.* Romano Martinez, anotação III ao art. 339.º *in* Romano Martinez/Luís Miguel Monteiro/Joana Vasconcelos/Madeira de Brito/Guilherme Dray/Gonçalves da Silva, *Código do Trabalho Anotado*, cit., p. 792.

[2013] Sobre o sentido deste preceito, veja-se Romano Martinez, anotação III ao art. 339.º *in* Romano Martinez/Luís Miguel Monteiro/Joana Vasconcelos/Madeira de Brito/ /Guilherme Dray/Gonçalves da Silva, *Código do Trabalho Anotado*, cit., p. 791 s.

[2014] No domínio da legislação precedente, podiam ser alterados por convenção coletiva ou contrato de trabalho os prazos de aviso prévio da comunicação de despedimento coletivo (art. 21.º, n.º 1, da LCCT) e de rescisão sem justa causa (art. 38.º, n.º 1, da LCCT), assim como a duração do período experimental (art. 55.º, n.º 3, da LCCT). Nos dois primeiros casos, entendia-se que a alteração só poderia ser no sentido de aumento dos prazos. O aumento dos prazos, principalmente no que diz respeito ao aviso prévio da rescisão, estava sujeito a limites de razoabilidade, relacionados com a sua justificação (veja-se, designadamente, o disposto no art. 36.º, n.º 3, da LCT). Na última hipótese (período experimental), a lei só admite a redução do período.

A relação jurídica emergente do contrato de trabalho é tendencialmente desequilibrada, quer no plano jurídico quer no plano económico[2015].

No âmbito laboral, há alguns aspetos que podem indiciar uma posição de supremacia do empregador: a possibilidade de determinação ou de conformação da atividade por este exercida e, sobretudo, o exercício do poder disciplinar, que faculta ao empregador a aplicação de sanções disciplinares sem necessidade de recurso a intervenção judicial. No plano oposto, o trabalhador encontra-se numa posição passiva, em particular resultante da subordinação jurídica, de que resulta um dever de obediência em relação às ordens, regras ou orientações emanadas do respetivo empregador, dentro dos limites do contrato e das normas que o regem.

Por outro lado, frequentemente a relação laboral pressupõe a subordinação económica do trabalhador em dois sentidos: os rendimentos do trabalho constituem o seu principal meio de subsistência; e o processo produtivo para o qual o trabalhador contribui não é dominado pelo próprio, mas sim pelo empregador, detentor dos meios de produção e do poder de gestão da empresa.

Por isso, não raras vezes se afirma que a relação jurídica de trabalho é desequilibrada, pois assenta num desnível jurídico e económico, por força do qual o trabalhador, enquanto contraente mais débil, se coloca contratualmente numa situação de inferioridade em relação ao empregador[2016].

Mas a imperatividade tem um âmbito mais alargado, pois também não confere aos instrumentos de regulamentação coletiva validade para intervirem nesta questão, salvas as exceções indicadas.

d) Consequências da cessação

I. A cessação do vínculo extingue as obrigações das partes que respeitam ao cumprimento do contrato de trabalho, mas determina a constituição de certas prestações. Associado às questões formais resultantes da extinção, neste contrato, de modo mais premente do que em outros vínculos, atende-se frequentemente às consequências da extinção na pessoa do trabalhador, por

[2015] Veja-se Guilherme Dray, *O Princípio da Igualdade no Direito do Trabalho. Sua Aplicabilidade no Domínio Específico de Contratos Individuais de Trabalho,* Coimbra, 1999, pp. 135 ss. e 186 ss.

[2016] Cf. Guilherme Dray, «O Ideal de Justiça Contratual e a Tutela do Contraente Mais Débil», *Estudos em Homenagem ao Professor Doutor Inocêncio Galvão Telles*, Volume I, *Direito Privado e Vária*, Coimbra, 2002, p. 84.

vezes relacionando com a perda do meio de sustento[2017]. Importa referir que estas condicionantes foram tidas em conta na previsão limitada de situações de cessação do contrato de trabalho, não devendo ser ponderadas duas vezes; por isso, na apreciação dos pressupostos das situações de cessação, ainda que esses dados pessoais possam estar subjacentes, não são relevantes, sob pena de se introduzirem mais elementos subjetivos na aplicação do direito do trabalho.

Importa ainda referir que, contrariamente ao que é preconizado por alguma doutrina[2018], não há que distinguir a cessação do contrato de trabalho da extinção da relação laboral, porque o contrato é de execução continuada, não se podendo acantoná-lo ao mero ato de celebração.

II. Como dispõe o art. 341.º do CT, tendo cessado o contrato de trabalho, o empregador é obrigado a entregar ao trabalhador um certificado de trabalho, do qual constarão as datas de admissão e de termo, bem como o cargo ou cargos desempenhados (n.º 1, alínea *a)*), e outros documentos destinados a fins oficiais, nomeadamente para a segurança social, de modo a poder ser atribuído ao trabalhador subsídio de desemprego (n.º 1, alínea *b)*).

III. Cessando o contrato de trabalho, impende sobre o trabalhador o dever de devolver imediatamente ao empregador os instrumentos de trabalho e quaisquer outros objetos que sejam pertença deste (art. 342.º do CT). Consagra-se um princípio geral, que decorre das regras comuns, nomeadamente de direito das obrigações e de direitos reais. O incumprimento deste dever de devolução determina a aplicação das regras gerais de responsabilidade civil, concretamente dos arts. 483.º e ss. e 798.º e ss. do CC, por um lado, e dos 563.º e ss. do CC, por outro.

Do disposto no art. 342.º do CT deduz-se que a falta do empregador (discutível ou mesmo por ele reconhecida) de pagamento de quaisquer quantias ao trabalhador, em princípio, não confere a este direito de retenção sobre os instrumentos de trabalho ou outros objetos que sejam pertença daquele. De facto, tendo em conta a previsão geral do art. 754.º do CC, para haver direito de retenção será necessário que o crédito do trabalhador resulte de

---

[2017] *Vd.* Suppiej/de Cristofaro/Cester, *Diritto del Lavoro. Il Rapporto Individuale,* cit., pp. 354 ss.

[2018] Por exemplo, Spielbücher *in* Floretta/Spielbücher/Strasser *Arbeitsrecht,* Volume I *Individualarbeitsrecht (Arbeitsvertragsrecht),* cit., pp. 58 ss.; Suppiej/de Cristofaro/Cester, *Diritto del Lavoro. Il Rapporto Individuale,* cit, p. 355.

despesas feitas por causa desses objetos do empregador ou de danos por eles causados. Por via de regra, os montantes que o empregador tem a pagar ao trabalhador aquando da cessação do contrato não se relacionam com essas duas hipóteses. Acresce que entre as situações especiais de direito de retenção (art. 755.º do CC) não se inclui o trabalhador no elenco de credores privilegiados.

IV. Por último, da cessação do contrato resulta a obrigação de acerto de contas, pelo que se podem constituir prestações específicas próprias da extinção.

Nesse acerto de contas, além de se atender a prestações vencidas (p. ex., retribuições não pagas), tem particular relevância aludir às obrigações que se vencem em virtude da cessação do vínculo. Neste sentido importa referir o disposto no art. 245.º do CT relativo aos efeitos da cessação do contrato de trabalho no direito a férias e correspondente subsídio: o trabalhador tem direito a receber uma quantia proporcional ao tempo de serviço prestado no ano em que cessa o contrato e, não tendo ainda gozado as férias vencidas no dia 1 de janeiro desse ano, tem direito a receber também a quantia referente a essas férias e ao correspondente subsídio. Do mesmo modo, como prescreve a alínea *b)* do n.º 2 do art. 263.º do CT, cessando o contrato, o trabalhador tem direito a receber o proporcional do subsídio de Natal correspondente ao tempo de serviço prestado nesse ano.

V. Qualquer das situações anteriormente indicadas corresponde a deveres de execução pós-contratual, que decorrem da cessação do vínculo; vencendo-se, por isso, com a extinção do contrato, pelo que tais obrigações serão cumpridas após a dissolução do contrato de trabalho. No fundo, como ocorre em outros contratos (*v.g.*, contrato de sociedade), estar-se-á no âmbito do que se pode designar por consequências da liquidação; a relação contratual extingue-se e tem de se proceder à respetiva liquidação.

Ao processo de liquidação, salvo previsão especial da lei (p. ex. arts. 333.º, n.º 1, e 337.º, n.º 1, do CT), não se aplica o regime laboral de proteção do trabalhador (*v.g.*, art. 129.º do CT).

No que respeita à pós-eficácia do contrato de trabalho refira-se ainda que pode haver deveres que subsistem para ambas as partes após a cessação do vínculo, decorrentes da boa fé, como os deveres de lealdade e de sigilo (*vd. supra* § 24.6,b).II e c).II).

4. Causas de cessação

I. Depois de se reiterar no art. 338.º do CT a proibição de despedimento sem justa causa, mencionam-se no art. 340.º do CT as modalidades de cessação do contrato de trabalho[2019]. Neste preceito, como formas de cessação, indica-se: *a)* caducidade; *b)* revogação; *c)* despedimento por facto imputável ao trabalhador; *d)* despedimento coletivo; *e)* despedimento por extinção do posto de trabalho; *f)* despedimento por inadaptação; *g)* resolução pelo trabalhador; *h)* denúncia pelo trabalhador. Não se trata de um elenco de causas, mas da indicação de diversas modalidades de cessação, devendo proceder-se ao seu enquadramento dogmático nas tradicionais causas de cessação do vínculo contratual.

A evolução dogmática operada no direito do trabalho não se encontra noutros espaços jurídicos, onde, frequentemente, a cessação do contrato é estudada através do elenco (exaustivo) das várias causas de extinção – morte, reforma, incapacidade, decisão do trabalhador, despedimento (por causas subjetivas e objetivas), acordo, etc.[2020] –, surgindo, porém, determinadas construções em que as formas de cessação se reconduzem a três tipos – despedimento com justa causa, acordo e despedimentos económicos[2021]. Mas, em alguns manuais, a cessação do contrato de trabalho resume-se quase só ao despedimento, sendo feitas referências a outras causas de modo dis-

[2019] Do art. 3.º, n.º 2, da LCCT constavam as seguintes causas de cessação do contrato de trabalho: *a)* caducidade; *b)* revogação por acordo das partes; *c)* despedimento promovido pela entidade empregadora; *d)* rescisão, com ou sem justa causa, por iniciativa do trabalhador; *e)* rescisão por qualquer das partes durante o período experimental; *f)* extinção de postos de trabalho por causas objetivas de ordem estrutural, tecnológica ou conjuntural relativas à empresa. Estas diferentes formas ou causas de cessação do contrato de trabalho, não obstante a sua imprecisão e falta de rigor terminológico, encontravam-se esquematizadas num quadro bastante elucidativo elaborado por Furtado Martins, *Cessação do Contrato de Trabalho*, Cascais, 1999, p. 27 (atualmente na 4.ª ed. da mesma obra p. 37).

[2020] *Vd.* Montoya Melgar, *Derecho del Trabajo*, cit., pp. 457 ss.; Pera, *Diritto del Lavoro*, cit., pp. 527 ss. Neste contexto, interessa atender às lições de Söllner/Waltermann, *Grundriß des Arbeitsrechts*, cit., onde, depois de se aludir à perturbação da prestação (p. 292), nas pp. 321 ss. apresentam um elenco de causas de cessação do contrato de trabalho – termo acordado, denúncia (ordinária e extraordinária), invalidade, decisão judicial, idade do trabalhador, morte do trabalhador e greve – a que acrescentam causas infundadas de cessação (p. ex., impossibilidade do empregador ou morte do empregador, p. 324).

[2021] *Vd.* Mazeaud, *Droit du Travail*, 8.ª ed., Paris, 2012, pp. 423 ss., 435 ss. e 471 ss. Também se encontra quem distinga dois tipos de cessação: por acordo e por decisão unilateral, diferenciando, neste último caso, a cessação por decisão do empregador e do trabalhador (Palomeque López/Álvarez de la Rosa, *Derecho del Trabajo*, cit., p. 750).

perso depois de um tratamento exaustivo dos diferentes aspetos do despedimento[2022]. E, tal como na legislação precedente (LCCT), também noutras ordens jurídicas, por vezes, a mesma forma de cessação do vínculo surge diversamente denominada, consoante seja exercida pelo trabalhador ou pelo empregador; assim, a resolução por incumprimento surgia na LCCT como rescisão ou despedimento com justa causa e, no direito italiano, como *dimissioni* (quando exercida pelo trabalhador) ou *licenziamento* (quando exercida pelo empregador)[2023] e, no sistema francês, faz-se idêntica contraposição entre *démission* e *licenciement*[2024]. Mais do que em outros contratos, a questão terminológica dos meios de cessação do vínculo assume particular relevo no âmbito laboral, até por motivos de ordem psicológica[2025]; o Código do Trabalho de 2003 pretendeu evitar essa dispersão, mas a mesma retornou com a revisão de 2009.

II. O contrato de trabalho caduca nos termos gerais (arts. 343.º e ss. do CT), pode ser revogado por acordo das partes (arts. 349.º e ss. do CT) e, verificados determinados pressupostos, extingue-se por decisão unilateral de uma das partes. Quanto à decisão unilateral, importa distinguir três situações: a resolução, baseada no incumprimento da contraparte, a resolução por causas alheias à atuação das partes e a denúncia.

A resolução fundada na conduta indevida de uma das partes distingue-se, terminologicamente, consoante o incumprimento seja imputável ao trabalhador, designada por justa causa de despedimento (art. 351.º do CT), ou ao empregador, por justa causa de resolução (art. 394.º, n.º 2, do CT).

[2022] *Vd.* Olea/Casas Baamonde, *Derecho del Trabajo*, cit., pp. 565 ss., 633 ss. e 649 ss.

[2023] *Vd.* Mazzotta, *Diritto del Lavoro. Il Rapporto di Lavoro*, 4.ª ed., Milão, 2011, pp. 651 ss. Nesta profusão terminológica, também se designa a denúncia como despedimento (*ad nutum*), quando é invocada pelo empregador, cf. Tatarelli, *Il Licenziamento Individuale e Collettivo*, 2.ª ed., Pádua, 2000, pp. 183 ss.

[2024] *Vd.* Pélissier/Supiot/Jeammaud, *Droit du Travail*, cit., pp. 529 ss. Sobre a terminologia, Olea, «Un Problema cada vez mas Complejo: la Extinción del Contrato de Trabajo por Voluntad del Trabajador», *Boletim da Faculdade de Direito de Coimbra*. 62 (1986), pp. 215 s., explica que a extinção por vontade do trabalhador não tem uma expressão única; a *dimissión* é pouco expressiva, utilizando-se o verbo «despedir» com diferentes sentidos: despediu-se ou foi despedido. Mas o autor (ob. cit., pp. 218 ss.) chama resolução à denúncia com pré-aviso.

[2025] Quanto a um elenco alargado de expressões utilizadas em várias ordens jurídicas, veja-se Munhoz/Vidotti, «A Rescisão por Justa Causa do Contrato de Emprego no Direito do Trabalho Brasileiro», *Estudos do Instituto de Direito do Trabalho*, Volume II, *Justa Causa de Despedimento*, Coimbra, 2001, pp. 260 ss.

A resolução por causas alheias à atuação das partes também se diferencia em moldes idênticos. Sendo a resolução da iniciativa do empregador designa-se despedimento e abrange três situações: despedimento coletivo (art. 359.º do CT), despedimento por extinção de posto de trabalho (art. 367.º do CT) e despedimento por inadaptação (art. 373.º do CT); estas três hipóteses, por contraposição à justa causa de despedimento (subjetiva), são por vezes denominadas despedimento por justa causa objetiva. No caso de a resolução ser da iniciativa do trabalhador, contrapõe-se a justa causa subjetiva, em que há culpa do empregador (art. 394.º, n.º 2, do CT), à justa causa objetiva, sem culpa do empregador (art. 394.º, n.º 3, do CT).

Por último, a denúncia implica a cessação do contrato de trabalho por declaração unilateral de qualquer das partes, sem invocação do motivo. Na sequência do regime geral, há duas modalidades de denúncia: para obstar à renovação ou à conversão do contrato a termo certo (art. 344.º do CT)[2026]; ou como modo de impedir a prossecução de uma relação jurídica duradoura. Nesta segunda modalidade cabe fazer referência a três situações: denúncia durante o período experimental (art. 114.º do CT); denúncia no regime de comissão de serviço (art. 163.º do CT); denúncia com aviso prévio por parte do trabalhador (art. 400.º do CT). Das três situações de denúncia, a última é exclusiva do trabalhador, sendo as duas outras hipóteses de denúncia invocáveis por ambas as partes.

III. Poder-se-ia questionar se, descurando a denúncia pelo empregador, omitida pelo legislador, há outras causas de cessação além das previstas no art. 340.º do CT, ou se, pelo contrário, a indicação legal é taxativa. A lei não pode prever todos os modos de cessação de um vínculo contratual e encontram-se hipóteses de extinção do contrato de trabalho não incluídas diretamente no elenco daquele preceito. Assim, se um trabalhador se torna «dono» da empresa em que trabalha porque adquiriu as participações sociais representativas da maioria do capital da sociedade empregadora, não se pode admitir que a relação laboral subsista; neste caso, a inevitável cessação do contrato de trabalho não se enquadra diretamente em nenhuma das situações mencionadas no citado artigo do Código do Trabalho.

[2026] Neste caso, a denúncia não tem autonomia como modo de cessação do contrato, pois conduz à caducidade; ou seja, a denúncia funciona como meio indireto de cessação do contrato, porque constitui o modo de fazer valer a caducidade, que sem a denúncia não operaria.

Contudo, assentando numa noção de caducidade em sentido amplo, como a que resulta do corpo do art. 343.º do CT[2027], pode concluir-se que as situações atípicas de cessação do contrato de trabalho que não se reconduzem diretamente às hipóteses previstas no art. 340.º do CT se podem enquadrar numa noção ampla de caducidade, que abrange diferentes situações jurídicas, como a do exemplo referido no parágrafo anterior. De facto, pode concluir-se que a caducidade do contrato de trabalho também ocorrerá na multiplicidade de hipóteses em que se inviabiliza a execução das prestações contratuais; por outro lado, os vínculos contratuais cessam igualmente em razão de causas de extinção das obrigações além do cumprimento; e, no caso, haveria que atender à confusão (art. 868.º do CC).

IV. Deste elenco de causas de cessação do contrato de trabalho resulta, como melhor se verá na exposição subsequente, que não há paridade na posição das partes; dos mecanismos jurídicos conferidos ao empregador e ao trabalhador, com vista à cessação do contrato, só em relação àquele se estabeleceram condicionantes à liberdade de livre desvinculação.

V. No Código do Trabalho, não obstante o elenco incompleto do art. 340.º do CT, as modalidades de cessação do contrato de trabalho reconduzem-se, assim, às quatro formas típicas de extinção das relações obrigacionais, para além daquela que decorre do próprio cumprimento das obrigações: a caducidade, a revogação, a resolução e a denúncia[2028].

Nos termos gerais, a resolução e a denúncia resultam ambas de declaração de vontade unilateral de uma das partes, dirigida à contraparte, ainda que em termos não coincidentes: no primeiro caso, trata-se de uma declaração fundamentada, no sentido em que depende da invocação de um motivo legalmente atendível; no caso da denúncia, a declaração de vontade é imotivada (*ad nutum*). A revogação resulta de um ajuste contratual levado a efeito pelos contraentes com vista à cessação do contrato. A caducidade determina

[2027] No art. 343.º do CT lê-se que «o contrato de trabalho caduca nos termos gerais, nomeadamente:», a que se seguem três indicações exemplificativas.

[2028] A propósito das aludidas quatro formas de extinção das relações obrigacionais, tendo em conta o anterior elenco constante do art. 3.º, n.º 2, da LCCT, veja-se ROMANO MARTINEZ, «Cessação do Contrato de Trabalho; Aspectos Gerais», *in Estudos do Instituto de Direito do Trabalho*, Volume III, Coimbra, 2002, pp. 181 ss., bem como a bibliografia ali citada a propósito desta matéria.

a extinção do contrato em função do decurso do tempo ou da ocorrência de um facto superveniente.

VI. A resolução do contrato de trabalho depende da existência de justa causa. Assim sucede com o despedimento por facto imputável ao trabalhador (art. 351.º do CT) ou com base na designada «justa causa objetiva» (arts. 359.º e ss. do CT)[2029], bem como com a cessação unilateral da iniciativa do trabalhador decorrente de um comportamento culposo do empregador (art. 394.º, n.º 2, do CT).

VII. A denúncia consubstancia, também, uma forma de cessação unilateral do contrato de trabalho. Todavia, ao contrário da resolução, a denúncia é *ad libitum*, tendencialmente de exercício discricionário; de facto, para a denúncia não se exige a invocação de um motivo a tanto dirigido e pode, em regra, ser exercida de forma não condicionada.

No domínio laboral, a denúncia, além de discricionária, excecionalmente pode não estar dependente de aviso prévio – é o que ocorre no caso da cessação durante o período experimental (art. 114.º, n.º 1, do CT); mas, por via de regra, na sequência do regime geral, a boa fé impõe que a cessação do vínculo por denúncia seja antecedida de um período de preparação, pelo que se exige aviso prévio. Assim, tendo o período experimental durado mais de sessenta dias, o empregador, para fazer cessar o contrato por denúncia, tem de dar um aviso prévio de sete dias (art. 114.º, n.º 2, do CT)[2030]; no regime da comissão de serviço, o aviso prévio é de trinta ou de sessenta dias (art. 163.º do CT) e, no caso da cessação do contrato de trabalho a termo certo, a comunicação tem de ser enviada quinze ou oito dias antes de o prazo expirar (art. 344.º do CT).

VIII. A revogação, ou distrate, consubstancia um negócio jurídico bilateral destinado a fazer cessar um contrato de trabalho. Resulta da autonomia privada e representa o exercício da liberdade contratual, que se manifesta, neste caso, na celebração do contrato extintivo (art. 406.º, n.º 1, do CC)[2031].

[2029] A propósito da «justa causa objetiva» veja-se, nomeadamente, BERNARDO XAVIER, *O Despedimento Colectivo no Dimensionamento da Empresa*, Lisboa, 2000, pp. 268 ss. e 358 s.

[2030] Refira-se que, no domínio da legislação precedente (arts. 43.º e 55.º da LCCT) não era exigido aviso prévio para a denúncia durante o período experimental.

[2031] Cf. MENEZES LEITÃO, *Direito das Obrigações*, Volume II, *Transmissão e Extinção das Obrigações. Não Cumprimento e Garantias de Crédito*, 12.ª ed., Coimbra, 2018, p. 103.

Está, pois, em causa, na revogação, a destruição voluntária da relação contratual pelos próprios autores do contrato[2032], que se caracteriza por ser discricionária e por não ser, em princípio, retroativa[2033]: as partes não necessitam de invocar qualquer fundamento (revogação *ad nutum* ou *ad libitum*) e os efeitos da revogação, em regra, apenas valem para o futuro (*ex nunc*)[2034]/[2035]. No âmbito laboral, a revogação do contrato consubstancia um negócio jurídico formal, no sentido em que a lei exige a observância da forma escrita e de um conjunto de formalidades destinadas a promover a proteção do trabalhador (arts. 349.º e 350.º do CT).

BIBLIOGRAFIA:

LEAL AMADO, *Contrato de Trabalho*, cit., pp. 305 ss.; MENEZES CORDEIRO, *Direito do Trabalho*, II, cit., pp. 843 ss.; MONTEIRO FERNANDES, *Direito do Trabalho*, cit., pp. 519 e ss.; PAULO MARRECAS FERREIRA, «Da Natureza Civil e do Carácter Normativo dos Fundamentos de Rescisão do Contrato Individual de Trabalho», *Ab Uno ad Omnes. 75 Anos da Coimbra Editora*, Coimbra, 1998, pp. 1181 a 1223; JÚLIO GOMES, *Direito do Trabalho*, I, cit., pp. 907 ss.; ROMANO MARTINEZ, «Cessação do Contrato de Trabalho; Aspectos Gerais», *Estudos do Instituto de Direito do Trabalho*, III Vol., Coimbra, 2002, pp. 179 a 205, *Da Cessação do Contrato*, 3.ª ed., Coimbra, 2017 e anotação aos arts. 338.º ss., *Código do Trabalho Anotado*, cit., pp. 787 e ss.; FURTADO MARTINS, *Cessação do Contrato de Trabalho*, cit., pp. 34 e ss. e 681 e ss.; ROSÁRIO PALMA RAMALHO, *Tratado de Direito do Trabalho*, II, cit., pp. 735 e ss.; RAÚL VENTURA, «Extinção das Relações Jurídicas de Trabalho», *ROA* 1950, pp. 215 a 221; BERNARDO XAVIER, e «A Extinção do Contrato de Trabalho», *RDES* XXXI (1989), n.os 3/4, pp. 399 a 414; BERNARDO XAVIER/FURTADO MARTINS/NUNES DE CARVALHO/JOANA VASCONCELOS/TATIANA GUERRA DE ALMEIDA, *Manual*, cit., pp. 723 e ss.

[2032] Cf. ANTUNES VARELA, *Das Obrigações em Geral*, Volume II, 7.ª ed., 1999, pp. 279 s.

[2033] Cf. MENEZES CORDEIRO, *Direito do Trabalho*, II, cit., p. 901.

[2034] Cf. JOANA VASCONCELOS, «A Revogação do Contrato de Trabalho», *DJ*, XI (1997), Tomo 2, pp. 174, e, mais desenvolvidamente, da mesma autora, *A revogação do contrato de trabalho*, Coimbra, 2011, pp. 176 ss.

[2035] Em certos casos, porém, a revogação pode ter efeitos retroativos, quando estes lhe sejam atribuídos por lei ou convenção das partes, mas tal acordo será, em princípio, ilícito no âmbito laboral, por força do disposto no art. 339.º do CT.

§ 55. CADUCIDADE

1. Noção e causas

I. O contrato de trabalho pode cessar, nomeadamente, por caducidade.

Em caso de caducidade, o contrato cessa pela ocorrência de um facto jurídico *stricto sensu*, por exemplo, na hipótese de extinção do objeto ou pela verificação de qualquer facto ou evento superveniente a que se atribua efeito extintivo da relação contratual.

Assim, no domínio laboral, a caducidade implica a extinção do contrato de trabalho sempre que as prestações devam ser realizadas num determinado prazo, fixado por lei ou convenção das partes. Como exemplo típico desta situação cabe indicar o contrato ao qual foi aposto um termo resolutivo (art. 140.º do CT). Por outro lado, também se estará perante uma hipótese de caducidade quando se esgota o objeto do contrato – *v. g.*, termina a obra para a qual o trabalhador foi contratado, cessa a concessão de exploração no local onde o trabalhador desenvolve a sua atividade – ou ocorre um evento a que se atribui efeito extintivo, como, por exemplo, a morte do trabalhador.

II. Tal como em outros contratos, a caducidade pode resultar da impossibilidade não imputável a uma das partes de efetuar a sua prestação; de facto, num vínculo sinalagmático como o contrato de trabalho, se uma das partes não pode realizar a sua prestação a contraparte fica desobrigada da contraprestação (art. 795.º, n.º 1, do CC). Esta extinção recíproca das prestações contratuais designa-se por caducidade no art. 343.º do CT, que inclui, entre as causas de caducidade do contrato de trabalho, a impossibilidade superveniente de prestar ou de receber o trabalho. Não obstante se reconhecer a distinção entre as duas situações[2036], na sequência do que já foi feito na I Parte, incluir-se-á o estudo da impossibilidade superveniente a propósito da caducidade. Deste modo, aludir-se-á à caducidade em sentido amplo, como forma de cessação do contrato de trabalho que decorre de um facto a que a lei atribui o efeito extintivo. Até porque, em ambas as situações, a cessação do contrato advém de um facto jurídico *stricto sensu*, não dependente de uma declaração de vontade.

[2036] Para uma contraposição entre a impossibilidade e a caducidade, *vd.* MENEZES CORDEIRO, *Manual de Direito do Trabalho*, cit., p. 779, autor que também inclui na caducidade em sentido amplo a impossibilidade (*Direito do Trabalho*, II, pp. 872 ss.)

III. No contrato de trabalho, por via de regra, a caducidade também funciona automaticamente, não necessitando de ser invocada por qualquer das partes[2037].

A caducidade opera pelo decurso do prazo para o qual o contrato foi celebrado ou, noutras hipóteses, pela ocorrência de um facto a que a lei atribui efeito extintivo[2038]. Por via de regra, a caducidade determina automaticamente a extinção do vínculo. Noutros casos, porém, quando vigore, por lei ou convenção, o regime de renovação automática do contrato, a caducidade depende de uma denúncia prévia do contraente interessado em obstar à renovação automática do contrato. É o que sucede no domínio laboral com a caducidade dos contratos de trabalho a termo certo: o contrato caduca se a parte interessada comunicar a intenção de não renovação do contrato à contraparte com a antecedência mínima de quinze ou de oito dias, sob pena de o contrato se renovar por período igual ao inicialmente estabelecido (arts. 149.º, n.º 2, e 344.º do CT). O contrato de trabalho caduca também, nos termos da lei, em caso de impossibilidade superveniente, absoluta e definitiva de o trabalhador prestar o seu trabalho (art. 343.º, alínea *b)*, do CT), com a reforma do trabalhador por velhice ou invalidez (arts. 343.º, alínea *c)*, e 348.º do CT) ou em caso de morte do empregador e extinção ou encerramento da empresa (art. 346.º do CT).

Ainda que se admita, excecionalmente, que, por acordo em contrário, a caducidade tenha eficácia retroativa, esta convenção é, contudo, de duvidosa legalidade no âmbito laboral, atendendo aos limites impostos à autonomia

---

2037 Em determinados casos, pode ser exigida uma declaração «(...) que exterioriza o apuramento da situação conducente à caducidade (*v. g.*, declaração de encerramento da empresa a título definitivo ou uma declaração de invalidez definitiva do trabalhador): tratar-se-á, contudo, de uma declaração que atesta ou comprova uma situação de facto e não uma declaração de vontade extintiva» (Bernardo Xavier, «A Extinção do Contrato de Trabalho», *RDES* XXXI (1989), n.º 3/4, p. 415). Importa relembrar que, em princípio, no contrato de trabalho a termo certo, a caducidade não operava *ipso iure,* pois estabelecera-se a regra da renovação automática (art. 46.º da LCCT) e da conversão (art. 47.º da LCCT), situação que subsiste no Código do Trabalho (arts. 147.º e 149.º do CT).
De modo diverso, Monteiro Fernandes, *Direito do Trabalho*, cit., p. 537, entende que o «automatismo» da caducidade é uma noção destituída de rigor, porque, para o contrato de trabalho caducar, é sempre necessária uma declaração ou manifestação de vontade. Mas esta conceção não vale nomeadamente nos contratos a termo incerto e na hipótese de impossibilidade de realizar ou de receber a prestação, em que, quando muito, pode haver lugar a uma declaração de ciência ou à prestação de uma informação, que não obsta ao efeito extintivo do contrato.

2038 A propósito da caducidade do contrato de trabalho e das suas causas veja-se, nomeadamente, Furtado Martins, *Cessação do Contrato de Trabalho*, cit., pp. 39 ss.

privada no Código do Trabalho (em particular, a regra da imperatividade constante do art. 339.º do CT).

IV. Em princípio, se o contrato for celebrado por um determinado prazo, decorrido esse período de tempo o negócio jurídico caduca. Todavia, no domínio laboral, a regra aponta no sentido de, não obstante o contrato ser celebrado por um determinado prazo, se decorrer esse lapso, ocorre a renovação automática e o contrato não caduca (art. 149.º, n.º 2, do CT)[2039].

A renovação automática assenta no pressuposto de o contrato de trabalho ter sido ajustado por certo prazo, pelo que não vale em caso de termo incerto. Assim, na hipótese de ter sido celebrado um negócio jurídico admitindo-se a eventualidade de, ocorrendo determinado facto, o contrato caducar, a caducidade opera de modo automático.

Contudo, no domínio laboral, a aposição de uma condição está limitada, relacionando-se a sua admissibilidade com algumas situações em que é viável ajustar um contrato a termo incerto[2040]. Apesar de se ter esclarecido que a verificação da condição resolutiva não determina a caducidade do contrato mas a sua resolução, em razão da imperatividade do regime laboral, as eventuais hipóteses de condição resolutiva admissíveis encontram-se previstas no regime do termo incerto.

No caso de termo incerto, o contrato produz os seus efeitos normais desde a data da celebração, mas os efeitos cessam, porém, no caso de se verificar o facto extintivo (p. ex. regresso do trabalhador doente). Sendo o contrato de trabalho ajustado a termo incerto (art. 140.º, n.º 3, do CT), a caducidade não se encontra na dependência da comunicação do empregador ao trabalhador (art. 345.º, n.º 1, do CT), pois o contrato caduca independentemente dessa informação. Mas a caducidade do contrato de trabalho a termo incerto é atípica, porque, apesar de verificados os seus pressupostos, permite a conversão da situação jurídica temporária num contrato de trabalho sem termo; o contrato de trabalho não caduca se o trabalhador, decorrido o prazo de aviso prévio ou depois de verificado o termo ou a condição resolutiva, continuar ao serviço (art. 147.º, n.º 2, alínea *c*), do CT). Dir-se-á, assim, que a caducidade do contrato é condicional, pois depende de o trabalhador abandonar o serviço; deste modo, além dos pressupostos comuns, a caducidade do contrato

---

[2039] *Vd. infra* n.º 3, I.

[2040] Sobre a questão, veja-se LEAL AMADO, «Contrato de Trabalho e Condição Resolutiva (Breves Considerações a Propósito do Código do Trabalho)», *Estudos de Direito do Trabalho em Homenagem ao Professor Manuel Alonso Olea*, Coimbra, 2004, pp. 343 ss.

de trabalho a termo incerto está dependente da condição de a atividade não continuar a ser desenvolvida.

V. Em sentido amplo, a caducidade pode decorrer do desaparecimento de certos pressupostos que serviram de base para a celebração do contrato de trabalho. Estas hipóteses em que deixam de existir os pressupostos nos quais as partes se basearam para a celebração do contrato melhor se enquadram na impossibilidade superveniente ou, eventualmente, na alteração das circunstâncias; podendo, neste caso, constituir uma hipótese de resolução com causa objetiva. É o que ocorre, por exemplo, se o trabalhador teve necessidade de cumprir obrigações legais incompatíveis com a continuação ao serviço ou quando se verifica uma legítima alteração substancial e duradoura das condições de trabalho (art. 394.º, n.º 3, alíneas *a)* e *b)*, do CT).

Importa esclarecer que a caducidade se distingue da resolução com causas objetivas porque, nesta, a cessação do vínculo depende de uma declaração de vontade justificada, distinta, portanto, da denúncia (*ad nutum*) que gera caducidade.

VI. No regime geral, sempre que o contrato caducar por impossibilidade superveniente, importa averiguar se há ou não culpa de uma das partes. E, havendo culpa no que respeita à produção do facto que desencadeou a caducidade, o responsável terá de indemnizar a contraparte pelos danos decorrentes da cessação do vínculo. Mas esta contraposição não vale no âmbito laboral, em que a caducidade se baseia em postulados distintos.

O trabalhador não responde pela caducidade do contrato, ainda que tenha atuado culposamente. A responsabilidade pode advir, tão-só, do regime geral de *neminen laedere* (art. 483.º, n.º 1, do CC). Por exemplo, o trabalhador que incendiou a fábrica, tendo o incêndio sido causa de caducidade do contrato de trabalho, só responde no plano extracontratual.

Por seu turno, o empregador, ainda que não tenha tido culpa no que respeita à causa da caducidade do contrato, pode ter de compensar o trabalhador nos casos previstos na lei. Assim, no caso de caducidade do contrato de trabalho por verificação do termo incerto (art. 345.º, n.º 4, do CT) ou motivada por morte do empregador e extinção ou encerramento da empresa (art. 346.º, n.º 5, do CT) é devida uma compensação ao trabalhador[2041].

[2041] Refira-se que, em caso de caducidade fundada em invalidez do trabalhador (art. 343.º, alínea *c)*, do CT), apesar de não resultar diretamente o pagamento de uma indemnização, pode esta ser devida se estiverem preenchidos os pressupostos do regime dos acidentes de trabalho.

VII. Não obstante a caducidade do contrato, tal como noutras situações contratuais, a subsistência do vínculo contratual pode pressupor o seu renascimento, ou seja, a renovação do contrato[2042]. Esta renovação do contrato, porém, por motivos lógicos, não pode valer para todas as hipóteses de caducidade do contrato de trabalho, pois em certos casos em que a extinção da relação contratual opera *ipso iure* não se justifica o seu renascimento. Assim, no caso de morte do trabalhador (art. 343.º, alínea *b)*, do CT) não faz sentido aludir-se à subsistência do vínculo contratual. Mas ainda que a caducidade opere automaticamente – não havendo, pois, renovação do contrato – o cumprimento das prestações depois de o negócio jurídico ter caducado determina a sua subsistência. É isso que prescreve o art. 147.º, n.º 1, do CT quanto ao contrato de trabalho a termo incerto. Em tais casos, do cumprimento das prestações do contrato caducado, durante mais de quinze dias após a ocorrência do termo, depreende-se que há uma vontade das partes no sentido da manutenção do vínculo.

2. Regime específico; enunciação

I. No art. 343.º do CT, depois de se estabelecer que o contrato de trabalho caduca nos termos gerais, a título exemplificativo indicam-se três causas de caducidade: a verificação do termo (alínea *a)*); a impossibilidade superveniente (alínea *b)*); e a reforma do trabalhador (alínea *c)*). A estes três exemplos poderia acrescentar-se a perda do título profissional (art. 117.º, n.º 2, do CT) ou o cancelamento da autorização de permanência em Portugal de trabalhador estrangeiro, hipóteses que, todavia, se podem enquadrar na impossibilidade superveniente, bem como em situações atípicas de cessação do contrato, tais como no caso do trabalhador que, por ter adquirido uma percentagem significativa das participações sociais da sociedade empregadora, se «torna dono» da empresa em que trabalha[2043].

De modo diverso, no caso de caducidade resultante de reforma por velhice, ficou esclarecido que não há a obrigação de pagar qualquer indemnização (art. 348.º, n.º 2, alínea *d)*, do CT).

[2042] Cf. Ac. Rel. Lx. de 30/5/1996, *CJ* XXI, T. III, p. 105.

[2043] Rigorosamente, não há caducidade, pois a relação jurídica extingue-se por confusão (art. 868.º do CC), mas caso se entenda que as causas de cessação do contrato de trabalho enunciadas no art. 340.º do CT são taxativas, a caducidade passa a constituir a figura genérica onde se incluem as hipóteses não integráveis nas restantes causas de cessação.

Incluem-se, assim, na mesma figura (caducidade) situações bem diversas e com regimes distintos[2044].

II. A caducidade, correspondendo a uma forma ampla de cessação do contrato de trabalho, abrange várias hipóteses que eventualmente poderiam ser integradas noutros modos de extinção do vínculo laboral.

Deste modo, a incapacidade do trabalhador para a execução da tarefa, dependendo das circunstâncias, tanto pode corresponder a uma impossibilidade superveniente, absoluta e definitiva de prestar o seu trabalho (art. 343.º, alínea *b)*, do CT), como a uma inadaptação do trabalhador, prevista no art. 373.º do CT. Do mesmo modo, a proibição de exercício de uma atividade empresarial pode incluir-se na impossibilidade superveniente, absoluta e definitiva de o empregador receber a prestação de trabalho (art. 343.º, alínea *b)*, do CT), no encerramento total e definitivo da empresa (art. 346.º, n.º 3, do CT) ou no encerramento de uma secção por motivos de mercado (art. 359.º do CT). Nesta sequência, refira-se ainda que, como se aludirá *infra* (n.º 4, alínea *c)*, subalínea γ), nem sempre é fácil delimitar o âmbito de aplicação da caducidade e do despedimento coletivo, porque a impossibilidade superveniente, absoluta e definitiva de a empresa receber a prestação de trabalho, muitas das vezes, encontra-se na dependência de uma decisão empresarial que pode justificar um despedimento coletivo (p. ex., tendo as instalações ficado destruídas num incêndio, para haver caducidade dos contratos de trabalho torna-se necessária uma decisão da empresa no sentido da inviabilidade da reconstrução, que também permitiria desencadear um processo de despedimento coletivo).

Em qualquer destas situações, não se pode concluir que a caducidade é a forma genérica e a inadaptação ou o despedimento coletivo os meios específicos de cessação do contrato de trabalho; e, em caso de conflito, preferem estes àquela. Por outro lado, também não parece aceitável entender que se deve recorrer preferencialmente ao despedimento coletivo, à extinção de postos de trabalho ou à inadaptação porque conferem melhor proteção ao trabalhador do que a caducidade[2045]. A decisão terá de ser tomada perante a situação concreta.

[2044] Por isso, MENEZES CORDEIRO, *Manual de Direito do Trabalho*, cit., p. 791, afirmava que não fazia sentido aludir à "caducidade" como figura geral, mas, não sendo feita uma revisão terminológica, «(...) melhor será falar em "caducidades", no plural».

[2045] Veja-se BERNARDO XAVIER, *O Despedimento Colectivo no Dimensionamento da Empresa*, cit., p. 419 e nota 140.

3. Verificação do termo

I. A primeira hipótese de caducidade (alínea *a)*) corresponde à situação típica de extinção do negócio jurídico sempre que as prestações devam ser realizadas num determinado prazo, fixado por lei ou convenção das partes, em que o exemplo normalmente apontado é o do contrato ao qual foi aposto um termo resolutivo, previsto no art. 278.º do CC. Contudo, no contrato de trabalho, atendendo a uma limitação à liberdade contratual, o termo resolutivo só pode ser aposto desde que respeitadas as condicionantes estabelecidas nos arts. 140.º e ss. do CT[2046].

No contrato de trabalho a termo certo, diversamente do regime comum, a caducidade não opera *ipso iure*, pois estabeleceu-se a regra da renovação automática (art. 149.º do CT) e da conversão (art. 147.º do CT), havendo, por isso, a necessidade de ser invocada por qualquer das partes mediante denúncia[2047]. Nada obsta, porém, a que se celebre um contrato de trabalho por um prazo determinado não renovável[2048]; nesse caso, decorrido o prazo, o contrato caducará *ipso facto*; ou seja, a caducidade opera, então, automaticamente, não carecendo de uma prévia denúncia, porque o negócio jurídico deixou de estar sujeito a renovação automática. De facto, ainda que a renovação automática decorra da lei, não se encontra inviabilizada a celebração de um contrato de trabalho por um prazo determinado não renovável; em tal hipótese, decorrido o período ajustado, o contrato caducará sem necessidade de uma prévia denúncia. Deste modo, mesmo quando a renovação automática é

[2046] Sobre esta questão, tendo em conta a legislação precedente (arts. 41.º e ss. da LCCT), *vd.* ROMANO MARTINEZ, *Direito do Trabalho*, 1.ª ed., pp. 620 ss.

[2047] De modo diverso, ANTÓNIO MOREIRA, «Caducidade do Contrato de Trabalho a Termo», *IV Congresso Nacional de Direito do Trabalho*, Coimbra, 2002, p. 383, afirma que «(A) caducidade, para o trabalhador, opera *ipso iure*, pelo simples decurso do prazo, não existindo especificidades face ao regime civilístico». Apesar de essa opinião já ser contestada no âmbito da legislação precedente, hoje o disposto no art. 344.º, n.º 1, do CT2009 (na sequência do que se dispunha no art. 388.º do CT2003) é categórico no sentido de o trabalhador ter de denunciar o contrato com oito dias de antecedência.

[2048] As dúvidas, se as houvesse, quanto ao carácter supletivo da renovação do contrato de trabalho a termo, ficaram solucionadas com o disposto no n.º 1 do art. 149.º do CT. Tendo em conta o disposto no Código do Trabalho, em que a renovação do contrato decorre de uma norma supletiva, caducando o contrato no termo do prazo, *vd.* PAULA PONCES CAMANHO, «O Contrato de Trabalho a Termo», *A Reforma do Código do Trabalho*, Coimbra, 2004, p. 301; LUÍS MIGUEL MONTEIRO, anotação II ao art. 149.º, *in* ROMANO MARTINEZ/LUÍS MIGUEL MONTEIRO/ /JOANA VASCONCELOS/MADEIRA DE BRITO/GUILHERME DRAY/GONÇALVES DA SILVA, *Código do Trabalho Anotado*, cit., p. 418; ROMANO MARTINEZ, *Apontamentos sobre a Cessação do Contrato de Trabalho à Luz do Código do Trabalho*, Lisboa, 2004, pp. 28 e 36.

imposta legalmente, não se trata de norma imperativa, como resulta do n.º 1 do art. 149.º do CT, que pode, portanto, ser afastada por vontade das partes.

Do mesmo modo, no contrato de trabalho a termo incerto, a verificação do facto determina a automática extinção do vínculo contratual (art. 345.º, n.os 1 e 3, do CT), pelo que a comunicação imposta neste preceito decorre da boa fé negocial e a sua falta não determina a manutenção do contrato, mas tão-só uma obrigação de indemnizar o trabalhador (art. 345.º, n.º 3, do CT). Contudo, a caducidade do contrato de trabalho a termo incerto, como se referiu *supra*, encontra-se na dependência da condição de o trabalhador não permanecer ao serviço após a data em que se produziria o efeito extintivo, ou seja, é uma caducidade atípica, pois exige um pressuposto adicional para a produção de efeitos.

II. A caducidade por verificação do termo, embora na alínea *a)* do art. 343.º do CT não se distinga, segue um regime diverso consoante se trate de contrato a termo certo ou a termo incerto.

III. Se o empregador pretende fazer cessar o contrato a termo certo, deverá enviar ao trabalhador uma declaração de vontade demonstrando a intenção de não renovar o negócio jurídico; declaração essa que tem de ser feita por escrito e com a antecedência mínima de quinze dias em relação ao prazo de vigência do contrato (art. 344.º, n.º 1 do CT)[2049]. Esta declaração consubstancia uma denúncia, pois obsta à renovação do contrato e, eventualmente, à sua conversão, pelo que a caducidade será uma consequência da denúncia.

Sendo o trabalhador que pretende pôr termo ao contrato, é necessário igualmente manifestar a sua vontade; só que, neste caso, na Lei da Cessação do Contrato de Trabalho não se lhe impunha expressamente qualquer aviso prévio nem formalidade para proceder à denúncia. Todavia, a denúncia com pré-aviso já decorria das regras gerais e ficou consagrada no art. 344.º, n.º 1, do CT, impondo-se que seja feita por escrito com oito dias de antecedência. Neste caso, a caducidade também é uma consequência da denúncia.

Ainda quanto ao contrato de trabalho a termo certo, admitindo a validade de uma cláusula de não renovação – solução discutida no âmbito da

[2049] Era de oito dias o prazo de antecedência estabelecido no art. 46.º, n.º 1, da LCCT. Quanto ao contrato a termo e à respetiva caducidade, *vd.* PAULA PONCES CAMANHO, «Algumas Reflexões sobre o Contrato de Trabalho a Termo», *Juris et de Jure*, Porto, 1998, pp. 969 ss. e ROMANO MARTINEZ, *Direito do Trabalho*, 1.ª ed., pp. 626 ss.

legislação precedente ao Código do Trabalho, mas consagrada no n.º 1 do art. 149.º do CT –, a caducidade operará automaticamente com o decurso do prazo, não sendo necessário proceder-se à denúncia. Nesta hipótese a caducidade apresenta autonomia em relação à denúncia[2050].

Não caducando no fim do prazo, o contrato renova-se, em princípio por igual período (art. 149.º, n.º 2, do CT), podendo converter-se em contrato sem termo (art. 147.º, n.º 2, do CT).

Porém, tratando-se de contrato de trabalho a termo certo no domínio do desporto profissional, o decurso do prazo determina a automática extinção do vínculo (arts. 8.º, n.º 1, e 26.º, n.º 1, alínea *a)*, da Lei n.º 28/98 de 26 de junho), pois não vale a regra da renovação automática do contrato. Neste caso, aplicam-se as regras gerais de direito civil.

IV. O contrato de trabalho a termo incerto não se renova, caducando com a verificação do termo (*v. g.*, regresso do trabalhador substituído, conclusão da obra), mas o empregador deverá comunicar ao trabalhador que tal facto vai ocorrer com uma antecedência mínima de sete a sessenta dias (art. 345.º, n.º 1, do CT), sob pena de incorrer no dever de indemnizar (art. 345.º, n.º 3, do CT).

Não obstante a caducidade ser automática, admite-se a conversão do contrato a termo incerto num contrato sem termo se o trabalhador permanecer no desempenho da sua atividade decorrido o prazo de comunicação ou, na falta desta, passados quinze dias sobre a data em que deveria cessar a relação laboral (art. 147.º, n.º 2, alínea *c)*, do CT).

A possibilidade de conversão, principalmente no que respeita ao contrato de trabalho a termo incerto, confere à caducidade uma certa atipicidade, pois, nesse caso, a relação laboral caduca, mas não se extingue, transforma-se. A caducidade do contrato de trabalho a termo incerto é atípica porque, apesar de verificados os seus pressupostos, permite a conversão da situação jurídica temporária num contrato de trabalho sem termo; o contrato de trabalho não caduca se o trabalhador, decorrido o prazo de aviso prévio ou depois de verificado o termo ou a condição resolutiva, continuar a desempenhar a sua atividade (art. 147.º, n.º 2, alínea *c)*, do CT). Dir-se-á, então, que a caducidade do contrato é condicional, pois depende de o trabalhador abandonar o serviço; pelo que, além dos pressupostos comuns, a caducidade do contrato de trabalho a termo incerto está dependente da condição de a

[2050] Veja-se, contudo, *supra* § 30., a controvérsia quanto à interpretação do citado preceito.

atividade não continuar a ser desenvolvida. No caso de contrato de trabalho a termo incerto (arts. 140.º, n.º 3 e ss. do CT), a atipicidade resulta de a caducidade não se encontrar na dependência da comunicação que o empregador deve fazer ao trabalhador (art. 345.º, n.º 1, do CT), pois o contrato caduca independentemente desta comunicação. De facto, no contrato de trabalho a termo incerto, apesar de verificados os pressupostos necessários para a caducidade operar, permite-se a conversão da situação jurídica temporária num contrato de trabalho sem termo; o contrato de trabalho não caduca se o trabalhador, após a data da produção de efeitos da denúncia ou, na falta desta, decorridos quinze dias depois da verificação do facto a que se associa o termo incerto ou a condição resolutiva, continuar a prestar a sua atividade ao mesmo empregador (art. 147.º, n.º 2, alínea *c)*, do CT). Dir-se-á, assim, que a caducidade do contrato é condicional, pois depende de o trabalhador abandonar o serviço; deste modo, além dos pressupostos comuns, a caducidade do contrato de trabalho a termo incerto está dependente da condição de a atividade não continuar a ser desenvolvida.

V. Caducando o contrato a termo certo por decisão do empregador, o trabalhador tem direito à compensação prevista no n.º 2 do art. 344.º do CT. Trata-se de uma situação excecional resultante da precariedade do vínculo, pois, como se referiu, por via de regra, a caducidade do contrato não determina a obrigação de pagar uma compensação[2051]. Com a revisão de 2012, a compensação prevista no n.º 2 do art. 344.º do CT deixou de ter um regime

[2051] Sobre esta questão, em particular quanto à polémica em torno da compensação no caso de a caducidade advir de uma denúncia do trabalhador, veja-se Paula Ponces Camanho, «Algumas Reflexões ...», cit., pp. 984 ss. e Romano Martinez, *Direito do Trabalho,* 1.ª ed., pp. 628 s. O citado preceito do Código do Trabalho solucionou a controvérsia doutrinária e jurisprudencial no sentido preconizado por alguma doutrina, *vd.* Paula Ponces Camanho, «O Contrato de Trabalho a Termo», *A Reforma do Código do Trabalho,* Coimbra, 2004, p. 302 e Romano Martinez, anotação III ao art. 344.º, *in* Romano Martinez/Luís Miguel Monteiro/Joana Vasconcelos/Madeira de Brito/Guilherme Dray/Gonçalves da Silva, *Código do Trabalho Anotado,* cit., pp. 798 s. Consulte-se também Cláudia Madaleno, «Compensação pela cessação do contrato a termo», *RDES* 2014, pp. 275 ss., nomeadamente, quanto a saber se, havendo acordo de não renovação, há, ainda assim, necessidade de declaração negocial (pp. 281 ss.).
Em relação à hipótese de caducidade automática – contrato a termo não renovável –, importa determinar se há direito à compensação; veja-se Paula Ponces Camanho, «O Contrato de Trabalho a Termo», cit., pp. 302 s., nota 23. Considerando que, em tal caso, não há direito à compensação, Ac. Rel. Lx de 22/4/2009 (José Feteira) e Ac. Rel. Év. de 11/5/2010 (Acácio Proença), ambos em www.dgsi.pt. Em comentário crítico, veja-se Leal Amado, «De novo

especial de cálculo, sendo fixada nos termos do despedimento coletivo, para cujo art. 366.º do CT remete[2052].

A caducidade do contrato a termo incerto confere igualmente ao trabalhador o direito a perceber uma compensação, como dispõe o art. 345.º, n.º 4, do CT, fixada, agora, nos termos gerais da extinção do contrato de trabalho por causas objetivas, atenta a remissão para o art. 366.º do CT.

4. Impossibilidade superveniente

a) *Características da impossibilidade*

I. Como se referiu anteriormente, a impossibilidade superveniente não constitui uma modalidade *stricto sensu* de caducidade, apesar de frequentemente ser incluída num sentido amplo desta figura.

II. Na alínea *b)* do art. 343.º do CT estabeleceu-se a designada caducidade em sentido impróprio, como forma de extinção do contrato de trabalho em caso de impossibilidade, não imputável, de uma das partes efetuar a sua prestação ou de a outra receber a contraprestação. Esta extinção recíproca das prestações contratuais, nos termos do art. 795.º do CC, designa-se por caducidade no preceito do Código do Trabalho em análise. Apesar da já mencionada distinção entre as duas situações, tendo em conta a estrutura do regime da cessação no Código do Trabalho, inclui-se a impossibilidade geradora da extinção de prestações contratuais no âmbito da caducidade em sentido amplo.

A impossibilidade a que alude a alínea *b)* do art. 343.º do CT, até pela qualificação constante do preceito – «(...) impossibilidade superveniente, absoluta e definitiva (...)» –, tem de ser enquadrada nos parâmetros constantes dos arts. 790.º e ss. do CC; ou seja, a impossibilidade de cumprimento de uma prestação emergente do contrato de trabalho deverá ser entendida nos mesmos moldes dos contratos em geral[2053]. De facto, no art. 343.º, alínea *b)*, do CT, para caracterizar este modo de cessação do contrato, alude-se a uma

sobre uma velha questão: a compensação por caducidade nos contratos a termo certo», ROA 74 (2014), pp. 411 ss.

[2052] Quanto ao montante da compensação, com uma análise de direito comparado e explicação do regime atual, veja-se Cláudia Madaleno, «Compensação pela cessação do contrato a termo», *RDES* 2014, pp. 275 ss. (287 ss.).

[2053] É este o sentido que resulta da exposição de Raúl Ventura, «Extinção das Relações Jurídicas de Trabalho», cit., p. 230, quando remete para o art. 705.º do CC1867, então vigente,

impossibilidade superveniente, absoluta e definitiva. Esta tríade de características da impossibilidade é normalmente referida a propósito do disposto nos arts. 790.º e ss. do CC[2054], devendo ser entendida no direito laboral em moldes idênticos[2055].

III. A impossibilidade superveniente opõe-se à inicial, que gera a invalidade do contrato; para a impossibilidade ser superveniente pressupõe-se que o contrato de trabalho, aquando da sua celebração, podia ser cumprido, tendo surgido, posteriormente, um impedimento que obsta à realização da prestação laboral ou ao seu recebimento.

A impossibilidade absoluta pressupõe que a prestação laboral não pode, de todo, ser efetuada ou recebida, não bastando uma *difficultas praestandi*. Por isso, na hipótese de se verificar um agravamento ou uma excessiva onerosidade para o trabalhador efetuar a prestação, esta não se extingue, exceto quando se puder recorrer ao regime da alteração das circunstâncias (art. 437.º do CC)[2056]; do mesmo modo, a maior onerosidade para o empregador receber a prestação de trabalho não gera impossibilidade. A este propósito refira-se que, nos termos gerais, não há impossibilidade de realização de prestações pecuniárias, pelo que a dificuldade financeira do empregador de pagar a retribuição não gera caducidade do contrato, podendo tão-somente conduzir à insolvência, sendo esta o fundamento da caducidade (art. 347.º do CT), ou permitir a dissolução do vínculo por despedimento coletivo.

Por último, exige-se que a impossibilidade seja definitiva, pois, sendo temporária, implica tão-só que a execução do contrato de trabalho se suspenda[2057].

---

reiterando, na p. 241, que o caso fortuito e a força maior não apresentam especificidades no campo do trabalho.

2054 Cf. Menezes Cordeiro, *Tratado de Direito Civil Português*, II, *Direito das Obrigações*, T. IV, Coimbra, 2010, pp. 179 ss.; Almeida Costa, *Direito das Obrigações*, 12.ª ed., Coimbra, 2009, pp. 1074 ss.

2055 Veja-se Romano Martinez, anotação III ao art. 343.º, *in* Romano Martinez/Luís Miguel Monteiro/Joana Vasconcelos/Madeira de Brito/Guilherme Dray/Gonçalves da Silva, *Código do Trabalho Anotado*, cit., pp. 796 s.

2056 Quanto à aplicação deste regime a nível laboral, *vd.* Menezes Cordeiro, «Da Cessação do Contrato de Trabalho por Inadaptação do Trabalhador perante a Constituição da República», *RDES* XXXIII (1991), n.ºs 3/4, p. 385 e *Manual de Direito do Trabalho*, cit., p. 788. Manifestando dúvidas quanto à aplicação deste instituto em sede de cessação do contrato de trabalho, *vd.* Furtado Martins, *Cessação do Contrato de Trabalho*, cit., pp. 70 s., nota 58.

2057 Por isso, normalmente, entende-se que a doença do trabalhador, ainda que prolongada, não determina a caducidade do contrato, porque a impossibilidade não é definitiva; contudo, como

Depois de caracterizar a impossibilidade que pode gerar a extinção do contrato de trabalho, na mencionada alínea *b)* do art. 343.º do CT distingue-se a impossibilidade de o trabalhador prestar o seu trabalho da impossibilidade de o empregador receber a prestação daquele.

b) Impossibilidade de o trabalhador prestar o seu trabalho

b.1) Aspetos comuns

I. Se o trabalhador, depois de celebrar o contrato, deixar totalmente de poder realizar a tarefa de que se incumbira, há uma impossibilidade que, nos termos do art. 343.º, alínea *b)*, do CT, gera a caducidade do negócio jurídico. Relativamente ao trabalhador, como o negócio é celebrado *intuitu personae*, além da impossibilidade objetiva de realização da prestação (art. 790.º do CC), também a impossibilidade subjetiva – relativa à pessoa do trabalhador – conduz à extinção do vínculo (art. 791.º do CC).

Deste modo, o contrato de trabalho caduca se a atividade que o trabalhador desempenhava vem a ser proibida por lei (impossibilidade objetiva). Imagine-se que o Governo proíbe a extração de areia num determinado rio e era essa a atividade desenvolvida por uma dada empresa; neste caso, há uma impossibilidade objetiva de prossecução da atividade, pelo que o contrato de trabalho se extingue[2058]. Em princípio, a impossibilidade objetiva é bilateral, razão pela qual também haverá impossibilidade de o empregador receber a prestação de trabalho.

O art. 343.º, alínea *b)*, do CT encontra-se especialmente vocacionado para as situações de impossibilidade subjetiva do trabalhador, que abrangem a incapacidade absoluta e definitiva de prestar trabalho e a morte do trabalhador[2059]. Como o contrato de trabalho é celebrado *intuitu personae*, a morte

---

resulta do art. 792.º, n.º 2, do CC, a impossibilidade só se pode qualificar como temporária se, atendendo à finalidade da obrigação, se mantiver o interesse do credor (empregador). Sobre a questão, veja-se Lepke *in* Neumann, *Kündigung bei Krankheit*, 8.ª edição, Estugarda, 1991, que admite a denúncia do contrato apesar da doença do trabalhador (pp. 32 ss.), podendo a denúncia ser ordinária, com pré-aviso (pp. 37 ss.) ou, eventualmente, extraordinária (pp. 107 ss.). O autor (ob. cit., pp. 126 ss.) faz referência a diferentes doenças que podem justificar a denúncia.

[2058] Por ter sido retirada a autorização para o exercício da atividade bancária à Caixa Económica Faialense, caducaram os contratos de trabalho que esta instituição bancária havia celebrado (Ac. Rel. Lx. de 10/5/1989, *CJ* XIV, T. III, p. 175).

[2059] A caducidade do contrato por morte do trabalhador não obsta a que os sucessores demandem o empregador para cobrar salários não pagos (Ac. STJ de 26/11/1997, *CJ (STJ)* 1997, T. III, p. 286).

ou a incapacidade absoluta e definitiva do trabalhador determina a extinção *ipso facto* da relação jurídica laboral[2060].

II. As características da impossibilidade superveniente (absoluta e definitiva) não devem ser analisadas num sentido puramente naturalístico, pois há que atender ao conceito jurídico[2061]. Deste modo, a impossibilidade absoluta pode decorrer da perda de interesse de uma prestação realizada de modo diverso; advindo a impossibilidade definitiva de uma incapacidade prolongada de o trabalhador prestar a sua atividade (*v. g.*, trabalhador que se encontra doente durante vários anos), tendo em conta o interesse do empregador, credor da prestação de trabalho.

Considerando estas características da impossibilidade, a inadaptação do trabalhador (art. 373.º do CT) não viabiliza a cessação do contrato por caducidade, permitindo, antes, o recurso à resolução. Na realidade, o trabalhador inadaptado não estará impossibilitado, definitiva e totalmente, de realizar a sua atividade, ainda que estes conceitos se relativizem.

b.2) Falta de título profissional

Embora o critério seja jurídico, a impossibilidade de o trabalhador prestar o seu trabalho abrange os impedimentos de ordem material (p. ex., a incapacidade para o trabalho) e de ordem legal. Se para o exercício de uma determinada atividade passa a ser exigido um novo requisito, a impossibilidade de o preencher por parte de um trabalhador implica a caducidade do contrato. Do mesmo modo, se o trabalhador perder a habilitação que lhe permite desempenhar uma atividade, o contrato extinguese. Em qualquer caso é necessário que a impossibilidade seja definitiva no sentido já enunciado.

Assim, se a lei passa a exigir determinada habilitação para o desempenho de uma atividade, em relação ao trabalhador que não possui tal habilitação e não quer ou não pode obtê-la, o contrato caduca. E se o trabalhador tem a habilitação necessária e a perder definitivamente o contrato também caduca.

[2060] *Vd.* Raúl Ventura, «Extinção das Relações Jurídicas de Trabalho», cit., p. 224.

[2061] Cf. Bernardo Xavier, «A Extinção do Contrato de Trabalho», cit., p. 416. Sobre o Ac. STJ de 24/9/2008, www.dgsi.pt, que considerou a caducidade do contrato de trabalho de um cozinheiro que contraira uma doença, veja-se o comentário de M. Moreira dos Santos, «A caducidade do contrato de trabalho por impossibilidade superveniente, absoluta e definitiva de o trabalhador prestar o seu trabalho», *Pront.* 90 (2001), pp. 145 ss. Veja-se Ac. Rel. Év. de 17/1/2019 (Branco Coelho), *CJ* 2019 I, p. 361, em que o trabalhador se encontrava incapacitado, por limitações físicas, a desempenhar as funções normais e se recusava a exercer quaisquer outras, tendo se sentenciado a caducidade do contrato de trabalho.

Quanto a esta última hipótese prescreve o art. 117.º, n.º 2, do CT que o contrato caduca se for retirada ao trabalhador o título profissional por decisão que já não admita recurso. A situação é controversa na eventualidade de o trabalhador ter sido privado do título profissional por um determinado período (cassação temporária, p. ex., por seis meses) – não se verificando os pressupostos da suspensão do contrato, nomeadamente por o impedimento ser imputável ao trabalhador –, em que faltaria o carácter definitivo da impossibilidade[2062]. Todavia, o carácter definitivo da impossibilidade apresenta uma certa relatividade, pelo que a mera eventualidade de o impedimento cessar não obsta à caducidade[2063].

A caducidade derivada da perda do título profissional (art. 117.º, n.º 2, do CT) vale igualmente para as situações em que o trabalhador é privado da habilitação que lhe permite exercer uma dada atividade.

b.3) Cancelamento da autorização de permanência em Portugal de trabalhador estrangeiro

O trabalho a prestar por trabalhador estrangeiro, além das previsões constantes dos artigos 4.º e ss. do CT, está condicionado pelo regime jurídico da entrada, permanência, saída e afastamento de estrangeiros do território nacional, regulado na Lei n.º 23/2007, de 4 de julho (alterada e republicada pela Lei n.º 29/2012 e alterado posteriormente pela Lei n.º 56/2015, de 23 de junho, pela Lei n.º 63/2015, de 30 de junho, pela Lei n.º 102/2017, de 28 de agosto, pela Lei n.º 26/2018, de 5 de julho, e pela Lei n.º 28/2019, de 29 de março).

Ora, como as situações de caducidade indicadas no art. 343.º do CT são exemplificativas, além das previsões legais, ainda que incluídas noutros preceitos (*v.g.*, art. 117.º, n.º 2, do CT), poder-se-á atender igualmente a hipóteses não previstas expressamente pelo legislador. Entre essas situações omissas pode indicar-se o cancelamento da autorização de permanência em

---

[2062] O contrato também poderia cessar por despedimento com justa causa (art. 351.º do CT) se a perda do título advier de um incumprimento contratual; só que, neste caso, a cessação estaria dependente de um procedimento disciplinar.

[2063] Tendo sido determinada a incapacidade definitiva para o trabalho, que gerou caducidade do contrato, o posterior exame que considera o trabalhador apto não produz o renascimento do contrato (Ac. STJ de 2/11/1995, *CJ (STJ)* 1995, T. III, p. 289). Refira-se ainda, na esteira de Bernardo Xavier/Furtado Martins/Nunes de Carvalho/Joana Vasconcelos/Tatiana Guerra de Almeida, *Manual*, cit., p. 741, que a impossibilidade será definitiva se vai durar tanto tempo que não é exigível ao empregador aguardar pelo eventual regresso.

Portugal de trabalhador estrangeiro. De facto, se o trabalhador não pode permanecer em Portugal e o local de trabalho se situa em território nacional, não pode subsistir o vínculo laboral, que caduca.

b.4) Incapacidade parcial e modificação do objeto negocial

I. Não se encontrando o trabalhador incapacitado para a realização de todo e qualquer trabalho, poder-se-á questionar se, em tal caso, a impossibilidade é absoluta. Frequentemente, na sequência de um acidente de trabalho, o trabalhador fica com uma incapacidade parcial, que lhe permite desempenhar determinadas tarefas, mas não aquelas para as quais foi contratado. Assim, se o condutor de camiões perdeu uma perna em consequência de um acidente, poderá ter ficado com uma incapacidade absoluta para a realização da sua atividade, sendo, contudo, a incapacidade para o trabalho relativa, pois pode efetuar outras tarefas (p. ex., porteiro).

A jurisprudência tem interpretado a impossibilidade absoluta do precedente art. 4.º, alínea *b)*, da LCCT – que tem a mesma redação da correspondente alínea do art. 343.º do CT – no sentido de incapacidade absoluta para todo o tipo de trabalho, pelo que se o trabalhador se encontra tão-só incapacitado de desempenhar a sua atividade habitual, podendo prestar outras tarefas, o contrato não caduca[2064]. É evidente que a diminuição de rendimento ou a não obtenção de objetivos fixados não se enquadram na caducidade do contrato, viabilizando, quando muito, o recurso à resolução do contrato por inadaptação[2065]. Contudo, tendo em conta que a impossibilidade prevista no art. 343.º do CT deve ser analisada à luz do regime geral, concretamente das regras de impossibilidade do direito civil, e que no âmbito laboral prevalece também um princípio de autonomia das partes na conformação do objeto do contrato de trabalho (art. 115.º, n.º 1, do CT), dever-se-á entender o disposto

---

[2064] Cf. Ac. STJ de 5/5/1993, *CJ (STJ)* 1993, T. II, p. 274; Ac. STJ de 28/6/1995, *CJ (STJ)* 1995, T. II, p. 310; Ac. STJ de 6/4/2000, *CJ (STJ)* 2000, T. II, p. 251; Ac. Rel. Cb. de 3/3/1998, *CJ* XXIII, T. II, p. 68; Ac. Rel. Lx. de 29/9/1999, *CJ* XXIV, T. IV, p. 171. Esta posição da jurisprudência vem também relatada em Menezes Cordeiro, *Direito do Trabalho*, II, cit., p. 889, nota 2129. Em crítica à solução jurisprudencial, *vd.* Furtado Martins, *Cessação do Contrato de Trabalho*, cit., pp. 72 ss., em particular pp. 73 ss., cujos argumentos se acompanham. É necessário, porém, ter em conta que esta jurisprudência tem subjacente uma preocupação social, pois nos casos em apreço os trabalhadores encontravam-se fisicamente incapacitados e a caducidade dos contratos implicaria um desemprego irreversível; como refere Menezes Cordeiro, *Direito do Trabalho*, II, cit., p. 889, há nesta tendência dos tribunais «uma manifestação, pela positiva, do princípio da igualdade, que permite favorecer os mais fracos».

[2065] Veja-se § 58.2.e).

na alínea *b)* do art. 343.º do CT, no que respeita à «impossibilidade superveniente, absoluta e definitiva de o trabalhador prestar o seu trabalho», no sentido de estar em causa a atividade para que este foi contratado ou que desempenha ao abrigo da designada «categoria real».

II. Importa distinguir se as tarefas que o trabalhador, apesar de incapacitado, pode desempenhar se incluem ou não na sua categoria contratual.

Estando o trabalhador impedido de realizar parcialmente a sua atividade, continuará a prestar a que for possível (art. 793.º, n.º 1, do CC); e, em tal caso, tendo em conta que a impossibilidade deverá ser absoluta e não relativa (art. 343.º, alínea *b)*, do CT), o empregador não pode resolver o contrato invocando perda de interesse (art. 793.º, n.º 2, do CC).

Do mesmo modo, se o trabalhador, em razão da incapacidade, passar a desempenhar a sua atividade com menor produtividade, não está preenchido o pressuposto da impossibilidade absoluta, pois a situação enquadrar-se-ia no agravamento ou na maior onerosidade da prestação (*difficultas praestandi*).

Diferentemente, na eventualidade de a incapacidade do trabalhador abranger todas as atividades compreendidas na sua categoria, a subsistência da relação laboral pressuporia uma alteração do objeto do contrato. Nada obsta a um acordo no sentido de se proceder a uma requalificação do trabalhador incapacitado, alterando-se o contrato de trabalho, de molde a permitir a subsistência da relação laboral[2066], mas sobre o empregador não impende o dever de modificar o objeto do contrato em função das limitações do trabalhador.

Como a impossibilidade absoluta se tem de reportar às atividades contratualmente devidas[2067], caso o trabalhador não se encontre em condições de as executar, o contrato caduca, pois não há um dever genérico de o empregador modificar o objeto negocial em função das limitações do trabalhador[2068].

[2066] Por isso, admite-se que o contrato caduque se o trabalhador não aceitar a requalificação (Ac. STJ de 25/1/1995, *CJ (STJ)* 1995, T. I, p. 254) ou se a empresa não tem um posto de trabalho compatível com a incapacidade de que o trabalhador passou a padecer (Ac. STJ de 6/4/2000, *CJ (STJ)* 2000, T. II, p. 255).

[2067] *Vd.* FURTADO MARTINS, *Cessação do Contrato de Trabalho*, cit., p. 75.

[2068] Cf. Ac. STJ de 27/1/1999, *CJ (STJ)* 1999, T. I, p. 268, onde se afirma que não há, em regra, nada que imponha a recolocação do trabalhador noutro posto de trabalho, e Ac. STJ de 27/1/1999, *ADSTA* 1999, p. 982. Há exceções: em caso de acidentes de trabalho, estabeleceu-se um dever de ocupação de trabalhadores sinistrados com incapacidade temporária ou definitiva (arts. 155.º e ss. da LAT). *Vd. supra* § 53.9.
Com perspetiva diversa, veja-se JÚLIO GOMES, *Direito do Trabalho*, I, cit., pp. 919 ss.

c) *Impossibilidade de o empregador receber o trabalho*

c.1) *Aspetos comuns*

Como o contrato de trabalho é sinalagmático e assenta numa relação obrigacional complexa, a caducidade advém, não só da eventualidade de o trabalhador não poder prestar a atividade, como da hipótese de o empregador não poder receber o trabalho (art. 343.º, alínea *b*), do CT).

Quanto ao dever principal do empregador – pagamento da retribuição, pelo menos na parte em que é satisfeita em dinheiro –, não há impossibilidade de cumprimento, pois a liquidação de obrigações pecuniárias não se inviabiliza. Contudo, na panóplia de deveres secundários e acessórios a cargo do empregador encontram-se prestações em que se pode verificar uma impossibilidade de cumprimento, impedindo a prossecução do contrato; em particular, se a entidade patronal não puder cumprir o dever de ocupação efetiva, porque a empresa encerrou definitivamente, há uma impossibilidade de cumprimento que gera a caducidade do contrato.

c.2) *Morte ou extinção da pessoa coletiva*

I. Como resulta do art. 346.º, n.os 1 e 2, do CT, importa contrapor o empregador pessoa singular ao empregador pessoa coletiva.

A morte da pessoa singular empregador determina a caducidade do contrato de trabalho, salvo se os sucessores continuarem a atividade do falecido relacionada com a prestação de trabalho do trabalhador, ou se os sucessores transmitirem a empresa do *de cuius* (art. 346.º, n.º 1, do CT).

De modo similar, a extinção da pessoa coletiva empregadora acarreta a caducidade dos contratos de trabalho, exceto quando se verificar a transmissão da empresa ou estabelecimento (n.º 2 do art. 346.º do CT).

II. No art. 346.º do CT, como hipóteses de caducidade, indica-se a morte do empregador, sendo pessoa singular, e a extinção da entidade empregadora, no caso de se tratar de pessoa coletiva. Mas, em qualquer destes casos, a caducidade relaciona-se com a extinção da empresa em consequência da morte ou extinção do empregador[2069].

[2069] *Vd.* Furtado Martins, *Cessação do Contrato de Trabalho*, cit., p. 81. No Ac. Rel. Lx. de 26/4/2001, *CJ* XXVI, T. II, p. 157, entendeu-se que não bastava a extinção da pessoa coletiva (fundação), porque a caducidade dos contratos só se verificava com a liquidação.
Como refere Raúl Ventura, «Extinção das Relações Jurídicas de Trabalho», cit., p. 225, a morte do empregador ou a extinção da pessoa coletiva empregadora não extingue a relação laboral por faltar em relação ao credor do trabalho o intuito pessoal.

Se o empregador falecer e os seus sucessores continuarem a atividade para que o trabalhador foi contratado ou transmitirem o estabelecimento, o contrato de trabalho subsiste com uma modificação subjetiva: passa a haver um novo empregador, que será o sucessor do *de cuius* ou o transmissário do estabelecimento[2070].

Na eventualidade de a pessoa coletiva empregadora se extinguir, o contrato de trabalho só caduca se não tiver havido prévia transmissão do estabelecimento[2071].

c.3) Encerramento da empresa

I. Tal como o impedimento relativamente à pessoa do empregador, o encerramento total e definitivo da empresa determina igualmente a impossibilidade de se receber o trabalho e, portanto, a caducidade do contrato (art. 346.º, n.º 3, do CT).

O encerramento pode advir de causas legais ou naturais. Assim, se o Governo extingue uma empresa ou uma Câmara Municipal impede que um estabelecimento continue a laborar, os contratos de trabalho caducam[2072].

2070 O contrato caduca com a morte do empregador, ainda que o trabalhador continue a laborar na empresa (oficina) durante algum tempo, se os herdeiros não mantêm a exploração do estabelecimento (Ac. Rel. Cb. de 27/11/1997, *CJ* XXII, T. V, p. 64).

2071 Sobre a questão, *vd*. Sá e Mello, «Extinção de Contratos de Trabalho por Dissolução da Pessoa Colectiva Empregadora», *RDES*, 1997, n.º 4, pp. 369 e ss.

2072 Decretada a extinção da Companhia Portuguesa de Transportes Marítimos, EP, verifica-se a caducidade dos contratos de trabalho por impossibilidade absoluta e definitiva de a empresa receber o trabalho (Ac. STJ de 29/1/1997, *CJ (STJ)* 1997, T. I, p. 265). Sobre este tema há várias decisões judiciais, inclusive, do Tribunal Constitucional, podendo-se consultar algumas dessas referências em Furtado Martins, *Cessação do Contrato de Trabalho*, cit., p. 86, nota 102. Veja-se também Nunes de Carvalho, «Extinção de Empresa Pública e Cessação dos Contratos de Trabalho», *RDES* XXXVII (1995), n.º 1/3, pp. 189 ss.
Em relação ao segundo exemplo, *vd*. Ac. Rel. Pt. de 14/4/1997, *CJ* XXII, T. II, p. 248, em que, apesar de ter havido uma intimação camarária que levou ao encerramento do posto de combustível, não se admitiu a caducidade do contrato de trabalho, porque o empregador tinha outro estabelecimento onde o trabalhador podia continuar a prestar serviço, e o Ac. Rel. Lx. de 1/4/1998, *CJ* XXIII, T. II, p. 179, que negou a caducidade do contrato não obstante o empregador ter de encerrar o único estabelecimento que possuía por não ter sido renovada a concessão, bem como o Ac. Rel. Lx. de 21/6/2000, *CJ* XXV, T. III, p. 173, em que o encerramento da empresa se devia ao facto de o empresário não querer candidatar-se ao concurso para nova concessão. A solução é criticável na medida em que, verdadeiramente, impõe a uma empresa que admita um trabalhador num estabelecimento contra a sua vontade ou que «arranje» atividade quando deixou de a ter; em suma, em qualquer dos casos, o tribunal imiscui-se na atividade empresarial. Já no Ac. STJ de 9/12/1999, *CJ (STJ)* 1999, T. III, p. 286,

Por outro lado, se as instalações da empresa foram destruídas num incêndio ou em consequência de um sismo, o empregador fica impossibilitado de receber o trabalho e, sendo a impossibilidade definitiva e absoluta, o contrato caduca[2073]. É importante reiterar que se deverá estar perante uma impossibilidade e não uma mera dificuldade de receber a prestação.

II. As situações de encerramento definitivo a que se tem vindo a fazer referência, e que conduzem à caducidade do contrato, nem sempre se distinguem facilmente de hipóteses que fundamentam o despedimento coletivo[2074]. Assim, se o empregador considerar que, por motivos conjunturais, deve encerrar uma secção da empresa, terá de recorrer ao despedimento coletivo (art. 359.º do CT); mas, se, em consequência de um incêndio que afetou a totalidade da empresa, entender não ser economicamente viável a reconstrução das instalações, haverá caducidade. Em qualquer dos casos, o encerramento é determinado por uma decisão do empregador, mas isso não obsta a que, no segundo exemplo, exista uma situação de impossibilidade, sob pena de se considerar que as hipóteses previstas no art. 346.º do CT não se integram na caducidade, pois dependem da decisão de querer continuar a atividade ou de transmitir o estabelecimento[2075].

Diferentemente do disposto no regime anterior (LCCT), passou a admitir-se que o encerramento total e definitivo da empresa determina a caducidade do contrato (art. 346.º, n.º 3, do CT). Esta alteração tem por base a diferença entre caducidade e resolução do contrato com fundamento objetivo, que suscitara acesa controvérsia no confronto entre a caducidade do art. 6.º da LCCT e o despedimento coletivo previsto no art. 16.º da LCCT[2076].

---

se decidiu que a perda de concessão da exploração para que a empresa foi criada determinava a caducidade dos contratos.

Justifica-se, contudo, a solução constante do Ac. Rel. Cb. de 5/2/1998, *CJ* XXIII, T. I, p. 63, em que a empresa, mantendo a existência jurídica, invocou a caducidade com base no facto de o estabelecimento ter sido vendido em execução fiscal, tendo o tribunal considerado que seria um despedimento ilícito.

[2073] Cf. Ac. Rel. Lx. de 2/12/1998, *CJ* XXIII, T. V, p. 167. Contudo, se o incêndio só destrói parte de uma secção, apesar de não haver máquinas no mercado para substituição das destruídas, os contratos não caducam (Ac. STJ de 27/10/1999, *CJ (STJ)* 1999, T. III, p. 268).

[2074] *Vd.* MONTEIRO FERNANDES, *Direito do Trabalho*, cit., pp. 616; FURTADO MARTINS, *Cessação do Contrato de Trabalho*, cit., pp. 85 ss.

[2075] *Vd.* FURTADO MARTINS, *Cessação do Contrato de Trabalho*, cit., p. 87.

[2076] Cf. BERNARDO XAVIER, *O Despedimento Colectivo no Dimensionamento da Empresa*, cit., pp. 416 ss.

Apesar de a modificação em causa poder sufragar a diferença entre encerramento imprevisto e encerramento programado[2077], não assenta exatamente nesta contraposição. Há uma diferença de redação entre o preceito em análise e o art. 359.º do CT à qual importa atender: no n.º 3 do art. 346.º do CT alude-se a «encerramento total e definitivo da empresa», enquanto no art. 359.º, n.º 1, do mesmo diploma, se fala em «encerramento de uma ou várias secções ou estrutura equivalente». Daqui resulta que o legislador, na difícil distinção entre a caducidade motivada por impossibilidade e a resolução justificada por causas objetivas, optou por um método formal: sendo o encerramento total e definitivo há caducidade e no caso de encerramento parcial pode recorrer-se à resolução com base em despedimento coletivo[2078]. No caso de encerramento temporário, não previsto em nenhum dos preceitos citados, está excluída a caducidade, mas, dependendo das circunstâncias, pode justificar-se o despedimento coletivo.

Não obstante a diferente qualificação jurídica (caducidade e resolução por despedimento coletivo), no plano das consequências as divergências esbatem-se, pois, em caso de caducidade por encerramento total e definitivo da empresa, remete-se para o procedimento próprio do despedimento coletivo (art. 346.º, n.º 3, 2.ª parte, do CT), exceto tratando-se de microempresa, em que o trabalhador tem de ser informado com antecedência (art. 346.º, n.º 4, do CT *ex vi* art. 363.º, n.ºs 1 e 2, do CT). Em qualquer caso, pretende-se que, não obstante a verificação dos pressupostos da caducidade, o trabalhador não seja confrontado de imediato com a cessação do vínculo.

[2077] *Vd.* Furtado Martins, *Cessação do Contrato de Trabalho,* cit., pp. 87 ss.

[2078] A propósito da difícil distinção, cabe referir que as figuras são frequentemente confundidas, a ponto de não se autonomizarem. Assim, por exemplo, a Diretiva n.º 98/59/CE, do Conselho, de 20 de julho, sobre cessação do contrato, não distinguindo caducidade de despedimento coletivo, impõe a aplicação do regime do despedimento coletivo em situações qualificáveis como sendo de caducidade do contrato. Pretendendo também identificar as duas figuras, por achar que se sobrepõem, *vd.* Sílvia Galvão Teles, «Impossibilidade Superveniente, Absoluta e Definitiva de a Entidade Patronal receber a Prestação de Trabalho», *Estudos em Homenagem Prof. Doutor Inocêncio Galvão Telles,* Volume IV, *Novos Estudos de Direito Privado,* Coimbra, 2003, pp. 1092 ss.
Mesmo em ordens jurídicas similares à portuguesa, como a italiana, as duas situações encontram-se confundidas, *vd.* Caccamo/Meleca, *Risoluzione del Rapporto di Lavoro,* Milão, 2001, pp. 59 s. O mesmo se diga no sistema jurídico francês, onde se reconduzem ambas as situações ao *licenciement,* cf. Couturier, *Droit du Travail* 1, *Les Relations Individuelles de Travail,* 3.ª ed., Paris, 1996, pp. 202 ss. e pp. 266 ss.

III. Nas situações de extinção (morte ou extinção da pessoa coletiva) ou de encerramento total e definitivo da empresa, a caducidade pressupõe a não continuação da atividade empresarial por outra entidade. Verificando-se a caducidade, o trabalhador tem direito a ser compensado nos termos do art. 346.º, n.º 5, do CT[2079], pelo que, neste aspeto, também há similitude com o despedimento coletivo, cuja compensação (art. 366.º do CT) é fixada nos mesmos moldes.

Poder-se-á discutir se, além da mencionada compensação – que se enquadra no âmbito da responsabilidade objetiva –, pode ser exigida ao empregador uma indemnização fundada em responsabilidade subjetiva sempre que a causa determinante da caducidade lhe for imputável ou se não foi respeitado o procedimento exigido[2080]. Na medida em que se encontrem preenchidos os pressupostos da responsabilidade civil pode ser reclamada a correspondente indemnização; assim, se o empregador praticou um facto ilícito e culposo que constitui causa adequada de um dano verificado na esfera jurídica do trabalhador, há o dever de indemnizar.

c.4) Insolvência do empregador

I. A insolvência do empregador não acarreta a imediata extinção dos contratos de trabalho vigentes. Os contratos de trabalho que estiverem em vigor no momento em que a insolvência é decretada mantêm-se, como resulta do disposto no art. 111.º do CIRE[2081]. Deste modo, a insolvência do emprega-

[2079] Solução que não vale no âmbito do serviço doméstico (Ac. Rel. Lx. de 26/1/2000, *CJ* XXV, T. I, p. 68).

[2080] Sobre a questão, *vd.* Conte, *Cessazione dell'Impresa e Responsabilità del Datore di Lavoro*, Milão, 2003, pp. 123 ss., em especial pp. 152 ss.

[2081] A situação era idêntica na vigência do art. 172.º do Código dos Processos Especiais de Recuperação da Empresa e de Falência, que se limitava a remeter para o regime geral da cessação do contrato de trabalho, em particular para o art. 56.º da LCCT, sem prejuízo de uma eventual transmissão do estabelecimento. Esta última parte do preceito foi acrescentada pela alteração introduzida no Código de Falência pelo Decreto-Lei n.º 315/98, de 15 de outubro, mas, como referem Carvalho Fernandes/João Labareda, *Código dos Processos Especiais de Recuperação da Empresa e de Falência Anotado*, 3.ª ed., Lisboa, 1999, anotação 4 ao art. 172.º, p. 440, a alteração não terá, em princípio, modificado a situação existente, pois, antes de 1998, o regime do art. 37.º da LCT seria aplicável em caso de falência, se a empresa fosse transmitida. Sobre a questão, consulte-se Nunes de Carvalho, «Reflexos Laborais do Código dos Processos Especiais de Recuperação da Empresa e da Falência», *RDES*, Ano XXXVII (1995), n.º 4, pp. 319 ss. e Romano Martinez, «Repercussões da Falência nas Relações Laborais», *RFDUL*, XXXVI (1995), pp. 417 ss., bem como Carvalho Fernandes, «Repercussões da Falência na Cessação do Contrato de Trabalho», *Estudos do Instituto de Direito do Trabalho*,

dor não traz, imediatamente, como consequência a cessação do contrato de trabalho, por caducidade, como ocorre em determinados contratos de prestação de serviço (art. 110.º do CIRE), nem sequer a suspensão do vínculo, que corresponde à regra geral (arts. 102.º e ss. do CIRE); não obstante a declaração judicial de insolvência, o contrato de trabalho subsiste, continuando a ser executado, mas pode ser denunciado por qualquer das partes[2082]. Após a declaração de insolvência, o administrador da insolvência pode denunciar o contrato com um pré-aviso de sessenta dias (art. 108.º, n.º 1, *ex vi* art. 111.º, n.º 1, do CIRE). A denúncia antecipada do contrato, efetuada pelo administrador da insolvência, determina o pagamento de uma compensação (n.º 2 do art. 111.º do CIRE), mas a sua forma de cálculo, constante do n.º 3 do art. 108.º do CIRE, pode ser de difícil aplicação no âmbito laboral.

O disposto nos citados preceitos do Código da Insolvência tem de ser conjugado com a correspondente norma do Código do Trabalho (art. 347.º do CT), até porque, como dispõe o art. 277.º do CIRE, os efeitos da insolvência regem-se pela lei aplicável ao contrato de trabalho; claro que, deste último preceito não resulta a inaplicabilidade do regime da insolvência, previsto no Código da Insolvência, às relações laborais[2083]. Atendendo, contudo,

---

Volume I, Coimbra, 2001, pp. 411 ss., e, deste último autor, mas respeitante já ao regime do Código do Trabalho e do Código da Insolvência, «Efeitos da Declaração de Insolvência na Relação Laboral segundo o CIRE», *RDES* 2004, n.os 1/3, pp. 20 ss. Carvalho Fernandes (última ob. cit., p. 20) contesta a aplicação do art. 111.º do CIRE ao contrato de trabalho, por entender que o preceito não é adequado ao regime deste contrato. Igualmente atendendo ao atual regime – do Código do Trabalho e do Código da Insolvência – veja-se Júlio Gomes, *Direito do Trabalho*, I, cit., pp. 934 ss. e Rosário Palma Ramalho, «Aspectos Laborais da Insolvência», *QL* 26 (2005), pp. 145 e ss. e *Tratado de Direito do Trabalho*, II, cit., pp. 770 ss.

[2082] Refira-se que só a declaração de insolvência do empregador acarreta tal consequência no domínio laboral, pois como resulta do art. 113.º, n.º 1, do CIRE, «a declaração de insolvência do trabalhador não suspende o contrato de trabalho», e o cumprimento dos deveres contratuais só pode ser exigido pelo empregador ao trabalhador insolvente e não pelo administrador da insolvência (art. 113.º, n.º 2, do CIRE).

[2083] Em sentido diverso, Carvalho Fernandes, «Repercussões da Falência na Cessação do Contrato de Trabalho», cit., pp. 21 e s., entende que o preceito base em matéria laboral é o art. 277.º do CIRE, que, segundo o autor, não se circunscreve à regras de direito internacional privado. A mesma ideia surge defendida por Joana Vasconcelos, «Insolvência do Empregador, Destino da Empresa e Destino dos Contratos de Trabalho», *VIII Congresso Nacional de Direito do Trabalho*, Coimbra, 2005, pp. 215 s., concluindo, com base no art. 277.º do CIRE, que o Código da Insolvência não se aplica em sede laboral. Todavia, o mencionado art. 277.º do CIRE limita-se a fixar a regra de DIP aplicável às relações laborais, prescrevendo solução idêntica – excluindo os critérios de delimitação – à constante do art. 6.º da Convenção de

a algumas divergências, importa conjugar os regimes deste Código e do Código do Trabalho (art. 347.º do CT).

«A declaração judicial de insolvência do empregador não faz cessar o contrato de trabalho, devendo o administrador da insolvência continuar a satisfazer integralmente as obrigações para com os trabalhadores (...)» (art. 347.º, n.º 1, do CT). Conjugando este preceito com n.º 1 do art. 111.º do CIRE, conclui-se que os contratos de trabalho não cessam nem se suspendem.

II. Mas a insolvência do empregador, indiretamente, pode implicar a cessação de contratos de trabalho.

III. Em determinadas circunstâncias, como consequência da insolvência do empregador, poderá o estabelecimento ser definitivamente encerrado (art. 347.º, n.º 1, *in fine*, do CT)[2084].

Com o encerramento definitivo do estabelecimento cessam os contratos de trabalho. É o encerramento definitivo da empresa ou de um seu estabelecimento, derivado da declaração de insolvência, que constitui uma causa especial de cessação do contrato de trabalho. No fundo, se a insolvência implica o encerramento do estabelecimento, com o encerramento surge uma impossibilidade objetiva de manutenção da relação laboral, concretamente uma impossibilidade superveniente, absoluta e definitiva de o empregador receber o trabalho (art. 343.º, alínea *b)*, do CT). Conclui-se, assim, que o encerramento definitivo do estabelecimento em razão da declaração de insolvência do empregador determina a cessação do contrato de trabalho por caducidade.

Esta situação é idêntica à que se verifica aquando da cessação de contratos de trabalho fundada em resolução por causas objetivas, em especial no caso de despedimento coletivo (art. 359.º do CT). Tendo em conta a similitude, e na sequência do que já se indicou a propósito do encerramento definitivo da empresa (art. 346.º, n.º 3, do CT), apesar de serem figuras distintas – caducidade e resolução –, remete-se para um regime procedimental idêntico: com exceção das microempresas, a cessação do contrato de trabalho decor-

Roma (*vd. supra* § 10.4.*b)*), pelo que deste preceito não se pode concluir pela inaplicabilidade do regime da insolvência do Código do Insolvência às relações laborais.

[2084] Do regime anterior constava uma primazia da alienação do estabelecimento, pois antes de ser encerrado deveria verificar-se se poderia ser transmitido (art. 145.º, n.º 1, alínea *b)*, do Código de Falência), e havendo transmissão aplicava-se o regime do art. 37.º da LCT (hoje, art. 285.º do CT). A referida primazia deixou de constar do atual regime da insolvência.

rente do encerramento justificado pela insolvência do empregador tem de ser precedida do procedimento estabelecido para o despedimento coletivo (art. 347.º, n.º 3, do CT)[2085].

Deste modo, diferentemente do que poderia resultar do art. 108.º, n.º 1, *ex vi* art. 111.º, n.º 1, do CIRE, a cessação do contrato de trabalho não depende tão-só de um aviso prévio (de quinze a setenta e cinco dias), mas também da instauração do procedimento previsto nos arts. 360.º e ss. do CT, pois o art. 347.º do CT constitui norma especial relativamente às normas do Código da Insolvência, diploma que não regula expressamente a questão da insolvência do empregador. Assim, no caso de microempresa, em que não se impõe a instauração de um procedimento idêntico ao estabelecido para o despedimento coletivo (art. 347.º, n.º 3, do CT), basta o aviso prévio de sessenta dias (art. 108.º do CIRE); nas outras empresas, a este aviso prévio acresce o procedimento previsto nos arts. 360.º e ss. do CT[2086].

IV. Prevê-se igualmente, no n.º 2 do art. 347.º do CT, que, antes do encerramento definitivo do estabelecimento, o administrador da insolvência possa fazer cessar os contratos de trabalho em relação aos trabalhadores cuja colaboração não seja indispensável à manutenção do funcionamento da empresa. A atribuição ao administrador da insolvência do direito de fazer cessar os contratos em execução decorre, nomeadamente, dos arts. 108.º e 111.º do CIRE, mas a previsão específica da insolvência do empregador consta somente do Código do Trabalho, não se aplicando, quanto aos pressupostos da cessação do contrato de trabalho, aquele diploma.

A cessação do contrato de trabalho requerida pelo administrador da insolvência, nos termos do n.º 2 do art. 347.º do CT, depende do preenchimento de pressupostos substanciais e formais.

[2085] A solução era diversa no regime anterior, em que não se sujeitava exatamente ao mesmo procedimento os dois modos de cessação do contrato, designadamente no que respeitava às formalidades previstas nos arts. 17.º e ss. da LCCT. Contudo, tendo em conta que no art. 24.º, n.º 3, da LCCT se considerava ilícita a cessação do contrato de trabalho com base em falência do empregador, no caso de desrespeito do disposto nas várias alíneas do n.º 1 do art. 24.º da LCCT, à exceção do requisito previsto na alínea *d)*, seria de admitir um regime equiparado. Cabe ainda referir que no art. 24.º, n.º 3, da LCCT, ao aludir-se ao art. 56.º do mesmo diploma, não se distinguia entre as duas situações nele previstas, respetivamente nos n.os 1 e 2.

[2086] Considerando que todas formalidades impostas nos arts. 360.º e ss. do CT não se afiguram exigíveis no caso de encerramento definitivo da empresa, *vd.* CARVALHO FERNANDES, «Repercussões da Falência na Cessação do Contrato de Trabalho», cit., pp. 30 s.

Em primeiro lugar, é necessário que a colaboração dos trabalhadores cujos contratos cessam seja dispensável para a manutenção do funcionamento da empresa. Como a empresa não encerrou em consequência da insolvência, terá de se averiguar de que trabalhadores carece para continuar a funcionar; podendo admitir-se que continue a laborar normalmente, precisando de todos os trabalhadores, ou que tenha de reduzir a atividade, prescindindo de alguns colaboradores.

Por outro lado, para a caducidade dos contratos, tal como na hipótese de encerramento do estabelecimento, já analisada, remete-se para o regime procedimental estabelecido para o despedimento coletivo (arts. 360.º e ss. do CT): com exceção das microempresas, a cessação do contrato de trabalho requerida pelo administrador da insolvência, nos termos do n.º 2 do art. 347.º do CT, tem de ser antecedida de um procedimento (art. 347.º, n.º 3, do CT)[2087].

V. Por conseguinte, a declaração de insolvência não constitui causa direta de cessação do contrato de trabalho. Contudo, dela derivam dois fundamentos de caducidade do vínculo laboral: a impossibilidade de manutenção do contrato por encerramento definitivo do estabelecimento; e a desnecessidade da colaboração dos trabalhadores. Independentemente do fundamento da caducidade, para a cessação do vínculo laboral, exceto nas microempresas, é necessário recorrer ao procedimento previsto para o despedimento coletivo.

Além disso, em qualquer dos casos, perante a cessação do contrato de trabalho, ao trabalhador cabe o direito à compensação estabelecida no art. 366.º do CT[2088]; a dúvida ficou esclarecida com a inclusão de um n.º 5 no art. 347.º do CT na revisão de 2012. Anteriormente, na falta de uma regra idêntica à do n.º 5 do art. 346.º do CT, poder-se-ia entender que a cessação

[2087] Carvalho Fernandes, «Repercussões da Falência na Cessação do Contrato de Trabalho», cit., pp. 25 s., contesta que, neste caso, em relação aos designados trabalhadores *dispensáveis* haja caducidade do contrato, por não se tratar de uma impossibilidade absoluta de receber o trabalho, mas de uma desnecessidade.

[2088] O regime anterior era similar, como prescrevia o art. 13.º, n.º 3, da LCCT, por remissão do art. 23.º, n.º 1, da LCCT, válido também em caso de encerramento de estabelecimento, como se depreendia do disposto no art. 24.º, n.º 3, da LCCT; porém, caso se entendesse que, na eventualidade de o contrato cessar por caducidade, se deveria aplicar o disposto no art. 6.º, n.º 2, da LCCT, a compensação seria fixada atendendo a um mês de remuneração de base por cada ano de antiguidade ou fração, como no art. 13.º, n.º 3, da LCCT, mas não se aplicaria o valor mínimo de compensação de três meses, a que aludia este último preceito. Esta dúvida já não se coloca no atual regime.

do contrato resultante da insolvência do empregador não implicaria o pagamento de uma compensação. De facto, do art. 347.º do CT não constava, diretamente, tal obrigação, mas ela resultava da interpretação integrada dos arts. 346.º e 347.º do CT: as situações de cessação do contrato, relacionadas com a insolvência, assentam no pressuposto, efetivo ou previsível, de encerramento da empresa ou estabelecimento (art. 347.º, n.º 1, parte final, e n.º 6, do CT) e a caducidade do contrato em caso de encerramento da empresa implica o pagamento ao trabalhador da compensação prevista no art. 366.º do CT. A estes argumentos acresce que a denúncia antecipada de contratos pelo administrador da insolvência obriga ao pagamento de uma indemnização (art. 108.º, n.º 3, *ex vi* art. 111.º, n.º 2, do CIRE). Assim, mesmo antes da alteração introduzida aquando da revisão de 2012, o trabalhador tem direito à compensação comum às situações de cessação do contrato com causas objetivas.

VI. Não obstante a situação de insolvência – impossibilidade de cumprir obrigações vencidas (art. 3.º, n.º 1, do CIRE) –, poder-se-á recorrer à recuperação da empresa depois do início do processo de insolvência, na medida em que a atual alusão à «impossibilidade de cumprir obrigações vencidas (...) não implica a inviabilidade económica da empresa ou a irrecuperabilidade financeira postuladas pela [noção de falência]»[2089].

Situação diversa é aquela que se verifica em relação a empresas em situação económica difícil. Em tais casos, nos termos dos arts. 3.º e 4.º do Decreto-Lei n.º 353-H/77, de 29 de agosto, podem os contratos de trabalho ser suspensos (art. 5.º, n.º 1, alínea *c)* do mesmo diploma). Para ser declarada uma empresa em situação económica difícil torna-se necessário que se verifiquem os pressupostos estabelecidos nos arts. 1.º e 2.º do mencionado Decreto-Lei.

5. Reforma do trabalhador

I. Por último, a reforma do trabalhador (alínea *c)* do art. 343.º do CT) corresponde a uma situação de caducidade com uma qualificação híbrida. Em princípio, a reforma por velhice ou invalidez poderia ser entendida como uma hipótese de impossibilidade superveniente de o trabalhador prestar o

[2089] *Vd.* ponto 7 do preâmbulo do Decreto-Lei n.º 53/2004, de 18 de março, que aprovou o Código da Insolvência e da Recuperação de Empresas.

seu trabalho nos termos da alínea *b)* do mesmo preceito, mas, do disposto no art. 348.º do CT, a reforma por velhice não determina a automática caducidade do negócio jurídico, na medida em que se converte num contrato a termo certo, desde que não tenha sido denunciado, por qualquer dos contraentes, nos trinta dias imediatos ao conhecimento bilateral da situação de reforma. Não há, pois, uma caducidade automática, sendo a situação idêntica à prevista na alínea *a)* do art. 343.º do CT em relação ao contrato de trabalho a termo certo. Não assim quanto à invalidez do trabalhador, caso em que se verifica a impossibilidade absoluta e definitiva de prestar trabalho, da qual resulta a caducidade automática do contrato de trabalho.

II. Como causas de caducidade, alude-se a dois tipos de reforma: por velhice e por invalidez (art. 343.º, alínea *c)*, do CT). Mas só se autonomizou a reforma por idade (designada por velhice) no art. 348.º do CT, não se fazendo neste diploma outra referência à reforma por invalidez[2090], pois esta, verdadeiramente, constitui uma impossibilidade superveniente, absoluta e definitiva de o trabalhador prestar o seu trabalho[2091], situação analisada na alínea anterior.

III. A reforma por idade pressupõe uma situação atípica de caducidade, na medida em que não opera automaticamente. Por um lado, a situação de reforma depende de um requerimento do trabalhador à segurança social – em relação à qual o empregador é alheio; em segundo lugar, a extinção do vínculo só se verificará quando ambas as partes tomem conhecimento da situação e não no momento em que o trabalhador se reforma[2092]; por outro

---

[2090] Indiretamente, a propósito dos acidentes de trabalho e das doenças profissionais (LAT) atende-se à reforma por invalidez, por exemplo nos arts. 59.º e 61.º da LAT.

[2091] Por isso, Monteiro Fernandes, *Direito do Trabalho*, cit., p. 542, considera que a referência na lei à reforma por velhice e por invalidez constitui «(...) uma imprecisão terminológica lamentável, porque desnecessária».

[2092] Como se refere no Ac. STJ de 30/4/1997, *CJ* (STJ) 1997, T. II, p. 270, a caducidade do contrato de trabalho por reforma do trabalhador só opera na data em que ambas as partes tenham dela conhecimento; como a entidade patronal só soube quase dois anos depois, é nessa data que caduca o contrato. Por isso, no Ac. Rel. Lx. de 11/4/2018 (Sérgio Almeida) CJ 2018 I, p. 162, considerou-se que não caduca o contrato celebrado com trabalhador já reformado que ainda não tinha 70 anos. Considerando que a situação que o preceito visa regular não é a dos contratos estabelecidos *ab initio* após a reforma, mas a daqueles que já laboravam à data para o empregador, os Acórdãos da Relação de Lisboa de 19/12/2012 e de 9/7/2014, Processos nº 3747/09.2TTLSB.L1-4 e nº 696/12.TTLSB.L1-4 (in http://www.dgsi.pt).

lado, mesmo depois do conhecimento bilateral, a relação laboral pode prosseguir durante os trinta dias seguintes, até que qualquer das partes decida pôr termo ao vínculo, não cessando, portanto, imediatamente; por último, estando o trabalhador na situação de reforma, a relação laboral não se extingue *ipso iure*, pois se este permanecer ao serviço por mais de trinta dias após o mútuo conhecimento da situação, a relação jurídica converte-se num contrato a termo certo[2093]. Comparando a letra do atual preceito com o disposto no art. 5.º da LCCT, verifica-se a existência de uma alteração que permite esclarecer a dúvida indicada na última nota: tal como anteriormente se preconizava, o contrato não caduca com a situação de reforma do trabalhador, sendo ajustado em seu lugar um novo contrato a termo certo; pelo contrário, a reforma do trabalhador determina a subsistência do anterior vínculo, o qual, não caducando por via de declaração de qualquer das partes, passa a conter, por força da lei, um termo certo[2094].

No período – até trinta dias – que decorre entre o conhecimento mútuo da situação de reforma e a declaração de cessação do vínculo, o contrato de trabalho subsiste como relação contratual de facto. Esta situação, prolongando-se por mais de trinta dias, determina a conversão do vínculo existente num contrato a termo certo; isto é, o contrato subsiste sendo-lhe aposto, automaticamente, um termo resolutivo. Tendo em conta o automatismo da inclusão do termo, é dispensada a redução do contrato a escrito (alínea *a)* do n.º 2 do art. 348.º do CT).

[2093] De modo diverso, MONTEIRO FERNANDES, *Direito do Trabalho*, cit., p. 544, considerando que a reforma foi entendida pelo legislador como causa desejável de cessação do contrato, apesar de se atender às conveniências momentâneas do trabalhador e do empregador, é de opinião que «(...) o contrato originário recebe, no mesmo momento, um termo, cuja incorporação, por força da lei, resulta uma situação de facto que é "(...) a permanência do trabalhador ao serviço decorridos 30 dias (...)"». Contudo, a transformação do vínculo de estável em precário não pressupõe a extinção de um contrato e a celebração de outro, mas a transformação do vínculo existente, que nomeadamente não afeta o conteúdo e a antiguidade do trabalhador. Seria estranho que o trabalhador reformado antes dos 70 anos, continuando a trabalhar na mesma empresa, não garantisse a antiguidade e que, não tendo sido requerida a reforma, como o contrato se converte em contrato a termo quando o trabalhador perfaz 70 anos, o trabalhador mantivesse o direito à antiguidade (esta solução dual é preconizada por ANTÓNIO MOREIRA, «Caducidade do Contrato de Trabalho a Termo», cit., p. 392). As duas situações descritas não se devem distinguir, no que respeita à antiguidade, sob pena de criar uma desigualdade inaceitável.

[2094] Não tendo em conta esta alteração legislativa, MONTEIRO FERNANDES, *Direito do Trabalho*, cit., pp. 544, escrevendo já depois da entrada em vigor do Código do Trabalho, mantém a posição que sustentara face à lei revogada, cuja redação era distinta.

O trabalhador pode requerer a reforma a partir dos sessenta e cinco anos de idade (art. 20.º do Decreto-Lei n.º 187/2007, de 10 de maio), mas o facto de se encontrar reformado não obsta a que continue a trabalhar; impõe-se, em tal caso, que o vínculo laboral com a empresa, depois de o empregador saber que o trabalhador se encontra reformado, se converta num contrato a termo certo pelo prazo de seis meses, renovável sem limite (art. 348.º, n.º 2, alínea *b)*, do CT).

Depois de perfazer setenta anos, independentemente de ter requerido a reforma, o trabalhador pode continuar a desempenhar a sua atividade na empresa empregadora, mas o contrato passa a estar sujeito a um termo certo de seis meses, renovável ilimitadamente (art. 348.º, n.º 3, do CT)[2095]. A diferença relativamente à situação analisada antes resulta do facto de a aposição automática do termo não se encontrar na dependência do pedido de reforma do trabalhador e do conhecimento da situação de reforma por parte do empregador; a aposição automática do termo depende de um único pressuposto: o trabalhador ter atingido setenta anos de idade.

No direito privado, diferentemente do funcionalismo público[2096], não há um limite de idade, a partir do qual não se possa continuar a prestar a atividade; enquanto as partes desejarem a prossecução da relação laboral esta manter-se-á[2097]. Todavia, independentemente de o trabalhador se reformar,

---

[2095] Quanto às consequências deste automatismo no despedimento, cf. Ac. STJ de 14/1/2016 (Ana Luísa Geraldes) e comentário de LEAL AMADO, RLJ 145 (2016), pp. 296 ss.

[2096] Os funcionários públicos são obrigatoriamente aposentados, regra geral, aos setenta anos, nos termos do art. 1.º, n.º 1, do Decreto n.º 16563, de 2 de Março de 1929, pelo que o vínculo não pode subsistir depois dessa idade. Era já esta a regra nas Ordenações Afonsinas, Livro II, Título XLVIII, sob a epígrafe «De como pertence a El Rey soomente apousentar alguém per aver idade de setenta anos», prescrevia-se: «El Rey Dom Fernando hordenou (...) que non apousentassem alguu per grande hidade que ouvesse», mas que «se alguu quisesse seer apousentado per hidade» o seria no caso de «aver hidade de setenta anos (...)».

[2097] É, por isso, de duvidosa legalidade a regra constante de algumas convenções coletivas no sentido de a reforma do trabalhador se atingir necessariamente aos sessenta e cinco anos, não podendo, a partir dessa idade, continuar ao serviço na empresa. Admitindo a validade de tal cláusula, *vd.* Ac. STJ de 3/5/1995, *CJ* (STJ) 1995, T. II, p. 275.

Refira-se, a propósito, que o regime de Direito Privado assenta no princípio da autonomia privada e seria descabido, salvo em determinadas atividades de risco, que o legislador estabelecesse limites etários máximos, nomeadamente para atender a problemas do mercado de trabalho; é conveniente que as limitações à liberdade das partes sejam esparsas e justificadas por valores mais altos do que a cobiça pelos postos de trabalho dos mais velhos. Com posição diversa, *vd.* ANTÓNIO MOREIRA, «Caducidade do Contrato de Trabalho a Termo», cit., p. 394, nota 32 e p. 395.

quando atinja setenta anos de idade, o vínculo laboral fica sujeito a um termo resolutivo, por um prazo de seis meses renovável sem limite (art. 348.º, n.º 2, alínea *b)*, *ex vi*, n.º 3, do CT)[2098].

IV. Na primeira situação analisada, a caducidade depende da verificação do pressuposto de aplicação do instituto – reforma do trabalhador com conhecimento pelo empregador – associada a uma declaração da parte que pretende pôr termo ao contrato. Na falta de declaração de qualquer das partes durante trinta dias após o mútuo conhecimento da situação de reforma, o vínculo converte-se num contrato a termo certo de seis meses, que pode ser denunciado nos termos gerais. Contudo, como dispõe a alínea *c)* do n.º 2 do art. 348.º do CT, «a caducidade do contrato fica sujeita a aviso prévio de sessenta ou quinze dias, consoante a iniciativa pertença ao empregador ou ao trabalhador». Tal como no contrato a termo, a caducidade depende de denúncia de uma das partes, mas o aviso prévio é superior.

Não tendo o contrato caducado nos primeiros trinta dias após o mútuo conhecimento da situação de reforma, este converte-se em contrato a termo, cuja caducidade depende do regime regra analisado na anterior alínea *c)*, com as especificidades constantes das várias alíneas do n.º 2 do art. 348.º do CT: o aviso prévio é superior e não há o pagamento de uma compensação.

Na segunda hipótese – em que o trabalhador completou setenta anos de idade –, a solução é idêntica (art. 348.º, n.º 3, do CT), com um esclarecimento. O contrato não caduca no momento em que o trabalhador perfaz setenta anos, mas só depois de ser denunciado; a denúncia pode ser feita nos trinta dias imediatos à data em que o trabalhador completou setenta anos ou depois de decorrer o termo resolutivo de seis meses que lhe foi aposto, nos termos gerais do contrato a termo, com as especificidades indicadas no n.º 2 do art. 348.º do CT. A partir da data em que o trabalhador completa setenta anos, correm trinta dias para a denúncia, no termo dos quais o contrato se converte, passando a ser a termo por seis meses e, para o termo do primeiro período, qualquer das partes o pode denunciar.

V. A caducidade do contrato nas situações indicadas não determina o pagamento de qualquer compensação ao trabalhador (art. 348.º, n.º 2, alínea

---

[2098] Quanto à aplicação das regras do contrato a termo «com as necessárias adaptações», *vd.* Furtado Martins, *Cessação do Contrato de Trabalho*, cit., pp. 114 e ss. e Ac. Rel. Cb. de 1/10/1998, *CJ* XXIII, T. IV, p. 69. Em sentido oposto, cf. Ac. Rel. Lx. de 11/2/1998, *CJ* XXIII, T. I, p. 167 e Ac. Rel. Lx. de 28/4/1999, *CJ* XXIV, T. II, p. 167.

d), do CT). Com esta alínea resolveu-se uma dúvida discutida no âmbito do regime anterior; a inclusão da alínea *d)* só se justifica em razão da mencionada dúvida, pois a compensação, em caso de exercício lícito de um direito tem carácter excecional, e a falta da sua consagração determinaria que não seria devida.

Assim, diferentemente do que ocorre nos termos do art. 344.º, n.º 2, do CT, em que a caducidade resultante de denúncia do empregador confere ao trabalhador o direito a perceber uma compensação, neste caso, apesar de a cessação do vínculo advir do exercício lícito de um direito, não é devida qualquer quantia. É necessário relembrar que a compensação devida em caso de exercício lícito de um direito tem carácter excecional e o legislador só a estabelece quando, no confronto dos interesses em análise, se justifica a sua admissão; ora, relativamente a um trabalhador reformado ou que já tenha completado setenta anos, a proteção da segurança no emprego e a compensação de instabilidade perdem relevância.

O não pagamento de compensação abrange as três situações referenciadas: o trabalhador reformou-se com conhecimento de ambas as partes, tendo uma delas emitido o aviso prévio constante da alínea *c)* do n.º 2 do art. 348.º do CT; o trabalhador atingiu setenta anos e, logo a seguir ou decorridos quatro meses ou cinco meses e meio, uma das partes emitiu o aviso prévio de caducidade (alínea *c)* do n.º 2 do art. 348.º do CT); o trabalhador reformou-se sem ter havido caducidade e o contrato passou a conter um termo resolutivo, pelo que uma das partes o denunciou, nos termos do n.º 1 do art. 344.º do CT, com as especificidades constantes do art. 348.º, n.º 2, alínea *c)*, do CT.

Bibliografia:

José João Abrantes, «Efeitos da insolvência do empregador no contrato de trabalho», *Estudos de Direito do Trabalho*, Lisboa, 2018, pp. 251 ss.; Menezes Cordeiro, *Direito do Trabalho*, II, cit., pp. 872 ss.; Nunes de Carvalho, «Reflexos Laborais do Código dos Processos Especiais de Recuperação da Empresa e de Falência», *RDES* XXXVII (1995), n.os 1/3, pp. 334 a 341; Monteiro Fernandes, *Direito do Trabalho*, cit., pp. 536 e ss.; Júlio Gomes, *Direito do Trabalho*, I, cit., pp. 915 e ss. e 934 ss.; Menezes Leitão, «As Repercussões da Insolvência no Contrato de Trabalho», *RDES* 2006, n.os 3/4, pp. 273 ss.; Menezes Leitão, *Direito do Trabalho*, cit., pp. 436 ss.; Pedro Rica Lopes, «A caducidade do contrato de trabalho dos trabalhadores reformados», *Pront.* 2016-I, pp. 229 ss.; Cláudia Madaleno, «Compensação pela cessação do contrato a termo», *RDES* 2014, pp. 275 ss.; Romano Martinez, «Repercussões da Falência nas Relações Laborais»,

RFDUL, 1995, pp. 419 a 421 e anotação aos arts. 343.º ss., *Código do Trabalho Anotado*, cit. pp. 796 e ss.; Furtado Martins, *Cessação do Contrato de Trabalho*, cit., pp. 39 e ss.; Sá e Mello, «Extinção de Contratos de Trabalho por Dissolução da Pessoa Colectiva Empregadora», *RDES* 1997, n.º 4, pp. 369 a 400; Rosário Palma Ramalho, «Aspectos Laborais da Insolvência. Notas Breves sobre as Implicações Laborais do Regime do Código da Insolvência e da Recuperação de Empresas», *QL* n.º 26 (2005), pp. 145 ss.; *Tratado de Direito do Trabalho*, II, cit., pp. 761 ss.; Ribeiro dos Santos, «Contrato de Trabalho a Termo certo (Caducidade *vs.* Despedimento Ilícito), *RDES*, 2005, n.ºs 2/4, pp. 423 ss.; Joana Vasconcelos, «Insolvência do Empregador, Destino da Empresa e Destino dos Contratos de Trabalho», *VIII Congresso Nacional de Direito do Trabalho*, Coimbra, 2005, pp. 215 ss. e «Insolvência do empregador e contrato de trabalho», *Congresso Europeu de Direito do Trabalho*, org. José João Abrantes, Coimbra, 2014, pp. 383 ss.; Raúl Ventura, «Extinção das Relações Jurídicas de Trabalho», *ROA* 1950, pp. 224 a 245; Bernardo Xavier, «A Repercussão do Encerramento Definitivo do Estabelecimento nos Contratos de Trabalho», *RDES* 1973, pp. 1 ss. e «A Extinção do Contrato de Trabalho», *RDES* XXXI (1989), n.ºs 3/4, pp. 414 a 418; Bernardo Xavier/Furtado Martins/Nunes de Carvalho/Joana Vasconcelos/Tatiana Guerra de Almeida, *Manual*, cit., pp. 739 e ss.

§ 56. REVOGAÇÃO

1. Noção

a) Aspetos gerais

I. O princípio da liberdade contratual, válido no domínio do contrato de trabalho, confere aos sujeitos autonomia, não só para celebrar contratos, como também para os fazer cessar por mútuo consenso. O empregador e o trabalhador têm liberdade para celebrar o contrato de trabalho e igualmente para lhe pôr termo mediante um acordo revogatório[2099].

A revogação do contrato de trabalho segue o regime geral (art. 349.º do CT), exceto quanto à forma, em que se exige escrito com determinadas

[2099] Esta liberdade pode apresentar algumas condicionantes na relação que se pode estabelecer entre a revogação do contrato de trabalho e a reforma antecipada do trabalhador, cf. Bernardo Xavier/Furtado Martins/Nunes de Carvalho/Joana Vasconcelos/Tatiana Guerra de Almeida, *Manual*, cit., pp. 780 e ss.

menções (art. 349.º, n.os 2 e 3, do CT). A isto acresce que se conferiu ao trabalhador o direito de arrependimento, mediante o qual pode, unilateralmente, fazer cessar o acordo de revogação do contrato de trabalho até ao sétimo dia seguinte à data da respetiva celebração (art. 350.º, n.º 1, do CT)[2100]; em determinadas circunstâncias, pode obstar-se ao exercício do direito de arrependimento se o acordo revogatório for celebrado com as assinaturas reconhecidas presencialmente perante notário (art. 350.º, n.º 4, do CT).

A Lei n.º 73/2017, de 16 de agosto, que visou reforçar o quadro legislativo para a prevenção da prática de assédio, veio prever a obrigatoriedade de o acordo de revogação fazer menção ao prazo legal para o exercício do direito de fazer cessar o acordo de revogação (art. 349.º, n.º 3, do CT).

II. A revogação prevista nos arts. 349.º e ss. do CT é um negócio jurídico bilateral, mediante o qual as partes acordam em fazer cessar um contrato de trabalho válido. O consenso que tem em vista a extinção do vínculo laboral é discricionário, pois as partes não precisam de invocar qualquer fundamento[2101] e, em princípio, produz efeitos *ex nunc*, na medida em que só tem repercussões para o futuro. A revogação pode ser ajustada a todo o tempo, mesmo que, previamente, as partes tivessem acordado um prazo de duração mínima do contrato (*v. g.*, art. 137.º do CT, sobre o pacto de permanência) e, consoante o acordo, produz efeitos imediatos ou em momento ulterior; pode ser acordado que o contrato cessa imediatamente ou que cessa no fim do mês ou do ano.

Sendo a revogação um acordo, aplica-se-lhe o regime geral dos negócios jurídicos, nomeadamente quanto à formação[2102], com exceção das regras respeitantes à forma do negócio. Interessa, contudo, aludir a uma concretização dos princípios gerais, constante do art. 129.º, n.º 1, alínea *j)*, do CT, em que se veda o recurso à revogação do contrato de trabalho quando se pretende readmitir, de seguida, o trabalhador, pois estará em causa uma prática em fraude à lei.

[2100] No regime anterior, como resultava do art. 1.º da Lei n.º 38/96, de 31 de Agosto, a revogação (unilateral) do acordo de cessação podia ser feita até ao segundo dia útil após a produção dos seus efeitos.

[2101] Quanto à indicação de motivos para efeitos de desemprego, cf. FURTADO MARTINS, *Cessação do Contrato de Trabalho*, cit., pp. 132 s.

[2102] A revogação é anulável nos termos gerais (Ac. STJ de 26/5/1993, *CJ (STJ)* 1993 T. II, p. 287). Não há coação moral se a ameaça que justificou a celebração do acordo revogatório não foi ilícita (Ac. STJ de 16/4/1997, *BMJ* 466, p. 343).

b) Breve excurso histórico

I. Tendo por base as dúvidas que, em determinados casos, se possam colocar quanto à liberdade do trabalhador, compreende-se que o legislador estabeleça um regime particular para a revogação do contrato de trabalho, impondo alguns limites à autonomia privada e exceções ao regime regra[2103].

Esta preocupação encontrava-se já na primeira LCT (Decreto-Lei n.º 47032, de 27 de maio de 1966), e, desde então, o regime da revogação do contrato de trabalho tem sido objeto de previsão normativa específica, destinada a garantir uma eficaz proteção do trabalhador.

Antes da Constituição de 1976, o regime de revogação do contrato de trabalho tinha em vista, no essencial, a promoção e salvaguarda da estabilidade do emprego, no sentido da proteção do trabalhador[2104]; na sequência do disposto na Constituição, passou-se a tutelar o princípio constitucional da segurança no emprego[2105]. Em qualquer caso, o regime da revogação do contrato pretende igualmente assegurar uma definição do acordo relativamente aos créditos emergentes do contrato de trabalho ou tornados exigíveis pela revogação do contrato[2106].

II. O regime da revogação do contrato de trabalho apresenta, consequentemente, particularidades em relação ao regime geral dos contratos de direito civil.

[2103] A evolução histórica recente da revogação encontra-se em JOANA VASCONCELOS, *A revogação do contrato de trabalho*, Coimbra, 2011, pp. 37 ss.
Tendo em conta os eventuais prejuízos para o trabalhador decorrentes do acordo, MAZEAUD, *Droit du Travail*, cit., p. 438, indica que a revogação é um «falso amigo».
Sobre a disponibilidade dos direitos dos trabalhadores em caso de acordo de cessação, *vd.* PERA, *Diritto del Lavoro*, cit., pp. 581 e ss. e, em especial, *Le Rinunce e le Transazioni del Lavoratore. Il Codice Civile Commentario*, org. Piero SCHLESINGER, Milão, 1990, em anotação ao art. 2113 do CCIt., pp. 29 ss. e 47 ss.

[2104] A propósito da garantia da estabilidade do emprego durante a vigência da Constituição de 1933, veja-se BERNARDO XAVIER, «A Estabilidade no Direito do Trabalho Português», *ESC*, n.º 31, Ano VIII (1970), pp. 35-37.

[2105] Recorda-se, a este propósito, que o princípio constitucional da segurança no emprego não se esgota na proibição dos despedimentos sem justa causa, expressa no art. 53.º da CRP. O sentido e o alcance deste princípio são mais vastos e têm em vista «todo o regime da cessação do contrato de trabalho (*v. g.*, cautelas formais na revogação, limites aos contratos a termo e regime relativamente rígido de caducidade)», cf. BERNARDO XAVIER, «A Extinção do Contrato de Trabalho», cit., pp. 407 s.

[2106] Cf. JOANA VASCONCELOS, «A Revogação do Contrato de Trabalho», cit., pp. 174 s.

A particular tutela conferida ao trabalhador, a prevenção de eventuais fraudes e a necessidade de se contornarem dificuldades de prova do acordo revogatório estão na base das intervenções legislativas neste domínio.

Assim, para tutela do trabalhador e prevenção da fraude justificou-se o disposto no art. 21.º, n.º 1, alínea *h)*, da LCT (atual art. 129.º, n.º 1, alínea *j)*, do CT), pelo qual se veda ao empregador «fazer cessar o contrato e readmitir o trabalhador, mesmo com o seu acordo, havendo o propósito de o prejudicar em direitos ou garantias decorrentes da antiguidade».

As dificuldades de prova do acordo revogatório, bem como a ponderação e a tutela da vontade livre e esclarecida do trabalhador, estiveram, por sua vez, na base do art. 6.º, n.º 1, do Decreto-Lei n.º 372-A/75, de 16 de julho, no qual se exigiu expressamente que o acordo revogatório constasse de «documento escrito, assinado por ambas as partes, em duplicado, ficando cada parte com um exemplar», admitindo-se, por outro lado, o direito de o trabalhador «revogar» o acordo revogatório, no prazo de sete dias a contar da respetiva assinatura (art. 7.º, n.º 1), solução reiterada no art. 8.º da LCCT e no art. 349.º, n.º 2, do CT.

Além da imposição de forma escrita, exige-se o cumprimento de certas formalidades, mais uma vez tendo em conta a necessidade de ponderação por parte do trabalhador associada com a facilidade de prova do acordo e, principalmente, a proteção da parta mais fraca e a estabilidade do vínculo laboral[2107].

Por último, importa atender à solução extravagante de se conferir ao trabalhador o direito de fazer cessar o acordo revogatório[2108]/[2109].

III. A Lei da Cessação do Contrato de Trabalho manteve, no essencial, o aludido quadro de proteção. A exigência de forma escrita constava do art. 8.º, n.º 1, da LCCT e as formalidades foram reforçadas, na medida em que o

2107 Cf. Furtado Martins, «Nulidade de Revogação do Contrato de Trabalho», *RDES*, Ano XXXIV (1992), n.º 4, p. 371.

2108 A propósito do direito de revogação do acordo revogatório, anteriormente constante da Lei n.º 38/99, de 31 de Agosto, enquanto mecanismo suscetível de obviar «revogações viciadas» pela situação de inferioridade negocial do trabalhador, veja-se Monteiro Fernandes, *Direito do Trabalho*, cit., pp. 535 e s..

2109 Refira-se, a este propósito, que a natureza deste «acordo revogatório» sempre levantou dúvidas. Considerando que «a revogação do acordo revogatório não é uma verdadeira revogação: trata-se duma hipótese de resolução, prevista por lei e, como tal, retroactiva», da qual resultava, consequentemente, a reposição do contrato originário, cf. Menezes Cordeiro, *Manual de Direito do Trabalho*, cit., p. 799.

acordo devia ser feito em duplicado e assinado por ambas as partes, ficando cada uma delas com um exemplar (art. 8.º, n.º 1, da LCCT), devendo o documento mencionar expressamente a data da celebração do acordo e a de início da produção dos respetivos efeitos (art. 8.º, n.º 2, da LCCT).

Os efeitos da violação da regra de forma ou das mencionadas formalidades mantinham-se inalterados: a falta de forma gerava a nulidade do acordo revogatório e a inobservância das formalidades poderia conduzir a idêntico resultado[2110].

A Lei da Cessação do Contrato de Trabalho introduziu, todavia, uma alteração significativa: suprimiu o poder antes reconhecido ao trabalhador de revogar, num determinado prazo, o acordo revogatório, em decisão apoiada por alguma doutrina[2111]. A solução foi justificada no próprio preâmbulo do diploma, em nome do reconhecimento da maturidade dos trabalhadores portugueses e da harmonia da ordem jurídica – a possibilidade de revogação, por parte do trabalhador, do acordo de cessação do contrato de trabalho consubstanciava, nas palavras do legislador, «um desvio injustificado a princípios da ordem jurídica».

Cerca de sete anos volvidos, a Lei n.º 38/96, de 31 de agosto, fez ressurgir a faculdade de desvinculação do acordo revogatório, ao conceder ao trabalhador o direito de revogar, unilateralmente, no prazo de dois dias úteis após a eficácia do acordo revogatório, o acordo extintivo do contrato de trabalho (art. 1.º, n.º 1), devendo para o efeito, concomitantemente, entregar ou pôr à disposição do empregador a totalidade do valor pago como compensação pecuniária ajustada no acordo revogatório (art. 1.º, n.º 3, da Lei n.º 38/96). Esta intervenção legislativa tinha em vista impedir a ocorrência de situações de fraude, nomeadamente as hipóteses, aparentemente detetadas, em que o empregador impunha ao trabalhador, aquando da celebração do contrato de trabalho, a subscrição de um acordo revogatório, com a data em branco, em termos tais que o empregador a poderia preencher a seu bel-prazer e quando entendesse, tornando então eficaz o referido acordo[2112].

[2110] Cf., nomeadamente, Romano Martinez, *Direito do Trabalho*, 1.ª ed., p. 834.

[2111] Cf. Menezes Cordeiro, *Manual de Direito do Trabalho*, cit., p. 800.

[2112] Recorda-se que nos termos da Lei n.º 38/96, de 31 de Agosto, o direito à revogação do acordo revogatório não era atribuído ao trabalhador se, no acordo extintivo, as assinaturas fossem objeto de reconhecimento presencial no notário ou apostas no contrato na presença de um inspetor do trabalho (art. 1.º, n.º 4) e os efeitos extintivos se produzissem num prazo não superior a um mês (art. 1.º, n.º 5).

O direito potestativo em causa é livre e discricionariamente exercido pelo trabalhador, independentemente do motivo que está na sua génese, e não apenas nas hipóteses (mais diminutas) de fraude do empregador[2113].

A garantia da genuinidade e da atualidade da vontade do trabalhador no acordo de distrate da relação laboral é, portanto, um imperativo legal relacionado com o potencial desequilíbrio contratual subjacente ao contrato de trabalho[2114].

2. Forma e formalidades

Tal como o contrato de trabalho é consensual, as regras gerais de direito civil apontariam para a consensualidade da revogação; todavia, pelas razões indicadas, a dificuldade de prova deste acordo e, principalmente, a prevenção de pressões e fraudes que, mais facilmente, prejudicariam o trabalhador, levaram a que se estabelecesse a exigência de forma escrita (art. 349.º, n.º 2, do CT)[2115].

Além da forma escrita, prescrevem-se determinadas formalidades, relacionadas com os fundamentos indicados. O acordo tem de ser feito em duplicado (art. 349.º, n.º 1, do CT), devendo mencionar-se a data da sua celebração, o dia a partir do qual produz efeitos e o prazo legal para o exercício do direito de fazer cessar o acordo de revogação (art. 349.º, n.º 3, do CT).

Estando afastado o princípio da consensualidade para o distrate do contrato de trabalho, a inobservância da forma escrita gera a nulidade do acordo revogatório, nos termos gerais do art. 220.º do CC. Sendo as formalidades do acordo revogatório *ad substantiam*[2116], a sua falta poderia ter idêntica consequência[2117]; contudo, é discutível que todas as formalidades sejam de natu-

---

2113 A propósito desta problemática – saber se está em causa um verdadeiro direito de arrependimento ou, apenas, um meio de combate à fraude do empregador – veja-se Romano Martinez, *Direito do Trabalho*, 1.ª ed., cit., pp. 839 ss.

2114 Cf., a este propósito, Monteiro Fernandes, *Direito do Trabalho*, cit. p. 536; e Bernardo Xavier/Furtado Martins/Nunes de Carvalho/Joana Vasconcelos/Tatiana Guerra de Almeida, *Manual*, cit. pp. 775 e s..

2115 Sobre a razão de ser da imposição de forma escrita, *vd.* Joana Vasconcelos, «A Revogação do Contrato de Trabalho», *DJ* XI (1997), T. 2, pp. 175 ss.

2116 Cf. Joana Vasconcelos, «A Revogação do Contrato de Trabalho», cit., p. 176.

2117 Veja-se, a este propósito, nomeadamente o Ac. Rel. Pt., de 12/3/1979, *CJ*, IV, T. II, p. 506; Ac. Rel. Pt. de 21/9/1992, *CJ*, XVII, T. IV, p. 287; Ac. Rel. Év., de 26/7/1979, *CJ*, IV, T. IV, p. 1342; Ac. Rel. Lx., de 1/7/1986, *CJ*, XI, T. IV, p. 129.

reza substancial e que, consequentemente, a sua falta implique necessariamente a nulidade do acordo[2118].

Este regime de formalidades carece de ser completado com o disposto no art. 350.º, n.º 4, do CT, onde se impõe que as assinaturas apostas ao contrato sejam reconhecidas presencialmente no notário, para obstar a que o trabalhador revogue o acordo[2119].

3. Efeitos

a) Cessação do vínculo

O acordo revogatório tem como efeito principal a cessação do vínculo laboral por mútuo consenso. Tal como há liberdade para celebrar o contrato de trabalho, do mesmo modo, havendo acordo, as partes podem, em qualquer momento, fazer cessar os efeitos do contrato que as vincula.

O contrato de trabalho deixa de produzir efeitos a partir da data fixada no acordo, que pode ser a da sua celebração; neste caso, a produção de efeitos é imediata, mas pode ser diferida para o dia ajustado pelas partes. Em qualquer caso, no dia da celebração do acordo revogatório ou na data escolhida pelas partes, o contrato de trabalho deixa de produzir efeitos. É, todavia, discutível que a revogação, por vontade das partes, possa determinar a dissolução do vínculo contratual com eficácia retroativa, porque, por um lado, o contrato de trabalho é de execução continuada, por outro, a proteção da posição jurídica do trabalhador pode colocar alguns entraves a uma destruição retroativa do vínculo contratual, e, por último, a imperatividade do regime (art. 339.º do CT) não viabiliza tais acordos[2120].

b) Compensação

I. Associado ao efeito extintivo do contrato de trabalho, as partes podem acordar outras consequências (art. 349.º, n.º 4, do CT). Estes efeitos conexos com a cessação do contrato relacionam-se normalmente com compensações pecuniárias devidas por qualquer das partes, mas também podem depender

---

[2118] Sobre as consequências da preterição de forma e de formalidades no âmbito laboral, veja-se *supra* § 22.3.

[2119] Sobre esta questão, veja-se a seguinte alínea *c)*, relativa à cessação do acordo de revogação.

[2120] Entendendo que em direito do trabalho só se pode admitir a revogação com efeito *ex nunc*, *vd.* Raúl Ventura, «Lições de Direito do Trabalho», *Estudos em Homenagem ao Prof. Doutor Raúl Ventura*, Volume II, *Direito Comercial, Direito do Trabalho e Vária*, Lisboa, 2003, p. 637.

de uma ponderação de consequências de negócios coligados com o contrato de trabalho.

Ao cessar o contrato de trabalho, há certas prestações que o empregador deve efetuar ao trabalhador; *i.e.* que se vencem com a cessação, como o direito a férias e respetivo subsídio (art. 245.º do CT). Por outro lado, se o empregador está em mora relativamente, por exemplo, a retribuições vencidas, estas prestações deverão ser efetuadas aquando da cessação do contrato (cf., todavia, o art. 337.º do CT). Em contrapartida, o trabalhador também pode ser devedor do empregador, nomeadamente em relação a adiantamentos por conta da retribuição. Em qualquer dessas hipóteses, ao ajustar-se um acordo revogatório é frequente que se «acertem as contas», estabelecendo outros efeitos para além da cessação do contrato.

Mas os efeitos associados à cessação não se resumem a uma compensação de prestações derivadas do contrato de trabalho, pois as partes podem ter-se vinculado a outros deveres, em contratos coligados com este. Assim, se o empregador arrendou uma casa ao trabalhador ou lhe emprestou dinheiro para adquirir um automóvel, ao revogar o contrato de trabalho as partes providenciarão as consequências da cessação nestes outros contratos, que poderão subsistir.

II. No acordo revogatório, atendendo à discricionariedade dos motivos, as partes podem ajustar outros efeitos, normalmente relacionados com o assentimento do trabalhador. De facto, com alguma frequência, apesar de a revogação não implicar o pagamento de qualquer indemnização, do acordo consta a obrigação de o empregador pagar uma quantia ao trabalhador, que leva a denominar este ajuste de «despedimento negociado»[2121]; sempre que o empregador pretende fazer cessar o contrato, não tendo motivo, pode

[2121] Cf. Furtado Martins, *Cessação do Contrato de Trabalho*, cit., pp. 131 ss.; Joana Vasconcelos, «A Revogação do Contrato de Trabalho», cit., p. 181.
Sobre o «despedimento negociado» e os entraves legais, particularmente decorrentes do regime de atribuição do subsídio de desemprego (arts. 9.º e 10.º do Regime Jurídico de Protecção Social da Eventualidade de Desemprego dos Trabalhadores por Conta de Outrem, Decreto-Lei n.º 220/2006, de 3 de novembro, alterado e republicado pelo Decreto-Lei n.º 72/2010, de 18 de Junho), veja-se Romano Martinez, «Causas objectivas de despedimento e despedimento negociado», *Análise Contemporânea do Direito em Face da Globalização e da Crise Econômica. 2.º CID – Congresso Internacional de Direito Brasil Europa*, Coimbra, S. Paulo, 2010, pp. 157 ss.
Acerca do «despedimento negociado», veja-se ainda Joana Vasconcelos, *A revogação do contrato de trabalho*, cit., pp. 179 ss.

propor ao trabalhador a revogação do negócio jurídico mediante o pagamento de uma quantia, que será livremente negociada pelas partes.

A liberdade contratual, neste âmbito, é por vezes questionada atendendo à assimetria existente; contudo, nada permite que a questão seja analisada dentro dos estritos contornos do regime dos vícios da vontade, mormente o erro, a coação e a usura (arts. 240.º e ss. e art. 282.º do CC)[2122].

A autonomia privada permite que o pagamento seja diferido ou pago em prestações; e o incumprimento dessa obrigação não invalida o acordo revogatório (*vd.* solução diversa em caso de despedimento coletivo, art. 383.º, alínea *c)*, do CT, pelo que a falta de pagamento determina a ilicitude do despedimento), mas pode fundamentar a sua resolução nos termos do art. 801.º do CC[2123]. Caso o acordo revogatório se funde numa relação sinalagmática, tendo o assentimento do trabalhador sido obtido, ainda que parcialmente, em razão de um valor que lhe iria ser pago, a falta de cumprimento da quantia acordada, verificados os pressupostos do art. 808.º do CC, em particular o decurso do prazo admonitório, confere ao credor (trabalhador) a possibilidade de resolver o contrato (art. 801.º, n.º 2, do CC); ou seja, o acordo revogatório.

III. A compensação pecuniária ajustada no acordo revogatório pode ter natureza global ou encontrar-se discriminada em função das diferentes prestações de que uma parte é devedora à outra. Nesta segunda hipótese, o montante total a pagar determina-se pela soma das várias parcelas – créditos vencidos (*v. g.*, retribuições em mora), créditos exigíveis em virtude da cessação (p. ex., direito a férias e respetivo subsídio) ou a compensação paga em virtude de o contrato de trabalho cessar –, pelo que, havendo um erro de cálculo, o mesmo deverá ser corrigido nos termos do art. 249.º do CC.

De modo diverso, se a compensação pecuniária tiver natureza global[2124], não se discriminando o valor dos diferentes créditos, pressupõe-se que nesse montante global as partes incluíram todas as prestações devidas (art. 349.º,

---

[2122] Com posição diversa, veja-se JOANA VASCONCELOS, *A revogação do contrato de trabalho*, cit., pp. 361 ss.

[2123] FURTADO MARTINS, *Cessação do Contrato de Trabalho*, cit., pp. 137 e s., sustenta que a falta de pagamento não condiciona nem a validade nem a eficácia do acordo revogatório. Acompanha-se o autor na primeira asserção, mas discorda-se quanto à inaplicabilidade do regime geral do incumprimento dos negócios jurídicos

[2124] A natureza global da compensação não se presume, pelo que, na falta de tal indicação, entende-se que a quantia visa compensar o trabalhador pela cessação do contrato (Ac. STJ de 18/6/1997, *CJ (STJ)* 1997, T. II, p. 296).

n.º 5, do CT). Nada obsta inclusive a que, no acordo revogatório, ao fixar-se o valor da compensação, se tenha ajustado uma remissão total ou parcial de determinada dívida (arts. 863.º e ss. do CC)[2125]. Deste modo, o montante fixado pode incluir diferentes créditos e determinar a renúncia a outros direitos.

IV. A atual redação do preceito resolve uma dúvida relativa à interpretação do anterior regime. O verbo «entender» (constante do art. 8.º, n.º 4, da LCCT) foi substituído por «presumir»; efetivamente, enquanto, na versão anterior, se lia: «(...) entende-se, na falta de estipulação em contrário, que (...)», hoje dispõe-se: «(...) presume-se que (...)». Esta alteração resolve, assim, uma dúvida de interpretação: tendo em conta a anterior redação, poder-se-ia entender que o legislador recorrera a uma ficção jurídica ou estabelecera uma presunção *iuris et de iure*, a qual só poderia ser afastada por estipulação das partes em contrário. A atual redação, seguindo outra interpretação da norma revogada, estabelece uma presunção *iuris tantum*, ilidível nos termos gerais (art. 350.º, n.º 2, do CC)[2126].

[2125] No acordo de cessação é lícita a remissão de dívidas, nos termos da qual o trabalhador renuncia, com a aquiescência do empregador, a todos os créditos, inclusive salariais, cf. Ac. STJ de 6/7/1994, *BMJ* 439, p. 376; Ac. STJ de 16/4/1997, *BMJ* 466, p. 343; Ac. STJ de 18/3/1998, *CJ (STJ)* 1998, T. I, p. 284. Em sentido contrário LEAL AMADO, «A Protecção do Salário», *Boletim da Faculdade de Direito*, Volume XXXIX, Coimbra, 1994, pp. 198 ss., em especial pp. 216 e ss., conclui pela total inadmissibilidade de renúncia ao salário, ainda que o vínculo laboral haja terminado. Parece que o legislador, no Código do Trabalho, tendo por base a redação do n.º 1 do art. 279.º do CT, resolve a polémica no sentido do texto, pois as garantias só são conferidas ao trabalhador na pendência do contrato de trabalho.

[2126] Discutia-se se a presunção constante do art. 8.º, n.º 4, da LCCT, ao determinar que «entende-se», era inilidível (*iuris et de iure*) ou, nos termos gerais (art. 350.º, n.º 2, do CC), podia ser ilidida mediante prova em contrário (*iuris tantum*). Alguma doutrina e jurisprudência preconizavam que se tratava de uma presunção *iuris et de iure*, atendendo ao elemento literal do preceito, a uma preocupação de segurança jurídica e ao propósito de evitar subsequentes litígios após a celebração do acordo revogatório (*vd.* MONTEIRO FERNANDES, *Direito do Trabalho*, 11.ª ed., Coimbra, 1999, p. 507. Quanto à jurisprudência, veja-se Ac. STJ de 26/5/1993, *CJ (STJ)* 1993, T. II, p. 287; Ac. STJ de 16/4/1997, *BMJ* 466, p. 343).

A jurisprudência nacional, impressionada pela letra da lei (segundo alguma jurisprudência, o elemento literal do preceito «vivamente sugere a natureza inilidível da presunção», cf. Ac. STJ de 26/5/1993, *CJ (STJ)* 1993, T. II, p. 287, p. 289), pelo aparente recuo do legislador face à anterior redação do art. 6.º do Decreto-Lei n.º 372-A/75, de 16 de Julho, e por uma suposta teleologia da lei que apontaria no sentido da prossecução (a todo o custo...) da certeza jurídica e da diminuição da litigiosidade laboral após a cessação do acordo revogatório (cf. Ac. STJ de 26/5/1993, cit., p. 289), enveredou no essencial pela posição doutrinal minoritária,

Como já se havia afirmado ao abrigo da legislação anterior[2127], nos termos do art. 350.º, n.º 2, do CC, para que uma presunção seja inilidível é necessário que a lei proíba a prova em contrário; na falta de tal proibição as presunções são ilidíveis. Ora, do revogado art. 8.º, n.º 4, da LCCT não constava uma proibição de prova em contrário, afirmava-se simplesmente que «entende-se», e desta expressão teria de concluir-se no sentido de se estar perante uma presunção *iuris tantum*, que admitia prova em contrário[2128]. A atual redação,

considerando que a presunção estabelecida no art. 8.º, n.º 4, da LCCT era inilidível, *iuris et de iure* (A este propósito veja-se, a título exemplificativo, os seguintes acórdãos do STJ de 21/4/1993, *BMJ* 426, p. 363; de 26/5/1993, *CJ (STJ)*, 1993, T. II, p. 287; de 16/4/1997, *BMJ* 466, p. 343; e de 18/5/1997, *CJ (STJ)*, 1997, p. 296; bem como os acórdãos da Relação do Porto de 10/7/1995, *CJ* XX, T. IV, p. 250, e da Relação de Lisboa de 14/7/1994, *in* /www.dgsi.pt; de 18/10/1995, *CJ* XX, T. IV, p. 164; de 25/9/1996, *CJ* XXI, T. IV, p. 180; de 26/5/1999, *in* www.dgsi.pt; de 16/6/1999, *in* www.dgsi.pt; de 20/2/2002, *in* www.dgsi.pt). Relativamente ao Ac. STJ de 21/4/1993, citado, veja-se os comentários de NUNES DE CARVALHO, «Contrato de Trabalho. Revogação Por Acordo. Compensação Pecuniária Global: seu Valor», cit., pp. 209 e ss., e LEAL AMADO, «Revogação do Contrato e Compensação Pecuniária para o Trabalhador», cit., pp. 167 e ss. Em ambos os casos, os autores discordam do sentido e da argumentação emergentes do citado aresto, advogando, ao arrepio da orientação do STJ, a adoção da tese que via no art. 8.º, n.º 4, da LCCT, uma presunção *iuris tantum*.

Importa rejeitar a tese que preconizava, na teleologia do preceito revogado, a busca, a todo o custo (nomeadamente à custa dos créditos trabalhador), dos propósitos de certeza e segurança jurídica e da diminuição da litigiosidade laboral, os quais se atingiriam através da consideração do acerto de contas levado a efeito no acordo revogatório como um ajuste necessariamente final, definitivo e irreversível (recorda-se que no citado Acórdão do STJ de 26/5/1993, se afirma, a dado passo, que «efectivamente, parece seguro que a solução adoptada no n.º 4 do referido art. 8.º foi inspirada pela preocupação de certeza jurídica, pelo propósito de evitar litígios subsequentes ao acordo revogatório; teve-se em vista findar as contas entre as partes. Ora, aceitando-se a orientação doutrinal que qualifica a presunção como relativa, o objectivo do legislador sairia frustrado e a solução consagrada mostrar-se-ia incongruente, dado que apenas se refletiria no domínio do ónus da prova, sem alcançar o desiderato legislativo»). Os propósitos enunciados são, sem dúvida, louváveis, não devendo ser desvalorizados, mas alcançam-se com o estabelecimento de uma presunção *iuris tantum*, que, por si só, ao sobrecarregar a prova a cargo do trabalhador, confere alguma estabilidade ao acerto final de contas ajustado. O objetivo de findar as contas das partes não é inconciliável com o propósito de assegurar que essas contas sejam bem feitas (cf. NUNES DE CARVALHO, «Contrato de Trabalho. Revogação por Acordo. Compensação Pecuniária: Seu Valor», cit., p. 92) e não faz sentido admitir que a certeza e a segurança jurídicas sejam levados ao extremo, a ponto de sacrificar créditos do trabalhador decorrentes do contrato de trabalho ou da sua cessação.

[2127] *Vd.* ROMANO MARTINEZ, *Direito do Trabalho*, 1.ª ed., pp. 837 s.

[2128] Neste sentido, *vd.* LEAL AMADO, «Revogação do Contrato e Compensação Pecuniária para o Trabalhador», cit., pp. 167 e ss.; NUNES DE CARVALHO, «Contrato de Trabalho. Revogação por Acordo. Compensação Pecuniária Global: Seu Valor», cit., pp. 222 ss.; MENEZES CORDEIRO,

na sequência desta interpretação, sanou a dúvida, estabelecendo, inequivocamente, uma presunção ilidível.

A explicação enunciada, relacionada com a substituição do termo «entende-se» por «presume-se», parece tão óbvia que não justificaria maior explanação. Todavia, com a atual redação do preceito em análise, surgiram algumas posições, no mínimo estranhas, dificilmente justificáveis tendo em conta a letra do preceito[2129], pelo que importará desenvolver o sentido do preceito.

A expressão «entende-se (...) que», apesar de contestável, poderia legitimamente ser interpretada como implicando uma presunção *iuris et de iure* (absoluta, inilidível) ou, mesmo, como uma ficção jurídica[2130]. A ficção pressupõe «uma assimilação fictícia de realidades factuais diferentes»[2131], ficciona-se que é idêntico o desigual para se aplicar a mesma solução[2132]. Como exemplos de ficção, os autores citados indicam os arts. 275.º, n.º 2, e 805.º, n.º 2, alínea *c)*, do CC. As presunções respeitam ao regime do ónus da prova; mas nem sempre se torna fácil distinguir as presunções absolutas (*iuris et de iure*) das ficções[2133]. Os autores citados dão como exemplos de presunção absoluta o art. 243.º, n.º 3, do CC, no qual se usa a seguinte expressão: «considera-se sempre (...)». Daqui se infere a possibilidade de alguma doutrina descortinar no art. 8.º, n.º 4, da LCCT uma presunção absoluta, apesar de neste preceito não se incluir o termo «sempre». Mas atendendo aos exemplos que a doutrina nos dá de presunções *iuris tantum*, que podem ser ilididas mediante prova em contrário (*v.g.*, arts. 68.º, n.º 2, 223.º, n.º 1, 370.º, 441.º, 451.º, n.º 1, 785.º, n.º 1, 1260.º, n.º 2, do CC), verifica-se que o legislador usa sempre o termo «presume-se». Ora, tendo o legislador recorrido a esse mesmo termo no preceito em anotação terá de se entender que a presunção não é absoluta, mas sim *iuris tantum*. Acresce que, com base no disposto no n.º 2 do art. 350.º do CC, entende-se normalmente que as presunções

Direito do Trabalho, II, cit., p. 910; Furtado Martins, *Cessação do Contrato de Trabalho*, cit., p. 137; Joana Vasconcelos, «A Revogação do Contrato de Trabalho», cit., pp. 183 s.

2129 Monteiro Fernandes, *Direito do Trabalho*, cit., pp. 536 s.

2130 Sobre as ficções e as presunções absolutas, *iuris et de iure*, e as dificuldades de as destrinçar, consulte-se Oliveira Ascensão, *O Direito. Introdução e Teoria Geral. Uma Perspectiva Luso-Brasileira*, 13.ª ed., Coimbra, 2005, pp. 520 s. e Baptista Machado, *Introdução ao Direito e ao Discurso Legitimador*, Coimbra, 1983, pp. 108 ss.

2131 Baptista Machado, *Introdução ao Direito*, cit., p. 108.

2132 Oliveira Ascensão, *O Direito*, cit., p. 520.

2133 *Vd.* Oliveira Ascensão, *O Direito*, cit., p. 520 e Baptista Machado, *Introdução ao Direito*, cit., p. 112.

absolutas constituem a exceção[2134], sendo, por via de regra, as presunções *iuris tantum.* «Na dúvida haverá de entender-se, pois, que a presunção legal é apenas *iuris tantum*»[2135]. Do exposto não pode resultar qualquer dúvida de que, no n.º 5 do art. 349.º do CT, o legislador estabeleceu uma presunção ilidível (*iuris tantum*).

V. Acresce que a presunção ilidível corresponde aos princípios informadores da revogação do contrato de trabalho. Como se afirmou *supra,* na tutela da genuinidade e da atualidade da vontade do trabalhador importa garantir que, aquando da celebração do acordo revogatório, os créditos laborais do trabalhador vencidos ou tornados exigíveis pela revogação do contrato foram corretamente determinados.

As preocupações neste âmbito justificam-se em razão da potencial situação de desequilíbrio contratual, de modo a evitar que o empregador pressione o trabalhador no sentido de este renunciar, total ou parcialmente, a créditos já vencidos ou que decorram da cessação do contrato de trabalho. É evidente que sempre se poderia recorrer à anulabilidade, por usura, do distrate (art. 282.º do CC), mas a prova da usura, que impenderia sobre o trabalhador, seria naturalmente difícil.

Importa, portanto, garantir a integralidade dos créditos laborais devidos ao trabalhador, tanto os vencidos – *v. g.*, a título de retribuição pelo trabalho prestado (arts. 258.º e ss. do CT), de retribuição especial a título de isenção de horário de trabalho (art. 265.º do CT), de trabalho suplementar (art. 268.º do CT), ajudas de custo (art. 260.º, n.º 1, alínea *a)*, do CT) ou prémios de produtividade (art. 260.º, n.º 1, alínea *b)*, do CT) –, como os que resultam diretamente da cessação do contrato – p. ex., a título de férias já vencidas e não gozadas e correspondente subsídio (art. 264.º do CT), de proporcionais de férias pelo trabalho prestado no ano da cessação e subsídio de férias (art. 245.º do CT), e de proporcionais de subsídio de Natal (art. 263.º, n.º 2, alínea *b)*, do CT) –, e ainda, eventualmente, aqueles que têm a sua causa no próprio acordo de revogação do contrato de trabalho. Não obstante a revogação do contrato de trabalho não acarretar, para o empregador, a obrigatoriedade de pagamento de qualquer indemnização ou compensação, na maioria dos casos, atendendo à rigidez do sistema quanto às formas de cessação do contrato de trabalho e ao princípio constitucional da segurança no emprego,

---

[2134] Por exemplo BAPTISTA MACHADO, *Introdução ao Direito,* cit., p. 112.

[2135] BAPTISTA MACHADO, *Introdução ao Direito,* cit., p. 112.

o acordo de revogação assume-se como um «despedimento negociado»[2136]. De facto, não raras vezes, o empregador, para efeitos de obtenção do acordo do trabalhador, ajusta o pagamento de uma compensação, de valor tendencialmente equivalente ou ligeiramente superior ao das importâncias indemnizatórias legalmente devidas em caso de despedimento ilícito ou por causas objetivas.

c) *Cessação do acordo de revogação*

I. Em princípio, a revogação, como qualquer negócio jurídico, vincula as partes e, excluindo a hipótese de vícios da vontade, de incumprimento culposo ou de impossibilidade de cumprimento de uma das partes, a contraparte não se pode desvincular do acordo. Todavia, no art. 7.º do Decreto-Lei n.º 372-A//75, de 16 de julho (diploma revogado pela Lei da Cessação do Contrato de Trabalho), permitia-se que o trabalhador revogasse (unilateralmente) o acordo revogatório no prazo de sete dias; estabelecendo-se um direito de arrependimento, nos termos do qual uma das partes (o trabalhador) podia repensar as vantagens do negócio ajustado num período em que deixaria de estar sujeito a pressões e condicionamentos derivados da relação de subordinação. No preâmbulo do Decreto-Lei n.º 64-A/89, de 27 de fevereiro, a propósito da revogação do acordo de cessação dispunha-se: «Essa possibilidade, constituindo um desvio injustificado a princípios fundamentais da nossa ordem jurídica, correspondia a uma concepção de imaturidade dos trabalhadores portugueses, que estes não merecem, e prestava-se a situações menos justas»; e, assim, a Lei da Cessação do Contrato de Trabalho não conferiu tal direito ao trabalhador.

Essencialmente para prevenir fraudes[2137], reintroduziu-se o direito de revogação do acordo de cessação do contrato de trabalho através da Lei n.º 38/96, de 31 de agosto (art. 1.º). Deste modo, o trabalhador passou a poder revogar o acordo revogatório no prazo de dois dias úteis depois de a cessação do contrato produzir efeitos, mediante comunicação escrita enviada ao empregador (art. 1.º, n.º 1, da Lei n.º 38/96).

[2136] *Vd.* nota 2121.

[2137] Ter-se-á detetado que, em algumas empresas, se impunha a celebração de um acordo revogatório aquando da contratação do trabalhador, com a data em branco, permitindo que o empregador fizesse cessar o contrato de trabalho quando entendesse, bastando colocar uma data no acordo.

II. No art. 350.º do CT, com diferente terminologia, continua a conferir-se ao trabalhador o poder de fazer cessar o acordo de revogação. Este direito do trabalhador tem de ser exercido até ao sétimo dia seguinte à data da celebração do acordo revogatório (n.º 1 do art. 350.º do CT); o prazo de dois dias foi alargado para sete dias, mas a contagem desse prazo tem data de início diferente. Na legislação revogada, o prazo de dois dias úteis contava-se a partir da data da produção de efeitos do acordo de revogação, enquanto o atual prazo de sete dias se conta desde a data da celebração do acordo. Esta diferença é relevante porque altera, parcialmente, a finalidade da norma. No domínio da legislação anterior, na discussão em torno da *ratio legis* do preceito, admitiam-se dois fundamentos: permitir a ponderação posterior do trabalhador e combater fraudes no que respeita à celebração dos acordos de revogação[2138]. Com a modificação introduzida, pode concluir-se que a norma só prossegue uma das finalidades do anterior preceito: confere-se ao trabalhador a possibilidade de reponderar o acordo de revogação ajustado[2139]. Deixa de se poder combater eventuais fraudes, indiretamente, através do regime da desvinculação do acordo de revogação; cabendo, contudo, ao trabalhador o recurso aos meios comuns, nomeadamente com fundamento na falta e vícios da vontade, entre as quais a falta de consciência da declaração (art. 246.º do CC), o erro na declaração (art. 247.º do CC), o dolo (art. 253.º do CC) ou a coação moral (art. 255.º do CC). A existência de vícios na formação ou na declaração da vontade pode determinar a invalidade do contrato (arts. 247.º e ss. do CC)[2140] e, tratando-se de um negócio (extintivo) usurário, admite-se a sua anulação ou modificação segundo juízos de equidade (arts. 282.º e 283.º do CC)[2141].

III. Para que a cessação do acordo de revogação produza efeitos torna-se necessário que o trabalhador entregue ou ponha à disposição do empregador a totalidade do valor que lhe foi pago como compensação pecuniária ajustada no acordo de revogação (art. 350.º, n.º 3, do CT).

Por outro lado, o direito a fazer cessar o acordo de revogação não é atribuído ao trabalhador se neste negócio jurídico, seguindo as exigências do

---

[2138] Cf. Romano Martinez, *Direito do Trabalho,* 1.ª ed., pp. 838 ss.

[2139] Por motivos idênticos, admite-se igualmente que o trabalhador revogue a declaração de resolução ou de denúncia do contrato de trabalho nos mesmos moldes (art. 402.º do CT).

[2140] Cf., nomeadamente, Ac. Rel. Lx de 26/5/1999, *in* www.dgsi.pt.

[2141] Quanto às dificuldades de prova dos pressupostos destes institutos, veja-se Joana Vasconcelos, *A revogação do contrato de trabalho,* cit., pp. 361 ss. Mas esta dificuldade, comum a múltiplas outras situações jurídicas, não permite alterar o regime do ónus da prova.

art. 349.º, n.ºs 3 e 4, do CT, as assinaturas forem objeto de reconhecimento presencial no notário (art. 350.º, n.º 4, do CT).

Resta acrescentar que a solução constante do art. 350.º do CT é excecional, não se justificando aplicar este regime a outras situações, salvo havendo específica previsão legal. Deste modo, o trabalhador não poderá fazer cessar o acordo de pré-reforma (arts. 318.º e ss. do CT), porque se trata de uma situação para a qual o arrependimento não foi pensado e, principalmente, porque corresponde a um regime especial ao qual não se aplica a norma geral. Mas, diferentemente, por exemplo, a propósito do acordo para passar a trabalhar em regime de teletrabalho, prevê-se que possa cessar, por decisão de qualquer das partes, durante os primeiros trinta dias da sua execução (art. 167.º, n.º 2, do CT).

Concluindo, pode dizer-se que os pressupostos desta revogação atípica são quatro: em primeiro lugar, atendendo ao seu carácter excecional, a cessação em causa só se aplica no estrito âmbito da revogação prevista nos arts. 349.º e 350.º do CT; segundo, é necessário que o acordo revogatório tenha sido celebrado sem reconhecimento presencial das assinaturas perante notário; terceiro, o direito tem de ser exercido mediante declaração escrita a enviar no prazo de sete dias a contar da data da celebração do acordo; quarto, o trabalhador, para exercer o seu direito, tem de devolver a compensação pecuniária recebida no momento em que faz cessar o acordo de revogação.

IV. Tendo em conta a atipicidade desta solução, importará discutir o fundamento do direito de fazer cessar unilateralmente o acordo revogatório. Parece indiscutível que se trata de um direito potestativo que tem em vista a proteção da parte mais fraca e a estabilidade do vínculo laboral. Juridicamente, o direito potestativo em causa enquadra-se numa condição resolutiva; isto é, a revogação do contrato de trabalho fica, por imperativo legal, sujeita a uma condição resolutiva, nos termos da qual o trabalhador, no exercício de um direito potestativo, pode destruir retroativamente os efeitos extintivos ajustados relativamente a um contrato de trabalho, fazendo-o renascer. Mas discute-se se este direito potestativo conferido ao trabalhador tem só em vista combater atitudes fraudulentas dos empregadores ou se constitui um direito de arrependimento.

Com base na exposição de motivos da proposta que esteve na origem da Lei n.º 38/96, onde se indica o motivo de combate a fraudes, no facto de o prazo de sete dias do anterior diploma (art. 7.º do Decreto-Lei n.º 372-A/75, de 16 de julho) ter sido encurtado para dois dias, assim como da inviabilidade de revogação no caso de acordo com assinaturas presenciais reconhecidas notarialmente ou efetuadas perante um inspetor de trabalho, alguns autores consideravam que a solução legal não conferia verdadeiramente um direito de arrependimento, valendo antes como meio de combater a fraude do empregador[2142].

Seria estranho que o legislador estabelecesse uma solução legal com uma carga negativa que abrangesse uma multiplicidade de operadores. Ainda que, na sua génese, se possa aceitar que as fraudes tivessem contribuído para fazer renascer a solução abandonada em 1989, parece inaceitável entender-se que o regime instituído pela Lei n.º 38/96 só se aplicasse em caso de fraude do empregador. Se assim fosse, este regime não teria estabelecido uma «revogação» de declarações unilaterais pelo trabalhador, mas uma presunção de fraude dos empregadores, pois estes, nessa conceção, poderiam sempre provar que a declaração do trabalhador tinha sido livre, para impedir o efeito revogatório da cessação[2143].

De iure constituendo poderá criticar-se a solução legal e advogar-se a sua abolição[2144], mas não seria correto interpretar a lei contra a sua letra, de modo a concluir que o direito de revogação de determinadas declarações negociais correspondia, antes, a uma presunção de fraude dos empregadores, que a poderiam ilidir, provando que o trabalhador não fora «pressionado» a pôr termo ao contrato de trabalho[2145].

[2142] Cf. MENDES BAPTISTA, «O Direito de Arrependimento», cit., pp. 49 ss. e JOANA VASCONCELOS, «A Revogação do Contrato de Trabalho», cit., pp. 186 ss. Nesta sequência, poder-se-ia até entender que a solução consagrada na Lei n.º 38/96 assentava no pressuposto, por um lado, de que os empregadores são naturalmente burlões, que tentam com negócios fraudulentos enganar os trabalhadores e, por outro, de que os mecanismos legais de combate a tais fraudes, nomeadamente o regime dos vícios da vontade, são inoperantes.

[2143] Considerando que a Lei n.º 38/96 reinstituiu o direito de arrependimento idêntico ao que vigorou até 1989, *vd.* JORGE LEITE, «Observatório Legislativo», *QL* Ano III, n.º 8, pp. 216 s. Em sentido diverso, contestando o «arrependimento», *vd.* JOANA VASCONCELOS, «A Revogação do Contrato de Trabalho», cit., pp. 173 ss.

[2144] Neste sentido, MOTTA VEIGA, *Lições de Direito do Trabalho*, cit., pp. 486 s., critica a solução legal, considerandoa desajustada, sem concluir que a solução de 1996 difere do anterior direito de arrependimento; do texto e pela remissão para a crítica ao diploma de 1975, poder-se-á concluir que este autor, discordando da solução da Lei n.º 38/96, a considera idêntica à que vigorou até 1989, isto é, que se trataria de um típico direito de arrependimento, o qual deveria ser abolido.

[2145] Os argumentos invocados com base nos quais se considerava que a Lei n.º 38/96 não restabeleceu o direito de arrependimento não parecem convincentes.

A dúvida parece estar sanada com o atual art. 350.º do CT, pois, como se indicou (*supra* II.), por via da alteração introduzida quanto ao momento do início do prazo, pode concluir-se que a norma só prossegue uma das finalidades indicadas: confere-se ao trabalhador a possibilidade de reponderar o acordo de revogação ajustado, não estando em causa o combate a eventuais fraudes, indiretamente, através do regime da desvinculação do acordo de revogação. Em suma, está-se perante o designado direito de arrependimento.

A exposição de motivos que antecedeu a proposta de lei, onde se faz alusão à mencionada fraude praticada em algumas empresas, não foi minimamente contemplada na letra dos preceitos da Lei n.º 38/96, pelo que se pode daí concluir que esse terá sido um motivo que impulsionou o legislador, mas este legislou em sentido mais amplo. Acresce que, segundo as regras interpretativas, não prevalece o sentido subjetivo e não pode ser considerado pelo intérprete o pensamento legislativo que não tenha na letra da lei um mínimo de correspondência verbal, ainda que imperfeitamente expresso (art. 9.º, n.º 2, do CC). O entendimento de que a solução estabelecida na Lei n.º 38/96 só se aplica às hipóteses de fraude do empregador não tem um mínimo de correspondência na letra dos preceitos do diploma.
O encurtamento do prazo, de sete para dois dias, não parece relevante, pois estava em causa uma redução do período de incerteza para o empregador. Do mesmo modo, da diminuição do prazo de catorze para dez dias, ocorrida pela alteração de 1999 ao art. 16.º do regime do direito real de habitação periódica, não se pode concluir que deixou de haver um direito de arrependimento, só podendo tal direito ser exercido em caso de fraude dos vendedores de direitos reais de habitação periódica.
Por último, a inviabilidade de revogação, no caso de acordo com assinaturas presenciais reconhecidas notarialmente ou efetuadas perante um inspetor de trabalho ou de revogação da resolução se nesta declaração a assinatura for reconhecida presencialmente, consiste numa limitação que poderia ser entendida no sentido de averiguar da inexistência de fraude. Mas esta conclusão parece precipitada, pois, como resulta do art. 1.º, n.º 5, da Lei n.º 38/96, ainda que o acordo fosse assinado na presença do notário ou do inspetor do trabalho, podia ser revogado se tivesse sido aposto um termo suspensivo que ultrapassasse um mês sobre a data da assinatura. Deste modo, não sendo de execução imediata, isto é, se a extinção do vínculo só se verificasse mais de trinta dias após a decisão que visava pôr termo ao contrato de trabalho, ainda que a liberdade do trabalhador fosse certificada por notário ou inspetor de trabalho, era lícita a revogação da declaração negocial.
Em conclusão, da Lei n.º 38/96 resultava que a declaração negocial do trabalhador que visava pôr termo ao contrato de trabalho devia ser, não só livre – isenta de coação moral ou de outros vícios da vontade –, como também atual. Neste sentido, afirmando, a propósito da Lei n.º 38/96, que «(...) as declarações de vontade do trabalhador no sentido do distrate sejam atuais e livres (...)», cf. BERNARDO XAVIER, *Curso de Direito do Trabalho*, cit., aditamento de atualização de 1996, p. 566. No mesmo sentido, MONTEIRO FERNANDES, *Direito do Trabalho*, cit., p. 536, esclarece que «o objetivo do legislador consiste, manifestamente, em garantir a genuinidade do acordo de cessação do contrato de trabalho, em particular no que respeita à sua *actualidade*, ou, por outras palavras, à coincidência entre a data da assinatura do trabalhador e aquela em que se pretende fazer valer o acordo».

V. A possibilidade conferida a uma das partes de fazer cessar um acordo, apesar de excecional, não é específica do domínio laboral. Além da revogação (unilateral) do mandato (art. 1170.º, n.º 2, do CC), o «direito de arrependimento» tem sido admitido em diversas situações em que se justifica proteger uma parte mais fraca, como o trabalhador ou o consumidor[2146].

O legislador consagrou o direito de arrependimento em outros contratos quando está em causa uma justificada tutela do contraente débil, conferindo a possibilidade de essa parte, tradicionalmente desprotegida, poder, como se diz em linguagem popular, «dar o dito por não dito». Assim, o trabalhador, arrependendo-se de ter ajustado um acordo de revogação do contrato de trabalho, poderá, nos sete dias imediatos ao ajuste, sem necessitar de justificar a sua decisão, resolver tal acordo.

VI. Resta acrescentar que a discussão em torno da eventual inconstitucionalidade dos preceitos que admitem a cessação, por vontade de uma das partes (trabalhador), do acordo de revogação – bem como da resolução e denúncia do contrato de trabalho por iniciativa do trabalhador (art. 402.º do CT) –, com base na violação do princípio da liberdade de iniciativa privada (art. 61.º da CRP), não apresenta qualquer particularidade, pois a questão coloca-se nos mesmos termos a propósito do direito de arrependimento previsto noutros domínios, como nos exemplos indicados. De facto, as empresas que vendem bens a distância ou ao domicílio, que se dedicam à comercialização de direitos reais de habitação periódica, ou que concedem crédito ao consumo, veem coartada a sua liberdade de iniciativa privada no que respeita a determinados negócios jurídicos que celebrem.

No confronto de interesses entre a segurança contratual e a justiça resultante da especial proteção conferida a um dos contraentes, em razão da sua maior debilidade, deu-se prevalência a este segundo fator. E as regras jurídicas, ainda que com previsão constitucional, não são de aplicação absoluta, admitindo exceções, como neste caso.

Bibliografia:

Leal Amado, «Revogação do Contrato e Compensação Pecuniária para o Trabalhador: Notas a um Acórdão do Supremo Tribunal de Justiça», *QL*, n.º 3 (1994), pp. 167 a 172 e «Revogação do Contrato de Trabalho (Nótula sobre os arts. 349.º a 395.º do CT)», *Pront.* 69 (2004), pp. 53 ss.; Carlos Antunes/Ama-

[2146] *Vd.* Romano Martinez, *Da Cessação do Contrato*, 3.ª ed., Coimbra, 2015, pp. 78 ss.

DEU GUERRA, *Despedimentos e outras Formas de Cessação do Contrato de Trabalho*, cit., pp. 19 a 28; ALBINO MENDES BAPTISTA, «O Direito de Arrependimento», *Pront.*, n.º 52, pp. 49 ss.; NUNES DE CARVALHO, «Contrato de Trabalho. Revogação por Acordo. Compensação Pecuniária Global: Seu Valor», *RDES*, XXXVI (1994), n.os 1/3, pp. 220 a 224; MENEZES CORDEIRO, *Direito do Trabalho*, II, cit., pp. 901 ss.; MONTEIRO FERNANDES, *Direito do Trabalho*, cit., pp. 531 e ss.; JÚLIO GOMES, *Direito do Trabalho*, I, cit., pp. 940 ss.; JORGE LEITE, «Observatório Legislativo», *QL*, n.º 8 (1996), pp. 216 a 218; ROMANO MARTINEZ, anotação aos arts. 349.º e ss., *Código do Trabalho Anotado*, cit., pp. 810 ss.; FURTADO MARTINS, «Nulidade da Revogação do Contrato de Trabalho», *RDES* XXXIV (1992), n.º 4, pp. 370 a 377 e *Cessação do Contrato de Trabalho*, cit., pp. 125 e ss.; ROSÁRIO PALMA RAMALHO, *Tratado de Direito do Trabalho*, II, cit., pp. 789 ss.; JOANA VASCONCELOS, «A Revogação do Contrato de Trabalho», *Direito e Justiça* XI (1997), T. 2, pp. 173 a 193 e *A revogação do contrato de trabalho*, Coimbra 2011; MOTTA VEIGA, *Lições*, cit., pp. 485 a 487; BERNARDO XAVIER/FURTADO MARTINS/NUNES DE CARVALHO/ /JOANA VASCONCELOS/TATIANA GUERRA DE ALMEIDA, *Manual*, cit., pp. 773 e ss.

§ 57. DENÚNCIA

1. Regime geral

I. O contrato de trabalho, sendo um vínculo de execução continuada e, normalmente, de duração indeterminada, pode cessar por via da denúncia *ad libitum*[2147].

O princípio da denúncia livre do contrato mantém, na relação laboral, plena aplicação quando a iniciativa cabe ao trabalhador. O contrato de trabalho, sendo uma relação duradoura, não implica uma vinculação perpétua do trabalhador, que a todo o tempo se pode desvincular[2148]. Neste caso estar-se-á perante a denúncia com aviso prévio (art. 400.º do CT).

[2147] Quanto à denúncia *ad nutum* no contrato de trabalho, SELWYN, *Law of Employment*, cit., pp. 307 ss., alude à necessidade de aviso prévio, que resulta de jurisprudência consolidada, aceitando-se, porém, um pagamento em substituição do aviso. Veja-se também NICOLINI, *Manuale di Diritto del Lavoro*, cit., pp. 532 ss., relativamente à denúncia prevista no art. 2118 do CCIt., preceito cujo sentido tem sido alvo de uma interpretação restritiva por parte da jurisprudência.

[2148] Há, todavia, exceções, como a que decorre do regime do contrato de trabalho dos desportistas profissionais (*vd.* LEAL AMADO, *Vinculação* versus *Liberdade*, cit., pp. 203 ss. e v.

A vinculação indefinida contraria a liberdade, nomeadamente económica, mas, da ponderação entre a liberdade de desvinculação e a segurança no emprego (art. 53.º da CRP), só se concedeu a denúncia livre ao trabalhador.

O trabalhador que pretenda pôr termo ao contrato pode recorrer à denúncia *ad nutum* e não tem de indemnizar a contraparte se comunicar por escrito a sua intenção de se desvincular com a antecedência estabelecida no art. 400.º, n.º 1, do CT.

A declaração de denúncia do contrato de trabalho pode ser revogada pelo trabalhador até ao sétimo dia seguinte à data em que chega ao poder ou ao conhecimento do empregador (art. 402.º, n.º 1, do CT). Trata-se de uma exceção à regra geral da irrevogabilidade das declarações negociais (art. 230.º do CC), pois admite-se que o trabalhador, num prazo limitado, revogue a declaração negocial de denúncia do contrato de trabalho.

II. De modo diverso, por via de regra, o empregador não pode recorrer à denúncia como modo de fazer cessar o vínculo contratual[2149]. Contudo, em situações pontuais, expressamente previstas, confere-se ao empregador a

---

supra § 42). Quanto à liberdade de desvinculação, veja-se ainda RODRÍGUEZ-PIÑERO Y BRAVO FERRER/FERNÁNDEZ LÓPEZ, *La Voluntad del Trabajador en la Extinción del Contrato de Trabajo*, Madrid, 1998, pp. 21 ss. e 49 ss. e relativamente aos fundamentos, em que o regime comum tem de ser contemporizado com a proteção do trabalhador, consulte-se FROMM, *Die Arbeitnehmerbedingten Kündigungsgründe*, Berlim, 1995, pp. 202 ss. e 317 ss., em especial, de modo mais condensado, pp. 620 ss.

[2149] Não assim noutros ordenamentos, como no brasileiro, em que a denúncia livre por parte do empregador se encontra admitida como regra, no art. 487 da CLT, com um aviso prévio de trinta dias, cf. CARRION, *Comentários à Consolidação das Leis do Trabalho*, cit., anotação ao art. 487, pp. 373 ss.

Quanto ao direito alemão, apesar de a extinção do vínculo laboral assentar na dicotomia entre denúncia ordinária e extraordinária (*ordentliche Kündigng* e *außerordentlichen Kündigung*), estabelecida nos §§ 622 e ss. do BGB, em que, no primeiro caso, qualquer das partes pode fazer cessar o contrato *ad nutum* com uma antecedência de quatro semanas, tendo em conta várias exceções estabelecidas para proteção da estabilidade laboral (nomeadamente no § 622(2) do BGB e em convenções coletivas, § 622(4) do BGB, assim como na lei de proteção do despedimento), a liberdade de denúncia para o empregador está normalmente bastante limitada, cf. RÖHSLER, Comentário ao § 622 do BGB, *Das Arbeitsrecht im BGB*, Volume 2, Berlim, 1997, pp. 30 ss.; SCHAUB/KOCH/LINCK, *Arbeitsrechts-Handbuch*, 11.ª edição, Munique, 2004, §§ 124 e 125, pp. 1308 ss. e 1316 ss.; ZÖLLNER/LORITZ, *Arbeitsrecht*, cit., pp. 274 ss. e 289 ss. A situação é similar no direito austríaco (§§ 862 e ss. ABGB), cf. SPIELBÜCHER *in* FLORETTA/SPIELBÜCHER/ /STRASSER, *Arbeitsrecht*, Volume I *Individualarbeitsrecht (Arbeitsvertragsrecht)*, cit., pp. 365 ss.

Por vezes, pode parecer que subsiste o princípio de liberdade de denúncia por parte do empregador, como resulta do art. 2118 do CCIt., mas esse direito encontra-se coartado; quanto

faculdade de denunciar o contrato de trabalho; assim, durante o período experimental (art. 114.º do CT), numa relação contratual em comissão de serviço (art. 163.º do CT) ou num contrato a termo certo (art. 344.º do CT), o empregador pode denunciar o contrato, fazendo cessar a relação laboral[2150].

III. Relativamente ao trabalhador, não obstante a previsão genérica de denúncia imotivada do art. 400.º do CT, e além das situações indicadas, em que a denúncia é conferida a ambas as partes (arts. 114.º, 163.º e 344.º do CT), o legislador ainda alude à faculdade de denunciar o contrato de trabalho no art. 365.º do CT, em caso de despedimento por causas objetivas[2151].

2. Período experimental

Como prescreve supletivamente o art. 114.º, n.º 1, do CT, durante o período experimental qualquer das partes pode denunciar o contrato de trabalho (*vd. supra* § 21.5).

Trata-se de uma denúncia *ad nutum*, pois não é necessária a invocação de justa causa. Por outro lado, contrariamente à regra geral, admite-se que a denúncia possa ser feita valer sem aviso prévio; contudo, se o período experimental tiver durado mais de sessenta dias, o empregador tem de dar um aviso prévio de sete dias (art. 114.º, n.º 2, do CT).

Resta referir que a denúncia, correspondendo ao exercício lícito de um direito, não pressupõe o pagamento de uma indemnização; a parte que invoca a denúncia não tem de compensar os prejuízos causados à contraparte pela cessação do vínculo.

3. Comissão de serviço

Apesar de no art. 163.º do CT se aludir tão-só, primeiro, à «cessação da comissão de serviço» e, depois, à possibilidade de «pôr termo à comissão de serviço», sem qualificar o modo de extinção, poderá entender-se que se trata de uma denúncia.

---

a esta dicotomia do sistema italiano, veja-se PAPALEONI, «Il Rapporto di Lavoro» *in Manuale di Diritto del Lavoro*, org. Giuliano MAZZONI, Volume I, Milão, 1988, pp. 788 ss.

[2150] Contrariando a tese de que a denúncia, quando exercida pelo empregador, deve encontrar um fundamento de natureza empresarial, *vd.* NOVARA, *Il Recesso Volontario dal Rapporto di Lavoro*, Milão, 1961, pp. 51 ss.

[2151] *Vd. infra* § 58, n.º 2, alínea *c*).

De facto, qualquer das partes, enviando uma declaração com um aviso prévio de trinta ou sessenta dias, pode fazer cessar a relação laboral em regime de comissão de serviço.

A denúncia da comissão de serviço que implique a cessação do contrato de trabalho, sendo requerida pelo empregador, apesar de lícita, implica o pagamento de uma compensação ao trabalhador, nos termos prescritos na alínea *c)* do n.º 1 do art. 164.º do CT (*vd. supra* § 32).

4. Denúncia com aviso prévio

I. Atendendo ao já mencionado princípio da denúncia *ad nutum* dos contratos duradouros, a lei confere ao trabalhador o direito de se desvincular a todo o tempo, desde que comunique essa intenção ao empregador com trinta ou sessenta dias de antecedência, conforme a sua antiguidade seja inferior ou igual a dois anos ou superior a dois anos (art. 400.º, n.º 1, do CT). Estes prazos podem ser alargados até seis meses por instrumento de regulamentação coletiva ou contrato de trabalho, em relação a trabalhadores que ocupem cargos de administração ou de direção ou que desempenhem funções de representação ou de responsabilidade (art. 400.º, n.º 2, do CT). A denúncia – a exercer só pelo trabalhador – pode ser feita valer na pendência de um contrato de trabalho a termo, se o trabalhador pretender desvincular-se *ante tempus*, caso em que o aviso prévio será de quinze ou de trinta dias (art. 400.º, n.º 3, do CT).

A declaração de denúncia com aviso prévio tem de ser feita por escrito e endereçada ao empregador com a antecedência indicada[2152], mas a exigência de forma tem em vista a proteção do declarante, pois não foi estabelecida para garantia da entidade patronal. Por isso se admite a possibilidade de ser revogada a declaração de denúncia até ao sétimo dia seguinte à data em que chega ao poder do empregador, se o documento escrito não tiver a assinatura do trabalhador com reconhecimento presencial (art. 402.º, n.º 1, do CT). A fim de impor ao trabalhador a necessária ponderação e de obstar à revogação da denúncia, o empregador pode exigir que a declaração de denúncia tenha a assinatura do emitente com reconhecimento notarial presencial (art. 402.º, n.º 1, do CT).

II. Além do regime comum de denúncia *ad libitum* a exercer pelo trabalhador, há que atender a uma previsão específica em que se lhe confere

[2152] Veja-se, contudo, FURTADO MARTINS, *Cessação do Contrato de Trabalho*, cit., p. 595.

também o direito de denunciar o contrato. No art. 365.º do CT conferiu-se ao trabalhador a faculdade de denunciar o contrato de trabalho em caso de despedimento por causas objetivas (*vd. infra* § 58.2.c.4)).

III. Pelas razões já invocadas, relacionadas com a segurança no emprego, a denúncia *ad libitum* só é conferida ao trabalhador, não podendo o empregador, fora das situações especialmente previstas e já mencionadas, denunciar o contrato de trabalho com aviso prévio.

IV. A denúncia com aviso prévio invocada pelo trabalhador, correspondendo à efetivação de um direito, não determina o pagamento de uma compensação[2153].

Contudo, no caso de o menor ter denunciado o contrato de trabalho durante a formação, que lhe deve ser assegurada pelo empregador (art. 67.º do CT), ou num período imediatamente subsequente de duração igual àquela, deve compensar o empregador em valor correspondente ao custo da formação (art. 71.º, n.º 1, do CT).

5. Falta de aviso prévio; o abandono do trabalho

I. Se o trabalhador quiser fazer cessar imediatamente o contrato de trabalho sem justa causa – não preenchendo, portanto, os pressupostos da resolução – nem aviso prévio, em violação do disposto no n.º 1 do art. 400.º do CT, a extinção do vínculo ocorre, sendo, todavia, responsabilizado pelo facto. Como dispõe o art. 401.º do CT, em tal caso, o trabalhador fica obrigado a pagar ao empregador uma indemnização pelos prejuízos causados, que não será inferior ao valor total da retribuição base e das diuturnidades correspondentes ao período de antecedência em falta.

Em suma, não sendo respeitado o prazo de aviso prévio, o contrato cessa, mas o trabalhador terá de indemnizar o empregador nos termos previstos no art. 401.º do CT: sem prejuízo da responsabilidade decorrente da violação de outros preceitos, em particular o art. 137.º, n.º 1, do CT, o trabalhador fica obrigado a pagar uma indemnização correspondente ao valor da retribuição

[2153] Sobre as cláusulas que impõem o pagamento de um montante, em caso de denúncia pelo trabalhador (desportista profissional), veja-se Mendes Baptista, «Breve Apontamento sobre as Cláusulas de Rescisão», *Revista do Ministério Público,* Ano 23 (2002), n.º 91, pp. 144 ss.

base e das diuturnidades correspondentes ao período de antecedência (trinta a sessenta dias) em falta[2154].

II. Como hipótese específica de denúncia sem aviso prévio, o legislador prevê a figura do abandono do trabalho (art. 403.º, n.º 3, do CT). Se o trabalhador se ausentar, deixando de comparecer na empresa, é necessário verificar se há indícios de que, com toda a probabilidade, não pretende regressar ao serviço (art. 403.º, n.º 1, do CT); assim, o trabalhador que faltou ao serviço porque foi trabalhar para outra empresa, revela que, com toda a probabilidade, não quer regressar às suas anteriores funções. A lei estabelece uma presunção de abandono do trabalho sempre que a ausência se prolongue, pelo menos, por dez dias úteis seguidos (art. 403.º, n.º 2, do CT)[2155]; presunção essa que pode ser ilidida mediante prova de motivo de força maior impeditivo da comunicação da ausência (art. 403.º, n.º 4, do CT). Por isso, o trabalhador que, em razão de um acidente, esteve em coma durante mais de dez dias pode ilidir a presunção de abandono do trabalho[2156].

O abandono do trabalho constitui uma denúncia ilícita que importa responsabilidade para o trabalhador, nos mesmos termos estabelecidos para a denúncia sem aviso prévio (art. 403.º, n.º 3, do CT). Neste caso, a denúncia manifesta-se mediante um comportamento concludente: a ausência do trabalhador ao serviço. Está-se perante uma denúncia tácita resultante da falta de comparência ao serviço.

Refira-se, por último, que, afastando-se dos parâmetros gerais, a cessação do contrato por abandono do trabalho tem de ser declarada pelo empregador, mediante carta registada com aviso de recepção a enviar para a última morada conhecida do trabalhador (art. 403.º, n.º 3, *in fine*, do CT). De facto, tratando-se de denúncia, ainda que tácita e resultante de um comportamento concludente do trabalhador, bastaria essa declaração para produzir o efeito extintivo; porém, por uma razão de segurança do emprego, exige-se

[2154] Não é usual que as empresas exijam o pagamento desta indemnização (veja-se, porém, Ac. Rel. Év. de 13/1/1998, *CJ* XXIII, T. I, p. 286), pois, por via de regra, só fazem valer esse direito em compensação de créditos do trabalhador.

[2155] Estão, evidentemente, em causa situações de ausência não justificada; pois se, por exemplo, se estiver perante faltas justificadas ou suspensão do contrato não há abandono do trabalho.

[2156] Não há abandono se o empregador sabia que o trabalhador ausente se encontrava de baixa (Ac. STJ de 13/12/1995, *CJ (STJ)* 1995, T. III, p. 306) ou que era doente do foro psiquiátrico (Ac. Rel. Lx. de 23/5/2001, *CJ* XXVI, T. III, p. 173). Analisando um caso de abandono do trabalho em que, simultaneamente, o empregador, por mera cautela, instaurou um procedimento disciplinar, veja-se Ac. STJ (Ferreira Pinto), CJ STJ 2018 III, p. 206.

esta formalidade suplementar (carta registada do empregador). Apesar de não resultar expressamente da norma, o contrato de trabalho cessa a partir da data do início do abandono, pelo que a declaração do empregador é uma confirmação (imprescindível), com eficácia retroativa, da extinção do vínculo.

§ 58. RESOLUÇÃO

1. Tipos

A resolução determina a cessação do contrato, mas importa averiguar a quem coube a iniciativa, pois estabeleceu-se um regime diverso consoante a resolução seja invocada pelo empregador, designada despedimento (arts. 351.º e ss. do CT), ou pelo trabalhador (arts 394.º e ss. do CT).

2. Resolução invocada pelo empregador

a) Noções comuns

a.1) Despedimento

I. O despedimento é uma forma de resolução do contrato de trabalho em que a iniciativa cabe ao empregador. Exige-se uma declaração de vontade da entidade empregadora nos termos da qual se comunica ao trabalhador que o contrato cessa para o futuro, sem eficácia retroativa[2157]. Esta declaração de vontade é receptícia (art. 224.º do CC), pelo que o efeito extintivo do contrato só se verifica depois de a mesma ser recebida pelo trabalhador[2158] e,

---

[2157] Por isso, sendo despedido um trabalhador, independentemente da causa, terão de lhe ser pagos todos os créditos vencidos até à data em que o contrato de trabalho cessa. SCHAUB/ /KOCH/LINCK, *Arbeitsrechts-Handbuch*, cit., § 121.III, p. 1246, afirma que o empregador não pode resolver o contrato em caso de incumprimento culposo por parte do trabalhador, mas tão-só denunciar o vínculo; trata-se da «denúncia extraordinária». No fundo, o autor pretende esclarecer que a destruição do vínculo não tem eficácia retroativa. A *außerordentliche Kündigung* (*vd.* SCHAUB/KOCH/LINCK, *Arbeitsrechts-Handbuch*, cit., § 125, pp. 1316 ss.) corresponde à resolução no direito português.

[2158] Tal como dispõe o art. 224.º, n.º 2, do CC, o ato vale a partir do momento em que foi recebido ou devia ter sido recebido pelo destinatário, sem culpa deste, pelo que se o trabalhador se recusa a receber a carta registada onde é enviada a nota de despedimento, este produz efeitos nessa altura (Ac. STJ de 18/1/1995, *BMJ* 443, p. 205).

a partir desse momento, como qualquer declaração negocial, é irrevogável (art. 230.º do CC)[2159].

Utiliza-se o termo «despedimento», como modalidade de resolução (arts. 351.º e ss. do CT), num sentido amplo, em que se incluem várias figuras[2160]. Abrange a resolução do contrato por facto imputável ao trabalhador (art. 351.º do CT), a resolução do contrato por alteração das circunstâncias (p. ex., despedimento coletivo, art. 359.º do CT) e a resolução por impossibilidade (relativa) de realizar a prestação (*v. g.*, despedimento por inadaptação, art. 373.º do CT)[2161]. Estas várias situações têm de comum que o contrato de trabalho cessa por iniciativa do empregador.

II. O despedimento é necessariamente vinculado, não só por via do regime geral da resolução dos contratos (art. 432.º, n.º 1, do CC), mas, em particular, atendendo ao princípio da segurança no emprego (art. 53.º da CRP). Por isso, o despedimento não tem a função de denúncia do contrato, que seria discricionária[2162]. Independentemente de o despedimento corresponder a uma resolução por incumprimento ou por alteração das circunstâncias ou fundar-se na impossibilidade (relativa) de cumprimento é sempre necessário determinar um motivo que o justifique; sem fundamento, o despedimento é ilícito.

A declaração de vontade emitida pelo empregador no sentido de pôr termo ao contrato de trabalho, não só é recetícia, produzindo o efeito extintivo logo que chega ao poder do trabalhador ou é dele conhecida (art. 224.º, n.º 1, do CC), como é constitutiva[2163]. Tal como a resolução do contrato opera por mera declaração à outra parte (art. 436.º, n.º 1, do CC), o despedimento acarreta a cessação do contrato de trabalho sem necessidade de recurso ao tribunal; o efeito extintivo produz-se no momento em que o trabalhador

---

[2159] Veja-se, contudo, TATARELLI, *Il Licenziamento Individuale e Collettivo*, cit., pp. 100 ss.

[2160] Apesar de na linguagem corrente também se utilizar este vocábulo como sinónimo de resolução da iniciativa do trabalhador, na lei, o despedimento designa tão-só a resolução do contrato decidida pelo empregador.

[2161] Com uma formulação diversa, *vd.* FURTADO MARTINS, *Despedimento Ilícito, Reintegração na Empresa e Dever de Ocupação Efectiva*, Lisboa, 1992, pp. 54 ss. De igual modo, NICOLINI, *Manuale di Diritto del Lavoro*, cit., p. 529, entende que, por força das peculiaridades do direito do trabalho, ao contrato de trabalho não se aplica o regime da resolução previsto no Código Civil (Italiano).

[2162] Quanto à denúncia *ad libitum*, ainda que invocada pelo empregador, veja-se o regime da comissão de serviço no § 57.2 e 3.

[2163] *Vd.* FURTADO MARTINS, *Cessação do Contrato de Trabalho*, cit., pp. 151 s.

recebe a declaração de despedimento[2164]. Atendendo ao efeito constitutivo, a declaração de despedimento não pode ser revogada pelo empregador depois de ter sido recebida pelo trabalhador ou de ser dele conhecida (art. 230.º, n.º 1, do CC)[2165]. Na medida em que a relação laboral é de execução continuada, o despedimento implica a cessação do vínculo com eficácia *ex nunc*, não tendo, pois, efeito retroativo (art. 434.º, n.º 2, do CC).

a.2) Espécies de despedimento

Como foi referido, o termo «despedimento» engloba várias situações jurídicas qualificáveis como resolução, em que o contrato cessa por iniciativa do empregador.

Em primeiro lugar, cabe aludir ao despedimento por facto imputável ao trabalhador, designado justa causa de despedimento (art. 351.º do CT); nesta hipótese, a cessação do contrato abrange um só trabalhador, designando-se por despedimento individual, e baseia-se num comportamento culposo. Dir-se-á, então, que a justa causa é subjetiva, pois assenta no incumprimento culposo do contrato por parte do trabalhador, sendo o despedimento uma sanção disciplinar (art. 328.º, n.º 1, alínea *f*), do CT).

Como segundo modo de cessação do contrato da iniciativa do empregador, a lei fala no despedimento coletivo (art. 359.º do CT). É um despedimento que abrange vários trabalhadores e que se funda em motivos de mercado, estruturais ou tecnológicos da empresa; dir-se-á, por isso, que a justa causa é objetiva.

Em terceiro lugar, cabe referir o despedimento por extinção de posto de trabalho (art. 367.º do CT). Corresponde igualmente a um despedimento, pois o vínculo laboral resolve-se por iniciativa do empregador; é um despe-

2164 Todavia, sendo ilícito o despedimento e tendo sido impugnado, a relação laboral pode subsistir se o trabalhador tiver direito à reintegração na empresa (art. 438.º do CT2003, correspondente ao art. 392.º do CT2009), podendo cessar o vínculo, se o trabalhador assim o quiser, na data da sentença (Ac. Rel. Pt. de 18/9/2000, *CJ* XXV, T. IV, p. 240).

2165 No que respeita à irrevogabilidade do despedimento, com indicações jurisprudenciais, *vd.* Furtado Martins, *Cessação do Contrato de Trabalho*, cit., p. 152. No Ac. STJ de 11/6/1996, *CJ (STJ)* 1996, T. II, p. 274, admite-se que o despedimento seja revogado havendo uma proposta inequívoca do empregador e uma aceitação sem reserva do trabalhador; mas tal hipótese não consubstancia uma revogação do despedimento, pois trata-se de um negócio jurídico bilateral de efeito contrário ao do despedimento (cf. Ac. Rel. Év. de 10/7/2001, *CJ* XXVI, T. IV, p. 292). Se o trabalhador não aceita essa proposta de reintegração não pode depois exigir o pagamento das retribuições vincendas, por tal atitude constituir abuso do direito (Ac. Rel. Pt. de 2/2/1998, *CJ* XXIII, T. I, p. 245).

dimento individual, na medida em que abrange um trabalhador por cada posto de trabalho[2166]; tem uma justa causa objetiva, relacionada com motivos de mercado, estruturais ou económicos da empresa.

Por último, importa referir o despedimento por inadaptação (art. 373.º do CT), mediante o qual o empregador pode fazer cessar o contrato de trabalho com fundamento em inadaptação do trabalhador ao posto de trabalho. O despedimento é individual e funda-se numa justa causa objetiva: a impossibilidade relativa de o trabalhador realizar a prestação.

a.3) Justa causa subjetiva e objetiva

Sabendo-se que o despedimento tem de se fundar numa justa causa (art. 53.º da CRP), das modalidades de cessação do contrato de trabalho da iniciativa do empregador deduz-se que é necessário distinguir dois tipos de justa causa: a justa causa subjetiva, que se funda num comportamento culposo do trabalhador; e a justa causa objetiva, dependente de motivos relacionados com a empresa, que inviabilizam a prossecução da relação laboral[2167].

b) Despedimento por facto imputável ao trabalhador

b.1) Noção de justa causa (subjetiva)

α. Comportamento culposo; ilicitude

I. O despedimento por facto imputável ao trabalhador (art. 351.º do CT) corresponde a uma resolução do contrato (arts. 432.º e ss. do CC) fundada na lei (art. 432.º, n.º 1, do CC), devendo ser apreciada com base na justa causa[2168].

[2166] Ainda que a tarefa seja partilhada por vários trabalhadores (p. ex., em regime de trabalho parcial ou por turnos) cada um ocupa um posto diferente.

[2167] Quanto à discussão em torno da existência de uma justa causa objetiva no art. 53.º da CRP, para além das referências feitas, *vd.* o Ac. TC n.º 107/88, de 31/5/1988, com os comentários de Mendes Baptista, *Jurisprudência do Trabalho Anotada*, 3.ª ed., Lisboa, 1999, pp. 590 ss. e 637 ss., assim como Monteiro Fernandes, *Direito do Trabalho*, cit., pp. 560 ss.; Furtado Martins, *Cessação do Contrato de Trabalho*, cit., pp. 158 ss. Com uma posição crítica, considerando que a LCCT procedeu a um alargamento inconstitucional do conceito de justa causa, veja-se Canotilho/Leite, «A Inconstitucionalidade da Lei dos Despedimentos», *Estudos em Homenagem ao Prof. Doutor Ferrer Correia*, III, Coimbra, 1991, pp. 531 ss.
Sobre a justa causa objetiva, *vd.* igualmente Amoroso/di Cerbo/Maresca, *Il Diritto del Lavoro*, Volume II, *Statuto dei Lavoratori e Disciplina dei Licenziamenti*, 3.ª ed., Milão, 2009, pp. 1459 ss. e Briones González, *La Extinción del Contrato de Trabajo por Causas Objetivas*, Madrid, 1995, pp. 34 ss.

[2168] *Vd.* Romano Martinez, *Da Cessação do Contrato*, cit., pp. 215 ss., sobre as especificidades da resolução de contratos de execução continuada.

O despedimento com justa causa (subjetiva) constitui um poder vinculado conferido ao empregador no sentido de extinguir o contrato de trabalho fundado no incumprimento de deveres obrigacionais por parte do trabalhador.

A eficácia retroativa da resolução (art. 434.º, n.º 1, do CC) não se verifica no domínio do despedimento, atendendo ao facto de o contrato de trabalho ser de execução continuada, caso em que se mantêm as prestações efetuadas até à data em que a resolução produz efeitos (art. 434.º, n.º 2, do CC).

A resolução efetuada por via do despedimento é, como na maioria das situações, extrajudicial, pois opera mediante declaração do empregador ao trabalhador (art. 436.º, n.º 1, do CC).

Apesar de o não cumprimento do contrato constituir fundamento legal de resolução, não se concede ao lesado o direito de unilateralmente extinguir o contrato se o dano causado pelo incumprimento for de escassa

---

Sobre o conceito de «justa causa subjetiva» de despedimento, que não foi alterado com o Código do Trabalho, veja-se, nomeadamente, os estudos de HELENA TAPP BARROSO, «Justa Causa por Violação do Dever de Assiduidade; Faltas não Justificadas ao Trabalho e Falsas Declarações Relativas às Justificações das Faltas. Uma Abordagem do Caso das Falsas Declarações para Justificação de Faltas em Especial»; SOFIA LEITE BORGES, «A Justa Causa de Despedimento por Lesão de Interesses Patrimoniais Sérios da Empresa e pela Prática de Actos Lesivos da Economia Nacional»; MADEIRA DE BRITO, «Justa Causa de Despedimento com Fundamento na Violação dos Deveres de Assiduidade, Zelo e Diligência»; MENEZES CORDEIRO, «Justas Causas de Despedimento»; GUILHERME DRAY, «Justa Causa e Esfera Privada»; SEQUEIRA FERREIRA, «A Justa Causa de Despedimento no Contexto dos Grupos de Empresas»; ROMANO MARTINEZ, «Incumprimento Contratual e Justa Causa de Despedimento»; ANDRADE MESQUITA, «Tipificações Legais da Justa Causa. A "Lesão de Interesses Patrimoniais Sérios da Empresa" e a "Prática Intencional, no Âmbito da Empresa, de Actos Lesivos da Economia Nacional"»; JOANA VASCONCELOS, «O Conceito de Justa Causa de Despedimento. Evolução Legislativa e Situação Actual», publicados nos *Estudos do Instituto de Direito do Trabalho*, Volume II, *Justa Causa de Despedimento*, Coimbra, 2001.

Relativamente a regimes anteriores à LCCT, consulte-se MONTEIRO FERNANDES, «Justa Causa de Rescisão», *ESC*, V, 1966, n.º 20, pp. 51 ss., e BERNARDO XAVIER, *Da Justa Causa de Despedimento no Contrato de Trabalho*, Coimbra, 1965, pp. 72 ss., analisando o critério legal de justa causa da LCT de 1966. Tendo em conta o regime da Lei n.º 1952 (arts. 11.º e 12.º), consulte-se RAÚL VENTURA, «Lições de Direito do Trabalho», cit., pp. 647 ss.

A situação não se altera substancialmente com o atual art. 351.º do CT, veja-se ROMANO MARTINEZ, anotação II ao art. 351.º, *in* ROMANO MARTINEZ/LUÍS MIGUEL MONTEIRO/JOANA VASCONCELOS/MADEIRA DE BRITO/GUILHERME DRAY/GONÇALVES DA SILVA, *Código do Trabalho Anotado*, cit., p. 815.

importância (cf. art. 802.º, n.º 2, do CC)[2169]; por outro lado, para além da hipótese de estabelecimento de um prazo admonitório, a resolução do contrato pressupõe a perda de interesse apreciada objetivamente (art. 808.º do CC). É isso que ocorre no domínio da cessação do contrato de trabalho, em que a lei só confere ao empregador o poder de despedir o trabalhador perante um incumprimento grave dos deveres obrigacionais, que torne praticamente impossível a subsistência da relação laboral (cf. art. 351.º, n.º 1, do CT).

No art. 351.º do CT, o legislador atendeu à justa causa de despedimento, fazendo depender a resolução do contrato promovida pelo empregador da existência de justa causa. Importa apreciar este conceito indeterminado à luz do direito das obrigações, relacionando-o, em particular, com os pressupostos do incumprimento contratual.

II. A justa causa não é um conceito específico de direito do trabalho[2170], pois serve de fundamento para a resolução de vários contratos de execução continuada[2171]. A justa causa constitui, nomeadamente, fundamento para resolver o arrendamento (art. 1083.º do CC), o comodato antes do prazo fixado (art. 1140.º do CC), para o depositante exigir a restituição da coisa sem pagamento da retribuição no caso de depósito oneroso (art. 1194.º do CC), o depositário devolver a coisa antes do prazo convencionado (art. 1201.º do CC) e o contrato de seguro (art. 116.º da Lei do Contrato de Seguro).

Não obstante os contornos variarem, o conceito de justa causa é o mesmo na hipótese de resolução do contrato de trabalho ou dos contratos de arrendamento, de comodato, de mandato, de depósito ou de seguro. Em qualquer dos casos, a justa causa baseia-se no incumprimento culposo ou em causas de força maior.

Acontece, porém, que no art. 351.º do CT restringe-se a justa causa às situações que se relacionam com o comportamento culposo do trabalhador, enquadrando a força maior nas chamadas causas objetivas, que permitem o despedimento coletivo (art. 359.º do CT), a extinção do posto de trabalho

---

[2169] Importa esclarecer – com especial impacto em sede de justa causa de despedimento – que a escassa importância do dano não é só aferida no plano económico, podendo o dano com um valor irrisório ter um signficativo impacto na confiança; pense-se na hipótese de um furto de 5 € perpetrado pelo trabalhador a um colega de trabalho.

[2170] Cf. MENEZES CORDEIRO, *Direito do Trabalho*, II, cit., pp. 936 e ss. e BERNARDO XAVIER, *Da Justa Causa de Despedimento no Contrato de Trabalho*, Coimbra, 1965, pp. 54 ss.

[2171] *Vd.* ROMANO MARTINEZ, *Da Cessação do Contrato*, cit., pp. 236 ss.

(art. 367.º do CT) e o despedimento por inadaptação (art. 373.º do CT). Cabe, todavia, salientar que esta noção restrita de justa causa é específica da legislação laboral, sem correspondência (direta) no art. 53.º da CRP[2172], nem nos anteriores regimes da resolução do contrato de trabalho, constantes, em particular, do Código Civil de 1867 (art. 1381.º) e da Lei n.º 1952, de 10 de março de 1937 (art. 11.º).

A justa causa, como pressuposto do despedimento no contrato de trabalho, desde o Código Civil de 1867 (art. 1381.º), tem evoluído no sentido de uma restrição do conceito, de molde a afastar as causas objetivas. De facto, enquanto no art. 1381.º do Código Civil de 1867 e no art. 11.º, § único da Lei n.º 1952, para além de situações de incumprimento, se indicava como justa causa de despedimento a doença do trabalhador e a falta de recursos do empregador, os revogados arts. 101.º e 102.º da LCT, de forma indicativa, relacionavam a justa causa de despedimento com a falta de cumprimento de deveres contratuais.

Esta tendência acentuou-se com a Lei dos Despedimentos (Decreto-Lei n.º 372-A/75, de 16 de julho), na medida em que estabeleceu uma ligação entre a justa causa e o comportamento culposo do trabalhador, derivado de infração disciplinar (art. 10.º), ao mesmo tempo que tinha em consideração o motivo atendível (art. 14.º). Este motivo atendível como causa de cessação do contrato de trabalho desapareceu com a legislação de 1976 (Decreto-Lei n.º 84/76, de 28 de janeiro), passando a justa causa a assentar num comportamento culposo do trabalhador, sem referência à infração disciplinar (Decreto-Lei n.º 841-C/76, de 7 de dezembro).

Nesta sequência, o art. 9.º, n.º 1, da LCCT continuou a relacionar a justa causa com o comportamento culposo do trabalhador, expurgando deste conceito indeterminado as causas objetivas[2173].

A situação não se alterou com o disposto no art. 351.º do CT, que manteve substancialmente o regime anterior. Neste preceito alude-se à «justa causa» em sentido restrito, não abrangendo as causas objetivas.

[2172] Cf. Ac. TC n.º 64/91, de 4 de Abril, *DR* de 11 de Abril de 1991.

[2173] A resolução justificada com base no incumprimento culposo do trabalhador (justa causa subjetiva) tem consagração legislativa generalizada – p. ex., art. 2123 do CCIt. e § 626 do BGB – e desenvolvimento doutrinário. Além dos estudos portugueses indicados na anterior nota 2168, *vd.* Amoroso/di Cerbo/Maresca, *Il Diritto del Lavoro*, cit., pp. 1311 ss.; Ardau, *La Risoluzione per Inadempimento del Contratto di Lavoro*, Milão, 1954, pp. 186 ss.; Ballestrero, «Giusta Causa e Giustificato Motivo Soggetivo di Licenziamenti», *in La Disciplina dei Licenziamenti Dopo le Leggi 108/1990 e 223/1991*, Volume I, Nápoles, 1991, org. Franco Carinci, pp. 97 ss., assim como Zöllner/Loritz, *Arbeitsrecht*, cit., pp. 282 ss.

Mas ao lado da justa causa (subjetiva), sem fazer referência a esta expressão, continua a subsistir uma justa causa (objetiva) que permite o despedimento por motivos não relacionados com o comportamento culposo do trabalhador, p. ex. no despedimento coletivo.

III. Posto isto, cabe indicar alguns vetores que possam facilitar a tarefa de concretização do conceito indeterminado de justa causa (subjetiva) de despedimento[2174].

Ao entender-se que a justa causa pressupõe um «comportamento culposo do trabalhador que, pela sua gravidade e consequências, torne imediata e praticamente impossível a subsistência da relação de trabalho», está a identificar-se a justa causa com o incumprimento contratual.

De facto, a noção legal assenta, em primeiro lugar, num comportamento culposo do trabalhador. A culpa, no plano da responsabilidade civil, não se pode dissociar da ilicitude, em particular no domínio da responsabilidade contratual (arts. 798.º e ss. do CC), pese embora a diferenciação destes pressupostos, pois a falta culposa de cumprimento é usada em sentido amplo, de molde a abranger a ilicitude e a culpa[2175]. Assim sendo, o «comportamento culposo» pressupõe um ato ilícito e censurável do trabalhador. Esse ato ilícito culposo, que pode assentar em ação ou omissão do prestador de trabalho, será necessariamente derivado da violação de deveres legais ou obrigacionais; todavia, o incumprimento baseado no comportamento ilícito e culposo do trabalhador tanto pode proceder do desrespeito de deveres principais – como seja a realização do trabalho com zelo e diligência (art. 128.º, n.º 1, alínea *c)*, do CT[2176]) –, como de deveres secundários – por exemplo,

---

[2174] Quanto a esta questão há uma extensa bibliografia e pode consultar-se, em especial, AAVV, *Estudos do Instituto de Direito do Trabalho*, Volume II, *Justa Causa de Despedimento*, Coimbra, 2001; MENEZES CORDEIRO, *Direito do Trabalho*, II, cit., pp. 953 e ss.; BERNARDO XAVIER, *Da Justa Causa de Despedimento no Contrato de Trabalho*, cit., pp. 72 ss. e «Justa Causa de Despedimento: Conceito e Ónus da Prova», *RDES*, XXX (1988), n.º 1, pp. 1 e ss. Assentando num diploma anterior, veja-se RAÚL VENTURA, «Extinção das Relações Jurídicas de Trabalho», *ROA*, 1950, pp. 304 ss.
Sobre o, por vezes, designado despedimento disciplinar, pode ainda consultar-se a obra organizada por GÁRATE CASTRO, *Cuestiones Actuales sobre el Despido Disciplinario*, Santiago de Compostela, 1997, e TULLINI, *Contributo alla Teoria del Licenziamento per Giusta Causa*, Milão, 1994.

[2175] Cf. MENEZES CORDEIRO, *Da Responsabilidade Civil dos Administradores das Sociedades Comerciais*, Lisboa, 1996, pp. 464 ss.

[2176] A violação deste dever corresponde a uma das previsões exemplificativas de justa causa (art. 351.º, n.º 2, alínea *d)*, do CT).

velar pela conservação e boa utilização dos bens relacionados com o seu trabalho (art. 128.º, n.º 1, alínea *g)*, do CT[2177]) – ou de deveres acessórios de conduta, derivados da boa fé no cumprimento do contrato (designadamente, tratar com urbanidade e probidade o empregador (art. 128.º, n.º 1, alínea *a)*, do CT[2178]) e não divulgar informações referentes à organização empresarial (art. 128.º, n.º 1, alínea *f)*, do CT) –, nos termos estabelecidos no art. 762.º, n.º 2, do CC[2179].

O comportamento culposo do trabalhador pode corresponder a qualquer das três modalidades de incumprimento das obrigações: não cumprimento definitivo, mora e cumprimento defeituoso[2180].

A culpa é apreciada, em cada caso, por um critério objetivo: segundo a diligência média exigível a um trabalhador daquele tipo, nos termos em que se desenvolve a relação laboral e atendendo às circunstâncias do caso (art. 487.º, n.º 2, do CC).

Assentando no princípio de a justa causa corresponder a um incumprimento grave de deveres contratuais (principais, secundários ou acessórios) por parte do trabalhador, importa enquadrar o conceito indeterminado de justa causa nos parâmetros da responsabilidade contratual.

Deste modo, o comportamento do trabalhador terá de ser ilícito, por violar deveres legais ou contratuais. Porém, esse comportamento, principalmente nos casos de cumprimento defeituoso, pode advir da violação de deveres acessórios e nem sempre se enquadrar, pelo menos diretamente, no elenco de causas do n.º 2 do art. 351.º do CT[2181].

2177 A violação deste dever só constituirá justa causa de despedimento se implicar uma lesão séria de interesses patrimoniais da empresa (art. 351.º, n.º 2, alínea *e)*, do CT).

2178 Sobre o dever de urbanidade, veja-se que o facto de uma trabalhadora de serviço doméstico não cumprimentar os patrões e amigos destes foi considerado justa causa de despedimento, *vd.* Ac. Rel. Cb. de 2/12/1999, *CJ* XXIV, T. V, p. 66. Consulte-se ainda a jurisprudência citada no § 24.3.

2179 O princípio da boa fé no cumprimento tem uma importância acrescida na relação laboral e encontra-se reiterado no princípio geral constante do art. 126.º do CT. A situação era similar com base no princípio da mútua colaboração estabelecido no art. 18.º da LCT (cf. Ac. STJ de 12/1/1990, *BMJ* 393, p. 432).

2180 Quanto a esta tripartição do não cumprimento, cf. Romano Martinez, *Cumprimento Defeituoso, em especial na Compra e Venda e na Empreitada*, reimpressão, Coimbra, 2001, pp. 117 ss.

2181 Acerca das hipóteses tipo de justa causa do n.º 2 do art. 351.º do CT, com correspondência no precedente art. 9.º, n.º 2, da LCCT, vejam-se as soluções doutrinárias e jurisprudenciais *in Estudos do Instituto de Direito do Trabalho*, citados na nota 2168, bem como José João Abrantes, «Segurança no Emprego e Justa Causa de Despedimento (Breves Considerações)», *TJ*, n.º 6 (1990), pp. 25 s.; Pedro Cruz, *A Justa Causa de Despedimento na Jurisprudência*, Coimbra, 1990,

β. Insubsistência da relação de trabalho

Para além do comportamento culposo (e ilícito), a justa causa depende de uma consequência grave: que «torne imediata e praticamente impossível a subsistência da relação de trabalho». Trata-se de uma limitação ao exercício do direito de resolução do contrato de trabalho na sequência do princípio, constante do art. 808.º do CC, de a resolução de qualquer contrato depender da perda de interesse por parte do lesado (no caso o empregador), determinada objetivamente; princípio esse reiterado, nomeadamente, em sede de empreitada ou de arrendamento. Em sentido mais genérico, como regra de proporcionalidade, o mesmo princípio encontra consagração no art. 330.º, n.º 1, do CT.

Perante o comportamento culposo do trabalhador impõe-se uma ponderação de interesses; é necessário que, objetivamente, não seja razoável exigir do empregador a subsistência da relação contratual[2182]. Em particular, estará em causa a quebra da relação de confiança motivada pelo comportamento culposo[2183].

Como o comportamento culposo do trabalhador tanto pode advir da violação de deveres principais como de deveres acessórios, importa, em qualquer caso, apreciar a gravidade do incumprimento, ponderando a viabilidade de a relação laboral poder subsistir. É neste parâmetro que deve ser avaliado

---

pp. 63 ss.; SOUSA MACEDO, *Poder Disciplinar Laboral*, Coimbra, 1990, pp. 83 ss.; FURTADO MARTINS, *Cessação do Contrato de Trabalho*, cit., pp. 171 ss. Na jurisprudência, a explicação teórica pode encontrar-se no Ac. STJ de 2/12/2010, www.dgsi.pt.

[2182] A este propósito, BERNARDO XAVIER/FURTADO MARTINS/NUNES DE CARVALHO/JOANA VASCONCELOS/TATIANA GUERRA DE ALMEIDA, *Manual*, cit., p. 798, indica, como pontos de referência: «situação insustentável», «relações intoleráveis», «perigo para o futuro contrato» ou «comportamento que vulnera o pressuposto fiduciário do contrato»; o mesmo autor (ob. cit., p. 496) alude a um juízo de prognose sobre a viabilidade da relação de trabalho Veja-se também MONTEIRO FERNANDES, *Direito do Trabalho*, cit., pp. 584 ss., onde faz referência a uma valoração, no sentido de, naquele caso, não ser exigível que a entidade patronal se limite a aplicar ao trabalhador outra sanção disciplinar, porque a violação perpetrada inviabiliza a permanência do vínculo.

[2183] Acentuando o importante papel do princípio da confiança, com alusão a várias decisões jurisprudenciais, *vd.* MENEZES CORDEIRO, *Direito do Trabalho*, II, cit., pp. 960 ss. Neste contexto, percebe-se mal alguma complacência jurisprudencial relativamente a condutas censuráveis. No Ac. STJ de 11/2/2015 (Mário Belo Morgado), www.dgsi.pt, apesar de se ter considerado que a trabalhadora (professora universitária) faltou à verdade (tanto por ação como por omissão) relativamente a outra atividade por ela desempenhada, por se entender que não havia prejuízo para a Universidade empregadora, concluiu-se pela inexistência de quebra da relação de confiança de molde a justificar o despedimento.

o despedimento pelas chamadas causas externas ou condutas extralaborais; o comportamento do trabalhador, mesmo quando externo à empresa, pode consubstanciar uma violação de deveres acessórios, que lhe eram impostos fora do período normal e do local de trabalho. Daí que viole um dever acessório de conduta o trabalhador que agride um colega fora do local de trabalho[2184], o piloto de aviação civil que, horas antes do voo, permanece num bar a ingerir bebidas alcoólicas, provocando depois escândalo no hotel, em vez de se encontrar a repousar[2185], o guarda de um museu que era recetador de objetos furtados em outros locais que não naquele museu[2186] o comandante do avião comercial que transportara pedras preciosas cometendo infração fiscal aduaneira[2187] ou o funcionário bancário que solicitou empréstimos a clientes do empregador e geria as suas empresas desde o local de trabalho, onde era contactado até para a cobrança de dívidas[2188].

[2184] Ac. Rel. Pt. de 22/1/1990, *CJ* XV, T. I, p. 274.

[2185] Ac. STJ de 11/5/1994, *BMJ* 437, p. 335; Ac. STJ de 7/12/1994, *CJ (STJ)* 1994, T. III, p. 303. Sobre esta questão, veja-se ainda CISCART BEÀ, *El Despido por Embriaguez y Toxicomanía*, Barcelona, 1998, pp. 37 ss., quanto à embriaguez habitual e toxicodependência como elementos de incumprimento sancionável. Sem referir a toxicodependência, por ser uma situação com menor peso histórico, veja-se as causas de despedimento constantes do art. 482 da CLT, cf. SÜSSEKIND/MARANHÃO/VIANNA, *Instituições de Direito do Trabalho*, Volume I, cit., pp. 553 s.

[2186] Ac. Rel. Év. de 12/6/1991, *CJ* XVI, T. III, p. 315.

[2187] Ac. Rel. Lx. de 15/12/1999, *CJ* XXIV, T. V, p. 169.
Veja-se ainda o caso do perito da companhia de seguros envolvido numa rede de tráfico de droga (Ac. Rel. Pt. de 16/12/1985, *BMJ*, 352, p. 429 e Ac. STJ de 31/10/1986, *BMJ*, 360, p. 468), assim como o caso do trabalhador que cuidava e regava duas plantas de liamba num terreno junto às instalações da empresa, em que o despedimento foi considerado ilícito, porque os atos da vida privada só constituem justa causa se tiverem repercussões na vida da empresa (Ac. Rel. Lx. de 6/6/2001, *CJ* XXVI, T. III, p. 173) e ainda o aresto em que se considerou passível de sanção disciplinar o facto de o trabalhador, fora do horário de trabalho, enviar sms de cariz vincadamente sexual a uma colega de trabalho (Ac. Rel. Pt de 21/9/2015 (Rui Penha), www.dgsi.pt).
Sobre a questão, consulte-se MACHADO DRAY, «Justa Causa e Esfera Privada», *Estudos do Instituto de Direito do Trabalho*, Volume II, *Justa Causa de Despedimento*, Coimbra, 2001, pp. 35 e ss. e PAULA MEIRA LOURENÇO, «A Relevância dos Comportamentos da Vida Particular do Trabalhador para Efeitos de Preenchimento do Conceito de Justa Causa de Despedimento», *Revista Jurídica AAFDL*, n.º 24 (2001), pp. 504 ss.

[2188] Ac. STJ de 8/1/2013 (Fernandes da Silva), www.dgsi.pt, analisado por SARA LEITÃO, «A relevância da perda da confiança na apreciação da justa causa de despedimento e o (especial) dever de lealdade dos trabalhadores bancários», *RDES* 2018, pp. 277 ss., e Ac. Rel. Cb. de 11/1/2019 (Paula Ferreira Roberto), CJ 2019 I, p. 358.

Por vezes, contesta-se a possibilidade de se invocarem causas externas à relação laboral considerando que a justa causa pressupõe a prática de uma infração disciplinar; contudo esta figura não tem um significado preciso e, num sentido amplo, a infração disciplinar resulta da violação de quaisquer deveres contratuais, seja deveres principais, secundários ou acessórios de conduta[2189]/[2190]. Neste sentido amplo, que parece correto, a mencionada controvérsia perde sentido.

A violação de deveres contratuais, ainda que acessórios, só poderá conduzir à cessação do contrato de trabalho se se ponderar, para além da impossibilidade de subsistência da relação laboral, as consequências jurídicas do despedimento.

γ. Exemplificação legal de comportamentos ilícitos

I. Depois de enunciado o critério geral para determinação da justa causa, como meio auxiliar do intérprete da lei, indica-se, de modo exemplificativo, comportamentos ilícitos do trabalhador que podem constituir justa causa de despedimento (art. 351.º, n.º 2, do CT). São meros exemplos tendo a justa causa de ser sempre apreciada à luz do critério geral constante do n.º 1 do art. 351.º do CT[2191]. Deste modo, não basta, por exemplo, que tenha havido unicamente uma lesão de interesses patrimoniais sérios da empresa (art. 351.º, n.º 2, alínea *e*), do CT); importa que essa lesão se tenha ficado a dever a um

[2189] É evidente que, como esclarecem ZÖLLNER/LORITZ, *Arbeitsrecht*, cit., p. 277, a resolução (*außerordentliche Kündigung*) carece de um fundamento importante, e pode ocorrer que a violação de deveres acessórios não revista a necessária gravidade, caso em que só justificará uma indemnização.

[2190] Como esclarece DÉLIO MARANHÃO, SÜSSEKIND/MARANHÃO/VIANNA, *Instituições de Direito do Trabalho*, Volume I, cit., p. 542, nem sempre os factos externos se podem considerar estranhos à relação de trabalho, porque o «ambiente de trabalho (...) não termina *ex abrupto* uma vez transposto o portão da fábrica». Sobre o carácter excepcional de comportamentos da vida pessoal do trabalhador, *vd.* JÚLIO GOMES, *Direito do Trabalho*, I, cit., pp. 973 ss.

[2191] De modo diverso, noutros espaços jurídicos, por uma razão de segurança jurídica do trabalhador, entende-se que o rol legal de comportamentos que constituem justa causa é taxativo. Veja-se, em relação ao art. 482 da CLT, CARRION, *Comentários à Consolidação das Leis do Trabalho*, cit., anotação ao art. 482, pp. 358 ss.; GIGLIO, *Justa Causa*, S. Paulo, 2000, p. 13, que, depois, a pp. 53 ss., explica cada uma das situações enunciadas na lei. Não obstante o carácter taxativo do citado art. 482 da CLT, há outras previsões, incluindo na própria Consolidação, mas especialmente em legislação avulsa, que igualmente pressupõem justa causa de despedimento, cf. PINTO MARTINS, *Direito do Trabalho*, 14.ª ed., S. Paulo, 2001, pp. 320 e 333. Entendendo igualmente que o elenco é exemplificativo, *vd.* MUNHOZ/VIDOTTI, «A Rescisão por Justa Causa do Contrato de Emprego no Direito do Trabalho Brasileiro», cit., pp. 264 ss.

comportamento culposo do trabalhador e que, como consequência do facto (comportamento do trabalhador) e do dano (lesão de interesses patrimoniais sérios), se torne impossível a subsistência da relação laboral[2192]/[2193].

A «lesão de interesses patrimoniais sérios da empresa» é uma das situações que, exemplificativamente, pode integrar o conceito de justa causa de despedimento, como se prevê na alínea *e)* do n.º 2 do art. 351.º do CT[2194].

Os interesses patrimoniais da empresa afetados pelo ato culposo do trabalhador não têm de ser avultados, pois o que releva é a quebra na confiança. Daí que sendo os danos patrimoniais irrisórios, como o furto de uma pequena soma de dinheiro, pode haver justa causa de despedimento[2195]; por outro lado, ainda que o trabalhador, confrontado com a lesão causada, tenha ressarcido totalmente os danos sofridos pela empresa, não exclui a justa causa[2196]. A gravidade dos danos pode relevar para se inferir da impossibilidade de subsistência da relação laboral, mas não é um factor decisivo; ainda que os prejuízos da empresa sejam pouco avultados ou tenham sido ressarcidos – por exemplo, por via de um seguro – não obsta à existência de justa causa. De facto, diversamente do plano penal, em que o valor irrisório do

---

[2192] Sobre as hipóteses previstas no citado preceito, apesar de referenciadas ao artigo correspondente da legislação revogada, veja-se os vários artigos publicados nos *Estudos do Instituto de Direito do Trabalho*, Volume II, *Justa Causa de Despedimento*, Coimbra, 2001, citados na nota 2168, *supra* alínea *b)*, subalíneas *b.1) α*. Pode até dizer-se que há uma certa continuidade legislativa nesta indicação, cf., quanto à designada «Lei dos Despedimentos», ERNESTO DE OLIVEIRA, *Despedimentos e outros Casos de Cessação do Contrato de Trabalho*, 2.ª ed., Lisboa, 1977, pp. 98 ss.

[2193] O critério do julgador, nalguns casos, é menos exigente, pelo que pequenos furtos, de valor insignificante, que não são causa de prejuízos relevantes para a empresa, constituem justa causa de despedimento. Cf. Ac. STA de 17/10/1972, citado por PEDRO CRUZ, *A Justa Causa de Despedimento na Jurisprudência*, Coimbra, 1990, p. 149, em que o trabalhador desviou uma garrafa de vinho do porto; Ac. Rel. Coimbra de 2/6/1987, *BMJ* 368, p. 620, quanto a um furto de um objeto no valor de 200$00 (1 €); Ac. Rel. Pt. de 20/4/1998, *CJ*, XXIII, T. II, p. 267, relativamente a um trabalhador que furtara um par de sapatos.

[2194] Sobre a lesão de interesses patrimoniais sérios como tipificação legal da justa causa de despedimento, veja-se ANDRADE MESQUITA, «Tipificações legais da justa causa. A "lesão de interesses patrimoniais sérios da empresa" e a "prática intencional, no âmbito da empresa, de actos lesivos da economia nacional"», *Estudos do Instituto de Direito do Trabalho*, Volume II, *Justa Causa de Despedimento*, Coimbra, 2001, pp. 135 ss., em especial pp. 141 ss., assim como, SOFIA LEITE BORGES, «A justa causa de despedimento por lesão de interesses patrimoniais sérios da empresa e pela prática de actos lesivos da economia nacional», *Estudos do Instituto de Direito do Trabalho*, Volume II, *Justa Causa de Despedimento*, Coimbra, 2001, pp. 165 ss., em especial pp. 169 ss., cujas posições se acompanham no texto.

[2195] Cf. Ac. STJ de 1/4/1998, *Acórdão Doutrinários do STA*, XXXVII, n.º 442, p. 1343.

[2196] Cf. Ac. STJ de 17/1/1996, *CJ (STJ)*, IV, T. I, p. 247.

dano ou a reposição da situação anterior pode constituir atenuante especial da pena, no âmbito laboral, o montante do dano é um mero elemento de ponderação da quebra de confiança[2197].

A lesão de interesses patrimoniais sérios pode até ser meramente potencial, como se tem decidido, em especial, com respeito às situações de violação do dever de não concorrência[2198].

Refira-se ainda que na concretização do conceito de justa causa, o ato lesivo de interesses da empresa pode ser isolado. A negligência do trabalhador, para determinar quebra de confiança, não pressupõe que o ato seja reiterado, «basta que a intensidade da violação, pelas consequências ou pela perda de confiança, sejam susceptíveis de comprometer a relação de trabalho»[2199].

II. Os exemplos de comportamentos do trabalhador que podem constituir justa causa de despedimento (art. 351.º, n.º 2, do CT), apesar de terem de ser apreciados com base na cláusula geral do n.º 1 do art. 351.º do CT, exigem uma diferente ponderação. Deste modo, tomando como exemplo o disposto na alínea *g)* do n.º 2 do art. 351.º do CT, verifica-se que uma falta injustificada, quando determine um risco grave para a empresa, pode tornar impossível a subsistência da relação laboral, e considera-se que cinco faltas injustificadas seguidas ou dez interpoladas num ano civil causem um prejuízo grave à empresa, estando facilitada a demonstração da insubsistência do vínculo laboral[2200]. Na revisão de 2009, ao ser acrescentada a frase «inde-

---

2197 *Vd.* ANDRADE MESQUITA, «Tipificações legais da justa causa. A "lesão de interesses patrimoniais sérios da empresa" e a "prática intencional, no âmbito da empresa, de actos lesivos da economia nacional"», cit., p. 143.

2198 *Vd.* doutrina e jurisprudência indicadas por SOFIA LEITE BORGES, «A justa causa de despedimento por lesão de interesses patrimoniais sérios da empresa e pela prática de actos lesivos da economia nacional», cit., p. 171.

2199 MADEIRA DE BRITO, «Justa causa de despedimento com fundamento na violação dos deveres de assiduidade, zelo e diligência», *Estudos do Instituto de Direito do Trabalho*, Volume II, *Justa Causa de Despedimento*, Almedina, Coimbra, 2001, p. 133. Neste sentido, veja-se o caso do mecânico que apertou mal a roda de uma viatura, tendo o pneu saltado sem ter causado nenhum acidente; o tribunal entendeu que havia justa causa de despedimento por quebra da confiança (Ac. Rel. Lisboa de 30/11/1994, *CJ* 1994, T. V, p. 190).

2200 Neste sentido, considerando que a hipótese prevista na alínea *g)* não afasta o preenchimento do requisito do n.º 1 do mesmo preceito, desvalorizando simplesmente o requisito da gravidade do prejuízo, cf. MONTEIRO FERNANDES, *Direito do Trabalho*, cit., p. 586 e Ac. Rel. Lx. de 12/12/1996, *CJ* XXI, T. V, p. 181. Sobre as faltas injustificadas que constituem justa causa de despedimento, veja-se MENEZES CORDEIRO, *Direito do Trabalho*, II, cit., pp. 976 ss.

pendentemente de prejuízo ou risco» no que respeita às faltas injustificadas, pode entender-se que ficou resolvida a dúvida. As faltas não justificadas no número indicado na alínea *g)*, mesmo que não causem prejuízo ao empregador, representam a suficiente gravidade para constituírem justa causa de despedimento; no fundo, perante tal número de faltas, presume-se o comportamento gravoso por parte do trabalhador.

Como as situações indicadas no n.º 2 do art. 351.º do CT constituem justa causa de despedimento, a prova da existência dessa factualidade indicia a verificação do pressuposto geral (n.º 1); mas ao trabalhador é facultada a prova negativa. Assim, tendo o empregador feito a prova de que foram dadas cinco faltas seguidas, cabe ao trabalhador provar que não se tornou impossível a subsistência da relação de trabalho; prova esta, no caso, de extrema dificuldade.

δ. Violação de outros deveres contratuais

Das doze alíneas do n.º 2 do art. 351.º do CT constam exemplos de situações em que, com alguma probabilidade, pode haver justa causa de resolução; ou seja, que, em princípio, constituem justa causa de despedimento. Mas haverá outras hipóteses, não previstas neste n.º 2, que também podem consubstanciar justa causa de despedimento; para além das já mencionadas causas externas, a título de exemplo, cabe indicar a violação do dever de não concorrência (art. 128.º, n.º 1, alínea *f)*, do CT)[2201] ou o aproveitamento da justificação da falta para fins diversos dos declarados[2202], que, em qualquer caso, não tenha implicado uma lesão patrimonial ao empregador. Tal como indicado em outras situações, a gravidade não depende só do prejuízo causado ao empregador, podendo ser grave o comportamento em caso de dano potencial (*vd.* notas 2169 e 2182).

Tendo o trabalhador violado qualquer dever contratual, mesmo que acessório, se o comportamento for culposo e grave a ponto de inviabilizar a prossecução do vínculo contratual, estar-se-á perante uma justa causa de despedimento, ainda que a situação factual não possa ser subsumida em nenhuma das alíneas do n.º 2 do art. 351.º do CT.

[2201] *Vd.* Menezes Cordeiro, «Concorrência Laboral e Justa Causa de Despedimento», *ROA* 1986, pp. 498 ss.

[2202] Foi considerada justa causa de despedimento o uso da dispensa de aleitação para outros fins (Ac. Rel. Cb. de 19/3/1998, *CJ* XXIII, T. II, p. 71).

b.2) Procedimento disciplinar

α. Identificação

I. Na legislação anterior (nomeadamente, LCT e LCCT) usava-se a expressão «processo disciplinar», substituída no Código do Trabalho por «procedimento disciplinar». De facto, as alterações terminológicas introduzidas pelo Código do Trabalho não resultam só de adaptação de termos resultante da evolução científica operada no direito das obrigações (p. ex., resolução em vez de rescisão), como igualmente da utilização de expressões frequentes no direito administrativo, como o termo «procedimento». Neste caso, para distinguir de *processo* («sequência de actos destinados à justa composição de um litígio, mediante intervenção de um órgão imparcial de autoridade, o tribunal»[2203]), o Código do Trabalho recorreu ao termo *procedimento*; palavra que tem o mesmo étimo latino *procedere* e que se emprega em contextos diversos: *processo judicial* e *procedimento interno* (no seio da empresa).

II. Como resulta do disposto na alínea *f)* do n.º 1 do art. 328.º do CT, o despedimento sem indemnização ou compensação é a sanção disciplinar máxima que o empregador pode aplicar. Toda a sanção disciplinar tem de ser aplicada após um procedimento (art. 329.º do CT).

III. O poder disciplinar, para ser exercido, requer um determinado procedimento, conduzido diretamente pelo empregador ou pelos superiores hierárquicos do trabalhador (art. 329.º, n.º 4, do CT)[2204]. Nada impede inclusive que o procedimento seja conduzido por pessoa estranha à empresa – instrutor nomeado (art. 336.º, n.º 1, do CT) –, por exemplo um advogado mandatado pela empresa, desde que a decisão de despedimento seja tomada pelo empregador ou por superior hierárquico do trabalhador[2205].

[2203] Castro Mendes, *Direito Processual Civil*, Volume I, Lisboa, 1978/79, p. 34.

[2204] Sem procedimento, por muito grave que seja a infração praticada pelo trabalhador, p. ex., crime de furto na empresa pelo qual tenha sido condenado em processo crime, o despedimento é ilícito (Ac. STJ de 4/12/1991, *BMJ* 412, p. 313).

[2205] Quanto à justificação do procedimento, *vd.* Bernardo Xavier, «O Exercício da Rescisão por Justa Causa», *ESC*, VI, 1967, n.º 23, pp. 11 e ss. e pp. 19 ss. e, relativamente ao regime constante do Código do Trabalho, veja-se Maria Adelaide Domingos, «Poder e Procedimento Disciplinar no Código do Trabalho», *A Reforma do Código do Trabalho*, Coimbra, 2004, pp. 475 ss. O procedimento pode ter especificidades decorrentes de IRC, veja-se Diogo Pereira Duarte, «O procedimento disciplinar na cessação do contrato de trabalho à luz do Código do Trabalho e do Acordo Coletivo de Trabalho vertical do sector bancário», *RDES* 2014, pp. 309 ss.

β. Funcionamento

I. O procedimento disciplinar assenta num formalismo sequencial imprescindível para o cumprimento da sua finalidade e podem distinguir-se cinco fases: instrução, acusação, defesa, apreciação da prova e decisão.

O procedimento disciplinar deverá ter início nos sessenta dias subsequentes àquele em que o empregador teve conhecimento da infração (art. 329.º, n.º 2, do CT) e da identidade do infrator[2206]. Mas sendo o facto ilícito continuado, este prazo só se inicia quando termina a infração[2207]. Independentemente do conhecimento, a infração disciplinar prescreve decorrido um ano a contar do momento da prática do facto ilícito, salvo se os factos constituírem igualmente crime, caso em que são aplicáveis os prazos de prescrição da lei penal (art. 329.º, n.º 1, do CT)[2208]. Há que atender, pois, a dois prazos distintos: um de sessenta dias e outro de um ano[2209]. Os men-

---

A necessidade de fazer preceder o despedimento de um procedimento encontra-se também noutros ordenamentos, p. ex., em Itália, cf. MAZZIOTTI, «Forma e Procedura dei Licenziamenti» *in La Disciplina dei Licenziamenti Dopo le Leggi 108/1990 e 223/1991*, Volume I, Nápoles, 1991, org. Franco CARINCI, pp. 71 ss.

[2206] Neste sentido, *vd.* FURTADO MARTINS, *Cessação do Contrato de Trabalho*, cit., p. 184.

[2207] Cf. Ac. STJ de 25/9/1996, *CJ (STJ)* 1996, T. III, p. 228, em que o trabalhador, durante vários meses, se recusou a desempenhar a sua atividade. Mas a infração disciplinar não é continuada se os factos são diversos, porque falta a homogeneidade (Ac. STJ de 14/5/1997, *CJ (STJ)* 1997, T. II, p. 280).

[2208] O prazo de um ano desde a prática da infração é independente do conhecimento (Ac. Rel. Pt. de 9/12/1997, *CJ* XXII, T. V, p. 249) e de processo penal que decorra contra o trabalhador (Ac. Rel. Lx. de 22/1/1997, *CJ* XXII, T. I, p. 178). Tendo por base o anterior art. 31.º, n.º 1, da LCT, afirmava-se no Ac. Rel. Lx. de 18/12/1997, *CJ* XXII, T. V, p. 172, que a condenação crime do trabalhador, por furto na empresa, não altera os prazos do processo disciplinar, pelo que os sessenta dias se contam do mesmo modo e não a partir da condenação. Instaurado o processo disciplinar interrompe-se o prazo de prescrição da infração disciplinar, pelo que entre a data em que é entregue ao trabalhador a nota de culpa e a da decisão sancionatória pode decorrer mais de um ano (Ac. STJ de 25/2/1993, *CJ (STJ)* 1993, T. I, p. 260).

Com uma interpretação diferente quanto ao prazo de prescrição de um ano do citado artigo da LCT, BERNARDO XAVIER, «Prescrição de Infracção Disciplinar», *RDES* XXXII (1990), pp. 235 ss., atendendo a situações em que a infração é detetada depois do decurso de tal prazo, quando se toma em conta a data da prática do facto ilícito; solução que veio a ser consagrada no Código do Trabalho. Veja-se igualmente FURTADO MARTINS, *Cessação do Contrato de Trabalho*, cit., pp. 184 s.

[2209] Quanto aos dois prazos, *vd.* Ac. STJ de 28/1/1998, *CJ (STJ)* 1998, T. I, p. 258. Sobre os prazos no procedimento disciplinar, *vd.* INÊS ALBUQUERQUE E CASTRO, «A Repercussão do Tempo no Procedimento Disciplinar», *Estudos do Instituto de Direito do Trabalho*, Volume III, Coimbra, 2002, pp. 473 ss.; MANUELA MAIA DA SILVA, «O Tempo no Processo Disciplinar»,

cionados prazos interrompem-se com a comunicação da nota de culpa (art. 353.º, n.º 3, do CT) e com a instauração do procedimento prévio de inquérito (art. 352.º do CT)[2210]. Como o prazo se interrompe (arts. 323.º e ss. do CC) e não se suspende (arts. 318.º e ss. do CC), verificada a interrupção, mediante a comunicação da nota de culpa ou a instauração do procedimento prévio, inutiliza-se todo o tempo decorrido anteriormente (art. 326.º do CC). O prazo mantém-se interrompido – não corre – durante o período a que se refere o art. 327.º do CC.

Quando se alude aos prazos de sessenta dias ou de um ano, o legislador assenta no pressuposto de que o procedimento se inicia com a acusação (nota de culpa), mas, antes de acusação, decorrerá a fase de instrução, que não deverá ser por prazo superior a sessenta dias, salvo havendo inquérito prévio.

Instaurado o procedimento disciplinar, não há um prazo para ser proferida a decisão – exceção feita aos prazos a que se aludirá em seguida –, pelo que, não fora os princípios de celeridade e de boa fé, daqui resultaria a possibilidade de eternizar a ação disciplinar com vista ao despedimento[2211]; todavia, como decorre do n.º 3 do art. 329.º do CT, o procedimento disciplinar não pode perdurar por mais de um ano – entre as datas em que é instaurado e a que o trabalhador é notificado da decisão final – sob pena de prescrever.

I Congresso Nacional de Direito do Trabalho, Coimbra, 1998, pp. 201 ss.; FURTADO MARTINS/PAIS GOMES, «Notas sobre os prazos para o exercício do direito de acção disciplinar e do direito de resolver o contrato com justa causa», *RDES* 2018, pp. 353 ss.

[2210] Poder-se-ia pensar que a solução se afasta dos padrões tradicionais, por um lado, pelo facto de os prazos de caducidade, em princípio, não se suspenderem (art. 328.º do CC), podendo haver causas impeditivas (art. 331.º do CC) e, por outro, pela circunstância de o direito se exercer com a instauração do procedimento (art. 298.º, n.º 2, do CC), isto é, com a comunicação da nota de culpa. Pretendeu-se, contudo, uniformizar as soluções para os dois prazos e, como indica ROMANO MARTINEZ na anotação VIII ao art. 329.º *in* ROMANO MARTINEZ/LUÍS MIGUEL MONTEIRO/JOANA VASCONCELOS/MADEIRA DE BRITO/GUILHERME DRAY/GONÇALVES DA SILVA, *Código do Trabalho Anotado*, cit., p. 765, pode entender-se, não obstante a falta de qualificação expressa pelo legislador, que o prazo de sessenta dias constante do n.º 2 do art. 329.º do CT é também um prazo de prescrição e não de caducidade. Quanto aos prazos do procedimento disciplinar, consulte-se SOUSA MACEDO, *Poder Disciplinar Patronal*, cit., pp. 111 e ss., autor que considera que os prazos disciplinares devem ser sempre de prescrição (p. 116).

[2211] Sobre esta questão, *vd.* MONTEIRO FERNANDES, *Direito do Trabalho*, 11.ª ed., 1999, pp. 270 ss. e *Direito do Trabalho*, 18.ª ed., 2017, p. 375.

Desse procedimento, depois de uma fase de instrução, constará a acusação seguida da defesa[2212].

Na fase de instrução, que, salvo na hipótese de haver um procedimento prévio de inquérito (art. 352.º do CT), não pode exceder sessenta dias (art. 329.º, n.º 2, do CT), o empregador averigua os factos indiciadores da ilicitude.

Com base nos factos investigados, o empregador acusa o trabalhador da prática de uma infração disciplinar. A acusação é uma declaração escrita, receptícia, a que se aplica o disposto no art. 224.º do CC[2213], e dela deve constar a intenção de se proceder ao despedimento (art. 353.º, n.º 1, do CT). Juntamente com a acusação deve ser entregue ao trabalhador uma nota de culpa por escrito[2214], onde se descrevem circunstanciadamente os factos imputados ao trabalhador (art. 353.º, n.º 1, do CT)[2215]; a nota de culpa deve, assim, corresponder à fundamentação da acusação.

No art. 353.º, n.º 2, do CT estabelecem-se outras formalidades específicas do procedimento de despedimento, que respeitam às comunicações à comissão de trabalhadores e ao sindicato. O procedimento é, contudo, simplificado com respeito a microempresas (art. 358.º do CT).

Recebida a acusação, o trabalhador tem de ser ouvido para apresentar a sua defesa (art. 329.º, n.º 6, do CT), que deverá ser deduzida no prazo de dez dias úteis, podendo, nesse período, consultar o processo (art. 355.º, n.º 1, do CT).

A instrução do procedimento disciplinar passou a ser facultativa após a revisão de 2009, pelo que, tendo por base a acusação e a defesa, o empre-

---

2212 Quanto às fases deste processo, cf. SOUSA MACEDO, *Poder Disciplinar Patronal*, cit., pp. 127 ss.

2213 Assim, se o trabalhador muda de residência e não informa o empregador, tendo a nota de culpa sido enviada para a antiga morada e não sendo devolvida, considera-se que foi recebida (Ac. STJ de 1/4/1998, *CJ (STJ)* 1998, T. II, p. 259).

2214 A nota de culpa deve ser escrita, sendo dado o direito de defesa ao trabalhador, que pode apresentar a defesa por escrito (Ac. STJ de 15/6/1994, *BMJ* 438, p. 308 e *CJ (STJ)* 1994, T. III, p. 281).

2215 Não obstante a falta de descrição circunstanciada dos factos, não há invalidade do procedimento se se demonstrar que o trabalhador compreendeu o teor da acusação (Ac. STJ de 25/9/1996, *CJ (STJ)* 1996, T. III, p. 228). Admite-se ainda que o empregador envie uma adenda à nota de culpa em que se precise, pormenorize, explicite e desenvolvam os factos e circunstâncias constantes da nota de culpa (Ac. STJ de 2/11/1995, *CJ (STJ)* 1995, T. III, p. 292). Veja-se também SOUSA MACEDO, *Poder Disciplinar Patronal*, cit., p. 130.

gador poderia, desde logo, decidir[2216]/[2217]. Antes da revisão de 2009, numa sequência tradicional com três dezenas de anos, era imposta a instrução do procedimento. Depois da declaração de inconstitucionalidade do preceito da revisão de 2009 e, hoje, com a nova redação do art. 356.º do CT (decorrente da revisão de 2012) o empregador procede às diligências probatórias para a averiguação dos factos alegados na acusação e na defesa. Não foi estabelecido prazo para a fase de apreciação da prova, devendo o empregador promover tais diligências de modo razoável; as diligências probatórias só se poderão prolongar durante um período justificável, atendendo a um parâmetro de boa fé e ao princípio da celeridade processual e dentro do limite do ano, estatuído no n.º 3 do art. 329.º do CT.

Terminadas as diligências probatórias, o processo deve ser apresentado à comissão de trabalhadores e ao sindicato respetivo, que, no prazo de cinco dias úteis, podem juntar pareceres fundamentados (art. 356.º, n.º 5, do CT).

No que respeita ao despedimento de trabalhadora grávida, puérpera ou lactante ou de trabalhador no gozo de licença parental, além da instrução comum a qualquer procedimento disciplinar, terá de ser solicitado parecer à entidade que tenha competência na área da igualdade de oportunidades entre homens e mulheres, concretamente à CITE (Comissão para a Igualdade no Trabalho e no Emprego), como dispõe o art. 63.º, n.º 1, do CT. Este parecer não é vinculativo, porém, sendo desfavorável, a trabalhadora só pode ser despedida após decisão judicial que reconheça a existência de motivo justificativo (art. 63.º, n.º 6, do CT); neste caso, diferentemente do que ocorre em sede de arrendamento, a resolução do contrato não é decretada

---

[2216] Na revisão de 2009, justificando que o procedimento disciplinar era muito complexo e que as diligências feitas pelo empregador não eram atendidas pelos tribunais exceto para invocar a nulidade do despedimento em caso de omissão, optou-se por torná-lo facultativo. Como passou a ser facultativo e as invalidades foram substancialmente reduzidas, deixou de se justificar a anterior hipótese de reabertura do procedimento disciplinar (art. 436.º, n.º 1, do CT2003), que foi suprimida a partir de janeiro de 2010. Sobre a reabertura do procedimento disciplinar, veja-se a 4.ª edição deste manual, pp. 998 a 1001. Tendo esta solução, da revisão de 2009, sido declarada inconstitucional, retomou-se o regime tradicional.

[2217] O art. 356.º, n.º 1, do CT2009, que representava uma das «bandeiras» da revisão de 2009, foi declarado inconstitucional (Ac. TC n.º 338/2010, de 22/9/2010), pelo que a instrução deixou de ser facultativa. Consulte-se LIBERAL FERNANDES, «O acórdão n.º 338/10 do Tribunal Constitucional: a instrução em processo disciplinar laboral e a adaptabilidade grupal», *QL*, 38 (2011), pp. 211 ss. Sobre as alterações de 2012 introduzidas na sequência da declaração de inconstitucionalidade, veja-se JOANA VASCONCELOS, «Procedimento para despedimento por facto imputável ao trabalhador», *RDES* 2012, n.º 1/2, pp. 163 ss.

judicialmente, continua a ser um ato unilateral de uma das partes (empregador), precedido de uma decisão judicial[2218].

Após a conclusão das diligências probatórias e de recebidos os pareceres ou de decorridos os cinco dias úteis referidos no n.º 5 do art. 356.º do CT, o empregador dispõe de trinta dias para proferir uma decisão absolutória ou condenatória (art. 357.º, n.º 1, do CT)[2219]. Em qualquer caso, o empregador tem de ponderar as circunstâncias de facto, a gravidade da infração e a culpa do trabalhador, assim como a lesão de interesses da empresa (arts. 330.º, n.º 1, 351.º, n.º 3, e 357.º, n.º 4, do CT); a decisão de despedimento deve ser tomada ponderando os factos provados que conduzem à ilicitude da conduta do trabalhador, o seu grau de culpa e o nexo causal entre esses factos e a impossibilidade de subsistência da relação laboral.

A decisão tem de ser comunicada por escrito e deve ser fundamentada atendendo aos factos alegados na acusação e na defesa que se considerem provados (art. 357.º, n.º 5, do CT). A sanção disciplinar de despedimento deverá ser motivada; impõe-se sempre o esclarecimento das razões que justificaram a sua aplicação, para efeito de uma eventual impugnação do despedimento.

II. O procedimento disciplinar, tanto na legislação anterior como no Código do Trabalho (2003) era excessivamente complexo, por motivos relacionados com a segurança do trabalhador, em particular no que se refere à segurança no emprego. A complexidade do procedimento disciplinar não tem paralelo na maior parte dos ordenamentos jurídicos e nem sempre os empregadores, em particular no caso de pequenas empresas, se encontram suficientemente assessorados por juristas conhecedores da realidade jurídica ou dispondo da experiência necessária para efetuarem corretamente

[2218] Quanto à discussão em torno do parecer da CITE, situação que foi alterada com a modificação à Lei de Proteção da Maternidade e da Paternidade de 1999, *vd.* FURTADO MARTINS, *Cessação do Contrato de Trabalho*, cit., pp. 229 e ss. A exigência de parecer da CITE é uma formalidade, não só do despedimento disciplinar, como dos meios de despedimento por causas objetivas. Veja-se ainda JOANA VASCONCELOS, «O regime especial de suspensão de despedimento de trabalhadora grávida, puérpera ou lactante», *RDES* 2016, pp. 91 ss.

[2219] No Ac. Rel. Lx. de 18/1/1998, *CJ* XXIII, T. I, p. 175, com base na legislação anterior, decidiu-se que o prazo de trinta dias para o empregador proferir a decisão não é de caducidade e o excesso de tal prazo só releva para aferir da justa causa. Solução dificilmente ajustável a um princípio de celeridade e de certeza processual. Na parte final do n.º 1 do art. 357.º do CT2009 (art. 415.º, n.º 1, do CT2203), resolveu-se a dúvida, determinando que o prazo de trinta dias é de caducidade.

um procedimento disciplinar. A mencionada complexidade procedimental, associada à impossibilidade de permanente assessoria jurídica adequada determinava a frequente declaração de invalidade do despedimento, mesmo que possa existir justa causa.

Tal como fora anunciado na exposição de motivos e decorria do texto do Livro Branco na revisão de 2009, houve uma preocupação em reduzir os procedimentos em matéria de despedimento, tendo em conta que as atuais exigências são demasiado penosas para as empresas e as diligências feitas não são tidas em conta nos tribunais. Assim sendo, no despedimento com base em justa causa por facto imputável ao trabalhador, o procedimento disciplinar (arts. 352.º e ss. do CT) podia ficar circunscrito à nota de culpa e resposta, sendo facultativa a instrução. Se o empregador não quisesse fazer a instrução do processo, com base na nota de culpa e na respetiva resposta poderia proferir a decisão fundamentada de despedimento.

O regime de 2009 assentava na facilitação formal – que não substancial – do despedimento, tornando facultativa a instrução[2220]. Com a declaração de inconstitucionalidade retomou-se o regime tradicional com as vantagens e inconvenientes que lhes estão associadas.

γ. Ónus da prova

Nos termos do disposto no art. 342.º do CC, pretendendo o empregador despedir o trabalhador, no procedimento disciplinar deverá fazer a prova dos factos que integram a justa causa; isto é, cabe ao empregador a prova dos factos constitutivos do despedimento. Por isso, não há qualquer presunção de justa causa no despedimento; daí que as referências legais a uma presunção de que o despedimento se fez sem justa causa (arts. 63.º, n.º 2, e 410.º, n.º 3, do CT) só poderão ter algum sentido para se verificar se o motivo invocado não encobre um fundamento persecutório.

Não se faz a prova da justa causa, que é um conceito indeterminado; o empregador tem de provar a conduta ilícita do trabalhador, indicando o dever obrigacional por este violado.

Feita a prova da conduta ilícita do trabalhador, presume-se que a sua atuação foi culposa, nos termos do art. 799.º do CC. Sendo o trabalhador devedor de uma prestação, que não cumpriu, violando um dever principal, secundário ou acessório da relação laboral, cabe-lhe «provar que a falta de

[2220] Recorde-se que em razão da inconstitucionalidade da norma (n.º 1 do art. 356.º do CT – versão de 2009) a instrução não é facultativa, daí a nova versão do preceito ditada pela Lei n.º 23/2012.

cumprimento ou o cumprimento defeituoso da obrigação não procede de culpa sua» (art. 799.º, n.º 1, do CC). O empregador fica dispensado de provar a culpa do trabalhador se demonstrou que este praticou um facto ilícito; o trabalhador pode defender-se provando que não praticou o facto ilícito de que é acusado ou que não teve culpa na atuação. Importa, todavia, notar que a presunção legal é simplesmente de culpa, no sentido de negligência, não se presumindo a culpa grave e muito menos o dolo; a culpa grave ou o dolo do trabalhador têm de ser provados pelo empregador, nos termos gerais (art. 342.º do CC). Mas para a justa causa de despedimento, excecionalmente, pode bastar a mera negligência do trabalhador, que se presume; contudo, atendendo à letra do n.º 1 do art. 351.º do CT, resulta que o comportamento culposo do trabalhador, por via de regra, deverá ser aferido em razão da sua gravidade, e esta não se presume. (*Vd. supra* §50.1.I e nota 1759).

Depois de provado o comportamento ilícito do trabalhador e verificada (provada) a gravidade da sua culpa, o empregador terá de fazer a prova do nexo causal entre a conduta do trabalhador e a impossibilidade de subsistência da relação de trabalho. Com base num critério de normalidade, atendendo às circunstâncias concretas do comportamento do trabalhador, cabe ao empregador demonstrar que tais factos (conduta ilícita e culposa) conduzem à impossibilidade de manutenção do contrato de trabalho. Esta causalidade tem de ser apreciada de harmonia com os parâmetros do art. 563.º do CC, atendendo a um critério de probabilidade normal.

δ. Suspensão preventiva do trabalhador

Tendo em conta que o procedimento disciplinar conducente ao despedimento do trabalhador pode ser moroso, com a acusação, o empregador pode suspender o trabalhador enquanto decorre a ação disciplinar, sempre que a sua presença se mostrar inconveniente, continuando a pagar-lhe a retribuição (arts. 329.º, n.º 5, e 354.º do CT)[2221].

[2221] Não obstante a letra da lei («Com a notificação da nota de culpa (...)», art. 11.º, n.º 1, da LCCT), já se admitia que a suspensão pudesse anteceder a nota de culpa, desde que esta fosse entregue ao trabalhador num prazo curto (Ac. STJ de 4/12/1997, *CJ (STJ)* 1997, T. III, p. 296). De facto, logo após uma infração grave perpetrada pelo trabalhador pode não ser possível elaborar logo a nota de culpa e, nalguns casos, justificar-se-á que o trabalhador seja, de imediato, afastado da empresa. A alteração legislativa acompanhou esta tomada de posição e, no n.º 2, esclarece-se que a suspensão pode ser determinada trinta dias antes da notificação da nota de culpa.

c) Despedimento coletivo

c.1) Noção

O despedimento coletivo determina a cessação de contratos de trabalho de, pelo menos, dois ou cinco trabalhadores, consoante a empresa tenha menos ou mais de cinquenta trabalhadores (art. 359.º, n.º 1, do CT)[2222]. Além do aspeto quantitativo, o despedimento coletivo afere-se em função do motivo, que pode ser de mercado, estrutural ou tecnológico, justificativo do encerramento de uma ou várias secções ou estrutura equivalente ou à redução do pessoal (art. 359.º, n.º 1, do CT).

O despedimento coletivo, por oposição à cessação por extinção de posto de trabalho (art. 367.º do CT), implica que seja abrangida uma pluralidade de trabalhadores[2223], não obstante ser necessariamente emitida uma declaração a cada trabalhador cujo contrato cessa; há, contudo, um motivo comum que determina a extinção individual de vários vínculos laborais[2224].

[2222] Como dispõe o art. 100.º, n.º 1, do CT, a pequena empresa tem menos de cinquenta trabalhadores e a média empresa tem entre cinquenta e duzentos e quarenta e nove trabalhadores. Quanto à influência do direito europeu em sede de despedimento coletivo, veja-se JÚLIO GOMES, *Direito do Trabalho*, I, cit., pp. 976 ss. Ainda que a base seja a mesma, há algumas diferenças de regime no plano internacional, veja-se por exemplo NELSON MANNRICH, *Dispensa coletiva. Da liberdade contratual à responsabilidade social*, S. Paulo, 2000, pp. 21 ss., com uma comparação de várias soluções.

[2223] Como esclarece FURTADO MARTINS, *Cessação do Contrato de Trabalho*, cit., pp. 264 e s., o requisito da pluralidade de trabalhadores só se tem de verificar no início do procedimento de despedimento coletivo, pois, no decurso do processo, é frequente que vários contratos cessem, normalmente por revogação. Veja-se também Ac. STJ de 6/11/1996, *CJ (STJ)* 1996, T. III, p. 248.

[2224] Sobre o despedimento coletivo, apesar de relacionados com o direito anterior, veja-se MÁRIO PINTO/FURTADO MARTINS, «Despedimentos Colectivos: Liberdade de Empresa e Acção Administrativa», *RDES* 1993, n.º 1/4, pp. 3 ss. e, em especial, o desenvolvido estudo de BERNARDO XAVIER, *O Despedimento Colectivo no Dimensionamento da Empresa*, cit., pp. 353 ss. No regime anterior (art. 16.º da LCCT) não era absolutamente conforme com a Diretiva comunitária; face ao Acórdão proferido pelo Tribunal de Justiça, em 12 de outubro de 2004, no âmbito de um processo (C-55/02) que opôs a Comissão das Comunidades Europeias ao Estado português, o Tribunal decidiu que «l) Ao restringir a noção de despedimentos coletivos a despedimentos por razões estruturais, tecnológicas ou conjunturais e ao não alargar esta noção a despedimentos por todas as razões não inerentes à pessoa dos trabalhadores, a República Portuguesa não cumpriu as obrigações que lhe incumbem por força dos artigos 1.º e 6.º da Diretiva 98/59/CE do Conselho, de 20 de Julho de 1998, relativa à aproximação das legislações dos Estados-Membros respeitantes aos despedimentos colectivos».
Quanto ao regime atual, veja-se JÚLIO GOMES, *Direito do Trabalho*, I, cit., pp. 976 e ss. e ROSÁRIO PALMA RAMALHO, *Tratado de Direito do Trabalho*, II, cit., pp. 871 ss.

c.2) Apreciação dos fundamentos

I. Os motivos são económicos, mas o legislador identifica-os com factores de mercado, estruturais ou tecnológicos, que têm de ser apreciados em função da empresa, no contexto atual ou futuro da sua atuação. Daí a referência legal à previsibilidade dos motivos, bastando um juízo de prognose puramente empresarial, assente na liberdade de gestão da empresa.

Pelo art. 359.º, n.º 2, do CT, o legislador pretende auxiliar o intérprete dando uma noção de motivos de mercado (alínea *a)*), estruturais (alínea *b)*) e tecnológicos (alínea *c)*); trata-se, todavia, de uma indicação exemplificativa de aspetos integrantes dos referidos motivos, que se reconduzem a um fundamento económico, pois mesmo os motivos tecnológicos hão-de ter uma base económica. A questão poderia ser discutível no âmbito da legislação anterior (arts. 16.º e 26.º, n.º 2, da LCCT), mas atualmente não há dúvida de que a indicação legal é exemplificativa, podendo haver outros motivos justificativos do despedimento.

II. O recurso ao despedimento coletivo com base em motivos de mercado, estruturais ou tecnológicos não será só admitido em situações limite, como no caso de risco iminente de insolvência da empresa[2225]. Importará salientar que se está perante uma decisão de gestão empresarial[2226]; é o empresário que decide se, por exemplo, quer automatizar o equipamento com a consequente redução de pessoal ou pretende encerrar uma secção, ainda que economicamente viável, quando tem interesse em restringir as suas atividades[2227]. Não cabe ao tribunal apreciar o mérito de tais decisões, porque o empresário é livre de empreender um caminho ruinoso; o tribunal só tem de

---

No plano de direito comparado, veja-se Arufe Varela, *Los despidos colectivos en el derecho de los Estados Unidos. Un estúdio comparado com el derecho español y de la Uninión Europea*, Corunha, 2014.

[2225] Neste sentido, cf. Furtado Martins, *Cessação do Contrato de Trabalho*, cit., p. 276 e s..

[2226] Cf. Bernardo Xavier, *O Despedimento Colectivo*, cit., pp. 557 ss. e Bernardo Xavier/ /Furtado Martins/Nunes de Carvalho/Joana Vasconcelos/Tatiana Guerra de Almeida, *Manual*, cit., p. 864. Veja-se igualmente o Ac. Rel. Pt. de 5/5/1997, *CJ* XXII, T. III, p. 243.

[2227] Nomeadamente, dever-se-á entender que está preenchido o requisito para recorrer ao despedimento coletivo se a embarcação onde os trabalhadores exerciam a sua atividade cessou definitivamente a faina, por não estar em condições de pescar e o armador não pretender reconvertê-la. Quanto à concessão de benefícios daí advenientes, veja-se a Portaria n.º 1261/2001, de 31 de outubro. No caso de uma empresa que optou por extinguir o departamento jurídico, despedindo os advogados que o integravam por ter recorrido ao *outsourcing* de uma sociedade de advogados, considerou-se lícito o despedimento coletivo (Ac. Rel. Lx. de 20/6/2018 (Mateus Cardoso), CJ 2018 III, p. 169).

verificar se o empregador não está a agir em abuso do direito ou se o motivo não foi ficticiamente criado[2228]/[2229]. No fundo, como se trata de uma resolução com causa objetiva, o despedimento não é discricionário, tem de ser fundamentado, e a motivação deve ser encontrada nos factores de mercado, estruturais ou tecnológicos.

Para reiterar a posição assumida no sentido de não caber ao tribunal apreciar o mérito da decisão empresarial, importa atender ao facto de o Código do Trabalho (tanto na versão de 2003, art. 397.º do CT2003, como após a revisão de 2009, art. 359.º, n.º 2, do CT2009), comparado com o precedente art. 26.º, n.º 2, da LCCT, em relação aos motivos omitiu o adjetivo «comprovada» e acrescentou a previsibilidade da sua ocorrência. Estas alterações modificam substancialmente a apreciação dos motivos.

Acresce ainda que a intromissão do juiz na apreciação dos fundamentos que justificaram a decisão de gestão empresarial é inconstitucional, por violar o art. 61.º, n.º 1, da CRP, contrariando o direito fundamental de propriedade privada, na sua vertente de liberdade empresarial; de facto, a liberdade de iniciativa empresarial, a que foi conferida tutela constitucional (arts. 61.º, n.º 1, e 62.º, n.º 1, da CRP), seria posta em causa se os critérios de gestão empresarial fossem ponderados pelo julgador[2230].

c.3) Procedimento

Depois de, internamente, o empregador, ponderadas as circunstâncias, ter decidido recorrer ao despedimento coletivo, determinando que sectores ou trabalhadores vão ser abrangidos, deverá proceder-se às comunicações previstas no art. 360.º do CT[2231]. Feitas as comunicações, segue-se a fase

---

[2228] Cf. Ac. STJ de 13/1/1993, *CJ (STJ)* 1993, T. I, p. 222; Ac. STJ de 21/9/2000, *CJ* (STJ) 2000, T. III, p. 259; Ac. STJ de 2/11/2005, *ADSTA*, 532 (2006), p. 735. Para uma análise de jurisprudência, veja-se CARVALHÃO/LOUREIRO/ROBERTO, «Despedimento colectivo: exposição e discussão de questões práticas e casos jurisprudenciais», *Pront.* 90 (2011), pp. 93 ss.

[2229] Quanto ao direito espanhol, com uma crítica sobre a figura do juiz empresário, veja-se CECA MAGÁN, *La Extinción del Contrato de Trabajo por Causas Objetivas (Reforma Laboral de 1997)*, Valência, 1999, pp. 63 ss. e pp. 103 ss. Com posição diversa, entendendo que a falta de apreciação põe em causa a regra constitucional da proibição do despedimento sem justa causa, JÚLIO GOMES, *Direito do Trabalho*, I, cit., pp. 991 ss.

[2230] Sobre a compatibilidade entre a segurança no emprego (art. 53.º da CRP) e a liberdade de iniciativa empresarial (arts. 61.º, n.º 1, e 62.º, n.º 1, da CRP), veja-se ROMANO MARTINEZ, «Trabalho e Direitos Fundamentais. Compatibilização entre a segurança no emprego e a liberdade empresarial», *Estudos em Homenagem ao Prof. Doutor Sérvulo Correia*, Coimbra, 2010, pp. 157 ss.

[2231] Sobre o procedimento, *vd.* BERNARDO XAVIER, *O Despedimento Colectivo*, cit., p. 433 ss. e «O Regime dos Despedimentos Colectivos e as Modificações Introduzidas pela Lei n.º 32/99, de

negocial (art. 361.º do CT), em que se prestam informações, negociando o empregador com a estrutura representativa dos trabalhadores a obtenção de um acordo tendo em vista minorar o âmbito do despedimento coletivo, nomeadamente por via de uma redução do trabalho ou de uma reconversão profissional. Os serviços do Ministério do Trabalho intervêm neste processo negocial para assegurar a regularidade da sua instrução substantiva e procedimental, assim como para promover a conciliação dos interesses do empregador e dos trabalhadores (art. 362.º do CT).

Terminada a fase negocial, cabe a decisão ao empregador (art. 363.º do CT); optando pelo despedimento, deverá comunicar por escrito a cada trabalhador abrangido a decisão, indicando o motivo e a data da cessação do contrato (art. 363.º, n.º 1, do CT)[2232]. O despedimento só produzirá o efeito extintivo do vínculo laboral decorrido o prazo de aviso prévio, que vai de quinze a setenta e cinco dias sobre a comunicação (art. 360.º, n.º 1, do CT), admitindo-se, contudo, que, não sendo observado este aviso prévio, o trabalhador tenha direito à retribuição correspondente ao período em falta (art. 363.º, n.º 4, do CT).

A decisão deve ser tomada atendendo aos critérios que servem de base para a seleção dos trabalhadores a despedir, que o empregador deverá indicar na comunicação (art. 360.º, n.º 2, alínea *c*), do CT)[2233].

18.5», *Estudos do Instituto de Direito do Trabalho*, Volume I, Coimbra, 2001, pp. 403 ss., assim como Sofia Silva e Sousa, «Notas (breves) sobre o procedimento do despedimento colectivo», *Estudos dedicados ao Professor Doutor Bernardo da Gama Lobo Xavier*, III, Lisboa, 2015, pp. 479 ss.

[2232] O prazo de quinze dias para o empregador fazer as comunicações aos trabalhadores (art. 363.º, n.º 1, do CT) é dilatório, pelo que o empregador não poderá fazer a comunicação antes do seu decurso. Mas o decurso do prazo de quinze dias só tem interesse na hipótese de falta de acordo; neste caso, pode concluir-se que quinze dias serão, em princípio, suficientes para se chegar a um impasse inultrapassável nas negociações. Este sentido – de o prazo ser dilatório, não permitindo que a comunicação seja feita antes do seu decurso – está de acordo com as soluções constantes dos arts. 371.º, n.º 1, e 378.º, n.º 1, ambos do CT, aplicáveis às situações paralelas de extinção de posto de trabalho e de inadaptação, razão pela qual, numa interpretação sistemática, deverá ser feita idêntica leitura do n.º 1 do art. 363.º do CT.

[2233] Na legislação precedente, os critérios enunciados pelo empregador tinham de ser conjugados com a exceção constante do art. 23.º, n.º 4, da LCCT, nos termos da qual os representantes sindicais e os membros das comissões de trabalhadores tinham preferência na manutenção do emprego. Esta exceção era contestável, pois o procedimento de despedimento coletivo, em princípio, inviabiliza atitudes persecutórias em relação a esses trabalhadores, não se justificando, portanto, esse tratamento privilegiado, razão pela qual foi eliminado no Código do Trabalho.

c.4) Direitos dos trabalhadores abrangidos pelo despedimento

I. Nos arts. 364.º a 366.º do CT enunciam-se os direitos dos trabalhadores abrangidos pelo despedimento coletivo. Estes direitos são atribuídos somente aos trabalhadores despedidos e não àqueles que, no decurso do processo negocial, tenham celebrado um acordo de revogação.

Durante o período de aviso prévio (15 a 75 dias), o trabalhador tem direito a um crédito de horas, até dois dias de trabalho por semana, para procurar nova ocupação (art. 364.º do CT).

Nesse mesmo período de 15 a 75 dias consoante os casos é conferido ao trabalhador o direito de denunciar o contrato com um aviso prévio de três dias úteis, sem perda do direito à compensação (art. 365.º do CT).

II. Tradicionalmente, a cessação do contrato implicava o pagamento de uma compensação, determinada pela multiplicação do valor da retribuição base mensal e diuturnidades pelo número de anos de antiguidade, calculados proporcionalmente no caso de fração de ano, não podendo ser inferior a três meses. No âmbito das compensações devidas pelo empregador em caso de cessação do contrato de trabalho por causas objetivas, na revisão de 2012 procedeu-se a uma redefinição de valores tal como se dispunha no Memorando e na Lei n.º 53/2011, de 14 de outubro, iniciou-se esse processo de redução da compensação. Na sequência do *Memorandum*, impunha-se a redução de compensações, mas justificava-se pôr termo à diferença estabelecida entre trabalhadores cujos contratos tivessem sido celebrados antes ou depois de 1 de novembro de 2011, como prescrevia a Lei n.º 53/2011[2234].

[2234] A justificação para ser reduzida a compensação é recorrente: crescimento económico, aumento da competitividade das empresas e redução do desemprego. Mas subjacente a esta explicação está a situação de vexame decorrente do designado "Memorando de Entendimento", de 17/5/2011, do qual interessa agora a parte respeitante às Condições de Política Económica, concretamente o ponto 4, Mercado de trabalho e educação. E aí se lê que as compensações por cessação do contrato de trabalho deverão sofrer reduções progressivas (ponto 4.4.I e II) terminando com a injunção imposta ao Governo de, antes do final de 2012, «apresentar uma proposta com o objectivo de: Alinhar o nível de compensações por cessação do contrato de trabalho com o nível médio da EU (...)».
Sobre esta questão, atenta a alteração introduzida em 2012, veja-se Bernardo Xavier, «Compensação por despedimento», *RDES* 2012, n.º 1/2, pp. 65 ss.; Luísa Andias Gonçalves, «Compensação por extinção do contrato de trabalho», *QL* 43 (2013), pp. 251 ss.; e Maria Irene Gomes, «Compensação a três tempos ou ... talvez não», *QL* 43 (2013), pp. 233 ss., com uma explicação muito detalhada sobre a aplicação concreta dos vários regimes.

Do regime de 2012 (art. 366.º do CT) decorre um novo cálculo da compensação devida em caso de cessação do contrato de trabalho por motivos objetivos, em vez do tradicional método de fixar a compensação em um mês por cada ano de antiguidade, passa a calcular-se o valor com base em 20 dias por cada ano de antiguidade, aplicável a todos os trabalhadores cujos contratos cessem depois da entrada em vigor deste regime. Posteriormente, com a Lei n.º 69/2013, a compensação prevista no art. 366.º do CT foi reduzida para 12 dias por cada ano de antiguidade. Contudo, no que respeita a situações transitórias, o novo regime assenta num mecanismo complexo com base numa, menos correta, ponderação de direitos adquiridos (art. 6.º da Lei n.º 23/2012 e art. 5.º da Lei n.º 69/2013)[2235]. Manteve-se a dicotomia entre trabalhadores contratados antes ou depois de 1 de novembro de 2011 (Lei n.º 53/2011 e art. 5.º, n.º 3, da Lei n.º 69/2013); em relação aos trabalhadores com contratos antigos aplicam-se três regimes de compensação: até 31 de outubro de 2012, a compensação é calculada com base no mês por ano de antiguidade; entre 1 de novembro de 2012 e 30 de setembro de 2013 pondera-se no cálculo o valor de 20 dias por cada ano de antiguidade; a partir de 1 de outubro de 2013 há que atender a duas valorações: 18 dias de retribuição nos três primeiros anos de duração do contrato e 12 dias de retribuição nos demais anos (art. 5.º, n.º 1, da Lei n.º 69/2013). Complexidade similar surge com respeito aos novos contratos de trabalho, ajustados depois de 1 de novembro de 2011. Este regime, indiscutivelmente muito intrincado, que obriga a uma aturada análise contabilística, eventualmente ultrapassada por um programa informático, não surte efeitos práticos visíveis nos próximos anos.

Esta compensação e os créditos vencidos têm de ser pagos até à data do termo do aviso prévio (art. 383.º, n.º 1, alínea *c)*, do CT), tendo deixado de se aludir à exceção para a hipótese de insolvência ou recuperação e reestruturação económica da empresa (art. 431.º, n.º 2, do CT2003).

Pese embora a redução operada desde 2011 pelos diplomas citados, tendo em vista a dificuldade económica de alguns empregadores de arcar com o valor da compensação, principalmente na hipótese de estarem em causa vários despedimentos, instituíram-se dois fundos: o Fundo de Compensação do Trabalho e o Fundo de Garantia de Compensação do Trabalho (cf. Lei n.º 70/2013 e o Regulamento de gestão dos fundos, Regulamentos n.º 390-A//2013 e n.º 390-B/2013, de 14 de outubro)[2236].

2235 *Vd. supra* § 10.4.a.3) e a.5).

2236 *Vd.* André de Oliveira Correia, «Algumas notas sobre o novo regime dos fundos de compensação de trabalho e o seu financiamento», *QL* 43 (2013), pp. 279 ss.

III. Relativamente à compensação, o Código do Trabalho (solução de 2003 mantida em 2009), no n.º 4 do art. 366.º, repristina a norma constante do n.º 3 do art. 23.º da LCCT, constante da versão inicial deste diploma e revogada pela Lei n.º 32/99, de 18 de maio[2237], passando a presumir-se que o trabalhador aceitou o despedimento se recebeu a compensação correspondente; há, todavia, uma diferença entre a atual versão e a que constava do n.º 3 do art. 23.º LCCT, na medida em que a expressão «vale como» foi substituída por «presume-se», para superar as dúvidas de interpretação suscitadas. A presunção constante do n.º 4, do art. 366.º do CT, sendo *iuris tantum,* pode ser ilidida por prova em contrário (art. 350.º, n.º 2, do CC).

A compensação é devida em razão de o empregador, no exercício do seu direito, fazer cessar o contrato; concretamente, por recorrer à resolução do contrato com fundamento em motivos objetivos. Trata-se, pois, de compensação resultante de uma responsabilidade civil por intervenções lícitas.

d) Despedimento por extinção de posto de trabalho

d.1) Noção

O despedimento por extinção de posto de trabalho[2238] equipara-se ao despedimento coletivo, com a particularidade de ter natureza individual. Dito de outro modo, os requisitos para o recurso a estas duas formas de despedimento coincidem, exceto no que respeita ao número de trabalhadores a abranger pela cessação do contrato[2239]. A extinção de posto de trabalho determina um despedimento individual fundado em motivos objetivos relacionados com a empresa.

[2237] O processo de despedimento coletivo constante da LCCT sofreu várias alterações com a Lei n.º 32/99, de 18 de Maio, em particular deixou de se considerar que valia como aceitação do despedimento o recebimento da compensação prevista no n.º 1 do art. 23.º da LCCT, pois foi revogado o anterior art. 23.º, n.º 3, da LCCT, que dispunha nesse sentido.

[2238] Na legislação anterior, o legislador designava o despedimento por extinção de posto de trabalho simplesmente por cessação do contrato, para evitar o uso do termo «despedimento». Situação a que Monteiro Fernandes, *Direito do Trabalho,* cit., p. 598, chama de «formulação perifrásica». Quanto às razões a que se ficou a dever esta denominação, cf. Furtado Martins, *Cessação do Contrato de Trabalho,* cit., pp. 258 ss.

[2239] Tendo por base esta coincidência, no art. 368.º, n.º 1, alínea *d),* do CT determina-se que uma das condições para se poder recorrer à extinção de postos de trabalho é a não aplicação do regime previsto para o despedimento coletivo; ou seja, se forem vários os trabalhadores a despedir, deve recorrer-se ao despedimento coletivo.

d.2) Apreciação dos motivos

I. Os motivos para a extinção do posto de trabalho coincidem com os fixados para o despedimento coletivo; são motivos de mercado, estruturais ou tecnológicos (art. 367.º do CT); no fundo, motivos económicos relacionados com a empresa.

II. Associados a estes motivos há que atender aos requisitos para o recurso a esta figura (art. 368.º do CT).

Em primeiro lugar, como resulta da alínea *a)* do n.º 1 do art. 368.º do CT, não será lícito proceder à extinção do posto de trabalho quando a situação se subsuma ao despedimento por justa causa em razão de um comportamento culposo do trabalhador; assim, o despedimento por extinção de posto de trabalho é também subsidiário relativamente ao despedimento por facto imputável ao trabalhador. Do mesmo modo, a culpa do empregador inviabiliza este despedimento. Quanto a este último aspeto, cabe esclarecer que está em causa uma negligência na ponderação dos motivos, e não no seu surgimento; por isso, não obsta ao despedimento por extinção de posto de trabalho a gestão desastrosa que tenha levado a uma redução da atividade da empresa.

Em face da alínea *b)* do n.º 1 do preceito em análise, impõe-se que o motivo justificativo do despedimento implique a insubsistência da relação de trabalho, no sentido de ser necessariamente grave. A impossibilidade de subsistência da relação de trabalho (alínea *b)*) não se identifica com um dos elementos da justa causa subjetiva (art. 351.º, n.º 1, do CT), pois encontra-se objetivada no n.º 4 do art. 368.º do CT. Antes da revisão de 2012, associava-se com a gravidade e com o facto de não haver outra atividade compatível com a categoria do trabalhador, mas este facto objetivo deixou de ser requerido, passando a ser um critério empresarial não discriminatório (n.º 4 do art. 368.º do CT).

Em terceiro lugar, não se pode extinguir um posto de trabalho quando a tarefa correspondente passou a ser exercida por trabalhadores contratados a termo (alínea *c)* do n.º 1), com vista a evitar situações fraudulentas.

Por último, com o mesmo intuito de evitar fraudes, não será despedido o trabalhador cujo posto de trabalho tenha sido extinto, se o ocupava há menos de três meses por via de uma transferência; nesse caso, ele tem direito a reocupar o antigo posto de trabalho, exceto se também este foi extinto, caso em que será despedido (art. 368.º, n.º 3, do CT)[2240].

2240 Os diferentes pressupostos, que se cumulam, têm de ser provados pelo empregador (Ac. Rel. Lx. de 14/1/1998, *CJ* XXIII, T. I, p. 159). Como resulta do Ac. STJ de 13/10/2016 (Ribeiro

III. Na eventualidade de haver uma pluralidade de postos de trabalho com um conteúdo funcional idêntico, estabelecia-se um critério de preferência, em que era preterido o trabalhador com menor antiguidade; todavia, com a revisão de 2012, a escolha passou a ser feita com base num critério empresarial, devendo o empregador definir critérios relevantes e não discriminatórios (art. 368.º, n.º 2, do CT)[2241]. Todavia, a solução consagrada foi ferida de inconstitucionalidade (Ac. TC n.º 602/2013), essencialmente por falta de um critério objetivo. Nessa sequência surgiu a Lei n.º 27/2014, dando nova redação ao art. 368.º do CT; no n.º 2 do preceito passou a constar um elenco de critérios, desde o desempenho e habilitações do trabalhador até à antiguidade, que orientam e justificam a decisão do empregador.

IV. Em suma, com a revisão de 2012, e no seguimento do que se dispunha no Memorando, eliminaram-se alguns dos pressupostos deste regime, concretamente relacionados com a seleção do posto de trabalho a extinguir, definição do trabalhador atingido pela extinção do posto de trabalho e a verificação de existência de posto de trabalho compatível. Particularmente a eliminação deste último requisito da colocação do trabalhador abrangido pela extinção do posto de trabalho noutro posto compatível evitaria muitas impugnações desta modalidade de despedimento, tornando a extinção do posto de trabalho menos exigente. Contudo, também a eliminação deste requisito foi considerada inconstitucional[2242]. Ainda que a justificação

Cardoso), www.dgsi.pt, os critérios de seleção constantes do n.º 2 do art. 368.º do CT assentam numa hierarquia, devendo ser analisados sucessivamente, e, em cada item, há que fazer uma ponderação concreta. Assim, a detenção de escolaridade obrigatória não corresponde a uma situação igual, pois depende do ano de nascimento em função do regime legal aplicável.

[2241] Como refere Bernardo Xavier/Furtado Martins/Nunes de Carvalho/Joana Vasconcelos/Tatiana Guerra de Almeida, *Manual*, cit., p. 831, o legislador receava que, sob a capa da extinção de postos de trabalho, o empregador pretendesse atingir concretamente um determinado trabalhador. Sobre o novo regime decorrente das alterações de 2012, veja-se Leal Amado, «O despedimento e a revisão do Código do Trabalho: primeiras notas sobre a Lei n.º 23/2012, de 25 de Julho», *RLJ* 141 (2012), pp. 297 ss.; Furtado Martins, «Alterações ao regime do despedimento por extinção do posto de trabalho», *RDES* 2012, n.º 1/2, pp. 173 ss. Quanto à inconstitucionalidade, *vd.* Raquel Carvalho, «Os efeitos da declaração de inconstitucionalidade proferida no Acórdão do Tribunal Constitucional n.º 602/2013 e o despedimento por extinção do posto de trabalho», *QL* 43 (2013), pp. 179 ss.; Bruno Mestre, «A "saga" do despedimento por extinção do posto de trabalho e as repercussões do Acórdão do Tribunal Constitucional n.º 602/2013», *QL* 43 (2013), pp. 197 ss.

[2242] Sobre a questão, veja-se Carvalho Martins/Canas da Silva, «Despedimento por extinção do posto de trabalho. A revisão de 2012 e o acórdão do Tribunal Constitucional de 2013»,

da inconstitucionalidade assente em premissas questionáveis, com a Lei n.º 27/2014 reintroduziu-se no art. 368.º do CT o requisito da inexistência de posto compatível (n.º 4).

d.3) Procedimento

Como é comum às várias formas de despedimento, o empregador tem de organizar um processo com vista à extinção do posto de trabalho, o qual é similar ao estabelecido a propósito do despedimento coletivo.

O procedimento inicia-se com uma comunicação à estrutura representativa dos trabalhadores e ao trabalhador a despedir (art. 369.º do CT), podendo tanto a estrutura representativa como o trabalhador deduzir uma oposição, através de parecer fundamentado, e solicitar a intervenção dos serviços competentes do Ministério do Trabalho (art. 370.º do CT). Cinco dias após a emissão do parecer, o empregador, querendo recorrer à extinção do posto de trabalho, proferirá decisão fundamentada por escrito (art. 371.º do CT).

O contrato de trabalho cessa decorridos quinze a setenta e cinco dias após a comunicação recebida pelo trabalhador no sentido do despedimento por extinção do posto de trabalho (art. 371.º, n.º 3 do CT).

d.4) Direitos dos trabalhadores abrangidos pelo despedimento

Os trabalhadores abrangidos pelo despedimento individual por extinção de posto de trabalho têm os mesmos direitos que a lei atribuiu àqueles que forem objeto de um despedimento coletivo (art. 372.ºdo CT); conferiu-se-lhes, por isso, o crédito de horas, o direito a denunciar antecipadamente o contrato e o direito à compensação fixada no art. 366.º do CT, que deve ser satisfeita até ao termo do prazo de aviso prévio (arts. 371.º, n.º 4, e 384.º, alínea *d*), do CT).

e) Despedimento por inadaptação

e.1) Noção

I. O despedimento por inadaptação do trabalhador foi reintroduzido na ordem jurídica portuguesa pelo Decreto-Lei n.º 400/91, de 16 de outubro[2243],

---

Para Jorge Leite. Escritos Jurídico-Laborais, I, Coimbra, 2014, pp. 509 ss.; PAULA QUINTAS, «A eminência da crise financeira e a iminência da crise constitucional em matéria de cessação contratual laboral», *Pront.* 2016-I, pp. 151 ss.

2243 *Vd.* MENEZES CORDEIRO, «Da Cessação do Contrato de Trabalho por Inadaptação do Trabalhador perante a Constituição da República», cit., pp. 369 ss., em especial pp. 383 ss. Quanto ao atual regime, veja-se CLÁUDIA MADALENO, «Despedimento por causa objetiva.

mantendo-se nos arts. 373.º e ss. do CT. Através do despedimento por inadaptação permite-se que o empregador faça cessar o contrato de trabalho sempre que se determine a incapacidade do trabalhador para o exercício das suas funções, tornando praticamente impossível a subsistência da relação de trabalho. A inadaptação assenta numa impossibilidade relativa de o trabalhador realizar a sua prestação, pois, sendo a incapacidade absoluta e definitiva, o contrato de trabalho caduca[2244].

No art. 374.º do CT concretiza-se a inadaptação, determinando-se que esta se verifica no caso de redução continuada e reiterada de produtividade ou de qualidade[2245], de avarias reiteradas nos meios afetos ao posto de trabalho e de riscos para a segurança e a saúde do próprio trabalhador, dos restantes trabalhadores ou de terceiros. No que respeita a trabalhadores que ocupam cargos de complexidade técnica ou de direção, a inadaptação pode ser determinada em função de objetivos previamente fixados e formalmente aceites (art. 374.º, n.º 2, do CT)[2246].

Em qualquer dos casos, o despedimento funda-se numa impossibilidade superveniente e relativa de boa execução da prestação. Porém, na segunda hipótese, essa impossibilidade é determinada por uma condição aposta ao contrato; condição que não é, por si, resolutiva, mas que funciona como requisito da inadaptação[2247].

Em especial, a inadaptação», *Estudos dedicados ao Professor Doutor Bernardo da Gama Lobo Xavier*, I, Lisboa, 2015, pp. 509 ss.

[2244] *Vd. supra* § 55, n.º 4, alínea *b.1)*.

[2245] Sobre a diminuição de rendimento como fundamento de cessação do contrato por inadaptação, *vd.* BRIONES GONZÁLEZ, *La Extinción del Contrato de Trabajo por Causas Objetivas*, Madrid, 1995, pp. 50 ss. A quebra de rendimento pode relacionar-se com um comportamento culposo do trabalhador, permitindo, então, dependendo das circunstâncias, o designado despedimento com justa causa. Sobre a culpa para a inadaptação, *vd.* JÚLIO GOMES, *Direito do Trabalho*, I, cit., pp. 997 ss.

[2246] Sobre a figura, *vd.* LIBERAL FERNANDES, «Do Contrato a Termo e do Despedimento por Inadaptação», *Boletim da Faculdade de Direito de Coimbra*. 68 (1992), pp. 143 ss., com uma posição restritiva relativamente às consequências deste «acordo de rendimento» (pp. 152 ss.), concluindo que se trata de uma caducidade (p. 164).

Sobre o novo regime decorrente das alterações de 2012, veja-se LEAL AMADO, «O despedimento e a revisão do Código do Trabalho: primeiras notas sobre a Lei n.º 23/2012, de 25 de Julho», cit., pp. 297 ss.; FURTADO MARTINS, «Alterações ao regime do despedimento por extinção do posto de trabalho», *RDES* 2012, n.º 1/2, pp. 173 ss.

[2247] Esclarecendo porque não é uma condição resolutiva, JÚLIO GOMES, *Direito do Trabalho*, I, cit., p. 998.

II. Após a revisão de 2012, passa a haver dois tipos de inadaptação: a situação tradicional, em que a inadaptação decorre de terem sido introduzidas modificações no posto de trabalho; e a nova inadaptação, em que há uma modificação substancial da prestação do trabalhador, nomeadamente uma redução continuada da produtividade ou da qualidade, independentemente de terem sido introduzidas alterações do posto de trabalho. A estas duas modalidades acresce a situação, já prevista na versão inicial do Código, de inadaptação de trabalhadores de cargos de complexidade técnica ou de direção.

III. Relativamente à situação tradicional e para a generalidade dos trabalhadores (excluindo cargos de complexidade técnica ou de direção), o despedimento por inadaptação depende dos requisitos enunciados no art. 375.º, n.º 1, do CT, concretamente nas alíneas *a)* a *c)*. A este propósito, mesmo quanto ao regime tradicional de inadaptação e à imagem do prescrito em sede de despedimento por extinção do posto de trabalho, deixou de se exigir, como requisito, a inexistência na empresa de posto de trabalho compatível bem como a ausência de culpa do empregador na falta de condições de segurança e saúde no trabalho, tendo sido revogadas as alíneas *d)* e *e)* do n.º 1 do art. 375.º do CT.

Para esta modalidade de inadaptação (dita tradicional) seria necessário que, nos seis meses anteriores, tenham sido introduzidas modificações no posto de trabalho resultantes de alterações nos processos de fabrico, de novas tecnologias ou de equipamentos baseados em diferente ou mais complexa tecnologia (alínea *a)*)[2248].

Em segundo lugar, exige-se que tenha sido ministrada ao trabalhador ação de formação profissional adequada às modificações introduzidas no posto de trabalho (alínea *b)*).

Depois de ministrada a formação, tem de ser facultado ao trabalhador um período de adaptação não inferior a trinta dias (alínea *c)*).

Apesar de eliminado na revisão de 2012, na sequência da declaração de inconstitucionalidade (Ac. TC n.º 602/2013), com a Lei n.º 27/2014 repristinou-se o requisito da inexistência de posto compatível com a categoria do trabalhador (alínea *d)*).

[2248] Como resulta da lição de BRIONES GONZÁLEZ, *La Extinción del Contrato de Trabajo por Causas Objetivas*, cit., pp. 45 ss. e 129 ss., não se deve confundir a diminuição de rendimento com a inadaptação do trabalhador a novas técnicas, porque aquela pode não depender desta.

Os mencionados requisitos para a determinação da inadaptação do trabalhador, em razão da sua especial exigência, têm levado as empresas a não recorrerem a esta forma de despedimento.

Por último, se o trabalhador inadaptado tiver sido colocado há menos de três meses num novo posto de trabalho no qual se verifique a inadaptação, não pode ser despedido, tendo direito a reocupar o anterior posto de trabalho, salvo se este tiver sido extinto ou definitivamente ocupado por outrem (n.º 6 do art. 375.º do CT).

IV. Na segunda modalidade de inadaptação (introduzida pela revisão de 2012) não se exige que tenham ocorrido modificações no posto de trabalho (art. 375.º, n.º 2, do CT). Basta que se verifiquem os pressupostos indicados nas alíneas deste número, concretamente que tenha havido uma modificação substancial da prestação laboral da qual resulte uma «redução continuada de produtividade ou de qualidade, avarias repetidas nos meios afetos ao posto de trabalho ou riscos para a segurança e saúde do trabalhador de outros trabalhadores ou de terceiros» com caráter definitivo, devendo seguir-se um procedimento complexo no apuramento desta factualidade. Os pressupostos constantes das alíneas *b)* e *c)* do n.º 1 – formação profissional e adaptação –, com as necessárias adaptações, são comuns às duas modalidades de inadaptação.

V. Quanto aos trabalhadores que desempenham cargos de complexidade técnica ou de direção, se tiverem sido formalmente fixados os objetivos a atingir, para haver despedimento por inadaptação tornava-se também necessário, por um lado, que tivessem sido introduzidos novos processos de fabrico, novas tecnologias ou equipamentos baseados em diferente ou mais complexa tecnologia, que implicassem modificação das funções relativas ao posto de trabalho que ocupem, e, por outro, que a inadaptação não derivasse de falta de condições de segurança e saúde no trabalho imputável ao empregador. Este regime veio a ser alterado na revisão de 2012 e, atento o disposto no n.º 3 do art. 375.º do CT, tal como na segunda modalidade de inadaptação, não é necessário que tenha havido introdução de alterações de fabrico, tecnológicas, etc., é suficiente que o objetivo não tenha sido atingido e essa factualidade se apure por via procedimental.

Apesar de não constituir verdadeiramente uma novidade de 2012, no que respeita à inadaptação de trabalhadores em cargos de complexidade técnica ou de direção, cabe atender à inadaptação por incumprimento de objetivos previamente acordados, que passa a ter maior relevo, pois deixa de estar dependente da introdução de modificações no posto de trabalho.

Por último, tal como nas duas modalidades de despedimento por inadaptação, exige-se que seja colocada à disposição do trabalhador a compensação devida (n.º 7 do art. 375.º do CT).

e.2) Procedimento

I. Relativamente ao procedimento, importa distinguir as duas modalidades de despedimento por inadaptação, pese embora haver um regime comum constante dos arts. 376.º a 378.º do CT.

À imagem do que ocorre a nível do despedimento coletivo e do despedimento individual por extinção de posto de trabalho, o despedimento por inadaptação carece de um procedimento que se inicia com a comunicação por escrito ao trabalhador inadaptado e à estrutura representativa dos trabalhadores (art. 376.º do CT). No prazo de dez dias a contar da comunicação, o trabalhador pode opor-se à pretensão de despedimento por inadaptação, e a estrutura representativa dos trabalhadores deve emitir, sobre o caso, parecer fundamentado (art. 377.º do CT). Recebidos os pareceres ou terminado o prazo referido, o empregador tem 30 dias para proferir, por escrito, decisão fundamentada de despedimento, com as indicações constantes das alíneas do n.º 1 do art. 378.º do CT.

Na nova modalidade de despedimento por inadaptação – em que não tenha havido modificações do posto de trabalho –, antes de ser manifestada a intenção de proceder ao despedimento tem de ser comunicada ao trabalhador a descrição circunstanciada de factos demonstrativos da redução continuada de produtividade ou de qualidade, de avarias, riscos, etc. (art. 375.º, n.º 2, alínea *b)*, do CT); tendo o trabalhador direito a pronunciar-se por escrito, no prazo de 5 dias, quanto a tais factos. Seguidamente, o empregador deverá dar ordens adequadas tendo em vista a correção das apontadas deficiências da prestação laboral (art. 375.º, n.º 2, alínea *c)*, do CT). Só depois deste procedimento prévio e provando-se a factualidade indicada pelo empregador é que se segue o procedimento comum, constante dos arts. 376.º e ss. do CT.

II. O contrato cessa decorridos quinze a setenta e cinco dias sobre a data em que a decisão de despedimento foi comunicada ao trabalhador (art. 378.º, n.º 2, do CT), devendo, até ao momento da cessação, ser-lhe paga a compensação prevista no art. 366.º *ex vi* art. 379.º do CT.

Cessando o contrato por inadaptação, no prazo de noventa dias, a empresa deve assegurar a manutenção do nível de emprego, nomeadamente pela contratação de outro trabalhador (art. 380.º do CT).

e.3) Direitos dos trabalhadores abrangidos pelo despedimento

O trabalhador despedido por inadaptação tem os mesmos direitos de um trabalhador que tenha sido abrangido por um despedimento coletivo (art. 379.º do CT). É-lhe atribuído o crédito de horas para procura de outro emprego, pode denunciar antecipadamente o contrato sem perda da compensação e tem direito a perceber o montante determinado nos termos do art. 366.º do CT.

Na segunda modalidade de despedimento por inadaptação, admite-se que o trabalhador denuncie o contrato logo após ter recebido a comunicação da qual consta a descrição circunstanciada de factos demonstrativos da redução continuada de produtividade ou de qualidade, de avarias, riscos, etc. (art. 379.º, n.º 2, *ex vi* art. 375.º, n.º 2, alínea *b)*, do CT).

f) Despedimento ilícito

f.1) Aspetos gerais

Os quatro tipos de despedimento referidos serão ilícitos, para além de hipóteses específicas, em três casos: se o despedimento não tiver sido precedido de um procedimento ou este for nulo; se o despedimento se fundar em motivos políticos, ideológicos, étnicos ou religiosos; se forem declarados improcedentes os motivos de justificação invocados para o despedimento (art. 381.º, alínea *b)*, do CT).

A estas três situações comuns importa acrescentar as causas de ilicitude específicas dos diferentes tipos de despedimento.

O despedimento por facto imputável ao trabalhador é ainda ilícito em duas situações indicadas no art. 382.º, n.º 1, do CT: se tiverem decorrido os prazos de prescrição previstos no art. 329.º, n.ºs 1 e 2, do CT, concretamente o prazo de sessenta dias e de um ano[2249]; ou se o procedimento disciplinar for inválido, sendo a invalidade determinada nos termos constantes das alíneas do n.º 2 do art. 382.º do CT. De facto, as invalidades processuais vêm taxativamente mencionadas, pois nem todas as falhas geram a invalidade do procedimento; assim, prescrevem-se, como causas de invalidade, a elaboração

[2249] Não se percebe porque se exclui o prazo de um ano para concluir o procedimento, previsto no n.º 3 do art. 329.º do CT.

desajustada da nota de culpa, o desrespeito do princípio do contraditório e a falta de decisão escrita e fundamentada de despedimento.

Nas modalidades de despedimento por motivos objetivos – despedimento coletivo, por extinção de posto de trabalho e por inadaptação – a ilicitude pode igualmente advir da verificação de qualquer uma das seguintes duas situações: não terem sido feitas as comunicações (arts. 383.º, alínea *a)*, 384.º, alínea *c)*, e 385.º, alínea *b)*, do CT); ou não ter sido disponibilizada a quantia devida como compensação (arts. 383.º, alínea *c)*, 384.º, alínea *d)*, e 385.º, alínea *c)*, do CT).

Por outro lado, no despedimento coletivo constitui uma causa específica de ilicitude o facto de o empregador não ter promovido a negociação prevista no n.º 1 do art. 361.º do CT (art. 383.º, alínea *a)*, 2.ª parte, do CT); e nos despedimentos por extinção de posto de trabalho e por inadaptação constitui ilicitude o desrespeito dos respetivos requisitos (arts. 384.º, alínea *a)*, e 385.º, alínea *a)*, do CT). Por último, falta referir a situação de ilicitude específica do despedimento por extinção de posto de trabalho derivada de não terem sido respeitados os critérios de determinação do posto de trabalho a extinguir (art. 384.º, alínea *b)*, do CT); é claro que este requisito, após a revisão de 2012, tem um relevo diminuto, porquanto os critérios são empresariais, definidos pelo empregador, não podendo ser discriminatórios.

f.2) Suspensão preventiva

Sabendo-se que a ação de impugnação do despedimento pode tardar alguns meses, ou até anos, a ser decidida, e não pretendendo o trabalhador permanecer durante esse lapso privado da retribuição, pode intentar uma providência cautelar de suspensão do despedimento (arts. 386.º do CT). Sendo uma providência cautelar, a decisão, ainda que provisória, será naturalmente célere.

O trabalhador terá de requerer a suspensão do despedimento no prazo de cinco dias úteis a contar da data em que lhe foi comunicado o despedimento (arts. 386.º do CT).

Nos termos dos arts. 39.º e ss. do CPT, a suspensão do despedimento será decretada se o empregador não tiver organizado o respetivo procedimento, se este padecer de falhas que o invalidem e ainda quando o processo não for apresentado no prazo fixado; além disso, a suspensão também será decretada no caso de o empregador faltar injustificadamente à audiência e na medida em que o tribunal conclua pela probabilidade séria de inexistência de justa causa[2250].

[2250] Sendo o trabalhador despedido representante sindical, membro de comissão de trabalhadores ou de conselho europeu de empresa a suspensão deve ser decretada, excepto se o

Como qualquer providência cautelar, a suspensão do despedimento caduca se não for intentada a ação de impugnação do despedimento no prazo de trinta dias (art. 373.º, n.º 1, alínea *a)*, do CPC).

Tendo sido decretada a suspensão do despedimento, entre a data que medeia a decisão da providência cautelar e a sentença judicial, o contrato de trabalho subsiste, sendo devida a retribuição ao trabalhador[2251].

f.3) Impugnação judicial

I. A ilicitude do despedimento só pode ser declarada pelo tribunal em ação intentada pelo trabalhador (art. 387.º, n.º 1, do CT), entendendo-se que esta matéria terá necessariamente de ser dirimida em tribunal judicial e não, por exemplo, por via arbitral, com exceção da relação laboral desportiva (*vd. infra* § 75.4).

II. Se o despedimento for impugnado com base em invalidade do procedimento, o tribunal tem somente de verificar se foi instaurado o procedimento e, em caso afirmativo, se o empregador respeitou os trâmites essenciais a que a lei alude no n.º 2 do art. 382.º do CT. A preterição de outras formalidades gera o dever de pagar uma indemnização correspondente a metade do valor que seria devido (art. 389.º, n.º 2, do CT); ou seja, essas outras irregularidades procedimentais não geram a invalidade do despedimento, mas só o direito de o trabalhador ser indemnizado[2252].

III. No caso de o despedimento ser impugnado com base na improcedência do motivo justificativo invocado, importa distinguir se a cessação se funda em justa causa subjetiva ou num motivo objetivo.

Em caso de impugnação judicial do despedimento com justa causa (subjetiva), cabe ao tribunal valorar os factos provados pelo empregador e determinar se, no caso concreto, a conduta do trabalhador é ilícita, culposa, e não permitindo a manutenção do contrato de trabalho. Esta valoração, em termos jurídicos, não é diversa daquela que o tribunal tem de fazer quando

---

tribunal concluir pela probabilidade séria de existência de justa causa (art. 410.º, n.º 4, do CT). A situação é similar no que respeita ao despedimento de trabalhadora grávida, puérpera ou lactante (art. 63.º, n.º 7, do CT).

[2251] *Vd. supra* § 21.3.d), na hipótese de a sentença ter considerado o despedimento lícito, em que se estará perante uma relação contratual de facto. Veja-se também o Ac. STJ de 23/1/1996, *CJ (STJ)* 1996, T. I, p. 252.

[2252] Quanto a esta situação *sui generis*, *vd.* Júlio Gomes/Raquel Carvalho, «Uma irregularidade irregular?», *Pront.* 2012, pp. 157 ss.

uma das partes, num qualquer contrato, impugna judicialmente a resolução requerida pela contraparte.

Relativamente às causas objetivas, o tribunal tem de verificar da sua existência e se o motivo não é abusivo ou fraudulentamente invocado, sem tomar partido quanto à bondade da gestão empresarial.

IV. Só o trabalhador tem legitimidade para impugnar o despedimento, invocando a ilicitude. Mesmo no caso de despedimento coletivo, a impugnação é individual – não estando excluído o litisconsórcio – e, apesar de os fundamentos poderem ser comuns a vários trabalhadores, a decisão judicial de ilicitude do despedimento só aproveita ao trabalhador que tenha intentado a ação de impugnação.

Para contrariar as consequências da cessação do contrato por iniciativa do empregador, é necessário que o trabalhador impugne judicialmente o despedimento, ainda que este se fundamente em causas objetivas, não se tendo admitido a possibilidade de as controvérsias neste âmbito serem dirimidas por via arbitral (art. 387.º, n.º 1, do CT); quanto ao fundamento do despedimento, não em relação às consequências, mormente indemnizatórias, em que a arbitrabilidade não se encontra vedada. Refira-se ainda que o direito de ação é conferido individualmente ao trabalhador atingido e não às estruturas representativas dos trabalhadores (art. 387.º, n.º 2, do CT).

Por outro lado, tendo o trabalhador impugnado o despedimento, para justificar a cessação do vínculo, o empregador apenas pode invocar factos e fundamentos constantes da decisão de despedimento comunicada ao trabalhador (art. 387.º, n.º 3, do CT).

V. À exceção da impugnação de despedimento coletivo, em que se estabelece um prazo de seis meses para ser intentada a respetiva ação (art. 388.º, n.º 2, do CT)[2253], consagrou-se um prazo regra de sessenta dias a contar da data da cessação do contrato para o trabalhador impugnar o despedimento (art. 387.º, n.º 2, do CT)[2254]. Diferentemente do prazo de prescrição estabe-

[2253] Era de noventa dias o prazo constante da legislação revogada (art. 25.º, n.º 2, da LCCT).

[2254] Na falta de norma idêntica, no domínio da LCCT, só se estabelecendo prazo para intentar a ação a propósito do despedimento coletivo, discutia-se se, nas restantes modalidades de despedimento, devia prevalecer o prazo de um ano fixado no art. 38.º da LCT, de onde constava o regime regra de prescrição dos créditos emergentes do contrato de trabalho, ou se, pelo contrário, a omissão legal devia ser preenchida com recurso ao prazo de anulabilidade dos negócios jurídicos, estabelecido no art. 287.º, n.º 1, do CC, que também prescreve o prazo de um ano. O despedimento ilícito é inválido, podendo concluir-se que se está perante uma

lecido no art. 337.º do CT, os prazos de impugnação do despedimento (arts. 387.º, n.º 2, e 388.º, n.º 2, do CT), na falta da respetiva qualificação, conclui-se que são prazos de caducidade (art. 298.º, n.º 2, do CC). Coloca-se, porém, a dúvida de saber se, além destes dois prazos, para determinados tipos de despedimento, mormente do despedimento verbal, se não continua a valer o regime anterior (art. 435.º do CT2003) nos termos do qual o prazo seria de um ano[2255]. Além da alteração do prazo, há uma diferença, pois no art. 387.º, n.º 1, do CT2009 alude-se à licitude do despedimento, enquanto no art. 435.º do CT2003 se atendia à ilicitude do despedimento. No art. 388.º do CT2009 continua a fazer-se menção à ilicitude do despedimento. A diferença entre *licitude* e *ilicitude* do despedimento não é puramente terminológica.

Quanto aos prazos de impugnação do despedimento serem de caducidade, a questão não carecia de mais esclarecimentos não fora as dúvidas suscitadas em várias decisões judiciais, que vieram a ser resolvidas no sentido correto pelo Acórdão do STJ de 7 de fevereiro de 2007[2256]. O Código do Trabalho, no art. 337.º – correspondente ao anterior art. 381.º do CT2003 e art. 38.º da LCT – continua a prescrever um prazo de prescrição nos termos que eram pacificamente aceites pela jurisprudência, mas limitou-se o âmbito de aplicação deste preceito. Diferentemente do que poderia ser defensável no domínio da legislação revogada – concretamente, do art. 38.º da LCT –, a prescrição prevista no art. 337.º do CT não se aplica à impugnação do despedimento, pois para esta dispõe (agora) uma norma especial: os arts. 337.º, n.º 2, e 338.º, n.º 2, do CT. Mas subsiste a dúvida quanto a saber se estes dois preceitos abarcam todas as situações de impugnação do despedimento.

Na versão de 2003, os dois preceitos do Código do Trabalho (arts. 381.º e 435.º do CT2003) tinham âmbitos diversos de aplicação. Ambos prescre-

---

hipótese de anulabilidade, pois esta invalidade é sanável pelo decurso do tempo, terá de ser invocada pela pessoa em cujo interesse a lei a estabelece e não pode ser declarada oficiosamente pelo tribunal. Ora, em relação aos atos anuláveis, na falta de disposição concreta no domínio laboral, deve recorrer-se às regras do Código Civil, nomeadamente no que respeita ao prazo para arguir a anulabilidade (neste sentido, ROMANO MARTINEZ, *Direito do Trabalho*, 1.ª ed., cit., pp. 873 s.; FURTADO MARTINS, *Cessação do Contrato de Trabalho*, cit., p. 449). A dúvida ficou sanada com o disposto no art. 435.º, n.º 2, do CT2003.

[2255] Para maior desenvolvimento, veja-se *infra* § 75, n.os 9 e 10, b).

[2256] Ac. STJ de 7/2/2007 (Fernandes Cadilha), www.dgsi.pt., publicado na *Trabalho & Segurança Social*, Março/2007, pp. 16 ss. Como se indicou, o acórdão segue a solução acertada, mas é veementemente criticado por MENDES BAPTISTA, «Prazo de Impugnação Judicial do Despedimento. A Propósito do Acórdão do Supremo Tribunal de Justiça, de 7 de Fevereiro de 2007», *Estudos Homenagem ao Professor Galvão Telles: 90 Anos*, Coimbra, 2007, pp. 39 ss.

viam um prazo de um ano, mas o art. 381.º, n.º 1, do CT2003, respeitava à prescrição dos créditos resultantes do contrato de trabalho e da sua violação ou cessação, enquanto o art. 435.º, n.º 2, do CT2003, tinha que ver com a caducidade da ação de impugnação do despedimento[2257].

O art. 435.º, n.º 2, do CT2003, tal como o atual n.º 2 do art. 387.º do CT2009, ao estabelecer um prazo de caducidade para intentar a ação de impugnação do despedimento, é uma norma especial relativamente à regra geral de prescrição dos créditos laborais (art. 337.º, n.º 1, do CT). De facto, no citado preceito, mantendo o princípio de que os direitos devem ser exercidos num prazo curto de um ano, adapta-se a solução a uma situação especial – a impugnação do despedimento – determinando um regime especial de contagem do prazo.

Sendo o n.º 2 do art. 387.º do CT (assim como o art. 388.º, n.º 2, do CT) uma norma especial em relação ao disposto no art. 337.º do CT, prevalece no âmbito específico de aplicação. Assim, a norma geral (art. 337.º do CT) aplica-se às diferentes situações de créditos resultantes do contrato de trabalho e da sua violação ou cessação, excepto quando estes respeitarem à impugnação do despedimento, em que prevalece a norma especial. No concurso entre regra geral (art. 337.º, n.º 1, do CT) e regra especial (arts. 387.º, n.º 2, e 388.º, n.º 2, do CT) tem de se concluir que, em caso de impugnação do despedimento e no que respeita às pretensões relacionadas com a sobredita impugnação, só encontram aplicação estes últimos preceitos.

Mas na medida em que o n.º 2 do art. 337.º do CT alude a créditos resultantes da cessação do contrato, estaria abrangido o despedimento ilícito não incluído nos arts. 387.º e 388.º do CT. Assim, o art. 337.º, n.º 1, do CT, mantém a sua aplicação em casos de créditos resultantes da cessação do contrato de trabalho; por exemplo, a retribuição de férias e respetivo subsídio, bem como os proporcionais, podem ser consequência da cessação do contrato de trabalho (art. 245.º do CT), o mesmo se passa quanto ao subsídio de Natal (art. 263.º, n.º 2, alínea *b)*, do CT) e ainda nos casos de impugnação do despedimento não abrangidos nas previsões dos arts. 387.º e 388.º do CT. Esta dicotomia implica diferenças substanciais, pois os prazos são de sessenta dias, seis meses e um ano com início na mesma data[2258].

2257 Neste sentido, veja-se Leal Amado, «A Prescrição dos Créditos Laborais (Nótula sobre o art. 337.º do Código do Trabalho)», *Prontuário de Direito do Trabalho*, Centro de Estudos Judiciários, n.º 71 (2005), p. 72, nota 11.

2258 Cf. Ac. Rel. Pt. de 30/5/2018 (Jerónimo Freitas), CJ 2018 III, p. 250, em que se considerou aplicável o processo declarativo comum a uma impugnação judicial do despedimento em que não estavam preenchidos os pressupostos da ação especial.

Poder-se-á entender que o prazo de um ano constante do art. 337.º, n.º 1, do CT é demasiado longo, pondo em causa a celeridade que se impõe na vida hodierna[2259], mas para determinado tipo de despedimento – como resulta até do preâmbulo à revisão do Código do Processo do Trabalho, Decreto-Lei n.º 359/2009 – acaba por ser a solução mais consentânea.

VI. À complexidade (com redução) de prazos para impugnação do despedimento, na revisão de 2009 instituiu-se um regime substancialmente diverso[2260].

O trabalhador que impugna o despedimento, com exceção do despedimento coletivo[2261], limita-se a apresentar um formulário (art. 98.º-D do CPT) em que contesta o despedimento de que foi alvo. Com base nesse formulário, o tribunal convoca a audiência de partes (art. 98.º-F do CPT) e, sendo esta infrutífera, cabe ao empregador apresentar o primeiro articulado (art. 98.º-J do CPT), que será depois contestado pelo trabalhador, podendo, até, nesta peça processual deduzir reconvenção (art. 98.º-L do CPT). Inverte-se, pois, a ordem normal de intervenção processual, com dificuldades acrescidas de funcionamento deste «novo» processo[2262].

f.4) Efeitos da ilicitude

α. Aspetos gerais

I. O despedimento ilícito não é inválido, pelo que, mesmo injustificado, produz efeitos; ou seja, determina a imediata cessação do contrato de trabalho, podendo, contudo, em determinados casos, restabelecer-se retroativamente o vínculo.

Poder-se-ia entender que o despedimento ilícito, por ser contrário à lei, seria nulo (art. 280.º, n.º 1, do CC), inválido, portanto. Mas o despedimento, ainda que ilícito, integra-se na estrutura complexa do contrato a que pretende pôr fim, carecendo de autonomia; deste modo, os atos relacionados com a execução ou a inexecução do contrato de trabalho – em que se inclui o despedimento –, ainda que qualificáveis como atos jurídicos, têm de ser analisados

---

2259 Cf. Mendes Baptista, «Prazo de Impugnação Judicial do Despedimento», cit., pp. 62 s.

2260 *Vd. infra* § 75, n.º 10, b).

2261 Apesar de ser uma norma substantiva, resulta do art. 98.º-C, n.º 1, do CPT que o novo regime também se aplica ao despedimento por extinção do posto de trabalho ou por inadaptação; o que é estranho que a causas objetivas de cessação do contrato de aplique regime distinto.

2262 *Vd. infra* § 75.10.b). Consulte-se também José Eusébio de Almeida, «A nova acção de impugnação judicial da regularidade e ilicitude do despedimento», *Pront.* 85 (2010), pp. 97 ss.

como modos de cumprimento ou de incumprimento desse contrato. Por isso, o despedimento ilícito não é inválido: representa o incumprimento do contrato de trabalho por parte do empregador. Razão pela qual no n.º 2 do art. 382.º do CT se alude à invalidade do procedimento, não do despedimento.

Como a ilicitude do despedimento gera responsabilidade civil, não sendo o ato inválido pode determinar uma consequência idêntica. Com efeito, a responsabilidade civil decorrente da ilicitude do ato pode implicar obrigação de indemnizar e, esta, nos termos gerais (art. 562.º do CC), determina a restauração natural; ou seja a reposição da situação jurídica como existiria não fora a ilicitude.

II. Em caso de despedimento ilícito, o trabalhador pode contestar (judicialmente) os motivos da resolução, cabendo ao tribunal apreciar a justificação invocada. Sendo o despedimento injustificado, e portanto ilícito, o empregador responde pelo prejuízo causado ao trabalhador; como o princípio geral da obrigação de indemnizar determina que deve ser reconstituída a situação que existiria (art. 562.º do CC), não se verificando nenhuma das hipóteses previstas no art. 566.º, n.º 1, do CC (p. ex., impossibilidade da prestação de trabalho), sendo declarado ilícito o despedimento o contrato de trabalho subsiste. A declaração de ilicitude do despedimento e a consequente obrigação de reconstituir a situação que existiria implica a manutenção do contrato de trabalho.

Nos termos anteriormente referidos para os contratos em geral[2263], a subsistência do vínculo laboral ilicitamente resolvido pelo empregador depende do preenchimento, alternativo, de três pressupostos: o cumprimento das prestações contratuais ainda ser possível; o trabalhador manter interesse na execução do contrato; a execução do contrato não ser excessivamente onerosa para o empregador.

Sendo impossível a realização da prestação laboral ou o seu recebimento, ainda que a impossibilidade decorra do despedimento ilícito, o contrato de trabalho cessou e a resolução, apesar de ilícita, produziu o efeito extintivo. Em casos como este se a via fosse unicamente a da invalidade do despedimento, o lesado (trabalhador) não seria ressarcido.

Na eventualidade de o trabalhador perder interesse na execução do contrato, a declaração judicial de ilicitude do despedimento não implica a subsistência do vínculo, que cessou por efeito da resolução, ainda que ilícita.

[2263] *Vd.* ROMANO MARTINEZ, *Da Cessação do Contrato*, cit., pp. 221 ss.

Por fim, se a posterior execução do contrato de trabalho for excessivamente onerosa para o empregador, mesmo que essa maior onerosidade possa indiretamente resultar do despedimento ilícito, ponderando as circunstâncias, admitir-se-á que o contrato não subsista. Pelo facto de o contrato ter sido resolvido, a relação pessoal entre empregador e trabalhador pode ter ficado degradada e a subsistência do vínculo implicar uma solução inaceitável para o empregador. A questão será retomada a propósito da oposição à reintegração, prevista no art. 392.º do CT.

III. Como a resolução é um ato jurídico unilateral e receptício, o efeito extintivo verificou-se no momento em que foi comunicada à contraparte, e, se esta não reagir judicialmente no prazo que a lei lhe confere, a cessação do vínculo, ainda que ilícita, consolida-se. Por isso, o despedimento ilícito não impugnado determina a cessação irreversível do contrato de trabalho.

Contudo, se o trabalhador impugnar o despedimento e o tribunal se pronunciar pela ilicitude da resolução importa salvaguardar os efeitos do contrato. Poder-se-ia entender que este renasceria com a sentença; mas, de facto, a decisão judicial declara a ilicitude do despedimento e, sendo requerida, a consequente restauração natural (art. 562.º do CC). Deste modo, da ilicitude do despedimento pode resultar que o contrato não cessou, tendo continuado em vigor, apesar de, durante um certo lapso, não ter sido cumprido[2264]. Como se indicou (*supra* I. desta alínea), o efeito da restauração natural será idêntico ao da invalidade, mas a via da responsabilidade civil responde cabalmente a todas as questões emergentes da ilicitude do despedimento o que não ocorre por via da invalidade do ato, a que se aplicaria unicamente o art. 289.º do CC. Acresce uma dificuldade prática, sendo o despedimento um ato inválido ter-se-ia de aplicar o disposto no art. 122.º do CT, de onde decorre que, por via de regra, a invalidade não tem efeito retroativo; seria necessário interpretar o n.º 2, *in fine*, do art. 122.º do CT no sentido de, ao tutelar garantias do trabalhador, a invalidade, então, já teria efeito retroativo (*vd. infra* § 23.2.IV).

Assim, o despedimento ilícito, não sendo impugnado no prazo legal – que vai de sessenta dias a um ano –, determina a extinção do vínculo laboral desde a data em que a declaração do empregador produziu efeitos. Todavia,

[2264] Como se refere no Ac. STJ de 11/10/1994, *BMJ* 440, p. 232, a invalidade do despedimento tem efeito retroativo. Em crítica ao entendimento seguido no texto, de que o despedimento ilícito se reconduz ao incumprimento de deveres contratuais por parte do empregador, *vd.* Monteiro Fernandes, «Notas breves sobre o despedimento ilícito», *RDES* 2016, p. 12.

se, na sequência da impugnação feita pelo trabalhador, o tribunal se pronunciar pela ilicitude do despedimento, o efeito extintivo pode não se verificar, pelo que o contrato, apesar de não ter sido executado, se mantém em vigor. Nesse caso, opera a repristinação do vínculo laboral, sendo, por isso, devidos os salários intercalares desde a data do despedimento[2265].

V. Não tendo o contrato cessado com a resolução (despedimento ilícito), pode extinguir-se por outro meio, por exemplo a caducidade (*v. g.*, morte do trabalhador ocorrida depois do despedimento) ou a denúncia feita pelo trabalhador. Às situações tradicionais importa acrescentar a cessação do contrato resultante da opção do trabalhador pela indemnização substitutiva da reintegração (art. 391.º do CT).

β. Indemnização

1) Danos patrimoniais

O trabalhador ilicitamente despedido tem direito a receber uma indemnização, tendo em vista ressarcir todos os prejuízos sofridos, como prescreve a alínea *a)* do n.º 1 do art. 389.º do CT. Esta solução resulta do regime geral da obrigação de indemnizar, constante dos arts. 562.º e ss. do CC.

Na legislação precedente só se previa a indemnização relativamente a dois tipos de danos patrimoniais: perda de salários intercalares (art. 13.º, n.º 1, alínea *a)*, da LCCT) e substituição da reintegração (art. 13.º, n.º 3, da LCCT). Não havia razão para que os restantes danos patrimoniais sofridos pelo trabalhador ilicitamente despedido não fossem indemnizados[2266].

Nos termos gerais, cabe ao lesado (trabalhador) provar os prejuízos sofridos e o nexo causal destes com o facto ilícito praticado pelo lesante. Provada a ilicitude do despedimento – que pressupõe a prática de um facto ilícito e culposo por parte do empregador –, nem sempre será fácil para o trabalhador fazer a prova dos restantes dois pressupostos da responsabilidade civil:

[2265] Não sendo necessário esclarecer, como se indica no Ac. STJ de 21/12/2012 (Maria Clara Sottomayor), que o efeito retroativo não faz renascer o dever de prestar do trabalhador no período antecedente ao da decisão judicial.

[2266] A tomada de posição do regime legal anterior tinha sido por nós julgada objetável (Romano Martinez, *Direito do Trabalho*, 1.ª ed., p. 878), afirmando-se: «Apesar de contestável *de iure condendo*, parece que o legislador fixou para esta indemnização um montante certo, independentemente dos prejuízos, pelo que este valor é devido ainda que os danos sejam de valor superior ou inferior. Mas esta ponderação vale tão-só para os danos patrimoniais sofridos pelo trabalhador».

a existência de danos e o nexo causal entre o facto (despedimento) e o prejuízo sofrido.

Tendo em conta esta dificuldade, entende-se que a perda de retribuições (a que se alude no ponto seguinte) resulta necessariamente do despedimento ilícito; são lucros cessantes, pelo que o correspondente dano e o nexo de causalidade não têm de ser provados.

Os demais prejuízos sofridos pelo trabalhador, desde que ele consiga demonstrar a sua existência e o nexo causal relativamente ao despedimento ilícito, serão indemnizados pelo empregador, nos termos gerais (art. 389.º, n.º 1, alínea *a)*, do CT).

Sendo o despedimento um ato ilícito e culposo praticado pelo empregador[2267], que determina o não cumprimento do contrato de trabalho, o trabalhador tem direito a que lhe seja pago o prejuízo derivado desse incumprimento (art. 798.º do CC). Por isso, além dos salários intercalares (*vd.* ponto seguinte), vencidos entre a data do despedimento e a da decisão judicial (sentença ou acórdão havendo recurso), que se encontravam em mora, são devidos juros (art. 806.º do CC), cabendo igualmente ao empregador a obrigação de pagar uma indemnização por outros prejuízos decorrentes do incumprimento, nomeadamente rendimentos que o trabalhador deixou de auferir por ter sido despedido[2268]. Poder-se-ia discutir, atento o disposto na alínea *a)* do n.º 1 do art. 13.º da LCCT, onde se aludia somente ao valor das retribuições intercalares, se não estaria posto em causa o dever de indemnizar todo o prejuízo que advém do regime geral de incumprimento dos contratos; da redação do n.º 1 do art. 390.º do CT2009 (correspondente ao art. 437.º do CT2003), ao remeter para a alínea *a)* do n.º 1 do art. 389.º do CT, infere-se que a dúvida foi solucionada no sentido preconizado: a indemnização abrange não só os salários intercalares como igualmente todos os prejuízos causados.

[2267] Importa reiterar que a culpa se presume no domínio do incumprimento contratual (art. 799.º, n.º 1, do CC).

[2268] No Ac. STJ de 23/1/1996, *CJ (STJ)* 1996, T. I, p. 249, condenou-se o empregador a pagar ao trabalhador as gorjetas que teria recebido durante o período em que esteve ilicitamente despedido, apesar de as gorjetas não integrarem a retribuição (*vd. supra* § 25.4.c)), porque se trata de uma indemnização. Com uma diferente ponderação de cálculo atenda-se ao Direito fiscal, por exemplo, Teresa Teixeira Motta, «Breves notas sobre a tributação em IRS das importâncias auferidas pela cessação da relação laboral», *Estudos dedicados ao Professor Doutor Bernardo da Gama Lobo Xavier*, III, Lisboa, 2015, pp. 567 ss.

2) Salários intercalares

I. No caso de despedimento ilícito, se o efeito extintivo não se verificar (*vd. supra* ponto I. da subalínea α.) da alínea f.4), o contrato de trabalho manteve-se em vigor e não foi cumprido por culpa do empregador, em princípio desde o momento em que o despedimento foi comunicado ao trabalhador até à data da decisão judicial que determina a ilicitude do ato[2269]. Assim sendo, a entidade empregadora será condenada a pagar ao trabalhador «as retribuições que deixar de auferir desde o despedimento até ao trânsito em julgado da decisão do tribunal» (art. 390.º, n.º 1, do CT), que se podem designar por salários intercalares ou de tramitação[2270].

Com as alterações introduzidas no Código de Processo do Trabalho em 2009, pode ser limitado para o empregador o pagamento de salários intercalares. Do preceito do Código do Trabalho decorreria que o empregador suportaria tal valor desde o despedimento até, porventura, ao acórdão do Supremo Tribunal de Justiça proferido vários anos após a impugnação do despedimento. Na medida em que o processo judicial se protele por mais de doze meses a contar da impugnação do despedimento, o pagamento das retribuições intercalares é assumido, no restante período, pelo Estado (art. 98.º-N do CPT).

II. Há, todavia, duas exceções ao princípio do pagamento integral das retribuições perdidas pelo trabalhador entre a data do despedimento e a da decisão do tribunal.

[2269] Diferentemente, Furtado Martins, *Cessação do Contrato de Trabalho*, cit., pp. 482 e s., justifica o incumprimento com base no regime do risco, por entender que se está perante uma situação de impossibilidade. Não parece que o problema se reconduza à impossibilidade; o contrato não foi cumprido em razão de um ato ilícito e culposo praticado pelo empregador (despedimento), pelo que está em causa o regime do não cumprimento imputável a uma das partes (arts. 798.º e ss. do CC) e não o do risco (art. 795.º do CC). Por isso, não se poderia acompanhar a solução preconizada por alguma jurisprudência, com base na letra da lei anterior, de entender que os salários intercalares só se contam até à data da sentença, independentemente de ter havido recurso (Ac. STJ de 31/5/2001, *CJ (STJ)* 2001, T. II, p. 286). A questão ficou solucionada no sentido preceituado no art. 390.º, n.º 1, do CT, estabelecendo que as retribuições serão pagas «até ao trânsito em julgado da decisão do tribunal».

[2270] Sobre esta questão, utilizando a segunda expressão, *vd.* Monteiro Fernandes, *Direito do Trabalho*, cit. p. 573. Veja-se também Sónia de Carvalho, «A opção pela indemnização em substituição da reintegração a pedido do trabalhador e o direito a salários intercalares em caso de recurso», e Joana Vasconcelos, «Reintegração, retribuições intercalares e pedido na acção com processo especial para impugnação do despedimento», ambas em *Para Jorge Leite. Escritos Jurídico-Laborais*, I, Coimbra, 2014, pp. 223 ss. e pp. 1035 ss.

Em primeiro lugar, se o trabalhador tardar mais de trinta dias a intentar a ação judicial de impugnação do despedimento, não lhe são devidas as retribuições vencidas entre a data do despedimento e trinta dias antes da proposição da ação (art. 390.º, n.º 2, alínea *b)*, do CT). Esta regra, que funciona como estímulo ao recurso célere à via judicial, constitui uma limitação à integral reparação do prejuízo, de modo a punir a inércia do trabalhador. A regra, contudo, justificava-se quando o prazo de impugnação do despedimento era normalmente de um ano (art. 435.º do CT2003), perdendo sentido quando, agora, vale o prazo regra de sessenta dias (art. 387.º, n.º 2, do CT2009). Ainda que com menor justificação, mantém-se a solução.

Por outro lado, se o trabalhador, em consequência de ter sido ilicitamente despedido, passar a auferir determinada importância, nomeadamente o subsídio de desemprego, esse valor deduz-se ao montante dos salários intercalares (art. 390.º, n.º 2, alíneas *a)* e *c)*, do CT). Assim, se o trabalhador por ter sido despedido (ilicitamente) iniciar outra atividade remunerada que não poderia desempenhar na pendência do contrato de trabalho, ser-lhe-á descontado no valor das retribuições intercalares o montante auferido no exercício dessa outra atividade; no fundo, como se prescreve na citada alínea *a)*, há a descontar aquilo que o trabalhador recebeu e que não poderia ter recebido se tivesse continuado a trabalhar na empresa de onde foi despedido.

III. A dedução do *aliunde perceptum*, que já constava da alínea *b)* do n.º 2 do art. 13.º da LCCT, tem sido contestada pelo facto de ser injusta, pois estar-se-ia a punir o trabalhador diligente que, em vez de aguardar pelo resultado da sentença na ociosidade, vai procurar outro meio de rendimento; até porque a decisão judicial pode tardar meses ou anos e, não sendo concedida a suspensão do despedimento (art. 386.º do CT), o trabalhador ficaria privado da sua fonte de rendimento durante um largo período.

Além disso, ainda se tem acrescentado que não se justificaria o benefício concedido ao empregador – pagando uma indemnização inferior – no caso de o trabalhador ter iniciado outra atividade remunerada, pois daqui não resulta uma justificação para atenuar a responsabilidade da entidade patronal[2271].

[2271] Furtado Martins, *Cessação do Contrato de Trabalho*, cit., pp. 492 e s., justifica a solução legal, entendendo que corresponde a uma concretização do art. 795.º, n.º 2, do CC; veja-se também Leal Amado, «Despedimento Ilícito e Salários Intercalares: a Dedução do *Alliunde Perceptum*. Uma Boa Solução?», *QL* n.º 1 (1994), p. 46, autor que, apesar da justificação, cri-

Como terceiro argumento, ainda se poderia aduzir que o despedimento é um ato ilícito e culposo não subsumível ao regime do risco; ou seja, não se aplicaria o regime constante do art. 795.º, n.º 2, do CC, na medida em que o benefício a que alude este preceito tem de resultar do vínculo sinalagmático, não podendo ser uma consequência externa à qual a contraparte é alheia[2272]. Acresce que, se houvesse impossibilidade, o vínculo cessaria por caducidade (art. 343.º, alínea *b)*, do CT), pelo que não seriam devidos os salários intercalares; mas nem sequer há impossibilidade, trata-se da falta de realização da atividade por ato do credor (empregador).

De facto, estabelece-se claramente a relação causal entre o recebimento de determinadas importâncias por parte do trabalhador e a cessação do vínculo; a dedução só se verifica na eventualidade de se concluir que o montante a deduzir não teria sido recebido pelo trabalhador se tivesse continuado a cumprir o contrato de trabalho.

Contudo, a solução legal explica-se pela contraposição entre o dever de indemnizar e a obrigação de cumprir pontualmente o contrato. O empregador que despediu ilicitamente um trabalhador deve indemnizá-lo de todos os prejuízos causados (art. 389.º, n.º 1, alínea *a)*, do CT) e, cumulativamente, tem de cumprir a prestação compensando o trabalhador de proventos que obteria se o contrato tivesse sido pontualmente cumprido. Mas a realização tardia da prestação (cumulada com a indemnização) não pode colocar o lesado (trabalhador) numa situação mais vantajosa do que aquela em que estaria se o contrato de trabalho tivesse sido atempadamente executado; a mesma ideia, com as necessárias adaptações – porque, como já se esclareceu, não há impossibilidade da prestação de trabalho –, resulta do n.º 2 do art. 795.º do CC. O trabalhador ilicitamente despedido que recebe a indemnização pelos danos sofridos, caso tenha desempenhado outra atividade remunerada retira algum benefício com a exoneração, pelo que, se recebesse integralmente os salários intercalares, obteria um ganho superior ao que lhe era devido caso

---

tica o regime em apreço (pp. 46 ss.) e Joana Vasconcelos, «Despedimento Ilícito, Salários Intercalares e Deduções», *RDES* XXXII (1990), pp. 190 ss.
Quanto a esta discussão em Itália, *vd.* Napoli, «La Tutela Reale contro i Licenziamenti» *in La Disciplina dei Licenziamenti Dopo le Leggi 108/1990 e 223/1991*, Volume I, Nápoles, 1991, org. Franco Carinci, pp. 137 e ss., bem como Galantino, *Diritto del Lavoro*, 17.ª ed., Turim, 2012, pp. 509 s. e Tatarelli, *Il Licenziamento Individuale e Collettivo*, cit., pp. 83 ss.

[2272] Este argumento tem em vista contestar a tese de Furtado Martins, *Cessação do Contrato de Trabalho*, cit., pp. 492 e s., que justifica a solução entendendo que corresponde a uma concretização do art. 795.º, n.º 2, do CC.

não tivesse havido despedimento; importa esclarecer que a indemnização – como o próprio nome indica – não é um instituto que confira ao beneficiário a possibilidade de enriquecer, visando antes eliminar os danos. Dito de outro modo, a solução legal pode ser explicada com recurso à figura da *compensatio lucri cum damno*[2273]; desde que verificada a devida relação causal – enunciada na parte final do n.º 2 do art. 390.º do CT («e que não receberia se não fosse») – o lesado (trabalhador ilicitamente despedido) não pode lucrar com o dano. No fundo, está-se perante o instituto da responsabilidade civil, que tem em vista ressarcir danos e não punir condutas.

Concluindo, dir-se-á que a solução não é injusta, pois conduz ao integral ressarcimento do dano sem conceder benefícios injustificados ao lesado; em segundo lugar, não se premeia a ociosidade, porque o subsídio de desemprego também é descontado; por último, ainda que o lesante (empregador) beneficie da diligência do lesado, a responsabilidade civil tem em vista primordialmente ressarcir danos, pelo que o lesado (trabalhador) não tem direito a receber uma quantia que exceda o seu prejuízo.

Por motivo de justiça, *de iure condendo*, e tendo em conta a razão de ser do disposto na alínea *a)* do n.º 2 do art. 390.º do CT, justificar-se-ia que a mesma dedução fosse atendida sempre que o trabalhador não tenha auferido tais importâncias em virtude de uma recusa manifestamente injustificada – não aceitou uma oferta de emprego compatível ou não se inscreveu para receber o subsídio de desemprego –; ainda que não decorra do regime laboral, perante uma recusa manifestamente injustificada, a pretensão de perceber o valor total das retribuições que deixou de auferir integra a figura do abuso do direito (art. 334.º do CC). A situação indicada corresponde a uma hipótese de culpa do lesado, constante do art. 570.º, n.º 1, do CC, pois há um agravamento do dano derivado de facto culposo do trabalhador ilicitamente despedido, que viabiliza a redução da indemnização[2274].

3) Danos não patrimoniais

I. A indemnização por danos não patrimoniais decorrentes do despedimento ilícito era controversa no domínio da legislação anterior. Tendo em conta a polémica, escrevera-se[2275]: «Provando-se a existência de danos não

---

[2273] Cf. Joana Vasconcelos, «Despedimento Ilícito», cit., p. 190.

[2274] Considerando «extremamente perigoso» admitir que há abuso do direito na recusa de contratar – não com respeito ao subsídio de desemprego –, porque não há o dever de procurar outro emprego, Júlio Gomes, *Direito do Trabalho*, I, cit., p. 1025.

[2275] Romano Martinez, *Direito do Trabalho*, 1.ª ed., p. 878 ss.

patrimoniais aplicar-se-iam as regras gerais da responsabilidade civil[2276]. Por isso, importa verificar se os danos não patrimoniais sofridos pelo trabalhador em consequência do despedimento ilícito são suficientemente graves para merecerem a tutela do direito (art. 496.º, n.º 1, do CC)[2277].

Tendencialmente, a jurisprudência dos tribunais do trabalho não arbitrava indemnizações por danos não patrimoniais em caso de despedimento ilícito do trabalhador, por duas razões[2278].

Em primeiro lugar, tendo em conta que a previsão de indemnização por danos morais constante do revogado art. 106.º da LCT[2279], foi omitida nos diplomas de 1975 e de 1989, que passaram a regular o regime de cessação do contrato de trabalho. Desta alteração poder-se-ia concluir que os danos morais deixaram de ser indemnizáveis em caso de cessação do contrato de trabalho.

Por outro lado, atendendo ao facto de a previsão de danos não patrimoniais se encontrar numa subsecção do Código Civil onde se regula a responsabilidade por factos ilícitos (arts. 483.º e ss. do CC), na sequência de

---

[2276] Neste sentido, Menezes Cordeiro, *Manual de Direito do Trabalho*, cit., pp. 845 s., propugnando uma revisão da restritiva tendência jurisprudencial que não atribui indemnização por danos morais ao trabalhador ilicitamente despedido (cf., p. ex., Ac. STJ de 5/3/1992, *BMJ* 415, p. 380). Veja-se ainda Maria Pinto Matos, «Indemnização por Danos "Morais" na Responsabilidade Contratual Laboral», *Pront.*, n.º 41 (1992), pp. 19 ss. Justificando que o direito do trabalho necessita de recorrer à responsabilidade civil, nomeadamente para se obter a reparação integral do dano, consulte-se Radé, *Droit du Travail*, cit., pp. 63 ss. e Paladini, *La Responsabilità Civile da Licenziamento Ingiurioso*, Pádua, 2000, pp. 151 ss. Para uma explicação das dificuldades anteriormente referidas nos tribunais do trabalho brasileiros, que hoje aceitam pacificamente a atribuição de indemnização por danos morais, *vd.* Gomes Neto, «A Jurisdição Trabalhista e o Dano Moral», *Os Novos Paradigmas do Direito do Trabalho (Homenagem a Valentin Carrion)*, S. Paulo, 2001, pp. 501 ss.

[2277] Ainda que subsumível ao regime do direito civil, a fixação de danos não patrimoniais emergentes de relação de trabalho deve ser apreciada pelos tribunais de trabalho, como se concluiu no Ac. STJ de 3/3/1999, *CJ (STJ)* VII (1999), T. I, p. 296.

[2278] No sentido de não serem indemnizáveis danos morais de um trabalhador ilicitamente despedido, veja-se, por exemplo, Ac. STJ de 20/2/1991, *BMJ* 341, p. 378; Ac. STJ de 5/3/1992, *BMJ* 415, p. 380; Ac. STJ de 19/2/1997, sumário na Internet; Ac. STJ de 25/6/1997, sumário na Internet; Ac. Rel. Pt. de 11/1/1995, *CJ* XX (1995), T. I, p. 169; Ac. Rel. Pt. de 22/5/2000, sumário na Internet.

[2279] No art. 106.º da LCT, depois de no n.º 2 se fixar a indemnização por remissão para os arts. 109.º e 110.º do mesmo diploma, no n.º 3 do citado preceito determinava-se que «os outros danos serão indemnizados nos termos gerais de direito».

alguma doutrina[2280], defendeu-se que a indemnização por danos morais não era extensível à responsabilidade contratual, prevista nos arts. 798.º e ss. do CC. Ora, sendo a indemnização derivada da cessação ilícita do contrato integrada na responsabilidade contratual não se lhe aplicaria a previsão de danos não patrimoniais.

Os dois argumentos são refutáveis e trata-se, como se referiu, de uma tendência não generalizada, sendo vários os acórdãos em que os tribunais de trabalho se pronunciam pela admissibilidade de o trabalhador ser indemnizado por danos não patrimoniais em caso de cessação do contrato[2281].

O facto de não haver uma remissão expressa para a lei geral não inviabiliza que as regras de direito civil se apliquem no foro laboral, porque no direito do trabalho, como direito privado, valem subsidiariamente as regras de direito civil[2282].

O segundo argumento foi amplamente rejeitado pela doutrina e jurisprudência, por motivos vários, nomeadamente atendendo à unidade da responsabilidade civil, extracontratual e contratual, no que respeita à admissibilidade de danos morais[2283]».

II. A dúvida foi claramente solucionada em 2003 no sentido preconizado, estabelecendo a alínea *a)* do n.º 1 do art. 389.º do CT que o trabalhador será

[2280] *Vd.* Pires de Lima/Antunes Varela, *Código Civil Anotado*, Volume I, 4.ª ed., Coimbra, 1987, anotação 8 ao art. 496, pp. 501 s. e Antunes Varela, *Das Obrigações em Geral*, Volume I, 10.ª ed., Coimbra, 2000, p. 605, criticando posições contrárias na nota 3 da mesma página.

[2281] Cf., por exemplo, Ac. STJ de 26/6/1996, *CJ (STJ)* 1996, T. II, p. 285; Ac. STJ de 9/10/1996, sumário na Internet; Ac. STJ de 2/12/1998, *CJ (STJ)* 1998, T. III, p. 285; Ac. STJ de 26/4/1999, sumário na Internet; Ac. Rel. Lx. de 13/11/1996, *CJ* XXI, T. V, p. 168. E a propósito da violação do dever de ocupação efetiva, é frequente recorrer-se a uma indemnização por danos não patrimoniais, cf. Ac. STJ de 16/12/1993, *CJ (STJ)* 1993, T. III, p. 131; Ac. Rel. Lx. de 29/9/1999, *CJ* XXIV, T. IV, p. 166.

[2282] *Vd.* Romano Martinez, *Direito do Trabalho. Relatório*, Separata da *RFDUL*, Lisboa, 1999, pp. 31 ss.

[2283] Quanto à doutrina que admite a indemnização por danos não patrimoniais no âmbito da responsabilidade contratual, veja-se, designadamente, Almeida Costa, *Direito das Obrigações*, cit., pp. 603 ss.; Pinto Monteiro, *Cláusula Penal e Indemnização*, Coimbra, 1990, p. 31, nota 77; Vaz Serra, «Reparação do Dano não Patrimonial», *BMJ* 83, pp. 102 ss.; Galvão Telles, *Direito das Obrigações*, 7.ª edição, Coimbra, 1997, pp. 385 ss.
A jurisprudência dominante também se pronuncia nesse sentido, cf., por exemplo, Ac. STJ de 17/1/1993, *CJ (STJ)* 1993, T. I, p. 61; Ac. STJ de 25/11/1997, *CJ (STJ)* 1997, T. III, p. 140; Ac. STJ de 17/11/1998, *CJ (STJ)* 1998, T. III, p. 124; Ac. Rel. Lx. de 17/6/1993, *CJ* XVIII, T. III, p. 129; Ac. Rel. Lx. de 26/4/1994, *CJ* XIX, T. III, p. 101; Ac. Rel. Pt. de 18/1/1999, *CJ* XXIV, T. I, p. 186.

indemnizado por todos os danos não patrimoniais causados pelo despedimento ilícito. Pois, com respeito à cessação do contrato de trabalho, nada justifica um tratamento diferenciado relativamente aos demais contratos, devendo atender-se igualmente a prejuízos não patrimoniais sofridos pelo trabalhador que, pela sua gravidade, mereçam a tutela do direito, como prescreve o art. 496.º, n.º 1, do CC.

III. O dano não patrimonial, além de ser qualificado como grave para merecer a tutela do direito, está sujeito ao regime geral de prova. Deste modo, cabe ao trabalhador o ónus da prova da sua existência, assim como da relação causal com o despedimento ilícito.

γ. Reintegração

I. Como se afirmou *supra* (ponto I. da subalínea α.) desta alínea f.4), o contrato de trabalho cessa de modo irreversível, não obstante o despedimento ser ilícito, se o trabalhador não reagir judicialmente no prazo que a lei lhe confere. Por isso, o despedimento ilícito não impugnado determina a cessação incontroversa do contrato de trabalho. Mas se o trabalhador impugnar o despedimento e o tribunal se pronunciar pela ilicitude da resolução, importa salvaguardar os efeitos do contrato. Assim sendo, tendo o tribunal concluído no sentido da ilicitude do despedimento, a cessação do contrato não produz efeitos e, atendendo ao efeito retroativo, o vínculo, apesar de não ter sido executado, subsistiu em vigor.

A subsistência do contrato não é, portanto, uma consequência da ilicitude do despedimento, pois decorre do princípio geral da obrigação de indemnizar (art. 562.º do CC). Esta obrigação de indemnizar funda-se na responsabilidade civil justificada pelo despedimento ilícito. Dito de outro modo, a manutenção em vigor do contrato não é uma consequência direta da ilicitude do despedimento, mas sim da obrigação de indemnizar, reconstituindo a situação que existiria, baseada na responsabilidade civil decorrente do despedimento ilícito.

Assim se justifica a «opção» constante da alínea *b*) do n.º 1 do art. 389.º e do n.º 1 do art. 391.º, ambos do CT, nos termos da qual o trabalhador pode optar pela reintegração no mesmo estabelecimento da empresa ou pela indemnização em substituição da reintegração. Da redação de 2009 resulta que, caso o trabalhador se limite a pedir que o tribunal declare a ilicitude do despedimento, a solução será a restauração natural (reintegração), sendo a indemnização sucedânea (em substituição da reintegração) a alternativa que o lesado terá de pedir (art. 391.º, n.º 1, do CT). Este pedido indemnizatório, em alternativa, pode ser formulado até ao termo de discussão em audiência final de julgamento (art. 391.º, n.º 1, 1.ª parte, do CT). No fundo, a declaração de ilicitude do despedimento corresponde a um pedido de reintegração, sendo a indemnização a alternativa, apesar de ambos advirem de um pedido de condenação.

Também por haver esta alternativa do trabalhador, se percebe o direito de oposição à reintegração atribuído ao empregador (art. 392.º do CT).

II. Na alínea *b)* do n.º 1 do art. 389.º do CT confere-se ao trabalhador o direito à reintegração no mesmo estabelecimento da empresa, sem prejuízo da sua categoria e antiguidade. Anteriormente, no art. 436.º, n.º 1, do CT2003, era atribuído o direito de o trabalhador ser reintegrado no «posto de trabalho», aludindo-se, agora, à reintegração no «mesmo estabelecimento da empresa»; a nova solução, que resultou de uma das várias alterações sub-reptícias ao texto do Código do Trabalho, operada em 2009, dá maior amplitude ao empregador no cumprimento da reintegração em que for condenado. Por outro lado, determina-se que a reintegração é «sem prejuízo da sua categoria e antiguidade», pois, mantendo-se o contrato de trabalho em vigor, o trabalhador ilicitamente despedido tem direito à reintegração na sua categoria e, no período em que esteve afastado da empresa, não perdeu a antiguidade[2284]; assim resulta do que foi anteriormente afirmado quanto ao significado da reintegração na empresa, que é uma forma de realizar a obrigação de indemnizar, reconstituindo a situação que existiria se não tivesse havido despedimento ilícito. Por isso, o direito à reintegração tem efeito retroativo e cumula-se com o pagamento dos designados salários intercalares.

III. Tal como referido, independentemente da expressão «sem prejuízo da sua categoria e antiguidade», o direito à reintegração determina o regresso do trabalhador à empresa, mantendo-se a respetiva categoria. O retorno à categoria não implica retomar as mesmas tarefas que desenvolvia, mas voltar à empresa para desempenhar atividades compatíveis. Está em causa tanto a designada categoria real, correspondente ao conjunto de atividades que, de facto, o trabalhador desenvolve na empresa, quanto a categoria definida como posição hierárquica que o trabalhador ocupa na empresa, no por vezes chamado «organigrama da empresa» (*vd. supra* § 16.9.a).VII.).

[2284] Mas o trabalhador reintegrado pode ser colocado noutro lugar, desde que a atividade, no seu núcleo essencial, se mantenha (Ac. STJ de 12/5/1999, *CJ (STJ)* 1999, T. II, p. 275).

A reintegração tem de ser viável, razão pela qual se o estabelecimento foi encerrado ou a empresa reestruturada, deixando de ser desenvolvida a atividade do trabalhador, não é possível o cumprimento da obrigação, sendo o trabalhador indemnizado[2285].

IV. Não tendo o empregador, depois da sentença que declara o despedimento ilícito e o condena a reintegrar o trabalhador, cumprido as obrigações decorrentes do contrato de trabalho, em particular o dever de ocupar o trabalhador na sua categoria, estar-se-á perante uma violação do dever de ocupação efetiva (art. 129.º, n.º 1, alínea *b)*, do CT). Além das consequências normais do incumprimento (art. 323.º do CT), nomeadamente a mora quanto ao pagamento da retribuição (art. 323.º, n.º 2, do CT), a recusa de integração do trabalhador na empresa consubstancia uma situação de falta de cumprimento de deveres contratuais, permitindo ao trabalhador intentar uma ação com o pedido de sanção pecuniária compulsória (art. 829.º-A do CC)[2286].

δ. Oposição à reintegração

I. Principalmente em microempresas ou em casos de especiais relações de confiança, a reintegração de um trabalhador ilicitamente despedido pode tornar-se difícil, razão pela qual, no art. 392.º do CT, se prevê a possibilidade de o empregador se opor à reintegração[2287].

[2285] Cf. Ac. Rel. Lx. de 5/12/2018 (Maria José Costa Pinto), CJ 2018 V, p. 137, num caso em que, na pendência da ação, a empresa foi reestruturada tendo o posto de trabalho sido extinto.

[2286] Sobre a questão, veja-se CALVÃO DA SILVA, *Cumprimento e Sanção Pecuniária Compulsória*, cit., pp. 488 ss.

[2287] Conforme refere MENEZES CORDEIRO, *Manual de Direito do Trabalho*, cit., p. 844, em pequenas empresas de tipo familiar, as relações humanas podem ter ficado definitivamente degradadas. Veja-se igualmente JÚLIO GOMES, *Direito do Trabalho*, I, cit., p. 1032. Com uma explicação do regime vigente, consulte-se ACÁCIO PITA NEGRÃO, «A reintegração como consequência da ilicitude do despedimento», *RDES*, 2013, n.º 1/3, pp. 177 ss.
Quanto à não reintegração, em Itália, de dirigentes e em pequenas empresas, nas quais o empregador pode optar pela indemnização em vez da reintegração, *vd.* AMOROSO/DI CERBO/ /MARESCA, *Il Diritto del Lavoro*, cit., pp. 1592 ss. e pp. 1629 ss.; CACCAMO/MELECA, *Risoluzione del Rapporto di Lavoro*, cit., pp. 57 s. Como a não reintegração opera por mera vontade do empregador, suscitam-se em Itália várias dúvidas de qualificação, cf. PAPALEONI, «Il Rapporto di Lavoro» cit., pp. 928 ss.
Em Espanha, a recusa de reintegração por parte do empregador é sempre viável e só determina o pagamento de uma indemnização, *vd.* OLEA/CASAS BAAMONDE, *Derecho del Trabajo*, cit., p. 626.

A recusa de reintegração de um trabalhador ilicitamente despedido, além de limitada quanto aos pressupostos, não depende da vontade do empregador, pois assenta numa decisão do tribunal; há uma certa similitude com o despedimento por facto imputável a trabalhadora grávida, puérpera ou lactante ou no gozo de licença parental contra o parecer da CITE, em que a resolução do contrato por parte do empregador está condicionada por uma prévia decisão judicial (art. 63.º, n.º 6, do CT).

Como resulta do art. 392.º do CT, o juiz só pode decidir a não reintegração de um trabalhador ilicitamente despedido se, cumulativamente, se verificarem os seguintes pressupostos:

i) tratar-se de trabalhador de microempresa (menos de dez trabalhadores) ou que desempenhe cargo de administração ou de direção (n.º 1, 1.ª parte);

ii) o despedimento não tiver por fundamento um ato discriminatório, nomeadamente relacionado com a discriminação em função do sexo ou da origem étnica (n.º 2);

iii) tendo em conta as manifestações da figura do abuso do direito, o empregador não tiver culposamente criado o fundamento justificativo de tal direito (n.º 2, 2.ª parte);

iv) a reintegração, segundo o juízo do julgador, for inconveniente para a prossecução da atividade empresarial (n.º 1, 2.ª parte)[2288].

Acresce que a figura da não reintegração não se aplica a trabalhadora grávida, puérpera ou lactante ou no gozo de licença parental (art. 63.º, n.º 8, do CT); apesar de esta exceção não constar do artigo em análise, parece necessário, ao apreciar o regime, interpretar a eventualidade de não reintegração no plano global do Código do Trabalho.

Sobre a hipótese limitada de reintegração no sistema britânico, *vd.* DEAKIN/MORRIS, *Labour Law*, cit., pp. 397 ss.

Encontram-se similitudes nalguns sistemas lusófonos: p. ex., SIMÃO MONTEIRO, *Dever de reitegração e de indemnização em sede do despedimento disciplinar ilícito no direito cabo-verdiano*, Coimbra, 2009. Mas, no Brasil, onde a desvinculação por parte do empregador é, em princípio, livre, a não reintegração pode ser livremente invocada, mas, relativamente a trabalhadores com vínculo de estabilidade, a não reintegração pode ser «desaconselhada», como prevê o art. 496 da CLT, cf. CARRION, *Comentários à Consolidação das Leis do Trabalho*, cit., anotação ao art. 496, pp. 387 ss.; relativamente a certas garantias de estabilidade no emprego, nomeadamente conferida a dirigentes sindicais, *vd.* PINTO MARTINS, *Direito do Trabalho*, cit., pp. 362 ss.

[2288] Como afirma JÚLIO GOMES, *Direito do Trabalho*, I, cit., p. 1031, não se trata de uma «mera inconveniência», mas de uma perturbação grave; como se dispõe no preceito, tem de ser «gravemente prejudicial e perturbador do funcionamento da empresa».

Tendo o juiz considerado que, naquele caso, o trabalhador não deve ser reintegrado, arbitrará uma indemnização, entre trinta e sessenta dias por cada ano de antiguidade; assim, em caso de oposição à reintegração do trabalhador ilicitamente despedido que o tribunal considere procedente, a indemnização substitutiva da reintegração é elevada, nos termos previstos no n.º 3 do art. 392.º do CT.

Importa esclarecer que a obrigatoriedade plena de reintegração dos trabalhadores ilicitamente despedidos só existe em Portugal, pois, mesmo nos países latinos, como Espanha e França, o empregador pode opor-se à reintegração; e, em Itália, não há direito de reintegração nas pequenas empresas nem relativamente a dirigentes.

II. No que respeita aos requisitos para o exercício deste direito, importa distinguir os pressupostos positivos dos negativos, que correspondem, respetivamente, a elementos constitutivos e impeditivos da oposição à reintegração[2289].

Em qualquer caso, os pressupostos, como resulta do disposto no n.º 1 do art. 392.º do CT, têm de ser apreciados pelo tribunal, cabendo ao julgador decidir se a oposição à reintegração encontra fundamento. Cabe esclarecer que o juiz não procede ao despedimento do trabalhador; caso considere justificada a oposição à reintegração valida a decisão empresarial de cessação do vínculo laboral.

Os pressupostos positivos constantes do n.º 1 do art. 392.º do CT são dois.

A oposição à reintegração só pode ser feita valer em relação a trabalhador de microempresa (menos de dez trabalhadores) ou que desempenhe cargo de administração ou de direção (n.º 1, 1.ª parte).

Por outro lado, será necessário que a reintegração, segundo o juízo do julgador, seja gravemente prejudicial e perturbador para a prossecução da atividade empresarial (n.º 1, 2.ª parte).

Como pressupostos negativos, resultantes do n.º 2 do art. 392.º, assim como do n.º 8 do art. 63.º, ambos do CT, importa atender a três.

Em primeiro lugar, será necessário que o despedimento, apesar de ilícito, não tenha por fundamento um ato persecutório, nomeadamente relacionado com a discriminação em função de motivos políticos, ideológicos, étnicos ou religiosos (n.º 2, 1.ª parte).

[2289] Para maiores desenvolvimentos, veja-se ROMANO MARTINEZ, «Do Direito de o Empregador se opor à Reintegração de um Trabalhador Ilicitamente Despedido», *Estudos Jurídicos em Homenagem ao Prof. Doutor António da Motta Veiga*, Coimbra, 2007, pp. 267 ss.

Tendo em conta a proibição geral de abuso do direito, não pode opor-se à reintegração o empregador que tiver culposamente criado o fundamento justificativo de tal direito (n.º 2, 2.ª parte).

Por último, a oposição à reintegração está excluída relativamente a trabalhadora grávida, puérpera ou lactante ou em gozo de licença parental (art. 63.º, n.º 8, do CT). Apesar de esta exceção não constar do artigo em análise (art. 392.º do CT), parece necessário, ao apreciar o regime, interpretar a eventualidade de não reintegração no plano global do Código do Trabalho[2290].

No que respeita ao primeiro requisito (art. 392.º, n.º 1, 1.ª parte, do CT), estão em causa dados objetivos quanto à aplicação do instituto: ter-se-á de verificar se a empresa que efetuou um despedimento ilícito é uma microempresa ou se, independentemente da dimensão da empresa, o trabalhador afetado pelo despedimento ilícito ocupa um cargo de administração ou de direção.

Para determinar se a empresa se enquadra na noção de microempresa basta verificar se emprega menos de dez trabalhadores (art. 100.º, n.º 1, alínea *a)*, do CT). Este valor é aferido pela média anual de trabalhadores contratados na empresa, sendo necessário que, em média, não se tenha excedido o valor máximo (dez trabalhadores) para se estar perante uma microempresa[2291].

O segundo elemento – ocupar o trabalhador despedido um «cargo de administração ou de direção» – é igualmente um dado objetivo e corresponde a uma situação perfeitamente justificável. De facto, a oposição à reintegração tem o seu campo natural de aplicação no que respeita a trabalhadores que ocupam cargos de administração ou direção[2292]. É relativamente a estes que

---

[2290] Ainda que possa ser questionada a natureza taxativa destes pressupostos, parece dificilmente sustentável a tese de que, ao lado da trabalhadora grávida, puérpera ou lactante, se deva colocar o trabalhador representante de outros trabalhadores (membro de comissão de trabalhadores ou de conselho de empresa europeu ou representante sindical) no elenco das limitações à oposição à reintegração – como sustenta LEAL AMADO, «Os Efeitos do Despedimento Ilícito (Sobre os Artigos 436.º a 440.º do Código do Trabalho)», cit., p. 35) –, pois não há qualquer similitude quanto à justificação de proteção de tais trabalhadores e do respetivo regime (arts. 456.º e ss. do CT) não consta esta limitação.

[2291] Cf. LUÍS MIGUEL MONTEIRO, anotação ao art. 100.º *in* ROMANO MARTINEZ/LUÍS MIGUEL MONTEIRO/PEDRO MADEIRA DE BRITO/GUILHERME DRAY/LUÍS GONÇALVES DA SILVA, *Código do Trabalho Anotado*, cit., pp. 292 ss.

[2292] Claro que o conceito de cargos de administração e de direção não é unívoco, devendo esta indeterminação ser preenchida tendo em conta a realidade (em particular a concreta organização empresarial), relacionando com a especial confiança que este tipo de cargos pressupõe.

tem particular relevo prático a quebra na relação de confiança, que inviabiliza a reintegração. Cabe reiterar, que no plano internacional, na família romano-germânica – onde habitualmente se confere maior tutela ao trabalhador –, mesmo em países latinos, como Espanha e Itália, não há o dever de reintegrar trabalhadores que ocupam cargos de direção ou de administração, ainda que o despedimento seja ilícito.

No que respeita a este pressuposto não é imprescindível que o trabalhador em questão tenha nominalmente um cargo de administração ou de direção, basta que o cargo por ele desempenhado – independentemente do *nomen* usado na empresa – corresponda a funções de administração ou de direção.

A demonstração de que o regresso do trabalhador é gravemente prejudicial e perturbador para a prossecução da atividade empresarial (art. 392.º, n.º 1, 2.ª parte, do CT) carece de uma análise dos factos justificativos deste pressuposto.

No plano teórico, importa referir que essa perturbação grave tanto pode advir de factos ocorridos antes do despedimento, como resultar de comportamentos do trabalhador perpetrados depois da cessação do vínculo. Em qualquer caso, serão factos que não terão estado na base da decisão de despedimento, sendo independentes deste.

Refira-se ainda que os factos justificativos da oposição podem ter sido praticados pelo trabalhador sem culpa ou, até, não resultarem de um comportamento deste. Não é pressuposto deste instituto que o trabalhador tenha agido culposamente; exige-se unicamente que o regresso do trabalhador seja «gravemente prejudicial e perturbador para a prossecução da atividade empresarial». Este prejuízo para a empresa pode decorrer de circunstâncias externas: imagine-se que o trabalhador não fez a formação profissional imprescindível para regressar à empresa ou que o seu cargo de direção foi extinto. Inclusive a dificuldade prática de reintegração pode constituir mais um indício de perturbação grave da prossecução da atividade empresarial.

A perturbação grave da atividade empresarial é o pressuposto central do instituto, para cuja concretização cabe fazer uma análise exemplificativa.

O prejuízo grave e perturbação da atividade empresarial, ainda que com contornos diversos, pode ser entendido em sentido similar à justa causa (subjetiva), prevista no n.º 1 do art. 351.º do CT. É necessário que os factos invocados pelo empregador indiciem a existência de um prejuízo grave e perturbador da atividade empresarial, caso o trabalhador seja reintegrado. Porém, diferentemente do que ocorre na justa causa de despedimento, os factos não têm de corresponder a comportamentos culposos do trabalhador, basta que deles resulte a insustentabilidade de manter a relação contratual. Também de modo diverso do que prescreve o n.º 1 do art. 351.º do CT, não se impõe a impossibilidade de subsistência da relação de trabalho, sendo suficiente o prejuízo grave e perturbação da atividade empresarial. Em suma, assentando numa base similar – de quebra de relação de confiança –, dir-se-á que os termos prescritos no n.º 1 do art. 392.º do CT são francamente menos exigentes do que os constantes da justa causa de despedimento (art. 351.º, n.º 1, do CT).

Passando à análise exemplificativa, dependendo do contexto, podem considerar-se factos justificativos do prejuízo grave e perturbação da atividade laboral, a crítica pública à atividade empresarial, tanto no que respeita à política económica, como à gestão de pessoal ou de clientes, bem como a divulgação de ocorrências internas, nomeadamente da vida pessoal de superiores hierárquicos ou relacionadas com segredos de fabrico ou listas de clientes. Em suma, qualquer facto perpetrado pelo trabalhador que, pela sua gravidade, comprometa a relação de confiança, inviabilizando a sã prossecução da atividade empresarial pode justificar o preenchimento deste pressuposto.

Como resulta do que se afirmou, trata-se de um conceito indeterminado, que tem de ser preenchido perante o caso concreto. Ainda assim, sempre se dirá que o prejuízo grave associado com a perturbação da atividade empresarial ao ponto de justificar a oposição à reintegração será relativamente fácil de ocorrer no que respeita a trabalhadores que ocupam cargos de administração ou de direção, porque, quanto a estes, verifica-se amiúde a perda total da relação de confiança que perturba a prossecução da atividade.

O primeiro dos requisitos negativos determina que não será admissível a oposição à reintegração sempre que a ilicitude do despedimento se fundar em motivos políticos, ideológicos, étnicos ou religiosos (art. 392.º, n.º 2, 1.ª parte, do CT). Este requisito (negativo) remete para o princípio geral da ilicitude do despedimento, constante da alínea *b)* do art. 381.º do CT.

Apesar de não estar indicado explicitamente no preceito, dever-se-á entender que outras formas perversas de discriminação, constantes do art. 25.º do CT, como a sexual, em determinados condicionalismos, também podem inviabilizar a oposição à reintegração.

No fundo, importa determinar se o despedimento se fundou em motivos políticos, ideológicos, étnicos e religiosos, ou em qualquer forma inadmissível de discriminação. Perante uma ilicitude gravíssima (discriminação por motivos políticos, ideológicos, etc.) não se admite a oposição à reintegração.

Os factos que justificam a oposição à reintegração, dos quais resulta que o regresso do trabalhador é gravemente prejudicial e perturbador para a prossecução da atividade empresarial podem ter sido praticados pelo trabalhador ou resultar de circunstâncias alheias à sua atuação. Em qualquer caso, os motivos da oposição à reintegração não podem ter sido culposamente criados pelo empregador.

De facto, estar-se-ia perante uma hipótese de abuso do direito, na modalidade de *tu quoque*, se o empregador invocasse a oposição à reintegração tendo ele próprio criado as condições de prejuízo grave para a prossecução da atividade empresarial. Importará, todavia, esclarecer que a culpa do empregador na criação do fundamento justificativo da oposição à reintegração (parte final do n.º 2) não se confunde com a culpa do empregador no despedimento ilícito, que é irrelevante nesta sede. Por outro lado, ainda que tenha sido perturbada a prossecução da atividade empresarial por causa do despedimento ilícito, imputável ao empregador, se este não criou o motivo justificativo da oposição à reintegração, a opção do trabalhador pode ser negada.

O terceiro e último requisito negativo do instituto da oposição à reintegração determina a inaplicabilidade da figura no caso de se tratar de uma trabalhadora grávida, puérpera ou lactante ou em gozo de licença parental (art. 63.º, n.º 8. do CT).

Além da proteção especial conferida às trabalhadoras grávidas puérperas e lactantes ou em gozo de licença parental no que respeita à proteção no despedimento (art. 63.º do CT) – e como corolário natural dessa proteção –, prescreve-se que o empregador não se pode opor à reintegração de trabalhadora que se encontre numa dessas três situações. A justificação é óbvia e relaciona-se com a particular tutela conferida às trabalhadoras grávidas puérperas e lactantes[2293].

III. O Ac. TC n.º 306/2003, de 25 de junho de 2003[2294], não se pronunciou pela inconstitucionalidade da norma constante do art. 438.º do CT2003 (correspondente ao art. 392.º do CT2009), com seis votos de vencido[2295].

[2293] Cf. Guilherme Dray, anotação ao art. 63.º *in* Romano Martinez/Luís Miguel Monteiro/Pedro Madeira de Brito/Guilherme Dray/Luís Gonçalves da Silva, *Código do Trabalho Anotado*, cit., pp. 234 ss.

2294 *DR* I, de 18 de julho de 2003 e *Prontuário de Direito do Trabalho*, n.º 65 (2003).

[2295] Veja-se, contudo, José João Abrantes, «O Código do Trabalho e a Constituição», *QL* X (2003), n.º 22, pp. 145 ss.; Júlio Gomes/Raquel Carvalho, «Código do Trabalho – a (in) constitucionalidade das normas relativas à repetição do procedimento disciplinar e à reintegração», *QL* X (2003), n.º 22, pp. 217 ss.

A invocada inconstitucionalidade da medida não era de aceitar por quatro ordens de razões.

i) A não reintegração está dependente de um conjunto apertado de requisitos e a sua decisão cabe ao juiz que aprecia a questão, não sendo um direito potestativo do empregador.

ii) A situação em causa não poderá integrar uma hipótese de abuso do direito, na modalidade de *tu quoque,* porquanto, como resulta da parte final do n.º 2, ao juiz estará vedado decidir pela não reintegração do trabalhador sempre que possa concluir no sentido de que o fundamento justificativo da oposição à reintegração foi culposamente criado pelo empregador.

Não se pode, por isso, dizer, tal como se afirmou no Ac. TC n.º 107/88, de 31 de maio de 1988, que para a não reintegração basta o empregador criar, mesmo que artificialmente, as condições objetivas conducentes à cessação do contrato de trabalho. Se o empregador criar essas condições objetivas, ainda que verdadeiras, poder-se-ia invocar o *tu quoque;* a culpa do empregador na criação da causa de justificação para não reintegrar o trabalhador faz decair a pretensão daquele. Está, deste modo, afastado o argumento que permitiu a declaração de inconstitucionalidade em 1988.

Importará, todavia, esclarecer que a culpa do empregador na criação do fundamento justificativo da oposição à reintegração (parte final do n.º 2) não se confunde com a culpa do empregador no despedimento ilícito, que é irrelevante nesta sede. Por outro lado, ainda que tenha sido perturbada a prossecução da atividade empresarial por causa do despedimento ilícito, imputável ao empregador, se este não criou o motivo justificativo da oposição à reintegração, a opção do trabalhador pode ser negada.

iii) Admitindo-se, como tem sido normalmente aceite, que a justa causa objetiva pressupõe uma forma (constitucional) de fazer cessar o contrato de trabalho, valem as mesmas razões para a não reintegração.

Assim, tal como o contrato de trabalho pode cessar licitamente por extinção do posto de trabalho, por inadaptação do trabalhador, por despedimento coletivo ou por extinção da comissão de serviço, estando em causa um valor relacionado com a prossecução da atividade da empresa, também será lícito, não violando a Constituição, que o contrato cesse quando se demonstre que o regresso do trabalhador é gravemente prejudicial e perturbador para a prossecução da atividade empresarial[2296].

O princípio da segurança no emprego (art. 53.º da CRP) não é absoluto, comportando várias exceções, nomeadamente tendo em vista a salvaguarda da empresa (despedimento coletivo, extinção do posto de trabalho, etc.); ora, a não reintegração contextua-se entre essas exceções, sendo mais um motivo objetivo de cessação do contrato de trabalho relacionado com a prossecução da atividade empresarial.

Nesta sequência será importante referir que os argumentos invocados pelo Tribunal Constitucional aquando da declaração de conformidade com a Constituição, emitida em apreciação da cessação do contrato de trabalho em regime de comissão de serviço (Ac. TC n.º 64/91, de 4 de abril de 1991), valem nesta sede, em particular no que respeita a trabalhadores que ocupem cargos de administração ou de direção.

iv) A estas três razões acresce uma quarta, pelo recurso a lugares paralelos.

A não reintegração tem sido pacificamente admitida noutras situações idênticas à prevista no Código do Trabalho, que não têm suscitado dúvidas de constitucionalidade, como no serviço doméstico (art. 31.º do Decreto-Lei n.º 235/92, de 24 de outubro).

Concluindo, refira-se que a hipótese de não reintegração prevista no art. 392.º do CT tem contornos bem mais limitados do que noutros casos em que se admite a não reintegração, cuja constitucionalidade, repita-se, não tem sido questionada.

IV. Assentando-se no pressuposto de que a solução não contraria o art. 53.º da CRP, resta verificar se a não reintegração de determinados trabalhadores – que trabalhem em microempresas ou desempenhem cargos de administração ou de direção – viola o princípio da igualdade.

As empresas com menos de dez trabalhadores correspondem a 80 % do tecido empresarial português, empregando aproximadamente 30 % dos trabalhadores; quanto aos trabalhadores que ocupam cargos de administração ou de direção, é difícil determinar o valor percentual, mas será necessaria-

[2296] Quanto à posição do Tribunal Constitucional no sentido da admissibilidade das causas objetivas de cessação do contrato de trabalho, veja-se a resenha de jurisprudência constante do Ac. TC n.º 306/2003, de 25 de junho de 2003, ponto n.º 16.

mente uma percentagem diminuta em relação aos, aproximadamente, três milhões de trabalhadores subordinados.

A distinção entre pequenas e grandes empresas é realista e razoável, não pondo, por isso, em causa o princípio da igualdade. Esta ideia, que se encontra também nos Acs. TC n.º 64/91 e n.º 581/95, foi reiterada pelo Ac. TC n.º 306/2003, de 25 de junho de 2003, ponto n.º 18, parte final. De facto, a igualdade de tratamento determina apenas que não haja diferenciações discriminatórias; não porá em causa a licitude de estatutos distintos com justificação objetiva.

No caso concreto, a distinção entre trabalhadores de pequenas, médias ou grandes empresas e trabalhadores de microempresas ou que ocupem cargos de administração ou de direção justifica-se tendo em conta a confiança e proximidade relevantes na subsistência da relação de trabalho. Como se esclarece no citado Ac. TC n.º 306/2003, «cuida-se que nas microempresas é, por maioria de razão, mais "dramática" a intensidade que conduz à razoabilidade do esquema, proposto no Código, quanto à tutela reintegratória e à tutela indemnizatória».

ε. Indemnização em substituição da reintegração

I. Não pretendendo o trabalhador ser reintegrado, poderá optar pela indemnização prevista no art. 391.º do CT[2297]. Nesta indemnização, diferentemente do que ocorre quanto às retribuições a que alude o n.º 1 do art. 390.º do CT, só se atende à retribuição base e às diuturnidades (excluindo, portanto, nomeadamente os subsídios e outros complementos salariais, cf. art. 262.º, n.º 2, alínea *a)*, do CT); por outro lado, importa ainda ter em conta a antiguidade do trabalhador e o grau de ilicitude da conduta do empregador[2298].

[2297] No rigor do regime jurídico, por lapso do legislador da revisão de 2009, esta indemnização não seria devida entre fevereiro de 2009 e janeiro de 2010, pois procedeu-se, com a Lei n.º 7/2009, a uma precipitada revogação do art. 438.º do CT2003, que respeita à indemnização devida ao trabalhador. Para resolver este lapso, recorrendo a um método inidóneo, na revisão do Código de Processo do Trabalho, sob a epígrafe «Entrada em vigor» (art. 9.º do Decreto-Lei n.º 295/2009), que respeita à entrada em vigor das alterações ao Código de Processo do Trabalho, determinou-se que, afinal, o art. 438.º do CT2003 se mantinha em vigor até 1 de janeiro de 2010.

[2298] Refira-se que, diversamente do regime compensatório constante do art. 366.º do CT, neste caso a base de cálculo contínua a ser o mês de retribuição. Sobre esta indemnização, veja-se Sónia de Carvalho, «A opção pela indemnização em substituição da reintegração a pedido do trabalhador e o direito a salários intercalares em caso de recurso», cit., pp. 223 ss.

II. O art. 13.º, n.º 3, da LCCT referia-se a «ano de antiguidade ou fração», levando a que a doutrina e a jurisprudência entendessem que um dia de trabalho equivaleria a um ano. De tal modo, recebia a mesma indemnização o trabalhador que tivesse uma antiguidade de quatro anos ou de três anos e um dia; solução que não era, evidentemente, equitativa. Tendo isso em conta, propugnava-se uma interpretação corretiva do preceito[2299], no sentido de a fração ser contada em termos proporcionais; assim, se o trabalhador tivesse uma antiguidade de três anos e seis meses e uma retribuição base de mil euros a indemnização deveria ser de três mil e quinhentos euros e não de quatro mil euros. Esta interpretação foi expressamente seguida no Código do Trabalho de 2003 e mantida com a revisão de 2009, nomeadamente nos arts. 164.º, n.º 1, alínea *c)*, 344.º, n.º 3, 366.º, n.º 2, e 396.º, n.º 2, não se lhe fazendo alusão expressa no art. 391.º do CT. A falta de tomada de posição explícita neste preceito não permite uma interpretação contrária, porquanto se pode concluir que a regra é a de atender à fração de ano proporcionalmente e, por outro lado, a omissão justifica-se na medida em que o legislador optou por fixar uma moldura para a indemnização, em vez de um valor fixo.

De modo diverso, no sistema anterior, esta indemnização, dita por antiguidade, encontrava-se fixada de modo certo, para evitar as frequentes dificuldades de determinação do montante, pelo que a discussão da fração de ano tinha uma relevância significativa.

III. Ainda quanto à contagem da antiguidade, por via do n.º 2 do art. 391.º do CT2009 (art. 439.º do CT2003) esclareceu-se outra dúvida. Na legislação revogada (LCCT) determinava-se que se contava «(...) o tempo decorrido até à data da sentença», não se indicando se era a decisão em primeira instância ou a decisão judicial com trânsito em julgado. Da atual redação não resultam dúvidas; conta-se «(...) o tempo decorrido desde o despedimento até ao trânsito em julgado da decisão judicial». Contrapondo com a interpretação da norma revogada normalmente seguida pelos tribunais, resulta um agravamento da indemnização no caso de haver recurso. Daqui advém, porém, uma dificuldade (ou contratempo) na aplicação do direito, pois,

[2299] *Vd.* Romano Martinez, *Direito do Trabalho*, 1.ª ed., p. 877. Quanto à interpretação corretiva, consulte-se Oliveira Ascensão, *O Direito. Introdução e Teoria Geral*, cit., pp. 425 ss., que a admite, restritivamente, em hipóteses em que a lei tem um sentido nocivo, contrário a interesses preponderantes; a segurança jurídica só deve ser afastada quando esteja em causa a negação de princípios fundamentais. No caso em apreço não se tinha em conta o princípio da igualdade.

havendo recurso, a indemnização só pode ser quantificada a final, pelo que, como o crédito é ilíquido, não vencerá juros de mora (art. 805.º, n.º 3, do CC).

IV. Como resulta do disposto na 2.ª parte do n.º 1 do art. 391.º do CT, na determinação do valor da indemnização o juiz deverá atender a três aspetos: ao valor da retribuição base e das diuturnidades auferidas pelo trabalhador à data do despedimento; à antiguidade do trabalhador; e ao tipo de ilicitude do despedimento.

Quanto à ilicitude, remete-se (desnecessariamente) para as situações previstas nas três alíneas do art. 381.º do CT, sem que daí resulte qualquer hierarquia de ilicitudes. Contudo, por via de regra, será mais grave um despedimento fundado em motivos políticos ou étnicos, do que por falta de procedimento disciplinar; nesta ponderação dever-se-á ainda atender ao grau de culpa do empregador, nomeadamente na apreciação do motivo justificativo invocado.

Com base nestes três elementos, o juiz, em vez de proceder a uma simples operação aritmética, como ocorria no âmbito do n.º 3 do art. 13.º da LCCT, fixará a indemnização segundo uma moldura: entre quinze e quarenta e cinco dias de retribuição base e diuturnidades. Deste modo, se, por exemplo, o trabalhador auferir uma retribuição base elevada e tiver vários anos de antiguidade, tendo sido invocado um motivo de justa causa cuja interpretação seja duvidosa, torna-se viável que a indemnização se fixe em quinze dias de retribuição base e de diuturnidades multiplicadas pela antiguidade; diferentemente, um trabalhador despedido por motivos religiosos, com uma retribuição base diminuta, poderá ver a indemnização fixada em quarenta e cinco dias[2300].

V. A indemnização não pode, porém, ser inferior a três meses de retribuição base e de diuturnidades (art. 391.º, n.º 3, do CT). Mantendo-se, por isso, a regra de uma indemnização por valor mínimo, sempre que a antiguidade não perfizer três anos.

VI. A indemnização será agravada como contrapartida da oposição à reintegração do trabalhador julgada procedente (art. 392.º, n.º 3, do CT).

[2300] Ainda que tendencialmente a jurisprudência aplique o cálculo de trinta dias, veja-se o Ac. STJ de 19/2/2013 (Fernandes da Silva); Ac. STJ de 26/5/2016 (Fernandes da Silva), www.dgsi.pt; Ac. STJ de 11/4/2018 (Chambel Mourisco), CJ STJ 2018 II, p. 287.

Seguindo os mesmos critérios enunciados no n.º 1 do citado preceito, a moldura de quinze a quarenta e cinco dias é elevada para trinta a sessenta dias. Deste modo, no exemplo anteriormente indicado, em que o trabalhador auferia uma retribuição base alta e tinha vários anos de antiguidade, invocando-se um motivo de justa causa de interpretação duvidosa, perante a oposição à reintegração bem sucedida, a indemnização não pode ser fixada em menos de trinta dias de retribuição base e de diuturnidades multiplicadas pela antiguidade do trabalhador.

Acresce que, no caso de oposição à reintegração julgada procedente, o valor mínimo não poderá ser inferior a seis meses, colocando em pé de igualdade os trabalhadores que tenham antiguidade até seis anos (art. 392.º, n.º 3, do CT).

3. Resolução invocada pelo trabalhador

a) Noção

I. O trabalhador tanto pode recorrer à resolução do contrato como reação a um incumprimento culposo do empregador – resolução com justa causa subjetiva (art. 394.º, n.º 2, do CT) –, como na hipótese de alteração das circunstâncias ou de atuações não culposas do empregador – resolução com justa causa objetiva (art. 394.º, n.º 3, do CT)[2301].

II. A resolução determina a cessação do vínculo contratual, podendo a extinção dos efeitos do contrato ser imediata ou diferida. A cessação do contrato é imediata no caso de se estar perante uma resolução com justa causa (art. 394.º, n.º 1, do CT)[2302]; pelo contrário, a dissolução do vínculo poderá ser diferida na eventualidade de o trabalhador antever a verificação de deter-

[2301] Sobre este regime, considerando que tem uma perspetiva diversa da resolução invocada pelo empregador, escrevendo com base na legislação revogada, cf. Júlio Gomes, «Da Rescisão do Contrato de Trabalho por Iniciativa do Trabalhador», cit., pp. 131 ss. e 148 ss. Tendo em conta as soluções constantes do Código do Trabalho, veja-se Mendes Baptista, «Notas sobre a Cessação do Contrato de Trabalho por Iniciativa do Trabalhador no Novo Código do Trabalho», e José Eusébio Almeida, «A Cessação do Contrato de Trabalho por Iniciativa do Trabalhador. Notas e Dúvidas ao Novo Regime», *A Reforma do Código do Trabalho*, Coimbra, 2004, respetivamente, pp. 537 ss. e pp. 551 ss.

[2302] Mesmo havendo justa causa, as circunstâncias podem determinar que a cessação não opere de imediato; por exemplo, no contrato de trabalho a bordo, a resolução pode ficar na dependência do fim da viagem (Ac. Rel. Pt. de 15/11/1999, *CJ*, XXIV, T. V, p. 243).

minadas situações, por exemplo da necessidade previsível de cumprimento de obrigações legais (art. 394.º, n.º 3, alínea *a)*, do CT).

III. O trabalhador que pretende fazer cessar o contrato de trabalho tem de emitir uma declaração nos termos prescritos no art. 395.º, n.º 1, do CT. Quanto ao prazo, a declaração de resolução do contrato de trabalho deverá ser prestada nos trinta dias subsequentes ao conhecimento dos factos que integram a justa causa[2303]. Em relação à forma, exige-se que a declaração seja escrita com indicação sucinta dos factos que a justificam[2304].

A declaração de resolução é receptícia fazendo cessar o contrato de trabalho aquando da sua recepção (art. 224.º do CC)[2305].

Como é regra nas relações duradouras, o efeito extinto só se verifica em relação ao futuro; a resolução não tem eficácia retroativa, só produzindo efeitos *ex nunc*.

IV. Contrariamente às regras gerais, a declaração de resolução do contrato pode ser revogável. Não sendo a resolução feita por escrito, com a assinatura do trabalhador reconhecida notarialmente, permite-se que este a revogue até ao sétimo dia seguinte à data em que chegue ao poder do empregador (art. 397.º, n.º 1, do CT). Tal como em relação à revogação do contrato de trabalho[2306], essencialmente para permitir a ponderação do trabalhador, impõe-se esta formalidade na declaração de resolução do contrato. Trata-se de

---

[2303] O prazo de quinze dias – era o prazo constante do art. 34.º, n.º 2, da LCCT – é de caducidade (Ac. STJ de 11/6/1996, *CJ (STJ)* 1996, T. II, p. 273; Ac. STJ de 12/3/1997, *CJ (STJ)* 1997, T. I, p. 293), pelo que a baixa médica, por doença, não impede o decurso do prazo (Ac. Rel. Pt. de 22/10/2001, *CJ* XXVI, T. IV, p. 253), mas sendo um facto continuado, em particular a falta de pagamento da retribuição, o prazo de quinze dias só se deve iniciar quando o incumprimento assume uma gravidade que justifique o recurso à rescisão (Ac. STJ de 9/7/1998, *CJ (STJ)* 1998, T. III, p. 299). No Ac. STJ de 23/5/2001, *CJ (STJ)* 2001, T. II, p. 283, relativamente à retirada do automóvel, que era retribuição, entendeu que não havia caducidade do direito de rescindir o contrato. Sobre a contagem do prazo, *vd.* MENDES BAPTISTA, «Prazo para o Exercício do Direito de Rescisão do Contrato de Trabalho por Iniciativa do Trabalhador», *QL*, IX, 2002, n.º 19, pp. 61 ss.

[2304] Como se refere no Ac. Rel. Lx. de 19/2/1997, *CJ* XXII, T. I, p. 186 e no Ac. Rel. Pt. de 12/2/2001, *CJ* XXVI, T. I, p. 248, não basta uma indicação vaga de um comportamento ilícito, pois é necessário especificar os factos. Todavia, a exigência de especificação não se equipara ao estabelecido para a nota de culpa a que alude o art. 353.º do CT.

[2305] Como qualquer declaração negocial, pode ser invalidada com base em vício da vontade (Ac. Rel. Lx. de 5/3/1997, *CJ* XXII, T. II; p. 160).

[2306] *Vd. supra* § 56, n.º 3, alínea *c)*.

uma exceção à regra geral do art. 230.º do CC, que prescreve a irrevogabilidade da declaração negocial; de facto, do n.º 1 do art. 397.º do CT resulta a livre revogabilidade da declaração negocial de resolução do contrato.

A fim de impor ao trabalhador a necessária reflexão e de obstar à revogação da declaração de resolução do contrato, o empregador pode exigir que o documento tenha a assinatura do emitente com reconhecimento notarial presencial (art. 395.º, n.º 4, do CT).

No âmbito da legislação anterior (n.º 1 do art. 2.º da Lei n.º 38/96), discutia-se se este direito só seria conferido em caso de denúncia (rescisão com aviso prévio), mas tal limitação não resultava do texto do preceito citado; por outro lado, este atípico direito de revogação não era somente atribuído ao trabalhador em caso de fraude do empregador, pelo que se deveria entender no sentido que veio a ser consagrado nos arts. 397.º e 402.º do CT: a revogação pode ser invocada tanto em caso de resolução como no de denúncia invocadas pelo trabalhador.

b) Resolução com justa causa

b.1) Comportamento ilícito do empregador

I. Sempre que o empregador falta culposamente ao cumprimento dos deveres emergentes do contrato estar-se-á perante uma situação de responsabilidade contratual; e, sendo grave a atuação do empregador, confere-se ao trabalhador o direito de resolver o contrato[2307]. O trabalhador só pode resolver o contrato se do comportamento do empregador resultar uma justa causa de desvinculação. Deste modo, nem toda a violação de obrigações contratuais por parte do empregador confere ao trabalhador o direito de resolver o contrato; é necessário que o comportamento seja ilícito, culposo e que, em razão da sua gravidade, implique a insubsistência da relação laboral. Dito de outro modo, a justa causa a que alude o art. 394.º, n.º 1, do CT deve ser entendida nos termos da idêntica locução constante do art. 351.º, n.º 1, do CT, até porque, como determina o art. 394.º, n.º 4, do CT, a justa causa imputável ao empregador é apreciada nos moldes estabelecidos para o despedimento

[2307] A jurisprudência alude frequentemente à necessidade de o comportamento ser grave e de gerar a impossibilidade de manter o vínculo, cf. Ac. STJ de 13/1/1993, *CJ (STJ)* 1993, T. I, p. 290; Ac. STJ de 13/4/1994, *CJ (STJ)* 1994, T. I, p. 295; Ac. STJ de 23/11/1994, *CJ (STJ)* 1994, T. III, p. 297; Ac. STJ de 11/12/1996, *CJ (STJ)* 1996, T. III, p. 265; Ac. STJ de 11/3/1999, *CJ (STJ)* 1999, T. I, p. 299. Por isso, a falta de pagamento de salários durante dez anos não confere o direito a rescindir com justa causa, atenta a passividade e a confiança criada na empresa (Ac. STJ de 26/5/1999, *CJ (STJ)* 1999, T. II, p. 291).

por facto imputável ao trabalhador, remetendo-se para o correspondente preceito[2308].

II. A lei indica os comportamentos que constituem justa causa nas várias alíneas do n.º 2 do art. 394.º do CT, explicitando que a enumeração é exemplificativa. Atendendo ao disposto no n.º 1 do art. 35.º da LCCT havia quem apontasse para o carácter taxativo da indicação[2309], mas já então se preconizava o carácter exemplificativo da disposição, entendendo-se que o elenco legal não era redutor e, consequentemente podendo outras violações do contrato ou o desrespeito da lei consubstanciar justa causa de rescisão[2310]. Foi esta a interpretação que vingou na redação do corpo do n.º 2 do art. 394.º do CT, ao incluir-se o termo «nomeadamente».

De entre as previsões legais de situações que constituem justa causa importa aludir à falta culposa de pagamento pontual da retribuição (alínea *a)*). Esta previsão tem de ser conjugada com o disposto no art. 323.º, n.º 2, do CT, relativo à mora no cumprimento de obrigações pecuniárias[2311]. Nas restantes alíneas do n.º 2 do art. 394.º do CT faz-se referência a várias situações rela-

---

[2308] Sobre esta equiparação de entendimento, que na ordem jurídica portuguesa não suscita dúvidas em razão da remissão constante do art. 394.º, n.º 4, do CT, veja-se SILVA PÔRTO, «A Terminação do Contrato de Emprego», *Fundamentos do Direito do Trabalho. Estudos em Homenagem ao Ministro Milton de Moura França*, S. Paulo, 2000, pp. 531 ss.

[2309] *Vd.* MONTEIRO FERNANDES, *Direito do Trabalho*, 11.ª edição, Coimbra, 1999, p. 585; mas o autor, em *Direito do Trabalho*, 18.ª edição, Coimbra, 2017, p. 550, escrevendo já com base no Código do Trabalho, sem atender à alteração legislativa, continua a afirmar que «o art. 394.º (...) inclui uma enumeração, que tende a ser taxativa, das situações susceptíveis de tal relevância».

[2310] *Vd.* ROMANO MARTINEZ, *Direito do Trabalho*, 1.ª ed., cit., p. 887. Por exemplo, haverá justa causa de resolução do contrato de trabalho se o empregador inscreve tardiamente o trabalhador na Segurança Social (Ac. Rel. Lx. de 15/12/1999, *CJ* XXIV, T. V, p. 167), independentemente de esse atraso ter causado a lesão de interesses patrimoniais sérios do trabalhador.

[2311] Sobre a questão, veja-se ROMANO MARTINEZ, anotação V ao art. 323.º, *in* ROMANO MARTINEZ/LUÍS MIGUEL MONTEIRO/JOANA VASCONCELOS/MADEIRA DE BRITO/GUILHERME DRAY/ /GONÇALVES DA SILVA, *Código do Trabalho Anotado*, cit., p. 751. Com posição diversa, JÚLIO GOMES, *Direito do Trabalho*, I, cit., p. 1050.

Quanto à harmonização do disposto no art. 35.º da LCCT com o regime especial dos salários em atraso, que não pressuponha culpa do empregador, podendo constituir uma causa objetiva de resolução do contrato, cf. Ac. STJ de 23/1/1996, *BMJ* 453, p. 276; Ac. STJ de 8/1/1997, *BMJ* 463, p. 395; Ac. STJ de 22/1/1997, *CJ (STJ)* 1997, T. I, p. 260. O referido regime dos salários em atraso estava sujeito a regras próprias, mormente no que respeitava ao modo de determinação da indemnização. No Ac. STJ de 10/7/1996, *CJ (STJ)* 1996, T. II, p. 293, com um voto de vencido, admitiu-se que o montante indemnizatório estabelecido na Lei dos Salários em Atraso, diferentemente do disposto no art. 13.º, n.º 3, da LCCT, por remissão do art. 36.º da

cionadas com os deveres do empregador (art. 127.º do CT), apesar de não haver coincidência, pois deste último elenco constam obrigações do empregador cuja violação não está prevista naquele preceito. Contudo, tendo em conta que o elenco do art. 394.º, n.º 2, do CT é exemplificativo concluir-se-á no sentido de que o desrespeito de deveres do empregador não indicados neste preceito também pode consubstanciar motivo de justa causa da resolução do contrato.

III. Cumulativamente com o direito de resolver o contrato, ao trabalhador é conferida uma indemnização determinada nos termos do art. 396.º do CT.

Segundo as regras gerais, a indemnização abrangeria todos os danos patrimoniais e não patrimoniais resultantes para o trabalhador da atuação ilícita perpetrada pelo empregador, contudo, no art. 396.º, n.º 1, do CT, não obstante o princípio geral, surge uma limitação dificilmente enquadrável nos parâmetros gerais[2312]; prescreve-se que a indemnização se deve «fixar entre quinze e quarenta e cinco dias de retribuição base e diuturnidades por cada ano completo de antiguidade». Esta regra, paralela com o disposto no n.º 1 do art. 391.º do CT para a indemnização em substituição da reintegração, perde sentido neste âmbito e contraria o princípio geral em sede de indemnização.

Em sentido idêntico ao que se prescreve no n.º 3 do art. 391.º do CT, para a indemnização em substituição da reintegração, sendo a resolução requerida pelo trabalhador, a indemnização, independentemente dos danos sofridos e da antiguidade, não poderá ser inferior a três meses de retribuição base e de diuturnidades (art. 396.º, n.º 1, 2.ª parte, do CT). Mais uma vez, a solução não é consentânea com os princípios gerais em sede indemnizatória, pois não se atende aos danos sofridos para fixar o valor da indemnização.

b.2) Causas objetivas

I. As hipóteses de resolução com base em justa causa objetiva vêm previstas nas três alíneas do n.º 3 do art. 394.º do CT, devendo entender-se que o elenco é taxativo. De facto, tendo em conta que no n.º 2 o legislador resolveu a dúvida, indicando que o elenco é exemplificativo, não fazendo qual-

---

LCCT, abrangia todas as prestações regulares e periódicas e não só a retribuição de base. A solução é criticável, pois estabelece desigualdades com base num argumento literal.

2312 Em crítica à solução consagrada no preceito, veja-se MENDES BAPTISTA, «Considerações em Torno do Artigo 443.º do novo Código do Trabalho», *Estudos sobre o Código do Trabalho*, Coimbra, 2004, pp. 153 ss.

quer referência neste n.º 3, será de entender, atendendo especialmente ao elemento literal e ao elemento histórico da interpretação, que as causas de resolução são taxativas. Assim, quanto às causas objetivas, tal como ocorre relativamente à responsabilidade objetiva (arts. 483.º, n.º 2, e 798.º do CC), prevalece um princípio de *numerus clausus*; esta regra de tipicidade é patente no que concerne ao despedimento por causas objetivas e deve valer igualmente nesta hipótese de resolução.

II. O trabalhador pode resolver o contrato sempre que o cumprimento de obrigações legais não lhe permita continuar ao serviço (alínea *a)*), desde que não opte pela suspensão do contrato.

Por outro lado, quando o empregador, no exercício do seu direito, altere substancialmente e de modo duradouro as condições de trabalho (p. ex., mudança de local de trabalho nos termos do art. 194.º, n.º 1, do CT, alteração do horário de trabalho nos termos do art. 217.º do CT ou transmissão da empresa, prevista no art. 285.º do CT) confere-se ao trabalhador o direito de resolver o contrato[2313].

A Lei n.º 14/2018, de 19 de março, veio prever expressamente a possibilidade de resolução do contrato pelo trabalhador em caso de transmissão para o adquirente da posição do empregador no respetivo contrato de trabalho, em consequência da transmissão da empresa, nos termos dos n.os 1 ou 2 do artigo 285.º, com o fundamento previsto no n.º 1 do artigo 286.º-A do CT, isto é, quando aquela possa causar-lhe prejuízo sério, nomeadamente por manifesta falta de solvabilidade ou situação financeira difícil do adquirente ou, ainda, se a política de organização do trabalho deste não lhe merecer confiança (art. 394.º, n.º 3, al. d) do CT)[2314].

Convirá esclarecer que nos exemplos referidos, com exceção da mudança de local de trabalho e da transmissão da empresa, que têm previsão legal concreta, a resolução do contrato não depende só da situação factual (alteração de horário, transmissão da empresa), mas, em especial, da verificação

---

2313 Relativamente à alteração substancial das condições de trabalho, além da anotação de Joana Vasconcelos ao art. 394.º *in* Romano Martinez/Luís Miguel Monteiro/Joana Vasconcelos/Madeira de Brito/ Guilherme Dray/Gonçalves da Silva, *Código do Trabalho Anotado*, cit., pp. 899 ss., *vd.* Bejarano Hernández, *Extinción Indemnizada del Contrato por Causa de Modificaciones Sustanciales de las Condiciones de Trabajo*, Valência, 2000, pp. 12 ss.; San Martín Mazzucconi, *El Régimen Jurídico de la Modificación Sustancial de las Condiciones de Trabajo*, Pamplona, 1999, pp. 51 ss.

2314 *Vd. supra* § 49.2.a) e c).

de um requisito específico: alteração substancial (e duradoura) das condições de trabalho. A modificação do horário de trabalho ou a transmissão da empresa não implicam necessariamente uma alteração substancial (e duradoura) das condições de trabalho.

Por último, a falta de pagamento pontual da retribuição, quando não seja imputável ao empregador[2315], permite que o trabalhador resolva o contrato; o princípio geral de boa fé impõe que, nesta hipótese, o montante em dívida seja de algum modo relevante, pois se o empregador não tiver pago um subsídio por via de uma deficiente programação informática, não será lícito que o trabalhador possa resolver o contrato.

III. Por via de regra, a resolução com base em justa causa objetiva, nos termos gerais, não confere ao trabalhador o direito a perceber uma compensação (art. 396.º, n.º 1, do CT, *a contrario*). Todavia, no caso de a resolução se fundar na mudança de local de trabalho (art. 194.º, n.º 5, do CT) ou na transmissão da empresa (art. 394.º, n.º 3, alínea d), do CT), a indemnização é devida, apesar de a justa causa ser objetiva.

b.3) Ausência de justa causa

Na eventualidade de, em tribunal, se concluir pela inexistência do motivo invocado pelo trabalhador para resolver o contrato, mantém-se a cessação do vínculo nos mesmos termos, mas o trabalhador deverá ressarcir os danos causados ao empregador, como se estabelece no art. 399.º do CT. A falta de justa causa de resolução, contrariamente ao que pode ocorrer em caso de despedimento, não invalida a cessação do vínculo, mas, como é ilícita, determina a responsabilização do trabalhador[2316].

A indemnização corresponde a trinta ou sessenta dias de retribuição base e de diuturnidades, consoante o contrato tenha durado até dois anos ou mais de dois anos (art. 401.º *ex vi* art. 399.º do CT).

[2315] Importa reiterar que há uma presunção de culpa do devedor (empregador) que falta ao cumprimento da obrigação (pagamento do salário), nos termos do art. 799.º, n.º 1, do CC, pelo que estas hipóteses serão residuais.

[2316] Estranhamente, com base numa interpretação literal do art. 37.º da LCCT (preceito correspondente ao atual art. 399.º do CT), admitiu-se que, no caso de o trabalhador ter resolvido o contrato depois de caducar o direito à resolução ou de ter resolvido oralmente o contrato, não havia direito à indemnização por não estar declarada a inexistência de justa causa (Ac. Rel. Lx. de 1/4/1998, *CJ* XXIII, T. II, p. 175 e Ac. Rel. Cb. de 10/5/2001, *CJ* XXVI, T. III, p. 162).

Contudo, para conferir ao trabalhador um tratamento idêntico ao que era estabelecido no n.º 2 do art. 436.º do CT2003, em que se previa a possibilidade de o empregador reabrir o procedimento disciplinar, no art. 398.º, n.º 4, do CT2009 continua a permitir-se que, sendo a resolução ilícita por desrespeito do procedimento exigido no art. 395.º do CT (p. ex., declaração de resolução do contrato feita oralmente), permite-se que o trabalhador corrija o vício até ao termo do prazo para contestar. O disposto no art. 398.º, n.º 4, do CT não encontra fundamento nas dificuldades procedimentais do despedimento movido pelo empregador e já não tem paralelo em direitos do empregador. Por outro lado, este regime não é facilmente explicável no plano conceptual.

Bibliografia:

José João Abrantes, «Segurança no Emprego e Justa Causa de Despedimento (Breves Considerações)», *TJ*, n.º 6 (1990), pp. 9 a 29, «Despedimento Colectivo», *Direito do Trabalho. Ensaios*, Lisboa, 1995, pp. 197 a 202; Cláudia Pereira de Almeida, *Rescisão do Contrato de Trabalho*, Lisboa, 2001; Leal Amado, «Pornografia, Informática e Despedimento», *QL* I (1994), n.º 2, pp. 109 a 116 e «Despedimento Ilícito e Salários Intercalares: a Dedução do *Alliunde Perceptum*. Uma Boa Solução?», *QL* I (1994), n.º 1, pp. 43 a 52, «Salários Intercalares e Subsídio de Desemprego», *QL*, n.º 11 (1998), pp. 114 a 116; «Falta de Pagamento da Retribuição e Rescisão do Contrato pelo Trabalhador: Um Direito Virtual?», *QL* (1998), n.º 11, pp. 117 a 120, «Despedimento Ilícito e Oposição Patronal à Reintegração», *Subjudice*, 27 (2004), pp. 7 e ss. e *Contrato de Trabalho*, cit., pp. 305 ss.; Carlos Antunes/Amadeu Guerra, *Despedimentos e Outras Formas de Cessação do Contrato de Trabalho*, Coimbra, 1984 pp. 59 a 247; Albino Mendes Baptista, nos vários artigos publicados nos *Estudos sobre o Código do Trabalho*, Coimbra, 2004, pp. 13 ss., 113 ss., 143 ss. e 153 ss., bem como «Primeiras Reflexões sobre os efeitos da Ilicitude do Despedimento no Novo Código do Trabalho», *Pront.* 66 (2003), pp. 99 ss., «A Reabertura do Procedimento Disciplinar», *RMP*, n.º 108 (2006), pp. 197 ss., «O "Livro Branco das Relações Laborais" e a acção de impugnação do despedimento», *Temas de Direito do Trabalho e de Direito Processual do Trabalho*, Lisboa, 2008, pp. 33 ss.; Helena Tapp Barroso, «Justa Causa por Violação do Dever de Assiduidade; Faltas não Justificadas ao Trabalho e Falsas Declarações Relativas às Justificações das Faltas. Uma Abordagem do Caso das Falsas Declarações para Justificação de Faltas em Especial», *Estudos do Instituto de Direito do Trabalho*, Volume II, *Justa Causa de Despedimento*, Coimbra, 2001, pp. 179 a 193; Nuno Bastos, *Cessação da Situação Jurídica Laboral por Justa Causa Imputável ao*

Trabalhador: Génese do Regime Aprovado pelo Decreto-Lei n.º 64-A/89, de 27 de Fevereiro, Lisboa, 1994; Sofia Leite Borges, «A Justa Causa de Despedimento por Lesão de Interesses Patrimoniais Sérios da Empresa e pela Prática de Actos Lesivos da Economia Nacional», *Estudos do Instituto de Direito do Trabalho,* Volume II, *Justa Causa de Despedimento,* Coimbra, 2001, pp. 165 a 178; Armando Braga, *Lei dos Despedimentos e da Contratação a Termo Anotada,* 4.ª ed., Porto, 1993; Madeira de Brito, «Justa Causa de Despedimento com Fundamento na Violação dos Deveres de Assiduidade, Zelo e Diligência», *Estudos do Instituto de Direito do Trabalho,* Volume II, *Justa Causa de Despedimento,* Coimbra, 2001, pp. 119 a 134; Catarina Carvalho, «Cessação do Contrato de Trabalho Promovida pelo Empregador com Justa Causa Objectiva no Contexto dos Grupos Empresariais», *Estudos de Direito do Trabalho em Homenagem ao Professor Manuel Alonso Olea,* Coimbra, 2004, pp. 205 ss.; Messias de Carvalho, «A Ilicitude do Despedimento e a Reintegração do Trabalhador», *Estudos Jurídicos em Homenagem ao Professor António da Motta Veiga,* Coimbra, 2007, pp. 185 ss.; Morgado de Carvalho, «Percurso pela Cessação do Contrato de Trabalho», *Subjudice,* 27 (2004), pp. 11 ss.; Sónia de Carvalho, «A opção pela indemnização em substituição da reintegração a pedido do trabalhador e o direito a salários intercalares em caso de recurso», *Para Jorge Leite. Escritos Jurídico-Laborais,* I, Coimbra, 2014, pp. 223 ss.; Gomes Canotilho/ /Jorge Leite, «A Inconstitucionalidade da Lei dos Despedimentos», *Estudos em Homenagem ao Prof. Doutor Ferrer Correia,* III, Coimbra, 1991, pp. 501 ss.; Menezes Cordeiro, *Direito do Trabalho,* II, cit., pp. 914 ss., «Da Cessação do Contrato de Trabalho por Inadaptação do Trabalhador perante a Constituição da República», *RDES* XXXIII (1991), n.º 3/4, pp. 369 a 421 e «Justas Causas de Despedimento», *Estudos do Instituto de Direito do Trabalho,* Volume II, *Justa Causa de Despedimento,* Coimbra, 2001, pp. 7 a 14; Guilherme Dray, «Justa Causa e Esfera Privada», *Estudos do Instituto de Direito do Trabalho,* Volume II, *Justa Causa de Despedimento,* Coimbra, 2001, pp. 35 a 91; Monteiro Fernandes, *Direito do Trabalho,* cit., pp. 549 e ss.; Sequeira Ferreira, «A Justa Causa de Despedimento no Contexto dos Grupos de Empresas», *Estudos do Instituto de Direito do Trabalho,* Volume II, *Justa Causa de Despedimento,* Coimbra, 2001, pp. 195 a 255; Júlio Gomes, *Direito do Trabalho,* I, cit., pp. 944 ss., 976 ss., 997 ss., 1003 ss., 1013 ss., 1018 ss. e 1038 ss.; Menezes Leitão, *Código do Trabalho Anotado,* 2.ª ed., Coimbra, 2004, anotações aos arts. 382.º e ss., pp. 283 ss., e *Direito do Trabalho,* cit., pp. 442 ss.; Jorge Leite, «Inconstitucionalidade das Normas sobre Despedimentos Colectivos ou a História de um Processo Legislativo Atribulado», *QL,* n.º 17 (2001), pp. 108 a 120; Paula Meira Lourenço, «A Relevância dos Comportamentos da Vida Particular do Trabalhador para Efeitos de Preenchimento do Conceito de Justa Causa de Despedimento», *Revista Jurídica AAFDL*, n.º 24 (2001), pp. 495 a 531; Baptista Machado, «Constitucionalidade da Justa Causa Objectiva», *Obra Dispersa*, Volume II, Braga, 1993, pp. 547 a 552; Cláudia Madaleno, «Despedimento por causa objetiva. Em especial, a inadaptação», *Estudos dedicados ao Professor Doutor Bernardo da Gama Lobo Xavier*, I, Lisboa, 2015, pp. 509 ss.; Diogo Vaz Marecos, *Práticas e procedimentos do processo disciplinar. Do mero instrutor ao advogado-instrutor*, Estoril, 2007, «As alterações do Código do Trabalho Revisto ao procedimento disciplinar», *RDES*, 2009, n.º 1/2, pp. 153 ss. e «O despedimento por justa causa. Procedimento», *Estudos dedicados ao Professor Doutor Bernardo da Gama Lobo Xavier*, II, Lisboa, 2015, pp. 13 ss.; Romano Martinez, «A Justa Causa de Despedimento», *I Congresso Nacional de Direito do Trabalho. Memórias*, Coimbra, 1998, pp. 171 a 180 e «Incumprimento Contratual e Justa Causa de Despedimento», *Estudos do Instituto de Direito do Trabalho*, Volume II, *Justa Causa de Despedimento*, Coimbra, 2001, pp. 93 a 118, «Do Direito de o Empregador se opor à Reintegração de um Trabalhador Ilicitamente Despedido», *Estudos Jurídicos em Homenagem ao Professor António da Motta Veiga*, Coimbra, 2007, pp. 267 ss. e anotações aos arts. 382.º e ss., *in* Romano Martinez/Luís Miguel Monteiro/Joana Vasconcelos/Madeira de Brito/Guilherme Dray/Gonçalves da Silva, *Código do Trabalho Anotado*, cit., pp. 872 ss.; Furtado Martins, *Despedimento Ilícito, Reintegração na Empresa e Dever de Ocupação Efectiva*, Lisboa, 1992, pp. 15 a 24 e 37 a 57, *Cessação do Contrato de Trabalho*, cit., pp. 147 e ss., «Despedimento Ilícito e Reintegração do Trabalhador», *RDES* XXXI (1989), n.º 3/4, pp. 483 a 520, «Despedimento Ilícito. Revogação do Despedimento e Reatamento do Contrato de Trabalho», *RDES* XXXVI (1994), n.º 1/3, pp. 203 a 208 e «Rescisão pelo Trabalhador. Comunicação Escrita», *RDES* XXXV (1993), n.ºs 1/4, pp. 343 a 347; Artur Magalhães Mateus, «A Reabertura do Procedimento Disciplinar e o art. 389.º, n.º 2, do Código do Trabalho: Anotação ao Acórdão da Relação de Lisboa de 14/12/2004», *RDES*, 2005, n.ºs 2/4, pp. 385 ss.; Barbosa de Melo, «Reflexão sobre o Projecto de Diploma Relativo à Cessação do Contrato Individual de Trabalho», *RDES* XXXI (1989), n.º 3/4, pp. 521 a 528; Andrade Mesquita, «Tipificações Legais da Justa Causa. A "Lesão de Interesses Patrimoniais Sérios da Empresa" e a "Prática Intencional, no Âmbito da Empresa, de Actos Lesivos da Economia Nacional», *Estudos do Instituto de Direito do Trabalho*, Volume II, *Justa Causa de Despedimento*, Coimbra, 2001, pp. 135 a 163; José António Mesquita, «Despedimento. Justa Causa. Infracção Disciplinar. Comportamentos da Vida Privada do Trabalhador», *TJ* 19 (1986), pp. 8 a 10; Luís Miguel Monteiro, «Notas sobre a articulação entre o direito nacional e o direito comunitário a propósito da noção de despedimento colectivo», *IX-X Congresso Nacional de Direito do*

Trabalho. Memórias, Coimbra, 2007, pp. 161 ss., e «O despedimento colectivo no novo Código do Trabalho», *XI-XII Congresso Nacional de Direito do Trabalho. Memórias*, Coimbra, 2009, pp. 139 ss.; DOMINGOS JOSÉ MORAIS, «Possibilidade de Reabertura do Procedimento Disciplinar», *QL* n.º 23 (2004), pp. 34 ss.; LUÍS MORAIS, *Dois Estudos: Justa Causa e Motivo Atendível de Despedimento. O Trabalho Temporário*, Lisboa, 1991, pp. 11 a 58; RICARDO NASCIMENTO, *Da cessação do contrato de trabalho em especial por iniciativa do trabalhador*, Coimbra, 2008; ANA LÚCIA DE OLIVEIRA, *Grupos de Empresas e a Cessação do Contrato de Trabalho por parte do Empregador*, Lisboa, 2000; ISABEL RIBEIRO PARREIRA, «A Quebra de Confiança como Critério de Concretização da Justa Causa de Despedimento», *I Congresso Nacional de Direito do Trabalho. Memórias*, Coimbra, 1998, pp. 271 a 280, e «Toxicodependência, justa causa e direitos de personalidade», *IX-X Congressos Nacionais de Direito do Trabalho. Memórias*, Coimbra, 2007, pp. 67 ss.; FERREIRA PINTO, «Código do Trabalho. Cessação do Contrato de Trabalho por iniciativa do Empregador», *A Reforma do Código do Trabalho*, Coimbra, 2004, pp. 513 ss.; MÁRIO PINTO/ / FURTADO MARTINS, «Despedimentos Colectivos: Liberdade de Empresa e Acção Administrativa», *RDES* XXXV (1993), n.º 1/4, pp. 3 a 70; ROSÁRIO PALMA RAMALHO, *Tratado de Direito do Trabalho*, II, cit., pp. 799 ss.; RAQUEL REI, *Esfera Privada e Cessação de Situação Jurídica Laboral*, Lisboa, 1994; SOARES RIBEIRO, «Cessação do Contrato de Trabalho por Inadaptação do Trabalhador», *IV Congresso Nacional de Direito do Trabalho*, Coimbra, 2002, pp. 397 a 409; RUI SALINAS, «Algumas Questões sobre as Nulidades do Processo de Despedimento», *RDES* XXXIV (1992), n.os 1/3, pp. 19 a 66; MARIA MANUELA MAIA DA SILVA, «O Tempo no Processo Disciplinar», *I Congresso Nacional de Direito do Trabalho. Memórias*, Coimbra, 1998, pp. 199 a 222; JOANA VASCONCELOS, «Despedimento Ilícito, Salários Intercalares e Deduções», *RDES* XXXII (1990), pp. 157 a 223, «O Conceito de Justa Causa de Despedimento. Evolução Legislativa e Situação Actual», *Estudos do Instituto de Direito do Trabalho*, Volume II, *Justa Causa de Despedimento*, Coimbra, 2001, pp. 15 a 34 e «Concretização do Conceito de Justa Causa», *Estudos do Instituto de Direito do Trabalho*, Volume III, Almedina, Coimbra, 2002, pp. 207 a 223; MOTTA VEIGA, *Lições de Direito do Trabalho*, 8.ª ed., Lisboa, 2000, pp. 488 a 512; BERNARDO XAVIER, «A Extinção do Contrato de Trabalho», *RDES* XXXI (1989), pp. 427 a 478 e *O Despedimento Colectivo no Dimensionamento da Empresa*, Lisboa, 2000; BERNARDO XAVIER/FURTADO MARTINS/NUNES DE CARVALHO, «Cessação Factual da Relação de Trabalho e Aplicação do Regime Jurídico do Despedimento», *RDES* XL (1999), n.º 1, pp. 41 a 49; BERNARDO XAVIER/FURTADO MARTINS/NUNES DE CARVALHO/JOANA VASCONCELOS/TATIANA GUERRA DE ALMEIDA, *Manual*, cit., pp. 785 e ss.

Capítulo V
Direito Coletivo

Secção I
Sujeitos das Relações Coletivas

§ 59. ESTRUTURAS DE REPRESENTAÇÃO COLETIVA DOS TRABALHADORES

No No Código do Trabalho, a parte respeitante ao direito coletivo do trabalho (Título III) inicia-se com um Capítulo I, respeitante às estruturas de representação coletiva dos trabalhadores (arts. 404.º e ss. do CT).

Como dispõe o art. 404.º do CT, há três tipos de estruturas de representação coletiva dos trabalhadores: as comissões de trabalhadores, os conselhos de empresa europeus e as associações sindicais. No preceito ainda se alude aos representantes dos trabalhadores para a segurança e saúde no trabalho (alínea *c)*), mas não se pode dizer que correspondam a uma verdadeira estrutura. As mencionadas três estruturas têm em vista a defesa e prossecução dos direitos e interesses coletivos dos trabalhadores.

Apesar de as associações sindicais se poderem considerar como as estruturas de representação coletiva com maior relevo tanto histórico como prático, seguindo a ordem que resulta da Constituição e que o Código do Trabalho, em 2003[2317], adotou, far-se-á referência às mencionadas estru-

[2317] Na revisão de 2009, alterou-se a ordem, começando na alínea *a)* por se mencionar as associações sindicais, mas, depois, na sistematização mantém-se a anterior ordem, pois as

turas, começando pelas comissões de trabalhadores. Contudo, o estudo das comissões de trabalhadores e dos conselhos de empresa europeus será feito a propósito da empresa.

As estruturas de representação de trabalhadores, no exercício da sua função, devem atuar de modo independente, quer dos empregadores, quer do poder político; daí a regra da autonomia e independência estabelecida no art. 405.º do CT. Na medida em que a atuação de trabalhadores na prossecução de direitos e interesses coletivos dos trabalhadores pode ser mal querida pelos empregadores, além da proibição de atos discriminatórios (art. 406.º do CT), prescrevem-se várias medidas de especial proteção dos representantes dos trabalhadores, como o crédito de horas (art. 408.º do CT) ou a tutela do local de trabalho (art. 411.º do CT), a que se fará alusão na análise das diversas estruturas de representação coletiva.

Bibliografia:

Luís Gonçalves da Silva, anotações aos arts. 404.º e ss., *in* Romano Martinez/Luís Miguel Monteiro/Joana Vasconcelos/Madeira de Brito/Guilherme Dray/Gonçalves da Silva, *Código do Trabalho Anotado*, cit., pp. 921 ss.

§ 60. EMPRESA

1. Papel da empresa nas relações coletivas

I. À empresa foi feita alusão a propósito do conceito de empregador. De facto, normalmente, a noção de empregador está associada à de empresa e as normas de direito do trabalho, em especial as do Código do Trabalho, partem do pressuposto de que o empregador é uma empresa; há evidentemente situações específicas de relações laborais em que o empregador não é uma empresa, como por exemplo o serviço doméstico, mas por via de regra é na empresa que se estabelecem relações laborais.

No anterior § 5, n.º 3, alínea *c)* (*vd.* igualmente § 17.2) concluiu-se no sentido de a empresa corresponder uma organização de pessoas prosseguindo um objetivo comum. Esta noção parece preferível àquela outra que entende a empresa como uma organização de meios; de facto, no domínio das

comissões de trabalhadores (arts. 415.º e ss do CT) precedem as associações sindicais (arts. 440.º e ss. do CT).

relações laborais assume especial relevância a organização de pessoas, em particular de trabalhadores, embora se reconheça que a empresa exista também e necessariamente como organização de meios.

II. A empresa tem sido estudada em vários ramos do direito, entre os quais o direito do trabalho; e apesar de o direito do trabalho, no que respeita ao estudo da empresa, ser subsidiário, em particular do direito comercial, no domínio laboral releva predominantemente o aspeto pessoal na empresa, subalternizando-se a organização de meios. Na realidade, numa empresa há várias facetas a considerar: os aspetos económico, produtivo, laboral, etc. O direito do trabalho vai preocupar-se tão-só com o aspeto laboral. Nos outros domínios, a organização de meios terá uma relevância diferente, mas no plano das relações laborais, o ponto que se apresenta com maior importância é o da organização de pessoas; ou seja, interessa determinar como é que na empresa estão organizados os trabalhadores, qual a hierarquização existente entre eles, em que termos se estabelece a relação de subordinação com o empregador, como funciona o poder disciplinar dentro da empresa, qual a divisão de tarefas, como estão estruturadas as categorias, etc.

III. No que respeita às relações coletivas, a empresa tem relevância em especial sob dois aspetos.

Primeiro, quanto à celebração de uma convenção coletiva de trabalho, em que foi conferida capacidade ao empresário para a outorgar, concretamente para ajustar um acordo de empresa ou um acordo coletivo.

Em segundo lugar, nos conflitos laborais, é na empresa que se verificam as consequências deles derivadas, com particular relevo para a greve; esta é desencadeada na empresa, os trabalhadores entram em greve, numa dada empresa, e mesmo que seja uma greve geral, a paralisação reflete-se em cada empresa.

Numa perspetiva simplificada, o direito coletivo do trabalho resumir-se-ia às relações entre as associações sindicais e as associações de empregadores; ou seja, da relação individual existente entre o trabalhador e o empregador – o contrato de trabalho –, passar-se-ia para a relação coletiva entre associações sindicais e associações de empregadores.

Nestes termos, o direit o do trabalho circunscrever-se-ia à bipolarização: relações individuais entre o trabalhador e o empregador, por um lado, e relações coletivas entre associações sindicais e associações de empregadores, por outro. Todavia, há algumas particularidades no domínio laboral que extravasam desta simplificação, uma delas é a realidade «empresa», que não se enquadra nesta perspetiva simplificada. A empresa, identificada com o empregador, inclui-se no âmbito da relação individual de trabalho, todavia, ela também se integra na relação coletiva, não só quando se celebram acordos de empresa ou acordos coletivos de trabalho, como também nos conflitos laborais, em que tem particular relevo a greve na empresa.

Mas a empresa não é somente uma entidade que pode intervir nas relações coletivas, negociando acordos de empresa ao lado das associações de empregadores e em moldes similares ao destas.

IV. O papel da empresa não se resume a estas funções, idênticas às das associações de empregadores, porque há a ter em conta igualmente a intervenção do trabalhador na vida da empresa. É neste ponto que a empresa tem, no direito do trabalho, particularidades dignas de maior relevo.

A intervenção dos trabalhadores na empresa pode desenvolver-se a dois níveis: na mera qualidade de trabalhadores daquela empresa, ou atendendo ao facto de serem representantes sindicais[2318]. Neste último caso, para além de trabalhadores da empresa, também são representantes do sindicato onde se encontram filiados. Acresce ainda que, na qualidade de trabalhadores, podem intervir na empresa por via da comissão de trabalhadores ou do conselho de empresa europeu.

V. Assim, o papel da empresa na negociação coletiva não apresenta particularidades dignas de menção. O empregador, na sua qualidade de empresário, pode negociar acordos de empresa e para além do âmbito restrito dessa convenção coletiva, a mesma segue as regras gerais dos restantes instrumentos.

O mesmo raciocínio vale em relação à solução de conflitos laborais. O facto de tais conflitos estarem circunscritos a uma empresa não acarreta particularidades, para além daquelas que respeitam à sua delimitação.

Cabe, por isso, neste parágrafo estudar tão-só a intervenção dos trabalhadores na empresa e a atividade sindical na empresa.

[2318] Veja-se Biagi, *Rappresentanza e Democrazia in Aziende*, trad. espanhola, Madrid, 1982; Saéz Lara, *Representación y Acción Sindical en la Empresa*, Madrid, 1992.

2. Intervenção dos trabalhadores na empresa

a) Intervenção económica

A intervenção dos trabalhadores na empresa pode fazer-se em vários domínios e não se relaciona sempre, pelo menos diretamente, com a relação laboral. Por exemplo, sendo atribuídas ações privilegiadas aos trabalhadores, normalmente sem direito de voto, mas em que lhes é conferido o direito a participar nos lucros, esses trabalhadores beneficiam da atividade empresarial. Mas esta intervenção advém do facto de os trabalhadores serem simultaneamente acionistas da empresa em que trabalham, que conduz ao, por vezes, designado «capitalismo popular»[2319].

Todavia, neste âmbito interessa analisar não a intervenção económica do trabalhador na empresa, mas as ingerências com repercussões diretas no domínio laboral. Concretamente, são duas as possibilidades conferidas ao trabalhador de intervir nas relações laborais da empresa: por um lado, através das comissões de trabalhadores e, por outro, mediante as comissões sindicais da empresa. A estas duas hipóteses é de acrescentar os conselhos de empresa europeus, em que a participação dos trabalhadores pressupõe que a empresa tenha uma dimensão comunitária.

As comissões de trabalhadores têm em vista representar todos os trabalhadores que prestam a sua atividade subordinada numa dada empresa, independentemente do sindicato em que estão inscritos e mesmo que não estejam sindicalizados.

As comissões sindicais são compostas por trabalhadores de uma empresa, eleitos pelos demais colegas de trabalho sindicalizados no mesmo sindicato; ou seja, os trabalhadores de uma empresa inscritos no mesmo sindicato elegem os seus delegados, que constituem a comissão sindical.

Se numa mesma empresa existir mais de um sindicato com representação sindical, podem constituir-se várias comissões sindicais, devendo então instituir-se uma comissão intersindical para coordenar a atividade dos delegados sindicais dos vários sindicatos[2320]. A matéria da ação sindical na empresa será tratada na alínea seguinte.

Por último, o conselho de empresa europeu, que pode ser instituído em empresas ou grupo de empresas de dimensão comunitária, permite que os

[2319] *Vd. supra* § 25.n.º 4, alínea a.4).

[2320] Veja-se LIBERAL FERNANDES/MARIA REGINA REDINHA, «Regulamentação coletiva do exercício do direito de representação sindical: feição retributiva», *QL* 42 (vinte anos de Questões Laborais), 2013, pp. 35 ss.

trabalhadores sejam informados e consultados sobre questões relativas ao conjunto da empresa ou do grupo. Em vez de se instituir o conselho de empresa, pode acordar-se quanto a um ou mais procedimentos de informação e consulta dos trabalhadores.

Cabe agora estudar a intervenção dos trabalhadores na empresa dissociada da atividade sindical.

b) Comissões de trabalhadores

I. A intervenção dos trabalhadores na empresa tem consagração constitucional no art. 54.º, n.º 1, da CRP, onde se lê: «É direito dos trabalhadores criarem comissões de trabalhadores para defesa dos seus interesses e intervenção democrática na vida da empresa».

Esta intervenção democrática na vida da empresa teve início nos meses subsequentes à revolução de 1974 e estava imbuída de uma certa conotação política. Tratava-se de uma intervenção de base, exercida em paralelo àquela que era feita pelos sindicatos. Surgia, assim, um contrapoder dentro da própria empresa, para intervir na atuação desta, com vista à defesa dos interesses dos trabalhadores, independentemente de se encontrarem sindicalizados. Como o número de trabalhadores sindicalizados era relativamente pequeno, por via das comissões de trabalhadores obtinha-se uma intervenção alargada nas empresas, mesmo daqueles trabalhadores que não estivessem sindicalizados.

A existência de um contrapoder dentro da empresa não se coaduna com a tradicional conceção do poder do empresário. Mas, mesmo após a estabilização, posterior a 1976, a possibilidade do controlo de gestão da empresa por parte dos trabalhadores manteve-se; não se tratou de uma situação efémera, característica do período revolucionário de 1974/75. Por outro lado, não constitui uma particularidade do sistema jurídico português a possibilidade de controlo de gestão da empresa por parte dos trabalhadores.

Concebe-se que os interesses do empresário empregador, em certa medida, se devem conciliar com os interesses daqueles que, com o seu trabalho, mantêm a empresa em laboração. Importa harmonizar tais interesses; pelo que se permite que haja alguma intervenção dos que laboram na empresa relativamente ao poder do empresário. Assim, no art. 64.º do CSC afirma-se que «Os gerentes ou administradores da sociedade devem observar (...) deveres de lealdade, no interesse da sociedade, (...) ponderando os interesses dos outros sujeitos relevantes para a sustentabilidade da sociedade, tais como os seus trabalhadores (...)». É nesta sequência que o art. 54.º da CRP mantém a referência às comissões de trabalhadores e ao respetivo poder na empresa[2321]. As comissões de trabalhadores vieram a ser institucionalizadas pela Lei n.º 46/79, de 12 de setembro (LComT). A institucionalização de um contrapoder no seio da empresa e o facto de as despesas inerentes ao exercício dos direitos por parte das comissões de trabalhadores serem suportadas pela própria empresa, leva a crer que nesta intervenção dos trabalhadores, a original perspetiva revolucionária, que esteve na base da constituição das comissões de trabalhadores, está ultrapassada e estas perderam a inicial carga ideológica[2322]. O regime das comissões de trabalhadores transitou para os arts. 461.º e ss. do CT2003, com a regulamentação nos arts. 327.º e ss. da LECT, presentemente, o regime consta dos arts. 415.º e ss. do CT2009.

A intervenção das comissões de trabalhadores na vida da empresa funciona como partilha do poder relativamente a aspetos que digam, direta ou indiretamente, respeito às relações laborais, como forma de se conciliarem interesses, tendencialmente contrapostos.

No controlo de gestão atribuído às comissões de trabalhadores não se inclui o poder de direção empresarial, porque as comissões de trabalhadores não foram instituídas para coartar os poderes de direção do empregador (art. 423.º do CT) nem mesmo substitui-lo, ainda que de forma parcial, como se deduz do disposto nos arts. 416.º e ss. do CT. Trata-se de uma participação, e não de um controlo no exercício do poder dentro da empresa; ou seja, verdadeiramente, não há um controlo de gestão, como contrapoder dentro da empresa, mas tão-só uma participação dos trabalhadores sem coartar, nem sequer retirar parcialmente, poderes ao empregador. Mesmo a representação indicada no art. 428.º do CT, que é facultativa no sector privado (n.º 1), não se confunde com a administração da empresa, como prescrevem, por exemplo, os arts. 64.º e ss. do CSC relativamente à administração da sociedade.

II. A intervenção dos trabalhadores na empresa realiza-se através das comissões de trabalhadores, importa, pois, apreciar a sua estrutura e atribuições.

[2321] O preceito constitucional sofreu várias alterações, desde a previsão nos arts. 55.º e 56.º da CRP, versão de 1976, ao atual art. 54.º da CRP, que unificou, tendencialmente, as duas anteriores disposições.

[2322] Por isso, a referência ao «(...) reforço da unidade das classes trabalhadoras e a sua mobilização para o processo revolucionário de construção do poder democrático dos trabalhadores» (art. 55.º, n.º 1, 2.ª parte, da CRP, versão de 1976) foi eliminado na 1.ª revisão constitucional, subsistindo tão-só o objetivo das comissões de trabalhadores: defesa dos interesses dos trabalhadores e intervenção democrática na vida da empresa.

As comissões de trabalhadores foram criadas na sequência da revolução de 1974 e encontram um tratamento alargado a nível constitucional no art. 54.º da CRP. Para além da referência constitucional há a ter em conta o regime legal, constante dos arts. 415.º a 439.º do CT.

Não obstante o desenvolvimento legislativo, em particular constitucional, atribuído às comissões de trabalhadores, na prática, o papel por elas desempenhado é bastante mais reduzido do que o faria supor o tratamento legal. De facto, parece que não perfazem o número de 400 as empresas no país onde se encontram instituídas comissões de trabalhadores no desempenho de funções[2323] e, segundo uma sondagem da Universidade Católica de abril de 1996, só 3,8% dos trabalhadores fizeram parte de comissões de trabalhadores. No nosso sistema jurídico, o papel das comissões de trabalhadores é relativamente diminuto, talvez por três razões, por um lado, da parte dos empregadores há alguma relutância quanto à participação dos trabalhadores na vida da empresa, por outro, os trabalhadores, por falta de informação, receio de represálias e inércia, acabam por não tomar qualquer iniciativa, por último, nota-se uma certa concorrência com os sindicatos e estes gostam de ver minimizado o papel das comissões de trabalhadores[2324].

III. Nos termos do art. 54.º, n.º 1, da CRP os trabalhadores de uma empresa têm o direito de constituir a comissão de trabalhadores. Vigora, nos termos do art. 415.º, n.º 1, do CT, um regime de unicidade, pois em cada empresa só pode haver uma comissão de trabalhadores. Mas no caso de a empresa ter estabelecimentos geograficamente dispersos, os trabalhadores podem eleger subcomissões, como dispõe o art. 415.º, n.º 2, do CT. Por outro lado, os membros de várias comissões de trabalhadores podem criar uma comissão coordenadora para intervir na reestruturação económica (art. 54.º, n.º 3, da CRP e art. 415.º, n.º 4, do CT).

O direito de constituir uma comissão de trabalhadores exorbita da normal liberdade de associação, porque permite a participação organizada dos trabalhadores em determinadas atividades da empresa; constitui, pois, a institucionalização de um meio de os trabalhadores participarem na vida da empresa.

[2323] Cf. Bernardo Xavier, *Curso de Direito do Trabalho*, cit., p. 225.

[2324] A este propósito refira-se que no anteprojeto de Código do Trabalho pretendia-se dar maior protagonismo às comissões de trabalhadores por via de dois mecanismos: atribuição de personalidade jurídica e permissão de celebrar convenções coletivas de trabalho com conteúdo limitado. Quanto a esta última houve uma forte oposição dos sindicatos.

Como dispõe o art. 54.º, n.º 2, da CRP, a comissão de trabalhadores em cada empresa é constituída em plenário de trabalhadores[2325]. O plenário deverá ser convocado com a antecedência mínima de 15 dias por, pelo menos, 100 ou 20% dos trabalhadores na empresa (art. 430.º, n.º 3, do CT). Nesse plenário, os trabalhadores, para além da deliberação de constituir a comissão de trabalhadores, também deverão aprovar os respetivos estatutos e demais regulamentos, bem como eleger os representantes dos trabalhadores para a comissão, ou seja, eleger os membros da comissão (art. 54.º, n.º 2, da CRP). As regras quanto à eleição da comissão de trabalhadores encontram-se nos arts. 430.º e ss. do CT, onde se fixam com algum pormenor regras quanto ao caderno eleitoral, secções de voto, votação, ata, apuramento de resultados, etc.[2326].

As comissões de trabalhadores têm uma composição variável, podem ir de dois até onze membros (art. 417.º do CT), sendo os membros eleitos por um mandato que não pode exceder quatro anos (art. 418.º do CT). O número de membros da comissão de trabalhadores (de dois a onze) depende do tipo de empresa, tendo em conta o número de trabalhadores da mesma.

Os estatutos, aprovados nos termos indicados no art. 430.º do CT, são publicados no *Boletim do Trabalho e Emprego* (art. 438.º, n.º 6, alínea *c)*, do CT), devendo deles constar o que se indica no art. 434.º, n.º 1, do CT, como conteúdo.

IV. As atribuições das comissões de trabalhadores foram apelidadas no art. 54.º, n.º 5, da CRP e no art. 423.º do CT, por «direitos», apesar de nem sempre corresponderem a verdadeiros direitos subjetivos, mas antes a prerrogativas[2327]. Do elenco constante das várias alíneas do n.º 5 do art. 54.º da CRP – concretizado no arts. 423.º e ss., 426.º e ss. e 429.º e ss. do CT – retiram-se as seguintes atribuições.

V. Obtenção de informações necessárias ao exercício da sua atividade (alínea *a)*, *n.º* 1 do art. 423.º do CT). Trata-se de um genérico direito de infor-

[2325] Sobre esta questão, cf. Ac. Rel. Pt. de 10/7/1997, *CJ* XXII, T. IV, p. 247, em que a comissão de trabalhadores se recusou a convocar nova assembleia geral de trabalhadores da empresa.

[2326] Relativamente à legislação anterior, MENEZES CORDEIRO, *Direito do Trabalho*, I, cit., pp. 921 ss., explicava que o legislador foi levado a regular de modo minucioso a votação para combater a prática revolucionária das eleições feitas em plenários que tinham por efeito favorecer as forças mais militantes.

[2327] Cabe distinguir, como faz MÁRIO PINTO, *Direito do Trabalho*, cit., pp. 234 ss. e pp. 248 ss., sem usar esta terminologia, os direitos dos trabalhadores da empresa de reunirem e de criarem uma comissão de trabalhadores, das atribuições conferidas a estas entidades.

mação. A comissão de trabalhadores deve ser informada de aspetos relativos à atividade empresarial que se prendam com questões laborais.

O exercício da prerrogativa da comissão de trabalhadores à informação vem especificado nos arts. 424.º, 425.º e 427.º do CT e destes preceitos conclui-se que o direito à informação compreende o esclarecimento de aspetos vários da vida da empresa, enumerados nas diferentes alíneas do n.º 1 do art. 424.º do CT. Deste elenco depreende-se que a comissão de trabalhadores pode pedir informações que vão desde planos de atividade e organização da produção até projetos de alteração do objeto, do capital social e de reconversão da atividade produtiva da empresa. Todavia, na medida em que muitas destas informações podem relacionar-se com aspetos melindrosos da atividade empresarial, em particular, no que respeita a questões de concorrência, estabeleceu-se uma obrigação de sigilo relativamente aos membros das comissões de trabalhadores no que respeita às informações prestadas com reserva de confidencialidade (art. 412.º, n.º 1, do CT).

Para além de ser informada, a comissão de trabalhadores terá de dar parecer escrito relativamente às matérias previstas nas alíneas do art. 425.º do CT).

O direito à informação a que se alude na alínea *a)* do n.º 5 do art. 54.º da CRP, por vezes, pode ser pouco eficaz, porque, frequentemente, perante determinados pedidos de informação, o empresário, não estando disposto a prestar os esclarecimentos solicitados, pode usar de variadíssimos processos dilatórios, de molde a que as informações não sejam facultadas. Por exemplo, quando duas empresas preparam a sua fusão, muitas das vezes não estão interessadas em informar do facto as respetivas comissões de trabalhadores, porque tais informações, a serem conhecidas de outros agentes económicos, poderiam prejudicar o processo de fusão. (*Vd.* contudo, o disposto no art. 286.º do CT).

VI. Em segundo lugar, importa aludir à possibilidade de as comissões de trabalhadores controlarem a gestão de empresa (alínea *b)*).

Este controlo de gestão encontra-se regulado no art. 426.º do CT e está excluído relativamente a determinadas atividades indicadas no n.º 3 do mesmo artigo; por exemplo, não podem as comissões de trabalhadores exercer o controlo de gestão na atividade do Banco de Portugal (alínea *a)*), na Imprensa Nacional (alínea *b)*), nos estabelecimentos fabris militares (alínea c)) ou em órgãos de soberania (alínea *d)*)[2328].

[2328] Como no caso da OGMA – Indústria Aeronáutica de Portugal, SA, particularmente no que respeita à aeronáutica militar.

Do disposto no art. 426.º, n.º 2, do CT verifica-se que compete às comissões de trabalhadores, no exercício da atribuição de controlo, um poder bastante amplo, que passa por apreciar e emitir parecer sobre orçamentos da empresa até à defesa dos interesses dos trabalhadores junto dos órgãos de gestão e fiscalização da empresa e das autoridades competentes.

O controlo de gestão relaciona-se com a fiscalização de aspetos vários da vida da empresa e com a possibilidade de participar irregularidades às autoridades competentes, se verificarem, nessa sua fiscalização, que a empresa está a violar determinadas regras legais. Para além das participações de irregularidades, o controlo de gestão efetiva-se mediante a apresentação de recomendações e críticas, bem como pela emissão de pareceres.

VII. Da alínea *c)* do art. 54.º da CRP – antes da revisão constitucional de 1997 – constava a possibilidade de as comissões de trabalhadores intervirem na reorganização das unidades produtivas[2329].

Todavia, após a revisão constitucional de 1997, da alínea *c)* do n.º 5 do art. 54.º da CRP passou a constar que a comissão de trabalhadores pode participar nos processos de reestruturação da empresa, especialmente no tocante a ações de formação e quando ocorra alteração das condições de trabalho. Neste âmbito prescreve o art. 429.º do CT; as comissões de trabalhadores participam no processo de reestruturação da empresa, cabendo-lhes serem informadas, ouvidas e apresentarem sugestões, reclamações ou críticas.

VIII. As comissões de trabalhadores podem participar na elaboração da legislação de trabalho e dos planos económico-sociais que contemplem o respetivo sector (alínea *d)*).

Esta atribuição exorbita do plano empresarial. A possibilidade de participar na elaboração da legislação de trabalho é uma atribuição cuja previsão se encontra nos arts. 469.º e ss. do CT. Pretende-se que a legislação de trabalho seja alvo de uma apreciação pública antes da sua aprovação, onde os vários interessados possam discutir as alterações que se pretendem introduzir. Nessa apreciação pública, as comissões de trabalhadores poderão emitir parecer não vinculativo (arts. 474.º e 475.º do CT).

[2329] Assim, dos arts. 32.º e 33.º LComT constava que as comissões de trabalhadores deviam ser informadas e ouvidas, podendo depois emitir parecer com respeito a qualquer plano de reorganização das unidades produtivas da empresa. Tratava-se de um parecer meramente indicativo que não vincula o empregador, o qual pode decidir pela reorganização empresarial de modo contrário ao indicado no parecer da comissão de trabalhadores.

IX. As comissões de trabalhadores podem gerir ou participar na gestão das obras sociais da empresa (alínea *e)*).

A Lei limita-se a consagrar na alínea *e)* do n.º 5 do art. 54.º da CRP e na alínea *e)* do n.º 1 do art. 423.º do CT a possibilidade de as comissões de trabalhadores participarem na gestão das obras sociais da empresa, mas não o concretiza. A prerrogativa em causa efetivar-se-á na medida em que o empregador procure apoio da comissão de trabalhadores.

X. Cabe às comissões de trabalhadores promover a eleição de representantes dos trabalhadores para os órgãos sociais de empresas pertencentes ao Estado ou a outras entidades públicas (alínea *f)* do n.º 1 do art. 423.º do CT).

Esta atribuição vem reiterada na alínea *e)* do n.º 1 do art. 423.º do CT e regulada no art. 428.ºdo CT. Para além do direito de reunião da comissão de trabalhadores com o órgão de gestão da empresa, há que atender à designada cogestão, em que os trabalhadores participam, juntamente com os corpos diretivos, na gestão da empresa; solução válida relativamente ao sector empresarial do Estado. A cogestão não é imposta no domínio privado, onde só se concretiza na medida em que o empresário assim o decida[2330], mas unicamente em relação às entidades públicas empresariais (art. 428.º do CT).

XI. Para além do disposto nas várias alíneas do n.º 5 do art. 54.º da CRP, especificado nas citadas normas dado Código do Trabalho, as comissões de trabalhadores têm outras atribuições, como por exemplo, em caso de despedimento, individual e coletivo, no qual os arts. 411.º, n.º 2, 360.º, n.º 1, e 361.º do CT admitem a intervenção da comissão de trabalhadores em várias fases do procedimento. Refira-se ainda a participação da comissão de trabalhadores no processo conducente à suspensão do contrato de trabalho ou à redução do tempo de trabalho, prevista nos arts. 299.º e 300.º do CT, por vezes referenciado por regime do *lay off*.

XII. Para facilitar o exercício das suas atribuições, estabeleceram-se determinadas regras quanto às reuniões das comissões de trabalhadores com os órgãos de gestão da empresa (art. 423.º, n.º 1, alínea *g)*, do CT) e com os demais trabalhadores da empresa (art. 419.º do CT), além de que foram conferidos, aos membros das comissões de trabalhadores, créditos de horas

[2330] A cogestão prevista nestes preceitos pressupõe uma gestão partilhada, diferenciando-se da autogestão, em que a empresa passa a ser gerida só pelos trabalhadores.

para o exercício da sua atividade (art. 408.º do CT). Permite-se, assim, que os membros das comissões de trabalhadores possam não prestar trabalho em determinadas horas, sendo ainda assim remunerados, desde que se encontrem no exercício da atividade correspondente à comissão que integram[2331]. Trata-se de um encargo da empresa.

Também para facilitar o exercício de funções, a lei estabelece o dever de atribuir instalações às comissões de trabalhadores, bem como meios materiais e técnicos necessários ao desempenho de suas funções (art. 421.º, n.º 1, do CT). Com a mesma finalidade de facilitar o exercício da atividade das comissões de trabalhadores, estatui-se o direito de distribuir e afixar informação relativa aos interesses dos trabalhadores (art. 421.º, n.º 2, do CT, *ex* art. 465.º do mesmo diploma), em especial para dar a conhecer aos trabalhadores as diligências efetuadas junto dos órgãos de gestão e administração da empresa e de aspetos que podem afetar as relações laborais[2332].

Nos termos dos arts. 408.º e ss. do CT, foi conferido aos membros das comissões de trabalhadores uma proteção legal idêntica à dos restantes representantes dos trabalhadores, por exemplo delegados sindicais. O legislador considerou que, como os membros das comissões de trabalhadores exercem uma atividade, de certo modo, melindrosa, e por vezes sem a aprovação do empregador, devem ser especialmente protegidos. Nesta proteção, além do crédito de horas e das faltas (arts. 408.º e 409.º do CT) há dois aspetos principais a salientar. Por um lado, foi-lhes atribuído o direito à inamovibilidade, de molde a não serem transferidos de local de trabalho sem o seu consentimento (art. 411.º do CT), independentemente de tal mudança não acarretar prejuízo sério para o trabalhador. Por outro lado, quanto ao despedimento, os membros das comissões de trabalhadores têm uma proteção especial (art. 410.º do CT).

XIII. Não obstante o desenvolvido tratamento legislativo (art. 54.º da CRP e na revogada Lei n.º 46/79), não havia qualquer norma onde se esta-

---

[2331] Como se estabelece no Ac. Rel. Pt. de 14/4/1997, CJ XXII, T. II, p. 245, os créditos conferidos na Lei das Comissões de Trabalhadores cumulam-se com os constantes da Lei Sindical, sempre que o trabalhador exerce simultaneamente funções sindicais e da comissão de trabalhadores, sendo, por exemplo, membro da comissão de trabalhadores e delegado sindical.

[2332] Como se prescreve no Ac. STJ de 13/12/1995, CJ (STJ) 1995, T. III, p. 308, nem a comissão de trabalhadores nem os seus membros são indemnizados por danos não patrimoniais no caso de a empresa ter impedido a sua entrada nas instalações, porque os danos causados foram tão-só a irritação e frustração dos membros impedidos de exercer as suas funções.

belecesse a personalidade jurídica das comissões de trabalhadores. A lei aludia somente à sua capacidade judiciária no art. 17.º da LComT, mas da capacidade judiciária não se podia deduzir a existência de capacidade jurídica.

Esta lacuna foi colmatada pelo Código do Trabalho em 2003, prescrevendo que as comissões de trabalhadores adquirem personalidade jurídica pelo registo dos seus estatutos no Ministério do Trabalho (art. 416.º do CT2009, correspondente ao art. 462.º do CT2003). Deste modo, as comissões de trabalhadores são associações a que, além das regras especiais já referidas, se aplica o regime geral das associações, constante do Código Civil.

BIBLIOGRAFIA:

ALBINO MENDES BAPTISTA, «Que Futuro para as Comissões de Trabalhadores?», *Estudos sobre o Código do Trabalho*, Coimbra, 2004, pp. 161 e ss.; MENEZES CORDEIRO, *Direito do Trabalho*, I, cit., pp. 921 ss.; BRITO CORREIA, «A Lei sobre as Comissões de Trabalhadores», *ROA* 40, 1980, pp. 443 a 467; MONTEIRO FERNANDES, *Direito do Trabalho*, cit., pp. 711 e ss.; MENEZES LEITÃO, *Direito do Trabalho*, cit., pp. 570 ss.; MÁRIO PINTO, *Direito do Trabalho*, cit., pp. 229 a 262; JOÃO REIS, «Envolvimento e participação dos trabalhadores na empresa», *QL* 42 (vinte anos de Questões Laborais), 2013, pp. 139 ss.; FRAÚSTO DA SILVA, «Notas Práticas sobre atribuições e funcionamento de comissões de trabalhadores», *Estudos dedicados ao Professor Doutor Bernardo da Gama Lobo Xavier*, II, Lisboa, 2015, pp. 129 ss.; LUÍS GONÇALVES DA SILVA, anotações aos arts. 415.º e ss., *in* ROMANO MARTINEZ/LUÍS MIGUEL MONTEIRO/JOANA VASCONCELOS/MADEIRA DE BRITO/ /GUILHERME DRAY/GONÇALVES DA SILVA, *Código do Trabalho Anotado*, cit., pp. 955 ss.; MOTTA VEIGA, *Lições*, cit., pp. 207 a 216; BERNARDO XAVIER, «As Recentes Intervenções dos Trabalhadores nas Empresas», *Separata ROA*, Lisboa, 1975; BERNARDO XAVIER/FURTADO MARTINS/NUNES DE CARVALHO/JOANA VASCONCELOS/TATIANA GUERRA DE ALMEIDA, *Manual*, cit., pp. 99 e ss.

c) Conselhos de Empresa Europeus

I. Nas empresas e grupos de empresas de dimensão comunitária, para informação e consulta dos trabalhadores, pode instituir-se um conselho de empresa europeu, como se estabelece no art. 404.º, alínea *d)*, do CT e, com desenvolvimento, nos trinta preceitos da Lei n.º 96/2009, de 3 de setembro, onde se transpõe a Diretiva n.º 2009/38/CE, do Parlamento Europeu e do Conselho, de 6 de maio, que substituiu a Diretiva n.º 94/45/CE, do Conselho, de 22 de setembro[2333]. Como resulta do art. 2.º da Lei n.º 96/2009, as empresas e grupos de empresas de dimensão comunitária serão aquelas que tendo estabelecimentos ou empresas controladas em mais do que um Estado membro da União Europeia empreguem 1000 trabalhadores nos diferentes Estados membros e 150 trabalhadores nos estabelecimentos ou empresas de cada Estado membro. Para aplicação deste regime é pressuposto que a direção central da empresa ou grupo de empresas esteja situada em território nacional (arts. 3.º, n.º 1, e 4.º, n.º 1, da Lei n.º 96/2009), salvo nas situações excecionais previstas nas alíneas do n.º 2 do art. 4.º da Lei n.º 96/2009.

Em vez de se instituir um conselho de empresa, das negociações entre a direção central e os representantes dos trabalhadores pode resultar um acordo que institua um ou mais procedimentos de informação e consulta (art. 8.º da Lei n.º 96/2009), que se pauta pelo disposto no art. 10.º do mesmo diploma.

Se do processo negocial (arts. 5.º e ss. da Lei n.º 96/2009) resultar um acordo com vista a instituir um conselho de empresa europeu, há que atender ao disposto no art. 9.º da citada Lei.

No que respeita à sociedade anónima europeia – empresa de dimensão comunitária ou empresa que exerce o controlo de um grupo de empresas de dimensão comunitária –, em vez do conselho de empresa europeu, o envolvimento dos trabalhadores, nomeadamente para informação e consulta, pode ser feito por via do conselho de trabalhadores (Decreto-Lei n.º 215/2005, de 13 de dezembro, sociedade europeia e envolvimento dos trabalhadores).

II. O conselho de empresa, instituído nos termos prescritos nos arts. 12.º e ss. da Lei n.º 96/2009, como resulta dos arts. 15.º e ss. da mesma lei, tem direito a ser informado e consultado pela direção central sobre questões relativas ao conjunto da empresa ou do grupo, devendo a direção central apresentar um relatório anual sobre a evolução e as perspetivas das atividades da empresa ou do grupo de empresas e reunir-se com o conselho de empresa, pelo menos, uma vez por ano. O âmbito da informação a prestar ao conselho europeu resulta do acordo ajustado entre a direção central e os representantes dos trabalhadores (art. 9.º, n.º 1, da Lei n.º 96/2009), cujos termos podem ser renegociados (art. 18.º da Lei n.º 96/2009).

Tal como em relação às comissões de trabalhadores e à intervenção sindical na empresa, os meios materiais para o exercício da atividade do conselho

[2333] Sobre a figura, veja-se COHEN/MILET, *Le Droit des Comités d'Entreprise & des Comités de Groupe*, 14.ª ed., Paris, 2018.

de empresa constitui um encargo da empresa ou do grupo (art. 22.º da Lei n.º 96/2009), mas de modo diverso das outras formas de intervenção dos trabalhadores, as despesas do conselho de empresa são suportadas pela direção central da empresa ou do grupo (art. 22.º, n.os 1 a 6, da Lei n.º 96/2009), onde se incluem nomeadamente os recursos financeiros para as despesas de funcionamento, de organização de reuniões, de traduções, de deslocações, de estadias e remunerações de peritos. Sendo o financiamento do conselho feito pela empresa, poder-se-á questionar a autonomia dos seus membros.

III. Os membros dos conselhos de empresa europeus, como são representantes dos trabalhadores, beneficiam do regime de proteção estabelecido nos arts. 422.º e ss. do CT, nomeadamente quanto à inamovibilidade e ao despedimento.

Bibliografia:

Catarina Carvalho, «Breves considerações sobre o envolvimento dos trabalhadores nas organizações transnacionais do Direito da União Europeia», *QL* 42 (vinte anos de Questões Laborais), 2013, pp. 109 ss.; Jorge Leite/Liberal Fernandes/Leal Amado/João Reis, *Conselhos de Empresa Europeus*, Lisboa, 1996; Gonçalves da Silva, anotações aos arts. 404.º e ss., *in* Romano Martinez/Luís Miguel Monteiro/Joana Vasconcelos/Madeira de Brito/Guilherme Dray/Gonçalves da Silva, *Código do Trabalho Anotado*, cit., pp. 921 ss.; Rosário Palma Ramalho, *Tratado de Direito do Trabalho*, III, *Situações Laborais Colectivas*, cit., pp. 135 ss.

3. Atividade sindical na empresa

I. O direito de exercício da atividade sindical na empresa, além da previsão internacional (Convenção n.º 135 da OIT, sobre proteção e facilidades a conceder aos representantes dos trabalhadores na empresa, de 1971, ratificada em 1976), encontra consagração constitucional no art. 55.º, n.º 2, alínea *d)*, da CRP, dispositivo desenvolvido nos arts. 460.º e ss. do CT. Destes preceitos retira-se que a ação sindical não só é admitida, como foi institucionalizada através de delegados sindicais, comissões sindicais e comissões intersindicais.

Pretende-se que em cada empresa possa haver uma intervenção sindical, facultando-se aos sindicatos a possibilidade de intervir diretamente no seu seio.

Nos termos dos arts. 460.º e ss. do CT, a intervenção é conferida ao delegado sindical, na eventualidade de, tendo em conta a dimensão da empresa, haver mais de um delegado sindical pode constituir-se uma comissão sindical e se existirem vários sindicatos com representação naquela empresa poder-se-á constituir uma comissão intersindical (art. 462.º, n.º 3, do CT).

Para a intervenção na empresa é conferida uma especial proteção aos delegados sindicais, nos termos fixados para os representantes dos trabalhadores (arts. 408.º e ss. do CT). De facto, tendo em conta que a ação sindical pode ser mal entendida pelo empregador, justifica-se que sejam concedidas garantias aos trabalhadores que exercem a atividade sindical na empresa.

II. Nos termos do art. 55.º, n.º 2, alínea *d)*, da CRP e do art. 460.º do CT, os trabalhadores e os sindicatos têm direito a desenvolver a atividade sindical no interior da empresa. Mas esta atividade sindical só pode ser exercida, por um lado, pelos trabalhadores sindicalizados que prestam atividade na empresa em causa, excluindo-se os não sindicalizados e, por outro, a ação sindical é conferida tão-só aos sindicatos com representação naquela empresa. O sindicato representativo de uma profissão, mas sem trabalhadores sindicalizados na empresa, não pode nela intervir. Por exemplo, o sindicato dos motoristas não poderá intervir numa empresa que tem motoristas ao seu serviço, mas em que nenhum deles está filiado naquele sindicato.

Para o exercício da atividade sindical, institucionalizou-se a figura do delegado sindical (art. 462.º, n.º 1, do CT), que, à imagem dos dirigentes sindicais, também, por vezes, se tem profissionalizado[2334].

Teoricamente, o delegado sindical deveria ser livremente eleito pelos trabalhadores da empresa filiados no sindicato em questão, mas do art. 462.º, n.º 1, do CT resulta que o delegado sindical é eleito pelo respetivo sindicato, nos termos do estatuto dessa associação[2335]. O delegado sindical, sendo eleito pelos trabalhadores filiados num dado sindicato segundo os estatutos dessa associação, representa a associação sindical na empresa em que foi eleito[2336].

Feita a eleição do delegado sindical deve a sua identidade ser comunicada à empresa pela direção do sindicato (art. 462.º, n.º 4, do CT). Esta infor-

---

[2334] Segundo uma sondagem da Universidade Católica de Abril de 1996, só 4,1% dos trabalhadores foram delegados ou dirigentes sindicais.

[2335] Bernardo Xavier, *Curso de Direito do Trabalho*, cit., p. 219, nota 2, esclarece que, como não há processo de controlar esta eleição, por vezes os delegados sindicais são designados pela direção do sindicato.

[2336] Cf. Monteiro Fernandes, *Direito do Trabalho*, cit., p. 699.

mação justifica-se, porque o delegado sindical tem um estatuto privilegiado na empresa e torna-se necessário que o empregador tenha conhecimento da identidade dos trabalhadores com esse estatuto.

No art. 463.º do CT estabelece-se o número máximo de delegados sindicais por empresa que beneficiam do regime de proteção dos arts. 408.º e ss. do CT[2337]; essa expressão máxima de quantidade é fixada em função do conjunto de trabalhadores da empresa filiados no mesmo sindicato.

Atendendo à relação estabelecida no art. 463.º do CT, se o número de delegados sindicais que representam o mesmo sindicato, tendo em conta a dimensão da empresa, o justificar, pode constituir-se uma comissão sindical (art. 462.º, n.º 3, do CT). E, na eventualidade de, na mesma empresa, existir mais do que um sindicato representado por delegados ou comissões sindicais, pode constituir-se uma comissão intersindical (art. 462.º, n.º 3, do CT). O número de delegados que integra a comissão sindical não pode exceder o que prescreve o art. 463.º do CT, devendo a representação de cada sindicato ser proporcional ao respetivo número de trabalhadores sindicalizados na empresa[2338].

III. O delegado sindical bem como as comissões que ele integra (comissões sindicais e comissões intersindicais) têm essencialmente como funções servir de elo de ligação entre os trabalhadores da empresa, principalmente os sindicalizados, e o respetivo sindicato e colaborar com a direção do sindicato que representam e da empresa onde prestam trabalho no que respeita a questões laborais, em especial prestando informações acerca das condições de trabalho. A prestação destas informações pode ser relevante com vista a evitar, primeiro, que deflagrem conflitos laborais na empresa e, depois de os mesmos terem surgido, de modo a tentar pôr-lhes cobro.

[2337] Com base na legislação anterior, MONTEIRO FERNANDES, *Direito do Trabalho*, 11.ª ed., 1999, pp. 675 s., era de opinião que o legislador disse menos do que queria, pelo que do art. 33.º da LS se devia concluir que o número máximo de delegados sindicais é o que resulta do preceito, não só quanto à atribuição do crédito de horas, mas para todos os efeitos; isto é, não pode haver na empresa mais delegados sindicais do que os que resultam do art. 33.º da LS; atualmente o autor (*Direito do Trabalho*, 18.ª ed., 2017, p. 701) segue a mesma posição com respeito ao art. 436.º do CT. Veja-se igualmente MENEZES CORDEIRO, *Manual de Direito do Trabalho*, cit., p. 496, entendendo que o limite vale também em relação a outras prerrogativas, como a inamovibilidade do art. 37.º LS, e MOTTA VEIGA, *Lições*, cit., pp. 206 s.

[2338] Cf. MENEZES CORDEIRO, *Direito do Trabalho*, I, cit., p. 919.

Por outro lado, a atividade sindical serve igualmente para verificar o cumprimento das normas laborais. Os delegados sindicais, na sua função de fiscalização, apreciam se na empresa as normas laborais estão a ser respeitadas.

IV. Para o exercício da atividade sindical são conferidos aos delegados sindicais, às comissões sindicais e às comissões intersindicais determinados direitos, concretamente, o direito de reunião, o direito a instalações, o direito de informação e o crédito de horas.

O direito de reunião vem previsto no art. 461.º do CT e confere a possibilidade de os delegados sindicais se reunirem, tanto dentro como fora do horário de trabalho, com os restantes trabalhadores. Estas reuniões, tanto as que se realizam dentro como fora do horário de trabalho, têm sempre lugar na empresa, ou seja, no espaço geográfico onde os trabalhadores prestam a sua atividade, porque qualquer reunião realizada por trabalhadores sindicalizados ou não, fora do local de trabalho, enquadra-se no âmbito do genérico direito de reunião, estabelecido no art. 45.º, n.º 1, da CRP e, por conseguinte, não tem qualquer particularidade. Neste âmbito só se regula as reuniões que se realizam dentro da empresa, não sendo necessariamente no local e horário de trabalho[2339].

O direito a instalações está previsto no art. 464.º do CT, onde se estabelece o dever de o empregador pôr à disposição dos delegados sindicais um local apropriado para o exercício das suas funções. Trata-se de mais um encargo do empregador.

O direito de informação encontra-se regulado no art. 465.º do CT sob a epígrafe «Afixação e distribuição de informações sindicais». Nele compreende-se o direito de afixar e divulgar textos, convocatórias, comunicações ou informações relativas à vida sindical e aos interesses dos trabalhadores. Acresce ainda o direito a informação e consulta estipulado no art. 466.º do CT.

[2339] Como esclarece MENEZES CORDEIRO, *Direito do Trabalho*, I, cit., p. 915, o direito de reunião fora do horário de trabalho tem limites, não sendo exigível que a empresa, que deveria estar encerrada durante o período noturno, se mantenha aberta para uma reunião prolongada de trabalhadores. Sobre este direito de reunião, veja-se FRAIÃO, «Sobre a Interpretação do Artigo 27.º da "Lei Sindical"», *QL*, n.º 6 (1995), pp. 139 ss. Quanto às reuniões de trabalhadores no local de trabalho, tanto por iniciativa sindical como convocadas por comissão de trabalhadores, veja-se JÚLIO GOMES, "Do direito de reunião dos trabalhadores no local de trabalho", *RMP*, 130 (2012), pp. 101 ss.

Por último, no art. 467.º do CT estabeleceu-se um crédito correspondente a um determinado número de horas por mês atribuído a cada delegado sindical para o exercício das suas funções, isto é, da atividade sindical. Este crédito significa que tais horas são retribuídas pelo empregador apesar de o trabalhador, nessa altura, não prestar serviço para a empresa. O crédito de horas corresponde a faltas ou ausências temporárias justificadas, que constituem um encargo do empregador.

V. Tendo em conta que o desempenho das funções de delegado sindical dentro da empresa pode, de algum modo, ser melindroso, o legislador estabeleceu determinadas garantias para o desenvolvimento da atividade sindical. Assim, como em relação aos demais representantes de trabalhadores, nos arts. 408.º e ss. do CT constam garantias de molde a que os delegados sindicais, no exercício das suas funções, não sejam alvo de atos persecutórios por parte do empregador.

Os delegados sindicais não podem ser transferidos do local onde prestam trabalho sem o seu acordo; sendo irrelevante que a transferência não lhes cause prejuízo sério, como estabelece o art. 411.º, n.º 1, do CT. Esta limitação só vale no âmbito da transferência a título individual, porque a transferência da empresa com a pluralidade de trabalhadores, incluindo os delgados sindicais, poderá efetuar-se independentemente do consentimento destes últimos. O art. 411.º do CT pretende evitar que o delegado sindical possa ser colocado noutro posto de trabalho, perdendo o contacto com os demais trabalhadores, o que poderia acarretar uma redução qualitativa da sua atividade sindical.

Do art. 410.º do CT consta uma garantia no que respeita ao despedimento dos delegados sindicais. Assim, além de o trabalhador suspenso ter acesso a certos locais na empresa (art. 410.º, n.º 1, do CT), há uma particularidade na apreciação do fundamento para a suspensão preventiva do despedimento (art. 410.º, n.º 4, do CT) e, sendo o despedimento ilícito, o delegado sindical pode ter direito a uma indemnização superior (art. 410.º, n.º 6, do CT).

VI. Resta aludir que é controversa a questão de saber se as comissões sindicais e intersindicais têm personalidade jurídica. Será mais curial não admitir, neste caso, a existência de personalidade jurídica, considerando que elas correspondem a uma extensão de poderes das associações sindicais num campo específico – a empresa – e que as suas atribuições se justificam na medida em que representam os sindicatos. A personalidade jurídica, nesse caso, cabe à associação sindical.

BIBLIOGRAFIA:

MENEZES CORDEIRO, *Direito do Trabalho*, I, cit., pp. 914 ss.; MONTEIRO FERNANDES, *Direito do Trabalho*, cit., pp. 675 e ss.; LUÍS MIGUEL MONTEIRO, «Ausência ao Serviço de Membros de Estruturas Representativas de Trabalhadores», *Pront.* n.º 72 (2005), pp. 67 ss.; ROSÁRIO PALMA RAMALHO, *Tratado de Direito do Trabalho*, III, cit., pp. 71 ss.; LUÍS GONÇALVES DA SILVA, anotações aos arts. 460.º e ss. *in* ROMANO MARTINEZ/LUÍS MIGUEL MONTEIRO/JOANA VASCONCELOS/MADEIRA DE BRITO/GUILHERME DRAY/GONÇALVES DA SILVA, *Código do Trabalho Anotado*, cit., pp. 997 ss.; MOTTA VEIGA, *Lições*, cit., pp. 203 a 207; BERNARDO XAVIER/FURTADO MARTINS/NUNES DE CARVALHO/JOANA VASCONCELOS/TATIANA GUERRA DE ALMEIDA, *Manual*, cit., pp. 132 e ss.

§ 61. ASSOCIAÇÕES SINDICAIS

1. Aspetos gerais

a) Remissão

I. Já foi feita referência, no Capítulo II, § 5, n.º 4, alíneas *a)* a *c)*, aos sujeitos das relações coletivas, por vezes designados por pessoas laborais coletivas; importa agora desenvolver as noções apresentadas.

Como foi então indicado, os sujeitos das relações coletivas correspondem, essencialmente, às associações sindicais e às associações de empregadores. Mas ainda há a fazer referência à empresa e ao seu papel nas relações coletivas, assim como às comissões de trabalhadores, aos conselhos europeus de empresa, às comissões sindicais e às comissões intersindicais, a que se aludiu no parágrafo anterior. Cabe agora analisar a matéria respeitante às associações sindicais.

II. Importa, primeiro, fazer um esclarecimento terminológico. Na linguagem comum usa-se, mais frequentemente, o termo «sindicato». Porém, a expressão «associação sindical» corresponde à terminologia usada na Constituição e no Código do Trabalho. Associação sindical e sindicato são expressões que podem ser usadas em sinonímia, mas a locução «associação sindical» também pode ser empregada num sentido mais amplo, abrangendo não só os sindicatos, propriamente ditos, como também as uniões, as federações e as confederações sindicais. Por isso, parece mais adequado o uso da expressão associação sindical em sentido amplo.

III. Fez-se referência à noção de associação sindical no Capítulo II, § 5, n.º 4, alínea *a)* e, com base no disposto nos arts. 55.º e 56.º da CRP, bem como no Código do Trabalho (arts. 440.º e ss. do CT), concluiu-se no sentido de que as associações sindicais são pessoas coletivas de tipo associativo e de direito privado[2340].

Como associações de direito privado estão sujeitas, para além das regras laborais, aos arts. 167.º e ss. do CC. Esta remissão para os arts. 167.º e ss. do CC encontra-se expressamente no art. 441.º do CT.

É preciso relembrar, porém, que a referida remissão está, em determinados aspetos, limitada, por um lado, por exemplo, nos arts. 447.º, 449.º e 450.º do CT estabelecem-se regras diversas daquelas que constam do Código Civil e, por outro lado, porque o Tribunal Constitucional declarou inconstitucional a remissão do art. 441.º do CT (correspondente ao art. 46.º da LS) para o Código Civil, no que respeita à aplicação dos arts. 162.º, 2.ª parte e 175.º, n.os 2, 3 e 4, do CC[2341]. Portanto, estes dois artigos são inconstitucionais no que respeita à sua aplicação às associações sindicais.

IV. Com base no que vem disposto no art. 442.º, n.º 1, alínea *a)*, do CT, conclui-se que uma associação sindical tem quatro elementos identificadores.

Em primeiro lugar, trata-se de uma associação de pessoas; em segundo lugar, terá de ser uma associação com carácter permanente (não podem ser associações de carácter esporádico); em terceiro lugar, as pessoas associadas num sindicato têm necessariamente de ser trabalhadores subordinados

[2340] Há diferentes modelos de sindicalismo; atender-se-á tão-só ao sistema português, mas para um estudo comparativo, *vd.* Coutinho de Almeida, «O Papel e as Funções do Sindicato nos Diversos Países Europeus», *QL*, n.º 7 (1996), pp. 31 ss.; Martinet, *Sept Syndicalismes. Grande-Bretagne, RFA, Suède, Italie, France, Etats-Unis, Japon*, Trad. espanhola, Madrid, 1991. Pode ainda consultar-se De La Villa, *Materiales para el Estudio del Sindicato*, 2.ª ed., Madrid, 1984; Dell'Olio/Branca, *L'Organizzazione e L'Azione Sindacale*, Pádua, 1980; Di Cerbo, *Il Sindacato nella Giurisprudenza*, Milão, 1990; Ghezzi/Romagnoli, *Il Diritto Sindacale*, 4.ª ed., Roma, 1997; Kidner, *Trade Union Law*, Londres, 1983; Persiani, *Diritto Sindacale*, 14.ª ed., Pádua, 2012.

[2341] Acórdão TC n.º 46/85, 314/86, e 342/86, e declaração de inconstitucionalidade com força obrigatória geral pelos Acórdãos TC n.º 64/88, de 22 de Maio de 1988 e n.º 159/88, de 12 de Julho de 1988. Veja-se a anotação de Vasco Lobo Xavier e Bernardo Lobo Xavier a estas decisões, *in* «Inaplicabilidade do Código Civil às Associações Sindicais», *RDES*, 1989, n.º 3, pp. 305 ss. Consulte-se ainda o Ac. TC n.º 449/91, *DR* I Série de 16 de janeiro de 1992, quanto à declaração de inconstitucionalidade do art. 162.º, 2.ª parte CC, ao impor um número ímpar para a composição dos órgãos de direção e de fiscalização da associação sindical.

(onde também se incluem os funcionários públicos[2342]); em quarto lugar, a finalidade dos sindicatos é a promoção e defesa dos interesses socioprofissionais dos associados, ou seja, dos trabalhadores subordinados.

b) Importância dos sindicatos

I. Convém ainda referir que os sindicatos têm um papel relevante no direito do trabalho, em especial devido às lutas sociais que desencadearam, levando a modificações neste ramo do direito, designadamente no que respeita a uma melhoria nas condições de trabalho.

Historicamente, os sindicatos surgem como meio de organização e condução de lutas contra os empregadores[2343] e a Constituição (art. 55.º, n.º 1) considera-os «(...) condição de garantia da (...) unidade (e) defesa dos (...) direitos e interesses» dos trabalhadores.

No fundo, as associações sindicais, nesta sua luta contra os empregadores, conseguiram que o conflito, eventualmente existente nas relações laborais, deixasse de ser um conflito individual entre o trabalhador e o empregador para passar a ser um conflito coletivo, de todos os trabalhadores da empresa ou até do país, contra aquele empregador ou mesmo contra todos os empregadores. O papel primordial dos sindicatos tem sido o de solucionar os conflitos por via da intervenção coletiva, em razão da pressão exercida.

Em Portugal, nos últimos tempos, não obstante o grande desinteresse dos trabalhadores quanto ao papel dos sindicatos (a sindicalização é, de facto, diminuta, não ultrapassando uma cifra que rondará os 20% a 25%[2344],

---

[2342] Sobre os sindicatos de funcionários públicos, *vd.* MÁRIO PINTO, *Direito do Trabalho*, Lisboa, 1996, pp. 183 s.

[2343] Como refere MONTEIRO FERNANDES, *Direito do Trabalho*, 17.ª ed., Coimbra, 2014, pp. 627 s., o sindicato tem um papel fundamental na mudança social, «como instrumento particularmente afeiçoado à ação política e à promoção de projetos ideológicos, reformistas ou revolucionários». Em Portugal, depois de uma luta algo desorganizada na segunda metade do século XIX, surge uma associação de sindicatos em 1914, a União Operária Nacional, que, em 1919, se transforma na Confederação Geral de Trabalhadores.
Sobre a origem histórica dos sindicatos, veja-se RUL-LÁN BUADES, *Origen Politico de los Sindicatos*, Córdova, s.d. Veja-se também BERND WAAS, «The capacity of trade unions to bargain collectively in Gernany», *Congresso Europeu de Direito do Trabalho*, org. José João Abrantes, Coimbra, 2014, pp. 105 ss.

[2344] Segundo uma sondagem da Universidade Católica, publicada em Abril de 1996, em Portugal estariam sindicalizados somente 21,7% dos trabalhadores por conta de outrem. Em estudo citado por MOTTA VEIGA, *Lições de Direito do Trabalho*, cit., pp. 170 s., a taxa de sindicalização, em 1988, em oito países da Europa era a seguinte: Dinamarca 73%; Bélgica 53%; Grã-Bretanha 42%; Itália 40%; Alemanha 34%; Holanda 25%; Espanha 16%; França

percentagem que se encontra em decréscimo), as associações sindicais mantêm uma influência considerável no que respeita às decisões políticas a nível socioeconómico; isto é, nas questões relativas aos aspetos laborais. Os sindicatos, direta ou indiretamente, influem na elaboração da legislação laboral, na medida em que, por um lado, intervêm com pareceres e, por outro, participam na concertação social; a isto acrescem outras funções indicadas no n.º 2 do art. 56.º da CRP, como a participação na gestão de instituições de segurança social e consulta sobre os planos económico-sociais.

II. Na concertação social têm assento os representantes sindicais (de duas confederações sindicais), bem como os representantes das associações de empregadores e do governo. É, pois, uma representação tripartida.

Na concertação social tem-se em vista a obtenção de determinados compromissos a nível laboral, com conotações políticas[2345]. Esses pactos sociais obtidos a nível da concertação social levam a algum apaziguamento dos conflitos sociais e a uma indireta intervenção dos parceiros sociais na elaboração da legislação de trabalho, pois a Assembleia da República e o Governo, por via de regra, legislarão no sentido do que for decidido nessa concertação.

Inicialmente constituiu-se o Conselho Permanente da Concertação Social que, a partir de 1991, foi substituído pela atual Comissão Permanente da Concertação Social (art. 9.º da Lei n.º 108/91, de 17 de agosto, e art. 471.º do CT)[2346].

Numa primeira fase, em relação ao Conselho Permanente, houve algum impasse na negociação, na medida em que uma das confederações sindicais, a CGTP-IN, se recusou a participar na concertação social. Tal facto não obstou a que tivesse havido acordos tripartidos, entre os representantes dos empregadores, o Governo e os trabalhadores, estes últimos representados pela UGT. Notava-se, todavia, a falta de um importante parceiro social, o que

---

12%. Tendo em conta um estudo citado por Ribeiro Lopes, «A Contratação Colectiva», *I Congresso Nacional de Direito do Trabalho*, Coimbra, 1998, p. 51, em 1995, havia em Portugal 388 sindicatos, 29 federações, 42 uniões e 5 confederações e no período de dez anos (1985 – 1995) o número de trabalhadores sindicalizados diminuiu em aproximadamente 200 000, estando agora em 30%.

[2345] Monteiro Fernandes, *Direito do Trabalho*, 18.ª ed., Coimbra, 2017, p. 669, chama-lhes mesmo «acordos políticos tripartidos», concluindo que se caracterizam por um mecanismo de «troca política».

[2346] A Comissão Permanente da Concertação Social é um órgão do Conselho Económico e Social, previsto no art. 92.º da CRP. A Lei n.º 108/91 foi várias vezes alterada, nomeadamente pelas Leis n.º 80/98, n.º 129/99 e n.º 12/2003.

levava a questionar da pouca representatividade dos sindicatos que tinham, então, assento na concertação social.

Com o fim do boicote à concertação social por parte da CGTP-IN tem-se verificado, nos últimos anos, um incremento da intervenção sindical, pois os pactos sociais passaram a ter maior representatividade sindical, pese embora na maioria dos acordos em sede de concertação ter tido o voto contra da CGTP.

Neste âmbito, depois do Acordo de 1987, pode dizer-se que foi paradigmático o Acordo Económico e Social de 1990 sobre vários aspetos políticos, económicos e sociais, que esteve na origem do «pacote laboral» de 1991, e, posteriormente, o Acordo de Concertação Estratégica de 1996.

Tendo em conta a necessidade de discussão prévia, o Código do Trabalho, ainda em anteprojeto, foi amplamente debatido na opinião pública e, em especial na concertação social, antes de, alterado, ser enviado à Assembleia da República. Na sequência do Memorando de Entendimento sobre as Condicionalidades de Política Económica, de 17 de maio de 2011, foi celebrado o Compromisso para o Crescimento, Competitividade e Emprego, de 18 de janeiro de 2012, que esteve na base das alterações legislativas da revisão de 2012.

c) *Sindicatos e ordens profissionais*

I. Ainda quanto a questões preliminares no que respeita às associações sindicais importa referir que há alguma similitude entre estas e as ordens profissionais, por exemplo, a Ordem dos Advogados, a Ordem dos Médicos ou a Ordem dos Engenheiros; a mesma identificação também se colocava no que respeitava às câmaras profissionais (p. ex., Câmara dos Solicitadores[2347]).

As ordens profissionais agrupam pessoas que exercem a mesma profissão e, sendo os sindicatos horizontais, também se está perante um agrupamento de pessoas que exercem a mesma atividade.

Todavia, as ordens profissionais não têm sido consideradas como associações privadas, mas antes como associações públicas, às quais se aplica o art. 267.º, n.º 4, da CRP e, como tal, «não podem exercer funções próprias das associações sindicais». Deste artigo infere-se que há determinadas associações profissionais que, sendo públicas, não podem exercer as funções próprias de associações sindicais, tentando a Constituição, por esta via, delimitar o

[2347] A Câmara dos Solicitadores foi transformada em Ordem dos Solicitadores e dos Agentes de Execução pela Lei n.º 154/2015, de 14 de setembro.

campo de atuação das ordens profissionais perante as associações sindicais. Por isso, nos termos em que se tem interpretado o mencionado preceito constitucional, as ordens profissionais não têm possibilidade de atuar no que respeita às relações laborais dos seus associados. Portanto, quanto às relações laborais, por exemplo, de um advogado, a Ordem dos Advogados não pode intervir. As ordens profissionais têm por fim atividades que respeitam à defesa da profissão, em particular no que se refere à qualificação e no prisma deontológico do seu exercício, de molde a que, por exemplo o advogado ou o médico, no exercício da sua atividade, não contrarie regras deontológicas que norteiam a respetiva profissão. A ordem profissional não tem competência para intervir no que respeite às relações laborais dos seus associados.

II. Sintetizando, podem indicar-se seis diferenças entre as entidades em confronto.

As ordens são associações de direito público e os sindicatos associações de direito privado; só os sindicatos têm legitimidade para outorgar instrumentos de regulamentação coletiva de trabalho, mormente convenções coletivas; o recurso à greve é da competência exclusiva dos sindicatos, estando vedado às ordens decretar a greve; a participação na elaboração da legislação de trabalho só é obrigatória em relação às associações sindicais, sendo facultativa qualquer consulta às ordens profissionais; a intervenção no seio das empresas é exclusiva dos sindicatos, não cabendo tal tarefa às ordens; a determinação de regras deontológicas relacionadas com o exercício da profissão é específica das ordens, não podendo os sindicatos interferir nesse âmbito.

Resta referir que as ordens emitem cédulas profissionais que titulam a possibilidade de exercício da profissão, não cabendo, hoje, aos sindicatos a emissão de carteiras profissionais para o desempenho das profissões em que tais carteiras sejam exigidas (*vd. supra* § 19., n.º 2, alínea *c*)).

III. Teoricamente, poder-se-ia dizer que as ordens têm competência no que respeita ao trabalho autónomo e que as associações sindicais exercem atividades relacionadas com o trabalho subordinado[2348]. O problema está em que esta delimitação entre o trabalho autónomo e o trabalho subordinado não é de forma alguma evidente, há pontos de contacto difíceis de delimitar. Por outro lado, ocorre com frequência que a mesma pessoa atua, simulta-

[2348] Em crítica a esta contraposição, cf. MENEZES CORDEIRO, *Manual de Direito do Trabalho*, cit., p. 473.

neamente, como trabalhador autónomo e como trabalhador subordinado. Pode haver, pois, alguns aspetos de interferência entre as atribuições das ordens relativamente às dos sindicatos.

Todavia, apesar de ter em conta estas dificuldades, a delimitação pode ser tentada nos seguintes termos: tudo o que se encontre relacionado com relações laborais está fora de órbita de intervenção das ordens profissionais; pelo contrário, aos sindicatos está vedado intervirem no domínio de qualificação profissional e de aspetos deontológicos, relacionados com profissões como de advogado, médico, engenheiro, etc.

2. Princípio de liberdade sindical; monopólio e pluralismo sindical

a) Textos legais

I. O princípio da liberdade sindical encontra uma previsão no art. 55.º CRP. Em termos internacionais também está consagrado este princípio, por exemplo na Declaração Universal dos Direitos do Homem (art. 23.º, n.º 4), no Pacto Internacional sobre Direitos Civis e Políticos (art. 22.º), no Pacto Internacional sobre Direitos Económicos, Sociais e Culturais (art. 8.º), na Convenção Europeia dos Direitos do Homem (art. 11.º) e na Carta Social Europeia (art. 5.º)[2349].

Para além destes textos internacionais, há a referir três convenções da OIT, concretamente a Convenção n.º 11, sobre o direito de associação e de coligação dos trabalhadores agrícolas, aprovada em 1921, a Convenção n.º 87, sobre a liberdade sindical e proteção do direito sindical, aprovada em 1948, ambas ratificadas por Portugal em 1977, e a Convenção n.º 98, acerca do direito de organização e de negociação coletiva, aprovada em 1949 e ratificada por Portugal em 1964.

Por último, a liberdade sindical surge, com respeito à generalidade dos trabalhadores por conta de outrem, na designada Lei Sindical, assim como no Decreto-Lei n.º 84/99, de 19 de março, para os trabalhadores da administração pública.

II. Tendo em conta estes textos, é de admitir a existência de um princípio de liberdade sindical, que, sendo uma consequência, é mais específica do que a liberdade de associação conferida a qualquer cidadão (art. 46.º da

[2349] Quanto a este último texto, veja-se PARDELL VEÁ, *Los Derechos Sindicales en la Carta Social Europea*, Barcelona, 1989.

CRP)[2350]. Nessa liberdade sindical podem distinguir-se dois aspetos. Primeiro, a liberdade de os trabalhadores se associarem para constituir sindicatos. Nesta liberdade de constituir associações sindicais ainda se deve incluir a liberdade de os trabalhadores se inscreverem nos sindicatos já constituídos e também a liberdade dos inscritos num determinado sindicato se desvincularem do mesmo.

Segundo, a liberdade de as associações sindicais constituídas estabelecerem as próprias regras no que respeita à sua organização, à sua regulamentação (estatutos), interesses a defender, atividades a exercer, etc.

b) *Debate acerca do monopólio e do pluralismo sindical*

I. A segunda vertente da liberdade sindical será analisada num ponto subsequente (§ 61., n.º 4). Importa aludir agora à liberdade de associação sindical.

A liberdade de os trabalhadores constituírem associações sindicais existe a todos os níveis e vem expressa na Constituição (art. 55.º, n.º 2, alínea *a)*)[2351]. Nos termos em que esta liberdade aparece formulada, tanto na Constituição como nos diplomas internacionais mencionados, parece não estar sujeita a quaisquer limites, na medida em que os trabalhadores poderão constituir os sindicatos que entenderem, não estando sujeitos a restrições quanto ao exercício desse direito.

II. O problema das limitações à constituição de sindicatos prende-se com o debate acerca do pluralismo e do monopólio sindical, onde se discute se, para uma determinada categoria profissional e num mesmo âmbito geo-

---

[2350] De modo diverso, Monteiro Fernandes, *Direito do Trabalho*, cit., p. 675, nota 1, sustenta que a liberdade sindical se diferencia da liberdade de associação, não no sentido de uma especialidade, mas quanto à génese, considerando que os requisitos legais levam a concluir que a liberdade sindical não é uma espécie do género liberdade de associação. Os argumentos apontados não são, todavia, convincentes, pois a génese, ainda que diversa, não impediu que a associação sindical fosse, em legislação especial, enquadrada entre as associações com algumas particularidades, podendo, por isso, concluir-se que a liberdade sindical constitui uma espécie da liberdade de associação.
Veja-se ainda Ghezzi/Romagnoli, *Il Diritto Sindacale*, cit., pp. 41 ss.; Sanguineti Raymond, *Lesión de la Libertad Sindicale y Comportamientos Antisindicales*, Madrid, 1993.

[2351] Quanto à liberdade de associação sindical nas forças armadas e dos agentes da polícia, além da Lei n.º 14/2002, de 19 de fevereiro, *vd.* Ac. TC n.º 103/87. Sobre a questão, consulte-se Liberal Fernandes, *As Forças Armadas e a PSP perante a Liberdade Sindical*, Coimbra, 1990, e «Da Liberdade Sindical nas Forças Armadas», *QL*, n.º 4 (1995), pp. 1 ss.

gráfico, deverá existir um único sindicato ou poderão coexistir vários sindicatos[2352].

Esta discussão, em Portugal, teve lugar a partir de 1974-76, em que, não obstante a crítica generalizada a qualquer ideia de monopólio, certas correntes políticas preconizaram que deveria haver um monopólio sindical, sem usar tal terminologia, aludindo, por isso, à unicidade sindical.

III. As razões invocadas em defesa da unicidade sindical (monopólio sindical) são essencialmente as seguintes.

A unicidade sindical dá mais força às reivindicações dos trabalhadores, porque eles não se encontram divididos. Quando negoceiam com o empregador (ou empregadores) apresenta-se uma única entidade que os representa, pelo contrário, se coexistem vários representantes dos trabalhadores, sem unidade de pontos de vista, a pressão exercida sobre os empregadores é inferior. No fundo, a multiplicidade sindical permite que os empregadores, segundo a velha máxima «dividir para reinar», consigam negociar com um sindicato e forçar, depois, os outros a aceitar as mesmas soluções ou negociar em separado com os vários sindicatos, reduzindo a força reivindicativa dos mesmos, deixando estes de ter o mesmo peso na negociação coletiva.

IV. Por outro lado, a multiplicidade de sindicatos seria uma forma de colocar trabalhadores contra trabalhadores, porque cada sindicato tentaria negociar da forma mais vantajosa para os seus filiados, olvidando os demais e, seguidamente, os trabalhadores filiados no sindicato que obteve condições mais vantajosas não apoiariam a luta dos restantes trabalhadores.

Pode-se criticar a defesa da unicidade sindical alegando que, de facto, nos países onde o pluralismo sindical existe há longos anos não deixaram de existir sindicatos com grande poder de negociação. Não obstante haver uma pluralidade de associações sindicais representando a mesma categoria de trabalhadores e atuando no mesmo âmbito geográfico, continuam a existir sindicatos com grande poder negocial além de que, em momentos de crise, os vários sindicatos costumam associar-se na mesma luta, ou seja, na defesa de interesses convergentes dos diferentes trabalhadores neles filiados.

[2352] Sobre a questão, com particular relevância para o debate ocorrido em Portugal a partir de 1974, *vd.* MÁRIO PINTO, «Das Concepções da Liberdade Sindical às Concepções sobre o Homem e a Sociedade», *Direito e Justiça*, I (1980), pp. 26 ss. e MICHAEL POOL, *Theories of Trade Unionism: A Sociology of Industrial Relations*, trad. espanhola, Madrid, 1991.

Por conseguinte, o pluralismo sindical não levaria propriamente a uma total divisão dos trabalhadores e não implicaria também uma perda de poder de negociação coletiva.

Tal problemática deve ser encarada na perspetiva de verificar em que medida é possível que os trabalhadores, não querendo estar inscritos num sindicato existente, constituam uma associação sindical paralela.

V. Esta polémica teve uma importância fulcral em Portugal, essencialmente depois de 1974, na medida em que foi aproveitada a estrutura sindical do Estado Novo, que era uma estrutura de monopólio sindical. Os sindicatos então existentes foram «ocupados», em especial, por dirigentes afetos ao partido comunista e o aparelho sindical manteve-se exatamente nos mesmos termos[2353].

Para solidificar esta «transferência», foram aprovados dois decretos-leis, o Decreto-Lei n.º 215-A/75, de 30 de abril e o Decreto-Lei n.º 215-B/75, da mesma data, a chamada Lei Sindical, revogada após a entrada em vigor da legislação complementar do Código do Trabalho.

O Decreto-Lei n.º 215-A/75 estabeleceu o princípio da unicidade sindical, admitindo uma única confederação sindical, ou seja, instituiu o monopólio da já existente Intersindical. Na mesma senda, no Decreto-Lei n.º 215-B/75 encontravam-se vários artigos no sentido do estabelecimento do princípio do monopólio sindical. Por exemplo, o art. 11.º, n.º 1 (revogado antes do Código do Trabalho) dispunha que «Não pode constituir-se qualquer associação sindical que vise representar trabalhadores cuja categoria se encontre já representada por uma associação sindical do mesmo tipo que abranja a respetiva área (...)». No fundo, o legislador pretendia dizer que não se constituíssem sindicatos paralelos. Prevalecia o princípio da unicidade sindical.

A partir de 1976, com a Constituição então aprovada, onde se consagra o princípio da liberdade sindical (art. 55.º), a situação foi alterada[2354]. De início, não sendo frontalmente contrariado o princípio da unicidade sindical, admitiu-se tão só a figura do chamado «direito de tendência»[2355], que veio a

---

[2353] Cf. Bernardo Xavier/Furtado Martins/Nunes de Carvalho/Joana Vasconcelos/ /Tatiana Guerra de Almeida, *Manual*, cit., p. 121.

[2354] Foi uma tomada de posição, não se podendo dizer que a regra da unicidade colida com o regime das democracias modernas e, por exemplo, na Constituição Brasileira de 1988 (art. 8.º) estabelece-se um sistema de unicidade sindical, que é frequente nos países da América Latina, cf. Teixeira Manus, *Direito do Trabalho*, cit., pp. 302 s.

[2355] O designado Movimento Autónomo de Intervenção Sindical – Carta Aberta opunha-se à unicidade sindical. A expressão «direito de tendência» ainda subsiste (art. 450.º, n.º 2, do CT).

ter consagração no art. 55.º, n.º 2, alínea *e)*, da CRP. Nestes termos, dentro de cada sindicato seria admissível o exercício de um direito de tendência e, dessa forma, os sindicatos existentes poderiam desafetar-se da Intersindical; não teriam de ficar necessariamente filiados nesta confederação. Perante essa possibilidade apareceu, em outubro de 1978, a segunda confederação sindical, designada por União Geral de Trabalhadores (UGT).

Assim, a partir de 1976 (mas só parcialmente concretizado em 1978) passou a haver a possibilidade de os sindicatos aderirem a uma ou outra Confederação sindical ou, inclusive, de se manterem como independentes (não estando afetos a nenhuma confederação). Segundo sondagem da Universidade Católica de abril de 1996, de entre os trabalhadores sindicalizados (21,7%), 36,3% encontravam-se filiados em sindicatos afetos à UGT, 34,3% estavam filiados em sindicatos inscritos na Confederação Geral dos Trabalhadores Portugueses-Intersindical Nacional (CGTP-IN) e 29,4% tinham-se filiado em sindicatos independentes, não podendo, por isso, falar-se na maior ou menor representatividade das duas grandes centrais sindicais portuguesas, na medida em que os trabalhadores sindicalizados (que são a minoria dos trabalhadores por conta de outrem) se encontram proporcionalmente divididos pela UGT, pela CGTP-IN e pelos sindicatos independentes[2356]/[2357].

VI. Atualmente, o princípio da liberdade sindical tem um argumento a seu favor: tal como vem expresso na Constituição (art. 55.º) e que não é posto em causa pela referência à unidade dos trabalhadores constante do n.º 1 do art. 55.º da CRP, em diplomas internacionais e em convenções da OIT, que Portugal ratificou, não parece que se possam admitir limitações à constituição de sindicatos paralelos[2358].

[2356] Os números apresentados por Mário Pinto, *Direito do Trabalho*, cit., pp. 212 s., que são diversos dos referidos no texto, reportam-se a dados, também não oficiais, dos anos setenta e oitenta do século passado.

[2357] Como esclarece Motta Veiga, *Lições*, cit., pp. 168 ss., a pluralidade de confederações sindicais é típica dos sistemas em que os sindicatos têm uma estreita vinculação partidária ou ideológica, como sucede nos países latinos, diferentemente, a tendência para a unificação sindical, como uma só organização de agrupa a maioria dos sindicatos tem-se desenvolvido em países como a Alemanha, a Grã-Bretanha, a Suécia ou os EUA.
Refira-se, ainda, que, além das duas grandes confederações (CGTP e UGT), há também a Confederação Nacional dos Sindicatos de Quadros (FENSIQ), a Confederação Portuguesa de Quadros Técnicos e Científicos (CPQ), a Confederação Sindical Independente (CSI) e a União de Sindicatos Independentes (USI).

[2358] Há, contudo, limites, como o que resulta para os militares em constituírem associações profissionais, como dispõe a Lei Orgânica n.º 3/2001, de 29 de agosto, em particular o art. 1.º.

Este argumento jurídico não é facilmente superável e, por isso, o monopólio sindical não parece ser uma solução que, entre nós, tenha qualquer sustentação jurídica. Todavia, a proliferação de pequenos sindicatos de reduzida representatividade – que não se generalizou em Portugal – pode levantar problemas no exercício da atividade sindical, em particular no que respeita à celebração de convenções coletivas (*vd. infra* n.º 6.*b*)).

VII. O princípio do pluralismo sindical, não obstante a sua consagração constitucional, ainda se encontra sujeito a algumas limitações. Teoricamente, existia a possibilidade de os trabalhadores constituírem os sindicatos que entendessem, mas verificavam-se limitações legais, como a constante do art. 8.º da LS, que subsistiu depois de 1976, só terminando com a entrada em vigor do Código do Trabalho[2359].

c) Liberdade e direito de inscrição sindical

I. Mas a liberdade sindical não compreende só a possibilidade de constituição de sindicatos. A Constituição e os diplomas internacionais mencionados permitem igualmente que os trabalhadores, querendo, se inscrevam nos sindicatos já existentes, não havendo qualquer obrigatoriedade de inscrição.

Importa ainda referir que os trabalhadores podem, quando entenderem, inscrever-se num sindicato existente; há liberdade de inscrição dos trabalhadores em sindicatos, como estabelece o art. 55.º, n.º 2, alínea *b)*, da CRP e o art. 444.º do CT. A liberdade de inscrição corresponde à chamada liberdade sindical positiva[2360], que apresenta duas exceções: proibição de dupla inscrição (art. 444.º, n.º 2, do CT), salvo se o trabalhador exercer duas atividades, representadas por sindicatos diversos; não permissão de inscrição

---

[2359] No art. 8.º da LS continuava a exigir-se que, para a constituição de um sindicato, se reunissem 10% ou 2000 dos trabalhadores a abranger por aquela associação. Esta exigência de *quorum* representava um entrave sobremaneira relevante para a constituição de novos sindicatos, em particular de sindicatos paralelos. Assim, como princípio, não havia qualquer proibição quanto à constituição de sindicatos paralelos – e, de facto, existiam –, mas surgia um entrave formal à sua constituição.

[2360] Sobre a liberdade sindical positiva e negativa, *vd.* Monteiro Fernandes, *Direito do Trabalho,* cit., pp. 680 ss.; Mário Pinto, *Direito do Trabalho,* cit., pp. 181 ss., em especial pp. 184 ss.; Bernardo Xavier/Furtado Martins/Nunes de Carvalho/Joana Vasconcelos/ /Tatiana Guerra de Almeida, *Manual,* cit., pp. 124 e ss.

em sindicato que não represente a categoria do trabalhador (art. 444.º, n.º 1, do CT)[2361].

No nosso sistema jurídico não há qualquer obrigação de sindicalização. Os trabalhadores não estão obrigados a sindicalizarem-se; não há qualquer obrigatoriedade de um trabalhador se filiar num sindicato: é a designada liberdade sindical negativa.

II. Segundo se depreende do art. 406.º do CT, do facto de o trabalhador estar ou não sindicalizado não pode advir nenhuma consequência nefasta ou vantajosa. Pretende-se, tal como com o art. 37.º LS, que não advenham consequências negativas nem positivas para um trabalhador pela simples razão de ele estar ou não sindicalizado[2362].

Todavia, não obstante o que vem estabelecido no citado art. 406.º do CT, é preciso ter em conta o disposto no art. 496.º, n.º 1, do CT, nos termos do qual se o trabalhador não estiver sindicalizado, a convenção coletiva que for aprovada por um sindicato não se lhe aplica. Assim, se um determinado sindicato celebrou uma convenção coletiva, em princípio, a mesma só obriga os trabalhadores nele sindicalizados. O facto de o trabalhador não estar sindicalizado ou de não estar sindicalizado na associação sindical que negociou aquela convenção coletiva acarreta consequências, na medida em que as regras da mesma não se lhe aplicarão diretamente. Mas o princípio da filiação sindical (art. 496.º do CT) tem exceções a que se aludirá.

[2361] Como esclarece Menezes Cordeiro, *Direito do Trabalho*, I, cit., p. 880, a liberdade de inscrição – que não pode ser limitada pela associação sindical – e a proibição de dupla inscrição constituem duas exceções às regras do Código Civil relativamente às associações.
Poder-se-á questionar a razão de ser da proibição de dupla inscrição, duvidando da sua constitucionalidade, pois constitui um entrave à liberdade de associação em geral e à liberdade sindical em particular que não está cabalmente justificada, nem sequer pelo princípio da filiação (art. 496.º do CT).

[2362] Por exemplo, dar preferência na contratação, promoção, etc. a trabalhadores sindicalizados em certo sindicato é ilícito e acarreta uma coima para o empregador.
A nível internacional a solução não é pacífica e a Conv. n.º 87 da OIT admite que se estabeleçam as chamadas «cláusulas de garantia sindical», sendo válidas em diversos Estados (p. ex., Grã-Bretanha, com várias limitações, cf. Selwyn, *Law of Employment*, 11.ª ed., Londres, 2000, pp. 446 ss.), mas ilícitas noutros ordenamentos.
Sobre uma cláusula de garantia sindical inserta num contrato coletivo de trabalho, *vd.* Ac. STJ de 25/2/1993, CJ (STJ) 1993, T. I, p. 259 e anotação de Jorge Leite, «Cláusulas de Segurança Sindical», *QL*, n.º 3 (1994), pp. 154 ss.

III. Por outro lado, ao trabalhador sindicalizado cabe sempre o direito de abandonar a associação sindical. O art. 444.º, n.º 6, do CT permite que o trabalhador possa, a todo o tempo, retirar-se dessa associação sindical em que se filiou, mediante comunicação escrita à associação com a antecedência mínima de trinta dias. Não há qualquer obrigatoriedade quanto a manter-se associado num determinado sindicato, tendo o trabalhador direito à livre desfiliação.

IV. Quanto à liberdade sindical cabe ainda aludir ao problema do chamado direito à sindicalização.

A lei estabelece, no art. 444.º do CT, o princípio de que o trabalhador tem direito a inscrever-se num sindicato. Mas a questão tem de ser ponderada com o que vem estabelecido no art. 445.º do CT, onde se dispõe que as associações sindicais aprovam os seus estatutos e o seu regulamento. Dos estatutos deverão constar as regras referentes à aquisição e perda da qualidade de associado direitos e deveres dos associados; como dispõe o art. 450.º do CT, dos estatutos do sindicato tem de constar um conteúdo mínimo.

Põe-se, então, o problema de saber em que medida uma associação sindical tem liberdade para, nos estatutos, limitar a possibilidade de trabalhadores nela se inscreverem. Deve entender-se que tal limitação, a constar dos estatutos, só poderá respeitar a aspetos objetivos, isto é, são admissíveis limitações à inscrição de trabalhadores determinadas tão-só por pressupostos objetivos. Por exemplo, no Sindicato Regional dos Trabalhadores de Escritório de Aveiro, estará limitada a entrada a trabalhadores de escritório do Porto; da mesma forma, no sindicato para uma determinada categoria, está vedada e inscrição de trabalhadores de outra categoria.

Estas limitações de cariz objetivo são admissíveis. O que não parece aceitável é o estabelecimento, num determinado estatuto, de limitações subjetivas, nem que se permita à direção do sindicato limitar a inscrição de trabalhadores por outros critérios que não esses, puramente objetivos.

Os critérios subjetivos colidem com o direito à inscrição, estabelecido no art. 444.º do CT, regra que deve prevalecer sobre a constante do art. 450.º do CT. Ou seja, o princípio estabelecido no art. 444.º do CT (liberdade de inscrição sindical), de que o trabalhador tem direito a inscrever-se num sindicato, prevalecerá sobre a possibilidade de as associações sindicais, por via da conformação dos estatutos, estabelecerem limitações à entrada de trabalhadores.

3. Constituição

a) Processo

No art. 447.º do CT, conjugado com os preceitos gerais de direito civil, vêm estabelecidas as regras específicas que respeitam à constituição dos sindicatos. São, assim, necessários, essencialmente, dois atos para a constituição de um sindicato. Primeiro, o ato de constituição da associação – regras gerais –, que se subdivide em duas situações: a deliberação de constituição, e a deliberação de aprovação dos estatutos. Segundo, o ato de registo dos estatutos do sindicato (art. 447.º do CT).

O registo é necessário para conferir ao sindicato personalidade jurídica. O registo é feito no Ministério responsável pela área laboral, em princípio o Ministério do Trabalho (art. 447.º, n.º 1, do CT).

Por último, há a ter em conta um ato subsequente, acessório, de publicidade da associação criada. A publicação dos estatutos do sindicato é feita no *Boletim do Trabalho e Emprego* (art. 447.º, n.º 4, alínea *a)*, do CT).

b) Estatutos

I. A assembleia constituinte delibera quanto à constituição da associação, nos termos gerais. Seguidamente, há que proceder a uma outra deliberação, que corresponde à aprovação dos estatutos.

Além da aprovação dos estatutos, se a assembleia assim o entender, podem ser também aprovados regulamentos (art. 445.º do CT). Estes regulamentos estabelecem as regras de funcionamento do sindicato sob variadíssimos aspetos[2363].

O art. 450.º do CT, sob a epígrafe «Conteúdo dos estatutos», vem apresentar um elenco dos aspetos essenciais que deverão constar dos estatutos[2364], incluindo «A denominação [que] deve identificar o âmbito subjetivo, objetivo e geográfico da associação ...», (n.º 3); Os respetivos órgãos, entre os quais deve haver uma assembleia geral ou uma assembleia de representantes

[2363] Por exemplo, processo eleitoral, regulamento da assembleia geral, regulamento dos delegados sindicais.

[2364] No correspondente art. 485.º do CT2003, na sequência da legislação precedente, o elenco era muito mais extenso, incluindo, nomeadamente, a aquisição e perda da qualidade de associado, bem como os respetivos direitos e deveres, e ainda os princípios gerais em matéria disciplinar. Como esclarece MENEZES CORDEIRO, *Direito do Trabalho*, I, cit., p. 882 s., esta preocupação de indicar longamente o que deve constar dos estatutos justificava-se como precaução num período conturbado (1975).

de associados, um órgão colegial de direção e um conselho fiscal, bem como o número de membros e de funcionamento daqueles (alínea *b)* do n.º 1); No caso de estar prevista uma assembleia de representantes, os princípios reguladores da respetiva eleição, tendo em vista a representatividade desse órgão (n.º 4); O exercício do direito de tendência (n.º 2); A extinção e consequente liquidação, bem como o destino do respetivo património (alínea *b)* do n.º 1).

II. O registo dos estatutos no Ministério do Trabalho é a fase seguinte. A partir do registo, tal como prescreve o art. 447.º, n.º 1, do CT, o sindicato adquire personalidade jurídica.

Por último, procede-se à publicação dos estatutos no *Boletim do Trabalho e Emprego* (art. 447.º, n.º 4, alínea *a*), do CT).

Só depois de os estatutos terem sido publicados no *Boletim do Trabalho e Emprego* é que o sindicato pode iniciar o exercício da atividade para que se constituiu (art. 447.º, n.º 7, do CT), ou seja, a desenvolver a atividade sindical.

Depois de estar constituída a associação sindical, se os trabalhadores filiados assim o quiserem, podem alterar os estatutos e regulamentos que foram inicialmente aprovados. O art. 449.º do CT estabelece o regime de alteração dos estatutos.

Existem algumas alterações que podem ser feitas sem qualquer formalismo, outras carecem de requisitos formais. O art. 449.º, n.º 1, do CT, indica quais as alterações para as quais se apresenta como necessário o cumprimento de regras formais. Normalmente, a lei exige, nestes casos, que se respeitem os mesmos pressupostos estabelecidas para a constituição de um sindicato, em particular a regra da publicidade.

III. A verificação da legalidade do processo constitutivo de uma associação sindical cabe aos tribunais, estando a fiscalização a cargo do Ministério Público (art. 447.º, n.º 8, do CT); não se encontram, por isso, os sindicatos sujeitos a um controlo administrativo.

4. Organização sindical

a) Modalidades

I. Como se referiu, a expressão «associações sindicais» engloba: os sindicatos (propriamente ditos); as federações; as uniões; e as confederações (art. 442.º alíneas *a)* a *d)*, do CT).

O sindicato é a associação sindical de base, encontrando-se nele filiados os trabalhadores subordinados.

Nos termos do art. 442.º, alínea *a)*, e art. 444.º do CT, podem filiar-se num sindicato os trabalhadores por conta de outrem incluídos na categoria representada pela associação sindical, isto é os que exercem a mesma profissão ou atividade, assim como os trabalhadores que tenham profissões ou atividades afins.

Dependendo do preceituado no estatuto, pode, pois constituir-se uma associação sindical com trabalhadores relativamente aos quais existem afinidades no que respeita à atividade ou à profissão. Desde que se verifique, globalmente, alguma afinidade entre os trabalhadores, podem reunir-se no mesmo sindicato.

II. Numa classificação que atende à representação profissional, os sindicatos podem ser de dois tipos: sindicatos horizontais e verticais[2365].

O sindicato horizontal é aquele que representa trabalhadores da mesma profissão, que exercem a mesma atividade. Por exemplo, o sindicato dos maquinistas, o sindicato dos enfermeiros, o sindicato dos motoristas.

Diferentemente, o sindicato vertical representa trabalhadores com atividades afins, ou seja, o sindicato é constituído por pessoas com diversas profissões, as quais têm alguma afinidade entre si. Por exemplo, o sindicato dos bancários, o sindicato dos empregados de hotelaria, o sindicato das pescas. No sindicato vertical nem todos exercem a mesma atividade, mas existe uma afinidade, visto que estão ligados ao mesmo sector.

Também se têm incluído na classificação de sindicatos verticais as associações sindicais que englobam os trabalhadores de uma determinada empresa, pois nelas filiam-se trabalhadores com várias atividades e categorias distintas, que prestam atividade em dada empresa.

Apesar de não ser totalmente correta, poder-se-á apresentar a distinção entre sindicatos horizontais e verticais nos seguintes moldes: nos sindicatos horizontais agrupam-se os trabalhadores da mesma atividade, que não têm de trabalhar juntos e nos sindicatos verticais reúnem-se trabalhadores de atividades diferentes que trabalham juntos[2366].

[2365] Numa perspetiva diversa, aludindo a tipos de sindicalismo (revolucionário, reformista, de controlo, de inspiração cristã e nacionalista), *vd.* Bernardo Xavier/Furtado Martins/ /Nunes de Carvalho/Joana Vasconcelos/ Tatiana Guerra de Almeida, *Manual,* cit., pp. 111 e ss.

[2366] Cf. Bernardo Xavier/Furtado Martins/Nunes de Carvalho/Joana Vasconcelos/ /Tatiana Guerra de Almeida, *Manual,* cit., pp. 188, citando Alonso Olea.

III. Os sindicatos, para além do aspeto profissional, ou seja, de serem sindicatos para uma determinada atividade ou atividades afins, também podem ter um âmbito regional. Encontram-se sindicatos cujo campo de aplicação é de ordem geográfica, ou seja, a inscrição de trabalhadores está limitada a uma determinada zona. Por exemplo, num sindicato do distrito do Porto, só os trabalhadores desse distrito, ou seja, aqueles que exercem as suas profissões nesse distrito, é que se podem nele inscrever.

IV. Estes vários aspetos, profissional (com a distinção entre sindicato horizontal e vertical) e geográfico delimitam o âmbito de representação da associação sindical. Estes aspetos são identificadores do tipo e, como tal, devem constar da própria denominação (art. 450.º, n.º 3, do CT). No nome do sindicato devem estar, pois, identificados a atividade e o âmbito geográfico. Por exemplo, sindicato de motoristas do distrito de Braga, em que se identificam: a atividade, só para motoristas e a área geográfica, distrito de Braga.

b) Uniões, federações e confederações

I. A estrutura sindical apresenta-se do seguinte modo: em primeiro lugar há que atender às associações sindicais de base, os sindicatos, onde se filiam pessoas singulares: os trabalhadores por conta de outrem; depois as federações e uniões surgem como associações sindicais intermédias e as associações sindicais de cúpula são as confederações. Nas uniões, federações e confederações, diferentemente dos sindicatos, filiam-se pessoas coletivas (associações sindicais) e não pessoas singulares (trabalhadores).

Não há um imperativo quanto a esta estrutura tripartida, pelo que nada obsta a que um sindicato, sem se ter filiado numa federação ou numa união, se associe numa confederação, ou que não se encontre filiado em qualquer estrutura intermédia ou de cúpula.

Numa perspetiva hierárquica temos, em primeiro lugar, os sindicatos, depois as uniões e federações e por último as confederações.

II. Quando sindicatos da mesma profissão ou do mesmo sector de atividade se associam, estar-se-á perante uma federação, tal como consta no art. 442.º, alínea *b)*, do CT. As federações são as associações sindicais intermédias.

As federações têm uma base profissional, ou seja, só se podem associar na federação os sindicatos onde se filiam trabalhadores da mesma profissão.

Por exemplo, a Federação Nacional dos Professores, onde se associaram vários sindicatos de professores.

III. A união corresponde também a uma associação sindical intermédia, mas com base regional, como está previsto no art. 442.º, alínea *c)*, do CT. Trata-se, pois, da associação de vários sindicatos de uma determinada região, independentemente da atividade profissional que representam com vista à defesa dos trabalhadores de uma dada zona. Por exemplo, uma união de sindicatos do distrito de Beja.

IV. A possibilidade de constituir federações e uniões sindicais integra-se na liberdade sindical. Deste modo, o direito conferido aos sindicatos de se associarem, quer a nível profissional, quer a nível regional, corresponde a uma consagração do princípio da liberdade sindical.

As fases necessárias para a constituição de uma federação e de uma união são idênticas às que se verificam para os sindicatos, e já analisadas neste parágrafo.

V. A confederação, também chamada confederação geral ou central sindical, é uma associação sindical de nível nacional, com vista a representar todos os trabalhadores do país, correspondendo à associação sindical de cúpula.

A lei sindical, tal como foi elaborada em 1975, partiu do pressuposto da existência obrigatória de uma única confederação, a CGTP-IN, o que estava de acordo com o então vigente princípio da unicidade sindical.

Atualmente, em Portugal, com base no princípio do pluralismo sindical é possível constituir várias confederações. Desde 1978 passaram a coexistir duas confederações a CGTP e a UGT.

As confederações pretendem representar a pluralidade de trabalhadores, abrangendo assim todas as profissões na generalidade das regiões do país. O objetivo da confederação é a representatividade total dos trabalhadores, mas tendo em conta o chamado «direito de tendência», os diferentes sindicatos podem filiar-se numa das duas confederações existentes, em função das suas tendências, ou não se associar, permanecendo como independentes.

Nem todas as associações sindicais se encontram filiadas nas duas confederações existentes. A liberdade sindical, leva à inexistência de qualquer obrigatoriedade de filiação; daí a existência de sindicatos independentes, sem filiação de cúpula. De todos os modos assiste-se a uma tendência para a filiação dos sindicatos numa das duas confederações.

É ainda de referir a possibilidade de as uniões, federações e, em especial, as confederações se filiarem a nível internacional. Inicialmente, tal associação não era permitida, pois o revogado art. 7.º da LS não admitia que as associações sindicais se filiassem a nível internacional. Mas, na sequência do disposto no art. 55.º, n.º 5, da CRP, não seria aceitável qualquer proibição neste domínio. Deste modo, a antiga proibição constante da lei sindical, foi revogada, passando a ser livre a filiação internacional.

O objetivo das organizações sindicais internacionais é o de discutir problemas gerais que afetem os trabalhadores a nível internacional (p. ex., o *dumping* social). Tais organizações não têm, em princípio, uma intervenção na resolução concreta dos problemas, funcionando como espaços de debate de questões laborais.

5. Estrutura e funcionamento

a) Órgãos

I. A estrutura de um sindicato, como de qualquer associação de direito privado, depende do que constar dos respetivos estatutos, ou seja, daquilo que, na assembleia constituinte, os vários intervenientes tenham decidido e aprovado para constar dos estatutos.

Porém, nos termos do n.º 4 do art. 450.º do CT, pressupõe-se que em cada associação sindical exista uma assembleia geral, um órgão colegial de direção e um conselho fiscal. Tal como no regime geral das associações, em princípio, num sindicato, além da assembleia geral, há dois órgão: um órgão colegial de administração, normalmente designado por direção, e um conselho fiscal (art. 162.º do CC). A composição tripartida habitual numa associação sindical, pressupõe, portanto, a existência de uma assembleia geral, de uma direção colegial e de um conselho fiscal, apesar de a terminologia nem sempre ser a mesma[2367], nada impedindo que dos estatutos constem outros órgãos além destes.

Relativamente às associações sindicais prescreve-se o princípio da organização e gestão democrática (arts. 445.º e 451.º do CT), nos termos do qual cabe aos trabalhadores associados definir as regras, eleger e ser eleitos para os órgãos da associação.

[2367] Para uma referência à diferente terminologia usada na Lei Sindical, *vd.* MENEZES CORDEIRO, *Direito do Trabalho*, I, cit., p. 894.

II. A assembleia geral é o órgão representativo da associação, onde têm assento todos os associados, é, pois, o órgão soberano do sindicato. A assembleia geral reúne periodicamente, em regra, uma vez por ano podendo reunir também em sessões extraordinárias. A ela cabem-lhe, como órgão soberano onde têm assento todos os associados, as decisões fundamentais, em especial, a nomeação da direção, do conselho fiscal e dos demais órgãos, para os quais poderão ser eleitos quaisquer associados (arts. 172.º e ss. do CC e arts. 445.º e 451.º, alínea *a)*, do CT)[2368].

III. A direção colegial tem funções executivas, cabendo-lhe o acompanhamento das tarefas diárias, pois é o órgão associativo que está permanentemente em funções, reunindo por convocação do seu presidente (art. 171.º do CC).

O conselho fiscal é o órgão de controlo, em particular, no que respeita às contas da associação e reúne com alguma periodicidade, mediante convocação do seu presidente (art. 171.º do CC).

Para os vários corpos gerentes, em especial no que respeita à direção, são eleitos quaisquer associados (art. 451.º, n.º 1, alínea *a)*, do CT), por um determinado mandato. A assembleia geral reúne e elege a direção por um mandato com uma duração não superior a quatro anos (art. 451.º, n.º 1, alínea *c)*, do CT)[2369]; tal mandato tem de ser circunscrito no tempo, não podendo ser eleita uma direção e um conselho fiscal indefinidamente, mas os membros dos corpos gerentes podem ser reeleitos por mandatos sucessivos.

Como a lei não impede a reeleição de qualquer dos membros da direção, tem-se verificado uma certa profissionalização dos dirigentes sindicais[2370]. Acontece, com alguma frequência, que os dirigentes sindicais não exercem qualquer outra atividade; sendo normalmente reeleitos para os mesmos cargos de direção, passando a ter por profissão a de dirigente sindical[2371].

[2368] Quanto à impugnação de deliberações da mesa da assembleia geral, *vd.* Ac. STJ de 10/5/1995, CJ (STJ) 1995, T. II, p. 280.

[2369] O preceito anterior (art. 17.º, n.º 7, da LS) determinava que o mandato era de três anos, mas já fora alterado pela Lei n.º 23/99, de 21 de Abril. Quanto à constitucionalidade do art. 17.º, n.º 7, da LS, que fixava o mandato dos dirigentes sindicais, cf. Ac. STJ de 23/10/1997, *BMJ* 470, p. 348.

[2370] *Vd.* Bernardo Xavier/Furtado Martins/Nunes de Carvalho/Joana Vasconcelos//Tatiana Guerra de Almeida, *Manual*, cit., p. 206.

[2371] Segundo sondagem da Universidade Católica de Abril de 1996, só 7,8% dos trabalhadores sindicalizados têm ocupado cargos de dirigentes sindicais.

b) Dirigentes sindicais; estatuto

I. Os dirigentes sindicais têm um regime especial de proteção laboral nos termos estabelecidos no art. 55.º, n.º 6, da CRP; estabelecem-se, neste ponto, algumas particularidades que têm duas ordens de razões. Primeiro, o legislador achou por bem estabelecer em relação aos dirigentes sindicais um regime particular de defesa, para melhor permitir o exercício da sua atividade dentro e fora da empresa, de modo a evitar «quaisquer formas de condicionamento, constrangimento ou limitação do exercício legítimo das suas funções» (art. 55.º, n.º 6, da CRP). Em segundo lugar, pretendeu-se que os dirigentes sindicais não pudessem ser alvo de perseguição movida pelos empregadores, evitando assim, um eventual tratamento discriminatório.

II. Por estes motivos instituiu-se um regime de maior proteção quanto aos dirigentes sindicais do que relativamente aos demais trabalhadores[2372].

Assim sendo, no art. 408.º do CT, relativamente aos trabalhadores que tenham funções de representantes de trabalhadores foram instituídos três regimes de exceção. É necessário, porém, proceder a uma precisão terminológica.

Nesta alínea faz-se referência aos dirigentes sindicais, que correspondem a trabalhadores eleitos para ocupar cargos de direção de sindicatos, tendo a alusão aos delegados sindicais sido feita no anterior § 60., n.º 3.

III. No art. 408.º do CT, determina-se que beneficiam de crédito de horas, do período normal de trabalho, para exercício de funções.

No que exceda o mencionado crédito de horas, os membros da direção podem não comparecer ao trabalho para o desempenho das suas funções, sendo tais faltas consideradas como justificadas. Trata-se, todavia, de faltas justificadas com perda da retribuição (art. 409.º, n.º 1, do CT.

Como são faltas justificadas, não pressupõem perda de antiguidade, contando-se o tempo despendido no exercício da atividade sindical como tempo de serviço[2373].

[2372] Este regime só se aplica aos dirigentes sindicais membros da direção do sindicato e não a outros dirigentes societários que integram os corpos da associação sindical (Ac. Rel. Év. de 12/1/1999, CJ XXIV, T. I, p. 292).

A especial proteção conferida aos dirigentes sindicais também se encontra noutros ordenamentos, cf. Bonaretti, *Trasferimento del Lavoratore Subordinato Privato*, Milão, 1992, pp. 113 ss.

[2373] Cf. Ac. STJ de 8/11/1995, CJ (STJ) 1995, T. III, p. 295.

Teoricamente, o dirigente sindical poderia faltar um mês, ou mesmo dois ou três meses, sendo as faltas justificadas com base no desempenho das suas funções, com perda de retribuição; todavia, o impedimento prolongado do dirigente sindical enquadra-se na figura da suspensão do contrato de trabalho[2374].

Na medida em que se trata de faltas justificadas esporádicas e, muitas vezes, imprevisíveis no exercício da atividade do dirigente sindical, dificilmente poderá ser contratado um trabalhador substitutivo, mas devem ser comunicadas com antecedência ou, sendo imprevisíveis, nas 48h seguintes (art. 409.º, n.º 3, do CT).

IV. No art. 411.º do CT estatui-se que os dirigentes sindicais só podem ser transferidos de local de trabalho com o seu acordo, instituindo uma proteção maior do que aquela que consta do disposto no art. 217.º do CT. Enquanto neste preceito se admite que o empregador pode transferir o trabalhador de local de trabalho, desde que não lhe cause prejuízo sério, diferentemente, o art. 411.º do CT, quanto aos dirigentes sindicais, mesmo quando não haja prejuízo sério, não é possível a transferência do trabalhador de local de trabalho sem o seu acordo; mas isto não obsta à mudança dentro do perímetro geográfico da empresa, porque não é uma alteração do local de trabalho.

Apesar de a justificação não ser tão compreensível como em relação ao delegado sindical (*vd. supra* § 60.3), ainda assim, o dirigente sindical, integrado numa empresa, tem a confiança dos trabalhadores com os quais trabalha e que, em determinados casos, representa, sendo a mudança de local de trabalho uma forma de o afastar dessa relação com aqueles trabalhadores, prejudicando os contactos que tem.

Para fixar o âmbito de aplicação deste regime especial é necessário atender à noção de local de trabalho e, em particular, à sua determinação[2375], pois o art. 411.º do CT não obsta a que o empregador altere o espaço em que o trabalhador (dirigente sindical) desempenha a sua atividade se isso não implicar uma modificação do local de trabalho. Assim, poderá ser lícito, por

[2374] Como se estabeleceu no Ac. STJ de 22/10/1996, CJ (STJ) 1996, T. III, p. 245, se o dirigente sindical, por mais de trinta dias consecutivos, está impedido de trabalhar para prestar serviço no sindicato, o contrato de trabalho suspende-se, sendo as faltas justificadas sem remuneração e não podendo ser invocado o crédito de horas (4 h) mensal. No mesmo sentido, cf. Bernardo Xavier/Furtado Martins/Nunes de Carvalho/Joana Vasconcelos/Tatiana Guerra de Almeida, *Manual*, cit., p. 208.

[2375] *Vd. supra* § 24.9.

exemplo, que o empregador mude o dirigente sindical do gabinete 1 para o gabinete 2 situado no mesmo edifício ou do pavilhão A para o B no perímetro da fábrica, mas se a mudança for da fábrica 1 para a fábrica 2, que dista 10 km da primeira, apesar de a distância ser curta, a transferência poderá ser ilícita; o critério está na razão de ser deste regime especial: se a alteração impede totalmente a prossecução do contacto com os restantes trabalhadores será ilícita[2376].

A limitação constante do art. 411.º do CT só não permite a transferência do dirigente sindical a título individual, pois nada obsta a uma mudança da empresa. Se a empresa muda as instalações de local, todos os trabalhadores, incluindo os dirigentes sindicais, ficam adstritos, nos termos gerais, a exercer a sua atividade laboral em local diferente. O art. 411.º do CT opõe-se unicamente às transferências individuais de dirigentes sindicais, e não às designadas mudanças coletivas, em que os dirigentes sindicais são transferidos em conjunto com outros trabalhadores.

V. Quanto ao despedimento de dirigentes sindicais também foi instituído um regime especial. No art. 410.º, n.º 3, do CT estabeleceu-se uma presunção de não haver justa causa de despedimento em relação a trabalhadores que seja candidato, exerça ou tenha exercido há menos de três anos funções diretivas em sindicatos. Trata-se, obviamente, de uma presunção ilidível, com uma consequência ineficiente no estrito plano técnico-jurídico[2377].

Por outro lado, se se tiver procedido ao despedimento ilícito de um dirigente sindical, a indemnização devida poderá ser mais elevada do que aquela a que teria direito outro trabalhador, pois nunca será inferior a seis meses de retribuição base e diuturnidades (art. 410.º, n.º 6, do CT)[2378].

[2376] Como se decidiu no Ac. STJ de 31/10/2000, CJ (STJ) 2000, T. III, p. 278, o sindicalista pode ser mudado de local, de um sector para outro, dentro das mesmas instalações.

[2377] Importa esclarecer que os restantes trabalhadores não se presumem despedidos com justa causa; não há nenhuma presunção de justa causa de despedimento em relação a qualquer trabalhador, por isso, independentemente de o trabalhador ser ou não dirigente sindical, cabe ao empregador fazer a prova dos factos que consubstanciam a justa causa de despedimento (*vd. supra* § 58.2.b.2)).

[2378] Cf. Ac. Rel. Év. de 13/3/1997, CJ XXII, T. II, p. 281, onde se reafirma que esta regra mantém-se em vigor, porque a Lei da Cessação do Contrato de Trabalho não a alterou. Esclareça-se, contudo, que a regra anterior (art. 24.º da LS) impunha uma indemnização em dobro, solução que o Código do Trabalho alterou.

Estas duas regras, em particular a segunda, não encontram uma justificação plausível a não ser a de exercer uma considerável pressão sobre o empregador quando se propõe despedir um trabalhador dirigente sindical.

Ainda em relação ao despedimento, no art. 410.º, n.os 1 e 3, do CT, estabeleceram-se particularidades no processo. Além de, nos termos gerais, a associação sindical da qual o trabalhador a ser despedido é dirigente dever ser informada pelo empregador das várias fases do procedimento, e ao ser informada em relação a cada uma das fases poder sempre pronunciar-se sobre quaisquer aspetos desse procedimento de despedimento que está a ser instaurado contra o dirigente sindical, se o empregador decidir pelo despedimento do dirigente sindical, este pode pedir a suspensão judicial dos efeitos da cessação do vínculo. No que respeita à generalidade dos trabalhadores, quando o empregador procede a um despedimento, por via de regra, cessa imediatamente a relação de trabalho e se, mais tarde, o despedimento for impugnado e o tribunal vier a decidir no sentido da sua ilicitude, permite-se que o trabalhador seja reintegrado (art. 389.º, n.º 1, alínea *b)*, do CT)[2379]. Se o trabalhador, não querendo aguardar por uma decisão judicial, intentar uma providência cautelar de suspensão judicial do despedimento (art. 386.º do CT), o tribunal decretará a suspensão do despedimento se concluir «pela probabilidade séria de ilicitude do despedimento» (art. 39.º, n.º 1, do CPT)[2380]. Quanto aos dirigentes sindicais a situação é diversa; para não serem afastados da empresa até à decisão judicial e continuarem a laborar nela, os dirigentes sindicais podem pedir a suspensão judicial dos efeitos imediatos do despedimento nos termos gerais (art. 386.º do CT), com uma diversa ponderação da probabilidade de existência de justa causa. Em qualquer procedimento cautelar não é discutido o fundamento da causa, pretendendo-se tão-só suspender os efeitos do despedimento, o que só não ocorrerá se existir uma probabilidade séria de verificação de justa causa para despedimento. A diferença reside na formulação negativa do art. 39.º, n.º 1, do CPT (probabilidade séria de inexistência de justa causa) em confronto com a postura positiva do art. 410.º, n.º 3, do CT (probabilidade séria de verificação de justa causa); ou seja, teoricamente, pode ser mais fácil, em termos probatórios, decretar a suspensão do despedimento de um dirigente sindical, pois é necessário que o empregador tenha carreado para o processo factos que claramente indiciem a existência de justa causa.

[2379] *Vd. supra* § 58.2.f.4)γ.
[2380] *Vd. supra* § 58.2.f.2).

c) *Quotização sindical*

A propósito da liberdade de inscrição, no art. 55.º, n.º 2, alínea *b)*, da CRP estabelece-se que o trabalhador não pode ser obrigado a um dever de pagar a quotização para o sindicato em que não esteja inscrito; regra reiterada no art. 457.º, n.º 1, do CT. A obrigação de pagar quotas para um sindicato pressupõe que o trabalhador esteja sindicalizado e que a filiação respeite a esse sindicato. Portanto, não é pelo facto de se ser trabalhador por conta de outrem que se tem de pagar quotas para um sindicato; as quotas só são devidas por parte de quem esteja filiado na associação sindical em causa.

Esta era uma questão polémica no domínio do Estado Novo; discutiu-se em que medida os trabalhadores não sindicalizados deveriam ser obrigados a pagar quotas para o respetivo sindicato. Hoje, tendo em conta a liberdade sindical, tal discussão perde sentido e a Constituição estabeleceu claramente o princípio de os trabalhadores não sindicalizados estarem isentos de pagamento de quotas (art. 55.º, n.º 2, alínea *b)*, *in fine*, da CRP), solução reiterada no art. 457.º, n.º 1, do CT.

Levantou-se, porém, o problema da forma de cobrança das quotas aos trabalhadores. No Estado Novo era uma incumbência dos empregadores a cobrança das quotas dos trabalhadores, descontando no salário o respetivo montante, e transferindo, depois, as verbas para os sindicatos.

Depois da Revolução de 1974, suscitou-se o problema de saber se essa regra, estabelecida no regime corporativo, se deveria manter. No art. 21.º da LS optou-se por uma solução de continuidade, pois, para a cobrança de quotas, considerou-se que a melhor fórmula era a regra estabelecida no período anterior. Tendo em conta algumas dúvidas suscitadas, a Lei n.º 57/77, de 5 de agosto, procedeu a uma revogação tácita do mencionado artigo da Lei Sindical; a referida lei de 1977 foi substituída pela Lei n.º 81/2001, de 28 de julho, que no art. 2.º, n.º 1, prescrevia a obrigação de o empregador proceder à cobrança da quota sindical mediante dedução do respetivo valor na retribuição do trabalhador. A regra da dedução das quotas feita pelo empregador, descontando na retribuição do trabalhador, manteve-se no Código do Trabalho (art. 458.º do CT).

Se as quotas não fossem cobradas pelos empregadores, os sindicatos teriam alguma dificuldade no recebimento das mesmas e isso poderia levar, em alguma medida, a situações de dificuldade financeira. Assim sendo, veio a admitir-se que a cobrança continuasse a ser feita pelos empregadores, mediante o desconto na retribuição dos trabalhadores, desde que estes dessem o seu consentimento (art. 458.º, n.os 3 e 4, do CT)[2381]. Sem acordo do trabalhador, também pode resultar de instrumento de regulamentação coletiva, o dever de o empregador proceder a tal desconto (art. 458.º, n.º 4, do CT). Na prática, os sindicatos «impõem» aos trabalhadores, aquando da filiação, esse consentimento e, através dessa forma, algo ambígua, consegue-se que as quotas sejam cobradas pelos empregadores por desconto no salário e transferidas as verbas para as correspondentes associações sindicais.

6. Atividade sindical

a) Vertentes

Como pessoa coletiva, o sindicato pode desempenhar atividades que se integram no âmbito da sua capacidade jurídica (art. 160.º do CC), mas cabe aludir, em particular, à atividade sindical[2382].

A atividade sindical tem, essencialmente, duas vertentes.

Uma primeira, correspondente à tradicional atividade sindical e que se apresenta como reivindicativa relativamente aos empregadores. A associação sindical exige aos empregadores melhoria das condições de trabalho para os seus associados.

Uma outra atividade sindical, não tradicional, mas consequência de um desenvolvimento das funções sindicais, respeita, por um lado, à promoção sociocultural dos associados e, por outro, à prestação de serviços a esses mesmos associados.

Na sua atividade sindical tradicional a função dos sindicatos resume-se, essencialmente, à celebração de convenções coletivas de trabalho (art. 56.º, n.º 3, da CRP e art. 443.º, n.º 1, alínea *a)*, do CT) e à declaração de greve (art. 531.º, n.º 1, do CT).

Em qualquer das suas vertentes, a atividade sindical tem de ser exercida de modo responsável, de boa fé (art. 520.º do CT), sem causar ilicitamente danos a outrem, em particular aos empregadores; ou seja, os sindicatos são responsáveis pelos atos praticados no exercício das suas funções nos termos gerais[2383].

[2381] Neste sentido, exigindo o acordo do trabalhador para a cobrança de quotas pelo empregador, cf. Ac. Rel. Lx. de 18/2/1998, CJ XXIII, T. I, p. 170.

[2382] Cf. AAVV, *Autonomia Collettiva e Occupazione*, Milão, 1998; GHEZZI/ROMAGNOLI, *Il Diritto Sindacale*, cit., pp. 97 ss.

[2383] Sobre a responsabilidade dos sindicatos, consulte-se GONZÁLEZ MOLINA, *La Responsabilidad Civil de los Sindicatos derivada de Acciones Colectivas*, Valencia, 2000; PÉREZ PÉREZ, *Responsabilidad*

b) Função reivindicativa

b.1) Aspetos gerais

Na atividade reivindicativa, o papel dos sindicatos não está limitado ao confronto com os empregadores. De facto, tradicionalmente, nessa função, os sindicatos tinham tão-só uma atividade que se resumia ao confronto, negocial ou pela via da força, com os empregadores; todavia, hoje, a função reivindicativa tem-se alargado também em relação ao Estado. Por conseguinte, a atividade sindical no sentido reivindicativo, dirige-se aos empregadores e igualmente ao Estado. Por exemplo, quando os sindicatos exigem o aumento do salário mínimo não apresentam a reclamação aos empregadores, fazem-na valer sim contra o Estado, pois é este que estabelece o salário mínimo.

Nesta função reivindicativa em relação ao Estado, a atividade dos sindicatos tem sido, nos últimos tempos, incrementada. Na realidade, apresenta-se cada vez mais como relevante o papel das associações sindicais no que respeita à concertação social, em particular em relação ao ajuste de pactos sociais, que depois influem sobremaneira na legislação laboral e nas convenções coletivas a celebrar. Na concertação social há também uma perspetiva reivindicativa dos sindicatos, que aceitam determinados pactos sociais tendo em conta o reconhecimento das suas exigências, pelo menos parcialmente. Além disso, nos termos do art. 56.º, n.º 2, da CRP, as associações sindicais, nesta sua atividade reivindicativa, têm igualmente a possibilidade de participar na elaboração da legislação de trabalho, mediante consulta que lhes deverá ser dirigida (alínea *a)*), de participar na gestão de instituições de Segurança Social e outras instituições que visam satisfazer os interesses dos trabalhadores[2384] (alínea *b)*), cabe-lhes também pronunciarem-se sobre os planos económico-sociais, controlando a sua execução (alínea *c)*), podem fazer-se representar nos organismos de concertação social (alínea *d)*) e, por último, cabe-lhes participar nos processos de reestruturação da empresa (alínea *e)*).

Tendo em conta este âmbito de atuação alargado das associações sindicais verifica-se, com alguma frequência, uma certa politização dos sindicatos. As associações sindicais no seu vasto leque de competências a vários níveis sócio-laborais, atuam, por vezes, de forma concertada com forças políticas.

Patrimonial del Sindicato y Acción Sindical, Madrid, 1999; PUEBLA PINILLA, *La Responsabilidad Civil del Sindicato. Un Estudio sobre la Responsabilidad derivada de la Actividad Sindical*, Madrid, 2000.

[2384] Intervindo, por exemplo, na gestão do INATEL (Instituto Nacional para o Aproveitamento dos Tempos Livres dos Trabalhadores).

Não obstante, no plano constitucional se encontrar estabelecida a independência e a autonomia dos sindicatos relativamente ao poder político (art. 55.º, n.º 4, da CRP); solução reiterada no Código do Trabalho (arts. 405.º e 446.º), chegando o art. 446.º do CT a considerar incompatível o exercício de cargos de direção de associações sindicais com o exercício de quaisquer cargos de direção em partidos políticos, instituições religiosas ou outras associações relativamente às quais exista conflito de interesses; não permitindo, por conseguinte, que os dirigentes sindicais exerçam cargos em partidos políticos ou em instituições religiosas, de molde a evitar o estabelecimento de contactos entre os membros da direção de associações sindicais e os dirigentes políticos e religiosos. Verificam-se, com alguma frequência, interferências político-partidária na atividade sindical, em que as associações sindicais atuam de forma concertada com partidos políticos. Nada impede que as associações sindicais tenham juntamente com as forças políticas, pontos de contacto a defender, sendo as perspetivas idênticas reivindicadas em conjunto ou de forma concertada[2385], mas deve evitar-se a politização dos sindicatos, assim como a indissociação entre as atividades política e sindical[2386].

b.2) Legitimidade e representatividade

I. A representatividade sindical em sentido estrito distingue-se da representação institucional atribuída às associações sindicais[2387]. Por via desta representação, os sindicatos agem em nome e em prol dos trabalhadores, por vezes, até, dos trabalhadores não sindicalizados, com consequências de vária ordem, mormente no que respeita à produção de efeitos de convenções coletivas e da greve. Noutro plano, fala-se em representatividade sindical no sentido de distinguir as associações sindicais em função da sua importância; o sindicato mais representativo prevaleceria sobre os restantes, concedendo-se-lhe mais prerrogativas. Não há, contudo, critérios uniformes para aferir a representatividade da associação sindical: pode advir do número de trabalhadores filiados, do *curriculum*, da antiguidade, etc. O princípio da

2385 Como refere Menezes Cordeiro, *Direito do Trabalho*, I, cit., p. 879, nada impede que os sindicatos exprimam opiniões similares às emitidas por partidos políticos, por que as funções são inconfundíveis.

2386 Como se lê na Encíclica de João Paulo II, *Laborem Exercens*, «O papel dos sindicatos não é o de "fazer política" (...)».

2387 Sobre a representatividade sindical, veja-se Mendes de Almeida, *A Representatividade Sindical. Noção, Origens e Funções*, dissertação de Mestrado, Coimbra, 1994; Menezes Cordeiro, «Representatividade e maior Representatividade dos Sindicatos. A Experiência Portuguesa», *Tribuna da Justiça* 39 (1988), pp. 1 ss.; Ribeiro Lopes, «A Contratação Colectiva», cit., pp. 64 s.

representatividade sindical vigora nalgumas ordens jurídicas[2388], mas não em Portugal, onde não se faz referência à representatividade[2389]; em particular no âmbito da celebração e aplicação das convenções coletivas de trabalho – onde a representatividade sindical assume maior relevo noutras ordens jurídicas – os sindicatos não se distinguem em função da representatividade. Até porque o princípio da representatividade de associações sindicais conduz, de algum modo, à unicidade sindical e à consequente quebra da liberdade sindical[2390].

II. O princípio do pluralismo sindical, associado com a possibilidade de se constituírem sindicatos de tipo diverso (sindicatos verticais e horizontais e com diversos âmbitos geográficos), leva a que, em determinadas circunstâncias, um mesmo trabalhador possa estar inscrito em mais de um sindicato. Para tal, é necessário que as diferentes atividades do trabalhador estejam abrangidas no âmbito de vários sindicatos. Por outro lado, a mesma profissão ou categoria pode estar representada por diferentes sindicatos porque integra-se no objeto de um determinado sindicato vertical, mas também é abrangida por um sindicato horizontal, ou ainda porque há um sindicato regional e um sindicato nacional, podendo os trabalhadores optar por inscrever-se em qualquer deles.

Daqui advêm conflitos inevitáveis, que suscitam o problema da legitimidade e da representatividade dos sindicatos, principalmente no âmbito das negociações com os empregadores. Normalmente, os sindicatos, quando entabulam negociações coletivas, reclamam uma determinada representatividade (em sentido amplo) e, muitas vezes, pretendem, nessas negociações,

---

[2388] Distinguindo por países. Em Espanha, *vd.* García Murcia, *Organizaciones Sindicales y Empresariales mas Representativas*, Madrid, 1987; Martín Valverde/Rodríguez-Sañudo Gutiérrez/García Murcia, *Derecho del Trabajo*, cit., pp. 298 ss.; Navarro Nieto, *La Representatividad Sindical*, Madrid, 1993. Em França, veja-se Chalaron, *Négociations et Accords Collectifs d'Entreprise*, Paris, 1990, pp. 47 ss.; Petit, *La Notion de Représentation dans les Relations Collectives du Travail*, Paris, 2000, pp. 386 ss. Quanto a Itália, consulte-se AAVV, *Rappresentatività del Sindacato*, Milão, 1990; Fiori, *Il Sistema Sindacale Italiano e il Principio di Maggioranza*, Milão, 1991; Scarpelli, *Lavoratore Subordinato e Autotela Collettiva*, Milão, 1999, em especial, pp. 316 ss.

[2389] Anteriormente, no art. 14.º, n.º 2, alínea *b)*, da LRCT, aludia-se ao sindicato representativo do maior número de trabalhadores para resolver um problema de concorrência de convenções coletivas, mas esta referência não consta do Código do Trabalho.

[2390] Sobre a questão, veja-se Carmona Contreras, *La Conflictiva Relación entre Libertad Sindical y Negociación Colectiva*, Madrid, 2000.

representar também os trabalhadores neles não sindicalizados. Deste modo, os sindicatos, ao negociarem, apresentam-se com uma representatividade genérica, relativamente a uma multiplicidade de trabalhadores, muitos dos quais não se encontram sequer sindicalizados[2391]/[2392].

Põe-se o problema de saber, em que medida um sindicato tem legitimidade para invocar a representação de trabalhadores, falando em nome dos prestadores de trabalho de uma determinada profissão ou de atividades de características globalmente afins.

Quando um sindicato negoceia uma convenção coletiva apresenta-se, por via de regra, como representando uma determinada categoria, a qual engloba uma pluralidade de trabalhadores, mas, apesar disso, depois de celebrada a convenção coletiva, atento o princípio da filiação (art. 496.º do CT) esta só se aplicará aos trabalhadores que se encontrem inscritos no sindicato que a outorgou, isto é, àqueles que estejam diretamente representados pelo sindicato que a tenha negociado. Os trabalhadores não sindicalizados ou que estiverem filiados noutro sindicato não beneficiam diretamente dessa convenção coletiva.

Tal como já foi afirmado, de acordo com o art. 496.º do CT, as regras da convenção coletiva não se aplicam nem aos trabalhadores não sindicalizados, nem aos trabalhadores sindicalizados noutros sindicatos. Desse facto pode levantar-se o problema da igualdade entre os trabalhadores. Na realidade, se um sindicato celebra uma convenção coletiva em representação, por exemplo, dos motoristas de camiões TIR, mas se os motoristas sindicalizados numa determinada empresa correspondem a 30%, para os restantes 70% de

---

2391 Cabe relembrar que, em Portugal, o nível de sindicalização é bastante baixo, não ultrapassando uma percentagem de 20% / 25% dos trabalhadores por conta de outrem. No Livro Verde sobre as Relações Laborais, 2016, alude-se a uma percentagem de sindicalização que oscila entre os 8,3% nas microempresas e os 18,1% nas grandes empresas.

2392 Tendo em conta esta representatividade genérica, Motta Veiga, *Lições*, cit., p. 167, afirma que os sindicatos têm uma «representação essencialmente legal, mais próxima da representação política do que da representação própria do mandato de direito privado». Mas é necessário não confundir a representatividade, que é um fenómeno coletivo, com a representação voluntária dos arts. 262.º e ss. do CC.

A este propósito, Bernardo Xavier/Furtado Martins/Nunes de Carvalho/Joana Vasconcelos/ Tatiana Guerra de Almeida, *Manual*, cit., pp. 115 e s., esclarece que a vocação do sindicato, no aspeto representativo, não é apenas associativa, pois não se destina apenas a representar os sócios ou filiados, mas um grupo ou categoria socioeconómica de trabalhadores, ainda que não inscritos na associação, concluindo que o «dinamismo da atividade sindical provoca sempre um sistema de representação de interesses que transcende os dos associados, assumindo os de toda a categoria (económica ou profissional) a que pertencem».

motoristas não sindicalizados a convenção coletiva não vale e, então, põe-se o seguinte problema: será que os restantes 70% dos motoristas da empresa podem aproveitar os benefícios estabelecidos naquela convenção coletiva? Se não puderem aproveitar dos benefícios, poder-se-á criar uma situação de desigualdade, principalmente se da convenção coletiva advier um estatuto privilegiado, mormente remuneratório. A eventual desigualdade tem de ser apreciada em termos globais. Assim sendo, por princípio nada obsta a que uma convenção coletiva só encontre aplicação a determinados trabalhadores de uma empresa, mas a questão será analisada nas secções respeitantes aos instrumentos de regulamentação coletiva de trabalho.

Ainda quanto à questão da representatividade, cabe referir que, quando um sindicato decreta uma greve, a ela podem livremente aderir os trabalhadores não sindicalizados ou os filiados noutros sindicatos que não tenham decretado aquela greve.

c) *Atividades extralaborais*

I. Nos últimos tempos a atividade sindical tem-se desenvolvido noutros campos. No art. 443.º, n.º 1, alínea *b)*, do CT admite-se que as associações sindicais possam prestar serviços de carácter económico e social aos seus associados, o que se verifica com alguma frequência, nomeadamente cursos de formação profissional. É habitual que as associações sindicais prestem serviços aos seus associados, como prestação de serviços médicos, jurídicos, estabelecimento de cantinas e de supermercados, desenvolvimento de atividades culturais e desportivas, etc.

Mas a prestação de serviços de carácter económico e social tem de se circunscrever aos associados, como se depreende do art. 443.º, n.º 1, alínea *b)*, do CT, pois, de outro modo, os sindicatos, de associações, poder-se-iam transformar em sociedades com fins lucrativos, em clara violação dos respetivos estatutos. Esta solução foi, de início, especificamente assumida em relação às associações de empregadores, no art. 510.º, n.º 2, do CT2003 (correspondente ao art. 443.º, n.º 3, do CT2009), mas, apesar da omissão de uma proibição específica de os sindicatos se dedicarem à produção ou comercialização de bens ou serviços ou de qualquer modo intervirem no mercado, essa limitação resultaria sempre do seu estatuto associativo.

II. Ainda nesta perspetiva de alargamento de atividade sindical, cabe referir, com base no disposto no art. 56.º, n.º 2, alínea *b)*, da CRP, que às associações sindicais foi conferido o direito de «participar na gestão das instituições de segurança social e outras organizações que visem satisfazer os interesses dos trabalhadores»[2393].

No fundo, pretendeu-se que as associações sindicais tivessem uma intervenção a vários níveis, permitindo-se-lhes a participação em certas instituições. Esta participação alargada conferida às associações sindicais, principalmente no que respeita à sua intervenção na política económico-social e, em particular, nestes órgãos estaduais, como a segurança social, visa, no fundo, atingir-se o chamado «sindicalismo integrado».

Permite-se que os sindicatos participem na política económico-social, mediante a intervenção em organismos estaduais, como as instituições de segurança social ou o Conselho Económico e Social. Verifica-se uma tendência no sentido de permitir às associações sindicais uma intervenção alargada em organismos estaduais. Isto leva a que se possa falar na existência apesar de forma incipiente, de um sindicalismo integrado, em que aos sindicatos cabe também a participação em certas instituições que, tradicionalmente, estavam tão-só na esfera de intervenção do Estado. Este sindicalismo integrado já foi apelidado de neocorporativismo, por a intervenção dos sindicatos ser de um tipo algo similar ao instituído no regime corporativo, pelo que é criticado nessa perspetiva. Trata-se, porém, de uma tendência relativamente generalizada nos países ocidentais, até porque esta intervenção sindical a vários níveis e, designadamente em organismos estaduais, corresponde a uma forma de aliviar o Estado da sua carga burocrática.

7. Extinção

a) Causas

I. Os sindicatos extinguem-se por decisão judicial ou voluntariamente.

II. A associação sindical extingue-se por decisão judicial, em primeiro lugar, se os estatutos não se mostrarem conformes à lei. O art. 447.º, n.º 8, do CT prescreve que, quando os parâmetros estabelecidos pela lei para a elaboração dos estatutos não tiverem sido respeitados, pode o Ministério Público promover a declaração judicial de extinção da associação sindical.

[2393] No Ac. Rel. Cb. de 5/11/1997, CJ XXII, T. V, p. 60, discutia-se se o sindicato tinha a obrigação de pagar a um seu associado a contribuição determinada no regulamento sindical relativamente a um Fundo de Solidariedade criado pelo próprio organismo sindical.

No Código do Trabalho não se acrescentam outras formas de extinção judicial. Deste modo, será necessário recorrer às regras gerais do direito civil para a determinação de outros modos de extinção da associação sindical.

Não é opinião unânime, mas parece que nada obsta à aplicação do art. 182.º do CC com respeito à extinção das associações sindicais. Este artigo admite algumas situações de extinção de associações em geral e importa verificar se, tais hipóteses previstas na lei civil, são extensíveis às associações sindicais.

Com respeito às situações previstas nas quatro alíneas do n.º 2 do art. 182.º do CC, tais como impossibilidade de prossecução do fim (alínea *a)*) ou existência contrária à ordem pública (alínea *d)*), não parece poder questionar-se que estas sejam igualmente causas de extinção de associações sindicais[2394].

Em particular, tem-se questionado quanto à aplicação da alínea *e)*, n.º 1 do art. 182.º do CC, onde se prevê a possibilidade de as associações se extinguirem por declaração judicial de insolvência e importa saber se pode ser declarada a insolvência de uma associação sindical.

Qualquer associação pode ser declarada falida, mas relativamente às associações sindicais discute-se a inviabilidade de ser decretada a insolvência, com base no disposto no art. 453.º, n.º 1, do CT. Nos termos deste preceito não são penhoráveis os bens móveis e imóveis das associações sindicais cuja utilização seja estritamente indispensável ao seu funcionamento. Pode, desde logo, discutir-se *de iure condendo* se se justifica a existência de bens de uma associação que não são penhoráveis; porém, não gozam da impenhorabilidade os bens imóveis adquiridos com recurso ao financiamento por terceiro (art. 453.º, n.º 2, do CT). De qualquer modo, o problema persiste, visto que ainda uma parte dos bens (os móveis e imóveis que não foram adquiridos com recurso a financiamento ou que já estejam pagos) não pode ser penhorada. Com base nessa impenhorabilidade poder-se-ia admitir a impossibilidade de ser decretada a insolvência de associações sindicais.

Apesar da limitação quanto à penhorabilidade dos bens ainda subsistir, não parece que, por esse motivo, se possa concluir pela inexistência de situações de insolvência. O art. 2.º, n.º 1, do Código da Insolvência determina que podem ser sujeitos passivos da declaração de insolvência: «*a)* Quaisquer pessoas singulares ou coletivas», considerando-se que há «situação de insolvência sempre que o devedor se encontre impossibilitado de cumprir as suas obrigações vencidas» (art. 3.º, n.º 1, do Código da Insolvência), acrescen-

---

[2394] *Vd.* Menezes Cordeiro, *Direito do Trabalho*, I, cit., pp. 885 s.

tando que «As pessoas coletivas (...) são também consideradas insolventes quando o seu passivo seja manifestamente superior ao ativo (...)» (art. 3.º, n.º 2, do Código da Insolvência).

Como do mencionado Código da Insolvência não constam exceções válidas quanto às associações sindicais e estas incluem-se no âmbito indicado de aplicação da insolvência, há que atender a este regime. De facto, um sindicato (pessoa coletiva), em dado momento, pode encontrar-se impossibilitado de cumprir as suas obrigações, tendo um passivo manifestamente superior ao ativo, sabendo-se que os recursos, em particular as quotizações dos seus associados, não chegam para pagar as despesas e não há possibilidade de recorrer ao crédito.

Neste caso, será possível declarar a insolvência desta associação sindical, pois não seria aceitável que um sindicato, cuja viabilidade económica está manifestamente comprometida, continuasse indefinidamente em funções[2395]. Há outras situações em que a lei limita a penhorabilidade de bens (arts. 736.º e ss. do CPC), o que não obsta à declaração de insolvência dos respetivos titulares. Assim sendo, parece ser admissível a declaração de insolvência de uma associação sindical.

III. A extinção voluntária das associações sindicais pode encontrar previsão nos próprios estatutos. O art. 450.º, n.º 1, alínea *c)*, do CT, prevê que os estatutos regulem o modo de extinção do sindicato.

A extinção voluntária pode ser de dois tipos: automática ou mediante deliberação.

Estar-se-á perante uma hipótese de extinção automática se, dos estatutos da associação sindical constar que, ocorrendo determinado facto, a mesma se extingue.

A extinção mediante deliberação corresponde à situação normal. Verificados determinados pressupostos, os associados reúnem-se e deliberam a extinção do sindicato. Essa deliberação pode pressupor, por exemplo, a fusão com outra associação sindical, de molde a constituir um sindicato mais representativo.

b) Regime

Existe uma particularidade em caso de extinção dos sindicatos, que respeita ao destino dos bens. O art. 450.º, n.º 5, do CT estabelece que «Em caso de

[2395] Como esclarece Menezes Cordeiro, *Direito do Trabalho*, I, cit., p. 886, deve haver uma válvula de segurança que garanta um mínimo de seriedade na gestão sindical.

dissolução de uma associação sindical, os respetivos bens não podem ser distribuídos pelos associados»[2396].

Esta regra é diferente da estabelecida em direito civil, relativa às associações, nos termos da qual, extinta a associação, os bens, depois de pagas as dívidas, são repartidos pelos vários associados (art. 184.º, n.º 1, do CC, no que se refere à liquidação do património social e arts. 1010.º e ss. do CC, respeitantes à liquidação da sociedade, em particular art. 1018.º do CC).

A regra constante do art. 450.º, n.º 5, do CT justificava-se plenamente num sistema de monopólio sindical, em que, extinto um sindicato, constituir-se-ia outro em seu lugar, na prossecução dos mesmos interesses. O problema complica-se num sistema de pluralismo sindical em que, em parte, tal regra perde sentido e cabe perguntar qual é, então, o destino dos bens. Porém, nos termos do art. 166.º do CC admite-se que, em determinados casos, os bens de uma associação extinta sejam atribuídos a outra pessoa coletiva, tal atribuição, como estabelece o preceito em causa, é feita judicialmente. Deste modo, extinta uma associação sindical, o tribunal poderá atribuir os bens dessa associação ao sindicato que melhor desenvolva os fins da extinta associação.

Bibliografia:

Menezes Cordeiro, *Direito do Trabalho*, I, cit., pp. 877 ss.; Eduardo Costa, «Autonomia e Democracia Sindicais», *RDES*, 1999, n.º 2/3, pp. 133 a 155; Monteiro Fernandes, *Direito do Trabalho*, cit., pp. 675 ss.; Júlio Gomes, «O Código do Trabalho de 2009 e a promoção da desfiliação sindical», *Novos Estudos de Direito do Trabalho*, Coimbra, 2010, pp. 161 ss.; Menezes Leitão, *Direito do Trabalho*, cit., pp. 547 ss.; Jorge Leite, «Cláusulas de Segurança Sindical», *QL* (1994), n.º 3, pp. 154 a 158; Ribeiro Lopes, «A Contratação Colectiva», *I Congresso Nacional de Direito do Trabalho*, Coimbra, 1998, pp. 49 a 65; Mário Pinto, *Direito do Trabalho*, cit., pp. 179 a 213 e «Das Concepções da Liberdade Sindical às Concepções sobre o Homem e a Sociedade», *Direito e Justiça*, I (1980), pp. 25 a 39; Rosário Palma Ramalho, *Tratado de Direito do Trabalho*, III, cit., pp. 27 ss.; Ana Teresa Ribeiro, «A liberdade sindical na jurisprudência do tribunal Europeu dos Direitos do Homem», *Estudos dedicados ao Professor Doutor Bernardo da Gama Lobo Xavier*, I, Lisboa, 2015, pp. 163 ss.; Gonçalves da Silva, «Sujeitos Colectivos», *Estudos do Instituto de Direito do Trabalho*, Vol. III, Coimbra, 2002,

[2396] É necessário esclarecer que, neste caso, não se utiliza o termo «extinção», próprio das associações (cf. art. 182.º do CC) mas a expressão «dissolução», normalmente empregue para as sociedades (cf. art. 1007.º do CC).

pp. 287 a 388 e anotações aos arts. 440.º e ss. *in* ROMANO MARTINEZ/LUÍS MIGUEL MONTEIRO/JOANA VASCONCELOS/MADEIRA DE BRITO/GUILHERME DRAY//GONÇALVES DA SILVA, *Código do Trabalho Anotado*, cit., pp. 974 e ss.; MOTTA VEIGA, *Lições*, cit., pp. 158 a 196; BERNARDO XAVIER/FURTADO MARTINS/NUNES DE CARVALHO/JOANA VASCONCELOS/TATIANA GUERRA DE ALMEIDA, *Manual*, cit., pp. 109 e ss.

§ 62. ASSOCIAÇÕES DE EMPREGADORES

1. Noções gerais

I. Às associações de empregadores foi feita referência no Capítulo II, § 5, n.º 4, alínea *b)* e concluiu-se, então, no sentido de elas serem pessoas coletivas de direito privado e de base associativa, regidas pelos arts. 440.º e ss. do CT e pelas regras gerais aplicáveis às associações (arts. 167.º e ss. do CC).

O regime jurídico das associações de empregadores constava inicialmente do Decreto-Lei n.º 215-C/75, de 30 de abril (Lei das Associações Patronais)[2397], depois dos arts. 506.º e ss. do CT2003 e, agora, a regulamentação encontra-se integrada na mesma secção com a respeitante às associações sindicais, nos arts. 440.º e ss. do CT2009.

Há uma distinção tradicional entre sindicatos e associações de empregadores, podendo dizer-se que só os primeiros apresentam especificidades no âmbito laboral, seguindo as segundas o regime comum de direito civil. Todavia, com o CT2003 e mais incisivamente com a revisão de 2009, houve a preocupação de minimizar as diferenças entre os dois tipos de associações, acabando por se encontrarem reguladas nos mesmos preceitos.

II. No art. 440.º, n.º 2, do CT dispõe-se: «Os empregadores têm o direito de constituir associações de empregadores a todos os níveis para defesa e promoção dos seus interesses empresariais». Há, pois, a possibilidade de vários empregadores se associarem para a defesa e promoção de interesses empresariais comuns[2398].

[2397] Como refere MONTEIRO FERNANDES, *Direito do Trabalho*, cit., p. 704, «o regime jurídico das associações de empregadores é muito menos circunstanciado do que o das associações sindicais», não lhe fazendo referência na Constituição.

[2398] MONTEIRO FERNANDES, *Direito do Trabalho*, cit., p. 703, critica a noção legal considerando que os interesses empresariais transcendem largamente o domínio das relações de trabalho.

Empregador é aquele que contrate um ou mais trabalhadores, mediante a celebração de contrato de trabalho[2399] e a associação de empregadores corresponde, tendencialmente, a um agrupamento de empresários que são empregadores. Das associações de empregadores só podem fazer parte entidades privadas (art. 442.º, n.º 2, alínea *a)*, do CT); o empregador, que se agrupa numa associação de empregadores, tem de ser uma entidade de direito privado e entidades de direito público, que sejam empregadores, não se podem filiar nestas associações.

Nas associações de empregadores podem associar-se empregadores, admitindo-se também, e isto constitui uma particularidade, que sejam associados empresários não empregadores, ou seja, empresários que não tenham trabalhadores ao seu serviço. A possibilidade de filiação de empresários não empregadores leva a concluir que as associações de empregadores não têm somente uma função de defesa dos interesses dos empregadores a nível das relações laborais; permite-se que tais empresários se associem em associações de empregadores para beneficiar de outras vantagens que elas oferecem. Todavia, como prescreve o art. 444.º, n.º 4, do CT, os empresários que não são empregadores podem filiar-se nas associações de empregadores, mas estão impedidos de intervir nas decisões que respeitem a relações laborais; há, pois, a possibilidade de intervenção em geral nas associações de empregadores, mas não naquilo que respeita às relações de trabalho.

As associações de empregadores são, portanto, associações de empresários, tendencialmente empregadores, que desempenham funções a nível laboral bem como em outros domínios[2400].

III. As associações de empregadores, diferentemente dos sindicatos, não justificavam o estabelecimento de um regime excecional tão pormenorizado. As associações de empregadores enquadram-se no regime comum das associações, previsto nos arts. 167.º e ss. do CC, porque tanto a sua génese como as respetivas funções não apresentam especificidades relevantes. Abstraindo de razões históricas, de uma tradicional inércia e da vontade de equiparar o inigualável, este regime poderia reduzir-se a três preceitos: remissão para o regime geral do Código Civil; indicação dos «direitos» e correspondentes limites, enunciados no art. 443.º do CT; e regras de registo no Ministério

---

[2399] Quanto à noção de empregador, veja-se *supra* § 17.2.

[2400] Daí que, MONTEIRO FERNANDES, *Direito do Trabalho*, cit., pp. 704 s., esclareça que uma associação empresarial pode também ser uma associação de empregadores, desde que se tenha respeitado o processo legal de reconhecimento, como resulta do art. 448.º do CT.

do Trabalho, prescritas no art. 447.º do CT. Ainda assim, comparando o Código do Trabalho de 2003 com a revogada Lei das Associações Patronais, algumas das alterações foram introduzidas no sentido de «aliviar» estas associações de entraves desnecessários, aproximando-as do regime comum dos arts. 167.º e ss. do CC. Na versão de 2009 do Código do Trabalho, sem alterar substancialmente o sentido nem as exigências, regula-se em conjunto as associações sindicais e as de empregadores, como se de duas realidades idênticas se tratasse. Para as associações de empregadores, excluindo aspetos relacionados com o fim prosseguido (art. 443.º do CT) e com o reconhecimento pelo ministério responsável pela área do trabalho (art. 447.º do CT), o regime do Código Civil é o que melhor se adapta aos princípios da liberdade de associação.

IV. Na sequência do que foi referido no ponto anterior, indicam-se dois aspetos em que a regulamentação, estabelecendo um regime diverso do constante no Código Civil, encontra dificuldade de fundamentação no conceito e estrutura da associação de empregadores.

Como resulta do art. 450.º do CT, dos estatutos aprovados na assembleia constituinte deverão constar os elementos enunciados nas alíneas do n.º 1 e do n.º 3 do citado preceito, onde se indica, sem ser de forma exaustiva, certos aspetos de organização social que se deverão incluir nos estatutos. As associações de empregadores não podem elaborar estatutos que contrariem o disposto no citado preceito, pois tal contrariedade constitui fundamento para o Ministério Público promover a declaração de extinção[2401].

Também em contrariedade ao regime comum, no art. 453.º do CT, estabelece-se a impenhorabilidade dos bens móveis e imóveis da associação de empregadores cuja utilização seja indispensável ao seu funcionamento. Esta regra, ainda que contestável e com limites decorrentes do n.º 2 e do regime da insolvência, só se justifica porque se trata de uma associação com especiais funções de interesse público.

2. Liberdade de associação

Nos termos gerais, qualquer empresário, em particular se for empregador, pode associar-se, mediante a constituição de uma associação de emprega-

[2401] Veja-se o Ac. Rel. Lx. de 2/10/2008 (Salvador Casanova), www.dgsi.pt.

dores com outros empresários (art. 444.º, n.º 3, do CT) ou pela inscrição em associações de empregadores já existentes (art. 444.º, n.º 3, do CT).

Vale, por conseguinte, um princípio de liberdade de constituição de associações de empregadores e de inscrição nas existentes, que se funda na liberdade geral de associação. Apesar da falta de correspondência a nível constitucional, pode equiparar-se a liberdade de associativismo patronal com a liberdade sindical[2402]. Esclareça-se, porém, que a nível associativo, diferentemente do que ocorre com os sindicatos, na associação de empregadores tanto se podem filiar pessoas singulares como pessoas coletivas, sendo, até, mais frequente que da composição de uma associação de empregadores constem pessoas coletivas.

Esta genérica liberdade de associação permite igualmente que as associações de empregadores constituídas se associem; as associações de empregadores podem filiar-se em federações, onde se agrupam associações de empregadores que defendem interesses de empregadores do mesmo ramo de atividade e uniões, que reúnem associações de empregadores de mesma área, tendo, pois, uma base regional.

Num segundo nível, as associações de empregadores podem também filiar-se em confederações. Em Portugal há três grandes confederações a nível empresarial: a Confederação dos Agricultores de Portugal (CAP); a Confederação da Indústria Portuguesa (CIP); e a Confederação do Comércio e Serviços de Portugal (CCP)[2403].

Como a proibição de filiação internacional, que constava do art. 4.º da LAP, foi revogada em 1977 pela Lei n.º 45/77, de 7 de julho, que aprovou a Conv. n.º 87 da OIT, vigora desde então uma liberdade de as associações de empregadores se filiarem nas suas congéneres internacionais.

3. Constituição

a) Processo

Diferentemente do que se passa a nível das associações sindicais, a lei não estabeleceu limites para a constituição de associações de empregadores.

[2402] Quanto a este paralelismo, aludindo inclusive à «liberdade sindical» dos empregadores, *vd.* Monteiro Fernandes, *Direito do Trabalho*, cit., pp. 704 ss. A equiparação entre a liberdade de associação de trabalhadores e empregadores surge na Conv. n.º 87 da OIT, onde o termo «sindical» surge como sinónimo de associação, *vd.* Motta Veiga, *Lições*, cit., p. 151.

[2403] Além destas há a Confederação Nacional da Agricultura (CNA), a Confederação do Turismo Português e a Confederação Portuguesa das Micro, Pequenas e Médias Empresas.

Estas associações podem constituir-se livremente, nos termos comuns da liberdade de associação.

Quanto à constituição de uma associação de empregadores há a ter em conta, em tudo o que não esteja determinado nos arts. 447.º e ss. do CT, o disposto nos arts. 167.º e ss. do CC.

Para a constituição de uma associação de empregadores é, em primeiro lugar, necessária a existência de uma assembleia constituinte. Nessa assembleia delibera-se e vota-se quanto à constituição da associação, tal como em qualquer outra associação.

A particularidade na constituição destas associações reporta-se tão-só à exigência de um pedido de registo no Ministério do Trabalho (art. 447.º, n.º 1, do CT); ou seja, depois de ter sido votada na assembleia constituinte a constituição da associação de empregadores e de votados os estatutos dessa associação, tem de se fazer um requerimento para a respetiva legalização. Esse requerimento deve ser acompanhado da ata da assembleia constituinte e dos estatutos aprovados nessa mesma assembleia (art. 447.º, n.º 2, do CT). Com base nesse requerimento procede-se ao registo da associação no Ministério do Trabalho e é com o registo da associação de empregadores que ela adquire personalidade (art. 448.º do CT). Depois de registada a associação proceder-se-á à publicação dos respetivos estatutos no *Boletim do Trabalho e Emprego* (art. 447.º, n.º 4, alínea *a)*, do CT).

Mas mesmo após a constituição, registo dos estatutos, a associação de empregadores não pode desde logo iniciar a sua atividade, porque, para tal, exige-se a publicação dos estatutos ou o decurso de trinta dias desde o registo (art. 447.º, n.º 4, alínea *a)*, do CT).

Sendo a constituição ou os estatutos da associação desconformes à lei, o Ministério Público promove a declaração judicial de extinção da associação (art. 447.º, n.º 8, do CT).

b) Estatutos

Dos estatutos que forem aprovados na assembleia constituinte deverão constar os elementos enunciados no art. 450.º do CT, preceito no qual se indica, sem ser de forma exaustiva, certos aspetos de organização social que se deverão incluir nos estatutos. As associações de empregadores não podem elaborar estatutos que contrariem o disposto no citado preceito, pois tal contrariedade constitui fundamento para o Ministério Público promover a declaração de extinção.

Os estatutos podem ser alterados em assembleia geral nos mesmos moldes que se verifica relativamente a qualquer outra associação, ficando sujeitos a registo e publicação nos termos do art. 450.º do CT (art. 449.º do CT).

4. Estrutura e funcionamento

I. As associações de empregadores, como qualquer outra associação, costumam apresentar uma estrutura tripartida, composta por assembleia geral, direção e conselho fiscal.

No art. 451.º do CT determina-se que as associações de empregadores devem respeitar os princípios da gestão democrática dos órgãos sociais (n.º 1), pensando-se essencialmente na assembleia e na direção; apesar de se fazer referência apenas a estes dois órgãos, é frequente a existência de um terceiro, o conselho fiscal, como órgão de controlo, em especial de controlo das contas da associação de empregadores, que costuma estar previsto nos estatutos. E, assim, no art. 450.º, n.º 1, alínea *b)*, do CT, impõe-se que nos estatutos se indiquem os órgãos, devendo haver uma assembleia geral ou assembleia de representantes, um órgão colegial de direção e um conselho fiscal.

A assembleia geral reúne ordinariamente uma vez por ano, é o órgão soberano da associação e, entre outras competências, cabe-lhe eleger os corpos sociais, em particular a direção. A assembleia geral poderá ser substituída por uma assembleia de representantes (art. 450.º, n.º 1, alínea *b)*, do CT).

A direção deverá ser colegial, não podendo o mandato dos membros da direção ter duração superior a quatro anos (art. 451.º, n.º 1, alínea *c)*, do CT).

II. No art. 451.º, n.º 1, do CT estabelece-se que as associações de empregadores têm de respeitar os princípios de gestão democrática, ou seja, tanto na assembleia geral como na direção, devem deliberar por maioria, por via de regra maioria simples, podendo ser exigida uma maioria qualificada, tal como ocorre em qualquer outra associação. Contudo, não obstante esta referência neste preceito à gestão democrática, encontram-se duas exceções em que se admitem desigualdades entre os associados. Em primeiro lugar, dos próprios estatutos pode constar que os associados têm diferente número de votos, admitindo-se, pois, a existência de associados com maior número de votos do que outros (art. 451.º, n.º 2, do CT). Isto é possível na medida em que numa associação de empregadores podem filiar-se empresários com diferente capacidade económica ou outra e aos representantes de empresas com maior dimensão reconhece-se a possibilidade de concessão de um número de votos superior ao atribuído a outros associados. Esta diferença tem limites, pois não se pode estabelecer uma diferença de número de votos entre associados superior ao décuplo, ou seja, não pode um associado ter mais do que dez vezes o número de votos de outro.

A segunda exceção, prevista no art. 444.º, n.º 4, do CT, respeita à impossibilidade de associados que sejam empresários não empregadores de participarem em deliberações referentes a relações laborais.

5. Atribuições

a) Laborais

I. As atribuições das associações de empregadores dividem-se em dois tipos: as que dizem respeito às relações laborais dos seus associados, correspondendo às atribuições para as quais as associações de empregadores tendencialmente foram criadas e as que se relacionam com a prestação de serviços aos associados, que se designam como extralaborais. Advém desta segunda atribuição o interesse de empresários não empregadores em se filiarem nestas associações, para usufruírem das vantagens que elas prestam.

O princípio da especialidade (art. 160.º do CC) determina que as associações de empregadores não podem extravasar as atribuições legais.

II. A primeira atribuição corresponde à competência tradicional das associações de empregadores e dela importa destacar quatro funções.

Primeiro, a possibilidade conferida às associações de empregadores de outorgar convenções coletivas de trabalho. Esta legitimidade não é exclusiva das associações de empregadores, na medida em que a lei a reconhece igualmente aos empregadores individualmente considerados capacidade negocial no que respeita aos acordos coletivos e aos acordos de empresa (art. 2.º, n.º 3, alíneas *b)* e *c)*, e art. 491.º, n.º 2, do CT).

Em segundo lugar, defesa e promoção dos direitos e interesses dos associados ao nível das respetivas relações laborais, designadamente na concertação social. As associações de empregadores, concretamente as confederações, têm assento na concertação social onde lhes cabe o papel de promover a defesa dos direitos e interesses dos associados (empregadores) no domínio laboral, em particular na negociação do pacto social[2404].

[2404] Como indica BERNARDO LOBO XAVIER, *Curso de Direito do Trabalho*, I, *Introdução, Quadros Organizacionais e Fontes*, 3.ª ed., Lisboa, 2004, p. 420, «As associações de empregadores, em

Em terceiro lugar, apesar de não ter previsão constitucional como em relação às associações sindicais, numa tentativa de paridade com os sindicatos, foi conferido às associações de empregadores o direito de participarem na elaboração da legislação de trabalho, nos termos estabelecidos nos arts. 469.º e ss. do CT[2405].

A estes três aspetos essenciais, como quarta função, pode ainda acrescentar-se a possibilidade de tentar resolver conflitos laborais por meios pacíficos. Às associações de empregadores não foi conferido o direito de resolução de conflitos que não seja por meios pacíficos; contrariamente ao que acontece com as associações sindicais, em que é admitida a intervenção no domínio dos conflitos laborais por meios não pacíficos, concretamente, podendo decretar a greve, as associações de empregadores não podem recorrer ao *lock-out*, que está proibido (art. 57.º, n.º 3, da CRP e art. 544.º do CT). Resta-lhes a tentativa de resolução de conflitos por meios pacíficos.

b) Extralaborais

I. Tal como se referiu, as associações de empregadores têm a sua função primordial no plano laboral, mediante o direito de celebrar convenções coletivas e de participar na elaboração da legislação de trabalho; como segundo tipo de atribuição das associações de empregadores cabe indicar a prestação de serviços de carácter económico e social aos seus associados; esta corresponde a uma competência relativamente ampla, que abrange, por exemplo, a prestação de serviços jurídicos ou de informações económicas e fiscais. Tais serviços, muitas vezes, só indiretamente têm repercussões no domínio laboral, e outras, designadamente certas informações fiscais, podem não ter qualquer relação com questões laborais. A lei confere às associações de empregadores – tal como aos sindicatos – o direito de prestar serviços aos associados, mas *a contrario* e atendendo à limitação constante do n.º 3 do art. 443.º do CT está-lhes vedado não só a produção de bens como também o exercício do comércio de bens com os associados; assim, a associação pode prestar serviços jurídicos aos associados, mas não pode produzir ou comprar bens da produção dos associados para revenda ou adquirir bens para vender aos associados.

---

face da ideia de revalorização da ideia de empresa, ganharam direito a ser ouvidas na emissão da legislação de trabalho (...) e participam amplamente do sistema de concertação social».

[2405] Quanto à participação das associações de empregadores da elaboração da legislação de trabalho, expressamente consagrada no art. 470.º do CT, com explicação da origem histórica, veja-se Gonçalves da Silva, anotação ao art. 470.º, *Código do Trabalho Anotado*, cit., p. 1010.

Tendo em conta esta limitação legal, cabe atender de novo ao princípio da especialidade (art. 160.º do CC). Por força do n.º 3 do art. 443.º do CT, está vedado por lei às associações de empregadores o direito de exercer atividades industriais e comerciais e de prestar serviços a terceiros ou mesmo a associados, neste último caso que não tenham carácter económico e social (art. 160.º, n.º 2, do CC). Como decorre do art. 160.º do CC, a capacidade das associações de empregadores não abrange tais direitos, pois estão vedados por lei. E esta limitação abrange inclusive modos de intervenção indireta na atividade económica, pois o art. 452.º, n.º 2, do CT impede que as associações de empregadores estabeleçam um regime disciplinar que interfira com a atividade económica exercida pelos associados (idêntica limitação constava do art. 9.º, n.º 2, da LAP e do art. 517.º, n.º 2, do CT2003).

II. No que se refere à prestação de serviços por parte das associações de empregadores verificou-se uma sucessiva restrição da norma atendendo ao disposto na Lei das Associações Patronais (art. 5.º, n.º 1, alínea *b)*, da LAP) e às duas versões do Código do Trabalho (art. 510.º, n.º 1, alínea *b)*, do CT2003 e art. 443.º, n.º 1, alínea *b)*, do CT2009).

No art. 5.º, n.º 1, alínea *b)*, da LAP determinava-se que competia às associações patronais «Prestar serviços aos seus associados ou criar instituições para esse efeito». Esta parte final do preceito foi eliminada no Código do Trabalho, deixando de se conferir às associações de empregadores[2406] o direito de criar instituições para prestar serviços aos seus associados; no fundo, após a revisão laboral de 2003 (Código do Trabalho), manteve-se a permissão de as associações de empregadores prestarem serviços aos associados, mas não através de instituições – por exemplo, sociedades – por elas criadas com esse fim. De facto, o carácter associativo e a finalidade não lucrativa inviabilizam que a associação de empregadores possa, por intermédio de outra instituição por ela constituída, intervir no mercado ainda que em benefício dos associados. Seguindo o princípio da desconsideração da personalidade jurídica, com esta alteração pretende-se evitar que a associação de empregadores atue no mercado por intermédio de outras pessoas coletivas; tal como se costuma dizer: pretende-se evitar que entre pela janela quando se fechou a porta[2407]. Em suma, a primeira restrição ao regime resultou da redação

[2406] Recorde-se que o Código do Trabalho alterou a terminologia de «associação patronal» para «associação de empregadores».

[2407] As situações de desconsideração ou, como designa, de levantamento da personalidade jurídica encontram-se documentadas em MENEZES CORDEIRO, *Tratado de Direito Civil*

dada à norma pelo art. 510.º, n.º 1, alínea *b)*, do CT2003, onde se deixou de fazer referência à possibilidade de as associações patronais prestarem serviços por intermédio de instituições por elas criadas, como constava do art. 5.º, n.º 1, alínea *b)*, da LAP[2408].

Por outro lado, na versão de 2003, relativamente às atribuições das associações de empregadores, no art. 510.º, n.º 2, do CT2003 estabeleciam-se limites, determinando que «As associações de empregadores (...) não podem dedicar-se à produção ou comercialização de bens ou serviços ou de qualquer modo intervir no mercado», sem prejuízo da possibilidade de «Prestar serviços aos seus associados» (alínea *b)* do n.º 1 do art. 510.º do CT2003)[2409]. Deste preceito depreendia-se que a associação de empregadores não podia prestar serviços ou fornecer bens a quem não fosse associado; ou seja, a terceiros, não filiados na associação de empregadores, estava vedada a prestação de serviços ou o fornecimento de bens. Mas os filiados, ainda que não empregadores, podiam usufruir destes serviços e fornecimentos[2410]. A solução é mais restritiva na versão atual, porquanto a proibição de

Português, IV, *Parte Geral. Pessoas*, 3.ª ed., Coimbra, 2011, pp. 699 ss. O autor indica, como uma das situações típicas, o abuso de personalidade, em que se utiliza a personalidade jurídica coletiva contrariando normas ou princípios gerais (pp. 705 ss.).

[2408] Como se indica no Ac. Rel. Pt. de 28/2/2005 (Fonseca Ramos), www.dgsi.pt, «(...) a supressão do direito das associações patronais criarem instituições com o objetivo de prestar serviços aos seus associados visa clarificar dúvidas surgidas na Jurisprudência acerca do significado daquela expressão (...)». Por isso, no citado acórdão, contrariando a anterior jurisprudência do Supremo Tribunal de Justiça (Ac. STJ de 15/10/1996, *RLJ* 130, p. 202), entendeu-se que a cláusula do estatuto era nula por permitir que a associação patronal participasse no capital social de sociedades.

[2409] A solução do Código do Trabalho de 2003 acompanhava a versão anterior da Lei das Associações Patronais (art. 5.º, n.º 1, alínea *b)*, do Decreto-Lei n.º 215-C/75, de 30 de Abril), onde se determinava que competia às associações patronais «Prestar serviços aos seus associados ou criar instituições para esse efeito», com exclusão da parte final do preceito.

[2410] Sobre a proibição de exercício de certas atividades, como resulta do art. 443.º, n.º 3, do CT, cf. Ac. Rel. Lx. de 9/6/1996, *CJ* XXI, T. III, p. 111, no qual se considerou lícita a cláusula dos estatutos que permitia a participação de uma confederação patronal (CIP) em sociedades que prestassem serviços aos associados. A solução foi idêntica no Ac. STJ de 15/10/1996, *RLJ* 130, p. 202, onde se discutia da licitude de uma associação de empregadores (Associação Nacional das Farmácias) participar, como sócia, na constituição de uma sociedade que presta serviços aos membros da associação. Este último aresto encontra-se anotado por Henrique Mesquita, *RLJ* 130, pp. 210 s. e pp. 240 ss., autor que também conclui pela licitude de tal participação societária, considerando-a, no caso em análise, incluída na alínea *b)* do n.º 1 do art. 5.º da LAP. A questão tem sido discutida nos tribunais, nem sempre com soluções idênticas, veja-se Ac. Rel. Lx de 9/6/1996, CJ XXI, T. III, p. 111, Ac. STJ de 15/10/1996, *RLJ*, 130, p. 202

a associação de empregadores «dedicar-se à produção ou comercialização de bens ou serviços ou de qualquer modo intervir no mercado» (art. 443.º, n.º 3, do CT) mantém-se inalterada, mas a exceção ficou restringida à prestação «de serviços de carácter económico e social aos seus associados» (alínea *b)* do n.º 1 do art. 443.º do CT). Enquanto na versão de 2003, a associação de empregadores podia prestar serviços aos seus associados, sem se concretizar, na atual versão do Código do Trabalho tais serviços estão circunscritos, pois têm de revestir carácter económico e social. E tal como está hoje redigido o preceito, o carácter económico não é alternativo ao social: o serviço prestado ao associado tem de ter, simultaneamente, carácter económico e social. Com esta nova redação da norma pode questionar-se que uma associação de empregadores possa prestar serviços aos associados que revistam exclusivo interesse económico, sem repercussão social.

É evidente que esta interpretação literal da norma pode ser contestada, na medida em que na revisão do Código do Trabalho de 2009 nada indiciava que se pretendesse restringir as atribuições das associações de empregadores e tal sentido contraria a regra que permite prestar serviços a empresário que não empregue trabalhadores e esteja inscrito na associação (art. 444.º, n.º 4, do CT). No fundo, pode concluir-se que esta restrição resulta da junção dos dois regimes das associações sindicais (arts. 475.º e ss. do CT2003) e das associações de empregadores (arts. 506.º e ss. do CT2003) num regime (tendencialmente) unitário, constante dos arts. 440.º e ss. do CT2009, que tem por epígrafe «Associações sindicais e associações de empregadores». A referida alínea *b)* do n.º 1 do art. 443.º do CT2009 encontrava-se no art. 477.º, alínea *b)*, do CT2003, de aplicação exclusiva às associações sindicais, tendo passado a aplicar-se agora às associações de empregadores.

Ainda assim, daqui decorre que as associações sindicais e de empregadores, quando prestam serviços aos seus associados, não podem, mesmo indiretamente, intervir no mercado, estando limitadas à prestação de serviços de carácter económico e social; ou seja, podem prestar serviços aos associados – não a terceiros – desde que tais serviços se relacionem com a finalidade destas associações e sejam prestados diretamente pelas próprias associações. E é importante notar esta sucessiva restrição que o legislador tem introduzido

(com parecer do Professor Doutor Manuel Henrique Mesquita, pp. 210 e ss. e 240 e ss.), Ac. Rel. Pt. de 28/2/2005, Relator Fonseca Ramos, proc. TRP 0550484, www.dgsi.pt., Ac. Rel. Pt. 18/9/2008, *CJ* XXXIII, T. IV, p. 177, e Ac. STJ de 30/10/2008, inédito.

nas atribuições (direitos, na terminologia do Código do Trabalho) das associações de empregadores: primeiro retirou-lhes a possibilidade de prestar serviços aos associados por intermédio de instituições por elas criadas e, seguidamente, passou a exigir que os serviços ficassem restringidos a atividades com caráter económico e social. No fundo, porque «As associações de empregadores não podem (...) de qualquer modo intervir no mercado (...)» (art. 443.º, n.º 3, do CT).

Voltando aos exemplos antes referidos (serviços jurídicos, económicos e fiscais), pode continuar a entender-se que a associação de empregadores tem o direito de prestar tais serviços aos seus associados; assim, nada obsta a que a associação de empregadores tenha um serviço jurídico que presta assistência aos seus associados ou um serviço de acompanhamento fiscal e de análise de mercado. Mas às associações de empregadores, para além das limitações decorrentes da lei geral, está-lhes vedado:

1) Prestar serviços a não associados;
2) Produzir bens, mesmo destinados a associados;
3) Comercializar bens, mesmo em relação a associados;
4) Criar instituições (*v.g.*, sociedades) para prestar serviços aos associados e a terceiros;
5) Prestar serviços aos associados sem carácter económico e social (p. ex., distribuição de propaganda eleitoral para eleições legislativas);
6) Intervir no mercado, tanto por via da produção de bens, da comercialização de bens ou da prestação de serviços, como por outras formas (p. ex., mediante acordos com produtores e distribuidores para fixação de preços ou estabelecendo qualquer entrave ao livre funcionamento do mercado).

III. Importa recordar que estas limitações às atribuições das associações de empregadores decorrem das especiais funções que lhes são cometidas. Tal como os sindicatos, as associações de empregadores têm um papel relevante na génese de normas laborais: tanto na criação das fontes específicas do direito do trabalho – em especial, as convenções coletivas de trabalho – como na elaboração de diplomas que regulam matérias laborais (exemplificadas no n.º 2 do art. 469.º do CT). Ora estas funções, especialmente com respeito às associações de empregadores, são incompatíveis com qualquer intervenção no mercado, tanto direta como indireta.

Não só por desrespeito do princípio da especialidade (art. 160.º do CC), particularmente na exceção decorrente de proibição legal (art. 160.º, n.º 2, do CC, *ex vi* art. 443.º, n.º 3, do CT), mas especialmente por violação de regras da concorrência[2411].

Seria estranho que uma associação que se dedica à produção e ao comércio de bens, ainda que por intermédio de sociedades por ela controladas, pudesse ao mesmo tempo intervir ativamente na elaboração da legislação de trabalho e celebrar convenções coletivas de trabalho, fixando regras aplicáveis a terceiros.

6. Extinção

No Código do Trabalho prevê-se somente a possibilidade de extinção judicial com base em ilegalidade na constituição dos estatutos ou no registo de uma associação de empregadores (art. 447.º, n.º 8, do CT). As restantes hipóteses de extinção por via judicial e extrajudicial estabelecem-se em moldes idênticos ao que se verifica relativamente às associações sindicais. Mais uma vez, importa remeter para o regime previsto no Código Civil, pelo que, para além da possibilidade de extinção judicial da associação de empregadores estatuída no art. 447.º, n.º 8, do CT, valem também as causas de extinção das associações em geral consagradas no art. 182.º do CC, em particular no art. 182.º, n.º 1, alínea *e)*, do CC, que trata da extinção judicial em caso de insolvência e nas várias alíneas do n.º 2 desse mesmo artigo.

Quanto à extinção judicial das associações de empregadores com base em insolvência, coloca-se o mesmo problema já referido a propósito dos sindicatos, na medida em que o art. 453.º, n.º 1, do CT estabelece igualmente a impenhorabilidade dos bens móveis e imóveis das associações de empregadores necessários à consecução dos seus fins. Apesar da limitação decorrente do disposto no n.º 2 do mesmo preceito, admitindo-se, em certos casos, que os bens imóveis de uma associação de empregadores possam ser penhorados[2412], suscitam-se as mesmas dúvidas indicadas a respeito da impenhorabilidade de bens de associações sindicais. Tal como se indicou em relação aos sindicatos, a impenhorabilidade dos bens não parece impedir a declaração de insolvência de uma associação de empregadores. Em caso de insolvên-

---

[2411] Como se lê no Ac. STJ de 15/10/1996, *RLJ* 130, pp. 202 ss. (p. 207), «(...) a proibição de intervirem no mercado – tem por fim obstar a que as associações patronais usem o seu poder para, no interesse dos seus associados, condicionarem ou manipularem o mercado, violando assim as regras da concorrência».

[2412] Concretamente, os bens imóveis adquiridos, construídos ou reparados com recurso ao crédito de terceiro com garantia real são penhoráveis.

cia desta associação por se verificarem os pressupostos indicados no Código da Insolvência, não havendo razão para que ela continue a exercer funções, dever-se-á extinguir. Assim, se a associação de empregadores está numa situação patrimonial de não poder solver as dívidas, não auferindo rendimentos suficientes para as pagar nem de crédito, não parece admissível que possa continuar a exercer a sua atividade. Em tal caso, pode ser promovida a sua extinção judicial, por via da declaração de insolvência.

Para além da extinção judicial, as associações de empregadores, tal como qualquer outra associação, podem extinguir-se voluntariamente, desde que a assembleia geral reúna e delibere a extinção da pessoa coletiva. Normalmente, a extinção das associações em geral e das associações de empregadores em particular está prevista no próprio estatuto, onde se especifica as causas e o modo de extinção. Os efeitos da extinção das associações de empregadores são os previstos nas regras gerais do Código Civil. Quanto à distribuição de bens das associações de empregadores extintas foram estabelecidas particularidades idênticas às já mencionadas quanto às associações sindicais, determinando-se no art. 450.º, n.º 5, do CT, que os bens não podem ser distribuídos pelos associados, razão pela qual, os bens da extinta associação dever-se-ão integrar noutra associação com finalidades idênticas[2413].

Bibliografia:

Menezes Cordeiro, *Direito do Trabalho*, I, cit., pp. 899 ss.; Monteiro Fernandes, *Direito do Trabalho*, cit., pp. 703 e ss.; Menezes Leitão, *Direito do Trabalho*, cit., pp. 577 ss.; Rosário Palma Ramalho, *Tratado de Direito do Trabalho*, III, cit., pp. 159 ss.; Gonçalves da Silva, anotação aos arts. 440.º e ss., *in* Romano Martinez/Luís Miguel Monteiro/Joana Vasconcelos/Madeira de Brito/Guilherme Dray/Gonçalves da Silva, *Código do Trabalho Anotado*, cit., pp. 974 ss.; Gonçalves da Silva, «Sujeitos Colectivos», *Estudos do Instituto de Direito do Trabalho*, Vol. III, Coimbra, 2002, pp. 287 a 388; Motta Veiga, *Lições*, cit., pp. 149 a 157; Bernardo Xavier/Furtado Martins/Nunes de Carvalho/Joana Vasconcelos/Tatiana Guerra de Almeida, *Manual*, cit., pp. 227 e ss.

[2413] Sobre este aspeto, cf. Menezes Cordeiro, *Direito do Trabalho*, I, cit., p. 901.

Secção II
Instrumentos de Regulamentação Coletiva de Trabalho

Subsecção I
Princípios Gerais

§ 63. ASPETOS COMUNS

1. Remissão

I. Como foi referido *supra* (§ 8, n.º 8), os instrumentos de regulamentação coletiva de trabalho inserem-se entre as fontes coletivas de direito do trabalho, que representam uma especificidade deste ramo do direito, pois, ao lado das comuns fontes heterónomas (*v. g.*, a lei), surgem como fonte do direito regras produto da autorregulamentação de interesses (art. 1.º do CT).

Resulta do n.º 1 do art. 2.º do CT que os instrumentos de regulamentação coletiva de trabalho se distinguem em negociais – onde há uma típica autorregulamentação de interesses – e não negociais, que pressupõem a intervenção governamental.

II. Como princípios gerais, indicados nos arts. 476.º e ss. do CT, importa aludir novamente ao princípio do tratamento mais favorável. Do art. 476.º do CT resulta que as disposições de os instrumentos de regulamentação coletiva de trabalho podem ser afastadas por cláusula de contrato de trabalho deste que nesta se estabeleçam condições mais favoráveis para o trabalhador. Parte-se do pressuposto de que, por via de regra, no instrumento de regulamentação coletiva de trabalho se prescrevem condições mínimas, podendo o contrato estabelecer para além destas, de modo mais favorável ao trabalhador. Na versão anterior do preceito (art. 531.º do CT2003) acrescentava-se ainda que, para conferir um tratamento mais favorável ao trabalhador, seria necessário que da disposição do instrumento de regulamentação coletiva de trabalho não resultasse a sua imperatividade total, não permitindo a sua derrogação por cláusula mais favorável, mas na revisão de 2009 foi suprimida esta frase, daqui se concluindo que os IRCT não podem conter regras absolutamente imperativas, podendo todas ser derrogadas por contrato de trabalho em sentido mais favorável[2414].

III. Além da necessidade de o instrumento de regulamentação coletiva de trabalho revestir a forma escrita (art. 477.º do CT) e de lhe ser dada publicidade na empresa (art. 480.º do CT), cabe atender aos limites constantes do art. 478.º do CT.

No art. 478.º do CT estabelecem-se limites à autonomia privada, que também valem para os instrumentos não negociais. Das alíneas do n.º 1 do art. 478.º do CT depreende-se que há uma distinção a fazer. Os limites resultam simplesmente da subordinação do instrumento de regulamentação coletiva de trabalho à lei: as restrições constantes da alínea *a)* resultam dessa subordinação. Por outro lado, há restrições específicas.

Da alínea *a)* do art. 478.º, n.º 1, do CT, resultam limitações ao conteúdo do instrumento de regulamentação coletiva de trabalho que são evidentes, mas que a sua falta poderia gerar dúvidas[2415]. Por exemplo, prescrever que não podem contrariar normas legais imperativas seria desnecessário, por demasiado óbvio, mas como tal limitação – até de modo mais amplo – constava da legislação anterior, a sua exclusão poderia suscitar dúvidas[2416].

Os limites constantes das alíneas *b)*, e *c)* do n.º 1 do art. 478.º do CT são específicos das convenções coletivas.

[2414] Ainda que aplicando o art. 531.º do CT2003, mas com solução idêntica à atual, veja-se o Ac. STJ de 12/4/2012 (Fernandes Silva), Ac. STJ de 15/9/2017 (Ramalho Pinto), disponíveis em www.dgsi.pt.

[2415] Como refere Monteiro Fernandes, *Direito do Trabalho*, cit., pp. 750 s., essas limitações (aludindo às alíneas a) e b)) exprimem evidências.

[2416] Quanto à inadmissibilidade de as cláusulas constantes da convenção coletiva violarem normas legais imperativas, cf. *supra* § 10.4.c).

Da alínea *b)* depreende-se que no instrumento de regulamentação coletiva de trabalho não devem ser preceituados aspetos relacionados com as atividades económicas, as quais serão deixadas à autonomia do empresário. Ainda que a disciplina da atividade económica implique repercussões na atividade laboral, não pode o instrumento disciplinar as mencionadas questões económicas. Tais questões, podendo ter repercussões indiretas na relação laboral, são predominantemente económicas, não devendo o instrumento de regulamentação coletiva de trabalho imiscuir-se, pois isso iria pôr em causa o princípio de liberdade empresarial. Por outro lado, tal intervenção poderia, eventualmente, acarretar distorções no plano da concorrência entre empresas e os instrumentos de regulamentação coletiva de trabalho não podem contribuir para colocar entraves à liberdade de concorrência entre empresas[2417].

Por último, na alínea *c)* encontra-se reafirmado o princípio geral da não retroatividade das normas, válido no âmbito dos instrumentos de regulamentação coletiva de trabalho, admitindo-se uma exceção, no que respeita às cláusulas de natureza pecuniária que constem de instrumento negocial de regulamentação coletiva de trabalho. Esta exceção justifica-se a fim de evitar que o protelar de negociações contribua para a perda do valor real do salário durante esse período.

2. Regime previdencial

I. A previdência, hoje designada «Segurança Social», desenvolveu-se durante a segunda metade do século XX como um encargo do Estado, encontrando-se na Constituição o direito à segurança social (art. 63.º).

O sistema de segurança social (público) é não só encargo do Estado no que respeita ao seu financiamento como à respetiva organização. Deste modo, a Lei de Bases do Sistema de Segurança Social (Lei n.º 4/2007, de 16 de janeiro) reitera no artigo 2.º que todos têm direito à segurança social, nos termos previstos na Constituição. O sistema de segurança social (público) assenta nos princípios de universalidade e igualdade, sendo responsabili-

[2417] Veja-se, todavia, o ACT do sector bancário (publicado no Boletim do Trabalho e Emprego, n.º 29, de 8 de agosto de 2016), em cuja cláusula 31.ª se determina o horário de trabalho (a fixar pela instituição, entre as 8:00 e as 20:00 horas, repartido por dois períodos fixos e com um intervalo de descanso), acrescentando que , «entre a hora de encerramento ao público e a do final do horário normal de trabalho devem mediar, pelo menos, 30 minutos», condicionando, deste modo, o período de laboração das empresas.

dade do Estado, tendo sido alvo – principalmente nos últimos anos – de duas dificuldades: acentuada ineficácia de funcionamento; incapacidade económica de suporte dos encargos, nomeadamente atentos os cálculos atuariais desajustados. Para fazer face à referida ineficiência do sistema público e, com incentivo estadual, tendo em vista reduzir custos no subsídio que o Estado tem de prestar para o sistema de segurança social, desenvolveram-se múltiplos sistemas privados de segurança social.

A Constituição (artigo 36.º, n.º 5) dá especial relevo às instituições particulares de solidariedade social que, mesmo antes da existência de segurança social, já prestavam relevante atividade neste domínio. Neste âmbito, cabe destacar o tradicional papel que a Igreja Católica, há vários séculos, tem desempenhado em prol da solidariedade social.

II. Para além da tradicional solidariedade social, e paralelamente à segurança social (pública) foram-se desenvolvendo vários mecanismos complementares, negociados frequentemente por associações sindicais. Em Portugal, os sindicatos do sector bancário, antes da universalidade da segurança social, negociaram com as entidades bancárias um sistema de segurança social, que ainda hoje subsiste, em parte de modo complementar ao sistema público.

O princípio da universalidade do sistema público de segurança social tende a minimizar os sistemas privados que, por vezes só podem subsistir como sistemas complementares. Ainda assim, em certas áreas subsistem sistemas privados, que constituem alternativa ao sistema público. Por exemplo, os advogados e solicitadores têm a sua própria Caixa de Previdência, podendo não beneficiar do sistema público de segurança social.

Contudo, tem sido como mecanismo complementar que se desenvolveram sistemas privados de segurança social, particularmente relacionados com mecanismos financeiros como os fundos de pensões.

III. Sem pôr em causa o regime público de segurança social, no sistema atual nada obsta a que se estabeleçam regimes privados de pensões de reforma, de invalidez e de sobrevivência ou de complementos de reforma, via de regra mediante fundos de pensões[2418].

[2418] Quanto ao relevo e caracterização dos fundos de pensões, veja-se Bernardo Lobo Xavier, «Problemas jurídico-laborais dos fundos (fechados) de pensões. Direitos dos trabalhadores», *RDES*, Ano L (2009), n.os 3/4, p. 22 e pp. 32 ss. Sobre os fundos de pensões, consulte-se ainda Arnaldo Costa Oliveira, *Fundos de pensões. Estudo jurídico*, Coimbra, 2003. Quanto a

As pensões de reforma, normalmente pensões complementares de reforma, podem decorrer de convenção coletiva de trabalho ou, mais frequentemente, de um estatuto laboral determinado pelo empregador[2419]. A iniciativa do empregador em conceder tais prestações pode ter origem em atos distintos: convenção coletiva de trabalho, regulamento interno ou outro tipo de decisão unilateral, nomeadamente um contrato constitutivo de fundo de pensões[2420].

As prestações complementares da responsabilidade das empresas constituem encargo do empregador, que as atribui aos seus trabalhadores, regra geral em complemento das prestações concedidas pela segurança social pública. Caracterizem-se pelo facto de serem voluntárias (a sua consagração não é imposta por lei), complementares (relativamente aos regimes públicos, uma vez que estes estabelecem determinados *plafonds* às prestações) e gratuitas (os seus beneficiários normalmente não suportam qualquer contribuição)[2421].

IV. Importa atender brevemente à evolução do regime de tais pensões nas leis sobre relações coletivas de trabalho. A partir de 1976 e, depois, em 1979, com a Lei dos Instrumentos de Regulação Colectiva, foi vedado a tais instrumentos «estabelecer e regular benefícios complementares dos assegurados

---

alterações impostas a regimes previdenciais privados, veja-se Romano Martinez «Alterações de regime jurídico e tutela de direitos adquiridos», *RDES* 2011, n.º 3/4, pp. 87 ss. e «Previdência Complementar: Impactos de Decisões Judiciais *v.* Mutualismo», *Revista do Instituto de Direito Brasileiro*, ano 2 (2013), n.º 3, pp. 2067 ss.

[2419] Tem sido alvo de acesa polémica, com muitas decisões jurisprudenciais, a questão relativa à reforma por limite de idade ou invalidez dos trabalhadores do sector bancário, atento o regime do ACTV para o sector bancário, alvo de sucessivas alterações, mormente em 1982. Com uma posição particular, não coincidente com a da jurisprudência maioritária, *vd.* Catarina Pires/ /João da Costa Andrade, «O regime jurídico relativo à atribuição e cálculo da reforma de certos trabalhadores do sector bancário: tentativa de superação de um (falso) problema de aplicação da lei no tempo», *O Direito*, 2004, I, pp. 157 ss.

[2420] A forma de gestão dos fundos de pensões pode igualmente ser diferente: muitas vezes estas iniciativas caracterizam-se pela utilização de mecanismos de gestão imediata e de afetação financeira específica ou pode a sua gestão ser transferida para outra entidade, por exemplo, uma seguradora (Ilídio das Neves, *Os regimes complementares de segurança social, RDES*, 1994, n.º 4, pp. 302 e 303).

[2421] Bernardo Xavier/Pedro Furtado Martins/António Nunes de Carvalho, «Pensões complementares de reforma – Inconstitucionalidade da versão originária do art. 6.º, 1, e) da LRC», *RDES*, 1997, n.os 1-2-3, pp. 151 a 154.

pelas instituições de previdência»[2422]. A proibição sofreu uma forte limitação em 1992, ao ser acrescentado o texto «salvo se ao abrigo e nos termos da legislação relativa aos regimes profissionais complementares de segurança social ou equivalentes, bem como aqueles em que a responsabilidade pela sua atribuição tenha sido transferida para instituições seguradoras»[2423]/[2424]. Finalmente, em 2003, o Código do Trabalho eliminou toda a restrição: «Os instrumentos de regulamentação coletiva de trabalho podem instituir regimes complementares contratuais que atribuam prestações complementares do subsistema previdencial na parte não coberta por este, nos termos da lei» (artigo 533.º, n.º 2, do CT2003). É interessante nesta evolução que o regime de 1992 tenha assumido a distinção entre regimes previdenciais com transferência e com conservação de encargos, e só tenha proibido que os instrumentos de regulação coletiva criassem os segundos. A lei de 1979 poderia ser compreendida com um exagero de regulação, em parte motivado pelas conceções da época sobre os sectores económicos a que a iniciativa privada podia ter acesso, noutra parte explicável pela não compreensão inicial da distinção entre transferência e conservação de encargos. O Código do Trabalho, ao eliminar tais restrições, apontou porventura o sentido final de uma «modernização» nestas matérias. É evidente que a mencionada eliminação

---

[2422] Texto do art. 6.º, n.º 1, alínea *e)*, do Decreto-Lei n.º 519-C1/79, de 29 de dezembro. Sobre esta questão, explicando a evolução do direito laboral, as justificações da limitação e a apreciação da constitucionalidade da norma em questão pelo Tribunal Constitucional, *vd.* Bernardo Lobo Xavier, «Problemas jurídico-laborais dos fundos (fechados) de pensões. Direitos dos trabalhadores», cit., pp. 13 ss., em especial nota 27, pp. 23 ss.

[2423] Cf. o Decreto-Lei n.º 209/92, de 2 de outubro.

[2424] É nula a cláusula de instrumento de regulamentação coletiva que estabelece regalias sociais (complemento da pensão de reforma), cf. Ac. STJ de 24/6/1992, *BMJ* 418, p. 653; Ac. STJ de 16/6/1993, CJ (STJ) 1993, T. III, p. 261; Ac. STJ de 22/2/1995, CJ (STJ) 1995, T. I, p. 275 e *BMJ* 444, p. 322; Ac. STJ de 22/2/1995, BMJ 444, p. 322 e Ac. STJ de 22/2/1995, BMJ 444, p. 511. Cf. Acórdãos TC n.º 517/98, de 15/7/1998, e n.º 634/98, de 4/11/1998, *RDES*, 1999, n.º 4, pp. 405 ss. e pp. 428 ss., assim como Vieira de Andrade/Fernanda Maçãs, «Contratação Colectiva e Benefícios Complementares de Segurança Social. O Problema da (In)constitucionalidade Material das Normas Limitadoras da Contratação Colectiva no Domínio da Segurança Social», *Scientia Iuridica*, n.º 290 (2001) I, pp. 29 ss.; Nunes de Carvalho, «Pensão Complementar de Reforma e Regulamento de Empresa», *RDES* 1993, 1/4, pp. 353 ss.; Menezes Cordeiro, «Da Adaptação às Circunstâncias das Prestações Complementares da Segurança Social», *Jornadas de Homenagem ao Professor Doutor Cavaleiro de Ferreira*, Lisboa, 1995, pp. 305 ss.; Bernardo Xavier, «Ainda o Problema da Constitucionalidade das Prestações Complementares de Segurança Social Estabelecidas em Convenção Colectiva», *RDES*, 1999, n.º 4, pp. 434 ss., em anotação a dois acórdãos do Tribunal Constitucional.

das restrições anteriores operada pelo Código do Trabalho, em 2003, não liberalizou o regime, porquanto, não obstante a permissão legal, tendo em conta a remissão para «os termos da lei» (art. 478.º, n.º 2, do CT), importa observar o disposto na já citada Lei de Bases Gerais do Sistema de Segurança Social (Lei n.º 4/2007, de 16 de janeiro), nomeadamente no artigo 84.º[2425].

V. Em suma, ao abrigo da liberdade contratual – tanto no âmbito das relações coletivas de trabalho como de outros contratos sem intervenção sindical – desenvolveram-se variados mecanismos privados de segurança social, por via de regra complementares do sistema público.

Pese embora estes sistemas complementares de segurança social se instituírem ao abrigo da liberdade contratual, constituindo um acréscimo relativamente às prestações realizadas pela segurança social pública, temendo que os beneficiários pudessem, em determinadas circunstâncias, ficar prejudicados, vendo goradas as suas expectativas, o Estado, incentivando estes sistemas privados, decidiu controlá-los, de modo a que não se perpetrassem injustiças.

A situação tem especial relevo no que respeita aos fundos de pensões, pois este instrumento financeiro tem sido usualmente constituído para instituir mecanismos complementares de segurança social. Daí que a intervenção do Estado no controlo dos sistemas privados de segurança social tenha tido particular incidência quanto aos fundos de pensões[2426]/[2427].

[2425] Considerando que subsistem limitações, veja-se Bernardo Lobo Xavier, «Problemas jurídico-laborais dos fundos (fechados) de pensões. Direitos dos trabalhadores», cit., p. 25.

[2426] Relativamente aos fundos de pensões veja-se a Diretiva n.º 2003/41/CE do Parlamento Europeu e do Conselho, de 3 de junho de 2003, onde se estabeleceram determinadas diretrizes a serem seguidas pelos Estados membros da União no que respeita à respetiva legislação em matéria de atividade e supervisão de instituições que realizam planos de pensões profissionais (entretanto revogada pela Diretiva (UE) n.º 2016/2341 do Parlamento Europeu e do Conselho, de 14 de dezembro de 2016). Na sequência da referida diretiva, o Decreto-Lei n.º 12/2006, de 20 de janeiro, regula a constituição e funcionamento dos fundos de pensões e das entidades gestoras de fundos de pensões. Paralelamente, também se regulam neste diploma os planos de pensões e os planos de benefício de saúde.

[2427] Os tribunais portugueses já se pronunciaram sobre questões jurídicas emergentes de fundos de pensões. Por exemplo, considerando válida uma alteração introduzida no contrato constitutivo do fundo de pensões institucionalizado na empresa, o Supremo Tribunal de Justiça condenou a ré (empresa) no pagamento de parte do pedido apresentado por um ex-trabalhador, reformado por invalidez, na medida em que este se reformou por invalidez em data anterior à da autorização do Instituto de Seguros de Portugal à referida alteração ao contrato constitutivo do fundo de pensões (Ac. STJ de 14/9/2011, Proc. 475/08, Fernandes

Ainda assim, é com base na autonomia privada que se determina o modelo de fundo e que resulta também o tipo de fundo, nomeadamente se é um fundo de pensões aberto ou fechado e se assenta num regime de benefício definido. Esta distinção apresenta particular interesse no que respeita a direitos dos participantes, havendo uma diferença substancial entre um fundo de pensões que garante ao participante, aquando da reforma ou invalidez, um benefício previamente definido segundo uma fórmula de cálculo, daqueloutro em que o contribuinte se obriga a uma prestação definida sendo o benefício a receber pelo participante determinado em função do montante das contribuições entregues e dos respetivos rendimentos acumulados. A tendência tem sido a de transformar os fundos com benefício definido em fundos de pensões de contribuição definida.

da Silva). Em idêntico sentido, veja-se o Ac. STJ de 14/9/2011, Proc. n.º 791/08, Fernandes da Silva), em que a empresa foi absolvida, pois, em idêntico circunstancialismo de alteração do contrato constitutivo do fundo de pensões, o direito à pensão de invalidez constituiu-se em data posterior à da alteração. Veja-se ainda o Ac. STJ de 10/7/2008, Vasques Dinis, www.dgsi.pt, admitindo como válida, por não ferir a regra da não retroatividade, de uma alteração ao regime previdencial constante de convenção coletiva de trabalho. Podendo existir, excluindo questões relacionadas com alterações ao contrato constitutivo de fundo de pensões, não foram encontradas decisões em que o tribunal condena no pagamento de uma pensão diversa da que resulta do apuramento feito pela entidade gestora do fundo de pensões. Na realidade, não foram identificadas ações de trabalhadores que pretendem receber mais do que o decorrente do Fundo, embora existam ações em que se discute se existe o direito ao benefício definido, ou o montante do benefício definido (v. g., Ac. STJ de 25/3/2010, Sousa Grandão, Ac. STJ de 14/9/2011, Fernandes da Silva, e Ac. STJ de 26/10/2011, Pereira Rodrigues, todos disponíveis em www.dgsi.pt).

Subsecção I
Instrumentos Negociais de Regulamentação Coletiva de Trabalho

§ 64. CONVENÇÃO COLETIVA DE TRABALHO

1. Aspetos gerais

a) Noção

I. A convenção coletiva de trabalho inclui-se entre as fontes coletivas de direito do trabalho, a que foi feita alusão no § 8., n.º 8, alínea *b)*, e integra-se num fenómeno de autorregulamentação de interesses, assimilável a um contrato, tendo, portanto, pontos de contacto com os negócios jurídicos. Daí que à convenção coletiva de trabalho se chame por vezes «contrato coletivo», pois há, de facto, uma certa analogia com a estrutura do negócio jurídico de direito privado[2428].

[2428] Explicando a difusão das convenções coletivas a partir do século XIX, *vd*. Bernardo Xavier/Furtado Martins/Nunes de Carvalho/Joana Vasconcelos/Tatiana Guerra de Almeida, *Manual*, cit., pp. 144 e ss. Para uma resenha histórica do instituto em análise, consulte-se Caupers/Magalhães, *Relações Colectivas de Trabalho*, Lisboa, 1978, pp. 13 ss., e, com especial desenvolvimento, Gonçalves da Silva, «Notas sobre a Eficácia Normativa das Convenções Colectivas», *Estudos do Instituto de Direito do Trabalho*, Vol. I, Coimbra, 2001, pp. 612 ss. e *Da eficácia da convenção coletiva*, Lisboa, 2012, com uma explicação histórica (pp. 171 ss.) e de regime (pp. 849 ss.). Quanto à perspetiva histórica e de direito comprado, veja-se ainda Menezes Cordeiro, *Direito do Trabalho*, I., cit., pp. 613 ss. e 630 ss.
A convenção coletiva, não obstante algumas similitudes, é um instituto que apresenta contornos distintos nas diferentes ordens jurídicas. Em Espanha, AAVV, *Problemas Actuales*

A perspetiva publicista de enquadrar a contratação coletiva na órbita estadual tem sido, em grande parte, abandonada[2429]. A convenção coletiva, pelo menos nos países ocidentais, tendencialmente deixou de estar na esfera de influência do Estado, tendo sido entregue à autonomia privada das associações sindicais e de empregadores, bem como dos empresários. A intromissão de poderes públicos na celebração de convenções coletivas de trabalho deixou de ser aceita e estes instrumentos coletivos surgem como modo de intervenção na vida jurídica laboral dos sindicatos, das associações de empregadores e dos empresários; trata-se de uma intervenção de entidades privadas determinada por regras de liberdade.

A intervenção do Estado neste domínio relaciona-se com a intromissão dos poderes públicos na atividade sindical e empresarial, bem como na resolução de conflitos laborais.

A maior ou menor intervenção dos poderes públicos no que respeita ao ajuste de convenções coletivas de trabalho tem sido cíclica. Inicialmente, o Estado não interferia na celebração destes instrumentos coletivos, os quais eram ajustados com base nos princípios de direito privado, em particular as regras respeitantes aos negócios jurídicos. Em momento posterior iniciou-se uma fase em que os poderes públicos intervieram na celebração dos referidos instrumentos, *maxime* pelo controlo exercido sobre os parceiros sociais. A posição atual é a de regresso ao sistema inicial da não intervenção

---

de la Negociación Colectiva, Madrid, 1984; AAVV (coord. Rodríguez-Piñero, Valdés Dal-Re e Casas Baamonde), *Estabilidad en el Empleo, Dialogo Social e Negociación Colectiva*, Madrid, 1998; Gallart Folch, *Las Convenciones Coletivas de Condiciones de Trabajo*, Granada, 2000; Rodríguez Fernández, *La Estructura de la Negociación Colectiva*, Valladolid, 2000. Em Itália, Giugni, *Autonomia e Autotutela Colectiva no Direito do Trabalho*, Lisboa, 1983; Liebman, *Contributo allo Studio della Contrattazione Collettiva nell'Ordinamento Giuridico Italiano*, Milão, 1986; Proia, *Questioni sulla Contrattazione Collettiva. Legittimazione, Efficacia, Dissenso*, Milão, 1994; Raveraina, *Legge e Contratto Collettivo*, Milão, 1985. Em França, Chalaron, *Négociations et Accords Colletifs d'Entreprise*, Paris, 1990. Na Alemanha, Schaub, *Arbeitsrechts-Handbuch*, 12.ª ed., Munique, pp. 2123 ss.; Wiedemann/Oetker/Wank, *Tarifvertragsgesetz*, 6.ª ed., Munique, 1999, em comentário à respetiva lei alemã de 25 de Agosto de 1969, com uma referência à evolução histórica, a cargo de Oetker, a pp. 8 ss.

[2429] Esta posição era defendida, em particular, no Estado Novo, *vd.* Martins de Carvalho, «O que são e o que deveriam ser as Convenções Colectivas de Trabalho para Empregadores e Operários», *O Direito*, 126 (1994), I-II, pp. 342 ss., que afirma, a p. 358, que as convenções coletivas constituem «lei material». Com relevo para essa posição, veja-se Motta Veiga, *A Regulamentação do Salário*, Porto, 1944, pp. 154 ss.

estadual, deixando à autonomia privada dos parceiros sociais a celebração de convenções coletivas de trabalho[2430].

II. A convenção coletiva de trabalho pode definir-se como o contrato celebrado entre sindicatos e associações de empregadores ou empregadores com vista a estabelecer regras relativas às condições de trabalho de uma determinada profissão ou conjunto de profissões análogas ou com determinadas interligações.

Como indicado anteriormente (§ 8.8), a convenção coletiva é uma fonte convencional de direito do trabalho, assente nos arts. 56.º, n.º 3, da CRP, com especial relevo, pois a produção normativa não é um exclusivo estadual[2431]. O papel da contratação coletiva, além do valor constitucional, tem base no direito internacional, mormente nas convenções n.º 87 e n.º 98 da OIT.

III. Nesta matéria regia o disposto no Decreto-Lei n.º 519-C1/79, de 29 de dezembro, com alterações introduzidas, pelo Decreto-Lei n.º 87/89, de 23 de março e pelo Decreto-Lei n.º 209/92, de 2 de outubro, que se designava por Lei das Relações Colectivas de Trabalho (LRCT). Este diploma, depois de uma vigência superior a vinte anos, foi alvo de declarações de inconstitucionalidade[2432] e, nalguns pontos, justificava-se que fosse revisto. A revisão surgiu com o Código do Trabalho, em 2003, nos arts. 531.º e ss., constando agora dos arts. 485.º e ss. do CT2009.

b) Enquadramento contratual

As convenções coletivas de trabalho enquadram-se no esquema de direito privado, com algumas particularidades, que importa apreciar. Assentando no pressuposto de que a convenção coletiva de trabalho é um contrato sub-

---

[2430] Quanto a esta evolução, *vd.* MENEZES CORDEIRO, *Direito do Trabalho*, I, cit., pp. 613 ss. e *Convenções Colectivas de Trabalho e Alterações de Circunstâncias*, Lisboa 1995, pp. 22 ss. Sobre a perspetiva de direito francês, veja-se ANTONMATTEI, *Les Conventions et Accords Collectifs de Travail*, Paris, 1996.

[2431] Para uma análise da convenção colectiva no quadro constitucional, cf. GONÇALVES DA SILVA, *Da Eficácia da Convenção Colectiva*, Dissertação de Doutoramento, Lisboa, volume II, pp. 589 ss.

[2432] Cf. Ac. TC n.º 517/98, de 15/7/1998, *RDES*, 1999, n.º 4, pp. 419 ss. e Ac. TC n.º 634/98, de 4/11/1998, *RDES*, 1999, n.º 4, pp. 428 ss., ambos anotados por BERNARDO XAVIER, *RDES*, 1999, n.º 4, pp. 434 ss.

sumível à figura do negócio jurídico de direito privado, será com base no disposto nos arts. 217.º e ss. do CC que importa analisar esta figura e as suas particularidades[2433]. Trata-se de um acordo ajustado por sujeitos de direito privado, concretamente associações sindicais e de empregadores (eventualmente também por empregadores não associados).

Neste pressuposto de negócio jurídico de direito privado, está a omitir-se uma especificidade das convenções coletivas de trabalho, alheia à figura do negócio jurídico de direito privado, concretamente a portaria de extensão, mediante a qual aquele instrumento de regulamentação coletiva se passa a aplicar a entidades que não a celebram, nem estão filiadas nas associações signatárias (arts. 514.º e ss. do CT). No demais, as convenções coletivas de trabalho enquadram-se no domínio do direito privado.

Na realidade, tendo em conta o princípio da filiação (art. 496.º do CT), a convenção coletiva de trabalho só encontra aplicação relativamente aos associados nas entidades signatárias, isto é, aos trabalhadores filiados no sindicato e aos empregadores inscritos na associação de empregadores que celebraram a convenção coletiva. Se, eventualmente, a convenção coletiva de trabalho foi negociada e celebrada por uniões, federações ou por confederações, tanto de sindicatos como de associações de empregadores, a representação pode ser em escala; e, assim, o instrumento coletivo vale em relação aos filiados nas associações sindicais ou de empregadores associadas naquelas uniões, federações ou confederações[2434].

Em suma, com base no princípio da filiação, as convenções coletivas só valem em relação a quem esteja, direta ou indiretamente, representado pelos negociadores.

A convenção coletiva de trabalho, sendo ajustada por entidades diferentes daquelas a que se aplica, pressupõe a filiação destas últimas nas associações signatárias. Esta construção jurídica não acarreta problemas de justificação relativamente ao direito privado, com base na aplicação do princípio geral da representação; o ser-se filiado numa associação implica a concessão de poderes de representação, por força dos quais se permite às associações sindicais e de empregadores celebrarem convenções coletivas que produzem efeitos na esfera jurídica dos filiados.

[2433] Cf. Ac. Rel. Cb. de 11/10/2001, CJ XXVI, T. IV, p. 72.

[2434] As exceções ao princípio da filiação, nomeadamente as constantes dos arts. 407.º e 498.º do CT serão analisadas no n.º 6.*b*).

c) *Tipos*

I. Nos termos do art. 2.º, n.º 3, do CT, a convenção coletiva pode revestir três formas: contrato coletivo, acordo coletivo e acordo de empresa[2435].

O contrato coletivo é a convenção coletiva celebrada entre sindicatos e associações de empregadores, constituindo uma forma de contratação coletiva generalizada em Portugal em razão da pulverização das pequenas e médias empresas.

No acordo coletivo são partes as associações sindicais e vários empregadores individualmente considerados.

O acordo de empresa é também uma convenção coletiva, mas celebrada entre sindicatos e um empregador para vigorar numa determinada empresa. Corresponde a uma forma de contratação coletiva frequente no domínio das grandes empresas[2436].

Estas distinções, além da determinação do âmbito pessoal – pelo lado do empregador – de aplicação da convenção coletiva, têm especial relevância no que respeita às hipóteses de concurso entre convenções coletivas, na medida em que, atento um princípio de especialidade, prevalece o acordo de empresa sobre o acordo coletivo e este sobre o contrato coletivo (art. 482.º, n.º 1, alíneas *a)* e *b)*, do CT).

II. Também no que respeita ao âmbito de aplicação, mas atendendo ao tipo de trabalhadores, distinguem-se as convenções horizontais das verticais. As primeiras destinam-se a regular as relações laborais de trabalhadores que desempenham a mesma atividade (p. ex., enfermeiros) e as segundas têm em vista aplicar-se a trabalhadores de um dado sector que realizam tarefas afins (*v. g.*, sector de hotelaria).

III. Por último, as convenções coletivas podem distinguir-se tendo em conta o seu âmbito geográfico de aplicação e, nesse caso, omitindo a even-

---

2435 Cf. exemplos em Monteiro Fernandes, *Direito do Trabalho*, cit., pp. 734 s.

2436 Como resulta do quadro apresentado por Ribeiro Lopes, «A Contratação Colectiva», *I Congresso Nacional de Direito do Trabalho*, Coimbra, 1998, p. 54, em 1997 foram celebrados ou alterados 278 contratos coletivos, 17 acordos coletivos e 91 acordos de empresa. No Livro Verde sobre as Relações Laborais, 2016 (atualizado em 2018), no gráfico referente à evolução da contratação coletiva entre 2011 e 2017 há uma certa estabilidade (com exceção de 2012 e 2013), fixando-se em 2017 os seguintes números: acordos de empresa, 96; acordos coletivos, 21; contratos coletivos, 91.

tualidade de convenções comunitárias, contrapõem-se convenções nacionais e regionais ou sectoriais.

2. Negociação

a) Legitimidade

I. A negociação de uma convenção coletiva de trabalho deverá ser feita por quem tenha capacidade para a celebrar. Como já foi indicado a propósito dos sujeitos, têm capacidade para celebrar convenções coletivas de trabalho as associações sindicais, os empregadores e as associações de empregadores[2437]; excecionalmente, depois de ter sido sucessivamente negado, admite-se hoje que a comissão de trabalhadores possa negociar uma convenção coletiva no âmbito da correspondente empresa, por delegação sindicar (art. 491.º, n.º 3, do CT). Acresce que se admite, em casos limitados, a celebração de convenções colctivas por comissões de trabalhadores (art. 491.º, n.º 3, do CT), discutindo-se, porém, se as comissões de trabalhadores, em tal caso, apesar de celebrarem a convenção coletiva, são parte nesse instrumento, pois, como dispõe a norma, o sindicato «pode conferir (...) poderes para (...) contratar com a empresa (...)», indiciando que, originariamente, os poderes são da associação sindical.

Todavia, a negociação e celebração de convenções coletivas não será feita diretamente por estas entidades, pois são pessoas coletivas, cabendo às pessoas individuais, representantes dessas entidades (sindicatos, associações de empregadores e empregadores). Os legítimos representantes são os que vêm indicados nas várias alíneas do n.º 2 do art. 491.º do CT, e desta indicação conclui-se que os titulares da direção das pessoas coletivas e os que tenham procuração conferida por aqueles órgãos são os legítimos representantes dessas entidades na negociação e na celebração da convenção coletiva. O art. 491.º, n.º 2, do CT concretiza tão-só o princípio geral de representatividade das pessoas coletivas do direito civil.

[2437] Por vezes surgem convenções coletivas atípicas negociadas por representantes de trabalhadores que não assumem a natureza de sindicato, cf. NUNES DE CARVALHO, «Primeiras Notas sobre a Contratação Colectiva Atípica», *RDES* 1999, n.º 4, pp. 354 ss. MENEZES CORDEIRO, *Direito do Trabalho*, I., cit., pp. 756 s.; JOÃO LOBO, «A Negociação Colectiva Informal na Ordem Jurídica Portuguesa», *QL*, n.º 4 (1995), pp. 14 ss.

II. Tendo em conta o pluralismo sindical, a negociação poderá ser levada a cabo por todos os sindicatos do sector, independentemente da respetiva representatividade, podendo haver negociações separadas que deem origem a várias convenções coletivas. No primeiro caso, em que vários sindicatos formam uma «frente comum», há uma negociação conjunta e, na segunda hipótese, a negociação é individual[2438]. A pluralidade ou individualidade negocial também se pode verificar no plano dos empregadores, sendo a negociação feita com vários empregadores (acordo coletivo) ou com diversas associações de empregadores ou, individualmente, com um empregador ou com uma associação de empregadores.

Tal como se afirmou anteriormente (§ 61.6.b.2)), a negociação de uma convenção coletiva não se encontra na dependência da representatividade do sindicato, pelo que a associação sindical na qual se encontre filiada uma minoria de trabalhadores de um sector ou de uma empresa tem a mesma legitimidade (jurídica) para negociar uma convenção coletiva do que o sindicato que representa a maioria desses trabalhadores. E ainda que a maioria dos trabalhadores do sector ou da empresa não esteja sindicalizada, a associação sindical tem legitimidade para celebrar uma convenção coletiva[2439].

A situação é a mesma no que respeita a uma associação de empregadores, em que a respetiva representatividade não é requisito para ter legitimidade na negociação coletiva.

b) *Processo*

I. O processo de negociação vem regulado nos arts. 486.º e ss. do CT. Importa, desde logo, fazer uma distinção entre a negociação em sentido amplo e aquilo a que a lei chama negociação, porque no art. 490.º do CT o legislador adotou uma noção restrita de negociação.

Na usual aceção do termo «negociação», entende-se qualquer tentativa de aproximação das partes relativamente a um futuro negócio jurídico.

Neste sentido amplo, a negociação inicia-se com uma proposta, normalmente oriunda de um sindicato, elaborada com vista à celebração de uma

[2438] Cf. MONTEIRO FERNANDES, *Direito do Trabalho*, cit., pp. 744 ss.; MOTTA VEIGA, *Lições*, cit., pp. 223 s.

[2439] Veja-se MONTEIRO FERNANDES, *Direito do Trabalho*, cit., p. 743, onde esclarece que o único critério de representatividade, excluindo os requisitos de constituição, decorre da filiação sindical. Sobre a representação dos sindicatos, associações de empregadores e empregadores na negociação coletiva, veja-se PETIT, *La Notion de Représentation dans les Relations Collectives du Travail*, Paris, 2000, pp. 331 ss.

convenção coletiva, porque não existe nenhuma outra naquele âmbito, ou para rever uma já existente, que se pretende substituir.

A proposta deverá revestir a forma escrita e importa que estejam justificadas todas as pretensões nela contidas (art. 486.º, n.º 2, do CT)[2440]. Além disso, a proposta terá de ser enviada em duplicado, sendo o original para o destinatário e a cópia dirigida ao Ministério do Trabalho (art. 490.º, n.º 2, do CT).

Tendo em conta a terminologia usada nos arts. 486.º e ss. do CT, importa fazer um esclarecimento. No art. 486.º do CT – diferentemente do que decorria do precedente art. 16.º da LRCT – chama-se proposta a uma figura que pode corresponder ao que na teoria geral do direito civil se denomina tanto proposta como convite a contratar[2441]. De facto, no regime anterior apelidava-se de «proposta» o que vulgarmente se chama «convite a contratar». O convite a contratar é uma declaração com vista a iniciar futuras negociações e a convenção coletiva de trabalho, tendo em conta o regime do art. 16.º da LRCT, não se formava pelo mero encontro entre proposta e resposta a essa proposta. Contudo, no art. 486.º do CT tem-se em conta uma proposta formal, com determinados elementos (art. 486.º, n.º 2, do CT) que, sendo aceite na resposta (art. 487.º, n.º 3, do CT), determina a celebração da convenção coletiva. Nem sempre assim ocorrerá. Apesar de o IRC se poder formar pelo mero encontro entre proposta e resposta, por via de regra, a proposta prevista no art. 486.º do CT, que deve ser respondida (art. 487.º, n.º 1, do CT), dá origem a negociações. Como resulta do n.º 3 do art. 487.º do CT, a entidade destinatária da proposta, na resposta pode recusá-la ou apresentar uma contraproposta; em qualquer destas hipóteses (em especial na segunda), estas declarações – a proposta e a resposta – são meras impulsionadoras da negociação (convites a negociar), a qual só tem início, como vem previsto no art. 490.º, n.º 1, do CT, depois da proposta e da resposta.

No art. 490.º, n.º 1, do CT, o termo negociação é utilizado pelo legislador em sentido restrito, relacionando as negociações com os contactos diretos, ou seja, com as situações em que as partes se sentam à mesma mesa a discutir os termos da futura convenção coletiva. Os contactos indiretos, verificados

[2440] Como esclarece MENEZES CORDEIRO, *Direito do Trabalho*, I, cit., p. 659, a exigência de fundamentação «(...) tinha um triplo sentido: moderava e racionalizava as pretensões das partes, facilitava a sua aceitação pelas contrapartes e canalizava as negociações para domínios técnico-económicos».

[2441] Sobre esta questão, *vd.* MENEZES CORDEIRO, *Tratado de Direito Civil Português*, I, *Parte Geral*, T. I, cit., pp. 552 ss.

através da proposta e da resposta, para o legislador, não são «negociações», em sentido estrito, mas «processo de negociação» (art. 486.º, n.º 1, do CT). Admite-se, porém, à revelia da lei, mesmo neste domínio, falar em negociações num sentido amplo, que é, no fundo, o sentido comum do termo[2442].

Por via de regra, a proposta, apesar de corresponder a uma declaração recipienda que produz os seus efeitos quando for recebida pelo destinatário, não pode, geralmente, ser entendida nos termos dos arts. 217.º e ss. do CC, como proposta de um negócio jurídico, mas, antes, como proposta para iniciar negociações com vista à celebração de um negócio jurídico. A hipótese de a proposta ser integralmente aceite na resposta e, deste modo, dar de imediato origem à convenção (art. 487.º, n.º 3, do CT) é utópica.

II. O destinatário da proposta, em princípio uma associação de empregadores ou um empregador, tem trinta dias para responder, contados da data da recepção da proposta (art. 487.º, n.º 1, do CT).

A resposta tem igualmente de ser feita por escrito, sendo enviada uma cópia para o Ministério do Trabalho (art. 487.º, n.º 1, do CT). Relativamente aos pontos em que o destinatário esteja em desacordo com a proposta, deve formular contrapropostas (art. 487.º, n.º 2, do CT). Tanto a resposta como as contrapropostas que sejam eventualmente apresentadas têm de ser escritas e fundamentadas nos mesmos termos da proposta (art. 487.º, n.º 1, do CT). A resposta é uma declaração recipienda.

No art. 487.º, n.º 1, do CT infere-se a existência de uma obrigação de resposta e de formulação de contrapropostas, contrariamente ao que acontece nos termos gerais de direito civil, em que o destinatário da proposta não está vinculado a responder-lhe e a omissão de resposta, em princípio, pressupõe a rejeição da proposta[2443]. Todavia, se o destinatário da proposta não lhe der resposta, há a possibilidade de recurso à conciliação, prevista nos arts. 523.º e ss. CT, com vista a solucionar aquele conflito (art. 487.º, n.º 4, do CT).

III. Depois da proposta e resposta e antes das negociações diretas, as partes podem ajustar um protocolo negocial nos termos do qual aceitam, nomeadamente um calendário e determinadas regras processuais que norte-

[2442] Cf. Menezes Cordeiro, *Direito do Trabalho*, I, cit., p. 656, onde esclarece que no art. 489.º, n.º 1, do CT a expressão «negociação coletiva» é entendida em sentido amplo.

[2443] Acentuando este «dever de negociar», justificado «como técnica preferencial de composição de interesses», com explicação para a situação noutros ordenamentos jurídicos, *vd.* Monteiro Fernandes, *Direito do Trabalho*, cit., pp. 729 ss.

arão as negociações (art. 489.º, n.º 1, do CT)[2444]. Nas designadas negociações diretas as partes devem proceder de boa fé, como dispõe o art. 489.º, n.º 1, do CT, preceito que, apesar de ser mais pormenorizado, representa tão-só a consagração do princípio geral de *culpa in contrahendo,* consagrado no art. 227.º do CC[2445].

Estando em causa a discussão de vários pontos, o que normalmente acontece, o art. 488.º do CT determina que se deve dar prioridade à negociação de matéria respeitante à retribuição e ao tempo de trabalho. Não obstante esta prioridade legal, as partes têm total liberdade no que respeita à determinação das matérias a discutir e à condução das negociações, pois está-se no domínio da autonomia privada e, com a ressalva dessa prioridade, o demais segue o regime geral. Ou seja, há liberdade de celebração e de estipulação no que respeita às convenções coletivas.

A negociação, uma vez iniciada, pode ser suspensa por qualquer das partes. A autonomia privada, que não está sujeita a limitações neste plano, permite a ambas as partes estabelecer objeções quanto à continuação das negociações e, se assim acontecer, cabe recurso para a conciliação, a mediação ou a arbitragem, nos termos dos arts. 526.º e ss. do CT, como formas específicas de resolução do conflito.

Daqui decorre que há um dever de negociar, mas não um dever de concluir as negociações e celebrar a convenção coletiva. Iniciadas as negociações, as partes devem proceder de boa fé, mas não estão vinculadas a chegar a um consenso. Em caso de impasse negocial admite-se o eventual recurso à arbitragem obrigatória, que não tem sido especialmente profícuo[2446].

3. Celebração e depósito

I. Se as negociações chegarem a bom termo, ou seja se as partes obtiverem acordo quanto aos pontos em discussão, os representantes dos sindicatos, das associações de empregadores ou dos empregadores, indicados no art. 491.º do CT, podem celebrar a convenção coletiva de trabalho.

A convenção coletiva tem de ser celebrada por escrito e assinada pelos outorgantes (arts. 477.º e 491.º, n.º 1, do CT). Para além desta exigência de forma, a lei impõe que, da convenção coletiva, constem os elementos indica-

[2444] Cf. Motta Veiga, *Lições*, cit., p. 222.

[2445] *Vd.* Menezes Cordeiro, *Direito do Trabalho*, I, cit., pp. 664 ss.

[2446] Sobre a questão, veja-se Pedro Petrucci de Freitas, «A negociação coletiva: imposição ou promoção», *Pront.* 2016-I, pp. 207 ss.

dos no art. 492.º do CT, ou seja: a indicação de quem foram as entidades celebrantes, para se saber a quem é que se aplica; a menção da área geográfica da sua aplicação, igualmente para determinar quem são os destinatários da mesma; a indicação do âmbito de aplicação, isto é, a que profissão, por exemplo, se destina a convenção coletiva de trabalho; e a indicação da data da sua celebração. Há outras menções no extenso n.º 1 do art. 492.º do CT, tendo na revisão de 2012 sido acrescentada a alínea *h)*, onde se alude à indicação de critérios de preferência entre IRC. Além disso, impõe-se que haja uma previsão relativamente à constituição de comissões paritárias, que têm por função interpretar a convenção coletiva de trabalho (art. 492.º, n.º 3, do CT).

II. Depois de celebrada a convenção coletiva dever-se-á proceder ao seu depósito nos serviços competentes do Ministério do Trabalho (art. 494.º, n.º 1, do CT), concretamente na Direcção-Geral do Emprego e das Relações de Trabalho. Este depósito tem por finalidade uma intervenção pública de controlo administrativo da legalidade da convenção, podendo o Estado exercer essa verificação por via da recusa do registo (art. 494.º, n.ºs 4, 5 e 6, do CT)[2447]. Mas esta apreciação efetuada pelos serviços do Ministério do Trabalho é meramente formal, pois não pode incidir sobre aspetos substanciais da convenção.

De facto, nos termos do artigo 494.º, n.º 4, do CT, o depósito da decisão arbitral será recusado desde que não se encontre preenchida qualquer uma das cinco exigências seguintes:
- não obedecer ao disposto no artigo 492.º, n.º 1, do CT (conteúdo);
- não ser acompanhada dos títulos de representação exigidos no artigo 491.º, n.º 2, alínea *d)*, do CT;
- haver falta de capacidade dos outorgantes para a celebração do instrumento;
- não ter sido entregue em documento eletrónico;
- não ser acompanhada do texto consolidado se tiver havido três alterações ou modificações em mais de dez cláusulas.

[2447] Come afirma NUNES DE CARVALHO, «Primeiras Notas sobre a Contratação Colectiva Atípica», *RDES* 1999, n.º 4, pp. 353 s., por vezes surgem documentos, com diversos títulos (protocolo, aditamento, acordo intercalar, etc.), sem a as formalidades legais, em particular sem depósito no Ministério do Trabalho, que funcionam como convenções coletivas. Para maiores desenvolvimentos sobre o depósito, *vd.* GONÇALVES DA SILVA, *Da eficácia da convenção coletiva*, Lisboa, 2012, pp. 883 ss.

Como resulta da indicada remissão para o artigo 492.º do CT, na convenção coletiva dever-se-á atender obrigatoriamente ao conteúdo obrigatório indicado no preceito.

A falta de resposta dos serviços do Ministério durante quinze dias após a recepção do instrumento determina a aceitação tácita do depósito (art. 494.º, n.º 5, do CT).

Após o depósito da convenção coletiva, ela deve ser publicada no *Boletim do Trabalho e Emprego*, e só depois de publicada entra em vigor (art. 519.º, n.º 1, do CT).

III. Pese embora a apreciação de conteúdo da convenção coletiva por parte dos serviços do ministério responsável ser somente formal, quanto à matéria da igualdade e não discriminação cabe averiguar da legalidade do IRC (art. 479.º do CT).

4. Conteúdo

a) Objeto da regulamentação coletiva

Com respeito ao conteúdo das convenções coletivas, atento o disposto nos arts. 492.º e ss. do CT é necessário referir que o legislador, além de aludir ao conteúdo mais programático da convenção coletiva, com indicações de áreas de regulação (art. 492.º, n.º 2, do CT), em que a autonomia privada não é coartada, estabelece aspetos em que se impõem às partes: em especial as indicações obrigatórias mencionadas nas alíneas do n.º 1 do art. 492.º do CT. Nestas imposições, há ainda a referir a previsão e funcionamento da comissão paritária (arts. 492.º, n.º 3 e 493.º do CT).

Por outro lado, tendo em conta o disposto no art. 492.º do CT, é frequente fazer-se uma distinção entre as cláusulas de natureza obrigacional e as de cariz regulativo[2448], podendo, ainda, estas últimas subdividir-se em cláusulas de aplicação imediata e cláusulas que carecem de concretização.

Estas contraposições, tendencialmente lógicas, correspondem a uma forma de encarar as obrigações emergentes das convenções coletivas que, além de

[2448] *Vd.* Menezes Cordeiro, *Direito do Trabalho*, I., cit., pp. 676 ss. e *Convenções Colectivas de Trabalho e Alterações de Circunstâncias*, cit., pp. 45 ss.; Monteiro Fernandes, *Direito do Trabalho*, cit., pp. 724 ss.; Barros Moura, *A Convenção Colectiva entre as Fontes de Direito do Trabalho*, Coimbra, 1984, pp. 109 ss. e pp. 135 ss.; Gonçalves da Silva, «Notas sobre a Eficácia Normativa das Convenções Colectivas», cit., pp. 605 ss.; Bernardo Xavier/Furtado Martins/Nunes de Carvalho/Joana Vasconcelos/Tatiana Guerra de Almeida, *Manual*, cit., pp. 259 e ss.

superável, pode ter dificuldade de explicar todos os tipos de cláusulas que se inserem nestes documentos[2449]. Contudo, estas classificações facilitam a compreensão do objeto dos instrumentos de regulamentação coletiva, razão pela qual se lhes faz alusão nas alíneas seguintes.

b) Cláusulas de conteúdo obrigacional

O conteúdo obrigacional de convenção coletiva respeita às regras que disciplinam as relações entre as partes signatárias, como vem previsto no art. 492.º, n.º 2, alínea *a)*, do CT. Neste preceito exemplificam-se situações de conteúdo obrigacional, aludindo às cláusulas que respeitam à verificação do cumprimento da convenção, à resolução dos conflitos derivados da sua aplicação e à revisão da própria convenção coletiva. São regras que têm por destinatários os outorgantes, por exemplo, associações sindicais e de empregadores.

Ainda quanto à natureza obrigacional, pode aludir-se à vigência e efeitos da extinção (art. 492.º, n.º 2, alínea *h)*, do CT) e a definição de serviços mínimos em caso de greve (art. 492.º, n.º 2, alínea *g)*, do CT).

A propósito do conteúdo obrigacional é costume fazer-se alusão à chamada cláusula de paz social (art. 542.º do CT)[2450]. Esta cláusula impõe às partes – concretamente ao sindicato – a obrigação de não intentar formas de luta coletiva num período determinado, em princípio, naquele em que a convenção estiver em vigor; já que, tendo-se chegado àquele consenso, se deveria manter a paz social nele estabelecida (*vd. infra* § 72.5)

c) Cláusulas de conteúdo regulativo

c.1) Conceito e exemplificação

I. As cláusulas de cariz regulativo correspondem às normas típicas das convenções coletivas (por exemplo, as previstas no art. 492.º, n.º 2, alínea *b)*, *c)* e *e)*, do CT). Numa convenção coletiva estas são as cláusulas de maior relevância, pois têm em vista regular as relações individuais de trabalho estabelecidas entre trabalhadores e empregadores filiados nas associações outorgantes. Estas cláusulas, como se esclareceu (*supra* § 8.8 e § 10.4.c)), aplicam-se diretamente aos contratos de trabalho em vigor[2451].

[2449] *Vd.* Menezes Cordeiro, *Direito do Trabalho*, I, cit., pp. 673 ss., assentando nesta dicotomia, faz, depois, várias subdistinções (pp. 682 ss.)

[2450] Cf. Menezes Cordeiro, *Convenções Colectivas de Trabalho e Alterações de Circunstâncias*, cit., pp. 46 ss.

[2451] *Vd.* Nogler, *Saggio sull'Efficacia Regolativa del Contratto Collettivo*, Milão, 1997.

Nas normas regulativas são de incluir as regras que disciplinam as condições de trabalho com aplicação nos contratos individuais[2452]. De entre estas cláusulas é costume dar relevo às que respeitam às tabelas retributivas, sendo talvez este o aspeto em que, de início, foi dado maior peso nas convenções coletivas. Apesar de a questão salarial nas convenções coletivas não ter perdido importância, deverá ser tratada em conjunto com outras. Todavia, a lei estabelece que, nas negociações, devem as partes dar prioridade à resolução dos problemas retributivos e de tempo de trabalho (art. 488.º do CT).

Além das cláusulas relacionadas com matéria retributiva, é frequente deparar-se com regras que respeitam à duração do trabalho, aos descansos semanais, às férias, à determinação das categorias profissionais, à promoção dos trabalhadores, etc. São muitos os temas regulados nas convenções coletivas notando-se, cada vez mais, um crescente aumento de matérias nelas incluídas, surgindo, por vezes, convenções coletivas com mais de uma centena de cláusulas.

II. Apesar de terem uma natureza híbrida, também se podem incluir no âmbito do conteúdo normativo as cláusulas que respeitam à institucionalização dos processos de resolução pacífica de conflitos emergentes de contratos individuais de trabalho. Frequentemente, em convenções coletivas incluem-se cláusulas que respeitam a formas de resolução pacífica de conflitos laborais (art. 492.º, n.º 2, alínea *f)*, do CT). Tais cláusulas não impõem uma paz social no domínio das relações individuais, pois não impedem qualquer forma de luta coletiva, sendo, por conseguinte, válidas.

Importa distinguir as cláusulas que visam resolver conflitos derivados da aplicação e revisão de convenções coletivas, que vinculam as partes, das cláusulas que têm em vista a resolução de conflitos laborais, que opõem os trabalhadores às empresas. Estas últimas, constituindo uma quase terceira categoria, podem incluir-se entre as cláusulas de conteúdo regulativo, na medida em que têm por destinatários não outorgantes.

c.2) Cláusulas de aplicação imediata e cláusulas que carecem de concretização futura

As cláusulas das convenções coletivas que compõem o conteúdo regulativo, também designado por normativo, podem ser de dois tipos. Na maioria das

[2452] Quanto ao elenco (supletivo) das matérias de uma convenção coletiva, *vd.* MARTINS DE CARVALHO, «O que são e o que deveriam ser as Convenções Colectivas de Trabalho...», cit., pp. 353 ss., onde (pp. 354 e 355) indica um plano, com capítulos, secções e subsecções, com as matérias a incluir numa convenção coletiva.

situações são cláusulas de aplicação imediata em relação aos contratos de trabalho em vigor. Admite-se uma segunda situação em que as cláusulas constantes de uma convenção coletiva não sejam de exequibilidade imediata, pois necessitam de uma concretização futura a efetuar, em princípio, pelo empregador. Enquanto não se verificar a concretização não pode ser exigido o seu cumprimento.

As normas de convenções coletivas mais relevantes são as de aplicação imediata, como, por exemplo, o estabelecimento de nova tabela salarial, a qual se aplicará a partir do momento em que a convenção coletiva entre em vigor, muitas vezes, neste caso, com eficácia retroativa.

Mas para além destas cláusulas surgem outras que têm de ser postas em prática, em princípio, por atos do empregador, por exemplo, as regras respeitantes a questões sociais, indiretamente relacionadas com a prestação de trabalho, tais como a abertura de uma cantina para os trabalhadores ou de uma creche para os filhos dos trabalhadores, ou regras respeitantes ao fornecimento de transporte para os trabalhadores. Tais cláusulas necessitam de concretização, há que fazer obras, comprar autocarros, etc.[2453].

Se o empregador não procede à concretização de tais cláusulas, viola a convenção coletiva e haverá uma obrigação de indemnizar os trabalhadores, para além de sujeição às sanções previstas no art. 521.º do CT, porque a violação de normas de instrumentos de regulamentação coletiva de trabalho constitui uma contraordenação leve ou grave, consoante as circunstâncias (art. 521.º, n.os 1 ou 2, do CT). Não parece viável, no entanto, o recurso à execução específica dessas cláusulas. A dificuldade quanto à execução específica de tais regras deriva do facto de, por um lado, em direito do trabalho, não ser esse recurso normal perante o incumprimento de obrigações, como ocorre em sede de contrato-promessa de trabalho (art. 103.º, n.º 3, do CT). Por outro lado, a execução específica, em determinados casos, implicaria uma intromissão inadmissível na atividade empresarial. Contudo, por vezes, em relação à violação de cláusulas que impõem prestações da coisa ou de facto fungível, eventualmente, pode defender-se o recurso às regras gerais da execução específica nos termos dos arts. 827.º e ss. do CC.

2453 Bernardo Xavier, *Curso de Direito do Trabalho*, cit., p. 261, tendo em conta esta particularidade, entende que tais cláusulas «estão a meio caminho entre as obrigacionais e as normativas».

d) Limites

I. No art. 492.º do CT estabelece-se o que pode ser regulado numa convenção coletiva, impondo-se aspetos que devem ser incluídos, mas é necessário atender aos limites aplicáveis a todos os instrumentos, constantes do art. 478.º do CT, onde se coarta a autonomia privada (*vd. supra* § 63).

5. Interpretação e integração

I. Quanto às convenções coletivas de trabalho, como foi indicado no § 10., n.º 2, alínea *a)*, na parte obrigacional dever-se-ão aplicar os arts. 236.º e ss. do CC[2454]. Partindo do pressuposto de que as convenções coletivas de trabalho, na parte regulativa, como produzem efeitos em relação a terceiros, se aproximam da lei, quanto à sua interpretação deve recorrer-se ao art. 9.º do CC[2455]. Mas é preciso ter em conta que a convenção coletiva de trabalho se distingue da lei, não tendo as mesmas características; por outro lado, as normas de uma convenção coletiva provêm de negociações entre sujeitos privados (associações sindicais e associações de empregadores ou emprega-

---

[2454] Por vezes, sem se distinguir a parte obrigacional da regulativa das convenções coletivas, propende-se para a aplicação do art. 9.º do CC. No Ac. STJ de 9/11/1994, CJ (STJ) II (1994), T. III, p. 284, considerou-se aplicável às convenções coletivas as regras de interpretação da lei, porque, na parte regulativa, está-se perante «autênticas normas jurídicas» (p. 286); cf. também Ac. STJ de 22/1/1992, BMJ 413, p. 377; Ac. STJ de 10/11/1993, CJ (STJ) I (1993), T. III, p. 291, em especial, pp. 292 s. Procedendo à distinção constante do texto e no mesmo sentido, cf. Ac. STJ de 19/4/2012 (Fernandes da Silva), disponível em www.dgsi.pt. Neste sentido aponta a doutrina maioritária, justificando com a necessidade de objetivar a interpretação das convenções coletivas, cf. Menezes Cordeiro, *Direito do Trabalho*, I, cit., pp. 713 e 716 e *Convenções Colectivas de Trabalho e Alterações de Circunstâncias*, cit., p. 53; Barros Moura, *A Convenção Colectiva*, cit., p. 157.

Quanto à aplicação dos arts. 236.º e ss. do CC à interpretação dos contratos de trabalho, cf. Ac. de 2/12/1993, CJ XVIII (1993), T. V, p. 189.

Bernardo Xavier/Furtado Martins/Nunes de Carvalho/Joana Vasconcelos/Tatiana Guerra de Almeida, *Manual*, cit., p. 308, seguem esta solução de compromisso: admitindo a aplicação dos arts. 9.º e 236.º e ss. do CC com base no «carácter objectivo e normativo das cláusulas das CCT». No Ac. STJ de 9/11/1994, *BMJ* 441, p. 110, preconizou-se a aplicação dos arts. 236.º e ss. do CC à interpretação de normas obrigacionais da CCT e do art. 9.º do CC às normas de cariz regulativo.

Admitindo a aplicação das regras da interpretação de negócios jurídicos aos instrumentos coletivos, sem distinguir a parte obrigacional da parte regulativa, cf. Raúl Ventura, *Teoria da Relação Jurídica de Trabalho*, Porto, 1944, p. 207.

[2455] Cf. Ac. STJ (Plenário) de 11/4/2000, *DR*, I Série, de 24 de Maio de 2000.

dores), não emanando unilateralmente do poder central ou regional[2456]. Por isso, das negociações havidas podem, nalguns casos, retirar-se elementos importantes para a interpretação das regras constantes da convenção coletiva de trabalho[2457].

II. A interpretação e a integração das convenções coletivas seguem as regras gerais, não valendo, neste ponto, qualquer particularidade digna de menção. Há, todavia, dois regimes especiais: o constante do art. 493.º do CT e a hipótese de acórdãos interpretativos com valor de uniformização jurisprudencial, previstos nos arts. 183.º e 186.º do CPT.

No art. 493.º do CT prevê-se a criação de comissões paritárias de interpretação, devendo das convenções coletivas constar regras quanto à constituição de tais comissões. Estas comissões têm em vista interpretar e integrar as disposições da convenção coletiva, e têm de ser constituídas por acordo, não surgindo por mero efeito da lei. As comissões deverão ser compostas por número igual de representantes das entidades signatárias (art. 493.º, n.º 1, do CT). Se a comissão paritária, por unanimidade, interpretar ou integrar uma norma da convenção coletiva num determinado sentido, essa deliberação considera-se como regulamentação do instrumento e deverá ser depositada e publicada nos mesmos termos prescritos para a convenção coletiva (art. 493.º, n.º 3, do CT). Pretende-se que a interpretação feita por unanimidade tenha o valor de uma norma da convenção coletiva, aplicável imediatamente após o depósito e a publicação, podendo ser objeto de regulamento de extensão (art. 493.º, n.º 4, do CT). A norma da convenção coletiva passará, assim, a valer com a interpretação feita pela comissão. É, porém, discutível que esta interpretação tenha o valor de uma interpretação autêntica, nos termos do art. 13.º do CC; a interpretação autêntica, em princípio, produz efeitos retroativos, a lei interpretada valerá com esse sentido desde o momento da sua entrada em vigor. Mas, quanto à interpretação feita pela comissão paritária, é discutível que assim seja. Em primeiro lugar, as convenções coletivas não se enquadram na noção de lei, pelo que não se justifica a aplicação do art. 13.º, n.º 1, do CC. Segundo, é preciso ter em conta que o art. 478.º, n.º 1, alínea *c)*, do CT restringe a eficácia retroativa das regras constantes de uma con-

[2456] No Ac. TC n.º 98/95, de 22/2/1995, *BMJ* 446 (Sup.), p. 435, determina-se que as cláusulas de convenções coletivas não são normas para efeitos de integrarem o objeto idóneo dos recursos de constitucionalidade.

[2457] Cf. MENEZES CORDEIRO, *Direito do Trabalho*, I, cit., p. 716.

venção, exceção feita para as questões emergentes da aplicação das cláusulas de natureza pecuniária.

A segunda exceção quanto à interpretação respeita ao facto de o acórdão do Supremo Tribunal de Justiça que interprete uma convenção coletiva ter o valor ampliado de revista. Trata-se de uma situação especial no domínio laboral, em que se prevê a possibilidade de existir um acórdão de uniformização de jurisprudência – ainda que não haja decisões contrárias – no qual o Supremo Tribunal de Justiça faz a interpretação de cláusulas de uma convenção (arts. 183.º e 186.º do CPT)[2458].

6. Aplicação

a) Início da vigência

I. Quanto à aplicação da convenção coletiva é usual distinguir-se o âmbito pessoal (arts. 496.º e ss. do CT), o âmbito temporal (arts. 499.º e ss. do CT) e o âmbito geográfico (*v. g.*, art. 492.º, n.º 1, alínea *c)*, do CT). Nesta alínea, analisa-se o âmbito temporal da convenção.

Por via de regra, as convenções coletivas entram em vigor decorrido o prazo de *vacatio*, de cinco dias a partir da data da sua publicação[2459], valendo o regime geral aplicável aos diplomas legais (art. 519.º, n.º 1, do CT)[2460].

A convenção entra em vigor numa determinada data e só produz efeitos para o futuro (art. 478.º, n.º 1, alínea *c)*, do CT), nos termos gerais do art. 12.º do CC[2461]. Todo o regime que vigorou até essa data não é afetado, exceto no que respeita às cláusulas de natureza retributiva, em que a eficácia retroativa

---

[2458] *Vd. supra* § 8.6.

[2459] *Vd.* art. 2.º da Lei n.º 74/98, de 11 de novembro (republicada pela Lei n.º 43/2014, de 11 de junho).

[2460] No domínio da legislação anterior havia uma particularidade, na medida em que, depois de o art. 10.º, n.º 1, da LRCT estabelecer o princípio de que a convenção coletiva entra em vigor após o decurso da *vacatio* a contar da publicação, do art. 10.º, n.º 2, da LRCT constava uma norma contraditória, pois, nos termos deste último preceito, contava não a data da publicação, mas sim a da distribuição do *Boletim do Trabalho e Emprego*. Esta solução legislativa tinha um motivo: verificou-se que o *Boletim do Trabalho e Emprego* era distribuído com algum atraso, sendo, por vezes, a data da publicação bastante anterior à da distribuição e, por isso, o legislador, duma forma pragmática, recorrendo a uma ficção, considerava que a data da publicação era a da distribuição, o que tinha inconvenientes, pois acarretava dificuldades de prova. No regime atual deixou de valer esta regra, pelo que se aplicam os critérios gerais.

[2461] Neste sentido, relativamente às anteriores portarias de extensão, cf. Ac. STJ de 22/2/1995, *BMJ* 444, p. 511.

se justifica para evitar a perda do salário real do trabalhador, principalmente em caso de inflação[2462].

II. Entrando em vigor, a convenção coletiva é de eficácia imediata quanto aos contratos de trabalho em vigor e as normas destes, que eventualmente estejam em contradição com aquela, deixam de valer, não podendo subsistir na relação inter partes (art. 476.º do CT). Não quer isto dizer que a convenção coletiva passe a integrar o próprio contrato de trabalho, só que deste não podem constar cláusulas que contrariem regras de carácter superior, que é o caso das constantes de uma convenção coletiva, salvo quando disponham em sentido mais favorável para o trabalhador[2463].

b) Princípio da filiação

I. O princípio da filiação reporta-se ao âmbito pessoal da convenção coletiva.

Nos termos do disposto no art. 496.º do CT, vale o princípio da filiação, pelo que as regras de uma convenção coletiva só têm aplicação relativamente aos contratos de trabalho cujas partes estejam filiadas nas organizações signatárias. Assim, é necessário, por um lado, que o empregador seja membro da associação de empregadores outorgante ou tenha sido ele próprio outorgante e, por outro, o trabalhador esteja filiado na associação sindical signatária (art. 496.º, n.º 1, do CT)[2464]/[2465]. Admite-se também a aplicação no caso

[2462] Para maiores desenvolvimentos sobre a eficácia retroativa das convenções coletivas, veja-se MONTEIRO FERNANDES, *Direito do Trabalho*, cit., pp. 807 ss. e, em especial, GONÇALVES DA SILVA, «Notas sobre a Eficácia Normativa das Convenções Colectivas», cit., pp. 652 ss., que distingue, quanto à eficácia, a retroatividade da retrospetividade.

[2463] Para uma explicação da eficácia da convenção coletiva no contrato de trabalho, confrontando as teorias da recepção automática e da eficácia imediata, *vd.* GONÇALVES DA SILVA, «Notas sobre a Eficácia Normativa das Convenções Colectivas», cit., pp. 636 ss. e quanto à (eventual) retroatividade, *Da eficácia da convenção coletiva*, cit., pp. 931 ss.
Sobre a relação hierárquica e o consequente concurso entre convenção coletiva e contrato de trabalho, *vd. supra* § 10.4.c). Tendo em conta essa relação, no Ac. Rel. Lx. de 12/2/1999, CJ XXIV, T. I, p. 167, decidiu-se que o trabalhador, apesar de ter aceitado receber salário inferior ao disposto em IRC, pode reclamar a diferença.

[2464] É aquilo a que GONÇALVES DA SILVA, «Notas sobre a Eficácia Normativa das Convenções Colectivas», cit., p. 644, designa por "princípio da dupla filiação". Sobre a questão, veja-se JÚLIO GOMES, «Algumas questões sobre o âmbito pessoal de aplicação da convenção colectiva à luz do Código do Trabalho», *RDES* 2016, pp. 37 ss. Sobre a dupla filiação veja-se também o Ac. Rel. Év. de 28/2/2019 (Emília Ramos Costa), *CJ* 2019 I, p. 363.
Cabe ao trabalhador provar a sua filiação sindical para invocar a aplicação da convenção coletiva (Ac. STJ de 13/3/1996, CJ (STJ) 1996, T. I, p. 275; Ac. STJ de 22/1/1997, CJ (STJ)

de uma filiação em cadeia, isto é, se a convenção coletiva foi negociada por uma confederação, união ou federação, aplica-se às associações nela filiadas e, por sua vez, aos filiados nestas associações (art. 496.º, n.º 2, do CT)[2466].

Para efeito da aplicação da convenção coletiva, consideram-se filiados nas associações outorgantes os trabalhadores e empregadores que tinham o estatuto de membros no início do processo negocial e os que se filiarem durante o período de vigência da convenção (art. 496.º, n.º 3, do CT), admitindo-se, pois, que a convenção coletiva, em casos pontuais, se aplique a não filiados[2467]. Nesta sequência, admite-se também que a convenção coletiva se aplique, durante um período determinado, àqueles que se desfiliarem das entidades outorgantes (art. 496.º, n.º 4, do CT).

Na prática ocorre, por vezes, que as convenções coletivas se aplicam também a quem não esteja filiado nas organizações signatárias. É frequente o empregador aplicar a convenção coletiva a todos os trabalhadores, não só aos filiados no sindicato outorgante, mas também a outros trabalhadores que não estão nele filiados. Justifica-se a aplicação da convenção coletiva a trabalhadores não sindicalizados ou mesmo filiados em outro sindicato não com base no princípio da igualdade[2468], mas porque o empregador tem interesse em que todos os trabalhadores da empresa tenham um estatuto semelhante.

1997, T. I, p. 262), mas o facto de o trabalhador não ter dado conhecimento ao empregador da sua filiação não lhe retira os direitos – no caso, a retribuição – que decorrem da convenção (Ac. STJ de 26/11/1997, *BMJ* 471, p. 254).

[2465] O princípio da filiação corresponde a uma particularidade do ordenamento jurídico português, apresentando contornos diversos nas ordens jurídicas onde vigora o princípio da representatividade sindical, *vd.* Martín Valverde/Rodríguez-Sañudo Gutiérrez/ /García Murcia, *Derecho del Trabajo*, cit., pp. 369 ss. e 389 ss.

[2466] Caupers/Magalhães, *Relações Colectivas*, cit., p. 51, explicam esta solução atendendo ao facto de ter sido consagrado quando vigorava o princípio da unicidade sindical, em que não se colocava o problema da existência de sindicatos paralelos e de representatividade sindical. Ao trabalhador filiado num sindicato não se pode aplicar a convenção coletiva celebrada com outro sindicato (Ac. STJ de 14/12/1994, *BMJ* 442, p. 60). Ao trabalhador filiado no sindicato não se aplica a convenção coletiva se esta tem um âmbito limitado e a categoria do trabalhador não se inclui entre as previstas no instrumento (Ac. Rel. Cb. de 11/10/2001, CJ XXVI, T. IV, p. 72). Sobre o princípio da filiação em caso de acordo de empresa, *vd.* Ac. Rel. Pt. de 5/3/2001, CJ XXVI, T. II, p. 230.

[2467] Sobre esta questão, para maiores desenvolvimentos, *vd.* Gonçalves da Silva, «Notas sobre a Eficácia Normativa das Convenções Colectivas», cit., pp. 644 ss.

[2468] Em sentido diverso, no Ac. STJ de 26/5/1988, *BMJ* 377, p. 402, decidiu-se que, nos termos do princípio trabalho igual salário igual, os trabalhadores não sindicalizadas têm de receber o montante salarial fixado no instrumento de regulamentação coletiva de trabalho. Sobre a questão, *vd.* Caupers/Magalhães, *Relações Colectivas*, cit., p. 57.

De facto, não é prático para um empregador ter na sua empresa trabalhadores com categorias idênticas e estatutos diferentes. A aplicação da convenção coletiva a trabalhadores não filiados no sindicato outorgante só é possível na medida em que estes deem o seu consentimento, ainda que tácito.

II. Para além das situações referidas, há duas exceções ao princípio da filiação.

Em primeiro lugar, como dispõe o art. 497.º do CT, permite-se que um trabalhador não filiado possa escolher qual dos instrumentos de regulamentação coletiva vigentes na empresa se lhe aplica. Atento o disposto neste preceito – que resulta da revisão de 2009 – permite-se que possa haver escolha de convenção coletiva por parte de trabalhadores não filiados no sindicato outorgante (art. 497.º do CT), mediante um pagamento à associação signatária (art. 492.º, n.º 4, do CT)[2469]. Contudo, na revisão de 2019 (Lei n.º 93/2019) restringiu-se este direito, porquanto, como seria natural, a opção terá de recair em instrumento que se integre no âmbito do setor de atividade, profissional e geográfico. As novidades neste regime surgem, porém, nos n.ºs 2 a 5 do art. 497.º do CT, com várias regras procedimentais.

Como segunda exceção, o art. 498.º do CT preceitua que a convenção coletiva se aplica à entidade adquirente de estabelecimento ou empresa onde vigorava um instrumento de regulamentação coletiva até ao termo da respetiva vigência[2470]. Além da filiação, a aplicação da convenção coletiva está na dependência do seu âmbito, e só se aplica aos trabalhadores cujas profissões ou categorias profissionais estejam nela previstas[2471].

[2469] Com uma análise crítica, veja-se Gonçalves da Silva, «Da escolha do trabalhador da convenção colectiva aplicável», *RDES* 2018, pp. 145 ss.

[2470] *Vd.* Gonçalves da Silva, «Notas sobre a Eficácia Normativa das Convenções Colectivas», cit., pp. 647 ss. e *Da eficácia da convenção coletiva*, Lisboa, 2012, pp. 1193 ss. e Ac. STJ de 11/10/1995, CJ (STJ), 1995, T. III, p. 275. Veja-se ainda o Ac. Rel. Lx. de 9/7/1998, CJ XXIII, T. III, p. 161, sobre a aplicação de IRC em caso de cisão de empresa, e os Acórdãos STJ de 11/10/1995 e de 16/2/1999, *QL* n.º 7 (1996), p. 95 e *BMJ* 492, p. 313, relativo à aplicação do acordo de empresa às empresas criadas pelo desmembramento da Quimigal. O primeiro destes acórdãos do STJ encontra-se comentado por Liberal Fernandes, *QL*, n.º 7 (1996), pp. 100 ss. Com a perspetiva de direito espanhol, consulte-se Mella Méndez, *Sucesión de Empresa y Convénio Colectivo Aplicable*, Granada, 2000.

[2471] Como se determina no Ac. STJ de 8/2/1995, CJ (STJ) 1995, T. I, p. 267, a um advogado, cuja profissão não se encontrava prevista no âmbito da convenção coletiva não se lhe aplica o instrumento em causa.

c) Termo da vigência; caducidade

I. A convenção coletiva destina-se a vigorar durante o período que nela foi estipulado, que é supletivamente de um ano (art. 499.º do CT), renovando-se no fim do prazo, se nenhuma das partes a denunciar (art. 500.º do CT). A convenção coletiva pode vigorar depois de denunciada – verificando-se a sua sobrevigência – se as partes, entretanto, entabularam negociações ou decorrem processos de conciliação, mediação ou arbitragem com vista à sua substituição (art. 500.º, n.os 2 e 3, do CT). Pretendendo-se, assim, evitar um «vazio» regulamentar caso a negociação se prolongue para além da data de cessação do instrumento. O problema está em saber se se pode protelar a vigência da convenção coletiva indefinidamente. Perante um impasse nas negociações pode recorrer-se à conciliação, mediação e arbitragem, mas não parece viável manter uma convenção coletiva indefinidamente em vigor[2472]. A questão da sobrevigência da convenção coletiva foi tida particularmente em conta na alteração legislativa introduzida no então art. 557.º do CT2003 (atual art. 501.º do CT2009) pela Lei n.º 9/2006. O vigente regime acompanha essa alteração. Assim, para a caducidade e sobrevigência de convenções coletivas, prescreve-se um regime complexo, em articulação com a arbitragem (arts. 500.º e ss. do CT), que se tem de conjugar com o art. 10.º da Lei n.º 7/2009. As soluções não se afastam substancialmente do modelo delineado em 2003, com as limitações resultantes das alterações de 2006, mas importa atender às alterações decorrentes da Lei n.º 55/2014.

II. Celebrada a convenção coletiva, em princípio, qualquer das partes pode livremente denunciá-la (art. 500.º, n.º 1, do CT), devendo a denúncia ser acompanhada de fundamentação quanto aos motivos de ordem económica, estrutural ou a desajustamentos do regime da convenção coletiva (art. 500.º, n.º 2, do CT). A denúncia não implica automaticamente a extinção dos efeitos de convenção coletiva, pois tem necessariamente de ser acompanhada de uma proposta (art. 500.º, n.º 1, do CT). A denúncia funciona como meio de se proceder a novas negociações com vista a substituir a convenção coletiva em vigor, mas não implica que, naquele momento, os seus efeitos se extingam, pois a convenção coletiva denunciada mantém-se em vigor

---

[2472] Sobre a questão, com várias referências bibliográficas, *vd.* Gonçalves da Silva, «Notas sobre a Eficácia Normativa das Convenções Colectivas», cit., pp. 658 ss.
Em caso de cisão de empresas, o acordo de empresa só se aplica à nova empresa até ao termo do prazo da sua vigência (Ac. STJ de 11/10/1995, CJ (STJ) 1995, T. III, p. 275). Veja-se, em caso de transmissão de empresa, Gonçalves da Silva, *Da eficácia da convenção coletiva*, cit., pp. 1229 ss.

durante o período em que decorrem as negociações com vista à sua substituição. A sobrevigência, contudo, não pode ser indefinida; só se justificaria durante o período negocial, mas a questão assume particular complexidade atento o disposto nos n.os 2 e ss. do art. 501.º do CT[2473].

Havendo denúncia e verificados os pressupostos para a sua caducidade, a convenção mantém-se em regime de sobrevigência, pelo menos durante 12 meses, tendo em vista a negociação, mediação, conciliação ou arbitragem (art. 501.º, n.º 3, do CT).

Além da caducidade, verificados os pressupostos do n.º 2 do art. 502.º do CT, nomeadamente em caso de crise empresarial, pode haver suspensão temporária de aplicação de uma convenção coletiva[2474].

III. A convenção coletiva também deixa de vigorar se for substituída por outra (ou por uma decisão arbitral) e ainda em caso de revogação ou de resolução por alteração das circunstâncias[2475], a que acresce, no novo regime, a autonomizada caducidade.

A matéria relativa ao concurso entre convenções coletivas, que vem prevista nos arts. 481.º e ss. do CT, já foi referida a propósito da hierarquia das fontes, para onde se remete (§ 10.4.c.3)).

Ainda que não surja novo instrumento, se a convenção denunciada fizer depender a sua cessação de vigência da substituição por outro instrumento, a cláusula caduca decorridos três anos após a verificação de qualquer das situações indicadas nas alíneas do n.º 1 do art. 501.º CT[2476].

[2473] Sobre a pós-eficácia das convenções coletivas, *vd.* Menezes Cordeiro, *Convenções Colectivas de Trabalho e Alterações de Circunstâncias*, cit., pp. 55 s. e as considerações tecidas pelo autor em torno da alteração das circunstâncias como causa de cessação deste instrumento (ob. cit., em particular pp. 110 ss.). Consulte-se igualmente Ichino, *Il Contratto di Lavoro*, cit., pp. 242 ss. Sobre a sobrevigência da convenção coletiva, veja-se Bernardo Xavier, «Vigência e sobrevigência das convenções colectivas de trabalho», *RDES* 2008, n.º 1/4, pp. 29 e ss., José Valadas Henriques, «Do âmbito temporal das convenções coletivas de trabalho. Da sobrevigência em especial», *Estudos do Instituto de Direito do Trabalho*, Vol. VII, Coimbra, 2015, pp. 137 ss. e, com especial desenvolvimento, Gonçalves da Silva, *Da eficácia da convenção coletiva*, cit., pp. 1016 ss.

[2474] Consulte-se Sónia Preto, «Primeiras notas sobre o novo artigo 502.º do Código do Trabalho: a suspensão de convenção coletiva de trabalho», *Estudos dedicados ao Professor Doutor Bernardo da Gama Lobo Xavier*, III, Lisboa, 2015, pp. 507 ss.

[2475] Veja-se estes modos de cessação da convenção coletiva em Gonçalves da Silva, *Da eficácia da convenção coletiva*, cit., pp. 1061 ss. e 1083 ss. Quanto à aplicação da alteração das circunstâncias às convenções coletiva, cf. Menezes Cordeiro, *Direito do Trabalho*, I., cit., pp. 727 ss.

[2476] Previa-se no art. 3.º da Lei n.º 55/2014 que o prazo de três anos fosse reduzido para dois anos no prazo de um ano.

IV. Caducando a convenção coletiva, nos termos do n.º 8 do art. 501.º do CT, mantêm-se «até à entrada em vigor de outra convenção ou decisão arbitral, (...) os efeitos acordados pelas partes ou, na sua falta, os já produzidos pela convenção nos contratos de trabalho no que respeita à retribuição do trabalhador, categoria e respetiva definição, duração do tempo de trabalho e regimes de proteção social (...), de parentalidade e de segurança e saúde no trabalho»[2477].

Da regra constante do n.º 8 do art. 501.º do CT parece poder depreender-se que determinadas soluções prescritas numa convenção coletiva continuarão a aplicar-se mesmo depois de esta ter caducado; solução que, no plano jurídico, é pouco razoável. Norma aplicável também no caso de a CCT ter sido objeto de portaria de extensão (art. 515.º-A do CT).

A denúncia gera a cessação da convenção por extinção das entidades outorgantes (art. 502.º, n.º 1, alínea *b)*, do CT), que segue o regime comum por remissão (n.º 6), embora se tenha prescrito uma regra complexa no n.º 7, que dificulta esta via de caducidade, por aplicação do regime geral, nomeadamente do abuso do direito, ainda que com uma formulação arrevesada.

V. Tendo a convenção caducado em consequência da denúncia, cabe aos serviços do Ministério responsável pela área laboral proceder à publicação no *Boletim do Trabalho e Emprego* de avisos sobre a data da cessação da vigência do IRC (art. 502.º, n.º 8, do CT). Os mencionados serviços não podem recusar a publicação do aviso; na realidade, o controlo feito pelos serviços do Ministério do Trabalho é de mera conformidade formal, estando, assim, vedada qualquer apreciação respeitante ao fundamento da denúncia ou à validade da caducidade da convenção coletiva. O controlo material da denúncia e dos respetivos efeitos está a cargo dos tribunais (arts. 183.º e ss. do CPT). Assim sendo, a falta de publicação do aviso da cessação não afeta a validade nem eficácia da denúncia. Na eventualidade de a declaração negocial de denúncia ser válida, produz de modo inexorável os seus efeitos: a caducidade da convenção coletiva, independentemente de ter havido publicação do aviso[2478].

[2477] Aplicando esta previsão legal relativamente à retribuição, veja-se Ac. STJ de 28/6/2017 (João Nunes), disponível em www.dgsi.pt.

[2478] Cf. Romano Martinez, «Caducidade de convenção colectiva de trabalho», *RDES* 2007, n.º 3/4, pp. 107 ss.

7. Natureza jurídica

a) Teses em confronto

I. Em torno da natureza jurídica das convenções coletivas têm-se debatido fundamentalmente duas posições: as teorias contratualistas e as teorias publicistas. Para além disso, pode ainda aludir-se às teorias ecléticas[2479].

II. Segundo a tese contratualista, a convenção coletiva encontra a sua plena justificação nos princípios de direito privado, enquadrando-se nas regras do negócio jurídico, tendo naturalmente as suas particularidades. Para explicar a natureza jurídica da convenção coletiva, o regime do negócio jurídico terá de ser coadjuvado com outros institutos de direito privado, como a representação, a gestão de negócios ou o contrato a favor de terceiro.

Nestes termos, as convenções coletivas assentam no princípio da liberdade contratual, são celebradas por entidades de direito privado com base na sua autonomia privada e as eventuais especificidades enquadram-se na panóplia de soluções que o direito privado oferece.

As posições contratualistas têm sido criticadas com base no facto de as regras de direito privado não conseguirem explicar a aplicação de cláusulas de uma convenção coletiva a pessoas (trabalhadores ou empregadores) que não a celebraram.

Por outro lado, a tese negocial também não explicaria o papel que os organismos públicos têm no que respeita à celebração e aplicação das convenções coletivas; ou seja, a intervenção e controlo estadual não se justificariam em moldes de direito privado.

III. As teorias publicistas relacionam a convenção coletiva com as normas emanadas do Estado, equiparando-a à lei, com a qual teria alguns pontos de contacto. Numa perspetiva publicista, o facto de serem entidades privadas que negoceiam e celebram as convenções coletivas, não afeta a sua natureza de direito público, porque elas fazem-no na base de uma delegação de poderes efetuada pelo Estado.

Partindo do pressuposto de que só ao Estado e a algumas entidades públicas, como as autarquias, foi dada competência para produzir normas cujos destinatários não sejam as pessoas das quais elas emanam, chegar-se-á à con-

[2479] Ver MENEZES CORDEIRO, *Direito do Trabalho*, I, cit., pp. 743 ss. e *Convenções Colectivas de Trabalho e Alterações de Circunstâncias*, cit., pp. 56 ss., assim como BARROS MOURA, *A Convenção Colectiva*, cit., pp. 97 ss.

clusão de que a convenção coletiva se enquadra no domínio de uma situação similar à que se verifica no caso de produção legislativa.

Além disso, só partindo de uma conceção publicista se poderia justificar a intervenção dos poderes públicos no controlo da celebração e aplicação da convenção coletiva.

As teorias publicistas criticam-se na medida em que não há qualquer similitude entre a produção de normas jurídicas conferida, em particular, ao Estado e a celebração de convenções coletivas. A convenção coletiva, mesmo no que respeita aos efeitos regulativos, não tem de ter as características da generalidade e abstração, próprias da lei. Numa convenção coletiva pode resolver-se o problema pontual de um grupo determinado de trabalhadores de certa empresa.

Por outro lado, a convenção coletiva assenta num princípio de liberdade contratual. As entidades das quais ela emana têm liberdade de celebração e de estipulação e a convenção coletiva destina-se a resolver problemas nas relações laborais, que são de direito privado.

Por último, no direito português, atualmente, não há qualquer intervenção dos poderes públicos no que respeita à celebração das convenções coletivas. O Estado limitou-se a estabelecer, com algum pormenor, as diretrizes da atuação das entidades privadas, mas não interfere nem nas negociações nem na celebração. O único controlo que o Estado exerce respeita à recusa de depósito das convenções coletivas (art. 494.º, n.os 4 e ss. do CT), mas tal recusa só se verifica quando faltam elementos formais. Não há recusa com base em aspetos substanciais. No plano substancial, exceção feita à apreciação de discriminação (art. 479.º do CT), a incumbência é dos tribunais.

IV. Em terceiro lugar, surgem as teorias ecléticas, que pretendem estabelecer um ponto de ligação entre as teses contratualistas e publicistas.

Para as teorias ecléticas, a convenção coletiva pode apresentar-se como um híbrido, entre o contrato e a lei, na medida em que tem simultaneamente aspetos contratuais e publicistas.

Noutros casos, as teorias ecléticas baseiam-se em pressupostos institucionais e corporativistas, pelo que partem do princípio de que a convenção coletiva foi celebrada por corpos intermédios, diferentes dos sujeitos de direito privado. Tendo em conta a atual realidade política, não se afigura sustentável admitir a existência de corpos intermédios e não parece haver qualquer dúvida no sentido de as associações de empregadores e as associações sindicais serem pessoas de direito privado, sem qualquer particularidade relativamente a outros sujeitos privados[2480].

Considerar-se a convenção coletiva como um híbrido entre o contrato e a lei implica partir do seguinte pressuposto: a convenção coletiva tem normalmente dois tipos de regras, a parte obrigacional e a parte regulativa; na parte obrigacional a convenção é um puro contrato, mas na parte regulativa entrar-se-ia no campo do direito público, em razão da similitude com a lei. Todas as críticas feitas às teorias publicistas valem também, neste ponto, para as conceções híbridas.

b) Posição adotada

Tendo em conta este panorama e considerando que a natureza jurídica da convenção coletiva se infere do regime estabelecido na lei, com base no disposto na Constituição e no Código do Trabalho parece poder concluir-se que a convenção coletiva se deve enquadrar na noção de negócio jurídico, pelas seguintes razões.

Primeiro, há liberdade de constituição quer de associações sindicais quer de associações de empregadores, assim como liberdade de filiação em qualquer dessas associações.

Segundo, as associações sindicais e de empregadores, bem como os empregadores são pessoas coletivas de direito privado, e é nesta categoria que atuam ao celebrar convenções coletivas.

Terceiro, as associações sindicais e de empregadores, bem como os empregadores, ao ajustar convenções coletivas, têm liberdade de celebração e liberdade de estipulação, tal como ocorre com qualquer privado quando negoceia um contrato.

Quarto, a aplicação das convenções coletivas na sua parte regulativa baseia-se no princípio da filiação. De facto, a aplicação das regras da convenção coletiva aos filiados nas associações signatárias justifica-se com base no instituto da representação. Os membros das associações sindicais e de empregadores são representados por essas entidades na negociação coletiva; a representação mantém-se enquanto durar a filiação[2481].

[2480] Algo similar a esta conceção é de indicar a posição de BARROS MOURA, *A Convenção Colectiva*, cit., pp. 118 ss, que explica a natureza jurídica das convenções coletivas com base na ideia de a liberdade sindical, em razão da sua relevância, excluir a tradicional intervenção estadual na produção de normas, mas atribuindo a garantia do Estado na sua aplicação, por um lado, e superando a visão unilateral, valoriza a autonomia coletiva, por outro.

[2481] Esta regra tem uma exceção lógica resultante do disposto no art. 496.º, n.º 4, do CT, que tem em vista evitar o que se poderia denominar de *dumping* sindical ou patronal. Com posição

O facto de, por vezes, os empregadores aplicarem as regras de convenções coletivas a trabalhadores não sindicalizados ou não filiados nos sindicatos outorgantes, justifica-se por motivos de ordem prática, mas essa aplicação só vale na medida em que os trabalhadores a tenham aceite. Se, efetivamente, a situação que emerge da aplicação da convenção coletiva for mais benéfica do que aquela que advém do contrato de trabalho é razoável que os trabalhadores não sindicalizados ou filiados em sindicatos não outorgantes aceitem a aplicação de soluções idênticas às da convenção coletiva.

A representação coletiva, que terá tido início com as convenções coletivas, generalizou-se noutros domínios, como no caso das associações de proteção do consumidor, que pretendem intervir, representando igualmente os consumidores nelas filiados.

Em quinto lugar, relativamente à intervenção dos poderes públicos, pode dizer-se que, no nosso sistema jurídico, está circunscrita à recusa de depósito de convenções coletivas. Recusa essa que só pode ser feita tendo em conta a falta de elementos formais e não com base em aspetos substanciais. Trata-se de um mero controlo administrativo de aspetos formais, porventura menos exigente do que aquele que os notários exercem em relação a outros negócios jurídicos de direito privado.

Relativamente às diretrizes estabelecidas na lei, em particular no que respeita à celebração de convenções coletivas, não se trata de uma forma de as afastar do domínio do direito privado, porque o legislador também tem estabelecido limites à contratação noutros contratos. Talvez em relação às convenções coletivas haja um número mais elevado de normas imperativas, mas trata-se tão-só de uma maior limitação da autonomia privada, frequente em sede de direito do trabalho.

Para além das diretrizes legais, há ainda a ter em conta as orientações estabelecidas na concertação social. Mas estas são meras coordenadas de atuação, não sendo imperativas, pelo que as entidades que vierem a celebrar convenções coletivas podem tomar por modelo as orientações da concertação social.

Por último, o facto de no art. 521.º do CT se estabelecerem contraordenações para o caso de os empregadores não cumprirem as regras constantes de convenções coletivas, as quais implicam o pagamento de coimas cujo produto reverte para organismos públicos também não afeta a natureza

---

diversa, *vd.* Rosário Palma Ramalho, *Da Autonomia Dogmática do Direito do Trabalho*, cit., pp. 831 ss., nomeadamente, pp. 841 ss.

privada da convenção coletiva. Realmente, no domínio do direito privado não é normal a imposição de coimas nos termos previstos no preceito citado; podendo as partes estabelecer cláusulas penais, cujo produto reverte para o não faltoso.

Mas esta particularidade não é relevante para desvirtuar a natureza privada da convenção coletiva, porque, por exemplo, nos arts. 17.º, n.º 5, 19.º, n.º 4, 20.º, n.º 4, 20.º, n.º 5, 29.º, n.º 4, 37.º, n.º 5 etc. do CT estabelece-se igualmente que o empregador fica sujeito a coimas por infração aos direitos dos trabalhadores. Além disso, cada vez é mais frequente impor penas pela violação de contratos de direito privado, cujo produto não se destina, pelo menos na totalidade, à contraparte lesada. Isto verifica-se, nomeadamente, nos termos do art. 829.º-A do CC, que regula a sanção pecuniária compulsória. Para além desta regra geral, em termos exemplificativos, no arrendamento rural e florestal o legislador estabeleceu uma coima pelo não envio da cópia do contrato para as finanças, que remeterá à correspondente Direcção-Geral (art. 6.º, n.º 7, do Decreto-Lei n.º 294/2009, de 13 de outubro) e no regime de direito real de habitação periódica foi estabelecida uma multiplicidade de contraordenações puníveis com coima (art. 54.º do Decreto-Lei n.º 275/93, de 5 de agosto).

Há um único aspeto em que a aplicação da convenção coletiva extravasa do domínio do direito privado. Tal ocorre quando, mediante uma portaria de extensão, se alarga o âmbito de aplicação da convenção, passando a valer relativamente a pessoas não filiadas nas entidades outorgantes (art. 514.º do CT). Todavia, neste caso, os preceitos da convenção coletiva aplicam-se a terceiros com base no poder regulativo do Estado, ou seja, por força de um regulamento que emana de um órgão público.

Bibliografia:

Madeira de Brito, «A superação do princípio da filiação na contratação coletiva especial do setor público», *Estudos dedicados ao Professor Doutor Bernardo da Gama Lobo Xavier*, III, Lisboa, 2015, pp. 213 ss.; Martins de Carvalho, «O que são e o que deveriam ser as Convenções Colectivas de Trabalho para Empregadores e Operários», *O Direito*, 126 (1994), I-II, pp. 341 a 380; Nunes de Carvalho, «Primeiras Notas sobre a Contratação Colectiva Atípica», *RDES* 1999, n.º 4, pp. 353 a 404 e *RDES* 2000, n.ºs 1/2, pp. 9 a 36; João Caupers/Pedro Magalhães, *Relações Colectivas de Trabalho*, Lisboa, 1978, pp. 13 a 68; Dias Coimbra, «Cisão Societária por Destaque: O Princípio da Continuidade da Convenção Colectiva», *Trabalho e Relações Laborais*, Lisboa, 2001, pp. 31 a 38; Menezes Cordeiro,

Direito do Trabalho, I, cit., pp. 613 ss. e *Convenções Colectivas de Trabalho e Alterações de Circunstâncias*, Lisboa 1995; Monteiro Fernandes, *Direito do Trabalho*, cit., pp. 723 e ss. e «A Convenção Colectiva segundo o Código do Trabalho», *Estudos de Direito do Trabalho em Homenagem ao Professor Manuel Alonso Olea*, Coimbra, 2004, pp. 77 ss.; Guilherme Gaspar, «Da natureza jurídica das convenções colectivas de trabalho», *Estudos do Instituto de Direito do Trabalho*, VII, Coimbra, 2015, pp. 187 ss.; Júlio Gomes, «A manutenção dos efeitos já produzidos pela convenção colectiva caduca nos contratos individuais de trabalho, após a Lei n.º 9/2006, de 29 de março (ou o estranho tremeluzir das estrelas mortas», *QL* 31 (2008), pp. 1 ss. e «Algumas questões sobre o âmbito pessoal de aplicação da convenção colectiva à luz do Código do Trabalho», *RDES* 2016, pp. 37 ss.; Valadas Henriques, «Do âmbito temporal das convenções colectivas de trabalho. Da sobrevigência em especial», *Estudos do Instituto de Direito do Trabalho*, VII, Coimbra, 2015, pp. 137 ss.; Menezes Leitão, *Direito do Trabalho*, cit., pp. 583 ss.; Ribeiro Lopes, «A Contratação Colectiva», *I Congresso Nacional de Direito do Trabalho*, Coimbra, 1998, pp. 49 a 65; Pedro Machete, «Apontamento sobre a legitimidade da redução legal de regalias objeto de prévia convenção coletiva. Um olhar sobre o Direito do Trabalho enquanto Direito Constitucional concretizado», *Estudos dedicados ao Professor Doutor Bernardo da Gama Lobo Xavier*, III, Lisboa, 2015, pp. 201 ss.; Romano Martinez, «Caducidade de convenção colectiva de trabalho», *RDES* 2007, n.º 3/4, pp. 107 ss.; Furtado Martins, «Convenção Colectiva Vertical e Mudança de Actividade da Empresa», *Trabalho e Relações Laborais*, Lisboa, 2001, pp. 273 a 297; Benjamim Mendes/Nuno Aureliano, «Nota sobre os efeitos jurídicos da caducidade das convenções colectivas de trabalho», *RDES* 2007, n.º 3/4, pp. 37 ss.; Barros Moura, *A Convenção Colectiva entre as Fontes de Direito do Trabalho*, Coimbra, 1984; Rosário Palma Ramalho, *Tratado de Direito do Trabalho*, III, cit., pp. 181 ss.; Pedro Santos, «A natureza jurídica da convenção colectiva de trabalho», *Estudos do Instituto de Direito do Trabalho*, VII, Coimbra, 2015, pp. 247 ss.; Gonçalves da Silva, *Notas sobre a Eficácia Normativa das Convenções Colectivas*, Coimbra, 2002, «Princípios Gerais da Contratação Colectiva no Código do Trabalho», *Estudos do Instituto de Direito do Trabalho*, Vol. I, 2.ª ed., Coimbra, 2008, pp. 173 ss., «A "troika" e a contratação coletiva», *Estudos comemorativos dos 20 anos da Abreu Advogados*, Coimbra, 2015, pp. 483 ss., «A relevância do local de trabalho na aplicação da convenção colectiva», *Estudos dedicados ao Professor Doutor Bernardo da Gama Lobo Xavier*, II, Lisboa, 2015, pp. 387 ss., «Da escolha do trabalhador da convenção colectiva aplicável», *RDES* 2018, pp. 145 ss. e anotações aos arts. 476.º e ss., *in* Romano Martinez/Luís Miguel Monteiro/ /Joana Vasconcelos/Madeira de Brito/Guilherme Dray/Gonçalves da

SILVA, *Código do Trabalho Anotado*, cit., pp. 1017 e ss. e *Da eficácia da convenção coletiva*, Lisboa, 2012, pp. 827 ss.; MOTTA VEIGA, *Lições*, cit., pp. 217 a 240; BERNARDO XAVIER, «A Sobrevigência das Convenções Colectivas de Trabalho», *A Reforma do Código do Trabalho*, Coimbra, 2004, pp. 589 e ss., e «Vigência e sobrevigência das convenções colectivas de trabalho», *RDES* 2008, n.º 1/4, pp. 29 ss.; BERNARDO XAVIER/FURTADO MARTINS/NUNES DE CARVALHO/JOANA VASCONCELOS/TATIANA GUERRA DE ALMEIDA, *Manual*, cit., pp. 255 e ss.

§ 65. ACORDO DE ADESÃO

1. Noção

O acordo de adesão, previsto no art. 504.º do CT, é o contrato celebrado por uma entidade (associação sindical, associação de empregadores ou empregador) que não foi outorgante na convenção coletiva e que pretende que esta se lhe aplique. A entidade interessada celebra o acordo de adesão para obter a extensão do âmbito de aplicação da convenção coletiva[2482].

Só podem celebrar um acordo de adesão aquelas entidades com capacidade negocial para ajustar convenções coletivas; ou seja, as associações sindicais, as associações de empregadores e os empregadores.

O acordo de adesão será celebrado entre quem não é parte na convenção coletiva e uma das entidades outorgantes, concretamente aquela que ocupa a posição contrária à do interessado. Como esclarece o art. 504.º, n.º 2, do CT, a entidade que pretende ser parte no instrumento de regulamentação coletiva em vigor deverá celebrar o acordo de adesão com o outorgante que na convenção coletiva se lhe contraporia, caso a tivesse celebrado. Por exemplo, se um determinado sindicato não foi outorgante numa convenção coletiva, mas pretende a extensão da mesma, celebra o acordo de adesão com a associação de empregadores ou com o empregador signatário da sobredita convenção; diferentemente, se o interessado na extensão da convenção coletiva for um empregador, deverá celebrar o acordo de adesão com a associação

[2482] Comparando com o número de convenções coletivas, é diminuto o recurso ao acordo de adesão; em 1997 foram celebrados 23 acordos de adesão (cf. RIBEIRO LOPES, «A Contratação Colectiva», *I Congresso Nacional de Direito do Trabalho*, Coimbra, 1998, p. 54). Tendo por base o sistema jurídico espanhol, veja-se OLARTE ENCABO, *Negocios Jurídicos Adhesivos y Sistema de Contratación Colectiva*, Barcelona, 1995.

sindical signatária e na hipótese de serem vários os sindicatos outorgantes, o acordo de adesão será ajustado com todos eles.

O processo negocial, salvo as particularidades indicadas, segue o regime geral estabelecido para as convenções coletivas.

2. Regime

I. Por via do acordo de adesão, o aderente passa a sujeitar-se às regras da convenção coletiva a que aderiu.

O acordo de adesão é, deste modo, uma forma de estender o campo de aplicação de uma convenção coletiva a quem não a tenha celebrado, mas esteja interessado em que ela se lhe aplique.

Celebrado o acordo de adesão, o aderente fica em situação idêntica à que estaria se tivesse ajustado a convenção coletiva, aplicando-se-lhe o respetivo regime, nomeadamente no que respeita ao depósito e à publicação (art. 504.º, n.º 4, do CT). Ao acordo de adesão aplicam-se as regras gerais estabelecidas para as convenções coletivas, nomeadamente quanto ao depósito e publicação. O acordo de adesão será depositado no Ministério do Trabalho (na Direcção-Geral do Emprego e das Relações de Trabalho) e, depois, publicado no *Boletim do Trabalho e Emprego*, entrando em vigor decorrida a *vacatio* (art. 519.º, n.º 1, do CT).

II. Tendo em conta o disposto no n.º 3 do art. 504.º do CT, coloca-se a dúvida de saber se o acordo pressupõe a recepção de todas as cláusulas da convenção coletiva ou se pode haver uma adesão parcial. Do preceito citado resulta que, por via da adesão, não pode haver modificação do conteúdo da convenção coletiva, mas nada impede que, existindo partes autonomizáveis, a adesão seja parcial, sem abranger situações que não se adaptem ao aderente. Como se infere deste preceito, não há liberdade de estipulação, pois as partes não podem modificar o conteúdo da convenção coletiva em vigor, mas se o interessado não pretende a extensão dos efeitos da convenção coletiva na totalidade, é possível proceder a uma adesão parcial, sem alterar o respetivo conteúdo. Nada obsta, no entanto, a que se proceda a alterações numa convenção coletiva, ajustando-a às especificidades dos interessados, com vista celebrar outra convenção coletiva; não se trata, então, de um acordo de adesão. Neste caso, não sendo um acordo de adesão, as alterações negociadas não carecem de aceitação dos demais sujeitos, partes na convenção coletiva que serviu de base a uma nova relação jurídica.

Por outro lado, apesar de a adesão poder determinar a aplicação de cláusulas de carácter obrigacional constantes da convenção coletiva[2483], parece razoável que, não se justificando a sua aplicação atendendo às condições particulares dos outorgantes iniciais e do aderente, da adesão resulte a inaplicabilidade ao aderente de cláusulas de natureza obrigacional incluídas na convenção coletiva.

3. Natureza jurídica

Quanto à natureza jurídica, o acordo de adesão tem natureza contratual e assenta na liberdade de celebração. Pressupõe a existência de duas declarações de vontade; uma da entidade que pretende e extensão da convenção coletiva e outra da entidade outorgante da dita convenção coletiva. Neste acordo há liberdade de celebração, mas não há liberdade de estipulação[2484].

Bibliografia:

Menezes Cordeiro, *Direito do Trabalho*, I, cit., pp. 749 a 752; Monteiro Fernandes, *Direito do Trabalho*, cit., p. 788; Rosário Palma Ramalho, *Tratado de Direito do Trabalho*, III, cit., pp. 353 ss.; Gonçalves da Silva, anotação ao art. 504.º *in* Romano Martinez/Luís Miguel Monteiro/Joana Vasconcelos/ /Madeira de Brito/Guilherme Dray/Gonçalves da Silva, *Código do Trabalho Anotado*, cit., pp. 1077 ss.; Bernardo Xavier/Furtado Martins/Nunes de Carvalho/Joana Vasconcelos/Tatiana Guerra de Almeida, *Manual*, cit., pp. 282 e s.

§ 66. DECISÃO ARBITRAL

1. Aspetos gerais

A decisão arbitral, como estabelece o art. 505.º, n.º 3, do CT, tem os mesmos efeitos jurídicos de convenção coletiva, só que a regulamentação de interesses obtém-se, não diretamente pela vontade das partes, mas através da intervenção de uma terceira entidade independente, mais concretamente por via da intermediação dos árbitros. Não obstante a intervenção de uma

[2483] Cf. Menezes Cordeiro, *Direito do Trabalho*, I, cit., p. 751.

[2484] Cf. Menezes Cordeiro, *Direito do Trabalho*, I, cit., p. 751.

entidade externa, o recurso à arbitragem está na dependência da autonomia das partes (associações sindicais e de empregadores ou empregadores), pois são elas que decidem recorrer a este instrumento. Por isso, a sentença arbitral integra-se entre os instrumentos autónomos de regulamentação coletiva de trabalho.

No domínio laboral, o princípio da arbitragem voluntária, isto é de uma arbitragem cujo recurso depende da autonomia privada nem sempre foi aceite. No período corporativo estava instituída a arbitragem obrigatória, pois, encontrando-se proibidas as formas de luta coletiva, a solução dos conflitos passava, muitas das vezes, por uma decisão arbitral. Posteriormente, na Lei das Relações Colectivas de Trabalho, excluindo uma situação excecional, só estava prevista a arbitragem voluntária. Todavia, com o Decreto-Lei n.º 209/92, de 2 de outubro, além da arbitragem voluntária, passou a existir também a arbitragem obrigatória. A situação subsiste, no Código do Trabalho, tendo-se mantido a arbitragem voluntária (arts. 506.º e ss. do CT) e a arbitragem obrigatória (arts. 508.º e ss. do CT, regulamentada pela Lei n.º 259/2009, de 25 de setembro). Com a revisão de 2009, além da arbitragem voluntária e obrigatória, passa a existir igualmente uma arbitragem necessária (art. 510.º do CT), como terceira via de arbitragem.

Perante esta situação poderá pôr-se a questão de saber se a sentença arbitral constitui um instrumento autónomo de regulamentação coletiva, pois, nos casos de arbitragem obrigatória e necessária, não há autonomia, pelo menos, de uma das partes; a liberdade contratual fica coartada para a parte a quem a arbitragem é imposta. No entanto, mesmo quando tem carácter obrigatório ou necessário, a sentença arbitral, particularmente nas arbitragens em que está em causa a criação de novas regras jurídicas, apresenta um cariz específico, pois procura-se obter uma decisão equitativa para as partes, devendo os árbitros tentar conciliar os interesses em conflito. Tratando-se de uma arbitragem que visa a interpretação de regras jurídicas, p. ex., de um CCT, os árbitros decidem segundo o direito, sem prejuízo de uma ponderação equitativa. Por outro lado, mesmo quando a arbitragem é obrigatória ou necessária, o seu regime assemelha-se ao da arbitragem voluntária, permitindo que as partes nomeiem os seus árbitros (arts. 512.º e 513.º do CT e Lei n.º 259/2009). Tendo em conta a similitude entre as duas formas de arbitragem há conveniência em estudar também a arbitragem obrigatória e a necessária a propósito dos instrumentos autónomos, que pode duvidar-se que constitua um verdadeiro *tertium genus*.

2. Arbitragem voluntária

I. Para que possa ser proferida uma sentença arbitral é necessário que as partes acordem em submeter à arbitragem o conflito que resulta da celebração ou da revisão de uma convenção coletiva (art. 506.º do CT)[2485].

A esse acordo chama-se convenção de arbitragem, cuja noção e requisitos se encontram nos arts. 1.º a 7.º da Lei de Arbitragem Voluntária[2486]. A convenção de arbitragem é um contrato onde há liberdade de celebração e de estipulação; quanto à liberdade de celebração importa referir que não é imposto o recurso à arbitragem, podendo a convenção ser unilateralmente revogada até à prolação da sentença arbitral (art. 4.º, n.º 2, da Lei de Arbitragem Voluntária). Por outro lado, há liberdade de estipulação, porque as partes podem decidir qual o âmbito de aplicação da arbitragem. Existem dois tipos de convenções arbitrais (art. 1.º, n.º 3, da Lei de Arbitragem Voluntária): a cláusula compromissória, na qual, prevendo-se determinado conflito, as partes determinam que, nessa eventualidade, recorrer-se-á à arbitragem; o compromisso arbitral, onde, perante um conflito atual, se decide dirimi-lo por via de arbitragem.

Tanto quanto à cláusula compromissória como em relação ao compromisso arbitral, as partes podem delimitar o respetivo objeto só a determinados aspetos do litígio.

À arbitragem voluntária aplica-se o regime geral constante da Lei de Arbitragem Voluntária (art. 505.º, n.º 4, do CT)[2487].

2485 Neste ponto interessa tratar tão-só da arbitragem relativa à celebração e revisão de convenções coletivas, sabendo-se que este meio tem um âmbito mais vasto (*vd. infra* § 73.4).

2486 Atende-se à Nova Lei de Arbitragem Voluntária, aprovada pela Lei n.º 63/2011, de 14 de dezembro, que revogou a Lei n.º 31/86, de 29 de agosto. Apesar de as remissões do Código do Trabalho estarem pensadas para a anterior Lei de Arbitragem Voluntária, não só pelo regime geral de remissão adaptada para o novo diploma como também porque as alterações da Nova Lei de Arbitragem Voluntária não colidem com as previsões laborais, faz-se alusão unicamente ao novo regime.

2487 No regime anterior havia uma única remissão para a Lei de Arbitragem (art. 34.º, n.º 5, da LRCT), concretamente para o art. 23.º da Lei de Arbitragem (aprovada pela Lei n.º 31/86), e discutia-se se o legislador pretenderia que não se aplicassem os restantes preceitos desta Lei. Não parecia ser esse o sentido, porque da interpretação do art. 34.º da LRCT resultavam lacunas; as quais deviam ser integradas com recurso ao regime geral estabelecido na Lei de Arbitragem. Não pareceria curial que o legislador só pretendesse que se aplicasse o art. 23.º da Lei de Arbitragem (aprovada pela Lei n.º 31/86), com exclusão de todos os demais, em particular no que respeita a aspetos em que o art. 34.º da LRCT se apresentava lacunoso. A questão ficou resolvida, pela remissão geral para a Lei de Arbitragem Voluntária, constante do Código do Trabalho (*vd.* nota anterior).

II. Segundo o art. 507.º, n.º 2, do CT, a arbitragem será realizada por três árbitros, sendo dois nomeados pelas partes e um terceiro escolhido pelos árbitros designados pelas partes. Esta regra corresponde a uma norma supletiva constante do art. 8.º, n.º 2, da Lei de Arbitragem Voluntária, e o n.º 2 do art. 507.º do CT, conjugando com o n.º 1 do mesmo preceito estabelece esta regra também de forma supletiva. Não obstante a lei remeter para a vontade das partes, por via de regra, o tribunal arbitral constituído para resolver questões laborais deve ser composto por três juízes-árbitros, os quais terão de ser pessoas singulares e capazes segundo o disposto no art. 9.º da Lei de Arbitragem Voluntária[2488].

Constituído o tribunal arbitral, os três árbitros escolhem entre si o presidente (art. 10.º, n.º 3, da Lei de Arbitragem Voluntária) que, normalmente, é o árbitro escolhido pelos árbitros designados pelas partes. O presidente tem, entre outras, as funções de condução geral do processo de arbitragem.

Para a sentença arbitral, os árbitros poderão ser assistidos por peritos e têm direito a obter as informações necessárias ao desempenho das suas funções, designadamente provenientes de departamentos estaduais (art. 507.º, n.º 4, do CT).

Se na convenção arbitral as partes nada acordarem quanto à marcha do processo, aplicar-se-á o disposto nos arts. 30.º e ss. da Lei de Arbitragem Voluntária, que são, algumas das quais, normas supletivas em relação à marcha do processo.

A sentença arbitral será tomada por deliberação maioritária (art. 40.º, n.º 1, da Lei de Arbitragem Voluntária).

III. A sentença arbitral deverá respeitar a forma e conteúdo constantes do art. 42.º da Lei de Arbitragem Voluntária.

[2488] Apesar de a lei assentar no pressuposto de que os árbitros, em particular os «árbitros de parte», não representam os interesses de quem os designa, Monteiro Fernandes, *Direito do Trabalho*, cit., p. 844, afirma que «a realidade se distanciou consideravelmente dos propósitos dos diplomas publicados na segunda metade da década de setenta», notando-se que, por via de regra, o «árbitro de parte» se apresenta como defensor das pretensões da parte que o designou, e, por isso, não sendo estas atendidas, recorre ao voto de vencido. Cf. também Menezes Cordeiro, *Manual de Direito do Trabalho*, cit., p. 341 e Bernardo Xavier/Furtado Martins/Nunes de Carvalho/Joana Vasconcelos/Tatiana Guerra de Almeida, *Manual*, cit., p. 152. Mas essa prática contraria abertamente os pressupostos para o exercício de funções de árbitro, da imparcialidade e independência, plasmados no art. 13.º da Lei de Arbitragem Voluntária.

Para além disso, a sentença arbitral está sujeita aos limites comuns válidos para todo o instrumento de regulamentação coletiva, nomeadamente constantes do art. 478.º do CT, assim como a certas regras da convenção coletiva.

Há uma diferença terminológica entre a nova Lei de Arbitragem Voluntária e o Código do Trabalho. Neste, atenta à data da sua entrada em vigor (2003) e por remissão para a Lei de Arbitragem Voluntária então vigente (Lei n.º 31/86), alude-se a «Decisão arbitral», nomeadamente art. 505.º, n.º 3, do CT. Todavia, na nova Lei de Arbitragem Voluntária, a decisão é designada por «Sentença arbitral». Tendo em conta a remissão constante do n.º 4 do art. 505.º do CT, opta-se pela nova terminologia, sem descurar a utilização da expressão tradicional ainda patente na legislação laboral.

IV. A sentença arbitral, na arbitragem relativa à celebração e revisão de convenções coletivas, substitui a vontade das partes, não implicando verdadeiramente uma aplicação de normas jurídicas. Quando os árbitros decidem, não subsumem factos a regras jurídicas, têm sim de proceder a uma justa conciliação de interesses. O tribunal arbitral substitui-se à negociação e à celebração de uma convenção coletiva, na medida em que as partes não chegaram a consenso e não conseguiram celebrá-la, pelo que os árbitros, ponderando a vontade e interesses das partes, criam as regras que melhor as servem. Não assim, na sentença arbitral relativa a uma arbitragem em que se pretenda interpretar ou discutir a aplicação de uma convenção coletiva, em que os árbitros decidem segundo o direito constituído.

A sentença arbitral, depois de proferida, será enviada às partes e ao ministério responsável pela área do trabalho para depósito (art. 494.º, n.º 1, do CT), sendo publicada no *Boletim do Trabalho e Emprego* (art. 519.º, n.º 1, do CT).

Estando em vigor, a sentença arbitral é obrigatória, vincula as partes, tendo os mesmos efeitos jurídicos de uma convenção coletiva (art. 505.º, n.º 3, do CT) e podendo ser substituída em moldes idênticos aos estabelecidos para as convenções coletivas.

3. Arbitragem obrigatória

I. Se as partes não quiserem submeter o dissídio à arbitragem voluntária, estando em causa um conflito resultante da celebração de uma convenção coletiva ou da sua revisão e se o impasse se protelar, tendo-se frustrado a conciliação e a mediação, há a possibilidade de recurso à arbitragem obrigatória (art. 508.º, n.º 1, alínea *a*), do CT).

Na hipótese de uma das partes não pretender entabular negociações para a celebração ou revisão de uma convenção coletiva cabe à outra o recurso à conciliação, nos termos do art. 523.º do CT e, depois, à mediação (art. 526.º do CT). Frustradas a conciliação e a mediação, não se tendo conseguido resolver o conflito relacionado com a celebração da convenção coletiva, entrar-se-á num impasse; se as partes não quiserem recorrer à arbitragem voluntária, estão preenchidos os pressupostos para a via da arbitragem obrigatória.

Mas o recurso à arbitragem obrigatória não é automático, porque mesmo que estejam preenchidos os pressupostos da alínea *a)* do n.º 1 do art. 508.º do CT, ainda é necessário que haja uma recomendação da Comissão Permanente da Concertação Social ou a iniciativa do ministro responsável pela área do trabalho (alínea *b)* e *c)* do citado receito). Verificados estes pressupostos é ainda necessário um despacho do ministro no sentido de impor a arbitragem obrigatória (art. 509.º, n.º 1, do CT). O ministro do trabalho só proferirá esse despacho na medida em que lhe seja requerida a arbitragem por uma das partes.

II. A arbitragem obrigatória, não obstante as dúvidas de ordem constitucional[2489] ou colocadas pela Organização Internacional do Trabalho[2490], tem tradição na ordem jurídica portuguesa, encontrando previsão no art. 567.º do CT2003 e, anteriormente, no art. 35.º da Lei das Relações Colectivas de Trabalho[2491]; na legislação do Estado Novo, a previsão de arbitragem obrigatória constava do Decreto-Lei n.º 49212, de 28 de agosto de 1969 (art. 15.º).

Atualmente, além do disposto nos arts. 508.º e 509.º do CT, importa atender ao regulamento da arbitragem obrigatória, constante do Decreto-Lei n.º 259/2009, de 25 de setembro.

III. A arbitragem obrigatória assenta no princípio da subsidiariedade com duas justificações: por um lado, dá-se prevalência aos instrumentos de regulamentação coletiva negociados, *maxime* a convenção coletiva de trabalho;

[2489] Cf. LEAL AMADO, «A arbitragem obrigatória e o art. 412.º do RCT», *Temas Laborais*, Coimbra, 2005, pp. 140 s.

[2490] Cf. art. 4.º da Convenção n.º 98, sobre direito de organização e de negociação coletiva, aprovada para ratificação pelo Decreto-Lei n.º 45758, de 12 de Junho de 1964, e a interpretação da comissão de peritos da OIT sobre este regime.

[2491] Na anterior Lei das Relações Colectivas de Trabalho, a arbitragem obrigatória foi introduzida pelo Decreto-Lei n.º 209/92, de 2 de outubro, mas este regime de 1992 não teve aplicação prática.

por outro, só se recorre à arbitragem obrigatória se as partes não dirimirem o conflito por meios voluntários[2492]. Poder-se-á até dizer que há um contrassenso numa arbitragem obrigatória, na medida em que a arbitragem é por natureza voluntária.

A arbitragem obrigatória tem por base um conflito coletivo e pretende resolver esse conflito[2493]. Na medida em que a sentença arbitral determine um regime laboral específico aplicável a certos trabalhadores de uma empresa estar-se-á perante uma fonte de direito do trabalho, que vincula tais contratos de trabalho.

IV. A arbitragem obrigatória, excluindo a sua fonte impositiva (despacho do ministro responsável pela área laboral), integra-se no âmbito comum da arbitragem, aplicando-se-lhe o regime geral.

Trata-se, no fundo de uma arbitragem que, para além de regras específicas quanto à admissibilidade e determinação (arts. 508.º e 509.º do CT), está sujeita ao regime geral da arbitragem voluntária (art. 505.º, n.º 4, do CT), ou seja às regras comuns da Lei de Arbitragem Voluntária (Lei n.º 63/2011, de 14 de dezembro)[2494].

V. O objeto da arbitragem resulta do despacho do ministro que determinou o recurso à arbitragem obrigatória (art. 12.º, n.º 1, do Decreto-Lei n.º 259/2009), querendo isto dizer que os árbitros só se podem pronunciar sobre a questão que foi submetida à arbitragem.

Mas do regime legal que fixa o objeto da arbitragem não decorre que os árbitros têm necessariamente de estabelecer um IRCT (p. ex., um acordo de empresa) nem que o IRCT, caso entendam que deve ser aplicado, tem de ter o conteúdo indicado no despacho. Ao ser definido o objeto da arbitragem no despacho ministerial impede-se que os árbitros decidam estabelecer um

---

[2492] Cf. Dário Moura Vicente, «Arbitragem de conflitos colectivos de trabalho», *Estudos do Instituto de Direito do Trabalho*, Volume IV, Coimbra, 2003, p. 253, que sustenta a subsidiariedade no facto de a arbitragem obrigatória ser a última *ratio*, depois de frustradas a conciliação, a mediação e a arbitragem voluntária.

[2493] Cf. Leal Amado, «A arbitragem obrigatória e o art. 412.º do RCT», cit., p. 139. Gonçalves da Silva, «Traços gerais da arbitragem obrigatória», *VII Congresso Nacional de Direito do Trabalho. Memórias*, Coimbra, 2004, p. 249.

[2494] Considerando aplicável o regime da Lei de Arbitragem Voluntária (referindo-se à anterior lei), cf. Gonçalves da Silva, «Traços gerais da arbitragem obrigatória», cit., pp. 264 e s., nota 42.

IRCT para outro sector, mas não se impõe que a decisão dos árbitros, no âmbito definido, tenha um determinado conteúdo.

Ainda que se possa afirmar que a existência de instrumentos de regulamentação coletiva de trabalho seria desejável e querida pelo legislador, não se impõe a sua existência e é sabido que têm um campo de aplicação limitado no universo nacional. Por isso, não pode ser imposto que tal desiderato resulte obrigatoriamente de uma arbitragem obrigatória. A este propósito refira-se que só se impõe ao Estado promover a contratação coletiva (art. 485.º do CT) ou seja a regulamentação voluntária da atividade laboral, e não a regulamentação impositiva, como a que decorre da arbitragem obrigatória, que tem natureza excecional.

VI. Sendo determinada a arbitragem obrigatória, o tribunal arbitral constitui-se segundo as regras enunciadas no citado Decreto-Lei n.º 259/2009. Sinteticamente, com base nas listas de árbitros previstas nos arts. 2.º e ss. é designado um árbitro por sorteio de cada uma das três listas (arts. 7.º e 8.º)[2495]. Os três árbitros designados são independentes, aplicando-se o regime de independência dos juízes (art. 9.º)[2496]. Depois de assinada a declaração de independência por todos os árbitros, o presidente declara constituído o tribunal (art. 11.º, n.º 1).

Aos árbitros são conferidos poderes jurisdicionais para dirimir um dado conflito coletivo[2497]. Pode, contudo, questionar-se se na arbitragem obrigatória, tendo em conta que o conflito não é estritamente jurídico, mas económico ou de interesses, continua a justificar-se atender à lógica jurisdicional no que toca aos poderes dos árbitros[2498]. É evidente que aos árbitros cabe dirimir um conflito de interesses em dada empresa, e qualquer conflito de interesses não é exclusivamente económico, mas também jurídico; em suma, num conflito de interesses há aspetos económicos e jurídicos interligados, não se podendo dissociá-los. Razão pela qual, na solução de um interesse económico, os árbitros têm um poder jurisdicional, aplicando regras jurídicas.

2495 Para maiores desenvolvimentos quanto à constituição do tribunal arbitral, veja-se Gonçalves da Silva, «Traços gerais da arbitragem obrigatória», cit., pp. 251 ss.

2496 A fonte continua a ser a revogada Lei n.º 31/86, pois hoje a solução é diversa (arts. 9.º e 13.º a 16.º da Lei de Arbitragem Voluntária), sem remissão para as regras do processo civil.

2497 Leal Amado, «A arbitragem obrigatória e o art. 412.º do RCT», cit., pp. 144 ss., alude a um «indício jurisdicionalizante», mas diria que não é um mero indício: há uma total e efetiva jurisdicionalização da atividade do árbitro.

2498 É esta a posição de Leal Amado, «A arbitragem obrigatória e o art. 412.º do RCT», cit., p. 151.

O poder jurisdicional conferido aos árbitros é frequentemente referido na análise do seu estatuto, falando-se até, por vezes, de juiz privado ou de juiz não togado[2499], ou afirmando-se que «Quer o juiz quer o árbitro têm uma função análoga: resolver litígios», esclarecendo que têm estatuto semelhante, divergindo no modo como exercem a função[2500]. E esse poder juridicional tem a sua base no art. 209.º, n.º 2, da CRP, onde se incluem os tribunais arbitrais – sem excluir os constituídos em arbitragem obrigatória – no âmbito do poder jurisdicional: «com competência para administrar a justiça» (art. 202.º, n.º 1, da CRP).

No exercício desse poder jurisdicional impõe-se que os árbitros desempenhem a sua incumbência com total imparcialidade e independência.

A imparcialidade e a independência dos árbitros resultam não só do modo de constituição das listas como especialmente do regime de incompatibilidade, impedimentos e de limitações, constantes dos arts. 9.º e 13.º e ss. da Lei de Arbitragem Voluntária[2501].

Poder-se-á entender que houve uma obsessiva preocupação do legislador em garantir a imparcialidade e independência dos árbitros[2502]; mas, ainda que obsessiva, trata-se de uma justificada necessidade, atento o facto de se conferirem aos árbitros poderes jurisdicionais. Quem tem poderes jurisdicionais deve ser totalmente independente, mormente, como a lei refere, «face aos interesses em conflito» (art. 9.º, n.º 1, do Decreto-Lei n.º 259/2009).

A independência dos árbitros impede-os igualmente de receber ordens ou mesmo diretrizes do poder executivo, podendo tomar qualquer decisão

2499 Com divergências relativamente ao estatuto do árbitro, mas assentando sempre na sua função jurisdicional, veja-se Romano Martinez, «Análise do vínculo jurídico do árbitro em arbitragem voluntária *ad hoc*», *Estudos em homenagem de Marques dos Santos*, Volume I, Coimbra, 2005, pp. 827 ss.; Lima Pinheiro, *Arbitragem Transnacional. A determinação do estatuto da arbitragem*, Coimbra, 2005, pp. 128 ss.; Mário Raposo, «O Estatuto dos Árbitros», *Revista da Ordem dos Advogados*, 2007, II, pp. 529 ss.

2500 Pereira Barrocas, *Manual de Arbitragem*, Coimbra, 2010, n.º 286, p. 265. O autor, ob. cit., pp. 267 ss., fala na «judicialização da arbitragem».

2501 Explicando a independência dos árbitros na arbitragem obrigatória, Gonçalves da Silva, «Traços gerais da arbitragem obrigatória», cit., p. 259. O autor citado (ob. cit., p. 264), relativamente aos impedimentos dos árbitros, invoca ainda o revogado art. 10.º da Lei de Arbitragem Voluntária aprovado pela Lei n.º 31/86.
Sobre a independência dos árbitros, considerando-a um requisito essencial à função do árbitro, *vd.* Pereira Barrocas, *Manual de Arbitragem*, cit., n.º 306, pp. 291 e ss. O autor (ob. cit., n.º 313, p. 299) fundamenta a independência e imparcialidade do árbitro também na analogia com o juiz.

2502 *Vd.* Leal Amado, «A arbitragem obrigatória e o art. 412.º do RCT», cit., p. 144.

que não contrarie a lei. Tal como num processo crime, tendo o Ministério Público acusado uma pessoa, o juiz pode absolvê-la ou condená-la e, na segunda hipótese, fixar os termos da condenação; de igual modo, neste caso, os árbitros, perante a decisão do ministro de impor a arbitragem, podem decidir que não se justifica o IRCT (*v. g.*, acordo de empresa) ou entender que tem sentido impor um IRCT e, neste caso, fixam os respetivos termos.

O poder executivo, determinando o recurso à arbitragem obrigatória, só define o objeto dessa arbitragem (art. 12.º, n.º 1, do Decreto-Lei n.º 259/2009), mas não impõe – nem podia impor – aos árbitros uma decisão nem o sentido da mesma. A independência dos árbitros está assegurada não só em relação aos interesses em conflito como também quanto ao poder executivo.

O poder executivo, nomeadamente por via do despacho do ministro, não pode interferir no poder judicial, nem na independência dos árbitros na decisão que venham a tomar. Na decisão governamental só se decide que se julgue, nao o sentido da sentença arbitral.

Todavia, os árbitros, tal como os juízes nos tribunais comuns, não se podem abster de julgar. O *non liquet* está proibido, estando vedado aos árbitros denegar justiça, declarando que não podem dirimir o litígio. Como dispõe o art. 8.º, n.º 1, do CC, «O tribunal não pode abster-se de julgar», mas pode decidir em sentido positivo ou negativo, sentenciando, neste caso, que não se justifica o IRCT.

VII. A arbitragem obrigatória, na medida do possível, deve seguir o regime da arbitragem voluntária. Portanto, sendo viável, o tribunal arbitral, em arbitragem obrigatória, constitui-se e funciona como qualquer outro tribunal arbitral. Daí que se estabeleça que são as próprias partes a nomear os árbitros, não obstante a arbitragem ser obrigatória. Depois de o ministro determinar que as partes têm de resolver o conflito pela via arbitral, dá-lhes a possibilidade de constituírem o tribunal nos termos dos arts. 6.º e ss. do Regime Jurídico da Arbitragem (Decreto-Lei n.º 259/2009, de 25 de setembro).

Mas se alguma das partes, em particular aquela que levantou obstáculos à resolução do conflito por via da arbitragem, não nomear um árbitro, criar-se-ia um impasse derivado da não constituição do tribunal. Por isso, sempre que uma das partes não indique o árbitro para a constituição do tribunal, admite-se que este seja sorteado de entre uma lista de árbitros no Conselho Económico e Social (art. 7.º, n.º 5, do Decreto-Lei 259/2009); nesse caso, o secretário-geral substitui-se à parte faltosa indicando o árbitro sorteado. O sorteio será feito de entre árbitros constantes de uma lista de árbitros elaborada nos termos do art. 3.º do Decreto-Lei 259/2009 e segundo as regras constantes do art. 8.º do mesmo diploma.

A dificuldade de constituição do tribunal arbitral obrigatório residiu, durante muito tempo, exatamente na designação do terceiro árbitro. De facto, a lei admitia a possibilidade de o secretário-geral do Conselho Económico e Social indicar o árbitro por nomeação feita através de sorteio entre os árbitros constantes de uma lista, lista essa que devia ser constituída por acordo entre os representantes de trabalhadores e de empregadores com assento na Comissão Permanente da Concertação Social (art. 3.º, n.º 1, do Decreto-Lei 259/2009). Mas antes deste novo regime, por falta de acordo, não foi fácil proceder à elaboração de tal lista. Daí que a arbitragem obrigatória, instituída em 1992, tardou mais de uma década a funcionar. Enquanto a lista de árbitros não foi constituída, se uma das partes não queria recorrer à arbitragem obrigatória, não nomeava o respetivo árbitro, e inviabilizava o recurso a este instrumento[2503]. As alterações introduzidas neste âmbito pela Lei n.º 9/2006, com ligeiras modificações no âmbito da constituição e funcionamento do tribunal arbitral estão a ser testadas; a lista de árbitros já foi constituída e têm funcionado tribunais arbitrais com árbitros designados entre os constantes da mencionada lista.

VIII. Como decorre do art. 21.º do Decreto-Lei n.º 259/2009, a sentença (dita decisão) arbitral tem um prazo para ser proferida, podendo, na falta de consenso, ser tomada pelo árbitro presidente.

A sentença arbitral é um ato jurisdicional, estando os árbitros sujeitos aos deveres que vinculam os juízes nos demais tribunais[2504].

Antes de entrar no fundo da questão, a pedido das partes, os árbitros podem decidir suspender a arbitragem por período não superior a três meses (art. 13.º do Decreto-Lei n.º 259/2009), caso em que o processo não corre durante certo lapso, retomando no termo da suspensão.

[2503] Cf. MONTEIRO FERNANDES, *Direito do Trabalho*, cit., p. 847.

[2504] Cf. GONÇALVES DA SILVA, «Traços gerais da arbitragem obrigatória», cit., pp. 268 s.; DÁRIO MOURA VICENTE, «Arbitragem de conflitos colectivos de trabalho», cit., p. 259.
Sobre as arbitragens obrigatórias no CES, veja-se JOANA COSTA HENRIQUES, «A fixação de serviços mínimos: as arbitragens no âmbito do CES sobre o sector dos transportes», *Estudos de Direito do Trabalho*, org. MONTEIRO FERNANDES, Coimbra, 2011, pp. 259 ss.

A sentença arbitral não é discricionária, mas tendo em conta o regime legal aplicável e a situação factual da empresa, os árbitros decidem livremente segundo a sua consciência. Os árbitros têm de ponderar as consequências da sua decisão no conflito e nas partes envolvidas.

IX. Concluindo, à arbitragem obrigatória aplica-se o regime estabelecido para a arbitragem voluntária (art. 505.º, n.º 4, do CT) com as especificidades constantes da Lei n.º 259/2009, de 25 de setembro (art. 513.º do CT).

A arbitragem obrigatória deturpa a tradicional noção de arbitragem, como forma de resolução de conflitos, onde se pressupõe voluntariedade, mas constitui um mecanismo que poderá resolver alguns litígios laborais.

4. Arbitragem necessária

Não obstante poder não ser fácil admitir um *tertium genus* entre a arbitragem voluntária e a obrigatória, na revisão de 2009 – eventualmente com uma explicação linguística da arbitragem no plano internacional (OIT) – passou a prever-se a arbitragem necessária (arts. 510.º e 511.º do CT). A mesma terminologia surge noutro contexto com um propósito idêntico na Lei n.º 62/2011, de 12 de dezembro, relativamente à composição de litígios emergentes de direitos de propriedade industrial quando estejam em causa medicamentos de referência e medicamentos genéricos; também neste âmbito foi institucionalizada uma arbitragem necessária (art. 2.º da Lei n.º 62/2011).

Como decorre do art. 510.º do CT, pode ser determinada uma arbitragem necessária tendo em conta a caducidade de uma convenção coletiva aplicável a uma empresa, não substituída por outra e não havendo outra convenção aplicável a pelo menos 50 % dos trabalhadores da empresa. Verificados estes pressupostos, pode o ministro, por despacho fundamentado e a requerimento de qualquer das partes, determinar a arbitragem necessária (art. 511.º, n.º 1, do CT).

A arbitragem necessária está sujeita ao regime, já mencionado, da arbitragem obrigatória (arts. 512.º e 513.º do CT).

Igualmente com caráter híbrido surgiu em 2019 (Lei 93/2019) a figura da arbitragem para suspensão do período de sobrevigência de uma convenção coletiva, que pode ser requerida por qualquer das partes (art. 501.º-A do CT).

Bibliografia:

Leal Amado, «A Arbitragem Obrigatória e o art. 412.º da RCT», *Temas Laborais*, Coimbra, 2005, pp. 139 ss.; Menezes Cordeiro, *Direito do Trabalho*, I, cit., pp. 753 a 755 e 768 a 772; Monteiro Fernandes, *Direito do Trabalho*, cit., pp. 843 e ss.; Menezes Leitão, *Direito do Trabalho*, cit., pp. 617 ss.; Rosário Palma Ramalho, *Tratado de Direito do Trabalho*, III, cit., pp. 387 ss.; Gonçalves da Silva, anotação aos arts. 506.º e ss., *in* Romano Martinez/Luís Miguel Monteiro/Joana Vasconcelos/Madeira de Brito/Guilherme Dray/Gonçalves da Silva, *Código do Trabalho Anotado*, cit., pp. 1080 ss.; Gonçalves da Silva, «Traços gerais da arbitragem obrigatória», *VII Congresso Nacional de Direito do Trabalho. Memórias*, Coimbra, 2004, pp. 249 ss.; Dário Moura Vicente, «Arbitragem de conflitos colectivos de trabalho», *Estudos do Instituto de Direito do Trabalho*, Volume IV, Coimbra, 2003, pp. 253 ss.; Bernardo Xavier/Furtado Martins/Nunes de Carvalho/Joana Vasconcelos/Tatiana Guerra de Almeida, *Manual*, cit., pp. 283 e ss.

Subsecção III
Instrumentos não Negociais de Regulamentação Coletiva de Trabalho

§ 67. ASPETOS GERAIS

A convenção coletiva, com base no princípio da filiação (art. 496.º do CT), só encontra aplicação aos filiados (trabalhadores e empregadores) nas associações signatárias; mais concretamente, aplica-se às entidades signatárias bem como aos trabalhadores e empregadores nelas filiados. Quanto às entidades signatárias vale a parte obrigacional e aos filiados nestas a parte regulamentar da convenção coletiva; exceto no que respeita aos empregadores que, podendo ser outorgantes, também serão destinatários da parte regulamentar da convenção coletiva.

O princípio da filiação vigora igualmente em relação às decisões arbitrais, que se aplicam às partes que aceitaram o compromisso arbitral, assim como aos que se encontram nelas filiados. Deste modo, é com base no princípio da filiação que os instrumentos autónomos de regulamentação coletiva de trabalho encontram a sua aplicação em relação aos filiados nas associações outorgantes.

Há, todavia, a exceção relativamente à arbitragem obrigatória ou necessária, na medida em que esta pressupõe uma decisão arbitral, que vale relativamente a quem não aceitou voluntariamente a arbitragem. Nesta hipótese, o instrumento proveniente da decisão arbitral aplica-se a quem não a tenha pretendido.

À exceção da arbitragem obrigatória e necessária, os instrumentos de regulamentação coletiva até agora analisados baseiam-se na autonomia contratual.

Todavia, a lei prevê que, em determinadas circunstâncias, superando o princípio da filiação, por via legislativa, concretamente mediante portaria de extensão, as convenções coletivas e as decisões arbitrais podem valer relativamente a quem não esteja filiado nas associações signatárias.

Em tal caso deixar-se-á de estar perante instrumentos autónomos, mas antes de instrumentos normativos de regulamentação coletiva de trabalho.

Por via de uma portaria de extensão pode estabelecer-se que a convenção coletiva ou a decisão arbitral em vigor estenda a sua aplicação a não filiados, como prescreve o art. 514.º do CT. Além disso, não existindo nenhuma convenção coletiva ou decisão arbitral possível de extensão, pode constituir-se *ex novo* um instrumento, designado por portaria de condições de trabalho (arts. 517.º e ss. do CT).

§ 68. PORTARIA DE EXTENSÃO

1. Noção

Por portaria de extensão – publicada em portaria do ministério responsável pela área do trabalho – pode ser alargado o âmbito de aplicação de uma convenção coletiva ou de uma decisão arbitral[2505]. Mas a mencionada extensão só vale no que respeita à parte regulativa da convenção coletiva ou da decisão arbitral e não em relação à parte obrigacional[2506].

Por via da extensão, uma convenção coletiva ou uma decisão arbitral passa a aplicar-se a trabalhadores não sindicalizados na associação sindical, assim como a empregadores não filiados na associação de empregadores vinculadas pelo instrumento de regulamentação coletiva de trabalho em questão[2507].

[2505] Sobre a evolução histórica da figura, *vd.* Gonçalves da Silva, «Pressupostos, Requisitos e Eficácia da Portaria de Extensão», *Estudos do Instituto de Direito do Trabalho*, Vol. I, Coimbra, 2001, pp. 674 ss.

[2506] Com posição diversa, *vd.* Gonçalves da Silva, «Pressupostos, Requisitos e Eficácia da Portaria de Extensão», cit., pp. 725 ss.

[2507] Apesar de ser um mecanismo excecional, tem-se recorrido frequentemente à portaria de extensão; em 1997 foram emitidas 154 portarias de extensão (cf. Ribeiro Lopes, «A

Sem dúvida que, mediante uma portaria de extensão, os referidos instrumentos coletivos estendem a sua aplicação a trabalhadores não sindicalizados e a empregadores não filiados em associações de empregadores, mas poder-se-ia discutir se, eventualmente, se poderá alargar o âmbito de aplicação de uma convenção coletiva a trabalhadores filiados em outro sindicato ou a empregadores membros de outra associação de empregadores, distintos das entidades outorgantes do mencionado instrumento de regulamentação coletiva (*vd. infra* n.º 4 deste parágrafo).

2. Pressupostos

Como prescreve o art. 514.º do CT, a emissão de uma portaria de extensão depende de certos pressupostos[2508].

O alargamento do âmbito da convenção coletiva por portaria de extensão está limitado a empregadores e a trabalhadores integrados no âmbito do sector de atividade e profissional definido no instrumento cuja aplicação se estende (art. 514.º, n.º 1, do CT). Como dispõe o n.º 2 do art. 514.º do CT, «A extensão é possível mediante ponderação de circunstâncias sociais e económicas que a justifiquem».

Dito de outro modo, por via da portaria de extensão, o instrumento coletivo, no que respeita a empregadores, só pode encontrar aplicação no mesmo sector de atividade e, quanto a trabalhadores, ao mesmo sector profissional (art. 514.º, n.os 1 e 2, do CT)[2509]. Não se pode, pois, estender a aplicação de uma convenção coletiva ou de uma decisão arbitral a um sector

Contratação Colectiva», *I Congresso Nacional de Direito do Trabalho*, Coimbra, 1998, p. 54). A tendência manteve-se neste século e depois de uma redução nos anos 2012 a 2015, em que foram emitidas 70 PE em 4 anos, no ano de 2017 foram emitidas 86 PE, cfr. Livro Verde sobre as Relações Laborais.

[2508] Para maiores desenvolvimentos, veja-se Nunes de Carvalho, «Regulamentação de Trabalho por Portaria de Extensão», *RDES*, 1988, n.º 4, pp. 442 ss. e Gonçalves da Silva, «Pressupostos, Requisitos e Eficácia da Portaria de Extensão», cit., pp. 686 ss.

[2509] Menezes Cordeiro, *Direito do Trabalho*, I, cit., p. 760 s., distingue a portaria de extensão interna da externa, atendendo, respetivamente, ao disposto no n.º 1 e no n.º 2 do art. 29.º da LRCT. Veja-se também Nunes de Carvalho, «Regulamentação de Trabalho por Portaria de Extensão», cit., pp. 441 s.

Com posição diversa quanto ao fim da portaria de extensão, *vd.* Gonçalves da Silva, «Pressupostos, Requisitos e Eficácia da Portaria de Extensão», cit., pp. 692 ss., contrariando igualmente a tradicional contraposição entre portaria interna e externa, que visaria, no primeiro caso, a promoção da igualdade, e, no segundo, colmatar o vazio de regulamentação.

económico ou a uma profissão distintos; isto é, a situações diversas e se não houver circunstâncias económicas e sociais que justifiquem (art. 514.º, n.º 2, primeira parte, do CT).

A portaria de extensão tem por destinatário quem não esteja filiado nas associações sindicais e de empregadores signatárias da convenção coletiva ou da convenção arbitral que deu origem à decisão arbitral. Cabe acrescentar também que não parece razoável aplicar-se, por via da extensão, um instrumento autónomo de regulamentação coletiva a trabalhadores sindicalizados em outros sindicatos ou a empregadores filiados em outras associações de empregadores, pois estar-se-á a pôr em causa o princípio da autonomia privada[2510]. A isto acresce que, segundo a regra de subsidiariedade do art. 515.º do CT, a portaria de extensão só pode ser emitido na falta de convenção coletiva, pelo que se dá preferência à autonomia da vontade; é claro que a opinião contrária tem uma justificação ponderosa: a portaria de extensão tem por desiderato uniformizar as relações laborais de molde a minimizar as hipóteses de distinções entre trabalhadores e de concorrência entre empresas por aplicação de regimes distintos no mesmo sector.

A portaria de extensão aparece, assim, como forma de suprir a inércia daqueles que não quiseram filiar-se em associações sindicais ou de empregadores existentes ou, na falta destas, não pretenderam constituir associações sindicais ou de empregadores representativas da atividade ou sector.

3. Regime

A portaria de extensão poderá ser emitida pelo ministro do trabalho ou conjuntamente por este e pelo ministro responsável pelo sector da atividade em causa à qual se pretende estender o instrumento de regulamentação coletiva, se tiver havido oposição à extensão por parte dos interessados no processo (art. 516.º, n.º 1, do CT).

Antes de ser emitida a portaria de extensão impõe a lei que haja uma prévia publicação no *Boletim do Trabalho e Emprego* de um projeto, indicando qual o âmbito de aplicação do regulamento que se pretende publicar (art. 516.º, n.º 2, do CT). Este aviso prévio serve, não só para que os interessados possam deduzir oposição fundamentada a essa extensão, como também para

[2510] Em sentido oposto, Ac. Rel. Év. de 28/1/2019 (Emília Ramos Costa), CJ 2019 I, p. 363. Mas a posição manifestada no texto encontra acolhimento nalguns arestos: Ac. STJ de 15/9/2017 (Ramalho Pinto), Ac. STJ de 20/6/2018 (Gonçalves Rocha), disponíveis em www.dgsi.pt.

que se dê a conhecer aos interessados o seu conteúdo, de modo a poderem apreciar a sua justificação.

Se não houver oposição ou se esta for considerada infundada e cumpridas as regras procedimentais, o ministro responsável pela área do trabalho emitirá a portaria de extensão, mandá-la-á publicar, nos termos gerais, no *Boletim do Trabalho e Emprego*, que também é publicado em portaria no *Diário da República*, entrando em vigor nos moldes estabelecidos para as convenções coletivas de trabalho (art. 519.º, n.os 1 e 2, do CT).

4. Âmbito de aplicação

I. A portaria de extensão a que se alude no art. 514.º do CT não deverá abranger o alargamento do âmbito de aplicação de uma convenção coletiva ou de uma decisão arbitral aos trabalhadores de um sindicato não signatário do acordo e aos empregadores filiados noutra associação de empregadores[2511].

Por via da extensão, a convenção coletiva ou a decisão arbitral passa a aplicar-se a trabalhadores não sindicalizados, assim como a empregadores não filiados numa associação de empregadores. Mas, como se referiu, não se poderá estender a aplicação de uma convenção coletiva a trabalhadores filiados em outro sindicato ou a empregadores membros de outra associação de empregadores, distintos das entidades outorgantes da mencionada convenção coletiva.

Admitindo-se que a extensão do instrumento autónomo pode abranger trabalhadores filiados em outra associação sindical, estar-se-ia a pôr em causa a autonomia contratual desse sindicato, cuja liberdade negocial ficaria coartada. Se um determinado sindicato não quis negociar e celebrar aquela convenção coletiva, ou não pretendeu, depois desta estar celebrada, aderir a esse instrumento, quer isso dizer que ele tinha alguma objeção relativa a essa convenção coletiva. Assim sendo, se a associação sindical tem uma objeção quanto àquela convenção coletiva ou àquela decisão arbitral, admitir-se que, por via de uma portaria de extensão, os filiados nesse sindicato ficarão

[2511] Cf. MENEZES CORDEIRO, *Direito do Trabalho*, I, cit., p. 764. Com posição diversa, veja-se GONÇALVES DA SILVA, «Pressupostos, Requisitos e Eficácia da Portaria de Extensão», cit., pp. 759 ss. Quanto ao âmbito de aplicação e interpretação de uma portaria de extensão, veja-se o Ac. Rel. Lx. de 21/4/1999, CJ XXIV, T. II, p. 165. Veja-se igualmente o Ac. Rel. Pt. de 6/2/2012 (Sónia Kietzmann Lopes), *Pront.* 91/92 (2012), pp. 89 ss., em que não se admitiu aplicar-se aos trabalhadores filiados num sindicato a tabela salarial constante da convenção negociada por outro sindicato com portaria de extensão.

submetidos ao sobredito instrumento coletivo, pressupõe que se coarta a autonomia contratual das associações sindicais no que respeita à negociação e celebração de convenções coletivas. O mesmo se diga relativamente às associações de empregadores; se a associação de empregadores não quis celebrar ou aderir àquela convenção coletiva ou decisão arbitral, parece que não poderá depois, por via de uma portaria de extensão, aplicar-se o sobredito instrumento coletivo aos seus membros. Pelas razões invocadas, a extensão só deverá valer relativamente a quem não esteja sindicalizado ou a quem não esteja filiado em nenhuma associação de empregadores, porque de outra forma, mediante a portaria de extensão, o Governo poderia pressionar os sindicatos e as associações de empregadores, que não queriam determinada convenção coletiva, a, indiretamente, aceitá-la.

Esta tomada de posição pode ser coadjuvada com um argumento suplementar no caso de o sindicato ou a associação de empregadores, a cujos filiados se pretende aplicar o instrumento autónomo por portaria de extensão, serem mais representativos do que as associações signatárias do acordo que se pretende alargar. Caso em que as associações mais representativas veriam a sua influência ser suplantada por um instrumento celebrado por associações menos representativas[2512].

Contudo, atendendo à liberdade no que respeita à constituição de associações sindicais, não será raro surgirem sindicatos e mesmo associações de empregadores com reduzida representatividade que, relativamente a um número diminuto de associados, conseguiriam que não se aplicasse um determinado instrumento de regulamentação coletiva, com as consequentes iniquidades que daí poderiam advir. Só que este eventual inconveniente não deve ser resolvido por via de uma limitação da autonomia privada sem apoio na lei.

Acresce que a portaria de extensão é supletiva[2513], não devendo sobrepor-se à autonomia privada, principalmente quando se ajustou outro instrumento coletivo; de facto, como resulta da regra da supletividade do art. 515.º do CT, deve dar-se preferência aos instrumentos negociais (p. ex., convenção coletiva) em detrimento dos instrumentos não negociais (*v. g.*, portaria

---

[2512] Menezes Cordeiro, *Manual de Direito do Trabalho*, cit., pp. 346 s., apresenta o argumento oposto, afirmando «(...) a extensão (...) não pode ser utilizada para aplicar os regimes aprovados com os sindicatos maioritários aos sócios dos minoritários».

[2513] Cf. Monteiro Fernandes, *Direito do Trabalho*, cit., p. 101; Nunes de Carvalho, «Regulamentação de Trabalho por Portaria de Extensão», cit., pp. 442 s.

de extensão)[2514]. Por via de regra, até com base nos respetivos pressupostos, a portaria de extensão não pode ser emitida no caso de já existir regulamentação coletiva negocial; na hipótese contrária – pouco consentânea com o princípio da liberdade contratual e dificilmente sustentável face à nova redação da lei – e noutras situações em que seja emitido uma portaria de extensão, podem suscitar-se questões de concurso, caso em que se devem aplicar as regras comuns estabelecidas em sede de convenções coletivas[2515].

Bibliografia:

Nunes de Carvalho, «Regulamentação de Trabalho por Portaria de Extensão», *RDES*, 1988, n.º 4, pp. 437 a 467; Menezes Cordeiro, *Direito do Trabalho*, I, cit., pp. 759 a 764; Monteiro Fernandes, *Direito do Trabalho*, cit., pp. 100 e ss.; Rosário Palma Ramalho, *Tratado de Direito do Trabalho*, III, cit., pp. 367 ss.; Ana Teresa Ribeiro, «Portarias de extensão. As novas regras e a sua repercussão nas relações jurídico-laborais», *QL*, n.º 46 (2015), pp. 29 ss.; Gonçalves da Silva, *Contributo para o Estudo da Portaria de Extensão*, Dissertação de Mestrado, Lisboa, 1999, «Pressupostos, Requisitos e Eficácia da Portaria de Extensão», *Estudos do Instituto de Direito do Trabalho*, Vol. I, Coimbra, 2001, pp. 669 a 776 e anotação aos arts. 514.º e ss., *in* Romano Martinez/Luís Miguel Monteiro/Joana Vasconcelos/Madeira de Brito/Guilherme Dray/Gonçalves da Silva, *Código do Trabalho Anotado*, cit., pp. 1103 ss.; Bernardo Xavier/Furtado Martins/ /Nunes de Carvalho/Joana Vasconcelos/Tatiana Guerra de Almeida, *Manual*, cit., pp. 283 e ss.

§ 69. PORTARIA DE CONDIÇÕES DE TRABALHO

1. Noção

A matéria relativa à portaria de condições de trabalho vem prevista nos arts. 517.º e 518.º do CT, que era anteriormente designado por portaria de regula-

[2514] Refira-se que a possibilidade prevista no revogado o art. 29.º, n.º 4, da LRCT de, excecionalmente, a portaria de extensão poder estender a aplicação de uma convenção coletiva a uma empresa onde vigorasse regulamentação coletiva específica, não foi acolhida pelo Código do Trabalho. A solução anterior era pouco consentânea com o princípio da liberdade contratual, tendo sido banida.

[2515] Cf. Menezes Cordeiro, *Manual de Direito do Trabalho*, cit., p. 345.

mentação do trabalho (LRCT) e depois regulamento de condições mínimas (CT2003).

A portaria de condições de trabalho tem um carácter excecional como se depreende do disposto nos correspondentes artigos, e são cada vez menos as situações em que o legislador recorre a estas portarias, embora existam ainda algumas em vigor, designadamente uma portaria de regulamentação de trabalho para a agricultura (PRT de 8 de junho de 1979)[2516] e uma portaria de condições de trabalho aplicável a trabalhadores administrativos (Portaria n.º 182/2018, de 22 de junho).

2. Pressupostos

Só se recorre aos regulamentos de condições mínimas se não for viável emitir uma portaria de extensão, não existirem associações sindicais ou de empregadores e estiverem em causa circunstâncias sociais e económicas que o justifiquem (art. 517.º do CT).

O legislador estabeleceu uma certa sequência: primeiro, se não houver convenção coletiva ou decisão arbitral a lacuna será resolvida por via de uma portaria de extensão; não sendo isso possível, então pode recorrer-se à portaria de condições de trabalho.

O carácter excecional da portaria de condições de trabalho também deriva do facto de, tendo sido celebrada uma convenção coletiva ou proferida uma decisão arbitral com vista à resolução do mesmo problema, nos termos do art. 515.º do CT, a portaria de condições de trabalho deixa de vigorar. Esta portaria serve somente para suprir lacunas, enquanto não existirem outros instrumentos de regulamentação coletiva fundados na autonomia das partes.

A emissão da portaria de condições de trabalho deve ser precedida de um estudo a efetuar por uma comissão, que poderá ser integrada também por representantes dos trabalhadores daquela profissão e de empregadores daquele sector económico (art. 518.º do CT).

[2516] Veja-se também a Portaria de Regulamentação do Trabalho dos Administrativos, *BTE*, I Série, n.º 9, de 8/3/1996, com atualizações remuneratórias anuais. No ano de 1997 só há registo de uma emissão ou revisão de PRT (cf. Ribeiro Lopes, «A Contratação Colectiva», *I Congresso Nacional de Direito do Trabalho*, Coimbra, 1998, p. 54). Mais recentemente, veja-se o regulamento de condições mínimas, aprovado pela Portaria n.º 736/2006, de 26 de Julho.

3. Regime

A portaria de condições de trabalho é emitida pelo ministro do trabalho e deverá ser publicado no *Boletim do Trabalho e do Emprego* e no *Diário da República*, entrando em vigor em vigor nos termos gerais (art. 519.º do CT).

A portaria de condições de trabalho aplica-se o regime comum estabelecido para os instrumentos de regulamentação coletiva, sabendo-se, contudo, de entre estes, que tem uma origem não negocial.

BIBLIOGRAFIA:

MENEZES CORDEIRO, *Direito do Trabalho*, I, cit., pp. 765 a 767; MONTEIRO FERNANDES, *Direito do Trabalho*, cit., pp. 102 e ss.; ROSÁRIO PALMA RAMALHO, *Tratado de Direito do Trabalho*, III, cit., pp. 381 ss.; GONÇALVES DA SILVA, anotação aos arts. 517.º e ss. *in* ROMANO MARTINEZ/LUÍS MIGUEL MONTEIRO/JOANA VASCONCELOS/MADEIRA DE BRITO/GUILHERME DRAY/GONÇALVES DA SILVA, *Código do Trabalho Anotado*, cit., pp. 1114 ss.; BERNARDO XAVIER/FURTADO MARTINS/NUNES DE CARVALHO/JOANA VASCONCELOS/TATIANA GUERRA DE ALMEIDA, *Manual*, cit., pp. 287 e ss.

§ 70. NATUREZA JURÍDICA DAS PORTARIAS DE EXTENSÃO E DE CONDIÇÕES DE TRABALHO

1. Regulamentos administrativos

I. Esta subsecção III intitula-se «Instrumentos não negociais de regulamentação coletiva de trabalho». A referência à expressão «não negocial» precisa de uma justificação, que se prende com a natureza jurídica de tais regulamentos, mais propriamente dos instrumentos coletivos criados por regulamento.

II. Normalmente, relacionam-se as portarias de extensão e de condições de trabalho com formas de regulamentação laboral de índole administrativa, considerando-as instrumentos administrativos de regulamentação coletiva de trabalho. Havendo mesmo quem qualifique a portaria de extensão como um ato administrativo[2517].

[2517] MONTEIRO FERNANDES, *Direito do Trabalho*, cit., p. 102.

É indiscutível que estas portarias se englobam na atividade regulamentar da administração estadual, entendida num sentido amplo, de intervenção no domínio laboral. Mas o problema está em saber se esta intervenção, por via das referidas portarias, tem natureza administrativa ou se, pelo contrário, tais atos conformam uma natureza normativa.

O ato administrativo pressupõe uma estatuição relativa a um caso concreto, que visa solucionar[2518]; por conseguinte, tem em vista uma situação delimitada, perfeitamente definida. Por via de regra, através de um ato administrativo resolve-se o problema pontual de um indivíduo, de uma empresa, etc., faltando-lhe, pois, a generalidade e a abstração.

Tanto a portaria de extensão como a portaria de condições de trabalho, por princípio, não têm em vista resolver casos concretos; elas destinam-se a solucionar questões de um determinado grupo de trabalhadores ou de determinadas empresas, aplicando-se, normalmente, para o futuro, nas situações a constituir, pelo que tem as características da generalidade e da abstração.

Mas no direito administrativo fala-se, também, nos chamados «atos administrativos gerais», que têm por destinatário uma generalidade de pessoas[2519]. Nesta sequência, por exemplo, a doutrina alemã tem qualificado os sinais de trânsito apostos na via pública como atos administrativos gerais[2520].

Todavia, no sistema jurídico português é duvidoso que tais «atos administrativos gerais», designadamente os sinais de trânsito colocados na via pública, tenham a natureza de atos administrativos. Considerando que tais atos têm natureza normativa, qualificam-se como regulamentos administrativos[2521].

Mas mesmo que se conferisse natureza de ato administrativo aos chamados atos administrativos gerais, continuaria a ser discutível que a portaria de extensão e, em especial a portaria de condições de trabalho tivessem tal natureza. De facto, tais regulamentos, mormente a portaria de condições

[2518] *Vd.* Marcello Caetano, *Manual de Direito Administrativo*, Vol. I, 10.ª ed., Coimbra, 1984, p. 428, que define ato administrativo como «conduta voluntária de um órgão da Administração que, no exercício de um poder público e para prossecução de interesses postos por lei a seu cargo, produza efeitos jurídicos num caso concreto». Veja-se também Rogério Soares, *Direito Administrativo*, Coimbra, 1978, p. 76, que alude à produção de efeitos num caso individual, e pp. 79 ss., sobre o elemento da noção de acto administrativo «relativo a um caso concreto».

[2519] Cf. Marcello Caetano, *Manual de Direito Administrativo*, cit., pp. 437 s. e Rogério Soares, *Direito Administrativo*, cit., pp. 80 ss.

[2520] Em sentido contrário, Rogério Soares, *Direito Administrativo*, cit., pp. 83 ss.

[2521] *Vd.* Coutinho de Abreu, *Os Regulamentos Administrativos em Direito do Trabalho*, Separata dos *Estudos em Homenagem ao Prof. Doutor Afonso Rodrigues Queiró*, I, Coimbra, 1987, pp. 10 ss.

de trabalho, gozam da característica da generalidade, pois aplicam-se a uma pluralidade de destinatários, a um determinado grupo de trabalhadores, por exemplo aos trabalhadores do comércio retalhista não sindicalizados. Além disso, os mencionados regulamentos (portarias) gozam igualmente da característica da abstração, pois têm em vista regular situações a constituir, *v. g.*, uma portaria de extensão aplicar-se-á a um trabalhador que venha a celebrar o contrato de trabalho depois da entrada em vigor da dita portaria, ou seja, vale em relação a contratos futuros[2522].

Há um último aspeto a considerar. Relativamente à portaria de condições de trabalho não parecem subsistir dúvidas quanto à sua natureza normativa, na medida em que ela não tem por base qualquer acordo das partes. Trata-se, por conseguinte, de normas emanadas do ministério responsável pela área do trabalho sem qualquer base contratual, diferentemente do que ocorre com as portarias de extensão, que alargam o campo de aplicação de um acordo das partes. Mas, quanto aos efeitos, não há diferenças substanciais entre uma portaria de extensão e uma portaria de condições de trabalho e, no que concerne à respetiva natureza jurídica, os dois tipos de regulamentos devem ter um tratamento unitário, porque pretendem resolver as mesmas situações[2523]; a isto acresce que a portaria de condições de trabalho é subsidiária da portaria de extensão. Ora, como não se põe em causa a natureza normativa da portaria de condições de trabalho[2524], parece que também não se deve questionar a natureza normativa da portaria de extensão; ambas se englobam no poder regulamentar do Estado.

III. Perante isto, talvez se possa concluir que as portarias de extensão e de condições de trabalho devem ser qualificadas como regulamentos administrativos; daí a alteração terminológica introduzida pelo Código do Trabalho em 2003, que passou a designar as portarias de extensão por regulamentos de extensão e as portarias de regulamentação do trabalho por regulamentos de condições mínimas. Não obstante a alteração terminológica operada pela revisão de 2009, que voltou a apelidá-las de portaria, a natureza jurídica regulamentar persiste. Destes regulamentos constam normas jurídicas ema-

[2522] Excecionalmente, pode uma portaria de extensão ter um âmbito muito definido para solucionar um problema pretérito, caso em que a generalidade e a abstração lhe faltariam.

[2523] Cf. Menezes Cordeiro, *Direito do Trabalho*, I, cit., p. 764.

[2524] *Vd.* Coutinho de Abreu, *Os Regulamentos Administrativos*, cit., p. 15, quando afirma «É incontroverso deverem estas *portarias de regulamentação do trabalho* ser qualificadas como regulamentos administrativos», citando várias decisões judiciais nesse sentido.

nadas de uma autoridade administrativa – ministério responsável pela área do trabalho e, no caso de portaria conjunta, Ministério do Trabalho e outro ministério. Sendo normas jurídicas, nelas encontram-se as características da generalidade e da abstração. Por outro lado, tais portarias também se devem incluir na figura do regulamento administrativo, porque estão subordinadas à lei, podendo delas constar regras, tão-só na medida em que não contrariem o disposto na lei e, mais do que isso, estas portarias só podem ser emitidas quando expressamente a lei as prevê e nas condições nela determinadas. As regras constantes das referidas portarias não podem desrespeitar a lei sob pena de serem impugnadas contenciosamente.

2. Competência jurisdicional

I. Qualificadas como regulamentos administrativos, tais portarias podem ser impugnadas contenciosamente com base em ilegalidade, nos termos gerais, em que se admitem que as normas regulamentares, em que se incluem os regulamentos administrativos, sejam impugnadas contenciosamente, invocando a sua ilegalidade[2525].

Esta impugnação por contrariedade à lei é diversa daquela a que estão sujeitos os atos administrativos.

Em termos gerais, sempre se poderá dizer que a impugnação baseada em ilegalidade dos regulamentos administrativos e a respetiva declaração de ilegalidade segue um regime muito similar ao da declaração de inconstitucionalidade das leis, sendo a competência jurisdicional diferente. A declaração de ilegalidade com força obrigatória geral dos regulamentos administrativos é da competência de um tribunal administrativo, enquanto para idêntica declaração de inconstitucionalidade das leis a competência foi atribuída ao Tribunal Constitucional.

Estabeleceu-se, por conseguinte, um sistema de ilegalidade para os regulamentos administrativos, distinto do regime instituído para a impugnação dos atos administrativos, designadamente porque, mesmo depois de declarada a ilegalidade (sem força obrigatória geral) de um regulamento administrativo, este pode continuar a aplicar-se, enquanto não for declarada a ilegalidade com força obrigatória geral. O mesmo ocorre em relação às leis.

[2525] Sobre a impugnação judicial das portarias de extensão, *vd.* NUNES DE CARVALHO, «Regulamentação do Trabalho ...», cit., pp. 449 ss.

II. Tendo concluído que as portarias de extensão e de condições de trabalho se enquadram na figura dos regulamentos administrativos, e sabendo que estes são impugnados perante o Tribunal Administrativo, poder-se-ia, então, deduzir que as questões emergentes da aplicação de normas destas portarias deveriam ser suscitadas perante os tribunais administrativos. Mas não parece que esta conclusão seja de acompanhar. Tais questões devem, antes, ser suscitadas perante o tribunal de trabalho[2526]; cabendo aos tribunais administrativos a declaração de ilegalidade com força obrigatória geral das normas constantes de regulamentos.

São os tribunais de trabalho que têm de verificar se numa portaria de extensão ou de condições de trabalho foi respeitada a lei, ao mesmo tempo que lhes cabe determinar como devem tais portarias ser interpretadas perante as situações concretas. O respeito da lei a que se aludiu reporta-se, em particular, à relação com a lei geral do trabalho; sendo os tribunais do trabalho que deverão apreciar da compatibilidade de uma solução que decorre da portaria com as regras gerais; por exemplo, cabe aos tribunais de trabalho verificar se não foi violada uma norma imperativa, como a que prescreve o regime da caducidade do contrato de trabalho ou o regime do tempo de trabalho, fixando o período máximo de trabalho.

Assim sendo, para as questões relativas à anulação e interpretação de cláusulas de portarias de extensão ou de condições trabalho são competentes os tribunais de trabalho.

À jurisdição administrativa cabe, todavia, a apreciação da legalidade dos motivos que determinam o recurso à portaria de extensão ou de condições de trabalho e a declaração de ilegalidade de tais regulamentos (portarias) ou de normas deles constantes com força obrigatória geral. Esta última declaração de ilegalidade tem lugar depois de os tribunais de trabalho terem julgado ilegal, em três casos concretos, uma determinada norma de tais portarias. O tribunal administrativo declara com força obrigatória geral a ilegalidade da portaria de extensão ou de condições trabalho ou de normas deles constantes em termos idênticos àqueles em que o Tribunal Constitucional declara a inconstitucionalidade das leis.

Por conseguinte, a portaria de extensão bem como a portaria de condições de trabalho inserem-se na atividade administrativa estadual, mas têm

[2526] Cf. Coutinho de Abreu, *Os Regulamentos Administrativos*, cit., p. 18, que, a p. 24, conclui pela necessidade de introduzir no Código de Processo do Trabalho normas referentes ao processo de anulação de todos os IRC.

uma natureza normativa. As questões delas emergentes são dirimidas perante os tribunais de trabalho.

BIBLIOGRAFIA:

COUTINHO DE ABREU, *Os Regulamentos Administrativos em Direito do Trabalho*, Separata dos *Estudos em Homenagem ao Prof. Doutor Afonso Rodrigues Queiró*, I, Coimbra, 1987; NUNES DE CARVALHO, «Regulamentação do Trabalho por Portaria de Extensão», *RDES*, 1988, n.º 4, pp. 437 a 467; JORGE MIRANDA, «Regulamento», *Polis*; Ana Raquel Gonçalves Moniz, *Estudos sobre os Regulamentos Administrativos*, Coimbra, 2013; RODRIGUES QUEIRÓ, «Teoria dos Regulamentos», *RDES*, 1980, pp. 1 a 19 e 1986, pp. 5 a 32.

Secção III
Conflitos Coletivos de Trabalho

§ 71. ASPETOS GERAIS

1. Conflito coletivo; noção

I. O conflito coletivo de trabalho assenta numa reivindicação apresentada pelos trabalhadores, em princípio representados pelos respetivos sindicatos ou comissões de trabalhadores. Na eventualidade de o empregador, individualmente considerado ou representado pela respetiva associação de empregadores, não ter aceitado a reivindicação estão lançadas as bases para o conflito coletivo.

II. O conflito coletivo tem estado no cerne do desenvolvimento do direito do trabalho[2527], pois a intervenção coletiva na vida jurídica trouxe particularidades a este ramo do direito. A relação laboral autonomizou-se de outras relações jurídicas obrigacionais, em grande parte como consequência do conflito coletivo. Nas demais relações jurídicas obrigacionais, os problemas são suscitados e resolvidos *inter partes*, ou seja, surgem conflitos, mas estes resumem-se a uma relação entre dois sujeitos, as partes na relação jurídica. Diferentemente, na relação jurídica laboral, o eventual conflito que venha a

[2527] Cf. MENEZES CORDEIRO, *Direito do Trabalho*, I, cit., p. 774. Sobre o conflito coletivo de trabalho, veja-se a obra coletiva organizada por DÄUBLER, *Arbeitskampfrecht*, 4.ª ed., Baden-Baden, 2018.

ser suscitado entre o trabalhador e o empregador, para além do cariz individual, pode assumir a natureza de um conflito coletivo.

De facto, foi por via do conflito coletivo que, paulatinamente, foram sendo introduzidas particularidades no direito do trabalho, em especial dos conflitos coletivos tem resultado uma melhoria das condições de trabalho, não só no que respeita a aumentos salariais, como ao estabelecimento de regras relativas à segurança e saúde no trabalho e correspondente responsabilidade civil objetiva, limitação do tempo de trabalho, segurança no emprego com a consequente limitação do despedimento, etc.

Na relação individual, pode estar em causa a interpretação e aplicação de cláusulas que vinculam as partes. Mas, na hipótese de conflito coletivo, as mais das vezes (em 90% dos casos), o problema não se resume a uma deficiente aplicação de regras em vigor, mas à sua modificação ou substituição por outras mais favoráveis ao trabalhador. Pretende-se, no fundo, alterar o *status quo* vigente naquelas relações laborais. Assim, o conflito coletivo supera os conflitos individuais entre empregador e trabalhador, levando-os para um campo alargado.

Os conflitos individuais continuam a existir no domínio laboral, mas não têm o mesmo peso nem a amplitude dos conflitos coletivos. O conflito individual, na maioria das relações laborais, teria poucas possibilidades de vir a ser bem sucedido pelo lado do trabalhador. Diversamente, o conflito coletivo, atenta a sua amplitude, terá mais hipóteses de sucesso.

II. A grande importância prática e jurídica dos conflitos coletivos de trabalho terá, assim, contribuído para a autonomização do direito do trabalho. O peso que as relações coletivas passaram a exercer no domínio deste ramo do direito, em particular no que se relaciona com o conflito coletivo de trabalho – até porque as associações representativas de trabalhadores (sindicatos) e de empregadores tiveram como causa primeira para o seu aparecimento os conflitos coletivos – contribuiu sobremaneira para a autonomia do direito do trabalho em relação ao direito das obrigações.

III. Foi no direito do trabalho que se iniciou o estudo de questões relacionadas com os conflitos coletivos, até porque este ramo do direito apresenta-se como pioneiro no âmbito da consagração de uma perspetiva coletiva de resolução de litígios. Tal como quanto à representação coletiva, mencionada a propósito das convenções coletivas, as lutas coletivas, que terão existido desde há muito em vários domínios, começaram por ser tratados juridicamente no direito do trabalho, por força dos conflitos coletivos laborais.

A matéria dos conflitos coletivos tem-se generalizado e encontram-se situações de conflitos coletivos não só no domínio laboral, mas também noutras áreas. Por exemplo, o direito de petição coletiva, que atribui aos cidadãos a possibilidade de apresentar aos órgãos de soberania quaisquer queixas, reclamações, etc., para defesa dos seus direitos está previsto no art. 52.º, n.º 1, da CRP. E também o direito de ação popular, a exercer através de associações de defesa dos interesses em causa também têm consagração constitucional, no art. 52.º, n.º 3, da CRP. Os conflitos coletivos generalizaram-se em vários domínios, nomeadamente no direito do consumo, mas eles surgiram inicialmente no direito do trabalho e é neste contexto que continuam a ter maior projeção.

IV. Pode dizer-se que, em determinada medida, o conflito coletivo de trabalho será um tipo de dissídio coletivo social. Porém, a base do conflito coletivo de trabalho nem sempre é social, só que no direito do trabalho, muitas das vezes, tem sido estudado e desenvolvido partindo de um ponto de vista social, até porque, frequentemente, se verifica uma certa indissociação entre as matérias verdadeiramente laborais e as questões sociais genéricas. É habitual que os conflitos coletivos de trabalho tenham na sua génese problemas laborais concretos, os quais, em certa medida, estão também interligados com aspetos sociais, mas estes nem sempre se encontram diretamente relacionados com questões laborais. Consequentemente, não é raro que os conflitos coletivos de trabalho tenham interferência em aspetos sociais, económicos e inclusive políticos, tendo em conta a frequente conexão entre as questões laborais, sociais, económicas e políticas[2528].

Os conflitos coletivos de trabalho têm, assim, uma relevância económica e social, daí que a posição inicial dos governos desde os regimes liberais fosse a de os contrariar, ilegalizando-os. Considerava-se que os conflitos coletivos seriam uma forma de pôr em causa a autoridade do Estado, na medida em que este pretende ver aplicado o direito e os conflitos desencadeiam-se para alterar o direito vigente. Desta forma, ilegalizavam-se os conflitos coletivos, na medida em que poderiam assumir proporções que levariam a uma instabilidade política. Por outro lado, os conflitos coletivos poriam em causa

[2528] Contudo, como esclarece RAÚL VENTURA, «Conflitos de Trabalho. Conceito e Classificações, tendo em vista um Novo Código de Processo do Trabalho», *Curso de Direito Processual do Trabalho*, Suplemento RFDUL, Lisboa, 1964, pp. 8 s., os conflitos de trabalho circunscrevem-se às relações subordinadas, ainda que a nível coletivo, abrangendo também os dissídios entre sindicatos e associações patronais.

o desenvolvimento económico, porque as empresas teriam dificuldade em desenvolver as suas atividades se houvesse conflitos coletivos e, por último, eles poderiam também limitar as regras de liberdade de concorrência, pois sempre que o conflito coletivo existisse a concorrência entre empresas ficaria distorcida.

Atualmente, nos regimes não autoritários tem-se entendido que os conflitos coletivos não põem em causa a autoridade do Estado, desde que estejam delimitados e se forem exercidos de forma disciplinada e de boa fé. Dentro de certos parâmetros são admitidos os conflitos coletivos, porque, desde que estejam delimitados, o Estado poderá continuar a exercer a sua autoridade. O problema reside em disciplinar os conflitos coletivos.

Além disso, tem-se entendido que os conflitos coletivos apresentam aspetos vantajosos.

Por um lado, têm contribuído para uma melhoria das condições de trabalho. A pressão que os conflitos coletivos exercem sobre os empregadores e os governos permitiu modificações nas condições de trabalho no que diz respeito, por exemplo, a horários de trabalho, saúde no trabalho, responsabilidade objetiva dos empregadores, etc. A maioria destas alterações legislativas implicou uma melhoria nas condições de vida dos trabalhadores.

Por outro lado, contrariamente ao defendido inicialmente, os conflitos coletivos constituem um incentivo ao desenvolvimento económico, na medida em que as reivindicações, ao serem satisfeitas, contribuem para que os empregadores usem de uma maior imaginação tendo em vista o desenvolvimento económico das empresas, de forma a torná-las mais competitivas. A existência de tais conflitos condiciona todos os aspetos do desenvolvimento económico e tecnológico das empresas e incentiva a concorrência entre elas. Os empregadores pretendem que não haja conflitos coletivos na sua empresa para que os produtos sejam colocados a tempo no mercado etc. e, para que isso ocorra, melhoram as condições de trabalho e dotam as empresas de novas técnicas, tornando-as mais competitivas.

Por último, tem-se verificado que a admissibilidade disciplinada dos conflitos coletivos tem contribuído para a paz social. Há uma menor tendência para designadamente desencadear uma greve quando está legalizado o recurso a tal conflito. Além de que deixa de haver greves «selvagens», que são mais prejudiciais para os empregadores.

Em Portugal, os conflitos coletivos estiveram proibidos até à implantação da República e durante o Estado Novo, o que não obstou a que se realizassem várias greves, algumas das quais bem sucedidas. Apesar da proibição, as mais das vezes, os empregadores aceitavam as reivindicações dos trabalhadores grevistas. Não era a proibição legal que acabava por impedir o conflito coletivo.

V. Pode definir-se o conflito coletivo de trabalho como a divergência sobre questões laborais determinadas, por exemplo quanto ao horário de trabalho ou retribuição, entre vários trabalhadores, representados ou não por sindicatos, e um ou mais empregadores, representados ou não por associações de empregadores[2529].

2. Tipos

I. Tradicionalmente, quando se alude a conflitos coletivos de trabalho pressupõe-se que está só em causa a discussão de aspetos laborais, o que nem sempre é verdadeiro. Por via de regra, tais conflitos advêm de divergências em questões laborais, as quais indiretamente podem repercutir-se noutros domínios, inclusive fora do direito do trabalho. Por exemplo, se há uma divergência entre trabalhadores e empregadores numa dada empresa, porque aqueles consideram que alguns colegas de trabalho foram despedidos sem justa causa, ao iniciar-se um conflito coletivo, só indiretamente estarão em causa as relações laborais dos trabalhadores grevistas. Da mesma forma, nas situações em que, por exemplo, as greves têm em vista uma mudança na política social ou económica do Governo será indireta a sua repercussão nas relações laborais.

A divergência que dá azo ao conflito coletivo pode não advir necessariamente de uma perturbação na relação laboral[2530].

II. Nos conflitos coletivos distinguem-se aqueles que têm uma base jurídica, que se podem designar por conflitos de direito, pois respeitam à interpretação e aplicação de normas jurídicas constantes de contratos de traba-

[2529] MONTEIRO FERNANDES, *Direito do Trabalho*, cit., p. 823, distingue o conflito coletivo do conflito plural, considerando que aquele é desencadeado por categorias organizadas. Veja-se igualmente RAÚL VENTURA, «Conflitos de Trabalho...», cit., p. 11 e BERNARDO XAVIER/ /FURTADO MARTINS/NUNES DE CARVALHO/JOANA VASCONCELOS/ TATIANA GUERRA DE ALMEIDA, *Manual*, cit., p. 141.

[2530] Quanto a uma classificação dos conflitos, *vd.* RAÚL VENTURA, «Conflitos de Trabalho...», cit., pp. 11 ss. Sobre os critérios (subjetivo, objetivo e instrumental) para a delimitação do carácter laboral do conflito, *vd.* MENEZES CORDEIRO, *Direito do Trabalho*, I, cit., pp. 784 ss.

lho, instrumentos coletivos de regulamentação do trabalho ou leis aplicáveis à relação laboral. Estes conflitos coletivos jurídicos poderão encontrar uma solução por via jurisdicional. Em princípio, são os tribunais que verificam se a aplicação das normas está a ser feita de forma correta.

Os conflitos de direitos ou jurídicos, mesmo quando assumem um carácter coletivo, podem ser resolvidos de modo individual, eventualmente com recurso aos tribunais.

III. Diferentemente, os conflitos laborais de índole económico-social, também designados por conflitos de interesses, respeitam à substituição das regras jurídicas vigentes[2531]. Estando em causa um conflito coletivo do tipo económico-social, os trabalhadores pretendem não uma diversa aplicação das normas em vigor, mas sim que estas sejam substituídas por outras, pois consideram-nas inadequadas. Normalmente, quando se fala em conflitos coletivos de trabalho estão em causa os conflitos de índole económico-social.

Nos conflitos coletivos laborais do tipo económico-social pretende-se a alteração de regras jurídicas em vigor: o aumento da retribuição, a redução do horário de trabalho, uma maior segurança no trabalho, etc. Estes conflitos não podem ser dirimidos por via jurisdicional, pois os tribunais de trabalho não têm competência para os resolver. Os tribunais de trabalho têm competência para determinar se aquele conflito é lícito ou ilícito, mas não para decidir acerca das reivindicações dos trabalhadores.

Quando não está em causa a interpretação e aplicação de normas existentes, mas sim a sua substituição, será de excluir a competência da jurisdição laboral.

IV. Os conflitos coletivos de tipo económico-social, por vezes, só indiretamente se repercutem na relação laboral. Por exemplo, as greves políticas não resultam de divergências entre trabalhadores e empregadores derivadas da relação laboral.

Por isso, na noção de conflito coletivo laboral não se fez propositadamente menção à relação laboral, mas sim a questões laborais. O conflito coletivo

---

[2531] Quanto a esta contraposição, veja-se Monteiro Fernandes, *Direito do Trabalho*, cit., pp. 824 ss.; Pinto Martins, *Direito do Trabalho*, cit., p. 691; Motta Veiga, *Lições*, cit., pp. 245 ss.; Bernardo Xavier/Furtado Martins/Nunes de Carvalho/Joana Vasconcelos/Tatiana Guerra de Almeida, *Manual*, cit., p. 141. Com terminologia ligeiramente diversa, Caupers/ /Magalhães, *Relações Colectivas*, cit., p. 76, contrapõem conflitos coletivos de trabalho na aplicação do direito a conflitos coletivos de trabalho na criação ou revisão do direito.

não está necessariamente associado com problemas que derivam de relações laborais. Por exemplo, no caso de uma greve geral contra a política salarial do Governo, as reivindicações não têm por base divergências nas relações laborais em si, estando só em causa questões laborais. Dito de outro modo, o conflito coletivo pode não advir de uma divergência que respeite às relações laborais dos trabalhadores em causa, basta que se relacionem, direta ou indiretamente, com questões laborais.

V. De entre os conflitos coletivos o mais importante é a greve, com maior repercussão prática e desenvolvimento jurídico. Para além da greve pode fazer-se alusão a outras formas coletivas de luta dos trabalhadores. Por exemplo, o boicote a um empregador relativamente à celebração contratos de trabalho; se um empregador não acata determinadas reivindicações, os trabalhadores (ou os seus representantes) podem decretar um boicote, levando a que nenhum trabalhador esteja disposto a celebrar contratos de trabalho com esse empregador. Mas quando grassa o desemprego, o boicote não tem relevância prática. O boicote pode igualmente ser realizado dentro da empresa se, por exemplo, os trabalhadores decidem não usar os serviços que ela presta, designadamente a cantina que deixam de frequentar por acharem que não serve comida em condições. São situações lícitas em que os trabalhadores de modo concertado decidem não usufruir dos serviços postos à disposição pelo empregador.

VI. Os conflitos coletivos podem ser lícitos ou ilícitos. A ilicitude advém da contrariedade a regras ou princípios jurídicos. Os conflitos coletivos ilícitos põem em causa a aplicação de normas gerais de convivência. Como situações ilícitas de conflitos coletivos pode aludir-se à «ocupação» de empresas: por vezes, os trabalhadores, perante reivindicações não aceitas, invadem a empresa e recusam-se a abandoná-la. Tal atitude é ilícita porque contrária a regras de direito civil, levando, nomeadamente à aplicação de normas sobre responsabilidade civil extracontratual (arts. 483.º e ss. do CC), para além da responsabilidade penal se conformarem a prática de um crime. É similar a situação em que os trabalhadores bloqueiam as portas da empresa, não permitindo entradas e saídas de pessoas e veículos. Para além disso, são de recordar situações ocorridas num passado recente em Portugal, como o sequestro de patrões, sabotagens às empresas dentro das próprias instalações, etc.[2532].

[2532] No Ac. STJ de 28/4/1993, CJ (STJ) 1993, T. II, p. 272, considerou-se que não constituía justa causa de despedimento a não entrega de quantias recebidas pelo trabalhador, com o intuito,

VII. Teoricamente, aos empregadores também caberia exercer formas de luta coletiva. Poderiam desencadear uma luta coletiva para fazer face ao conflito coletivo já desencadeado pelos trabalhadores, ou seja, em resposta a este último.

Esta resposta dos empregadores seria, designadamente, o encerramento das empresas, chamado *lock-out*. O *lock-out* foi admitido em Portugal durante a primeira República e ainda o é em alguns países[2533]. Estando encerrada a empresa, o empregador não pagaria as retribuições a todos os trabalhadores e estes acabariam por ceder, na medida em que necessitavam da remuneração[2534].

A outra forma de luta coletiva de empregadores poderia ser a de procederem a despedimentos coletivos, isto é, aplicarem sanções aos trabalhadores que tivessem desencadeado um conflito coletivo.

Tais formas de luta não estão permitidas no sistema jurídico português. Não é uma situação generalizada, pois há sistemas jurídicos onde se admitem, em determinada medida, formas de luta coletiva a desencadear pelos empregadores.

Bibliografia:

Menezes Cordeiro, *Direito do Trabalho*, I, cit., pp. 773 a 775; Monteiro Fernandes, *Direito do Trabalho*, cit., pp. 817 e ss.; Rosário Palma Ramalho, *Tratado de Direito do Trabalho*, III, cit., pp. 395 ss.; Raúl Ventura, «Conflitos de Trabalho. Conceito e Classificações, tendo em vista um Novo Código de Processo do Trabalho», *Curso de Direito Processual do Trabalho*, Suplemento RFDUL, Lisboa, 1964, pp. 7 a 29; Bernardo Xavier/Furtado Martins/Nunes de Carvalho/Joana Vasconcelos/Tatiana Guerra de Almeida, *Manual*, cit., pp. 141 e ss.

acordado com os outros trabalhadores, para alertar o empregador da sobrecarga de serviço e das dívidas que tinha para com eles. A solução é estranha, pois a não entrega ao empregador de quantias percebidas por um trabalhador constitui um ato ilícito (possivelmente um crime), exceto se eventualmente se verificassem os pressupostos da compensação (arts. 847.º e ss. do CC), facto que não se encontra referido no aresto.

2533 Cf. Fabricius, *Streik und Aussperrung im Internationalen Recht*, Heidelberga, 1988.

2534 O *lock-out* distingue-se, assim, do encerramento temporário da empresa, decidido pelo empregador, por motivos empresariais, e que mantém o dever de pagar a retribuição (art. 309.º, n.º 1, alíneas *a)* e *b)*, do CT).

§ 72. GREVE

1. Considerações prévias

a) Admissibilidade e limites

I. A greve, de entre os conflitos coletivos, apresenta-se como a luta paradigmática dos trabalhadores em que se pretende pôr em causa as regras vigentes[2535].

A greve permite que, sendo satisfeitas as reivindicações dos trabalhadores, se atinja um maior equilíbrio na relação contratual. Por via da pressão exercida pela greve com respeito aos empregadores pode vir a estabelecer-se uma situação de maior justiça na relação laboral.

Parece paradoxal, mediante o desencadear de uma luta onde se põem em causa regras jurídicas, que se possa atingir a justiça; ou seja, que a justiça se obtenha mediante o incumprimento dos contratos de trabalho e, consequentemente, pelo desrespeito de normas jurídicas. Daí que a greve tenha tido alguma dificuldade de explicação e enquadramento jurídico.

II. Do ponto de vista terminológico, em português, usa-se a expressão «greve», de origem francesa (*grève*)[2536], verificando-se, nas línguas latinas uma grande diferença vocabular; assim, em espanhol utiliza-se o termo *huelga* e em italiano a expressão *sciopero*[2537].

[2535] Apesar de as greves terem muitas vezes repercussões graves na vida das populações e de serem frequentemente noticiadas, em termos percentuais são poucos os trabalhadores que fazem greve; segundo uma sondagem da Universidade Católica de Abril de 1996, entre 1990 e 1996 só 9,6% dos trabalhadores fizeram greve.

[2536] Do nome da praça de Paris, junto ao rio Sena, onde se reuniam os trabalhadores à procura de trabalho. Com uma explicação mais detalhada da evolução terminológica, cf. ESTÊVÃO MALLET, *Dogmática elementar do direito de greve*, S. Paulo, 2014, p. 25.

[2537] Em inglês *strike* e em alemão *Streik*.

A greve é um instituto com especificidades nacionais. Veja-se quanto ao direito espanhol, AAVV, *Estudios sobre Huelga*, Madrid, 1992 e SÁNCHEZ MARTÍNEZ, *La Huelga ante el Derecho. Conflictos, Valores y Normas*, Madrid, 1997; em Itália, SANTONI, *Lo Sciopero*, Nápoles, 2001; em França, TEYSSIÉ, *La Grève*, Paris, 1994; e, na Alemanha, FABRICIUS, *Streik und Aussperrung im Internationalen Recht*, Heidelberga, 1988.

BERNARDO XAVIER, *Direito da greve*, cit., p. 16, alude a expressões portuguesas sinónimo de greve, anteriormente utilizados, como «coalizão» e «parede». Para um estudo comparativo do instituto da greve, *vd.* LIBERAL FERNANDES, «O Direito de Greve nos Ordenamentos Francês, Alemão e Italiano», *Estudos em Homenagem ao Prof. Doutor Eduardo Correia*, III, Coimbra, 1984,

III. A greve começou por ser entendida como delito e, como tal, era punida criminalmente. Esta foi a posição inicialmente defendida nos Estados Liberais do século XIX, tal como ocorreu na Monarquia Constitucional Portuguesa[2538]. Historicamente, a greve, além da fundamentação atual, encontrava-se justificada como direito de oposição por parte daqueles que não tinham possibilidade de participar na vida política, em razão do regime eleitoral censitário.

Após a implantação da República, pelo Decreto de 6 de dezembro 1910, a greve foi entendida e aceite como liberdade. Os trabalhadores tinham a liberdade de recorrer à greve para reivindicarem as suas pretensões. O Decreto de 1910 foi o primeiro passo para se chegar à situação atual da greve entendida como um direito dos trabalhadores.

Durante o Estado Novo, tendo em conta a conceção política então defendida, a greve esteve proibida, sendo os grevistas punidos criminalmente.

Na prática, tanto durante a Monarquia Constitucional como no Estado Novo tal punição parece não ter sido frequente; a greve era tão-só reprimida policialmente.

A partir de 1974, com o Decreto-Lei n.º 392/74, de 27 de agosto, a greve passou a ser entendida como um direito dos trabalhadores.

Este direito dos trabalhadores teve foros constitucionais a partir de 1976, com a atual constituição. O art. 57.º, n.º 1, da CRP dispõe: «É garantido o direito à greve»; e, no n.º 2 do mesmo preceito, acrescenta-se: «Compete aos trabalhadores definir o âmbito de interesses a defender através da greve, não podendo a lei limitar esse âmbito»[2539]. Em 1997, acrescentou-se um n.º 3 ao art. 57.º da CRP, tendo em vista limitar o direito de greve de modo a serem assegurados (constitucionalmente) os serviços mínimos.

---

pp. 327 ss.; BERNARDO XAVIER, «A Greve no Direito da Europa Ocidental», *RDES*, 1996, n.ºs 1/4, pp. 51 ss.

2538 Veja-se CAETANO DE ANDRADE ALBUQUERQUE, *Direitos dos Operários* (Dissertação), Coimbra, 1870, em cujo argumento se lê: «As reuniões pacíficas de operarios, geralmente conhecidas pelo nome de greves, deverão ser tidas como actos revolucionários ou como justo exercício do direito de petição? Quaes os modos de as evitar e de conciliar o interesse dos emprezarios industriaes com o augmento de exigencias da parte dos operarios» (cf. *O Direito* 127 (1995), T. I-II, p. 281). Com uma explicação histórica, veja-se MENEZES CORDEIRO, *Direito do Trabalho*, I, cit., pp. 797 ss. e BERNARDO XAVIER, *Direito da Greve*, Lisboa, 1984, pp. 16 ss.

2539 Tendo em conta a parte final deste preceito, MONTEIRO FERNANDES, *Direito de Greve*, Coimbra, 1982, pp. 11 ss., afirma que a Constituição garante o direito de greve sugerindo alguma hostilidade à interpretação do legislador ordinário, pelo que a Lei da Greve surge «(...) marcada por uma notória modéstia de propósitos».

O exercício do direito de greve veio a ser regulamentado pela Lei n.º 65/77, de 26 de agosto, a chamada lei da greve, diploma que sofreu alterações com a Lei n.º 30/92, de 20 de outubro, que foi parcialmente declarada inconstitucional[2540].

A greve encontra-se hoje regulada nos arts. 530.º a 543.º do CT2009 (correspondentes aos arts. 591.º a 606.º do CT2003), regime que se aplica aos trabalhadores com contrato de trabalho, assim como àqueles que desempenham funções públicas nos serviços de administração direta e indireta do Estado, nos termos do disposto nos art. 392.º e ss. do regime do Contrato de Trabalho em Funções Públicas.

IV. A admissibilidade da greve não é hoje contestada nos países que adotaram sistemas políticos pluralistas e de economia de mercado – perspetivas que costumam encontrar-se associadas –, pois o direito de greve é incontestável como instrumento corretor de desequilíbrios.

Não obstante o direito de greve ser incontestável, há que ponderar certos limites na sua atuação, apesar do disposto no art. 57.º, n.º 2, da CRP. Importa, por um lado, disciplinar a greve – que tem de ser exercida de boa fé (art. 522.º do CT) – e, por outro, determinar quais são as greves lícitas. Há, de facto, uma proibição constitucional de limitar o âmbito da greve, mas o direito não pode admitir situações ilícitas sob o «manto» da greve.

Importa ter em conta que o Estado também estabeleceu limites à greve; concretamente, o regime instituído não se aplica às forças militares e militarizadas. Com base no disposto no art. 270.º da CRP, admite-se que, nesses casos, pode haver limites quanto ao exercício do direito de greve. É certo que o legislador viabilizou a greve na função pública, que, em muitos países, se encontra proibida, mas quanto aos trabalhadores que desempenham funções públicas nos serviços de administração direta e indireta do Estado, aos designados funcionários públicos, aplica-se um regime idêntico, nos termos do disposto nos art. 392.º e ss. do regime do Contrato de Trabalho em Funções Públicas. A isto acresce que, como se referiu, na revisão constitucional de 1997 incluiu-se um n.º 3 no art. 57.º da CRP, do qual resulta uma limitação constitucional ao exercício do direito de greve, nomeadamente no que respeita à determinação de serviços mínimos.

[2540] Acórdão TC n.º 868/96, de 4 de julho de 1996, *DR* I Série, de 16 de outubro de 1996; refira-se que a declaração de inconstitucionalidade se baseou em irregularidades formais.

b) Enquadramento jurídico

I. É frequente afirmar-se que a greve não se enquadra nos tradicionais parâmetros em que o direito assenta, pois ela implica o não cumprimento de regras jurídicas; isto é, a violação do direito. Por isso, há quem compare a greve à guerra; porém, mesmo a guerra pode ser enquadrada em termos jurídicos[2541] e não há qualquer interesse em comparar a greve à guerra, pois baseiam-se em pressupostos diversos. Procurar-se-á, antes, enquadrar a greve nos parâmetros do direito civil[2542].

A greve implica a institucionalização do aspeto patológico que pode existir em qualquer relação jurídica. Na relação jurídica obrigacional, na qual se insere o contrato de trabalho, há a ter em conta também o seu aspeto patológico, apesar de não ser essa a situação habitual.

A patologia numa relação jurídica obrigacional pode ser encarada sob dois planos.

Primeiro, o incumprimento da obrigação por parte do devedor, perante o qual o sistema jurídico reage, tentando assegurar ao credor o exercício do seu direito. Por exemplo, mediante o recurso à execução específica.

Segundo, o direito admite que, perante determinadas circunstâncias, o devedor não tenha de cumprir, em particular por duas razões: porque a outra parte também não cumpriu e estar-se-á então no domínio da exceção do não cumprimento (art. 428.º do CC); ou porque não é justo, dadas as circunstâncias, que o devedor tenha de cumprir.

II. A ordem jurídica considera que não é justo cumprir sempre que o contrato for inválido, por exemplo quando na formação contratual existe algum vício (cf. arts. 240.º e ss. do CC), nomeadamente erro na declaração (art. 247.º do CC). Mas mesmo que o contrato tenha sido devidamente celebrado e sem vícios, em certos casos, pode considerar-se que não é justo cumprir as obrigações impostas. Por exemplo, a lei confere aos arrendatários rurais a possibilidade de pagarem uma renda inferior à estabelecida se as colheitas se perderem de forma casual (art. 12.º do Decreto-Lei n.º 294/2009, de 13 de outubro).

Admite-se, então, que a justiça do caso concreto possa pôr em causa o dever de cumprimento pontual de uma obrigação. A perspetiva liberal, no

---

[2541] Veja-se, nomeadamente as Convenções de Genebra de 1949, sobre o *ius in bello*.

[2542] Diversamente, considerando que o direito da greve não é reconduzível aos quadros dogmáticos do direito comum, *vd.* Rosário Palma Ramalho, *Da Autonomia Dogmática do Direito do Trabalho*, cit., pp. 866 ss.

que respeita ao cumprimento dos deveres obrigacionais, não permitia tais «fugas», devendo a obrigação ser cumprida independentemente de uma superveniente alteração de circunstâncias. Mas essa posição está hoje ultrapassada.

No nosso sistema jurídico, a válvula de escape encontra-se no instituto da alteração das circunstâncias, nos termos do qual, perante determinadas modificações supervenientes, uma das partes pode pedir a resolução ou a modificação do contrato. Para o enquadramento jurídico da greve interessa, em particular, a possibilidade de exigir a modificação do contrato. Desde que estejam preenchidos os requisitos do art. 437.º do CC, a parte que se considera lesada pode pedir a modificação de determinados aspetos do contrato[2543].

III. A greve assenta em pressupostos idênticos aos da alteração das circunstâncias, pois pretende-se modificar certas regras do contrato de trabalho na medida em que se considera que, perante a evolução ocorrida, passaram a ser injustas[2544].

Sendo o contrato de trabalho celebrado numa determinada data e tendo-se, então, estabelecido um certo equilíbrio, o decurso de tempo pode-o alterar, nomeadamente por via da inflação monetária, a qual leva a que o salário perca o seu valor real, justificando-se, assim, que seja necessário proceder a um reequilíbrio, mediante a modificação da cláusula que estabelece o montante remuneratório.

A greve pretende, nos mesmos moldes do instituto da alteração das circunstâncias previsto no direito civil, modificar um negócio jurídico, porque se alteraram as circunstâncias em que o contrato de trabalho foi estabelecido. Há, todavia, uma diferença. No domínio laboral a possibilidade de pedir a modificação do contrato foi institucionalizada, não pela via judicial, mas através de uma forma de pressão extrajudicial. Acresce que não é necessária a prova dos pressupostos do instituto civil mencionado.

De facto, não se apresentaria como uma situação viável pedir ao tribunal que apreciasse a alteração das circunstâncias verificada no domínio laboral.

2543 Relativamente aos pressupostos e consequências da alteração de circunstâncias, além dos manuais de direito das obrigações, consulte-se Menezes Cordeiro, «Da Alteração das Circunstâncias», *Estudos em Memória do Professor Doutor Paulo Cunha*, Lisboa, 1989, pp. 293 ss.

2544 Castanheira Neves, «Considerações a propósito do Direito à Greve», *Temas de Direito do Trabalho*, Coimbra, 1990, pp. 450 s., explica que a greve justifica-se apelando à Justiça.

O recurso ao tribunal e a verificação dos pressupostos da alteração das circunstâncias seria complexo, tanto no que respeita à determinação das alterações entretanto ocorridas, como na apreciação das necessidades crescentes dos trabalhadores.

Do ponto de vista histórico, a greve é anterior ao surgimento do atual instituto de alteração das circunstâncias, mas em termos conceptuais ela pode integrar-se e explicar-se com base neste instituto, fundando-se no tradicional aforismo *rebus sic stantibus*.

IV. Pode, deste modo, concluir-se que a particularidade da greve não reside verdadeiramente na exigência de modificação das regras vigentes, que se explica com base no instituto da alteração das circunstâncias, mas antes por se admitir que, para tal, em vez do recurso aos tribunais, se possa usar a força[2545]. Não é que o recurso a meios extrajudiciais para efetivar direitos seja desconhecido no direito civil – lembre-se, a propósito, a ação direta, a legítima defesa e o estado de necessidade –, mas não foi admitido neste contexto.

Importa ainda fazer um último esclarecimento. A greve é uma forma de pressão que tem em vista alterar o *status quo* contratual, justificável em parâmetros jurídicos, só que, como é sabido, por motivos vários, a greve está, em grande parte, politizada. E esta politização dificulta, por vezes, uma discussão puramente jurídica da situação.

2. Noção

a) Determinação

Nem na Constituição nem nos arts. 530.º e ss. do CT se encontra uma definição deste instituto. O legislador não apresentou uma noção de greve não tanto por ter presente a máxima *omnis definitio in iuris periculosa est,* mas porque qualquer definição seria redutora e poderia conduzir a uma limitação inadmissível do direito à greve.

Não obstante se ter omitido a definição de greve, a jurisprudência e a doutrina têm-se baseado num conceito de greve para poder discutir este instituto; em particular, cabe determinar os seus contornos e efeitos bem como importa determinar em que medida a greve é lícita ou ilícita.

[2545] Como afirma Castanheira Neves, «Considerações a propósito do Direito à Greve», cit., p. 452, na greve «(...) converte-se a força em discurso e o poder em direito».

Pode começar por se definir a greve como a abstenção concertada da prestação de trabalho a efetuar por uma pluralidade de trabalhadores com vista à obtenção de fins comuns.

Importa explicitar os vários termos desta definição[2546].

b) Abstenção de trabalhar

I. A abstenção de trabalhar pode ser entendida num sentido restrito ou numa aceção ampla. Em sentido restrito, na abstenção de trabalhar pressupõe-se que o trabalhador deixe de efetuar a atividade; trata-se de uma total paralisação. Numa aceção ampla, poderá entender-se que a abstenção abrange, para além da paralisação, um refrear na execução da atividade laboral, ou seja, nela se incluem também as perturbações na relação laboral que não impliquem paragem na execução do trabalho.

II. A posição tradicional preconiza a aceção restrita. A abstenção será, assim, entendida como paralisação total. O trabalhador só estará em greve se não realiza qualquer prestação relacionada com a atividade laboral, exceto se estiver a cumprir serviços mínimos.

Esta noção de greve como total paralisação é a dominante nos países da Europa do Norte e nos EUA, nos quais o poder económico dos sindicatos permite manter situações de greve em que as associações sindicais compensam os prejuízos sofridos pelos trabalhadores, em especial a perda de salário.

Nos países latinos e concretamente em Portugal tal não ocorre. Por um lado, os sindicatos, em geral, têm um poder económico bastante reduzido e, por outro, as dificuldades financeiras de grande parte dos trabalhadores não permitem que sejam desencadeadas greves prolongadas, pelo que se tem recorrido também a formas de luta em que não há uma verdadeira paralisação, mas apenas uma perturbação na relação laboral[2547].

III. Porém, nunca caberia no conceito de greve, por exemplo, a chamada greve de fome, pois ela não se relaciona nem com a paralisação da atividade nem com a perturbação da relação laboral.

Não obstante a complexidade do problema e de as soluções globais terem de ser sempre ponderadas perante casos concretos, é sustentável, por via de

---

[2546] *Vd.* MENEZES CORDEIRO, *Direito do Trabalho*, I cit., pp. 790 ss.; BERNARDO XAVIER, *Direito da Greve*, cit., pp. 56 ss.

[2547] *Vd.* BERNARDO XAVIER, *Curso de Direito do Trabalho*, cit., p. 190.

regra, que a abstenção, para efeitos de greve, deva ser entendida como inatividade, como paralisação propriamente dita, não devendo as perturbações na relação de trabalho ser incluídas no conceito de abstenção. A esta questão voltar-se-á adiante a propósito das greves ilícitas e das suas consequências.

c) Concertação entre trabalhadores

Como segundo elemento da noção apresentada é de indicar que a greve constitui uma abstenção concertada da atividade laboral, ou, como tradicionalmente se dizia, a greve é uma coalizão de trabalhadores que suspendem a prestação da atividade laboral. Deste modo, a abstenção tem de ser combinada, previamente ajustada pelos trabalhadores, normalmente com intermediação sindical, e comunicada essa intenção ao empregador.

d) Pluralidade de trabalhadores

Em terceiro lugar, a greve pressupõe que a paralisação seja efetuada por uma pluralidade de trabalhadores; pelo menos tem de haver vários trabalhadores que possam aderir à greve, mesmo que, depois, o não façam. Não é que, perante uma situação concreta tenham de estar em greve vários trabalhadores. Se for decretada greve numa dada empresa e no dia marcado só um trabalhador a ela adere, este trabalhador, apesar de o fazer isoladamente, está a exercer licitamente o seu direito de greve[2548]. Faz parte da noção de greve, e por isso ela se inclui entre os conflitos coletivos, a possibilidade de aderirem vários trabalhadores.

Levantam-se, contudo, problemas quando num determinado sector ou numa dada empresa só laborarem dois trabalhadores ou mesmo um só. Não é o facto de se trabalhar isoladamente que pode constituir obstáculo ao exercício do direito de greve. Pelo que, apesar de não ser habitual, o único trabalhador de uma empresa pode fazer greve, mas, havendo vários trabalhadores da mesma categoria, a paralisação pode ser efetuada por todos.

e) Fins

I. Por último, a greve tem em vista a obtenção de fins comuns por parte dos trabalhadores. O que deva entender-se por fins comuns é igualmente polémico. Em sentido restrito, os fins comuns relacionam-se com a situação laboral, mas em sentido amplo podem abranger também interesses políticos, económicos, de solidariedade, etc.

[2548] Cf. Bernardo Xavier/Furtado Martins/Nunes de Carvalho/Joana Vasconcelos//Tatiana Guerra de Almeida, *Manual*, cit., p. 166.

Parece não haver dúvidas de que a greve é um direito dos trabalhadores, ou seja, daqueles que se integram numa relação jurídica laboral, não sendo um direito dos chamados trabalhadores independentes[2549]. A dúvida poderia surgir com base no disposto no n.º 1 do art. 57.º da CRP, onde se fala no direito de greve sem o relacionar com os trabalhadores. Mas no n.º 2 do mesmo preceito vem estabelecer-se os termos em que os trabalhadores podem definir o âmbito da greve; logo, deve entender-se que a greve só existe em relação a trabalhadores. O mesmo se depreende do disposto no n.º 1 do art. 530.º do CT, ao relacionar-se a greve com um direito dos trabalhadores. A greve pressupõe, assim, a existência de uma relação jurídica de subordinação com o empregador. Nestes termos, não integram o conceito técnico de greve as chamadas greves de estudantes ou de consumidores ou qualquer paralisação decretada por trabalhadores independentes, por exemplo os agentes comerciais de uma dada empresa.

II. Quanto às finalidades que os trabalhadores podem prosseguir com a greve, questiona-se acerca da legalidade de greves com fins não laborais, como por exemplo, uma greve geral para derrubar o Governo ou uma greve de solidariedade com o povo de Timor ou para salvaguarda das gravuras de Foz Côa.

Através da greve, os trabalhadores fazem reivindicações com vista a ver satisfeitas certas pretensões de ordem laboral, pelo que nos casos referidos, juridicamente, parece que não haverá greve.

Na medida em que a greve funciona como meio de pressão para atingir certos fins, se as pretensões não podem ser satisfeitas pelo empregador, não se pode qualificar a situação como de verdadeira greve. Os fins comuns que se reivindicam devem estar na disponibilidade de satisfação por parte do empregador. Até porque é a entidade patronal quem suporta o risco inerente à greve, designadamente devendo pagar o salário aos trabalhadores não grevistas e as indemnizações por incumprimento de obrigações para com terceiros. Só será justo que o empregador suporte tal risco se tiver a possibilidade de satisfazer as pretensões dos trabalhadores[2550].

[2549] Contudo, Monteiro Fernandes, *Direito de Greve*, cit., p. 21, admite que a greve seja um direito de prestadores de serviços com contrato equiparado ao contrato de trabalho (art. 10.º do CT), mas o exercício do direito de greve por parte dos trabalhadores no domicílio, ainda que teoricamente aceitável, é de reduzida eficácia prática.

[2550] Com outra conceção delimitadora dos objetivos da greve, relacionando com a autonomia coletiva, *vd*. Bernardo Xavier, *Direito da Greve*, cit., p. 140 e «A Licitude dos Objectivos da Greve (A Propósito do Artigo 59.º, n.º 2, da Constituição)», *RDES*, 1979, p. 297.

Esta posição, porém, de *iure condito* não será fácil de justificar, já que a Constituição (art. 57.º) estabelece que a lei não pode impor limitações à greve e, em termos literais, as normas legais admitem-na em sentido amplo. Mas tal interpretação literal não parece conformar-se com as razões que levaram ao surgimento da greve como direito, pelo que o sentido restritivo proposto se impõe.

3. Modalidades

I. A propósito da noção já se fez alusão a algumas modalidades de greve. A indicação destas será sempre exemplificativa, mas importa referir alguns casos[2551].

II. A greve geral opõe-se à greve parcial ou sectorial. A greve geral, num sentido amplo, pressupõe a paralisação de todos os trabalhadores do país. Trata-se de uma greve, essencialmente com conotações políticas, muitas das vezes associada a finalidades revolucionárias, pouco frequente nos dias de hoje.

Num sentido restrito, falar-se-á em greve geral quando implica a paralisação de todos os trabalhadores de uma profissão ou empresa.

Pelo contrário, a greve parcial ou sectorial reporta-se à paralisação de alguns trabalhadores de determinada profissão ou de um núcleo da empresa; a greve é circunscrita a um grupo de profissionais delimitado ou a um núcleo de empresa. A distinção é importante porque se a uma greve sectorial aderirem trabalhadores de outros núcleos, haverá ilicitude.

III. Numa segunda classificação podem contrapor-se as greves típicas ou próprias, que correspondem à total paralisação dos trabalhadores, às greves atípicas ou impróprias, em que não está em causa uma verdadeira abstenção do trabalho, mas uma perturbação da relação laboral, por exemplo, a greve de zelo, a greve ao tratamento afável dos clientes ou a greve de rendimento. Em muitos casos, estas greves são ilícitas, o que não quer dizer que o sejam necessariamente.

[2551] Com outros exemplos, veja-se MENEZES CORDEIRO, *Direito do Trabalho*, I, cit., pp. 791 ss. e BERNARDO XAVIER, *Direito da Greve*, cit., pp. 85 ss.

Esta distinção reporta-se, pois, à diferença entre greve no sentido tradicional (típica) e as novas modalidades de greve (atípica) em que não haverá sempre uma paralisação absoluta da atividade laboral[2552].

IV. De certo modo relacionada com a classificação anterior é de aludir às greves lícitas e ilícitas. Esta é uma distinção teoricamente fácil, mas que suscita óbvias dúvidas na apreciação dos casos concretos.

São lícitas as greves permitidas pelo direito e ilícitas as greves que o contrariem, as quais podem enquadrar-se numa de três situações.

Primeiro, são ilícitas as greves que, não obstante terem sido desencadeadas dentro dos pressupostos gerais deste instituto, prosseguem fins ilícitos; por exemplo se os trabalhadores fazem greve para enfraquecer economicamente a empresa com vista a favorecer as concorrentes, no que respeita ao acesso ao mercado.

Segundo, sendo a greve desencadeada em desrespeito de regras jurídicas, por exemplo em caso de inexistência de declaração de greve pelo sindicato ou se não foi feito um aviso prévio, tal forma de luta é ilícita.

Por último, serão ilícitas as greves que impliquem a utilização de meios que não se coadunam com os princípios e regras gerais do ordenamento jurídico; nomeadamente, as greves que causem um prejuízo exorbitante ao empregador em relação às pretensões exigidas pelos trabalhadores.

V. Quanto aos objetivos a prosseguir, as greves podem classificar-se em greves laborais e não laborais. A greve propriamente dita tem em vista reivindicações no domínio das situações laborais, as quais podem ser satisfeitas pelo empregador em concreto. As greves não laborais prosseguem outras finalidades, como sejam políticas, económicas ou de solidariedade[2553].

[2552] Cf. MONTEIRO FERNANDES, «Greves Atípicas: Identificação, Caracteres e Efeitos Jurídicos», *Temas de Direito do Trabalho*, Coimbra, 1990, pp. 502 ss., com uma conceção algo diversa, e *Direito do Trabalho*, cit., pp. 857 ss. Veja-se também BERNARDO XAVIER, *Direito da Greve*, cit., pp. 66 ss.

[2553] As greves de solidariedade, que constituem exemplo de greve extralaboral, podem apresentar-se como modalidade de greve laboral, quando a solidariedade respeita a aspetos relacionados com o direito do trabalho no seio da empresa. Assim, será uma greve de solidariedade na primeira modalidade aquela em que os trabalhadores se solidarizam com o sofrimento do povo timorense, sendo exemplo da segunda a greve de solidariedade com os trabalhadores despedidos ou deslocados de uma empresa em que os grevistas trabalham. Sobre a greve de solidariedade, *vd.* ROSÁRIO PALMA RAMALHO, *Lei da Greve Anotada*, Lisboa, 1994, anot. art. 1.º, pp. 18 s. e BERNARDO XAVIER, *Direito da Greve*, cit., pp. 113 ss. MOTTA VEIGA, *Lições*, cit., p. 259, considera que é greve a paralisação em solidariedade externa, em que a

As greves não laborais dificilmente se enquadram no conceito técnico de greve. Pese embora da letra da lei se possa concluir que quaisquer paralisações se enquadram na ideia da greve, parece que o espírito do ordenamento não permite a sua qualificação jurídica como verdadeira greve.

VI. As classificações de greves são inúmeras, dependendo da perspetiva em que se enquadram, podendo se falar de greves ofensivas e defensivas, greves para simples pressão negocial, etc.

4. Legitimidade para declarar e fazer a greve

a) Oportunidade

I. Apesar de, por vezes, se aludir à greve como a *ultima ratio* em dado conflito coletivo, não é necessário que, previamente, se recorra a um processo negocial e, chegando a um impasse, seja declarada a greve. A greve não corresponde ao culminar de um processo negocial fracassado; pode surgir antes, durante ou depois das negociações, até como forma de pressionar o empregador em determinado sentido. A greve depende apenas de um juízo de oportunidade, que cabe aos trabalhadores. Ou seja, a greve pode ser declarada, não por se ter chegado a um impasse nas negociações, mas porque se julgou oportuna esta forma de luta. Mesmo que as partes interessadas estejam a negociar, os trabalhadores podem recorrer à greve como forma de pressionar o empregador a ceder às suas pretensões, sem que isso constitua necessariamente uma violação da boa fé (art. 522.º do CT)[2554].

Se os trabalhadores consideram oportuno o recurso à greve, há que fazer a declaração de greve, a qual, em princípio, cabe às associações sindicais (art. 531.º, n.º 1, do CT). Excecionalmente, admite-se que a greve possa ser declarada pelas assembleias de trabalhadores (art. 531.º, n.º 2, do CT) que, na prática, em razão das limitações legais quanto a essa forma de declaração de greve, leva a que se possa falar na existência de um monopólio sindical nesta matéria.

---

reivindicação não é dirigida à empresa dos grevistas, o que é discutível; mas será necessário, contudo, ter em conta o fenómeno dos grupos de empresas, onde se pode justificar a greve de solidariedade externa, por exemplo por ter havido um despedimento coletivo numa das empresas do grupo.

[2554] Em sentido contrário, *vd.* MOTTA VEIGA, *Lições*, cit., p. 221.

A decisão de greve está na dependência de um juízo de oportunidade, mas depois terá de haver uma subsequente formalidade da qual resulta a intenção de os trabalhadores recorrerem à greve.

A distinção entre o juízo de oportunidade quanto ao recurso à greve, que compete aos trabalhadores, e a declaração de greve tomada, em princípio, pelos sindicatos, é teórica. Na prática, há uma competência quase total dos sindicatos quanto à determinação do juízo de oportunidade e à declaração de greve.

II. O facto de a decisão de greve ser um quase monopólio sindical tem uma justificação.

Primeiro, porque cabe às associações sindicais a defesa e promoção dos direitos e interesses dos trabalhadores (art. 56.º, n.º 1, da CRP) e a greve tem exatamente essa função de promover a defesa dos direitos e interesses dos trabalhadores.

Segundo, na medida em que, normalmente, a greve é uma forma de pressionar o empregador ou empregadores com vista à celebração de uma convenção coletiva de trabalho ou para alterar um instrumento em vigor. Ora, como a celebração de convenções coletivas é da competência das associações sindicais (art. 56.º, n.º 3, da CRP), justifica-se também que sejam os sindicatos a determinar se se deve ou não recorrer à greve e, por conseguinte, a decretá-la.

III. Não obstante as justificações quanto ao monopólio sindical, podem suscitar-se algumas dúvidas.

No art. 531.º, n.º 1, do CT foi atribuída aos sindicatos competência para declarar a greve, mas não se estabelece qualquer limite, designadamente em função da respetiva representatividade. Trata-se de uma norma relativamente aberta que estabelece uma competência genérica. Assim sendo, um sindicato, não obstante ter uma representatividade mínima numa empresa, não está impedido de declarar uma greve nessa unidade empresarial. Permitindo-se que uma associação sindical minoritária numa empresa possa declarar a greve contra a vontade dos sindicatos maioritários representados na mesma. E pode mesmo chegar-se à seguinte situação, algo caricata, de numa determinada empresa que tenha, por exemplo, 500 trabalhadores, estes, sem apoio sindical, terem dificuldade em declarar a greve em função das restrições estabelecidas no art. 531.º, n.º 2, do CT, mas um sindicato que representa, por exemplo, dois ou três trabalhadores dessa empresa, pode declarar a greve na mesma.

Mas ainda que não resulte diretamente do n.º 1 do art. 531.º do CT, a competência dos sindicatos para declarar a greve tem limites. Em primeiro lugar, não pode um sindicato declarar a greve num sector diverso daquele que representa; assim, um sindicato de químicos, com dois trabalhadores numa empresa agrícola, não pode declarar greve dos trabalhadores agrícolas dessa empresa. Por outro lado, para declarar a greve, o sindicato deve ter uma representação, ainda que diminuta, na empresa; por isso, o sindicato de motoristas, sem nenhum trabalhador sindicalizado numa empresa, não poderá declarar uma greve de motoristas dessa empresa.

IV. Em princípio, quem declara a greve são os sindicatos, mas quem faz a greve são os trabalhadores; há que distinguir a declaração de greve do exercício da greve.

A greve, por via de regra, efetiva-se mediante a paralisação dos trabalhadores numa determinada empresa, mas, não obstante a natureza coletiva da greve, o seu exercício pressupõe sempre uma manifestação da vontade individual de cada trabalhador. A greve efetiva-se mediante a paralisação dos vários trabalhadores, mas nessa paralisação, para além do aspeto coletivo, assenta na liberdade de cada trabalhador aderir ou não à greve. A adesão é um ato individual de cada trabalhador, não pressupondo qualquer manifestação coletiva.

A ideia de que a adesão é individual relaciona-se com o facto de os trabalhadores terem liberdade de trabalhar, mesmo quando tenha sido declarada uma greve na empresa pelo respetivo sindicato. O exercício do direito de greve não pode ser imposto nem pelo sindicato nem pelos demais trabalhadores.

A adesão à greve pode ser feita por todos os trabalhadores sindicalizados e não sindicalizados. Para a adesão à greve não é necessário que o trabalhador esteja inscrito num sindicato nem muito menos que se encontre filiado na associação sindical que declarou a greve; os trabalhadores não sindicalizados bem como os sindicalizados em outros sindicatos que não declararam a greve, também podem aderir. A adesão à greve é um direito de todos os trabalhadores, tendo tão-só de se verificar se aqueles trabalhadores, em razão da atividade que exercem e do local onde a prestam, estão ou não compreendidos no âmbito da greve. Por exemplo, a uma greve sectorial só os trabalhadores que trabalham naquele sector podem aderir.

V. Tendo aderido à greve, independentemente da sua filiação, o trabalhador passa a ser representado pela associação sindical que declarou a greve ou pela comissão sindical no caso de a greve ter sido declarada pela assembleia de trabalhadores (art. 532.º, n.º 1, do CT)[2555]. Esta representação legal, que pode ser delegada (art. 532.º, n.º 2, do CT), respeita unicamente a este conflito coletivo, isto é, à negociação com vista a alcançar a reivindicação e à cessação da greve. É discutível que na representação a que se refere o art. 532.º do CT se inclua um poder de direção atribuído ao sindicato, mediante o qual a este caberia dirigir a atividade dos trabalhadores que integram o piquete de greve e, principalmente, ordenar ou orientar a prestação de serviços mínimos[2556].

b) Princípio da boa fé

No art. 522.º do CT, como princípio geral de atuação nos conflitos coletivos, reitera-se a obrigação de as partes agirem de acordo com ditames de boa fé. Daqui decorre, em especial, que os trabalhadores devem exercer o direito de greve segundo padrões de boa fé e não, nomeadamente, com o intuito de causar o maior prejuízo possível ao empregador ou de beneficiar terceiro; em contrapartida, o empregador, não obstante lhe ser lícito minimizar os danos, não deverá atuar de molde a inviabilizar o exercício do direito de greve.

c) Responsabilidade civil

Em vários preceitos do Código do Trabalho acentua-se o princípio da responsabilidade civil, que não impende só sobre os empregadores, mas igualmente sobre os trabalhadores e associações sindicais. Importa atender ao art. 520.º, n.º 3, do CT, relativo à responsabilidade civil por incumprimento culposo de obrigações contratuais, nomeadamente resultantes de convenção coletiva, e, em particular, ao art. 541.º, n.º 2, do CT, quando remete para os «(...) princípios gerais em matéria de responsabilidade civil», em caso de declaração ou execução da greve de forma contrária à lei.

Nos termos dos arts. 483.º e ss. do CC, a responsabilidade dos sindicatos existirá sempre que a sua atuação se integrar nos pressupostos do n.º 1 do art.

[2555] Sendo vários os sindicatos que declararam a greve, GARCIA PEREIRA, *Temas Laborais*, II, Lisboa, 1982, pp. 16 s., entende que a representação será feita conjuntamente sem se atender à representatividade de cada sindicato.

[2556] Solução oposta parece depreender-se da posição de MONTEIRO FERNANDES, *Direito de Greve*, cit., p. 33; ROSÁRIO PALMA RAMALHO, *Lei da Greve*, cit., anot. art 3.º, p. 28; BERNARDO XAVIER, *Direito da Greve*, cit., p. 178. GARCIA PEREIRA, *Temas Laborais*, cit., pp. 16 s., afirma perentoriamente que o sindicato representa todos os trabalhadores grevistas, ainda que não sindicalizados.

483.º do CC[2557]. Em tal caso, o lesado, credor da indemnização, tanto pode ser o empregador, como o trabalhador a quem foram prestadas falsas informações e, eventualmente, terceiros, em particular credores de prestações da empresa, se se admitir a eficácia externa das obrigações. Em relação ao empregador, a responsabilidade do sindicato não depende sequer da admissibilidade da eficácia externa das obrigações, pois não está só em causa a violação de contratos de trabalho induzida pelo sindicato, mas também o desrespeito de deveres emergentes da relação coletiva entre sindicato e empresa, independentemente da existência de qualquer cláusula de paz social[2558].

Idêntica responsabilidade pode impender sobre o trabalhador que aderiu a uma greve ilícita, com consciência da ilicitude, desde que se encontrem preenchidos os restantes pressupostos do art. 483.º, n.º 1, do CC. Além da responsabilidade civil, a adesão a uma greve ilícita pode determinar a omissão de deveres que consubstanciam um crime, caso em que o trabalhador pode ser responsabilizado penalmente.

5. Cláusula de paz social

I. Quanto à legitimidade de um sindicato declarar a greve, pode questionar-se se, tendo ele subscrito uma convenção coletiva de trabalho da qual consta uma cláusula de paz social, está impedido de declarar uma greve na empresa[2559]. A cláusula de paz social não obsta à realização de greves, porque, como estabelece o art. 530.º, n.º 3, do CT, a greve é um direito irrenunciável e, por isso, não pode impedir-se o seu exercício. Tendo em conta o disposto no art. 542.º do CT, importa saber se o sindicato, parte naquela convenção coletiva, pode decretar a greve. Ou seja, se o sindicato, ao declarar a greve, tendo subscrito uma convenção coletiva da qual consta a cláusula de paz social, não está a violar esse acordo.

A cláusula de paz social, sendo admitida, integra a parte obrigacional da convenção coletiva de trabalho, vinculando os outorgantes e, nessa medida, obrigaria o sindicato a não decretar a greve, mas não impedindo os trabalhadores de a ela aderirem; inclusivamente os trabalhadores sindicalizados na-

[2557] Admitindo a validade da cláusula de paz social, ainda que a greve seja lícita, haverá responsabilidade contratual do sindicato.

[2558] *Vd.* Bernardo Xavier, *Direito da Greve*, cit., pp. 282 ss. e Bernardo Xavier/Furtado Martins/Nunes de Carvalho/Joana Vasconcelos/Tatiana Guerra de Almeida, *Manual*, cit., p. 184.

[2559] Sobre a questão, veja-se Bernardo Xavier, *Direito da Greve*, cit., pp. 142 ss.

quele sindicato poderiam aderir a uma greve, decretada por um outro sindicato. O sindicato que subscreveu a dita cláusula está impedido de declarar a greve dentro do período de vigência da cláusula de paz social inserta naquela convenção coletiva. A cláusula de paz social é válida no domínio das relações obrigacionais, entre as associações de empregadores ou empregadores e as associações sindicais e leva a que o sindicato não possa declarar a greve, mas não pode impedir os trabalhadores sindicalizados de aderirem a uma greve. Dito de outro modo, a cláusula de paz social vincula o sindicato, mas não os filiados nessa associação.

Quando um sindicato é parte em certa convenção coletiva de onde consta uma cláusula de paz social, nos termos da qual a associação sindical se compromete a não recorrer à greve, põe-se o problema de saber se os filiados naquele sindicato, representados por ele nas relações coletivas de trabalho, estão também vinculados a essa cláusula de paz social[2560].

Não parece aceitável que, mediante a representação exercida pelo sindicato se possa impedir os trabalhadores de exercerem o seu direito de greve. A não ser assim, a cláusula de paz social levaria a que o sindicato, em representação dos seus filiados, estivesse a negociar direitos dos trabalhadores os quais, nos termos do art. 530.º, n.º 3, do CT, são irrenunciáveis. Tal cláusula, com respeito aos filiados, seria nula nos termos do art. 280.º do CC, pois poria em causa direitos indisponíveis.

II. No art. 542.º do CT, sob a epígrafe «Regulamentação da greve por convenção coletiva», depois de aceso debate – que esteve na origem do art. 606.º do CT2003 –, consagrou-se explicitamente a possibilidade de em convenção coletiva ser estabelecida uma cláusula de paz social relativa. Na versão primeiramente aprovada do Código do Trabalho de 2003 na Assembleia da República, do texto do artigo constava somente: «Para além das matérias referidas no n.º 1 do artigo 599.º, pode a contratação coletiva estabelecer normas especiais relativas a procedimentos de resolução dos conflitos susceptíveis de determinar o recurso à greve, assim como limitações, durante a vigência do instrumento de regulamentação coletiva de trabalho, à declaração de greve por parte dos sindicatos outorgantes por motivos relacionados com o conteúdo dessa convenção».

[2560] Sobre a cláusula de paz social, *vd.* Monteiro Fernandes, *Direito de Greve*, cit., pp. 27 s.; Rosário Palma Ramalho, *Lei da Greve*, cit., anot. art. 1.º, pp. 19 ss. Assim como o estudo de Dias Coimbra, «Trégua sindical e alteração das circunstâncias», *RDES* 2007, n.º 1/2, pp. 271 ss.

Contudo, pelo Ac. TC n.º 306/2003, de 25 de junho de 2003 foi declarada a inconstitucionalidade da segunda parte do citado preceito com base em dois motivos[2561]. Na expressão «motivos relacionados com o conteúdo dessa convenção», não obstante o disposto no art. 561.º, n.º 2, do CT2003 (correspondente ao art. 520.º, n.º 1, do CT2009), incluir-se-ia igualmente «(...) a greve decretada com invocação da superveniência de alteração anormal de circunstâncias que tornaria injusto ou excessivamente oneroso o clausulado acordado ou parte dele (negando os empregadores ou as associações a ocorrência dessa alteração anormal) [...]». Por outro lado, sem fazer alusão ao regime geral de exceção de não cumprimento (arts. 428.º e ss. do CC), o Tribunal Constitucional entendeu que a já transcrita expressão «motivos relacionados com o conteúdo dessa convenção» abrangeria «(...) ainda a greve decretada para protestar contra alegado incumprimento da convenção por parte do lado empresarial, invocação essa que poderá estribar-se em diferentes interpretações do mesmo clausulado». A estes dois argumentos, o Tribunal aduz o facto de «(...) as consequências, para os trabalhadores (...) de eventual quebra desse compromisso (...) [resultarem no facto] de estes poderem ser responsabilizados pelos prejuízos causados, [incorrendo] os trabalhadores grevistas no regime de faltas injustificadas (...)».

Tendo em conta a declaração de inconstitucionalidade, a parte final do corpo do art. 606.º do CT2003 – que passou a ser n.º 1 – foi alterada e incluíram-se dois números.

Ficaram esclarecidas quatro dúvidas.

A cláusula de paz social só implica limitações à declaração de greve que tenha por finalidade modificar o conteúdo da convenção coletiva em que foi inserida.

A limitação resultante da cláusula não obsta a que o sindicato outorgante declare a greve em caso de alteração anormal das circunstâncias, conforme já decorria do disposto no art. 520.º, n.º 2, do CT e do art. 437.º do CC.

Do mesmo modo, a limitação não abrange uma declaração de greve justificada pelo facto de a contraparte (associação de empregadores ou empregador) ter incumprido deveres resultantes da convenção coletiva onde foi incluída a cláusula, nos termos gerais da *exceptio non adimpleti contractus* (arts. 428.º e ss. do CC).

Por último, a cláusula de paz social, fazendo parte do conteúdo obrigacional da convenção coletiva, só vincula as partes outorgantes, mormente

[2561] *DR* I, de 18 de Julho de 2003 e *Prontuário de Direito do Trabalho,* n.º 65 (2003).

as associações sindicais, não sendo os trabalhadores responsáveis pelo seu incumprimento. A cláusula de paz social, que tem de ser acordada entre sindicatos e associações de empregadores ou empregadores, não limita o exercício do direito de greve por parte dos trabalhadores. Durante a vigência da convenção coletiva, o sindicato outorgante, por ter aceite uma cláusula de paz social, está impedido de decretar uma greve se o(s) empregador(es) cumpre(m) o disposto no instrumento de regulamentação coletiva, sob pena de responsabilidade civil por incumprimento do acordo. Todavia, os trabalhadores, ainda que filiados no sindicato outorgante, durante o período de vigência da cláusula de paz social, podem aderir a uma greve decretada por outro sindicato ou decretada pela assembleia de trabalhadores.

A solução encontrada em 2003, após a alteração decorrente da declaração de inconstitucionalidade, manteve-se na revisão de 2009 no art. 542.º, onde se dispõe: «A convenção coletiva pode regular, além das matérias referidas na alínea *g)* do n.º 2 do art. 492.º, procedimentos de resolução dos conflitos suscetíveis de determinar o recurso à greve, bem como limitar o recurso à greve por parte de associação sindical celebrante, durante a vigência daquela, com a finalidade de modificar o seu conteúdo». Depois da enunciação no n.º 1, dos n.os 2 e 3 do art. 542.º do CT constam as mencionadas limitações do âmbito da cláusula de paz social.

6. Declaração de greve; o aviso prévio

a) Tomada de posição; razões e conteúdo da declaração

I. A declaração de greve, quando feita a nível sindical, que é a regra, será tomada, em princípio, pela direção do sindicato. Muitas das vezes a direção da associação sindical encontra-se mandatada pela respetiva assembleia geral para declarar a greve[2562].

Nada impede que a declaração de greve seja tomada por diferentes sindicatos; ocorre com alguma frequência que as várias associações sindicais com representação numa empresa, de forma concertada, declaram a greve nessa mesma empresa. É normal que isso ocorra, até porque tal acordo entre os sindicatos tem vantagens para efeitos de prever uma maior adesão à greve.

[2562] Cf. Bernardo Xavier/Furtado Martins/Nunes de Carvalho/Joana Vasconcelos//Tatiana Guerra de Almeida, *Manual*, cit., pp. 161 e s.

II. Mas a declaração de greve pode igualmente ser tomada pela assembleia de trabalhadores. Para que a assembleia de trabalhadores reúna com vista à declaração de greve torna-se necessário, como dispõe o art. 531.º, n.º 2, do CT, que estejam preenchidos dois pressupostos.

Importa que naquela empresa a maioria dos trabalhadores não esteja representada por associações sindicais, isto é, que a maior parte dos trabalhadores não esteja filiada em sindicatos. Em segundo lugar, a assembleia terá de ser expressamente convocada para o efeito por 20% ou por 200 trabalhadores da empresa em questão (art. 531.º, n.º 2, do CT).

Reunida a assembleia de trabalhadores, para ser decidida a greve, torna-se necessário que nesta participe a maioria dos trabalhadores da empresa; por conseguinte, se, não obstante o *quorum* de convocação, não se conseguir que a maioria dos trabalhadores se apresente na referida assembleia, esta não pode tomar deliberações. Estando reunida a maioria dos trabalhadores, a votação será feita por voto secreto e por maioria (art. 531.º, n.º 2, do CT). Estas limitações, estabelecidas no art. 531.º, n.º 2, do CT, levam a que dificilmente a assembleia de trabalhadores de uma empresa possa reunir e declarar uma greve. Daí que, na realidade, as greves acabam por ser sempre declaradas pelos sindicatos, nos termos do art. 531.º, n.º 1, do CT e se aluda a um monopólio sindical neste âmbito.

III. Da declaração de greve deve constar o fim a atingir por essa luta coletiva; no fundo, a razão que levou a ser desencadeada aquela greve[2563]. De facto, não se justificaria que fosse decretada uma greve se não houvesse objetivos a prosseguir, ou seja sem nenhuma finalidade conhecida. A lei não exige que, ao ser declarada a greve, se estabeleçam os objetivos a atingir. Do diploma de 1974, que regulava a greve, constava uma regra no sentido de esta forma de luta ser declarada com base em determinados objetivos a prosseguir, mas tanto a Lei da Greve de 1977 como os arts. 530.º e ss. do CT são omissos quanto a este aspeto. Contudo, não parece admissível que possa ser declarada uma greve sem ter objetivos conhecidos, sem se indicar a finalidade a prosseguir. Caberia perguntar, por um lado, por que razão os trabalhadores entrariam em greve, se não sabem o que se reivindica e, por outro, porque razão o empregador teria de suportar os efeitos da greve se não pode satisfazer a reivindicação dos trabalhadores, porque a desconhece.

[2563] Cf. MENEZES CORDEIRO, *Direito do Trabalho*, I, cit., p. 806; BERNARDO XAVIER, *Direito da Greve*, cit., p. 158.

Deste modo, sem reivindicações apresentadas, uma greve não tem qualquer sentido; apesar de a lei o não exigir, torna-se necessário que se apresentem os objetivos a atingir, ou seja, as reivindicações pretendidas, porque a atuação tem de ser nos ditames da boa fé (art. 522.º do CT). Não só é necessário que as reivindicações constem da declaração de greve, como também devem ser dadas a conhecer aos interessados, isto é, aos potenciais grevistas e aos empregadores. É necessário saber qual a razão de ser de uma determinada greve, até porque ela pode ser evitada por meio de negociações, desde que se saibam quais os seus objetivos.

E atendendo ao princípio da boa fé, não podem ser prosseguidas, com a greve, finalidades diversas das reivindicações apresentadas.

IV. Quando se decreta uma greve deve também ser determinada qual a data em que ela vai ter lugar, bem como a sua duração. Importa, pois, fixar a data de início da greve, indicando se é por tempo determinado, devendo, então, constar a data do seu termo, ou por tempo indeterminado; neste último caso basta a indicação da data de início, pois ela terminará quando ocorrer algum facto justificativo.

b) Aviso prévio

I. Declarada a greve, terá a mesma de ser comunicada. Depois de o sindicato ou, eventualmente, a assembleia de trabalhadores, ter declarado a greve deve tal facto ser comunicado. A lei impõe que as entidades que decretam a greve façam um aviso prévio (art. 534.º do CT). Esse pré-aviso tem de ser feito com uma antecedência mínima e deverá ser dirigido, por um lado, ao empregador ou à associação de empregadores, no caso de ser uma greve que abrange vários empregadores e, por outro lado, ao Ministério do Trabalho (art. 534.º do CT).

II. Discutiu-se se a obrigatoriedade de aviso prévio seria constitucional[2564]. Poder-se-ia considerar que a lei, no art. 534.º do CT, ao estabelecer a obrigatoriedade de aviso prévio, estaria a violar a Constituição, pois essa exigência contrariaria o disposto no n.º 2 do art. 57.º da CRP, na medida em que seria uma forma de limitar o âmbito da greve. Todavia, a opinião pre-

[2564] *Vd.* Parecer da Procuradoria-Geral da República n.º 123/76-B, de 3/3/1977, *in* Rosário Palma Ramalho, *Lei da Greve*, cit., pp. 105 ss. e Rosário Palma Ramalho, *Lei da Greve*, cit., anot. art. 5.º, p. 33.

dominante na doutrina, e que veio a ser aceite pelo Tribunal Constitucional, vai no sentido de a existência do aviso prévio não colidir com a referida norma da Constituição. A constitucionalidade do pré-aviso baseia-se no facto de o prazo estabelecido não pôr em causa o direito à greve, nem constituir um verdadeiro limite a esta forma de luta. Tendo por base o princípio da boa fé, o aviso prévio serve tão-só para dar conhecimento aos interessados – empregadores e Ministério do Trabalho – de que vai eclodir uma greve, e não limita o seu exercício o facto de, com uma certa antecedência, ser prestada essa informação. Nem os próprios prazos do aviso prévio se poderão dizer que constituem um limite ao direito da greve; de facto, dar a conhecer, com uma antecedência de cinco ou de dez dias úteis, a realização da greve, não limita o direito dos trabalhadores. Trata-se, antes, não de um limite ao direito dos trabalhadores, mas de uma forma de disciplinar a greve. Importa que as greves não sejam feitas de surpresa, porque a surpresa pode ter inconvenientes nefastos de vária ordem. A obrigatoriedade do aviso prévio justifica-se por algumas razões.

III. O aviso prévio pode constituir e muitas das vezes representa uma forma de evitar a greve: através do pré-aviso, conhecendo-se as reivindicações dos trabalhadores, o empregador, na iminência da greve, pode não estar disposto a correr o risco de uma paralisação e, nessa medida, para a evitar pode aceder a certas pretensões dos trabalhadores; perante a cedência do empregador, a greve será desconvocada.

A obtenção do consenso consegue-se, frequentemente, por força desse aviso prévio. Este constitui, até, em numerosas situações, uma forma de pressionar a contraparte na negociação; sabendo-se que com o aviso prévio o empregador fica numa posição menos vantajosa para negociar, atento o risco de uma greve e das eventuais consequências nefastas da mesma, é natural que o empregador se manifeste mais predisposto a ceder para a obtenção do consenso e, nessa medida, o pré-aviso serve para evitar o conflito[2565].

Também ocorre que, em muitas greves, os prejuízos podem ser minimizados por força do aviso prévio. Interessa minimizar os danos, principalmente em certas greves em que os prejuízos são essencialmente ocasionados não tanto aos empregadores, mas à comunidade. Estas situações são frequentes e, no fundo, são as greves mais conhecidas aquelas que causam prejuízos à população, danos estes muito superiores àqueles que vêm a ser infligidos aos

[2565] Monteiro Fernandes, *Direito de Greve*, cit., p. 40, admite que pode haver abuso do direito de greve no caso de apresentação de pré-aviso no início das negociações.

empregadores. É o caso das greves nos transportes, das greves dos correios, etc. Nesses casos, o aviso prévio tem indiscutíveis vantagens, porque durante o período que medeia entre a comunicação e a greve podem encontrar-se formas alternativas para minimizar os prejuízos ocasionados à comunidade, designadamente mediante a prestação de serviços mínimos ou de serviços alternativos.

É um facto que a greve visa prejudicar o empregador, mas o aviso prévio tem razões justificativas para, em certa medida, também minimizar os prejuízos em relação à entidade patronal. O empregador, sabendo antecipadamente da existência da greve, pode precaver-se de forma a reduzir os seus danos, pois se a greve fosse feita de surpresa poderiam os prejuízos ser mais elevados. Por exemplo, o empregador, sabendo da realização da greve, avisa os fornecedores para não enviarem matéria-prima naquele dia ou informa os clientes de que vai enviar os produtos com algum atraso. A imposição do aviso prévio representa a concretização de regras de boa fé no exercício do direito de greve[2566]. Em qualquer atuação das partes, mesmo em situações de greve, a atuação segundo regras de boa fé nas suas relações deve manter-se (art. 522.º do CT). O aviso prévio constitui a consagração de regras de boa fé nessas relações; pois mesmo as formas de luta têm de ser leais[2567].

IV. O aviso prévio tem de ser feito com um prazo mínimo de cinco ou de dez dias úteis em relação à data de início da greve. A regra é a de que o aviso prévio deve ser emitido com a antecedência mínima de cinco dias úteis, mas quando se trata de empresas que se destinam à satisfação de necessidades sociais impreteríveis, o legislador estabeleceu que o prazo deverá ser de dez dias úteis (art. 534.º, n.º 1, do CT). No art. 537.º, n.º 2, do CT enumeram-se, de forma exemplificativa, os sectores da economia que se destinam à satisfação de necessidades sociais impreteríveis da comunidade. E, assim, faz-se alusão a correios, serviços médicos, abastecimentos públicos, transportes, etc.

Nestes casos está precisamente em causa a tutela do público, pretendendo-se minimizar os seus prejuízos, em especial mediante o estabelecimento atempado de serviços mínimos.

2566 *Vd.* Menezes Cordeiro, *Direito do Trabalho*, I, cit., p. 806.

2567 Daí se ter considerado ilegal a designada greve *self-service* dos médicos, pois, por um lado, o modo em que a greve se desenvolvia contrariava os termos do aviso prévio, e, por outro, o exercício da greve daquela forma não permitia prever a paralisação, desorganizando os serviços com consequências imprevisíveis (Parecer da Procuradoria-Geral da República n.º 1/99, de 18/1/1999, *in Compêndio de Leis do Trabalho*, 10.ª ed., Coimbra, 2002, pp. 288 ss.).

V. O aviso prévio deverá ser efetuado pela entidade que declarou a greve, em regra o sindicato ou os sindicatos que a declararam. Se a greve for declarada por uma assembleia de trabalhadores, caberá a esta fazer o pré-aviso. Na hipótese, relativamente frequente, de a greve ser declarada por vários sindicatos, o aviso prévio poderá ser subscrito conjuntamente pelas associações sindicais que declararam a greve.

O aviso prévio e a declaração de greve correspondem a duas realidades diferentes, pois é distinto declarar a greve e informar da sua realização (pré-aviso)[2568]. Acontece, porém, que, as mais das vezes, a declaração de greve e o aviso prévio constam de um mesmo documento. Não é necessário que assim ocorra, mas é frequente a indissociação formal entre as duas situações.

VI. Quanto à forma do aviso prévio estabelece o art. 534.º, n.º 2, do CT que tem de ser feito por meios idóneos, nomeadamente, por escrito ou através dos meios de comunicação social. O aviso prévio deve ser feito de modo a poder ser conhecido pelo empregador e pelo Ministério do Trabalho. O legislador não impôs requisitos de forma, seguindo o disposto no art. 219.º do CC.

VII. Com respeito ao conteúdo, o pré-aviso funciona como meio de informação, devendo atender a certos aspetos.

Serve para dar a conhecer ao empregador (ou empregadores) e ao Ministério do Trabalho que vai ter lugar uma greve em determinada data. Dessa informação deve constar a indicação da greve e do seu âmbito (quais os trabalhadores por ela abrangidos, se é geral, sectorial, profissional, etc.), assim como a data em que a greve vai ter lugar e a sua duração. Importa, pois, fixar a data de início da greve, indicando se é por tempo determinado, devendo, então, constar a data do seu termo, ou por tempo indeterminado; neste último caso basta a indicação da data de início, pois ela terminará quando ocorrer algum facto justificativo.

Além disso, terá de ser mencionada a data da greve; sendo esta prolongada, há que distinguir a paralisação de duração determinada, em que têm de ser indicadas as datas de início e termo, da de duração indeterminada, em que basta mencionar a data de início. A greve pode ser declarada por tempo determinado e, findo o prazo, nada obsta a que este seja prorrogado, mas em

[2568] *Vd.* Menezes Cordeiro, *Direito do Trabalho*, I, cit., p. 806. De modo diverso, identificando as duas realidades, *vd.* Monteiro Fernandes, «Greves Atípicas...», cit., pp. 495 s.

tal caso torna-se necessário que se faça um novo aviso dentro do prazo legal do art. 534.º do CT[2569].

Do aviso prévio não têm necessariamente de constar as reivindicações dos trabalhadores. É sabido que as greves devem ser declaradas com indicação dos objetivos a atingir, mas não se torna necessário que os mesmos constem do pré-aviso. Contudo, como as referidas finalidades têm de ser dadas a conhecer também ao empregador, pode ocorrer que isso se faça por via do aviso prévio. Não existe nenhuma obrigatoriedade nesse sentido e desde que o empregador conheça, por qualquer outro meio, as reivindicações dos trabalhadores, não será necessário que, depois, no aviso prévio se especifiquem essas mesmas pretensões. Mas o ónus da prova quanto ao conhecimento das reivindicações cabe a quem declara a greve.

VIII. Nos termos do disposto no n.º 3 do art. 534.º do CT, juntamente com o aviso prévio deve ser feita uma proposta de definição dos serviços necessários à segurança e manutenção do equipamento e instalações ou de serviços mínimos, consoante o tipo de empresa e de atividade (*vd.* art. 537.º do CT). Impõe-se, assim, à entidade que declara a greve (por via de regra, o sindicato) a apresentação de um plano de prestação de serviços relacionados com a manutenção do equipamento e instalações da empresa ou para garantir o funcionamento de serviços mínimos em benefício da comunidade. Em caso de incumprimento do dever de apresentar uma proposta de serviços mínimos aplica-se o disposto no art. 541.º do CT, relativo à responsabilidade por violação das regras da greve. Se do aviso prévio, enviado com a devida antecedência, faltar a proposta (séria) de definição dos mínimos ou dos necessários à segurança e manutenção do equipamento e instalações, a greve é ilícita, com as consequências constantes do art. 541.º do CT.

7. Exercício do direito de greve

a) Adesão à greve

I. Se a greve, depois de ter sido decretada, não for desconvocada, os trabalhadores abrangidos podem a ela aderir na data em que foi marcada. A adesão corresponde a uma liberdade no exercício deste direito dos

[2569] Cf. Menezes Cordeiro, *Direito do Trabalho*, I, cit., p. 806; Monteiro Fernandes, *Direito de Greve*, cit., pp. 41 s.; Bernardo Xavier, *Direito da Greve*, cit., p. 164.

trabalhadores, ninguém podendo ser obrigado a aderir a uma greve, nem impedido de o fazer[2570].

Para que um trabalhador possa aderir à greve é necessário somente que a atividade por ele exercida esteja abrangida no âmbito daquela forma de luta. Desde que a greve tenha sido decretada e que no respetivo âmbito esteja abrangida a atividade do trabalhador, ele pode aderir à greve. A adesão a determinada greve é um direito potestativo de todos os trabalhadores por ela abrangidos, mesmo não sindicalizados, não estando limitado aos trabalhadores filiados no sindicato que a declarou.

II. A adesão à greve corresponde a uma liberdade da qual não pode advir qualquer discriminação para o trabalhador (art. 540.º, n.º 1, do CT)[2571].

Tendo em conta o disposto no art. 540.º, n.º 1, do CT, têm sido considerados discriminatórios os designados prémios anti-greve[2572]. Estes prémios correspondem, normalmente, a quantias monetárias oferecidas aos trabalhadores em razão da sua assiduidade. Estabelece-se, assim, que se o trabalhador não der faltas receberá um prémio de assiduidade, mas na hipótese de o trabalhador ter dado, nem que seja uma falta, perderá o referido prémio de assiduidade. Não é que os prémios de assiduidade sejam ilícitos, pois o empregador pode estabelecer tais prémios para incentivar os trabalhadores a não faltarem. O problema que se põe nestes casos advém do facto de o trabalhador perder o prémio de assiduidade por ter faltado, na medida em que aderiu a uma greve, podendo, por isso, tais incentivos ao trabalho ser considerados discriminatórios e, nessa medida, violadores do art. 540.º, n.º 1, do CT; não sendo válidos na medida em que correspondam também a prémios anti-greve.

III. A adesão à greve é um ato unilateral de cada trabalhador, que se consubstancia numa declaração de vontade. Depois de ter sido declarada, cada trabalhador individualmente adere ou não à greve. A adesão à greve corresponde a uma declaração negocial que não carece de forma, basta que resulte

[2570] Sobre a adesão à greve, veja-se Furtado Martins, «Adesão à Greve», *RDES*, 1995, n.º 4, pp. 494 ss.

[2571] Daí que se tenha considerado ilícita a ordem de transferência de um trabalhador no dia seguinte ao da cessação da greve a que aderira, com a referência do superior hierárquico de que não queria trabalhadores grevistas (Ac. STJ de 8/3/1995, *BMJ* 445, p. 221).

[2572] Sobre a figura, *vd.* Bernardo Xavier, *Direito da Greve*, cit., pp. 207 ss.

da atitude do trabalhador. Normalmente, a própria atitude do trabalhador é esclarecedora quanto à sua adesão ou não adesão à greve.

Se o trabalhador no dia da greve não comparece no local de trabalho, em princípio, presume-se que aderiu. A mera atuação do trabalhador, por factos exteriores, indicia a adesão à greve, mas a presunção é ilidível. Podem suscitar-se dúvidas no caso de a atuação do trabalhador não ser concludente ou quando os factos exteriores levam a concluir que o trabalhador aderiu à greve e ele, de facto, não está em greve ou vice-versa. Por exemplo, se um trabalhador adoece e, por isso, não comparece na empresa no dia em que está marcada a greve, essa falta, em princípio, seria entendida como adesão à greve. Em tal caso, para não se considerar em greve, o trabalhador terá de apresentar a justificação da falta. A presunção de ter aderido à greve já não valerá se o trabalhador, antes da greve, informar o empregador de que se encontra doente e a doença prolongou-se para além do dia de greve.

Da mesma forma, mas no sentido oposto, pode acontecer que um trabalhador queira aderir à greve, porém, como o seu local de trabalho não é a empresa, dificilmente se pode determinar se está ou não em greve. Por exemplo, um trabalhador cuja atividade seja percorrer o país no seu veículo por conta da empresa. Em tal caso, para se entender que este trabalhador está em greve, ele deverá fazer uma declaração concludente, pois a simples falta de comparência nas instalações não poderia ser entendida como adesão à greve.

IV. O trabalhador pode aderir ou não a uma greve, mas tal declaração de vontade é livremente revogável[2573].

O trabalhador pode aderir à greve no próprio dia marcado para a paralisação, que é, aliás, o que acontece na maioria das situações, ou mesmo antes do dia marcado para a greve. Tem-se entendido que, em qualquer dos casos, o trabalhador pode revogar estas declarações, admitindo-se que ele é livre de «mudar de ideias».

A adesão à greve só produz efeitos a partir do momento em que o trabalhador, no próprio dia da greve, não comparece no local de trabalho; é, pois, necessário um comportamento de abstenção. As declarações anteriores que o trabalhador tenha feito não o vinculam, na medida em que, até ao momento de iniciar o trabalho, ele pode mudar de opinião.

[2573] Cf. Menezes Cordeiro, *Direito do Trabalho*, I, cit., p. 810.

Em tais casos, deve entender-se que se o comportamento do trabalhador com respeito a aderir ou não à greve for contrário à sua declaração de vontade poder-se-á estar perante um *venire contra factum proprium*[2574]. Não há dúvida que tal atuação corresponde a um comportamento contrário a uma declaração de vontade. O problema está em saber se esta contradição implica uma responsabilização do trabalhador.

Torna-se difícil responsabilizar o trabalhador pela sua mudança de posição. Admitindo-se que o trabalhador pode ponderar a sua adesão até ao dia da greve, em princípio, o seu comportamento contraditório não tem em vista prejudicar outrem (empregador ou colegas de trabalho) e, deste modo, não se justifica que seja penalizado, apenas porque mudou de opinião.

Por exemplo, se o trabalhador comunicou que aderia à greve e, depois, considerou que a retribuição que iria perder naquele dia seria muito importante para o sustento da sua família, não se encontra justificação para que os colegas de trabalho ou os sindicatos o responsabilizem. Da mesma forma, se o trabalhador comunicou que não aderia e, posteriormente, persuadido pelos seus colegas de trabalho, acabou por aderir à greve, não parece aceitável que o empregador possa pedir uma indemnização por esta atuação contraditória.

A adesão à greve é um direito a exercer pelo trabalhador, na base de uma total liberdade e sem vinculação a qualquer declaração prévia. Assim, qualquer declaração que o trabalhador faça previamente não o vincula. A sua liberdade de aderir ou não à greve manter-se-á até ao dia desta. É evidente que poderá haver situações limite em que um trabalhador propositadamente emite uma declaração, sabendo que, dessa forma, vai atingir determinado objetivo e, depois, revoga a sua declaração, prejudicando terceiros. Esta situação limite pode acarretar responsabilidade civil por *culpa in contrahendo*.

b) Piquetes de greve

I. Sabendo-se que se uma greve tiver um grau de adesão elevado será um sucesso, mas se, pelo contrário, a adesão dos trabalhadores for reduzida, será um fracasso, torna-se relevante persuadir os trabalhadores a participar na greve. Por um lado, em particular os sindicatos e os respetivos delegados tentam persuadir o maior número de trabalhadores a aderirem à greve apresentando as razões de sua justeza. Por outro lado, o empregador tenta que a

[2574] Sobre a figura, veja-se, em particular, MENEZES CORDEIRO, *Da Boa Fé no Direito Civil*, Coimbra, 1984, pp. 742 ss., e, quanto à responsabilidade de trabalhadores que atuem contra o que afirmaram, cf. do mesmo autor, *Direito do Trabalho*, I, cit., p. 710.

greve seja um fracasso, persuadindo os trabalhadores a não aderirem, mostrando que ela é injustificada.

Esta «luta de persuasão» apresenta-se com uma relevância extrema, visto que o nível de adesão a uma greve é um dos fatores com maior peso.

II. Para efeito desta persuasão, permite-se a criação de piquetes de greve; ou seja, institucionalizou-se uma forma de persuadir os trabalhadores a aderirem à greve.

Só está institucionalizada uma forma de convencer os trabalhadores a aderirem à greve. Aos empregadores não foi conferida qualquer forma institucionalizada para induzir os trabalhadores a não aderirem à greve; cabe-lhes somente o recurso aos meios normais de persuasão, por exemplo, comunicados informativos divulgados na empresa ou nos meios de comunicação social.

Os piquetes de greve têm uma origem histórica remota, sendo frequente a sua constituição em quase todas as greves, mas não se trata de uma mera existência prática, ou seja, os piquetes de greve para além de poderem surgir espontaneamente no momento das greves, estão institucionalizados no nosso sistema jurídico.

III. Como dispõe o art. 533.º do CT, os piquetes de greve são organizados pela associação sindical ou pela comissão de greve, com o fim de persuadirem, por meios pacíficos, os trabalhadores a aderirem à greve.

Nos termos constantes do art. 533.º do CT parece poder concluir-se que quem organiza os piquetes de greve deverá ser a entidade que declara a greve. De facto, neste artigo fala-se em associação sindical, no singular. Daqui pode depreender-se que a organização dos piquetes de greve não é um direito dos sindicatos em geral, mas sim da associação sindical que declarou a greve. É evidente que se forem várias associações sindicais a declarar a greve todas elas poderão organizar os piquetes de greve. Há, pois, uma relação entre declarar a greve e organizar o piquete de greve.

Admitindo a situação excecional em que a greve é declarada, não por um sindicato, mas sim pela assembleia de trabalhadores, o piquete de greve, nesse caso, será organizado pela comissão de greve. Se a greve foi declarada por uma assembleia de trabalhadores, essa mesma assembleia, no momento em que se reúne para declarar a greve, também delibera quanto à eleição de uma comissão de greve (art. 532.º, n.º 1, do CT), que representa os trabalhadores durante o período de paralisação. No caso de a greve ter sido declarada por um sindicato, será este que representa os trabalhadores em greve, ainda que não sindicalizados.

Ao abrigo do princípio da liberdade de associação, qualquer pessoa poderia organizar um piquete de greve à revelia do sindicato ou da comissão de greve. No entanto, do art. 533.º do CT deduz-se que a organização dos piquetes de greve cabe à associação sindical, que declarou essa paralisação, ou à comissão de greve. Apesar do disposto no art. 533.º do CT, nada obsta a que quaisquer pessoas se reúnam e constituam um piquete de greve com vista a persuadir os trabalhadores a aderirem à paralisação. Porém, um piquete de greve, no sentido técnico, tem de ser organizado pelo sindicato ou pela comissão de greve, mas, na prática, torna-se difícil controlar a situação.

Os piquetes de greve constituídos legalmente, nos termos do art. 533.º do CT, têm liberdade de atuação, em particular no seio das empresas, diferentemente dos piquetes *ad hoc,* que, em princípio, não a têm. Por exemplo, os piquetes *ad hoc* podem estar nas imediações da empresa a convencer os trabalhadores a aderirem à greve, mas pode-lhes ser vedada a sua atuação dentro da empresa.

IV. No que respeita à composição, os piquetes de greve, em sentido técnico – organizados pela associação sindical ou pela comissão de greve –, deverão ser compostos por trabalhadores a abranger por aquela greve. No caso de a greve ter sido convocada por um sindicato, a composição do piquete nada tem que ver com a filiação. A filiação sindical é irrelevante em termos de greve e, deste modo, mesmo que a paralisação tenha sido declarada por um determinado sindicato, os membros do piquete não têm de ser necessariamente filiados nessa associação sindical.

A lei não dispõe quanto à composição dos piquetes de greve, pois, neste ponto, o art. 533.º do CT é omisso. Deste modo, nada obstaria a que, por exemplo, pessoas estranhas a uma determinada empresa componham o piquete de greve, podendo este estar à porta da empresa convencendo os trabalhadores a aderirem à greve. São, porém, piquetes *ad hoc.*

Está-se no domínio da liberdade de atuação e, por conseguinte, qualquer pessoa pode livremente, fora da empresa, sem ter uma relação laboral com ela, convencer os respetivos trabalhadores a aderirem a uma greve.

V. No exterior da empresa, mesmo nas suas imediações, não há qualquer limite quanto à atuação de grupos organizados que tentam convencer os trabalhadores a aderirem a uma greve. O problema reside em saber em que medida os piquetes de greve podem exercer a sua tarefa de persuasão dentro da própria empresa. No seio da empresa põe-se o problema de saber se o empregador pode impedir a atuação dos piquetes de greve[2575].

A lei nada estabelece quanto ao desempenho de funções por parte dos piquetes de greve dentro da empresa. Da parte do empregador pode haver interesse em opor-se à entrada do piquete de greve na empresa, visto que, se alguns trabalhadores não aderiram à greve, a entidade patronal, em princípio, não pretende que eles sejam persuadidos a abandonarem o trabalho.

É evidente que o empregador pode sempre opor-se à entrada de pessoas estranhas na empresa. Deste modo, quando o piquete de greve não for composto por trabalhadores da empresa, o empregador pode licitamente impedir a entrada dessas pessoas na empresa[2576].

Relativamente às empresas com serviços abertos ao público, haverá áreas reservadas aos funcionários e, pelo menos, nesses espaços, o empregador poderá não permitir a entrada de pessoas estranhas. Além disso, o que está proibido aos empregadores é o *lock-out*, ou seja, encerrar a empresa com efeitos relativamente aos trabalhadores, mas não há qualquer impedimento quanto a fechar a empresa ao público; pelo que o empregador pode, quando muito bem entender, fechar as portas da empresa ao público e, deste modo, impedir a entrada de estranhos na empresa.

Quanto aos piquetes de greve compostos por trabalhadores da empresa, o problema é mais complicado. Se o empregador poderia, em condições normais, impedir o acesso de trabalhadores da empresa a determinadas zonas quando não estejam em efetividade de funções, também pode obstar a que os trabalhadores grevistas que compõem o piquete de greve permaneçam nesses locais da empresa. Mas se os trabalhadores têm livre acesso à cantina, a uma sala de convívio, à sala da comissão de trabalhadores, etc., mesmo fora do período normal de trabalho, parece que o empregador não pode vedar a entrada do piquete de greve nesses locais. Deste modo, o piquete de greve,

2575 A este propósito, CAUPERS/MAGALHÃES, *Relações Colectivas de Trabalho*, Lisboa, 1978, pp. 102 s, noutro contexto histórico e baseando-se na realidade que então se vivia, apesar de entenderem que falta a fundamentação jurídica, admitem a greve com ocupação dos locais de trabalho pelos trabalhadores. Os autores esclarecem que a Lei da Greve não quis proibir a ocupação de locais de trabalho – ao contrário da precedente regulamentação (Decreto-Lei n.º 392/74, de 27 de agosto), que a proibia – sem, contudo, a admitir expressamente.

2576 Veja-se, porém, MENEZES CORDEIRO, *Direito do Trabalho*, I, cit., p. 816 s.

composto por trabalhadores da empresa, pode realizar os seus objetivos nas zonas de acesso livre[2577].

Põe-se seguidamente o problema de saber se o empregador pode vedar a entrada do piquete de greve nos locais de trabalho.

O empregador, na sua função de direção da empresa, tem a possibilidade de determinar e regulamentar o modo de funcionamento da mesma. Pode, por isso, impedir que haja perturbações nos locais de trabalho, até por motivos de segurança. Se há trabalhadores que não aderiram à greve, parece lícito que o empregador possa impedir que os piquetes de greve permaneçam nos locais de trabalho, persuadindo os trabalhadores não aderentes a aderirem à greve. Havendo zonas da empresa a que só acedem os trabalhadores quando vão trabalhar, o empregador pode vedar o acesso ao piquete de greve.

Deve, assim, partir-se do pressuposto de que os piquetes de greve, compostos por trabalhadores da empresa, podem atuar no interior desta, mas dentro dos limites apresentados. Nomeadamente, é-lhe vedado prejudicar o trabalho daqueles que não quiserem aderir à greve[2578].

VI. Os piquetes de greve têm por função persuadir os trabalhadores, potenciais grevistas, a aderirem a uma greve.

Justifica-se a existência dos piquetes de greve para esclarecer os trabalhadores acerca das razões que presidiram à realização daquela greve. No fundo, o esclarecimento serve para que os trabalhadores, potenciais grevistas, saibam quais são os problemas inerentes às relações de trabalho e quais as reivindicações apresentadas, podendo, depois, esclarecidos e de forma livre, aderir ou não à greve.

A atuação dos piquetes de greve, como refere o art. 533.º do CT, tem de ser feita por meios pacíficos, não podendo constituir uma forma de prejudicar a atuação dos trabalhadores não grevistas. Mas mesmo quando não se chegue a situações extremas e ilícitas, verificadas com alguma frequência, por exemplo, espancamento de trabalhadores não grevistas, os piquetes de greve acabam sempre por exercer alguma coação moral sobre os trabalhadores.

Normalmente, o piquete de greve encontra-se colocado na porta de entrada da empresa, de forma a poder controlar os trabalhadores que não aderem à greve, tentando convencê-los a aderir, invocando, muitas das vezes,

[2577] *Vd.* Menezes Cordeiro, *Direito do Trabalho*, I, cit., pp. 816 s.; Monteiro Fernandes, *Direito de Greve*, cit., p. 37; Parecer da Procuradoria-Geral da República n.º 47/78, de 29/6/1978, *in* Rosário Palma Ramalho, *Lei da Greve*, cit., pp. 159 ss.

[2578] Cf. Ac. Rel. Év. de 15/11/2018 (Paula do Paço), www.dgsi.pt.

razões de solidariedade profissional. Na prática, os piquetes de greve acabam igualmente por ter como função identificar os trabalhadores não grevistas[2579].

A função de persuasão dos piquetes de greve, nem sempre se limita às formas pacíficas de mero esclarecimento. Não raras vezes chega mesmo a haver coação moral.

Sabendo-se que a adesão à greve é uma declaração de vontade unilateral do trabalhador, cabe perguntar se, havendo coação moral, ele não poderá recorrer, em determinadas circunstâncias, às regras dos arts. 255.º e 256.º do CC. Trata-se, no fundo, de saber se um trabalhador que aderiu a uma greve, pode, em determinadas circunstâncias, arguir a anulabilidade da sua declaração de vontade com fundamento em coação moral. Estando preenchidos os pressupostos do art. 255.º do CC, o trabalhador poderá pedir a anulabilidade da sua declaração, nos termos do art. 256.º do CC. Se, por exemplo, o piquete de greve ameaçou um trabalhador de espancamento no caso de ele não aderir à greve, é evidente que este trabalhador aderiu à greve com receio de um mal e, portanto, sob ameaça. Esta ameaça é obviamente ilícita e há receio da sua efetivação. Deste modo, preenchidos os pressupostos do art. 255.º, n.º 1, do CC, a declaração negocial deste trabalhador seria anulável.

A declaração negocial será anulável mesmo que a coação não provenha do destinatário daquela. Neste caso, o destinatário da declaração é o empregador, mas a coação não foi exercida por ele; aliás, o empregador, por via de regra, não tem qualquer interesse nessa coação. A coação terá sido exercida por terceiro (membros do piquete de greve), mas, nos termos do art. 256.º do CC, não obsta à anulação o facto de a coação ter sido exercida por outrem que não o destinatário da declaração negocial, desde que seja grave o mal e justificado o receio da sua consumação.

Se o trabalhador conseguir anular a sua declaração de adesão à greve, a anulabilidade tem efeitos retroativos (art. 289.º do CC), levando a que deixem de se produzir os efeitos emergentes daquela adesão, designadamente o não pagamento da retribuição. O trabalhador, em tal caso, será considerado, para todos os efeitos, como não grevista. Admitindo-se esta solução, ao empregador caberia demandar os elementos que compunham

---

[2579] MONTEIRO FERNANDES, *Direito de Greve*, cit., p. 36, considera ilícita a atividade do piquete que consista «(...) na fiscalização das portarias, no controlo ou neutralização dos telefones, na verificação e filtragem (ou obstrução) de entradas e saídas de pessoas e veículos». Sobre uma greve com impedimento de saída de representantes do empregador, *vd.* Ac. Rel. Pt. de 2/10/2000, CJ XXV, T. IV, p. 244.

o piquete de greve e a associação sindical que o organizou, com base em responsabilidade civil.

VI. A única função que o art. 533.º do CT estabelece em relação aos piquetes de greve é a de persuadir os trabalhadores a aderirem à greve. Resta averiguar se, perante a omissão da lei, os piquetes de greve não poderão ser incumbidos de outras funções.

Discute-se se os piquetes de greve têm uma função de fiscalização da greve. Tal função não lhes foi atribuída pelo legislador. Porém, os piquetes de greve são, frequentemente, constituídos por trabalhadores que, para além disso, também são cidadãos e qualquer cidadão tem a possibilidade (e o dever) de denunciar violações da lei. Daí que denunciar as violações praticadas pelo empregador no período de greve não seja uma incumbência específica do piquete de greve, tratando-se apenas de uma faculdade de qualquer cidadão. A atividade de fiscalização deve, deste modo, considerar-se lícita.

Existem outras atividades exercidas normalmente pelos piquetes de greve que devem ser consideradas ilícitas, nomeadamente situações em que os piquetes de greve procedem ao bloqueio dos acessos às empresas, ou seja, aos locais de trabalho.

A atuação ilícita dos piquetes de greve do género das descritas leva à aplicação das regras de responsabilidade civil (arts. 483.º e ss. do CC), para além da responsabilidade penal que daí possa advir (*vd. supra* n.º 4.c)).

Em tais casos, a responsabilidade não é coletiva, devendo ser responsabilizados individualmente cada um dos sujeitos que integram o piquete de greve.

Caso o piquete de greve tenha sido organizado por uma associação sindical, o empregador poderá eventualmente também demandar o sindicato com base em responsabilidade do comitente, nos termos do art. 500.º do CC. Caso se admita que o piquete de greve funciona como uma entidade organizada pelo sindicato e age dentro de competências que lhe foram atribuídas por este, então, para além da responsabilidade individual dos membros do piquete de greve, pode responsabilizar-se quem o organizou, ou seja, o sindicato, como comitente.

8. Efeitos da greve

a) Suspensão dos efeitos principais do contrato

I. Nos termos do art. 536.º, n.º 1, do CT, em relação aos trabalhadores que tenham aderido à greve verifica-se a suspensão das relações laborais; isto é, as obrigações emergentes do contrato de trabalho ficam suspensas. No mesmo preceito exemplifica-se, determinando que ficam suspensos o direito à retribuição e os deveres de subordinação e de assiduidade[2580]. Apesar de os exemplos serem apresentados tendo em conta a posição jurídica do trabalhador, como o contrato de trabalho é sinalagmático, os correspondentes direitos e deveres do empregador também se suspendem.

II. Perante a adesão a uma greve tem sido debatida a questão de saber como se explica a manutenção do contrato de trabalho.

Quando se considerava que a greve era ilícita, se o trabalhador aderisse a uma greve haveria tão-só um incumprimento do contrato de trabalho e, como tal, sujeitava-se às consequências do incumprimento desse mesmo contrato, mormente à resolução (despedimento).

Deixando de se considerar a greve como um facto ilícito surgem várias explicações para admitir que uma das partes, apesar de estar em greve, mesmo assim, não se encontre numa situação de incumprimento do contrato de trabalho.

Começou por se entender que no momento em que o trabalhador aderia à greve denunciava o contrato de trabalho e, quando terminasse a situação de greve, celebrava tacitamente um novo contrato de trabalho. Assim sendo, durante o período em que tinha estado em greve não o vinculava qualquer contrato.

Era uma forma de explicar o fenómeno da greve no contexto da relação laboral, mas tal solução acarretava inconvenientes vários, por um lado, era inconveniente admitir-se que não vigorava qualquer contrato entre o empregador e o trabalhador durante aquele período, porque há certas obrigações que devem subsistir durante uma greve e, por outro lado, considerar que se celebrava de modo tácito um novo contrato aquando do reinício do trabalho, poderia levantar problemas, designadamente a nível de antiguidade.

Parece preferível, e é a ideia hoje predominante, que o contrato de trabalho se mantém, só ficando suspensos alguns dos seus efeitos. Concretamente, ficam suspensos os efeitos principais do contrato, como se deduz do n.º 1 do art. 536.º do CT. Haverá outros efeitos do contrato que subsistem mesmo durante o período de greve.

[2580] Em crítica à formulação legal, *vd.* ROSÁRIO PALMA RAMALHO, *Lei da Greve,* cit., anot. art. 7.º, pp. 43 s.

III. Em primeiro lugar, a greve pressupõe a abstenção do trabalho e, portanto, um dos efeitos principais do contrato de trabalho, que é a prestação de uma atividade, deixa de ser devida. O trabalhador, durante a greve, não fica vinculado à realização de uma atividade, exceto se tiver de cumprir serviços mínimos. E, como não realiza a atividade, o trabalhador fica também desvinculado dos deveres de assiduidade e de subordinação. Dito de outro modo, o trabalhador, durante o período de greve, deixa de estar sujeito aos deveres que constam das alíneas *b)* e *c)* do n.º 1 do art. 128.º do CT.

IV. Tendo em conta o elenco de deveres do trabalhador constante do art. 128.º, n.º 1, do CT, importa averiguar quais deles se devem manter durante o período de greve.

O trabalhador que aderiu à greve deixa de estar adstrito a promover ou a executar atos tendentes à melhoria da produtividade da empresa (art. 128.º, n.º 1, alínea h), do CT), apesar de o art. 536.º do CT nao o dizer.

Os restantes deveres constantes do art. 128.º, n.º 1, do CT parece que se deverão manter, não se justificando a sua suspensão durante a greve.

Assim, pode dizer-se que o trabalhador grevista deverá respeitar e tratar com lealdade e urbanidade o empregador, os superiores hierárquicos e os companheiros de trabalho, em particular aqueles que não aderiram à greve (alínea *a)* do n.º 1 do art. 128.º do CT); guardar lealdade ao empregador, não podendo, designadamente prestar informações referentes à sua organização, métodos de produção ou negócios de que teve conhecimento durante o período em que trabalhava (art. 128.º, n.º 1, alínea *f)*, do CT), mantendo-se, portanto, o dever de sigilo; velar pela boa conservação e utilização de bens que lhe foram confiados pelo empregador, desde que os utilize fora do local de trabalho (art. 128.º, n.º 1, alínea *g)*, do CT), por exemplo o automóvel.

Para além destes deveres poderia ainda justificar-se, eventualmente, a subsistência de outros deveres acessórios que existem numa relação laboral.

Na eventualidade de o trabalhador, durante o período de greve, violar qualquer dos deveres indicados ou outros deveres acessórios, haverá um incumprimento que permite ao empregador agir, designadamente por via de um processo disciplinar.

V. No polo oposto, o empregador não fica vinculado ao dever de pagar a retribuição ao trabalhador em greve (art. 536.º, n.º 1, do CT). A obrigação principal do empregador, que é o pagamento do salário, não se mantém relativamente a trabalhadores grevistas, os quais perdem o direito à remuneração na proporção em que a atividade não tenha sido exercida. Ou seja, o empregador deixará de pagar a retribuição correspondente ao tempo em que o trabalhador esteve em greve. Assim, se a greve foi por um dia, terá de se determinar a retribuição horária e o período normal de trabalho diário com base na fórmula constante do art. 271.º do CT e, em função disso, será descontado ao trabalhador no salário desse mês o correspondente a um dia de trabalho[2581].

Esta perda de retribuição tem sido entendida como afetando tão-só a retribuição daquele mês, sem quaisquer repercussões nas restantes retribuições, designadamente não acarretando redução nos subsídios de Natal e de férias, que se mantêm por inteiro.

Relativamente aos complementos retributivos, a redução terá de ser vista em função da situação concreta, em particular, tendo em conta se esse complemento salarial está ou não relacionado com a atividade. Por exemplo, a alimentação do trabalhador na cantina da empresa ou o fornecimento de creche para os filhos dos trabalhadores, em princípio, e na medida em que estes deveres estão relacionados com a prestação da atividade, parece não haver razão para se manterem. Não teria sentido que o trabalhador estivesse em greve e fosse almoçar à cantina ou que deixasse os filhos na creche que o empregador mantém. Consequentemente, não lhe será pago também o subsídio de refeição desse dia.

As formas de retribuição indireta que o empregador fornece ao trabalhador de molde a facilitar o exercício da sua atividade não serão devidas se ele, por estar em greve, não prestar essa atividade. É o que ocorre, por exemplo, com o subsídio de transporte.

Há, todavia, certos complementos da retribuição que não se justifica a sua redução em caso de greve. Por exemplo, as comissões de vendas são estabelecidas em função do que o trabalhador tenha vendido, independentemente de estar ou não em greve. Mas a questão poderá ser complicada, principalmente quando, por exemplo, essas comissões de vendas são fixas

---

[2581] Nada obsta a que no acordo para a cessação da greve se determine a obrigatoriedade de o empregador pagar as retribuições que seriam devidas durante o período de greve, porque a autonomia privada não se encontra coarctada (cf. PEREIRA DONATO, «Direito de Greve e seu Exercício: Efeitos sobre o Contrato Individual de Trabalho», *Curso de Direito do Trabalho. Homenagem ao Professor Sayão Romita*, Rio de Janeiro, 2000, pp. 579 ss. (p. 595)). Em relação ao direito brasileiro, o mesmo autor refere que numa greve lícita em que se exige o cumprimento do contrato de trabalho ou da convenção aplicável, o empregador não fica desobrigado do cumprimento da prestação remuneratória durante a paralisação.

procedendo-se a um ajustamento no fim do ano; neste caso poderá talvez haver uma redução naquele mês, tendo em conta a greve.

VI. A suspensão do dever de retribuir o trabalhador não implica que não subsistam outros deveres do empregador durante o período de greve.

Com base no disposto no art. 127.º, n.º 1, do CT, importa verificar se no elenco de deveres da entidade patronal se justifica a manutenção de alguns deles numa situação de greve.

Parece poder concluir-se que o empregador, em relação ao trabalhador grevista, e durante a paralisação, deixa de estar obrigado a pagar-lhe a retribuição (art. 127.º, n.º 1, alínea *b)*, do CT), a proporcionar-lhe boas condições de trabalho (art. 127.º, n.º 1, alínea *c)*, do CT) e a contribuir para a elevação do seu nível de produtividade, nomeadamente dando-lhe formação profissional (art. 127.º, n.º 1, alínea *d)*, do CT). Por exemplo, se havia um curso de formação no dia da greve, o empregador não tem de fornecer esse curso ao trabalhador grevista.

Mas, em contrapartida, manter-se-ão os deveres do empregador de tratar e respeitar o trabalhador com urbanidade e probidade (art. 127.º, n.º 1, alínea *a)*, do CT), de indemnizá-lo relativamente a prejuízos resultantes de acidentes de trabalho e doenças profissionais (art. 127.º, n.º 1, alínea *g)*, e art. 536.º, n.º 2, ambos do CT) e de facilitar-lhe o exercício de cargos que exerce em entidades relacionadas com a atividade laboral (art. 127.º, n.º 1, alínea *f)*, do CT).

Importa esclarecer que o mencionado dever de indemnizar o trabalhador previsto no art. 536.º, n.º 2, do CT relaciona-se com os acidentes de trabalho ou doenças profissionais que ocorreram ou foram contraídas em tempo de trabalho e não ocasionados durante a greve[2582]. Assim, se um trabalhador teve um acidente na fábrica em razão do qual ficou a receber uma pensão mensal que acresce à retribuição, o facto de ter estado em greve não implica qualquer redução naquela pensão, porque tem direito a recebê-la em função de um acidente que ocorreu antes da greve, em período normal de trabalho. Quanto aos acidentes que tenham lugar durante a greve em relação aos trabalhadores que a ela aderiram não há responsabilidade do empregador[2583]. Designadamente os chamados acidentes *in itinere*, no percurso que o trabalhador faz para o local de trabalho, que podem ser considerados acidentes de trabalho (art. 9.º, n.º 1, alínea *a)*, da LAT), deixam de o ser se o

[2582] *Vd. supra* § 53.2.d.2).

[2583] *Vd.*, todavia, as considerações tecidas *supra* (§ 53.2.d.2)) na nota 1898.

trabalhador faz esse trajeto para aderir à greve e sofre um acidente. Mesmo que o acidente ocorra no local de trabalho, por exemplo, caiu o teto sobre o trabalhador, estando este em greve a situação não é resolvida pela via dos acidentes de trabalho, com a consequente responsabilidade objetiva do empregador, mas nos termos gerais dos arts. 483.º e ss. do CC, sendo subjetiva a responsabilidade do proprietário do edifício, que pode não ser o empregador, eventualmente com presunção de culpa (art. 492.º do CC). Em tal caso, o proprietário do edifício e não o empregador responde perante o trabalhador como responderia perante qualquer terceiro.

Concluindo, pode dizer-se que os deveres do empregador, constantes do art. 127.º, n.º 1, do CT, manter-se-ão desde que não se relacionem com a prestação da atividade naquele momento. Para além disso, podem ainda subsistir deveres que advêm de regras de boa fé, no fundo, deveres acessórios da relação laboral que impendem sobre o empregador, independentemente de o trabalhador ter aderido à greve.

VII. Tendo em conta que, da parte do trabalhador em greve, subsistem certos deveres, designadamente deveres acessórios, é de concluir que, mesmo durante a greve, se mantém, relativamente ao empregador, o poder disciplinar no que respeita às violações desses deveres. Se, por exemplo, no dia da greve, o trabalhador grevista deu informações a um jornal acerca da atividade empresarial da empresa onde trabalhava ou desempenhou uma tarefa em concorrência com o empregador, este pode mover-lhe um processo disciplinar.

O mesmo se passa relativamente ao poder de direção; na medida em que subsistam deveres do trabalhador, também se mantém o correspondente poder de direção do empregador.

Resta referir que a suspensão do contrato de trabalho durante a greve não prejudica a antiguidade do trabalhador e os efeitos dela decorrentes, como estabelece o art. 536.º, n.º 3, do CT.

b) Dever de não substituição dos trabalhadores grevistas

I. Para impedir o sucesso de uma greve, o empregador poderia contratar a termo pessoas que estivessem desempregadas, com vista à substituição dos trabalhadores grevistas. Com base no aviso prévio o empregador é informado da existência da greve com alguma antecedência e avalia a probabilidade de os trabalhadores a ela aderirem; em função disso, poderia contratar a termo desempregados, para ocuparem, durante o período de greve, o posto de trabalho dos grevistas.

Esta possibilidade foi inviabilizada no nosso ordenamento jurídico na medida em que o art. 535.º do CT impede que sejam substituídos os trabalhadores grevistas por pessoas que não trabalhavam no estabelecimento ou serviço onde foi declarada a greve, mas interessa fazer algumas explicações[2584].

II. A proibição de celebrar novos contratos de trabalho relativamente àquele estabelecimento ou serviço, que não foi consagrada em muitos sistemas jurídicos, não visa só a defesa do direito dos trabalhadores em greve, de molde a não verem os seus postos de trabalho ocupados por outrem. Esta limitação também tem em vista proteger a própria empresa, os eventuais trabalhadores contratados a termo, bem como o público em geral.

De facto, caso se admitisse a substituição de trabalhadores grevistas por pessoas estranhas à empresa, tal permuta seria, em primeiro lugar, fonte de conflitos, possibilitando a existência de confrontos entre os trabalhadores grevistas e aqueles outros que fossem contratados especialmente para os substituir. Conflitos esses bem conhecidos historicamente, em particular noutros países.

Além disso, os trabalhadores contratados para substituir os grevistas, em princípio, não teriam a necessária experiência, sobretudo quando se tratasse de funções relativamente às quais fosse imprescindível uma determinada preparação técnica, sendo muitas das vezes difícil encontrar rapidamente trabalhadores desempregados com a preparação técnica adequada para assegurar a normal prossecução das atividades em causa. Nestes termos, tal substituição poderia acarretar prejuízos ao próprio empregador, pois o funcionamento da empresa não seria idêntico e, além disso, constituiria uma eventual fonte de prejuízos para os próprios trabalhadores contratados a termo, designadamente por facilitar acidentes de trabalho, dado que eles não teriam a preparação técnica adequada para desempenhar a atividade, podendo também prejudicar terceiros, particularmente o público consumidor. Imagine-se que a CP contratava, na altura de uma greve de maquinistas, pessoas para conduzir os comboios sem a experiência necessária; isso seria uma fonte de riscos para os utentes desse meio de transporte público.

Noutro plano, importa esclarecer que esta limitação respeita só ao âmbito da greve, pelo que nada impede que o empregador contrate novos trabalhadores para um estabelecimento ou secção da empresa onde não há

[2584] Sobre a questão, veja-se JÚLIO GOMES, «Da proibição de substituição de grevistas à luz do artigo 535.º do Código do Trabalho», *QL* 42 (vinte anos de Questões Laborais), 2013, pp. 61 ss.

greve, desde que por via desta contratação não se viabilize a substituição dos trabalhadores grevistas[2585].

III. Mas a regra constante do art. 535.º do CT não proíbe que o empregador faça adaptações na própria empresa, permitindo-lhe que mude trabalhadores de atividade e de local dentro do próprio estabelecimento ou sector da empresa. Perante uma determinada situação de greve, tendo em conta o número de trabalhadores não grevistas, o empregador pode utilizá-los noutra atividade, determinando o exercício de funções idênticas (art. 118.º do CT) ou recorrendo ao *ius variandi* (art. 120.º do CT). É necessário que essa atuação do empregador esteja no âmbito do poder de direção e caiba na atividade devida – contratada ou afim – (art. 118.º, n.os 1 e 2, do CT) ou no *ius variandi* (art. 120.º do CT)[2586]; deste modo, relativamente a um trabalhador que desempenha determinada atividade, o empregador, como ele não aderiu à greve, pode colocá-lo a realizar outra atividade diversa da habitual, desde que este trabalhador não grevista tenha a preparação técnica adequada para o exercício daquela atividade e a mudança se inclua na atividade devida ou não implique uma alteração substancial da sua posição. Esta adaptação depende, por conseguinte, da inclusão na atividade contratada no sentido amplo do art. 118.º, n.º 2, do CT ou do preenchimento dos pressupostos do *ius variandi*.

Assim, se numa secção todos os trabalhadores fizeram greve e noutra nenhum a ela aderiu, o empregador poderá deslocar alguns trabalhadores desta última secção para a primeira, de modo a que esta possa funcionar.

Mas a mencionada adaptação tem limites. O empregador não pode deslocar trabalhadores de uma empresa para outra, nem sequer, dentro da mesma empresa, pode afetar trabalhadores de um estabelecimento ou serviço a realizarem a atividade de outro estabelecimento ou serviço. A dificuldade pode estar em determinar quando é que, numa empresa, as unidades constituem estabelecimentos ou serviços diferentes; é de pressupor que isso só ocorra se, pelo menos, existir uma autonomia económica e administrativa entre eles[2587]. Estes limites não podem constituir entrave a que, não existin-

---

2585 *Vd.* Monteiro Fernandes, *Direito de Greve*, cit., pp. 46 s.

2586 *Vd.* Caupers/Magalhães, *Relações Colectivas*, cit., p. 97; Bernardo Xavier, *Direito da Greve*, cit., pp. 192 e 215. Em sentido contrário, Garcia Pereira, *Temas Laborais*, cit., pp. 18 s.

2587 Relativamente à noção de estabelecimento para efeito da aplicação do art. 535.º do CT, no Ac. STJ, jurisprudência uniformizada, n.º 2/2001, de 30/11/2000, *DR* I Série de 18/1/2001, considerou-se que, quanto às empresas de prestação de serviços de segurança privada a

do diferenciação de estabelecimento, o empregador recorra à mobilidade geográfica.

IV. Além disso, o art. 535.º do CT não obsta à contratação de serviços alternativos[2588]. O que o art. 535.º do CT proíbe é a substituição de trabalhadores grevistas mediante a celebração de contratos de trabalho. Mas importa explicar a regra constante do n.º 2 do art. 535.º do CT.

A norma incluída no n.º 2 do citado preceito tem em vista evitar que a previsão do n.º 1 seja defraudada por via indireta, mas deve ser analisada na sua redação inicial de 2003 e tendo em conta a alteração sub-reptícia introduzida na revisão de 2009.

Na versão inicial, no n.º 2 do art. 596.º do CT2003 dispunha-se que «A concreta tarefa desempenhada pelo trabalhador em greve não pode, durante esse período, ser realizada por empresa especialmente contratada para o efeito (...)». Pretendia-se, com esta limitação, evitar que o trabalhador fosse substituído por uma empresa; mais concretamente, que a efetiva prestação do trabalhador grevista fosse desempenhada por uma empresa. Exemplificando, se o trabalhador que assegura o controlo, por via informática, de certa atividade da empresa entra em greve, esse controlo não pode ser assegurado, através de um reencaminhamento, pelo sistema informático de uma empresa contratada para o efeito; ou, se os trabalhadores do serviço de limpeza de uma empresa entram em greve, não pode a limpeza que era assegurada por eles ser efetuada por uma empresa contratada para o efeito.

Atendendo ao adjetivo «concreta», não se permitia a substituição na efetiva atividade desempenhada pelo trabalhador grevista, mas seria lícita a substituição quanto ao resultado da sua prestação. Deste modo, nada obstaria a que uma empresa de *catering*, cujos trabalhadores estão em greve, contratasse outra empresa para fornecer refeições à companhia de aviação cliente da primeira; ou que uma fábrica de tecidos, em caso de greve, encomendasse idênticos tecidos no mercado (por exemplo, a outra fábrica de tecidos) para não quebrar o fornecimento aos seus clientes.

---

terceiros, a noção de «estabelecimento» ou «serviço», constante do preceito, abrange o local onde, de acordo com a distribuição de serviço organizada pela empresa, estava prevista a apresentação do trabalhador para prestar a sua atividade durante a greve.

2588 Neste sentido, considerando válido o recurso pela TAP aos serviços da Air Atlantis durante uma greve ocorrida na primeira empresa, cf. Ac. Rel. Lx. de 4/12/1996, CJ XXI, T. V, p. 179. Veja-se também MONTEIRO FERNANDES, *Direito de Greve*, cit., p. 47 e BERNARDO XAVIER, *Direito da Greve*, cit., p. 195.

O texto do mencionado n.º 2 do art. 535.º do CT surgiu alterado na revisão de 2009, e agora dispõe: «A tarefa a cargo de trabalhador em greve não pode, durante esta, ser realizada por empresa contratada para esse fim (...)». Este é mais um dos exemplos de alterações sub-reptícias introduzidas na revisão de 2009. Tendo em conta a nova redação e pelo facto de ter sido suprimido o adjetivo (concreta), que qualificava a tarefa, poder-se-ia entender que se pretenderia alterar o sentido da norma, passando a ser vedada a substituição do resultado da tarefa (p. ex., a empresa de *catering*, cujos trabalhadores estão em greve, deixaria de poder contratar outra empresa do ramo (concorrente) para distribuir refeições nos refeitórios que aquela assegurava)[2589]. Contudo, tratando-se de uma alteração sub-reptícia que surge numa área sensível do direito do trabalho sem ter sido anunciada e discutida, contrariando a expectativa do destinatário da norma, não se pode dar esse sentido. Assim, não obstante a alteração de redação, tendo em conta o absurdo e o desajuste relativamente à realidade da solução referida, deve-se continuar a entender, como na versão de 2003, que o resultado da atividade pode ser substituído em caso de greve. Deste modo, nos exemplos referidos (empresa de *catering* ou fábrica de tecidos), em caso de greve pode a atividade final ser realizada por outra empresa de molde a beneficiar os respetivos clientes. Esta interpretação adequa-se perfeitamente à nova redação da norma.

O limite constante do mencionado no n.º 2 deixa de ser atendido «(...) em caso de incumprimento dos serviços mínimos necessários à satisfação das necessidades sociais impreteríveis ou à segurança e manutenção de equipamento e instalações e na estrita medida necessária à prestação desses serviços». Pelo que, verificada qualquer das situações previstas nesta norma, os trabalhadores grevistas podem ser substituídos, mesmo no desempenho da sua tarefa, pelo serviço prestado por uma empresa especialmente contratada para esse fim. Recorrendo ao primeiro exemplo indicado, se a empresa cuja atividade é controlada por um serviço de informática satisfaz necessidades sociais indispensáveis ou esse serviço é necessário para a segurança e manutenção do equipamento e instalações, em caso de greve nesse serviço de informática e não sendo garantido o mínimo de funcionamento, o empregador pode contratar uma empresa para a qual reencaminha os dados informáticos que permitam, noutro local, exercer o mesmo controlo.

Não há qualquer impedimento quanto a contratar empresas para realizar a mesma tarefa que os trabalhadores grevistas desempenhavam. É até

2589 Foi este o sentido da interpretação preliminar feita por Romano Martinez, «O Código do Trabalho Revisto», *O Direito* 141 (2009), II, pp. 245 ss.

frequente e vantajoso para o público utente, em greves de transportes, a contratação de serviços alternativos. Neste caso, o empregador não pode contratar novos motoristas, mas pode celebrar um contrato com uma empresa que forneça autocarros e preste o mesmo serviço de transporte.

Nos termos do art. 535.º do CT podem ajustar-se contratos de prestação de serviço, mas não contratos de trabalho. O problema pode residir na difícil delimitação e distinção entre contratos de prestação de serviço e de trabalho.

c) *Dever de retribuir os trabalhadores não aderentes à greve*

I. Durante uma greve pode haver trabalhadores que a ela não aderiram e se apresentam a trabalhar, permitindo que a empresa continue a laborar, mesmo que a menor ritmo. Porém, pode acontecer que, como consequência da greve, a falta de alguns trabalhadores impeça completamente a laboração na empresa e, nesse caso, os não grevistas estão materialmente impedidos de realizar qualquer tarefa. Por exemplo, numa greve de pilotos de aviões, os outros membros da tripulação, apesar de não estarem em greve, não podem realizar a sua atividade.

Põe-se, então, o problema de saber se, quando a atividade dos não grevistas deixa de poder ser realizada, se justifica que continuem a receber a retribuição; de facto, eles apresentam-se para trabalhar mas não realizam qualquer atividade, porque é impossível o desempenho da prestação laboral.

Em tal hipótese há uma impossibilidade objetiva de realização da prestação.

II. Os trabalhadores que não aderiram à greve, estando na disponibilidade de realizar a sua atividade, têm direito a receber a retribuição, pois o empregador suporta o risco contratual, devendo pagar a remuneração, desde que o trabalhador esteja na disponibilidade de efetuar a tarefa. Dito de outra forma, o dever de pagar a retribuição não é devido pela tarefa exercida, mas pela disponibilidade de a realizar. Esta asserção não é, contudo, totalmente certa.

Apesar de no contrato de trabalho não haver uma obrigação de resultado, nem sempre a mera disponibilidade do trabalhador implica a obrigação de pagar a retribuição. A justificação do dever de pagar a retribuição aos trabalhadores não grevistas não pode ser explicada sem atender a algumas exceções à regra de que o risco contratual é suportado pelo empregador, principalmente tendo em conta o regime do *lay off* (arts. 298.º e ss. do CT).

III. Como resulta do regime da suspensão do contrato, na relação laboral, nem sempre o empregador suporta o risco, pelo menos na sua totalidade.

Quando uma empresa não pode laborar em razão do número de trabalhadores que aderiram à greve e estando outros trabalhadores dispostos a trabalhar, o empregador pode não lhes dar trabalho, porque há uma impossibilidade, objetivamente determinada, de estes prestarem a sua atividade.

Em tal caso, não se pode aceitar que haja uma transferência do risco, nos termos do art. 815.º do CC, pois, apesar de o trabalhador não grevista estar disposto a trabalhar, se o empregador não aceitar a prestação, não há uma transferência do risco nos termos do art. 815.º do CC, porque, nesta hipótese, o empregador não se pode qualificar como credor em mora, que passa a suportar o risco e, nessa medida, devendo pagar a retribuição aos trabalhadores. Na realidade, não há uma transferência do risco, porque o empregador não aceita a prestação de trabalho por haver uma impossibilidade de a receber e o art. 815.º do CC só se aplica na eventualidade de o credor sem motivo justificado não aceitar a prestação (art. 813.º do CC). Neste caso, o empregador tem um motivo justificado – a empresa não pode laborar por razões objetivas (greve) – não se verificando, por isso, a previsão do art. 813.º do CC, isto é, não existe mora do credor (empregador). Esta situação enquadra-se numa hipótese de impossibilidade de cumprimento não imputável a qualquer das partes; trata-se de uma impossibilidade não imputável, mas depende de fatores que dizem respeito ao empregador.

O empregador suspende a laboração na empresa, pois, perante aquela greve, considera que não há condições para laborar; portanto, os fatores que determinam a impossibilidade não se baseiam na culpa do empresário, mas estão na esfera de influência, ou seja, dizem respeito ao empregador.

Há, por isso, similitudes neste enquadramento da greve com a situação do *lay off*, mais concretamente com a figura da suspensão do contrato de trabalho por facto respeitante ao empregador. Como dispõe o art. 298.º, n.º 1, do CT, o empregador pode recorrer à suspensão dos contratos de trabalho em quatro hipóteses: razões conjunturais de mercado; motivos económicos e tecnológicos; catástrofes; e outras ocorrências que tenham gravemente afetado a atividade normal da empresa (*vd. supra* § 48.4).

A greve poder-se-ia incluir nesta última hipótese, pois ela pode afetar gravemente a atividade normal da empresa. Caso se enquadrasse a greve na última das hipóteses previstas no art. 298.º, n.º 1, do CT, então o empregador, justificando que a empresa não estava em condições de laborar normalmente, poderia recorrer à suspensão do contrato de trabalho, reduzindo a contraprestação a pagar aos trabalhadores não grevistas, nos termos do art. 305.º, n.º 1, alínea *a)*, do CT, preceito que permite reduzir a retribuição acordada ao montante do salário mínimo estabelecido para aquele sector.

Não obstante subsistir o pressuposto de que o risco na relação de trabalho é suportado pelo empregador, em caso de suspensão do contrato (arts. 298.º e ss. do CT) admite-se uma atenuação desse risco, possibilitando a redução da retribuição.

Cabe perguntar se uma situação de greve se pode enquadrar no regime da suspensão do contrato de trabalho, designado por *lay off*.

Apesar do disposto no art. 298.º, n.º 1 do CT, não parece que a greve se possa incluir na parte da norma que alude às «outras ocorrências que tenham afetado gravemente a atividade normal da empresa». Em primeiro lugar, na formulação ampla do n.º 1 do art. 298.º do CT, não se pode incluir a greve entre as causas que permitem o recurso à figura do *lay off*. Subjacente à suspensão do contrato de trabalho, parecem estar as ocorrências que tenham afetado gravemente a atividade normal, prejudicando o funcionamento da empresa com continuidade. A suspensão do contrato de trabalho justifica-se dentro de uma lógica de perturbações que se protelam no tempo e, em princípio, não é isso que ocorre com a greve. A greve, normalmente, não ocasiona perturbações que se protelem no tempo; pressuposto em que assenta a suspensão do contrato por facto respeitante ao empregador, daí que nos arts. 299.º e 300.º do CT se estabeleça um processo para suspensão do contrato de trabalho, relativamente moroso, com alguns entraves burocráticos, sendo difícil recorrer a esse processo em caso de greve na empresa, principalmente atento o curto período de aviso prévio (art. 534.º do CT).

Não parece que o regime do *lay off* vise aplicar-se a situações esporádicas, como a greve.

IV. Como o regime da suspensão do contrato de trabalho constitui uma exceção à assunção do risco por parte do empregador, admitindo uma redução do salário, e não sendo de incluir a greve nas hipóteses previstas no art. 298.º, n.º 1, do CT, deve concluir-se que o empregador assume, na totalidade, o risco da retribuição dos trabalhadores não grevistas, os quais deverão receber os seus ordenados por inteiro.

Todavia, não havendo laboração, a contrapartida usualmente percebida pelos trabalhadores não grevistas pode sofrer um decréscimo quando, em parte, a retribuição esteja relacionada com a produtividade, que será reduzida ou nula durante o período de greve.

d) Serviços mínimos

d.1) Razão de ser

I. Em relação às empresas que se destinem à satisfação de necessidades sociais impreteríveis deve ser assegurada a prestação de serviços mínimos (art. 537.º, n.º 1, do CT), o mesmo ocorrendo, em qualquer empresa, no que respeita aos serviços essenciais para segurança e manutenção do equipamento e instalações (art. 537.º, n.º 3, do CT).

O estabelecimento de serviços mínimos tem levantado vários problemas[2590].

II. Em primeiro lugar, aquando da aprovação da lei da greve na sua versão original (1977) e, depois, com a revisão de 1992 e o alargamento dos serviços mínimos, levantou-se o problema da constitucionalidade dos mesmos. Alguma doutrina considerava inconstitucional impor serviços mínimos em determinadas empresas, porque isso violaria o art. 57.º, n.º 2, da CRP. Esta tomada de posição baseava-se no facto de os serviços mínimos implicarem limites ao âmbito da greve, coartando os direitos dos trabalhadores no exercício do seu direito de greve e, nessa medida, haveria uma inconstitucionalidade.

A opinião dominante, aceite pelo Tribunal Constitucional e reiterada na revisão constitucional de 1997 ao incluir o n.º 3 no art. 57.º da CRP, não corrobora a opinião de inconstitucionalidade, essencialmente com base no argumento de se justificar a imposição de serviços mínimos, porque a greve não é um direito absoluto e o seu exercício deve ser conjugado com o de outros direitos, também consagrados na Constituição. Concretamente, do conflito entre o exercício do direito de greve e a satisfação de necessidades essenciais de uma comunidade, prevalece este último direito, admitindo-se, por isso, limites àquele exercício[2591].

[2590] A questão encontra-se amplamente analisada por LIBERAL FERNANDES, *A obrigação de serviços mínimos como técnica de regulação da greve nos serviços essenciais*, Coimbra, 2010, nomeadamente pp. 451 ss. Para um caso específico, LEAL AMADO, «Os limites do direito à greve e os serviços mínimos no sector dos transportes», *RLJ* n.º 144 (2015), pp. 190 ss. Veja-se em Itália, AAVV, *La Nuova Disciplina dello Sciopero nei Servizi Pubblici Essenziale*, Pádua, 2000, e, em Espanha, PALOMEQUE LÓPEZ, «El Ejercicio del Derecho de Huelga en los Servicios Esenciales de la Comunidad en el Derecho Español», *IV Congresso Nacional de Direito do Trabalho*, Coimbra, 2002, pp. 353 ss.

[2591] JOSÉ JOÃO ABRANTES, «Greve e Serviços Mínimos», *Direito do Trabalho. Ensaios*, Lisboa, 1995, p. 208, admite a prevalência dos serviços mínimos com base na colisão de direitos do

d.2) Fixação

I. Tendo em conta o disposto no art. 537.º, n.º 1, do CT importa, primeiro, determinar quais as empresas que prestam atividades com vista à satisfação de necessidades sociais impreteríveis; sendo este um conceito indeterminado, importa concretizá-lo, explicitando-o. O legislador, no art. 537.º, n.º 2, do CT, exemplifica alguns dos sectores onde considera que existem empresas prestando serviços para a satisfação de necessidades sociais impreteríveis[2592].

O carácter não taxativo da enumeração significa que, nos vários sectores indicados, nem todas as empresas prestam serviços ou fornecem bens que se destinam à satisfação de necessidades sociais impreteríveis[2593]. Admite-se que nesses sectores, por vezes, haja empresas que não têm por finalidade a satisfação de tais necessidades. Por exemplo, os serviços relacionados com o sector das minas, estando em causa o abastecimento público, podem pressupor a satisfação de necessidades impreteríveis, mas com respeito a uma mina de ouro não haverá a satisfação desse tipo de necessidades e, portanto, esses mineiros, não terão de prestar serviços mínimos.

Por outro lado, não sendo a indicação taxativa, leva a que se possa admitir a existência de outros sectores, não indicados no elenco do art. 537.º, n.º 2, do CT, relativamente aos quais seja justificável o estabelecimento de serviços mínimos. Por exemplo, no sector da panificação; sabendo-se que o pão é um bem essencial, se houver greve neste sector, apesar de a panificação não estar indicada no elenco legal, talvez se possa admitir a fixação de serviços mínimos numa greve[2594].

Tendo-se se mantido, quase inalterado, o elenco exemplificativo dos sectores em que as empresas desenvolvem atividades que se destinam à satisfação de necessidades sociais impreteríveis, continua a não se estabelecer uma total identificação entre estes sectores e aqueles que podem ser objeto de requisição civil (art. 3.º do Decreto-Lei n.º 637/74, de 20 de novembro); por

---

art. 298.º do CC, concluindo (p. 211) que a salvaguarda dos serviços mínimos não pode afetar o conteúdo essencial do direito à greve.

[2592] O elenco constante da versão original da Lei da Greve (1977), no art. 8.º, n.º 2, da LG, foi aumentado em 1992, com a alteração introduzida na Lei da Greve pela Lei n.º 30/92, concretamente, ao artigo em apreço acrescentaram-se as alíneas *c), d)* e *g),* mas esta alteração foi declarada inconstitucional com força obrigatória geral pelo Acórdão do Tribunal Constitucional n.º 868/96. O Código do Trabalho teve em conta o mencionado alargamento, porque a declaração de inconstitucionalidade assentava em fundamentos formais.

[2593] Sobre a identificação exemplificativa, *vd.* Monteiro Fernandes, *Direito do Trabalho,* cit., pp. 900 ss.; Liberal Fernandes, *A obrigação de serviços mínimos,* cit., pp. 255 ss.

[2594] Cf. Monteiro Fernandes, *Direito de Greve,* cit., p. 63.

exemplo, nas empresas que se destinem à exploração de indústrias químico-farmacêuticas, construção e reparação de navios ou indústrias essenciais para a defesa nacional está prevista a requisição civil, mas estas hipóteses não se incluem nos exemplos do n.º 2 do art. 537.º do CT.

II. Com os serviços mínimos não se pretende assegurar, em princípio, a regularidade da atividade, mas tão-só as necessidades essenciais.

É normalmente polémica a determinação de quais sejam as necessidades essenciais que têm de ser garantidas ao público. Há casos que não suscitam grandes dúvidas; por exemplo, relativamente aos médicos, tem-se admitido que os serviços mínimos a assegurar são as urgências[2595]. Mas quanto a uma corporação de bombeiros que tenha por fim apagar incêndios (p. ex., num aeroporto), pode questionar-se quais serão os serviços mínimos a assegurar; em princípio, mesmo em greve, ficam adstritos a extinguir todos os incêndios que deflagrarem, para os quais deverão acorrer com todo o pessoal de piquete. De igual modo, em certos serviços de saúde, por exemplo no INEM ou num serviço de oncologia, os serviços mínimos em caso de greve podem implicar a realização de toda a atividade. Seria impensável a realização de tais atividades a «meio gás».

Por vezes, torna-se extremamente difícil determinar quais os serviços mínimos que devem ser assegurados e, em certos casos, a prestação dos serviços mínimos implica que se assegure a atividade na sua totalidade.

Por outro lado, a determinação do que sejam necessidades essenciais é, sem dúvida, complexa e depende de pressupostos subjetivos; levantam-se, por conseguinte, dúvidas relativamente a saber que serviços mínimos estabelecer e quantos trabalhadores têm de laborar para assegurar os ditos serviços de molde a manter o nível imposto.

Daí a existência de uma certa margem de casuísmo na determinação dos serviços mínimos, que conduz, naturalmente, a polémicas e a uma frequente falta de consenso na sua determinação perante casos concretos. Mas o casuísmo é indispensável já que, em termos abstratos, dificilmente se pode determinar quais os serviços mínimos para todos os sectores que se encontram indicados no art. 537.º, n.º 2, do CT. Por isso, a expressão «serviços mínimos», constante do art. 537.º, n.º 1, do CT, corresponde a um conceito indeterminado, que carece de concretização perante cada situação real.

[2595] Veja-se o Parecer da Procuradoria-Geral da República n.º 100/89, de 5/4/1990, *in* Rosário Palma Ramalho, *Lei da Greve*, cit., pp. 197 ss.

Essa concretização é feita em dois planos; primeiro, na determinação de indispensabilidade do serviço e, segundo, na fixação do montante de serviços mínimos.

III. No regime da Lei da Greve, na falta de acordo entre o empregador e os trabalhadores ou os sindicatos, não era possível fixar os serviços mínimos[2596]; e, sendo este obstáculo ultrapassado, surgia a dificuldade de determinar quais os trabalhadores que vão prestar os serviços mínimos[2597]. A situação altera-se, atento o disposto no art. 599.º do CT2003 (correspondente ao art. 538.º do CT2009).

O princípio geral é o de a definição dos serviços mínimos depender de acordo; acordo esse que pode ser geral, para a eventualidade de uma hipotética greve, previsto em instrumento de regulamentação coletiva de trabalho, ou um acordo específico, negociado entre os representantes dos trabalhadores e a empresa perante o conflito iminente (n.º 1). O referido acordo poderá ter tido por base a proposta constante do aviso prévio, a que alude o n.º 3 do art. 534.º do CT. Na negociação de serviços mínimos deve ter-se em conta quais as soluções em anteriores greves e, tendo sido fixados em arbitragem para duas greves anteriores de igual conteúdo devem manter-se para a paralisação seguinte (art. 538.º, n.º 3, do CT).

[2596] No impasse, havia quem entendesse que cabia ao Governo fixar os serviços mínimos (MONTEIRO FERNANDES, *Direito do Trabalho*, cit., p. 902; BERNARDO XAVIER, *Direito da Greve*, cit., p. 188; Parecer da Procuradoria-Geral da República n.º 1/99, de 18/1/1999, *in Compêndio de Leis do Trabalho*, 10.ª ed., Coimbra, 2002, pp. 288 ss.) ou ao sindicato ou à comissão de greve (JOSÉ JOÃO ABRANTES, «Greve e Serviços Mínimos», cit., p. 219). A questão está hoje solucionada, cabendo ao Governo ou a um tribunal arbitral. Sobre a fixação de serviços mínimos nas arbitragens no CES, veja-se JOANA COSTA HENRIQUES, «A fixação de serviços mínimos: as arbitragens no âmbito do CES sobre o sector dos transportes», *Estudos de Direito do Trabalho*, org. MONTEIRO FERNANDES, Coimbra, 2011, pp. 259 ss.

[2597] JOSÉ JOÃO ABRANTES, «Greve e Serviços Mínimos», cit., p. 219 e MONTEIRO FERNANDES, *Direito do Trabalho*, cit., p. 906, entendem que a legitimidade para a convocação dos trabalhadores grevistas para o cumprimento de serviços mínimos incumbe ao sindicato ou à comissão de greve. Por seu turno, BERNARDO XAVIER/FURTADO MARTINS/NUNES DE CARVALHO/JOANA VASCONCELOS/TATIANA GUERRA DE ALMEIDA, *Manual*, cit., pp. 172 e s., preconizam que a indicação cabe aos sindicatos em colaboração com a empresa, mas se aqueles se recusarem a colaborar, será a empresa que terá o direito de nomear os trabalhadores que desempenharão esses serviços; estes Autores admitem, porém, que esta solução pressupõe um quadro em que os sindicatos estão em posição de controlar a greve, por forma a garantir a adesão dos trabalhadores e a prestação de serviços mínimos, concebendo que nem sempre isso acontece. Pode, porém, questionar-se a fonte de tal legitimidade dos sindicatos, principalmente em relação a trabalhadores não filiados.

Não havendo acordo, previsto em instrumento de regulamentação coletiva de trabalho ou anterior ao aviso prévio, o representante governamental com competência na área convoca os representantes dos trabalhadores e dos empregadores para negociarem um acordo quanto aos serviços mínimos até ao termo do terceiro dia subsequente ao aviso prévio (n.º 2 do art. 538.º do CT).

Não tendo sido possível chegar a acordo, a definição dos serviços mínimos é feita em despacho conjunto dos ministros responsáveis pela área laboral e pelo sector de atividade onde vai ser desencadeada a greve (art. 538.º, n.º 4, alínea *a)*, do CT), devendo nessa definição ser respeitados os princípios da necessidade, da adequação e da proporcionalidade (n.º 5 do mesmo preceito).

Tratando-se de greve em serviço da administração direta ou indireta do Estado, de serviço de autarquia local ou em empresa incluída no sector empresarial do Estado estabelece-se um regime excecional (art. 538.º, n.º 4, alínea *b)*, do CT). Todavia, esta norma, tal como definida na revisão de 2009, veio a ser alterada com eficácia retroativa pela Lei n.º 105/2009, restringindo a sua aplicação ao sector empresarial do Estado.

Na falta de acordo, não pareceria adequado que fosse o Governo, através de dois dos seus ministros, a fixar os serviços mínimos, pelo que essa definição caberá a um tribunal arbitral, nos termos constantes dos n.º 6. A regulamentação desse tribunal arbitral consta da Lei n.º 259/2009, onde se indica, nomeadamente, o modo de designação de árbitros e o funcionamento da arbitragem.

IV. Definidos os serviços mínimos, por acordo, por despacho ministerial ou por decisão arbitral, devem os representantes dos trabalhadores designar aqueles que ficam adstritos à prestação dos serviços mínimos com, pelo menos, vinte e quatro horas de antecedência relativamente ao início da greve (n.º 7, 1.ª parte do art. 538.º do CT). Fica, deste modo, resolvida uma dúvida quanto à indicação dos trabalhadores vinculados a cumprir serviços mínimos; um trabalhador, ainda que não sindicalizado, se adere a uma greve, deve cumprir o serviço mínimo para que foi designado pelo seu representante (normalmente a associação sindical que declarou a greve).

Contudo, se os representantes dos trabalhadores (por via de regra o sindicato que declarou a greve) não designarem, nas vinte e quatro horas anteriores ao início da greve, os trabalhadores que ficam adstritos à prestação de serviços mínimos, cabe ao empregador proceder a essa designação (n.º 7, *in fine*). Deste modo, ultrapassa-se o obstáculo a que conduzia determinada interpretação da lei da greve.

V. As considerações anteriormente tecidas em relação aos serviços mínimos valem igualmente no que respeita aos serviços necessários à segurança e manutenção do equipamento e instalações, como resulta da remissão constante da primeira parte do n.º 1 do art. 538.º do CT.

Da letra do preceito (n.º 2), ao falar-se em «serviços mínimos previstos no n.º 1 do artigo anterior», poder-se-ia concluir que o regime enunciado nos n.os 2 e seguintes do art. 538.º do CT não se aplicaria em caso de «serviços necessários à segurança e manutenção de equipamentos e instalações» (n.º 3 do art. 537.º do CT), mas não há motivo para tal restrição, podendo afirmar-se que, atendendo ao elemento sistemático da interpretação, o regime valerá para qualquer tipo de serviço mínimo.

d.3) Requisição civil

I. A requisição civil vem prevista no art. 541.º, n.º 3, do CT e encontra-se regulada no Decreto-Lei n.º 637/74, de 20 de novembro[2598].

O não cumprimento dos serviços mínimos permite ao Governo recorrer à requisição civil[2599]. Tem-se questionado se a requisição civil não poderá anteceder o incumprimento dos serviços mínimos, principalmente quando se antevê que os trabalhadores se vão abster totalmente de prestar trabalho. Os serviços mínimos correspondem ao cumprimento de um dever e, tal como se admite no âmbito das obrigações, o incumprimento pode anteceder o vencimento da obrigação na eventualidade de o devedor ter declarado expressa e inequivocamente que não iria realizar a prestação.

A constitucionalidade da requisição civil continua a ser bastante discutida, mas a polémica está hoje, em parte, ultrapassada. A requisição civil justifica-se na medida em que o estabelecimento de serviços mínimos também é constitucional; ou seja, para assegurar os serviços mínimos, de indiscutível constitucionalidade (art. 57.º, n.º 3, da CRP), pode recorrer-se à requisição civil.

A requisição civil é um ato administrativo emanado do Conselho de Ministros, mediante uma portaria conjunta dos ministros com pelouro na matéria, sendo normalmente um deles o ministro do trabalho[2600]. Como ato administrativo, a requisição civil pode ser impugnada contenciosamente.

[2598] Em tempo de guerra ou perante qualquer agressão efetiva ou iminente, há a ter em conta a requisição militar e civil para a prossecução de interesses inerentes à defesa nacional, prevista nos arts. 35.º ss. da Lei n.º 20/95, de 13 de Julho.

[2599] Veja-se o Parecer da Procuradoria Geral da República, de 8/8/2019, ponto VI, a propósito de uma greve de camionistas de matérias perigosas, com ampla citação doutrinária.

[2600] O Governo tem recorrido, com alguma frequência, à requisição civil de trabalhadores grevistas, nem sempre com bons resultados práticos; veja-se a requisição civil dos pilotos

Ainda que a requisição civil se relacione com o incumprimento de serviços mínimos em caso de greve, tal como a figura se apresenta no diploma de 1974, nomeadamente art. 1.º, tem um âmbito de aplicação mais vasto. Com efeito, a requisição civil pode ser determinada ainda que não exista greve, bastando a verificação de «circunstâncias particularmente graves» e que seja necessário «assegurar o regular funcionamento de serviços essenciais de interesse público ou de sectores vitais da economia nacional». Pode, pois, concluir-se que há uma requisição civil genérica e outra específica, esta última para o caso de incumprimento de serviços mínimos.

II. Apesar de, para assegurar os serviços mínimos, se pressupor a execução de prestações do contrato de trabalho, o incumprimento do dever de prestar serviços mínimos não corresponde a uma forma de violação do contrato de trabalho. Se determinado trabalhador foi escalonado para a realização de serviços mínimos e não comparece, o empregador não pode mover um processo disciplinar, porque, estando o trabalhador em greve, não tinha de trabalhar[2601].

Em tal caso, admite-se uma intervenção pública, a nível administrativo (a requisição civil), mas não no plano da relação privada de trabalho.

---

da TAP (por três vezes: Portaria n.º 475-A/77, de 28 de julho, Resolução do Conselho de Ministros n.º 131-A/97 e Portaria n.º 643-A/97, de 9 de agosto, e ainda Resolução do Conselho de Ministros n.º 76-A/2014, de 18 de dezembro e Portaria n.º 267-A/2014, de 18 de dezembro), a requisição civil dos oficiais de justiça (Resolução do Conselho de Ministros n.º 46-A/98, de 30 de março, e Portaria n.º 209-A/98, de 31 de março, assim como, posteriormente Portarias n.º 959-A/2005, de 3 de outubro, e n.º 1111-A/2005, de 26 de outubro), a requisição civil no Metropolitano (Portarias n.º 135-A/89, de 23 de fevereiro, e n.º 165-A/88, de 17 de março, bem como Portaria n.º 730-B/2004, de 24 de junho), a requisição civil dos maquinistas da CP (Resolução do Conselho de Ministros n.º 21-A/2000 e Portaria n.º 243-A/2000, de 3 de maio). Porém, a requisição civil dos maquinistas da CP, prevista na Resolução do Conselho de Ministros n.º 165-A/2001, de 10 de dezembro, assim como a da TAP, ocorrida em 2014, levou à desconvocação da greve. Quanto à requisição civil na TAP, em 1997, validando-a, veja-se o Ac. STA de 16/6/2004 (Gouveia e Melo), www.dgsi.pt.

[2601] Como refere José João Abrantes, «Greve e Serviços Mínimos», cit., p. 228, a requisição civil «(...) faz nascer um vínculo de natureza pública entre os requisitados e o Estado (...)». Veja-se também o Parecer da Procuradoria-Geral da República n.º 96/84, de 24/1/1985, *in* Rosário Palma Ramalho, *Lei da Greve*, cit., pp. 185 ss. e Rosário Palma Ramalho, *Lei da Greve*, cit., anot. art. 8.º, p. 70. Quanto ao incumprimento dos serviços mínimos, *vd.* Liberal Fernandes, *A obrigação de serviços mínimos*, cit., pp. 555 ss.

d.4) Situação jurídica do trabalhador grevista que cumpre serviços mínimos

I. Em relação aos trabalhadores que prestem serviços mínimos, não obstante estarem em greve, não veem o seu contrato suspenso nos mesmos moldes dos restantes grevistas. Os trabalhadores que aderiram à greve, mas que prestam trabalho para assegurar os serviços mínimos ou serviços de segurança e manutenção, mantêm a sua situação laboral, designadamente ficam sujeitos ao poder de direção do empregador e têm direito ao salário correspondente ao trabalho efetuado para assegurar os serviços mínimos[2602]. Os serviços mínimos ou serviços de segurança e manutenção serão retribuídos como se de laboração normal se tratasse (art. 537.º, n.º 4, do CT).

Seria dificilmente sustentável que na execução de serviços mínimos os trabalhadores não cumprissem ordens do empregador – circunscritas ao contexto desses serviços – e atuassem por sua conta ou sob ordens do sindicato que declarou a greve ou da comissão de greve. Nem o sindicato nem a comissão de greve têm poder de direção sobre os trabalhadores, mesmo durante a greve, e não têm competência, nomeadamente técnica, para determinar regras quanto ao modo de exercício de tarefas[2603]. Pense-se no bizarro que seria, por exemplo numa greve de transportes rodoviários, caber ao sindicato a escolha do veículo que o trabalhador iria conduzir para realizar o serviço mínimo que era a carreira x. Por outro lado, admitir que durante a greve as ordens quanto ao modo de realizar a prestação laboral seriam dadas pelo sindicato ou pela comissão de greve pressuporia uma intromissão na vida empresarial inadequada ao princípio de liberdade de iniciativa privada.

Em suma, os trabalhadores grevistas, enquanto desempenham serviços mínimos, só se consideram em greve para efeitos estatísticos, pois incluem-se no número dos que aderiram à greve, mas a relação laboral no que respeita à estrita execução dos serviços mínimos mantém-se.

[2602] Cf. Menezes Cordeiro, *Direito do Trabalho*, I, cit., pp. 811 s.; Rosário Palma Ramalho, *Lei da Greve*, cit., anot. art. 8.º, p. 67; Bernardo Xavier, *Direito da Greve*, cit. pp. 189 s. Em sentido contrário, considerando que o cumprimento dos serviços mínimos se situa fora da execução do contrato de trabalho, embora com alguma dificuldade para explicar a obrigação de pagamento a retribuição, *vd.* José João Abrantes, «Greve e Serviços Mínimos», cit., p. 224 e Monteiro Fernandes, *Direito de Greve*, cit., p. 60.

[2603] Monteiro Fernandes, *Direito do Trabalho*, cit., pp. 908 s., entende que incumbe ao empregador a organização dos meios adequados à prestação de serviços mínimos, do que se pode concluir que, nesse ponto, subsiste o poder de direção.

II. As dúvidas, que existiam com base na Lei da Greve, ficaram solucionadas no art. 600.º do CT2003 (correspondente ao n.º 4 do art. 537.º do CT2009).

Tendo em conta a omissão da legislação anterior, havia quem considerasse que o trabalhador, ao cumprir serviços mínimos, não se encontrava a executar o contrato de trabalho, mas no Código do Trabalho prevaleceu a posição contrária, no sentido de se manter a relação laboral, ficando o trabalhador grevista, que cumpre serviços mínimos, «(...) na estrita medida necessária a essa prestação, sob a autoridade e direção do empregador, tendo nomeadamente direito a retribuição».

e) *Consequências nas relações do empregador com terceiros*

I. A greve numa empresa pode implicar consequências nas relações jurídicas que o empregador tenha com outros sujeitos que não os trabalhadores, como seja contratos de fornecimento de bens. A existência de uma greve frequentemente afeta o cumprimento pontual dos contratos a que a empresa se vinculou com os seus clientes e importa determinar como deve ser resolvida a questão do inadimplemento desses contratos, ou seja, em que medida o empregador pode ser responsabilizado por esse incumprimento[2604]. Por exemplo, se o empregador tem de entregar determinada mercadoria aos seus clientes e, por força da greve, atrasa essa entrega, haveria uma situação de mora e há que saber se o empregador será responsável pela entrega tardia da dita mercadoria. Trata-se de averiguar se há responsabilidade contratual do empregador pelo incumprimento desses contratos, sabendo que tal inadimplemento se ficou a dever a uma atuação de terceiros, isto é a uma situação de greve. O empregador não cumpre o contrato porque terceiros – os trabalhadores – fizeram greve e, por isso, as mercadorias não estavam prontas a tempo para serem entregues.

Em princípio, a culpa, apesar de presumida (art. 799.º, n.º 1, do CC), é um dos pressupostos da responsabilidade contratual; assim, se o empregador não entrega a mercadoria na data acordada, presume-se que teve culpa e, como tal, tem de indemnizar o cliente.

Poder-se-ia questionar se, neste caso, deixaria de haver responsabilidade contratual, tendo em conta que se estaria perante uma situação de impossi-

2604 Veja-se Nunes de Carvalho, «Responsabilidade Civil do Empresário e Greve», *RDES*, 1986, n.os 3/4, pp. 368 ss., em especial pp. 571 ss.; Menezes Cordeiro, *Direito do Trabalho*, I, cit., pp. 822 s.; Bernardo Xavier, *Direito da Greve*, cit., pp. 219 ss.

bilidade não culposa, prevista nos arts. 790.º e ss. do CC, pois, são terceiros que, ao realizarem a greve, obstam ao cumprimento da relação contratual. Estar-se-ia perante uma causa não imputável ao devedor (empregador), mas sim a terceiros, excluindo-se a responsabilidade.

Esta não parece ser uma solução aceitável[2605]. Não se pode perentoriamente afirmar que a greve constitui uma causa de exclusão da culpa relativamente ao empregador em caso de incumprimento dos contratos por ele celebrados. Quando o art. 790.º, n.º 1, do CC fala em causa não imputável ao devedor, pressupõe-se que o fundamento desse incumprimento não estava na esfera jurídica deste; ou seja, que estava fora do seu controlo de atuação. Causa não imputável é a que não se encontra na esfera de influência do devedor, e não se pode concluir que a greve esteja sempre fora do controlo de atuação do empregador.

Ainda que a greve seja ilícita, com a consequente responsabilidade de trabalhadores grevistas e sindicatos que a tenham declarado, a responsabilidade por incumprimento dos contratos com clientes da empresa dificilmente seria excluída, atenta a responsabilidade objetiva estabelecida no art. 800.º do CC, em sede de incumprimento contratual[2606].

II. A greve justifica-se na medida em que haja reivindicações dos trabalhadores que poderiam ter sido satisfeitas pelo empregador; mesmo que as reclamações não fossem razoáveis, o empregador tinha a possibilidade de evitar a greve. Por isso, nas greves não laborais é justo que o empregador não suporte o respetivo risco.

Além disso, também é preciso ter em conta que o empregador, sendo o gestor da sua empresa, tem de prever as consequências da sua administração e, na iminência de uma greve, deve ponderar as vantagens e os inconvenientes da sua postura, nomeadamente nas relações jurídicas com terceiros. Assim, na medida em que se preveja uma situação de greve, perante

[2605] Diferentemente, tendo em conta uma específica previsão legal, as greves gerais ou sectoriais constituem um caso de força maior, não imputável ao empreiteiro, que justificam o não cumprimento do contrato de empreitada de obras públicas por parte deste último, como resultava do disposto no art. 195.º, n.º 3, do Decreto-Lei n.º 59/99, de 2 de março; no Código dos Contratos Públicos, que revogou este diploma, deixou de se atender a esta questão. Num contexto idêntico, refira-se que é frequente incluir-se uma cláusula de exclusão de responsabilidade das seguradoras nos termos da qual o sinistro não é indemnizado se for motivado por greve.

[2606] Com posição diversa, NUNES DE CARVALHO, «Responsabilidade Civil do Empresário...», cit., pp. 592 ss.

os contratos em vigor, o empregador terá de ponderar se se justifica manter a sua posição inflexível ou se, pelo contrário, é preferível ceder. Tendo isto em conta, muitas das vezes, as greves são marcadas para datas importantes na entrega de mercadorias, altura em que causam maior prejuízo ao empregador.

III. O risco empresarial abrange as relações com os trabalhadores e com outros sujeitos, terceiros em relação à empresa, pelo que o empregador tem de ponderar as consequências que da greve advenham nessas relações contratuais com terceiros. Quando se fala em risco empresarial não é no mesmo sentido de risco contratual, estudado em direito das obrigações, mais propriamente, o risco empresarial não é uma forma de repartição do risco no contrato.

A expressão «risco empresarial» não tem uma verdadeira conotação jurídica e coloca-se a questão de saber se, nos contratos celebrados com clientes da empresa, pode haver uma repartição do risco contratual. Dito de outro modo, importa determinar se nos contratos que o empregador ajustou com os seus fornecedores, compradores, etc., se justifica a aplicação do regime de repartição do risco, designadamente a regra do art. 795.º do CC.

Não parece que as regras de repartição do risco contratual, em particular a estabelecida no art. 795.º do CC, se devam aplicar linearmente às situações de greve na empresa. Imaginando que um determinado empregador se obrigou a fornecer uma encomenda a algum dos seus clientes e que essa encomenda não pode ser entregue na data acordada, na medida em que os trabalhadores estiveram em greve, não seria aceitável que o empregador nesse contrato de fornecimento, que, em princípio corresponde a um contrato de compra e venda, pudesse invocar a repartição do risco contratual, desresponsabilizando-se pela não entrega da mercadoria, com base na greve dos seus trabalhadores.

Se assim fosse, chegar-se-ia à conclusão de que o atraso na entrega da mercadoria não constituía uma situação de mora, devendo, então, aplicar-se o art. 792.º do CC. Seguindo este raciocínio, o empregador não entregaria licitamente a mercadoria na data acordada e, podendo, realizaria a prestação mais tarde, estando o cliente obrigado a recebê-la, sem que desse atraso adviesse o dever de indemnizar.

Isto levaria a que a greve desencadeada numa determinada empresa não acarretaria consequências para o empregador, e quem iria suportar os prejuízos inerentes a essa greve seriam os clientes do empregador, os quais receberiam as mercadorias mais tarde, sem direito a qualquer indemnização. Dito de outro modo, o prejuízo do empregador inerente à greve repercutia-se nos clientes deste.

Esta solução parece insustentável. As vicissitudes ocorridas numa empresa em razão de uma greve não devem repercutir-se nos seus clientes. Por isso, em caso de greve, o consequente incumprimento dos contratos por parte do empregador presume-se culposo (art. 799.º, n.º 1, do CC), e a greve não constitui fundamento para afastar a referida presunção, porque os trabalhadores integram-se na estrutura empresarial e não se podem considerar como terceiros em relação aos vínculos assumidos pela empresa[2607]. Se o empregador não cumpre os contratos será responsável perante os seus clientes sob pena de, em cadeia, a greve constituir um «passar de culpas»; se o empregador, invocando a greve na empresa, não tivesse de indemnizar os seus clientes, estes, ao receberem as mercadorias com atraso, também não seriam responsabilizados pela falta de entrega atempada aos consumidores, e assim por diante.

A existência de uma greve seria, pois, uma forma de desresponsabilizar todos os intervenientes numa cadeia de prestação de serviços ou de fornecimento de bens, com a consequente insegurança jurídica, o que não parece aceitável.

9. Greves ilícitas

a) Limitações ao exercício do direito de greve

a.1) Colisão de direitos

A greve não é um direito ilimitado dos trabalhadores, e, além da disciplina estabelecida no art. 57.º da CRP e nos arts. 530.º e ss. do CT, há a ter em conta que a greve tem de ser disciplinada, no sentido de o correspondente direito só poder ser exercido desde que não ponha em causa outros direitos. O direito de greve não pode colidir com outros direitos e, em caso de conflito, deve atender-se ao disposto no art. 335.º do CC e às regras de boa fé (art. 522.º do CT).

A licitude da greve tem de ser, não raras vezes, ponderada tendo em conta o disposto no art. 335.º do CC, pois o direito de greve não pode ser exercido

[2607] Não se quer com isto afirmar que os trabalhadores são responsáveis pelo cumprimento dos contratos da sua empresa, mas que a integração empresarial impede que os atos destes sejam invocados como exclusão de responsabilidade por ato de terceiro.

pondo em causa outros direitos. O direito de greve deve ceder sempre que a existência de outro direito o justifique, e será considerada ilícita a greve exercida em desconformidade com os parâmetros de conflito de direitos, estabelecidos no art. 335.º do CC e em desacordo com os ditames da boa fé (art. 522.º do CT).

a.2) Causas de ilicitude da greve

I. A propósito das modalidades de greves aludiu-se a greves atípicas, algumas das quais constituem situações ilícitas. Poder-se-á dizer, em termos sintéticos e para efeitos de classificação, que as greves serão ilícitas com base em cinco fundamentos[2608].

II. Primeiro, será ilícita a greve que prosseguir fins ilícitos. Sendo, por exemplo, desencadeada uma greve para enfraquecer economicamente a empresa, por forma a que outras empresas concorrentes tenham mais fácil acesso ao mercado, violando regras de concorrência leal, são prosseguidos fins ilícitos que levam a qualificar a greve como ilícita.

Da mesma forma, greves decretadas para prejudicar a adjudicação de concursos públicos a uma empresa ou em que os trabalhadores se opõem à contratação de outros trabalhadores de determinada raça ou sexo, prosseguem fins ilícitos, sendo, pois, ilícitas.

III. Em segundo lugar, será igualmente ilícita a greve desencadeada em desrespeito das normas jurídicas que a disciplinam constantes dos arts. 530.º e ss. do CT.

[2608] Veja-se Menezes Cordeiro, *Direito do Trabalho*, I, cit., pp. 829 ss.
Bernardo Xavier, *Direito da Greve*, cit., p. 140 e «A Licitude...», cit., p. 297, relaciona o âmbito do direito de greve com a autonomia coletiva dos trabalhadores, pelo que aquilo que não possa ser objeto de regulamentação em instrumento coletivo não pode ser reivindicado em greve.
Com ampla citação doutrinária, veja-se o Parecer da Procuradoria Geral da República, de 8/8/2019, a propósito de uma greve de camionistas de matérias perigosas, onde nos pontos III e IV se discute a ilicitude da greve em questão.
Com base no direito espanhol (arts. 11 e 7 do Real Decreto-Lei 17/1977, de 4 de Março), Martín Valverde/Rodríguez-Sañudo Gutiérrez/García Murcia, *Derecho del Trabajo*, cit., pp. 436 ss., entendem que são ilícitas as greves com fins políticos ou fins não profissionais, as greves de solidariedade ou apoio, as que pretendam alterar convenções coletivas e as que não respeitem os requisitos legais ou pactuados, além disso, segundo os mesmos autores, são abusivas as greves rotativas, trombose e intermitentes.

Se, nomeadamente, não forem respeitadas as regras relativas à competência para declarar a greve, ao aviso prévio de greve, etc., estar-se-á perante uma greve ilícita[2609]/[2610].

IV. Terceiro, poderão ser ilícitas as greves em cujo exercício se violem princípios fundamentais de direito, como seja os princípios da proporcionalidade, da adequação e da boa fé.

Poderão, assim, ser consideradas ilícitas as greves que causem prejuízos exorbitantes ao empregador, ou seja, as que não são justificáveis em termos de ponderação da proporcionalidade entre o prejuízo causado ao empregador, por um lado, e a reivindicação apresentada e o prejuízo sofrido pelos trabalhadores em razão do exercício do direito de greve, por outro. Se houver uma diferença substancial entre os prejuízos a causar e os danos sofridos bem como as vantagens a obter, poderá a greve ser considerada ilícita.

V. Em quarto lugar, são normalmente ilícitas as situações de greve que impliquem um deficiente cumprimento da atividade laboral.

Quando tenha sido declarada uma greve que implique não a paralisação do trabalho mas um mau cumprimento da atividade, há, em princípio, ilicitude. Se o trabalhador, em vez de paralisar, passa a cumprir mal, está a violar deveres acessórios da relação laboral e essa violação enquadra-se na figura do cumprimento defeituoso da prestação. A greve não pode ser uma forma de admitir como válido um cumprimento defeituoso da prestação.

Assim, as greves de zelo, de trato urbano aos clientes e de rendimento são exemplos de situações, em princípio, ilícitas[2611].

Será ilícita a realização da atividade de forma defeituosa, ou seja, as situações que impliquem a realização da atividade de modo a o empregador não a poder aproveitar no seu todo.

[2609] Quanto a uma greve declarada sem respeito do formalismo legal, *vd.* Ac. Rel. Pt. de 2/10/2000, CJ XXV, T. IV, p. 244.

[2610] É discutível a licitude de uma greve declarada por um sindicato durante os primeiros meses de vigência de uma convenção coletiva (antes de poder ser denunciada) tendo em vista exigir a sua alteração. Sobre a questão, *vd.* Motta Veiga, *Lições*, cit., pp. 279 s.

[2611] Monteiro Fernandes, «Greves Atípicas...», cit., pp. 502 s., afirma que são «(...) situações insuscetíveis de serem reconduzidas àquele mínimo de correspondência com o "modelo legal" (...)» de greve, continuando que «(...) do ponto de vista jurídico, repete-se, nem mesmo se lhes ajusta a designação de greve». Veja-se também do autor, *Direito do Trabalho*, cit., pp. 812 s. É este igualmente o pensamento de Motta Veiga, *Lições*, cit., p. 277.
Sobre as greves atípicas ou impróprias, consulte-se Bernardo Xavier, *Direito da Greve*, cit., pp. 66 ss.

Por exemplo, se os trabalhadores decidem fazer greve, em que trabalham com os computadores desligados da corrente ou a um ritmo muito lento, o empregador não retira vantagens dessa atividade ou só auferirá uma vantagem reduzida. Há uma violação do dever laboral, que implica um incumprimento do contrato.

Além disso, o trabalhador em greve que realizava a atividade deficientemente não está eximido do poder de direção. Ele continua adstrito a acatar ordens do empregador e, nesse caso, não se pode dizer que, por força da greve, deixa de subsistir o poder de direção. Se o trabalhador está a desempenhar a sua atividade tem de receber ordens do empregador e, se não obedecer, ficará sujeito ao poder disciplinar, com as consequentes sanções, *maxime* o despedimento.

De igual modo, há um deficiente cumprimento não enquadrável na noção de greve, se ficou acordado que os trabalhadores só não prestam determinado tipo de atividades; por exemplo, põem as máquinas a trabalhar mas não controlam a produção ou trabalham certas horas mas não noutras horas do dia, contrariando um regime de adaptabilidade horária.

VI. Por último, eventualmente, poderá ser ilícita a greve não motivada por questões laborais, em particular a greve política[2612].

Por exemplo, não seria aceitável que o empregador suportasse o risco de uma greve política para alterar a política internacional do Governo ou com vista a salvaguardar as gravuras de Foz Côa.

Nas greves não laborais é de aceitar que o empregador não suporte o risco a elas inerente como o pagamento de salários a não grevistas ou a responsabilidade pelo não cumprimento de contratos. É, contudo, discutível perante a fórmula legal do art. 57.º da CRP e do art. 530.º do CT excluir as greves não laborais da noção técnica de greve, no entanto, justifica-se esta limitação, pois importa distinguir o exercício do direito de greve – que pressupõe um conflito com o empregador – do direito de manifestação política. Este último, não havendo qualquer litígio com o empregador, não pode ser feito valer mediante uma greve.

[2612] Cf. Monteiro Fernandes, *Direito de Greve*, cit., pp. 23 s.; Motta Veiga, *Lições*, cit., p. 259; Bernardo Xavier, *Direito da Greve*, cit., pp. 113 ss, em especial pp. 125 ss.; Parecer da Procuradoria-Geral da República n.º 123/76-B, de 3/3/1997, *in* Rosário Palma Ramalho, *Lei da Greve*, cit., pp. 105 ss.
Com posição diversa, veja-se Caupers/Magalhães, *Relações Colectivas*, cit., p. 88 e Helena Gonçalves Moniz, «A Greve Política no Ordenamento Jurídico Português», *Temas de Direito do Trabalho*, Coimbra, 1990, pp. 569 ss., em particular p. 583.

Apesar de as reivindicações dos trabalhadores grevistas não se encontrarem dependentes de um critério rígido de razoabilidade têm de, juridicamente, poder ser satisfeitas pelo empregador. São, por isso, inadmissíveis reivindicações que não se encontram na disponibilidade de o empregador satisfazer; por exemplo não se pode fazer greve reivindicando que os EUA não ataquem o Iraque ou que o Governo português não apoie os EUA em tal ataque.

Por isso, a greve geral, no sentido da paralisação de todos os trabalhadores que prestam a sua atividade em Portugal, não tem em vista reivindicar, perante os empregadores, melhores condições de trabalho. Trata-se, antes, de uma forma de contestar a política de um dado Governo.

A manifestação contra a política seguida pelo Governo, em democracia, é livre, mas importa averiguar se pode ser feita mediante o recurso à greve.

Se, por exemplo, a greve geral tem em vista contestar um projeto de lei que está em discussão na Assembleia da República ou uma lei que foi aprovada neste órgão a paralisação é ilícita por dois motivos.

A greve determina a paralisação de trabalhadores em diferentes empresas, mas não está nas mãos dos empresários impedir a votação do projeto na Assembleia da República ou a aplicação da lei no país. Deste modo, a satisfação das reivindicações dos trabalhadores (não aprovação de um projeto ou não aplicação de uma lei) não pode juridicamente ser satisfeita pelos empresários e são estes que sofrem os prejuízos da paralisação.

O direito de greve só é atribuído aos trabalhadores por conta de outrem, não podendo os trabalhadores independentes recorrer à greve. Sendo a greve geral lícita, os trabalhadores por conta de outrem poderiam paralisar a atividade nas empresas para pressionar uma mudança de política do Governo, ficando os trabalhadores independentes numa situação menos protegida, porque não lhes seria conferido esse meio de pressão sobre o Governo. Daqui decorreria uma inadmissível desigualdade entre trabalhadores.

Na greve geral, os trabalhadores deixam de cumprir os contratos de trabalho, reivindicando aos empregadores uma alteração da política laboral do Governo, pretensão que aqueles, juridicamente, não podem satisfazer.

A greve geral advém de uma confusão entre o direito de greve e o direito de manifestação. Os trabalhadores (por conta de outrem ou independentes) podem manifestar-se contra a política laboral do Governo, para pressionar os deputados a não votar um projeto legislativo ou a rever uma lei já aprovada; essa manifestação é lícita, podendo efetivar-se por diferentes meios, nomeadamente através de desfiles na rua.

Mas o direito de manifestação contra a política laboral do Governo não pode concretizar-se mediante greves que paralisem o trabalho em diversas empresas do sector privado, determinando o não cumprimento de contratos de trabalho, pois serão os empresários a suportar os prejuízos de uma política governamental que não podem impedir. Em suma, os empresários, que sofrem o prejuízo da paralisação, não podem juridicamente satisfazer as reivindicações dos trabalhadores.

Resta, assim, concluir que a greve não pode ser entendida como um direito de livremente prejudicar outrem (empregadores, utentes de serviços, etc.), similar a um bloqueio de estrada ou uma manifestação acompanhada de atos de vandalismo, devendo circunscrever-se a uma reivindicação laboral no seio de cada empresa.

a.3) Greves atípicas

I. A propósito de situações atípicas de greve, em que se verifica uma violação de princípios fundamentais de direito, fala-se nas greves de maior prejuízo, que costumam ser exemplificadas com as greves retroativas, rotativas, trombose e intermitentes[2613]. A este elenco pode acrescentar-se a designada greve *self-service*[2614].

De modo sintético, pode dizer-se que «estas formas de luta caracterizam-se por, preenchendo embora os elementos do conceito de greve (paralisação da prestação do trabalho, na sua globalidade, por um grupo de trabalhadores, para pressionar no sentido da consecução de fins coletivos), serem levadas a efeito de modo particularmente lesivo para as empresas onde ocorrem, seguindo um plano de paralisação da produção com perdas mínimas de salários para os grevistas implicados no processo»[2615]. Pode, assim dizer-se que «(e)stas greves têm em comum o serem executadas através

---

2613 Sobre as designadas greves de maior prejuízo, identificadas com os exemplos apontados, *vd.* Rosário Palma Ramalho, «Greves de Maior Prejuízo. Notas sobre o enquadramento jurídico de quatro modalidades de comportamento grevista (greves intermitentes, rotativas, trombose ou retroativas)», *Revista Jurídica* (AAFDL), n.º 5 (1986), pp. 67 ss.

2614 *Vd.* Parecer da Procuradoria-Geral da República n.º 1/99, de 18/1/1999, *in Compêndio de Leis do Trabalho*, 10.ª ed., Coimbra, 2002, pp. 288 ss.

A multiplicidade de situações atípicas de greve não se esgota no elenco indicado; veja-se, por exemplo, a greve imprópria dos maquinistas da CP estudada por Bernardo Xavier, «Direito à Greve. Greves Lícitas, Conceito e Efeitos. Greves Impróprias, Formas e Efeitos. Greve dos Maquinistas da CP», CJ XX, T. V, pp. 5 ss.

2615 Bernardo Xavier, «A Greve no Direito da Europa Ocidental» cit., p. 58. O autor enuncia ainda outro tipo de situações que denomina igualmente como *greves atípicas*, mas que, em

de um planeamento de paralisações parceladas (parcelamento por sectores ou por tempos) de modo a conseguir uma grande economia de custos para os trabalhadores em greve (pois cada um deles paralisa durante pouco tempo) e ocasionar ao empregador danos iguais ou aproximados ao infligidos por uma longa greve. Trata-se de uma série de paralisações articuladas (...) com a intenção de desorganizar a capacidade produtiva das empresas onde incidem»[2616].

II. Na greve retroativa, a paralisação dos trabalhadores implica a destruição de um processo produtivo efetuado anteriormente. Quando, por exemplo, os trabalhadores paralisam num dia e com isso perde-se toda a produção realizada num período anterior, há uma retroatividade dos efeitos da greve. Estas greves podem surgir na agricultura, onde a paralisação num determinado dia pode implicar a perda total do trabalho realizado durante o ano anterior. Imagine-se que a greve foi convocada para o dia em que deve ser feita a colheita do produto e, não sendo este colhido nessa altura, a produção desse ano perde-se. Em tais casos, há uma desproporção entre o exercício do direito da greve e o dano causado ao empregador.

III. Nas greves rotativas, os trabalhadores paralisam por sectores, de molde a que toda a empresa deixe de laborar; de facto, a paralisação de cada sector, sendo concertada, impede que os sectores subsequentes possam laborar. Normalmente, estas greves iniciam-se no sector primário da empresa e vão, sucessivamente, paralisando os vários sectores. A «paralisação vai percorrendo sucessivamente os vários sectores da empresa (categorias profissionais ou fases do processo produtivo)»[2617], ou seja, «todos trabalhadores aderentes se abstêm de trabalhar mas em momentos diferentes»[2618]. Trata-se de um tipo de greve que é lavado a cabo em vários «sectores de modo sucessivo ou alternativo em termos de desorganizar completamente a produção»[2619]. Em cada dia serão poucos os trabalhadores em greve, mas a empresa ficará paralisada durante um lapso longo.

última análise, não se reconduzem a uma greve clássica pela falta de preenchimento dos elementos desta (pp. 54 a 58).

[2616] Bernardo Xavier, «A Greve no Direito da Europa Ocidental» cit., p. 58.

[2617] Bernardo Xavier, «A Greve no Direito da Europa Ocidental», cit., p. 58.

[2618] J. J. Gomes Canotilho/Jorge Leite, «Ser ou não ser uma greve (a propósito da chamada «greve self-service»)», *QL*, Ano VI, 1999, n.º 13, p. 9, nota 11.

[2619] Bernardo Xavier, *Direito da Greve*, cit., p. 75.

IV. A greve trombose, normalmente só afeta um sector da empresa que é o sector chave da mesma. Na greve trombose ou de estrangulamento a «paralisação limita(-se) a incidir em sectores estratégicos da empresa, conduzindo a uma quebra completa da produção»[2620].

Tendo em conta que determinados trabalhadores são fundamentais para o funcionamento da empresa, se estes entram em greve isso implica a paralisação total da empresa. Muitas das vezes, nestes casos, é feito um acordo no sentido de os trabalhadores não aderentes à greve compensarem economicamente os grevistas que ocupam o tal sector chave. Ou seja, os não aderentes recebem a retribuição e compensam os grevistas. Trata-se igualmente de uma forma de conseguir um prejuízo elevado para o empregador com uma perda mínima para os trabalhadores.

Nada obsta a que haja uma greve dos trabalhadores do sector estratégico da empresa; a ilicitude advém da mencionada concertação.

V. A greve intermitente pressupõe que a paralisação seja por pequenos períodos (p. ex., cinco minutos), tendo em vista afetar a atividade anteriormente realizada; ou seja, envolve «uma série de curtas interrupções do trabalho[2621], que provocam uma baixa de rendimento tão elevada como a decorrente de uma única paragem do trabalho durante o mesmo tempo total»[2622], ou, pelo menos, «desorganizam a produção»[2623]. Será o caso em que os trabalhadores suspendem a atividade várias vezes por dia durante curtos períodos de tempo (p. ex., 5 minutos), que pode pôr em causa toda a produção desse dia.

VI. Na denominada greve *self-service*, os trabalhadores grevistas interrompem o trabalho quando acharem oportuno e pelo tempo que entenderem. Trata-se de uma greve prolongada em que não se sabe quando se irá dar a paralisação do trabalho e, havendo paralisação, não se sabe quantos trabalhadores grevistas vão suspender a atividade, nem, principalmente, durante quanto tempo haverá paragem da laboração. Uma greve deste tipo foi desencadeada pelo Sindicato Independente dos Médicos, em que os

[2620] BERNARDO XAVIER, «A Greve no Direito da Europa Ocidental», cit., p. 58.

[2621] Tal como afirmam J. J. GOMES CANOTILHO e JORGE LEITE, («Ser ou não ser uma greve ...», cit., p. 9, nota 12) «os trabalhadores acabam por se manter na empresa, embora praticamente inactivos durante todo o tempo».

[2622] ROSÁRIO PALMA RAMALHO, «Greves de maior prejuízo», cit., p. 70.

[2623] BERNARDO XAVIER, «A Greve no Direito da Europa Ocidental», cit., p. 58.

médicos faziam greve durante um período de seis meses a qualquer momento, a qualquer dia e a qualquer hora, individualmente ou em grupo, sem necessidade de nenhuma formalidade ou aviso prévio complementar ao feito pelo sindicato, pelo tempo que quiserem[2624]. Dir-se-ia que, apesar de haver aviso prévio, tendo em conta a incerteza quanto à paralisação sob vários aspetos, esta greve aproxima-se de uma greve surpresa, imprevista, que é ilícita.

VII. Estas cinco formas de greves não serão necessariamente abusivas. Em determinados casos, pode-se considerar estas greves, tendo em conta a proporcionalidade entre os danos causados ao empregador e o prejuízo dos trabalhadores como não abusivas. Tudo depende das circunstâncias concretas. Em princípio, a greve só será ilícita se a violação for substancial.

b) Consequências da ilicitude

I. Tendo em conta as consequências da greve, tais como o facto de o empregador suportar o risco, continuando a pagar o salário aos trabalhadores não grevistas e indemnizando os clientes pelo incumprimento de contratos, poder-se-ia não justificar essas implicações no caso de a greve ser ilícita. Mas são questões distintas.

Os trabalhadores não grevistas e os clientes da empresa não podem ser prejudicados no caso de a greve ser ilícita. A ilicitude da greve pode determinar a responsabilidade de sindicatos e trabalhadores, mas não desresponsabiliza o empregador no cumprimento dos contratos de trabalho (com os não grevistas) e com os clientes da empresa.

II. A greve declarada em inobservância do disposto nos arts. 530.º e ss. do CT faz incorrer os grevistas no regime de faltas injustificadas (art. 541.º, n.º 1, do CT)[2625].

[2624] A ilicitude, além da desconformidade com o pré-aviso, estava na gestão quotidiana da oportunidade de exercício do direito de greve, que configura abuso do direito, pois visa desorganizar com consequências imprevisíveis os serviços, podendo provocar danos desproporcionados, *vd.* Parecer da Procuradoria-Geral da República n.º 1/99, de 18/1/1999, *in Compêndio de Leis do Trabalho*, 10.ª ed., Coimbra, 2002, pp. 288 ss.

[2625] Com respeito à greve rotativa, há quem entenda (Monteiro Fernandes, *Direito de Greve*, cit., p. 52; Bernardo Xavier, *Direito da Greve*, cit., p. 79; Parecer da Procuradoria-Geral da República n.º 156/81, de 3/12/1981, *in* Rosário Palma Ramalho, *Lei da Greve*, cit., pp. 171 ss.) que, em vez de faltas injustificadas, os trabalhadores dever-se-ão considerar em greve, não só nos dias em que não realizaram a respetiva atividade, mas também naqueles outros em que,

O art. 541.º do CT – na sequência do disposto no art. 604.º do CT2003 e de modo diverso do que ocorria com o precedente art. 11.º da LG – não pode ser interpretado em sentido restrito, de só estarem incluídas as violações correspondentes a irregularidades formais, como a falta de aviso prévio. A formulação do preceito é ampla («greve declarada ou executada de forma contrária à lei»), pelo que abrange quaisquer irregularidades, tanto formais como substanciais. De facto, não seria aceitável que as irregularidades substanciais ficassem desprovidas de sanção.

Em caso de greve ilícita, o art. 541.º, n.º 1, do CT manda aplicar o regime das faltas injustificadas. O art. 256.º do CT estabelece que as faltas injustificadas, além de constituírem violação do dever de assiduidade, implicam a perda de retribuição e da antiguidade. A perda da retribuição já advém da adesão à greve (art. 536.º, n.º 1, do CT), o mesmo não se pode dizer com respeito à perda da antiguidade.

A violação do dever de assiduidade é uma infração disciplinar que pode constituir justa causa de despedimento, em particular se as faltas não justificadas determinarem prejuízos ou riscos graves para a empresa ou se o número de faltas atingir cinco seguidas ou dez interpoladas em cada ano (art. 351.º, n.º 2, alínea *g*), do CT). Além disso, como consequência da adesão a uma greve ilícita, pela sua gravidade e consequência, pode tornar-se imediata e praticamente impossível a subsistência da relação de trabalho (art. 351.º, n.º 1, do CT).

III. Porém, mesmo no caso de greve ilícita, em determinadas circunstâncias, admite-se que os trabalhadores tenham aderido na ignorância da ilicitude da mesma, e essa ignorância deve ser tutelada. Nem sempre se pode exigir por parte do trabalhador grevista um conhecimento efetivo da situação real; ele pode não saber se o pré-aviso foi feito com antecedência devida ou não ter consciência da ilicitude[2626].

Provando-se o desconhecimento da ilicitude da greve, a respetiva adesão não deveria ser caracterizada como ilícita, não ficando o trabalhador sujeito ao regime das faltas injustificadas.

---

mostrando-se disponíveis para o trabalho, nada faziam por via da greve de outros colegas de trabalho; deste modo, o desconto salarial far-se-ia por todo o período de greve na empresa. A idêntica conclusão se poderia chegar na hipótese de greve intermitente, em que, por exemplo quatro paralisações de cinco minutos cada afetam a produção de um dia de trabalho: em vez de se descontar 20 minutos, descontar-se-ia no salário todo o dia de trabalho.

[2626] Cf. Menezes Cordeiro, *Direito do Trabalho*, I, cit., p. 834; Bernardo Xavier, *Direito da Greve*, cit., pp. 275 ss.

O regime das faltas injustificadas só encontraria aplicação relativamente a trabalhadores que aderissem à greve com conhecimento da ilicitude da mesma, mas se o trabalhador aderiu à greve em desconhecimento da ilicitude, mormente porque não terá sido convenientemente informado pelo sindicato, não deve suportar as consequências da ilicitude da greve. Não deve, contudo, relevar o desconhecimento negligente.

IV. Tal como foi referido *supra* (n.º 4, alínea *c)*), com base no art. 520.º, n.º 3, do CT, relativo à responsabilidade civil por incumprimento culposo de obrigações contratuais, nomeadamente resultantes de convenção coletiva, e, em particular, tendo em conta o disposto no art. 541.º, n.º 2, do CT, que remete para os «(...) princípios gerais em matéria de responsabilidade civil», em caso de declaração ou execução da greve de forma contrária à lei, valem as regras gerais de responsabilidade civil, e cabe indagar em que medida poderão ser responsabilizados os sindicatos que tenham decretado uma greve ilícita ou que prestem informações erradas aos trabalhadores[2627].

10. Proibição de *lock-out*

I. O art. 57.º, n.º 4, da CRP estabelece a proibição de *lock-out*, a qual vem reproduzida no art. 544.º, n.º 2, do CT.

Poder-se-ia discutir a constitucionalidade deste preceito constitucional, considerando que a proibição de *lock-out* seria uma forma de violar o princípio da igualdade e, nessa medida, estariam feridos de inconstitucionalidade o art. 544.º, n.º 2, do CT bem como o art. 57.º, n.º 4, da CRP, mas esta discussão parece estar ultrapassada[2628]. A proibição de *lock-out* é constitucionalmente justificável na medida em que o art. 13.º da CRP, ao estabelecer o princípio da igualdade, admite tratamentos diferenciados que se aceitam

[2627] Sobre o abuso e consequente responsabilidade em caso de greve ilícita, veja-se Estêvão Mallet, *Dogmática elementar do direito de greve*, S. Paulo, 2014, pp. 107 ss.
No Ac. Rel. Lx. de 5/12/2014 (José Eduardo Sapateiro), www.dgsi.pt, com uma explicação algo estranha, negou-se a aplicação do instituto da responsabilidade civil num caso de greve ilícita – falta de aviso prévio de 10 dias, falta de definição de serviços mínimos e falta de indicação de trabalhadores para cumprir os serviços mínimos – porque, como se afirma, a responsabilidade civil em caso de greve tem de ser encarada numa perspetiva estritamente laboral e não civilista, atentas as diferenças que separam o direito do trabalho e o direito civil. Nesta via, inaceitável, de jurisprudência criativa, a responsabilidade civil teria pressupostos diferentes no plano laboral.

[2628] Cf. Ac. TC n.º 480/89, de 13/7/1989, *BMJ* 389, p. 235.

dentro de determinados parâmetros; do art. 13.º da CRP resulta que não se permitem discriminações, e na relação laboral admite-se que não sejam usadas pelas duas partes as mesmas formas de luta. Há razões para se aceitar a desigualdade, tendo em conta que a greve é entendida como meio para tentar estabelecer o equilíbrio numa relação contratual que tem alguma tendência para se encontrar desequilibrada.

II. Depois de no n.º 2 do art. 544.º do CT se proibir o *lock-out,* no n.º 1 do mesmo preceito apresenta-se uma noção de *lock-out* extremamente ampla, a qual importa interpretar de forma restritiva. Para tal torna-se necessário proceder a uma análise dos vários elementos da definição legal.

III. Primeiro, o *lock-out* advém de uma decisão unilateral do empregador, entendendo-se, por conseguinte, que não está abrangido nesta figura o encerramento da empresa que venha a dever-se a um acordo entre o empregador e os trabalhadores ou entre o empregador e os sindicatos.

Mas acresce que a decisão unilateral do empregador de encerrar não é *lock-out* se o fundamento não se relacionar com um conflito laboral, nomeadamente é lícito o encerramento em caso de insolvência e bem assim nas hipóteses previstas nos arts. 309.º e ss. do CT (encerramento temporário do estabelecimento).

IV. Segundo, o *lock-out* traduz-se na paralisação total ou parcial da empresa. Mas pode haver paralisações totais numa empresa que não constituem *lock-out.* Mesmo em situação de greve, não há *lock-out* quando se justifica a paralisação da empresa por motivos de segurança. Por exemplo, em caso de greve, tendo em conta que trabalhadores essenciais ao funcionamento da empresa, designadamente para a sua segurança, aderiram à greve, é aceitável que o empregador não permita a laboração e determine a paralisação. Se aderiram à greve trabalhadores que tinham por função verificar o funcionamento de determinadas máquinas, o empregador pode decidir não pôr essas máquinas em funcionamento, porque a falta daqueles trabalhadores acarretaria um risco para o equipamento ou para os outros trabalhadores. Em tal caso, o empregador pode decidir paralisar parcial ou totalmente a empresa.

Estas paralisações que se devem a razões técnicas, de segurança, etc., são aceitáveis e não constituem *lock-out.* Se o empregador decidir por esta paralisação tem de pagar as retribuições aos trabalhadores não grevistas, apesar de eles também não trabalharem nesses dias em que a empresa esteve encerrada por motivos técnicos.

Em suma, o empregador não pode ser obrigado a manter a laboração se houver riscos para a atividade. Nestes termos, a noção do art. 544.º, n.º 1, do CT tem de ser restringida, só se admitindo a existência de *lock-out* quando o empregador encerra a empresa como represália pela greve.

V. Terceiro, considera-se *lock-out* a interdição de acesso aos locais de trabalho a alguns ou à totalidade dos trabalhadores. Também aqui tem de ser feita uma interpretação restritiva. De facto, o empregador, numa situação de greve, não pode impedir o acesso dos trabalhadores aos locais de trabalho, mas é preciso distinguir entre trabalhadores grevistas e não grevistas.

Aos trabalhadores grevistas, em determinadas circunstâncias, o empregador pode vedar o acesso ao local de trabalho, até porque a sua presença poderia prejudicar a laboração daqueles que não aderiram à greve e constituir um risco para todas as pessoas que estivessem nesses locais. Assim, em particular por motivos de segurança, justifica-se tal atitude do empregador.

Tal como o empregador pode impedir o acesso dos piquetes de greve a determinadas zonas da empresa, também, nos mesmos moldes, tem direito de vedar o acesso de trabalhadores grevistas a certas zonas da empresa e inclusive aos seus próprios locais de trabalho.

Já em relação aos trabalhadores não grevistas poderia ser considerado *lock-out* o facto de o empregador lhes impedir o acesso ao local de trabalho, mas, ainda assim, a restrição será lícita se, por motivos de segurança, etc., o empregador decidir encerrar a empresa no dia de greve.

VI. Em quarto lugar considera-se que constitui *lock-out* a recusa em fornecer trabalho, condições e instrumentos de trabalho.

Tal recusa só será inválida em relação aos trabalhadores que não aderiram à greve.

Quanto aos trabalhadores grevistas, o empregador não tem de lhes dar trabalho, nem condições e instrumentos de trabalho.

Mas mesmo em relação aos não grevistas há casos em que o empregador pode recusar-se a fornece-lhes trabalho, porque, numa situação de greve e perante a falta de determinados trabalhadores, não estando a empresa em condições de laborar, pode não fornecer trabalho nem sequer aos trabalhadores não grevistas, o que não deve ser considerado *lock-out*. Objetivamente, o empregador não pode fornecer trabalho. Torna-se é necessário averiguar se se justifica o encerramento por motivos de segurança, etc. Nestes casos, o empregador tem de lhes pagar a retribuição referente a esse período, mas não está obrigado a dar-lhes trabalho. E daqui não advém qualquer violação da lei.

VII. Há, no fundo, que distinguir o *lock-out* de situações em que a empresa encerra em situações de greve, por motivos técnicos ou económicos ou por motivo de força maior[2629].

O *lock-out* só existe nos encerramentos de empresa desde que isso constitua uma represália perante a greve.

11. Cessação

A greve pode terminar por acordo entre as partes ou por deliberação das entidades que a tiverem declarado (art. 539.º do CT). É evidente que se as reivindicações apresentadas pelos trabalhadores forem satisfeitas e se eles chegarem a um acordo com o empregador a greve terminará. Além disso, se a entidade que declarou a greve, por exemplo, um sindicato, decidir suspender a greve, esta também cessará.

Para além destas duas situações que vêm previstas na lei, ainda é possível admitir a cessação da greve quando foi decretada por períodos determinados; em tal caso, a greve cessa, não em virtude de uma das causas previstas na lei, mas porque foi fixada por um determinado período, de um, dois ou três dias, decorrido o qual a greve cessa. Esta é talvez a situação mais comum de cessação em que a greve é declarada por um período certo, normalmente curto.

Naqueles casos, hoje não muito frequentes, de greves declaradas por tempo indeterminado, a greve termina ou com a aceitação das reivindicações por parte dos empregadores ou perante a exaustão dos trabalhadores.

Na prática, não é vulgar que uma greve termine por acordo entre as partes. Teoricamente, pode admitir-se que trabalhadores e empregadores cheguem a consenso durante o período da greve e prevê-se a possibilidade de os trabalhadores em greve serem representados (art. 532.º do CT), para efeitos de se chegar a um acordo com vista à sua cessação. Mas não é frequente que isto ocorra sob pressão direta da greve, principalmente porque hoje são raras

[2629] Cf. MONTEIRO FERNANDES, *Direito de Greve*, cit., p. 79; ROSÁRIO PALMA RAMALHO, *Lei da Greve*, cit., anot. art. 14.º, p. 88.

as greves prolongadas. Contudo, as mais das vezes, depois da greve terminar, as partes chegam a acordo, mas não é normal que isso ocorra durante o período em que decorre a greve, porque este é, regra geral, demasiado curto.

Porém, a referência no art. 539.º do CT ao termo da greve por acordo, tem normalmente que ver com um acordo de cessação e não com um acordo sobre o litígio.

12. Natureza jurídica

A greve é um direito subjetivo complexo no que respeita, por um lado, à titularidade e, por outro, ao exercício.

O direito da greve funda-se no princípio da alteração das circunstâncias, mediante o qual se pretende modificar a situação contratual, tendo em conta a modificação de circunstâncias entretanto verificada. Perante uma alteração de circunstâncias atribui-se, individualmente, aos trabalhadores o direito de, em conjunto, recorrerem à greve. É neste ponto que surge a complexidade do exercício deste direito, porque corresponde a uma reivindicação individual, de cada trabalhador, mas a exercer em conjunto pelos vários trabalhadores.

Para exercerem o seu direito de greve, os trabalhadores carecem de uma intermediação, porque não podem diretamente exercê-lo. Há uma entidade, que não é parte na relação contratual de trabalho, normalmente uma associação sindical e, eventualmente, uma assembleia de trabalhadores, sem cuja intervenção a greve não pode ser declarada. Há, pois, uma íntima conexão entre a dimensão individual e coletiva deste direito.

Em suma, a greve é um direito subjetivo dos trabalhadores individualmente consideradas, mas a exercer coletivamente, fundado na alteração das circunstâncias ocorrida na relação laboral, que para ser exercido carece de uma prévia intermediação.

BIBLIOGRAFIA:

JOSÉ JOÃO ABRANTES, «Greve, Serviços Mínimos e Requisição Civil», *Estudos de Direito do Trabalho*, Lisboa, 1992, pp. 125 a 152, «Greve e Serviços Mínimos», *Direito do Trabalho. Ensaios*, Lisboa, 1995, pp. 203 a 230, «Direito de Greve e Serviços Essenciais», *QL*, n.º 6 (1995), pp. 129 a 138 e «A Greve no Novo Código do Trabalho», *Estudos sobre o Código do Trabalho*, Coimbra, 2004, pp. 203 ss.; MELO ALEXANDRINO, «A Greve dos Juízes – Segundo a Constituição e a Dogmática Constitucional», *Estudos em Homenagem ao Professor Doutor Marcello Caetano*, Lisboa, 2006, pp. 747 ss.; LEAL AMADO, «Os limites do direito à greve e os serviços mínimos no sector dos transportes», *RLJ* n.º 144 (2015), pp. 190 ss.; Gomes Canotilho/Jorge Leite, «Ser ou não ser uma Greve», *QL*, n.º 13 (1999), pp. 3 a 44; A. Nunes de Carvalho, «Responsabilidade Civil do Empresário e Greve», *RDES*, 1986, n.º 3, pp. 371 e ss. e n.º 4, pp. 571 ss.; João Caupers/Pedro Magalhães, *Relações Colectivas de Trabalho*, Lisboa, 1978, pp. 85 a 107; Dias Coimbra, «Trégua sindical e alteração das circunstâncias», *RDES* 2007, n.º 1/2, pp. 271 ss.; Menezes Cordeiro, *Direito do Trabalho*, I, cit., pp. 777 a 848; Liberal Fernandes, *A obrigação de serviços mínimos como técnica de regulação da greve nos serviços essenciais*, Coimbra, 2010, e «O Direito de Greve nos Ordenamentos Francês, Alemão e Italiano», *Estudos em Homenagem ao Prof. Doutor Eduardo Correia*, III, Coimbra, 1984, pp. 327 ss.; Monteiro Fernandes, *Direito de Greve. Notas e Comentários à Lei n.º 65/77, de 26 de Agosto*, Coimbra, 1982, «Greves Atípicas: Identificação, Caracteres e Efeitos Jurídicos», *Temas de Direito do Trabalho*, Coimbra, 1990, pp. 491 a 518, *Direito do Trabalho*, cit., pp. 852 e ss.; Júlio Gomes, «Existem – e em caso afirmativo quais são eles – limites ao poder atribuído pelo artigo 538.º, n.º 7, do Código do Trabalho de 2009 aos representantes dos trabalhadores em greve (artigo 532.º) de designar os trabalhadores que ficam adstritos à prestação dos serviços mínimos?», *Novos Estudos de Direito do Trabalho*, Coimbra, 2010, pp. 233 ss.; Menezes Leitão, *Direito do Trabalho*, cit., pp. 622 ss.; Estêvão Mallet, *Dogmática elementar do direito de greve*, 2.ª ed., S. Paulo, 2015; Romano Martinez, anotação aos arts. 530.º e ss., *in* Romano Martinez/Luís Miguel Monteiro//Joana Vasconcelos/Madeira de Brito/Guilherme Dray/Gonçalves da Silva, *Código do Trabalho Anotado*, cit., pp. 1135 ss.; Furtado Martins, «Adesão à Greve», RDES, 1995, n.º 4, pp. 494 a 497; Helena Gonçalves Moniz, «A Greve Política no Ordenamento Jurídico Português», *Temas de Direito do Trabalho*, Coimbra, 1990, pp. 569 a 583; A. Castanheira Neves, «Considerações a propósito do Direito à Greve», *Temas de Direito do Trabalho*, Coimbra, 1990, pp. 449 a 452; Parecer da PGR de 14 de julho de 1993, «Direito à Greve. Função Pública. Prestação de Serviços Mínimos. Suspensão de Contrato de Trabalho. Direito à Retribuição. Requisição Civil» *BMJ* 432, pp. 37 a 61; Garcia Pereira, *Temas Laborais*, II, Lisboa, 1982, pp. 11 a 31; Gonçalves Proença, «O Direito à Greve», *Revista Jurídica da Universidade Moderna*, n.º 1 (1998), pp. 65 ss.; Rosário Palma Ramalho, *Lei da Greve Anotada*, Lisboa, 1994, «Greves de Maior Prejuízo. Notas sobre o Enquadramento Jurídico de quatro Modalidades de Comportamento Grevista (greves intermitentes, rotativas, trombose ou retroactivas)», *Revista Jurídica* (AAFDL), n.º 5 (1986), pp. 67 a 115, e *Tratado de Direito do Trabalho*, III, cit., pp. 411 e ss.; João Reis, «O Dever de Paz Laboral», *A Reforma do Código do Trabalho*, Coimbra, 2004, pp. 619 e ss. e «Arbitragem dos Serviços Mínimos», *QL* n.º 26 (2005), pp. 164 ss.; EMYGDIO DA SILVA, *As Greves*, Vol. I, Coimbra, 1913; RONALD AMORIM E SOUZA, *Greve e Locaute*, Coimbra, 2004; MOTTA VEIGA, *Lições*, cit., pp. 257 a 298; BERNARDO XAVIER, «A Licitude dos Objectivos da Greve (A Propósito do Artigo 59.º, n.º 2, da Constituição)», *RDES*, 1979, pp. 267 a 315, *Direito da Greve*, Lisboa, 1984, «A Greve no Direito da Europa Ocidental», *RDES*, 1996, n.ºs 1/4, pp. 45 a 75 e «Requisição Civil, serviços Mínimos e Greve», *Cadernos de Justiça Administrativa* 42 (2003), pp. 15 ss.; BERNARDO XAVIER/FURTADO MARTINS/NUNES DE CARVALHO/JOANA VASCONCELOS/TATIANA GUERRA DE ALMEIDA, *Manual*, cit., pp. 155 e ss.

§ 73. RESOLUÇÃO DE CONFLITOS COLETIVOS

1. Negociação

I. Depois de se estabelecer que, na pendência de um conflito coletivo de trabalho, as partes devem agir de boa fé (art. 522.º do CT), como formas de resolução dos conflitos, alude-se à conciliação, à mediação e à arbitragem. Todavia, além destas situações, ainda se fará referência à negociação, à decisão judicial e à resolução governamental.

II. O conflito coletivo, como qualquer outro litígio, pode ser resolvido por transação, mediante negociações diretas entre empregador e trabalhadores ou seus representantes. Se as partes, com vista a solucionar um determinado conflito coletivo, decidirem entabular negociações e estas chegarem a bom termo, em princípio, celebrar-se-á uma convenção coletiva de trabalho. A convenção coletiva, funcionando como um produto de autonomia privada, pode constituir um meio de solucionar conflitos coletivos[2630].

Com respeito à resolução de dissídios coletivos pela via negocial, tem interesse fazer novamente alusão à figura da concertação social, que constitui também uma forma, pelo menos indireta, de resolver conflitos coletivos de trabalho[2631]. A concertação social está institucionalizada e tem uma representação tripartida; nela têm assento os representantes dos trabalhadores, através das confederações de trabalhadores, dos empregadores, por

[2630] Sobre os vários tipos de resolução de conflitos coletivos, veja-se MANUEL ALONSO GARCÍA, *La Solución de Conflictos Colectivos de Trabajo*, Madrid, 1979.
[2631] *Vd.* MENEZES CORDEIRO, *Direito do Trabalho*, I, cit., pp. 851 ss.

via de confederações de empregadores e do Governo[2632]. Para além da sua função consultiva, o Conselho Económico e Social tem competência para promover o diálogo e a concertação entre os parceiros sociais, em particular através da Comissão Permanente da Concertação Social[2633]. Mediante a celebração de acordos de concertação social, que correspondem a um conjunto de diretrizes que norteiam as relações laborais sob vários aspetos, aceites por empregadores e sindicatos; a Comissão contribui para o apaziguamento social e a consequente resolução de conflitos coletivos existentes ou potenciais[2634].

2. Conciliação

A conciliação, prevista nos arts. 523.º e ss. do CT, corresponde a uma forma particular de negociação. No entanto, tem uma especialidade que consiste em a negociação ser incrementada e encaminhada por um terceiro; há uma terceira entidade, diferente das partes (empregadores e representantes dos trabalhadores), que incentiva e conduz a negociação. Este terceiro põe as partes em contacto e facilita-lhes a condução das negociações. O conciliador tem uma intervenção ativa na negociação, na medida em que pode apresentar eventuais soluções para aquele conflito.

A conciliação, em princípio, baseia-se na autonomia privada, tanto no que respeita à iniciativa, como ao processo de conciliação.

Se as partes aceitarem resolver o conflito por via da conciliação podem conformar o processo de negociação determinando como será feito o acompanhamento da negociação por parte do conciliador (art. 523.º, n.º 2, do CT).

Porém, na omissão de partes, a lei estabelece regras para o processo de conciliação, que constam do art. 524.º do CT.

Com respeito à iniciativa, o art. 523.º, n.º 3, do CT admite que a conciliação possa ser promovida por duas vias. Por acordo das partes (alínea *a)*) e por iniciativa unilateral de uma delas, desde que preenchidos dois pressupostos, em alternativa (alínea *b)*): primeiro, que não tenha havido resposta a uma proposta de celebração ou de revisão de uma convenção coletiva de

---

[2632] Quanto à composição do Conselho Económico e Social, veja-se o art. 3.º da Lei n.º 108/91, de 17 de agosto.

[2633] Cf. art. 2.º, n.º 1, alínea *g)*, da Lei n.º 108/91.

[2634] Veja-se, por exemplo o Acordo de Concertação Social sobre Política de Emprego, Mercado de Trabalho, Educação e Formação, *RDES*, 2000, n.ºs 3/4, pp. 411 ss.

trabalho; segundo, se uma das partes, mediante aviso prévio de oito dias feito por escrito, pedir a conciliação[2635].

Tendo sido promovida a conciliação, esta vai ser convocada nos termos do art. 524.º, n.º 3, do CT. Depois de requerida, se as partes não tiverem estabelecido regras diferentes, será efetuada pelos serviços de conciliação do Ministério do Trabalho (art. 524.º, n.º 3, do CT).

A função do conciliador ou conciliadores é a de aproximar as partes e dinamizar a negociação «limando arestas», de molde a obter um consenso. No processo conciliatório deverá definir-se as matérias sobre que irá incidir, mas nada impede que, no decurso da conciliação, se alargue o âmbito dessas diligências[2636]. Se, por via da conciliação, se conseguir chegar a um acordo, em princípio, celebra-se uma convenção coletiva, elaborada nos termos gerais, sem qualquer particularidade.

No art. 525.ºdo CT admite-se que a conciliação se transforme em mediação.

3. Mediação

A mediação, regulada nos arts. 526.º e ss. do CT, constitui uma forma de solucionar conflitos coletivos que se pode dizer está a meio caminho entre a conciliação e a arbitragem; é algo mais do que a conciliação e menos do que a arbitragem. No fundo, representa um *tertium genus* entre estas duas figuras, mas, diversamente da conciliação – que implica uma forma de aproximar as partes, de as sentar a negociar –, a mediação pressupõe que o mediador apresente soluções para serem aceites pelas partes. Por via de regra, a mediação assenta no acordo das partes também no que respeita à iniciativa de recorrer a este meio de resolução de dissídios (art. 526.º, n.º 1, do CT). Excecionalmente, aceita-se que a mediação, sem acordo, resulte de uma conciliação infrutífera (art. 526.º, n.º 3, alínea *b)*, do CT).

Na mediação encarrega-se um terceiro, uma entidade independente das partes, de apresentar uma proposta de resolução do dissídio. A mediação é um modo de solucionar conflitos mais rígido do que a conciliação, porque, naquela, pretende-se que seja apresentada uma solução definitiva e rígida para o conflito, enquanto na conciliação tem-se em vista aproximar as partes.

[2635] Apesar de a iniciativa poder ser unilateral, a conciliação não funciona sem acordo das partes, por isso MENEZES CORDEIRO, *Direito do Trabalho*, I, cit., p. 860, afirma que a conciliação é sempre facultativa.

[2636] Cf. MONTEIRO FERNANDES, *Direito do Trabalho*, cit., p. 841; MOTTA VEIGA, *Lições*, cit., p. 250.

Todavia, no art. 527.º, n.º 7, do CT, afastando-se a noção tradicional de mediação, admite-se também que o mediador tenha uma função de conciliação antes de apresentar a proposta final.

No fundo, o legislador concebeu a conciliação e a mediação de forma ampla, fora de parâmetros rígidos.

Em princípio, o mediador, depois de conhecer o litígio que opõe as partes, apresenta-lhes a sua proposta ou recomendação que se pressupõe equilibrada tendo em conta os interesses em confronto, dispondo para tal de um prazo de trinta dias a contar da sua nomeação (art. 527.º, n.º 7, do CT). Mas para se poder pronunciar, e antes de apresentar a proposta, o mediador poderá solicitar às partes e a qualquer departamento estadual os dados e as informações que considere necessários (art. 527.º, n.º 5, do CT). Depois de apresentada a proposta, as partes têm liberdade de a aceitar ou rejeitar (art. 527.º, n.os 8 e 9, do CT).

Há liberdade de recorrer à mediação, assim como quanto à escolha do mediador (art. 526.º do CT), mas, em regra, a mediação é feita pelos serviços do Ministério do Trabalho (art. 527.º, n.º 1, do CT).

A mediação difere da arbitragem, na medida em que a proposta apresentada pelo mediador não tem de ser aceite pelas partes, considerando-se recusada em caso de silêncio de uma das partes (art. 527.º, n.º 8, do CT).

Se a proposta que o mediador apresentou for aceite, forma-se o consenso e pode ser celebrada uma convenção coletiva, que segue as regras gerais, não havendo qualquer particularidade.

4. Arbitragem

A arbitragem, prevista no art. 529.º do CT, depois de acordada, já não pressupõe qualquer consenso posterior das partes quanto à solução do conflito. O regime da arbitragem determina-se pela remissão feita no art. 529.º para os arts. 506.º e 507.º todos do CT, relativos à arbitragem como meio de estabelecer um instrumento de regulamentação coletiva de trabalho (*vd. supra* § 66.).

Em princípio, com ressalva da arbitragem obrigatória e necessária, há liberdade de recorrer à arbitragem, mas as partes têm de aceitar a solução dos árbitros.

A arbitragem difere da mediação, na medida em que os árbitros proferem uma decisão a que as partes ficam vinculadas, enquanto a proposta do mediador não tem de ser aceite.

A sentença arbitral produz os efeitos de uma convenção coletiva; ou seja, vale como um instrumento de regulamentação coletiva de trabalho, ainda que tenha só em vista a resolução de um determinado conflito coletivo de trabalho.

5. Decisão judicial

Não é usual, mas, em determinadas circunstâncias, os conflitos coletivos de trabalho podem ser dirimidos mediante recurso jurisdicional. É o que acontece, por exemplo, em conflitos derivados da interpretação e aplicação de cláusulas de instrumentos de regulamentação coletiva do trabalho ou na hipótese de o tribunal ser chamado a pronunciar-se sobre a licitude de uma greve.

6. Resolução governamental

Por último, a intervenção do Governo pode ser uma forma de resolver conflitos coletivos. Esta intervenção verifica-se, concretamente, quando o Governo decide intervir na vida laboral, mediante portarias de extensão e, em particular, através de portarias de condições trabalho. Estas portarias podem ter em vista resolver conflitos existentes ou potenciais entre trabalhadores e empregadores[2637].

Por vezes, alude-se a outra forma de o Governo intervir para resolver conflitos coletivos de trabalho, através da requisição civil numa situação de greve em que não sejam respeitados os serviços mínimos[2638]. Mas a requisição civil não constitui uma forma de resolver conflitos coletivos de trabalho. Ela pode servir, de facto, para atenuar os efeitos de uma greve em relação ao público, mas o conflito persiste e, por vezes, até é empolado pelo recurso à requisição civil.

Bibliografia:

M.ª Manuela de Melo Cardoso, «A mediação em direito do trabalho», *Pront.* 88/89, (2011), pp. 197 ss.; Menezes Cordeiro, *Direito do Trabalho*, I, cit.,

---

[2637] Cf. Monteiro Fernandes, *Direito do Trabalho*, cit., pp. 838 s. O Autor entende, porém, que tais instrumentos regulamentares apenas poderiam ser considerados mecanismos de resolução de conflitos coletivos no quadro legislativo que precedeu o Código do Trabalho.

[2638] Cf. Menezes Cordeiro, *Direito do Trabalho*, I, cit., pp. 864 ss.

pp. 856 a 868; Monteiro Fernandes, *Direito do Trabalho*, cit., pp. 838 e ss.; Menezes Leitão, *Direito do Trabalho*, cit., pp. 651 ss.; António José Moreira, «Processos Extra-Judiciais de Resolução de Litígios Individuais de Trabalho: Experiências e Perspectivas», *X Jornadas Luso-Hispano-Brasileiras de Direito do Trabalho*, Coimbra, 1999, pp. 211 a 232; João Zenha Martins, «O Sistema de Mediação Laboral. Algumas Notas», *Pront.* n.º 72 (2005), pp. 103 ss.; Rosário Palma Ramalho, *Tratado de Direito do Trabalho*, III, cit., pp. 401 ss.; Lucinda Dias da Silva, «Arbitragem e *Iuris Laboris Alma*», *QL*, n.º 26 (2005), pp. 194 ss. e n.º 27 (2006), pp. 91 ss.; Gonçalves da Silva, anotação aos arts. 522.º e ss., *in* Romano Martinez/Luís Miguel Monteiro/Joana Vasconcelos/Madeira de Brito//Guilherme Dray/Gonçalves da Silva, *Código do Trabalho Anotado*, cit., pp. 1123 ss.; Motta Veiga, *Lições*, cit., pp. 245 a 256; Bernardo Xavier/Furtado Martins/Nunes de Carvalho/Joana Vasconcelos/Tatiana Guerra de Almeida, *Manual*, cit., pp. 142 e ss.

pp. 856 a 868, MONTEIRO FERNANDES, *Direito do Trabalho*, cit., pp. 838 e ss.; MENEZES LEITÃO, *Direito do Trabalho*, cit., pp. 651 ss.; ANTÓNIO JOSÉ MOREIRA, «Processos Extrajudiciais de Resolução de Litígios Individuais de Trabalho. Experiências e Perspectivas», *X Jornadas Luso-Hispano-Brasileiras de Direito do Trabalho*, Coimbra, 1995, pp. 211 a 252; JOÃO ZENHA MARTINS, «O Sistema de Mediação Laboral. Algumas Notas», *Prontuário*, n.º 72 (2005), pp. 103 ss.; ROSÁRIO PALMA RAMALHO, *Tratado de Direito do Trabalho*, III, cit., pp. 401 ss.; LUCINDA DIAS DA SILVA, «Arbitragem e Iuris Laboris Anima», *QL*, n.º 26 (2005), pp. 194 ss. e n.º 27 (2006), pp. 91 ss.; GONÇALVES DA SILVA, anotação aos arts. 522.º e ss., in ROMANO MARTINEZ/LUÍS MIGUEL MONTEIRO/JOANA VASCONCELOS/MADEIRA DE BRITO/GUILHERME DRAY/GONÇALVES DA SILVA, *Código do Trabalho Anotado*, cit., pp. 1122 ss.; MOTTA VEIGA, *Lições*, cit., pp. 245 a 256; BERNARDO XAVIER/FURTADO MARTINS/NUNES DE CARVALHO/JOANA VASCONCELOS/TATIANA GUERRA DE ALMEIDA, *Manual*, cit., pp. 142 e ss.

Capítulo VI
Contraordenações Laborais

§ 74. REGIME GERAL DAS CONTRAORDENAÇÕES LABORAIS

1. Aspetos gerais

Tal como noutras áreas, no direito do trabalho sentiu-se a preocupação de descriminalizar e, ao lado do ilícito criminal, desenvolveu-se o ilícito contraordenacional. Ou seja, depois de um recurso alargado às sanções criminais para pôr em prática fins de política social, com uma consequente inflação derivada do intervencionismo estadual nos diversos domínios, notou-se uma inflexão – também sentida no direito do trabalho – que visa despenalizar determinadas práticas não obstante serem consideradas ilícitas[2639]; importa, assim, distinguir a infração a valores ético-sociais fundamentais daquelas situações ilícitas que não têm a ressonância moral característica do direito penal[2640].

No domínio laboral são múltiplas as infrações, algumas das quais com repercussões graves, em particular na vida e saúde dos trabalhadores. Todavia, o legislador preocupa-se sobremaneira com as contraordenações, subsis-

[2639] Sobre a despenalização das transgressões laborais, *vd.* Ac. Rel. Lx. de 5/4/2000, CJ XXV, T. II, p. 172.

[2640] A propósito da despenalização das contravenções laborais por efeito da aplicação do disposto no art. 30.º da Lei n.º 118/99, de 11 de agosto, e da consequência no que respeita à indemnização cível, cf. Ac. STJ, jurisprudência uniformizada n.º 9/2001, de 24 de outubro de 2001, *DR*, I Série, de 29/11/2001.

tindo alguns crimes. O legislador pune com prisão práticas ilícitas que põem em causa a segurança no trabalho (arts. 152.º e 277.º do Código Penal), punindo igualmente com pena de prisão até dois anos, por exemplo, o empregador que utilize indevidamente menores a trabalhar (art. 82.º, n.º 1, do CT) ou que recorra ao *lock-out* (art. 545.º do CT), estabelecendo-se outras penas de prisão por violação da independência sindical (art. 407.º, n.º 2, do CT) ou por não entregar ao sindicato a quotização cobrada ao trabalhador (art. 459.º do CT).

Além da responsabilidade penal[2641], prevista nos arts. 546.º e 547.º do CT – a que acresce a previsão dispersa de crimes resultante da revisão de 2009 –, há que atender à responsabilidade contraordenacional, regulada nos arts. 548.º e ss. do CT, bem como em diversas normas esparsas pelo Código do Trabalho após a revisão de 2009. A este regime legal acresce o regime processual aplicável às contraordenações laborais e de segurança social (Lei n.º 107/2009, de 14 de setembro).

Estabeleceu-se um regime geral de contraordenações laborais, secundado por regimes especiais. Está em causa um regime sancionatório, que justifica a aplicação subsidiária do direito penal, com os princípios da legalidade, da tipicidade, da proibição da analogia e da aplicação da lei mais favorável, ao lado das garantias penais conferidas ao arguido[2642]. A sanção normal na contraordenação é a coima, aplicada por autoridades administrativas – por via de regra, a ACT –, com um fim dissuasor e uma advertência social, tendo, eventualmente, uma eficácia superior à das sanções penais[2643].

Relativamente a esta matéria há que atender ao regime geral das contraordenações, constante do Decreto-Lei n.º 433/82, de 27 de outubro, republicado pelo Decreto-Lei n.º 244/95, de 14 de setembro, ao regime geral das contraordenações laborais, constante da Lei n.º 107/2009, que desenvolvem e concretizam, através de tipificações e de classificações, o regime geral de

[2641] O direito penal do trabalho tem sido olvidado, veja-se contudo, Smuraglia, *Diritto Penale del Lavoro*, Pádua, 1980.

[2642] Por isso, como se referiu supra § 4. d.3), a inusitada revogação de contraordenações operada pela Leio n.º 7/2009 – fruto de uma imponderada atuação do legislador – e subsequente repristinação por via de uma retificação só podia ter como consequência a não aplicação de coimas.

[2643] A contraordenação laboral, mormente relacionada com a violação da segurança no trabalho, não põe em causa a aplicação do regime geral da responsabilidade civil, pelo que, o empregador, além da coima, pode ter de pagar uma indemnização pelos danos causados. cf. Padula, *Tutela Civile e Penale della Sicureza del Lavoro*, 4.ª ed., Pádua, 2009.

diversas estatuições do Código do Trabalho e de preceitos de diferentes diplomas[2644].

2. Ilícito de mera ordenação social

Como resulta do disposto no art. 1.º do Decreto-Lei n.º 433/82, é contraordenação um facto ilícito censurável que preencha um tipo legal no qual se comina uma coima.

Tendo em conta o citado diploma, a contraordenação, à imagem do que ocorre no âmbito do direito criminal, está sujeita, nomeadamente, ao princípio da legalidade (art. 2.º), ao princípio da não retroatividade, exceto no que respeita à aplicação da lei mais favorável ao arguido (art. 3.º) e só é punido o facto praticado com dolo, salvo quando a lei prevê a punição do facto negligente (art. 8.º). Continuando a estabelecer um paralelo com o direito penal, é de referir a inimputabilidade dos menores de dezasseis anos (art. 10.º), o regime de concurso de contraordenações (art. 19.º) e das sanções acessórias (art. 21.º), a perda de objetos que serviram para a prática de contraordenações (arts. 22.º e 48.º-A), o regime prescricional (arts. 27.º ss.) e o processamento das contraordenações (arts. 33.º ss.).

Diferentemente da típica sanção penal, a coima e até crimes laborais podem aplicar-se tanto a pessoas singulares como a pessoas coletivas, bem como a associações sem personalidade jurídica (art. 7.º do Decreto-Lei n.º 433/82, bem como arts. 546.º e 551.º, n.º 2, do CT).

Como direito subsidiário importa distinguir o regime substantivo do adjetivo. Em relação ao primeiro, aplicam-se as normas do Código Penal e em relação ao processo de contraordenações valem as regras do processo penal, com as especificidades do regime laboral (Lei n.º 107/2009, de 14 de setembro).

3. Contraordenação laboral

a) Noção

O art. 548.º do CT apresenta uma definição de contraordenação, e nesta incluem-se quatro elementos.

[2644] Veja-se ainda outros regimes especiais, por exemplo o Decreto-Lei n.º 169/2009, de 31 de julho e a Lei n.º 27/2010, de 30 de Agosto, sobre contraordenações e coimas por violação de regras nos transportes rodoviários.

Primeiro, a contraordenação laboral pressupõe uma tipificação legal, como é regra no direito penal, não sendo lícito o recurso à analogia.

Como segundo elemento, a contraordenação constitui um facto ilícito e censurável. Além da ilicitude, exige-se que a conduta do agente, em razão da negligência, seja censurável. Diferentemente do que é regra no regime criminal e no ilícito de mera ordenação social, em que, por princípio, se requer a prática dolosa, nas contraordenações laborais a negligência é sempre punida (art. 550.º do CT).

Em terceiro lugar, a contraordenação laboral corresponde à violação de normas que consagrem direitos ou imponham deveres aos sujeitos da relação jurídica de trabalho. É necessário, pois, que se imponham condutas ao empregador ou ao trabalhador na prossecução da relação jurídica que os vincula; isto é, tratar-se-á de legislação do trabalho.

Por último, faz parte do conceito de contraordenação a coima que aquela comina.

b) Escalões de gravidade

I. As contraordenações classificam-se em leves, graves e muito graves (art. 553.º do CT), sendo estes escalões determinados em função do tipo de infração e fixados na lei.

Por outro lado, faz-se uma distinção entre tipos de empresas atendendo ao seu volume de negócios (art. 554.º do CT). Nesta diferença tem-se em conta que o volume de negócios pode constituir um fator de agravamento do montante da coima. As coimas são naturalmente mais elevadas no caso de contraordenação muito grave e, dentro de cada escalão (leve, grave e muito grave), há um agrupamento em razão do volume de negócios da empresa. Assim, a coima mais reduzida é estabelecida em caso de infração leve praticada numa empresa com um volume de negócios inferior a 10 milhões de euros e a mais elevada a infração muito grave perpetrada numa empresa com um volume de negócios igual ou superior a 10 milhões de euros.

Por último, como terceiro critério, há que atender à culpabilidade do agente. Em caso de negligência, a coima é menos elevada do que na hipótese de haver dolo do agente (art. 554.º, n.º 1, do CT).

II. A estes três critérios acrescem dois elementos agravantes da coima.

Em primeiro lugar, o valor máximo da coima é elevado para o dobro no caso de infração muito grave por violação de normas sobre trabalho de menores, segurança e saúde no trabalho, direitos dos organismos representativos dos trabalhadores e dos dirigentes e delegados sindicais ou equiparados e do direito à greve (art. 556.º do CT).

Por outro lado, os limites mínimo e máximo da coima são elevados em um terço em caso de reincidência do infrator (art. 561.º do CT).

III. Atentos os escalões e os agravamentos referidos anteriormente, a determinação concreta da medida da coima faz-se em função da gravidade da culpa, da situação económica do agente e do benefício económico que este retirou da prática da contraordenação (art. 18.º do Decreto-Lei n.º 433/82). A isto acresce que se atenderá também à medida de incumprimento das recomendações constantes do auto de advertência, à coação, falsificação, simulação ou outro meio fraudulento usado pelo agente (art. 559.º, n.º 1, do CT), e o desrespeito das medidas recomendadas no auto de advertência será ponderado para verificação da existência de conduta dolosa (art. 557.º do CT).

Como situação específica de ponderação, estabelece o n.º 2 do art. 559.º do CT que, estando em causa a infração a normas de segurança e saúde no trabalho, atender-se-á aos princípios gerais de prevenção a que devem obedecer as medidas de proteção, a permanência ou transitoriedade da infração, o número de trabalhadores potencialmente afetados e as medidas e instruções adotadas pelo empregador para prevenir os riscos.

IV. Resta acrescentar que, em caso de reincidência relativamente a infrações muito graves, podem ser aplicadas sanções acessórias, previstas no art. 562.º do CT.

V. Havendo pluralidade de infrações, há que fazer uma ponderação nos termos prescritos no art. 558.º do CT[2645].

4. Procedimento

O procedimento relativo a contraordenações laborais compete à Autoridade para as Condições do Trabalho, por intermédio dos inspetores de trabalho, cabendo a aplicação das coimas ao Inspetor-Geral do Trabalho (arts. 2.º e 3.º da Lei n.º 107/2009).

[2645] Sobre a questão, SOARES RIBEIRO, «Pluralidade de contraordenações (artigo 558.º do CT), *Para Jorge Leite. Escritos Jurídico-Laborais*, I, Coimbra, 2014, pp. 885 ss.

O procedimento de contraordenações laborais tem duas fases, uma administrativa e outra judicial.

Independentemente de uma prévia advertência, o inspetor do trabalho que detete, pessoal e diretamente, uma infração tipificada como contraordenação levanta o respetivo auto de notícia (art. 13.º, n.º 1, da Lei n.º 107/2009). Não sendo a infração comprovada pessoalmente, deve o inspetor elaborar uma participação instruída com os elementos de prova de que disponha (art. 13.º, n.º 2, da Lei n.º 107/2009).

O auto de notícia é notificado ao arguido que tem quinze dias para responder por escrito (art. 17.º da Lei n.º 107/2009) ou proceder ao pagamento voluntário da coima quando tal é possível (art. 19.º da Lei n.º 107/2009).

Com o auto de notícia ou com base na participação e eventual resposta inicia-se a fase instrutória do processo na ACT, que não deverá exceder sessenta dias, prorrogáveis por igual período (art. 24.º da Lei n.º 107/2009).

Salvas estas especialidades, o procedimento administrativo das contraordenações laborais segue o regime contraordenacional comum (arts. 48.º e ss. do Decreto-Lei n.º 433/82), nomeadamente quanto à decisão condenatória (art. 58.º do Decreto-Lei n.º 433/82 e art. 25.º da Lei n.º 107/2009).

Não se conformando o arguido com a condenação pode impugná-la judicialmente no correspondente tribunal do trabalho, dando assim início à fase contenciosa do processo de contraordenação laboral, que, além das regras de processo laboral, segue os trâmites constantes dos arts. 59.º e ss. do Decreto-Lei n.º 433/82 e dos arts. 32.º e ss. da Lei n.º 107/2009.

Bibliografia:

Paula Leal de Carvalho, «Contra-ordenações laborais – questões práticas», *Pront.* 91/92 (2012), pp. 143 ss.; Adalberto Costa, *Contra-ordenações Laborais. Regime Geral, Anotado e Comentado,* Lisboa, 2001; Jorge Costa, «Contra-ordenações laborais, da lei e da prática. A representação do Estado recorrido e a autonomia do MP», Pront. 93 (2012), pp. 143 ss.; João Correia, «Direito Penal Laboral, As Contra-Ordenações Laborais», *QL*, n.º 15 (2000), pp. 31 a 42; Faria Costa, «Crimes e Contra-Ordenações», *QL*, n.º 17 (2001), pp. 1 a 11; Leones Dantas, «O Ministério Público no Processo das Contra-Ordenações», *QL*, n.º 17 (2001), pp. 26 a 40; Jorge Leite, «Direito Penal do Trabalho: uma Sentença Histórica», *QL*, n.º 11 (1998), pp. 99 a 113; Claudino Oliveira, «As Contra-ordenações no Código do Trabalho», *A Reforma do Código do Trabalho*, Coimbra, 2004, pp. 663 ss.; Lopes do Rego, «Alguns Problemas Constitucionais do Direito das Contra-Ordenações», *QL*, n.º 17 (2001), pp. 12 a 25; Soares

Ribeiro, «Da Legalidade ou Oportunidade da Actuação da Inspecção do Trabalho», *QL* n.º 11 (1998), pp. 73 a 86, «Análise do Novo Regime Geral das Contra-Ordenações Laborais», *QL*, n.º 15 (2000), pp. 1 a 30, «O Novo Regime Geral das Contra-Ordenações Laborais», *III Congresso Nacional de Direito do Trabalho*, Coimbra, 2001, pp. 199 a 214, «Reflexão sobre o ilícito não civil e respectivas sanções do Código do Trabalho», *A Reforma do Código do Trabalho*, Coimbra, 2004, pp. 679 ss., «Contra-ordenações no Código do Trabalho», *QL* n.º 23 (2004), pp. 1 ss., «Algumas Notas sobre Crimes Laborais e de Promoção de Segurança», *VIII Congresso Nacional de Direito do Trabalho*, Coimbra, 2005, pp. 193 ss., «Discricionariedade no exercício da acção inspectiva», *XI-XII Congressos Nacionais de Direito do Trabalho. Memórias*, Coimbra, 2009, pp. 95 ss., *Contra-Ordenações Laborais. Regime jurídico (Anotado)*, 3.ª ed., Coimbra, 2011 e «Sanções acessórias das contra-ordenações laborais», *Estudos dedicados ao Professor Doutor Bernardo da Gama Lobo Xavier*, II, Lisboa, 2015, pp. 225 ss.; Manuel Roxo/Luís Oliveira, *O processo de contra-ordenação laboral e da segurança social*, Coimbra, 2009; Teresa Serra, «Contra-Ordenações Laborais», *Estudos do Instituto de Direito do Trabalho*, Vol. I, Coimbra, 2001, pp. 591 a 593; Germano Marques da Silva, «Sobre as normas penais no Código do Trabalho», *Estudos dedicados ao Professor Doutor Bernardo da Gama Lobo Xavier*, II, Lisboa, 2015, pp. 149 ss.

Capítulo VII
Processo do Trabalho

§ 75. PARTICULARIDADES DE REGIME

1. Aspetos gerais

I. A inserção deste capítulo no presente curso, que não é usual em outros manuais de direito do trabalho, deve-se ao facto de constarem do processo do trabalho particularidades com respeito ao processo civil, muitas das quais dificilmente justificáveis. O processo civil assim como o processo penal são estudados nos cursos de direito; o mesmo não ocorre com o processo do trabalho, não obstante as referidas particularidades. Importa inverter um pouco essa tendência.

O objetivo não é explanar toda a matéria do processo do trabalho, não sendo de mencionar muitos dos seus pormenores, em particular aqueles em que não se encontra divergência com respeito ao processo civil. Neste capítulo cabe, essencialmente, apresentar um panorama geral da matéria, alertando para os pontos em que se distancia do processo civil, em especial quando isso menos se justifica.

O processo do trabalho abrange um conjunto de regras de direito adjetivo, as quais visam pôr em prática as particularidades da parte substantiva do direito do trabalho.

Muitas das regras do Código de Processo do Trabalho correspondem, no fundo, tão-só a especificidades adjetivas que encontram justificação com base nas particularidades do direito do trabalho, na sua parte substantiva, com respeito ao direito civil. Por outro lado, há a considerar que algumas das normas constantes do processo do trabalho apareceram como forma de simplificação processual, de modo a facilitar o acesso dos trabalhadores à via jurisdicional, e tendo em vista uma maior celeridade do processo[2646].

O processo do trabalho não pretende regular todas as questões processuais; por isso, como diz o art. 1.º, n.º 2, do Código de Processo do Trabalho (CPT), as normas e os princípios constantes do processo civil comum aplicar-se-ão no processo do trabalho de forma subsidiária[2647]. Também encontram uma aplicação subsidiária em processo do trabalho as regras e os princípios consagrados no processo Penal, na parte que respeita à ação penal (art. 1.º, n.º 2, alíneas *a)* e *c)*, do CPT)[2648].

II. A matéria respeitante ao processo do trabalho, em grande parte, encontra-se no Código de Processo do Trabalho, aprovado pelo Decreto-Lei n.º 480/99, de 9 de novembro, alterado e republicado pelo Decreto-Lei n.º 295/2009, de 13 de outubro[2649], tendo como última alteração a da Lei n.º 107/2019, de 9 de outubro.

No Código de Processo do Trabalho encontram-se regras que diferem das do processo civil, que se justificariam atentas as especialidades do direito do trabalho e por motivos de simplificação, razões que, principalmente após as últimas reformas do processo civil, são dificilmente sufragáveis. A este propósito tem interesse referir que algumas das particularidades adotadas em processo do trabalho foram, ainda que parcialmente, tidas em conta nas recentes

---

[2646] Sobre a celeridade, veja-se no direito brasileiro Estêvão Mallet, *O Procedimento Monitório no Processo do Trabalho*, S. Paulo, 2000. Consulte-se igualmente, num estudo mais abrangente, Tarzia/Dittrich, *Manuale del Processo del Lavoro*, 6.ª ed., Milão, 2015, assim como o volumoso manual de Amoroso/di Cerbo/ Foglia/Moresca, *Diritto del Lavoro. Il Proceso*, Vol. IV, 3.ª ed., Milão, 2016.

[2647] Cf. Ac. STJ de 11/10/1994, *BMJ* 440, p. 358.

Quanto aos princípios, veja-se Yone Frediani, «Princípios de Direito Processual do Trabalho no Direito Brasileiro», *RDES* 2006, n.os 3/4, pp. 221 ss.; José António Mesquita, «Princípios Gerais de Direito Processual do Trabalho», *RDES* 2006, n.os 3/4, pp. 209 ss.; Domingos José de Morais, «Os Pressupostos Processuais no Processo do Trabalho», *Estudos do Instituto de Direito do Trabalho*, Volume V, Coimbra, 2007, pp. 9 ss.

[2648] Cf. Ac. STJ de 26/4/1995, *BMJ* 446, p. 176.

Como refere Lopes-Cardoso, *Código de Processo do Trabalho Anotado*, Lisboa, 2000, anot. art. 200.º, p. 308, o art. 200.º «afigura-se perfeitamente inútil dado o disposto no n.º 2 do artigo 1.º».

[2649] Sobre a reforma de 2009, veja-se Romano Martinez, «O novo Código de Processo do Trabalho. Uma reforma necessária», *Estudos do Instituto de Direito do Trabalho*, Vol. VI, Coimbra, 2012, pp. 11 ss.

reformas do Código de Processo Civil. Por exemplo, a redução das formas de processo comum de três para duas no art. 47.º do anterior CPT e agora para uma forma de processo, constante do art. 49.º do CPT. Como exemplo de regras processuais do trabalho que se justificariam por via das especialidades do direito do trabalho e numa tentativa de simplificação, cabe aludir aos arts. 99.º e ss. do CPT, relativos a acidentes de trabalho e doenças profissionais.

Todavia, também se encontram soluções no Código de Processo do Trabalho, diversas das constantes no Código de Processo Civil, para as quais a justificação pode ser menos plausível. São exemplo destas a necessidade de as alegações serem apresentadas juntamente com o recurso (art. 81.º do CPT). Ainda assim, esta especificidade pode redundar em maior celeridade processual, consubstanciando um dos pilares do processo laboral.

III. Tendo em conta que o processo do trabalho advém da existência de certas particularidades, pode questionar-se a sua autonomia com respeito ao direito processual civil, considerando que corresponde só a um conjunto de pequenas exceções. Qualquer solução parece defensável; porém, no Código de Processo do Trabalho inclui-se um conjunto de normas de direito adjetivo com algumas particularidades relativamente ao processo civil e ao processo penal tendo em vista o direito do trabalho na sua parte substantiva. Dito de outro modo, não obstante a aplicação subsidiária, em particular do direito processual civil, as normas do Código de Processo do Trabalho mantêm entre si uma certa inter-relação, constituindo um todo com alguma autonomia.

A referida autonomia pode advir da existência de alguns princípios que, mesmo comuns ao processo civil ou penal, tenham um especial valor em sede de processo do trabalho[2650]. Como princípios pode indicar-se a hipervalorização do ato conciliatório, o baixo custo do processo[2651], a não obrigato-

---

[2650] Quanto aos princípios gerais que caracterizam o Direito processual do trabalho, consulte-se Raúl Ventura, «Princípios Gerais de Direito Processual do Trabalho», *Curso de Direito Processual do Trabalho*, Suplemento RFDUL, Lisboa, 1964, pp. 34 ss., cuja exposição se segue. Veja-se igualmente Mendes Baptista, *Introdução ao Direito Processual do Trabalho*, 2.ª ed., Lisboa, 1999, p. 20; Rosário Palma Ramalho, «Processo do trabalho: autonomia ou especialidade em relação ao processo civil», *Estudos do Instituto de Direito do Trabalho*, Vol. VI, Coimbra, 2012, pp. 21 ss.; Joana Vasconcelos, *Direito Processual do Trabalho*, Lisboa, 2017, pp. 13 ss.
Contudo, é discutível que a maioria destes princípios subsista, hoje, depois das recentes alterações do processo civil, cf. Isabel Alexandre, «Princípios Gerais do Processo do Trabalho», *Estudos do Instituto de Direito do Trabalho*, Vol. III, Coimbra, 2002, pp. 389 ss.

[2651] Sobre a tendencial gratuitidade, ver Rubio Medina, *El Beneficio de Justicia Gratuita*, Barcelona, 2001.

riedade de assistência de advogado, a celeridade processual, a simplicidade de tramitação, a imediação, preconizando-se o contacto pessoal entre o juiz e as partes, e a possibilidade de condenação *ultra petita*, como reflexo processual da irrenunciabilidade dos direitos do trabalhador.

2. Diferentes tipos de processo laboral

No domínio laboral podem distinguir-se várias situações processuais, umas de cariz extrajudicial e outras do tipo judicial; de entre estas últimas ainda se distingue o processo judicial propriamente dito de processos judiciais *sui generis*. Tendo isto em conta pode indicar-se o seguinte elenco:

1. Processos extrajudiciais (por exemplo, processos disciplinares elaborados no seio das empresas, relativamente aos quais os tribunais só têm competência para apreciar das decisões tomadas, quanto à forma e conteúdo).
2. Processos judiciais *sui generis* (correspondem à fase conciliatória existente no processo para efetivação dos direitos emergentes de acidentes de trabalho e de doenças profissionais). Trata-se de um processo judicial *sui generis* porque o acordo é feito extrajudicialmente, mas carece de uma homologação judicial.
3. Processo judicial propriamente dito. Este processo subdistingue-se em diversos tipos, nos termos do esquema que se segue, que resulta do disposto nos arts. 21.º e 48.º e ss. do CPT:

- declarativo
  - comum
  - especial
    - emergentes de acidente de trabalho e de doença profissional
      - efetivação pelos lesados (trabalhadores e suas famílias)
      - extinção
      - efetivação por terceiros
      - efetivação de doença profissional
    - impugnação da regularidade e licitude do despedimento
    - impugnação de despedimento coletivo
    - anulação e interpretação de cláusulas de convenções coletivas
    - confidencialidade de informações
    - tutela da personalidade
    - igualdade e não discriminação
- executivo
  - condenação em quantia certa
  - outras situações
- procedimentos cautelares
  - suspensão de despedimento
    - individual
    - coletivo
  - suspensão de deliberações de assembleias gerais ou órgãos equivalentes de sindicatos e instituições de previdência
- penal
  - contravenções
  - contra-ordenações

3. Competência dos tribunais de trabalho

I. Nos termos da divisão judicial estabelecida na Lei de Organização do Sistema Judiciário, aprovada pela Lei n.º 62/2013, de 26 de agosto[2652], estabelece-se que os juízos do trabalho têm competência em matéria cível e em matéria de contraordenações (art. 126.º da LOSJ).

Em matéria cível, nas dezanove alíneas do art.126.º, n.º 1, da LOSJ indicam-se as questões que podem ser conhecidas pelos juízos do trabalho. Por exemplo, no que respeita à anulação e interpretação de instrumentos de regulamentação coletiva de trabalho (alínea *a)*), problemas derivados do contrato de trabalho (alínea *b)*), acidentes de trabalho (alínea *c)*), questões

[2652] Alterada pela Lei n.º 40-A/2016, de 22 de dezembro.

emergentes da Segurança Social (alínea *i)*[2653]), questões sindicais (alínea *j)*), greve (alínea *p)*).

Em matéria de contraordenações, nos termos do 126.º, n.º 2, da LOSJ, aos juízos do trabalho foi atribuída competência para julgar recursos de decisões de autoridades administrativas em processos de contraordenação nos domínios laboral e da segurança social. Assim, se a Autoridade para as Condições do Trabalho aplicar uma coima a determinado empregador por não cumprimento de certa regra, dessa decisão haverá recurso para os tribunais de trabalho.

II. Quanto à competência dos tribunais de trabalho, para além das normas constantes da Lei de Organização do Sistema Judiciário, é necessário ainda ter em conta o disposto nos arts. 10.º a 20.º do CPT.

Sobre a competência internacional dispõem os arts. 10.º e 11.º do CPT[2654], prescrevendo que os tribunais de trabalho podem conhecer de litígios internacionais desde que a ação possa ser proposta em Portugal. Assim, estando a relação laboral plurilocalizada, por exemplo porque o empregador tem domicílio em Portugal mas a atividade foi prestada no estrangeiro ou o empregador está domiciliado no estrangeiro e a atividade foi desempenhada em Portugal, há competência internacional dos tribunais de trabalho portugueses. Por outro lado, as cláusulas de desaforamento dos tribunais portugueses não podem ser invocadas, salvo quando admitidas por convenção internacional[2655].

Quanto à competência territorial dos tribunais de trabalho rege o princípio geral, também constante do Código de Processo Civil, de que as ações devem ser propostas no tribunal do domicílio do réu (art. 13.º, n.º 1, do CPT). Admite-se, contudo, que os tribunais de trabalho possam igualmente ser competentes no caso de a ação ser interposta no local da prestação de trabalho ou no do domicílio do autor, no caso de este ser o trabalhador (arts. 14.º

[2653] Cf. Ac. STJ de 9/4/1997, CJ (STJ) 1997, T. I, p. 300.

[2654] Acerca da competência internacional dos tribunais do trabalho, *vd.* BLAINPAIN, *European Labour Law*, cit., pp. 256 ss.

[2655] Cf. Ac. STJ de 11/5/2000, CJ (STJ) 2000, T. II, p. 260, que determinou a incompetência do tribunal do trabalho português com base na Convenção de Lugano. De modo diverso, corretamente, no Ac. STJ de 20/6/2000, CJ (TJ) 2000, T. II, p. 279, determinou-se a competência internacional do tribunal do trabalho português, apesar de cláusula contratual e acordo oral entre o Estado Português e a Frelimo reconhecerem a exclusiva competência dos tribunais moçambicanos.

e 16.º do CPT), assim como no local em que tenha ocorrido o acidente de trabalho ou onde o doente trabalhou pela última vez em serviço suscetível de originar a doença (art. 15.º do CPT). Estas regras foram estabelecidas para facilitar ao trabalhador a proposição da ação.

É de referir que, nos termos do art. 19.º do CPT, será nula qualquer cláusula de desaforamento, isto é, o legislador não admite que as partes, ao abrigo da sua autonomia privada, excluam a competência territorial dos tribunais de trabalho estabelecida no Código de Processo do Trabalho, porque o desaforamento poderia prejudicar o trabalhador. Nessa medida, qualquer acordo que impeça o recurso aos tribunais de trabalho também deverá ser nulo, não se aceitando a validade de uma convenção de arbitragem que não permita o subsequente recurso judicial, em determinadas áreas como despedimento ou acidentes de trabalho[2656].

Por último, cabe ainda indicar que, sendo competentes os juízos do trabalho, havendo recurso de uma decisão proferida num tribunal de 1.ª instância, este deverá ser julgado na secção social do correspondente Tribunal da Relação (art. 67.º, n.º 3, da LOSJ). Caso haja recurso de um acórdão do Tribunal da Relação, este será decidido na secção social do Supremo Tribunal de Justiça (art. 47.º, n.º 1, da LOSJ).

4. Arbitragem de conflitos laborais

I. O recurso à arbitragem para resolução de litígios laborais tem consagração legal e foi analisado no que respeita a conflitos coletivos (*vd. supra* § 66). Mas a arbitragem de conflitos individuais de trabalho não encontra previsão legislativa.

A arbitragem de conflitos individuais de trabalho, apesar de há muito ser referenciada, não tem tido projeção, nomeadamente por se levantarem dúvidas quanto à sua legalidade e, eventualmente, quanto à sua constitucionalidade. A inconstitucionalidade poderia decorrer, em especial, de uma discutível desconformidade com o regime de segurança no emprego consagrado no art. 53.º da CRP.

Poder-se-ia questionar da viabilidade do recurso à arbitragem como meio de resolução de dissídios laborais e essa ponderação deve ser feita segundo o novo regime da arbitragem voluntária.

[2656] Parece ser este o sentido do Ac. Rel. Pt de 24/11/1997, CJ XXII, T. V, p. 246, onde se admitiu a validade de uma cláusula de arbitragem sem pôr em causa um posterior recurso judicial.

Para aferir da arbitrabilidade de um conflito individual de trabalho importa verificar se o direito em causa é disponível. O critério da «disponibilidade do direito», presente na anterior Lei de Arbitragem Voluntária (art. 1.º da Lei n.º 31/86, de 29 de agosto), surge substituído na atual Lei de Arbitragem Voluntária por dois elementos: «interesses de natureza patrimonial» (art. 1.º, n.º 1, da Lei de Arbitragem Voluntária) e «litígios (em) que as partes possam celebrar transação» (art. 1.º, n.º 2, da Lei de Arbitragem Voluntária). No direito do trabalho a questão, por via de regra, respeitará à apreciação da disponibilidade do direito por parte do trabalhador – pois não será usual que se coloquem idênticas dúvidas no que concerne ao empregador – e à viabilidade de transação relativamente ao litígio.

A disponibilidade dos direitos do trabalhador tem de ser analisada no plano comum da disponibilidade de direitos. Razão pela qual, por exemplo quanto aos direitos de personalidade do trabalhador (arts. 14.º e ss. do CT), em razão da tendencial indisponibilidade de tais direitos (cf. art. 81.º do CC), não se admite que um conflito, de onde possa resultar uma limitação desses direitos, seja dirimido por via arbitral. Contudo, no plano laboral, para além da normal indisponibilidade de direitos, cabe atender à irrenunciabilidade de certos direitos; por motivos de tutela do trabalhador, este não pode renunciar a alguns dos seus direitos. Mas a irrenunciabilidade não corresponde à indisponibilidade, até porque, por via de regra, a irrenunciabilidade de direitos do trabalhador é temporária e não absoluta; por isso, por vezes, alude-se à indisponibilidade relativa dos direitos dos trabalhadores. Todavia, para aferir da arbitrabilidade de um conflito, o direito ou é disponível ou indisponível, não há *tertium genus*. A chamada «indisponibilidade relativa» corresponde a direitos disponíveis, ainda que só a partir de determinada altura (p. ex., da cessação do contrato), pelo que, em relação a estes, pode ser ajustada uma convenção de arbitragem. Acresce que a mencionada irrenunciabilidade de direitos laborais, por parte do trabalhador, não tem constituído obstáculo à livre transação de tais direitos. Mesmo no que respeita a direitos a que a lei confere especial tutela, como o direito à retribuição, podem ser alvo de transação, frequente em caso de revogação do contrato de trabalho.

A irrenunciabilidade de direitos não veda a arbitragem, particularmente a arbitragem em que haja recurso para os tribunais judiciais. Assim, nada obsta a que se ajuste uma cláusula compromissória num contrato de trabalho nos termos da qual as partes aceitem que um eventual litígio – que não decorra de despedimento ou de acidente de trabalho – seja dirimido por via arbitral quando cessar o contrato de trabalho. Neste exemplo, o litígio pode inclusive respeitar ao tempo de trabalho despendido (p. ex., trabalho suplementar), às retribuições vencidas, à categoria do trabalhador, às promoções que deveria ter tido, etc. Excluindo os litígios decorrentes de despedimento e, em certa medida, de acidentes de trabalho, após a cessação do contrato de trabalho a arbitrabilidade dos diversos dissídios laborais assenta na autonomia privada.

Na pendência do contrato de trabalho, a arbitrabilidade dos litígios terá de ser analisada atento o direito do trabalhador em causa, pois a irrenunciabilidade pode condicionar o recurso à via arbitral. Mas, ainda assim, cabe averiguar se o litígio, mesmo na pendência do contrato de trabalho, poderia ser objeto de transação; na hipótese afirmativa, o conflito pode ser dirimido por via arbitral. Em suma, salvo em situações excecionais de indisponibilidade de direitos – por via de regra relacionados com direitos de personalidade – os direitos dos trabalhadores, mesmo na pendência da relação de trabalho, podem ser alvo de transação, sendo, assim, viável que a questão seja submetida à arbitragem[2657].

II. Não obstante a regra geral da arbitrabilidade dos direitos disponíveis do trabalhador, cabe atender à limitação prescrita em sede de despedimento. Com efeito, no art. 387.º, n.º 1, do CT dispõe-se «A regularidade e licitude do despedimento só pode ser apreciada por tribunal judicial». Solução reiterada para o despedimento coletivo (art. 388.º, n.º 1, do CT). Estes preceitos vedam que se possa recorrer à arbitragem para apreciar da regularidade e licitude de um despedimento, tanto do despedimento individual, que, neste sentido, inclui o despedimento por causa imputável ao trabalhador, o despedimento por extinção do posto de trabalho e o despedimento por inadaptação, como do despedimento coletivo. Mas os citados arts. 387.º e 388.º só vedam o recurso à arbitragem no que respeita à determinação da regularidade e da licitude do despedimento (individual e coletivo), não obstando, por isso, a que outras questões laborais sejam dirimidas por via arbitral. Dito de outro modo, o legislador estabeleceu neste âmbito circunscrito um limite à arbitragem: estes conflitos não podem ser dirimidos por via arbitral. Trata-se de uma norma excecional, limitadora da autonomia privada, que só pode ser aplicada no seu estrito âmbito. Deste modo, mesmo em caso de despedimento, o valor da indemnização, o sentido de uma cláusula de não

[2657] Consulte-se Dário Moura Vicente, «Arbitragem de conflitos individuais de trabalho», *Estudos do Instituto de Direito do Trabalho*, Vol. VI, Coimbra, 2012, pp. 33 ss., assim como Romano Martinez, «Mediação e arbitragem em Direito do trabalho», *RDES* 2015, 4, pp. 7 ss.

concorrência, o modo de devolução de bens ao empregador, etc. podem ser fixados por via arbitral. E sempre que o conflito entre empregador e trabalhador não decorra de um despedimento, deixa de estar vedado o recurso à arbitragem.

Excluindo a determinação da regularidade e da licitude do despedimento (individual e coletivo), em razão de norma expressa que veda a arbitragem, os demais conflitos individuais de trabalho podem ser submetidos à arbitragem desde que preencham o requisito da disponibilidade do direito.

Mas mesmo quanto à regularidade e licitude do despedimento cabe atender à *ratio legis* da limitação legal. A solução constante dos citados arts. 387.º e 388.º do CT não decorre da indisponibilidade nem da irrenunciabilidade de direitos do trabalhador, pois não se aplica ao direito irrenunciável por natureza, o direito à retribuição, e a subsistência do contrato de trabalho é um direito disponível. O regime legal decorre, antes, da incerteza quanto à liberdade de decisão por parte do trabalhador num aspeto de especial tutela constitucional: a segurança no emprego. Razão pela qual urge encontrar mecanismos que garantam a liberdade de decisão do trabalhador ao emitir a declaração negocial que visa resolver pela via arbitral um dissídio de trabalho que respeite à apreciação da regularidade e licitude do despedimento.

Além da regularidade e licitude do despedimento, idênticas limitações quanto ao recurso à via arbitral colocam-se em relação aos acidentes de trabalho. Neste caso, contudo, acresce ainda a tutela de direitos de personalidade do trabalhador sinistrado.

A arbitragem, depois de acordada, já não pressupõe qualquer consenso posterior das partes quanto à solução do conflito. Em princípio, com ressalva da arbitragem obrigatória ou necessária, há liberdade de recorrer à arbitragem, mas as partes têm de cumprir o acordo relativo à resolução do litígio pela via arbitral e, seguidamente, estão vinculadas a aceitar a solução dos árbitros, salvo revogação (por consenso) até à prolação da sentença arbitral.

5. Capacidade judiciária

Quanto à capacidade judiciária ativa, ao contrário do estabelecido no art. 16.º do CPC, em matéria laboral os maiores de dezasseis anos podem estar por si em juízo como autores (art. 2.º, n.º 1, do CPT), não necessitando de representação. Aos menores que ainda não tenham completado dezasseis anos de idade aplica-se o regime geral de representação legal, mas se o representante legal não acautelar devidamente os interesses do menor este pode ser representado pelo Ministério Público (art. 2.º, n.º 2, do CPT).

Em matéria de litisconsórcio, não obstante o interesse ter sido coletivamente fixado, se vários trabalhadores, em grupo, executaram o mesmo trabalho, admite-se que qualquer deles faça fazer valer os seus direitos individualmente, na sua quota-parte no interesse (art. 3.º do CPT). Esta regra visa facilitar o exercício dos direitos por parte dos trabalhadores, uma vez que o estabelecimento do litisconsórcio poderia ser entrave sempre que algum dos trabalhadores não quisesse atuar judicialmente.

6. Legitimidade

A particularidade da legitimidade em processo do trabalho reside no facto de a defesa de interesses coletivos ter sido conferida a associações sindicais e de empregadores (art. 5.º, n.º 1, do CPT)[2658]. Admite-se uma legitimidade para a defesa de interesses difusos, permitindo-se a intervenção em juízo dessas associações, não para a salvaguarda dos seus próprios interesses, mas em defesa de interesses coletivos da classe profissional que representam. O art. 5.º, n.º 2, do CPT estabelece que, em determinadas circunstâncias, os sindicatos podem interpor uma ação judicial em representação e substituição dos trabalhadores, sem mandato judicial nesse sentido; basta a autorização do trabalhador representado, autorização essa que pode ser obtida por via do silêncio (art. 5.º, n.º 3, do CPT).

Este regime de legitimidade surge mais desenvolvido em situações concretas, onde, por vezes, a legitimidade conferida às associações sindicais não se encontra na dependência de autorização do trabalhador.

A este propósito, refira-se que a capacidade judiciária das estruturas de representação coletiva de trabalhadores não depende da atribuição de personalidade jurídica (art. 2.º-A do CPT).

7. Patrocínio oficioso

Para melhor assegurar o exercício dos direitos por parte dos trabalhadores, o art. 7.º do CPT estabeleceu que o Ministério Público exerce o patrocínio

2658 A solução não é específica do direito português, *vd.* González-Posada Martínez, *El Proceso de Conflicto Colectivo de Trabajo*, Madrid, 1993; Thereza Nahas, *Legitimidade Ativa dos Sindicatos. Defesa dos Direitos e Interesses Individuais Homogêneos no Processo do Trabalho. Processo de Conhecimento*, S. Paulo, 2001.

oficioso em relação aos trabalhadores e seus familiares[2659]. Diferentemente de outras situações processuais em que, quando os interessados não têm possibilidade de encontrar um advogado que os represente, se recorre à Ordem dos Advogados para esta indicar um advogado oficioso, em matéria laboral seguiu-se um caminho diverso; em vez de se nomear oficiosamente um advogado, é o Ministério Público nomeado oficiosamente[2660]/[2661]. Esta situação apresenta alguma similitude com o que, em determinadas hipóteses, ocorre em processo penal.

O Ministério Público deve recusar o patrocínio oficioso se considerar que são infundadas ou injustas as pretensões que os trabalhadores ou os seus familiares exigem ou se verificar que o trabalhador pode ser representado por um advogado do sindicato em que está filiado, recorrendo aos serviços de contencioso desse sindicato (art. 8.º do CPT).

O patrocínio judiciário exercido oficiosamente pelo Ministério Público mantém-se, em princípio, até ao fim do processo, mas extingue-se se o trabalhador constituir advogado (9.º do CPT).

8. Processo *sui generis*

De entre os processos especiais regulados no Código de Processo do Trabalho encontra-se o processo para efetivação de direitos resultantes de acidente de trabalho e de doença profissional, que consta dos arts. 99.º e ss. do CPT. Este processo tem duas fases: primeiro, a fase conciliatória, regulada nos arts. 99.º a 116.º do CPT e, depois, a fase contenciosa, constante dos arts. 117.º a 144.º do CPT[2662].

2659 Veja-se Vitor Melo, «O estatuto do Ministério Público na jurisdição laboral, », *Estudos do Instituto de Direito do Trabalho*, Vol. VI, Coimbra, 2012, pp. 49 ss.; João Monteiro, «O Ministério Público e o Patrocínio dos Trabalhadores no Processo Declarativo Laboral», *Estudos do Instituto de Direito do Trabalho*, Volume V, Coimbra, 2007, pp. 23 ss.

2660 Por isso, percebe-se mal a obrigatoriedade de constituição de advogado, constante do art. 98.º-B do CPT.

2661 Todavia, ao trabalhador concede-se a possibilidade de optar, em alternativa ao patrocínio do Ministério Público, por solicitar a concessão de patrocínio judiciário com a nomeação de um advogado oficioso pelo tribunal (cf. Ac. Rel. Lx. de 19/3/1997, CJ XXII, T. II, p. 165). Sobre o apoio judiciário em processo laboral veja-se o Ac. STJ de 8/2/1995, BMJ 444, p. 497 e a jurisprudência citada por Abílio Neto, *Código de Processo do Trabalho Anotado*, 5.ª ed., Lisboa, 2011, anot. art. 7.º, pp. 36 s.

2662 Quanto aos acidentes de trabalho e doenças profissionais cabe ainda referir que também se estabeleceram regimes processuais específicos para a revisão de incapacidade ou da pensão

Nesta alínea interessa estudar a fase conciliatória, porque só esta não se enquadra verdadeiramente no processo judicial[2663].

Na fase conciliatória o processo inicia-se com a participação do acidente de trabalho (art. 99.º, n.º 1, do CPT). Bastará a participação feita à companhia de seguros do empregador, dada a obrigatoriedade do seguro de acidentes de trabalho (art. 79.º da LAT, quanto à participação do acidente de trabalho, veja-se os arts. 86.º e ss. da LAT). Este processo apresenta algumas particularidades, no caso de ocorrer, nomeadamente a morte do trabalhador (art. 100.º do CPT), ou se se registar a incapacidade permanente deste (art. 101.º do CPT).

Iniciado o processo pode haver lugar a um exame médico (arts. 105.º e ss. do CPT). Após o exame médico ou independentemente dele haverá uma tentativa de conciliação, nos termos dos arts. 108.º e ss. do CPT, que apresenta alguma complexidade, nomeadamente quanto a tipos de acordo e ao modo de se obter o consenso.

Se os interessados chegarem a acordo, por via de regra, determina-se o pagamento de uma indemnização, normalmente a pagar pela seguradora ao trabalhador. Esse acordo deverá necessariamente ser homologado pelo juiz caso se encontre em conformidade com a lei (art. 114.º do CPT), não podendo o juiz alterar o acordo, nomeadamente corrigindo o montante da prestação ajustada[2664]. Neste ponto, verifica-se a intervenção judicial, não tendo o acordo qualquer valor sem a referida homologação.

Este acordo distingue-se de um ajuste extrajudicial não precedido do formalismo da fase conciliatória, que pode não ser homologado. Se, independentemente desta fase conciliatória, as partes tiverem chegado a acordo

(arts. 145.º e ss. do CPT), para a remição de pensões (arts. 148.º e ss. do CPT), para a declaração de extinção de direitos resultantes de acidente de trabalho (arts. 151.º e ss. do CPT) e para a efetivação de direitos de terceiros conexos com acidente de trabalho (art. 154.º do CPT). Refira-se ainda que no novo Código de Processo do Trabalho incluiu-se um artigo relativo ao processo para efetivação de direitos resultantes de doença profissional (art. 155.º do CPT), que remete para os arts. 117.º e ss. do CPT. Sobre o processo especial de acidentes de trabalho, apesar de referente à anterior legislação, consulte-se Carlos Alegre, *Processo Especial de Acidentes de Trabalho*, Coimbra, 1986.

2663 Veja-se Ferreira Guiné / Domingos Júnior, «Fase conciliatória de acidentes de trabalho», *Pront.* 90 (2011), pp. 125 ss.; Vítor Melo, «A Fase Conciliatória do Processo Especial emergente de Acidentes de Trabalho», *Estudos do Instituto de Direito do Trabalho*, Volume V, Coimbra, 2007, pp. 59 ss. e João Monteiro, «Processo Especial Emergente de Acidentes de Trabalho», *Pront.* n.º 72 (2005), pp. 155 ss.

2664 Cf. Ac. Rel. Cb. de 12/6/1997, CJ XXII, T. III, p. 69.

– acordo extrajudicial – e o Ministério Público der parecer favorável, o juiz também o pode homologar com os mesmos efeitos do acordo obtido na sequência de conciliação judicial (art. 114.º, n.º 2, do CPT).

Não havendo acordo ou não sendo ele homologado pelo juiz por falta de conformidade legal, inicia-se a fase contenciosa; na fase contenciosa já se está perante um verdadeiro processo judicial.

Na fase conciliatória há um processo informal, *sui generis*, que existe sem pedido, sem haver litígio, e até mesmo sem estarem determinadas as partes. Trata-se, pois, de uma fase prévia em que para a validade de um acordo entre as partes torna-se necessária a intervenção do tribunal para a homologação do ajuste, que se justifica com vista a facilitar o acordo e, ao mesmo tempo, permitir a fiscalização pelos tribunais.

9. Processo declarativo comum

I. O processo declarativo pode ser comum e especial (art. 48.º, n.º 2, do CPT); o processo declarativo comum segue o regime do processo sumário (art. 49.º, n.º 2, do CPT) naquilo que não constar do disposto na tramitação estabelecida nos arts. 54.º e ss. do CPT[2665].

O processo laboral caracteriza-se por uma forma processual simplificada, com vista a facilitar o funcionamento dos tribunais de trabalho, tendo em conta a desejada celeridade processual.

Quanto a particularidades do processo laboral há, entre outras, a mencionar a solução estabelecida nos arts. 54.º, n.º 3, e 71.º, n.º 1, do CPT, nos termos da qual se impõe a obrigação de comparência pessoal das partes; não basta que autor e réu se façam representar por mandatário judicial, torna-se necessário que pessoalmente compareçam em juízo, tanto na audiência preliminar como no julgamento[2666]. O princípio geral em direito processual civil aponta no sentido de as partes se poderem fazer representar em juízo por mandatário judicial, e desde que a este tenham sido conferidos plenos poderes para transigir e desistir, não é necessária a comparência pessoal da

[2665] Quanto à marcha do processo laboral, apesar de respeitar ao diploma precedente, veja-se Mendes Baptista, *Introdução ao Direito Processual do Trabalho*, cit., pp. 39 ss. Consulte-se ainda, Lopes-Cardoso, *Citações e Notificações em Processo Civil do Trabalho e Penal. Seu Regime*, 3.ª ed., Coimbra, 2001.

[2666] Quanto à constitucionalidade da presunção de confissão do réu faltoso (art. 89.º, n.º 3, do anterior CPT, hoje art. 71.º, n.º 3, do CPT), cf. Ac. TC n.º 223/95, de 26/4/1995, *BMJ* 446 (Sup.), p. 696.

parte (arts. 40.º e ss. do CPC). Em processo laboral, talvez sem uma razão justificável, verifica-se a exigência de comparência pessoal das partes, o que, em determinados casos, acarreta problemas desnecessários. Sendo a parte uma pessoa coletiva, que relativamente a empregadores é frequente, torna-se necessário que a empresa, parte no processo – normalmente na qualidade de ré –, esteja representada por quem tenha poderes para tal, normalmente mediante a presença dos seus gerentes ou administradores. Assim, numa grande empresa, relativamente a todos os processos laborais em que seja parte, terá de disponibilizar um gerente ou administrador para ir a tribunal. Contudo, comparando o art. 89.º do anterior CPT com o atual art. 71.º do CPT, as consequências da falta de comparência pessoal das partes foram atenuadas tendo em conta o n.º 4 do art. 71.º do CPT[2667].

II. De entre as situações jurídicas laborais que, mais frequentemente, justificavam o recurso ao processo comum contava-se a impugnação de despedimento com base em ilicitude (arts. 381.º e ss. do CT)[2668]. Como dispõe o art. 387.º, n.º 1, do CT, «A regularidade e licitude do despedimento só pode ser apreciada por tribunal judicial». Daqui decorre a incompetência de tribunais arbitrais para apreciarem a ilicitude do despedimento (*vd. supra* n.º 4). Mas com a revisão de 2009, esta impugnação passou a ter um processo especial (arts. 98.º-B e ss. do CPT). Contudo, como só se pode recorrer ao referido processo especial no caso de o trabalhador juntar a decisão (formal) de despedimento (art. 98.º-E, alínea *c)*, do CPT), faltando tal decisão, nomeadamente no caso de despedimento oral, cabe ao trabalhador a impugnação por via do processo comum. Nesse sentido, afirma-se no preâmbulo do Decreto-Lei n.º 295/2009, que aprovou a alteração ao CPT, que «as demais situações [de despedimento, sem decisão escrita] continuam a seguir a forma de processo comum e ficam abrangidas pelo regime de prescrição previsto no n.º 1 do artigo 337.º do CT». É evidente que o valor do preâmbulo é meramente interpretativo e que não se justificaria num diploma de cariz

---

[2667] Como indica Lopes-Cardoso, *Código de Processo do Trabalho Anotado*, cit., anot. art. 70.º, pp. 124 s., a comparência das partes é obrigatória ainda que tenham constituído mandatário judicial com poderes especiais, «(...) porque o mandato assim conferido só é válido para "confissão da acção" e não para "confissão de factos" que as partes podem fazer e aqueles não (...)». Veja-se ainda Abílio Neto, *Código de Processo do Trabalho Anotado*, cit., anot. art. 71.º, p. 171.

[2668] Veja-se Fausto Leite, «O Processo Comum para a Declaração de Ilicitude do Despedimento», *Estudos do Instituto de Direito do Trabalho*, Volume V, Coimbra, 2007, pp. 69 ss. e Albertina Pereira, «Notas sobre Recursos no Direito Processual do Trabalho», *Estudos Jurídicos em Homenagem ao Professor António da Motta Veiga*, Coimbra, 2007, pp. 17 ss.

adjetivo resolver questões de índole substantiva, mas, não fora assim, tais situações jurídicas ficariam desprovidas de atuação processual.

Daí que o recurso ao processo comum para impugnar o despedimento está dependente do esclarecimento de duas dúvidas. Primeiro, quais as decisões de despedimento informal que ficam abrangidas. Dir-se-á que além do despedimento oral, acresce a denúncia, por exemplo em caso de período experimental ou de comissão de serviço, e a caducidade, sempre que estes meios se considerem irregularmente exercidos. Quanto ao prazo, é discutível que o prazo geral de prescrição se aplique quando há um regime especial aplicável a toda a impugnação de despedimento individual (art. 387.º do CT), mas, ainda assim, parece que se deverá aplicar o tradicional prazo de um ano – tal como se prescrevia do art. 435.º do CT2003 – mas que será de caducidade.

III. O processo declarativo comum segue a tramitação constante dos arts. 54.º e ss. do CPT e, subsidiariamente, o regime do processo declarativo comum previsto no Código de Processo Civil[2669].

O processo declarativo comum de trabalho tem a tramitação normal dos articulados em processo civil, não havendo neste ponto particularidades relevantes a salientar. Há, todavia, a ter em conta algumas especialidades, que cabe destacar.

Primeiro, depois de recebida a petição, o réu não é citado para contestar, mas sim para comparecer na tentativa de conciliação (arts. 54.º, n.º 3, e 55.º do CPT)[2670] e só depois de gorada a conciliação será o réu notificado para contestar no prazo de dez dias (art. 56.º, alínea *a)*, do CPT).

Por outro lado, a reconvenção laboral apresenta particularidades que constam do art. 30.º do CPT, por força das quais o seu regime difere do regime geral da reconvenção em processo civil (art. 266.º do CPC).

Terminada a fase dos articulados, o juiz profere despacho nos termos gerais (art. 61.º do CPT). Depois de proferido o despacho, como se estabelece

[2669] O art. 49.º, n.º 2, do CPT remete para o regime do processo declarativo sumário, constante dos artigos 783.º e seguintes do anterior Código de Processo Civil. A Lei n.º 41/2013, de 26 de junho, que aprovou o novo Código de Processo Civil, passando a prever uma única forma de processo comum, determinou, no seu art. 2.º, n.º 1, que todas as referências ao processo declarativo ordinário, sumário ou sumaríssimo se devem considerar feitas para o processo declarativo comum.

[2670] Sobre esta conciliação, *vd.* MENDES BAPTISTA, «A Audiência de Partes no novo Código de Processo do Trabalho», *Revista do Ministério Público*, n.º 82 (2000), pp 157 ss.

em processo civil (arts. 590.º e ss. do CPC), as partes podem ser convocadas para uma audiência preliminar[2671], nomeadamente para uma tentativa de conciliação, que, em processo do trabalho, só é obrigatória após a abertura da audiência, nos termos do art. 70.º, n.º 1, do CPT. A este propósito, cabe referir que a transação ajustada pelas partes, tanto na fase prévia à contestação (art. 51.º do CPT), como depois da abertura da audiência (art. 70.º, n.º 1, do CPT), diferentemente do que ocorre na conciliação no processo especial de acidente de trabalho, não carece de homologação para produzir efeito de caso julgado (art. 52.º, n.º 1, do CPT)[2672].

No processo do trabalho, não obstante a preconizada celeridade, há três tentativas de conciliação: uma preliminar, antes da contestação (art. 55.º, n.º 2, do CPT), a segunda na audiência preliminar (art. 62.º, n.º 2, do CPT) e a terceira após a abertura da audiência (art. 70.º, n.º 1, do CPT)[2673]. A audiência é sempre gravada (art. 68.º, n.º 2, do CPT).

IV. O julgamento em processo do trabalho pode ser feito perante um tribunal constituído por um juiz singular (art. 68.º, n.º 1, do CPT). Porém, a forma de constituição do tribunal coletivo em processo do trabalho apresenta particularidades que advêm do disposto no art. art. 127.º da LOSJ[2674]). Nos termos deste preceito, o tribunal deverá ser constituído pelo coletivo de juízes judiciais e por dois juízes sociais. Os juízes sociais representam os interesses em conflito naquele processo que, na maioria das situações, correspondem os interesses dos empregadores e dos trabalhadores, por isso um dos juízes é recrutado por indicação de entidades patronais e o outro por indicação de trabalhadores (art.127.º, n.º 3, da LOSJ), exceto quando se discutem questões emergentes de contratos equiparados aos de trabalho, em que um dos juízes sociais deve ser nomeado na qualidade de trabalhador

[2671] Designada, na nova lei, por audiência prévia (cf. art. 591.º do CPC).

[2672] A transação feita em juízo sem necessidade de homologação, que se justifica, permite, contudo, uma fraude que me foi relatada. O trabalhador ilicitamente despedido, para receber o último salário, férias, proporcionais, etc., devidos no fim do contrato, assina, juntamente com a quitação, uma procuração forense com poderes especiais para transigir a favor de um advogado escolhido pelo empregador; o causídico, de imediato, intenta uma ação contra a empresa para impugnar o despedimento, na tentativa de conciliação justifica-se a impossibilidade de comparência do trabalhador com atestado médico e o advogado escolhido pelo empregador transaciona com este a indemnização a arbitrar ao trabalhador.

[2673] Cf. Lopes-Cardoso, *Código de Processo do Trabalho Anotado*, cit., anot. art. 55.º, p. 108.

[2674] Sobre o recrutamento e funções dos juízes sociais, veja-se o Decreto-Lei n.º 156/78, de 30 de Junho.

independente e o outro na qualidade de trabalhador assalariado (art. 127.º, n.º 2, da LOSJ).

Verificou-se, contudo, que se tornava difícil o funcionamento de tribunais coletivos com juízes sociais, que mais não eram do que representantes dos interesses em confronto e não verdadeiros julgadores imparciais. Tendo em conta que o funcionamento dos tribunais coletivos suscitava algumas dificuldades, nos termos da Lei n.º 7/79, de 9 de fevereiro, permitiu-se que fosse dispensada a constituição do tribunal coletivo com juízes sociais[2675].

V. Contrariamente ao disposto nos art. 609.º, n.º 1, 615.º, n.º 1, alínea *e)*, do CPC, o juiz pode (e deve) condenar em quantia superior à peticionada[2676] ou em objeto diverso do pedido se a conjugação da matéria de facto provada com os preceitos imperativos da lei assim o determinar (art. 74.º do CPT)[2677]. Assim, enquanto o juiz em processo civil está condicionado a proferir a sentença dentro dos limites da quantia e do objeto peticionados, em processo de trabalho é conferida uma maior autonomia ao julgador, mediante a designada condenação *extra vel ultra petitum*[2678].

[2675] Cf. Lopes-Cardoso, *Manual de Processo do Trabalho*, Lisboa, 1994, pp. 91 s.

[2676] Cf. Ac. STJ de 4/12/1996, CJ (STJ) 1996, T. III, p. 260. Consulte-se Nuno Sebastião, *A Condenação além do Pedido no Código de Processo do Trabalho. Seu Sentido e Limites*, Coimbra, 1983; Joana Vasconcelos, «Condenação *extra vel ultra petitum*», *Estudos do Instituto de Direito do Trabalho*, Vol. VI, Coimbra, 2012, pp. 191 ss. e *Direito Processual do Trabalho*, Lisboa, 2017, pp. 89 ss.

[2677] Quanto à constitucionalidade da condenação *extra vel ultra petitum* em processo laboral, cf. Ac. TC n.º 644/94, de 13/12/1994, *BMJ* 446 (Sup.), p. 55 e Ac. TC n.º 605/95, de 8/11/1995, *BMJ* 451 (Sup.), p. 573. Veja-se igualmente os comentários e indicações de uma abundante jurisprudência sobre a matéria em Abílio Neto, *Código de Processo do Trabalho Anotado*, cit., anot. art. 74.º, pp. 192 ss.

[2678] Mas essa autonomia tem limite, por isso no Ac. Rel. Lx. de 12/12/1997, CJ XXII, T. V, p. 170, decidiu-se que, tendo o trabalhador intentado uma ação de impugnação do despedimento com base em ilicitude do mesmo, que não se provou, não pode o empregador ser condenado na compensação por caducidade do contrato. Quanto aos limites da condenação *ultra petita*, veja-se também Ac. Rel. Cb. de 6/5/1999, CJ XXIV, T. III, p. 64 e Ac. Rel. Lx. de 15/11/2000, CJ XXV, T. V, p. 158.

10. Processos especiais

a) *Enunciação*

Os processos declarativos especiais vêm regulados nos arts. 99.º e ss. do CPT. Porém, como o processo para efetivação dos direitos resultantes de acidentes de trabalho e de doenças profissionais na fase conciliatória (arts. 99.º a 116.º do CPT) foi anteriormente qualificado (n.º 7) como um processo *sui generis*, de entre os processos especiais só há, neste número, que aludir ao processo de impugnação de despedimento (arts. 98.º-B e ss. do CPT), à fase contenciosa do processo de acidentes de trabalho, prevista nos arts. 117.º e ss. do CPT, assim como às outras situações processuais que encontram regulamentação nos arts. 156.º e ss. do CPT.

b) *Processo de impugnação judicial da regularidade e licitude do despedimento*

A ação de impugnação do despedimento tem de ser intentada no prazo de sessenta dias a contar da data do despedimento (art. 387.º, n.º 2, do CT), mediante requerimento apresentado em formulário próprio (arts. 98.º-C, n.º 1, e 98.º-D do CPT). A ação de impugnação judicial da regularidade e licitude do despedimento tem, após a revisão de 2009, um processo especial.

O trabalhador que pretende impugnar o despedimento, com exceção do despedimento coletivo[2679], limita-se a apresentar um formulário (art. 98.º-D do CPT) em que contesta o despedimento de que foi alvo. O formulário segue o modelo legal constante da Portaria n.º 1460-C/2009, de 31 de dezembro. Com base nesse formulário e na decisão de despedimento, que tem de se juntar (art. 98.º-E, alínea *c)*, do CPT), o tribunal convoca a audiência de partes (art. 98.º-F do CPT) e, sendo esta infrutífera, cabe ao empregador apresentar o primeiro articulado (art. 98.º-J do CPT). Neste articulado, o empregador tem de justificar o despedimento, circunscrevendo-se aos factos e fundamentos constantes do procedimento e, mais concretamente, da

---

[2679] Apesar de ser uma norma substantiva, resulta do art. 98.º-C, n.º 1, do CPT que o novo regime também se aplica ao despedimento por extinção do posto de trabalho ou por inadaptação; o que é estranho que a causas objetivas de cessação do contrato de aplique regime distinto. Sobre este processo, consulte-se MANUELA BENTO FIALHO, «Relevância e enquadramento processual da acção de impugnação judicial da regularidade e licitude do despedimento», *Estudos do Instituto de Direito do Trabalho*, Vol. VI, Coimbra, 2012, pp. 139 ss.; VIRIATO REIS / DIOGO RAVARA, «A acção especial de impugnação da regularidade e da licitude do despedimento – aspectos práticos», *Pront.* 91/92 (2012), pp. 173 ss. JOANA VASCONCELOS, *Comentário aos artigos 98.º-B a 98.º-P do Código de Processo do Trabalho. Processo especial para impugnação da regularidade e licitude do despedimento*, Lisboa, 2015 e *Direito Processual do Trabalho*, Lisboa, 2017, pp. 101 ss.

decisão (art. 387.º, n.º 3, do CT); dir-se-á que este articulado, com exceção da eventual oposição à reintegração (art. 98.º-J, n.º 2, do CPT), será pouco inovador, devendo o empregador repetir o que disse. Este primeiro articulado, que não se poderá verdadeiramente designar petição inicial, será depois contestado pelo trabalhador no prazo de 15 dias (art. 98.º-L do CPT). Inverte-se, pois, a ordem normal de intervenção processual, com dificuldades acrescidas de funcionamento deste «novo» processo. Ora, é na contestação do trabalhador que se delimita o âmbito da pendência, em particular no que respeita ao pedido, que se designa por reconvenção. Daí que seja conferido ao empregador não só o direito de responder à chamada reconvenção do trabalhador como a toda a matéria articulada por este (art. 98.º-L, n.º 4, do CPT).

Como o tribunal judicial não se substitui ao empregador no exercício do poder disciplinar (*vd. supra* § 27.2.b)), não poderá este pedir que o procedimento previsto nos arts. 352.º e ss. do CT decorra no tribunal, mas eventualmente admite-se que se intente uma ação de simples apreciação[2680].

c) Processos emergentes de acidente de trabalho e de doença profissional

Os processos especiais previstos nos arts. 117.º e ss. do CPT são quatro, subdividindo-se o primeiro deles em situações distintas.

Em caso de acidente de trabalho e de doença profissional, na sequência do disposto na Lei n.º 98/2009, prevê-se, primeiro, um processo especial, regulado nos arts. 126.º e ss. do CPT, que visa efetivar os direitos do trabalhador no caso de não ter havido acordo entre as partes ou de o acordo celebrado não ter sido homologado pelo juiz. Trata-se da fase contenciosa do processo com vista a efetivar os direitos de trabalhadores emergentes de acidente de trabalho ou de doença profissional. Nesta fase contenciosa incluem-se ainda situações supervenientes, como a reforma do pedido em caso de falecimento do autor (arts. 141.º e ss. do CPT), a revisão da incapacidade ou da pensão (arts. 145.º e ss. do CPT) e a remição de pensões (arts. 148.º e ss. do CPT).

Seguidamente, estabelece-se um segundo processo especial para declarar extintos os direitos resultantes de acidente de trabalho e de doença profissional, em virtude de, por exemplo, terem, entretanto, prescrito, regulado nos arts. 151.º e ss. do CPT.

O terceiro processo relacionado com acidentes de trabalho encontra-se previsto no art. 154.º do CPT e destina-se a efetivar direitos de terceiros co-

[2680] Neste sentido, *vd.* Ac. Rel. Év. de 1/2/1994, CJ, 1994, I, p. 301.

nexos com tais acidentes. Por exemplo, os hospitais que deram assistência ao trabalhador acidentado podem, depois, efetivar o seu direito de crédito relativo aos tratamentos realizados mediante este processo especial.

Por último, no art. 155.º do CPT regula-se o processo para efetivação de direitos resultantes de doença profissional, onde se faz remissão para o regime dos acidentes de trabalho dos arts. 117.º e ss. do CPT.

d) Processo de impugnação de despedimento coletivo

O processo de impugnação de despedimento coletivo, regulado nos arts. 156.º e ss. do CPT, teve em conta o regime de extinção do vínculo laboral estabelecido na lei da cessação do contrato de trabalho, aprovado pelo Decreto-Lei n.º 64-A/89, de 27 de fevereiro (atualmente, arts. 338.º e ss. do CT). Quanto ao despedimento coletivo (arts. 359.º e ss. do CT), impunha-se uma forma processual especial atento o carácter coletivo do despedimento e do consequente chamamento dos restantes trabalhadores abrangidos pela extinção do vínculo (cf. art. 156.º, n.º 3, do CPT) e em razão da possibilidade de nomear um assessor técnico para verificar a procedência dos fundamentos invocados para o despedimento coletivo (arts. 157.º e ss. do CPT)[2681].

e) Processo do contencioso de instituições de previdência, abono de família, associações sindicais, associações de empregadores ou comissões de trabalhadores

O processo do contencioso das instituições de previdência, abono de família, associações sindicais, associações de empregadores ou comissões de trabalhadores vem regulado nos arts. 162.º a 186.º do CPT[2682]. As instituições de previdência e abono de família têm sido integradas na segurança social, pelo que os problemas que lhe são inerentes extravasam o âmbito do direito do trabalho.

[2681] Para maiores desenvolvimentos, veja-se Luís Miguel Monteiro, «Processo de Impugnação de Despedimento Colectivo», *Estudos do Instituto de Direito do Trabalho*, Volume V, Coimbra, 2007, pp. 77 ss. e Bernardo Xavier, «O processo especial de impugnação do despedimento colectivo», *Estudos do Instituto de Direito do Trabalho*, Vol. VI, Coimbra, 2012, pp. 155 ss. Quanto aos créditos, consulte-se Joana Vasconcelos, «Efectivação de créditos laborais do trabalhador na impugnação do despedimento colectivo», *Pront.* 2018 II, pp. 91 ss.

[2682] Veja-se José Eusébio Almeida, «Processo de Contencioso das Instituições de Previdência, Abono de Família e Associações Sindicais», *Estudos do Instituto de Direito do Trabalho*, Volume V, Coimbra, 2007, pp. 95 ss.; Fausto Leite, «Processos do contencioso de instituições de previdência, abono de família, associações sindicais, associações de empregadores ou comissões de trabalhadores», *Estudos do Instituto de Direito do Trabalho*, Vol. VI, Coimbra, 2012, pp. 185 ss.

Este processo do contencioso das instituições de previdência e abono de família, das associações sindicais, associações de empregadores ou comissões de trabalhadores subdistingue-se em quatro processos, acrescentando, ainda, o legislador um quinto processo especial (ação de anulação e interpretação de cláusulas de convenções coletivas de trabalho), cuja inclusão neste capítulo parece descabida, justificando-se a sua autonomia.

e.1) Convocação de assembleias gerais

O processo que respeita à convocação de assembleias gerais de associações (seja sindicais ou de empregadores), de comissões de trabalhadores ou à convocação de órgãos equivalentes às assembleias gerais, representativos das instituições de segurança social, vem previsto no art. 163.º do CPT. É evidente que só se justifica o recurso a este processo quando o órgão representativo da pessoa coletiva em causa não foi convocado pelos meios usuais.

e.2) Impugnação de estatutos, das deliberações de assembleias gerais ou de atos eleitorais

O processo de impugnação de estatutos, das deliberações de assembleias gerais ou de atos eleitorais de um sindicato, de uma associação de empregadores, de uma comissão de trabalhadores ou de órgão equivalente de uma instituição de segurança social, com base em violação da lei, vem regulado nos arts. 164.º e ss. do CPT. Tendo sido tomada uma deliberação ilegal, cabe ao tribunal apreciar dessa ilegalidade, devendo para tal recorrer-se a esta forma processual. No fundo, é algo similar ao que ocorre no que respeita à impugnação de deliberações tomadas em assembleias gerais de outras pessoas coletivas, como seja sociedades.

e.3) Impugnação judicial de decisão disciplinar

O processo para reclamar de decisões disciplinares, impugnando-as, vem previsto nos arts. 170.º e ss. do CPT. Em relação a este processo importa esclarecer que, não obstante a fórmula ampla usada no art. 170.º, n.º 1, do CPT, referindo-se ao arguido em processo disciplinar, sem especificar a que procedimento disciplinar respeita, cabe fazer uma interpretação restrita, no sentido de ele só valer quanto aos beneficiários e contribuintes de instituições de segurança social, aos sócios de sindicatos ou de associações de empregadores e aos membros de comissão de trabalhadores. Numa interpretação literal do art. 170.º do CPT, esta forma processual encontraria aplicação para se proceder a uma impugnação com base em sanções aplicadas em qualquer procedimento disciplinar. Mas, de facto, não parece que esta interpretação esteja correta; o processo especial previsto nos arts. 170.º e ss. do CPT só se deve aplicar com vista a impugnar decisões disciplinares aplicadas pelas instituições de previdência e abono de família ou pelas associações sindicais e comissões de trabalhadores. Quanto aos restantes procedimentos disciplinares, designadamente os movidos pelos empregadores contra seus trabalhadores, seguem o regime regra de reclamação judicial, sem qualquer particularidade, isto é, sujeito ao processo comum ou ao processo especial de impugnação já referido. O regime especial estabelecido nos arts. 170.º e ss. do CPT, incluído no capítulo sobre contencioso das instituições de previdência, abono de família, associações sindicais, associações de empregadores ou comissões de trabalhadores, não parece suscetível de aplicação em outras situações. Nesta sequência, cabe ainda esclarecer que este processo não encontra aplicação no caso de estarem em causa processos disciplinares desencadeados no âmbito administrativo. Se uma instituição de segurança social aplica uma sanção disciplinar a um seu funcionário, esse processo disciplinar não segue o regime estabelecido nos arts. 170.º e ss. do CPT. O mesmo se diga no caso de uma associação sindical aplicar uma sanção disciplinar a um seu trabalhador.

e.4) Liquidação e partilha dos bens de instituições de previdência, de associações sindicais, de associações de empregadores ou de comissões de trabalhadores

O processo para liquidação e partilha dos bens de instituições de previdência, de associações sindicais, de associações de empregadores ou de comissões de trabalhadores vinha previsto nos arts. 173.º e ss. do CPT (revogados pela Lei n.º 107/2019). Tratava-se de uma competência atribuída aos tribunais de trabalho para em caso de extinção de instituições de previdência ou de associações sindicais, de empregadores ou comissões de trabalhadores, proceder à partilha dos respetivos bens. A este propósito cabe recordar que no art. 453.º do CT se estabeleceu uma regra diversa daquela que consta em direito civil com respeito à partilha dos bens de associações, em caso de extinção das mesmas. A partilha dos bens de uma associação sindical ou de empregadores que se extinga era feita nos termos do processo estabelecido nos arts. 173.º e ss. do CPT, seguindo agora o regime comum.

f) Ação de anulação e interpretação de cláusulas de convenções coletivas de trabalho

As ações de anulação e interpretação de cláusulas constantes de instrumentos coletivos de regulamentação de trabalho seguem o processo estabelecido nos arts. 183.º e ss. do CPT. A esta questão já foi feita referência, designadamente a propósito do valor da jurisprudência em direito do trabalho, tendo em conta a situação particular do acórdão estabelecido no art. 186.º do CPT[2683]

Apesar de a lei, neste caso, se referir só a convenções coletivas de trabalho, no anterior § 8., n.º 6 foram apresentados argumentos no sentido de esta ação não se dever circunscrever às convenções coletivas, abrangendo igualmente outros instrumentos coletivos. De facto, os problemas relativos à anulação e interpretação de cláusulas de convenções coletivas de trabalho não diferem no caso de se estar perante um acordo de adesão, uma sentença arbitral, uma portaria de extensão ou mesmo uma portaria de condições trabalho. Em qualquer das situações dever-se-ão aplicar os arts. 183.º e ss. do CPT.

Os arts. 183.º e ss. do CPT, como se esclareceu no início desta alínea, encontram-se desintegrados; estão incluídos na secção VI de um capítulo que respeita ao contencioso das instituições de previdência, abono de família e associações sindicais. Todavia, os instrumentos de regulamentação coletiva de trabalho extravasam do campo das instituições de segurança social e de associações sindicais ou de empregadores. É evidente que para a elaboração da maioria dos instrumentos de regulamentação coletiva de trabalho a intervenção sindical se apresenta de relevância extrema, mas a interpretação e anulação de cláusulas de instrumentos coletivos justificaria um tratamento em capítulo autónomo, desinserido do contencioso sindical, com o qual tem pouca relação.

g) Outros processos especiais

Na revisão do CPT de 2009 foram incluídos três novos processos especiais, concretamente, impugnação da confidencialidade de informações ou da recusa da sua prestação ou da realização de consultas (arts. 186.º-A e ss. do CPT), tutela da personalidade do trabalhador (art. 186.º-D e s. do CPT) e igualdade e não discriminação em função do sexo (art. 186.º-G e ss. do CPT).

Pode questionar-se da justificação desta autonomização, pois o regime comum seria adequado para resolver tais questões, até porque as regras processuais estabelecidas são pouco significativas.

[2683] Assento n.º 2/96, *DR*, I Série-A, de 22/3/1996, sobre a interpretação de uma cláusula de um acordo de empresa. Veja-se também os assentos e atuais acórdãos uniformizadores de jurisprudência citados por Abílio Neto, *Código de Processo do Trabalho Anotado*, cit., anot. art. 186.º, pp. 422 s.

A Lei n.º 63/2013, de 27 de agosto, que instituiu mecanismos de combate à utilização indevida do contrato de prestação de serviços em relações de trabalho subordinado, veio criar a ação especial de reconhecimento da existência de contrato de trabalho, para a qual tem legitimidade ativa o Ministério Público (*vd. supra* § 13.2.*e*))[2684].

11. Recursos

I. A admissibilidade do recurso de uma decisão judicial em processo do trabalho depende, em primeiro lugar, do valor da causa, o qual é fixado nos termos gerais do processo civil[2685].

Contudo, no que respeita ao valor da causa é preciso ter em conta a existência de algumas particularidades em processo do trabalho, que importa indicar, na medida em que condicionam a admissibilidade do recurso[2686].

II. Em primeiro lugar, da decisão de suspensão de despedimento cabe sempre recurso para o Tribunal da Relação (art. 40.º, n.º 1, do CPT).

Por outro lado, nos termos do disposto no art. 79.º do CPT, independentemente do valor da causa e da sucumbência, é sempre admissível recurso para o Tribunal da Relação em três tipos de ações: naquelas em que esteja em causa a determinação da categoria profissional, o despedimento do trabalhador, a sua reintegração na empresa ou a validade e subsistência do contrato de trabalho (alínea *a*)); nos processos emergentes de acidente de trabalho ou

---

[2684] Esta ação tem gerado acesa polémica, particularmente por corresponder a uma via inadequada ao desiderato pretendido. Veja-se Paula Ponces Camanho, «Acção de reconhecimento da existência de contrato de trabalho. Breves reflexões (e algumas perplexidades), *Estudos dedicados ao Professor Doutor Bernardo da Gama Lobo Xavier*, III, Lisboa, 2015, pp. 65 ss.; Rita Garcia Pereira, «A nova acção especial para reconhecimento de contrato de trabalho (Lei n.º 63/2013)», *Estudos dedicados ao Professor Doutor Bernardo da Gama Lobo Xavier*, III, Lisboa, 2015, pp. 341 ss.; João Rato, «A acção de reconhecimento da existência de contrato de trabalho. Interrogações sobre a intervenção do Ministério Público e outras perplexidades», *Para Jorge Leite. Escritos Jurídico-Laborais*, I, Coimbra, 2014, pp. 779 ss.

[2685] Nos termos do art. 44.º, n.º 1, da da LOSJ, a alçada dos tribunais de primeira instância é de 5 000 € e a alçada dos tribunais da Relação é de 30 000 €.

[2686] Para maiores desenvolvimentos, veja-se Abrantes Geraldes, «Recursos em processo do trabalho», *Estudos do Instituto de Direito do Trabalho*, Vol. VI, Coimbra, 2012, pp. 205 ss. e *Recursos no processo do trabalho*, Coimbra, 2010; bem como Maria José Costa Pinto, «Recursos em Processo Laboral», *Estudos do Instituto de Direito do Trabalho*, Volume V, Coimbra, 2007, pp. 111 ss.

de doença profissional (alínea *b*)); nos processos do contencioso de instituições de previdência, abono de família e associações sindicais (alínea *c*))[2687].

A terceira situação respeita ao disposto no art. 185.º, n.º 2, do CPT, sobre as ações de anulação e interpretação de cláusulas de instrumentos coletivos de regulamentação de trabalho de cujas decisões cabe recurso de revista até ao Supremo Tribunal de Justiça. Possibilitando-se, deste modo, que este tribunal venha a proferir um acórdão, o qual, nos termos do art. 186.º do CPT, terá o valor ampliado de revista em processo civil.

III. Nos termos do disposto no art. 676.º do anterior CPC, os recursos podiam ser ordinários e extraordinários, podendo os primeiros ser recursos de apelação, recursos de revista[2688] e recursos de agravo, bem como recurso ampliado de revista para o tribunal pleno (art. 186.º do CPT), mas na sequência das alterações ao processo civil, deixou de ser diferenciar entre recursos de apelação e de agravo, tendo sido revogados os arts. 84.º a 86.º do CPT, circunscrevendo-se os recursos ordinários ao recurso de apelação para a Relação e ao recurso de revista para o Supremo[2689].

O regime dos recursos em processo de trabalho corresponde ao estabelecido no processo civil (atualmente, nos arts. 627.º e ss. do CPC).

Os prazos para interpor recursos são, porém, os estabelecidos no art. 80.º do CPT (entre dez, quinze ou trinta dias), alterados pela Lei n.º 107/2019, de 9 de outubro, que nem sempre coincidiam com os prazos estabelecidos no Código de Processo Civil (art. 638.º do CPC).

À semelhança do que se estabelece no art. 637.º, n.º 2, do CPC, o art. 81.º, n.º 1, do CPT exige que do requerimento de interposição do recurso deva constar a alegação do recorrente, sob pena de aquele ser considerado

[2687] É interessante reparar que esta alínea c) do art. 79.º do CPT não se encontra em consonância com a nova redação do capítulo a que se refere (arts. 162.º e ss. do CPT), tendo omitido as associações de empregadores e as comissões de trabalhadores; presume-se se trata de um mero lapso de atualização, corrigido, depois, pela Lei n.º 107/2009.

[2688] Sobre o recurso de revista, veja-se o Ac. STJ de 12/1/1994, CJ (STJ) 1994, T. I, p. 269 e Menezes Cordeiro, «Do Prazo para a Interposição do Recurso de Revista em Processo do Trabalho», *O Direito*, 128 (1996), III-IV, pp. 285 ss.

[2689] Sobre as alterações ao processo civil em matéria de recursos, veja-se Andrade Pissarra, «Breves notas sobre os artigos 678.º, 691.º, 721.º e 721.º-A do Código de Processo Civil», *O Direito* 144 (2012), pp. 259 ss. Quanto a esta alteração no processo laboral, consulte-se os autores e obras citados na nota 2620.

deserto[2690]. Esta exigência talvez não tenha muito sentido, pois justifica-se que as alegações sejam apresentadas depois de o recurso ter sido admitido. Do mesmo modo, a arguição de nulidade da sentença tem de ser feita no requerimento de interposição do recurso (art. 615.º, n.º 4, do CPC, e art. 77.º, do CPT)[2691].

12. Processo executivo

a) Aspetos gerais

I. A propósito da ação executiva, suscita-se a questão da exequibilidade de algumas decisões de tribunais do trabalho, principalmente quando o seu acatamento pressupõe uma interferência na gestão da empresa condenada. Já se aludiu à dificuldade de executar uma decisão que determine a ocupação efetiva do trabalhador, nomeadamente relacionada com a reintegração deste na empresa, prevista no art. 74.º-A do CPT (*vd. supra* § 24.8 e § 58.2.f.4)). Mas o não acatamento de uma decisão judicial determina, para além de outras consequências, responsabilidade civil do inadimplente[2692].

II. Para interpor o processo de execução, previsto nos arts. 88.º e ss. do CPT, podem servir de base os vários títulos executivos constantes das alíneas do art. 703.º do CPC, outros títulos a que lei especial atribua força executiva e os autos de conciliação (art. 88.º do CPT)[2693].

Na alínea *a)* do art. 703.º do CPC alude-se à sentença condenatória, que corresponde ao título executivo de maior relevo. Com base na sentença condenatória proferida no processo declarativo e transitada em julgado interpõe-se o processo executivo; mas nem sempre será necessária a sentença

---

2690 Cf. Ac. STJ de 12/5/1993, CJ (STJ) 1993, T. II, p. 279; Ac. STJ de 25/1/1995, CJ (STJ) 1995, T. I, p. 257; Ac. STJ de 8/11/1995, *BMJ* 451, p. 221.

2691 Cf. Ac. STJ de 6/7/1994, *BMJ* 439, p. 466; Ac. STJ de 8/2/1995, BMJ 444, p. 482; Ac. STJ de 8/3/1995, *BMJ* 445, p. 371; Ac. STJ de 30/5/1995, *BMJ* 447, p. 324.

2692 Veja-se Rubio de Medina, *La Ejecución de Sentencias*, Barcelona, 2001.

2693 Sobre o processo executivo, apesar de à luz do anterior Código, consulte-se Lopes-Cardoso, *A Acção Executiva em Processo Laboral*, Coimbra, 1990, e ainda Da Mesquita, «A Execução Laboral face ao Processo Civil», Pront. n.º 60 (2001), pp. 73 ss. e Bernardo Xavier, «Execução da Sentença Laboral», *RDES*, 1995, n.os 1/3, pp. 297 ss. Após a reforma, veja-se Isabel Alexandre, «A execução laboral à luz da reforma da acção executiva», *Estudos em Memória do Prof. Marques dos Santos*, I, Coimbra, 2005, pp. 1151 ss.

condenatória, pois do art. 88.º do CPT resulta que há outros títulos executivos para efeito de recurso em processo do trabalho, que não dependem de prévio processo declarativo, tais como autos de conciliação (alínea *b)*) e certidões de contas hospitalares respeitantes a despesas com observação, internamento ou tratamento das vítimas de acidente de trabalho ou de doença profissional (cf. art. 91.º, alínea *e)*, do anterior CPT e Decreto-Lei n.º 194/92, de 8 de setembro).

b) Execução baseada em sentença de condenação em quantia certa

O processo executivo admite duas situações, a primeira das quais corresponde à execução baseada em sentença de condenação em quantia certa, circunscrito a dois números do art. 90.º do CPT, a que se acrescentou uma terceira previsão na Lei n.º 107/2019.

Antes da revisão de 2009, do regime laboral constavam algumas especificidades processuais. Primeiro, a sentença condenatória, prevista na alínea *a)* do art. 46.º do anterior CPC (*ex vi* art. 88.º, alínea *a)*, do CPT), proferida num prévio processo declarativo. A execução estabelecida nos art. 89.º e ss. do CPT pressupunha que a execução se seguisse ao processo declarativo, no qual foi proferida uma sentença condenatória já transitada em julgado. Por outro lado, era igualmente necessário que essa sentença condene uma das partes no pagamento de uma quantia certa; qualquer outra condenação não permite o recurso a este tipo de processo.

Havia ainda uma particularidade relativamente a este processo de execução, que respeitava ao momento do seu início. Como dispunha o art. 89.º, n.º 2, do CPT [revogado em 2009], a execução só se iniciava depois da nomeação dos bens à penhora, prevista no art. 90.º do CPT, ou com o requerimento do exequente que alegasse dificuldade de identificação ou de localização dos bens. Mas estas particularidades deixaram de valer e o processo executivo laboral segue o regime regra estabelecido no processo comum. A este propósito importa, todavia, relembrar (*vd.* § 25., n.º 12) que o regime de garantia de pagamento da retribuição, atribui aos trabalhadores privilégios mobiliário geral e imobiliário especial que podem ser feitos valer na ação executiva, permitindo que pelo produto da venda judicial dos bens móveis e imóveis do empregador os trabalhadores se paguem preferencialmente com respeito aos demais credores da entidade patronal.

13. Procedimentos cautelares

a) *Enunciação*

No Código de Processo do Trabalho encontram-se regulados três procedimentos cautelares especificados[2694]. O primeiro corresponde à suspensão do despedimento (arts. 34.º e ss. do CPT). O segundo a um pedido de providência que tem em vista a proteção da segurança e saúde no trabalho, constante dos arts. 44.º e ss. do CPT[2695]. Por último, encontra-se estabelecido no art. 168.º do CPT um procedimento para a suspensão de deliberações de assembleias gerais de associações sindicais ou de empregadores ou de órgãos equivalentes de instituições de previdência, com base em ilegalidade.

b) *Suspensão do despedimento*

O procedimento cautelar de suspensão do despedimento, que é, sem dúvida, o mais relevante, deixou de ter o regime especial de suspensão do despedimento coletivo, estabelecido nos arts. 41.º a 43.º do CPT (revogados), ficando circunscrito ao regime geral de suspensão do despedimento dos arts. 34.º a 40.º do CPT.

Por via da suspensão do despedimento pretende-se que o trabalhador, não obstante a decisão tomada pelo empregador, se mantenha em funções na empresa enquanto decorre o processo judicial de impugnação do despedimento, na medida em que se admita *prima facie* a inexistência de justa causa de despedimento[2696]. O requerimento de suspensão judicial do des-

[2694] Para um estudo histórico e comparado, atendendo, em especial ao direito brasileiro, *vd.* Estêvão Mallet, *Antecipação da Tutela no Processo do Trabalho*, 2.ª ed., S. Paulo, 1999. No direito português, veja-se Paulo Morgado de Carvalho, «O Procedimento Cautelar Comum no Processo Laboral», *Estudos Jurídicos em Homenagem ao Professor António da Motta Veiga*, Coimbra, 2007, pp. 209 ss.; Maria Adelaide Domingos, «Procedimentos Cautelares Laborais», *Estudos do Instituto de Direito do Trabalho*, Volume V, Coimbra, 2007, pp. 37 ss.; Sara Costa Faria, «A inversão do contencioso nos procedimentos cautelares laborais», *QL* 48 (2016), pp. 61 ss.; Abrantes Geraldes, *Suspensão de despedimento e outros procedimentos cautelares no processo do trabalho*, Coimbra, 2010; Cláudia Madaleno, «Procedimento cautelar comum na jurisdição laboral», *Estudos do Instituto de Direito do Trabalho*, Vol. VI, Coimbra, 2012, pp. 81 ss.; Paulo Sousa Pinheiro, *O Procedimento Cautelar Comum no Direito Processual do Trabalho*, 2.ª ed., Coimbra, 2007 e «A inversão do contencioso nos procedimentos cautelares laborais», *Pront.* 2016-I, pp. 175 ss.

[2695] Como se aludiu anteriormente (§ 26), na sequência do que dispõe o art. 281.º do CT, após a revisão de 2009 deixou de se fazer referência à higiene no trabalho, mas a previsão processual mantém a anterior expressão.

[2696] Como se conclui no Ac. Rel. Lx. de 21/2/2001, CJ XXVI, T. I, p. 170, no novo processo do trabalho de suspensão do despedimento pode ser discutida a qualificação do contrato.

pedimento tem de ser apresentado no prazo de cinco dias úteis a contar da recepção pelo trabalhador da decisão de despedimento (art. 434.º do CT). Este processo tem particular interesse no que respeita à suspensão do despedimento de representantes sindicais, bem como de membros de comissões de trabalhadores ou de conselhos de empresa europeus, relativamente aos quais só não será decretada a suspensão se o tribunal concluir pela existência de probabilidade séria de verificação de justa causa para despedimento (art. 456.º, n.º 3, do CT).

A Lei n.º 55/2017, de 17 de julho, criou o procedimento cautelar de suspensão de despedimento subsequente a auto de inspeção previsto no artigo 15.º-A da Lei n.º 107/2009, de 14 de setembro, para o qual tem legitimidade o Ministério Público.

c) Proteção de e saúde no trabalho

Dos arts. 44.º e ss. do CPT consta um procedimento cautelar específico tendo em vista evitar que se protelem situações laborais em que haja risco para a segurança e saúde dos trabalhadores. Com efeito, nos citados preceitos a expressão usada é «segurança, higiene e saúde no trabalho», mas atendendo à evolução legislativa o procedimento cautelar respeita às situações que esteja posta em risco a segurança e saúde no trabalho (*vd. supra* § 26 e § 52).

d) Suspensão de deliberações de assembleias gerais

No art. 168.º do CPT prevê-se a possibilidade de se requerer a imediata suspensão da deliberação da assembleia geral ou de órgão equivalente, que se impugna, podendo o juiz ordenar a suspensão após a petição inicial ou a seguir à contestação.

14. Processo penal

Ao processo penal laboral, subsidiariamente, aplica-se o Código de Processo Penal (art. 1.º, n.º 2, alínea *a)* e *c)*, do CPT)[2697]. A solução subsiste não obstante, com a revisão de 2009, terem sido revogados os arts. 187.º a 200.º do

Sobre este procedimento cautelar, veja-se Sousa Pinheiro, «Procedimento cautelar de suspensão de despedimento», *Pront.* 88/89 (2011), pp. 147 ss.; Isabel Tapadinhas, «Procedimento cautelar único de suspensão de despedimento», *Estudos do Instituto de Direito do Trabalho*, Vol. VI, Coimbra, 2012, pp. 61 ss.

[2697] Cf. Ac. STJ de 26/4/1995, *BMJ* 446, p. 176, onde se refere que na jurisdição laboral há competência em matéria contraordenacional.

CPT)[2698], aplicando-se o regime processual constante da Lei n.º 107/2009, de 14 de setembro.

No processo laboral distingue-se a ação penal da ação cível enxertada em processo penal, nos termos gerais.

A propósito da ação penal, cabe referir que – na sequência do disposto nos arts. 546.º e 551.º, n.º 2 do CT – se prevê a responsabilidade penal das pessoas coletivas, mediante a responsabilização de administradores, gerentes ou diretores, sempre que se verifique a prática de contravenções laborais imputáveis àquelas.

Quanto ao processo de contraordenações laborais há a ter em conta o disposto na Lei n.º 107/2009, a que se aludiu anteriormente no § 74[2699]. Resta tão-só reiterar que o recurso da decisão administrativa que impunha uma coima por contraordenação laboral é apreciado nos tribunais de trabalho e segue um processamento próprio, em especial previsto no Decreto-Lei n.º 433/82, de 27 de janeiro.

Bibliografia:

Carlos Alegre, *Código de Processo do Trabalho Anotado*, 4.ª ed., Coimbra, 2001; Isabel Alexandre, «Princípios Gerais do Processo do Trabalho», *Estudos do Instituto de Direito do Trabalho*, Vol. III, Coimbra, 2002, pp. 389 a 441; José Eusébio Almeida, «Processo de Contencioso das Instituições de Previdência, Abono de Família e Associações Sindicais», *Estudos do Instituto de Direito do Trabalho*, Volume V, Coimbra, 2007, pp. 95 ss.; Moitinho de Almeida, *Código de Processo do Trabalho Anotado*, 5.ª ed., Coimbra, 2001; Albino Mendes Baptista, *Introdução ao Direito Processual do Trabalho*, 2.ª ed., Lisboa, 1999, *Código de Processo do Trabalho Anotado*, 2.ª ed., Lisboa, 2002, «O Código do Trabalho e a Jurisdição Laboral», *Estudos sobre o Código do Trabalho*, Coimbra, 2004, pp. 179 ss., vários artigos sobre processo do trabalho *in Temas de Direito do Trabalho e de Direito Processual do Trabalho*, Lisboa, 2008, pp. 231 ss., e *A nova acção de impugnação do despedimento e a revisão do Código de Processo do Trabalho*, Coimbra, 2010; Pedro Madeira de Brito, «A Tramitação do Processo Declarativo Comum no Código de Processo do Trabalho», *Estudos do Instituto de Direito do Trabalho*, Vol. III, Coimbra, 2002, pp. 443 a 471; Paula Ponces Camanho, «Acção de reconhecimento da existência de contrato de trabalho. Breves reflexões (e algumas perplexidades), *Estudos dedicados ao Professor Doutor Bernardo da Gama Lobo Xavier*, III,

[2698] Mais concretamente por via da declaração de retificação n.º 86/2009, de 23 de novembro, que acrescentou estas revogações ao Decreto-Lei n.º 295/2009.

[2699] Cf. Ac. STJ de 5/12/1996, *BMJ* 462, p. 352.

Lisboa, 2015, pp. 65 ss.; Palma Carlos, «As Partes no Processo do Trabalho», *Curso de Direito Processual do Trabalho*, Suplemento RFDUL, Lisboa, 1964, pp. 89 a 123; Paulo Morgado de Carvalho, «O Procedimento Cautelar Comum no Processo Laboral», *Estudos Jurídicos em Homenagem ao Professor António da Motta Veiga*, Coimbra, 2007, pp. 209 e ss.; Menezes Cordeiro, «Do Prazo para a Interposição do Recurso de Revista em Processo do Trabalho», *O Direito*, 128 (1996), III-IV, pp. 285 a 294; Maria Adelaide Domingos, «Procedimentos Cautelares Laborais», *Estudos do Instituto de Direito do Trabalho*, Volume V, Coimbra, 2007, pp. 37 ss., e «Efeitos processuais da declaração de insolvência sobre acções laborais pendentes», *IX e X Congressos Nacionais de Direito do Trabalho. Memórias*, Coimbra, 2007, pp. 259 ss., Sara Costa Faria, «A inversão do contencioso nos procedimentos cautelares laborais», *QL* 48 (2016), pp. 61 ss.; Leite Ferreira, *Código de Processo do Trabalho Anotado*, 4.ª ed., Coimbra, 1996; Manuela Bento Fialho, «O Juiz e o Processo Laboral Comum», *Pront.* 64 (2003), pp. 119 ss. e «Relevância e enquadramento processual da acção de impugnação judicial da regularidade e licitude do despedimento», *Estudos do Instituto de Direito do Trabalho*, Vol. VI, Coimbra, 2012, pp. 139 ss.; Abrantes Geraldes, «Recursos em processo do trabalho», *Estudos do Instituto de Direito do Trabalho*, Vol. VI, Coimbra, 2012, pp. 205 ss., *Suspensão de despedimento e outros procedimentos cautelares no processo do trabalho*, Coimbra, 2010 e *Recursos no processo do trabalho*, Coimbra, 2010; Fausto Leite, «O Processo Comum para a Declaração de Ilicitude do Despedimento», *Estudos do Instituto de Direito do Trabalho*, Volume V, Coimbra, 2007, pp. 69 ss., «Processos do contencioso de instituições de previdência, abono de família, associações sindicais, associações de empregadores ou comissões de trabalhadores», *Estudos do Instituto de Direito do Trabalho*, Vol. VI, Coimbra, 2012, pp. 185 ss. e «O processo de impugnação do despedimento colectivo no contexto das reformas do Código do Trabalho de 2012», *Pront.* 93 (2012), pp. 73 ss.; João Palla Lizardo, «Que Futuro para o Processo do Trabalho face ao Actual Processo Civil?», *QL*, n.º 11 (1998), pp. 87 a 98; Álvaro Lopes-Cardoso, *Manual de Processo do Trabalho*, Lisboa, 1994, *A Acção Executiva em Processo Laboral*, 1990 e *Código de Processo do Trabalho Anotado*, Lisboa, 2000; Alcides Martins, *Direito do Processo Laboral*, 2.ª ed., Coimbra, 2017; Vítor Melo, «A Fase Conciliatória do Processo Especial emergente de Acidentes de Trabalho», *Estudos do Instituto de Direito do Trabalho*, Volume V, Coimbra, 2007, pp. 59 ss. e «O estatuto do Ministério Público na jurisdição laboral», *Estudos do Instituto de Direito do Trabalho*, Vol. VI, Coimbra, 2012, pp. 49 ss.; Castro Mendes, «Pedido e Causa de Pedir no Processo do Trabalho», *Curso de Direito Processual do Trabalho*, Suplemento RFDUL, Lisboa, 1964, pp. 125 a 137, «Tipos, Espécies e Formas de Processo do Trabalho. Marcha do Processo Declarativo Ordinário e Sumário de Trabalho», *Curso de Direito Processual do Trabalho,* Suplemento RFDUL, Lisboa, 1964, pp. 139 a 151 e «Assistência Judiciária em Tribunal de Trabalho», *RFDUL,* Vol. XXXI (1990), pp. 129 a 133; José António Mesquita, «Princípios Gerais de Direito Processual do Trabalho», *RDES* 2006, n.os 3/4, pp. 209 ss.; João Monteiro, «O Ministério Público e o Patrocínio dos Trabalhadores no Processo Declarativo Laboral», *Estudos do Instituto de Direito do Trabalho,* Volume V, Coimbra, 2007, pp. 23 ss. e «Processo Especial Emergente de Acidentes de Trabalho», *Pront.* n.º 72 (2005), pp. 155 ss.; Luís Miguel Monteiro, «Processo de Impugnação de Despedimento Colectivo», *Estudos do Instituto de Direito do Trabalho,* Volume V, Coimbra, 2007, pp. 77 ss.; Domingos José de Morais, «Os Pressupostos Processuais no Processo do Trabalho», *Estudos do Instituto de Direito do Trabalho,* Volume V, Coimbra, 2007, pp. 9 ss.; Abílio Neto, *Código de Processo do Trabalho Anotado,* 5.ª ed., Lisboa, 2011; Albertina Pereira, «Notas sobre Recursos no Direito Processual do Trabalho», *Estudos Jurídicos em Homenagem ao Professor António da Motta Veiga,* Coimbra, 2007, pp. 17 ss.; Rita Garcia Pereira, «A nova acção especial para reconhecimento de contrato de trabalho (Lei n.º 63/2013)», *Estudos dedicados ao Professor Doutor Bernardo da Gama Lobo Xavier,* III, Lisboa, 2015, pp. 341 ss.; Paulo Sousa Pinheiro, *Curso Breve de Direito Processual do Trabalho,* 2.ª ed., Coimbra, 2014, *O Procedimento Cautelar Comum no Direito Processual do Trabalho,* 2.ª ed., Coimbra, 2007, e «Perspectiva geral das alterações ao Código de Processo do Trabalho», *Pront.* 84 (2009), pp. 141 ss.; Maria José Costa Pinto, «Recursos em Processo Laboral», *Estudos do Instituto de Direito do Trabalho,* Volume V, Coimbra, 2007, pp. 111 ss.; Rosário Palma Ramalho, «Processo do trabalho: autonomia ou especialidade em relação ao processo civil», *Estudos do Instituto de Direito do Trabalho,* Vol. VI, Coimbra, 2012, pp. 21 ss.; Moura Ramos, «A Convenção de Bruxelas sobre Competência Judiciária e Execução de Decisões: Sua Adequação à Realidade Juslaboral Actual», *RDES,* 1996, n.os 1/4, pp. 3 a 44; João Reis, «A Legitimidade do Sindicato no Processo. Algumas Notas», *Estudos de Direito do Trabalho em Homenagem ao Professor Manuel Alonso Olea,* Coimbra, 2004, pp. 357 ss.; Viriato Reis/Diogo Ravara, «A acção especial de impugnação da regularidade e da licitude do despedimento – aspectos práticos», *Pront.* 91/92 (2012), pp. 173 ss.; Ferreira da Silva, «Providências Antecipatórias no Processo de Trabalho Português», *QL,* n.º 15 (2000), pp. 57 a 83; Joana Vasconcelos, «Condenação *extra vel ultra petitum*», *Estudos do Instituto de Direito do Trabalho,* Vol. VI, Coimbra, 2012, pp. 191 ss., « Sobre a reconvenção no processo especial para impugnação da regularidade e licitude do despedimento», *RDES* 2015, n.º 4, pp. 69 ss. e *Comentário aos artigos 98.º-B a 98.º-P do Código de Processo do Trabalho. Processo especial para impugnação da regularidade e licitude do despedimento*, Lisboa, 2015 e *Direito Processual do Trabalho*, Lisboa, 2017; RAÚL VENTURA, «Princípios Gerais de Direito Processual do Trabalho», *Curso de Direito Processual do Trabalho*, Suplemento RFDUL, Lisboa, 1964, pp. 31 a 50 e «Competência dos Tribunais de Trabalho, segundo o Novo Código de Processo do Trabalho», *Curso de Direito Processual do Trabalho*, Suplemento RFDUL, Lisboa, 1964, pp. 51 a 87; DÁRIO MOURA VICENTE, «Arbitragem de conflitos individuais de trabalho», *Estudos do Instituto de Direito do Trabalho*, Vol. VI, Coimbra, 2012, pp. 33 ss.; BERNARDO XAVIER, «Execução da Sentença Laboral», *RDES*, 1995, n.os 1/3, pp. 297 a 308, «Algumas Notas Elementares sobre a Justiça do Trabalho», *Estudos Jurídicos em Homenagem ao Professor António da Motta Veiga*, Coimbra, 2007, pp. 97 e ss. e «O processo especial de impugnação do despedimento colectivo», *Estudos do Instituto de Direito do Trabalho*, Vol. VI, Coimbra, 2012, pp. 155 ss.; BERNARDO XAVIER/ALBINO MENDES BAPTISTA, «Competência Material dos Tribunais de Trabalho», *RDES*, 2005, n.º 1, pp. 39 ss.

ÍNDICE GERAL